FRANZ KAFKA · BRIEFE

FRANZ KAFKA

Briefe

Zweitausendeins

Umschlaggestaltung: Sabine Kauf, Publicontor, Hamburg
Satz & Layout: Bernhard Heun, Rüssingen
Herstellung: GGP Media GmbH, Pößneck

Printed in Germany

Dieses Buch gibt es nur bei Zweitausendeins im Versand, Postfach,
D-60381 Frankfurt am Main, Telefon 069-420 8000, Fax 069-415 003.
Internet: www.Zweitausendeins.de, E-Mail: Info@Zweitausendeins.de.
Oder in den Zweitausendeins-Läden in Berlin, Düsseldorf,
Frankfurt am Main, Freiburg, 2 x in Hamburg, in Hannover, Köln,
Mannheim, München, Nürnberg und Stuttgart.

In der Schweiz über buch 2000, Postfach 89, CH-8910 Affoltern a. A.

ISBN 3-86150-734-X

Inhaltsübersicht

1902 – 1924

1900

An Selma K.

[Eintragung in ein Album]

Wie viel Worte in dem Buche stehn!
Erinnern sollen sie! Als ob Worte erinnern könnten!
Denn Worte sind schlechte Bergsteiger und schlechte Bergmänner. Sie holen nicht die Schätze von den Bergeshöhn und nicht die von den Bergestiefen!
Aber es gibt ein lebendiges Gedenken, das über alles Erinnerungswerte sanft hinfuhr wie mit kosender Hand. Und wenn aus dieser Asche die Lohe aufsteigt, glühend und heiß, gewaltig und stark und Du hineinstarrst, wie vom magischen Zauber gebannt, dann – – –
Aber in dieses keusche Gedenken, da kann man sich nicht hineinschreiben mit ungeschickter Hand und grobem Handwerkszeug, das kann man nur in diese weißen, anspruchslosen Blätter. Das tat ich am 4. September 1900.

Franz Kafka

1902

An Oskar Pollak

[Prag, 4. Februar 1902]

Als ich Samstag mit Dir ging, da ist es mir klar geworden, was wir brauchen. Doch schreibe ich Dir erst heute, denn solche Dinge müssen liegen und sich ausstrecken. Wenn wir miteinander reden: die Worte sind hart, man geht über sie wie über schlechtes Pflaster. Die feinsten Dinge bekommen plumpe Füße und wir können nicht dafür. Wir sind einander fast im Wege, ich stoße mich an Dir und Du – ich wage nicht, und Du –. Wenn wir zu Dingen kommen, die nicht gerade Straßensteine oder »Kunstwart« sind, sehn wir plötzlich, daß wir Maskenkleider mit Gesichtslarven haben, mit eckigen Gesten agieren (ich vor allem, ja) und dann werden wir plötzlich traurig und müde. Warst Du schon mit jemandem so müde wie mit mir? Du wirst oft erst recht krank. Dann kommt mein Mitleid und ich kann nichts tun und nichts sagen und es kommen krampfhafte, läppische Worte heraus, die Du beim nächsten besten bekommst und besser bekommst, dann schweige ich und Du schweigst und Du wirst müde und ich werde müde und alles ist ein dummer Katzenjammer und es lohnt nicht, die Hand zu rühren. Aber keiner will es dem andern sagen aus Scham oder Furcht oder – Du siehst, wir fürchten einander, oder ich –.

Ich verstehe es ja, wenn man jahrelang vor einer häßlichen Mauer steht und sie so gar nicht abbröckeln will, dann wird man müde. Ja aber sie fürchtet für sich, für den Garten (wenn einer), Du aber wirst ärgerlich, gähnst, bekommst Kopfschmerzen, kennst Dich nicht aus.

Du mußt doch gemerkt haben, immer wenn wir nach längerer Zeit einander sehn, sind wir enttäuscht, verdrießlich, bis wir uns an die Verdrießlichkeit gewöhnt haben. Wir müssen dann Worte vorhalten, damit man das Gähnen nicht sieht.

Ich habe Angst bekommen, daß Du den ganzen Brief nicht verstehst, was will er? Ohne Schnörkel und Schleier und Warzen: Wenn wir miteinander reden, sind wir behindert durch Dinge, die wir sagen wollen und nicht so sagen können, sondern so herausbringen, daß wir einander mißverstehn, gar überhören, gar auslachen (ich sage: der Honig ist süß, aber ich sage es leise oder dumm oder schlecht stilisiert und Du sagst: Heute ist schönes Wetter. Das ist schon eine schlechte Gesprächswendung), da wir das fortwährend versuchen und es niemals gelingt, so werden wir müde, unzufrieden, hartmäulig. Wenn wir es zu schreiben versuchten, würden wir leichter sein, als wenn wir miteinander reden, – wir könnten ganz ohne Scham von Straßensteinen und »Kunstwart« reden, denn das Bessere wäre in Sicherheit. Das will der Brief. Ist das ein Einfall der Eifersucht?

Ich konnte nicht wissen, daß Du auch die letzte Seite lesen wirst und so habe ich dieses Eigentümliche hergekritzelt, obwohl es nicht zum Brief gehört.

Wir reden drei Jahre miteinander, da unterscheidet man bei manchen Dingen nicht mehr das Mein und Dein. Ich könnte oft nicht sagen, was aus mir oder aus Dir ist, und Dir wird es vielleicht auch so gehn. Nun bin ich wunderbar froh, daß Du mit dem Mädchen umgehst. Deinetwegen, mir ist sie gleichgültig. Aber Du sprichst oft mit ihr, nicht nur des Sprechens wegen. Da kann es geschehn, Du gehst mit ihr irgendwo da oder dort oder in Rostok und ich sitze am Schreibtisch zu Hause. Du sprichst mit ihr und mitten im Satz springt einer auf und macht eine Verbeugung. Das bin ich mit meinen unbehauenen Worten und viereckigen Mienen. Das dauert einen Augenblick und schon sprichst Du weiter. Ich sitze am Schreibtisch zu Hause und gähne. Mir ist es schon so gegangen. Kämen wir da nicht von einander los? Ist das nicht seltsam? Sind wir Feinde? Ich habe Dich sehr lieb.

An Oskar Pollak

[Liboch, Ankunftstempel: 12. VIII. 1902]

Wenn einer durch die Welt fliegt mit Siebenmeilenstiefeln, von böhmischen zu thüringischen Wäldern, da kostets rechte Mühe, ihn zu fassen oder auch nur sein Mantelzipfelchen zu betupfen. Darob mag er nicht böse sein. So ist es jetzt auch für Ilmenau zu spät. Aber in Weimar – ist am Ende auch dabei eine Absicht? – wird Dich ein Brief erwarten, vollgestopft mit seltsamen Dingen, die gar durch das lange Liegen am besagten Ort kräftiger und feiner werden. Wir wollens hoffen,

Dein Franz

An Oskar Pollak

[Prag, Ankunftstempel: 24. VIII. 1902]

Ich saß an meinem schönen Schreibtisch. Du kennst ihn nicht. Wie solltest Du auch. Das ist nämlich ein gut bürgerlich gesinnter Schreibtisch, der erziehen soll. Der hat dort, wo gewöhnlich die Knie des Schreibers sind, zwei erschreckliche Holzspitzen. Und nun gib acht. Wenn man sich ruhig setzt, vorsichtig, und etwas gut Bürgerliches schreibt, dann ist einem wohl. Aber wehe, wenn man sich aufregt und der Körper nur ein wenig bebt, dann hat man unausweichlich die Spitzen in den Knien und wie das schmerzt. Ich könnte Dir die dunkelblauen Flecken zeigen. Und was will das nun bedeuten: »Schreibe nichts Aufgeregtes und laß Deinen Körper nicht zittern dabei.«

Ich saß also an meinem schönen Schreibtisch und schrieb den zweiten Brief an Dich. Du weißt, ein Brief ist wie ein Leithammel, gleich zieht er zwanzig Schafbriefe nach.

Hu, flog da die Tür auf. Wer kam da herein, ohne anzuklopfen. Ein unhöflicher Patron. Ah, ein v/lieber Gast. Deine Karte. Es ist eigentümlich mit dieser ersten Karte, die ich hier bekam. Unzähligemal habe ich sie gelesen, bis ich Dein ganzes a-b-c kannte, und erst, als ich mehr herauslas, als darin stand, dann war es Zeit aufzuhören und meinen Brief zu zerreißen. Ritz-ratz machte er und war tot. Eines las ich freilich, was breit darinnen stand und gar nicht schön zu lesen war: mit dem bösen verfluchten Kritikus im Leib fährst Du durchs Land und das soll man niemals tun.

Aber ganz und gar verkehrt und falsch scheint mir das, was Du vom Goethe-Nationalmuseum schreibst. Mit Einbildungen und Schulgedanken bist Du hineingegangen, hast gleich am Namen zu mäkeln angefangen. Freilich der Name »Museum« ist gut, aber »National« scheint mir noch besser, aber beileibe nicht als Geschmacklosigkeit oder Entheiligung oder dergleichen, wie Du schreibst, sondern als feinste wunderfeinste Ironie. Denn was Du vom Arbeitszimmer, Deinem Allerheiligsten, schreibst, ist wieder nichts anderes als eine Einbildung und ein Schulgedanke und ein klein wenig Germanistik, in der Hölle soll sie braten.

Das war, beim Teufel, eine Leichtigkeit, das Arbeitszimmer in Ordnung zu halten und es dann zu einem »Museum« für die »Nation« zu arrangieren. Jeder Zimmermann und Tapezierer – wenn es ein rechter war, der Goethes Stiefelknecht zu schätzen wußte – konnte das und alles Lobes war es wert.

Weißt Du aber, was das Allerheiligste ist, das wir überhaupt von Goethe haben können, als Andenken … die Fußspuren seiner einsamen Gänge durch das Land … die wären es. Und nun kommt ein Witz, ein ganz vortrefflicher, bei dem der liebe Herrgott bitterlich weint und die Hölle ganz höllische Lachkrämpfe bekommt – das Allerheiligste eines Fremden können wir niemals haben, nur das eigene – das ist ein Witz, ein ganz vortrefflicher. In ganz winzigen Stücklein habe ich Dir ihn schon einmal angebissen – in den Chotekschen Anlagen, Du hast weder geweint noch gelacht, Du bist eben weder der liebe Herrgott noch der böse Teufel.

Nur der böse Kritikus (Verhunzung Thüringens) lebt in Dir und das ist ein untergeordneter Teufel, den man aber doch loswerden sollte. Und so will ich Dir zu Nutz und Frommen die absonderliche Geschichte erzählen, wie weyland …, den Gott selig habe, von Franz Kafka überwunden wurde.

Lief mir der immer nach, wo ich lag und stand. Wenn ich auf der Weinbergsmauer lag und übers Land sah und vielleicht etwas Liebes schaute oder hörte dort weit hinter den Bergen, so kannst Du sicher sein, daß sich plötzlich jemand mit ziemlichem Geräusch hinter der Mauer erhob, feierlich mäh mäh sagte und gravitätisch seine treffende Ansicht zum Ausdruck brachte, daß die schöne Landschaft entschieden einer Behandlung bedürftig sei. Er explizierte den Plan einer gründlichen Monographie oder einer lieblichen Idylle ausführlich und bewies ihn wirklich schlagend. Ich konnte ihm nichts entgegensetzen als mich und das war wenig genug.

... Du kannst Dir nicht denken, wie mich das alles jetzt quält. Galgenlustigkeit und Landluft ist alles, was ich Dir geschrieben habe, und greller Tag, der in die Augen sticht, ist das, was ich Dir schreibe. Der Onkel aus Madrid (Eisenbahndirektor) war hier, seinetwegen war ich auch in Prag. Kurz vor seiner Ankunft hatte ich den wunderlichen, leider sehr wunderlichen Einfall, ihn zu bitten, nein nicht zu bitten, zu fragen, ob er mir nicht zu helfen wüßte aus diesen Dingen, ob er mich nicht irgendwohin führen könnte, wo ich schon endlich frisch Hand anlegen könnte. Nun gut, ich fing vorsichtig an. Es ist unnötig, Dir das ausführlich zu erzählen. Er fing salbungsvoll zu sprechen an, obwohl er sonst ein ganz lieber Mensch ist, tröstete mich gut, gut. Streusand drauf. Ich schwieg sofort, ohne es eigentlich zu wollen, und ich habe in den zwei Tagen, die ich seinethalben in Prag bin, obwohl ich die ganzen Tage bei ihm bin, nicht mehr davon gesprochen. Heute Abend fährt er weg. Ich fahre noch auf eine Woche nach Liboch, dann auf eine Woche nach Triesch, dann nach Prag wieder und dann nach München, studieren, ja studieren. Warum schneidest Du Grimassen? Ja, ja, ich werde studieren. Warum schreibe ich Dir eigentlich das alles. Ich wußte ja vielleicht, daß das hoffnungslos war, wozu hätte man seine eigenen Füße. Warum schrieb ich Dirs; Damit Du weißt, wie ich zu dem Leben stehe, das da draußen über die Steine stolpert, wie die arme Postkutsche, die von Liboch nach Dauba humpelt. Du mußt eben Mitleid und Geduld haben mit

Deinem Franz

Da ich sonst niemandem geschrieben habe, so wäre es mir unangenehm, wenn Du zu jemandem von meinen endlosen Briefen reden würdest. Du tust es nicht. – Wenn Du mir antworten willst, was gar lieb wäre, so kannst Du das noch eine Woche unter der alten Adresse, Liboch-Windischbauer, später Prag, Zeltnergasse Nr. 3.

An Oskar Pollak

[Herbst 1902]

Es ist eine wunderliche Zeit, die ich hier verbringe, das wirst du schon bemerkt haben und ich habe so eine wunderliche Zeit gebraucht, eine Zeit, in der ich stundenlang auf einer Weinbergmauer liege und in die Regenwolken starre, die nicht weg wollen von hier oder in die weiten Felder, die noch weiter werden, wenn man einen Regenbogen in den Augen hat oder wo ich im Garten sitze und den Kindern (besonders eine kleine blonde sechsjährige, die Frauen sagen, sie sei herzig) Märlein erzähle oder Sandburgen baue oder Verstecken spiele oder Tische schnitze, die – Gott sei mein Zeuge – niemals gut geraten. Wunderliche Zeit, nicht?

Oder wo ich durch die Felder gehe, die jetzt ganz braun und wehmütig dastehen mit den verlassenen Pflügen und die doch ganz silbrig aufleuchten, wenn dann trotz allem die späte Sonne kommt und meinen langen Schatten (ja meinen langen Schatten, vielleicht komm ich noch durch ihn ins Himmelreich) auf die Furchen wirft. Hast Du schon gemerkt, wie Spätsommerschatten auf durchwühlter dunkler Erde tanzen, wie körperhaft sie tanzen. Hast Du schon gemerkt, wie sich die Erde entgegenhebt der fressenden Kuh, wie zutraulich sie sich entgegenhebt? Hast Du schon gemerkt, wie schwere fette Ackererde unter den allzu feinen Fingern zerbröckelt, wie feierlich sie zerbröckelt?

An Oskar Pollak

[Prag, Stempel: 20. XII. 1902]

Prag läßt nicht los. Uns beide nicht. Dieses Mütterchen hat Krallen. Da muß man sich fügen oder –. An zwei Seiten müßten wir es anzünden, am Vyšehrad und am Hradschin, dann wäre es möglich, daß wir loskommen. Vielleicht überlegst Du es Dir bis zum Karneval.

Du hast schon viel gelesen, aber die vertrackte Geschichte vom schamhaften Langen und vom Unredlichen in seinem Herzen kennst Du nicht. Denn sie ist neu und sie ist schwer zu erzählen.

Der schamhafte Lange war in einem alten Dorf verkrochen zwischen niedrigen Häuschen und engen Gäßchen. So schmal waren die Gäßchen, daß, wenn zwei zusammen gingen, sie sich freundnachbarlich aneinander reiben mußten, und so niedrig waren die Stuben, daß, wenn der schamhafte Lange von seinem Hockstuhl sich aufreckte, er mit seinem großen eckigen Schädel geradewegs durch die Decke fuhr und ohne sonderliche Absicht auf die Strohdächer niederschauen mußte.

Der Unredliche in seinem Herzen, der wohnte in einer großen Stadt, die betrank sich Abend für Abend und war rasend Abend für Abend. Dieses ist nämlich der Städte Glück. Und wie die Stadt war, so war auch der Unredliche in seinem Herzen. Dieses ist nämlich der Unredlichen Glück.

Vor Weihnachten einmal saß der Lange geduckt beim Fenster. In der Stube hatten seine Beine keinen Platz; so hatte er sie bequem aus dem Fenster gestreckt, dort baumelten sie vergnüglich. Mit seinen ungeschickten magern Spinnenfingern strickte er wollene Strümpfe für die Bauern. Die grauen Augen hatte er fast auf die Stricknadeln gespießt, denn es war schon dunkel.

Jemand klopfte fein an die Plankentür. Das war der Unredliche in seinem Herzen. Der Lange riß das Maul auf. Der Gast lächelte. Und schon begann sich der Lange zu schämen. Seiner Länge schämte er sich und seiner wollenen Strümpfe und seiner Stube. – Aber bei alledem wurde er nicht rot, sondern blieb zitronengelb wie zuvor. Und mit Schwierigkeit und Scham setzte er seine Knochenbeine in Gang und streckte schämig dem Gast die Hand entgegen. Die langte durch die ganze Stube. Dann stotterte er etwas Freundliches in die wollenen Strümpfe hinein.

Der Unredliche in seinem Herzen setzte sich auf einen Mehlsack und lächelte. Auch der Lange lächelte und seine Augen krabbelten verlegen an den glänzenden Westenknöpfen des Gastes. Der drehte die Augenlider in die Höhe und die Worte gingen aus seinem Mund. Das waren feine Herren mit Lackschuhen und englischen Halsbinden und glänzenden Knöpfen, und wenn man sie heimlich fragte: »Weißt du, was Blut aus Blut ist? «, so antwortete einer anzüglich: »Ja, ich habe englische Halsbinden.« Und kaum waren die Herrchen aus dem Munde draußen, stellten sie sich auf die Stiefelspitzen und waren groß, dann tänzelten sie zum Langen hin, kletterten zwickend und beißend an ihm hinauf und stopften sich ihm mühselig in die Ohren.

Da begann der Lange unruhig zu werden, die Nase schnupperte in der Stubenluft. Gott, was war die Luft so stickig, muffig, ungelüftet!

Der Fremde hörte nicht auf. Er erzählte von sich, von Westenknöpfen, von der Stadt, von seinen Gefühlen –, bunt. Und während er erzählte, stach er nebenbei seinen spitzen Spazierstock dem Langen in den Bauch. Der zitterte und grinste, – da hörte der Unredliche in seinem Herzen auf, er war zufrieden und lächelte, der Lange grinste und führte den Gast manierlich bis zur Plankentür, dort reichten sie sich die Hände.

Der Lange war wieder allein. Er weinte. Mit den Strümpfen wischte er sich die großen Tränen ab. Sein Herz schmerzte ihn und er konnte es niemandem sagen. Aber kranke Fragen krochen ihm von den Beinen zur Seele hinauf.

Warum ist er zu mir gekommen? Weil ich lang bin? Nein, weil ich …?

Weine ich aus Mitleid mit mir oder mit ihm?

Hab ich ihn am Ende lieb oder haß ich ihn?

Schickt ihn mein Gott oder mein Teufel? So drosselten den schamhaften Langen die Fragezeichen.

Wieder nahm er die Strümpfe vor. Fast bohrte er sich die Stricknadeln in die Augen. Denn es war noch dunkler.

Also überleg es Dir bis zum Karneval.

Dein Franz

An Oskar Pollak

6. 9. [1903 ?]

Es wäre vielleicht klug gewesen, wenn ich mit diesem Brief gewartet hätte, bis ich Dich sähe und wüßte, was die zwei Monate aus Dir gemacht haben, denn mich – glaube ich – bringen diese Monate im Sommer am meisten merklich von der Stelle. Und dann habe ich in diesem Sommer auch nicht ein Kärtchen von Dir bekommen, und dann habe ich auch das letzte halbe Jahr kein Wort mit dir gesprochen, das der Mühe wert gewesen wäre. Es ist also wohl möglich, daß ich den Brief da an einen Fremden schicke, der sich über Zudringlichkeit ärgert, oder an einen Toten, der ihn nicht lesen kann, oder an einen Klugen, der über ihn lacht. Aber ich muß den Brief schreiben, darum warte ich nicht erst, bis ich etwa sähe, daß ich den Brief nicht schreiben darf.

Denn ich will von Dir etwas, und will es nicht aus Freundschaft oder aus Vertrauen, wie man vielleicht denken könnte, nein, nur aus Eigennutz, nur aus Eigennutz.

Es ist möglich, daß Du merktest, daß ich in diesen Sommer mit blauen Hoffnungen ging, es ist möglich, daß Du auch von ferne merktest, was ich wollte von diesem Sommer, ich sage es: das, was ich in mir zu haben glaube (ich glaube es nicht immer), in einem Zug zu heben. Du konntest es nur von ferne merken und ich hätte Dir die Hände küssen müssen dafür, daß Du mit mir gingst, denn mir wäre es unheimlich gewesen, neben einem zu gehn, dessen Mund böse verkniffen ist. Aber er war nicht böse.

Die Lippen nun hat mir der Sommer ein wenig auseinandergezwängt – ich bin gesünder geworden – (heute ist mir nicht ganz wohl), ich bin stärker geworden, ich war viel unter Menschen, ich kann mit Frauen reden – es ist nötig, daß ich das alles hier sage –, aber von den Wunderdingen hat mir der Sommer nichts gebracht. Jetzt aber reißt mir etwas die Lippen ganz auseinander, oder ist es sanft, nein, es reißt, und jemand, der hinter dem Baum steht, sagt mir leise: »Du wirst nichts tun ohne andere«, ich aber schreibe jetzt mit Bedeutung und zierlichem Satzbau: »Einsiedelei ist widerlich, man lege seine Eier ehrlich vor aller Welt, die Sonne wird sie ausbrüten; man beiße lieber ins Leben statt in seine Zunge; man ehre den Maulwurf und seine Art, aber man mache ihn nicht zu seinem Heiligen.« Da sagt mir jemand, der nicht mehr hinter dem Baume ist: »Ist das am Ende wahr und ein Wunderding des Sommers?«

(Hört nur, hört eine kluge Einleitung eines listigen Briefes. Warum ist sie klug? Ein Armer, der bisher nicht gebettelt hatte, schreibt einen Bettelbrief, in dessen breiter Einleitung er mit seufzenden Worten den so mühseligen Weg beschreibt, der zu der Erkenntnis führte, daß Nichtbetteln ein Laster sei.)

Du, verstehst Du das Gefühl, das man haben muß, wenn man allein eine gelbe Postkutsche voll schlafender Menschen durch eine weite Nacht ziehn muß? Man ist traurig, man hat ein paar Tränen im Augenwinkel, schleppt sich langsam von einem weißen Meilenstein zum andern, hat einen krummen Rücken und muß immer die Landstraße entlang schauen, auf der doch nichts ist als Nacht. Zum Kuckuck, wie wollte man die Kerle aufwecken in der Kutsche, wenn man ein Posthorn hätte.

Du, jetzt kannst Du mir zuhören, wenn Du nicht müde bist.

Ich werde Dir ein Bündel vorbereiten, in dem wird alles sein, was ich bis jetzt geschrieben habe, aus mir oder aus andern. Es wird nichts fehlen, als die Kindersachen (Du siehst, das Unglück sitzt mir von früh an auf dem Buckel), dann das, was ich nicht mehr habe, dann das, was ich auch für den Zusammenhang für wertlos halte, dann die Pläne, denn die sind Länder für den, der sie hat, und Sand für die andern, und endlich das, was ich auch Dir nicht zeigen kann, denn man schaudert zusammen, wenn man ganz nackt dasteht und ein anderer einen betastet, auch wenn man darum auf den Knien gebeten hat. Übrigens, ich habe das letzte halbe Jahr fast gar nichts geschrieben. Das also, was übrig bleibt, ich weiß nicht, wieviel es ist, werde ich Dir geben, wenn Du mir ein Ja schreibst oder sagst auf dieses hin, was ich von Dir will.

Das ist nämlich etwas Besonderes, und wenn ich auch sehr ungeschickt im Schreiben solcher Dinge bin (sehr unwissend), vielleicht weißt Du es schon. Ich will von Dir keine Antwort daraufhaben, ob es eine Freude wäre hier zu warten oder ob man leichten Herzens Scheiterhaufen anzünden könnte, ja ich will nicht einmal wissen, wie Du zu mir stehst, denn auch das müßte ich Dir abzwingen, also ich will etwas Leichteres und Schwereres, ich will, daß Du die Blätter liest, sei es auch gleichgültig und widerwillig. Denn es ist auch Gleichgültiges und Widerwilliges darunter. Denn – darum will ich es – mein Liebstes und Härtestes ist nur kühl, trotz der Sonne, und ich weiß, daß zwei fremde Augen alles wärmer und regsamer machen werden, wenn sie darauf schauen. Ich schreibe nur wärmer und regsamer, denn das ist gottsicher, da geschrieben steht: »Herrlich ist selbständig Gefühl, aber antwortend Gefühl macht wirkender.«

Nun warum soviel Aufhebens, nicht – ich nehme ein Stück (denn ich kann mehr, als ich dir gebe, und ich werde – ja) ein Stück von meinem Herzen, packe es sauber ein in ein paar Bogen beschriebenen Papiers und gebe es Dir.

An Oskar Pollak

[9. November 1903]

Lieber Oskar!

Ich bin vielleicht froh, daß Du weggefahren bist, so froh wie die Menschen sein müßten, wenn jemand auf den Mond kletterte, um sie von dort aus anzusehen, denn dieses Bewußtsein, von einer solchen Höhe und Ferne aus betrachtet zu werden, gäbe den Menschen eine wenn auch winzige Sicherheit dafür, daß ihre Bewegungen und Worte und Wünsche nicht allzu komisch und sinnlos wären, solange man auf den Sternwarten kein Lachen vom Monde her hört.

———————

…Verlassen sind wir doch wie verirrte Kinder im Walde. Wenn Du vor mir stehst und mich ansiehst, was weißt Du von den Schmerzen, die in mir sind und was weiß ich von den Deinen. Und wenn ich mich vor Dir niederwerfen würde und weinen und erzählen, was wüßtest Du von mir mehr als von der Hölle, wenn Dir jemand erzählt, sie ist heiß und fürchterlich. Schon darum sollten wir Menschen vor einander so ehrfürchtig, so nachdenklich, so liebend stehn wie vor dem Eingang zur Hölle.

———————

…Wenn man so wie Du auf eine Zeit lang stirbt, hat man den Vorteil, alle Verhältnisse, die, wenn man in ihnen steht, notwendig verschwommen sein müssen, plötzlich klar in einem gütigen und bösen Licht zu sehn. Aber auch dem Überlebenden geht es so merkwürdig.

Unter allen den jungen Leuten habe ich eigentlich nur mit Dir gesprochen, und wenn ich schon mit andern sprach, so war es nur nebenbei oder Deinetwegen oder durch Dich oder in Beziehung auf Dich. Du warst, neben vielem andern, auch etwas wie ein Fenster für mich, durch das ich auf die Gassen sehen konnte. Allein konnte ich das nicht, denn trotz meiner Länge reiche ich noch nicht bis zum Fensterbrett.

Jetzt wird das natürlich anders. Ich rede jetzt auch mit andern, ungeschickter, aber beziehungsloser, und ich sehe, eigentlich ganz unvorbereitet, wie Du hier gestanden bist. Es gibt hier in dieser Stadt, die Dir fremd ist, einige recht kluge Leute, denen Du etwas Verehrungswürdiges warst. Ganz in Wahrheit. Und ich bin so eitel, daß es mich freut.

Ich weiß nicht, warum das so war, ob darum, weil Du verschlossen warst oder verschlossen schienest oder willig aufnahmst oder ahnen ließest oder wirklich wirktest, jedenfalls glauben einige, Du seist ihnen weggefahren, obwohl Du am Ende nur dem Mädchen weggefahren bist.

Dein Brief ist halb traurig und halb froh. Du bist eben nicht zum Jungen gefahren, sondern zu den Feldern und zum Wald. Aber Du siehst sie, während wir zur Not ihr Frühjahr und ihren Sommer sehn, aber von ihrem Herbst und ihrem Winter wissen wir nur gerade so viel wie von Gott in uns.

Heute ist Sonntag, da kommen immer die Handelsangestellten den Wenzelsplatz hinunter über den Graben und schreien nach Sonntagsruhe. Ich glaube, ihre roten Nelken und ihre dummen und jüdischen Gesichter und ihr Schrein ist etwas sehr Sinnvolles, es ist fast so, wie wenn ein Kind zum Himmel wollte und heult und bellt, weil man ihm den Schemel nicht reichen will. Aber es will gar nicht zum Himmel. Die andern aber, die auf dem Graben gehn und dazu lächeln, weil sie selbst ihren Sonntag nicht zu nutzen verstehn, die möchte ich ohrfeigen, wenn ich dazu den Mut hätte und nicht selbst lächelte. Du aber auf Deinem Schloß darfst lachen, denn dort ist der Himmel der Erde nahe, wie Du schreibst.

Ich lese Fechner, Eckehart. Manches Buch wirkt wie ein Schlüssel zu fremden Sälen des eigenen Schlosses.

Die Dinge, die ich Dir vorlesen wollte und die ich Dir schicken werde, sind Stücke aus einem Buch, »Das Kind und die Stadt«, das ich selbst nur in Stücken habe. Will ich sie Dir schicken, so muß ich sie überschreiben, und das braucht Zeit. So werde ich Dir immer ein paar Blättchen mit jedem Briefe schicken (wenn ich nicht sähe, daß die Sache sichtbar vorwärts geht, verginge mir bald die Lust daran), Du magst sie dann im Zusammenhang lesen, das erste Stück kommt mit dem nächsten Brief.

Übrigens ist schon eine Zeit lang nichts geschrieben worden. Es geht mir damit so: Gott will nicht, daß ich schreibe, ich aber, ich muß. So ist es ein ewiges Auf und Ab, schließlich ist doch Gott der Stärkere und es ist mehr Unglück dabei, als Du Dir denken kannst. So viele Kräfte sind in mir an einen Pflock gebunden, aus dem vielleicht ein grüner Baum wird, während sie freigemacht mir und dem Staat nützlich sein könnten. Aber durch Klagen schüttelt man keine Mühlsteine vom Halse, besonders wenn man sie lieb hat.

Hier sind noch einige Verse. Lies sie in guten Stunden

> Kühl und hart ist der heutige Tag.
> Die Wolken erstarren.
> Die Winde sind zerrende Taue.
> Die Menschen erstarren.
> Die Schritte klingen metallen
> Auf erzenen Steinen,
> Und die Augen schauen
> Weite weiße Seen.

> In dem alten Städtchen stehn
> Kleine helle Weihnachtshäuschen,
> Ihre bunten Scheiben sehn
> Auf das schneeverwehte Plätzchen.
> Auf dem Mondlichtplatze geht
> Still ein Mann im Schnee fürbaß,
> Seinen großen Schatten weht
> Der Wind die Häuschen hinauf.

Menschen, die über dunkle Brücken gehn,
vorüber an Heiligen
mit matten Lichtlein.
Wolken, die über grauen Himmel ziehn
vorüber an Kirchen
mit verdämmernden Türmen.
Einer, der an der Quaderbrüstung lehnt
und in das Abendwasser schaut,
die Hände auf alten Steinen.

Dein Franz

An Oskar Pollak

[1903]

Lieber Oskar!
… Kühle Morgennachschrift zu einer schmerzlichen Abendverrücktheit. Ich
sehe nichts Unnatürliches darin, daß Du dem Weib nicht geholfen hast, das hätten vielleicht unverfälschte Menschen auch nicht getan. Aber unnatürlich ist,
daß Du das durchgrübelst und Dich noch an diesem Durchgrübeln und an diesem Gegensatz freust, Dich noch an Deinem Zerhacken freust. So spießt Du
Dich an jedem kurzen Gefühlchen für lange Zeit auf, so daß man endlich nur
eine Stunde lebt, da man noch hundert Jahre über die Stunde nachdenken muß.
Freilich, vielleicht leb ich dann überhaupt nicht. Irgendwo hab ich einmal die
Frechheit aufgeschrieben, daß ich rasch lebe, mit diesem Beweis: »Ich sehe
einem Mädchen in die Augen und es war eine sehr lange Liebesgeschichte mit
Donner und Küssen und Blitz«, dann war ich eitel genug, aufzuschreiben: »Ich
lebe rasch«. So wie ein Kind mit Bilderbüchern hinter einem verhängten Fenster. Manchmal erhascht es etwas von der Gasse durch eine Ritze und schon ist
es wieder in seinen kostbaren Bilderbüchern. – Bei Vergleichen bin ich gnädig
gegen mich.

An Oskar Pollak

[Prag, Stempel: 21. XII. 1903]

Nein, geschrieben will ich Dir noch haben, ehe Du selbst kommst. Wenn man
einander schreibt, ist man wie durch ein Seil verbunden, hört man dann auf, ist
das Seil zerrissen, auch wenn es nur ein Bindfaden war, da will ich es also rasch
und vorläufig zusammenknüpfen.
    Gestern Abend hat mich nämlich dieses Bild gepackt. Nur dadurch, daß die
Menschen alle Kräfte spannen und einander liebend helfen, erhalten sie sich in

einer leidlichen Höhe über einer höllischen Tiefe, nach der sie wollen. Untereinander sind sie durch Seile verbunden, und bös ist es schon, wenn sich um
einen die Seile lockern und er ein Stück tiefer sinkt als die andern in den leeren
Raum, und gräßlich ist es, wenn die Seile um einen reißen und er jetzt fällt.
Darum soll man sich an die andern halten. Ich habe die Vermutung, daß die
Mädchen uns oben halten, weil sie so leicht sind, darum müssen wir die Mädchen lieb haben und darum sollen sie uns lieb haben.

Genug, genug, mit einem guten Grund fürchte ich mich, einen Brief an
Dich anzufangen, denn er dehnt sich dann immer so und findet kein gutes
Ende. Darum habe ich Dir auch von München nicht mehr geschrieben, obwohl
ich so viel zu schreiben hatte. Aber außerdem kann ich in der Fremde gar nicht
schreiben. Alle Worte sind mir dann wild zerstreut und ich kann sie nicht in
Sätze einfangen und dann drückt alles Neue so, daß man ihm gar nicht wehren
und daß man es nicht übersehn kann.

Jetzt kommst Du ja selbst. Ich will doch nicht den ganzen Sonntagnachmittag an dem Schreibtisch versitzen – ich sitze hier schon seit zwei Uhr, und jetzt
ist es fünf –, wenn ich so bald mit Dir reden kann. Ich freue mich so. Du wirst
eine kalte Luft mitbringen, die wird allen dumpfen Köpfen gut tun. Ich freue
mich so. Auf Wiedersehn.

Dein Franz

1904

An Max Brod

[1903 oder 1904]

Lieber Max,
besonders da ich gestern nicht im Kolleg war, scheint es mir notwendig, Dir zu
schreiben, um Dir zu erklären, warum ich an dem Redoutenabend nicht mit
euch gegangen bin, trotzdem ich es vielleicht versprochen hatte.

Verzeih es mir, ich wollte mir ein Vergnügen machen und Dich und Přibram
für einen Abend zusammenbringen, denn ich dachte, es müßten hübsche Grup-
pierungen entstehn, wenn Du, vom Augenblick gezwängt, überspitzte Bemerkungen machst – so tust Du es unter mehrern – er dagegen aus seinem vernünftigen Überblick, den er fast über alles außer Kunst hat, das Entsprechende
entgegenzeigte.

Aber als ich daran dachte, hatte ich Deine Gesellschaft, die kleine Gesellschaft, in der Du warst, vergessen. Dem ersten Anblick eines Fremden zeigt sie
Dich nicht vorteilhaft. Denn teilweise ist sie von Dir abhängig, teilweise selbständig. Soweit sie abhängig ist, steht sie um Dich als empfindliches Bergland
mit bereitem Echo. Das macht den Zuhörer bestürzt. Während seine Augen
sich mit einem Gegenstand vor ihm ruhig beschäftigen möchten, wird sein
Rücken geprügelt. Da muß die Genußfähigkeit für beides verloren gehn, besonders wenn er nicht ungewöhnlich gewandt ist.

Soweit sie aber selbständig sind, schaden sie Dir noch mehr, denn sie verzer-
ren Dich, Du erscheinst durch sie an unrechter Stelle, Du wirst dem Zuhörer
gegenüber durch Dich widerlegt, was hilft der schöne Augenblick, wenn die
Freunde konsequent sind. Freundliche Masse hilft nur bei Revolutionen, wenn
alle zugleich und einfach wirken, gibt es aber einen kleinen Aufstand unter ver-
streutem Licht an einem Tisch, dann vereiteln sie ihn. Es ist so, Du willst Deine
Dekoration »Morgenlandschaft« zeigen und stellst sie als Hintergrund auf, aber
Deine Freunde glauben, für diese Stunde wäre »Wolfsschlucht« passender und
sie stellen als Seitenkulissen Dir zur Seite Deine »Wolfsschlucht«. Freilich es
sind beide von Dir gemalt und jeder Zuschauer kann das erkennen, aber was für
bestürzende Schatten sind auf der Wiese der Morgenlandschaft und über dem
Feld fliegen ekelhafte Vögel. So glaube ich, ist es. Es geschieht Dir selten, aber
doch bisweilen (nun ich verstehe das noch nicht ganz), daß Du sagst: »Hier im
Flaubert sind lauter Einfälle über Tatsachen, weißt Du, kein Gemütsschwefel«.
Wie könnte ich Dich damit häßlich machen, wenn ich es bei einer Gelegenheit
so anwende: Du sagst »Wie schön ist Werther«. Ich sage: »Wenn wir aber die
Wahrheit sagen wollen, so ist viel Gemütsschwefel drin«, das ist eine lächerliche
unangenehme Bemerkung, aber ich bin Dein Freund, während ich es sage, ich

will Dir nichts Böses tun, ich will dem Zuhörer nur Deine runde Ansicht über dergleichen Dinge sagen. Denn oft kann es Zeichen der Freundschaft sein, den Ausspruch des Freundes nicht mehr zu durchdenken. Aber inzwischen ist der Zuhörer traurig, müde geworden.

Ich habe das geschrieben, weil es mir trauriger wäre, Du verzeihtest mir nicht, daß ich den Abend nicht mit Dir verbracht habe, als wenn Du mir diesen Brief nicht verzeihst. – Ich grüße Dich schön –

Dein Franz K.

Leg es noch nicht weg, ich habe es noch einmal durchgelesen und sehe, es ist nicht klar. Ich wollte schreiben: Was für Dich unerhörtes Glück ist, nämlich in ermatteter Zeit nachlässig werden zu dürfen und doch durch Hilfe des ganz Gleichgesinnten ohne eigenen Schritt dahin geführt zu werden, wohin man strebte, dieses gerade zeigt Dich bei Gelegenheit einer Repräsentation – das dachte ich mir bei P. – nicht so, wie ich will. – Jetzt ist es genug.

An Oskar Pollak

[10. Januar 1904]

Abends, halb elf.

Ich schiebe den Marc Aurel zur Seite, ich schiebe ihn schwer zur Seite. Ich glaube, ich könnte jetzt ohne ihn nicht leben, denn schon zwei, drei Sprüche, im Marc Aurel gelesen, machen gefaßter und straffer, wenn auch das ganze Buch nur von einem erzählt, der mit klugem Wort und hartem Hammer und weitem Ausblick sich zu einem beherrschten, ehernen, aufrechten Menschen machen möchte. Aber man muß gegen einen Menschen ungläubig werden, wenn man immerfort hört, wie er zu sich redet: »Sei doch ruhig, sei doch gleichgültig, gib die Leidenschaften dem Wind, sei doch standfest, sei doch ein guter Kaiser! « Gut ist es, wenn man sich vor sich selbst mit Worten zuschütten kann, aber noch besser ist es, wenn man sich mit Worten ausschmücken und behängen kann, bis man ein Mensch wird, wie man es im Herzen wünscht.

Du machst Dir in Deinem letzten Brief ungerechte Vorwürfe. Mir tut es gut, wenn mir einer eine kühle Hand reicht, aber wenn er sich einhängt, ist es mir schon peinlich und unverständlich. Du meinst, weil es zu selten geschehen ist? Nein, nein, das ist nicht wahr. Weißt Du, was an manchen Leuten Besonderes ist? Sie sind nichts, aber sie können es nicht zeigen, nicht einmal ihren Augen können sie es zeigen, das ist das Besondere an ihnen. Alle diese Menschen sind Brüder jenes Mannes, der in der Stadt herumging, sich auf nichts verstand, kein vernünftiges Wort herausbrachte, nicht tanzen konnte, nicht lachen konnte, aber immer krampfhaft mit beiden Händen eine verschlossene Schachtel trug. Fragte ihn nun ein Teilnehmender: »Was tragen Sie so vorsichtig in der Schachtel?«, da senkte dann der Mann den Kopf und sagte unsicher: »Ich verstehe mich zwar auf nichts, das ist wahr, ich kann zwar auch kein vernünftiges Wort herausbringen, ich kann auch nicht tanzen, auch lachen kann ich nicht, aber was in dieser, wohlgemerkt verschlossenen Schachtel ist, das kann ich nicht sagen, nein, nein, das sage ich nicht.« Wie natürlich, verliefen sich nach diesen Antworten alle Teilnehmenden, aber doch blieb in manchen von ihnen eine gewisse Neugier, eine gewisse Spannung, die immer fragte: »Was ist denn in der verschlossenen Schachtel?«, und um der Schachtel willen kamen sie hin und wieder zu dem Mann zurück, der aber nichts verriet. Nun, Neugierde, derartige Neugierde wird nicht alt und Spannung lockert sich, niemand hält es aus, nicht endlich zu lächeln, wenn eine unscheinbare, verschlossene Schachtel mit ewiger unverständlicher Ängstlichkeit gehütet wird. Und dann, einen halbwegs gutartigen Geschmack haben wir ja dem armen Mann gelassen, vielleicht lächelt er selbst endlich, wenn auch ein wenig verzerrt. – Was an Stelle der Neugier jetzt kommt, ist gleichgültiges fernstehendes Mitleid, ärger als Gleichgültigkeit und Fernstehn. Die Teilnehmenden, die kleiner an Zahl sind als früher, fragen jetzt: »Was tragen Sie denn so vorsichtig in der Schachtel? Einen Schatz vielleicht, he, oder eine Verkündigung, nicht? Na, machen Sie nur auf, wir brauchen beides, übrigens lassen Sie es nur zu, wir glauben es Ihnen auch ohnedem.« Da schreit es plötzlich einer besonders grell, der Mann schaut erschrocken, er war es selbst. Nach seinem Tode fand man in der Schachtel zwei Milchzähne.

Franz

An Oskar Pollak

[27. Januar 1904]

Lieber Oskar!
Du hast mir einen lieben Brief geschrieben, der entweder bald oder überhaupt nicht beantwortet werden wollte, und jetzt sind vierzehn Tage seitdem vorüber, ohne daß ich Dir geschrieben habe, das wäre an sich unverzeihlich, aber ich hatte Gründe. Fürs erste wollte ich nur gut Überlegtes Dir schreiben, weil mir die Antwort auf diesen Brief wichtiger schien als jeder andere frühere Brief an Dich – (geschah leider nicht); und fürs zweite habe ich Hebbels Tagebücher (an 1800 Seiten) in einem Zuge gelesen, während ich früher immer nur kleine Stückchen herausgebissen hatte, die mir ganz geschmacklos vorkamen. Dennoch fing ich es im Zusammenhange an, ganz spielerisch anfangs, bis mir aber endlich so zu Mute wurde wie einem Höhlenmenschen, der zuerst im Scherz und in langer Weile einen Block vor den Eingang seiner Höhle wälzt, dann aber, als der Block die Höhle dunkel macht und von der Luft absperrt, dumpf erschrickt und mit merkwürdigem Eifer den Stein wegzuschieben sucht. Der aber ist jetzt zehnmal schwerer geworden und der Mensch muß in Angst alle Kräfte spannen, ehe wieder Licht und Luft kommt. Ich konnte eben keine Feder in die Hand nehmen während dieser Tage, denn wenn man so ein Leben überblickt, das sich ohne Lücke wieder und wieder höher türmt, so hoch, daß man es kaum

mit seinen Fernrohren erreicht, da kann das Gewissen nicht zur Ruhe kommen. Aber es tut gut, wenn das Gewissen breite Wunden bekommt, denn dadurch wird es empfindlicher für jeden Biß. Ich glaube, man sollte überhaupt nur solche Bücher lesen, die einen beißen und stechen. Wenn das Buch, das wir lesen, uns nicht mit einem Faustschlag auf den Schädel weckt, wozu lesen wir dann das Buch? Damit es uns glücklich macht, wie Du schreibst; Mein Gott, glücklich wären wir eben auch, wenn wir keine Bücher hätten, und solche Bücher, die uns glücklich machen, könnten wir zur Not selber schreiben. Wir brauchen aber die Bücher, die auf uns wirken wie ein Unglück, das uns sehr schmerzt, wie der Tod eines, den wir lieber hatten als uns, wie wenn wir in Wälder verstoßen würden, von allen Menschen weg, wie ein Selbstmord, ein Buch muß die Axt sein für das gefrorene Meer in uns. Das glaube ich.

Aber Du bist ja glücklich, Dein Brief glänzt förmlich, ich glaube, Du warst früher nur infolge des schlechten Umganges unglücklich, es war ganz natürlich, im Schatten kann man sich nicht sonnen. Aber daß ich an Deinem Glück schuld bin, das glaubst Du nicht. Höchstens so: Ein Weiser, dessen Weisheit sich vor ihm selbst versteckte, kam mit einem Narren zusammen und redete ein Weilchen mit ihm, über scheinbar fernliegende Sachen. Ab nun das Gespräch zu Ende war und der Narr nach Hause gehen wollte – er wohnte in einem Taubenschlag –, fällt ihm da der andere um den Hals, küßt ihn und schreit: danke, danke, danke. Warum? Die Narrheit des Narren war so groß gewesen, daß sich dem Weisen seine Weisheit zeigte. –

Es ist mir, als hätte ich Dir ein Unrecht getan und müßte Dich um Verzeihung bitten. Aber ich weiß von keinem Unrecht.

Dein Franz

An Max Brod

[Prag,] 28. August [1904]

Es ist sehr leicht, am Anfang des Sommers lustig zu sein. Man hat ein lebhaftes Herz, einen leidlichen Gang und ist dem künftigen Leben ziemlich geneigt. Man erwartet Orientalisch-Merkwürdiges und leugnet es wieder mit komischer Verbeugung und mit baumelnder Rede, welches bewegte Spiel behaglich und zitternd macht. Man sitzt im durcheinandergeworfenen Bettzeug und schaut auf die Uhr. Sie zeigt den späten Vormittag. Wir aber malen den Abend mit gut gedämpften Farben und Fernsichten, die sich ausdehnen. Und wir reiben unsere Hände vor Freude rot, weil unser Schatten lang und so schön abendlich wird. Wir schmücken uns in der innern Hoffnung, daß der Schmuck unsere Natur werden wird. Und wenn man uns nach unserm beabsichtigten Leben fragt, so gewöhnen wir uns im Frühjahr eine ausgebreitete Handbewegung als Antwort an, die nach einer Weile sinkend wird, als sei es so lächerlich unnötig, sichere Dinge zu beschwören.

Wenn wir nun ganz enttäuscht würden, so wäre es zwar für uns betrübend, aber doch wieder wie eine Erhörung unseres täglichen Gebetes, die Folgerichtigkeit unseres Lebens möge der äußern Erscheinung nach uns gnädigst erhalten bleiben.

Wir werden aber nicht enttäuscht, diese Jahreszeit, die nur ein Ende, aber keinen Anfang hat, bringt uns in einen Zustand, der uns so fremd und natürlich ist, daß er uns ermorden könnte.

Wir werden förmlich von einer wehenden Luft nach ihrem Belieben getragen und es muß nicht ohne Scherzhaftigkeit sein, wenn wir uns im Luftzug an die Stirne greifen oder uns durch gesprochene Worte zu beruhigen suchen, die dünnen Fingerspitzen an die Knie gepreßt. Während wir sonst bis zu einem gewissen Maße höflich genug sind, von einer Klarheit über uns nichts wissen zu wollen, geschieht es jetzt, daß wir sie mit einer gewissen Schwäche suchen, freilich in der Weise, mit der wir zum Spaße so tun, als wollten wir mit Anstrengung kleine Kinder fangen, die langsam vor uns trippeln. Wir durchwühlen uns wie ein Maulwurf und kommen ganz geschwärzt und sammethaarig aus unsern verschütteten Sandgewölben, unsere armen roten Füßchen für zartes Mitleid emporgestreckt.

Bei einem Spaziergang ertappte mein Hund einen Maulwurf, der über die Straße laufen wollte. Er sprang immer wieder auf ihn und ließ ihn dann wieder los, denn er ist noch jung und furchtsam. Zuerst belustigte es mich und die Aufregung des Maulwurfs besonders war mir angenehm, der geradezu verzweifelt und umsonst im harten Boden der Straße ein Loch suchte. Plötzlich aber als der Hund ihn wieder mit seiner gestreckten Pfote schlug, schrie er auf. Ks, kss so schrie er. Und da kam es mir vor – Nein es kam mir nichts vor. Es täuschte mich bloß so, weil mir an jenem Tag der Kopf so schwer herunterhing, daß ich am Abend mit Verwunderung bemerkte, daß mir das Kinn in meine Brust hineingewachsen war. Aber am nächsten Tag hielt ich meinen Kopf wieder hübsch aufrecht. Am nächsten Tag zog sich ein Mädchen ein weißes Kleid an und verliebte sich dann in mich. Sie war sehr unglücklich darüber und es ist mir nicht gelungen, sie zu trösten, wie das eben eine schwere Sache ist. Als ich an einem andern Tage nach einem kurzen Nachmittagsschlaf die Augen öffnete, meines Lebens noch nicht ganz sicher, hörte ich meine Mutter in natürlichem Ton vom Balkon hinunterfragen: »Was machen Sie?« Eine Frau antwortete aus dem Garten: »Ich jause im Grünen.« Da staunte ich über die Festigkeit, mit der die Menschen das Leben zu tragen wissen. An einem andern Tage freute ich mich mit einem gespannten Schmerz über die Erregung eines Tages, der bewölkt war. Dann war eine verblasene Woche oder zwei oder noch mehr. Dann verliebte ich mich in eine Frau. Dann tanzte man einmal im Wirtshaus und ich ging nicht hin. Dann war ich wehmütig und sehr dumm, so daß ich stolperte auf den Feldwegen, die hier sehr steigend sind. Dann einmal las ich in Byrons Tagebüchern diese Stelle (Ich schreibe sie in dieser beiläufigen Art, weil das Buch schon eingepackt ist): »Seit einer Woche habe ich mein Haus nicht verlassen. Seit drei Tagen boxe ich täglich vier Stunden mit einem Fechtmeister in der Bibliothek bei offenen Fenstern, um meinen Geist zur Ruhe zu bringen.« Und dann und dann war der Sommer zu Ende und ich finde, daß es kühl wird, daß es Zeit wird die Sommerbriefe zu beantworten, daß meine Feder ein wenig ausgeglitten ist und daß ich sie deshalb niederlegen könnte.

Dein Franz K.

An Max Brod

[Visitenkarte, wahrscheinlich 1904]

Bitte warte ein bischen. Um halb elf bin ich sicher hier. Weißt Du, ich habe vergessen, daß heute ein Feiertag ist und da läßt mich der Přibram nicht los. Aber ich komme sicher.

Dein Franz K.

An Max Brod

[1904?]

Mein lieber Max,
es tut mir leid, es muß gestern wirklich sehr à la Cabaret gewesen sein, denn als ich um halb zehn nach der Italienischstunde dort war, war schon alles zu.

Meine Mutter hat in ihrem von Walzern geschüttelten Gedächtnis eine unsichere Erinnerung daran, daß Du gesagt hast, Du werdest heute zu mir kommen. Willst Du das, so laß mich heute lieber zu Dir kommen, denn wir haben eine operierte Tante in der Wohnung und wir würden am Abend zu oft über Schlafende stolpern. Also antworte mir und das umso freundlicher, weil ich Dir den Lukian schicke.

Dein Franz

An Max Brod

[1904]

Ich wunderte mich, daß Du mir nichts über Tonio Kröger geschrieben hast. Aber ich sagte zu mir: »Er weiß, wie froh ich bin, wenn ich einen Brief von ihm bekomme, und über Tonio Kröger muß man etwas sagen. Offenbar hat er mir also geschrieben, aber es gibt Zufälle, Wolkenbrüche, Erdbeben, der Brief ist verloren gegangen.« Gleich darauf aber ärgerte ich mich über diesen Einfall, da ich nicht in Schreiberlaune war, und schimpfend darüber, einen vielleicht ungeschriebenen Brief beantworten zu müssen, begann ich zu schreiben: Als ich Deinen Brief bekam, überlegte ich in meiner Verwirrung, ob ich zu Dir gehn oder

Dir Blumen schicken sollte. Aber ich tat keines von beiden, teils aus Nachlässigkeit, teils weil ich fürchtete, Dummheiten zu begehn, da ich ein wenig aus
meinem Schritt gekommen bin und traurig bin wie ein Regenwetter.

Da hat mir aber Dein Brief gut getan. Denn wenn mir jemand eine Art von
Wahrheit sagt, so finde ich das anmaßend. Er belehrt mich dadurch, erniedrigt
mich, erwartet von mir die Mühsal eines Gegenbeweises, ohne aber selbst in
Gefahr zu sein, da er doch seine Wahrheit für unangreifbar halten muß. Aber so
zeremoniell, unbesonnen und rührend es ist, wenn man jemandem ein Vorurteil sagt, noch rührender ist es, wenn man es begründet und gar wenn man es
wieder mit Vorurteilen begründet.

Du schreibst vielleicht auch von der Ähnlichkeit mit Deiner Geschichte
»Ausflug ins Dunkelrote«. Ich habe auch früher an eine solche ausgebreitete
Ähnlichkeit gedacht, ehe ich »Tonio Kröger« jetzt wieder gelesen habe. Denn
das Neue des »Tonio Kröger« liegt nicht in dem Auffinden dieses Gegensatzes
(Gott sei Dank, daß ich nicht mehr an diesen Gegensatz glauben muß, es ist ein
einschüchternder Gegensatz), sondern in dem eigentümlichen nutzbringenden
(der Dichter im »Ausflug«) Verliebtsein in das Gegensätzliche.

Wenn ich nun annehme, daß Du über diese Gegenstände geschrieben hast,
so verstehe ich nicht, warum Dein Brief im Ganzen so aufgeregt und ohne Atem
ist. (Es ist möglich, daß das bei mir bloß eine Erinnerung daran ist, daß Du
Sonntagvormittag so gewesen bist.) Ich bitte Dich, laß Dich ein wenig in Ruhe.

Ja, ja es ist gut, daß auch dieser Brief verloren gehen wird.

Dein Franz K.

Nach zwei verlernten Tagen.

1905

An Max Brod

[Prag, Stempel: 4.V. 1905]

Da Du Hübsches erlebt hast, woran ich gar keinen Anteil habe, so darfst Du über mich nicht ärgerlich sein. Besonders da ich bei dem unruhigen Wetter denken mußte, die Zusammenkunft sei im Kaffeehaus, und da Du die Zeit bei Stefan George schon ein wenig besänftigt verbracht hast. Und dann ist jetzt um elf Uhr das Wetter so schön, ohne daß mich jemand darüber tröstet.

Dein F. K.

An Max Brod

[Ansichtskarte. Zuckmantel, Ankunftstempel: 24.VIII. 1905]

Lieber B.

Sicher, ich hätte Dir geschrieben, wenn ich in Prag geblieben wäre. So aber bin ich leichtsinnig, schon die vierte Woche in einem Sanatorium in Schlesien, sehr viel unter Menschen und Frauenzimmern und ziemlich lebendig geworden.

Franz K.

An Max Brod

[Prag, Stempel: 16. III. 1906]

Lieber Max,
ich hätte Dir eigentlich noch während meiner Prüfung schreiben sollen, denn es
ist sicher, daß Du mir drei Monate meines Lebens zu einer andern Verwendung
gerettet hast als zum Lernen der Finanzwissenschaft. Nur die Zettelchen haben
mich gerettet, denn dadurch erstrahlte ich dem M. als seine eigene Spiegelung
mit sogar interessanter österreichischer Färbung, und trotzdem er in dieser großen Menge befangen war, die er dieses halbe Jahr gesprochen hat, ich dagegen
nur Deine ganz kleinen Zettelchen in der Erinnerung hatte, kamen wir doch zu
der schönsten Übereinstimmung. Aber auch bei den andern war es sehr lustig,
wenn auch nicht kenntnisreich.
Viele Grüße

Dein F. K.

Přibram ist es sehr gut gegangen.

An Max Brod

[wahrscheinlich Mai 1906]

Lieber Max –
Da ich schon so lange nicht bei Dir gewesen bin (Kisten tragen und abstauben,
denn wir übersiedeln das Geschäft, kleines Mädchen, sehr wenig Lernen, Dein
Buch, Dirnen, Macaulay »Lord Clive«; auch so ergibt sich ein Ganzes) nun da
ich so lange nicht bei Dir gewesen bin, komme ich heute, um Dich nicht zu enttäuschen und weil, ich glaube, Dein Geburtstag ist, in der lächerlich schönen
Verwandlung der »Glücklichen«. Du nimmst mich gut auf.

Dein Franz K.

An Max Brod

[Prag, Stempel: 29.V. 1906]

Lieber Max,
Da ich jetzt doch zu lernen habe (kein Mitleid, es ist so schön Überflüssiges für
schön Überflüssiges) und da es für mich eine Anstrengung ist, während des
Tages meine Lumpen auszuziehn und einen Straßenanzug zu nehmen, so muß

ich als Nachttier leben. Nun möchte ich Dich aber gerne wieder einmal, also an einem Abend sehn, morgen Mittwoch vielleicht oder wann Du sonst willst. – Übrigens schreibe ich vor allem deshalb, weil ich wissen will, wie es Dir geht, denn Montag warst Du immerhin noch bei Deinem Doktor.

Franz

An Max Brod

[Zuckmantel, Stempel: 13.VIII. 1906]

Lieber Max – Ich bin lange verschwunden gewesen, jetzt erscheine ich wieder, wenn auch mit schwerem Atem noch. – Zuerst kurze Nachricht, also bezüglich euerer Wohnung. Gasthaus »Edelstein« zwei Minuten vom Sanatorium entfernt, knapp beim Wald gibt es ein Zimmer für 5 fl wöchentlich, Zimmer mit guter Pension für 45 fl monatlich für eine Person. Vom achtzehnten an ist es vielleicht noch billiger. In der Dependance, einem Haus des Sanatoriums sind Zimmer für 7 bis 8 fl wöchentlich zu haben.

Dein Franz

An Max Brod

[Rohrpostkarte. Prag, Stempel: 11. XII. 1906]

Lieber Max,
mein sehr interessanter Cousin aus Paraguay, von dem ich Dir schon erzählt habe und der während dieses europäischen Aufenthaltes einige Tage in Prag war zu einer Zeit, da Du gerade vor Deiner Staatsprüfung warst, ist heute wieder auf der Rückfahrt in Prag angekommen. Er wollte gleich heute Abend wegfahren; da ich Dir ihn aber zeigen wollte, habe ich ihn mit großer Mühe dazu gebracht, erst morgen früh wegzufahren. Ich bin sehr froh und hole Dich heute Abend zur Zusammenkunft ab.

Dein Franz

An Max Brod

16/12 [1906?]

Mein lieber Max
wann gehn wir zu der indischen Tänzerin, wenn uns schon das kleine Fräulein entlaufen ist, dessen Tante vorläufig noch stärker ist als sein Talent.

Franz

1907

[Prag,] 12.2.1907

Lieber Max,
ich schreibe Dir gern, noch ehe ich mich schlafen lege; es ist erst vier Uhr.

Ich habe gestern die »Gegenwart« gelesen, allerdings mit Unruhe, da ich in Gesellschaft war und das in der »Gegenwart« Gedruckte ins Ohr gesagt sein will.

Nun, das ist Fasching, durchaus Fasching, aber der liebenswürdigste. – Gut, so habe ich in diesem Winter doch einen Tanzschritt gemacht.

Besonders freue ich mich, daß nicht jeder die Notwendigkeit meines Namens an dieser Stelle erkennen wird. Denn er müßte den ersten Absatz schon daraufhin lesen und sich die Stelle, die vom Glück der Sätze handelt, merken. Dann würde er finden: eine Namengruppe, die mit Meyrink (offenbar ist das ein zusammengezogener Igel) endet, ist am Anfang eines Satzes unmöglich, wenn die folgenden Sätze noch atmen sollen. Also bedeutet ein Name mit offenem Vokal am Ende – hier eingefügt – die Lebensrettung jener Worte. Mein Verdienst dabei ist ein geringes.

Traurig ist nur – ich weiß, Du hattest diese Absicht nicht –, daß es mir jetzt zu einer unanständigen Handlung gemacht worden ist, später etwas herauszugeben, denn die Zartheit dieses ersten Auftretens würde vollständigen Schaden bekommen. Und niemals würde ich eine Wirkung finden, die jener ebenbürtig wäre, die meinem Namen in Deinem Satze gegeben ist.

Allerdings ist das nur eine nebensächliche Erwägung heute, mehr suche ich Sicherheit über den Kreis meiner jetzigen Berühmtheit zu bekommen, da ich ein braves Kind bin und Liebhaber der Geographie. Mit Deutschland, glaube ich, kann ich hier nur wenig rechnen. Denn wieviele Leute lesen hier eine Kritik mit gleicher Spannung bis in den letzten Absatz hinein? Das ist nicht Berühmtheit. Anders aber ist es bei den Deutschen im Auslande, zum Beispiel in den Ostseeprovinzen, besser noch in Amerika oder gar in den deutschen Kolonien, denn der verlassene Deutsche liest seine Zeitschrift ganz und gar. Mittelpunkte meines Ruhmes sind also Dar-es-Salam, Udschidschi, Windhoek. Aber gerade zur Beruhigung dieser rasch interessierten Leute (schön ist es: Farmer, Soldaten) hättest Du noch in Klammern schreiben sollen: »Diesen Namen wird man vergessen müssen.«
Ich küsse Dich, mach die Prüfung bald,

Dein Franz

An Max Brod

[wahrscheinlich Mai 1907]

Lieber Max – ruhigere Goetheforschung! Sicher ist, daß Goethe nie geschrieben hätte: »Das hätte Goethe nie gemacht«, aber vor dem Tor hätte er nicht im letzten Augenblick einmal seinen Geburtstag eingestehen können? Ich bitte Dich! Im Gegenteil, Goethe hättest Du dann schreiben dürfen, daß ich es nie getan hätte. Ich hätte es auch nicht getan (Geburtstag ist doch noch etwas mehr ärgerlich als gleichgültig), wenn es sich nicht gerade getroffen hätte, daß es sich ahnungsvoll anschloß an die Erwähnung der Dreiundzwanzigjährigen (was für ein kolossales Alter schien uns das!), die mir tags darauf ein Wunder von einem Sonntag verschafft hat. Das war ein Sonntag.

Sag, warum ärgerst Du mich immerfort mit den zwei Kapiteln? Sei mit mir glücklich, daß Du unbegreifliche Sachen schreibst, und laß das andere Zeug in Ruh.

Dein Franz

An Max Brod

[Triesch, Mitte August 1907]

Mein lieber Max,
als ich gestern abend von dem Ausflug (lustig, lustig) nachhause kam, war Dein Brief da und hat mich verwirrt, trotzdem ich müde war. Denn Unentschlossenheit kenne ich, ich kenne nichts anderes, aber dort wo etwas nach mir verlangt, da falle ich hin, ganz müde der halben Neigung und des halben Zweifels in tausend frühern Kleinigkeiten; der Entschlossenheit der Welt könnte ich nicht widerstehn. Deshalb würde nicht einmal der Versuch Dich umzustimmen für mich passen.

Deine Verhältnisse und meine sind ganz andere und deshalb ist es von keiner Bedeutung, wenn ich bei der Stelle »entschloß ich mich nicht anzunehmen« vor Schrecken wie bei einem Schlachtbericht nicht gleich weiterlesen konnte. Doch hat mich bald wie in allem auch hier die verdammte Unendlichkeit der Nachteile und Vorteile jeder Sache beruhigt.

Ich sagte mir: Du brauchst viel Tätigkeit, Deine Bedürfnisse in dieser Hinsicht sind mir sicher, wenn auch unbegreiflich; ein Jahr lang würde Dir ein Wald als Ziel eines Spazierganges nicht genügen und ist es am Ende nicht fast gewiß, daß Du Dir während des städtischen Gerichtsjahres eine literarische Stellung verschaffst, die alles andere unnötig macht.

Ich allerdings wäre wie ein Verrückter nach Komotau gelaufen, allerdings brauche ich keine Tätigkeit, besonders da ich ihrer nicht fähig bin, und wenn mir auch ein Wald vielleicht nicht genügen würde, so habe ich doch – das ist klar – während des Gerichtsjahres nichts fertig gebracht.

Und dann, ein Beruf ist machtlos, sobald man ihm gewachsen ist, ich würde mich unaufhörlich während der Arbeitsstunden – es sind doch nur sechs – blamieren und ich sehe, daß Du jetzt alles für möglich hältst, wie Du schreibst, wenn Du glaubst, daß ich zu einem ähnlichen Unternehmen fähig wäre! Dagegen das Geschäft und der Trost am Abend. Ja, wenn man durch Trost schon glücklich würde und nicht auch ein wenig Glück zum Glücklichsein nötig wäre.

Nein, wenn sich bis Oktober in meinen Aussichten nichts bessert, mache ich den Abiturientenkurs an der Handelsakademie und lerne zu Französisch und Englisch noch Spanisch. Wenn Du das mit mir machen wolltest, das wäre schön; was Du beim Lernen mir gegenüber vor hast, würde ich durch Ungeduld ersetzen; mein Onkel müßte uns einen Posten in Spanien verschaffen oder wir würden nach Südamerika fahren oder auf die Azoren, nach Madeira. Vorläufig darf ich noch bis zum 25. August hier leben. Ich fahre viel auf dem Motorrad, ich bade viel, ich liege lange nackt im Gras am Teiche, bis Mitternacht bin ich mit einem lästig verliebten Mädchen im Park, ich habe schon Heu auf der Wiese umgelegt, ein Ringelspiel aufgebaut, nach dem Gewitter Bäumen geholfen, Kühe und Ziegen geweidet und am Abend nachhause getrieben, viel Billard gespielt, große Spaziergänge gemacht, viel Bier getrunken und ich bin auch schon im Tempel gewesen. Am meisten Zeit aber – ich bin sechs Tage hier – habe ich mit zwei kleinen Mädchen verbracht, sehr gescheiten Mädchen, Studentinnen, sehr sozialdemokratisch, die ihre Zähne aneinanderhalten müssen, um nicht gezwungen zu sein, bei jedem Anlaß eine Überzeugung, ein Prinzip auszusprechen. Die eine heißt A., die andere H.W. ist klein, ihre Wangen sind rot ununterbrochen und grenzenlos; sie ist sehr kurzsichtig und das nicht nur der hübschen Bewegung halber, mit der sie den Zwicker auf die Nase – deren Spitze ist wirklich schön aus kleinen Flächen zusammengesetzt – niedersetzt; heute Nacht habe ich von ihren verkürzten dicken Beinen geträumt und auf diesen Umwegen erkenne ich die Schönheit eines Mädchens und verliebe mich. Morgen werde ich ihnen aus den »Experimenten« vorlesen, es ist das einzige Buch, das ich außer Stendhal und den »Opalen« bei mir habe.

Ja, wenn ich auch die »Amethyste« hätte, würde ich Dir die Gedichte abschreiben, aber ich habe sie im Bücherkasten zuhause und den Schlüssel habe ich bei mir, um ein Sparkassabuch nicht entdecken zu lassen, von dem niemand zu Hause weiß und das für mich meinen Rang in der Familie bestimmt. Hast Du also bis zum 25. August nicht Zeit, dann schicke ich Dir den Schlüssel. Und jetzt bleibt mir nur übrig, Dir mein armer Junge, für die Mühe zu danken, die Du hattest, um Deinen Verleger von der Güte meiner Zeichnung zu überzeugen.

Heiß ist und nachmittag soll ich im Wald tanzen.

Grüße, ich bitte, Deine Familie von mir

Dein Franz

An Max Brod

[Postkarte. Prag, Stempel: 28.VIII. 1907]

Mein lieber Max – Das war nicht gut, denn schon unrecht ist es, daß Du mir nicht schreibst, wie es Dir in Komotau geht, aber daß Du mich fragst, wie es mir geht, wie ich den Sommer verbracht habe – Der Anblick des Erzgebirges mag schön sein, selbst über das grüne Tuch des Tisches weg, und ich hätte Dich gerne besucht, wenn die Fahrt nicht so teuer wäre. – Daß Du einen Menschen mit meiner frühern Schrift gefunden hast, ist möglich, jetzt aber schreibe ich anders und nur beim Schreiben an Dich erinnere ich mich an die jetzt vergangenen Bewegungen meiner Buchstaben. Kommst Du nicht Sonntag: Ich wäre froh.

Dein Franz K.

An Hedwig W.

[Prag,] 29. August [1907]

Du, Liebe, ich bin müde und vielleicht bin ich ein wenig krank. Jetzt habe ich das Geschäft aufgemacht und versuche dadurch, daß ich im Bureau Dir schreibe, dieses Bureau ein bischen freundlicher zu machen. Und alles, was um mich ist, unterliegt Dir. Der Tisch preßt sich fast verliebt an das Papier, die Feder liegt in der Senkung zwischen Daumen und Zeigefinger, wie ein bereitwilliges Kind, und die Uhr schlägt wie ein Vogel.

Ich aber glaube, ich schreibe Dir aus einem Krieg oder sonst woher aus Ereignissen, die man sich nicht gut vorstellen kann, weil ihre Zusammensetzung zu ungewöhnlich und ihr Tempo das unbeständigste ist. Verwickelt in die peinlichsten Arbeiten trage ich so –

abend 11 Uhr

jetzt ist der lange Tag vergangen und er hat, trotzdem er dessen nicht würdig ist, diesen Anfang und dieses Ende. Aber im Grunde hat sich, seitdem man mich unterbrochen hat, nichts geändert, und trotzdem jetzt links von mir die Sterne des offenen Fensters sind, läßt sich der beabsichtigte Satz vollenden.

– – trage ich so von dem einen festen Entschluß meine Kopfschmerzen zum andern, ebenso festen, aber entgegengesetzten. Und alle diese Entschlüsse beleben sich, bekommen Ausbrüche der Hoffnung und eines zufriedenen Lebens, diese Verwirrung der Folgen ist noch ärger, als die Verwirrung der Entschlüsse. Wie Flintenkugeln fliege ich aus einem ins andere und die versammelte Aufregung, die in meinem Kampf Soldaten, Zuschauer, Flintenkugeln und Generäle unter einander verteilen, bringt mich allein ins Zittern. Du aber willst, ich soll Dich gar nicht entbehren, ich soll durch einen großen Spaziergang meiner Gefühle sie ermüden und zufrieden machen, während Du Dich fortwährend aufstörst und im Sommer Dir den Pelz anziehst nur deshalb, weil im Winter Kälte möglich ist.

Übrigens habe ich keine Geselligkeit, keine Zerstreuung; die Abende über bin ich im kleinen Balkon über dem Fluß, ich lese nicht einmal die Arbeiterzeitung und ich bin kein guter Mensch. Vor Jahren habe ich einmal dieses Gedicht geschrieben.

In der abendlichen Sonne
sitzen wir gebeugten Rückens
auf den Bänken in dem Grünen.
Unsere Arme hängen nieder,
unsere Augen blinzeln traurig.

Und die Menschen gehn in Kleidern
schwankend auf dem Kies spazieren
unter diesem großen Himmel,
der von Hügeln in der Ferne
sich zu fernen Hügeln breitet.

Und so habe ich nicht einmal jenes Interesse an den Menschen, welches Du verlangst.

Du siehst, ich bin ein lächerlicher Mensch; wenn Du mich ein wenig lieb hast, so ist es Erbarmen, mein Anteil ist die Furcht. Wie wenig nützt die Begegnung im Brief, es ist wie ein Plätschern am Ufer, zweier durch eine See Getrennter. Über die vielen Abhänge aller Buchstaben ist die Feder geglitten und es ist zu Ende, es ist kühl und ich muß in mein leeres Bett.

Dein Franz

An Hedwig W.

[Prag, Anfang September 1907]

Trotz allem, Liebe, dieser Brief ist spät gekommen, Du hast Dir gründlich überlegt, was Du geschrieben hast. Ich habe ihn auf keine Weise früher erzwingen können, nicht dadurch, daß ich in der Nacht aufrecht im Bett saß, nicht dadurch, daß ich auf dem Kanapee in Kleidern schlief und während des Tages öfter nachhause kam, als es recht war. Bis ich heute Abend davon abließ und Dir schreiben wollte, vorher aber mit einigen Papieren in einem offenen Fache spielte und Deinen Brief darin fand. Er war schon früh gekommen, aber man hatte ihn, als man abstaubte, aus Vorsicht ins Fach gesteckt.

Ich meinte, einen Brief schreiben sei wie ein Plätschern im Uferwasser, aber ich meinte nicht, daß man das Plätschern hört.

Und nun setze Dich und lies ruhig und lasse mich statt meiner Buchstaben in Deine Augen schauen.

Stelle Dir vor, A bekommt von X Brief und Brief und in jedem sucht X die

Existenz des A zu widerlegen. Er führt seine Beweise mit guter Steigerung, schwer zugänglichen Beweisen, dunkler Farbe, bis zu einer Höhe, daß sich A fast eingemauert fühlt und selbst und ganz besonders die Lücken in den Beweisen ihn zum Weinen bringen. Alle Absichten des X sind zuerst verdeckt, er sagt nur, er glaube, A sei recht unglücklich, er habe diesen Eindruck, im Einzelnen wisse er nichts; übrigens tröstet er den A. Allerdings wenn es so wäre, so müsse man sich nicht wundern, denn A sei ein unzufriedener Mensch, das wisse auch Y und Z. Man könne ja am Ende einräumen, er habe Grund zur Unzufriedenheit; man sehe ihn an, man sehe seine Verhältnisse an und man wird nicht widersprechen. Wenn man sie aber recht beobachtet, wird man sogar sagen müssen, A ist nicht unzufrieden genug, denn wenn er seine Lage so gründlich untersuchen würde, wie X es tut, könnte er nicht weiterleben. Jetzt tröstet ihn X nicht mehr. Und A sieht, sieht es mit offenen Augen, X ist der beste Mensch und er schreibt mir solche Briefe, was kann er um Gotteswillen anderes wollen, als mich ermorden. Wie gut er in dem letzten Augenblick noch ist, da er, um mich vor einem Schmerz zu verschonen, sich nicht verraten will, aber vergißt, daß das einmal entzündete Licht wahllos beleuchtet.

Was hat dann der Satz aus Niels Lyhne zu bedeuten und der Sand ohne das Glücksschloß. Natürlich hat der Satz recht, aber hätte nicht recht, der von rinnendem Sand spricht? Aber wer den Sand sieht, ist nicht im Schloß; und wohin rinnt der Sand?

Was soll ich jetzt? Wie werde ich mich zusammenhalten? Ich bin auch in Triesch, gehe doch mit Dir über den Platz, jemand verliebt sich in mich, ich bekomme noch diesen Brief, ich lese ihn, verstehe ihn kaum, jetzt muß ich Abschied nehmen, halte Deine Hand, laufe weg, und verschwinde gegen die Brücke zu. Oh bitte, es ist genug.

Ich habe deshalb nichts für Dich in Prag gekauft, weil ich vom 1. Oktober an wahrscheinlich in Wien sein werde. Verzeih es mir.

Dein Franz K.

An Hedwig W.
[Prag, Anfang September 1907]

Mein liebes Mädchen, es ist wieder spät abend, ehe ich schreiben kann, und es ist kühl, weil wir doch Herbst haben, aber ich bin ganz durchwärmt von Deinem guten Brief. Ja, weiße Kleider und Mitleid kleiden Dich am schönsten, jedoch Pelzwerk verdeckt das ängstliche Mädchen zu sehr und will für sich zu sehr bewundert werden und leiden machen. Und ich will doch Dich und selbst Dein Brief ist nur eine verzierte Tapete, weiß und freundlich, hinter der Du irgendwo im Gras sitzt oder spazieren gehst und die man erst durchstoßen müßte, um Dich zu fangen und zu halten.

Aber gerade jetzt, da alles besser werden soll und der Kuß, den ich auf die

Lippen bekommen habe, alles künftigen Guten bester Anfang ist, kommst Du nach Prag, gerade da ich Dich besuchen und bei Dir bleiben möchte, sagst Du unhöflich adieu und gehst weg. Ich hätte doch schon meine Eltern hier gelassen, einige Freunde und anderes, was ich entbehren müßte, jetzt wirst Du noch in dieser verdammten Stadt sein und es scheint mir, es wird mir unmöglich sein, mich durch die vielen Gassen zum Bahnhof hinaus zu drücken. Und doch ist Wien für mich notwendiger, als Prag für Dich. Ich werde an der Exportakademie ein Jahr lang studieren, ich werde in einer ungemein anstrengenden Arbeit bis an den Hals stecken, aber ich bin sehr zufrieden damit. Da mußt Du mein Zeitunglesen noch ein wenig verschieben, denn ich werde doch auch spazieren gehn und Dir Briefe schreiben müssen, sonst werde ich keine Freude mir erlauben dürfen.

Nur an den Deinigen werde ich immer so gerne teilnehmen, nur mußt Du mir mehr Gelegenheit dazu geben als beim letzten Kränzchen. Denn da gibt es noch viele für mich sehr wichtige Dinge, von denen Du gar nichts schreibst. Um wieviel Uhr Du hinkamst, wann Du weggingst, wie Du angezogen warst, an welcher Wand bist Du gesessen, ob Du viel gelacht hast und getanzt, wem hast Du eine Viertelminute lang in die Augen geschaut, warst Du am Ende müde und hast gut geschlafen? Und wie konntest Du schreiben und einen Brief – das ist das ärgste – unterschlagen, der mir gehört. Nur das hat Dich an diesem schönen Neujahrswetter bedrückt, als Du mit Mutter und Großmutter zum Tempel über das Pflaster, die zwei Stufen und die Steinplatten gingst. Wobei Du nicht bedachtest, daß mehr Mut zum Nichthoffen als zum Hoffen gehört und daß, wenn aus einem Temperament ein solcher Mut möglich ist, schon der sich wendende Wind dem Mut die günstigste Richtung geben kann. Ich küsse Dich mit allem Guten, was ich an mir kenne.

Dein Franz

An Hedwig W.

[Prag, Anfang September 1907]

Liebste,
sie haben mir die Tinte genommen und schlafen schon. Erlaube es dem Bleistift, daß er Dir schreibt, damit alles, was ich habe, irgendwie Teil an Dir hat. Wärst Du nur hier in diesem leeren Zimmer, in dem nur zwei Fliegen oben Lärm machen und ein wenig das Glas, könnte ich Dir ganz nahe sein und meinen Hals an Deinen legen.

So aber bin ich unglücklich bis in Verwirrung hinein. Ein paar kleine Krankheiten, ein wenig Fieber, ein wenig gestörte Erwartung hatten mich für zwei Tage ins Bett gelegt, da habe ich einen niedlichen Fieberbrief an Dich geschrieben, den ich freilich an diesem schönen Sonntag über der Fensterbrüstung zerrissen habe, denn Du Arme, Liebe hast Aufregungen genug. Nicht wahr, Du hast viel geweint in vielen Stunden in der Nacht, während ich bei Sternenlicht in den Gassen herumgelaufen bin, um alles für Dich vorzubereiten (bei Tag mußte ich lernen), da ist es am Ende gleichgültig, ob man eine Gasse weit von einander wohnt oder eine Provinz. Wie verschieden war alles um uns. Da bin ich sicher Donnerstag früh am Bahnhof gestanden, dann Donnerstag nachmittag (der Zug kommt nicht um ½ 3, erst um 3 und hatte ¼ h Verspätung) und Du hast in Triesch gezittert und dann jenen Brief geschrieben, den ich Freitag bekommen habe, worauf ich nichts Besseres zu tun wußte, als mich ins Bett zu legen. Das ist nicht schlimm, denn ohne mich aufrechtzusetzen sehe ich vom Bett aus das Belvedere, grüne Abhänge.

Nun am Ende ist nichts anderes geschehn, als daß wir ein bischen zwischen Prag und Wien eine Quadrillefigur getanzt haben, bei der man vor lauter Verbeugungen nicht zu einander kommt, wenn man es auch noch so wollte. Aber endlich müssen auch die Rundtänze kommen.

Mir geht es gar nicht gut. Ich weiß nicht, wie es werden wird. Wenn man jetzt früh aufsteht und einen schönen Tag beginnen sieht, dann ist es zu ertragen, aber später –
Ich schließe die Augen und küsse Dich

Dein Franz

An Hedwig W.

[Prag,] 15. Sept. [1907]

Du, Liebe, man lebt merkwürdig in Triesch und darum muß man sich darüber nicht wundern, daß ich heute auf meinem Globus auf dem beiläufigen Platz von Triesch einen roten Punkt gemacht habe. Es war ja heute regnerisch, ich nahm den Globus herunter und schmückte ihn so.

In Triesch ist man verweint, ohne früher geweint zu haben, man geht in ein Kränzchen und will dort nicht gesehen werden, man hat einen mir ganz unbekannten Seidengürtel angezogen, man schreibt einen Brief dort und schickt ihn nicht weg. Wo schreibt man diesen Brief? Mit Bleistift wohl, aber im Schoß oder an der Mauer, an der Kulisse? Und war die Beleuchtung im Vorzimmer genügend, um darin einen Brief zu schreiben? Neugierig aber bin ich nicht, neugierig wäre es, um ein Beispiel zu geben, wenn ich dringlich wissen wollte, mit wem Fräulein Agathe getanzt hat. Das wäre unpassend und Du würdest recht tun, mir nicht zu antworten.

Aber so geschieht es, daß Du – sei es auf dem Umweg über andere Personen – mit allen Leuten in Triesch in irgend einer unmittelbaren Beziehung stehst, selbst mit dem Diener im Hotel oder irgend einem Feldhüter, auf dessen Feld Du Rüben stiehlst. Du gibst ihnen Befehle oder läßt Dich von ihnen zum Weinen bringen, ich aber habe das zu lesen, so wie man in der Verbannung – eine andere kenne ich noch nicht – Nachrichten über wichtige Veränderungen in der Heimat lesen will und doch kaum lesen kann, weil man unglücklich ist, dort nichts tun zu können, und so glücklich, jetzt etwas zu erfahren. Hier darf ich es sagen, daß ich mit Kranken, die Du pflegst, kein Mitleid habe.

Die Entscheidung über mich, die letzte, kommt morgen, aber dieser Brief ist ungeduldig, sobald ich »Liebe« daraufschreibe, wird er lebendig und will nicht mehr warten. Du verkennst mich hübsch, wenn Du glaubst, daß Streben nach idealem Nutzen meiner Natur angemessen ist, denn es genügt zu sagen: Nachlässigkeit gegen praktischen Nutzen.

Ich weiß es, Du mußt von Wien weg, aber ganz so ich von Prag, wobei wir allerdings gut dieses Jahr in Paris zum Beispiel verbringen könnten. Aber folgendes ist richtig: Wir fangen damit an, das zu tun, was wir brauchen, und werden wir, wenn wir das fortsetzen, nicht notwendig zu einander kommen müssen?

Ich bitte, schreibe mir genau über Deine Prager Zukunft, ich werde vielleicht etwas noch vorbereiten können, ich tue es gern.

Dein Franz

An Hedwig W.

[Prag,] 19. September [1907]

Liebe,

wie Du mich verkennst und ich weiß nicht, ob nicht eine leichte Abneigung gegen jemanden dazu nötig ist, um ihn so verkennen zu wollen. Ich werde Dich nicht überzeugen können, aber ich bin gar nicht ironisch gewesen; alle Dinge, die ich wissen wollte und die Du mir geschrieben hast, sind für mich wichtig gewesen und sie sind es. Und gerade die Sätze, die Du ironisch nennst, wollten nichts als das Tempo nachahmen, mit dem ich an ein paar schönen Tagen Deine Hände streicheln durfte, ob darin von Feldhütern oder von Paris die Rede war, das ist fast nebensächlich gewesen.

Wieder früh unterbrochen worden und jetzt nach Mitternacht recht müde fortgesetzt:

Ja, es hat sich entschieden, aber erst heute. Andere Menschen entschließen sich nur selten und genießen dann den Entschluß in den langen Zwischenräumen, ich aber entschließe mich unaufhörlich, so oft wie ein Boxer, nur boxe ich dann nicht, das ist wahr. Übrigens sieht das nur so aus und meine Angelegenheiten werden hoffentlich bald auch das ihnen entsprechende Aussehn bekommen.

Ich bleibe in Prag und werde sehr wahrscheinlich in einigen Wochen einen Posten bei einer Versicherungsgesellschaft bekommen. Diese Wochen werde ich unaufhörlich Versicherungswesen studieren müssen, doch ist es sehr interessant. Alles andere werde ich Dir sagen können, bis Du kommst, nur muß ich natürlich vorsichtig sein und die jetzt mit mir beschäftigte Vorsehung nicht nervös machen, darum darfst Du niemandem, auch nicht dem Onkel, davon sagen.

Wann kommst Du also? Über Wohnung und Kost schreibst Du undeutlich. Meine Bereitwilligkeit Dir zu helfen wird – Du weißt es und doch sagst Dus nicht – dadurch daß das Papier einen Rand hat, nicht kleiner, aber, ich habe es Dir gesagt, meine Bekanntschaft ist leider sehr klein, und wo ich angefragt habe, war es umsonst, denn man hat Lehrerinnen aus früheren Jahren. Jedenfalls werde ich Sonntag im »Tagblatt« und in der »Bohemia« diese Annonce einstellen lassen:

»Ein junges Mädchen, welches die Matura abgelegt hat und früher an der Wiener, jetzt an der Prager Universität Französisch, Englisch, Philosophie und Pädagogik studiert, sucht Stunden als Lehrerin zu Kindern, die sie nach ihren bisherigen Unterrichtserfolgen sehr gut behandeln zu können glaubt, oder als Vorleserin oder als Gesellschafterin.«

Zuschriften hole ich dann aus der Administration. Ich würde als Adresse Triesch postlagernd angeben, aber vielleicht bist Du nächste Woche schon in Prag.

Ich werde natürlich noch weitersuchen, denn viel darf man sich darauf nicht verlassen, es müßte denn der Prager Zufall Dir so Glück wünschen, wie ich.

Dein Franz

An Max Brod

[Prag,] 22.9.1907

Mein lieber Max!

Das ist nun so. Andere Leute entschließen sich einmal von Zeit zu Zeit und inzwischen genießen sie ihre Entschlüsse. Ich aber entschließe mich so oft wie ein Boxer, ohne dann allerdings zu boxen. Ja, ich bleibe in Prag.

Ich werde in der nächsten Zeit wahrscheinlich hier einen Posten bekommen (durchaus nichts Ungemeines) und nur um die arbeitende Vorsehung nicht nervös zu machen, habe ich nichts Genaueres darüber geschrieben und tue es auch nicht.

Ich freue mich auf Dich.

Dein Franz

An Hedwig W.

[Prag,] 24. Sept. [1907]

Dein Brief kam merkwürdigerweise am Abend, Liebe, deshalb nur das in Eile, damit Du es rechtzeitig bekommst.

Der Einfall, der Onkel soll an Mama schreiben, ist sehr gut und man darf nur mir Vorwürfe machen, daß ich nicht selbst darauf gekommen bin.

Wie ist denn das, Du willst mir wieder entlaufen oder drohst es doch? Genügt es, daß ich in Prag bleibe, um Deine Pläne zu entmutigen? Ich bitte komm, gerade ehe Dein Brief kam, dachte ich daran, daß es schön wäre, wenn wir immer am Sonntag Vormittag jenes französische Buch zusammen lesen würden, das ich jetzt manchmal lese (ich habe jetzt sehr wenig Zeit) und das in einem frierenden und doch zerfaserten Französisch geschrieben ist, wie ich es liebe, also komm, ich bitte.

Deine Meinung, daß Du alles bezahlen sollst, was ich für Dich zu meinem Vergnügen unternehme, hat mich gefreut. Doch ist die Ausgabe für die Annoncen, die ich beilege, (damit Du siehst, wie ungeschickt und schlecht sie sich ausnehmen) zu unbedeutend, aber die Rechnung für den Champagner, den ich gestern Nacht auf Dein Wohl getrunken habe – hast Du nichts gemerkt? – werde ich Dir schicken lassen.

Die Kleinigkeiten, die Dich jetzt ärgern und müde machen, sind nur beim erstenmal so schlimm, beim zweitenmal erwartet man sie schon und deshalb sind sie dann schon interessant. Zum Mut gehört nur eine halbe Wendung. Komm.

Dein Franz

An Hedwig W.

[Prag,] 24. Sept. [1907]

Immerhin ein matter Erfolg, wie Du siehst, Liebe.

Ich habe die Briefe aufgemacht, weil ich dachte, ich könnte Dir mit Erkundigungen helfen. Nun das eine sieht ja vertrauenerweckend jüdisch aus und ich werde nachfragen, was für Leute es sind, jedenfalls schreibe ich ihnen.

Das andere ist ein bischen romanhaft. Du sollst – ich übersetze es – unter der bezeichneten Chiffre schreiben, unter welchen Bedingungen Du deutsche Conversation mit einem 21jährigen Fräulein treiben würdest, dreimal in der Woche ev. auf Spaziergängen. Antworten könntest Du doch, um des Spaßes willen.

Beides müßte aber schnell sein; ich glaube nicht, daß noch irgendeine Zuschrift kommt, jedenfalls werden wir es in den nächsten Tagen wiederholen.

Ich grüße Dich bestens; laß Mama schreiben, vergiß nicht und komm

Dein Franz

An Max Brod

[Postkarte. Prag, Stempel: 8. X. 1907]

Lieber Max – Auf der Gasse geschrieben, um Dir rasch zu antworten. – Warum hast Du für Deine freie Zeit ein so schlechtes, für ausgeliehene Bücher ein so gutes Gedächtnis. Ich komme immerhin Freitag. – Von der Operation wußte ich nichts. Ich frage nur (deshalb schreibe ich nur auf einer Karte), warum straft

so der liebe Gott Deutschland, Blei und uns. Besonders mich, der ich doch bis
¼7 abends –

Dein Franz

An Hedwig W.

[Prag, Anfang Oktober 1907]

Nun soll ich Dir wieder mit braunen Strichen schreiben, weil die schon zum
Schlafen Eingesperrten die Tinte haben und der in Dich verliebte Bleistift sich
gleich finden läßt. Liebe, Liebe, wie schön ist es, daß das Sommerwetter mitten
im Herbste kommt, und wie gut ist es, denn wie schwer wäre es, den Wechsel
der Jahreszeiten zu ertragen, wenn man ihnen nicht innerlich das Gleichgewicht
halten würde. Liebe, Liebe, mein Nachhauseweg aus dem Bureau ist erzählens-
wert, besonders, da er das einzige von mir Erzählenswerte ist. Ich komme im
Sprunge um 6 ¼ Uhr aus dem großen Portal, bereue die verschwendete Viertelstunde, wende mich nach rechts und gehe den Wenzelsplatz hinunter, treffe
dann einen Bekannten, der mich begleitet und mir einiges Interessante erzählt,
komme nachhause, mache meine Zimmertüre auf, Dein Brief ist da, ich gehe in
Deinen Brief hinein, wie einer von den Feldwegen müde ist und jetzt in Wälder
kommt. Ich verirre mich zwar, aber ich bin deshalb nicht ängstlich. Möchte
jeder Tag so enden.

8. 10.

Liebes Kind, wieder ein Abend nach ein paar so schnell vergangenen Abenden.
Mag die Aufregung des Briefeschreibens deutlich mit einem Klecks anfangen.

Mein Leben ist jetzt ganz ungeordnet. Ich habe allerdings einen Posten mit
winzigen 80 K Gehalt und unermeßlichen 8-9 Arbeitsstunden, aber die Stunden außerhalb des Bureaus fresse ich wie ein wildes Tier. Da ich bisher gar nicht
gewohnt war, mein Tagesleben auf 6 Stunden einzuschränken, und ich außerdem noch Italienisch lerne und die Abende dieser so schönen Tage im Freien
verbringen will, komme ich aus dem Gedränge der freien Stunden wenig erholt
heraus.

Nun im Bureau. Ich bin bei der Assicurazioni-Generali, und habe immerhin
Hoffnung, selbst auf den Sesseln sehr entfernter Länder einmal zu sitzen, aus
den Bureaufenstern Zuckerrohrfelder oder mohammedanische Friedhöfe zu
sehn, und das Versicherungswesen selbst interessiert mich sehr, aber meine vorläufige Arbeit ist traurig. Und doch ist es manchmal hübsch, die Feder dort hin-
zulegen und sich vielleicht vorzustellen, daß man Deine Hände aufeinanderlegt,
sie mit einer Hand umfaßt, und jetzt zu wissen, man würde sie nicht loslassen,
selbst wenn einem die Hand im Gelenk ausgeschraubt würde.
Adieu

Dein Franz

An Max Brod

[Postkarte. Prag, Stempel: 26. X. 1907]

Lieber Max – Ich kann erst frühestens um ½ 11 oder 11 Uhr kommen, denn man will sich dort meinen Körper ansehn. Da es jetzt fast sicher ist, daß ich unglücklich bleiben soll, unglücklich mit Lachen meinethalben, so schaut man sich meinen Körper nur aus uneigennützigstem Vergnügen an.

Dein Franz

An Hedwig W.

[Prag, wahrscheinlich November 1907]

Liebes Mädchen, verzeihe mir, wenn ich nicht gleich geantwortet habe, aber ich verstehe es noch nicht, die paar Stunden gut auszunützen, denn gleich ist Mitternacht wie jetzt. Glaube nicht, daß das schöne Wetter Dich bei mir verdrängt, nur die Feder verdrängt es, Liebe. Aber Deine Fragen werde ich alle beantworten.

Ob ich bald und weit versetzt werde, weiß ich nicht, vor einem Jahr wohl kaum, am hübschesten wäre es, wenn ich von der Gesellschaft wegversetzt würde, das ist nicht ganz unmöglich.

Über die Arbeit klage ich nicht so, wie über die Faulheit der sumpfigen Zeit. Die Bureauzeit nämlich läßt sich nicht zerteilen, noch in der letzten halben Stunde spürt man den Druck der 8 Stunden wie in der ersten. Es ist oft wie bei einer Eisenbahnfahrt durch Nacht und Tag, wenn man schließlich, ganz furchtsam geworden, weder an die Arbeit der Maschine des Zugführers, noch an das hügelige oder flache Land mehr denkt, sondern alle Wirkung nur der Uhr zuschreibt, die man immer vor sich in der Handfläche hält.

Ich lerne Italienisch, denn zuerst komme ich wohl nach Triest.

In den ersten Tagen muß ich für den, der dafür empfindlich ist, sehr rührend ausgesehn haben. Wie es auch wirklich gewesen ist, ich kam mir deklassiert vor; Leute, die nicht bis zum 25ten Jahr wenigstens zeitweise gefaulenzt haben, sind sehr zu bedauern, denn davon bin ich überzeugt, das verdiente Geld nimmt man nicht ins Grab mit, aber die verfaulenzte Zeit ja.

Ich bin um 8 Uhr im Bureau, um ½ 7 geh ich weg.

Voraussetzungslos lustige Menschen? Alle Menschen, die einen ähnlichen Beruf haben, sind so. Das Sprungbrett ihrer Lustigkeit ist die letzte Arbeitsminute; leider verkehre ich gerade nicht mit solchen Menschen.

»Erotes« werden bald unter dem Titel »Weg eines Verliebten« erscheinen, aber ohne mein Titelblatt, das sich als nicht reproduzierbar erwiesen hat.

Was Du von dem jungen Schriftsteller schreibst, ist interessant, nur übertreibst Du die Ähnlichkeiten. Ich versuche bloß mich beiläufig und vorläufig gut anzuziehn, aber vielen Menschen in vielen Ländern aller Erdteile ist es schon gelungen; eben diese pflegen ihre Nägel, manche schminken sie. Spricht er wunderschön französisch, so ist das schon ein bedeutender Unterschied zwischen uns, und daß er mit Dir verkehren kann, ist ein verdammter Unterschied.

Das Gedicht habe ich gelesen, und da Du mir das Recht gibst es zu beurteilen, so kann ich sagen, daß viel Stolz darin ist, der aber, wie ich glaube, leider sehr allein spazieren geht. Im Ganzen scheint es mir eine kindliche und deshalb sympathische Bewunderung bewunderungswürdiger Zeitgenossen zu sein. Voilà. Aber aus übertriebener Empfindlichkeit für das äußere Gleichgewicht einer Wage, die Du in Deinen lieben Händen hältst, schicke ich eine schlechte, vielleicht ein Jahr alte Kleinigkeit mit, die er unter denselben Umständen (Du nennst keinen Namen und auch sonst nichts, nicht wahr?) beurteilen soll. Ich werde große Freude haben, wenn er mich ordentlich auslacht. Du schickst mir dann das Blatt wieder zurück, wie ich es auch tue.

Jetzt habe ich alles beantwortet und mehr, jetzt kämen meine Rechte. Was Du mir über Dich schreibst, ist so unklar, wie es Dir auch sein muß. Bin ich schuld daran, daß man Dich quält, oder quälst Du Dich und man hilft Dir bloß nicht? »Ein mir sehr sympathischer Mann« »beide hätten Conzessionen machen müssen.« In dieser großen mir ganz undeutlichen Stadt Wien bist nur Du mir sichtbar und ich kann Dir jetzt gar nicht helfen, wie es scheint. Darf ich da den Brief nicht schließen, während es traurig eins schlägt?

Dein Franz

An Hedwig W.

12 Uhr [Prag, November 1907]

Also müde, aber gehorsam und dankbar: ich danke Dir. Nicht wahr, es ist alles gut. So sind die Übergänge vom Herbst zum Winter oft. Und da jetzt Winter ist, so sitzen wir – es ist doch so – in einem Zimmer, nur daß die Wände, an denen jeder von uns sitzt, ein bischen weit von einander sind, aber das ist bloß merkwürdig und es müßte nicht sein.

Was für Geschichten, wie viele Menschen Du kennst und die Spaziergänge und die Pläne. Ich weiß keine Geschichten, sehe keine Menschen, mache täglich Spaziergänge in Eile durch vier Gassen, deren Ecken ich schon abgerundet habe, und über einen Platz, zu Plänen bin ich zu müde. Vielleicht werde ich von den erfrorenen Fingerspitzen aufwärts – ich trage keine Handschuhe – allmählich zu Holz, dann wirst Du einen netten Briefschreiber in Prag haben und an meiner Hand ein schönes Besitztum. Und deshalb, da ich so viehisch lebe, muß ich Dich zweifach deshalb um Verzeihung bitten, daß ich Dich nicht in Ruhe lasse.

22 h Um Gotteswillen, warum habe ich den Brief nicht geschickt?! Du wirst böse sein, oder bloß unruhig. Verzeih mir. Sei auch gegen meine Faulheit oder wie Du es nennen willst, ein bischen freundlich. Aber es ist nicht nur Faulheit, auch Furcht, allgemeine Furcht vor dem Schreiben, dieser entsetzlichen Be-

schäftigung, die jetzt entbehren zu müssen mein ganzes Unglück ist. Vor allem aber: nur zitternde Dinge soll man hin und wieder durch irgendeine Veranstaltung zur Ruhe bringen, dahin gehören doch unsere Beziehungen nicht, möchte ich glauben.

Und trotz allem, ich hätte Dir längst geschrieben, statt den angefangenen Brief klein zusammengelegt bei mir zu tragen, aber ich bin jetzt ganz plötzlich unter eine Menge Leute gekommen. Offiziere, Berliner, Franzosen, Maler, Coupletsänger, und die haben mir die paar Abendstunden nun ganz lustig weggenommen, freilich nicht nur die Abendstunden, gestern in der Nacht z. B. habe ich dem Kapellmeister eines Orchesters, für das ich keinen Kreuzer Trinkgeld hatte, statt dessen ein Buch geborgt. Und so ähnlich. Man vergißt dabei, daß die Zeit vergeht und daß man die Tage verliert, darum ist es zu billigen. Meine Grüße, Liebe, und mein Dank

Dein Franz

An Max Brod

[Prag, Ende 1907]

Mein lieber Max,

in der Freude euch getroffen zu haben, habe ich einige Unvorsichtigkeiten gesagt und erst, als ich von euch wegging, habe ich mich plötzlich vor folgendem zu fürchten angefangen, nicht wahr, Du schaust zu, daß es nicht geschieht.

Daß Dein Vater bei H. Weißgerber sich für Herrn Bäuml verwenden soll, das bleibt bestehn, er kann auch mich nennen, wenn es mir auch nicht sehr angenehm ist, aber auf keinen Fall, ich bitte Dich, soll er sagen, daß ich unzufrieden bin, den Posten lassen werde, einen Posten bei der Post bekomme und ähnliches. Das wäre mir ungemein leid, denn Herr Weißgerber hat mich mit nicht kleiner Mühe in die Assicurazioni gebracht und ich war, wie es sich nach meiner frühern Verzweiflung schickte, über die Maßen begeistert und habe ihm irrsinnig gedankt. Er hat sich auch gewissermaßen bei der Gesellschaft für mich verbürgt und gleich die ersten Worte der Oberbeamten in Gegenwart des Herrn Weißgerber haben davon gehandelt, daß es selbstverständlich sei, daß ich für immer bei der Gesellschaft bleibe, wenn ich, was damals noch gar nicht sicher war, einmal aufgenommen würde. Ich habe natürlich mehr als genickt. Natürlich, wenn ich eine Stelle bei der Post bekomme, was noch genügend zweifelhaft ist, wird es doch zu solchen Erklärungen kommen müssen, aber vorläufig möchte ich, bitte, meine vergangene Vorsehung nicht mit der Fingerspitze verletzen.

Dein Franz

An Felix Weltsch

[Visitenkarte, wahrscheinlich 1907]

Schließlich hat man doch die ganze Stadt in seinem Gefühl. Und da hat es mich an der Stelle Ihres Zimmers immer schmerzlich gezogen, weil Sie dort so verzweifelt gelernt haben. Jetzt ist es vorüber. Gott sei Dank!

Ihr Franz K.

1908

An Max Brod

[Prag, Stempel: 11.1.1908]

Ich bitte Dich, mein lieber, lieber Max, selbst wenn Du früher den Abend anders verwenden wolltest, warte auf mich, damit ich niemanden vom Theater abholen, nicht im Gummiradler fahren, auf keinem Kaffeehausbalkon sitzen, in keine Bar gehn, jenes gestreifte Kleid nicht ansehn muß. Hättest Du jeden Abend für mich Zeit!

An Hedwig W.

[Prag, vermutlich Anfang 1908]

Liebe, einmal im Bureau bei Schreibmaschinenmusik, in Eile und mit graziösen Fehlern. Ich hätte Dir ja längst schon für Deinen Brief danken sollen und jetzt ist es wieder schon so spät. Aber ich glaube, Du hast mir schon für immer in solchen Dingen verziehen, denn wenn es mir gut geht, dann schreibe ich schon – es ist schon lange her und ich hatte es damals nicht nötig – sonst langsam. Und wie gut Du mich auch in Deinem Brief behandelt hast, so hast Du doch versäumt, mir ein Kompliment zu machen, wegen der Energie, mit der ich meinen Kopf so gerne in irgend einen Straßenboden graben und nicht wieder herausziehen wollte. Ich habe bisher, wenn auch in Pausen, doch rechtmäßig gelebt, denn es ist in gewöhnlicher Zeit nicht zu schwer, sich eine Sänfte zu konstruieren, die man von guten Geistern über die Straße getragen werden fühlt. Bricht dann, (so wollte ich weiterschreiben, aber es war schon 8 ¼ und ich ging nachhause) bricht dann aber ein Hölzchen, gar bei schlechterem Wetter, so steht man auf der Landstraße, kann nichts mehr zusammenbringen und ist noch weit von der gespenstischen Stadt, in die man wollte. Erlaube mir, solche Geschichten über mir zusammenzuziehen, wie ein Kranker Tücher und Decken über sich wirft.

Das war schon längst geschrieben, da kam heute Dein Brief, Liebe.

Mag jetzt die dritte Schrift anfangen, eine von dreien wird doch vielleicht das aufgeregte überreizte Kind beruhigen können. Nicht wahr, jetzt setzen wir uns unter diese Dreischriftfahne blau braun schwarz und sagen zusammen dieses auf und geben acht, daß jedes Wort sich deckt: »Das Leben ist ekelhaft«. Gut, es ist ekelhaft, aber es ist nicht mehr so arg, wenn man es zu zweien sagt, denn das Gefühl, das einen zersprengt, stößt an den andern, wird durch ihn gehindert, sich auszubreiten, und sicher sagt man: »Wie hübsch sie ›ekelhaftes Leben‹ sagt und mit dem Fuß aufstampft dabei«. Die Welt ist traurig, aber doch gerötet traurig, und ist lebhafte Trauer von Glück so weit?

Weißt Du, ich hatte eine abscheuliche Woche, im Bureau überaus viel zu tun, vielleicht wird das jetzt immer so sein, ja man muß sich sein Grab verdienen, und auch anderes kam noch dazu, was ich Dir später einmal sagen werde, kurz man hat mich herumgejagt wie ein wildes Tier, und da ich das gar nicht bin, wie müde mußte ich sein. Ich paßte vorige Woche wirklich in diese Gasse, in der ich wohne und die ich nenne »Anlaufstraße für Selbstmörder«, denn diese Straße führt breit zum Fluß, da wird eine Brücke gebaut, und das Belvedere auf dem andern Ufer, das sind Hügel und Gärten, wird untertunelliert werden, damit man durch die Straße über die Brücke, unter dem Belvedere spazieren kann. Vorläufig aber steht nur das Gerüst der Brücke, die Straße führt nur zum Fluß. Aber das ist alles nur Spaß, denn es wird immer schöner bleiben, über die Brücke auf das Belvedere zu gehn, als durch den Fluß in den Himmel.

Deine Lage verstehe ich; es ist ja närrisch, was Du zu lernen hast und Du darfst nervös werden, ohne daß man Dir jemals nur mit einem Wort einen Vorwurf machen dürfte. Aber schau, immerhin Du kommst doch sichtbar vorwärts, Du hast ein Ziel, das Dir nicht entlaufen kann wie ein Mädchen und das Dich doch jedenfalls, auch wenn Du Dich wehren wirst, glücklich machen wird; ich aber werde ein ewiger Brummkreisel bleiben und ein paar Leuten, die mir vielleicht nahe kommen werden, das Trommelfell ein Weilchen quälen, sonst nichts.

Es hat mich sehr gefreut, daß in Deinem Brief ein offenbarer Fehler vorkommt, den Du selbst gleich zugeben mußt, denn diese Woche ist nur ein Feiertag bei uns, der andere muß ein niederösterreichisches Glück sein; in diesen Sachen darfst Du mit mir nicht streiten, denn ich kenne alle Feiertage schon auswendig bis Anfang Mai. In allem andern darfst Du mit mir streiten oder noch ärger, Du kannst mir sogar den Streit verweigern, aber ich bitte Dich noch hier am Rande, tue es nicht.

Dein Franz

An Max Brod

[Briefkopf der Assicurazioni Generali.
Prag, Stempel: 29.III. 1908]

Mein lieber Max,
einen wie unvorteilhaften Anfangsbuchstaben hast Du! Bei meiner Federhaltung kann ich ihm, wenn ich es auch gerne möchte, nichts Gutes tun.

Aber da ich zu viel zu tun habe und hier Sonnenschein ist, habe ich im leeren Bureau eine fast vorzügliche Idee bekommen, deren Ausführung äußerst billig ist. Wir könnten statt unseres geplanten Nachtlebens von Montag zu Dienstag ein hübsches Morgenleben veranstalten, uns um fünf Uhr oder um halb sechs bei der Marienstatue treffen – bei den Weibern kann es uns dann nicht fehlen – und ins Trocadero oder nach Kuchelbad gehn oder ins Eldorado.

Wir können dann, wie es uns passen wird, im Garten an der Moldau Kaffee trinken oder auch an die Schulter der Joszi gelehnt. Beides wäre zu loben. Denn im Trocadero würden wir uns nicht übel machen; es gibt Millionäre und noch Reichere, die um sechs Uhr früh kein Geld mehr haben, und wir kämen so, durch alle übrigen Weinstuben ausgeplündert, jetzt leider in die letzte, um, weil wir es brauchen, einen winzigen Kaffee zu trinken, und nur weil wir Millionäre waren – oder sind wir es noch, wer weiß das am Morgen –, sind wir imstande, ein zweites Täßchen zu zahlen.

Wie man sieht, braucht man zu dieser Sache nichts als ein leeres Portemonnaie und das kann ich Dir borgen, wenn Du willst. Solltest Du aber zu diesem Unternehmen zu wenig mutig, zu wenig knickerig, zu wenig energisch sein, dann mußt Du mir nicht schreiben und triffst mich Montag um neun; wenn Du es aber bist, dann schreibe mir gleich eine Rohrpostkarte mit Deinen Bedingungen.

An Max Brod

[Prag, wahrscheinlich Mai 1908]

Da hast Du, lieber Max, zwei Bücher und ein Steinchen. Ich habe mich immer angestrengt, für Deinen Geburtstag etwas zu finden, das infolge seiner Gleichgültigkeit sich nicht ändern, nicht verloren gehn, nicht verderben und nicht vergessen werden kann. Und nachdem ich dann monatelang nachgedacht habe, wußte ich mir wieder nicht anders zu helfen, als ein Buch zu schicken. Aber mit den Büchern ist es eine Plage, sind sie von der einen Seite gleichgültig, dann sind sie von der andern um dieses wieder interessanter und dann zog mich zu den gleichgültigen nur meine Überzeugung hin, die bei mir bei weitem nicht den Ausschlag gibt, und ich hielt am Ende, noch immer anders überzeugt, ein Buch in der Hand, das vor Interessantheit nur so brannte. Einmal habe ich auch absichtlich Deinen Geburtstag vergessen, das war ja besser als ein Buch schicken, aber gut war es nicht. Darum schicke ich jetzt das Steinchen und werde es Dir schicken, solange wir leben. Behältst Du es in der Tasche, wird es Dich beschützen, läßt Du es in einem Schubfach, wird es auch nicht untätig sein, wirfst Du es aber weg, dann ist es am besten. Denn weißt Du, Max, meine Liebe zu Dir ist größer als ich, und mehr von mir bewohnt als daß sie in mir wohnte, und hat auch einen schlechten Halt an meinem unsichern Wesen, so aber bekommt sie in dem Steinchen eine Felsenwohnung und sei es nur in einer Ritze der Pflastersteine in der Schalengasse. Sie hat mich schon seit langem öfter gerettet, als Du weißt, und gerade jetzt, wo ich mich weniger auskenne als jemals und mich bei ganzem Bewußtsein nur im Halbschlaf fühle, nur so äußerst leicht, nur gerade noch – ich gehe ja herum wie mit schwarzen Eingeweiden –, da tut es gut, einen solchen Stein in die Welt zu werfen und so das Sichere vom Unsichern zu trennen. Was sind Bücher dagegen! Ein Buch fängt an, Dich zu langweilen, und hört damit nicht mehr auf, oder Dein Kind zerreißt das Buch oder, wie das Buch von Walser, es ist schon zerfallen, wenn Du es bekommst. An dem Stein dagegen kann Dich nichts langweilen, so ein Stein kann auch nicht zugrundegehn und wenn, so erst in späten Zeiten, auch vergessen kannst Du ihn nicht, weil Du nicht verpflichtet bist, Dich an ihn zu erinnern, endlich kannst Du ihn auch niemals endgültig verlieren, denn auf dem ersten besten Kiesweg findest Du ihn wieder, weil es eben der erste beste Stein ist. Und noch durch ein größeres Lob könnte ich ihm nicht schaden, denn Schaden aus Lob entsteht nur daraus, daß das Gelobte beim Lob zerdrückt, beschädigt oder verlegen wird. Aber das Steinchen? Kurz, ich habe Dir das schönste Geburtstagsgeschenk ausgesucht und überreiche es Dir mit einem Kuß, der den unfähigen Dank dafür ausdrücken soll, daß Du da bist.

Dein Franz

An Max Brod

[Briefkopf der Assicurazioni Generali]
Prag, 9.6.1908

Lieber Max,
ich danke Dir. Sicher verzeihst Du mir Unglücklichem, daß ich Dir nicht früher gedankt habe, wenn ich Sonntag Vormittag und Nachmittaganfangs mich ganz nutzlos, schrecklich nutzlos, allerdings bloß durch meine Körperhaltung nur, um einen Posten bewarb, den weitern Nachmittag bei meinem Großvater gesessen bin, doch oft ergriffen von den freien Stunden, und dann in der Dämmerung freilich im Sofa neben dem Bett der lieben H. gewesen bin, während sie unter der roten Decke ihren Bubenkörper schlug. Abends in der Ausstellung mit der andern, in der Nacht in Weinstuben, um ½6 zuhause. Da erst habe ich zum erstenmal Dein Buch gesehn, für das ich Dir wieder danke. Gelesen habe ich nur wenig, das was ich schon kannte. Was für ein Lärm, ein wie beherrschter Lärm.

Dein Franz

An Max Brod

[Postkarte. Prag, Stempel: 22. VIII. 1908]

Ich danke Dir aufrichtig, mein lieber Max, nur daß mir noch immer die Unklarheit der Tatsachen klarer ist als Deine Belehrung. Das einzige was ich aber überzeugend daraus erkenne, ist, daß wir noch lange und oft den Kinema, die Maschinenhalle und die Geishas zusammen uns ansehen müssen, ehe wir die Sache nicht nur für uns, sondern auch für die Welt verstehen werden. Montag aber kann ich nicht, dagegen von Dienstag ab jeden Tag. Ich erwarte Dich Dienstag um 4 Uhr.

Dein Franz

An Max Brod

[Ansichtskarte. Tetschen a.E., Stempel: 2. IX. 1908]

Mein lieber Max,
Jetzt um 5 Uhr die Langweile von 6 Stunden Arbeit mit Milch in sich hin-
untertrinken, das hat noch beiläufigen Sinn. Aber sonst. Sonst gibt es noch einiges: sehr gutes Essen früh, mittag, abend und im Hotelzimmer wohnen. Hotelzimmer habe ich gerne, im Hotelzimmer bin ich gleich zu Hause, mehr als zu
Hause, wirklich.

Dein Franz

Ich komme schon Donnerstag Nachmittag.

An Max Brod

[Ansichtskarte. Černošic, Stempel: 9. IX. 1908]

Damals lag ich bis zwölf im Bett und nachmittag ist es nicht besser gewesen.
Der vorige Tag mit der Nacht war daran schuld. Daß ich in Černošic bin, ist
nicht merkwürdig. Möchte es euch noch besser gehn als mir.

F. K.

An Max Brod

[Ansichtskarte. Spitzberg/Böhmerwald, September 1908]

Mein lieber Max,
ich sitze unter dem Verandendach, vorn will es zu regnen anfangen, die Füße
schütze ich, indem ich sie von dem kalten Ziegelboden auf eine Tischleiste setze
und nur die Hände gebe ich preis, indem ich schreibe. Und ich schreibe, daß ich
sehr glücklich bin und daß ich froh wäre, wärest Du hier, denn in den Wäldern
sind Dinge, über die nachzudenken man Jahre lang im Moos liegen könnte.
Adieu, ich komme ja bald.

Dein Franz

An Max Brod

[Prag, September 1908]

Mein lieber Max, – es ist halb eins Nacht, also eine ungewöhnliche Zeit zum
Briefschreiben, selbst wenn die Nacht so heiß wie heute ist. Nicht einmal
Nachtfalter kommen zum Licht.
   – Nach den glücklichen acht Tagen im Böhmerwald – die Schmetterlinge
fliegen dort so hoch wie die Schwalben bei uns – bin ich jetzt vier Tage in Prag

und so hilflos. Niemand kann mich leiden und ich niemand, aber das Zweite ist erst die Folge, nur Dein Buch, das ich jetzt endlich geradenwegs lese, tut mir gut. So tief im Unglück ohne Erklärung war ich schon lange nicht. So lange ich es lese, halte ich mich daran fest, wenn es auch gar nicht Unglücklichen helfen will, aber sonst muß ich so dringend jemanden suchen, der mich nur freundlich berührt, daß ich gestern mit einer Dirne im Hotel war. Sie ist zu alt, um noch melancholisch zu sein, nur tut ihr leid, wenn es sie auch nicht wundert, daß man zu Dirnen nicht so lieb wie zu einem Verhältnis ist. Ich habe sie nicht getröstet, da sie auch mich nicht getröstet hat.

An Max Brod

[Postkarte. Prag, Stempel: 25. X. 1908]

Ja mein lieber Max, wie gern komme ich Dienstag und sehr bald. Ich habe jetzt nur eine Frage, wenn Du sie mir gleich beantworten könntest. Wenn z.B. acht Personen im Horizont eines Gespräches sitzen, wann und wie hat man da das Wort zu nehmen, um nicht für schweigend angesehen zu werden. Das kann doch um Himmelswillen nicht willkürlich geschehn, gar wenn man an der Sache geradezu wie ein Indianer unbeteiligt ist. Hätte ich Dich doch früher gefragt!

Dein Franz

NB. Mein Papa hat mir keinen Balkonsitz zur »sorcière« gekauft!

An Oskar Baum

[Prag,] 6. II. 1908

Sehr geehrter Herr Baum!
Sie machen mir gleichzeitig Freude durch das Erscheinen Ihres Buches (ich habe es noch nicht gelesen, ich bin begierig es zu tun) und durch Ihre Einladung von gestern, ich danke schön, natürlich werde ich kommen. Nehmen Sie es mir nicht als Undank, wenn ich ein Buch mitbringe und nicht sehr wenig vorlesen will.

Hoffentlich ist es Ihnen nicht ungelegen, wenn wir statt Montag Mittwoch kommen, wie Ihnen Max schon geschrieben hat. Ihrer liebenswürdigen Frau küsse ich die Hand.

Ihr F. Kafka

An Max Brod

[Postkarte. Prag, Stempel: 21. XI. 1908]

Mein lieber Max, nach den Zeitungen scheint sich ja alles herrlich für Dich zu machen und ich beglückwünsche deshalb natürlich Dich und mich und alle; wenn ich auch, wie ich schon gesagt habe, nicht weiß, wo hier das Glück steckt, so muß ich mich doch freuen, daß man Dir zu einer ähnlichen Einsicht die Möglichkeit geben wird.

Dein Franz

An Max Brod

[Kartenbrief. Prag, Stempel: 10. XII. 1908]

Mein lieber Max – Wenn ich heute zu Dir gekommen wäre – es tut ja nichts, ich komme eben morgen – so hätte ich Dich gebeten – wie ich es jetzt tue, denn eine solche Überraschung hätte keinen Sinn – es irgendwie und nicht boshaft einzurichten, daß ich morgen abend nicht hingehen muß. Denn ich bin, wie ich heute früh vor dem Waschen eingesehen habe, seit zwei Jahren verzweifelt und nur die größere oder kleinere Begrenzung dieser Verzweiflung bestimmt die Art der gegenwärtigen Laune. Und ich bin im Kaffeehaus, habe ein paar hübsche Sachen gelesen, bin wohlauf und schreibe daher nicht so überzeugt, wie ich es zuhause wollte. Aber das beweist nichts dagegen, daß ich seit zwei Jahren beim Aufstehn früh keine Erinnerung habe, die für mich, den zum Trost Kräftigen, zur Tröstung kräftig genug wäre.

Franz

Ich gehe nirgends hin, auf keinen Fall.

An Max Brod

[Prag,] 15. XII. 1908

Mein lieber Max,
ich muß Dir vor morgen noch für »Diderot« danken. Ein solches Vergnügen habe ich wirklich gebraucht, das immer vor einem bleibt, wenn man darauf losgeht, das aber auch zugleich immer mehr um einen sich schließt, je weiter man kommt.

Ich habe mir schon letzthin über Kassner und einiges andere den folgenden Satz aufgeschrieben:

Es gibt nie von uns gesehene, gehörte oder auch nur gefühlte Dinge, die sich außerdem nicht beweisen lassen, wenn es auch noch niemand versucht hat, und hinter denen man doch gleich herläuft, trotzdem man die Richtung ihres Laufes nicht gesehen hat, die man einfängt, ehe man sie erreicht hat und in die man einmal fällt mit Kleidern, Familienandenken und gesellschaftlichen Beziehungen, wie in eine Grube, die nur ein Schatten auf dem Wege war.

Doch soll das nur Gelegenheit sein, Dich zu grüßen und Deiner Arbeit viel Glück zu wünschen.

Dein Franz

An Elsa Taussig

[Prag, 28. Dezember 1908]

Gnädiges Fräulein,
erschrecken Sie nicht, ich will Sie nur, wie ich es übernommen habe, rechtzeitig daran erinnern (und möglichst spät, damit Sie nicht mehr daran vergessen), daß Sie heute abend mit Ihrer Schwester ins »Orient« gehen wollten.

Schreibe ich mehr, ist es überflüssig und verringert gar noch die Bedeutung des Vorigen, aber ich habe immer noch leichter das Überflüssige getan als das fast Notwendige. Dieses fast Notwendige habe ich nämlich immer leiden lassen, gestehe ich. Ich kann es gestehn, weil es natürlich ist.

Denn man ist so froh, daß man das ganz Notwendige fertig gebracht hat (dieses muß selbstverständlich immer gleich geschehn, wie könnten wir uns sonst am Leben erhalten für den Kinematographen – vergessen Sie nicht an heute abend – für Turnen und Duschen, für allein Wohnen, für gute Äpfel, für Schlafen, wenn man schon ausgeschlafen ist, für Betrunkensein, für einiges Vergangene, für ein heißes Bad im Winter, wenn es schon dunkel ist und für wer weiß was noch), man ist dann so froh, meine ich, daß man, weil man eben so froh ist, das Überflüssige eben macht, aber gerade das fast Notwendige ausläßt.

Ich führe das nur deshalb an, weil ich nach dem Abend in Ihrer Wohnung wußte, daß es für mich fast notwendig sei, Ihnen zu schreiben. Ich versäumte dies endgültig, denn nach der letzten Kinematographenvorstellung – Sie müssen das auseinanderhalten – war jener Brief noch immer fast notwendig, doch war diese beiläufige Notwendigkeit schon etwas vergangen, aber natürlich nach einer andern, förmlich wertloseren Richtung, als es jene ist, in der das Überflüssige liegt.

Als Sie mir aber letzthin sagten, ich solle Ihnen schreiben, um meine Schrift zu zeigen, gaben Sie mir gleich alle Voraussetzungen des Notwendigen und damit des Überflüssigen in die Hand.

Und doch wäre jener fast notwendige Brief nicht schlecht gewesen. Sie müssen bedenken, daß das Notwendige immer, das Überflüssige meistens geschieht, das fast Notwendige wenigstens bei mir nur selten, wodurch es, allen Zusammenhanges beraubt, leicht kläglich, will sagen unterhaltend werden kann.

Es ist also schade um jenen Brief, denn es ist schade um Ihr Lachen über jenen Brief, womit ich aber – Sie glauben mir bestimmt – gar nichts gegen Ihr übriges Lachen sagen will, auch nicht z.B. gegen jenes, das Ihnen heute der »galante Gardist« bereiten wird oder gar der »durstige Gendarm«. Ihr Franz K.

An Max Brod

[Prag,] 31. XII. 1908

Mein lieber Max, nein, ich danke Dir, das nicht, das lieber nicht. (Übrigens bekam ich Deine Karte erst um vier Uhr, als ich schon zu Dir gehen wollte, ich legte mich schlafen, bin jetzt um viertel sieben aufgestanden und wenn man will, noch ein wenig verschlafen.)

Es sind ja Gäste bei euch, wer hat Dir gesagt, daß sie mich haben oder auch nur ertragen wollen; dann tröste ich mich schon seit vier Tagen beim Aufwachen mit der Aussicht auf den heutigen Schlaf; und vor allem zum Thee kämen wir zwar, aber zum heiligen Antonius sicher nicht und an »die Glücklichen« wäre gar nicht zu denken.

Nun gibt es aber gegenwärtig nichts, was mir wichtiger wäre als »die Glücklichen«, und deshalb wünsche ich Dir besonders ernsthaft ein glückliches Neujahr und bitte Dich, nicht lange aufzubleiben und zu arbeiten.

Adieu mein lieber Max, sage Deiner Familie einen Neujahrsglückwunsch von mir und schreibe mir, wann ich wieder zuhören kann. Dein Franz

An Max Brod

[Prag, 1908]

Mein lieber Max,
möchtest Du Dich nicht morgen, Mittwoch abends, von mir abholen lassen; Du wirst Dich doch auch von Příbram verabschieden und so könntest Du es gut machen. Aus meiner Bewußtlosigkeit in der Nacht am Samstag bin ich schon herausgekommen, Du kennst das nicht, es ist natürlich auch das daran schuld, daß ich schon so lange nicht in Gesellschaft gewesen bin, aber nicht nur das, dem wäre zu helfen; genau so ist mir auch damals im »London« gewesen, bei der Joszi und Maltschi. Sonntag aber war ich wieder hoch. Ich war beim »Vizeadmiral« und ich behaupte, daß man, wenn ein Stück geschrieben werden muß, nur bei Operetten lernen kann. Und selbst wenn es einmal oben gleichgültig und ohne Ausweg wird, fängt unten der Kapellmeister etwas an, hinter der Meerbucht schießen Kanonen aller Systeme ineinander, die Arme und Beine des Tenors sind Waffen und Fahnen und in den vier Winkeln lachen die Choristinnen, auch hübsche, die man als Seeleute angezogen hat.

Übrigens werde ich auch, wenn Du morgen kommen willst und mir so schreibst, Dir meinen neuen Überzieher zeigen, wenn er fertig sein wird und wir Mondschein haben. Dein Franz

An Hedwig W.

[Prag,] 7.I.1909

Geehrtes Fräulein,

Hier sind die Briefe, ich lege auch die heutige Karte bei und habe keine Zeile mehr von Ihnen.

Deshalb darf ich Ihnen sagen, daß Sie mir eine Freude machen würden, durch die Erlaubnis, mit Ihnen zu reden. Es ist Ihr Recht, das für eine Lüge zu halten, doch wäre diese Lüge gewissermaßen zu groß, als daß Sie sie mir zu-trauen dürften, ohne hiebei eine Art Freundlichkeit zu zeigen. Dazu kommt noch, daß gerade die Meinung, es handle sich um eine Lüge, Sie notwendig noch aufmuntern müßte, mit mir zu reden, ohne daß ich damit sagen will, meine mögliche Freude über die Erlaubnis könne Sie zu deren Verweigerung be-wegen.

Im Übrigen kann Sie (ich hätte Freude, vergessen Sie das nicht) keine Über-legung zwingen. Sie können ja Ekel oder Langweile befürchten, vielleicht fahren Sie schon morgen weg, es ist auch möglich, daß Sie diesen Brief gar nicht gele-sen haben.

Sie sind für morgen mittag bei uns eingeladen, ich bin kein Hindernis für die Annahme der Einladung, ich komme immer erst um ¼3 Uhr nach Hause; wenn ich höre, daß Sie kommen sollen, bleibe ich bis ½4 weg; es ist übrigens auch schon vorgekommen und man wird sich nicht wundern.

F. Kafka

An Max Brod

[Postkarte. Prag, Stempel: 13.I.1909]

Mein lieber Max, ich war gestern bei B., war also durch Deine und der schönen Nacht Schuld lange auf und bin so müde, daß ich blödsinnig vor Schläfrigkeit bin; Gott weiß warum, aber ich halte nichts mehr aus. Ich werde also schlafen und *komme gegen sechs;* abend will ich zu Přibram studieren gehn, nicht nur, daß ich die Sache brauche, daß sie mich ein wenig interessiert, daß ich P. in seiner Eile jetzt wirklich helfen muß, will ich ihn auch wegen des Postens immer im Auge haben. Es wäre ja nicht viel, aber doch etwas und Du bist in der letzten Zeit – scheint mir – nervös geworden, trotzdem ich es für Dich nicht begreifen kann.

Dein Franz

An Max Brod

[Postkarte. Prag, Stempel: 21.1.1909]

Mein lieber Max, ich habe Dir, Du erinnerst Dich, von der »Bohemia« erzählt, etwas zu zuversichtlich, finde ich jetzt. Nun würde mir eine Zurückweisung sehr leid tun, nicht so sehr wegen der Zurückweisung, als wegen der Sache selbst. Deshalb will ich alles tun, um mich zu sichern und ich kann nicht dafür, daß dieses »ich will alles tun« nur bedeutet »bitte, hilf mir«. Ich komme also zwischen vier und fünf, glaube ich, morgen, Freitagnachmittag zu Dir. Das Ganze wird höchstens eine viertel Stunde dauern, das ist ja jetzt viel Zeit für Dich, ich weiß, verzeihe es mir aber doch, denn ich verzeihe es mir nicht.

Dein Franz

An Max Brod

[Postkarte. Prag, Stempel: 13. III. 1909]

Mein lieber Max, heute abend kann ich nicht kommen. Weißt Du denn das nicht? Heute abend gehn wir, eine kleine Gesellschaft von drei Betrogenen ins Varieté uns unterhalten. Was ist das mit dem Zweifeln? Als ich Donnerstag zu Dir ging, wollte ich zuerst von meinem Leiden absehn und Dir zur Post glückwünschen. Denn Zweifel lassen sich in dieser Sache nicht vermeiden, aber den Entschluß muß man doch schon längst vorher haben. Die Post, ein Amt ohne Ehrgeiz, ist das einzige, was Dir paßt. In einer Woche hast Du Dir das viele Geld und die hohe Stellung abgewöhnt und dann ist alles gut. Bitte keine Zweifel mehr. Übrigens werde ich meine Schulden zahlen und Du hast wieder Geld. Montag um sechs komme ich.

Dein Franz

An Hedwig W.

[Prag, Mitte April 1909]

Liebes Fräulein,
Sie sind, als Sie jenen Brief geschrieben haben, in einem schlechten, aber keinem dauerhaften Zustand gewesen. Sie sind allein, schreiben Sie, vielleicht sind Sie es nicht ganz ohne Absicht – solche Absichten haben natürlich keinen Anfang und kein Ende – und Alleinsein ist arg von außen gesehn, wenn man so manchmal vor sich sitzt, aber es hat gewissermaßen auf der Innenwand seinen Trost. Lernenmüssen allerdings sollte es nicht ausfüllen, das ist schrecklich, wenn man gar sonst noch zittert, das weiß ich. Man glaubt dann, ich kann mich gut erinnern, man stolpere unaufhörlich durch unvollendete Selbstmorde, jeden Augenblick ist man fertig und muß gleich wieder anfangen und hat in diesem

Lernen den Mittelpunkt der traurigen Welt. Für mich ist es aber im Winter immer schlimmer gewesen. Wenn man so im Winter schon nach dem Essen die Lampe anzünden mußte, die Vorhänge heruntergab, bedingungslos sich zum Tisch setzte, von Unglück schwarz durch und durch, doch aufstand, schreien mußte und als Signal zum Wegfliegen stehend noch die Arme hob. Mein Gott. Damit einem ja nichts entging, kam dann noch ein gutgelaunter Bekannter, vom Eisplatz meinetwegen, erzählte ein bischen, und als er einen ließ, machte sich die Türe zehnmal zu. Im Frühjahr und Sommer ist es doch anders, Fenster und Türen sind offen und die gleiche Sonne und Luft ist in dem Zimmer, in dem man lernt und in dem Garten, wo andere Tennis spielen, man fliegt nicht mehr in seinem Zimmer mit den vier Wänden in der Hölle herum, sondern beschäftigt sich als lebendiger Mensch zwischen zwei Wänden. Das ist ein großer Unterschied, was aber noch an Verfluchtem bleibt, das muß man doch durchreißen können. Und Sie werden es sicher können, wenn ich es konnte, ich, der förmlich alles nur im Fallen machen kann. – Wenn Sie etwas von mir wissen wollen: das vom Fräulein Kral ist ein Märchen, ob schön, weiß ich nicht, meine Mutter wird nächste Woche operiert, mit meinem Vater geht es immer mehr herunter, mein Großvater ist heute schwer ohnmächtig geworden, auch ich bin nicht gesund.

Ihr Franz K.

An Max Brod

[Prag, Mitte April 1909]

Mein lieber Max,
ja ich konnte gestern Abend nicht kommen. In unserer Familie ist eine förmliche Schlacht, meinem Vater geht es schlechter, mein Großvater ist im Geschäft schwer ohnmächtig geworden.

Heute am Anfang der Dämmerung um sechs so habe ich »Steine, nicht Menschen« beim Fenster gelesen. Es führt aus dem Menschlichen auf eine schmeichlerische Weise hinaus, es ist nicht Sünde und nicht Sprung, sondern ein öffentlicher, wenn auch nicht breiter Auszug, dessen einzelne Schritte immer Berechtigung begleitet. Man glaubt, wenn man das Gedicht fest umarmt, kann man ohne eigene Mühe, mit der Freude der Umarmung und wirklicher als wirklich aus dem Unglück herauskommen.

Wir haben gestern von einer Geschichte von Hamsun gesprochen, ich erzählte, wie der Mann sich vor dem Hotel in eine Droschke setzt, das war nicht das Eigentliche. Der Mann sitzt vor allem mit einem Mädchen, das er liebt an einem Tisch irgendwo in einem Restaurant. In diesem Restaurant sitzt aber an einem andern Tisch ein junger Mensch, den wieder das Mädchen liebt. Durch irgendein Kunststück bringt der Mann den jungen Menschen zu seinem Tisch. Der junge Mann setzt sich zum Mädchen, der Mann steht auf, nach einem

Weilchen jedenfalls, wahrscheinlich hält er die Sessellehne dabei und sagt mit möglichster Annäherung an die Wahrheit: »Meine Herrschaften – es tut mir sehr leid –, Sie, Fräulein Elisabeth haben mich heute wieder ganz und gar bezaubert, aber ich sehe schon ein, daß ich Sie doch nicht haben kann – es ist mir ein Rätsel –« Dieser letzte Satz, das ist doch eine Stelle, wo die Geschichte in der Gegenwart des Lesers sich selbst zerstört oder wenigstens verdunkelt, nein verkleinert, entfernt, so daß der Leser, um sie nicht zu verlieren, in die offenbare Umzingelung hineingehn muß. – Sollte Dir nicht gut sein, schreib mir gleich.

Dein Franz

An Max Brod

[Postkarte. Prag, Stempel: 21. IV. 1909]

Mein lieber Max, im Bergabwärtsgehn. Die Operation ist gut vorüber, soviel man jetzt wissen kann – Ich danke Dir schön, aber Du weißt doch, daß ich so vorläufig bin. Den W. hab ich von der Altneusynagoge bis zur Brücke begleitet, hätte mich der Mautheinnehmer angesprochen, hätte ich gleich wieder angefangen. Meine Sucht dazu ist nicht besonders groß, ein kleiner Widerstand würde genügen, aber den kann ich nicht aufbringen. Rechne dazu das Vergnügen, in grenzenlosen Allgemeinheiten gerade über sich reden zu können.
Adieu

Dein Franz

Ja Donnerstag, aber ich werde dann zur Mutter gehn müssen.

An Max Brod

[Postkarte. Prag, Stempel: 8. V. 1909]

Mein lieber Max, da es Dir in den letzten Tagen in jeder Richtung gut gegangen ist, wirst Du mir es leicht verzeihn, daß ich schon zwei an sich allerdings ganz wertlose Versprechen nicht gehalten habe. Ich bin zu müde. Ich bin so müde, daß ich mich zu allem lieber gleich entschließe, um nicht nachdenken zu müssen, ob es gehn wird. So ist es ja auch mit dem Sonntag, so rasch wird es sich oben nicht bessern, wenn es sich überhaupt bessern will. Gestern nach dem Nachtmahl wollte ich mich für eine viertel Stunde auf das Kanapee schlafen legen, schlief aber, um zehn vom Vater einigemal nutzlos halb geweckt, bei ausgelöschtem Licht bis halbzwei Uhr und übersiedelte dann ins Bett. Wenn Dich das Warten auf mich gestern Abend gestört hat, tut es mir sehr leid.

Dein Franz

An Max Brod

[Kartenbrief. Prag, Stempel: 2. VI. 1909]

Mein lieber Max – Deine Karte bekomme ich jetzt abend. Das ist ja unverständlich. Wie sollen wir das auffassen; Sorgt sich der Kalandra um Beschäftigung für die kleinen Praktikanten oder betreiben hohe Kreise, einmal in Bewegung gebracht, jetzt freiwillig Deine Karriere? Die Sache überrascht natürlich, aber erschrecken muß sie doch nicht. Dein ein bischen luderhaftes Leben wird aufhören, am Vormittag wirst Du geregelter faulenzen als bisher und an den meisten Nachmittagen schreiben, was endlich doch die Hauptsache ist für Dich und uns. Im ganzen hat es sich ja nur um die Sommermonate gehandelt, die knapp bevorstehen und an denen man, glaube ich, niemals arbeiten kann. Dafür hast Du die Nachmittage und die Abende mit der Dämmerung ungestört, mehr kann man zwar haben, aber verlangen darf man nicht mehr und einen gesetzlichen Anspruch auf Ferien bekommst Du jetzt offenbar auch. So bleibt als Wirkung des Dekrets, daß das eine Fräulein zeitweilig ein bischen verdrießlich sein wird. Mein Gott!

Dein Franz

An Max Brod

[Prag, Anfang Juli 1909]

Mein lieber Max – rasch, weil ich so schläfrig bin. Ich bin schläfrig! Ich weiß nicht, was ich im Augenblick vorher gemacht habe und was ich einen Augenblick später machen werde und was ich gegenwärtig mache, weiß ich schon gar nicht. Ich löse den Knoten einer Bezirkshauptmannschaft eine Viertelstunde lang auf und räume dann sofort mit plötzlicher Geistesgegenwart einen Akt weg, den ich lange gesucht habe, den ich brauche und den ich noch nicht benützt habe. Und auf dem Sessel liegt ein solcher Haufen Reste, daß ich meine Augen nicht einmal so groß aufmachen kann, um den Haufen mit einem Blick zu sehn.

Aber Dein Dobřichowitz. Das ist ja förmlich ganz neu. Was Dir aus diesem Gefühl heraus noch gelingen kann. Nur der erste Absatz ist vielleicht für die Gegenwart wenigstens etwas unwirklich. »Alles ist wohlriechend u.s.w.« da wendest Du Dich in eine Tiefe der Geschichte, die noch nicht besteht. »Die Stille aus einer großen Gegend – u.s.w.« das haben die Freunde in der Geschichte nicht gesagt, glaube ich; wenn man sie zerreißt, haben sie das nicht gesagt. »Die Villen dieser Nacht«

Aber dann ist alles gut und wirklich, man schaut hinein wie auf die Entstehung der Nacht. Am besten hat mir gefallen: »Er suchte noch ein Steinchen, fand es aber nicht. Wir eilten u.s.w.« Der Roman, den ich Dir gegeben habe, ist mein Fluch, wie ich sehe; was soll ich machen. Wenn einige Blätter fehlen, was ich ja wußte, so ist doch alles in Ordnung und es ist wirkungsvoller, als wenn ich ihn zerrissen hätte. Sei doch vernünftig. Dieses Fräulein ist doch kein Beweis. Solange sie Deinen Arm um Hüften, Rücken oder Genick hat, wird ihr in der Hitze je nachdem alles mit dem einheitlichsten Ruck sehr gefallen oder gar nicht. Was hat das zu bedeuten gegenüber dem mir sehr gut bekannten Zentrum des Romans, das ich in sehr unglücklichen Stunden noch irgendwo in mir spüre. Und jetzt nichts mehr darüber, darin sind wir einig.

Ich sehe, daß ich ewig weiterschreiben möchte, nur um nicht arbeiten zu müssen. Das sollte ich doch nicht.

Franz

An Oskar Baum

[Prag,] 8.7.1909

Lieber Herr Baum, nein, nein, ich habe gar nicht wenig zu tun und wenn Sie dies annehmen, so tun Sie es wahrscheinlich nur deshalb, weil man, wenn man faulenzt, sich Arbeit nicht gut vorstellen kann und weil in der Hitze auf dem Lande Arbeiten und Faulenzen faul in eins zusammen gehen will. Aber es macht nichts, daß ich viel zu tun habe, denn auch sonst wüßte ich nichts zu sagen, als daß ich gerne auf dem Lande wäre, weil es dort ähnlich wie im Himmel ist, wie ich das manchmal am Sonntag überprüfe und wie Sie mit Ihrer lieben Frau es jetzt am besten wissen.

Daß der Epilog nicht fertig werden will, ist schon ganz gut. Lassen Sie nur diesen Epilog in jedem Sinn sich in der Sonne strecken und verabschieden Sie sich vom Leser mit einem großartig abgebrannten Gesicht. Das sage ich ein biß-chen aus Eigennutz, denn jener Schluß »Daß Sie aber keinen· Roman darüber schreiben usw.« hat mir nicht eingeleuchtet. Es ist ja schön, sehr schön, wenn am Schluß einer solchen Geschichte ein paar Leute zusammenkommen und herzlich zu lachen anfangen, aber nicht so, das ist nicht das richtige Lachen für eine Geschichte, die sich so ruhig heraufgearbeitet hat und hier mit einem Ruck ein Stückchen zurück in ein ungesundes Dunkel geschoben wird. Was hat Ihnen denn der Leser getan, dieser gute Mensch, dieser zumindest jetzt noch gute Mensch.

Am meisten in Ihrer Karte hat mich die Erwähnung der »Reue« gefreut, denn diese Reue ist natürlich nichts anderes als Lust zu anderer Arbeit, wie Sie es ja im Grunde auch verstehn. Ruhen Sie sich aber nur ein Weilchen gut aus, Sie verdienen es. Auch einen langen Brief verlange ich nicht, denn alles ist besser als Briefe schreiben, auf einer Wiese liegen und Gras essen ist besser; allerdings ist es wieder sehr hübsch, Briefe zu bekommen, gar in der Stadt.

Seien Sie weiter glücklich, Sie und Ihre liebe Frau.

Ihr Franz Kafka

An Max Brod

[Prag, Stempel: 15. VII. 1909]

Liebster Max, nicht weil es an und für sich unaufschieblich gesagt werden muß, aber weil es doch immerhin auf Deine Frage eine Antwort ist, für deren Gegenantwort der gestrige Weg schon zu kurz geworden war. (Nicht »gestrig«, es ist nämlich viertel drei in der Nacht.) Du sagtest sie liebt mich. Warum das? War das Spaß oder Ernst des Verschlafenseins? Sie liebt mich und es fällt ihr nicht ein zu fragen, mit wem ich in Stechowitz gewesen bin, was ich so mache, warum ich an einem Wochentag einen Ausflug nicht machen kann u.s.w. In der Bar war vielleicht nicht genug Zeit, aber auf dem Ausflug war Zeit und was Du willst und doch war ihr jede Antwort gut genug. Aber alles kann man scheinbar widerlegen, bei dem Folgenden aber kann man eine Widerlegung gar nicht versuchen: Ich hatte in D. Angst davor die Weltsch zu treffen und sagte es ihr, worauf sie sofort auch Angst hatte, für mich Angst hatte, die Weltsch zu treffen. Daraus ergibt sich eine einfache geometrische Zeichnung. Wie sie zu mir steht, das ist die größte Freundlichkeit, so entwicklungsunfähig als nur möglich und von der höchsten wie von der geringsten Liebe gleich weit entfernt, da sie etwas ganz anderes ist. Mich brauche ich natürlich gar nicht in die Zeichnung zu mischen, soll sie klar bleiben.

Jetzt habe ich mir den Schlaf ganz verdient.

Dein Franz

An Max Brod

[Postkarte. Prag, Stempel: 19. VII. 1909]

Lieber Max, zur sofortigen Richtigstellung, ich habe jenen Druck im Magen; wie wenn der Magen ein Mensch wäre und weinen wollte; ist es so gut? Dabei ist die Ursache nicht tadellos, wie erst, wenn sie tadellos wäre. Überhaupt ist dieser ideale Druck im Magen etwas, über dessen Fehlen ich mich nicht zu beklagen habe, wären nur alle andern Schmerzen auf gleicher Höhe.

Franz

An Max Brod

[Briefkopf der Arbeiter-Unfall-Versicherungs-Anstalt.
Prag, Sommer 1909]
Auch im Bureau, aber um ½ 5 h

Mein liebster Max, gerade wie ich über Deinen Brief nachdachte, den ich mittag bekommen hatte und mich so wunderte, daß ich Dir diesmal gegen alle Regel nicht zu ihr verholfen hatte und wie ich so studierte, auf welche Weise ich

Dich trösten würde, wenn ich Deine Mutter wäre und davon wüßte (mittag Erdbeeren mit verzuckertem sauerem Schmetten, nachmittag in den Wald zwischen Mnichovic und Stranschitz zum Schlafen geschickt, abend ein Liter Pschorr) da ist gerade Deine Karte gekommen mit guten Nachrichten und der allerbesten, daß das Fräulein Sängerin vierzehn Tage lang den Roman in Ruhe läßt, denn selbst der beste Roman könnte das nicht lange vertragen, daß das gleiche Mädchen ununterbrochen und zugleich von innen und außen auf ihn drückt. Auch daß das andere Fräulein aufatmen wird, ist gut, denn sie leidet durch die andere, ohne es zu wissen, ohne es verdient, ohne es verschuldet zu haben.

Daß ich Donnerstag zu Baum soll, habe ich aus Deinem Briefe hingenommen, aus Deiner Karte sehe ich gern die Möglichkeit, nicht kommen zu müssen, denn ich werde Donnerstag ebenso unfähig sein, wie ich es Montag gewesen wäre. Sein Roman freut mich ja so, und wenn ich mich aus meinem Zeug herausgearbeitet habe, tue ich Donnerstag nichts lieber als hingehn, aber er und seine Frau sollen nicht böse sein, wenn ich vielleicht wieder nicht komme. Denn was ich zu tun habe! In meinen vier Bezirkshauptmannschaften fallen – von meinen übrigen Arbeiten abgesehn – wie betrunken die Leute von den Gerüsten herunter, in die Maschinen hinein, alle Balken kippen um, alle Böschungen lockern sich, alle Leitern rutschen aus, was man hinauf gibt, das stürzt hinunter, was man herunter gibt, darüber stürzt man selbst. Und man bekommt Kopfschmerzen von diesen jungen Mädchen in den Porzellanfabriken, die unaufhörlich mit Türmen von Geschirr sich auf die Treppe werfen. Montag habe ich vielleicht das Ärgste hinter mir. Schon vergesse ich fast: Komm wenn Du kannst morgen Mittwoch gegen acht zu mir ins Geschäft, um mir wegen des Novak zu raten.

Aus dem Gelage machen wir, wenn Du einverstanden bist, einen Wanderpreis und halten es nächstens nach dem Abschluß Deines Romans ab. Und jetzt in die Akten.

Dein Franz

An Max Brod

[Prag, August 1909]

Lieber Max – das gestern abend war nichts. Wenn mir jemand einen Abend lang solche Geschichten machen würde, wie gestern ich, würde ich es mir überlegen, ob ich ihn nach Riva mitnehmen soll. Überlege es Dir nicht. Sie war es natürlich nicht und eine andere auch nicht, aber das Glück, es benennen zu dürfen!

Dein Franz

An Max Brod

[Prag, Ende August 1909]

Mein lieber Max, ich kann heute abend nicht kommen, bis heute mittag konnte ich glauben, meine Familie käme nachmittag um drei, ich wäre dann mit Mühe, aber doch gekommen. Nun kommen sie aber erst um sieben, ginge ich gleich wieder weg, der Lärm wäre nicht auszudenken. Ich komme also morgen abend, bist Du zuhause und hast Du Zeit, ist es sehr gut, wenn nicht, habe ich kein Recht mich zu ärgern. – Ja die Reise. Wir fahren also erst Dienstag, da Du damit sicher zufrieden bist und ich mich von dem einen Menschen, der erst Montag kommt, verabschieden kann.

Dein Franz

An Max Brod

[Postkarte. Prag, Stempel: 11. X. 1909]

Mein lieber Max, den »Besuch« habe ich zuerst auf dem Weg ins Bureau Samstag gelesen, und wie ich es so in Neugier und Eile gelesen habe, schien mir vieles etwas zu heiß gekocht, stellenweise geradezu verbrannt. Als ich es aber gestern abend noch einmal und noch einmal gelesen habe, da war es eine Freude, wie sich die eigentliche Sache in dem Lärm dieser vielen Punkte ruhig und richtig verhielt. Besonders die Geschichte vom Bankett, die Frage nach Bouilhet und dort weiter, der Abschied. Einem allerdings auch nur ein wenig unvollständig informierten Leser dürfte diese Leidenschaft ein wenig zu plötzlich und zu nah ans Gesicht gebracht sein, so daß er vielleicht gar nichts sieht. Was liegt daran.
Adieu

Franz

Mittwoch komme ich, es wäre zu überlegen, ob wir nicht zum Kestranekprozeß gehn sollten.

An Max Brod

[Postkarte. Prag, Stempel: 13. X. 1909]

Mein lieber Max, ärgere Dich nur nicht auf mich, ich kann es nicht anders machen. Dr. F. fängt schon fast an, mir Vorwürfe zu machen, daß ich seine, unsere Sache liegen lasse, trotzdem mir noch nicht viel Vorwürfe zu machen sind, höchstens wegen des Sonntags, denn Montag war ich allerdings aus anderem Grunde im Bureau. Ich habe heute angefangen, aber solange mir davon nicht heiß wird, bringe ich es nicht zustande, und soll mir davon heiß werden, darf ich den heiligen Antonius nicht einschalten und darf morgen nicht zu Dir kommen. Ja, Samstag nach so vielen Nachmittagen wie heute könnte ich mir einen guten Nachmittag erlauben, aber da wirst Du wieder keine Zeit haben. Im Übrigen drohn neue Unterhaltungen, Rauchberg hält ein Seminar über Versicherung ab. – Baum hat mir ein kleines sehr schönes Romanstück vorgelesen.

An Oskar Baum

[Prag, Ende 1909]

Lieber Herr Baum, das schreibe ich um 12 Uhr im Kontinental, dem ersten ruhigen Platz des heutigen Samstags. Was ist das für ein schönes Buch, wie sehr man es erwartet hat, so sehr überrascht es doch. Und in seinem festen ernsten Aussehen scheint es auch der Absicht zu entsprechen, mit der es gemacht worden ist. Dafür dürfen Sie dem Verleger alles verzeihen, es ist gegen seine Natur und vielleicht gegen seinen Willen gelungen. Jetzt soll nur die Welt die Arme ausbreiten, die lieben Kinder aufzufangen. Sie wird nicht anders können, sollte man glauben.
Auf Wiedersehn

An Max Brod

[Ansichtskarte. Pilsen, Stempel: 21. XII. 1909]

Mein lieber Max, es ist gut, daß es schon fast zu Ende ist und wir morgen abend nach Prag kommen. Ich habe es mir anders gedacht. Die ganze Zeit über ist mir schlecht gewesen und Einreihung von der Morgenmilch bis zum Abendmundausspülen ist keine Kur. Gut nur, daß Du Deinen Roman im Pult hast und arbeitest.   Dein Franz

An Direktor Eisner

[Prag, wahrscheinlich 1909]

Lieber Herr Eisner, ich danke Ihnen für die Sendung, mit meiner Fachbildung steht es sowieso schlecht. Walser kennt mich? Ich kenne ihn nicht, »Jakob von Gunten« kenne ich, ein gutes Buch. Die anderen Bücher habe ich nicht gelesen, teils durch Ihre Schuld, da Sie trotz meines Rates »Geschwister Tanner« nicht kaufen wollten. Simon ist, glaube ich, ein Mensch in jenen »Geschwistern«. Läuft er nicht überall herum, glücklich bis an die Ohren, und es wird am Ende nichts aus ihm als ein Vergnügen des Lesers? Das ist eine sehr schlechte Karriere, aber nur eine schlechte Karriere gibt der Welt das Licht, das ein nicht vollkommener, aber schon guter Schriftsteller erzeugen will, aber leider um jeden Preis. Natürlich laufen auch solche Leute, von außen angesehen, überall herum, ich könnte Ihnen, mich ganz richtig eingeschlossen, einige aufzählen, aber sie sind nicht durch das Geringste ausgezeichnet als durch jene Lichtwirkung in ziemlich guten Romanen. Man kann sagen, es sind Leute, die ein bischen langsamer aus der vorigen Generation herausgekommen sind, man kann nicht verlangen, daß alle mit gleich regelmäßigen Sprüngen den regelmäßigen Sprüngen der Zeit folgen. Bleibt man aber einmal in einem Marsch zurück, so holt man den allgemeinen Marsch niemals mehr ein, selbstverständlich, doch auch der verlassene Schritt bekommt ein Aussehen, daß man wetten möchte, es sei kein menschlicher Schritt, aber man würde verlieren. Denken Sie doch, der Blick vom rennenden Pferde in der Bahn, wenn man seine Augen behalten kann, der Blick von einem über die Hürde springenden Pferde zeigt einem sicher allein das äußerste, gegenwärtige, ganz wahrhaftige Wesen des Rennbetriebs. Die Einheit der Tribünen, die Einheit des lebenden Publikums, die Einheit der umliegenden Gegend in der bestimmten Jahreszeit usw., auch den letzten Walzer des Orchesters und wie man ihn heute zu spielen liebt. Wendet sich aber mein Pferd zurück und will es nicht springen und umgeht die Hürde oder bricht aus und begeistert sich im Innenraum oder wirft mich gar ab, natürlich hat der Gesamtblick scheinbar sehr gewonnen. Im Publikum sind Lücken, die einen fliegen, andere fallen, die Hände wehen hin und her wie bei jedem möglichen Wind, ein Regen flüchtiger Relationen fällt auf mich und sehr leicht möglich, daß einige Zuschauer ihn fühlen und mir zustimmen, während ich auf dem Grase liege wie ein Wurm. Sollte das etwas beweisen? [fragmentarisch]

An Max Brod

[Ansichtskarte mit Jeschken-Rodelbahn.
Maffersdorf, 1909]

Lieber Max, ich habe wieder ein paar Tage hinter mir! Aber schreiben will ich darüber nicht, ich hätte selbst in ihnen nur mit Anstrengung darüber richtig schreiben können. – Heute halb sieben bin ich nach Gablonz gefahren, von Gablonz nach Johannesberg, dann nach Grenzendorf, jetzt fahre ich nach Maffersdorf, dann nach Reichenberg, dann nach Röchlitz und gegen Abend nach Ruppersdorf und zurück.

An Max Brod

[Prag, wahrscheinlich 1909]

Mein lieber Max – Wie wäre es, wenn Du gleich ein bischen ins »Arco« kämest, nicht auf lange, Gott behüte, nur mir zu Gefallen weißt Du, der Př. ist dort. Bitte gnädige Frau, bitte Herr Brod, seien Sie so gut und lassen Sie den Max hingehn.   Franz K.

An Max Brod

[Prag, Stempel: 5.I.1910]

Mein lieber Max, (im Bureau, wo man mich bei den zehn Zeilen zehnmal erschrecken wird, macht nichts.) ich habe es damals so gemeint: Wer Deinen
Roman billigt – wie er in seiner Größe so neu heraufkommt, wird er viele Menschen blenden, also betrüben müssen – wer Deinen Roman billigt – billigen
heißt hier mit aller Liebe, deren man fähig ist, ihn erfassen – wer Deinen
Roman billigt, muß während der ganzen Zeit das wachsende Verlangen nach
einer Lösung haben, wie Du sie in dem vorgelesenen halben Kapitel vorgenommen hast. Nur mußte ihm diese Lösung in der gefährlichsten Richtung des Romans gelegen scheinen – nicht gefährlich für den Roman, nur gefährlich für seinen seligen Zusammenhang mit ihm – und daß nun diese Lösung, wie er überzeugt fühlt, gerade in jener äußersten Grenze erfolgt ist, wo der Roman noch
erhält, was er verlangen muß, aber auch der Leser das erhält, was zu vermissen
er sich noch nicht bezwingen kann. Und nur die Vorstellungen der möglichen
Lösungen, zu denen Du allerdings, der Du das Innerste des Romans so durch-
dringst, berechtigt gewesen wärest, scheinen ihn noch immer von der Ferne zu
erschrecken. Es wird kein schlechter Vergleich sein, wenn man später den
Roman mit einem gotischen Dom vergleichen wird, kein schlechter Vergleich
unter der Voraussetzung natürlich, daß für jede Stelle der dialektischen Kapitel
die Stelle in den übrigen nachgewiesen wird, die jene erste trägt, und wie sie für
sich gerade jene Belastung fordert, welche die erstere ausübt. Mein liebster Max,
wie glücklich bist Du und wie wirst Du es am Schlusse erst sein und wir durch
Dich.

Dein Franz

Ich wollte noch von Milada schreiben, aber ich fürchte mich.

An Max Brod

[Postkarte. Prag, Stempel: 29.I.1910]

Lieber Max, damit ich nur nicht daran vergesse, – sollte Deine Schwester Montag schon in Prag sein, mußt Du es mir noch heute schreiben, kommt sie später,
hat es natürlich Zeit, wenn Du es mir Montag sagst. Morgen spendiere ich mir
ein Magenauspumpen, meinem Gefühl nach werden ekelhafte Sachen herauskommen.

Dein Franz

An Max Brod

[Postkarte. Prag, Stempel: 18. II. 1910]

Lieber Max, Du hast ganz an mich vergessen. Du schreibst mir nicht –

Franz

An Max Brod

[Postkarte. Prag, Stempel: 10. III. 1910]

In die Lucerna komm ich nicht, Max. Jetzt um vier Uhr bin ich im Bureau und schreibe und morgen nachmittag werde ich schreiben und heute abend und morgen abend und so fort. Auch reiten kann ich nicht. Gerade noch das Müllern bleibt mir. Adieu

Dein Franz

An Max Brod

[Prag, Stempel: 12. III. 1910]

Mein lieber Max, stürze Dich nicht in Kosten wegen einer Rohrpostkarte, in der Du mir schreiben wirst, daß Du um 6^{05} nicht auf der Franz-Josefs-Bahn sein kannst, denn das mußt Du, da der Zug, mit dem wir nach Wran fahren, um 6^{05} fährt. Um ¼8 machen wir den ersten Schritt gegen Davle, wo wir um 10 Uhr bei Lederer ein Paprika essen werden, um 12 Uhr in Stechowitz mittagmahlen, von 2 – ½4 gehn wir durch den Wald zu den Stromschnellen, auf denen wir herumfahren werden. Um 7 Uhr fahren wir mit dem Dampfer nach Prag. Überlege es Dir nicht weiter und sei um ¾6 auf der Bahn. –

Übrigens kannst Du doch eine Rohrpostkarte schreiben, daß Du nach Dobřichowitz oder anderswohin fahren willst. –

[Zeichnung, die eine Schreibfeder darstellt:] Das ist eine Feder von Soennecken; die gehört nicht zur Geschichte.

An Max Brod

[Postkarte. Prag, Stempel: 18. III. 1910]

Lieber Max – ich sehe aus Deiner Karte nicht recht, ob Du die meine bekommen hast, Baum auch zu schreiben konnte ich mich die ganzen Tage nicht zusammennehmen. Schrieb ich nicht letzthin, daß mir gerade noch das Müllern bleibt. Also auch das kann ich nicht mehr. Ich bekam nämlich rheumatische Schmerzen in den Rücken, dann rutschten sie ins Kreuz, dann in die Beine, dann nicht vielleicht in die Erde hinein, sondern in die Arme hinauf. Dazu paßt es weiter ganz gut, daß die für heute erwartete Gehaltserhöhung nicht gekommen ist, auch nächsten Monat nicht kommen wird, sondern erst dann, bis man vor Langweile auf sie spuckt. An der Novelle, lieber Max, freut mich am meisten, daß ich sie aus dem Haus habe. Morgen gegen sieben Uhr (jetzt ist sechs Uhr und ich bin noch im Bureau) komm ich zu Dir (auch wegen der Bohemia). Du wirst mir Gedichte zeigen, es wird ein schöner Abend sein.

Adieu   Dein Franz

An Max Brod

[Postkarte. Prag, wahrscheinlich März 1910]

Lieber Max – ich hätte es wissen sollen, die Realisten hören erst auf, wenn sie fertig sind und Dr. Herben war erst nach viertel elf fertig. Ich bin dann in die Stockhausgasse gegangen, habe die Beleuchtung der Baumschen Fenster revidiert und bin nach Hause gegangen. Hätte ich noch hinaufkommen sollen? Ich brauche den Schlaf so sehr. Du weißt vielleicht nicht, daß ich vorher ein einhalb Tage, von ein bischen Thé abgesehen, gefastet habe. Über die Smolová im Čas: Její útlý, čistý procitlivělý hlásek arci příjemně se poslouchal (Ihr zartes reines durchfühltes Stimmchen hörte sich freilich angenehm an.) Und das nachdem der schon geahnte Dreck des Abends ausdrücklich und mit Vergnügen konstatiert worden ist.

An Max Brod

[Prag, April 1910]

Lieber Max – wenn das nicht rasch schreiben heißt, es geht schon allerdings gegen eins. Schick das also bitte an den Matras, die »Deutsche Arbeit« würde den Marschner natürlich besonders freuen, aber es wird auch besonders schwer sein, es hinein zu bringen, fürcht ich. Jedenfalls möchtest Du dem Matras schreiben, er soll möglichst rasch antworten, ob ja oder nein. Ändern kann er natürlich, was er will, kann es auch selbst von neuem schreiben, wenn es ihm Spaß macht, aber über das Buch etwas zu bringen ist seine Pflicht (sollst Du ihm sagen). Also ich danke schön.

Dein Franz

An Max Brod

[Kartenbrief. Prag, Stempel: 30. IV. 1910]

Viel Glück zum Schreiben, mein liebster Max, um unser aller willen! Hast Du noch nicht daran gedacht, daß die Kraft, mit der Du Dich auf Deine Geschichte geworfen hast, ebenso wie sie das erste Mädchen krank gemacht hat, das zweite unverständlich machen konnte. Nur diese Hitze, die noch am Mittwoch um Dich herum war! In der Luft des Mediziners ist sie Dir ja während dieser Zeit so gut aufgehoben. Kühl nur aus und sie wird wieder gelaufen kommen und das Bewußtsein dessen gebe Dir den Mut, erst auszukühlen, bis Du es anders nicht ertragen kannst. Aber was weiß ich denn, vielleicht ist Dir schon inzwischen das dumme Mädchen mitten in die Geschichte hineingelaufen, könnte ich sie doch hinten an ihren Röcken zurückhalten!

Dein Franz

An Max Brod
[Postkarte. Prag, Stempel: 11. V. 1910]

Mein lieber Max – Ich habe erst mittag Deine Karte zu lesen bekommen, nun dann mache ich erst Samstag meinen Besuch. Mein Gott, die Zeichnungen!

Dein Franz

An Max Brod
[Ansichtskarte. Saaz, Stempel: 22. VIII. 1910]

Es ist doch trotz allem nicht schlecht, schon einem Garbenhaufen ein Weilchen an der Brust zu liegen und das Gesicht dort zu verstecken!

Franz

An Max Brod
[Prag, September 1910]

Lieber Max, ich wollte erstens sehn, wie es Dir geht – Dein Bett hat tatsächlich einen nervösen Ausdruck – und zweitens Dich bitten, morgen wieder allein zur Französin zu gehn, denn meine Gablonzer Sache wird immer ernster (die Ankündigung steht in der Zeitung zwischen den »Schurken und Lumpenhunden« des Wahlaufrufes und einer Ankündigung der Heilsarmee) kurz – wie wird das werden, schon auf diesem Zettel verschwindet mir der Zusammenhang – ich habe mehr Angst, als zu einem Erfolg nötig ist.

An Max und Otto Brod
[Drei Ansichtskarten, adressiert nach Paris an Otto Brod.
Prag, Stempel: 20. X. 1910]

Lieber Max, ich bin gut angekommen, und nur weil ich von allen als eine unwahrscheinliche Erscheinung angesehen werde, bin ich sehr blaß. – Um die

Freude, den Doktor anzuschrein, bin ich durch eine kleine Ohnmacht gebracht worden, die mich bei ihm auf das Kanapee nötigte und während welcher ich mich – merkwürdig war das – so sehr als Mädchen fühlte, daß ich mich meinen Mädchenrock mit den Fingern in Ordnung zu bringen bemühte. Im übrigen erklärte der Doktor über meinen rückwärtigen Anblick entsetzt zu sein, die fünf neuen Abszesse sind nicht mehr so wichtig, da sich ein Hautausschlag zeigt, der ärger als alle Abszesse ist, lange Zeit für seine Heilung braucht und der die eigentlichen Schmerzen macht und machen wird. Meine Idee, die ich dem Doktor natürlich nicht verraten habe, ist, daß mir diesen Ausschlag die internationalen Prager, Nürnberger und besonders Pariser Pflaster gemacht haben. – So sitze ich jetzt zuhause am Nachmittag wie in einem Grab (herumgehn kann ich nicht, wegen meines festen Verbandes, ruhig sitzen kann ich der Schmerzen wegen nicht, welche die Heilung noch stärker macht) und nur am Vormittag überwinde ich dieses Jenseits des Bureaus halber, in das ich fahren muß. Zu Euren Eltern gehe ich morgen. – In der ersten Prager Nacht träumte mir, ich glaube die ganze Nacht durch (um diesen Traum hing der Schlaf herum, wie ein Gerüst um einen Pariser Neubau), ich sei zum Schlaf in einem großen Hause einquartiert, das aus nichts anderem bestand als aus Pariser Droschken, Automobilen, Omnibussen u.s.w., die nichts anderes zu tun hatten, als hart aneinander vorüber, übereinander, untereinander zu fahren und von nichts anderem war Rede und Gedanke, als von Tarifen, correspondancen, Anschlüssen, Trinkgeldern, direction Pereire, falschem Geld u. s. w. Wegen dieses Traumes konnte ich schon nicht schlafen, da ich mich aber in den notwendigen Fragen nicht ordentlich auskannte, hielt ich selbst das Träumen nur mit der größten Anstrengung aus. Ich klagte im Innern, daß man mich, der ich nach der Reise Ausruhn so nötig hatte, in einem solchen Hause einquartieren mußte, gleichzeitig aber gab es in mir einen Parteigänger, der mit der drohenden Verbeugung französischer Ärzte (sie haben zugeknöpfte Arbeitsröcke) die Notwendigkeit dieser Nacht anerkannte. – Bitte zählt euer Geld nach, ob ich euch nicht bestohlen habe, nach meiner allerdings nicht ganz zweifellosen Rechnung habe ich so wenig verbraucht, daß es ausschaut, als hätte ich die ganze Zeit in Paris mit dem Auswaschen meiner Wunden verbracht.

Pfui, das schmerzt wieder. Es war höchste Zeit, daß ich zurückgekommen bin, für Euch wie für mich.

Euer Franz K.

An Max Brod

[Ansichtskarte. Berlin, Stempel: 4. XII. 1910]

Liebster Max,
der Unterschied ist der: in Paris wird man betrogen, hier betrügt man, ich komme aus einer Art Lachen nicht heraus. Fast aus dem Coupé bin ich Samstag

in die Kammerspiele gefahren, man bekommt Lust Karten im Vorrat zu kaufen. Heute geh ich zu Anatol. Aber nichts ist so gut wie das Essen hier im vegetarischen Restaurant. Die Lokalität ist ein wenig trübe, man ißt Grünkohl mit Spiegeleiern (die teuerste Speise), nicht in großer Architektur, aber die Zufriedenheit, die man hier hat. Ich horche nur in mich hinein, vorläufig ist mir freilich noch sehr schlecht, aber wie wird es morgen sein? Es ist hier so vegetarisch, daß sogar das Trinkgeld verboten ist. Statt Semmeln gibt es nur Simonsbrot. Eben bringt man mir Grießspeise mit Himbeersaft, ich beabsichtige aber noch Kopfsalat mit Sahne, dazu wird ein Stachelbeerwein schmecken und ein Erdbeerblätterthé wird alles beenden.
Adieu:

An Max Brod

[Ansichtskarte (Selbstbildnis Goethes im Frankfurter
Arbeitszimmer). Berlin, Stempel: 9. XII. 1910]

Ein gut eingerichtetes Schreibzimmer, lieber Max, nicht wahr? Im Grunde nur ausgestattet mit fünf Möbelstücken und ihren Schatten. Auf dem Schreibtisch ist jedenfalls ungesund viel Licht. Bequem ist die Flasche auf dem Seitentisch aufgestellt, vom Schreibtisch durch Hinüberbeugen zu erreichen. Die Füße ruhn auf den Tischleisten, nicht auf dem Boden. Wird gemalt, so kommt die Staffelei auf die Stelle des Tisches.

Dein Franz

An Oskar Baum

[Ansichtskarte (»Kind des Meisters« (mit dem Vogel)
von Rubens). Berlin, Stempel: 9. XII. 1910]

Herzliche Grüße und dem kleinen Leo diesen Konkurrenten ins Haus. Daß er ihn nicht fürchten muß, das weiß ich, vielmehr soll er durch ihn noch selbstbewußter werden.

Ihr Franz K.

An Max Brod

[Ansichtskarte. Berlin, Stempel: 9. XII. 1910]

Max, ich habe eine Hamletaufführung gesehn oder besser den Bassermann gehört. Ganze Viertelstunden hatte ich bei Gott das Gesicht eines andern Menschen, von Zeit zu Zeit mußte ich von der Bühne weg in eine leere Loge schauen, um in Ordnung zu kommen.

Dein Franz

An Max Brod

Mein lieber Max, um über diese Woche nicht mehr reden zu müssen: Ich wiederhole zuerst noch, was Du schon weißt, damit Dir alles gleichzeitig bewußt ist. – Alles in dieser Woche war so gut für mich eingerichtet, wie es meine Verhältnisse nur jemals ermöglicht haben und wie sie es allem Anschein nach kaum mehr ermöglichen werden. – Ich war in Berlin gewesen und stand jetzt nach meiner Rückkehr in meiner gewöhnlichen Umgebung so locker drin, daß ich mich, wenn es in meiner Anlage wäre, ohne Hindernis selbst wie ein Tier hätte aufführen können. – Ich hatte acht vollkommen freie Tage. Vor dem Bureau habe ich mich erst gestern Abend zu fürchten angefangen, so zu fürchten angefangen allerdings, daß ich gern mich unter dem Tisch versteckt hätte. Aber das nehme ich selbst nicht ernst, denn es ist keine selbständige Furcht. – Mit meinen Eltern, die jetzt gesund und zufrieden sind, habe ich fast niemals Streit. Nur wenn der Vater mich spät abend noch beim Schreibtisch sieht, ärgert er sich, weil er mich für zu fleißig hält. – Ich war gesünder als Monate vorher, wenigstens am Anfang der Woche. Das Grünzeug ist so gut und still in mich hineingegangen, daß es aussah, als füttere mich ein glücklicher Zufall eigens für diese Woche. – Bei uns Zuhause war es fast ganz ruhig. Die Hochzeit ist vorüber, man verdaut die neue Verwandtschaft. Ein Fräulein unter uns, das mit ihrem Klavierspiel hie und da zu hören war, soll auf einige Wochen verreist sein. – Und alle diese Vorteile waren mir jetzt gegen Ende des Herbstes gegeben, also zu einer Zeit, in der ich mich seit jeher am kräftigsten gefühlt habe.

17. XII.

Diese Leichenrede von vorgestern kommt nicht zu Ende. Von ihr aus gesehen kommt jetzt allerdings zu allem Unglück noch die Jämmerlichkeit hinzu, daß ich offenbar nicht imstande bin, ein trauriges vollkommen beweisbares Gefühl ein paar Tage lang festzuhalten. Nein, das bin ich nicht imstande. Jetzt, wo ich schon acht Tage über mir sitze, bin ich in einer Eile des Gefühls, daß ich fliege. Ich bin einfach von mir betrunken, was in dieser Zeit auch beim dünnsten Wein kein Wunder ist. Dabei hat sich wenig seit zwei Tagen geändert und was sich geändert hat, ist schlechter geworden. Meinem Vater ist nicht ganz gut, er ist zu Hause. Wenn links der Frühstückslärm aufhört, fängt rechts der Mittagslärm an, Türen werden jetzt überall aufgemacht, wie wenn die Wände aufgebrochen würden. Vor allem aber die Mitte alles Unglücks bleibt. Ich kann nicht schreiben; ich habe keine Zeile gemacht, die ich anerkenne, dagegen habe ich alles weggestrichen, was ich nach Paris – es war nicht viel – geschrieben habe. Mein ganzer Körper warnt mich vor jedem Wort, jedes Wort, ehe es sich von mir niederschreiben läßt, schaut sich zuerst nach allen Seiten um; die Sätze zerbrechen mir förmlich, ich sehe ihr Inneres und muß dann aber rasch aufhören.

Das Stückchen der Novelle, das beiliegt, habe ich vorgestern abgeschrieben und lasse es jetzt schon dabei. Es ist schon alt und sicher nicht fehlerlos, aber es erfüllt sehr gut die nächste Absicht der Geschichte.

Heute abend komme ich noch nicht, ich will bis Montag früh bis zum letzten Augenblick noch allein bleiben. Dieses mir auf den Fersen sein, das ist noch eine Freude, die mich heiß macht, und eine gesunde Freude trotz allem, denn sie macht in mir jene allgemeine Unruhe, aus der das einzig mögliche Gleichgewicht entsteht. Wenn es weiter so ginge, ich könnte dann jedem ins Auge schauen, was ich z. B. Dir gegenüber vor der Berliner Reise, ja selbst in Paris nicht konnte. Du hast es bemerkt. Ich habe Dich so lieb und habe Dir nicht ins Auge schauen können. – Ich komme mit meinen Geschichten und Du hast vielleicht Deine Sorgen, könnte ich Montag im Bureau eine Karte von Dir über Deine Sache haben? Auch Deiner Schwester habe ich noch nicht gratuliert. Das mach ich Montag.

Dein Franz

An Max Brod

[Prag, wahrscheinlich 1910]

Lieber Max, ich will Dich weder stören noch warten lassen und komme, da ich um fünf nicht kommen kann, morgen um fünf, versuchsweise, ohne jede Verpflichtung für Dich. Ich bin heute für viertel sechs zum Doktor bestellt, ja, Du kennst ja nicht alle meine Leiden (verrenkte Daumenzehe).

F

An Max Brod

[Briefkopf der Arbeiter-Unfall-Versicherungs-Anstalt.
Prag, vermutlich 1910]

Lieber Max!
Ich lag schon ausgestreckt auf dem Kanapee mit meinem kranken Bein, als ich Deinen Brief bekam. Es sieht nicht sehr hübsch aus, ist besonders am Fuß hochaufgeschwollen, schmerzt aber nicht sehr. Es ist gut verbunden und wird schon besser werden; ob aber schon Samstag mein Bein reisefertig ist, das weiß ich nicht; wenn das Verlangen nach einer Reise so stark sein kann, dann bin ich Samstag gesund, das kannst Du mir glauben, denn ich [bricht hier ab.]

1911

An Max Brod

[Postkarte. Prag, Stempel: 27.I.1911]

Lieber Max – ich fahre Montag nach Friedland. Heute hat sich gezeigt, daß ich morgen zum Zahnarzt muß, ich komme also kaum vor sechs zu Dir. Kleist bläst in mich wie in eine alte Schweinsblase. Damit es nicht zu arg wird und weil ich es mir vorgenommen habe, gehe ich jetzt in die Lucerna.

Franz

An Max Brod

[Ansichtskarte (Schloß Friedland). Stempel: 1.II.1911]

Das Schloß ist mit Efeu vollgestopft, in den Loggien reicht er bis zu halber Höhe. Nur die Zugbrücke gleicht jenen Nippsachen, um deren Ketten und Drähte man sich nicht kümmern will, weil es eben Nippsachen sind und trotzdem man sich in allem sonst Mühe gegeben hat. Dem roten Dach unten mußt Du nicht glauben.

Franz

An Max Brod

[Ansichtskarte. Friedland, Stempel: 2. II. 1911]

Kannst Du Dir auch, wie ich, eine fremde Gegend dann am besten vorstellen, wenn Du von einer ruhigen, sonst in der ganzen Welt möglichen Beschäftigung hörst, mit der jemand in jener Gegend seine Zeit zugebracht hat? Ich erkläre es mir damit, daß hiebei einerseits die Gegend nicht verlassen, andererseits aber auch kein einzelnes Charakteristisches herausgerissen wird und daher das Ganze bestehen bleibt. – Ich war im Kaiserpanorama und habe Brescia, Mantua und Cremona gesehn. Wie der glatte Fußboden der Kathedralen einem vor der Zunge liegt!

Franz K.

An Oskar Baum

Friedland, 25. 2. 1911

Heute war ich in Neustadt an der Tafelfichte, einem Ort, wo man in den Hauptgassen mit unaufgeklappten Hosen ganz im Schnee stecken bleibt, während, wenn die Hosen aufgeklappt sind, der Schnee unten durch bis an die Knie steigt. Hier könnte man glücklich sein.

Beste Grüße

An Max Brod

[Ansichtskarte. Grottau, Stempel: 25. II. 1911]

Einige Neuigkeiten lieber Max: Leute haben schon Amseln im Volksgarten singen hören – die Karosserie der Hofequipagen muß man wenn die Herrschaften aussteigen, hinten festhalten wegen der starken Federung – heute sah ich auf der Herfahrt eine Ente im Wasser am Flußrand stehn – ich bin mit einer Frau gefahren, die der Sklavenhändlerin aus »die weiße Sklavin« sehr ähnlich gesehen hat u.s.w.

An Sophie Brod

[Ansichtskarte »Aus dem vegetarischen Speisehaus ›Thalysia‹, Reichenberg«. Stempel: 26. II. 1911]

Für die neue Hausbibliothek, liebes Fräulein Sophie, rate ich Ihnen den Roman »Der Tag der Vergeltung« von A. K. Green an, den heute im Waggon ein Mann mir gegenüber gelesen hat. Hat es nicht einen bedeutungsvollen Titel? Der »Tag« ist eine Fahnenstange, das erste »der« sind die Pflöcke unten, das zweite »der« ist die Seilbefestigung oben, die »Vergeltung« ist ein, wenn schon nicht schwarzes, so dunkles Fahnentuch, dessen Sichdurchbiegen vom »e« zum »u« durch einen mittelstarken Wind (besonders das »ng« schwächt ihn) hervorgerufen wird. – So sehe ich mich, müde wie ich bin, selbst während der Fahrt nach Dingen um, die Ihnen nützlich sein könnten, und wäre natürlich sehr stolz, wenn Sie bei meinem nächsten Besuch den Tag der Vergeltung schon hätten.

Franz K.

An Max Brod

[Ansichtskarte. Prag, Stempel: 2. III. 1911]

Lieber Max, sei so gut und bring mir, wenn Du morgen kommst, den Hyperion mit. Ich möchte ihn dem Eisner borgen. Seine Rundschauhefte haben sich wieder einmal bei mir aufgehäuft und es tut meinem Gewissen wohl, wenn ich bei der endlichen Rückgabe etwas beilegen kann, was ihn vielleicht interessiert.

Franz

An Max Brod

[Ansichtskarte. Prag, Stempel: 5. III. 1911]

Danke, mein lieber Max. Was das Zeug wert ist, weiß ich. Es ist ja wie immer. Seine Fehler stecken tiefer in meinem Fleisch als sein Gutes. Aber etwas Wichtigeres, was die Welt angeht: die Zeitrechnung stimmt nicht mehr. Die Rohrpost, welche meine Karte vor zehn Uhr bekommen hat, konnte das Wegborgen am Nachmittag nicht mehr verhindern. Als Postbeamter bist Du nebenbei mitverantwortlich.

Dein Franz K.

An Max Brod

[Ansichtskarte. Zittau, Stempel: 23. IV. 1911]

Hier auf dem Berg Oybin sitzen über 200 verdrießliche Gäste, verhältnismäßig schreibe ich meine Ansichtskarten noch wie ein Südländer. Aber nur Karten, den Aufsatz habe ich noch nicht.

Franz

An Max Brod

[Prag,] 27. V. 1911

Mein lieber Max, Du hast heute Geburtstag, aber ich schicke Dir nicht einmal das gewöhnliche Buch, denn es wäre nur Schein; im Grunde bin ich doch nicht einmal mehr imstande, Dir ein Buch zu schenken. Nur weil ich es so nötig habe, heute einen Augenblick und sei es nur mit dieser Karte in Deiner Nähe zu sein, schreibe ich und mit der Klage habe ich nur deshalb angefangen, damit Du mich gleich erkennst.

Dein Franz

An Max Brod

[Sanatorium Erlenbach, Schweiz. 17. September 1911]

Mein lieber Max, wenn Du von mir verlangt hast, ich soll hier die Geschichte schreiben, so hast Du nur Deine Unkenntnis der Einrichtungen eines Sanatoriums gezeigt, während ich, der ich zu schreiben versprochen habe, die mir doch gut bekannte Lebensweise in den Sanatorien irgendwie vergessen haben muß. Denn der Tag ist hier ausgefüllt von den Anwendungen, wie das Baden, Massiertwerden, Turnen usw., heißt und von der Vorbereitungsruhe vor diesen Anwendungen und von der Erholungsruhe nach ihnen. Die Mahlzeiten allerdings nehmen nicht viel Zeit weg, da sie als Apfelmus, Kartoffelpüree, flüssiges Gemüse, Obstsäfte usw. sehr rasch, wenn man will ganz unbemerkt, wenn man aber will auch sehr genußreich hinunterrinnen, nur ein wenig aufgehalten von Schrotbrot, Omeletten, Puddings und vor allem Nüssen. Dafür aber werden die Abende, besonders da es jetzt sehr regnerisch war, gesellig verbracht, sei es, daß man sich einmal mit Grammophonvorträgen unterhält, wobei wie im Züricher Münster Damen und Herren getrennt sitzen und bei lärmenderen Liedern z. B. beim Sozialistenmarsch das Hörrohr mehr den Herren zugewendet wird, während bei zarten oder besonders genau zu hörenden Stücken die Herren auf die Damenseite gehn, um nach Beendigung wieder zurückzukehren oder in einzelnen Fällen dortzubleiben für immer, sei es (willst Du den Satz grammatisch überprüfen, mußt Du das Blatt umdrehn), daß ein Berliner Trompetenbläser zu meinem großen Vergnügen bläst oder irgendein unsicher stehender Herr aus den Bergen ein Dialektstück nicht von Rosegger, sondern von Achleitner vorliest und schließlich ein freundlicher Mensch, der alles hergibt, einen selbstverfaßten humoristischen Roman in Versen vorträgt, wobei mir nach alter Gewohnheit Tränen in die Augen kommen. Nun meinst Du, bei diesen Unterhaltungen müßte ich nicht dabei sein. Das ist aber nicht wahr. Denn erstens muß man sich doch irgendwie für den teilweise wirklich guten Erfolg der Kur bedanken (denk Dir, ich habe noch abend in Paris das Mittel genommen und die Folgen sind heute am dritten Tag schon beseitigt) und zweitens sind hier schon so wenig Gäste, daß man wenigstens absichtlich sich nicht verlieren kann. Endlich sind aber auch die Beleuchtungsverhältnisse ziemlich schlechte, ich wüßte gar nicht, wo ich allein schreiben sollte, selbst bei diesem Brief geht etwas Augenlicht drauf.

Natürlich, wenn ich den Zwang zum Schreiben in mir fühlen würde, wie für längere Dauer einmal in langer Zeit, wie für einen Augenblick in Stresa, wo ich mich ganz als eine Faust fühlte, in deren Innern die Nägel in das Fleisch gehn – anders kann ich es nicht sagen –, dann allerdings bestünde keines jener Hindernisse. Ich müßte mir einfach die Anwendungen nicht machen lassen, könnte mich gleich nach Tisch empfehlen, als ein ganz besonderer Sonderling, dem man nachschaut, in mein Zimmer hinaufgehn, den Sessel auf den Tisch stellen und im Licht der hoch an der Decke angebrachten schwachen Glühlampe schreiben.

Wenn ich jetzt daran denke, daß man nach Deiner Meinung – nach Deinem Beispiel will ich nicht sagen – auch nach bloß äußerem Belieben schreiben solle, dann hast Du freilich mit Deiner Aufforderung an mich schließlich doch Recht gehabt, ob Du nun Sanatorien kennst oder nicht, und es fällt wirklich trotz meiner angestrengten Entschuldigung alles auf mich zurück oder besser gesagt, es reduziert sich auf eine kleine Meinungs- oder eine große Fähigkeitsdifferenz. Übrigens ist es erst Sonntag abend, mir bleiben also noch rund eineinhalb Tage, obwohl die Uhr hier im Lesezimmer, in dem ich jetzt endlich allein geworden bin, einen merkwürdig schnellen Schlag hat.

In einem nützt mir, abgesehen von der Gesundheit, mein Aufenthalt hier auf jeden Fall. Das Publikum besteht hauptsächlich aus ältern Schweizer Frauen des Mittelstandes, also aus Menschen, bei denen sich ethnographische Eigentümlichkeiten am zartesten und verschwindendsten zeigen. Wenn man sie daher an diesen konstatiert, dann sollte man sie doch schon sehr fest halten. Auch meine Unkenntnis ihres Deutsch hilft mir, glaube ich, bei ihrer Betrachtung, denn sie sind dadurch für mich viel enger gruppiert. Man sieht dann doch mehr, als wir vom Waggonfenster aus sahen, wenn auch nicht eigentlich anders. Um es vorläufig kurz zu sagen, würde ich mich bei der Beurteilung der Schweiz lieber als an Keller oder Walser, an Meyer halten.

Für Dein Kriegsfeuilleton habe ich in Paris den Titel eines Buches samt Waschzettel abgeschrieben: »Colonel Arthur Boucher: ›La France victorieuse dans la guerre du demain.‹ L'auteur ancien chef des operations démontre que si la France était attaquée elle saurait se défendre avec la certitude absolue de la victoire.« Ich schrieb das vor einer Buchhandlung auf dem Boulevard St. Denis als deutscher Literaturspion ab. Möchte es Dir nützen. Wenn Dir Dein Markensammler nicht lieber ist als mir der meine, dann hebe mir das Couvert auf.

Dein Franz

An Oskar Baum

Erlenbach, 19. 9. 1911

Lieber Herr Baum, unsere Reise war, wie Max Ihnen sicher schon erzählt hat, so mannigfaltig, daß keine Zeit blieb, sich an zuhause zu erinnern, jetzt aber, da meine Erholung zu Ende geht, eine meiner Krankheiten unter dem erstaunten Zuschauen meiner andern sich aufzulösen beginnt und die ganze Welt der Ansicht ist, daß ich wieder ins Bureau gehen soll, da ist mir gestern an diesem regnerischen kalten Abend bei offenem Fenster unter der dünnen Decke warm geworden.

An Max Brod

[Postkarte. Prag, Stempel: 12. X. 1911]

Lieber Max; das haben wir aber getroffen! Sulamit von Goldfaden wird gespielt! Mit Freude verschwende ich eine Karte, um Dir zu sagen, was Du schon gelesen hast. Ich hoffe nur, daß Du mir auch geschrieben hast.

Franz

An Max Brod

[Prag, wahrscheinlich 1911]

Mein lieber Max, ich kann ja morgen wieder nicht kommen; wer weiß, ob ich abend kommen kann. Komme ich nicht um sechs zu Dir, gehe ich direkt zum Vortrag, bin ich nicht beim Vortrag, hole ich Dich vom Rudolphinum ab. Schade daß Du nicht zuhause bist, ich hätte, trotzdem mein Böhmisch-Lehrer auf mich wartet, so gerne ein paar Gedichte gelesen. »Die Kinder, ein ewiger Ball« gehn mir nicht aus den Ohren. Arbeite, lieber Max, arbeite!

Dein F

1912

An Max Brod

[Postkarte. Prag, Stempel: 19. II. 1912]

Mein lieber Max, das Geld Deines Onkels, das ich schon heimlich betrauert habe, habe ich zuhause in meiner Brusttasche gefunden. Deine erste Bemerkung, er hätte es mit der Postsparkassa geschickt, hatte eben auf mich einen solchen Eindruck gemacht, daß daneben das Couvert in der Hand nicht mehr gelten konnte. – Bitte danke noch einmal Deinen Eltern, ich habe nur so herumgefuchtelt, sie aber haben den Abend zustandegebracht. –Welchen Abend kann ich zu Dir kommen? Ich habe Dich schon so lange nicht gründlich gesehn.

Franz

An Max Brod

[Postkarte. Prag, wahrscheinlich Anfang 1912]

Lieber Max, kaum bin ich gestern nachhause gekommen, habe ich mich erinnert, daß im »Unglücklichsein« einige kleine aber häßliche Schreib- und Diktierfehler sind, die ich aus meinem Exemplar entfernt habe, während sie in Deinem geblieben sind. Da sie mir Sorgen machen, schick es mir gleich zurück. Du bekommst es verbessert wieder.

Dein Franz

An Max Brod

[Prag, Ende März 1912]

Lieber Max, ich habe die Sache hin und her überlegt. Eine Klage von Deiner Seite scheint mir sehr unvorteilhaft, klage nicht! Dann bliebe die Möglichkeit, die Sache zu dulden, ich würde es machen, Du nicht. Schon besser als zu klagen wäre geklagt werden, Du könntest ihn, da Du die nötige Abscheu vor ihm hast, öffentlich Lügner nennen; nach der Erklärung bei der Bohemia wärest Du, wenn er nicht nachgibt, dazu berechtigt. Das beste meiner Meinung nach ist aber, Du schickst an die Zeitungen als Inserat eine Erklärung, z. B. so: »Wie ich erfahre, zeigt jemand einen anonymen Brief herum, in welchem ihm skandalöses Benehmen während eines von mir veranstalteten Konzertes vorgeworfen wird, und erzählt hiebei, ich hätte diesen Brief geschrieben oder veranlaßt. Ich habe weder Zeit noch Lust, diese Angelegenheit vor Gericht zu bringen. Auch für eine andere Austragung scheint mir die Sache zu geringfügig. Ich beschränke mich daher darauf, öffentlich zu erklären, daß jener Brief weder von mir, noch auf meine Veranlassung, noch mit meinem Wissen geschrieben worden ist.« – Jedenfalls kann ich das Ganze nicht für arg halten. Nur Dein Gesicht gestern hat mich erschreckt.

Franz

An Max Brod

[Kartenbrief. Prag, Stempel: 7. V. 1912]

Lieber Max, Ich habe eine solche Freude von Deinem Buch gehabt, noch gestern abend, als ich es zuhause durchblätterte. Die gesegnete Eisenbahnfahrt, von der Du erzählt hast, wirkt darin sichtbar. Du hast gefürchtet, es sei zu ruhig, aber es ist drin Leben, man möchte sagen, bei Tag und Nacht. Wie alles hintereinander zu Arnold hinaufrückt und mit ihm wieder herkommt, alles lebt ohne die geringste eingeblasene Musik. Es ist sicher eine Zusammenfassung und gleichzeitig ein Anschluß an »Tod den Toten«, von oben her. Ich küsse Dich.

Dein Franz

An die Eltern

[Ansichtskarte: Goethes Sterbezimmer. Weimar, Stempel: 30. VI. 1912]

Liebste Eltern und Schwestern, wir sind glücklich in Weimar angekommen, wohnen in einem stillen schönen Hotel mit der Aussicht in einen Garten (alles für 2 M) und leben und schauen zufrieden. Wenn ich nur schon eine Nachricht von euch hätte.

Euer Franz

An Max Brod

[Ansichtskarte (Gleims Haus in Halberstadt). Halberstadt, Stempel: 7. VII. 1912]

Wie gut es diese deutschen Dichter hatten! Sechzehn Fenster auf die Gasse! Und soll das ganze Haus auch voll Kinder gewesen sein, was meinem literarhistorischen Gefühle nach bei Gleim wahrscheinlich ist.

An Max Brod

[Ansichtskarte. Halberstadt, Stempel: 7. VII. 1912]

Lieber Max, den ersten Morgengruß im Bureau. Nimms nicht zu schwer. Geradezu selig bin ich auch nicht, trotz dieser unbegreiflich alten Stadt. Ich sitze auf einem Balkon über dem Fischmarkt und verschlinge die Beine ineinander, um die Müdigkeit aus ihnen herauszuwinden.

Grüße alle. Dein Franz

An Max Brod

[Briefkopf: Rudolf Just's Kuranstalt, Jungborn i/Harz, Post Stapelburg,] 9. VII. [1912]

Mein lieber Max, hier ist mein Tagebuch. Wie Du sehen wirst, habe ich, weil es eben nicht nur für mich bestimmt war, ein wenig geschwindelt, ich kann mir nicht helfen, jedenfalls ist bei einem solchen Schwindel nicht die geringste Absicht, vielmehr kommt es aus meiner innersten Natur und ich sollte eigentlich mit Respekt da hinunterschaun. Es gefällt mir hier ganz gut, die Selbständigkeit ist so hübsch und eine Ahnung von Amerika wird diesen armen Leibern eingeblasen. Wenn man auf den Feldwegen geht und seine Sandalen neben die schweren Stulpenstiefel eines vorübergehenden alten Bauern setzt, dann hat man keine besonders stolzen Gefühle, aber wenn man allein im Wald oder auf den Wiesen liegt, dann ist es gut. Nur Lust zum Schreiben bekommt man vorläufig davon nicht; wenn sie herankommt, dann ist sie jedenfalls noch nicht im Harz; vielleicht ist sie in Weimar. Eben habe ich 3 Ansichtskarten an sie geschrieben.

Lebe wohl und grüße alle Dein Franz

An Max Brod

Jungborn, den 10. Juli 1912

Mein liebster Max, weil mir Dein Brief vor Freude in den Händen brennt, antworte ich gleich. Dein Gedicht wird der Schmuck meiner Hütte bleiben, und wenn ich in der Nacht aufwache, was oft vorkommt, denn an die Geräusche in Gras, Baum und Luft bin ich noch nicht gewöhnt, so werde ich es bei der Kerze lesen. Vielleicht bringe ich es einmal dazu, es auswendig hersagen zu können, dann werde ich mich, und sei es auch nur im Gefühl, wenn ich verkannt bei meinen Nüssen sitze, damit erheben. Es ist rein (nur mit den »schweren Trauben« kommt in die zwei Zeilen ein nicht ganz sicherer Überfluß, da solltest Du noch mit der Hand hineingreifen), aber außerdem und vorher noch hast Du es für mich bestimmt, nicht wahr, schenkst es mir vielleicht, läßt es gar nicht drucken, denn, weißt Du, noch die erträumteste Vereinigung ist für mich das Wichtigste auf dieser Welt.

Der brave, der kluge, der tüchtige Rowohlt! Wandere aus, Max, wandere von Juncker aus, mit allem oder mit möglichst vielem. Er hat Dich aufgehalten, nicht in Dir, daran glaube ich nicht, da bist Du auf dem guten Weg, aber vor der Welt bestimmt. Die Schrift der Kleist-Anekdoten paßt ganz genau, aus dieser trockenen Schrift wird man die »Höhe des Gefühls« um so besser rauschen hören.

Vom Jahrbuch und vom »Billig« schreibst Du nichts. Nimmt Rowohlt den »Begriff« umsonst? Daß er an mein Buch denkt, ist mir natürlich recht, aber ihm von hier aus schreiben? Ich wüßte nicht, was ich ihm schreiben sollte.

Wenn das Bureau Dich ein wenig plagt, so tut das nichts, dazu ist es hier, man kann nichts anderes verlangen. Dagegen kann man verlangen, daß aber schon in nächster Zeit Rowohlt oder irgendein anderer kommt und Dich aus Deinem Bureau herauszieht. Er soll Dich dann aber nur in Prag lassen und Du sollst dort bleiben wollen! Hier ist es schon schön, aber ich bin unfähig genug und traurig. Das muß nicht endgiltig sein, das weiß ich. Jedenfalls reicht es zum Schreiben noch lange nicht. Der Roman ist so groß, wie über den ganzen Himmel hin entworfen (auch so farblos und unbestimmt wie heute) und ich verfitze mich beim ersten Satz, den ich schreiben will. Daß ich mich durch die Trostlosigkeit des schon Geschriebenen nicht abschrecken lassen darf, das habe ich schon herausgebracht und habe von dieser Erfahrung gestern viel Nutzen gehabt.

Dagegen macht mir mein Haus viel Vergnügen. Der Fußboden ist ständig mit Gräsern bedeckt, die ich hereinbringe. Gestern vor dem Einschlafen glaubte ich sogar Frauenstimmen zu hören. Wenn man das Klatschen nackter Füße im Gras nicht kennt, so ist, wenn man im Bett liegt, ein vorüberlaufender Mensch wie ein dahineilender Büffel anzuhören. Mähen kann ich nicht erlernen. Lebe wohl und grüße alle.

Dein Franz

An Max Brod

[Jungborn,] 13. Juli 1912

Mein lieber Max, wer verlangt denn, daß Du mir Briefe schreibst! Ich mache mir die Freude, Dir zu schreiben und so die Verbindung zwischen Dir und mir zusammenzuziehn (wobei ich allerdings auch an Weltsch und Baum denke, zu selbständigem Schreiben an sie bringe ich mich nicht; ich müßte so vieles wiederholen, um das Besondere zu finden) und sollte Dich außerdem noch aufhalten wollen? Du wirst mir eben, bis ich nach Prag komme, die Stellen aus Deinem kurzen Tagebuch mit Erklärungen vorlesen und ich werde vollständig zufrieden sein. Nur eine kleine Karte schicke mir hie und da, damit ich meine Briefe nicht gar so verlassen auf dem Felde singe.

Du hast das Fräulein Kirchner für dumm gehalten. Nun schreibt sie mir aber 2 Karten, die mindestens aus einem unteren Himmel der deutschen Sprache kommen. Ich schreibe sie wörtlich ab:

»Sehr geehrter Herr Dr. Kafka!

Für die liebenswürdige Sendung der Karten und freundliches Gedenken, erlaube ich mir Ihnen besten Dank zu sagen. Auf dem Ball habe ich mich gut amüsiert, bin erst mit meinen Eltern morgens ½ 5 Uhr nach Hause gekommen. Auch war der Sonntag in Tiefurt ganz nett. Sie fragen, ob es mir Vergnügen macht, Karten von Ihnen zu erhalten; darauf kann ich nur erwidern, daß es mir und meinen Eltern eine große Freude sein wird, von Ihnen zu hören. Sitze so gern im Garten am Pavillon und gedenke Ihrer. Wie geht es Ihnen? Hoffentlich gut.

Ein herzliches Lebewohl und freundliche Grüße von mir und meinen Eltern sendet Margarethe Kirchner«.

Es ist bis auf die Unterschrift nachgebildet. Nun? Bedenke vor allem, daß diese Zeilen von Anfang bis zu Ende Literatur sind. Denn wenn ich ihr nicht unangenehm bin, so bin ich ihr doch gleichgültig wie ein Topf. Aber warum schreibt sie dann so, wie ich es wünsche? Wenn es wahr wäre, daß man Mädchen mit der Schrift binden kann? Das Jahrbuch wird in Deiner Karte nicht erwähnt. Über Weltsch bitte ich Dich um eine kurze Nachricht. Streichle ihn für mich! Und grüße das Fräulein Taussig und die Baumischen.

Dein Franz

Nicht weniger als 7 Tagebuchblätter

An Max Brod

[Jungborn,] 17. VII. 12

Mein lieber Max! Du bist nicht gerade lustig, wie ich aus Deinem Brief zu lesen glaube. Aber was fehlt Dir? Du arbeitest an der Arche Noah und bringst sie vorwärts und machst sie in meiner Erwartung so schön, daß ich Dich bitte, mir sie in einem Abzug zu schicken; außerdem sitzst Du bei Rowohlt fest und gut. Daß Lissauer Dich beschimpft, bewegt Dir doch wohl kein Härchen. Beneidest Du mich vielleicht?

Mein Hauptleiden besteht darin, daß ich zu viel esse. Ich stopfe mich wie eine Wurst, wälze mich im Gras und schwelle in der Sonne an. Ich habe die dumme Idee, mich dick machen zu wollen und von da aus mich allgemein zu kurieren, als ob das zweite oder auch nur das erste möglich wäre. Die gute Wirkung des Sanatoriums zeigt sich darin, daß ich mir bei dem allen den Magen nicht eigentlich verderbe, er wird bloß stumpfsinnig. Es ist damit nicht ohne Zusammenhang, daß meine Schreiberei langsamer weiter geht als in Prag. Dagegen, oder besser: überdies sind mir gestern und heute über das Minderwertige meines Schreibens einige Erkenntnisse aufgegangen, die, wie ich fürchte, nicht vergehen werden. Es macht aber nichts. Zu schreiben aufhören kann ich nicht, es ist also eine Lust, die ohne Schaden bis auf den Kern geprüft werden kann. Das Jahrbuch hast Du also in der Hand? »Arcadia« würde ich es nicht nennen, so wurden bisher nur Weinstuben genannt. Aber es ist leicht möglich, daß der Name, wenn er einmal feststeht, bezwingend sein wird.

Warum sitzst Du Sonntag abend allein im Louvre? Warum bist Du nicht in Schelesen bei Baum? Das würde Dir besser passen.

Weltsch werde ich also schreiben, aber sag Du ihm auch noch ein gutes Wort für mich. Es ist wahrscheinlich eine Krankheit ähnlich der, welche seine Schwester letzthin hatte?

Lebwohl, mein lieber Max, und sei nicht traurig! Wahr ist es schon, das Leben, das ich jetzt führe, ist zum großen Teil geeignet, um die Traurigkeit herumzuführen, aber ich will doch tausendmal lieber mitten in sie hineinfahren, wie ich es fast jeden Abend in dem Schreibzimmer tue, wo ich 1 ½ Stunden meist allein, und ohne zu schreiben, versitze. Es ist ein Gedanke des Jungborn, der mir wichtiger ist als seine eigentlich grundlegenden, daß nämlich im Schreibzimmer nicht gesprochen werden darf. Allerdings besteht wieder der Befehl oder der Aberglaube, daß um 9 die Fenster geschlossen werden müssen. Man kann dort noch fast bis 10 bleiben, aber um 9 kommt ein Mädchen – manchmal scheint es mir, als wartete ich von 8 Uhr an auf diese Weiblichkeit – und schließt die Fenster. Ein Mädchen hat kurze Arme und ich muß ihr helfen. Besonders still ist es hier, wenn der Doktor im Vortragsaal (3 mal in der Woche) vorträgt, vor die Wahl der zwei Genüsse gestellt, wähle ich die Stille, trotzdem ich sehr gerne zu den Vorträgen ginge. Letzthin erklärte er, daß die Bauchatmung zum Wachsen und Reizen der Geschlechtsorgane beitrage, weshalb die auf Bauchatmung hauptsächlich beschränkten Opernsängerinnen so unanständig sind. Es ist aber auch möglich, daß gerade die zur direkten Brustatmung gezwungen sind. Nimm es nach Belieben! Grüße auch alle

Dein Franz

Drei Beilagen

An Max Brod

[Jungborn im Harz, Juli 1912]

Mein liebster Max! Nach langer Plage höre ich auf. Ich bin außer Stande und werde es kaum in nächster Zeit im Stande sein, die noch erübrigenden Stückchen zu vervollkommnen. Da ich es nun nicht kann, es aber zweifellos in guter Stunde einmal können werde, willst Du mir wirklich raten – und mit welcher Begründung, ich bitte Dich – bei hellem Bewußtsein etwas Schlechtes drucken zu lassen, das mich dann anwidern würde, wie die zwei Gespräche im »Hyperion«? Das, was bisher mit der Schreibmaschine geschrieben ist, genügt ja wahr-

scheinlich für ein Buch nicht, aber ist denn das Nichtgedrucktwerden und noch
Ärgeres nicht viel weniger schlimm als dieses verdammte Sichzwingen. Es gibt
in diesen Stückchen ein paar Stellen, für die ich zehntausend Berater haben
wollte; halte ich sie aber zurück, brauche ich niemanden als Dich und mich und
bin zufrieden. Gib mir recht! Dieses künstliche Arbeiten und Nachdenken stört
mich auch schon die ganze Zeit und macht mir unnötigen Jammer. Schlechte
Sachen endgültig schlecht sein lassen, darf man nur auf dem Sterbebett. Sag mir,
daß ich recht habe, oder wenigstens, daß Du es mir nicht übelnimmst; dann
werde ich wieder mit gutem Gewissen und auch über Dich beruhigt etwas anderes anfangen können.   Dein Franz

An Max Brod

[Jungborn,] 22. VII. 1912

Mein liebster Max, spielen wir wieder einmal das Spiel der unglücklichen Kinder? Einer zeigt auf den andern und sagt seinen alten Vers. Deine augenblickliche Meinung über Dich ist eine philosophische Laune, meine schlechte über
mich ist keine gewöhnliche schlechte Meinung. In dieser Meinung besteht vielmehr meine einzige Güte, sie ist das, woran ich, nachdem ich sie im Verlaufe
meines Lebens ordentlich eingegrenzt habe, niemals, niemals zweifeln mußte,
sie bringt Ordnung in mich und macht mich, der ich Unübersichtlichem gegenüber sofort niederfalle, genügend ruhig. Wir stehn einander doch nahe
genug, um in die Begründung der Meinung des andern hineinsehn zu können.
Mir sind ja Einzelheiten gelungen und ich habe mich über sie mehr gefreut, als
selbst Du für recht halten würdest – könnte ich sonst die Feder noch in der
Hand halten? Ich bin niemals ein Mensch gewesen, der etwas um jeden Preis
durchsetzt. Aber das ist es eben. Was ich geschrieben habe, ist in einem lauen
Bad geschrieben, die ewige Hölle der wirklichen Schriftsteller habe ich nicht erlebt, von einigen Ausnahmen abgesehn, die ich trotz ihrer vielleicht grenzenlosen Stärke infolge ihrer Seltenheit und der schwachen Kraft, mit der sie spielten,
aus der Beurteilung rücken kann.

Ich schreibe auch hier, sehr wenig allerdings, klage für mich und freue mich
auch; so beten fromme Frauen zu Gott, in den biblischen Geschichten wird aber
der Gott anders gefunden. Daß ich Dir das, was ich jetzt schreibe, noch lange
nicht zeigen kann, mußt Du, Max, begreifen, und wäre es nur mir zu Liebe. Es
ist in kleinen Stücken mehr aneinander als ineinander gearbeitet, wird lange geradeaus gehn, ehe es sich zum noch so sehr erwünschten Kreise wendet, und
dann in jenem Augenblicke, dem ich entgegenarbeite, wird nicht etwa alles
leichter werden, es ist vielmehr wahrscheinlich, daß ich, der ich bis dahin unsicher gewesen bin, dann den Kopf verliere. Deshalb wird es erst nach Beendigung der ersten Fassung etwas sein, wovon man reden kann.

Hast Du denn die Arche nicht mit der Schreibmaschine schreiben lassen?

Kannst Du mir nicht doch noch einen Abzug schicken? Und verdient ihr Gelingen nicht ein Wort?

Weltsch liegt noch immer? Hat ihn das aber hingeworfen! Und ich schreibe ihm nicht und schreibe ihm nicht. Bitte sag doch dem Frl. T. und dem Weltsch und wenn es geht, den Baumischen, daß ich sie alle liebe und daß Liebe mit Briefschreiben nichts zu tun hat. Sag es ihnen so, daß es besser ist und freundlicher aufgenommen wird, als drei wirkliche Briefe. Wenn Du willst, so kannst Du's.

An unserer gemeinsamen Geschichte hat mich außer Einzelheiten nur das Nebendirsitzen an den Sonntagen gefreut (die Verzweiflungsanfälle natürlich abgerechnet) und diese Freude würde mich sofort verlocken, die Arbeit fortzusetzen. Aber Du hast Wichtigeres zu tun und wenn es nur der Ulysses wäre.

Mir fehlt jedes organisatorische Talent und darum kann ich nicht einmal einen Titel für das Jahrbuch erfinden. Vergiß nur nicht, daß in der Erfindung gleichgültige und selbst schlechte Titel durch wahrscheinlich unberechenbare Einflüsse der Wirklichkeit ein gutes Ansehn bekommen.

Sag nichts gegen die Geselligkeit! Ich bin auch der Menschen wegen hergekommen und bin zufrieden, daß ich mich wenigstens darin nicht getäuscht habe. Wie lebe ich denn in Prag! Dieses Verlangen nach Menschen, das ich habe und das sich in Angst verwandelt, wenn es erfüllt wird, findet sich erst in den Ferien zurecht; ich bin gewiß ein wenig verwandelt. Übrigens hast Du meine Zeitangaben nicht genau gelesen, bis 8 Uhr schreibe ich wenig, nach 8 aber nichts, trotzdem ich mich dann am befreitesten fühle. Darüber würde ich mehr schreiben, wenn ich nicht gerade den heutigen Tag ganz besonders dumm mit Ball- und Kartenspielen und Umhersitzen und Liegen im Garten verbracht hätte. Und Ausflüge mache ich gar keine! Es ist die höchste Gefahr, daß ich den Brocken gar nicht sehen werde. Wenn Du wüßtest, wie die kurze Zeit vergeht! Wenn sie so deutlich verginge wie Wasser, aber sie vergeht wie Öl.

Samstag nachmittag fahre ich von hier weg (hätte aber noch sehr gerne bis dahin eine Karte von Dir), bleibe Sonntag in Dresden und komme Abend nach Prag. Nur aus weithin sichtbarer Schwäche fahre ich nicht über Weimar. Ich habe einen kleinen Brief von ihr bekommen mit eigenhändigen Grüßen der Mutter und 3 beigelegten Photographien. Auf allen dreien ist sie in verschiedenen Stellungen zu sehn, in einer mit den frühem Photographien unvergleichbaren Deutlichkeit und schön ist sie! Und ich fahre nach Dresden, als wenn es sein müßte, und werde mir den zoologischen Garten ansehn, in den ich gehöre!

Franz

9 Tagebuchblätter

Kennst Du, Max, das Lied »Nun leb wohl…«? Wir haben es heute früh gesungen und ich habe es abgeschrieben. Die Abschrift heb ich mir ganz besonders gut auf! Das ist eine Reinheit und wie einfach es ist; jede Strophe besteht aus einem Ausruf und einem Kopfneigen.

Außerdem noch ein vergessenes Blatt von der Reise.

An Max Brod

[Kafkas Schwester Ottla diktiert.
Wahrscheinlich aus der zweiten Jahreshälfte 1912]

Liebster Max, ich weiß wirklich nicht, ob ich morgen Sonntag zu Dir komme, höchstens mit einer Lüge, denn ich habe Angst vor Dir. So ein Gesicht wie Du es am Abend vor Deiner Abreise gemacht hast, vertrag ich nicht. Ich schlafe jetzt immer regelrecht bis viertel neun und ich habe auch richtig den Auftrag gegeben, daß man mich heute um sieben Uhr schon weckt und man hat mich auch um sieben geweckt, wie ich beim endgültigen Aufwachen um viertel neun dunkel mich erinnern konnte. Aber dieses Aufwecken hat mich nicht mehr gestört als meine jetzt wütend deutlichen Träume. (Gestern habe ich z. B. ein rasendes Gespräch mit Paul Ernst gehabt, es ging Schlag auf Schlag, er war dem Vater vom Felix ähnlich. Von morgen ab wird er täglich zwei Geschichten schreiben.) Seit zwei Tagen habe ich auch keinen Brief bekommen, Du hast mir auf zwei Karten und einen Brief nicht geantwortet, und wenn auch beides nicht schwer erklärlich ist, so führe ich es doch an, weil ich eben für meine Unpünktlichkeit keine bessere Entschuldigung habe.

An Max Brod

[14. VIII. 1912]

Guten Morgen! Lieber Max, ich stand gestern beim Ordnen der Stückchen unter dem Einfluß des Fräuleins, es ist leicht möglich, daß irgendeine Dummheit, eine vielleicht nur im Geheimen komische Aufeinanderfolge dadurch entstanden ist. Bitte, schau das noch nach und laß mich den Dank dafür in den ganz großen Dank einschließen, den ich Dir schuldig bin.

Dein Franz

Es ist auch eine Anzahl kleiner Schreibfehler drin, wie ich jetzt bei dem leider ersten Lesen einer Kopie sehe. Und die Interpunktion! Aber vielleicht hat die Korrektur dessen wirklich noch Zeit. Nur dieses: »Wie müßtet ihr aussehn?« in der Kindergeschichte streich und hinter dem vier Worte vorhergehenden »wirklich« mach ein Fragezeichen.

An Ernst Rowohlt

Prag, am 14. August 1912

Sehr geehrter Herr Rowohlt!
Hier lege ich Ihnen die kleine Prosa vor, die Sie zu sehen wünschten; sie ergibt wohl schon ein kleines Buch. Während ich sie für diesen Zweck zusammen-

stelle, hatte ich manchmal die Wahl zwischen der Beruhigung meines Verant-
wortungsgefühls und der Gier, unter Ihren schönen Büchern auch ein Buch zu
haben. Gewiß habe ich mich nicht immer ganz rein entschieden. Jetzt aber wäre
ich natürlich glücklich, wenn Ihnen die Sachen auch nur soweit gefielen, daß
Sie sie druckten. Schließlich ist auch bei größter Übung und größtem Verständnis das Schlechte in den Sachen nicht auf den ersten Blick zu sehen. Die
verbreitete Individualität der Schriftsteller besteht ja darin, daß jeder auf ganz
besondere Weise sein Schlechtes verdeckt.

Ihr ergebener: Dr. Franz Kafka

Manuscript folgt separat per Postpaquet

An den Rowohlt-Verlag

[Briefkopf: Arbeiter-Unfall-Versicherungs-Anstalt]
Prag, am 7. September 1912

Sehr geehrter Herr!
Ich danke Ihnen bestens für das freundliche Schreiben vom 4. d. M. Da ich mir
die geschäftlichen Aussichten der Veröffentlichung einer derartigen kleinen ersten Arbeit beiläufig vorstellen kann, bin ich gerne mit den Bedingungen einverstanden, die Sie mir selbst stellen wollen, solche Bedingungen, die Ihr Risiko
möglichst einschränken, werden auch mir die liebsten sein. – Ich habe vor den
Büchern, die ich aus Ihrem Verlage kenne, zuviel Respekt, um mich mit Vorschlägen wegen dieses Buches einzumischen, nur bitte ich um die größte
Schrift, die innerhalb jener Absichten möglich ist, die Sie mit dem Buch haben.
Wenn es möglich wäre, das Buch als einen dunklen Pappband einzurichten, mit
getöntem Papier, etwa nach der Art des Papieres der Kleistanekdoten, so wäre
mir das sehr recht, allerdings wieder nur unter der Voraussetzung, daß es Ihren
sonstigen Plan nicht stört.

In angenehmer Erwartung Ihrer nächsten Nachrichten

Ihr ergebener: Dr. Franz Kafka

An Elsa Taussig

Prag, am 18. IX. 1912

Liebes Fräulein! Besten Dank. Das ist eben der Süden. Schon beim Lesen dieses
Tagebuchs fängt mir das Blut zu kochen an, wenn auch nur schwach, nach seiner Art.

Schreiben Sie mir doch nur ein Wort, wann und wo ich Sie sehen kann und
ich komme mit Freuden hin. Nur überraschen will ich Sie nicht, es gibt keine

angenehmen Überraschungen. – Wie wäre es übrigens, wenn wir einmal zusammen zum alten Onkel gingen; da Max uns allen weggefahren ist, gehören wir doch zusammen.

Ihr herzlich ergebener

Franz K.

An Felix Weltsch und Max Brod

[Briefkopf: Arbeiter-Unfall-Versicherungs-Anstalt]

Prag, 20. September 1912

Meine lieben Glücklichen!

Ich mache mir die allerdings sehr nervöse Freude, euch mitten in den Bürostunden zu schreiben. Ich würde es nicht tun, wenn ich noch Briefe ohne Schreibmaschine schreiben könnte. Aber dieses Vergnügen ist zu groß. Reicht einmal und meistens die Laune nicht ganz aus, die Fingerspitzen sind immer da. Ich muß annehmen, daß euch das sehr interessiert, weil ich euch das so in Eile schreibe.

Danke, Max, für das Tagebuch. Dein Fräulein war so lieb, es mir gleich zu schicken, es kam gleichzeitig mit Deiner ersten Karte an. Ich habe mich aber auch gleich schön bedankt und offen gesagt gleich um ein Rendezvous gebeten, für das ich, hoffentlich in Deinem Sinn, die Wohnung Deines Onkels vorgeschlagen habe, damit wir drei Verlassenen einmal beisammen sind.

Mit dem Tagebuch darfst Du nicht aufhören! Und besser wäre es noch, wenn ihr alle Tagebücher führtet und schicktet. Wenn wir uns schon im Neide wälzen, wollen wir wissen, warum. Schon aus den paar Seiten ist mir der Süden ein wenig eingegangen und die Italiener im Kupee, an die Du Dich im ununterbrochenen Wohlleben wahrscheinlich gar nicht mehr erinnerst, haben mich stark gepackt.

Gestern Abend war ich, Max, bei Deinen Eltern. Dein Vater war allerdings in einem Verein und ich fühlte mich gerade zu schwach, um das Auspacken Deiner Briefschaften bei Deinem Bruder durchzusetzen. An Neuigkeiten soll es [hier bricht die Maschinenschrift ab]

Bei dieser spannenden Stelle wurde ich unterbrochen, eine Deputation des Landesverbandes der Sägewerksbesitzer kommt, – nichts weniger, des Eindrucks halber, den das auf euch macht – und wird ewig bleiben.

Also lebt wohl!

Euer Franz

Grüße für Herrn Süssland

Meine Schwester Valli hat Samstag Verlobung gehabt, macht ihr die Freude und gratuliert ihr auf einer Ansichtskarte, ohne zu schreiben, woher ihr es wißt.

An den Rowohlt-Verlag

[Briefkopf: Arbeiter-Unfall-Versicherungs-Anstalt]
Prag, am 25. September 1912

Sehr geehrte Herren!
In der Beilage erlaube ich mir Ihnen das eine Vertragsformular, unterschrieben, mit bestem Danke zurückzuschicken. Ich hielt es deshalb paar Tage zurück, weil ich Ihnen gleichzeitig eine bessere Lesart für das Stückchen »Der plötzliche Spaziergang« mitschicken wollte, denn in dem bisherigen Schluß des ersten Absatzes steckt eine Stelle, die mich anwidert. Leider habe ich diese bessere Lesart noch nicht ganz, schicke sie aber bestimmt in den nächsten Tagen.

Noch eine Bitte: Da im Vertrag der Erscheinungstermin nicht genannt ist – ich lege auch nicht den geringsten Wert darauf, daß es geschieht – da ich aber natürlich sehr gerne wüßte, wann Sie das Buch herauszugeben beabsichtigen, bitte ich Sie so freundlich zu sein, und es mir bei Gelegenheit zu schreiben.
Ihr herzlich ergebener:

Dr. Franz Kafka

An Max Brod

[Prag, Herbst 1912]

Liebster Max, wo bleibst Du denn? Ich wollte Dich auf dem Kanapee schlafend erwarten, aber ich bin weder eingeschlafen, noch bist Du gekommen. Jetzt muß ich schon nachhause, aber morgen vormittag will ich Dich endlich sehn. Ich bin bis zwölf im Bureau und will nicht sagen, daß Du mich dort besuchen oder abholen sollst, aber ich würde Dich dann immerhin früher sehn und vielleicht kannst Du Deine Wege so einrichten. Jedenfalls aber komme ich nach zwölf zu Dir. Wenn Du zuhause sein könntest – ich würde Dich dann in unserer Sonne spazieren führen. – Frl. B. läßt Dich grüßen und ich leihe ihr gerne meinen Mund.

Franz

An Max Brod

[Prag, Herbst 1912]

Lieber Max, hier schicke ich Dir das zweite Kapitel ohne mich. Es war die einzige gute Stunde, die ich seit Samstag damit verbracht habe. Ich kann deshalb nicht kommen, weil meinem Vater nicht gut ist und er will, daß ich bei ihm bleibe. Vielleicht komme ich abends zum Besuch.

Dein Franz

An den Rowohlt-Verlag

[Briefkopf: Arbeiter-Unfall-Versicherungs-Anstalt]
Prag, am 6. Oktober 1912

Sehr geehrte Herren!
In der Beilage übersende ich Ihnen die bessere Lesart des Stückchens »Der plötzliche Spaziergang«, die Sie an Stelle der bisherigen freundlichst in das Manuskript einlegen wollen.

Gleichzeitig bitte ich neuerlich um die vor einiger Zeit schon erbetene Auskunft über den Erscheinungstermin, den Sie für die »Betrachtung« in Aussicht
genommen haben. Ich wäre Ihnen für eine gefällige baldige Auskunft sehr verbunden.
Ihr herzlich ergebener:

Dr. F. Kafka

An Max Brod

[Prag, 8. Oktober 1912]

Mein liebster Max!
Nachdem ich in der Nacht von Sonntag auf Montag gut geschrieben hatte – ich
hätte die Nacht durchschreiben können und den Tag und die Nacht und den
Tag und schließlich wegfliegen – und heute sicher auch gut hätte schreiben können – eine Seite, eigentlich nur ein Ausatmen der gestrigen zehn ist sogar fertig –
muß ich aus folgendem Grunde aufhören: Mein Schwager, der Fabrikant, ist,
was ich in meiner glücklichen Zerstreutheit kaum beachtet hatte, heute früh zu
einer Geschäftsreise ausgefahren, die zehn bis vierzehn Tage dauern wird. In dieser Zeit ist die Fabrik tatsächlich dem Werkmeister allein überlassen und kein
Geldgeber, um wie viel weniger ein so nervöser wie mein Vater, wird an der vollkommen betrügerischen Wirtschaft zweifeln, die jetzt in der Fabrik vor sich
geht. Im übrigen glaube ich dasselbe, zwar nicht so sehr aus Angst um das Geld,
als aus Uninformiertheit und Gewissensunruhe. Schließlich aber dürfte auch
ein Unbeteiligter, soweit ich mir ihn vorstellen kann, an der Berechtigung der
Angst meines Vaters nicht besonders zweifeln, wenn ich auch nicht vergessen
darf, daß ich im letzten Grunde es gar nicht einsehe, warum nicht ein reichs-
deutscher Werkmeister auch in Abwesenheit meines Schwagers, dem er in allem
Technischen und Organisatorischen himmelweit überlegen ist, alles in der gleichen Ordnung führen könnte, wie sonst, denn schließlich sind wir Menschen
und nicht Diebe.

Nun ist außer dem Werkmeister noch der jüngere Bruder meines Schwagers
da, zwar ein Narr in allen Sachen außer dem Geschäftlichen und auch noch weit
ins Geschäftliche hinein, aber doch tüchtig, fleißig, aufmerksam, ein Springer
möchte ich sagen. Der muß aber natürlich viel im Bureau sein und außerdem

das Agenturgeschäft führen, zu diesem Zweck den halben Tag in der Stadt herumlaufen und für die Fabrik bleibt ihm also wenig Zeit.

Wie ich einmal in letzter Zeit Dir gegenüber behauptet habe, daß mich von außen her nichts im Schreiben stören könne (was natürlich keine Prahlerei, sondern Selbsttröstung war), dachte ich nur daran, wie die Mutter mir fast jeden Abend vorwimmert, ich solle doch einmal hie und da zur Beruhigung des Vaters in die Fabrik schauen und wie mir das auch von seiner Seite der Vater mit Blicken und sonst auf Umwegen viel ärger gesagt hat. Solche Bitten und Vorwürfe gingen zwar zum größten Teil nicht auf Unsinn heraus, denn eine Überwachung des Schwagers würde ihm und der Fabrik sicher sehr gut tun; nur kann ich aber – und darin lag der nicht aus der Welt zu schaffende Unsinn jenes Geredes – eine derartige Überwachung auch in meinen hellsten Zuständen nicht leisten. Darum handelt es sich aber für die nächsten vierzehn Tage nicht, für die ja nichts anderes nötig ist, als zwei beliebige Augen, und seien es auch nur die meinen, in der Fabrik herumgehn zu lassen. Dagegen, daß diese Forderung gerade an mich gestellt wird, ist nicht das geringste zu sagen, denn ich trage nach der Meinung aller die Hauptschuld an der Gründung der Fabrik – ich muß diese Schuld halb im Traum übernommen haben, scheint mir allerdings – und außerdem ist auch niemand da, der sonst in die Fabrik gehen könnte, denn die Eltern, an die übrigens auch sonst nicht zu denken wäre, haben jetzt gerade die stärkste Geschäftssaison (das Geschäft scheint auch in dem neuen Lokal besser zu gehn) und heute war z. B. die Mutter gar nicht beim Mittagessen zuhause.

Als heute abend die Mutter also wieder mit der alten Klage anfing und abgesehen von dem Hinweis auf die Verbitterung und das Krankwerden des Vaters durch meine Schuld, auch diese neue Begründung von der Abreise des Schwagers und der vollständigen Verlassenheit der Fabrik vorbrachte und auch meine jüngste Schwester, die doch sonst zu mir hält, mit richtigem, von mir in der letzten Zeit auf sie übergegangenem Gefühl und gleichzeitig mit ungeheuerem Unverstand mich vor der Mutter verließ, und mir die Bitterkeit – ich weiß nicht, ob es nur Galle war – durch den ganzen Körper rann, sah ich vollkommen klar ein, daß es für mich jetzt nur zwei Möglichkeiten gab, entweder nach dem allgemeinen Schlafengehen aus dem Fenster zu springen oder in den nächsten vierzehn Tagen täglich in die Fabrik und in das Bureau des Schwagers zu gehn. Das erstere gab mir die Möglichkeit, alle Verantwortung sowohl für das gestörte Schreiben als auch für die verlassene Fabrik abzuwerfen, das zweite unterbrach mein Schreiben unbedingt – ich kann mir nicht den Schlaf von vierzehn Nächten einfach aus den Augen wischen – und ließ mir, wenn ich genug Kraft des Willens und der Hoffnung hatte, die Aussicht, in vierzehn Tagen möglicherweise dort anzusetzen, wo ich heute aufgehört habe.

Ich bin also nicht hinuntergesprungen und auch die Lockungen, diesen Brief zu einem Abschiedsbrief zu machen (meine Eingebungen für ihn gehn in anderer Richtung), sind nicht sehr stark. Ich bin lange am Fenster gestanden und habe mich gegen die Scheibe gedrückt und es hätte mir öfters gepaßt, den

Mauteinnehmer auf der Brücke durch meinen Sturz aufzuschrecken. Aber ich habe mich doch die ganze Zeit über zu fest gefühlt, als daß mir der Entschluß, mich auf dem Pflaster zu zerschlagen, in die richtige entscheidende Tiefe hätte dringen können. Es schien mir auch, daß das Amlebenbleiben mein Schreiben – selbst wenn man nur, nur vom Unterbrechen spricht – weniger unterbricht als der Tod, und daß ich zwischen dem Anfang des Romans und seiner Fortsetzung in vierzehn Tagen mich irgendwie gerade in der Fabrik, gerade gegenüber meinen zufriedengestellten Eltern im Innersten meines Romans bewegen und darin leben werde.

Ich lege Dir, mein liebster Max, das Ganze nicht vielleicht zur Beurteilung vor, denn darüber kannst Du ja kein Urteil haben, aber da ich fest entschlossen war, ohne Abschiedsbrief hinunterzuspringen – vor dem Ende darf man doch müde sein – so wollte ich, da ich wieder als Bewohner in mein Zimmer zurücktreten soll, an Dich dafür einen langen Wiedersehensbrief schreiben und da ist er. Und jetzt noch einen Kuß und Gute Nacht, damit ich morgen ein Fabrikschef bin, wie es verlangt wird.

Dein Franz

Dienstag ½ 1 Uhr, Oktober 1912

Und doch, das darf ich jetzt am Morgen auch nicht verschweigen, ich hasse sie alle der Reihe nach und denke, ich werde in diesen vierzehn Tagen kaum die Grußworte für sie fertig bringen. Aber Haß – und das richtet sich wieder gegen mich – gehört doch mehr außerhalb des Fensters, als ruhig schlafend im Bett. Ich bin weit weniger sicher als in der Nacht.

An Max Brod

[Prag, Herbst 1912]

Lieber Max – an eine Hauptsache habe ich gestern ganz vergessen: an unser Telephon. Du kannst Dir gar nicht vorstellen, wie dringend wir es brauchen, wenigstens wie dringend wir es vor vierzehn Tagen gebraucht haben, als ich zum letzten Mal in der Fabrik war. (Im Bureau bin ich öfter.) Weißt Du, ich möchte auch, so gut es geht, die Ausreden für das Eintreten eines Mißerfolges einschränken, dessen Möglichkeit ich in den Tatsachen noch gar nicht erkenne, während ich sie in den Gesichtern meiner Schwäger zu ahnen anfange.

Dein Franz

An den Rowohlt-Verlag

[Briefkopf: Arbeiter-Unfall-Versicherungs-Anstalt]
Prag, am 18. Oktober 1912

Sehr geehrter Herr!
Die Satzprobe, die Sie so freundlich waren, mir zu schicken, ist allerdings wunderschön. Ich kann gar nicht genug eilig und genug rekommandiert diesem Druck zustimmen und danke Ihnen von Herzen für die Teilnahme, die Sie dem Büchlein erweisen.

Die Seitenzahlen in der Satzprobe sind hoffentlich nicht die endgültigen, denn »Kinder auf der Landstraße« sollten das erste Stück sein. Es war eben mein Fehler, daß ich kein Inhalts-Verzeichnis mitgeschickt habe, und das Schlimme ist, daß ich diesen Fehler gar nicht gutmachen kann, da ich, abgesehen von dem Anfangsstück und dem Endstück »Unglücklich sein« die Reihenfolge nicht recht kenne, in der das Manuskript geordnet war.

»Der plötzliche Spaziergang« in verbesserter Form ist wohl richtig angekommen?

Ihr herzlich ergebener: Dr. F. Kafka

An Max Brod

[Postkarte. Prag, Stempel: 7. XI. 1912]

Liebster Max! Warum mischt sich der Mensch zwischen uns, wenn ich Dich nach langer Zeit wieder einmal allein sehen und sprechen soll. Interessiert hätte er mich allerdings, schon deshalb, weil er in meiner Korrespondenz einmal erwähnt worden ist; aber er stand mir doch nicht dafür, mich in meiner schon sterbemäßigen Müdigkeit aus dem Bett zu schleppen. So kam ich erst um neun zum Arco, erfuhr, daß ihr schon weggegangen seid, machte kehrtum und ging nachhause. Du arbeitest nicht? Ich bin traurig darüber, daß sich mit der Zeit so viele Abhaltungen um Dich angesammelt haben. Du wirst einmal mit einem großen Schwung des Armes den Platz um Dich herum räumen müssen. Deine Gedichte in den Herderblättern stehn sehr schön da. – Freitag komme ich also.

Dein Franz

An Max Brod

[Prag,] 13. XI. 12

Liebster Max, (vom Bett aus diktiert, aus Faulheit und damit der im Bett ausgekochte Brief vom gleichen Ort her auf das Papier kommt) Ich will Dir nur sagen, Sonntag lese ich bei Baum nicht vor. Vorläufig ist der ganze Roman unsicher. Ich habe gestern das sechste Kapitel mit Gewalt, und deshalb roh und schlecht beendet: zwei Figuren, die noch darin hätten vorkommen sollen, habe ich unterdrückt. Die ganze Zeit, während der ich geschrieben habe, sind sie hinter mir her gelaufen, und da sie im Roman selbst die Arme hätten heben und die Fäuste ballen sollen, haben sie das gleiche gegen mich getan. Sie waren immerfort lebendiger als das, was ich schrieb. Nun schreibe ich heute außerdem nicht, nicht weil ich nicht will, sondern weil ich wieder einmal zu hohläugig herumschau. Von Berlin ist allerdings auch nichts gekommen. Welcher Narr hat aber auch etwas erwartet? Du hast ja dort das äußerste gesagt, was man aus Güte, Verstand und Ahnung sagen konnte, aber wenn dort statt Deiner ein Engel ins Telephon gesprochen hätte, gegen meinen giftigen Brief hätte auch er nicht aufkommen können. Nun, Sonntag wird ja noch der Laufbursch einer Berliner Blumenhandlung einen Brief ohne Überschrift und Unterschrift überreichen. Um meiner sonstigen Quälerei aus Eigenem noch nachzuhelfen, habe ich dieses dritte Kapitel ein wenig durchgelesen und gesehen, daß da ganz andere Kräfte nötig sind, als ich sie habe, um dieses Zeug aus dem Dreck zu ziehen. Und selbst diese Kräfte würden nicht hinreichen, um sich zu überwinden, das Kapitel im gegenwärtigen Zustand Euch vorzulesen. Überspringen kann ich es natürlich auch nicht, und so bleibt Dir nur übrig, die Zurücknahme meines Versprechens mit zweierlei Gutem zu vergelten. Erstens, mir nicht bös zu sein, und zweitens, selbst vorzulesen.

Adieu (ich will noch mit meiner Schreiberin Ottla spazieren gehn; sie kommt am Abend aus dem Geschäft und ich diktiere ihr jetzt als Pascha vom Bett aus und verurteile sie überdies auch noch zur Stummheit, denn sie behauptet zwischendurch, sie wolle auch etwas bemerken). Das Schöne an solchen Briefen ist, daß sie am Schluß nach vorne hin unwahr werden. Mir ist jetzt viel leichter als am Anfang.

Dein Franz

An Willy Haas

[Prag,] 25. XI. 1912

Lieber Herr Haas!
Ich nehme die Einladung der Herdervereinigung natürlich an, es macht mir sogar große Freude vorzulesen. Ich werde die Geschichte aus der »Arkadia« lesen, sie dauert nicht ganz eine ½ Stunde. Was für ein Publikum gibt es da? Wer liest noch? Wie lange dauert das Ganze? Genügt Straßenanzug? (Unnötige Frage, die letzte, ich habe keinen andern.) Auf die andern Fragen aber antworten Sie mir bitte.
Mit den herzlichsten Grüßen

Dr. F. Kafka

An Max Brod

Liebster Max, ich weiß nicht, ob Du meinen gestrigen Brief schon hast, nun für jeden Fall: Die Beschreibung der Hauptsache darin ist heute schon falsch und alles ist unausdenkbar gut geworden.

Franz

An Oskar Baum

[Ansichtskarte, wahrscheinlich 1912]

Lieber Herr Baum,
Max muß am Montag das Abschiedsfest eines Kollegen mitfeiern und ich muß meinen Vater wegen einer Sache zu versöhnen suchen, von der ich Ihnen noch erzählen werde. Wir kommen also nächsten Montag doppelt.
Leben Sie wohl

F. Kafka

1913

An Elsa und Max Brod

[Ansichtskarte. Prag, Stempel: 4. II. 1913.
Adressiert nach Monte Carlo]

Ihr Lieben, den Nachtwächter brauche ich nicht, ich bin doch selbst einer an Verschlafenheit, Abendwanderungen und Verfrorenheit. Wärmt Ihr Euch dort ordentlich unter der Sonne? Sucht mir bitte für den Sommer oder Herbst einen Ort aus, wo man vegetarisch lebt, unaufhörlich gesund ist, wo man auch allein sich nicht verlassen fühlt, wo selbst einem Klotz das Italienische eingeht u. s. f., kurz einen schönen unmöglichen Ort. Lebt wohl. Man denkt viel an Euch.

Franz

An Elsa und Max Brod

[Ansichtskarte. Prag, Stempel: 14. II. 1913.
Adressiert nach St. Raphael]

Erst vor ein paar Tagen habe ich erfahren, daß Ihr 18 Tage wegbleiben werdet. So lange! Das nimmt ja kein Ende. Führt Ihr wenigstens ein Tagebuch? Wenn Ihr es bis jetzt nicht getan habt, dann setzt Euch heute irgendwohin ans Meer und macht zusammen eine Beschreibung der bisherigen Reise und sollte es vom Morgen bis zum Abend dauern. Ich sage Euch, Ihr werdet Kämpfe mit uns zu bestehen haben, wenn Ihr es nicht tut. Und kommt bald!

Franz

An Gertrud Thieberger

[Postkarte. Prag, Stempel: 20. II. 1913]

Sehr geehrtes Fräulein,
nun kann ich doch nicht zu Carmen gehen, ich habe heute Nachmittagsdienst. Ich hatte es vor dem Telephon vergessen, wie ich überhaupt vor dem Apparat immer geradezu alles vergesse. Nochmals besten Dank für Ihre Freundlichkeit. Ist es übrigens ökonomisch, die Erinnerung an eine gute Aufführung durch die Erinnerung an eine wahrscheinlich mangelhafte zu verwischen? Mit herzlichstem Gruße für Sie und Ihr Fräulein Schwester

F. Kafka

An den Verlag Kurt Wolff

Sehr geehrter Herr Verleger!
Hier schicke ich postwendend die Korrektur für die »Arkadia« zurück. Ich bin glücklich darüber, daß Sie mir noch die zweite Korrektur geschickt haben, denn auf Seite 61 steht ein schrecklicher Druckfehler: »Braut« statt »Brust«.
Mit bestem Dank Ihr herzlich ergebener

Dr. F. Kafka

An Kurt Wolff

[Postkarte. Charlottenburg, Stempel: 25. III. 1913
Von einer Vollversammlung Ihrer Verlagsautoren die besten Grüße
Otto Pick   Albert Ehrenstein   Carl Ehrenstein]

Sehr geehrter Herr Wolff!
Glauben Sie Werfel nicht! Er kennt ja kein Wort von der Geschichte. Bis ich sie ins Reine werde haben schreiben lassen, schicke ich sie natürlich sehr gerne.
Ihr ergebener

F. Kafka

[Herzl. Gruß Paul Zech; mit einer Zeichnung von Else Lasker-Schüler, unterzeichnet: Abigail Basileus III.]

An Max Brod

[Prag) 3. IV. 1913

Liebster Max!
Wenn es nicht gar zu dumm aussehn würde ohne genügende Erklärung – und wie brächte ich dafür eine genügende Erklärung in Worten zusammen! – einfach zu sagen, daß ich, so wie ich bin, am besten tue, mich nirgends sehen zu lassen, – so wäre das die richtigste Antwort. Sonst hielt ich mich, wenn es schon nirgends sonst ging, wenigstens am Bureau fest, heute dagegen wüßte ich, wenn ich nur meiner Lust folgen würde, und viele Hemmungen gibt es nicht, nichts Besseres, als meinem Direktor mich zu Füßen zu werfen und ihn zu bitten, mich aus Menschlichkeit (andere Gründe sehe ich nicht, die Außenwelt sieht heute noch glücklicherweise fast nur andere) nicht hinauszuwerfen. Vorstellungen wie z. B. die, daß ich ausgestreckt auf dem Boden liege, wie ein Braten zerschnitten bin und ein solches Fleischstück langsam mit der Hand einem Hund in die Ecke zuschiebe –, solche Vorstellungen sind die tägliche Nahrung meines Kopfes. Gestern habe ich nach Berlin das große Geständnis geschrieben, sie ist

eine wirkliche Märtyrerin und ich untergrabe ganz deutlich den Boden, auf dem sie früher glücklich und in Übereinstimmung mit der ganzen Welt gelebt hat. Ich würde heute kommen, liebster Max, nur habe ich heute einen wichtigen Weg. Ich gehe nach Nusle und werde versuchen, bei einem der Gemüsegärtner auf der Nusler Lehne für Nachmittagsarbeit aufgenommen zu werden. Also morgen komme ich, Max.

Franz

An Kurt Wolff

[Prag,] 4. IV. 13

Sehr geehrter Herr Wolff!

Eben spät abend bekomme ich Ihren so liebenswürdigen Brief. Natürlich ist es mir auch beim besten Willen unmöglich, bis Sonntag die Manuscripte in Ihre Hände kommen zu lassen, wenn ich es auch viel leichter ertragen würde eine unfertige Sache wegzugeben, als auch nur den Anschein aufkommen zu lassen, daß ich Ihnen nicht gefällig sein will. Ich sehe zwar nicht ein, auf welche Weise und in welchem Sinn diese Manuscripte eine Gefälligkeit bedeuten könnten; um so eher sollte ich sie eben schicken. Das erste Kapitel des Romans werde ich auch tatsächlich gleich schicken, da es von früher her zum größten Teil schon abgeschrieben ist; Montag oder Dienstag ist es in Leipzig. Ob es selbständig veröffentlicht werden kann, weiß ich nicht; man sieht ihm zwar die 500 nächsten und vollständig mißlungenen Seiten nicht gerade an, immerhin ist es wohl doch nicht genug abgeschlossen; es ist ein Fragment und wird es bleiben, diese Zukunft gibt dem Kapitel die meiste Abgeschlossenheit. Die andere Geschichte, die ich habe, »die Verwandlung«, ist allerdings noch gar nicht abgeschrieben, denn in der letzten Zeit hielt mich alles von der Literatur und von der Lust an ihr ab. Aber auch diese Geschichte werde ich abschreiben lassen und frühestens schicken. Für späterhin würden vielleicht diese zwei Stücke und »das Urteil« aus der Arkadia ein ganz gutes Buch ergeben, das »die Söhne« heißen könnte.

Mit herzlichem Dank für Ihre Freundlichkeit und den besten Wünschen für Ihre Reise Ihr ergebener

Franz Kafka

An Kurt Wolff

[Prag,] 11. IV. 13

Sehr geehrter Herr Wolff!

Meinen besten Dank für Ihren freundlichen Brief, mit den Bedingungen für die Aufnahme des »Heizers« in den »Jüngsten Tag« bin ich vollständig und sehr gerne einverstanden. Nur eine Bitte habe ich, die ich übrigens schon in meinem

letzten Briefe ausgesprochen habe. »Der Heizer«, »die Verwandlung« (die 1 ½ mal so groß wie der Heizer ist) und das »Urteil« gehören äußerlich und innerlich zusammen, es besteht zwischen ihnen eine offenbare und noch mehr eine geheime Verbindung, auf deren Darstellung durch Zusammenfassung in einem etwa »Die Söhne« betitelten Buch ich nicht verzichten möchte. Wäre es nun möglich, daß »der Heizer« abgesehen von der Veröffentlichung im »Jüngsten Tag« später in einer beliebigen, ganz in Ihr Gutdünken gestellten, aber absehbaren Zeit mit den andern zwei Geschichten verbunden in ein eigenes Buch aufgenommen wird und wäre es möglich eine Formulierung dieses Versprechens in den jetzigen Vertrag über den »Heizer« aufzunehmen; Mir liegt eben an der Einheit der drei Geschichten nicht weniger als an der Einheit einer von ihnen.
Ihr herzlich ergebener

Dr. F. Kafka

An Kurt Wolff

[Prag,] 20. IV. 13

Sehr geehrter Herr Wolff!
Schon habe ich gefürchtet, daß ich zu viel forderte, und nun haben Sie mir so freundlich nachgegeben, ohne sich eigentlich überzeugt zu haben, ob meine Bitte innere Berechtigung hätte. Ich danke Ihnen herzlichst.
Ihr ergebener

Dr. F. Kafka

An Gertrud Thieberger

[Widmung in der Erstausgabe von »Betrachtung«,
wahrscheinlich Frühjahr 1913]

Für Fräulein Trude Thieberger mit herzlichen Grüßen und einem Rat: In diesem Buche ist noch nicht das Sprichwort befolgt worden »In einen geschlossenen Mund kommt keine Fliege« (Schlußwort aus »Carmen« von Mérimée). Deshalb ist es voll Fliegen. Am besten es immer zugeklappt halten.

F. Kafka

An Kurt Wolff

[Prag,] 24. IV. 13

Sehr geehrter Herr Wolff!
Beiliegend schicke ich die Korrekturbogen des »Heizers« zurück und bitte nur,

auf jeden Fall mir eine zweite Revision zu schicken. Es sind, wie Sie sehen, so viele wenn auch nur kleine Korrekturen notwendig geworden, daß diese Revision unmöglich genügen kann. Ich werde aber die zweite Revision, wann immer ich sie bekomme, umgehend zurückschicken. Könnte ich dann nicht auch das innere Titelblatt zu sehen bekommen; Es würde mir sehr viel daran liegen, daß wenigstens auf dem inneren Titel, wenn es nur irgendwie angeht, unter dem Titel »Der Heizer« der Untertitel »Ein Fragment« steht.
Ihr herzlich ergebener

Dr. F. Kafka

An Max Brod

[Ansichtskarte. Prag, Stempel: 14. V. 1913]

Liebster Max, ich muß morgen nach Aussig fahren, muß mich noch vorbereiten und will bald schlafen gehn. Zum Erzählen dessen, was ich in Berlin gemacht habe, wird es sowieso niemals spät genug sein.

Franz

An Kurt Wolff

[Prag,] 25. V. 13

Sehr geehrter Herr Wolff!
Meinen herzlichsten Dank für die Sendung! Geschäftlich kann ich natürlich den »Jüngsten Tag« nicht beurteilen, aber an und für sich scheint er mir prachtvoll.
Als ich das Bild in meinem Buche sah, bin ich zuerst erschrocken, denn erstens widerlegte es mich, der ich doch das allermodernste New York dargestellt hatte, zweitens war es gegenüber der Geschichte im Vorteil, da es vor ihr wirkte und als Bild konzentrierter als Prosa und drittens war es zu schön; wäre es nicht ein altes Bild, könnte es fast von Kubin sein. Jetzt aber habe ich mich schon längst damit abgefunden und bin sogar sehr froh, daß Sie mich damit überrascht haben, denn hätten Sie mich gefragt, hätte ich mich nicht dazu entschließen können und wäre um das schöne Bild gekommen. Ich fühle mein Buch durchaus um das Bild bereichert und schon wird Kraft und Schwäche zwischen Bild und Buch ausgetauscht. Von wo stammt übrigens das Bild? Nochmals meinen besten Dank!

Ihr ergebener F. Kafka

Gleichzeitig bestelle ich: 1 Schönheit häßlicher Bilder ungebunden, 5 »Heizer« gebunden und für später 3 »Arkadia« gebunden.

An Max Brod

[Ansichtskarte. Prag, Stempel: 31. V. 1013]

Lieber Max, wenn Du nicht ins Tagblatt gehst, ist der Artikel verloren. Wenigstens war das mein Eindruck. Also bitte, bitte.

Franz

An Lise Weltsch

[Prag,] 5. VI. 13

Gnädiges Fräulein!
Das kann nur ein Irrtum sein, Sie sind dem Löwy gar nichts mehr schuldig, die Rechnungen sind schon längst abgeschlossen und da sie vollständig stimmen, kann ich nichts mehr annehmen und muß die Marken zurückschicken. Seien Sie mir bitte deshalb nicht böse. Wenn Sie aber Ihrer irrtümlichen Meinung nach noch immer glauben, gegenüber dem Löwy, mit dem ich in dieser Sache identisch bin, noch eine Verpflichtung zu haben, dann lösen Sie sie bitte auf die Weise ein, daß Sie ein kleines Buch, das ich Ihnen gleichzeitig schicke freundlich annehmen. Ich hatte schon lange Lust zu einem derartigen Unternehmen, fand aber keine rechte Gelegenheit und benütze nun diese, trotzdem es wie ich fürchte auch nicht die rechte Gelegenheit und nicht beim richtigen Buch ist. Aber Freude macht es mir trotz dieser Einschränkungen doch.
Mit den herzlichsten Grüßen
Ihr ergebener

Franz Kafka

An Max Brod

[Postkarte. Prag, Stempel: 29. VIII. (1913?)]

Liebster Max, es scheint mir, ich hätte gestern zuletzt den Eindruck eines fürchterlichen Menschen auf Dich machen müssen, gar durch das Lachen beim Abschied. Gleichzeitig aber wußte ich und weiß ich, daß es gerade Dir gegenüber keiner Richtigstellungen bedarf. Trotzdem muß ich, sei es auch mehr für mich als für Dich sagen: das was ich gestern zeigte und wovon übrigens in dieser Form nur Du, F. und Ottla wissen (aber auch euch gegenüber hätte ich es verbeißen müssen), ist natürlich nur der Vorgang in einem Stockwerk des innern babylonischen Turmes, und was oben und unten ist, weiß man in Babel gar nicht. Immerhin es ist übergenug, selbst wenn ich, wie ich es leicht könnte, mit der darin so geübten Hand noch so viel retouchieren wollte. Es bleibt so, schrecklich und – gar nicht schrecklich. Was ja wieder ein Lachen bedeutet, dem in fünf

Minuten wieder die gleiche Karte folgen müßte. Es gibt unzweifelhaft böse Menschen, funkelnd von Bösesein. Franz

An Max Brod

[Ansichtskarte (Kolonie Rechoboth). Wien, Stempel: 9. IX. 1913]

Lieber Max, erbarmungslose Schlaflosigkeit, darf die Hand nicht an die Augenbrauen legen, sonst erschrecke ich über die Hitze. Laufe von überall, Literatur und Kongreß, weg, wenn es am interessantesten wird. Grüße alle

Franz

An Felix Weltsch

[Ansichtskarte. Wien, Stempel: 10. IX. 1913]

Wenig Vergnügen, mehr Verpflichtungen, noch mehr Langweile, noch mehr Schlaflosigkeit, noch mehr Kopfschmerzen – so lebe ich und habe jetzt gerade zehn Minuten Zeit ruhig in den Regen zu schauen, der in den Hotelhof fällt.

Franz

An Max Brod

[Venedig, Stempel: 16. IX. 1913]

Mein lieber Max, ich bin nicht imstande zusammenhängend etwas Zusammenhängendes zu schreiben. Die Tage in Wien möchte ich aus meinem Leben am liebsten ausreißen und zwar von der Wurzel aus, es war ein nutzloses Jagen und etwas Nutzloseres als ein solcher Kongreß läßt sich schwer ausdenken. Im Zionistischen Kongreß bin ich wie bei einer gänzlich fremden Veranstaltung dagesessen, allerdings war ich durch manches beengt und zerstreut gewesen (jetzt schaut mir ein Junge und ein schöner Gondelführer durch das Fenster herein) und wenn ich auch nicht gerade Papierkugeln auf die Delegierten hinuntergeworfen habe, wie ein Fräulein auf der gegenüberliegenden Galerie, trostlos genug war ich. Von der literarischen Gesellschaft weiß ich fast gar nichts, ich war nur zweimal mit ihnen beisammen, auf einem gewissen Niveau imponieren mir alle, im Grunde gefällt mir keiner, außer vielleicht Stössinger, der gerade in Wien war und hübsch entschlossen spricht und dann E. Weiss, der wieder sehr zutunlich ist. Von Dir wurde viel gesprochen und während Du Dir vielleicht Tychonische Vorstellungen von diesen Leuten machst, saßen hier um den Tisch zufällig zusammengekommene Leute, die sämtlich Deine guten Freunde waren und immer wieder mit Bewunderung irgendeines Buches von Dir hervorbrachen. Ich sage nicht, daß es den geringsten Wert hat, ich sage nur, daß es so war. Davon kann ich Dir ja im Einzelnen noch erzählen, wenn einer aber Einwände hatte, dann kam es gewiß nur aus der allzugroßen Sichtbarkeit, an der Du für diese stumpfen Augen leidest.

Aber das alles ist vorüber, jetzt bin ich in Venedig. Wäre ich nicht so schwer beweglich und traurig, selbständige Kräfte, um mich vor Venedig zu erhalten, hätte ich nicht. Wie es schön ist und wie man es bei uns unterschätzt! Ich werde hier länger bleiben, als ich dachte. Es ist gut, daß ich allein bin. Die Literatur, die mir schon lange nichts Gutes erwiesen hat, hat sich wieder an mich erinnert, als sie den P. in Wien zurückhielt. Meiner bisherigen Erfahrung nach kann ich nur mit Dir reisen oder, viel schlechter, aber doch immerhin, allein. Grüße alle.

Franz

An Oskar Baum

[Postkarte. Riva, Stempel: 24. IX. 1913]

Jetzt wohne ich, wenigstens solange Sonne ist, in einer elenden Bretterbude am See mit einem langen Sprungbrett in den See hinaus, das ich aber bisher nur zum Liegen benützt habe. Die ganze Anlage hat ihr Gutes und ich wälze mich dort, da ich ganz allein bin, langsam und schamlos herum. Herzliche Grüße an alle.

Franz

An Max Brod

[Briefkopf: Dr. v. Hartungen,
Sanatorium und Wasserheilanstalt,
Riva am Gardasee. Stempel: 28. IX. 1913]

Mein lieber Max, ich habe Deine beiden Karten bekommen, aber die Kraft zu antworten hatte ich nicht. Das Nichtantworten trägt auch dazu bei, es um einen still zu machen, und ich möchte am liebsten mitten in die Stille mich hinein-senken und nicht mehr herauskommen. Wie brauche ich das Alleinsein und wie verunreinigt mich jedes Gespräch! Im Sanatorium rede ich allerdings nichts, bei Tisch sitze ich zwischen einem alten General (der auch nichts spricht, wenn er sich aber einmal zum Reden entschließt, sehr klug spricht, zumindest allen an-dern überlegen) und einer kleinen italienisch aussehenden Schweizerin mit dumpfer Stimme, die über ihre Nachbarschaft unglücklich ist. – Ich merke ge-rade, daß ich nicht nur nicht reden, sondern auch nicht schreiben kann, ich will Dir eine Menge sagen, aber es fügt sich nicht in einander oder nimmt eine fal-sche Richtung. Ich habe auch wirklich seit etwa vierzehn Tagen gar nichts geschrieben, ich führe kein Tagebuch, ich schreibe keine Briefe, je dünner die Tage rinnen, desto besser. Ich weiß es nicht, aber ich glaube, wenn mich nicht einer auf dem Schiff (ich war in Malcesine) heute angesprochen hätte und ich ihm nicht das Versprechen gegeben hätte, am Abend in den Bayerischen Hof zu kommen, ich säße jetzt nicht hier und schriebe nicht, sondern wäre wirklich auf dem Marktplatz.

Sonst lebe ich ganz vernünftig und erhole mich auch, seit Dienstag habe ich noch jeden Tag gebadet. Wenn mich nur das *Eine* losließe, wenn ich nur nicht immerfort daran denken müßte, wenn es nur nicht manchmal, meistens früh, wenn ich aufkomme, wie zu etwas Lebendigem zusammengeballt über mich herfiele. Und es ist doch alles ganz klar und seit vierzehn Tagen vollständig beendet. Ich habe sagen müssen, daß ich nicht kann, und ich kann auch wirklich nicht. Aber warum habe ich plötzlich ohne besonderen Grund, unmittelbar aus dem Gedanken daran, wieder die Unruhe im Herzen, wie in Prag in der schlimmsten Zeit. Aber ich kann jetzt nicht niederschreiben, was mir ganz deutlich und immerfort schrecklich gegenwärtig ist, wenn das Briefpapier nicht vor mir liegt. Daneben hat nichts Bedeutung und ich reise eigentlich nur in diesen Höhlen herum. Du könntest glauben, daß das Alleinsein und das Nichtreden diesen Gedanken eine solche Übermacht gibt. Das ist es aber nicht, das Bedürfnis nach Alleinsein ist ein selbständiges, ich bin gierig nach Alleinsein, die Vorstellung einer Hochzeitsreise macht mir Entsetzen, jedes Hochzeitsreisepaar, ob ich mich zu ihm in Beziehung setze oder nicht, ist mir ein widerlicher Anblick, und wenn ich mir Ekel erregen will, brauche ich mir nur vorzustellen, daß ich einer Frau den Arm um die Hüfte lege. Siehst du – und trotzdem, und obwohl die Sache beendet und ich nicht mehr schreibe und nichts Geschriebenes bekomme – trotzdem, trotzdem komme ich nicht los. Es sitzen hier eben in den Vorstellungen die Unmöglichkeiten eben so nah beisammen wie in der Wirklichkeit. Ich kann mit ihr nicht leben und ich kann ohne sie nicht leben. Durch diesen einen Griff ist meine Existenz, die bisher wenigstens zum Teil für mich gnädig verhüllt war, vollständig enthüllt. Ich sollte mit Ruten in die Wüste getrieben werden. Du weißt nicht, welche Freude mir inmitten dem allen Deine Karten gemacht haben. Daß der Tycho vorwärts geht (daß er stecken geblieben ist, glaube ich nicht) und daß Reinhardt an den »Abschied« denkt. Es wäre lächerlich, wenn ich aus meiner Tiefe Deine Nervositäten verjagen wollte, das wirst Du selbst und bald und vollständig tun. Grüße Deine liebe Frau und Felix (dem dieser Brief auch gilt, ich kann nicht schreiben, verlange aber auch keine Nachricht, weder von Dir noch von ihm).

Franz

An Felix Weltsch

[Briefkopf: Dr. von Hartungen, Sanatorium.
Riva, September 1913]

Nein Felix, es wird nicht gut werden, nichts wird gut werden bei mir. Manchmal glaube ich, daß ich nicht mehr auf der Welt bin, sondern irgendwo in der Vorhölle herumtreibe. Du glaubst, Schuldbewußtsein ist für mich eine Hilfe, eine Lösung, nein, Schuldbewußtsein habe ich nur deshalb, weil es für mein Wesen die schönste Form der Reue ist, aber man muß nicht sehr genau hinschaun und das Schuldbewußtsein ist bloß ein Zurückverlangen. Aber kaum ist es das, steigt schon viel fürchterlicher als Reue das Gefühl der Freiheit, der Erlösung, der verhältnismäßigen Zufriedenheit herauf, weit über alle Reue hinaus. Jetzt abend bekam ich den Brief von Max. Weißt Du davon? Was soll ich machen? Vielleicht nicht antworten, gewiß, es ist das einzig Mögliche.

Wie es aber werden wird, das steht in den Karten. Vor ein paar Abenden sind wir sechs Leute beieinander gesessen und eine junge, sehr reiche, sehr elegante Russin hat aus Langweile und Verzweiflung, weil elegante Leute unter Uneleganten viel verlorener sind als umgekehrt, allen Karten gelegt. Und zwar jedem zweimal nach verschiedenen Systemen. Es ergab sich dies und das, natürlich meistens Lächerliches oder Halbernstes, das, selbst wenn man es glaubte, am letzten Ende ganz nichtssagend war. Nur in zwei Fällen ergab sich etwas ganz Bestimmtes, von allen Kontrollierbares und zwar übereinstimmend nach beiden Systemen. In der Konstellation eines Fräuleins stand, daß sie alte Jungfer werden wird, und in meinen Konstellationen waren, was sich sonst nirgends auch nur annähernd ereignet hatte, alle Karten, die menschliche Figuren enthielten, soweit als nur möglich von mir weg an den Rand gerückt und selbst solcher entfernter Figuren gab es einmal nur zwei, einmal war, glaube ich, gar keine da. Statt dessen drehten sich um mich ununterbrochen »Sorgen«, »Reichtum« und »Ehrgeiz«, die einzigen Abstrakta, welche die Karten außer der »Liebe« kennen.

Geradezu den Karten zu glauben ist allem Anschein nach Unsinn, aber durch sie oder durch einen beliebigen äußern Zufall in einen verwirrten unübersichtlichen Vorstellungskreis Klarheit bringen zu lassen, hat innere Berechtigung. Ich rede hier natürlich nicht von der Wirkung meiner Karten auf mich, sondern auf die andern, und kann dies an der Wirkung nachprüfen, welche die Konstellation des Fräuleins, das alte Jungfer werden soll, auf mich gemacht hat. Es handelt sich hier um ein ganz nettes junges Mädchen, an dem äußerlich, vielleicht mit Ausnahme der Frisur, nichts die zukünftige alte Jungfer verriet, und doch hatte ich, ohne mir vorher nur den geringsten klaren Gedanken über dieses Mädchen zu machen, es von allem Anfang an bedauert, nicht wegen seiner Gegenwart, sondern ganz eindeutig wegen seiner Zukunft. Seitdem nun die Karten so gefallen sind, ist es für mich ganz zweifellos, daß sie alte Jungfer werden muß. – Dein Fall, Felix, ist vielleicht komplizierter als meiner, aber doch unwirklicher. In seinen äußersten, in der Wirklichkeit immer schmerzlichsten

Ausläufern ist er doch nur Theorie. Du strengst Dich an, eine zugegebenermaßen unlösbare Frage zu lösen, ohne daß ihre Lösung, so weit man sehen kann, Dir oder irgend jemandem nützen könnte. Wie weit stehe ich doch als Unglücksmensch über Dir! Hätte ich nur die geringste Hoffnung, daß es etwas hilft, ich würde mich an dem Pfosten der Einfahrt des Sanatoriums festhalten, um nicht abreisen zu müssen.

Franz

An den Verlag Kurt Wolff

[Prag,] 15.X. 13

An den Verlag Kurt Wolff!
Wie ich höre, soll vor etwa 14 Tagen (abgesehen von der Besprechung des »Heizers« in der Neuen Freien Presse; die kenne ich) noch in einem andern Wiener Blatte, ich glaube, in der »Wiener Allgemeinen Zeitung« eine Besprechung erschienen sein. Falls Sie sie kennen, bitte ich Sie, so freundlich zu sein und mir Namen, Nummer und Datum des Blattes anzugeben.
Hochachtungsvoll

Dr. Franz Kafka

An Kurt Wolff

Prag, am 23. Oktober 1913

Sehr geehrter Herr Wolff!
Vor allem meinen besten Dank für das bunte Buch, das ich heute bekommen habe. – Ich habe vor etwa 10 Tagen mich mit einer kleinen Bitte an Ihren Verlag gewendet, allerdings, wie ich jetzt sehe, unter der alten Adresse, und habe bis heute keine Antwort bekommen. Ich habe nämlich gehört, daß vor etwa zwei, drei Wochen in einer Wiener Zeitung (ich meine nicht die Besprechung in der Neuen Freien Presse, die ich kenne), ich glaube in der Wiener Allgemeinen Zeitung eine Besprechung des »Heizer« erschienen sein soll und da bat ich Ihren geschätzten Verlag, falls ihm diese Besprechung bekannt sein sollte, um Angabe des Namens, der Nummer und des Datums des Blattes. Nun soll überdies in den letzten Tagen eine Besprechung im Berliner Börsenkurier erschienen sein. Auch für die Mitteilung der betreffenden Nummer des Börsenkurier wäre ich Ihnen sehr verbunden. – Endlich bitte ich, mir ein ungebundenes Exemplar von »Anschauung und Begriff« schicken zu lassen.
Ihr herzlich ergebener

Dr. Franz Kafka

An Lise Weltsch

Liebes gnädiges Fräulein!
Ich danke Ihnen vielmals und Ihren Eltern für die freundliche Einladung. Natürlich komme ich und sehr gerne. Aber ebenso natürlich (– Sie müssen mir, wenn ich ins Zimmer komme, durch ein besonders freundliches Gesicht zeigen, daß Sie es auch natürlich finden und mir deshalb nicht böse sind, sonst laufe ich gleich nach dem Eintritt wieder aus dem Zimmer hinaus –) aber ebenso natürlich komme ich erst nach dem Abendessen.
Ihr herzlich ergebener

F. Kafka

An Max Brod

[wahrscheinlich 1913]

Ich freue mich, mein lieber Max, über Dein Glücklichsein, über euer aller Glücklichsein, nur schade, daß es euch nicht ein bischen gesprächiger macht. Aber es ist so und ich stimme Dir bei, man schreibt ungern, wenn man auf der Reise ist und ungern, wenn man glücklich ist. Sich dagegen wehren hieße sich gegen das Glücklichsein wehren. Also bade nur ruhig, mein lieber Max. Nur muß ich, da Du mir keine instruktive Ansichtskarte des Genfer Sees geschickt hast, mich ganz auf meine Geographiekenntnisse verlassen, wenn ich an Dich denke. Diese sind allerdings im Allgemeinen vorzüglich, im Detail aber wieder nur auf die vorzügliche Allgemeinheit gestützt. Wie ist es also? Steigst Du in Riva in den See, schwimmst ein bischen, kommst zu einer der Borromeischen Inseln – wie heißt sie? – und liest im Gras den Brief, den ich mitschicke? Es ist ein hübscher Brief, nicht wahr? Du erkennst schon aus der Schrift den Schreiber. Adieu.

Dein Franz K.

1914

[Prag,] 6. II. 14

Mein lieber Max!

Ich sitze zuhause mit Zahnschmerzen und Kopfschmerzen, jetzt bin ich eine halbe Stunde im finstern überheizten Zimmer an einer Tischecke gesessen, vorher bin ich eine halbe Stunde an den Ofen gelehnt gewesen, vorher bin ich eine halbe Stunde im Lehnstuhl gelegen, vorher bin ich eine halbe Stunde zwischen Lehnstuhl und Ofen hin- und hergewandert, jetzt endlich werde ich mich losreißen und weggehn. In Deinem Namen eigentlich, Max, denn wäre ich nicht entschlossen gewesen, Dir zu schreiben, ich hätte nicht das Gas anzünden können.

Daß Du mir den Tycho widmen willst, ist seit langer Zeit die erste unmittelbar mich angehende Freude. Weißt Du, was eine solche Widmung bedeutet? Daß ich (und sei es auch nur zum Schein, irgendein Seitenlicht dieses Scheins wärmt mich doch in Wirklichkeit) hinaufgezogen und dem »Tycho«, der um so viel lebendiger ist als ich, beigefügt werde. Wie klein werde ich diese Geschichte umlaufen! Aber wie werde ich sie als mein scheinbares Eigentum lieb haben! Du tust mir unverdient Gutes, Max, wie immer. Du hast also die Arbeit von Haas so leicht verstanden? Bis in jedes Fremdwort hinein? Und wenn er Deine allgemeine Meinung bestätigt, wie verhält es sich dann mit Fikher (so schreibt er sich gewiß nicht), der davon so erschüttert werden konnte?

Du hättest Musil meine Adresse gar nicht geben sollen. Was will er? Was kann er, und überhaupt jemand, von mir wollen? Und was kann er von mir haben?

So, jetzt kehre ich zu meinen Zahnschmerzen zurück. Ich habe sie schon drei Tage in fortwährender Verstärkung. Erst heute (gestern war ich beim Arzt, er fand nichts) weiß ich mit Bestimmtheit, welcher Zahn es ist. Die Schuld hat natürlich der Arzt, der Schmerz ist in einem plombierten Zahn unter den Plomben; Gott weiß, was dort in der Absperrung kocht; es schwellen mir auch die Drüsen unten an.

Morgen zu Fanta komme ich kaum, ich gehe nicht gerne hin. Möchtest Du mir nicht schreiben, wann Du mir nächste Woche etwas vorlesen könntest. Offenbar denke ich, ich darf jetzt, was den Tycho anlangt, kommandieren.

Franz

[Prag,] 22. IV. 14

An den Verlag Kurt Wolff!

Ich wäre Ihnen sehr verbunden, wenn Sie ein Recensionsexemplar von »Betrachtung« an die Adresse: František Langer, Prag-Kgl. Weinberge, Nr. 679 senden würden. Langer ist ein Redakteur des »Umělecký měsíčník«, einer führenden Monatsschrift und will ein paar Übersetzungen aus dem Buch veröffentlichen. Vielleicht sind Sie auch so freundlich und zeigen mir die erfolgte
Absendung an.

Hochachtungsvoll

Dr. Franz Kafka

An Lise Weltsch

[Prag,] 27. IV. 14

Gnädiges Fräulein,

vielen Dank für Ihre lieben Wünsche. Nun müssen Sie aber auch mich mit den
besten Wünschen für Ihre Berliner Arbeit Ihnen die Hand drücken lassen.
Sehen Sie doch, Sie tun das, was ich selbst schon längst tun wollte. Wunderbar
ist es von zuhause weg zu kommen, noch wunderbarer nach Berlin zu kommen.
Wollen Sie mir wirklich die Freude machen, Sie dort ganz bestimmt und verab-
redeter Weise zu treffen? Pfingsten bin ich dort; Sie auch? Wäre es Ihnen recht,
vielleicht einmal auch mit Dr. Weiß zusammenzukommen, der dort ständig
lebt? Vom 1. Juni ab wird dort auch eine Bekannte von mir sein, ein junges
Mädchen (übrigens eine Berlinerin, die nach längerem Fernsein wieder dauernd
in Berlin bleiben wird) die Ihnen, meinem Gefühl nach, ebenso lieb werden
könnte, wie sie es mir tatsächlich ist.

Vergessen Sie nicht, mir ein paar Worte darüber zu schreiben, ich bitte Sie
darum sehr.

Mit den herzlichsten Grüßen Ihr ergebener

Franz Kafka

An Lise Weltsch

[Prag,] 18. V. 14

Liebes Fräulein,

ein zerschnittener Daumen hat mich gehindert, Ihnen in lesbarer Schrift früher
für Ihren freundlichen Brief zu danken. Es überrascht mich nicht, daß Sie sich
rasch eingelebt haben. Es wäre sogar ganz bestimmt auch ohne Freunde ge-
glückt. Und es ist doch wunderbar von zuhause wegzukommen, auch wenn Sie

es leugnen. Das kann nur ein Außenstehender im Augenblick beurteilen und der, welcher im Wunderbaren steckt, muß es ihm glauben, auch wenn er es noch nicht fühlen kann, denn es dringt ja erst in ihn ein.

Ich hatte es mir im ersten Augenblick gar nicht recht überlegt, daß Sie gleich in einen großen Kreis von Menschen kommen werden, mit denen Sie so vielerlei und so Wichtiges verbindet, daß Sie kaum Zeit und jedenfalls keine Notwendigkeit haben, gleich und sei es auch mit irgendwelchen kleinen Umständlichkeiten verknüpft, mit fremden Menschen zusammenzukommen. Es wird Sie wohl zunächst genug, allerdings durchaus gesunde, Anstrengung kosten, sich mit den notwendigen Bekannten auseinanderzusetzen. Hätte ich das nicht eingesehen, so hätte ich Ihnen wohl auch mit blutendem Daumen geschrieben.

Trotzdem würde ich Sie, wenn Sie es ermöglichen könnten, Pfingsten sehr gerne sehn: Aber Sie machen wohl, wenn Sie nicht in Prag sind, irgendeinen Ausflug und sind dann auch in Berlin nicht. Ich komme Samstag vor Pfingstsonntag hin und bleibe bis Dienstagnachmittag. Sind Sie telefonisch erreichbar? Dann wäre es wohl das Beste, ich rufe Sie Pfingstsonntagvormittag an und frage.
Mit den herzlichsten Grüßen

Ihr F. Kafka

An Lise Weltsch

[Prag,] 6. VI. 14

Liebes Fräulein,
nun bin ich wieder in Prag und habe Sie nicht hier und nicht dort gesehn. Nicht hier, weil ich an dem Abend nicht frei war und überdies hoffte, Sie in Berlin in Ihrem neuen Leben sehn zu können und in Berlin wieder, von wo ich übrigens schon Dienstag nachmittag weggefahren bin, war ich so hin und her gezogen, so bis auf den Grund der schwachen Kraft verbraucht, daß ich nicht einmal telephonierte. Was hätten Sie auch für eine Erscheinung gesehn, wenn ich Sie wirklich besucht hätte! Davon nichts mehr.

Die Bemerkung »ich habe schon etwas gelernt u. s. w.« in Ihrem Brief scheint mir recht zu geben, als ich Sie zu der Übersiedlung beglückwünschte. Man lernt vielleicht nicht viel in der Fremde, aber dieses Wenige ist ungeheuer viel, solange man es nicht hat. Es geschieht nirgends Übermenschliches, wenn man für seine Augen die richtige Perspektive einhält, aber das was einem Prager Mädchen in dem ersten Monat des Zusehns an einer Berlinerin übermenschlich scheint, ist doch wert untersucht, erlebt und dann erst vielleicht verlacht zu werden. Ich weiß nicht warum ich gerade von einem Prager Mädchen spreche, ich könnte vielleicht noch passender von dem großen alten Menschen reden, der diesen Brief schreibt, Sie herzlich grüßt und sich für Sie freut.

Ihr Franz Kafka

An Jizchak Löwy

Lieber Löwy,
Es hat mich viel mehr gefreut, daß Sie sich meiner erinnert haben, als man daraus schließen könnte, daß ich so spät antworte. Ich bin in großer Verwirrung und Beschäftigung, ohne daß es mir oder jemandem sonst vielen Nutzen bringt.

Übrigens eine Neuigkeit: Ich habe mich verlobt und glaube damit etwas Gutes und Notwendiges getan zu haben, wenn es natürlich auch soviele Zweifel in der Welt gibt, daß auch die beste Sache vor ihnen nicht sicher ist.

Daß Sie sich noch immer quälen und keinen Ausweg finden können, ist sehr traurig. Daß Sie gerade in Ungarn so lange bleiben, ist merkwürdig, wird aber wohl seine schlimmen Gründe haben. Es kommt mir vor, als wären wir beide viel hoffnungsvoller gewesen, als wir an den Abenden in Prag herumzogen. Ich dachte damals, Sie müßten irgendwie durchbrechen und zwar mit einem Schlag. Übrigens gebe ich die Hoffnung für Sie gar nicht auf, das muß ich Ihnen sagen. Sie sind leicht verzweifelt, aber auch leicht glücklich, denken Sie in der Verzweiflung daran. Bewahren Sie nur Ihre Gesundheit für spätere bessere Zeiten. Das, was Sie erleben müssen, scheint schlimm genug, verschärfen Sie es nicht noch dadurch, daß Sie Ihre Gesundheit schädigen.

Ich würde sehr gern etwas Näheres über Sie und Ihre Freunde hören. Fahren Sie diesmal nicht nach Karlsbad?
Mit den herzlichsten Grüßen

Ihr Franz K

An Ottla Kafka

10. VII. 14

Liebe Ottla, nur ein paar Worte in Eile vor dem Versuche zu schlafen, der in der gestrigen Nacht gänzlich mißlungen ist. Du hast mir, denke nur, mit Deiner Karte einen verzweifelten Morgen in Augenblicken erträglich gemacht. Das ist das wahre Reiben und so wollen wir es bei Gelegenheit weiter üben, wenn es Dir recht ist. Nein, ich habe niemanden sonst am Abend. Von Berlin schreibe ich Dir natürlich, jetzt läßt sich weder über die Sache noch über mich etwas Bestimmtes sagen. Ich schreibe anders als ich rede, ich rede anders als ich denke, ich denke anders als ich denken soll und so geht es weiter bis ins tiefste Dunkel.

Franz

Grüße alle! Den Brief mußt Du weder zeigen, noch herumliegen lassen. Am besten Du zerreißt ihn und streust ihn in kleinen Stücken von der Pawlatsche den Hühnern im Hof, vor denen ich keine Geheimnisse habe.

An Alfred Kubin

[Postkarte. Stempel: 22. VII. 1914]

Verehrter Herr Kubin,
vielen Dank für die Karte, die mich in einer noch nicht ganz überwundenen
sinnlosen Zeit angetroffen hat; deshalb habe ich noch nicht geantwortet. Jetzt
fahre ich an der Ostsee hin und her. Sie sind gewiß in der Ruhe Ihres schönen
Besitzes versunken und arbeiten. Vielleicht gelingt es mir, doch noch einmal zu
sagen, was mir diese Ihre Arbeit bedeutet.

Ihr F. Kafka

An Max Brod und Felix Wtitsch

[Briefkopf: Marielyst Østersøbad, Ende Juli 1914]

Lieber Max, lieber Felix,
Spät schreibe ich, nicht wahr? Nun seht, was mir geschehn ist. Ich bin entlobt,
war drei Tage in Berlin, alle waren meine guten Freunde, ich war der gute
Freund aller; im übrigen weiß ich genau, daß es so am besten ist und bin also
dieser Sache gegenüber, da es eine so klare Notwendigkeit ist, nicht so unruhig
wie man glauben könnte. Schlimmer aber steht es mit anderem. Ich war dann
in Lübeck, habe in Travemünde gebadet, bekam in Lübeck den Besuch des Dr.
Weiss, der in dieses dänische Seebad fuhr und bin statt nach Gleschendorf her-
gefahren. Ein ziemlich öder Strand mit einigen wirklichen eigentümlichen
Dänen. Ich habe den scheinbaren Eigensinn, der mich die Verlobung gekostet
hat, aufgegeben, esse fast nur Fleisch, daß mir übel wird und ich früh nach
schlechten Nächten mit offenem Mund den mißbrauchten und gestraften Körper wie eine fremde Schweinerei in meinem Bette fühle. Erholen werde ich
mich hier gar nicht, zerstreuen immerhin. Dr. W. ist mit seiner Freundin hier.
Samstagnachts komme ich wohl nach Prag.
Grüßt alle lieben Fraun und Bräute.

Franz

An Felix Weltsch

[Visitenkarte. Prag, September 1914]

Mein lieber Felix, ich höre, daß Du und Deine liebe Frau fast gekränkt darüber
seid, daß ich euch noch nicht besucht habe. Wenn das wahr wäre, hättet ihr Unrecht. Nicht nur daß ich durch mein Ausbleiben euere Flitterwochen respektiere, so bin ich auch in einem elenden ewig unausgeschlafenen Zustand, habe
viel zu tun und wohne überdies am entgegengesetzten Ende der Stadt, weit hin-

ter dem Riegerpark. Aus allen diesen Gründen schicke ich diese Bücher statt sie zu bringen. So wichtig die Wahl dieser Bücher gewesen ist, die mich und alles, was ich euch Gutes wünsche, in euerer Wohnung vertreten sollen, so fürchte ich doch schlecht gewählt zu haben.

Es ist das Unglück, daß meine innern Stimmen immer erst nach der Wahl zu sprechen anfangen. – Herzliche Grüße

Franz

1915

An Felix Weltsch

[Postkarte. Prag, Stempel: 13.1.1915]

Lieber Felix, bitte hab noch bis Montag Geduld. Wenn es bis dahin nicht irgendwo herauskriecht – wie es geschehen könnte, kann ich mir allerdings nicht denken – werde ich zahlen müssen.
Herzliche Grüße an Dich und Frau

Franz

An Max Brod

[Prag, etwa August 1915]

Lieber Max, ich konnte nicht früher fertig werden. Bis viertel zwei im Bett, ohne zu schlafen und ohne besonders müde zu sein. Hier ist das Manuskript. Es ist mir eingefallen, ob man jetzt, da Blei nicht mehr bei den Weißen Blättern ist, nicht etwa versuchen könnte, die Geschichte in die Weißen Blätter zu bringen. Wann es erscheinen würde, wäre mir ganz gleichgültig, nächstes oder nächstnächstes Jahr.

Fontane bringe ich nicht, es wäre mir zu unheimlich, das Buch auf der Reise zu wissen. Also bis ihr zurückkommt. Dagegen bringe ich Sybel. Lest und weint!

Bitte Max, wenn Du irgendwo in Deutschland französische Zeitungen siehst, kauf sie auf meine Kosten und bring sie mir!

Und schließlich vergiß nicht, daß Du die Wahl zwischen Berlin und dem Thüringer Wald hast und daß in Berlin nur Berlin ist, im Thüringer Wald aber die »Neuen Christen« vorwärtskommen können, gar jetzt in dem entscheidenden Augenblick, wo der von unten heraufkommt.
Und damit lebt wohl!

Franz

An Ernst Feigl

[Postkarte. Prag, Stempel: 18. IX. 1915]

Lieber Herr Feigl, hätte mich nicht der Zustand meines Kopfes gehindert (er war allerdings seit fast undenklichen Zeiten nicht besser und wird es in undenklichen Zeiten nicht werden) ich hätte Ihnen schon früher geschrieben. Ich habe die Gedichte oft gelesen und bin ihnen, glaube ich, nähergekommen; sie verlocken mich sehr und beherrschen mich zum Teil geradezu. Sonderbar die

Mischung von Hoffnung und Verzweiflung in ihnen und die Undurchdringlichkeit dieser Mischung, die aber etwas durchaus Stärkendes hat. Ich möchte
fast in jedem Gedichte Sie hören wollen. Kommen Sie bitte, wann Sie wollen,
zu mir ins Bureau, ich bin dort immer bis 2 Uhr, es müßte ein außergewöhn-
licher Zufall sein, daß ich weg wäre. Bedenken Sie, das muß ich noch sagen, bei
jedem meiner Worte den Vorbehalt, den ich über meine Unzulänglichkeit Gedichten gegenüber machte. Mit herzlichsten Grüßen

Kafka.

An den Verlag Kurt Wolff

[Briefkopf: Arbeiter-Unfall-Versicherungs-Anstalt]
Prag, am 15. Oktober 1915

Sehr geehrter Herr!
Meinen besten Dank für Ihr Schreiben vom 11.1. M., Ihre Mitteilungen haben
mir, insbesondere, was Blei und Sternheim anlangt, große Freude gemacht, und
zwar in mehrfacher Hinsicht. Zu Ihren Fragen selbst (die aber eigentlich keine
Fragen waren, denn die Verwandlung wird ja schon gesetzt) könnte ich mich bestimmt äußern, wenn ich wüßte, wie es sich mit dem Fontanepreis verhält.
Nach Ihrem Schreiben, vor allem auch nach dem Schreiben an Max Brod
scheint die Sache so zu stehn, daß Sternheim den Preis bekommt, daß er aber
den Geldbetrag jemandem, möglicherweise mir, schenken will. So liebenswürdig das nun natürlich ist, wird doch dadurch die Frage nach der Bedürftigkeit
gestellt, aber nicht nach der Bedürftigkeit hinsichtlich beider, des Preises und
des Geldes, sondern nach der Bedürftigkeit hinsichtlich des Geldes allein. Und
es käme dann meinem Gefühl nach auch gar nicht darauf an, ob der Betreffende
später einmal vielleicht das Geld benötigen wird, entscheidend dürfte vielmehr
nur sein, ob er es augenblicklich nötig hat. So wichtig natürlich auch der Preis
oder ein Anteil am Preis für mich wäre – das Geld allein ohne jeden Anteil am
Preis dürfte ich wohl gar nicht annehmen, ich hätte glaube ich kein Recht dazu,
denn jene notwendige augenblickliche Bedürftigkeit besteht bei mir durchaus
nicht. Die einzige Stelle in Ihrem Schreiben, die meiner Auffassung widerspricht, ist die, wo es heißt: »Durch den Fontanepreis wird die Aufmerksamkeit
u.s.w.« Jedenfalls bleibt die Sache ungewiß und ich wäre Ihnen für eine kleine
Aufklärung sehr dankbar.
Was Ihre Vorschläge betrifft, so vertraue ich mich Ihnen vollständig an. Mein
Wunsch wäre es eigentlich gewesen, ein größeres Novellenbuch herauszugeben
(etwa die Novelle aus der Arkadia, die Verwandlung und noch eine andere Novelle unter dem gemeinsamen Titel »Strafen«), auch Herr Wolff hat schon früher einmal dem zugestimmt, aber es ist wohl bei den gegenwärtigen Umständen
vorläufig besser so, wie Sie es beabsichtigen. Auch mit der Neuausgabe der Betrachtung bin ich ganz einverstanden.

Die Korrektur der Verwandlung ist beigeschlossen. Leid tut es mir, daß der Druck anders ist als bei Napoleon, trotzdem ich doch die Zusendung des Napoleon als ein Versprechen dessen ansehen konnte, daß die Verwandlung ebenso gedruckt würde. Nun ist aber das Seitenbild des Napoleon schön licht und übersichtlich, das der Verwandlung aber (ich glaube bei gleicher Buchstabengröße) dunkel und gedrängt. Wenn sich darin noch etwas ändern ließe, wäre das sehr in meinem Sinn.

Ich weiß nicht, wie die späteren Bändchen des »Jüngsten Tag« gebunden worden sind, der »Heizer« war nicht hübsch gebunden. Es war irgendeine Imitation, die man, wenigstens nach einiger Zeit, nur fast mit Widerwillen anschauen konnte. Ich würde also um einen andern Einband bitten.

Sehr schade, daß Sie vorige Woche nicht kommen konnten, vielleicht wird es bald einmal möglich, ich würde mich sehr freuen.
Mit herzlichen Grüßen Ihr ergebener

F. Kafka

Könnte ich noch fünf Exemplare der Oktobernummer der Weißen Blätter bekommen? Ich würde sie benötigen.

Herr Wolff hat mir einmal einige Besprechungen des »Heizer« geschickt; falls Sie sie irgendwie brauchen sollten, kann ich sie schicken.

Korrektur

An den Verlag Kurt Wolff

Prag 20. Okt. 15

Sehr geehrter Herr
Besten Dank für Ihr Schreiben vom 18., den »Napoleon«, sowie die angekündigten Weißen Blätter.

Die Angelegenheit des Fontanepreises ist mir zwar noch immer nicht klar, trotzdem vertraue ich Ihrem Gesamturteil über die Frage. Allerdings scheint wieder daraus, daß Leonhard Frank (zum zweitenmal kann man doch wohl den Preis nicht bekommen) in Wahl stand, hervorzugehn, daß es sich nur und ausschließlich um Verteilung des Geldes gehandelt hat. Trotzdem habe ich, wiederum nur Ihrem Rate folgend, an Sternheim geschrieben; es ist nicht ganz leicht jemandem zu schreiben, von dem man keine direkte Nachricht bekommen hat, und ihm zu danken, ohne genau zu wissen wofür.

Mit dem »Napoleon« Einband bin ich natürlich einverstanden. Sind vielleicht die früheren Hefte der Sammlung in dieser Weise überbunden worden?

Beiliegend schicke ich die Korrekturen. Ich beeile mich auch gern, aber an manchen Tagen ist es mir nicht möglich, die kleine dafür notwendige Zeit zu ersparen.

Beiliegend auch die Besprechungen. Sie wurden mir als angeblich vollständige Sammlung geschickt, sind aber nicht vollständig. Soviel ich weiß, fehlen Besprechungen aus Berliner Morgenpost, Wiener Allg. Zeitung, Österr. Rundschau, Neue Rundschau. Ich besitze leider keine von diesen. Die bedeutendste ist jedenfalls die von Musil in der Rundschau, Augustheft 1914, die freundlichste die von H. E. Jakob, die beiliegt. Über »Betrachtung« die freundlichste von Max Brod im März und von Ehrenstein im »Berliner Tagblatt«, auch die besitze ich aber nicht.

Sie rieten mir Sternheim zu danken, müßte ich dann aber nicht auch Blei danken? Und welches ist seine Adresse?

Das kleine Stück für den Almanach »Vor dem Gesetz« sowie den ersten Bogen der Korrektur der Verwandlung haben Sie wohl erhalten.
Mit herzlichen Grüßen Ihr sehr ergebener

F. Kafka

An den Verlag Kurt Wolf

Prag, am 25. Oktober 1915

Sehr geehrter Herr!
Sie schrieben letzthin, daß Ottomar Starke ein Titelblatt zur Verwandlung zeichnen wird. Nun habe ich einen kleinen, allerdings soweit ich den Künstler aus »Napoleon« kenne, wahrscheinlich sehr überflüssigen Schrecken bekommen. Es ist mir nämlich, da Starke doch tatsächlich illustriert, eingefallen, er könnte etwa das Insekt selbst zeichnen wollen. Das nicht, bitte das nicht! Ich will seinen Machtkreis nicht einschränken, sondern nur aus meiner natürlicherweise bessern Kenntnis der Geschichte heraus bitten. Das Insekt selbst kann nicht gezeichnet werden. Es kann aber nicht einmal von der Ferne aus gezeigt werden. Besteht eine solche Absicht nicht und wird meine Bitte also lächerlich – desto besser. Für die Vermittlung und Bekräftigung meiner Bitte wäre ich Ihnen sehr dankbar. Wenn ich für eine Illustration selbst Vorschläge machen dürfte, würde ich Szenen wählen, wie: die Eltern und der Prokurist vor der geschlossenen Tür oder noch besser die Eltern und die Schwester im beleuchteten Zimmer, während die Tür zum ganz finsteren Nebenzimmer offensteht.

Sämtliche Korrekturen sowie die Besprechungen haben Sie wohl schon bekommen.
Mit besten Grüßen Ihr ergebener

Franz Kafka

1916

An Max Brod

[Zwei Postkarten. Marienbad, Stempel: 5. VII. 1916]

Lieber Max, also in Marienbad. Hätte ich jeden Tag seit unserem Abschied, der mir für zu lange Zeit zu gelten scheint, geschrieben, es wäre ein unentwirrbares Durcheinander gewesen. Nur die letzten Tage: Glückseligkeit des Abschieds vom Bureau, ausnahmsweise freier Kopf, fast alle Arbeit bewältigt, musterhafte Ordnung zurückgelassen. Wäre es Abschied für immer gewesen, dann wäre ich bereit gewesen, nach sechsstündigem Diktieren etwa noch auf den Knien das ganze Treppenhaus zu waschen, vom Boden bis zum Keller und auf diese Art jeder Stufe die Dankbarkeit des Abschieds zu beweisen. Aber am nächsten Tag Kopfschmerzen bis zur Betäubung: Hochzeit des Schwagers, derentwegen ich noch Sonntagvormittag in Prag bleiben mußte, die ganze Zeremonie nichts als Märchennachahmung; die fast gotteslästerliche Trauungsrede: »Wie schön sind deine Zelte, Israel« und noch anderes derartige. Mitgewirkt an der Tageslaune hatte übrigens ein grauenhafter Traum, dessen Merkwürdigkeit darin bestand, daß er nichts Grauenhaftes dargestellt hatte, nur eine gewöhnliche Begegnung mit Bekannten auf der Gasse. An die Einzelheiten erinnere ich mich gar nicht, Du warst glaube ich gar nicht dabei. Das Grauenhafte aber lag in dem Gefühl, das ich einem dieser Bekannten gegenüber hatte. Einen Traum von dieser Art hatte ich vielleicht noch gar nicht gehabt. – Dann in Marienbad sehr lieb von F. vom Bahnhof abgeholt, trotzdem verzweifelte Nacht in häßlichem Hofzimmer. Übrigens die bekannte erste Verzweiflungsnacht. Montag Übersiedlung in ein außerordentlich schönes Zimmer, wohne jetzt nicht geringer als im »Schloß Balmoral«. Und darin werde ich versuchen, den Urlaub zu bewältigen, fange mit der bisher nicht ganz gelungenen Bearbeitung des Kopfschmerzes an. F. und ich grüßen euch herzlichst

Franz

An Max Brod

[Postkarte. Tepl,] 8. VII. [1916]

Lieber Max – in Tepl ein paar Stunden. In den Feldern, heraus aus dem Irrsinn des Kopfes und der Nächte. Was für ein Mensch bin ich! Was für ein Mensch bin ich! Quäle sie und mich zu Tode.

Franz

An Max Brod

[Postkarte. Marienbad, Stempel: 9. VII. 1916]

Lieber Max – vielen Dank für den Brief. Die Kritik in der Täglichen Rundschau ist ja erstaunlich, in welcher Breite Tycho die Welt mitnimmt! Übrigens war er das erste Buch, das uns hier im Buchladen als viel Gekauftes empfohlen wurde. Ich lese nur ein wenig in der Bibel, sonst nichts. Wir gehen aber viel herum, in Unmengen Regen und hie und da ein wenig Sonne. Es ist merkwürdig, heute in Tepl z. B. elendes Wetter zum äußersten Verzweifeln, so auch gestern und früher, heute nachmittag aber ein Nachmittag wunderbar leicht und schön. Die Wolken allerdings verschwinden nicht, wie könnten sie verschwinden. Nächstens ausführlich. – Bitte um Ottos Adresse. – Brauche ein Bild Nowaks als Hochzeitsgeschenk meiner Eltern. Darf 100-200 K kosten. Wärest Du so freundlich zu vermitteln? Verkauft er so billig? – Morgen schreibe ich.
Herzlichst

Dein Franz

An Felix Weltsch

[Postkarte. Marienbad, Stempel: 11. VII. 1916]

Lieber Felix, warum keine Antwort? Bei Deiner Pünktlichkeit ist das fast unverständlich. Sollte wieder an der Hand etwas geschehen sein? Aber dann ist doch Deine Frau da, von der ich (ohne meiner Wange zu glauben) immer glaube, daß sie es mit mir gut meint, und nun schreibt auch sie nicht. Das Balkonzimmer wartet noch, aber nicht mehr lange.
Herzliche Grüße von

Franz

[Es folgt eine Anschrift von F. B.]

An Max Brod

[Marienbad, Mitte Juli 1916]

Liebster Max – nicht immer wieder aufschieben und gerade heute ausführlicher antworten, da ich den letzten Abend (oder eigentlich vorletzten, denn morgen begleite ich sie noch nach Franzensbad, um meine Mutter zu besuchen) mit F. beisammen bin.

Der Vormittag der Bleistiftkarte war (ich schreibe in der Halle, einer wunderbaren Einrichtung sich gegenseitig mit leichten Reizungen zu stören und nervös zu machen) etwa der Abschluß, (aber es gab mehr Übergänge, die ich nicht verstehe) einer Reihe schrecklicher Tage, die in noch schrecklicheren

Nächten ausgekocht worden sind. Mir schien wirklich, nun sei die Ratte in ihrem allerletzten Loch. Aber da es nicht mehr schlimmer werden konnte, wurde es nun besser. Die Stricke, mit denen ich zusammengebunden war, wurden wenigstens gelockert, ich fand mich ein wenig zurecht, sie, die in die vollkommenste Leere hinein immerfort die Hände zur Hilfe gestreckt hatte, half wieder und ich kam mit ihr in ein mir bisher unbekanntes Verhältnis von Mensch zu Mensch, das an Wert bis an jenes Verhältnis heranreichte, das in unsern besten Zeiten der Briefschreiber zur Briefschreiberin gehabt hatte. Im Grunde war ich noch niemals mit einer Frau vertraut, wenn ich zwei Fälle ausnehme, jenen in Zuckmantel (aber dort war sie eine Frau und ich ein Junge) und jenen in Riva (aber dort war sie ein halbes Kind und ich ganz und gar verwirrt und nach allen Himmelsrichtungen hin krank). Jetzt aber sah ich den Blick des Vertrauens einer Frau und konnte mich nicht verschließen. Es wird manches aufgerissen, das ich für immer bewahren wollte (es ist nichts einzelnes, sondern ein Ganzes) und aus diesem Riß kommt auch, das weiß ich, genug Unglück für mehr als ein Menschenleben hervor, aber es ist nicht ein heraufbeschworenes, sondern ein auferlegtes. Ich habe kein Recht mich dagegen zu wehren, umsoweniger als ich das, was geschieht, wenn es nicht geschähe, selbst mit freiwilliger Hand täte, um nur wieder jenen Blick zu erhalten. Ich kannte sie ja gar nicht, neben andern Bedenken allerdings hinderte mich damals geradezu Furcht vor der Wirklichkeit jener Briefschreiberin; als sie mir im großen Zimmer entgegenkam, um den Verlobungskuß anzunehmen, ging ein Schauder über mich; die Verlobungsexpedition mit meinen Eltern war für mich eine Folterung Schritt für Schritt; vor nichts hatte ich solche Angst wie vor dem Alleinsein mit F. vor der Hochzeit. Jetzt ist es anders und gut. Unser Vertrag ist in Kürze: Kurz nach Kriegsende heiraten, in einem Berliner Vorort zwei, drei Zimmer nehmen, jedem nur die wirtschaftliche Sorge für sich lassen. F. wird weiter arbeiten wie bisher und ich, nun ich, das kann ich noch nicht sagen. Will man sich allerdings das Verhältnis anschaulich darstellen, so ergibt sich der Anblick zweier Zimmer, etwa in Karlshorst, in einem steht F. früh auf, läuft weg und fällt abends müde ins Bett; in dem andern steht ein Kanapee, auf dem ich liege und mich von Milch und Honig nähre. Da liegt und streckt sich dann der unmoralische Mann (nach dem bekannten Ausspruch). Trotzdem – jetzt ist darin Ruhe, Bestimmtheit und damit Lebensmöglichkeit. (Nachträglich angesehn, sind das allerdings starke Worte, kaum dauernd niederzudrücken von einer schwachen Feder.)

Wolff werde ich vorläufig nicht schreiben, so dringend ist es doch nicht und so dringend macht er es auch nicht. Von übermorgen bin ich allein, dann will ich mich (bis nächsten Montag habe ich Zeit) ein wenig revidieren – wollte ich sagen und darüber ist aus Mittwoch Freitag geworden. Ich war mit F. in Franzensbad bei der Mutter und der Valli, jetzt ist F. fort, ich bin allein. Es waren seit dem Tepler Vormittag so schöne und leichte Tage, wie ich nicht mehr geglaubt hätte, sie erleben zu können. Es gab natürlich Verdunklungen dazwischen, aber das Schöne und Leichte hatte die Oberhand, selbst in Gegenwart meiner Mutter, und das ist erst recht außerordentlich, ist so außerordentlich, daß es mich gleichzeitig stark erschreckt. Nun –

Hier im Hotel hat man mir eine unangenehme Überraschung vorbereitet, durch absichtliche oder unabsichtliche Verwechslung mein Zimmer vermietet und F.'s Zimmer mir gegeben, ein viel unruhigeres, mit Doppelmietern rechts und links, einfacher Tür, ohne Fenster, nur mit Balkon. Aber zum Wohnungsuchen werde ich mich kaum aufraffen. Trotzdem gerade jetzt die Aufzugtüre zuschlägt und ein schwerer Schritt sein Zimmer sucht.

Zu Wolff: ich schreibe also vorläufig nicht. Es ist auch doch gar nicht so vorteilhaft, zuerst mit einer Sammlung dreier Novellen aufzutreten, von denen zwei schon gedruckt sind. Besser doch ich verhalte mich still, bis ich etwas Neues und Ganzes vorlegen kann. Kann ich es nicht, dann mag ich für immer still bleiben.

Den Aufsatz im Tagblatt – denke: Geh. Hofrat! – schicke ich in der Beilage, heb ihn mir bitte auf. Sehr freundlich ist er und steigerte diese Freundlichkeit noch dadurch, daß er uns in einem Augenblick zufällig auf den Kaffeehaustisch im »Egerländer« gelegt wurde, als man dachte, nun halten die Schläfen wirklich nicht mehr stand. Es war wahrhaft himmlisches Öl. Dafür hätte ich dem Herrn Hofrat gerne gedankt, werde es vielleicht noch tun.

Zu Deiner Sammlung, die ich nicht billige, aber verstehe, schicke ich Dir die zwei Bilder. Merkwürdig ist unter anderem, daß beide horchen, der Beobachter auf der Leiter, der Studierende über dem Buch. (Wie trampeln jetzt die Leute vor meiner einfachen Tür! Allerdings, den Studierenden stört das Kind nicht)

9.-14. Tausend! Mein Glückwunsch, Max. Die große Welt langt also zu. Besonders in Franzensbad ist Tycho in allen Auslagen. In der Täglichen Rundschau, die ich gestern zufällig las, annonciert ein Buchhändler Gsellius das Buch. Könntest Du mir die Rundschaukritik schicken?

Ich wiederhole noch die zwei Bitten: Adresse von Otto und Bilderkaufvermittlung. Habe aber noch eine dritte. Könntest Du einen Prospekt des Jüdischen Volksheims an F. (Technische Werkstätte, Berlin O-27 Markusstraße 52) schicken. Wir haben darüber gesprochen und sie wollte es sehr gerne haben. Für »Richard und Samuel« hast Du immer eine Vorliebe gehabt, ich weiß. Es waren wunderbare Zeiten, warum muß es gute Literatur gewesen sein?

Was arbeitest Du? Bist Du von Dienstag in einer Woche in Prag? Dieser Brief kann Felix natürlich gezeigt werden, aber Frauen gar nicht. –

Dein Franz

An Max Brod

[Briefkopf: Marienbad, Schloß Balmoral u. Osborne,
Mitte Juli 1916]

[Randbemerkung:] Wieder in der vollen Halle, es lockt mich.

Lieber Max, danke für die Benachrichtigung, sie traf mich an einem Kopf-
schmerzentag, wie ich ihn wenigstens hier gar nicht mehr erwartet hätte. Trotzdem lief ich gleich nach dem Essen hin.

Ich werde das Ganze nur beschreiben, mehr als das, was man sieht, kann ich
nicht sagen. Man sieht aber nur allerkleinste Kleinigkeiten und das allerdings ist
bezeichnend, meiner Meinung nach. Es spricht für Wahrhaftigkeit auch gegenüber dem Blödesten. Mehr als Kleinigkeiten kann man mit bloßem Auge dort,
wo Wahrheit ist, nicht sehn.

Zunächst war Langer unauffindbar. Es sind dort einige Häuser und Häuser-
chen zusammengedrängt, auf einer Anhöhe, die eine Verbindung der Häuser,
die einem Besitzer gehören, nur durch halb unterirdische Treppen und Gänge
zuläßt. Die Namen der Häuser sind zum Verwechseln eingerichtet: Goldenes
Schloß, Goldene Schüssel, Goldener Schlüssel, manche haben zwei Namen,
vorn einen und hinten einen andern, dann wieder heißt die Restauration anders
als das zugehörige Haus, auf den ersten Anlauf kommt man also nicht durch.
Später zeigt sich allerdings eine Ordnung, es ist eine kleine, nach Ständen geordnete Gemeinde, eingefaßt von zwei großen eleganten Gebäuden, Hotel National und Florida. Der goldene Schlüssel ist das ärmlichste. Aber auch dort
kannte man Langer nicht. Erst später erinnerte sich ein Mädchen an einige
junge Leute, die auf dem Dachboden wohnen; suche ich den Sohn des Prager
Branntweinhändlers, dann dürfte ich ihn dort finden. Jetzt sei er aber wahrscheinlich bei Herrn Klein in Florida. Als ich dorthin ging, kam er gerade aus
dem Tor.

Was er erzählt hat, will ich jetzt nicht schreiben, nur das, was ich gesehen
habe.

Jeden Abend um ½ 8 oder 8 fährt der Rabbi in einem Wagen spazieren. Er
fährt langsam in den Wald, einige Anhänger folgen ihm zu Fuß. Im Wald steigt
er an einer im Allgemeinen schon bestimmten Stelle aus und geht nun mit seinen Anhängern bis zum Dunkelwerden auf den Waldwegen hin und her. Zur
Gebetzeit, gegen 10 Uhr, kommt er nachhause zurück.

Ich war also um ½ 8 vor dem Hotel National, in dem er wohnt. Langer erwartete mich. Es regnete selbst für diese Regenzeit außerordentlich stark. Gerade zu dieser Stunde hatte es vielleicht in den letzten 14 Tagen nicht geregnet.
Langer behauptete, es werde gewiß aufhören, aber das tat es nicht, sondern regnete noch stärker. Langer erzählte, nur einmal habe es bei der Ausfahrt geregnet,
im Wald dann aber gleich aufgehört. Diesmal hörte es aber nicht auf. Wir sitzen
unter einem Baum und sehen einen Juden mit einer leeren Sodawasserflasche

aus dem Haus laufen. Der holt Wasser für den Rabbi, sagt Langer. Wir schließen uns ihm an. Er soll Wasser aus der Rudolfsquelle holen, die dem Rabbi verordnet ist. Leider weiß er nicht, wo die Quelle ist. Wir laufen im Regen ein
wenig irre. Ein Herr, dem wir begegnen, zeigt uns den Weg, sagt aber gleichzeitig, daß alle Quellen um 7 geschlossen werden. »Wie können denn die Quellen
geschlossen werden« meint der zum Wasserholen Bestimmte und wir laufen
hin. Tatsächlich ist die Rudolfsquelle geschlossen, wie man schon von weitem
sieht. Es ändert sich nicht, als man trotzdem näher geht. »Dann nimm Wasser
aus der Ambrosiusquelle« sagt Langer »die ist immer offen.« Der Wasserholer ist
sehr einverstanden und wir laufen hin. Tatsächlich waschen dort noch Frauen
die Trinkgläser. Der Wasserholer nähert sich verlegen den Stufen und dreht die
schon ein wenig mit Regenwasser gefüllte Flasche in den Händen. Die Frauen
weisen ihn ärgerlich ab, natürlich ist auch diese Quelle seit 7 Uhr geschlossen.
Nun so laufen wir zurück. Auf dem Rückweg treffen wir zwei andere Juden, die
mir schon früher aufgefallen sind, sie gehn wie Verliebte neben einander,
schauen einander freundlich an und lächeln, der eine die Hand in der tief hin-
abgezogenen Hintertasche, der andere städtischer. Fest Arm in Arm. Man erzählt die Geschichte von den geschlossenen Quellen; die zwei können das nicht
begreifen, der Wasserholer begreift es nun wieder auch nicht und so laufen die
drei ohne uns wieder zur Ambrosiusquelle. Wir gehn weiter zum Hotel National, der Wasserholer holt uns wieder ein und überholt uns, außer Atem ruft er
uns zu, daß die Quelle wirklich geschlossen ist. Wir wollen, um uns vor dem
Regen zu schützen, in den Flur des Hotels treten, da springt L. zurück und zur
Seite. Der Rabbi kommt. Niemand darf sich vor ihm aufhalten, vor ihm muß
immer alles frei sein, es ist nicht leicht, dies immer einzuhalten, da er sich oft
überraschend wendet und es nicht leicht ist, im Gedränge schnell genug auszuweichen. (Noch schlimmer soll es im Zimmer sein, da ist das Gedränge so groß,
daß es den Rabbi selbst in Gefahr bringt. Letzthin soll er geschrien haben: »Ihr
seid Chassidim? Ihr seid Mörder.«) Diese Sitte macht alles sehr feierlich, der
Rabbi trägt förmlich (ohne zu führen, denn rechts und links von ihm sind ja
Leute) die Verantwortung für die Schritte aller. Und immer wieder ordnet sich
die Gruppe neu, um ihm freie Blickrichtung zu geben.

Er sieht aus wie der Sultan, den ich als Kind in einem Doré-Münchhausen
oft gesehn habe. Aber keine Maskerade, wirklich der Sultan. Und nicht nur Sultan, sondern auch Vater, Volksschullehrer, Gymnasialprofessor u. s. f. Der Anblick seines Rückens, der Anblick der Hand, die auf der Hüfte liegt, der Anblick
der Wendung dieses breiten Rückens – alles das gibt Vertrauen. Auch in den
Augen der ganzen Gruppe ist dieses ruhige glückliche Vertrauen, das ich gut
ahne.

Er ist mittelgroß und recht umfangreich, aber nicht schlecht beweglich. Langer weißer Bart, außergewöhnlich lange Schläfenlocken (die er auch an andern
liebt; wer lange Locken hat, für den ist er schon gut gestimmt; er lobt die Schönheit zweier Kinder, die der Vater an den Händen führt, er kann aber mit der

Schönheit nur die Locken meinen). Ein Auge ist blind und starr. Der Mund ist schief gezogen, es sieht gleichzeitig ironisch und freundlich aus. Er trägt einen seidenen Kaftan, der vorn offen ist; einen starken Gurt um den Leib; eine hohe Pelzmütze, die ihn äußerlich am meisten hervorhebt. Weiße Strümpfe und, wie L. sagt, weiße Hosen.

Vor dem Verlassen des Hauses vertauscht er den Silberstock mit dem Schirm. (Es regnet immerfort gleichmäßig stark und hat bis jetzt ½ 11 Uhr noch nicht aufgehört.) Der Spaziergang (zum erstenmal keine Ausfahrt, offenbar will er die Leute nicht im Regen in den Wald hinter sich ziehn) beginnt jetzt. Es gehn etwa 10 Juden hinter und neben ihm. Einer trägt den Silberstock und den Sessel, auf den sich der Rabbi vielleicht wird setzen wollen, einer trägt das Tuch, mit dem er den Stuhl abtrocknen wird, einer trägt das Glas, aus dem der Rabbi trinken wird, einer (Schlesinger, ein reicher Jude aus Preßburg) trägt eine Flasche mit dem Wasser der Rudolfsquelle, er hat sie offenbar in einem Geschäft gekauft. Eine besondere Rolle spielen im Gefolge die vier Gabim (oder ähnlich), es sind die »Nächsten«, Angestellte, Sekretäre. Der oberste der vier ist, wie Langer behauptet, ein ganz besonderer Schuft; sein großer Bauch, seine Selbstgefälligkeit, sein schiefer Blick scheinen dafür zu sprechen. Übrigens darf man ihm daraus keinen Vorwurf machen, alle Gabim werden schlecht, die dauernde Nähe des Rabbi kann man nicht ertragen, ohne Schaden zu nehmen, es ist der Widerspruch zwischen der tieferen Bedeutung und der ununterbrochenen Alltäglichkeit, die ein gewöhnlicher Kopf nicht ertragen kann. Der Spaziergang geht sehr langsam vorwärts.

Der Rabbi kommt zunächst schwer in Gang, ein Bein, das rechte, versagt ihm ein wenig den Dienst, auch muß er anfänglich husten, achtungsvoll umsteht ihn das Gefolge. Nach einem Weilchen scheint es aber kein äußeres Hindernis zu geben, wohl aber beginnen jetzt die Besichtigungen und bringen den Zug jeden Augenblick zum Stillstehn. Er besichtigt alles, besonders aber Bauten, ganz verlorene Kleinigkeiten interessieren ihn, er stellt Fragen, macht selbst auf manches aufmerksam, das Kennzeichnende seines Verhaltens ist Bewunderung und Neugierde. Im Ganzen sind es die belanglosen Reden und Fragen umziehender Majestäten, vielleicht etwas kindlicher und freudiger, jedenfalls drücken sie alles Denken der Begleitung widerspruchslos auf das gleiche Niveau nieder. Langer sucht oder ahnt in allem tiefern Sinn, ich glaube, der tiefere Sinn ist der, daß ein solcher fehlt, und das ist meiner Meinung nach wohl genügend. Es ist durchaus Gottesgnadentum, ohne die Lächerlichkeit, die es bei nicht genügendem Unterbau erhalten müßte.

Das nächste Haus ist ein Zanderinstitut. Es liegt hoch über der Straße auf einem Steindamm und hat einen durch ein Gitter eingefaßten Vorgarten. Der Rabbi bemerkt einiges zum Bau, dann interessiert ihn der Garten, er fragt, was das für ein Garten ist. Ähnlich wie etwa der Statthalter vor dem Kaiser in ähnlichem Fall sich benehmen würde, rast Schlesinger (hebr. Sina genannt) die Treppe zum Garten hinauf, hält sich oben gar nicht auf, sondern rast sofort (alles im strömenden Regen) wieder herunter und meldet (was er natürlich schon gleich anfangs von unten erkannt hat), daß es nur ein Privatgarten ist, der zu dem Zanderinstitut gehört. Der Rabbi wendet sich, nachdem er nochmals den Garten genau angeschaut hat, und wir kommen zum Neubad. Hinter dem Gebäude, wohin wir zuerst kommen, laufen in einer Vertiefung die Röhren für das Dampfbad. Der Rabbi beugt sich tief über das Geländer und kann sich an den Röhren nicht satt sehn, es wird Meinung und Gegenmeinung über die Röhren ausgetauscht.

Das Gebäude ist in einem gleichgültigen unkenntlichen Mischstil aufgebaut. Die unterste Fensterreihe ist in laubenartige, aber vermauerte Bogen eingebaut, welche im Scheitel einen Tierkopf tragen. Alle Bogen und alle Tierköpfe sind gleich, trotzdem bleibt der Rabbi fast vor jedem der 6 Bogen der Breitseite besonders stehn, besichtigt sie, vergleicht sie, beurteilt sie und zwar von der Ferne und Nähe.

Wir biegen um die Ecke und stehn jetzt an der Frontseite. Das Gebäude macht großen Eindruck auf ihn. Über dem Tor steht in goldenen Lettern »Neubad«. Er läßt sich die Inschrift vorlesen, fragt, warum es so heißt, ob es das einzige Bad ist, wie alt es ist u.s.w. Öfters sagt er, mit dem besondern ostjüdischen Staunen: »Ein schönes Gebäude«.

Schon früher hat er öfters die Dachtraufen beobachtet, jetzt da wir eng am Gebäude (wir haben die Front schon einmal auf der gegenüberliegenden Straßenseite passiert) zurückgehn, macht er eigens einen Umweg, um zu einer Dachtraufe zu kommen, die in einem durch einen Hausvorsprung gebildeten Winkel herunterführt. Es freut ihn, wie das Wasser drin klopft, er horcht, schaut die Röhre entlang nach oben, betastet sie und läßt sich die Einrichtung erklären. [Hier bricht der Brief mitten im Briefbogen ab.]

An Felix Weltsch

[Postkarte. Marienbad, Stempel: 19. VII. 1916]

Lieber Felix, wäre es wirklich so, wie Du schreibst, dann wäre es für mich wirklich eine Aufforderung hinzukommen und ich käme. Aber es ist nicht so und ist jedenfalls den zweiten Tag nicht mehr so. Nur das Ausbleiben der Furunkeln möge so bleiben. Dagegen ist mir gar nicht gut. Kopfschmerzen, Kopfschmerzen! (Briefwechsel zweier Datscher, würde Langer sagen.) Ja Langer ist hier, wie jetzt hier überhaupt eine Art Mittelpunkt der jüdischen Welt ist, denn der Belzer Rabbi ist hier. Zweimal war ich schon in seinem Gefolge auf Abendspaziergängen. Er allein lohnt die Fahrt Karlsbad – Marienbad. – Weißt Du, daß Baum in Franzensbad, Haus Sanssouci ist?
Herzliche Grüße und alle guten Wünsche Dir und den Deinen

Franz

Prag, am 28. Juli 1916

Sehr geehrter Herr Meyer!
Als ich jetzt von einer Reise zurückkam, fand ich Ihr Schreiben vom 10.1. M. sowie die Bücher vor. Für beides danke ich Ihnen bestens. Hinsichtlich der Herausgabe eines Buches bin ich gleichfalls Ihrer Meinung, wenn auch die meine erzwungenerweise ein wenig radikaler ist. Ich glaube nämlich, daß es das allein Richtige wäre, wenn ich mit einer ganzen und neuen Arbeit hervorkommen könnte; kann ich das aber nicht, so sollte ich vielleicht lieber ganz still sein. Nun habe ich tatsächlich eine derartige Arbeit gegenwärtig nicht und fühle mich auch gesundheitlich bei weitem nicht so gut, daß ich in meinen sonstigen hiesigen Verhältnissen zu einer solchen Arbeit fähig sein könnte. Ich habe in den letzten 3, 4 Jahren mit mir gewüstet (was die Sache sehr verschlimmert: in allen Ehren) und trage jetzt schwer die Folgen. Sonstiges kommt auch noch hinzu. Ihrem liebenswürdigen Vorschlag, Urlaub zu nehmen und nach Leipzig zu kommen, kann ich augenblicklich aus den verschiedensten Gründen nicht folgen. Vor 4, 3 ja sogar noch vor 2 Jahren hätte ich es, was meine äußern Umstände und meine Gesundheit anlangte, tun können und sollen. Jetzt bleibt mir nur übrig zu warten, bis mir die einzigen Heilmittel, die mir wahrscheinlich noch helfen könnten, zugänglich werden, nämlich: ein wenig Reisen und viel Ruhe und Freiheit.

Vorher kann ich keine größere Arbeit vorlegen und es bleibt also nur die Frage (die ich für meinen Teil verneinen würde), ob es irgendwelchen Nutzen bringen könnte, die Erzählungen »Strafen« (Das Urteil, die Verwandlung, In der Strafkolonie) jetzt zu veröffentlichen. Sind Sie der Meinung, daß eine solche Herausgabe gut wäre, auch wenn in absehbarer Zeit keine größere Arbeit folgen kann, so füge ich mich vollständig Ihrer gewiß besseren Einsicht.

Mit meinen besten Grüßen, die ich gelegentlich auch Herrn Wolff zu vermitteln bitte, verbleibe ich Ihr sehr ergebener

F. Kafka

An den Verlag Kurt Wolff

Prag, am 10. August 1916

Sehr geehrter Herr Meyer!
Aus der mich betreffenden Bemerkung in einem Brief an Max Brod sehe ich, daß auch Sie daran sind, von dem Gedanken an die Herausgabe des Novellenbuches abzugehn. Ich gebe Ihnen unter den gegenwärtigen Verhältnissen durchaus Recht, denn es ist jedenfalls höchst unwahrscheinlich, daß Sie das verkäufliche Buch, das Sie wollen, mit diesem Buch erhalten würden. Dagegen wäre ich

sehr damit einverstanden, daß die »Strafkolonie« im »Jüngsten Tag« herauskommt, dann aber nicht nur die »Strafkolonie« sondern auch das »Urteil« aus
der »Arkadia«, und zwar jede Geschichte in einem eigenen Bändchen. In dieser
letzteren Art der Herausgabe liegt für mich der Vorteil gegenüber dem Novellenbuch, daß nämlich jede Geschichte selbstständig angesehen werden kann
und wirkt. Falls Sie mir zustimmen, würde ich bitten, daß zuerst das »Urteil«,
an dem mir mehr als an dem andern gelegen ist, erscheint; die »Strafkolonie«
kann dann nach Belieben folgen. Das »Urteil« ist allerdings klein, aber kaum
wesentlich kleiner als »Aissé« oder »Schuhlin«; im Druck der »Fledermäuse«
dürfte es über 30 Seiten haben, die »Strafkolonie« über 70 Seiten.
Mit besten Grüßen Ihr sehr ergebener

F. Kafka

An den Verlag Kurt Wolff

[Postkarte] Prag, am 14. August 16

Sehr geehrter Herr Meyer!
Unsere Briefe haben sich offenbar gekreuzt. Zu der Sache selbst: Die Herausgabe
des »Urteils« und der »Strafkolonie« in einem Bändchen wäre nicht in meinem
Sinn; für den Fall ziehe ich das größere Novellenbuch vor. Nun verzichte ich aber
auf dieses größere Buch, das mir übrigens Herr Wolff schon zur Zeit des »Heizer«
zugesagt hat, sehr gern, bitte aber dafür um die Gefälligkeit, daß das »Urteil« in
ein besonderes Bändchen kommt. »Das Urteil«, an dem mir eben besonders gelegen ist, ist zwar sehr klein, aber es ist auch mehr Gedicht als Erzählung, es
braucht freien Raum um sich und es ist auch nicht unwert ihn zu bekommen.
Mit besten Grüßen Ihr sehr ergebener

F. Kafka

An den Verlag Kurt Wolff

Prag, am 19. August 16

An den Kurt Wolff Verlag!
Entsprechend Ihrem freundlichen Schreiben vom 15.I.M. stelle ich zusammen,
was mich zu meiner Bitte nach Einzelabdruck des »Urteil« und der »Strafkolonie« geführt hat:
    Zunächst war überhaupt nicht von der Veröffentlichung im »Jüngsten Tag«
die Rede, sondern von einem Novellenband »Strafen« (Urteil – Verwandlung –
Strafkolonie), dessen Herausgabe mir Herr Wolff schon vor langer Zeit in Aussicht gestellt hat. Diese Geschichten geben eine gewisse Einheit, auch wäre natürlich ein Novellenband eine ansehnlichere Veröffentlichung gewesen, als die
Hefte des »Jüngsten Tag«, trotzdem wollte ich sehr gerne auf den Band verzich-

ten, wenn mir die Möglichkeit erschien, daß das »Urteil« in einem besonderen Heft herausgegeben werden könnte.

Ob »Urteil« und »Strafkolonie« gemeinsam in einem Jüngstentag-Bändchen erscheinen sollen, steht wohl nicht eigentlich in Frage, denn die »Strafkolonie« reicht gewiß, auch nach der in Ihrem Schreiben vorgenommenen Bemessung, für ein Einzelbändchen reichlich aus. Hinzufügen möchte ich nur, daß »Urteil« und »Strafkolonie« nach meinem Gefühl eine abscheuliche Verbindung ergeben würden; »Verwandlung« könnte immerhin zwischen ihnen vermitteln; ohne sie aber hieße es wirklich zwei fremde Köpfe mit Gewalt gegen einander schlagen.

Insbesondere für den Sonderabdruck des »Urteil« spricht bei mir folgendes: Die Erzählung ist mehr gedichtmäßig als episch, deshalb braucht sie ganz freien Raum um sich, wenn sie sich auswirken soll. Sie ist auch die mir liebste Arbeit und es war daher immer mein Wunsch, daß sie, wenn möglich, einmal selbstständig zur Geltung komme. Jetzt da von dem Novellenband abgesehen wird, wäre dafür die beste Gelegenheit. Nebenbei erwähnt bekomme ich dadurch, daß die »Strafkolonie« nicht gleich jetzt im »Jüngsten Tag« erscheint, die Möglichkeit, sie den »Weißen Blättern« anzubieten. Es ist das aber wirklich nur nebenbei erwähnt, denn die Hauptsache bleibt für mich, daß das »Urteil« besonders erscheint.

Die buchtechnischen Schwierigkeiten dessen sollten unüberwindlich sein? Ich gebe zu, daß ein Monumentaldruck nicht sehr passend wäre, aber erstens ergeben sich schon im Fledermausdruck 30 Seiten und zweitens enthalten bei weitem nicht alle Jüngste-Tag-Bändchen 32 bedruckte Seiten, Aïssé z. B. hat deren nur 26 und andere Bändchen, die ich gerade nicht zur Hand habe, wie Hasenclever und Hardekopf bestehen gar nur aus wenigen Blättern.

Ich glaube also, daß mir der Verlag die Gefälligkeit des Einzelabdrucks – ich würde es durchaus als Gefälligkeit ansehn – wohl machen könnte.
In vorzüglicher Hochschätzung Ihr sehr ergebener

F. Kafka

An den Verlag Kurt Wolff

[Prag,] 30. IX. 16

Sehr geehrter Herr Meyer!
In der Beilage erlaube ich mir, Ihnen zur freundlichen Durchsicht eine Auswahl von Gedichten eines Pragers, Ernst Feigl, vorzulegen. Ich für meinen Teil würde sie für eine wesentliche Bereicherung etwa des »Jüngsten Tages« halten, in den sie einen neuen halbdunklen in vielem wahrhaftig zeitgemäßen Ton brächten. Auch scheint mir Feigl noch starke, beiweitem noch nicht gehörte Möglichkeiten in sich zu haben. Die beiliegenden Gedichte sind nur eine Auswahl der als Einheit gedachten und auch gewachsenen Sammlung, die wohl noch einmal so viel Verse umfaßt und nach dem ersten Gedicht »Wir altern Mensch« benannt

werden soll. Sollten Sie vor einer endgültigen Entscheidung noch die andern Gedichte sehen wollen, schicke ich sie sofort.

Mit besten Grüßen Ihr sehr ergebener   F Kafka

An Kurt Wolff

Prag, 11. X. 16

Sehr geehrter Herr Kurt Wolff!

Zunächst erlaube ich mir Sie herzlichst wieder einmal in unserer Nähe zu begrüßen, trotzdem jetzt allerdings Ferne und Nähe nicht sehr unterschieden sind. Ihre freundlichen Worte über mein Manuskript sind mir sehr angenehm eingegangen. Ihr Aussetzen des Peinlichen trifft ganz mit meiner Meinung zusammen, die ich allerdings in dieser Art fast gegenüber allem habe, was bisher von mir vorliegt. Bemerken Sie, wie wenig in dieser oder jener Form von diesem Peinlichen frei ist! Zur Erklärung dieser letzten Erzählung füge ich nur hinzu, daß nicht nur sie peinlich ist, daß vielmehr unsere allgemeine und meine besondere Zeit gleichfalls sehr peinlich war und ist und meine besondere sogar noch länger peinlich als die allgemeine. Gott weiß wie tief ich auf diesem Weg gekommen wäre, wenn ich weitergeschrieben hätte oder besser, wenn mir meine Verhältnisse und mein Zustand das, mit allen Zähnen in allen Lippen, ersehnte Schreiben erlaubt hätten. Das haben sie aber nicht getan. So wie ich jetzt bin, bleibt mir nur übrig auf Ruhe zu warten, womit ich mich ja, wenigstens äußerlich als zweifelloser Zeitgenosse darstelle. Auch damit stimme ich ganz überein, daß die Geschichte nicht in den »Jüngsten Tag« kommen soll. Allerdings wohl auch nicht in den Vorlesesaal Goltz, wo ich sie im November vorlesen will und hoffentlich auch vorlesen werde. Ihr Angebot, das Novellenbuch herauszugeben, ist außerordentlich entgegenkommend, doch glaube ich, daß (insbesondere da jetzt das »Urteil« dank Ihrer Freundlichkeit besonders erscheint) das Novellenbuch nur als naher Vor- oder Nachläufer einer neuen größeren Arbeit eigentlichen Sinn hätte, augenblicklich also nicht. Übrigens glaube ich diese Meinung auch aus der betreffenden Bemerkung im Brief an Max Brod herauslesen zu können. Vor einer Woche etwa habe ich an Herrn Meyer einige Gedichte von Ernst Feigl (er ist Bruder des Malers Fritz Feigl, der unter anderem für Georg Müller Dostojewski illustriert) geschickt, es ist mir nun lieb, daß jetzt die Möglichkeit besteht, daß auch Sie die Gedichte in Leipzig lesen können. Vielleicht wäre es dem Verlag möglich, diese schönen Gedichte irgendwie herauszubringen, es müßte ja nicht gleich sein, wenn auch »gleich« natürlich das erfreulichste wäre. Beim ersten Lesen der Gedichte mag beirren, daß sie verschiedene Anknüpfungen nach verschiedenen Seiten zeigen, liest man aber weiter, so muß man glaube ich aus der Einheit des Ganzen finden, daß die kleinen Anknüpfungen wirklich klein, die großen aber im guten Sinne groß sind, als eine Flamme im gemeinsamen Feuer. So scheint es mir.

Ihr herzlich ergebener   Franz Kafka

An Dr. Siegfried Löwy

[1916]

[Auf dem Titelblatt eines »Führers in die Umgebung von Marienbad«, von Kafka an seinen Onkel Siegfried geschickt.]

Natürlich nur nach Marienbad fahren! Im Dianahof frühstücken (süße Milch, Eier, Honig, Butter), schnell im Maxtal gabelfrühstücken (saure Milch), schnell im Neptun beim Oberkellner Müller mittagessen, zum Obsthändler Obst essen, flüchtig schlafen, im Dianahof Milch im Teller essen (vorher zu bestellen!), schnell im Maxtal saure Milch trinken, zum Neptun nachtmahlen, dann sich in den Stadtpark setzen und sein Geld nachzählen, zum Konditor gehen, dann mir ein paar Zeilen schreiben und soviel in einer Nacht schlafen, als ich in den 21 Nächten zusammen.

Das alles läßt sich bei Regen fast noch besser machen als bei schönem Wetter, da dann die Spaziergänge nicht stören, und in den entfernten Kaffeegärten immer etwas fehlt, im Kaffee Alm z. B. die Milch, im Kaffee Nimrod die Butter, und in allen die Semmeln, die man überhaupt immerfort mittragen soll. Zeitung muß man nicht kaufen, im Dianahof Berliner Tageblatt, gleich nach Erscheinen, andere Zeitungen (Zeitschriften nicht) im Lesesaal des Stadthauses, die abends erscheinenden Berichte des Marienbader Tagblatts sind wenigstens in einem Exemplar in allen Logierhäusern abonniert.

Besonders billiges, aber nicht ganz reines Obst am Eingang der Judengasse.

Ich würde für meinen Teil die von Dir notierten Häuser bei der Waldquelle vorziehen, nicht nur, weil ich dort gewohnt habe, und Dianahof in der Nähe ist, sondern weil die andere Häusergruppe in der Front nach Nordwest gehen dürfte. Empfehlenswertes bei Neptun: Gemüseomlette, Emmentaler, Kaiserfleisch, Portion Roheier mit Portion grüne Erbsen. –

Willst Du abends arbeiten, nimm ein Zimmer mit Balkon (ohne allzu nahe Nachbarbalkone), wo man die Nachtlampe auf den Balkontisch hinausstellen kann; dann habt ihr zwei Zimmer, auf dem Balkon besondere Ruhe. –

Gutes Obst auch auf dem Weg zum Maxtal (das waren etwa meine Gedanken auf dem Balkon in der ruhigen Nacht). – Hast Du einmal irgendeine Beschwerde oder sonst etwas, dann geh ins Stadthaus zu dem »unermüdlichen Presseleiter« Fritz Schwappacher, der einen Verein der zeitweise in Marienbad anwesenden Journalisten gegründet hat.

Jetzt ist es aber genug und ihr könnt fahren. Bei dem Gedanken, euch irgendwie als Vertreter dort zu haben, ist mir sehr wohl.

1917

An Felix Weltsch

[Postkarte. Prag, Stempel: 2.I.1917]

Lieber Felix – gestern wollte ich euch zum neuen Jahr glückwünschen, aber es ging nicht. Ich sah Dich so friedlich, tief in Ruhe, lesen, dann sogar die Mappe öffnen, Papier herausnehmen und schreiben, daß es für mich gar keine Frage war, daß ich Dich nicht stören dürfe. Allerdings stand neben Dir eine Tasse und die Tür zum beleuchteten Wohnzimmer war halb offen – ich sagte mir also, falls Du Dich stärker mit der Tasse zu beschäftigen anfängst oder falls Deine Frau hereinkommt, dann dürfe auch ich vielleicht kommen. Das war aber ein Irrtum. – Denn als schließlich Deine Frau hereinkam, und Du, mit gutem Appetit in etwas hineinbeißend, mit ihr zu sprechen anfingst, schämte ich mich natürlich weiter zuzuschauen, konnte deshalb nicht feststellen, ob die Arbeitsunterbrechung eine längere war und ging deshalb. Nächstens. Viele Grüße. Übrigens gute Zeitungsnachrichten.

Franz

An Gottfried Kölwel

Prag, 3. Januar 16

Sehr geehrter Herr Kölwel!
Jetzt fand ich Ihre Gedichte. Vielen Dank. Ich dachte kaum mehr, daß sie kamen und bedauerte es, denn ich hatte den allgemeinen Eindruck stark in meinem alle Einzelheiten unsinnig rasch verlierenden Gedächtnis und wäre ihm gerne in der Wirklichkeit nachgegangen. Nun kann ich es an den drei Gedichten tun, besonders an den Wehenden, die mir am besten den Münchner Eindruck wieder beleben. Ich las die Gedichte dort unter ungewöhnlichen Umständen. Ich war hingekommen mit meiner Geschichte als Reisevehikel, in eine Stadt, die mich außer als Zusammenkunftsort und als trostlose Jugenderinnerung gar nichts anging, las dort meine schmutzige Geschichte in vollständiger Gleichgültigkeit, kein leeres Ofenloch kann kälter sein, war dann, was mir hier selten geschieht, mit fremden Menschen beisammen, von denen mich Pulver eine Zeitlang geradezu betörte, fand Sie zu einfach, um mich wesentlich zu kümmern, wunderte mich dann am nächsten Tag im Kaffeehaus über die Zufriedenheit, mit der Sie von Ihrem Leben, Ihren Arbeiten und Plänen erzählten, wußte mit Ihrer Nacherzählung einer Prosaarbeit nichts anzufangen und bekam schließlich – ohne daß ich damit alles was in München in mir vorging gestreift hätte – Ihre Gedichte in die Hand. Diese Gedichte trommelten mir zeilenweise

förmlich gegen die Stirn. So rein, so sündenrein in allem waren sie, aus reinem Atem kamen sie; ich hätte alles was ich in München angestellt hatte, an ihnen reinigen wollen. Und vieles davon finde ich jetzt wieder. Denken Sie bitte wieder einmal an mich und schicken mir etwas.

Mit besten Grüßen sehr ergeben

Kafka

An Gottfried Kölwel

Prag, 31. I. 16 [1917]

Sehr geehrter Herr Kölwel!

Ich war krank und bin es noch heute, mein Magen will nicht mit. Ich hätte Ihnen sonst schon längst geschrieben und für Ihre Sendung gedankt, die mir Freude gemacht hat, wie mir jede weitere Freude machen wird, das weiß ich schon. Es sind trostreiche Gedichte, Trostgesänge alle; Sie halten sich förmlich nur mit einer Hand im Dunkel, vielleicht um nicht ganz losgebrochen zu werden aus der Erde, alles andere ist Helligkeit, gute und wahrhaftige. Gerade weil Sie die Bestimmung dazu haben, stört mich manchmal eine kühle Gefühlswendung, die sich so eindeutig gibt, als werde sie auf dem Trapez, und sei es auch das höchste, vollführt und nicht im Herzen; sie ist einwandfrei, aber das genügt gewiß Ihnen am allerwenigsten. So z. B. die Wendung im Trostgesang, die das Gedicht, das doch auf höchste Wahrheit ausgeht, erfüllt, wie mit zwei riesigen Stützbalken. Oder zum Teil auch im Gekreuzigten, in dessen einzelnen Versen man allerdings versinkt. Ein starkes Gegenbeispiel in meinem Sinn ist etwa der Herbstgesang, der in seiner Gänze schwebt und darum auch tragen kann. Ich wundere mich nicht darüber, daß Sie bei Verlagen Schwierigkeiten haben, Sie verblüffen weder, noch erschrecken Sie, aber ebenso gewiß, als Sie das nicht tun, ist: daß man auf die Dauer den Gedichten nicht widerstehen kann. Deshalb glaube ich aber auch nicht – Ihre vielleicht besseren Gegenbeweise kenne ich nicht – daß wirklich jemand geradezu gegen Sie tätig ist oder vielmehr daß man auch ohne den Glauben an solche Feindseligkeit – der Glaube daran verbittert doch – die Schwierigkeiten der ersten Zeit verstehen kann. Was Kurt Wolff betrifft, so will ich natürlich alles was Sie wissen wollen, zu erfahren versuchen. Nicht direkt, denn mein Verkehr ist hiezu viel zu geringfügig und einflußlos, wohl aber durch meinen Freund Max Brod. Schreiben Sie mir nur um was es sich im Einzelnen handelt oder besser, was im Einzelnen gefragt oder getan werden soll und in welcher Art.

Mit besten Grüßen Ihr sehr ergebener

Franz Kafka

An Gottfried Kölwel

Prag, 21. II. 17

Sehr geehrter Herr Kölwel! Vielen Dank für die neuen Gedichte. Irre ich nicht, so sind es wirklich neue Gedichte. Viel neue Welt öffnet sich gegenüber den frühern. Wie groß Ihr Reich ist! Daß Wolff nachgegeben hat, freut mich sehr. Es beweist, daß seiner Einsicht auf die Dauer Werte nicht entgehen können und daß vom schlechten Nein zum guten Ja der Weg für ihn doch nicht allzulang ist. Oder vielleicht sogar sehr kurz ist, wenn Ihre Vermutung hinsichtlich der Machenschaften richtig war.
Mit besten Grüßen für Sie und Herrn Dr. Sommerfeld
Ihr sehr ergebener

An den Verlag Kurt Wolff

Prag, am 14. III. 17

Verehrlicher Verlag!
Am 20. v. M. bestätigte ich mit eingeschriebener Karte den Erhalt der Abrechnung 1917 für das Buch Betrachtung und bat, den Betrag, etwa 95 M an Frl. F. B., Technische Werkstätte, Berlin O-27, Markusstraße 52 überweisen zu wollen. Gleichzeitig fragte ich an, ob und wie die Verrechnung der zweiten Auflage des »Heizer« und des »Urteil« erfolgen werde.
Eine Antwort auf diese Karte habe ich bis heute nicht erhalten, auch ist das Geld bisher bei der genannten Adressatin nicht eingelangt. Das letztere ist mir umso peinlicher, als ich gleichzeitig mit der damaligen Karte den bevorstehenden Eingang des Geldes anzeigte. Ich bitte nun so freundlich zu sein und meine Karte zu erledigen.
Hochachtungsvoll ergebenst

Dr. F. Kafka

An Felix Weltsch

[Prag, Sommer 1917]

Lieber Felix, das hast Du sehr gut gemacht und ich gönne es Dir grenzenlos. An gewöhnlichen Tagen ist es für mich schwierig, aber Sonntag komme ich vielleicht. Sollte ich nicht Oskar mitbringen? Schade, daß ich niemals weiß, ob ich am nächsten Tag leben oder nur taumeln werde und daß das Letztere immer das Wahrscheinlichere ist. Ich bringe Dir dann einen ausgezeichneten, schwer, aber mit Deiner Hilfe vielleicht doch zu fassenden politischen und Wahlrechts-Aufsatz von Heimann aus der Rundschau. Herzliche Grüße Dir und Deiner Frau

Franz

An Kurt Wolff

Prag, am 7. Juli 1917

Sehr geehrter Herr Kurt Wolff!
Es freut mich ungemein, wieder einmal direkt von Ihnen etwas zu hören. Mir war in diesem Winter, der allerdings schon wieder vorüber ist, ein wenig leichter. Etwas von dem Brauchbaren aus dieser Zeit schicke ich, dreizehn Prosastücke. Es ist weit von dem, was ich wirklich will.
Mit herzlichen Grüßen Ihr ergebener:

F Kafka

An Frau Irma Weltsch

[Prag,] 20. VII. 17

Liebe Frau Irma!
Ihren Brief, der erst nach unserer Abreise (wir fuhren Mittwoch Mittag weg) ankam, habe ich erst jetzt bekommen; ich bin zwar schon gestern früh angekommen, war aber erst heute mittag im Geschäft, wo ihn die Kusine aufgehoben hatte. Daher also die verspätete Antwort.
  Die Tasche habe ich damals, kurz nachdem ich bei Ihnen gewesen war, in der Wohnung meiner Schwester gefunden. Unglücklich über den Verlust, ich bin so schmerzhaft geizig, ging ich geradewegs von Ihnen in die doch schon einmal durchsuchte Wohnung, rutschte auf den Knien systematisch jedes Stück Bodens ab und fand schließlich die Tasche ganz unschuldig unter einem Koffer liegen, wo sie sich klein gemacht hatte. Natürlich war ich auf diese Leistung außerordentlich stolz und wäre schon deshalb am liebsten gleich zu Ihnen gefahren. Aber dann mußte ich es doch zuerst zuhause sagen, zuhause war aber wieder alle mögliche Abhaltung, nächsten Mittag sollten wir doch wegfahren, die Meldung bei Ihnen wurde also immer wieder verschoben, schreiben wollte ich nicht, weil ich doch selbst zu Ihnen gehn wollte und schließlich schrieb ich nicht einmal, weil es schon auch dafür zu spät wurde, ich überdies Max die Meldung für Sie übergab und mir außerdem sagte, daß Sie ebenso wie meine Braut und ich gar nicht ernstlich daran geglaubt hatten, die Tasche könne bei Ihnen geblieben sein. Ich hatte ja auch Ihnen gegenüber öfters gesagt, so wie es sich auch tatsächlich verhielt, daß meine Braut überzeugt sei, die Tasche beim Weggang aus Ihrer Wohnung noch gehabt zu haben, und daß ich eigentlich nur aus dem formalen Grunde, nichts versäumen zu wollen, nachfragen kam.
  Das wären meine Entschuldigungen. An Zahl genug, vielleicht sogar zu viel. Wäre nicht Ihr Brief da, würde ich mich fast schuldlos fühlen. Da Sie nun aber offenbar auch noch weiterhin an das Täschchen gedacht und möglicherweise es gar noch gesucht haben, sind natürlich alle Entschuldigungen unzulänglich und ich muß mich darauf verlegen, Sie zu bitten, mir die Freude an dem Wiederfin-

den der Tasche nicht ganz und gar dadurch zu verderben, daß Sie mir wegen meiner Nachlässigkeit böse werden. Das wäre, trotzdem in der Tasche an 900 Kronen waren (das erklärt die Schnelligkeit meiner ersten Mitteilung) ein ungeheuerlich hoher Finderlohn, den ich dem glücklichen Zufall auszuzahlen hätte. Sie tun es nicht.
Mit herzlichen Grüßen

Ihr Kafka

An Kurt Wolff

Prag, 27. Juli 1917

Verehrter Herr Kurt Wolff!
Daß Sie über die Manuskripte so freundlich urteilen, gibt mir einige Sicherheit. Falls Sie eine Ausgabe dieser kleinen Prosa (jedenfalls kämen noch zumindest zwei kleine Stücke hinzu: das in Ihrem Almanach enthaltene »Vor dem Gesetz« und der beiliegende »Traum«) jetzt für richtig halten, bin ich sehr damit einverstanden, vertraue mich hinsichtlich der Art der Ausgabe Ihnen völlig an, auch liegt mir an einem Ertrag augenblicklich nichts. Dieses Letztere wird sich allerdings nach dem Krieg ganz und gar ändern. Ich werde meinen Posten aufgeben (dieses Aufgeben des Postens ist überhaupt die stärkste Hoffnung, die ich habe), werde heiraten und aus Prag wegziehn, vielleicht nach Berlin. Ich werde zwar, wie ich heute noch glauben darf, auch dann nicht ausschließlich auf den Ertrag meiner literarischen Arbeit angewiesen sein, trotzdem aber habe ich oder der tief in mir sitzende Beamte, was dasselbe ist, vor jener Zeit eine bedrückende Angst; ich hoffe nur, daß Sie, verehrter Herr Wolff, mich dann, vorausgesetzt natürlich, daß ich es halbwegs verdiene, nicht ganz verlassen. Ein Wort von Ihnen, schon jetzt darüber gesagt, würde mir, über alle Unsicherheit der Gegenwart und Zukunft hinweg, doch viel bedeuten.
Mit herzlichen Grüßen Ihr ergebener

Kafka

An Kurt Wolff

Prag, am 20. August 17

Sehr geehrter Herr Kurt Wolff!
Um Sie nicht ein zweites Mal während Ihres Urlaubs zu stören, danke ich erst heute für Ihr letztes Schreiben. Was Sie darin zu meinen Ängstlichkeiten sagen, ist überaus freundlich und genügt mir für den Augenblick vollkommen.
   Als Titel des neuen Buches schlage ich vor: »Ein Landarzt« mit dem Untertitel: »Kleine Erzählungen«. Das Inhaltsverzeichnis denke ich mir etwa so:

Der neue Advokat
Ein Landarzt
Der Kübelreiter
Auf der Gallerie
Ein altes Blatt
Vor dem Gesetz
Schakale und Araber
Ein Besuch im Bergwerk
Das nächste Dorf
Eine kaiserliche Botschaft
Die Sorge des Hausvaters
Elf Söhne
Ein Brudermord
Ein Traum
Ein Bericht für eine Akademie

Mit besten Empfehlungen Ihr herzlich ergebener

F Kafka

An Kurt Wolff

Prag, 4. September 1917

Verehrter Herr Wolff!

Einen schöneren Vorschlag für den Landarzt konnte ich mir nicht wünschen. Aus Eigenem hätte ich gewiß nicht gewagt, nach jenen Lettern zu greifen, nicht mir, nicht Ihnen und nicht der Sache gegenüber, aber da Sie selbst es mir anbieten, nehme ich es mit Freude an. Dann wird wohl auch das schöne Format der Betrachtung angewendet?

Hinsichtlich der Strafkolonie besteht vielleicht ein Mißverständnis. Niemals habe ich aus ganz freiem Herzen die Veröffentlichung dieser Geschichte verlangt. Zwei oder drei Seiten kurz vor ihrem Ende sind Machwerk, ihr Vorhandensein deutet auf einen tieferen Mangel, es ist da irgendwo ein Wurm, der selbst das Volle der Geschichte hohl macht. Ihr Angebot, diese Geschichte in gleicher Weise wie den Landarzt erscheinen zu lassen, ist natürlich sehr verlokkend und kitzelt so, daß es mich fast wehrlos macht – trotzdem bitte ich, die Geschichte, wenigstens vorläufig, nicht herauszugeben. Stünden Sie auf meinem Standpunkt und sähe Sie die Geschichte so an, wie mich, Sie würden in meiner Bitte keine besondere Standhaftigkeit erkennen. Im übrigen: Halten meine Kräfte halbwegs aus, werden Sie bessere Arbeiten von mir bekommen, als es die Strafkolonie ist.

Meine Adresse ist von nächster Woche ab:
Zürau, Post Flöhau in Böhmen.

Die schon seit Jahren mit Kopfschmerzen und Schlaflosigkeit angelockte Krankheit ist nämlich plötzlich ausgebrochen. Es ist fast eine Erleichterung. Ich fahre für längere Zeit aufs Land, vielmehr ich muß fahren.

Mit herzlichen Grüßen Ihr immer ergebener

F Kafka

An Max Brod und Felix Weltsch

[Prag,] 5. 9.1917

Lieber Max, ein Durchschlagsbrief für Dich und Felix: Die erste Erklärung für meine Mutter war erstaunlich leicht. Ich sagte einfach nebenbei, ich werde vielleicht vorläufig keine Wohnung mieten, ich fühle mich nicht recht wohl, etwas nervös, und werde lieber versuchen, einen größeren Urlaub zu bekommen und dann zur O. fahren. Infolge ihrer grenzenlosen Bereitschaft, mir auf die geringste Andeutung hin einen beliebigen Urlaub zu geben (falls es auf sie ankäme), fand sie in meiner Erklärung nichts Verdächtiges, und so wird es auch wenigstens vorläufig bleiben, das gilt auch für den Vater. Deshalb bitte ich Dich, falls Du zu jemandem von der Sache sprichst (an und für sich ist es natürlich gar kein Geheimnis, mein irdischer Besitzstand hat sich eben auf der einen Seite um die Tuberkulose vergrößert, allerdings auch auf der andern Seite etwas verkleinert), gleichzeitig oder, falls es schon geschehen ist, nachträglich hinzuzufügen, daß er meinen Eltern gegenüber von der Sache nicht spricht, selbst wenn er im Gespräch irgendwie herausgefordert werden sollte. Wenn es so leicht ist, vorläufig eine Sorge von den Eltern abzuhalten, soll man es doch gewiß versuchen.

Noch einmal, ohne Durchschlag, danke ich Dir, Max, es war doch sehr gut, daß ich hingegangen bin und ohne Dich wäre es gewiß nicht geschehn. Du sagtest dort übrigens, ich wäre leichtsinnig, im Gegenteil, zu rechnerisch bin ich und dieser Leute Schicksal sagt schon die Bibel voraus. Aber ich klage ja nicht, heute weniger als sonst. Auch habe ich es selbst vorausgesagt. Erinnerst Du Dich an die Blutwunde im »Landarzt«? Heute kamen Briefe von F., ruhig, freundlich, ohne jede Nachträglichkeit, so eben wie ich sie in meinen höchsten Träumen sehe. Schwer ist es jetzt, ihr zu schreiben.

An Max Brod

[Zürau, Mitte September 1917]

Lieber Max, am ersten Tag kam ich nicht zum Schreiben, weil es mir allzusehr gefiel, auch wollte ich nicht übertreiben, wie ich es hätte tun müssen, ich hätte dem Bösen damit das Stichwort gegeben. Heute aber bekommt alles schon ein natürliches Aussehn, die innern Schwächen (nicht die Krankheit, von der weiß ich vorläufig fast nichts) melden sich, aus dem Hof gegenüber kommt zeitweilig das gesammelte Geschrei der Arche Noah, ein ewiger Klempfner klempft, Appetit habe ich keinen und esse zu viel, es gibt kein Abendlicht u. s. w. Aber das Gute ist doch weit in der Überzahl, soweit ich es bis jetzt überblicke: Ottla trägt mich wirklich förmlich auf ihren Flügeln durch die schwierige Welt, das Zimmer (allerdings nach Nordost gehend) ist ausgezeichnet, luftig, warm und das alles bei fast vollkommener Hausstille; alles, was ich essen soll, steht in Fülle und Güte um mich herum (nur die Lippen krampfen sich dagegen, so geht es mir aber in den ersten Veränderungstagen immer) und die Freiheit, die Freiheit vor allem.

Allerdings ist hier noch die Wunde, deren Sinnbild nur die Lungenwunde ist. Du mißverstehst es, Max, nach Deinen letzten Worten im Hausflur, aber ich mißverstehe es auch vielleicht und es gibt (so wird es auch bei Deinen innern Angelegenheiten sein) überhaupt kein Verständnis solchen Dingen gegenüber, weil es keinen Überblick gibt, so verwühlt und immer in Bewegung ist die riesige, im Wachstum nicht aufhörende Masse. Jammer, Jammer und gleichzeitig nichts anderes als das eigene Wesen, und wäre der Jammer endlich aufgeknotet (solche Arbeit können vielleicht nur Frauen leisten), zerfielen ich und Du.

Jedenfalls verhalte ich mich heute zu der Tuberkulose, wie ein Kind zu den Rockfalten der Mutter, an die es sich hält. Kommt die Krankheit von der Mutter, stimmt es noch besser, und die Mutter hätte mir in ihrer unendlichen Sorgfalt, weit unter ihrem Verständnis der Sache, auch noch diesen Dienst getan. Immerfort suche ich eine Erklärung der Krankheit, denn selbst erjagt habe ich sie doch nicht. Manchmal scheint es mir, Gehirn und Lunge hätten sich ohne mein Wissen verständigt. »So geht es nicht weiter« hat das Gehirn gesagt und nach fünf Jahren hat sich die Lunge bereit erklärt, zu helfen.

Aber das Ganze ist auch in dieser Form ganz falsch, wenn ich will. Erkenntnis der ersten Stufe. Der ersten Stufe jener Treppe, auf deren Höhe mir als Lohn und Sinn meines menschlichen (dann allerdings nahezu napoleonischen) Daseins das Ehebett ruhig aufgeschlagen wird. Es wird nicht aufgeschlagen werden und ich komme, so ist es bestimmt, nicht über Korsika hinaus. Es sind das übrigens nicht Zürauer Erkenntnisse, sie kommen noch von der Eisenbahnfahrt her, auf welcher die Briefkarte, die ich Dir gezeigt habe, der schwerste Teil meines Gepäcks war. Ich werde aber natürlich auch hier darüber nachzudenken nicht aufhören.

Grüße alle und besonders auch Deine Frau vom Tartuffe. Sie hat keinen schlechten Blick, aber zu konzentriert, sie sieht nur den Kern; den Ausstrahlungen zu folgen, die ja eben den Kern fliehen, ist ihr zu mühsam.

Herzlichst Franz

An Oskar Baum

[Zürau, Mitte September 1917]

Lieber Oskar, ich konnte nicht mehr kommen, nicht mehr hören. Übrigens muß man auch mit der Krankheit nicht überall herumlaufen.

Vorläufig bin ich hier sehr zufrieden und beginne mein neues Leben nicht ohne Zuversicht. Gestern saß beim ersten Mittagessen ein Gegenbild von mir an meinem Tisch. Ein wirklicher Wanderer. Ist 62 Jahre alt und wandert seit zehn Jahren. Im Gesicht über dem gepflegten Kaiserbart rein und rosig. Sieht vom Tischrand aufwärts wie ein pensionierter höherer Beamter aus. Ernährt sich seit zehn Jahren, von kleinen Arbeitspausen abgesehen, ausschließlich mit Betteln. Ist z. B. den ganzen letzten Winter gewandert, im gleichen Kleid, das er jetzt trägt (nur eine Weste, in der ihm jetzt zu warm geworden ist, hat er inzwischen verkauft) und hat kein wesentliches Rheuma, auch keine sonstige Krankheit. Nur im Kopf fühlt er in den letzten Jahren eine gewisse Unordnung. Er wird oft ohne Grund traurig, verliert alle Lust zu allem, dann weiß er nicht, was er machen soll. Ich frage ihn, ob ihm der Glaube an Gott nicht helfen kann. Nein, der kann ihm nicht helfen, im Gegenteil, daher kommt ja das Spekulieren und die Traurigkeit. Man wird zu fromm erzogen, dann macht man sich solche Gedanken. Das Hauptunglück aber ist, daß er nicht geheiratet hat. Sorgen? Ja Sorgen hätte er dann auch, aber vor allem ein Zuhause, Freude an den Kindern und Ruhe im Kopf. Er hat einigemal Gelegenheit gehabt zu heiraten, aber seine Mutter, die bis zu seinem 52. Jahr gelebt hat, hat ihm immer vom Heiraten abgeraten. Auch die zwei Schwestern und der Vater, mit denen zusammen er ein kleines Geschäft im Egerland geführt hat, haben ihm abgeraten. Und wenn alle einem abraten, verliert man die Lust. Und wenn man nicht heiratet, fängt man zu trinken an, das hat er auch gemacht. Jetzt wandert er und oft findet er gute Leute. In Böhm. Leipa z. B. hat ihm einmal vor Jahren ein Advokat (also auch ein Dr., aber im Gegensatz zu mir schon ausstudiert) ein Mittagessen und zwei Kronen gegeben. In Zürau bei meiner Schwester war er schon vor ein paar Tagen, er ist jetzt zum zweiten Mal hergekommen, ohne es zu wollen. Er wandert ohne eigentlichen Plan (eine Karte hat er zwar, aber die Dörfer sind dort nicht angegeben), so geschieht es ihm oft, daß er im Kreis wandert. Es ist auch gleichgültig, die Leute erkennen ihn kaum jemals wieder.

Er hat einen wirklichen Beruf, der keine Zeitverschwendung erlaubt. Kaum hat er den letzten Bissen im Mund (durch Fragen bin ich ihm nicht lästig geworden, vielmehr sind wir einander meistens stumm gegenübergesessen und ich habe mein Essen vor Verlegenheit nur im Geheimen hinuntergeschluckt), steht er auf und geht. Werdet Ihr uns das Bierrezept schicken, damit wir unsern Gästen etwas Gutes vorsetzen können? Vielleicht läßt sich dann auch etwas für Euch verschaffen.

Herzliche Grüße.

Franz

Die Wohnung oben nehme ich nicht. Abgesehen davon, daß ich vorläufig keine brauche und die Zukunft unsicher ist, scheint mir die Wohnung auch zu groß, zu niedrig gelegen, zu sehr in die Straße und in Werkstätten eingebaut und zu melancholisch.

An Max Brod

[Zürau, Mitte September 1917]

Lieber Max, dieser feine Instinkt, den ich ebenso habe wie Du! Ein Geier, Ruhe suchend, fliege ich oben und lasse mich schnurgerade in dieses Zimmer hinunter, dem gegenüber ein Klavier, wild die Pedale schlagend, jetzt spielt, gewiß das einzige Klavier weit im Land. Aber ich werfe es, leider nur bildlich, zur Mischung in das viele Gute, das mir hier gegeben wird.

Unser Briefwechsel kann sehr einfach sein; ich schreibe Meines, Du Deines, und das ist schon Antwort, Urteil, Trost, Trostlosigkeit, wie man will. Es ist das gleiche Messer, an dessen Schärfe sich unsere Hälse, armer Tauben Hälse, einer hier, einer dort, zerschneiden. Aber so langsam, so aufreizend, so Blut sparend, so Herz quälend, so Herzen quälend.

Das Moralische ist hiebei vielleicht das Letzte, oder vielmehr nicht einmal das Letzte, das Blut ist das Erste und das Zweite und das Letzte. Es handelt sich darum, wieviel Leidenschaft da ist, wieviel Zeit nötig ist, um die Herzwände genügend dünn zu klopfen, d. h. wenn die Lunge dem Herzen nicht zuvor kommt.

F. hat sich mit ein paar Zeilen angekündigt. Ich fasse sie nicht, sie ist außerordentlich, oder besser: ich fasse sie, aber kann sie nicht halten. Ich umlaufe und umbelle sie, wie ein nervöser Hund eine Statue oder, um das ebenso wahre Gegenbild zu zeigen: ich sehe sie an wie ein ausgestopftes Tier den ruhig in seinem Zimmer lebenden Menschen ansieht. Halbwahrheiten, Tausendstel-Wahrheiten. Wahr ist nur, daß F. wahrscheinlich kommt.

Es bedrängt mich so vieles, ich finde keinen Ausweg. Ist es falsche Hoffnung, Selbsttäuschung, daß ich immer hier bleiben wollte, ich meine, auf dem Land, weit von der Bahn, nahe dem unauflösbaren Abend, der herunterkommt, ohne daß sich jemand oder etwas im geringsten gegen ihn wehrt? Wenn es Selbsttäuschung ist, dann lockt mich damit mein Blut zu einer neuen Verkörperung meines Onkels, des Landarztes, den ich (in aller und allergrößter Teilnahme) manchmal den »Zwitscherer« nenne, weil er einen so unmenschlich dünnen, junggesellenmäßigen, aus verengter Kehle kommenden, vogelartigen Witz hat, der ihn nie verläßt. Und er lebt so auf dem Land, unausreißbar, zufrieden, so wie einen eben ein leise rauschender Irrsinn zufrieden machen kann, den man für die Melodie des Lebens hält. Ist aber das Verlangen nach dem Lande keine Selbsttäuschung, dann ist es etwas Gutes. Darf ich das aber erwarten, mit vierunddreißig Jahren, höchst fraglicher Lunge und noch fraglicheren menschlichen Beziehungen? Landarzt ist wahrscheinlicher; willst Du Bestätigung, ist gleich der Fluch des Vaters da; wunderschöner nächtlicher Anblick, wenn die Hoffnung mit dem Vater kämpft.

Die Absichten (wir lassen inzwischen die Kämpfenden), die Du mit der Novelle hast, entsprechen ganz meinem Wunsch. Die Novelle ist zu Großem bestimmt. Werden sich aber diesen Absichten gegenüber die doch immerhin leichtfertigen zwei ersten Kapitel behaupten können? Meinem Gefühl nach in keiner Weise. Was sind es für drei Seiten, die Du geschrieben hast? Entscheiden sie im Ganzen etwas? Daß es Tycho widerlegen wird, ist ein Schmerz? Es wird ihn, da alles Wahre unwiderleglich ist, nicht widerlegen, nur niederwerfen vielleicht. Ist es aber, wie alle Kriegsberichterstatter schreiben, nicht die noch immer beste Art des Angriffs: aufstehn, springen, niederwerfen? Ein Vorgang, der gegenüber der ungeheueren Bastion unaufhörlich wiederholt werden muß, bis man im letzten Band der Gesamtausgabe glückselig müde niederfällt oder – ungünstigerenfalls – in den Knien bleibt.

Das ist nicht traurig gemeint. Ich bin auch nicht wesentlich traurig. Mit Ottla lebe ich in kleiner guter Ehe; Ehe nicht auf Grund des üblichen gewaltsamen Stromschlusses, sondern des mit kleinen Windungen geradeaus Hinströmens. Wir haben eine hübsche Wirtschaft, in der es Euch, wie ich hoffe, gefallen wird. Ich werde einiges für Euch, Felix und Oskar zu sparen suchen, es ist nicht leicht, da nicht viel hier ist und die vielen Familienesser das erste Anrecht haben. Aber etwas wird es doch, muß aber persönlich abgeholt werden.

Ja, noch meine Krankheit. Kein Fieber, Gewicht bei der Ankunft 61 ½, habe wohl schon zugenommen. Schönes Wetter. Lag viel in der Sonne. Entbehre vorläufig die Schweiz nicht, über die Du übrigens nur vorjährige Nachrichten haben kannst.

Alles Gute, irgendeinen vom Himmel herunterregnenden Trost!

Franz

[Zwei Randbemerkungen:]
Brauchst Du einen Briefvermittler, kann ich mein Schreibmaschinenfräulein sehr gut dazu anleiten.

Du hast doch wohl schon einen Brief von mir. Ein Briefweg dauert drei bis vier Tage.

An Oskar Baum
[Zürau, Mitte September 1917]

Lieber Oskar, besten Dank für das Bierrezept. Wir werden es bald ausprobieren und die Gegend damit zu bezaubern suchen. Man muß bezaubern, wenn man etwas Wesentliches bekommen will. Für den hiesigen Gebrauch ist alles in ziemlicher Fülle da, aber um viel aufzusammeln, dafür reicht es nicht, besonders wenn sich solche Schmarotzer wie ich, der in der ersten Woche ein Kilogramm zugenommen hat (die Wage behauptet es), hier festgesetzt haben. Einiges werde ich aber für Euch, Felix und Max doch zusammensparen. Die Prager Verbindungen haben mich allerdings alle im Stich gelassen, besonders der große Lieferant. Irgendeine Anzeige schwebt über ihm, er muß sich deshalb einige Zeit im Dunkel halten.

Mit meinem Leben hier bin ich zufrieden, wie euch schon vielleicht Max erzählt hat. Ruhe allerdings, nach der Du besonders fragst, gibt es auch hier nicht und ich werde aufhören, sie im Leben noch zu suchen. Mein Zimmer ist zwar in einem stillen Haus, aber gegenüber ist das einzige Klavier von Nordwestböhmen untergebracht, in einem großen Hof, dessen Tiere einander überschreien. Fast alle Gespanne des Ortes fahren früh an mir vorüber und alle Gänse laufen dort zum Teich. Aber das Schlimmste sind zwei Klopfer irgendwo, einer klopft auf Holz, einer auf Metall, unermüdlich besonders der erste, er arbeitet über seine Kräfte, er übernimmt sich, aber ich kann kein Mitleid mit ihm haben, wenn ich ihm von sechs Uhr früh an zuhören muß. Hört er aber für ein Weilchen wirklich auf, ist es nur, um auch den Metallklopfer vorzulassen. Trotzdem und trotz einigem andern, ich will nicht nach Prag, ganz und gar nicht. Herzlichste Grüße Dir und Deiner lieben Frau von

Franz

Ihr habt doch wohl schon einen Brief von mir? Die Postverbindung ist hier nicht nur langsam (ein Brief von Prag kommt erst in drei bis vier Tagen an), sondern auch unsicher.

An Max Brod

[Zürau, etwa Mitte September 1917]

Liebster Max, wie hast Du Deinen letzten Reisewunsch auf der Treppe – erinnerst Du Dich? – gemeint? Wenn Du es als Prüfung gemeint hast, ich fürchte, daß ich sie nicht bestehe. Mich härten Prüfungen nicht ab, ich bekomme die Schläge nicht auf meinem Platz, sondern laufe hin und verschwinde unter ihnen. Soll ich dafür danken, daß ich nicht heiraten konnte? Ich wäre dann sofort geworden, was ich jetzt allmählich werde: toll. Mit kürzeren und kürzeren Erholungspausen, in denen nicht ich, sondern das Andere Kräfte sammelt.

Das Merkwürdige, worauf ich doch endlich aufmerksam werden könnte, ist, daß alle Menschen zu mir über die Maßen gut und, wenn ich will, gleich aufopfernd sind, von dem für mich niedrigsten bis zu den höchsten. Ich habe daraus auf die Menschennatur im allgemeinen geschlossen und mich dadurch noch mehr bedrückt gefühlt. Aber es ist wahrscheinlich unrichtig, sie sind durchwegs so nur zu demjenigen, dem Menschen überhaupt nicht helfen können. Ein besonderer Geruchssinn zeigt ihnen diesen Fall an. Auch zu Dir, Max, sind viele (nicht alle) Menschen gut und aufopfernd, aber Du zahlst auch unaufhörlich der Welt dafür, es ist ein regelrechter Geschäftsverkehr (darum kannst Du auch menschlich Dinge ausbalancieren, an die ich kaum rühren darf), ich aber zahle nichts oder zumindest nicht den Menschen.

Beiliegend ein Brief des Vater Janowitz, immerhin erfreulich, er verdient wohl eine freundliche Antwort, der Brief wurde mir erst jetzt nachgeschickt. Grüße bitte Felix und Oskar. Wie geht es denn in Palästina zu!

Franz

An Max Brod

[Ansichtskarte (Zürau), Mitte September 1917]

Lieber Max, vielen Dank für die Sendung. Der Brief des Mädchens (jetzt haben gerade Mäuse, ich bin in Ottlas Zimmer, einen unverschämten Krawall gemacht) ist bei weitem das Schönste. Diese Umsicht, Ruhe, Überlegenheit, Weltlichkeit, es ist das großartig und gräßlich Frauenhafte. – Ich schicke Dir alles nächstens zurück. – Auf der Ansicht habe ich meine Fenster umrahmt, das Haus Ottlas steht hinter dem angezeichneten Baum. In Wirklichkeit ist aber alles noch besser, gar in der jetzigen Sonne.

Franz

Eben Telegramm von F., kommt nachmittag.

[Beischrift:] Wir werden Sie von der Bahn holen, mit Wagen sogar. Sie würden sonst nach Franzens Zeichen in das Haus des Herrn Feigl gehen, statt zu uns. Unser Haus werden Sie, bis Sie kommen, selber anschauen und ich zeichne es nicht an.

Ottla Kafka

An Felix Weltsch

[Zürau, 22. September 1917]

Lieber Felix, das scheint ein Mißverständnis gewesen zu sein. Wir haben Dich d. h. Euch eingeladen, um Euch hier zu haben, nicht damit Ihr das Nichtviele wegträgt, was es hier gibt. Wurde etwas Derartiges angedeutet, sollte es nur Verlockung sein. Die Hauptschwierigkeit schien mir in der Beschaffung des Urlaubs zu liegen, aber gerade diese Schwierigkeit nimmst Du am leichtesten. Schlafgelegenheit gibt es für beide. Zu haben ist aber tatsächlich nicht viel. Für die örtlichen Bedürfnisse und den zugereisten Kranken reicht es vorläufig, es gibt sogar eine gewisse Fülle, aber abziehn läßt sich sehr wenig und nur allmählich. Jedenfalls wird aber etwas für Euch aufgespart werden.

Vor der Übersiedlung stehe ich wirklich stramm, vor wie viel Geringerem versage ich. Die Teekur gefällt mir nicht, aber mit meiner Lunge darf ich vielleicht nichts mehr in Gesundheitssachen sagen. Nur das eine, daß zu dieser Kur ein Jakett gehört, in dessen Hintertasche halb sichtbar man die Thermosflasche steckt. Für welchen Klub galt die Einladung? Den jüdischen doch? Hältst Du einmal einen öffentlichen Vortrag und wird er rechtzeitig angezeigt, wirst Du sogar einen Zuhörer haben, der eigens aus der Provinz kommt, vorausgesetzt allerdings, daß er noch transportabel ist.

Vorläufig bin ichs zweifellos, habe ein Kilogramm in der ersten Woche zugenommen und fühle die Krankheit in ihrer Anfangserscheinung mehr als Schutzengel denn als Teufel. Aber wahrscheinlich ist gerade die Entwicklung das Teuflische an der Sache und vielleicht erscheint dann im Rückblick das scheinbar Engelhafte als das Schlimmste.

Gestern kam ein Brief von Dr. Mühlstein (ich hatte ihm erst brieflich mitgeteilt, daß ich beim Professor P. gewesen bin, legte auch eine Abschrift des Gutachtens bei), in welchem es unter anderem heißt: Besserung (!) können Sie sicher erwarten, allerdings wird sie nur in längern Zeitintervallen zu konstatieren sein.

So haben sich allmählich meine Aussichten bei ihm getrübt. Nach der ersten Untersuchung war ich fast ganz gesund, nach der zweiten war es sogar noch besser, später ein leichter Bronchialkatarrh links, noch später »um nichts zu verkleinern und nichts zu vergrößern« Tuberkulose rechts und links, die aber in Prag und vollständig und bald ausheilen wird, und jetzt schließlich kann ich einmal, einmal Besserung sicher erwarten. Es ist, als hätte er mir mit seinem großen Rücken den Todesengel, der hinter ihm steht, verdecken wollen und als rücke er jetzt allmählich beiseite. Mich schrecken (leider?) beide nicht.

Mein Leben hier ist ausgezeichnet, wenigstens bei dem schönen Wetter bisher. Ich habe zwar kein sonniges Zimmer, aber einen großartigen Sonnenplatz zum Liegen. Eine Anhöhe oder vielmehr eine kleine Hochebene in der Mitte eines weiten halbkreisförmigen Kessels, den ich beherrsche. Dort liege ich wie ein König, mit den begrenzenden Höhenzügen in gleicher Höhe etwa. Dabei sieht mich infolge vorteilhafter Anlage der nächsten Umgebung kaum irgend jemand, was bei der komplizierten Zusammenstellung meines Liegestuhles und bei meiner Halbnacktheit sehr angenehm ist. Nur sehr selten steigen am Rand meiner Hochebene ein paar oppositionelle Köpfe auf und rufen: »Gehns vom Bänkel runter!« Radikalere Zurufe kann ich wegen des Dialekts nicht verstehn. Vielleicht werde ich noch Dorfnarr werden, der gegenwärtige, den ich heute gesehen habe, lebt eigentlich wie es scheint in einem Nachbardorf und ist schon alt.

Mein Zimmer ist nicht so gut wie dieser Platz, nicht sonnig und nicht ruhig. Aber gut eingerichtet und es wird Euch gefallen, denn dort würdet Ihr schlafen. Ich kann sehr gut in einem andern Zimmer schlafen, wie ich z. B. gestern getan habe, als F. hier war.

Wegen F. habe ich eine bibliothekarische Bitte. Du kennst unsern alten »bis«-Streit. Nun habe ich sie mißverstanden. Sie meint, »bis« könne zwar als Konjunktion verwendet werden, aber nur in der Bedeutung »solange bis«. Man könne deshalb z. B. nicht sagen: »Bis Du herkommst, werde ich Dir fünfhundert Kilogramm Mehl geben«. (Still, es ist nur ein grammatikalisches Beispiel.) Willst Du bitte nach dem Grimm (ich habe die Beispiele schon vergessen) oder nach andern Büchern entscheiden, ob F. recht hat. Die Sache ist nicht unwichtig zur Charakterisierung meiner Doppelstellung ihr gegenüber als eines Erd- und Höllenhundes.

Übrigens noch eine Bitte, die gut anschließt: Im zweiten Band der »krankhaften Störungen des Trieb- und Affektlebens (Onanie und Homosexualität)« von Dr. Wilhelm Stekel oder so ähnlich (Du kennst doch diesen Wiener, der aus Freud kleine Münze macht), stehn fünf Zeilen über die »Verwandlung«. Hast Du das Buch, dann sei so freundlich und schreib es mir ab.

Und, es hört nicht auf, noch eine Bitte, aber die letzte: Ich lese hier fast nur Tschechisch und Französisch und ausschließlich Selbstbiographien oder Briefwechsel, natürlich halbwegs gut gedruckt. Könntest Du mir je einen derartigen Band borgen? Die Auswahl überlasse ich Dir. Es ist fast alles derartige, wenn es nicht allzu begrenzt militärisch, politisch oder diplomatisch ist, für mich sehr ergiebig. Die tschechische Auswahlmöglichkeit wird wahrscheinlich besonders klein sein, zudem habe ich jetzt vielleicht das Beste dieser Bücher, eine Briefwechselauswahl der Božena Němcová, unerschöpflich für Menschenerkenntnis, gelesen.
Wo hält jetzt Dein politisches Buch?
Viele Grüße   Franz

Es fällt mir ein: Das Liebesleben der Romantik wäre auch nicht übel. Aber die obigen zwei Bücher sind wichtiger. Ist Kaution nötig, lasse ich sie erlegen. Die vier Bände (Steinerne Brücke und Prag) hast Du wohl schon bekommen. – Wenn Du mir dann einmal schreibst, daß Du die Bücher hast, holt sie jemand aus unserem Geschäft und ich bekomme sie in einem Paket, das man mir von Zeit zu Zeit schickt.

Ottla ist seit gestern in Prag, sonst hätte sie auch geschrieben. Die durchstrichenen Worte auf der vorigen Seite sind der Anfang einer Frage gewesen, die ich unterlassen habe, weil zu viel rohe fachmännische Neugier darin gewesen wäre. Jetzt da ich es eingestanden habe, ist es schon besser und ich kann fragen: Was weißt Du von Robert Weltsch?

An Max Brod

[Zürau, Ende September 1917]

Liebster Max, beim ersten Lesen Deines Briefes war ein Berliner Unterton drin, beim zweiten aber hat er schon ausmusiziert und Du warst es. Ich habe immer gedacht, von der Krankheit werde Zeit zu reden sein, bis es Zeit sein wird, aber da Du es willst: Ich habe Messungsstichproben gemacht und bin absolut fieberfrei, es gibt also keine Kurven, auch der Professor hat doch nach dem Vorzeigen der Daten der ersten Woche vorläufig jedes Interesse an der Sache verloren. – Kalte Milch zum Frühstück. Der Professor hat (bei Verteidigungen wird mein Gedächtnis majestätisch) gesagt, die Milch solle entweder eiskalt oder heiß getrunken werden. Da warmes Wetter ist, ist doch gegen die kalte Milch nichts zu sagen, besonders, da ich an sie gewöhnt bin und unter Umständen einen halben Liter kalte Milch und höchstens einen viertel Liter warme vertrage. – Unabgekochte Milch. Ungelöste Streitfrage. Du denkst, die Bazillen bekämen Verstärkung, ich denke, die Sache verlaufe nicht so rechnerisch und unabgekochte Milch kräftige mehr. Aber ich bin nicht eigensinnig, trinke auch abgekochte und werde, sobald es kälter wird, nur warme oder saure Milch trinken. – Keine Zwischenmahlzeit. Nur in der Anfangszeit, ehe die Mästung in Gang kam, oder dann, wenn ich gar keine Lust dazu habe, sonst Vormittag und Nachmittag ein viertel Liter sauerer Milch. Noch öfters essen kann ich nicht; das Leben (im Allgemeinen) ist traurig genug. – Keine Liegekur? Ich liege täglich etwa acht Stunden. Zwar nicht auf einem eigentlichen Liegestuhl, aber auf einem Apparat, der mir bequemer ist als die vielen Liegestühle meiner Erfahrung. Es ist ein alter breiter Polsterstuhl mit davorgestellten zwei Schemeln. Diese Kombination ist ausgezeichnet, wenigstens jetzt, da ich keine Decken brauche. Denn einpacken? Ich liege doch in der Sonne und bedauere, nicht auch die Hose ausziehn zu können, die während der letzten Tage mein einziges Kleidungsstück war. Ein wirklicher Liegestuhl ist schon auf dem Weg. – Zum Arzt fahren. Wann habe ich denn gesagt, daß ich nicht zum Arzt fahren werde? Ungern werde ich fahren, aber fahren werde ich. – Schnitzer hat nicht geantwortet. – Du meinst, ich beurteile die Krankheit für die Zukunft zu schwer? Nein. Wie könnte ich das, da mir ihre Gegenwart so leicht wird und hier das Gefühl am stärksten entscheidet. Sage ich einmal etwas Derartiges, so ist es nur leere Affektation, an der ich in armen Zeiten so reich bin, oder aber es spricht dann die Krankheit statt meiner, weil ich sie darum gebeten habe. Sicher ist nur, daß es nichts gibt, dem ich mich mit vollkommenerem Vertrauen hingeben könnte, als der Tod.

Über die lange Vorgeschichte und Geschichte von F.'s Besuch sage ich nichts, denn auch über Deine Sache stehn bei Dir nur allgemeine Klagen. Aber Klagen, Max, sind doch selbstverständlich, erst der Kern läßt sich knacken.

Recht hast Du, daß es nur von der Perspektive abhängt, ob sich Unentschlossenheit oder etwas anderes zeigt. Auch ist man in der Unentschlossenheit immer Neuling, es gibt keine alte Unentschlossenheit, denn die hat immer die Zeit zermahlen. Merkwürdig und lieb zugleich, daß Du meinen Fall nicht einsiehst. Ich dürfte noch viel besser von F. sprechen und sollte es auch – und dieser durchaus für Lebenslänge gebaute Fall verschwände doch nicht. Andererseits aber getraue ich mich ganz und gar nicht zu sagen, ich wüßte was in Deiner Lage für mich zu tun wäre. Ohnmächtig wie der Hund, der jetzt draußen bellt, bin ich in meinem wie in Deinem Fall. Nur mit der kleinen Wärme, die ich in mir habe, kann ich beistehn, sonst nichts.

Gelesen habe ich einiges, aber gegenüber Deinem Zustand verdient es kein Wort. Höchstens eine Anekdote aus Stendhal, die auch in der »Education« stehn könnte. Er war als junger Mensch in Paris, untätig, gierig, traurig, unzufrieden mit Paris und mit allem. Eine verheiratete Frau aus dem Bekanntenkreis des Verwandten, bei dem er wohnte, war manchmal freundlich zu ihm. Einmal lud sie ihn ein, mit ihr und ihrem Liebhaber ins Louvre zu gehn. (Louvre? ich bekomme Zweifel. Nur irgend etwas Derartiges.) Sie gingen. Als sie aus dem Louvre treten, regnet es stark, überall ist Kot, der Weg nach Hause ist sehr weit, man muß einen Wagen nehmen. In einer seiner jetzigen Launen, deren er nicht Herr ist, weigert er sich mitzufahren und macht den trostlosen Weg zu Fuß allein; ihm ist fast zum Weinen, als ihm einfällt, daß er, statt in sein Zimmer zu gehn, dieser Frau, die in einer nahen Gasse wohnt, einen Besuch machen könnte. Ganz zerstreut steigt er hinauf. Natürlich findet er eine Liebesszene zwischen der Frau und dem Liebhaber. Entsetzt ruft die Frau: »Um Gotteswillen, warum sind Sie nicht mit in den Wagen gestiegen?« Stendhal rennt hinaus. – Im Übrigen hat er das Leben gut zu führen und zu wenden verstanden.

Franz

Nächstens bitte schreib vor allem von Dir.

An Max Brod

[Zürau, Ende September 1917]

Lieber Max,
Deine zweite Drucksachensendung bekam ich nur zufällig, der Bote hatte sie bei einem beliebigen Bauer liegen gelassen. Die Postzustellung ist hier sehr unsicher, auch die Bestellung meiner Briefe (vielleicht trägt dazu bei, daß unser Postort nicht einmal Bahnstation ist), es wäre gut, Du nummeriertest die Postsachen, durch Reklamieren bekommt man dann das Verlorene doch. Um die letzte Sendung wäre besonders schade gewesen; die chassidischen Geschichten im Jüdischen Echo sind vielleicht nicht die besten, aber alle diese Geschichten sind, ich verstehe es nicht, das einzige Jüdische, in welchem ich mich, unabhängig von meiner Verfassung, gleich und immer zuhause fühle, in alles andere werde ich nur hineingeweht und ein anderer Luftzug bringt mich wieder fort. Ich lasse mir die Geschichten vorläufig hier, wenn Du nichts dagegen hast.
Warum hast Du die Bitte des Jüdischen Verlages oder gar die Bitte des Dr. J. abgelehnt? Es ist natürlich ein großes Verlangen und Dein gegenwärtiger Zustand ein Einwand, aber reicht das zur Rechtfertigung der Ablehnung aus? – Die Aufsatzsammlung willst Du wohl nicht, weil alles für »Esther« bestimmt ist? Löwy schreibt mir aus einem Budapester Sanatorium, wo er für drei Monate untergebracht ist. Er schickt mir den Anfang des Aufsatzes für den »Juden«. Ich

halte ihn für sehr brauchbar, aber natürlich erfordert er eine kleine grammatikalische Bearbeitung und diese wieder eine unmöglich zarte Hand. Ich werde Dir die Sache in Schreibmaschinenschrift (es ist ganz kurz) nächstens zur Beurteilung vorlegen. Beispiel für die Schwierigkeiten: Im Publikum des polnischen Theaters sieht er zum Unterschied von jenem des jüdischen Theaters: frackierte Herren und neglegierte Damen. Ausgezeichneter läßt sich das nicht sagen, aber die deutsche Sprache weigert sich. Und derartiges ist vieles; die Blender leuchten umso stärker, als ja seine Sprache zwischen Jiddisch und Deutsch schwankt und mehr zum Deutschen neigt. Hätte ich Deine Übersetzungskraft!

Franz

Von den Rebhühnern ein Paar Dir, ein Paar Felix. Guten Appetit.

An Oskar Baum

[Zürau, Anfang Oktober 1917]

Lieber Oskar, die Reise hierher ist erstaunlich einfach, man fährt nach Michelob, und zwar vor sieben Uhr früh vom Staatsbahnhof mit dem Schnellzug und ist nach neun Uhr hier, oder um zwei Uhr mit dem Personenzug und kommt um halb sechs abends an. Auf telegraphische Verständigung hin wird man von uns mit unsern Pferden abgeholt und ist in etwa einer halben Stunde in Zürau. Die Reise kann sowohl als Tagesausflug gemacht werden (Ankunft in Prag vor 10 Uhr abends) oder für länger, denn in meinem Zimmer sind zwei ausgezeichnete Nachtlager, ich schlafe indessen in einem andern Zimmer, das so gut ist, daß ich es zu meiner ständigen Wohnung machen würde, wenn es einen Ofen hätte. Auch für Milch und Zugehör wäre genügend vorgesorgt und selbst für ein wenig Fortzutragendes.

Trotzdem – ich kann Euch nicht mit freiem Herzen raten, zu kommen. In der ersten Woche, vielleicht auch noch in der zweiten, war es anders, ich hätte Euch alle hier haben wollen, und wenn ich nicht jeden Einzelnen um den Besuch gebeten habe, so nur deshalb, weil es mir einerseits selbstverständlich schien, daß ihr alle kommen müßtet, und andrerseits die Post, die hier die Gestalt eines launischen unzuverlässigen Burschen hat, einen viel zu langen Weg macht (Zürau-Prag-Zürau = 8 Tage oder überhaupt nicht), um so dringende Nachrichten austragen zu können. – Jetzt aber, in der dritten Woche, wird es hier anders und ich wüßte nichts, was verdienen würde, daß man dazu einlädt. Für mich bleibt Zürau allerdings das alte und ich gedenke mich hier so festzubeißen, daß man zuerst mein Gebiß wird überwältigen müssen, ehe man mich fortbringt (nein, das ist übertrieben und ich hatte nicht den ganzen Überblick, als ich das schrieb). Immerhin für mich ist es hier gut, sonst aber gibt es einiges, was niemandem, selbst Euch, die Ihr so willig seid, gefallen könnte, unter anderem ich selbst oder vielleicht gar nicht »unter anderem«, sondern nur ich selbst.

Und so bitte ich Euch, zu denen ich offen sprechen darf, fast so herzlich, wie ich Euch früher gebeten hätte zu kommen: kommt jetzt nicht.

Das hat natürlich nichts mit meiner ärztlich bewilligten Krankheit zu tun. Ob es mir besser geht als früher, weiß ich gar nicht, d. h., es geht mir so gut wie früher, ich hatte bisher kein Leiden, das so leicht zu tragen und so zurückhaltend gewesen wäre, es müßte denn sein, daß gerade dies verdächtig scheinen könnte, was es ja vielleicht auch ist. Ich sehe so gut aus, daß mich die Mutter, die Sonntags hier war, auf dem Bahnhof gar nicht erkannte (nebenbei: meine Eltern wissen von der Tuberkulose nichts; nicht wahr, Ihr seid vorsichtig, wenn Ihr zufällig mit ihnen zusammenkommen solltet), in vierzehn Tagen habe ich eineinhalb Kilogramm zugenommen (morgen wird zum dritten Mal gewogen) und schlafe sehr verschiedenartig, aber der Durchschnitt ist nicht der schlimmste. – Übrigens komme ich nächstens (ich sage »nächstens« und meine »Ende des Monats«, ein solcher Herrscher über die Zeit bin ich geworden) nach Prag und Ihr werdet alles, das Schlechte und das Gute, selbst überprüfen können.

Von dem neuen Rezept, das Ihr uns so freundlich einschickt, sind wir beschämt. Auch diese Sache hat eine Züraur Entwicklung durchgemacht. Zuerst war man entzückt und das Fehlen der Korke und der Korkmaschine schien ein ganz unwesentliches Hindernis. Dann hat sich das Entzücken verloren und es ist mir die Überzeugung geblieben, daß die Korke und die Korkmaschine auf keine Weise zu beschaffen sein werden. Jetzt schreibt Ihr, daß man die Flaschen auch versiegeln kann. Das könnte die Sache wieder ein wenig beleben. Doch ist allerdings jetzt gerade in der Wirtschaft viel zu tun und Ottla ist in fortwährender großartiger Arbeit. Eine meiner Hauptsorgen, die sich allerdings nur in Träumen auf dem Liegestuhl äußert, ist: wie ich Euch etwas zu essen verschaffen könnte. Es ist leider wenig zu haben und auf dieses Wenige sind wir, die wir weder Hühner noch Kühe noch genügend Korn haben, angewiesen und was wir darüber hinaus an Butter und Eiern zusammenbekommen, danach schreit die Prager Familie. Wollt Ihr Wild? Vorläufig habe ich für Euch vier Kilogramm schönen Mehls aufgehoben, die gehören Euch und Ihr bekommt sie spätestens, sobald ich nach Prag komme; ich weiß, im Dunkel des kommenden Winters ist das nur ein winziges Licht.

An Elsa und Max Brod

[Zürau, Anfang Oktober 1917]

Liebe Frau Elsa, Sie wundern sich, daß es Ihnen nicht gelingt, den Sinn der »Lucerna« herauszusagen? Darüber kann man sich doch nur freuen. Das, was dort geschieht, geschieht gewissermaßen auf einer Fensterbrüstung der Menschheit; hält man sich zu lange dort oben auf, muß man fallen; aber dann ist es doch besser, herein ins Zimmer zu fallen, als hinaus ins Leere. Es ist durchaus ein Äußerstes und W. vertritt es. Auf dem Bild ist er entwaffnend, selbst das Vor-sich-

Ausspeien übernimmt er noch, wie seine Lippenstellung in Bild und Wirklichkeit zeigt; Sie deuten das scheinbare Lächeln falsch. Übrigens ist er nicht ganz und gar einzig, wie Sie zu glauben scheinen. Ich will ihn durch den Vergleich mit einem Schwein gar nicht beschimpfen, aber an Merkwürdigkeit, Entschiedenheit, Selbstvergessenheit, Süßigkeit und was noch zu seinem Amt gehört, steht er in der Weltordnung vielleicht doch mit dem Schwein in einer Reihe. Haben Sie ein Schwein in der Nähe so genau angesehn wie W.? Es ist erstaunlich. Das Gesicht, ein Menschengesicht, bei dem die Unterlippe über das Kinn hinunter, die Oberlippe, unbeschadet der Augen- und Nasenlöcher, bis zur Stirn hinaufgestülpt ist. Und mit diesem Maul-Gesicht wühlt das Schwein tatsächlich in der Erde. Das ist ja an sich selbstverständlich und das Schwein wäre merkwürdig, welches das nicht täte, aber Sie müssen das mir, der es jetzt öfters neben sich gesehn hat, glauben: noch merkwürdiger ist es, daß es das tut. Man sollte doch meinen, um irgendeine Feststellung vorzunehmen, genüge es, wenn man das Fragliche mit dem Fuß betastet oder dazu riecht oder im Notfall es in der Nähe beschnuppert – nein, das alles genügt ihm nicht, vielmehr das Schwein hält sich damit gar nicht auf, sondern fährt gleich und kräftig mit dem Maul hinein, und ist es in etwas Ekelhaftes hineingefahren – rings um mich liegen die Ablagerungen meiner Freunde, der Ziegen und Gänse – schnauft es vor Glück. Und – das vor allem erinnert mich irgendwie an W. – das Schwein ist am Körper nicht schmutzig, es ist sogar nett (ohne daß allerdings die Nettigkeit appetitlich wäre), es hat elegante, zart auftretende Füße und beherrscht seinen Körper irgendwie aus einem einzigen Schwung heraus, – nur eben sein edelster Teil, das Maul, ist unrettbar schweinisch.

Sie sehen, liebe Frau Elsa, auch wir in Zürau haben unsere »Lucerna« und ich wäre glücklich, wenn ich Ihnen zum Dank für das W.-Bild einen Schinken unseres Schweinchens schicken könnte, aber erstens gehörts mir nicht und zweitens nimmt es bei allem Wohlleben so langsam zu, daß es zu unserer (Ottlas und meiner) Freude noch lange nicht geschlachtet werden kann.

Mir geht es recht gut zwischen all den Tieren. Heute Nachmittag habe ich Ziegen gefüttert. Auf meinem Platz stehn einige Sträucher, die schmackhaftesten Blätter sind für die Ziegen zu hoch oben und da habe ich den Ziegen die Zweige niedergehalten. Diese Ziegen also – sind äußerlich vollkommen jüdische Typen, meistens Ärzte, doch gibt es auch Annäherungen an Advokaten, polnische Juden und vereinzelt auch junge Mädchen. Besonders Dr. W., der Arzt, der mich behandelt, ist stark unter ihnen vertreten. Das aus drei jüdischen Ärzten bestehende Konsilium, das ich heute gefüttert habe, war so mit mir zufrieden, daß es sich abend kaum forttreiben lassen wollte, um gemolken zu werden. So enden friedlich ihre und meine Tage. Beschämen Sie mich nicht durch die Erwähnung des Mehls. Es ist mein ernstliches Leid, daß ich nichts Wesentliches für Sie verschaffen kann, obwohl es bei einiger Geschicklichkeit möglich sein müßte.

Mit herzlichsten Grüßen Ihr Franz K.

Ich lese den Brief noch einmal, eigentlich kein Brief an eine Frau, W. nicht ich ist der Schuldige.

Lieber Max, vielen Dank für die »Ziehtochter«, sie wird mein morgiges Liegestuhlvergnügen sein. Sonderbar die Nachricht von Schreiber. Übrigens war, wie ich jetzt lese, auch Flauberts Vater tuberkulös, es mag sich also damals manches Jahr im Geheimen um die Frage gehandelt haben, ob die Lunge des Kindes flöten geht (ich schlage diesen Ausdruck für »Rasseln« vor) oder ob es Flaubert wird. – Was Du für Grünberg tust, ist mir sehr recht. Was für eine Freude er haben wird, wenns gelingt. – Keine neuen Nachrichten von Deiner Novelle? – Von mir müßtest Du in der letzten Zeit zwei Briefe bekommen haben. – Ich komme Ende Oktober nach Prag.

Franz

Erschien vorige Woche, also am 28. September eine »Selbstwehr«?

An Max Brod

[Zürau, Anfang Oktober 1917]

Lieber Max, meine Krankheit? Im Vertrauen sage ich Dir, daß ich sie kaum spüre. Ich fiebere nicht, ich huste nicht viel, ich habe keine Schmerzen. Kurzen Atem habe ich, das ist wahr, aber beim Liegen und Sitzen spür ich es nicht, und beim Gehn oder bei irgendeiner Arbeit trägt es sich leicht, ich atme eben zweimal so schnell als früher, eine wesentliche Beschwerde ist das nicht. Ich bin zu der Meinung gekommen, daß die Tuberkulose, so wie ich sie habe, keine besondere Krankheit, keine eines besonderen Namens werte Krankheit ist, sondern nur eine ihrer Bedeutung nach vorläufig nicht einzuschätzende Verstärkung des allgemeinen Todeskeims. In drei Wochen habe ich zweieinhalb Kilo zugenommen, habe mich also für den Wegtransport wesentlich schwerer gemacht.

Die guten Nachrichten über Felix freuen mich, wenn sie auch schon veraltet sein können, immerhin tragen sie doch dazu bei, den Durchschnitt oder den Fernblick des Ganzen etwas tröstlicher zu machen; ihm allerdings schadet das vielleicht mehr als es nützt. – Vor länger als vierzehn Tagen habe ich ihm geschrieben, eine Antwort habe ich noch nicht. Er ist mir doch nicht böse? Ich wäre dann schlecht genug, an meine Krankheit zu erinnern und daran, daß man doch einem solchen Kranken nicht böse wird.

Ein neues Stück des Romans. Ein ganz neues oder eine Überarbeitung der Teile, die Du mir noch nicht vorgelesen hast? – Glaubst Du, daß sich das erste Kapitel einfügt, dann wird es wohl sein. – Wie merkwürdig mir das klingt: »Probleme, die ich jetzt vor mir sehe«. An sich ist es ja etwas Selbstverständliches, nur daß es mir so unverständlich und in Dir so nahegebracht ist. Das ist wirklicher Kampf, ist des Lebens und Todes wert, bleibt es, ob man es bewältigt oder nicht. Man hat wenigstens den Gegner gesehn oder zumindest seinen Schein am Himmel. Wenn ich das durchzudenken suche, komme ich mir förmlich wie ungeboren vor, selbst ein Dunkles, jage ich im Dunkeln.

Doch nicht ganz. Was sagst Du zu diesem blendenden Stück Selbsterkenntnis, das ich mir aus einem Brief an F. abgeschrieben habe. Es wäre eine gute Grabschrift:

»Wenn ich mich auf mein Endziel hin prüfe, so ergibt sich, daß ich nicht eigentlich danach strebe, ein guter Mensch zu werden und einem höchsten Gericht zu entsprechen, sondern, sehr gegensätzlich, die ganze Menschen- und Tiergemeinschaft zu überblicken, ihre grundlegenden Vorlieben, Wünsche, sittlichen Ideale zu erkennen und mich dann möglichst bald dahin zu entwickeln, daß ich durchaus allen wohlgefällig würde und zwar – hier kommt der Sprung – so wohlgefällig, daß ich, ohne die allgemeine Liebe zu verlieren, schließlich als der einzige Sünder, der nicht gebraten wird, die mir innewohnenden Gemeinheiten offen, vor aller Augen ausführen dürfte. Zusammengefaßt kommt es mir also nur auf das Menschen-und Tiergericht an und dieses will ich überdies betrügen, allerdings ohne Betrug.«

Dieser Mittelpunkt einer Selbsterkenntnis gibt vielleicht Möglichkeit zu verschiedenen Folgerungen und Begründungen.

»Jenufa« habe ich bekommen. Das Lesen ist Musik. Der Text und die Musik haben ja das Wesentliche beigebracht, Du aber hast es wie ein Riesenmensch ins Deutsche getragen. Wie hast Du nur die Wiederholungen Leben-atmend gemacht!

Soll ich daneben Kleinigkeiten erwähnen? Nur dieses: Kann man vom »Schaffen« weglaufen? »Siehst Du, dann soll man Dich lieben?« Ist das nicht Deutsch, das wir von unsern undeutschen Müttern noch im Ohre haben? »Mannsverstand – ins Wasser gefallen« ist künstliches Deutsch. »Bange Inbrunst« – gehört das hierher? Zwei Bemerkungen des Richters versteh ich nicht: »Hätt' ich mir die Zigarre …« und »ohne die gelehrten Herren seh' (steh'?) ich da…« »Gerne« am Schluß stört ein wenig in dieser großen Stelle. – Schönere Liedertexte hätte man erwartet, sie können auch im Tschechischen nicht sehr gut sein. – Den »grinsenden Tod« hätte ich gern dem Reichenberger überlassen, auch erwähnst Du das Ende des zweiten Aktes als verdorben, aber ich glaube mich zu erinnern, daß diese Stelle Dir besondere Mühe machte und Du, vielleicht nur als Lesart, eine ähnliche Übersetzung im Manuskript hattest. – Sollte nicht eine Vorbemerkung über die Bedeutung der »Küsterin« gemacht werden?

Über Scheler nächstens. – Blüher zu lesen bin ich begierig. – Ich schreibe nicht. Mein Wille geht auch nicht geradezu aufs Schreiben. Könnte ich mich wie die Fledermaus durch Graben von Löchern retten, würde ich Löcher graben.

Franz

Von Gross, Werfel und der Zeitschrift hast Du nichts gehört? Deine Komotauer-Teplitzer Reise?

Du sagtest nichts über Ottlas Zeichnung, sie war so stolz sie Dir zu schicken (zu ihrer Verteidigung), deshalb wurde der Brief rekommandiert geschickt.

An Felix Weltsch

[Zürau, Anfang Oktober 1917]

Lieber Felix, Du bist also nicht böse, das ist gut, aber daß um die »Lügen« der Schein der tiefern Wahrheit zu sehn ist, kann den Lügner nicht trösten. Übrigens ist in der Sache selbst noch einiges Ergänzende zu sagen, aber Dir gegenüber ist es nicht nötig. (Nebenbei: ich bin heute nach einem nicht unschönen Tag so stumpf und so sehr gegen mich eingenommen, daß ich das Schreiben besser lassen sollte.)

Erstaunlich ist der Umfang, welchen Dein Unterricht annimmt, nicht erstaunlich, was die Schüler betrifft, das habe ich immer vorhergesagt, sie drängten mir sogar zu langsam, aber erstaunlich von Deiner Seite. Was für Selbstbeherrschung, Launenlosigkeit, Geistesgegenwart, Sicherheit, wahre Arbeitergesinnung oder um das große Wort zu wagen: Männlichkeit gehört dazu, sich in solche Dinge einzulassen, bei ihnen zu bleiben und sie bei tatsächlich stärkstem Gegenwind noch zu Deinem geistigen Nutzen zu wenden, wie Du es tatsächlich tust, wenn Du es auch verreden willst. Das wäre also gesagt und selbst mir wird in dieser Sphäre wohler.

Jetzt solltest Du nur noch imstande sein, den Lärm der Kinder als Jubel über diese Unterrichtserfolge hinzunehmen. Übrigens muß er doch mit zunehmendem Herbst verschwinden, ebenso wie man hier, wo es doch nichts zu bejubeln gibt, allmählich die Gänse einsperren, die Fahrten auf die Felder einstellen, die Schmiede nur in der Werkstatt arbeiten lassen und die Kinder zu Hause halten wird, nur der helle singende Dialekt und das Bellen der Hunde wird nicht aufhören, während es vor Deinem Hause schon längst still sein wird und die Schülerinnen ungestört Dich anstarren werden.

Dir geht es also gesundheitlich besser (merkwürdig: Deine geheime Vorliebe für Furunkeln, die noch übertroffen wird durch die für Jod), mir nicht schlechter, wobei ich die Gewichtzunahme, die jetzt schon dreieinhalb Kilogramm beträgt, als neutral ansehe. Hinsichtlich der Ursachen der Krankheit bin ich nicht eigensinnig, bleibe aber, da ich doch gewissermaßen im Besitz der Originaldokumente über den »Fall« bin, bei meiner Meinung und ich höre, wie sogar die zunächst beteiligte Lunge förmlich zustimmend rasselt. Zur Gesundung ist, da hast Du natürlich recht, vor allem der Gesundungswille nötig. Den habe ich, allerdings, soweit sich dies ohne Ziererei sagen läßt, auch den Gegenwillen. Es ist eine besondere, wenn man will, eine verliehene Krankheit, ganz anders als alle, mit denen ich bisher zu tun hatte. So wie ein glücklicher Liebhaber etwa sagt: »Alles Frühere waren nur Täuschungen, jetzt erst liebe ich.«

Dank für die »bis«-Erklärung. Brauchbar ist für mich nur das Beispiel:

»Borge mir, bis wir wieder zusammenkommen« vorausgesetzt, daß es bedeutet: »Du sollst mir *erst dann* borgen, bis wir zusammenkommen« und nicht etwa: »Du sollst mir für so lange Zeit borgen, bis wir …« das ist aus der bloßen Anführung nicht ersichtlich.

Wegen der Bücher hast Du mich mißverstanden. Es kommt mir hauptsächlich darauf an, Originaltschechisches oder Originalfranzösisches zu lesen, nicht Übersetzungen. Die Bibliothek kenne ich übrigens, sie ist mir (zumindest der Rakowitza-Band) zu schlecht gedruckt, das Licht ist hier durchaus nicht besser als in der Stadt, bei meinen Nordfenstern. Französisch gibt es natürlich Zahlloses für mich, sollte es Tschechisches nichts anderes geben, würde ich etwas aus der ähnlichen, aber wissenschaftlichen Laichter-Bibliothek nehmen.

Ich lese im Ganzen nicht viel, das Leben auf dem Dorf ist mir so entsprechend. Hat man erst einmal das Gefühl mit allen seinen Unannehmlichkeiten überwunden, in einem nach neueren Prinzipien eingerichteten Tiergarten zu wohnen, in welchem den Tieren volle Freiheit gegeben ist, dann gibt es kein behaglicheres und vor allem kein freieres Leben als auf dem Dorf, frei im geistigen Sinn, möglichst wenig bedrückt von Um- und Vorwelt. Nicht verwechseln darf man dieses Leben mit dem in einer Kleinstadt, das wahrscheinlich fürchterlich ist. Ich wollte immer hier leben, nächstnächste Woche fahre ich wahrscheinlich nach Prag, es wird mir schwer.

Herzliche Grüße Dir und der Frau. Es ist schon zwölf Uhr, ich treibe das so seit drei, vier Tagen, gut ist es nicht, weder für mein Aussehn, noch für den Petroleumvorrat, der sehr klein ist, noch für irgend etwas sonst, aber äußerst verlockend ist es, nur das, nichts sonst.

Franz

An Max Brod

[Zürau, 12. Oktober 1917]

Lieber Max, ich habe mich eigentlich immer darüber gewundert, daß Du dieses Wort: »im Unglück glücklich« für mich und andere in Dir trägst, und zwar nicht als Feststellung oder als Bedauern oder als Mahnung äußersten Falls, sondern als Vorwurf. Weißt Du denn nicht, was es bedeutet? Mit diesem Hintergedanken, der natürlich gleichzeitig das: »im Glück unglücklich« enthält, ist wahrscheinlich Kain das Zeichen aufgedrückt worden. Wenn einer »im Unglück glücklich« ist, so heißt das zunächst, daß er den Gleichschritt mit der Welt verloren hat, es heißt aber weiter, daß ihm alles zerfallen ist oder zerfällt, daß keine Stimme ungebrochen mehr ihn erreicht und er daher keiner aufrichtig folgen kann. Ganz so schlimm steht es mit mir nicht oder war es wenigstens bisher nicht; ich bin schon vom Glück und Unglück voll getroffen worden; was aber meinen Durchschnitt betrifft, so hast Du allerdings recht, auch zum größten Teil hinsichtlich der jetzigen Zeit, nur mußt Du es in einem andern Tone sagen.

Ähnlich wie Du zu diesem »Glück« stehst, stehe ich zu einer andern Begleiterscheinung der »überzeugten Trauer«, ich meine, zur Selbstgefälligkeit, ohne die jene kaum jemals auftritt. Ich habe öfters darüber nachgedacht, letzthin nach dem Palestrina-Aufsatz von Mann in der Neuen Rundschau. Mann gehört zu denen, nach deren Geschriebenem ich hungere. Auch dieser Aufsatz ist eine wunderbare Speise, die man aber wegen der Menge der darin herumschwimmenden (beispielsweise ausgedrückt) Salus'schen Locken lieber bewundert als aufißt. Es scheint, daß, wenn man traurig ist, man, um den traurigen Anblick der Welt noch zu erhöhen, sich strecken und dehnen muß wie Frauen nach dem Bad. Nach Komotau komme ich natürlich. Mißverstehe nicht meine Angst vor Besuchen. Ich will nicht, daß man nach langer Reise, mit reichlichen Kosten, hierher in das herbstliche Wetter, das (dem Fremden) öde Dorf, die (dem Fremden) notwendigerweise unordentliche Wirtschaft, die vielen kleinen Unbequemlichkeiten und selbst Unannehmlichkeiten kommt, um mich aufzusuchen, mich, der einmal gelangweilt (was für mich nicht das Schlimmste ist), einmal überempfindlich ist, einmal in Angst vor einem kommenden oder ausbleibenden oder angedrohten Brief, einmal beruhigt durch einen Brief, den er geschrieben hat, einmal maßlos besorgt um sich und seine Bequemlichkeiten, einmal gelaunt, sich als das Widerlichste auszuspein und so fort in den Kreisen, die der Pudel um Faust macht. Fährst dagegen Du gelegentlich vorüber, nicht meinetwegen, sondern wegen der Komotauer, was kann ich Besseres wünschen? Übrigens wird sich der Besuch in Zürau kaum machen lassen, es müßte denn sein, daß Du in Komotau Sonntag rechtzeitig wegfahren kannst (ich kenne vorläufig die Bahnzeiten nur beiläufig), um Mittag in Zürau zu sein. Dann könntet ihr Sonntag Abend sehr bequem nach Prag fahren, über Nacht zu bleiben würde sich nicht empfehlen, da ihr Montag sehr bald fort müßtet (falls Du Mittag in Prag sein willst) und da überdies der Wagen um diese Zeit nur schwer beigestellt werden könnte, denn jetzt ist auf den Feldern viel zu tun! Übrigens werde ich wahrscheinlich mit euch nach Prag fahren, allein brächte ich es kaum zustande, schon die freundlichen Briefe aus dem Bureau und besonders die Notwendigkeit, mich im Bureau vorzustellen, schreckt mich sehr.

Ich denke mir also die Einrichtung so, daß ich Samstag in Michelob in euren Zug steige, daß wir Sonntag gemeinsam nach Zürau fahren und abends gemeinsam nach Prag.

Deine Begründung der Notwendigkeit, sich gesund zu machen, ist schön, aber utopisch. Das, was Du mir als Aufgabe gibst, hätte vielleicht ein Engel über dem Ehebett meiner Eltern ausführen können oder noch besser: über dem Ehebett meines Volkes, vorausgesetzt, daß ich eines habe.

Alle guten Wünsche dem Roman. Deine kurze Erwähnung scheint Großes zu bedeuten. Er wird dazu beitragen, daß ich mich in Prag, trotz der Beschwerung durch das Bureau, auf der andern Seite doch vielleicht halbwegs im Gleichgewicht erhalte. Herzliche Grüße Dir und der Frau. In Kabarettstimmung bin ich allerdings nicht, war es aber auch niemals. Und sie? Für mich aber sind sogar die Kabaretts selbst von jetzt an abgeschafft. Wohin sollte ich mich, wenn die »Stimmkanonen« losgehn, mit meiner Kinderpistole von Lunge verkriechen? Allerdings bestand dieses Verhältnis seit jeher. Franz

Schreib mir, bitte, noch rechtzeitig, wann Du in K. am Sonntag fertig werden kannst, damit ich weiß, ob wir noch nach Zürau fahren, ob der Wagen uns abholen soll und wie ich mein Gepäck einzurichten habe.

An Felix Weltsch

[Zürau, Mitte Oktober 1917]

Lieber Felix, nur kurz zum Beweis des Eindrucks, den Deine Kurse auf mich machen, ein heutiger Traum: Es war großartig, d. h. nicht mein Schlaf (der eher sehr schlecht war, wie überhaupt in letzter Zeit; sollte ich abnehmen und der Professor nimmt mich von Zürau weg – was tue ich?) auch nicht der Traum, aber deine Tätigkeit darin.

Wir trafen uns auf der Gasse, ich war offenbar eben nach Prag gekommen und sehr froh, Dich zu sehn; etwas merkwürdig mager, nervös und professorenhaft-verdreht (so geziert-gelähmt hieltest Du Deine Uhrkette) fand ich Dich allerdings. Du sagtest mir, Du gehest in die Universität, wo Du eben einen Kurs abhältst. Ich sagte, ich ginge ungemein gerne mit, nur müsse ich für einen Augenblick in das Geschäft, vor dem wir gerade standen (es war etwa am Ende der Langengasse gegenüber dem großen Wirtshaus, das dort ist). Du versprachst, auf mich zu warten, aber während ich drin war, überlegtest Du es Dir und schriebst mir einen Brief. Wie ich ihn bekam, weiß ich nicht mehr, aber ich sehe noch die Schrift jenes Briefes. Es hieß darin unter anderem, der Kurs beginne um 3 Uhr, Du könntest nicht länger warten, unter Deinen Zuhörern sei auch Prof. Sauer, den dürftest Du durch Zuspätkommen nicht verletzen, viele Mädchen und Frauen kämen hauptsächlich seinetwegen zu Dir, bliebe er aus, blieben mit ihm Tausende aus. Also müßtest Du eilen.

Ich kam aber rasch nach, traf Dich in einer Art Vorhalle. Irgendein auf dem davor liegenden wüsten freien Feld ballspielendes Mädchen fragte Dich, was Du jetzt machen wirst. Du sagtest, Du hieltest jetzt einen Kurs ab, und nanntest genau, was dort gelesen wird, zwei Autoren, Werke und Kapitelnummer. Es war sehr gelehrt, ich habe nur den Namen Hesiod behalten. Von dem zweiten Autor weiß ich nur, daß er nicht Pindar hieß, sondern bloß ähnlich, aber viel unbekannter, und ich fragte mich, warum Du nicht »wenigstens« Pindar liest.

Als wir eintraten, hatte die Stunde schon begonnen, Du hattest sie wohl schon auch eingeleitet und warst nur hinausgegangen, um nach mir zu sehn. Oben auf dem Podium saß ein großes starkes, frauenhaftes, unhübsches, schwarzgekleidetes, knollennasiges, dunkeläugiges Mädchen und übersetzte Hesiod. Ich verstand gar nichts. Jetzt erinnere ich mich, nicht einmal im Traum wußte ichs: Es war die Schwester von Oskar, nur ein wenig schlanker und viel größer.

Ich fühlte mich (offenbar in Erinnerung an Deinen Zuckerkandl-Traum ganz als Schriftsteller, verglich mein Unwissen mit den ungeheuren Kenntnissen dieses Mädchens und sagte zu mir öfters: »kläglich – kläglich!«

Professor Sauer sah ich nicht, aber viele Damen waren da. Zwei Bänke vor mir (diese Damen saßen auffallender Weise mit dem Rücken zum Podium) saß Frau G., sie hatte lange Ringellocken und schüttelte sie, neben ihr war eine Dame, die Du mir als die Holzner (sie war aber jung) erklärtest. In der Reihe vor uns zeigtest Du mir die andere ähnliche Schulinhaberin aus der Herrengasse. Alle diese also lernten von Dir. Unter andern sah ich noch in der andern Bankabteilung Ottla, mit der ich kurz vorher Streit wegen Deines Kurses gehabt hatte (sie hatte nämlich nicht kommen wollen und nun war sie also zu meiner Befriedigung doch und sogar sehr bald gekommen).

Überall, auch von denen, welche nur schwätzten, wurde von Hesiod gesprochen. Eine gewisse Beruhigung war es für mich, daß die Vorleserin bei unserm Eintritt gelächelt hatte und sich unter dem Verständnis der Zuhörerschaft noch lange nicht vor Lachen fassen konnte. Dabei hörte sie allerdings nicht auf, richtig zu übersetzen und zu erklären.

Als sie mit ihrer Übersetzung fertig war und Du den eigentlichen weitern Vortrag beginnen solltest, beugte ich mich zu Dir, um aus Deinem Buch mitzulesen, sah aber zu meinem größten Erstaunen, daß Du nur eine zerlesene schmutzige Reclamausgabe vor Dir hattest, den griechischen Text hattest Du also – erhabener Gott! –»inne«. Dieser Ausdruck kam mir aus Deinem letzten Brief zu Hilfe. Jetzt aber – vielleicht weil ich einsah, daß ich unter diesen Umständen der Sache nicht weiter folgen könne – wurde das Ganze undeutlicher, Du nahmst ein wenig das Aussehn eines meiner früheren Mitschüler an (den ich übrigens sehr gern gehabt hatte, der sich erschossen hat und der, wie mir jetzt einfällt, auch eine kleine Ähnlichkeit mit der vorlesenden Schülerin gehabt hat), also Du verändertest Dich und es begann ein neuer Kurs, weniger detailliert, ein Musikkurs, den ein kleiner schwarzer rotbackiger junger Mann leitete. Er war einem entfernten Verwandten von mir ähnlich, welcher (bezeichnend für meine Stellung zur Musik) Chemiker und wahrscheinlich verrückt ist.

Das war also der Traum, bei weitem der Kurse noch nicht würdig, ich lege mich jetzt zu einem vielleicht noch eindringlicheren Kurs-Traum nieder.

Franz

An Max Brod

[Zürau, Mitte Oktober 1917]

Lieber Max, also möglichst wenig Störung von mir, wenn ich schon alle anderen nicht verringern kann:

Das Aktionsheft habe ich, wie auch noch einiges andere, ich bringe Dir dann alles auf einmal. Jede Sendung macht mir große Freude. Der Eindruck des »Radetzkymarsches« war natürlich nicht derartig wie damals, als Du ihn fast gedichtmäßig vorgelesen hast. Aber auch sonst fehlt etwas darin. Hat es die Kürzung verschuldet? Das kann nicht gut sein. Der Haß steigt hinter dem Entzükken auf, aber man hat ihn nicht wachsen gesehn. Vielleicht ist der Raum für die antithetische Wendung nicht weit genug, vielleicht der Raum eines Herzens nicht.

Das Teweles-Feuilleton ist wahrscheinlich für Kuh, der übrigens letzthin recht miserabel-geistreich über Werfel geschrieben hat, bestimmt, als Lektion in der Zartheit. Undurchdringlich die Geistesverfassung, aus der etwas Derartiges geschrieben wird. Und ich saß doch am Tisch dieses Rätsels, ganz nah bei ihm. – Besonders angemerkt habe ich mir, daß Goethe »nicht auch von Stein« war. Am peinlichsten ist aber das Ganze wahrscheinlich für die alte Dame, die geglaubt hatte, ein melancholisches Buch über die Frau von Stein geschrieben zu haben und der hier gezeigt wird, daß sie die ganze Zeit über, offenbar in der Tränenverwirrung, mit Goethes Hosen beschäftigt war.

Das Komotauer Komitee hat mir die Reise nach Prag etwas erschwert, ich fahre natürlich trotzdem, vorläufig aber schicke ich Ottla aus, damit sie nachsieht »wie das Wasser steht«. Ich komme dann Ende des Monats.

Der Leitartikel der »Selbstwehr« könnte, was raschen Blick, Protestkraft und Kühnheit anlangt, fast von Dir sein, nur einige Stellen halten mich davon ab, es geradezu zu behaupten. Von Hellmann wahrscheinlich?
Herzlichst

Franz

An Felix Weltsch

[Zürau, Mitte/Ende Oktober 1917]

Lieber Felix, ich suche die Tage nicht aus, an denen ich Dir schreibe, aber ich bin doch heute wieder (ohne daß es immer so wäre) so kleinmütig, klotzig, schwerbäuchig, vielmehr so war ich, als der Tag auf der Höhe war, jetzt nach dem gemeinsamen Nachtmahl, Ottla ist in Prag, bin ich nicht einmal das, noch tiefer. Und nun finde ich überdies, daß nach dem heutigen großen Aufräumen, für das ich so sehr gedankt habe, der Lampenzylinder unten ein Loch bekommen hat, Luft fängt und die Flamme, selbst nachdem ich das Loch mit einem Hölzchen verdeckt habe, flackert. Vielleicht aber taugt alles das irgendwie gerade zum Briefschreiben. Das Dorfleben ist schön und bleibt es. Ottlas Haus steht auf dem Ringplatz, schaue ich aus dem Fenster, sehe ich auf der andern Platzseite wieder ein Häuschen, aber schon dahinter ist das freie Feld. Was kann, in jedem Sinn, für das Atemholen besser sein; was mich betrifft, so schnaufe ich zwar in jedem Sinne, körperlich am wenigsten, aber anderswo wäre ich dem Ersticken nahe, was allerdings, wie ich aus aktiver und passiver Erfahrung weiß, jahrelang ausgehalten werden kann.

Meine Beziehungen zu den Menschen hier sind so locker; das ist schon gar kein Erdenleben mehr. Ich begegne z. B. heute abend auf der finstern Landstraße zwei Menschen; Männern, Frauen, Kindern, ich weiß nicht; sie grüßen, ich danke; mich haben sie vielleicht an meinem Mantelumriß erkannt, ich wüßte wahrscheinlich auch bei Licht nicht, wer sie sind, jedenfalls erkenne ich sie an der Stimme nicht, das scheint bei dialektsprechenden Menschen überhaupt unmöglich zu sein. Nachdem sie mich passiert haben, dreht sich einer um und ruft: »Herr Hermann (so heißt mein Schwager, ich habe also den Namen übernommen), habens ka Zigaretten!« Ich: »Leider nein«. Damit ist es vorüber; Worte und Irrtümer der Abgeschiedenen. Ich wünsche mir, so wie ich jetzt bin, nichts Besseres.

Was Du mit der »Eindrängung« des »Gegenwillens« meinst, glaube ich zu verstehn, es gehört zu dem verdammt psychologischen Theorienkreis, den Du nicht liebst, aber von dem Du besessen bist (und ich wohl auch). Die Naturtheorien haben Unrecht so wie ihre psychologischen Schwestern. Das rührt aber nicht an die Lösung der Frage, ob die Welt aus einem Punkte zu kurieren ist.

Den Schnitzervortrag hätte ich gern gehört. Was Du über Schnitzer sagst, ist sehr richtig, aber man unterschätzt doch solche Leute leicht. Er ist ganz kunstlos, daher großartig aufrichtig, daher dort, wo er nichts hat, als Redner, Schriftsteller, selbst als Denker nicht nur unkompliziert, wie Du sagst, sondern geradezu blödsinnig. Setze Dich ihm aber gegenüber, sieh ihn an, suche ihn zu überschauen, auch seine Wirksamkeit, versuche für ein Weilchen Dich seiner Blickrichtung zu nähern – er ist nicht so einfach abzutun.

»Das Buch« von mir mag wirklich wertvoll sein, ich wollte es auch lesen, es liegt irgendwo in den himmlischen Regalen. Daß aber eine 77jährige es sich zu ihrem Geburtstag schenken läßt (vielleicht von ihrem Urenkel: »Ich bin klein, mein Geschenk ist klein …«), daß dadurch Clemenceau'sches Familienblut in Wallung kommt, daß der Hofrat zu einem entscheidenden Urteil ohne Zeigefingerhebung sich drängen läßt (ein Umstand übrigens, der zweifellos die tiefere Verächtlichkeit beweist, welche die Sache für ihn hat), das alles – es ist zuviel, das ist der Fehler.

Vor dem Hofrat habe ich auch immer eine besondere Achtung gehabt, nicht deshalb weil ich, soweit die Erinnerung reicht, sehr schlecht bei ihm entsprochen habe, sondern weil er, zum Unterschied von den andern, die immer mit dem ganzen Gewicht ihrer Umständlichkeit auf dem Podium standen, nur eine mit fünf Strichen zu umreißende, reinliche Figur hingestellt hat, also seine wesentlichen Absichten zurückgehalten haben muß, vor denen man sich irgendwie beugte.

Drei Kurse? Hat denn die Halbtag-Woche überhaupt für sie Platz? Das ist zu viel, das genügt ja fast zur Ausfüllung eines Gymnasialprofessorenlebens. Was sagt Max dazu?

Das Vortragsangebot, das Du den alten Schülerinnen machtest, war vielleicht etwas unpädagogisch, nämlich wirklich erschreckend, und sie haben Dich eben aus Deiner damaligen Riesengestalt mit aller Mädchenenergie zum »jungen Deutschland« zusammengedrückt, das Dir auch nicht immer so fremd ist, wie Du unter dem Zwange klagst. Übrigens beginnt im nächsten Monat eine Zeitschrift »Das junge Deutschland«, vom Deutschen Theater herausgegeben, von Kornfeld redigiert.

Und »der Mensch«? Zwar etwas lang- und widerhaarig angezeigt, aber doch vielleicht eine gute Sache. Du erwähnst es gar nicht. – Dir und der Frau viele Grüße.   Franz

[Randbemerkung:] Von Wolff laß Dich nicht abschrecken, er muß sich zieren. Was rennt nicht alles gegen ihn an! Er kann nicht imstande sein, Unterscheidungen zu machen.

An Max Brod
                                          [Postkarte. Zürau, 22. Oktober 1917]

Lieber Max, also am 27. nach Komotau, die wechselnden Entschlüsse der Komotauer werfen einen natürlich stark herum, Dich wohl am stärksten. Aber mich auch. Um die Wahrheit zu sagen: ich wäre ohne Deine Komotauer Reise noch immer nicht nach Prag gekommen, frühestens in vierzehn Tagen. Es ist ja nicht nur das Leben hier, das Wert hat, sondern auch sein Zusammenhang und den verliere ich durch die Reise. Außerdem bin ich in den letzten Tagen – bei bestem Wohlbefinden – ganz appetitlos; wie, wenn ich abnehme und der Professor mich von Zürau, dem besten Ort, fortnimmt? Das sind die Sorgen, die der Freude, Dich zu sehn und zu sprechen, den Mund zuhalten. Noch etwas: ich werde wohl zumindest drei Tage wegen Zahnbehandlung in Prag bleiben müssen und das Bureau hat ja auch hineinzusprechen. Jedenfalls geht es aus Freiheit in Knechtschaft und Trauriges. Aber nun ist die Komotauer Reise doch wohl sichergestellt? Oder Du telegrafierst mir bei Absage. Ich will nicht allein hinfahren, abgesehen davon, daß ich dich dort hören will, will ich doch auch mit Dir die Spuren Deines früheren Lebens sehn.
                                                                                    Franz

An Oskar Baum
                                          [Zürau, Oktober/November 1917]

Lieber Oskar,
an Direktor Marschner kann ich allerdings nicht schreiben, ein Vierteljahr und länger hat er von mir keinen Laut gehört, er kommt mir in meiner Sache wie

eine Art Schmerzensreich vor, der nur zahlt und duldet. Aber es ist glücklicher-weise gar nicht nötig ihm zu schreiben; der Vorstand des Bureaus der »Staat-lichen Landeszentrale für Fürsorge für heimkehrende Krieger«, Pořič 7, ist Se-kretär Dr. F. (er der erste, ich der zweite und letzte und abbröckelnde Jude der Anstalt), ein ausgezeichneter Mann, mit Liebe bei der Sache, jeder halbwegs er-füllbaren Bitte zugänglich. Ich habe ihm eben den Sachverhalt geschrieben und das genügt wahrscheinlich, besser aber wäre es noch, wenn Du einmal zwischen neun und ein Uhr selbst zu ihm ins Bureau gingest, ich habe Dich ihm für jeden Fall angekündigt. Ich rate das besonders deshalb, weil mir (ich kenne allerdings die Einzelheiten der Blindenfürsorge nicht) 8000 Kč ein in der allgemeinen ge-wöhnlichen Kriegsbeschädigten-Fürsorge unerhört hoher Betrag scheint und ein mündliches erklärendes Wort doch nützlich wäre.

Damit Du jedenfalls ein Bild des Dr. F. im Umriß hast: er ist dreiviertel Tscheche, ganzer Sozialdemokrat, seine Muttersprache ist Deutsch (Du sprichst natürlich ungescheut deutsch mit ihm, so wie auch ich immer), hat eine schwere Jugend gehabt, war unter anderem Sekretär des alten Klaar von der »Vossi-schen«, für Literatur hat er ein ursprüngliches Nichtinteresse, hat jetzt im vier-zigsten bis fünfzigsten Jahr ein tschechisches Schreibmaschinenfräulein geheira-tet, sein Schwiegervater ist ein armer Tischler – also alles in allem ein Mann, mit dem sich sehr gut und sehr offen sprechen läßt. Sagst Du ein lobendes Wort nebenbei darüber, wie er sich seiner Sache hingibt, kannst Du ihn glücklich ma-chen und hast keine Unwahrheit gesagt, übrigens wird er Dich vielleicht, eine kleine Schwäche, selbst halb gegen seinen Willen dazu herausfordern. Bleib aber nicht lange bei ihm, er hat sehr viel zu tun, vergißt es im Gespräch und bereut dann, es vergessen zu haben. Besonders die Sorge P's um seine Schwester wird ihn rühren. Was das bedeutet, weiß er aus eigener Erfahrung.

Der Referent für Kriegsblindenfürsorge, zu dem er Dich vielleicht führen wird (ohne aber die einmal übernommene Sache aus seiner Hand zu geben), ist Konzipist, Dr. (er ist nicht Dr., aber nenn ihn so) T. Der ist allerdings sehr an-ders, war im Krieg, äußerst regelmäßiges Gesicht, bleich, mager, mittelgroß, ei-nige tiefe Falten der Korrektheit im Gesicht, spricht sehr langsam, schnarrend, ohne daß das Gesagte meistens die großen Pausen, Betonungen und Lippenan-spannungen rechtfertigen würde – und ist also im ganzen eher abschreckend, aber nach meinen Erfahrungen hat das nicht viel zu bedeuten, er ist ein ganz guter und angenehmer Mensch, seinem Tempo muß man sich allerdings fügen.

Vielleicht mischt sich dann, wenn ich erwähnt werde, auch sein Zimmer-nachbar Herr Vizesekretär K. (ich schreibe es der Deutlichkeit halber noch ein-mal: K., es ist ein wirklicher, nicht ein von Dir erfundener Name) ins Gespräch, er ist mein nächster Kollege, von hier aus liebe ich ihn geradezu (Dr. F. liebt ihn nicht) und so wirst Du allmählich von drei Freunden umgeben sein, die hof-fentlich alles für Herrn P. zum Guten führen werden.

Daß die Sommerwohnung sich nicht ermöglichen läßt, hat mir sehr leid getan, trotzdem ich auch kaum meine Sommerwohnung hier haben werde. –

Kierkegaard ist ein Stern, aber über einer mir fast unzugänglichen Gegend, es freut mich, daß Du ihn jetzt lesen wirst, ich kenne nur »Furcht und Zittern«. – Willst Du nicht Krastik mir oder uns im Manuskript schicken? Du hast hier drei treue Leser, eden in seiner Art. Herzliche Grüße Dir und Deiner lieben Frau.

An Max Brod

[Zürau, Anfang November 1917]

Liebster Max, heute hatten wir Besuch, sehr gegen meinen Willen, das Bureaufräulein (nun, Ottla hatte sie eingeladen), außerdem aber als ein Mitgebrachtes noch einen Bureauherrn (Du erinnerst Dich vielleicht: wir gingen einmal in der Nacht mit irgendwelchen Gästen über den Quai, ich drehte mich nach einem Paar um, das war eben dieses), einen an sich ausgezeichneten und mir auch sehr angenehmen und interessanten Menschen (katholisch, geschieden), aber eine Überraschung, wo doch schon ein angemeldeter Besuch Überraschung genug ist. Solchen Dingen bin ich nicht gewachsen und ich durchlief von flüchtiger Eifersucht, großer Unbehaglichkeit, Hilflosigkeit gegenüber dem Mädchen (ich riet ihr, unüberzeugt, den Mann zu heiraten), bis zu vollständiger Öde den ganzen langen Tag, wobei ich noch ganz häßliche Zwischengefühle verschweige; beim Abschied war auch ein wenig Trauer, die höchste Sinnlosigkeit, irgendein Einfall des Magens oder sonst etwas. Im Ganzen war es ein Besuchstag wie alle, nämlich lehrreich, eine einförmige Lehre, die man aber nicht oft genug repetieren kann.

Ich erzähle das nur wegen einer Sache, die zu unsern Gesprächen Beziehung hat, wegen jener »flüchtigen Eifersucht«. Es war der einzige gute Augenblick des Tages, der Augenblick, wo ich einen Gegner hatte, sonst war »freies Feld«, fast abschüssig.

Nach Frankfurt schicke ich nichts, ich fühle es nicht als eine Sache, die mich zu kümmern hat; schicke ich es, tue ich es nur aus Eitelkeit, schicke ich es nicht, ist es auch Eitelkeit, aber nicht nur Eitelkeit, also etwas Besseres. Die Stücke, die ich schicken könnte, bedeuten für mich wesentlich gar nichts, ich respektiere nur den Augenblick, in dem ich sie geschrieben habe, und nun soll sie eine Schauspielerin, die für ihren Vorteil viel Wirksameres finden wird, aus dem Nichts, in das sie schnell oder langsamer hinunterfallen, für einen Augenblick eines Abends hochheben? Das ist sinnlose Mühe.

Atemnot und Husten. Du hast an sich nicht Unrecht, ich bin auch seit Prag viel aufmerksamer als früher. Es ist möglich, daß ich anderswo mehr im Freien liegen würde, stärkendere Luft hätte u. dgl., aber – und das ist für meinen Nervenzustand und dieser für meine Lungen sehr wesentlich – ich würde mich sonst nirgends so wohl befinden, nirgends so wenig Ablenkungen haben (bis auf die Besuche, aber auch diese tauchen in ihrer Vereinzeltheit in das friedliche

Leben ohne allzu große Spur), nirgends mit weniger Trotz, Galle, Ungeduld die Haus- und Hotelwirtschaft ertragen als hier bei meiner Schwester. In meiner Schwester ist irgendein fremdes Element, dem ich mich in dieser Form am ehesten fügen kann. (Die »Angst um die Persönlichkeit«, die Stekel einmal mir und der Unmenge ebenso Kranker nachgesagt hat, habe ich ja tatsächlich, finde es aber, selbst wenn man es nicht der »Angst um sein Seelenheil« gleichsetzt, sehr natürlich; immer bleibt doch die Hoffnung, daß man einmal »seine Persönlichkeit« brauchen oder daß sie gebraucht werden wird, daß man sie also bereit halten muß.) Nirgends nun stehe ich hinter einem mir fremden Element so fest wie hinter meiner Schwester. Hier kann ich mich fügen; dem Vater, der auf dem Boden liegt, kann ich mich fügen. (Täte es ja auch so gern dem Aufrechtstehenden gegenüber, darf es aber nicht.)

Du hast mir drei Stücke aus dem Roman vorgelesen. Die Musik des ersten, die starke Klarheit des dritten, gingen mir ohne weiteres glückbringend ein (im ersten fuhren einem die tatsächlichen »jüdischen Stellen« ein wenig störend über die Augen, als würden im dunklen Saal bei einzelnen Stellen alle Lichter schnell auf- und abgedreht). Wirklich stocke ich nur gegenüber dem zweiten, nicht aber wegen der Einwände, die Du erwähntest. Das Kugelspiel, ist es ein jüdisches Spiel in Deinem Sinn des Jüdischen? Jüdisch höchstens darin, daß Ruth für sich ein anderes Spiel gespielt hat, aber darum geht es doch nicht. Ist diese Strenge des Spiels eine Selbstquälerei und Quälerei des Geliebten, dann verstehe ich sie, ist sie aber selbständige Überzeugung, die keinen geraden ursächlichen Zusammenhang mit Ruths oder mit Deinen Lebensverhältnissen hat, dann ist es eine verzweifelte Überzeugung, die eigentlich nur im Traum, wie es auch geschieht, ein Palästina vor sich sehen kann. Das Ganze ist doch fast ein Kriegsspiel, aufgebaut auf der berühmten Durchbruchsidee, eine Hindenburgangelegenheit. Vielleicht mißverstehe ich Dich, aber wenn es nicht zahllose Möglichkeiten der Befreiung gibt, besonders aber Möglichkeiten in jedem Augenblick unseres Lebens, dann gibt es vielleicht überhaupt keine. Aber ich mißverstehe Dich wirklich. Das Spiel wird ja fortwährend wiederholt, durch den augenblicklichen Fehltritt ist nur der Augenblick verloren, nicht alles. Dann müßte es aber gesagt werden, schon aus krankenschwesterlicher Rücksichtnahme.

Franz

Von Wolff heute Abrechnung über 102 Stück »Betrachtung« 16/17, erstaunlich viel, aber die durch Dich versprochene Abrechnung schickt er nicht, auch über »Landarzt« nichts.

Beiliegend Deine Nährpflicht-Erklärung, die Du in dem Heft vergessen hattest. Bitte, Max, »die Jüdische Rundschau« immer schicken. – Ottla will übrigens in vierzehn Tagen nach Prag kommen und mich pensionieren lassen.

An Felix Weltsch

[Zürau, Anfang November 1917]

Lieber Felix, wäre ich damals im Theater gewesen, hättest Du gewiß mitkommen müssen und Du hättest, glaube ich, eine gute Vorstellung von Zürau zurückgebracht. Aber am nächsten Vormittag hatte ich noch einiges zu tun, war dann bei Max, Deine wirkliche Person war nicht da, Gelegenheit zu der notwendigen Besprechung fehlte, ein vorigen Tags abgeschicktes Telegramm hinderte mich länger zu bleiben, ein vom Zahnarzt abgebrochener Zahn konzentrierte meine Gedanken zu sehr, an Entschlußkraft bin ich in Prag auch nicht gewachsen, so blieb es dabei und ich fuhr allein. Zürau habe ich unenttäuschbar wiedergefunden. Es besonders zu loben, wie es die Wahrhaftigkeit verlangt, ist allerdings jetzt nicht der Augenblick, da ich den Magen ein wenig verdorben habe, zu bisher nicht nachgeprüfter Tageszeit unerwarteter Lärm rings im Hause sich zeigt und eine gelegentliche Revision meiner Bestände (gewiß in vernünftiger Absicht) stört. Ich habe eben von allem Anfang an von Prag her viel Sauerei in diese Gegend gebracht; damit muß ich immer rechnen. Landwirtschaftliches Denken, in gewissem Sinn, wird hier immer nützlich sein.

Einen starken Gegensatz zu dem Leben hier gibt das Leben in Deiner Wohnung ab, darum denke ich manchmal daran. Es hat mich überrascht. Deine vorige Wohnung war schon üppig, diese aber ist es bis zur Brutwärme. Aber was für eine Unabhängigkeit des Geistes mußt Du haben und wie sorgfältig muß er aufs Gleichgewicht hin organisiert sein, daß Du es nicht nur ohne Schaden erträgst, wie ich es nach allem sagen muß, sondern daß Du Dich darin auch ohne jede innere Absperrung bewegen kannst, es aufnimmst, zwar nicht als Dein eigenes, aber als ein Dir freundliches Element. Max hat vielleicht doch Recht, wenn er Dich so hoch stellt, daß Du nur die Spitzen, aber nicht mehr den Grund der großen Ruinenhaftigkeit siehst. Aber man will doch eine Warnung sagen und kanns nicht mit Überzeugung und bleibt in häßlicher Schwebe.

Meine Reise nach Prag hat mich unter anderem auch um einen halben Brief von Dir gebracht. Ich bitte zum Ersatz nur um zweierlei in Kürze: was hat es damit auf sich, daß Du gegenüber der Entwicklung, die Deine Ethik in der Zeit nimmt, zögerst und zweitens wie steht es mit den Kursen (Junges Deutschland), die doch auch zu den halbbezwungenen Dämonen Deines Lebens gehören?

Franz

[Randbemerkung:] Jetzt gehst Du wohl viel zu Urania-Vorträgen? – Keine Antwort von Wolff?

An Max Brod

[Postkarte. Zürau, Stempel: 13.XI. 1917]

Liebster Max, vorläufig nur diese Karte zur Bestätigung der Karte, des Briefes und der Drucksachen (Jüdische Rundschau, Aktion, Extrablatt Selbstwehr). Unverständlicher Weise kamen Brief und Karte erst heute am 13., aber es macht nichts, die Freude über Deine Briefe hat etwas von der Zeit Unabhängiges. – Langer kann ich in dieser Weise nicht helfen. Die Anstalt ist für Juden unzugänglich. Nur zu meinem Spaß das Attentat auf den Direktor ausführen zu lassen, welches die Bitte eines Neuaufzunehmenden bedeuten würde, Samstag nicht arbeiten zu müssen – das will ich nicht. Es ist unverständlich wie die zwei Juden, die dort sind (durch Hilfe des dritten Juden) hineinkamen und es wiederholt sich nicht. Aber vielleicht gibt es in unserem Geschäft eine Möglichkeit, wenn man das – warum dürfte man das nicht? – dem Vater gegenüber verantworten kann. Willst Du Dich dort einmal aufhalten und mit der Mutter, Schwester oder Kusine sprechen, ich werde es anzeigen. Aber Langer ist stark, warum geht er nicht zu irgendeinem jüdischen Pächter? – Der »Gruß an Onkel Franz« ist sehr hübsch, aber sanft. Eine Tante kann den nicht schlagen, den ihr Neffe liebt.

Franz

Ottla hält die Aufnahme L's bei uns für ausgeschlossen und sie kennt den Vater und das Geschäft besser.

An Max Brod

[Zürau, Mitte November 1917]

Liebster Max, was ich tue, ist etwas einfaches und selbstverständliches: Ich habe in der Stadt, in der Familie, dem Beruf, der Gesellschaft, der Liebesbeziehung (setz sie, wenn Du willst, an die erste Stelle), der bestehenden oder zu erstrebenden Volksgemeinschaft, in dem allen habe ich mich nicht bewährt und dies in solcher Weise, wie es – hier habe ich scharf beobachtet – niemandem rings um mich geschehen ist. Es ist das ja im Grunde die kindliche Meinung (»so gemein wie ich ist niemand«), die sich später zu neuem Schmerz widerlegt, in dieser Beziehung aber (es handelt sich hier nicht mehr um Gemeinheit oder Selbstvorwürfe, sondern um die offenbare innere Tatsache des Sich-Nicht-Bewährens) ist diese Meinung aufrecht geblieben und bleibt. Ich will mich nicht des Leidens rühmen, welches dieses nichtgelebte Leben begleitete, es erscheint auch (und dies auf allen kleinen Stationen seit jeher) im Rückblick unverdient geringfügig gegenüber den Tatsachen, deren Druck es zu widerstehen hatte, immerhin war es zu groß, um weiterhin ertragen werden zu können, oder wenn es nicht zu groß war, so war es doch jedenfalls zu sinnlos. (In diesen Niederungen ist vielleicht die Frage nach dem Sinn erlaubt.) Der nächste Ausweg, der sich, vielleicht schon seit den Kinderjahren, anbot, war, nicht der Selbstmord, sondern der Gedanke an ihn. In meinem Fall war es keine besonders zu konstruierende Feigheit, die mich vom Selbstmord abhielt, sondern nur die gleichfalls in Sinnlosigkeit endigende Überlegung: »Du, der Du nichts tun kannst, willst gerade dieses tun? Wie kannst Du den Gedanken wagen? Kannst Du Dich morden, mußt Du es gewissermaßen nicht mehr. U.s.w.« Später kam langsam noch andere Einsicht hinzu, an Selbstmord hörte ich auf zu denken. Was mir nun bevorstand, war, wenn ich es über verwirrte Hoffnungen, einsame Glückzustände, aufgebauschte Eitelkeiten hinweg klar dachte (dieses »hinweg« gelang mir ja eben nur so selten, als das Am-Leben-Bleiben es vertrug): ein elendes Leben, elender Tod. »Es war, als sollte die Scham ihn überleben« ist etwa das Schlußwort des Prozeßromans.

Einen neuen, in dieser Vollständigkeit bisher nicht für möglich gehaltenen Ausweg, den ich aus eigenen Kräften (soweit die Tuberkulose nicht zu »meinen Kräften« gehört) nicht gefunden hätte, sehe ich jetzt. Ich sehe ihn nur, ich glaube ihn nur zu sehn, ich gehe ihn noch nicht. Er besteht darin, er würde darin bestehn, daß ich nicht nur privat, nicht nur durch Beiseite-Sprechen, sondern offen, durch mein Verhalten eingestehe, daß ich mich hier nicht bewähren kann. Ich muß ja zu diesem Zweck nichts anderes tun, als die Umrisse meines bisherigen Lebens mit voller Entschiedenheit nachziehen. Die nächste Folge würde dann sein, daß ich mich zusammenhalte, mich nicht in Sinnlosem verzettle, den Blick frei halte.

Das wäre die Absicht, die, selbst wenn sie ausgeführt wäre – sie ist es nicht – nichts »Bewundernswertes« an sich hätte, nur etwas sehr Folgerichtiges. Nennst Du es bewundernswert, macht es mich eitel, macht mir Orgien der Eitelkeit, trotzdem ich es besser weiß. Das ist schade. Schon das Nichtige eines Kartenhauses fällt zusammen, wenn der Künstler sich aufbläst. (Glücklicherweise ein falscher Vergleich.)

DeinenWeg nun sehe ich, wenn es hier ein Sehen gibt, ganz anders. Du bewährst Dich, also bewahre Dich. Du kannst das Widerstrebende zusammenhalten, ich nicht oder wenigstens noch nicht. Unsere immer enger werdende Nähe wird darin bestehn, daß wir beide »gehn«; bisher fühlte ich mich zu oft als Deine Last.

Was Du »Verdacht« nennst, scheint mir manchmal nur das Spiel überschüssiger Kräfte zu sein, die Du, bei noch unvollständiger Konzentration, Deiner Literatur oder dem Zionismus, die ja eines sind, vorenthältst. In diesem Sinne also, wenn Du es willst, ein »begründeter Verdacht«.

Damit, daß Deine Frau die Geschichte vorliest, bin ich natürlich einverstanden, *mit der Veranstaltung selbst gar nicht.* Der Einwand der gleiche wie gegen Frankfurt. Du hast das Recht aufzutreten, ich, vielleicht auch Fuchs und Feigl (Adresse »Union«) das Recht still zu sein, und das sollten wir ausnützen.

Wie verhältst Du Dich zum »Daimon«? Schreibe mir bitte die Adresse von

Werfel. Wenn mir eine Zeitschrift längere Zeit hindurch verlockend schien (augenblicksweise natürlich jede), so war es die von Dr. Gross, deshalb weil sie mir, wenigstens an jenem Abend, aus einem Feuer einer gewissen persönlichen Verbundenheit hervorzugehen schien. Zeichen eines persönlich aneinander gebundenen Strebens, mehr kann vielleicht eine Zeitschrift nicht sein. Aber »Daimon«? Von dem ich nichts kenne als das Bild seines Redakteurs im »Donauland«.

Wenn ich jetzt noch hinzufüge, daß ich vor einiger Zeit Werfel im Traum einen Kuß gegeben habe, falle ich mitten in das Blühersche Buch hinein. Darüber aber nächstens. Es hat mich aufgeregt, zwei Tage lang mußte ich deshalb das Lesen unterbrechen. Im übrigen hat es das mit allem Psychoanalytischem gemein, daß es im ersten Augenblick erstaunlich sättigt, man aber kurz nachher den gleichen alten Hunger wieder hat. Psychoanalytisch »natürlich« sehr leicht zu erklären: Eil-Verdrängung. Der Hofzug wird am schnellsten befördert.

Jetzt noch: Gesundheit ausgezeichnet (nicht einmal der Professor sprach vom Süden), Besuchsankündigung lieb und gut, Geschenkauffassung sehr fragwürdig, wird nächstens widerlegt.

Franz

Nein, die Widerlegung noch jetzt, weil sie zu schlagend ist. Wir »schenken« ausschließlich zu unserem Vergnügen, und zwar sowohl zu Euerem gefühlsmäßigen als auch materiellen Schaden. Denn wenn wir nicht »schenken«, sondern verkaufen würden, würden wir natürlich viel mehr schicken als bisher, Ihr würdet durch die Differenz der hiesigen und der Prager Preise weit mehr verdienen als der Wert des »Geschenkten« beträgt und hättet außerdem mehr Lebensmittel. Das tun wir nun aber nicht, wir schädigen Euch und »schenken« rücksichtslos, weil es uns Freude macht. Duldet es deshalb. Wir schicken ja nur wenig und es wird immer weniger.

An Elsa Brod
[Postkarte. Zürau, Mitte November 1917]

Liebe Frau Elsa, gewiß! Vermeiden Sie aber, daß es irgendwie in der Zeitung erwähnt wird. Was Sie auch wählen, es ist ja eine Kleinigkeit, die sich als Zugabe vielleicht eignet und sonst nicht zu erwähnen ist. Und sollte im Text etwas Schmutziges sein, lassen Sie es nicht aus; wollte man wirklich reinigen, wäre ja kein Ende. Und viel Glück! Sie haben einmal das Lied aus der »Höhe des Gefühls« so schön gelesen. Vielleicht ergänzt sich Ihre rezitierende Stimme mit Musik so gut. Versuchen Sie es doch einmal mit einem Melodrama trotz aller Abneigungen. – Sie allein werden diesmal lesen?
Herzliche Grüße

Kafka

An Felix Weltsch

[Zürau, Mitte November 1917]

Lieber Felix, der erste große Fehler von Zürau: eine Mäusenacht, ein schreckliches Erlebnis. Ich selbst bin ja unangetastet und mein Haar ist nicht weißer als gestern, aber es war doch das Grauen der Welt. Schon früher hatte ich es hie und da (ich muß jeden Augenblick das Schreiben unterbrechen, Du wirst den Grund noch erfahren), hie und da in der Nacht zart knabbern gehört, einmal war ich sogar zitternd aufgestanden und habe nachgesehn, es hörte dann gleich auf – diesmal aber war es ein Aufruhr. Was für ein schreckliches stummes lärmendes Volk das ist. Um zwei Uhr wurde ich durch ein Rascheln bei meinem Bett geweckt und von da an hörte es nicht auf bis zum Morgen. Auf die Kohlenkiste hinauf, von der Kohlenkiste hinunter, die Diagonale des Zimmers abgelaufen, Kreise gezogen, am Holz genagt, im Ruhen leise gepfiffen und dabei immer das Gefühl der Stille, der heimlichen Arbeit eines gedrückten proletarischen Volkes, dem die Nacht gehört. Um mich gedanklich zu retten, lokalisierte ich den Hauptlärm beim Ofen, den die Länge des Zimmers von mir trennt, aber es war überall, am schlimmsten, wenn einmal ein ganzer Haufen irgendwo gemeinsam hinuntersprang. Ich war gänzlich hilflos, nirgends in meinem ganzen Wesen ein Halt, aufstehn, anzünden wagte ich nicht, das Einzige waren einige Schreie, mit denen ich sie einzuschüchtern versuchte. So verging die Nacht, am Morgen konnte ich vor Ekel und Traurigkeit nicht aufstehn, blieb bis 1 Uhr im Bett und spannte das Gehör, um zu hören, was eine Unermüdliche den ganzen Vormittag über im Kasten zum Abschluß dieser Nacht oder zur Vorbereitung der nächsten arbeitete. Jetzt habe ich die Katze, die ich im Geheimen seit jeher hasse, in mein Zimmer genommen, oft muß ich sie verjagen, wenn sie auf meinen Schoß springen will (Schreibunterbrechung); verunreinigt sie sich, muß ich das Mädchen aus dem Erdgeschoß holen; ist sie brav (die Katze), liegt sie beim Ofen, und beim Fenster kratzt unzweideutig eine vorzeitig erwachte Maus. Alles ist mir heute verdorben, selbst der gute dumpfe Geruch und Geschmack des Hausbrotes ist mäusig.

Im Übrigen war ich schon unsicher, als ich gestern Abend zu Bett ging. Ich hatte Dir schreiben wollen, auch zwei Seiten zweier Briefe geschrieben, aber es gelang nicht, ich kam nicht bis zum Ernst der Sache vor. Vielleicht auch deshalb, weil Du im Anfang Deines Briefes so unernst von Dir sprichst, Dich verlachst, wo unmöglich etwas zum Verlachen sein kann. Mit dem Gewissensleichtsinn, den Du vorgeblich hast, wärest Du gewiß nicht so alt geworden, ich meine: unter sonst gleichen Umständen. Es kann also nicht so sein, daß neben dem »felsenfesten Glauben« die »leichtsinnigen Theorien« stehn, die ihn doch im Grunde beseitigen, und neben diesen der »Denkzipfel«, der wieder sie beseitigt, so daß schließlich nur der »Denkzipfel« übrigbleibt oder vielmehr auch er nicht, denn aus sich heraus kann er sich allein nicht schwenken. So wärest Du also glücklich ganz beseitigt, glücklicher Weise bist Du aber doch vorhanden und das ist das Schöne. Darüber aber müßtest Du Dich wundern, es als geistige Leistung bewundern, also mit Max und mir einig sein.

Auch sonst hast Du nicht eigentlich Recht. (Wunderbar, sie wittert etwas und wagt sich im Sprung in das Dunkel hinter dem Kasten! Jetzt sitzt sie beim Kasten und wacht. Wie mir leichter wird!) Glaube einem Rattenhöhlenbesitzer, daß Deine Wohnung üppig ist, und es stört (abgesehen von anderem, das Dich eben bewundernswerter Weise nicht stört) dadurch, daß das »räumliche Zuviel« das »zeitliche Zuwenig« bewirkt. Deine Zeit liegt eben z. B. als Teppich im Vorzimmer. Mag sie dort liegen, sie ist schön als Teppich und gut als Hausfrieden, aber die künftige Zeit soll unverwandelt bleiben, für Dich und alle.

Meine Frage nach der Ethik war, wie ich jetzt sehe, eigentlich eine Bitte nach schriftlichen Vorlesungen, die ich als Ungeheuerlichkeit zurücknehme. Allerdings weiß ich dann mit Deiner Bemerkung über Glaube und Gnade und das Auseinandergehn mit Max oder gar mir nichts anzufangen.

Meine Gesundheit ist recht gut, vorausgesetzt, daß die Mäusefurcht der Tuberkulose nicht zuvor kommt.

Noch eine interessante Einzelheit aus dem militärischen Programm der Mittelmächte für 1918: Meiner Enthebung ist als Endtermin der 1.1.1918 gegeben. Hier ist Hindenburg einmal zu spät gekommen.

Herzliche Grüße Dir und Deiner Frau (bei der ich ja seit der Taschengeschichte leider nichts mehr zu verlieren habe).

Franz

An Max Brod

[Zürau, 24. November 1917]

Lieber Max, viel freie Zeit, aber zum Briefeschreiben merkwürdigerweise doch nicht. Rechne es nach: Seit der Mäuseplage, von der Du vielleicht schon gehört hast (lange Unterbrechung, mußte eine Schachtel und einen Topf bemalen), habe ich eigentlich kein Zimmer. Mit der Katze, aber nur mit ihr, kann ich dort knapp übernachten, aber dort etwa zu sitzen, um einmal hinterm Korb, einmal beim Fenster es rascheln zu hören (man hört Kralle für Kralle), dazu habe ich keine Lust, aber auch die Katze, die übrigens ein äußerst gutes kindliches Tier ist, während des Schreibens oder Lesens zu überwachen, sich davor bewahren, daß sie auf den Schoß springt oder rechtzeitig mit der Asche dabei sein, wenn sie ihre vielfache Sache abtut, ist sehr umständlich; ich bin, kürzer gesagt, auch mit der Katze nicht gern allein beisammen, sind Leute dabei, verliert es fast jede Peinlichkeit, sonst aber ist es schon lästig genug, vor ihr sich auszuziehn, zu turnen, ins Bett zu gehn.

Bleibt mir also nur das Zimmer der Schwester, ein sehr angenehmes Zimmer, der Schrecken, mit dem man es vielleicht zum erstenmal von der Schwelle überschaut (ebenerdig, vergitterte Fenster, abbröckelnde Mauer) ist ganz unberechtigt, aber Gelegenheit zum Schreiben, wenn man abend schreiben will, gibt es als gemeinsames Zimmer natürlich wenig. Bei Tag aber – die Tage sind so kurz, wenn man im Bett frühstückt, spät aufsteht und es fast um zwei Uhr in dem ebenerdigen Zimmer schon dunkel wird – bei Tag aber, es sind nicht viel mehr als drei Stunden, vorausgesetzt daß der Himmel nicht stark bewölkt ist, dann sind es noch weniger und werden in den Winter hinein noch weniger werden, liege ich entweder im Freien oder beim Fenster und lese; diese Zeit, wo man zwischen Dunkel und Dunkel aus einem Buch etwas erschnappen will (und dazwischen säubern doch auch Honved das Piavedelta, aus Tirol wird der Stoß geführt, Jaffa erobert, Hantke empfangen, Mann hat mit einer Vorlesung großen Erfolg, Essig gar keinen, Lenin heißt nicht Zederblum sondern Uljanoff u.dgl.) diese Zeit also will man nicht zum Schreiben verwenden und kaum will man nicht, ist es schon finster und man sieht nur noch die Gänse undeutlich draußen im Teich, diese Gänse, die (davon könnte ich viel erzählen) sehr widerlich wären, wenn man nicht noch widerlicher mit ihnen umgehen würde. (Heute lag eine abgeschlachtete Stopfgans draußen in der Schüssel, anzusehen wie eine tote Tante.)

Also keine Zeit, das wäre bewiesen, bliebe noch zu beweisen, daß es so richtig ist. Es ist richtig. Ich weiß es nicht immer, das ist aber mein Fehler und ich erkenne ihn auch immer, sogar noch einen Augenblick früher, ehe ich ihn mache. Hätte ich noch die alten Prinzipien: – meine Zeit ist der Abend und die Nacht, – wäre es schlimm, besonders auch, da es mit dem Licht Schwierigkeiten gibt. Da es aber nicht mehr so ist, ich ja gar nicht schreibe, mich vor mäuseloser beleuchteter Abend- und Nachtruhe zwar nicht fürchten würde, aber auch nicht auf sie abziele, die freie Zeit vormittag im Bett, (kaum ist die Katze am Morgen weggeschafft, fängt es allerdings schon irgendwo hinterm Schrank zu kratzen an. Mein Gehör hat sich tausendmal verfeinert und ist ebensoviel unsicherer geworden, streiche ich mit dem Finger übers Leintuch, weiß ich nicht mehr ganz bestimmt, ob ich nicht eine Maus höre. Aber Phantasien sind die Mäuse deshalb nicht, mager kommt abends die Katze zu mir herein und wird am Morgen dick hinausgetragen), die paar Augenblicke beim Buch (jetzt Kierkegaard), gegen Abend ein Spaziergang auf der Landstraße, mir als Alleinsein genügen und nur immer voller erfüllt sein wollten, ist äußerlich keine Klage nötig, es wäre denn, daß es demütigend ist, umsorgt und von fremder Arbeit umgeben zu sein, während man, ohne die sichtbaren Zeichen der Krankheit zu haben, doch zu irgendwie ansehnlicher Arbeit äußerlich unfähig ist. Ich habe letzthin nur ganz wenig im Gemüsegarten zu arbeiten versucht und fühlte es nachher stark genug.

Ottla ist in Prag, vielleicht bringt sie mir noch genauere Nachricht über den Wiener Abend. Besseres als Jugend konntest Du im Saal nicht haben. Auch ich habe ein ähnliches Vertrauen zu ihr, trotzdem ich es zu meiner Jugend gar nicht hatte und hätte es doch einfach als Jugend, als zukunftlose, lediglich junge Jugend ebenso verdient. Wie schön muß es sein, dieses Vertrauen beweisen zu können, wie Du z.B. letzthin in Komotau, wo Rührung (Du schriebst davon) durchaus meine Sache war.

Franz

Ich merke jetzt, daß ich gestern Abend alles, d.h. meine innere Situation zu leicht und leichthin gesehen habe.

Sendung 5 (Rundschau, Hiller, Marsyas) angekommen.

Was macht Oskar? Ich schreibe ihm gar nicht und er schickt mir den versprochenen Roman nicht. Aber zu Neujahr kommt Oskar für einige Tage her.

Eine Neuigkeit: den ganzen Vormittag habe ich die Ohren gespitzt und jetzt sehe ich neben der Tür ein frisches Loch. Also auch hier Mäuse. Und die Katze heute unwohl, erbricht fortwährend.

An Oskar Baum

[Zürau, Ende November/Anfang Dezember 1917]

Lieber Oskar, ich habe gar nicht geschrieben und Du hast gar nicht den versprochenen Roman geschickt. Das ist das Äußerliche, sonst aber hat sich hier nichts verändert, und drüben hoffentlich auch nicht.

Zürau ist schön wie immer, nur wird es winterlich, der Gänseteich vor dem Fenster friert schon manchmal zu, schön schleifen die Kinder, und mein Hut, der mir im Nachtsturm in den Teich fliegt, muß am Morgen fast losgeeist werden. Mäuse haben sich fürchterlich gezeigt, was Dir unmöglich verborgen geblieben sein kann, ich habe sie mit der Katze, die ich immer abends über den Ringplatz »warm im Arm« nach Hause trage, ein wenig vertrieben, aber schon gestern wieder ist eine rohe Backofenratte, die wahrscheinlich noch niemals in einem Schlafzimmer war, mit einem unerhörten Gepolter bei mir eingebrochen, ich mußte die Katze aus dem Nebenzimmer, wo ich sie wegen meiner Unfähigkeit zur Reinlichkeitserziehung und aus Angst vor Bettsprüngen untergebracht habe, rufen; wie bereitwillig stieg das gute Tier aus einer Schachtel unbekannten Inhalts, die aber jedenfalls nicht zum Schlafen bestimmt ist und meiner Hausfrau gehört; dann wurde es still. Sonstige Neuigkeiten: eine Gans ist totgestopft worden, der Fuchs hat die Räude, die Ziegen waren schon beim Bock (der ein besonders schöner Junge sein soll; eine Ziege, die schon bei ihm gewesen war, lief in plötzlicher Erinnerung den langen Weg von unserem Haus zum Bock noch einmal zurück) und das Schwein soll nächstens glattweg abgeschlachtet werden.

Das ist ein gedrängtes Bild des Lebens und Sterbens, dem Du also Neujahr ganz nahekommen wirst. Wie es mit mir dann sich verhalten wird, weiß ich allerdings noch nicht bestimmt. Nach dem vormonatlichen Ausspruch des Professors müßte ich eigentlich schon im Bureau sein, obwohl ich bürgerlich gewiß nicht gesund bin (sonst allerdings mich gesundheitlich kaum jemals wohler gefühlt habe). Entgehe ich wenigstens noch für die nächste Zeit dem Bureau, worauf (auf das Entgehn nämlich) mein ganzes Wünschen gerichtet ist, dann will ich es so machen: Ende Dezember muß ich jedenfalls nach Prag kommen, denn meine Enthebung geht am 1. Jänner zu Ende und ich muß mich stellen. Da man wohl kein Interesse daran hat, mich in Pleš zu verpflegen, während ich es hier selbst tue, wird man mich (andere Hilfe als den gesunden Verstand des Kommissionsrates werde ich vielleicht auch noch haben) wahrscheinlich wegschicken. Dann nur eiligst wieder nach Zürau und Du könntest ausgezeichnet mit mir fahren. So wäre es am besten, für mich hauptsächlich. Was Dich betrifft, so kommst Du ja ohne Rücksicht auf mein Schicksal jedenfalls hierher. Ottla freut sich sehr. Bett und Katze werden vorbereitet, Schnee und Frost kommen aus eigenem.

Und der Roman?

Herzlichste Grüße Dir, Frau und Kind.

Franz

An Felix Weltsch

[Zürau, Anfang Dezember 1917]

Lieber Felix, schon Max sagte der Ottla, daß es Dir gut geht, und Dein Brief bestätigt es auch gegen Deinen Willen. Was für Arbeit! Drei bis vier Bücher täglich und seien es auch immer die gleichen. Nicht die Menge an sich ist natürlich das Erstaunliche, aber die Stärke des Suchens, die sich darin zeigt. Auch ich lese, vergleichsweise allerdings fast nichts, aber ich kann nur Bücher halten, die mir von Natur sehr nah sind, nah bis zur Berührung, alles andere marschiert an mir vorüber, suchen kann ich es schlecht.

Wenn Du mir eine gutgedruckte und käufliche Ausgabe der »Bekenntnisse« (so heißt das Buch doch wohl) des Augustinus angeben könntest, würde ich es mir gern bestellen. Wer war Pelagius? Vom Pelagianismus habe ich schon so viel gelesen und keinen Hauch behalten, etwas Katholisch-Ketzerisches vielleicht? Wenn Du Maimonides liest, würde Dir vielleicht »Salomon Maimons Lebensgeschichte« (von Fromer bei Georg Müller herausgegeben) etwas beitragen können, auch an sich ein gutes Buch, eine äußerst grelle Selbstdarstellung eines zwischen Ost- und Westjudentum gespenstisch hinlaufenden Menschen. Dann aber auch ein Abriß der Lehre des Maimonides, dessen geistiges Kind er sich fühlte. Aber wahrscheinlich kennst Du das Buch besser als ich.

Daß Du ins Religiöse kommst, wundert Dich? Du hast deine Ethik ursprünglich – das einzige, was ich von ihr bestimmt zu wissen glaube – ohne Fundament gebaut und nun merkst Du vielleicht, daß sie doch Fundamente hat. Wäre das so merkwürdig?

Mäuse vertreibe ich mit der Katze, aber womit soll ich die Katze vertreiben? Du glaubst, Du habest nichts gegen Mäuse; Natürlich, Du hast auch gegen

Menschenfresser nichts, aber wenn sie in der Nacht unter allen Kästen hervorkriechen und die Zähne fletschen werden, wirst Du sie bestimmt nicht mehr leiden können. Übrigens suche auch ich mich jetzt auf Spaziergängen durch Betrachtung der Feldmäuse abzuhärten, sie sind ja nicht übel, aber das Zimmer ist kein Feld und der Schlaf kein Spaziergang.

Trompeten allerdings – auch Deine wird schon austrompetet haben – gibt es hier wieder nicht und die Kinder, die immer großartig gelärmt und mich doch nie wesentlich gestört haben, sind, seitdem der Gänseteich zugefroren ist, auf hundert Schritte Entfernung sogar sanft und schön geworden.

Eine Bitte: Die Tochter eines reichen hiesigen Bauern oder vielleicht des reichsten, ein recht angenehmes, etwa 18jähriges Mädchen, will für ein Vierteljahr nach Prag fahren. Zweck: Tschechisch lernen, Klavierspielfortsetzen, Haushaltungsschule und – was vielleicht der Hauptzweck ist – irgend etwas nicht genau zu umschreibendes Höheres erreichen, denn ihre Stellung hier hat insofern etwas Verzweifeltes, als sie z.B. zwar infolge ihres Vermögens, ihrer Klostererziehung keine ebenbürtige Freundin hier hat und doch auch wieder nicht weiß, wo ihr eigener Platz ist. Auf solche Weise kann auch ein glänzend christliches Mädchen einer Jüdin nicht unähnlich werden. Das alles sage ich übrigens nur auf Grund eines oberflächlichen Eindrucks, ich selbst habe kaum fünfzig Worte mit ihr gesprochen.

Dich bitte ich in dieser Sache deshalb um Rat, weil ich keinen eigenen weiß und weil Du doch so viele Tschechen kennst, die ein solches Mädchen, *dessen Besitz Hungersnot ausschließt,* vielleicht sehr gern in ihre Familie aufnehmen und ihr auch darin, was sie will, wirklich nützen könnten. Der Rat müßte aber bald gegeben werden.

Meine Einrückung macht mir wenig Sorgen, übrigens ist auch gewiß überflüssigerweise noch etwas von der Anstalt veranlaßt worden. Mehr, vielleicht nicht Sorgen, aber Gedanken macht mir mein Verhältnis zur Anstalt, über das doch in allernächster Zeit irgend etwas entschieden werden muß. Ginge es nach dem Professor, müßte ich eigentlich schon im Bureau sitzen.
Herzliche Grüße

Franz

An Max Brod

[Zürau, Anfang Dezember 1917]

Lieber Max, nur Zufall, daß ich erst heute antworte und eben auch die Zimmer-, Licht- und Mäuseverhältnisse. Aber mit Nervosität und einem Stadt-Dorf-Austausch hat das nichts zu tun. Das was ich gegenüber den Mäusen habe, ist platte Angst. Auszuforschen woher sie kommt, ist Sache der Psychoanalytiker, ich bin es nicht. Gewiß hängt sie wie auch die Ungezieferangst mit dem unerwarteten, ungebetenen, unvermeidbaren, gewissermaßen stummen, verbissenen, geheimabsichtlichen Erscheinen dieser Tiere zusammen, mit dem Gefühl, daß sie die Mauern ringsherum hundertfach durchgraben haben und dort lauern, daß sie sowohl durch die ihnen gehörige Nachtzeit als auch durch ihre Winzigkeit so fern uns und damit noch weniger angreifbar sind. Besonders die Kleinheit gibt einen wichtigen Angstbestandteil ab, die Vorstellung z.B., daß es ein Tier geben sollte, das genau so aussehn würde wie das Schwein, also an sich belustigend, aber so klein wäre wie eine Ratte und etwa aus einem Loch im Fußboden schnaufend herauskäme – das ist eine entsetzliche Vorstellung.

Seit ein paar Tagen habe ich einen recht guten, wenn auch nur provisorischen Ausweg gefunden. Ich lasse die Katze während der Nacht im leeren Nebenzimmer, verhüte dadurch die Verunreinigung meines Zimmers (schwer ist, sich in dieser Hinsicht mit einem Tier zu verständigen. Es scheinen lediglich Mißverständnisse zu sein, denn die Katze weiß infolge von Schlägen und verschiedenen sonstigen Aufklärungen, daß die Verrichtung der Notdurft etwas Unbeliebtes ist und der Ort dafür sorgfältig ausgesucht werden muß. Wie macht sie es also? Sie wählt z. B. einen Ort, der dunkel ist, der mir ferner ihre Anhänglichkeit beweist und außerdem natürlich auch für sie Annehmlichkeiten hat. Von der Menschenseite aus gesehn ist dieser Ort zufällig das Innere meines Pantoffels. Also ein Mißverständnis und solcher gibt es so viele als Nächte und Bedürfnisse) und die Möglichkeit des Bettsprungs, habe aber doch die Beruhigung, wenn es schlimm werden sollte, die Katze einlassen zu können. Diese letzten Nächte waren auch ruhig, wenigstens gab es keine ganz eindeutigen Mäuseanzeichen. Dem Schlaf nützt es allerdings nicht, wenn man einen Teil der Katzenaufgabe selbst übernimmt, mit gespitzten Ohren und Feueraugen aufrecht oder vorgebeugt im Bett horcht, aber so war es nur in der ersten Nacht, es wird schon besser.

Ich erinnere mich an die besonderen Fallen, von denen Du mir schon öfter erzählt hast, die sind aber wohl jetzt nicht zu haben, auch will ich sie eigentlich nicht. Fallen locken ja sogar noch an und rotten nur die Mäuse aus, die sie totschlagen. Katzen dagegen vertreiben die Mäuse schon durch die bloße Anwesenheit, vielleicht sogar schon durch die bloßen Ablagerungen, weshalb auch diese nicht ganz zu verachten sind. Auffallend war es besonders in der ersten Katzennacht, welche auf die große Mäusenacht folgte. Es war zwar noch nicht ganz »mäuschenstill«, aber keine lief mehr herum, die Katze saß, verdüstert wegen des ihr aufgezwungenen Lokalwechsels, im Winkel beim Ofen und rührte sich nicht, aber es genügte, es war wie die Anwesenheit des Lehrers, nur noch geschwätzt wurde hie und da in den Löchern.

Du schreibst so wenig von Dir, ich räche mich mit den Mäusen. Du schreibst: »ich warte auf Erlösung«. Glücklicherweise deckt sich Dein bewußtes Denken und Dein Handeln nicht ganz. Wer fühlt sich denn nicht »krank, schuldbewußt, ohnmächtig« im Kampf mit seiner Aufgabe oder vielmehr als Aufgabe, die sich selbst löst? Wer kann erlösen, ohne daß er gleichzeitig erlöst würde? Auch Janáček (um dessen Brief Dich übrigens meine Schwester bittet) läuft am Tage seines Konzertes in Prag herum. Im Übrigen: Du bist nicht wehleidig und das alles sind Augenblicke. Und jene Talmuderzählung würde ich anders erzählen: Die Gerechten weinen, weil sie so viel Leid hinter sich zu haben geglaubt hatten und nun sehen, daß es nichts war im Vergleich zu dem, was sie jetzt sind. Die Ungerechten aber – gibt es solche?

Meinen vorletzten Brief hast Du mit keinem Wort beantwortet, auch Werfels Adresse nicht geschickt, deshalb mußt Du jetzt, bitte, meinen Brief an Werfel selbst schicken. Eine Einladung vom »Anbruch« hast Du wohl veranlaßt?

Franz

An Max Brod
[Postkarte. Zürau, Anfang Dezember 1917]

Liebster Max – eine gute Tat, es war die erste Nachricht hier, ich bekam sie ins Bett, es drehte meine ganzen Morgenphantasien herum. Auch zwei Sendungen bekam ich in der letzten Zeit, heute die zweite (Jüdische Rundschau, Panideal (eine, von der Sache unabhängig, grauenhafte Schrift), Proscenium (Konkurrenzblatt des »Artist«), Kataloge Löwit (die ich mir vielleicht behalten darf), Aktion, Tablettes, Alžběta (Janáčeks Erwähnung einer Leipziger Premiere ist wohl ein Irrtum, er meint die Dresdner? Was stand in der Hudební Revue?) So viel also. Du darfst schenken, wir nicht. Das Buttergeschäft hat hier nicht befriedigt, einen küssen-wollenden Mund klebt man doch nicht mit einer Banknote zu. (Eben höre ich in der Küche, als Unterbrechung eines abscheulichen Liedes, den Schreckensruf: »Eine Maus!« Bleibe kühl.) Eine Bitte, Max: Donauland lädt mich ein, mit einer Nachschrift von Dr. Körner. Ich muß ihm antworten, kann ihm aber die Antwort unmöglich in die Redaktion schicken, besonders mit Rücksicht auf eine gedruckte Bemerkung in der Einladung. Frau Fanta hat aber gewiß K's Privatadresse. Sei so freundlich und verschaff sie mir, aber bald, wenn es möglich ist.

Franz

Bei den Proben in Dresden wirst Du nicht sein?

An Max Brod
[Zürau, Stempel: 10. XII. 1917]

Lieber Max, ein Mißverständnis: keine schlaflosen Nächte wegen der Mäuse außer der ersten wilden Nacht. Ich schlafe überhaupt vielleicht nicht sehr gut, aber im Durchschnitt zumindest so gut wie in den besten Prager Schlafzeiten. Auch die »Feueraugen« bedeuteten nur, daß ich mit Mißlingen Katzenaugen in das Mäusedunkel hinein zu machen versuchte. Und jetzt ist das alles, wenigstens vorläufig, überflüssig, denn eine Schachtel mit Sand nimmt fast alles gesammelt auf, was die Katze früher über Teppiche und Kanapee verstreute. Wunderbar wenn man mit einem Tier einig geworden ist. Wie ein gut erzogenes Kind geht es abend, nachdem es Milch bekommen hat, zur Schachtel, steigt hinein, buckelt sich, weil die Schachtel zu klein ist, und tut, was es muß. Diese Angelegenheit macht mir also augenblicklich keine Sorgen. »Mäuseloses Sanatorium«: »mäuselos« was ja gleichzeitig »katzelos« bedeutet, ist allerdings ein großes Wort, aber nicht so groß, als das Wort »Sanatorium« klein ist und darum will ich doch nicht gern hinein. Meine Gesundheit ist gleicherweise gut: Aussehen befriedigend, Husten, wenn es möglich ist, noch seltener als in Prag, es gibt wohl Tage, ich achte nicht darauf, an denen ich gar nicht huste, die Kurzatmigkeit allerdings dürfte noch ebenso bestehn, d.h. sie kommt bei meinem gewöhnlichen arbeitslosen Leben überhaupt nicht hervor, nicht einmal bei meinen Spaziergängen, nur wenn ich während des Gehns mit jemandem reden soll, – das wird zuviel. Aber das ist eine Begleiterscheinung des ganzen Zustandes, über den sich ja auch der Professor, als ich ihm davon erzählte, und auch Dr. Mühlstein gar nicht aufhielt. Ich weiß nicht, warum sich die Sanatoriumfrage jetzt entscheiden soll, das nicht, aber die Anstaltsfrage wird sich entscheiden, denn wenn ich jetzt zum Professor komme, wird er mich für den Winter in die Anstalt schicken wollen, ich aber werde nicht gehn oder so unendlich zögernd, daß es vom Direktionsfenster aus gesehn, wie ein Nichtgehn aussehn wird. Aber es ist vor allem deshalb kein Spaß, weil sie wahrhaft freundlich zu mir sind und manches manchem insbesondere von manchem nicht begreiflich gemacht werden kann.

Zweites Mißverständnis: ich will Dich nicht trösten, indem ich Dein Kranksein anzweifle. Wie könnte ich es anzweifeln, da ich es doch sehe. Auf Deiner Seite stehe ich nur deshalb entschiedener als Du, weil ich Deine Würde, Deine Menschenwürde dadurch bedroht fühle, daß Du unter dem Kranksein so sehr leidest. Gewiß, es ist leicht in einer ruhigeren Zeit so zu urteilen und Du wirst es ebenso tun, aber ein Vergleich etwa zwischen meinem Früher und Deinem Jetzt müßte doch unterscheiden. War ich verzweifelt, so war ich es unverantwortlich, mein Kranksein und mein-unter-dem-Kranksein-Leiden war eines, ich hatte fast nichts darüber hinaus. So steht es aber mit Dir nicht. In Deinem Fall heißt es nicht: es dürfte, heißt es vielmehr: es darf keinen so starken Angriff geben, daß Du vor ihm so zurückweichst, wie Du es tust oder wie Du, das ist mein Glaube (der Dich nicht trösten soll, sondern nur mein Glaube ist), es zu tun scheinst, Dir selbst zu tun scheinst.

Ich glaube nicht, daß ich Dir einen wesentlicheren Rat hätte geben können, als das geringfügig Unbestimmte, das ich sagte. Ich wäre allerdings noch sehr gern stundenlang in Deinem Bureau mit Dir gesessen, dort war es besonders schön, und hätte Dir zugehört, aber das hätte nur meine Freude, unabhängig vom Gut und Böse des Vorgelesenen ergeben, aber keinen entscheidenden Rat, keinen im Einzelfall brauchbaren Rat. Solche Ratschläge konnte ich niemals geben, jetzt aber aus andern Gründen nicht. Ich glaube, solche Ratschläge können nur aus dem Geiste der Selbstbeherrschungs-Pädagogik, die mir immer hilfloser erscheint, gegeben werden. Mir fällt, sehr undeutlich allerdings, ein Beispiel aus Förster ein, welches zeigt, wie man unfehlbar einem Kinde Überzeugung beibringen kann, daß nicht nur jeder Mensch beim Eintritt ins Zimmer die Tür hinter sich zu schließen hat, sondern unbedingt auch dieses Kind diese Tür. – Eine Aufgabe, der gegenüber ich ratlos wäre, aber der gegenüber ich Ratlosigkeit für richtig halte. Gewiß ist es schwer, die Fähigkeit des Türschließens zu erkitzeln, aber es ist auch sinnlos, es wäre denn, daß es wenigstens unrecht ist. Ich will damit etwa sagen : es ist vielleicht möglich zu raten, aber besser ist Nicht-ablenken. – Max, Du fehlst mir zumindest nicht weniger, aber das Bewußtsein, daß Du lebst, daß ich Dich habe, daß Briefe von Dir kommen, gibt mir in dieser Richtung Ruhe. Und außerdem weiß ich, daß Du das Glück des Romans hast, das Du auf keine Weise entschuldigen kannst.

Franz

[Randbemerkung:] Wegen der Einladung des »Anbruch« fragte ich deshalb, weil ich mir sonst nicht erklären konnte, woher man meine Zürauer Adresse wußte. Die sagtest Du also ihnen doch? Bitte rechtzeitig schreiben, wann Du nach Dresden fährst. Wegen meiner Prager Reise.

An Oskar Baum

[Zürau, Mitte Dezember 1917]

Lieber Oskar, ich komme zwar in den nächsten Tagen zu Dir, aber dieses muß ich doch noch schreiben, weil Du davon schreibst: Das einzige Bedenken, das ich gegen Deinen Besuch habe (abgesehen von meiner allerersten Zürauer Zeit, wo gewisse Angewöhnungen, die im Zuge waren, vielleicht die Notwendigkeit vollständigen Alleinseins glaubhaft machen konnten), ist, daß Dir möglicherweise – und das allerdings sucht mir Ottla auszureden – Zürau oder ich oder sonstwas nicht gefallen könnte. Wird Dir aber etwas hier irgendwelche Freude machen, dann werde ich – das ist gewiß – diese irgendwelche Freude zweifach haben. Darüber müssen wir jetzt nicht mehr spreche.

Das, was ich von den Mäusen geschrieben habe, war natürlich nur Spaß. Ernst nämlich wird es erst dann werden, bis Du die Mäuse wirklich hörst. Ich glaube nicht, daß es einen Schriftsteller- und Musikerschlaf gibt, der ihnen widerstehen könnte, und kein entsprechendes Herz, das, nicht eigentlich von Angst, aber von Ekel und Traurigkeit nicht überliefe. Aber auch das ist nur Spaß, denn ich höre dank der Katze schon seit langer Zeit nichts Verdächtiges, was immerhin schon etwas bedeuten will, denn ich werde in Prag ohne Katze zweifellos hie und da Mäuse hören. Übrigens hat mich jetzt Max auf eine Falle aufmerksam gemacht, die vierzig Mäuse auf einmal (ich weiß nicht ob mit einem Ruck oder allmählich) fangen kann, sie ist schon bestellt und wird sich bei mir wohlfühlen. Und Du unter ihrem Schutz.

Das wäre vorläufig das Wichtigste, alles übrige Wichtige, z. B. über Zürauer Verkehrsformen, nach welchen keine Magd, sondern ein Fräulein die Gänse stopft, u. dgl., werden wir mündlich besprechen, auch den Roman, der nicht kommen will, werde ich mir wohl holen müssen und wir lesen ihn dann zu dritt.

An Josef Körner

[Zürau, Stempel: 17.XII. 1917]

Sehr geehrter Herr Doktor,
Sie waren einmal so freundlich zu mir ins Bureau zu kommen, um wegen D. mit mir zu sprechen; damals sagte ich, daß ich einen Beitrag schicken werde, schickte dann aber nichts. (Sie allerdings versprachen mir, Ihre Schrift über Arnim zu schicken, schickten sie aber auch nicht). Dann erschien Ihr Aufsatz im D., in der mich betreffenden Stelle über alle erdenkbaren Grenzen Lob häufend, was mir eine Orgie der Eitelkeit verursachte und außerdem ein ängstliches Gefühl, Sie so verführt zu haben. Und jetzt kam Ihre Einladung.

Sie erlauben mir gewiß ein offenes Wort: D. scheint mir eine unheilbare Lüge zu sein, er kann die besten Leute um sich haben, der literarische Teil kann, wie es von Ihnen zweifellos geschehen wird, mit bester Absicht und Kraft geführt werden – das Unreine kann nicht rein gemacht werden, wenn es aus seiner Quelle notwendiger Weise immer neue Unreinheit hervorbringen muß. Ich sage damit nichts gegen Österreich, nichts gegen Militarismus, nichts gegen den Krieg, nicht etwas davon ist es, was mich im D. abschreckt, es ist vielmehr die besondere Mischung, die ausgesucht frevelhafte Mischung, aus der die Zeitschrift hervorgekocht worden ist.

Es ist nicht Anmaßung, daß ich Ihnen sehr geehrter Herr Doktor das schreibe. Vom Prager Civilleben oder gar von meiner Landruhe aus (ich bin hier schon ein Vierteljahr, krank, aber nicht wesentlich bedauernswert) würden Sie es gewiß nicht viel anders ansehen, als Mitarbeiter allerdings als gezwungener Mitarbeiter zwar nur, müssen Sie es als immerhin geistige Angelegenheit, die Ihnen anvertraut wird, ernst nehmen und sehen nicht die Zeitschrift vor sich, sondern Ihren eigenen guten Willen, mit dem Sie ihr dienen. Ich für mein Teil kann mir nur 3 Gründe für eine Mitarbeit denken: Erstens den Gedanken daran, daß Sie Redakteur sind. Aber gerade das muß mich abhalten, denn ich will Sie in meiner Erinnerung nicht mit der Tatsache zusammenbringen, daß ich Ihretwegen, und sonst freiwillig, an etwas erkennbar Unwahrem mich beteiligt habe, wozu dann auch noch die Rücksicht darauf kommt, daß Sie für Ihre Zeitschrift natürlich nicht den allergeringsten Schaden durch mein Ausbleiben erleiden, denn die Einladung geht ja nur auf Ihre besondere Freundlichkeit mir gegenüber zurück und auf nichts sonst. Zweitens der Gedanke, daß die Mitarbeit vielleicht für meinen Militärdienst mir irgendwie nützlich sein könnte. Aber das entfällt bei mir, denn ich bin krank.

Drittens die Rücksicht auf ein mögliches Honorar. Aber augenblicklich brauche ich es nicht und für die Zukunft will ich so nicht sorgen.

Das alles könnten unter Umständen vollständig ehrenwerte Begründungen meiner Mitarbeit sein, sie kommen aber eben hier nicht in Betracht.

Es ist nun sehr geehrter Herr Doktor Ihre Sache mir durch Zusendung Ihrer Arnimschrift (Sie sagten, glaube ich, Sie hätten nur ein Exemplar, ich würde es aber sehr bald zurückschicken) zu zeigen, daß Sie im Grunde, selbst wenn Sie das Vorgebrachte nicht ganz billigen sollten, mir doch nicht böse sind. Das wäre mir sehr lieb.

Mit herzlichen Grüßen Ihr ergebener

F Kafka
Zürau P. Flöhau (Böhmen)

An Felix Weltsch

[Zürau, Mitte Dezember 1917]

Lieber Felix!

Wärest Du doch gekommen! Denn, das merke Dir, als Zuflucht (nicht als Ziel, Ziel bin weder ich noch Zürau) gehört Dir ausnahmslos alles, was ich in Zürau bin und habe, alles »mit Mann und Maus«.

Daß solcher Ärger zur Arbeit notwendig ist, glaube ich eigentlich nicht, das zur Arbeit nötige Zufluchtverlangen ist schon durch das allgemeine alte Rippenwunder und die daraus hervorgehende Vertreibung gegeben.

Ich hätte nicht geglaubt, daß es so schwer ist, für ein Mädchen einen Platz zu finden, offenbar gehört die Schwierigkeit zu ihrem Fluch (den sie übrigens, damit Du Dir keine falsche Vorstellung davon machst, sehr munter trägt). Vielleicht finden wir gemeinsam etwas, denn ich komme wahrscheinlich schon übermorgen nach Prag. Was mich betrifft, wäre ich erst später gekommen, aber F. kommt.

Franz

Der Abschluß mit Wolff freut mich sehr.

An Max Brod

[Zürau, 18./19. Dezember 1917]

Lieber Max, ich hätte Dir schon längst für Esther gedankt, aber sie kam gerade in die innerlich schlimmsten Tage – auch das gibt es – die ich bisher in Zürau hatte. Es ist die Unruhe, die Wellenunruhe, die nicht aufhören wird, solange die Schöpfungsgeschichte nicht rückgängig gemacht wird. Aber es ist etwas anderes als Dein Leid, insoferne als niemand außer mir mit hineingezogen wird, es wäre denn die eine, die es vielleicht und hoffentlich allmählich zu fühlen aufhört.

Deine Sache hat also Fortschritte gemacht in einer Richtung, wo ich kaum welche mehr erwartet hätte. Aber immer noch glaube ich, daß die Entscheidung hier weder von rechts noch links, nicht von den Frauen kommen wird. Denn wie es anderswo auch sein mag, ich sehe Dich nicht hier, nicht dort unbedingt lieben, das Negative hier jagt Dich auf und hinüber, das Negative dort jagt Dich wieder zurück, vielleicht kannst Du Dich für Ruth entscheiden, zwischen *diesen* beiden Frauen aber tust Du nicht so, als ob Du es könntest oder als ob es von Dir verlangt würde oder als ob es Deine Sache wäre. Das Weinen scheint nicht dem Ort zu gelten, wo Du es tust, hier weinst Du wegen jener, dort wegen dieser oder wenn auch gewiß nicht in dieser Bestimmtheit, so ruhst Du doch Wohl in keiner. Könnte man das nicht so deuten, daß Du überhaupt aus diesem Kreis verwiesen wirst. Natürlich trägt diese Deutung allzusehr mein Zeichen.

Die Frau tut Übermenschliches? Gewiß. Vielleicht nur Übermännliches, aber auch das ist natürlich übergenug.

»Esther« habe ich Ottla in einem Zug vorgelesen (auch eine Atemleistung, nicht?). Im Ganzen hat sich der Eindruck von Prag bestätigt, also die Bewunderung eines großen Teiles des Vorspieles, fast alles dessen, was Haman gehört, – eine wirklich große Unterbrechung, infolge deren ich das angefangene Blatt zerreiße, hauptsächlich wegen der Unterbrechung. Unser Fräulein war heute in Flöhau und bringt jetzt abend die Post, die ich sonst erst morgen bekommen hätte: Deine Geschenke überwiegen, die Drucksachensendung, die Karte, zu der sich nichts sagen läßt (Werfel bricht immer so aus und ist es bei Dir Gutsein zu mir, so gilt es gern in jeder Weise), dann Zeitung und Selbstwehr, dann ein langer Brief von meinem Oberinspektor (mit dem ich in sehr freundlicher Verbindung bin, er war auch hier zu Besuch), schließlich aber, und das ist die Unterbrechung, ein Brief von F., die ihre Ankunft für Weihnachten anzeigt, trotzdem wir vorher eindeutig über das Sinnlose, ja Böse einer solchen Fahrt uns geeinigt zu haben schienen. Aus verschiedenen des Aufzählens nicht werten Gründen werde ich deshalb wahrscheinlich, trotzdem ich erst nach Weihnachten nach Prag kommen sollte, schon diesen Samstag gegen Abend kommen.

zurück zu Esther so gut es danach geht.

Bewunderung des zweiten Aktes, der mich durchdringt, und des ganzen Anteiles der Juden. Alle Abneigungen gegen Kleinigkeiten, die Du kennst, blieben, da ich sie für mich begründen kann. Aber andererseits wußte ich auch im Voraus, daß ich das Stück anders lesen würde, als in der schlechten Unruhe in Prag. Das Ergebnis dessen aber ist, daß ich das Stück weniger gut zu verstehen glaube und daß mir gleichzeitig die Wichtigkeit des Stückes noch mehr aufgegangen ist. Ich meine damit: ich faßte es auch früher, etwa so wie man etwas am Henkel faßt, als Kunstwerk also, aber ich umfaßte es nicht und dazu reicht mein Verständnis des Stückes nicht hin. Es liegt dies vielleicht an der Grundschwierigkeit, daß etwas notwendig Unwahres dadurch gegeben ist, daß die drei Spieler Haman, König und Esther doch nur Eines sind, eine ebenso künstliche als künstlerische Dreifaltigkeit, die durch ihre ineinander sich wühlenden Teile solche Voraussetzungen, Spannungen, Durchblicke, Folgerungen entstehen läßt, die nur zum Teil, wenn auch zum größten Teil vielleicht, wahr sind oder richtiger unbedingt notwendig sind für die Geschichte der Seele. Ein Beispiel dafür, ein, eben weil ich es nicht ganz fasse, gewiß irriges Beispiel: Haman und Esther springen zu gleicher Zeit, am gleichen Abend auf, wie überhaupt etwas tief Marionettenhaftes drin verborgen ist, im ganzen Stück (in der Verzweiflung des letzten Aktes z. B. die ich in der Aufzählung meiner Stellen vergessen habe). Auch daß Haman zuschauend sieben Jahre an des Königs Tafel sitzt, ist sehr schön und sehr unmenschlich. Aber kommen sie wirklich erst an diesem Abend? Der König hat schon eine wesentliche Lebensperiode hinter sich, er hat gesündigt, gelitten, sich bezwungen und doch verloren, vielleicht liegt das alles eine Ebene tiefer als das, was jetzt geschieht, vielleicht aber ist es auch von oberster Höhe gesehn ganz das Gleiche, jedenfalls war es ohne Haman und Esther nicht möglich; die wiederholten Grottenbesuche deuten es fast an, wie ja überhaupt der König im ersten Akt schon den Schauplatz des Ganzen kennt und versteht, als wäre es ein altes vergangenes Spiel und im Abschiedsgespräch im letzten Akt in einer gewissen Undurchdringlichkeit mehr durchsprochen und durchklagt wird als bloß die Ereignisse des Stückes. Was aber in den Voraussetzungen dieser Szenen zu wenig gesagt wird, entladet sich dann wieder in der Geschichte der Jahrtausende im zweiten Akt. – Dadurch ergeben sich, glaube ich, gewisse das Kunstwerk sogar stärkende, schwer zugängliche Irrwege, die ich nicht gehn kann und die, wenn ich es genau ansehe, etwas in mir zu gehn sich weigert, weil sie ein der Kunst gebrachtes Opfer und Dein Schaden sind. Ich meine: Dein Schaden, sowie etwa in Deinem Roman (wie Du letzthin einmal schriebst), eine Dreiteilung Deines Wesens erfolgt und jeder Teil den andern bedauert und tröstet. Hier ergibt sich vielleicht ein schädigender Gegensatz zwischen Kunst und wahrer Menschlichkeit. Dort wird eine gewisse künstlerische Gerechtigkeit verlangt (die Dich z. B. den König, über den in Wahrheit längst entschieden worden ist, bis ans Ende führen und darüber hinaus in die Zukunft stoßen läßt oder die Dich z.B. dazu bringt, daß Esther, die doch die Welt trägt, im Leben des Stückes klein und unwissend – wie sie ja sein muß, wie es aber in der Perspektive des Stückes einen andern Sinn mitbekommt – neben Haman geht und sie, die Unveränderliche, durch seine Tötung sich im Wesen ändert), hier aber nur entschiedenes Dasein. –

Zu spät und zuviel. Wir sehen uns ja bald. Über diese Dinge kann ich allerdings noch weniger sprechen als schreiben.

Franz

[Randbemerkung:] Falle schon bestellt. – Ja, Anbruch-Adresse von Fuchs, er schrieb mir vom »miesen Anbruch«, zu dem er mich hatte einladen lassen. Ich habe den Leuten schon längst – weil mir das Rundschreiben gefallen hat – aufrichtig die Nicht-Mitarbeit erklärt.

An Elsa Brod

[Zürau,] 19. XII. 1917

Liebe Frau Elsa, es ist ein Augenblicksbrief, im zweiten Augenblick wäre er nicht geschrieben, im dritten nicht weggeschickt worden. Deshalb ist er auch im Wesentlichen irrig und entspricht nicht der Kenntnis menschlicher Dinge, die Sie im Grunde reichlich haben. Wenn wir, liebe Frau Elsa, über Max sprechen wollen, müssen wir doch zuerst auf gleicher Ebene sein, müssen also nur als Maxens Freunde miteinander sprechen, nur als Freunde und alles andere außerhalb lassen, wonach zu greifen ich nicht wage, selbst wenn Sie, im Irrtum des Augenblicks, die Hand mir dorthin führen wollen. Als Freunde aber sind wir weder seine Ärzte, noch seine Lehrer, noch seine Richter, sondern nur Menschen neben ihm, die ihn lieb haben. Als solche aber, glaube ich, dürfen wir ihn, wenn es um sein Ganzes geht, nicht beeinflussen durch Ratschläge, Zuflüsterungen, Andeutungen, sondern nur durch das, was sich ohne weiteres ergibt, also durch unser Dasein, durch Liebe, Güte, Zurückhaltung, Freundschaft. Das haben ja auch Sie getan, ich selbst sah es oft mit Rührung, aber natürlich haben Sie auch mehr als das d. h. also weniger getan, wie eben alle Menschen, denn das was ich oben sagte, ist nur als Ziel gemeint. Auch ich habe, sogar in letzter Zeit (ich glaube, einmal auch in Ihrer Gegenwart) einen Rat zu geben versucht, der vielleicht nicht in Ihrem Sinn, aber durchaus nicht gegen Ihren Sinn war, der aber jedenfalls gegen meinen eigenen Willen war, abgetrotzt durch Maxens Anblick, unter dem Sie allerdings in unaufhörlicher Gegenwart unvergleichlich mehr, bis an die Grenzen der Kraft leiden müssen; das verstehe ich gut, hier ist mein Verständnis ohne Vorbehalt. Wahr bleibt aber doch nur, daß man zwar Max zurückhalten soll, wenn man sieht, daß er in Gefahr ist, über einen Stein zu stolpern, daß man ihn aber, vorausgesetzt überhaupt daß man das ganz Unwahrscheinliche zu tun imstande wäre, nicht durch einen Stoß hindern darf, in das zu rennen, was man für sein Leid hält. Ihm hier Ratschläge geben zu wollen, wäre etwa gleichwertig dem, wenn ich ihm Vorwürfe deshalb machen wollte, daß er mir als Freund nicht längst geraten hat Tuberkulose zu bekommen.

Aus dieser Überzeugung erkenne ich die Irrtümer Ihres Briefes, die ich, ich wiederhole es, nicht für Ihre Irrtümer halte, weshalb ich auch Ihren Brief nicht behalten darf und hier zurückschicke. Diese Irrtümer sind etwa: Sie klagen aus Liebe und haben die wahre Gelegenheit der Liebe. – Sie suchen einen Fürsprecher und haben gerade im unbeirrten Max den stärksten. Sie sehen (oder lassen wenigstens Ihren Blick so wenden) eine vielleicht entfernte Nebensache als

Hauptsache an, verwirren sich und versäumen dadurch, ruhig das zu sein, was Sie sind.

Im Tone Ihres Briefes könnten Sie jetzt denken: »Es ist sehr leicht Prinzipien aufzusagen, wenn der andere in Not ist« und Sie hätten Recht; dieses Gefühl beschämt mich, so oft ich an Sie denke. Aber soll man aus Scham schweigen oder gar lügen? Besonders hier, wo wir doch in der Sorge um Max einig sind.

Franz K

An Max Brod

[Prag, Ende Dezember 1917]

Lieber Max, hier die Manuskripte (meine einzigen) für Deine Frau, zeig sie niemandem. Von dem Kübelreiter und dem »Alten Blatt« laß bitte eine Abschrift auf meine Kosten machen und schicke sie mir, ich brauche sie für Kornfeld.

Die Romane lege ich nicht bei. Warum die alten Anstrengungen aufrühren? Nur deshalb weil ich sie bisher nicht verbrannt habe; Bis (nein, wenn: gerade kommt ein Brief von F., dankt für Esther sehr, fragt ob sie Dir danken soll) wenn ich nächstens komme, geschieht es hoffentlich. Worin liegt der Sinn des Aufhebens solcher »sogar« künstlerisch mißlungener Arbeiten? Darin, daß man hofft, daß sich aus diesen Stückchen mein Ganzes zusammensetzen wird, irgendeine Berufungsinstanz, an deren Brust ich werde schlagen können, wenn ich in Not bin. Ich weiß, daß das nicht möglich ist, daß von dort keine Hilfe kommt. Was soll ich also mit den Sachen? Sollen die, die mir nicht helfen können, mir auch noch schaden, wie es, dieses Wissen vorausgesetzt, sein muß? Die Stadt zehrt an mir, sonst hätte ich nicht gesagt, daß ich die Papiere bringe. Zum gestrigen Abend nur noch kurz: Die Angelegenheit stellt sich mir, dem im eigentlichen Schmerz Unbeteiligten, etwa so dar: Deine Frau hat in ihrem Hauptvorwurf vielleicht etwas Wesentlicheres berührt als Du in Deinem.

Es ist zu spät, ich muß noch ins Bureau, ich schreibe Dir von Zürau sehr bald, vielleicht ist es gut, gerade heute nicht zwischen Euch zu sprechen.

Franz

Noch eine Bitte: Schicke mir Blankette der Militäranmeldung, die man, wie ich glaube, im Jänner leisten muß.

1918

[Ansichtskarte. Zürau, Anfang Januar 1918]

Lieber Felix, bei sechs und acht Grad Kälte und offenen Fenstern schlafen und früh waschen, nachdem die Eisdecke in der Kanne durchgeschlagen und im Lavoir neu gebildet ist, bei ganz nacktem Körper natürlich, nach acht Tagen noch keinen Schnupfen, nachdem vorher an den Tag- und Nachtdauerbrenner gewöhnt gewesen – das mußt Du mir jetzt nachmachen. Es ist aber wirklich herrlich, man kann sogar acht Tage Bibliothek dafür hingeben. Ich werde euch mündlich noch viel mehr Lust machen. Herzlichste Grüße Oskar. Auch Klavier gibts, Frau Irma!

Alles als richtig bestätigt vom Sanatoriumsbesitzer und Hauptkranken:

Franz

An Max Brod

[Postkarte. Zürau, Anfang Januar 1918]

Lieber Max, heute nur als Sekretär Oskars, in glücklicher Verantwortungslosigkeit:

»Du kannst also schon den Tag bestimmen, an welchem Du das Romanende mir und Felix vorlesen möchtest. Nach dem verheißungsvollen Schönen, das mir Franz davon erzählte, bin ich noch begieriger als vorher. Ich komme Sonntag, also ab Montag bin ich jeden Abend bereit. Vielleicht schreibst Du mir eine Karte, nachdem Du es mit Felix verabredet hast. Wie schön und friedlich es hier ist will ich Dir gar nicht erzählen, falls Du nicht die Möglichkeit hast, es mir gleichzutun.« Mir (das bin nun ich, Franz, der Dir nächstens mehr schreiben wird) ist letzthin bei Vorlesung des Tröltschaufsatzes eingefallen, daß der positive Schluß des Romans eigentlich etwas Einfacheres und Näheres will, als ich zuerst dachte, nämlich die Aufrichtung einer Kirche, einer Heilanstalt, also etwas, was fast zweifellos kommen wird und sich schon im Tempo unseres Zerfallens um uns aufbaut. Mit Oskar sind wir sehr schön beisammen.

Franz

An Max Brod

Liebster Max, während Oskar hier war, habe ich Dir nicht geschrieben, teils weil
ich so an das Alleinsein gewöhnt bin (nicht an Stille, an Alleinsein), daß ich
kaum schreiben konnte, teils weil er Dir doch bald selbst von Zürau erzählen
wird. Er ist mir in einigem deutlicher geworden, schade, daß man nicht stark
genug ist, der Deutlichkeit immer und ständig ein deutliches Gesicht zu zeigen.
Du hast Oskar im Ganzen zweifellos richtiger beurteilt als ich, im Einzelnen
scheinst Du Dich zu irren. – Der Roman ist an vielen Stellen erstaunlich, ich
habe viel zu viel Äußerliches in Oskars veränderter Arbeitsweise bisher gesehn,
das ist es nicht, vielmehr ist Wahrheit da, aber sie schlägt sich an den äußerst gespannten und doch zu engen Grenzen und daraus ergibt sich Müdigkeit, Irrtum, Schwäche, Schreien. Ich wäre sehr froh, wenn ihm Zürau, woran ich allerdings zweifle, ein wenig geholfen hätte, froh um seinet- und meinetwillen. Vielleicht schreibst Du mir darüber.

Für »tablettes«, Aktion und Formulare danke ich; kann ich »tablettes« diesmal F. schenken?

Unser letzter Abend war nicht gut, ich hätte gern seither eine Nachricht von
Dir gehabt. Nicht gut war der Abend, weil ich (natürlicherweise hilflos, aber das
tat mir gar nichts) Dich hilflos gesehen habe und das kann ich fast nicht ertragen, trotzdem ich mir auch diese Hilflosigkeit zu erklären suchte damit, daß,
wenn an dem alten Joch zum erstenmal gerüttelt und offenbar es bewegt wird,
man den richtigen Schritt nicht gleich finden kann. So war auch Dein Hin- und
Hergehn im Zimmer unsicher, als Du Unsicheres sagtest. Und dabei schien mir,
in anderer Weise dem entsprechend, Deine Frau so viel mehr Recht als Du zu
haben, wie vielleicht den Frauen überhaupt, zur Ablösung anderer Dinge, mehr
Recht gegeben ist. Der Vorwurf, daß Du nicht zur Ehe taugst, klingt zumindest
in ihrem Mund wahr. Wendest Du ein, daß das eben Dein Leid ist, bleibt ihr die
Antwort, daß Du es eben nicht zu ihrem hättest machen dürfen, da es doch
nicht ihres war. Bliebe Dir nur die Antwort, daß sie eben Frau und dieses ihre
Sache ist. Dadurch aber führt man wieder die Angelegenheit vor ein so hohes
Gericht, das nicht entscheiden wird und den Prozeß wieder von neuem begin-
nen läßt.

Dieses »nicht-zur-Ehe-taugen« sieht sie und ich mit ihr (nein so sehr will ich
mich mit Deiner Frau nicht verbinden, sie sieht es doch wohl anders) darin, daß
Du zwar die Ehe brauchst, aber nur zum Teil, während Dein anderes Wesen
Dich fortzieht und dadurch auch am ehemännischen Teil zerrt und so gerade
durch ihn, der das gar nicht will, den Eheboden aufreißt. Natürlich hast Du in
Deiner Gänze geheiratet, aber mit dem jener Teilung entsprechenden Fernblick,
den Du allerdings zunächst zum Schielen zwangst, was nicht taugen konnte. So
hast Du z. B. Deine Frau geheiratet und mit ihr und über ihr die Literatur, so

würdest Du z. B. jetzt eine andere heiraten und mit ihr und über ihr Palästina. Das sind aber Unmöglichkeiten, wenn auch vielleicht notwendige. Ein wirklicher Ehemann dagegen müßte – so könnte es die Theorie fassen – zwar in seiner Frau die Welt heiraten, aber nicht so, daß er jenseits der Frau die zu heiratende Welt sieht, sondern durch die Welt seine Frau. Alles andere ist Qual der Frau, aber vielleicht nicht weniger Rettung oder Rettungsmöglichkeit des Mannes, als in jener Idealehe.

Franz

An Felix Weltsch

[Zürau, Januar 1918]

Lieber Felix, hoffentlich ist das Geschäft gut zustandegekommen. In Deinem Bureau war ich ganz traurig, denn Du warst schon fort, ich war als Kranker nur unter großer Erschöpfung zu Dir gelaufen, eben in der Hoffnung, daß du mich beleben wirst. Auch war noch ein strenger Herr nebenan streng zu mir. Kam aber das Geschäft zustande, stehts hoffentlich in den Rückwirkungen dafür.

Hier allerdings wären viel bessere Geschäfte zu machen, wohl aber kaum ohne persönliche Anwesenheit. Könntest Du nicht zu diesem Zweck für ein paar Tage herkommen? Schlafmöglichkeit gäbe es. Meine Schwester, die Dich letzthin gesehen hat, findet, daß Du schlecht aussiehst. Auch dem wäre hier vielleicht in ein paar Tagen abzuhelfen. Die Einladung gilt natürlich auch für Deine Frau, nur sehe ich vorläufig noch keine passende Schlafgelegenheit für sie, doch auch das wird sich wohl finden. Also?

Herzlichst Franz

Wie geht es Robert Weltsch?

An Oskar Baum

[Zürau, Mitte Januar 1918]

Lieber Oskar, zuerst meinen Dank für die großartige Beschenkung. Wenn ich bedenke, daß Du für das schöne und selbstverleugnende Klavierspiel nichts bekommen hast als das Vergnügen, mich mit Herrn R. sprechen zu hören (ich hätte ihm gern Deine Mitteilung ausgerichtet, aber ich verstehe sie nicht), ich dagegen Ottla diese zwei Überraschungen aus dem Koffer ganz unerwartet ziehen sehe, nur verdient durch meine Lust, – dann finde ich (immer wieder einmal), daß etwas in der Welt nicht stimmt. Besonders der Himbeersaft, ein reiner Genuß vom ersten Tropfen bis zum letzten; fast hätte ich mir ihn infolge meiner Gier verdorben, als ich aus Ungeduld den Pfropfen in die Flasche stieß, aber Ottla hats noch für mich gerettet und rettet es jeden Tag durch Verzicht.

Und noch etwas Gutes hat der Saft, da er eben etwas Edles ist, er nimmt sogar die Gier nach sich selbst und ich trinke ihn jetzt nur noch aus Freiheit und weil er da ist und weil er an eine Wohltat erinnert.

Hier hat sich, wie es sich gehört, nichts geändert, außer daß Du fort bist; wenn Du also wiederkommst, wird alles vollständig wie früher sein, Du brauchst nur zu kommen. Ich nur bin, vielleicht, um von vornweg dem Namen Glückskind auszuweichen, in den letzten Tagen etwas trübseliger als sonst, aber das ist nur das Auf und Ab der Zeiten.

Du aber hattest Glück, weil Du die Mäuse nicht erlebt hast. Etwa drei Tage nach Deiner Abreise – den Kater nehme ich nicht mehr mit – werde ich in der Nacht durch Lärm geweckt, zuerst denke ich fast, es müsse doch der Kater sein, bis es gleich klar wird, daß eine Maus, schamlos wie ein kleines Kind, mit der Falle spielt, d. h. sie zupft vorsichtig den Speck fort, während die Falltür laut auf und ab klappt, aber ohne sich so weit zu öffnen, daß die Maus durchfällt. Die von Max in gutem Glauben empfohlene Falle ist mehr Wecker als Falle. Übrigens wurde in der nächsten Nacht auch aus einer anderen Falle der Speck gestohlen. Ich hoffe, daß Du nicht glaubst, ich schleiche im Halbschlaf unter die Kredenz und hole selbst den Speck heraus. Übrigens ist es in den allerletzten Tagen still geworden.

Die sizilianische Sängerin spricht also schlecht vom Tagebuch. Ist das merkwürdig oder herz- und verständnislos? Herz- und verständnislos ist es, ihr das Buch zur Besprechung zu geben, ebenso gut hätte man es der Gräfin Tolstoi geben können. Was soll die Frau sagen, wenn sie plötzlich in das Tagebuch hineinkommt, noch erhitzt vom Tennisspiel, das sie unter seinem Fenster gespielt hat. »Konservatismus schadet der Kunst immer« ist übrigens fast ein Zitat aus dem Tagebuch selbst, wir haben es gelesen.

Wie ist Krastik in Prag mit Dir angekommen? Und das Buch der dramatischen Geschichten? Hat Wolff geschrieben? Und der Schlaf?
Mit herzlichen Grüßen Dir und Deiner Frau.

Franz

An Max Brod

[Zürau, Mitte/Ende Januar 1918]

Lieber Max, Dein Brief war mir diesmal (wieder zunächst ohne Rücksicht auf die Mitteilungen, das sagte ich schon öfters und fühle es sehr deutlich) deshalb besonders wichtig, weil ich in der letzten Zeit zwei oder drei Unglücksfälle oder vielleicht auch nur einen hatte, die die ständige Verwirrung so sehr vergrößerten, als wäre ich z. B. aus der letzten Gymnasialklasse durch einen in seiner Begründung mir unzugänglichen Lehrbeschluß in die erste Volksschulklasse degradiert worden. Und dabei sind es, damit Du mich richtig verstehst, nur gewissermaßen Unglücksfälle, ich achte ihr Gutes und kann mich über sie freuen und habe es getan, aber in der Grenze des »gewissermaßen« sind sie allerdings vollständig.

Der eine und hauptsächliche ist Oskars Besuch. Ich habe von dem Wesen der Sache während seiner Anwesenheit nicht das Geringste gefühlt oder vielleicht nur etwas, ein Kleines, während des letzten Tags, aber hier war es nur das gewöhnliche nicht weiter nachprüfenswerte Gefühl einer Schwäche, einer Ermüdung, wie es sich eben zwischen zwei Menschen ausdrücklicher zeigt, als innerhalb des Einzelnen. Wir waren auch die Woche über lustig, vielleicht allzu lustig, nachdem wir an den allerersten Tagen uns an Oskars Unglück müdegedacht hatten. Ich ermüde übrigens erfahrungsgemäß leichter als irgendjemand aus meiner Bekanntschaft. Aber davon ist hier eigentlich nicht zu reden und würde es doch ausgebreitet, so würde sich dadurch gewiß auch rein Historisches aus alter Leidensgeschichte finden.

Auch Oskars Unglück gehört nicht genau in diesen Zusammenhang. Aber Du fragst mich danach und ich habe es bisher nur deshalb allgemein erwähnt, weil es mir noch kurz vorher nicht gerade als Geheimnis, aber doch als Geständnis anvertraut war, weil ich ferner nicht wollte, daß Du gleich bei der ersten Zusammenkunft mit Oskar diese Gedanken im Kopfe hast und weil es schließlich auch deshalb nicht sehr notwendig war, weil Du in dem Fall dem Richtigen doch immer sehr nahe gewesen bist. Das Unglück hat, wenn man will, drei Ansichten (vorläufig soll es aber wirklich unser Geheimnis sein), wird aber noch mehrfacher, wenn man genauer zusieht. Erstens kann er die Ehe mit seiner Frau aus einer Reihe unzähligemal durchdachter Ursachen nicht ertragen, kann es schon, ich glaube er ist sieben Jahre verheiratet, seit fünf Jahren nicht. Zweitens ergibt sich, wenn man danach fragt, daß er zwar immer zuerst von den Unmöglichkeiten seiner Frau spricht (die ihm übrigens sexuell vollständig entspricht und die er in ihren Grenzen sehr liebenswert findet) aber die Unmöglichkeit der Ehe meint, der Ehe überhaupt. Gewiß bleibt hier ein ungelöster Rest, für den z.B. charakteristisch ein novellistischer Versuch ist, den er einmal über das Thema einer Reihenfolge eigener Heiraten mit einer Reihe ihm gut bekannter Frauen und Mädchen gemacht hat, wobei sich immer am Ende vollständige Unmöglichkeit ergab. Drittens würde er, hier beginnen die ganz großen Unsicherheiten, seine Frau vielleicht verlassen können, er glaubt innere und äußere Berechtigungen zu dieser als schwere Grausamkeit gefühlten Tat zu haben, gegenüber seinem Sohn aber kann er, wenn auch nicht eigentlich aus Vatergefühl, diese Schuld nicht auf sich nehmen, trotzdem er weiß, daß dieses Auseinandergehn das einzig Richtige wäre und das Versäumen dessen ihn niemals zur Ruhe kommen lassen wird. – Im Ganzen insbesondere mit seiner Fülle »diesseitiger« Konstruktionen und Nachtgespenster (wir schliefen im gleichen Zimmer und tauschten Krankheitskeime gegen Gespenster aus) gehört er mit seinen nicht annähernd nachzufühlenden Qualen eng zum Dr. Askonas, wie dieser eng zu unserer westjüdischen Zeit. In diesem Sinn, also einem sozialgeistigen etwa, ist der Roman ein großartig offenes Wort und wird sich, wenn er das ist, erst während der Wirkung in die Weite eigentlich offenbaren. Mehr als dieses Konstatieren, als dieses der-Zeit-an-die-Seite-springen ist er vielleicht nicht, aber auch das kann ein großer Beginn sein. Wir sprachen in den ersten Nächten von dem Roman wie von einem historischen Dokument, das man verwendete, um dieses oder jenes zu belegen. So war es ja auch mit Nornepygge, aber damals war ich noch zu wenig davon berührt.

Was nun mich in meinem Verhalten gegenüber Oskars Sache betrifft, so war dieses, wenigstens in der Absicht, ganz einfach, es schwankte, bei innerlicher aber doch vielleicht vorurteilsmäßiger Entschiedenheit, mit seinem Schwanken, ich sagte »ja« und »nein«, wenn ich »ja« und »nein« zu hören glaubte und nur dieses zu-hören-glauben war mein Werk, genug, um ihn gut oder schlecht zu beeinflussen und darüber eben wollte ich gern etwas von Dir hören. Außerdem wirkte halb unabhängig von meiner Absicht Zürau und mit Züräu das, was sich mir bis dahin hier ergeben hatte, mit. Auch Troeltsch und Tolstoi, die ich ihm vorlas.

Bei dem allen ergab sich aber eine Rückwirkung auf mich, die ich erst nachher merkte. Ich hatte den Besuch als Prüfung halbwegs bestanden, aber nachher, als schon abgeläutet worden war, fiel ich durch. Letzthin schrieb ich Oskar, daß es schwer ist sich umzustellen, wenn man eine Woche lang beisammen war und daß er uns fehlt. Das ist, auch was mich allein betrifft, wahr, aber doch nur im Zusammenhalt mit der Woche Zusammenlebens und überdies ist es nicht alles. Ich trage noch immer an dem Zusammensein mit diesem mir doch lieben Menschen und zwar nicht in dem Sinne, daß ich unter seinem Leiden leide oder daß irgendein konkretes eigenes Leid mitaufgerührt worden ist, sondern daß, fast ganz abstrakt, seine Denkrichtung, das prinzipiell Verzweifelte seines Zustandes, die bis nahe an die durchgeführte Nachweisung gehende Unauflösbarkeit seines Konfliktes, das Durcheinander seiner an sich sinnlosen, beleidigenden, vielfach sich spiegelnden, gegenseitig aufeinander kletternden – Fachwort aus Deinem Roman – Hilfskonstruktionen, daß das alles in mich ausmündet wie ein toter Wasserarm, den eine Woche zu einem lebendigen gemacht hat. Was für eine Riesenstärke gehört dazu, was für Riesenstärke und vorgängige Einsamkeit, um einem Menschen nicht zu erliegen, neben dem man eine Zeitlang geht mitten zwischen den fremd-eigenen Teufeln, nicht weniger ihr Mittelpunkt, als ihr eigentlicher Besitzer es ist.

Ich übertreibe hier ein wenig, anderes kommt gewiß noch dazu, aber die Grundwahrheit bleibt. Und überdies habe ich zum Teil als Folge des Besuches »Entweder – Oder« mit besonderer Hilfsbedürftigkeit am Abend vor Oskars Abreise zu lesen angefangen und jetzt, von Oskar geschickt, Bubers letzte Bücher. Abscheuliche, widerwärtige Bücher, alle drei zusammen. Richtig und genau sind sie und »Entweder – Oder« besonders mit allerspitzigster Feder geschrieben (fast der ganze Kassner wälzt sich einem aus ihm entgegen), aber sie sind zum Verzweifeln und wenn man vor ihnen einmal, wie es bei gespanntem Lesen vorkommen kann, unbewußt das Gefühl hat, es seien die einzigen Bücher auf der

Welt, muß auch der gesündesten Lunge fast der Atem ausgehn. Das würde natürlich ausführliche Erklärung verlangen, nur mein sonstiger Zustand erlaubt mir so zu sprechen. Es sind Bücher, die sowohl geschrieben als auch gelesen werden können nur in der Weise, daß man wenigstens eine Spur wirklicher Überlegenheit über sie hat. So aber wächst mir ihre Abscheulichkeit unter den Händen.

In Deiner Sache überzeugst Du mich nicht. Ob Du mich nicht mißverstehst, so daß wir uns etwa schon irgendwo begegnet wären, ohne es zu wissen? Ich behaupte nicht, daß Du Deine Frau um der Literatur willen geheiratet hast, sondern trotz der Literatur und daß Du, weil Du *auch* aus ehrlichem Grunde heiraten mußtest, dieses »trotz« dadurch vergessen zu machen suchtest, daß Du eine literarische »Vernunftheirat« (Deiner Meinung nach) eingingst. Du brachtest »Vernunftgründe« in die Ehe mit, da Du eben aus vollem Bräutigamsherzen nicht heiraten konntest. Und ähnlich scheint es sich mir auch jetzt zu verhalten. Du schwankst, so scheint es mir, nicht zwischen den zwei Frauen, sondern zwischen Ehe und Außer-Ehe. Dieses Schwanken soll die Frau, ohne eines der zwei Elemente zu verletzen, zur Festigkeit bringen, das ist Dein Verlangen nach der »Führerin«, aber abgesehen davon ob dieser Konflikt überhaupt mit einem Schlage zu lösen ist, so ist diese Lösung vielleicht überhaupt nicht Aufgabe des Frauentums, sondern Deine, und dieser Versuch der Abwälzung wäre dann eine Art Schuld.

Sie setzt sich gewissermaßen auch darin fort, was Du nicht mehr Schuld, oder richtiger auch Schuld, aber auch Güte nennst. Gewiß bist Du weichherzig, aber hier ist keine Gelegenheit, es zu bewähren. Es ist so wie wenn ein Chirurg, nachdem er (mit Gewissensbissen vor dem Prinzip, aber nicht eigentlich vor dem durch Krankheit schuldtragenden Lebewesen) tapfer kreuz und quer geschnitten und gestochen hat und nun aus Weichherzigkeit, aber auch aus Trauer weil dieser wichtige Fall dadurch für immer verabschiedet würde (»meine Frau müßte, ohne die sekundär-geistigen Beziehungen zu mir zu lösen…«) zögert, den letzten vielleicht heilenden, vielleicht Siechtum verursachenden, vielleicht tötenden, aber jedenfalls entscheidenden Schritt zu tun.

Ich kenne »die versunkene Glocke« nicht, aber nach dem was Du sagst, nehme ich den Konflikt als Deinen, kann aber nur zwei Menschen in ihm gefangen sehn, denn die auf den Bergen ist kein Mensch.

Und Olga? Sie ist nicht primär geformt, sondern bewußt als Gegenspiel Irenes, als Rettung vor ihr.

Aber abgesehen von dem allen: was Dir hier erscheint und mit Gewißheit erscheint: »im Eros Ruhe, völliger Frieden« ist etwas so Ungeheueres, daß es schon durch die Tatsache, daß es Dich nicht widerspruchslos hinnimmt, widerlegt erscheint. Nur wenn Du es mit weniger hohem Namen bezeichnen würdest, könnte man zweifeln. Aber – und hier komme ich wieder zu meiner Meinung zurück – eben weil Du es so bezeichnest, ist ein anderer Konflikt wahrscheinlicher.

Das was Werfel sagte, ist gewiß nur flüchtig gesagt und so besonders ist er nicht organisiert, daß dort, wo bei andern Menschen etwa Verzweiflung sitzt, bei ihm Zorn säße; aber bezeichnend ist es doch, er beruft sich stillschweigend auf den Augenblick des Gedichtes, ebenso wie ich und Du und alle, so als ob hier etwas wäre, worauf man sich zu berufen hätte und wovon man nicht vielmehr den Blick abzulenken suchen sollte, dann wenn man sich zu verantworten hat. Brüderlich-verräterisch übrigens auch jenes: »nur leere Tage sind unerträglich« und schlecht zusammenstimmend mit jenem Zorn.

Franz

Die »Botschaft« liegt bei. Dank für»tablettes«.

An Josef Körner

[Zürau, Ende Januar 1918]

Sehr geehrter Herr Doktor!
Daß mir das Donauland jemals eine solche Freude machen könnte, hätte ich nicht gedacht. Nur gerade gestern morgens fiel es mir im Halbtraum ein, wie es wäre, wenn ich doch die Arnim-Arbeit bekäme und dazu einen etwa so und so lautenden Brief. Und dann kam er wirklich. Besten Dank.

Was Sie über Oskar Baum sagen, ist ganz richtig; je mehr hier geschehen kann, desto besser. Wäre es übrigens – trotzdem das wahrscheinlich nicht mehr in Ihr Redaktionsgebiet gehört – nicht möglich Dr. Felix Weltsch (Universitätsbibliothekar) zur Mitarbeit aufzufordern; von seiner Seite wäre vielfache Mitarbeit möglich, die dem D. durchaus nur Ehre bringen könnte. Nächstens erscheint von ihm bei Wolff eine Schrift »Organische Demokratie« auch am 2. Band von Hillers »Ziel« ist er beteiligt. Diese Dinge kämen natürlich für das D. nicht in Betracht, aber manches andere.

Der Arnimaufsatz ist sehr zart und wahrhaftig; das hätte nicht jede Hand bis zum Ende aufrechterhalten können; ohne Liebe und weitere Einsicht gewiß nicht. Es ist doch etwas Phantastisches von Drückebergerei und Kriegslust, er steht förmlich die ganzen Jahre in vollständiger Ausrüstung hinter der Tür und bleibt dort. Die Anordnung der Zitate verteidigt gut, ohne advokatorisch zu sein. Es ist eben der Grundkampf, das Leiden daran, daß es nicht zweierlei Wahrheit gibt, sondern höchstens dreierlei: es ist notwendig sich zu opfern, es ist notwendiger sich zu schonen und es ist noch notweniger sich aufzuopfern. Darüber ist auch Arnim nicht weggekommen und seine Meinung über sich wird im Lauf der Zeit nicht besser geworden sein. Den Vergleich mit dem Ehestand hätte ich, allerdings erst auf Grund seines Einfalls, anders geschrieben: »Der Krieg ist wie der Ehestand, traurig, aber anders, als der Junggeselle fürchtet.«

Einen Fehler – und das führt zu Ihrer Frage wegen Wolff – hat der Aufsatz, er ist aus zu großer Kenntnis geschrieben, die sich natürlich dort nicht mitteilen

läßt. – Aussichtslos wäre es gewiß nicht, aber schwierig, gar jetzt, wo der Papiermangel so groß ist, Wolff von verschiedenen Außer-Verlagsdingen in Anspruch genommen ist und sein neues Unternehmen »Der Neue Geist« ihm am Herzen liegt. Ich bin jetzt ohne Verbindung mit ihm, mein letzter Brief, Antwort auf einen dringenden Brief von seiner Seite ist seit etwa 4 Monaten unbeantwortet. Aber möglich wäre es wohl doch. Ich denke dabei daran, daß Wolff eigentlich Literarhistoriker ist (ich glaube, Herausgeber von Mercks Schriften im Inselverlag und einer Schrift über Eulenberg in der Bonner Seminarsammlung) und man also literarhistorisch mit ihm reden könnte, gar über etwas so Beziehungsreiches, wie es Arnim zu sein scheint. Die Gesamtausgabe würde er wohl ablehnen; die würde ihm wohl auch nicht gebüren, aber vielleicht eine Briefausgabe mit einleitender Abhandlung. Er hat doch erst letzthin den Lenz'schen Briefwechsel herausgegeben, hier ließe sich vielleicht anknüpfen. Lesen Sie doch vielleicht diesen Briefwechsel, auf den ich übrigens persönlich sehr begierig bin, und schreiben Sie darüber einen Aufsatz im Donauland, eine bessere Einleitung (und eine würdigere auch) der Verhandlungen mit Wolff könnte ich mir nicht denken. Irgendwie muß man aufschreien, damit ein solcher unter Autoren begrabener Verleger zuhört. Ich wäre sehr froh, wenns gelänge.
Herzlichst

Ihr Dr. Kafka

An den Verlag Kurt Wolff

[Zürau, 27.1. 1918]

Sehr geehrter Verlag!
In der Beilage schicke ich die Korrektur zurück und bitte Folgendes freundlichst zu beachten: Das Buch soll aus 15 kleinen Erzählungen bestehn, deren Reihenfolge ich Ihnen vor einiger Zeit in einem Briefe angegeben habe. Wie diese Reihenfolge war, weiß ich augenblicklich nicht auswendig, jedenfalls war aber »Landarzt« nicht das erste Stück, sondern das zweite; das erste aber war »Der neue Advokat«. Ich bitte jedenfalls nach der damals angegebenen Reihenfolge das Buch einzurichten. Ferner bitte ich vorne ein Widmungsblatt mit der Inschrift: »Meinem Vater« einzuschalten. Die Korrektur des Titels, welcher lauten soll:

Ein Landarzt.
Kleine Erzählungen

habe ich noch nicht bekommen.
In ausgezeichneter Hochachtung

Dr. Kafka

Ich bitte mir auf meine Rechnung zum Autorenpreis den Lenz'schen Briefwechsel zu schicken.

An Max Brod

[Zürau, Stempel: 28.1.1918]

Lieber Max, in Deiner Sache sage ich, solange ich Deine Antwort nicht habe, nur noch das: Auch ich glaube an eine Führerschaft der Frau, so wie sie sie z. B. im Sündenfall gezeigt und wo man sie ihr, wie vielleicht meistens, schlecht gelohnt hat. Auch Deine Frau z. B. ist in diesem Sinne Führerin, indem sie Dich gewissermaßen über ihren eigenen Leib weg zu der andern führt; daß sie, nachdem sie geführt hat, Dich dann hält, gehört in eine andere Kategorie, ja vielleicht führt sie dann erst recht. Recht hast Du, wenn Du sagst, daß mir das Tiefere des eigentlichen Sexuallebens verschlossen ist; das glaube ich auch. Darum weiche ich aber auch der Beurteilung dieses Teiles Deines Falles aus oder beschränke mich nur auf die Feststellung, daß dieses Feuer, das Dir heilig ist, nicht genug Kraft hat, die mir schon verständlichen Widerstände zu verbrennen. Warum der Dante-Fall so gedeutet werden muß, wie Du es tust, weiß ich nicht, aber selbst wenn es so wäre, ist es doch ein ganz anderer Fall als der Deine, wenigstens wie er sich bisher entwickelt hat: ihm starb sie weg, Du aber läßt sie Dir wegsterben, indem Du Dich gezwungen fühlst, auf sie zu verzichten. Übrigens hat auch Dante in seiner Art auf sie verzichtet und freiwillig eine andere geheiratet, was nicht für Deine Deutung spricht.

Aber komm nur, komm, um das zu widerlegen. Nur mußt Du rechtzeitig vorher telegraphieren, damit wir Dich abholen können und damit nicht etwa Dein Besuch mit meiner Abreise (wenn ich wider Erwarten doch nach Prag zur Stellung fahren müßte, gegen Mitte Feber) zusammenfällt. Auch die Gleichzeitigkeit Deines Besuches und jenes meines Schwagers, der Anfang Feber kommen soll, möchte ich vermeiden, was sich übrigens, wie mir jetzt einfällt, ohne weiters machen läßt, da er gewiß nicht für einen Sonntag, wie Du wohl, kommen wird. Also es besteht, wenn Du vorher telegraphierst, für den ganzen Feber kein Hindernis und wenn Ottla hier wäre (sie ist in Prag, wird Dich wohl Montag aufsuchen und wegen Deiner Vortragsreise nicht finden) würde sie gar nicht genug (für sich genug) Verlockungen aufzählen können, um Dich herzulocken. Du fährst, wenn Du nicht etwa schon Samstag morgens fahren kannst (aber in diesem Fall wäre es besser schon Freitag nachmittag wegzufahren), Samstag nach zwei Uhr vom Staatsbahnhof weg und bist um halb sechs in Michelob, wo wir Dich mit den Pferden erwarten. (Sonntag allein genügt jetzt für die Reise nicht mehr, da der Frühschnellzug nicht mehr in Michelob hält, seit dem 1. Jänner.)

Für die Manuskriptabschriften (die ich übrigens, wenigstens für Kornfeld nicht mehr brauche, da ich einen andern Ausweg gefunden habe) und die große Drucksachensendung danke ich sehr, auch dafür, daß Du Wolff an mich erinnert hast. Es ist soviel angenehmer durch Dich als selbst zu erinnern (vorausgesetzt daß es Dir nicht unangenehm ist), denn dann kann er es, wenn er zu etwas keine Lust hat, offen sagen, während er sonst, wenigstens ist das mein

Eindruck, nicht offen spricht, zumindest nicht in Briefen, persönlich ist er offener. Ich bekam schon eine Korrektur des Buches.

Da Dich Ottla mit der Anfrage kaum erreicht, sie fährt schon Montagmittag hierher zurück: Der Schriftstellerverein (der von der »Feder«) meldet mir einen unbefugten Nachdruck des »Berichtes für eine Akademie« in einer »Österreichischen Morgenzeitung« und will eine Ermächtigung, ein Honorar von 30 M (gegen Rückbehaltung von 30%) für mich eintreiben zu dürfen. Soll ich das tun? Die zwanzig Mark wären mir sehr lieb z. B. für den weiteren Kierkegaard. Aber dieser Verein ist eine schmutzige Sache, das Eintreiben auch und die Zeitung ist vielleicht jene jüdische Zeitung. Soll ich also? Könntest Du mir übrigens die Nummer (es müßte wohl eine Dezember-Sonntags-Nummer oder Jänner sein) durch Wltschek bestellen?

Zum Dank dafür einen Satz aus einem Aufruf für das Frankensteiner Sanatorium, da ich niemanden habe, um mit ihm die Freude zu teilen: Ein Herr Artur von Werther, Großindustrieller, hat in Fr. bei der ersten Vorstandsitzung eine große Rede gehalten, hat offenbar den Wunsch gehabt, sie gedruckt zu sehn und sie dem Verein für ein Flugblatt zur Verfügung gestellt. Sie ist besser als sonstiges in dieser Art, frischere unschuldigere Phrasen u. s. w. Den Schlußabsatz habe ich letzthin in Prag dazugemacht. Das scheint ihn seinerseits wieder zu Verbesserungen, Ergänzungen aufgemuntert zu haben und jetzt im Druck lese ich noch dieses: »Lange Jahre im praktischen Leben stehend, klingt meine Lebensauffassung, unbeeinflußt von allen Theorien, in den Sinn aus: Gesundsein, tüchtig und mit Erfolg arbeiten, für sich und seine Familie, einiges Vermögen ehrlich erwerben, führt die Menschheit zur Zufriedenheit auf Erden«.

[Randbemerkung:]
Bitte Max, frage Pfemfert, wodurch sich die Rubinersche Ausgabe des Tolstoitagebuches von der Müller'schen unterscheidet.

An Felix Weltsch

[Zürau, Anfang Februar 1918]

Lieber Felix, besten Dank Dir, und Fürth natürlich auch. So ist es sehr gut. Die Sache wird gelingen, so wie sie ohne alle Mithilfe gelungen wäre; ich habe mich mit meiner Mithilfe gemeldet, habe ausdrücklich gesagt, daß ich dieser Hilfe nur wenig vertraue, werde es auch nachher wiederholen und doch wird ein wohltätiger lügenhafter Glanz auf mir bleiben, sogar dann wenn die Sache selbst mißlingt. Woher kommt diese Lüge?

Daß ich Deine Vorträge nicht hören werde, ist für mich eine Entbehrung, umsomehr, als Du Dich offenbar zu dem Wichtigsten aussprechen wirst. Könntest Du mich nicht irgendwie teilnehmen lassen? Hast Du nicht z. B. für den ersten Vortrag »Literatur und Religion« irgendeinen lesbaren Entwurf oder Grundriß?

Was Du über Zürau nach der Ansichtskarte bemerkst, ist richtig. Ordnung ist hier in Tag- und Jahreszeiten, und kann man sich ihr einfügen, ist es gut. Auch die Kirche hat einige Bedeutung. Letzthin war ich bei der Predigt, sie war geschäftsmäßig-einfältig, aus der besprochenen Bibelstelle Lukas 2,41-52, wurden drei Lehren gezogen:

1. die Eltern sollen ihre Kinder nicht draußen im Schnee spielen lassen, sondern in die Kirche mitnehmen (seht, die leeren Bänke!); 2. die Eltern sollen um ihre Kinder so besorgt sein, wie das heilige Paar um seines (und dabei war es doch das Jesuskind, um das man eigentlich keine Sorge haben mußte); 3. die Kinder sollen so fromm mit ihren Eltern sprechen, wie Jesus mit seinen. Das war alles, denn es war sehr kalt, aber irgendeine letzte Kraft war doch noch im Ganzen. Und gestern z. B. war Begräbnis, es handelte sich um einen armen Mann aus einem Nachbardorf, das noch ärmer als Zürau ist, aber es war sehr feierlich, wie es auf dem großen Marktplatz im Schnee nicht anders sein kann. Der Wagen kann wegen eines den halben Platz durchziehenden Grabens nicht gleich zur Kirche fahren, sondern muß einen großen Kreis um den Gänseteich fahren. Die Trauergäste, eben das ganze Nachbardorf, standen schon längst an der Kirchentür und noch immer fuhr der Wagen seinen Kreis langsam weiter, eine kleine zusammengefrorene, förmlich von einem Blasinstrument umschlungene Musikkapelle vor sich und hinter sich die Feuerwehr (auch unser Schaffer darunter) im ruhigen Ackerpferdeschritt. Und ich lag an meinem Fenster im Liegestuhl und sah das zu meiner Belehrung an, eben als Anwohner der Kirche. Herzliche Grüße, viel Glück für die Vorträge

Franz

An Kurt Wolff

[Zürau, Anfang Februar 1918]

Sehr geehrter Herr Wolff!
Herzlichen Dank für Ihre Mitteilungen und das schöne Geschenk der Lenz-Briefe; das Buch, das ich mir schon längst wünschte, noch ehe ich von Ihrer Absicht es herauszugeben wußte, ist mir dadurch doppelt wert.
Mit herzlichen Grüßen Ihr

F Kafka

An Felix Weltsch

[Zürau, Anfang Februar 1918]

Lieber Felix, viel Zeit habe ich, da hast Du Recht, aber eigentlich freie Zeit, so daß ich frei tun könnte, was ich wollte, ist es nicht. Du überschätzest mich, wenn Du das glaubst. Die Tage vergehn so rasch, und noch rascher, wenn man an einem Tag, wie das manchmal geschieht, alles zu verlieren glaubt, zu dessen Erwerbung man alle vorhergehenden Tage verbraucht hat. Aber das kennst Du ebenso gut und es läßt sich überwinden, aber viel freie Zeit ist es nicht.

Natürlich bist Du jetzt übertrieben beschäftigt, das sehe ich besser ein als Du, und jede Woche, nicht unter dem Schutz eines Amtes, sondern allein unter persönlicher Verantwortung, vor Leute zu treten, die auf ihrer Forderung bestehen, Wesentliches von Dir zu erfahren, und denen Du selbst dieses Recht in jeder Hinsicht gibst, – das ist etwas sehr Großes, fast Geistliches. Ich stehe so unter dem Eindruck dessen, daß ich wieder davon geträumt habe. Allerdings war es etwas Botanisches, was Du vorgetragen hast (sag es dem Professor Kraus), irgendeine löwenzahnähnliche Blume oder vielmehr einige von dieser Art hieltest Du dem Publikum entgegen; es waren vereinzelte große Exemplare, die eins über dem andern, vom Podium bis zur Decke, dem Publikum entgegengehalten wurden; wie Du das allein mit Deinen zwei Händen machen konntest, verstand ich nicht. Dann kam von irgendwo aus dem Hintergrund (eben waren Masken da, eine grauenhafte Unsitte, das wiederholt sich fast jeden Abend einige Male. Es ist eine Prüfung, vor die man gestellt wird, denn die Masken schweigen, um sich nicht zu verraten, gehn im Zimmer herum als Eigentümer und man muß sie unterhalten und besänftigen) oder vielleicht aus den Blumen selbst ein Licht und sie strahlten. Auch über das Publikum machte ich einige Beobachtungen, habe sie aber vergessen.

Das Wesentliche, die Vorträge selbst, erwähnst Du gar nicht und gerade darum hatte ich doch gebeten, aber wahrscheinlich ist es jetzt unmöglich und Du schickst mir, wenn Du einmal mit den Vorträgen fertig bist, die vollständigen Manuskripte. Kannst Du aber schon früher etwas Annäherndes tun, tu's.

Das was ich dem Oskar ins Ohr gesetzt haben soll, hat der arme Mensch reichlichst schon nach Zürau mitgebracht. Sehr gerne wüßte ich wie es ihm geht, aber ich komme möglicher Weise schon nächste Woche (wegen des Militärs, wenn's sein muß) nach Prag.

Von Max hatte ich letzthin einen überraschend ruhigen Brief.

Der Sohn meines Oberinspektors ist durchgerutscht. Dank habe ich zwar bekommen, aber irgendetwas Außergewöhnliches scheint nicht bemerkt worden zu sein. Der Junge, der über den Ausgang der Sache sehr traurig ist, tröstet sich damit, daß er nur deshalb weggeschickt worden ist, weil er einer der Letzten war.

Ich glaube augenblicklich völlig gesund zu sein bis auf einen nicht heilenwollenden Daumen, den ich mir bei ein paar Spatenstichen im Garten aufgerissen habe. Schwach bin ich, kann es an Arbeitskraft nicht mit dem kleinsten Bauernmädchen aufnehmen. So war es allerdings auch früher, aber im Angesicht der Felder ist es beschämender, und traurig auch deshalb, weil es alle Lust nimmt, etwas Derartiges zu tun. Und so ergibt sich auf diesem Umweg was auch früher war: ich sitze lieber im Lehnstuhl am Fenster und lese oder lese nicht einmal.

Herzliche Grüße   Franz

An Max Brod

[Zürau, Mitte Februar 1918]

Lieber Max, Dein letzter Brief schien verhältnismäßig so ruhig, so keines Beistandes bedürftig und andererseits so unruhig, nämlich dem Übermaß Deiner Arbeit (für das ich ja keinen praktischen Vergleich habe) abgespart, daß ich lieber nicht gleich geantwortet habe, um Dich weder in dem einen noch dem andern zu stören. Übrigens komme ich wenn nicht bis dahin ein Gegenbrief aus der Anstalt kommt, nächste Woche nach Prag; ich soll mich ja wieder stellen. Dann können wir auch über die zwei Dinge sprechen, die mir in Deinem Brief besonders gefehlt haben: Nachrichten über Oskar und, so als hättest Du meinen letzten Brief gar nicht bekommen, irgendeine Nachricht über Deinen Besuch.

Dante ist sehr schön, aber es geht doch allem Anschein nach um anderes und erst weit in der Allgemeinheit kannst Du Dich mit ihm treffen. Und wie leicht oder wie notwendig man dort ihn trifft! Letzthin las ich in einem Vrchlicky-Brief, daß ihm, in Livorno glaube ich, ein armer zerlumpter Handwerker weinend Gesänge aus Dante rezitierte.

Die Königsberger Annahme ist gewiß ein großer Erfolg, denn es ist doch eine der ersten literarischen Versuchsbühnen, die Dich jetzt in Deinem wesentlichsten Drama vorführen wird. Es freut mich sehr. Über alles andere sprechen wir. Jedenfalls: in Zürau macht man sich über mich keine Sorgen; man (unbekannte Verfasser) hat über fast jeden Zürauer einen Vers gemacht, meiner ist, bis auf seine Reimschwäche, tröstlich:

> Der Doktor ist ein guter Mon
> Gott wird sich seiner erborm.

Herzlichste Grüße

Franz

An Max Brod

[Zürau, Anfang März 1918]

Lieber Max, ich antworte gleich, trotz des so schönen Tags. Mein Schweigen mißverstehst Du, nicht Rücksicht auf Dich war es, die hätte sich besser im Verzicht auf Antwort ausgedrückt, es war Unfähigkeit; drei Briefe habe ich in der langen Zeit begonnen und ließ es, es war Unfähigkeit, aber nicht »Verblassung« richtig verstanden, es war »meine Sache«, die sich mit großer Anstrengung (weil ich selbst dieses Einfache nur mit großer Anstrengung kann, zum Unterschied vom glücklich-unglücklich fortgetragenen Kierkegaard, der das unlenkbare Luftschiff so wunderbar dirigiert, trotzdem es ihm auf das gar nicht eigentlich ankommt und man in seinem Sinn das nicht können dürfte, worauf es nicht eigentlich ankommt) sagen, aber nicht mitteilen läßt, aber dann bin ich erst recht unfähig, es zu sagen. Und das Schweigen gehört auch zum Land hier, gehört dazu, wenn ich von Prag komme (nach der letzten Fahrt kam ich förmlich wie vollgetrunken an, so als wäre ich in Zürau beispielsweise zu dem Zweck, um nüchtern zu werden und machte, wenn ich erst auf dem Wege zur Nüchternheit wäre, immer gleich die Fahrt nach Prag, um mich vorzeitig wieder vollzutrinken), es gehört aber auch dazu, wenn ich längere Zeit hier bin, immer. Es ergibt sich von selbst, meine Welt wird durch die Stille immer ärmer; ich habe es immer als mein besonderes Unglück gefühlt, daß ich (Verkörperlichung der Symbole!) förmlich nicht genug Lungenkraft hatte, der Welt die Mannigfaltigkeit für mich einzublasen, die sie ja, wie die Augen lehren, offenbar hat; jetzt gebe ich mir diese Mühe nicht mehr, sie entfällt aus meinem Stundenplan des Tages und er wird deshalb nicht trüber. Aber aussagen kann ich womöglich noch weniger als damals, und was ich sage, ist fast gegen meinen Willen.

In Kierkegaard habe ich mich möglicherweise wirklich verirrt, ich bemerkte das mit Staunen, als ich Deine Zeilen über ihn las. Es ist tatsächlich so wie Du sagst: Das Problem seiner Ehe-Verwirklichung ist seine Hauptsache, seine bis ins Bewußtsein immerfort hinaufgetragene Hauptsache, ich sah das in »Entweder – Oder«, in »Furcht und Zittern«, in »Wiederholung« (die letzten habe ich in diesen vierzehn Tagen gelesen, »Stadien« bestellt), ich aber habe es – trotzdem mir Kierkegaard jetzt immer irgendwie gegenwärtig ist – wahrhaftig vergessen, so sehr treibe ich mich anderswo herum, ohne allerdings jemals völlig außer Verbindung damit zu kommen. Die »körperliche« Ähnlichkeit mit ihm, wie sie mir eben etwas nach jenem kleinen Buch »Kierkegaards Verhältnis zu ›ihr‹« (Inselverlag, – ich habe es ja hier, ich werde es Dir schicken, wesentlich ist es aber nicht, es wäre denn später zur Nachprüfung –) erschien, ist jetzt ganz verschwunden, aus dem Zimmernachbar ist irgendein Stern geworden, sowohl was meine Bewunderung, als eine gewisse Kälte meines Mitgefühls betrifft. Im übrigen wage ich nichts Bestimmtes zu sagen, außer den genannten Büchern kenne ich nur das letzte »Der Augenblick« und es sind das wirklich zwei sehr verschiedene Gläser (»Entweder – Oder« und »Augenblick«), durch die man dieses Leben nach vorwärts oder rückwärts und natürlich auch nach beiden Richtungen zugleich untersuchen kann. Aber nur negativ kann man ihn gewiß weder hier noch dort nennen, in »Furcht und Zittern« z. B. (das Du jetzt lesen solltest) geht seine Positivität ins Ungeheuerliche und macht erst vor einem – gewöhnlichen Steuermann halt, wenn es nicht eben ein Einwand – so meine ich es – gegen die Positivität wäre, daß sie sich zu hoch versteigt; den gewöhnlichen Menschen (mit dem er übrigens merkwürdigerweise so gut sich zu unterhalten verstand) sieht er nicht und malt den ungeheueren Abraham in die Wolken. Aber negativ darf man ihn doch deshalb nicht nennen (außer höchstens mit der Terminologie seiner ersten Bücher) und wer könnte sagen, was das alles war: seine Schwermut. Was die vollkommene Liebe und Ehe betrifft, seid ihr übrigens auf dem Boden des »Entweder – Oder« wohl einig, nur der Mangel der vollkommenen Liebe macht A. zur vollkommenen Ehe des B. unfähig. Das erste Buch von »Entweder – Oder« kann ich aber noch immer nicht ohne Widerwillen lesen.

Oskars Empfindlichkeit verstehe ich (abgesehen davon, daß man ihn nicht mit etwas Miserablem, so erschien ihm der andere wenigstens, hätte zusammenbringen sollen) so, daß er es derartig schmerzlich fühlt (sich zu etwas, was ihm von allem Anfang nicht richtig erschien, habe drängen lassen), daß er nicht bei der Selbstquälerei stehen bleiben kann, sondern auch noch Dich ein wenig quält. In dieser Hinsicht kann ich ihn verstehn und diese Dinge auch nicht für nichtig halten.

Von Pick bekam ich glücklicherweise noch nichts, würde wahrscheinlich freundlich ablehnen, ein Reiz, der mich nicht irre führt, der aber wirklich groß ist. Für Dich dürfte er aber nicht gelten. (Vom Reiss-Verlag bekam ich eine freundliche Einladung, von Wolff nach der ersten Korrektursendung nichts mehr.)

Liebstöckls Notiz über Dich war ein widerlicher Haßausbruch, auch in der Widerlichkeit der Schreibweise von der übrigen Jenufa-Kritik unterschieden. Die Antwort hat ihn meinem Gefühl nach ein wenig unterstützt, indem sie dem Leser erst zu Bewußtsein brachte, daß man auch über solches Zeug diskutieren kann. –
Viel Glück und Freude in Deutschland!

Dein Franz

[Randnotizen:] Grüße bitte auch Felix und Oskar, ich weiß nicht, ob ich ihnen bald genug schreiben werde.

Hast Du Pfemfert, bitte, wegen des Ruhinerschen Tolstoi-Tagebuches gefragt? –

Von was für Laufereien, Plagen sprichst Du? – Das Verhältnis zur Anstalt ist weiterhin mein Leid. Ich halte mich hier, solange ich kann. –

Vielen Dank für die zwei Sendungen, Du bist sehr gut zu mir, nur solltest Du nicht von »Veränderung, Verblassung« sprechen.

An Max Brod

[Zürau, Ende März 1918]

Lieber Max, daß es in Dresden so möglich gemacht wurde, ist erstaunlich; wie haben sie es dort so begreifen können, ich meine die Schauspieler, die Theaterleute. Erstaunlich und schön. Und das Glück, die Eltern dort zu haben, kann ich gut verstehn. Deine Frau war nicht mit? Jedenfalls also waren es gute Tage und ihre Güte kann für den Verlust der Willensfreiheit zeitweilig Entschädigung sein. Ich sage das so leichthin, weil ich mit meinem bis zu vollständiger Öde vereinfachendem Auge den Begriff der Willensfreiheit niemals so geistesgegenwärtig an einem ganz bestimmten Punkte des Horizonts fassen konnte wie du. Im Übrigen kannst auch du hier die Willensfreiheit behalten oder mußt sie wenigstens nicht verloren geben, indem du entweder dich vorläufig weigerst, es als Gnade hinzunehmen oder es zwar als Gnade nimmst, aber sie für nichtig achtest. Diese Willensfreiheit bleibt uns unverlierbar. Und weißt du denn, was du durch ehrlichste Arbeit langer Jahre in unabsehbar ausstrahlende Bewegung gebracht hast? Ich sage das für dich, nicht für mich.

Dank für die Vermittlung bei Wolff. Seitdem ich mich entschlossen habe, das Buch meinem Vater zu widmen, liegt mir viel daran, daß es bald erscheint. Nicht als ob ich dadurch den Vater versöhnen könnte, die Wurzeln dieser Feindschaft sind hier unausreißbar, aber ich hätte doch etwas getan, wäre, wenn schon nicht nach Palästina übersiedelt, doch mit dem Finger auf der Landkarte hingefahren. Darum wollte ich, da Wolff sich so gegen mich sperrt, nicht antwortet, nichts schickt und es doch mein wahrscheinlich letztes Buch ist, die Manuskripte an Reiss schicken, der sich mir freundlich angeboten hat. Ich schrieb noch einen Ultimatumbrief an Wolff, der allerdings bis jetzt auch nicht beantwortet ist, doch kam inzwischen vor etwa zehn Tagen eine neue Korrektursendung, worauf ich Reiss doch abgeschrieben habe. Soll ich es doch anderswohin geben? Inzwischen kam auch eine Einladung von Paul Cassirer. Woher kennt er übrigens meine Zürauer Adresse?

Hast du mit Adler vielleicht auch über Kierkegaard gesprochen? Mir ist er jetzt nicht mehr so gegenwärtig, da ich die alten Bücher längere Zeit nicht mehr gelesen habe (ich habe bei dem schönen Wetter im Garten gearbeitet), »Stadien« aber noch nicht gekommen sind. – Du erwähnst die »Durchreflektiertheit« und fühlst offenbar mit mir, daß man sich der Macht seiner Terminologie, seiner Begriffsentdeckungen nicht entziehen kann. Etwa auch der Begriff des »Dialektischen« bei ihm, oder jener Einteilung in »Ritter der Unendlichkeit« und »Ritter des Glaubens« oder gar der Begriff der »Bewegung«. Von diesem Begriff kann man geradewegs ins Glück des Erkennens getragen werden und noch einen Flügelschlag weiter. Ist das ganz ursprünglich? Ist vielleicht Schelling oder Hegel (mit beiden hat er sich gegensätzlich sehr beschäftigt) irgendwie dahinter?

Der Übersetzer benimmt sich allerdings schändlich, ich dachte, nur in »Entweder – Oder« hätte er »verändert mit Rücksicht auf die Jugend« des Verfassers, nun also auch in »Stadien«? Das ist widerlich, besonders in dem Gefühl der Hilflosigkeit dem gegenüber. Aber das Deutsch der Übersetzung ist doch nicht das schlechteste, und hie und da im Nachwort findet sich eine brauchbare Bemerkung, es kommt das daher, daß von Kierkegaard so viel Licht ausgeht, daß in alle Tiefen etwas davon kommt. Doch hätten allerdings diese »Tiefen« vom Verlag nicht heraufbeschworen werden müssen, Kierkegaard zu übersetzen.

In der Buchveröffentlichung (»Stadien« kenne ich nicht, aber in diesem Sinn sind ja alle seine Bücher kompromittierend) sehe ich keinen entscheidenden Widerspruch zu seiner Grundabsicht. Sie sind nicht eindeutig und selbst wenn er sich später zu einer Art Eindeutigkeit entwickelt, ist auch diese nur ein Teil seines Chaos von Geist, Trauer und Glauben. Das mögen seine Zeitgenossen noch deutlicher gefühlt haben als wir. Außerdem sind ja seine kompromittierenden Bücher pseudonym und zwar pseudonym bis nahe an den Kern, sie können in ihrer Gänze, trotz ihrer Geständnisfülle, doch recht gut als verwirrende Briefe des Verführers gelten, geschrieben hinter Wolken. Und selbst wenn das alles nicht wäre, mußten sie unter der mildernden Wirkung der Zeit die Braut aufatmen lassen, diesem Folterwerk, das jetzt leer lief, oder wenigstens nur mit ihrem Schatten beschäftigt war, entgangen zu sein; um diesen Preis mag sie auch die »Geschmacklosigkeit« der fast alljährlichen Veröffentlichungen geduldig ertragen haben. Und schließlich blieb sie ja, als bester Beweis für die Richtigkeit von Kierkegaards Methode (zu schreien, um nicht gehört zu werden, und falsch zu schreien, für den Fall, daß man doch gehört werden sollte) unschuldig fast wie ein Lämmchen. Und vielleicht gelang hier Kierkegaard etwas gegen seinen Willen oder nebenbei auf seinem anderswohin gerichteten Weg.

Kierkegaards religiöse Lage will sich mir nicht in der außerordentlichen, auch für mich sehr verführerischen Klarheit zeigen, wie Dir. Schon Kierkegaards Stellung – er muß noch kein Wort sagen – scheint Dich zu widerlegen. Denn das Verhältnis zum Göttlichen entzieht sich zunächst für Kierkegaard jeder fremden Beurteilung, vielleicht so sehr, daß selbst Jesus nicht urteilen dürfte, wie weit derjenige gekommen ist, der ihm nachfolgt. Es scheint das für Kierkegaard gewissermaßen eine Frage des jüngsten Gerichts zu sein, also beantwortbar – sofern eine Antwort noch nötig ist – nach Beendigung dieser Welt. Darum hat das gegenwärtige Außenbild des religiösen Verhältnisses keine Bedeutung. Nun will sich allerdings das religiöse Verhältnis offenbaren, kann das aber nicht in dieser Welt, darum muß der strebende Mensch sich gegen sie stellen, um das Göttliche in sich zu retten, oder, was das gleiche ist, das Göttliche stellt ihn gegen die Welt, um sich zu retten. So muß die Welt vergewaltigt werden von Dir wie von Kierkegaard, hier mehr von Dir, hier mehr von ihm, das sind Unterschiede bloß auf der Seite der vergewaltigten Welt. Und die folgende Stelle ist nicht aus dem Talmud: »Sobald ein Mensch kommt, der etwas Primitives mit sich bringt, so daß er also nicht sagt: Man muß die Welt nehmen wie sie ist (dieses Zeichen das man als Stichling frei passiert), sondern der sagt: Wie die Welt auch ist, ich bleibe bei einer Ursprünglichkeit, die ich nicht nach dem Gutbefinden der Welt zu verändern gedenke: im selben Augenblick, als dieses Wort gehört wird, geht im ganzen Dasein eine Verwandlung vor sich. Wie im Märchen, wenn das Wort gesagt wird, sich das seit hundert Jahren verzauberte Schloß öffnet und alles Leben wird: so wird das Dasein lauter Aufmerksamkeit. Die Engel bekommen zu tun und sehen neugierig zu, was daraus werden wird, denn dies beschäftigt sie. Auf der andern Seite: finstere, unheimliche Dämonen, die lange untätig dagesessen und an ihren Fingern genagt haben, springen auf und recken die Glieder, denn, sagen sie, hier, worauf sie lange gewartet haben, gibts etwas für uns u. s. w.«

Zum Gott der Selbstquälerei: »Die Voraussetzungen, die das Christentum macht (Leiden in mehr als allgemeinem Maß und Schuld in ganz besonderer Art), die habe ich, und ich finde meine Zuflucht beim Christentum. Aber es gebieterisch oder direkt andern verkündigen, kann ich nicht recht, denn ich kann ja die Voraussetzungen nicht herbeischaffen.«

Zu Freud (bei Betrachtung dessen, daß Jesus immer gesund war): »Überhaupt leiblich und psychisch ganz gesund ein wahres Geistesleben führen – das kann kein Mensch.«

Sagst du, er sei kein Beispiel, meinst du, kein letztes Beispiel. Gewiß, kein Mensch ist das.   Franz

An Max Brod

[Zürau, Anfang April 1918]

Mein lieber Max, war mein Brief gar so unprivat?, schwer verständlich gelegentlich Kierkegaards, leicht verständlich im Hinblick auf mich. Bedenke auch, daß es jetzt die Zeit einer Art Abschied vom Dorf ist, in Prag macht man die beste Politik, die man (vorausgesetzt, daß man mich behalten will) machen kann: man schweigt, duldet, zahlt, wartet. Das ist nicht leicht auszuhalten und ich bin nächsten Monat vielleicht wieder Beamter in Prag. Dank für die Briefe, die beiliegen. Picks Brief gehört nicht zu den schlechten Kriegsfolgen, wenn man auch merkt, wie ihn Dein voriger Brief, den ich nicht kenne, an der Hand führt und außerdem gerade die wesentlichsten Bedenken etwas unklar bleiben, ohne daß sie ihm unklar sein müßten. Im übrigen wiederholt sich mir immer das Gleiche: am Werk wird der Schriftsteller nachgeprüft; stimmt es, so ist es gut; ist es in einer schönen oder melodischen Nichtübereinstimmung, ist es auch gut; ist es aber in einer sich reibenden Nichtübereinstimmung, ist es schlecht. Ich weiß nicht, ob solche Prinzipien überhaupt anwendbar sind, gern würde ich es leugnen, vorstellbar wäre es mir aber für eine von lebendiger Idee geordnete Welt, wo die Kunst den mir aus Erfahrung unbekannten Platz hätte, der ihr gebührt. (Inzwischen war ich mit der Stute in einem Dorf Schaab beim Hengst, jetzt ist es im Zimmer schon zu kalt, hier im Garten in einem halbfertigen Gurkenbeet aber noch sehr warm. Ziegenmist, den Ottla gerade hergeführt hat, sticht mir sehr in die Nase.) Ich meine: eine Analyse, wie sie für die Anwendung jener Prinzipien Voraussetzung wäre, ist uns gegenüber nicht möglich, wir bleiben immer ganz (in diesem Sinn), wir haben, wenn wir etwas schreiben, nicht etwa den Mond ausgeworfen, auf dem man Untersuchungen über seine Abstammung machen könnte, sondern wir sind mit allem, was wir haben, auf den Mond übersiedelt, es hat sich nichts geändert, wir sind dort, was wir hier waren, im Tempo der Reise sind tausend Unterschiede möglich, in der Tatsache selbst keine, die Erde, die den Mond abgeschüttelt hat, hält sich selbst seitdem fester, wir aber haben uns einer Mondheimat halber verloren, nicht endgültig, hier gibt es nichts Endgültiges, aber verloren. Darum kann ich auch Deine Unterscheidung zwischen Wille und Gefühl hinsichtlich des Werkes nicht mitfühlen (oder vielleicht nur infolge der Namengebung und außerdem, zur Einschränkung, spreche ich doch eigentlich nur für mich, hole also zu weit aus, kann aber nicht anders, habe keinen anderen Gesichtskreis). Wille und Gefühl, alles ist immer und richtig als ein Lebendiges vorhanden, hier läßt sich nichts trennen (erstaunlich, jetzt komme ich ohne es gewußt zu haben, zu einem ähnlichen Schluß wie Du), die einzige Trennung, die gemacht werden kann, die Trennung von der Heimat ist schon vollzogen, kann vom Kritiker schon mit geschlossenen Augen festgestellt, aber niemals in ihren, gegenüber der Unendlichkeit auch ganz unwesentlichen Unterschieden bewertet werden. Darum scheint mir jede Kritik, die mit Begriffen von Echt, Unecht umgeht, und Wille und Gefühl des nicht vorhandenen Autors im Werk sucht, ohne Sinn und eben nur dadurch zu erklären, daß auch sie ihre Heimat verloren hat und alles eben in einer Reihe geht, ich glaube natürlich: die bewußte Heimat verloren hat.

In Königsberg wird es eine noch größere Probe des Theaters und Publikums werden. Fahr Max mit allen meinen guten Wünschen hin.   Franz

Großen Eindruck hat Deine Erwähnung des Ehrenfels auf mich gemacht. Könntest Du mir das Buch borgen? Im Übrigen: alle bestellten Bücher bleiben aus, niemand liefert.

An Johannes Urzidil

[Prag, Frühjahr 1918]

Sehr geehrter Herr Urzidil!
Meinen besten Dank für Ihre freundliche Einladung und die Zeitschrift, doch bitte ich von meiner Mitarbeit, wenigstens vorläufig, abzusehen, denn ich habe nichts, was ich veröffentlichen könnte.
Mit herzlichen Grüßen

F. Kafka

An Felix Weltsch

[Zürau, Mai/Juni 1918]

Lieber Felix,
zur wörtlichen Wiederanknüpfung: einen letzten Gruß aus Zürau, den nächsten in Prag. Dir gegenüber muß ich mich nicht entschuldigen, Du hast gewiß, wenigstens ahnungsweise, mein Stillsein verstanden und mehr verstanden habe ich es ja auch nicht. Mir war nicht zum Schreiben, zum Reden übrigens auch nicht. An Dich habe ich viel gedacht, nicht nur gelegentlich des »Friedens« und der »Rundschau«. Auf Wiedersehn!   Franz

An Oskar Baum

[Zürau, Juni 1918]

Lieber Oskar, ich hätte Dir schon längst geschrieben, wenn über meine Erholung etwas besonders Gutes zu schreiben gewesen wäre. Es ist eben medizinisch, im Spaß und im Ernst, ein aussichtsloser Fall. Willst Du eine Laiendiagnose? Die körperliche Krankheit ist hier nur ein Aus-den-Ufern-Treten der geistigen Krankheit; will man sie nun wieder in die Ufer zurückdrängen, wehrt sich natürlich der Kopf, er hat ja eben in seiner Not die Lungenkrankheit ausgeworfen und nun will man sie ihm wieder aufdrängen, und zwar gerade in einem Augenblick, wo er die größte Lust hat, noch andere Krankheiten auszuwerfen. Und beim Kopf anfangen und ihn heilen, dazu gehörte die Körperkraft eines Möbelpackers, die ich mir eben aus dem obigen Grunde niemals werde verschaffen können. So bleibt es also beim Alten. Früher hatte ich immer die dumme, aber für die ersten Jahrgänge der Selbstmedizin begreifliche Meinung, daß ich mich bei einer einzelnen Gelegenheit aus diesem oder jenem zufälligen Grunde nicht ordentlich habe erholen können, jetzt weiß ich, daß ich diesen Gegengrund immer mit mir herumtrage. Sonst ist es sehr schön hier, gar in diesem regnerisch-sonnigen Juni, immerfort streichelt die lau-duftende Luft, sie bittet, so schuldlos sie ist, um Verzeihung dafür, daß sie nicht gesund machen kann. Max schreibt von der Geschichte, die Du vorliest, ich freue mich sehr, wieder einmal bei Dir zu sein, Ende Juni.
Grüß Frau, Kind und Schwester,

Dein Franz

Ich merke, daß ich gar zu sehr ins Trübe ausgeglitten bin, so schlimm ist es auch nun wieder nicht.

An Felix Weltsch

[Ansichtskarte (Rumburg), wahrscheinlich Herbst 1918]

Ein Gewinn des Sommers, Felix; ich werde niemals mehr in ein Sanatorium gehn. Jetzt, wo ich wirklich krank zu werden anfange, werde ich nicht mehr in Sanatorien gehn. Alles verkehrt. Deine Schwester ist heute weggefahren, ich wollte ihren Wagen auf der Landstraße mit Blumen erwarten, hielt mich aber zulange beim Gärtner auf, versäumte den Wagen und kann jetzt mit den Blumen mein Zimmer ausschmücken.
Herzliche Grüße an Dich und Deine Frau

Franz

An Max Brod

[Ansichtskarte (Turnau i. B.), Stempel: 27. IX. 1918]

Lieber Max, Dank für den Brief und die Vorsicht. Dein Hebräisch ist nicht schlecht, am Anfang sind einige Fehler; ist dann aber die Sache in Gang, wird es fehlerlos. Ich lerne gar nichts, suche nur den Besitz zu erhalten, ich wollte es auch nicht anders, den Tag über bin ich im Garten. Deine Bemerkung über den Roman habe ich für Dr. W. herausgeschrieben, um ihm ein wenig (nicht ganz reine) Freude zu machen. Dein Urteil steht ihm sehr hoch.
Auf Wiedersehen nächstnächsten Montag. Grüße Felix und Oskar.

Dein Franz

An Felix Weltsch

[Turnau, September 1918]

Lieber Felix, allererstes Ergebnis nach einer Unterredung mit dem sehr vernünftigen Hausfräulein und nach eigenen Erfahrungen: In der Umgebung dürfte sich kaum etwas finden, denn die Waldhotels schließen schon, soweit sie nicht schon geschlossen haben oder gar nicht eröffnet hatten. Auch dürfte sich Deine Schwester im späten Herbst oder Winter, selbst wenn eine ganz unwahrscheinliche Aufnahme dort zu erreichen wäre (was nur bei sehr engen persönlichen Beziehungen möglich wäre) sehr verlassen fühlen. Im Übrigen sollen auch diese Hotels große Not (gar an Kohle) haben, während in Turnau selbst immerhin noch etwas zusammenkommt.

Diese Überlegungen führen zu meinem Hotel, an das ich gleich dachte, und das Fräulein hat mir zumindest nicht abgeredet. Vorzüge des Hotels: gute Führung, große Reinheit, meiner Meinung nach ausgezeichnete Küche. Nachteile, aber nicht nur dieses Hotels: ausschließlich Fleischkost (diese allerdings nach Belieben reichlich) und Eier; im seltensten Fall etwas anderes, nicht einmal Gemüse bekommt man.

Milch und Butter habe ich bisher, trotz des Angebotes guter Seife und Zigaretten, nicht in der allergeringsten Menge bekommen und habe schon die verschiedenartigsten Versuche gemacht. Frauen sind allerdings in dieser Hinsicht geschickter. Das Brot, das die Gemeinde gibt, ist sehr schlecht und wird noch schlechter werden, ich vertrage es gar nicht.

Die Wälder sind sehr schön, den Wäldern von Marienbad ganz ebenbürtig, überall schöne aufmunternde Ausblicke.

Noch ein Vorteil Turnaus: ausgezeichnete Äpfel und Birnen. Deine Schwester kann, glaube ich, nicht sehr gut tschechisch, das erschwert allerdings ein wenig den Aufenthalt hier, aber nicht im Hotel, wo es viele Gäste aus Nordböhmen gibt, Reichenberger Zeitung, Prager Tagblatt, »Zeit« gehalten wird, eine deutsche Speisekarte gereicht wird.

Preise, allerdings nur die augenblicklichen: Zimmer 3 Kronen, Rindfleisch mit Sauce und Kartoffeln 4.50, Schweinsbraten Knödel Kraut 11 Kronen, Kalbsbraten 7-9 Kronen, Zwetschkenknödel (große Ausnahme) 4 Kronen, Rühreier mit Kartoffel 6 Kronen udgl. Vielleicht gibt es bei längerem Aufenthalt besondere Preise, mir hat sie der Wirt am ersten Tag unter großem Geschrei und Gelächter verweigert, wir sind aber schon wieder versöhnt.

Das wäre alles, ich werde mich aber noch weiter umsehn. Herzliche Grüße

Franz

[Auf separatem Blatt:] Lieber Felix, ein Nachtrag: In Kacanow bei Turnau gibt es ein Hotel-Pensionat, welches erstaunlicherweise hier plakatiert, um Gunst des Publikums bittet u. s. f. Ich bin heute Nachmittag hingegangen, es ist eine Wegstunde von Turnau entfernt, ein hübsches geräumiges Haus, rings von Anhöhen mit Wäldern und Wiesen umgeben, selbst nicht allzu tief, mit Fenstern gegen Süden. Es hat einen neuen Pächter, einen Mann, mit dem man reden kann, er ist offenbar strebsam, scheint aber bisher außer der Plakatierung dort nichts Größeres unternommen zu haben, das Haus macht einen verlassenen Eindruck, nur Getränke sind zu haben, Essen nicht. Er erklärt es damit, daß er seine Frau noch nicht dort hat, sie ist noch in der früher von ihm gepachteten Wirtschaft, kommt aber in vierzehn Tagen, dann wird er auch Genaueres über Verköstigung und Preise sagen können, er behauptet aber schon jetzt, daß er Deine Schwester dann wird aufnehmen können. Eine sehr unsichere und noch genau nachzuprüfende Sache ist es gewiß.

Nähere Auskünfte über Turnau bekommst Du mündlich, ich weiß ja vorläufig noch nicht, wie es eigentlich Deiner Schwester geht. Samstag oder Sonntag bin ich schon in Prag. Vielleicht komme ich Sonntagnachmittag zu Dir oder komm Montag ins Bureau zu mir.

Herzliche Grüße

Franz

An den Verlag Kurt Wolff

Prag, 1. Oktober 18

Sehr geehrter Verlag!

Besten Dank für Ihre Mitteilungen. Verstehe ich Ihre Bemerkung über den Druck des Buches recht, so soll ich keine Korrekturen bekommen, das wäre schade. Die von Ihnen angegebene Reihenfolge der Stücke im Buch ist richtig, bis auf einen unmöglich zu belassenden Fehler: das Buch soll mit »Ein neuer Advokat« anfangen, das von Ihnen als erstes Stück genannte »Ein Mord« ist einfach wegzuwerfen, da es mit geringfügigen Unterschieden dem später richtig genannten »Ein Brudermord« gleich ist. Die Widmung des ganzen Buches »Meinem Vater« bitte ich nicht zu vergessen. Das Manuskript von »Ein Traum« liegt bei.

Hochachtungsvoll ergeben

Dr. Kafka

An Kurt Wolff

Sehr geehrter Herr Kurt Wolff!
Fast mit dem ersten Federstrich nach einem langen Zu-Bettliegen danke ich
Ihnen herzlichst für Ihr freundliches Schreiben. Hinsichtlich der Veröffentlichung der »Strafkolonie« bin ich mit allem gerne einverstanden, was Sie beabsichtigen. Das Manuskript habe ich bekommen, ein kleines Stück herausgenommen und schicke es heute wieder an den Verlag zurück.
Mit herzlichen Grüßen Ihr immer ergebener

Dr. Kafka

An den Verlag Kurt Wolff

[Postkarte. Prag,] 11. XI. 18

Sehr geehrter Verlag!
Gleichzeitig schicke ich Ihnen express-rekommando das Manuskript der»Straf-
kolonie« mit einem Brief. Meine Adresse ist: Prag, Pořič 7.
Hochachtungsvoll ergeben

Dr. Kafka

An den Verlag Kurt Wolff

[Prag, November 1918]

Sehr geehrter Verlag!
Offenbar infolge eines Irrtums adressieren Sie Ihre Briefe an mich nach Zürau.
Das ist unrichtig, solche Briefe kommen nur auf Umwegen und fast zufällig zu
mir. Meine Adresse ist Prag, Pořič 7. In der Beilage schicke ich das etwas ge-
kürzte Manuskript der »Strafkolonie«. Mit den Absichten des Herrn Kurt Wolff
hinsichtlich einer Veröffentlichung bin ich völlig einverstanden. Ich bitte Sie zu
beachten, daß nach dem mit »eisernen Stachels« endigenden Absatz (Seite 28
des Manuskripts) ein größerer freier Zwischenraum, der mit Sternchen oder
sonstwie auszufüllen wäre, einzuschieben ist.
Hochachtungsvoll ergeben

Dr. Kafka

An Max Brod

[Prag, November 1918]

Lieber Max,

Ich wollte letzten Sonntag schon wegfahren, mußte mich aber Samstag mit Fieber ins Bett legen und habe so die ganze Woche halb liegend halb sitzend verbracht. Morgen fahre ich. Bitte Max, einen Gefallen! Wie Du aus dem beiliegenden Brief siehst ist das Manuskript bei Wolff nicht angekommen. Ich habe – die beiliegenden Scheine sind Beweis – am gleichen Tag eine Korrespondenzkarte und das Manuskript mit Brief an Wolff geschickt. Die Karte (Wolff nennt sie Brief) ist angekommen, das Manuskript nicht. Beides war express-rekommando geschickt. Wolltest Du es reklamieren? Ich habe niemals gewußt, wie man der Post beikommt, gegenüber der neustaatlichen Post weiß ich es schon gar nicht. Danke Dir bestens und leb wohl! Vielleicht schicke ich Dir aus Schelesen Fragebogen über hebräische Zweifel. Es wird für Dich wenig Arbeit sein, die Fragen werden mit einem Wort oder einem Kopfschütteln zu beantworten sein und wir werden einen hebräischen Verkehr haben.   Dein Franz

An Max Brod

[Pension Stüdl. Schelesen bei Liboch,
Anfang Dezember 1918]

Lieber Max, Schade daß ich Dich letzthin nicht zuhause getroffen habe, übrigens werde ich bald kommen, vielleicht schon Weihnachten, anfangs Jänner gewiß. So gut wie in Zürau ist es hier nicht, wenn auch gar nicht schlecht natürlich, und lehrreich wie überall. Außerdem erstaunlich billig; 6 frc. pro Tag (bei dem nach den Zeitungen in Wien jetzt üblichen Umrechnungskurs von 1 K = 10 ctm.) Den Fragebogen lege ich bei, ich lerne fast gar nichts, der Tag ist kurz, Petroleum ist wenig und viele Stunden liege ich im Freien. Nicht einmal meine Bücher lese ich, nur aus der Hausbibliothek (in der es auch »Tycho Brahe« gibt) die »Geschichte meines Lebens« von Meissner, ein außerordentlich lebendiges und aufrichtiges Buch mit unaufhörlichen selbsterlebten Charakteristiken und Anekdoten der ganzen politischen und literarischen böhmisch-deutsch-französisch-englischen Welt um die Mitte des vorigen Jahrhunderts und in politischer Hinsicht von einer geradezu blendenden Aktualität. Leb wohl, grüß die Frau und Felix und Oskar. Hast Du reklamiert?

Franz

[Beiliegend zwei Briefseiten mit Fragen, hebräische Grammatikprobleme betreffend; vieles in hebräischer Schrift.]

An Ottla Kafka

Schelesen b. Liboch [Dezember 1918]
[6 kleine Zeichnungen Kafkas auf einer Postkarte.]

Ansichten aus meinem Leben.
Und wie geht es Dir? Weihnachten bring Hefte und Bücher, ich werde Dich
prüfen. Soll ich übrigens nach Prag kommen? Es geht mir hier ebenso gut wie
in Zürau, nur ist es hier etwas billiger. Ich will 4 Wochen hier bleiben, könnte
aber gut und gern Weihnachten nach Prag kommen.
Viele Grüße.

Franz

An Max Brod

[Postkarte. Schelesen, Stempel: 16. XII. 1918]

Liebster Max, es wird nicht besorgt, aber beachtet werden. Übrigens liegt in
meiner Brieftasche schon seit längerer Zeit eine an Dich adressierte Visitkarte
mit ähnlicher sehr einfacher Verfügung (allerdings auch in Geldsachen) – Vorläufig aber leben wir und Dein Gemeinschaftaufsatz ist herrlich. Ich habe während des Lesens vor Freude Grimassen gemacht. Er ist unerschütterlich, wahr,
durchsichtig, erkenntnisreich, zart und außerdem noch blendend. – Was die organische Geschlossenheit des Einzelnen in moralischer Hinsicht betrifft, sind
ihre Ursachen meiner Erfahrung nach noch schlimmer; diese Geschlossenheit
nährt sich moralisch zum großen Teil nur von Mentalreservationen. – Offensichtlich sozial sind doch alle Menschen, ausgenommen vielleicht die, welche
ganz am Rand herumlungern und bald abfallen, und dann diejenigen, welche
übermenschlich imstande sind, die ganze Sozietät in die enge Brust zu fassen.
Alle andern sind aber durchwegs sozial, nur haben sie mit verschiedenartigen
Kräften verschiedenartige Schwierigkeiten zu überwinden. Das müßte vielleicht
in dem Aufsatz, der zwar nicht Urteil, aber doch Tatbestand eines Urteils zumindest ist, mitwirken. – Auch ist vielleicht das Mißverständnis nicht ganz vermieden, welches aus der Tatsache entstehen kann, daß z.B. (sehr beispielsweise)
im Volksverein viele prachtvoll soziale Leute sitzen, im Mädchenklub aber weniger. – Aber wieder und immerfort, an diesen Aufsatz halte ich mich. Wenn
Dein neues Buch ganz so aufgebaut sein sollte!

Franz

An Max Brod

[Postkarte. Schelesen, Stempel: 17. XII. 1918]

Lieber Max, Du, unerschütterlich, und auch Dich hat es hingelegt. Nun bist Du ja schon aus dem Bett. Ich habe gar nichts gewußt, meine Mutter schrieb mir nicht, niemand. Schreib mir noch ein paar Worte über Deinen Zustand. Während meines Fiebers warst Du mir etwas wie die Bürgschaft des Lebens. Mögest Du wenigstens vor den kleinen Nachleiden bewahrt bleiben, die bei mir hinter der Grippe herkamen. Immerhin scheinst Du ja über eine Woche lang gelegen zu sein. Deine Frau ist gesund geblieben? Solltest Du nicht auf das Land fahren, Dich erholen? Leider spricht manches dagegen Dich hierher einzuladen, aber zur Not ginge es doch und ich würde Dich nicht schlecht pflegen, da ich doch Erfahrungen im Gepflegtwerden habe. Ich überlege, ob ich meine Mutter zu Dir schicken soll, ob sie Dich stören oder vielleicht gar nicht mehr zuhause antreffen würde, da Du schon im Jüdischen Nationalrat sein könntest. Vielleicht schicke ich nur das Fräulein.

Leb wohl, schreib bald, grüße Felix und Oskar.

Franz

1919

[Schelesen, Anfang 1919]

Lieber Oskar, wie lebst Du weiter diesen Winter? Es ist, wie wenn es ungerecht verteilt wäre; ich schon den zweiten Winter auf dem Land und Du, der Du Dich in Zürau so gefreut hast, in Schnee und Kälte wieder in Prag. Und dabei entwerfe ich kein Trauerspiel überhaupt keines und erst recht keines wie das Deine, von dem oder wenigstens von dessen Schicksal ich gerne etwas hören wollte.

Übrigens glaube ich, daß ich bald zurückkommen werde, in zehn Tagen etwa, es wäre denn, daß der hiesige Doktor abrät. Ich will nicht sagen, daß es hier weniger schön ist als in Zürau, aber schwieriger, ich bin jetzt schon zum zweiten Male hier, aber ich müßte vielleicht noch zehnmal immer mit neuem Anlauf herfahren, ehe ich es bewältige. In Zürau war es so leicht. Allerdings war auch meine Gesundheit etwas besser.

An Dich lebt hier noch eine Erinnerung im Haus oder eigentlich an Deinen Jungen. Ein kleiner Spitz des Briefträgers, bei dem ihr gewohnt habt, konnte es unter den Martern des Leo nicht aushalten und ist von Fräulein Stüdl gekauft, d. h. gerettet worden. Der Spitz lebt nun schon lange nicht mehr, Du wirst aber als Vater Deines Sohnes nicht vergessen werden. Eben bellen unten großartig die Hunde, sie rächen den Spitz an mir jede Nacht, aber das macht nicht viel, die innern Hunde sind dem Schlaf gefährlicher.
Herzliche Grüße Dir und den Deinen.

Franz

[Schelesen, Januar 1919]

Lieber Max, letzthin habe ich von Dir geträumt, es war an und für sich kein besonderer Traum, ich habe diesen Traum öfters: ich nehme irgendein Stöckchen oder breche auch nur einen Zweig ab, stoße ihn schief gegen den Boden, setze mich auf ihn, wie die Hexen auf den Besen, oder lehne mich auch nur an ihn, wie man sich auf der Gasse an einen Spazierstock lehnt – und das genügt, daß ich in langen flachen Sprüngen weithin fliege, bergauf, bergab, wie ich will. Erschöpft sich die Flugkraft, brauche ich nur einmal wieder gegen den Boden zu stoßen und es geht wieder weiter. Das träume ich also öfters, diesmal aber warst Du irgendwie dabei, hast zugesehn oder hast auf mich gewartet, es war so, als wäre es manchmal in den Rudolphinumanlagen. Und nun kam es so, daß ich immer wieder Dich irgendwie schädigen oder wenigstens in Anspruch nehmen mußte. Es waren zwar nur Kleinigkeiten, einmal verlor ich einen kleinen eisernen Stock, der Dir gehörte, und mußte es Dir gestehn, ein andermal ließ ich Dich wegen meines Fliegens lange warten, also doch nur Kleinigkeiten – aber wunderbar war es, mit welcher Güte und Geduld und Stille Du das alles hinnahmst. Entweder – mit dieser Überlegung schloß der Traum – warst Du überzeugt, daß ich es, trotzdem ich es scheinbar so leicht hatte, doch schwer hatte, oder Du hieltest wenigstens an diesem Glauben fest als der einzigen Erklärung meines sonst unbegreiflichen Verhaltens. Und so hast Du mir nicht einmal diese nächtlichen Freuden mit dem kleinsten Vorwurf gestört.

Im ganzen geht es mir auch bei Tage nicht schlecht, wenigstens was die Lunge betrifft. Kein Fieber, keine Atemnot, immer weniger Husten. Dagegen stört mich der Magen.

Wann fährst Du in die Schweiz?

Herzliche Grüße

Franz

Grüße bitte Felix und Oskar.

An Max Brod

[Schelesen, Stempel: 6. II. 1919]

Lieber Max, wie Du mit Deiner Bestimmung kämpfst und dabei spricht diese Bestimmung eine so schöne klare laute und widerhallende Sprache: was sollten erst andere sagen, deren Bestimmung lispelt oder gar stumm ist.

Während Du noch im Traum für Deinen Gedanken leidest, fahre ich in einer Troika in Lappland. So war es heute Nacht oder vielmehr ich fuhr noch nicht, sondern das Dreigespann wurde angeschirrt. Die Wagendeichsel war ein riesiger Tierknochen und der Kutscher gab mir eine technisch ziemlich geistreiche und auch merkwürdige Erklärung des Troika-Anschirrens. Ich will sie nicht in ihrer ganzen Länge hier erzählen. Ein einheimischer Klang kam dann in das Nordische dadurch, daß meine Mutter, deren Person oder vielleicht nur Stimme dabei war, die Nationaltracht des Mannes beurteilte und erklärte, die Hose sei Papiergewebe und von einer Firma Bondy. Es leitete das offenbar in Erinnerungen vom Vortage über, denn es gibt hier Jüdisches, auch vom Papiergewebe war gesprochen worden, auch von einem Bondy.

Das Jüdische ist ein junges Mädchen, hoffentlich nur wenig krank. Eine gewöhnliche und eine erstaunliche Erscheinung. Nicht Jüdin und nicht Nicht-Jüdin, nicht Deutsche, nicht Nicht-Deutsche, verliebt in das Kino, in Operetten und Lustspiele, in Puder und Schleier, Besitzerin einer unerschöpflichen und unaufhaltbaren Menge der frechsten Jargonausdrücke, im ganzen sehr unwissend, mehr lustig als traurig – so etwa ist sie. Will man ihre Volkszugehörigkeit genau umschreiben, muß man sagen, daß sie zum Volk der Komptoiristin-nen gehört. Und dabei ist sie im Herzen tapfer, ehrlich, selbstvergessend, – so große Eigenschaften in einem Geschöpf, das körperlich gewiß nicht ohne Schönheit, aber so nichtig ist, wie etwa die Mücke, die gegen mein Lampenlicht fliegt. Darin und in anderem ähnlich dem Frl. Bl., an das Du Dich vielleicht in Abneigung erinnerst. Könntest Du mir vielleicht für sie »Die dritte Phase des Zionismus« borgen oder etwas anderes, was Du für richtig hältst? Sie wird es nicht verstehn, es wird sie nicht interessieren, ich werde sie nicht dazu drän-gen – aber trotzdem.

Zeit habe ich nicht viel, das mußt Du mir glauben, der Tag reicht kaum aus, jetzt ist viertel zwölf Uhr. Das Liegen im Freien nimmt die meiste Zeit in An-spruch, ich liege allein auf einem Balkon, Waldanhöhen gegenüber.

Die Gesundheit ist nicht schlecht, Magen und Darm sind allerdings in Un-ordnung. Auch die Nerven oder was man so nennt, sollten etwas widerstandsfä-higer sein, es geschieht mir hier schon gegenüber dem zweiten Menschen. Die Aufnahme eines neuen Menschen in sich, besonders seiner Leiden und vor allem des Kampfes, den er führt und von welchem man mehr zu wissen glaubt, als der fremde Mensch selbst, – das alles ist ein Gegenbild des Gebärungsaktes geradezu.

Leb wohl. Grüße Felix und Oskar

Franz

Die Selbstwehr bekomme ich. Was meinst Du eigentlich mit Deiner Bemer-kung »Palästina überhaupt unklar«?

An Max Brod

[Schelesen,] 2. März [1919]

Lieber Max, nun habe ich Dir noch nicht einmal für das schöne Buch gedankt. Es tut wohl, im Geist des Buches eine Zeit zu leben. Ich habe dabei noch den Vorteil oder Nachteil, daß sich mir Jugenderinnerungen und Jugendgefühle in alles mischen. Auch das Fräulein läßt Dir sehr danken, sie hat es gründlich gele-sen und sogar auffallend verstanden, allerdings mit einer besondern Art mäd-chenhaften Augenblickverständnisses. Sie ist übrigens nicht so beziehungslos gegenüber dem Zionismus, als ich anfangs dachte. Ihr Bräutigam, der im Krieg gefallen ist, war Zionist, ihre Schwester geht in jüdische Vorträge, ihre beste Freundin ist beim Blau-Weiß und »versäumt keinen Vortrag von Max Brod«.

Was mich betrifft: ich verbringe meine Zeit lustig (grob gerechnet habe ich in den letzten fünf Jahren nicht so viel gelacht wie in den letzten Wochen), aber es ist auch eine schwere Zeit. Nun, vorläufig trage ich sie, aber es ist nicht ohne Grund, daß es mir gesundheitlich nicht sehr gut geht. Diese Zeit geht übrigens, wenigstens in ihrer Aktualität, in den nächsten Tagen zuende und ich bleibe vielleicht, wenn die Anstalt das Zeugnis des hiesigen Arztes anerkennt, noch ein wenig hier.

Die ersten, ich meine die ersten sichtbaren Irrtümer des Lebens sind so merkwürdig. Sie sollen ja wahrscheinlich gesondert nicht untersucht werden, da sie ja höhere und weitere Bedeutung haben, aber manchmal muß man es tun; es fällt mir ein Wettrennen ein, bei dem, wie es auch richtig ist, jeder Teilnehmer überzeugt ist, daß er gewinnen wird, und das wäre auch möglich bei dem Reichtum des Lebens. Warum geschieht es nicht, trotzdem doch scheinbar jeder den Glauben hat? Weil sich der Nichtglauben nicht im »Glauben« äußert, sondern in der angewendeten »Rennmethode«. So wie wenn etwa jemand fest davon überzeugt wäre, daß er gewinnen wird, aber daß er nur dadurch gewinnen wird, daß er vor der ersten Hürde ausbricht und nicht mehr zurückkehrt. Dem Schiedsrichter ist klar, daß der Mann nicht gewinnen wird, wenigstens auf dieser Ebene nicht, und es muß sehr lehrreich sein, zuzusehn, wie der Mann von allem Anfang an alles darauf anlegt auszubrechen und alles mit tiefem Ernst. – Glück zum Buch! Und viel Zeit!

Franz

An Max Brod

[Frühjahr 1919?]

Mein lieber Max, das von der Tarnowska verstehe ich nicht, dagegen das von Wiegler sehr gut, noch wichtiger aber als Wieglers Urteil ist das Handls, denn bei dem fängt schon das Publikum an. Mit der Nachricht, daß zwei Gedichte für mich vorbereitet sind, tröstest Du mich mehr als Du weißt. Trost aber brauch ich. Zu rechter Zeit haben jetzt Magenschmerzen und was Du willst angefangen und so stark, wie es sich bei einem durch Müllern stark gewordenen Menschen paßt. Den Nachmittag über, so lang er war, bin ich auf dem Kanapee gelegen, mit etwas Tee statt des Mittagessens in mir und hatte nach einem Viertelstundenschlaf nichts anderes zu tun als mich zu ärgern, daß es nicht dunkel werden wollte. So gegen halb fünf bildete sich eine Nuance der Helligkeit, die einfach nicht mehr aufhörte. Aber als es dann dunkel war, war es auch nicht recht. Laß das, Max, über die Mädchen zu klagen, entweder ist der Schmerz, mit dem sie Dich schmerzen, ein guter Schmerz; ist er es nicht, dann wehrst Du Dich, verlierst den Schmerz, bekommst die Kraft. Aber ich? Alles was ich besitze, ist gegen mich gerichtet, was gegen mich gerichtet ist, ist nicht mehr mein Besitz. Wenn mich z. B. – es ist nur ein reines Beispiel – wenn mich mein Magen schmerzt, so ist es eigentlich nicht mehr mein Magen, sondern etwas, was sich von einem fremden Menschen, der Lust bekommt, mich zu prügeln, wesentlich nicht unterscheidet. So aber ist es mit allem, ich bestehe nur aus Spitzen, die in mich hinein gehn, will ich mich da wehren und Kraft aufwenden, heißt das nur die Spitzen besser hineindrücken. Manchmal möchte ich sagen,

Gott weiß, wie ich überhaupt noch Schmerzen spüren kann, da ich vor lauter Dringlichkeit, sie mir zu verursachen, gar nicht dazu komme, sie aufzunehmen. Öfters aber muß ich sagen, ich weiß es auch, ich spüre ja wirklich keine Schmerzen, ich bin ja wirklich der schmerzfreieste Mensch, den man sich denken kann. Ich hatte also keine Schmerzen auf dem Kanapee, ich ärgerte mich nicht über die Helligkeit, die zu ihrer Zeit aufhörte und mit dem Dunkel war es genau so. Aber lieber Max, das mußt Du mir glauben, wenn Du es auch nicht willst, alles war an diesem Nachmittag so eingerichtet, daß ich, wenn ich ich wäre, alle jene Schmerzen in der genauen Reihenfolge hätte spüren müssen. Von heute ab lasse ich es mir mit keiner Unterbrechung mehr ausreden: Ein Schuß wäre das Beste. Ich schieße mich einfach von dem Platz weg, auf dem ich nicht bin. Gut, es wäre feig; feig bleibt freilich feig, selbst wenn es in einem Fall nur Feigheit gäbe. Dieser eine Fall ist hier, hier ist eine Situation, die um jeden Preis beseitigt werden muß, aber niemand als Feigheit beseitigt sie, Mut macht aus ihr nur Krampf. Und beim Krampf bleibt es, mach Dir keine Sorgen.

An Josef Körner

[Prag, Poststempel: 3. VI. 1919]

Sehr geehrter Herr Professor!
Meinen besten Dank. Solche Untersuchungen sind so friedlich und friedenbringend, ich hätte noch gerne lange weitergelesen, besonders da die Führung sehr zart ist und zum Manne hält. Allerdings scheint auch Bettina ein verkleideter verwirrter halbjüdischer junger Mann gewesen zu sein und ich verstehe nicht wie sich die glückliche Ehe und die 7 Kinder ergeben haben. Sollte dann auch noch das Leben der Kinder halbwegs gerade verlaufen sein, wäre es ein Wunder.

Übrigens fehlt in dem Sonderdruck der größte Teil des Aufsatzes über Schlegel und die Parallelen-Jagdbeute, schade.
Mit besten Grüßen Ihr ergebener

Kafka

An die Eltern von J. W. (?)

24. November 19

[Fragment]

… wie zu bekräftigen und zu verbreiten, gleichgültig wie ihr Inhalt ist, also ob sie mich schändlich, lächerlich oder verächtlich macht. Wie die Erklärung auch sein mag, immer wird sie insoferne wahr sein, als ich J., der Unschuldigsten und Gütigsten, soviel Leid verursacht habe, daß damit verglichen jede bloß gesellschaftliche Buße eine Lächerlichkeit ist.

Stimmen aber diese zwei Voraussetzungen, wie ich glaube, nicht, dann, bitte, lassen Sie uns beisammen, so wie wir uns über alle meine Schwäche hinweg, zusammengehörig fühlen. Im Feber will ich mit einigen Hoffnungen für vielleicht ¼ Jahr nach München fahren, vielleicht könnte J., die ja seit jeher auch von Prag fort wollte, auch nach München kommen. Wir würden ein anderes Stück Welt sehen, manches würde sich vielleicht ein wenig ändern, manche Schwäche, manche Angst zumindest ihre Form, ihre Richtung ändern.

Mehr will ich nicht sagen, es scheint mir überhaupt, als hätte ich zuletzt schon zuviel Rohes und Böses gesagt. Seien Sie geduldig, nicht etwa nachsichtig, sondern geduldig und aufmerksam, damit Sie möglichst nichts weglassen und nichts hineinlesen.
Ihr herzlich ergebener

Dr. Franz Kafka

An M. E.

Samstag, [Prag, Winter 1919/20]

Liebes Fräulein Minze oder da Fräulein und Minze nicht zusammenpassen: liebe Minze, Sie haben mir eine große Freude gemacht, durch die Bilder natürlich auch, vor allem aber weil Sie das sind, was ich glaubte, nämlich vertrauenswürdig, worthaltend und gut. Das ist die Hauptsache. Und deshalb kann ich auch über die Bilder die Wahrheit sagen; sie zeigen, wie jedes Abbild eines Guten, manches, wofür man dankbar ist und was man mit eigenen Augen nicht erkannt hätte. Sie sind ja eine erstaunliche Schauspielerin oder richtiger Sie haben das erstaunliche Material einer Schauspielerin oder Tänzerin und die (im hohen Sinn) göttliche Frechheit des Angeschaut-werden-könnens und Des-dem-Blicke-standhaltens. Das hätte ich nicht gedacht. Aber, das fürchte ich, dieses Material ist bei dem Fotografen, ein so ausgezeichneter Mensch er sonst sein mag, in keiner guten, verständigen Hand. Was daran gut ist, sind deutlich Sie selbst, in I macht er etwas z. B. aus Schnitzler Anatol, in II eine Kameliendame, in III etwas Wedekindsches, in IV endlich die Kleopatra (des ersten Abends), vorausgesetzt, daß es nicht die Fern Andra ist. So mischt er die Dinge und hat ja gewiß überall ein wenig Recht, aber im Ganzen meinem Gefühl nach niemals, da sind sie ihm durch die Finger gelaufen. Damit will ich nicht sagen, daß Sie solchem Fotografieren aus dem Weg gehn sollten, ich bin überzeugt, es schadet Ihnen innerlich gar nichts, Sie sollten aber solchen Dingen gegenüber immer sich den Zweifel bewahren, so wie Sie ihn bewahren sollten gegenüber den Dahn und Baumbach Ihres Heftes, gegenüber Süßlichkeit, Unwahrheit, Künstlichkeit, da Sie doch in Ihrem Wesen besser sind als alles das und ganz gewiß darüber wegtanzen werden, wie über den gefrorenen Weg zum geweihten Brunnen, wo viele andere entweder dumm gefallen oder süßlich gestolpert wären. Ich bleibe dabei, daß es sehr gut ist, daß

Sie nach Holzminden kommen, was doch eine Art weite Welt ist und ohne den roten Teplitzer Hintergrund.

Die Bilder aber darf ich mir behalten, nicht wahr, da kein Gegenbefehl im Brief stand. Und schreiben Sie mir wieder einmal, besonders wenn Sie den Ort wechseln. Es ist doch vielleicht gar nicht so schlimm einen guten Freund zu haben.

Adieu Minze, grüßen Sie dort alle herzlich und das Fräulein noch ausdrücklich

Ihr Kafka

1920

An M. E.

[Prag, Januar/Februar 1920]

Liebe Minze,

Ihren vorigen Brief habe ich doch bekommen, mich natürlich auch über ihn gefreut, oft an ihn und Sie gedacht und – ich weiß nicht genau warum – bis heute
nicht geantwortet. Vielleicht deshalb, weil er so selbstständig, so gar nicht hilfs-,
ja nicht einmal antwortbedürftig schien.

Anders heute. So unsicher? Das wäre schlimm, aber Ihre Unsicherheit hat
wie auch übrigens in Schelesen etwas Fröhliches, Sorgenloses, Vertrauensvolles.
Man hat Angst um Sie und möchte Sie doch nicht anders haben wollen. Das ist
meine Stellung, während die Verwandten, die es ja durchaus nicht leicht haben
mögen, begreiflicher Weise nur die Angst haben dürften. Ich erinnere mich
nicht genau, ob Sie mir erzählt haben, wie der Vater (von Geschäftsführung und
Krankenpflege abgesehn) mit Ihnen zufrieden war, ob Sie ihm Sorgen machten,
wie er sich Ihre Zukunft dachte udgl. Das würde mich interessieren. Von
irgendwelchen Zornesausbrüchen des Vaters sprachen Sie aber, glaube ich.

Daß der Schulplan aufgegeben ist, ist sehr schade, und nicht ganz verständlich. Sie waren doch in Holzminden schon aufgenommen, wie Sie sagten. Und
außerdem kann doch Holzminden nicht die einzige Möglichkeit sein. In
Nordböhmen allein gibt es doch einige derartige Schulen. Und ernst scheint
Ihnen diese Absicht doch noch immer zu sein, da Sie ja unter Umständen auch
als Volontärin auf ein Gut gehn wollen. Ich weiß im Augenblick keine Möglichkeit, aber solche gibt es doch gewiß, Sie selbst sprachen doch von einer,
wenn ich nicht irre, Großpriesener Domäne, wo Sie aufgenommen werden
könnten. – Ist es auch damit nichts? Nun wir werden noch gemeinsam darüber
nachdenken.

Wie haben Sie die Zeit in Schelesen und nachher verbracht? Mit Rolf und
In-den-Feldern-Herumlaufen? Das wäre ja sehr gut, aber zu wenig oder zu viel.
Es ist gut, seinen Träumen nachzujagen, aber schlecht, wie es dann meistens
auszugehen pflegt, von ihnen gejagt zu werden. Und die Welt ist zwar groß und
weit, wie Sie schreiben, aber um keine Haarbreite größer als man sich sie selbst
zu machen versteht. In der Unendlichkeit, in der Sie die Welt jetzt sehn, ist doch
neben der Wahrheit eines mutigen Herzens auch die Täuschung der 19 Jahre.
Sie können das leicht daran überprüfen, daß Ihnen ebenso unendlich etwa ein
Alter von 40 Jahren erscheint, das doch, wie Ihnen Ihre ganze Umgebung zeigen
wird, zumindest die Unendlichkeit, von der Sie träumen, nicht enthält.

Was machen Sie in Karlsbad? Sind Sie schon gesund? In Karlsbad ist, glaube
ich, auch eine Verwandte des Frl. Stüdl, von der sie mir viel Gutes erzählt hat,

kennen Sie sie? Nach Meran fahre ich vielleicht in einem Monat. Sie sind selbst auch in Meran gewesen?

Herzliche Grüße Ihres

F. Kafka

An M. E.

[Prag, Februar 1920]

Liebe Minze, nein, das Vertrauen zur Unendlichkeit des Lebens wollte ich Ihnen nicht nehmen (es besteht auch diese Unendlichkeit, nur nicht im gewöhnlichen Sinn), konnte es Ihnen auch nicht nehmen, da Sie es selbst im Grunde nicht haben, ich meine: es bewußt nicht haben. Wenn ich also etwas dazu sagte, so wollte ich nur, daß Sie sich selbst, Ihrem bessern Selbst glauben. Übrigens wäre auch Minze als Trauerweide gelegentlich ganz hübsch, zumindest – rund gerechnet – 10 mal hübscher als Minze-Kleopatra.

Merkwürdig, daß in Ihrem Brief die »schönen Stunden« und die »Dummheiten« so nah beisammen stehn. Das kann doch nicht das Gleiche sein, eher das Entgegengesetzte. »Schön« ist doch wohl die Stunde, in der man besser ist als sonst und »dumm« die, in der man schlechter ist. Die »schönen Stunden« erkauft man nicht mit trüben Stimmungen, im Gegenteil, »schöne Stunden« geben noch Licht aller grauen Zukunft. Für »Dummheiten« zahlt man allerdings Lehrgeld, und zwar sofort, selbst wenn mans nicht weiß, mit der Unken Hand macht man die »Dummheit« und mit der Rechten zahlt man gleichzeitig Lehrgeld unaufhörlich, bis man nicht mehr weiter kann. Und »Dummheiten« allerdings macht jeder Mensch, liebe Minze, wie viel, wie viel! Man ist so überbeschäftigt damit, daß man kaum Zeit zu etwas anderem hat. Was aber kein Grund ist, sich damit abzufinden und das tun Sie auch gewiß nicht, sonst wären Sie ja keine liebe Minze.

Wer ist der Onkel, der mit Ihnen und mit dem Sie einverstanden scheinen? Warum erwähnen Sie nichts von der Großpriesener Volontärsmöglichkeit?

Ich lege hier ein Inserat bei, das ich oft, auch noch im Jahre 18, in einer jüdischen Zeitschrift gefunden habe. Schreiben Sie vielleicht rekommandiert hin: »Immenhof (Henny Rosental), Deutsches Reich, Dessow, Mark«. Ich glaube, es ist nicht weit von Berlin, ich habe es auch privat loben hören.

Wie fiel eigentlich Ihre Holzmindner Angelegenheit im Einzelnen aus?

Was machen Sie in Karlsbad? Nichtstun ist eine der größten und verhältnismäßig leicht zu beseitigenden »Dummheiten«. Was lesen Sie?

Was waren das für Wünsche, die ich vergessen habe. Doch nicht etwa mein Bild. Das habe ich absichtlich nicht geschickt. Sind meine Augen in Ihrer Erinnerung, Minze, wirklich klar, jung, ruhig, dann mögen sie dort so bleiben, dann sind sie dort besser aufgehoben als bei mir, denn hier sind sie trüb genug und immer unsicherer geworden mit kleinen Schwankungen in 36 jährigem Offensein. In der Fotografie kommt das zwar nicht heraus, aber dann ist sie desto unnötiger. Sollten meine Augen einmal schöner, reiner werden, dann bekommen Sie ein Bild, aber dann wird es auch wieder nicht nötig sein, denn dann würden sie doch mit der Kraft, die reine Menschenaugen haben, bis nach Karlsbad Ihnen geradeaus ins Herz sehn, während sie jetzt nur mühsam in Ihrem doch aufrichtigen und deshalb lieben Brief herumirren.

Mit herzlichen Grüßen

Ihr Kafka

An Kurt Wolff

[Prag, Februar 1920]

Sehr geehrter Herr Wolff,

vergessen habe ich nichts, aber als ich damals im Dezember den Urlaub schon fast hatte, verkühlte ich mich ein wenig, der Arzt sah den Gesamtzustand an und als er von München hörte, riet er sehr ab, empfahl dagegen Meran oder dergleichen. Darin mußte ich ihm recht geben, daß meine Gesundheit nicht zuverlässig war und ich daher den Urlaub nicht mit der Freiheit und Sicherheit hätte verbringen können, wie er allein mir hätte nützen können; da ich aber München und einen solchen Urlaub nicht haben konnte, wollte ich lieber gar nichts haben – übrigens wartete die ganze Wage auf dieses Übergewicht – und blieb. Ihnen Herr Kurt Wolff antwortete ich auch lieber nicht, denn was hätten jetzt lange Erklärungen sollen, nachdem ich kurz vorher versucht hatte, Sie sogar für meine Milch-Bedürfnisse zu interessieren (in Wirklichkeit hatte ich damit nur möglichst viel Realität gleich am Anfang in den Plan hineintreiben wollen).

Nun ist es also zu diesem Gesundheitsurlaub, den allein ich haben wollte, nicht gekommen – vielleicht bleibt er mir für später aufgehoben – aber ein Krankheitsurlaub wird jetzt im Vorfrühling nötig. Da ich schon nach Bayern hin gerichtet war, ließ ich mir einen Prospekt vom Sanatorium Kainzenbad bei Partenkirchen schicken, aber gerade heute bekomme ich von der sehr langsam und fast widerwillig Auskunft gebenden Verwaltung die Nachricht, daß erst Ende März ein Zimmer frei wird, fast ein wenig zu spät. Nun brauche ich ja im Grunde weder Sanatorium noch ärztliche Behandlung, im Gegenteil, beides schadet eher, sondern nur Sonne, Luft, Land, vegetarisches Essen, das alles weiß ich mir aber außerhalb Böhmens in dieser Jahreszeit nur in Sanatorien zu verschaffen. Wüßten Sie also, sehr geehrter Herr Wolff, in dieser Hinsicht für mich einen Rat, würde ich ihn natürlich dankbar annehmen, sonst würde ich wohl Ende März nach Kainzenbad fahren.

Mit bestem Dank und Gruß Ihr herzlich ergebener

F. Kafka

An M. E.

[Prag, Februar 1920]

Liebe Minze, zunächst also bin ich glücklich mit Ihnen, daß Sie in eine Schule kommen. Die Schwierigkeiten in einer Schule angenommen zu werden haben Sie übertrieben, ich meine: sich selbst gegenüber auch, aber nun nimmt es doch einen ganz besonders guten Ausgang, wenn Sie in diese Schule kommen. Erstens kommt die Anregung von Ihrem Onkel, also aus der Familie, das gibt doch gute Stimmung, dann ist die Empfehlung des Dr. Ziegler in der Schule wahrscheinlich nicht ohne Bedeutung und schließlich ist es doch – das nehme ich nämlich an – eine jüdische Schule, also besonders wohltätig für das im Augenblick ein wenig haltlose Kind (eine Benennung übrigens, die mehr Schmeichelei als sonstiges ist).

Also so war es in Karlsbad? Nun freilich. Was aber das »ganz hübsche Gesicht« betrifft, so habe ich es kaum gesehn. Jugend ist natürlich immer schön, man träumt von der Zukunft und erregt in den andern die Träume oder vielmehr man ist selbst ein Traum, wie sollte das nicht schön sein. Aber das ist doch eine Schönheit, die aller Jugend gemeinsam ist und die man sich persönlich anzueignen kein Recht hat. Mit dem »ganz hübschen Gesicht« aber meinen Sie etwas anderes und das habe ich nicht bemerkt. Die Frisur und die Schlangenarmbewegungen sind mir zwar aufgefallen, aber das war doch nur halb putzig, halb komisch, halb (Minze steht nämlich außerhalb der Naturgesetze und hat 3 Hälften) sogar unhübsch, in 2 Tagen wäre es vergessen gewesen. Aber dieses von ihr so verächtlich behandelte »ansonsten« stellte sich allmählich als etwas Wesentlicheres heraus.

Die mir drohenden Unterstreichungen des Sich-jung-fühlen-sollens treffen mich, Minze, nicht. Ich klage ja nicht darüber, daß ich mich alt fühle, eher über das Gegenteil oder besser überhaupt nicht. Sie wissen doch: alte Augen werden fernsichtig und über Mangel der Fernsicht sprach ich.

Nach Meran werde ich doch kaum fahren, es ist ein wenig zu teuer, vielleicht fahre ich in die Bayerischen Alpen. Mein Kopf hat, glaube ich, den Norden lieber, meine Lunge den Süden. Da aber gewöhnlich die Lunge sich opfert, wenn es dem Kopf zu arg wird, so hat allmählich auch der Kopf aus einer Art Erkenntlichkeit Verlangen nach Süden bekommen.

Was die Bilder betrifft, so lassen wir es bitte, Minze, dabei bleiben, schon deshalb, weil man im Dunkel (ich meine: wenn man einander nicht sieht,) einander besser hört. Und wir wollen einander gut hören. Deshalb wird es auch viel besser sein, wenn wir einander jetzt in Prag nicht sehn, weder absichtlich noch zufällig, das ist mein Ernst.

Aber von der Aufnahme in die Schule erfahre ich, nicht wahr, als einer der ersten. Das wird eine große Ehrung für mich sein.
Mit herzlichen Grüßen Ihr

Kafka

An Kurt Wolff

Sehr geehrter Herr Wolff unvermutet kam jetzt ein Telegramm von Kainzenbad, in welchem man mir in Widerrufung früherer Meldungen anzeigt, daß für mich schon anfangs März ein Zimmer reserviert sei; es ist mir lieb wie einer Widerspenstigen Zähmung. Aber auch sonst ist es vielleicht gut, mein Zustand duldet eigentlich nicht viel Verzögerung und vielleicht ist es sogar gut, wenn ich während der ersten noch kalten Zeit in einem Sanatorium bin. Vielleicht findet sich später ein besserer Aufenthaltsort. Jedenfalls bitte ich, sehr geehrter Herr Wolff, sich vorläufig meinetwegen keine Mühe mehr zu geben und meiner herzlichen Dankbarkeit für alle Ihre Freundlichkeit sicher zu sein.
Ihr sehr ergebener

F Kafka

An M. E.

[Prag, Februar 1920]

Liebe Minze, gewiß darf man solche Briefe schicken und ganz besonders solche. Andere, zusammenhängendere, weniger zerstreute Briefe können oft wider Willen eine Hauptsache verdecken, ein solcher brüchiger, aus paar Stücken bestehender Brief verdeckt nichts, es liegt dann wirklich nur an der Blickkraft, wie viel man sieht, ein solcher Brief ist so vertraulich, als wäre man in einer gemeinsamen Wohnung, allerdings durch 1000 Zimmer getrennt, deren Türen aber in einer Reihe offenstehn, so daß man Sie, wenn auch natürlich nur schon sehr klein und undeutlich, im letzten Zimmer sieht und was man sieht, Minze, scheint weder sehr schön, noch sehr lustig, noch sehr gut.

Im übrigen, Minze, sind Sie (oder vielmehr wären es, wenn man es ausnützte) scharfsinnig und mit Recht rechthaberisch wie ein kleiner Rabbiner. Natürlich werden Sie den notwendigen Halt nicht in der Schule eingerammt bekommen, sondern müssen ihn in sich haben, aber vielleicht werden Sie ihn dort in sich finden, das wäre ganz gut denkbar. Denn so übersichtlich Minze äußerlich scheint, innerlich ist sie doch, wie eben jeder, unübersehbar unendlich und alles ist dort zu finden, was ehrlich gesucht wird.

Vor mir liegt ein Bericht über die »Ahlemer Gartenbauschule« mit Bildern. Nun dort ist es prachtvoll und zu meinem nächsten Geburtstag wünsche ich mir nichts Besseres als 19jährig zu werden und nach Ahlem – das ist nämlich Ihre Simonsche Schule – zu kommen. Die Gartenbauschule für Mädchen ist übrigens erst seit Kriegsende eingerichtet, bis dahin gab es nur eine Knabengartenbau- und eine Mädchenhaushaltungsschule. Auch das verstärkt vielleicht die Hoffnung, daß Sie angenommen werden. Möge es bald sein!

Ihr Kafka

An Max Brod

[Prag, etwa März 1920]

Lieber Max, ich war gestern zu sehr von der Erzählung befangen und von der Unnachgiebigkeit des Denkens, aus dem sie hervorkommt, ich versäumte es darüber von Ottlas Kölner Sache so zu reden, wie ich sie einschätze. Es liegt mir sehr viel daran, mehr als an Slowakei und Paris, ich würde zufriedener wegfahren, wenn es gelänge, ich weiß nicht, ob und was Du zur Verwirklichung dessen helfen könntest, jedenfalls wollte ich es Dir noch sagen. Vielleicht würde ein gutes Wort bei Frl. Löwy genügen oder dergl. Ich gelobe im Stillen tausend Kronen dem Nationalfond, was ja vielleicht keine eigentliche Bestechung des Schicksals wäre, denn ich will ja dafür nur Arbeits- und Mühe-Möglichkeit für Ottla. Mehr noch als die Sache selbst freut mich ja, daß die Sache starke Anziehungskraft für Ottla hat. Wenn es also möglich wäre –   Franz

An Felix Weltsch

[Frühjahr 1920]

Lieber Felix, Dank für Deine Geduld. Aber vorige Woche war ich ganz besonders zerstreut, auch wollte ich es genau machen, also zweimal lesen, so verging die viele Zeit.

Die mir zweifellosen Kleinigkeiten habe ich gleich in den Fahnen richtiggestellt, diese Richtigstellungen mußt Du aber natürlich noch revidieren, dagegen glaube ich kaum einen Druckfehler übersehnzuhaben. Andere kleine Fragen und Vorschläge habe ich in den beiliegenden Papieren notiert. Du findest die zugehörigen Stellen in den Fahnen am Rande angestrichen.

Es sind aber alles nur Kleinigkeiten, mit größeren Fragen wage ich nicht aufzutreten, nicht Dir gegenüber, nicht der Sache gegenüber. Als Erbauungsbuch – und das ist es ja viel mehr als ich dachte – bedeutet es mir viel und wird mir viel bedeuten.

Vergiß mich bitte nicht, wenn neue Korrekturen kommen.

Dein Franz

[es folgt eine Liste von ca. 40 Verbesserungs-Vorschlägen und Fragen]

An M. E.

[Prag, März 1920]

Liebe Minze,
man liegt krank, hat zartes Fieber nach alter nicht mehr abzugewöhnender Gewohnheit, und dann kommen noch Sie und melden, daß man Sie in Ahlem

nicht angenommen hat. Man hätte schon noch ein Plätzchen für Sie finden können, offenbar weiß man dort nicht, wie klein Sie sich zusammenrollen können. Inzwischen habe ich auch noch von etwas anderem Jüdischen gehört, Opladen bei Köln, aber auch dort ist alles besetzt und nur für das nächste mit April beginnende Jahr undeutliche Aussichten, vielleicht erfahre ich aber darüber noch Bestimmteres. Und Immenhof – oder hieß es anders? – hat gar nicht geantwortet? Und jetzt in Großpriesen praktizieren – von Großpriesen schweigen Sie beharrlich – und nächstes Jahr nach Ahlem gehn ist unausführbar? Warum? Inzwischen Gemüse auf Damenhüten pflanzen, ist ein schwacher Ersatz und kein sehr erfreulicher, da es in Teplitz vor sich geht. Ich kann Teplitz, das ich noch nie gesehen habe, nicht leiden. Es ist eben Ihr Heimatort und für einen nur irgendwie beunruhigten Menschen ist der Heimatort, selbst wenn er sich darüber gern täuscht, etwas sehr Unheimatliches, ein Ort der Erinnerungen, der Wehmut, der Kleinlichkeit, der Scham, der Verführung, des Mißbrauchs der Kräfte.

Der Heimatort bringt es auch in seiner gedanklichen Enge mit sich, daß Sie die Menschen und sich oder vielmehr die andern Mädchen und sich in einem solchen Gegensatz sehn. Gegensätze bestehn gewiß, weil eben die Welt hinsichtlich des Chaotischen mit Ihrem Kopf verwandt ist, aber so einfach wie Sie es tun – hier die andern Mädchen, hier ich – ist der Schnitt gewiß nicht zu führen. Böses Teplitz.

Mein Kranksein hat den Brief verzögert, es ist übrigens kein eigentliches Kranksein, aber allerdings auch kein Gesundsein und gehört zu jener Gruppe von Krankheiten, die nicht dort ihren Ursprung haben, wo sie zu stecken scheinen und vor denen die Ärzte deshalb noch hilfloser sind als sonst. Gewiß, es ist die Lunge, aber es ist auch wieder die Lunge nicht. Vielleicht fahre ich doch nach Meran oder auch nach dem Mond, wo überhaupt keine Luft ist und sich die Lunge deshalb am besten ausruhn kann. Die Bilder haben mich sehr gefreut, zunächst deshalb, weil es doch ein großes Zeichen des Vertrauens ist, daß Sie mir etwas so Kostbares, wie es das Bild des Vaters für Sie ist, borgen. Natürlich ist bei der Reproduktion manches verloren gegangen, es ist doch nur ein Bild aus zweiter Hand. Manches aber glaubt man doch zu erkennen, eine schöne Stirn, zarte Schläfen, Energie, ein mühseliges Leben. Merkwürdig ist die gezwungene Haltung der Hände. Das Kind ist prachtvoll. Der Körper so schön tierhaft wie ein Seehund auf einer Eisscholle im Polarmeer, das Gesicht so schön menschlich, übrigens eher mädchenhaft, der Ausdruck der Augen, die Fülle des Mundes. Das mag allerdings ein guter Trost sein, gar wenn es das eigene Kind ist und der Neffe ist ja fast das Kind der Tante. Aber in Teplitz sollen Sie sich auch von den schönsten zwei Händchen nicht festhalten lassen.

Ihr Kafka.

An M. E.

Arme Minze, arme liebe Minze, ich will niemanden beschuldigen, absichtlich hat es wohl niemand gemacht, aber da man Sie offenbar sehr gern zuhause behalten möchte und Sie scheinbar gerade diesen Leuten, die die Reise nicht wollen, die Reisevorbereitungen überlassen haben, hat man wohl nicht alles getan, was man hätte tun können. Und warum kann die Schuld die Einreisebewilligung nicht verschaffen? Und wenn sie die Einreisebewilligung nicht verschaffen kann (aber doch jedenfalls hofft, Sie, wenn Sie einmal dort sind, dort behalten zu dürfen), warum schreibt sie Ihnen dann nicht wenigstens einen Brief, aus welchem dem Konsulat nachgewiesen werden könnte, daß Sie dort nur 2, 3 Tage, etwa zwecks einer Vorstellung oder einer Prüfung bleiben wollen, und für 2, 3 Tage Aufenthalt bekämen Sie das Visum auch ohne Einreisebewilligung gewiß. Und wenn Sie ein paar Schultage versäumt haben, macht es doch nichts. Nur nachgeben würde ich jetzt nicht mehr, d.h. an meiner Stelle würde ich nachgeben oder schon längst nachgegeben haben, einem solchen schweren Angriff großer alter Verwandter, die von allen Seiten herbeikommen, würde ich nicht widerstehn, aber Sie sind doch kein Hase, Minze.

Das andere freilich – sehen Sie, Minze, dieses Leid kenne ich auch und alle kennen es und wie wenigen löst es sich in Gutem, aber wahrscheinlich kenne ich es in einer ganz bestimmten Art weniger als andere Menschen und Sie kennen es wieder viel mehr als andere Menschen und so will ich mich darin gar nicht mit Ihnen vergleichen und Ihr Leid tief respektieren wie jedes fremde Leid. Aber etwas verkennen Sie vielleicht. Jeder hat seinen beißenden nächtezerstörenden Teufel in sich und das ist weder gut noch schlecht, sondern es ist Leben: Hätte man den nicht, würde man nicht leben. Was Sie in sich verfluchen, ist also Ihr Leben. Dieser Teufel ist das Material (und im Grunde ein wunderbares), das Sie mitbekommen haben und aus dem Sie nun etwas machen sollen. Wenn Sie auf dem Land gearbeitet haben, so war das meines Wissens keine Ausflucht, sondern Sie haben Ihren Teufel hingetrieben so wie man ein Vieh, das sich bisher nur in den Gassen von Teplitz genährt hat, einmal auf eine bessere Weide treibt. Auf der Karlsbrücke in Prag ist unter einer Heiligenstatue ein Relief, das Ihre Geschichte zeigt. Der Heilige pflügt dort ein Feld und hat in den Pflug einen Teufel eingespannt. Der ist zwar noch wütend (also Übergangsstadium; solange nicht auch der Teufel zufrieden ist, ist es kein ganzer Sieg), fletscht die Zähne, schaut mit schiefem bösem Blick nach seinem Herrn zurück und zieht krampfhaft den Schwanz ein, aber unter das Joch ist er doch gebracht. Nun sind Sie ja, Minze, keine Heilige und sollen es auch nicht sein und es ist gar nicht nötig und wäre schade und traurig, wenn alle Ihre Teufel den Pflug ziehen sollten, aber für einen großen Teil von ihnen wäre es gut und es wäre eine große gute Tat, die Sie damit getan hätten. Ich sage das nicht, weil es nur mir so scheint, – Sie selbst streben im Innersten danach.

Sie schreiben, daß Sie – wenn die zwei Bewerber »nicht gar so unsympathisch« wären – heiraten würden, um »Ruhe und ein Heim« zu haben und vergleichen sich dann mit Ihrer Mutter. Das ist doch ein Widerspruch, hatte denn Ihre Mutter »Ruhe und Heim«? »Ruhe und Heim« können eben vielleicht nicht einfach in Müdigkeit als ein Geschenk hingenommen werden, sondern müssen verdient werden, müssen etwas sein, zu dem man sagen kann: Das ist mein Werk. Was für ein »Heim«, wenn in allen warmen Zimmerecken Ihre Teufel sitzen, keiner fehlt und alle werden immerfort mächtiger gerade um das, um das Sie schwächer werden.

Doch bestehe ich auf diesem letzteren nicht unbedingt, vielleicht sind Ihnen die zwei nur deshalb unsympathisch, weil Sie vor der Ehe überhaupt auch aus Trotz zurückschrecken. Und dann glaube ich doch, daß Sie in Einem gewiß anders sind als die Mutter; ein eigenes Kind hätte für Sie eine entscheidende, vielleicht erlösende Bedeutung. Glauben Sie nicht?

Übrigens tröstet mich noch eines gegenüber Ihrem Brief: gewiß können Sie – leugnen Sie es nicht, Minze, – noch manchmal so lachen wie damals auf der Veranda (auf dem Balkon klangs nicht mehr so hell)

Ihr Kafka

An Kurt Wolff

[Prag, Ende März 1920]

Sehr geehrter Herr Kurt Wolff,
Bayern bleibt spröde. Das Zimmer hatte ich, aber das Visum wollte man mir für einen längeren Sanatoriumsaufenthalt ohne die Einreisebewilligung der bayerischen Gemeinde nicht geben. Ich telegrafierte nach Kainzenbad, man möge es mir verschaffen. Statt der Bewilligung telegrafierte man mir aber zurück, daß ab 15. d.M. Fremdensperre ist, ich solle mich an das Bezirksamt wenden, wohl um eine briefliche Eingabe zu machen und nach 4 Wochen eine abweisende Erledigung zu bekommen. Das war mir zuviel, ich kehrte alles Geld zusammen und fahre nach Meran, nicht gern im Grunde, denn wenn es auch für meine Lunge vielleicht besser ist, mein Kopf wollte nach Bayern und da er meine Lungenkrankheit dirigiert, wäre es auch irgendwie richtig gewesen.
Mit herzlichen Grüßen

Ihr Kafka

Sie erwähnen ein Sanatorium Schönberg in Württemberg, aber das ist wohl nicht die vollständige Adresse.

An M. E.

Liebe Minze,
das Bild ist prachtvoll, 500 Kleopatren wert, es hat mir viel Freude gemacht. Die nachdenklichen (übrigens ein wenig ungleichen) Augen, der nachdenkliche Mund, die nachdenklichen Wangen, alles denkt nach, es gibt ja auch so viel nachzudenken in dieser merkwürdigen Welt. Als ich ein Kind war, hatten wir Zuhause eine kleine Sammlung Bildchen Shakespeare'scher Frauen, eine, ich glaube es war Porcia, hat mir immer besonders gut gefallen, das Bild erinnert mich an die längst Vergessene, sie hatte auch kurze Haare.

Morgen fahre ich nach Meran. Daß ich allein fahre ist entgegen Ihrer Meinung (die eigentlich keine Meinung ist, sondern die Äußerung eines guten Herzens) das Beste daran, allerdings ist hier auch das Beste noch lange nicht gut.

Aus Meran werde ich Ihnen schreiben. Außer dem Bild ist das Schönste in Ihrem Brief die Nachricht, daß Sie auf Ahlem noch nicht verzichtet haben. Vielleicht erklärt sich Ihr Gesichtsausdruck auf dem Bild auch dadurch, daß die Augen von Teplitz weg in die Böhm.-Sächsische Schweiz gerichtet sind, denn das Bildchen scheint ja für die Reiselegitimation bestimmt gewesen zu sein. Alles Gute

Kafka

An Max Brod und Felix Weltsch

[Meran, 10. April 1920]

Lieber Max, den ersten Abend in meinem neuen Zimmer, es scheint recht gut zu sein, die Qualen des Suchens, Sich-Entscheidens, vor allem des Abschiednehmens vom alten Zimmer (es scheint der einzige sichere Boden unter den Füßen und man stößt ihn fort wegen ein paar Lire und sonstiger Kleinigkeiten, die doch wieder erst bei sicheren Verhältnissen Wert bekommen), alle diese Qualen kann das neue Zimmer natürlich nicht aufwiegen, es ist auch nicht nötig, sie sind vorüber und ihr Urgrund bleibt, treibt tropischer als alle Vegetation hier.

Ich schreibe auf dem Balkon, halb acht Uhr abends (Sommerzeit) immerhin ein wenig kühl, der Balkon ist in einen Garten eingesenkt, fast ein wenig zu tief, ich hätte die Höhe lieber (aber finde einen hohen Balkon, wenn tausend solche Balkone und keiner weniger zu haben sind), aber es hat keinen sachlichen Nachteil, denn die Sonne scheint mir stark bis sechs Uhr abends her, das Grün herum ist schön, Vögel und Eidechsen kommen zu mir her.

Bisher habe ich in einem der ersten Hotels gewohnt oder vielleicht überhaupt in dem ersten, denn die andern gleichrangigen sind geschlossen. Die Gäste waren einige vornehme Italiener, dann noch ein paar andere Eindringlinge, der große Rest Juden, zum Teil getauft (aber was für abscheuliche jüdische Kräfte können bis ans Bersten in einem getauften Juden leben, erst in den christlichen Kindern der christlichen Mutter glättet es sich). Dort war z. B. ein türkisch-jüdischer Teppichhändler, mit dem ich meine paar hebräischen Worte gewechselt habe, ein Türke an Gestalt, Unbeweglichkeit und Frieden, ein Duzfreund des Konstantinopler Großrabbiners, den er merkwürdiger Weise für einen Zionisten hält. – Dann ein Prager Jude, der bis zum Umsturz (im Vertrauen) Mitglied sowohl des Deutschen Hauses als der Měšťanská Beseda gewesen ist, jetzt nur mit großer Protektion die Entlassung aus dem Kasino durchgesetzt hat (Streichung bis zur vollständigsten Unlesbarkeit) und seinen Sohn sofort in die tschechische Realschule hat übertreten lassen »er wird jetzt nicht deutsch, und nicht tschechisch können, wird er bellen«. Gewählt hat er »nach seiner Konfession«, natürlich. Aber das alles charakterisiert ihn gar nicht, berührt seinen Lebensnerv nicht von der Ferne, es ist ein guter, lebendiger, witziger, begeisterungsfähiger alter Herr.

Die Gesellschaft in meiner jetzigen Pension (ich fand sie zufällig, läutete zufällig an der Hausglocke nach langem hilflosem sonstigem Suchen, beachtete, wie mir jetzt einfällt, eine kurz vorher gegebene Warnung nicht, als mich eine aus der Fassung geratene Kirchgängerin, es war Ostermontag, auf der Gasse anschrie »Luther ist ein Teufel!«), die Gesellschaft also ist ganz deutsch-christlich, hervorstechend: ein paar alte Damen, dann ein gewesener oder gegenwärtiger, es ist ja das gleiche, General und ein ebensolcher Oberst, beide kluge, angenehme Leute. Ich hatte gebeten, mir im gemeinsamen Speisezimmer auf einem separierten Tischchen zu servieren, ich sah, daß auch sonst derartig serviert wurde, auch fällt das Vegetarische so weniger auf und vor allem, man kann besser kauen und es ist überhaupt sicherer. Allerdings auch komisch, besonders als sich herausstellte, daß, genau genommen, ich als einziger separiert saß. Ich machte später die Wirtin darauf aufmerksam, aber sie beruhigte mich, wußte auch etwas vom »Fletschern« und will, daß ich zunehme. Nun nötigte mich aber heute der Oberst, als ich ins Speisezimmer kam (der General war noch nicht da), so herzlich zum gemeinsamen Tisch, daß ich nachgeben mußte. Nun ging die Sache ihren Gang. Nach den ersten Worten kam hervor, daß ich aus Prag bin; beide, der General (dem ich gegenüber saß) und der Oberst kannten Prag. Ein Tscheche? Nein. Erkläre nun in diese treuen deutschen militärischen Augen, was du eigentlich bist. Irgendwer sagt: »Deutschböhme«, ein anderer »Kleinseite«. Dann legt sich das Ganze und man ißt weiter, aber der General mit seinem scharfen, im österreichischen Heer philologisch geschulten Ohr, ist nicht zufrieden, nach dem Essen fängt er wieder den Klang meines Deutsch zu bezweifeln an, vielleicht zweifelt übrigens mehr das Auge als das Ohr. Nun kann ich das mit meinem Judentum zu erklären versuchen. Wissenschaftlich ist er jetzt zwar zufriedengestellt, aber menschlich nicht. In demselben Augenblick, wahrscheinlich zufällig, denn alle können das Gespräch nicht gehört haben, aber vielleicht doch in irgendeinem Zusammenhang erhebt sich die ganze Gesellschaft zum Weggehn (gestern waren sie jedenfalls lange beisammen, ich hörte es, da meine Tür an das Speisezimmer grenzt). Auch der General ist sehr unruhig, aus Höflichkeit bringt er aber doch das kleine Gespräch zu einer Art Ende, ehe er mit großen Schritten wegeilt. Menschlich befriedigt mich ja das auch nicht sehr, warum muß ich sie quälen?, sonst ist es eine gute Lösung, ich werde wieder allein sein ohne das komische Alleinsitzen, vorausgesetzt, daß man nicht irgendwelche Maßregeln ausdenken wird. Im Übrigen werde ich jetzt Milch trinken und schlafen gehn. Leb wohl!

Dein Franz

Lieber Felix, meine kleinen Neuigkeiten gehören auch Dir. Was die Sonne betrifft, so habe ich nie geglaubt, im Grunde nie geglaubt, daß hier immerfort klare sonnige Tage sind und es ist auch nicht wahr, bisher, heute ist Donnerstag abend, waren ein-einhalb solche Tage und selbst die waren von einer allerdings äußerst angenehmen Kühle, sonst aber war Regen und fast Kälte. Wie kann man auch anderes erwarten so nah bei Prag, nur die Vegetation täuscht, bei einem Wetter, bei dem in Prag fast die Pfützen gefrieren, öffnen sich hier vor meinem Balkon langsam die Blüten. Alles Gute! Grüßt bitte auch die Frauen und Oskar

Dein Franz

Bitte könntest Du mir die Selbstwehr schicken? (Die Nummer mit Deinem Wunder-Aufsatz habe ich schon gelesen.)

An M. E.

[Ansichtskarte. Meran, April 1920]

Herzliche Grüße aus dem warmen Süden (warm nämlich, wenn der Ofen geheizt ist, an dem ich fast lehne), trotzdem schön, weil es wenigstens zwei Schritte (der Kopf mißt anders als die Füße) von Prag entfernt ist. Für den Fall, daß es Ahlemer Neuigkeiten geben sollte, meine Adresse: Südtirol, Meran-Untermais, Pension Ottoburg.

Herzlich Ihr Kafka

An Max Brod

[Meran, Ende April 1920]

Mein lieber Max,
nichts von Dir gehört, schon so lange Zeit, allerdings durch meine Schuld, denn ich hätte recht gut dem ersten Brief, der irgendwie verloren gegangen zu sein scheint, einen zweiten nachschicken können. Oder vielmehr, ich hätte es nicht gut können, denn ich lebe hier zwar sehr behaglich, an Gewicht zunehmend,

nur unter den üblichen Unruhe-Teufeln der Tage und Nächte, aber doch so, daß die präziseste Mitteilung über mein Leben sich nur durch Nichtschreiben erreichen läßt. Während Du wahrscheinlich, was ja nicht durchaus das Gegenteil ist, in der Überfülle der Arbeit die für das Schreiben nötige Auswahlmöglichkeit nicht hast. Gut siehst Du aber aus, das schreibt mir die Mutter, damit nimmt sie mir einige unbehagliche Gedanken, Gedanken an Wahlüberarbeitung, Wahlenttäuschung u. dgl. Übrigens habe ich doch noch ein wenig von Dir gehört, mein Arzt, Dr. Josef Kohn (Prager Zionist), hat Dich auf seiner Herreise in München aussteigen gesehn, was mir besonders mit Rücksicht auf die Wahlzeit sehr erstaunlich war, bis er mir dann wieder einmal die Nachricht von Theaterlärm in München brachte. Was hat Orosmin schon alles hören müssen!

Gestern habe ich rekommandiert den beiliegenden Brief von Janowitz bekommen; scheint Dir meine beiliegende Antwort halbwegs entsprechend, schick sie weg, sonst ändere ich sie natürlich gern nach Deinem Wunsch. Das Ganze artet aber zu einem Geduldspiel aus, das erst dann zu einiger Lösung kommen kann, wenn er oder wir zu schimpfen anfangen. Wollen wir aber nicht grob werden, dann ist es besser, wenn wir uns zufrieden geben.

Grüße bitte herzlich von mir Felix, Oskar und die Frauen, Frau Elsa voran.

Dein Franz

An Felix Weltsch

[Meran, April/Mai 1920]

Lieber Felix, Dank für Karte und Selbstwehr. Die Selbstwehr entbehrte ich wirklich schon als eine Mitteilung von Dir; daß Du mir eigens schreiben solltest, daran dachte ich gar nicht, Deine Arbeitsleistung und vor allem der Mut zu ihr und in ihr ist mir ja unbegreiflich. Und mit welcher Überlegenheit, Ruhe und Treue gegen Dich Du das Ganze führst. Von Deinen persönlichen Schmerzen, die Du in der Karte erwähnst, ist – ich habe zwischen den Zeilen gesucht – nicht das Geringste zu merken; so die Zeitschrift zu führen, heißt sich schon bei Lebzeiten verklärt sehn. Und dabei kann ich die politische Kunst kaum beurteilen.

Letztlich sah ich bei einem hiesigen Bäcker Holzgethan einige Hefte der Selbstwehr auf dem Ladentisch, ein junger Mann borgte sich sie von der Besitzerin aus, es wurde überhaupt über Zeitungen gesprochen, mich einzumischen hatte ich keine Gelegenheit. Jedenfalls war ich hocherstaunt und wollte Dir gleich die interessante Beobachtung über die Verbreitung der Selbstwehr schreiben. Leider habe ich es versäumt und heute ist es zu spät, denn ich habe erfahren, daß das meine Hefte gewesen sind, die ich meinem Arzt, einem Prager Zionisten (vorher hatte ich sie noch einer alten Prager Dame geborgt), geborgt hatte, der sie beim Bäcker liegen ließ und nicht mehr wiederbekam.

Letzthin wollte ich Dir eine Nummer des hiesigen katholischen Blattes mit einem Leitartikel über Zionismus schicken, es schien mir aber damals zu langweilig. Es war eine Besprechung eines in Wien erschienenen Buches von Wichtl über Zionismus und Freimaurerei. Der Zionismus ist hienach die von der Freimaurerei geschaffene, im Bolschewismus zum Teil schon aufgegangene Schöpfung zur Zerstörung alles Bestehenden und Aufrichtung der jüdischen Weltherrschaft. Beschlossen wurde das alles auf dem ersten Basler Kongreß, der zwar nach außen hin verschiedene lächerliche Sachen verhandelte, um äußerliche Billigung der Weltorganisation zu bekommen, im Innern aber nur über die Mittel zur Erreichung der Weltherrschaft beriet. Diese Geheimprotokolle sind glücklicherweise in einem Exemplar gestohlen worden und wurden von dem großen russischen Gelehrten Nilus (von dem merkwürdiger Weise in dem Leitartikel nochmals ausdrücklich bemerkt wird »er hat wirklich gelebt und war ein großer russischer Gelehrter«) veröffentlicht. Stellen aus den Protokollen der »Weisen von Zion«, wie sich die Kongreßmitglieder selbst nennen, werden zitiert, sie sind gleichzeitig dumm und schrecklich wie der Leitartikel.

Deine Nachricht von Langer, dem ich vielmals danken lasse, hat mich sehr gefreut, ich weiß, daß es zum größten Teil kindliche Freude ist, aber ich habe sie schamlos. Das Kind ist offenbar nicht befriedigt worden und klettert die Leiter der Jahre zum Schwindligwerden hinauf.

Mir geht es hier gut, wenn ich nicht schlaflos bin, aber ich bin es sehr oft und sehr arg. Vielleicht ist die Bergluft daran schuld, vielleicht anderes. Wahr ist, ich lebe nicht sehr gern weder im Gebirge noch am Meer, es ist mir zu heroisch. Aber das sind doch nur Späße und die Schlaflosigkeit ist ernst. Ich bleibe trotzdem noch ein paar Wochen hier oder übersiedle in die Nähe von Bozen.

Herzliche Grüße Max, Oskar und den Frauen, auch Deinen Eltern und dem Bruder. Kommt nicht bald die große Zeit? Alles Gute der tapfern Frau.

Dein Franz

An Max Brod

[Meran, Anfang Mai 1920]

Liebster Max, vielen Dank. München hatte ich mir ähnlich gedacht, die Details sind merkwürdig. Es ist verständlich, vielleicht verderben die Juden Deutschlands Zukunft nicht, aber Deutschlands Gegenwart kann man sich durch sie verdorben denken. Sie haben seit jeher Deutschland Dinge aufgedrängt, zu denen es vielleicht langsam und auf seine Art gekommen wäre, denen gegenüber es sich aber in Opposition gestellt hat, weil sie von Fremden kamen. Eine schrecklich unfruchtbare Beschäftigung, der Antisemitismus und was damit zusammenhängt, und den verdankt Deutschland den Juden. Was meinen kleinen Kreis hier anlangt, so haben sich die Gegensätze längst gelegt, ich habe es damals übertrieben, die andern aber auch. Der General z. B. ist mir gegenüber freundlicher als zu andern, was mich übrigens nicht wundert, denn ich habe eine zweifellose gute gesellige Eigenschaft (leider nur diese eine auf Kosten aller andern):

ich kann ausgezeichnet, aufrichtig und glücklich zuhören. Es muß sich allmählich in der Familie ausgebildet haben, eine alte Tante von mir hat z. B. ohne besondere innere Beteiligung ein außerordentliches Zuhör-Gesicht: offenen Mund, Lächeln, große Augen, fortwährendes Kopfnicken und unnachahmliche Halsstreckung, die nicht nur demütig ist, sondern auch das Ablösen der Worte von den Lippen des andern erleichtern will und erleichtert. Ich habe dann, ohne mich zu überheben, dem Ganzen Wahrheit und Leben gegeben, das Gesicht der Tante, es ist sehr groß, umgibt aber noch immer das meine. Der General deutet das aber unrichtig und hält mich deshalb für ein Kind, letzthin z. B. sprach er die Vermutung aus, daß ich eine schöne Bibliothek habe, korrigierte sich aber gleich im Hinblick auf meine Jugend und meinte, daß ich wohl anfange, mir schon eine Bibliothek anzulegen. Trotzdem man also nicht viel Rücksicht auf mich nehmen mußte, zeigt der Antisemitismus bei Tisch seine typische Unschuld. Ein Oberst verdächtigt bei mir privat den General (dem überhaupt von allen Seiten Unrecht geschieht) eines »dummen« Antisemitismus, spricht man von jüdischer Lumperei, Frechheit, Feigheit (Kriegsgeschichten geben viel Gelegenheit, auch schreckliche Dinge, z. B. ein kranker Ostjude, der am Abend vor dem Abmarsch ins Feld zwölf Juden Trippergift in die Augen spritzt, ist das möglich?), lacht man dabei mit einer gewissen Bewunderung und entschuldigt sich nachher auch noch bei mir, nur den jüdischen Sozialisten und Kommunisten verzeiht man nichts, die ertränkt man in der Suppe und zerschneidet man beim Braten. Aber auch nicht durchwegs, ein Fabrikant aus Kempten z.B. ist da (auch dort war ein paar Tage lang eine allerdings unblutige und unjüdische Räteregierung), der sehr gut zwischen Landauer, Toller und andern unterscheidet und von Lewin Imponierendes erzählt.

Mir ginge es gesundheitlich gut, wenn ich schlafen könnte, an Gewicht habe ich zwar zugenommen, aber die Schlaflosigkeit fährt mir besonders in der letzten Zeit dazwischen. Sie hat verschiedene Gründe wohl, einer ist vielleicht mein Briefwechsel mit Wien. Sie ist ein lebendiges Feuer, wie ich es noch nie gesehen habe, ein Feuer übrigens, das trotz allem nur für ihn brennt. Dabei äußerst zart, mutig, klug und alles wirft sie in das Opfer hinein oder hat es, wenn man will, durch das Opfer erworben. Was für ein Mann allerdings auch er, der das erregen konnte.

Wegen der Schlaflosigkeit werde ich vielleicht früher kommen als ich dürfte. Nach München fahre ich kaum, so sehr mich der Verlag interessieren würde, es wäre ein passives Interesse.

Herzliche Grüße Dir, Deiner Frau und allen, Oskar besonders, dem ich noch nicht geschrieben habe, ich entschließe mich, trotzdem kein Hindernis vorliegt, so schwer zu notwendigerweise öffentlichen Briefen.

Dein F.

An M. E.

Liebes Fräulein Minze, erst heute bekam ich Ihren Brief nachgeschickt, die Beilage nicht einmal, sie wartet auf mich in Prag, ich werde sie wieder beleben. Für den Fall, daß ich es noch nicht gesagt haben sollte, sage ich es heute: Sie sind lieb und gut. Heute [war] ich auf diesem Schloß oben, [erinnern] die Loggien nicht an den Schelesner Balkon, nur sind sie ein wenig großartiger und in der Ferne sieht man nicht die zwei kleinen Villen, sondern nichts weniger als die Ortlergruppe. Immerhin eine Loggia ist es und beim Vollmond mögen dort auch die alten Ritter gesessen haben. Alles Gute! Wozu vor allem Ahlem gehört.

Kafka

Ich schicke das Bild, weil es offenbar den letzten Wurf der Meta darstellt.

An Max Brod

[Meran, Juni 1920]

Danke, Max, Dein Brief hat mir sehr wohl getan. Auch die Geschichte war zu rechter Zeit erzählt, ich habe sie zehnmal gelesen und zehnmal über ihr gezittert, sie auch mit Deinen Worten wiedererzählt.

Aber der Unterschied zwischen uns besteht. Siehst Du, Max, es ist doch etwas ganz anderes, Du hast eine ungeheure Festung, ein Ring ist vom Unglück eingenommen, aber Du bist im Innersten oder wo Du sonst zu sein Lust hast, und arbeitest, arbeitest gestört, unruhig, aber arbeitest, ich aber brenne selbst, ich habe plötzlich gar nichts, ein paar Balken, stützte ich sie nicht mit meinem Kopf, würden sie zusammenbrechen und nun brennt diese ganze Armut. Klagte ich? Ich klage nicht. Mein Anblick klagt. Und wessen ich gewürdigt bin, das weiß ich.

Die zweite Nachricht freut mich natürlich, zum Teil stammt sie schon aus meiner Zeit. Inzwischen habe ich diesem Menschen das Schlimmste getan, was ich ihm tun konnte, und vielleicht auf die schlimmste Weise. So wie ein Waldarbeiter in einen Baum hineinhackt (aber er hat den Befehl). Du siehst, Max, Scham habe ich noch.

Gern wäre ich im Mai bei Dir gewesen und ich freue mich sehr auf Dich.

Nur eine Stelle stört Deinen Brief. Wo Du vom Gesund-werden sprichst. Nein, davon ist seit einem Monat keine Rede mehr. Übrigens hast Du ja die »Insel Carina« geschrieben.

Dein Franz

Grüße Deine Frau.

Weißt Du zufällig etwas von Ottla? Sie schreibt mir wenig. Mitte Juli soll Hochzeit sein.

Oskar schreibe ich, aber was soll ich schreiben, da ich nur eines zu schreiben habe.

An Felix Weltsch

[Postkarte. Meran, Stempel: 12. VI. 1920]

Lieber Felix, vielen Dank, nein, ich habe die Weltbühne nicht gelesen; wenn Du kannst, so hebe sie mir bitte auf. Aber die Selbstwehr kommt wieder nicht, nach der ersten Sendung, für die ich Dir ja schon gedankt habe, ist nichts mehr gekommen. Und gerade jetzt, wo Palästina nach einer Zeitungsnachricht von Beduinen überschwemmt ist und vielleicht auch der kleine Buchbinderarbeitstisch in der Ecke zerschlagen.
Herzliche Grüße Dir und Deiner Frau.

Dein Franz

Auch Oskar, bitte, grüße. Ende des Monats komme ich.

An M. E.

[Prag, Sommer 1920]

Liebe Minze, woher hätte ich denn das alles wissen sollen. Jetzt auf einem Gut und im Herbst in Ahlem! Wenn Sie scharf nachgedacht hätten, womit Sie mir die größte Freude machen könnten, und zwar eine wirkliche Freude, die einen, wenn man müde, unausgeschlafen, welk geradezu (es ist aber nicht ganz so schlimm) ins Bureau kommt, frisch und zuversichtlich machen könnte, so hätte es nichts anderes sein können als Ihr Brief und das Bildchen. Man muß es ja natürlich nicht übertreiben, Sie heißen zwar Assistentin (Du schönes Wort! heute ist man noch ein gewöhnlicher Mensch und morgen ist man schon Assistentin), aber vielleicht ist es doch nur eine Art Sommerfrische und Sich-nützlich-machen (das ist aber keine Verdächtigung, es ist nur immer noch Staunen darüber, daß Sie etwas so Leichtes und doch gar nicht Leichtes verwirklicht haben sollten). Aber dann lese ich auf dem Bildchen Pfingstmontag und das ist doch schon lange her und noch immer sind Sie dort, das ist doch schon sehr viel. Und auch ein Schweinchen können Sie schon halten, würgen es zwar noch ein wenig, aber halten es doch gut und haben dazu auch braune, glänzende, kräftige Arme. Nein, wie viel lieber ist mir Minze auf dem Düngerkarren, als Kleopatra auf ihrem goldenen Thron.

Und vor Ahlem müssen Sie sich gewiß nicht fürchten. Wenn es dort auch vielleicht nicht so frei sein wird, wie in Ihrem jetzigen Leben (wie verwenden Sie die Freizeit?), so wird es doch fremdes Land sein, fremde Menschen, neue Dinge, neues Ziel, da ist es doch fast gut, zunächst ein wenig gebunden zu sein, man ginge doch sonst in Fransen. Und diese angebliche Freiheit in Teplitz war doch vielleicht eher ein Gebundensein mit den allerkürzesten Hand- und Fußketten, war eher Ohnmacht als Freiheit. Es ist ein Wunder, daß Sie dort losgekommen sind.

Gewiß sind Sie auch schon gesund und haben keine Rückenschmerzen mehr. Jetzt bei Ihrem Brief fällt mir ein, daß ich letzthin einmal Herrn Stransky und einmal Hr. Kopidlansky gesehn habe, aber ganz flüchtig, undeutlich wie im Traum, ich weiß nicht genau, wo; beide sahen nicht sehr gut aus. Mir geht es knapp leidlich, Meran hat mir gesundheitlich nichts geholfen. Es ist eben der »innere Feind«, der zehrt und keine eigentliche Erholung zuläßt. Ja wenn man ihn als lebendes Schweinchen auf den Schoß nehmen könnte, aber wer könnte den aus seiner Tiefe heraufholen. Doch ist das keine Klage; darüber klagen hieße über das Leben klagen und das wäre sehr dumm.
Herzliche Grüße und nochmals vielen Dank

Ihr Kafka

Übrigens müssen Sie, Minze, nicht glauben, daß ich mir nach dem Bild Milsau nicht jetzt auch schon ein wenig vorstellen kann. Etwa so: eben, gegen Süden mit sanft aufsteigenden Lehnen. Humusreicher schwarzer Lehmboden mit Kalk und Sand gemischt. Lehmuntergrund. Basaltformation. Nicht sehr groß, kaum 60 ha bebauter Boden, Weizen, Gerste, Zuckerrübe, Korn. Etwa 42 Häuser mit etwa 268 Einwohnern (und Minze). In die Kirche muß man nach Brunnersdorf gehn.

Genug erkannt nach einem so kleinen Bild, nicht? Und dabei hat man doch gar nicht Recht Zeit sich umzusehn, denn es hält einen Ihr Blick, der kritische Blick der Bäuerin, die nach dem Wetter ausschaut.

An Max Brod

Freitag [Prag, Stempel: 7. VIII. 1920]

Lieber Max, wenn Du, Du so außerordentlich faul bist, dann ist es sicher, gutes Wetter vorausgesetzt, ein Glücksfall, bei mir wäre es nichts besonderes, ich bin immer faul, auf dem Land, in Prag, immer und am meisten sogar wenn ich beschäftigt bin, denn diese Beschäftigung ist ja keine, ist nur das dankbare In-der-Sonne-liegen des Hundes.

Das »Heidentum« habe ich gleich Montag in einem Zug gelesen, das »Lied der Lieder« noch nicht, denn seitdem war Schwimmschulwetter. Über die selbstverständliche Fülle, dabei Geradlinigkeit und Durchdachtsein des Kapitels war ich immerfort von neuem erstaunt, trotzdem ich es erwartet hatte, denn dieses »Heidentum« ist ja zum Teil Deine geistige Heimat, trotzdem Du es nicht immer willst. Es ist prachtvoll, ich war Deine allerdings unkritischeste galizische Schülerin und habe beim Lesen im Geheimen Dir oft die Hand gedrückt und Dich oft beim Arm genommen.

Dabei kann ich gar nicht sagen, daß ich mit Dir einverstanden bin oder richtiger gesagt: ich trage vielleicht nur Dein geheimes Einverständnis mit dem »Heidentum« offen. Überhaupt, wo Du aus Dir sprichst, bin ich Dir sehr nahe; wo Du zu polemisieren anfängst, bekomme ich oft auch Lust zu polemisieren (so gut ich es kann, natürlich). Ich glaube nämlich an kein »Heidentum« in Deinem Sinn. Die Griechen z. B. kannten doch einen gewissen Dualismus sehr gut, was hätte sonst die Moira und vieles andere für einen Sinn gehabt! Nur waren es eben ganz besonders demütige Menschen – in religiöser Hinsicht –, eine Art lutheranischer Sekte. Sie konnten das entscheidend Göttliche gar nicht weit genug von sich entfernt denken, die ganze Götterwelt war nur ein Mittel, das Entscheidende sich vom irdischen Leib zu halten, Luft zum menschlichen Atem zu haben. Ein großes nationales Erziehungsmittel, das die Blicke der Menschen festhielt, weniger tief war als das jüdische Gesetz, aber vielleicht demokratischer (hier waren kaum Führer und Religionsbegründer), vielleicht freier (es hielt fest, aber ich weiß nicht, womit es hielt), vielleicht demütiger (denn der Anblick der Götterwelt brachte nur zum Bewußtsein: also nicht einmal, nicht einmal Götter sind wir und wären wir Götter, was wären wir?). Am nächsten kommt man vielleicht Deiner Auffassung, wenn man sagt: Es gibt theoretisch eine vollkommene irdische Glücksmöglichkeit, nämlich an das entscheidend Göttliche glauben und nicht zu ihm streben. Diese Glücksmöglichkeit ist ebenso Blasphemie wie unerreichbar, aber die Griechen waren ihr vielleicht näher als viele andere. Aber auch das ist noch nicht Heidentum in Deinem Sinn. Und Du hast auch nicht bewiesen, daß die griechische Seele verzweifelt war, sondern nur, daß Du verzweifelt wärest, wenn Du Grieche sein müßtest. Das stimmt allerdings für Dich und mich, aber auch hier nicht ganz. Eigentlich erlebt man in dem Kapitel dreierlei: Dein Positives, das hier unerschüttert bleibt und das ich auch im vorigen nicht anrühre, dann Deinen konzentrischen aufregenden Angriff auf das Griechentum und schließlich seine stille Selbstverteidigung, die im Grunde ja auch Du führst.

Mit Deiner Frau sprach ich vorgestern längere Zeit auf der Sophieninsel und auf dem Nachhauseweg. Sie war fröhlich, sehnsüchtig zwar, wie sie sagte, aber fröhlich. Eine Verlobungsgeschichte Deines Schwagers regte sie zwar ein wenig auf, regte sie aber unzweifelhaft auch ein wenig an, wie es eben solche Sachen, ich fühlte das an mir auch, immer tun.

Von Abeles kam lange nichts, ich fürchtete schon, es sei mißlungen, da kam gestern Nachmittag doch seine Antwort, recht freundlich. Es fällt übrigens doch auf den Verlag Löwit zurück, denn Abeles geht am 2. August auf Urlaub und hat die Sache seinem Freund, einem Dr. Ornstein, Lektor des Verlages Löwit übergeben, sie wird, wie er versichert, »gewissenhaft durchgeführt werden«. Vom

Geld schreibt er nichts, holt sichs also doch wohl bei Löwit. Gleichzeitig bittet er mich Dich zu verständigen, daß das Jahrbuch heuer doch nicht erscheint, er kennt eben Deine jetzige Adresse nicht und es liegt ihm viel daran, Dich »den Vielbeschäftigten rechtzeitig seines liebenswürdigen Versprechens zu entbinden«. Da wahrscheinlich Deine Frau etwas für das Jahrbuch abzuschreiben hat, war ich heute gegen abend bei ihr, habe sie aber, da sie nicht zuhause war, nur durch einen Zettel davon verständigt.

Mir geht es leidlich. Die Antwort nach Wien hat natürlich Zeit. Letzthin war Otto Pick bei mir, er erwähnte einen Engländer, der den »Volkskönig« für Amerikaaufführungen aus dem Deutschen ins Englische übersetzen will. – Das ist alles und jetzt geh ich ins Bett. Ich höre: Du schläfst so gut. Allen Segen über Deinen Schlaf.

Franz

An Elsa Brod

[Prag, 7. August 1920]

Liebe Frau Elsa, der Wächter hat Sie leider nicht angetroffen. Wird gemeldet. Sonst wollte ich nur sagen, daß der jüdische Nationalkalender nach einem Brief von Otto Abeles heuer doch nicht herausgegeben wird, Sie also nichts abschreiben und hinschicken müssen.
Herzliche Grüße

Ihr F

An M. E.

[Prag, November/Dezember 1920]

Liebe Minze, Sie machen mir viel Freude, wirklich, und die Tage, an denen ich Ihre Karte und jetzt den Brief bekam, waren ausgezeichnet vor den andern. Diese Freude ist fast unabhängig von Ihnen selbst, zunächst freut mich nur die Tatsache, daß es jemandem gelingt, trotz aller Schwierigkeiten (an sich waren ja Ihre Schwierigkeiten nicht allzugroß, vergleichsweise aber ungemein groß) aus Teplitz, das ich mir für einen Menschen Ihrer Art grauenhaft denke, viel grauenhafter, als Sie selbst es jetzt fassen können, daß es also diesem Menschen gelingt herauszukommen in eine doch zweifellos viel größere Welt. Das macht wirklich Lebensmut weit um diesen Menschen herum. Daß es dann gerade Sie sind, um die es sich handelt, und daß ich von fernster Ferne am alleräußersten Zipfel auch irgendwie daran teilnehme, vergrößert natürlich die Freude noch.

Und nun, da Sie einmal dort sind, mögen Sie ruhig [gestrichen: Ahlem beschim] (nein das darf man vielleicht nicht schreiben) mit vielen Dingen in Ahlem auch unzufrieden sein, gewiß haben Sie recht, warum sollte es auch besonders gut sein, es ist eine westjüdische Sache, alle diese Sachen stehn ja meist auf Abbruch da, vielleicht werden Sie selbst noch einmal einen Balken von Ahlem nach Palästina tragen. Nein, das ist kein Scherz, allerdings auch nicht Ernst.

Aber wie es auch dort sein mag in Ahlem, jedenfalls fangen Sie dort an zu erkennen – jede Seite Ihres Briefes beweist das – daß die Welt, die geistige vor allem, viel größer ist als das verfluchte Dreieck Teplitz-Karlsbad-Prag. Und diese lebendig gewordene Erkenntnis ist ein Gewinn, wert für ihn zu frieren; bekommt man allerdings den Ofen, ist es dann noch viel besser. (Diese Ofengeschichte verblüfft mich allerdings wirklich und vielleicht verstehe ich manches aus Ahlem doch nicht ganz, solange ich im Schlafrock im geheizten Zimmer sitze mit etwa zehnmal mehr Essen, als ich bewältigen kann). (Ein wenig erschwert das schnelle Verständnis auch die Schrift, in Ahlem schreibt man so klein. Freilich im Bett, doch kommt das einem nicht immer gleich zu Bewußtsein, so bewegt und gesund ist der Brief.)

Gogol, Hafis, Li-tai-pe, eine zwar etwas zufällige Auswahl (die zwei letzteren offenbar in Übersetzungen von Bethge oder Klabund, die nicht allzu gut sind; von chinesischen Gedichten gibt es ein ausgezeichnetes kleines Übersetzungsbuch, ich glaube aber, es ist vergriffen und noch immer nicht neu erschienen, von Heilmann, in der Sammlung »Die Fruchtschale« Verlag Piper, ich habe es einmal einem Irgendjemand geborgt und nicht mehr bekommen), aber jedenfalls wie viel besser als die Dahn und Baumbach Schlesner Angedenkens. Wenn Sie einmal Zeit zum Lesen haben, borgen Sie sich – in jeder Leihbibliothek ist es zu haben – Lily Braun »Memoiren einer Sozialistin« aus, zwei sehr dicke Bände, die Sie aber durchfliegen werden, man kann nicht anders. In Ihrem Alter, glaube ich, war sie auch schon nur auf sich gestellt und mit der Moral ihrer Klasse (eine solche Moral ist jedenfalls lügnerisch, darüber hinaus aber fängt das Dunkel des Gewissens an) hatte sie viel Leid, aber sie hat sich durchgekämpft wie ein streitbarer Engel.

Freilich lebte sie in ihrem Volk. Was Sie darüber sagen, nehme ich nicht als etwas Endgültiges, auch glaubte ich nicht, bei weitem nicht, daß Sie den einzelnen Juden wegen seines Judentums lieb haben sollen oder daß zwanzig jüdische Mädchen oder auch hundert, um Sie gruppiert, Ihnen den Halt eines Volkstums werden geben können, aber eine Ahnung der Möglichkeiten vielleicht. Und dann: vielleicht braucht die Frau wirklich das Volkstum weniger für sich, aber der Mann braucht es und so braucht es auch die Frau für ihn und ihre Söhne. So etwa.

Was Sie über Ihre Gärtnerzukunft sagen, verstehe ich noch nicht ganz, darüber würde ich gern noch etwas hören. Was für Siedlungen sind es, von denen Sie schreiben? Sind lauter Jüdinnen in der Anstalt? Und die Lehrer Juden? Von den Jungens schreiben Sie gar nicht. Wie weit ist Hannover? Man kann frei hinfahren! (Dieses Judentum übrigens, das so hochmütig auf die Deutschen hinunterschaut, ist mehr als ich wollte. Auch ist Deutschland mehr als Hannover.)

Gern würde ich übrigens einmal ein Weilchen, wenn große Gesellschaft ist (wie alt sind die Mädchen?), in Ihrem Zimmer sitzen (warum erwähnen Sie den Prospekt in Ihrem Brief?), womöglich auf dem Ofen, weil mir leicht kalt wird, und zuhören und mitsprechen und mitlachen (so gut ich es kann). Vorläufig allerdings fahre ich in etwa 14 Tagen nach Niederösterreich in ein Sanatorium, es geht mir aber erträglich. Glücklichen Kampf!

Ihr Kafka

An Max Brod

[Prag, Stempel: 13. XII. 1920]

Das war sehr lieb von Dir, Max, ich will Dir gleich dafür danken. Als ich oben bei Deiner Frau war und den kleinen Zettel, die Grimmensteiner Aufenthaltsbewilligung, in der Hand drehte, war es mir wie ein großes Geschenk. Ich möchte es nicht ungeschehn machen, trotzdem ich nicht nach Grimmenstein fahre. Ich fahre nicht hin, weil ich mich nicht überwältigen kann oder vielmehr weil es mich überwältigt. Es war in keiner Hinsicht leicht die Reiserichtung zu ändern, jetzt ist es vorüber. Ich fahre nach Tatranské Matliary (Badedirektion Forberger), wenigstens vorläufig, sollte es dort nicht gut sein, übersiedle ich in das etwa eine Stunde davon entfernte Szontaghs Sanatorium, Nov? Smokovec. Ich fahre am achtzehnten fort, hätte Dich noch gern in Prag gesehn, wollte aber doch nicht länger mehr warten.

Deine Frau hat viel und klug und bitter und süß, so wie sie in ihrer besondern, manchmal rührenden Art Bitterkeit und Süße im Urteil zu verteilen pflegt, von der Reise erzählt, ich hatte, auch aus den Kritiken, den Eindruck, daß der Erfolg rein war und ohne Störung Deiner Absichten. »Esther« scheint merkwürdig für ihn vorgearbeitet zu haben.

Aus der Tatra schreibe ich Dir. Ottla fährt übrigens für ein paar Tage mit. Alles Gute!

Franz

Herzliche Grüße Deiner Schwester, Schwager und Thea.

An M. E.

[Ansichtskarte. Tatranské Matliary, Ende Dezember 1920]

Liebe Minze, Ihren Brief bekam ich gerade vor der Abreise. Merkwürdige Dinge! Kaum sind Sie endlich im Schiff, geht es unter. Allerdings ist es nicht ganz klar, wenigstens aus Ihren Andeutungen verstehe ich es nicht ganz. Und was sind das für Ostseepläne? Die sind mir gar nicht deutlich geworden. Aber tapfer sind Sie und das ist schön. Seien Sie auch gut und lassen Sie mich weiter von meinem Liegestuhl aus [Sie] verfolgen. Ich vergaß in letzter Zeit zu fragen: Sie sind doch jetzt schon ganz [gesund]?

Herzliche Grüße Ihres
Kafka

An Max Brod

[Matliary, Stempel: 31. XII. 1920]

Lieber Max,

glaubst Du, daß mir bei Deinem Brief *nicht* heiß wird? Und die Reiche der Welt und ihre Herrlichkeit würde ich zwar, wenn man mir sie anbieten würde, auch nicht bekommen, aber nicht weil ich nicht nachgeben würde, sondern weil ich vor Gier schon beim Hinunterspringen mich totschlagen würde. Hat mich denn von Berlin etwas anderes abgehalten als große Schwäche und Armut, die das »Angebot« verhinderte, aber niemals mich verhindert hätte, dem »Angebot« zu erliegen. Mit allen Fäusten wäre ich losgegangen, Du kennst meinen Ehrgeiz nicht.

Bei Dir ist es anders, Du hattest die Möglichkeit (so wie Du die Lebenskraft Berlins anzusehen vorgibst, sehe ich Deine Kraft wirklich an) und hast ihr mit der für mich überzeugendst sichersten Entscheidung nicht nachgegeben. So sicher und überzeugend ist in dieser Richtung für mich Deine Entscheidung, daß ich sie genau so anerkennen würde, wenn sie jetzt anders ausfallen sollte. Übrigens schreibst Du von einer Übersiedlung nach Berlin noch nichts. Und merkwürdig ist auch an der Berliner Lockung, daß Dich die Intensität dort lockt, daß Du aber zu fühlen scheinst, Dein Prager Leben ließe sich nicht berlinisch intensivieren, sondern es müßte ein Berlinerisches Leben werden ganz und gar. Aber vielleicht hast Du in Berlin gar nicht den Befehl gehört, nach Berlin zu kommen, sondern nur, aus Prag fortzugehn.

Die Theatersache verstehe ich ohne nähere Erklärungen nicht, die Kritiken hat Berlin ebenso wie ich gelesen; Du hast selbst gesprochen; alles mögliche und unmögliche wird aufgeführt und vor den »Fälschern« schreckt man zurück?

F. war nicht bei Deinen Vorlesungen? Wegen ihres Zustandes wohl? In Berlin gewesen sein und F. nicht gesehen haben, kommt mir privat nicht richtig vor, trotzdem es natürlich bei mir auch so wäre. Ich habe für F. die Liebe eines unglücklichen Feldherrn zu der Stadt, die er nicht erobern konnte, die aber »trotzdem« etwas Großes – glückliche Mutter zweier Kinder – geworden ist. Von dem ersten Kind hattest Du keine Nachricht?

Was mich betrifft: ich habe hier einen guten Ort gefunden, gut nämlich, soweit man etwas haben will, was noch einen Anschein von Sanatorium hat und doch keines ist. Es ist keines, da es auch Touristen, Jäger und überhaupt jeden aufnimmt, keinen überflüssigen Luxus hat, sich nur bezahlen läßt, was wirklich gegessen wird, und ist doch ein Sanatorium, da es einen Arzt hat, Liegekurmöglichkeit, Küche nach Belieben, gute Milch und Sahne. Es liegt zwei km hinter Tatra-Lomnitz, also noch um zwei Kilometer näher an den großen Lomnitzer Spitzen, selbst ist es 900 m hoch. Guter Arzt? Ja, ein Spezialist. Wäre ich doch ein Spezialist geworden. Wie sich ihm die Welt vereinfacht! Die Schwäche meines Magens, die Schlaflosigkeit, die Unruhe, kurz alles, was ich bin und habe, geht ihm auf die Lungenerkrankung zurück. Solange sie nicht manifestiert war, hat sie sich eben in Schwäche des Magens, der Nerven maskiert. Manche Lungenerkrankungen – das glaube ich auch – kommen über solche Maskierungen gar nicht hinaus. Und da ihm das Leid der Welt so klar ist, hat er entsprechend in einem kleinen Ledertäschchen, nicht größer als eine Nationalfond-Büchse, immer auch das Heil der Welt bei sich und spritzt es ihr, wenn sie will, für zwölf Kronen ins Blut. Und wirklich ist er auch, damit alles zusammenpaßt, ein hübscher rotbackiger starker Mann mit einer jungen (offenbar jüdischen) Frau, die er liebt, und einem kleinen schönen Mädchen, das so merkwürdig klug ist, daß er davon gar nicht sprechen kann, eben weil es sein eigenes Kind ist und er sich nicht überheben will. Er kommt täglich zu mir, es ist sinnlos, aber nicht unangenehm.

Im Ganzen läßt sich sagen: wenn ich dieses Regime ein paar Monate körperlich und geistig (besonders am gleichen Ort) aushalte, werde ich der Gesundheit sehr nahekommen. Aber wahrscheinlich ist das ein Fehlschluß und bedeutet nur: wenn ich gesund bin, so werde ich gesund werden. In der ersten Woche habe ich 1 Kilo 60 zugenommen, was aber nichts beweist, denn in der ersten Woche gehe ich die Kur immer wie ein Löwe an.

Es sind an dreißig ständige Gäste hier, ich hielt die meisten für Nichtjuden, solche Vollungarn waren es, sie sind aber doch in der Mehrzahl Juden, vom Oberkellner angefangen. Ich rede sehr wenig und mit wenigen, zum größten Teil aus Menschenfurcht, aber auch weil ich es für richtig halte (daß einer, der Menschen fürchtet, es zeigt). Nur einer ist da, ein Kaschauer, fünfundzwanzigjährig, mit elenden Zähnen, einem schwachen meist zugekniffenen Auge, ewig verdorbenem Magen, nervös, auch nur Ungar, hat erst hier Deutsch gelernt, von Slowakisch keine Spur – aber ein Junge zum Verlieben. Entzückend im ostjüdischen Sinn. Voll Ironie, Unruhe, Laune, Sicherheit aber auch Bedürftigkeit. Alles ist ihm »interessant, interessant«, aber das bedeutet nicht das Gewöhnliche, sondern etwa »es brennt, es brennt«. Ist Sozialist, bringt aber aus seiner Kindererinnerung viel Hebräisches herauf, hat Talmud und Schulchan Aruch studiert. »Interessant, interessant.« Aber fast alles vergessen. Er läuft in alle Versammlungen, hat Dich gehört, erzählt, daß Kaschau von der Rede entzückt war, hat auch Langer die Misrachigruppe gründen sehn.

Möge Dir Berlin noch nachträglich alles Gute bringen und schreib mir einmal ein Wort darüber. Oder machst Du nicht einmal eine slowakische Reise? Entsteht der Roman, von dem Du einmal sprachst?

Grüß von mir Deine Frau und alle. Für die Grimmensteiner Aufenthaltbewilligung habe ich Dir noch nach Berlin an die Ewerbuchhandlung gedankt, es schien und scheint mir eine ganz besondere Guttat gewesen zu sein.

Dein Franz

An Leo Baum

[Ansichtskarte (Dürers »Eichhörnchen«). 1920]

Lieber Leo, ich war krank und so habe ich erst jetzt von Deinen lieben Eltern Nachrichten über Dich sammeln können. Ich bin glücklich, daß es Dir gut geht, allerdings habe ich niemals gezweifelt, daß es, (von selbstverständlichen, nebensächlichen, mit Mannesmut zu tragenden Widrigkeiten abgesehen) gut ausgehn wird. Schwierigkeiten hat es mir immer nur gemacht, meinen Neid zu bekämpfen, jetzt versuche ich es mit dem Gedanken an den »furchtbaren« Höllenstein, aber es geht nicht. – Bonus unterrichtet auch Dich schon? Vor Jahren habe ich im »Kunstwart« manches von ihm mit großem Respekt gelesen. – Das Bild zeigt Dir, daß es schon zu Dürers Zeiten Waldschulen gegeben hat. Das eine Eichhörnchen hat eben ein Eßpaket von zuhause bekommen, der Kamerad hat sich vornehm umgedreht, schielt aber zurück. Das erste Eichhörnchen beeilt sich entsprechend.
Herzlichste Grüße! Alles Gute!

Dein Kafka

1921

[Matliary, 13. Januar 1921]

Liebster Max, in den letzten 3 Tagen war ich nicht sehr geeignet Matliary zu verteidigen oder überhaupt nur zu schreiben. Eine Kleinigkeit. Ein Gast, ein junger Mensch, krank aber fröhlich, singt ein wenig unter meinem Balkon oder unterhält sich auf dem Balkon über mir mit einem Freund (dem Kaschauer, der übrigens zu mir rücksichtsvoll ist wie eine Mutter zum Kind) – also diese Kleinigkeit geschieht und ich winde mich auf meinem Liegestuhl fast in Krämpfen, das Herz kann es nicht ertragen, in die Schläfen bohrt sich jedes Wort ein, die Folge dieser Nervenzerrüttung ist, daß ich auch in der Nacht nicht schlafe. Ich wollte heute wegfahren, nach Smokovec, sehr ungern, denn alles hier entspricht mir, auch mein Zimmer ist sehr ruhig, neben mir, unter mir, über mir niemand; was ich von Unbefangenen über Smokovec höre, bestätigt meine Abneigung (kein Wald ringsum, hier überaus schöner, vor 2 Jahren alles durch einen Cyklon umgeworfen, die Villen und Balkone liegen an einer städtischen staubigen belebten Straße) trotzdem hätte ich natürlich fahren müssen, aber man hat jetzt eine Einrichtung hier getroffen, welche mir von morgen ab voraussichtlich Ruhe verbürgt: statt der zwei Freunde oben eine stille Dame. Sollte es nicht sein, fahre ich gewiß. Übrigens fahre ich in einiger Zeit gewiß, schon aus meiner »natürlichen« Unruhe heraus.

Ich erwähne das alles erstens deshalb, weil ich davon so voll bin, als bestünde die Welt aus nichts anderem als dem Balkon über mir und seiner Unruhe, zweitens um Dir zu zeigen, wie unberechtigt Deine Vorwürfe gegen Matliary sind, denn Balkonunruhe (der Husten der Schwerkranken, das Läuten der Zimmerglocken!) ist in gedrängt vollen Sanatorien noch viel stärker und kommt nicht nur von oben, sondern von allen Seiten, einen andern Vorwurf kann ich aber gegen Matliary überhaupt nicht anerkennen (es wäre denn die allerdings nicht sehr große Eleganz meines Zimmers, aber das ist doch kein Einwand) und drittens erwähne ich es, um Dir meine augenblickliche innere Situation zu zeigen. Sie erinnert ein wenig an das alte Österreich. Es ging ja manchmal ganz gut, man lag am Abend auf dem Kanapee im schön geheizten Zimmer, das Thermometer im Mund, den Milchtopf neben sich und genoß irgendeinen Frieden, aber es war nur irgendeiner, der eigene war es nicht. Eine Kleinigkeit nur, ich weiß nicht, die Frage des Trautenauer Kreisgerichtes war nötig und der Thron in Wien fing zu schwanken an, ein Zahntechniker, das ist er nämlich, studiert halblaut auf dem oberen Balkon und das ganze Reich, aber wirklich das ganze, brennt mit einemmal. Aber genug von diesen endlosen Dingen.

Ich glaube nicht, daß wir in jener Hauptsache wesensverschieden sind, wie Du es darstellst. Ich würde es so fassen: Du willst das Unmögliche, mir ist das Mögliche unmöglich. Ich bin vielleicht nur eine Stufe unter Dir, aber auf der gleichen Treppe. Dir ist das Mögliche erreichbar; Du hast geheiratet; hattest keine Kinder, nicht weil es Dir unmöglich war, sondern weil Du nicht wolltest; Du wirst auch Kinder bekommen, hoffe ich; Du hast geliebt und bist geliebt worden, nicht nur in der Ehe, aber es hat Dir nicht genügt, weil Du das Unmögliche wolltest. Vielleicht habe ich aus dem gleichen Grund das Mögliche nicht erreichen können, nur traf mich dieser Blitz einen Schritt früher als Dich, noch vor der Erreichung des Möglichen und das ist allerdings ein großer Unterschied, aber ein Wesensunterschied ist es kaum. Das Berliner Erlebnis scheint mir z. B. deutlich unmöglich. Daß es sich um ein Stubenmädchen handelt, setzt Dich gewiß nicht herab, im Gegenteil es zeigt, wie ernst Du das Verhältnis nimmst. Dieses Mädchen stand doch äußerlich ganz fern dem, was Dich in Berlin bezaubert hat, alles, was Du sonst erlebtest, mußte eigentlich das Mädchen hinabdrücken und trotzdem konnte sie sich infolge des Ernstes, mit dem Du das Verhältnis hinnahmst, so stark behaupten. Aber – nun sei mir nicht böse wegen dessen, was ich jetzt sage, vielleicht ist es dumm und falsch, vielleicht habe ich diesen Teil Deines Briefes unrichtig gelesen, vielleicht bin ich auch durch das inzwischen Geschehene widerlegt – nimmst Du so ernst, wie Du Dein Verhältnis zu dem Mädchen nimmst, auch das Mädchen selbst? Und heißt es nicht, etwas, was man nicht ganz ernst nimmt, ganz ernst lieben wollen, eben das Unmögliche wollen, so wie wenn einer, der einen Schritt nach vorn und dann wieder einen Schritt zurückgemacht hat, doch entgegen jedem Wirklichkeitsbeweis 2 Schritte nach vorn gemacht haben will, da er doch eben 2 Schritte und nicht weniger gemacht hat. Ich denke dabei nicht an das, was Du von den Äußerungen des Mädchens sagst, das verträgt sich noch vielleicht sehr gut mit dem Ernst, aber wie kommt es, daß Du gar nicht daran denkst, was Du für das Mädchen bedeutest. Ein Fremder, ein Gast, ein Jude sogar, einer von den Hunderten, denen das schöne Stubenmädchen gefällt, einer dem man den zugreifenden Ernst einer Nacht zutrauen kann (und wenn er nicht einmal diesen Ernst hat), aber was kann denn mehr sein? Eine Liebe über Länder hinweg? Briefeschreiben? Auf einen sagenhaften Februar hoffen? Diese ganze Selbstauslöschung verlangst Du? Und daß Du Treue (das verstehe ich sehr gut, wirklich tiefe Treue) dem Verhältnis bewahrst, nennst Du auch Treue zum Mädchen? Ist das nicht ein Unmögliches über dem andern? Das Unglück, das darin liegt, ist allerdings schrecklich, das kann ich von der Ferne sehn, aber die Kräfte, die Dich in das Unmögliche treiben – seien es auch nur Kräfte des Verlangens –, sind sehr groß und können nicht verschwunden sein, wenn Du geschlagen zurückkommst, sondern halten Dich aufrecht für jeden neuen Tag.

Du sagst, daß Du meine Stellung nicht verstehst. Sie ist, wenigstens von dem Allernächsten aus, sehr einfach. Du verstehst sie nur deshalb nicht, weil Du etwas Gutes oder Zartes in meinem Verhalten voraussetzest, dieses aber allerdings nicht finden kannst. Ich verhalte mich in dieser Sache zu Dir etwa wie ein Primaner, der achtmal durchgefallen ist, zu einem Oktavaner, der vor dem Unmöglichen, der Matura steht. Ich ahne Deine Kämpfe, Du aber, wenn Du mich, den großen Menschen, über eine kleine Multiplikationsaufgabe gebeugt siehst, kannst das nicht verstehn. »Acht Jahre!« denkst Du, »das muß ein äußerst gründlicher Mensch sein. Noch immer multipliziert er. Aber selbst wenn er noch so gründlich ist, jetzt müßte er es schon können. Infolgedessen verstehe ich ihn nicht«. Aber daß mir der mathematische Verstand überhaupt fehlen könnte oder daß ich nur aus bleicher Angst nicht schwindle oder – das Wahrscheinlichste – daß ich aus Angst jenen Verstand verloren haben könnte –, das alles fällt Dir nicht ein. Und doch ist es nichts als gemeinste Angst, Todesangst. So wie wenn einer der Verlockung nicht widerstehen kann, in das Meer hinauszuschwimmen, glückselig ist, so getragen zu sein, »jetzt bist Du Mensch, bist ein großer Schwimmer« und plötzlich richtet er sich auf, ohne besonders viel Anlaß und sieht nur Himmel und Meer und auf den Wellen ist nur sein kleines Köpfchen und er bekommt eine entsetzliche Angst, alles andere ist ihm gleichgültig, er muß zurück und wenn die Lunge reißt. Es ist nicht anders.

Nun vergleiche aber noch Deines und Meines – oder vergleiche lieber meines nicht, aus Rücksicht – mit den alten großen Zeiten. Das einzige wirkliche Unglück war Unfruchtbarkeit der Frauen, aber selbst wenn sie unfruchtbar waren, erzwang man noch die Fruchtbarkeit. Unfruchtbarkeit in diesem Sinn – notwendiger Weise mich als Mittelpunkt genommen – sehe ich gar nicht mehr. Jeder Schoß ist fruchtbar und grinst nutzlos in die Welt. Und wenn man sein Gesicht versteckt, so ist es doch nicht, um vor diesem Grinsen sich zu schützen, sondern um sein eigenes nicht sehn zu lassen. Daneben bedeutet der Kampf mit dem Vater nicht viel, er ist ja nur ein älterer Bruder, auch ein mißratener Sohn, der bloß kläglich versucht, seinen jüngeren Bruder eifersüchtig im entscheidenden Kampf zu beirren, mit Erfolg allerdings. – Jetzt aber ist es schon ganz finster, wie es sein muß für die letzte Blasphemie.

Franz

[Randhinzufügung:] Du hast wohl keine Kopien des Schreiber-Aufsatzes, die Du mir borgen könntest? Ich würde sie bald zurückschicken.

Du mußt doch auch neue Korrekturen der Gedichte haben? Vielleicht auch schon des großen Buchs?

Grüße bitte von mir Felix und Oskar; wenn ich ruhiger werde schreibe ich ihnen. Ich lese nochmals, was Du über Matliary sagst, und sehe, daß ich es doch noch einzelweise beantworten muß (Noch nachträglich hinzugefügt: Übrigens sind meine Pläne (hinter dem Rücken der Anstalt) viel großzügiger als Du denkst: bis März hier, bis Mai Smokovec, über den Sommer Grimmenstein, über den Herbst – ich weiß nicht.)

Du kennst die Slowakei, aber nicht die Tatra, hier waren doch die Sommerfrischen der Budapester, sie sind also rein und die Küche ist gut. Ich gebe zu, daß für uns ein deutsches oder österreichisches Sanatorium ein wenig behaglicher wäre, aber das sind doch nur Gefühle der ersten Tage, man gewöhnt sich bald ein, einer meiner Vorzüge übrigens, in dem Du mich (auch von zuhause aus tun sie es) also beirren willst.

Ich nehme die Sache so ernst, wie Du es, Max, verlangst, ich sehe sogar die Antithese noch schlimmer, es ist nicht Leben oder Tod, sondern Leben oder Viertel-Leben, Atmen oder nach Luft schnappend langsam (nicht viel schneller als ein wirkliches Leben dauert) sich zuendefiebern. Da ich das so sehe, kannst Du mir doch glauben, daß ich nichts unterlassen werde, was ich tun kann, um es halbwegs zum Guten zu wenden. Warum soll aber der Arzt – ? Ich habe in Deinem Brief den betreffenden Satz gleich beim ersten Lesen vor Schrecken mit dem Bleistift unleserlich zu machen gesucht. Am Ende ist es doch gar nicht so dumm, was er sagt, und gewiß nicht dümmer als was die andern sagen. Es ist sogar biblisch; wer den schöpferischen Lebensodem nicht voll aufnehmen kann, der muß in allem kranken. Daß ich ohne Fleisch kuriert werden kann, habe ich allerdings bewiesen, in Zürau, wo ich fast kein Fleisch gegessen habe, und in Meran, wo man mich wegen meines guten Aussehens nach den ersten vierzehn Tagen nicht wiedererkannte. Allerdings fuhr dann der Feind dazwischen, aber den hält Fleischessen nicht ab und zieht Nichtfleischessen nicht an, der kommt jedenfalls.

Ich habe mich hier sehr gut erholt und wenn nicht auch hier manches mit M. nicht Zusammenhängendes gestört hätte, wäre ich noch weiter.

Es tut mir der Eltern wegen, jetzt auch Deinetwegen und schließlich auch meinetwegen (weil wir dann in dieser Hinsicht einig wären) leid, daß ich nicht gleich anfangs nach Smokovec gefahren bin, da ich aber nun schon hier bin, warum soll ich einen schlechten Tausch riskieren und nach kaum 4 Wochen von hier fort gehn, wo sich alle sehr anständig bemühn, mir alles zu geben, was ich nötig habe.

An Max Brod

[Matliary, Ende Januar 1921]

Liebster Max, noch ein Nachtrag, damit Du siehst, wie der »Feind« vorgeht, es sind ja gewiß innere Gesetze, aber es sieht fast wie nach äußeren Gesetzen eingerichtet aus. Vielleicht verstehst Du als körperlich Unbeteiligter es besser.

Ich hatte das Balkon-Unglück bei weitem nicht überwunden, der obere Balkon ist zwar jetzt still, aber meine angstgeschärften Ohren hören jetzt alles, hören sogar den Zahntechniker, obwohl er durch 4 Fenster und 1 Stockwerk von mir getrennt ist.

[folgt schematische Skizze der Zimmeranordnung]

Und wenn er auch ein Jude ist, bescheiden grüßt und gewiß keine bösen Absichten hat, ist er für mich durchaus der »fremde Teufel«. Seine Stimme macht mir Herzbeschwerden, sie ist matt, schwer beweglich, eigentlich leise, aber dringt durch Mauern. Wie ich sagte, ich muß mich erst davon erholen, vorläufig stört mich noch alles, fast scheint es mir manchmal, daß es das Leben ist, das mich stört; wie könnte mich denn sonst alles stören;

Und nun geschah gestern folgendes: Es ist hier außer einem Kranken, den ich noch nie gesehen habe, nur ein Bettlägeriger, ein Tscheche, wohnt unter meinem Balkon, hat Lungen- und Kehlkopftuberkulose (eine der andern Varianten neben »Leben oder Tod«), fühlt sich durch seine Krankheit und weil außer ihm nur 2 Tschechen hier sind, die sich aber nicht um ihn kümmern, vereinsamt; ich habe ihn nur flüchtig zweimal auf dem Gang gesprochen und er ließ mich durch das Stubenmädchen bitten, ihn einmal zu besuchen, ein freundlicher stiller etwa fünfzigjähriger Mann, Vater zweier erwachsener Jungen. Ich ging knapp vor dem Nachtmahl zu ihm, um es kurz abzutun, und er bat mich, auch nach dem Nachtmahl für ein Weilchen noch zu kommen. Dann erzählte er mir von seiner Krankheit, zeigte mir den kleinen Spiegel, mit dem er, wenn Sonne ist, tief in der Kehle hantieren muß, um die Geschwüre zu belichten, dann den großen Spiegel, mit dem er sich selbst in die Kehle schaut, um den kleinen Spiegel richtig stellen zu können, dann zeigte er mir eine Zeichnung der Geschwüre, die übrigens zum erstenmal vor 3 Monaten aufgetreten sind, dann erzählte er kurz von seiner Familie, und daß er schon eine Woche ohne Nachricht und deshalb besorgt sei. Ich hörte zu, fragte hie und da, mußte den Spiegel und die Zeichnung in die Hand nehmen, »näher zum Auge« sagte er, als ich den Spiegel weit von mir hielt, und schließlich, es war kein besonderer Übergang, fragte ich mich (ich hatte schon früher manchmal solche Anfälle, immer fängt es mit dieser Frage an) »wie wäre es, wenn Du jetzt ohnmächtig würdest« und schon sah ich die Ohnmacht wie eine Welle über mich herkommen. Das Bewußtsein hielt ich, so glaube ich wenigstens, noch beim letzten Ende fest, aber wie ich ohne Hilfe aus dem Zimmer kommen sollte, war mir unvorstellbar. Ob er noch etwas gesprochen hat, weiß ich nicht, für mich war es still. Schließlich faßte ich mich, sagte etwas von einem schönen Abend, was eine Erklärung dafür sein sollte, daß ich auf seinen Balkon hinausschwankte und dort in der Kälte auf dem. Geländer sitzen blieb. Ich kam dort so weit, daß ich sagen konnte, mir sei ein wenig schlecht, und ohne Gruß aus dem Zimmer gehen konnte. Mit Hilfe der Korridorwände und eines Sessels im Zwischenstock kam ich in mein Zimmer.

Ich hatte dem Mann etwas Gutes tun wollen und hatte etwas sehr Schlechtes getan; wie ich früh hörte, hat er meinetwegen die ganze Nacht nicht geschlafen. Trotzdem kann ich mir keine Vorwürfe machen, vielmehr verstehe ich nicht, warum nicht jeder ohnmächtig wird. Was man dort in dem Bett sieht, ist ja viel schlimmer als eine Hinrichtung, ja selbst als eine Folterung. Die Folterungen haben wir ja nicht selbst erfunden, sondern den Krankheiten abgeschaut, aber so wie sie wagt doch kein Mensch zu foltern, hier wird jahrelang gefoltert, mit Kunstpausen, damit es nicht zu schnell geht und – das Besonderste – der Gefolterte wird selbst gezwungen, aus eigenem Willen, aus seinem armen Innern heraus, die Folterung in die Länge zu ziehn. Dieses ganze elende Leben im Bett, das Fiebern, die Atemnot, das Medizineinnehmen, das quälende und gefährliche (er kann sich durch eine kleine Ungeschicklichkeit leicht verbrennen) Spiegeln hat keinen andern Zweck, als durch Verlangsamung des Wachsens der Geschwüre, an denen er schließlich ersticken muß, eben dieses elende Leben, das Fiebern u. s. w. möglichst lange fortsetzen zu können. Und die Verwandten und die Ärzte und die Besucher haben sich förmlich über diesem nicht brennenden, aber langsam glühenden Scheiterhaufen Gerüste gebaut, um ohne Gefahr der Ansteckung den Gefolterten besuchen, abkühlen, trösten, zu weiterem Elend aufmuntern zu können. Und in ihrem Zimmer waschen sie sich dann voll Schrecken, wie ich. Ich habe allerdings auch kaum geschlafen, aber ich hatte zwei Tröster. Erstens starke Herzschmerzen, wodurch ich an einen andern Folterer erinnert wurde, der aber viel milder, weil viel schneller ist. Und dann hatte ich unter einer Menge Träume zum Schluß diesen: Links von mir saß ein Kind im Hemdchen (es war, wenigstens nach meiner Traumerinnerung nicht ganz sicher, ob es mein eigenes war, aber das störte mich nicht), rechts Milena, beide drückten sich an mich und ich erzählte ihnen eine Geschichte von meiner Brieftasche, sie war mir verlorengegangen, ich hatte sie wiedergefunden, hatte sie aber noch nicht wieder aufgemacht und wußte also nicht, ob noch das Geld darin war. Aber selbst wenn es verloren war, das machte nichts, wenn ich nur die zwei bei mir hatte. – Nachfühlen kann ich jetzt das Glück, das ich gegen Morgen hatte, natürlich nicht mehr.

Das war der Traum, die Wirklichkeit aber ist, daß ich vor 3 Wochen (nach vielen ähnlichen Briefen, dieser aber war entsprechend der äußersten Notwendigkeit, die ein Ende für mich jetzt hatte und noch hat und noch haben wird, der entschiedenste) nur um eine Gnade bat: nicht mehr zu schreiben und zu verhindern, daß wir einander jemals sehn.

Übrigens habe ich auch diese Woche an Gewicht zugenommen, im Ganzen in 4 Wochen 3 kg 40. Grüß Felix und Oskar, bitte. Ist etwas aus Oskars sizilianischer Reise geworden? Und was machen beide? Ruth?

Bei nicht sehr gutem Licht auf dem Balkon am Abend: Der Brief lag ein paar Tage, vielleicht weil ich noch eintragen wollte, was nächstens »geschehen« würde. Es war nichts allzu Schlimmes. Nach Deinem heutigen Brief schäme ich mich sehr wegen dessen, was ich über Dich und das Mädchen gesagt habe. Wäre ich verheiratet und hätte ich meiner Frau etwas Gleichwertiges getan, würde ich, übertrieben ausgedrückt (aber nicht übertriebener als es die Prämisse ist), würde ich in den Winkel gehn und mich umbringen. Du verzeihst mir aber so sehr, daß Du es gar nicht erwähnst. Freilich hast Du in dem vorvorigen Brief allzu allgemein geschrieben, aber ich hätte die Allgemeinheiten anders durchblicken müssen, als ich es getan habe. Trotzdem, mein Grundgefühl demgegenüber ist nicht anders geworden, nur ist es nicht mehr so dumm-leicht beweisbar.

Vielleicht komme ich dem näher, wenn ich von mir spreche. Ich habe Deinen Brief nicht bei der Hand (und um ihn zu holen, müßte ich aus der schweren Verpackung hinauskriechen), aber ich glaube, Du sagst, wenn mir das Nach-Vollkommenheit-Streben das Erreichen der Frau unmöglich macht, müßte es mir ebenso auch alles andere unmöglich machen, das Essen, das Bureau u. s. w. Das ist richtig. Zwar ist das Vollkommenheitsstreben nur ein kleiner Teil meines großen gordischen Knotens, aber hier ist jeder Teil auch das Ganze und darum ist es richtig, was Du sagst. Aber diese Unmöglichkeit besteht auch tatsächlich, diese Unmöglichkeit des Essens u. s. w., nur daß sie nicht so grob auffallend ist wie die Unmöglichkeit des Heiratens.

Vergleichen wir einander in diesem: Beide haben wir ein Hindernis der Körperlichkeit. Du hast es herrlich überwunden. Als ich daran dachte, übten drüben auf dem Abhang Skiläufer, nicht die gewöhnlichen, die man hier sieht, Gäste aus dem Hotel oder Soldaten aus den nahen Baracken, sie sind ja schon imponierend genug, dieses ernste glatte Wandern auf der Landstraße, das Hinabgleiten von oben, das Hinaufmarschieren von unten, diesmal aber waren drei Fremde aus Lomnitz gekommen, sie sind wahrscheinlich auch noch keine Künstler, aber was konnten die! Ein Langer ging voraus, zwei Kleinere folgten. Es gab für sie keine Abhänge, keine Gräben, keine Böschungen, sie strichen über die Gegend, so wie Du über das Papier schreibst. Hinunter ging es zwar viel schneller, das war eben ein Rasen, aber auch den Abhang hinauf war es zumindest ein Fliegen. Und was sie beim Hinabfahren zeigten, ich weiß nicht, ob es schon wirklich der große Telemark-Schwung war (nennt man es so?), aber es war traumhaft, so gleitet der gesunde Mensch aus Wachen in Schlaf. Eine Viertelstunde etwa ging das so, fast schweigend (daher zum Teil meine Liebe), dann waren sie wieder auf der Landstraße und – man kann es nicht anders ausdrücken – stießen gegen Lomnitz hinunter.

Ich sah ihnen zu und dachte an Dich, so hast Du das Hindernis Deiner Körperlichkeit überwunden.

Ich dagegen – wollte ich weiter schreiben.

Aber nun kamen einige sehr schlechte Nächte, die ersten zwei aus zufälligen, vorübergehenden Ein-Nacht-Ursachen, die übrigen durch einen Abszeß, der mir mitten im Kreuz sitzt und mich bei Tag nicht liegen, bei Nacht nicht schlafen läßt. Es sind Kleinigkeiten und wenn nicht weitere von solcher Art kommen, werde ich den Schaden leicht wieder gut machen, ich erwähne es nur, um zu zeigen, daß, wenn es einen Irgendjemand gibt, der meine Gewichts- und Kraftzunahme verhindern will (bisher habe ich übrigens nur Gewichtszunahme bemerkt, 4 kg 20 in 5 Wochen), er fest auf mir im Sattel sitzt.

Die weiteren Vergleiche lasse ich heute, Max, ich bin zu müde, es ist auch zu umständlich, das Material ist so ungeheuer groß geworden im Lauf der Zeit und so wenig konzentriert, daß man notwendigerweise geschwätzig werden müßte, wenn man es wieder vornimmt.

Ob Du kommen sollst? Natürlich sollst Du kommen, wenn es ohne große Mühe möglich ist, aber ich sehe dafür keine Möglichkeit, es wäre denn, daß Du eine slowakische Reise machst. Aus Deinem Brief scheint hervorzugehn, daß Du es mit der Berliner Reise verbinden willst, über Oderberg etwa, nein, das wäre zu viel Mühe, das tue keinesfalls, auch meinetwegen nicht, das würde mir zuviel Verantwortung auferlegen. Oder könntest Du länger als 3 Tage bleiben, als Erholung für Dich?

Fast möchte ich wieder von dem Vorigen zu reden anfangen, so kocht die Geschwätzigkeit. Du unterstreichst »Angst wovor«. Vor so vielem, aber auf der irdischen Ebene vor allem Angst davor, daß ich nicht hinreiche, körperlich nicht, geistig nicht, die Last eines fremden Menschen zu tragen; so lange wir fast eins sind, ist es bloß eine suchende Angst »wie? wir sollten wirklich fast eins sein«« und dann wenn diese Angst ihre Arbeit getan hat, wird es eine bis in die letzte Tiefe überzeugte, unwiderlegbare, unerträgliche Angst. Nein, heute nichts mehr davon, es ist zuviel.

Du erwähnst Briefe von Dehmel, ich kenne nur die aus dem Dezemberheft, halbmenschhafte, ehemännische.

Ich muß noch darauf zurückkommen. Du schreibst: »Warum vor der Liebe mehr Angst haben als vor andern Angelegenheiten des Lebens?« und gleich vorher »In der Liebe habe ich das Intermittierend-Göttliche am ehesten, am häufigsten erlebt«. Diese beiden Sätze zusammengenommen sind so, wie wenn Du sagen wolltest: »Warum nicht vor jedem Dornbusch die gleiche Angst haben wie vor dem brennenden?«

Es ist ja so, wie wenn meine Lebensaufgabe darin bestanden hätte, ein Haus in Besitz zu nehmen. – Auch das bleibt ohne Abschluß, ein paar Tage war Pause, Müdigkeit, leichtes Fieber (wahrscheinlich vom Abszeß), rasender Schneesturm draußen, jetzt ist es besser, wiewohl heute abend eine neue Störung aufgetaucht ist, hoffentlich so unbedeutend, daß ich sie durch bloßes Registrieren unterdrücke, eine neue Tischnachbarin, ein älteres Fräulein, abscheulich gepudert und parfümiert, wahrscheinlich schwer krank, auch nervös aus den Fugen, gesellschaftlich geschwätzig, als Tschechin zum Teil auf mich angewiesen, auch auf dem mir abgewandten Ohr schwerhörig (jetzt sind noch ein paar Tschechen da, aber sie fahren weg), eine Waffe habe ich, die mich hoffentlich schützen wird; sie hat heute, nicht mir gegenüber, den Venkov als ihr liebstes Blatt genannt, besonders wegen der Leitartikel, entzückt denke ich daran den ganzen Abend. (Sie kommt übrigens von Smokovec und war in vielen Sanatorien und lobt nur eines über alle Maßen: Grimmenstein, es ist aber vom März ab an den Staat verkauft.) Die hinterlistigste Methode wäre vielleicht mit der Erklärung so lange zu warten, bis sie etwas sagt, was unmöglich zurückgenommen werden kann. Von Grimmenstein sagte sie: má to žid, ale výtečně to vede, (Der Besitzer ist ein Jude, er führt es aber ausgezeichnet), das hat wohl noch nicht genügt.

Du darfst übrigens, Max, nach allem, was ich schreibe, nicht glauben, daß ich an Verfolgungswahn leide, ich weiß es aus Erfahrung, daß kein Platz unbesetzt bleibt, und sitze *ich* nicht oben in meinem Sattel, so, nur dann, sitzt eben der Verfolger dort. Aber jetzt schließe ich ab (sonst bekommst Du den Brief vor Deiner Abreise nicht) obwohl ich das, was ich wollte, nicht gesagt habe und erst recht nicht auf dem Umweg über mich den Weg zu Dir gefunden habe, der mir, am Anfang zumindest, dunkel-klar war. Es ist aber eben das Musterbild eines schlechten Schriftstellers, dem das Mitzuteilende wie eine schwere Seeschlange in den Armen liegt, wohin er tastet, nach rechts, nach links nimmt es kein Ende, und selbst was er umfaßt, kann er nicht ertragen. Und wenn es dann überdies noch ein Mensch ist, der vom Abendessen in sein stilles Zimmer zurückkommt und unter der peinlichen Nachwirkung einer bloßen Tischnachbarschaft fast körperlich zittert.

Und dabei denke ich während des ganzen Briefes vor allem an die zwei Varianten. Die erste scheint mir unmöglich, die Zeitung, eine Gazette des Ardennes, unmöglich, die Chefredakteurschaft unmöglich, die Arbeitslast (Du wärst wohl zwar nicht der einzige Musikreferent?) zu groß, die politische Stellungnahme (jeder Mitarbeiter einer solchen Zeitung hat Stellung genommen) zu stark, das Ganze Deiner unwürdig. Der einzige Vorteil wäre wohl das hohe Einkommen. Aber das zweite, warum sollte das nicht möglich sein? Wofür die Regierung zahlt? Sie ist so sehr improvisiert und so sehr im Notstand, daß sie gerade deshalb hie und da auch ganz Ausgezeichnetes macht. Und dieses wäre etwas derartiges, es wäre nichts als der Dank für das, was Du getan hast, und für das, was Du vielleicht (bestünde hinsichtlich dessen ein bürokratischer Zwang?, es gab ja ganze Jahre, wo es Dich zu nichts derartigem drängte) vielleicht tun wirst. Übrigens kommen ja derartige Dinge nicht nur in der Tschechoslowakei vor, es sind gute Nachwirkungen der Kriegspressequartierimprovisationen.

Merkwürdig – das muß man hinzufügen und es hat etwas von der Sicherheit Deiner Entscheidung hinsichtlich Berlins, wenn es auch nicht so ohne weiters überzeugend ist – merkwürdig, daß Du zögerst, Deine ganze Berufskraft, ich meine jene Kraft, die Du hier verankern willst, dem Zionismus zu geben.

Den Aufsatz, ich lege ihn bei, habe ich in einem Zug schnell mehrmals hintereinander gelesen, so rasant ist es geschrieben (bis auf ein paar ausweichende kleine Schnörkel über Geschäftspapiere), aber soll es eine Anklage sein, wohl nicht? Und soll es ganz genau Berlin treffen? Und nicht jede große Stadt, des Westens zumindest, wo notwendigerweise die »lebens«erleichternden Konventionen stärker und zuschnürender werden.

Du erwähnst Deinen Roman im Zusammenhang mit kabbalistischen Studien, besteht ein Zusammenhang?

Die Gedichte habe ich gestern bekommen, Du denkst an mich. Grüß bitte Felix und Oskar, auch sie sollen mich nicht vergessen, auch wenn ich nicht schreibe.

Übrigens bekam ich von M. vor etwa einer Woche noch einen Brief, einen letzten Brief. Sie ist stark und unveränderlich, etwa in Deinem Sinn, Du bist ja auch ein Unveränderlicher, aber nein, so sprechen die Frauen nicht von Dir. Nein doch, Du bist in gewissem Sinn, und das steht mir besonders hoch, auch den Frauen gegenüber unveränderlich.

An M. E.

[Matliary, Januar/Februar 1921]

Liebe Minze, müde vom Tagwerk (es ähnelt der Gewächshausarbeit), das letzte Glas Milch ist noch nicht getrunken, die Temperatur zum letzten Mal noch nicht gemessen, das Thermometer steckt im Mund, liege ich auf dem Kanapee. Minze, wo laufen Sie in der weiten Welt herum? Ich glaube, wenn Sie ein Mann wären, wären Sie Robinson geworden oder Sindbad der Seefahrer und die Kinder würden Bücher über Sie lesen.

Wie kamen Sie von Ahlem fort? Im Guten oder im Bösen? Und die Gärtnerschule dort besteht nicht mehr? Und Ihre jetzige Firma nahm Sie als Lehrling ohne Vorbildung an? Auf 2 Jahre (worin besteht die 2jährige Verpflichtung?) gegen Kost und Wohnung?

Das sind noch einige Unklarheiten, aber sonst scheint das, was Sie gemacht haben, ausgezeichnet, tapfer und stolz zu sein. Ihr Brief besteht aus 2 Briefen, einem langen fröhlichen und einem kurzen traurigen, schon das zeigt, daß Sie auf eigenen Füßen gehn, denn der allgemeine Lauf der Welt, wie er sich etwa auf den Teplitzer Gassen abrollt, ist weder fröhlich noch traurig, sondern, ob er nun fröhlich oder traurig aussieht, immer nur eine trübe verzweifelte Mischung.

Ihr Brief kam gerade am letzten Tag eines verhältnismäßig guten Zeitabschnittes, ich las ihn noch auf dem Balkon, der ganz ähnlich ist dem in Schelesen, nur daß er ganz nahe den Schneebergen ist und dafür ein wenig ärmlicher und baufälliger, ich las den Brief also dort, glücklich über Ihr Glück, nicht ganz so unglücklich über Ihr Traurigsein, machte, die Füße allerdings im Fußsack, Ihre Fußwanderung auf den Brocken mit (einmal vor Jahren war ich wochenlang am Fuß des Brocken, im Sanatorium Jungborn, vielleicht sind Sie daran vorübergekommen, es ist nicht weit von Harzburg, wochenlang war ich dort und bin, trotzdem ich im Ganzen gesund war, doch nicht auf den Brocken gekommen, ich weiß nicht warum. Einer von dort machte einmal in einer warmen Nacht die Besteigung ganz nackt, nur den Mantel hatte er auf den Rücken geschnallt. Ich aber schlief lieber in meiner Lufthütte den damals noch süßen Schlaf und die Wanderin Minze war noch kaum auf der Welt oder doch, sie war schon paar Jahre da und ein mehr minder braves Teplitzer Schulmädchen).

Ja das war also der letzte gute Tag, aber dann wurde es schlimmer, allerlei, zuletzt Verkühlung und Bettlägerigkeit, drei Wochen eines wenig unterbrochenen Sturmwinds, jetzt ist es schon besser, im Himmel und auf Erden.

Liebe Minze, wieder eine Unterbrechung viele Tage lang, mir war nicht ganz gut, aber auch durchaus nicht schlecht, nur ein wenig zu müde, um die Hand zum Schreiben zu heben. Vielleicht war der Sturm daran schuld, immer wieder Sturm, in den Wäldern rauschte es wie wenn es die Ostsee wäre. Jetzt aber ist es paar Tage lang schön, starke Sonne bei Tag und Abend solcher Frost, daß, wenn man ohne Ohrenschutz paar Minuten draußen herumgeht, die Ohren plötzlich so zu brennen anfangen, daß man nicht mehr das Haus erreichen zu können glaubt, auch wenn man nur 200 Schritte davon entfernt ist. Mag es so bleiben.

Und Sie, Minze, Sie arbeiten so viel? Werden Sie es aushalten? Im pomologischen Institut in Prag bin ich mit vielen Gärtnern beisammen gewesen, die von ihren Erfahrungen erzählten. Alle waren darin einig, in Handelsgärtnereien sei die größte Arbeit. Dann war ich allerdings in der größten Handelsgärtnerei von Böhmen (Maschek, Turnau) und dort war es nicht gar so schlimm, es waren hauptsächlich Baumschulen und außerhalb der Expeditionszeit im Frühjahr und Herbst führten die Leute sogar ein sehr gutes Leben. Allerdings dieser Betrieb war schon ein wenig im Niedergang und weit entfernt von deutscher Präzisionswirtschaft.

Bücher? Haben Sie zum Lesen von Nicht-Gartenbaubüchern Zeit? Ich lasse Ihnen ein kleines Buch schicken, dort haben Sie das Leben dieser kleinen Ostseeorte im vorigen Jahrhundert wunderbar. Und ich schreibe Ihnen wieder bald. Mut, Minze, Mut!

Ihr Kafka

[seitliche Randbemerkung:] Was bedeutet das: »wenn die Ärzte recht behalten«.

An Max Brod

[Matliary, Anfang Februar 1921]

Lieber Max, ich habe Dir an die Koschel-Adresse einen endlosen Brief geschickt, er dürfte aber erst am 1. Feber angekommen sein. Du wirst ihn ja vielleicht noch bekommen, sollte es aber nicht sein, ist nichts verloren, so wie er kein Ende hatte, hatte er auch keine Mitte, nur Anfang, nur Anfang. Ich könnte gleich wieder von neuem anfangen, aber was finge Berlin damit an.

Verzögert wurde der Brief durch die verschiedenen Störungen, die in ihm aufgezählt sind, die neueste steht noch nicht darin, die ahnte ich erst, als ich ihn wegschickte. Ich habe mich nämlich verkühlt oder vielmehr ich habe mich nicht verkühlt, ich wüßte nicht durch welche Einzelheit ich mich verkühlt haben sollte, das schlechte Wetter, ein schon 14 Tage fast ununterbrochen andauernder Sturmwind hat mich einfach ohne viel Umstände ins Bett geworfen. Ich lag 4 Tage, auch heute noch, erst jetzt abend bin ich für ein Weilchen aufgestanden. Schlimm war es nicht, es war mehr ein vorsichtsweises zu-Bett-Liegen, ich habe nur gehustet und gespuckt, außerordentliches Fieber hatte ich nicht, der Doktor, der heute die Lunge genau behorchte, sagte, es sei nichts Neues dort, sie sei eher besser als vor ein paar Tagen; immerhin bin ich müde davon und das Gewicht, das Ende der fünften Woche schon 4.20 Zunahme zeigte, wird morgen gewiß, im günstigsten Fall, nur das gleiche sein. Aber trotz aller genug großen Müdigkeit und aller Störungen will ich vorläufig nicht klagen, alles was bisher in den 6 Wochen geschehen ist, hätte zusammengenommen und fest geknetet noch kaum die Durchschlagskraft von 3 Meraner Tagen und Nächten, allerdings hatte ich damals vielleicht doch noch mehr Widerstandskraft. Mittwoch.

Gestern abend wurde ich gestört, aber freundlich, es ist ein 21jähriger Medizinstudent da, Budapester Jude, sehr strebend, klug, auch sehr literarisch, äußerlich übrigens trotz gröberen Gesamtbildes Werfel ähnlich, menschenbedürftig in der Art eines geborenen Arztes, antizionistisch, Jesus und Dostojewski sind seine Führer – der kam noch nach 9 Uhr aus der Hauptvilla herüber, um mir den (kaum nötigen) Wickel anzulegen, seine besondere Freundlichkeit zu mir kommt offenbar von der Wirkung Deines Namens her, den er sehr gut kennt. Bei ihm und dem Kaschauer hat natürlich die Möglichkeit Deines Herkommens großes Aufsehen gemacht.

Zu dieser Möglichkeit schrieb ich in dem Prager Brief, daß ich sehr froh wäre, wenn Du kämest, aber nur unter der Voraussetzung, daß Du sonst eine slowakische Reise machst oder aber daß Du für Deine Erholung, also für längere Zeit, kommen kannst. Sonst aber als besondere Reise, sei es von Prag aus oder von Brunn oder (Du schienst anzudeuten, daß Du es mit der Berliner Reise verbinden würdest) etwa von Oderberg oder sonst einem entfernten Ort fahre bitte nicht, das würde mir zuviel Verantwortung auferlegen.

Und sei glücklich und froh in Berlin! Schrieb ich etwas Böses über die Dehmel-Briefe, so hat das gewiß auf Dich keinen Bezug. Eine Frau lieben und unangefochten von Angst sein oder wenigstens der Angst gewachsen und überdies diese Frau als Ehefrau zu haben, ist ein mir derart unmögliches Glück, daß ich es – klassenkämpferisch – hasse. Auch kenne ich nur die Briefe im Dezemberheft.

Und was sollen überhaupt halbleere Befürchtungen gegen die Fülle des Lebens; sie ist in Deinem Buch, sie ist darin, wie sich die Zeiten und die Frauen darin sondern, und am stärksten allerdings in den ersten Gedichten, so mächtig wie im »Kuß« hast Du kaum noch gesprochen; ich fange das Buch eigentlich erst zu lesen an, mit klareren Augen, dem ersten schönen Tag seit Wochen und dem ersten Tag außerhalb des Betts, den ich jetzt beginne. Solltest Du kommen, könntest Du nicht eines der kabbalistischen Werke, ich nehme an, daß es hebräisch ist, mitbringen? Dein F

An Max Brod

Liebster Max,
ich sehe, es wird kein Brief mehr, nun ich komme ja in 2 Wochen, ich kann dann vielleicht an der Hand Deines Briefes mündlich antworten.

Als ich diesen Brief bekam, der mir in manchem sehr naheging, habe ich ihn in Gedanken förmlich in einem Ausbruch beantwortet, aber zum Schreiben kam es nicht, ein paar Briefe lagen da, die zu beantworten waren (sie sind es noch heute nicht), der Budapester, von dem ich letzthin schrieb, nahm mich eine Zeitlang fast vollständig in Anspruch, vor allem aber steigerte sich die Müdigkeit, ich liege stundenlang im Liegestuhl in einem Dämmerzustand, wie ich ihn als Kind an meinen Großeltern angestaunt habe. Es geht mir nicht gut, zwar der Arzt behauptet, die Sache in der Lunge sei um die Hälfte zurückgegangen, ich würde aber sagen, es sei weit mehr als doppelt so schlecht, niemals noch hatte ich solchen Husten, niemals solche Atemnot, niemals eine solche Schwäche. Ich leugne nicht, daß es in Prag noch viel schlechter geworden wäre; wenn ich aber bedenke, daß die äußern Umstände, von verschiedenen Störungen abgesehn, diesmal günstig genug waren, so weiß ich überhaupt nicht, auf welche Weise es irgendwie noch sich bessern könnte.

Aber es ist dumm und eitel, so zu reden und es so wichtig zu nehmen. Wenn man mitten in einem kleinen Hustenanfall ist, kann man nicht anders als es äußerst wichtig nehmen; wenn er aber nachgelassen hat, kann man anders und soll es. Wenn es dunkel wird, wird man noch eine Kerze anzünden, und wenn sie niedergebrannt ist, wird man still im Finstern sein. Eben weil im Hause des Vaters viele Wohnungen sind, soll man keinen Lärm machen. Ich bin schon froh, daß ich von hier fortfahre, vielleicht hätte ich es schon vor einem Monat tun sollen, aber ich bin so schwer beweglich und habe hier von den verschiedensten Leuten so viel unbegreifliche Freundlichkeit erfahren, daß ich, wenn mein Urlaub noch länger dauern würde, noch länger hier bliebe, gar in dem jetzt endlich schön werdenden Wetter. In der Liegehalle im Wald konnte ich schon einigemal mit nacktem Oberkörper liegen und auf meinem Balkon einmal schon ganz nackt.

Durch das Obige konntest Du zu dem Glauben kommen, daß ich die Kur nicht ernst nehme. Im Gegenteil, ich nehme sie wütend ernst, ich esse sogar Fleisch, mit noch größerem Widerwillen als anderes, es war ein Fehler, daß ich bisher nicht unter Lungenkranken gelebt und der Krankheit eigentlich noch nicht in ihre Augen geschaut habe, erst hier habe ich das getan. Aber die letzte Gelegenheit, ein wenig gesund zu werden, war wahrscheinlich in Meran gegeben. – Nun aber endgiltig genug davon, ich schreibe es auf, um in Prag nicht mehr davon reden zu müssen.

Du schreibst von Salomo Molcho, als hätte ich schon jemals von ihm gehört. Ich habe doch viel versäumt in dem Vierteljahr.   Auf Wiedersehn!

Franz

Das Wickersdorfer Rundschreiben kommt gut zum Thema. Den Essig-Brief hatte ich schon vorher zufällig in einer Zeitung gelesen und Dir ihn als Beispiel besonderer Abscheulichkeit schicken wollen »die Äugchen, die so lieb im Herzen kitzeln«. Natürlich ist im Grunde nichts abscheulich daran, als daß der Brief jetzt veröffentlicht wird und weiters, daß den Briefschreiber schon die Würmer aufgefressen haben.

An Max Brod

[Matliary, Anfang März 1921]

Liebster Max,
hoffentlich bekommst Du diesen Brief gleichzeitig mit meinem gestrigen. Der gestrige gilt nicht, ich schrieb auch gar nicht, unter was für Voraussetzungen er geschrieben war. Ich lag auf meinem Kanapee, hingeschlagen von der Anstrengung des Essens, eine quälende Appetitlosigkeit läßt mir den Schweiß im Gesicht ausbrechen, wenn ich den Schrecken des gefüllten Tellers vor mir sehe, dabei esse ich seit 14 Tagen viel Fleisch, weil ein weniger fähiger Koch die mir zugetane Köchin ersetzt hat, dieses Fleisch wieder hat die Hämorrhoiden geweckt und ich hatte starke Schmerzen bei Tag und Nacht – nun so schrieb ich den Brief. Aber richtig ist er nicht gewesen. Denn wenn mir auch der Husten stärker, die Atemnot manchmal schwerer scheint, so steht doch dem gegenüber auch Positives: der Befund des Arztes, die jetzt allerdings stockende Gewichtszunahme und die günstige Temperatur. Nun wir werden uns ja bald sehn. Solche Übertreibungen zu schreiben! Wer führt einem die Hand?

Dein F

An Max Brod

[Matliary, Mitte März 1921]

Liebster Max, eine Bitte um einen sehr großen Dienst, der übrigens gleich getan werden müßte. Ich will noch hier bleiben, nicht gerade hier, aber in der Tatra, im Sanatorium Dr. Guhr in Polianka wahrscheinlich, das man mir lobt, das allerdings auch viel teurer ist als Matliary.
Ich will bleiben aus folgenden Gründen:
1. Zunächst droht mir der Doktor hier mit der Möglichkeit vollständigen Zusammenbruchs, wenn ich jetzt nach Prag fahre, und verspricht mir, wenn ich bis zum Herbst bleibe, annähernde Gesundung, so daß dann jährlich 6 Wochen See oder Gebirge genügen, um mich zu halten. Beide Prophezeiungen, die zweite mehr als die erste, sind übertrieben, immerhin, er quält mich jeden Morgen damit, väterlich, freundschaftlich, auf alle Arten. Und wenn ich auch weiß, daß seine Prophezeiungen in jeder Hinsicht viel weniger großartig wären, wenn

er wüßte, daß ich nach Polianka übersiedeln will, so macht es doch Eindruck auf mich.

2. Von zuhause bitten mich alle zu bleiben, mit mehr Grund, als sie selbst wissen. Ich glaube, seitdem ich hier unter Lungenkranken lebe, fest daran, daß es zwar keine Ansteckungsmöglichkeit für gesunde Menschen gibt, das sind aber nur etwa Holzhacker im Walde oder die Mädchen in der hiesigen Küche (die mit den blossen Händen die Speisereste von den Tellern solcher Kranker wegessen, denen nur gegenüberzusitzen ich mich scheue), aber wohl kein einziger aus unseren Kreisen in der Stadt. Was für eine Widerlichkeit z.B. einem Kehlkopfkranken (Blutsverwandter der Lungenkranken, der traurigere Bruder) gegenüberzusitzen, der freundlichharmlos Dir gegenübersitzt, mit den verklärten Augen der Lungenkranken Dich ansieht und Dir dabei zwischen seinen gespreizten Fingern Eiterteilchen seiner tuberkulösen Geschwüre ins Gesicht hustet. Nicht ganz so schlimm, aber ähnlich würde ich zuhause sitzen, als »guter Onkel« zwischen den Kindern.

3. Vielleicht würde ich Frühjahr und Sommer in Prag ganz gut überstehn, wenigstens riet mir Dr. Kral brieflich, zu kommen, jetzt scheint er den Eltern gegenüber diesen Rat wieder zurückgenommen zu haben (diese Schwankungen erklären sich durch die Schwankungen *meiner* Schreibweise), aber richtiger wäre es doch vielleicht, auf einmal etwas halbwegs Entscheidendes zu tun, wenn es, wie dieser Doktor behauptet, wirklich sich bessert. Und wo könnte ich in der warmen Zeit besser untergebracht sein als im Hochgebirge (Polianka ist über 1100 m hoch). Ich wüßte, wo ich besser untergebracht wäre; in einem Dorfe mit einer leichten Arbeit, aber das Dorf kenne ich nicht.

4. Das Entscheidende ist aber mein subjektiver Zustand, der ist – natürlich gibt es noch unendlich viel Verschlechterungsmöglichkeiten – nicht gut, Husten und Atemnot sind stärker als sie jemals waren, mitten im Winter – es war ein schwerer Winter, nicht was Kälte anlangt, aber unaufhörliche wilde Schneestürme – war die Atemnot manchmal fast verzweifelt, jetzt bei schönem Wetter ist es natürlich besser. Ich sage mir nun: entweder hat mein subjektives Befinden Recht, dann ist es gleichgültig, was mit meinem Posten geschieht, – nein hier irre ich ab, dann ist es erst recht nicht gleichgültig, was mit dem Posten geschieht, dann brauche ich ihn ganz besonders, aber wenn ich annähernd gesund werde, brauche ich ihn weniger.

Mein Urlaub geht am 20ten März zuende, zu lange habe ich überlegt, was ich tun soll, aus lauter Ängstlichkeit und Bedenken habe ich bis jetzt, zu den letzten Tagen gewartet, wo die Bitte um Urlaubsverlängerung fast nur unanständige Erpressung wird. Denn der eigentliche Gang der Sache hätte der sein müssen, daß ich zuerst den Direktor über seine Meinung gefragt, dann entsprechend der Antwort ein Gesuch gemacht hätte, dann dieses Gesuch dem Verwaltungsausschuß vorgelegt worden wäre u. s. f. Zu dem allen ist es nun natürlich viel zu spät, schriftlich kann nichts mehr gemacht werden, das Erpresserische kann nur durch eine mündliche Bitte gemildert werden, ich könnte also nach Prag fahren, aber soll ich die Zeit verfahren! Dann könnte ich Ottla bitten hinzugehn, aber soll ich sie in ihrem Zustand darum bitten? Auch will ich ihr das ganze nicht so ausführlich erklären wie Dir. Bleibst also nur Du, Max, dem ich die Last auflege. Die Bitte ist, daß Du so bald als möglich zu meinem Direktor, Dr. Odstr?il gehst mit dem ärztlichen Zeugnis, das ich beilege (ich bekomme es erst nachmittag, hoffentlich wird es so, wie wir es besprochen haben), am besten wird es wohl sein, gegen 11 Uhr vormittag hinzugehn; was zu sagen ist, weißt Du natürlich viel besser als ich, ich will nur sagen, wie ich es mir denke, etwa:

Ich bin zweifellos fähig ins Bureau zu gehn (zur Seite gesprochen: auch fähig für die Arbeit (!), die ich dort habe), aber das war ich auch, ehe ich herfuhr, ebenso zweifellos ist aber, daß ich im Herbst wieder wegfahren müßte, und wieder in ein wenig schlechterem Zustand als im letzten Herbst. Der Arzt verspricht mir nun dauernde Arbeitsfähigkeit, wenn ich 4-6 Monate bleibe, ich bitte also um einen weiteren Urlaub, zunächst etwa um 2 Monate, nach denen ich wieder ein detailliertes ärztliches Gutachten einschicken werde. Ich bitte um diesen Urlaub, wie er mir auch gegeben werden mag, mit ganzem, dreiviertel, halbem Gehalt, nur ganz gehaltlos soll man mich nicht lassen, auch mit der Pensionierung noch zuwarten. Übrigens kann man dieses ½ Jahr auch aus der Vorrückung und der Pensionierung streichen. Eine gewisse derartige eingeschränkte Urlaubsbewilligung wäre mir sogar eine Erleichterung, denn ich bin mir übergut dessen bewußt, was ich an Urlauben schon von der Anstalt bekommen habe. Die Art, wie ich jetzt um den Urlaub bitte, ist gewiß unpassend und nur damit zu entschuldigen, daß ich bis jetzt mich mit Bedenken herumgeschlagen und darum auch erst jetzt ausführlicher mit demDoktor gesprochen habe. Ich weiß auch, daß zuerst ein Gesuch eingebracht werden muß u. s. w., aber vielleicht wäre es möglich, mich das Gesuch nachträglich einbringen zu lassen und, vorausgesetzt, daß mit einer Bewilligung sicher gerechnet werden kann, mich hier zu lassen, ohne daß ich am 20. den Dienst antreten muß. Ist das aber nicht möglich, könnte ich ja immerhin für einige Zeit nach Prag kommen.

Das also wäre etwa zu sagen und dann müßtest Du, Max, mir telegrafieren »Bleib dort« oder »Komm her«.

Nun noch einiges über den Direktor. Er ist ein sehr guter freundlicher Mensch, besonders zu mir war er außerordentlich gut, allerdings haben dabei auch politische Gründe mitgespielt, denn er konnte den Deutschen gegenüber sagen, er habe einen der ihrigen außerordentlich gut behandelt, aber im Grunde war es doch nur ein Jude.

Über die Gehaltsfrage sprich bitte nicht nachlässig, auch Reichtum meines Vaters erwähne nicht, denn erstens besteht er wahrscheinlich nicht und zweitens gewiß nicht für mich. Die Unkorrektheit meines Vorgehens betone, denn an Korrektheit, an Wahrung seiner Autorität ist ihm viel gelegen. Das Gespräch wird sicher ins Allgemeine abgelenkt werden, und zwar von ihm, gar da Du es bist, der kommt. Da könntest Du vielleicht – nicht um ihn zu bestechen, daran liegt mir nichts – aber um ihm eine Freude zu machen, denn ich fühle mich ihm wirklich sehr verpflichtet, flüchtig erwähnen, daß ich öfters von seiner geradezu schöpferischen Sprachkraft gesprochen und erst durch ihn das gesprochene lebendige Tschechisch bewundern gelernt habe. Vielleicht wirst Du nicht viel davon merken, es hat sich diese Kraft in seiner Rede, seitdem er Direktor ist, fast verloren, der Bureaukratismus läßt sie dort nicht mehr aufkommen, er muß zu viel sprechen. Übrigens ist er soziologischer Schriftsteller und Professor, aber davon mußt Du nicht wissen. – Du kannst natürlich sprechen wie Du willst, deutsch oder tschechisch.

Das wäre also die Aufgabe. Wenn ich daran denke, daß ich zu Deiner vielen Arbeit noch derartiges hinzufüge, habe ich mich – glaube mir – nicht sehr gern, aber man ist von Bedenken eingekreist, irgendwo muß man durchbrechen und Du, Max, mußt leiden. Verzeih mir

Dein

Noch etwas: es wäre nicht unmöglich, daß Ottla aus eigenem etwas Ähnliches eingeleitet hat, dann wäre es gut, vorher bei uns nachzufragen.

Vielleicht scheint es Dir, daß ich dem Bureau gegenüber zu ängstlich bin. Nein. Bedenke, daß das Bureau an meiner Krankheit ganz unschuldig ist, ferner daß es nicht nur unter meiner Krankheit, sondern schon unter ihrer 5jährigen Entwicklung gelitten hat, ja daß es sogar noch eher mich aufrecht gehalten hat, als ich bewußtlos durch die Tage nur taumelte.

Wenn ich hierbleiben sollte, dann sehe ich Dich also doch vielleicht hier, das wäre schön.

Grüße vielmals Deine Frau und Felix und die seine und Oskar und die seine.

An M. E.

[Matliary, Ende März 1921]

Liebe Minze,
zunächst und allererst, was ist das für ein »zartes Fieber«, mit dem Sie täglich aufwachen? Ist es wirkliches Fieber, mit dem Thermometer gemessen? Und in Ahlem war doch wohl ein Schularzt, haben Sie mit ihm gesprochen? Und mit dem Arzt in Barth? Ich weiß nicht, ohne weiter zu fragen, hatte ich seit jenem Bildchen mit dem Mistkarren ein großes Vertrauen zu Ihrer Gesundheit, so kräftig waren Sie dort, so viel gesünder als in Schelesen – und auch in Schelesen waren Sie doch im Ganzen gesund; wie schnaufte ich hinter Ihren langen Schritten her – schienen Sie dort. Und jetzt zartes Fieber? Aber es gibt kein zartes Fieber, es gibt nur abscheuliches Fieber. »Je eher und schöner das Leben vergeuden, desto besser« schreiben Sie. Mag es so sein, wenn Sie wollen. Aber glauben Sie mir, mit Fieber wird das Leben nicht »schön« vergeudet, ja nicht einmal »eher«. Ich bin hier nicht in einem eigentlichen Sanatorium, in einem Sanato-

rium mag der Eindruck noch viel stärker sein, aber auch hier sehe ich, wenn ich mich umschaue, nichts von schöner und schneller Vergeudung, man vergeudet nicht, man wird vergeudet. Und dagegen kann man sich mit Ihrer frischen Jugend wunderbar wehren und das müssen Sie. Vorausgesetzt, daß überhaupt ein Angriff vorliegt, was ich nicht weiß und gern nicht glauben will. Aber wenn wirkliches Fieber da ist, regelmäßig 37° oder darüber, mit dem Thermometer im Mund gemessen, dann müssen Sie sofort zum Arzt, das ist doch selbstverständlich. Dann fort mit Robinson, vorläufig wenigstens, auch Robinson wurde, als er einmal Fieber hatte, von einem Schiff abgeholt und erst als er wieder zuhause gesund geworden war, durfte er wieder wegfahren und wieder Robinson werden. In seinem Buch hat er dann dieses Kapitel gestrichen, weil er sich geschämt hat, aber um seine Gesundheit war er jedenfalls sehr besorgt, und was der große Robinson durfte, wird wohl auch die kleine Minze dürfen.

Sonst haben Sie, Minze, Recht, daß ich übertreibe, wenn ich Ihr jetziges Leben gar so schön finde, aber es geht nicht anders. Der Philosoph Schopenhauer hat zu dieser Frage irgendwo eine Bemerkung gemacht, die ich hier nur sehr beiläufig wiedergeben kann, etwa so: »Diejenigen, welche das Leben schön finden, haben es scheinbar sehr leicht zu beweisen, sie brauchen nichts weiter zu tun, als die Welt etwa von einem Balkon aus zu zeigen. Wie es auch sein mag, an hellen oder trüben Tagen, immer wird die Welt, das Leben schön sein, die Gegend, ob mannigfaltig oder einförmig, immer wird sie schön sein, das Leben des Volkes, der Familien, des Einzelnen, ob es leicht oder schwer ist, immer wird es merkwürdig und schön sein. Aber was ist damit bewiesen? Doch nichts anderes, als daß' die Welt, wenn sie nichts weiter wäre als ein Guckkasten, wirklich unendlich schön wäre, aber leider ist sie das nicht, sondern dieses schöne Leben in der schönen Welt will auch wirklich durchgelebt werden in jeder Einzelheit jedes Augenblicks und das ist dann gar nicht mehr schön, sondern nichts als Mühsal«. So etwa Schopenhauer. Auf Ihren Fall angewendet, würde das heißen: Es ist zwar schön und merkwürdig und hat einen Schein von Großartigkeit, daß Minze dort im kalten Norden ihr Brot selbst verdient und am Abend des schweren Tages in Pferdedecken eingewickelt auf dem Strohsack liegt und Lisl nebenan schläft schon und draußen schneit es und es ist naß und kalt und morgen kommt wieder ein schwerer Tag – das alles ist schön vom Balkon einer Tatra-Villa aus, aber am Abend mit dem Blick in die Petroleumlampe neben sich ist es gar nicht mehr schön und fast ein wenig zum Weinen

so ähnlich wollte ich damals weiter schreiben, aber dann wurde ich unterbrochen, nicht durch Sturm und Bettlägerigkeit diesmal, im Gegenteil, es waren jetzt 7 vollkommene Tage mit unaufhörlicher Sonne, mit Nacktliegen im Wald knapp neben tiefem Schnee, mit Ohne-Mantel-Gehn und ein wenig freierem Atmen, aber Menschen haben mich unterbrochen mit ihrem Leid, so als wenn ich helfen könnte. Für solche Dinge gilt diese kleine ewige Geschichte: Grillparzer wurde einmal in eine Gesellschaft eingeladen, in der er mit Hebbel zusammenkommen sollte. Grillparzer weigerte sich aber hinzugehn, denn »Hebbel fragt mich immer über Gott aus und ich kann ihm nichts sagen und dann ist er böse«.

Inzwischen kam Ihr zweiter Brief, ein wenig fröhlicher, wenn ich nicht irre. Trotz der verletzten Hand. (Ja mit den Gartenmessern umzugehn ist nicht leicht, ich habe immer lieber die Bäume verletzt als mich. Wenn ich mich aber doch geschnitten hatte, tröstete man mich: »Das ungeschickte Fleisch muß weg«.) Und zum Doktor gehn Sie; der sieht doch wohl nicht bloß die Hand an. 51 kg, wenig, wenig.

Was die Ostseebäder anlangt, gewiß, sie sind schön, ich kenne flüchtig nur eines im äußersten Westen: Travemünde, dort bin ich einen heißen Tag lang traurig und unentschlossen herumgewandert in dem Gedränge der Badenden, es war etwa einen Monat vor Kriegsausbruch – aber jetzt hinzufahren, Minze, das wäre doch, von allem andern abgesehn, ganz gegen unsere Verabredung, laut der wir einander doch niemals wiedersehen wollten. Wobei allerdings das »niemals« ebenso übertrieben ist, wie Ihr Robinsontraum. Ich wünsche Ihnen zwar auch einen großen Garten und blauen Himmel und Süden

Liebe Minze, wieviel Tage sind seit dem Vorigen vergangen, ich kann sie gar nicht zählen, und was seither geschehen ist, ich kann es gar nicht sagen. Wahrscheinlich gar nichts, ich kann mich z. B. nicht erinnern, in der ganzen Zeit ein eigentliches Buch gelesen zu haben, dagegen dürfte ich oft in einem vollständigen Dämmerzustand gelegen haben, ähnlich dem, wie ich ihn als Kind an meinen Großeltern angestaunt habe. Die Tage vergingen dabei, von mir unbeachtet, sehr schnell, zum Schreiben war keine Zeit, die Karte an die Eltern mußte ich mir abzwingen und Ihnen, Minze, zu schreiben, war mir so, wie wenn ich mich anstrengen sollte, Ihnen über ganz Deutschland hinweg die Hand entgegenzustrecken, was doch auch unmöglich ist.

Das Ergebnis der Zeit ist übrigens für mich, daß ich, während ich schon am 20. März in Prag sein wollte, noch länger hier bleibe. Der Doktor hier droht mir mit allem Bösen, wenn ich fahre, und verspricht mir alles Gute, wenn ich bleibe, so bleibe ich also noch einige Zeit. Aber lieber als hier auf dem Balkon oder in der Waldliegehalle zu liegen (die Wälder sind noch durch Schnee versperrt), würde ich irgendwo in einem Garten arbeiten »im Schweiße des Angesichtes«, denn dazu sind wir bestimmt, das fühlt im Grunde jeder, der es nicht tut. Sie tun es, wohl Ihnen! Es ist wahrscheinlich in vielem nicht schön, wie sollte es das auch sein, es ist doch die Erfüllung eines Fluches, aber dem Fluch ausweichen ist noch viel schlimmer. Hoffentlich scheint über Ihrer Arbeit die Sonne so wunderbar, wie über meinem Liegen (seit 2 Tagen kann ich nachmittag nackt auf meinem Balkon liegen, ganz nackt wie ein Kind unter den Augen einer unsichtbaren großen Mutter) und die Ostseebäder sind schön, gewiß, aber sehen will ich Sie erst in Ihrem eigenen Garten (mag er im Süden sein an einem See, ich werde die Reise zum Gardasee oder zum Lago maggiore nicht scheuen), mit Ihrem Mann und Kindern, eine ganze Reihe lang, um wieviel schöner ist das als die schönsten Wolfshunde. Übrigens, warum muß es ein europäischer See sein, auch der Kinereth- oder der Tiberias-See sind schön. Die beiliegenden Ausschnitte – ihrer Bedeutung entsprechend zerlesen – handeln ein wenig davon.

Das kleine Buch von Fontane hat Sie vielleicht hinsichtlich des Ostseelebens enttäuscht, auch muß man vielleicht Fontane auch sonst kennen, um diese Erinnerungen gut zu verstehn, besonders seine Briefe, vor allem aber weiß ich nicht genau, wo ich dieses eigentliche Ostseeleben gefunden habe, in diesen Erinnerungen oder in einem Roman von ihm, überdies weiß ich den Titel dieses Romans nicht bestimmt, »Cecile« oder »Unwiederbringlich« oder anders, ich weiß nicht, ich könnte das erst in Prag feststellen.

Im April Geburtstag? Aber Sie sind doch gar nicht wetterwendisch, wie kamen Sie in den April hinein? Den wievielten?

Den Vertrag lege ich bei, er klingt klug und nicht so grausam wie ich fürchtete.

Und nun will ich bald etwas über das Fieber hören.

Ihr Kafka

An Max Brod

[Postkarte. Matliary, Stempel: 31.III. 1921]

Lieber Max, mir war nicht ganz gut und ist noch immer nicht gut, die Verdauung. Entweder kommt es vom Fleischessen oder von noch anderem, das wird sich erst in ein paar Tagen zeigen, dann schreibe ich Dir ausführlich. Du hast mir allerdings geschrieben, aber immer nur von mir, nichts von Dir, von Deinem Amt, den Reisen, von Leipzig, von Felix und Oskar. In ein paar Tagen also schreibe ich. Leb wohl

Dein Franz

Grüß bitte Deine Frau von mir; wie lange ich schon von Prag fort bin, fällt mir dabei ein.

An Max Brod

[Matliary, Mitte April 1921]

Liebster Max, wie könnte Dir jetzt die Novelle nicht gelingen, da Du die Ruhe hast um die Spannung zu ertragen und die Novelle geboren werden muß als ein gutes Kind des Lebens selbst. Und wie verständig ordnet sich Dir alles an, auch im Amt. Im früheren Amt warst Du ein fauler Beamter, denn Deine Arbeit außerhalb des Amtes galt nicht, konnte höchstens geduldet und verziehen werden, diesmal aber ist sie die Hauptsache, gibt erst dem, was Du im Amt arbeitest, den eigentlichen, keinem andern Beamten erreichbaren Wert, so daß Du immer auch im Amtssinne sehr fleißig bist, selbst wenn Du dort gar nichts tust. Und schließlich und vor allem, wie Du, wirklich mit mächtiger Hand Deine Ehe führst und Leipzig daneben und hindurch und Dich in beiden, überzeugt durch die Kraft der Wirklichkeit, auch wenn man es nicht begreift. Alles Gute auf Deinen schweren, hohen, stolzen Weg!

Ich? Wenn sie so aneinandergereiht sind, die Nachrichten über Dich, Felix und Oskar, und ich mich damit vergleiche, so scheint es mir, daß ich umherirre wie ein Kind in den Wäldern des Mannesalters.

Wieder sind Tage vergangen in Müdigkeit, im Nichtstun, im Anschauen der Wolken, auch in Ärgerem. Es ist wirklich so, alle seid Ihr in den männlichen Stand aufgerückt. Unmerklich, die Eheschließung entscheidet hier nicht einmal, es gibt vielleicht Lebensschicksale mit historischer Entwicklung und solche ohne sie. Manchmal stelle ich mir zum Spiel einen anonymen Griechen vor, der nach Troja kommt, ohne daß er jemals dorthin wollte. Er hat sich dort noch nicht umgesehn, ist er schon im Getümmel, die Götter selbst wissen noch gar nicht, um was es geht, er aber hängt schon an einem trojanischen Streitwagen und wird um die Stadt geschleift, Homer hat noch lange nicht zu singen angefangen, er aber liegt schon mit glasigen Augen da, wenn nicht im trojanischen Staub so in den Polstern des Liegestuhles. Und warum? Hekuba ist ihm natürlich nichts, aber auch Helena ist nicht entscheidend; so wie die andern Griechen, von Göttern gerufen, ausgefahren sind und, von Göttern beschützt, gekämpft haben, ist er infolge eines väterlichen Fußtritts ausgefahren und unter väterlichem Fluch hat er gekämpft; ein Glück, daß es noch andere Griechen gegeben hat, die Weltgeschichte wäre eingeschränkt geblieben auf zwei Zimmer der elterlichen Wohnung und die Türschwelle zwischen ihnen.

Die Krankheit, von der ich schrieb, war ein Darmkatarrh, so außerordentlich wie ich ihn noch nie gehabt habe, ich war überzeugt, es sei Darmtuberkulose (was Darmtuberkulose ist, weiß ich, ich habe zugesehn, wie der Cousin von Felix daran gestorben ist); an einem Tage hatte ich an 40° Fieber, es ist aber, glaube ich, ohne Schaden vorübergegangen, auch der Gewichtsverlust wird gutzumachen sein. Nebenbei: der gefolterte Mann, von dem ich einmal schrieb, hat ein Ende gemacht, offenbar halb absichtlich, halb zufällig ist er im fahrenden Schnellzug zwischen 2 Waggons hinuntergefallen, zwischen die Puffer. Übrigens ist er schon fast besinnungslos von hier fortgegangen, früh morgens, wie zu einem kleinen Spaziergang, ohne Uhr, Brieftasche und Gepäck, hat dann den Spaziergang bis zur Elektrischen ausgedehnt, weiter bis Poprad, weiter in den Schnellzug, alles in der Richtung nach Prag, zum Osterbesuch seiner Familie, aber dann hat er die Richtung geändert und ist hinuntergesprungen. Wir alle sind hier mitschuldig, nicht an seinem Selbstmord, aber an seiner Verzweiflung in der letzten Zeit, jeder hat sich vor ihm, einem sehr geselligen Menschen, gescheut, und in der rücksichtslosesten Weise, lauter Ellbogen-Männer beim

Schiffsuntergang. Den Arzt, die Krankenschwester und das Stubenmädchen nehme ich aus, in dieser Hinsicht habe ich große Achtung vor ihnen. Übrigens kam später ein ähnlicher Kranker, er ist aber schon weggefahren.

In einem zufällig mir in die Hand gekommenen Prager Tagblatt (ein Mährisch-Ostrauer Tourist war ein paar Tage hier und hat mir, ohne daß wir sonst eigentlich mit einander gesprochen hätten, in der freundlichsten Weise immerfort Haufen von Zeitungen aufgedrängt, gelesen hat er hier, wie man mir sagte, »Im Kampf um das Judentum«) las ich, daß Haas die Jarmila geheiratet hat, mich überrascht es nicht, ich traute Haas immer Großes zu, aber die Welt wird es überraschen. Weißt Du etwas Näheres?

Du schreibst von einem Ämtchen, das sich vielleicht für mich finden ließe, das ist lieb von Dir und auch sehr behaglich zu lesen, aber ist doch nicht für mich. Hätte ich 3 Wünsche frei, würde ich mir unter Vernachlässigung der dunklen Begierden wünschen: annähernde Gesundung (die Ärzte versprechen sie, aber ich merke nichts von ihr, wie oft ich auch in den letzten Jahren zur Kur hinausgefahren bin, immer war mir weit besser als jetzt nach mehr als 3 Monaten Kur, und was im Laufe der 3 Monate sich gebessert hat, ist gewiß mehr das Wetter als die Lunge, allerdings, das ist nicht zu vergessen, meine früher über den ganzen Körper vagierende Hypochondrie sitzt jetzt versammelt in der Lunge), dann ein fremdes südliches Land (es muß nicht Palästina sein, im ersten Monat habe ich viel in der Bibel gelesen, auch damit ist es still geworden) und ein kleines Handwerk. Das heißt doch nicht viel gewünscht, nicht einmal Frau und Kinder sind darunter.

An Max Brod

[Matliary, Mitte April 1921]

Liebster Max, gleich wie ich das Buch bekommen habe, habe ich es an diesem Tag zweimal, fast dreimal gelesen, dann gleich weggeborgt, damit es schnell weiter gelesen werde; nachdem ich es bekommen habe, habe ich es zum viertenmal gelesen und jetzt wieder weggeborgt, solche Eile hatte ich. Aber es ist verständlich, denn das Buch ist so lebendig und wenn man einige Zeit im dunklen Schatten gestanden ist und solches Leben sieht, drängt man sich hinein. Es ist kein eigentlicher Nachruf, es ist eine Hochzeit zwischen euch beiden, lebendig und traurig und zum Verzweifeln wie eben eine Hochzeit ist für die, welche heiraten, und glücklich und zum Augenaufreißen und zum Herzklopfen für die, welche zusehn, und wer könnte zusehn, ohne selbst dabei zu heiraten, und liege er auch im allereinsamsten Zimmer. Und dieses Lebendige steigert sich noch dadurch, daß nur Du davon berichtest, der überlebende Starke, und dies so zart tust, daß Du den Toten nicht übertönst, sondern er mitsprechen und sich hörbar machen kann mit seiner tonlosen Stimme und sogar die Hand Dir auf den Mund legen kann, um Deine Stimme, wo es in seinem Sinne nötig ist, zu dämpfen. Wunderbar ist das. Und trotzdem ist, wenn man will – so gibt sich das Buch dem Willen des Lesers hin, so sehr gibt es ihm Willensfreiheit bei aller innern Kraft – doch wieder nur der Lebende, der Sprecher in aller Riesenhaftigkeit, die Leben gegenüber dem Tode hat für die Lebenden, es steht da wie ein Grabmal, aber zugleich wie die Säule des Lebens und am unmittelbarsten ergreifen mich Stellen, die wahrscheinlich für Dich unwesentlich sind, etwa wie diese: »War nun ich verrückt oder war er es?« Hier steht der Mann, der Treue, der Unveränderliche, das immer offene Auge, die nicht versiegende Quelle, der Mann, der – ich drücke es paradox aus, meine es aber geradewegs – das Begreifliche nicht begreifen kann.

Das war gestern, ich wollte noch einiges sagen, heute aber kam ein Brief von M. Ich soll Dir nichts von ihm sagen, denn sie habe Dir versprochen, mir nicht zu schreiben. Ich schicke das voraus, und damit ist es ja in Beziehung auf M. so, wie wenn ich Dir nichts gesagt hätte; das weiß ich. Was für ein Glück, Max, Dich zu haben. Ich muß Dir aber von dem Brief schreiben aus folgendem Grunde. M. schreibt, daß sie krank ist, lungenkrank, das war sie ja schon früher, kurz ehe wir zusammenkamen, aber damals war es leicht, ganz unwesentlich, in dieser scheuen Art, mit der die Krankheit manchmal kommt. Jetzt soll es schwerer sein, nun, sie ist stark, ihr Leben ist stark, meine Phantasie reicht nicht aus, M. krank mir vorzustellen. Auch hattest Du ja andere Nachrichten über sie. Immerhin, sie hat ihrem Vater geschrieben, er war freundlich, sie kommt nach Prag, wird bei ihm wohnen und später nach Italien fahren (einen Vorschlag des Vaters, nach der Tatra zu fahren, hat sie abgelehnt, aber jetzt in der Mitte des Frühjahrs nach Italien?). Daß sie bei ihrem Vater wohnen wird, ist sehr merkwürdig; wenn sie so versöhnt sind, wo bleibt ihr Mann?

Aber wegen dem allen würde ich Dir davon nicht schreiben, es handelt sich natürlich nur um mich. Es handelt sich darum, daß Du mich von M's Aufenthalt in Prag (von dem Du ja wohl erfahren wirst) und von seiner Dauer verständigst, damit ich nicht etwa um diese Zeit nach Prag komme, und daß Du mich verständigst, wenn M. doch vielleicht in die Tatra fahren sollte, damit ich rechtzeitig von hier fortfahre. Denn eine Zusammenkunft, das würde nicht mehr bedeuten, daß sich die Verzweiflung die Haare rauft, sondern daß sie sich Striemen kratzt in Schädel und Gehirn.

Du sollst aber, wenn Du mir diese Bitte erfüllst, nicht dabei wieder sagen, daß Du mich nicht verstehst. Schon vor längerer Zeit wollte ich Dir darüber schreiben, war zu müde, habe es wohl auch schon öfters angedeutet, es wird Dir nichts Neues sein, aber grob habe ich es noch nicht herausgesagt. Es ist auch an sich nichts Besonderes, eine Deiner frühesten Geschichten beschäftigt sich damit, allerdings freundlich, es ist eine Erkrankung des Instinkts, eine Blüte der Zeit, es gibt je nach der Lebenskraft Möglichkeiten, sich damit irgendwie abzufinden, ich finde entsprechend meiner Lebenskraft keine Möglichkeit oder doch die Möglichkeit mich zu flüchten, allerdings in einem Zustand, der es dem

Außenstehenden (übrigens noch mehr mir selbst) unverständlich macht, was hier noch gerettet werden soll, aber man läuft ja nicht immer, um sich zu retten, auch die Asche, die der Wind aus dem Brandhaufen fortbläst, fliegt nicht weg, um sich zu retten.

Ich rede nicht von den glücklichen, in dieser Hinsicht glücklichen Zeiten der Kindheit, als die Tür noch geschlossen war, hinter der das Gericht beriet (der alle Türen füllende Geschworenen-Vater ist seitdem längst hervorgetreten), später aber war es so, daß der Körper jedes zweiten Mädchens mich lockte, der Körper jenes Mädchens, in das ich (deshalb?) meine Hoffnung setzte, gar nicht. Solange sie sich mir entzog (F) oder solange wir eines waren (M), war es nur eine Drohung von ferne und nicht einmal gar so ferne, sobald aber irgendeine Kleinigkeit geschah, brach alles zusammen. Ich kann offenbar, meiner Würde wegen, meines Hochmuts wegen (auch wenn er noch so demütig aussieht, der krumme Westjude!) nur das lieben, was ich so hoch über mich stellen kann, daß es mir unerreichbar wird.

Das ist wohl der Kern des Ganzen, des allerdings ungeheuer angewachsenen Ganzen bis zu der »Todesangst« hin. Und es ist nicht alles nur Überbau dieses Kernes, sondern auch Unterbau gewiß. In diesem Zusammenbruch war es dann aber schrecklich, davon kann ich nicht reden. Nur eines: im Hotel Imperial hast Du Dich getäuscht; was Du für Begeisterung hieltest, war Zähneklappern. Glück waren nur die der Nacht entrissenen Bruchstücke von vier Tagen, die förmlich unangreifbar im Kasten schon eingesperrt waren, Glück war das Stöhnen nach dieser Leistung.

Und nun habe ich hier wieder ihren Brief, in dem nichts verlangt wird als eine einmalige Nachricht, auf die keine Antwort erfolgen soll, einen schläfenzermarternden Nachmittag hinter mir, eine Nacht vor mir, mehr aber wird es nicht werden. Sie ist mir unerreichbar, damit muß ich mich abfinden, und meine Kräfte sind in einem solchen Zustand, daß sie es jubelnd tun. So kommt zu dem Leid noch die Schande, es ist etwa so wie wenn Napoleon zu dem Dämon, der ihn nach Rußland rief, gesagt hätte: »Ich kann jetzt nicht, ich muß noch die Abendmilch trinken« und wenn er dann, als der Dämon noch fragte: »Wird denn das lange dauern?« gesagt hätte: »Ja, ich muß sie fletschern.« Jetzt also verstehst Du es?

An Max Brod

[Matliary, April 1921]

Lieber Max, solltest Du meinen letzten Brief (über Schreiber und über M.) nicht bekommen haben? Es wäre möglich, daß er falsch adressiert war. Leid täte es mir, wenn ihn ein Fremder in die Hand bekommen hätte.

Vielen Dank für das Feuilleton, das Pariser Tagebuchblatt. Du weißt nicht was für Freude Du mir damit machst, sonst würdest Du mir alles schicken, was von Dir erscheint. Nicht einmal was in der Selbstwehr erscheint, erfahre ich vollständig, von dem Kuh-Aufsatz z. B. (ein wenig wild, ein wenig in hohen Tönen, ein wenig eilig, aber eine solche Freude zu lesen) kenne ich nur den zweiten Teil. Und solche Kritiken wie über Racine schreibst Du öfters? (Hübsch übrigens, wie Du in der ersten Spalte einschläfst und in der letzten beim Aufwachen Dich ärgerst, daß so wenig Publikum da ist. Merkwürdig auch, wie Du mit einer Art Verzweiflung, aber glücklich darüber, daß Du lebst, auf diesem alten Grab den Zweck von Racine suchst, was doch unmöglich ist, denn damit gerät man in alle Windrichtungen zugleich, wenn man nicht eben zur Seite tritt und so schön phantasiert, wie Du dort.)

Dank auch dafür, was Du über den Mediziner sagst, er verdient es, allerdings vielleicht wird er doch noch länger außerhalb der Stadt bleiben müssen, als bis zum Herbst, dabei sieht man ihm von seiner Krankheit gar nichts an, ein großer, starker, breiter, rotwangiger, blonder Mensch, im Kleid ist er fast zu stark, hat gar keine Beschwerden, hustet nicht, hat nur manchmal erhöhte Temperatur. Nachdem ich ihn äußerlich ein wenig vorgestellt habe (im Bett, im Hemd, mit zerrauftem Haar, mit einem Jungengesicht wie aus Hoffmanns Kindererzählungs-Kupferstichen und dabei ernst und angespannt und doch auch in Träumen – so ist er geradezu schön), ihn also vorgestellt habe, bitte ich für ihn um zweierlei. Das erste kannst Du wohl ohne viel Mühe aus Deiner Erfahrung beantworten. Auf was kann er in Prag, was Unterstützung oder Lebenserleichterung anlangt, hoffen? Er hat zwei Empfehlungen, eine verschlossene von einem Budapester Rabbiner an den Rabbiner Schwarz gerichtete und eine sehr gute von der Budapester Kultusgemeinde an die Prager, mit dem Anhang einer besonders herzlichen eines Rabbiners Edelstein, dessen Schüler er war. Nur fürchte ich freilich, solche Empfehlungen hat jeder Ausländer, der nach Prag kommt. Dann: Würde es für seine Zulassung zur Universität und sein sonstiges Leben eine wesentliche Erleichterung bedeuten, wenn er die tschechoslowakische Staatsbürgerschaft erwerben würde? (Das könnte er vielleicht, er hat einen unverfänglichen Namen: Klopstock und sein – längst gestorbener – Vater stammte aus der Slowakei.) ...

Du fragst nach meiner Gesundheit. Die Temperaturen sind günstig, Fieber ist äußerst selten, selbst 36,9 ist bei weitem nicht täglich, und das alles im Mund gemessen, wo es zwei bis drei Zehntel wärmer ist als in der Achselhöhle; wären nicht zu viel Schwankungen, könnte man sie fast normal nennen, freilich liege ich ja meistens. Husten, Auswurf, Atemnot sind schwächer geworden, aber schwächer genau seitdem das Wetter besser geworden ist, also eher eine Wetterais Lungenverbesserung. Zugenommen habe ich etwa 6 ½ kg. Ärgerlich ist, daß ich nicht zwei Tage hintereinander, selbst abgesehen von der Lunge und der Hypochondrie, vollständig gesund bin. Deine Ratschläge mißachte ich durchaus nicht. Aber die Lokopansalbe ist hier unbekannt, die hübsche, zarte, hohe, blonde, blauäugige Apothekerin in Lomnitz sah mich prüfend an, ob ich sie nicht zum Narren halte, es kann sich ja auch wirklich jeder zum Zeitvertreib einen komischen Namen erfinden und fragen, ob diese Salbe zu haben ist. Die Injektionen – nun, Dr. Kral ist dafür, mein Onkel dagegen, der hiesige Doktor dafür, Dr. Szontagh in Smokovec dagegen und ich allerdings dirimiere in diesem Konsilium dagegen, daran kannst Du doch, Max, nichts aussetzen, besonders da Du in Deinem Buch doch auch warnst. Den Aufsatz über Impfungen habe ich schon vorher gelesen, die Ostrauer Morgenzeitung ist die einzige, die ich fast täglich jetzt bekomme, auch diese medizinische, übrigens zum Teil deutlich von einem Humoristen geschriebene Beilage lese ich. (Sie dürfte übrigens auch die einzige fachwissenschaftliche Lektüre des hiesigen, mir aber sehr lieben Arztes sein.) In dem Aufsatz stehn die üblichen künstlichen Statistiken, die gegenüber den Einwänden der Naturheilkunde (»Kein Geimpfter ist vor dem Tode glücklich zu preisen«) belanglos sind, die Medizin untersucht die schädlichen Folgen in ganz beschränkter Zeit, dafür hat die Naturheilkunde nur Verachtung. Es ist auch glaubwürdig, daß die Tuberkulose eingeschränkt wird, jede Krankheit wird schließlich eingeschränkt. Es ist damit so wie mit den Kriegen, jeder wird beendet und keiner hört auf. Die Tuberkulose hat ihren Sitz ebensowenig in der Lunge, wie z. B. der Weltkrieg seine Ursache im Ultimatum. Es gibt nur eine Krankheit, nicht mehr, und diese eine Krankheit wird von der Medizin blindlings gejagt wie ein Tier durch endlose Wälder. – Aber vernachlässigt habe ich Deine Ratschläge nicht. Wie konntest Du das denken.

Franz

An Oskar Baum

[Matliary, Frühjahr 1921]

Lieber Oskar, Du hast mich also nicht vergessen. Fast möchte ich Dir Vorwürfe machen, daß ich Dir nicht geschrieben habe. Aber Schreiben ist hier in dieser großen Untätigkeit für mich fast eine Tat, fast ein neues Geborenwerden, ein neues Herumarbeiten in der Welt, dem doch unwiderruflich wieder der Liegestuhl folgen muß und – man schreckt zurück. Womit ich aber nicht den Eindruck erwecken will, daß ich mir darin Recht gebe, nein, gar nicht.

Von Dir habe ich fast gar nichts gehört, nur von Deinem Weininger-Vortrag gelesen (gibt es noch immer kein freies Manuskript, keine Korrektur dieses Aufsatzes?), Gerüchte über Kritikerstellen, sonst nichts. Ich erzähle Max immer nur mit vollem Mund von mir, gebe ihm fast keine Gelegenheit, von anderem zu schreiben. Und was mag alles in diesen Jahren der Zwischenzeit geschehen sein, einige sizilianische Reisen könntest Du gemacht haben, und wie viel gearbeitet, und Leo könnte schon fast an der Universität sein. Im Liegestuhl ist es schwer, die Zeit zu bestimmen, man glaubt, daß es vier Monate gewesen sind, aber mit dem Verstand erkennt man gut, daß viele Jahre vergangen sind.

Man wird zum Trost auch entsprechend alt. Jetzt ist z. B. eine kleine Budapesterin weggefahren (Aranka hat sie geheißen; jede dritte heißt so, und jede zweite Ilonka, schöne Namen sind es, auch Clarika heißt manche, und alle werden nur mit dem Vornamen angesprochen: »Wie geht es, Aranka?«). Diese Budapesterin ist also weggefahren, sehr hübsch war sie nicht, ein wenig schief aufgesetzte Wangen, nicht fehlerlos eingefaßte Augen, dicke Nase, aber jung war sie, eine solche Jugend!, und alles hat diesem schönen Körper gepaßt, und fröhlich und herzlich war sie, alle waren in sie verliebt, ich habe mich absichtlich von ihr zurückgehalten, mich ihr nicht vorgestellt, sie war etwa drei Monate hier, ich habe kein direktes Wort mit ihr gesprochen, was in einem so kleinen Kreis nicht ganz einfach ist. Und jetzt am letzten Tag beim Frühstück (Mittagmahl und Nachtmahl esse ich allein in meinem Zimmer) kommt sie zu mir und fängt in ihrem umständlichen Ungarisch-Deutsch eine längere Rede an: »Ich erlaube mir, Herr Doktor, mich von Ihnen zu verabschieden« u.s.w., nun, wie man eben errötend und unsicher zu einem alten Würdenträger spricht. Und die Knie haben mir ja auch wirklich dabei geschlottert.

Das Buch freue ich mich wieder zu lesen, es ist aus Gründen, die in einem gewissen Sinn unkontrollierbar sind, eines meiner Lieblinge unter Deinen Büchern, es ist so gut darin zu leben, warm, wie in der Ecke eines Zimmers, wo man vergessen ist und um so stärker alles miterleben kann, was geschieht. Leider mußte ich es verborgen, aber morgen bekomme ich es wieder. Meine Tischnachbarin, diesmal Ilonka, hat es gesehn und mich so darum gebeten, daß ich es ihr borgen mußte, um so lieber, als sie offenbar in ihrem ganzen Leben noch kein gutes Buch gelesen hat. Ihr Hübsches ist eine zarte, fast durchscheinende Haut, da wollte ich sehn, wie sie aussehn wird, wenn sie von der Freude über Dein Buch illuminiert ist.

Herzlichste Grüße Dir, Frau, Kind und Schwester.

Dein Franz

An Max Brod

[Matliary, Anfang Mai 1921]

Lieber Max, noch immer nicht verständlich? Das ist merkwürdig, aber desto besser, denn es war unrichtig, unrichtig als Einzelfall, unrichtig wenn man es nicht auf das ganze Leben ausdehnt. (Ausdehnt? Also verwischt? Ich weiß nicht.) Du wirst mit M. sprechen, ich werde dieses Glück nie mehr haben. Wenn Du zu ihr über mich sprichst, sprich wie über einen Toten, ich meine, was mein »Außerhalb«, meine »Exterritorialität« betrifft. Als Ehrenstein letzthin bei mir war, sagte er etwa, in M. reiche mir das Leben die Hand und ich hätte die Wahl zwischen Leben und Tod; das war etwas zu großartig (nicht hinsichtlich M's, aber hinsichtlich meiner) gesagt, aber im Wesen wahr, dumm war nur, daß er an eine Wahl-Möglichkeit für mich zu glauben schien. Gäbe es noch ein

Delphisches Orakel, hätte ich es befragt und es hätte geantwortet: »Die Wahl zwischen Tod und Leben? Wie kannst Du zögern?«

Du schreibst immer vom Gesundwerden. Das ist ja für mich ausgeschlossen (nicht nur hinsichtlich der Lunge, auch hinsichtlich alles andern, in der letzten Zeit geht z. B. wieder eine Unruhe-Welle über mich, Schlaflosigkeit, Leiden unter dem kleinsten Geräusch und sie entstehen förmlich in der leeren Luft, davon könnte ich lange Geschichten erzählen, und wenn schon alle Tages- und Abendmöglichkeiten erschöpft sind, schließt sich dann wie heute in der Nacht eine kleine Gruppe von Teufeln zusammen und unterhält sich fröhlich um Mitternacht vor meinem Haus. Früh sind es dann die Angestellten, welche abend von einer christlich-sozialen Versammlung nachhause kamen, gute, unschuldige Leute. So wie der Teufel kann sich niemand maskieren) das also ist ausgeschlossen, sieh nur diesen widerwillig lebenden Körper an, den das Gehirn, erschreckt darüber, was es angerichtet hat, nun wieder gegen sich zum Leben zwingen will, widerwillig lebend, er kann nicht essen und eine Abszeßwunde, gestern wurde der Verband abgenommen, braucht einen Monat lang große Verbände, ehe sie unschlüssig heilt (der fröhliche Doktor hat allerdings Hilfe bei der Hand: Arseninjektionen, ich danke) das also ist ausgeschlossen, aber ist auch nicht das Höchst-Wünschbare.

Du schreibst von Mädchen, kein Mädchen hält mich hier (besonders nicht die auf dem Bild, auch sind sie schon seit Monaten fort) und nirgends wird mich eines halten. Merkwürdig wie wenig Scharfblick Frauen haben, sie merken nur, ob sie gefallen, dann ob man Mitleid mit ihnen hat und schließlich ob man Erbarmen bei ihnen sucht, das ist alles, nun es ist ja im Allgemeinen auch genug.

Ich verkehre eigentlich nur mit dem Mediziner, alles andere ist nur nebenbei, will jemand etwas von mir, sagt er es dem Mediziner, will ich etwas von jemandem, sage ich es ihm auch. Trotzdem, Einsamkeit ist das nicht, gar keine Einsamkeit, ein halb-behagliches Leben, äußerlich halb behaglich in einem wechselnden Kreis äußerst freundlicher Leute, freilich, ich ertrinke nicht vor aller Augen und niemand muß mich retten und auch sie sind so freundlich, nicht zu ertrinken, auch hat manche Freundlichkeit ganz deutliche Gründe, so z. B. gebe ich viel Trinkgeld (verhältnismäßig viel, es ist alles billig genug), was notwendig ist, denn der Oberkellner hat letzthin an seine Frau nach Budapest einen öffentlich bekanntgewordenen Brief geschrieben, in dem er zwischen den Gästen je nach ihren Trinkgeldern so etwa unterscheidet: »zwölf Gäste können bleiben, die andern aber kann der Teufel holen« und nun fängt er an, die andern namentlich mit Anmerkungen litaneiartig aufzuzählen: »die liebe Frau G. (übrigens wirklich eine liebejunge kindliche Bauernfrau aus der Zips) kann der Teufel holen u. s. w.« Ich war nicht darunter: werde ich geholt, wird es ganz gewiß nicht wegen zu kleinen Trinkgeldes sein.

Oskar ist also doch bei der »Presse«, nicht beim »Abendblatt«? Ist das Blatt also doch so, daß man ihm dazu raten konnte? Die Stunden hat er aufgegeben? Könntest Du mir einmal eine Nummer mit einem Aufsatz Oskars schicken? Ich habe das Blatt noch nicht gesehn. Paul Adler ist auch dabei? Und Felix? Solche Dinge gab es doch irgendwie schon. Es steigert sich? Es greift ihn im Kern an? Das tat es doch bisher nicht eigentlich, im Grunde lebte er immerhin noch in Rom und nur an den asiatischen Grenzen wurde mit den Barbaren gekämpft. Ist es schlimmer geworden? Das Kind? Jetzt wird doch Sommerwohnung sein? Lebe wohl

Franz

An Dr. Josef David

[Matliary, etwa Mai 1921]

Lieber Pepa,

schön, schön hast Du das gemacht, jetzt setze ich nur noch ein paar kleine Fehler hinein, nicht etwa damit überhaupt irgendwelche Fehler darinstehn, denn, verzeih, Fehler wird mein Direktor auch in Deinem Brief finden und würde sie in jedem finden, ich tue es nur, damit eine angemessene Zahl von Fehlern darin steht. Hier bemühe ich mich, ruhig zu leben, kaum bekomme ich mal eine Zeitung in die Hand, nicht einmal die »Tribuna« lese ich, ich weiß auch weder, was die Kommunisten machen, noch was die Deutschen sagen, nur was die Magyaren sagen, höre ich, aber ich verstehe es nicht; leider sagen sie sehr viel und ich wäre glücklich, wenn es weniger wäre. Wozu ein Gedicht, Pepa, strenge Dich nicht an, wozu ein neues Gedicht? Es hat doch schon Horaz viele schöne Gedichte geschrieben und wir haben erst eineinhalb gelesen. Übrigens ein Gedicht von Dir, das habe ich schon. Es ist hier in der Nähe eine kleine Militär-Kranken-Abteilung und Abend zieht das die Straße entlang und nichts als diese »Panther« und immer »drehen sie sich«. Die tschechischen Soldaten sind übrigens nicht die ärgsten, sie laufen Ski und lachen und schreien wie Kinder, allerdings wie Kinder mit Soldatenstimmen, aber da sind auch ein paar ungarische Soldaten dabei und einer von ihnen hat fünf Worte von diesen Panthern gelernt und offenbar hat er darüber den Verstand verloren; wo immer er auftaucht, brüllt er das Lied. Und die schönen Berge und Wälder im Umkreis schauen all dem so ernsthaft zu, als ob es ihnen gefiele.

Das alles ist aber nicht schlimm, es dauert täglich nur ein Weilchen, viel ärger sind in dieser Hinsicht die teuflischen Lärmstimmen im Hause, aber auch das läßt sich überwinden, ich will nicht klagen, es ist die Tatra hier und die Berge des Sabinerlands sind anderswo und vielleicht nirgends.

Bitte grüße Deine Eltern und Schwestern von mir. Wie ist das mit dem Nationaltheater ausgefallen?

Dein F

An Max Brod

[Matliary, Ende Mai/Anfang Juni 1921]

Liebster Max – meine Schuld ist schon so groß, so viel habe ich von Dir bekommen, so viel hast Du für mich getan und ich liege da steif und still, gequält bis ins Innerste von dem Mann, der in den Nebenzimmern Ofen auf-
stellt und dabei jeden Tag, auch an Feiertagen, um 5 Uhr früh mit Hämmern,
Gesang und Pfeifen anfängt und es bis 7 Uhr abends ununterbrochen fort-
setzt, dann ein wenig ausgeht und vor 9 Uhr sich schlafen legt, was ich zwar
auch tue, aber ohne einschlafen zu können, weil die andern Leute eine andere
Zeiteinteilung haben und ich wie der Vater von Matliary bin, der erst einschlafen kann, wenn auch das letzte quietschende Stubenmädchen im Bett ist.
Und natürlich, es ist nicht gerade dieser Mann, der mich stört (das Stubenmädchen hat ihm heute mittag, trotzdem ich sie mit Gewalt zurückgehalten
habe – was will ich im Liegestuhl Faulender einem ausgezeichneten Arbeiter
verbieten? – das Pfeifen verboten und nun hämmert er bis auf einzelne Ver-
gessenheitsunterbrechungen ganz ohne Pfeifen und verflucht mich wahrscheinlich, aber, um die Wahrheit zu sagen, angenehmer ist es mir doch),
wenn er aufhören wird, ist jedes lebende Wesen hier bereit und fähig, ihn ab-
zulösen und wird es tun und tut es. Aber es ist auch nicht der Lärm hier, um
den es sich handelt, sondern der Lärm der Welt und nicht einmal dieser Lärm,
sondern mein eigenes Nichtlärmen.

   Doch auch abgesehn von der schon lange dauernden Unausgeschlafenheit
wollte ich Dir auch vor der Begegnung mit M. nicht mehr schreiben, ich verstricke mich immer ohnmächtig in Lügen wenn ich über sie schreibe und ich
wollte Dich – nicht so sehr Deinetwegen, als meinetwegen – nicht mehr beeinflussen. Nun hast Du sie also gesehn. Auf welche Weise sie mit ihrem Vater
versöhnt ist, kann ich nicht verstehn, darüber weißt Du wohl auch nichts.
Daß sie nicht schlecht aussieht, glaubte ich zu wissen. Strba liegt etwa am entgegengesetzten Ende der Tatra (der höchste Ort, aber kein eigentliches Sanatorium). Verzeih mir, was ich Dir hier auferlegt habe, es geschah in der ersten
besinnungslosen Aufregung über ihren damaligen Brief, allerdings, ich hätte
Dich auch nach Überlegung darum gebeten. Daß sie Dir gleich von ihrem
Brief erzählen würde, daran zweifelte ich nicht, sie hatte aber ein Recht, von
mir zu verlangen, über den Brief zu schweigen. Was Du über den »überflüssigen« Brief schreibst und darüber, »daß es auf diese Art nicht mehr weiter-
gehe«, scheint doch darauf hinzudeuten, daß sie von mir nichts mehr wissen
will. (Ich verstricke mich in Lügen, wie ich sagte.) »Die Urteile ins Gesicht«,
ja, das ist das Wesentliche, über das man sich, als Außenstehender natürlich,
gegenüber einem Mädchen von ihrer Art, zuerst klar sein muß. Du schmeckst
das Falsche heraus, ich konnte es nicht, trotzdem ich lauerte. Dabei übertreibe
ich den Wahrheitsgehalt solcher Urteile nicht, sie sind nicht fest, ein Wort be-
schwichtigt sie, ein Schiff unter einem solchen Steuermann wollte ich nicht

sein, aber mutig sind sie, groß, und führen zu den Göttern, wenigstens den olympischen.

Ich glaube auch nicht, daß ich Dir von M's Verhältnis zu Deiner Frau etwas Ausdrückliches gesagt habe. Auch dieses Urteil M's ist öfters begrenzt und fast widerrufen worden. An einen Zusammenhang mit Lisl Beer kann ich mich nicht erinnern, wohl aber an eine Bemerkung M's, wonach sie einmal mit Haas und Deiner Frau beisammen war, Deine Frau von Dir erzählte und diese bestimmte Art demütiger Bewunderung M. so hassenswert erschien. Sei hier nicht so streng zu M., Max. Es ist ja hier ein schwieriger Fall, den ich oft durchdacht habe. Versuche die Freundinnen Deiner Frau zusammenzuzählen, die Du für zweifellose Freundinnen hältst, und Du wirst vielleicht nur solche Freundinnen finden, welche Deine Frau im Grunde mißachtet. Ich kann darüber freier sprechen als irgendjemand. In einem gewissen gesellschaftlichen, sozialen Sinn (gerade in jenem Sinn, welcher für die Vereinsamung Deiner Frau entscheidend ist) bin ich Deiner Frau ungemein ähnlich (was aber nicht Nähe bedeutet), so ähnlich, daß man bei flüchtigem Hinsehn sagen könnte, daß wir gleich sind. Und diese Ähnlichkeit beschränkt sich, wie ich glaube, nicht einmal nur auf das heutige Ergebnis, sondern umfaßt auch die ursprüngliche Anlage, die Anlage guter, strebender, aber irgendwie befleckter Kinder. Nun besteht aber zwischen uns doch ein mit meinem bloßen wissenschaftlichen Auge zwar nicht wahrnehmbarer, aber jedenfalls tatsächlicher Unterschied, eine Kleinigkeit, ein wertloses Nichts, das aber doch hinreicht, um mich, ohne daß ein anderes soziales Material vorliegen würde, jemandem, der wie z. B. M. Deine Frau zu hassen behauptet, liebenswürdig zu machen. Freilich hat sich auch Deine Frau infolge der Ehe weiter ins Leben vorgewagt als ich, niemandem wird es einfallen, meinen Wert an meiner Lebensstellung zu messen, und wem es einfallen wird, wird es nicht glauben.

Mit Staša mag M. wieder ausgesöhnt sein, das hat sich im Laufe des Halbjahres auch ein oder zweimal wiederholt, übrigens hat Staša mir gegenüber einen scharfen Blick gehabt, gleich bei der ersten Begegnung hat sie erkannt, daß ich nicht verläßlich bin. Doch haben solche Frauengeschichten niemals großen Eindruck auf mich gemacht oder vielmehr allzugroßen. Wenn ich solche Geschichten höre, wie: sie ist prachtvoll, er ist nicht prachtvoll, er liebt sie, sie liebt ihn, sie ist untreu, er müßte sich vergiften – das alles in einem einheitlichen, tief überzeugten, leidenschaftlichen Geiste vorgetragen, dann kommt in mir unwiderstehlich ein gefährliches, nur scheinbar knabenhaftes, in Wirklichkeit lebenzerstörendes Gefühl herauf.

Ich wollte sagen: alles das kommt mir [bricht ab]

Der erste ruhigere Tag nach einer wohl 14tägigen Marterzeit. Dieses einigermaßen Außerhalb-der-Welt-Leben, das ich hier führe, ist an sich nicht schlechter als ein anderes, es liegt kein Grund vor, sich zu beklagen; schreit mir aber in dieses Außerhalb-der-Welt die Welt grabschänderisch herein, komme ich außer Rand und Band, dann schlage ich mit der Stirn wirklich an die doch immer nur angelehnte Tür des Wahnsinns. Eine Kleinigkeit genügt, um mich in diesen Zustand zu bringen, es genügt, daß unter meinem Balkon mit dem mir zugekehrten Gesicht ein junger halbfrommer ungarischer Jude im Liegestuhl liegt, recht bequem gestreckt, die eine Hand über dem Kopf, die andere tief im Hosenschlitz und immer fröhlich den ganzen Tag Tempelmelodien brummt. (Was für ein Volk!) Es genügt irgendetwas derartiges, anderes kommt eiligst dazu, ich liege auf meinem Balkon wie in einer Trommel, auf die man oben und unten, aber auch von allen Seiten losschlägt, ich verliere den Glauben daran, daß es noch irgendwo auf der Oberfläche der Erde Ruhe gibt, ich kann nicht wachen, nicht schlafen, selbst wenn einmal ausnahmsweise Ruhe ist, kann ich nicht mehr schlafen, weil ich zu sehr zerrüttet bin. Ich kann auch nicht schreiben und Du machst mir Vorwürfe, aber ich kann ja nicht einmal lesen. Da habe ich vor 3 Tagen (mit Hilfe des Mediziners) eine schöne, nicht allzu entfernte Waldwiese gefunden, es ist eigentlich eine Insel zwischen 2 Bächen, dort ist es still, dort bin ich in 3 Nachmittagen (vormittag sind dort freilich Soldaten) soweit gesundet, daß ich heute dort sogar flüchtig eingeschlafen bin; das feiere ich heute durch einen Brief an Dich.

Du fährst an die Ostsee, wohin? Letzthin las ich von vielen schönen billigen Ostseebädern. Thiessow, Scharbeutz, Nest, Haffkrug, Timmendorfer Strand, Niendorf waren empfohlen, keines teuerer als 30-40 M täglich. Mit wem fährst Du? Mit der Frau, allein oder mit der andern; Ich denke auch manchmal an die Ostsee, aber es ist mehr Träumen als Denken.

Deine Schwester hat mir freundlich geschrieben und die Salbe habe ich bekommen. Ich freue mich sehr sie zu haben, im Winter war die Plage arg (jetzt schützen mich die Luftbäder), doch kann die Salbe, wenn sie wirklich so kräftig wirkt und Furunkel verhindert, leicht das werden, was man eine Geißel der Menschheit nennt, denn dem Höllenhund kann man durch Salben die Zahl der Köpfe nicht vermindern, nur vermehren.

Zu dem vorigen wollte ich noch sagen, daß mir alle diese Frauengeschichten komisch, anmaßend, wichtigtuerisch vorkommen, erbarmungslos lächerlich, verglichen mit der kläglichen Körperlichkeit, die da spricht. Sie spielen ihre Spiele, aber was kümmert es mich.

Dabei habe ich auch hier ein, zwei kleine Spaziergänge mit einem Mädchen am Morgen im Wald gemacht, von denen immerhin gilt, was man von den Tafeln der Könige sagt: sie bogen sich unter der Fülle. Und es geschah gar nichts, kaum ein Blick, das Mädchen merkte vielleicht gar nichts, und es ist auch nichts und schon lange vorüber und wird auch, ganz abgesehn davon, daß die Konstellation sehr günstig ist, nichts im Gefolge haben. Im Übrigen ist es kein besonderes Wunder, wenn

[2 Randbemerkungen:]
Ich schicke vorläufig dieses, morgen die Fortsetzung.

Ich schreibe Dir so bruchstückweise, die Schlaflosigkeit – ohne aktuelle Ursache, nur Erbe früherer Zeiten – läßt es nicht anders zu. Dank für das Telegramm.

An Felix Weltsch

[Matliary, Stempel: 5. VI. 1921]

Lieber Felix, bitte keine »Mauern des Nichtschreibens«, nichts dergleichen, ich schreibe Max, also auch Dir und Max schreibt mir und die Selbstwehr schickst Du mir, also schreibst auch Du. Daß Dir… ist – ich kann das Wort unmöglich aufschreiben – tut mir sehr leid, in Deinen Aufsätzen ist davon freilich keine Spur, also auch in Deinem Denken nicht.

Die Selbstwehr hat sich hier einen neuen Abonnenten erworben, den ich hiermit anmelde: der hiesige Arzt Dr. Leopold Strelinger, Tatranské Matliary P. Tatranská Lomnica. Vom nächsten Heft an lass sie ihm bitte schicken. Ich habe nichts dazu getan als ihm ein paar Hefte geborgt. Er war entzückt, zu meinem Erstaunen, denn er schien mir sonst mit ganz anderen Dingen beschäftigt.

Herzliche Grüße Dir, Frau und Kind

Dein F

An Robert Klopstock

[Matliary, Juni 1921]

Mein lieber Klopstock,
Liegehalle, in der alten Schlaflosigkeit, mit der alten Hitze in den Augen, der Spannung in den Schläfen:

… ungläubig in dieser Hinsicht war ich nie, aber erstaunt, ängstlich, den Kopf voll so vieler Fragen als es Mücken auf dieser Wiese gibt. In der Lage etwa dieser Blume neben mir, die nicht ganz gesund ist, den Kopf zwar zur Sonne hebt, wer täte das nicht? aber voll geheimer Sorgen ist wegen der quälenden Vorgänge in ihrer Wurzel und in ihren Säften, etwas ist dort geschehn, geschieht noch immer dort, aber sie hat nur sehr undeutliche, quälend undeutliche Nachricht darüber und kann doch nicht jetzt sich niederbeugen, den Boden aufkratzen und nachsehn, sondern muß es den Brüdern nachtun und sich hoch halten, nun sie tut es auch, aber müde. Ich könnte mir einen andern Abraham denken, der – freilich würde er es nicht bis zum Erzvater bringen, nicht einmal bis zum Altkleiderhändler – der die Forderung des Opfers sofort, bereitwillig wie ein Kellner zu erfüllen bereit wäre, der das Opfer aber doch nicht zustandebrächte, weil er von zuhause nicht fort kann, er ist unentbehrlich, die Wirtschaft benötigt ihn, immerfort ist noch etwas anzuordnen, das Haus ist nicht fertig, aber ohne daß sein Haus fertig ist, ohne diesen Rückhalt kann er nicht fort, das sieht auch die Bibel ein, denn sie sagt: »er bestellte sein Haus« und Abraham hatte wirklich alles in Fülle schon vorher; wenn er nicht das Haus gehabt hätte, wo hätte er denn sonst den Sohn aufgezogen, in welchem Balken das Opfermesser stecken gehabt?

am andern Tag: noch viel über diesen Abraham nachgedacht, aber es sind alte Geschichten, nicht mehr der Rede wert, besonders der wirkliche Abraham nicht, er hat schon vorher alles gehabt, wurde von der Kindheit an dazu geführt, ich kann den Sprung nicht sehn. Wenn er schon alles hatte und doch noch höher geführt werden sollte, mußte ihm nun, wenigstens scheinbar, etwas fortgenommen werden, das ist folgerichtig und kein Sprung. Anders die oberen Abrahame, die stehn auf ihrem Bauplatz und sollen nun plötzlich auf den Berg Morija; womöglich haben sie noch nicht einmal einen Sohn und sollen ihn schon opfern. Das sind Unmöglichkeiten und Sarah hat Recht, wenn sie lacht. Bleibt also nur der Verdacht, daß diese Männer absichtlich mit ihrem Haus nicht fertig werden und – um ein sehr großes Beispiel zu nennen – das Gesicht in magischen Trilogien verstecken, um es nicht heben zu müssen und den Berg zu sehn, der in der Ferne steht.

Aber ein anderer Abraham. Einer, der durchaus richtig opfern will und überhaupt die richtige Witterung für die ganze Sache hat, aber nicht glauben kann, daß er gemeint ist, er, der widerliche alte Mann und sein Kind, der schmutzige Junge. Ihm fehlt nicht der wahre Glaube, diesen Glauben hat er, er würde in der richtigen Verfassung opfern, wenn er nur glauben könnte, daß er gemeint ist. Er fürchtet, er werde zwar als Abraham mit dem Sohne ausreifen, aber auf dem Weg sich in Don Quixote verwandeln. Über Abraham wäre die Welt damals entsetzt gewesen, wenn sie zugesehen hätte, dieser aber fürchtet, die Welt werde sich bei dem Anblick totlachen. Es ist aber nicht die Lächerlichkeit an sich, die er fürchtet – allerdings fürchtet er auch sie, vor allem sein Mitlachen – hauptsächlich aber fürchtet er, daß diese Lächerlichkeit ihn noch älter und widerlicher, seinen Sohn noch schmutziger machen wird, noch unwürdiger, wirklich gerufen zu werden. Ein Abraham, der ungerufen kommt! Es ist so wie wenn der beste Schüler feierlich am Schluß des Jahres eine Prämie bekommen soll und in der erwartungsvollen Stille der schlechteste Schüler infolge eines Hörfehlers aus seiner schmutzigen letzten Bank hervorkommt und die ganze Klasse losplatzt. Und es ist vielleicht gar kein Hörfehler, sein Name wurde wirklich genannt, die Belohnung des Besten soll nach der Absicht des Lehrers gleichzeitig eine Bestrafung des Schlechtesten sein. Schreckliche Dinge – genug.

Sie klagen über das einsame Glück und wie ist es mit dem einsamen Unglück? – wirklich, es ist fast ein Paar.

Von Hellerau kommt nichts, es macht mich trübsinnig. Wenn Hegner nachdenkt, so hätte er doch gleich eine Karte schicken können mit der Mitteilung, daß er nachdenkt. Unser Interesse an Hellerau ist unlöslich eines.

Ihr K

An Max Brod

[Matliary, Juni 1921]

Liebster Max, den Fortsetzungszettel habe ich vor ein paar Tagen weggelegt, plötzlich fiel mir nämlich ein, ob Du nicht mir böse bist; damals als ich den Brief schrieb, hatte ich nicht im entferntesten daran gedacht, auch war es ja in der Theorie eine viel tiefere Verbeugung vor Deiner Frau, als ich sie im Leben wagen würde; dann aber fiel mir die Möglichkeit ein, nun ist es also glücklicherweise nicht so. Allerdings, mein Beispiel war falsch, M. haßt ja fast alle Jüdinnen, und Literatur mag auch mitgewirkt haben, aber auch Dein Gegenbeispiel ist schwach, diese »christlichen« Freundschaften schöpfen kaum den ethnographischen Reiz aus, wie sollten sie tiefer gehn, vor allem aber habe ich ja nicht so sehr das Negativum, das Fehlen der Freundschaften, betonen wollen; die Theorie also bleibt, bleibt so fest wie der Pfahl in meinem Fleisch.

So weit schon das Buch? Und so glücklich? Und ich weiß gar nichts davon, so fern, so fern. Und auch an der Ostsee werde ich nichts davon erfahren. Jetzt darf ich es offen sagen, ich hätte mir nichts Besseres gewußt, als mit Dir zu fahren. Ganz verschweigen konnte ich es nicht, offen sagen auch nicht, denn eine Art Krankentransport wäre es immerhin gewesen. Wenn ich mich z.B. in dieser Hinsicht an Deine Stelle zu versetzen suche, sehe ich, daß mich die Lungenkrankheit, wenn ich gesund wäre, beim Nächsten sehr stören würde, nicht nur wegen der immerhin bestehenden Ansteckungsmöglichkeit, sondern vor allem, weil dieses fortwährende Kranksein schmutzig ist, schmutzig dieser Widerspruch zwischen dem Aussehn des Gesichtes und der Lunge, schmutzig alles. Dem Spucken anderer kann ich nur mit Ekel zusehn und habe selbst doch auch kein Spuckfläschchen, wie ich es haben sollte. Nun aber, alle diese Bedenken entfallen hier, der Arzt verbietet mir unbedingt an ein nördliches Meer zu fahren, ein Interesse, mich während des Sommers hier zu halten hat er nicht, im Gegenteil, er erlaubt mir auch wegzufahren, in Wälder, wohin ich will, aber an das Meer nicht; auch an das Meer darf ich übrigens fahren und soll es sogar, aber nach Nervi, im Winter. So ist es. Und ich habe mich schon sehr gefreut, auf Dich, die Fahrt, die Welt, das Meeresrauschen. Auch die Bäche um die Wiese rauschen, auch die Bäume, und es beruhigt auch, aber es ist nicht verläßlich, kommen Soldaten – und jetzt sind sie immerfort dort und machen aus der Waldwiese ein Wirtshaus – dann lärmt Bach und Wald mit ihnen, es ist ein Geist, ein Teufel in ihnen allen. Ich versuche von hier fortzukommen, wie Du rätst, aber gibt es Ruhemöglichkeit irgendwo anders als im Herzen? Gestern war ich z. B. in Taraika, einem Wirtshaus in den Bergen, über 1300 m hoch, wild und schön, ich hatte große Protektion, man wollte alles mögliche für mich tun, trotzdem eine Überfülle von Gästen kommen wird, man wollte mir vegetarisch kochen, viel besser als hier, wollte mir das Essen aus dem hochgelegenen

Das sind schon alte Geschichten, es war dort mehr Lärm von Touristen und Zigeunermusik als hier, so bin ich also wieder hier geblieben, unbeweglich, wie wenn ich Wurzeln geschlagen hätte, was doch gewiß nicht geschehen ist. Vor allem freilich, ohne im allgemeinen viel daran zu denken, fürchte ich mich vor der Anstalt, so lange war ich noch nicht von ihr fort – außer Zürau, aber dort war es anders, dort war ich anders, auch hielt mich noch ein wenig der alte Oberinspektor – meine Schuld ihr gegenüber ist so ungeheuerlich, so unbezahlbar, daß sie sich nur noch weiter vergrößern kann, eine andere Veränderungsmöglichkeit gibt es für sie nicht. Nun, ich pflege Fragen dadurch zu lösen, daß ich mich von ihnen auffressen lasse, vielleicht tue ich es hier auch.

Für die Ausschnitte habe ich Dir noch gar nicht gedankt, in allen ist Glück und Zuversicht und die von ihnen leicht geführte Hand. Um wie viel trüber sind Oskars Arbeiten, gewunden, oft mühselig, besonders in einem gewissen gesellschaftlichen Sinn mangelhaft, im Ganzen freilich kann er auch das, der unbeugsame Mensch. Felix vernachlässigt mich, die Selbstwehr läßt er mir seit einigen Nummern nicht mehr schicken und auch der hiesige Arzt, Dr. Leopold Strelinger, den ich ihm als neuen Abonnenten gemeldet habe, hat sie noch nicht bekommen.

Vor längerer Zeit habe ich »Literatur« von Kraus gelesen, Du kennst es wohl? Nach dem damaligen Eindruck, der sich seither natürlich schon sehr abgeschwächt hat, schien es mir außerordentlich treffend, ins Herz treffend zu sein. In dieser kleinen Welt der deutsch-jüdischen Literatur herrscht er wirklich oder vielmehr das von ihm vertretene Prinzip, dem er sich so bewunderungswürdig untergeordnet hat, daß er sich sogar mit dem Prinzip verwechselt und andere diese Verwechslung mitmachen läßt. Ich glaube, ich sondere ziemlich gut, das, was in dem Buch nur Witz ist, allerdings prachtvoller, dann was erbarmungswürdige Kläglichkeit ist, und schließlich was Wahrheit ist, zumindest so viel Wahrheit, als es meine schreibende Hand ist, auch so deutlich und beängstigend körperlich. Der Witz ist hauptsächlich das Mauscheln, so mauscheln wie Kraus kann niemand, trotzdem doch in dieser deutsch-jüdischen Welt kaum jemand etwas anderes als mauscheln kann, das Mauscheln im weitesten Sinn genommen, in dem allein es genommen werden muß, nämlich als die laute oder stillschweigende oder auch selbstquälerische Anmaßung eines fremden Besitzes, den man nicht erworben, sondern durch einen (verhältnismäßig) flüchtigen Griff gestohlen hat und der fremder Besitz bleibt, auch wenn nicht der einzigste Sprachfehler nachgewiesen werden könnte, denn hier kann ja alles nachgewiesen werden durch den leisesten Anruf des Gewissens in einer reuigen Stunde. Ich sage damit nichts gegen das Mauscheln, das Mauscheln an sich ist sogar

schön, es ist eine organische Verbindung von Papierdeutsch und Gebärdenspra-
che (wie plastisch ist dieses: Worauf herauf hat er Talent? oder dieses den Ober-
arm ausrenkende und das Kinn hinaufreißende: Glauben *Sie!* oder dieses die
Knie an einander zerreibende: »er schreibt. Über wem?«) und ein Ergebnis zarten Sprachgefühls, welches erkannt hat, daß im Deutschen nur die Dialekte und
außer ihnen nur das allerpersönlichste Hochdeutsch wirklich lebt, während das
übrige, der sprachliche Mittelstand, nichts als Asche ist, die zu einem Scheinleben nur dadurch gebracht werden kann, daß überlebendige Judenhände sie
durchwühlen. Das ist eine Tatsache, lustig oder schrecklich, wie man will; aber
warum lockt es die Juden so unwiderstehlich dorthin? Die deutsche Literatur
hat auch vor dem Freiwerden der Juden gelebt und in großer Herrlichkeit, vor
allem war sie, soviel ich sehe, im Durchschnitt niemals etwa weniger mannigfaltig als heute, vielleicht hat sie sogar heute an Mannigfaltigkeit verloren. Und
daß dies beides mit dem Judentum als solchem zusammenhängt, genauer mit
dem Verhältnis der jungen Juden zu ihrem Judentum, mit der schrecklichen inneren Lage dieser Generationen, das hat doch besonders Kraus erkannt oder
richtiger, an ihm gemessen ist es sichtbar geworden. Er ist etwas wie der Großvater in der Operette, von dem er sich nur dadurch unterscheidet, daß er statt
bloß oi zu sagen, auch noch langweilige Gedichte macht. (Mit einem gewissen
Recht übrigens, mit dem gleichen Recht, mit dem Schopenhauer in dem fortwährenden von ihm erkannten Höllensturz leidlich fröhlich lebte.)

Besser als die Psychoanalyse gefällt mir in diesem Fall die Erkenntnis, daß
dieser Vaterkomplex, von dem sich mancher geistig nährt, nicht den unschuldigen Vater, sondern das Judentum des Vaters betrifft. Weg vom Judentum, meist
mit unklarer Zustimmung der Väter (diese Unklarheit war das Empörende),
wollten die meisten, die deutsch zu schreiben anfingen, sie wollten es, aber mit
den Hinterbeinchen klebten sie noch am Judentum des Vaters und mit den
Vorderbeinchen fanden sie keinen neuen Boden. Die Verzweiflung darüber war
ihre Inspiration.

Eine Inspiration, ehrenwert wie irgendeine andere, aber bei näherem Zusehn
doch mit einigen traurigen Besonderheiten. Zunächst konnte das, worin sich
ihre Verzweiflung entlud, nicht deutsche Literatur sein, die es äußerlich zu sein
schien. Sie lebten zwischen drei Unmöglichkeiten, (die ich nur zufällig sprachliche Unmöglichkeiten nenne, es ist das Einfachste, sie so zu nennen, sie könnten aber auch ganz anders genannt werden): der Unmöglichkeit, nicht zu
schreiben, der Unmöglichkeit, deutsch zu schreiben, der Unmöglichkeit, anders zu schreiben, fast könnte man eine vierte Unmöglichkeit hinzufügen, die
Unmöglichkeit zu schreiben (denn die Verzweiflung war ja nicht etwas durch
Schreiben zu Beruhigendes, war ein Feind des Lebens *und* des Schreibens, das
Schreiben war hier nur ein Provisorium, wie für einen, der sein Testament
schreibt, knapp bevor er sich erhängt, – ein Provisorium, das ja recht gut ein
Leben lang dauern kann), also war es eine von allen Seiten unmögliche Litera-
tur, eine Zigeunerliteratur, die das deutsche Kind aus der Wiege gestohlen und

in großer Eile irgendwie zugerichtet hatte, weil doch irgendjemand auf dem Seil tanzen muß. (Aber es war ja nicht einmal das deutsche Kind, es war nichts, man sagte bloß, es tanze jemand) [bricht ab.]

[Ein dem vorigen Brief Max Brods beigelegter Fragebogen, von Franz Kafka ausgefüllt und retourniert.]

Fragebogen

Gewichtszunahme?	8 kg
Totalgewicht?	über 65 kg
objektiver Lungenbefund?	Geheimnis des Arztes, angeblich günstig
Temperaturen?	im allgemeinen fieberfrei
Atmung?	nicht gut, an kalten Abenden fast wie im Winter
Unterschrift:	Die einzige Frage die mich in Verlegenheit bringt

An Ottla Davidová
[Postkarte. Matliary, Stempel: 8. VIII. 21]

Mein erster Ausflug.
Vera habe ich gleich erkannt, Dich mit Mühe, nur Deinen Stolz habe ich gleich erkannt, meiner wäre noch größer, er ginge gar nicht auf die Karte. Ein offenes ehrliches Gesicht scheint sie zu haben und es gibt glaube ich nichts Besseres auf der Welt als Offenheit, Ehrlichkeit und Verläßlichkeit.
Dein

An Max Brod
[Postkarte. Matliary, Stempel: 23. VIII. 21]

Lieber Max, ja, ich lag jetzt eine Woche fast, mit Fieber im Bett, keine Ver-kühlung, einer jener Lungenzufälle, gegen die man sich nicht schützen kann. Es ist schon bis auf den Husten vorüber, auch habe ich dadurch noch einige letzte Sonnentage gewonnen, auch reiße ich mich so nicht in einem von Matliary los (wobei nicht Matliary das Wichtige ist, sondern die Bewegung), sondern stük-kweise, wie es mir entspricht. Ende der Woche bin ich wahrscheinlich in Prag, dann bin ich gleich bei Dir, hoffentlich bist Du nicht schon in Karlsbad.
Dein

An Elli Hermann

[Herbst 1921]

Liebe Elli, eigentlich hätte ich einen weniger ablehnenden Brief erwartet, wenigstens einen fröhlicher entschiedenen. Siehst Du denn das Glück nicht ein? Oder kennst Du eine bessere Erziehungsmöglichkeit? Es gibt radikalere, persönlicher geführte, vielleicht bedeutendere Schulen z.B. Wickersdorf, es gibt glattere, fremdartigere, von hier aus nicht zu beurteilende Schulen im weiteren Ausland, es gibt blutsnähere und vielleicht wichtigere Schulen in Palästina, aber in der Nähe und weniger riskant wohl keine außer Hellerau. Zu jung, weil ihm ein paar Monate zum zehnten Jahr fehlen? Es werden Siebenjährige aufgenommen, es gibt ja drei Vorschuljahrgänge. Man kann zu jung sein für das Erwerbsleben, für das Heiraten, für das Sterben, aber zu jung für eine zarte, zwanglose, alles Gute entfaltende Erziehung? Zehn Jahre sind wenig, aber unter Umständen ein hohes Alter, zehn Jahre ohne Körperübung, ohne Körperpflege, in Wohlleben, vor allem in Wohlleben ohne Übung der Augen und und Ohren und Hände (außer beim Ordnen des Liftgeldes), im Käfig der Erwachsenen, die sich doch im Grunde, es geht nicht anders im gewöhnlichen Leben, an den Kindern nur austoben – solche zehn Jahre sind nicht wenig. Freilich bei Felix können sie nicht so schlimm wirken, er ist kräftig, ruhig, klug, fröhlich, aber diese zehn Jahre sind überdies in Prag verbracht, in dem von Kindern nicht abzuhaltenden besondern Geist, der gerade in Prager wohlhabenden Juden wirkt, ich meine natürlich nicht einzelne Menschen, sondern diesen fast mit Händen zu greifenden allgemeinen Geist, der sich in jedem je nach Anlagen verschieden äußert, der in Dir ist, so wie in mir, diesen kleinen, schmutzigen, lauwarmen, blinzelnden Geist. Vor dem das eigene Kind retten können, was für ein Glück!

F.

An Elli Hermann

[Herbst 1921]

Liebe Elli, nein, Energie ist das nicht, laß Dich dadurch weder erschrecken (so als ob ich Dir durch Energie etwas gegen Deinen Willen abzwingen könnte), noch ermutigen (so als ob ich den Dir fehlenden Willen, Felix wegzuschicken, den Willen, den Du gern hättest und der Dir fehlt, als ob ich durch Energie diesen Willen ersetzen könnte), es ist keine Energie, höchstens Energie in Worten und auch diese wird aufhören, hört sogar schon auf, Energie ist es nicht, eher ist es das, was Du erstaunlich gut fühlst, aber unrichtig deutest, wenn Du schreibst, daß auch Du aus »unserem Milieu «heraus willst und deshalb (deshalb!) Felix nicht wegschicken kannst. Du willst aus unserem Milieu hinaus und dies mit Hilfe des Felix, beides ist gut und möglich, Kinder sind zur Rettung der Eltern da, theoretisch verstehe ich gar nicht, wie es Menschen ohne Kinder geben kann, aber wie willst Du dieses »Hinauskommen« erreichen? Eben durch eine typische Tat gerade dieses Milieus, durch Geiz (ich gebe ihn nicht fort!), durch Verzweiflung (was wäre ich ohne ihn!), durch Hoffnungslosigkeit (er wird nicht mehr mein Sohn sein!), durch Sich-selbst-Belügen, durch Scheingründe, durch Verschönerung der Schwäche, durch Verschönerung des »Milieus« (»Leben erträglich machen«, »Verantwortung tragen«, »selbst aus der Entfernung kann das Beispiel solcher Mütter« u.s. f.) Das alles täte ich an Deiner Stelle natürlich auch und noch viel »großartiger«.

Aus der Geschichte der »Aufklärung« lese ich außer dem Schönen und Rührenden, das in ihr ist, noch Folgendes heraus: Erstens: Du bist zu spät gekommen, 2. Felix ist mit der Geschichte des Prager Jungen nicht zu Dir gekommen, 3. Auch über Věra hat er Dich nicht ausgefragt, sondern verhört, denn die Erklärung des Jungen besaß er ja. 4. Du konntest als Erklärung natürlich nur ein Abstraktum verwenden, die Liebe. Schon das ist schlimm (der Vorteil der Storchgeschichte ist ja ihre, überdies nicht nachzuprüfende und ziemlich ferne Realität), noch schlimmer ist, daß dieses Abstraktum neben die für den Jungen fürchterlich überraschende Realität der Schwangerschaft gestellt ist. Gut, Du lügst nicht, nur verschweigt er außerdem auch nichts. 5. Sehr gut war Deine Bemerkung, alles könne man, wenn man wolle, lächerlich und schlecht machen. Leider kann man das aber nicht nur durch Worte machen, sondern auch durch Taten und das schlecht gemachte Gute schaut dem Allerschlechtesten dann zum Verwechseln ähnlich. Was bleibt dann von Deiner Bemerkung; Und hat der Brüxer Junge in seinem Umkreis nicht Recht? 6. Du hast dann einen Zusammenhang hergestellt zwischen Deiner Erklärung und jener der Jungen, es würde mich interessieren, wie Du das gemacht hast, aber an und für sich kann das ja nicht schwer sein, jeder macht das notgedrungen in seinem Leben irgendwie. Ich rede nicht von den Frauen, aber in allen Männern ringsherum steckt doch der Brüxer Junge, nur daß die Gemeinschaft bei dem Jungen, auf welche Art sie sich auch zeigen mag, immerhin geheiligt ist durch die Scheu vor den ihm übergeordneten Dingen und durch den Erkenntnisdrang. Darum bin ich auf Seite des Jungen gegenüber den Männern und in gewissem Sinn auch gegenüber Deiner Aufklärung, denn nur der Junge ist der unbestechliche Wahrheitssucher und der rücksichtslose Vermittler und hinsichtlich dessen, was ihm noch an Wissen und Erfahrung fehlt, kann man zu ihm das Vertrauen haben, daß er das Fehlende kraft der ihm innewohnenden Gemeinheit, denn er ist ja Blut vom Blute der andern, annähernd richtig erfühlt.

Sieh z.B. die zwei Jungen, die mich belehrt haben, sie wissen heute gewiß nicht mehr als damals, allerdings waren es, wie sich gezeigt hat, besonders einheitliche konsequente Charaktere. Sie belehrten mich gleichzeitig, der eine von rechts, der andere von links, der rechte lustig, väterlich, weltmännisch, mit einem Lachen, das ich später bei Männern aller Lebensalter, auch bei mir, genau so gehört habe (es gibt gewiß auch ein freies, ein anderes Lachen über den Dingen, von einem Lebenden habe ich es aber noch nicht gehört), der linke sachlich, theoretisch, das war viel abscheulicher. Beide haben längst geheiratet und sind in Prag geblieben, der rechte ist schon viele Jahre von Syphilis bis zur Unkenntlichkeit zerstört, ich weiß nicht, ob er noch lebt, der linke ist Professor für Geschlechtskrankheiten und Gründer und Vorsitzender eines Vereines zur Bekämpfung der Geschlechtskrankheiten. Gegeneinander abschätzen will ich sie nicht, übrigens waren sie nicht etwa Freunde, damals sind sie nur zufällig zwecks meiner Belehrung zusammengekommen.

Aber verhältnismäßig ist ja das alles ziemlich unwesentlich, Deine Aufklärung und die des Jungen. Es kommt nur darauf an, wie er selbst, wenn sein Körper sich zu rühren anfängt, sich entscheiden wird. Ich denke dabei nicht an bestimmte Taten oder Unterlassungen, sondern an den Geist, der ihn führen wird. Und er wird sich im allgemeinen, wenn nicht übermenschlich starke Anlagen eingreifen, so entscheiden, wie sein Leben bis dahin gewesen ist. Ist sein Leben übersättigt, geistig und körperlich weich gebettet, großstädtisch überreizt, glaubenslos und gelangweilt gewesen, dann wird er sich entsprechend entscheiden, und wenn Du die ganze Zeit über jeden Augenblick, was ja zeitlich und geistig unmöglich ist, mit liebenden Ermahnungen hinter ihm her bist. Du kannst ja z.B. nicht einmal das scheinbar Leichteste tun, nämlich die Langweile, diese Einbruchsstelle aller bösen Geister, verhindern. Das hast Du selbst zugestanden und ich habe ihn ja auch in Zuständen gesehn, die in dieser Hinsicht trostlos waren. Diese Zustände müssen aber von Jahr zu Jahr schlimmer und gefährlicher werden, weil sie für ihn und Dich unkenntlicher werden. In der Kinderzeit waren sie undeutlich und man konnte zur Not etwas dagegen tun, allmählich aber schauen gerade die Zustände (im geistigen Sinn) schlimmster Langweile wie allerbeste Unterhaltung aus, er liest, er lernt Musik, er spielt Fußball, alles das muß nicht, aber kann entsetzliche Langweile und Führungslosigkeit enthalten, an sich weder ihm noch andern, aber in den Folgen erkennbar.

An Elli Hermann

[Herbst 1921]

... Ich habe für mich (unter vielen andern) einen großen Zeugen, den ich hier aber nur zitiere, eben weil er groß ist, und dann, weil ich es gestern gerade gelesen habe, nicht weil ich die gleiche Meinung zu haben wagte. In der Beschreibung zu Gullivers Reise in Liliput (dessen Einrichtungen sehr gelobt werden) sagt Swift: »Die Begriffe von den gegenseitigen Pflichten der Eltern und Kinder sind gänzlich von den unsrigen verschieden. Da nämlich die Verbindung der Männer und Weiber, wie bei allen Tiergeschlechtern, auf Naturgesetzen beruht, behaupten sie durchaus, daß Männer und Frauen nur deshalb sich vereinigen; die Zärtlichkeit gegen die Jungen folge aus demselben Grundsatz; deshalb wollen sie nicht zugestehn, ein Kind sei für sein Dasein den Eltern verpflichtet, welches ohnedies wegen des menschlichen Elends keine Wohltat sei; auch bezweckten die Eltern keine Wohltat, sondern dächten an ganz andere Dinge bei ihren verliebten Zusammenkünften. Wegen dieser und anderer Schlußfolgen sind sie der Meinung, Eltern dürfe man am wenigsten unter allen Menschen die Erziehung der Kinder anvertrauen.« Er meint damit offenbar, ganz entsprechend Deiner Unterscheidung zwischen »Mensch« und »Sohn«, daß das Kind, wenn es Mensch werden soll, möglichst bald, wie er sich ausdrückt, der Tierheit, dem bloß tierischen Zusammenhang entzogen werden muß.

Du gibst selbst zu, daß bei Deinem Zögern Eigennutz mitwirkt. Ist aber dieser Eigennutz nicht sogar als Eigennutz etwas verkehrt? Wenn Du z.B. die Wintersachen über den Sommer nicht zum Kürschner geben willst, weil Deinem Gefühl nach die Sachen, wenn Du sie im Herbst zurückbekommst, Dir innerlich fremd wären, und wenn Du daher die Sachen selbst aufbewahrst, so werden sie Dir allerdings im Herbst vollständig, innerlich und äußerlich gehören, werden aber von Motten zerfressen sein. (Das ist keine Bosheit, wirklich nicht, nur ein Beispiel, ein naheliegendes.)…

So sehe ich also Deine Bedenken, vollständig könnte ich überhaupt nur ein Gegenargument anerkennen, das Du aber nicht erwähnst. Vielleicht denkst Du es aber. Es ist dieses: Wie kann mein Rat hinsichtlich der Erziehung von Kindern anderer etwas wert sein, wenn ich nicht einmal imstande war, mir einen Rat dafür zu geben, wie man eigene Kinder bekommt. –Dieses Argument ist unwiderleglich und trifft mich vollständig, aber so ausgezeichnet es auch ist, so glaube ich doch, daß es mehr mich trifft, als diesen meinen Rat. Laß es meinen Rat nicht entgelten, daß er von mir kommt.

An Elli Hermann

[Herbst 1921]

… Nicht das, was Du hervorhebst (Kinder müssen für ihr Dasein den Eltern nicht dankbar sein), ist die Hauptsache bei Swift. In dieser Knappheit behauptet das ja im Grunde auch niemand. Das Hauptgewicht liegt auf dem Schlußsatz: »Eltern darf man am wenigsten unter allen Menschen die Erziehung der Kinder anvertrauen.« Allerdings ist das, wie auch die zu diesem Satz führende Beweisführung, viel zu gedrängt gesagt und ich werde es Dir deshalb ausführlicher zu erklären suchen, doch wiederhole ich, daß das alles nur Swifts Meinung ist (der übrigens Familienvater war), meine Meinung geht zwar auch in der Richtung, nur wage ich nicht, so entschieden zu sein.

Swift meint also:

Jede typische Familie stellt zunächst nur einen tierischen Zusammenhang dar, gewissermaßen einen einzigen Organismus, einen einzigen Blutkreislauf. Sie kann daher, auf sich allein angewiesen, nicht über sich hinaus, sie kann aus sich allein keinen neuen Menschen schaffen, versucht sie es durch Familienerziehung, ist es eine Art geistiger Blutschande.

Die Familie ist also ein Organismus, aber ein äußerst komplizierter und unausgeglichener, wie jeder Organismus strebt auch sie fortwährend nach Ausgleichung. Soweit dieses Streben nach Ausgleichung zwischen Eltern und Kindern vor sich geht (die Ausgleichung zwischen den Eltern gehört nicht hierher), wird sie Erziehung genannt. Warum das so genannt wird, ist unverständlich, denn von wirklicher Erziehung, also dem ruhigen, uneigennützig liebenden Entfalten der Fähigkeiten eines werdenden Menschen oder auch nur dem ruhigen Dulden einer selbständigen Entfaltung ist hier keine Spur. Vielmehr ist es eben nur der meist unter Krämpfen vorsichgehende Versuch der Ausgleichung eines zumindest während vieler Jahre zur schärfsten Unausgeglichenheit verurteilten tierischen Organismus, den man zum Unterschied vom einzelnen Menschentier das Familientier nennen kann.

Der Grund der unbedingten Unmöglichkeit einer sofortigen gerechten Ausgleichung (und nur eine gerechte Ausgleichung ist wirkliche Ausgleichung, nur sie hat Bestand) innerhalb dieses Familientieres ist die Unebenbürtigkeit seiner Teile, nämlich die ungeheuerliche Übermacht des Elternpaares gegenüber den Kindern während vieler Jahre. Infolgedessen maßen sich die Eltern während der Kinderzeit der Kinder das Alleinrecht an, die Familie zu repräsentieren, nicht nur nach außen, sondern auch in der inneren geistigen Organisation, nehmen also dadurch den Kindern das Persönlichkeitsrecht Schritt für Schritt und können sie von da aus unfähig machen, jemals dieses Recht in guter Art geltend zu machen, ein Unglück, das die Eltern später nicht viel weniger schwer treffen kann als die Kinder. Der wesentliche Unterschied zwischen wirklicher Erziehung und Familienerziehung ist: die erstere ist eine menschliche Angelegenheit, die zweite eine Familienangelegenheit. In der Menschheit hat jeder Mensch Platz oder zumindest die Möglichkeit auf seine Art zugrundezugehn, in der von den Eltern umklammerten Familie aber haben nur ganz bestimmte Menschen Platz, die ganz bestimmten Forderungen und überdies noch den von den Eltern diktierten Terminen entsprechen. Entsprechen sie nicht, werden sie nicht etwa ausgestoßen – das wäre sehr schön, ist aber unmöglich, denn es handelt sich ja um einen Organismus –, sondern verflucht oder verzehrt oder beides. Dieses Verzehren geschieht nicht körperlich wie bei dem alten Elternvorbild in der griechischen Mythologie (Kronos, der seine Söhne auffraß, – der ehrlichste Vater), aber vielleicht hat Kronos seine Methode der sonst üblichen gerade aus Mitleid mit seinen Kindern vorgezogen.

Der Eigennutz der Eltern – das eigentliche Elterngefühl – kennt ja keine Grenzen. Noch die größte Liebe der Eltern ist im Erziehungssinn eigennütziger als die kleinste Liebe des bezahlten Erziehers. Es ist nicht anders möglich. Die Eltern stehn ja ihren Kindern nicht frei gegenüber, wie sonst ein Erwachsener dem Kind gegenübersteht, es ist doch das eigene Blut – noch eine schwere Komplikation: das Blut beider Elternteile. Wenn der Vater (bei der Mutter ist es entsprechend) »erzieht«, findet er z.B. in dem Kind Dinge, die er schon in sich gehaßt hat und nicht überwinden konnte und die er jetzt bestimmt zu überwinden hofft, denn das schwache Kind scheint ja mehr in seiner Macht als er selbst, und so greift er blindwütend, ohne die Entwicklung abzuwarten, in den werdenden Menschen, oder er erkennt z. B. mit Schrecken, daß etwas, was er als eigene Auszeichnung ansieht und was daher (daher!) in der Familie (in der Familie!) nicht fehlen darf, in dem Kinde fehlt, und so fängt er an, es ihm einzuhämmern, was ihm auch gelingt, aber gleichzeitig mißlingt, denn er zerhämmert dabei das Kind, oder er findet z. B. in dem Kind Dinge, die er in der Ehefrau geliebt hat, aber in dem Kinde (das er unaufhörlich mit sich selbst verwechselt, alle Eltern tun das) haßt, so wie man z. B. die himmelblauen Augen seiner Ehefrau sehr lieben kann, aber aufs höchste angewidert wäre, wenn man plötzlich selbst solche Augen bekäme, oder er findet z. B. in dem Kind Dinge, die er in sich liebt oder ersehnt und für familiennotwendig hält, dann ist ihm alles andere an dem Kinde gleichgültig, er sieht in dem Kind nur das Geliebte, er hängt sich an das Geliebte, er erniedrigt sich zu seinem Sklaven, er verzehrt es aus Liebe.

Das sind, aus Eigennutz geboren, die zwei Erziehungsmittel der Eltern: Tyrannei und Sklaverei in allen Abstufungen, wobei sich die Tyrannei sehr zart äußern kann (»Du mußt mir glauben, denn ich bin deine Mutter!«) und die Sklaverei sehr stolz (»Du bist mein Sohn, deshalb werde ich dich zu meinem Retter machen«), aber es sind zwei schreckliche Erziehungsmittel, zwei Antierziehungsmittel, geeignet, das Kind in den Boden, aus dem es kam, zurückzustampfen.

Die Eltern haben eben für die Kinder nur die tierische, sinnlose, sich mit dem Kinde immerfort verwechselnde Liebe, der Erzieher hat für das Kind Achtung, und das ist im Erziehungssinn unvergleichbar mehr, selbst wenn keine Liebe mitsprechen sollte. Ich wiederhole: im Erziehungssinn; denn wenn ich die Elternliebe eine tierisch sinnlose nenne, so ist das an sich keine Minderbewertung, sie ist ein ebenso unerforschliches Geheimnis wie die sinnvoll schöpferische Liebe des Erziehers, nur in Hinsicht der Erziehung allerdings kann diese Minderbewertung gar nicht groß genug sein. Wenn sich N. eine Henne nennt, so hat sie ganz Recht, jede Mutter, ist es im Grunde, und die, welche es nicht ist, ist entweder eine Göttin oder aber wahrscheinlich ein krankes Tier. Nun will aber diese Henne N. nicht Hühnchen, sondern Menschen zu Kindern haben, darf also ihre Kinder nicht allein erziehn.

Ich wiederhole: Swift will die Elternliebe nicht entwürdigen, er hält sie sogar unter Umständen für stark genug, um die Kinder vor eben dieser Elternliebe zu schützen. Eine Mutter, die in irgendeinem Gedicht ihr Kind aus den Pranken des Löwen rettet, sollte dieses Kind nicht vor ihren eigenen Händen schützen können? Und tut sie es denn ohne Lohn oder, was richtiger ist, ohne die Möglichkeit eines Lohnes? In einem andern Schullesebuchgedicht, das Du gewiß kennst, heißt es von dem Wanderer, der nach vielen Jahren in das Heimatdorf zurückkommt und den niemand mehr erkennt außer der Mutter: »das Mutteraug hat ihn doch erkannt«. Das ist das wirkliche Wunder der Mutterliebe und eine große Weisheit ist hier ausgedrückt, aber nur eine halbe, denn es fehlt die Hinzufügung, daß, wenn der Sohn zu Hause geblieben wäre, sie ihn niemals erkannt hätte, daß das tägliche Zusammensitzen mit dem Sohn ihr ihn völlig unkenntlich gemacht hätte und daß dann das Gegenteil des Gedichts geschehen wäre und jeder andere ihn besser erkannt hätte als sie. (Freilich hätte sie ihn dann auch gar nicht erkennen brauchen, denn er wäre niemals zu ihr zurückgekommen.) Du wirst vielleicht sagen, daß der Wanderer erst nach dem elften Lebensjahr in die Welt gegangen ist, ich aber weiß ganz bestimmt, daß ihm noch ein paar Monate zum zehnten Jahr gefehlt haben, oder anders ausgedrückt, daß es keine Mutter war, die habsüchtig die Verantwortung tragen wollte, habsüchtig die Freuden und, was vielleicht noch schlimmer ist, die Schmerzen teilen wollte (nichts soll er ganz haben!), keine Mutter, die Veranstaltungen getroffen hatte, um von ihrem Sohn gerettet zu werden, die also zu ihm Vertrauen hatte (Mißtrauen ist pragerisch, übrigens ist Vertrauen und Mißtrauen gleicher Weise in den Folgen riskant, Mißtrauen aber überdies in sich selbst), und die gerade deshalb gerettet wurde durch die Heimkehr ihres Sohnes. (Dabei war ja vielleicht von allem Anfang an ihre Gefahr nicht so unmäßig groß, denn es war keine Prager Judenfrau, sondern irgendeine fromme Katholikin aus der Steiermark.)

Was ist also zu tun? Nach Swift sind die Kinder den Eltern fortzunehmen, d. h. der Ausgleich, den jenes »Familientier« braucht, soll zunächst provisorisch dadurch erreicht werden, daß man durch Wegnahme der Kinder die endgültige Ausgleichung auf eine Zeit verschiebt, bis die Kinder, von den Eltern unabhängig, an Körper und Geisteskraft ihnen ebenbürtig sind und dann die Zeit für den wirklichen, für den liebenden Ausgleich gekommen ist, nämlich das, was Du »Rettung« nennst und was andere »Dankbarkeit der Kinder« nennen und so selten finden.

Übrigens versteht Swift einzuschränken und hält die Wegnahme der Kinder armer Leute nicht für unbedingt notwendig. Bei armen Leuten dringt nämlich gewissermaßen die Welt, das Arbeitsleben von selbst unhinderbar in die Hütte (so wie z. B. bei der Geburt Christi in der halboffenen Hütte gleich die ganze Welt dabei war, die Hirten und die Weisen aus dem Morgenlande) und läßt nicht die dumpfe, giftreiche, kinderauszehrende Luft des schön eingerichteten Familienzimmers entstehn.

Auch leugnet natürlich Swift nicht, daß Eltern unter Umständen eine ausgezeichnete Erziehungsgemeinschaft darstellen können, aber nur für fremde Kinder. So also etwa lese ich die Swiftsche Stelle.

An Robert Klopstock

[Prag, 2. September 1921]

Lieber Robert, die Fahrt war sehr bequem, ich erwähne es nur wegen der Menge traumhaft ineinander spielender Zufälle, die mir einen guten Platz verschafften.

Der Zug war ganz überfüllt, zuerst konnte man noch hie und da auf einem Koffer sitzen, später konnte man kaum mehr stehn. In Vrutky sollten zwei leere Waggons angeschlossen werden, dort würde also Platz sein. In Vrutky steige ich aus, laufe zu den Waggons, alles überfüllt, außerdem alte schmutzige Wagen, laufe wieder zu meinem Waggon zurück, finde ihn nicht gleich, steige in einen andern ein, es ist ja gleichgültig, alles ist voll. In diesem Waggon drücken sich unter andern drei Frauen an den Wänden herum, sie fahren aus Lomnitz nach Prag, eine von ihnen, eine alte Lehrerin, kenne ich flüchtig aus Matlar, wo sie einmal Ing. G., da anderswo kein Platz war, zu meinem Tisch geführt hat. Jetzt im Waggon mache ich ihnen einige kleine Dienste. Die Lehrerin, mit der vereinigten wütenden Alte-Frauen- und Lehrerinnen-Energie beschließt von Abteilung zu Abteilung zu gehn und sich doch einen Platz zu erzwingen. Tatsächlich findet sie in einer entfernten I. Klasse Abteilung einen Platz, durch irgend einen Zufall wird dort auch noch ein zweiter Platz frei, jetzt sind also zwei Frauen untergebracht, die dritte zieht auch mit ihnen. Gleich darauf geschieht in jenem Coupé folgendes: Von den übrigen vier Reisenden sind zwei Eisenbahnunterbeamte oder dergl., sie überreden mit großer Mühe den Kondukteur (da sie selbst nur Anspruch auf zweite Klasse haben), das Coupé für ein solches zweiter Klasse zu erklären, dieses Verwandlungsrecht hat der Kondukteur in Ausnahmefällen. Endlich stimmt er zu, dadurch sind aber die andern Passagiere, da sie auf erste Klasse Anspruch haben, gekränkt und verlangen ein leeres Coupé erster Klasse, der Kondukteur verschafft es ihnen, dadurch sind wieder zwei Plätze frei, einer für die dritte Frau und einer – da sich die Frauen für die Dienste dankbar zeigen wollen – für mich, sie rufen mich durch den überfüllten Gang, ich weiß gar nicht wie, denn sie kennen nicht nur meinen Namen nicht, sondern die Lehrerin kann sich, wie sich später herausstellt, gar nicht erinnern, wann sie zuerst mit mir gesprochen hat. Jedenfalls höre ich, wie sie mich rufen und übersiedle hin, gerade klebt der Kondukteur eine große 2 an die Glastür.

Von der Reisenahrung waren das Beste die Pflaumen, ausgezeichnete Pflaumen.

Einige Veränderungen in Prag, z. B. der Tod eines alten merkwürdigen Onkels. Er ist vor ein paar Monaten gestorben, vor ein paar Tagen habe ich ihm die erste Karte aus Matlar geschickt: »Herzliche Grüße vor baldigem Wiedersehn«.

Auf den ersten Anhieb hat sich herausgestellt, daß ich durch Verwandte eine sehr gute Verbindung mit Prof. Münzer habe. Wenn überhaupt die Möglichkeit einer derartigen Anstellung besteht, wird sie für Sie zu erreichen sein, gar wenn man es rechtzeitig – also z. B. jetzt für Feber – vorzubereiten anfängt. Schicken Sie mir nur irgendwelche Dokumente, den Brief des Professors udgl.

Vielleicht fahre ich noch für drei Monate in ein deutsches Sanatorium. Alles Gute und Dank für alles Gute!

Ihr K

An M. E.

[Prag, Anfang September 1921]

Liebe Minze, nur gleich in Eile; ich bekam Ihre 2 Briefe erst jetzt, da ich bis jetzt in Matliary war und Post mir nicht nachgeschickt wurde. Wann kommen Sie? Ich werde mich inzwischen verschiedentlich zu erkundigen suchen. Aber bitte Minze, wenn Sie kommen, überraschen Sie mich nicht, ich ertrage Überraschungen so schlecht, das lange Kranksein zehrt an den Nerven, die kleine Spinne, die jetzt an der Wand hinläuft, erschreckt mich, wie erst die große Minze, die Arbeiterin, wenn sie plötzlich hereinkäme. Also bitte, Minze, vorher schreiben, wo und wann wir uns sehen können.
Auf baldiges Wiedersehn!

Ihr Kafka

An M. E.

[Prag, Anfang September 1921]

Liebe Minze, Sie kommen also Mitte September, das ist sehr gut (Ende September oder Anfang Oktober werde ich wohl von Prag wieder fortfahren), vielleicht könnten Sie es vermeiden, am 13. oder 14. zu kommen, da ist meines Vaters Geburtstag, läßt es sich aber nicht vermeiden, können Sie auch an diesen Tagen kommen. Sie sind jeden Tag willkommen. Wenn Sie an einem Wochentag vormittag kommen, werde ich kaum auf dem Bahnhof sein können (ich muß für die vielen Almosen meiner Anstalt wenigstens paar Wochen beim Schreibtisch sitzen), dann kommen Sie eben vom Bahnhof zu mir ins Bureau (Pořič 7) »sich vorstellen«, ich bin dort bis 2 Uhr; der Portier ruft mich hinunter. Schade, daß Sie nicht diese Woche gekommen sind, Sie hätten bei meiner jüngsten Schwester (deren Mann diese Woche verreist ist und die im gleichen Hause wie ich wohnt) schlafen können, um sich nicht allzu sehr zu ermüden durch das fortwährende Reisen, auch hätten Sie den Kongreß in Karlsbad sehn können.

Jedenfalls aber schreiben Sie mir bitte vorher, wann Sie kommen, auf welchem Bahnhof, welche Stunde. (Sie hatten einmal eine befreundete Familie in Prag, die haben Sie nicht mehr?)
Alles Gute

Ihr K

An Robert Klopstock

[Prag, Anfang September 1921]

Lieber Robert, nicht einmal Ihren rekommandierten Brief habe ich noch bestätigt ...

Mit Pick habe ich gesprochen, er weiß sogar von meinem Brief an Hegner. Hegner hat – was man nicht voraussehn konnte – die gute, den andern allerdings etwas nervös machende Gewohnheit, wenn er nicht »Ja« sagen kann, überhaupt zu schweigen. Nebenbei hat er einmal zu Pick gesagt: »Kafka schreibt mir, ich soll einen Freund von ihm ein Jahr lang in der Druckerei anstellen. Was soll ich auf so etwas antworten?« Mit dieser rhetorischen Frage war unsere Angelegenheit erledigt. Holzmann hat aber – wie Pick sagt – gar nichts zu fürchten, wird sogar herzlich empfangen werden. Vielleicht haben Sie schon Nachricht darüber. Mir geht es gesundheitlich nicht sehr gut; wenn ich nicht gleich nach der Rückkehr aus dem Bureau mich ins Bett legen würde und dort schon bliebe, könnte ich nicht bestehn. Die ersten Tage habe ich es nicht getan und es hat sich gerächt. Dabei ist ja noch sehr schönes Wetter. Auch müde bin ich, nicht einmal die Hand kann ich heben, um Ansichtskarten nach Matlar zu schicken. Grüßen Sie bitte alle.

In Flauberts Tagebüchern lese ich diese schöne Anekdote: Eines Tages besuchte Chateaubriand mit einigen Freunden den See von Gaube (einen einsamen Bergsee in den Pyrenäen); alle saßen beim Essen auf derselben Bank, wo wir (Flaubert) gefrühstückt haben. Die Schönheit des Sees versetzte alle in Entzücken. »Ich möchte hier immer leben« sagte Chateaubriand. »Oh, Sie würden sich hier zum Sterben langweilen« erwiderte eine Dame aus der Gesellschaft. »Was heißt das«, erwiderte der Dichter lachend, »ich langweile mich immer.« Nicht das Geistreiche der Geschichte freut mich eigentlich, es ist ja auch nicht außerordentlich, aber die Fröhlichkeit, das geradezu majestätische Glück des Mannes.

Alles Gute   Ihr Kafka

An Robert Klopstock

[Postkarte. Prag, Stempel: 7. IX. 1921]

Lieber Robert, wie ist denn das: ich hätte gar nicht geschrieben? Zwei Briefe und eine Karte, es kann doch nicht alles verloren sein... – Ich bin müde und schwach und alle sind hier stark und frisch. Eben ist Ernst Weiß hier gewesen, gar nicht böse, freundlich, und auch im Ganzen sanfter als sonst. Er erhält sich sichtbar nur durch seinen Willen gesund und sehr gesund. Wenn er wollte, könnte er ebenso krank sein, wie nur irgendjemand sonst.

Viele Grüße

K

An Robert Klopstock

[Prag, Mitte September 1921]

Lieber Robert, ich antworte nur vorläufig, Montag dann ausführlicher, zunächst bin ich noch ein wenig taumelig von dem Brief, dann will ich es auch noch überlegen und schließlich mich mit Max (der schon längst in Prag ist, – der Kongreß ist schon vor ein paar Tagen geschlossen worden und er war nicht einmal bis zum Schluß dort) und Ottla ... beraten. Heute – das ist aber wie gesagt noch nicht endgültig – würde ich aus Angst vor der Stadt raten, jedenfalls die Berlangligeter Möglichkeit zu ergreifen und wenn sie nicht da ist, sie möglich zu machen suchen, allerdings für den Winter, die paar Tage bis Mitte Oktober sind natürlich wertlos. Sollte B. oder Smokovec nicht möglich sein (der englische Fabrikant?), dann bleibt vielleicht nur Prag meines Wissens, denn Norddach, selbst wenn es möglich wäre, könnte doch nicht in ein paar Tagen erzielt werden und wenn es erzielt werden kann, dann wohl leichter von Prag ... Das also vorläufig, mir geht es ja ganz gut, eben messe ich 36.8 um sechs Uhr abends.

Ihr K

An Robert Klopstock

[Prag, Mitte September 1921]

Lieber Robert, es ist ja nicht so schlimm, es ist bloß nicht gut und ich fahre gewiß, wahrscheinlich nach Görbersdorf, es scheint dort nicht teurer zu sein als in Matlar, freilich wäre ich lieber irgendwohin weiter gefahren, an den Rhein oder nach Hamburg, ich habe aber keine richtigen Antworten von dort bekommen. Über 37.3 geht die Temperatur nicht, aber über 37 ist sie täglich.

Warum schreiben Sie nichts von sich? Gesundheit, Smokovec, Empfehlungsbrief, Aussee udgl.

Ilonka hat Schokolade geschickt, das ist sehr lieb von ihr; wie eine kleine Vasallin schickt sie den Tribut und wagt gar nichts dazu zu sagen. Wie still sie war und in der Erinnerung ist sie noch stiller geworden.

Letzthin war Janouch hier, nur für einen Tag vom Land, er hat sich brieflich angezeigt, er ist gar nicht böse und besonders Ihr Brief hat ihm viel Freude gemacht. Er kam zu mir ins Bureau, weinend, lachend, schreiend, brachte mir einen Haufen Bücher, die ich lesen soll, dann Äpfel und schließlich seine Geliebte, eine kleine freundliche Försterstochter, er wohnt draußen bei ihren Eltern. Er nennt sich glücklich, macht aber zeitweise einen beängstigend verwirrten Eindruck, sieht auch schlecht aus, will einen Maturakurs machen und dann Medizin (»weil es eine stille, bescheidene Arbeit ist«) oder Jus (»weil es zur Politik führt«) studieren. Welcher Teufel heizt dieses Feuer?

Holzmann wird in Heidelberg studieren? Bei Hegner war er also nicht?

Schade. Dann gehört er schon zum Teil Stefan George, es ist kein schlechter, aber ein strenger Herr.

Was machen die Matlarer, Glauber vor allem, seine Poprader Pläne, wie hat die Münchner Akademie geantwortet? Ist Szinay schon dort?

Viele Grüße Ihres

K

An Robert Klopstock

[Ansichtskarte (Matlar). Prag, Stempel: 16.IX.1921]

Da ich in Gedanken in Matlar bin (und keine andere Karte habe) schicke ich eine aus Matlar. Telegrafiert habe ich nicht, weil ich niemanden habe, der hinuntergeht und der Aufzug verdorben ist, dann weil mein Brief schon angekommen sein muß, dann weil ich mich schäme über meine Gesundheit gar zu telegraphieren, dann weil es teuer ist, dann weil es doch erlaubt sein muß ohne Strafe dem eigensten Arzt gegenüber ein wenig übertrieben zu klagen: wem gegenüber dürfte man es dann? und schließlich weil schon ein Brief daliegt, der aber erst weggeschickt werden kann, bis die Stellen, die von der Gesundheit handeln, unlesbar gemacht sind.

K.

An Robert Klopstock

[Postkarte. Prag, Stempel: 23. IX. 1921]

Lieber Robert, ... aus dem Schnupfen ist ein starker Husten geworden, heute war ich nicht im Bureau, morgen gehe ich zwar hoffentlich wieder, aber jetzt gerade ist ein Telegramm der Gärtnerin aus Pommern (die auch gar nicht böse ist) angekommen, in dem sie sich für morgen anzeigt, sie bleibt nur einen Tag, immerhin werde ich alle Kräfte zusammennehmen müssen und dabei ist sie freundlich und lieb und geduldig. Sie will einen Rat, aber die guten Ratschläge hängen zwischen den Sternen – darum ist dort so dunkel – wie soll man sie herunterholen.

Es freut mich, daß Barl, vielleicht doch gelingen wird. Von Max werde ich in dieser Hinsicht jetzt kaum etwas erreichen können, er ist sehr beschäftigt und gequält ...

An das Meer kann ich nicht, woher sollte ich das Geld nehmen? Auch wenn ich es »nehmen« wollte, könnte ich nicht. Auch ist es mir zu weit, aus Gesundheit will ich bis ans Ende der Welt fahren, aus Krankheit höchstens zehn Stunden.

K

Wie geht es Szinay? Grüßen Sie Glauber!

An Robert Klopstock

[Prag, Ende September 1921]

Lieber Robert, gut, daß ich noch ein paar Tage Zeit habe, zum Professor zu gehn. Der Pommersche Besuch ist recht gut abgelaufen, war auch ganz kurz, nun aber ist etwas Größeres geschehn, die Briefschreiberin, deren scharfe regelmäßige Schrift Sie kennen, ist in Prag und es beginnen die schlaflosen Nächte.

Wenn Frl. Irene es so auffaßt, wie Sie im letzten Brief, dann ist es ja gut, bleibt nur die Trauer um den Zipser Ehemann, aber sie wäre wohl für ihn zu zart gewesen. Ich freue mich ja sehr, daß sie hinauskommt. Es war wie ein Würfelspiel, zuerst schien es, daß Ihr Schüler Hellerau gewinnen werde, dann hatte mein Neffe Aussichten, dann Sie (mit mir als Anhang), dann Holzmann und schließlich gewinnt es Frl. Irene, von der wir gar nicht wußten, daß sie mitspiele. Ist ein Telegramm von Dresden schon gekommen?

Ihre Cousine bleibt längere Zeit in Berlin? Malt dort?
Nach Barl, komme ich nicht, Robert. Ich hätte noch lange in der Tatra bleiben können, aber wieder zurückzukommen, das wäre mir so, wie wenn ich mich mit meiner eigenen Krankheit, die dort geblieben ist (ohne daß ich deshalb weniger hätte), wieder anstecken wollte. Ich will die Krankheit wieder anderswo tragen. Auch wollen die Ärzte ein regelrechtes Sanatorium mit Abreibungen, Packungen, Quarzlampe und besserer Kost, dabei ist es in Görbersdorf nicht teuerer als in Matlar, freilich auch nach Görbersdorf zu fahren, freut mich nicht. Unser Genferseeplan war doch der beste.

Wunderbar ist es wie der Wille mit der Krankheit spielt, freilich auch wie schrecklich mit dem Willen gespielt wird. Seit zwei Tagen huste ich kaum, das wäre nicht so merkwürdig, aber ich spucke auch kaum und habe in Mengen gespuckt. Aber mir wäre lieber, ich hustete ehrlich, statt diesen »Pneumothorax« zu tragen.

Mit der Selbstwehr und der Kongreßzeitung geht es mir so wie Ihnen, ich bekomme sie auch nicht. Kommen Sie nicht nach Matlar?

Ist denn Szinay lungenkrank? Wohin geht er, nach Unterschmecks? (Ach so, Unterschmecks, das ist ja kein Lungenkurort?) Und Frau G.? Fährt Frl. Ilonka irgendwohin?
Leben Sie wohl

Ihr K

An Robert Klopstock

[Prag, September/Oktober 1921]

Lieber Robert, heute nur Frl. Irenens Sache. Ich war also bei Pick, er wußte nichts …, aber Paul Adler war dort, sehr bereitwillig, hat mir dann in einer Gesellschaft, in die ich allerdings gehn mußte, die beiliegenden zwei Briefe geschrieben; er ist ein ausgezeichneter Mensch; daß er es auch in dieser Hinsicht ist, hätte ich nicht erwartet. Der eine Brief ist an Prof. Dreher gerichtet, er ist ein Kunst-Akademieprofessor, etwa 45 Jahre alt, sehr freundlich, ebenso wie seine Frau, er ist ein Freund des in beiden Briefen erwähnten Gross, welcher Direktor der Kunstgewerbeakademie ist. Sollte die Adresse Dresden A Waisenhausgasse 7 nicht genau stimmen, ist sie jedenfalls in der Kunstakademie genau zu erfragen. Er könnte zwar auch in der Kunstakademie selbst aufgesucht werden, zuhause ist es aber vorteilhafter, weil Frl. Irene dann gleich mit der Frau bekannt wird und unter weiblichen Schutz kommt. Georg von Mendelssohn kenne ich flüchtig, er erinnert sich meiner gewiß nicht, ihn aber kann man nicht vergessen, ein riesiger langer nordländisch aussehender Mensch mit einem kleinen, entsetzlich energischen Vogelgesicht, man erschrickt vor seinem Wesen, seiner kurz abgehackten Rede, seiner scheinbar für jeden möglichen Fall ablehnenden Haltung, aber man muß nicht erschrecken, er meint es nicht böse, zumindest nicht im Durchschnitt seines Verhaltens und ist unbedingt zuverlässig. Er steht im Mittelpunkt des deutschen Kunstgewerbes, hat in Hellerau eine Kunstschmiede und gehört wohl in jeder Hinsicht zu den »Wissenden« des Kunstgewerbes.

Da ich diese zwei Briefe bekommen hatte (in denen natürlich abgesehn von ihrer Liebenswürdigkeit aller möglicher Unsinn steht, über den des guten Zwecks wegen Frl. Irene wohl hinwegsehn wird, wie auch ich es tue) halte ich es für das Richtigste, sich jetzt nur auf Dresden zu beschränken. Frl. Irene wird dort, je nachdem sich ihr die Dinge zeigen, Gelegenheit haben, in einer kleineren persönlicher geleiteten Schule oder in der Kunstgewerbeschule selbst zu lernen, außerdem ist es eine schöne, angenehme und vor allem verhältnismäßig sehr gesunde Stadt (viel gesünder, gartenstadtmäßiger als München) und doch auch am nächsten zur Heimat.

Ich habe deshalb das Gesuch nur dorthin geschickt; kommt keine Antwort oder eine ablehnende macht es nichts, die Empfehlungsbriefe werden es wieder gutmachen und kommt eine günstige Antwort, kann man sich den neuen Freunden in Dresden schon mit etwas ausweisen. Das Geld und die Marken der andern Gesuche schicke ich deshalb in der Beilage vorläufig zurück. Dem Gesuch nach Dresden habe ich 20 Kronen beigelegt, 10 Kronen schien mir zu wenig. Ich schreibe Ihnen, weil mir Hunsdorf postalisch irgendwie unzuverlässig vorkommt, vielleicht ist das Frl. auch schon in Matlar.
Herzliche Grüße dem Frl. und Ihnen

K

Damit Frl. Irene den Briefschreiber ein wenig kennen lernt, lege ich eine Kritik von ihm bei. Ist denn Hunsdorf Post? Das Telegramm soll ja hinkommen.

[auf separatem Bogen:]

Und jetzt noch ein paar Worte *im Vertrauen* zu Ihnen: Solange es sich nur um das hoffnungslose Experiment einer Gesuchseinsendung handelte, hat es mich interessiert, aber doch nur von der Ferne, so wie es z. B. bei Jules Verne interessiert, wenn man die leichtsinnigen Kinder auf dem Schiff spielen sieht; das Schiff wird sich doch nicht zufällig losreißen, sagt man sich, und etwa ins Weltmeer hinaustreiben, aber die entfernteste Möglichkeit dessen besteht doch und das ist eben interessant. Jetzt aber da es ernst wird und ich selbst mit hinein verflochten bin, ist es nicht mehr interessant. Ihr Urteil in dem Brief halte ich nicht für richtig, wohl aber jenes des Münchner Rektors. Aber auch das ist nicht das Entscheidende, selbst wenn gar kein lebendiges Talent hier aufzufinden wäre – und das scheint, nicht so sehr für meine unwissenden Augen als für meine Menschenkenntnis tatsächlich der Fall zu sein – wäre es an sich nicht so schlimm, die Zucht der Schule, der Einfluß des Lehrers, die Verzweiflung des eigenen Herzens könnten doch etwas Brauchbares erreichen, das alles aber nur in früher Jugend, im Alter Frl. Irenes nicht mehr. Gewiß, sie lebte ihr Leben lang dort in dem Zipser Urwald (so erscheint es ja von der Geistesbeweglichkeit der Dresdner Herren aus gesehn) und diese zarte Ungeschicklichkeit, Scheu, menschliche, künstlerische, allseitigste Unerfahrenheit hat einen gewissen Materialwert, die radikale Änderung der Lebensweise wird stark wirken, eine gewisse immerhin bestehende Robustheit wird diese Wirkung ohne Schaden zu ertragen wissen, aber leider, wegen des Alters, auch ohne Nutzen. Und welche Verantwortung trägt man, wenn man sie so hinaustreibt. Gerade jetzt in den Jahren, in denen sie sich noch durch eine Heirat retten könnte, wird sie im Ausland sein, erkennen, daß diese Hoffnung auch vergeblich war, beschämt zurückkommen und erst jetzt sehn, daß wirklich alles verloren ist. Ich bin unglücklich bei der Vorstellung, daß sie auf der Reise nach Dresden hier durchkommen wird, ich sie sehen werde (zum Zeigen der Stadt bin ich übrigens zu schwach) und so werde tun müssen, als hätte ich Zuversicht. Und wenn ich mir vorstelle, wie der Kunstakademieprofessor, der gute Sachse, sagt: »Nun also liebes Fräulein, zeigen Sie uns Ihre Arbeiten« und die Frau Kunstakademieprofessor steht auch dabei, möchte ich mich schon jetzt, trotzdem ich auch dann örtlich weit von der Szene entfernt sein werde, vor den Schrecken der Welt in ein Erdloch verkriechen. Die Empfehlungsbriefe sind schön, noch schöner wäre es, sie zu zerreißen.

Ich war gestern noch in einer Gesellschaft, die zusammengekommen war, um eine neue junge Rezitatorin zu hören (deren künstlerische Zukunft – sie lernt bei Reinhardt – mir übrigens nicht viel weniger verzweifelt vorkommt als die Frl. Irenens) –, dann war ich aus Schwäche noch im Kaffeehaus, kam nervenzitternd nachhause, ich ertrage jetzt nicht einmal die Blicke der Menschen mehr (nicht aus Menschenfeindschaft, aber die Blicke der Menschen, ihre Anwesenheit, ihr Dasitzen und Herüberschauen, das alles ist mir zu stark) hustete mich stundenlang (nicht telegrafieren! Ich habe nicht stundenlang gehustet, sondern stundenlang nicht geschlafen und dabei auch ein wenig gehustet.) in einen Morgenschlaf hinüber und wäre am liebsten aus dem Leben hinausgeschwommen, was mir wegen der scheinbaren Kürze der Wegstrecke leicht schien.

Zu Münzer gehe ich erst in ein, zwei Tagen.

Warum geht das Fräulein nicht lieber in eine Gartenbauschule? Übrigens, vielleicht gäbe es etwas Derartiges auch in Dresden.
Eben sehe ich, daß Frl. Irene nicht 28 Jahre alt ist, wie ich dachte, sondern 26, diese Kleinigkeit gibt doch vielleicht ein wenig Hoffnung.

An Robert Klopstock

[Zwei Postkarten. Prag, Stempel: 3. X. 1921] Sonntag

Lieber Robert,
ich verstehe nicht die Nachrichtenlosigkeit, eine Karte und ein Brief müssen doch angekommen sein. Bis Donnerstag bin ich ganz in Anspruch genommen, in Wirklichkeit weniger als in Gedanken, dann kommt wieder die Ruhe. Es geht mir besser, als ich im ersten großen Schrecken befürchtete, aber Gefahren bleiben und steigen
Herzliche Grüße

K

An Ludwig Hardt

[Prag, Anfang Oktober 1921]

Verehrter Herr Hardt,
ich bin nachmittag um 6 Uhr unten im Blauen Stern. Ich komme so spät und gehe bald wieder, weil ich meine wenigen Kräfte sparen will, um bestimmt Mittwochabend kommen zu können. Natürlich kann ich nicht voraussetzen, daß Sie gerade in dieser zufälligen Stunde Zeit haben werden; haben Sie keine Zeit, dann schicken Sie mich brieflich fort, ich werde beim Portier nachfragen. Sollte ich Sie auf diese Weise Dienstag nicht mehr sehen können, dann bitte ich Sie nur um eines: Wäre es möglich und wären Sie so freundlich, Mittwoch die Kleistsche Anekdote in das Programm aufzunehmen?
Ihr herzlich ergebener

Kafka

[Nachschrift mit Bleistift:]

Verehrter Herr Hardt, eben kam Ihr Brief, gewiß wäre der Abend das Beste, aber ich getraue mich nicht, an zwei Abenden gleich nacheinander bei diesem regnerischen Wetter auszugehen. Ich werde deshalb doch versuchen Sie um 6 Uhr zu treffen. Gelingt es nicht, werde ich versuchen um halb neun zu kommen, doch werde ich hinsichtlich dessen um sechs Uhr noch einen Zettel beim Portier lassen. Was für Kompliziertheiten! Nehmen Sie es mir, bitte, nicht übel.

An Robert Klopstock

[Postkarte. Prag, Stempel: 4. X. 1921]

Lieber Robert, bitte nicht böse sein oder, was dasselbe ist, nicht so unruhig. Unruhig bin ich auch, aber anders. Die Lage ist klar, mit uns beiden spielen die Götter, aber es sind andere bei Ihnen, andere bei mir, das müssen wir mit Menschenanstrengung auszugleichen suchen. Ich kann nicht viel über die Hauptsache sagen, sie ist, auch für mich selbst, eingesperrt in das Dunkel der Brust, sie liegt dort wohl neben der Krankheit auf gemeinsamem Lager. Donnerstag oder Freitag werde ich wieder allein sein, dann schreibe ich Ihnen darüber vielleicht, ausführlich allerdings auch dann nicht, es gibt, mich eingeschlossen, keinen Menschen, der etwas Ausführliches darüber erfahren könnte. – Ein wenig, und wenig ist bei mir leider viel, bin ich noch von einem (allerdings, aber hier gibt es kein allerdings, bewundernswerten) Rezitator in Anspruch genommen, der für ein paar Tage hier ist.

Ihr K

An Robert Klopstock

[Prag, Anfang Oktober 1921]

Lieber Robert, es geht nicht, meine Schwester war dort. Ein neuer Paß würde 191 kč kosten, abgesehen davon aber, daß dies, für ein Nichts gezahlt, ein ungeheurer Preis wäre, wollten sie nicht einen neuen Paß ausstellen, der alte sei noch sehr gut, sie hätten schon viel schlechtere Pässe gehabt u. s. f. Allerdings es sei nicht richtig gewesen, die Blätter einzunähn, aber auch das mache nichts, übrigens haben sie jetzt zur Sicherheit alle Blätter mit Stampiglien versehn, mehr war nicht zu erreichen. Man hätte höchstens die Wahrheit sagen können, aber dann hätte man eben den großen Preis zahlen müssen.

Gestern war Frl. Irene hier, mein Verdacht gegen die Angelegenheit ist nicht beseitigt, es ist ein wahnwitziges Unternehmen, so wahnwitzig, daß es nicht einmal schön ist zuzuschauen. Ich werde entzückt sein, wenn es halbwegs gut ausgeht, ich werde nicht nur im Einzelfall widerlegt sein, mein ganzes Weltbild wird beeinflußt sein. Heute mittag ist sie weggefahren, vielleicht war sie vormittag noch mit Hardt zusammen und hat von ihm eine Empfehlung bekommen. – Ich denke ja bei dem Ganzen sehr an mich, es ist so, wie wenn ich etwa heute meinem Traum nachgeben und mich bei einer Skautstruppe zehnjähriger Jungen anmelden wollte.

Von Ihnen wußte Frl. Irene kaum etwas zu erzählen, nichts von Barl, nichts von Matlar, nichts von Frau G. – Aber lieb und zart ist sie natürlich, daran will ich mit meinem groben Urteil nicht rühren.

Ein wenig Ruhe habe ich schon, bin aber jetzt sehr müde von den Anstrengungen der letzten Tage, Gesamtzustand nicht zu schlecht.
Alles Gute!   Ihr K

An Robert Klopstock
                                   [Postkarte. Prag, Stempel: 8. X. 1921]

Lieber Robert, um einen Tag wurde es verlängert, nun ist es vorüber. Jetzt ist noch Hardt da, bewunderungswürdig in vielem, sehr liebenswert in manchem. Dienstag fährt er weg, dann wird es still sein, ich bin in diesen Tagen während des Tages kaum gelegen, bin aber nicht sehr müde, im Husten sogar sehr kräftig. Morgen fahre ich ein tschechisches Sanatorium mir ansehn, in Görbersdorf wird erst Ende November ein Zimmer frei, auch sind sie antivegetarianisch. Nun muß es ja hinsichtlich Baril, endlich entschieden sein? Und Frl. Irene»

Sie mögen Leid haben, Robert, natürlich, aber dann können Sie andern die Schuld geben und wenn Sie wollen, müssen Sie niemandem die Schuld geben, desto besser, was für ein freies, schönes Leben.

                                                                                                        Ihr K

An M. E.
                                   [Ansichtskarte. Prag, Stempel: 11. X. 1921]

Der Faulenzer und die Arbeiterin
Liebe Minze, lange war ich untergetaucht, habe einfach Ihr schönes Bildchen mit Freude eingesteckt, zwei Karten und den Brief gelesen, als säßen Sie vor dem Kanapee und erzählten mir, und im übrigen habe ich mich mit einigen aufregenden, erschöpfenden Besuchen beschäftigt, war hie und da auch im Bett, hatte keinen Augenblick Zeit, sei es infolge von Beschäftigung, sei es infolge Müdigkeit, und wußte allerdings auch, daß es zwischen uns nicht entscheidet, ob ich heute oder morgen schreibe, denn wir werden nicht nervös, wenn einer einmal nicht schreibt, jeder weiß doch vom andern, ein wie eisern fester Mensch er ist. – Aus der holländischen Reise wird nichts? Schade, schade. – Ich bleibe noch ein wenig in Prag.

Herzlichste Grüße auch den Freundinnen   Ihr K

Meiner Schwester (die Sie herzlich grüßen läßt) Adresse:
Ottilie David Prag Altstädter Ring 6

An Robert Klopstock

[Prag, Mitte Oktober 1921]

Lieber Robert, immerfort sind Sie mit mir unzufrieden. Das kann mir unmöglich gesund sein. Ich bin genau der Gleiche, der ich in Matlar war und doch waren Sie dort nicht immerfort mit mir unzufrieden, freilich das Beisammenleben verwischt wohltätig die Linien. Man könnte aus dem Ganzen schließen, daß, wenn Sie mir vollständig auf die Schliche kämen, Sie überhaupt nichts mehr von mir wissen wollten.

Der Vergleich mit Ihrer Cousine droht mir immer wie eine Rute. Und doch habe ich gewiß mit Ihrer Cousine nichts Entscheidendes gemeinsam außer Sie selbst. In früheren Jahren pflegte mein Vater, wenn ich irgendeine scheinbare Dummheit, in Wirklichkeit aber die Folgerung aus einem Grundfehler machte, zu sagen: »Der ganze Rudolf!«, womit er mich mit einem für ihn äußerst lächerlichen Stiefbruder meiner Mutter verglich, einem unenträtselbaren, überfreundlichen, überbescheidenen, einsamen und dabei fast geschwätzigen Menschen. Im Grunde hatte ich kaum etwas Gemeinsames mit ihm, außer dem Beurteiler. Aber die quälende Wiederholung des Vergleiches, die fast körperliche Schwierigkeit, einem Weg, an den man früher gar nicht dachte, nun um jeden Preis auszuweichen, und schließlich des Vaters Überzeugungskraft oder, wenn man will, seine Verfluchung, brachten es doch zustande, daß ich mich dem Onkel wenigstens näherte.

Die ganze Pneumothoraxgeschichte war doch nur Scherz, ich war mit andern Dingen als mit meiner Lunge beschäftigt, die Lunge hat die Berechtigung dessen eingesehn und war ein Weilchen lang stiller, sie hat sich seitdem dafür schon wieder entschädigt. Daß Sie allein sind, ist freilich nicht gut, trotzdem man auch das nicht mit Bestimmtheit sagen kann. Sie studieren? Wie sind die Temperaturen?

Wissen Sie nichts von Ilonka, Frau Galgon? Szinay ist also lungenkrank, ist das möglich?
Alles Gute!

Ihr K

[Randnotiz:] Von was für einem Buch sprachen Sie, das ich Ihnen versprochen hätte?

An Robert Klopstock

[Prag, Oktober 1921]

Lieber Robert, hier ist der Paß, ich war auch wieder krank, darum ist auch das wieder verspätet. Hoffentlich können Sie ihn schon bald gebrauchen. Das Schlimmste ist ja in Ihrem Fall nicht die Krankheit, so traurig und unbegreiflich das Fieber auch ist, sondern daß sie zusammentrifft mit jenen manchmal Sie überkommenden Verzweiflungsanfällen, die wiederum herkommen aus dem Nichts, aus der Jugend, aus dem Judentum und aus dem allgemeinen Leid der Welt. Trost gibt im gewöhnlichen Tagesleben eigentlich nur die Erfahrung, daß man, so unglaublich es ist, doch wieder hinauskommt aus den bodenlosen Abgründen manchen Augenblicks.

Ihr K

An Robert Klopstock

[Prag, November 1921]

Lieber Robert, ich verstehe den Brief vielleicht nicht ganz; heißt es, daß die Engländer auch zu einer Kur in der Tatra kein Geld geben, trotzdem doch der Professor, soweit ich mich erinnere, Ihnen fast die Zusage machte, daß Sie in der Tatra bleiben können? Und wollen Sie nun sofort nach Prag, in die Stadt? An einem warmen Nachmittag durch die innere Stadt zu gehn und sei es noch so langsam, ist für mich so, wie wenn ich in einem lange nicht gelüfteten Zimmer wäre und nicht einmal mehr die Kraft hätte, das Fenster aufzustoßen, um endlich Luft zu bekommen. Und hier ständig sein? Im Seziersaal? Im Winter, in geheizten, ungelüfteten Zimmern? Und dies ohne Übergang, gleich aus der reinen Bergluft? Meinen Sie es so, daß Sie gleich kommen wollen? …

Des Mädchens Brief ist schön, ebenso schön wie abscheulich, das sind die verführerischen Nachtstimmen, die Sirenen haben auch so gesungen, man tut ihnen unrecht, wenn man glaubt, daß sie verführen wollten, sie wußten, daß sie Krallen hatten und keinen fruchtbaren Schoß, darüber klagten sie laut, sie konnten nicht dafür, daß die Klage so schön klang.

Mit Mädchenbriefen sind Sie also gut versehn. Wer Heddy ist, weiß ich gar nicht. Armer Glauber. Aber vielleicht beschleunigt es eine günstige Entwicklung, das Mädchen muß sich doch eigentlich seiner annehmen, sich also gegen den Vater stellen, dabei ihre eigenen Bedenken gegen die Hauptsache zurückstellen u.s.f.

Die Selbstwehr ist seitdem noch nicht erschienen, die Kongreßzeitung geht manchmal zu mir, manchmal nach Matlar, sie war bis auf die letzte Nummer (aber auch die würde Sie kaum interessieren, es handelt sich um Vorschläge für intensive Bodenbearbeitung) nicht lesenswert, trockene Auszüge der Reden. Die Kinder machen mir Freude. Gestern z. B. saß die vorletzte Nichte (ihr Bild habe ich Ihnen einmal gezeigt) auf dem Fußboden, ich stand vor ihr. Plötzlich bekam sie aus äußerlich unerkennbarem Grund große Angst vor mir und lief zu meinem Vater, der sie aufs Knie nehmen mußte. Die Augen hatte sie voll Tränen und zitterte. Da sie aber sehr sanft und zart und freundlich ist, beantwortete sie doch, durch des Großvaters Arm allerdings auch schon ein wenig gesichert, alle Fragen, also z. B., daß ich der Onkel Franz bin, daß ich brav bin, daß sie mich sehr gern hat udgl., aber immerfort zitterte sie dabei noch, vor Angst. Herzliche Grüße

Ihr K

An Robert Klopstock

[Prag, November 1921]

Lieber Robert,
nun hört die Furcht allmählich schon auf, es war aber doch arg. Ärgerlich sind die Temperaturen. Und ohne besonderen Grund? Liegen Sie zumindest so viel wie im Sommer! Und wie ist Ihre Stellung in Matlar? ...

   Von Frl. Irene hatte ich einen Brief, geschrieben vor Beginn der Probezeit. Offenbar ist man dort sehr freundlich zu ihr, auch die beiden von Hardt ihr genannten Mädchen scheinen sich ihr anzuschließen, trotzdem in dieser Hinsicht Hardt, wie er mir privat sagte, von diesen ganz anders gearteten feurig geistigen russischen Jüdinnen nicht viel erhoffte. Hoffentlich geschieht es nicht nach dem alten Gesetz: Wem nicht zu helfen ist, dem wollen alle helfen (Sie kennen die »Räuber«? Dem Mann, welchem geholfen werden kann, hilft nur der große Held, die Menge wirft sich auf die Unrettbaren). Wenn es Frl. Irene nur gut ginge! Ihr Brief war aufregend.

   Lesen Sie »Bocksgesang« in der Prager Presse? Äußerst interessant ist es. Dieser Kampf mit den Wellen und immer wieder kommt er hervor, der große Schwimmer. Morgen sollte ich ihn sehn, ich gehe aber nicht hin.

   Die Selbstwehr schicke ich Ihnen Montag, es tut nichts, wenn Sie ein wenig nach ihr hungern, nachdem Sie sie früher oft mißachtet haben. Auch das Lehrbuch schicke ich.

   Von der neuen Kur ist noch nichts zu sagen. Der Arzt erhaben kindlich lächerlich wie die meisten. Nachher habe ich sie dann sehr gern. Es kommt doch nur darauf an, daß sie das Beste tun, was sie können, und je weniger das ist, desto rührender ist es. Und manchmal überraschen sie ja doch. Alles Gute!

Ihr K

Grüßen Sie Glauber und Szinay.

An Robert Klopstock

[Prag, Anfang Dezember 1921]

Lieber Robert, was sind Sie doch für ein Mensch! Fräulein Irene ist aufgenommen. Ein Mädchen, das in 26 Jahren (offenbar entsprechend ihren Anlagen) keine andere Kunstarbeit gemacht hat, als die schlechte Kopie einer schlechten Ansichtskarte, keine andere Ausstellung gesehn hat als die von Hauptmann Holub, keinen Vortrag gehört hat außer den von Saphir, keine Zeitung gelesen hat außer die Karpathenpost – dieses Mädchen ist aufgenommen, schreibt halbglückliche Briefe nicht ohne Feinheit, ist die Freundin eines offenbar bedeutenden Mädchens. Wunder über Wunder und von Ihnen heraufgezaubert. Ich wärme mich daran in diesem traurigen Winter.

Ihr K

An Robert Klopstock

[Prag, Anfang Dezember 1921]

Lieber Robert, merkwürdig die Geschichte Ihres Onkels, wie von Pallenberg gespielt. Die Luft des Zimmers spürt man in Ihrem Brief. Was aber nachher kam, haben Sie mir nicht geschrieben, nur was die Staatsbürgerschaft betrifft.

Die Berufswahl – nun, daß Sie etwas anderes als Arzt werden sollten, daran habe ich nie gedacht, seitdem ich Sie nur ein wenig kenne. Daß das eine Beschäftigung nur für Wohlhabende sei, stimmt wahrscheinlich für Mitteleuropa, für die übrige Welt und besonders für Palästina, das sich so erfreulich in Ihren Gesichtskreis zu schieben beginnt, nicht. Und eine physische Beschäftigung ist es doch auch. Und dann Halb- und Halb-Berufe, d.h. Berufe ohne Ernst sind abscheulich, ob sie physisch oder geistig sind, und werden, wenn sie menscherfassend sind, herrlich, ob physisch oder geistig. Das ist schrecklich einfach zu erkennen und es ist schrecklich schwer, den lebendigen Weg hindurch zu finden. Für Sie übrigens nicht einmal so schwer, denn Sie sind Arzt. Hauptsächlich gilt es ja nur für die Durchschnittsmasse der Juristen, daß sie erst zu Staub zerrieben werden müssen, ehe sie nach Palästina dürfen, denn Erde braucht Palästina, aber Juristen nicht. Ich kenne flüchtig einen Prager, der nach ein paar Jahren Jusstudium es gelassen hat und Schlosserlehrling geworden ist (gleichzeitig mit dem Berufswechsel hat er geheiratet, hat auch schon einen kleinen Jungen), ist jetzt fast ausgelernt und fährt im Frühjahr nach Palästina. Freilich gilt bei solchem Berufswechsel gewöhnlich, daß die Lehrzeit Unstudierter drei Jahre, die Lehrzeit Studierter sechs und mehr Jahre beträgt. Übrigens war ich letzthin in einer Ausstellung von Lehrlingsarbeiten, wo aus allen Handwerken nach ein- bis zweijähriger Lehrzeit schon erstaunliche Leistungen (allerdings Unstudierter) zu sehen waren. Daß Ihre Cousine nicht in Berlin bleibt, ist merkwürdig; es bedeutet doch etwas, als halbwegs freier Mensch Berlin zu verkosten. Es spricht sehr für die Kunst Ihrer Cousine oder sehr gegen sie, daß sie so leicht Berlin verläßt. Das andere aber, daß sie nicht über die Tatra fährt und nicht mit mir sprechen will, das ist nicht merkwürdig und wundert mich nicht.

Wenn Sie »Jawne und Jerusalem« von Bergmann nicht haben, werde ich es Ihnen schicken.

Wie leben Sie jetzt? Was arbeiten Sie? Bei meinem Cousin war ich noch nicht wieder. Ich fange auch an zu den Leuten zu gehören, die keine Zeit haben. Der Tag ist genau eingeteilt zwischen Liegen, Spazierengehn und dgl., nicht einmal zum Lesen habe ich Zeit und Kraft. Nach ein paar fieberfreien Tagen jetzt wieder Fieber. Der Arzt hat mir nur einen Tee verschrieben, der, wenn ich den Arzt richtig verstanden habe, kieselsäurehaltig ist und Kieselsäure soll, wie er irgendwo (hoffentlich in keiner humoristischen Zeitschrift) gelesen hat, die Vernarbung befördern. Vielleicht versuchen Sie ihn auch. Ich schreibe Ihnen das Rezept ab, wenn ich hinauf in meine Wohnung komme, ich schreibe jetzt in der Wohnung meiner Schwester, mein Zimmer, die kalte Hölle, ist ungeheizt. Herzliche Grüße, auch Glauber und Steinberg.

Ihr K

Schreiben Sie mir von Ilonka und Frau Galgon.

Einen Brief und das Lehrbuch müssen Sie von mir bekommen haben.

An Robert Klopstock

[Prag, Dezember 1921]

Lieber Robert, übertreiben Sie nicht ein wenig im Urteil über Ilonka? Sie ist ängstlich, von der Welt bedrückt, traut ihrem Urteil nicht, hat aber genug gute Nerven, um sich nach fremdem Urteil zu verhalten, hoffentlich hat sie diese Nerven. Und ist freilich zart genug, daraus keine Heldentat zu machen, sondern den Jammer sich und andern einzugestehn, leider hat sie diese Zartheit. Übrigens halte ich es nicht durchaus für ein Unglück, daß sie dem Vater gefolgt hat; wer seinem Urteil traut, muß nicht immer Recht haben, wer aber seinem Urteil nicht traut, hat wohl immer recht. Und außerdem ist die Ehe, meistens wenigstens, ein verhältnismäßiges Glück, nur den Brautstand muß man überstehn. Darin habe ich Ilonka in meinem Brief zu bestärken gesucht. Wissen Sie etwas Neues von ihr? Und warum schreiben Sie kein Wort von Frau Galgon?

Sie übertreiben hinsichtlich Ilonkas, ich hinsichtlich Irenens. Ich übertreibe vor Glück, daß ein solcher Kindertraum irgendwo in meiner Nähe wenigstens der Form nach gelebt wird, daß es soviel Naivität, infolgedessen soviel Mut, infolgedessen soviel Möglichkeiten auf der Welt gibt. Bei den Einzelheiten müßte man sich aber nicht so aufhalten, trotzdem gerade sie es sind, die mich glücklich machen. Was ist denn hier Kraus, Kokoschka u. s. w. ? Diese Namen nennt man in diesen Kreisen Dresdens täglich so oft wie in Matlar die Lomnitzer Spitzen und bestenfalls im gleichen Sinn: die ewige Monotonie der Berge müßte einen verzweifeln lassen, wenn man sich nicht manchmal zwingen könnte, sie schön zu finden. Die »wundertätigen« Briefe (Robert!) waren drei Bleistiftzettel, in denen ich ihr und mir gratulierte.

Mein Zustand ist nicht schlechter als in Matlar im Winter; Temperatur und Gewicht sind nicht ganz so gut wie in Matlar, sonst aber ist keine Verschlechterung, gewiß nicht. Als Werfel hier war, war mir wohl etwas schlechter als jetzt, das war aber nicht der Grund des Verbotes. Der Arzt ist überhaupt gegen den Semmering, weil er zu rauh ist, überhaupt gegen jeden dauernden gewaltsamen Wechsel, außerdem gegen eine Unterbrechung seiner Behandlung. In gewissem Widerspruch dazu steht allerdings, daß er Ende Jänner mit seiner Familie nach Spindelmühle fährt (Riesengebirge) und mich mitnehmen will, allerdings nur für vierzehn Tage.

Haben Sie in der Prager Presse den Artikel von Upton Sinclair über Dr. Abram gelesen, ich hielt es für einen Spaß, aber man leugnet es.

…

In Ihrer Sache ist teils durch meine Nachlässigkeit, teils ohne meine Schuld, noch nichts geschehn. Zuerst hat es mein Cousin übernommen, der mit Münzer durch seine Frau verwandt ist, aber der Cousin kränkelte immerfort und ist jetzt ernstlich krank. Ich nahm also die Papiere von dort und gab sie Felix Weltsch, vielleicht höre ich Sonntag etwas darüber.

Ihr K

Grüßen Sie Glauber, Szinay, Steinberg. Und Holzmann? Er hat Ihnen George geschickt?

Unter den Zeitungen, die ich Ihnen schicke, ist ein »Reformblatt« mit einem Aufsatz über Röntgenbehandlung. Sollte etwas Bemerkenswertes darin sein, schreiben Sie mir bitte gelegentlich ein paar Worte darüber, die Zeitungen sind schon eingepackt, ich will sie nicht auseinandernehmen.

An Robert Klopstock

[Prag, Dezember 1921 /Januar 1922]

Lieber Robert, so sehr sicher ist die Bestätigung der Abramschen Dinge, die ich habe, nicht. Meine Schwester hat nur mit Rudolf Fuchs darüber gesprochen, welcher ihr sagte, das wären bekannte Dinge, der sogenannte Abramismus, auch Bücher wären schon darüber geschrieben. Daß er Spaß gemacht hat, glaube ich nicht; wo er vom Abramismus gehört hat, ob etwa in der Redaktion, weiß ich nicht. Ich selbst spreche mit niemandem außer mit Max (manchmal mit Oskar und Felix) und meinem Arzt, die beiden wissen nichts davon, allerdings haben sie auch den Aufsatz nicht gelesen. (Können Sie mir die Nummer des Blattes sagen?) Mein Arzt (der übrigens daran schuld ist, daß ich den ersten Anfang dieses Briefes, in dem ich mich über den Arzt ausgeschwätzt habe, wegwerfen mußte) ist jünger als ich, leidenschaftlicher Arzt, interessiert sich auch besonders für Krebs, hat mir auf meine Erzählung hin ein Buch über Radioaktivität gezeigt, das er gerade studiert hat, von Abram weiß er aber nichts.

Ihre Selbstvorwürfe wegen Abram! Solche Dinge, solche Bekenntnisse sind es, die mir die Welt seit jeher fern halten. Wenn wirklich das Auftreten einer solchen Sünde etwas Außerordentliches, Vereinzeltes, besonders Schreckliches ist, dann verstehe ich nicht nur nicht die Welt, das ist selbstverständlich, dann aber ist sie aus anderem Stoff als ich. Für mich wäre eine solche Sünde nichts als ein Tropfen in dem Lebensstrom, auf dem ich fahre, glücklich, wenn ich nicht ertrinke. Eine solche Sünde hervorheben scheint mir das Gleiche, wie wenn jemand die Abfallwässer von London untersuchen und eine einzige tote Ratte in ihnen finden würde und auf Grund dessen zu dem Schlüsse käme: »London muß eine äußerst widerliche Stadt sein«.

Die Angst wegen des Arbeitsstoffes ist immer wohl nur ein Stocken des Lebens selbst. Man erstickt im Allgemeinen nicht, weil es an Luft, sondern weil es an Lungenkraft mangelt.

Ihre Erklärung der Abramschen Dinge ist sehr gut, nur die Elektronen verstehe ich nicht, nicht einmal den Namen. Das Reformblatt ist gewiß ein sehr lächerliches Blatt, aber die Lächerlichkeit entwertet es nicht, sondern ist nur eine Hinzugabe. Die Bestrebungen dieses Blattes und anderer ähnlicher sind vielleicht lebendiger als ihre Träger und warten nur in diesem Halbdunkel auf ihre Zeit …

Alles Gute   Ihr K

Wie ist die Gesundheit und die Arbeit? Und warum noch immer nichts über Frau Galgon?

An M. E.

[Ansichtskarte (Spitzwegs »Hochzeiter«).
Prag, Winter 1921/22]

Sehr lieb ist es, Minze, daß Sie mich nicht vergessen haben, wobei ich allerdings Ihre Karte nicht als ein Verzeihen meines langen Schweigens auffasse – verzeihen ist leicht – sondern als ein Verstehen meines besonderen Falles oder richtiger: kein deutliches Verstehn, sondern ein verständiges Dulden. Und das ist doch wirklich sehr lieb. Sind Sie ein wenig froher als damals, da Sie mir zum letztenmal schrieben und ich wahrhaftig nichts zu antworten wußte? Ich pflege mit der Stirn oft an eine solche Grenze zu schlagen.

Herzliche Grüße   Ihres K

An Robert Klopstock

[Prag, Ende Januar 1922]

Lieber Robert, wieder ein Tadelbrief, soweit ich ihn verstehe (das Deutsch – nicht dieses ist aber der Grund des Nichtverstehns – ist ein wenig sonderbarer als früher, nicht etwa falsch, gar nicht, aber sonderbarer, so als wären Sie wenig mit Deutschsprechenden beisammen), müssen Sie mich immerfort tadeln? Tue ich das nicht selbst genug? Brauche ich darin Hilfe? Aber gewiß brauche ich darin Hilfe. Und Sie haben auch an sich recht, aber ich bin so sehr damit beschäftigt, einem imaginären Balken nachzujagen, in dem fortwährenden realen Schiffbruch, daß ich gegen alles andere wahrscheinlich nicht anders als böse sein kann. Besonders was Briefe anlangt, Briefe von Mann wie von Frau. Briefe können mich freuen, mich rühren, mir bewunderungswürdig scheinen, aber sie waren mir früher viel mehr, zu viel, als daß sie jetzt eine wesentliche Form des Lebens für mich sein könnten. Ich bin nicht von Briefen getäuscht worden, aber mich habe ich mit Briefen getäuscht, mich förmlich jahrelang im voraus gewärmt an der Wärme, die schließlich erzeugt wurde, als der ganze Haufen Briefe ins Feuer kam …

Maxens Roman hat für mich große Bedeutung gehabt. Schade, daß ich nicht imstande bin einiges (z.B. die Spionagegeschichte, die Jugendtagebuchgeschichte) vor Ihren Augen wegzuziehn, damit Sie in die Tiefe des Buches sehen können. Wenigstens meiner Meinung nach hindern das jene Geschichten, aber für den Roman, das ist eben seine Schwäche, sind sie doch nötig. Geben Sie sich Mühe hindurchzusehn, es steht dafür.

Über Bocksgesang sagten Sie nichts. Die Münzermitteilungen haben Sie wohl bekommen.

Einige Zeitschriften schicke ich morgen, vom Feuerreiter bekam ich nur das erste Heft.

Freitag fahre ich nach Spindelmühle, für vierzehn Tage. Mögen diese besser sein als die letzten schlaflosen drei Wochen, das ging an Grenzen, die ich in Matlar noch nicht berührt habe.

Wie richten Sie Ihre Zukunft ein? Wohnung habe ich noch nicht, aber bei der Ymca sind, wie mir Max (der dort vor ein paar Tagen einen Vortrag gehalten hat) erzählte, schöne stille angenehme Tag- und Studierräume für Studenten, Liegeräume, Badezimmer u.s.w., aber kein Nachtlager.

Leben Sie wohl und grüßen Sie schön Glauber.

Ihr K

An Robert Klopstock

[Postkarte. Spindelmühle, Ende Januar 1922]

Lieber Robert, in Spindelmühle, unter äußerlich ausgezeichneten Verhältnissen, in den ersten Tagen auch sonst gut, jetzt schlaflos, schlaflos bis zur Verzweiflung. Sonst aber kann ich rodeln und bergsteigen, hoch genug und steil, ohne besondern Schaden, das Thermometer wird nicht beachtet. Ottla hat Ihnen wohl schon geschrieben, wann das Semester beginnt. Leben Sie wohl und auf Wiedersehn! Wie Sie jetzt nach eineinhalb Jahren Bergleben und wüstem Bergleben sich in die Stadt werfen werden!

Ihr K

An Max Brod

[Ansichtskarte. Spindelmühle, Stempel: 31.1. 1922]

Lieber Max, der erste Eindruck war sehr gut, viel besser als in Matlar, im zweiten Eindruck erwachen dann die Geister des Ortes, doch bin ich sehr zufrieden, es könnte gar nicht besser sein; wenn es so bleibt, werde ich mich erholen. Bin schon gerodelt, werde es vielleicht sogar mit den Skiern versuchen. Lebwohl. Du hast mir in den letzten Tagen viel geholfen. Ich erwarte die Schandauer Nachricht.

Dein

An Max Brod

[Postkarte. Spindelmühle, Ankunftstempel: 8. II. 1922]

Liebster Max, schade, schade, daß Du nicht für *ein paar Tage* kommen kannst, wir würden, wenn das Glück es wollte, den ganzen Tag bergsteigen, rodeln, (Skilaufen auch? Bisher habe ich fünf Schritte gemacht) und schreiben und besonders durch das letztere das Ende, das wartende Ende, ein friedliches Ende herbeirufen, beschleunigen, oder willst Du das nicht? Mir geht es wie im Gymnasium, der Lehrer geht auf und ab, die ganze Klasse ist mit der Schularbeit fertig und schon nachhause gegangen, nur ich mühe mich noch damit ab, die Grundfehler meiner mathematischen Schularbeit weiter auszubauen und lasse den guten Lehrer warten. Natürlich rächt sich das wie alle an Lehrern begangene Sünden.

Bis jetzt habe ich fünf gute, die sechste und siebente Nacht aber schon schlecht verbracht, mein Inkognito ist gelüftet.

Dein

An Johannes Urzidil

[Spindelmühle, Stempel: 17. II. 1922]

Sehr geehrter Herr Urzidil,
meinen herzlichen Dank für das Buch. Es hat mich im Wesen, aber auch im
Aufbau sehr an Iwan Iljitsch erinnert! Zuerst Werfels sehr einfache und schreckliche Wahrheit (wahr auch der unheimliche »freudig Lug-Gewillte«), dann das
Sterben dieses jungen Menschen, der drei Tage- und Nächte-Schrei, man hat in
Wirklichkeit keinen Laut davon gehört, und wenn es hörbar gewesen wäre, wäre
man ein paar Zimmer weiter gegangen, es gibt keinen anderen »Ausweg« als die-
sen und schließlich Ihr männliches und deshalb trostreiches Nachwort, zu dem
man sich natürlich am liebsten schlagen würde, wenn es nur nicht, wie es in der
Natur des Trostes liegt, zu spät käme, nach der Hinrichtung. Es ist bei Iwan
Iljitsch nicht anders, nur ist es hier im »Vermächtnis« noch deutlicher, weil jedes
Stadium sich besonders personifiziert.
Mit herzlichen Grüßen

Ihr Kafka

An M.E.

[Ansichtskarte »Winter im Riesengebirge«.
Wien, Stempel: 22. II. 1922]

Herzliche Grüße aus einem Sonnenbad

Kafka

Liebe Minze, aus Prag schreibe ich Ihnen, ich hatte schlechte Zeiten, nicht von
der Lunge her, von den Nerven. Ihre Briefe bekam ich erst in allerletzter Zeit, da
sie ins Bureau adressiert waren, in das ich schon lange nicht gehe. Alles Gute!

Ihr Kafka

An Robert Klopstock

[Prag, Stempel: 23. II. 1922]

Lieber Robert, ich war eben einige Tage länger in Spindelmühle, wollte von dort
nicht mehr schreiben, müde Tage, kurz nach meiner Ankunft kam das Telegramm, die Mutter beantwortete es, daher der sonderbare Wortlaut, dann kam
das Telegramm von Pick (mit dem ich böse bin oder er mit mir, er weiß von mir
nichts, als daß wir vorgestern auf der Gasse an einander vorübergegangen sind),
dann die Briefe, alles eine quälende Beschämung für mich, verzeihen Sie. Heute
vormittag kam der Paß, ich ging gleich hin, es ist nicht so einfach, nichts ist so
einfach, man sagte mir, dieser Paß sei bis zur Höchstdauer der Geltung eines
Passes verlängert, es müsse daher ein neuer Paß ausgestellt werden und für den

sei eine neue Fotografie nötig. Ich behaupte nicht, daß ein befehlshaberischer oder ein diplomatischer Mensch die Verlängerung dieses Passes nicht doch erreicht hätte, meine Klage wegen Ihrer Budapester Reise, des direkten Zuges, Ihrer Armut wurde nur freundlich, aber ohne sonstige Wirkung angehört. Sie müssen also, Robert, die Fotografie schicken, Armutszeugnis haben Sie nicht? Was steht auf der Note des Sanatoriums? Warum haben Sie das beigelegt? Herzliche Grüße

Ihres K

An Robert Klopstock

[Postkarte. Prag, Stempel: 1. III. 1922]

Lieber Robert, es ist ja gar nichts, es ist ja, wenn nur ein wenig Einsicht in die wahren Verhältnisse in Ihren Briefen sich zeigt, alles sofort gut. Sie müssen eben nur wissen, daß Sie an einen armen kleinen von allen möglichen bösen Geistern besessenen Menschen schreiben (ein unzweifelhaftes Verdienst der Medizin ist es, daß sie statt des Begriffes der Besessenheit den tröstenden Begriff der Neurasthenie eingeführt hat, wodurch sie allerdings die Heilung erschwert, und außerdem die Frage offen gelassen hat, ob Schwäche und Krankheit die Besessenheit herbeiführen oder ob nicht vielmehr Schwäche und Krankheit ein Besessenheitsstadium schon sind, die Präparierung des Menschen zum Ruhe- und Lust-Lager der unsaubern Geister) und den man quält, wenn man das nicht anerkennt, mit dem sich aber doch sonst erträglich auskommen läßt. – Beim Paßamt ist es mir heute ganz mißlungen, trotzdem ich dort heute früher war als voriges Mal, ist es so sehr überfüllt gewesen, daß man mich weggeschickt hat. Ich werde morgen früher hingehen. Für die Gebührenbefreiung ist wenig Hoffnung, meine Schwester hat ja, wie sie mir jetzt sagt, schon vorigesmal es vergebens versucht. Und nun schicken Sie mir statt des Armutszeugnisses eine Fotografie, auf der Sie aussehn wie ein junger Adeliger, irgendein Sohn Ludendorffs. Herzlichst

K

An Robert Klopstock

[Prag, Frühjahr 1922]

Lieber Robert, lange nicht geschrieben, ich weiß, aber ich muß erst der Beschämung, die Sie mir manchmal, lieb und böse, in Ihren Briefen auflegen, Zeit geben, zu vergehn.

Am merkwürdigsten war mir immer, daß Sie hie und da – im letzten Brief nimmt es aber ein zu großes Ausmaß an, – über Ihre Stellung zu den Menschen »den lieben guten« wie Sie schreiben, klagten. Ich fühle übrigens für mich dieses »lieb und gut« sehr ähnlich wie Sie, lese ich es aber geschrieben und nicht von mir geschrieben, kommt es mir mehr lächerlich als wahr vor, ein der Menschheit dargebrachter Geburtstagswunsch mit allen zugehörigen, die Worte überwältigenden Hintergedanken.

Nun ist schon Ihr dritter Brief da, so vieles unbeantwortet und ich weiß nichts und bin nur müde. Ich kann nur sagen, kommen Sie, treten Sie aus dem Sie ausdörrenden Matlar unter Menschen, unter Menschen, die Sie ja, weit über Ihre eigenen Feststellungen hinaus, wunderbar zu behandeln, zu beleben, zu führen wissen und Sie werden leicht erkennen, daß dieses Phantom, das sich erst in Ihren Briefen gebildet hat, in Ihren Briefen unter Ihrer Hand, das noch in Matlar nicht bestand, das ich sein soll und vor dem ich zum Davonlaufen, zum ewigen Schweigen erschrecke (nicht etwa, weil es schrecklich an sich wäre, aber in Bezug auf mich), Sie werden ganz ohne Leid erkennen, daß es nicht existiert, sondern nur ein schwer erträglicher, in sich vergrabener, mit fremdem Schlüssel in sich versperrter Mensch, der aber Augen hat, zu sehn und sich über jeden Schritt vorwärts, den Sie machen werden, sehr freuen wird und über Ihre große Auseinandersetzung mit der auf Sie einströmenden Welt. Sonst? Ich habe, um mich vor dem, was man Nerven nennt, zu retten, seit einiger Zeit ein wenig zu schreiben angefangen, sitze von sieben Uhr abends etwa beim Tisch, es ist aber nichts, eine mit Nägeln aufgekratzte Deckung im Weltkrieg und nächsten Monat hört auch das auf und das Bureau fängt an.

    Frohe Tage in Budapest!

    Und Grüße für Ilonka! Traurig ist es trotz allem. Diese negativen Heldentaten: entloben, verzichten, den Eltern trotzen – es ist so wenig und versperrt so viel.

Ihr K

Ich habe einige Bücher, die ich Ihnen gern zu lesen geben würde, aber es ist so umständlich und riskant sie zu schicken, da sie nicht mir gehören.

An Robert Klopstock

[Prag, Mai/Juni 1922]

Lieber Robert, die Übersetzung habe ich Felix gegeben, er weiß aber nicht, ob er sie bringen wird, es stand angeblich etwas ähnliches schon, allerdings ohne so viel interessante Einzelheiten, im Prager Tagblatt, jedenfalls läßt er danken.

    Eben habe ich einen Brief an ein Fräulein geschrieben, den ersten seit langer Zeit, es handelt sich freilich nur um eine demütige Bitte wegen ihres Klavierspiels, das mich verzweifelt macht. So viel Ruhe wie ich brauche gibt es nicht oberhalb des Erdbodens. Wenigstens für ein Jahr wollte ich mich mit meinem Heft verstecken und mit niemandem sprechen. Die kleinste Belanglosigkeit zerrüttet mich.

Das Bureau soll erst Ende des Monats beginnen. Aber der Arzt macht jetzt Einwendungen, ich weiß nicht wie es werden wird, freilich, die Lunge hat den Frühling meinem Gefühl nach nicht so gut überstanden wie den Herbst und Winter.

Fräulein Irene, deutlich verjüngt, verschönt (bis auf eine häßliche Tatramütze, mit der sie ihr schönes Haar verdeckt, auch in Matlar trug sie immer eine häßliche ich glaube weiße Mütze, diesmal eine graue, ich wagte es ihr aber nicht zu sagen) war hier und mag von meiner manchmal besinnungslosen Müdigkeit wenig Freude gehabt haben. Ich hatte aber Freude von Fräulein Irene und gratulierte Ihnen im Stillen zu Ihrer Tat.

Wie soll man es mit Ihrer Wohnung hier machen? Ich habe noch immer keinen Ausweg gefunden; hoffentlich gelingt es noch.

Ihr K

Vielleicht interessiert Sie die beiliegende Besprechung. Freilich wenn sie Lust zum Lesen des Buches machen will, verfehlt sie den Zweck, wenigstens bei mir.

An Max Brod

[Zwei Postkarten.
Planá nad Lužnici, Ankunftstempel: 26. VI. 1922]

Lieber Max, ich bin gut untergebracht, allerdings mit unglaublichen Bequemlichkeitsopfern Ottlas, aber auch ohne diese Opfer wäre es gut hier, »soweit ich bisher sehe« (weil man sich nicht »versprechen« darf), mehr Ruhe als auf irgendeiner Sommerfrische bisher, »soweit u.s.w.« Zuerst, auf der Fahrt hatte ich Angst vor dem Land. In der Stadt soll nichts zu sehen sein, nach Blüher? Nur in der Stadt ist etwas zu sehn, denn alles, was an dem Waggonfenster vorbeidrängte, war Friedhof oder hätte es sein können, lauter Dinge die über den Leichen wachsen, während sich doch die Stadt sehr stark und lebendig davon unterscheidet. Hier aber, am zweiten Tag, ist es doch recht gut; mit dem Land zu verkehren ist merkwürdig, der Lärm ist da, nicht am ersten Tag, erst am zweiten, ich bin mit dem Schnellzug gekommen, er wahrscheinlich mit dem Lastzug. Ich verbringe die Zeit des verhinderten Nachmittagsschlafes damit, daran zu denken, wie Du Franzi neben dem Neubau schriebst. Viel Glück zu Deiner Arbeit, laß den Strom strömen. – Im Bureau fand ich einen eineinhalb Monate alten, sehr freundlichen, sehr beschämenden Brief. Meine Selbstverurteilung hat zwei Ansichten, einmal ist sie Wahrheit, als solche würde sie mich glücklich machen, wenn ich die widerliche kleine Geschichte aus Wolffs Schublade nehmen und aus seinem Gedächtnis wischen könnte, sein Brief ist mir unlesbar, dann aber ist die Selbstverurteilung unvermeidlich auch Methode und macht es z. B. Wolff unmöglich, in sie einzustimmen, und zwar nicht aus Heuchelei, die er ja mir gegenüber gewiß nicht anzuwenden nötig hat, sondern kraft der Methode. Und ich staune immer darüber, daß z. B. Schreiber, dessen Selbstverurteilung doch auch beides war, Wahrheit und unvermeidlich auch Methode, nicht mit der Wahrheit (Wahrheit bringt keine Erfolge, Wahrheit zerstört nur das Zerstörte), mit der Methode keine Erfolge gehabt hat. Vielleicht deshalb, weil ihm wirkliche Notlage in die Quere kam, welche derartige Spinnweberfolge nicht entstehen läßt.

Was für Untersuchungen! Es gibt Dinge, über die nur der Revisor meditieren darf, mit dem Schlußwort: »Was habe ich denn erzählt?«

Dein

An Robert Klopstock

[Postkarte. Planá, Stempel: 26. VI. 1922]

Lieber Robert, die Fahrt dank Ihrer Hilfe war sehr gut, nur daß das Fräulein im Coupé mir die Enttäuschung darüber nicht verziehen hat, daß Sie nicht mitgefahren sind, wie es anfangs scheinen wollte. Hier bin ich sehr gut aufgenommen worden, Ottla, die Sie herzlich grüßen läßt, sorgt für mich nicht weniger als für Věra und das ist doch sehr viel, aber da es in Planá lebendige Menschen und Tiere gibt, ist auch hier Lärm, der aus dem Schlaf schreckt und den Kopf verwüstet, sonst aber ist es außerordentlich schön mit Wald und Fluß und Gärten. Auch mit Ohropax, dessen Besitz zumindest ein wenig tröstet, und das, ins Ohr gesteckt, heute morgen das sonntägliche Waldhornblasen eines Bauernjungen zwar nicht unhörbar gemacht hat, ihn aber veranlaßt hat, endlich aufzuhören. Warum stört jede Freude des einen die Freude des andern. Auch mein Beim-Tisch-Sitzen hat Ottla aus ihrem bisherigen großen zweifenstrigen warmen Zimmer in ein kleines kühles mit Kind und Mädchen getrieben, während ich im großen Zimmer throne und unter dem Glück einer vielköpfigen Familie leide, die mit unschuldigem Lärm fast unter meinem Fenster Heu wendet. Wie leben Sie?

Ihr K

An Felix Weltsch

[Postkarte. Planá, Ende Juni 1922]

Lieber Felix, irre ich nicht, bist Du schon in Schelesen? Einmal nanntest Du, glaube ich, den Juli als Arbeitsmonat. Möge er es großartig werden! Ich konnte mich gar nicht mehr von Dir verabschieden, zudem hatte ich damals im Theater die Dummheit gemacht, Dir das Textbuch zu borgen, wodurch ich zweierlei erreichte: daß Du Dich gar nicht mehr um mich kümmertest und außerdem, daß ich das Textbuch nicht mehr bekam. Aber der Abend war schön, nicht? Schließlich das Stück doch noch schöner als die Aufführung? Diese Szene z. B.:

draußen klingelt der Schlitten, Chlastakoff, der schnell noch zwei Geliebte gewonnen und darüber die Abfahrt fast vergessen hat, erinnert sich und eilt mit
den zwei Frauen aus der Tür. Die Szene ist wie ein Lockmittel, hingeworfen den
Juden. Es ist nämlich den Juden unmöglich, diese Szene sich ohne Sentimentalität vorzustellen, ja sogar unmöglich, sie ohne Sentimentalität nachzuerzählen.
Wenn ich sage: »draußen klingelt der Schlitten« so ist das sentimental, auch Maxens Kritik war sentimental, das Stück aber hat keine Spur davon. – Mir geht es
hier leidlich, wäre nur nicht, hoffentlich merkst Du es in Schelesen nicht, so viel
Lärm auf der Welt. – Alles Gute Dir und Frau und Kind

Dein F.

An Oskar Baum

[Planá, Ende Juni 1922]

Lieber Oskar, also ich melde mich bereit, um den 20. Juli herum wegzufahren,
wenn Du mir schreibst. Den Paß habe ich, wunderbar ist die neue Paßausgabe-
reform, unerreichbar sind für die sich nachtastende Deutung die Steigerungen,
deren die Bureaukratie fähig ist, und zwar notwendige, unvermeidliche Steigerungen, hervorgehend aus dem Ursprung der Menschennatur, dem ja, an mir
gemessen, die Bureaukratie näher ist als irgendeine soziale Einrichtung, sonst
die Einzelheiten zu beschreiben ist zu langwierig, für Dich nämlich, der nicht
zwei Stunden im Gedränge auf einer Bureautreppe glücklich war über einen
neuen Einblick ins Getriebe und der bei der Übernahme des Passes bei Beantwortung einer belanglosen Frage gezittert hat in wirklichem tiefem Respekt
(auch in gewöhnlicher Angst, allerdings aber auch in jenem tiefen Respekt).

Also vergiß mich nicht in Georgental, aber überanstrengt Euch auch nicht
beim Wohnungsuchen. Findet sich nichts, wird es für mich traurig sein, aber
kein Unglück, einem pensionierten Beamten steht ja die Welt offen, soweit sie
nicht mehr als tausend Kronen monatlich verlangt.

An Max Brod

[Planá, Ankunftstempel: 30. VI. 22]

Lieber Max, es ist nicht leicht, aus Deinem Brief den Kern der trüben Stimmung herauszufinden, die mitgeteilten Einzelheiten genügen kaum. Vor allem:
die Novelle lebt, genügt das nicht, das eigene Leben zu beweisen? (Nein, dafür
genügt es nicht.) Aber genügt es nicht, um davon zu leben? Dazu genügt es, genügt, um in Freuden und sechsspännig zu leben. Das andere? E. schreibt unregelmäßig, aber wenn es nichts weiter ist, wenn der Inhalt untadelig ist? Rosen-
heims Brief, ein diplomatischer Fehler des Dreimaskenverlags, nicht? Also auch
diplomatisch gutzumachen. Die Schreckensnachrichten? Meinst Du etwas an-

deres als Rathenaus Ermordung? Unbegreiflich, daß man ihn so lange leben ließ, schon vor zwei Monaten war das Gerücht von seiner Ermordung in Prag, Prof. Münzer verbreitete es, es war so sehr glaubwürdig, gehörte so sehr zum jüdischen und zum deutschen Schicksal und steht in Deinem Buch genau beschrieben. Aber das ist schon zu viel gesagt, die Sache geht über meinen Gesichtskreis weit hinaus, schon der Gesichtskreis hier um mein Fenster ist mir zu groß.

Politische Nachrichten erreichen mich jetzt – wenn mir nicht ärgerlicherweise doch eine andere Zeitung geschickt wird, die ich verschlinge – nur in der ernstlich ausgezeichneten Form des Prager Abendblatt. Liest man nur dieses Blatt, so ist man über die Weltlage so unterrichtet, wie man etwa über die Kriegslage durch die Neue Freie Presse unterrichtet war. So friedlich wie damals der Krieg, ist jetzt nach dem Abendblatt die ganze Welt, es streichelt einem die Sorgen weg, ehe man sie hat. Jetzt erst sehe ich die wirkliche Stellung Deiner Artikel innerhalb des Blattes. Vorausgesetzt, daß man Dich liest, kannst Du Dir keine bessere Umgebung wünschen, von den Seiten her mischt sich nichts Verwirrendes in Deine Worte, es ist völlig still um Dich. Und es ist eine so schöne Art des Verkehrs mit Dir, die Aufsätze hier zu lesen. Ich lese sie auch auf die Stimmung hin, Smetana und Strindberg schienen mir gedämpft, aber »Philosophie« klar und gut. Das Problematische der »Philosophie« scheint mir übrigens deutlich jüdische Problematik zu sein, entstanden aus dem Wirrwarr, daß die Eingeborenen einem, entgegen der Wirklichkeit, zu fremd, die Juden einem, entgegen der Wirklichkeit, zu nah sind und man daher weder diese noch jene in richtigem Gleichgewicht behandeln kann. Und wie sich dieses Problem erst auf dem Land verschärft, wo auch die ganz Fremden grüßen, aber nur manche, und wo man keine Möglichkeit mehr hat, etwa einen alten ehrwürdigen Mann, der mit einer Axt über der Schulter auf der Landstraße vorübermarschiert, nachträglich, so sehr man sich anstrengt, mit dem Gegengruß zu überholen.

Es wäre schön hier, wenn Ruhe wäre, es ist doch ein paar Stunden Ruhe, aber bei weitem nicht genug. Keine Komponierhütte. Ottla ist aber wunderbar fürsorglich (läßt Dich grüßen, Dein Gruß hat sie in ihrer Trauer über einen etwas mißlungenen Kuchen sehr getröstet). Heute z. B. ein unglücklicher Tag, ein Holzhacker hackt der Hausfrau schon den ganzen Tag Holz. Was er unbegreiflicherweise den ganzen Tag mit den Armen und mit dem Gehirn aushält, kann ich mit den Ohren gar nicht aushalten, nicht einmal mit Ohropax (das nicht ganz schlecht ist; wenn man es ins Ohr steckt, hört man zwar genau so viel wie früher, aber mit der Zeit wird doch eine leichte Kopfbetäubung erzielt und ein schwaches Gefühl des Geschütztseins, nun, viel ist es nicht). Auch Kinderlärm und sonstiger. Auch mußte ich heute für ein paar Tage das Zimmer wechseln, dieses Zimmer, das ich bisher hatte, war sehr schön, groß, hell, zweifenstrig, mit weiter Aussicht und es hatte in seiner vollständig armen, aber unhotelmäßigen Einrichtung etwas, was man »heilige Nüchternheit« nennt.

An einem solchen lärmvollen Tag, und es werden mir jetzt einige bevorstehn, einige gewiß und viele wahrscheinlich, komme ich mir wie aus der Welt ausgewiesen vor, nicht einen Schritt wie sonst, sondern hunderttausend Schritte. – Kaysers Brief (ich habe ihm nicht geantwortet, es ist zu kleinlich wegen der doch hoffnungslosen außerdeutschen Veröffentlichungen zu schreiben) hat mich natürlich gefreut (wie leckt Not und Eitelkeit solche Dinge auf!), aber unberührt von meiner Methode ist er nicht, auch ist die Geschichte erträglich, ich sprach von der an Wolff geschickten Geschichte, der gegenüber ein unbefangener Mensch nicht im Zweifel sein kann. – Grüße an Dich und die zwei Frauen. An Felix auch, von dem ich mich leider gar nicht verabschieden konnte.

Dein

[Randbemerkungen:]

Frau Preissová wohnt angeblich hier. Ich hätte große Lust, einmal mit ihr zu sprechen, ebenso groß ist allerdings die Angst und das Unbehagen vor einer solchen Unternehmung. Vielleicht ist sie sehr hochmütig, vielleicht genau so verzweifelt über jede Störung wie ich. Nein, ich will nicht mit ihr sprechen.

Was wirst Du Kayser antworten? Hauptmann ist Dir doch so nah, Du wirst es Dir nicht verweigern können, über ihn zu schreiben.

An Robert Klopstock

[Planá, Stempel: 30. VI. 1922]

Lieber Robert, besten Dank für die Zeitungen, es ist aber nicht nötig, sie zu schicken, das Abendblatt bekomme ich täglich, eine ausreichende Zeitung und durch Maxens Aufsätze überreich und auch die Ausschnitte des Romans bekomme ich wenigstens manchmal. Dagegen würde ich Sie wohl bitten, wenn eine neue Fackel erscheinen sollte – sehr lange ist sie schon ausgeblieben – und sie nicht zu teuer ist, nach dem Durchlesen sie mir zu schicken, diese süße Speise aller guten und bösen Triebe will ich mir nicht versagen. – Secessio Judaica, schreiben Sie nicht darüber? Ich wäre sehr froh, wenn Sie es täten, wenn nicht deutsch, dann ungarisch. Ich kann es nicht; versuche ich es, gleich sinkt mir die Hand, trotzdem natürlich ich, wie jeder, manches dazu zu sagen hätte, irgendwo in meiner Geschlechterfolge wird doch hoffentlich auch ein Talmudist sitzen, aber er muntert mich nicht genug auf, so tue ich es bei Ihnen. Es muß sich ja nicht um eine Widerlegung handeln, nur um eine Antwort auf den Anruf, es muß doch sehr locken und es lockt, einmal auf dieser deutschen und doch nicht ganz fremden Weide seine Tiere weiden zulassen, nach Judenart.

Ihr K.

An Robert Klopstock

[Planá, Anfang Juli 1922]

Lieber Robert, darin haben Sie natürlich völlig Recht, beschäftigt Sie anderes in dieser alleinherrschenden Weise, dann hat nichts anderes daneben Platz und Sie und alle andern haben zu folgen. Mit meinem Vorschlag wollte ich auch nicht zu einem in jedem Fall entscheidenden Wettkampf auffordern, etwa zum Kampf zwischen Goliath und David, sondern nur zur seitlichen Beobachtung des Goliath, zur beiläufigen Feststellung der Kräfteverhältnisse, zur Revidierung der eigenen Bestände, also zu einer Arbeit des Ausruhns, zu einer Arbeit, die immer gemacht werden kann und für die gar keine Zeit ist in dem glückselig-verzweifelten, morgendlichen Zustand, in dem Sie sich befinden und in dem alles notwendigerweise aufs Repräsentative geht. Auch die Kritikerstellung wäre dafür wahrscheinlich nicht geeignet. Außerdem bei einem christlich-sozialen Blatt! Haben Sie wegen der Übersetzung von Maxens Büchern schon eine Antwort?

Sonderbar, dieser große Brief des so verschlossenen Mädchens. Ich kann mir keine Vorstellung von ihm machen.

Für die Prager Presse danke ich, den Abendblattroman brauche ich nicht, lesen Sie ihn?

Die Schwester hält sich jedenfalls in Hellerau auf, vielleicht ist sie heute dort, Frau Neustädter hat ihr geantwortet. Von Oskar kommt kein Wort, er hat mich in seinem Thüringer Glück vergessen. Ihr K.

An Oskar Baum

[Planá, 4. Juli 1922]

Lieber Oskar, seid Ihr aber gute, präzise und einfühlsame Menschen. Alles was Du mir vorbereitet hast und was Du mir rätst, ist nötig und ist ausgezeichnet. Ich werde also kommen, vielleicht nicht gerade am Fünfzehnten, aber wohl vor dem Zwanzigsten, es ist mir sogar willkommen, früher kommen zu können, denn mein Madrider Onkel ist für den August angesagt, ohne daß noch das Datum feststünde, und so könnte es geschehen, daß ich etwa am 20. August (er bleibt gewöhnlich vierzehn Tage) in Prag wieder sein müßte, um ihn zu sehen. Den genauen Tag meiner Ankunft zwischen 15. und 20. Juli werde ich Euch noch telegrafieren, wenn Ihr so gut seid, zu allem andern auch noch die Vermittlung mit der Wirtin zu übernehmen. Auch noch aus andern Gründen ist mir das Datum sehr angenehm, denn hierher, wo es übrigens recht schön bei Ottla ist, kommen um diese Zeit Gäste, der Platz würde vielleicht etwas beengt, dagegen kann ich dann noch Ende August herkommen; Ottla bleibt wahrscheinlich bis Ende September.

Du merkst vielleicht, daß ich Nötiges und Unnötiges durcheinanderschreibe, und das hat seinen guten oder schlechten Grund. Von allem andern abgesehn, was mich nach Georgental treibt (die Freude, mit Dir, mit Euch ein wenig zusammenzuleben; in der Nähe Deiner Arbeit zu sein; ein wenig Zürauer Zeit zu verkosten, die mir, mit allem was ich damals war, weit verschwunden ist; ein wenig die Welt zu sehn und mich davon zu überzeugen, daß es auch noch anderswo atembare Luft gibt – selbst für meine Lungen – eine Erkenntnis, durch die zwar die Welt nicht weiter wird, aber irgendein nagendes Verlangen beruhigt), abgesehen von dem allen habe ich einen äußerst wichtigen Grund, zu fahren – meine Angst. Du kannst Dir diese Angst gewiß irgendwie vorstellen, aber bis in ihre Tiefe kannst Du nicht kommen, dafür bist Du zu mutig. Ich habe, aufrichtig gesagt, eine fürchterliche Angst vor der Reise, natürlich nicht gerade vor dieser Reise und überhaupt nicht nur vor der Reise, sondern vor jeder Veränderung; je größer die Veränderung ist, desto größer zwar die Angst, aber das ist nur verhältnismäßig, würde ich mich nur auf allerkleinste Veränderungen beschränken – das Leben erlaubt es allerdings nicht –, würde schließlich die Umstellung eines Tisches in meinem Zimmer nicht weniger schrecklich sein als die Reise nach Georgental. Übrigens nicht nur die Reise nach Georgental ist schrecklich, auch die Abreise von dort wird es sein. Im letzten oder vorletzten Grunde ist es ja nur Todesangst. Zum Teil auch die Angst, die Götter auf mich aufmerksam zu machen; lebe ich hier in meinem Zimmer weiter, vergeht ein Tag regelmäßig wie der andere, muß natürlich auch für mich gesorgt werden, aber die Sache ist schon im Gang, die Hand der Götter führt nur mechanisch die Zügel, so schön, so schön ist es, unbeachtet zu sein, wenn bei meiner Wiege eine Fee stand, war es die Fee »Pension«. Nun aber diesen schönen Gang der Dinge verlassen, frei unter dem großen Himmel mit dem Gepäck zum Bahnhof gehn, die Welt in Aufruhr bringen, wovon man freilich nichts merkt als den Aufruhr im eigenen Innern, das ist schrecklich. Und doch muß es geschehn, ich würde – es müßte nicht allzulange dauern – das Leben überhaupt verlernen. – Also zwischen dem Fünfzehnten und Zwanzigsten. Grüße alle. Dank auch Deiner Frau Sekretärin. – Daß ich noch am gleichen Abend in Georgental sein werde, ist ausgezeichnet. Das ist wohl *Georgental-Ort?*

Dein Franz

An Max Brod

[Planá, Stempel: 5. VII. 1922]

Lieber Max, nach einer schlaflosen Nacht, der ersten in Planá, bin ich zwar zu allem andern unfähig, aber Deinen Brief kann ich vielleicht besser verstehn als sonst, besser als Du, vielleicht aber überspitze ich es und verstehe ihn zu gut, denn Dein Fall ist doch insofern von meinem verschieden, als er zwar auch nicht wirklich, aber wirklichkeitsnäher ist als der meine. Mir ist folgendes geschehn: Ich sollte, wie Du weißt, nach Georgental fahren, ich hatte niemals einen Einwand dagegen; wenn ich einmal sagte, es würden dort zu viel Schriftsteller sein, so war das vielleicht eine Vorahnung des Kommenden, aber als Einwand war es nicht ernstlich, war es nur Koketterie, im Gegenteil, in der Nähe bewundere ich jeden Schriftsteller, (darum wollte ich auch zur Preissová, von der mir auch Deine Frau abgeraten hat), ich bewundere zwar jeden Menschen, aber den Schriftsteller besonders, vor allem den mir sonst persönlich unbekannten Schriftsteller, unvorstellbar ist mir, wie er sich in diesem luftigen und schrecklichen Reich so behaglich eingerichtet hat und wie er dort so geordnete Wirtschaft führt; die meisten Schriftsteller, die ich kenne, kommen mir, wenigstens in Person, behaglich vor, auch Winder z.B. Und zu dritt wäre es für meine Verhältnisse sogar besonders angenehm, es würde gar nicht auf mich ankommen, ich könnte mich zur Seite halten und wäre doch nicht allein, wovor ich mich fürchte. Und hätte auch sonst in Oskar, den ich lieb habe und der gut zu mir ist, einen Rückhalt. Und ich würde wieder ein neues Stück Welt sehn, zum ersten Mal seit acht Jahren wieder Deutschland. Und billig ist es und gesund. Und hier ist es zwar schön bei Ottla und besonders jetzt, da ich mein altes Zimmer wieder habe, aber gerade gegen Ende des Monats und im nächsten Monat kommen Gäste aus des Schwagers Familie, der Platz wird wieder ein wenig beengt sein, es wäre sehr gut, wenn ich wegfahre, und zurückkommen kann ich ja wieder, denn Ottla bleibt bis Ende September. Hier ist also keine Verstandes- und Gefühlslücke, die Reise ist unbedingt zu empfehlen. Und nun ist gestern ein sehr lieber, ausführlicher Brief Oskars gekommen, ein schönes stilles Zimmer mit Balkon, Liegestuhl, guter Ernährung, Gartenaussicht für 150 M täglich ist gefunden, ich brauche nur anzunehmen oder vielmehr ich habe schon im voraus angenommen, denn ich hatte ja gesagt, daß ich, wenn etwas derartiges gefunden wird, bestimmt komme.

Und was geschieht nun? Ich habe, um es zuerst ganz allgemein zu sagen, Angst vor der Reise, ich ahnte es schon, als in den letzten Tagen das Ausbleiben des Oskarschen Briefes mir Freude machte. Aber es ist nicht Angst vor dem Reisen selbst, ich bin doch auch, allerdings nur 2 Stunden und dort sind es zwölf, hierher gefahren und das Fahren selbst war mir langweilig aber sonst gleichgültig. Es ist nicht Reiseangst, wie man es letzthin z. B. von Myslbeck las, der nach Italien fahren wollte und schon bei Beneschau umkehren mußte. Es ist nicht Angst vor Georgental, wo ich mich, wenn ich doch hinkommen sollte, gewiß sofort, noch am gleichen Abend eingewöhnt haben werde. Es ist auch nicht Willensschwäche, bei welcher der Entschluß erst dann eintreten will, wenn der Verstand alles genau ausgerechnet hat, was meist unmöglich ist. Hier ist ein Grenzfall, wo der Verstand wirklich rechnen kann und immer wieder zu dem Resultat kommt, daß ich fahren soll. Eher ist es Angst vor der Veränderung, Angst davor, die Aufmerksamkeit der Götter durch eine für meine Verhältnisse große Tat auf mich zu lenken.

Als ich heute in der schlaflosen Nacht alles immer wieder hin- und hergehn ließ zwischen den schmerzenden Schläfen, wurde mir wieder, was ich in der letzten genug ruhigen Zeit fast vergessen hatte, bewußt, auf was für einem schwachen oder gar nicht vorhandenen Boden ich lebe, über einem Dunkel, aus dem die dunkle Gewalt nach ihrem Willen hervorkommt und, ohne sich an mein Stottern zu kehren, mein Leben zerstört. Das Schreiben erhält mich, aber ist es nicht richtiger zu sagen, daß es diese Art Leben erhält! Damit meine ich natürlich nicht, daß mein Leben besser ist, wenn ich nicht schreibe. Vielmehr ist es dann viel schlimmer und gänzlich unerträglich und muß mit dem Irrsinn enden. Aber das freilich nur unter der Bedingung, daß ich, wie es tatsächlich der Fall ist, auch wenn ich nicht schreibe, Schriftsteller bin und ein nicht schreibender Schriftsteller ist allerdings ein den Irrsinn herausforderndes Unding. Aber wie ist es mit dem Schriftstellersein selbst? Das Schreiben ist ein süßer wunderbarer Lohn, aber wofür? In der Nacht war es mir mit der Deutlichkeit kindlichen Anschauungsunterrichtes klar, daß es der Lohn für Teufelsdienst ist. Dieses Hinabgehen zu den dunklen Mächten, diese Entfesselung von Natur aus gebundener Geister, fragwürdige Umarmungen und was alles noch unten vor sich gehen mag, von dem man oben nichts mehr weiß, wenn man im Sonnenlicht Geschichten schreibt. Vielleicht gibt es auch anderes Schreiben, ich kenne nur dieses; in der Nacht, wenn mich die Angst nicht schlafen läßt, kenne ich nur dieses. Und das Teuflische daran scheint mir sehr klar. Es ist die Eitelkeit und Genußsucht, die immerfort um die eigene oder auch um eine fremde Gestalt – die Bewegung vervielfältigt sich dann, es wird ein Sonnensystem der Eitelkeit – schwirrt und sie genießt. Was der naive Mensch sich manchmal wünscht: »Ich wollte sterben und sehn, wie man mich beweint«, das verwirklicht ein solcher Schriftsteller fortwährend, er stirbt (oder er lebt nicht) und beweint sich fortwährend. Daher kommt eine schreckliche Todesangst, die sich nicht als Todesangst äußern muß, sondern auch auftreten kann als Angst vor Veränderung, als Angst vor Georgental. Die Gründe für die Todesangst lassen sich in zwei Hauptgruppen teilen. Erstens hat er schreckliche Angst zu sterben, weil er noch nicht gelebt hat. Damit meine ich nicht, daß zum Leben Weib und Kind und Feld und Vieh nötig ist. Nötig zum Leben ist nur, auf Selbstgenuß zu verzichten; einziehn in das Haus, statt es zu bewundern und zu bekränzen. Dagegen könnte man sagen, daß das Schicksal ist und in niemandes Hand gegeben. Aber warum hat man dann Reue, warum hört die Reue nicht auf? Um sich schöner und schmackhafter zu machen? Auch das. Aber warum bleibt darüber hinaus das Schlußwort in solchen Nächten immer: Ich könnte leben und lebe nicht. Der zweite Hauptgrund – vielleicht ist es auch nur einer, jetzt wollen sich mir die zwei nicht recht sondern – ist die Überlegung: »Was ich gespielt habe, wird wirklich geschehn. Ich habe mich durch das Schreiben nicht losgekauft. Mein Leben lang bin ich gestorben und nun werde ich wirklich sterben. Mein Leben war süßer als das der andern, mein Tod wird um so schrecklicher sein. Der Schriftsteller in mir wird natürlich sofort sterben, denn eine solche Figur hat keinen Boden, hat keinen Bestand, ist nicht einmal aus Staub; ist nur im tollsten irdischen Leben ein wenig möglich, ist nur eine Konstruktion der Genußsucht. Dies ist der Schriftsteller. Ich selbst aber kann nicht weiterleben, da ich ja nicht gelebt habe, ich bin Lehm geblieben, den Funken habe ich nicht zum Feuer gemacht, sondern nur zur Illuminierung meines Leichnams benützt.« Es wird ein eigentümliches Begräbnis werden, der Schriftsteller, also etwas nicht Bestehendes, übergibt den alten Leichnam, den Leichnam seit jeher, dem Grab. Ich bin genug Schriftsteller, um das in völliger Selbstvergessenheit – nicht Wachheit, Selbstvergessenheit ist erste Voraussetzung des Schriftstellertums – mit allen Sinnen genießen oder, was dasselbe ist, erzählen zu wollen, aber das wird nicht mehr geschehn. Aber warum rede ich nur vom wirklichen Sterben. Im Leben ist es ja das Gleiche. Ich sitze hier in der bequemen Haltung des Schriftstellers, bereit zu allem Schönen, und muß untätig zusehn – denn was kann ich anderes als schreiben –, wie mein wirkliches Ich, dieses arme, wehrlose (das Dasein des Schriftstellers ist ein Argument gegen die Seele, denn die Seele hat doch offenbar das wirkliche Ich verlassen, ist aber nur Schriftsteller geworden, hat es nicht weiter gebracht; sollte die Trennung vom Ich die Seele so sehr schwächen können?) aus einem beliebigen Anlaß, einer kleinen Reise nach Georgental, (ich wage es nicht stehn zu lassen, es ist auch in dieser Weise nicht richtig) vom Teufel gezwickt, geprügelt und fast zermahlen wird. Mit welchem Recht erschrecke ich, der ich nicht zuhause war, daß das Haus plötzlich zusammenbricht; weiß ich denn, was dem Zusammenbruch vorhergegangen ist, bin ich nicht ausgewandert und habe das Haus allen bösen Mächten überlassen?

Ich habe gestern Oskar geschrieben, zwar meine Angst erwähnt, aber meine Ankunft zugesagt, der Brief ist noch nicht weggeschickt, inzwischen war die Nacht. Vielleicht warte ich noch eine Nacht ab; überstehe ich es nicht, müßte ich doch abschreiben. Damit ist dann entschieden, daß ich aus Böhmen nicht mehr hinausfahren darf, nächstens werde ich dann auf Prag eingeschränkt, dann auf mein Zimmer, dann auf mein Bett, dann auf eine bestimmte Körperlage, dann auf nichts mehr. Vielleicht werde ich dann auf das Glück des Schreibens freiwillig – auf die Freiwilligkeit und Freudigkeit kommt es an, – verzichten können. Um diese ganze Geschichte schriftstellerisch zu pointieren – nicht ich pointiere, die Sache tut es – muß ich hinzufügen, daß in meiner Angst vor der Reise sogar die Überlegung eine Rolle spielt, ich würde zumindest durch einige Tage vom Schreibtisch abgehalten sein. Und diese lächerliche Überlegung ist in Wirklichkeit die einzige berechtigte, denn das Dasein des Schriftstellers ist wirklich vom Schreibtisch abhängig, er darf sich eigentlich, wenn er dem Irrsinn entgehen will, niemals vom Schreibtisch entfernen, mit den Zähnen muß er sich festhalten.

Die Definition des Schriftstellers, eines solchen Schriftstellers, und die Erklärung seiner Wirkung, wenn es eine Wirkung überhaupt gibt: Er ist der Sündenbock der Menschheit, er erlaubt den Menschen, eine Sünde schuldlos zu genießen, fast schuldlos.

Vorgestern war ich zufällig auf dem Bahnhof (mein Schwager wollte wegfahren, fuhr dann aber nicht), zufällig wurde hier der Wiener Schnellzug angehalten, weil er auf den nach Prag fahrenden Schnellzug warten sollte, zufällig war

Deine Frau dort, eine angenehme Überraschung, wir sprachen ein paar Minuten miteinander, sie erzählte von dem Abschluß der Novelle.

Fahre ich nach Georgental, bin ich in zehn Tagen in Prag, liege glücklich auf Deinem Kanapee und Du liest vor. Fahre ich aber nicht –
Ich habe Oskar abtelegraphiert, es ging nicht anders, der Aufregung war nicht anders beizukommen. Schon der gestrige erste Brief an ihn kam mir sehr bekannt vor, so pflegte ich an F. zu schreiben.

An Oskar Baum

[Planá, 5. Juli 1922]

Lieber Oskar, der inliegende Brief ist gestern am 4. Juli gleich nach Erhalt Deines Briefes geschrieben worden. Er war in beider Hinsicht gegenüber der Wirklichkeit gedämpft, sowohl hinsichtlich der Freude nach Georgental zu kommen, als auch hinsichtlich der Angst, die zwei Dinge widersprechen einander zu sehr, wollte man sie in einen Brief bringen, mußte man sie dämpfen. Ich traf dann Ottla, als ich mit dem Brief zur Post ging. Sie riet mir, das Datum der Ankunft lieber bestimmt festzusetzen, das leuchtete mir ein; da ich keinen Bleistift mithatte, nahm ich wieder den Brief nach Hause mit. Aufgeregt war ich allerdings immerfort, dann kam die Nacht, wie ich gefürchtet hatte, gänzlich schlaflos, die erste in Planá. Bis zum Fünfzehnten sind noch etwa zehn Nächte, und selbst wenn ich gleich fahren wollte, wären es doch drei oder vier, das könnte ich nicht aushalten, ich kann also nicht fahren. So wie es da steht, ist es freilich gänzlich unverständlich. Ich habe heute Max schon eine Abhandlung darüber geschrieben – noch ehe ich wußte, ob ich Dir telegrafiere –, damit will ich Dich verschonen, nicht zu alledem, was ich Dir Leids antue, auch noch dies, es geht auch nicht gut, es hier auszubreiten. Qualitativ ähnliches habe ich ja schon an mir erlebt, quantitativ noch nicht, es ist auch für mich eine schreckliche Steigerung und bedeutet zum Beispiel, daß ich aus Böhmen nicht mehr hinausfahren darf, morgen kann eine neue, übermorgen eine weitere, in einer Woche eine letzte Einschränkung kommen. Denkt daran und Ihr werdet mir vielleicht verzeihen können. Es wäre mir eine Beruhigung, wenn Frau Hörn mir ein Strafgeld festsetzen würde, das ich sogleich schicken würde.
Lebt wohl!   Euer   F

Ich telegraphiere Euch heute: Kann leider überhaupt nicht kommen, Brief folgt.
Ottla sucht die Angst zum Teil (mehr wagt auch sie nicht) durch körperliche Schwäche zu erklären, eine sehr milde Erklärung, wenn man bedenkt, daß ich voriges Jahr vielleicht noch schwächer war und doch in die häßliche Tatra fuhr (aus der ich mich dann allerdings auch nicht losmachen konnte) und daß auch die körperliche Schwäche, die ja vorhanden ist, auf eine geistige zurückgeht.

[Planá, Anfang Juli 1922]

Lieber Felix, was Du über meinen Lärm sagst, ist fast richtig, allerdings habe ich die Meinung von Dir übernommen und sie ist eine meiner paar Hilfskonstruktionen geworden, eines jener verhältnismäßig ungeheueren Gerüste, mit welchen ich an meinem elenden Verschlag arbeite, daß infolge der Dichte der Welt jeder überwundene Lärm von einem neuen erst zu überwindenden in unendlicher Reihe abgelöst wird. Nun ist das aber nur fast richtig und damit auf das was Du anführst, antworten zu wollen, wäre Unsinn oder Gemeinheit, vielmehr ist dieser Lärm – nicht in der Art der Beschreibung liegt das, sondern in der Tatsache – gleichzeitig ein schreiender Vorwurf für alle, denen an Dir gelegen ist, die sich hier schwach und hilflos zeigen und sehenden Auges eine Verantwortung scheuen, dafür aber und dadurch eine noch schwerere auf sich nehmen. Der Lärm hat auch etwas Fascinierend-Betäubendes; wenn ich – ich habe glücklicherweise manchmal zwei Zimmer zur Auswahl – in dem einen Zimmer sitze und, so wie Du es auch beklagst, einer Säge gegenüber sitze, die zeitweise erträglich ist, dann aber, wenn sie die Kreissäge arbeiten läßt, in der letzten Zeit geschieht das fortwährend, einen das Leben zu verfluchen zwingt, wenn ich dann in diesem Unglückszimmer sitze, kann ich nicht fort, ich kann zwar ins Nebenzimmer gehn und muß es auch, denn es ist nicht auszuhaken, aber übersiedeln kann ich nicht, nur hin und her gehn und etwa in dem zweiten Zimmer feststellen, daß auch dort Unruhe ist und vor dem Fenster Kinder spielen. So ist die Lage. Immerfort hoffe ich, daß, wie es einmal schon geschehen ist, die Kreissäge plötzlich zu arbeiten aufhören wird, ich kenne flüchtig den dortigen Buchhalter, sogar das gibt mir einige Hoffnung, er weiß zwar nicht, daß mich seine Kreissäge stört und kümmert sich auch sonst nicht um mich und ist überhaupt ein verschlossener Mensch und wenn er auch der offenste Mensch wäre, er könnte die Kreissäge nicht einstellen, wenn Arbeit für sie ist, aber ich schaue verzweifelt aus dem Fenster und denke doch an ihn. Oder ich denke an Mahler, dessen Sommerleben irgendwo beschrieben war, wie er täglich um halb sechs, er war damals sehr gesund und schlief ausgezeichnet, im Freien badete und dann in den Wald lief, wo er eine »Komponier-Hütte« hatte (das Frühstück war dort schon vorbereitet) und bis ein Uhr mittag dort arbeitete und die Bäume, die später in der Säge so viel Lärm machen, in Mengen still und lärmabwehrend um ihn standen. (Nachmittag schlief er dann und erst von vier Uhr ab lebte er mit seiner Familie und nur selten hatte seine Frau das Glück, daß er abend etwas von seiner Morgenarbeit verriet.) Aber ich wollte von der Säge erzählen. Ich allein komme von ihr nicht los, es muß die Schwester kommen und unter unglaublichen Bequemlichkeitsopfern ihrerseits das andere Zimmer mir einräumen (das allerdings auch keine Komponierhütte ist, aber davon will ich jetzt nicht sprechen), nun bin ich für eine Zeit die Säge los. So müßte man Dich auch einmal in ein stilles Zimmer hinüberführen.

Der erste Eindruck Deines Briefes war prachtvoll, ich drehte ihn zuerst in der Hand, froh ihn zu haben und im flüchtigen Darüberhinschauen sah ich nur zwei Stellen, an der einen Stelle stand etwas von Ethik, an der andern »Ruthchen ist wunderbar«, da war ich natürlich sehr zufrieden. Freilich habe ich auch noch andere Briefe von Dir, etwa den über den Elternabend (besonders schön) oder den über Rathenau (hast Du das Feuilleton von H. über Rathenau gelesen?, eine erstaunliche Geschmacklosigkeit des sonst so Unfehlbaren, diese Ironie, mit der ein Gesuchsteller seinen ermordeten Wohltäter behandelt, unwillkürlich hat man den Eindruck, dieser Berichterstatter, der über einen Toten so ebenbürtig ironisch spricht, müsse wenigstens zum Teil selbst tot sein. Dabei zur Krönung des Ganzen ist es ja Selbstironie, denn wenn H. erwartet hat, daß Rathenau sagen wird: »Wir Rathenaus sind Arbeitspferde«, so habe ich ebenso fest vertraut, daß H. noch irgendwo schreiben wird: »Ich armer Hund von Subredakteur.« Dabei will ich H. nicht weh tun, ich hätte es gewiß in gleichem Sinn und viel schlechter geschrieben, ich hätte es nur nicht veröffentlicht, vielleicht aber nur deshalb, weil es eben viel schlechter geschrieben gewesen wäre).

Ich hätte noch einiges zu sagen und zu fragen im Zusammenhang damit, daß ich – denke! – aus »Angst« nicht nach Deutschland fahre, trotzdem ich Oskar gebeten habe, mir ein Zimmer dort zu besorgen und er das lieb und vorzüglich gemacht hat. Es ist nicht Angst vor der Reise, schlimmer, es ist allgemeine Angst.

Herzliche Grüße, ohnmächtige Wünsche, Grüße für Frau und Kind.

Dein F

(Grüße von Ottla)

An Max Brod

[Planá, Stempel: 12. VII. 1922]

Liebster Max, eben laufe ich herum oder sitze versteinert, so wie es ein verzweifeltes Tier in seinem Bau tun müßte, überall Feinde, vor diesem Zimmer Kinder und vor dem zweiten auch, gerade wollte ich schon weggehn, da ist, wohl nur augenblicksweise, Ruhe und ich kann Dir schreiben. Du darfst nicht glauben, daß es in Planá vollkommen oder annähernd vollkommen schön ist und daß dies der Hauptgrund meines Bleibens ist. Zwar die Wohnung selbst ist, was häuslichen Frieden betrifft, fast ingeniös eingerichtet, die Einrichtung müßte nur benützt werden und Ottla, die allersorgsamste, tut es auch, von ihr, dem Kind und dem Mädchen habe ich, obwohl wir doch Wand an Wand wohnen, nicht die leiseste Störung Tag und Nacht, aber gestern z.B. nachmittag spielen Kinder vor meinem Fenster, knapp unter mir eine böse Gruppe, weiter links eine artige, lieb anzusehende, aber der Lärm beider ist gleichwertig, treibt mich aus dem Bett, verzweifelt aus dem Haus, mit schmerzenden Schläfen durch Feld und Wald, ganz hoffnungslos, nachteulenartig. Und lege ich mich abend in Frieden und Hoffnung nieder, werde ich um ½4 geweckt und schlafe nicht wieder ein. Auf dem nahen Bahnhof, der aber nicht sehr störend ist, werden fortwährend Stämme verladen, dabei wird immer gehämmert, aber milde und pausenweise, diesen Morgen aber, ich weiß nicht, ob das nicht jetzt immer so sein wird, wurde schon so frühzeitig angefangen und durch den stillen Morgen und das schlafdurstige Hirn klang das ganz anders als bei Tag. Es war sehr schlimm. Und dann stehe ich morgens auf, es ist gar keine Ursache aufzustehn mit diesem Zustand der Schläfen. Dabei aber habe ich noch großes Glück. Es sind seit ein paar Tagen etwa zweihundert Prager Schulkinder hier unterge-bracht. Ein höllenmäßiger Lärm, eine Geißel der Menschheit. Ich begreife nicht, wie es kommt, daß die Leute in dem davon betroffenen Ortsteil – und es ist der größte und vornehmste Teil des Ortes – nicht irrsinnig geworden aus ihren Häusern in die Wälder flüchten, und zwar müßten sie recht weit flüchten, denn der ganze Rand dieser schönen Wälder ist verseucht. Ich bin im Ganzen noch davon verschont geblieben, aber jeder Augenblick kann Überraschungen bringen, wie es schon manche kleinere gab, und manchmal schaue ich suchend und erwartungsvoll aus dem Fenster als der arme Sünder, der ich bin. Ich ver-liere jeden Sinn auch für guten Lärm, und wie man etwa in Theatern nur des Lärmes halber zusammenkommt, wird mir bald unbegreiflich werden. Nur die Kritiken, die besonders schönen, die Du jetzt schreibst oder die besonders schön hier zu lesen sind, werde ich hoffentlich immer verstehn. Wüßte man nichts als das Gedruckte, müßte man glauben, daß hier einer aus der tiefen Ruhe der Nacht und des Arbeitstages am Abend auftaucht und allein, innerlich fröhlich, beglückt mit den allerbesten Augen und Ohren, durch die Theater irrt, dabei immerfort in strengem Bezug zu einem fortwährend Leben spendenden Ge-heimnis. Die schöne Untersuchung über Jirásek, oder auch nur eine solche glückselige Kleinigkeit wie die über Pottasch und Perlmutter (war an jenem Abend alles in Ordnung?). Oder über die Arena, trotzdem hier der kleine Absatz über die Bänke mich etwas stört, nicht zufällig, sondern grundsätzlich. Ich weiß nicht worin wir hier ein wenig auseinandergehn. Fehlt mir hier irgendein Blick oder Beurteilungsvermögen ?

Was Du über meinen Fall sagst, ist richtig, nach außen präsentiert es sich so, das ist ein Trost und zu gelegener Stunde auch eine Verzweiflung, denn es zeigt, daß von den Schrecknissen nichts durchdringt und alles mir aufbewahrt bleibt. Diese Finsternis, die nur ich sehn muß, aber auch ich bei weitem nicht immer, schon am nächsten Tage nach jenem Tag nicht mehr. Aber ich weiß, daß sie da ist und auf mich wartet, wenn – nun, wenn ich nicht mit mir ein Einsehn habe. Wie schön und auch richtig Du alles erklärst und wenn Du mich so nach Ber-lin einladest, fahre ich gewiß und wäre ja möglicherweise auch mit Baum ge-fahren, wenn wir gleich von Prag zusammen weggefahren wären. Und meine körperliche Schwäche ist ja auch noch, wie Ottla es tut, in Rechnung zu stellen und die Häßlichkeit des Valutareisenden, der ohne andern Grund als nur, weil es billig ist, hinfährt und die nicht unberechtigte Angst vor Unruhen – viele Ursachen und doch nur eine, eine die ich einmal als Kind irgendwo in Stecknadelgröße zu sehn glaubte und von der ich jetzt weiß, daß es nichts gibt als sie.

Und das Schreiben? (Das übrigens hier unter-mittel-mäßig weitergeht, sonst nichts, und immerfort von Lärm gefährdet.) Möglich, daß meine Erklärung für Dich gar nicht stimmt und nur daher kommt, daß ich Dein Schreiben möglichst nahe an dem meinen haben will. Und dieser Unterschied besteht gewiß, daß ich, wenn ich einmal, außer durch Schreiben und was mit ihm zusammenhing, glücklich gewesen sein sollte (ich weiß nicht genau, ob ich es war), ich dann gerade des Schreibens gar nicht fähig war, wodurch dann alles, es war noch kaum in der Fahrt, sofort umkippte, denn die Sehnsucht zu schreiben hat überall das Übergewicht. Woraus aber nicht auf grundlegende eingeborene ehrenhafte Schriftstellereigenschaft zu schließen ist. Ich bin von zuhause fort und muß immerfort nachhause schreiben, auch wenn alles Zuhause längst fortgeschwommen sein sollte in die Ewigkeit. Dieses ganze Schreiben ist nichts als die Fahne des Robinson auf dem höchsten Punkt der Insel.

Um mich noch ein wenig durch Klagen zu erleichtern: heute von ½4 an wieder die Verladerampe, Hämmern, Rollen der Stämme, Rufe der Verlader, gestern um 8 Uhr früh war es endgültig dann zu Ende, heute aber brachte der Lastzug eine neue Ladung, so daß es wahrscheinlich auch am Vormittag, der bisher meist schön war, so weitergehen wird. Um die Pause auszufüllen, wurde eben jetzt etwa hundert Schritte von mir ein Göpel in Gang gebracht, meist liegt er still oder wird von vernünftigen Pferden bedient, die keine Zusprache brauchen, heute aber wurden Ochsen eingespannt und denen muß man jeden Schritt mit Hott und Hüöh und sakramenská pakáz (»Verdammtes Gesindel!«) erklären. Was soll das Leben noch?

Die Wannseevilla, Max! Und mir bitte ein stilles Dachzimmer (weit vom Musikzimmer), aus dem ich mich gar nicht fortrühren will; man wird gar nicht merken, daß ich dort bin.

Aber vorläufig sind nur diese Leiden, immer wieder; was war dieser Anlaß? Es ist nicht auszudenken, aber wenn man es erfährt, stimmt es immer, über alle Trostmöglichkeiten hinweg. Aber wie ist es möglich, daß Du leidest und gleichzeitig über den Schwanenteich träumst. (Zauberhaft ist es, ich habe es jetzt wieder gelesen – das Hinweggleiten über die gesamte Melancholie – die Schwermut über die Kanapees hingelagert – das alte russische Schloß – die Tänzerin – das Ertrinken im See – alles.) – Es muß sich in den letzten Tagen doch wieder wesentlich gebessert haben. (Juchhu! schreit eben ein Junge unter meinem Fenster, die Ketten am Bahnhof rasseln, nur die Ochsen machen eine Pause, es wird ein harter Vormittag werden, es ist nämlich kühl, sonst schützt mich die Sonne vor den Kindern. Heute hätte ich vielleicht die Kraft, nach Georgental zu fahren.) Freilich so körperlich gelitten wie diesmal hast Du nie, wenn Du es auch leugnest. Diese körperlichen Leiden kann ich E. nicht verzeihen, auch wenn sie an ihnen unschuldig sein sollte; schon wegen des von Dir hergestellten Zusammenhanges nicht.

Auch ich bekam einen Klagebrief von Felix. Ich glaube, ihm wäre am leichtesten von uns allen zu helfen, und niemand hilft ihm. Hast Du meine Karte bekommen? Kannst Du die Novelle noch in Prag lassen? Hast Du über Hauptmann geschrieben?
Alles Gute, mehr als bisher! / F

[Nachschrift:] Weißt Du etwas von Klopstock? er hat mir seit einiger Zeit nicht geschrieben; sehr verständlich angesichts meiner unbefriedigenden Antworten.

Wie war (in intimer Hinsicht) der Elternabend? Wie hat meine Schwester gesprochen? Hat, man Schüler für nächstes Jahr? – Eben bringt mir Ottla die Nachricht, daß sie (unaufgefordert, von mir gar nicht aufmerksam gemacht, unten in der Küche auf dem Hof kann sie überdies die Kinder kaum hören) die Kinder weggeschickt hat und daß sie – es ist die artige Gruppe – bereitwilligst gegangen sind. Bleibt die Verladerampe und der unausgeschlafene Kopf und die verhältnismäßig späte Stunde, ein verlorener Tag, durch Ottlas Sorgfalt erträglicher gemacht. – Nein, eben ist die unartige, unbeherrschbare, weil der Hausfrau als Tante gehörige Gruppe vor meinem Fenster. Du fragst nach dem Wald, der Wald ist schön, dort kann man Ruhe finden, aber keine »Komponierhütte«. Ein Gang durch den (übrigens sehr mannigfaltigen) Wald am Abend, wenn der Lärm der Vögel sich dämpft (an Mahlers Stelle hätten mich vielleicht die Vögel gestört) und es nur noch hie und da ängstlich zwitschert (man könnte glauben, es sei Angst vor mir, aber es ist Angst vor dem Abend) und das Sitzen auf einer bestimmten Bank am Waldrand vor einer großen Aussicht (hier herrschen aber schon meistens die entsetzlichen Stimmen der Prager Kinder), das ist sehr schön, aber nur wenn eine ruhige Nacht und ein ruhiger Tag vorherging.

An Robert Klopstock

[Postkarte. Planá, Mitte Juli 1922]

Lieber Robert, das ist es ja eben, ich bin noch in Planá und bleibe hier, trotzdem Oskar in wunderbarer Fürsorglichkeit ein offenbar sehr schönes Zimmer dort in Georgental gefunden hat. Aus Angst, nicht aus Reiseangst, aus allgemeiner Angst kann ich nicht fahren, habe abtelegraphiert und bleibe. Bleibe, trotzdem es bei sonstiger großer Schönheit für meine Verhältnisse kopfschwirrend unruhig hier ist. Nun es gibt kein Ausweichen, in die Fläche nicht. Wie ging es Ihnen? Kolloquium? Abschied von Hermann? (Halbjahrsrechnung 2700 K, für den Vater 1900 K. Was man auch gegen meine Lunge sagen mag, unergiebig ist sie nicht.) Herzliche Grüße von mir und Ottla · Ihr K.

An Oskar Baum

[Prag, 16. Juli 1922]

Lieber Oskar, nur ein paar Worte heute: äußerlich bin ich wegen meines Nicht-fahrens gerechtfertigt, ich hätte, wie sich jetzt herausstellt, auf keinen Fall zu Euch fahren können. Am Fünfzehnten hätte ich nach dem ersten Plan fahren sollen, aber am Vierzehnten nachmittag bekam ich in Planá ein Telegramm, daß mein Vater, in Franzensbad schwer erkrankt, nach Prag transportiert worden ist. Ich fuhr gleich nach Prag, noch am Vierzehnten abends wurde der Vater ope-riert, es ist wahrscheinlich nichts Bösartiges, nichts Organisches; Klemmung des Darms infolge Nabelbruchs oder etwas derartiges (ich wage Ärzte nicht zu fra-gen, und wenn sie trotzdem antworten, verstehe ich sie nicht), aber immerhin, eine sehr schwere Operation, ein Siebzigjähriger, geschwächt durch knapp vor-hergehende, vielleicht mit dem Leiden zusammenhängende Kränklichkeit, ein krankes Herz überdies; bis heute, zwei Tage nach der Operation, geht es aller-dings bezaubernd gut.

Aber ich will noch von meinem Nichtfahren sprechen. Ich hatte mir Deine Karte genau zu untersuchen vorgenommen, auf jedes Wort hin und auf alle Hintergedanken jedes Wortes hin. Zum ersten und auch noch zum zweiten Male gelesen, war ja die Karte äußerst lieb und beruhigend. Später aber – ich kam mit der Untersuchung nicht zu Ende, weil ich nach Prag fahren mußte – stockte ich doch hie und da, besonders bei der »Fürsorgeattacke«. Wie wagst Du, Oskar, ein solches Wort hinzuschreiben? Eine Fürsorgeattacke (ich kann das Wort nicht einmal schreiben, mit qu soll es wohl geschrieben werden?), bei der ich Tag für Tag zu Dir hinaufkomme, Dich bei der Arbeit störe und die gün-stigsten Eisenbahnverbindungen Dir abzubetteln suche, in der geheimen Hoff-nung, daß man, wenn ich nur oft genug frage, vielleicht auch nur mit der Elek-trischen Georgental erreichen kann. Also nichts von Fürsorgeangriff, bitte! Und mißverstehe mein Leid nicht damit, daß Du glaubst, nur die Schönheit von Planá habe mich gehindert zu kommen. Planá ist ja schön, aber ich suche Ruhe vor der Schönheit und ich habe dort schon vor und nach der imaginären Ge-orgentaler Reise Lärmtage erlebt, daß ich mein Leben verflucht habe und viele Tage brauchte, um die Lärmangst, das niemals erfolglose Lauern auf den Lärm, die Verwirrung im Kopf, die Schmerzen in den Schläfen loszuwerden, worauf dann allerdings die Wirkung der Maßnahmen Ottlas, der Allersorgsamsten, sich wieder abgeschwächt hatte und neuer schrecklicher Lärm bereit war. – Genug für heute und alles Gute Dir und Euch.

Dein F

Warum schweigt Frau Horn?

An Max Brod

[Planá, Stempel: 20. VII. 1922]

Liebster Max, ich hatte gestern vormittag keine Zeit mehr zu Dir zu kommen und es war schon notwendig für mich wegzukommen, des unregelmäßigen Lebens war übergenug (für das regelmäßige Leben ist allerdings Planá weniger geeignet als Prag, aber nur wegen des Lärms, sonst keineswegs, ich muß das immer wiederholen, damit es mir »oben« nicht abgestritten wird), trotzdem wäre ich vielleicht doch geblieben, wenn ich gesehen hätte, daß der Vater mich irgendwie nur benötigt. Das war aber gestern gar nicht der Fall. Seine Zuneigung zu mir hat Tag für Tag (nein, am zweiten Tag war sie am größten, dann hat sie immerfort) abgenommen und gestern konnte er mich nicht schnell genug aus dem Zimmer bekommen, während er die Mutter zum Dableiben zwang. Für die Mutter beginnt jetzt übrigens eine besondere, neue, aufreibende Leidenszeit, auch wenn sich alles so schön weiterentwickelt wie bisher. Denn während der Vater bisher, unter dem Druck der schrecklichen Erinnerungen, das Daliegen im Bett immerhin noch als Wohltat empfand, fängt für ihn die große Qual des Liegens [jetzt an] (er hat eine Narbe auf dem Rücken, die ihm seit jeher langes Liegen fast unmöglich gemacht hat, dazu kommt die Schwierigkeit jeder Lageveränderung des schweren Körpers, das unruhige Herz, der große Verband, die Wundschmerzen beim Husten, vor allem aber sein unruhiger, aus sich selbst hilfloser, verfinsterter Geist), eine Qual, die meiner Meinung nach alles Vorhergehende übertrifft, diese Qual schlägt nun schon bei gebessertem Gesamtbefinden nach außen, gestern machte er schon hinter der hinausgehenden, wie ich glaube, wunderbaren Schwester eine Handbewegung, die in seiner Sprache nur »Vieh!« bedeuten konnte. Und diese seine Lage, die in ihrer ganzen kahlen Schrecklichkeit vielleicht nur mir ganz verständlich ist, wird nun günstigstenfalls noch zehn Tage dauern, und was davon auf die Mutter abwälzbar ist, wird voll und reichlich abgewälzt werden. Zehn solche Tag- und Nachtwachen, wie sie jetzt der Mutter bevorstehn!

Ich hatte also keine Zeit zu Dir zu kommen, aber ich wäre wahrscheinlich auch nicht gekommen, wenn ich Zeit gehabt hätte, allzusehr hätte ich mich geschämt für den Fall, daß Du mein Heft schon gelesen haben solltest, dieses Heft, das ich Dir nach Deiner Novelle zu geben gewagt hatte, obwohl ich weiß, daß es doch nur da ist zum Geschrieben-, nicht zum Gelesenwerden. Nach dieser Novelle, die so vollkommen, so rein, so geradegewachsen, so jung ist, ein Opfer, dessen Rauch oben wohlgefällig sein muß. Nur weil sie mir so teuer ist, bitte ich Dich, den Anfang, nicht nur den allerersten, sondern bis zur Professorsfamilie und dann den allerletzten Schluß noch einmal durchzusehn. Der Anfang irrt, wenigstens für den, der das Ganze nicht kennt, ein wenig umher, so als suchte er die zur Erholung angenehmen, das Ganze aber schädigenden Nebenerfindungen, die ja wirklich im Ganzen völlig abgewehrt sind, in jenem Anfang aber ein wenig wetterleuchten. Der Schluß aber atmet zu lange aus, während der Leser, der noch mit dem Atem kämpft, dadurch verwirrt die Blickrichtung ein wenig verliert. Mit dem sage ich aber nichts gegen die Briefform, die mich schon überzeugt hat. Ich weiß ganz und gar nicht, wie sich diese Novelle in meine Ansicht vom »Schriftsteller« einfügt, mache mir darüber keine Sorgen und bin glücklich darüber, daß die Novelle vorhanden ist. Aber gute Nahrung hat gestern meine Ansicht bekommen, als ich auf der Fahrt ein Reclambändchen »Storm: Erinnerungen« las. Ein Besuch bei Mörike. Diese beiden guten Deutschen sitzen im Frieden dort beisammen in Stuttgart, unterhalten sich über deutsche Literatur, Mörike liest »Mozart auf der Reise nach Prag« vor (Hartlaub, Mörikes Freund, der die Novelle schon sehr gut kennt, »folgte der Vorlesung mit einer verehrenden Begeisterung, die er augenscheinlich kaum zurückzuhalten vermochte. Als eine Pause eintrat, rief er mir zu: ›Aber, i bitt Sie, ist das nun zum Aushalte‹. – Es ist 1855, es sind schon alternde Männer, Hartlaub ist Pfarrer), und dann sprechen sie auch über Heine. Über Heine ist schon in diesen Erinnerungen gesagt, daß für Storm die Pforten der deutschen Literatur durch Goethes Faust und Heines Buch der Lieder, diese beiden Zauberbücher, aufgesprungen sind. Und auch für Mörike hat Heine große Bedeutung, denn unter den wenigen, ihm sehr teueren Autogrammen, die Mörike besitzt und Storm zeigt, ist auch »ein sehr durchkorrigiertes Gedicht von Heine.« Trotzdem sagt Mörike über Heine – und es ist, obwohl es hier wohl nur Wiedergabe einer landläufigen Ansicht ist, zumindest von einer Seite her eine blendende und noch immer geheimnisvolle Zusammenfassung dessen, was ich vom Schriftsteller denke und auch was ich denke, ist in einem andern Sinn landläufige Ansicht: »Er ist ein Dichter ganz und gar« sagte Mörike »aber nit eine Viertelstund' könnt' ich mit ihm leben, wegen der Lüge seines ganzen Wesens.« Den Talmudkommentar dazu her!

Dein

[Nachschrift:] Du sagtest, Du wärest in Not wegen des Materials für das Abendblatt. Ich wüßte etwas, was sich hoch lohnen würde: Für den Bildhauer Bilek schreiben. Darüber nächstens. Das Husdenkmal in Kolin kennst Du doch? Hat es auf Dich auch einen so ausschließlichen großen Eindruck gemacht?

An Robert Klopstock

[Planá, Stempel: 24. VII. 1922]

Lieber Robert, Sie müssen nicht so verzweifelt sein wegen dieses scheinbaren Mißlingens, das ich allerdings nicht durchschauen, aber auf meine Art doch nachfühlen kann. Wenn wir auf dem richtigen Wege wären, wäre auch ein solches Versagen grenzenlos verzweifelt, aber da wir doch nur auf einem Weg sind, welcher erst zu einem zweiten führt und dieser zu einem dritten u.s.f. und dann noch lange nicht der richtige kommt und vielleicht gar nicht, wir also ganz der

Unsicherheit, aber auch der unbegreiflich schönen Mannigfaltigkeit ausgeliefert sind, ist die Erfüllung der Hoffnungen und insbesondere solcher Hoffnungen das immer unerwartete, aber dafür immer mögliche Wunder.

Was mich betrifft, Stille, Stille würde ich brauchen, kann leider auch der Ihrigen dort nicht glauben und würde zumindest den Springbrunnen abdrehn. Und die Angst, die mich nicht fahren läßt, ich kenne sie schon lange, sie ist lebendiger als ich und wird es beweisen. – Fahren hätte ich übrigens gar nicht können, mein Vater ist operiert worden (Nabelbruch mit Darmklemmung), vor neun Tagen, es nimmt einen wunderbar guten Verlauf. – Max hat von Ihrem letzten Besuch noch herzlicher und vorbehaltloser gesprochen als früher.

Ihr K.

Ohne Ohropax bei Tag und Nacht ginge es gar nicht.

An Max Brod

[Planá, Ende Juli 1922]

Liebster Max, schon viertel zehn abend, fast zu spät zum Schreiben, aber der Tag ist zum Teil infolge der Kinder, weil nur die von ihnen gelassenen Pausen brauchbarer Tag sind, zum Teil infolge der Schwäche und Nachlässigkeit oft zu kurz, Ottla sagt mit Bezug darauf, daß ich mich noch zum zweitenmal werde pensionieren lassen müssen.

Aber das sind Kleinigkeiten. Wie bist Du aber geplagt. Was für eine große, durch nichts zu verwirrende, nicht einmal durch die Novelle zu besänftigende Phantasie arbeitet gegen Dich. Den »Familienrat«, den Du ja auch widerrufst, verstehe ich allerdings nicht ganz. E's Verhältnis zu Dir ist doch keine Neuigkeit in der Familie, die drei Schwestern und der Schwager sind doch mit oder gegen ihren Willen gewonnen, es bliebe also nur der Vater und wohl Bruder, von der Ferne sieht es allerdings, soweit Deine Erzählungen mich belehrt haben, nur wie eine kleine, kaum sehr erfolgreiche Intrige der Leipziger Schwester aus, die ich mir in dieser Hinsicht sehr tätig vorstelle.

Den Brief der Berlinerin hätte ich gern gelesen, nun siehst Du, sie hat doch geantwortet. Wieder so gesprächig und vertrauend und zu weiterem Schreiben verlockend wie letzthin? Der »echte korrekte Mensch« ist einerseits ein vorahnendes Zitat aus der Novelle, andererseits aber eine Einladung, sich ihn wirklich anzusehn; eine Spur Selbstquälerei, abgesehn natürlich von verständlicher Angst – Du hast Dir ihn so hoch aufgebaut, höher als den Bergmenschen der Novelle – hindert Dich daran.

Ich weiß nicht genau, ob Du meinen letzten Brief bekommen hast. Du erwähnst die Novelle gar nicht – für deren Bruchstück in der Zeitung ich Dir sehr danke, auch für die Paraphrasen, es würde mich, ohne daß ich jetzt eine genaue Vorstellung davon hätte, wie dies zu tun wäre, locken, einen Kommentar zur

Novelle einmal zu schreiben. – Mörike nicht – letzthin blätterte ich bei André in einer Literaturgeschichte der letzten Zeit Verlag Diederichs, (von Otto von der Leyen oder ähnlich), gemäßigte deutsche Stellung, der Hochmutston darin scheint persönliches Eigentum des Verfassers zu sein, nicht seiner Stellung anzugehören.

¾ 8 früh, die Kinder, ([Nachtrag:] die dann von Ottla doch vertrieben wurden), sind schon da, nach einem erstaunlich guten Tag, dem gestrigen, sind sie schon so bald hier, nur zwei erst und ein Kinderleiterwagen, aber es ist genug. Sie sind mein »Familienrat«; wenn ich – schon aus der Mitte des Zimmers sehe ich sie – feststelle, daß sie da sind, ist mir, als hebe ich einen Stein und sehe dort das Selbstverständliche, Erwartete und doch Gefürchtete, die Asseln und das ganze Volk der Nacht, es ist aber sichtlich eine Übertragung, nicht die Kinder sind die Nächtlichen, vielmehr heben sie in ihrem Spiel den Stein von meinem Kopf und »gönnen« auch mir einen Blick hinein. Wie überhaupt weder sie noch der Familienrat das Schlimmste sind, beide sind wohl eingespannt ins Dasein; das Schlimme, woran sie unschuldig sind und was sie eher geliebt als gefürchtet machen sollte, ist, daß sie die letzte Station des Daseins sind. Hinter ihnen beginnt, ob sie nun durch ihren Lärm scheinbar schrecken oder durch ihre Stille scheinbar beglücken, das von Othello angekündigte Chaos. Hier sind wir von einer andern Seite her bei der Schriftstellerfrage. Es ist vielleicht möglich, ich weiß es nicht, daß ein das Chaos beherrschender Mann zu schreiben beginnt; das werden heilige Bücher sein; oder daß er liebt; das wird Liebe sein, nicht Angst vor dem Chaos. Lieschen ist im Irrtum, allerdings nur im terminologischen: erst in der geordneten Welt beginnt der Dichter. Deutet das Lesen der »Anna«, die zu lesen ich mich übrigens schon lange freue, darauf hin, daß Du doch etwas über Hauptmann geschrieben hast? – Nun solltest Du aber auch die »Osterfeier« lesen, vielleicht auf der Reise?

Zu der Literaturgeschichte: ich hatte nur eine Minute Zeit in ihr zu blättern, es wäre interessant, sie genauer zu lesen, sie scheint eine Begleitmusik zur Secessio Judaica und es ist erstaunlich, wie innerhalb einer Minute einem allerdings sehr günstig voreingenommenem Leser mit Hilfe des Buches die Dinge schön sich ordnen, etwa die Menge halb bekannter, gewiß ehrlicher, dichterischer Männer, die in einem Kapitel »Unser Land« auftauchen, nach Landschaften geordnet, deutsches Gut, jedem jüdischen Zugriff unzugänglich, und wenn Wassermann Tag für Tag um 4 Uhr morgens aufsteht und sein Leben lang die Nürnberger Gegend von einem Ende zum andern durchpflügt, sie wird ihm nicht antworten, schöne Zuflüsterungen aus der Luft wird er für ihre Antwort nehmen müssen. Es ist kein Namensverzeichnis in dem Buch, deshalb wohl habe ich Dich nur einmal, nicht unfreundlich, erwähnt gefunden; ich glaube, es war ein Vergleich eines Romanes von Löns und des Tycho; Tycho wurde mit aller Achtung verdächtig dialektisch gefunden. Ich bin sogar gelobt, allerdings nur halb, als Franz Koffka (offenbar Friedrich Koffka), der ein schönes Drama geschrieben haben soll.

Auch Bilek erwähnst Du nicht, gern würde ich ihn in Deinen Arm betten. Ich denke seit jeher an ihn mit großer Bewunderung. Zuletzt hat mich freilich, wie ich gestehen muß, erst wieder eine Bemerkung in einem mit andern Dingen sich beschäftigenden Feuilleton in der»Tribuna« (von Chalupný glaube ich) an ihn erinnert. Wenn es möglich wäre, diese Schande und mutwillig-sinnlose Verarmung Prags und Böhmens zu beseitigen, daß mittelmäßige Arbeiten wie der Hus von Šaloun oder miserable wie der Palacký von Sucharda ehrenvoll aufgestellt werden, dagegen zweifellos unvergleichliche Entwürfe Bileks zu einem Žižka- oder Komenskýdenkmal unausgeführt bleiben, wäre viel getan und ein Regierungsblatt wäre der richtige Ansatzpunkt. Ob freilich jüdische Hände die richtigen sind, das auszuführen, das weiß ich nicht, aber ich weiß keine andern Hände, die das könnten, und Deinen traue ich alles zu. Deine Bemerkungen zum Roman beschämen und freuen mich, so wie ich etwa Věra erfreue und beschäme, wenn sie, was häufig genug geschieht, in ihrem torkelnden Gang sich unversehens auf ihren kleinen Hintern setzt und ich sage: »Je ta Věra ale šikovná« (»Ist die Věra aber geschickt.«) Nun weiß sie zwar unwiderleglich, denn sie spürt es hinten, daß sie sich unglücklich gesetzt hat, aber mein Zuruf hat solche Gewalt über sie, daß sie glücklich zu lachen anfängt und überzeugt ist, das Kunststück wahren Sich-Setzens soeben ausgeführt zu haben.

Die Mitteilung des Herrn Weltsch dagegen ist wenig zwingend, er ist eben a priori überzeugt, daß man den eigenen Sohn nicht anders als loben und lieben kann. In diesem Fall aber: was wären hier für Begründungen des Augenleuchtens. Ein heiratsunfähiger, keine Träger des Namens beibringender Sohn; pensioniert mit 39 Jahren; nur mit dem exzentrischen, auf nichts anderes als das eigene Seelenheil oder Unheil abzielenden Schreiben beschäftigt; lieblos; fremd dem Glauben, nicht einmal das Gebet für das Seelenheil ist von ihm zu erwarten; lungenkrank, hat sich die Krankheit überdies nach des Vaters äußerlich ganz richtiger Ansicht geholt, als er zum erstenmal für einige Zeit aus der Kinderstube entlassen, sich, zu jeder Selbständigkeit unfähig, das ungesunde Schönbornzimmer ausgesucht hatte. Das ist der Sohn zum Schwärmen.

F

Was macht Felix? Mir hat er nicht mehr geantwortet.

An Robert Klopstock

[Planá, Ende Juli 1922]

Lieber Robert, nun dann ist es also gut. Ich wäre gar nicht zu meinen Befürchtungen gekommen (denn – Nichtschreiben an sich ist nichts Schlimmes, ich kann freilich auch nicht sagen: etwas Gutes, denn meine Lust zum Nichtschreiben war kaum jemals durch eine bessere Lust hervorgerufen, wie es bei Ihnen zu sein scheint und sein möge) hätte nicht immerfort die Zeitungsnachricht in mir gebohrt, daß unter den Studenten, die bei der Ymca gegessen haben, zum Ende des Schuljahres eine Typhusepidemie ausgebrochen ist und manche Studenten den (angeblich vier Wochen zur Entwicklung benötigenden) Keim mit in die Ferien genommen haben. Nun also, davor sind wir bewahrt worden. Dafür aufbewahrt für Kämpfe, wie Sie sie andeuten. Viel Glück dazu und Ruhe und Wald und Menschenleere! Mir geht es – mit Unterbrechungen – leidlich. Meine Karte, in der ich Ihnen von der Operation meines Vaters schrieb, haben Sie wohl bekommen?

Ihr K

An Max Brod
[Planá, Ankunftstempel: 31. VII. 22]

Liebster Max, noch schnell einen Gruß vor der Reise (soweit es unten Hausfrau, Neffen und Nichte – der Hausfrau nämlich – erlauben). In Deiner Reihenfolge:

Bilek: daß Du das wirklich versuchen willst, was ich nur als eigentlich phantastischen Wunsch auszusprechen wagte, zu mehr reicht die Kraft nicht, freut mich ungemein. Es wäre meiner Meinung nach ein Kampf von dem Rang des Kampfes für Janáček, soweit ich das verstehe (fast hätte ich geschrieben: des Kampfes für Dreyfus) wobei nicht Bilek der Janáček oder Dreyfus des Kampfes wäre (denn ihm geht es angeblich und wahrscheinlich erträglich, in jenem Aufsatz stand, daß er Arbeit hat, schon die siebente Kopie einer Statuette »Der Blinde« ist bestellt worden, unbekannt ist er ja auch nicht, in jenem Aufsatz – der sich im allgemeinen mit den staatlichen Aufwendungen für Kunst beschäftigte – war er sogar »velikán« (»großer Mann«) genannt, Originalität würde nicht den Wert des Kampfes für ihn ausmachen, würde nicht den Wert des Kampfes hinunterdrücken), sondern die plastische Kunst selbst und das Augenglück der Menschen. Wobei ich freilich immer nur an den Koliner Hus denke (nicht eigentlich so sehr an die Statue in der Modernen Galerie und das Grabmal auf dem Vyšehrader Friedhof und immerhin noch mehr an diese als an die in der Erinnerung mir verschwimmende Menge nicht leicht zugänglicher Kleinarbeit in Holz und Grafik, die man früher von ihm sah), wie man aus der Seitengasse hervorkommt und den großen Platz mit den kleinen Randhäuschen vor sich liegen sieht und in der Mitte den Hus, alles, immer, im Schnee und im Sommer, von einer atemraubenden, unbegreiflichen, daher willkürlich scheinenden und in jedem Augenblick wieder von dieser mächtigen Hand neu erzwungenen, den Beschauer selbst einschließenden Einheit. Etwas Ähnliches erreicht vielleicht durch den Segen des Zeitablaufs das Weimarer Goethehaus, aber für den Schöpfer dessen kann man nur schwer kämpfen und die Tür seines Hauses ist immer geschlossen.

Sehr interessant müßte aber sein zu erfahren, wie es zu der Aufstellung des Husdenkmals kam; soweit ich mich aus den Erzählungen meines verstorbenen

Cousins erinnere, war die ganze Stadtvertretung schon vor der Aufstellung dagegen und nachher noch viel mehr und wohl bis heute.

Die Novelle: schade, daß ich die endgiltige Fassung nicht erfahren kann.

Lieschen ist freilich viel verständlicher als M. Daß so etwa die Mädchen sind, haben wir in der Schule gelernt, freilich haben wir auch nicht gelernt, daß sie zu lieben und auf diese Weise unverständlich zu machen sind.

Felix: unwahrscheinlich der Zauber-Psychiater, aber F. würde freilich das Unwahrscheinlich-Schönste verdienen. – Warum sollte er den »Juden« nicht übernehmen können, das wäre doch außerordentlich schön, und wenns nicht ginge, außerordentlich traurig. Freilich trägt es augenblicklich weniger als die »Selbstwehr«, aber doch so viel, daß er vielleicht auskommen könnte (wobei ich voraussetze, daß der Jude, wenn er von Heppenheim redigiert werden konnte, auch von Prag redigiert werden kann) und die Stellung wäre repräsentativ und würde ihm doch viel weniger Arbeit geben als die Selbstwehr. Freilich, die schöne Selbstwehr wäre in Gefahr, das merkt man an der Epsteinschen Zwischenzeit, aus der man nur etwa solche Dinge in Erinnerung behalten wird: »Der russische Chaluz tritt auf den Plan«, die Selbstwehr kann nicht nebenbei, muß so aufopfernd gemacht werden, wie Felix es tut. – Was mich betrifft, ist es leider nur Spaß oder Halbschlaf-Einfall, bei der Vakanz des »Juden« an mich zu denken. Wie dürfte ich bei meiner grenzenlosen Unkenntnis der Dinge, völligen Beziehungslosigkeit zu Menschen, bei dem Mangel jedes festen jüdischen Bodens unter den Füßen an etwas Derartiges denken? Nein, nein.

Hauptmann: Der Aufsatz im Abendblatt war ungemein schön und auf den Rundschauaufsatz freue ich mich sehr. Nur weiß ich nicht, wie Du, außer mit dem unkontrollierbaren Recht der Liebe, Jorinde und Anna (nach Deiner Nacherzählung) in Beziehung setzen kannst. Jorinde ist ganz anders, gleichzeitig verständlicher und geheimnisvoller als Anna. Anna hat den eindeutigen Fall getan, die Beweggründe sind rätselhaft, der Fall ist unzweifelhaft. Ihr größtes Geheimnis ist das Selbstgericht und die Selbstbestrafung, ein Geheimnis, das sie mir gewissermaßen verständlicher macht als Jorinde, nicht etwa kraft meiner Fähigkeiten, aber kraft meiner Forderung. Jorinde dagegen hat ja gar nichts Böses getan, hätte sie es getan, würde sie es ja ihrer Art nach ebenso gestehn wie Anna, aber da sie nichts zu gestehn hat, kann sie nichts gestehn, wobei freilich ihrem Wesen nach – was man aber vielleicht bei Anna vor dem Fall auch hätte sagen können – es unmöglich scheint, daß sie mit Überzeugung von sich sagt: »Ich habe Unrecht getan«. Darin liegt vielleicht ihr Rätsel, das aber gewissermaßen sich nicht entfalten kann, denn sie hat ja nichts Böses getan. Fast kommt man auf diesem Wege dazu, aktuell rätselhaft nur ihren Geliebten zu finden, der seine Schwäche – die unleugbar da ist und darin besteht, daß er den Verkehr mit dem Mechaniker nicht beenden kann, was nicht nur eine augenblickliche Schwäche ist, sondern Voraussicht weiterer Schwäche, daß er nämlich, wenn er diesen Verkehr doch beenden könnte, für einen neuen, ihn ebenso störenden, Platz schaffen würde – bis zur Verfinsterung der ganzen Welt übertreibt. Ihn stört fast ebenso wie der Mechaniker die Unschuld Jorindes und Unschuld heißt hier Unzugänglichkeit. Er ist, wie Du es übrigens gewiß auch gesagt hast, förmlich auf der Jagd nach etwas, was Jorinde nicht besitzt, zu dem sie vielmehr nur die versperrte Tür darstellt, und wenn er an ihr rüttelt, so tut er ihr auch sehr weh, denn sie kann doch nicht geben, was sie nicht besitzt, er aber freilich kann nicht nachlassen, denn er will das, was sie versperrt imd von dem sie selbst gar nichts weiß und auch von niemandem, auch von ihm nicht, bei größter Anstrengung und Belehrung etwas erfahren könnte.

Nach Misdroy werde ich Dir wohl schreiben, aber an E. nicht, es wäre Komödie und würde auch von ihr so angesehen werden. Dagegen werde ich, wenn ich schreibe, Dir schreiben, so daß Du den Brief zeigen kannst, und das wird gar keine Komödie sein. Übrigens geht jetzt die Post nach Deutschland sehr langsam.
Leb wohl!

F

Schreib mir bitte von Berlin und auch von Misdroy je eine Karte.

[Nachschrift:] Der Fall Bilek ist merkwürdiger als der Fall Janáček, erstens war damals noch Österreich, die böhmischen Verhältnisse gedrückt, und zweitens war ja Janáček wirklich, wenigstens in Böhmen, gänzlich unbekannt, Bilek aber ist sehr bekannt, sehr geschätzt und hunderttausende sehn ihn, wie er zwischen den zehn Bäumen seines verstaubten Villengartens abends spazieren geht.

An Max Brod

[Planá, Anfang August 1922]

Liebster Max, ich war jetzt fast 4 Tage in Prag und bin wieder hierher in den verhältnismäßigen Frieden zurückgekommen. Diese Einteilung, ein paar Tage in der Stadt, ein paar Monate auf dem Lande, wäre die für mich vielleicht richtige. Vier Tage im Sommer in der Stadt sind freilich schon sehr viel, länger könnte man sich z. B. gegen die halbnackten Frauen dort kaum wehren, erst im Sommer sieht man dort eigentlich in Mengen ihre merkwürdige Art Fleisch. Es ist leichtes, viel-Wasser-haltiges, zart aufgedunsenes, nur ein paar Tage lang frisches Fleisch; in Wirklichkeit hält es freilich doch lange aus, aber das ist nur ein Beweis für die Kürze des Menschenlebens; wie kurz muß das Menschenleben sein, wenn solches Fleisch, das man sich wegen seiner Hinfälligkeit, wegen seiner nur für den Augenblick modellierten Rundung (die allerdings, wie Gulliver entdeckt hat – ich kann es aber meistens nicht glauben, – durch Schweiß, Fett, Poren und Härchen entstellt ist) kaum anzurühren getraut, wie kurz muß das Menschenleben sein, wenn solches Fleisch einen großen Teil des Lebens überdauert.

Hier im Ort sind die Frauen ganz anders, es gibt zwar auch viele Sommerfrischler hier, z. B. eine ungemein schöne, ungemein dicke blonde Frau, die, so
wie etwa ein Mann an seiner Weste rückt, alle paar Schritte sich strecken muß,
um Bauch und Brüste in Ordnung zu bringen, angezogen ist sie wie ein schöner
Giftschwamm und riecht – die Menschen haben keinen Halt – wie der beste eß-
bare Pilz (ich kenne sie natürlich gar nicht, kenne fast niemanden hier) –, aber
über die Sommerfrischler sieht man hinweg, sie sind entweder komisch oder
gleichgültig, aber von den einheimischen Frauen bewundere ich die meisten. Sie
sind niemals halbnackt, und trotzdem sie kaum mehr als ein Kleid haben, sind
sie immer vollständig angezogen. Dick werden sie erst im spätesten Alter und
üppig ist nur hie und da ein junges Mädchen (eine Stallmagd etwa in einem
halbverfallenen Hof, an dem ich abends öfters vorübergehe, sie steht dann
manchmal in der Stalltür und kämpft förmlich mit ihren Brüsten), die Frauen
aber sind trocken, eine Trockenheit, in die man sich wahrscheinlich nur von der
Ferne verlieben kann, Frauen, die gar nicht gefährlich scheinen und doch
prachtvoll sind. Es ist ja eine besondere Trockenheit, die von Wind, Wetter, Arbeit, Sorgen und Gebären herkommt, aber doch gar nicht städtisches Elend ist,
sondern ruhige aufrechte Fröhlichkeit. Neben uns wohnt eine Familie, sie
müßte gar nicht Veselý (»fröhlich«) heißen; die Frau ist 32 Jahre alt und hat
sieben Kinder, darunter fünf Jungen, der Vater ist Mühlenarbeiter, hat meistens
Nachtarbeit. Dieses Ehepaar verehre ich. Er sieht, wie Ottla sagt, wie ein palä-
stinensischer Bauer aus, nun, es ist möglich: mittelgroß, etwas bleich, die
Bleichheit ist aber beeinflußt von dem schwarzen Schnauzbart (einer von den
Bärten, von denen Du einmal geschrieben hast, daß sie die Energie aufsaugen),
still, zögernde Bewegungen, wäre nicht seine Ruhe, könnte man sagen, daß er
schüchtern ist. Die Frau, eine jener Trockenen, immer jung, immer alt, blauäu-
gig, fröhlich, faltenreiches Lachen, trägt auf unbegreifliche Weise diesen Haufen
Kinder durchs Leben (ein Junge geht in die Realschule in Tábor) und leidet natürlich ununterbrochen, einmal als ich mit ihr sprach, kam ich mir mit ihr fast
verheiratet vor, denn auch mir machen die Kinder vor dem Fenster Leid, aber
nun beschützt mich auch sie. Freilich, es ist schwer, der Vater muß oft bei Tag
schlafen, dann müssen die Kinder aus dem Haus und dann bleibt für sie kaum
etwas anderes übrig als der Platz vor meinem Fenster, ein Stück grasbewachse-
ner Straße und ein Stück eingezäunter Wiese mit ein paar Bäumen, die der
Mann wegen seiner Ziegen gekauft hat. Einmal an einem Vormittag versuchte
er dort zu schlafen, er lag dort zuerst auf dem Rücken, die Arme unter dem
Kopf. Ich saß beim Tisch und sah immerfort nach ihm hin, konnte kaum von
ihm fortsehn, konnte nichts anderes machen. Wir brauchten beide Stille, das
war eine Gemeinsamkeit, aber die einzige. Wenn ich meinen Anteil an der Stille
ihm hätte opfern können, hätte ich es gern getan. Es war übrigens nicht still
genug, andere Kinder, nicht die seinen, lärmten, er drehte sich um und versuchte mit dem Gesicht in den Händen einzuschlafen, es war aber nicht möglich, er stand dann auf und ging nachhause.

Ich erzähle Dir da aber, Max, wie ich allmählich merke, Geschichten, die Dich gar nicht interessieren können, und erzähle sie nur deshalb, um überhaupt etwas zu erzählen und mit Dir in irgendeiner Verbindung zu sein, denn ich bin sehr trübselig, lustlos aus Prag zurückgekommen. Ursprünglich wollte ich Dir gar nicht schreiben, für den Lärm und das Unglück der Stadt, so wie Du dort gelebt hast, mögen Briefe passen, aber dort oben in der Meeresstille wollte ich Dich nicht stören, die Karte, die Du mir zuletzt aus Prag schicktest, bestärkte mich auch darin. Nun aber, da ich aus Prag zurückgekommen bin, ein wenig traurig wegen des immerfort leidenden Vaters (vielleicht wird es doch gut ausgehn, schon seit einer Woche geht er täglich spazieren, Schmerzen, Unbehagen, Unruhe, Angst hat er aber immerfort), traurig wegen der großartig tapferen, geistig sehr starken, aber in seiner Pflege sich immer mehr zerstörenden Mutter, traurig noch wegen einiger anderer, viel weniger wichtigen, aber fast noch mehr bedrängenden Dinge, denke ich, weil ich nun schon bei der Selbstzerstörung halte, auch an Dich, habe heute von Dir geträumt, vielerlei, von dem ich aber nur behalten habe, daß Du aus einem Fenster geschaut hast, entsetzlich mager, das Gesicht ein genaues Dreieck –, und da das alles so ist (und ich auch durch das »widernatürliche« Leben der letzten Tage aus dem verhältnismäßigen Gleichmaß gerüttelt bin und sofort den Weg, wenn es bisher einer war, knapp vor meinen Füßen abbrechen sehe) schreibe ich Dir doch, trotz der äußeren Bedenken und der innern Schwierigkeiten. Es könnte nämlich nach der Art, wie Du die letzte Zeit in Prag verbracht hast, immer auf der Lauer nach Leipziger Briefen (und manchmal nach dem Kommen eines Briefes mehr leidend als vorher) wohl sein, daß Du ähnlich aussiehst wie in meinem Traum, es wäre denn, daß Du – was ich von Herzen Dir wünsche – auf dem Urlaub Dich schon ein wenig erholt hast. Möglich wäre es ja, da Du doch jetzt statt der fortwährenden Qual der Briefe das Glück fortwährender lebendiger Mitteilung hast. Fräulein S. wollte ich gern grüßen, aber ich kann nicht, ich kenne sie immer weniger. Ich kenne sie als die wunderbare Freundin nach dem, was Du von ihr erzählst, ferner kenne ich sie als die zwar unverständliche, aber niemals anzuklagende Göttin der Novelle, schließlich aber auch als die Briefschreiberin, die an Deiner Zerstörung arbeitet und *dabei leugnet, es tun zu wollen.* Das sind zu viel Widersprüche, daraus ergibt sich kein Mensch, ich weiß nicht, wer an Deiner Seite geht, und ich kann sie nicht grüßen. Du aber leb wohl und komm gesund zurück.

F

An Max Brod

[Planá, Stempel: 16. VIII. 1922]

Lieber Max, ich werde zusammenstellen, was ich besser zu verstehn glaube als Du, und dann das, was ich nicht verstehe. Vielleicht wird sich dann herausstellen, daß ich gar nichts verstehe, was leicht möglich wäre, denn die Fülle ist groß, die Ferne auch, dazu kommt die Sorge um Dich, dem es ja vielleicht noch schlechter geht, als Du zugestehst, aus dem allen kann sich nur ein nebelhaftes Bild ergeben.

Zunächst und vor allem verstehe ich nicht, warum Du die Vorzüge W's so hervorhebst, etwa um (mit dem ruhigen Schreiben ist es zuende, es ist Gewitter, mein Schwager, ein wenig verlassen, ist gekommen und sitzt bei meinem Tisch, meinem Tisch? es ist ja seiner, und daß das schöne Zimmer mir überlassen ist und die dreigliedrige Familie in einem kleinen Zimmerchen – abgesehen von der großen Küche allerdings – beisammenschläft, ist eine unbegreifliche Wohltat, besonders wenn ich daran denke, wie an den ersten Tagen, als die Einteilung noch anders war, mein Schwager am Morgen fröhlich sich in seinem Bette streckte und als das Schönste an der Sommerwohnung es bezeichnete, daß man gleich beim Aufwachen vom Bett aus eine so große Aussicht hat, die Wälder in der Ferne u. s. w. und schon ein paar Tage später schlief er im kleinen Zimmer mit dem Hof des Nachbars als Aussicht und dem Kamin der Säge – ich erwähne das alles, um – nein, der Zweck bleibe unausgesprochen) – nun aber was Dich betrifft. W. hat nach allem durchaus keine Übermacht, aber die Wage scheint, wenigstens im Augenblick, so sorgfältig austariert, als es nötig ist, um alle entsetzlich zu quälen. W. hat keine Übermacht, er kann nicht heiraten, er kann nicht helfen, er kann nicht E. zur Mutter machen oder: wenn er es könnte, hätte er es schon getan und es hätte sich Dir gegenüber viel gewalttätiger angekündigt. Also nichts von den anständigen Motiven dort und von dei bösen hier. Er liebt E. und Du liebst sie; wer will hier entscheiden, da nicht einmal E. völlig es kann. Er hat für sich die Gestalt und Lockung der Jugend, gar für eine ältere Frau, das ist sehr viel, besonders wenn auch das Judentum nicht so sehr Dich belastet, als ihn verklärt. Aber Du hast doch offenbar viel mehr und Dauernderes, hast männliche Liebe, männliche Hilfe und gibst unaufhörlich bald Traum bald Wirklichkeit des Künstlertums. Was kann Dich also in dieser Hinsicht verzweifelt machen! Offenbar nicht die Aussichten Deines Kampfes, sondern der Kampf selbst und seine Zwischenfälle. Darin hast Du freilich Recht; das könnte ich gar nicht, nicht die leichteste Andeutung dessen könnte ich ertragen, aber wie vieles erträgst Du, wovor ich davonlaufe oder das vor mir davonläuft. Hier bin ich wahrscheinlich dazu gekommen, Dich zu überschätzen, hier habe ich kein auch nur halbwegs verständiges Urteil über Deine Kraft.

Dann das zweite: E. lügt, und lügt grenzenlos, etwas was freilich mehr ein Beweis für ihre Not ist als für ihre Lügenhaftigkeit. Und es scheint auch, daß es eine Art nachträgliche Lügenhaftigkeit ist, so etwa, daß sie behauptet, sie sage ihm nicht Du, was wahr ist, aber gleich darauf sagt sie es ihm wirklich, teilweise auch durch jene Behauptung verführt und unfähig jetzt die Behauptung zurückzunehmen. Immerhin, das hätte ich nicht erwartet und verstehe es noch immer nicht, verstehe dabei auch nicht, wie Du von Selbstdemütigung sprechen kannst, da es doch eigentlich der Zusammenbruch ihres Gebäudes ist und Bitte an Dich, als Mann und Helfer es irgendwie gutzumachen. Sie flüchtet ja ganz zu Dir, wenigstens wenn Du bei ihr bist, der Brief, den sie trotz Deiner Bitten geschrieben hat, war ja, wenn ich es recht verstehe, nur allzusehr in Deinem Sinn geschrieben, ähnlich wie die gequälte und doch auch wahre Karte an mich.

Lasse ich alle erschwerenden Nebenumstände weg, deren allerdings der Fall übergenug hat, sehe ich das Grundschema so: Du willst das Unmögliche aus einer nicht nachlassenden Bedürftigkeit, das wäre noch nichts Großes, das wollen viele, aber Du dringst weiter vor als irgendjemand, den ich kenne, kommst bis knapp ans Ziel, nur knapp heran, nicht ganz ans Ziel, denn das ist ja das Unmögliche, und an dieser »Knappheit« leidest Du und mußt Du leiden. Es gibt Steigerungen des Unmöglichen, auch Graf von Gleichen hat etwas Unmögliches versucht – auf die Frage nach dem Gelingen antworten wahrscheinlich nicht einmal Gräber –, aber so unmöglich wie Deines war es nicht, er hat sie nicht im Morgenland gelassen und mit ihr eine Ehe über das Mittelländische Meer hinweg geführt. Aber auch dieses Letztere wäre möglich, wenn er wider Willen an seine erste Ehefrau gebunden wäre, so daß, was bei ihr Sehnsucht oder Leere oder Zufluchtsbedürftigkeit oder der Teufel Mieze ist, bei ihm, zum Dank und Trost, Verzweiflung über seine erste Ehe wäre, aber das ist doch hier nicht der Fall, Du bist nicht verzweifelt und Deine Frau erleichtert Dir sogar das schwere Leben. Dann aber bleibt meiner Meinung nach, wenn Du Dich vor Selbstzerstörung bewahren willst (ich erschauere, wenn ich daran denke, daß Du auch nachhause schreiben mußt), nichts anderes übrig, als das Ungeheuerliche (aber gegenüber dem, was Du in den letzten Jahren gelitten hast, zunächst nur äußerlich Ungeheuerliche) zu versuchen und wirklich E. nach Prag zu nehmen oder wenn dies aus verschiedenen Rücksichten zu peinlich wäre, Deine Frau nach Berlin zu nehmen, also nach Berlin zu übersiedeln und offen, zumindest offen für Euch drei, zu dritt zu leben. Dann entfällt fast alles bisherige Böse (mag auch neues unbekanntes Böse herankommen): die Angst vor W., die Angst vor der Zukunft (die jetzt nach Überwindung des W. doch bliebe), die Sorge um Deine Frau, die Angst wegen der Nachkommenschaft und sogar wirtschaftlich wird Dein Leben leichter sein (denn die Kosten der Erhaltung E.'s in Berlin würden ja jetzt die bisherige Last wohl verzehnfachen). Nur ich würde Dich aus Prag verlieren. Aber warum sollte nicht, wo für zwei Frauen um Dich Platz ist, auch noch irgendwo ein Platz für mich sein.

Vorläufig würde ich Dich schon sehr gern heil aus diesen Höllenferien zurückgekommen sehn.

F.

[Nachschrift:] Deine Frau: vielleicht wäre es gar nicht so verzweifelt schwer, sie für den Plan zu gewinnen. Ich sprach jetzt in Prag mit Felix, er glaubt, daß es unmöglich sei, daß sie nichts wisse (d.h. daß sie verhältnismäßig fröhlich dulde). Es fällt mir auch der Brief Storms ein, den sie einmal mit Vorliebe zeigte.

An E. S.

[Entwurf eines Briefes. Planá, August 1922]

Herzlichen Dank für Karte und Brief, sie haben mich gar nicht überrascht, es war mir als wäre es gar nicht der erste Brief, so viel habe ich schon von Ihnen gehört und so vertraut ist mir Ihr Name. Nur daß ich Sie noch nicht gesehn und gehört habe ist ein Mangel, aber auch der ist nicht immer fühlbar, so sehr leben Sie in Maxens Erzählungen. Und ich werde mich auch weiterhin damit begnügen müssen, denn an die Ostsee zu fahren, erlaubt mir der Arzt nicht. Sehr gerne aber würde ich mit Ihnen zusammenkommen, weil in einer sei beziehungsreichen und doch schweigsamen Entfernung leicht Mißverständnisse entstehen und selbst Briefe können hier eher schaden als helfen. So droht schon aus Ihrem lieben Brief ein solches, an sich unvermeidliches Mißverständnis. Gesichter in der Ferne, gar solche, die man nur aus Fotografien kennt, formen sich in der Vorstellung ohne Schwierigkeit böse und feindselig, Franz heiße ich auch, da scheint die Kanaille nicht weit, im Augenblick überzeugt es fast mich selbst. In Wirklichkeit aber – wie kann Ihnen jemand böse sein, dem an Maxens Leben und Arbeit gelegen ist, wie könnte es dieser Jemand anstellen, zu Ihnen in ein anderes Verhältnis zu kommen als das der tiefen Dankbarkeit. Maxens Leben und Arbeit beruht auf der Freude darüber, daß Sie leben und blühen, ihn von Ihnen abdrängen zu wollen, hieße ihn aus der Arbeit und aus dem Leben treiben wollen; muß nicht die Einigkeit, die sich daraus zwischen Ihnen und Max und mir ergibt eine vollkommene sein; Freilich es kommen Tage, wie jene vor der letzten Reise, da verkehrt sich das Bild, eben das, was ihm Leben gibt, scheint es ihm dann nehmen zu wollen, ich wage mich nicht in die unmittelbaren Anlässe einzumischen, sehe natürlich auch, daß viel sinnlose Selbstqälerei vorliegt, erklärlich nur durch die Not des in seinem Teuersten bedrohten Menschen – aber wie es auch seinmag, wenn Sie, verehrtes Fräulein, ihn damals oder bei ähnlichen Gelegenheiten gesehen hätten – diesen Anblick können Sie nie haben, der ist mir vorbehalten, bei Ihnen ist Max immer schon getröstet – zerrüttet, in zwei drei Tagen erschreckend abgemagert, mit schlaflosen Augen, gegen alles gleichgültig, nur für das eine nicht, was ihm Schmerz bereitet, dennoch mit seiner auch dann ihn nicht verlassenden Energie weiterarbeitend und sich so auch weiter zerstörend, wenn Sie das sehen würden, verehrtes Fräulein, dann würden Sie gewiß, soviel glaube ich von Ihnen zu wissen, sich nicht damit begnügen, was ich tue, nämlich still und hilflos und bestenfalls fast unter den gleichen Schmerz mich drückend bei ihm zu sitzen, sondern Sie wären noch viel mehr und hilf- und trostreicher als ich an Maxens Seite. Schade, schade, daß Sie in solchen Augenblicken nicht da sind und gewiß würden Sie mir dann nicht schreiben. Dies zu Ihrem lieben Brief. Darüber hinaus habe ich wie ich höre die Aufgabe, über die Kaffeehauszusammenkunft mit Frl. F. zu berichten und wie ich gleichzeitig höre, nicht zu berichten, sondern den Bericht von Max listiger Weise mir diktieren zu lassen. Da sich diese zwei Aufgaben nicht verbinden lassen, müssen Sie sich, verehrtes Fräulein, mit der Bemerkung begnügen, daß diese Zusammenkunft eine der bedeutungslosesten Angelegenheiten meines Lebens gewesen ist.

An Robert Klopstock

[Planá, Stempel: 5. IX. 1922]

Lieber Robert, ich war ein paar Tage in Prag und finde jetzt Ihre Karte hier. Ich bleibe in Planá wohl noch einen Monat, man muß von Zeit zu Zeit nach Prag um den Wert von Planá zu erkennen oder vielmehr man erkennt ihn immer, nur hat man nicht immer die Kralt ihn zu würdigen. Sie schwanken, ob Sie nach Prag kommen sollen? Nun jedenfalls sollen Sie in eine Stadt, das ist ganz gewiß, ich fliehe sie ja nur, weil ich ihr nicht gewachsen bin, weil mich die paar winzigen Zusammenkünfte, Gespräche, Anblicke, die ich dort habe, fast ohnmächtig machen. Trotzdem werde ich Oktober und November wohl in Prag bleiben, dann aber wollte ich gern zu einem Onkel aufs Land, wenn es sich ermöglichen ließe. Um zu Ihrer Zukunft etwas zu sagen, müßte ich wissen, was es für Angebote sind, die man Ihnen macht. Nicht unter allen Umständen, nur unter vielen ist Prag der beste Ort für Sie. – Max ist schon in Prag, seine Adresse Břchová ul. 8. – Schreiben Sie mir über die Angebote.

Ihr K

An Max Brod

[Planá, Ankunftstempel: 11.IX.22]

Lieber Max – rede nicht von »richtigem Instinkt«, der mich geführt hat, etwa wenn ich nicht nach Deutschland fuhr. Es war etwas anderes. Jetzt bin ich etwa eine Woche wieder hier, diese Woche habe ich nicht sehr lustig verbracht (denn ich habe die Schloßgeschichte offenbar für immer liegen lassen müssen, konnte sie seit dem »Zusammenbruch«, der eine Woche vor der Reise nach Prag begann, nicht wieder anknüpfen, obwohl das in Planá Geschriebene nicht ganz so schlecht ist wie das, was Du kennst), nicht sehr lustig, aber sehr ruhig, ich wurde fast dick, wie ich überhaupt am ruhigsten bin, wenn ich mit Ottla allein bin, ohne Schwager und Gäste. Gestern nachmittag, wieder sehr ruhig, gehe ich an der Küche der Hausfrau vorüber, wir kommen in ein kleines Gespräch, sie ist (eine komplizierte Erscheinung), nachdem sie bisher formell freundlich, aber kalt, böse, hinterlistig gegen uns gewesen ist, in den letzten Tagen, vollständig unerklärbar, offen, herzlich, freundlich zu uns geworden, wir kommen also in ein kleines Gespräch, über den Hund, über das Wetter, über mein Aussehn (jak jste přišel, měl jste smrtelnou barvu: »Als Sie kamen, hatten Sie die Farbe des Todes.«) und irgendein Teufel bläst mir ein, damit zu protzen, daß es mir sehr gut hier gefällt und daß ich am liebsten überhaupt hier bliebe und daß mich nur die Rücksicht auf das Essen im Gasthaus davon abhält, ihre Bemerkung, daß mir vielleicht bange wäre, lehne ich als lächerlich ab, und nun geschieht etwas, was völlig unvorsehbar war, nach unserem ganzen Verhältnis (auch ist sie eine reiche Frau): sie bietet sich an, mir das Essen zu geben, so lange ich will, bespricht auch schon Details, das Abendessen u. dergleichen. Ich danke hocherfreut für das Angebot, alles ist entschieden; ich werde gewiß den ganzen Winter hierbleiben, nochmals danke ich und gehe. Sofort, noch während ich die Treppe in mein Zimmer hinaufgehe, erfolgt der »Zusammenbruch«, es ist der vierte hier in Planá. (Der erste war an einem Lärmtag der Kinder, der zweite, als Oskars Brief kam, der dritte, als es sich darum handelte, daß Ottla schon am 1. September nach Prag übersiedeln und ich noch einen Monat bleiben und im Gasthaus essen soll). Das Äußere eines solchen Zustandes muß ich nicht beschreiben, das kennst Du auch, doch mußt Du an das Höchstgesteigerte denken, was Du in Deiner Erfahrung hast, dort wo es sich schon danach umsieht, wie es umklappen könnte. Vor allem weiß ich, daß ich nicht werde schlafen können, der Schlafkraft wird das Herz herausgebissen, ja ich bin schon jetzt schlaflos, ich nehme die Schlaflosigkeit förmlich vorweg, ich leide, wie wenn ich schon die letzte Nacht schlaflos gewesen wäre. Ich gehe dann aus, kann an nichts anderes denken, nichts als eine ungeheuere Angst beschäftigt mich und in helleren Augenblicken noch die Angst vor dieser Angst. An einem Kreuzweg treffe ich zufällig Ottla, es ist zufällig die gleiche Stelle, wo ich sie mit meinem Antwortbrief für Oskar getroffen habe. Diesmal verläuft es ein wenig besser als damals. Es ist jetzt nämlich sehr wichtig, was Ottla sagen wird. Sagt sie nur das kleinste Wort der Zustimmung zu dem Plan, dann bin ich ohne Erbarmen zumindest für einige Tage verloren. Denn ich selbst, was mich selbst betrifft, habe ja aus mir heraus nicht den geringsten Einwand gegen den Plan, es ist vielmehr die Erfüllung eines großen Wunsches, allein, ruhig, gut versorgt, nicht teuer, den Herbst und Winter in dieser mir ungemein angenehmen Gegend zu verbringen. Was ist denn einzuwenden? Nichts als die Angst und die ist doch kein Einwand. Infolgedessen bin ich, wenn Ottla nichts einwendet, gezwungen, mit mir darum zu kämpfen, ein Vernichtungskampf, der überdies gewiß nicht damit enden wird, daß ich bleibe. Nun also zum Glück sagt Ottla sofort, daß ich nicht bleiben darf, die Luft ist zu rauh, die Nebel u. a. Damit ist die Spannung gelöst und ich kann das Geständnis machen. Es bleibt zwar noch die Schwierigkeit wegen der Annahme des Angebotes, aber die ist nach Meinung der Ottla gering, mir scheint sie allerdings ungeheuer, weil mir die Maße der ganzen Sache ins Ungeheure gehn. Vorläufig bin ich jedenfalls ein wenig beruhigt oder vielmehr nur der Verstand, soweit er an der Sache beteiligt ist, ich selbst bin nicht beruhigt, zuviel ist heraufbeschworen, das jetzt aus Eigenem schon lebt und nicht mehr mit einem Wort zu beruhigen ist, sondern schon einen gewissen Zeitablauf benötigt. Ich gehe dann allein in den Wald, wie jeden Abend; im dunklen Wald ist meine liebste Zeit; diesmal aber weiß ich von nichts anderem als dem Schrecken; den ganzen Abend hält es an und in der Nacht kann ich nicht schlafen. Erst am Morgen im Garten, im Sonnenschein löst es sich ein wenig, als vor mir Ottla mit der Hausfrau gelegentlich darüber spricht, ich mich ein wenig einmische und zu meinem großen Staunen (das völlig außerhalb des Verstandes stattfindet) diese anderswo weltbewegende Angelegenheit hier durch ein paar flüchtig gewechselte Sätze ins Reine gebracht wird. Ich stehe da wie Gulliver, wenn die Riesenfrauen sich unterhalten. Es scheint sich sogar herauszustellen, daß die Hausfrau das Angebot nicht allzu ernst genommen hat. Ich aber behalte hohle Augen noch den ganzen Tag.

Was ist das nun? Soweit ich es durchdenken kann, ist es nur eines. Du sagst, ich solle mich an Größerem zu erproben suchen. Das ist in gewissem Sinne richtig, andererseits aber entscheiden doch die Verhältniszahlen nicht, ich könnte mich auch in meinem Mauseloch erproben. Und dieses eine ist: Furcht vor völliger Einsamkeit. Bliebe ich hier allein, wäre ich völlig einsam. Ich kann nicht mit den Leuten hier sprechen, und täte ich es, wäre es Erhöhung der Einsamkeit. Und ich kenne andeutungsweise die Schrecken der Einsamkeit, nicht so sehr der einsamen Einsamkeit, als der Einsamkeit unter Menschen, etwa in der ersten Zeit in Matliary oder an ein paar Tagen in Spindlermühle, doch davon will ich nicht reden. Wie ist es aber mit der Einsamkeit? Im Grunde ist doch die Einsamkeit mein einziges Ziel, meine größte Lockung, meine Möglichkeit und, vorausgesetzt, daß man überhaupt davon reden kann, daß ich mein Leben »eingerichtet« habe, so doch immer im Hinblick darauf, daß sich die Einsamkeit darin wohlfühle. Und trotzdem die Angst vor dem, das ich so liebe. Viel verständlicher ist die Angst um Erhaltung der Einsamkeit, die gleichwertig an Stärke ist und auf Anruf sofort bei der Hand (»Zusammenbruch« als die Kinder schrien, als Oskars Brief kam) und verständlicher sogar noch die Angst vor dem gewundenen Mittelweg und diese Angst ist noch die schwächste der drei. Zwischen diesen zwei Ängsten werde ich zerrieben – die dritte hilft nur nach, wenn man merkt, daß ich flüchten will – und schließlich wird noch irgendein großer Müller hinter mir herzanken, daß sich bei der vielen Arbeit nichts Nahrhaftes ergeben hat. Jedenfalls, ein Leben wie es etwa mein getaufter Onkel geführt hat, wäre mir ein Grauen, obwohl es auf meinem Weg liegt, allerdings nicht als Ziel, aber das war es auch ihm nicht, erst in der letzten Verfallszeit. Bezeichnend ist es übrigens, daß mir in leeren Wohnungen so wohl ist, aber doch nicht in ganz leeren, sondern in solchen, welche voll Erinnerungen an Menschen sind und vorbereitet für weiteres Leben, Wohnungen mit eingerichteten ehelichen Schlafzimmern, Kinderzimmern, Küchen, Wohnungen, in die früh Post für andere eingeworfen, Zeitung für andere eingesteckt wird. Nur darf niemals der wirkliche Bewohner kommen, wie es mir letzthin geschehen ist, denn dann bin ich schwer gestört. Nun, das ist die Geschichte der »Zusammenbrüche«.

Deine guten Nachrichten freuen mich, vorvorgestern, als der Brief kam, konnte ich mich noch freuen, heute auch wieder langsam. Nach Berlin fahre ich jetzt noch nicht mit. Ottla ist ja fast nur meinetwegen noch für einen Monat hiergeblieben, da sollte ich jetzt wegfahren? (warum fährst Du am 30. Oktober?) Auch will ich doch zu der Uraufführung fahren und zweimal zu fahren scheint mir zu großartig. Und was E. betrifft, so haßt sie mich doch und ich fürchte fast ihr zu begegnen, und was Dich betrifft, so ist doch mein Einfluß, wenn es einen gibt, aus dem Verborgenen jedenfalls stärker, als wenn ich hervortrete.

Was mir an Speyer nicht gefallen hat, sagst Du selbst. Das Schulgut, die anfängliche Christine und Blanche ist ungemein schön, löst den verhärtetesten Sinn, aber dann sinkt seine Hand, man kommt mit dem Lesen diesem Sinken kaum nach. Es gibt dann freilich auch noch genug ehrenwerte Stellen, aber nicht mehr, andererseits kündigt sich der späte Niedergang doch auch in der ersten Hälfte schon an, etwa die bequeme Charakterisierung der Mitschüler oder das Einleitungskapitel. Wenn einer in der Novembernacht zum Zweck von Vergleichen zwischen tibetanischer und deutscher Stille das Fenster aufmacht, möchte man es ihm am liebsten wieder zuschlagen. Hier sind Übertreibungen Storm'scher Stimmung. Auch »Anna« hat mich ein wenig bedrückt und jedenfalls mir wenig Freude gemacht. Überdies habe ich es fast zweimal gelesen, einmal für mich, und dann noch an sechzeln Gesänge für Ottla. Ich erkenne ja das Meisterliche im Bau, in den geistreichen und lebendigen Gesprächen, in vielen Stellen, aber was für ein Schwall ist das Ganze! Und keiner der Menschen, außer Just, lebt für mich. Dabei denke ich gar nicht an das vollkommen Lächerliche, unwürdige Komödie, an Erwin z. B. der nie gelebt hat, nie gestorben ist und immerfort aus seiner Grabattrappe gezerrt wird (wir können nur noch mit Lachen von ihm lesen), oder an Thea oder an die Großmutter. Aber fast alle andern auch, man wird seines armen Lebens gewiß piesen Nichtlebenden gegenüber. Du liebst nicht Anna, sondern E., und liebst nicht Anna E's wegen, sondern liebst E's wegen wieder nur E. und selbst Anna kann Dich daran nicht hindern. Am liebsten sind mir die Herrnhuter und so unbedingt, wie Du es dargestellt hast, ist nicht Partei gegen sie genommen: »und sie hatten im Auge unleugbar ein seltsames Glänzen, tief und gut«.
Viel Glück in Berlin!

F

An Robert Klopstock

[Planá, September 1922]

Lieber Robert, die Feder ist mir fast ungewohnt in der Hand, so lange habe ich schon nicht geschrieben. Diesmal ist aber der Anlaß wichtig genug, um es doch zu versuchen. Ohne jeden Zweifel rate ich Ihnen, das Wintersemester in Berlin zu verbringen, und zwar aus folgenden Überlegungen:

Eine solche Gelegenheit, sorgenlos in Berlin zu leben und nach Willkür zu arbeiten, ist völlig einmalig und deshalb auf keinen Fall zu verwerfen. (Wofür zahlt Ihnen Dr. Steinfest? Es ist ein Geschenk?) Das »Abenteuer« zu bestehn, das darin liegt, den Studienort wieder zu wechseln, fällt Ihnen leicht; nützen Sie auch diese große innere Möglichkeit aus!

Der Wert von Prag ist fragwürdig. Abgesehn von allem deutlich Persönlichen hat Prag auch noch etwas besonders Verlockendes, das kann ich verstehn, ich glaube, es ist eine Spur von Kindlichkeit in den Geistern. Diese Kindlichkeit ist aber so sehr gemischt mit Kindischem, Kleinlichem, Ahnungslosem, daß es für den Fremden zwar keine erstrangige, aber doch eine Gefahr bedeutet. Prag ist nützlicher, wenn man von Berlin kommt, was übrigens meines Wissens noch niemand in großem Stil gemacht hat. Jedenfalls ist Prag eine Medizin gegen Berlin, Berlin eine Medizin gegen Prag, und da der Westjude krank ist und sich von Medizinen nährt, darf er, wenn er sich in diesem Kreis bewegt, an Berlin nicht vorübergehn. Das habe ich mir immer gesagt, ich hatte aber nicht die Kraft, die Hand aus dem Bett nach dieser Medizin zu strecken, auch suchte ich sie mir, zu Unrecht, mit dem Gedanken zu entwerten, daß es ja nur eine Medizin sei. Heute ist Berlin übrigens mehr, es gibt, glaube ich, auch einen stärkeren Ausblick nach Palästina als Prag. Was Max betrifft, so wird die Verbindung mit ihm in diesem Winter fast besser in Berlin als in Prag aufrechtzuhalten sein, denn aus einem bestimmten Grunde wird Berlin jetzt seine zweite Heimatsstadt sein. Auch könnten Sie ihm dort vielleicht Dienste leisten, die für ihn unschätzbar wären. (Übrigens wird er dort auch eine Uraufführung haben, zu der ich wahrscheinlich kommen werde.) Ich, nun ich werde zwar, bis auf ein paar Wochen, die ich bei meinem Onkel sein werde (in Mähren, es ist fast weiter von Prag entfernt, als Berlin), in Prag bleiben, da ich geistig nicht transportabel bin. Es wird mir aber ein sehr lieber Gedanke sein, Sie irgendwo als meinen Quartiermacher zu haben. – Das alles gilt nur für den Winter. Vielleicht genügt ein Winter in Berlin (wollte nicht auch Ihre Cousine im Winter in Berlin sein?), dann kommen Sie als ein gereister Mann, der vergleichen kann, nach Prag zurück (wenn Sie dann noch dazu Lust haben und nicht eine süddeutsche Universität vorziehn), dazu wird es auch passen, daß Ihr Gönner vom Mai ab in Prag ist. – Als Voraussetzung des Ganzen nehme ich auch an, daß Sie sich gesundheitlich wohlfühlen, sonst würden Sie ja nicht mit solchen Plänen spielen. – An Empfehlungen für Berlin wird es Ihnen von Seiten des Max und Felix nicht fehlen, von mir an Ernst Weiß, wenn Sie wollen. Die Hilfe des reichen Herrn werden Sie allerdings trotz des Geldes des Dr. Steinfest in Anspruch nehmen müssen, mit 10.000 Mark ist nach einem Bericht des Dr. Weiß kaum auszukommen.

Und in Prag sehen wir uns (am 1. Oktober bin ich dort wohl schon bestimmt) auf Ihrer Durchreise nach Berlin und besprechen noch das Nötige. Fährt Frl. Irene wieder nach Dresden? Wo ist Glauber? In Lomnitz? Grüßen Sie ihn bitte von mir! Und Szinay? – Meine kleine Nichte kommt nicht nach Hellerau, natürlich. Immerhin habe ich erreicht, daß die Schwester mit dem Schwager und den Kindern in Hellerau waren, allerdings habe ich gerade durch diesen

Zwischensieg jede Hoffnung auf den endgültigen Sieg verloren. Frau Neustädter hat sehr abgeschreckt, sie hatte boshafterweise an dem Tag gerade Schnupfen und Geschwüre im Gesicht, Herr Neustädter, der Engländer, eine Hilfslehrerin, eine Dalcroze-Schülerin haben zwar sehr gefallen, konnten aber gegen den Schnupfen nicht aufkommen; die Schüler waren auf einem Ausflug, es war Sonntag. Es ist eben so, daß die Schwester nicht die Kraft hat, den Entschluß zu fassen, ich kann es ihr nicht übelnehmen, ich will seit Monaten einen 10 Minuten-Ausflug mit der Bahn machen und es wird mir nicht gelingen. Alles Gute!

Ihr F

An Oskar Baum

21.9.1922

Lieber Oskar, Dank für Deinen Brief, den ich über Planá (ich bin schon seit Montag in Prag) bekommen habe, ich fürchtete sehr, daß Du mir böse bist, und fürchte es noch, denn wie kann man gegenüber einer solchen Aufführung gut bleiben, es wäre denn, daß man angestrengt bedenkt, um wie viel näher ich diese schreckliche Aufführung am Leibe habe. Ich komme in den allernächsten Tagen; in Planá ging es mir, mit einigen zählbaren Unterbrechungen, recht gut, erst zum Schluß war ich fast froh, daß ich wegfuhr. Was gäbe es Schöneres, als den Winter dort zu bleiben, für die Schlafhelden, dazu gehöre ich nicht, ich würde es dort nicht ertragen zwischen den freigelassenen Naturgeistern, und Du, von der Musiksaison gehalten, wärst bestenfalls für ein paar Tage gekommen. Glücklich Leo! Gepriesen seine Eltern! So wachsen und gesund und kräftig und geschickt und körperlich erfahren werden und dabei von der Mädchenüberzahl angeschaut werden, welche die Entwicklung durch ihr Anschauen lockt und leitet! Borg Dir von Max »Schwermut der Jahreszeiten« von Speyer aus, wo ein Schulgut beschrieben ist. Demgegenüber möchte man sich, dessen Erziehung im Grunde genommen sich vollständig im einsamen, überkalten oder überheißen Knabenbett vollzogen hat, sagen: »Ich bin verflucht«. Es stimmt nicht ganz, aber man bekommt Lust es zu sagen.
Herzliche Grüße Dir, der Frau und Schwester.

Dein F

An Robert Klopstoch

[Prag, Herbst 1922]

Lieber Robert, ein paar Worte, das Fräulein wartet. Nach dem Bericht Frl. Irenes hatte ich den Eindruck, daß das eigentlich Schlimme vorüber ist und daß also das Krankenhaus nicht mehr in Betracht kommt. Immerhin, wenn Sie sich irgendwelche allerkleinste Erleichterung vom Krankenhaus versprechen, könnten wir es doch versuchen (die Bedienung bei Ihnen Zuhause ist gewiß sehr schlecht), das wäre gar kein Bittgang, ich würde zu meinem Kollegen gehn und es durch ihn auf sehr stolze Weise vermitteln lassen … Also äußern Sie sich. Von Dr. Hermann habe ich Auskunft heute bekommen, aber sehr kurze undeutliche, von leichter Grippe sprach er, morgen gehe ich zu ihm.

Wie hoch ist das Fieber? Genau.

Ihren Brief hatte ich schon beantwortet, als Frl. Irene gestern hier war. Mit dem Fieber war aber die Sache noch belangloser geworden als sie früher gewesen war, die Antwort liegt bei mir.

Alles Gute

Ihr K

Sagen Sie offen, was Sie brauchen.

An M. E.

[Prag, Herbst 1922]

Liebe Minze, Ihr Brief hat mir große Freude gemacht, denn er zeigt, daß Sie den Hindernissen, die ich zu kennen glaube und den gewiß noch bestehenden mir unbekannten nicht nachgegeben haben und Ihr selbständiges tapferes Leben weiterführen. Die Einladung nehme ich natürlich an; wie sollte ich sie nicht annehmen. Sie als Hausfrau, dann Ruhe, Wald und Garten. Freilich meine Transportabilität, nicht so sehr die körperliche als die geistige, ist beschränkt. Im Sommer z. B. hätte ich nach Thüringen zu Freunden fahren sollen und brachte es, trotzdem es mir körperlich recht gut ging, nicht zustande. Das ist schwer zu erklären. Aber vielleicht gelingt es mit Kassel. Was ist es übrigens für eine Villa und für ein Grund? Eine Handelsgärtnerei? Oder nur ein Ruhesitz, das doch wohl nicht? Und allein können Sie doch dort nicht wohnen, mit was für Leuten wohnen Sie? Es gibt in den »Studien« von Stifter eine Geschichte »Zwei Schwestern« von einer großartigen gärtnerischen Leistung eines Mädchens, kennen Sie die Geschichte? Merkwürdigerweise spielt sie am Gardasee, von dem, glaube ich, einmal in ähnlichem Zusammenhang die Rede zwischen uns war. Es scheint ein Traum zu sein, den mancher träumt.

Die Beichte. Dazu ausgewählt sein, sie anhören zu dürfen, ist schon eine unausweichliche ernste Verpflichtung, nur bitte erhoffen Sie nichts davon: was müßte das für ein Mann sein, von dem man etwas erhoffen dürfte, wenn man ihm beichtet. Einem Menschen beichten oder es in den Wind rufen, ist meist das Gleiche, so gut der arme schwache Wille auch sein mag. In der Verwirrung des eigenen Lebens sich herumtreiben und von den Verwirrungen eines andern hören, was könnte man anderes sagen, als: »Allerdings so ist es, so geht es zu«, was freilich ein Trost sein mag, aber kein hoher. Schreiben Sie aber, liebe Minze, wenn es Sie drängt. Respekt und Teilnahme bis an die Grenze meiner Kräfte wird es bei mir gewiß finden. Sie fragen nach meiner Krankheit, so schlimm ist sie nicht, wie sie vor der geschlossenen Tür des Krankenzimmers aussieht, aber ein wenig brüchig ist das Gebäude, doch ist es jetzt schon besser und war noch vor 2 Monaten sogar recht gut. Es ist eben eine etwas verwirrte Kriegslage. Die Krankheit selbst, als Kampftruppe angesehn, ist das gehorsamste Geschöpf der Welt, ihre Augen sind nur auf das Hauptquartier gerichtet, und was man dort befiehlt, das tut sie, doch ist man oben oft unsicher in den Entschlüssen und auch sonst gibt es Mißverständnisse. Die Teilung zwischen Hauptquartier und Truppe sollte aufhören.

Leben Sie wohl, liebe Minze, und alles Gute zu Ihren Reisen und Unternehmungen

Ihr Kafka

An den Verlag Kurt Wolff

[Prag, Eingangsstempel: 21. Okt. 1922]

Sehr geehrter Verlag!
Meinen besten Dank für die zwei Bücher und besonders für die mir vermittelten Grüße, die ich herzlich erwidere. Ich bitte bei dieser Gelegenheit, wie schon einige Male, in Vormerkung zu nehmen, daß meine Adresse nicht mehr Pořič 7 sondern ausschließlich

Prag, Altstädter Ring 6

ist. Nicht nur, daß es mir aus andern Gründen unangenehm ist, noch immer Sendungen nach Pořič 7 zu bekommen, so erreichen mich auch diese Sendungen meist erst nach langen, manchmal monatelangen Verspätungen. Auch die Bücher bekam ich wieder verspätet. Ich bitte also diese Adreßänderung freundlichst zu beachten. Zufällig erfahre ich von dritter Seite, daß die »Verwandlung« und das »Urteil« in ungarischer Übersetzung 1922 in der Kaschauer Zeitung Szebadság und der »Brudermord« in der Osternummer 1922 des »Kassai Naplo« gleichfalls in Kaschau erschienen sind. Der Übersetzer ist der in Berlin lebende ungarische Schriftsteller Sandor Márai. War Ihnen das bekannt? Jedenfalls bitte ich weiterhin das Recht der Übersetzung ins Ungarische einem mir gut bekannten ungarischen Literaten Robert Klopstock vorzubehalten, der gewiß vorzüglich übersetzen wird.
Hochachtungsvoll ergeben

F Kafka

An Robert Klopstock

[Prag, 22. November 1922]

Lieber Robert, wann werden Sie mich endlich ohne Übermalung so sehn wie ich wirklich bin, ohnmächtig hier auf dem Kanapee liege. Oben auf der äußersten Turmspitze der Russischen Kirche mir gegenüber klettern, arbeiten und singen Bauspengler in Wind und Regen, ich staune sie durch das offene Fenster an wie Riesen der Vorwelt; wenn ich ein Zeitgenosse bin, was können sie anderes sein als Riesen der Vorwelt. Kein anderer Grund für mein Nichtschreiben als dieser oder doch noch einer: Ohnmacht, Sie zu überzeugen.

Vielen Dank. Allmählich gräbt man sich doch mit kleinen Hilfen hie und da diesen großen Menschen aus dem ungarischen Dunkel, allerdings assistieren dabei gewiß in Mengen falsche Vorstellungen und vor allem falsche Analogien. Eine solche Übersetzung erinnert ein wenig an die Klagen der Geister über die quälende Unfähigkeit der Medien. Hier die verbündete mediale Unfähigkeit des Lesers und des Übersetzers. Aber die Prosa ist eindeutiger und man sieht ihn dort doch aus etwas größerer Nähe. Manches verstehe ich nicht, aber das Ganze geht mir ein, es macht – wie immer in solchem Fall – glücklich darüber, daß er da war und ist und deshalb irgendwie mit ihm verwandt – »mit niemandem verwandt« heißt es, also auch darin verwandt. Die Gedichtübersetzungen sind offenbar jämmerlich, nur hie und da ein Wort, ein Ton vielleicht. Um das Verhältnis zum Original festzustellen, habe ich als Maßstab das Verhältnis zwischen mir und den Bauspenglern.

Gegen den Herausgeber sind Sie etwas ungerecht. Was liegt an dem Gewinn, den er hat. Und was ist gegen das Schmarotzen einzuwenden, wenn es offen, ehrlich, aus eingeborener Fähigkeit und zum allgemeinen Nutzen geschieht. Sind wir nicht auch Schmarotzer und ist nicht er unser Anführer? Übrigens ist auch der Anblick des Beisammenseins der Zwei sehr eindringlich und erkenntnisfördernd, des einen, der so viel spricht und des andern, der so viel schweigt. Auch stehn, wenigstens für mich, Neuigkeiten in dem Nachwort. Mein Leben war, glücklicher Weise, in der letzten Zeit sehr gleichförmig. Nur Max kommt manchmal, einmal war Werfel hier, um mich auf den Semmering einzuladen, das war sehr lieb, aber der Arzt hat mir nicht erlaubt zu fahren, schließlich hatte ich vier Tage lang Besuch. Das ist alles.

Nun nähert sich bald der Jahrestag meiner Ankunft in Matlar und des Kennenlernens des reichen dicken jungen Herrn, der warm zwischen schönen Frauen mit der Weihnachtsnummer der Neuen Freien Presse saß. Leben Sie wohl.

Ihr K.

Es kam Ihr Expreßbrief. Es gibt offenbar keinen andern Weg für Sie, mich zu erkennen, als durch den Haß, den endlich mein Verhalten in Ihnen erzeugen muß. Grüßen Sie Glauber, bitte.

Was macht Frau Galgon?
Frl. Ilonka hat mir letzthin geschrieben.

An Max Brod

[Prag, Dezember 1922]

Lieber Max, in der Hauptsache zu Deiner Information, weil Werfel zu Dir kommen wird, nebenbei um mich in Gedanken von Dir trösten zu lassen:

Gestern war Werfel mit Pick bei mir, der Besuch, der mich sonst sehr gefreut hätte, hat mich verzweifelt gemacht. W. wußte ja, daß ich »Schweiger« kenne, ich sah also voraus, daß ich von ihm werde reden müssen. Wenn es nur ein gewöhnliches Mißfallen wäre, um ein solches kann man sich herum winden; für mich aber bedeutet das Stück viel, es geht mir sehr nahe, trifft mich abscheulich im Abscheulichsten, ich hatte nicht im entferntesten daran gedacht, daß ich Werfel würde einmal etwas darüber sagen müssen, war mir selbst sogar über die Gründe des Widerwillens nicht ganz im Klaren, denn für mich hatte es angesichts des Stücks nicht die geringste innere Disputation gegeben, sondern nur das Verlangen, es abzuschütteln. Bin ich für »Anna« von Hauptmann vielleicht erlaubt, so bin ich für diese Anna und den Rattenkönig um sie herum hellhörig bis zur Qual; nun diese Gehörerscheinungen hängen ja zusammen. Wenn ich heute die Gründe meines Widerwillens zusammenfassen soll, dann etwa derart: Schweiger und Anna sind (wie natürlich auch ihre nahe Umgebung: die schreckliche Strohschneider, der Professor, der Dozent) keine Menschen (erst in der weiteren Umgebung: Kooperator, Sozialdemokraten, entsteht ein wenig Scheinleben). Um dies erträglich zu machen, erfinden sie eine ihre Höllenerscheinung verklärende Legende, die psychiatrische Geschichte. Nun können sie aber ihrer Natur nach wieder nur etwas ebenso Unmenschliches erfinden, wie sie selbst sind, und der Schrecken verdoppelt sich. Aber er verzehnfacht sich noch durch die scheinbare, alle Seitenblicke vermeidende Unschuld des Ganzen. Was sollte ich Werfel sagen, den ich bewundere, den ich sogar in diesem Stück bewundere, hier allerdings nur wegen der Kraft, diesen dreiaktigen Schlamm durchzuwaten. Dabei ist mein Gefühl dem Stück gegenüber so persönlich, daß es vielleicht nur für mich gilt. Und er kommt in reizender Freundlichkeit zu mir und ich soll ihm, wenn er einmal nach Jahren kommt, mit solchen unausgetragenen, unaustragbaren Beurteilungen empfangen. Aber ich konnte nicht anders und schwätzte mir ein wenig Ekel vom Herzen. Aber ich litt den ganzen Abend und die ganze Nacht an den Folgen. Außerdem habe ich vielleicht Pick beleidigt, den ich in meiner Aufregung kaum bemerkte. (Über das Stück habe ich übrigens erst nach Picks Weggang gesprochen.)

Gesundheitlich geht es mir besser.

Alles Gute im Leben und auf der Bühne.

F.

An Franz Werfel

[Vermutlich nicht abgeschickt. Prag, Dezember 1922]

Lieber Werfel, nach meiner Aufführung bei Ihrem letzten Besuch konnten Sie nicht wieder kommen, das wußte ich ja. Und ich hätte Ihnen gewiß schon geschrieben, wenn mir nicht das Brief-Schreiben allmählich so schwer würde wie das Reden und wenn nicht sogar das Brief-Wegschicken Schwierigkeiten machen würde, denn einen Brief hatte ich für Sie schon fertig. Es ist aber unnütz, alte Dinge wieder aufzunehmen; wohin käme man, wenn man niemals davon ablassen würde, alle seine alten Kläglichkeiten immer wieder zu verteidigen und zu entschuldigen. Nur dieses, Werfel, was Sie ja wohl auch selbst wissen müssen: Wenn es sich um ein gewöhnliches Mißfallen gehandelt hätte, dann wäre es doch vielleicht leichter zu formulieren gewesen und wäre dann überdies so belanglos gewesen, daß ich darüber ganz gut hätte schweigen können. Es war aber Entsetzen und das zu begründen ist schwer, man sieht verstockt und zäh und widerhaarig aus, wo man nur unglücklich ist. Sie sind gewiß ein Führer der Generation, was keine Schmeichelei ist und niemandem gegenüber als Schmeichelei verwendet werden könnte, denn diese Gesellschaft in den Sümpfen kann mancher führen. Darum sind Sie auch nicht nur Führer, sondern mehr (Sie haben Ähnliches selbst in dem schönen Vorwort zu Brands Nachlaß gesagt, schön bis auf das Wort von dem »freudig Lug-Gewillten«) und man verfolgt mit wilder Spannung Ihren Weg. Und nun dieses Stück. Es mag alle Vorzüge haben, von den theatralischen bis zu den höchsten, es ist aber ein Zurückweichen von der Führerschaft, nicht einmal Führerschaft ist darin, eher ein Verrat an der Generation, eine Verschleierung, eine Anekdotisierung, also eine Entwürdigung ihrer Leiden.

Aber nun schwätze ich wieder, wie damals und das Entscheidende zu denken und zu sagen bin ich unfähig. Bleibe es dabei. Wäre nicht meine Teilnahme, meine höchst eigennützige Teilnahme an Ihnen so groß, ich würde nicht einmal schwätzen. Und nun die Einladung; hat man sie als Dokument in der Hand, bekommt sie ein noch großartigeres wirklicheres Aussehn. Hindernisse sind die Krankheit, der Arzt (den Semmering lehnt er wieder unbedingt ab, Venedig im Vorfrühling nicht unbedingt) und wohl auch das Geld (ich müßte mit tausend Kronen monatlich auskommen können), aber das Haupthindernis sind sie gar nicht. Von dem Ausgestrecktsein im Prager Bett zu dem aufrechten Herumgehn auf dem Markusplatz ist es so weit, daß es nur die Phantasie knapp überwindet, aber das sind ja erst die Allgemeinheiten, darüber hinaus etwa die Vorstellung zu erzeugen, daß ich z.B. in Venedig in Gesellschaft mittagesse (ich kann nur allein essen), das verweigert sogar die Phantasie. Aber immerhin, ich halte die Einladung fest und danke Ihnen vielmals.

Vielleicht sehe ich Sie im Jänner. Leben Sie wohl!

Ihr Kafka

An Max Brod

[vermutlich Dezember 1922]

Liebster Max, ich kann nicht kommen, an den letzten zwei Abenden hatte ich ein wenig Fieber (37.7) bei Tag dann viel weniger oder gar keines, immerhin wage ich nicht auszugehn. Viel Glück zu den Berliner Kämpfen und auch sonst. Herzlichen Gruß der Reisenden, die ich noch immer nicht habe erzählen hören können.

Dein F.

Goethe kaufe mir bitte nicht, 1. habe ich kein Geld, brauche alles und mehr für den Arzt 2. habe ich keinen Platz für Bücher 3. habe ich immerhin fünf lose Bändchen Goethe.

An Max Brod

[wahrscheinlich 1922]

Lieber Max, ich komme nicht, ich muß um sieben Uhr essen, sonst schlafe ich dann gar nicht, die Drohung mit der Injektion ist wirksam. Außerdem habe ich gerade heute (wie gerade täglich) mit etwas nicht Leichtem fertig zu werden. Manchmal ist mir wie einem Gladiator im Training, er weiß nicht, was man mit ihm beabsichtigt, aber nach dem Training zu schließen, das man ihm auferlegt, wird es vielleicht ein großer Kampf werden vor ganz Rom.

An Max Brod

[wahrscheinlich 1922]

Lieber Max, nicht kommen! Ich habe etwas Fieber und liege im Bett. Dr. Thieberger habe ich nicht verständigt. Könntest Du es nicht tun, falls Du es für nötig hältst! Ich schicke Dir hier zwei Nummern der Česká Stráž und eine Česká Svoboda. Die Svoboda hat über die Namenfrage eine andere Auffassung, sogar zwei andere Auffassungen (Notiz und Gedicht).
Herzliche Grüße

Dein Franz

An Max Brod

[wahrscheinlich 1922]

Lieber Max, bitte, damit kein Irrtum entsteht; es kommt mir vor, als hätte ich gesagt, unser Fräulein wolle nur nachmittag ins Theater gehn, das ist nicht richtig, auch Abendkarten sind willkommen, sogar womöglich noch willkommener.

F

An M. E.

[Prag, Winter 1922/23]

Liebe Minze, erst heute, ich glaube es kaum, danke ich für die Blumen, die mir solche Freude gemacht haben, den Trost der Wohnung, die Mahnung an Kassel. Es sind aber höchst unruhige Tage, der Mutter wurde plötzlich und dringendst eine schwere Operation verordnet und nun kann sie trotz aller Dringlichkeit wegen eines dazwischen gekommenen andern mit der Hauptsache allerdings zusammenhängenden Leidens nicht ausgeführt werden und wird unter schmerzhaftesten Prozeduren von Tag zu Tag verschoben. Schreckliche Medizin, schreckliche Erfindung der schrecklichen Menschen.

Bis es vorüber ist, schreibe ich; schicken Sie mir doch Ihre Adresse oder genügt Wilhelmshöhe bei Kassel.
Alles Gute

Ihr Kafka

Nun sind sogar diese paar Zeilen liegen geblieben und kommen wohl zu spät nach Teplitz. Die Operation, eine außergewöhnlich schlimme, ist gestern gewesen.

1923

An Oskar Baum

[Prag, Mitte Januar 1923]

Ihr Lieben, meine Glückwünsche; ihr Bösen, warum habt Ihr mich nicht recht-zeitig davon verständigt, ich komme auch mit Max und Felix nur selten zusam-men, nur zufällig habe ich vor ein paar Tagen von dem Fest erfahren, habe es aber auf den Sechzehnten verlegt, erst gestern habe ich erfahren, und sollte es schon ein Leben lang wissen (auch darin bin ich nicht rechtzeitig verständigt worden, aber daran seid Ihr unschuldig), daß das Fest nur am Samstag sein kann, habe gestern gefröstelt, konnte nicht ausgehn, mich nicht näher erkundi-gen und so ist das ganze ohne mich geschehn, und auch die Bücher sind wahl-los und zufällig, nur meine sonstige Beteiligung an dem in seiner wirklichen Größe alle meine Vorstellungen übersteigenden Fest ist von Datum und Vorbe-reitung unabhängig. Lebt wohl, vielleicht komme ich doch endlich einmal zu Euch.

F

Wenn Leo etwas von den Büchern nicht gefällt oder kennt, so kann er es bei Calve umtauschen, es sind z.B. in dieser Bücherei noch recht gute Bändchen, z.B.Tiefseeexpedition, Darwin, Sven Hedin, Nansen oder vielleicht gefällt ihm etwas in einer ähnlichen, bei Brockhaus erschienenen, auch bei Calve vorrätigen Bücherei.

An M. E.

[Prag, Januar/Februar 1923]

Liebe Minze,
Meinen letzten Brief werden sie wohl in Teplitz nicht mehr bekommen haben. Er handelte von einer schweren Operation meiner Mutter; die Operation ist nun vorüber und die Mutter scheint sich langsam, sehr langsam zu erholen.
  Diese Dinge und andere hinderten mich, Ihnen früher zu schreiben und nun sind Sie inzwischen wirklich in Ihrem winterlichen Garten. Daß es schwer ist, Minze, wie sollte ich das nicht wissen. Es ist ein ganz verzweifeltes jüdisches Unternehmen, aber es hat, so weit ich sehe, Großartigkeit in seiner Verzweif-lung. (Vielleicht ist es übrigens gar nicht so verzweifelt, wie es mir heute nach einer selbst für meine Verhältnisse ungewöhnlich schlaflosen, zerstörenden Nacht erscheint.) Man kann nicht die Vorstellung abweisen, daß ein Kind ver-lassen in seinem Spiel irgendeine unerhörte Sessel-Besteigung oder dergleichen

- 358 -

unternimmt, aber der ganz vergessene Vater doch zusieht und alles viel gesicherter ist als es scheint. Dieser Vater könnte z.B. das jüdische Volk sein (Dies würde auch das Ihnen unverständliche, aus eigener Kraft nicht hervorzubringende, fortwährende Sich-Sträuben gegen die Gleichgültigkeit erklären helfen.) Können Sie übrigens hebräisch oder haben Sie es wenigstens jemals zu lernen begonnen; Ihr Bräutigam ist Jude? Zionist?

Sorge macht mir eigentlich in dem ganzen Unternehmen nur die körperliche Müdigkeit, von der Sie manchmal schreiben. Ist es die Spur einer Krankheit? Oder nur oder zum größten Teil jene selbstverständliche Müdigkeit, die mit dem wunderbaren, mir versagten Schlafe endet?

Wenn ich in besserer Geistesverfassung bin, schreibe ich wieder. Leben Sie recht wohl.

Ihr Kafka

An M. E.

[Prag, März 1923]

Liebe Minze
eine schöne große übergroße Überraschung und das allernatürlichste, allervernünftigste allerselbstverständlichste auf der Welt. Die Menge Fragen, die man bei einer solchen Überraschung hat, ist nicht niederzuschreiben, ich werde mich sehr freuen, Sie in Prag zu sehn. Grüßen Sie Ihren Bräutigam von mir und bleiben Sie fröhlich und stark in der großen Umwälzung!

Ihr K

An Robert Klopstock

[Prag, Ende März 1923]

Lieber Robert, ich kann nur das Frühere antworten, daß z.B. eben ein Brief wie Ihr letzter ein Beweggrund der Angst ist oder daß es die Ungeduld ist oder daß es etwa die Bemerkung ist: »... nicht festhalten können, wenn auch am meisten von uns allen« eine Bemerkung, in der doch nicht eine Spur irgendeiner Wahrheit ist. Vor allem aber ist es unabhängig davon die Angst vor einer für den Augenblick – von der Zukunft rede ich gar nicht – untrennbaren, betont, ausgesprochen (stillschweigende Vereinbarungen nehme ich aus), mit allen Sakramenten der Untrennbarkeit versehenen, vor dem Himmel sich großartig hinpflanzenden Verbindung. Sie ist mir unmöglich mit Männern wie mit Frauen. Was will man auf der Wanderschaft, in der Bettlerschaft mit so großen Dingen. Es gibt jede Minute unausweichliche, entzückt ausgenützte Gelegenheit zu schamlosester Großtuerei, warum noch weitere Gelegenheiten suchen. Und überdies ist der Verlust vielleicht nicht so groß als er manchmal scheint; fühlt man etwas wie eine Gemeinsamkeit des Wegs, ist darin Verbindung genug, das andere überlasse man den Sternen.

Und alle diese Angst, über die Sie mich so ausfragen, als ob sie Sie beträfe, betrifft ja doch nur mich. Wenn hier etwas durch Buße oder etwas derartiges zu erreichen wäre, müßte ich sie mir auferlegen. Aber ist denn etwas gar so Merkwürdiges bei dieser Angst? Ein Jude und überdies deutsch und überdies krank und überdies unter verschärften persönlichen Umständen – das sind chemische Kräfte, mit denen ich mich anbiete, sofort Gold in Kiesel oder Ihren Brief in den meinen zu verwandeln und dabei Recht zu behalten.

An Robert Klopstock

[Prag, Ende März 1923]

Es ist vielleicht besser den Brief schriftlich zu beantworten. Im Ganzen enthält er das, was ich schon vorher wußte und was Sie wenden mögen, wie Sie wollen, ohne daraus etwas anderes machen zu können als das, was es ist: Sie sind von der Substanz enttäuscht und behaupten sich und mir gegenüber, von der Relation enttäuscht zu sein. Das ist natürlich nicht nur für Sie eine Qual, sondern auch eine große Qual, die Sie mir antun. Sie nähern sich ja gewiß der Aufdeckung dieses Irrtums, aber vorläufig scheint noch einige Zeit bis dahin nötig zu sein, Rettung wird ja auch die Aufdeckung nicht bringen, wie überhaupt hier nur Enttäuschung zu finden ist; je tiefer man gräbt, desto tiefere Enttäuschung.

Unrecht haben Sie, wenn Sie eine so einschneidende Unterscheidung zwischen Matlar und Prag machen. Sie waren in Matlar ebenso fortwährend enttäuscht. Auch die dortigen »großen Gebirge« sind wahrhaftig nicht jene, zwischen denen das Paradies lag.

Was die Bemerkung hinsichtlich [ein durchgestrichenes, unleserlich gemachtes Wort] betrifft, so ist das verhältnismäßig eine unwesentliche Kleinigkeit, aber warum ich dabei Unrecht gehabt haben soll, wenn Sie etwas, was ich in Geschwätzigkeit Ihnen als großes Geheimnis anvertraut habe, vor einem Dritten (mag es auch nur das ganz uninteressierte Frl. Irene gewesen sein) mit einer Art Behagen laut erzählen und als ich Sie zurückhalten will, es noch mit Lust und Lächeln wiederholen – warum ich dabei Unrecht gehabt haben soll, kann ich nicht verstehn.

Recht haben Sie aber mit dem, was Sie über die Frage nach der Traurigkeit sagen. Das war allerdings eine unehrliche Verlegenheitsfrage, aber warum soll gerade ich solche Verlegenheitsfragen nicht stellen dürfen, ich, für den sie erfunden worden sind? Die angebliche »Unebenbürtigkeit« besteht darin, daß wir verzweifelte Ratten, die den Schritt des Herrn hören, nach verschiedenen Richtungen auseinander laufen, z. B. zu den Frauen, Sie zu irgendjemandem, ich in die Literatur, alles allerdings vergeblich, dafür sorgen wir schon selbst durch die

Auswahl der Asyle, durch die Auswahl der besondern Frauen u.s.w. Das ist die Unebenbürtigkeit.

Dabei kann ich zugeben, daß zwischen mir in Matlar und Prag doch ein Unterschied besteht. Ich habe inzwischen, nachdem ich durch Wahnsinnszeiten gepeitscht worden bin, zu schreiben angefangen und dieses Schreiben ist mir in einer für jeden Menschen um mich grausamsten (unerhört grausamen, davon rede ich gar nicht) Weise das Wichtigste auf Erden, wie etwa einem Irrsinnigen sein Wahn (wenn er ihn verlieren würde, würde er »irrsinnig« werden) oder wie einer Frau ihre Schwangerschaft. Das hat mit dem Wert des Schreibens, wie ich auch hier wiederhole, gar nichts zu tun, den Wert erkenne ich ja übergenau, aber ebenso auch den Wert, den es für mich hat … Und darum halte ich das Schreiben in zitternder Angst vor jeder Störung umfangen und nicht nur das Schreiben, sondern auch das dazu gehörige Alleinsein. Und wenn ich etwa gestern sagte, daß Sie nicht Sonntag abend, sondern erst Montag kommen sollen und Sie zweimal fragten: »abend also nicht?« und ich also wenigstens auf die zweite, Frage antworten mußte und sagte: »Ruhen Sie sich einmal aus«, so war das eine restlose Lüge, denn ich meinte mein Alleinsein.

Dieser Unterschied also besteht sehr stark gegenüber Matlar, sonst aber keiner, freilich auch nicht der, daß ich hier weniger »machtlos« (wie Sie es richtig ausdrücken) wäre, als ich es in Matlar war.

Das Inliegende ist abend bei halbwegs guter Festigkeit geschrieben worden. In der zum Teil schlaflosen, zum Teil schlafzerstörten Nacht habe ich einen andern Brief noch ausgedacht, der mir aber jetzt am hellen Tag doch auch wieder unzeitgemäß scheint. Nur dieses: Jedenfalls verdient die Wahrheit und Schönheit Ihres Briefes und die Wahrheit und Schönheit Ihres Blicks, daß ich mit meiner Wahrheit und meiner Häßlichkeit antworte. Das habe ich aber auch seitjeher getan, mündlich und schriftlich, seit dem ersten Nachmittag im Liegestuhl, seit dem ersten Brief nach Iglo und es ist eben das allerquälendste, daß Sie mir nicht glauben (während ich Ihnen glaube) oder noch ärger, daß Sie mir sowohl glauben als nicht glauben, aber sowohl mit dem Glauben als dem Nichtglauben mich schlagen und jedenfalls immerfort mit der an den Lebensnerv gehenden Frage: »Warum sind Sie nicht anders als Sie sind?« mich anbohren, anbrennen.

Übrigens enthält Ihr Brief doch eine Neuigkeit, die mir erst im Zusammenhang mit Ihrem Stottern vor dem Doktor klar wird, die ich aber doch nicht glaube. Seit jeher stand in Besprechungen und Briefen folgendes zwischen uns fest: In Budapest können Sie nicht studieren, aus drei Hauptgründen, weil Sie in die Welt müssen, weil Sie in der Nähe Ihrer Cousine nicht leben können, vor allem aber wegen der politischen Verhältnisse. Fast in allen Briefen haben Sie das wieder bekräftigt. So heißt es noch in dem Brief, in welchem Sie den Paß zuletzt verlangten, daß die Aufenthaltsbewilligung des Preßburger Ministeriums unbedingt in den neuen Paß hinübergenommen werden müsse, weil ein Aus-Ungarn-nicht-Hinauskommen unter den gegenwärtigen Verhältnissen den Tod bedeutet. (Das erschien mir zwar übertrieben, aber es genügte jedenfalls, daß Sie von ferne daran glaubten, um Budapest als Studienort für Sie auszuschließen.) Und in dem allerletzten Brief aus Budapest heißt es wieder, daß Sie neben der Cousine nicht leben können. Budapest also war unmöglich, das erkannte ich an, aber von mir war dabei keine Rede, von mir war erst dann die Rede, als es sich darum handelte, unter den Universitäten außerhalb Budapests zu wählen. Daß Sie dann mit Rücksicht auf mich und Sonstiges Prag wählten, hielt ich für richtig, aber alles nur unter der Voraussetzung, daß Budapest unmöglich war, aber unmöglich ohne Rücksicht auf mich. Darin will nun Ihr gestriger Brief eine Änderung herbeiführen. Darin haben Sie Unrecht.

An Robert Klopstock

[Postkarte. Prag, Mitte April 1923]

Lieber Robert, ich muß Sie mißverstanden haben, ich habe Sie schon seit einigen Tagen zurückerwartet und darum vor allem nicht geschrieben. Sagten Sie denn nicht, daß Sie zur Pallenbergvorstellung am 12. gewiß schon hier sein werden und nun sind die Vorstellungen verschoben, werden Mittwoch, Donnerstag und Freitag sein und Sie werden noch immer nicht in Prag sein und ich werde nicht, wie ich wollte, unter Ihrem Schutz ins Stehparterre gehn können. Trotzdem ist es natürlich sehr gut, daß Sie länger geblieben sind, das zeigt deutlich der Unterschied zwischen den zwei Briefen. Weil sich nicht gleich die Tore aller überraschten Herren geöffnet hatten, waren Sie schon verzweifelt. Das Hauptergebnis ist die Ankunft Bergmanns, er bleibt vier Wochen, Sie werden ihn sehn, es ist aufregend und verlockend mit ihm beisammen zu sein. –
Der erwartete hebräische Brief ist ausgeblieben, auch deshalb habe ich noch nicht geschrieben. – Alle Gegrüßten lassen grüßen, auf die Nachricht von dem Gruße wollte Věra in mein Zimmer, weil sie noch nicht weiß, daß man brieflich grüßen kann und dachte, Sie wären bei mir. – Das Paket ist gekommen. Dank.

An Oskar Baum

12. 6. 1923

Lieber Oskar, für den bei meinem Kopfzustand wahrscheinlichen Fall, daß ich in den allernächsten Tagen nicht kommen sollte, hier die Übersetzung des Briefes: »Adresse: The workers bank Ltd. Jaffa-Tel Awiw-P. O. B. 27 (das ist das Postfach). – Bezugsnummer des Briefes: 2485. – Dr. Bergmann schrieb uns, daß E. W. ihm versprochen habe, sich für die Aktien der Arbeiterbank zu interessieren und Aktien unter Ihren Bekannten zu verkaufen. Wir kommen hiemit, Sie an Ihr Versprechen zu erinnern und Sie um Mitteilung zu ersuchen, ob Sie von uns Informationen oder Propagandamaterial benötigen. Wir werden es uns angelegen sein lassen, alles, was Sie wünschen, sofort zu schicken und überhaupt werden wir uns bemühen, von hier aus Ihre Arbeit, wie wir nur können, zu unterstützen, wenn Sie uns nur verständigen, ob Sie unserer Unterstützung bedürfen. Wir erwarten Ihre Antwort, in Hochachtung – «

Den Brief lasse ich mir auf ein paar Tage zur Propaganda. Einem meiner Schwäger gegenüber (der Palästina leugnet) sind Papiersorten das stärkste Argument. Ich will es mit dem Brief versuchen.

Herzliche Grüße   Dein F

An Oskar Baum

[Sommer 1923]

Lieber Oskar, ich habe es noch am gleichen Abend mit Schrecken durchgelesen, mit Schrecken unter dem stählernen Tierblick und wie sie auf dem Sofa näher heranrutscht. Solche Dinge liegen uns allen wahrscheinlich nahe, aber wer kann das so? Ich habe es vor Jahren ohnmächtig auch versucht, aber statt mich zum Schreibtisch vorzutasten, habe ich mich lieber unter das Sofa verkrochen, wo ich noch immer zu finden bin. Tröstend ist in Deiner Geschichte das zweite sanfte Rätsel, das versöhnen will. Es ist freilich zu schwach, um zu versöhnen, es gibt keinen Ausblick auf eine Hoffnung, sondern nur auf ihren Verlust. Menschlich ist es wenig, auch zu unwirklich, sonst aber scheint es mir sehr schön, diese sanfte Umrahmung des fressenden Feuers.

Der Anfang war mir ein wenig zu unruhig von außen her, zu hotel- und detektivmäßig, es ist aber schwer zu sagen, ob es anders sein soll, vielleicht ist gerade das sehr nötig, zumindest ist es ausgezeichnet, daß man an seinem Zimmer vorübergeht und die Wildheit sich dort in Ruhe austoben kann. Ich hätte diese Aussetzung wahrscheinlich auch weder gefühlt noch bemerkt, wenn ich Dich nicht einer Vorliebe für solche Anfänge verdächtigt und nur aus diesem Verdacht, aus keinem andern Grund die Notwendigkeit hier ein wenig bezweifelt hätte.

Vielen Dank.   Dein F

An Max Brod

[Postkarte. Ostseebad Müritz, Stempel: 10. VII. 1923]

Sie ist reizend. Und so ganz und gar auf Dich konzentriert. Es gab keinen Anlaß, aus dem nicht auf Dich Bezug genommen wurde. Ein Ostseezug, vielleicht bist Du darin. Da und dort ist sie mit Dir gewesen. Erst nach einem Weilchen verstehe ich, warum sie sich den Hradschin beschreiben läßt. Betrachtungen wie: »es ist merkwürdig, wie man die Ansichten eines geliebten Menschen übernimmt, auch wenn sie den bisherigen eigenen entgegengesetzt waren« wiederholen sich häufig. Eine wirklich starke Ursprünglichkeit, Geradheit, Ernsthaftigkeit, kindlich liebe Ernsthaftigkeit. Ich fuhr mit ihr zur jüdischen Kinderkolonie der Pua nach Eberswalde, aber Emmys Hausgott siegte und wir blieben in Bernau stecken. Die größte Freude machte ihr dort ein Storchnest, das sie unbegreiflich schnell entdeckte. Sie war sehr gut zu mir. – Hier geht es mir leidlich, wie immer in den ersten Tagen. Eine Kolonie des Jüdischen Volksheims, gesunde, fröhliche blauäugige Kinder, machen mir Freude.

Herzlichen Gruß Dir und der Frau

Franz

An Robert Klopstock

[Postkarte. Müritz, Stempel: 13.VII. 1923]

Lieber Robert, die Reise und Berlin mit einiger Mühe überstanden, aber alle Mühe, durch die man den Gespenstern für einen Augenblick entläuft, ist süß, man sieht förmlich, wie man um die Ecke verschwunden ist und wie sie ratlos dastehn. Nicht lange freilich, die Jagdhunde, sie scheinen schon die Spur zu haben. – Das Meer war in den ersten Tagen sehr beglückend. Hebräisch wird viel weniger gelernt als in Prag. Allerdings ist eine Kolonie des Jüdischen Volksheims Berlin hier mit vielen Hebräisch-Sprechenden, gesunde, fröhliche Kinder. Es ist ein Ersatz für Puas Kolonie, zu der ich nicht vordringen konnte. Ich wußte nicht, daß Eberswalde fast zwei Stunden von Berlin entfernt ist und fuhr erst Nachmittag hin (nicht allein), blieb dann in der Hälfte des Wegs in Bernau stecken und schrieb von dort der Pua. Ich war nur einen Tag in Berlin, müde und ein wenig fiebrig.

Herzliche Grüße

F

Grüße den Freunden und Bekannten.

An den Verlag Kurt Wolff

[Postkarte. Müritz, Stempel: 13. VII. 1923]

An den Kurt Wolff-Verlag!
Eine Anfrage vom 12. v.M., auf die Sie sich beziehn, habe ich nicht bekommen, offenbar deshalb, weil sie wie auch Ihre letzte Karte, noch nach Poříč 7 adressiert war, trotzdem ich den Verlag schon viele Male ersucht habe, nicht an jene Adresse zu schreiben, sondern nur nach Prag, Altstädter Ring 6/III. »Ein Hungerkünstler« ist in der »Neuen Rundschau« im vorigen Jahr im Oktober- oder Novemberheft erschienen.

Hochachtungsvoll

Dr. Kafka

An Hugo Bergmann

[Müritz, Juli 1923]

Lieber Hugo,
vielen Dank für Deinen Gruß und Wunsch. Es war die erste hebräische Schrift,
die ich aus Palästina bekam. Der Wunsch in ihr hat vielleicht große Kraft. Um
meine Transportabilität zu prüfen, habe ich mich nach vielen Jahren der Bettlägerigkeit und der Kopfschmerzen zu einer kleinen Reise nach der Ostsee erhoben. Ein Glück hatte ich dabei jedenfalls. 50 Schritte von meinem Balkon ist
ein Ferienheim des Jüdischen Volksheims in Berlin. Durch die Bäume kann ich
die Kinder spielen sehn. Fröhliche, gesunde, leidenschaftliche Kinder. Ostjuden, durch Westjuden vor der Berliner Gefahr gerettet. Die halben Tage und
Nächte ist das Haus, der Wald und der Strand voll Gesang. Wenn ich unter
ihnen bin, bin ich nicht glücklich, aber vor der Schwelle des Glücks.
Leb recht wohl

Dein Franz

Grüße von mir Deine tapfere Mutter und die Kinder.

An Else Bergmann

Müritz, 13.7.1923

Liebe Frau Else,
die kleine Vorprobe zur größeren Reise wäre überstanden, weder sehr schlecht,
noch sehr ruhmvoll, immerhin weniger eine Vorprobe zu größeren, als vielmehr
zur großen Reise. – Werden Sie nicht ein wenig den Garten lassen und irgendwohin ans Meer kommen? Das Meer ist wahrhaftig in den 10 Jahren, seitdem
ich es nicht mehr gesehen habe, schöner, mannigfaltiger, lebendiger, jünger geworden. Aber mehr Freude macht mir noch eine Ferienkolonie des Berliner Jüdischen Volksheims, gesunde, fröhliche Kinder, an denen ich mich wärme.
Heute werde ich mit ihnen Freitag-Abend feiern, ich glaube zum ersten Mal in
meinem Leben. Leben Sie wohl und grüßen Sie den Kleinen

Ihr K.

An Else Bergmann

[Müritz, Juli 1923]

Liebe, liebe Frau Else,
nicht nur die Schwierigkeit, den alle paar Tage wechselnden Posttarif zu erfahren, verzögert den Brief. Ich weiß, daß ich jetzt ganz gewiß nicht fahren werde
– wie könnte ich denn fahren – aber daß mit Ihrem Brief förmlich das Schiff an

der Schwelle meines Zimmers anlegt und Sie dort stehen und mich fragen und mich so fragen, das ist nichts Geringes. Übrigens sagen Sie selbst – unbegreiflich nahe mit der abseitigen Sache beschäftigt – zum Teil die Antwort auf Ihre Frage. Es wäre, vorausgesetzt, daß etwas derartiges überhaupt für mich durchführbar wäre, keine eigentliche Palästinafahrt jetzt geworden, ganz und gar nicht – dazu, was es geworden wäre, kann ich jetzt nicht kommen, denn eben kommt Ihr Einschreibebrief in der dummen, dummen Sache. Erstens: hätte ich gewußt, daß das Buch überhaupt irgendeinen Wert für Sie hat, wäre mir nicht eingefallen, darum zu schreiben und ich wäre einfach stolz und froh gewesen, daß es mit Ihnen nach Palästina schwimmt. Zweitens: Das Buch wäre mir gar nicht eingefallen, wenn es hier, wo ich ein wenig in gärtnerischer Atmosphäre bin, nicht mit besonderem Lob erwähnt worden wäre. Drittens: wie es die Mutter auch gemacht haben mag – so wie ich wollte, leider gewiß nicht, was daran schlecht war, war gewiß nicht gegen Sie persönlich gerichtet, bitte glauben Sie es, sondern gegen die »palästinensische Gefahr«. Und damit verlassen wir diese Sache, allerdings nicht ohne die Bitte, daß Sie dem Buch, wenn Sie es benützen, die Freude ansehen, mit der es Ihnen im Namen seines früheren Besitzers dient, trotzdem Sie es ihm wahr und wahrhaftig abgekauft haben. –

Also zurück: es wäre keine Palästinafahrt geworden, sondern im geistigen Sinne etwas wie eine Amerikafahrt eines Kassierers, der viel Geld veruntreut hat, und daß die Fahrt mit Ihnen gemacht worden wäre, hätte die geistige Kriminalität des Falles noch sehr erhöht. Nein, so hätte ich nicht fahren dürfen, selbst wenn ich es hätte können – wiederhole ich, und: »alle Plätze sind schon vergeben« fügen Sie hinzu. Und wieder fängt die Lockung an und wieder antwortet die absolute Unmöglichkeit und so ist es, wie traurig es auch ist, letzten Endes doch sehr recht. Und die Hoffnung bleibt für später und Sie sind gut und stören sie nicht.

Leben Sie wohl und bleiben Sie mir gut   Ihr K.

An Robert Klopstock

[Postkarte. Müritz, Stempel: 24. Juli 1923]

Robert, was ist denn wieder? Gestern kam das Paket (wie kamen Sie zu Puas alter Sendung?) und das Anmerkungsbuch (gerade überlegte ich, ob ich mir eines kaufen sollte), aber keine Nachricht. Drückt wieder die schwere Luft der Tatra? Ist es unmöglich, dort hebräisch zu lernen? Ich glaube an die Macht der Orte oder richtiger an die Ohnmacht des Menschen. Mitteilbares habe ich eigentlich nichts, zu Zeigendes viel, Mit-zu-Erlebendes viel. Um es zu ermöglichen, träumte ich Sie letzthin her. Die Kolonie, die Kolonie, diese jungen Menschen. Wie übertreiben Sie, Robert, den Wert Prags für Sie, den Wert der vereinzelten Menschen für Sie, die Sie dort kennen. Anders muß man leben, als wir dort. Sie müssen Ihr Leben anders einrichten im nächsten Jahr, vielleicht von Prag fortgehn z. B. in die schmutzigen Berliner Judengassen. – Was mich betrifft, so bedeutet das alles nicht, daß ich schlafe. Böse heutige Nacht. Nur manchmal weht ein wenig Dämmern vom Hause der Kolonie herüber.

Ihr F

Grüße für Glauber und die andern.

An Robert Klopstock

[Ansichtskarte. Müritz, Stempel: 2. VIII. 1923]

Lieber Robert, morgen schreibe ich, heute schicke ich nur Puas vorläufige, morgen allerdings schon sich ändernde Adresse: Müritz, Jüdisches Volksheim. Alles Gute

F

[Anschrift mit hebräischem Gruß und Namenszeichnung: Pua.]

An Tile Rössler

[Müritz, Stempel: 3.VIII. 1923]

Meine liebe Tile, die Post hat Deine Briefe verwirrt, der zweite kam Mittag, der erste nachher am Abend, den Abendbrief bekam ich am Strand, Dora war dabei, wir hatten gerade ein wenig Hebräisch gelesen, es war der erste sonnige Nachmittag seit langer Zeit und wohl für lange Zeit, die Kinder lärmten, ich konnte nicht in meinen Strandkorb gehn, weil dort der Schwager eine vom Fußballspiel verletzte Zehe behandelte, so stand ich also und las Deinen Brief, während Felix über mich hinweg, um mich herum, durch mich hindurch mit Steinen einen Pfahl zu treffen versuchte, der hinter mir stand. Und doch hatte ich Ruhe Deinen Brief zu lesen, mich zu freuen, daß Dir nach uns bange ist, aber auch froh zu sein, daß Du, wenigstens nach meinem augenblicklichen Gefühl, durch das Wegfahren bei weitem nicht so viel verloren hast, als Du glaubst. Es gefällt mir nicht mehr so gut hier wie früher; ich weiß nicht ganz genau, ob daran nur meine persönliche Müdigkeit, die Schlaflosigkeit und die Kopfschmerzen schuld sind, aber warum war das alles früher geringer? Vielleicht darf ich nicht zu lange an einem Ort bleiben; es gibt Menschen, die sich ein Heimatgefühl nur erwerben können, wenn sie reisen. Es ist ja äußerlich alles, wie es war, alle Menschen im Heim sind mir sehr lieb, viel lieber, als ich es ihnen zu zeigen imstande bin, und besonders Dora, mit der ich am meisten beisammen bin, ist ein wunderbares Wesen, aber das Heim als solches ist mir nicht mehr so klar wie früher, eine sichtbare Kleinigkeit hat es mir ein wenig beschädigt, andere unsichtbare Kleinigkeiten arbeiten daran, es weiter zu beschädigen, als Gast, als Fremder, als ein müder Gast überdies, habe ich keine Möglichkeit zu sprechen, mir Klarheit zu verschaffen, und so falle ich ab, bis jetzt war ich an jedem Abend dort, aber heute, trotzdem es der Freitagabend ist, werde ich, wie ich fürchte, nicht hingehn.

So bin ich gar nicht sehr unzufrieden damit, daß meine Schwester (ihr Mann ist sie abholen gekommen) nicht erst am 10., sondern schon ein paar Tage früher wegfährt, und ich werde, weil es bequemer und billiger ist, und vor allem deshalb, weil ich allein hier nicht bleiben will, mit ihnen fahren. In Berlin werde ich, wenn ich nicht gar zu müde bin, ein oder zwei Tage bleiben und dann sehe ich Dich gewiß, aber auch wenn ich nicht bliebe, sondern gleich nach Marienbad zu meinen Eltern weiterfahren würde (um dann für einen Tag auch nach Karlsbad zu fahren und statt Tile leider nur den Herrn Chef zu sehn), sehen wir einander bald, denn ich hoffe bald wieder nach Berlin zu kommen.

Letzthin hatte ich Besuch hier, eine gute Freundin, die Palästinenserin, von der ich Dir erzählte. Sie kam gleichzeitig mit Frieda Behr, die sie von früher her kannte, und wohnte im Heim. Der Besuch ging schnell vorüber, sie war kaum einen Tag hier, aber von ihrer Selbstsicherheit, ihrer ruhigen Fröhlichkeit blieb eine Aufmunterung zurück. Du mußt sie einmal in Berlin kennen lernen.

Es ist sehr hübsch, daß Du »Schaale« schreibst, so wie man, glaube ich, »Frage« im Jargon schreibt. Ja, die Schale soll auch eine Frage an Dich sein, nämlich diese: »Du, Tile, wann zerschlägst Du mich endlich?«

Um die Vase, die ich von Dir habe, muß ich manchmal mit Christl kämpfen, der dreijährigen Tochter unseres Wirts, einer jener kleinen, blonden, weißhäutigen, rotwangigen Blumen, wie sie hier in allen Häusern wachsen. Wann sie zu mir kommt, immer will sie sie haben. Unter dem Vorwand, ein Vogelnest auf meinem Balkon ansehn zu wollen, drängt sie sich ein, kaum aber ist sie beim Tisch, streckt sie schon die Hand nach der Vase; sie macht nicht viele Umstände, erklärt nicht viel, wiederholt nur immer streng: die Vase! die Vase!, und besteht auf ihrem guten Recht, denn da ihr die Welt gehört, warum nicht auch die Vase? Und die Vase fürchtet sich wohl vor der grausamen Kinderhand, aber sie muß sich nicht fürchten, ich werde sie immer verteidigen und niemals hergeben. Grüß bitte alle meine Freunde vom Heim, besonders Bine, der ich schon längst geschrieben hätte, wenn ich nicht den Ehrgeiz hätte, ihr für ihr schönes Hebräisch auch mit Hebräisch, allerdings einem weniger schönen zu danken, und wenn ich in der Unruhe, in der ich jetzt bin, die Sammlung für die hebräische Kraftanstrengung gefunden hätte.

Auch alle meine Verwandten lassen Dich vielmals grüßen, besonders die Kinder. Als Dein Mittagsbrief kam, entstand ein großer Streit zwischen Felix und Gerti, wer Deinen Brief früher lesen dürfe. Es war schwer zu entscheiden, für Felix sprach sein Alter und die Tatsache, daß er den Brief vom Briefträger gebracht hatte, Gerti führte für sich an, daß sie mit Dir noch besser befreundet gewesen sei als Felix. Leider entschied die Gewalt und Gerti ließ auf die ihr eigentümliche großartige Weise die Unterlippe hängen. – Hast Du schon Grieg gehört? Das ist eigentlich die letzte ganz deutliche Erinnerung, die ich an Dich habe; wie Klavier gespielt wird, und Du ein wenig gebeugt, ein wenig verregnet dastehst und Dich vor der Musik demütigst. Mögest Du dieser Haltung immer fähig bleiben! Lebe recht wohl!

Dein K.

Und die Stimme? Der Arzt? – Meine Adresse in Prag, wohin ich allerdings erst in etwa 14 Tagen kommen werde, ist Altstädter Ring No. 6 III Stock.

An Robert Klopstock

[Müritz, Anfang August 1923]

Mein lieber Robert, niemals kann ich aus eigener Erfahrung verstehn, niemals auch werde ich die Möglichkeit haben zu verstehn, daß man als ein sonst fröhlicher, im Wesentlichen sorgenloser Mensch nur an der Lungenkrankheit zugrundegehn kann. Irren Sie wirklich nicht hinsichtlich Glaubers; Ist es wirklich so weit, wie er nur immer behauptet hat, ohne daß jemand es ihm glauben wollte; Und nun noch dieser regnerische Sommer, die baufällige »Tatra«, die unerbittlichen Berge, das ist schlimm. Für ihn und Sie.

Hinsichtlich Ihrer Krankheit mache ich mir keine Sorgen. Sie sind nachlässig beim Essen, nachlässig hinsichtlich der Verkühlung, da kann leicht etwas geschehn, ohne daß es etwas bedeutet.

Mein Kopf und Schlaf ist schlecht, besonders in den letzten Tagen, frei war mein Kopf schon lange nicht, die Kolonie, die mir am Anfang nur Schlaf gegeben hat, nimmt mir ihn jetzt auch sehr, wird mir ihn aber vielleicht wieder einmal geben, es ist eben ein lebendiges Verhältnis.

Montagmorgen fahren wir von hier fort, ich könnte freilich noch bleiben, wenn ich allein bleiben könnte. Von der Kolonie allein könnte ich in diesem Sinne nicht leben, denn dort bin ich nur Gast. Und nicht einmal ein eindeutiger Gast, was mich schmerzt, nicht eindeutig, denn mit der allgemeinen Beziehung kreuzt sich eine persönliche. Aber was es da an störenden Einzelheiten auch geben mag, und wenn es auch zur Lebenserhaltung nicht hinreicht, das wichtigste in Müritz und über Müritz hinaus ist mir die Kolonie. In Berlin bleibe ich ein, zwei Tage, bin ich nicht zu müde, mache ich das Wagnis und fahre für einen Tag nach Karlsbad, d. h. von Berlin über Karlsbad nach Prag, was vielleicht nicht sehr teuer ist. Das Wagnis ist gedankenmäßig deshalb nicht so groß wie es in meiner Terminologie aussieht, weil ich in Gedanken mich schon daran gewöhnt hatte, nach Marienbad zu den Eltern zu fahren, die Eltern aber wegen des schlechten Wetters schon früher nach Prag fahren, so daß ich sie dort nicht mehr treffen würde. Es ist also deshalb für mich in gewissem Sinn ein kleineres Wagnis, über Karlsbad als direkt nach Prag zu fahren, so wie etwa der Kaiser von Rußland auch seine Reisepläne nicht willkürlich ändern durfte, denn nur auf den schon vorbereiteten Strecken war er vor Überfällen geschützt. Meine Lebenshaltung ist nicht minder großartig. Und späterhin, nach Prags Das weiß ich nicht. Hätten Sie Lust nach Berlin zu übersiedeln? Näher, ganz nahe den Juden?

K

Gibt es etwas, was man einen akuten Lungenspitzenkatarrh nennt? Grüßen Sie, wer zu grüßen ist.

An Max Brod

[Berlin, Stempel: 8.VIII.1923]

Lieber Max, so lange habe ich nun schon nichts Eigentliches von Dir gehört. Wenn ich Dir jetzt ein paar Tage vor dem Wiedersehen hier im Berliner Gast-hausgarten schreibe und jetzt im Hotel fortsetze, so ist es, um eine körperliche Verbindung mit Dir zu haben, noch ehe ich Dir die Hand reiche. Du warst sehr verschlossen in Deiner Ostseezeit. Wie mag es Dir gehn? Was mich betrifft: ich weiß nicht, wie mir ist. Jedenfalls fühle ich die böse Wirkung des erst eintägigen Alleinseins fast mit jeder neuen Stunde stärker. Dabei bin ich gar nicht allein, gestern abend z. B. war ich mit drei ostjüdischen Freundinnen bei den »Räu-bern«, einer Aufführung, welcher ich freilich nicht viel mehr anmerkte als meine große Müdigkeit. Zu Emmy werde ich kaum gehn, ich bin zu schwach, wozu noch beiträgt, daß ich nicht genau weiß, wie Emmy von mir denkt und in sol-chen Fällen alles fürchte. Dann auch noch dieses fortwährend drohende Berlin. Übermorgen komme ich wahrscheinlich zu Dir. Grüß die Frau und Felix und Oskar, von denen ich gar nichts gehört habe. Jetzt fällt mir ein: vielleicht bist Du beim Kongreß und ich treffe Dich gar nicht an. Das wäre gut für Dich und traurig für mich.

F

An Robert Klopstock

[Postkarte. Schelesen, Stempel: 27.VIII.1923]

So ist es also vorüber. Was mögen Sie, Robert, und was mag er durchgemacht haben. Merkwürdig, daß (natürlich ohne sonstigen Vergleich) die zwei fröhlich-sten Menschen, die es damals in Matlar gab, zuerst gestorben sind. Übrigens ist es unmöglich, sich mit solchen Dingen wirklich zu befassen, solange man noch aufrecht bei Tisch sitzt und das Herz einen noch knapp erträglichen Takt schlägt. Darüber gibt es eine unmenschlich-großartige Geschichte im Maggid, die von der Ader, die nur in der Todesfurcht zu sehen ist. – Ich war nicht in Karlsbad, bin jetzt in Schelesen bei Ottla. Puas Adresse: Berlin W 57 Viktoria Heim II Steinmetzstraße 16. Max ist in Prag. Hinsichtlich Berlins schreibe ich

Ihnen. Wenn es dort nur nicht immerfort ärger würde. – Leben Sie wohl, ruhen
Sie sich aus, grüßen Sie alle

F

An Max Brod

[Postkarte. Schelesen, Stempel: 29. VIII. 1923]

Lieber Max, sehr gerne würde ich ein paar Worte darüber hören, wie Du lebst
und arbeitest. Die trübe Notiz über das Zurückkehren habe ich gelesen, sie bedeutet hoffentlich nichts Allgemeines. Über mich ist nichts zu sagen, ich mühe
mich ab, ein wenig zuzunehmen – als ich hierherkam, habe ich 54 ½ gewogen,
ich habe noch niemals so wenig gewogen – aber es geht kaum, zu viel Gegenkräfte, nun, es ist ein Kampf. Die Gegend ist mir recht lieb und das Wetter war
bisher freundlich, aber ich muß ein kostbarer Besitz der Gegenkräfte sein, sie
kämpfen wie der Teufel oder sind es. Leb wohl, grüß Felix und Oskar.

F

An Max Brod

[Postkarte. Schelesen, Stempel: 6. IX. 1923]

Lieber Max, ich glaube nicht an den Ruin, Du hast leider manchmal meine Art
des Blickes, aber glücklicherweise immer Deine Entschlußkraft. Warum Ruin?
Hängen stärkste menschliche Beziehungen so sehr von äußeren Dingen ab?
Wenn E. vorübergehend jetzt in den schlimmsten Zeiten etwa eine Stelle bei
einem Kind annehmen würde, so wäre das zwar traurig, aber wäre es Ruin?
Wenn Du von Wut sprichst, so ist das eine Redeweise, welche weder Dir noch
Deiner Sache entspricht. Es ist dumm von mir, über Dinge zu sprechen, die Dir
gewisser sind als mir, aber ich bin wirklich dumm und unsicher im Kopfe und
deshalb freut es mich, ein wenig eine Sicherheit auszusprechen wie etwa diese:
Wut hat ein Kind, wenn sein Kartenhaus einstürzt, weil ein Erwachsener den
Tisch rückt. Aber das Kartenhaus ist doch nicht eingestürzt, weil der Tisch gerückt wurde, sondern weil es ein Kartenhaus war. Ein wirkliches Haus stürzt
nicht ein, selbst wenn der Tisch zu Brennholz zerhackt wird, es braucht überhaupt kein fremdes Fundament. Das sind so selbstverständliche ferne und herrliche Dinge. – An E. habe ich zwei Karten geschickt und nächsten Freitagvor-
mittag bin ich bei Dir. Wann fährst Du nach Berlin? Wieviel kostet jetzt die
Fahrt? Grüß Felix und Oskar, bitte.

An Carl Seelig

Sehr geehrter Herr,
ich bin für ein paar Tage auf dem Lande, Ihr Brief wurde mir nachgeschickt.
Meinen herzlichen Dank für die freundliche Einladung. Leider kann ich mich
jetzt an der Bücherfolge nicht beteiligen. Was aus früherer Zeit an Geschriebenem vorliegt, ist gänzlich unbrauchbar, ich kann es niemandem zeigen; in letzter Zeit aber bin ich weit abseits von Schreiben getrieben worden. Lassen Sie mir
aber die Möglichkeit, später einmal vielleicht mich zu melden. An Ihren Brief
vor etwa zwei Jahren erinnere ich mich wohl, verzeihen Sie die alte Schuld. Es
ging mir damals so schlecht, daß ich nicht einmal antworten konnte.

Ebensowenig wie der ersten kann ich Ihrer zweiten Aufforderung entsprechen, beide hängen ja auch zusammen und nicht nur äußerlich. Um ihnen zu
entsprechen, ist zumindest eine gewisse Verantwortungskraft nötig, die mir
augenblicklich fehlt. Auch könnte ich gewiß nur Namen nennen, die Ihnen gut
bekannt sind.

Eine geringe Ausbeute, die Ihr liebenswürdiger Brief gemacht hat, nicht
wahr? Es liegt nicht an ihm, daß es so ist.
Mit herzlichem Gruße
Ihr ergebener

Franz Kafka

An Robert Klopstock

[Postkarte. Schelesen, Stempel: 13. IX. 1923]

Lieber Robert, sollte wirklich die mensa für Sie nicht zu erreichen sein? Das
wäre freilich schlimm, da werden wir etwas veranstalten müssen. Mit Max
werde ich jedenfalls sprechen. Ist die Karinthy-Geschichte damals im Tagblatt
erschienen? – Daß Sie schon in diesem Semester nach Berlin gehen sollten,
daran dachte ich nur im ersten Rausch des Heims, unter den gegenwärtigen
Verhältnissen wäre es zu schwierig, aber für später muß es in Sicht bleiben, dieses vereinsamte Prager Leben dürfen Sie nicht weiterführen, ein wenig Literatur
im Kaffeehaus, ein wenig Streit mit dem Zimmerkollegen, eine bittere Mischung von Trauer und Hoffnung zwischen uns beiden, die Beziehung zu Max,
das alles ist zu wenig oder nicht zu wenig, aber keine gute Nahrung, wenn mir
auch freilich als einem Prager alles viel trüber erscheint als es in Wirklichkeit
sein mag, aber selbst mit dieser Korrektur bleibt es noch trübe, an dem Ausblick
gemessen, den man im Heim bekam. Palästina wäre mir ja auch sonst unerreichbar gewesen, angesichts der Berliner Möglichkeiten wäre es aber nicht
einmal dringend. Freilich ist auch Berlin fast unerreichbar (Temperaturerhöhung habe ich auch und sonstiges) und es besteht die Gefahr, daß die Reise nach

Palästina zur Reise nach Schelesen einschrumpft. Mag es wenigstens dabei bleiben und sich nicht zum Schluß nur die Reise mit dem Aufzug vom Altstädter Ring in mein Zimmer ergeben. Meine Mutter aber ist in Paris.   F

An Max Brod
[Postkarte. Schelesen, Stempel: 13. IX. 1923]

Lieber Max, ich komme wahrscheinlich noch nicht Freitag, ich wollte zu Vaters Geburtstag kommen, aber es ist zu schön, das Wetter nämlich, nicht meine Temperaturerhöhungen, und so bleibe ich. Schade, daß ich das Abendblatt nicht direkt hierher habe kommen lassen, so bekomme ich es nur sehr spät und unvollständig. Besonders schön war Borchardt, wie er unter Deinem Schutze stand und wie dieser Schutz mächtig war. Leb wohl.

F.

Klopstock schreibt: Jetzt bekomme ich wieder das Abendblatt – und warte so auf die Zeitung, auf Maxens Artikel, wie auf eine Begegnung mit einem lang nicht gesehenen sehr lieben und guten Freund.

An Max Brod
[Postkarte. Schelesen, Stempel: 14. IX. 1923]

Liebster Max, »daß äußere Dinge menschliche Beziehungen nicht beeinflussen«, so großrednerisch habe ich es wahrhaftig nicht gemeint, obwohl es mir sonst eine Lust ist, meinen Gegensatz mir zu vergegenwärtigen. Diesmal aber habe ich nicht nur von menschlichen Beziehungen gesprochen, sondern von den stärksten, und nicht von den stärksten äußern Dingen etwa von Schmerzen und Folterungen, sondern nur vom Marksturz, und nicht von einem beliebigen Menschen, sondern von Dir, und nicht von der Ausschließung von Beeinflussungen, sondern von der Ausschließung des »Ruins«. Das alles, Max, laß bitte auch weiter gelten und sei mir nicht böse. Was mich betrifft: eine kleine Gewichtszunahme ist da, äußerlich kaum zu merken, dafür aber jeden Tag irgendein größerer Mangel, es rieselt im Gemäuer, wie Kraus sagt. Erst gestern blieb ein alter Mann vor mir stehn und sagte: »Sie sind wohl nicht recht im Zeug?« Natürlich kamen wir dann auch auf die Juden zu sprechen, er ist Gärtner in einer jüdischen Villa, so weit ganz gute Leute, aber furchtsam wie alle Juden. Furcht ist ihre Natur. Dann ging er um einen zweiten Rückenkorb einer riesigen Menge trockenen Holzes in den Wald und ich begann meinen Puls zu zählen, weit über 110.
    Glück zu Deiner Arbeit.   F

An Robert Klopstock

[Postkarte. Prag, Stempel: 23. IX. 1923]

Lieber Robert, es ging nicht gut länger, ich fahre morgen, wenn nicht in den nächsten zwölf Stunden ein großes Hindernis aus dem finstern Hinterhalt mir entgegengeworfen wird, nach Berlin, aber nur für ein paar Tage, wahrscheinlich bin ich, wenn Sie herkommen, auch wieder hier. Mit Max konnte ich nur ganz flüchtig sprechen, er ist nämlich heute Samstag nach Berlin gefahren, vielleicht sehe ich ihn dort. Es fällt mir jetzt nur noch ein, von zwei Zeitschriften »Vers und Prosa« Verlag Rowohlt, Herausgeber Hessel, und von Ha-Auhel Das Zelt, Wien I Christinengasse 4, Herausgeber Höflich, habe ich Aufforderungen bekommen, ihnen wertvolle junge Schriftsteller zu nennen. Hätten Sie Lust? Leben Sie wohl! Ich bin natürlich ein wenig unruhig.

F

An Robert Klopstock

[Postkarte. Berlin-Steglitz, Miquelstr. 8, Stempel: 26. IX. 1923]

Lieber Robert, hier wäre ich also. Bestimmtes ist natürlich noch nicht zu sagen. Mit Max habe ich hier gesprochen. Beim Abendblatt ist nichts, vier ungarische Redakteure sitzen unbeschäftigt im Pressdepartement, dagegen – und das wäre ja im Grunde auch viel besser – ist Max bereit und gewiß auch fähig, bei der Mensa die Freikarte für Sie durchzusetzen, er wird es sehr gern tun, Sie sollen gleich nach Ihrer Ankunft zu ihm kommen. Wissen Sie übrigens, daß Münzer schwer krank ist, Darmkrebs? Wenigstens sagte es mir meine Mutter.

Bis sich hier die Verhältnisse, die persönlichen meine ich, geklärt haben, schreibe ich ausführlicher oder, wahrscheinlicher, erzähle es mündlich. Meine Karte aus Prag haben Sie?

An Oskar Baum

[Postkarte. Berlin-Steglitz, Stempel: 26.IX. 1923]

Lieber Oskar, ich war jetzt eineinhalb Tage in Prag und nicht bei Dir, trotz dem großen Verlangen, Euch endlich zu sehn. Wie hätte ich aber kommen können vor der tollkühnen Tat, die darin besteht, daß ich für ein paar Tage nach Berlin gefahren bin. Innerhalb meiner Verhältnisse ist das eine Tollkühnheit, für welche man etwas Vergleichbares nur finden kann, wenn man in der Geschichte zurückblättert, etwa zu dem Zug Napoleons nach Rußland. Vorläufig geht es äußerlich leidlich, so wie übrigens auch damals. Wirst Du vielleicht in der nächsten Zeit nach Berlin kommen? (Das Bildhauerdrama!) Oder werden Dich

Deine Kurse zurückhalten, von denen ich noch nicht weiß, ob man über sie traurig sein oder ob man sie ruhig hinnehmen soll.

Herzliche Grüße Dir und den Deinen

F

Wenn Du einmal Aufträge für Berlin hast –

An Max Brod

[Postkarte. Berlin-Steglitz, Stempel: 28.IX. 1923]

Lieber Max, gestern, Donnerstag, war sie bei mir, es war meine erste gesellschaftliche Veranstaltung, die »Eröffnung des Hauses« und es wurden dementsprechend einige schwere Fehler gemacht, die ich allerdings auch nächstens zum Teil nicht gutzumachen wüßte. Sie hat sie freilich lieb und zart übersehn, aber nebenbei könntest Du doch vielleicht gelegentlich noch nachhelfen. Zunächst lud ich sie einfach telephonisch ein, um 5 zu kommen, eine Formlosigkeit, die dadurch leider noch formloser wurde, daß man damals leider im Telephon fast nichts verstand als ihr Lachen. Außerdem hätte ich es vielleicht trotz allgemeinen Schwächezustandes besser gemacht, wenn ich gewußt hätte, daß man in ihre Pension gehn darf, ich hielt das für verboten, im Juli hatte es ganz diesen Anschein. Ferner brachte sie ein paar Blumen, ich hatte keine. Ferner, aber das war schon vielleicht kein Fehler, war Dora da und sie war auch für die Veranstaltung unumgänglich. Das schlimmste war freilich, daß ich bei der Ankunft schlief, einzigartigerweise schlief. Sonst verlief es aber, glaube ich, leidlich; ein wenig unruhig, nervös, fast überarbeitet scheint sie, aber tapfer und entsetzlich sehnsüchtig. Für Sonntag wurde die Möglichkeit des Besuches des jüdischen Erntefestes besprochen, ein Wagnis, nicht weniger für sie als mich. Ich tue es wohl nicht.

Alles Gute!

F

An Max Brod

[Postkarte. Berlin-Steglitz, Stempel: 2.X. 1923]

Lieber Max, eben warte ich auf Emmy, wir wollen einen kleinen Vormittagsspaziergang machen in dieser schönen Gegend. Sonntagnachmittag war ich bei ihr, machte wieder einige schwere Fehler, schäme mich schon, immer das Gleiche zu wiederholen. Hauptgrund freilich ist, daß ich, wenn ich dort unten etwa am Zoo aussteige, einen großen Teil der Atemfähigkeit verliere, zu husten anfange, noch ängstlicher werde als sonst, alle Drohungen dieser Stadt sich gegen mich vereinigen sehe. Auch suche ich mich hier draußen gegen die wirklichen Qualen der Preise zu schützen, man hilft mir darin sehr, in der Stadt versagt das, gestern z. B. hatte ich einen starken Anfall des Zahlenwahns und ich verstehe viel besser Deine Sorgen, Du armer lieber unermüdlicher, unerschütterlicher Kopf. Mein Zimmer, das mit 28 Kronen monatlich gemietet war, kostete im September schon über 70 Kronen, im Oktober wird es zumindest 180 Kronen kosten. Ich verstehe auch gut, daß E. Trost braucht, aber in ihrem Zimmer schien sie mir mutiger, kräftiger und, über Deine »letzte Rose« gebeugt, glücklich. – Übrigens kam sie heute nicht, hat abtelephoniert, kommt morgen, ist sehr lieb. – Inzwischen habe ich, was ich bis jetzt schon tagelang vermieden habe, den Steglitzer Anzeiger durchgesehn. Schlimm, schlimm. Es liegt aber Gerechtigkeit darin, mit dem Schicksal Deutschlands zusammenzuhängen, wie Du und ich.

F

Nebenbei: Du hast leider auf die Mutter nicht beruhigend gewirkt.

An Max Brod

[Postkarte. Berlin-Steglitz, Stempel: 8.X.1923]

Lieber Max, Emmy habe ich jetzt ein paar Tage nicht gesehn, einmal waren wir im Botanischen Garten recht freundschaftlich beisammen, wieder überwog der Eindruck der Tapferkeit den der Unruhe. Seitdem ist schlechteres Wetter, Steglitz lockt nicht mehr zu Spaziergängen und vor der Stadt fürchte wieder ich mich. Gestern Sonntag war E., wie mir telephoniert wurde, ein wenig unwohl. Übrigens war gleichzeitig auch mir nicht ganz gut, ein Husten, harmlos der Qualität nach, ärgerlich in der Quantität, kostete mich eine Nacht, ich blieb den Sonntag im Bett und er ist vorüber. Vielleicht erfahre ich heute etwas über E. – Über meine Zeiteinteilung ist noch nichts zu sagen, unmerklich, untätig verfliegen mir die Tage. Anders Dr. Weiß, mit dem ich gestern, er war bei mir, zum erstenmal sprach. Tätig, nervös, die Nervosität des Starken, verbittert-fröhlich, sogar erfolgreich (Eröffnung des Schauspieler-Theaters mit der Bergner als Tanja), außerdem machte ich ihm aufs Geratewohl Hoffnung, daß vielleicht in dem Zyklus Deiner Prager Besprechungen auch Nahar an die Reihe kommt, er glaubts nicht. – Klopstock geht es, glaube ich, sehr schlecht, hält sich für »verkommen«, wagt deshalb nicht, zu Dir zu gehn, »seine Artikel erfüllen mich aber mit immer neuer Freude und die immer zunehmende Ehrfurcht mit der ich seine Sachen lese, wiedergeben mir selbst einen Teil der schon sinkenden Würde.«
Herzlichst

F

Grüß Felix und Oskar.

An Carl Seelig

[Berlin-Steglitz, Herbst 1923]

Sehr geehrter Herr,
nun kann ich Ihnen doch etwas vorlegen, was Sie vielleicht freuen wird. Gewiß kennen Sie den Namen Ernst Weiß und wahrscheinlich auch etwas von seinen neueren, für mich manchmal unbegreiflich starken, wenn auch schwer zugänglichen Büchern (Tiere in Ketten, Nahar, Stern der Dämonen, Atua). Nun hat er aber außer diesen erzählenden Schriften auch eine Sammlung von Aufsätzen bereit, die er unter dem Titel »Credo quia absurdum« herausgeben würde. Diese Aufsätze haben meinem Gefühl nach alle Vorzüge seiner erzählenden Schriften, ohne sich abzuschließen wie jene. Ich lege als Probe vor die Aufsätze: »Goethe als Vollendung« und den Titelaufsatz: »Credo quia absurdum«, außerdem, um Ihnen eine Vorstellung von seiner gegenwärtigen Arbeit zu machen, das erste Kapitel eines Romans: Daniel.
Einige Titel der in dem Aufsatzbuch zu vereinigenden Stücke wären:

> Mozart, ein Meister des Ostens
> Die Ruhe in der Kunst   Aktualität
> Das Leben des Rubens
> Daumier
> Ein Wort zu Macbeth
> Der Genius der Grammatik
> Rousseau
> Der neue Roman
> Cervantes
> Über die Sprache
> Frieden, Erziehung, Politik

Ihre Meinung über eine Herausgabe des Buches teilen Sie bitte mir oder vielleicht noch besser gleich ihm direkt (Dr. Ernst Weiß, Berlin W 30, Nollendorfstraße 22 a) mit. Jedenfalls bitte ich, die drei Beilagen, die er dringend benötigt, zurückzuschicken.
Mit besten Grüßen Ihr ergebener

Franz Kafka

An Felix Weltsch

[Postkarte. Berlin-Steglitz, Stempel: 9.X. 1923]

Lieber Felix, vielen Dank für die »Selbstwehr«, ich bin doch länger geblieben als ich dachte und hätte sie schwer entbehrt. Bei Lise war ich noch nicht, die Tage sind so kurz, sie vergehn mir noch schneller als in Prag und glücklicher Weise viel unmerklicher. Daß sie so schnell vergehn, ist freilich traurig, es verhält sich eben so mit der Zeit, hat man einmal die Hand von ihrem Rad genommen, saust es an einem vorüber und man sieht für die Hand keinen Platz mehr. Über die nächste Umgebung der Wohnung komme ich kaum hinaus, diese ist freilich wunderbar, meine Gasse ist etwa die letzte halb städtische, hinter ihr löst sich das Land in Gärten und Villen auf, alte üppige Gärten. An lauen Abenden ist ein so starker Duft, wie ich ihn von anderswoher kaum kenne. Dann ist da noch der große Botanische Garten, eine Viertelstunde von mir, und der Wald, wo ich allerdings noch nicht war, keine volle halbe Stunde. Die Einfassung des kleinen Auswanderers ist also schön. – Noch eine Bitte, Felix; wenn Du kannst, nimm Dich ein wenig (Stellenvermittlung) des armen Klopstock an.

Herzliche Grüße Dir und den Deinen

F

An Max Brod

[Postkarte. Berlin-Steglitz, Ankunftstempel: 16.X. 1923]

Lieber Max, Emmy hat es Dir wahrscheinlich schon gesagt, ich will nicht nach Prag, nicht jetzt, vielleicht in 2 Monaten. Deine Befürchtungen sind grundlos: die Zeitungen lese ich nicht, schlimme Folgen der Zeit am eigenen Leibe habe ich bis jetzt nicht gespürt, ich lebe, was das Essen betrifft, ganz genau, aber ganz genau so wie in Prag, bei schlechtem Wetter bleibe ich in meinem Zimmer, der Husten, den ich nur zufällig erwähnte, hat sich nicht wiederholt. Schlimmer ist allerdings, daß in der allerletzten Zeit die Nachtgespenster mich aufgespürt haben, aber auch das ist kein Grund zur Rückfahrt; soll ich ihnen erliegen, dann lieber hier als dort, doch ist es noch nicht so weit. Übrigens werde ich Dich ja bald sehn. Wirst Du so gut sein, mir eine Handtasche mit Wintersachen mitzubringen. Man würde sie als Dein Mitgepäck aufgeben, hier würdest Du den Schein dem Gepäckzustellungsdienst übergeben, nur in Bodenbach würdest Du allerdings Plage damit haben. Würdest Du es tun wollen? Mit E. war ich einigemal beisammen. Sie schien mir wieder fröhlicher und stärker, besonders, wenn sie mit Prag telephoniert hatte.

Drei Aufsätze, die mir E. gab, haben mir große Freude gemacht.   Dein F

An Robert Klopstock

[Postkarte. Berlin-Steglitz, Stempel: 16.X. 1923]

Lieber Robert, Frýdek, ein guter Ausweg; daß Sie ihn gefunden haben, freut mich sehr. Wann soll die Prüfung geschehn? – Hinsichtlich meiner, unnötige Besorgnisse: wenn es nur irgendwie geht, will ich sehr gern den Winter hier verbringen. Wäre mein Fall ganz neu in der Geschichte, wäre die Besorgnis berechtigt, aber es gibt ja Vorgänger, auch Columbus z. B. hat die Schiffe nicht gleich nach ein paar Tagen wenden lassen. – Was mein Essen betrifft: ich esse nicht in großer Gesellschaft, habe also nur Gelegenheit zu innerer Scham. Übrigens ist hier in Steglitz das Leben friedlich, die Kinder wohl aussehend, die Bettelei nicht beängstigend, der Fundus aus früheren reichen Zeiten immer noch großartig und in gegenteiligem Sinne beschämend. Vor der innern Stadt freilich halte ich mich zurück, war nur dreimal dort, mein Potsdamer Platz ist der Platz vor dem Steglitzer Rathaus, noch er mir zu lärmend, glücklich tauche ich dann in die wunderbar stillen Alleen.

Alles Gute

F

An Max und Felix habe ich geschrieben, gehn Sie zu ihnen.

An Max Brod

[Berlin-Steglitz, Ankunftstempel: 25.X. 1923]

Lieber Max, es ist wahr, ich schreibe nichts, aber nicht deshalb, weil ich etwas zu verbergen hätte (soweit das nicht mein Lebensberuf ist) und noch viel weniger deshalb, weil ich nicht nach einer vertrauten Stunde mir Dir verlangen würde, einer Stunde, wie wir sie, so scheint es mir manchmal, seit den oberitalienischen Seen nicht mehr gehabt haben. (Es hat einen gewissen Sinn, das zu sagen, weil wir damals jene, der Sehnsucht vielleicht gar nicht werte, aber wirklich unschuldige Unschuld hatten und die bösen Mächte, in gutem oder schlimmem Auftrag, erst die Eingänge leicht betasteten, durch die sie einmal einzubrechen sich schon unerträglich freuten.) Wenn ich also nicht schreibe, so hat das vor allem, wie es bei mir in den letzten Jahren immer zum Gesetz wird, »strategische« Gründe, ich vertraue Worten und Briefen nicht, meinen Worten und Briefen nicht, ich will mein Herz mit Menschen, aber nicht mit Gespenstern teilen, welche mit den Worten spielen und die Briefe mit hängender Zunge lesen. Besonders Briefen vertraue ich nicht und es ist ein sonderbarer Glaube, daß es genügt, den Briefumschlag zuzukleben, um den Brief gesichert vor den Adressaten zu bringen. Hier hat übrigens die Briefzensur der Kriegszeit, die Zeit besonderer Kühnheit und ironischer Offenheit der Gespenster, lehrreich gewirkt.

Aber ich schreibe auch deshalb wenig (noch etwas vergaß ich zum Vorigen zu sagen: manchmal scheint mir überhaupt das Wesen der Kunst, das Dasein der Kunst allein aus solchen »strategischen Rücksichten« erklärbar, die Ermöglichung eines wahren Wortes von Mensch zu Mensch), weil ich ja, wie es natürlich ist, mein Prager Leben, meine Prager »Arbeit«, von der auch nur sehr wenig zu sagen war, fortsetze. Du mußt auch bedenken, daß ich hier halb ländlich lebe, weder unter dem grausamen, noch aber auch unter dem pädagogischen

Druck des eigentlichen Berlin. Das ist auch verwöhnend. Ich war einmal mit Dir bei Josty, einmal bei Emmy, einmal bei Pua, einmal bei Wertheim, um mich photographieren zu lassen, einmal um mir Geld zu holen, einmal um mir eine Wohnung anzusehn – das sind gewiß alle meine Ausflüge nach Berlin in diesen vier Wochen gewesen und von fast allen kam ich elend zurück und tief dankbar, daß ich in Steglitz wohne. Mein »Potsdamer Platz« ist der Steglitzer Rathausplatz, dort fahren zwei oder drei Elektrische, dort vollzieht sich ein kleiner Verkehr, dort sind die Filialen von Ullstein, Mosse und Scherl, und aus den ersten Zeitungsseiten, die dort aushängen, sauge ich das Gift, das ich knapp noch ertrage, manchmal (gerade wird im Vorzimmer von Straßenkämpfen gesprochen) augenblicksweise auch nicht ertrage –, aber dann verlasse ich diese Öffentlichkeit und verliere mich, wenn ich noch die Kraft dazu habe, in den stillen herbstlichen Alleen. Meine Straße ist die letzte annähernd städtische, dann löst sich alles in den Frieden von Gärten und Villen auf, jede Straße ist ein friedlicher Gartenspaziergang oder kann es sein.

Mein Tag ist ja auch sehr kurz, ich stehe zwar gegen 9 Uhr auf, aber liege viel, besonders nachmittag, ich brauche das sehr. Ein wenig lese ich hebräisch, in der Hauptsache einen Roman von Brenner, aber es wird mir sehr schwer, doch ist trotz aller Schwierigkeit das Lesen von bisher 30 Seiten keine Leistung, mit der man sich rechtfertigen kann, wenn für vier Wochen Rechenschaft gefordert wird. *Dienstag.* Als Roman freut mich übrigens das Buch nicht sehr. Ich hatte vor Brenner seit jeher Ehrfurcht, ich weiß nicht genau warum, Gehörtes und Phantasiertes mischten sich darin, immer wurde von seiner Trauer gesprochen. Und »Trauer in Palästina«? –

Sprechen wir lieber von der Berliner Trauer, weil sie näher ist. Eben unterbricht mich das Telephon, Emmy. Sie hätte schon Sonntag kommen sollen, schade daß sie nicht kam, es war auch sonst Besuch da, der sie zerstreut hätte, eine kleine Müritzer Bekannte und ein junger Berliner Maler, zwei schöne junge Menschen von gefangennehmendem Liebreiz, ich hatte viel davon für Emmy gehofft, die jetzt so tief in den Aufregungen des Tages und in jenen der Liebe ist. (Glaube übrigens nicht, daß ich Gesellschaften gebe, es ergab sich zufällig und einmal, ich fürchte mich vor Menschen genau so wie in Prag.) Aber sie kam nicht, war verkühlt. Dann sprachen wir gestern telephonisch miteinander, sie war aufgeregt, Berliner Aufregungen (Furcht vor Generalstreik, Schwierigkeiten des Geldwechseln, die aber gerade nur beim Zoo und vielleicht nur gestern zu bestehen schienen, heute z. B. wurde am Bahnhof Friedrichstraße ohne jedes Gedränge gewechselt), Berliner Aufregungen mischten sich mit Prager Leiden (ich konnte nur sagen: Max schreibt etwas vom neunten) und die Berliner sind hier wirklich ansteckend, ich hatte nach dem Telephongespräch noch in der Nacht mit ihnen zu kämpfen. Jedenfalls versprach sie aber heute abend zu kommen und ich hoffte, inzwischen tröstende Kraft angesammelt zu haben, aber nun telephoniert sie, daß sie nicht kommen kann, gibt Gründe für ihre Aufregung an, es ist aber offenbar nur einer, die andern lagern sich nur als Verzierung herum, das Datum Deiner Reise. Die Hochzeit wird als Verhinderungsgrund nicht anerkannt, »soll er zur Abwechslung auch einmal andern die Herzen brechen«. Ähnliches glaube ich auch schon in Prag bei ähnlichen Gelegenheiten gehört zu haben. Armer, lieber Max! Glücklich-unglücklicher! Wenn Du mir irgendeinen Rat geben zu können glaubst, was ich bei E. nützen kann, ich werde es gewiß tun, ich selbst weiß augenblicklich nichts. Ich fragte, ob ich morgen zu ihr kommen könnte, sie sagte, sie wisse nicht, wann sie zuhause sein werde (alles sehr freundlich und aufrichtig), früh nehme sie eine Stunde, nachmittag sei sie bei einer Freundin, »die auch verrückt ist« (sie hatte mir schon von ihr erzählt), schließlich einigten wir uns darauf, morgen wieder telephonisch miteinander zu sprechen. Das ist alles, wenig und viel.

Mittwoch. Eben um 9 Uhr habe ich wieder mit E. gesprochen, es scheint viel besser zu stehn, das heutige telephonische Abendgespräch mit Dir wirft seinen Trost voraus. Wahrscheinlich kommt sie heute abend. Neues telephonisches Gespräch, neue Änderung. E. läßt sagen, daß sie schon mittag kommt. Immer denke ich daran, wie die Liebe und die Musik E. erhöht, aber gelöst haben muß, daß sie, die früher in einem harten Leben höchst tapfer gelebt hat, jetzt in einem trotz aller Berliner Schrecken äußerlich doch viel leichteren Leben unter dem Äußerlichen so sehr leidet. Ich für meinen Teil verstehe dieses letztere sehr gut, viel besser noch als sie, aber ich hätte ja ihr früheres Leben nicht ertragen.

Noch zu Deinen Fragen: Von dem geringen Hebräischen sprach ich schon. Außerdem wollte ich in die kaum eine Viertelstunde entfernte berühmte Gärtnerschule in Dahlem gehn, ein Hörer, ein Palästinenser, ein Bekannter von D. (Diamant ist der Name), hat mich aber durch seine Informationen, mit denen er mich aufmuntern wollte, abgeschreckt. Für den praktischen Unterricht bin ich zu schwach, für den theoretischen zu unruhig, auch sind die Tage so kurz und bei schlechtem Wetter kann ich ja nicht ausgehn, so ließ ich es sein. Nach Prag wäre ich gewiß gefahren, trotz der Kosten und der Mühe, schon nur um mit Dir beisammenzusein und endlich Felix und Oskar einmal zu sehn (in einem Brief an E. steht ein schrecklicher Satz über Oskar, ist das nur eine stimmungsmäßige Bemerkung oder eine Tatsache?), aber Ottla riet mir ab und schließlich auch die Mutter. Es ist auch besser so, ich wäre dort noch nicht Gast, hoffentlich kann ich so lange fort bleiben, daß ich es werde.

Dein F

Gib mir einen Rat wegen Deines Bruders Hochzeit. Grüß die Schwester und den Schwager von mir.

Bis November kann ich wegen der Wintersachen gut warten.

Worin bestehen Deine Arbeiten? Der Roman ruht?

An den Verlag Kurt Wolff

[Postkarte. Berlin-Steglitz, Eingangsstempel: 26. Okt. 1923]

Sehr geehrter Verlag,
den Rechnungsabschluß habe ich erhalten, die Büchersendung wäre mir sehr willkommen. Könnte ich auf die Auswahl der Bücher Einfluß haben? Ich lebe jetzt zeitweise in Berlin (bei Moritz Hermann, Berlin-Steglitz, Miquelstraße 8), dies würde wohl die Sache erleichtern?

Hochachtungsvoll F. Kafka

An Robert Klopstock

[Postkarte. Berlin-Steglitz, Stempel: 25. X. 1923]

Lieber Robert, hoffentlich leben Sie dort unter den Freunden friedlich nach der Prager Hetze (übrigens schrieb mir Max, der Sie im Vorübergehn einmal gesehen hat, daß Sie nicht schlecht aussehn, daran halte ich mich, wenn ich an Sie denke) und vielleicht läßt die Chemie auch noch etwas für Hebräisch übrig. Ich komme darin sehr langsam vorwärts, die Ferien und Schelesen haben mich viel und besonders das regelmäßige verzweifelte Lernen vergessen lassen, jetzt bin ich vier Wochen hier und habe 32 Seiten in einem Roman von Brenner gelesen, also jeden Tag eine Seite. »Schechól uchischalón« (In hebräischer Kursivschrift. – »Unfruchtbarkeit und Scheitern«.) heißt das Buch, lösen Sie diese chemische Formel. Ein für mich in jeder Hinsicht schweres Buch und nicht sehr gut. Pua hat mir zweimal beim Lesen geholfen, jetzt habe ich sie aber schon fast vierzehn Tage nicht gesehn. – Eine der hier möglichen Unternehmungen ist gescheitert, sie war allerdings noch kaum in scheiterungsfähigem Stadium. Nahe von mir in Dahlem ist eine berühmte Gärtnerschule, in die ich eintreten wollte; Informationen eines dort lernenden Palästinensers, der mich aufmuntern wollte, haben mich abgeschreckt. Zur praktischen Gärtnerarbeit bin ich zu schwach, zur theoretischen zu unruhig, ich werde die Unruhe in andere Richtungen schicken müssen.

Das große Butterpaket kam in ausgezeichnetem Zustand an, vielen Dank.
Wie geht es Ihrer Mutter und dem Bruder?
Grüßen Sie Steinberg!

An Max Brod

[Berlin-Steglitz, Ankunftstempel: 27. X. 1923]

Lieber Max, nur ein paar Worte zu Deiner Karte, meinen Brief hast Du ja inzwischen bekommen. S. war also Mittwoch Mittag bei mir, ich habe sie eigentlich durch ein Brot hergelockt, das in Steglitz leicht, in Berlin am Dienstag, nicht aus wirklichem Mangel, sondern aus andern undurchsichtigen, bei den hiesigen Zuständen täglich neu sich bildenden Ursachen schwierig zu haben war, (übrigens nur Dienstag, E. hat dann auch das Brot nicht für sich behalten, sondern es der Schwester geschenkt). Nun, E. war aufgeregt, was allerdings nicht hindert, daß sie zwischendurch auch munter war und gelacht hat. Aber diese Aufregung nur auf die Berliner Zustände zurückzuführen, das geht nicht. Die Aufregung und die Berliner Zustände hängen eben nur so zusammen, daß ein eintägiger Brotmangel, eine einmalige Schwierigkeit beim Geldwechseln genügt, um die Tür für allen andern Jammer zu öffnen. Und diesem andern Jammer, nicht dem ersten, ist schwer zu begegnen. Übrigens hatte ich schwächliche Ausreden zu allem, nur zu dem einen nicht, wenn sie sagte, daß sie im Grunde auf alles verzichte und sich vollständig damit zufrieden geben würde, wenn Du nur alle vier Wochen für zwei Tage kämest. Was ist dazu zu sagen? Besonders, wenn sie hinzufügt, daß Du zu der Winkler-Zeit, wenn es nötig oder nur nützlich oder auch nur angenehm gewesen wäre, sofort auf ihre Bitte oder auch nur auf ein Wort, eine Andeutung hin gekommen wärest, über alle Hochzeiten hinweg. Und daß sie doch nicht mehr verlangt, als daß Du kommst. Nun, man kann auch darauf gut antworten, aber es ist in diesem Fall nicht passend.

Aber das alles ist ja für den Augenblick nicht mehr aktuell. Nach dem Telephongespräch mit Dir rief mich E. an, fröhlich, glückstrahlend, alles sei gut, etwas von »neugeboren« sagte sie, aber einen bessern, stärkern Ausdruck. Ich führte die Wendung hauptsächlich darauf zurück, daß sie vom Schauspielertheater engagiert ist – eine, wie es auch sei, wirklich ausgezeichnete, geradezu befreiende Sache – nach Deiner Karte sehe ich aber, daß die Abwälzung ihres Leides auf Dich auch viel zur »Neugeburt« beigetragen hat. Der Prager oder Aussiger Plan scheint mir nicht richtig und sehr gefährlich, nur in der Arbeit und der Musik ist Rettung, die äußern Verhältnisse sind bis jetzt bei weitem nicht so schlimm, wie Du glaubst, im allgemeinen vielleicht, im besondern gewiß nicht, ich lebe z. B. bis jetzt, was das Essen betrifft, genau so wie in Prag, Butter schickt man mir allerdings, aber auch sie ist zu haben. Nur um Dir eine Vorstellung von den Preisen zu geben; gerade an dem Telephongesprächstag aß ich zu Mittag in der Stadt, in einem vegetarischen Restaurant in der Friedrichstraße (ich esse sonst immer zuhause, seitdem ich hier bin, war es das zweite Gasthausessen), ich mit D. Wir hatten: Spinat mit Setzei und Kartoffeln (ausgezeichnet, mit guter Butter gemacht, an Menge allein schon sättigend), dann Gemüseschnitzel, dann Nudeln mit Apfelmus und Pflaumenkompot (davon gilt dasselbe wie vom Spinat), dann ein Pflaumenkompot extra, dann einen Tomatensalat und eine Semmel. Das Ganze hat mit übermäßigem Trinkgeld etwa 8 Kronen gekostet, das ist doch nicht schlimm. Vielleicht war es eine Ausnahme, von Zufällen des Kursstandes beeinflußt, die Teuerung ist wirklich sehr groß, abgesehen vom Essen sich irgendetwas zu kaufen, ist unmöglich, aber wie gesagt, Essen gibt es noch in Berlin, und recht gutes. Darüber mach Dir keine Sorgen.

Grüß Felix und Oskar, sag ihnen ein gutes Wort von mir.

Vielleicht gehe ich heute mit E. ins Theater, »Volksfeind« mit Klopfer. Ich war bis jetzt noch keinen Abend von zuhause fort.

An Robert Klopstock

[Berlin-Steglitz, Oktober 1923]

Lieber Robert, ich bekomme den Brief Mittwoch vormittag; wenn Sie die Geschichte Freitag haben sollen, müssen wir uns beeilen, ich und die Post. Im übrigen macht es mir durchaus nur Freude, Ihre Übersetzungen durchzusehn, schicken Sie nur, was Sie haben. Die Geschichte selbst scheint mir recht gut, nur habe ich bei diesen Geschichten von K. meistens einen unangenehmen Nebeneindruck, so als ob dieser Einfall, an sich selbst erträglich gut, immer der letzte wäre, wie wenn der arme Mann immer seinen letzten Kreuzer ausgeben würde und man außer der Münze auch noch die leere Tasche zu sehen bekäme. Ich weiß nicht, woran das liegt, da doch sein Reichtum zweifellos ist. – Die Übersetzung ist sehr gut. Nur ein paar Bemerkungen: Der Titel ist richtig, wäre aber nicht stärker, einfach: »Ohne Kopf« oder »Kopflos.«

6) ich würde »schleppen« wählen, auch »ziehen« enthält Qual und ist abseitiger, »bewegen« wäre ohne diese Qual – Dieses Ganze: »ziehen« und »Spur hinterlassen« erinnert zu sehr an kriechende Raupen.

feinen Zeuges Stoff- klingt nicht schlecht, aber Zeug und Stoff ist das gleiche; was ist das: Glaubender?

Die andern Dinge habe ich im Text eingetragen.

Das Krausbuch habe ich bekommen, schön, lieb und verschwenderisch war es, daß Sie es geschickt haben, es ist lustig, wenn es auch nur eine Nachgeburt der »Letzten Tage« ist. Sonst lese ich nur wenig und nur hebräisch, keine Bücher, keine Zeitungen, keine Zeitschriften oder doch: die »Selbstwehr«. Warum schicken Sie nicht der »Selbstwehr« etwas, die Ihnen weit offensteht. Ich hätte gedacht, daß Sie schon am 1. November in Prag sein wollten. Ja, Wien ist schön, nach der Berliner Zeit übersiedeln wir dann nach Wien, ja? Ich verkehre mit sehr wenigen Menschen, mit Dr. Weiss habe ich einmal gesprochen, mit Pua seit fünf Wochen nicht, sie ist ganz verschollen, antwortet auf Karten nicht. Mein Gesundheitszustand ist erträglich.

Am 15. November übersiedle ich in eine neue Wohnung, in der Nähe. Die Adresse schicke ich nächstens. Leben Sie wohl, alles Gute Ihren Träumen und Arbeiten

Ihr F

»Schechol uchischalon« sind zwei Hauptworte, die ich auch nicht ganz verstehe, jedenfalls versuchen sie den Inbegriff des Unglücks darzustellen. »Schechol« heißt wörtlich Kinderlosigkeit, also vielleicht Unfruchtbarkeit, Fruchtlosigkeit, sinnlose Anstrengung, und »Kischalon« heißt wörtlich: Straucheln, Fallen.

An Robert Klopstock

[Postkarte. Berlin-Steglitz, Stempel: 31. X. 1923]

Lieber Robert, bitte, nicht übertreiben hinsichtlich Berlins. Daß ich hierherge-
fahren bin, war ungeheuerlich, aber weitere Ungeheuerlichkeiten sind dem hier
vorläufig nicht gefolgt, also soll man es nicht durch Lobsprüche schrecken. Es
ist nicht einmal ausgeschlossen, daß mich die unheimliche Teuerung – vorläufig nicht, wohl aber wenn sie sich weiter mit gleicher Unermüdlichkeit steigert
– vertreibt. Bis jetzt geht es mir äußerlich gut, man kann nicht besser versorgt
sein, als ich es bin. – Daß Sie eine neue Übersetzung von Klarissa gemacht
haben, hat mir einen schmerzhaften Stich gegeben. Sie war doch vorzüglich
übersetzt, warum noch einmal diese Arbeit, besonders jetzt, da ich – vielleicht
ist es eine Täuschung dann aber eine starke – in Ihren letzten Briefen ein solches
Verlangen und darüber hinaus eine solche Kraft zu eigener Arbeit fühle wie niemals früher. Es wäre vielleicht gar nicht übel, wenn Sie sich nach dem Rigoro-
sum wieder nach Frýdek, in die Stille flüchten könnten. Trotzdem, wie ich in
der »Selbstwehr« lese, gerade heuer eine Überfülle hebräischer Dinge dort ge-
plant ist. Hier muß ich zu solchen Dingen stundenlang fahren, dort hätte ich es
hundert Schritte vom Haus und doch unerreichbar weit.

Ihr F.

An Max Brod

[Postkarte. Berlin-Steglitz, Stempel: 31. X. 1923]

Liebster Max, ich schreibe Dir erst morgen, wenn ich auch weiß, was E. tun
wird. Freilich, schwer ist die Sache, bestürzend schwer, obwohl man, da von beiden Seiten höchste Bereitwilligkeit letzten Endes vorhanden ist, an eine leichte
Ausgleichsmöglichkeit glauben sollte. Manches verstehe ich auch nicht ganz;
einmal in vier Wochen herzukommen wäre zu teuer. Aber die 14 Tage in Bodenbach wären doch viel teurer. Ich verstehe vorläufig auch nicht, wie gerade
Bodenbach nervenberuhigend wirken soll. Ein kleines fremdes Landstädtchen
im Spätherbst, und dort allein leben, ohne Arbeit und Bekannte, auf flüchtige
Besuche aus Prag angewiesen sein und schließlich doch wieder nach Berlin – angenommen daß dies die Ursache aller Leiden wäre – zurückkehren müssen.
Nun, der Beschluß ist ja noch nicht endgültig und morgen schreibe ich.

Dein F

Von Klopstock höre ich, daß er eine neue (!) Übersetzung von »Klarissa« gemacht hat und sie vier Agenturen schicken wird.

An Max Brod

[Berlin-Steglitz, Ankunftstempel: 2. XI. 1923]

Liebster Max, Du kommst also, wie ich von E. hörte. Wie ich es schon im zweiten Brief und in der Karte sagte, ich kann auch nur das für das Richtige halten. Nun ist auch über alles andere damit Zusammenhängende nichts weiter zu schreiben, denn wir werden einander ja bald sehn. Ich bin übrigens heute auch nicht im Besitze aller Geisteskräfte, zu viel mußte ich abgeben an ein ungeheueres Ereignis: ich werde am 15. November übersiedeln. Ein sehr vorteilhafter Umzug wie mir scheint. (Ich fürchte mich fast, diese Sache, die meine Hausfrau erst am 15. November erfahren wird, zwischen ihren über meine Schultern hinweg mitlesenden Möbeln aufzuschreiben, aber sie halten, wenigstens einzelne, zum Teil auch mit mir.) Was die Erbschaft betrifft, so ist das wirklich Gerede, aber ein, wie es scheint, verbreitetes, denn auch Else Bergmann hat mir schon davon geschrieben. Die Wahrheit ist, daß die Erbschaft brutto etwa 600.000 Kronen beträgt, auf welche außer der Mutter noch drei Onkel Anspruch haben. Das wäre nun freilich noch immer schön, aber leider sind die Hauptbeteiligten die französische und die spanische Regierung und Pariser und Madrider Notare und Advokaten. Hinsichtlich der Freundin magst Du Recht haben, ein- bis zweimal huschte an solchen Stellen die Freundin durch das Gespräch. Übrigens hat E. neben der Zuneigung zu dieser Freundin auch eine sehr starke Abneigung ihr gegenüber, die man nur unterstützen müßte. Bei Deinen Befürchtungen wegen der Zukunft vergißt Du, daß Du jetzt doch auch wertbeständiges Geld von Wolff bekommen mußt, der übrigens wahrhaftig ungeheuerliches Geld verdient haben muß. Aus dem Theaterbesuch mit E. ist vorläufig nichts geworden, die Teuerung ist wirklich ungeheuerlich, zwei Theater kamen für mich in Betracht, Lessingtheater (»Rausch«, Kortner, Gerda Müller), und Schillertheater (»Volksfeind« mit Klöpfer), das erstere ist aber unbezahlbar, das letztere auf Tage hinaus ausverkauft und bei jedem Wetter kann ich nicht gehn.

Lebwohl und möge uns – unschuldig oder schuldig – noch einmal die Luganosonne scheinen.

F.

An Valli Pollak

[Berlin-Steglitz, November 1923]

Liebe Valli,
der Tisch steht beim Ofen, eben bin ich vom Ofenplatz weggerückt, weil dort zu warm wird, selbst dem ewig kalten Rücken, meine Petroleumlampe brennt wunderbar, ein Meisterwerk sowohl der Lampenmacherei als auch des Einkaufs (sie ist aus einzelnen Stücken zusammengeborgt und zusammengekauft, freilich nicht von mir, wie brächte ich das zustande! eine Lampe mit einem Brenner,

groß wie eine Teetasse, und einer Konstruktion, die es ermöglicht, sie anzuzünden, ohne Zylinder und Glocke abzunehmen; eigentlich hat sie nur den Fehler, daß sie ohne Petroleum nicht brennt, aber das tun wir andern ja auch nicht) und so sitze ich und nehme deinen jetzt so alten, lieben Brief vor. Die Uhr tickt, sogar an das Ticken der Uhr habe ich mich gewöhnt, höre es übrigens nur selten, gewöhnlich dann, wenn ich besonders billigenswerte Dinge tue, sie hat, die Uhr, gewisse persönliche Beziehungen zu mir, wie überhaupt manche Dinge im Zimmer, nur daß sie jetzt, seitdem ich gekündigt habe (oder genauer: seitdem mir gekündigt worden ist, was in jeder Beziehung gut ist und im übrigen eine komplizierte seitenlang beschreibbare Angelegenheit ist), sich zum Teil von mir abzuwenden anfangen, vor allem der Kalender, von dessen Aussprüchen ich schon einmal den Eltern schrieb. In der letzten Zeit ist er wie verwandelt, entweder ist er ganz verschlossen, man braucht z. B. dringend seinen Rat, geht zu ihm, er aber sagt nichts weiter als: Reformationsfest, was ja wahrscheinlich einen tieferen Sinn hat, aber wer kann ihn auffinden; oder aber er ist bösartig ironisch, letzthin z. B. las ich etwas und hatte dazu einen Einfall, der mir sehr gut oder vielmehr bedeutungsvoll vorkam, so sehr, daß ich den Kalender darüber fragen wollte (nur bei so zufälligen Gelegenheiten antwortet er im Laufe seines Tags, nicht etwa, wenn man zu bestimmter Stunde pedantisch das Kalenderblatt abreißt), »Manchmal findet auch ein blindes Huhn usw.« sagte er; ein anderesmal war ich entsetzt über die Kohlenrechnung, worauf er sagte: »Glück und Zufriedenheit ist des Lebens Seligkeit«, darin liegt freilich neben der Ironie eine beleidigende Stumpfsinnigkeit, er ist ungeduldig, er kann es schon gar nicht aushalten, daß ich wegkomme, vielleicht aber ist es auch nur, daß er mir den Abschied nicht schwer machen will, vielleicht wird hinter dem Kalenderblatt meines Ausziehtages ein Blatt kommen, das ich nicht mehr sehen werde und auf dem irgend etwas stehen wird, wie: »Es ist bestimmt in Gottes Rat usw.«. Nein, man darf doch nicht alles aufschreiben, was man von seinem Kalender denkt, »er ist doch auch nur ein Mensch«.

Wenn ich dir in dieser Weise von allem schreiben wollte, womit ich in Berührung komme, käme ich natürlich zu keinem Ende und es bekäme den Anschein, als wenn ich ein sehr bewegtes Gesellschaftsleben führen würde, in Wirklichkeit ist es aber sehr still um mich, übrigens niemals zu still. Von den Aufregungen Berlins, den schlimmen und den guten, erfahre ich wenig, von den ersteren natürlich mehr. Weiß übrigens Peppa, was man in Berlin sagt, wenn man gefragt wird: »Wie geht's?« Ach, er weiß es ja gewiß, ihr wißt alle über Berlin mehr als ich. Nun auf die Gefahr hin, etwas ganz Veraltetes zu sagen, sachlich ist es ja noch immer aktuell, man sagt: »Mies mal Index.« Und dieses: Einer erzählt begeistert vom Leipziger Turnfest »– der ungeheure Anblick, wie die 750.000 Turner einmarschiert sind!« Der andere sagt, langsam rechnend: »Na, was ist denn das, dreieinhalb Friedensturner.«

Wie geht es (das ist schon gar kein Witz mehr, aber hoffentlich auch nichts Trauriges) in der jüdischen Schule? Hast du den Aufsatz des jungen Lehrers in der »Selbstwehr« gelesen? Sehr gut gemeint und eifrig. Wieder habe ich gehört, daß es Arnstein sehr gut geht und Frl. Mauthner soll das ganze palästinensische Turnen reformiert haben. Dem alten Ascherman mußt du seinen Geschäftssinn nicht übelnehmen, es ist immerhin schon etwas Ungeheures, seine Familie auf den Rücken zu nehmen und durch das Meer nach Palästina zu tragen. Daß so viele es tun von seiner Art, ist kein kleineres Meerwunder als jenes im Schilf-meer.

Marianne und Lotte danke ich vielmals für ihre Briefe. Merkwürdig wie ihre Schriften, nebeneinandergestellt, vielleicht nicht ihre Wesensunterschiede, aber fast ihre Körperunterschiede darstellen, „wenigstens scheint es mir so in diesen letzten Briefen. Marianne fragt, was mich aus ihrem Leben besonders interes-siert, nun: was sie liest, ob sie noch tanzt (hier, in dem jüdischen Volksheim ler-nen alle Mädchen rhythmisches Tanzen, allerdings unentgeltlich) und ob sie noch die Brille trägt. Lotte soll ich von Anni G. grüßen. Ein liebes, schönes, klu-ges Kind (Lotte nämlich, aber auch Anni), sie lernt fleißig Hebräisch, kann schon fast lesen und ein neues Liedchen singen. Macht auch Lotte Fortschritte?

Nun ist aber schon allerhöchste Zeit, schlafen zu gehn. Nun war ich fast einen ganzen Abend bei euch und aus der Stockhausgasse in die Miquelstraße ist es so weit. Lebt wohl.

......

An Max Brod

[Berlin-Steglitz, Ankunftstempel: 5. XI. 1923]

Liebster Max, eine kurze Darstellung dessen, wie sich die Sache in einem heute allerdings aus verschiedenen Gründen etwas erschütterten Kopfe malt; das Ma-terial dazu habe ich hauptsächlich aus dem gestrigen, Donnerstägigen Gespräch mit E., die etwa von sieben bis zehn bei mir war, übrigens gerade zu der Zeit, als Dein Brief kam, den ich vor ihr nicht aufmachen wollte.

Darin hast Du gewiß recht: wenn die Berliner Verhältnisse so wären wie etwa voriges Jahr, das Leben leicht, die Möglichkeiten groß, angenehme Zerstreuun-gen u.s.w., dann wäre es sehr wahrscheinlich zu einem solchen Ausbruch nicht gekommen, aber nicht deshalb, weil in dem Vulkan kein Feuer wäre, es hätte sich nur andere Wege gesucht; das hätte unter Umständen friedliche Zeiten er-geben, dauernde gewiß nicht, denn es ist ein Mittelpunkts-Leid da, in welchem sich mancherlei mischt und das zu verschiedenen Zeiten – gar unter dem offen-bar übermächtigen Einfluß Deiner Gegenwart – einen ganz verschiedenen An-blick gibt, aber immer da ist. Dazu kann man sich so verhalten, daß man sich mit dem äußerlichen Frieden begnügt. Das wäre ja auch wirklich sehr viel, denn schließlich kann ja auch nach diesem vorläufigen Frieden durch erwartete oder unerwartete Dinge einmal der wirkliche Friede kommen. Diesen vorläufigen Frieden kann nun das heutige Berlin nicht zustandebringen, auch wenn Du

Dich übermenschlich anstrengst und Du scheinst das leider wirklich zu tun. Da es aber Berlin nicht kann, muß man nachhelfen und diese Nachhilfe wäre Dein Kommen alle vier Wochen. Das würde besser nähren als die besten Kistchen. Du mußt keine andern unmittelbaren Anlässe für den letzten Ausbruch suchen. Noch vor vierzehn Tagen beschränkte sich die Forderung nur auf Dein Kommen, erst jetzt ist sie so ungeheuerlich gestiegen. Ich glaube deshalb auch, daß sie sich durch Deinen persönlichen Einfluß wieder einschränken lassen wird und nur in dieser Hoffnung habe ich gestern den für Dich vielleicht schrecklichen, innerhalb meines Vorstellungskreises aber erlösenden Vorschlag gemacht, daß Ihr Euch in diesen letzten Tagen nicht mehr mit dem Hin und Her der Briefe und Telefongespräche quält, sondern alles dem Aug-in-Aug-Sein überlaßt, von dem sich dann wieder der »vorläufige Friede« erhoffen läßt.

Die jetzige Hauptforderung E's ist ungeheuerlich, das fühle ich, Max, tief mit Dir. Aber es ist nicht nur Eifersucht, obwohl auch diese nicht »sinnlos« wäre, wie Du schreibst. Es ist nicht nur Eifersucht – ich sage das nicht deshalb, weil Du es etwa nicht weißt, ich sage das, um Dir in diesem sonderbaren, versteckten, rätselhaften Leid nah zu sein – es ist auch Unmöglichkeit des Verstehns, so wie es auf Deiner Seite Unmöglichkeit der Erklärung ist. Du kannst doch nicht glauben, daß Du E. widerlegt hast, wenn Du sagst, »daß nur Pflicht mich hier in der Ehe festhält«. Was weiß sie alles an Unwiderleglichem dazu zu sagen! Und an Selbstverständlichem. Es ist eben nicht nur »Pflicht«, aber es läßt sich im Augenblick nicht anders ausdrücken. Du darfst aber auch nicht hoffen, damit etwas zu widerlegen.

Übrigens sah E., vielleicht noch unter dem Einfluß des, wie sie sagte, »beglückenden« Telephongesprächs (das später durch Deinen Brief gänzlich widerrufen worden sein soll), recht gut aus, hatte auf der Probe Erfolg gehabt, hatte außerdem die Aussicht in einem Kirchenkonzert mitzusingen, so daß der Gesamteindruck durchaus nicht verzweifelt war, nur hie und da brach es hervor, dann waren es entweder Fragen die »Pflicht« betreffend, oder es war Angst vor der Beeinflussung und Einschläferung durch Dich, wenn Du hier sein wirst.

Der Mutter habe ich allerdings vor einiger Zeit geschrieben, daß Du nach Berlin kommen wirst; ich werde es jetzt widerrufen, aber auch sonst hätte es keine Bedeutung, ich kann mich doch geirrt haben. Wenn Du die Sachen mitnehmen kannst, – eine Last bleibt es, wie man es auch einrichtet – dann bring sie bitte; unbedingt nötig ist es aber nicht, es würde sich wohl auch sonst eine Gelegenheit finden, sie herzuschaffen. Bringst Du sie, dann gib einfach den Gepäckschein dem Bahnzustellungsdienst mit meiner jetzigen Adresse. Vielleicht werde ich Dir aber noch rechtzeitig meine neue (ab 15. November geltende) Adresse schicken, damit der Koffer der Einfachheit halber gleich hingebracht wird. Aber wichtiger als alles das ist, daß wir uns nun bald wiedersehn.

F

An den Verlag Kurt Wolf

[Postkarte. Berlin, Eingangsstempel: 19. Nov. 1923]

Sehr geehrter Verlag
besten Dank für Ihre Karte vom 29. Okt und das Verlagsverzeichnis. Auf diese
Weise geht es aber nicht. Das Verzeichnis enthält viel Verlockendes und dieses
ist meist teuer. Was eine »entsprechende Auswahl« sein soll, weiß ich nicht. Ich
bitte Sie deshalb, mir doch zu sagen, für wie viel Goldmark Sie mir ursprünglich
Bücher zu schicken beabsichtigten. Danach werde ich dann gleich auswählen.
Hochachtungsvoll

F. Kafka

Meine jetzige Adresse: Berlin-Steglitz, Grunewaldstraße 13, b. Hr. Seifert

An Felix Weltsch

[Postkarte. Berlin-Steglitz, Stempel: 18. XI. 1923]

Lieber Felix, vielen Dank für die regelmäßige Zusendung und dafür, daß Du
Dich unser hier annimmst, so schwer es Dir vielleicht fällt. Ich bin übrigens
übersiedelt, veranlasse bitte die Umadressierung: *Berlin-Steglitz, Grunewaldstraße 13 bei Herrn Seifert,* und noch etwas; schreib mir bitte, wieviel ich schuldig bin, ich werde dann gleich meine Schwester anweisen, es zu bezahlen. Die
Zusendung meines Prager Exemplars stell bitte ein, falls Du es nicht schon
getan hast, ich bleibe wohl noch einige Zeit hier, trotz der besinnungslosen Teuerung. Bei Deinen Verwandten war ich noch immer nicht, so gerne ich es
wollte, es wird mir zu schwer, in dieser Jahreszeit und bei der Kürze der Tage
herumzuwandern. Zweimal in der Woche und nur bei gutem Wetter gehe ich
ein wenig in die Hochschule für die Wissenschaft des Judentums, das ist schon
das Äußerste, was ich zustandebringe.
Herzlichste Grüße Dir, den Deinen und den Baumischen

Dein F

An Max Brod

[Postkarte. Berlin-Steglitz, Stempel: 25. XI. 1923]

Lieber Max, die letzten Tage habe ich mich viel mit Dir beschäftigt, die Mutter
hat mir die Besprechungen aus dem Abendblatt geschickt, was für schöne frische lebendige Dinge, immerfort im Sattel. – Heute ist Ottla hier, ich glaube,
zufrieden mit allem, was sie sieht. Was Dich betrifft, hab ich keine Angst. –
Geld habe ich jetzt und werde im Laufe der Woche E. die 400 Kronen geben.
Wie bewährt sich Euere neue Geldüberweisungsmethode? – Krank war ich

nicht, es flackert eben nur das Lämpchen ein wenig, sonst ist es bis jetzt nicht schlimm. Es hat mich allerdings verhindert, zu E's Theater zu gehn, auch D. war unglücklicherweise an dem Tag nicht ganz wohl. Aber vielleicht wird das Stück Weihnachten wiederholt. – Was Du über die Mängel des Beisammenseins in Berlin sagst, ist wahr. Aber es ist auch ein Mangel meiner selbst, mehr als ein Mangel Berlins. Bleibe uns die Hoffnung auf Besseres erhalten. Übrigens habe ich das Gefühl, daß Du jetzt – von unvermeidlichen Störungen Deines komplizierten und durch seine Heldenhaftigkeit doch einfachen Lebens abgesehn – frei und sicher lebst, wie kaum jemals früher, auch die Aufsätze beweisen es. – Streichle Felix und Oskar ein wenig für mich. – Alles Gute!

F

Dora grüßt schön.

An den Verlag Kurt Wolff

[Berlin-Steglitz, Ende November 1923]

Sehr geehrter Herr Meyer,
aus der Zeit, die seit Ihrer freundlichen Karte wieder verstrichen ist, können Sie entnehmen, wie schwer mir die Sache wird. Es ist aber auch ein zu großes und zu einmaliges Ereignis in diesen Zeiten, Bücher aus der Fülle auswählen zu dürfen. Es würde sich also um folgende Bücher handeln (wobei ich die Einschränkung mache, daß ich mich dort, wo der Einband teuer ist, also besonders bei den Stundenbüchern sehr gern mit kartonierten Exemplaren begnüge):

Hölderlin	Gedichte
Hölty	Gedichte
Eichendorff	Gedichte
Bachhofen	Japanischer Holzsclmitt
Fischer	Chinesische Landschaft
Perzynski	Chinesische Götter
Simmel	Rembrandt
Gauguin	Vorher und Nachher
Chamisso	Schlemihl
Bürger	Münchhauscn
Ein Band	von Hamsun
Kafka	1 Heizer
1 oder 2	{ Betrachtung Verwandlung Landarzt Strafkolonie

Das ist also die Liste, es ist trotz aller Gegenmühe wieder viel zu viel geworden, aber da auch zehn weitere Versuche nicht besser ausfallen würden, mag es jetzt schon so weggehn.

Mit bestem Dank und Gruß

ergeben

Kafka

Berlin-Steglitz
Grunewaldstraße 13 bei Hr. Seifert

An Max Brod

[Postkarte. Berlin-Steglitz, Stempel: 17. XII. 1923]

Liebster Max, lange habe ich nicht geschrieben, es gab für mich Störungen verschiedenster Art und verschiedenstartige Müdigkeit, wie man sich eben (als pensionierter Beamter) durchkämpft in der wilden Fremde und, was noch schwieriger ist, in der wilden Welt überhaupt. Die Aufregungen, in denen ich damals mit Deinem Feuilleton meine unglückliche Hand bewährte, sind wohl schon vorüber, waren übrigens schon damals vorüber, denn den Tag nachher bekamst Du ja, wie mir E. sagte, eine gute, um Verzeihung bittende Karte, darum trug auch ich dann nicht mehr schwer daran. Die Geldsorgen verstehe ich jetzt sehr gut, nur verstehe ich jetzt nach dem Miterleben und Mißverstehn der Novemberkrise, die Du damals so viel besser deutetest als ich, nicht, warum Du Dich von der Dezemberkrise als solcher (Eifersucht, Telephonschwierigkeiten u.s.w.) so sehr fortreißen ließest, als wäre sie im Wesen etwas anderes als die Krise im November, die durch Euer Beisammensein sich derart schön löste, daß es ein Präjudiz für alle Zeiten gab. Jedenfalls aber, wenn Du irgendeinen Auftrag hast und; die Gefahr einer Dummheit meinerseits nicht zu sehr befürchtest, vergiß mich nicht. – Was bedeutet die Bemerkung über Dein Stück? Ist es schon aufgeführt worden? Ich lese (wegen der Teuerung) keine Zeitung, auch die Sonntagszeitung habe ich aufgegeben (von neuen Steuern erfährt man ja sowieso von der Hausfrau überrechtzeitig) und so weiß ich von der Welt viel weniger als in Prag. So würde ich z. B. gern etwas über »Vincenz« von Musil erfahren, wovon ich nichts weiß als den Titel, den ich lange nach der Premiere auf dem Weg zur Hochschule (meinem Weltgang) auf dem Theaterzettel las. Aber ein wesentliches Leid ist das wahrhaftig nicht. Übrigens: mit Viertel oder Blei kannst Du wegen Deines Stückes in keine Beziehung treten? es sind doch fast Freunde. – An Oskar hätte ich wegen seiner Rundschauerzählung längst schreiben sollen, aber die Sache ist noch im Gang, sozusagen.

Grüße von Dora, die gerade entzückt ist von dem Aufsatz über Křička.

An Oskar Baum

[Postkarte. Berlin-Steglitz, Dezember 1923]

Mein lieber Oskar, was für einen miserablen Advokaten hast Du! Was nützt sein guter Wille? Bei soviel Miserabilität kann er nur schaden. Entzückt, wahrhaftig entzückt war ich, einen Auftrag und einen so aussichtsreichen von Dir zu haben. Nun lief ich freilich nicht selbst zum Telephon (wie denn! zum Telephon! Es steht freilich auf meinem Tisch), drängte aber mit aller Kraft jemanden andern hin. Zwei Anrufe mißglückten, ich nahm das als Zeichen, daß man schlauer vorgehn müsse, schrieb einen Brief und schickte ihn durch einen sehr guten Bekannten hin. Es war so gedacht, daß K. zu mündlichen Zugeständnissen gezwungen werden sollte. K. aber, noch schlauer, verschwand im Nebenzimmer und brachte einen diktierten Brief zurück. »Es tue ihm sehr leid –, aber Sondernummern und redaktionelle Schwierigkeiten –, bisher nicht möglich –. Nun sei aber eine neue Idee aufgetaucht (ich weiß bis heute nicht, ob sie sich auf Deine Geschichte bezieht), über die er sehr gern mit mir sprechen würde, ich solle zu ihm kommen oder antelephonieren.« Das war unbewußt schlau, denn beides ist mir unmöglich. Ich, noch schlauer, schicke einen zweiten Brief, wieder durch meinen Bekannten, erkläre darin die zwei Unmöglichkeiten, bitte aber dringendst, daß er sich über Deine Geschichte mit meinem Bekannten genau ausspricht. Aber die Schlauheiten türmen sich über einander. Auf diesen zweiten Brief hin sagt er, daß er im Laufe der Woche zu mir hinauskommen werde. Nun ist er fein heraus, denn er kommt nicht; in der nächsten Woche frage ich wieder (d. h. wieder nicht ich) bei ihm wegen der Geschichte an, worauf er sagt, daß er erst nach Weihnachten kommen werde; was aber die Geschichte betreffe, so sei sie unbedingt angenommen, aber über die Veröffentlichungszeit könne er nichts sagen. – Sonderbar, wie sich eine so große Aktion in den Lauf der Welt einschieben kann, zart, ohne das Allergeringste zu verändern. Oskar, Lieber, bitte sei mir nicht böse!
Herzlichste Grüße Dir und den Deinen

F.

An Robert Klopstock

[Postkarte. Berlin-Steglitz, Stempel: 19.XII.1923]

Lieber Robert, zuerst Fragen nach Roberts Art, aber wichtigere als er sie stellt: Mensa? Zähne? Übersetzungen? Sonstiger Verdienst? Zimmer? Prüfungen? Das würde vorläufig genügen. Was mich betrifft, so dürfen Sie doch, Robert, nicht glauben, daß mein Leben ein solches ist, wo man im beliebigen Augenblick die Freiheit und Kraft hat, zu berichten oder auch nur zu schreiben, da es doch Abgründe gibt, in die man versinkt ohne es zu merken, um dann wieder erst lange Zeit emporzukriechen, besten Falls. Situationen zum Schreiben sind das nicht. –

Daß Sie in die Iwriah gehen wollen, ist sehr gut, vielleicht nicht nur in die He-
bräischkurse, sondern auch zu der Talmudstunde (einmal wöchentlich!, Sie werden es nicht ganz verstehn, was tut es? Aus der Ferne werden Sie es hören, was
sind es sonst, als Nachrichten aus der Ferne). Die Hochschule für jüdische Wissenschaft ist für mich ein Friedensort in dem wilden Berlin und in den wilden
Gegenden des Innern. (Gerade werde ich nach meinem Zustand gefragt und
kann vom Kopf nichts sagen, als daß er »löwenmäßig frisiert« ist.) Ein ganzes
Haus schöne Hörsäle, große Bibliothek, Frieden, gut geheizt, wenig Schüler
und alles umsonst. Freilich bin ich kein ordentlicher Hörer, bin nur in der Prä-
parandie und dort nur bei einem Lehrer und bei diesem nur wenig, so daß sich
schließlich alle Pracht wieder fast verflüchtigt, aber wenn ich auch kein Schüler
bin, die Schule besteht und ist schön und ist im Grunde gar nicht schön, sondern eher merkwürdig bis zum Grotesken und darüber hinaus bis zum unfaßbar
Zarten (nämlich das Liberalreformerische, das Wissenschaftliche des Ganzen).
Aber genug davon. – Daß Sie Pua sehen werden, ist sehr gut, vielleicht erfahre
ich dann etwas über sie. Sie ist mir unerreichbar seit Monaten. Was habe ich ihr
nur getan? – Alles Gute

F

Ein anderer Hörer will noch einen Gruß mitschicken:

[Gruß und Unterschrift D.]

An den Verlag Kurt Wolf

[Postkarte. Berlin-Steglitz, Stempel: 31.XII.1923]

Sehr geehrter Verlag
Unter dem 4. l. M. schrieben Sie mir, daß eine Büchersendung für mich schon
unterwegs sei. Heute sind fast 4 Wochen vergangen, ich habe aber noch nichts
bekommen. Wären Sie so freundlich nachforschen zu lassen, was mit der Sendung geschehen ist.
Hochachtungsvoll

F Kafka

Berlin-Steglitz, Grunewaldstraße 13 (bei Seifert)

An Max Brod

[Berlin-Steglitz, Mitte Januar 1924]

Lieber Max, zuerst schrieb ich nicht, weil ich krank war (hohes Fieber, Schüt-
telfrost und als Nachkrankheit ein einziger ärztlicher Besuch für 160 Kronen,
D. hat es dann später auf die Hälfte hinuntergehandelt, jedenfalls habe ich seitdem zehnfache Angst vor Krankwerden, ein Platz zweiter Klasse im jüdischen

Krankenhaus kostet 64 Kronen pro Tag, womit aber nur das Bett und die Kost bezahlt ist, also wohl weder Bedienung noch Arzt), dann schrieb ich nicht, weil ich glaubte, daß Du auf der Durchreise nach Königsberg Berlin passierst, übrigens sagte damals auch E., daß Du in drei Wochen kommst, um bei ihrem Vorsprechen dabei zu sein, und als auch dann diese Meinung vorüber war (wie ist Königsberg ausgefallen? Daß man gegen Bunterbart ablehnend ist, den ich nun schon endlich gern lesen möchte, muß noch nichts Schlimmes sein, bei Klarissa war es doch anfänglich auch so, freilich, Klarissa hätte dem zweiten Stück den Weg machen sollen), als also auch das vorüber war und Deine Herreise so weit verschoben ist, daß man mit E. – ich weiß nicht, wie sie sich diesmal verhält, – seufzen könnte, schrieb ich nicht wegen leichter Sinnestrübung, verursacht durch Verdauungsbeschwerden u. dgl. Jetzt aber hat mich Deine Karte geweckt. Natürlich werde ich bei E. in der Grenze meiner Kräfte und Geschicklichkeit alles zu machen versuchen, wenn auch die Gegnerschaft der alten, offenbar ebenso launischen wie hartköpfigen Dame, der es auch an Sinn für Intriguen nicht zu fehlen scheint, immerhin etwas bedeutet. Mir kommt zuhilfe und schadet mir allerdings auch etwas, daß ich mich eigentlich freue, E. und ihre Sache auf dem Gebiet der Schauspielerei zu haben, das mir nicht so ganz unzugänglich ist, wie die Kehlkopf-Brust-Zungen-Nasen- und Stirngeheimnisse, aber mein Wort verliert dadurch an Wert, wenn es sonst irgendwelchen gehabt haben sollte. Das Haupthindernis ist aber meine Gesundheit, heute war z. B. ein telephonisches Gespräch mit E. vereinbart, ich kann aber nicht gut in das kalte Zimmer hinübergehn, denn ich habe 37.7 und liege im Bett. Es ist nichts besonderes, ich habe das öfters ohne weitere Folgen, der Wetterumschlag mag auch daran beteiligt sein, morgen ist es voraussichtlich vorüber.

Immerhin ist es ein schweres Hindernis der Bewegungsfreiheit und außerdem schwebt die Ziffer des ärztlichen Honorars in feurigen Buchstaben über meinem Bett. Vielleicht werde ich aber doch morgen vormittag in die Stadt zur Hochschule fahren und mich bei E. aufhalten können, sie immerfort herausschleppen bei diesem Wetter, – sie scheint auch ein wenig verkühlt zu sein – geht auch nicht gut. Ferner habe ich den Plan, E. vielleicht mit der Rezitatorin Midia Pines, von der ich Dir einmal erzählte, zusammenzubringen. Sie kommt für ein paar Tage nach Berlin, wird im Graphischen Kabinett Neumann einen Vortrag haben (sie spricht auswendig die Lebensgeschichte des Einsiedlers aus den Brüdern Karamasow) und mich wahrscheinlich besuchen. Vielleicht wird das auf E. eine gute exemplifikatorische Wirkung haben, die Pines ist auch Sprachlehrerin, ein junges Mädchen. Und vorsprechen werde ich mir natürlich von E. sehr gerne lassen, habe sie auch schon längst aus aufrichtigem Herzen darum gebeten (schon nur um Verse von Goethe nach langer Zeit zu hören), nur die äußern Umstände haben es bisher verhindert, zu denen auch gehört, daß wir aus unserer wunderschönen Wohnung am 1. Feber, als arme zahlungsunfähige Ausländer vertrieben werden. Du hast recht, an das »warme satte Böhmen« zu erinnern, aber es geht doch nicht gut, ein wenig ist man doch festgerannt. Schelesen ist ausgeschlossen, Schelesen ist Prag, außerdem hatte ich Wärme und Sattheit 40 Jahre und das Ergebnis ist nicht für weitere Versuche verlockend. Schelesen wäre auch mir und wahrscheinlich auch uns zu klein, auch habe ich mich an das »Lernen« nicht etwa gewöhnt, abgesehen davon daß es gar kein Lernen ist, sondern nur eine formale Freude ohne Untergrund, aber einen Mann, der etwas von den Dingen versteht, in der Nähe zu haben, würde mir eine gewisse Aufmunterung bedeuten, es würde sich mir wahrscheinlich mehr um den Mann als um die Dinge handeln. Jedenfalls wäre das in Schelesen nicht möglich, aber vielleicht wirklich – das fiel mir bei Deiner Bemerkung ein – in irgendeiner böhmischen oder mährischen Landstadt, ich werde darüber nachdenken. Wäre das Wesen nur nicht so hinfällig, man könnte ja die Erscheinung fast aufzeichnen: links stützt ihn etwa D.; rechts etwa jener Mann; den Nacken könnte ihm z.B. irgendein »Gekritzel« steifen; wenn jetzt nur noch der Boden unter ihm gefestigt wäre, der Abgrund vor ihm zugeschüttet, die Geier um seinen Kopf verjagt, der Sturm über ihm besänftigt, wenn das alles geschehen würde, nun, dann ginge es ja ein wenig. Ich dachte auch schon an Wien, aber zumindest 1000 Kronen für die Reise ausgeben, (ich sauge sowieso meine, ganz entzückend sich verhaltenden Eltern aus, neuerdings auch die Schwestern) überdies Prag passieren und außerdem ins Unsichere fahren ist zu riskant. So ist es vielleicht doch ganz vernünftig noch ein Weilchen hier zu bleiben, umsomehr als die schweren Nachteile Berlins immerhin eine erfreuliche und erzieherische Wirkung haben. Vielleicht fahren wir dann einmal gemeinsam mit E. von hier weg. – Alles Gute, besonders zum Roman, zu dem Du, wie ich höre, endlich zurückkehren willst.

Dein F.

Dank für das Liebesgabenpaket. Wir haben uns ein wenig geschämt, es zu behalten, der Inhalt war auch nicht sehr verlockend, wenn auch allen Lobes wert, D. hat einen großen Kuchen backen lassen und ihn in das jüdische Waisenhaus getragen, wo sie voriges Jahr Näherin war. Für die Kinder, die dort ein bedrücktes freudloses Leben führen, soll es ein großes Ereignis gewesen sein. Ich habe, um Dich nicht mehr damit zu belästigen, einige Adressen meiner Schwester Elli geschickt, sie sollen alle beschickt werden.

Letzthin war Kaznelson mit Frau bei mir. Frau Lise sagte, ihre Mutter hätte Dich Weihnachten in Bodenbach gesehn; ob Du hier warst? Nein sagte ich. Sofort, schlagfertig, wie von Dir souffliert, sagte Kaznelson: »Wahrscheinlich ist er nach Zwickau gefahren.« Er kam mir in diesem Augenblick geradezu verdächtig vor.

Dora kennt Manfred Georg aus Breslau gut (er ist jetzt in Berlin) und wäre neugierig, ein paar Urteilsworte von Dir über ihn zuhören. Du kennst ihn doch, wenn ich nicht irre, und wenn ich weiters nicht irre, ist der Aufsatz über Dich in dem Sammelbuch von ihm.

Sehr schön, sehr aufmunternd, kraftgebend und mehrmals zu lesen ist das, was Du über Werfel schreibst. Aber warum heroisch? Eher genießerisch, nein doch heroisch, heroisches Genießen. Wäre nur nicht der Wurm in allen Äpfeln der eigentliche Genießer.

Schön, schön das Theater Poiret. Beschränken wir uns einmal nur auf diese Aufsätze, was für ein Schriftsteller bist Du doch! Wie oft habe ich schon den Aufsatz über Musorgski gelesen (und kann den Namen noch immer nicht schreiben), etwa als ein Kind, das sich am Pfosten der Saaltür festhält und in ein großes fremdes Fest hineinschaut.

Kennst Du die »Feuerprobe« von Weiss, ich habe sie nun schon wochenlang, ich habe sie eineinhalbmal gelesen, sie ist prachtvoll und noch schwieriger als alles andere, obwohl sie sehr persönlich sein will und in Drehungen und Windungen freilich auch wieder nicht sein will. Ich habe ihm noch gar nicht gedankt, solche Lasten habe ich einige auf dem Gewissen. Um sie ein wenig von mir abzuwälzen: hast Du schon über »Nahar« geschrieben?

Grüß bitte vielmals Felix und Oskar von mir (von Kayser habe ich nichts weiter gehört und werde wohl auch nichts mehr hören).

Weißt Du etwas von Klopstock? Ist im Abendblatt etwas von ihm erschienen?

An Robert Klopstock
[Postkarte. Berlin-Steglitz, Stempel: 26.1.1924]

Lieber Robert, ich vermutete Sie noch immer in B., erst aus einem Brief von Max erfuhr ich, daß Sie schon in Prag sind, auch von vier Übersetzungen schrieb er, die von Ihnen erschienen sind und von denen ich nichts wußte. Auch schicken Sie mir keine mehr zur Durchsicht; wer hat die Arbeit weggenommen? Inzwischen war Irene hier und hat ein wenig von Ihnen erzählt; was war das für eine Prüfung, die Sie ihr gegenüber Weihnachten als gut bestanden erwähnten? Bei Midia war ich nicht, abend habe ich fast immer Temperaturerhöhung, bei solchen Gelegenheiten geht dann immer der »andere Schüler«, er war entzückt von Midia. Von mir ist wenig zu erzählen, ein etwas schattenhaftes Leben, wer's nicht geradezu sieht, kann nichts davon merken. Augenblicklich haben wir Wohnungssorgen, eine Überfülle von Wohnungen, aber die prachtvollen ziehn unerschwinglich an uns vorüber und der Rest ist fragwürdig. Wenn man etwas verdienen könnte! Aber für Bis-zwölf-im-Bett-Liegen gibt hier niemand etwas. Ein Bekannter, ein junger Maler, hat jetzt einen schönen Beruf, um den ich ihn schon manchmal beneidet habe, er ist Straßenbuchhändler, gegen zehn Uhr vormittag bezieht er den Stand und bleibt bis zur Dämmerung; und es gab schon zehn Grad Frost und mehr. Um die Weihnachtszeit verdiente er zehn Mark täglich, jetzt drei bis vier.

An Felix Weltsch

[Postkarte. Berlin-Steglitz, Stempel: 28.1.1924]

Lieber Felix, ich schreibe Dir zwar (aus Angst, die Selbstwehr könnte einmal ausbleiben, sie, die so pünktlich jetzt immer kommt, die Treueste der Treuen in Pünktlichkeit und Inhalt, zu dem Unpünktlichsten der Abonnenten) immer nur wenn ich übersiedle, aber die Korrespondenz hat auch so Anlage, lebhaft zu werden. Am 1. Feber (also schon für die nächste Nummer) ist meine Adresse: Berlin-Zehlendorf, Heidestraße 25-26, bei Frau Dr. Busse. Ich tue vielleicht Unrecht (und bin schon von vornherein durch die entsetzlich hohe, für die Wohnung zwar gar nicht ungebührliche, für mich aber in Wirklichkeit unerschwingliche Miete gestraft), in das Haus eines toten Schriftstellers zu ziehn, des Dr. Carl Busse (1918 gestorben), der zumindest zu Lebzeiten gewiß Abscheu vor mir gehabt hätte. Erinnerst Du Dich vielleicht an seine monatlichen Sammelkritiken in Velhagen & Klasings Monatsheften? Ich tue es trotzdem, die Welt ist überall voll Gefahren, mag diesmal aus dem Dunkel der unbekannten noch diese besondere hervortreten. Übrigens entsteht merkwürdiger Weise selbst in einem solchen Fall ein gewisses Heimatsgefühl, welches das Haus verlockend macht. Verlockend macht allerdings nur deshalb, weil ich in meiner bisherigen schönen Wohnung als armer zahlungsunfähiger Ausländer gekündigt worden bin.
Herzliche Grüße Dir und den Deinen

An Lise Kaznelson

[Postkarte. Berlin-Steglitz, Ende Januar 1924]

Liebe Frau Lise, bitte, nicht böse sein, daß ich den Dank für Ihre Sendung gleich mit der Erinnerung an meine kleine Buchhändlerin verbinde. Es ist so hübsch Wohltäter zu sein und es ist so leicht (man bittet bloß jemanden zu telephonieren und läßt weiter Dr. Kaznelson bitten bei Buchhändlern nachzufragen) und da es so leicht ist, hat man keine Lust damit aufzuhören und quält die Mitmenschen, die sich quälen lassen. Aber nun verspreche ich, wenn Dr. Kaznelson so gut sein will und mir über den letzten Versuch, den er noch machen wollte, Auskunft gibt, für diesmal mit dem Wohltun aufzuhören. Jedenfalls herzlichen Dank Ihnen beiden.
Grüße den Ihrigen

K.

Meine Adresse ist vom 1. Feber ab Berlin-Zehlendorf, Heidestraße 25-26, bei Frau Dr. Busse.

An Ludwig Hardt

[Berlin-Zehlendorf, Anfang Februar 1924]

Mein lieber Ludwig Hardt, vielen Dank für das Telegramm, »im Geister-Saal« lesen Sie, heißt es dort, nicht ohne Verstand. Nun so fern ich von Berlin auch bin, so fern doch nicht, daß ich von denVorträgen nicht auch ohne Telegramm gewußt hätte, nur leider, nur leider, ich kann nicht kommen. Nicht nur, weil ich heute nachmittag übersiedelt bin mit dem ganzen Krimskrams der mächtigen Wirtschaft, die ich führe (die Übersiedlung war noch einfach genug dank der Hilfe der freundlichen Überbringerin Frl. R. F.), sondern vor allem deshalb weil ich krank bin, fiebrig und die ganzen Berliner vier Monate abends nicht aus dem Hause war. Aber könnte ich Sie hier in Zehlendorf einmal sehn nach so langer Zeit? Zum morgigen Abend kommt ein Frl. Dora Diamant, um diese Möglichkeit mit Ihnen zu besprechen. Leben Sie wohl und Segen über Ihren Abend.

K.

An Ludwig Hardt

[Berlin-Zehlendorf, Anfang Februar 1924]

Lieber Ludwig Hardt, eben bekomme ich den Bericht einer Unglücklichen: der Portier hat die Frage, ob Hardt schon angekommen sei, mißverstanden und ihn selbst zum Telephon gerufen; ich vermehre das Unglück durch die Erinnerung daran, daß H. vor dem Vortrag zu schlafen pflegt (was doch wahr ist), tröste dann aber wieder damit, daß H. nichts stören kann (was doch noch wahrer ist). Nicht einmal ein geschwätziger Brief am Schluß eines Vortragsabends. Jetzt aber kurz: ich kann nicht kommen, bin krank, schickte schon gestern einen Brief durch eine Besucherin des abgesagten Vortrags. Könnten Sie vielleicht einmal herauskommen, damit ich Sie einmal sehe nach so langer Zeit? Sehr Erfreuliches werden Sie hier nicht zu sehen bekommen, immerhin –

Frl. Dora Diamant, die Überbringerin, hat die Vollmacht und mehr als das, die Möglichkeit der Zehlendorfer Reise zu besprechen. Wird es möglich sein?

Ihr K.

An Robert Klopstock

[Berlin-Zehlendorf, Stempel: 29. II. 1924]

Mein lieber Robert, es geht nicht, ich kann nicht schreiben, kann Ihnen kaum danken für alles Gute, womit Sie mich überhäufen (die prachtvolle Schokolade, die ich erst vor ein paar Tagen bekam oder vielmehr, um die Wahrheit nicht zu verschleiern, die wir bekamen und dann die Fackel, mit der ich die Ihnen schon bekannten entnervenden Orgien abendlich getrieben habe, einmal während der Onkel und Dora entzückt, anders wohl entzückt als ich, bei einer Krausvorlesung waren) und unter welchen die Geschenke noch das Geringste sind. Zwei angefangene Briefe und eine Karte treiben sich schon längst irgendwo in der Wohnung herum, Sie werden sie nie bekommen. Letzthin suchte ich Ihren vorletzten Brief konnte ihn nicht finden, nun fand er sich in einem hebräischen Buch, in dem ich ihn aufgehoben hatte, weil ich in dem Buch täglich ein wenig las, nun aber hatte ich es schon einen Monat lang nicht aufgemacht, in der Hochschule war ich noch länger nicht. Hier freilich draußen habe ich es sehr schön, werde aber wohl fortmüssen. Sehr schade, daß es auch Ihnen nicht sehr gut geht, das ergibt dann keinen Ausgleich. Es ist mir unbegreiflich, wovon Sie leben. Zahlt wenigstens S. ? Und gibt die Mensa Karten ? Sehr unrecht, daß Sie den Auftrag für D. durchtrieben haben. Aufträge machen uns glücklich. – Ihre Gesundheit scheint trotz aller Plage – fassen wir das Zarte zart an – wenigstens nicht allzu schlecht zu sein. Mit diesem Besitz läßt es sich doch vorwärts gehn. Leben Sie recht wohl

Ihr F

An Robert Klopstock

[Berlin-Zehlendorf, Anfang März 1924]

Lieber Robert, nein, keine Reise, keine so wilde Tat, wir werden auch ohne das zusammenkommen, auf stillere, den schwachen Knochen entsprechendere Art. Vielleicht – eigentlich denken wir ernstlich daran – kommen wir bald nach Prag, käme ein Wiener Waldsanatorium in Betracht, dann gewiß. Ich wehre mich gegen ein Sanatorium, auch gegen eine Pension, aber was hilft es, da ich mich gegen das Fieber nicht wehren kann. 38 Grad ist zum täglichen Brot geworden, den ganzen Abend und die halbe Nacht. Sonst, trotzdem, ist es ja sehr schön hier, auf der Veranda zu liegen und zuzusehn, wie die Sonne an zwei der Schwere nach so verschiedenen Aufgaben arbeitet: mich und die Birke neben mir zu natürlichem Leben zu wecken (die Birke scheint Vorsprung zu haben). Sehr ungern gehe ich von hier fort, aber den Gedanken ans Sanatorium kann ich doch nicht ganz abweisen, denn da ich wegen des Fiebers schon wochenlang nicht außerhalb des Hauses war, im Liegen mich zwar genug stark fühle, aber irgendwelche Wanderungen noch vor dem ersten Schritt den Charakter der

Großartigkeit annehmen, ist manchmal der Gedanke, sich lebend-friedlich im Sanatorium zu begraben, gar nicht sehr unangenehm. Und dann doch wieder sehr abscheulich, wenn man bedenkt, daß man sogar in diesen für die Freiheit vorbestimmten paar warmen Monaten die Freiheit verlieren soll. Aber dann ist wieder der stundenlange Morgen- und Abendhusten da und das fast täglich volle Fläschchen, – das arbeitet wieder für das Sanatorium. Aber dann z.B. wieder die Angst vor den dortigen, schrecklichen Essenspflichten.

Nun kam Ihr späterer Brief, Sie stimmen also zu, oder nur gezwungen? Es freut mich, daß Sie sich korrigieren und den Onkel nicht mehr einfach als »kalten Herrn« ansehn. Wie könnte auch Kälte einfach sein? Schon da es wahrscheinlich immer nur eine historisch erklärbare Erscheinung ist, muß sie kompliziert sein. Und dann: was ihn kalt erscheinen läßt, ist wahrscheinlich dies, daß er seine Pflicht erfüllt und das »Junggesellen-Geheimnis« hütet.

An Ihre Erzählungen von dem kranken Mädchen erinnere ich mich wohl. War sie es nicht, in deren Träumen auch Abraham umging? Viel habe ich an Sie gedacht beim Lesen von Holitschers Lebenserinnerungen, sie erscheinen in der »Rundschau«, die zweite und dritte Fortsetzung habe ich gelesen. Zwar ist zwischen Ihnen und ihm gar keine unmittelbare Beziehung festzustellen, als eben Ungarn und das uns allen gemeinsame Judentum, aber ich halte mich gern an Örtlichkeiten fest und glaube aus ihnen mehr zu erkennen als sie zeigen. Übrigens hat H. seiner Meinung nach gar kein Ungartum in sich, er ist nur Deutscher, von solchen Budapestern haben Sie mir kaum erzählt. Sehr schön in den Erinnerungen das Auftauchen Verlaines, das Auftauchen Hamsuns. Mitbeschämend für ihn und den Leser die besondere Art seiner Judenklage. So wie wenn man in einer Gesellschaft stundenlang die Elemente eines gewissen Leids erörtert und weiterhin ihre Unheilbarkeit unter allgemeiner Zustimmung festgestellt hätte und nachdem alles fertig ist, fängt einer aus der Ecke über eben dieses Leid jämmerlich zu klagen an. Und doch schön, aufrichtig bis zu grotesker Jammerhaftigkeit. Trotzdem, man fühlt: es ginge noch weiter.

Bei mir kommen zur Verstärkung des Genusses noch »literarische« Jugenderinnerungen, das Aussaugen der Langenschen Verlagskataloge bis auf den Grund und immer von neuem, weil sie unerschöpflich waren und weil ich die Bücher, von denen sie handelten, meist nicht bekommen konnte und meist auch nicht verstand. Der Glanz von Paris und von Literatur, der für mich jahrelang um Holitscher und die Titel seiner Romane war, und nun klagt der alternde Mann die Not dieser ganzen Zeit aus sich heraus. Er war unglücklich damals, aber man denkt: wäre man doch einmal auch so unglücklich gewesen, man hätte es doch einmal in dieser Art versuchen wollen. Übrigens erklärt dort Hamsun – was offenbar nur um mich zu trösten, aber recht grob und ungeschickt erfunden ist –, daß ihm der Winter in Paris sehr zugesetzt habe, sein altes Lungenleiden sich wieder melde, er in ein kleines Sommersanatorium oben in Norwegen fahren müsse und daß Paris überhaupt zu teuer sei.

Nun kommt die Davos-Überraschung, wie schwer das alles ist und was für entsetzliche Summen ich für mich aus andern werde pressen müssen. Und Sie, Robert, klagen über die 1000 K. Was für ein verwöhnter, selbständiger, freier Edelmann Sie sind.

Nun werden wir uns ja wohl sehn, der Onkel schlug mir zwar vor, ich solle von hier direkt nach Innsbruck fahren, ich erklärte ihm aber heute, warum ich es vorziehen würde, über Prag zu fahren. Vielleicht stimmt er zu.

An Robert Klopstock

[Postkarte. Sanatorium Wiener Wald, Ortmann,
Nieder-Österreich, Stempel: 7. IV. 1924]

Lieber Robert, nur das Medizinische, alles andere ist zu umständlich, dieses aber – sein einziger Vorteil – erfreulich einfach. Gegen Fieber dreimal täglich flüssiges Pyramidon – gegen Husten Demopon (hilft leider nicht) – und Anästesinbonbons: Zu Demopon auch Atropin, wenn ich nicht irre. Hauptsache ist wohl der Kehlkopf. In Worten erfährt man freilich nichts Bestimmtes, da bei Besprechung der Kehlkopftuberkulose jeder in eine schüchterne ausweichende starräugige Redeweise verfällt. Aber »Schwellung hinten«, »Infiltration« »nicht bösartig« aber »Bestimmtes kann man noch nicht sagen«, das in Verbindung mit sehr bösartigen Schmerzen genügt wohl. Sonst: gutes Zimmer, schönes Land, von Protektion habe ich nichts bemerkt. Pneumothorax zu erwähnen hatte ich keine Gelegenheit, bei dem schlechten Gesamtzustand (49 kg in Winterkleidern) kommt er ja auch nicht in Betracht. – Mit dem übrigen Haus komme ich gar nicht in Verkehr, liege im Bett, kann ja auch nur flüstern (wie schnell das ging, etwa am dritten Tag in Prag begann es andeutungsweise zum erstenmal), es scheint ein großes Schwatznest zu sein von Balkon zu Balkon, vorläufig stört es mich nicht.

An Max Brod

[Postkarte. Sanatorium Wiener Wald, Stempel: 9.IV. 1924]

Lieber Max, es kostet und wird unter Umständen entsetzliches Geld kosten, Josefine muß ein wenig helfen, es geht nicht anders. Biete sie bitte Otto Pick an (aus »Betrachtung« kann er natürlich drucken, was er will), nimmt er sie, dann schicke sie bitte *später* der »Schmiede«, nimmt er sie nicht, dann *gleich*. Was mich betrifft, es ist doch offenbar der Kehlkopf. Dora ist bei mir, grüß Deine Frau und Felix und Oskar.

F

[Aus einer Nachschrift von Dora Diamant geht hervor, daß der Zustand des Patienten sehr ernst ist.]

An Robert Klopstock
> [Postkarte. Sanatorium Wiener Wald, Stempel: 13. IV. 1924]

Lieber Robert, ich übersiedle in die Universitätsklinik des Prof. Dr. M. Hajek, Wien IX Lazarettgasse 14. Der Kehlkopf ist nämlich so angeschwollen, daß ich nicht essen kann, es müssen (sagt man) Alkoholinjektionen in den Nerv gemacht werden, wahrscheinlich auch eine Resektion. So werde ich einige Wochen in Wien bleiben.
Herzliche Grüße

F.

Ich fürchte mich vor Ihrem Kodein, heute habe ich das Fläschchen nicht nur schon verbraucht, sondern nehme nur Codein 0.03. »Wie mags drinnen ausschauen?« fragte ich jetzt die Schwester. »Wie in der Hexenküche« sagte sie aufrichtig.

An Robert Klopstock
> [Postkarte. Wien, Stempel: 18. IV. 1924]

Robert, lieber Robert, keine Gewalttaten, keine plötzliche Wiener Reise, Sie kennen meine Angst vor Gewalttaten und fangen doch immer wieder an. Seitdem ich aus jenem üppigen, bedrückenden und doch hilflosen (allerdings wunderbar gelegenen) Sanatorium weggefahren bin, geht es mir besser, der Betrieb in der Klinik (bis auf Einzelheiten) hat mir gut getan, die Schluckschmerzen und das Brennen sind geringer, es wurde bisher keine Injektion gemacht, nur Menthol-Öl-Bespritzungen des Kehlkopfs. Samstag will ich, wenn kein besonderes Unglück dazwischen fährt, in Dr. Hoffmanns Sanatorium, Kierling b. Klosterneuburg, Niederösterreich.

An Max Brod
> [Kierling, wahrscheinlich 20. April 1924]

Liebster Max, eben bekomme ich Deinen Brief, der mich ungemein freut, so lange schien es mir, hätte ich kein Wort von Dir gesehn. Vor allem verzeih den brieflichen und telegraphischen Lärm, der meinetwegen rings um Dich gemacht worden ist. Es war zum großen Teil unnötig, von schwachen Nerven veranlaßt (wie groß ich rede und habe heute schon einigemal grundlos geweint, mein Nachbar ist in der Nacht gestorben) und dann allerdings auch von dem bösen bedrückenden Sanatorium im Wiener Wald. Hat man sich einmal mit der Tatsache der Kehlkopftuberkulose abgefunden, ist mein Zustand erträglich, vorläufig kann ich wieder schlucken. Auch der Aufenthalt im Krankenhaus war nicht so schlimm, wie Du Dir ihn vorzustellen scheinst, im Gegenteil, in mancher Hinsicht war er ein Geschenk. Von Werfel habe ich auf Deinen Brief hin verschiedenes sehr Freundliches erfahren: Den Besuch einer ihm befreundeten Ärztin, die auch mit dem Professor sprach, dann hat er mir auch die Adresse des Prof. Tandler angegeben, der sein Freund ist, dann hat er mir den Roman (ich war gräßlich hungrig nach einem Buch, das für mich in Betracht kam) und Rosen geschickt, und obwohl ich ihn hatte bitten lassen, nicht zu kommen (denn für Kranke ist es hier ausgezeichnet, für Besucher und in dieser Hinsicht auch für die Kranken abscheulich), scheint er nach einer Karte heute doch noch kommen zu wollen, abend fährt er nach Venedig. Ich fahre jetzt mit Dora nach Kierling.

Vielen Dank auch für alle mühseligen literarischen Geschäfte, die Du für mich so prachtvoll durchgeführt hast.

Alles Gute Dir und allem, was zu Deinem Leben gehört

F

Meine Adresse, die vielleicht von Dora den Eltern undeutlich angegeben wurde:
Sanatorium Dr. Hoffmann
Kierling bei Klosternneuburg, Nieder-Österreich

An Max Brod

[Postkarte. Kierling, Stempel: 28.IV. 1924]

Liebster Max, wie gut Du zu mir bist und was ich Dir alles verdanke in diesen letzten Wochen. Über das Medizinische wird Dir Ottla berichten. Ich bin sehr schwach, aber hier recht gut aufgehoben. Tandler haben wir bisher nicht in Anspruch genommen, es wäre vielleicht durch ihn ein Freiplatz oder ein billiger Platz in dem sehr schön gelegenen Grimmenstein zu erreichen, aber ich kann jetzt nicht reisen, vielleicht hätte es auch sonst Nachteile. Dr. Blau werde ich nächstens für seinen Empfehlungsbrief danken, nicht? Das Freiexemplar ist mir sehr lieb, nur bekomme ich es nicht, bisher habe ich die Nummern von Donnerstag und Freitag bekommen, sonst nichts, auch die Osternummer noch nicht, die Adresse ist undeutlich, einmal steht Kieburg, sei so lieb und fahr dazwischen, vielleicht könnte man mir auch die Osternummer (eben bekam ich sie von zuhause, die Zusendung scheint schon in Ordnung zu kommen.) noch schicken. Mit den zwei Sendungen, besonders mit der zweiten hast Du mir eine große Freude gemacht und die Reclambücher sind wie für mich vorbestimmt. Es ist ja nicht so, daß ich wirklich lese (doch, Werfels Roman lese ich unendlich

langsam, aber regelmäßig), dazu bin ich zu müde, Geschlossensein ist der natürliche Zustand meiner Augen, aber mit Büchern und Heften spielen macht
mich glücklich.

Leb wohl, mein guter lieber Max

F.

An Max Brod

[Postkarte. Kierling, Stempel: 20. V. 1924]

Liebster Max, nun ist also auch noch das Buch da, großartig schon anzusehn,
grell gelb und rot mit etwas Schwarz, und sehr verlockend und überdies umsonst, offenbar ein Geschenk der Firma Taubeles – es muß in irgendeinem Rest
des Alkoholrausches – und da ich jetzt jeden Tag ein bis zwei Injektionen bekomme, die Räusche sich kreuzen, bleibt immer ein Rest – gewesen sein, daß
ich Dich, von Doras Unschuld angetrieben, gerade und frech um »Beschaffung«
des Buches bat. Hätte ich doch lieber eine kräftige Alkoholinjektion dazu verwendet, während Deines Besuches, auf den ich mich so gefreut hatte und der so
trübselig verlief, etwas menschenähnlicher zu werden. Allerdings ein böser Aus-
nahmstag wars nicht, das mußt Du nicht glauben, er war nur schlechter als der
vorherige, in dieser Art aber geht die Zeit und das Fieber weiter. (Jetzt versucht
es Robert mit Pyramidon.) Neben diesen und andern Klagedingen gibt es natürlich auch einige winzige Fröhlichkeiten, aber deren Mitteilung ist unmöglich
oder eben vorbehalten einem Besuch wie dem von mir so kläglich verdorbenen.

Leb wohl, Dank für alles

F

Grüß Felix und Oskar.

BRIEFE AN FELICE, GRETE BLOCH

und andere Korrespondenz
aus der Verlobungszeit

Prag, am 20. September 1912

Sehr geehrtes Fräulein!

Für den leicht möglichen Fall, daß Sie sich meiner auch im geringsten nicht mehr erinnern könnten, stelle ich mich noch einmal vor: Ich heiße Franz Kafka und bin der Mensch, der Sie zum erstenmal am Abend beim Herrn Direktor Brod in Prag begrüßte, Ihnen dann über den Tisch hin Photographien von einer Thaliareise, eine nach der andern, reichte und der schließlich in dieser Hand, mit der er jetzt die Tasten schlägt, ihre Hand hielt, mit der Sie das Versprechen bekräftigten, im nächsten Jahr eine Palästinareise mit ihm machen zu wollen.

Wenn Sie nun diese Reise noch immer machen wollen – Sie sagten damals, Sie wären nicht wankelmütig und ich bemerkte auch an Ihnen nichts dergleichen –, dann wird es nicht nur gut, sondern unbedingt notwendig sein, daß wir schon von jetzt ab über diese Reise uns zu verständigen suchen. Denn wir werden unsere gar für eine Palästinareise viel zu kleine Urlaubszeit bis auf den Grund ausnützen müssen und das werden wir nur können, wenn wir uns so gut als möglich vorbereitet haben und über alle Vorbereitungen einig sind. Eines muß ich nur eingestehen, so schlecht es an sich klingt und so schlecht es überdies zum Vorigen paßt: Ich bin ein unpünktlicher Briefschreiber. Ja es wäre noch ärger, als es ist, wenn ich nicht die Schreibmaschine hätte; denn wenn auch einmal meine Launen zu einem Brief nicht hinreichen sollten, so sind schließlich die Fingerspitzen zum Schreiben immer noch da. Zum Lohn dafür erwarte ich aber auch niemals, daß Briefe pünktlich kommen; selbst wenn ich einen Brief mit täglich neuer Spannung erwarte, bin ich niemals enttäuscht, wenn er nicht kommt und kommt er schließlich, erschrecke ich gern. Ich merke beim neuen Einlegen des Papiers, daß ich mich vielleicht viel schwieriger gemacht habe, als ich bin. Es würde mir ganz recht geschehen, wenn ich diesen Fehler gemacht haben sollte, denn warum schreibe ich auch diesen Brief nach der sechsten Bürostunde und auf einer Schreibmaschine, an die ich nicht sehr gewöhnt bin.

Aber trotzdem, trotzdem – es ist der einzige Nachteil des Schreibmaschinenschreibens, daß man sich so verläuft – wenn es auch dagegen Bedenken geben sollte, praktische Bedenken meine ich, mich auf eine Reise als Reisebegleiter, -führer, -Ballast, -Tyrann, und was sich noch aus mir entwickeln könnte, mitzunehmen, gegen mich als Korrespondenten – und darauf käme es ja vorläufig nur an – dürfte nichts Entscheidendes von vornherein einzuwenden sein und Sie könnten es wohl mit mir versuchen.

Ihr herzlich ergebener
Dr. Franz Kafka, Prag, Poříč 7

Prag, 28.IX.12

– *409* –

Verehrtes Fräulein, entschuldigen Sie, daß ich nicht auf der Schreibmaschine schreibe, aber ich habe Ihnen so entsetzlich viel zu schreiben, die Schreibmaschine steht drüben im Korridor, außerdem scheint mir dieser Brief so dringend, auch haben wir heute in Böhmen Feiertag (was übrigens nicht mehr so streng zu obiger Entschuldigung gehört), die Schreibmaschine schreibt mir auch nicht genug schnell, schönes Wetter ist auch, warm, das Fenster ist offen (meine Fenster sind aber immer offen), ich kam, was schon lange nicht geschehen ist, ein wenig singend ins Bureau und wenn ich nicht gekommen wäre, um Ihren Brief abzuholen, ich wüßte wirklich nicht, warum ich heute an einem Feiertag ins Bureau hätte kommen sollen. Wie ich zu Ihrer Adresse komme? Danach fragen Sie ja nicht, wenn Sie danach fragen. Ich habe mir eben Ihre Adresse ausgebettelt. Zuerst bekam ich irgendeine Aktiengesellschaft genannt, aber das hat mir nicht gefallen. Dann bekam ich Ihre Wohnungsadresse ohne Nr. und dann die Nr. dazu. Jetzt war ich zufrieden und schrieb erst recht nicht, denn ich hielt die Adresse schon immerhin für etwas, außerdem fürchtete ich, daß die Adresse falsch wäre, denn wer war Immanuel Kirch? Und nichts ist trauriger, als ein Brief an eine unsichere Adresse zu schicken, das ist ja dann kein Brief, das ist mehr ein Seufzer. Als ich dann wußte, daß in Ihrer Gasse eine Imm.-Kirche steht, war wieder eine Zeitlang gut. Nun hätte ich zu Ihrer Adresse gern noch die Bezeichnung einer Himmelsrichtung gehabt, weil das doch bei Berliner Adressen immer so ist. Ich für meinen Teil hätte Sie gern in den Norden verlegt, trotzdem das, wie ich glaube, eine arme Gegend ist.

Aber abgesehen von diesen Adressensorgen (man weiß ja in Prag gar nicht bestimmt, ob Sie in Nr. 20 oder 30 wohnen), was hat mein Jammerbrief alles leiden müssen, ehe er geschrieben wurde. Jetzt da die Tür zwischen uns sich zu rühren anfängt oder wir wenigstens die Klinke in der Hand halten, kann ich es doch sagen, wenn ich es nicht sogar sagen muß. Was für Launen halten mich, Fräulein! Ein Regen von Nervositäten geht ununterbrochen auf mich herunter. Was ich jetzt will, will ich nächstens nicht. Wenn ich auf der Stiege oben bin, weiß ich noch immer nicht, in welchem Zustand ich sein werde, wenn ich in die Wohnung trete. Ich muß Unsicherheiten in mir aufhäufen, ehe sie eine kleine Sicherheit oder ein Brief werden. Wie oft! – um nicht zu übertreiben, sage ich an 10 Abenden – habe ich mir vor dem Einschlafen jenen ersten Brief zusammengestellt. Nun ist es eines meiner Leiden, daß ich nichts, was ich vorher ordentlich zusammengestellt habe, später in einem Flusse niederschreiben kann. Mein Gedächtnis ist ja sehr schlecht, aber selbst das beste Gedächtnis könnte mir nicht zum genauen Niederschreiben eines auch nur kleinen vorher ausgedachten und bloß gemerkten Abschnittes helfen, denn innerhalb jedes Satzes gibt es Übergänge, die vor der Niederschrift in Schwebe bleiben müssen. Setze ich mich dann, um den gemerkten Satz zu schreiben, sehe ich nur Brocken, die da liegen, sehe weder zwischen ihnen durch, noch über sie hinweg und hätte nur die Feder wegzuwerfen, wenn das meiner Lauheit entsprechen würde. Trotzdem aber überlegte ich jenen Brief, denn ich war ja gar nicht entschlossen, ihn zu schreiben, und solche Überlegungen sind eben auch das beste Mittel, mich vom Schreiben abzuhalten. Einmal, erinnere ich mich, stand ich sogar aus dem Bett auf, um das, was ich für Sie überlegt hatte, aufzuschreiben. Aber ich stieg doch wieder gleich zurück ins Bett, weil ich mir – das ist ein zweites meiner Leiden – die Narrheit meiner Unruhe vorwarf und behauptete, ich könnte das, was ich genau im Kopfe habe, auch am Morgen niederschreiben. Gegen Mitternacht dringen solche Behauptungen immer durch.

Aber auf solchem Wege komme ich zu keinem Ende. Ich schwätze über meinen vorigen Brief, statt Ihnen das Viele zu schreiben, dass ich Ihnen zu schreiben habe. Merken Sie, bitte, woher die Wichtigkeit stammt, die jener Brief für mich bekommen hat. Sie stammt daher, daß Sie mir auf ihn mit diesem Brief geantwortet haben, der da neben mir liegt, der mir eine lächerliche Freude macht und auf den ich jetzt die Hand lege, um seinen Besitz zu fühlen. Schreiben Sie mir doch bald wieder einen. Nehmen Sie sich keine Mühe, ein Brief macht Mühe, wie man es auch anschaut; schreiben Sie mir doch ein kleines Tagebuch, das ist weniger verlangt und mehr gegeben. Natürlich müssen Sie mehr hineinschreiben, als für Sie allein nötig wäre, denn ich kenne Sie doch gar nicht. Sie müssen also einmal auch eintragen, wann Sie ins Bureau kommen, was Sie gefrühstückt haben, wohin die Aussicht aus Ihrem Bureaufenster geht, was das dort für eine Arbeit ist, wie Ihre Freunde und Freundinnen heißen, warum man Ihnen Geschenke macht, wer Ihrer Gesundheit mit Confektgeschenken schaden will und die tausend Dinge, von deren Dasein und Möglichkeit ich gar nicht weiß. – Ja wo ist die Palästinafahrt geblieben? Nächstens, übernächstes, aber im nächsten Frühjahr oder Herbst bestimmt. – Maxens Operette ruht jetzt, er ist in Italien, aber bald wirft er in Ihr Deutschland ein ungeheueres literarisches Jahrbuch. Mein Buch, Büchlein, Heftchen ist glücklich angenommen. Es ist aber nicht sehr gut, es muß Besseres geschrieben werden. Und mit diesem Wahrwort leben Sie wohl!

Ihr Franz Kafka

13.X.12

Gnädiges Fräulein!

Vor 15 Tagen um 10 Uhr vormittag habe ich Ihren ersten Brief bekommen und einige Minuten später saß ich schon und schrieb an Sie vier Seiten eines ungeheueren Formats. Ich beklage es nicht, denn ich hätte jene Zeit nicht mit größerer Freude verbringen können, und zu beklagen blieb nur, daß, als ich damals schloß, nur der kleinste Anfang dessen geschrieben war, was ich hatte schreiben wollen, so daß der damals unterdrückte Teil des Briefes mich Tage lang erfüllte und unruhig machte, bis diese Unruhe abgelöst wurde durch die Erwartung Ihrer Antwort und das Immerschwächerwerden dieser Erwartung.

Warum haben Sie mir denn nicht geschrieben? – Es ist möglich und bei der Art jenes Schreibens wahrscheinlich, daß in meinem Brief irgendeine Dummheit stand, die Sie beirren konnte, aber es ist nicht möglich, daß Ihnen die gute Absicht auf dem Grunde jedes meiner Worte entgangen wäre. – Sollte ein Brief verloren gegangen sein? Aber meiner war mit zu großem Eifer weggeschickt, als daß er sich hätte verwerfen lassen, und Ihrer wurde zu sehr erwartet. Und gehen denn Briefe überhaupt verloren, außer in der unsichern Erwartung, die keine andere Erklärung mehr findet? – Sollte mein Brief infolge der mißbilligten Palästinafahrt Ihnen nicht übergeben worden sein? Aber kann das innerhalb einer Familie überhaupt geschehen und gar Ihnen gegenüber? Und meiner Rechnung nach mußte der Brief sogar Sonntagvormittag eintreffen. – Bliebe also nur die traurige Möglichkeit, daß Sie krank sind. Aber daran glaube ich nicht, Sie sind gewiß gesund und fröhlich. – Dann versagt aber auch mein Verstand und ich schreibe diesen Brief nicht so sehr in Hoffnung auf Antwort als in Erfüllung einer Pflicht gegen mich selbst.

Wäre ich doch der Briefträger der Immanuelkirchstraße, der diesen Brief in Ihre Wohnung brächte, durch kein erstauntes Familienmitglied sich abhalten ließe, geradewegs durch alle Zimmer zu Ihnen zu gehen und den Brief in Ihre Hand zu legen; oder noch besser wäre ich selbst vor Ihrer Wohnungstür und drückte endlos lange auf die Türglocke zu meinem Genuß, zu einem alle Spannung auflösenden Genuß!

Ihr Franz K.
Prag, Pořič 7

An Frau Sophie Friedmann

14.X.12

Liebe gnädige Frau!
Ich habe heute abend zufällig und ohne eigentliche Erlaubnis – Sie werden mir deshalb nicht böse sein – in einem Brief an Ihre Eltern die Bemerkung gelesen, daß das Fräulein Bauer mit mir in lebhafter Korrespondenz steht. Da dies nur sehr bedingungsweise richtig ist, andererseits aber meinem Wunsche sehr entsprechen würde, bitte ich Sie, liebe gnädige Frau, mir zu jener Bemerkung ein paar aufklärende Worte zu schreiben, was ja nicht schwer sein dürfte, da Sie mit dem Fräulein in einer zweifellosen brieflichen Verbindung stehn.

Die Korrespondenz, die Sie »lebhaft« nannten, sieht in Wirklichkeit folgendermaßen aus: Ich habe, nachdem vielleicht zwei Monate seit jenem Abend verflossen waren, an dem ich das Fräulein zum ersten und letzten Mal bei Ihren Eltern gesehen hatte, einen Brief an das Fräulein geschrieben, dessen Inhalt hier nicht weiter erwähnenswert ist, da eine freundliche Antwort erfolgte. Es war durchaus keine abschließende Antwort und konnte ihrem Ton und Inhalt nach

ganz gut als Einleitung einer später einmal vielleicht freundschaftlich werdenden Korrespondenz gelten. Der Zeitabstand zwischen meinem Brief und der
Antwort betrug allerdings zehn Tage und es scheint mir jetzt, daß ich dieses an
sich allerdings nicht zu lange Zögern für meine Antwort als Rat hätte annehmen
sollen. Aus verschiedenen, wieder nicht erwähnenswerten Gründen – ich erwähne ja wahrscheinlich schon übergenug, Ihnen, liebe gnädige Frau, nicht erwähnenswert Scheinendes – tat ich dies nicht, sondern schrieb sofort im Anschluß an das vielleicht in mancher Hinsicht nicht genug gründliche Lesen jenes
Briefes meinen Brief, der wahrscheinlich für viele Augen den unvermeidlich
dummen Charakter eines Ausbruchs haben konnte. Immerhin kann ich beschwören, daß, die Berechtigung aller Einwände gegen jenen Brief zugegeben,
der Einwand der Unehrlichkeit ungerecht wäre, und das müßte doch unter
Menschen, die kein ungünstiges Vorurteil über einander haben, das Entscheidende sein. Seit diesem Brief nun sind heute sechzehn Tage vergangen, ohne
daß ich eine Antwort bekommen hätte, und ich wüßte wirklich nicht, was für
eine Ursache jetzt eine nachträgliche Antwort noch bewirken könnte, zumal
mein damaliger Brief einer jener Briefe war, die nur deshalb geschlossen werden,
damit nur bald Gelegenheit für die Antwort geschaffen wird. Im Laufe dieser
sechzehn Tage habe ich, um meine Aufrichtigkeit Ihnen gegenüber voll zu machen, noch zwei allerdings nicht abgeschickte Briefe an das Fräulein geschrieben, und sie sind das einzige, was mir, wenn ich Humor hätte, erlauben würde,
von einer lebhaften Korrespondenz zu sprechen. Ich hätte ja zuerst glauben können, daß zufällige Umstände die Antwort auf jenen Brief verhindert oder unmöglich gemacht haben könnten, ich habe aber alle durchgedacht und glaube
an keine zufälligen Umstände mehr.

Ich hätte es gewiß, liebe gnädige Frau, weder Ihnen gegenüber noch mir gegenüber gewagt, diese kleine Beichte vorzutragen, wenn nicht eben jene Bemerkung in Ihrem Briefe mich allzu sehr gestochen hätte und wenn ich nicht außerdem wüßte, daß dieser Brief, dessen Inhalt nicht gerade dazu gemacht ist, sich
sehen zu lassen, in gute und geschickte Hände kommt. Mit herzlichen Grüßen
für Sie und Ihren lieben Mann

Ihr ergebener   Franz Kafka
Prag, Pořič 7

An Frau Sophie Friedmann

18.X.12

Liebe gnädige Frau!
Das Bureau muß zurückstehn vor der Wichtigkeit dieses Briefs, mit dem ich
Ihren Brief vom 16. beantworte, der, soweit Sie ihn geschrieben haben, lieb und
gut und klar ist, wie ich es erwartet habe, während die zitierte Briefstelle auch
beim zehnten Lesen sich nicht enträtseln will. Sie haben also wirklich jene Be-

merkung von »lebhafter Korrespondenz« nicht nur flüchtig und ohne Beweis gemacht, wie ich es zu meiner Schande glaubte, ohne es allerdings im letzten Brief einzugestehn, da er sonst überflüssig geworden wäre. Und diese lebhafte Korrespondenz soll also wirklich am 3. oder frühestens 2. Oktober bestanden haben, also zu einer Zeit, wo mein zweiter, unbeantworteter Unglücksbrief unbedingt schon in Berlin hatte sein müssen. Sollte also vielleicht die Antwort doch geschrieben worden sein, denn die zitierte Stelle ist doch ein Zugeständnis der Kenntnis jenes Briefes? Ja aber gehn denn Briefe überhaupt verloren, außer in der unsichern Erwartung dessen, der keine andere Erklärung findet? Sie müssen doch zugestehn, liebe gnädige Frau, daß ich recht hatte, Ihnen zu schreiben und daß es eine Sache ist, die eines guten Engels sehr bedarf.
Meine herzlichsten Grüße für Sie und Ihren lieben Mann.

Ihr dankschuldiger Franz K.

23.X.12

Gnädiges Fräulein!
Und wenn alle meine drei Direktoren um meinen Tisch herumstehen und mir in die Feder schauen sollten, muß ich Ihnen gleich antworten, denn Ihr Brief kommt auf mich herunter, wie aus den Wolken, zu denen man drei Wochen umsonst hinauf geschaut hat. (Gerade hat sich der Wunsch betreffend meinen unmittelbaren Chef erfüllt.) Wenn ich Ihnen auf Ihre Beschreibung Ihres Lebens in der Zwischenzeit mit Gleichem antworten sollte, so bestand mein Leben jedenfalls zur Hälfte aus dem Warten auf Ihren Brief, wozu ich allerdings auch die drei kleinen Briefe rechnen kann, die ich Ihnen in diesen drei Wochen geschrieben habe (gerade werde ich zwischendurch über Versicherung der Sträflinge ausgefragt, mein lieber Gott!) und von denen zwei jetzt zur Not werden abgeschickt werden können, während der dritte, eigentlich der erste, unmöglich weggehn kann. Und Ihr Brief soll also verloren gegangen sein (von einem Ministerialrekurs Josef Wagner in Katharinaberg weiß ich nichts, habe ich eben erklären müssen) und ich werde auf meine damaligen Fragen keine Antwort bekommen und bin doch gar nicht schuld an dem Verlust.

Ich bin unruhig und kann mich nicht recht fassen, ich bin ganz in der Laune immerfort im Kreis zu klagen, trotzdem heute nicht mehr gestern ist, aber das Angehäufte gießt sich und befreit sich in bessere Tage hinein.

Was ich Ihnen heute schreibe, ist keine Antwort auf Ihren Brief, vielleicht wird die Antwort erst jener Brief sein, den ich morgen schreibe, vielleicht erst der von übermorgen. Meine Schreibweise ist natürlich nicht selbständig närrisch, sondern genau so närrisch wie meine gegenwärtige Lebensweise, die ich Ihnen auch einmal beschreiben kann.

Und immerfort werden Sie beschenkt! Diese Bücher, Bonbons und Blumen liegen auf Ihrem Bureauschreibtisch herum? Auf meinem Tisch ist nur wüste

Unordnung und Ihre Blume, für die ich Ihnen die Hand küsse, habe ich schnell in meiner Brieftasche untergebracht, in der sich übrigens trotz Ihres verlorenen und nicht wieder ersetzten Briefes zwei Briefe von Ihnen schon befinden, da ich mir Ihren Brief an Max von ihm ausgebeten habe, was zwar ein wenig lächerlich ist, sonst aber nicht übel genommen werden muß. Dieses erste Stolpern unserer Korrespondenz war vielleicht ganz gut, ich weiß jetzt, daß ich Ihnen auch über verlorene Briefe hinweg schreiben darf. Aber es dürfen keine Briefe mehr verloren gehn. – Leben Sie wohl und denken Sie an ein kleines Tagebuch.

Ihr Franz K.

24.X.12

Gnädiges Fräulein!
War das heute eine tüchtig schlaflose Nacht, in der man sich gerade noch zum Schluß, in den letzten zwei Stunden, zu einem erzwungenen, ausgedachten Schlafe zusammendreht, in dem die Träume noch lange nicht Träume und der Schlaf erst recht kein Schlaf ist. Und nun bin ich außerdem vor dem Haustor mit der Trage eines Fleischergesellen zusammengerannt, deren Holz ich noch jetzt über dem linken Auge spüre.

Sicher werde ich durch solche Vorbereitung nicht in einen bessern Stand versetzt sein, die Schwierigkeiten zu überwinden, die mir das Schreiben an Sie macht und die mir auch heute in der Nacht in immer neuen Formen durch den Kopf gegangen sind. Sie bestehen nicht darin, daß ich das, was ich schreiben will, nicht sagen könnte, es sind ja die einfachsten Dinge, aber es sind so viele, daß ich sie nicht unterbringen kann in Zeit und Raum. Manchmal möchte ich in Erkenntnis dessen, allerdings nur in der Nacht, alles bleiben lassen, nichts mehr schreiben und lieber am Nichtgeschriebenen als am Geschriebenen zugrundegehn.

Sie schreiben mir von Ihren Theaterbesuchen und das interessiert mich sehr, denn erstens sitzen Sie dort in Berlin an der Quelle aller Theaterereignisse, zweitens wählen Sie Ihre Theaterbesuche schön aus (bis auf das Metropoltheater, in dem ich auch war, mit einem Gähnen meines ganzen Menschen größer als die Bühnenöffnung) und drittens weiß ich selbst vom Theater nicht das geringste. Aber was hilft mir dann wieder die Kenntnis Ihrer Theaterbesuche, wenn ich nicht alles weiß, was vorherging und was folgte, wenn ich nicht weiß, wie Sie angezogen waren, welcher Tag der Woche war, wie das Wetter gewesen ist, ob Sie vorher oder nachher genachtmahlt haben, was für einen Platz Sie hatten, in welcher und wie begründeter Laune Sie waren und so fort, wie weit sich nur denken läßt. Natürlich ist es unmöglich, mir das alles zu schreiben, aber so ist eben alles unmöglich.

Frau Sophies Geburtstag – um etwas rein und vollständig Mitteilbares zu schreiben – ist erst am 18. März und wann ist der Ihre, geradewegs gefragt?

Es ist nicht nur die Unruhe, wie sie eben im Bureau ist, die mein Schreiben hin- und hertreibt, so daß ich jetzt wieder etwas ganz anderes frage: Ich habe beiläufig alles im Gedächtnis, was Sie an jenem Abend in Prag sagten, soweit man zu solchen Überzeugungen Vertrauen haben kann, nur eines ist mir nicht ganz klar, wie mir beim Lesen Ihres Briefes einfällt und das sollen Sie mir ergänzen. Als wir von der Wohnung mit dem Hr. Direktor Brod zum Hotel gingen, war ich überhaupt, um die Wahrheit zu sagen, verstört, unaufmerksam und gelangweilt, ohne daß, wenigstens meinem Bewußtsein nach, die Gegenwart des Hr. Direktors daran schuld gewesen wäre. Im Gegenteil, ich war verhältnismäßig zufrieden, mich allein gelassen zu fühlen. Da war nun auch die Rede davon, daß Sie wenig in den Abendverkehr des Stadtzentrums kommen, auch dann nicht, wenn Sie im Theater waren und daß Sie dann bei der Rückkehr durch eine besondere Art des Händeklatschens Ihre Mutter von der Gasse aus aufmerksam machen, die Ihnen dann das Haustor aufmachen läßt. Ist es in dieser etwas merkwürdigen Weise richtig? Und bestand bei dem Metropoltheaterbesuch die Ausnahme der Mitnahme des Schlüssels bloß wegen der besonders späten Rückkehr? Sind das lächerliche Fragen? Mein Gesicht ist ganz ernst, und wenn Sie lachen, so lachen Sie bitte freundlich und antworten Sie genau.

Im Frühjahr spätestens erscheint bei Rowohlt in Leipzig ein »Jahrbuch für Dichtkunst«, das Max herausgibt. Darin wird eine kleine Geschichte von mir sein: »Das Urteil«, welche die Widmung haben wird: »für Fräulein Felice B.« Heißt das mit Ihren Rechten allzu herrisch umgegangen? Besonders da diese Widmung schon seit einem Monat auf der Geschichte steht und das Manuskript gar nicht mehr in meinem Besitze ist? Ist es vielleicht eine Entschuldigung, die man gelten lassen kann, daß ich mich bezwungen habe, den Zusatz (für Fräulein Felice B.) »damit sie nicht immer nur von andern Geschenke bekommt« wegzulassen? Im übrigen hat die Geschichte in ihrem Wesen, soweit ich sehen kann, nicht den geringsten Zusammenhang mit Ihnen, außer daß ein darin flüchtig erscheinendes Mädchen Frieda Brandenfeld heißt, also wie ich später merkte, die Anfangsbuchstaben des Namens mit Ihnen gemeinsam hat. Der einzige Zusammenhang besteht vielmehr nur darin, daß die kleine Geschichte versucht, von ferne Ihrer wert zu sein. Und das will auch die Widmung ausdrücken.

Schwer liegt es auf mir, daß ich nicht erfahren soll, was Sie mir auf meinen vorletzten Brief geantwortet haben. So viele Jahre sind vergangen, daß ich nichts von Ihnen gehört habe, und jetzt soll noch höchst überflüssiger Weise ein Monat der Vergessenheit hingeworfen werden. Ich werde natürlich bei der Post nachfragen, aber es ist wenig Aussicht, daß ich dort mehr erfahre, als Sie von jenem Brief noch im Gedächtnis haben. Könnten Sie mir das nicht in zehn Worten aufschreiben?

Endgiltiger Schluß, endgiltiger Schluß für heute. Schon auf der vorigen Seite haben die Störungen selbst in diesem stillern Zimmer, in das ich mich versteckt habe, angefangen. Sie staunen, daß ich im Bureau so viel freie Zeit habe (es ist eine erzwungene Ausnahme) und daß ich nur im Bureau schreibe. Auch dafür gibt es Erklärungen, aber keine Zeit, sie zu schreiben.

Leben Sie wohl und ärgern Sie sich nicht über das tägliche Unterschreiben der Recipisse.

Ihr Franz K.

An Frau Sophie Friedmann

24.X.12

Liebe gnädige Frau!
Ich danke Ihnen vielmals für die Zartheit, mit der Sie diese Sache angefaßt haben, die nun völlig in Ordnung scheint. Ihr Nichtantworten auf meinen letzten Brief, der allerdings auch keiner besondern Antwort bedurfte, muß ich wohl nicht für die Bestrafung irgendeiner Dummheit ansehen, die sich meinen zwei Briefen aus Nervosität oder sonstigen Gründen leicht hätte beimischen können. Aber Sie wissen nun, liebe gnädige Frau, wie ich durch Nichtbekommen von Antworten leide, daß Sie mich für eine Dummheit gewiß lieber durch einen entsprechenden Brief als durch Nichtantworten gestraft hätten. Aus dieser Überlegung hoffe ich auch jetzt nicht unbedingt auf eine Antwort, bleibe aber dabei, daß Sie mir auch weiterhin so freundlich gesinnt bleiben, wie Sie es mir durch Ihre letzte Mithilfe bewiesen haben. Ich würde gerne auch Ihrem lieben Manne besonders danken, doch tue ich es nicht, weil mir erstens dabei doch ein wenig unbehaglich werden müßte und weil Sie zweitens mit Ihrem lieben Manne, wie ich weiß, so zusammengehören, daß der Ihnen abgestattete Dank unmittelbar auch ihm gegeben ist.

Mit den herzlichsten Grüßen   Ihr Dr. F. Kafka

27.X.12

Gnädiges Fräulein!
Endlich um 8 Uhr abends – es ist Sonntag – darf ich Ihnen schreiben und doch hat alles, was ich während des ganzen Tages gemacht habe, darauf abgezielt, daß ich es möglichst bald darf. Verbringen Sie die Sonntage fröhlich? Aber gewiß, nach Ihrer unmäßigen Arbeit. Für mich ist der Sonntag wenigstens seit 1 ½ Monaten ein Wunder, dessen Schein ich schon Montag früh beim Aufwachen sehe. Das Problem bleibt, die Woche bis zum Sonntag hinzuschleppen, die Arbeit über diese Wochentage hinzuziehen und wie ich es auch anstelle, Freitag geht es gewöhnlich nicht mehr weiter. Wenn man so Stunde für Stunde einer Woche verbringt, selbst bei Tag nicht viel weniger aufmerksam als der Schlaflose in der Nacht und wenn man sich so in der unerbittlichen Maschinerie einer solchen Woche umschaut, dann muß man wirklich noch froh sein, daß diese trost-

los sich aufbauenden Tage nicht zurückfallen, um von neuem zu beginnen, sondern daß sie glatt vergehen und endlich zum Aufatmen der Abend und die Nacht beginnt.

Ich bin auch lustiger, aber heute nicht; um meinen Sonntagsspaziergang bin ich durch das Regenwetter gekommen; habe, was dem Einleitungssatz nur scheinbar widerspricht, den halben Tag im Bett, dem besten Ort für Trauer und Nachdenklichkeit, verbracht; die Türken verlieren, was mich dazu bringen könnte, als ein falscher Prophet nicht nur für Soldaten, sondern für alles den Rückzug zu predigen (es ist auch ein großer Schlag für unsere Kolonien), und es bleibt nichts übrig, als sich in seine sonstigen Arbeiten blind und taub zu bohren.

Wie ich Sie da unterhalte! Liebes Fräulein, soll ich aufstehen und das Schreiben lassen? Aber vielleicht sehn Sie durch alles hindurch, daß ich schließlich doch sehr glücklich bin, und dann darf ich wieder bleiben und weiterschreiben.

Sie erwähnen in Ihrem Brief, wie unbehaglich Sie sich an jenem Abend in Prag gefühlt haben und ohne daß Sie es sagen wollen und ohne daß Sie es wohl meinen, scheint es aus dieser Briefstelle hervorzugehn, daß damals erst mit mir die Unbehaglichkeit eingezogen ist, denn vorher hat Max kaum von seiner Operette gesprochen, die ihm übrigens gar nicht besonders viel Sorgen und Gedanken machte, und ich störte eben mit meinem lächerlichen Paket die Einheitlichkeit der Gesellschaft noch nicht. Außerdem war damals gerade eine Zeit, wo ich mir öfters den Spaß machte, den Otto Brod, der auf pünktliches Schlafengehn hält, bei meinen häufigen Besuchen durch besondere Lebhaftigkeit, die mit dem Vorrücken der Uhr sich vergrößerte, so lange vom Schlafen abzuhalten, bis mich gewöhnlich die ganze Familie mit vereinten Kräften, in aller Liebe natürlich, aus der Wohnung drängte. Infolgedessen bedeutete mein Erscheinen zu so später Stunde – es dürfte wohl schon 9 vorüber gewesen sein – eine gewisse Drohung. Es standen einander also in den Köpfen der Familie zwei Besuche gegenüber: Sie, der man gewiß nur alles Gute und Höfliche erweisen wollte, und ich, der berufsmäßige Schlafstörer. Für Sie wurde z.B. Klavier gespielt, für mich z.B. focht der Otto gegen den Ofenschirm, was sich als Hinweis auf die Schlafenszeit mir gegenüber schon eingebürgert hatte und, wenn man es nicht wußte, recht unsinnig und ermüdend aussah. Nun war ich nicht im geringsten darauf vorbereitet, einen Besuch dort anzutreffen, sondern hatte nur eine Verabredung mit Max, um 8 zu kommen (ich kam wie gewöhnlich eine Stunde später) und mit ihm die Reihenfolge des Manuscripts zu besprechen, um die ich mich bis dahin gar nicht gekümmert hatte, trotzdem es am nächsten Morgen weggeschickt werden sollte. Nun fand ich einen Besuch vor und war darüber ein wenig ärgerlich. Im Gegensatz dazu stand allerdings wieder, daß ich durch diesen Besuch gar nicht überrascht war. Ich reichte Ihnen über den großen Tisch hin die Hand, ehe ich vorgestellt war und trotzdem Sie sich kaum erhoben und wahrscheinlich keine Lust hatten, mir ihre Hand zu reichen. Ich sah Sie nur flüchtig an, setzte mich und alles schien mir in bester Ordnung, kaum daß ich von Ihnen die leichte Aufmunterung fühlte, die mir Fremde innerhalb einer bekannten Gesellschaft immer verursachen. Brachte ich in Abrechnung, daß ich mit Max das Manuscript nicht durchsehn konnte, so war das Hinreichen der Thaliaphotographien eine sehr hübsche Abwechslung. (Für dieses Wort, das sehr gut den damaligen Eindruck beschreibt, könnte ich mich heute, wo ich so weit von Ihnen bin, schlagen.) Sie nahmen das Anschauen der Bilder sehr ernst und sahen nur auf, wenn Otto eine Erklärung gab oder ich ein neues Bild reichte. Einem von uns, ich weiß nicht mehr wem, passierte bei der Auslegung eines Bildes irgendein komisches Mißverständnis. Um die Bilder anschauen zu können, ließen Sie das Essen und als Max irgendeine Bemerkung über das Essen machte, sagten Sie etwa, nichts sei Ihnen abscheulicher als Menschen, die immerfort essen. Zwischendurch läutete (es ist lange danach, um 11 Uhr abends, wo sonst meine eigentliche Arbeit beginnt, aber ich kann von dem Brief nicht loskommen) es läutete also und Sie erzählten von der Einleitungsszene einer Operette »das Autogirl«, die Sie im Residenztheater gehört hatten (gibt es ein Residenztheater? Und war es eine Operette?), in der 15 Personen auf der Bühne stehen, zu denen aus dem Vorzimmer, aus dem man das Läuten des Telephons hört, irgendjemand tritt und jeden einzelnen der Reihe nach mit der gleichen Formel auffordert, zum Telephon hinauszugehen. Ich weiß auch diese Formel noch, aber ich schäme mich sie aufzuschreiben, weil ich sie nicht richtig aussprechen, geschweige denn niederschreiben kann, trotzdem ich sie damals nicht nur genau gehört, sondern auch von ihren Lippen abgelesen habe und trotzdem sie mir seitdem viele Male durch den Kopf gegangen ist, immer im Streben nach ihrer richtigen Bildung. Ich weiß nicht, wie dann (nein vorher, denn ich saß hierbei noch in der Nähe der Tür, also schief Ihnen gegenüber) das Gespräch auf Prügeln und auf Geschwister kam. Es wurden Namen einiger Familienmitglieder genannt, von denen ich nie gehört hatte, auch der Name Ferry fiel (ist das vielleicht Ihr Bruder?) und Sie erzählten, daß Sie als kleines Mädchen von Brüdern und Vettern (auch von Herrn Friedmann?) viel geschlagen worden seien und dagegen recht wehrlos gewesen wären. Sie fuhren mit der Hand Ihren linken Arm hinunter, der damals in jenen Zeiten voll blauer Flecke gewesen sein soll. Sie sahen aber gar nicht wehleidig aus und ich konnte, allerdings ohne mir genaue Rechenschaft darüber zu geben, nicht einsehen, wie es jemand hatte wagen können, Sie zu schlagen, wenn Sie auch damals nur ein kleines Mädchen waren. – Dann bemerkten Sie einmal nebenbei, während Sie irgendetwas ansahen oder lasen (Sie schauten damals viel zu wenig auf und es war doch ein so kurzer Abend), daß Sie Hebräisch gelernt haben. Auf der einen Seite staunte ich das an, auf der andern hätte ich (alles sind nur damalige Meinungen und sie sind lange Zeit durch ein feines Sieb gegangen) es nicht so übertrieben nebenbei erwähnt sehen wollen und so freute ich mich auch im geheimen, als Sie später Tel awiw nicht übersetzen konnten. – Nun hatte sich also auch herausgestellt, daß Sie Zionistin wären, und das war mir sehr recht. – Noch in diesem Zimmer wurde auch über Ihren Beruf gesprochen und Frau

Brod erwähnte ein schönes Batistkleid, das sie in Ihrem Hotelzimmer gesehen hatte, denn Sie fuhren vielleicht zu irgendeiner Hochzeit, die – ich errate es mehr, als daß ich mich erinnere – in Budapest stattfinden sollte. – Als Sie aufstanden, zeigte sich, daß Sie Pantoffeln der Frau Brod anhatten, denn Ihre Stiefel mußten austrocknen. Es war den Tag über ein schreckliches Wetter gewesen. Diese Pantoffeln beirrten Sie wohl ein wenig und Sie sagten mir am Ende des Weges durch das dunkle Mittelzimmer, daß Sie an Pantoffeln mit Absätzen gewöhnt seien. Solche Pantoffel waren mir eine Neuigkeit. – Im Klavierzimmer saßen Sie mir dann gegenüber und ich fing an, mich mit meinem Manuskript auszubreiten. Es wurden mir für die Versendung von allen Seiten komische Ratschläge gegeben und ich kann nicht mehr herausfinden, welches die Ihren waren. Dafür aber erinnere ich mich noch an etwas aus dem andern Zimmer, über das ich so staunte, daß ich auf den Tisch schlug. Sie sagten nämlich, Abschreiben von Manuskripten mache Ihnen Vergnügen, Sie schrieben auch in Berlin Manuskripte ab für irgendeinen Herrn (verdammter Klang dieses Wortes, wenn kein Name und keine Erklärung dabei ist!) und Sie baten Max, Ihnen Manuskripte zu schicken. – Das Beste, was ich an jenem Abend ausgeführt habe, war, daß ich eine Nummer von »Palästina« zufällig mithatte, und um dessentwillen sei mir alles andere verziehn. Die Reise nach Palästina wurde besprochen und Sie reichten mir dabei die Hand oder besser ich lockte sie, kraft einer Eingebung, heraus. – Während des Klavierspiels saß ich schief hinter Ihnen, Sie hatten ein Bein über das andere geschlagen und zupften mehrmals an Ihrer Frisur, die ich mir in der Vorderansicht nicht vorstellen kann und von der ich nur aus der Zeit jenes Klavierspiels weiß, daß sie auf der Seite ein wenig abstand. – Später war allerdings eine große Zerstreuung der Gesellschaft eingetreten, die Frau Brod duselte auf dem Kanapee, Herr Brod machte sich beim Bücherkasten zu schaffen, Otto kämpfte mit dem Ofenschirm. Es wurde über Maxens Bücher gesprochen, Sie sagten etwas über Arnold Beer, erwähnten eine Kritik in Ost und West und sagten schließlich, während Sie in einem Band der Propyläenausgabe von Goethes Werken blätterten, »Schloß Nornepygge« hätte[n] Sie auch angefangen, aber nicht zu Ende lesen können. Bei dieser Bemerkung erstarrte ich tatsächlich für mich, für Sie und für alle. War es nicht eine nutzlose, nicht zu erklärende Beleidigung? Und doch führten Sie dieses scheinbar Unrettbare wie eine Heldin zu Ende, während wir alle auf Ihren zum Buch gebeugten Kopf sahen. Es stellte sich heraus, daß es keine Beleidigung, ja nicht einmal das geringste Urteil war, sondern nur eine Tatsache, über die Sie selbst verwundert waren, weshalb Sie auch bei Gelegenheit das Buch wieder vorzunehmen beabsichtigten. Das hätte nicht schöner aufgelöst werden können und ich dachte, wir könnten uns alle ein wenig vor Ihnen schämen. – Zur Abwechslung brachte der Hr. Direktor den Bilderband jener Propyläenausgabe und kündigte an, er werde Ihnen Goethe in Unterhosen zeigen. Sie zitierten: »Er bleibt ein König auch in Unterhosen«, und dieses Zitat war das einzige, was mir an dem Abend an Ihnen mißfallen hatte. Ich spürte von diesem Mißfallen fast einen Druck in der Kehle und hätte mich eigentlich fragen sollen, was mich zu einer solchen Beteiligung führte. Aber ich bin durchaus ungenau. – Über die Schnelligkeit, mit der Sie zum Schluß aus dem Zimmer huschten und in Stiefeln wiederkamen, konnte ich mich gar nicht fassen. Der Vergleich mit einer Gazelle, den Frau Brod zweimal machte, gefiel mir aber nicht. – Ziemlich genau sehe ich noch, wie Sie den Hut aufsetzten und die Nadeln einsteckten. Der Hut war ziemlich groß, unten war er weiß. – Auf der Gasse verfiel ich sofort in einen meiner nicht gerade seltenen Dämmerzustände, in denen ich nichts anderes klar erkenne außer meiner eigenen Nichtsnutzigkeit. In der Perlgasse fragten Sie mich, vielleicht um meiner peinlichen Stummheit aufzuhelfen, wo ich wohne und wollten natürlich hören, ob mein Nachhauseweg und der Weg in Ihr Hotel zusammenfallen oder nicht, ich unglücklicher Dummkopf fragte aber zurück, ob Sie meine Adresse wissen wollten, offenbar in der Annahme, daß Sie mir, kaum in Berlin angekommen, gleich mit Feuereifer über die Palästinareise schreiben und sich nicht der verzweifelten Lage aussetzen wollten, dann etwa gleich meine Adresse nicht bei der Hand zu haben. Das, was ich da angestellt hatte, beirrte mich dann natürlich noch auf dem weiteren Weg, soweit es in mir damals etwas zu beirren gab. – Schon oben in dem ersten Zimmer und auf der Gasse wieder war von einem Herrn aus Ihrer Prager Filiale die Rede, mit dem Sie am Nachmittag im Wagen auf dem Hradschin gewesen waren. Dieser Herr schien es mir unmöglich zu machen, früh mit Blumen auf den Bahnhof zu kommen, was mir seit einiger Zeit in unsicheren Entschlüssen vorschwebte. Die frühe Stunde Ihrer Abreise, die Unmöglichkeit, so bald schon Blumen zu bekommen, erleichterten mir den Verzicht. – In der Obstgasse und am Graben führte hauptsächlich Hr. Direktor Brod das Wort und Sie erzählten nur jene Geschichte, wie die Mutter Ihnen auf Ihr Händeklatschen hin das Haustor öffnen läßt, eine Geschichte übrigens, zu der Sie mir noch eine Erklärung schulden. Sonst wurde die Zeit schändlich mit Vergleichen zwischen dem Prager und dem Berliner Verkehr vertrödelt. Erwähnt wurde auch, wenn ich nicht irre, daß Sie die Jause im Repräsentationshaus gegenüber Ihrem Hotel eingenommen hätten. Schließlich gab Ihnen Herr Brod noch Ratschläge wegen Ihrer Reise und nannte Ihnen einige Stationen, wo Sie etwas zum Essen bekommen würden. Sie hatten die Absicht, im Speisewagen zu frühstücken. Jetzt hörte ich auch, daß Sie Ihren Schirm im Zug vergessen hätten und diese Kleinigkeit (für mich eine Kleinigkeit) brachte mir eine neue Mannigfaltigkeit in Ihr Bild. – Daß Sie noch nicht gepackt hatten und gar noch im Bett lesen wollten, machte mich unruhig. Nachts vorher hatten Sie bis 4 Uhr früh gelesen. An Reiselektüre hatten Sie mit: Björnson: »Flaggen über Stadt und Hafen« und Andersen: »Bilderbuch ohne Bilder«. Ich hatte den Eindruck, daß ich diese Bücher hätte erraten können, was ich natürlich in meinem Leben nicht zustande gebracht hätte. Beim Eintritt ins Hotel drängte ich mich in irgendeiner Befangenheit in die gleiche Abteilung der Drehtüre, in der Sie gingen, und stieß fast an Ihre Füße. – Dann standen wir alle drei ein wenig vor dem Kellner bei dem Aufzug, in dem

Sie gleich verschwinden sollten und dessen Türe schon geöffnet wurde. Sie führten noch eine kleine sehr stolze Rede mit dem Kellner, deren Klang ich – wenn ich innehalte – noch in den Ohren habe. Sie ließen es sich nicht leicht ausreden, daß zu dem nahen Bahnhof kein Wagen nötig sei. Allerdings dachten Sie, Sie würden vom Franz-Josefs-Bahnhof aus wegfahren. – Dann nahmen wir den letzten Abschied und ich erwähnte in möglichst ungeschickter Art nochmals die Palästinareise, wie es mir überhaupt in diesem Augenblick schien, ich hätte schon während des ganzen Abends viel zu oft diese Reise erwähnt, die wahrscheinlich keiner ernst nahm außer ich.

Das sind beiläufig, mit nur kleinen unwesentlichen, wenn auch noch immerhin zahlreichen Auslassungen alle äußern Begebenheiten jenes Abends, an die ich mich heute noch erinnern kann, nach wohl mehr als 30 andern Abenden, die ich in der Zwischenzeit bei der Familie Brod verbracht habe und die leider manches verwischt haben mögen. Ich habe sie aufgeschrieben, um auf Ihre Bemerkung zu antworten, daß man an jenem Abend wenig Notiz von Ihnen genommen hätte, und dann auch deshalb, weil ich schon allzulange der Lust widerstanden habe, die Erinnerungen an jenen Abend, soweit sie noch vorhanden sind, einmal aufzuschreiben. Aber nun sehen Sie mit Schrecken diese Masse beschriebenen Papiers, verfluchen zuerst jene Bemerkung, die das veranlaßt hat, verfluchen dann sich, die das alles lesen soll, lesen es dann vielleicht aus einer leichten Neugierde doch bis zu Ende, während Ihr Tee gänzlich auskühlt, und kommen schließlich in eine so schlechte Laune, daß Sie bei allem, was Ihnen lieb ist, schwören, auf keinen Fall meine Erinnerungen etwa aus den Ihrigen ergänzen zu wollen, wobei Sie jedoch im Ärger nicht bedenken, daß Ergänzen nicht so viel Mühe macht wie das erste Niederschreiben und daß Sie mir durch das Ergänzen eine viel größere Freude machen würden, als es mir durch diese erste Sammlung des Materials Ihnen gegenüber gelungen ist. – Aber nun mögen Sie schon wirklich Ruhe von mir haben und nur noch herzlichst gegrüßt sein.

Ihr Franz K.

Noch kein Ende und sogar eine schwer zu beantwortende Frage: Wie lange kann man Schokolade aufheben, ohne daß sie verdirbt?

Gnädiges Fräulein!

Jetzt kommt etwas sehr Wichtiges, wenn auch nur in großer Eile. (Es ist nicht mehr im Bureau geschrieben, denn meine Bureauarbeit revolutioniert gegen das Schreiben an Sie, so fremd ist mir diese Arbeit durch und durch und hat keine Ahnung von dem, was ich nötig habe.) Sie dürfen also nicht glauben, daß ich durch einen endlosen Brief wie den vorgestrigen, wegen dessen ich mir schon genug Vorwürfe gemacht habe, außer der Zeit des Lesens Ihnen auch noch die Zeit des Ausruhens nehmen und Sie zu großen und pünktlichen Antworten verpflichten will, ich müßte mich ja schämen, wenn ich zu Ihren anstrengenden Arbeitstagen als Plage Ihrer Abende hinzutreten sollte. Also das wollen meine Briefe nicht, das wollen sie ganz und gar nicht, aber schließlich ist das selbstverständlich und Sie werden es auch nicht anders aufgefaßt haben. Nur sollen Sie mir – und das ist das Wichtige – und das ist das Wichtige (so wichtig ist es, daß es mir in der Eile zur Litanei wird) – abends auch dann nicht länger schreiben, wenn Sie ohne Rücksicht auf meine Briefe selbständige Lust haben sollten zu schreiben. So schön ich es mir in Ihrem Bureau denke – sind Sie allein in einem Zimmer? – ich will nicht mehr das Gefühl haben, Sie dort bis spät in den Abend festgehalten zu haben. Fünf Zeilen, ja, das könnten Sie mir schon hie und da abends schreiben, wobei ich trotz aller Gegenwehr die rohe Bemerkung nicht unterdrücken kann, daß man 5 Zeilen öfters schreiben kann als lange Briefe. Der Anblick Ihrer Briefe in der Türe – sie kommen jetzt gegen Mittag – könnte mich alle Rücksicht gegen Sie vergessen lassen, aber das Lesen der Zeitangabe oder die Ahnung, daß ich Sie vielleicht um einen Spaziergang betrüge, ist auch wieder unerträglich. Habe ich denn dann das Recht, Ihnen von Pyramidon abzuraten, wenn ich an Ihren Kopfschmerzen mitschuld bin? Wann gehn Sie denn eigentlich spazieren? Zweimal in der Woche Turnen, dreimal der Professor – es muß der verlorene Brief sein, in dem Sie von ihm schrieben – was bleibt dann noch übrig an freier Zeit? Und Sonntag noch Handarbeiten, warum denn das? Kann das die Mutter freuen, wenn sie weiß, daß Sie Ihre Erholungszeit dazu verwenden müssen? Besonders da doch die Mutter nach Ihren Briefen Ihre beste und lustige Freundin scheint. – Wenn Sie mich doch über dies alles in fünf Zeilen beruhigen wollten, damit wir darüber nicht mehr schreiben und nachdenken müßten, sondern ohne Selbstvorwürfe und ruhig einander ansehen und anhören könnten, Sie nach Ihrer Güte und Einsicht, ich, so wie ich muß.

Ihr Franz K.

Gnädiges Fräulein!

Sehn Sie doch, wie viele Unmöglichkeiten es in unserem Schreiben gibt. Kann ich einer Bitte, wie jener, daß Sie mir nur 5 Zeilen schreiben sollen, den Anschein widerlichen, unwahren Edelmutes nehmen? Das ist unmöglich. Und meine ich diese Bitte nicht aufrichtig? Sicherlich meine ich sie aufrichtig. Und meine ich sie nicht vielleicht auch unaufrichtig? Natürlich meine ich sie unaufrichtig, und wie unaufrichtig ich sie meine! Wenn ein Brief endlich da ist, nachdem die Türe meines Zimmers tausendmal aufgegangen ist, um statt des Dieners mit dem Brief eine Unzahl von Leuten einzulassen, die mit einem in dieser Hinsicht mich quälenden ruhigen Gesichtsausdruck sich hier am richtigen Platze fühlen, wo doch nur der Diener mit dem Brief und kein anderer ein Anrecht hat aufzutreten – wenn dann also dieser Brief da ist, dann glaube ich ein Weilchen lang, daß ich jetzt ruhig sein kann, daß ich mich an ihm sättigen werde und daß der Tag gut vorübergehen wird. Aber dann habe ich ihn gelesen, es ist mehr darin, als ich je erfahren zu können verlangen darf, Sie haben für den Brief Ihren Abend verwendet und es bleibt vielleicht kaum Zeit mehr zu dem Spaziergang durch die Leipziger Straße, ich lese den Brief einmal, lege ihn weg und lese ihn wieder, nehme einen Akt in die Hand und lese doch eigentlich nur Ihren Brief, stehe beim Schreibmaschinisten, dem ich diktieren soll, und wieder geht mir Ihr Brief langsam durch die Hand und ich habe ihn kaum hervorgezogen, Leute fragen mich um irgendetwas und ich weiß ganz genau, daß ich jetzt nicht an Ihren Brief denken sollte, aber es ist auch das einzige, was mir einfällt – aber nach alledem bin ich hungrig wie früher, unruhig wie früher und schon wieder fängt die Tür sich lustig zu bewegen an, wie wenn der Diener mit dem Brief schon wieder kommen sollte. Das ist die »kleine Freude«, die mir Ihrem Ausdrucke nach Ihre Briefe machen. Damit beantwortet sich auch Ihre Frage, ob es mir nicht unangenehm ist, jeden Tag ins Bureau einen Brief von Ihnen zu bekommen. Natürlich ist es eine fast unmögliche Sache, das Bekommen eines Briefes von Ihnen und die Bureauarbeit in irgendeine Verbindung zu bringen, aber ebenso unmöglich ist es, zu arbeiten und umsonst auf einen Brief zu warten oder zu arbeiten und nachzudenken, ob vielleicht zuhause ein Brief liegt. Unmöglichkeiten auf allen Seiten! Und doch ist es nicht so arg, denn mir sind in der letzten Zeit mit der Bureauarbeit auch andere Unmöglichkeiten gelungen, man darf sich vor den kleineren Unmöglichkeiten nicht hinwerfen, man bekäme ja dann die großen Unmöglichkeiten gar nicht zu Gesicht.

Heute darf ich mich übrigens gar nicht beklagen, denn Ihre beiden letzten Briefe sind nur durch einen Zwischenraum von zwei Stunden getrennt zu mir gekommen und ich habe die Unordentlichkeit der Post natürlich für den gestrigen Tag ebenso verflucht, wie ich sie für den heutigen Tag lobe.

Aber ich antworte gar nicht und frage kaum und alles nur deshalb, weil die Freude, Ihnen zu schreiben, ohne daß ich mir dessen gleich bewußt werde, alle

Briefe an Sie gleich für das Endlose anlegt und da muß natürlich auf den ersten Bogen nichts Eigentliches gesagt werden. Aber warten Sie, morgen habe ich hoffentlich (ich hoffe für mich) genug Zeit, alle Fragen in einem Zuge zu beantworten und so viel Fragen zu stellen, daß mir wenigstens für den Augenblick das Herz leichter wird.

Heute sage ich nur noch, daß ich mir bei der Briefstelle, die von Ihrem Hut handelte, in die Zunge gebissen habe. Also schwarz war er unten ? Wo hatte ich meine Augen ? Und geringfügig war mir die Beobachtung durchaus nicht. Dann war er aber oben in der Gänze weiß und das kann mich beirrt haben, da ich meiner Länge wegen auf ihn hinuntersah. Auch beugten Sie den Kopf ein wenig, als Sie den Hut anzogen. Kurz es gibt Entschuldigungen wie immer, aber was ich nicht ganz genau wußte, hätte ich nicht schreiben dürfen.

Mit den herzlichsten Grüßen und einem Handkuß, wenn's erlaubt ist.

Ihr Franz K.

1.XI.12

Liebes Fräulein Felice!

Sie dürfen mir diese Ansprache wenigstens für diesmal nicht übelnehmen, denn wenn ich, wie Sie es schon einige Male verlangten, über meine Lebensweise schreiben soll, so muß ich doch wahrscheinlich einige für mich heikle Dinge sagen, die ich gegenüber einem »gnädigen Fräulein« kaum herausbrächte. Übrigens kann die neue Ansprache nicht etwas gar so Schlimmes sein, sonst hätte ich sie nicht mit so großer und noch fortdauernder Zufriedenheit ausgedacht.

Mein Leben besteht und bestand im Grunde von jeher aus Versuchen zu schreiben und meist aus mißlungenen. Schrieb ich aber nicht, dann lag ich auch schon auf dem Boden, wert hinausgekehrt zu werden. Nun waren meine Kräfte seit jeher jämmerlich klein und, wenn ich es auch nicht offen eingesehen habe, so ergab es sich doch von selbst, daß ich auf allen Seiten sparen, überall mir ein wenig entgehen lassen müsse, um für das, was mir mein Hauptzweck schien, eine zur Not ausreichende Kraft zu behalten. Wo ich es aber nicht selbst tat (mein Gott! selbst an diesem Feiertag beim Journaldienst im Bureau keine Ruhe, sondern Besuch hinter Besuch wie eine losgelassene kleine Hölle) sondern irgendwo über mich hinaus wollte, wurde ich von selbst zurückgedrängt, geschädigt, beschämt, für immer geschwächt, aber gerade dieses, was mich für Augenblicke unglücklich machte, hat mir im Laufe der Zeit Vertrauen gegeben und ich fing zu glauben an, daß da irgendwo, wenn auch schwer aufzufinden, ein guter Stern sein müsse, unter dem man weiterleben könne. Ich habe mir einmal im einzelnen eine Aufstellung darüber gemacht, was ich dem Schreiben geopfert habe und darüber, was mir um des Schreibens willen genommen wurde oder besser, dessen Verlust nur mit dieser Erklärung sich ertragen ließ.

Und tatsächlich, so mager wie ich bin und ich bin der magerste Mensch, den ich kenne (was etwas sagen will, da ich schon viel in Sanatorien herumgekommen bin) ebenso ist auch sonst nichts an mir, was man in Rücksicht auf das Schreiben Überflüssiges und Überflüssiges im guten Sinne nennen könnte. Gibt es also eine höhere Macht, die mich benützen will oder benützt, dann liege ich als ein zumindest deutlich ausgearbeitetes Instrument in ihrer Hand; wenn nicht, dann bin ich gar nichts und werde plötzlich in einer fürchterlichen Leere übrig bleiben.

Jetzt habe ich mein Leben um das Denken an Sie erweitert und es gibt wohl kaum eine Viertelstunde während meines Wachseins, in der ich nicht an Sie gedacht hätte, und viele Viertelstunden, in denen ich nichts anderes tue. Aber selbst dieses steht mit meinem Schreiben im Zusammenhang, nur der Wellengang des Schreibens bestimmt mich und gewiß hätte ich in einer Zeit matten Schreibens niemals den Mut gehabt, mich an Sie zu wenden. Das ist so wahr, wie es wahr ist, daß ich seit jenem Abend ein Gefühl hatte als hätte ich eine Öffnung in der Brust, durch die es saugend und unbeherrscht ein- und auszog, bis sich mir eines Abends im Bett durch die Erinnerung an eine biblische Geschichte die Notwendigkeit jenes Gefühls wie auch die Wahrheit jener biblischen Geschichte gleichzeitig bewies. Wie Sie nun aber auch mit meinem Schreiben verschwistert sind, trotzdem ich bis dahin glaubte, gerade während des Schreibens nicht im geringsten an Sie zu denken, habe ich letzthin staunend gesehen. In einem kleinen Absatz, den ich geschrieben hatte, fanden sich unter anderem folgende Beziehungen zu Ihnen und zu Ihren Briefen: Jemand bekam eine Tafel Schokolade geschenkt. Es wurde von kleinen Abwechslungen gesprochen, die jemand während seines Dienstes hatte. Weiterhin gab es einen telephonischen Anruf. Und schließlich drängte jemand einen andern schlafen zu gehen und drohte ihm, ihn, wenn er nicht folgen werde, bis auf sein Zimmer zu führen, was sicher nur eine Erinnerung an den Ärger war, den Ihre Mutter hatte, als Sie so lange im Bureau blieben. – Solche Stellen sind mir besonders lieb, ich halte Sie darin, ohne daß Sie es fühlen und ohne daß Sie sich also wehren müßten. Und selbst wenn Sie einmal etwas Derartiges lesen sollten, werden Ihnen diese Kleinigkeiten bestimmt entgehen. Das dürfen Sie aber glauben, daß Sie vielleicht nirgends auf der Welt mit größerer Sorglosigkeit sich fangen lassen dürften als hier.

Meine Lebensweise ist nur auf das Schreiben hin eingerichtet und wenn sie Veränderungen erfährt, so nur deshalb, um möglicher Weise dem Schreiben besser zu entsprechen, denn die Zeit ist kurz, die Kräfte sind klein, das Bureau ist ein Schrecken, die Wohnung ist laut und man muß sich mit Kunststücken durchzuwinden suchen, wenn es mit einem schönen geraden Leben nicht geht. Die Befriedigung über ein derartiges Kunststück, das einem in der Zeiteinteilung gelungen ist, ist allerdings nichts gegenüber dem ewigen Jammer, daß jede Ermüdung sich in dem Geschriebenen viel besser und klarer aufzeichnet, als das, was man eigentlich aufschreiben wollte. Seit 1½ Monaten ist meine Zeiteinteilung mit einigen in den letzten Tagen infolge unerträglicher Schwäche eingetretenen Störungen die folgende: Von 8 bis 2 oder 2⅓ Bureau, bis 3 oder ½4 Mittagessen, von da ab Schlafen im Bett (meist nur Versuche, eine Woche lang habe ich in diesem Schlaf nur Montenegriner gesehn mit einer äußerst widerlichen, Kopfschmerzen verursachenden Deutlichkeit jedes Details ihrer komplizierten Kleidung) bis ½ 8, dann 10 Minuten Turnen, nackt bei offenem Fenster, dann eine Stunde Spazierengehn allein oder mit Max oder mit noch einem andern Freund, dann Nachtmahl innerhalb der Familie (ich habe 3 Schwestern, eine verheiratet, eine verlobt, die ledige ist mir, unbeschadet der Liebe zu den andern, die bei weitem liebste) dann um ½ 11 (oft wird aber auch sogar ½ 12) Niedersetzen zum Schreiben und dabeibleiben je nach Kraft, Lust und Glück bis 1, 2, 3 Uhr, einmal auch schon bis 6 Uhr früh. Dann wieder Turnen, wie oben, nur natürlich mit Vermeidung jeder Anstrengung, abwaschen und meist mit leichten Herzschmerzen und zuckender Bauchmuskulatur ins Bett. Dann alle möglichen Versuche einzuschlafen, d.h. Unmögliches zu erreichen, denn man kann nicht schlafen (der Herr verlangt sogar traumlosen Schlaf) und dabei gleichzeitig an seine Arbeiten denken und überdies die mit Bestimmtheit nicht zu entscheidende Frage mit Bestimmtheit lösen wollen, ob den nächsten Tag ein Brief von Ihnen kommen wird und zu welcher Zeit. So besteht die Nacht aus zwei Teilen, aus einem wachen und einem schlaflosen und wollte ich Ihnen darüber ausführlich schreiben und wollten Sie es anhören, ich würde niemals fertig werden. Natürlich ist es dann kein besonderes Wunder, wenn ich im Bureau am Morgen gerade knapp noch mit dem Ende meiner Kräfte zu arbeiten anfange. Vor einiger Zeit stand auf einem Korridor, über den ich immer zu meinem Schreibmaschinisten gehe, eine Bahre, auf der Akten und Drucksorten transportiert werden, und immer wenn ich an ihr vorüberging, schien sie mir vor allem für mich geeignet und auf mich zu warten. Um genau zu sein, darf ich nicht vergessen, daß ich nicht nur Beamter sondern auch Fabrikant bin. Mein Schwager hat nämlich eine Asbestfabrik, ich (allerdings nur mit einer Geldeinlage meines Vaters) bin Teilhaber und als solcher auch protokolliert. Diese Fabrik hat mir schon genug Leid und Sorgen gemacht, von denen ich aber jetzt nicht erzählen will, jedenfalls vernachlässige ich sie seit längerer Zeit (d.h. ich entziehe ihr meine im übrigen unbrauchbare Mitarbeit) so gut es geht und es geht so ziemlich.

Nun habe ich aber wieder so wenig erzählt und gar nicht gefragt und muß schon wieder schließen. Aber keine Antwort und noch zweifelloser keine Frage soll verlorengehen. Nun es gibt zwar ein Zaubermittel, mittelst dessen zwei Menschen, ohne einander zu sehen, ohne miteinander zu sprechen, zumindest das meiste Vergangene über einander erfahren können, mit einem Schlage förmlich, ohne einander alles schreiben zu müssen, aber es ist immerhin schon fast ein Mittel der hohen Magie (ohne daß es so aussieht) und an diese tritt man doch, wenn auch niemals unbelohnt, so noch gewisser auch niemals unbestraft heran. Deshalb spreche ich es auch nicht aus, Sie müßten es denn erraten. Es ist schrecklich kurz, wie alle Zaubersprüche.

Leben Sie wohl und lassen Sie mich diesen Wunsch durch einen langen Handkuß noch besiegeln.   Ihr Franz K.

Gnädiges Fräulein!

Wie denn? Sie werden auch müde? Es ist mir ein fast unheimliches Gefühl, Sie am Abend müde und allein in Ihrem Bureau zu wissen. Wie sind Sie denn im Bureau angezogen? Und worin besteht Ihre Hauptarbeit? Sie schreiben oder diktieren? Und es muß doch eine hohe Stellung sein, wenn Sie mit so vielen Leuten zu reden haben, denn der niedrige Beamte sitzt doch stumm bei seinem Tisch. Daß eine Fabrik bei Ihrem Bureau ist, hatte ich schon erraten, aber was wird da gemacht? Nur Parlographen? Ja kauft denn das jemand? Ich bin glücklich (falls ich in Ausnahmefällen nicht selbst auf der Maschine schreibe), einem lebendigen Menschen diktieren zu können (das ist meine Hauptarbeit), der hie und da, wenn mir gerade nichts einfällt, ein wenig einnickt oder der sich hie und da ein wenig ausstreckt oder die Pfeife anzündet und mich unterdessen ruhig aus dem Fenster schauen läßt? Oder der, wie heute z.B., als ich ihn wegen seines langsamen Schreibens beschimpfte, mich zur Besänftigung daran erinnert, daß ich einen Brief bekommen habe. Gibt es einen Parlographen, der das kann? Ich erinnere mich, daß uns vor einiger Zeit ein Diktaphon (damals hatte ich noch nicht das Vorurteil, das ich heute gegen die Fabrikate Ihrer Konkurrenz habe) vorgeführt wurde, aber das war unmäßig langweilig und unpraktisch. Ich kann mich also in das Geschäft nicht recht hineindenken und würde nur wünschen, daß es auch in Wirklichkeit so unbegründet und luftig organisiert wäre, wie ich es mir vorstelle, und daß Sie darin ein entsprechend leichtes und müheloses Leben führten. Übrigens kann ich auch Ihre Prager Filiale nicht finden, die meiner Erinnerung an eine Ihrer Bemerkungen nach in der Obstgasse oder Ferdinandstraße gelegen sein soll. Ich habe sie schon öfters gesucht, denn irgendein Zeichen oder eine Ahnung von Ihnen müßte ich doch aus dem Anblick der Firmatafel bekommen können.

Meine Bureauarbeit zu beschreiben, macht mir wenig Vergnügen. Sie ist an sich nicht wert, daß Sie von ihr erfahren, und sie ist auch nicht wert, daß ich Ihnen von ihr schreibe, denn sie läßt mir keine Zeit und Ruhe Ihnen zu schreiben, macht mich so fahrig und sinnlos wie ich jetzt bin und wird nur wieder zur Rache von den Gedanken an Sie so aufgestört, daß es eine Lust ist. Leben Sie wohl! Morgen kommt wahrscheinlich ein ruhiger Sonntag, dann schreibe ich Ihnen eine Menge. Und arbeiten Sie sich nicht müde! Machen Sie mich nicht traurig! – Und das schreibe ich an dem Tag, an dem Sie meinen Jammerbrief bekommen haben. Was sind wir für schwache Menschen!

Ihr Franz K.

Liebes Fräulein Felice!

Nun weint mein Neffe nebenan, meine Mutter nennt ihn unaufhörlich auf
tschechisch »braver Junge« und dann »kleiner Junge«, es ist schon 6 Uhr abends,
nein schon ½ 7, wie ich auf der Uhr sehe, ich habe mich nachmittag zu lange bei
Max aufgehalten, der mir 2 Kapitel einer neuen Geschichte »Aus der Nähschule« vorgelesen hat, die sehr schön geraten und voll mädchenhafter Gefühle
ist, die mir aber doch stellenweise gänzlich auseinandergeflogen ist vor dem Be-
streben, zu diesem Brief zu kommen, zu dem es mich, wenn ich genau rechne,
schon von 2 Uhr nachts an gezogen hat, dem Augenblick, in dem ich mit meinem andern Schreiben aufgehört habe. Nun ist aber schon so spät, meine ty-
rannische Zeiteinteilung setzt eigentlich schon voraus, daß ich eine Stunde lang
schlafe, überdies ist jetzt die letzte verhältnismäßige Stille in der Wohnung, die
ich vor der eigentlichen Nachtruhe haben kann, endlich liegen da Korrekturbogen, die ich schon einige Tage, ohne sie durchgesehen zu haben, auf dem Tische
habe und die morgen weggeschickt werden sollen und mir vielleicht die paar
Stunden Abend- und Nachtzeit glatt wegnehmen werden; aus allen diesen zum
größten Teil dummen Gründen wird es kein systematischer Brief werden wie
ich es wollte und wie es dem Sonntag auch zukommt. Aus allen diesen Gründen
aber, den letzten mit eingeschlossen, bin ich unzufrieden und traurig und die
winzige, ganz junge Katze, die ich aus der Küche höre, winselt mir aus dem
Herzen. Nun habe ich außerdem, wie ich es allerdings nicht anders erwarten
konnte, keinen Brief von Ihnen bekommen, da Ihre Briefe immer erst mit der
zweiten Post kommen, die sonntags nicht mehr ausgetragen wird, ich werde ihn
also im besten Falle erst morgen früh bekommen nach der langen Nacht. –
Kann mir bei solchen Umständen jemand verwehren, Sie zum kleinen Ersatz
alles dessen so anzusprechen, wie ich es oben getan habe? Und paßt diese Ansprache im Einzelnen und im Ganzen nicht so zusammen, daß man sich sie,
wenn sie einmal da ist, niemals wieder abgewöhnen kann?

Liebes Fräulein Felice, wie haben Sie diesen schönen, so schrecklich kurzen
Sonntag verbracht? Wenn es einen stören sollte, wenn ein anderer an einen
denkt, dann müßten Sie mitten in der Nacht aufgeschreckt worden sein, früh
beim Lesen im Bett müßten Sie die Zeilen verloren haben, beim Frühstück
müßten Sie einige Male über Cacao und Brötchen und sogar über die Mutter
hinweggeschaut haben, die Orchideen, die Sie in eine neue Wohnung trugen,
müßten Ihnen einmal in der Hand erstarrt sein und nur vielleicht jetzt bei
Schillings Flucht hätten Sie Ruhe, denn jetzt denke ich nicht an Sie, sondern
bin bei Ihnen. Aber ich bin nicht bei Ihnen, sondern habe gerade beim Schlußpunkt den Vater, der eben nachhause gekommen ist, im Nebenzimmer eine äußerst schlechte Geschäftsnachricht erzählen hören, bin hineingegangen und mit
Vater und Mutter paar Augenblicke traurig und zerstreut beisammen gestanden.

In den letzten Tagen sind mir noch zwei Ergänzungen zu unserem gemeinsamen Abend eingefallen, die eine habe ich zufällig in Ihren Briefen gefunden, die andere ist mir aus eigenem eingefallen.

Sie erzählten tatsächlich schon damals, und ich verstehe nicht, wie ich es vergessen konnte, daß es Ihnen ein unangenehmes Gefühl sei, allein im Hotel zu wohnen. Ich sagte damals hiezu wahrscheinlich, daß ich mich im Gegenteil im Hotelzimmer besonders behaglich fühle. Nun ist das für mich wirklich so, ich habe es besonders voriges Jahr erfahren, wo ich im tiefen Winter längere Zeit in nordböhmischen Städten und Städtchen reisen musste. Diesen Raum eines Hotelzimmers mit übersichtlichen vier Wänden, absperrbar für sich zu haben, sein aus bestimmten Stücken bestehendes Eigentum an bestimmten Stellen der Schränke, Tische und Kleiderrechen untergebracht zu wissen, gibt mir immer wieder wenigstens den Hauch eines Gefühls einer neuen, unverbrauchten, zu Besserem bestimmten, möglichst sich anspannenden Existenz, was ja allerdings vielleicht nichts anderes als eine über sich hinausgetriebene Verzweiflung ist, die sich in diesem kalten Grab eines Hotelzimmers am rechten Platze findet. Jedenfalls habe ich mich dort immer sehr wohl gefühlt und ich kann fast von jedem Hotelzimmer, in dem ich gelebt habe, nur das Beste erzählen. Im allgemeinen reisen wir ja wahrscheinlich beide nicht sehr viel. Aber wie ist es nun mit Ihrem Unbehagen, das Sie nicht einmal die Treppe Ihres Hauses in der Nacht allein hinauf gehen läßt? Sie müssen überdies ganz niedrig wohnen, wie könnte man sonst das Händeklatschen von der Straße her hören (ich verstehe überhaupt nicht, wie man es durch die geschlossenen Fenster hören kann). Und über diese niedrige Treppe wollen Sie allein nicht gehen? Sie, die so ruhig und zuversichtlich scheinen. Nein, da kann mir nicht genügen, was Sie mir über das Öffnen des Haustores geschrieben haben.

An jenem Abend wurde auch vom Jargontheater gesprochen. Sie hatten zwar einmal eine derartige Aufführung gesehen, konnten sich aber an den Titel des Stückes nicht mehr erinnern. Nun spielt, glaube ich, gerade jetzt in Berlin eine solche Truppe und bei ihr mein guter Freund, ein gewisser I. Löwy. Er war es übrigens, der mir in der langen Wartezeit zwischen Ihrem ersten und zweiten Brief unabsichtlich aber doch alles Dankes wert eine kleine Nachricht von Ihnen schickte. Er schreibt mir nämlich sehr oft und schickt mir auch sonst Bilder, Plakate, Zeitungsausschnitte und dgl. Da schickte er mir einmal auch ein Plakat des Leipziger Gastspiels der Truppe. Ich ließ es auf dem Schreibtisch zusammengefaltet liegen, fast ohne es angesehen zu haben. Wie es nun aber auf einem Schreibtisch zuzugehen pflegt, daß einmal das Unterste zuoberst kommt, ohne daß man es will, lag auch einmal gerade dieses Plakat (und nicht etwa ein anderes) obenauf und war überdies ganz aufgeschlagen. Zu diesem Zufall kam der andere, daß ich es genauer las, denn es sind ganz lustige Dinge drin, (eine Schauspielerin, eine verheiratete, ältere Dame, die ich übrigens sehr bewundere, wird dort »Primadonna« genannt, Löwy nennt sich sogar »Dramatist«) aber unten in der Ecke stand, zweifellos zum Erschrecken, die Immanuelkirchstraße in Berlin NO, in der das Plakat gedruckt worden ist. Und darum denke ich aus

Dankbarkeit heute, wo ich mich zum Glück nicht mehr mit derartigen Nachrichten über Sie begnügen muß, daran, ob Sie nicht einmal diese Schauspieler, von denen ich Ihnen übrigens endlos erzählen könnte, ansehen wollten. Ich weiß es nicht ganz bestimmt, ob sie jetzt in Berlin spielen, aber nach einer Karte dieses Löwy, sie liegt irgendwo auf meinem Tisch herum, glaube ich das annehmen zu können. Gewiß würde Ihnen dieser Mann wenigstens eine Viertelstunde lang sehr gefallen. Vielleicht könnten Sie ihn, wenn es Ihnen Spaß macht, vor dem Spiel oder nach dem Spiel zu sich rufen lassen, ihn durch Berufung auf mich zutraulich machen und ein Weilchen ihn anhören. Das ganze Jargontheater ist schön, ich war voriges Jahr wohl 20mal bei diesen Vorstellungen und im deutschen Theater vielleicht gar nicht. – Aber dieses Ganze, was ich da geschrieben habe, ist keine Bitte hinzugehen, nein, wahrhaftig nicht. Sie haben in Berlin schönere Theater und vielleicht oder höchstwahrscheinlich macht es schon die höchstwahrscheinliche Schäbigkeit des betreffenden Theatersaales Ihnen ganz unmöglich hineinzugehen. Ich hätte sogar Lust, alles, was ich darüber geschrieben habe, zu zerreißen und bitte Sie wenigstens, aus dieser Lust darauf zu schließen, daß ich Ihnen gar nicht anrate hinzugehen.

Und damit soll ich den Teil des Sonntags, den ich mit Ihrem Brief verbringe, beenden? Aber es wird spät und später und ich muß mich äußerst beeilen, wenn ich vor meiner Nachtschicht noch ein wenig Schlaf finden will. Sicher aber ist, daß ich ihn ohne diesen allerdings bei weitem nicht befriedigenden Brief niemals gefunden hätte. Und nun leben Sie wohl! Die elende Post, Ihr Brief liegt schon den ganzen Tag vielleicht in Prag und man entzieht mir ihn! Leben Sie wohl!

Ihr Franz K.

Nun ist Mitternacht vorüber, ich habe wirklich nur die Korrekturen fertig gemacht, geschlafen habe ich nicht und auch nichts für mich geschrieben. Jetzt anzufangen, dazu ist es doch schon zu spät, besonders da ich nicht geschlafen habe und so werde ich mich mit einer unterdrückten Unruhe ins Bett legen und um den Schlaf kämpfen müssen. Sie schlafen wohl schon längst und ich tue nicht recht, daß ich Ihren Schlaf noch mit dieser kleinen Ansprache beschwöre. Aber ich habe gerade Ihren letzten Brief ein wenig wieder vorgenommen und es ist mir eingefallen, ob Sie nicht die Arbeit bei dem Professor lassen sollten. Ich weiß zwar noch nicht, was es für eine Arbeit ist, aber wenn er Ihnen Abend für Abend goldene Worte diktieren sollte, es stünde nicht dafür, daß es Sie müde macht. Und jetzt sage ich Ihnen noch Gute Nacht und Sie danken mit ruhigen Atemzügen.

Ihr Franz K.

4.XI.12

Jetzt ist Montag ½ 11 Uhr vormittag. Seit Samstag ½ 11 Uhr warte ich auf einen Brief und es ist wieder nichts gekommen. Ich habe jeden Tag geschrieben (das ist nicht der geringste Vorwurf, denn es hat mich glücklich gemacht) aber verdiene ich wirklich kein Wort? Kein einziges Wort? Und wenn es auch nur die Antwort wäre »Ich will von Ihnen nichts mehr hören«. Dabei habe ich geglaubt, daß Ihr heutiger Brief eine kleine Entscheidung enthalten wird und nun ist das Nichtkommen des Briefes allerdings auch eine Entscheidung. Wäre ein Brief gekommen, ich hätte gleich geantwortet und die Antwort hätte mit einer Klage über die Länge der zwei endlosen Tage anfangen müssen. Und nun lassen Sie mich trostlos bei meinem trostlosen Schreibtisch sitzen!

5.XI.12

Liebes Fräulein Felice!
Wenn Sie wollen, daß ich Ihnen immer so schreibe, wie es wirklich ist, dann werden Sie mir auch meinen gestrigen verruchten, überflüssigen Schreckbrief leicht verzeihen, denn so wie es auf dem Papierfetzen stand, so war es auch tatsächlich Wort für Wort. Heute sind natürlich Ihre beiden letzten Briefe gekommen, der eine früh, der andere um zehn, ich habe nicht das geringste Recht zu klagen, bekomme sogar das Versprechen, jeden Tag einen Brief zu bekommen (Herz, höre, jeden Tag einen Brief!) und kann froh sein, wenn Sie mir verzeihen. Nur möchte ich Sie beschwören, wenn ein Brief schon für mich fertig ist, lassen Sie mich nicht darunter leiden, daß Sie keine Marke bei der Hand haben, werfen Sie ihn nur ungescheut und kräftig ohne Marke ein.

Das Leid ist, daß ich Ihnen, wenn nicht Sonntag ist, fast nur in meiner stumpfsten Tagesstunde von 3-4 Uhr schreiben kann. Im Bureau geht es nur selten – wie muß ich mich zurückhalten, wenn ich Ihren Brief gelesen habe! – schriebe ich Ihnen aber nicht jetzt, könnte ich dann gar nicht einschlafen vor Unbefriedigung, auch bekämen Sie den Brief nicht mehr am nächsten Tag und abends drängt sich auf meiner Stundeneinteilung die Zeit zu sehr. Übrigens sehe ich aus Ihrem Brief, daß ich auch an Feiertagen unvernünftig schreibe. Mein Herz ist wohl verhältnismäßig ganz gesund, aber es ist eben für ein menschliches Herz überhaupt nicht leicht, dem Trübsinn des schlechten Schreibens und dem Glück des guten Schreibens Stand zu halten. In den Sanatorien war ich nur wegen des Magens und der allgemeinen Schwäche und nicht zu vergessen der in sich selbst verliebten Hypochondrie. Aber von dem allen muß ich einmal ausführlicher schreiben. Nein, berühmten Ärzten glaube ich nicht; Ärzten glaube ich nur, wenn sie sagen, daß sie nichts wissen und außerdem hasse ich sie (hoffentlich lieben Sie keinen). Freilich Berlin würde ich mir schon zu einem freien, ruhigen Leben verordnen lassen, aber wo findet sich dieser mächtige Arzt? Und gerade die Immanuel-Kirchstraße muß gut für müde Menschen sein. Ich kann sie Ihnen beschreiben. Hören Sie: »Von Alexander Platz ziht sich eine lange, nicht belebt Strasse, Prenzloer Strasse, Prenzloer Allee. Welche hat viele Seitengässchen. Eins von diese Gässchen ist das Immanuel Kirchstrass.

Still, abgelegen, weit von dem immer roschenden Berlin. Das Gässchen beginnt mit eine gewenliche Kirche. Wi sa wi steht das Haus Nr 37 ganz schmall und hoch. Das Gässchen ist auch ganz schmall. Wenn ich dort bin, ist immer ruhig, still und ich frage, ist das noch Berlin?« So beschreibt mir in einem Brief, den ich gestern bekommen habe, der Schauspieler Löwy Ihre Gasse. Die letzte Frage ist dichterisch, finde ich, und das Ganze eine treue Beschreibung. Ich habe ihn vor einiger Zeit darum gebeten, ohne Angabe eines Grundes, und er schreibt mir das ebenso ohne weiter zu fragen. Allerdings wollte ich von dem Haus Nr 30 hören (nun wohnen Sie aber gar 29, wenn ich nicht irre) ich weiß nicht, warum er das Haus 37 für mich ausgesucht hat. Jetzt fällt mir übrigens ein, daß in diesem Haus vielleicht die Druckerei jenes Plakates ist. Nach diesem letzten Brief scheint die Truppe ihre letzte Berliner Vorstellung sonntags gegeben zu haben, aber es ist, soweit ich dies aus dem Brief herauslesen kann, möglich, daß sie nächsten Sonntag wieder spielt. Ich schreibe dies wieder nur zur Korrektur meiner letzten Angaben und mit allen Vorbehalten, die ich dort für den Rat-schlag, dieses Theater zu besuchen machte.

Das zauberhafte Wort steht zufällig auch in Ihrem vorletzten Brief und weiß es nicht. Es ist dort verloren zwischen vielen andern und wird, fürchte ich, in unseren Briefen niemals zu dem Range kommen, den es verdient, denn ich spre-che es zuerst auf keinen Fall aus und Sie werden es natürlich, selbst wenn Sie es erraten sollten, als erste nicht aussprechen. Vielleicht ist es gut so, denn, den Eintritt der Wirkung jenes Wortes vorausgesetzt, würden Sie Dinge in mir fin-den, die Sie nicht leiden wollten und was sollte ich dann anfangen?

Mein Schreiben und mein Verhältnis zum Schreiben würden Sie dann vor allem anders ansehen und mir nicht mehr »Maß und Ziel« anraten wollen. »Maß und Ziel« setzt die menschliche Schwäche schon genug. Müßte ich mich nicht auf dem einzigen Fleck, wo ich stehen kann, mit allem einsetzen, was ich habe? Wenn ich das nicht täte, was für ein heilloser Narr wäre ich! Es ist mög-lich, daß mein Schreiben nichts ist, aber dann ist es auch ganz bestimmt und zweifellos, daß ich ganz und gar nichts bin. Schone ich mich also darin, dann schone ich mich, richtig gesehen, eigentlich nicht, sondern bringe mich um. Für wie alt halten Sie mich übrigens? Vielleicht war an unserem Abend davon die Rede, ich weiß es nicht, vielleicht aber haben Sie nicht darauf geachtet.

Leben Sie wohl und meinen Sie es weiter gut mit mir und legen Sie nur immer ruhig die Briefe an Frau Sophie angefangen beiseite. Ich habe Frau F. [Friedmann] sehr gern, aber nicht so gern, daß ich ihr Ihre Briefe gönnte. Nein, wir sind in keinem Briefverkehr. Ich habe ihr nur 3 Briefe geschrieben: der erste war Klage Ihretwegen, der zweite Unruhe Ihretwegen, der dritte Dank Ihret-wegen. Adieu!

Ihr Franz K.

Liebes Fräulein Felice! Aber man zerreißt Sie ja vor meinen Augen! Geben Sie sich nicht mit zuviel Menschen ab, mit unnötig vielen? Woran gewiß nichts Arges wäre, wenn Sie nur mehr Zeit dafür hätten. Machen Sie nicht viele Arbeiten, Besuche, gehen Sie nicht zu manchen Unterhaltungen, bei denen nichts gewonnen wird als Unruhe? Ich bin da ein wenig lehrhaft, ohne von der Sache viel zu wissen und zu verstehn, aber Ihr letzter Brief ist so nervös, daß man das Verlangen bekommt, Ihre Hand einen Augenblick lang festzuhalten. Ich sage damit nichts gegen Einzelnes, nichts gegen die guten Verlockungen beim Professor, wenn ich auch über dem »Wasser und Gas« die Augen aufgerissen habe, nichts auch gegen das Stiftungsfest, zumal bei solchen Festen öfters Gruppenaufnahmen gemacht werden, die man leicht verschenken kann, ohne daß man eigentlich seine Photographie ausdrücklich mitschenkt. Und Auswärtigen kann man damit eine große Freude machen, wenn man will.

Über das Jargontheater habe ich gewiß nicht ironisch gesprochen, vielleicht gelacht, aber das gehört zur Liebe. Ich habe sogar vor einer Unzahl von Menschen, wie mir jetzt vorkommt, einen kleinen Einleitungsvortrag gehalten und der Löwy hat dann gespielt, gesungen und recitiert. Leider ist das Geld, das aus jener Unzahl herausgeschlagen wurde, nicht entsprechend unzählig gewesen. Über die Berliner Vorstellungen weiß ich nicht mehr als ich gestern schrieb, sonst enthält nämlich Löwy's letzter Brief nur Klage und Jammer. Nebenbei Klage auch darüber, daß sich in Berlin an Wochentagen nichts verdienen läßt, ein Vorwurf, den ich der Berlinerin nicht verschweigen darf. Im übrigen ist L. ein, wenn man ihn gewähren läßt, geradezu ununterbrochen begeisterter Mensch, ein »heißer Jude«, wie man im Osten sagt. Jetzt allerdings ist er aus verschiedenen Gründen, die zu erzählen zu lang, wenn auch nicht langweilig wäre, über alle Maßen unglücklich und das Schlimme ist, daß ich gar nicht weiß, wie ihm zu helfen wäre.

Meine sonntägliche Erwartung Ihres Briefes ist leicht zu erklären, ich ging eben ins Bureau nachschauen, aber damals war ich noch nicht eigentlich enttäuscht und blätterte in der vorhandenen Post nicht erwartungsvoll sondern bloß in Gedanken. Meine Wohnungsadresse ist Niklasstraße 36. Wie ist aber bitte die Ihre? Ich habe auf der Rückseite Ihrer Briefe schon drei verschiedene Adressen gelesen, ist es also Nr. 29? Ist es Ihnen nicht lästig, eingeschriebene Briefe zu bekommen? Ich schicke sie nicht bloß aus Nervosität, wenn auch nebenbei aus diesem Grunde, aber ich habe das Gefühl, daß ein solcher Brief mehr geradewegs in Ihre Hand kommt, nicht in dem nachlässigen Pendeln solcher traurig wandernden einfachen Briefe und ich sehe dabei immer die ausgestreckte Hand eines strammen Berliner Briefträgers, der Ihnen den Brief nötigenfalls aufzwingen würde, selbst wenn Sie sich wehrten. Man kann nicht genug Mithelfer haben, wenn man abhängig ist. – Leben Sie wohl! Ich bin stolz, daß in diesem Brief keine Klage steht, so schön es auch ist, Ihnen zu klagen.

Ihr Franz K.

Liebstes Fräulein Felice! Gestern habe ich vorgegeben, daß ich Sorge um Sie habe und habe mir Mühe gegeben, Ihnen zuzureden. Aber was tue ich selbst unterdessen? Quäle ich Sie nicht? Zwar nicht mit Absicht, denn das wäre unmöglich und müßte, wenn es so wäre, vor Ihrem letzten Brief vergehen wie das Teuflische vor dem Guten, aber durch mein Dasein, durch mein Dasein quäle ich Sie. Ich bin im Grunde unverwandelt, drehe mich weiter in meinem Kreise, habe nur ein neues, unerfülltes Verlangen zu meinem übrigen unerfüllten bekommen und habe eine neue menschliche Sicherheit, vielleicht meine stärkste, geschenkt erhalten zu meinem sonstigen Verlorensein. Sie aber fühlen sich unruhig und gestört, weinen im Traum, was ärger ist als schlaflos zu der Decke schauen, sind anders als an jenem Abend, wo Ihr Blick so ruhig von einem zum andern ging, durchhuschen alles, einmal sind in Ihrem Briefe 20 Leute, einmal keiner, kurz die Gewinne sind zwischen uns ungerecht, höchst ungerecht verteilt. (Was setzt Du Dich Mensch jetzt in diesem stillen Zimmer, das allerdings Dir gehört, mir gegenüber!)

Ich wiederhole, nicht ich habe das verschuldet, – was bin denn ich? – aber das, worauf mein Sinn seit jeher allein gerichtet war, und dessen Richtung auch jetzt seine einzige ist und in die er Sie treiben muß, wenn er Sie nicht verlieren will. Was ist das für eine traurige Gewalt, die ich da verurteilt bin, Ihnen anzutun!

Nach einer langen Unterbrechung (Hätte ich doch Zeit, hätte ich doch Zeit! Ich bekäme Ruhe und für alles den richtigen Überblick. Ich verstünde es, Ihnen vorsichtiger zu schreiben. Ich würde Sie niemals kränken, wie ich es jetzt tue, trotzdem ich nichts peinlicher vermeiden will. Ich bekäme Ruhe und würde nicht wie gerade vor paar Augenblicken oben in meinem Bureau in Gedanken an Sie über den Akten zittern und jetzt hier in der beiläufigen Stille dieses Zimmers stumpf dasitzen und zwischen den herabgelassenen Vorhängen aus dem Fenster sehen. Und wenn wir einander auch jeden Tag schreiben werden, wird es andere Tage geben als den heutigen und eine andere Bestimmung als das Unmögliche auszuführen, mit allen Kräften auseinanderfliegen und mit den gleichen Kräften sich zusammenhalten?)

Nur die Unterbrechung habe ich anzeigen können, sonst nichts, jetzt ist wieder Nachmittag, spät am Nachmittag ist es schon. Wie ich jetzt wieder Ihren Brief lese, befällt es mich, daß ich so gar nichts von Ihrem frühern Leben weiß und gerade nur Ihr Gesicht aus dem Epheu entwirren kann, aus dem Sie als kleines Mädchen auf das Feld hinübersahen. Und es gibt kaum eine Hilfe, mehr zu erfahren, als durch Geschriebenes möglich ist. Glauben Sie nicht daran! Ich wäre Ihnen unleidlich, käme ich selbst. So wie ich auf dem Weg zum Hotel war, so bin ich. Meine Lebensweise, durch die ich allerdings meinen Magen geheilt habe, käme Ihnen närrisch und unerträglich vor. Monatelang mußte mein Vater während meines Nachtessens die Zeitung vors Gesicht halten, ehe er sich daran gewöhnte. Seit einigen Jahren bin ich nun auch ganz unordentlich angezogen. Der gleiche Anzug dient mir für das Bureau, für die Gasse, für den Schreibtisch zuhause, ja sogar für Sommer und Winter. Ich bin gegen Kälte fast besser abgehärtet als ein Stück Holz, aber selbst das wäre schließlich noch kein Grund dafür, so wie ich es tue herumzugehen, also z.B. bis jetzt in den November hinein keinen Überrock, weder einen leichten oder einen schweren, getragen zu haben, auf der Gasse unter eingepackten Passanten einen Narren im Sommeranzug mit Sommerhütchen abzugeben, grundsätzlich ohne Weste zu gehen (ich bin der Erfinder der westenlosen Kleidung) wobei ich noch von nicht weiter zu beschreibenden Merkwürdigkeiten der Wäsche schweige. Wie würden Sie erschrecken, wenn Ihnen bei der Kirche, die ich mir am Beginne Ihrer Straße denke, ein solcher Mensch entgegenträte! Es gibt für meine Lebensweise (abgesehen davon, daß ich, seitdem ich sie führe, unvergleichlich gesünder bin als früher) einige Erklärungen, aber keine würden Sie gelten lassen, besonders da ich alles, was daran gesund sein mag (natürlich rauche ich auch nicht, trinke nicht Alkohol, nicht Kaffee, nicht Tee, esse im allgemeinen, womit ich eine lügenhafte Verschweigung gutmache, auch Schokolade nicht) durch ungenügenden Schlaf längst zunichte mache. Liebstes Fräulein Felice, verwerfen Sie mich aber deshalb nicht, suchen Sie mich auch nicht in diesen Dingen zu bessern und dulden Sie mich freundlich in der großen Entfernung. Denn sehen Sie, gestern abend z.B. kam ich aus dem eiskalten Wetter in meiner gewöhnlichen Tracht nachhause, setzte mich zu meinem fast Tag für Tag gleichförmigen Nachtmahl, hörte meinen Schwager und den, welcher es bald werden wird, manches erzählen, blieb dann, während man sich im Vorzimmer verabschiedete (ich nachtmahle jetzt zwischen ½ 10 und 10) allein im Zimmer und bekam ein solches Verlangen nach Ihnen, daß ich am liebsten das Gesicht auf den Tisch gelegt hätte, um irgendwie gehalten zu sein.

Sie halten mich für viel jünger als ich bin, und fast möchte ich mein Alter verschweigen, denn die hohe Zahl gibt gerade allem, womit ich Sie störe, noch Nachdruck. Ich bin sogar noch fast um ein Jahr älter als Max und werde am 3. Juli 30 Jahre alt. Allerdings sehe ich wie ein Junge aus und je nach der Menschenkenntnis des uneingeweihten Beurteilers schätzt man mein Alter auf 18-25 Jahre. Gestern habe ich vielleicht etwas über den Professor gesagt, das als Hochmut aufgefaßt werden könnte, still, es ist nichts als Eifersucht. Erst heute habe ich, wenigstens in meinem Sinn, etwas gegen ihn, da er Ihnen Binding empfohlen hat, von dem ich zwar nur sehr wenig kenne, aber keine Zeile, die nicht falscher, übertriebener Gesang wäre. Und diesen schickt er über Ihre Träume! – Und jetzt noch schnell. Warum springen Sie aus der Elektrischen? Mein erschrockenes Gesicht soll vor Ihnen sein, wenn Sie es nächstens tun wollen! Und der Augenarzt? Und die Kopfschmerzen? Ich lese Ihren nächsten Brief nicht, wenn er nicht zuerst Antworten darauf enthält.

Ihr Franz K.

Liebes Fräulein Felice!

Ihr vorvorletzter Brief (nicht Ihre »letzten Briefe«, wie Sie schreiben) hat mich beirrt, das ist gewiß, aber ich wußte nicht, daß es so arg gewesen wäre, wie ich jetzt Ihrem letzten Brief glauben muß. Bin ich wirklich so unsicher? Und zittert meine versteckteste Ungeduld und die unheilbare Unzufriedenheit in sichtbaren Buchstaben? Und muß ich mir von meinen Briefen sagen lassen, was ich meine? Wie traurig ist es um mich her und dahinein will ich Sie einbeziehen mit allen Kräften!

Ich weiß nicht, ob Sie sich mein Leben richtig vorstellen und daraus meine Empfindlichkeit begreifen, die nervös und immer bereit ist, aber einmal herausgelockt mich zurückläßt wie einen Stein. Ich habe Ihren Brief wohl schon 20 mal gelesen, als ich ihn bekam einige Male; vor der Schreibmaschine einige Male; eine Partei saß bei meinem Tisch, ich las Ihren Brief als wäre er gerade gekommen; ich habe ihn auf der Gasse gelesen und jetzt zuhause. Aber ich weiß mir keine Hilfe und fühle mich ohnmächtig. Wenn wir beisammen wären, würde ich schweigen, da wir entfernt sind, muß ich schreiben, ich käme sonst um vor Traurigkeit. Wer weiß, ob ich den Druck jener Hand nicht nötiger habe als Sie, nicht jener Hand, die beruhigt, aber jener, die Kraft gibt. Mit meiner Müdigkeit war es gestern so arg geworden, sterbemäßig arg schon, daß ich nach vielerlei Entschlüssen endlich doch mir das Schreiben in der gestrigen Nacht versagt habe. Ich bin abend zwei Stunden in den Gassen herumgegangen und bin erst zurückgekommen, bis die Hände in den Taschen recht steifgefroren waren. Dann habe ich 6 Stunden fast ununterbrochen geschlafen und habe nur eine undeutliche Erinnerung an einen Traum, der von Ihnen gehandelt und jedenfalls irgendeine unglückliche Begebenheit dargestellt hat. Es ist das erste Mal, daß ich von Ihnen träumte und mich daran erinnerte. Jetzt fällt mir ein, daß es gerade dieser Traum war, der mich das einzige Mal in dieser Nacht wenn auch nur flüchtig weckte. Früh wurde ich übrigens vor der gewöhnlichen Zeit geweckt, denn unser Fräulein stürmte in die Wohnung und brachte in Form eines Schreies, eines, wie es mir im Halbschlaf schien, geradezu mütterlichen Schreies, die Nachricht, daß meine Schwester kurz nach Mitternacht ein Mädchen geboren hat. Ich blieb noch eine Weile im Bett – ausdrücklich weckt man mich nicht einmal in der Not, wohl aber durch Lärm hinter allen Türen – und konnte den freundschaftlichen Anteil unseres Fräuleins an dieser Geburt nicht begreifen, da doch ich, der Bruder und Onkel, nicht die geringste Freundschaft fühlte, sondern nur Neid, nichts als wütenden Neid gegen meine Schwester oder besser gegen meinen Schwager, denn ich werde niemals ein Kind haben, das ist noch sicherer als – (ich will ein größeres Unglück nicht nutzlos aussprechen). So fröhlich also wie ich heute bin, so bin ich nach einer ausgeschlafenen Nacht und nach einem aus dummer Vorsicht versäumten Abend. Liebstes Fräulein!

Ihr Franz K.

Liebes Fräulein Felice!

Ich kann das Briefpapier jetzt um ½ 1 in der Nacht nicht holen, es ist nebenan im Zimmer, dort aber schläft meine Schwester, es ist ein kleines Durcheinander in der Wohnung, denn unser Enkel und Neffe ist wegen der Geburt seiner Schwester bei uns einquartiert. Darum schreibe ich auf diesem Fließpapier, womit ich Ihnen gleichzeitig eine Satzprobe meines kleinen Buches schicke.

Nun hören Sie, liebstes Fräulein, es ist mir, als bekämen meine Worte in der Stille der Nacht mehr Klarheit. „Wollen wir nicht meinen heutigen Nachmittagsbrief als Brief vergessen und als Mahnung behalten. Natürlich nur in gutem und bestem Einverständnis. Der heutige Nachmittag nach dem Brief wird mir an Schrecklichkeit unvergeßlich bleiben und die Zeit, während ich den Brief schrieb, war doch schon arg genug. So bin ich also, wenn ich einmal nichts für mich geschrieben habe (wenn natürlich auch nicht das allein mitgewirkt hat). Lebe ich nur für mich und für Gleichgültige oder Angewöhnte oder Anwesende, die durch ihre Gleichgültigkeit oder die Gewöhnung oder ihre lebendige, gegenwärtige Kraft meinen Mangel ersetzen, dann geht es doch selbst für mich unbemerkter vorüber. Wo ich mich aber jemandem nahe bringen und mich ganz einsetzen will, dann wird der Jammer unwiderleglich. Dann bin ich nichts und was will ich mit dem Nichts anfangen. Ich gestehe sogar, daß mir Ihr Brief am Vormittag (am Nachmittag war es schon anders) ganz zurecht kam, gerade solche Worte brauchte ich. Aber ich bin noch immer nicht erholt, merke ich, ich schreibe nicht klar genug, auch gegen diesen Brief hätte Ihr heutiger Vorwurf recht. Wir wollen es dem Schlaf überlassen und guten Göttern. Wie gefällt Ihnen die Schriftprobe (das Papier wird natürlich anders sein)? Sie ist zweifellos ein wenig übertrieben schön und würde besser für die Gesetzestafeln Moses passen als für meine kleinen Winkelzüge. Nun wird es aber schon so gedruckt. Leben Sie wohl! Ich brauche mehr Freundlichkeit als ich verdiene.

Ihr Franz K.

[Entwurf eines Briefes an Felice Bauer vom 9. November 1912]

Liebstes Fräulein! Sie dürfen mir nicht mehr schreiben, auch ich werde Ihnen nicht mehr schreiben. Ich müßte Sie durch mein Schreiben unglücklich machen, und mir ist doch nicht zu helfen. Um das einzusehen, hätte ich es nicht nötig gehabt, alle Uhrenschläge der heutigen Nacht abzuzählen, ich habe es ja vor meinem ersten Briefe klar gewußt, und wenn ich mich trotzdem an Sie zu hängen versucht habe, so verdiente ich allerdings dafür verflucht zu werden, wenn ich es nicht schon wäre. – Wenn Sie Ihre Briefe haben wollen, schicke ich sie natürlich zurück, so gerne ich sie behielte. Wenn Sie sie dennoch wollen, schreiben Sie mir eine leere Postkarte, zum Zeichen dessen. Dagegen bitte ich

Sie, so sehr ich kann, meine Briefe zu behalten. – Vergessen Sie rasch das Gespenst, das ich bin, und leben Sie fröhlich und ruhig wie früher.

11.XI.12

Liebstes Fräulein!

Gott sei Dank! sage auch ich. Wenn Sie wüßten, wie ich den Freitag und den Samstag verbracht habe und ganz besonders diese Nacht von Freitag auf Samstag. Da war wahrhaftig kein Uhrenschlag in keiner Viertelstunde, den ich zu zählen versäumt hätte. Ich hatte am Nachmittag meinen vorletzten Brief unter äußerster und notwendigster Selbstquälerei geschrieben, hatte dann einen Weg gemacht und verhältnismäßig spät mich niedergelegt. Es mag sein – ich weiß es nicht mehr genau – daß ich da vor lauter Traurigkeit eingeschlafen bin. Abend schrieb ich für mich drei oder vier Seiten, die nicht die schlechtesten waren, ich fragte mich vergeblich, wo es in mir noch so ruhige Orte gab, aus denen jenes floß, während ich von Ruhe ausgeschlossen war. Später glaubte ich schon, ein ganzer Mensch zu sein und schrieb jenen Brief auf Fließpapier, der sich mir wieder unter der Hand ins Böse verdrehte und den ich anstarrte, als hätte ich ihn nicht geschrieben, sondern bekommen. Dann legte ich mich nieder und schlief auffallend rasch wenn auch nur ganz oberflächlich ein. Aber – nach einer Viertelstunde war ich schon wieder wach, im halben Traum war es mir vorgekommen, als klopfe

[bricht ab]

(jetzt will ich eine dringende, abscheuliche, uralte, seit einer Woche mir schon drohende Sache erledigen, ohne mir einen Gedanken an Sie zu erlauben, Sie müssen mir dabei beistehen, vielleicht bekomme ich dann zum Lohn einen freien Augenblick und Ruhe für diesen Brief, der mir ganz genau so nahe geht wie mein Herzklopfen und der mir den Kopf ganz und gar erfüllt, als säße ich nicht in einer Anstalt, der ich meine halben Tage und mehr noch verkauft habe und die ihre scheinbar berechtigten Ansprüche ohne Unterbrechung an mich stellt, ein Glück noch, daß sich vor meinen verschlafenen Augen weniger wichtige Arbeiten verziehen, aber jetzt nicht mehr schreiben und arbeiten.)

Die Belohnung ist ausgeblieben, meine Arbeit jagt mich hin und her und das Denken an Sie ebenso, nur in andern Richtungen. Heute habe ich Ihre letzten 3 Briefe fast auf einmal bekommen. Ihre Güte ist unendlich. Vorläufig schicke ich diesen Brief so weg, ich schreibe heute wohl noch einige Male. Ich werde Ihnen genau erklären, warum ich gestern nicht geschrieben habe. Ich werfe diesen Brief so ein wie er ist, weil ich darunter leide, daß kein Brief von mir wenigstens sich zu Ihnen hinbewegt. Also ein Lebewohl nur für paar Stunden

Ihr Franz K.

Liebstes Fräulein!
Ich habe Sie also nicht verloren. Und ich war schon wahrhaftig überzeugt
davon. Jener Brief, in dem Sie einen meiner Briefe für fremd erklärten, hatte
mich entsetzt. Ich sah darin die unabsichtliche und nur desto entscheidendere
Bestätigung eines Fluches, dem ich gerade in der letzten Zeit wenigstens zum
größten Teil entwichen zu sein glaubte und dem ich nun wieder und mit dem
letzten Schlag verfallen sollte. Ich wußte mich nicht zu fassen, ich wußte Ihnen
nichts zu schreiben, die zwei Briefe von Samstag waren gekünstelt von einem
Ende zum andern, wahrhaft war nur meine Überzeugung, daß alles zu Ende
sei. – Hat es eine Bedeutung, daß gerade jetzt bei diesem Wort meine Mutter
weinend, aufgelöst von Weinen (sie geht eben ins Geschäft, sie ist den ganzen
Tag im Geschäft, schon seit 30 Jahren jeden Tag) zu mir hereinkommt, mich
streichelt, wissen will, was mir fehlt, warum ich bei Tisch nichts rede (aber das
tue ich doch schon seit langer Zeit, weil ich mich eben zusammenhalten muß)
und noch vieles mehr. Arme Mutter! Ich habe Sie aber sehr vernünftig getröstet,
geküßt und schließlich zum Lächeln gebracht, ja sogar noch erreicht, daß Sie
mich schon mit halb trockenen Augen wegen meines (übrigens schon seit Jahren geübten) Nichtjausens ziemlich energisch ausgezankt hat. Ich weiß ja auch
(sie weiß nicht, daß ich es weiß oder besser, es erst später erfahren habe) woher
diese äußerste Sorge um mich stammt. Aber davon ein anderes Mal.
   Denn wieder ist es so, daß ich vor Fülle dessen, was ich Ihnen sagen will,
nicht weiß, wo anfangen. Und trotzdem nehme ich diese letzten 3 Tage als
Boten unglücklicher, immer wartender Möglichkeiten und werde niemals in der
Unruhe eines Werketags einen größern Brief Ihnen schreiben. Sie müssen zustimmen und nicht böse sein und keine Vorwürfe machen. Denn sehen Sie, ich
bin jetzt so in der Laune, mich, ob Sie wollen oder nicht, vor Sie hinzuwerfen
und Ihnen hinzugeben, daß keine Spur und kein Andenken für irgendjemand
andern von mir bleibt, aber ich will nicht wieder, ob unschuldig oder schuldig,
eine Bemerkung wie in jenem Briefe lesen. Und nicht nur deshalb werde ich
Ihnen von jetzt ab nur kurze Briefe schreiben (dafür sonntags allerdings immer
einen mit Wolllust ungeheuren Brief) sondern auch deshalb, weil ich mich bis
zum letzten Atemzug für meinen Roman aufbrauchen will, der ja auch Ihnen
gehört oder besser eine klarere Vorstellung von dem Guten in mir Ihnen geben
soll als es die bloß hinweisenden Worte der längsten Briefe des längsten Lebens
könnten. Die Geschichte, die ich schreibe, und die allerdings ins Endlose angelegt ist, heißt, um Ihnen einen vorläufigen Begriff zu geben »Der Verschollene«
und handelt ausschließlich in den Vereinigten Staaten von Nordamerika. Vorläufig sind 5 Kapitel fertig, das 6te fast. Die einzelnen Kapitel heißen: I Der
Heizer II Der Onkel III Ein Landhaus bei New York IV Der Marsch nach Ram-
ses V Im Hotel Occidental VI Der Fall Robinson. – Ich habe diese Titel genannt, als ob man sich etwas dabei vorstellen könnte, das geht natürlich nicht,

aber ich will die Titel solange bei Ihnen aufheben, bis es möglich sein wird. Es ist die erste größere Arbeit, in der ich mich nach 15jähriger, bis auf Augenblicke trostloser Plage seit 1 ½ Monaten geborgen fühle. Die muß also fertig werden, das meinen Sie wohl auch und so will ich unter Ihrem Segen die kleine Zeit, die ich nur zu ungenauen, schrecklich lückenhaften, unvorsichtigen, gefährlichen Briefen an Sie verwenden könnte, zu jener Arbeit hinüberleiten, wo sich alles, wenigstens bis jetzt, von wo es auch gekommen ist, beruhigt und den richtigen Weg genommen hat. Sind Sie damit einverstanden? Und wollen Sie mich also nicht meinem trotz alledem schrecklichen Alleinsein überlassen? Liebstes Fräulein, ich gäbe jetzt etwas für einen Blick in Ihre Augen.

Alle Fragen beantworte ich Sonntag mit möglichstem Verstand, auch die, warum ich Ihnen gestern nicht geschrieben habe, es ist das eine umfangreiche Geschichte.

Wenn man nicht wegen Augenschmerzen beim Augenarzt war, muß man das ausdrücklich sagen!

Seit 3 Tagen versage ich mir das Vergnügen aus der Elektrischen zu springen, aus Angst, Sie könnten dann auf dem Wege irgendeiner Gedankenübertragung meine Warnung nicht genug ernst nehmen. Jetzt endlich habe ich Ihr festes Versprechen und darf also wieder springen. Dabei erinnere ich mich an einen Vorfall vom Samstag. Ich ging mit Max und beschrieb mich nicht gerade als einen überglücklichen Menschen. Ich gab dabei auf den Weg nicht recht acht und ein Wagen wich mir nur knapp aus. Noch in meinen Gedanken stampfte ich auf den Boden und rief etwas Unartikuliertes. Ich war im Augenblick tatsächlich darüber wütend, nicht überfahren worden zu sein. Der Kutscher mißverstand das natürlich und schimpfte mit Recht.

Nein, ganz zurückgezogen von meiner Familie lebe ich nicht. Das beweist die beiliegende Darstellung der akustischen Verhältnisse unserer Wohnung, die zur wenig schmerzlichen öffentlichen Züchtigung meiner Familie gerade in einer kleinen Prager Zeitschrift erschienen ist. – Im übrigen ist meine jüngste Schwester (schon über 20 Jahre alt) meine beste Prager Freundin und auch die zwei andern sind teilnehmend und gut. Nur der Vater und ich, wir hassen einander tapfer.

Wie das klingt, von Ihnen mit Du angesprochen zu werden, wenn auch nur in einem Zitat! Noch rasch, ehe Schluß wird, sagen Sie mir ein Mittel, damit ich nicht wie ein Narr vor Freude zittere, wenn ich im Bureau Ihre Briefe bekomme und lese, damit ich dort arbeiten kann und nicht hinausgeworfen werde. Ich könnte sie doch ruhig lesen, nicht? und für paar Stunden vergessen. Das müßte zu erreichen sein. Ihr Franz.

Fräulein Felice!

Jetzt werde ich Ihnen eine Bitte vortragen, die wahrhaftig wahnsinnig aussieht, und ich würde sie nicht anders beurteilen, wenn ich den Brief zu lesen bekäme. Es ist aber auch schon die stärkste Probe, auf die man den gütigsten Menschen stellen kann. Also ich bitte: Schreiben Sie mir nur einmal in der Woche und so, daß ich Ihren Brief Sonntag bekomme. Ich ertrage nämlich Ihre täglichen Briefe nicht, ich bin nicht imstande, sie zu ertragen. Ich antworte z.B. auf Ihren Brief und liege dann scheinbar still im Bett, aber ein Herzklopfen geht mir durch den Leib und weiß von nichts als von Ihnen. Wie ich Dir angehöre, es gibt wirklich keine andere Möglichkeit es auszudrücken und die ist zu schwach. Aber eben deshalb will ich nicht wissen, wie Du angezogen bist, denn es wirft mich durch-einander, daß ich nicht leben kann, und deshalb will ich nicht wissen, daß Du mir gut gesinnt bist, denn warum sitze ich, Narr, dann noch in meinem Bureau oder hier zuhause, statt mit geschlossenen Augen mich in den Zug zu werfen und sie erst zu öffnen, wenn ich bei Dir bin. Oh es gibt einen schlimmen, schlimmen Grund dafür, warum ich das nicht tue und kurz und gut: Ich bin noch knapp gesund für mich, aber nicht mehr zur Ehe und schon gar nicht zur Vaterschaft. Aber wenn ich Deinen Brief lese, könnte ich noch mehr als das Un-übersehbare übersehn.

Hätte ich nur schon Deine Antwort! Und wie scheußlich ich Dich quäle und wie ich Dich zwinge, in Deinem ruhigen Zimmer diesen Brief zu lesen, wie noch kein abscheulicherer auf Deinem Schreibtisch lag! Wahrhaftig manchmal scheint es mir, als zehrte ich wie ein Gespenst von Deinem glückbringenden Namen! Hätte ich doch meinen Samstagbrief abgeschickt, in dem ich Dich be-schwor, mir niemals mehr zu schreiben und Dir für mich das gleiche Verspre-chen gab. Du lieber Gott, was hat mich abgehalten, den Brief wegzuschicken. Alles wäre gut. Gibt es aber jetzt noch eine friedliche Lösung? Hilft es, daß wir einander nur einmal in der Woche schreiben? Nein, das wäre ein kleines Leiden, das durch solche Mittel zu beheben wäre. Ich sehe ja voraus, ich werde auch diese Sonntagsbriefe nicht ertragen. Und deshalb, um das am Samstag Ver-säumte gut zu machen, bitte ich Dich mit der am Ende dieses Briefes schon etwas versagenden Schreibkraft: lassen wir alles, wenn uns unser Leben lieb ist.

Wollte ich mich mit Dein unterschreiben? Nichts wäre falscher. Nein, mein und ewig an mich gebunden, das bin ich und damit muß ich auszukommen su-chen.

Franz

[Am Sonntag, den 17. November, mit einem
Strauß Rosen durch Boten überbracht.]
[13. November 1912]

Armseliger Versuch, verbrecherischen Worten unschuldige Rosen nachzuschik-
ken! Es ist aber eben so: Für das, was in einem einzigen Menschen Platz hat, ist
die Außenwelt zu klein, zu eindeutig, zu wahrhaftig. – Gut, aber dann soll sich
dieser Mensch wenigstens dem gegenüber, von dem er abzuhängen glaubt, bei
Besinnung halten. – Also gerade dort, wo es ganz und gar unmöglich ist?

14.XI.12

Liebste, Liebste! Wenn es so viel Güte in der Welt gibt, dann muß man sich
nicht fürchten, muß nicht unruhig sein. Dein Brief kam – ich saß bei meinem
Chef und wir besprachen die Versicherung der Feldspatgruben – da packte ich
den Brief wieder mit dem alten Händezittern und sah den Chef wie eine Erscheinung an. Aber kaum hatte ich ihn zwei- dreimal gelesen, war ich so ruhig,
wie ich es mir schon lange gewünscht und worum ich vor 3 Tagen in der Nacht
gebetet habe. Dein Umschlag – (das ist ja falsch, der Umschlag soll es heißen,
aber das Du und Dein will sich immerfort sehen lassen) – der Umschlag mit den
Beruhigungszeilen kann es nicht bewirkt haben, denn die habe ich erst später
gelesen und was in dem Briefe stand, das hätte mich doch schütteln müssen,
denn je mehr man bekommt, desto mehr muß man sich fürchten auf dieser rol-
lenden Erde – es kann also nur das Du gewesen sein, das mich festgehalten hat,
dieses Du, für das ich Dir auf den Knien danke, denn die Unruhe um Dich hat
es mir abgezwungen und nun gibst Du es mir ruhig wieder zurück. Du Liebste!
Kann ich jetzt Deiner sicher sein? Das »Sie«, das gleitet wie auf Schlittschuhen,
in der Lücke zwischen 2 Briefen kann es verschwunden sein, man muß dahinter her jagen mit Briefen und Gedanken am Morgen, am Abend, in der Nacht,
das Du aber, das steht doch, das bleibt wie Dein Brief da, der sich nicht rührt
und sich von mir küssen und wieder küssen läßt. Was ist das für ein Wort! So
lückenlos schließt nichts zwei Menschen aneinander, gar wenn sie nichts als
Worte haben wie wir zwei.
    Ich war heute der ruhigste Mensch im Bureau, so ruhig, wie es nur der
Strengste nach einer Woche wie der letzten von sich verlangen kann. Ich werde
Dir noch von ihr erzählen. Ja denke nur, ich sehe sogar gut aus, es gibt im Bureau immer einige Leute, die sich ein Gewerbe daraus machen, mein Aussehen
täglich zu überprüfen. Diese also sagten das. Ich hatte keine Eile, Dir zu antworten (was übrigens heute ganz unmöglich war) aber es war kein Zucken in
mir, das Dir nicht unaufhörlich antwortete und dankte.
    Liebste, Liebste! Das Wort wollte ich seitenlang aneinanderreihen, wenn ich
nicht fürchtete, daß es nicht verborgen bleiben könnte, was Du liest, wenn jetzt

jemand in Dein Zimmer treten würde, wenn Du dabei wärest, die so einförmig beschriebenen Seiten zu studieren. Gestern habe ich Dir nur paar Zeilen geschrieben, Du wirst sie erst Sonntag bekommen. Es würde mir Mühe machen, sie jetzt zurückzuholen, aber es ist auch unnötig; ich erwähne es nur, damit Du nicht unnötig erstaunst – Dich zum Erstaunen zu bringen, daran habe ich es ja bis jetzt wirklich nicht fehlen lassen – es sind paar Zeilen ohne Datum, Überschrift und Unterschrift und sie wollten in jammervoller Unsicherheit eine Wiedereroberung versuchen. Schau sie freundlich an!

Aber sag nur, woher weißt Du, daß das, was ich Dir hie und da in der letzten Zeit geschrieben habe, Qual und nicht Irrsinn gewesen ist. Es sah aber doch sehr nach dem letzten aus und ich hätte mich an Deiner Stelle nach Kräften beeilt, die Hand davon zurückzuziehen. Der letzte Brief z.B., der war nicht geschrieben, der war – verzeih den Ausdruck – erbrochen; ich lag im Bett und er fiel mir nicht in der Folge der Sätze ein, sondern als ein einziger, in schrecklicher Spannung sich befindlicher Satz, der mich töten zu wollen schien, wenn ich ihn nicht niederschrieb. Als ich dann wirklich schrieb, war es nicht mehr so arg, ich suchte schon mehr zusammen, folgte den Erinnerungen und strichweise gingen schon kleine tröstliche Unwahrheiten durch den Brief. Aber mit welcher Leichtigkeit trug ich ihn auf die Bahn, mit welcher Eile warf ich ihn ein, wie ging ich nachhause als ein unglückseliger, aber schließlich doch lebendiger Mensch, bis mich wieder die fürchterlichen zwei Stunden vor dem Einschlafen zu anderer Besinnung brachten.

Nichts mehr davon. Ich werde wieder Deine Briefe bekommen, schreib, wann Du willst oder besser wann Du kannst, halte Dich nicht im Bureau meinetwegen bis in den Abend auf, ich werde nicht leiden, wenn kein Brief kommt, denn wenn dann wieder einer kommt, wird er mir unter der Hand lebendig werden wie es noch – scheint mir – keinem Briefe je geschehen ist und meinen Augen und Lippen wird er alle nicht geschriebenen Briefe reichlich ersetzen. Du aber wirst mehr Zeit haben und spazieren gehn an diesen schönen Abenden, die es jetzt gibt (gestern war ich mit meiner jüngsten Schwester von 10 bis ½ 12 in der Nacht spazieren, um 10 sind wir weggegangen und um ½ 12 zurückgekommen, Du stellst sie Dir vielleicht nicht richtig vor, sie ist schon 20 Jahre alt und geradezu riesig groß und stark, aber kindisch genug) wenn Du nicht gerade zu den Proben eilen mußt. Daß Dir der »Humor« gut gelingt! Ich quäle ja Max und habe ihm schon auf allen möglichen Gassen Deinetwegen fast den Arm ausgerenkt, aber der Dumme weiß von dem ganzen Telephongespräch fast von nichts als von Deinem Lachen zu erzählen. Wie gut mußt Du das Telephonieren verstehn, wenn Du vor dem Telephon so lachen kannst. Mir vergeht das Lachen schon, wenn ich ans Telephon nur denke. Was würde mich sonst hindern, zur Post zu laufen und Dir einen guten Abend zu wünschen? Aber dort eine Stunde auf den Anschluß warten, sich an der Bank vor Unruhe festhalten, endlich gerufen werden und zum Telephon laufen, daß alles zittert, dann mit schwacher Stimme nach Dir fragen, endlich Dich hören und vielleicht nicht imstande zu sein zu antworten, Gott danken, daß die 3 Minuten vorüber sind und mit einem jetzt aber schon unerträglichen Verlangen nachhause zu gehn, wirklich mit Dir zu reden – nein, das lasse ich lieber sein. Übrigens die Möglichkeit bleibt ja als schöne Hoffnung, welches ist Deine Telephonnummer, ich fürchte, Max hat sie vergessen.

So und jetzt werde ich musterhaft schlafen. Liebste, meine Liebste, ich bin ganz unmusikalisch, aber wenn dazu nicht Musik gehört!   Dein Franz

14.XI.12

Liebste, laß Dich nicht stören, ich sage Dir bloß Gute Nacht und habe deshalb mitten auf einer Seite mein Schreiben unterbrochen. Ich habe Angst, daß ich Dir bald nicht mehr werde schreiben können, denn um jemandem (ich muß Dich mit allen Namen benennen, darum heiße einmal auch »jemand«) schreiben zu können, muß man sich doch vorstellen, daß man sein Gesicht vor sich hat, an das man sich wendet. Und vorstellbar ist mir Dein Gesicht sehr gut, daran würde es nicht scheitern. Aber die noch viel stärkere Vorstellung fängt immer häufiger an mich zu halten, daß mein Gesicht auf Deiner Schulter liegt und daß ich mehr erstickt als verständlich zu Deiner Schulter, zu Deinem Kleid, zu mir selbst rede während Du keine Ahnung haben kannst, was dort gesprochen wird.

Schläfst Du jetzt? Oder liest Du noch, was ich verurteilen würde? Oder bist Du gar noch auf einer Probe, was ich schon gar nicht hoffen will. Es ist nach meiner immer bummelnden, niemals aber verdorbenen Uhr in 7 Minuten ein Uhr. Merke, Du mußt mehr schlafen als andere Menschen, denn ich schlafe ein wenig, nicht viel Weniger als der Durchschnitt. Und ich weiß mir keinen bessern Ort, um meinen ungenützten Anteil am allgemeinen Schlaf aufzubewahren, als Deine lieben Augen.

Und bitte keine wüsten Träume! Ich mache in Gedanken einen Rundgang um Dein Bett und befehle Stille. Und nachdem ich hier Ordnung gemacht und vielleicht noch einen Betrunkenen aus der Immanuelkirchstraße gedrängt habe, kehre ich, ordentlicher auch in mir, zu meinem Schreiben oder vielleicht gar schon zum Schlaf zurück.

Schreib mir doch immer, Liebste, was Du zur beiläufigen Zeit meiner Briefe beiläufig gemacht hast. Ich werde danach dann meine Ahnungen kontrollieren, Du wirst nach Möglichkeit die Tatsachen meinen Ahnungen nähern und wäre es dann so unglaublich, daß sie beide endlich nach vielen Proben zusammentreffen und eine einzige große Wirklichkeit werden, derer man immer sicher ist. – Jetzt schlägt es also 1 vom Turm genau nach der Prager Zeit.

Adieu, Felice, adieu! Wie kamst Du zu dem Namen? Und flieg mir nicht fort! fällt mir irgendwie ein, vielleicht durch das Wort »Adieu«, das solche Flugkraft hat. Es müßte ja, denke ich mir, ein ausnehmendes Vergnügen sein, in die Höhe wegzufliegen, wenn man dadurch ein schweres Gewicht loswerden kann, das an einem hängt, wie ich an Dir. Laß Dich nicht verlocken durch die Erleichterung, die winkt. Bleib in der Täuschung, daß Du mich nötig hast. Denke Dich noch tiefer hinein. Denn sieh, Dir schadet es doch nichts, willst Du mich einmal los sein, so wirst Du immer genug Kräfte haben, es auch zu werden, mir aber hast Du in der Zwischenzeit ein Geschenk gemacht, wie ich es in diesem Leben zu finden auch nicht geträumt habe. So ist es, und wenn Du auch im Schlaf den Kopf schüttelst.   Franz

                                                                    15.XI.12

Du, das »Du« ist doch keine solche Hilfe, wie ich dachte. Und heute, also schon am zweiten Tag, bewährt es sich nicht. Ich hätte doch ruhig sein können und nichts war erklärlicher, als daß heute kein Brief kommt. Aber was mache ich? Da flattere ich auf den Gängen herum, schaue jedem Diener auf die Hände, gebe unnötige Aufträge, um nur jemanden hinunter zur Post eigens schicken zu können (denn ich bin im 4ten Stock, der Posteinlauf wird unten gesichtet, unsere Briefträger sind unpünktlich, außerdem haben wir Vorstandswahlen, der Einlauf ist ungeheuer und ehe man Deinen Brief aus den dummen Massen herausfindet, kann ich oben vor Ungeduld vergangen sein) schließlich laufe ich aus Mißtrauen gegen alle Welt selbst hinunter und finde natürlich nichts, denn wenn etwas gekommen wäre, hätte ich es ja so bald als möglich bekommen, denn 3 Leute sind von mir verpflichtet, mir Deinen Brief vor aller andern Post heraufzubringen. Wegen dieser ihrer Aufgabe verdienen die 3 hier genannt zu werden: Der erste ist der Diener Mergl, demüthig und bereitwillig, aber ich habe einen unbeherrschbaren Widerwillen gegen ihn, weil ich die Beobachtung gemacht habe, daß, wenn einmal meine Hoffnung hauptsächlich auf ihn gestellt ist, nur in den seltensten Fällen Dein Brief kommt. Das unabsichtlich grausame Aussehn dieses Menschen geht mir in solchen Fällen durch Mark und Bein. So war es ja auch heute, zumindest die leere Hand hätte ich prügeln wollen. Und doch scheint er Anteil zu nehmen. Ich schäme mich nicht einzugestehn, daß ich ihn schon einigemal an solchen leeren Tagen um seine Meinung darüber gefragt habe, ob vielleicht am nächsten Tag der Brief kommen wird und er war davon immer unter Verbeugungen überzeugt. Einmal erwartete ich – fällt mir jetzt ein – mit unsinniger Bestimmtheit einen Brief von Dir, es dürfte noch in dem schlimmen ersten Monat gewesen sein, da macht mir der Diener auf dem Gang die Meldung, die Sache sei angekommen und liege auf meinem Tisch. Aber als ich laufend zu meinem Tische komme, liegt dort nur eine Ansichtskarte von Max aus Venedig mit einem Bild von Bellini, darstellend: »Die Liebe, die Beherrscherin des Erdballs«. Aber was soll man mit Allgemeinheiten anfangen in seinem einzelnen, selbständig schmerzenden Fall! – Der zweite Bote ist der Chef des Expedits Wottawa, ein alter, kleiner Junggeselle mit einem faltigen, von verschiedenartigst nuancierten Farbflecken bedeckten, von Bartstoppeln starrenden Gesicht, und immer schmatzt er mit nassen Lippen an einer Virginia herum, aber überirdisch schön ist er, wenn er aus seiner Brusttasche, zwischen der Türe stehend, Deinen Brief zieht und mir übergibt, was doch – wohlverstanden – nicht eigentlich seine Aufgabe ist. Er ahnt etwas davon, denn er sucht immer, den zwei andern zuvorzukommen, wenn er nur Zeit hat, und bedauert es nicht, die 4 Stockwerke hinaufsteigen zu müssen. Allerdings ist mir wieder der Gedanke peinlich, daß er manchmal, um mir den Brief selbst übergeben zu können, ihn vor dem Diener zurückhält, der ihn hie und da früher bringen würde. Ja ohne Unruhe geht es eben nicht ab. – Die dritte Hoffnung ist das Fräulein Böhm. Ja also die macht das Überreichen des Briefes geradezu glücklich. Strahlend kommt sie und gibt mir den Brief, als sei es zwar scheinbar ein fremder Brief, betreffe aber in Wahrheit nur uns zwei, sie und mich. Ist es einem der zwei andern gelungen, den Brief zu bringen, und sage ich es ihr dann, möchte sie fast weinen und sie nimmt sich fest vor, den nächsten Tag besser aufzupassen. Aber das Haus ist sehr groß, wir haben über 250 Beamte und es schnappt ihr leicht ein anderer den Brief weg.

Heute waren alle drei ohne Arbeit. Ich bin neugierig, wie oft ich das noch wiederholen werde, da es doch ganz ausgeschlossen war, daß heute ein Brief kommt. Es war auch nur heute, daß ich unruhig gewesen bin, an diesem Übergangstag, wenn Du nach dem morgigen Brief nicht schreibst, werde ich mich gar nicht mehr darum kümmern. Früher sagte ich mir: »Sie schreibt nicht« und das war schlimm, jetzt aber werde ich sagen »Liebste, Du bist also spazierengegangen« und darüber werde ich mich nur freuen können. Um wieviel Uhr bekamst Du eigentlich meinen Nachtbrief?

Dein Franz

15.XI.12, 11 ½ Uhr abends

Liebste, heute schreibe ich Dir vor meinem Schreiben, damit ich nicht das Gefühl habe, Dich warten zu lassen, damit Du nicht mir gegenüber bist, sondern an meiner Seite und damit ich beruhigter dann für mich schreibe, denn, im Vertrauen gesagt, ich schreibe seit paar Tagen schrecklich wenig, ja fast nichts, ich habe zu viel mit Dir zu tun, zu viel an Dich zu denken.

Von den zwei Büchern, die vielleicht gar nicht rechtzeitig eintreffen werden, ist das eine für Deine Augen, das andere aber für Dein Herz. Das erste ist wirklich ein wenig willkürlich und zufällig ausgewählt, so schön es ist; es gibt viele Bücher, die ich Dir vor diesem geben müßte; nun soll es aber zeigen, daß zwischen uns auch schon das Willkürliche erlaubt ist, weil es sich ins Notwendige verwandelt. Die »Education sentimentale« aber ist ein Buch, das mir durch viele Jahre nahegestanden ist, wie kaum zwei oder drei Menschen; wann und wo ich es aufgeschlagen habe, hat es mich aufgeschreckt und völlig hingenommen, und ich habe mich dann immer als ein geistiges Kind dieses Schriftstellers gefühlt, wenn auch als ein armes und unbeholfenes. Schreib mir sofort, ob Du französisch liest. Du bekommst dann auch die neue französische Ausgabe. Schreib, daß Du französisch liest, auch wenn es nicht wahr ist, denn diese französische Ausgabe ist prachtvoll.

Zu Deinem Geburtstag (er fällt also mit dem Deiner Mutter zusammen, so unmittelbar setzt Du also ihr Leben fort?) darf gerade ich Dir gar nichts wünschen, denn wenn es auch sehr wahrscheinlich dringende Wünsche für Dich gibt, die gleichzeitig gegen mich gerichtet wären – nun, ich kann sie nicht aussprechen; was ich aber sagen könnte, wäre nur Eigennützigkeit. Damit ich nun, so wie es sein muß, ganz sicher schweige und keinen Wunsch aussprechen kann, erlaube mir, doch nur in der Ahnung, doch nur dieses eine Mal, Deinen geliebten Mund zu küssen.

Franz

15.XI.12 [16. November 1912]

Liebste, nicht so quälen! nicht so quälen! Du läßt mich auch heute, Samstag, ohne Brief, gerade heute, wo ich dachte, er müsse so bestimmt kommen wie es Tag wird nach der Nacht. Aber wer hat denn einen Brief verlangt, nur zwei Zeilen, ein Gruß, ein Briefumschlag, eine Karte, auf vier Briefe hin, dieses ist der fünfte, habe ich noch kein Wort von Dir gesehn. Geh', das ist nicht recht. Wie soll ich denn die langen Tage verbringen, arbeiten, reden und was man sonst von mir verlangt. Es ist ja vielleicht nichts geschehn, Du hattest nur keine Zeit, Theaterproben oder Vorbesprechungen haben Dich abgehalten, aber sag nur welcher Mensch kann Dich abhalten, an ein Seitentischchen zu treten, mit Bleistift auf einen Fetzen Papier »Felice« zu schreiben und mir das zu schicken. Und für mich wäre es schon so viel! Ein Zeichen Deines Lebens, eine Beruhigung in dem Wagnis, sich an ein Lebendiges gehängt zu haben. Morgen wird und muß ja ein Brief kommen, sonst weiß ich mir keinen Rat; dann wird auch alles gut sein und ich werde Dich dann nicht mehr mit Bitten um so häufiges Schreiben plagen; wenn aber morgen ein Brief kommt, dann ist es wieder unnötig, Dich Montag früh mit diesen Klagen im Bureau zu begrüßen; aber ich muß es, denn ich habe, wenn Du nicht antwortest, das durch keine Vernunft zu beseitigende Gefühl, daß Du Dich von mir abwendest, mit andern sprichst und an mich vergessen hast. Und das soll ich vielleicht stillschweigend dulden? Auch warte ich nicht zum ersten Mal auf einen Brief von Dir (wenn auch immer wie ich überzeugt bin ohne Deine Schuld) der beigelegte alte Brief beweist es.

Dein

Gnädiges Fräulein!

Eben hatte ich einen Weg zur Statthalterei, ging langsam hin und zurück, es ist eine hübsche Entfernung, man geht über den Fluß auf das andere Moldau-Ufer. Ich hatte mich damit abgefunden, daß heute kein Brief mehr von Ihnen kommt, denn bisher dachte ich, wenn er nicht gleich früh kommt, kann er nicht mehr kommen. Ich bin während der letzten zwei Tage aus verschiedenen Gründen ein wenig traurig und zerstreut und blieb auf dem Rückweg in der Belvederegasse stehn – auf der einen Straßenseite sind Wohngebäude, auf der andern die ungewöhnlich hohe Mauer des Gräflich Waldsteinischen Gartens – nahm, ohne viel zu denken, Ihre Briefe aus der Tasche, legte den Brief an Max, auf den es mir gerade nicht ankam und der zu oberst lag, zu unterst und las paar Zeilen Ihres ersten Briefes. Gewiß waren es zum großen Teil Schlafbewegungen, denn ich schlafe sehr wenig und fühle das, ohne eigentlich müde zu sein. Und nun komme ich ins Bureau und da liegt der unerwartete Brief in der prachtvollen Größe Ihres Briefpapiers und mit dem erfreulichsten Gewicht.

Wieder ist es keine Antwort, die ich schreibe, lassen wir Frage und Antwort sich verfitzen nach Belieben, über allem Schönen Ihres Briefes das Schönste ist die Erlaubnis, Ihnen schreiben zu dürfen, wann ich will. Denn schließlich dachte ich, es wäre vielleicht Zeit, mit dem Schreiben in seiner täglichen Wiederholung aufzuhören, in dieser Hinsicht kenne ich Sie nicht, vielleicht ist Ihnen die tägliche Erscheinung des Briefes peinlich, ich aber bin in meiner über mein ganzes Wesen ausgebreiteten Unpünktlichkeit darauf versessen, Ihnen, gerade Ihnen ohne Widerstand zu schreiben. Jetzt aber habe ich meine Erlaubnis, ich kann tun was ich will, und ebenso wie ich ohne Antwort wieder schreiben darf, habe ich die Hoffnung, falls ich unfähig sein sollte zu schreiben, trotzdem aus Gnade doch einen Brief zu bekommen, da ich ihn doch dann doppelt nötig habe.

Heute nur auf eines Antwort. Weg mit dem Pyramidon und allen solchen Dingen! Auf die Gründe der Kopfschmerzen losgehn, statt in die Apotheke! Schade, daß ich nicht eine längere Zeit Ihres Lebens überblicken kann, um zu wissen, wo der Beginn der Kopfschmerzen steckt. Ist Ihnen das Gefühl des Künstlichen, das solche Mittel in ihrer besten Wirkung noch haben, nicht unerträglicher als die Kopfschmerzen, mit denen man wenigstens von der Natur geschlagen ist. Im Übrigen gibt es nur Heilung von Mensch zu Mensch, so wie es Übertragung von Leid nur von Mensch zu Menschen gibt, wie es in diesem Fall mit Ihren Kopfschmerzen und mir geschieht.

Leben Sie wohl und bleiben Sie mir freundlich.

Ihr Kafka

Liebste, Allerliebste, ich ganz und gar Verdammter habe also den Ruhm, Dich Gesunde krank gemacht zu haben. Schone Dich, Du höre, schone Dich, was ich an Dir verschuldet habe, mache es mir zu Liebe an Dir wieder gut! Und ich wage es, Dir Vorwürfe wegen Deines Nichtschreibens zu machen und vergrabe mich so in eigene Unruhe und eigenes Verlangen, daß ich gar nicht fühle, daß Du krank bist, sondern lächerliche Vermutungen habe, Du seiest in Proben oder Unterhaltungen. Wahrhaftig wenn wir durch Erdteile getrennt wären und Du irgendwo in Asien lebtest, wir könnten nicht weiter auseinander sein. Jeder Deiner Briefe ist ja für mich unendlich und sei er noch so klein (Gott, was dreht sich mir denn alles zu scheinbaren Vorwürfen, Dein heutiger Brief ist nicht klein, er ist genau 10.000 mal größer als ich ihn verdiene) ich lese ihn bis zur Unterschrift und fange ihn wieder an und so geht es im schönsten Kreise. Aber schließlich muß ich doch einsehn, daß er einen Schlußpunkt hat, daß Du von ihm aufgestanden und weggegangen bist, für mich ins Dunkel. Da möchte man sich vor den Kopf schlagen. Heute war aber wirklich schon höchste Zeit, daß der Brief kam. Ich bin nicht so entschlossen wie Du, ich wollte nicht nach Berlin fahren, ich war bloß entschlossen, nicht früher aus dem Bett zu gehn ehe der Brief kam und zu diesem Entschluß gehörte keine besondere Kraft, ich konnte einfach vor Traurigkeit nicht aufstehn. Es schien mir auch, daß dieser Roman gestern in der Nacht sich sehr verschlechtert habe und ich lag zutiefst unten und hatte doch noch die klarste Erinnerung an das Glück nach jenem Einschreibebrief und wenn ich aufschaute, sah ich mich, der doch so elend war, förmlich noch immer in der Höhe im Glücke gehn. Vorgestern in der Nacht träumte ich zum zweiten Mal von Dir. Ein Briefträger brachte mir zwei Einschreibebriefe von Dir und zwar reichte er mir sie, in jeder Hand einen, mit einer prachtvoll präzisen Bewegung der Arme, die wie die Kolbenstangen einer Dampfmaschine zuckten. Gott, es waren Zauberbriefe. Ich konnte soviel beschriebene Bogen aus den Umschlägen ziehn, sie wurden nicht leer. Ich stand mitten auf einer Treppe und mußte die gelesenen Bogen, nimm es mir nicht übel, auf die Stufen werfen, wollte ich die weiteren Briefe aus den Umschlägen herausnehmen. Die ganze Treppe nach oben und unten war von diesen gelesenen Briefen hoch bedeckt und das lose aufeinandergelegte, elastische Papier rauschte mächtig. Es war ein richtiger Wunschtraum.

Aber heute am Tag mußte ich den Briefträger ganz anders herbeiziehen. Unsere Briefträger sind so unpünktlich. Um ¼ 12 erst kam der Brief, zehnmal wurden die verschiedensten Leute von meinem Bett aus auf die Treppe hinausgeschickt, als könnte ihn das herauflocken, ich selbst durfte nicht aufstehn, aber um ¼ 12 war der Brief also wirklich da, aufgerissen und in einem Atemzug gelesen. Ich war unglücklich über Dein Kranksein, aber – jetzt enthüllt sich meine Natur – ich wäre unglücklicher gewesen, wenn Du bei guter Gesundheit mir nicht geschrieben hättest. Aber jetzt haben wir uns also wieder und wollen nach einem guten Händedruck einer den andern gesünder machen und dann gesund miteinander fortleben. – Wieder antworte ich auf nichts, aber Antworten ist eben Sache der mündlichen Rede, durch Schreiben kann man nicht klug werden, höchstens eine Ahnung des Glücks bekommen. Ich werde Dir übrigens heute wohl noch schreiben, wenn ich auch noch heute viel herumlaufen muß und eine kleine Geschichte niederschreiben werde, die mir in dem Jammer im Bett eingefallen ist und mich innerlichst bedrängt.

Dein Franz

[am Rande] (Sei nicht unruhig, ich telephoniere auf keinen Fall, tu es auch nicht, ich ertrüge es nicht.)

18.XI.12 [Nacht vom 17. zum 18. November]

Meine Liebste, es ist ½2 nachts, die angekündigte Geschichte ist bei weitem noch nicht fertig, am Roman ist heute keine Zeile geschrieben worden, ich gehe mit wenig Begeisterung ins Bett. Hätte ich die Nacht frei, um sie, ohne die Feder abzusetzen, durchschreiben zu können bis zum Morgen! Es sollte eine schöne Nacht werden. Aber ich muß ins Bett, denn ich habe gestern Nacht schlecht, heute bei Tag fast gar nicht geschlafen und in gar zu jammervollem Zustand darf ich doch nicht ins Bureau gehn. Morgen Deine Briefe, Liebste, Liebste! Bin ich halbwegs wach, dann kräftigen sie mich zweifellos, bin ich aber im Dusel, dann möchte ich am liebsten im Sessel eingesunken fortwährend über ihnen sitzen und jedem Störer die Zähne entgegenfletschen. Nein, über das Bureau rege ich mich durchaus nicht zuviel auf, erkenne die Berechtigung der Aufregung daraus, daß sie schon fünf Jahre Bureauleben überdauert hat, von denen allerdings das erste Jahr ein ganz besonders schreckliches in einer Privatversicherungsanstalt war, mit Bureaustunden von 8 früh bis 7 abends, bis 8, bis ½9, pfui Teufel! Es gab da eine gewisse Stelle in einem kleinen Gang, der zu meinem Bureau führte, in dem mich fast jeden Morgen eine Verzweiflung anfiel, die für einen stärkeren, konsequenteren Charakter als ich es bin überreichlich zu einem geradezu seligen Selbstmord genügt hätte. Jetzt ist es natürlich viel besser, man ist sogar ganz unverdient liebenswürdig zu mir. Gar mein oberster Direktor. Letzthin lasen wir in seinem Bureau Kopf an Kopf aus einem Buch Gedichte von Heine während im Vorzimmer Diener, Bureauchefs, Parteien vielleicht mit den dringendsten Angelegenheiten ungeduldig darauf warteten vorgelassen zu werden. Aber es ist trotzdem arg genug und steht nicht für die Kräfte, die man darauf verwenden muß, es auch nur zu ertragen. Du ärgerst Dich doch nicht am Ende über diese Art Briefpapier, fällt mir jetzt ein? Das Briefpapier meiner Schwester habe ich vor paar Tagen aufgebraucht und selbst habe ich kaum jemals welches besessen. So reiße ich aus meinem diesjährigen Reisetagebuch ein Blatt nach dem andern heraus und bin unverschämt genug, es Dir zu schicken.

Suche es aber wieder dadurch auszugleichen, daß ich Dir ein Blatt, das gerade aus dem Heft gefallen ist, mitschicke mit einem Lied, das man im diesjährigen Sanatorium öfters am Morgen im Chor gesungen hat, in das ich mich verliebt und das ich abgeschrieben habe. Es ist ja sehr bekannt und Du kennst es wohl auch, überlies es doch einmal wieder. Und schicke mir das Blatt jedenfalls wieder zurück, ich kann es nicht entbehren. Wie das Gedicht trotz vollständiger Ergriffenheit ganz regelmäßig gebaut ist, jede Strophe besteht aus einem Ausruf und dann einer Neigung des Kopfes. Und daß die Trauer des Gedichtes wahrhaftig ist, das kann ich beschwören. Wenn ich nur die Melodie des Liedes behalten könnte, aber ich habe gar kein musikalisches Gedächtnis, mein Violinlehrer hat mich aus Verzweiflung in der Musikstunde lieber über Stöcke springen lassen, die er selbst gehalten hat, und die musikalischen Fortschritte bestanden darin, daß er von Stunde zu Stunde die Stöcke höher hielt. Und darum ist meine Melodie zu dem Lied sehr einförmig und eigentlich nur ein Seufzer. Liebste!

Franz

18.XI.12

Liebste, dieses Telegramm habe ich mir verdient! Du warst gewiß Samstag unbedingt verhindert zu schreiben und an und für sich hatte ich ja auch keinen Anspruch, heute einen Brief zu bekommen, diese unglückseligen Sonntage fangen auch schon an, ein regelmäßiges Unglück unseres Verkehrs zu werden – nun war ich aber von dem langen frühern Warten ein wenig außer Rand und Band, der gestrige Brief hatte mich nicht ganz gesättigt, besonders da er von Deinem leidenden Zustand handelte, nun versprachst Du mir aber mit einer Bestimmtheit, wie kaum je vorher für Montag einen oder zwei Briefe und es kam keiner, ich ging im Bureau ganz wirr herum, hundertmal stieß ich ein Buch weg, in dem ich etwas lesen sollte (Entscheidungen des Verwaltungsgerichtshofes, daß Du es weißt) hundertmal zog ich es nutzlos wieder näher, ein Ingenieur, mit dem ich wegen einer Ausstellung zu verhandeln hatte, hielt mich zweifellos für blödsinnig, denn ich stand da und dachte an nichts anderes, als daß gerade die Zeit der zweiten Post da sei, ja daß sie sogar schon vorbeizugehn drohe, und in meiner Verlorenheit sah ich immerfort und aufdringlich den kleinen, etwas verkrümmten Finger dieses Ingenieurs an, also gerade das, was ich nicht hätte ansehn sollen – Liebste! ich will nicht weiter erzählen, es würde ärger und ärger und schließlich selbst zum Lesen unerträglich. Und selbst das Telegraphieren hat sich nicht bewährt, wie ich dachte. Ich gab das Telegramm als ein dringendes um ½3 Uhr auf und erst um 11¼ in der Nacht kam die Antwort, also nach 9 Stunden, eine einmalige Fahrt nach Berlin dauert nicht so lang und man nähert sich dabei doch Berlin unzweifelhaft, während für mich die Hoffnung Antwort zu bekommen, immer kleiner wurde. Aber endlich das Läuten! Briefträger!

Mensch! Und was für ein freundliches, glückliches Gesicht er hatte. Es konnte nichts Schlimmes im Telegramm stehn. Natürlich nicht, es war nur Liebes und Gutes darin und so schaut es mich auch jetzt noch an, da es aufgeschlagen vor mir liegt.

Liebste, wo nimmt man die Kraft her und wie bewahrt man sich das Bewußtsein, wenn man aus diesem wahnsinnigen Leid in das Glück hinauffliegt?

Gerade setzte ich mich zu meiner gestrigen Geschichte mit einem unbegrenzten Verlangen, mich in sie auszugießen, deutlich von aller Trostlosigkeit aufgestachelt. Von so vielem bedrängt, über Dich in Ungewissem, gänzlich unfähig, mit dem Bureau auszukommen, angesichts dieses seit einem Tag stillstehenden Romans mit einem wilden Wunsch, die neue, gleichfalls mahnende Geschichte fortzusetzen, seit einigen Tagen und Nächten bedenklich nahe an vollständiger Schlaflosigkeit und noch einiges weniger Wichtige, aber doch Störende und Aufregende im Kopf – kurz, als ich heute meinen jetzt schon nur halbstündigen Spaziergang am Abend machte (immer natürlich nach Telegrammboten ausschauend, einen traf ich auch, aber weit, weit von meiner Wohnung) war ich fest entschlossen, zu meiner einzigen Rettung an einen Mann nach Schlesien zu schreiben, mit dem ich mich heuer im Sommer recht gut befreundet hatte und der mich in ganzen, langen Nachmittagen zu Jesus hatte bekehren wollen. – Nun ist aber das Telegramm hier und wir lassen jenen Brief noch ein Weilchen, Du liebste Versuchung! Jetzt weiß ich nur nicht, soll ich dem Telegramm zu Ehren die Geschichte schreiben oder schlafen gehn. – Und kein Wort der Abbitte für die Sorgen und Unannehmlichkeiten, die ich Dir mit dem Telegramm gemacht habe.

Franz

19.XI.12

Liebste, das sind keine Vorwürfe, nur Bitten um Erklärungen, ich werde ganz traurig, weil ich mich nicht auskenne. Es ist ganz recht, daß wir den Irrsinn der vielen Briefe lassen, ich habe darüber gestern selbst einen Brief angefangen und schicke Dir ihn morgen, aber diese Veränderung der Brieftermine kann doch nur im Einverständnis geschehn, muß doch vorher besprochen und angezeigt werden, sonst wird man davon ja verrückt. Wie soll ich mir also erklären, daß Du nach Deiner eigenen Mitteilung meinen letzten eingeschriebenen Brief Freitag vormittag bekommen oder wenigstens von ihm erfahren hast, daß Du mir aber erst Samstag auf ihn geantwortet hast, daß Du in dem Samstagbrief schreibst, Du werdest Samstag noch einmal schreiben, es aber nicht tust und ich Montag statt der versprochenen 2 Briefe keinen bekomme, daß Du weiter im Laufe des Sonntags kein Wort mir geschrieben hast, sondern erst in der Nacht den Brief, der mich ja glücklich macht, soweit ich dazu noch fähig bin und daß Du schließlich sogar am Montag nicht an mich geschrieben hättest, überhaupt nicht geschrieben hättest, wenn ich nicht telegraphiert hätte, denn Dein Expreßbrief ist der einzige Brief, den ich vom Montag habe. Aber das Sonderbarste und Erschreckende ist dieses: Du bist 1½ Tage krank, dabei die ganze Woche in Proben; trotzdem Du krank bist, gehst Du Samstag abend tanzen, kommst um 7 Uhr früh nachhause, bleibst bis 1 Uhr in der Nacht wach und gehst Montag abend auf einen Hausball. Um des Himmels willen, was ist das für ein Leben! Erklärungen, Liebste, bitte Erklärungen! Laß nur die Blumen und Bücher. Es ist ja nichts als meine Ohnmacht.

Franz

[Auf einem beigelegten Blatt] Wie ich jetzt sehe, hast Du mir ja auch im Sonntagbrief einen Brief am Montag bestimmt versprochen.

20.XI.12

Liebste, was habe ich Dir denn getan, daß Du mich so quälst? Heute wieder kein Brief, nicht mit der ersten, nicht mit der zweiten Post. Wie Du mich leiden läßt! Während ein geschriebenes Wort von Dir mich glücklich machen könnte! Du hast mich satt, es gibt keine andere Erklärung, es ist schließlich kein Wunder, unverständlich ist nur, daß Du es mir nicht schreibst. Wenn ich weiterleben will, darf ich nicht wie diese endlosen letzten Tage nutzlos auf Nachrichten von Dir warten. Aber Hoffnung, Nachricht von Dir zu bekommen, habe ich nicht mehr. Ich muß mir also den Abschied, den Du mir stillschweigend gibst, ausdrücklich wiederholen. Ich möchte das Gesicht auf diesen Brief werfen, damit er nicht weggeschickt werden kann, aber er muß weggeschickt werden. Ich warte also auf keine Briefe mehr.

Franz

[Vermutlich Nacht vom 20. zum 21. November 1912]

Liebste, meine Liebste, es ist ½ 2 in der Nacht. Habe ich Dich mit meinem Vormittagsbrief gekränkt? Was weiß denn ich von den Verpflichtungen, die Du gegen Deine Verwandten und Bekannten hast! Du plagst Dich und ich plage Dich mit Vorwürfen wegen Deiner Plage. Bitte, Liebste, verzeihe mir! Schicke mir eine Rose zum Zeichen, daß Du mir verzeihst. Ich bin nicht eigentlich müde, aber dumpf und schwer, ich finde nicht die richtigen Worte. Ich kann nur sagen, bleib bei mir und verlaß mich nicht. Und wenn irgendeiner meiner Feinde aus mir heraus Dir solche Briefe schreibt, wie es der heutige vom Vormittag war, dann glaube ihm nicht, sondern schau durch ihn hindurch in mein Herz. Es ist ja ein so schlimmes, schweres Leben, wie kann man auch einen Menschen mit bloßen geschriebenen Worten halten wollen, zum Halten sind die Hände da. Aber in dieser Hand habe ich die Deine, die ich zum Leben unbedingt nötig habe, nur drei Augenblicke lang halten dürfen, als ich ins Zimmer trat, als Du mir die Reise nach Palästina versprachst und als ich Narr Dich in den Aufzug steigen ließ. Darf ich Dich also küssen? Aber auf diesem kläglichen Papier? Ebenso gut könnte ich das Fenster aufreißen und die Nachtluft küssen. Liebste, sei mir nicht böse! Ich verlange von Dir nichts anderes.

Franz

[21. November 1912]

Liebste! armes Kind! Du hast einen kläglichen und äußerst unbequemen Liebhaber. Bekommt er zwei Tage lang keinen Brief von Dir, schlägt er wenn auch nur mit Worten besinnungslos um sich und kann es im Augenblick nicht fassen, daß er Dir damit weh tut. Aber nachher allerdings packt ihn die Reue und Du brauchst nicht besorgt zu sein, daß Deine durch ihn veranlaßte Unruhe nicht an ihm gerächt würde bis auf das kleinste Zucken Deines Mundes. Liebste, nach Deinen zwei heutigen Briefen scheinst Du mich noch ein Weilchen dulden zu wollen, bitte, bitte, ändere Deine Meinung auch nach meinem gestrigen Briefe nicht. Ich werde Dich übrigens heute noch wahrscheinlich telegraphisch um Verzeihung bitten.

Aber begreife nur meine Sorge um Dich, die schreckliche Ungeduld, das Brennen des einen Gedankens in meinem Kopf, die Unfähigkeit, auch nur das Geringste damit nicht Zusammenhängende auszuführen, dieses Leben im Bureau, die Blicke immerfort auf die Tür gerichtet, hinter den geschlossenen Augen im Bett die unerträglichen Vorstellungen, das Schlafwandeln und gleichgültige Stolpern auf den Gassen, das Herz, das nicht mehr klopft, sondern nur eine zerrende Muskel ist, das halbzerstörte Schreiben – begreife das alles und sei nicht böse. Jetzt habe ich ja die Erklärung für Dein Nichtschreiben, aber höre nur: Montag bekam ich keinen einzigen Brief, der Brief, der Deiner Meinung nach Montag hätte kommen sollen, müßte Samstag abend eingeworfen worden sein, also dieser Brief ist jedenfalls verlorengegangen, ich bekam nur am Sonntag Deinen Samstagvormittagbrief; was stand nur in diesem Samstagabendbrief, schreib es mir, wenn Du es noch weißt, damit ich mir wenigstens in der Erinnerung den schlimmen Montag versüße. Nun hatte ich also Montag keinen Brief, Dienstag nur den Sonntagbrief und den mit Gewalt erpreßten Eilbrief, aber Mittwoch war nun wieder kein Brief da. Das war für mich schon wirklich zu arg und ich schrieb den gestrigen Brief, um nur einen kleinen Teil dieser mich sprengenden Gefühle loszuwerden. Bedenke, daß es für mich wirklich keine andere Erklärung gab, als daß Du entweder kraft eines mich verfolgenden Fluches aus eigenem Willen Schluß machen wolltest oder aber, was das gleiche war, daß Deine Mutter Dir verboten hatte zu schreiben, diese Mutter, die, ich erinnere mich noch genau, in Deinen ersten Briefen mir in so freundlichem

Lichte erschien, als sie Dir vom Balkon nachwinkte, als sie über Dein geringes Frühstück klagte, als sie Dich telephonisch nachhause rief, da Du zu lang im Bureau bliebst und die für mich allmählich immer düsterer wurde, als sie Handarbeiten zum Geburtstag verlangte, als sie Deine Bureauarbeit nicht richtig einschätzte, als sie Dich zu Deiner Meinung nach überflüssigen Besuchen zwang, als sie Dir einen »Totenschreck« verursachte als sie abends ins Zimmer trat, während Du im Bette schriebst, und einiges andere noch. Und so verbiß ich mich in diese zwei einzigen Erklärungen, konnte davon nicht loskommen und schrieb also jenen Brief. Jetzt sehe ich, daß zweifellos der Berliner Feiertag, den ich allerdings vom Kalender hätte nur ablesen brauchen, daran schuld war, daß ich Deinen Dienstagbrief erst heute Donnerstag bekam. Ist also wieder einmal alles durch mich Verschuldete durch Deine Güte wieder gutgemacht und darf ich in einem Kuß diese Tage und alles Traurige vergessen? Es scheint mir aber auch fast, daß irgendeiner meiner Briefe verlorengegangen sein muß. Ich habe Dir seit Freitag [8. November] meiner beiläufigen Rechnung nach gewiß 14 oder 15 Briefe geschrieben und Du solltest am Dienstag nur einen Brief bekommen haben? Um eine Stichprobe zu machen, schreibe mir, ob Du die Briefe, denen ich etwas beilegte und an die ich mich deshalb bestimmt erinnere, erhalten hast. Einem Brief lag ein alter Brief bei, der zu seiner Zeit nicht weggeschickt wurde und mit der komischen Ansprache aus unvordenklicher Zeit »Gnädiges Fräulein« begann, dem zweiten Brief lag ein gedruckter Zettel bei mit der Beschreibung des Lärms in meiner Wohnung. Ja, die Strindbergzitate habe ich wohl gelesen und verstehe gar nicht, daß ich Dir darüber nicht geschrieben haben sollte. Es sind schreckliche Wahrheiten und es ist bewunderungswert, sie so frei ausgesprochen zu haben, aber es gibt Zeiten, wo man fürchtet, noch schrecklichere Wahrheiten in sich rumoren zu fühlen. Groß ist die Wahrheit dessen, daß man sich ganz anders behütet, wenn man liebt, man geht vielen Gedanken aus dem Wege, will viele Worte nicht hören, und manches, das man in Zerstreutheit früher aufnahm, empfindet man als ein Bohren. Nur leichtere Diät kann man fast unmöglich einführen und Wein ersetzt man durch Fruchtsäfte, wenn man überhaupt trinkt, was man nur selten tut. Ich esse dreimal im Tag, in der Zwischenzeit gar nichts, aber nicht das Geringste. Früh Kompott, Cakes und Milch. Um ½ 3 aus Kindesliebe so wie die andern, nur im ganzen etwas weniger als die andern und im einzelnen noch weniger Fleisch als wenig und mehr Gemüse. Abend um ½ 10 im Winter Joghurt, Simonsbrot, Butter, Nüsse aller Art, Kastanien, Datteln, Feigen, Trauben, Mandeln, Rosinen, Kürbisse, Bananen, Äpfel, Birnen, Orangen. Alles wird natürlich in Auswahl gegessen und nicht etwa durcheinander wie aus einem Füllhorn in mich hineingeworfen. Es gibt kein Essen, das für mich anregender wäre als dieses. Bestehe nicht auf den überflüssigen 3 Bissen, sieh, alles ist zu Deinem Wohl gegessen und diese 3 Bissen wären zu meinem Wehe.

Wegen Deiner Briefe habe keine Sorge, sie sind das einzige, was innerhalb der ungeheuren Unordnung meines Schreibtisches geordnet und abgesperrt ist, und sooft ich sie herausnehme – es geschieht wahrhaftig nicht selten – werden sie wieder geordnet zurückgelegt. – Gott, ich habe Dir so vieles noch zu sagen und zu antworten und es ist wieder Schluß und überdies schon 3 Uhr. Also morgen das andere. Ja, wenn Du Samstag früh den Brief einwirfst, habe ich ihn Sonntag und der Sonntag wird einigemal schöner als sonst.

Franz

[Nachschrift über dem Briefkopf] Ich telegraphiere doch lieber nicht. Es würde Dich unnütz erschrecken. Die 4 Briefe, die Du heute bekommen haben mußt, gleichen sich wohl im Guten und Bösen aus. – Bist Du als Humor aufgetreten? Gibt es ein Bild davon? Über mein Bild morgen.

21.XI.12

Meine Liebste, da habe ich jetzt Dein Telegramm und sehe den Schaden, den ich angerichtet habe. Ich habe Dir schon wie ich aus dem Bureau ging einen riesigen Expreßbrief geschickt und nur in der Zerstreutheit vergessen, ihn auch »eingeschrieben« aufzugeben. Angesichts Deines Telegramms bekomme ich nun Angst, daß dieser Expreßbrief, um das Unglück voll zu machen, vielleicht nicht ankommt, denn die Post verfolgt uns wirklich und das Postfräulein, dem ich den Brief gab, war recht unordentlich und fahrig. Deshalb also schicke ich noch diesen rekommandierten Brief in der Eile, wenn ich schon nicht telegraphieren darf. Hoffentlich bekommst Du beide und nimmst sie versöhnt und freundlich auf. Schrecklich ist es, daß unsere Korrespondenz sich so durch Katastrophen weitertreibt. Es liegt doch schon gerade genug Plage in dem Entferntsein selbst, warum noch diese Schläge überdies! Du telegraphierst, daß Du auch Montag mir geschrieben hättest, da mußt Du also einen andern Montagbrief meinen als jenen Eilbrief, den ich doch schon bestätigt habe. Ist dies der Fall, dann wäre nicht nur Dein zweiter Samstagbrief, sondern auch dieser erste Montagbrief verlorengegangen. Das wäre doch wahrhaftig entsetzlich. Man kann ja solchen Briefen nachforschen lassen und ich hätte es auch hinsichtlich jenes alten verlorenen Briefes machen können, aber es ginge nicht, ohne daß Du mit Protokollaufnahmen belästigt würdest, und da ließ ich es damals sein und werde es wohl auch diesmal lieber lassen. In der Zeit, während welcher Dich irgendein Postbeamter ausfragt, kannst Du mir ja besser einen kleinen frischen Gruß schicken, und der alte Brief bliebe ja trotz alles Fragens verloren.

Nun ist das Schlimme aber, daß nicht nur ich durch alles dieses ganz zerrüttet bin und mich erst langsam an Deinen wunderbaren heutigen Briefen aufrichte, sondern daß ich roher Weise alle Vorsorge getroffen habe, Dich in dieses Leiden mit hineinzuziehn.

Du schreibst mir wieder, nicht wahr?

Franz

Liebste, es ist ein Glück, daß ich Dir nicht vor 2 Stunden geschrieben habe, sonst hätte ich über meine Mutter Dinge geschrieben, wegen deren Du mich hättest hassen müssen. Jetzt bin ich ruhiger und darf Dir mit besserer Zuversicht schreiben. Gut sieht es noch in mir nicht aus, aber es wird schon werden und was nicht von selbst würde, wird es aus Liebe zu Dir. Meine Schuld daran, daß die Mutter einen Deiner Briefe lesen konnte, ist unverzeihlich und prügelnswert. Ich schrieb Dir wohl schon, daß ich die Gewohnheit habe, Deine Briefe bei mir zu tragen, es ging eine Stärkung von ihnen dauernd in mich über, ich ging als besserer, tüchtigerer Mensch herum. Natürlich trage ich jetzt nicht alle Briefe bei mir herum wie in jenen ersten, armseligen Zeiten, aber den letzten oder die zwei letzten noch immerhin. Das hat das Unglück verschuldet. Ich trage zuhause einen andern Rock und hänge den Rock des Straßenanzuges an den Kleiderrechen in meinem Zimmer. Die Mutter ging durch mein Zimmer als ich gerade nicht darin war – mein Zimmer ist ein Durchgangszimmer oder besser eine Verbindungsstraße zwischen dem Wohnzimmer und dem Schlafzimmer der Eltern – sah den Brief aus der Brusttasche schimmern, zog ihn mit der Zudringlichkeit der Liebe heraus, las ihn und schrieb Dir. Ihre Liebe zu mir ist gerade so groß, wie ihr Unverstand mir gegenüber, und die Rücksichtslosigkeit, die aus diesem Unverstand in ihre Liebe übergeht, ist womöglich noch größer und für mich zeitweilig ganz unfaßbar.

Ich nahm Deine heutigen Briefe als ein Ganzes und Deine Ratschläge betreffend das Essen und den Schlaf verblüfften mich nicht besonders, was sie doch eigentlich hätten tun müssen, da ich Dir doch schon geschrieben hatte, wie froh ich bin, die gegenwärtige Lebensweise gefunden zu haben, welche die einzige halbwegs befriedigende Lösung der Widersprüche ist, in denen ich leben muß. Als mir aber Max heute eine auch nur ganz zarte Andeutung machte wegen der Aufbewahrung von Briefen und wie seine Sachen vor den Eltern niemals sicher sind – seines Vaters Suchen und Forschen in allen Zimmerecken ist mir geradezu schon aus der Anschauung bekannt – da liefen mir mit diesen Bemerkungen alle zugehörigen Bemerkungen aus Deinen heutigen Briefen zusammen, denn Deine Briefe waren mir wie immer so auch diesmal so gegenwärtig wie der Gesichtsausdruck des Menschen, mit dem ich spreche – und ich wußte bald nicht alles zwar, aber genug, um Max zu zwingen, alles zu sagen.

Um Verzeihung kann ich Dich nicht bitten, denn wie könntest selbst Du Gütigste dieses verzeihn. Diese Schuld behalte ich schon und werde sie mit mir herumtragen. Alles war schon so gut, ich freute mich schon, das Glück, das Du für mich bist, in Ruhe genießen zu können, ich sah schon in Deiner Bemerkung über die Weihnachtsferien eine unendliche Hoffnung, an die ich mich im heutigen Morgenbrief im Schmutz des Bureaus gar nicht zu rühren getraute und – da lauft mir die Mutter wieder in die Quere. Ich habe die Eltern immer als Verfolger gefühlt, bis vor einem Jahr vielleicht war ich gegen sie wie vielleicht gegen die ganze Welt gleichgültig wie irgendeine leblose Sache, aber es war nur unterdrückte Angst, Sorge und Traurigkeit wie ich jetzt sehe. Nichts wollen die Eltern als einen zu sich hinunterziehn, in die alten Zeiten, aus denen man aufatmend aufsteigen möchte, aus Liebe wollen sie es natürlich, aber das ist ja das Entsetzliche. Ich höre auf, das Ende der Seite ist eine Mahnung, es würde zu wild werden.

Dein, Dein, Dein.
[Auf einem beigelegten Blatt]

21.XI.12

Ich lege eine Photographie von mir bei, ich war vielleicht 5 Jahre alt, das böse Gesicht war damals Spaß, jetzt halte ich es für geheimen Ernst. Du mußt sie mir aber wieder zurückschicken, sie gehört meinen Eltern, die eben alles haben und in alles greifen wollen. (Gerade heute mußte ich Dir über Deine Mutter schreiben!) Bis Du mir sie zurückschickst, schicke ich Dir noch andere und schließlich eine schlechte, nichtsnutzige gegenwärtige, die Du behalten kannst, wenn Du willst. Fünf Jahre war ich wohl auf dieser Photographie noch nicht alt, vielleicht eher 2, aber das wirst Du als Kinderfreundin besser beurteilen können als ich, der ich vor Kindern lieber die Augen zumache.

Franz

Um Deine Photographie Dich zu bitten oder um das Borgen einer Photographie Dich zu bitten, wäre natürlich jetzt gerade der ungeeigneteste Augenblick. Ich bemerke das bloß.

22.XI.12

Liebste! ich habe keine Zeit, Dich wegen des Leides um Verzeihung zu bitten, das ich Dir Donnerstag verursacht habe und das sich in Deinem heutigen Briefe so zeigt, daß selbst ein verblendeter Narr sich dessen erbarmen müßte. Ich aber nicht, ich sündige weiter und was ich tue verwandelt sich in eine Feindseligkeit gegen Dich, während ich doch wiederum in der andern Wirklichkeit mich für Dich hinwerfen wollte, so als wäre ich seit jeher nur Deinetwegen auf der Welt. Nicht genug daran auch, daß ich Deinen Brief in meiner Tasche lasse, daß ihn meine Mutter liest und Dir schreibt. Es wäre doch eine Schuld gewesen, mit der ich mich hätte endlich zufriedengeben können. Aber ein Schuldiger dreht sich immer mehr in seine Schuld hinein. Gestern in Maxens Nähe schien mir die Sache schlimm, doch erträglich; ich versprach ihm, wenn ich es nicht gar beschworen habe, daß ich meiner Mutter nichts sagen werde. Und selbst wenn ich es nicht beschworen hätte, aus Rücksicht für Dich wäre es selbstverständlich ge-

— 459 —

wesen. Aber wie bringe ich die Ruhe für Rücksichten auf, selbst für das Liebste. Schon als ich von Max weg einen kleinen Spaziergang machte, fing es in mir zu kochen an, ich hatte den Kopf voll von Wut wie von Dampf und als ich nachhause kam, war ich überzeugt, wenn ich nicht meine Meinung aussprächte, niemals ein Wort mehr zur Mutter sagen zu können. Es waren Gäste da, der Bräutigam und einer seiner Freunde. Ich ging schnurgerade in mein Zimmer in der genauen Voraussicht, es dort nicht aushalten zu können, ich staunte, daß die Wohnung zusammenhielt, so gespannt war alles in mir. Im Vorzimmer begann die Mutter in irgendeiner Ahnung ab- und auf zu schlürfen. Wir kamen eben zusammen, wie es nicht anders möglich war und ich sagte ihr, was ich dachte, sagte es ihr in einem fast gänzlich unbeherrschten Ausbruch. Ich bin überzeugt, es war für uns beide gut, für die Mutter und mich, ich wüßte nicht, daß ich jemals in meinem Leben so freundschaftlich mit ihr gesprochen hätte wie nachher. So viel Kälte oder falsche Freundlichkeit, wie ich sie seit jeher meinen Eltern entgegenbringen mußte, (durch meine Schuld und durch die ihre) habe ich in keiner andern verwandten oder bekannten Familie beobachten können. Ich sehe der Mutter trotz ihrer Sorge das Glück an, das sie über unser gegenwärtiges Verhältnis nach dem gestrigen schlimmen Abend fühlt. Hier warst Du gewiß ein guter Engel wie für mich überall. Aber darum handelt es sich jetzt nicht. Ich hätte um Deinetwillen meiner Mutter nichts sagen dürfen und habe es doch getan. Liebste, wirst Du mir auch das noch verzeihen können? Ich werde Dir gegenüber bald so viel Schuld auf mich geladen haben, daß mich um dessentwillen schon auch menschliche Richter für Deinen Schuldknecht ansehen werden, der ich vor den höhern Richtern längst schon bin.

Habe ich noch ein Recht, den Versöhnungskuß anzunehmen, den Du mir am Schlusse Deines Briefes gibst, zumal es dann ein Kuß würde, der weder Deinem noch meinem Brief erlauben würde, je zu schließen.

Franz

23.XI.12

Liebste, mein Gott, wie lieb ich Dich! Es ist sehr spät in der Nacht, ich habe meine kleine Geschichte weggelegt, an der ich allerdings schon zwei Abende gar nichts gearbeitet habe und die sich in der Stille zu einer größern Geschichte auszuwachsen beginnt. Zum Lesen sie Dir geben, wie soll ich das? selbst wenn sie schon fertig wäre? Sie ist recht unleserlich geschrieben und selbst wenn das kein Hindernis wäre, denn ich habe Dich gewiß bisher durch schöne Schrift nicht verwöhnt, so will ich Dir auch nichts zum Lesen schicken. Vorlesen will ich Dir. Ja, das wäre schön, diese Geschichte Dir vorzulesen und dabei gezwungen zu sein, Deine Hand zu halten, denn die Geschichte ist ein wenig fürchterlich. Sie heißt »Verwandlung«, sie würde Dir tüchtig Angst machen und Du würdest vielleicht für die ganze Geschichte danken, denn Angst ist es ja, die ich Dir mit meinen Briefen leider täglich machen muß. Liebste, fangen wir mit diesem bessern Briefpapier auch ein besseres Leben an. Ich habe mich gerade dabei ertappt, daß ich beim Schreiben des vorigen Satzes ganz gerade in die Höhe sah, als wärest Du in der Höhe. Wärest Du doch nicht in der Höhe, wie es leider wirklich ist, sondern da bei mir in der Tiefe. Es ist aber tatsächlich eine Tiefe, täusche Dich darüber nicht, je ruhiger wir einander von jetzt an schreiben werden – Gott möge uns das endlich schenken – desto deutlicher wirst Du das sehn. Wenn Du aber dann trotzdem bei mir bliebest! Nun vielleicht ist es die Bestimmung der Ruhe und der Kraft, dort zu bleiben, wo die traurige Unruhe und Schwäche bittet.

Ich bin zu trübe jetzt und hätte Dir vielleicht gar nicht schreiben sollen. Dem Helden meiner kleinen Geschichte ist es aber auch heute gar zu schlecht gegangen und dabei ist es nur die letzte Staffel seines jetzt dauernd werdenden Unglücks. Wie soll ich da besonders lustig sein! Aber wenn mein Brief nur ein Beispiel dafür sein sollte, daß auch Du nicht den geringsten Zettel, den Du einmal für mich geschrieben hast, zerreißen sollst, dann ist es doch ein guter und wichtiger Brief. Glaube übrigens nicht, daß ich immer gar so traurig bin, das bin ich doch nicht, bis auf einen Punkt habe ich mich wenigstens bis aufs Äußerste in keiner Hinsicht zu beklagen und alles bis auf jenen einen ausnahmslos schwarzen Punkt kann ja noch gut und schön und mit Deiner Güte herrlich werden. Sonntag will ich mich darüber, wenn die Zeit und die Fähigkeit da sein sollte, ordentlich vor Dir ergießen und Du magst dann die Hände im Schoß die große Bescherung ansehn. Liebste, jetzt geht es aber ins Bett, möchte Dir ein schöner Sonntag beschieden sein und mir ein paar Deiner Gedanken.

Franz

24.XI.12
[in der Nacht vom 23. zum 24. November 1912 begonnen]

Liebste! Was ist das doch für eine ausnehmend ekelhafte Geschichte, die ich jetzt wieder beiseite lege, um mich in den Gedanken an Dich zu erholen. Sie ist jetzt schon ein Stück über ihre Hälfte fortgeschritten und ich bin auch im allgemeinen mit ihr nicht unzufrieden, aber ekelhaft ist sie grenzenlos und solche Dinge, siehst Du, kommen aus dem gleichen Herzen, in dem Du wohnst und das Du als Wohnung duldest. Sei darüber nicht traurig, denn, wer weiß, je mehr ich schreibe und je mehr ich mich befreie, desto reiner und würdiger werde ich vielleicht für Dich, aber sicher ist noch vieles aus mir hinauszuwerfen und die Nächte können gar nicht lang genug sein für dieses übrigens äußerst wollüstige Geschäft.

Ehe ich aber jetzt schlafen gehe (es ist wirklich 3 Uhr nachts, sonst arbeite ich nur bis 1 Uhr, die Zeitbestimmung in einem meiner letzten Briefe scheinst Du mißverstanden zu haben, sie bedeutete 3 Uhr nachmittag, ich war eben im Bureau geblieben und schrieb an Dich) will ich Dir, weil Du es verlangst und weil es so einfach ist, noch ins Ohr sagen, wie ich Dich liebe. Ich liebe Dich, Felice, so, daß ich, wenn Du mir erhalten bleibst, ewig leben wollte, allerdings, was nicht zu vergessen ist, als ein gesunder und Dir ebenbürtiger Mensch. So ist es also, damit Du es weißt, und das ist allerdings schon fast jenseits der Küsse und es bliebe mir in Erkenntnis dessen fast kein anderes Zeichen übrig als bloß Deine Hand zu streicheln. Und deshalb nenne ich Dich lieber Felice als Liebste und lieber Du als Lieb. Aber weil ich soviel als möglich auf Dich beziehen will, nenne ich Dich auch gerne Liebste und bin glücklich, Dich überhaupt nennen zu dürfen.

Sonntag [den 24. November 1912] nach dem Mittagessen

Zwei Briefe! Zwei Briefe! Wo ist der Sonntag, der in der Folge einer solchen Einleitung entsprechen könnte. Aber nun, Liebste, da Du auch dieses mir nicht nur verziehen, sondern auch eingesehen hast, wollen wir, Felice, nicht wahr, was auch geschehe, ruhig bleiben und ohne Störung einander lieb haben. Möchte ich doch die Kraft haben, Dich durch Briefe wieder frisch und lustig zu machen, wie ich leider genug Schwäche hatte, Dich durch Briefe müde und zum Weinen traurig zu machen. Fast habe ich das Vertrauen dazu. Wenn es mir aber gelingt, dann verdanke ich es wieder nur dem stärkenden Bewußtsein, Dich zur Freundin zu haben und auf einen Menschen, wie Du es bist, mich verlassen zu können.

Nur bitte, Liebste, bitte, schreib nicht mehr in der Nacht, ich lese diese mit Deinem Schlaf erkauften Briefe nur mit einer Mischung von Glück und Trauer. Tue es nicht mehr, schlaf so schön, wie Du es verdienst, ich könnte nicht ruhig arbeiten, wenn ich weiß, daß Du noch wachst und gar meinetwegen. Weiß ich aber, daß Du schläfst, dann arbeite ich desto mutiger, denn dann scheint es mir, als seiest Du ganz meiner Sorge übergeben, hilflos und hilfebedürftig im gesunden Schlaf, und als arbeite ich für Dich und für Dein Wohl. Wie sollte bei solchen Gedanken die Arbeit stocken! Schlaf also, schlaf, um wieviel mehr arbeitest Du doch auch während des Tages als ich. Schlaf unbedingt schon morgen, schreib mir keinen Brief mehr im Bett, schon heute womöglich nicht, wenn mein Wunsch Kraft genug hat. Dafür darfst Du vor dem Schlafengehen Deinen Vorrat an Aspirintabletten aus dem Fenster werfen. Also nicht mehr abends schreiben, mir das Schreiben in der Nacht überlassen, mir diese kleine Möglichkeit des Stolzes auf die Nachtarbeit überlassen, es ist der einzige, den ich Dir gegenüber habe, sonst würde ich doch gar zu untertänig und das würde gewiß auch Dir nicht gefallen. Aber warte einen Augenblick, zum Beweise dessen, daß die Nachtarbeit überall, auch in China den Männern gehört, werde ich aus dem Bücherkasten (er ist im Nebenzimmer) ein Buch holen und ein kleines chinesisches Gedicht für Dich abschreiben. Also hier ist es (was für einen Lärm mein Vater mit dem Neffen macht!): Es stammt von dem Dichter Jan-Tsen-Tsai

(1716-97) über den ich die Anmerkung finde: »Sehr talentvoll und frühreif, machte eine glänzende Karriere im Staatsdienst. Er war ungemein vielseitig als Mensch und Künstler«. Außerdem ist zum Verständnis des Gedichtes die Bemerkung nötig, daß die wohlhabenden Chinesen vor dem Schlafengehen ihr Lager mit aromatischen Essenzen parfümieren. Im Übrigen ist das Gedicht vielleicht ganz wenig unpassend, aber es ersetzt den Anstand reichlich durch Schönheit. Hier ist es also endlich:

In tiefer Nacht

In der kalten Nacht habe ich über meinem
    Buch die Stunde des Zubettgehens vergessen.
Die Parfüms meiner goldgestickten Bettdecke
    sind schon verflogen, der Kamin brennt nicht mehr.
Meine schöne Freundin, die mit Mühe bis dahin
    ihren Zorn beherrschte, reißt mir die Lampe weg
Und fragt mich: Weißt Du, wie spät es ist?

Nun? Das ist ein Gedicht, das man auskosten muß. Übrigens fällt mir bei diesem Gedicht dreierlei ein, ohne daß ich den Zusammenhang weiter überprüfen will.

Erstens hat es mich sehr gefreut, daß Du im Herzen Vegetarianerin bist. Die wirklichen Vegetarianer liebe ich eigentlich gar nicht so sehr, denn ich bin ja auch fast Vegetarianer und sehe darin nichts besonders Liebenswertes, nur etwas Selbstverständliches, aber diejenigen, welche in ihrem Gefühl gute Vegetarianer, aber aus Gesundheit, Gleichgültigkeit und Unterschätzung des Essens überhaupt, Fleisch und was es gerade gibt wie nebenbei mit der linken Hand aufessen, die sind es, die ich liebe. Schade, daß sich meine Liebe zu Dir so übereilt hat, daß sie keinen Platz mehr läßt, Dich noch Deines Essens halber zu lieben. Und meine Narrheit, bei offenem Fenster zu schlafen, hast Du also auch? Das ganze Jahr ist es offen? Auch im Winter? Und vollständig? Da würdest Du mich übertrumpfen, denn im Winter lasse ich es nur ganz wenig offen, eine kleine Spalte weit. Allerdings geht mein Fenster auf einen großen, leeren Bauplatz hinaus, hinter dem die Moldau vorüberfließt. Und hinter dieser kommen gleich Anhöhen mit öffentlichen Gärten. Es gibt also viel Luft und Wind und Kälte, und selbst wenn Du jetzt noch nachts in der Immanuel-Kirchstraße das Fenster gänzlich offen läßt, ist es noch gar nicht sicher, daß Du es auch in einem Zimmer tun würdest, das so wie meines gelegen ist. Übrigens besiege ich Dich noch darin, daß in meinem Zimmer überhaupt nicht geheizt wird und ich doch darin schreibe. Jetzt merke ich sogar (ich sitze knapp beim Fenster), daß das innere Fenster gänzlich offen und das äußere nur flüchtig geschlossen ist, während auf dem Geländer der Brücke unten nicht Schnee aber Reif liegt. Nun versuche noch gegen mich aufzukommen.

Das Gedicht Deiner kleinen Damen ist prachtvoll. Ich schicke es Dir natürlich zurück, aber ich habe es mir abgeschrieben. Um aber dieses Fräulein Brühl
für den Mann mit Namen »von« zu strafen, den sie Dir wünscht oder besser
dem sie Dich wünscht – wünsche ich ihr zu ihrem Geburtstage, daß von heute
ab Abend für Abend nach Geschäftsschluß ein Jahr lang bis zu ihrem nächsten
Geburtstag zwei rasende Prokuristen rechts und links neben sie treten und ihr
ununterbrochen und gleichzeitig bis Mitternacht Briefe diktieren. Und nur weil
sie so hübsche Verse macht, will ich, wenn Du für sie bittest, die Strafe auf ein
halbes Jahr herabsetzen. Aber weil Du sie gern hast und weil sie sich so hübsch
zu freuen versteht, werde ich aus Kratzau (das ist hinter Reichenberg, oben im
Gebirge) wohin ich leider morgen fahren muß, eine Ansichtskarte schicken, auf
die ich mir von fremder Hand und ohne Unterschrift habe schreiben lassen:
»Herzliche Glückwünsche. Aber ach! Von wem denn?« Längst schon wollte ich
Dich fragen, und immer wieder entwischt es mir, wie kommst Du denn dazu,
so viele und so verschiedenartige Zeitschriften, wie Du sie in Deinem zweiten
Briefe als unter Deiner Tagespost befindlich erwähntest, zu abonnieren oder gar
zu lesen? So viele hast Du schon dort genannt und dahinter stand noch u.s.w.
Aber wenn es wirklich so ist, d.h. wenn ich es richtig verstanden habe, dann
könnten wir noch einen ergänzenden Verkehr zwischen uns einrichten. Ich
kann gar nicht genug Dinge in die Hand bekommen, die Du in der Hand gehalten hast und kann Dir gar nicht genug Dinge schicken, die mich etwas an-
gingen. Nun habe ich schon längst den Plan gehabt und nur aus Nachlässigkeit
ihn immer wieder auszuführen unterlassen, verschiedene Zeitungsnachrichten,
die mir aus irgendeinem Grunde überraschend waren, mir nahegingen und mir
persönlich für nicht absehbare Zeit wichtig schienen, meistens waren es für den
ersten Blick nur Kleinigkeiten, aus der letzten Zeit z.B. »Seligsprechung der 22
christlichen Negerjünglinge von Uganda« (das habe ich sogar jetzt gefunden
und lege es bei) auszuschneiden und zu sammeln. Fast jeden zweiten Tag finde
ich in der Zeitung eine derartige, förmlich für mich allein bestimmte Nachricht,
aber ich habe nicht die Ausdauer, eine solche Sammlung für mich anzufangen,
wie erst für mich sie fortsetzen. Für Dich aber mache ich es mit Freuden, tu es
doch, wenn es Dir gefällt, von Deiner Seite für mich. Solche Nachrichten, die
nicht für alle Leser bestimmt sind, sondern nur auf bestimmte Leser hie und da
zielen, ohne daß der unbeteiligte Beurteiler den Grund des besonderen Interes-
ses herausfinden könnte, gibt es doch gewiß für jeden und solche kleine Nachrichten, die Dich besonders bekümmern, hätten für mich mehr Wert als meine
eigene Sammlung, die ich Dir also ohne großes Bedauern schicken könnte. Verstehe mich recht, nur kleine Ausschnitte aus Tageszeitungen meine ich, meistens
über wirkliche Ereignisse, Ausschnitte aus Zeitschriften wären nur seltene Ausnahmen, Du darfst nicht glauben, daß ich Deine schönen Hefte für mich zerreißen will. Übrigens lese ich selbst nur das Prager Tagblatt und dieses sehr
flüchtig und an Zeitschriften die Neue Rundschau und dann noch »Palästina«,
das mir jedoch nicht mehr zugeschickt wird, trotzdem ich noch immer Abon-

nent bin. (Wahrscheinlich glaubt diese Zeitschrift, daß sie an unserem gemeinsamen Abend mit dem damaligen einen Heft für mich mehr geleistet hat als für andere Abonnenten mit einem ganzen Jahrgang und das ist allerdings richtig.) Um gleich im Beginn der Sammlung einen tüchtigen Beitrag zu schicken, lege ich noch den Bericht über einen scheußlichen Prozeß bei. Nun da ich einmal von der Reise nach Kratzau gesprochen habe, verläßt mich der ärgerliche Gedanke nicht mehr. Meine kleine Geschichte wäre morgen gewiß fertig geworden und nun muß ich morgen abend um 6 wegfahren, komme um 10 nach Reichenberg, fahre früh um 7 nach Kratzau zu Gericht und habe die feste Absicht, in der betreffenden ziemlich schwierigen und riskanten Sache mich so eindeutig und energisch zu blamieren, daß man mich niemals mehr mit solchen Aufträgen wegschicken soll. Übrigens hoffe ich, schon Dienstag um 4 Uhr nachmittag wieder in Prag zu sein, wo ich sofort ins Bureau laufen werde, um für jeden Fall (aber ohne die geringste Aufregung, ohne die allergeringste Aufregung) nachzuschauen, ob ein Brief von Dir da ist, um dann, mit einem Brief zufrieden, ohne Brief gefaßt, nachhause zu gehn und mich ins Bett zu werfen. Soll dieser Plan gelingen, muß ich allerdings bei Gericht in Kratzau mit meiner Angelegenheit in spätestens 3 Stunden fertig sein aber ich denke daran, wenn sich das Ende der 3tten Stunde nähert, allmählich in Ohnmacht zu sinken und mich auf die Bahn eiligst tragen zu lassen. Im Gerichtsprotokoll wird dann an Stelle meiner Unterschrift stehn: »Der Vertreter der Arbeiter-Unfall-Versicherungs-Anstalt (nicht Gesellschaft, Liebste!) fiel in Ohnmacht und mußte weggeschafft werden.« Wie werde ich dann im Zug doppelt lebendig werden und nach Prag rasen!

Ach ich habe Dir noch so vieles zu sagen und so vieles zu fragen und nun ist es schon so spät und ich kann nicht mehr. Heute Vormittag war ich bei Baum (kennst Du Oskar Baum?) wie jeden Sonntag und habe (es war auch Max mit seiner Braut dort) den ersten Teil meiner kleinen Geschichte vorgelesen. Nachher kam dann ein Fräulein hin, die in irgendeiner Kleinigkeit Ihres Auftretens mich an Dich erinnerte. (Es braucht nämlich nicht viel, um mich an Dich zu erinnern.) Wie verzaubert habe ich sie angesehn und wäre gern, nachdem ich mit meinen Augen die kleine Ähnlichkeit ausgeschöpft hatte, zum Fenster gegangen, um hinauszuschauen, keinen Menschen zu sehn und vollkommen Dir anzugehören.

Mit meiner Mutter stehe ich sehr gut. Es bildet sich sogar eine gute Beziehung zwischen uns heraus, das gemeinsame Blut scheint einen Sinn zu bekommen, sie scheint Dich zu lieben. Sie hat Dir auch schon einen Brief geschrieben, aber ich habe ihn nicht weggehn lassen, er war zu demütig, er war so, wie ich ihn an dem schlimmen Abend verlangt hätte und das wäre nicht gut gewesen. Sie wird Dir bald einen ruhigen, freundlichen Brief schreiben, glaube ich.

Also ein Bild soll ich nicht bekommen? Und der Humor wurde nicht photographiert? Was für eine sonderbare Gesellschaft, die sich das entgehen ließ? Und Gruppenaufnahmen aus dem Bureau gibt es nicht? Ansichten der Bureaulokalitäten? Der Fabrik? der Immanuel-Kirchstraße? Prospekte der Fabrik? Die

Adresse der Prager Filiale? Worin besteht Deine Arbeit? Jede Kleinigkeit aus dem Bureau interessiert mich (zum Unterschied von meinem Bureau). Was für hübsche Redensarten es bei Euch gibt. Du bist in der Registratur? Was ist das eigentlich? Wie kannst Du zwei Mädchen gleichzeitig diktieren? Wenn Du mir irgendetwas Hübsches aus Deinem Bureau schickst, schicke ich Dir Jahresberichte meiner Anstalt mit ungeheuer interessanten Aufsätzen von mir.

Und nun umarme ich Dich zum Abschied.   Franz

24.XI.12

Aus besonderer Schlauheit – und um mich vor der Geliebten durch Schlauheit auszuzeichnen – schicke ich jeden Bogen dieses Sonntagsbriefes (es sind fünf) in einem besondern Briefumschlag weg, es ist wegen der uns verfolgenden Post, die doch nicht alle Briefe (selbst wenn sie, da heute Sonntag ist, nicht rekommandiert werden können) wird verlieren können. Allerdings ist wieder die Gefahr größer, daß bei dieser Methode ein oder der andere Bogen verloren geht, nun ich tue, was ich kann und will nicht durch Aussprechen weiterer Befürchtigungen die Gefahr herbeilocken.

———

Mittwoch, Liebste, bekommst Du wahrscheinlich keinen Brief von mir, eher eine Ansichtskarte, aber die vielleicht lieber in Deine Wohnung, damit die kleine Dame nicht aufmerksam wird.

———

Bitte schreibe mir ganz genau, ob Du dich wohl befindest; Diese Kopfschmerzen! Dieses Weinen! Diese Nervosität! Liebste, ich bitte Dich viele Male, schlaf ordentlich, geh spazieren, und wenn Du beim Lesen meines Briefes irgend ein Ärgernis herankommen siehst, das ich aus Unvorsichtigkeit zu beseitigen unterlassen habe, zerreiße bitte rücksichtslos den Brief, aber ruhig, ruhig! Es liegt nichts an einem Brief, ich schreibe Dir zehn für den einen und wenn Du die 10 zerreißt, schreibe ich 100 zum Ersatz.   Dein Franz

Ob Du nicht lieber im Sommer in ein Sanatorium gehn solltest. Ich werde Dir das Leben dort nächstens sehr verlockend beschreiben.

———

Du, hast Du Dich einmal umgesehn, ob die Juden in Berlin spielen, ich denke es müßte so sein. Leider habe ich dem Löwy bisher nicht geantwortet, es hat sich an dem, was ich Dir im ersten Briefe schrieb, daß ich nämlich ein unpünktlicher Briefschreiber bin, bis heute nichts geändert.

———————

Das Jahrbuch [Arkadia] erscheint frühestens im Feber. Mein Büchel [Betrachtung] erscheint nächsten Monat oder im Jänner. Du bekommst beides natürlich gleich nach dem Erscheinen. In den Flaubert [L'education sentimentale] habe ich absichtlich nichts hineingeschrieben, es ist ein Buch, in das keine fremde Schrift hineingehört. Außerdem weiß ich aber gar nicht, ob ich imstande bin, noch etwas an Dich zu schreiben, was sich vor der Welt sehen lassen könnte.

Dein

25.XI.12   Sonntag nachts
[Nacht von Sonntag, den 24. zu Montag, den 25.November 1912]

Nun muß ich heute, Liebste, meine kleine Geschichte, an der ich heute gar nicht soviel wie gestern gearbeitet habe, weglegen und sie wegen dieser verdammten Kratzauer Reise einen oder gar zwei Tage ruhen lassen. Es tut mir so leid, wenn es auch hoffentlich keine allzu schlimmen Folgen für die Geschichte haben wird, für die ich doch noch 3-4 Abende nötig habe. Mit den nicht allzu schlimmen Folgen meine ich, daß die Geschichte schon genug durch meine Arbeitsweise leider geschädigt ist. Eine solche Geschichte müßte man höchstens mit einer Unterbrechung in zweimal 10 Stunden niederschreiben, dann hätte sie ihren natürlichen Zug und Sturm, den sie vorigen Sonntag in meinem Kopfe hatte. Aber über zweimal zehn Stunden verfüge ich nicht. So muß man bloß das Bestmögliche zu machen suchen, da das Beste einem versagt ist. Aber schade, daß ich sie Dir nicht vorlesen kann, schade, schade, z. B. an jedem Sonntagvormittag. Nachmittag nicht, da habe ich keine Zeit, da muß ich Dir Briefe schreiben. Heute schrieb ich wirklich bis ¼7 abends, legte mich dann ins Bett, trotzdem ich eigentlich die Briefe zuerst hätte einwerfen sollen, aber ich fürchtete mich, dann zu spät ins Bett zu kommen und nicht mehr schlafen zu können, denn ist einmal die Abendgesellschaft nebenan beisammen, dann gibt es vor lauter Kartenspiel (das einzige vielleicht, wozu ich mich selbst um meines Vaters willen nur äußerst selten habe zwingen können) keine Ruhe mehr für mich. Diese Sorge war aber heute unnötig, denn, was ich nicht wußte, meine Eltern und die jüngste Schwester waren abends bei meiner verheirateten Schwester und die mittlere Schwester war mit ihrem Bräutigam bei den künftigen Schwiegereltern auf dem Lande zu Besuch. Nun schlief ich aber schlecht, offenbar zur Strafe dafür, daß ich die Briefe doch nicht vorher eingeworfen hatte, wurde aber, da niemand in der Wohnung war außer dem Dienstmädchen, sie ist 17jährig, aber still wie ein Schatten, von niemandem geweckt, lag also im Halbschlaf da und hatte infolge der Grabeskälte meines Zimmers nicht einmal Energie genug, die Hand nach der Uhr auszustrecken. Als ich es endlich doch tat, war zu meinem Schrecken ½ 10. Gotteswillen, wenn jetzt die Briefe zu spät eingeworfen wurden. Ein rasendes zwei Minuten langes Turnen, wie vielleicht schon einmal erklärt, bei ganz offenem Fenster, dann Anziehen und auf die Bahn. Unten vor dem Haus, es wird jetzt in unserer etwas verlassenen Gegend schon um 9 Uhr gesperrt, glückte es mir noch durch rasches Einbiegen, einer Begegnung mit meiner Familie auszuweichen, die eben nachhause ging, und nun flog ich auf die Bahn. Ich habe jetzt neue Stiefel und trample entsetzlich durch die leeren Gassen. Hoffentlich kommen die Briefe wenigstens rechtzeitig an. Dann nach sofortiger Rückkehr war wie immer mein Nachtmahl, meine jüngste Schwester sitzt dabei, knackt die Nüsse, ißt selbst mehr als sie mir gibt und wir unterhalten uns meistens ausgezeichnet. Das ist das Nachtmahl, aber es gibt dann Zeiten, wo die liebste Schwester nicht genügt und ich ihr nicht genüge.

Franz

Knapp vor der Abreise 24.XI.12 [25. November 1912]

Liebste! Wie es einen hin und her wirft, wenn man für etwas zu sorgen hat. Es gab schon Tage, wo ich Deine Briefe ruhig erwartete, ruhig in die Hand nahm, einmal las, einsteckte, dann wieder las und wieder einsteckte, aber alles ruhig. Dann aber sind wieder Tage, und ein solcher war heute, wo ich schon vor unerträglicher Erwartung zittere, daß Dein Brief kommt, wo ich ihn nehme wie etwas Lebendiges und gar nicht aus der Hand geben kann. Liebste, hast Du schon bemerkt, was für unglaubliche Übereinstimmungen es zwischen unsern Briefen gibt, wie einer etwas verlangt, was der nächste am andern Morgen schon bringt, wie Du z. B. letzthin einmal zu hören verlangtest, daß ich Dich liebe und wie ich gezwungen war, in dem Briefe, der sich in der Nacht mit Deinem Briefe auf der Berliner Strecke kreuzte, Dir die Antwort hinzuschreiben, die allerdings schon vielleicht in den Anfangsworten meines ersten Briefes oder gar schon in jenem ersten gleichgültigen Blicke stand, mit dem ich Dich an unserem Abend ansah. Solche Übereinstimmungen hat es aber schon so viele gegeben, daß ich den Überblick darüber verloren habe. Die schönste aber ist heute eingetroffen.

Wie ich Dir gestern schrieb, fahre ich heute Abend weg, allein, in der Nacht, ins Gebirge und da schickst Du mir, ohne daß Du es ausdrücklich wüßtest, die liebe kleine Begleiterin. Was für ein liebes kleines Mädchen ist das! Die schmalen Schultern! So schwach und leicht zu fassen ist sie! Bescheiden ist sie, aber ruhig. Damals hat sie noch niemand geplagt und zum Weinen gebracht und das Herz schlägt wie es soll. Weißt Du, daß man leicht Tränen in die Augen bekommt, wenn man das Bild länger ansieht. Gelegentlich soll ich das Bild zurückschicken? Gut, das wird geschehn. Vorläufig aber wird es in dieser vermaledeiten Brusttasche eine kleine, unbehagliche Reise in Eisenbahnen und durch Hotelzimmer machen, trotzdem das Mädchen, wie es behauptet, ohne es bisher erklärt zu haben, sich in Hotelzimmern zu ängstigen pflegt. Ja, das Uhrschnürchen sieht man, die Brosche ist hübsch, das Haar so gewellt und fast zu ernsthaft frisiert. Und trotz allem bist Du so leicht wiederzuerkennen, mit einem von diesem Bild gar nicht so entfernten Gesichtsausdruck bist Du damals am Tisch gesessen in einem Augenblick, den ich vor allen andern genau im Gedächtnis habe. Du hieltest eine der Thaliaphotographien in der Hand, sahst zuerst mich an, der irgendeine dumme Bemerkung machte, und ließest den Blick in einem Viertelkreis den Tisch umwandern und machtest erst wieder beim Otto Brod Halt, der erst zu der Photographie die richtige Erklärung gab. Diese langsame Kopfwendung und den hierbei natürlich verschiedenartigen Anblick Deines Gesichtes habe ich unvergänglich behalten. Und nun kommt das kleine Mädchen, für das ich natürlich ein ganz Fremder bin und bestätigt mir die Wahrheit der lieben Erinnerung.

Wieder fällt mir eine Übereinstimmung ein. Gestern bat ich Dich um Drucksorten, heute versprichst Du sie mir. Aber dieses Herzklopfen, Liebste! Wie kann es wahr sein, daß ich einen Anteil an Deinem Herzen habe, wenn es so klopft, während ich es ruhig haben will?

Dein Franz

Kratzau, Bezirksgericht 26.XI.12

Liebste, während die gierigen gegnerischen Advokaten hinter mir sich um das Meistbot reißen (es macht nichts, wenn Du das Wort nicht verstehst) bin ich recht zufrieden, an diesem Tischchen zu sitzen und Dich, Liebste, vom Herzen grüßen zu können.

Franz

26.XI.12

Felice, ich kündige es an, es kommt einer jener Briefe, von denen ich letzthin einmal geschrieben habe, daß Du sie beim zweiten oder dritten Satz zerreißen sollst. Jetzt ist der Augenblick, Felice, zerreiße ihn, aber schließlich ist es auch noch mein Augenblick, ihn nicht zu schreiben, aber leider wirst Du ihn ebenso sicher lesen, wie ich ihn schreiben werde.

Ich bin gerade von der Reise gekommen, war natürlich zuerst im Bureau und bekam dort Deinen lieben Brief von Sonntagnacht. Ich las ihn in der Loge des Portiers, dessen kleine Frau, während ich las, zu mir aufsah. Dein Brief ist lieb und gut und wahr. (Falsch ist nur mein Alter auf der Photographie angenommen, ich war gerade 1 Jahr alt, wie ich jetzt erfahren habe.) Du strebst danach, mich an Dir teilnehmen zu lassen, ach Gott, wenn ich aber jeden Augenblick Deines Lebens haben will. Trotzdem, Du tust das Menschen nur mögliche, und schon wegen Deiner Güte müßte ich Dich lieben, wenn ich Dich nicht um Dein ganzes teueres Wesen liebte. Warum gab ich mich also mit dem Brief nicht zufrieden und suchte den Tisch des Portiers nach einem weitern Briefe ab? Freilich schreibst Du, daß Du mir Montag schreiben wirst und Dein Montagbrief war allerdings nicht da. Aber hattest Du mir nicht schon einige Male versprochen, daß Du treu zu mir hältst, hatte ich nicht selbst letzthin geschrieben, daß ich ganz ruhig bleiben werde, auch wenn gar kein Brief im Bureau liegt, und nun hatte ich doch immerhin Deinen Sonntagsbrief, und hattest Du nicht endlich Montag abend Probe, konnte also Dein Brief nicht sehr leicht ein wenig zu spät eingeworfen worden sein? Jedenfalls, in dem Ausbleiben des Montagbriefes allein war nicht der geringste Grund zur Aufregung. Und warum lief ich doch erschrocken nachhause, gleichzeitig überzeugt, dort den Montagsbrief zu finden und gleichzeitig schon hoffnungslos über die sicher zu erwartende Enttäuschung. Warum das, Liebste? Sieht es nicht aus wie ein Mangel meiner Liebe zu Dir? Denn wenn sich gerade jetzt auch Sorge um Deine Gesundheit mit in meine Unruhe mischt, so ist doch die Sorge um Deine Liebe viel größer. Und immer wieder unterlaufen mir die kläglichen Wendungen wie: daß Du mich noch ein Weilchen dulden sollst, daß ich ein paar Deiner Gedanken bekommen soll u.s.w. und wenn einmal ein Brief nicht kommt, dann ist mir Telegraphieren ein fürchterlich langsames Fragen. So entsetzt wie damals als Du in meinem Brief einen fremden Ton fandest, war ich wohl bisher nur einmal, aber andere kleine Bemerkungen erschrecken mich schon genug. Ich erschrecke, wenn ich lese, daß Dich Deine Mutter vor Enttäuschungen bewahren will, wenn ich von dem Breslauer Bekannten lese, nach dem zu fragen ich mich schon wochenlang zurückhalte, ich erschrecke, wenn ich höre, daß Du mich liebst, und wenn ich es nicht hören sollte, wollte ich sterben. Du hast übrigens einmal etwas Ähnliches geschrieben, ich konnte nicht begreifen, wie Du zu dem wahren Urteil kamst. Daß Du es richtig fühltest, hätte mich nicht gewundert, denn Dein Gefühl irrt nicht, das weiß ich gut.

Nun alle diese Widersprüche haben einen einfachen und nahen Grund, ich wiederhole es, denn es vergißt sich auch für mich so leicht, es ist mein Gesundheitszustand, nichts sonst und nichts weniger. Mehr kann ich nicht darüber schreiben, aber das ist es, was mir die Sicherheit Dir gegenüber nimmt, mich hin- und herwirft und Dich dann mitreißt. Deshalb vor allen Dingen und nicht einmal so sehr aus Liebe zu Dir brauche ich Deine Briefe und verzehre sie förmlich, deshalb glaube ich Deine[n] guten Worten nicht genug, deshalb winde ich mich mit diesen traurigen Bitten vor Dir, nur deshalb. Und da muß natürlich die Macht des besten Wesens versagen. Ich werde niemals die Kraft haben, Dich zu entbehren, fühle ich, aber dieses, was ich an anderen für Tugend hielte, wird meine größte Sünde sein. –

Es war eine häßliche Reise, Liebste. Der gestrige versäumte Abend machte mich ganz trübsinnig. Es gab wohl keinen Augenblick während der Reise, an dem ich nicht zumindest ein wenig unglücklich gewesen bin. Sogar dort im Gebirge war alles naß, wenn auch in der Nacht Schneefall war, die Heizung in meinem Hotelzimmer war nicht abzustellen, ich hatte das Fenster die ganze Nacht vollständig geöffnet, der Schnee flog mir ins Gesicht während ich schlief. Gleich am Beginn der Fahrt saß ich gegenüber einer widerlichen Frau und war unruhig vor unterdrückter Lust, ihr die Faust in den Mund zu stoßen, wenn sie gähnte. Dein Bild wurde während der ganzen Reise hie und da zum Troste angesehn, Dein Bild lag auch in der Nacht zum Troste auf dem Sessel neben meinem Bett. Man soll um keinen Preis wegfahren und den Gehorsam im Bureau lieber verweigern, wenn man zuhause eine Arbeit hat, die alle Kräfte braucht. Diese ewige Sorge, die ich auch jetzt übrigens noch habe, daß die Reise meiner kleinen Geschichte schaden wird, daß ich nichts mehr werde schreiben können u.s.w. Und mit diesen Gedanken in ein elendes Wetter hinausschauen zu müssen, durch Kot laufen, im Kot steckenbleiben, um 5 Uhr aufstehn! Um mich an Kratzau zu rächen, kaufte ich dort in der Papierhandlung das einzige gute Buch, das Kratzau augenblicklich besaß. Eine Novelle von Balzac. In der Einleitung steht übrigens, daß Balzac eine besondere Zeiteinteilung jahrelang befolgte, die mir sehr vernünftig scheint. Er ging um 6 Uhr abends schlafen, stand um 12 Uhr nachts auf und arbeitete dann die übrigen 18 Stunden. Unrecht tat er nur, daß er so wahnsinnig viel Kaffee getrunken hat und damit sein Herz ruinierte. – Aber auf so einer Reise ist auch gar nichts gut. Die Balzac'sche Novelle gefiel mir nicht. Im Eisenbahnblatt las ich sogar als angeblichen Ausspruch Goethes die unsinnige Bemerkung, Prag sei »der Mauerkrone der Erde kostbarster Stein«. Das Schönste auf der Reise war das Aussteigen in Prag, wie sich überhaupt mein Zustand gegen Prag zu besserte. Als ich aussteigen wollte, zupfte mich ein kleines Kind am Kragen, ich drehte mich um und sah hinter mir eine junge Frau, die ihr Kind auf dem Arm trug. Wieder erinnerte sie mich sehr an Dich, wenigstens im Augenblick des ersten Ansehns und wieder nicht etwa im Gesicht oder sonst irgendeiner Einzelheit, auf die man hätte zeigen können, sondern nur im allgemeinen und darum besonders unweigerlich. Vielleicht aber habe ich den Schein Deines Wesens dauernd vor meinen Augen. Niemals hat dieser jungen Frau jemand mit größerer Sorgfalt aus dem Wagen geholfen als diesmal ich. Man mußte ihr übrigens helfen, da sie ja das Kind vor sich her trug und die Stufen nicht sehen konnte.

Natürlich will ich von Deiner frühern Reise hören und möglichst viel! Es schien mir ja damals schon genug sonderbar, zur Erholung eine derartige Reise zu machen, auf der Du doch gar keinen Landaufenthalt hattest und andererseits auch nicht in besonders interessante oder fremde Städte kamst. Und wenn Verwandte wollen, daß man sie besuche, dann mögen sie vorher an die Riviera fahren und einen dorthin einladen. Im Übrigen habe ich Dich sogar, allerdings sehr unaufdringlich, auf jener Reise ein wenig verfolgt. Ich habe in Breslau auch einen guten Bekannten (es ist nicht jener Fromme, von dem ich einmal schrieb, der ist auf dem Lande, ist Geometer, seine Adresse müßte ich erst aus der Bibel heraussuchen, die er mir zum Andenken geschenkt hat); diese gute Bekanntschaft nun besteht wegen meiner Schreibfaulheit im allgemeinen nur stillschweigend fort. Zu jener Zeit aber, als ich annehmen konnte, daß Du in Breslau seiest, schrieb ich ihm plötzlich nach monatelanger Pause, damit ich wenigstens mit einem Briefe an dem Breslau beteiligt wäre, in dem Du gerade lebtest. Ausdrücklich sagte ich mir das damals nicht, aber es war nichts anderes und zu dem Brief lag keine große Nötigung oder vielmehr gar keine vor.

Führst Du eigentlich ein Tagebuch? Oder hast Du es einmal geführt? Und im Zusammenhang damit die Frage: Warum schreibst Du gar nichts von Deiner Freundin, die Du doch eine so gute Freundin nanntest.

Leb wohl, Liebste. Die Drohung, die, so wie es auf den ersten Seiten geschrieben ist, über uns steht, werden wir wohl am besten bis zu der Zeit ungestört lassen, bis wir das erste wirkliche, nicht nur geschriebene, Wort einander werden sagen können. Ist es nicht auch Deine Meinung?

Ich bitte Dich, den heutigen Brief nicht als Rückfall anzusehn, es ist doch die neue Zeit, nur ein wenig durch die Störung meines Schreibens trübe gemacht.

Deine Hand, Felice!

Franz

Ist es so, daß sich unsere Mütter gleichzeitig um uns zu bekümmern anfangen? Sagt Deine Mutter Gutes über mich oder vielleicht nur Mittelmäßiges? Und warum erinnerte sie sich gerade an mich, als vom Breslauer Bekannten gesprochen wurde? Beantworte mir bitte alle Fragen!

[Auf einem beigelegten Blatt]

Ich darf nicht vergessen, wie mein eigentlicher Auftrag für diese Reise erledigt wurde, denn auch das ist bezeichnend für den feindseligen Charakter dieser Reise. Ich hatte nämlich Erfolg, vielmehr meine Anstalt hatte ihn. Denn während ich geglaubt hatte, nicht mehr als 300 K zu bringen, brachte ich an 4500 K also um etwa 4000 K mehr. »Du hättest Dich gegen den Erfolg wehren sollen«, sagte ich mir auf der Rückreise beim Anblick der Krähen über den beschneiten Feldern.

26.XI.12

Jetzt spät in der Nacht fällt mir der Trost ein, daß Dein Montagbrief vielleicht doch gekommen ist und daß man nur vergessen hat, ihn zum Portier zu geben. Dann bekäme ich ihn ja gleich früh und um 10 vielleicht wieder einen! Das Bureau wird häßlicher durch das Gegenbild Deiner Briefe, aber dadurch, daß Deine Briefe ins Bureau kommen, wird es auch wieder schöner.

Liebste, es war schon ¼ 12 vormittag, gerade war ich ein wenig meinen Arbeiten entkommen, ich war wieder fast ganz genau in der alten Aufregung und fing einen Brief an, dessen erste Zeile ich beilege. Da kam zum Glück Deine Karte mit dem Bildchen. (Deinen Montagbrief habe ich auch erst heute bekommen.) Ja, Liebste, so ist es gut, das ist es, was ich will, nur immer die Nachricht wenigstens, die einmal versprochen wurde, diese aber – und sei sie noch so klein – unbedingt. Ich will z.B. nicht, daß Du in der Nacht an mich schreibst und darin gebe ich nicht nach und glaube sogar, daß mein gestriges mittelmäßiges Schreiben dadurch verschuldet war, daß Du gestern nachts gleichzeitig an mich geschrieben hast, (Gebe Gott, daß Du es getan hättest, sage ich im geheimen) aber wenn schon einmal ein Nachtbrief geschrieben ist, dann will ich ihn auch haben. Du schreibst in Deiner Karte, Du hättest mir montagnachts geschrieben, nun, siehst Du, diesen Brief habe ich nicht. Was soll ich tun? Und jede Zeile von Dir brauche ich doch so sehr! Nach dieser Karte hätte ich morgen vielleicht 2 Briefe zu erwarten, gewiß werde ich nur einen bekommen und vielleicht gar keinen. Die Hände wollen mir vom Tisch fallen vor Hilflosigkeit und vor Verlangen nach Dir.

Gewiß gehn auch alle meine Briefe verloren, der von Kratzau, der von Reichenberg, der heutige Morgenbrief, die einfachen, die rekommandierten, die Expreßbriefe, einfach alles. Du sagst z.B., ich hätte Dir sonntagnachts nur paar Zeilen geschrieben und es müssen doch wenigstens 8 Seiten sein und ein unendliches Seufzen. Liebste, wenn uns nicht die Post sehr bald zusammentreibt, so werden wir niemals zusammenkommen.

Mit der neuen Photographie geht es mir sonderbar. Dem kleinen Mädchen fühle ich mich näher, dem könnte ich alles sagen, vor der Dame habe ich zuviel Respekt; ich denke, wenn es auch Felice ist, so ist sie doch ein großes Fräulein, und Fräulein ist sie doch keineswegs nur nebenbei. Sie ist lustig, das kleine Mädchen war nicht traurig, aber doch schrecklich ernsthaft; sie sieht vollwangig aus (das ist vielleicht bloß die Wirkung der wahrscheinlichen Abendbeleuchtung) das kleine Mädchen war bleich. Wenn ich zwischen beiden im Leben zu wählen hätte, so würde ich keineswegs ohne Überlegung auf das kleine Mädchen zulaufen, das will ich nicht sagen, aber ich würde doch, wenn auch sehr langsam, nur zum kleinen Mädchen hingehn, allerdings immerfort nach dem großen Fräulein mich umsehn und es nicht aus den Augen lassen. Das Beste wäre freilich, wenn das kleine Mädchen dann mich zu dem großen Fräulein hinführen und mich ihm anempfehlen würde.

Was war das übrigens für eine Photographie, deren Abschnitt Du mir schickst? Warum bekomme ich sie nicht ganz? Weil es ein schlechtes Bild ist? Du traust es mir also wirklich nicht zu, daß ich Dich auch in schlechten Bildern gut sehe? Nach dem Stückchen weißer Halskrause, die auf dem Bild zu sehen ist und die allerdings auch von einer Bluse stammen kann, habe ich sogar den Verdacht, daß das Bild Dich als Pierrot dargestellt hat; wenn das wahr ist, dann wäre es recht böse von Dir, mir das Bild vorzuenthalten, wie es ja überhaupt eine Sünde ist, Photographien zu zerschneiden und gar wenn man sie jemandem schicken will, der nach Deinem Anblick so hungert wie ich.

Euer Geschäft habe ich mir beiläufig richtig vorgestellt, daß aber von Euch täglich der ganz verfluchte Lärm von 1500 Grammophonen ausgeht, das hätte ich wirklich nicht gedacht. An den Leiden wie vieler Nerven hast Du Mitschuld, liebste Dame, hast Du das schon überlegt? Es gab Zeiten, wo ich die fixe Idee hatte, es werde und müsse irgendwo in der Nähe unserer Wohnung ein Grammophon eingeführt werden und das werde mein Verderben sein. Es geschah nicht, Euere Prager Filiale (deren Adresse ich noch immer nicht kenne und deren Leiter, was ich ihm nicht vergessen werde, einmal mit Dir auf dem Hradschin gewesen ist) scheint nicht genug zu arbeiten, Du solltest sie einmal tüchtig tage- wochen- ein Leben lang revidieren. Immerhin 1500 Grammophone! Und die müssen doch, ehe sie weggeschickt werden, zumindest einmal geschrieen haben. Arme Felice! Gibt es genug starke Mauern, um diese ersten 1500 Schreie von Dir abzuhalten. Deshalb hast Du Aspirin. Ich, ich muß gar kein Grammophon hören, schon daß sie in der Welt sind, empfinde ich als Drohung. Nur in Paris haben sie mir gefallen, dort hat die Firma Pathe auf irgendeinem Boulevard einen Salon mit Pathephons, wo man für kleine Münze ein unendliches Programm (nach Wahl an der Hand eines dicken Programmbuches) sich vorspielen lassen kann. Das solltet Ihr auch in Berlin machen, wenn es das nicht schon gibt. Verkauft Ihr auch Platten? Ich bestelle 1000 Platten mit Deiner Stimme und Du mußt nichts anderes sagen, als daß Du mir soviele Küsse erlaubst, als ich brauche, um alles Traurige zu vergessen.

Dein Franz

[Die beigelegten Anfangszeilen]

Liebste, ich bitte Dich, möchtest Du nicht die Gewohnheit annehmen, wenn Du keine Zeit hast mir ausführlicher zu schreiben, mir durch eine Karte in 3 Worten zu sagen, daß Du Dich wohl befindest.

27.XI.12

Liebste, warum mit Küssen nur die Briefe schließen, da doch die Briefe selbst so unwichtig sind und vor Deiner ersehnten und doch unvorstellbaren Gegenwart Papier und Feder in das Nichts hinüberfliegen würden, das sie auch jetzt und tatsächlich schon sind. Wirklich, Felice, wenn ich so allein in der Nacht hier sitze und wie heute und gestern nicht besonders gut geschrieben habe – es wälzt sich etwas trübe und gleichmütig fort und die notwendige Klarheit erleuchtet es nur für Augenblicke – und wenn ich mir nun in diesem keineswegs allerbesten Zustand unser Wiedersehen auszudenken versuche, fürchte ich manchmal, daß ich Deinen Anblick, sei es auf der Gasse oder im Bureau oder in Deiner Wohnung, nicht ertragen werde, nicht so ertragen werde, daß mir Menschen oder auch nur Du allein zusehn könnten und daß ein Ertragen Deines Anblicks mir nur möglich sein wird, wenn ich so zerfahren und in Nebeln bin, daß ich gar nicht verdienen werde, vor Dir zu stehn. Nun glücklicherweise bist Du ja keine Statue, sondern lebst und lebst sehr kräftig, vielleicht wird, wenn Du mir dann einmal die Hand gereicht hast, alles gut und mein Gesicht wird vielleicht bald ein menschliches Aussehn bekommen.

Du fragst nach meinen Weihnachtsferien. Ich habe leider keinen Kalender bei der Hand. Urlaub habe ich natürlich nur während der zwei Feiertage, da ich aber noch auf 3 freie Tage innerhalb dieses Jahres Anspruch habe (ein Schatz ist das, die Möglichkeit seiner Verwendung stärkt mich schon seit Monaten) und die Feiertage, wie ich gehört habe, so angeordnet sind, daß durch Einschiebung zweier von den 3 Tagen mit Sonntag 5 oder gar 6 Ferialtage sich ergeben, so würde mein Weihnachtsurlaub, wenn ich jene 2 Tage drauf gehn lasse, doch schon ein Ansehn haben. Nun war ich aber fest entschlossen, diese Zeit nur für meinen Roman zu verwenden, vielleicht gar für den Abschluß des Romans. Heute, wo der Roman nun schon über eine Woche ruht und die neue Geschichte zwar zu Ende geht, mich aber seit zwei Tagen glauben machen will, daß ich mich verrannt habe – müßte ich eigentlich noch fester an jenem Entschluß mich halten. Einen Tag der Weihnachtsferien verliere ich wohl durch die Hochzeit meiner Schwester, sie wird am 22. sein. Übrigens erinnere ich mich nicht, jemals Weihnachten eine Reise gemacht zu haben; irgendwo hinzurollen und nach 1 Tag zurückzurollen, die Nutzlosigkeit einer solchen Unternehmung war mir immer erdrückend. Nun, Liebste, wie sehn Deine Weihnachtsferien aus? Bleibst Du in Berlin trotz des starken Erholungsbedürfnisses, das Du hast? Ins Gebirge wolltest Du, wohin? Irgendwohin, wo Du für mich erreichbar wärest? Sieh, ich war entschlossen, mich vor Beendigung des Romans nicht vor andern Menschen zu zeigen, aber ich frage mich, *heute abend allerdings nur,* würde ich nach der Beendigung vor Dir, Liebste, etwa besser oder weniger schlecht bestehen als vorher. Und ist es nicht wichtiger, als der Schreibwut die Freiheit von 6 fortlaufenden Tagen und Nächten zu geben, meine armen Augen endlich mit Deinem Anblick zu sättigen? Antworte Du, ich sage für mich ein großes »Ja«.

Franz

28.XI.12

Liebste Felice, diese Post narrt uns, gestern bekam ich Deinen Dienstagbrief und klagte über den verlorenen Montagnachtbrief, da kommt er heute Donnerstag früh. Innerhalb dieser präzisen Postorganisation scheint irgendwo ein teuflischer Beamter zu sitzen, der mit unsern Briefen spielt und sie nur nach seiner Laune abgehn läßt, wenn er sie aber alle auch nur abgehn ließe! Außerdem bekam ich den Dienstagnachtbrief, also eine Nachtpost ganz und gar, eigentlich also ein (über alle Maßen wohltuendes) Hohngelächter auf meine Bitte, nachts nicht zu schreiben. Tue es nicht wieder, bitte, Felice, wenn es mich auch glücklich macht, tu es nicht, tu es wenigstens solange nicht, bis Deine Nerven ruhig sind. Wie ist es eigentlich mit dem Weinen? Wie kommt es über Dich? Ohne Grund? Du sitzt bei Deinem Tisch und mußt plötzlich weinen? Ja, Liebste, aber dann gehörst Du doch ins Bett und nicht in die Proben. Mich erschreckt Weinen ganz besonders. Ich kann nicht weinen. Weinen anderer kommt mir wie eine unbegreifliche, fremde Naturerscheinung vor. Ich habe im Laufe vieler Jahre nur vor zwei, drei Monaten einmal geweint, da hat es mich allerdings in meinem Lehnsessel geschüttelt, zweimal kurz hintereinander, ich fürchtete, mit meinem nicht zu bändigenden Schluchzen die Eltern nebenan zu wecken, es war in der Nacht und die Ursache war eine Stelle meines Romans. Aber Dein Weinen, Liebste, ist bedenklich, weinst Du überhaupt so leicht? Seit jeher? Habe ich eine Schuld daran? Aber gewiß habe ich sie. Sag nur, hat Dich schon einmal ein Mensch, der Dir nur das Beste zu verdanken hatte, grundlos (ohne daß von Deiner Seite ein Grund wäre) so geplagt wie ich? Du mußt nicht antworten, ich weiß es, aber aus Mutwillen ist es nicht geschehn, das weißt Du doch auch, Felice, oder fühlst es. Aber dieses Weinen verfolgt mich. Es kann aus keiner bloß allgemeinen Unruhe kommen, Du bist nicht verzärtelt, es muß einen besonderen, ganz genau zu beschreibenden Grund haben. Nenn mir ihn, ich bitte Dich, Du weißt vielleicht noch gar nicht, welche Gewalt ein Wort von Dir über mich hat, nütze sie bis zum letzten aus, wenn die Unruhe und das Weinen zu mir eine Beziehung hat. In Deiner Antwort auf diesen Brief mußt Du das ganz deutlich sagen. Vielleicht ist der Grund wirklich nur unser allzu häufiges Schreiben. Ich lege einen Brief bei, den ich Dir an jenem Telegrammsonntag zu schreiben anfing, den ich aber damals in dem Jammer nach der leeren zweiten Post nicht mehr zu beendigen wagte. Lies ihn als ein altes Dokument durch. Ich meine nicht mehr genau dasselbe, was darin steht, aber Dein Weinen hat mich daran erinnert.

Ich schreibe in großer Eile, ich hätte Dir noch vieles zu sagen aber man nimmt mir meinen heutigen Nachmittag und wahrscheinlich noch einige in der nächsten Zeit. Darf ich die schönen nassen Augen küssen?   Franz

[Der beigelegte, nicht beendete Brief vom 18. November 1912]

Liebste, ich fange heute meine Bureauarbeit mit diesem Brief an, aber gibt es auch wirklich für uns beide augenblicklich nichts Wichtigeres als das Folgende. Bitte antworte mir darauf sofort, hoffentlich bist Du Kluge meiner Meinung, denn wärest Du es nicht, ich könnte leider Deiner Meinung nicht widerstehn. Jedenfalls bedenke, was Du erträgst, ertrage ich noch lange nicht und ertrage ich etwas nicht, reiße ich Dich doch mit der Unwiderstehlichkeit der Schwäche mit in meinen Kreis, Du hast es ja letzte Woche gesehn. Also höre, es ist nur Angst und Sorge, die mich solche Vorbereitungen machen läßt: Das zweimalige tägliche Schreiben, mit dem ich in den letzten Tagen begonnen habe, ist ein süßer Irrsinn, sonst nichts. (Jetzt war die erste Post da und kein Brief von Dir, um Himmelswillen, solltest Du noch immer krank sein?) Es darf nicht so fortgehn. Wir peitschen einander mit diesen häufigen Briefen. Gegenwart wird ja dadurch nicht erzeugt, aber ein Zwitter zwischen Gegenwart und Entfernung, der unerträglich ist. Liebste, wir dürfen uns nicht wieder in solche Zustände treiben wie letzthin, das darf um keinen Preis geschehn, schon Deinetwillen nicht. Und doch sehe ich bei dieser Art des Briefeschreibens schon wieder jene Stelle in einem Deiner künftigen Briefe, in der Du mir wegen eines meiner Briefe einen schwachen und zarten Vorwurf machst, der mich aber hinwirft vor Sorge und Verzweiflung. So arg wie letzthin kann es ja zwischen uns nicht mehr werden, aber noch immer arg genug. Schonen wir einander für bessere Zeiten, wenn Gott sie uns vielleicht doch einmal geben sollte, was ich freilich heute gar nicht absehn kann. Binden wir uns durch Liebe, nicht durch Verzweiflung aneinander. Und darum bitte ich Dich, lassen wir von diesen häufigen Briefen, die nichts anderes bewirken als eine Täuschung, die den Kopf zittern macht. Sie sind mir unentbehrlich und doch bitte ich Dich darum. Wenn Du zustimmst, werde ich mich an das seltenere Schreiben gewöhnen, sonst natürlich nicht, denn es ist ein Gift, das in der Herzgrube sitzt. Mache einen Vorschlag, wie wir es halten sollen, Dir folge ich, mir nicht. Merke, es kommt nicht darauf an zu schreiben, wenn man das Verlangen dazu hat, das ist keine Lösung im guten Sinn, das ist nur ein weiteres Peitschen, denn das Verlangen zu schreiben und Deine Briefe zu lesen habe ich jeden Augenblick, den Gott mir gibt. Vorläufig, denke ich, würde die Beschränkung [bricht ab]

[Die folgenden Bemerkungen stehen auf demselben Blatt]

28.XI.12

Wie alt ich hier bin, weiß ich gar nicht. Damals gehörte ich wohl noch vollständig mir an und es scheint mir sehr behaglich gewesen zu sein. Als Erstgeborener bin ich viel photographiert worden und es gibt also eine große Reihenfolge von Verwandlungen. Von jetzt an wird es in jedem Bild ärger, Du wirst es ja sehn. Gleich im nächsten Bild trete ich schon als Affe meiner Eltern auf.

Ich habe vor mir schon für Dich die »Höhe des Gefühls« von Max vorbereitet. Schön in grünes, wenn auch nicht ganz reines Leder (gibt es ganz reines Leder?)

gebunden. Ich könnte es Dir schon schicken (es ist eben erschienen, es ist Maxens neuestes Buch) aber ich will es vorher zu Brods hinauftragen, damit Max etwas Freundliches hineinschreibt. Dann bekommst Du es gleich.

Von Baum hast Du also noch nichts gelesen? Da muß ich Dir aber bald etwas schicken. Er ist völlig blind seit seinem 7ten Jahr, er ist jetzt beiläufig so alt wie ich, verheiratet und hat einen prachtvollen Jungen. Baum hat doch – es ist gar nicht lange her – in Berlin eine Vorlesung gehabt und in Berliner Zeitungen war viel über ihn zu lesen.

28. XI.12

Müde, Liebste, wie ein Holzhacker, wage ich Dir dennoch paar Zeilen zu schreiben, weil ich muß. Der Nachmittag ist dem Bureau geopfert worden, ich habe nicht geschlafen und kann daher jetzt nicht mehr schreiben, und mit ihrer gewöhnlichen Hinterlist kommt gerade da die Lust zum Schreiben übermächtig. Weg damit! Werden bessere Zeiten kommen? Felice, mach die Augen auf und laß mich in sie schauen, wenn meine Gegenwart in ihnen ist, warum sollte ich in ihnen nicht auch meine Zukunft finden?

Ich habe übrigens heute auch mit verschiedenen Leuten gesprochen, besonders mit einem Berliner Maler und ich habe bemerkt, daß ich in meiner häuslichen Vergrabenheit vielleicht unvermerkt (mir unbemerkt, nicht Dir, Liebste) möglicherweise ganz ungenießbar geworden bin. Wenn man unter andere Menschen kommt, so ist die erste gute, allerdings nur augenblicklich gute, Wirkung dessen, daß man einen großen Teil seines Verantwortlichkeitsgefühles verliert, mit dem man bei dem doch immer gereizten Verkehr mit sich selbst bis in die Fingerspitzen ausgestattet sein muß. Man fängt zu hoffen an, daß die Lasten, die einem auferlegt sind, vielleicht im geheimen allen gemeinsam sind und daher auch von allen Rücken mitgetragen werden müssen. Falsche, aber schöne Meinungen! Überall sieht man Teilnahme, von allen Seiten eilt man herbei, einem zu helfen und selbst der Widerwillige und Unentschlossene wird unter großer, eigens für diesen Fall aufgewendeter Lebhaftigkeit der ganzen Mitwelt in sein Glück geschoben. Wenn mich Menschen einmal freuen, kenne ich für diese Freude keine Grenze. An Berührungen kann ich mir nicht genug tun; so unanständig das aussieht, ich hänge mich gerne in solche Menschen ein, ziehe den Arm wieder aus dem ihren und stecke ihn dann sofort wieder, wenn die Lust kommt, hinein; immerfort möchte ich sie zum Reden aufstacheln, aber nicht, um das zu hören, was sie erzählen wollen, sondern das, was ich hören will. Dieser Maler z.B. (sein Selbstporträt liegt bei) hat großes Verlangen, sich in innerlich gewiß wahrhaftigen, äußerlich aber ebenso gewiß matten und wie Kerzenlicht auszublasenden

Kunsttheorien zu verbreiten. Ich aber wollte (und deshalb war das Einhängen des Armes und das Hin- und Herziehn des armen Malers doppelt nötig) nur davon immer wieder hören, daß er seit einem Jahr verheiratet ist, glücklich lebt, den ganzen Tag arbeitet, 2 Zimmer in einem Gartenhaus in Wilmersdorf bewohnt und andere solche Dinge, die den Neid und die Kräfte wecken.

Gute Nacht. Franz

29.XI.12

Ich habe, Liebste, heute nur den Mittwochnachtbrief bekommen, weiß also von Dir bloß bis zu dem Augenblick am Donnerstagmorgen, an dem Du den Brief eingeworfen hast. Und seitdem ist allerdings eine lange Zeit vergangen. Aber ich bin gar nicht unruhig, weil Du es so verlangst, aber diese Ruhe dauert allerdings nur solange, als auch Deine Ruhe erhalten bleibt. Du mußt jetzt mit diesen Proben in einem scheußlichen Wirrwarr leben, ich werde mich Deinetwegen sehr freuen, bis alles vorüber ist. Wirst Du auch auftreten? Und als was? Du vernachlässigst mich übrigens, Liebste: wenn ich einmal als Humor aufgetreten wäre, hätte ich Dir längst meine Rolle geschickt. Hätte ich Deine Rolle, ich würde sie trotz meines schlechten Gedächtnisses auswendig lernen (denn andere Kräfte als bloß jene des Gedächtnisses kämen mir dabei zur Hilfe) und nachts in meinem Zimmer mächtig deklamieren. Das sind aber dunkle, unglückliche Träume, die ich Dir verursache, Liebste, und sie geben mir zu denken. Geht meine Bestimmung, Dich zu quälen, über das Wachsein hinaus bis in den Schlaf?

Deine erste Photographie ist mir unendlich lieb, denn dieses kleine Mädchen existiert nicht mehr und die Photographie ist diesmal alles. Das andere Bild aber ist nur die Darstellung einer lieben Gegenwart und das Verlangen trägt den Blick über das beunruhigende Bildchen weg. »Geistesgenie« ist wie ein Wort aus einem Traum, sinnlos und innerlich wahr, ich war gar nicht erstaunt, auf der nächsten Seite die Traumgeschichte zu finden. Warum ist übrigens die erste Photographie durchlöchert?

Nun muß ich aber aufhören, Liebste, und schicke diesen halben Brief weg, denn ich weiß nicht, ob ich heute vor Nacht noch schreiben werde.

Wieder gab es eine Übereinstimmung. In dem letzten Brief erinnerst Du mich an meine Photographie und im gleichen Augenblick, als ich diesen Brief bekam, wurde Dir wahrscheinlich mein gestriger Brief mit dem Bildchen überreicht. Aber es gibt allerdings auch Unerfülltes. In beiden Briefen wollen wir zusammenkommen, aber es geschieht nicht.

Das gestrige Gedichtchen des Frl. Brühl ist ja wieder eine ausgezeichnete Leistung, viel schöner als das andere sonst sicher auch anerkennenswerte Gedicht des Herrn. Was hatte sie denn angestellt, daß sie ausgezankt werden mußte. Schau doch bei dieser Stelle zu dem Mäderl hin (ich nehme an, daß sie in Deinem Zimmer sitzt) und grüß sie stumm von mir.

Ist es ein zufälliges Zusammentreffen, daß die Parlographen beiläufig seit der Zeit Deines Eintrittes in die Fa erzeugt werden oder kamst Du gleich in diese Abteilung von ihrer Gründung an? Frage ich Dich nicht überhaupt zu viel. Es muß schon ein Berg von Fragen auf Dir liegen. Mußt Dich mit dem Antworten nicht beeilen. Ich werde nie zu fragen aufhören. Adieu für ein Weilchen. Eine ganz besonders feine Schrift heute, nicht?

Dein Franz

30.XI.12

[Nacht vom 29. zum 30. November 1912]

Müde, müde bist Du wohl, meine Felice, wenn Du diesen Brief in die Hand nimmst, und ich muß mich anstrengen deutlich zu schreiben, damit die verschlafenen Augen nicht zu viel Mühe haben. Willst Du nicht lieber den Brief vorläufig ungelesen lassen und Dich zurücklehnen und ein paar Stunden weiterschlafen nach dem Lärm und Hetzen dieser Woche? Der Brief wird Dir nicht fortfliegen, sondern ruhig auf der Bettdecke warten bis Du erwachst.

Ich kann Dir nicht genau sagen, wie spät es ist während ich diesen Brief schreibe, denn die Uhr liegt auf einem Sessel paar Schritte von mir entfernt, aber ich wage nicht hinzugehn und nachzuschaun, es muß schon nahe am Morgen sein. Ich bin aber auch erst nach Mitternacht zu meinem Schreibtisch gekommen. Im Frühjahr und Sommer wird man – aus Erfahrung weiß ich es noch nicht, denn meine Nachtwachen stammen erst aus jüngster Zeit – nicht so ungestört die Stunden durchwachen können, denn die Dämmerung wird einen schon ins Bett jagen, aber jetzt in diesen langen unveränderlichen Nächten vergißt die Welt an einen, selbst wenn man nicht an sie vergißt.

Nun habe ich überdies so elend gearbeitet, daß ich überhaupt keinen Schlaf verdiene und eigentlich verurteilt bleiben sollte, den Rest der Nacht mit dem Hinausschauen aus dem Fenster zu verbringen. Begreifst Du es, Liebste: schlecht schreiben und doch schreiben müssen, wenn man sich nicht vollständiger Verzweiflung überlassen will. So schrecklich das Glück des guten Schreibens abbüßen müssen! Eigentlich nicht wahrhaft unglücklich sein, nicht jenen frischen Stachel des Unglücks zu fühlen, sondern auf die Heftseiten hinuntersehn, die sich endlos mit Dingen füllen, die man haßt, die einem Ekel oder wenigstens eine trübe Gleichgültigkeit verursachen, und die man doch niederschreiben muß, um zu leben. Pfui Teufel! Könnte ich doch die Seiten, die ich seit 4 Tagen geschrieben habe, so vernichten, als wären sie niemals da gewesen. Aber sind das Morgengrüße? Empfängt man so die erwachende Geliebte an einem schönen Sonntag? Nun, man empfängt sie so, wie man eben beschaffen ist, Du willst es gewiß nicht anders. Ich aber bin zufrieden, wenn ich mit meinen Klagen Deinen Schlaf nicht ganz vertrieben habe und Du ihn wiederfindest. Und zum Abschied sage ich Dir noch, daß alles gewiß und ganz gewiß besser werden wird und daß Du gar keine Sorgen haben mußt. Man kann mich doch nicht ganz aus dem Schreiben hinauswerfen, wenn ich schon einigemal dachte, in seiner Mitte, in seiner besten Wärme zu sitzen.

Aber jetzt kein Wort mehr, nur noch Küsse und besonders viel aus tausend Gründen, weil Sonntag ist, weil das Fest vorüber ist, weil schönes Wetter ist, oder weil vielleicht schlechtes Wetter ist, weil ich schlecht schreibe und weil ich hoffentlich besser schreiben werde und weil ich so wenig von Dir weiß und nur durch Küsse etwas Ernstliches sich erfahren läßt und weil Du schließlich ganz verschlafen bist und Dich gar nicht wehren kannst.

Gute Nacht! Schönen Sonntag!   Dein Franz

30.XI.12

Liebste, überall soll Deiner gedacht werden, deshalb schreibe ich Dir hier auf dem Tische meines Chefs, den ich eben vertrete. Was für eine Freude hast Du mir heute mit dem großen Briefe und den 2 Karten gemacht! Die letzteren sind übrigens verrückter Weise wieder später gekommen als der später geschriebene Freitagnachtbrief. Ich w (gerade hat mich der telephonische Anruf des Direktors aufgeschreckt, es ist ihm kaum gelungen.) Ich war also gerade in der Trafik, um die Marke für den Brief zu kaufen, den Du Sonntag bekommst, wenn die Post will (Liebste, es gehn, es gehn Briefe verloren, oder aber ich leide an Verfolgungswahnsinn) da steht gerade unser Briefträger neben mir, obenauf liegt Dein Brief, ich reiße ihn so stark an mich, daß das ganze Briefbündel in Gefahr kommt.

Was für großartige Vorbereitungen Ihr macht! Die Festschrift bekomme ich wohl gleich. Was war das für eine Debatte über das russische Ballett, kommt die im Festspiel vor? Beunruhige Dich bitte nicht über mich, es geht mir so beiläufig gut, zumindest weine ich nicht, werfe mich nicht über die Chaiselongue und habe nur Sorge, daß es Dir geschieht. Du, es gibt so schöne Sanatorien in der großen Welt. Darüber muß ich Dir nächstens schreiben. Erkläre mir, warum haben Deine Mitspieler Mitleid mit Dir und entschuldigen Dich mit Deiner Nervosität; ständig nervös bist Du doch nicht und von den Festvorbereitungen müßten doch alle nervös sein und Nervöse kennen kein Mitleid. Sei ruhig, es ist eine feine Idee von Dir, daß jeder von uns aus Rücksicht auf den andern ruhig sein soll; so betreibe ich es unbewußt schon lange, es gelingt mir aber so selten, an Deiner Unruhe merke ich, wie selten es mir gelingt. Ich vertraue Dir völlig, mißverstehe mich nicht, wie könnte ich jemanden lieben und weiterleben, ohne ihm zu vertrauen, aber auf meiner Seite ist das Böse, nur auf meiner Seite, und da greift es eben über und erschreckt Dich. Manchmal denke ich, wenn wir beide dagegen zusammenhalten, könnte es nicht standhalten; dann wieder glaube ich es besser zu wissen.

Nun muß ich aber wirklich aufhören, ein Chef darf nicht Briefe an die Liebste schreiben. In unserer Abteilung sind an 70 Beamte, wenn sich alle an dem

Chef ein Beispiel nehmen würden, wie es eigentlich sein soll, ergäbe das schreckliche Zustände. Was macht übrigens das kleine Fräulein Brühl? Hat ihr meine Karte Kopfzerbrechen verursacht? Oder hat sie sie am Ende gar nicht bekommen, was mir nach meiner alten Grundmeinung das Wahrscheinlichste scheint.

In der Beilage schicke ich Dir eine Einladung zu einer Vorlesung. Ich werde Deine kleine Geschichte [Das Urteil] vorlesen. Du wirst dort sein, auch wenn Du in Berlin bleibst, glaube mir. Es wird mir ein sonderbares Gefühl sein, mit Deiner Geschichte, also gewissermaßen mit Dir vor einer Gesellschaft zu erscheinen. Die Geschichte ist traurig und peinlich, man wird mein frohes Gesicht während der Vorlesung nicht verstehn.

Franz

[Auf einem beigelegten Blatt]

Liebste! Der Teufel soll mich holen! Ich habe in meiner nächtlichen Zerstreutheit, glaube ich, den für Deine Wohnung bestimmten Sonntagsbrief in Dein Bureau adressiert. Expreß wage ich diesen Brief in die Wohnung nicht zu adressieren. Es ist nicht viel Hoffnung, daß er noch Sonntag kommt. Jedenfalls hat die Post eine schöne Gelegenheit sich auszuzeichnen. Verzeihung!

Franz

1.XII.12

Liebste Felice, nach Beendigung des Kampfes mit meiner kleinen Geschichte – ein dritter Teil, aber nun ganz bestimmt (wie unsicher und voll Schreibfehler ich schreibe, ehe ich mich an die wirkliche Welt gewöhne) der letzte, hat begonnen sich anzusetzen – muß ich unbedingt Dir, Liebste, noch Gute Nacht sagen, trotzdem ich diesen Brief doch erst morgen abend einwerfe. Ich erschrecke, Liebste, wie ich mich an Dich hänge, es ist sündhaft von mir, sage ich mir immer wieder – mögest Du es, Liebste, niemals sagen – und kann es doch nicht lassen. Ich fürchte, wenn ich bei Dir wäre, ich ließe Dich niemals allein – und doch ist wieder mein Verlangen nach Alleinsein ein fortwährendes – wir würden beide leiden, aber es wäre freilich ein durch kein Leiden zu teuer erkauftes Glück.

Von Deinem Zimmer weiß ich noch so wenig, Liebste, und wenn ich Dir in Gedanken dorthin folgen will, finde ich mich nicht zurecht und stehe ein wenig im Leeren. Wenn ich in der Erinnerung Deine Briefe daraufhin durchgehe, finde ich nur einen »niedlichen Schreibtisch« erwähnt, den Du aber allerdings oft durch das Bett ersetzt, dann wurden einmal die Jalousien in einer stürmischen Nacht genannt, die Kassette für die Briefe ist gewiß auch hier und endlich die Bücher, unter denen Du einmal gekramt und die liebe Photographie gefunden hast. (Wer weiß, ob sich da nicht noch andere Bilder finden ließen? Du wirst doch als Kind gewiß mehrmals photographiert worden sein und nach dem 12ten Jahr gewiß auch noch. Wo paar Mädchen beisammen sind, gibt es doch Gruppenaufnahmen, das läßt sich ja gar nicht vermeiden.)

Nein, nichts mehr, heute habe ich die Uhr in der Tasche, es ist ¾3 (ich kam wieder erst nach 12 zum Schreibtisch) und werde und muß diesmal früher schlafen gehn als Du. Ach, wie Du Dich unterhältst, ich seh Dich mit dem Prokuristen Salomon tanzen, dann mit dem dichtenden Herrn, dann mit allen 6 Herren, die gestern Deinen Tisch umgaben, als Du mir schriebst. Zum Jubiläum der Fa sind vielleicht auch die zwei Kopenhagener Vertreter gekommen, wenn das auch nicht sehr wahrscheinlich ist, und tanzen auch. Mir wird ganz schwindlig von Euerem vielen Tanzen. Und alle tanzen zweifellos besser wie ich. Du, wenn Du mich tanzen sehen würdest! Du würdest die Arme zum Himmel heben! Aber mögt ihr tanzen, ich gehe schlafen und ziehe allen zum Trotz mit der Macht der Träume – wenn es Gott so gefällig ist – aus dem ganzen Tanzgewühl Dich, Liebste, still zu mir herüber.

Kein Brief, Felice, weder hier, noch im Bureau (ich dachte schon an das Wunder einer gemeinsamen Zerstreutheit), aber es waren eben gerade am Freitag endlose Proben und ich habe durch den allerdings erzwungenen Verzicht auf Deinen Brief auch meinen Anteil an dem Gelingen Eueres Festes. Möchtest Du nur nicht alle Kräfte für die Proben aufgebraucht haben und zum Fest nicht gar zu müde gewesen sein.

Heute nimmt man mir den ganzen Nachmittag weg, Verwandte, eine Vorlesung Eulenberg (kennst Du etwas von ihm?) und sonstige kleine Wege hin und her. Es wird sich nichts ergeben, ich bin zerstreut und die Ausrufe im Nebenzimmer (man stellt das Verzeichnis der Gäste für die Hochzeit zusammen, jeder Name – ein Schrei) machen mich ganz stumpf.

Wie Du wohl Deinen Sonntag verbringst? Mit einem von mir verursachten Schrecken hat er ja glücklich angefangen. Ich mußte den Brief doch expreß schicken, ich konnte mir nicht helfen. Wenn es eine Dummheit war, so verzeih sie mir, wenn es recht war, ist es nicht mein Verdienst. Man weiß nicht, wie man es gut einrichten soll. Schließlich stellte ich mir die Frage, was ich wählen würde, Deinen Brief mit Schrecken und Unannehmlichkeiten oder keinen Brief und Ruhe – da blieb mir natürlich nichts übrig, als auf das Postamt zu laufen. Im Übrigen – Du hast jetzt den Brief mit Schrecken, ich habe keinen Brief – wir sind zumindest quitt. Und überhaupt glaube ich, wir sollen uns über verlorene und rasende Briefe hinweg ganz unveränderlich lieb behalten. Wenn es Dir recht ist – mir ist es innerster Befehl. Lebwohl, Liebste, und suche Dich nun zu erholen, ohne Rücksicht auf Geschäft, Familie und mich, strecke Dich auf der Chaiselongue nach Herzenslust, diese Möbelstücke sind zum Faulenzen da, nicht zum Weinen. So meint es wenigstens   Dein Franz

Liebste, nur paar Worte, es ist spät, sehr spät, morgen gibt es viele Arbeit, ich bin jetzt endlich bei meiner kleinen Geschichte ein wenig ins Feuer geraten, das Herz will mich mit Klopfen weiter in sie hineintreiben, ich aber muß versuchen, mich so gut es geht aus ihr herauszubringen und weil das eine schwere Arbeit sein wird und Stunden vergehen werden ehe der Schlaf kommt, muß ich mich beeilen, ins Bett zu gehn.

Liebste, fast mein ganzer Sonntag hat Dir gehört mit allen seinen glücklichen und unglücklichen Gedanken. Wie rasch ist mir die Vorlesung des Eulenberg gleichgültig geworden, wie bald erfülltest Du mich wieder! Ich ging bald weg und mein einziger Spaziergang führte mich zur Bahn, wo ich den Brief einwarf. Liebste, noch habe ich Dich, noch bin ich glücklich, aber wie lange darf ich das sein? Ohne ein Fünkchen Mißtrauen zu Dir sage ich das, Liebste. Aber ich bin Dir im Wege, ich hindere Dich, ich werde doch einmal zur Seite treten müssen, ob früher oder später, wird nur die Größe meines Eigennutzes bestimmen. Und ich werde es niemals mit einem offenen und männlichen Worte tun können, scheint mir, immer werde ich dabei an mich denken, niemals werde ich, wie es meine Pflicht wäre, die Wahrheit verschweigen können, daß ich mich für verloren halte, wenn ich Dich verliere. Liebste, mein Glück scheint so nah, nur durch 8 Eisenbahnstunden von mir entfernt, und ist doch unmöglich und unausdenkbar.

Erschrecke, Liebste, nicht über diese Wiederkehr ewig gleicher Klagen, es wird ihnen kein Brief wie jener, der damals aus mir hervorgebrochen ist, folgen, ich muß Dich unbedingt noch einmal sehn und lange, möglichst lange, ohne daß Uhren die Zeit zumessen, mit Dir beisammen sein – wird es im Sommer möglich werden oder schon im Frühjahr? – aber es gibt Abende, wo ich so für mich klagen muß, denn schweigend leiden ist zu schwer.

Liebste, ich möchte gerne etwas Lustiges noch sagen, aber es fällt mir nichts Natürliches ein, auch weinen auf der letzten aufgeschlagenen Seite meiner Geschichte alle 4 Personen oder sind wenigstens in traurigster Verfassung. Aber um 10 Uhr kommt bestimmt ein lustiger Brief und für ihn verdiene ich schon jetzt einen Kuß. Mit ihm auf den Lippen gehe ich ins Bett.

[Auf einem einzelnen Blatt, vermutlich einem der Briefe vom 1. Dezember 1912 beigelegt]

Sei so freundlich, Liebste, und sieh einmal auf einer Anschlagsäule nach, ob nicht irgendwo die Juden spielen, vor allem unter welcher Adresse ein Brief meinen Löwy erreichen würde. Er hat mir nun wieder geschrieben voll Klage über sich und wegen meines Nichtschreibens auch über mich. Leider habe ich das Couvert verloren und weiß nun seine Adresse nicht.

Liebste, also das Wunder der gemeinsamen Zerstreutheit, unterstützt von posta-
lischer Nachlässigkeit, ist Wahrheit geworden, Deinen für Sonntag bestimmten
Brief habe ich erst jetzt im Bureau bekommen. Ein Brief von Freitag nacht, aus
alter Zeit, hoffentlich ist alles gut gegangen. Du bleibst also Weihnachten in
Berlin? Verwandte werden kommen, Besuche werden gemacht werden, man
wird tanzen, man wird von Gesellschaft zu Gesellschaft fahren – und dabei
willst Du Dich erholen? Da Du es doch so nötig hast und fremde Besucher Dein
schlechtes Aussehn feststellen. Übrigens Samstag ist photographiert worden
und ich werde bald sehn, wie arg es mit Dir steht.

Meine Weihnachtsreise ist noch zweifelhafter geworden, denn die Hochzeit
meiner Schwester, die zwar im Familienkreise aber in einem sehr großen gefeiert
wird, ist auf den 25. verlegt worden und droht mir, die ganzen vorhergehenden
Weihnachtsferien zu stören. Aber auch Du hast Besuch, der mir wahrscheinlich
Berlin versperrt, und wohin wollte ich sonst? Im Übrigen bleibt noch Zeit und
daher Hoffnung.

Wenn ich nur über Dein Befinden bessere Nachrichten bekäme! Du sahst
doch an jenem Abend so frisch, rotbäckig gar und unzerstörbar aus. Ob ich
Dich gleich lieb hatte, damals? Schrieb ich es Dir nicht schon? Du warst mir im
ersten Augenblick ganz auffällig und unbegreiflich gleichgültig und wohl deshalb vertraut. Ich nahm es wie etwas Selbstverständliches auf. Erst als wir uns
vom Tisch im Speisezimmer erhoben, merkte ich mit Schrecken, wie die Zeit
verging, wie traurig das war und wie man sich beeilen müsse, aber ich wußte
nicht, auf welche Weise und zu welchem Zweck. Aber schon im Klavierzimmer
– Du liefst gerade Deine Schuhe holen – machte ich, am Ende gar zur Allgemeinheit, die blödsinnige Bemerkung: »Sie (damals hießest Du noch »sie«) gefällt mir zum Seufzen« und dabei hielt ich mich am Tisch fest. Wie weit ist von
jenem Abend zu der Frage Deines Besuchers nach Deiner unglücklichen Liebe!
Und da Erröten ein Bejahen ist, so bedeutete das Erröten in diesem Fall, selbst
wenn Du es nicht wissen solltest, folgendes: »Ja, er liebt mich, aber es ist ein großes Unglück für mich. Denn er glaubt, weil er mich liebt, dürfe er mich plagen
und dieses eingebildete Recht nützt er bis zum Äußersten aus. Fast jeden Tag
kommt ein Brief, in dem ich bis aufs Blut gequält werde und dann allerdings ein
zweiter, der den ersten vergessen machen will, aber wie könnte der vergessen
werden? Immerfort redet er in Geheimnissen, ein offenes Wort kann man von
ihm nicht erhalten. Vielleicht läßt sich das, was er zu sagen hat, gar nicht schreiben, aber dann soll er doch um Gottes willen überhaupt damit aufhören und
schreiben wie ein vernünftiger Mensch. Er will mich gewiß nicht quälen, denn
er liebt mich, das fühle ich, über alle Maßen, aber er soll mich nicht mehr so
quälen und verhindern, daß mich seine Liebe unglücklich macht. «Liebste Rednerin! Mein Leben ließe ich für Dich, aber das Quälen kann ich nicht lassen.

Dein Franz

[Abend des 2. und Nacht vom 2. zum 3. Dezember 1912]

Der wunderbare, große, übertrieben und unverdient große Brief! Liebste, Du hast mir eine Freude gemacht. Und darin das Bild, das zuerst fremd aussieht, da Du in einer mir ungewohnten Haltung und Umgebung bist, das sich aber, je länger man es anschaut, immer mehr enträtselt, bis es jetzt, da es im Licht der Schreibtischlampe steht, also wie in jenem damaligen Sonnenlicht, das liebste Gesicht in solcher Täuschung zeigt, daß man die Hand am Bootrand küssen möchte und es auch tut. Damals sahst Du wohl besser aus als heute, machtest aber übrigens, vielleicht vor lauter Wohlsein, ein äußerst verdrießliches Gesicht. Was hieltest Du in der Hand? Ein sonderbares Täschchen? Und wer hatte Dir das Laub in den Gürtel gesteckt? Wie vorsichtig und mißtrauisch Du mich ansiehst, als hättest Du eine leichte Vision jenes Plagegeistes, der Dich nach 4 Jahren heimsuchen sollte. Du warst auch sehr ernsthaft angezogen für eine bloße Ausfahrt, ebenso Dein Bruder. Daß Dein Bruder schön ist, hat man mir schon gesagt. Wie lächerlich jung ich neben ihm aussehn müßte und bin doch wahrscheinlich älter als er. Und auf dem Bild ist er gar erst 25 Jahre alt. Du bist wohl sehr stolz auf ihn.

Und nun werden mir gar noch andere Bilder in Aussicht gestellt, Liebste, das Versprechen mußt Du halten. Dem Briefumschlag sieht man es nicht an, reißt den Briefumschlag auf, als wäre es nur ein Brief (manche Briefe kommen geradezu offen an, es liegt das an der Konstruktion des Couverts) aber da ist ein Bild darin gewesen und Du schlüpfst selbst heraus, wie Du einmal in schönern Tagen vor mir aus dem Eisenbahnwaggon kommen wirst. Auch diese Blitz-lichtaufnahme, Liebste, gehört schon mir, sei es für Zeit oder für Ewigkeit, wie immer sie auch ausgefallen sein mag. Um Dir jedes Bedenken zu nehmen (nicht, um Dir gar welche Bedenken zu verursachen) schicke ich Dir eine Blitzlichtaufnahme von mir. Sie ist recht widerlich, sie war aber auch nicht für Dich bestimmt, sondern für meine Kontrollsvollmacht für Anstaltszwecke und ist beiläufig 2-3 Jahre alt. Ein verdrehtes Gesicht habe ich in Wirklichkeit nicht, den visionären Blick habe ich nur bei Blitzlicht, hohe Kragen trage ich längst nicht mehr. Dagegen ist der Anzug schon jener mehrerwähnte einzige (einzige ist natürlich eine Übertreibung, aber keine große) und ich trage ihn heute munter wie damals. Ich habe schon in Berliner Theatern auf vornehmen Plätzen, ganz vorn in den Kammerspielen, mit ihm Aufsehen gemacht und einige Nächte auf den Bänken der Eisenbahnwaggons in ihm durchschlafen oder durchduselt. Er altert mit mir. So schön wie auf dem Bild ist er natürlich nicht mehr. Die Halsbinde ist ein Prachtstück, das ich von einer Pariser Reise mitgebracht habe und nicht einmal von der zweiten, sondern noch von der ersten, deren Jahreszahl ich augenblicklich gar nicht berechnen kann. Zufälligerweise trage ich diese Binde gerade auch jetzt, während ich schreibe. Auch sie wird älter. Alles in allem bitte ich Dich nur, vor dem Bild nicht zu erschrecken. Es gibt nur ein gutes Bild von mir aus neuerer Zeit (gut ist nur das Bild, das einen so zeigt, wie man, wenn es schon nicht anders geht, aussehn will) aber das ist unter Rahmen mit andern Familienbildern. Ich lasse aber eines für Dich machen, wenn es möglich ist, soviel liegt mir daran, wenigstens als Bild in Deiner Hand zu sein, in Deiner wirklichen Hand, meine ich, denn in Deiner unwirklichen Hand bin ich längst.

Das war am Abend geschrieben, jetzt ist Nacht, dort wo sie am tiefsten ist. Liebste, habe ich mich nicht, trotzdem gestern kein Brief da war, musterhaft betragen? so sehr im Vertrauen zu Dir verbunden, als wärest Du neben mir gewesen und hättest bloß Deinen schweigenden Tag gehabt. Du hast übrigens gewiß solche Trauertage gar nicht, denn trotz des Weinens – Deines einzigen Fehlers, übrigens einer schrecklichen Verlockung, Dich eilends an die Brust zu ziehn – beherrschst Du Dich gewiß unvergleichlich besser als ich. Überlege einmal ordentlich, ob Du einen Menschen leiden könntest, der an manchen Tagen und in der Mehrzahl der Tage förmlich in sich verfällt und nicht von der Stelle zu bringen ist. Solche Tage gab es besonders vor einer Woche etwa häufig, ich weiß nicht, ob Du es an meinen Briefen erkannt hast (vor einer Woche etwa!) sage auf jeden Fall, daß es Dir entgangen ist und daß ich an Einbildungen leide. Aus Deinem Mund, aus dem ich alle Entscheidungen über mich erwarte, wird es mich beruhigen.

Euer Fest war über alle Maßen prächtig. Ich weiß nicht, woran das liegt, aber die ganze Fabrik kommt mir trotz aller Gegengründe der Vernunft, trotz Deiner nicht anzuzweifelnden Zeugenschaft, trotz aller Einzelheiten, die ich davon weiß, gänzlich, aber gänzlich (das Briefpapier Deines gräßlich unordentlichen Korrespondenten ist eben ausgegangen und alle Papierhändler schlafen) unwirklich vor. Vielleicht liegt es daran, daß ich Dich so fest mit Wünschen und Hoffnungen umgeben habe, die in einen wirklichen Geschäftsbetrieb gar nicht, in einen unwirklichen dagegen ausgezeichnet passen. Darum lasse ich mir auch so gern von Deinem Bureau erzählen, hätte ich die innerste Überzeugung, daß es Dich umgibt und arbeiten läßt, es wäre mir eine Abscheu. Bekomme ich die Ansichten der Bureaulokalitäten? Wenn ich sie bekomme, bekommst Du z.B. einen Jahresbericht unserer Anstalt mit einem Aufsatz von mir über runde Sicherheitshobelmesserwellen! Mit Abbildungen! Oder gar einen Aufsatz über Werkstattversicherung! Oder über Sicherheitsfräsköpfe! Liebste, es stehn Dir noch viele Freuden bevor.

Nun aber gehe ich ins Bett. Ich schlafe nämlich etwas zu wenig in der letzten Zeit, ich gehe auch etwas zu wenig spazieren, ich lese gar nichts, aber befinde mich manchmal nicht übermäßig schlecht. Ich spiele mit den Gedanken an die Weihnachtsferien, an die großen Ferien und an die weitern Jahre. Will die Aussicht dunkler werden, schließe ich die Augen. – Daß ich es nicht vergesse, ich werde jetzt in der Regel *nur einmal täglich* schreiben, man nimmt mir die Nachmittage. Aber man gibt mir Küsse. Da dulde ich alles. Franz

Liebste, nur 2 Worte. Unsere Wahlen, von denen ich Dir vielleicht geschrieben habe, sind zuende, meine freie Bureauzeit ist um. Ich kann Dich nur in Eile grüßen. Im übrigen bin ich ganz im Nebel einer fürchterlichen Schläfrigkeit. Liebste, heute hast Du mich wunderbar beschenkt und Dein Morgenbrief hat mich zu Dir hingezogen wie mit Händen.

Auf Wiedersehen in der Nacht. Es ist so schwer, sich die zwei Briefe täglich abzugewöhnen. Sag mir ein Mittel. Laß mich mit Küssen um das Mittel bitten und mit Küssen danken.

Dein, wie keines Menschen sonst   Franz

Die Jahresberichte gehn ab, bis Du sie auswendig kannst, bekommst Du andere.

Liebste, ich hätte heute wohl die Nacht im Schreiben durchhalten sollen. Es wäre meine Pflicht, denn ich bin knapp vor dem Ende meiner kleinen Geschichte und Einheitlichkeit und das Feuer zusammenhängender Stunden täte diesem Ende unglaublich wohl. Wer weiß überdies, ob ich morgen nach der Vorlesung, die ich jetzt verfluche, noch werde schreiben können. Trotzdem – ich höre auf, ich wage es nicht. Durch dieses Schreiben, das ich ja in diesem regelmäßigen Zusammenhang noch gar nicht so lange betreibe, bin ich aus einem durchaus nicht musterhaften, aber zu manchen Sachen gut brauchbaren Beamten (mein vorläufiger Titel ist Konzipist) zu einem Schrecken meines Chefs geworden. Mein Schreibtisch im Bureau war gewiß nie ordentlich, jetzt aber ist er von einem wüsten Haufen von Papieren und Akten hoch bedeckt, ich kenne beiläufig nur das, was obenauf liegt, unten ahne ich bloß Fürchterliches. Manchmal glaube ich fast zu hören, wie ich von dem Schreiben auf der einen Seite und von dem Bureau auf der andern geradezu zerrieben werde. Dann kommen ja wieder auch Zeiten, wo ich beides verhältnismäßig ausbalanciere, besonders wenn ich zuhause schlecht geschrieben habe, aber diese Fälligkeit (nicht die des schlechten Schreibens) geht mir – fürchte ich – allmählich verloren. Ich schaue mich im Bureau manchmal mit Blicken um, die niemand früher in einem Bureau für möglich gehalten hätte. Mein Schreibmaschinist ist noch der einzige, der mich in solchen Augenblicken zart zu wecken versteht. Dann sind mir auch Deine Briefe jetzt, seitdem wir einander ruhig liebhaben unbedingt eine Hilfe zum Leben; jemand und nicht nur jemand sondern die Liebste sorgt für mich, und ich springe von Deinem Briefe in einem bessern Zustand zu meiner Arbeit auf. Aber trotzdem, trotzdem –

Heute habe ich Dir so wenig geschrieben und habe Dir so vieles zu sagen. Wie schön Du im Mustersaal stehst! Aber Dein Bureau wird vermißt. Nein, über die Sachen, die Du mir heute geschickt hast, werde ich Dich, geduldigste Felice, monatelang auszufragen haben. Vor allem erkläre mir ein wenig die zwei Anspielungen auf Dich. Die erste bezieht sich wohl auf Deinen Zionismus, aber die zweite mit Literatur und Gefrierfleisch? Gott, wie Dich alle diese Leute vom Salomon bis Rosenbaum kennen, wie sie Dich täglich sehen dürfen, wie sie mit Dir in Automobilen fahren, wie man auf den Taster in der Direktionskanzlei nur drücken muß und Du kommst gelaufen. Liebste, Liebste, wo ist die Glocke, die Dich zu mir ruft? Ich überfalle Dich mit Küssen. – Und nun Schluß. Meine Geschichte würde mich nicht schlafen lassen, Du bringst mir mit den Träumen den Schlaf. Gestern besprach ich mit Dir im Gras einen gemeinsamen Landaufenthalt.

Dein Franz

4.XII.12

Gott sei Dank, Liebste, daß Du am Ende Deines Briefes ruhiger bist, ich hätte nicht gewußt, was vor Selbstvorwürfen anzufangen. Dafür verspreche ich Dir jetzt so schön als ich nur kann – und ich wollte den Mund des Frl. Brühl haben, die Dich während des Schreibens küßte, um es Dir noch besser bekräftigen zu können – daß (der Feierlichkeit halber schreibe ich Buchstabe[n] für Buchstaben) *ich Dich nie mehr brieflich quälen werde*, sondern mir das aufspare, bis wir beisammen sind und alle Untat gleich und bestens gutgemacht werden kann und nicht erst so primitiv und spät wie durch einen folgenden Brief.

Du sagst es selbst, ich will Dich nicht quälen; Du bist zwar mein eigenes Selbst und dieses quäle ich von Zeit zu Zeit, das tut ihm gut, aber Du bist mein innerstes und zartestes Selbst und das möchte ich allerdings um alles in der Welt gern verschonen und in vollkommenster Ruhe halten. Und trotz des besten Willens – es muß die Feder sein, die in meiner Hand ihre eigenen bösen Wege geht. Liebste! Verzeihung und von nun an ruhige Briefe, wie es sich gehört, wenn man an die Liebste schreibt, die man streicheln und nicht peitschen will.

Auch gestern abend habe ich übertrieben, fällt mir ein. Es geht ja mit dem Bureau so beiläufig. Und sitze ich auch da als Jammermensch, nachdem ich Deinen Brief bekommen und gelesen habe, erhebe ich mich als ein Riese und gehe als ein eifriger Beamter zur wartenden Schreibmaschine, ganz so als führtest Du mich hin und hättest mir, wenn ich gut gearbeitet haben sollte, zur Belohnung einen Kuß versprochen. Nicht traurig sein, Liebste! Es ist Dir schon gelungen, mich glücklich zu machen, als Du es noch gar nicht wolltest, wie erst jetzt. Adieu, Liebste, kann ich mich denn heute gar nicht verabschieden? Und jetzt auf zur Schreibmaschine! Das ist übrigens der letzte zweite Tagesbrief, jetzt wird immer nur noch einer kommen. Erklärung folgt. Ich komme nicht weg von Dir, Liebste, heute. Reiß Du Deine Hand zurück, wenn ich so närrisch bin.

Franz

Ach Liebste, unendlich Geliebte, für meine kleine Geschichte ist nun wirklich schon zu spät, so wie ich es mit Furcht geahnt habe, unvollendet wird sie bis morgen nacht zum Himmel starren, für Dich aber, Felice, kindische Dame, ist gerade jetzt und immer gerade jetzt die einzig richtige Zeit. Ich nehme das Telegramm als Kuß und da schmeckt es gut, macht froh, stolz und hochmütig, aber als Glückwunsch, Liebste? Jeder andere Abend ist wichtiger als der heutige, der doch nur meinem Vergnügen galt, während die andern Abende für meine Befreiung bestimmt sind. Liebste, ich lese nämlich höllisch gerne vor, in vorbereitete und aufmerksame Ohren der Zuhörer zu brüllen, tut dem armen Herzen so wohl. Ich habe sie aber auch tüchtig angebrüllt und die Musik, die von den Nebensälen her mir die Mühe des Vorlesens abnehmen wollte, habe ich einfach fortgeblasen. Weißt Du, Menschen kommandieren oder wenigstens an sein Kommando zu glauben – es gibt kein größeres Wohlbehagen für den Körper. Als Kind – vor paar Jahren war ich es noch – träumte ich gern davon, in einem großen mit Menschen angefüllten Saal – allerdings ausgestattet mit einer etwas größern Herz-, Stimm- und Geisteskraft als ich sie augenblicklich hatte – die ganze »Education sentimentale« ohne Unterbrechung so viel Tage und Nächte lang, als sich für notwendig ergeben würde, natürlich französisch (o du meine liebe Aussprache!) vorzulesen und die Wände sollten widerhallen. Wann immer ich gesprochen habe, reden ist wohl noch besser als vorlesen (selten genug ist es gewesen) habe ich diese Erhebung gefühlt und auch heute habe ich es nicht bereut. Es ist – und darin soll die Verzeihung liegen – das einzige gewissermaßen öffentliche Vergnügen, das ich mir seit einem Vierteljahr fast gegönnt habe. Mit fremden Menschen habe ich wirklich seit dieser Zeit fast gar nicht gesprochen. Nur mit deinem einzigen Stoeßl; Deinen Schmitz, mit dem ich vor etwa 14 Tagen hätte zusammenkommen sollen – es war fast ausschließlich die Beziehung zu Dir, die mich an ihm lockte – habe ich im Bett verschlafen. Kennst Du Stoeßl? Das ist ein prachtvoller Mensch, das Menschenschöpferische schaut ihm wahrhaftig aus dem Gesicht, das sonst mit seiner Blutfülle und seiner Hakennase auch einem jüdischen Schlächter gehören könnte. (Warte, ich habe ja da in einem Katalog sein Bild und lege es gleich bei.) Ich rede da ein wenig ungeordnet herum, aber wenn ich es vor Dir, Liebste, nicht dürfte, vor wem denn sonst? Es kommt übrigens gewiß noch von dem Vorlesen her, von dem mir noch Überbleibsel in den Fingerspitzen stecken. Um nichts Auffälliges, aber doch unbedingt etwas von Dir bei der Hand zu haben, hatte ich mir Deine Festansichtskarte mitgenommen und hatte mir vorgenommen, während des Vorlesens die Hand ruhig auf ihr liegen zu lassen und auf diese Weise mittels einfachster Zauberei von Dir gehalten zu werden. Aber als mir dann die Geschichte ins Blut ging, fing ich mit der Karte zuerst zu spielen an, dann aber drückte und bog ich sie schon ohne Besinnung, gut daß an Stelle der Karte nicht Deine liebe Hand gewesen ist, Du könntest mir sonst morgen gewiß keinen Brief schreiben und es wäre ein viel zu teurer Abend für mich gewesen. Aber Du kennst ja noch gar nicht Deine kleine Geschichte [Das Urteil]. Sie ist ein wenig wild und sinnlos und hätte sie nicht innere Wahrheit (was sich niemals allgemein feststellen läßt, sondern immer wieder von jedem Leser oder Hörer von neuem zugegeben oder geleugnet werden muß) sie wäre nichts. Auch hat sie, was bei ihrer Kleinheit (17 Schreibmaschinenseiten) schwer vorstellbar ist, eine große Menge von Fehlern und ich weiß gar nicht, wie ich dazu komme, Dir eine solche zumindest sehr zweifelhafte Geburt zu verehren. Aber jeder gibt eben, was er hat, ich die kleine Geschichte mit mir als Anhängsel, Du das ungeheuere Geschenk Deiner Liebe. Ach Liebste, wie glücklich bin ich durch Dich; in die eine Träne, die mir am Schluß Deine Geschichte in die Augen trieb, mischten sich auch Tränen dieses Glücks.

Sag, wie mache ich mich nur würdig z.B. Deines heutigen Briefes, etwa seines zweiten Bogens, den nur von mir verbrecherisch erpreßte Qual erfüllt? Wie habe ich aufgeatmet, als mit dem dritten Bogen mit den Erinnerungen an jene von mir noch nicht verdunkelte Reise ein wenig Ruhe über Dich kam. Sieh doch, wie man mit uns Menschen spielt, Du klagst, daß Du von Prag weggefahren bist, ohne daß jemand für Dich auf die Bahn kam, und ich – ich glaube es wenigstens heute in der Rückerinnerung – ich hätte auf dem Laufbrett Deines Waggons die Fahrt mitmachen wollen, um in Dein Coupé sehn zu können. (Aber das ist doch verrückt, ich hätte ja ruhig einsteigen können – aber in der bedenklich tiefen Nacht, die jetzt schon ist, scheint einem das Schwierigste – für die Liebste getan – nicht schwierig genug.) Es fällt mir gerade ein: in einem Deiner letzten Briefe hast Du einmal »Dir« statt »mir« geschrieben, wenn der Schreibfehler einmal Wirklichkeit werden könnte! (Ruhe, Ruhe! Ich halte schon den Mund.) – Also mit der Filiale habe ich Dich einmal ertappt – kein Leugnen! kein Leugnen! – eine eigentliche Filiale habt Ihr also in Prag nicht. Die Fa Adler habe ich natürlich längst entdeckt und jedesmal, wenn ich vorüberging, habe ich ausgespieen, denn ich dachte, es wäre eine Konkurrenz von Euch, ebenso wie ich es vor dem Geschäft einer gewissen Gramophone Company tue. Wird übrigens mein Rat befolgt und ein Grammophon Salon in der Friedrichstraße eröffnet? Wenn sich der rentiert, könnte dann noch einer irgendwo im Westen aufgemacht werden. In Paris saß in der Mitte des Raumes auf sehr erhöhtem Sitz eine bedeutende Dame und hatte nichts zu tun, als mit einer Hand den Besuchern Geld in Spielmarken umzutauschen. Wie wäre es, wenn Du als Anregerin der Sache in Berlin diesen Posten bekämest. Ich sage es nur deshalb, weil Du dann mit der andern für den Dienst unnötigen Hand den ganzen Tag Briefe an mich schreiben könntest. Liebste, was für Narrheiten erfindet das Verlangen nach Dir. Liebste, ich werde ganz traurig über mich. Hätte ich die Zeit, während welcher ich Briefe an Dich geschrieben habe, zusammengeschlagen und zu einer Reise nach Berlin verwendet, ich wäre längst bei Dir und könnte in Deine Augen sehn. Und da fülle ich Briefe mit Dummheiten, als dauerte das Leben ewig und um keinen Augenblick weniger lang.

Nein, jetzt schreibe ich nicht mehr weiter, die Lust ist mir ganz und gar vergangen, ich gehe ins Bett und werde vor mich hin Deinen Namen, Felice! Felice! sagen, der alles kann, aufregen und beruhigen. Gute Nacht und träume süß, wie man bei uns sagt. Nur eine Frage noch. Wie schreibst Du im Bett? Wo ist das Tintenfaß? Das Papier hältst Du auf Deinen Knien? Ich könnte es nicht und Deine Schrift ist sicherer dabei, als meine wenn ich beim Schreibtisch sitze. Und bekommt die Bettdecke keine Tintenkleckse ab? Und der arme, arme Rücken! Und die lieben Augen verdirbt man sich unweigerlich. Und umgekehrt wie in China ist es hier der Mann, welcher der Freundin das Licht wegnehmen will. Deshalb ist er aber nicht vernünftiger als der chinesische Stubengelehrte (immer findet man in der chinesischen Literatur diesen Spott und Respekt vor dem »Stubengelehrten«) denn daß die Geliebte in der Nacht Briefe schreibt, will er nicht, die Nachtbriefe selbst aber reißt er dem Briefträger gierig aus der Hand.

Nun leb wohl, Liebste, einen letzten Kuß. Ich setze meine Unterschrift her, Franz

und bin allein. Aber ich bin nicht allein, denn ich darf Dich ja auch noch hinter der Unterschrift küssen, denke ich. Liebste, wenn ich mich bei unserer wirklichen Zusammenkunft einmal auch so schwer von Dir verabschieden werde wie jetzt, wirst Du einsehn, daß das Leid, das ich Dir mit meinen Briefen angetan habe, eine Kleinigkeit war gegen die Beschwerden des wirklichen Verkehrs mit mir. Adieu, Liebste. Der neue Brief von meiner letzten Unterschrift an verlangt neue Küsse und nimmt sie in Gedanken.

[Am Rand] Heute kommt also kein Brief mehr.

5.XII.12

Liebste, nur Grüße und Dank für die Beschreibung Deines Zimmers. Nur die Rückwand fehlt noch, da ist wohl noch eine Tür. Hast Du viele Bücher?

Von den Wahlen hätte ich Dir nicht geschrieben? Doch, doch. Wohl in einem der vielen verlorengegangenen Briefe. Jetzt erinnere ich mich z.B., daß ich Dir geklagt habe, daß Deine Briefe erst aus der ungeheueren Wahlpost herausgesucht werden müssen und wie lange das dauert. Es sind die Wahlen in unsern Vorstand, die hübsch viel Arbeiten machen, da alle bei uns versicherten Unternehmer (an 200 000) und alle Arbeiter (an 3 000 000) wählen. Heuer habe ich mich für diese Arbeiten gedrückt und meine Rückstände konnten sich ein wenig unbeachtet aufhäufen. Jetzt aber kracht schon hie und da einer.

Liebste, leugne es nicht, ich scheine Dir auf meinem Bild recht fremd. Du willst es Dir selbst nicht eingestehn, aber Dein Brief zeugt gegen Dich. Wenigstens wenn man ihn mit Verdacht liest, wie ich es diesmal getan habe, ich gestehe es. Was soll ich tun? So sehe ich nun einmal aus. Das Bild ist schlecht, aber ähnlich ist es, ich sehe in Wirklichkeit sogar ärger aus. Es ist 2 Jahre alt, aber mein jungenhaftes Aussehn hat sich kaum verändert, von den Nachtwachen fange ich allerdings an, ein paar widerliche Falten zu bekommen. Wirst Du Dich, Liebste, an dieses Bild gewöhnen können? Und darf Dich der Mensch noch küssen, oder muß er sich ungeküßt unterschreiben? Und bedenke, das Bild ist schließlich noch erträglich, aber bis dann der Mensch selbst vortritt. – Am Ende laufst Du dann vor ihm davon. Bedenke, Du hast ihn ja nur einmal und bei Gaslicht gesehn und ohne damals auf ihn besonders zu achten. Er kommt aber bei Tag fast nicht ins Freie und hat davon geradezu ein Nachtgesicht bekommen. Ich begreife Dich so gut. Aber vielleicht gewöhnst Du Dich doch an ihn, Liebste, denn sieh, auch ich, der Briefschreiber, den Du so gut behandelt hast, hat sich an ihn gewöhnen müssen.

Ich übertreibe ja im vorigen, Dein Brief ist lieb wie immer, aber die Launen gehn in mir auf und ab und heute ist eben die schlechte oben. Verzeih uns beiden, dem Briefschreiber und dem Photographierten und laß uns durch unsere Zweigestalt auch an Küssen profitieren. Liebste, adieu, ich bin ganz ruhig, sei es auch und behalte mich lieb.   Dein Franz

Heute ist es aber wirklich der letzte zweite Tagesbrief.
Gott, mir droht schon wieder eine Reise.

vom 6. zum 7.XII. 12
[vermutlich in der Nacht vom 5. zum 6. Dezember 1912]

Weine, Liebste, weine, jetzt ist die Zeit des Weinens da! Der Held meiner kleinen Geschichte ist vor einer Weile gestorben. Wenn es Dich tröstet, so erfahre, daß er genug friedlich und mit allen ausgesöhnt gestorben ist. Die Geschichte selbst ist noch nicht ganz fertig, ich habe keine rechte Lust jetzt mehr für sie und lasse den Schluß bis morgen. Es ist auch schon sehr spät und ich hatte genug zu tun, die gestrige Störung zu überwinden. Schade, daß in manchen Stellen der Geschichte deutlich meine Ermüdungszustände und sonstige Unterbrechungen und nicht dazugehörige Sorgen eingezeichnet sind, sie hätte gewiß reiner gearbeitet werden können, gerade an den süßen Seiten sieht man das. Das ist eben das ewig bohrende Gefühl; ich selbst, ich mit den gestaltenden Kräften, die ich in mir fühle, ganz abgesehen von ihrer Stärke und Ausdauer, hätte bei günstigern Lebensumständen eine reinere, schlagendere, organisiertere Arbeit fertiggebracht, als die, die jetzt vorliegt. Es ist das ein Gefühl, das keine Vernunft ausreden kann, trotzdem natürlich niemand anderer als die Vernunft recht hat, welche sagt, daß man, ebenso wie es keine andern Umstände gibt als die wirklichen, auch mit keinen andern rechnen kann. Wie das aber auch sein mag, morgen hoffe ich die Geschichte zu beenden und übermorgen mich auf den Roman zurückzuwerfen.

Meine arme Liebste, Du willst wissen, wann Deine Briefe ankommen, um Dich danach zu richten? Aber die Post ist ja ganz unberechenbar, gar die österreichische, sie arbeitet vollkommen improvisiert, so wie beiläufig die Juxpost bei Sommerunterhaltungen. Dein erster Expreßbrief kam Montag um 11 Uhr in meine Wohnung, Dein zweiter kam Mittwoch zwischen 9 und 10 ins Bureau, Dein Telegramm kam um ½5 nachmittags in die Wohnung (es wäre besser gewesen, wenn es später gekommen wäre, dann hätte es mich vielleicht rechtzeitig geweckt, so aber hätte ich fast verschlafen und kam erst um 9 Uhr hin) Dein Brief aus der Elektrischen – dieser Brief, den die liebste Felice mir für Mittwoch nachmittag zugedacht hatte – kam erst Donnerstag vormittag in meine Wohnung und ich sah, als ich ihn um 3 Uhr in die Hand bekam, wie sehr wir wieder zusammengehören, denn Du hattest mir das Telegramm zur Begleitung in die Vorlesung mitgeben wollen, ich hatte es auch wirklich schon fast eingesteckt, um es mitzunehmen, überlegte es mir aber doch, da ich es ja nicht bloß in der Tasche behalten, sondern vor mir auf dem Vorlesetisch haben wollte und es zu diesem Zweck doch zu auffällig gewesen wäre, deshalb nahm ich lieber die Ansichtskarte mit.

Ich erzähle von meinem Bureau offenbar riesig deutlich (es steht eben nicht dafür) da Du, Liebste, es so mißverstehst. Nicht 70 Abteilungen haben wir, sondern in der Abteilung, in der ich bin, arbeiten 70 Beamte. Der Chef dieser Abteilung hat 3 Vertreter, einer von diesen, und zwar leider gerade für die wichtigsten oder besser unangenehmsten Sachen bin ich. So ist es, und damit Du es noch besser verstehst, gibt Dir der auf dem Bild so fremde, im Innern aber wie kein anderer Dir ergebene Mensch einen langen, langen Kuß.

Dein Franz

6.XII.12

So bin ich, Liebste, wieder ein großer, prächtiger Dummkopf gewesen, als ich mir wegen meiner Photographie Sorgen machte. Du mußt Dich entschieden an sie gewöhnt haben, als Du den Spaziergang längs der Stadtbahn machtest, sonst hättest Du nicht so lieb an mich gedacht. Nur die Kopfschmerzen waren vielleicht ein Überbleibsel des ersten Schreckens. Oder des zu langen Briefes, den Du mir vorher geschrieben hattest. Merke: Ich verdiene im besten Falle häufige Briefe von Dir, langer Briefe fühle ich mich wahrhaftig unwürdig, ich kann mir nicht helfen. Ich sehe mich in der Welt um, was ich tun könnte, um einen so langen Brief wie jenen mit der Reisebeschreibung zu verdienen und finde nichts. Es bleibt mir nichts übrig, als ihn zitternd wieder und wieder zu lesen.

Wegen meines Briefes, in dem ich mein Aussehn bedaure, habe ich noch jetzt Angst. Gott weiß, wie Du mich auslachen wirst! Und jeden Augenblick fürchte ich, ein Telegramm zu bekommen: »Franz, Du bist wunderschön«. Dann hätte ich nichts zu tun, als unter den Tisch zu kriechen.

Sieh mal, glückliches Mädchen, wie man in dem beigelegten Zeitungsausschnitt, trotzdem es doch nur eine private Veranstaltung war, Deine kleine Geschichte öffentlich und übertrieben lobt. Und es ist kein gleichgültiger Mensch, der das geschrieben hat, sondern Paul Wiegler. Kennst Du ihn? Er hat ein paar schöne Bücher geschrieben und ein paar französische noch schöner übersetzt. Das Beneidenswerte an ihm ist, daß er schon im Februar nach Berlin kommt, und ich? Allerdings kommt er als Theaterkritiker zur Berl. Morgenpost und das ist wieder nicht beneidenswert. Jeder hat sein Leid.

Ach, Liebste, es ist höchste Zeit zu schließen und zu küssen, sonst tritt mein Chef zwischen uns und das muß verhindert werden. Liebste, Liebste! Noch diese zwei Schreie.

Dein Franz

Gestern war der letzte zweite Tagesbrief, heute ist es der allerletzte.

Gerade unterschreibe ich einen Brief an den Mann Deiner Reisebegleiterin, die Dich Engelchen nannte, Du Engelchen.

Über die Photographie, die für mich riesig wichtig und belehrend ist, schreibe ich Dir in der Nacht.

Montag muß ich nach Leitmeritz. Was hat denn die kleine Brühl zu meiner Ansichtskarte gesagt? Hast Du meine beiden Karten bekommen?

Jetzt fällt mir aber noch ein, daß Dein Brief vom 4. ist, wie kommt das, er wurde Mittwoch – aber Dummheiten, ich irre mich im Datum, jetzt dachte ich schon wieder, Du hättest damals meine Photographie noch nicht gehabt.

vom 6. zum 7.XII.12

Liebste, also höre, meine kleine Geschichte ist beendet, nur macht mich der heutige Schluß gar nicht froh, er hätte schon besser sein dürfen, das ist kein Zweifel. Der nächste an solche Trauer sich anschließende Gedanke bleibt freilich immer: Ich habe ja Dich, Liebste, also eine zweite Berechtigung zum Leben, nur bleibt es eine Schande, die Berechtigung zum Leben bloß aus dem Dasein der Geliebten zu holen.

Jetzt erinnere ich mich rechtzeitig noch, daß das aber ein Sonntagsbrief werden soll und daß man die Klagen besser für Montag läßt. Liebste, ich weiß nicht warum, aber Dein Spaziergang die Stadtbahn [entlang] hat mich maßlos gerührt. Was muß es für ein Hohngelächter in der Höhe geben, wenn man vielleicht zu gleicher Zeit Deine einsamen Spaziergänge mit den meinigen vergleicht und die Blicke von einem zum andern wandern läßt.

Diese Photographie, Liebste, bringt Dich mir wieder ein großes, großes Stück näher. Ich würde es für ein recht altes Bild halten. (Du schreibst nichts zur Erklärung des Bildes und willst mich vielleicht in eine Falle locken; aber Glück und Dankbarkeit macht mich kühn und ich fürchte mich nicht.) Das Ganze sieht übrigens in der Beleuchtung, Gruppierung und Laune der Abgebildeten ganz geheimnisvoll aus und der Schlüssel des Geheimnisses, der vorne auf dem Tisch neben der zu ihm gehörigen Schachtel liegt, macht die Sache um nichts klarer. Du lächelst wehmütig oder es ist meine Laune, die Dir dieses Lächeln andichtet. Ich darf Dich nicht ordentlich ansehn, sonst bekomme ich den Blick nicht von Dir los. Du trägst eine sonderbar aufgeputzte Bluse. Auf dem linken Unterarm hast Du eine Schnur oder ein Armband. Abgesehen von meinem hier wirklich gar nicht maßgebenden Urteil bist Du auch für andere Beobachter nicht nur wegen Deiner Stellung im Mittelpunkt des Bildes, sondern auch weil Deine Mutter Dich unter dem Arm gefaßt hat oder weil es wenigstens diesen Anschein hat. Das gibt Dir eine besondere Bedeutung. Außerdem hast Du eine ganz andere Blickrichtung als die übrige Familie. Am nächsten steht mir von allen andern Deine Mutter (selbst auf die Gefahr hin, daß Deine Mutter gar nicht auf dem Bilde ist). Das Urteil über sie ist deshalb ein wenig unsicher, weil das meiste und differenzierteste Licht auf ihr Gesicht fällt. Ist es nicht eine große, etwas knochige Frau? In meines Vaters Familie gibt es Frauen, die ihr entfernt ähnlich scheinen. Sie sieht sehr einsichtig aus, ich kehre fast zu meiner ersten Meinung über sie zurück, mit ihr getraute ich mich zu reden. Dein Vater sieht sehr würdig aus, vor dem wäre ich schon unsicherer. Was hat er eigentlich für ein Geschäft? Deinen Bruder kenne ich ja schon von dem Bild aus Binz, ich sehe nichts Neues an ihm. Am Rande stehn wohl Deine Schwestern (das Raten wird dadurch erleichtert, daß Dein Bruder nicht verheiratet ist) die ältere nenne ich die Budapesterin und den lustigen Mann neben Dir Deinen Budapester Schwager. Sie sind die einzigen, die eigentlich lachen, also gehören sie zusammen. Das Mädchen am andern Rande könnte die phlegmatische Schwester sein nach ihrem selbstzufriedenen, etwas schläfrigen Lächeln zu schließen. (Liest ein 2ojähriges Mädchen mit Entschiedenheit gar nichts, finde ich nichts Böses daran, halbes Lesen ist ärger.) Und in was für einem Zimmer seid Ihr nun? Ist das Euer gegenwärtiges Wohnzimmer und dies der Tisch, auf dem in einem Deiner Briefe Vater und Bruder 66 spielten? Und wer photographiert Euch? Ist es irgendein Familienfest? Vater und Bruder scheinen dunkel angezogen und haben weiße Krawatten, aber der angebliche Schwager hat eine farbige. Liebste, wie mächtig ist man gegenüber Bildern und wie ohnmächtig in Wirklichkeit! Ich kann mir leicht vorstellen, daß die ganze Familie beiseite tritt und sich entfernt, daß nur Du allein zurückbleibst und ich mich über den großen Tisch zu Dir hinüberlehne, um Deinen Blick zu suchen, zu erhalten und vor Glück zu vergehn. Liebste, Bilder sind schön, Bilder sind nicht zu entbehren, aber eine Qual sind sie auch.

In einer schlimmen Ahnung bin ich eben schauen gegangen, wie spät es ist ¼4! Das ist zu arg. Ich habe aber auch erst nach 12 mit meinen Arbeiten angefangen. Gute Nacht, Liebste. Und mich lieb behalten! Nächste Woche bekommst Du mein kleines Buch [Betrachtung]. Wie viele Küsse ich dafür wohl bekommen werde? Schöne Beschäftigung für Träume. Liebste, das sei das letzte Wort, Liebste!

Dein Franz

Bloß zur Kontrolle der Post erwähne ich es, heute habe ich nur den Expreßbrief mit der Photographie bekommen.

Nacht vom 6. zum 7.XII.12
[vermutlich in der Nacht vom 7. zum 8. Dezember 1912]

Liebste, ich habe aus verschiedenen Gründen heute nichts geschrieben. Es waren da paar Briefe zu schreiben, ein Gesuch für das Bureau, die Notwendigkeit der Vorbereitung für die dumme Leitmeritzer Reise, außerdem war ich erst nach 7 Uhr abends schlafen gegangen und erst um 11 abends aufgewacht, endlich bringt mich die Leitmeritzer Reise wahrscheinlich trotz teufelsmäßiger Eile um eine Arbeitsnacht und der kaum aufgenommene Roman müßte dann wieder weggelegt werden – kurz es gibt einige Gründe dafür, daß ich ihn heute nicht fortgesetzt habe. Aber nicht der unwichtigste Grund dafür ist, daß ich heute ein ganz besonders unruhiges Verlangen nach Dir habe. Ob Dir nur gut ist? Ob Du an mir nicht allzuviel auszusetzen hast? Ob Dir gerade heute viel an mir gelegen ist? Liebste, ich habe heute wohl während des ganzen Schlafes von Dir geträumt, erinnerlich sind mir aber nur zwei Träume. Ich habe mich gleich nach dem Erwachen trotz starken Widerstandes bemüht, sie zu vergessen, denn es waren schreckliche Wahrheiten aufdringlich und überdeutlich in ihnen, so wie sie in dem matten Tagesleben niemals zum Durchbruch kommen können. Ich will sie nur ganz oberflächlich und kurz erzählen, trotzdem sie sehr verwickelt und voll Details waren, die noch jetzt in mir drohen. Der erste knüpfte an Deine Bemerkung an, daß Ihr direkt aus dem Bureau telegraphieren könnt. Ich konnte also aus meinem Zimmer auch direkt telegraphieren, der Apparat stand sogar neben meinem Bett, wohl ähnlich, wie Du den Tisch zum Bett zu rücken pflegst. Es war ein besonders stacheliger Apparat und ich fürchtete mich, so wie ich mich vor dem Telephonieren fürchte, auch vor diesem Telegraphieren. Aber telegraphieren mußte ich Dir in irgendeiner übergroßen Sorge um Dich und in einem wilden, mich gewiß aus dem Bett aufreißenden Verlangen nach einer augenblicklichen Nachricht von Dir. Glücklicherweise war sofort meine jüngste Schwester da und begann für mich zu telegraphieren. Meine Sorge um Dich macht mich erfinderisch, leider nur im Traum. Der Apparat war derartig konstruiert, daß man nur auf einen Knopf drücken mußte und sofort erschien auf dem Papierbändchen die Antwort aus Berlin. Ich erinnere mich, wie ich starr vor Spannung auf das zuerst sich ganz leer abwickelnde Bändchen sah, trotzdem dies nicht anders zu erwarten war, denn solange man Dich in Berlin nicht zum Apparat geholt hatte, konnte ja keine Antwort kommen. Was war das für eine Freude, als die ersten Schriftzeichen auf dem Bändchen erschienen; ich hätte eigentlich aus dem Bett fallen müssen, als so stark habe ich die Freude in der Erinnerung. Es kam nun ein richtiger Brief, den ich ganz genau lesen konnte, an dessen größten Teil ich mich vielleicht sogar erinnern könnte, wenn ich dazu Lust hätte. So will ich nur sagen, daß ich in dem Brief in lieber, mich beglückender Weise wegen meiner Unruhe ausgescholten wurde. Ich wurde ein »Nimmersatt« genannt und es wurden die Briefe und Karten aufgezählt, die ich in der letzten Zeit bekommen hatte oder die auf dem Wege waren.

Im zweiten Traum warst Du blind. Ein Berliner Blindeninstitut hatte einen gemeinsamen Ausflug in ein Dorf gemacht, in dem ich mit meiner Mutter auf Sommerfrische wohnte. Wir bewohnten ein hölzernes Häuschen, dessen Fenster mir genau in der Erinnerung ist. Dieses Häuschen lag inmitten eines großen, auf einem Abhang gelegenen Gutskomplexes. Vom Häuschen aus links war eine Glasveranda, in welcher der größte Teil der blinden Mädchen untergebracht war. Ich wußte, daß Du unter ihnen seist und hatte den Kopf voll unklarer Pläne, wie ich es anstellen könnte, Dir zu begegnen und mit Dir zu reden. Immer wieder verließ ich unser Häuschen, überschritt die Planke, die vor der Tür über den morastigen Boden gelegt war, und kehrte, ohne Dich gesehen zu haben, unentschlossen immer wieder zurück. Auch meine Mutter ging planlos herum, sie hatte ein sehr einförmiges Kleid, eine Art Nonnentracht, und die Arme an die Brust gelegt, wenn auch nicht gerade gekreuzt. Sie machte Anspruch darauf, von den blinden Mädchen verschiedene Dienstleistungen zu bekommen und bevorzugte in dieser Hinsicht ein Mädchen in schwarzem Kleid mit rundem Gesicht, dessen eine Wange aber derartig tiefgehend vernarbt war, als wäre sie einmal völlig zerfleischt worden. Die Mutter lobte auch mir gegenüber die Klugheit und Bereitwilligkeit dieses Mädchens, ich sah sie auch eigens an und nickte, dachte aber nur daran, daß sie Deine Kollegin sei und wohl wissen werde, wo Du zu finden wärest. Plötzlich hatte alle verhältnismäßige Ruhe ein Ende, vielleicht wurde zum Aufbruch geblasen, jedenfalls sollte das Institut weitermarschieren. Nun war aber auch mein Entschluß gefaßt und ich lief den Abhang hinunter, durch eine kleine eine Mauer durchbrechende Tür, da ich gesehen zu haben glaubte, daß der Abmarsch sich in dieser Richtung vollziehen werde. Unten traf ich allerdings in Reih und Glied aufgestellt eine Anzahl kleiner blinder Jungen mit ihrem Lehrer. Ich ging hinter ihnen auf und ab, denn ich dachte, jetzt werde das ganze Institut herankommen und ich würde mit Leichtigkeit Dich finden und ansprechen können. Ich hielt mich gewiß ein wenig zu lange hier auf, versäumte auch, mich nach der Art des Abmarsches zu erkundigen und vertrödelte die Zeit, indem ich zusah, wie ein blinder Säugling – in dem Institut waren eben alle Altersstufen vertreten – auf einem steinernen Postament ausgepackt und wieder eingewickelt wurde. Endlich aber schien mir die sonst überall herrschende Stille verdächtig und ich erkundigte mich bei dem Lehrer, warum denn das übrige Institut nicht komme. Nun erfuhr ich zu meinem Schrecken, daß hier nur die kleinen Jungen abmarschieren sollten, während alle andern gerade jetzt durch den andern Ausgang ganz oben auf dem Berg sich entfernen. Zum Trost sagte er mir noch – er rief es mir nach, denn ich lief schon wie toll – daß ich noch rechtzeitig ankommen dürfte, da die Gruppierung der blinden Mädchen natürlich lange Zeit in Anspruch nehme. Ich lief also den jetzt ungemein steilen und sonnigen Weg entlang einer kahlen Mauer hinauf. In der Hand hielt ich plötzlich ein riesiges österreichisches Gesetzbuch, das zu tragen mir sehr beschwerlich war, das mir aber irgendwie dabei behilflich sein sollte, Dich zu finden und richtig mit Dir zu reden. Auf dem Weg aber fiel mir ein, daß Du ja blind seist, daß daher mein Aussehn und äußerliches Benehmen den Eindruck, den ich auf Dich machen werde, glücklicherweise nicht beeinflussen könne. Nach dieser Überlegung hätte ich das Gesetzbuch als eine unnötige Last am liebsten weggeworfen. Endlich kam ich oben an, es war tatsächlich noch Zeit in Hülle und Fülle, das erste Paar hatte das Eingangsportal noch gar nicht verlassen. Ich stellte mich also bereit, sah Dich im Geiste im Gedränge der Mädchen schon herankommen, die Augenlider gesenkt, steif und still.

Da erwachte ich, ganz heiß und darüber verzweifelt, daß Du so weit von mir entfernt bist.

Sonntag 7.XII.12
[Sonntag, den 8. Dezember 1912]

Ach Liebste, trotzdem meine Frömmigkeit in ganz andere Gegenden verschlagen ist, für Deinen heutigen Brief hätte ich Lust, Gott auf den Knien zu danken. Woher kommt nur wieder diese Unruhe um Dich, dieses Gefühl des nutzlosesten Aufenthaltes in Zimmern, in denen Du nicht bist, diese Bedürftigkeit nach Dir ohne Grenzen! Das einzig Gute an der morgigen Reise, zu der ich mich noch überdies ordentlich vorbereiten muß, ist, daß ich Dir um paar Eisenbahnstunden näher sein werde. Übrigens bin ich morgen nachmittag, wenn alles gut geht, wieder in Prag, vom Bahnhof zu unserem Portier wird es einen Sturmlauf geben. Briefe, Briefe von Dir! Heute plane ich eine höchst sonderbare Zeiteinteilung. Jetzt ist 3 Uhr nachmittags. Heute nachts bin ich erst um 4 Uhr ins Bett gekommen, bin dort aber dafür bis ½ 12 geblieben. Wieder war Dein Brief daran schuld. Sonst muß ich im Bett so lange bleiben, um ihn zu erwarten, heute aber kam er als Eilbrief (da es nun einmal geschehn ist, möchte ich fast sagen, Sonntagsbriefe müßten immer express geschickt werden) ich bekam ihn so bald, daß es noch zu früh war aufzustehn und nun dehnte ich mich im Nachgenuß des Briefes noch stundenlang vor lauter Glück.

Jetzt werde ich also spazierengehn, was ich im eigentlichen Sinn schon seit paar Tagen nicht getan habe, werde dann um 6 Uhr mich schlafen legen und wenn es geht, bis 1 oder 2 Uhr nachts schlafen. Vielleicht werde ich dann den Roman wieder in Griff bekommen und dann bequem bis 5 Uhr früh schreiben, länger nicht, denn um ¾6 Uhr früh geht mein Zug.

Liebste, bitte schone Dich. Wieder bis 3 Uhr aufgewesen. Es kann unmöglich der eigentliche Sinn des Chanukafestes sein, Dich todmüde zu machen. Also eine Rednerin bist Du? Sieh mal an! Sagte ich es nicht schon einmal? Wird der Prolog auch auf Ruth Bezug haben? »Ruth« hat die Lufthütte geheißen, die ich im letzten Sanatorium bewohnt habe. Es haben sich durch das 3-wöchentliche Wohnen in einer Hütte, über deren Türe »Ruth« stand, Beziehungen zu diesem Namen für mich gebildet und ich würde ihn gerne von Dir öffentlich ausgesprochen und gelobt wissen. – Noch eines nur, auf Freiersfüßen gehe ich nicht, täte ich es, ich müßte keinen Maler beneiden (der allerdings auf dem Selbstporträt wie ein verbrecherischer Affe aussieht), sondern könnte mich von der ganzen Welt beneiden lassen.

Franz

Liebste, Du vertraust schon stark auf unsere gedankliche Eintracht (wie sich zeigt mit Recht), wenn Du mich in dem Brief, den ich Sonntag bekomme, ermahnst, den Brief, den Du Sonntag bekommen sollst, nicht express weggeschickt zu haben. Aber es war ja nur die süße Schläfrigkeit und deshalb für den Entfernten ein besonders deutliches Zeichen Deines warmen Lebens.

7.XII.12 [8.Dezember 1912]

Liebste, nur einen raschen Gruß und die Bitte, ein wenig klagen und weinen zu dürfen an Deiner Brust. Durch einige unglückliche Zufälle ist es geschehn, daß ich erst um ½8 nachhause gekommen bin, an Schlafen ist oder wenigstens an Einschlafen nicht mehr zu denken, denn der Familienlärm wird gleich anfangen, etwas für meine Gerichtsverhandlung muß ich auch noch studieren, das lange Gesuch ist auch noch zu schreiben, kurz diese Nacht wird wieder einmal der räuberischen Welt hingeworfen und nur Du Liebste bleibst mein großer Trost. Ich bin müde, schwach, der Kopf brummt und so bitte ich – es ist grenzenlos hochmütig, ich weiß – küsse Du mich, hier am Schlusse dieses traurigen Briefes, Liebste! Liebste! So nun ist der Tag zuende, denn was noch folgt, ist keines Wortes wert.

Franz

[Werbepostkarte. Stempel: Leitmeritz – 9.XII.1912]

Kennen Sie von ihm die Novelle »Einsam«? Sie hat mich einmal vor Zeiten überwältigt. Sonst kenne ich nur eigentlich ein paar Abschnitte aus den »Gothischen Zimmern«, die mir allerdings unendlich lieb, wenn auch vielleicht aus besondern Gründen.
Herzliche Grüße

F. Kafka

vom 9. zum 10.XII.12

Meine Liebste, wie diese verfluchten Unterbrechungen meinen Arbeiten schaden, das ist zum Trübsinnigwerden. Gestern noch habe ich mich mit Mühe vom Arbeiten zurückgehalten, dann kam die Reise dazwischen und schon habe ich heute sehr mittelmäßig, wenn auch glücklicherweise nur wenig geschrieben. Nein, gar nicht davon reden!

Was mich mit der Reise aussöhnt, ist einzig das, daß sie auch für die Anstalt nutzlos war, wenn es mich natürlich auch auf der andern Seite wieder kränkt. Schließlich ist die ganze Reise zu einem Verwandtenbesuch – ich habe in Leitmeritz Verwandte – zusammengeschrumpft, denn die Verhandlung, bei welcher ich die Anstalt vertreten sollte, ist vor 3 Tagen auf unbestimmte Zeit verlegt worden, ohne daß – infolge eines Irrtums der Gerichtskanzlei – unsere Anstalt davon verständigt worden wäre. Von dem aus gesehn bekommt es eine besondere Bedeutung wie ich da eiligst fast noch in der Nacht von zuhause abmarschiere, in einer feinen Kälte durch die Gassen wandere – vorbei am zwar schon beleuchteten, aber verhängten Frühstückzimmer des »Blauen Stern«, nun schaut zwar wieder jemand verlangend hinein, aber niemand mehr auf die Gasse heraus – wie ich dann weiter diese Nachtfahrt in der Eisenbahn zwischen schlafenden Herrschaften mitmache, die zwar schlafen, aber immer noch genug irregeführten Bewußtseins haben, um aus dem Schlaf heraus die von mir auf »kalt« immer wieder gestellte Heizung auf »warm« immer wieder zurückzudrehn und den überhitzten Raum weiter zu überhitzen, wie ich dann schließlich eine halbe Stunde lang in einer Landkutsche durch nebelige Alleen und mit Schnee bloß bestreute Felder oder Wiesen fahre – und immer unruhig, immer unruhig und wäre es auch nur über die Stumpfheit meines Blicks, mit dem ich das alles ansehe. Dann bin ich endlich um 8 Uhr morgens vor dem Geschäft meiner Verwandten in der Langen Gasse in Leitmeritz und genieße in dem noch aus der Kindheit her bekannten Kontor meines Onkels (eigentlich eines Stiefonkels, wenn es etwas Derartiges geben sollte) die Frische und unverdiente Überlegenheit, die von einem Reisenden ausgeht, der zu jemandem kommt, der eben erst aus dem Bett gekrochen ist und in Filzpantoffeln im kaum geöffneten kalten Laden vergebens sich zu erwärmen sucht. Dann kam die Tante (um genau zu sein, die Frau meines schon vor vielen Jahren verstorbenen wahren Onkels, die nach dessen Tode den Geschäftsführer, eben diesen Stiefonkel, geheiratet hat) eine jetzt kränkliche, aber noch immer sehr lebendige, kleine, runde, schreiende, händereibende, mir seit jeher angenehme Person.

Aber nun muß ich sie hier weiterlärmen lassen, denn im Nebenzimmer schlägt es 3 Uhr morgens und das Kind muß schlafen gehn. Liebste, zu Deinem heutigen Brief habe ich Dir so viel zu sagen! Bitte sieh mich nicht als irgendein Wunder an, um unserer Liebe willen, tu das nicht. Es sieht ja dann aus, als ob Du mich von Dir entfernen wolltest. Ich bin im Grunde, soweit es nur auf mich ankommt und solange Du Dich nicht in meiner Nähe zeigst, ein sehr armer und unglücklicher Mensch; was an mir außergewöhnlich ist, ist es zum größten Teil im schlechten und traurigen Sinn und besteht, wie Du am Anfang Deines Briefes richtig geahnt hast, ohne es zu Ende zu denken, – besteht in der Hauptsache darin, daß ich nicht, statt nutzlos nach Leitmeritz zu fahren, mit eindeutigster Absicht nach Berlin fahren kann. Liebste, zieh mich also so nahe an Dich, als es diese meine traurige Außergewöhnlichkeit erlaubt. Und rede nicht von Großem, das in mir steckt, oder hältst Du es vielleicht für etwas Großes, daß ich wegen der zweitägigen Unterbrechung meines Schreibens diese zwei Tage mit der unausgesetzten Furcht verbringe, nicht mehr schreiben zu können, eine Furcht übrigens, die, wie der heutige Abend gezeigt hat, nicht so ganz sinnlos war. Und an unserem Abend, war denn das Herumhantieren mit dem Karton etwas anderes als Koketterie, Ängstlichkeit und wahrscheinlich gesellschaftliche Verzweiflung und Behaglichkeit in ihr. Gewiß hast Du es damals auch erkannt, wenn auch unbewußt, heute aber trübt sich Dir die Erinnerung, das soll sie nicht. Und an allem ist, möchte ich fast sagen, diese dumme Photographie schuld, die ich so lange gezögert habe wegzuschicken und die nun einerseits mir geschadet hat, andererseits mir aber noch nichts genützt hat, denn Deine letzte Photographie habe ich noch nicht, trotzdem sie längst fertig sein müßte. Liebste, nahe sollst Du mich zu Dir nehmen, nahe, nahe, so nahe wie ich mich zu Dir dränge, wie ich Dir während der ganzen Fahrt war, im Zug, im Wagen, bei den Verwandten, bei Gericht, auf der Gasse und im Feld. Ich schob im Coupé meinen Nachbarn in Gedanken von der Bank herunter, setzte Dich statt seiner hin und nun sahen wir jeder in seiner Ecke ruhig den andern an.

Wie ist es nur mit Deinem schlechten Aussehn, Felice? Was verlangt die Mutter von Dir? *(Darauf mußt Du gleich und genau antworten!)* Worauf führt sie das schlechte Aussehn zurück? Was will sie geändert haben? Und welches ist Deiner Meinung nach der Grund? Und bist Du mit der Mutter schon ausgesöhnt? Du schienst mir unruhig in dem heutigen Brief. Und trotzdem Du mir unruhig schienst, bin ich so vernagelt, Dir auf den vorigen Seiten unnütze Lehren zu geben. Nun rede ich mich aber selbst in Unruhe hinein. Liebste, Dir fehlt doch nichts Ernstliches? Auf alle diese Fragen antworte bitte ganz genau. Alles andere auf den früheren Seiten ist gleichgültig, sieh es für durchstrichen an, nur darauf antworte! Was finge ich denn an, wenn Du krank würdest! Liebste, darüber muß ich alles wissen, das ist meine wichtigste Angelegenheit. Nochmals: Ich bin noch nicht unruhig, aber ich würde es werden, wenn Du nicht genau antwortest. Du bist doch meine Liebste.

Franz

10.XII.12

Nicht damit Du einen Brief um 10 Uhr auch von mir hast, schreibe ich Dir jetzt spät nach dem Bureau, denn wenn ich keine Zeit habe, willst auch Du nicht daß ich schreibe, sondern ich schreibe Dir bloß meinetwegen, um morgen um 10 Uhr das Gefühl zu haben, einen Augenblick lang in Deine liebe, glückbringende Nähe gekommen zu sein. Liebste, nicht das Blindsein in unsern beiden Träumen macht mich am meisten erstaunt, sondern das wirkliche Leid, das Du am Sonntag gehabt zu haben scheinst, zu einer Zeit also, wo ich um Dich in besonderer, durch Deinen Sonntagbrief nicht eigentlich begründeter Sorge war.

Was ist denn am Sonntag bei Euch geschehn? Dein Sonntagabendbrief ist ja voll Rätsel. Und im Brief vorher sagtest Du, Du wolltest keine Geheimnisse vor mir haben und nun hast Du gar Geheimnisse vor mir, die Deine Leiden betreffen, auf die ich gerade (nicht auf die Leiden, wenn ich auch das leider oft wahr mache) besondern Anspruch zu haben glaube. Schreibe mir doch, Liebste, darüber paar Worte. Du siehst aus meinem Sonntagsbrief, daß ich mit Dir leide, auch wenn ich nicht weiß, daß Du leidest, aber mit jemandem leiden, ohne die Ursachen zu wissen, ist doppelt arg. Ich bin heute seit 10 Uhr nicht mehr unruhig, denn Dein Brief vom Montag, durchdrungen von Liebe, Güte und fast auch Frische, hat mich wieder ins Geleise gebracht. (Ich hatte gerade paar Seiten dieses Briefes gelesen, da kam ein Tischlermeister mit einem Ansuchen wegen der Versicherung seines Betriebes zu mir, ich bewilligte ihm eiligst alles, was er wollte, und werde das niemals vor Menschen, wohl aber vor Gott verantworten können.) Aber über den Sonntag muß ich doch noch Aufklärung bekommen. Warum warst Du den ganzen Tag über nicht spazieren? Und warum warst Du doch noch Sonntagabend so müde und erhofftest Frische vom Montag, also von einem Arbeitstag? Ich sah es schon dem Sonntagvormittagbrief an, daß etwas nicht in Ordnung war. Aber was denn, was denn? So muß einem Blinden zumute sein, wenn vor ihm etwas vorgeht, was zu ihm die größte Beziehung hat, aber er hört nur undeutliche Geräusche, kann selbst nicht hin und man erklärt es ihm auch nicht. Dein heutiger zweiter Brief hat mich ja vollständig beruhigt, aber ich wüßte doch gern, schon wegen zukünftiger Möglichkeiten, was für Plagen und Leiden Dich bedrohen.

Einen langen Kuß auf den wehmütigen Mund des Mädchens auf der letzten Photographie und Zuspitzen des Mundes für das kommende Negermädchen.

Franz

Nun ist also endlich das ganze liebe Mädchen da! Und durchaus nicht neger-haft, sondern so wie man sie im Kopf und Herzen hat. Und durchaus nicht trau-rig oder schlechtaussehend, sondern lustiger fast als alle. Nur leider so festgehal-ten auf beiden Seiten, daß man Riesenkräfte haben müßte, um sie hervorzurei-ßen. Und leider so nahe neben ihrem Herrn, daß man, wenn man sie küssen will, notwendig diesen Herrn Rosenbaum (es scheint übrigens ein anderer zu sein) mitküssen müßte.

Übrigens ist es sonderbar, daß auf diesem nachts aufgenommenen Bild bei Tageslicht alle übernächtigt und fehlerhaft aussehn, während jetzt unter meiner elektrischen Tischlampe das Ganze sich so respekteinflößend ausnimmt, daß ich mich gar nicht innerhalb der Gesellschaft denken könnte. Wie lange habe ich auch schon keinen Frack getragen! Das letzte Mal wohl vor 2 Jahren bei der Hochzeit meiner Schwester. Und dieser nun schon durchaus altertümliche Frack stammt aus der Zeit meiner Promotion, ist also 6 Jahre alt, ohne in der Brust zu enge geworden zu sein. Und wie tadellos und gut getragen ist der Frack Deines Herrn, wie keck geschnitten ist die Weste!

Was ist das für ein Medaillon, was ist das für ein Ring, den Du trägst? (Deine Bemerkung über das Negergesicht bringt mich auf den Gedanken, daß noch eine zweite Photographie existiert. Ist es so, unvorsichtige Liebste?) Die Frau neben Dir ist wohl die Frau eines Direktors, die Hand zwischen Euch gehört wohl ihr? Wo ist aber Deine zweite Hand, und warum drängen Dich Deine bei-den Nachbarn so? Oben umsäumt Deinen Rock eine Spitze, nicht wahr?

Zu dem Bild könntest Du mir gar nicht genug Erklärungen geben. Welche von allen den Leuten sitzen in Deinem Bureau? Das Frl. Brühl glaube ich zu er-kennen, es ist doch die in dem merkwürdigen, aber vielleicht schönen schwarzen Kleid mit dem auffallenden Einsatz auf der Brust. Der einzige wirklich traurige Mensch ist der schief hinter Dir an der Säule. Er hat eine schwarze Krawatte und sieht aus, als ob er für alle zu sorgen und zu arbeiten hätte. Wo ist der Direktor Strauß und wo der Prokurist Salomon? Wo ist das Mädchen, mit dem Du tanz-test? Wo ist die Großmann? Wo ist der Herr, der das Gedicht geschrieben hat?

Gestern nachts verlangte ich im Brief die Photographie, heute habe ich sie. Aber damit, Liebste, dürfen wir uns nicht zufrieden geben. Wir müssen es so einrichten, daß im gleichen Augenblick, wo einer vom andern etwas verlangt, der Briefträger eilends eintrat, sei es zu welcher Tages- oder Nachtzeit immer. Die Post will sich übrigens mit uns aussöhnen. Heute brachte der Briefträger das erste gebundene Exemplar meines Büchleins [Betrachtung] (ich schicke es Dir morgen) und hatte zum Zeichen der Zusammengehörigkeit die Rolle mit Dei-nem Bild in den Umbund des Buches gesteckt. Aber auch darin gehn meine Wünsche unerfüllbar weiter.

Franz

Denk nur, heute schreibe ich wieder nicht, denn ich konnte nachmittag nur für einen Augenblick ins Bett und der Kopf brummt mir links oben als eine Mahnung. Samstag, Sonntag nichts geschrieben, Montag wenig und mittelmäßiges, Dienstag nichts, ein feines Wochenende! ein feiner Wochenanfang!

Du, sei freundlich zu meinem armen Buch! Es sind ja eben jene paar Blätter, die Du mich an unserem Abend ordnen sahst. Damals wurdest Du der Einsichtnahme »nicht für würdig« befunden, närrische und rachsüchtige Liebste! Heute gehört es Dir wie keinem sonst, es müßte denn sein, daß ich es Dir aus Eifersucht aus der Hand reiße, um nur ganz allein von Dir gehalten zu werden und nicht meinen Platz mit einem alten, kleinen Buch teilen zu müssen. Ob Du wohl erkennst, wie sich die einzelnen Stückchen im Alter voneinander unterscheiden. Eines ist z.B. darunter, das ist gewiß 8-10 Jahre alt. Zeig das Ganze möglichst wenigen, damit sie Dir nicht die Lust an mir verderben.
Gute Nacht, Liebste, gute Nacht.

Nacht vom 11. zum 12.XII.12

Liebste, es geht mir sonderbar und ich muß es dulden. Heute war ich ausgeruht, hatte in der Nacht von 1 Uhr an bis früh recht gut geschlafen, hatte auch am Nachmittag schlafen können, setze mich nun zum Schreiben, schreibe ein wenig, nicht gut nicht schlecht, höre dann auf, trotzdem ich mich in guter Verfassung fühle, Kraft und Fähigkeit zum Schreiben gerade zu haben glaube und bleibe wohl eine Stunde lang in gänzlichem Nichtstun in meinen Lehnsessel zurückgelehnt, im Schlafrock, wie ich jetzt im eiskalten Zimmer sitze, und mit einer Decke um die Beine. Warum? fragst Du und frage ich auch. Und so stehn wir beide Arm in Arm, wenn es Dir recht ist, vor mir und sehn mich an, ohne mich zu verstehn. Dabei war ich heute schon infolge des längern Nichtschreibens gänzlich mit mir zerfallen und habe Dir nachmittags zwar auch aus Zeitmangel nicht geschrieben und dann auch, wenn Du um 10 Uhr mein Buch bekommst und dann auch, weil der ruhige einmalige tägliche Briefverkehr für uns beide am besten wäre – vor allem aber infolge meiner schrecklichen, durch das Nichtschreiben verursachten allgemeinen Unlust und schwerfälligen Ermattung, denn ich sagte mir, daß es gar nicht nötig wäre, jedes Augenblicksunglück über Dich, schon genug geplagtes Mädchen, in ganzem Strome auszugießen. Nun hatte ich aber jetzt am Abend die von meinem ganzen Wesen wenn schon nicht unmittelbar so doch mit der sich ausbreitenden inneren Trostlosigkeit widerspruchslos verlangte Gelegenheit zum Schreiben, schreibe aber nur soviel, daß es knapp ausreicht, mich den morgigen Tag überstehen zu lassen und bleibe faul zurückgelehnt in einem schwachen Behagen, als gehe es ans Verbluten. Wie dämmerhaft wäre ich wohl ins Bett gegangen, hätte ich nicht Dich, Liebste, an die ich das schwache Wort richten darf und von der es mir mit zehnfacher Kraft zurückkommt. Jedenfalls werde ich jetzt keinen Abend meine Arbeit verlassen und schon morgen mich tiefer in sie eintauchen.

Schreibe mir, Liebste, nur immer, wo Du bist, wie Du gekleidet bist, wie es um Dich aussieht, wenn Du mir schreibst. Dein Brief aus der Elektrischen bringt mich in eine fast irrsinnige Nähe zu Dir. Wie schreibst Du denn dort? Das Papier liegt auf Deinem Knie, so tief beugst Du Dich beim Schreiben herab? Die Elektrischen fahren in Berlin langsam, nicht wahr? In langen Reihen, eine hinter der andern, nicht? Und früh gehst Du zu Fuß ins Bureau? In welchen Briefkasten wirfst Du den Brief ein?

In diesem Brief beschreibst Du übrigens den Sonntag als einen ruhigen Tag. Wie stimmt das zu früheren Bemerkungen? Das üppige Essen! Spargel im November! Was bedeutet das, daß Du statt spazierenzugehn Bücher gebunden hast? Und gebunden? Wie denn? Ach Liebste, mit solchen Fragen will ich Dich erfassen? Aber kann ich anders? [In der äußersten Ecke, da kein Platz mehr auf der Seite ist] Küsse im Winkel! Franz

12.XII.12

Liebste, das solltest Du nicht! Versprechen, daß ein zweiter Brief kommt und es nicht halten. Ich weiß, Du hast keine Zeit und ich verlange ja auch den zweiten Brief nicht, aber sieh doch, wenn Du es so ausdrücklich versprichst wie in Deinem heutigen Morgenbrief und der Brief kommt dann nicht, so muß ich ja Sorge haben. Ist es anders möglich? Wenn ich irgendeine Unsicherheit bei Dir befürchte, bin ich eben auch unsicher und noch weniger wert als sonst. Heute ist es ja nicht so arg. Dein Mittagsbrief war lieb und beruhigend und wenn Du »Morgenrot« liest, so bist Du wenigstens von dieser Seite gut beschützt. Aber wenn der versprochene Brief nicht kommt, reicht das alles für mich nicht vollständig aus.

Danke für den Aufsatz von Herzog. Ich habe schon manches von ihm gelesen, er hat eine recht schwache, peinlich nachgedrückte Art zu schreiben, deren Trockenheit er immer wieder mit mißlungenen Versuchen (in jedem Satz) zu beleben sucht. Ich bin zu müde, um das klarer auszudrücken. Seine Grundmeinung ist hier, wie auch sonst, sehr löblich und wahrheitsgemäß durchfühlt. Die Unsicherheit seines Schreibens, die Abgerissenheit des Denkens, gegen die er sich wehrt, ein zweifelloses, nur eben nicht bis zum Schreiben vordringendes Temperament machen seine Aufsätze charakteristischer als es Arbeiten weit besserer Schriftsteller sind. Wenn er gute Bücher empfehlen wollte, dann hat er mit diesem Aufsatz sehr recht, wenn er das »Moderne« definieren wollte, dann hat er noch nicht einmal unrecht, denn er hat für ein solches Resultat außer Plattheiten nicht das Geringste vorbereitet. Imponierend ist nur die ausführliche Besprechung Werfels als Krone des Aufsatzes. Weißt Du, Felice, Werfel ist tatsächlich ein Wunder; als ich sein Buch »Der Weltfreund« zum ersten Mal las (ich hatte ihn schon früher Gedichte vortragen hören) dachte ich, die Begeisterung für ihn werde mich bis zum Unsinn fortreißen. Der Mensch kann Ungeheueres. Übrigens hat er auch schon seinen Lohn und lebt in Leipzig in einem paradiesischen Zustand als Lektor des Verlages Rowohlt (wo auch mein Büchel [Betrachtung] erschienen ist) und hat in einem Alter von etwa 24 Jahren völlige Freiheit des Lebens und Schreibens. Was da für Dinge aus ihm hervorkommen werden! Ich weiß gar nicht, wie schließen, da dieser fremde junge Mann zwischen uns getreten ist.

Franz

[12. zum 13.Dezember 1912]

Ach Liebste, wie gut habe ich es doch schließlich, daß ich jetzt, nachdem ich über eine mir etwas fremde Stelle des Romans zur Not hinweggekommen bin (er will mir noch immer nicht folgen, ich halte ihn, aber er wehrt sich mir unter der Hand und ich muß ihn immer wieder über ganze Stellen hinweg loslassen), an Dich schreiben darf, die Du soviel gütiger zu mir bist als mein Roman.

Wenn Du Dich nur nicht immer so plagen würdest, nicht immer so spät ins Bett kämest, – was fange ich denn mit einer todmüden Geliebten an? Ja nimm Dir nur an mir ein Beispiel, Liebste, ich bin Abend für Abend zuhause und wenn ich auch früher (besonders in dem Jahr, in dem ich in einer privaten Versicherungsgesellschaft war) ein Bummler war, wie Du es ausdrückst, so war ich gewiß kein begeisterter, eher ein trauriger, der dem zweifellosen Unglück des nächsten Tages durch Verschlafenheit und eindeutige Reue die Schärfe nehmen wollte. Übrigens ist auch das schon so lange her.

Wie mußt Du aber vorgestern Abend müde gewesen sein, wenn Du mich fragtest, ob mir zur Vervollständigung der Kenntnis Deiner Vergangenheit noch irgendetwas fehlt. Aber Liebste, ich weiß ja noch gar nichts. Wie sehr unterschätzt Du meine Begierde, alles von Dir zu erfahren! Wenn mir Deine Briefe nur eine Beruhigung sind, so wie man jemandem über die Stirn streicht und wenn ich mir dessen wohl bewußt bin, daß inzwischen Tage und Nächte Deines Lebens vergehn, an denen ich keinen unmittelbaren Anteil habe, wieviel muß ich erst aus Deiner Vergangenheit entbehren, aus den tausenden Tagen, aus denen ich keine Briefe bekommen habe. Z.B. von Deinen Ferien, den wichtigsten Zeiten des Jahres, in denen man ein besonders kleines gedrängtes Leben anfängt und beendet, kenne ich flüchtig nur zwei, die Prager Reise und den Aufenthalt in Binz. Drei Ferien schriebst Du, glaube ich, einmal, hättest Du in Berlin verbracht, wie aber war es mit den übrigen? Wenn ich Deine nächste Sommerreise – in dieser Nacht heute kann ich es vor Dumpfheit und Schwerfälligkeit gar nicht glauben – ganz genau miterleben soll, muß ich doch wissen, wie die früheren Reisen waren, ob Du nicht sehr verwöhnt bist und ob ich nicht, daran gemessen, einen gar zu schlechten unwürdigen Reisekameraden für Dich abgeben würde. Gute Nacht, Liebste, und ein friedlicheres Leben!

Dein Franz

Nacht vom 13. zum 14.XII.12

Liebste, seit ein paar Tagen ist Dein Junge wieder einmal müde und traurig, daß man mit ihm gar nicht verkehren kann. Das wären die Zeiten, wo er noch dringender als sonst einen lieben, entschlossenen, lebendigen Menschen neben sich brauchen würde. Oder vielleicht wären das gerade die Zeiten, wo er einen solchen Menschen nicht zu seiner Gesellschaft mißbrauchen dürfte und wo es sogar für ihn am besten ist, ganz allein zu duseln. Mein Roman geht ja wenn auch langsam vorwärts, nur ist sein Gesicht dem meinen schrecklich gleich. – Ehe ich Dich kannte, hatte ich ja auch diese unberechenbaren Zeiten, nur schien mir damals die Welt gänzlich verlorenzugehn, mein Leben schien unterbrochen, ich tauchte auf und tief hinab, jetzt habe ich Dich, meine Liebste, fühle mich wohltätig gehalten, und wenn ich auch zusammenfalle, so weiß ich doch, daß es nicht für immer ist, glaube es wenigstens zu wissen und kann Dich und mich auf bessere Zeiten vertrösten. Liebste, sei mir nicht böse wegen dieses Morgengrußes am Sonntag!

Ja also bei der Auslegung des Bildes habe ich mich nicht sehr ausgezeichnet. Deine Tänzerin hielt ich allerdings (nach dem Bildchen in Euerem Album) für das Frl. Brühl. Nur habe ich doch, glaube ich, in meinem Brief auch das Mädchen unter dem Telegramm ganz zufällig erwähnt oder wollte sie erwähnen. Das ist also Deine Kleine! Sie hat mir gleich sehr gut gefallen. Die Bildung ihrer Nase kommt mir auf dem Bild ganz französisch vor. Sie hat einen lustigen Blick. Frl. Großmann sieht ihr gegenüber ein wenig hausbacken aus. Aber den Vorzug der Beziehung zu Dir haben beide, und so habe ich an ihnen auch gar nichts auszusetzen, es müßte denn sein, daß sie Dich jeden Tag haben und ich Dich keinen.

Was wurde denn an jenem Abend aufgeführt außer Deinem Tanz? Spieltest Du nicht auch noch in einem Stücke mit? Und dieser junge Mann ist schon Direktor? Und der ältere nur Prokurist? Da ich diesen Direktor für viel älter gehalten habe, muß ich alles, was Du mir über den Abend schriebst, in der Erinnerung nochmals durchgehn, um an den wichtigen Stellen das Alter und Aussehn dieses Herrn richtigzustellen.

Ich bin so glücklich, mein Buch [Betrachtung], soviel ich daran auch auszusetzen habe (nur die Kürze ist tadellos) in Deiner lieben Hand zu wissen. Frl. Brühl hat Recht, Monogramme lassen sich unheimlich schön auslegen. Wahr ist auch, daß ich, wenn Du Dich vielleicht erinnerst, das Monogramm in Deiner Gegenwart, unter Deinen Blicken aufgeschrieben habe, während ich doch recht gut Max Brod hätte ausschreiben können, denn weder sein Name, noch die Freundschaft und Liebe, die mich mit ihm verbindet, muß ein Geheimnis sein; wahr ist schließlich auch, daß B. der Anfangsbuchstabe von Bauer ist. Aber ich schwätze unglückselig daher. Es ist dringend nötig, mir mit Küssen den Mund zu schließen.

Dein Franz

vom 14. zum 15.XII.

Liebste, heute bin ich zu müde und auch zu unzufrieden mit meiner Arbeit (wenn ich genug Kraft hätte, meiner innersten Absicht zu folgen, würde ich alles, was ich vom Roman fertig habe, zusammendrücken und aus dem Fenster werfen) um mehr als paar Worte zu schreiben; aber schreiben muß ich Dir, damit das letzte vor dem Schlaf geschriebene Wort an Dich geschrieben ist und alles, Wachen und Schlaf, noch im letzten Augenblick einen wahren Sinn bekommt, wie es ihn von meiner Schreiberei nicht erhalten kann. Gute Nacht, arme, geplagte Liebste. An meinen Briefen hängt ein Fluch, den selbst die liebste Hand nicht vertreiben kann. Selbst wenn die Plage, die sie Dir unmittelbar angetan haben, vorüber ist, raffen sie sich noch einmal auf und plagen auf eine neue, elende Weise. Armes, liebes, ewig müdes Kind! Die Scherzantwort auf die Scherzfrage: Ich kann Dich, liebstes Mädchen, gar nicht leiden. Der Sturmwind, der draußen ist! Und ich sitze hier schwerfällig vor dem Papier, kann es nicht fassen, daß Du diesen Brief einmal in Deinen Händen halten wirst, und das Gefühl der großen Entfernung, die zwischen uns ist, legt sich mir auf die Brust. Weine nicht, Liebste! Wie stellt es denn dieses ruhige Mädchen, das ich an jenem Abend sah, wie stellt sie es nur an zu weinen! Und wie stelle ich es denn nur an, sie weinen zu lassen und nicht bei ihr zu sein! Aber es ist kein Grund zum Weinen, Liebste! Warte, morgen werde ich und muß ich die wunderbarsten, trostreichsten, scharfsinnigsten Einfälle darüber haben, wie uns wegen der von Deiner Mutter vielleicht gelesenen Briefe zu helfen ist. Also sei, wenn meine mit Liebe, also mit Zauberei ausgestattete, jetzt in der Richtung gegen Berlin erhobene Hand etwas zu bedeuten hat, wenigstens während des Sonntags ruhig! Habe ich etwas ausgerichtet? Ich gehe doch nicht am Ende, ebenso wie meinem Roman gegenüber, auch Dir gegenüber erfolglos ins Bett? Wenn es so sein sollte, dann soll mich wirklich der Teufel holen, und zwar mit der Gewalt dieses Sturmwindes draußen. Aber nein, vielleicht tanzt Du heute gar und ermüdest Dich weiter. Ich mache Dir keinen Vorwurf, Liebste, ich möchte Dir nur so gerne helfen und weiß mir keinen Rat. So sehen freilich auch die wahren Ratgeber nicht aus wie ich. Gute Nacht! Ich sehe, daß ich vor Müdigkeit immerfort dasselbe schreibe, tue es zu meinem Vergnügen, um mir das Herz leichter zu machen und denke nicht daran, daß die übermüdeten, verweinten, aus der Ferne rot geküßten Augen es auch lesen werden.

Liebste, keinen Augenblick Zeit und Ruhe für mich, also auch nicht für Dich. Und dabei habe ich Dir so viel zu sagen und zu Deinen letzten vier Briefen von gestern und heute (denke nur, Dein Brief vom 11. aus der Straßenbahn kam erst gestern an, also einen Tag später als Dein Brief vom 12., in dem Du mir die Photographie erklärtest) so viel zu antworten. Und wie brauche ich gerade jetzt Deine Briefe, weil ich so dumpf und sinnlos bin. Als man mir heute früh Deinen Expreßbrief brachte und ich erwachte, war mir, als hätte ich die ganze Nacht auf dieses, gerade dieses Gewecktwerden gelauert. Und mit Deinem Bild im Bett, was war das für ein guter Aufenthalt. Alles Traurige war von mir abgehalten und mußte vor dem Bett warten, solange ich im Bett blieb, war ich vor allem bewahrt.

Es ist wohl das lebendigste Bild, das ich von Dir habe. Der Einjährig-Freiwillige soll gesegnet sein! Die Hand an der Hüfte, die Hand an der Schläfe, das ist Leben, und da es das Leben ist, dem ich gehöre, ist es durch Anschauen gar nicht zu erschöpfen. Ist es Dein Zimmer? Ist es nicht das Deine? Für beides spricht manches. Das Tischchen dürfte an der Stelle stehn, an welcher auch das Deine steht, dann wäre gegenüber das Bett. Aber diese vielbehängten Wände beirren mich wieder, Du hast sie auch bei der Beschreibung Deines Zimmers nicht erwähnt. Wozu hättest Du Bierkrüge aufgehängt an der übrigens riesig hohen Wand? Wozu stünde vorn ein Herrenstock, dessen Griff man sieht? Vielleicht ist es also nur das Studierzimmer Eueres Gastes. Deine Haltung ist prachtvoll, ich rufe Dich bei Deinem Namen an und Du wendest Dich mir nicht zu, trotzdem ich es erwartet habe. Auf allen Bildern an der Wand (bis auf jenes, das einen Mann im Barett darstellt) suche ich Dich und habe Dich vorläufig auf drei gefunden. Wenn es richtig ist, so bestätige es, wenn ich falsch sehe, so laß mir den Glauben. Wie biegsam Du dastehst! Hätte ich Dich doch tanzen gesehn! Turnst Du schon seit jeher? Dein heutiger Expreßbrief ist ruhig, darf ich aber der Ruhe vertrauen? Ich habe ihn gewissermaßen von allen Seiten gelesen, ob sich nichts Verdächtiges an ihm entdecken ließe. Aber wie erhält man plötzlich Frische und Munterkeit nach Leid und Müdigkeit? Nur meinetwegen, um mir nicht Sorgen zu machen? Nein, Liebste, so schlecht kann es doch nicht mit Dir stehn, daß Du es mir verbergen wolltest. Ich bin doch dazu da, alles zu hören, verstellen muß man sich nur vor seinen Eltern, und wenn ich nicht dazu da bin, alles zu hören, dann verdiene ich überhaupt nicht dazusein. Liebste, die Sache mit den Briefen ist im ersten Augenblick schlimm und unheilbar und man glaubt, man bekommt den Druck aus der Kehle nicht mehr heraus. So war es doch auch bei mir, wenn es natürlich auch bei mir eine viel weniger unmittelbare Bedeutung hatte. Nun, es gibt vielleicht Mütter, welche die Briefschaften ihrer Kinder nicht lesen, wenn sie so leichte Möglichkeit dazu haben, aber ich fürchte, weder Deine Mutter noch die meine gehört zu diesen Müttern. Wir sagen also, um unser Denken und unsere Sorgen zu vereinfachen, sie hat die Briefe gelesen und vielleicht nicht nur sie sondern auch die Schwester, deren Auskunft am Telephon mir gar zu verdächtig kurz und bestimmt wenigstens in Deiner Beschreibung klingt. Ich denke deshalb, da Deine Mutter nur selten in Dein Zimmer kommt, die Schwester habe die Briefe zuerst gefunden und dann Deine Mutter dazugerufen. Und nun haben sie beide gelesen, bis sie durch Deinen Telephonanruf gestört wurden. Wer kam zuerst zum Telephon? Und wer kommt gewöhnlich? Waren es alle Briefe oder nur ein Teil und welcher? Ich kann mir augenblicklich (nach meiner Geistesverfassung gehöre ich unbedingt ins Bett, und an einen andern als Dich wagte ich so gewiß nicht zu schreiben, aber gehören Dir nicht alle meine Zustände, der schlechteste wie der beste?) augenblicklich kann ich mir den Eindruck nicht vorstellen, den die Briefe in der übrigens schwer lesbaren Schrift auf die Mutter und Schwester machten, zumal sie doch wohl daran glauben und es wahrscheinlich auch in den Briefen bestätigt gefunden haben, daß wir nicht vielmehr als eine Stunde in unserem ganzen Leben und dies in der förmlichsten Weise beisammen waren. Wie sie diese Tatsache und den Inhalt der Briefe in Verbindung, wenigstens in eine landläufige Verbindung zu bringen imstande sind, das ist es eben, was ich ohne weitere Anzeichen nicht erraten kann. Die naheliegendste, einfältigste und deshalb nicht ganz glaubwürdige Annahme wäre, daß sie mich für nahe dem Irrsinn halten, Dich von mir angesteckt, deshalb aber für doppelt schonungsbedürftig, dann müßtest Du, was kein übler Erfolg meiner Briefe wäre, ganz zart behandelt werden, was allerdings innerhalb einer Familie auch die gröbsten Kränkungen miteinschließen kann. Jedenfalls müssen wir warten, auch ist das Gleichgewicht zwischen uns noch nicht vollkommen, denn ich habe von Deiner Mutter noch keinen Brief. Arme Liebste, eingeklemmt zwischen einen rücksichtslosen Plagegeist und eine aufpassende Familie. Wenn die Mutter etwas Deutlicheres sagen will, dann war die Überreichung meines Sonntagsbriefes die nächste beste Gelegenheit, und ich höre schon morgen etwas darüber.

Jetzt höre ich auf, nicht um schlafen zu gehn, dazu ist es schon zu spät, auch werde ich heute Abend nichts machen. Ich laufe nur noch zur Bahn, den Brief einwerfen, dann aber muß ich unbedingt und höchst notwendig zu Brods. Frau Sophie [Friedmann] ist nämlich früh plötzlich gekommen (abends hat Max Verlobung) ich habe schon ein wenig mit ihr gesprochen, aber wie das so geht, waren es nur Vorbereitungen des Eigentlichen und ich fürchte, ich werde auch jetzt in meiner Verfassung nicht mehr erreichen. Als ich von ihrer Ankunft hörte, hatte ich förmlich einen Anhauch Deiner Nähe und die gespanntesten Erwartungen. Dabei aber wird es wohl bleiben.

Franz

So Liebste, die Türen sind zu, es ist Stille, ich bin wieder bei Dir. Was nennen wir nun schon alles »bei Dir sein«? Ich habe den Tag über nicht geschlafen, und während ich den Nachmittag über und auch am beginnenden Abend dementsprechend mit hängendem Kopf und Nebeln im Gehirn herumging, bin ich jetzt am Beginn der Nacht fast erregt, fühle starken Anlauf zum Schreiben in mir, der Teufel, der immer in der Schreiblust steckt, rührt sich eben zur unpassendsten Zeit. Mag er, ich gehe schlafen. Aber wenn ich Weihnachten zwischen Schreiben und Schlafen geteilt verbringen könnte, Liebste, das wäre ein Glück!

Heute nachmittag also war ich unaufhörlich hinter Dir her, nutzlos um es gleich zu sagen. Oder eigentlich doch nicht ganz nutzlos, denn ich hielt mich immerfort möglichst nahe bei der Frau Friedmann, weil sie doch auch längere Zeit Dir nahe war, weil Ihr Euch Du nennt und weil sie doch Besitzerin von Briefen von Dir ist, die ich ihr einfach nicht gönne. Aber warum sagte sie denn kein Wort von Dir, während ich doch immerfort auf ihren Mund sah, um das erste Wort gleich abzufangen. Schreibt Ihr einander nicht mehr? Weiß sie vielleicht nichts Neues von Dir? Aber wie denn nicht! Und wenn sie nichts Neues weiß, warum erzählt sie nicht etwas Altes. Und wenn sie nichts von Dir erzählen will, warum nennt sie nicht wenigstens Deinen Namen, wie es bei ihren früheren Anwesenheiten doch hie und da geschehen ist. Aber nein, das tut sie nicht, sondern läßt mich stumpfsinnig warten und wir reden von beispiellos gleichgültigen Dingen wie Breslau, Husten, Musik, Schals, Broschen, Frisuren, Italienreisen, Rodeln, Perlentaschen, Frackhemden, Manschettenknöpfen, Herbert Schottländer, Französisch, Hallenbädern, Duschen, Köchinnen, Harden, Geschäftskonjunktur, Reisen in der Nacht, Palacehotel, Schreiberhau, Hüten, Breslauer Universität, Verwandten, kurz von allem möglichen, aber das einzige, was auf Dich und leider gerade jetzt ein wenig Beziehung hat, sind paar Worte über Pyramidon und Aspirin, man versteht nicht recht, warum ich mich bei dem Gegenstand so lange aufhalte und die zwei Worte mit Vorliebe über die Zunge rollen lasse. Aber schließlich kann mir das als Ergebnis eines Nachmittags nicht genügen, denn in meinem Kopf summt stundenlang die Forderung nach Felice. Mit Gewalt bringe ich schließlich die Rede auf die Eisenbahnverbindungen zwischen Berlin und Breslau und drohe ihr dabei mit den Augen – nichts.

Außerdem war ich allerdings auch unruhig wegen Maxens Verlobung. Schließlich wird er mir doch wegverlobt. Die Braut kenne ich freilich schon seit Jahren und habe sie fast immer gern, manchmal sogar sehr gern gehabt, sie hat auch viele Vorzüge (für deren Beschreibung das Papier nun keinesfalls mehr reicht, besonders wenn ich es mit solchen Floskeln fülle) sie hat im ganzen ein sehr sanftes, zartes, vorsichtiges Wesen, ist ihm ergeben über alle Maßen – und doch und doch. Leb wohl, Liebste, ich wollte mit Dir allein auf der Welt sein.

Franz

Kein Brief, Liebste, nicht um 8, nicht um 10. Du warst müde vom Tanzen und nachmittags in der Gesellschaft. Aber auch eine Karte habe ich nicht bekommen. Nun, zur Klage ist kein Grund, ich habe gestern und vorgestern je zwei Briefe bekommen, und wer könnte sich zwischen zwei vorzüglichen Sachen derartig entscheiden, daß er sagte, es ist besser ich bekomme von der Liebsten jeden Tag einen Brief als einmal zwei und dann keinen – aber es ist eben die Regelmäßigkeit, die dem Herzen so wohl tut, die immer gleiche Stunde, in der täglich ein Brief käme, diese gleiche Stunde, die das Gefühl der Ruhe, Treue, der geordneten Verhältnisse, des Fernbleibens böser Überraschungen bringt. Liebste, ich glaube ja nicht, daß Dir etwas Schlechtes widerfahren ist – denn dann hättest Du mir ja desto dringender schreiben müssen – aber woher nehme ich, allein an meinem Schreibtisch, vor meinem Schreibmaschinisten, vor den nur mit sich beschäftigten Parteien, vor den mich ausfragenden Beamten, wo nehme ich vor allen diesen die unbedingte, sichere Überzeugung her, daß Du dort weit in Berlin ruhig und halbwegs zufrieden lebst? Vielleicht hat Dich gestern die Mutter gequält, vielleicht hast Du Kopf- vielleicht Zahnschmerzen, vielleicht bist Du übermüdet, und das alles weiß ich nicht und dreh es nur in meinem Kopfe ungewiß hin und her.

Leb wohl, Liebste, ich werde jetzt immer nur einmal täglich schreiben, wenigstens solange nicht meine Arbeit besser vorwärtsgeht. Denn solange das nicht geschieht, sind meine Briefe eine allzu trübe Erscheinung und Du hast an einem täglich, selbst wenn Du es vor Dir selbst leugnest, übergenug.

Leb wohl, Liebste. Wie mir bei diesem Wort plötzlich die Sonne auf das Papier scheint! Es kann Dir nicht schlecht gehn und ich bin ruhig.

Dein Franz

vom 16. zum 17.XII.12

Liebste, es ist ½ 4 nachts, ich habe mich zu lange und doch zu kurz bei meinem Roman aufgehalten und habe überdies fast Bedenken, jetzt zu Dir zurückzukehren, denn ich habe förmlich die Finger noch schmutzig von einer widerlichen, mit besonderer (für die Gestaltung leider übergroßen) Natürlichkeit aus mir fließenden Szene. – Liebste, heute ohne Nachricht von Dir, es scheint mir, als wären dadurch 2 x 8 Eisenbahnstunden zwischen uns. Sollte doch etwas Peinliches bei der Überreichung meines Sonntagsbriefes sich ereignet haben? Nun morgen erfahre ich alles gewiß, hätte ich nicht diese Beruhigung, ich wanderte lieber bis zum Morgen im Zimmer auf und ab, statt ins Bett zu gehn. – Nun gute Nacht, mein liebstes Mädchen, bleibe mir treu, solange es Dir keinen übergroßen Schaden bringt und wisse, daß ich Dir angehöre wie ein beliebiges Ding, das Du in Deinem Zimmer hast.

Dein Franz

Mein liebstes Mädchen, das ganze heutige Schreiben an meinem Roman war nichts anderes als unterdrückte Lust, Dir zu schreiben, und nun bin ich auf beiden Seiten gestraft, das dort Geschriebene ist recht elend (um nicht immerfort zu klagen, gestern war eine schöne Nacht, ich hätte sie ins Unendliche fortsetzen können und sollen) und für Dich, Liebste, bin ich von dorther verärgert und ganz und gar unwürdig.

Könnte ich doch ein Weilchen in Deinem schönen Bureau verbringen, wo mir alles freundlich scheint! Könnte ich doch eines Deiner kleinen Mädchen für einen Tag lang ersetzen, dieser Mädchen, die immerfort Freiheit haben, wann sie wollen, zu Dir hinzulaufen und Dich zu küssen und zu umarmen. (Warum sie Dich wohl damals geküßt haben als das Buch ankam und warum sie Dich besonders aufgeregt geküßt haben? Es kann nur aus einem unbewußten, ebenso tief als wahr gefühlten Mitleid gewesen sein, daß ihre große Freundin mit einem Menschen wie mir – nicht weiter, ich kränke Dich und mich) Aber Deine Nähe, Liebste, brauchte ich so sehr. Könnte ich doch in Deinem Bureau sein! Wenn ich vor meinem traurigen Bureauschreibtisch stehe – er ist wohl einige Male größer als der Deinige; er muß so groß sein, sonst könnte er die Unordnung nicht fassen – und daran denke, daß es doch am Ende gar nicht so unmöglich wäre, daß wir in einem Bureau wären, bekomme ich Lust, die Tische umzuwerfen, das Glas der Schränke einzuschlagen, den Chef zu beschimpfen, und da mir schließlich doch die Kraft zur Ausführung solcher augenblicklicher Entschlüsse fehlt, tue ich nichts von alledem, stehe still wie früher mit irgendeinem angeblich von mir gelesenen Papier in der Hand, schaue aber in Wirklichkeit ganz verschlafen darüber hinweg zur Tür, die sich für den Überbringer Deines Briefes öffnen soll. Sieh Dich mal in Deinem Bureau um (*das Du mir übrigens noch gar nicht beschrieben hast*) ob dort nicht, auch nur in irgendeiner Ecke, ein Plätzchen für mich übrig wäre. Nenn mir dann den Platz genau und ich werde ihn, wenn schon nicht in Wirklichkeit so doch nicht weniger bestimmt, tagtäglich einnehmen und wenn Du willst, werde ich Dir auch in meinem Bureau einen Platz anweisen (ich finde keinen passendern als den hart neben mir) und so werden wir, wenn auch nicht in einem Bureau, so doch in zwei gemeinsam sitzen. Du wirst davon übrigens den ungeheuern Vorteil haben, daß ich am Abend, wenn Du allein im Bureau bist, um an mich zu schreiben, alle Mäuse rings um Deinen Tisch herum von Dir abhalten und verjagen werde; während ich dagegen den Nachteil davon haben werde, daß mir wahrscheinlich an solchen Abenden die ruhige Überlegung fehlen wird, Dich die Briefe an mich fertig schreiben zu lassen und daß ich statt dessen zu Dir hingehn und die Hände, die schreiben wollen, halten und nicht mehr loslassen werde.

Deine kleinen Mädchen handeln schön und rührend, aber ohne mich zum Staunen zu bringen, denn alles ist genau nach meinem Sinn. Von Deinem Bureau kann ich nicht genug hören. In Bureaux, wo viele Mädchen sind, geht es doch ganz anders zu als unter Männern. Mein Schreibmaschinist würde mich z.B. niemals beim Schneider mit einer Rose erwarten (das Komische dieser Vorstellung kann Dir nicht eingehn, Du müßtest den Mann, den ich übrigens sehr gern habe, selbst sehn) dafür kann er allerdings anderes und hat z.B. vor glaubwürdigen Zeugen in einer Folge 76 unserer Einkreuzersemmeln und ein anderes Mal 25 harte Eier aufgegessen, Kunststücke, die er täglich mit Freuden wiederholen würde, wenn er die Mittel dazu hätte. Besonders lobt er das angenehme Wärmegefühl, das man nach 25 harten Eiern haben soll.

Aber womit verbringe ich da um Gottes willen die paar Augenblicke, die ich auf dem Papier mit Dir beisammen bin! Ich habe Dir natürlich in meinem gestrigen Brief Unrecht getan, Du liebstes und gütigstes Mädchen! (Wozu bin ich denn sonst da, als Dir Unrecht zu machen?) Du warst am Sonntag müde (hast auch nicht gekocht, trotz Deines vorwöchentlichen, der Mutter gegebenen Versprechens) hast auch, wie ich in meinem Kopfe fühlte, wenigstens noch am Montag Kopfschmerzen gehabt (und auch Halsschmerzen? Die Schande! Die Schande! Deine und meine! Die Geliebte eines Naturheilmenschen hat Halsschmerzen!) aber trotz allem hast Du mir am Sonntag geschrieben, nur ist der Brief und die Karte mit einer mir vorläufig noch unerklärlichen Post wahrscheinlich erst am Montagabend ins Bureau gekommen. Jedenfalls bekam ich Brief und Karte Dienstag gleich unten beim Portier, Ihr Himmlischen! Wie bin ich die Treppen hinauf getanzt!

Eine wichtige Sache fehlt in Deinen Briefen, Liebste! Ich finde kein Wort von Deiner Mutter und keines über meine die Briefgeschichte betreffenden Theorien vom Sonntag. Ist das ein gutes, ist es ein schlechtes Zeichen? Die Karte vom Fest habe ich nicht bei der Hand, ich habe sie im Bureaurock vergessen, aber ist dort nicht eine Tony Bauer unterschrieben und sind nicht bei dem Namen auch Grüße hinzugefügt? Ist das Deine Schwester? Und wer sind die andern? Daß keiner Deiner Tänzer im Tanzen mit mir verglichen werden konnte, glaube ich gern. Mein Nichttanzenkönnen wird ja verschiedene Gründe haben. Vielleicht hätte ich mehr allein üben sollen, wenn ich mit Mädchen tanzte, war ich immer sowohl allzu befangen als auch allzu zerstreut. Ich erinnere mich, in unserer Tanzstunde war ein junger, zweifellos sehr energischer Mensch, der immer, wenn ringsherum die Paare tanzten, allein in einer Ecke das Tanzen übte. Ob er es auf diese Weise erlernt hat, weiß ich nicht, ich weiß nur, daß ich oft zu ihm hinübergeschaut und ihn um seine Entschlossenheit und Freiheit beneidet habe.

Sophie F. [Friedmann] ist schon wieder weg, sie haben Ferien gemacht und sind, glaube ich, auf den Semmering gefahren. Daß Du ihr schon lange nicht geschrieben hast, freut mich herzlich. Übrigens hat sie sich auch für diese Freude, wie ich Dir schon beschrieben habe, ausreichend gerächt. – Schluß und wieder allein. Franz.

Liebste, ½3, der Nachmittag mit Max mit Ansehen von Wohnungseinrichtun-
gen verbracht, der Abend mit der Familie, die anfängliche Nacht mit flüchtiger
Arbeit, jetzt über Deinem Brief, liebstes Mädchen, fängt etwas spät mein eigentlicher Tag an. Das soll also die traurige kleine Schreibmaschinistin von Wei-
ßensee sein? Aber sie ist doch munter und frisch und bringt durch die Beugung
ihres rechten Knies fast die ganze etwas steife Reihe der andern ein wenig fürchterlich christlich aussehenden Mädchen in Marschbewegung. Hattest Du unter
ihnen Freundinnen? Sag es, und sie werden mir sofort lieb sein, selbst die große
furchterregende Schwarzgekleidete wird mir dann lieb und vertraut sein. Mit
welchem prüfenden Blick Du aus dem Bild hervorschaust! Wie Dich Deine
rechte Nachbarin fest in der Taille hält, als wüßte sie wirklich ganz genau, wen
sie hält. Du hast ein Buch in der Hand, was ist es für ein Buch? Dort in Wei-
ßensee habt Ihr wohl ein richtiges Landleben geführt. Die Büsche, der Zaun,
die Glastüre im Hintergrund sehen wenig bureaumäßig aus. Ich wüßte so gern
etwas von Dir aus jener Zeit, wo Du noch so glücklich warst, nur unter dem Bureau zu leiden. Wie war Deine Vorgesetzte? Du liefst ihr wohl nicht mit einer
Rose zur Schneiderin nach, wenn sie böse war? Und wie war der Kampf mit der
Sekretärin in Deiner jetzigen Stellung? Was hat ihn entschieden?

Vorläufig, Liebste, schicke ich Dir keine Photographie. Die nächste soll das
gute Bild sein, von dem ich Dir geschrieben habe, ohne es allerdings noch bestellt zu haben, denn es ist ein wenig umständlich zum Photographen zu gehn,
aber in den nächsten Tagen tue ich es. Aus allerletzter Zeit habe ich kein Bild,
Gruppenaufnahmen habe ich wenigstens keine im Besitz, auch haben mir die
Gruppen, in denen ich gelebt habe, keine große Freude gemacht (Mädchen
unter Mädchen leben besser und wärmer als Männer unter Männern) und die
andern Bilder will ich vorläufig nicht schicken, weil ich Angst bekommen habe,
daß ich auf allen, ohne Schuld und ohne Richtigkeit, ein wenig merkwürdig
ausschaue. Erzählen freilich muß ich Dir noch vieles, da wollen wir uns an den
Sonntagen in die alten Zeiten werfen.

Aber Liebste, ich schreibe da ruhig weiter und Du bist vielleicht krank? In
dem Brief nach Schillings Flucht sprichst Du gar von der Möglichkeit einer In-
fluenza. Gottes willen, Liebste, der mein Leben gehört, schone Dich! Ich gestehe, daß ich, wenn der Gedanke an Dein Kranksein kommt, nicht zuerst
daran denke, daß Du leidest, sondern daß ich dann möglicherweise keine Nachricht von Dir bekomme und mich dann, herumgejagt vor Verzweiflung, an
allem wundschlagen werde, was mich umgibt. Am Dienstag hatte sich der Hals-
schmerz zum Schnupfen gelöst, das ist doch wohl eine Besserung in diesen mir
ganz unbekannten Erkältungen. Aber die Kopfschmerzen halten Dich noch?
Ich sehe, wie Du, nachdem Du den letzten Brief geschlossen hast, das Aspirin
hervorholst und schluckst; ich schaudere.

Ich war also heute bei Brods, ich wäre sowieso hingegangen, aber einen besonderen Grund zur Eile hatte ich nach Deinem zweiten Morgenbrief deshalb, weil ich – das ist zweifellos närrisch – noch die Karte erwischen wollte, die Du an Sophie F. [Friedmann] geschrieben hast, denn ich kann gar nicht genug Geschriebenes von Dir sehn. Ich freute mich ganz wild darauf, diese an einen andern gerichtete Karte ein Weilchen lang in Händen zu halten, sie langsam zu lesen und mir dabei sagen zu können: »Es ist von dem liebsten Mädchen.« Alles verlief ausgezeichnet, ich hatte die Fragen harmlos arrangiert, trieb alle vorsichtig zu der entscheidenden Antwort hin, um dann aber schließlich zu hören, daß Herr Dir. Brod Sophies Post, darunter allerdings auch Deine Karte, ihr nach Wien vor etwa ? Stunde nachgeschickt habe. Ich mußte mich zurückhalten, um nicht auf den Tisch zu schlagen.

Infolge des Sturmwetters draußen – vor einem Augenblick hat sich durch die allgemeine Erschütterung die allerdings schlecht schließende Wohnzimmertür von selbst geöffnet – muß ich die Uhr von draußen – ich weiß gar nicht, welche es ist, man hört sie nur in der Nacht – vollständig überhört haben, denn es ist schon ½4. Also leb wohl meine Liebste. Nein, so dachte ich das Alleinsein mit Dir nicht, wie Du es meinst. Wenn ich etwas Unmögliches wünsche, will ich es ganz. Ganz allein also, Liebste, wollte ich mit Dir sein, ganz allein auf der Erde, ganz allein unter dem Himmel und mein Leben, das Dir gehört, unzerstreut und ganz gesammelt in Dir führen.

Franz

vom 19. zum 20.XII.12

So, mein liebstes Mädchen, nun ist wieder Abend nach einem durchwachten Nachmittag geworden (durchwachter Nachmittag klingt ärger als durchwachte Nacht), geschrieben wird nichts mehr, nur noch an dieses Mädchen, an das man immerfort schreiben, von dem man immerfort hören, bei dem man immerfort sein, in dem man am liebsten vergehen möchte.

Aber ich bitte Dich, Du Liebste, antworte doch einmal rund heraus, wie ist denn das? Du, die Du mir schriebst, daß Du niemals krank seist (ich hatte Dich gar nicht danach gefragt, denn man sah Dir doch die Gesundheit von den Wangen und Augen ab), Du wanderst jetzt bei den Ärzten herum, Du leidest seit Wochen wohl jeden Tag, man sagt Dir zum Spaß und meint es doch im halben Ernst, Du sähest aus wie eine Leiche auf Urlaub (eine Redensart, die mir sehr gefiele, wenn sie nicht gerade auf Dich angewendet würde), Du hattest in der letzten Zeit Kopfschmerzen, Halsschmerzen, Mattigkeit und alles dieses wiederholt und ohne daß es eigentlich aufhörte – Liebste, das können wir doch nicht ruhig hinnehmen, wie? Da müssen wir doch Ordnung zu machen suchen, nicht? Also wie wirst Du nun anfangen Dich zu schonen, darüber mußt Du mir sofort und genau schreiben, denn ich bin an Deinen Leiden genau so beteiligt wie Du. Ich bekomme nicht gerade Halsschmerzen, wenn Du Halsschmerzen hast, aber wenn ich es höre oder ahne oder auch nur fürchte, leide ich darunter auf meine Weise nicht weniger. Und noch mehr leide ich unter Deiner Müdigkeit und noch mehr unter Deinen Kopfschmerzen. Und wenn Du dann Aspirin nimmst, dann wird mir auch körperlich übel. Heute während der ganzen Nacht, also von ½4 bis ½8, und noch am Beginn des Vormittags fühlte ich einen fremdartigen Druck in mir, wie ich ihn in den 30 Jahren meines bisherigen Lebens niemals an mir erkannt habe, er ging nicht vom Magen, nicht vom Herzen, nicht von der Lunge aus, aber vielleicht von allen insgesamt. Am Tageslicht verlor er sich. Wenn Du gestern Aspirin genommen hast, so war es bestimmt die Folge dessen, wenn nicht, dann war es die Folge des vorigen Aspirins, wenn auch das nicht, so war es vielleicht die Folge des schlechten Schreibens und wenn schließlich selbst das nicht, dann bin ich vielleicht bloß ein Narr, der Dir die Hände in Gedanken so oft an die Schläfen legt und seinen Küssen die Kraft wünscht, Dir alle Kopfschmerzen aus der grauesten Vergangenheit bis in Deine goldene Zukunft von der Stirne zu küssen. Antworte also, Liebste, was wirst Du tun, so darf es doch nicht weitergehn. Du mußt Dir genug Zeit zum Schlafen und Spazierengehn verschaffen, koste es was es wolle. Du mußt gleich nach Bureauschluß das Bureau verlassen, Du mußt spazierengehn, und zwar nicht allein entlang der Stadtbahn, sondern in der Gesellschaft, die Dir paßt. (Ja gehst Du denn nicht schleifen? Vom Turnen höre ich auch schon längere Zeit nichts mehr.) Wenn man die Arbeit beim Professor unterbrechen könnte, wäre es gewiß auch nicht schlecht; mir kannst Du abends schreiben, gewiß, bei Tag hast Du ja keine Zeit, und mich selbst dazu zu verurteilen, nicht jeden Tag Nachricht von Dir zu haben, dazu fehlt mir durchaus die Kraft; aber ich will die Zähne zusammenbeißen, und dann wird mir eine Karte täglich solange genügen, solange Du nicht vollständig, bis in den Grund hinein, dauernd, auch Deine Mutter überzeugend, so frisch und ausgeruht bist, wie Du es früher warst. Ich bin begierig auf den großen Beifall, den meine Vorschläge finden werden (für den Fall habe ich dann noch ganz andere in Bereitschaft) und die übrigen gleichwertigen Vorschläge, mit welchen Du die meinen noch ergänzen wirst. Bis Du dann wieder so kräftig bist, dann will ich allerdings viel, viel über Deine Kindheit hören, Dein letzter Brief hat mir eine unsinnige Lust darauf gemacht. Es hat ja natürlich Nachteile, ein spätgeborenes Kind zu sein, aber die Vorteile gegenüber den Erstgeborenen, von denen ich ein trübsinniges Musterbeispiel bin, sind doch sehr groß. Diese Spätgeborenen haben um sich herum gleich eine solche Mannigfaltigkeit zum Teil der schon durchkosteten, zum Teil der erst angestrebten Erlebnisse. Erkenntnisse, Erfahrungen, Erfindungen, Eroberungen ihrer übrigen Geschwister und die Vorteile, Belehrungen, Aufmunterungen eines so nahen, so beziehungsreichen verwandtschaftlichen Lebens sind ungeheuer. Auch ist für sie die Familie schon viel sorgfältiger ausgebildet, die Eltern sind, soweit es bei ihnen möglich ist, durch Fehler belehrt worden (allerdings auch durch Fehler eigensinniger geworden), und diese später Geborenen sitzen einfach von selbst schon wärmer im Nest, man kümmert sich zwar weniger um sie, da schwankt Vorteil und Nachteil, und niemals wird der Nachteil schwerer, aber sie brauchen es gar nicht, denn alles sorgt sich unbewußt und darum besonders eindringlich und unschädlich um sie. Ich bin der älteste von sechs Geschwistern, zwei Brüder, etwas jünger als ich, starben als kleine Kinder durch die Schuld der Ärzte, dann war es eine Zeitlang still, ich war das einzige Kind, bis dann nach 4,5 Jahren die drei Schwestern durch 1, beziehungsweise durch 2 Jahre getrennt anmarschierten. So habe ich sehr lange allein gelebt und mich mit Ammen, alten Kindermädchen, bissigen Köchinnen, traurigen Gouvernanten herumgeschlagen, denn meine Eltern waren doch immerfort im Geschäft. Von dem allen ist viel zu erzählen. Aber nicht in dieser Nacht deren 12te Stunde gerade zu meinem Schrecken schlägt. Leb wohl, meine Liebste, und auf die Gefahr hin, Dich zu wecken, auf die Gefahr hin, Dich zu wecken, ich küsse Dich.

Franz

20.XII.12

Aber Liebste, woher kommt nur diese Deine Unruhe, leben wir denn nicht gerade so friedlich nebeneinander, als es nur in diesem Jammer möglich ist? Was überkommt Dich? Du bist gleichzeitig die Ruhe und die Aufregung meines Herzens, stelle Dir meinen Herzschlag vor, wenn Du in einem solchen Zustande bist. Ich habe Deinen Brief mit heißen Wangen so oft gelesen in der Hoffnung, irgendein Friede, irgendeine Fröhlichkeit würde sich doch irgendwo zeigen. Es ist gewiß nur die Laune eines unglückseligen Abends gewesen, und auch mein aufgeregter Fetzen aus dem Bureau, den ich nun doch schon mitschicke, ist eigentlich nicht mehr wahr. Denn ich weiß, morgen kommt wieder ein zuversichtlicher Brief meines starken Mädchens, das nur für eine Mitternachtsstunde von der Müdigkeit und schrecklichen Plage so hingeworfen wurde. Ich habe mit der besten Absicht den zweiten täglichen Brief gelassen, weil ich dachte, wir würden beide mehr Ruhe und mehr Vertrauen bekommen. Dieses zweimalige Anknüpfen und zweimalige Abreißen täglich war für mich schrecklich und hat mich durch den Vormittag und dann wieder durch den Nachmittag ununterbrochen gejagt und geängstigt. Ein solches nutzloses Andrängen an etwas Unmögliches, d.h. an Deine Gegenwart, muß aber nicht nur mich, sondern auch Dich, Liebste, immer von neuem entsetzen. Aber vielleicht hast Du doch recht. Einmal täglich muß ich Dir schreiben, sonst würde ich lieber alles lassen, sonst wüßte ich nicht, wohin mit mir – und die Gegenwart wird damit doch auch nicht erreicht, nun so werde ich wieder zweimal schreiben, wenn es Dir nur einen Hauch mehr Ruhe gibt. Daran liegt es nicht, ob ich in der Stimmung bin für jenen Brief an Dich, daran liegt es nicht, daran liegt es aber, ob ich bei zweimaligem Schreiben noch die Stimmung für das übrige, was man rings um mich verlangt, auch nur halbwegs aufbringe. Denn dieses Gefühl der Zusammengehörigkeit mit Dir, das ich im Innersten habe, durch dieses zweimalige Schreiben mir völlig ums Gesicht schlagen lassen, das ist doch vielleicht ein Wagnis in dieser traurigen Ferne, in der ich leben muß. Nun laufe ich aber wieder, denn ich muß zum Max bei einem Notariatsakt assistieren. Ja heute hast Du ja vor Gericht geschworen und wieder Unannehmlichkeiten gehabt. Laß Dich küssen, liebstes, bleiches, geplagtes Kind! Der, welcher sich da unterschreibt, gehört Dir nicht wie eine Sache in Deinem Zimmer, sondern so, wie Du willst und für immer.

Dein Franz

Liebste, nur um mir die Sorge um Dich für einen Augenblick zu erleichtern, schreibe ich auf dieses Papier, das mir gerade zunächst liegt. Bitte, bitte, sei nicht so unruhig, das kann ja gar nicht gut enden. Könnte ich Dich doch da auf den Sessel neben mich niedersetzen, Dich halten und Dir in die Augen sehn. Es ist etwas vom Irrenhaus in meinem Leben. Unschuldig und freilich auch schuldig bin ich, nicht in eine Zelle, aber in diese Stadt eingesperrt, rufe das liebste Mädchen an, will sie ruhig und glücklich haben, aber tatsächlich rufe ich nur die Mauern und das Papier an und mein armes Mädchen leidet.

Franz

vom 20. zum 21.XII.12

Der dritte Abend schon, Liebste, an dem ich nichts geschrieben habe, ein schlechter Anlauf vor Weihnachten. Und die Weihnachtsferien selbst werden zweifelhaft, die Hochzeit meiner Schwester ist zwar – ich glaube, ich habe es Dir noch nicht geschrieben – aus Kriegsfurcht verlegt worden, aber es ist höchst unsicher, ob ich mir die zwei Urlaubstage, auf die ich gehofft habe, werde nehmen können. Ich habe andauernd sehr viel zu tun und je mehr kommt, desto kleiner wird meine Lust oder besser desto größer mein Widerwillen. Solange ich selbst im Bureau bin, kann ich diesen hoch mit Rückständen bedeckten Tisch mit Einsetzung allerdings schon des letzten persönlichen Einflusses noch verteidigen, bleibe ich aber Zuhause, dann steht mein Tisch allen frei und es ist gar nicht anders möglich, als daß tagsüber ununterbrochen einander ablösend kleine Explosionen von Rückständen stattfinden, was mir nach meiner Rückkehr sehr unangenehm werden könnte. Aber trotzdem – wie ich es hier so niederschreibe, finde ich es unerträglich, die zwei Tage zu verschwenden, denn viel mehr als die Verteidigung meines Schreibtisches würde ich nicht fertigbringen, und so werde ich es wahrscheinlich doch noch wagen.

Wie ist es denn mit Deiner Arbeit, mein Mädchen? (Ich habe heute das Gefühl, daß Du jetzt ruhiger, zufriedener bist und daß aus Deinen lieben Augen wieder jener freundliche und doch beherrschende Blick kommt, der mich für Zeit und Ewigkeit getroffen hat.) Wirst Du denn immer mit aller Arbeit fertig?

Fallen keine Briefe unter den Tisch und verschwinden? Gibt es kein Geheimfach, wo sich alte, unerledigte Sachen wie ekelhafte Tiere drängen? Hast Du ein gutes Gedächtnis? Ich habe keines und arbeite nur mit dem allerdings grenzenlosen Gedächtnis meines auch sonst bewunderungswürdigen Chefs. Hat er einmal wirklich etwas vergessen, was ich brauche, so fange ich seine Erinnerung mit unsichern, allgemeinen Bemerkungen zu locken an, und es dauert nicht lange und er weiß es. Es gibt Menschen, die nur ein hilfsbereites Gesicht, und sei es das Gesicht eines noch so ohnmächtigen Menschen, vor sich haben müssen, um sich sofort an alles zu erinnern. So selbständig wie Du wohl arbeitest, könnte ich gar nicht arbeiten, Verantwortungen weiche ich aus wie eine Schlange, ich habe vielerlei zu unterschreiben, aber jede vermiedene Unterschrift scheint mir ein Gewinn, ich unterschreibe auch alles (trotzdem es eigentlich nicht sein darf) nur mit FK, als könne mich das entlasten, deshalb fühle ich mich auch in allen Bureausachen so zur Schreibmaschine hingezogen, weil ihre Arbeit, gar durch die Hand des Schreibmaschinisten ausgeführt, so anonym ist. Ergänzt und aufgehoben wird allerdings diese sonst lobenswerte Vorsicht dadurch, daß ich mit jenem FK auch die wichtigsten Sachen, ohne sie durchzulesen, unterschreibe und daß infolge meiner Vergeßlichkeit alles, was einmal von meinem Tische wegkommt, für mich niemals vorhanden gewesen ist. Ob ich, der ich mich letzthin um einen Platz in Deinem Bureau beworben habe, durch das alles sehr empfehlenswert werde?

In Deinem heutigen Brief ist ein Tagebuch erwähnt? Existiert das noch? Wird es auch noch heute geführt? Und diesen Wortlaut »ich liebe ihn und niemals, wer auch je meinen Weg kreuzen ...« hast Du mit 15 Jahren niedergeschrieben? Liebste, hätte ich Dich doch damals gekannt! Wir wären nicht so weit von einander entfernt, glaube ich. Wir würden an einem Tische sitzen, aus einem Fenster auf die Gasse sehn. Wir würden nicht einer um den andern zittern, es gäbe keine Unmöglichkeit. Aber dann sage ich mir wieder, und darin zeigt sich die Bedingungslosigkeit des Ganzen, vor zehn Jahren, aber auch noch vor zwei und selbst vor einem war ich in vielem leider besser, im Wesen aber viel unsicherer und selbst unglücklicher als heute, und so ist es vielleicht wieder jetzt die richtige Zeit für das Erscheinen jenes Menschen gewesen, der mir der liebste auf der Erde werden sollte.

Heute suchte ich etwas auf meinem Schreibtisch zuhause (auch dieser Schreibtisch läßt sich nicht ordnen, man kann bloß in ihm suchen; nur ein Schubfach ist geordnet und versperrt, dort sind Deine Briefe), da habe ich einen alten Brief gefunden, der aus jener einmonatlichen Wartezeit stammt und Dir gehört und den ich Dir deshalb, trotz seines nicht sehr gefälligen Zustandes schicke. Wenn ich ihn lese, er hat leider kein Datum, so sehe ich unter unsinnigen weitern Hoffnungen (wie vieles schreibe ich gegen meinen Willen, nur weil es aus mir hervorgestoßen wird; schlechter, elender Schriftsteller!), daß alles so viel schöner geworden ist und daß man glauben möchte, daß der gute Stern, der uns geführt hat, niemals über uns auslöschen wird. Kind, wie schreibst Du nur heute so sonderbar! Fahnenflüchtig könnte ich werden? Welche Fahne wäre das? Es müßte höchstens die Fahne meines Lebens sein. Und das geschieht mit Willen nicht; dazu fühle ich mich trotz alles Jammers allzusehr mitten im Kampf. Also mit Willen und von meiner Hand geschieht es nicht.

Und nun leb wohl, Mädchen, Mädchen! Ich wünsche Dir einen schönen Sonntag, freundliche Eltern, feines Essen, langes Spazierengehn, freien Kopf. Morgen fange ich wieder mein Schreiben an, ich will mit aller Kraft hineinreiten, ich fühle, wie ich mit unnachgiebiger Hand aus dem Leben gedrängt werde, wenn ich nicht schreibe. Und morgen habe ich vielleicht einen weniger trüben Brief als den heutigen *aber einen ebenso wahrhaftigen,* denn Rücksichtnahme schmerzt mich mehr als Wahrheit.

Franz

Gnädiges Fräulein!
Lassen Sie mich Ihnen schreiben, auch wenn Ihre Antwort auf meinen letzten Brief noch sehr im Unsichern ist; das Nichtschreiben macht mir Kopfschmerzen, es macht Sie mir unsicher und mich selbst. Es entstehen in mir beginnende Gewohnheiten, die es mir zur Pflicht machen, ihnen zu schreiben, wie könnte ich mich von dieser nicht zu regierenden Pflicht durch ein Nichtantworten von Ihrer Seite befreien. Es gab eine Nacht, wo ich im Halbschlaf ununterbrochen Briefe an Sie schrieb, im Gefühl war es ein ununterbrochenes kleines Hämmern.

Franz K

21.XII.12

Ein Anhang aus der Gegenwart: Bitte schreibe mir von Sonntag ab in die Wohnung für jeden Fall. Erst nächsten Freitag möchte ich die Briefe wieder ins Bureau bekommen. Und wohin soll man Dir schreiben?

[Ansichtskarte]   21.XII.12

Allererste Morgengrüße. Eben mache ich mich zu einem so ungeheueren Spaziergang bereit, wie ich mich nicht erinnern kann, ihn seit Wochen gemacht zu haben. Vielleicht wird er sogar eine Stunde lang dauern. Dann werde ich mir auch Mühe geben, dieses Alchymistengäßchen, so wie es hier abgebildet ist, einmal auf und ab zu gehn.

FK

[Rechts oben, in dem für die Frankierung vorgesehenen Raum] Ach Liebste, es hilft nichts, ich kann die Karte nicht so offen fortschicken. Was wäre das denn für eine Nacht, an deren Vorabend ich Dir nicht Küsse geschickt und mir genommen hätte?

Franz

Vormittag   22.XII.12

Weißt Du Liebste, daß mich die Geschichte von Hr[n]. Neble, vorausgesetzt daß sie der einzige Grund Deiner Niedergeschlagenheit in den letzten Tagen war, geradezu überglücklich macht. Das war also alles? Arg genug natürlich mag es gewesen sein. Daß Du aber darin Siegerin bleibst, hätte ich Dir gleich voraussagen können; den Dir. Heinemann beneide ich um seine wunderbare Rolle, die ich noch viel schöner hätte spielen wollen. »Schließen Sie einmal die Tür, Frl. Bauer«, hätte ich auch gesagt. Und dann hättest Du auch erzählen müssen, denn schließlich bist Du ja mir gegenüber nicht viel weniger verschwiegen als gegenüber Deinem Direktor; warum, frage ich mich, habe ich von der Geschichte dieses Neble nicht gleich am ersten Tag erfahren dürfen? Aber wie ich mir hätte erzählen lassen, wenn ich Dein Direktor wäre! Nacht wäre es geworden und Morgen, und das Personal wäre schon zu neuer Arbeit gekommen und Du hättest noch immer auf meine unendlichen Fragen unendlich erzählen müssen. Nur eines hätte ich wahrscheinlich schlechter gemacht als Dein Direktor; bei Deinen ersten Tränen hätte ich möglicherweise trotz meiner sonstigen Tränenlosigkeit sehr undirektorialmäßig mitweinen müssen. Und es wäre mir, um die Würde zu wahren, nichts übrig geblieben, als mein Gesicht an Deines zu legen, um die Tränen ununterscheidbar sich vermischen zu lassen. Liebste, liebste Felice! Was für Leiden werden noch über Dich geschickt!

Gerätst Du leicht in Zorn? Ich nicht eigentlich, wenn ich aber einmal in ihn komme, dann fühle ich mich wirklich Gott näher als sonst. Wenn sich das Blut mit einem Male von oben bis unten erhitzt, die Fäuste in den Taschen zucken, der ganze versammelte Besitz von jeder Selbstbeherrschung sich lossagt und diese Ohnmacht, sich zu beherrschen, von der andern, und zwar der eigentlichen Seite aus gesehn eine Macht bedeutet, dann erfährt man, daß der Ärger nur in seinen niedrigen Anfängen vermieden werden soll. Erst gestern abend war ich sehr nahe daran, einen Menschen zu ohrfeigen, und zwar nicht nur mit einer Hand, sondern mit beiden, und nicht nur einmal, sondern fortgesetzt. Schließlich habe ich mich doch mit Worten begnügt, aber sie waren tüchtig. Es ist gar nicht unmöglich, daß die Erinnerung an diesen Neble mitgewirkt hat.

Nachmittag

So, meine liebste Felice, nun bin ich wieder bei Dir. Gestern abend, als ich von dem großen Spaziergang zurückgekommen war, ich hatte ihn allein machen wollen – aber auf dem Weg zum Bahnhof war ich der ganzen Verwandtschaft begegnet, die gerade von meiner verheirateten Schwester kam, und meine jüngste Schwester und eine Cousine gaben mit Bitten nicht nach und ich mußte sie mitnehmen – als ich also von jenem Spaziergang nachhause kam, fiel es mir ein und ließ mich lange nicht los: Ob Du mir nicht böse bist wegen meines übernervösen zweiten Samstagbriefes oder eigentlich nicht böse (denn Unrechtes hatte ich doch nichts geschrieben), aber enttäuscht darüber, daß auch ich nicht der Rechte bin, demgegenüber man rücksichtslos – und das ist ja das schönste, erleichterndste Klagen – also ganz rücksichtslos gegen sich und die Umwelt klagen kann? Und ich hatte mit meiner Sorge gestern Abend nicht ganz unrecht, das glaube ich aus Deinem Expreßbrief zu sehn. Dort steht z.B.: »Als Dein Brief mit der 10 Uhr Post heute kam, war ich noch trauriger, noch bedrückter als vorher. « Was ist das doch für ein prächtiger Liebhaber, der solche Briefe an die Geliebte schreibt und ihr Leid vermehrt. Nein höre, Liebste, Du verläßt mich nicht, das hast Du mir schon oft gesagt, aber ich will in allem, in allem Dir ganz nahe sein, verlaß mich mit nichts, was Du hast, verlaß mich also auch mit Deinen Klagen nicht. Bleib mir ganz, Liebste, bleib mir, wie Du bist, nicht ein Härchen auf Deinem Kopf wollte ich anders gebogen haben, als es ist. Werde nicht lustig, wenn Du es nicht bist. Zur Fröhlichkeit genügen nicht Entschlüsse, es sind außerdem auch fröhliche Verhältnisse nötig. Du wirst mir gar nicht besser gefallen, wenn Du besser aussehn wirst, sondern Du wirst mir bloß genau so gut gefallen wie jetzt. Die Nähe, in der ich mich bei Dir fühle, ist zu groß, als daß irgendwelche Unterschiede Deiner Laune, Deines Aussehns auf mein Verhältnis zu Dir wirken könnten. Ich werde bloß unglücklich sein, wenn Du unglücklich sein wirst und ich werde aus Liebe zu Dir ebenso wie aus Eigennutz das Unglück zu beseitigen suchen – ein anderer Einfluß des Unglücks wird nicht zu merken sein. Außer eben in flüchtigen, während des Tages hingeschmierten Briefen, in denen man über die augenblickliche nichtssagende Erregung nicht herauskommt. Wieder eine Warnung übrigens vor dem zweimaligen Schreiben. Und klage ich denn nicht? Es ist ja schon fast ein Heulen! Gestern z.B. bin ich im Bureau vollständig zusammengeklappt. Den Kopf hatte ich voll Schlafsucht (dabei habe ich schon nächtelang nichts geschrieben, außer an Dich), wo ich mich anlehnte, dort blieb ich auch lehnen, in meinen Lehnsessel fürchtete ich mich zu setzen, aus Angst nicht mehr aufstehn zu können, vom Federhalter benutzte ich nur das untere Ende, um es mir beim Lesen von Akten in die Schläfen zu drücken und mich so wachzuhalten – nachmittag schlief ich dann ein wenig aber abend war mir noch immer nicht besser, darum machte ich dann den Spaziergang, schlief aber wieder nur ganz leicht wie auf der Wache. Wenn schon nicht mit den Armen, so wollen wir uns, Liebste, doch mit Klagen umarmen.   Franz

Liebste, ich bin in ziemlicher Verwirrung, nimm mir die Unklarheit dessen, was ich schreiben sollte, nicht übel. Ich schreibe an Dich, weil ich ganz von Dir erfüllt bin und dies irgendwie in der Außenwelt bekanntmachen muß. Ich bin den Sonntag in einem elenden Zustand herumgestrichen, war meist mit Leuten beisammen, habe gar nicht geschlafen, bin unerwartet bei Bekannten erschienen, bin unerwartet weggegangen, so war mir wohl schon seit Monaten nicht gewesen. Ich habe eben schon allzulange nicht geschrieben und fühle mich vom Schreiben ein wenig losgelöst, d.h. im Nichts. Dazu kommt noch, daß ja jetzt die ersehnten Weihnachtsferien da sind und ich im Begriff bin, sie luderhaft zu verschwenden. Unter dem allen drückt sich freilich auch noch der Gedanke herum, daß ich in Berlin sein könnte, bei Dir, in meinem besten Schutz und stattdessen halte ich mich an Prag fest, als fürchtete ich sonst die letzte Sicherheit zu verlieren und als wärest Du eigentlich hier in Prag.

Liebste, als ich gestern abend in solchen schönen Launen nachhause kam und Dein Telegramm auf dem Tische fand, Du liebstes, mitfühlendes Herz, da war ich gar nicht erschrocken, sondern wußte gleich, daß nichts als Trost darin enthalten sein konnte, und als es dann wirklich so war, küßte ich dieses fremde Papier lange mit geschlossenen Augen, bis es mir nicht mehr genügte und ich es ganz gegen das Gesicht drückte.

Zu welcher Zeit das Vorige geschrieben war, das würdest Du, Liebste, gewiß nicht erraten. Es dürfte 4 Uhr gewesen sein. Ich hatte mich unter der Herrschaft des Telegramms sehr früh schlafen gelegt, vor 9 Uhr (ich gehe mit mir ein wenig willkürlich um), war um 2 Uhr aufgekommen und hatte wach mit offenen Augen, aber noch unter dem Einfluß des Schlafes und darum in ununterbrochenen und etwas zauberhaften Vorstellungen an Dich und an eine mögliche Berliner Reise gedacht. Es ergaben sich schöne leichte Verbindungen ohne jede Störung, die Automobile flogen wie Liebende, Telephongespräche klappten als hielte man sich währenddessen bei der Hand, ich will lieber gar nicht weiter daran denken — je wacher ich wurde, desto unruhiger wurde ich auch, stieg dann gegen 4 aus dem Bett, turnte, wusch mich und schrieb für mich zwei Seiten, ließ aber auch das vor Unruhe, schrieb dann die vorigen zwei Seiten, ließ dann auch das und ging mit brummendem Kopf ins Bett zurück, wo ich bis 9 Uhr früh in einem schweren Schlafe liegen blieb, in dem übrigens auch Du erschienen bist zu einem kleinen Gespräch in einer befreundeten Familie. – Diese ganze sonderbare Lebensweise hat natürlich ihren Grund nur darin, daß ich erstens lange nichts geschrieben habe und zweitens fast frei bin, ohne mich bisher daraufhin eingerichtet zu haben.

Liebste Felice! Dein Franz

[Da die beiden Namen des Platzmangels wegen dicht nebeneinander stehen, schrieb Kafka dazu an den Rand] So sind wir wenigstens hier beisammen.

[Beigelegt, auf einem einzelnen Blatt]   [23. Dezember 1912]

Eben ist Dein Brief von Samstagnacht gekommen. Den beantworte ich erst nachmittag, sonst bekämest Du diesen Brief nicht mehr rechtzeitig um 9. Wird sich jetzt wirklich alles so bessern, wie es nach diesem Brief den Anschein hat? Möge es Gott geben. Im Übrigen beschämt mich Dein Brief durch seine Festigkeit und gute Laune, aber ich werde auch schon wieder hochkommen. Ach wenn das Frl. Lindner wüßte, wie schwer es ist, so wenig zu schreiben, als ich es tue! Letzthin erwähntest Du eine platzen wollende Bombe. Das Eintreten der Mutter unterbrach Dich im weitern Schreiben. Wie ist es mit jener Bombe gewesen? – Laß mich Dir, Liebste, mit Küssen lieber statt mit Worten sagen, wie ich Dich liebe.

Franz

23.XII.12

Liebste Felice, ich habe also diese zwei kostbaren Tage so eingeteilt, daß ich Vormittag auf ein Weilchen ins Bureau gehe, um die Post anzuschauen, im übrigen aber als freier Mann lebe. Samstag und Sonntag, bis auf das kurze Schreiben in der Nacht, sind vertrödelt worden, aber das ist doch noch nicht so arg, Liebste. Sag, daß es noch nicht so arg ist.

Allmählich fange ich übrigens an, in den Genuß dieses Wohllebens einzudringen und die Verwirrung des gestrigen Tages und der Nacht verliert sich allmählich. Was sagst Du zu meinem Einfall, Dein gestriges Telegramm einrahmen zu lassen und über meinem Schreibtisch aufzuhängen. Aus Deinem Samstagnachtbrief sehe ich ja jetzt, daß Du den Einfall zu telegraphieren schon Samstag hattest, aber trotzdem – was dachtest Du Liebste bei dem Aufgeben des Telegramms, da Du doch die Bedeutung, die es für mich bekam, gar nicht ahnen konntest, besonders da mein Brief, den Du Vormittag bekommen hattest, meiner Erinnerung nach verhältnismäßig ruhig war. Und außerdem wolltest Du ursprünglich das Telegramm vormittag aufgeben; hätte ich es aber vormittag bekommen, so wäre es für mich nur (nur! nur!) das Zeichen Deiner Liebe und Güte gewesen, aber abend (Du scheinst es um 4 Uhr aufgegeben zu haben) hat es mich geradezu vom Boden aufgerichtet. Die Nähe eines solchen Telegramms ist etwas ganz anderes als die Ferne, aus der die Briefe langsam herwandern. Nun weiß ich ja auch, daß es mit Dir, also mit uns beiden, bis 4 Uhr nachmittag gut stand, wenn ich auch noch keinen Sonntagsbrief bekommen habe. Vielleicht kam der Brief später ins Bureau, früh war er nicht dort, jedenfalls werde ich noch nachschauen, vielleicht hast Du Dich in der Adresse geirrt. Den heutigen Nachtbrief adressiere ich jedenfalls schon in Deine Wohnung. Deine Vorsätze, Liebste, sind ausgezeichnet, und wenn Du sie genau einhältst, werde ich eine musterhafte Geliebte haben. Aber das mußt Du ja auch sein, wenn Du einen so verlotterten Liebsten hast. Wenn Du keine roten Wangen hast, wie soll ich sie bleich machen, da das doch mein Beruf ist. Wenn Du nicht frisch bist, wie soll ich Dich müde machen, wenn Du nicht lustig bist, wie soll ich Dich betrüben. Liebste, meine Liebste, aus Liebe wollte ich, nur aus Liebe, mit Dir tanzen, denn ich fühle jetzt daß das Tanzen, dieses Sichumarmen und Sichdabeidrehn, untrennbar zur Liebe gehört und ihr wahrer und verrückter Ausdruck ist. Ach Gott, viel habe ich geschrieben in diesem Brief, aber mein Kopf ist ebenso voll von Liebe, wie von Mitteilbarem.

Dein Franz

vom 23. bis 24. [Dezember 1912]

Liebste, wie wird es nun sein, wenn ich nicht mehr werde schreiben können? Der Zeitpunkt scheint gekommen; seit einer Woche und mehr bringe ich nichts zustande, im Lauf der letzten zehn Nächte (bei allerdings sehr unterbrochener Arbeit) hat es mich nur einmal fortgerissen, das war alles. Ich bin fortdauernd müde, Schlafsucht wälzt sich mir im Kopf herum. Spannungen oben auf dem Schädel rechts und links. Gestern habe ich eine kleine Geschichte angefangen, die mir so sehr am Herzen lag und sich mit einem Schlag vor mir zu öffnen schien, heute verschließt sie sich völlig; wenn ich frage, wie es sein wird, denke ich nicht an mich, ich habe schon ärgere Zeiten durchlebt und lebe noch beiläufig fort, und wenn ich nicht für mich schreiben werde, werde ich mehr Zeit haben, an Dich zu schreiben, Deine erdachte, erschriebene, mit allen Kräften der Seele erkämpfte Nähe zu genießen – aber Du, Du wirst mich nicht mehr lieb haben können. Nicht weil ich nicht mehr für mich schreiben werde, sondern weil ich durch dieses Nichtschreiben ein schlechterer aufgelösterer, unsicherer Mensch werde, der Dir gar nicht wird gefallen können. Liebste, wenn Du die armen Kinder auf der Gasse glücklich machst, tue es auch bei mir, ich bin nicht weniger arm, Du weißt gar nicht, wie nahe ich dem alten Mann stehe, der am Abend mit dem unverkauften Vorrat nachhause geht – sei also auch zu mir so, wie Du zu den allen warst, selbst wenn sich Deine Mutter, wie auch wegen der andern, so auch hier, ärgern sollte (jedem ist seine Plage unbedingt auferlegt, so also den Eltern der Ärger über das schuldlose Wesen der Kinder): der langen Bitte kurzer Sinn, sag mir, daß Du mich liebbehalten wirst, wie ich auch sein werde, liebbehalten um jeden Preis, es gäbe keine Entwürdigung, die ich nicht auf mich nehmen würde – aber wo treibe ich da hin? Das sind also die Gedankenkreise dieses Gehirnes in den Ferien, wenn es sich ausruht! *Habe ich nicht bei solchen Umständen allen Grund, mich ordentlich ans Bureau zu halten, wie der*

Wind alle Rückstände durchzuarbeiten und ein ordentlicher, aufmerksamer Beamter zu werden, der mit ganzem Kopf bei der Sache ist. Es bleibt nur der Einwand, daß mich vielleicht diese zwei ersten freien Tage verwirren, daß ich in der Eile nicht weiß, wo ansetzen, schließlich erinnere ich mich kaum bessere Weihnachten gehabt zu haben (morgen werde ich für Dich ein wenig die alten Tagebücher nachschlagen) – aber dieser ganze Einwand ist nicht sehr schwer zu nehmen. Hier gilt doch nur, wie überall Entweder – Oder. Entweder kann ich etwas oder nicht und diesmal bleibt es beim »Oder«. Wenn nur hinter der Frage: »Liebst Du mich, Felice?« die großen »Ja« hintereinander gehn bis in alle Ewigkeit, dann läßt sich alles überwinden.

Franz

24.XII.12

Gestern, Montag, hatte ich nur Deinen Brief vom Samstag, heute, Dienstag, überhaupt nichts. Wie soll ich mich damit abfinden? Wie wollte ich den kleinsten Kartengruß schätzen! Liebste, höre nicht Vorwürfe heraus, die sind nicht darin, aber höre die Liebe und die Unruhe der Liebe heraus, davon ist allerdings alles voll, was ich schreibe. (Gestern Abend habe ich im Bureau nichts von Dir gefunden.)

Franz

[24. Dezember 1912]

Da ich endlich einmal ein wenig für mich geschrieben habe, bekomme ich Mut, fasse Dich bei den Armen (zarter habe ich noch nichts gehalten als Dich bei diesem Verhör, das nun werden soll) und frage in Deine geliebten Augen hinein: »Ist, Felice, im letzten Vierteljahr ein Tag gewesen, an dem Du keine Nachricht von mir bekommen hättest? Sieh mal, einen solchen Tag gab es nicht? Mich aber läßt Du heute, Dienstag, ganz ohne Nachrichten, vom Sonntag 4 Uhr ab weiß ich nichts von Dir, das sind morgen bis zur Postzustellung nicht weniger als 66 Stunden, die für mich mit allen guten und bösen Möglichkeiten abwechselnd sich anfüllen.« Liebste, sei mir nicht böse wegen dieses Geredes, aber 66 Stunden sind doch wirklich eine lange Zeit. Ich bin mir ja aller Abhaltungen wohl bewußt, die Du hattest, es sind Weihnachten, Ihr habt Besuch, die Post ist unzuverlässig (vielleicht ist selbst mein Brief nicht pünktlich eingetroffen), aber immerhin 66 Stunden! Und trotzdem – eines muß ich noch sagen, ehe ich schlafen gehe – an freien Tagen ertrage ich das Fehlen eines Briefes noch verhältnismäßig gut – ich habe zwar keine Nachricht von Dir, aber ich bin frei, nichts hindert mich, immerfort an Dich zu denken und ist es auch nur eine einseitige Anknüpfung, sie reicht fast, fast bis in Dein Zimmer, so stark, notwendig und alleinherrschend sind die Kräfte, die sie bilden. Wenn Du mir also, Liebste, einmal keine Nachricht geben kannst, laß es einen Sonntag, einen Feiertag sein, an dem ich von Dir nichts erfahre. Deshalb war es ja auch heute erträglich, es war gar nicht so arg, wie Du nach der Feierlichkeit des Briefanfangs glauben könntest. Nur wochentags ist das Ausbleiben der erwarteten Nachricht schrecklich. Denn da ist mir ja verboten, an Dich zu denken, widerliche Anforderungen werden ringsherum an mich gestellt, Dein Brief oder Deine Karte, sie geben mir Sicherheit, ich muß nicht an Dich denken, ich muß nur die Hand in die Tasche stecken und fühle das von Dir beschriebene Papier und weiß, Du denkst an mich, Du lebst zu meinem Glück. Ist aber die Tasche leer und der Kopf, in dem die Gedanken an Dich nur so herumjagen, soll sich für die Bureauarbeit bereithalten, so gibt das einen schlimmen Gegensatz und es ist, glaube es, Liebste, äußerst schwer, sich da durchzuarbeiten. – Früher einmal, in alter Zeit, schrieb ich, als kein Brief kam: ich erwarte keinen mehr, alles soll zu Ende sein. Heute sage ich: Das Briefeschreiben sollte allerdings aufhören, aber wir sollten einander so nahe sein, daß es nicht nur nicht nötig wäre, Briefe zu schreiben, sondern daß es vor übergroßer Nähe nicht einmal möglich wäre zu sprechen. Jetzt erinnere ich mich: Heute ist ja Heilige Nacht. Sie ist mir unheilig vergangen, bis auf diesen Abschiedskuß.

Franz

[Am Rande] Ab Freitag bin ich wieder im Bureau.

Mittwoch, 25.XII.12, 3 Uhr nachm.

Nicht um Dir zu schreiben, schreibe ich Dir jetzt, Liebste, diese paar Worte, Du bekommst sie ja sowieso gleichzeitig mit einem spätern, ausführlicheren Brief; aber um die Verbindung mit Dir neu zu fühlen, um für diese Verbindung etwas Tatsächliches getan zu haben, deshalb schreibe ich. Die ganze Weihnachtspost habe ich dem Brieträger erschüttert, als ich meine Post ihm wütend abverlangte; ich war schon auf der Treppe, ich wollte weggehn, alle Hoffnung war schon aufgegeben, es war ja schon 12 ½ Uhr mittags. Endlich, endlich herrliche Post, Anfang der Weihnachtsfeiertage, zwei Briefe, eine Karte, ein Bild, Blumen. Liebste, ganz wild abzuküssende Liebste, wie soll ich Dir danken mit dieser schwachen Hand!

So, jetzt gehe ich spazieren mit einem Freund, von dem ich Dir vielleicht noch gar [nichts] geschrieben habe, – Weltsch. Ich muß auch weg, denn eben sind Verwandte mit äußerst durchdringenden Stimmen angekommen, die Wohnung bebt, ich entweiche ungesehen, ungehört durch das Vorzimmer. Wäre es doch mit Dir! Ich würde Dir zuliebe sogar meinen Lauf über die Treppen mäßigen. Ich habe nämlich die Gewohnheit – es ist der einzige übrigens selbsterfundene Sport, den ich treibe – die Treppen als ein Schrecken aller Hinaufsteigenden hinunterzurasen. Es ist schönes Wetter draußen, möchtest Du Dich, Liebste, recht erholen, jeder Augenblick dieser Weihnachtstage freut mich doppelt, wenn ich daran denke, daß Du Dich ausruhn und erholen kannst. Also nicht schreiben, wohl aber telegraphieren, wenn's möglich ist. Dieses allabendliche Auslöschen, das Deine Mutter betreibt, ist ja sehr in meinem Sinn, wenn sie das wüßte, ließe sie wahrscheinlich das Licht unausgelöscht, allerdings wäre auch das wieder in meinem Sinn.

Franz

Du hast doch die 2 Briefe, die ich in die Wohnung geschickt habe, ausgefolgt erhalten? Es waren, scheint mir, Briefe, die ganz besonders wenig zum Lesen für andere bestimmt waren.

vom 25. zum 26.XII.12

Der Roman ist ein wenig wieder vorwärtsgeschoben, ich halte mich an ihn, da mich die Geschichte abgewiesen hat. Ich habe jene Geschichte auch unter zu großen Ansprüchen an mich angefangen; gleich im Anfang sollen vier Personen reden und sich kräftig an allem beteiligen. So viele Menschen kann ich aber nur dann vollständig sehn, wenn sie sich im Laufe, aus dem Strome der Geschichte erheben und sich entwickeln. Gleich am Anfang habe ich leider nur zwei beherrscht und wenn nun vier Personen drängen und auftreten wollen, man aber nur den Blick für zwei hat, entsteht eine traurige, förmlich gesellschaftliche Verlegenheit. Die zwei wollen und wollen sich nicht demaskieren. Dadurch aber, daß mein Blick herumirrt, erhascht er vielleicht auch Schatten von diesen zweien, dafür fangen aber die zwei festen Gestalten in ihrer zeitweiligen Verlassenheit unsicher zu werden an und schließlich schlägt alles zusammen. Schade! Nun bin ich aber wirklich zu müde, ich habe während des Tages durch alle möglichen Störungen gar nicht geschlafen, an Werktagen schlafe ich viel mehr. Ich habe Dir soviel zu sagen und nun dreht mir die Müdigkeit den Haupthahn um. Hätte ich Dir doch, statt am Roman zu schreiben, geschrieben, wie ich so sehr wollte. Ich hatte solche Lust, den Brief damit anzufangen, das Schreiben damit vorzubereiten, daß ich das Papier ganz und gar abgeküßt hätte, denn es kommt doch in Deine Hände. Nun aber bin ich müde und dumpf und würde noch mehr als Küsse Deinen lebendigen Blick brauchen, wie er in der heutigen Photographie zu ahnen ist. Heute sage ich nur, was ich an dem Bild auszusetzen habe; Dein Blick will mich nicht treffen, immer geht er über mich hinweg, ich drehe das Bild nach allen Seiten, immer aber findest Du eine Möglichkeit wegzusehn und ruhig und wie mit durchdachter Absicht wegzusehn. Allerdings habe ich die Möglichkeit, das ganze Gesicht an mich zu reißen, indem ich es küsse und das tue ich und will es noch einmal tun, knapp ehe ich einschlafe und will es nochmals tun, wenn ich aufwache. Wenn es der Rede wert ist, mein

Mund gehört völlig Dir, ich küsse sonst niemanden, weder Eltern noch Schwestern und unerbittliche Tanten haben auf der wegzuckenden Wange Platz.

———————

26.XII.12, Donnerstag früh

Endlich habe ich Dein Bild so wie ich Dich gesehen habe, nicht so freilich, wie ich Dich zuerst gesehen habe (ohne Jacke, mit freiem, durch keinen Hut eingegrenzten Kopf), sondern so, wie ich Dich im Torweg des Hotels verloren habe, so wie ich neben Dir über den Graben ging, keine Beziehung zu Dir fühlte und nichts anderes als die stärkste Beziehung verlangte. Es fällt mir jetzt ein, hast Du nicht die Gewohnheit, öfters das Haar aus der Stirn zu streichen, besonders wenn Du z.B. ein Bild in der Hand hältst und niederschauen willst? Ein Irrtum der Erinnerung? Ich sehe Dich nämlich manchmal so. Da ist also auch der Hut, dessen Unterseite ich mit Blindheit geschlagenen Menschen für weiß gehalten habe. Die Bluse ist aber wohl eine andere, die Bluse in Prag war doch weiß. Jetzt küßte ich Dich und Dein Lächeln war nachher um einen Schimmer freundlicher als früher. Was sagst Du, liebstes, liebstes Kind, zu diesem Verhalten Deines Bildes? In den nächsten Tagen wenigstens werde ich das Täschchen und das Bild nicht in der Tasche, sondern als Stütze, Schutz und Kräftigung in der Faust tragen. Das müßte doch merkwürdig zugehn, wenn der Besitzer eines solchen Bildes nicht allem standhalten sollte. Und Du, Liebste, hast Du Dich schon ein wenig erholt? Jagen Dich die Verwandten nicht zu sehr herum? Du hättest ja gar keine Zeit für mich gehabt, wenn ich nach Berlin gekommen wäre. Aber was sage ich? Damit will ich den Selbstvorwürfen ein Ende machen? Und hatte ich schließlich nicht doch Recht, nicht nach Berlin gefahren zu sein? Aber wann werde ich Dich endlich einmal sehn? Im Sommer? Aber warum gerade im Sommer, wenn ich Dich Weihnachten nicht gesehn habe? Es ist jetzt ein sonniger Vormittag, ich bin ziemlich ausgeschlafen, aber ich bin unsicherer als in der tiefsten Nacht. Von Deiner Mutter hätte ich Dir viel zu schreiben, ich lasse es für den nächsten Brief. Merkwürdig, mit welcher Freude ich alles verschlinge, was Du mir an Bemerkungen Deiner Mutter über mich schreibst. Zum Teil ist es ja die Freude, so feindselig (wenn auch aus den besten Absichten) angegriffen und so mächtig und lieb verteidigt zu werden. Aber ganz erklärt das doch diese Freude nicht. Ich möchte in Deiner Familie immerfort genannt werden. Was für ein widersinniges Verlangen!

Aber nun ist schon fast Mittag. Auf, auf! Adieu Felice! Bild ins Täschchen! Brief in Umschlag und zum Bahnhof gerannt, ihn einzuwerfen!

Franz

Ich lege einen Weihnachtsgruß meines letzten Sanatoriums bei, er kam zugleich mit Deinem Bild. Sieh nur, wie ich mich mit ganz teufelsmäßiger Hinterlist von einem fremden Glauben habe heilen lassen wollen. Es hat auch nicht viel geholfen.

[Auf einem beigelegten Zettel]

Noch etwas Unaufschiebbares fällt mir ein: Du hast doch, Liebste, Deiner Schwester nicht am Ende jene Bluse geschenkt, die Du damals in Prag getragen hast?

vom 26. zum 27.XII.12

Dieses kleine Täschchen, das Du mir geschickt hast, ist ein Wundertäschchen. Ich werde ein anderer, ruhigerer, besserer Mensch dadurch. Diese Möglichkeit, wo immer ich bin, das Bildchen anzusehn oder wenigstens das Täschchen hervorzuziehn (die Methode, es ständig in der Hand zu halten, hat sich nicht bewährt), ist wieder ein neues Glück, das ich Dir verdanke. Wenn ich Dein Bildchen – es steht vor mir – anschaue, geht beim Anschauen immer wieder ein Staunen darüber mit, mit welcher Stärke – wir zwei zusammengehören. Wie hinter alledem, was da zu sehen ist, hinter dem lieben Gesicht, den ruhigen Augen, dem Lächeln, den (eigentlich schmalen) Schultern, die man eiligst umfangen sollte, wie hinter alledem mir so verwandte, mir so unentbehrliche Kräfte wirken und wie das alles ein Geheimnis ist, das man als geringfügiger Mensch gar nicht anschauen, in das man nur ergeben untertauchen dürfte. Aber ich komme gar nicht dazu, den Brief fortzusetzen, so verschaue ich mich in das Bild, das hast Du wohl, Liebste, bei Deinem Geschenk nicht bedacht. Ich denke, es wird mir in allem helfen, ich werde morgen in dem entsetzlichen Bureau besser zurechtkommen und, wenn auch nur mit den Fingerspitzen, die ältesten Rückstände aus meinen Aktenhaufen ziehn; außerdem habe ich mich, was nicht wenig ist, entschlossen, wie es auch sein möge, niemals nach 10 Uhr abends mit meinem Schreiben zu beginnen und niemals nach 2 Uhr nachts (außer wenn ich nächsten Tag frei habe) wachzubleiben; endlich (alles das, um mich Deines Geschenkes würdig zu machen) bedauere ich bitter den Brief, den Du am 2ten Weihnachtsfeiertag bekommen hast, zanke mich nur in dem Brief, den ich morgen bekomme, den ich mit Angst und Freude erwarte, zanke mich nur in dem Brief nach Kräften aus, einer, der der Geliebten unbegründete Vorwürfe macht und mit dummen Reden in ihren Vormittagsschlaf an einem Feiertage fährt, verdient nicht nur ausgezankt, er verdient (um etwas sehr Arges, fast Unerträgliches zu nennen) er verdient 2 Tage lang keinen Brief zu bekommen. Beunruhige Dich also, Liebste, nicht, ich werde nicht mehr so kleinmütig sein, verzeih mir, alles was ich Dir Böses zufüge, kommt aus der einen Quelle, der Liebe zu Dir. Vielleicht kränke ich Dich manchmal, ohne es zu wissen, dann suche nur immer den Grund dafür in meiner Liebe, auf irgendeinem vertrackten Wege (so bin ich eben) wirst Du ihn gewiß dort finden. Nun habe ich aber wieder gar nichts, gar nichts geschrieben, nicht einmal wie ich die Tage verbracht habe. Nun, Dein Bild weiß alles. Wenn Du an dem Photographen vorüberkommst, sag ihm, keines seiner Bilder werde so viel geküßt wie dieses.

Franz

Nacht vom 27. zum 28.XII.12

Meine Liebste, wenn das Täschchen, das ich Dir verdanke, die ungeheure Inanspruchnahme, die es bei mir zu erleiden hat, lange aushält, dann ist es ein gutes Täschchen. Manchmal geht mir das Verlangen nach Dir an die Kehle. Das Täschchen wird aufgerissen und freundlich und lieb zeigst Du Dich gleich dem unersättlichen Blick. Unter dem Licht der Straßenlaternen, an den beleuchteten Auslagen, am Schreibtisch im Bureau, beim plötzlichen Innehalten auf den Korridoren, neben dem einnickenden Schreibmaschinisten, am Fenster des Wohnzimmers, während große Gesellschaft und Verwandtschaft hinter mir das Zimmer füllt – Liebste, Liebste, selbst dieses kurze Wort könnte ich, wenn ich an Dich denke, nicht immer aussprechen, weil ich oft nur mit aneinandergepreßten Zähnen an Dich denken kann. Und daß dieses Bildchen so unerschöpflich ist, das ist freilich ebensoviel Freude wie Leid. Es vergeht nicht, es löst sich nicht auf wie Lebendiges, dafür aber bleibt es wieder für immer erhalten und ein dauernder Trost, es will mich nicht durchdringen, aber es verläßt mich auch nicht.

Natürlich habe ich mir gleich gesagt (aus Eigennutz! aus Schlauheit! aus Geistesgegenwart!), daß ich, da nun einmal die Wunderwirkung der Bilder feststeht, auch mein Bild unbedingt bei Dir haben muß. Ich bin gleich zum Photographen gelaufen, um mir ein Bild im gleichen Format machen zu lassen, aber unsere Schnellphotographen sind langsamer als Euere, es wird erst in einer Woche fertig. Außerdem aber hat mich Dein Einfall, Liebste, mit solcher Gier gepackt, daß ich Dir den Vorschlag mache, solche Bildchen jeden Monat auszutauschen. Du veränderst Dich doch, die Jahreszeit geht weiter, Du trägst andere Kleider – nein Liebste, ich verlange zu viel, ich verirre mich. Ich soll zufrieden sein, daß ich dieses Bildchen besitze, für das ich Dir in jedem Brief von neuem danken sollte. Dein Donnerstagbrief, der nach den ersten 5 Worten abgebrochene Brief, schaut eigentlich im ersten Augenblick erschreckend aus, wie wenn irgend eine böse und mächtige Hand Dir die Hände festgehalten oder Dir gar noch etwas Ärgeres angetan hätte. Nun, Du hast ja aber noch den Briefumschlag geschrieben, sage ich mir, das Zeitungsblatt eingelegt, den Brief auch eingeworfen vielleicht, es wird also nichts so Schlimmes geschehen sein, und ich darf morgen wieder einen Brief erwarten.

Darin, daß Deine Mutter gegen Dich so tyrannisch ist, verstehe ich sie nicht recht, in allem sonst dagegen verstehe ich sie sehr wohl. Hast Du denn nicht dadurch, daß Du Dich selbst erhältst, zuhause eine besondere Stellung, gar Deiner

Schwester gegenüber, die, soweit ich merke, nur in der Hauswirtschaft arbeitet? Und wird das Besondere dieser Stellung von niemandem respektiert? Während also Deine Mutter in der Unterschätzung Deiner Arbeit ein großes Unrecht zu begehen scheint, hat sie in allem andern recht. Sie hatte im Seebad recht, als sie Dir nicht von der Seite ging (ach, was wollte denn der junge Mann? Nur weg mit ihm!), sie hat recht, wenn sie sich über meine Briefe ärgert (vielleicht auch über diesen, trotzdem er ihr doch recht gibt), von der Notwendigkeit dieser Briefe könnte ich sie wohl jetzt nur höchstens im Traum überzeugen, sie hat schließlich recht – und in welchem Ausmaße! – wenn sie zwischen Mann und Frau jede andere Lebensweise als die Ehe für sinnlos hält. Habe ich mich z.B. nicht schon oft für sinnlos erklärt?

Die Enquête des Berliner Tageblatts hast Du stillschweigend mit eingepackt. Es ist wirklich das Beste. Was für urdumme Fragen da gestellt sind! Die Zeitung bekommt dadurch eine Art menschlichen, wenn auch idiotischen Gesichtes. Alle Antworten, aus denen das Dumme der Frage nicht hervorgeht, sind schlecht, denn sie decken sich eben nicht mit den Fragen. Dabei sind doch diese Fragen so leicht zu beantworten, daß ich gleich beide beantworte: Also »er« muß allerdings hübsch sein. »Sie« dagegen muß nichts mehr und nichts weniger sein, als ganz genau so wie sie ist. Dann ist sie allerdings so, daß man sich in der tiefen Nacht gar nicht von ihr trennen kann und weiter und weiter an sie schreiben möchte in irgendeiner sinnlosen Hoffnung, daß man sie dadurch vor sich ganz und gar lebendig machen wird. [Max Brods] »Die Höhe des Gefühls« hast Du wohl schon. Die zweierlei Schrift in der Widmung erklärt sich dadurch, daß dieses Buch eines der 20 Luxusexemplare ist, von denen jedes von vornherein mit Maxens Unterschrift versehen war. Aber das sah kalt aus und so habe ich es ihn der Wahrheit gemäß ergänzen lassen.

Heute habe ich einen Brief von dem Löwy bekommen, den ich beilege, damit Du siehst, wie er schreibt. Seine Adresse habe ich – ohne es Dir anzuzeigen – vor einiger Zeit gefunden, und ich habe auch schon einige Briefe in der Zwischenzeit von ihm bekommen. Sie sind alle einförmig und voll Klagen; dem armen Menschen ist nicht zu helfen; nun fährt er immerfort nutzlos zwischen Leipzig und Berlin hin und her. Seine frühern Briefe waren ganz anders, viel lebhafter und hoffnungsvoller, es geht vielleicht wirklich mit ihm zu Ende. Du hast ihn für einen Tschechen gehalten nein, er ist Russe. – Adieu Liebste, was auch geschehen möge, wir behalten einander lieb, nicht wahr? Wo ist Dein Mund?

Franz

vom 28. zum 29.XII.12

Mein liebstes Kind, in meinem Roman gehn eben sehr belehrende Dinge vor. Hast Du schon einmal die Demonstrationen gesehen, welche in amerikanischen Städten am Vorabend der Wahl eines Bezirksrichters stattfinden? Gewiß ebensowenig wie ich, aber in meinem Roman sind diese Demonstrationen eben im Gange.

Vorläufig nur paar Worte, meine Liebste, es nähert sich schon 2 Uhr und mein Kopf brummt mir seit einer Woche regelmäßig, wenn ich nach 2 schlafen gehe. Sollte ich die Nachtwachen, statt mich an sie zu gewöhnen immer weniger vertragen? Mein Gähnen im Bureau ist geradezu schändlich, ich gähne die Direktoren, den Chef, die Parteien an, kurz jeden, der mir in den Weg kommt. Aber ich hoffe, durch die 2 Uhr Schlafenszeit meiner Schwäche wieder aufzuhelfen.

Liebste, soll ich Dir sagen, was für ein jämmerlicher Mensch ich bin? Soll ich es nicht lieber verschweigen, um mir bei Dir nicht zu schaden? Aber muß ich es nicht sagen, da wir doch zusammengehören, so eng, als es nur möglich ist, wenn man Zeit und Raum zu Feinden hat? Also ich muß es sagen.

Dein heutiger zweiter Brief hat mich eifersüchtig gemacht. Du staunst und glaubst nicht richtig gelesen zu haben? Ja, eifersüchtig. Alle Briefe, in denen soviele Leute genannt werden wie z. B. in dem heutigen Brief machen mich wehrlos eifersüchtig. Jetzt erinnere ich mich, daß es auch ein solcher Brief gewesen ist, der nach und nach meine Tollheit und dann jenen abscheulichen Brief veranlaßt hat, der mich für immer in Deiner Schuld stehen lassen wird. Also auf alle Leute in Deinem Briefe bin ich eifersüchtig, auf die genannten und ungenannten, auf Männer und Mädchen, auf Geschäftsleute und Schriftsteller (und natürlich ganz besonders auf diese). Ich bin eifersüchtig auf den Warschauer Vertreter (aber vielleicht ist »eifersüchtig« nicht das richtige Wort, vielleicht bin ich nur »neidisch«), ich bin eifersüchtig wegen der Leute, die Dir bessere Stellungen anbieten, ich bin eifersüchtig wegen des Frl. Lindner (die Brühl und Großmann sind kleine Mädchen, denen gönne ich Dich noch knapp), ich bin eifersüchtig wegen des Werfel, des Sophokles, der Ricarda Huch, der Lagerlöf, des Jacobsen. Kindisch freut sich meine Eifersucht dessen, daß Du Eulenberg Hermann statt Herbert nennst, während Dir Franz zweifellos eingegraben ist. (Dir gefallen die »Schattenbilder«? Du findest sie knapp und klar?) Ich kenne in der Gänze nur »Mozart«, Eulenberg (nein, Prager ist er nicht, Rheinländer ist er) hat es hier vorgelesen, aber das konnte ich kaum ertragen, eine Prosa voll Atemnot und Unreinlichkeit. Seine Dramen sollen aber liebenswert sein, die kenne ich nicht. Ja jetzt erinnere ich mich, im »Pan« eine in vielem gute Arbeit gelesen zu haben, »Brief eines Vaters an seinen Sohn«, glaube ich, hieß es. Aber natürlich tue ich ihm in meiner gegenwärtigen Verfassung großes Unrecht, daran ist kein Zweifel. *Aber Du sollst die »Schattenbilder« nicht lesen.* Nun sehe ich aber gar, daß Du »ganz begeistert« von ihm bist. (Hört also, Felice ist von ihm begeistert und ganz und gar begeistert und ich wüte da gegen ihn mitten in der Nacht.) Aber in Deinem Brief kommen ja noch weitere Leute vor, mit allen, allen möchte ich zu raufen anfangen, nicht um ihnen etwas Böses zu tun, sondern um sie von Dir wegzustoßen, um Dich von ihnen freizubekommen, um nur Briefe zu lesen, in denen bloß von Dir, Deiner Familie und den zwei Kleinen und natürlich! und natürlich! von mir die Rede ist. Aber Liebste, ich bin ja nicht verrückt, ich will von allem hören, ich bin vor nachdrängender Liebe all-zusehr in Dich eingedrungen, als daß ich in Wahrheit und im Grunde eifer-süchtig sein könnte (wenn Du die »Schattenbilder« liest, bin ich gewiß, daß wir den Widerwillen von meiner Seite und die Begeisterung von Deiner Seite schließlich teilen werden, d.h. das Exemplar, das Du gerade in Deinen Händen hältst, wird mich begeistern, sonst nichts), aber ich wollte Dir nur, damit Du mich ganz kennst, den Eindruck beschreiben, den Dein Brief nachmittags also allerdings in der Zeit meines Tiefstandes auf mich gemacht hat.

Ich bekam den Brief tatsächlich, als ich aus dem Bureau kam, er war sogar schon mit der 11 Uhr-Post gekommen. Das sieht wie ein Verdienst der österrei-chischen Post aus. Nun denke aber – so launisch ist unsere Post –, der Brief kommt nicht in die Wohnung, sondern in das wohl 1 km von der Wohnung entfernte Geschäft meiner Eltern. An und für sich macht das ja gar nichts, denn meine Post wird nicht kritisiert und der Brief wurde auch gleich aus dem Ge-schäft in die Wohnung getragen – aber es soll Dir nur ein Beweis dafür sein, daß meine Dich manchmal so aufregende, rücksichtslose Unruhe durch eine derar-tige launenhafte Postzustellung doch fast entschuldigt wird.

Das wirkte ja auch noch bei der nachmittäglichen Niedergeschlagenheit mit, daß ich mir sagte: Heute habe ich zwei Briefe, das ist so schön, aber wer weiß, ob ich dann noch morgen, Sonntag, einen Brief bekomme. Felice scheint vor-auszusetzen, daß dieser Brief erst Sonntag kommen wird, nun ist er aber schon da und ich werde morgen vielleicht ohne Nachricht dasitzen oder besser mich in meinem Bette krümmen. Möchte es nicht so kommen! Nun aber kam ich zu der Stelle »Ich übertreffe Dich jetzt bei weitem im Schreiben von langen Brie-fen« und die gab mir den Rest. Nochmals: Ich bin nicht verrückt, der Dümm-ste muß ja erkennen, daß jene Bemerkung ganz nebensächlich war und ganz zu-fällig niedergeschrieben wurde. Aber glaube mir, Felice, (es muß schon geradezu ein Traumzustand gewesen sein, in dem ich das las) – in diesem Augenblicke dachte ich, das bedeutet den Abschied; ich hätte nicht genug geschrieben und darum sei Schluß. Liebste, nun aber umarme ich Dich so fest wie noch niemals, um mich Deiner nach diesen krankhaften Empfindlichkeiten, die hie und da in mir bohren, wieder völlig zu versichern.

Diese Launen, die sicherlich nur auf die Entfernung und vielleicht auf irgendeinen Konstitutionsfehler bei mir zurückgehn, waren übrigens damit noch nicht zu Ende, sondern wurden in einem Traum, den ich nachmittags hatte und von dem ich Dir morgen erzählen werde (allerdings wird dann schon vieles vergessen sein), zusammengefaßt. Jetzt aber Gute Nacht, Liebste, und ein langer, ruhiger, zuversichtlicher Kuß.

Franz

Meine liebste Wohltäterin, also doch noch ein Brief, und gar ein solcher und über die Maßen schöner. Als es um ½ 11 Uhr läutete – es konnte kaum jemand anderer sein als der Briefträger – stand ich hinter der Glastür meines Zimmers und suchte mich im vorhinein zu trösten: »Es kann kein Brief kommen«, sagte ich mir, »wie sollte denn heute noch ein Brief kommen, Felice kann sich doch nicht krank schreiben. Du wirst dich unbedingt bis morgen gedulden müssen.« Und ich zitterte wahrhaftig in meiner Not. Liebste, das ist wieder einmal ein Brief, bei dem einem heiß vor ruhiger Freude wird. Da stehn nicht diese vielen Bekannten und Schriftsteller herum, da – also da wurde ich gestört, es war am Nachmittag und jetzt ist so spät, daß ich gar nicht zu schauen wage, aus dem versperrten Hause werde ich mich zum Bahnhof schleichen (ach, wenn es mein Vater und die Verwandten wüßten, die ich seit dem Morgen nicht gesehen habe) und diesen Fetzen einwerfen. Ich kann Dich um meiner Ruhe willen Montag nicht ohne Nachricht vom Sonntag [lassen]. Es geht mir ganz gut, nur die Zeit hat man mir gestohlen; wie könnte es mir schlecht gehn, solange Du mich lieb hast. Jetzt aber laufen!

Franz

vom 29. zum 30.XII.12

Liebste, das war ein schlechter Sonntag. Wie in Ahnung seiner Unruhe lag ich früh endlos im Bett, trotzdem ich wegen der Fabrik, die mir (allerdings für die übrige Welt unsichtbar) Sorgen und Gewissensbisse macht, einen Weg hätte machen sollen. Durch dieses nutzlose Liegen (Dein Brief kam erst um 11) verschob sich dann alles andere, und als ich nach dem erst um ½ 3 angefangenen Essen den Brief an Dich anfing, glücklich ein wenig bei Dir bleiben zu können, ruhig in der infolge allgemeinen Mittagsschlafes ruhigen Wohnung, wurde ich angeläutet eben von jenem Dr. Weltsch, der nicht nur ein flüchtiger Bekannter, sondern mein rechtmäßiger Freund ist. Übrigens heißt er Felix, und ich bin froh, mit diesem Namen schon so lange in Freundschaft gestanden zu sein; jetzt hat sich freilich dieser Name noch ein wenig in den letzten Buchstaben aufgelöst und einen unglaublichen Inhalt angenommen. Dieser Felix also hat mich, als ich an Felice schrieb, angeläutet und mich an eine Vereinbarung erinnert, mit ihm, seiner Schwester und einer Freundin (der Schwester natürlich) spazierenzugehn, wie ich es auch letzten Donnerstag getan habe. Und trotzdem es mir am letzten Donnerstag nicht gefallen hat (ich habe zeitweise und meistens Angst vor Mädchen), und trotzdem ich erst am Anfang jenes mich festhaltenden Briefes war, und trotzdem ich auch eine Verabredung mit Max hatte und trotzdem ich mit Recht fürchtete, nach dem Spaziergang zum Schlaf nicht mehr die nötige Zeit zu haben – sagte ich doch sofort mit Feuereifer zu, denn vor dem Telephon, und selbst wenn es nur ein Haustelephon ist, bin ich hilflos, und dann wollte ich doch die Mädchen nicht warten lassen. Aber als ich herunterkam, ärgerlich vor lauter Bedenken, und vor Menschen statt vor dem schrecklichen Telephon stand und überdies außer den dreien noch ein Mädchen und einen jungen Mann antraf, entschloß ich mich rasch, begleitete sie nur bis zur Brücke und verabschiedete mich, wobei ich den Verkehr beim Brückenmauthäuschen störte und einer Frau hinter mir auf den Fuß trat. Dann lief ich befreit zu Max. Aber nun erzähle ich diesen Sonntag nicht mehr weiter, denn es strebt eben dem traurigen Ende zu, daß ich heute nichts mehr schreiben kann, da schon längst 11 Uhr vorüber ist und da ich in meinem Kopf Spannungen und Zuckungen habe, wie ich sie an mir eigentlich erst seit einer Woche kenne. Nicht schreiben und dabei Lust, Lust, eine schreiende Lust zum Schreiben in sich haben!

Ich weiß jetzt übrigens auch genauer, warum mich der gestrige Brief so eifersüchtig gemacht hat: Dir gefällt mein Buch [Betrachtung] ebensowenig wie Dir damals mein Bild gefallen hat. Das wäre ja nicht so arg, denn was dort steht, sind zum größten Teil alte Sachen, aber immerhin doch noch immer ein Stück von mir und also ein Dir fremdes Stück von mir. Aber das wäre gar nicht arg, ich fühle Deine Nähe so stark in allem übrigen, daß ich gern bereit bin, wenn ich Dich eng neben mir habe, das kleine Buch *zuerst* mit *meinem* Fuße wegzustoßen. Wenn Du mich in der Gegenwart lieb hast, mag die Vergangenheit bleiben, wo sie will, und wenn es sein muß, so ferne wie die Angst um die Zukunft. Aber daß Du es mir nicht sagst, daß Du mir nicht mit zwei Worten sagst, daß es Dir nicht gefällt. – Du müßtest ja nicht sagen, daß es Dir nicht gefällt (das wäre ja wahrscheinlich auch nicht die Wahrheit), sondern daß Du Dich bloß darin nicht zurechtfindest. Es ist ja wirklich eine heillose Unordnung darin oder vielmehr: es sind Lichtblicke in eine unendliche Verwirrung hinein und man muß schon sehr nahe herantreten, um etwas zu sehen. Es wäre also nur sehr begreiflich, wenn Du mit dem Buch nichts anzufangen wüßtest, und die Hoffnung bliebe ja, daß es Dich in einer guten und schwachen Stunde doch noch verlockt. Es wird ja niemand etwas damit anzufangen wissen, das ist und war mir klar, – das Opfer an Mühe und Geld, das mir der verschwenderische Verleger gebracht hat und das ganz und gar verloren ist, quält mich ja auch, – die Herausgabe ergab sich ganz zufällig, vielleicht erzähle ich Dir das einmal bei Gelegenheit, mit Absicht hätte ich nie daran gedacht. Aber das alles sage ich nur, um Dir klar zu machen, wie selbstverständlich mir eine unsichere Beurteilung von Deiner Seite erschienen wäre. Aber Du sagtest nichts, kündigtest zwar einmal an, etwas zu sagen, sagtest es aber nicht. Es ist ganz so wie mit dem Neble, auch von dem durfte ich so lange nichts erfahren. Liebste, schau, ich will Dich doch mit allem mir zugewendet wissen, nichts, nicht das geringste soll beiseite gesprochen werden, wir gehören doch – dächte ich – zusammen, eine Dir liebe Bluse wird mir vielleicht an sich nicht gefallen, aber da Du sie trägst, wird sie mir gefallen, mein Buch gefällt Dir an sich nicht, aber insoferne, als es von mir ist, hast Du es sicher gerne – nun dann sagt man es aber doch, und zwar *beides.*

Liebste, Du bist mir gewiß wegen dieser großen Ansprache nicht böse, Du bist doch selbst die Klarheit von uns zweien und es scheint mir, als hätte ich, was ich an Klarheit besitze, an jenem Augustabend aus Deinen Augen gelernt. Allzuviel habe ich ja nicht gelernt, das kannst Du aus dem Traum sehn, den ich gestern hatte. Nein, den beschreibe ich nicht mehr, denn jetzt fällt mir ein, daß Du Liebste leidest, wenigstens am Freitag abend gelitten hast. Das ist es also, was Dich zuhause quält? Auch davon hatte ich bisher keine Ahnung, aber da liegt wohl die Schuld an meiner Begriffsstutzigkeit. Wenn Du in solche Dinge noch hineingezogen wirst, liebstes, armes Kind, das ist schrecklich. So ist es bei mir nicht, meine Mutter ist die liebende Sklavin meines Vaters und der Vater ihr liebender Tyrann, darum ist im Grunde die Eintracht immer vollkommen gewesen und das Leid, das wir alle gemeinsam gar in den letzten Jahren hatten und das in seiner Gänze auf den leidenden Zustand des Vaters zurückgeht, der an Arterienverkalkung leidet, konnte infolge dieser Eintracht ins Innerste der Familie nicht eigentlich dringen.

Gerade dreht sich der Vater nebenan gewaltig in seinem Bett. Er ist ein großer, starker Mann, in der letzten Zeit fühlt er sich glücklicherweise wohler, aber sein Leiden ist eben ein immer drohendes. Die Eintracht der Familie wird eigentlich nur durch mich gestört und mit den fortschreitenden Jahren immer ärger, ich weiß mir sehr oft keine Hilfe und fühle mich sehr tief in Schuld bei meinen Eltern und bei allen. Und so leide auch ich, mein liebstes fernes Mädchen, genug innerhalb der Familie und durch sie, nur daß ich es mehr verdiene als Du. In frühern Jahren stand ich mehr als einmal in der Nacht beim Fenster und spielte mit der Klinke, es schien mir sehr verdienstlich, das Fenster aufzumachen und mich hinauszuwerfen. Das ist aber lange vorüber und ein so sicherer Mensch, wie ich es heute durch die Gewißheit Deiner Liebe bin, war ich noch nie.

Gute Nacht, Liebste, auch traurige Küsse tun wohl und vor Trauer bleibt der Mund endlos lange auf dem andern und will sich gar nicht losreißen.

Franz

Liebste, nochmals: Ich schreibe regelrecht nur einmal täglich, meine fahrigen Briefe während des Tages machen mich unglücklich und das Gefühl, daß Du um 10 Uhr einmal nutzlos einen Brief erwarten könntest, brennt mich aus. *Also keinen Brief erwarten, Liebste, keine traurigen Blicke der Brühl auffangen, der ich übrigens gerne danken würde, nur weiß ich nicht wie.*

Bist Du Neujahr im Bureau? Mir schreibe bitte nach Hause. Ich werde Dir auch nachhause schreiben.

[Am Rande] Was bedeutet der Scherz mit dem Berl. Tageblatt? Was hattest Du mir denn zu vergeben? Genaue Antwort!

Endlich, Liebste, höre ich von einem Spaziergang, den Du gemacht hast, und bin glücklich. Ist es nicht seit Monaten die erste im Freien verbrachte Stunde gewesen? Ist Dir wirklich ganz wohl bei diesem an den Nerven reißenden Leben? Jetzt bin ich merkwürdig ruhig und es scheint nicht einmal nur Müdigkeit zu sein. Heute früh aber, ehe Dein zweiter Brief kam, war ich wie in einem Wirbel. Ohne auffindbaren Grund, gewiß. Es ist eben dieses, daß man schreibt, sich im Augenblick beieinander fühlt, sich festzuhalten meint und doch nur in der Luft tastet und deshalb zeitweise stürzen muß. Aber Liebste, nicht wahr, wir verlassen einander nicht, und fällt der eine, hebt ihn der andere auf. Dieses Frl. Lindner erschien mir in Deinem Brief wie mein Strafgericht; ohne mir bisher geschrieben zu haben, fühle ich ihren Vorwurf stark genug. Liebste, Du hast mir jetzt Deine Liebe durch lange Briefe gezeigt, zeig sie mir jetzt durch kurze. Schreib nicht bei irgendeiner Kerze, wenn das elektr. Licht abgedreht ist, der Gedanke nimmt mir den Atem vor Sorge. Nun arbeitest Du auch in der Wirtschaft, nun leidest Du unter den Eltern, nun weinst Du über Deine Schwester in Budapest – ja wenn ich ganz bei Dir wäre und diese Sorgen unsere jeden Augenblick gemeinsamen Sorgen wären, dann wäre mir wohl. Jetzt aber sitze ich hier allein (die Uhr tickt mir in der Rocktasche noch immer viel zu stark, ich verstecke sie dort wegen ihres starken Schlages) und zermartere mir den Kopf nach einem Mittel, wie Dir und mir zu helfen wäre.

Warum zwingt Dir eigentlich ein Brief von Deiner Schwester Tränen ab? Was fehlt ihr denn? Hat sie Heimweh? Nur Heimweh? Aber sie hat doch ihren Mann und das Kind. Und in Budapest wird doch von einigen 100 000 Menschen deutsch gesprochen, und in 2 Jahren kann und wird sie doch ein wenig Ungarisch erlernt haben. Ist ihr Mann nicht bei ihr? Ist er vielleicht viel auf Reisen? Was ist der Hauptgrund ihrer Traurigkeit und Deines Mitgefühls? Übrigens fällt mir ein, daß sie vielleicht noch länger als zwei Jahre in Budapest ist, und noch immer also nicht eingewöhnt? Und dann hat sie eben doch das Kind, wo ist da Platz für Mitleid?

Du sagtest es ja selbst in Euerem Schreibmaschinenzimmer den sonderbaren Damen. Und ich hätte es – im klaren Bewußtsein, daß ich mich damit selbst aburteile – nicht anders gesagt, denn es sind Worte, die mir fortwährend auf der Zunge liegen und die ich öfters wiederhole, als gut ist. Gerade Sonntag nachmittag sagte mir Max bei einer ähnlichen Gelegenheit: »Du redest wie ein Mädchen.« Aber das ist nicht ganz richtig, denn in einer guten Sammlung von Aussprüchen Napoleons, in die ich seit einiger Zeit immer wenn ich nur kann hineinschaue, wird dieser Ausspruch berichtet: »Es ist fürchterlich, kinderlos zu sterben«, und – wehleidig war er durchaus nicht; Freunde z.B. waren ihm, ob freiwillig oder durch Zwang, entbehrlich, einmal sagte er: »Ich habe keinen Freund außer Daru, der gefühllos und kalt ist und für mich paßt.« Und in welche wahre Tiefe dieser Mensch zurückreichte, erkenne aus dieser Bemerkung:

»Der wird nicht weit kommen, der von Anfang an weiß, wohin er geht.« Man darf ihm also schon das Fürchterliche der Kinderlosigkeit glauben. Und das auf mich zu nehmen, muß ich mich bereit machen, denn von allem sonstigen abgesehen, dem Wagnis, Vater zu sein, würde ich mich niemals aussetzen dürfen.

Ich weiß nicht, wieso es kommt, seit paar Tagen laufen mir alle Briefe so ins Traurige aus. Solche Zeiten kommen und gehn, ich bitte Dich auf den Knien, sei mir nicht böse deshalb. Es fällt mir auch zu spät ein, daß der Brief am Neujahrsmorgen ankommt und daß er ein neues Jahr einleiten soll, das uns ganz und gar gehören soll. Ich habe dafür heute eine neue Verbindung zwischen uns herausgefunden. Ich werde einen Kalender mit schönen Bildern für jeden Tag kaufen und das Kalenderblatt des Ankunftstages meines Briefes Dir immer am Morgen in meinem Brief eingeschlossen auf Deinen Schreibtisch legen lassen. Ich werde dadurch allerdings für mich ein wenig der Zeit vorrücken und kalendermäßig den Tag, den Du erleben sollst, eigentlich schon durchlebt haben, aber trotzdem werden wir vor den gleichen Kalenderblättern leben, und das Leben wird mir dadurch lieber sein.

Wo wirst Du Sylvester sein? Tanzen? Champagner trinken? (Am Nachmittag hast Du im Grunewald Wein getrunken? Das doch nicht?) Ich wollte bei meinem Schreibtisch bleiben und den Roman weitertreiben (der heute noch an der gestrigen Unterbrechung leidet), nun bin ich aber eingeladen worden, zu Leuten, die ich gut leiden kann (die Familie des Onkels jenes Dr. Weltsch), und so zweifle ich, was ich tun soll; schließlich werde ich ja doch zuhause bleiben, glaube ich, wenn ich auch, seitdem ich Dein Täschchen habe, in jeder Gesellschaft aufzutreten fällig bin (die Hand in der Tasche und das Täschchen in der Hand). Aber die Versäumnis wäre zu arg, täte mir leid und außerdem warnen mich ganz ungewohnte Zuckungen und Muskelspiele im Kopf vor allzulangen Nachtwachen.

Nun Liebste, adieu, ein fröhliches neues Jahr meinem liebsten Mädchen; ein neues Jahr ist eben ein anderes Jahr, und wenn das alte uns auseinandergehalten hat, vielleicht treibt uns das neue Jahr mit Wundern und mit Gewalt zusammen. Treibe, treibe, neues Jahr!

Franz

vom 31.XII.12 zum 1.I.1913

Als ich heute abend um 8 Uhr noch im Bette lag, nicht müde, nicht frisch, aber unfähig aufzustehn, bedrückt von diesem allgemeinen Sylvesterfest, das ringsherum anfing, als ich so traurig dalag, verlassen wie ein Hund und gerade die zwei Möglichkeiten, die ich hatte, mit guten Bekannten den Abend zu verbringen (gerade der Mitternachtschuß, Schreien auf der Gasse und der Brücke, wo ich eigentlich keinen Menschen sehe, Glockenläuten und Uhrenschlagen), mich noch trostloser und vergrabener machten und die eigentliche Aufgabe meines Blickes das Herumwandern auf der Zimmerdecke schien, – dachte ich daran, wie froh ich sein muß, daß es das Unglück will, daß ich nicht bei Dir bin. Ich müßte das Glück Deines Anblickes, das Glück des ersten Gespräches, das Glück, mein Gesicht in Deinem Schoß zu verstecken – ich müßte alles dies zu teuer bezahlen, ich müßte es damit bezahlen, daß Du vor mir wegliefest, gewiß weinend wegliefest, denn Du bist die Güte, was aber würden mir die Tränen helfen. Und dürfte ich Dir nachlaufen? Dürfte gerade ich das tun, der Dir ergeben ist wie keiner? (Wie sie auf der Straße brüllen in dieser von den Hauptstraßen weit entfernten Gegend!) Aber alles das muß ich ja nicht selbst beantworten, antworte, Liebste, Du selbst, und zwar nach ganz genauer, keinen Zweifel übriglassender Überlegung. Ich fange mit den kleinsten, unbedeutendsten Fragen an, ich werde sie mit der Zeit steigern.

Nehmen wir an, durch einen besondern Glücksfall wäre es möglich, daß wir in der gleichen Stadt, vielleicht in Frankfurt, einige Tage lang beisammen sind. Wir haben verabredet, am zweiten Abend zusammen ins Theater zu gehn, ich soll Dich aus der Ausstellung abholen. Du hast wichtige Angelegenheiten flüchtig und mit größter Anstrengung erledigt, um nur rechtzeitig fertig zu werden und wartest nun auf mich. Du wartest umsonst, ich komme nicht, an eine bloße zufällige Verspätung ist nicht mehr zu denken, die dafür von dem freundlichsten Menschen zugestandene Frist ist längst vorüber. Auch eine Nachricht, die Dich aufklären könnte, kommt nicht; Du hättest inzwischen Deine geschäftlichen Sachen längst auf das gründlichste erledigt haben können, ruhig Dich anziehn können, für das Theater wird es nun überhaupt zu spät. Eine bloße Versäumnis meinerseits kannst Du gar nicht annehmen, Du hast vielleicht ein wenig Sorge, es könnte mir etwas geschehen sein, und kurz entschlossen – ich höre Dich dem Kutscher den Auftrag geben – fährst Du in mein Hotel und läßt Dich in mein Zimmer führen. Was findest Du da? Ich liege (nun schreibe ich die erste Briefseite ab) um 8 Uhr noch im Bett, nicht müde, nicht frisch, behaupte unfähig gewesen zu sein, das Bett zu verlassen, klage über alles und lasse noch ärgere Klagen ahnen, suche durch Streicheln Deiner Hand, durch Suchen Deiner im dunklen Zimmer herumirrenden Augen meinen schrecklichen Fehler wieder gutzumachen und zeige doch durch mein ganzes Benehmen, daß ich bereit bin, ihn im Augenblick in seinem ganzen Umfang ohne weiteres zu wiederholen. Dabei finde ich gar nicht besonders viele Worte. Dafür ist mir aber unsere Gegenüberstellung bis ins einzelnste klar, und ich würde an Deiner Stelle vor meinem Bett nicht zögern, vor Ärger und Verzweiflung den Schirm zu erheben und an mir zu zerschlagen.

Vergesse nicht, Liebste, das Ereignis, das ich da beschrieben habe, ist in Wirklichkeit vollständig unmöglich. In Frankfurt z. B. würde ich, wenn man meinen ununterbrochenen Aufenthalt in den Ausstellungsräumen nicht gestatten wollte, den ganzen Tag eben vor der Tür der Ausstellung hocken und ähnlich würde ich mich wahrscheinlich bei gemeinsamen Theaterbesuchen verhalten, also vielmehr zudringlich als nachlässig. Aber ich will eine überdeutliche

Antwort auf meine Frage, eine Antwort, die von allen Seiten, also auch von der Seite der Wirklichkeit unabhängig ist, und darum habe ich auch meine Frage so überdeutlich gestellt. Antworte also, liebste Schülerin, antworte dem Lehrer, der manchmal in der Grenzenlosigkeit seiner Liebe und seines Unglücks gänzlich bis zur Unwirklichkeit vergehen möchte.

In Deinem letzten Brief steht ein Satz, Du schriebst ihn schon einmal, ich wohl auch: »Wir gehören unbedingt zusammen.« Das ist, Liebste, tausendfach wahr, ich hätte z.B. jetzt in den ersten Stunden des neuen Jahres keinen größern und keinen närrischeren Wunsch, als daß wir an den Handgelenken Deiner Unken und meiner rechten Hand unlösbar zusammengebunden wären. Ich weiß nicht recht, warum mir das einfällt, vielleicht weil vor mir ein Buch über die Französische Revolution mit Berichten von Zeitgenossen steht und weil es immerhin möglich ist – ohne daß ich es allerdings irgendwo gelesen oder gehört hätte –, daß einmal auf solche Weise zusammengebunden ein Paar zum Schafott geführt wurde. – Aber was lauft mir denn da alles durch den Kopf, der übrigens heute gegen meinen armen Roman ganz und gar verschlossen war. Das macht die 13 in der neuen Jahreszahl. Aber die schönste 13 soll mich nicht hindern, Dich, meine Liebste, näher, näher, näher zu mir [zu] ziehn. Wo bist Du denn jetzt? Aus welcher Gesellschaft hebe ich Dich heraus?

Franz

1.XII.12 [1. Januar 1913]

Liebste, nur paar Worte vom Neujahrsnachmittag. Weißt Du, was augenblicklich meine größte Sorge ist? Deinen mir für gestern, Dienstag, zugedachten großen, schönen Brief habe ich erst heute, Mittwoch, mit der zweiten Post bekommen. Nun schreibst Du aber: »Du bekommst aber auch am Sonntag früh bestimmt noch einen Brief« und meinst mit dem Sonntag offenbar den heutigen Neujahrstag. Gut, aber diesen zweiten Brief habe ich nicht bekommen, auch im Bureau war er nicht. Dann kommt er wahrscheinlich erst morgen in die Wohnung, während ich im Bureau bin. Nun, ich werde den Auftrag geben, daß man mir ihn gleich ins Bureau bringt, aber ob man daran nicht vergißt, ob man es rechtzeitig bringt, ob auch sonst noch ein Brief ins Bureau kommt? Das sind also, Liebste, meine Sorgen. Verdammte Post! Verdammte Entfernung!

Wie gut Du mich aber in Deinem heutigen Brief behandelst! Wie Du mir verzeihen und wie Du meine Sorgen verstehen kannst! Warte, dafür danke ich Dir noch heute in der Nacht nach Kräften. Liebste, adieu, ich habe meinen dumpfen, großen, über dem linken Auge ein wenig zuckenden, urdummen Nachmittagskopf und so soll ich unter Leute. Warum denn nicht? Für die bin ich immer noch gut genug, denn wenn ich auch in meinem verhältnismäßig besten Zustand bin, gehöre ich ihnen ja doch nicht.

Die Überwindung Eulenbergs freut mich unmäßig und der Mensch hat keine Ahnung davon, sondern freut sich über seinen Schillerpreis und über die 12000 M., die er, wie Werfel erzählte, jährlich von Rowohlt bekommt. Ich gönne sie ihm durchaus, denn ich habe Dich, Felice, zu mir hinübergezogen. Nun bleib aber auch hier!

Franz

2.I.13

Das ist mir aber ganz unverständlich, Liebste, eben will ich ins Bett steigen, da kommt Dein Telegramm. Was macht denn die Berliner Post? Am Neujahrstag bekamst Du doch einen Brief in die Wohnung, nicht wahr? Gut, Silvester schrieb ich Dir einen Riesenbrief und warf ihn Neujahr vormittag ein, den mußtest Du also heute, am 2., um 9 Uhr bekommen. Außerdem schrieb ich Dir aber aus Freude über Deinen Brief am Neujahrstag nachmittag noch einen und warf ihn gleich ein, den mußtest Du heute um 10 Uhr bekommen. Endlich schrieb ich in der heutigen Nacht einen Brief, den mußt Du morgen, den 3., um 9 Uhr bekommen. Du siehst, mich trifft, Liebste, keine Schuld. Meine Post ist ja auch genug verrückt, Deine Briefe vom 30. und 31. bekam ich erst heute, den 2., Deine Silvesterkarte dagegen richtig im Bureau. Warum verfolgt man uns denn so? Sind wir denn im Übrigen so überglücklich? Jetzt laufe ich diesen Brief express aufzugeben.

Franz

vom 2. zum 3.I.1913

Sehr spät, meine arme, geplagte Liebste. Ich bin nach nicht allzu schlechter aber allzu kurzer Arbeit wieder lange in meinen Sessel zurückgelehnt dagesessen und nun ist es so spät geworden. Ich weiß nicht, das Nichtankommen meiner Briefe kann ich gar nicht so ernst nehmen, wenn ich da auch Dein Telegramm vor mir habe und am liebsten mit meinen längsten Schritten nach Berlin gelaufen wäre, um die Sache rasch und mündlich aufzuklären. Aber die Briefe müssen doch noch im Laufe des Nachmittags gekommen sein. Wie wäre es denn möglich, daß zwei zweifellos richtig adressierte, übrigens auch mit Absenderadresse versehene Briefe am gleichen Tage, trotzdem sie in verschiedenen Postsäcken befördert werden mußten, verlorengehen konnten? Das kann ich mir gar nicht denken. Wenn das wirklich geschehen ist, dann ist keine Sicherheit mehr, dann fangen wieder alle Briefe an verlorenzugehn, auch dieser, und nur gerade ein Telegramm findet noch seinen Weg. Und es bleibt der einzige Ausweg, wir werfen die Federn weg und laufen zueinander.

Liebste, ich bitte Dich jedenfalls mit aufgehobenen Händen, sei nicht auf meinen Roman eifersüchtig. Wenn die Leute im Roman Deine Eifersucht merken, laufen sie mir weg, ich halte sie ja sowieso nur an den Zipfeln ihrer Kleidung fest. Und bedenke, wenn sie mir weglaufen, ich müßte ihnen nachlaufen und wenn es bis in die Unterwelt wäre, wo sie ja eigentlich zuhause sind. Der Roman bin ich, meine Geschichten sind ich, wo wäre da, ich bitte Dich, der geringste Platz für Eifersucht. Alle meine Menschen laufen ja, wenn alles sonst in Ordnung ist, Arm in Arm auf Dich zu, um letzten Endes Dir zu dienen. Gewiß würde ich mich auch in Deiner Gegenwart vom Roman nicht losmachen, es wäre arg, wenn ich es könnte, denn durch mein Schreiben halte ich mich ja am Leben, halte mich an jenem Boot, auf dem Du, Felice, stehst. Traurig genug, daß es mir nicht recht gelingen will, mich hinaufzuschwingen. Aber begreife nur, liebste Felice, daß ich Dich und alles verlieren muß, wenn ich einmal das Schreiben verliere.

Wegen meines Buches [Betrachtung] mache Dir keine Sorgen, mein Gerede letzthin war die traurige Laune eines traurigen abends . Ich glaubte damals, die beste Methode mein Buch Dir angenehm zu machen sei die, Dir dumme Vorwürfe zu machen. Lies es nur bei Gelegenheit und in Ruhe. Wie könnte es Dir schließlich fremd bleiben! Selbst wenn Du Dich zurückhieltest, es müßte Dich an sich reißen, wenn es mein guter Abgesandter ist.

Franz

[Am Rande der Seiten]

Ich weiß gar nicht recht, welcher Brief verlorengegangen sein soll, der von Napoleon und den Kindern oder der von Frankfurt? Wehe, Liebste, wenn Du einmal in der Nacht aufstehst, um zu schreiben. Wehe!

Mit welcher Kollegin bist Du am 30. nachhause gelaufen? Frage der Eifersucht: Was sagte Dein Vater über [Brods] »Arnold Beer«?

vom 3. zum 4.I.1913

Gewiß, Liebste, hätte ich noch nicht aufhören sollen mit meinem Schreiben, gewiß habe ich zu bald aufgehört, es ist erst 1 Uhr vorüber, aber ich hatte eine Spur mehr Abneigung als Lust, wenn auch große Lust, wenn auch mehr Schwäche als Abneigung, und so ließ ich es. Bitte, Liebste, wenn Du dieses gelesen hast, so nicke mir zum Beweise, daß ich recht getan habe, zu und dann wird es eben richtig gewesen sein.

Wir tauschen, scheint mir, unsere Unruhe aus. Heute war ich der Unruhige. Ich hätte gern gewußt, ob Du meine Briefe doch noch bekommen hast. Es gab Augenblicke im heutigen Tag, wo es mir schien, ich würde den nächsten Augenblick nicht ertragen können, wenn er Dich nicht zu mir brächte. Noch gestern nacht, nachdem ich den vorigen Brief geschrieben und verschlossen hatte, fiel es mir im Bett ein, daß die ganze Geschichte meiner nicht angekommenen Briefe nur dadurch zu erklären ist, daß irgendeine der Bureaudämchen aus Neugierde und Lüsternheit die Briefe versteckt und erst am Abend Dir übergeben hat. Ich bin neugierig, ob ich richtig geraten habe.

Über Deine Wette um die Champagnerflasche habe ich gestaunt. Auch ich habe nämlich, allerdings schon vor Jahren, aber wie ich glaube für eine zehnjährige Frist, mit einem guten Bekannten eine ähnliche Wette meine Heirat betreffend abgeschlossen. Ich habe ihm sogar einen schriftlichen Verpflichtungsschein ausgestellt, den er noch in Händen hat. Ich hätte nicht daran gedacht, wenn mich dieser Bekannte nicht gerade in den letzten Tagen, nachdem schon jahrelang davon nicht gesprochen wurde, zufällig daran erinnert hätte. Es handelt sich auch um Champagner, aber wenn ich nicht irre, gar um 10 Flaschen des allerfeinsten. Wahrscheinlich dachte ich damals daran, mir in 10 Jahren einen schönen Junggesellenabend zu bereiten und hoffte, mit den Jahren werde sich auch das Vergnügen am Champagner einstellen, was allerdings bis heute nicht geschehen ist. Die Wette stammt, wie Du schon erraten haben wirst, aus jener längst vergangenen angeblichen Bummelzeit, in der ich viele Nächte in Weinstuben versessen habe, ohne zu trinken. Nach den Namen zu schließen, waren es wunderbare Örtlichkeiten: Trocadero, Eldorado und in dieser Art. Und nun? Nun stehe ich in der Nacht auf der Gasse einer amerikanischen Stadt und gieße unbekannte Getränke in mich hinein wie in ein Faß.

Den alten Traum soll ich noch erzählen? Warum gerade den alten, da ich doch fast jede Nacht von Dir träume? Denke nur, heute Nacht habe ich Verlobung mit Dir gefeiert. Es sah schrecklich, schrecklich unwahrscheinlich aus und ich weiß auch nicht mehr viel davon. Die ganze Gesellschaft saß in einem halbdunklen Zimmer an einem langen Holztisch, dessen schwarze Platte von keinem Tuch bedeckt war. Ich saß unten am Tisch zwischen unbekannten Leuten, Du standest aufrecht, genug weit von mir entfernt, weiter oben, schief mir gegenüber. Ich legte vor Verlangen nach Dir den Kopf auf den Tisch und spähte zu Dir hinüber. Deine Augen, die auf mich gerichtet waren, waren dunkel, aber in der Mitte jedes Auges war ein Punkt, der glänzte wie Feuer und Gold. Dann zerstreute sich mir der Traum, ich bemerkte, wie das bedienende Dienstmädchen hinter dem Rücken der Gäste eine dickflüssige Speise, die es in einem braunen Töpfchen zu servieren hatte, verkostete und den Löffel wieder in die Speise steckte. Darüber geriet ich in die größte Wut und führte das Mädchen – es stellte sich nun heraus, daß das ganze in einem Hotel stattfand und daß das Mädchen eine Hotelangestellte war – hinunter in die ungeheueren Geschäftsräume des Hotels, wo ich bei den maßgebenden Personen über das Benehmen des Mädchens Klage führte, ohne übrigens viel zu erreichen. Dann verlief sich der Traum in maßlosen Reisen und maßloser Eile. Was sagst Du dazu? Den alten Traum habe ich aber eigentlich noch klarer im Kopf als diesen, aber heute erzähle ich ihn nicht mehr.

Auf die Gefahr hin, Dir den Sonntag zu verderben, schicke ich Dir meine neueste Photographie, und zwar gleich in 3 Exemplaren, da ich gefunden zu haben glaube, daß sie in größerer Anzahl an Schrecken verliert. Ich weiß mir keine Hilfe. Dieses Blitzlicht gibt mir immer ein irrsinniges Aussehn, das Gesicht wird verdreht, die Augen schielen und starren. Habe keine Angst, Liebste, so sehe ich nicht aus, dieses Bild gilt nicht, das sollst Du nicht bei Dir tragen, ich werde Dir bald ein besseres schicken. In Wirklichkeit bin ich zumindest noch einmal so schön wie auf dem Bild. Genügt Dir das nicht, Liebste, dann ist es allerdings schlimm. Was soll ich dann machen? Übrigens hast Du ja ein ganz wahrheitsgemäßes Bild von mir; so wie ich in dem kleinen Buch [Betrachtung] aussehe, so sehe ich auch wirklich aus, so sah ich wenigstens vor kurzem aus. Und ob Du willst oder nicht, ich gehöre Dir.

Franz

vom 5. zum 6.I.13
[vermutlich in der Nacht vom 4. zum 5. Januar]

Wieder einmal schlecht, ganz schlecht gearbeitet, Liebste! Daß es sich nicht ständig halten läßt, sondern sich einem eben wie ein Lebendiges unter den Händen windet!

Denke nur, jetzt kann man sich nicht einmal auf Expreßbriefe mehr verlassen, Dein Expreßbrief kam gestern erst am Abend ins Bureau und ich bekam ihn also erst heute Morgen. Wie einem ein solcher Brief das Treppensteigen beschleunigt, wie man sich oben mit ihm ans Fenster drückt (um ¼ 9 ist es noch recht dunkel), wie man für alle Fragenden, die ein solches Brieflesen als ein Zeichen zum Zusammenströmen ansehn, in den unsichersten Angelegenheiten ein zustimmendes, von allen Sorgen befreites Kopfnicken hat.

Und dann kam der zweite Brief und wir waren in Frankfurt zusammen und umarmten einander, statt wie bisher die Leere des Zimmers. Aber meiner Frage hast Du, Liebste, doch die schlimme Spitze ein wenig abgebogen. Wenn wir mit ihr spielen, spielen wir mit ihr bis zum Ende, Du mußt mich ja sehn, wie ich im Schlechten und im Guten bin, ich habe es leichter, Du unveränderlich Liebe und Gute!

Gerade augenblicklich, um die Wahrheit zu sagen, bin ich in einer unleidlichen Verfassung und das einzige Gute an mir ist der Ärger über mich. Ich habe schlecht geschrieben und die Folge dessen ist eine Art Erstarrung, die mich erfaßt. Ich bin nicht müde, nicht schläfrig, nicht traurig, nicht lustig, ich habe nicht die Kraft, Dich mit meinen Wünschen herzuholen, trotzdem zufällig rechts von mir ein leerer Sessel wie vorbereitet steht, ich bin in einer Umklammerung und kann mich nicht losmachen.

So wäre es auch z.B. in unserer Frankfurter Geschichte. Mir wäre nichts passiert, wie Du annimmst, gar nichts wäre mir passiert, ich würde nur still in meinem Bett liegen, während nach der Uhr auf dem Sessel neben dem Bett der Augenblick unserer Verabredung sich nähern, kommen und vorübergehen würde. Ich hätte keine Entschuldigung, ich hätte gar nichts zu erzählen, nur schuldbewußt wäre ich. Der Eindruck, den ich in einem solchen Zustand auf Dich machte, wäre ähnlich jenem, den manche meiner Briefe auf Dich machen, bei deren Beantwortung Du z.B. mit der Frage beginnst: »Franz, was soll ich nun mit Dir anfangen?«

Quäle ich Dich mit meinem Eigensinn? Aber wie anders als durch Eigensinn kann sich der Eigensinnige von dem Besitz eines unglaublichen, vom Himmel herab ihm gereichten, an einem Augustabend ihm erschienenen Glückes über-zeugen?

Franz

Ich weiß nicht, ob Du am Dreikönigstag ins Bureau gehst, darum schicke ich diesen Brief in Deine Wohnung und schreibe morgen noch einen zweiten in Dein Bureau.

5.I.13

Nur paar Worte, meine arme Liebste! Es ist schon schwindelnd spät, wenn ich Dich noch vom Sonntag grüßen will, muß es mit Windeseile geschehn. Es kommt mir ja auch nur darauf an, daß ich Dich nicht nur für mich umarme, sondern so, daß Du davon erfährst. Aber – fällt mir da ein – vielleicht kommen wir deshalb nicht zusammen, weil ich den ungeheuerlichen Wunsch habe, Dich dann gleich zu küssen, nun dann erkläre ich vor den entscheidenden höhern Wesen, daß ich zuerst ganz zufrieden wäre, Deine Hand, meine arme Liebste, streicheln zu dürfen.

Franz

vom 5. zum 6.I.1913

Arme, arme Liebste, möchtest Du Dich doch nie gezwungen fühlen, diesen elenden Roman zu lesen, den ich da stumpf zusammenschreibe. Schrecklich ist es, wie er sein Aussehn ändern kann; liegt die Last auf (mit welchem Schwung ich schreibe! Wie die Kleckse fliegen!) dem Wagen oben, dann ist mir wohl, ich entzücke mich am Peitschenknallen und bin ein großer Herr; fällt sie mir aber vom Wagen herunter (und das ist nicht vorauszusehn, nicht zu verhindern, nicht zu verschweigen) wie gestern und heute, scheint sie unmäßig schwer für meine kläglichen Schultern, dann möchte ich am liebsten alles lassen und mir an Ort und Stelle ein Grab graben. Schließlich kann es keinen schönern, der vollkommenen Verzweiflung würdigern Ort für das Sterben geben als einen ei-genen Roman. Gerade unterhalten sich zwei seit gestern recht matt gewordene Personen auf zwei benachbarten Balkonen im 8ten Stockwerk um 3 Uhr in der

Nacht. Wie wäre es, wenn ich ihnen von der Gasse aus ein »Adieu« zuriefe und sie gänzlich verließe. Sie würden dort auf ihren Balkonen zusammensinken und mit Leichengesichtern durch die Geländerstangen einander ansehn. Aber ich drohe nur, Liebste, ich tue es ja doch nicht. Wenn – kein Wenn, ich verirre mich wieder einmal.

Heute habe ich wirklich nachmittags zu schlafen versucht, es ist aber nicht ganz gut ausgefallen, denn nebenan – ich hatte es nicht vorbedacht – wurden die 6-700 Einladungen für die nächsten Sonntag stattfindende Hochzeit meiner Schwester bereitgemacht und mein künftiger Schwager, der diese Arbeit befehligte, hat neben allen seinen sonstigen sehr liebenswürdigen Eigenschaften eine so schreiende und so gern benützte Stimme, daß einer, der im Nebenzimmer zu schlafen versucht, beim Klang dieser Stimme das Gefühl bekommt, es werde ihm eine Säge an den Hals gesetzt. Dabei läßt sich natürlich nicht sehr gut schlafen; es war ein ewiges Aufschrecken und In-den-Schlaf-Zurückfallen. Dabei hatte ich auf einen schönen Spaziergang verzichtet, um schlafen zu können. Aber geschlafen hatte ich schließlich doch genug und eine Entschuldigung für mein schlechtes Schreiben kann ich daraus nicht ableiten.

Wie war es, Liebste, mit den Bemerkungen Deiner Eltern über mich? Da will ich aber jedes Wort und jede Miene wissen. Geh, solche Dinge verschweigst Du mir so lange. Wenn ich solche Bemerkungen erfahre, habe ich dann ein solches Gefühl Deiner Nähe, es ist, ob glücklich oder traurig, so stark und für mich, den von Deiner leiblichen Nähe so vollkommen ausgeschlossenen, so begehrenswert, daß ich, in diesen Genuß versunken, solche Mitteilungen lange Zeit anstarren kann, ohne zu lesen, ohne zu denken, ohne etwas anderes zu fühlen als Dich. Ich bin dann ganz an Deiner Seite, werde mit Dir von Deinen Eltern angesprochen und bin in den Blutkreis einbezogen, aus dem Du stammst. Stärkere Nähe gibt es vielleicht gar nicht, das nächst Höhere wäre schon Durchdringung.

Auch mit diesem »recht nett aussehenden« Kinderarzt sind wir, Felice, noch nicht fertig. An dem halte ich mich noch ein Weilchen fest, er ist ein kleines Gegenstück zu der Frankfurter Geschichte und eigentlich im Grunde, wenn auch unbeabsichtigt, eine an mich gestellte Frage. Die muß ich beantworten. Wenn ich, Liebste, nur eifersüchtig, nichts anderes als eifersüchtig wäre, könnte ich nach Deiner Erzählung noch eifersüchtiger werden. Denn wenn dieser Kinderarzt eine so wichtige Angelegenheit war, daß Du eine Unwahrheit sagen mußtest, um Dich vor ihm zu schützen, dann – Aber Liebste, das ist der Gedankengang eines Eifersüchtigen, nicht der meine, wenn er mir auch immerhin zugänglich ist. Mein Gedankengang ist der: Du hattest Dich mit dem Arzt gut unterhalten, einen angenehmen Abend mit ihm verbracht, er suchte eine Anknüpfung, die an und für sich, wenigstens bis zur Grenze einer kleinen Vormittagsunterhaltung, weder Dir noch Deiner Mutter unangenehm gewesen wäre, es scheint, daß infolge des Ablehnens jener Anknüpfung eine weitere Anknüpfung ausgeschlossen oder wenigstens unwahrscheinlich ist und daran trage ich, nach Deiner Erzählung, Felice, allein die Schuld, allerdings die mir vollständig gebührende Schuld. Wie trage ich nun diese Schuld? Etwa stolz, oder zufrieden? oder zur Aufladung weiterer Schuld verlockend? Nein, ich klage, ich jammere eigentlich, ich hätte wollen, daß der Kinderarzt zu Euch hinaufgekommen wäre, daß er sich als der nette Mensch, der er am Sylvester war, auch weiterhin bewährt hätte, daß er lustig gewesen und lustig aufgenommen worden wäre. Wer bin denn ich, daß ich mich ihm in den Weg zu legen wage? Ein Schatten, der Dich unendlich hebt, den man aber nicht ans Licht ziehen kann. Pfui über mich! – Jetzt ist natürlich wieder Zeit, den Wirbel sich in entgegengesetzter Richtung drehn zu lassen. Ich wäre zerfressen von Eifersucht, wenn ich aus der Ferne hören müßte, daß dem Kinderarzt tatsächlich alles das gelungen ist, was ich ihm auf der vorigen Seite so dringend wünschte, und die Unwahrheit, die Du ihm sagtest, war nicht aus Deinem reinen Innern, sondern aus mir heraus gesprochen, und ich will fast glauben, daß Deine Stimme in jenem Augenblick einen kleinen Beiklang von der meinigen gehabt hat. – Wie schließt sich aber diese Meinung mit der vorigen zusammen? (So wird aus meiner Antwort nur wieder eine an Dich gestellte Frage.) Nur als Wirbel. Und aus diesem Wirbel sollte ich herausgezogen werden können? Das kann ich gar nicht glauben.

Übrigens weiß ich schon aus meiner Naturheilkunde, daß alle Gefahr von der Medizin herkommt, ganz gleichgültig, ob es sich diesmal um einen Augenarzt, oder dann um einen Zahnarzt und endlich um einen Kinderarzt handelt. Die dumme Feder! Was für Dummheiten sie sich niederzuschreiben nicht scheut, statt einmal etwas Vernünftiges zu schreiben, wie »Du Liebste!« und dann noch einmal »Du Liebste!« und dann wieder »Du Liebste!« und nichts als das. Mein Denken an Dich ist vernünftiger als mein Schreiben an Dich. Gestern nachts konnte und wollte ich lange nicht einschlafen, und zwei Stunden lag ich da mehr wachend als schlafend und war unaufhörlich im vertrautesten Gespräch mit Dir. Es wurde nichts Einzelnes gesprochen und mitgeteilt, es war eigentlich nur die Form eines vertrauten Gesprächs, das Gefühl der Nähe und Hingabe.

Franz

vom 6. zum 7.I.13

Lache nicht, Liebste, lache nicht, es ist mir augenblicklich schrecklich ernst mit dem Wunsch: Wenn Du doch hier wärest! Ich rechne oft zum Spiel, in wieviel Stunden könnte ich schnellstens bei günstigsten Umständen bei Dir sein, in wieviel Stunden Du bei mir. Es ist immer zu lang, viel zu lang, so verzweifelt lang, daß man, selbst wenn nicht andere Hindernisse wären, schon angesichts dieser Zeitdauer sich zu dem Versuch nicht entschließen könnte. Heute Abend ging ich von zuhause geradewegs zu dem Hause in der Ferdinandstraße, in dem Euer Vertreter sein Geschäft hat. Es sah fast aus, als hätte ich dort ein Rendezvous mit Dir. Aber ich umging das Haus allein und ging allein wieder weg.

Nicht einmal eine Erwähnung der Fa Lindström konnte ich auf den Firmatafeln finden. Der Mann nennt sich nur Generalvertreter einer Gramophone-Company. Warum? Oft klage ich, daß so wenige Örtlichkeiten in Prag, wenigstens meiner Kenntnis nach, Beziehungen zu Dir haben. Die Wohnung bei Brods, die Schalengasse, der Kohl[en]markt, die Perlgasse, die Obstgasse, der Graben. Dann noch das Café im Repräsentationshaus, die Frühstücksstube im Blauen Stern und das Vestibül. Es ist wenig, Liebste, aber dieses Wenige, wie hebt es sich für mich aus der Karte der Stadt heraus!

Ich habe Dir heute auf Deine beiden heutigen Briefe so viel zu sagen daß sich Deine Mutter, wenn sie es übersehen könnte, eigentlich folgendermaßen wundern müßte: Wie kann man nur überhaupt schreiben, wenn man so viel zu sagen hat und wenn man weiß, daß die Feder durch die Menge des zu Sagenden nur eine unsichere und zufällige Spur ziehen wird.

Mein Bild hast Du also in Dein Herzchen (nicht Herzchen, Anspruchsvoller!), in Dein Medaillon gegeben zur unbequemen Nachbarschaft für Dein kleines Nichtchen und, lese ich recht? Tag und Nacht willst Du es tragen? Hast Du denn keine Lust gehabt, das schlechte Bild wegzuwerfen? Starre ich Dich daraus nicht allzu erschreckend an? Verdient es die Ehre, die Du ihm gibst? Zu denken, daß mein Bild in Deinem Medaillon steckt und ich hier allein in meinem eiskalten Zimmer sitze (in dem ich mich, scheint mir, zu meiner großen Schande in den letzten Tagen verkühlt habe). Aber warte, Du schlechtes Bild, der Augenblick wird gesegnet sein, in dem ich kommen und mit eigener Hand Dich aus dem Medaillon nehmen werde. Wegwerfen werde ich Dich nur wegen der Blicke nicht, die Felice vielleicht auf Dich verschwendet hat.

Ich höre auf, es ist schon spät, fertig werden könnte ich nie, was ist es auch für eine Beschäftigung für die Hände, Briefe zu schreiben, wenn sie dazu gemacht sind und nichts anderes wollen, als Dich zu halten.

Franz

7.I.13

Meine liebste Felice, ich schreibe heute Nachmittag, denn ich weiß nicht, ob ich abends überhaupt aus dem Bett komme. Vielleicht ist es das Beste, ich schlafe durch. Ich bin offenbar verkühlt, und zwar durch und durch; ich kann es nicht glauben und bin es doch. Und wenn ich nicht verkühlt sein sollte, ist es doch etwas verteufelt Ähnliches. Ich werde heiße Limonade trinken, ein heißes Tuch um mich schlagen, mich von der Welt zurückziehn und von Felice träumen. Alle Verkühlungen und alle Gespenster sollen aus mir und meinem Zimmer durch Hitze vertrieben werden, damit ein reiner Aufenthalt für die Gedanken an Dich, mein liebstes Kind, bereitet werde. Gegen die Post soll ich nichts mehr sagen? Höre doch, Deinen Sonntagabendbrief habe ich Montagvormittag bekommen, Deinen Sonntagvormittagbrief dagegen erst heute, Dienstag, vormit-

tag. (Ins Bureau kommen die Briefe pünktlicher, unsere Wohnung ist so entlegen.) Es kann nur Deiner Bildchen halber gewesen sein, die sie mir auf der Post
nicht gönnten. Liebste, was für ein schönes Bild! Vielleicht nicht in den Einzelheiten, aber im Blick, im Lächeln und in der Haltung! Irgendetwas Unnützes
bohrt in meinem Kopf, aber es macht für einen Augenblick halt, – wenn ich
Dein Bild ansehe. Nun sehe ich Dich also beiläufig so, wie ich Dich damals zum
erstenmal sah. Diese Handhaltung hatte ich gar nicht mehr im Gedächtnis, aber
jetzt ersteht sie mir, glaube ich, in der Erinnerung wieder auf. Die Freundlichkeit Deines Blickes gilt ja der Welt im Allgemeinen (wie ja auch meine starren
Augen der Welt im allgemeinen gelten), aber ich nehme sie für mich und bin
glücklich.

Bitte, Liebste, wegen meiner Verkühlung mache Dir aber auch keinen einzigen Gedanken. Ich erwähne sie überhaupt nur, weil ich Dir gerne jede Kleinigkeit sagen möchte, wie es sich eben von selbst ergibt, wenn das Gesicht dem andern so nahe ist, wie es in Wirklichkeit sein sollte und nur in Träumen manchmal ist. Eine kleine, rasch vorübergehende Krankheit ist mir überhaupt noch
von meiner Kinderzeit her eine immer erstrebte, selten erreichte Annehmlich-
keit gewesen. Es unterbricht den unerbittlichen Zeitverlauf und verhilft diesem
abgenutzten, regelrecht fortgeschleiften Menschen, der man ist, zu einer kleinen
Wiedergeburt, nach der es mich jetzt wirklich schon gelüstet. Und wenn es nur
deshalb wäre, damit Du, Felice, einen liebenswerteren Briefschreiber bekommst, der endlich einsehen lernt, daß Du zu kostbar bist, um immerfort mit
Klagen an Dir zu zerren.

Franz

[Am Rande] Früh ¾ 8. Die Kur ist vorüber, es geht ins Bureau.

vom 8. zum 9.I.12 [1913]

Ich habe heute aus verschiedenen Gründen statt zu schreiben einen Spaziergang
mit jenem Dr. Weltsch gemacht, nachdem ich 1 ½ Stunden inmitten seiner Familie gesessen bin und mir von seinem Vater, einem für alles interessierten, klugen Menschen, er ist kleiner Tuchhändler, viele alte, schöne Geschichtchen aus
der frühern Prager Judenstadt, aus den Zeiten seines Großvaters, der noch ein
großer Tuchhändler gewesen ist, habe erzählen lassen. Ich mußte mit fremden
Menschen beisammen sein und dabei war mir doch in ihrer Gegenwart nicht
wohl. Dieser Widerspruch äußert sich bei mir immer darin, daß ich denjenigen,
der mir etwas erzählt, nicht fest anschauen kann, der Blick gleitet mir, wenn ich
ihn gewähren lasse, von dem fremden Gesichte ab und kämpfe ich dagegen an,
wird es natürlich kein fester, sondern ein starrer Blick. Aber will ich denn den
ganzen Abend beschreiben? Nein, aber aus dem Ungeheuern Wust des zu Sagenden drängt sich dem ein wenig stumpfen Sinn nur Willkürliches und

Nebensächliches hervor. Es scheint mir überhaupt, als hätte ich Dir in den letzten Tagen so wenig, selbst von dem Dringendsten erzählt und geantwortet, daß ich manchmal das Gefühl habe, als sei ich im Begriff, Deines Zuhörens verlustig zu werden. Das darf nicht sein, Felice. Deute mein Nichtantworten auf einzelne Fragen nicht schlecht, nicht zu meinen Ungunsten, diese Wellen, die mich tragen, sind dunkles, trübes, schweres Wasser, ich komme langsam vorwärts und bleibe auch stecken, aber dann treibt es mich doch wieder weiter und es geht ganz gut. Du mußt es doch schon bemerkt haben in unserem ersten Vierteljahr.

Ich kann auch lachen, Felice, zweifle nicht daran, ich bin sogar als großer Lacher bekannt, doch war ich in dieser Hinsicht früher viel närrischer als jetzt. Es ist mir sogar passiert, daß ich in einer feierlichen Unterredung mit unserem Präsidenten – es ist schon zwei Jahre her, wird aber in der Anstalt als Legende mich überleben – zu lachen angefangen habe; aber wie! Es wäre zu umständlich, Dir die Bedeutung dieses Mannes darzustellen, glaube mir also, daß sie sehr groß ist, und daß ein normaler Anstaltsbeamter sich diesen Mann nicht auf der Erde, sondern in den Wolken vorstellt. Und da wir im allgemeinen nicht viel Gelegenheit haben mit dem Kaiser zu reden, so ersetzt dieser Mann dem normalen Beamten – ähnlich ist es ja in allen großen Betrieben – das Gefühl einer Zusammenkunft mit dem Kaiser. Natürlich haftet auch diesem Mann, wie jedem in ganz klare allgemeine Beobachtung gestellten Menschen, dessen Stellung nicht ganz dem eigenen Verdienste entspricht, genug Lächerlichkeit an, aber sich durch eine solche Selbstverständlichkeit, durch diese Art Naturerscheinung, gar in der Gegenwart des großen Mannes zum Lachen verleiten lassen, dazu muß man schon gottverlassen sein. Wir – zwei Kollegen und ich – waren damals gerade zu einem höhern Rang erhoben worden und hatten uns in feierlichem schwarzen Anzug beim Präsidenten zu bedanken, wobei ich nicht zu sagen vergessen darf, daß ich aus besonderem Grunde dem Präsidenten von vornherein zu besonderem Dank verpflichtet bin. Der würdigste von uns dreien – ich war der jüngste – hielt die Dankrede, kurz, vernünftig, schneidig, wie das seinem Wesen entsprach. Der Präsident hörte in seiner gewöhnlichen, bei feierlicher Gelegenheit gewählten, ein wenig an die Audienzhaltung unseres Kaisers erinnernden, tatsächlich (wenn man will und nicht anders kann) urkomischen Stellung zu. Die Beine leicht gekreuzt, die linke Hand zur Faust geballt auf die äußerste Tischecke gelegt, den Kopf gesenkt, so daß sich der weiße Vollbart auf der Brust einbiegt und zu alledem den nicht allzu großen aber immerhin vortretenden Bauch ein wenig schaukelnd. Ich muß damals in einer sehr unbeherrschbaren Laune gewesen sein, denn diese Stellung kannte ich schon zur Genüge und es war gar nicht nötig, daß ich, allerdings mit Unterbrechungen, kleine Lachanfälle bekam, die sich aber noch leicht als Hustenreiz erklären ließen, zumal der Präsident nicht aufsah. Auch hielt mich die klare Stimme meines Kollegen, der nur vorwärts blickte und meinen Zustand wohl bemerkte, ohne sich aber von ihm beeinflussen zu lassen, noch genug im Zaum. Da hob aber der Präsident nach Beendigung der Rede meines Kollegen das Gesicht und nun packte mich für einen Augenblick ein Schrecken ohne Lachen, denn nun konnte er ja auch meine Mienen sehn und leicht feststellen, daß das Lachen, das mir zu meinem Leidwesen aus dem Munde kam, durchaus kein Husten war. Als er aber seine Rede anfing, wieder diese übliche, längst vorher bekannte, kaiserlich schematische, von schweren Brusttönen begleitete, ganz und gar sinnlose und unbegründete Rede, als mein Kollege durch Seitenblicke mich, der ich mich ja gerade zu beherrschen suchte, warnen wollte und mich gerade dadurch lebhaft an den Genuß des frühern Lachens erinnerte, konnte ich mich nicht mehr halten und alle Hoffnung schwand mir, daß ich mich jemals würde halten können. Zuerst lachte ich nur zu den kleinen hie und da eingestreuten zarten Späßchen des Präsidenten; während es aber Gesetz ist, daß man zu solchen Späßchen nur gerade in Respekt das Gesicht verzieht, lachte ich schon aus vollem Halse, ich sah, wie meine Kollegen aus Furcht vor Ansteckung erschraken, ich hatte mit ihnen mehr Mitleid als mit mir, aber ich konnte mir nicht helfen, dabei suchte ich mich nicht etwa abzuwenden oder die Hand vorzuhalten, sondern starrte immerzu dem Präsidenten in meiner Hilflosigkeit ins Gesicht, unfähig das Gesicht wegzuwenden, wahrscheinlich in einer gefühlsmäßigen Annahme, daß nichts besser, alles nur schlechter werden könne und daß es daher am besten sei, jede Veränderung zu vermeiden. Natürlich lachte ich dann, da ich nun schon einmal im Gange war, nicht mehr bloß über die gegenwärtigen Späßchen, sondern auch über die vergangenen und die zukünftigen und über alle zusammen, und kein Mensch wußte mehr, worüber ich eigentlich lache; eine allgemeine Verlegenheit fing an, nur der Präsident war noch verhältnismäßig unbeteiligt, als großer Mann, der an vielerlei in der Welt gewöhnt ist, und dem übrigens die Möglichkeit der Respektlosigkeit vor seiner Person gar nicht eingehn kann. Wenn wir in diesem Zeitpunkt herausgeschlüpft wären, der Präsident kürzte auch vielleicht seine Rede ein wenig ab, wäre noch alles ziemlich gut abgelaufen, mein Benehmen wäre zwar zweifellos unanständig gewesen, diese Unanständigkeit wäre aber nicht offen zur Sprache gekommen und die Angelegenheit wäre, wie dies mit solchen scheinbar unmöglichen Dingen öfters geschieht, durch stillschweigendes Übereinkommen unserer vier, die wir beteiligt waren, erledigt gewesen. Nun fing aber zum Unglück der bisher nicht erwähnte Kollege (ein fast 40jähriger Mann mit rundem kindischen aber bärtigen Gesicht, dabei ein fester Biertrinker) eine kleine, ganz unerwartete Rede an. Im Augenblick war es mir vollständig unbegreiflich, er war ja schon durch mein Lachen ganz aus der Fassung gebracht gewesen, hatte mit vor verhaltenem Lachen aufgeblähten Wangen dagestanden und jetzt fing er eine ernste Rede an. Nun war das aber bei ihm gut verständlich. Er hat ein so leeres, hitziges Temperament, ist imstande, von allen anerkannte Behauptungen leidenschaftlich endlos zu vertreten, und die Langweile dieser Reden wäre ohne das Lächerliche und Sympathische ihrer Leidenschaft unerträglich. Nun hatte der Präsident in aller Harmlosigkeit irgendetwas gesagt, was diesem Kollegen nicht ganz paßte, außerdem hatte er, vielleicht durch den Anblick meines schon ununterbrochenen Lachens beeinflußt, ein wenig daran vergessen, wo er sich befand, kurz er glaubte, es sei der richtige Augenblick gekommen, mit seinen besondern Ansichten hervorzutreten und den (gegen alles, was andere reden, natürlich zum Tode gleichgültigen) Präsidenten zu überzeugen. Als er also jetzt mit schwingenden Handbewegungen etwas (schon im allgemeinen und hier insbesondere) Läppisches daherredete, wurde es mir zu viel, die Welt, die ich bisher immerhin im Schein vor den Augen gehabt hatte, verging mir völlig und ich stimmte ein so lautes, rücksichtsloses Lachen an, wie es vielleicht in dieser Herzlichkeit nur Volksschülern in ihren Schulbänken gegeben ist. Alles verstummte und nun war ich endlich mit meinem Lachen anerkannter Mittelpunkt. Dabei schlotterten mir natürlich vor Angst die Knie während ich lachte, und meine Kollegen konnten nun ihrerseits nach Belieben mitlachen, die Gräßlichkeit meines so lange vorbereiteten und geübten Lachens erreichten sie ja doch nicht und blieben vergleichsweise unbemerkt. Mit der rechten Hand meine Brust schlagend, zum Teil im Bewußtsein meiner Sünde (in Erinnerung an den Versöhnungstag), zum Teil, um das viele verhaltene Lachen aus der Brust herauszutreiben, brachte ich vielerlei Entschuldigungen für mein Lachen vor, die vielleicht alle sehr überzeugend waren, aber infolge neuen, immer dazwischenfahrenden Lachens gänzlich unverstanden blieben. Nun war natürlich selbst der Präsident beirrt, und nur in dem solchen Leuten schon mit allen seinen Hilfsmitteln eingeborenen Gefühl alles möglichst abzurunden, fand er irgendeine Phrase, die meinem Heulen irgendeine menschliche Erklärung gab, ich glaube eine Beziehung zu einem Spaß, den er vor langer Zeit gemacht hatte. Dann entließ er uns eilig. Unbesiegt, mit großem Lachen, aber todunglücklich stolperte ich als erster aus dem Saal. – Die Sache ist ja durch einen Brief, den ich dem Präsidenten gleich danach schrieb, sowie durch Vermittlung eines Sohnes des Präsidenten, den ich gut kenne, endlich auch durch den Zeitverlauf zum größten Teil besänftigt worden, gänzliche Verzeihung habe ich natürlich nicht erlangt und werde sie auch nie erlangen. Aber daran liegt nicht viel, vielleicht habe ich es damals nur getan, um Dir später einmal beweisen zu können, daß ich lachen kann. Nun habe ich aber – und so rächt sich die alte Schuld gegenüber dem Präsidenten neuerlich – so viel geschrieben und nichts. Nur noch paar Antworten in letzter Eile vor dem Schlafengehn: [Brods] »Höhe des Gefühls« gehört natürlich Dir, ganz und gar Dir. Die Widmung »als Freund« ist ausdrücklich für Dich bestimmt, Du nimmst sie doch an? (Ich habe natürlich ein anderes Widmungsexemplar.) Und wenn die Widmung vielleicht einen kleinen Nebensinn hat (den sie tatsächlich nicht hat, den ich aber jetzt hineinlege), daß Max auch mein Freund ist und daß daher auch diese Widmung mir die Möglichkeit gibt, ganz nahe neben Dich hinzutreten (die imaginärste Möglichkeit zu solchem Hintreten will ich ausnützen), wäre das so arg?

Nein, es ist schon wirklich zu spät, um fortzusetzen. Nur noch einen Heller lege ich bei, den ich auf dem heutigen Abendspaziergang gefunden habe. Ich klagte gerade über etwas (es gibt nichts, worüber ich nicht klagen könnte), trat

in meiner Unzufriedenheit etwas stärker auf und stöberte dabei mit der Fuß-
spitze diesen Heller auf dem Pflaster auf. Solche Heller bringen Glück, aber ich
brauche kein Glück, das Du nicht auch hast, und deshalb schicke ich es Dir. Ist
es denn nicht auch so, wie wenn Du ihn gefunden hättest, da ich ihn gefunden
habe?

Franz

vom 10. zum 11.I.13
[vermutlich vom 9. zum 10. Januar 1913]

Meine Liebste, heute nur paar Worte, es ist spät, ich bin müde, war nachmittag
gestört und werde es wohl weiterhin paar Tage sein. Das Schreiben, das ich von
keiner Störung angegriffen wissen will (es leidet ja von innern Störungen übergenug) werde ich eine Woche, vielleicht noch länger lassen, die einzige Entschädigung wird längeres Schlafen sein, genügen wird sie mir nicht, aber was ich
heute schreibe, gilt überhaupt nicht, denn ich gehöre jetzt unbedingt ins Bett,
außerdem aber gehöre ich unbedingt auch zu Dir, und so schwanke ich zwischen Euch beiden.

Die arme Liebste schreibt Offertbriefe! Bekomme ich auch einen, trotzdem
ich kein Käufer bin, trotzdem ich mich vielmehr grundsätzlich vor Parlographen fürchte. Eine Maschine mit ihrer stillen, ernsten Anforderung scheint mir
auf die Arbeitskraft einen viel stärkern, grausamern Zwang auszuüben, als ein
Mensch. Wie geringfügig, leicht zu beherrschen, wegzuschicken, niederzu-
schreien, auszuschimpfen, zu befragen, anzustaunen ist ein lebendiger Schreibmaschinist, der Diktierende ist der Herr, aber vor dem Parlographen ist er entwürdigt und ein Fabriksarbeiter, der mit seinem Gehirn eine schnurrende Maschine bedienen muß. Wie werden dem armen, von Natur aus langsam
arbeitenden Verstand die Gedanken in einer langen Schnur abgezwungen! Sei
froh, Liebste, daß Du auf diesen Einwand in Deinem Offertbrief nicht antworten mußt, er ist unwiderlegbar; daß der Gang der Maschine leicht zu regulieren
ist, daß man sie wegstellen kann, wenn man keine Lust zu diktieren hat u.s.w.,
das sind keine Widerlegungen jenes Einwands, denn zum Charakter des Menschen, der jenen Einwand macht, gehört es ja, daß ihm das alles nicht helfen
kann. An Deinem Prospekt ist mir auf [gefallen], daß er so schön stolz gehalten
ist, nirgends wird gebettelt, wie man das wenigstens in derartigen Prospekten
österreich. Fabriken tut, und es findet sich eigentlich auch kein übermäßiges
Lob. Es ist kein Spaß, daß es mich natürlich weder durch seinen Wortlaut noch
durch seinen Gegenstand, noch durch sein [en] Stil an Strindberg erinnert hat,
den ich fast gar nicht kenne und seit jeher in einer ganz bestimmten Weise liebe;
sonderbar, daß ich Dich mit meinen ersten Briefen gerade unter dem Eindruck
des Totentanzes und der Gotischen Zimmer angetroffen habe. Warte, nächstens
muß ich Dir einmal etwas über die Erinnerungen an Strindberg schreiben, die

letzthin in der Neuen Rundschau erschienen sind und mich an einem Sonntagvormittag unter ihrem Eindruck ganz verrückt in meinem Zimmer haben herum laufenlassen.

Morgen oder übermorgen bekommst Du den Kalender und Flaubert. Der Kalender, den ich erst jetzt bekommen habe, ist leider bei weitem nicht so schön, als ich mir ihn gedacht habe, und wollte ich nun jeden Tag ein Blatt abreißen, zusammenlegen und Dir schicken, wäre es gar nichts Rechtes mehr. Da nun aber der Kalender einmal da ist und ich etwas, was für Dich bestimmt war, niemandem andern geben und niemanden andern sehen lassen will, schicke ich Dir ihn doch. Häng ihn in einen Winkel! Die ausgleichende Schönheit zu seiner Häßlichkeit bildet der Flaubert, den ich eigentlich (unnötige Beteuerung!) gern selbst zwischen Deine Hände legen wollte. So, nun gehe ich aber im Sturmschritt schlafen, das Wort ist an Dich gerichtet, Deine Gedanken zu mir herübergezogen, ich bin zufrieden.

Plagst Du Dich nicht zu sehr mit Schreiben an mich, Liebste? Eine Zeile von Dir macht mir so viel Freude, daß mir fünf Zeilen nicht mehr Freude machen können.

Franz

vom 10. zum 11.1.13

Vor allem, Liebste, keine Selbstvorwürfe wegen zu wenig Schreibens! Du schreibst mir viel zu viel für Deine wenige Zeit, viel zu viel!

Wenn Du nur, wie in der letzten Zeit, die schöne Regelmäßigkeit des täglichen Schreibens einhalten kannst, habe ich, was das Schreiben anlangt, keine weiteren Wünsche, und da die andern Wünsche augenblicklich oder für immer unerfüllbar sind, so ist ja alles in Ordnung, wenn auch nicht in bester.

Daß ich mich unmittelbar nach den letzten Worten mit Verwandten zu Tische setze, um Dir zu schreiben, während früher immer mein Schreiben vorherging und ich also, als ich für Dich die Feder nahm, mich auf einer höheren Stufe, ob im Glück oder im Unglück, vorfand – das stört mich. Es darf auch nicht lange so bleiben, Montag, denke ich, fange ich wieder zu schreiben an, viele Geschichten, Liebste, trommeln ihre Märsche in meinem Kopf. Dabei winde ich mich manchmal vor Trauer, die allerdings alle möglichen Gründe hat. Nicht der kleinste ist das Miterleben dieser zwei Verlobungszeiten, Maxens und meiner Schwester. Heute im Bett klagte ich zu Dir über diese zwei Verlobungen in einer langen Rede, die Dir gewiß sehr begründet erschienen wäre, jetzt werde ich wohl nicht mehr alles, was angeführt werden müßte, zusammenbringen, und so lasse ich es vielleicht lieber. Du, was für Ansprachen ich an Dich im Bette halte! Auf dem Rücken liegend, die Füße gegen die Bettpfosten gestemmt, wie rede ich da für die liebste Zuhörerin still in mich hinein! Wir haben so verschiedene Talente. Ich bin der große Redner im Bett, Du die große Briefschreiberin im Bett. Wie machst Du denn das? Dieses Briefschreiben im Bett hast Du mir noch nicht beschrieben.

Mit keiner dieser Verlobungen bin ich zufrieden und habe doch zu Maxens Verlobung sehr und vielleicht ein wenig mitentscheidend geraten; und von der Verlobung meiner Schwester habe ich wenigstens niemals abgeraten. Und außerdem bin ich doch ein schlechter Prophet und Menschenkenner, wie sich an der Ehe meiner verheirateten Schwester [Elli] zeigt, bei deren Verlobung ich die gleiche Trostlosigkeit fühlte, während die Schwester, ein früher schwerfälliges, nie zu befriedigendes, verdrießlich sich forthaspelndes Wesen, jetzt in der Ehe über ihren zwei Kindern in lauter Glück ihre Existenz förmlich verbreitert hat. Aber trotzdem kann ich meiner Menschenkenntnis nicht mißtrauen, denn sie fühlt sich durch Tatsachen nicht widerlegt und muß also doch ein tieferes Recht haben, trotzdem ich dadurch vielleicht dieser angeblichen Menschenkenntnis den Anschein einer bloß tief sich verbohrten Dummheit gebe. Und dann – warum leide ich unter diesen Verlobungen in dieser sonderbaren Art, als treffe mich augenblicklich und unmittelbar ein Unglück, während doch jede Ahnung sich nur auf die Zukunft beziehen kann, während die Hauptbeteiligten selbst unerwartet (kränkt mich vielleicht dieses Unerwartete?) glücklich sind, während schließlich ich selbst persönlich und unmittelbar mich an allen diesen Verlobungs- und Hochzeitsdingen fast gar nicht beteilige. (Gestern sagte abends mein künftiger Schwager ohne jede Bosheit, ohne jede Beziehung auf meine ungeheuerliche Teilnahmslosigkeit, bloß im sinnlosen Scherz: »Guten Abend, Franz! Wie geht's? Was schreibt man von zuhause?« Die Redensart hatte, wenn man wollte, einen guten Sinn.)

Nun, ich bin aber doch beteiligt, die zwei fremden Familien dringen meinem Gefühl nach auf mich ein, die Familie des Schwagers wird sogar in meine eigene Familie hereingetrieben. – Nein, ich schreibe heute nicht mehr weiter, es wird augenblicklich nicht ganz überzeugend, vielleicht ahnst Du im ganzen, was ich meine, im einzelnen, und das ist das Wichtigste, kannst Du es leider von der Ferne nicht verstehn.

In dem Augenblick, in dem Du diesen Brief liest, fahre ich vielleicht in meinem alten Frack, mit zersprungenen Lackstiefeln, viel zu kleinem Cylinderhut und außergewöhnlich bleichem Gesicht (ich brauche jetzt nämlich immer so lange Zeit zum Einschlafen) als Kranzelherr neben einer angenehmen, hübschen, eleganten und vor allem sehr rücksichtsvollen und bescheidenen Cousine in den Tempel, wo die Hochzeit mit dieser großen Feierlichkeit vollzogen wird, die mich auch immer stört, denn dadurch, daß für die jüdische Allgemeinheit wenigstens bei uns die religiösen Zeremonien sich auf Hochzeit und Begräbnis eingeschränkt haben, rücken diese zwei Gelegenheiten in eine so rücksichtslose Nähe, und man sieht förmlich die strafenden Blicke eines vergehenden Glaubens. Gute Nacht, meine Liebste. Wie freue ich mich, daß wenigstens einmal Dein Sonntag zweifellos ruhiger ist als der meine. Mit welcher Bemerkung wohl Deine Mutter diesen Brief Dir wieder übergibt?   Franz

Ich las jetzt nochmals Deinen Brief, und da er mich auf einige Dinge neugierig gemacht hat, stelle ich noch folgende Fragen:

1. Was bedeutet das: Das Medaillon habe ich noch nicht abgemacht.

2. Bei welcher befreundeten Familie warst Du? Gott weiß, wie das kommt, Namen machen mir alles klar.

3. Wie war es im Familienbad? Hier muß ich leider eine Bemerkung unterdrücken (sie bezieht sich auf mein Aussehen im Bad, auf meine Magerkeit). Ich sehe im Bad wie ein Waisenknabe aus. Es gab eine Zeit, das ist nun schon allerdings sehr lange her, wir waren in einer Sommerfrische an der Elbe, es war ein sehr heißer Sommer, das Flußbad war ein besonderes Vergnügen. Nun war aber die Badeanstalt sehr klein, Männer und Frauen badeten durcheinander, ich weiß gar nicht mehr, ob es dort zwei Kabinen gegeben hat, die Gesellschaft in jener Sommerfrische war überhaupt sehr lustig und hat es sich wohl sein lassen. Ich aber nicht; hie und da wagte ich mich unter die Frauen, aber nur selten, meistens – mein Verlangen nach dem Bad war natürlich unaufhörlich und grenzenlos – streifte ich allein wie ein verlorener Hund auf den schmälsten Wegen der den Fluß begleitenden Anhöhen herum und beobachtete die kleine Badeanstalt stundenlang, ob sie sich nicht endlich leeren und für mich zugänglich werden wolle. Wie verfluchte ich zu spät Kommende, welche die vielleicht schon leere Badeanstalt plötzlich wieder füllten, wie jammerte ich, wenn nach ungewöhnlicher Hitze, während welcher alle Leute das Bad genossen hatten, ein großes Gewitter kam und mir jede Hoffnung aufs Bad nun nahm. Im allgemeinen konnte ich erst gegen Abend baden, aber dann war die Luft schon kühl, und das Vergnügen war nicht mehr so groß. Nur manchmal wurde ich durch eine Art Sonnenstich rücksichtslos gemacht und stürmte die übervolle Badeanstalt. Natürlich konnte ich ruhig baden und mit den andern spielen, kein Mensch kümmerte sich um den kleinen Jungen, aber ich wollte es nicht glauben.

4. Von Deinem Vater möchte ich gerne bei Gelegenheit noch mehr hören.

Aber jetzt ist es wieder spät, Du! Auch habe ich noch gar nichts für dieses Hochzeitsmahl an Unterhaltung vorbereitet, und was das Ärgste ist, ich kann es auch nicht und werde es nicht.

Franz

vom 11. zum 12.I.13

Eben, Liebste, habe ich mir den Kopf zermartert, um, wenn schon nichts anderes, so doch drei Sätze wenigstens zur Begrüßung der Hochzeitsgäste zu finden. Endlich habe ich sie, sie sind trostlos. Ja, wenn ich eine Rede gegen die Gäste halten dürfte, ich müßte sie nicht vorbereiten, sie würde im eiligsten Zusammenhange fließen, und ich getraute mich, die Gäste in der Mehrzahl nicht durch Beschimpfungen, sondern durch Aussprechen meiner wahren und erschreckenden Gefühle aus dem Saal zu treiben. So aber bin ich dazu verurteilt, mich selbst zu vertreiben; nicht ich werde es sein, der dort am Tische sitzen, aufstehn, die drei Schülersätze sagen und das Glas heben wird, das alles wird nur durch meine traurige Gestalt verrichtet werden.

Aber das wollte ich Dir eigentlich nicht schreiben, ich schreibe Dir eigentlich aus Angst. Höre! Steht nicht in meinem gestrigen Brief etwas darin, das Dich stören, kränken oder gar beleidigen könnte? Der Gedanke daran würgt mich. Und dabei weiß ich es gar nicht bestimmt, denn da ich jetzt für mich nicht schreibe, ist mir, als hätte ich den Maßstab für solche Dinge aus der Hand gegeben. Vielleicht ist in der Stelle gar nichts Böses enthalten, immerhin schrieb ich sie schon mit schlechtem Gefühl nieder, und nun scheint es mir gleichzeitig roh und kalt und rücksichtslos und frech. Schicke mir, Liebste, auf jeden Fall zu meiner Beruhigung den Brief zurück, aber nein, schicke ihn nicht zurück. Ach, nun weiß ich gar nicht, was ich will; in was für Zustände bin ich hineingeraten! Ich werde lange zu klettern haben, ehe ich wieder herauskomme. Hätte ich nur Deine Antwort auf den letzten Brief, den Du Sonntag bekommen hast, und bei dessen einer Stelle Du vielleicht in Ärger über mich aus dem Bett gefahren bist. Solltest Du mir, Liebste, böse sein, so verzeihe mir – in meinem gegenwärtigen Zustand ist es keine Schande, das Mitleid anzurufen, mein Zustand ist eine Schande – solltest Du mir schon verziehen haben, nimm diesen Brief als eine verspätete Abbitte, solltest Du auf meiner Seite überhaupt keine Schuld gefunden haben, dann lache mich aus, nichts wird mir lieber sein.

Franz

Eine hübsche Bemerkung meiner jüngsten Schwester: Wie Du ja weißt, liebt sie mich sehr, hält unbesehen alles für gut, was ich sage, tue oder meine, hat aber so viel eigene witzige Vernunft außerdem, daß sie imstande ist, gleichzeitig mich und natürlich auch sich (denn sie ist immer auf meiner Seite) ein wenig auszulachen. Nun bin ich zweifellos und offenbar durch die Hochzeit traurig gemacht, die Schwester muß daher nach ihrer ganzen Stellung zu mir diese Trauer berechtigt finden, wenn sie sie natürlich auch nur zum kleinsten Teile mitfühlen kann. Nun hat heute Abend unsere Wirtschafterin beim Einpacken der Sachen für Valli (die heiratet) zu weinen angefangen und damit auch Valli zum Weinen gebracht. Die ist nun mit verweinten Augen ins Wohnzimmer gekommen; kaum sieht Ottla (das ist jene jüngste Schwester) diese verweinten Augen, ruft sie: »Die ist gescheit, sie weint auch!« Das war halb ernst halb lachend gemeint und sollte bedeuten, daß das Weinen am Platze ist, da es meinem Gefühle entspricht, und daß Valli also gescheit sein muß, wenn sie etwas meinem Gefühl so entsprechendes auch aus eigenem Gefühle tut.

Nun gehe ich aber schlafen, ich will morgen nicht noch zu allem auch verschlafen sein.

Über den Mann aus Cairo bin ich im ersten Augenblick fast erschrocken. Er ist ja gewiß ein guter Deutscher, aber ich sah ihn als Araber mit fliegendem

Leintuch im leeren Bureau hinter Dir herjagen. Was nützt mir mein Platz an Deinem Schreibtisch! Besser Nachtwächter in Euerer Fabrik sein, als so ein ferner Liebhaber wie ich.

vom 12. zum 13.I.13

Mein liebstes Kind, es ist vorüber, es entstehen Aussichten auf bessere Zeiten, verhältnismäßige Zufriedenheit beginnt. Manchmal habe ich das Gefühl, diese fremden Leute losgeworden zu sein, sei kein Opfer zu groß gewesen, nicht einmal das Opfer meiner Schwester. Dabei darfst Du natürlich nicht denken und denkst es auch nicht, daß einem solchen Gefühl irgendetwas Tatsächliches entspricht, aber das Gefühl ist unaustreibbar.

Ich bekam Deinen Brief, die Karte und die Bilder mitten in der Hochzeitsgesellschaft, gerade als wir uns zum Zuge ordneten, mir war, als drücktest Du mir die Hand.

Ach Liebste, wie ist das mit den Bildern doch ein sehnsüchtiges Vergnügen. Alle stellen die Liebste dar, keines gleicht dem andern, alle fassen einen mit Gewalt. Auf diesen Bildern gleichst Du wieder sehr dem kleinen Mädchen auf dem ersten Bild, das Du mir schicktest. So still sitzt Du da, die linke Hand, ganz unbeschäftigt, darf doch nicht erfaßt werden, etwas sehr Nachdenkliches wird diktiert. Eine raffinierte Aufnahme für den Fall, als man es darauf angelegt haben sollte, den Mund zu küssen. Bist Du hier in Deinem Bureau photographiert? Was für ein Unterschied ist zwischen den verschiedenen Mundstücken der Apparate? Soll das Bild vielleicht zu Reklamezwecken verwendet werden? Vielleicht zu Ansichtskarten? Das doch nicht?

Liebste, was hättest Du wohl heute zu mir gesagt, wenn Du mich während der Hochzeit hättest beobachten können. Es verlief ja alles beiläufig so wie ich es mir gedacht hatte, das einzig Überraschende war, daß es wirklich zu Ende ging. Aber daß ich mich wieder in einem solchen ausgetrockneten kopfhängerischen Zustand befinden würde, in dem ich dem kläglichsten aller Gäste noch weit unterlegen war, das hatte ich doch nicht erwartet; solche Zustände, dachte ich, lägen schon für immer in sagenhafter Zeit hinter mir. Und nun waren sie wieder da, frisch wie am ersten Tag einer langen Reihe endloser Tage. Erst wie ich nachher auf einen Augenblick allein im Kaffeehaus war und 4 Bilder von Daumier (Der Metzger, das Konzert, die Kritiker, der Sammler) gesehen hatte, fand ich mich wieder leidlich zusammen.

Franz

Du warst mir also nicht bös, meine liebste Felice, wegen des Sonntagsbriefes und hast noch einen Teil Deines Nachmittagschlafes, den Du zehnmal Übermüdete so sehr brauchst, für mich geopfert. War es denn wenigstens ein fester, guter Schlaf? Aber gehst Du gar nicht eislaufen? gar nicht spazieren? Und Zeit zum Lesen hast Du natürlich auch gar keine. Du hast wohl, ehe Du mich, diesen von Deinem Schreiben und durch Dein Schreiben lebenden Menschen, kanntest, eine ganz andere, schönere Zeiteinteilung gehabt. Sag mir, Liebste, etwas darüber, aber die Wahrheit! Zur Erklärung der vielen Zeitschriften, die Du nach Deinem allerersten Briefe immer bekommst, hast Du mir auch noch nichts gesagt. Über die Hochzeit will ich lieber nichts einzelnes schreiben, ich müßte die neuen Verwandten und ihre Freunde beschreiben, und das würde mich zu sehr in die nun schon überstandene Zeit zurückbringen. Meine Cousine heißt Martha, sie hat einige gute Eigenschaften, darunter auch die Anspruchslosigkeit, an die allein ich mich gewendet habe. Meine Eltern, (ich kann der Versuchung nicht widerstehn und sage hier »meine armen Eltern«) waren sehr glücklich über die Festlichkeit trotz der unsinnigen Summe, die mit Schmerzen dafür hinausgeworfen wird. Mein Vater setzt sich nach dem Essen immer für ein Weilchen in den Schaukelstuhl zu einem kurzen Schlaf, nachher geht er dann immer ins Geschäft (legen darf er sich wegen seines Herzleidens nach dem Essen nicht). Heute setzte er sich auch wieder in den Schaukelstuhl, ich glaubte, er sei schon eingeschlafen, (ich mittagmahlte eben) da sagte er plötzlich im Beginn des Halbschlafes: »Jemand hat mir gesagt, die Valli habe gestern im Brautschleier wie eine Fürstin ausgesehn.« Nun sagte er das aber tschechisch, und von der Liebe, Bewunderung und Zartheit, die sich in dem Worte »Knezna« vereinigen, ist in »Fürstin« keine Ahnung, denn dieses Wort ist ganz auf Pracht und Breite hergerichtet. Die Bemerkung meines Schwagers hast Du, Liebste, ein wenig mißverstanden. Wenn auch nur die geringste Möglichkeit für den Schwager bestanden hätte, Deine Briefe zu meinen, dann wäre eine gewisse Bosheit der Bemerkung nicht zu leugnen. Nun weiß aber gerade er von Deinen Briefen natürlich nichts, und eine solche Bezugnahme war ausgeschlossen. Die einzige Beziehung, die man meinem Schwager immerhin hätte zumuten können, die aber auch nicht bestand, war die, daß er sagen wollte, ich kümmere mich um die Familie so wenig, als sei ich in der Fremde und hätte mit der Familie nur brieflichen Verkehr. Von meiner wirklichen Heimat weiß er also nichts.

Franz

Liebste, es ist beim Schreiben wieder sehr spät geworden, immer wieder fällt mir gegen 2 Uhr nachts der chinesische Gelehrte ein. Leider, leider weckt mich nicht die Freundin, nur der Brief, den ich ihr schreiben will. Einmal schriebst Du, Du wolltest bei mir sitzen, während ich schreibe; denke nur, da könnte ich nicht schreiben (ich kann auch sonst nicht viel) aber da könnte ich gar nicht schreiben. Schreiben heißt ja sich öffnen bis zum Übermaß; die äußerste Offenherzigkeit und Hingabe, in der sich ein Mensch im menschlichen Verkehr schon zu verlieren glaubt und vor der er also, solange er bei Sinnen ist, immer zurückscheuen wird – denn leben will jeder, solange er lebt – diese Offenherzigkeit und Hingabe genügt zum Schreiben bei weitem nicht. Was von dieser Oberfläche ins Schreiben hinübergenommen wird – wenn es nicht anders geht und die tiefern Quellen schweigen – ist nichts und fällt in dem Augenblick zusammen, in dem ein wahreres Gefühl diesen obern Boden zum Schwanken bringt. Deshalb kann man nicht genug allein sein, wenn man schreibt, deshalb kann es nicht genug still um einen sein, wenn man schreibt, die Nacht ist noch zu wenig Nacht. Deshalb kann nicht genug Zeit einem zur Verfügung stehn, denn die Wege sind lang, und man irrt leicht ab, man bekommt sogar manchmal Angst und hat schon ohne Zwang und Lockung Lust zurückzulaufen (eine später immer schwer bestrafte Lust), wie erst, wenn man unversehens einen Kuß vom liebsten Mund bekäme! Oft dachte ich schon daran, daß es die beste Lebensweise für mich wäre, mit Schreibzeug und einer Lampe im innersten Raume eines ausgedehnten, abgesperrten Kellers zu sein. Das Essen brächte man mir, stellte es immer weit von meinem Raum entfernt hinter der äußersten Tür des Kellers nieder. Der Weg um das Essen, im Schlafrock, durch alle Kellergewölbe hindurch wäre mein einziger Spaziergang. Dann kehrte ich zu meinem Tisch zurück, würde langsam und mit Bedacht essen und wieder gleich zu schreiben anfangen. Was ich dann schreiben würde! Aus welchen Tiefen ich es hervorreißen würde! Ohne Anstrengung! Denn äußerste Konzentration kennt keine Anstrengung. Nur, daß ich es vielleicht nicht lange treiben würde und beim ersten, vielleicht selbst in solchem Zustand nicht zu vermeidendem Mißlingen in einen großartigen Wahnsinn ausbrechen müßte. *Was meinst Du, Liebste? Halte Dich vor dem Kellerbewohner nicht zurück!*

Franz

Heute ist noch verhältnismäßig bald, aber ich will mich auch bald niederlegen, denn das gestrige, beiläufig gute Schreiben habe ich mit Kopfschmerzen während des ganzen Tags (diese Kopfschmerzen sind eigentlich eine Erfindung der letzten 2 Monate, wenn nicht gar erst des Jahres 1913) und schlechtem von

Träumen zerplatzendem Schlaf bezahlt. Zwei Abende hintereinander gut zu schreiben ist mir schon lange nicht gelungen. Was für eine unregelmäßig geschriebene Masse das sein wird, dieser Roman! Was für eine schwere Arbeit, vielleicht eine unmögliche das sein wird, nach der ersten Beendigung in die toten Partien auch nur ein halbes Leben zu bringen! Und wie viel Unrichtiges wird stehen bleiben müssen, weil dafür keine Hilfe aus der Tiefe kommt.

Gestern vergaß ich etwas zu fragen, trotzdem es mir viel im Kopf herumging. Was bedeutet es, daß Du Sonntag abends schriebst, Du hättest schon während des Tages Rückenschmerzen gehabt, und es wäre Dir nicht ganz wohl gewesen. Selbst am Sonntag, wo Du Dich ausruhn konntest, war Dir nicht wohl? Ist das noch mein gesundes Mädchen? Und ist das mein vernünftiges Mädchen, das den ganzen Sonntag (nach Deinem Briefe scheint es so) zu Hause und bei der Tante verbringt, statt in die schöne Winterluft zu gehn. Schreib mir darüber, Liebste, und die reine Wahrheit! Ich höre immer den Fluch Deiner Mutter: »Das ist Dein Ruin!« Aber wenn sie damit das Schreiben nur meint – und nach dem Zusammenhang meint sie vielleicht nur das Schreiben – dann hat sie einmal Unrecht. Mir genügen 5 Zeilen meiner Liebsten – sag das einmal Deiner Mutter zur Beruhigung ins Ohr, wenn sie mittags schläft – fünf Zeilen sind zwar eine große Forderung, aber einen Ruin macht das nicht. Freilich, wenn die Liebste lange Briefe schreibt! Aber das ist, Mutter, nicht meine Schuld, das Zanken aus diesem Grunde kommt auch mir aus dem Herzen. Aber vielleicht meint die Mutter nicht das Schreiben – dann weiß ich freilich nichts zu antworten. Du hast mir einmal versprochen, daß Du mir sagen wirst, warum Du die Arbeit beim Professor nicht aufgeben oder wenigstens nicht einschränken kannst. Wie kamst Du überhaupt zu dem Professor? Von meinem Schwager schreibe ich Dir noch, von Max auch, von Löwy auch, es ist mir schließlich so gleichgültig, wovon ich schreibe, nur daß ich mit jedem Wort Dich, Liebste, zu berühren glaube, hat Wert. »Heimliche Liebe« wird hier nicht gespielt, aber unser neuer Kanarienvogel hat jetzt in der Nacht, trotzdem er zugedeckt ist, ein Trauerlied angefangen.

Franz

16.I.13 Donnerstag nachmittag

Ich schreibe schon jetzt, denn wer weiß, wie spät und wie zerstreut ich abends nachhause kommen werde. Denke nur, ich bleibe heute abend – ich sah es schon seit einem Monat kommen – nicht zuhause. Es reut mich schon jetzt, und ich will zufrieden sein, wenn es mich ¼ Stunde lang während des heutigen Abends nicht reut. Buber hält nämlich einen Vortrag über den jüdischen Mythus; nun Buber würde mich noch lange nicht aus meinem Zimmer treiben, ich habe ihn schon gehört, er macht auf mich einen öden Eindruck, allem, was er sagt, fehlt etwas. (Gewiß kann er auch viel, er hat Chinesische Geschichten

(Ich hatte gerade kein Löschblatt bei der Hand, und während ich wartete bis die Seite trocknet, las ich in der Education [sentimentale], die gerade neben mir liegt, die Seiten 600 bis 602. Du lieber Gott! Ach lies das, Liebste, lies das nur! »Elle avoua qu'elle désirait faire un tour à son bras, dans les rues.« Was ist das für ein Satz! Was ist das für ein Gebilde! Die zerstrichenen Seiten, Liebste, bedeuten nicht Nächte, in denen es an Kraft fehlte. Gerade das sind Seiten, in die er sich ganz vertiefte, in denen er sich jedem menschlichen Auge verlor. Und noch bei der dritten Niederschrift erlebte er, wie Du aus dem Anhang des Bandes sehen kannst, dieses unendliche Glück.) um in der Klammer fortzufahren: er, Buber, hat also »Chinesische Geister- und Liebesgeschichten« herausgegeben, die, soviel ich davon kenne, prachtvoll sind.) Aber nach Buber liest die Eysoldt vor und ihretwegen gehe ich. Hast Du sie schon gehört? Ich sah sie als Ophelia und als Glaube in »Jedermann«. Ihr Wesen und ihre Stimme beherrschen mich geradezu. Ich werde wahrscheinlich erst nach Bubers Vortrag hingehn.

Ja, Liebste, die Bemerkung in meinem Sonntagsbrief. Es nützt nichts, ich muß sie noch einmal erwähnen. Sie ist sehr arg, nicht war? Nein, Du bist darin gar nicht eigenartig. Sag, wie kann einem nur so etwas geschehn? Liebste, ich bitte Dich nochmals, verzeih es mir, sprich alles aus, laß keine Bitterkeit gegen mich in Dir zurück, sag mir noch einmal ausdrücklich, daß Du verziehen hast, begieß die Bemerkung mit Tinte und schreib mir, daß es geschehen ist. Ich werde aufatmen. Welcher Teufel führte mir damals die Hand!

3 Uhr vorüber, Felice, denke nur. Viel gesehen, manches gehört, nichts, was den schönen Schlaf wert wäre. Gute Nacht, meine Liebste. Wie Du ruhig schläfst und der Dir gehört, wandert so in der Ferne umher. Freuen Dich solche Karten wie die beiliegende? Auf dem Bild die Nackte in der Ecke ist Ottla.

Franz

[Am Rande] Das Bild muß ich zurückhaben, ich habe es der Ottla gestohlen.

vom 17. zum 18.I.13

Ich habe jetzt, Liebste, nach langer Zeit wieder einmal eine schöne Stunde mit Lesen verbracht. Niemals würdest Du erraten, was ich gelesen habe und was mir solche Freude gemacht hat. Es war ein alter Jahrgang der Gartenlaube aus dem Jahre 1863. Ich habe nichts Bestimmtes gelesen, sondern 200 Seiten langsam durchgeblättert, die (damals noch wegen der kostspieligen Reproduktion seltenen) Bilder angeschaut und nur hie und da etwas besonders Interessantes gelesen. Immer wieder zieht es mich so in alte Zeiten, und der Genuß, menschliche Verhältnisse und Denkweise in fertiger, aber noch ganz und gar verständlicher (mein Gott, 1863, es sind ja erst 50 Jahre her) Fassung zu erfahren, trotzdem aber nicht mehr imstande zu sein, sie von unten her gefühlsmäßig im Einzelnen zu erleben, also vor die Notwendigkeit gestellt sein, mit ihnen nach Belieben und Laune zu spielen, – dieser widerspruchsvolle Genuß ist für mich ungeheuer. Immer wieder lese ich gerne alte Zeitungen und Zeitschriften. Und dann dieses alte, einem ans Herz gehende wartende Deutschland von der Mitte des vorigen Jahrhunderts! Die engen Zustände, die Nähe, in der sich jeder dem andern fühlt, der Herausgeber dem Abonnenten, der Schriftsteller dem Leser, der Leser den großen Dichtern der Zeit (Uhland, Jean Paul, Seume, Rückert »Deutschlands Barde und Brahmane«).

Ich habe heute nichts geschrieben, und sobald ich das Buch weglege, befällt mich pünktlich die Unsicherheit, die hinter dem Nichtschreiben hergeht als sein böser Geist. Nur ein guter Geist könnte ihn vertreiben, und er müßte ganz nahe bei mir sein und mir sein Wort, das ein großes Gewicht hätte, dafür verpfänden, daß der Verlust eines Abends, an dem ich nichts (infolge dessen auch nichts Schlechtes) geschrieben habe, nicht unersetzlich sei (wie er es ja tatsächlich ist, aber es müßte eben jener Mund sein, der jetzt am Sonntag vormittag diese Zeilen anlächelt, und dem ich eben alles glaube) und daß ich meine Fähigkeit zu schreiben, in ihrer ganzen Fragwürdigkeit, infolge des einen ungenützten Abends nicht verlieren werde, wie ich, ganz allein an meinem Tisch (im geheizten Wohnzimmer, Hausmütterchen!) sehr ernsthaft befürchte. Ich bin zu müde zum Schreiben gewesen (eigentlich nicht zu müde, aber ich befürchtete große Müdigkeit, nun, 1 Uhr ist es schon), gestern kam ich ja erst um 3 Uhr nach Hause, aber auch dann wollte das Einschlafen noch lange nicht gelingen, und ganz unschuldig wurde mir noch die 5te Stunde in das schrecklich aufmerksame Ohr geläutet. Nun kommt aber morgen – wieder eine neue, allerdings auch schon lange vorhergesehene Störung, ich gehe nämlich – ja, es ist wahr – morgen abend ins Theater. So folgen einander die Vergnügungen, aber dann ist Schluß für lange Zeit. Ich war wohl schon ein Jahr lang nicht im Theater und werde wieder ein Jahr lang nicht gehn, aber morgen ist das russische Ballett zu sehn. Ich habe es schon vor 2 Jahren einmal gesehn und Monate davon geträumt, besonders von einer ganz wilden Tänzerin Eduardowa. Die kommt nun nicht, sie wurde wohl auch nur für eine nebensächliche Dame angesehn, auch die große Karsawina kommt nicht, sie ist mir zum Trotz erkrankt, aber doch bleibt noch vieles. Einmal erwähntest Du das russische Ballett in einem Brief, eine Debatte sollte im Bureau über das russische Ballett stattgefunden haben. Was war denn das? Und wie ist dieser Tangotanz, den Du tanztest? Heißt er überhaupt so? Ist es etwas Mexikanisches? Warum gibt es von jenem Tanz kein Bild? Schöneren Tanz als bei den Russen und schönern Tanz als in einzelnen Bewegungen einzelner Tänzerinnen hie und da habe ich dann nur bei Dalcroze gesehn. Hast Du seine Schule in Berlin tanzen sehn? Sie tanzt dort öfters, glaube ich.

Aber was mische ich mich da unter Tänzerinnen, statt lieber schlafen zu gehn und vorher noch, Felice, Deinen Kopf an meine Brust zu nehmen, die Dich viel mehr braucht, als Du Dir denken kannst. Ich hätte Dir noch so viel zu sagen und zu antworten, aber die Masse des zu Sagenden ist größer und schwieriger als die wirkliche Entfernung zwischen uns, und beide schauen wie unüberwindlich aus. Wie wäre es, fällt mir noch ein, wenn Deine Mutter bei Überreichung dieses Briefes zur großen Überraschung etwas Freundliches sagte. Aber es ist vielleicht unmöglich, der Brief verdient keine Freundlichkeit, er bringt Dir vielleicht nichts Gutes, trotzdem er im ganzen Umkreis der Welt nichts anderes will, und er soll froh sein, daß er bis in Deine Hände kommen darf.

Franz

Eben schrieb ich auf die Briefadresse irrtümlich meine Hausnummer statt Deiner, und 7 leere Sesseln haben im Umkreis um mich dabei zugesehn.

Wie ist das zu verstehn? Deine Mutter ist abends im Wohnzimmer, während Dein Vater im Schlafzimmer liest? Was macht Deine Mutter allein im Wohnzimmer?

Dann noch etwas. Hast Du im Sommer vielleicht andere Bureaustunden als im Winter, da Du schreibst, daß Du freitagnachmittags im Sommer in [den] Tempel gehst. (Ich war schon seit einigen Jahren nur 2 mal im Tempel – bei den Hochzeiten meiner Schwestern) Ich dachte, Du machtest Spaß wegen der Mäuse. Die gibt es also wirklich? Armes Kind!

[Ansichtskarte. Stempel: Prag – 19.I.13]

Um ½ 4 nachhause gekommen. Morgengrüße hier und dort!   FK

Sonntag, 19.I.13, nachmittag, schlechte Stunde

Liebste, nein, so sollst Du nicht schreiben wie in dem vorletzten Brief. Du streichst es ja in dem heutigen Brief durch, aber es steht nun doch einmal hier, und ich habe es 24 Stunden in mir herumgetragen. Weißt Du denn nicht, wie ich solche Dinge lesen muß? Weißt Du denn nicht, wie schwach und armselig und auf den Augenblick gestellt ich bin? Gar wenn ich, wie heute, schon den 4ten Tag nichts für mich geschrieben habe. Du ahnst es, Liebste, gewiß, ich könnte mich Dir sonst nicht so nahe fühlen, aber ich schreibe es doch noch besonders auf: Als ich den gestrigen Brief gelesen hatte, sagte ich zu mir: »Also da steht es, nicht einmal für Felice, die dir doch gewiß viel mehr zugute hält als andere Menschen, genügst du an Beständigkeit und Selbstsicherheit. Wenn du aber ihr nicht genügst, wie sollst du auch nur irgendjemandem sonst genügen? Und das, was du damals schriebst und worauf dir Felice hier antwortet, kam dir ja wirklich aus dem Herzen. Du brauchst den Keller, wenn es dir auch z.B. heute scheint, daß nicht einmal der Keller dir nützen würde. Hat Felice diese Notwendigkeit nicht eingesehn? Kann sie sie nicht einsehn? Weiß sie nicht, zu welcher Überfülle von Dingen du unfähig bist? Und weiß sie nicht, daß, wenn du im Keller wohnst, auch dieser Keller bedingungslos ihr gehört? (Wobei man allerdings zugeben muß, daß ein Keller und nichts als ein Keller ein trauriger Besitz ist.)« Liebste, meine Liebste, weißt Du denn das alles nicht? Ja aber Liebste, wenn das so ist, was für Leid werde ich über Dich bringen müssen, selbst wenn alles noch so günstig wird, wie in manchen Träumen? Und je günstiger, desto mehr Leid. Darf ich das? Und selbst wenn die Selbsterhaltung es mir befiehlt? Manchmal fällt die Unmöglichkeit wie eine Welle über die Möglichkeit hin.

Unterschätze, Liebste, nicht die Standhaftigkeit jener chinesischen Frau! Bis zum frühen Morgen – ich weiß gerade nicht, ob die Stunde angegeben wird – wachte sie in ihrem Bett, der Schein der Studierlampe ließ sie nicht schlafen, sie verhielt sich aber ruhig, versuchte vielleicht durch Blicke den Geklärten vom Buche abzuziehn, aber dieser traurige, ihr doch so ergebene Mann merkte es nicht, nur Gott weiß es, aus wieviel traurigen Gründen er es nicht merkte, über die er eben keine Herrschaft hatte, die aber alle insgesamt im höhern Sinn ihr, wieder nur ihr ergeben waren. Schließlich aber konnte sie sich nicht haken und nahm ihm doch die Lampe weg, was ja schließlich ganz richtig, seiner Gesundheit zuträglich, dem Studium hoffentlich nicht schädlich, der Liebe nützlich war, was ein schönes Gedicht hervorrief und doch alles in allem nur eine Selbsttäuschung der Frau gewesen ist.

Liebste, nimm mich zu Dir, halte mich, laß Dich nicht beirren, die Tage werfen mich hin und her, bringe Dir zum Bewußtsein, daß Du niemals reine Freude von mir haben wirst, reines Leid dagegen soviel man nur wünschen kann, und trotzdem – schick mich nicht fort. Mich verbindet nicht nur Liebe mit Dir, Liebe wäre wenig, Liebe fängt an, Liebe kommt, vergeht und kommt wieder, aber diese Notwendig[keit], mit der ich ganz und gar in Dein Wesen eingehakt bin, die bleibt. Bleibe auch, Liebste, bleibe! Und schreib solche Briefe wie den vorletzten nicht mehr. Ich bin diese Tage von Donnerstag abend an nicht mehr zu meinem Roman gekommen und heute wird es auch nichts mehr werden. Ich werde nachmittag mit Max beisammen sein müssen und mit Werfel, der schon morgen wieder nach Leipzig fährt. Ich habe den Jungen täglich lieber. Gestern habe ich auch mit Buber gesprochen, der persönlich frisch und einfach und bedeutend ist und nichts mit den lauwarmen Sachen zu tun zu haben scheint, die er geschrieben hat. Die Russen endlich gestern abend waren prachtvoll. Der Nijinski und die Kyast sind zwei fehlerlose Menschen, im Innersten ihrer Kunst, und es geht von ihnen die Beherrschung aus wie von allen solchen Menschen.

Aber wie das alles auch sein mag, von morgen abend an rühre ich mich wieder für lange Zeit nicht von zu Hause weg. Ja vielleicht hat gerade dieses Herumbummeln Unruhe über meine Liebste gebracht. Gerade zu jener Zeit, als jener Brief geschrieben wurde, war ich in der Gesellschaft, die sich nach jenem Vortragsabend um Buber und die Eysoldt zusammengefunden hatte, und benahm mich im Genuß der falschen Lust, einmal von Zuhause fort zu sein, genug übertrieben und auffallend. Wenn ich nur schon wieder bei meiner Geschichte säße! Wenn nur die Liebste schon wieder ruhig wäre und entschlossen, das Unglück, das ich ihr verursache und das sie für einen Augenblick auf den Boden gestellt hat, wieder aufzunehmen!

Franz

Was hat die Mutter bei Übergabe des Briefes gesagt? Was schreibt der Vater? Wann übersiedelt Ihr? Deine Fragen über die Betrachtung beantworte ich nächstens. Nicht zwei Tage habe ich gut geschrieben, nur einen. Nur einen in der ganzen Woche! Und da verwehrst Du mir noch den Keller!

19.I.13

Nun bin ich, meine arme Liebste, (wenn es mir schlecht geht, sage ich »arme Liebste«, so möchte ich mich am liebsten mit allem Unglück in Dich werfen, Du wahrhaftig arme Liebste, Du), müde wie ein Hühnchen nachhause gekommen, im Kopf nichts als dieses Summen der Schläfrigkeit, da gibt es wieder Gesellschaft im Nebenzimmer und statt mich zu legen, um Mitternacht in der Stille aufzustehn, zu essen und Dir dann zu schreiben, irgendein gutes, abbittendes (habe ich etwas abzubitten, Liebste? Ich weiß es nie und glaube es fast immer) ganz und gar einigendes Wort zu schreiben, werde ich, da es nicht anders geht, den Lärm mit dem Nachtmahl verbinden und dann sehr bald, womöglich vor 10 Uhr schlafen gehn.

So, nun habe ich mich wieder zu Dir gerettet. Noch reden nebenan die Schwester und eine Cousine von ihren Kindern, die Mutter und Ottla reden dazwischen, der Vater, der Schwager und der Mann der Cousine spielen Karten, da gibt es Gelächter, Hohn, Schreie und Kartenniederschlagen, nur manchmal vom Vater unterbrochen, der seinen Enkel imitiert; über allen aber singt der Kanarienvogel, der ganz jung ist, der Valli gehört, vorläufig bei uns lebt und noch Tag und Nacht nicht unterscheiden kann.

Ich habe den Sonntag schlecht verbracht, bin unzufrieden, und der Lärm nebenan ist ein passender Abschluß. Und morgen ist wieder das Bureau, in dem ich Samstag einige besondere Unannehmlichkeiten neben den allgemeinen und unaufhörlichen hatte, und die sich morgen gewiß fortsetzen werden, sobald ich ins Bureau trete. Und bis zum morgigen Abend ist noch so weit! Liebste, ich möchte so gerne Einzelheiten Deiner Bureauarbeit wissen. (Warum bekomme ich übrigens nicht einen Offertbrief? Und wie war das Ergebnis dieser Briefe?) Was will z.B. der Meister, der Dich in die Fabrikräume holt? Wegen welcher Angelegenheiten telephoniert man Dich an? Was fragen die Kleinen? Was für Geschäftswege hast Du? Wer ist der Herr Hartstein? Gibt es schon diesen öffentlichen Phonographensalon in der Friedrichstraße? Wenn nicht, wann wirst Du ihn einrichten? Ich habe übrigens noch einen geschäftlichen Einfall für Dich. In den Hotels sollte man für die Gäste, ebenso wie ein Telephon, auch einen Parlographen bereithalten. Glaubst Du nicht? Such das einmal einzuführen! Wie wäre ich stolz, wenn das gelingen würde. Ich bekäme dann 1000 andere Einfälle. Und muß ich das nicht, da ich doch in Deinem Bureauzimmer sitzen darf. Ist es da etwas besonderes, wenn ich, nachdem ich den ganzen Tag den Kopf an Deiner Schulter hätte lehnen lassen, am Abend einen kleinen und wahrscheinlich lächerlichen oder längst durchgeführten Geschäftseinfall hätte?

Franz

vom 20. zum 21.I.13

Bei Tag, Liebste, ist die Entfernung zwischen Prag und Berlin so wie sie in Wirklichkeit ist, aber von 9 Uhr abend beiläufig angefangen dehnt sie sich und dehnt sich ins Unwahrscheinliche. Und doch kann ich gerade am Abend leichter beurteilen, was Du tust. Du nachtmahlst, trinkst Tee, unterhältst Dich mit der Mutter, machst Dir dann im Bett Deine Märtyrerstellung zurecht, schreibst mir und schläfst hoffentlich in Frieden ein. Ist Dir der Tee gesund? Regt er Dich nicht auf? Jeden Abend dieses aufregende Getränk zu trinken! Mein Verhältnis zu den Speisen und Getränken, die ich selbst niemals oder nur in Not essen und trinken würde, ist nicht so, wie man es erwarten sollte. Ich sehe nichts lieber essen als solche Dinge. Wenn ich an einem Tische mit 10 Bekannten sitze und alle trinken schwarzen Kaffee, habe ich bei diesem Anblick eine Art Glücksgefühl. Fleisch kann um mich dampfen, Biergläser können in großen Zügen geleert werden, diese saftigen jüdischen Würste (wenigstens bei uns in Prag sind sie so üblich, sie sind rundlich wie Wasserratten) können von allen Verwandten ringsherum aufgeschnitten werden (die gespannte Haut der Würste gibt beim Aufschneiden einen Klang, den ich noch von den Kinderzeiten her im Ohre habe) – alles das und noch viel Ärgeres macht mir nicht den geringsten Widerwillen, sondern tut mir im Gegenteil überaus wohl. Es ist ganz gewiß nicht Schadenfreude (ich glaube gar nicht an die absolute Schädlichkeit schädlichen Essens, wen es zu diesen Würsten zieht, wäre ein Narr, wenn er dem Zug nicht folgte), es ist vielmehr die Ruhe, die gänzlich neidlose Ruhe beim Anblick fremder Lust und zugleich die Bewunderung eines in meinen nächsten Verwandten und Bekannten wohnenden, für mich aber gänzlich phantastischen Geschmacks. Aber das alles hat nichts Eigentliches mit meiner Furcht zu tun, daß der Tee, besonders wenn Du am Tag wegen der Krankheit der Fakturistin so viel arbeiten mußt, Dir schaden könnte, indem er zumindest Deinen Schlaf, den Du so brauchst, unruhig macht. Sonst liebe ich ja auch den Tee, und in die Beschreibung des Nachtmahls Deiner Schwester habe ich mich geradezu versenkt. Wie wäre es aber, wenn Du statt Tee Milch trinken würdest, wie Du es, wenn ich mich recht erinnere, zu seiner Zeit Deinen Eltern versprochen hast? Das Essen im Bureau ist ja auch nicht viel wert, wie Du selbst zugestehst. Und vormittag und nachmittag ißt Du gar nichts?

Das ist wirklich merkwürdig, daß Du das Buch von Buber gekauft hast! Kaufst Du regelmäßig Bücher oder nach Laune und dann ein so teures Buch. Ich kenne es nur aus einer ausführlichen Besprechung, in der verschiedene Zitate standen. Daß es irgendwie an Casanova erinnern sollte, kann ich mir gar nicht denken. Auch schreibst Du »seine« Art, es sind doch wohl Übersetzungen? Oder sollten es so eingreifende Bearbeitungen sein, welche mir seine Legendenbücher unerträglich machen.

Ja, Werfel war einen Monat lang hier. Als der schöne Faulenzer, der er ist, hat er sich eben auf einen Monat von Leipzig nach Prag gewälzt. Er hat hier auch öffentlich vorgetragen. Es war aber am Vorabend der Hochzeit, und ich hatte damals mehr Lust, mich begraben zu lassen, als aus dem Haus zu gehn.

Das freut mich, daß Dir die Ottla gefallen hat. Du hast Recht, sie ist riesig groß, sie kommt eben aus der Familie des Vaters her, wo die starken Riesen zuhause sind. Die andere Nackte ist die Valli, die hast Du wohl nicht erkannt.

Nun aber gute Nacht, Liebste. Es ist spät. Der Kanarienvogel hinter mir singt traurig und unaufhörlich.   Franz

21.I.13 ? 3 nachmittag

Liebste, ich danke Dir vielmals für Deinen Brief. Ich war schon ohne wahren Grund so traurig. Ich bin doch der wankelmütigste Mensch von allen, die ich kenne, und liebte ich Dich nicht schon ein für allemal, ich liebte Dich noch überdies deshalb, weil Du Dich vor solchem Wankelmut nicht fürchtest. Das Beispiel Deiner Tante Klara ist heute gut am Platz, so oder ähnlich bin auch ich. Nur daß ich keine Tante bin, von der man solches schon leiden kann. Heute früh vor dem Aufstehn war ich nach sehr unruhigem Schlaf so traurig, daß ich mich vor Traurigkeit aus dem Fenster nicht werfen (das wäre für meine Traurigkeit noch zu lebenslustig gewesen), aber ausgießen hätte wollen.

Nun habe ich aber Deinen Brief und mache Dir, Liebste, in Eile den Vorschlag, daß wir uns niemals mehr etwas übel nehmen wollen, da wir beide unverantwortlich sind. Die Entfernung ist so groß, ihr ewiges Überwinden so quälend, man läßt eben manchmal nach und kann sich im Augenblick nicht fassen. Und dazu kommt noch meine elende Natur, die nur dreierlei kennt: Losspringen, zusammenfallen und hinsiechen. Der Wechsel dieser drei Möglichkeiten macht mein Leben aus. Arme bewunderungswürdige Liebste, die sich in ein solches Treiben wagt. Ich gehöre Dir ganz und gar, das kann ich infolge des Überblickes sagen, den ich über mein 30jähriges Leben habe.

                                                                                   Franz

Meine arme Liebste, wenn schon das chinesische Gedicht eine so große Bedeutung für uns bekommen hat, so muß ich Dich noch eines fragen. Ist es Dir nicht aufgefallen, daß gerade von einer Freundin des Gelehrten die Rede ist und nicht von seiner Ehefrau, trotzdem doch dieser Gelehrte sicher ein älterer Mann ist und beides, die Gelehrsamkeit und das Alter, dem Beisammensein mit einer Freundin zu widersprechen scheinen. Der Dichter aber, der nur rücksichtslos die abschließende Situation erstrebte, ging über diese Unwahrscheinlichkeit hinweg. War es deshalb, weil er die Unwahrscheinlichkeit einer Unmöglichkeit vorzog? Und wenn es nicht so war, fürchtete er vielleicht, daß eine ähnliche Gegenüberstellung des Gelehrten zu seiner Frau dem Gedicht jede Fröhlichkeit nehmen und dem Leser nichts anderes beibringen könnte, als das Mitgefühl des Jammers dieser Frau? Diese Freundin in dem Gedicht ist nicht schlimm daran, diesmal verlöscht die Lampe wirklich, die Plage war nicht so groß, es steckt auch noch genug Lustigkeit in ihr. Wie aber, wenn es nun die Ehefrau gewesen wäre, und jene Nacht nicht eine zufällige Nacht, sondern ein Beispiel aller Nächte und dann natürlich nicht nur der Nächte, sondern des ganzen gemeinschaftlichen Lebens, dieses Lebens, das ein Kampf um die Lampe wäre. Welcher Leser könnte noch lächeln? Die Freundin im Gedicht hat deshalb unrecht, weil sie diesmal siegt und nichts will, als einmal siegen; weil sie aber schön ist und nur einmal siegen will, und ein Gelehrter niemals mit einem Male überzeugen kann, verzeiht ihr selbst der strengste Leser. Eine Ehefrau dagegen hätte immer recht, es wäre ja nicht ein Sieg, sondern ihr Dasein, das sie verlangte, und das der Mann über seinen Büchern ihr nicht geben kann, wenn er auch vielleicht nur zum Schein in seine Bücher schaut und tage- und nächtelang an nichts anderes denkt, als an die Frau, die er über alles liebt, aber eben mit seiner ihm angeborenen Unfähigkeit liebt. Die Freundin hat hierin gewiß einen schärferen Blick als die Ehefrau, sie ist eben nicht ganz in die Situation versenkt, sie behält den Kopf oben. Die Ehefrau aber, als das arme, unglückliche Wesen, das sie ist, kämpft wie blind; das, was sie vor Augen hat, sieht sie nicht, und wo eine Mauer steht, glaubt sie im geheimen, daß dort nur ein Seil gespannt ist, unter dem man immer noch wird durchkriechen können. So verhält es sich wenigstens in der Ehe meiner Eltern, trotzdem hier ganz andere Ursachen wirken, als in dem chinesischen Gedicht.

Nicht jedes chinesische Gedicht meiner Sammlung ist übrigens dem Gelehrten so günstig wie dieses, und nur in den ihm freundlichen Gedichten heißt er »Gelehrter«, sonst heißt er »Stubenhocker«. Dann ist ihm gegenübergestellt »der unerschrockene Reisende«, der Kriegsheld, der mit den gefährlichen Gebirgsvölkern Kämpfe besteht. Den erwartet seine Frau, zwar unruhig, aber von seinem Anblick ganz beglückt, da sieht man einander in die Augen, wie treue Menschen, die einander lieben und einander lieben dürfen, da gibt es nicht den schiefen Blick, mit dem die Freundin in der Güte und dem Zwange ihres Herzens den Gelehrten beobachtet, da warten schließlich Kinder und umspringen den zurückkehrenden Vater, während die Wohnung des »Stubenhockers« leer ist, dort gibt es keine Kinder.

Liebste, was ist das doch für ein schreckliches Gedicht, ich hätte es nie gedacht. Vielleicht kann man es, ebenso wie es sich öffnen läßt, auch zertreten und darüber hinweg, das menschliche Leben hat viele Stockwerke, das Auge sieht nur eine Möglichkeit, aber im Herzen sind alle Möglichkeiten versammelt. Was meinst Du, Liebste?

Franz

22.I.13

Wieder zwei Briefe, Liebste, hast Du keine Angst? Weißt Du denn nicht, daß wir regelmäßig nach einer Periode von 2 Tagesbriefen so schön zusammenklappen, als es nur möglich ist. Vorausgesetzt natürlich, daß wir nicht gerade jetzt ganz unglaublich zusammengeklappt sind und nur froh sein müssen, daß uns niemand zuschaut, denn wie müßten wir uns sonst schämen! Wo bleibt übrigens Dein gestriges Mittagessen, ich suchte es vergebens zwischen den Zeilen. Solltest Du es ausgelassen haben, aber das wäre doch fürchterlich! Die neue Referenzenliste schick mir nur! Natürlich. Auf alles, was von Dir gemacht ist, werfe ich mich. Dem Nebble gefällt die Liste nicht? Du, dann müssen wir ihn einmal durchprügeln. Warte, heute Abend (jetzt ist es schon zu spät) schreibe ich Dir einen neuen geschäftlichen Einfall, der Dein Geschäft aufmischen soll. Leb wohl, Liebste, man läuft zum Mittagessen und verlangt von Dir das Gleiche.

Franz

vom 22. zum 23.I.13

Sehr spät, Liebste, und doch werde ich schlafen gehn, ohne es zu verdienen. Nun, ich werde ja auch nicht schlafen, sondern nur träumen. Wie gestern z.B., wo ich im Traum zu einer Brücke oder einem Quaigeländer hinlief, zwei Telephonhörmuscheln, die dort zufällig auf der Brüstung lagen, ergriff und an die Ohren hielt und nun immerfort nichts anderes verlangte, als Nachrichten vom »Pontus« zu hören, aber aus dem Telephon nichts und nichts zu hören bekam, als einen traurigen, mächtigen, wortlosen Gesang und das Rauschen des Meeres. Ich begriff wohl, daß es für Menschenstimmen nicht möglich war, sich durch diese Töne zu drängen, aber ich ließ nicht ab und ging nicht weg.

An meinem Roman schreibe ich seit 3 Tagen ganz wenig, und das wenige mit Fähigkeiten, die vielleicht gerade zum Holzhacken genügen würden, aber nicht einmal zum Holzhacken, höchstens zum Kartenspielen. Nun, ich habe mich eben in letzter Zeit (das ist kein Selbstvorwurf, sondern nur Selbsttrost) an den Füßen aus dem Schreiben herausgezogen und muß mich nun wieder mit dem Kopf einbohren.

Liebste, Du weinst? Weißt Du, was das bedeutet? Das bedeutet, daß Du an mir verzweifelst. Tust Du das wirklich? Nein, Liebste, tu das nicht. Du hast doch schon die Erfahrung gemacht, daß es mit mir im Kreise geht. An einer bestimmten, immer wiederkehrenden Stelle stolpere ich und schreie. Spring nicht hinzu, (kannst Du eigentlich meine Schrift lesen? Eine etwas verspätete Frage) bring Dich nicht in Verwirrung, ich stehe schon wieder so aufrecht, als es mir gegeben ist. Nicht weinen, Liebste! Ich hätte es ja gewußt, daß Du geweint hast, auch wenn Du es nicht geschrieben hättest, ich plagte Dich ja, wie ein Indianer seinen Feind, vielleicht auch noch mit meinem gestrigen Brief. Gnade, Liebste, Gnade! Du meinst vielleicht im geheimen, Liebste, ich hätte mich in meinen Launen Dir gegenüber, aus Liebe zu Dir, beherrschen können. Ja, aber weißt Du denn, Liebste, ob ich es nicht doch vielleicht getan habe und mit aller, freilich lächerlichen, Kraft?

Soll ich nun schlafen gehn oder Dir vorher meine geschäftlichen Einfälle schreiben. Nein, ich schreibe sie doch noch, es ist um jeden Tag schade, an dem sie nicht ausgeführt werden. Sieh nur, was für Fortschritte ich auch darin mache. Letzthin machte ich den Vorschlag, einen Musiksalon einzurichten, und nun zeigt sich, daß schon 2 seit Jahren in Berlin bestehn. (Daß es aber in jeder größern Stadt einen gibt, ist wirklich nicht hübsch.) Dann gab ich Dir den Rat wegen der Hotels, der nun, wie sich herausstellt, erstens schlecht und zweitens veraltet ist. Immerhin hat man den Versuch erst vor einem ½ Jahr gemacht; vielleicht sind meine heutigen Vorschläge erst vor einem ¼ Jahr ausgeführt worden, und so nähere ich mich allmählich der Gegenwart.

Übrigens muß man wegen der Hotels die Hoffnung nicht aufgeben und sollte es als eifriger Geschäftsmann heute nach Ablauf eines ½ Jahres von neuem versuchen. Haben einzelne Hotels den Parlographen doch gekauft? Es wäre auch vielleicht gar nicht schlecht spekuliert, einzelnen Hotels den Parlographen umsonst zur Verfügung zu stellen und dadurch die andern zur Anschaffung zu zwingen. Die Hotels sind ja im Allgemeinen so konkurrenzwütig. Also meine neuen Ideen:

1. Es wird ein Schreibmaschinenbureau eingerichtet, in welchem alles, was in Lindströms Parlographen diktiert ist, zum Selbstkostenpreis, oder anfangs zur Einführung vielleicht etwas unter dem Selbstkostenpreis, in Schreibmaschinenschrift übertragen wird. Das Ganze kann dadurch vielleicht noch billiger werden, daß man sich mit einer Schreibmaschinenfabrik zu diesem Zweck in Verbindung setzt, welche gewiß aus Reklame- und Konkurrenzgründen günstige Bedingungen stellen wird.

2. Es wird ein Parlograph erfunden (kommandier, Liebste, die Werkmeister!), der das Diktat erst nach Einwurf einer Geldmünze aufnimmt. Solche Parlographen werden nun überall aufgestellt, wo gegenwärtig Automaten, Mutoscope und dgl. stehn. Auf jedem solchen Parlographen wird wie auf den Postkästen die

Stunde verzeichnet sein, zu welcher das Diktierte, in Schreibmaschinenschrift übertragen, der Post übergeben werden wird. Ich sehe schon die kleinen Automobile der Lindström A.G., mit welchen die benutzten Walzen dieser Parlographen eingesammelt und frische Walzen gebracht werden.

3. Man setzt sich mit dem Reichspostamt in Verbindung und stellt solche Parlographen auf allen größern Postämtern auf.

4. Außerdem werden solche Apparate überall dort aufgestellt, wo man zwar Zeit und Bedürfnis zum Schreiben, aber nicht die nötige Ruhe und Bequemlichkeit hat, also in Eisenbahnwaggons, auf Schiffen, im Zeppelin, in der Elektrischen (wenn man zum Professor fährt). Hast Du bei Deiner Hotelrundfrage besonders an die Sommerfrischenhotels gedacht, wo die vor Geschäftsunruhe zappelnden Kaufleute die Parlographen umlagern würden?

5. Es wird eine Verbindung zwischen dem Telephon und dem Parlographen erfunden, was doch wirklich nicht so schwer sein kann. Gewiß meldest Du mir schon übermorgen, daß es gelungen ist. Das hätte natürlich ungeheure Bedeutung für Redaktionen, Korrespondenzbureaus u.s.w. Schwerer, aber wohl auch möglich, wäre eine Verbindung zwischen Grammophon und Telephon. Schwerer deshalb, weil man ja das Grammophon überhaupt nicht versteht, und ein Parlograph nicht um deutliche Aussprache bitten kann. Eine Verbindung zwischen Grammophon. und Telephon hätte ja auch keine so große allgemeine Bedeutung, nur für Leute, die, wie ich, vor dem Telephon Angst haben, wäre es eine Erleichterung. Allerdings haben Leute wie ich auch vor dem Grammophon Angst, und es ist ihnen überhaupt nicht zu helfen. Übrigens ist die Vorstellung ganz hübsch, daß in Berlin ein Parlograph zum Telephon geht und in Prag ein Grammophon, und diese zwei eine kleine Unterhaltung miteinander führen. Aber Liebste, die Verbindung zwischen Parlograph und Telephon muß unbedingt erfunden werden.

Du, ist aber jetzt schon spät! Ich opfere meine Nächte für Dein Geschäft. Antworte mir ausführlich, es muß nicht auf einmal sein, sonst überströme ich von Ideen. Und nicht 2 Briefe täglich, Liebste! Und ordentlich zu Mittag essen! Und ruhig sein! Nicht weinen! Nicht verzweifeln! Mich für einen Narren halten, dessen Narrheit noch zur Not in Schwebe bleibt! Und nun ernstlich »Gute Nacht!« und einen Kuß, hilflos vor Liebe.   Franz

vom 23. zum 24.I.13

Nichts, nichts, den ganzen langen Tag nichts. Ich fliege bis 11 Uhr jede ¼ Stunde durch die Korridore, schaue auf alle Hände, nichts. Denke, dann ist es eben zuhause, komme nachhause und nichts. Und das gerade in einer Zeit, in der unser Boot ein wenig schwankt, durch meine Schuld natürlich, Du bis auf das Blut gequälte [s], lieb-ste[s] Mädchen, Du.

Was bedeutet Dein Nichtschreiben? Etwas Schlimmes? Du, die ich mir so nahe fühlte, lebst jetzt eigenmächtig einen Tag lang in Berlin, und ich weiß nichts von Dir. Welcher Tag war es denn? Dienstagmittag schriebst Du mir zum letzten Mal. Abends konntest Du dann nicht, gut, Mittwoch am Tage konntest Du nicht, gut, aber dann schriebst Du, bitte, schriebst (ich bitte für die Vergangenheit) schriebst also am Mittwoch abend, und morgen früh mit der ersten Post habe ich Deinen Brief und lese, daß Du mich nicht verlassen willst, selbst wenn Du in mir statt eines Menschen, einen (wie man nach manchen Briefen glauben möchte) kranken, wild gewordenen Affen finden solltest.

Manchmal denke ich an die falschen Vorstellungen, die sich Deine Umgebung, die Kleinen, das Frl. Lindner, Deine Mutter und Schwester von unserem Briefwechsel machen müssen. Wie sie glauben müssen, daß da in Prag irgendein braver, treuer Junge ist, der der Felice nur Liebes und Gutes zu schreiben hat, Tag für Tag, so wie es diese Felice verdient, und wie es niemanden in Erstaunen setzen würde. Und keiner von ihnen weiß, daß er sehr oft der Felice einen großen Dienst erweisen könnte, wenn er das Fenster ein wenig öffnen und vor ihrer Ankunft den Brief aus dem Fenster werfen würde.

Das ist ja der Unterschied zwischen uns, Felice. Wenn es mir schlecht geht (und ich freue mich fast, daß es in der letzten Zeit nicht aufhören will, so verdiene ich es), dann ist es meine Schuld; was geschlagen wird, bin ich, und was schlägt, bin wieder ich, aber wo wäre bei Dir, Felice, die geringste Schuld zu finden? Ich habe heute nichts geschrieben, ich war bei Max, er hat mich schriftlich darum gebeten, und mündlich hat er mir Vorwürfe darüber gemacht, daß wir einander entfremden, durch meine Schuld natürlich, durch meine Lebensweise, ich komme zu ihm höchstens einmal in der Woche, und wenn ich komme, sehe ich aus, als wäre ich gerade aus dem tiefsten Schlaf getrommelt worden. Was soll ich tun? Ich halte eben die Zeit mit den Zähnen fest, und sie wird mir doch herausgerissen. Samstag muß ich wieder zu Max. Er hat etwas Ehemännisches, von Launen Unabhängiges, trotz Leiden und Unruhe oberflächlich Fröhliches. – Liebste, daß Du mir morgen erscheinst in dem schrecklichen Bureau!

Franz

vom 24. zum 25.I.13

So erzürnt habe ich Dich doch noch gar nicht gesehn, wie über diese Tante Klara. Wie schön Du bist! Wie ich Dich lieb habe! Die Tante Klara ist freilich ein sonderbares Frauenzimmer, und es muß ihr, da sie auf solche Gedankengänge eingeübt ist, wohl schwer fallen, ihre Tochter bei einem Provinztheater zu lassen. Deine Kousine kenne ich nicht, ich war nämlich bei Sophies Hochzeit nicht, nicht vielleicht, weil ich keine Zeit gehabt hätte (keine Zeit hatte ich damals nur in dem Augenblick, wenn irgendeine Anforderung an mich gestellt wurde, sonst wußte ich mir aber vor Unglück und Zeitüberfluß gar nicht zu helfen), sondern nur aus dem einfachen Grunde, weil ich mich vor den fremden Leuten fürchtete. Ich stand aber beim Eingang des Tempels und erfuhr später, daß das Mädchen, mit dem Otto Brod ging, und von dem ich nichts anderes in Erinnerung habe, als daß sie einen auffallenden, nicht schönen, oben in einer Mulde mit weißen Blumen vollgestopften Hut hatte und in stolzer Haltung ging, die Schauspielerin gewesen wäre. Schade, daß ich nicht bei jener Hochzeit war! Ich hätte vielleicht mit Deinem Bruder gesprochen, und gewiß wäre selbst während des unbedeutendsten Gespräches irgendetwas geschehn, an das ich mich heute erinnern würde, und das als Vorhersage der Bedeutung angesehen werden könnte, die Du, die unbekannte Schwester, für mich bekommen hast. Zeichen geschehen ja immerfort, alles ist von Zeichen angefüllt, aber wir bemerken sie nur, wenn wir darauf gestoßen werden.

Du verteidigst Dein Essen gut, (als ich den Brief früh zum erstenmal las, bekam ich Lust, in Deine so schön belegten Brötchen hineinzubeißen, und sie Dir wegzuessen und dazu womöglich leichten Tee mit Zitrone zu trinken, mit dem ich mich in frühern Zeiten so gern durchsäuerte) aber mich, Liebste, erweichst Du nicht. Wenn ich Dir nämlich schon aus übergroßer Liebe, und weil mir solches Reformieren weder schön noch gut noch nützlich scheint, Wurst, Aufschnitt und solche Dinge gern erlaube, das viele Teetrinken gefällt mir, besonders in seiner Regelmäßigkeit, doch nicht. Und Du verteidigst es auch so, wie alle Leute das Gift, an das sie gewöhnt sind: Du sagst, der Tee wäre gar nicht so stark, ebenso wie Du vielleicht Deiner Mutter, wenn sie bei Übergabe dieses Briefes unsere Korrespondenz Deinen Ruin nennt, antworten würdest, daß Du sie leicht erträgst. Täuschst Du Dich aber nicht über den Tee? (von der Korrespondenz rede ich nicht, denn dieses Gift, wenn es ein solches sein sollte, muß ich Dir einflößen, da kann ich mir nicht helfen.) Trinke ihn vielleicht etwas seltener. Aber dann höre ich allerdings schon Deine Mutter fragen: »Was ist das schon wieder für eine Neuigkeit?« und wage nicht mehr zu raten. Schönen Sonntag! Und ein wenig Ruhe!

Franz

Nun habe ich den Brief beendet, es ist auch schon genug spät, aber ich muß doch einiges sagen:

Vor allem ein Vorwurf, daß Du die Bestellung für Deine Schwester mir nicht anvertraut hast. Ganz stolz fing ich die betreffende Briefstelle zu lesen an und wurde immer kleiner, je weiter ich las, bis ich dann im folgenden Brief erfahren mußte, daß ich gar keine Aussicht habe, und daß die Bestellung schon ausgeführt ist. Geh, wie konntest Du mich so beschämen. Weißt Du nicht, daß der Gedanke, etwas für Dich tun zu können, mich geradezu scharfsinnig machen kann, und ich die Absendung rasch und tadellos ausgeführt hätte? Die Freude, Dir einen Gefallen zu machen, hätte alle Mühe hundertmal überstiegen.

Das Bild der Kleinen würde ich natürlich sehr gerne sehn, ich muß doch auch wissen, mit wem ich in dem Medaillon zusammenwohne, und was das für ein Menschlein ist, das ein solches Anrecht auf Deine Küsse hat.

Die Post hat sich wieder mit mir einen Spaß gemacht. Dein Mittwochbrief, den Du beim Zahnarzt schriebst, kam erst Donnerstagnachmittag ins Bureau, ich bekam ihn erst, fluchend und glücklich, am Freitagmorgen.

Noch etwas vor dem Abschied: Führst Du eigentlich ein Tagebuch? Unnütze Frage, Du hast ja jetzt keine Zeit. Aber hast Du eins geführt? Wie lange? Einmal erwähntest Du eine Eintragung, als Du von der großen Liebe erzähltest, die Du als 15jährige hattest. Später kam aber die Rede nicht mehr darauf.

Nun aber wirklich gute Nacht. Der Briefverkehr wäre ganz hübsch, hätte man nur nicht am Ende eines Briefes, ebenso wie am Ende einer Unterredung, das natürliche Bedürfnis, dem andern ordentlich in die Augen zu sehn. Denke nur, jetzt muß ich gar noch einen Brief an einen Bekannten schreiben. Den will ich aber so hinludern, daß ihn keines Menschen Auge lesen kann.

Allerneuester Enschluß: Ich schreibe den Brief überhaupt nicht und gehe schlafen.   Franz

Du schickst mir so wenig Zeitungsausschnitte, und ich schicke Dir da wieder einen so schönen. Du hast doch nicht am Ende den Zeitungsausschnitt über die Seligsprechung der 22 Negerjünglinge von Uganda verloren?

zum 26.I.13

Samstag 1 Uhr nachhause gekommen.

Daß Du es, Liebste, weißt, ich denke an Dich mit solcher Liebe und Sorge, als hätte Dich Gott mit den eindeutigsten Worten mir anvertraut.

Franz

Sonntag, 26.I.13

Was ist es, Liebste? Was treibt Dich durch die Gassen? Bist Du wirklich das Mädchen auf dem heutigen Bild, das nicht zu viel und nicht zu wenig lächelt, und das man in jeder Not anschauen wird, um ruhig zu werden. Und Du weinst? Geh! Du behauptest, ich sei durch Dich gestört, während einfach nichts anderes durchbricht als meine Unfähigkeit, die gleiche, die Du schon an Dir erfahren hast, und die Du, Arme, ich fürchte, noch oft genug erfahren wirst. Aber sag mir ganz offen, wie hat sich *Dein* Leben verändert, seitdem Du mich kennst, sag mir ganz genau und gleich im nächsten Brief, wann Du zuletzt, ehe ich Dir mit meinen Briefen Tränen abzwang, je geweint hast, einzelne Fälle wie Ärger über närrische Tanten, über prügelnswerte Reisende u.s.w. natürlich ausgenommen. Aber was war denn am Freitag? Was war denn das? Waren in meinem Brief versteckte Quälereien, von denen ich selbst nicht weiß? Wirkte ein früherer Brief erst jetzt im bösen Sinne nach? War ich vielleicht gar nicht der Grund? Was war es dann? Überarbeitung? Du bist nicht das Mädchen, das sich ohne ganz bestimmten, augenblicklich wirkenden Grund verwirren läßt. Liebste, sag es mir doch! Denke, Du sprichst zu Dir!

Mein Roman! Ich erklärte mich vorgestern Abend vollständig von ihm besiegt. Er läuft mir auseinander, ich kann ihn nicht mehr umfassen, ich schreibe wohl nichts, was ganz außer Zusammenhang mit mir wäre, es hat sich aber in der letzten Zeit doch allzusehr gelockert, Falschheiten erscheinen und wollen nicht verschwinden, die Sache kommt in größere Gefahr, wenn ich an ihr weiterarbeite, als wenn ich sie vorläufig lasse. Außerdem schlafe ich seit einer Woche, wie wenn ich auf Wachposten wäre, alle Augenblicke schreckt es mich auf. Die Kopfschmerzen sind zu einer regelmäßigen Einrichtung geworden, und kleinere, wechselnde Nervositäten hören auch nicht auf, an mir zu arbeiten: Kurz, ich höre gänzlich mit dem Schreiben auf und werde vorläufig nur eine Woche, tatsächlich vielleicht viel länger, nichts als ruhn. Gestern Abend habe ich nicht mehr geschrieben, und schon habe ich unvergleichlich gut geschlafen. Wüßte ich, daß auch Du Dich ausruhst, würde mir die Ruhe noch viel lieber sein.

Was ist das für ein schönes, leicht gearbeitetes Kleid, das Du auf dem Bilde trägst, und wie verläuft es weiter? Wie stehst Du oder sitzt Du auf dem Bild? Dein rechter Arm ist weg. Das glänzende Ding, ist es das Medaillon? – Aber was helfen die Bilder, auf dem Bild siehst Du frisch aus, hast runde Wangen, klare Augen, bist so wie Deine Mutter und ich Dich haben wollen, und in Wirklichkeit bist Du noch spät abends wach im Bett und weinst.

Von dem Buch »Die Frauen um Nap. [Napoleon]« habe ich schon gehört. Derartig angelegten Büchern glaube ich niemals gern, selbst wenn ich neben der unvermeidlichen Lust, sie zu lesen, auch die Zeit dazu hätte. Solche Untersuchungen leben notwendig von Übertreibungen. Napoleon hat gewiß mit Frauen weniger zu tun gehabt, als ein Beobachter zu sehen glaubt, der sich ausschließlich und für lange Zeit von dem Anblick Napoleons langsam aber sicher aus aller gewöhnlichen Menschenkenntnis und Welterfahrung in die Höhe ziehen läßt. Ich habe einmal einen merkwürdigen Sektionsbefund über die Leiche Napoleons gelesen, in dem seine Zurückhaltung gegenüber Frauen in einem guten Zusammenhang als eine bekannte Tatsache nur flüchtig erwähnt wird. Dafür spricht trotz des scheinbaren Gegensatzes die Art seiner vor Liebe jammernden Briefe an Josephine, sowie die Roheit seiner Aussprüche in sexuellen Dingen.

Warum denkst Du, daß ich mit Max nicht gut stehe? Wir waren, seit wir einander kennen, das dürfte jetzt schon 10 Jahre her sein, niemals miteinander böse. Schwankungen unterliegt ein solches Verhältnis natürlich auch, wie alles Menschliche, besonders, wenn ich daran irgendwie beteiligt bin. So habe ich mir ihm gegenüber im Laufe der Jahre vieles vorzuwerfen gehabt, er dagegen ist vielleicht gänzlich ohne Schuld. Aber darüber muß ich Dir noch einmal ausführlicher schreiben. Heute nicht, ich würde es nicht richtig darstellen können.

Gerade jetzt 4 Uhr nachmittags kommt Dein Expreßbrief. Liebste, Liebste, keine unnützen Sorgen! Es geht mir immer 10 mal besser, als ich schreibe, die Feder gleitet eben aus, das ist alles. Was mag ich nur schon wieder für schreckliche Dinge geschrieben haben; da siehst Du, was für ein großer Schriftsteller ich bin, ich will mein liebstes Mädchen beruhigen und rege sie auf. Es ist ein Jammer mit mir, und ich verdiene gar keinen Kuß.

Franz

vom 26. zum 27.I.13

Ich bin lange über Hebbels Briefen gesessen, und nun ist es spät geworden. Das war ein Mensch, der Leid zu ertragen und Wahrheit auszusprechen verstand, weil er sich eben im Innersten gehalten fühlte. Keine Linie seines Wesens verschwimmt, er zittert nicht, und dabei lebte er von seinem 30ten Jahr ab zwischen 2 Frauen, hatte zwei Familien, Tote hier und dort. Er konnte immer wieder den Bericht über irgendetwas, was er getan hatte, mit den Worten einleiten: »Wenn die Ruhe des Gewissens die Probe des Handelns ist, ...«, wie weit bin ich von solchen Menschen entfernt! Wollte ich auch nur einmal diese Gewissensprobe machen, ich müßte mein Leben mit dem Anblick der Schwankungen dieses Gewissens verbringen. So kehre ich mich lieber weg, will nichts von Überprüfung wissen und nur, wenn die Ahnung dessen, was hinter meinem Rücken vorgeht, zu groß wird, reißt es mich ein wenig nieder.

Natürlich bin ich infolgedessen überall der Schuldige, auch in meinem Verhältnis zu Max. Ich bin aus Liebe, Schwachheit, Feigheit und aus vielen andern zum Teil unkenntlichen Gründen nicht immer ehrlich ihm gegenüber gewesen, in kleinen Dingen war ich es nicht auf Schritt und Tritt, aber selbst in großen Dingen war ich es nicht immer. – Aber es widerstrebt mir, darüber zu schreiben, ich kann nicht, Liebste, heute nicht, sei nicht böse darüber und begreife es.

Sorgen um unser beiderseitiges Verhältnis mußt Du Dir aber gar keine machen, Du hättest uns nur gestern abend, wir waren allein zusammen im Kaffeehaus, lachen sehen sollen, seine Freundschaft zu mir ist unwandelbar, auch meine zu ihm, nur *daß der Schwerpunkt dieser Freundschaft in mir allein liegt, so daß ich allein weiß, wenn sie schwankt, und so mit dem Leid, das ich allein daraus erfahre, die Schuld abtragen kann, die ebenso mir allein gehört.* Die Bemerkung Maxens, die ich Dir schrieb, und die Dir Sorgen machte, war ganz nebenbei gesagt, wie er überhaupt die Gewohnheit hat, vielerlei, was mit ihm gar nicht eigentlich zusammenhängt, ohne Bedenken und dauerndes Verantwortlichkeitsgefühl zu sagen. Du kennst ihn nicht genug und kennst mein übertreibendes, unbeherrschtes Schreiben nicht genug und erschrickst. Ach, es würde mir gebühren, den Schrecken, den ich verursacht habe, mit Küssen aufzulösen!

Franz

Jetzt solltest Du, Liebste, hier sein (eine sonderbare Einladung, Mitternacht ist schon längst vorüber), wir wollten einen schönen, stillen Abend verbringen, so still, daß Dir am Ende gar unheimlich würde. Arme Liebste, sag mir doch, wie tut es, so geliebt zu sein? Ich wollte nichts, als Deine Hände halten und Deine Nähe fühlen. Bescheidener Wunsch? Und doch durchbricht er die Nacht und die Ferne nicht.

Schönen Dank für die Referenzenliste. Und die hat dem Nebble nicht gefallen? Und da findet sich kein Fuß, der ihm den richtigen Fußtritt gibt? Ich habe das Buch noch nicht ganz gelesen; eine Hypochondrie, der Euere künftigen Kundschaften gewiß nicht unterliegen, schreckt mich vor so kleinem Druck, aber ich habe dennoch schon gesehn, daß ich mit meinem Rat, den Pari, mit dem Telephon zu verbinden – und darauf war ich tagelang stolz – zu spät gekommen bin. Das gibt es also schon und läßt sich nicht im größten Umfang ausnützen? Für wichtige, peinlich genau aufzunehmende Gespräche der Banken, Agenturen u.s.w., wo es auf genaueste Notierungen oder auf Beisein von Zeugen ankommt, müßte ja ein Pari, unentbehrlich sein. Die eine Hörmuschel würde der Angestellte halten, die andere wäre mit dem Pari, verbunden und eine unwiderlegliche Zeugenschaft in der eigenen Stimme des Redenden gewonnen. – Die Übersichtlichkeit und das Imponierende der Liste ließe sich vielleicht noch durch ein beigelegtes Blatt unterstützen, auf welchem die Abnehmer nach der Art ihrer Betriebe geordnet wären, und auf dem gleichzeitig eine ganz kurze Übersicht darüber gegeben würde, was der P. nach den eigenen Angaben der Abnehmer zu leisten imstande ist. – Im ganzen aber ist es prachtvoll, so wie es ist, und ich kann mich gar nicht zurückhalten, Dich vor Stolz so abzuküssen, daß es Dir in Wirklichkeit Leid täte, die Liste gemacht zu haben. Aber das konnte man allerdings nicht voraussehn und die Direktion am allerwenigsten.

Schon gestern wollte ich Dir schreiben, wie froh ich bin, daß Du der Sophie geschrieben hast. Ich will sie mit Bitten um Erzählungen von Dir maßlos plagen, aber natürlich so zart und listig, wie es bei meiner großen Geschicklichkeit und Gesprächsübung nicht anders zu erwarten ist. Und wenn es anders ist, es ist doch nichts Böses, daß ich Dich lieb habe? Nicht so kühn gefragt!

Franz

Wieder komme ich, Liebste, von Hebbels Briefen zu Dir. Ich weiß nicht, wie Menschen, die von einem bürgerlichen Beruf und von bürgerlichen Sorgen ausgefüllt sind, solche Briefe lesen, in denen sich ein Mensch aus seinem durch die dichterische Arbeit aufgeregten und ewig, selbst in der Ohnmacht, strömenden Innern mit den wildesten Selbstgeständnissen erhebt, – ich fühle ihn tatsächlich (trotzdem ich, mit ruhigem Auge gemessen, soweit von ihm entfernt bin, wie der kleinste Mond von der Sonne) ganz nahe an meinem Leib, er klagt an meinem Hals, er rührt an meine Schwächen unmittelbar mit seinen Fingern und manchmal, selten genug, reißt er mich mit sich fort, als wären wir zwei Freunde. Im einzelnen kann ich seine Wirkungen nicht beschreiben, aus dem ersten das zweite entwickeln kann ich nicht, in solcher dünner Luft wird mir das Leben zu schwer, ich breche aus dem tatsächlichen Kampfe aus, um im Anblick des Ganzen zu ruhn. Meine Denkkraft hat unglaublich enge Grenzen, in den Ergebnissen die Entwicklung fühlen, kann ich; aus der Entwicklung zu den Ergebnissen steigen oder aus den Ergebnissen Schritt für Schritt hinabzugehn, das ist mir nicht gegeben. Es ist, als fiele ich auf die Dinge herab und erblickte sie nur in der Verwirrung des Falles.

Hebbel denkt ganz genau und ohne die geringsten Winkelzüge, in denen man sich so gern mit seiner Verzweiflung zu retten sucht. Er denkt nicht nur mit einer ihm von frühester Jugend an innewohnenden Kraft (seine Bildung war ganz zufällig und jammervoll zusammengetragen), sondern auch nach einer ihm von Anfang an innewohnenden, bis zur Einfältigkeit charakterisierten Methode. Wenn ich mir das genau vorzustellen suche, hört die gute menschliche Wirkung seiner Briefe für mich sofort auf, und er tritt mich einfach nieder.

Für Deinen heutigen Brief, Liebste, meinen besondern Dank. Gott weiß, unter welchen Mühseligkeiten Du ihn geschrieben hast, aber Du hast ihn doch geschrieben, und ich hatte, als ich aus dem Bureau ging, ein von Dir am vorigen Tag beschriebenes Papier in der Tasche, das ich dort halten, streicheln und liebhaben konnte. Denk nur, sogar die Schokolade habe ich gegessen, natürlich langsam, zögernd, ängstlich, aber die Verführung, möglichst viel an Deiner Existenz und Deiner Lust teilzunehmen, war zu groß. Es hat mir auch nicht geschadet, denn alles, was von Dir kommt (darin bist Du anders als ich) ist lieb und gut und unschädlich.

Franz
vom 29. zum 30.I.13

Es gehört wohl in die Reihe alles Neuen, was ich seit dem letzten Sommer erlebt habe, daß ich endlich und ausgiebig verkühlbar geworden bin wie andere Menschen. Und daß ich mich verkühle, ohne den Grund zu wissen und trotz dieser abgehärteten, tausendmal massierten Haut. Sollte mir am Ende der heiße Tee fehlen, an dem sich meine Liebste nach meiner (jetzt allerdings nach diesen Verkühlungen nicht mehr maßgebenden) Meinung so gern erregt? Weißt Du, es gab Zeiten, wo ich in der Unmöglichkeit des Mich-Verkühlens ein nicht unwichtiges Zeichen meines immer rascheren Unterganges zu erkennen glaubte; von der Tatsache dieses raschen Untergangs war ich immer überzeugt. Ich sagte mir: (das Nicht-Verkühlen war natürlich nur ein Zeichen unter vielen) so löse ich mich nach und nach aus der menschlichen Gemeinschaft; ich paßte überall auf, wo ich etwas dafür Beweisendes finden konnte; jede Kleinigkeit mißlang mir; nicht jede Furcht bestätigte sich, Hoffnung wurde getäuscht; wenn ich mit jemandem über das Gleichgültigste redete, und er sah nur ein wenig zur Seite, fühlte ich mich schon verstoßen und sah kein Mittel, das Gesicht des andern zu mir hinüberzuziehn und so festzuhalten. Einmal gelang es mir, Max, den für solche Zustände sonst ganz Unzugänglichen, fast vollständig davon zu überzeugen, daß es mit mir immerfort ärger werde, und daß niemand, selbst wenn er mich noch so lieb habe, sich ganz nah zu mir setze, mir in die Augen schaue, um mich aufzumuntern, mich gar umfasse, (dies schon mehr aus Verzweiflung als aus Liebe) irgendwie imstande sei, mich zu retten. Ich müsse mir überlassen bleiben, das sei auch mir am liebsten, und im Übrigen so lange ertragen werden, als es menschenmöglich sei. Wir machten damals, wir zwei allein, einen Ausflug nach Dobřichowic, einem schönen Ort in der Nähe von Prag, wo wir auch übernachteten. Der eine Nachmittag war ganz verregnet, ich lag auf dem Kanapee in Maxens Zimmer (wir hatten 2 Zimmer, denn ich muß allein in einem Zimmer schlafen, Du siehst das am Ende gar für Muth an, es ist aber nur Ängstlichkeit, die folgert: ebenso wie man, wenn man auf dem Boden liegt, nicht fallen kann, kann einem auch nichts geschehn, wenn man allein ist), war ganz stumpf, konnte aber nicht einschlafen, wollte aber auch die Augen nicht offenhalten, um Max nicht zu stören, der am Tisch die Novelle »Die Tschechin« (die Du vielleicht im Berliner Tageblatt später gelesen hast) anfing und zu Ende führte, so lag ich also mit geschlossenen Augen, hörte gelangweilt dem Regen zu, der auf dem Holzdach und der Holzterrasse besonderen Lärm machte und brannte darauf, daß Max endlich mit der Geschichte fertig werde (die er übrigens rasend schrieb, die Feder strich nur so über das Papier), damit ich aufstehn und mich ein wenig strecken könne, allerdings zu keinem andern Zweck, als um wiederum Lust zu bekommen, mich von neuem auf das Kanapee zu werfen und weiterhin stumpf dazuliegen. So habe ich viele Jahre, und wenn ich genauer zurückzuschauen versuche, unendlich viele Tage gelebt. Deine Hand, Liebste, damit eine gleiche Unendlichkeit schöner Tage kommt! Deine schöne, liebe Hand, nach der ich ja doch nicht zu greifen wage.   Franz

vom 30. zum 31.I.13

Liebste, quäle Dich doch nicht ab, mir ausführlicher zu schreiben, als es Dir Deine Zeit bequem erlaubt, ich will doch Dein guter Geist, nicht Dein Quälgeist sein. Ein Gruß und die Versicherung, daß Du für mich da bist – damit bin ich in solchen Zeiten ganz zufrieden. Überbürdet man Dich nicht ein wenig im Bureau, nun wird neben der Fakturistin und Frl. Großmann ein drittes Mädchen krank, dessen Arbeit man Dir aufladet? Da könnte doch schließlich die Direktion begreifen, daß das zuviel ist.

Um wie viel besser habe ich es doch als Du oder könnte es vielmehr haben! Du würdest, hättest Du so viel freie Zeit wie ich, ein gutes, nützliches Leben führen, von dem Du und alle Freude hätten, Du tust es ja jetzt nicht anders, trotzdem Du bis ¾ 8 abends ohne Mittagspause – es ist schrecklich – an Dein Bureau gebunden bist. Ich tue eigentlich gar nichts, Menschen mit Launen, die in ihre Arbeit eingreifen, sollte man in keinem Bureau dulden, Du würdest den Kopf schütteln, wenn Du sehen würdest, was ich z.B. heute im Bureau gearbeitet habe. Ich habe eine Menge verschiedenartigster alter Sachen auf dem Tisch liegen – wenn auch nicht so viele wie vor einiger Zeit denn es gab inzwischen eine Woche mäßig guter Arbeit – aber heute sollte ich vor allem einen im übrigen gleichgültigen Bericht ans Ministerium, den ich gestern begonnen hatte, zu Ende machen. Es war mir unmöglich, mir fiel nichts ein, dabei gab es heute eine große manipulative Arbeit im Bureau, zu der ich auch meinen Schreibmaschinisten hergeben mußte, ich saß also selbst bei der Maschine und fühlte mich zu nichts anderem geschaffen, als die Hände im Schoß zu halten. Selbst die Schreibmaschine verliert in solchen Zeiten die Fähigkeit zu schreiben, und wenn man sie so anschaut, sieht sie wie eine alte, längst überholte Erfindung aus und ist nur altes Eisen. Ich habe etwa 8 Seiten geschrieben und habe für morgen die schöne Aussicht, diese 8 Seiten als nichtsnutzig zerreißen zu müssen und den Bericht, der etwa auf 20 Seiten berechnet ist, von neuem anzufangen. Nur ganz selten fließt mir das Diktat aus dem Mund, wie die Reden der homerischen Helden, und es ist eben die Gefahr der Seltenheit, daß sie mit einem Mal für immer ausbleiben kann. Allerdings, man lebt ja, und die Säfte nehmen ihren wenn auch schwerfälligen Gang. Nun bedenke aber, daß ich außer der Bureauarbeit fast gar nichts mache und meinen Vater wegen meiner Vernachlässigung der Fabrik kaum anzuschauen, wie denn erst anzureden wage. Nun Liebste, lobe mich ein wenig wegen meiner schönen Lebensweise.

Franz

vom 31. [Januar] zum 1.II.13

Gar keine Nachricht, meine Liebste, im Bureau sagte ich, wenn etwas nachmittag käme, solle man es mir schicken, es kam aber nichts. Gestern gab es zwei Briefe, hätte es sich lieber verteilt! Aber unruhig bin ich nicht; wenn Du so geplagt wirst wie in der letzten Zeit, kannst Du ruhig auch einen Tag auslassen, ich halte Dich in meinem Innern fest und weiß doch von Dir. Ich bin noch immer verkühlt oder eigentlich nicht verkühlt, sondern habe nur ein, vielleicht zum großen Teil hypochondrisches, aber doch ein wenig unheimliches Kältegefühl über den ganzen Rücken hin, als sei immerfort eine Spritze mit kaltem Wasser gegen mich gerichtet und fände mich, wo ich gehe und stehe. Auch jetzt während des Schreibens im warmen Zimmer, es ist etwas Teuflisches.

Wenn man in solcher Verfassung ist, kann einen nichts lustig machen, als wenn man einen Brief mit solchen Zumutungen bekommt, wie ich ihn heute von Stoeßl bekam. Er schreibt auch über mein Buch [Betrachtung], aber mit so vollständigem Mißverständnis, daß ich einen Augenblick geglaubt habe, mein Buch sei wirklich gut, da es selbst bei einem so einsichtigen und literarisch viel-geprüften Mann wie Stoeßl solche Mißverständnisse erzeugen kann, wie man sie Büchern gegenüber für gar nicht möglich halten sollte und wie sie nur ge-genüber lebenden und deshalb vieldeutigen Menschen möglich sind. Als einzige Erklärung bleibt, daß er das Buch flüchtig oder stellenweise oder (was allerdings bei dem Eindruck der Treue, die sein Wesen in jeder Äußerung macht, unwahr-scheinlich ist) gar nicht gelesen hat. Ich schreibe hier die betreffende Stelle für Dich ab, seine Schrift ist nämlich ganz unlesbar und wenn Du nach vieler Mühe auch glauben würdest, sie lesen zu können, würdest Du gewiß mit mißver-ständlichen Deutungen lesen. Er schreibt: »Ich habe Dir äußerlich und inner-lich gleich schön geratenes Buch sofort und in einem Zuge gelesen und mich an der eigentümlichen schwebenden Gehaltenheit und leichten, innersten Heiter-keit der kleinen Denkmäler kleiner, großer Augenblicke sehr erfreut. Es ist ein besonders schicklicher, sozusagen nach innen gerichteter Humor darin, nicht anders, als man nach einer gut durchschlafenen Nacht, nach erquickendem Bad, frisch angezogen, einen freien sonnigen Tag mit froher Erwartung und un-begreiflichem Kraftgefühl begrüßt. Ein Humor der guten eigenen Verfassung. Es könnte keine bessere Bedingung eines Autors selbst, keine schönere Bürg-schaft für ihn gedacht werden, als dieser lautere Stimmungsinhalt seiner ersten Sachen.« Es bleibt übrigens noch eine Erklärung für dieses Urteil, die ich oben vergessen habe, nämlich die, daß ihm das Buch nicht gefällt, was bei der Mi-schung seines Wesens leicht zu denken wäre. Der Brief paßt übrigens ganz gut zu einer heute erschienenen, übertrieben lobenden Besprechung, die in dem Buch nur Trauer findet.

Heute Abend ist Sophie [Friedmann] gekommen, hätte ich nicht diesen kalt übergossenen Rücken und den »Humor der eigenen guten Verfassung«, ich hätte sie sehr gerne von der Bahn geholt. Wenn ich schon keine Nachricht von Dir hatte, hätte ich doch paar Augen gesehn, die Dich wochenlang gesehen haben, auch Dein Name wäre gewiß genannt worden, und wenn das ganze auch auf eine kleine Fahrt mit der Elektrischen eingeschränkt geblieben wäre, es wäre doch schön gewesen. Aber nächste Woche will ich sie belagern, und wenn ich schon von Dir über Deinen Breslauer Aufenthalt trotz Versprechungen noch nichts erfahren habe, sie will ich schon zum Reden bringen. Liebste, was ist das für ein Ersatz Deiner Person! Gerüchte, Reden, Erwähnungen, Erinnerungen umarme ich statt Deiner und dabei bleibt es.

Damit Du in Deinen Gerichtssachen nicht allein bist, muß ich Montag wie-der nach Leitmeritz zu Gericht. Ist das lästig! Allerdings stört es mir diesmal keine Geschichte. Nur wollte ich lieber mit einem kleinen Umweg über Berlin nach dem warmen Süden fahren, wohin Max mit seiner Frau am Sonntagnach-mittag abreist. Wie soll man das aber anstellen?   Franz

Mutter, heute ein gutes Wort!

Eben setze ich mich seit meinem Nachmittagsbrief zum ersten Mal zum Schreibtisch. Wieviel Uhr ist es? (Ich schreibe die Antwort auf die nächste Seite, wie man es mit den schrecklichen Überraschungen der Lieferungsromane macht.) Ich habe den ganzen Nachmittag mit Werfel, den Abend mit Max verbracht und bin zermartert von Müdigkeit und Spannungen im Kopf, die sich heute der Scheitelhöhe nähern, erst nach 8 zum Schlaf gekommen. Natürlich gab es da schon den gewöhnlichen Unterhaltungslärm im Nebenzimmer, der mich zeitweise, wenn mich meine Müdigkeit gerade ein wenig in den Schlaf getaucht hatte, desto höher wieder herausgerissen hat. Immerhin blieb ich in der schönsten Mannigfaltigkeit von Schlaf, Dusel, Träumerei und zweifellosem Wachsein bis jetzt im Bett und bin nur aufgestanden, um Dir, Liebste, zu schreiben und mir einiges für den Roman zu notieren, das mich mit Macht im Bett angefallen hat, trotzdem ich solche vereinzelte Erleuchtungen künftiger Ereignisse mehr fürchte als verlange. Das Nachtmahl habe ich ausnahmsweise fehlerlos (bei seiner Kompliziertheit ist das gar nicht leicht zu machen) auf meinem Tisch vorgefunden, habe es aber ungegessen weggeräumt. Mein Magen ist, wie mein ganzer Mensch, seit paar Tagen nicht in Ordnung und ich suche ihm durch Hungern beizukommen. Heute habe ich z.B. bloß zu Mittag gegessen. Ich erwähne es deshalb, um jede Kleinigkeit, von der ich einen Erfolg erwarte, in das Licht Deiner Augen zu halten.

Werfel hat mir neue Gedichte vorgelesen, die wieder zweifellos aus einer ungeheueren Natur herkommen. Wie ein solches Gedicht, den ihm eingeborenen Schluß in seinem Anfang tragend, sich erhebt, mit einer ununterbrochenen, innern, strömenden Entwicklung – wie reißt man da, auf dem Kanapee zusammengekrümmt, die Augen auf! Und der Junge ist schön geworden und liest mit einer Wildheit (gegen deren Einförmigkeit ich allerdings Einwände habe)! Er kann alles, was er je geschrieben hat, auswendig und scheint sich beim Vorlesen zerfetzen zu wollen, so setzt das Feuer diesen schweren Körper, diese große Brust, die runden Wangen in Brand. Er wird im Feber in Berlin vorlesen, da mußt Du jedenfalls hingehn. Natürlich war auch von Dir (wenn auch nicht namentlich) die Rede, wie verginge für mich ein Nachmittag ohne Dich, und er hat mir in den Weltfreund eine kleine Widmung für »eine Unbekannte« hineingeschrieben, damit sich Frl. Lindner ein wenig ärgert. Ich schicke Dir das Buch nächstens, wenn mir nur nicht immer die Art der Verpackung, der Aufgabe u.s.w. solche Sorgen machen würden. Deshalb ist die »Höhe des Gefühls« [Brod] auch so lange bei mir gelegen, natürlich gehört das Buch Dir, ich hatte es Dir doch schon längst versprochen. Ebenso wälzt sich auch schon der französische für Dich bestimmte Flaubert wochenlang auf meinem Schreibtisch herum und ich gebe mich Träumereien über die möglichen Arten der Verpackkung und Versendung hin.

Hast Du eigentlich den Brief des Löwy, den ich Dir für Sonntag schickte, lesen können? Er spielte Sonntag in Berlin, wenigstens glaubte ich es aus dem Brief herauslesen zu können, und so hatte ich die Hinterlist begangen, diese Stelle zu unterstreichen. Später habe ich mir deshalb Vorwürfe gemacht und bin nun froh, daß Du die unterstrichene Stelle nicht bemerkt hast oder aus sonstigen Gründen nicht in das Theater gegangen bist. Ich nehme Deine kleine freie Zeit schon genug für mich in Anspruch, übergenug! Wie mir Werfel, der auch mit Löwy zusammengekommen ist, erzählte, hat die Truppe dem Leipziger Korrespondenten des Berliner Tageblatt, einem Dr. Pinthus, den ich übrigens auch kenne (er ist ein schwerfälliger Mensch und es ist nicht viel von ihm zu erwarten), so gefallen, daß er in einem Feuilleton des B.T. über sie schreiben wird. Schicke es mir, bitte, wenn Du es findest, ich denke an die Schauspieler immer noch sehr gern.

Deine Vorschläge, Liebste, für eine neue Zeiteinteilung – ich kann sie nicht befolgen. So wie es ist, ist es das einzige Mögliche; halte ich es nicht aus, desto ärger; aber ich werde es schon aushalten. Ein bis zwei Stunden zum Schreiben genügen nicht (abgesehen davon, daß Du für das Schreiben an Dich keine Zeit vorhergesehen hast), zehn Stunden wären gerade das Richtige, da aber das Richtige nicht zu erreichen ist, muß man sich ihm wenigstens möglichst annähern und nicht an Schonung denken. Ich habe sowieso die letzten Tage heillos schlecht für mein Schreiben ausgenützt, es muß anders werden, das untergräbt mich, nun habe ich heute wieder gar nichts geschrieben und war, als ich mich abends ins Bett legte, über meine Müdigkeit und die kurze Zeit so verzweifelt, daß ich im Halbschlaf betete, der Bestand der Welt möchte in meine Hände gegeben sein, um ohne Besinnung an ihm rütteln zu können. Ach Gott! Ach Liebste!

Franz

2.II.13

Liebste, weißt Du, wo Dein abgehärteter, unverkühlbarer, eiserner Narr augenblicklich an Dich schreibt? Durchaus nicht etwa in freier Winternacht, sondern, Schande über Schande, in der warmen Küche. Es ist nur im Wohnzimmer geheizt, bei dem Sturm ist es in unserer Höhenlage kaum möglich anderswo zu heizen, in meinem Zimmer wurde nicht geheizt, weil ich ja nachmittag nach Leitmeritz fahren will (ich fahre vielleicht doch erst morgen), im Wohnzimmer schläft die Familie einer über dem andern, die Küche ist aber leer und still und wenn die kalten Fliesen nicht wären und der starke Uhrenschlag, es wäre das vollkommene Schreibzimmer.

Maxens Hochzeit ist vorüber und er fährt schon nach dem Süden, aber eine besondere Hochzeitsfeierlichkeit gab es nicht, wie Du zu vermuten scheinst, es war nur die Trauungszeremonie im Hotel, sonst nichts, kein Polterabend, kein Hochzeitsessen, meine Menschenangst wurde also auf keine Proben gestellt.

Aber ich hatte doch eine besondere Hochzeitsfreude, denn Sophie, mit der ich paar Worte sprach, sagte mir, sie habe mir etwas zu erzählen und da ich vieles zuzuhören habe, trifft sich das schön. Heute und morgen kann ich zwar nicht zu Brods, aber Dienstag werde ich gelaufen kommen. Ich – will ja nichts Besonderes hören, nur in der Nähe Sophies will ich sein, weil Du in ihrer Nähe warst.

Liebste, es ist keine Hilfe, ich muß aufhören, trotzdem mir das ist, als reiße man mich körperlich von Dir weg. Auch Dienstag wirst Du nur Karten von mir haben. Liebste, möchtest Du vor schlimmen Träumen behütet sein, soviel Sinn und Warnung sie auch vielleicht enthalten.

Franz

[Ansichtskarte. Stempel: Leitmeritz – 3.II.13]

Herzliche Grüße. Knapp vor der Abreise fertig geworden. Meine Schwester als Reisebegleiterin grüßt unten eigenhändig.

FK.
Ottla Kafka

[Auf der Rückfahrt von Leitmeritz nach Prag, am 3. Februar 1913]

Es ist dunkel im Zug, man kann nicht mehr schreiben, ich bin auch müde, alles um mich schläft, meine Schwester schaut auf dem Gang aus dem Fenster und dreht sich in diesem Augenblick nach mir um. Es regnet schändlich. Ich bin froh, daß ich zurückfahre zu Deinem Brief, zum Schlafen, zur Möglichkeit des Schreibens. Lebwohl, Liebste, Lebwohl.

Franz

vom 3. zum 4.II.13

So bin ich, Liebste, da hast Du mich. Müde von der Reise, noch ermüdeter von mir selbst bin ich doch noch jetzt abends bei Brods gewesen. Und was habe ich dort ausgerichtet? Für mich genug. Ich saß 2 Stunden neben Sophie, neben der Du auch gesessen bist, saß auf dem gleichen Platz, wie damals im August, und Dein Name wurde zweimal genannt. Aber mein Verdienst an Deiner Namensnennung war sehr gering, und daß Dein Name nicht öfter genannt wurde, habe ich wahrscheinlich verhindert. Dein Name wurde zuerst unvermittelt mitten in anderem Gespräch genannt, Du läßt alle grüßen, sagte Sophie, »angefangen von Frau Brod bis zu Dr. Kafka«. Die Reihenfolge des Grußes wäre mir schon recht gewesen, denn nachdem Du alle Grüße abgetan hättest, wärest Du für mich allein geblieben, ich hätte Dich haken und nicht mehr hergeben müssen. Auch daß Du unter fremden Leuten genannt wurdest, und daß ich mich Dir näher fühlte als alle und ihnen allen also überlegen war, machte mir warm, und ich war sehr zufrieden. Aber diese eine Nennung war auch das Äußerste, was ich ohne auffallend zu werden, ohne Grimassen zu schneiden, ohne unglücklich darüber zu werden, daß alle doch an Dir teilnehmen konnten, hätte ertragen können. Und so suchte ich Dich in Vergessenheit zu bringen und erst, als es ringsherum von Dir still war, wurdest Du wieder laut in mir. Liebste, wie Du müde sein mußt! Es darf gewiß in Berlin nicht anders sein und alle leben wahrscheinlich so, aber wie kannst Du nur die Arbeit im Bureau bei solcher Unausgeschlafenheit ertragen? Daß das nicht möglich ist ohne Überanstrengung und Schädigung Deiner Gesundheit, daran ist kein Zweifel. Du, das sind traurige Gedanken, die man sich darüber in der Ferne macht. Du darfst nicht glauben, daß ich die Notwendigkeit alles dessen einsehe. Ich weiß, es geht in Berlin grundsätzlich alles lärmender, lustiger zu als bei uns (und selbst unser Lärm und unsere Lust ist mir unerreichbar). Unter gleichen Umständen wäre wohl bei einem Bekanntenkreis wie ihn Max hat eine Berliner Hochzeit in dieser Art, wie er sie, nicht ohne meinen Einfluß (in Nachlässigkeit und Formlosigkeit bin ich eine hohe Instanz) durchgeführt hat, wahrscheinlich unmöglich. In welchem Zustand Du wohl am Montag gewesen bist! Wie darf ich das allerdings beurteilen, der ich im Allgemeinen nicht imstande bin, jemanden auch nur beiläufig zu unterhalten. Ich kann kein Gespräch im Gang erhalten. Der Anblick selbst eines bekannten Gesichts führt mich bald auf Abwege.

Franz

vom 4. zum 5.II.13

Daß Du so viele Sachen gewonnen hast, meine glückliche Liebste, ist natürlich schön und freut mich, aber für die Briefe an mich war eine Füllfeder nicht nötig, wie immer sie geschrieben sind, sie sind mir gleich lieb. Aber wie man Dich mit Losen überschüttet und hin- und hergezerrt hat! Und ich war in keinem Winkel, um Dich zu halten und zu niemandem mehr zu lassen!

Die Karte mit der Unterschrift Deiner Mutter habe ich heute Nachmittag bekommen. Wie heißt die Mutter mit dem Vornamen? Anna? Weißt Du, daß es sehr streng ausschaut, alles, »Gruß« und »Frau«, aber für mich ist es doch ein ganz besonderes Geschenk. – Warum ist die Frau Blum so geziert? Und was war es für ein Fest? Man saß an dieser großen Tafel? Wo war Dein Platz und der Platz Deiner Mutter?

Heute schreibt mir ein gewisser Otto Pick (hast Du den Namen schon gehört? Er hat ein ganz gutes Gedichtbuch »Freundliches Erleben« herausgegeben. Vielleicht hast Du im »Zeitgeist« einmal einen Aufsatz von ihm über Werfel gelesen.) Der schreibt mir also: »Ich habe einen Parlographen Interessenten in

Aussicht, und so möchte ich Sie sehr bitten, mir weiteres Material (möglichst mit Preisangabe) zu geben.« Ich habe ihn nämlich zufällig gerade an dem Tage getroffen, an dem ich Deine Referenzenliste bekommen hatte, habe ihn (da er meiner Meinung nach gute geschäftliche Fähigkeiten hat und außerdem Beziehungen zu Redaktionen und Banken, in welche der Parlograph, wie ich glaube, leicht einzuführen sein müßte, trotzdem in der Liste vielleicht keine Redaktion oder Bank angeführt ist) gleich gepackt, ihm abends die Liste gebracht und ihn gleich auf Geschäfte ausgeschickt. Nun schreibt er mir das. Wie kann man aber den Apparat vorführen? Wer weiß, vielleicht könnte ich auch einen Vertreter finden. Gib mir ein wenig Zeit. Wer hat denn in Prag schon Parlographen? Löwy und Winterberg ist freilich eine große Fa., die drittgrößte Holzhandlung Böhmens soviel ich weiß; ich hatte auch schon geschäftlich mit ihr zu tun. Zwing ihr nur den Parlographen auf, Du liebste Geschäftsfrau. Über den Parlographen selbst kann ich nichts Empfehlendes sagen, wenn es aber auf eine Zeugenschaft dafür ankommt, daß Du das beste und liebste Mädchen bist, und daß daher auch eine unpraktische Maschine, wenn Du sie verkauft hast, darin, daß Du, Du sie verkauft hast, ihren Wert hat – dann sollen sie mich nur fragen kommen.

Franz

vom 5. zum 6.II.13

Liebste, es ist doch ein unglaublich schöner Spaß, zuhause noch einen Brief von Dir zu finden. Wenn er nur nicht durch den Gedanken verbittert wäre, daß ich in dem Brief Deine mißbrauchte Spaziergangszeit in Händen habe, daß ferner, wenn es erlaubt ist, zweimal zu schreiben, kein Grund zu finden ist, warum wir einander nicht immerfort schreiben und näher zusammenrücken sollten um Himmels willen, bis wir ganz beieinander wären, der eine in des andern Armen. Aber das geschieht ja nicht und so reißt es nur an einem. Endlich bleibt die Angst, daß den nächsten Tag vielleicht kein Brief kommt, wenigstens nicht gleich früh. Und gerade dieser Brief gleich am Morgen, ohne quälendes Warten auf den Tisch gelegt, ist ein solcher Trost.

Als Du an mich schriebst, am Montag, war ich nicht mehr im Zug, sondern bei Brods, vielleicht wurde gerade Dein Name genannt, und ich verfiel in Stillschweigen und in Gedanken an Dich. Die Reise ist noch leidlich abgelaufen. Es widerte mich zuerst so an, in gleicherweise wie letzthin um ½ 5 früh aufzustehn, dann mit der Bahn, dann mit dem Wagen in Nässe und Kälte und Trostlosigkeit zu fahren, dann zu den Verwandten, dann zu Gericht zu gehn, dann die gleiche stumme Eisenbahnfahrt nachhause auszuführen – daß ich entschlossen war, abends zu fahren und in Leitmeritz zu übernachten, wodurch ich auch auf meine Erkältung, die nun schon gänzlich vorüber ist, Rücksicht genommen hätte. Und dann im Hotelzimmer schlafen, in der am Sonntagabend überfüllten fremden Restauration sitzen – das tut mir ganz gut, dort bin ich gerne stumm. Nun zog mich aber an jenem Abend die Familie Weltsch unversehens und mit Gewalt ins Theater mit, wo in »Frl. Josette – meine Frau« eine gemeinsame Bekannte zum erstenmal spielte, natürlich in der nebensächlichsten Rolle, sie hat nur in der ersten Szene plötzlich aufzulachen, entzückt zu sein und die Arme zu verrenken, was sie, den Rücken meist dem Publikum zugewendet, knapp an der Zimmerwandkulisse in etwas übertriebener Weise machte, trotzdem sie sonst ein stolzes, boshaftes, geriebenes, sehr gescheites Frauenzimmer ist, vor dem ich immer Angst habe. Es war ein wenig rücksichtslos, sie in einer solchen Rolle zum erstenmal auf die Bühne zu schicken.

Nach dem zweiten Akt des Stückes – es gibt natürlich auch in dem schlechtesten Stück Stellen, an denen man menschlich hängen bleibt, und ich hätte es vielleicht an einem andern Tage bis zum Ende ausgehalten – half keine Überredung mehr und ich lief ohne Abschied zu nehmen nachhause, wodurch ich zwar auf 1 oder 2 Akte Josette und auf einen Schwank »In Civil« verzichtete, dafür aber früher an die Luft und früher ins Bett kam. Zuhause verfluchte ich meiner Schwester gegenüber nochmals kräftig diese Reise, und da sie große Lust mitzufahren hatte (nicht nur, um mir dadurch zu beweisen, daß die Reise nicht so schrecklich wäre), versprach ich ihr gern, sie mitzunehmen. Der Vater hatte, trotzdem dieser Entschluß erst um ½ 11 abends gefaßt wurde, überraschenderweise nichts dagegen einzuwenden, was sich nur dadurch erklären läßt, daß wir in Leitmeritz Verwandte haben und dem Vater an der Erhaltung verwandtschaftlicher Beziehungen immer sehr gelegen ist und ihm für solche Zwecke meine Schwester geeigneter erscheint als ich. So sind wir also am Morgen zusammen weggefahren, da war das Wetter noch gut, aber schon während der Wagenfahrt regnete es uns ins Gesicht und hörte dann zu regnen nicht auf. Ich war bis 2 Uhr ununterbrochen bei Gericht (es kam zu keiner Entscheidung, die Sache mußte wieder vertagt werden, aber ich lasse mich lieber prügeln, ehe ich wieder herausfahre), die Schwester ununterbrochen bei den Verwandten. Sie ist ein wenig schwerfällig im Schreiben (im Grunde nicht anders als ich), darum schrieb sie nur ihren Namen. Aber eine Faulenzerin ist sie nicht, wie Du glaubst; Faulenzerinnen waren nur meine beiden andern Schwestern oder vielmehr eigentlich nur die älteste. Die konnte man immer auf dem nächsten Kanapee antreffen. Aber die Ottla arbeitet ja in unserem Geschäft; sie ist schon früh um ¼ 8 Uhr beim Öffnen da (mein Vater geht erst um ½ 9 hin) und bleibt dort über Mittag, man bringt ihr das Essen hin, erst am Nachmittag um 4 oder 5 kommt sie nachhause und wenn Saison ist, bleibt sie auch bis zum Geschäftsschluß.

Aber die Arbeit ist schließlich nicht gar so schwer und alles in allem genommen plagt sich kein Mädchen, das ich kenne, so wie Du, und kein Mädchen ist da, dem ich die Plage so erleichtern wollte wie Dir. Aber was bin denn ich überhaupt imstande! Zu küssen, ja, von der Ferne zu küssen! Sag mir bitte, Liebste, schon im nächsten Brief, was würdest Du Frl. Lindner antworten, wenn sie statt allgemeiner Fragen geradeaus fragen würde: »War eigentlich dieser Mensch im

Laufe des letzten Vierteljahres schon einmal in Berlin? Nicht? Und warum nicht? Er fährt Samstag mittag von Prag weg oder, wenn das nicht geht, am Abend, ist über den Sonntag in Berlin und fährt abends nach Prag. Es ist ein wenig anstrengend, aber im Ganzen eine Kleinigkeit. Warum macht er das nicht? « Was wirst Du arme Liebste antworten?

Franz

vom 6. zum 7.II.13

Liebste, es ist spät und ich bin müde. Ich war nachmittags im Bureau, habe nicht geschlafen, habe dumme Arbeit gemacht, Unfallstatistik (damit Du auch davon den Namen kennst und in jede Kleinigkeit, die ich habe, Dein Atem dringe zu meiner Lust) und auch die Zeit nachher habe ich schlecht verbracht. (Du, ich habe die Wangen heiß vor Müdigkeit.) Ich ging mit ziemlichem Behagen aus dem Bureau spazieren, kam an der Wohnung von Weltsch vorüber, sah in seinem Zimmer Licht, er war also bei der Arbeit und ich dachte, es wäre eine passende Gelegenheit, ihn zu stören, denn ich hatte schon lange nicht mit ihm gesprochen. (Ja, Du weißt gar nicht, was er ist. Er ist dr. jur. und dr. phil., Beamter der Universitätsbibliothek, wo er gar nichts zu tun hat und gibt gemeinsam mit Max ein vielleicht noch diesen Monat erscheinendes philosophisches Buch »Anschauung und Begriff« heraus.) Ich ging also hinauf, traf ihn wie immer in einem überheizten von verdorbener Luft erfüllten Zimmer, denn seine Hypochondrie sitzt in der Lunge und im Kehlkopf, fand ihn glücklich darüber, beim Lesen eines unheimlich schwierigen Buches von Cohen – Logik der reinen Erkenntnis, wenn ich nicht irre – gestört worden zu sein, war aber vorläufig nicht imstande, ihn zu einem Spaziergang aus dieser kaum atembaren Luft herauszuziehen. Wenn wir nur über allgemeine Dinge gesprochen hätten, wäre es mir schon bald gelungen, aber er hat eine solche mir unverständliche Befriedigung davon, mir alte und neue intime Briefe vorzulesen, wenn sich nur irgendeine Gelegenheit findet. Und eine solche Gelegenheit war gerade heute da, und so öffnete er seine Geheimlade, wo alles in Päckchen zusammengebunden in äußerster Ordnung beisammen liegt. Hier ist alles, was sich über die persönlichsten Angelegenheit[en] schriftlich erhalten läßt, die Briefe, die er bekommen hat, stenographierte Konzepte aller Briefe, die er weggeschickt hat, genaue Daten über alle Entwicklungen, stenographierte Gespräche, stenographierte Erwägungen über das alles aus alter und ältester Zeit. Von dem allen hat gewiß außer Max und mir kaum einer etwas erfahren, denn geschwätzig darfst Du Dir W. nicht denken, er ist eher das Gegenteil. Aber heute wollte er erzählen, und je unverständlicher mir die Befriedigung und Behaglichkeit ist, die er sich dadurch verschafft, desto maßloser ist meine Geduld im Ertragen solchen Vorlesens und solcher Erzählungen. Und als er auch noch, um mich nur zu halten, sich dazu überwand, meinetwegen die Tür des kalten Nebenzimmers zu öffnen, war ich ganz widerstandslos, legte mich im Überzieher auf das Kanapee und hörte zu. Ich liebe ihn, aber nicht in solchen Zeiten. – Nicht weiter! Einen müden, nicht nur vor Müdigkeit unaufhörlichen Kuß.

Franz

vom 9. zum 10.II.13
[vermutlich in der Nacht vom 7. zum 8. Februar 1913]

Ich setze mich ein wenig verwirrt zum Schreiben hin, ich habe manches durcheinander gelesen, es geht ineinander über, und wenn man durch solches Lesen einen Ausweg für sich zu finden hofft, so täuscht man sich; man steht an einer Mauer und kann nicht weiter. Dein Leben ist so ganz anders, Liebste. Hast Du jemals, außer wenn es auf Beziehungen zu Nebenmenschen ankam, Unsicherheit gekannt, gesehn, wie sich für Dich allein, ohne Rücksicht auf andere, verschiedene Möglichkeiten hierhin und dorthin eröffnen und damit eigentlich ein Verbot entsteht, Dich überhaupt zu rühren. Warst Du jemals, ohne daß Dir nur der flüchtigste Gedanke an irgendeinen andern gekommen wäre, einfach über Dich verzweifelt? Verzweifelt um Dich hinzuwerfen und so liegenzubleiben über alle Weltgerichte hinaus? Wie ist Deine Frömmigkeit? Du gehst in den Tempel; aber in der letzten Zeit bist Du wohl nicht hingegangen. Und was hält Dich, der Gedanke an das Judentum oder an Gott? Fühlst Du – was die Hauptsache ist – ununterbrochene Beziehungen zwischen Dir und einer beruhigend fernen, womöglich unendlichen Höhe oder Tiefe? Wer das immer fühlt, der muß nicht wie ein verlorener Hund herumlaufen und bittend aber stumm herumschaun, der muß nicht das Verlangen haben, in das Grab zu schlüpfen, als sei es ein warmer Schlafsack und das Leben eine kalte Winternacht, der muß nicht, wenn er die Treppen in sein Bureau hinaufgeht, zu sehen glauben, daß er gleichzeitig von oben, flimmernd im unsichern Licht, sich drehend in der Eile der Bewegung, kopfschüttelnd vor Ungeduld, durch das ganze Treppenhaus hinunterfällt.

Manchmal, Liebste, glaube ich wirklich, daß ich für den Verkehr mit Menschen verloren bin. Ich habe doch meine Schwester gewiß lieb, ich war auch im Augenblick der Einladung ehrlich froh, daß sie mit mir nach Leitmeritz fahren wollte, ich freute mich, ihr mit der Reise ein Vergnügen zu machen und für sie ordentlich sorgen zu können, denn für jemanden sorgen zu können, ist mein geheimer, ewiger, vielleicht von niemandem in meiner Umgebung erkannter oder geglaubter Wunsch – aber als ich mich in Leitmeritz nach 3 oder 4 Stunden gemeinsamer Reise, gemeinsamer Wagenfahrt, gemeinsamen Frühstücks von ihr verabschiedete, um zu Gericht zu gehn, war ich glücklich, ich schnappte förmlich nach Luft, im Alleinsein wurde mir behaglich, wie es mir bei meiner Schwester niemals gewesen war. Warum Liebste, warum? Ist Dir etwas nur entfernt Ähnliches mit einem Menschen, den Du liebtest, schon geschehn? Bei durchaus nicht außergewöhnlichen Umständen, denn wir gingen freundlich auseinander und kamen dann nach 6 Stunden freundlich wieder zusammen. Und es war nicht etwas Einmaliges; morgen, übermorgen, wann es sich nur trifft, wiederholt sich das gleiche. – Liebste, zu Deinen Füßen liegen und still sein, das wäre das Beste.

Franz

Sonntagnachmittag 6 Uhr im Zug   9.II.13

Warum habe ich nur nicht gestern nachts geschrieben! Jetzt im Coupe in großer Gesellschaft wird es nichts mehr werden. Und den ganzen Tag über war ich unruhig, unzufrieden, als hätte ich die Verbindung mit Dir gestört, die ich doch für mein Leben brauche. Warum habe ich mich nur zu dem Spaziergang verführen lassen, ich wußte doch, daß ich nur wie ein Schatten mitziehen werde. Es war aber so schönes Wetter und ich recht verzweifelt, da dachte ich, lauf mit ihnen, vielleicht wird dir besser. Einer hat ja eine Füllfeder (die, mit der ich jetzt schreibe) und da dachte ich, es wird sich schon Gelegenheit und Ruhe finden, Dir zu schreiben. Aber nein, nein. Nur von Berlin konnte ich hie und da reden, einmal vom Parlographen, das war alles. Und ich brauche so sehr Deine Nähe, die Verbindung mit Dir und störe sie mir selbst. Hier vor den 4 Mädchen möchte ich mich öffentlich dafür schlagen wollen. Aber warte (das »warte« sage ich zu mir), abends schreiben wir ja wieder und schließen uns wieder recht zusammen. Ich habe wenigstens erfahren, wie ich Dir gehöre, in der Stadt, in der Eisenbahn, auf der Landstraße, bei fremden Großeltern, im Wald, auf Abhängen, wo ich gehe und sitze. – Letzte Station. Dieser Sonntagsbrief ist zu Ende. Ich kehre zur Gesellschaft zurück, aber behalte, bitte, Deine Hand im geheimen.

Franz

vom 9. zum 10.II.13

Liebste, es ist schon wieder so spät und eigentlich war ich wieder daran schuld (rascher Feder! daß ich Felice, meiner Felice, ganz nahe komme nach dieser langen Zeit), aber ich konnte nicht anders. Ich kam gebrochen vom Spaziergang nachhause, ich war so gelockert in meiner Haut, daß mich nur irgendjemand hätte schütteln müssen und ich hätte mich ganz verloren. Ich las also meiner Schwester (meine Eltern waren heute bei Verwandten in Kolin und kamen erst jetzt, auch die Begrüßung hat mich aufgehalten) etwas aus meiner guten Zeit vor, vielleicht das Beste, was ich gemacht habe, sie kannte es noch nicht, es stammt, glaube ich, aus der Zeit, als ich auf Deinen zweiten Brief wartete. Ich bin ganz heiß vom Lesen geworden und wenn ich nachmittag mich nicht auf den Landstraßen herumgetrieben hätte, wer weiß, ich setzte mich vielleicht zum Schreiben nieder und schriebe etwas Ordentliches, das mich aus der Vertiefung, in die ich merklich versinke, mit einem Mal in die Höhe reißen könnte. So aber werde ich nichts dergleichen tun, sondern schlafen gehn, so wie ich bin, und gewiß noch lange nichts schreiben und mir, Dir und der Welt eine Plage sein.

Gestern Abend habe ich Dir nicht geschrieben, weil es über Michael Kohlhaas zu spät geworden ist (kennst Du ihn? Wenn nicht, dann lies ihn nicht! *Ich werde Dir ihn vorlesen!*), den ich bis auf einen kleinen Teil, den ich schon vorgestern gelesen hatte, in einem Zug gelesen habe. Wohl schon zum zehnten Male. Das ist eine Geschichte, die ich mit wirklicher Gottesfurcht lese, ein Staunen faßt mich über das andere, wäre nicht der schwächere, teilweise grob hinuntergeschriebene Schluß, es wäre etwas Vollkommenes, jenes Vollkommene, von dem ich gern behaupte, daß es nicht existiert. (Ich meine nämlich, selbst jedes höchste Literaturwerk hat ein Schwänzchen der Menschlichkeit, welches, wenn man will und ein Auge dafür hat, leicht zu zappeln anfängt und die Erhabenheit und Gottähnlichkeit des Ganzen stört.)

Liebste, sag warum liebst Du gerade einen so unglücklichen, mit seinem Unglück auf die Dauer gewiß ansteckenden Jungen? Ich ging heute auf dem Ausflug mit einem vernünftigen Mädchen, das brav ist und das ich seit jeher gut leiden kann. Wie klagte sie mir aber (ich komme 1 mal im ¼ Jahr mit ihr zusammen) über ihre Lage, mir wurde ganz übel. Aber als wir dann alle bei Tische waren und ein lustiger Junge sie zu necken anfing, war sie so schlagfertig, wie man nur wünschen konnte, und besiegte ihn. Ich muß einen Dunstkreis von Unglück mit mir führen. Aber nicht Angst haben, Liebste, und bei mir bleiben! Ganz nahe bei mir!

Franz

vom 10. zum 11.II.13

Heute abend war ich wieder bei Brod, und wenn es auch vielleicht ein Fehler war, so lange dort zu bleiben, statt nachhause zu gehn und etwas Vernünftiges zu machen oder mir irgend etwas Vernünftiges vorzutäuschen – so habe ich mich doch dort zu wohl gefühlt, als daß ich, der ich dieses Wohlgefühl bei Menschen so selten habe, mich hätte entschließen können, vom Kanapee aufzustehn und mich bald zu verabschieden. Übrigens war auch Weltsch da, wir haben sehr viel gelacht; jetzt, zwei Stunden später, verstehe ich gar nicht, wie ich lachen konnte, ich kann mich kreuz und quer durchsuchen und finde in mir nicht die Spur eines Anlasses zum Lachen. Worüber habe ich mich dort nur gefreut?

Sophie, die ja sehr liebenswürdig zu mir ist und seit jeher die Gewohnheit hat, während des Gespräches durch Streicheln und Bei-der-Hand-Fassen mich, wenn auch ohne böse Absicht, in Verlegenheit zu bringen, hat heute gar nichts von Dir erzählt, da war immer nur die Rede von ihrem Mann, von Telegrammen, Expreßbriefen und Telephongesprächen. »Und Felice?«, fragte ich mit den Augen, aber sie verstand mich nicht. Einmal nur wurde von Dir gesprochen, freilich ohne daß es jemand gemerkt hätte. Ich sagte nämlich mitten in einem andern Gespräch zu Sophie: »Was wollte ich Sie nur fragen?« Das wiederholte ich dann, es sah ein wenig blödsinnig aus, mehrere Male, aber ich schien mich wirklich nicht erinnern zu können. Aber was sollte ich auch tun? Ich könnte doch nicht plötzlich losschreien: »Jetzt also Schluß! Jetzt will ich nur noch von Felice hören, sonst nichts.« Meine Meinung war es, glaube mir. Ich hatte ja heute Deinen großen Brief (freilich sah ich, während mir beim Lesen das Herz vor Freude und Behaglichkeit klopfte, das schöne Sonntagswetter vor Deinem Fenster und Dich drinnen im Zimmer über den Brief gebeugt) und dadurch war ich auch ein großer Herr, aber große Herren sind eben desto unersättlicher.

Liebste, der großen Frage bist Du ausgewichen. Das Glück der mit Dir gemeinsam zu verbringenden Stunden will ich ja mit keinem Gedanken noch anrühren. Wenn sich alles folgerichtig aus meinem Gefühl, das ich für Dich in meinen besten Stunden habe, ergeben würde, dann wäre Berlin, in dem wir nebeneinander sein werden, nicht in Berlin, sondern in den Wolken. Aber danach sollte ja das Frl. Lindner nicht fragen; sie sollte nur fragen, warum ich, der ich mich mit Briefen so zu Dir dränge, es nicht in Person tue. Und Du solltest ihr einen Teil der Antwort sagen und einen Teil vielleicht verschweigen. Es ist doch so leicht möglich, daß sie fragt. Wirst Du dann bloß sagen und denken: »Ich weiß nicht«?

Deine Schwester Toni habe ich mir nach dem Bild und nach dem, was ich sonst von ihr gehört habe, ganz anders gedacht, als Du sie jetzt beschreibst. Sie schien mir schläfrig, dumpf und traurig, und nun ist sie gar das Gegenteil. Und ist auch schlagfertig, hat also eine Eigenschaft, die ich ebensosehr bewundere, wie ich vor ihr davonlaufe. Von Deiner Schwester Erna weiß ich noch wenig, nur die schönen Kindergeschichten. – Bitte Liebste, möchtest Du mir nicht für einen Tag Dein Bücherverzeichnis borgen? Dein Zimmer kenne ich jetzt beiläufig, da will ich nun auch ein wenig in Deinen Kasten kriechen.

Franz

[am Rande] Die Adresse auf dem heutigen Brief war undeutlich geschrieben, ich hatte noch nachträglich Angst.

vom 11. zum 12.II.13

Du Liebste, es ist schon wieder spät geworden; ohne etwas fertigzubringen wache ich aus alter Gewohnheit, als ob ich auf den ausbleibenden Himmelsregen warte.

Kaum hast Du unsere Zusammenkunft in Berlin beschrieben, habe ich schon von ihr geträumt. Vielerlei, aber ich weiß kaum mehr etwas Deutliches darüber zu sagen, nur das allgemeine Gefühl einer Mischung von Trauer und Glück habe ich noch von jenem Traum in mir. Wir gingen auch auf der Gasse spazieren, die Gegend ähnelte merkwürdig dem Altstädter Ring in Prag, es war nach 6 Uhr abends (möglicherweise war dies die wirkliche Zeit des Traumes), wir gingen zwar nicht eingehängt, aber wir waren einander noch näher, als wenn man eingehängt ist. Ach Gott, es ist schwer, auf dem Papier die Erfindung zu beschreiben, die ich gemacht hatte, um nicht eingehängt, nicht auffällig und doch ganz nahe bei Dir zu gehn; damals, als wir über den Graben gingen, hätte ich es Dir zeigen können, nur dachten wir damals nicht daran. Du eiltest geradeaus ins Hotel, und ich stolperte zwei Schritte von Dir entfernt auf dem Trottoirrand vorwärts. Wie soll ich es also nur beschreiben, wie wir im Traum gegangen sind! Während beim bloßen Einhängen sich die Arme nur an zwei Stellen berühren und jeder einzelne seine Selbständigkeit behält, berührten sich unsere Schultern und die Arme lagen der ganzen Länge nach aneinander. Aber warte, ich zeichne es auf. Eingehängtsein ist so: Wir aber gingen so:

Wie gefällt Dir mein Zeichnen? Du, ich war einmal ein großer Zeichner, nur habe ich dann bei einer schlechten Malerin schulmäßiges Zeichnen zu lernen angefangen und mein ganzes Talent verdorben. Denk nur! Aber warte, ich werde Dir nächstens paar alte Zeichnungen schicken, damit Du etwas zum Lachen hast. Jene Zeichnungen haben mich zu seiner Zeit, es ist schon Jahre her, mehr befriedigt als irgendetwas.

Liebste, hast Du denn zu meiner geschäftlichen Tüchtigkeit gar kein Vertrauen? Versprichst Du Dir für den Parlographen gar keinen Nutzen von mir? Was ich Dir auch darüber schon geschrieben habe, auf nichts hast Du mir eigentlich noch geantwortet. Siehst Du denn nicht, wie Du mich dadurch beschämst? Es ist fast so, als ob Du mich aus Deinem Bureau, kaum daß Du mir dort einen Platz angewiesen hast, wieder hinauswerfen würdest. Dieser Pick schreibt mir heute schon wieder. Ich lege seinen Brief bei, damit Du siehst, wie er mich drängt und wie Du mich hierin im Stich läßt. Und wenn auch alles, was ich bis jetzt darüber gesagt habe, ein Spaß ist (auf dem Papier sieht es wirklich fast wie Ernst aus), so muß ich doch dem Pick etwas antworten können. Vielleicht hofft er, viel Geld zu verdienen, wird sich wirklich anstrengen und schließlich doch paar Verkäufe zustandebringen. Also auf, Liebste! Ans Geschäft! Was Dich auch zu mir treibt, ich habe den Nutzen, denn ich umfasse Dich.

Franz

Wenn Dein Brief gleich früh kommt, so wie heute, dann ist es eben am besten, dann gehört der ganze Tag von allem Anfang an Dir. Kommt aber Dein Brief später oder gar erst nach Hause, dann weiß dieser halbe Tag nicht, wem er eigentlich gehört und wackelt, daß ich Kopfschmerzen habe. Allerdings muß es noch andere Gründe für meine Kopfschmerzen geben, denn ich habe sie jetzt fast ständig. Ich gehe eben zu wenig spazieren, schlafe zu wenig und das wenige schlecht, kurz, ich lebe so, als schriebe ich unterdessen etwas Gutes, woraus sich freilich, wenn es so wäre, Heilung aller Leiden und Glück darüber hinaus ergeben würde. Aber ich schreibe eben nichts und bin wie ein altes in seinen Stall gesperrtes Pferd.

Sieh nur, wir antworten einander wieder über Nacht oder ahnen gleichzeitig die Fragen des andern. Freitagabend fragte ich, ohne daran zu denken, daß Freitag war, wie es mit Deinem Beten sich verhält, und da mußtest Du gerade Freitag in den Tempel gehn. Gestern frug ich, wann ich endlich die Prospekte bekomme, und heute habe ich die allerdings unbefriedigende Antwort. (Wie soll es also der Pick anstellen, wenn er unbedingt Geschäfte machen will? Soll er sich mit Adler in Verbindung setzen? Und wie?) Und endlich war in dem gestrigen Brief von der Lasker-Schüler die Rede, und heute fragst Du nach ihr. Ich kann ihre Gedichte nicht leiden, ich fühle bei ihnen nichts als Langweile über ihre Leere und Widerwillen wegen des künstlichen Aufwandes. Auch ihre Prosa ist mir lästig aus den gleichen Gründen, es arbeitet darin das wahllos zuckende Gehirn einer sich überspannenden Großstädterin. Aber vielleicht irre ich da gründlich, es gibt viele, die sie lieben, Werfel z.B. spricht von ihr nur mit Begeisterung. Ja, es geht ihr schlecht, ihr zweiter Mann hat sie verlassen, soviel ich weiß, auch bei uns sammelt man für sie; ich habe 5 K. hergeben müssen, ohne das geringste Mitgefühl für sie zu haben; ich weiß den eigentlichen Grund nicht, aber ich stelle mir sie immer nur als eine Säuferin vor, die sich in der Nacht durch die Kaffeehäuser schleppt. Wie Du aus dem Brief des Pick sehen wirst, hält er einen Vortrag über sie und für sie.

Weißt Du, Liebste, daß ich mich hüten muß, von fremden, besonders von mir unangenehmen Personen in den Briefen an Dich zu reden. Wie um sich für meine Beurteilung zu rächen, machen sie sich, nachdem sie sich still haben beschreiben lassen plötzlich, als sie nun nicht mehr zu entfernen sind, über alle Maßen breit und wollen Dich, Liebste, mit ihrer widerlichen oder gleichgültigen Erscheinung mir verdecken. Weg Du Lasker-Schüler! Liebste komm! Niemand sei zwischen uns, niemand um uns. Du hast Recht, eine Schwester gehört einem nicht ganz und man darf vielleicht ihrer überdrüssig werden. Aber wie ist es, wenn einem die Kraft fehlt, einen Menschen ganz zu erwerben?

Franz

[Am Rande] Was sagte der Professor, als Du ihm den Vorschlag wegen Deiner Schwester Erna machtest?

Ich bin lange bei der Balkontüre gestanden und habe draußen eine Antwort auf die Frage gesucht, ob ich nach Dresden fahren soll. Ich weiß ja allerdings nicht, was Du in Dresden machst, ob Du nicht mit Deiner Mutter fährst, ob Du nicht besondere Geschäfte hast (darauf würde die Plötzlichkeit der Reise hindeuten, sowie daß Du über Nacht in Dresden bleiben zu wollen scheinst), ob ich Dir also nicht hinderlich wäre, selbst wenn ich nur vor dem Hotel auf Dich warten würde und einen Platz mir zu erobern suchen würde, von dem aus ich Dich sehen könnte, wenn Du zu Mittag ißt. Aber in Wirklichkeit würden mich solche Rücksichten nicht hindern, dennoch zu fahren. Aber mein Zustand, der mich selbst hier zuhause innerhalb meiner Familie mehr in mein dunkles Zimmer als in das beleuchtete Wohnzimmer verweist, macht mir eine solche Reise an sich zu einem ungeheuren Unternehmen und da Du, Liebste, das Ziel dieser Reise wärest, auch zu einem gefährlichen Unternehmen, denn was würdest Du sagen, was würde Deine Schwester sagen, wenn sie mich so zum ersten Mal erblickte? Nein, nein nein. Ich bleibe wo ich bin, nur noch ein wenig trauriger als sonst, ein wenig unruhiger, denn Du bist näher als sonst und doch für mich unerreichbar. Alte Leute, alte Mütterchen würden sich, ohne ein Wort zu sagen, zu der kleinen Reise entschließen, und ich kann es nicht.

Leb wohl, Liebste, und verbringe ein paar ruhige Stunden. Verzeihe, daß ich Dich auch in Dresden mit Briefen heimsuche. Ein Sonntagsbrief liegt in Berlin für Dich, er enthält nichts Neues, nur die ewige Litanei der letzten Woche.

Franz

vom 13. zum 14.II.13

Dein heutiger Brief kam erst mit der zweiten Post. Heißt das, daß Dein Auge noch am Morgen entzündet war und Du nicht ins Bureau gegangen bist? Aber dann hättest Du es mir vielleicht in einer kleinen Nachschrift gesagt? Aber war es wirklich nur ein Stäubchen oder Härchen, das Dir ins Auge kam? Das stört zwar, aber es entzündet doch das Auge nicht? Und gibt es niemand bei Euch, der das Augenlid aufzuklappen versteht, daß man das Auge reinigen kann? Ich allerdings könnte, trotzdem mich große, blutige Operationen wenigstens früher wenig störten, gerade solche kleine Handgriffe am Körper niemals vornehmen und kaum mitansehn, denn sie erinnern mich daran oder bringen es mir zu Bewußtsein oder lassen es mich glauben, daß der Bau des Menschen doch etwas grauenhaft Primitives ist und innerhalb des Organischen soviel Mechanisches hat. Fürchtest Du Dich am Ende auch, Dir das Lid aufklappen zu lassen? Ich kann wirklich bei dem Gedanken schaudern, daß man an Dir diesen – im Übrigen natürlich ganz unschuldigen – Handgriff machen muß.

Liebste, es wäre heute eine gute Gelegenheit zu folgendem Versprechen: Du verpflichtest Dich und nennst für diese Verpflichtung eine glaubhafte Bürgschaft, daß Du mir über jedes Unwohlsein – Sorgen in der Ferne helfen wenig es abzuhalten – gleich, deutlich und wahrhaftig schreibst, so schreibst, daß über das tatsächlich Geschriebene hinaus keine schlimmere Auslegung sich aufdrängt. Siehst Du, ich verlange gar nicht, daß Du ins Schlimme übertreibst und die Übertreibung durchsichtig ist, so wie ich es – allerdings weniger aus Rücksicht auf Dich, als vielmehr infolge meiner Anlage – regelmäßig tue.

Gestern bekam ich den Korrekturbogen Deiner kleinen Geschichte [Das Urteil]. Wie schön im Titel unsere Namen sich aneinander schließen! Möchtest Du, bis Du die Geschichte lesen wirst, nicht bedauern, Deine Zustimmung zur Nennung Deines Namens (es heißt natürlich nur Felice B.) gegeben zu haben, denn die Geschichte wird niemandem, und solltest Du sie zeigen, wem Du willst, gefallen können. Dein Trost oder eine Art von Trost liegt darin, daß ich Deinen Namen hinzugesetzt hätte, auch wenn Du es mir verboten hättest, denn die Widmung ist zwar ein winziges, zwar ein fragwürdiges, aber ein zweifelloses Zeichen meiner Liebe zu Dir, und diese Liebe lebt nicht von der Erlaubnis, sondern vom Zwang. – Im übrigen hat die Verwahrung noch Zeit, die Herausgabe des Buches hat sich verspätet, es wird wohl noch Monate dauern, ehe es kommt. –

Liebste! Sieh nur, wie die Zeit des Nichtschreibens – sie scheint vor mir endlos zu liegen – mich herumwirft. Den ganzen Abend freute ich mich darauf, Dir zu schreiben und nun, da ich es tue, bin ich müde oder tue so, als wäre ich es, und schließe den Brief mit stumpfen Augen und aufgestülpten Lippen.

Franz

vom 14. zum 15.II.13

Selbst wenn ich es nicht seit einigen Tagen schon beabsichtigt hätte, heute ins Theater zu »Hidalla« zu gehn (Wedekind und seine Frau spielen natürlich), ich hätte es nach Deinem heutigen zweiten Brief unweigerlich, Liebste, tun müssen. Denn sieh, so weit wir auch entfernt sind und so wenig es irgendjemand merkt oder wenigstens glauben will, uns verbindet ein fester Strick, wenn es schon Gott nicht gefällig sein will, daß es eine uns umschließende Kette werde. Aber wenn Du nun, Liebste, zu »Professor Bernhardi« gehst, so ziehst Du mich an jenem zweifellosen Strick eben mit und es ist die Gefahr, daß wir beide in die schlechte Literatur verfallen, die Schnitzler zum größten Teil für mich darstellt. Um uns nun aber davor zu bewahren, hatte ich die Pflicht, dem Zug des Strickes nicht ganz nachzugeben, sondern zu Hidalla zu gehn, um Dich ein wenig von dem »Professor« abzuhalten, ein wenig wahre, gut geschnittene Wedekindsche Worte Deinem für »Professor Bernhardi« klopfenden Herzen zukommen zu lassen und die Schnitzlerischen Eindrücke, die zu mir heute abend herüberwehn und die ich gierig aufnehme, weil sie von Dir, Liebsten, kommen, ohne Schaden der Seele zu ertragen. Denn ich liebe den Schnitzler gar nicht und achte ihn kaum; gewiß kann er manches, aber seine großen Stücke und seine große Prosa sind für mich angefüllt mit einer geradezu schwankenden Masse widerlichster Schreiberei. Man kann ihn gar nicht tief genug hinunterstoßen. Die Stücke, die ich von ihm gesehen habe (Zwischenspiel, Ruf des Lebens, Medardus) sind mir noch vor dem zuschauenden Blick vergangen, und während ich zuhörte, habe ich sie vergessen. Nur vor seinem Bild, vor dieser falschen Verträumtheit, vor dieser Weichmütigkeit, an die ich auch mit den Fingerspitzen nicht rühren wollte, kann ich verstehn, wie er aus seinen zum Teil vorzüglichen anfänglichen Arbeiten (Anatol, Reigen, Leutnant Gustl) sich so entwickeln konnte. – In dem gleichen Brief rede ich gar nicht von Wedekind.

Genug, genug, wie schaffe ich nur gleich wieder den Schnitzler fort, der sich zwischen uns legen will, wie letzthin die Lasker-Schüler. Warst Du, Liebste, allein im Theater? Und warum so plötzlich? Ist Dein Auge also schon in Ordnung, ganz in Ordnung? Jetzt nach dem Nachtmahl sah ich im Abendblatt ein Bild Eueres neuen prinzlichen Brautpaares. Die zwei gehn in einem Karlsruher Park spazieren, sind ineinander eingehängt, haben aber, damit noch nicht zufrieden, auch noch die Finger verschlungen. Wenn ich diese verschlungenen Finger nicht 5 Minuten lang angesehen habe, dann werden es eben 10 Minuten gewesen sein.

Heute Mittag hätte ich ein Loch gebraucht, um mich darin zu verstecken; ich habe nämlich im neuen Heft des »März« die Besprechung meines Buches von Max gelesen; ich wußte, daß sie erscheinen wird, aber ich kannte sie nicht. Es sind schon paar Besprechungen erschienen, natürlich nur von Bekannten, nutzlos in ihrem übertriebenen Lob, nutzlos in ihren Anmerkungen und nur als Zeichen der irregeleiteten Freundschaftlichkeit, der Überschätzung des gedruckten Wortes, des Mißverstehens des Verhältnisses der Allgemeinheit zur Literatur zu erklären. Sie haben dies schließlich mit der größten Anzahl der Kritiken überhaupt gemeinschaftlich und wären sie nicht ein trauriger, allerdings bald sich verbrauchender Stachel für die Eitelkeit, man könnte sie ruhig gelten lassen. Maxens Besprechung aber übersteigt alle Berge. Weil eben die Freundschaft, die er für mich fühlt, im Menschlichsten, noch weit unter dem Beginn der Literatur, ihre Wurzel hat und daher schon mächtig ist, ehe die Literatur nur zu Atem kommt, überschätzt er mich in einer solchen Weise, die mich beschämt und eitel und hochmütig macht, während er natürlich bei seiner Kunsterfahrung und eigenen Kraft das wahre Urteil, das nichts als Urteil ist, geradezu um sich gelagert hat. Trotzdem schreibt er so. Wenn ich selbst arbeiten würde, im Fluß der Arbeit wäre und von ihr getragen, ich müßte mir über die Besprechung keine Gedanken machen, ich könnte Max in Gedanken für seine Liebe küssen, und die Besprechung selbst würde mich gar nicht berühren! So aber – Und das Schreckliche ist, daß ich mir sagen muß, daß ich zu Maxens Arbeiten nicht anders stehe als er zu den meinen, nur daß ich mir dessen manchmal bewußt bin, er dagegen nie. Habe ich aber in meinem dummen Kopf wirklich keine freundlichern Sonntagsgedanken für Dich, Liebste, Liebste! Wenn ich nicht wüßte, daß alles Schlechte, was aus mir gegen Dich fließt, vor Dir, bestes Wesen, ins Gute sich verwandeln muß – ich würde Dir solche Dinge wahrhaftig nicht schreiben.

Ich lege Dir einen Brief meines Madrider Onkels [Alfred Löwy] (er ist 60 Jahre alt, Eisenbahndirektor) zu beliebiger Beurteilung bei. Möchtest Du mich nicht, Liebste, bei Gelegenheit auch hie und da einen Brief aus Deiner Verwandtschaft lesen lassen, von Deiner Budapester oder Dresdner Schwester z.B.? Damit ich auch den Kreis um Dich verstehen lerne, in den ich mich eingeschlichen habe. Auch Dein Bücherverzeichnis habe ich noch nicht. Kann man von der, die man liebt, auch zuviel verlangen? Wenn ich es, Liebste, tue, dann sag es mir. Das wäre ein schlechter Tausch, daß ich eine Kenntnis über Dich bekäme, daß aber dafür in Deinem Herzen ein Widerstreben, und sei es das winzigste, entstünde.

Franz

16.II.13

Liebste, nur paar Worte in äußerster Eile, damit ich gleich mit der ersten Post bei Dir bin. Vergiß bitte den zum größten Teil widerlichen Brief, den Du gestern bekommen hast. Ich hätte ihn nicht weggeschickt, wenn nicht schon so spät nachts gewesen wäre und ich einen andern Brief gehabt oder zu ihm fähig gewesen wäre. Aber die Regelmäßigkeit unseres Briefwechsels ging mir eben über alle andere Rücksicht. Vielleicht habe ich übrigens – schlaue Entschuldigung – den Widerstand gefühlt, den Du wenigstens damals gegen einen Sonntagsbrief von mir fühltest. Wie immer sich das aber verhält, ich habe den Brief und vielleicht noch eine Menge anderes durch die heutige Nacht genügend abgebüßt, deren größten Teil ich bei unendlicher Schläfrigkeit infolge eines funkelnagelneuen, jämmerlichen Schmerzes in der rechten Schulter, der mich sogar zum Beten zwang, schlaflos verbracht habe. Jetzt ist es aber gut, und als Buße nehme ich ihn gerne hin. Was rede ich denn da wieder für Dummheiten und schaffe mir Material für neue Bußen. Ich bin ein recht unglücklicher Mensch, und Du, Liebste, mußtest schon aufgeboten werden, um ein Gleichgewicht zu allem diesem Unglück zu bilden.

Franz

16.II.13

Wieder, Liebste, nur paar eilige Worte. Ich habe ein wenig geschlafen und bin sehr lange wach gelegen, so ist es spät geworden. Hoffentlich war Dein Sonntag freundlicher als meiner. Vor mir liegt eine Karte von Max und Elsa [Brod] aus Saint-Raphael an der Riviera oder besser Cote d'Azur. Ich habe sie nämlich gebeten, für den Herbst mir einen Ort zu finden, wo es heiß ist, wo man vegetarisch leben kann, wo man unaufhörlich gesund ist, wo man, selbst wenn man allein ist und mit niemandem spricht, sich nicht verlassen fühlt (aber man muß ja gar nicht allein sein), wo selbst einem Klotz das Italienische eingeht u.s.f., kurz einen schönen, unmöglichen Ort. Nun sagt Max, das wäre S. Raphael. Was meinst Du, Liebste? So, und nun lauf ich Dir ein Stück entgegen, freilich nur bis zum Bahnhof.

Franz

vom 16. zum 17.II.13

Liebste, heute Abend auf dem langen Spaziergang, den ich allein in der Kälte (bin ich wieder verkühlt? Über meinen Rücken gehen wirkliche oder eingebildete Schauer) kreuz und quer durch die Stadt, über den Hradschin, rund um den Dom und über das Belvedere machte, habe ich Dir in Gedanken endlose Briefe geschrieben, und wenn Du auch durch diese Schreibarbeit Einzelheiten nicht erfahren haben kannst, so muß es Dir doch, Liebste, wieder einmal eingegangen sein – wäre es das nicht, ich wüßte mir keinen Rat –, daß ich über allem, unter allem, was ich Dir schreibe und was bei den Launen und Schwächezuständen, die sich in meine Existenz teilen, leicht ein abstoßendes, künstliches, oberflächliches, kokettes, falsches, bösartiges, unzusammenhängendes Aussehen annehmen kann oder vielleicht gar nicht nur so aussieht, sondern unleugbar so ist, – dennoch, dennoch, in dem Grunde, in dem zeitweise sogar mir selbst verschlossenen Grunde, alles Schlechte, was ich tue und schreibe, erkenne, richtig bewerte und vor Hilflosigkeit weine. Daß Du mich lieb hast, Felice, ist ja mein Glück, aber meine Sicherheit ist es nicht, denn Du kannst Dich ja täuschen, vielleicht führe ich da im Schreiben Künste auf, die Dich täuschen, Du hast mich ja kaum gesehn, kaum mich reden gehört, kaum unter meinem Schweigen gelitten, weißt nichts von den zufälligen und notwendigen Häßlichkeiten, die vielleicht meine Nähe für Dich mit sich bringt – meine Sicherheit liegt vielmehr darin, daß ich Dich liebe, daß ich Dich an dem kurzen Abend erkannt habe, von Dir mich ergriffen fühlte, daß ich nicht schwächer als diese Liebe war, sondern diese Probe bestanden habe, daß sich diese Liebe meiner Natur eingeordnet hat, als wäre sie mit mir auf die Welt gekommen und nur erst jetzt begriffen worden.

Täusche Dich, Liebste, nicht über den Schrecken, den Du hattest, als Du hörtest, daß Deine Mutter meine Briefe gelesen hatte. (Was ist doch Dein Vater für ein merkwürdiger Mann! Sieht behäbig und ernst aus, liebt ein lustiges Leben, weint über Romanen, nimmt Dich gegenüber der Mutter in einer äußerlich so fragwürdigen Sache in Schutz!) Es war nicht eigentlich der Schrecken vor der Mutter. Ich fürchte, er war es nicht eigentlich, denk nur darüber nach. Du stehst doch genug selbständig in der Familie da, die Mutter hatte auch schon einmal die Briefe gelesen und es hatte, soviel ich weiß, keine besonderen Folgen gehabt. Die eigentliche Wirkung jener Nachricht war eher die, daß in den kleinen (in Wirklichkeit, Gott, so riesenhaft großen) Raum, in den Du, Liebste, zu mir gekommen warst (so wie Du eben in Deinem Traum über das Geländer im traumhaften Leichtsinn zu dem Tiefstehenden gesprungen bist), jetzt von der Mutter her ein fremder, kalter Blick drang, Dich frösteln ließ und Dir zu denken gab, indem er Dich das, was Du bisher nur aus engster Nähe gesehen hattest, einmal aus der Ferne sehen ließ. Wären wir wieder allein und nie gestört!

Franz

vom 17. zum 18.II.13

Denk nur, Liebste, mein Unglück, meine Wut, meine Unruhe, meine Sorge, meine Liebe aus. Ich war abends bei Brods in ihrer neuen Wohnung (Sophie ist doch schon längst, weg, Max kommt Donnerstag), ging dann ruhig spazieren, freute mich bald, in Ruhe Dir schreiben zu können, bald schlafen zu gehn und meine Müdigkeit und Verkühlung mittels eines kolossalen Schlafes loszuwerden. Da treffe ich den Pick und er zieht mich, zieht mich (da ich mit Menschen gar nicht zusammenkomme außer als Vertreter meiner Anstalt, denke ich, ich muß jedem nachgeben), und ich gehe also mit, wir versitzen die Nacht, wenn auch nicht gerade langweilig, im Kaffeehaus, in einem leeren, ungeheizten Kaffeehaus überdies, und jetzt sitze ich um ½3 nachts im Zimmer und trotz der Zimmerwärme fährt mir über den Rücken kalte Luft, unbegreiflich woher. Liebste, aber das muß ich Dir noch sagen, Du hast meinen Sonntagsbrief nur flüchtig gelesen, anders ist das nicht möglich, es war Widerliches in dem Brief genug (ich werde Dir das noch bei Gelegenheit erklären), und ich bin über das flüchtige Lesen froh und bitte Dich, ihn nicht am Ende noch einmal zu lesen – aber von einem zwischen uns bestehenden und *vielleicht zerreißenden* Strick kann dort, darf dort kein Wörtchen gestanden sein. Liebste, ich bin doch nicht so irrsinnig, selbst das Urteil über mich zu sprechen oder an die Wand zu malen, über mich, der ich Dir mehr gehöre, als mein Bild an Deinem Hals. Wie konntest Du etwas Derartiges in meinem Briefe lesen, mit welchen Augen hast Du das gelesen?

Und mit welcher Hand, in welchem Traum hast Du das niedergeschrieben, daß ich Dich ganz erworben habe? Liebste, das glaubst Du, in einem Augenblick, in der Ferne. Aber zum Erwerben in der Nähe, für die Dauer, dazu gehören andere Kräfte, als das Muskelspiel, das meine Feder vorwärtstreibt. Glaubst Du es nicht selbst, wenn Du es überlegst? Scheint mir doch manchmal, daß dieser Verkehr in Briefen, über den hinaus ich mich fast immerfort zur Wirklichkeit sehne, der einzige meinem Elend entsprechende Verkehr ist (meinem Elend, das ich natürlich nicht immer als Elend fühle), und daß die Überschreitung dieser mir gesetzten Grenze in ein uns gemeinsames Unglück führt. Liebste, ich habe genug Einbildungskraft, um mir zu sagen, daß ebenso wie ich, wenn ich an mich denke, bei Dir bleiben muß, an Dich gedrückt und niemals Dich loslassend, – ich wiederum, wenn ich an Dich denke (wie mischen wir uns, aber wieder ununterschieden in meinem Kopf, das ist das Schlimme), mich mit allen Kräften von Dir fernhalten müßte. Ach Gott, was wird das für ein Ende nehmen! – Und nun sieh, meine liebste Felice, diesen schrecklichen Brief soll ich nun fortschicken, aber nun ist es 3 Uhr vorüber und ich kann keinen andern mehr schreiben. Ich wollte nur noch sagen, daß in dem Vorigen alles was Dir mißfällt nicht wahr und nicht so gemeint ist; es ist zwar vollkommen wahr und auch so gemeint, aber ich liebe Dich so, daß ich, wenn Du es mit einem Blicke willst, auch die Unwahrheit sage und – noch mehr – sie glaube. Manchmal denke ich, Du hast doch, Felice, eine solche Macht über mich, verwandle mich doch zu einem Menschen, der des Selbstverständlichen fähig ist.

Franz

18.II.13

Liebste, ich habe Dir weh getan mit meinem gestrigen Brief. Noch vor der Briefkastenöffnung wollte ich ihn zurückziehn, aber sag, was soll ich tun, wenn mich ein solcher Augenblick, gar so tief in der Nacht, überfällt wie gestern. Muß ich es nicht niederschreiben oder soll ich es bei mir behalten? Es ist in den letzten Tagen in mir gewiß etwas nicht in Ordnung, immer drängen sich in meine Briefe Sätze hinein, die ich nicht haben will, die wie von außen kommen und doch wohl ihre Quelle in einem verborgenen Innern haben müssen. Liebste, bitte sieh darüber hinweg, dulde es still, oder mache mir Vorwürfe, nur bleib bei mir und werde nicht traurig und weine nicht und behalte mich bei Dir.

Franz

vom 18. zum 19.II.13

Hilf mir, Liebste, ich bitte Dich, das was ich in den letzten Tagen angerichtet habe, wieder in Ordnung zu bringen. Vielleicht ist gar nichts Eigentliches geschehn und Du hättest ohne mein Geschrei nichts davon bemerkt, aber diese Unruhe, mitten in meine Stumpfheit hineingesteckt, treibt mich herum und ich schreibe Unverantwortliches oder fürchte, es jeden Augenblick zu tun. Die falschen Sätze umlauern meine Feder, schlingen sich um ihre Spitze und werden in die Briefe mitgeschleift. Ich bin nicht der Meinung, daß einem jemals die Kraft fehlen kann, das, was man sagen oder schreiben will, auch vollkommen auszudrücken. Hinweise auf die Schwäche der Sprache und Vergleiche zwischen der Begrenztheit der Worte und der Unendlichkeit des Gefühls sind ganz verfehlt.

Das unendliche Gefühl bleibt in den Worten genau so unendlich, wie es im Herzen war. Das was im Innern klar ist, wird es auch unweigerlich in Worten. Deshalb muß man niemals um die Sprache Sorge haben, aber im Anblick der Worte oft Sorge um sich selbst. Wer weiß denn aus sich selbst heraus, wie es um einen steht. Dieses stürmische oder sich wälzende oder sumpfige Innere sind ja wir selbst, aber auf dem im geheimen sich vollziehenden Weg, auf dem die Worte aus uns hervorgetrieben werden, wird die Selbsterkenntnis an den Tag gebracht, und wenn sie auch noch immer verhüllt ist, so ist sie doch vor uns und ein herrlicher oder schrecklicher Anblick. Nimm mich also, Liebste, in Schutz vor diesen widerlichen Worten, die ich da in der letzten Zeit aus mir herausbefördert habe. Sag, daß Du alles einsiehst und doch mich lieb behältst. Ich schrieb da letzthin Beleidigendes über die Lasker-Schüler und Schnitzler. Wie sehr hatte ich Recht! Aber beide fliegen noch als Engel dahin über die Tiefe, in der ich auf dem Boden liege. Und Maxens Lob! Er lobt ja nicht eigentlich mein Buch, dieses Buch liegt ja vor, das Urteil wäre nachzuprüfen, wenn einer Lust dazu haben sollte; aber er lobt vor allem mich, und das ist das Lächerlichste von allem. Wo bin ich denn? Wer kann mich nachprüfen? Ich wünschte mir eine kräftige Hand nur zu dem Zweck, um in diese unzusammenhängende Konstruktion, die ich bin, ordentlich hineinzufahren. Und dabei ist das, was ich da sage, nicht einmal ganz genau meine Meinung, nicht einmal ganz genau meine augenblickliche Meinung. Wenn ich in mich hineinschaue, sehe ich soviel Undeutliches noch durcheinandergehn, daß ich nicht einmal meinen Widerwillen gegen mich genau begründen und vollständig übernehmen kann.

Liebste, was sagst Du, wenn Du so vor dieser Verwirrung stehst. Ist es nicht für den Zuschauer trauriger und abstoßender als für den, der es erlebt? Unvergleichlich trauriger und abstoßender gewiß. Ich kann mir denken, wie viel Kraft dazu gehört, davor nicht wegzulaufen. Während ich, wie ich eingestehe, dieses alles ganz ruhig niederschreibe.

Franz

vom 19. zum 20.II.13

Ich, der ich an das Spielen mit Vorstellungen so gewöhnt bin, daß ich diese Gewohnheit auch in der Wirklichkeit nicht ablegen kann, selbst wenn der Herzschlag drohend daran mahnt, daß es sich diesmal um Wirklichkeit handelt – ich werde ganz traurig, Liebste, über Deine Bemerkung, meine Reise nach dem Süden betreffend. Ich habe nicht, wie Du zu meinen scheinst, den Plan Deiner bloßen Beurteilung vorgelegt (denn was mich betrifft, so ist es sehr gleichgültig, wohin ich fahre, wohl wird mir nirgends sein, von einigen überraschenden Augenblicken abgesehn), und wenn ich auch wußte, daß das Ende doch schließlich nur Beurteilung sein würde, die ich als Segen für meine Reise annehmen wollte – so fehlt mir doch zwischen dem ersten Urteil und dem zweiten das Mittelglied, ohne das sich meine Vorstellungen nicht beruhigen wollen, da sie Dich doch mitziehn wollen mit einem unausrottbaren und verzweifelten Verlangen.

Ist nun der schlimme Tag vorüber und leidest Du nicht mehr? Wie Du mitfühlen kannst, und wie Dich Mitgefühl erschüttert! Ich wäre unter ganz gleichen und noch ärgeren Umständen gewiß trocken dabeigesessen, ich hätte allerdings auch den Schmerz des Mädchens nicht zu einem solchen Ausbruch bringen und durch meine Nähe so beruhigen können, wie Du es gewiß getan hast – ich fühle es im eigenen Herzen – trotzdem Du es verschweigst. Was für eine Kraft wohnt in Dir, Liebste! Daß sie selbst Dich umwirft, ist nur ein Beweis ihrer Größe. Ich kann niemandem zusprechen und dies zwar, weil mir Worte fehlen, aber Worte sind nicht launenhaft. Worte fehlen nicht aus Laune. Früher, als ich noch weniger Überblick über mich selbst hatte und glaubte, keinen Augenblick die Welt außer Acht lassen zu dürfen, in der kindischen Annahme, dort sei die Gefahr und das Ich werde sich schon von selbst ohne Mühe und Zögern nach den Beobachtungen einrichten, die ich drüben gemacht hatte – damals, nein eigentlich auch damals nicht, vielmehr war ich immer in mich zusammengefallen, damals und heute. Nur daß es heute Zeiten gibt (ein Ersatz für die damaligen falschen Annahmen), in denen ich glaube, solche Dinge am Fuß und im Dunkel eines Berges zu schreiben, auf den zu steigen, den emporzufliegen mir vielleicht einmal gegeben sein wird.

Nun beantworte ich aber seit einiger Zeit überhaupt keine Fragen mehr, schreibe gar nichts Wirkliches mehr, weil eben dieses Unwirkliche mir die schönste Wirklichkeit verdunkeln will und ich es durch Schreiben zu vertreiben suchen muß. Liebste, sei geduldig (eben höre ich, es geht schon gegen 2 Uhr, Kanonenschüsse, einen nach dem andern, ich weiß keinen Grund und ich zittere und habe eisige Wangen, als betreffe es uns, Dich und mich). Es ist schon still. Also Geduld, Liebste. Mehr darf ich nicht verlangen, aber das allein ist ja schon etwas Ungeheueres.

Franz

vom 20. zum 21.II.13

Spät, spät. Wieder einen unnötigen Abend mit verschiedenen Leuten verbracht. Ohne Halt – ich schreibe ja nicht, und Du bist in Berlin – lasse ich mich hinschleppen, wohin man will. Eine junge Frau hat von ihrem kleinen wilden Jungen erzählt, das war noch das Beste, und selbst das konnte ich bei weitem nicht vollständig ertragen, zuckte mit den Blicken teilnahmslos – trotzdem sie mir gefiel – über sie hin, verwirrte sie wahrscheinlich mit diesen mechanischen Augenbewegungen, biß mir in die Lippen, um mich bei der Sache zu halten, war aber trotz aller Anstrengung doch nicht da, war aber durchaus auch nicht anderswo; existierte ich also vielleicht nicht in diesen zwei Stunden? Es muß so sein, denn hätte ich dort auf meinem Sessel geschlafen, meine Gegenwart wäre überzeugender gewesen.

Dafür aber hatte ich einen schönen Vormittag. Noch als ich früh ins Bureau ging, war mir alles so widerlich und langweilig, daß ich auf dem Weg ins Bureau, trotzdem gar nicht besonders spät war, plötzlich eine Strecke lang zu laufen anfing, und das zu keinem andern Zweck, als die Widerlichkeit der Welt ein wenig in Bewegung zu bringen und dadurch erträglicher zu machen. Aber als ich dann Deinen Brief hatte und darin das las, was ich mir in der Nacht zu lesen gewünscht hatte, daß Du nach Raphael mitfahren willst oder wenigstens daran denkst, bekam die Welt, in der es also doch solche Möglichkeiten gibt, ein Aussehen für mich, wie sie es schon durch Wochen nicht gehabt hat. Du würdest also mitfahren, wir wären dort beisammen, wir würden nebeneinander am Geländer des Meeres stehn, nebeneinander auf einer Bank unter Palmen sitzen, alles was geschehen würde, wäre ein »Nebeneinander«. Dieses Herz, in das ich mich zurückziehn wollte von allem und für immer, würde neben mir schlagen. Es geht mir noch jetzt ein Schauer über das Gesicht. So muß es ja bei der Vorstellung von Unmöglichem sein, Du hast es ja auch nur als Märchen geschrieben: »ich suche Dir ein schönes Plätzchen, und dann lasse ich Dich allein.« Höre Liebste, die Unmöglichkeit dessen entspricht dieser Tonart, denn selbst wenn die für eine gemeinsame Reise als Voraussetzung nötigen Wunder eines nach dem andern sich erfüllen sollten, und wir vor dem Zuge stünden, der in der nächsten Minute nach Genua fahren sollte – ich müßte doch zurückbleiben, es wäre meine selbstverständliche Pflicht. Niemals dürfte ich es wagen, in dem Zustand, in dem ich jetzt z. B. bin, oder in der Voraussicht der immer bestehenden Möglichkeit eines solchen Zustandes, Dein Reisebegleiter sein zu wollen. Ich gehöre allein in den Winkel eines Coupés; dort soll ich bleiben. Niemals darf ich den Zusammenhang mit Dir, den ich mit meinen letzten Kräften erhalten will, durch eine solche Reisebegleitung gefährden.

Franz

vom 21. zum 22.II.13

Heute dachte ich daran, welche Vorstellungen ich an Deiner Stelle über mich mir machen würde, wenn ich, abgesehen von jener für Dich flüchtigen Stunde unseres wirklichen Beisammenseins, kein anderes Material hätte, als die Briefe der letzten Woche. Sie sind doch wohl derartig, daß sie alles, was in frühern Briefen zum Leben Taugliches stand, genügend widerlegen und vergessen machen, wenn ich auch bei ihrem Niederschreiben ein allerdings kraftloses Verlangen hatte, sie gerade in dieser Richtung noch einschneidender zu machen, und ich keinen Brief tatsächlich ohne äußersten Überdruß überlesen konnte und zwar – um von allen sonstigen begreiflicheren Gründen zu schweigen – vor allem aus dem Grunde, weil ich mich von ihm nicht genug tief und oft gesto-

chen fühlte. Müssen Dir nun solche Briefe nicht jede Vorstellung von mir auflösen? Kannst Du Dir, wenn nicht hier der Beweis vor Dir liegen würde, einen
Menschen nach Deiner sonstigen Erfahrung denken, der so nutzlos lebt wie ich
und doch lebt, der mit seinem Lebendigsein nichts anderes leistet, als ein riesiges Loch zu umlaufen und zu bewachen. Mußt Du nicht, Liebste, fast glauben,
es schreibe Dir kein Mensch, sondern irgendein falscher Geist?

Und doch schreibt Dir ein Mensch, Liebste. (Er weiß aber freilich, nachdem
er sich zu dieser Behauptung verstiegen hat, kaum die Konsequenzen dieses
Menschseins zu beschreiben, sie gehn schon zu hoch über ihn hinaus.) Und
strebt zu Dir und sammelt seine armen Kräfte dafür und empfindet die Entfernung Berlins bei weitem nicht so schwer, wie die Höhe, die ihn von Dir trennt.
Und trotz alles seines guten Willens wird er nichts anderes erreichen, als daß er
Dich »immer wieder von neuem enttäuschen« wird, wie Du heute schreibst (in
anderer Beziehung allerdings, aber die Beziehung solcher Bemerkungen zu mir
bildet sich von selbst ganz ohne Deine Absicht). Er kann nicht anders, denn wir
haben nur die Kräfte, mit denen wir auf die Welt hinausgestellt worden sind
und können, selbst wenn es sich um unser Leben handelt, keine neuen aus
irgendwelchen dunklen Vorräten holen.

Du konntest weder im Bureau noch in der Straßenbahn an mich schreiben.
Soll ich es Dir erklären, Liebste? Du wußtest nicht, an wen Du schreiben solltest. Ich bin kein Ziel für Briefe. Wenn ich ruhig in der ganzen Ausbreitung
meines elenden Zustandes vor Dich hintreten würde, hintreten könnte, Du
würdest zurückschrek-ken. Und so laufe ich – es ist natürlich keine Absicht
dabei – wie die verrückten Eichhörnchen in ihrem Käfig nach allen Richtungen
in Kreisen, nur um Dich, Liebste, vor meinem Käfig festzuhalten und Dich mir
nahe zu wissen, auch wenn ich Dich nicht sehen kann. Wann wirst Du das
durchschauen und, bis Du es durchschaut hast, wie lange wirst Du dableiben?

Franz

[vermutlich beigelegt]

Mit solchen Vorstellungen oder Wünschen gebe ich mich ab, wenn ich schlaflos
im Bett liege:

Ein grobes Holzstück sein und von der Köchin gegen ihren Leib gestemmt
werden, die aus der Seite dieses steifen Holzstückes (also etwa in meiner Hüf-
tengegend) das Messer mit beiden Händen heranziehend mit aller Kraft Spähne
zum Anmachen des Feuers losschneidet.

23.II.13

Nur paar Worte, Liebste, denn es ist schon spät, und ich will noch ein wenig an
die Luft kommen, ehe ich dann zu Max gehe. Ich habe den Tag, wie es sich ge-

bührt (denn ich gehörte entweder ins Bett oder nach Dresden), zum größten Teil im Bett verbracht und meine zwei einzigen, allerdings schrecklichen Abenteuer bestanden darin, daß mich der Vater aus dem Vormittagsschlaf durch ein wahnsinniges, einförmiges, ununterbrochenes, immer wieder mit frischer Kraft einsetzendes Geschrei und Singen und Händeklatschen, mit dem er einen Großneffen belustigte, allmählich und trotz alles Widerstandes unbedingt in diese trostlose Welt herausschleppte, während er am Nachmittag das gleiche zur Unterhaltung seines Enkels ausführte. Du Liebste, es gehört Tugend dazu, um ein solches Treiben, wenn es einem zwar begreiflich (es ist des Vaters einzige Freude), im Innersten aber ganz unverständlich ist (die Tänze der Neger sind mir verständlicher), ohne unkindliche Flüche auszuhalten. So auf einem zu trommeln! Besonders am Nachmittag, war mir jeder Schrei wie ein Faustschlag ins Auge. Und dabei zu denken, daß ich vor vielen Jahren auf die gleiche Weise unterhalten worden bin. Allerdings lag damals niemand im Nebenzimmer und litt darunter. Und doch, es ist ja vielleicht gar nicht das Geschrei, das mich so angreift, es gehört überhaupt Kraft dazu, Kinder in der Wohnung zu ertragen. Ich kann es nicht, ich kann nicht an mich vergessen, mein Blut will nicht weiter strömen, es ist ganz verstockt, und dieses Verlangen des Blutes stellt sich ja als Liebe zu Kindern dar. Ich denke nach, ob ich mir wegen der zeitweiligen Anwesenheit meines Neffen und meiner Nichte, die ja heranwachsen und immer lauter werden, nicht irgendwo ein eigenes Zimmer nehmen und von zuhause auswandern soll. Einmal vor Jahren war ich schon, allerdings aus andern Gründen, ganz nahe daran, schließlich habe ich mich doch zurückhalten lassen.

Wo bist Du, Liebste, heute? Ich habe Dich ja aus den Augen verloren. Bleibst Du in Dresden oder fährst Du schon abends zurück? Es war ein schöner Tag, und im Halbschlaf bin ich oft in Dresden herumgegangen. In dem darauf folgenden Erwachen habe ich dann aber meine augenblicklichen, wirklichen oder eingebildeten Leiden (in der Wirkung ist bei genügender Kraft der Einbildung natürlich kein Unterschied) zusammengezählt und bin bis zur Zahl 6 gekommen, was genügender Grund zur Verdrießlichkeit und Kopfhängerei wäre, wenn nicht auf der andern Seite Du, Liebste, wärest, die Du diesen Leidenskomplex doch ausstehen kannst, wofür der Dank und gleichzeitig die Strafe nur ein unendlicher Regen von Küssen sein könnte.

Franz

vom 23. zum 24.II.13

Zuerst, Liebste, um es nicht immer wieder zu verschieben (es hat Dir vielleicht schon Sorgen gemacht), schicke ich Dir das Bild Deines Nichtchens zurück. Ja, dieses Kindchen verdient geliebt zu werden. Dieser ängstliche Blick, wie wenn man dort im Atelier alle Schrecken der Erde gezeigt hätte! Und dabei hält sie doch die Hände an der Lehne und an der Hüfte, gerade infolge ihrer Selbstvergessenheit, wie eine große Dame. Und ich wage sogar den Widerspruch zu meinem Nachmittagsbrief und behaupte, daß ich die kleine Wilma, wie sie da auf ihrem Polster sitzt, lieb habe. (Wer kann freilich sagen, ob nicht bloß Deinetwegen?) Hast Du in Deinem Medaillon ein anderes Bild? Und könnte ich auch das noch sehn?

Der Brief Deiner Schwester hat mich sehr unterhalten, ich möchte fast sagen, er hat mich – verstehe mich recht – erschüttert. Nicht, weil sie sich ganz dem Kind unterordnet, sie tut es in keiner besonders charakteristischen Art – sondern weil sich darin eine so offene Natur förmlich in einem Schwall, in einer nicht zu erfindenden Menge kleiner zusammenpassender und vor allem ganz gleichförmiger Details darstellt. Die Bemerkungen über die Geschwister – die Aufzählung der Geschenke – die Aufzählung der Zollspesen. Liebste, bitte versteh mich recht, es hat nichts mit der selbstverständlichen Achtung, ja Ehrerbietung zu tun, die ich vor Deiner Schwester habe, wenn ich solche Bemerkungen mache. Eben dort, wo scheinbar und gesetzmäßig nichts zu genießen ist, ergreift es mich immer. Ich denke daran, wie ich vorgestern Abend, mit meinem Unglück übergenug beschäftigt, knapp vor mir aus einem Haustor einen Bekannten, den Besitzer oder vielmehr den Sohn des Besitzers einer jüdischen Buchhandlung treten sah. Er dürfte wohl schon 40 Jahre alt sein, einmal vor Jahren war er verlobt, mit einem großen, starken Mädchen, die Verlobung ging dann zurück, da er nicht genug Geld bekam. Später, auch schon vor vielen Jahren, heiratete er eine zarte, sehr bewegliche Frau. Ich erinnere mich, wie sie bei uns in unserer früheren Wohnung zu Besuch waren und wie diese Frau so sonderbare abgehackte Reden führte. Es scheint mir jetzt fast, als hätte sie auch am hellen Tag eine Schleppe gehabt und diese Schleppe mit dem Fuß immer zur Seite geworfen. Diese Frau wurde nach wenigen Wochen verrückt – man sagte, der Mann oder vielmehr die Eltern des Mannes hätten es zum großen Teil verschuldet – kam ins Irrenhaus, die Ehe wurde geschieden und der Mann mußte (zur besondern Befriedigung meines Vaters, der die Ereignisse in dieser Familie mit Anteilnahme und nicht ohne Schadenfreude verfolgte) die Mitgift zum großen Teil wieder herausgeben, so sehr er sich wehrte. Der Mann war also wieder frei, heiratete aber nicht mehr, wahrscheinlich verlangten es seine Eltern, denen er immer grenzenlos ergeben war, nicht mehr. Er war niemals selbständig, sondern sitzt, seitdem er die Schule verlassen hat, also ein kleines Menschenalter, in dem winzigen Geschäft, in dem kaum für einen Menschen Arbeit ist, staubt mit Hilfe eines Dieners die ausgehängten Gebettücher ab, steht bei warmem Wetter in der offenen Ladentür (früher wechselte er darin mit seinen Eltern ab, die jetzt meist krank sind), wenn es kalt ist, steht er hinter der mit Büchern besteckten Tür und schaut durch die Lücken zwischen diesen meist unanständigen Büchern auf die Gasse hinaus. Er fühlt sich als Deutscher, ist Mitglied des hiesigen deutschen Casinos, einer zwar allgemeinen, aber unter den hiesigen Deutschen doch vornehmsten Vereinigung, und geht nun wahrscheinlich jeden Abend, nachdem das Geschäft geschlossen ist und er genachtmahlt hat, in das »Deutsche Haus«. So war es auch vorgestern Abend, als ich ihn zufällig beim Verlassen seines Hauses erblickte. Er ging vor mir her, wie der junge Mann, als den ich ihn eben immer noch in der Erinnerung habe. Sein Rücken ist auffallend breit, er geht so eigentümlich stramm, daß man nicht weiß, ob er stramm oder verwachsen ist; jedenfalls ist er sehr knochig und hat z.B. einen mächtigen Unterkiefer. Begreifst Du nun, Liebste, kannst Du es begreifen *(sag es mir!)*, warum ich diesem Mann geradezu lüstern durch die Zeltnergasse folgte, hinter ihm auf den Graben einbog und mit unendlichem Genuß ihn im Tor des »Deutschen Hauses« verschwinden sah? Es ist spät, Du hast eine Wendung, Felice, die Du gar nicht brauchst, gib sie mir und laß mich schreiben: »Behalt mich lieb! «

Franz

vom 24. zum 25.II.13

Die Schwester? Und ich, der ich mich ganz verbohrt immerfort um mein eigenes Unglück drehe, ahnte nichts und wünschte Dir, armes Herz, in dem Brief, den ich Dir nach Dresden schickte, »ruhige Stunden«. Hätte ich nur in dieser Allgemeinheit wie heute etwas von dem Zweck der Dresdner Reise gewußt, ich wäre wahrscheinlich doch mit allen meinen Zuständen nach Dresden gefahren, denn Dich dort allein und unglücklich zu wissen, hätte ich trotz aller meiner Stumpfheit kaum ertragen. Es fiel mir schon letzthin ein wenig auf, daß Deine Schwester plötzlich den guten Posten in Dresden verlassen sollte und daß Du in Berlin eine derartig besondere Beschäftigung bei Professoren u.s.w. für sie suchtest – aber ich las darüber hinweg. Um was es sich, Liebste, eigentlich handelt, will ich gar nicht erfahren, wenn es Dir schwer wird, es zu sagen – es müßte denn sein, daß auch nur die entfernteste Möglichkeit dafür bestünde, daß ich raten oder helfen könnte (es wäre ja für Dich und das gäbe mir Kraft und Geschicklichkeit) – aber das muß ich, Liebste, bald erfahren, – bald, sage ich! – *wie Du Dich befindest.* In diesem Herbst und Winter hat sich wirklich unter meiner Anführung gerade genug vereinigt, um an Dir zu reißen. Und ich kann es unmöglich für ein gutes Zeichen halten, daß ich noch keine Nachricht über den Erfolg der Dresdner Reise und über Deinen Zustand auf der Heimfahrt hatte. Ich hätte unbedingt nach Dresden fahren sollen, zu irgendetwas hättest Du mich doch brauchen können und der Anblick Deiner Not hätte mich zu vielem fähig gemacht.

Ich wage kaum mehr weiter zu schreiben, ich weiß ja nicht, was Du machst. Wenn ich Samstag und Sonntag abends, also zu einer Zeit, als Du Dich mit allen Gedanken mit dieser Reise beschäftigtest, nicht eigentlich viel unglücklicher als sonst bei Max in seiner neuen Wohnung gesessen bin, als wärest Du auf einem andern Stern und als wäre nicht der Boden unter meinen Füßen im Zusammenhang mit jenem, auf dem Du offenbar in größter Unruhe herumgingst – wer weiß, wie es jetzt mit Dir steht, während ich kalt ein Wort hinter das andere setze. Liebste, es ist ein elendes Leben und nur der, welcher mit der Peitsche hineinzufahren versteht, hat es ganz erfaßt. Ich will Dich, Liebste, nicht davor warnen, Dich solchen Aufregungen auszusetzen, selbst wenn sie nutzlos sein sollten – wie könnte ich Dich davor warnen, Deinem Herzen zu folgen, da ich nichts Besseres wüßte, als das gleiche zu tun, aber jetzt in Berlin – sei rüksichtsloser und schone Dich. Laß ein Weilchen lang alles sein, die Sitzungen der Mutter, die Tanzabende der Schwester, die Handarbeiten, die Tante und schlafe, schlafe! Nur im Schlaf gehört man den guten Geistern, das viele Wachsein zerquält Dich.

Franz

vom 25. zum 26.II.13

Nun bin ich wirklich hilflos, Liebste. Ich sehe Dich im Unglück und weiß nicht, was geschieht; Du weinst wieder, ich kann kein Wort dazu sagen; Du sagst, Du brauchst Rat, und ich kann Dir keinen geben. Es paßt wahrhaftig zu den Fortschritten, die das Unglück um mich in der letzten Zeit gemacht hat, daß nun auch Du in ein mir unbekanntes Unglück hineingezogen wirst. Liebste, ich wollte wirklich mit Dir fort von hier. Wozu es dulden, daß man von irgendeinem Himmel auf diese schwarze, stachelige Erde geworfen worden ist? Schon als Kind bin ich immer in großer Bewunderung vor einem schlechten Buntdruck in der Auslage eines Bildergeschäftes gestanden, auf dem der Selbstmord eines Liebespaares dargestellt war. Es war eine Winternacht und der Mond nur für diesen letzten Augenblick zwischen großen Wolken sichtbar. Die beiden waren am Ende eines kleinen hölzernen Landungssteges und machten gerade den entscheidenden Schritt. Gleichzeitig strebte der Fuß des Mädchens und des Mannes in die Tiefe und man fühlte aufatmend, wie beide schon von der Schwerkraft ergriffen waren. Es ist mir nur noch erinnerlich, daß das Mädchen um den bloßen Kopf einen dünnen, hellgrünen Schleier gewunden hatte, der lose flatterte, während der dunkle Mantel des Mannes vom Wind gestrafft wurde. Sie hielten einander umfaßt und man konnte nicht sagen, sie zog oder er trieb, so gleichmäßig und notwendig ging es vorwärts und man fühlte vielleicht undeutlich schon damals, wenn man es auch erst später erkannte, daß es für Liebe vielleicht keinen andern Ausweg gibt, als den, der da dargestellt wurde. Aber damals war ich noch ein Kind und das Bild, das gewöhnlich neben jenem hing und ein Wildschwein zeigte, das durch einen riesigen Sprung aus dem Waldesdunkel ein Jägerfrühstück in einer Waldlichtung störte, daß die Jäger sich hinter Bäume versteckten und die Teller und Speisen in die Luft flogen, hat mich gewiß noch viel besser unterhalten.

Es bleibt mir nichts übrig, Liebste, als zu warten, bis Du Dich wieder fassen kannst. Ist Dein Vater wieder auf Reisen? Mit dem, scheint mir, hättest Du über jeden Vorfall reden können; seine Anteilnahme ist vielleicht nicht so groß, wie es jene der Mutter wäre, aber desto leichter kann man Rat, und wenn nicht das, so Beruhigung von ihm erhalten. Aber er ist ja gewiß zuhause, Du schreibst ja, daß Du die Eltern belügen mußt. Wäre vielleicht noch eine Reise nach Dresden nötig, die ich ebensogut wie Du besorgen könnte und die ich mit Freuden machen würde, da ich annehme, daß Du zum zweitenmal schwerer von zuhause fortkämest? Aber ich bohre vielleicht durch solche Fragen mehr in Deinem Leid herum, als daß ich es beruhige. Aber ich kann nicht anders; ich habe allmählich alle Menschen aus den Augen verloren, sehe nur Dich und Du leidest so.

Franz

vom 26. zum 27.II.13

Ist die Sorge wirklich schon vorüber? Nach dem Morgenbrief scheint es so, beherrschst Du Dich aber nicht bloß mir gegenüber? Das Telegramm drehte ich ein Weilchen lang uneröffnet in der Hand. Was konnte darin stehn? So sehr ich weiß, wie gut Du bist, und so sehr ich diese Güte ausnutze (meine ganze jetzige Existenz ist – hat keinen andern Sinn und Zeitvertreib) – daß Du mir mit dem Telegramm jede mögliche Sorge nehmen wolltest, das glaubte ich gar nicht in Betracht ziehen zu müssen. Einen Augenblick dachte ich, es stünde in dem Telegramm: »Lauf zum Bahnhof. Ich komme in einer Viertelstunde an.« Ich gebe zu, ein solches Telegramm hätte mich gräßlich erschreckt. Ich hätte sogar (einen Augenblick lang machte ich es durch) nichts anderes als Schrecken gefühlt, wie wenn einer aus einer langen Nacht plötzlich herausgerissen wird. Nun, meine Lauheit hätte es wohl aufgestachelt, diese widerliche Lauheit, die mir aus der ganzen Wohnung, ja aus der ganzen Stadt ein einziges Bett macht. Nun, es ist nichts Derartiges in dem Telegramm gestanden, ich bin allein wie früher, nur manchmal schaut mir aus dem Briefpapier, das ich beschreibe, mein Gesicht förmlich entgegen, daß ich am liebsten die Feder weglegen möchte, um mich nicht immerfort an Dich zu hängen und Dich, Du Gerade, herunterzubeugen, sondern mich der Strömung zu überlassen, die, wie ich fühle, sich langsam unter mir wälzt.

Mein zweiter Gedanke über dem Telegramm war allerdings wieder ein ganz entgegengesetzter. »Da bekomme ich also wahrscheinlich morgen keinen Brief«, und diese Furcht bin ich noch nicht ganz los. Mißverstehst Du Liebste nicht doch ein wenig, was ich über Deine Schwester sagte? Charakteristisch scheint sie mir sogar sehr, nur ihre Liebe zum Kind ist ein wenig einförmig und läßt eine schlechte Erzieherin des Kindes ahnen. Nicht erklären konnte ich mir übrigens, warum in dem Brief, den doch vom vorigen ein langer Zwischenraum trennte, der Mann, Dein Schwager, gar nicht erwähnt ist.

Das war, Liebste, heute schon der zweite Brief, der abgebrochen wurde. Vergiß die Fortsetzungen nicht! Einer brach bei einem offenbar überraschenden Ereignis ab, das in der 3tten Klasse auf Dein Zeichnen besondern Einfluß hatte, und dieser Brief brach in Schlesien ab, als Dein Vater der Schwester die Schulaufgaben machte. Gern wüßte ich auch, Liebste, wie Du den *Genuß* beurteilst und erklärst, den mir z.B. letzthin jener Buchhändlerssohn machte. Mit jeder Antwort auf eine solche Frage fühle ich mich tiefer in Dich eindringen, erhalte eine neue Erlaubnis in Dir zu leben und vertausche für einen Augenblick ein Scheinleben mit einer heißen Wirklichkeit.

Franz

vom 27. zum 28.II.13

Heute abend bin ich beschämt worden. Ich ging mit Weltsch spazieren (sein Buch [Anschauung und Begriff] ist schon erschienen. Würde es Dich interessieren? Ich glaube nicht, es ist recht streng philosophisch. Ich muß mich zum Lesen und Verstehen zwingen; wo nicht etwas dasteht, auf das man die Hand auflegen kann, verfliegt meine Aufmerksamkeit zu leicht) – ich ging also mit ihm spazieren und er fing unmerklich an – es dauerte auch nicht lange und war wohl nur eine augenblickliche Laune –, über und gegen meine Trübseligkeit zu reden. Das für mich Beschämende war nicht der Umstand, daß er überhaupt den Versuch machte, mich zu ermahnen. Das höre ich ja sehr gerne, es ist angenehm, sich solche Dinge durch den leeren Kopf gehn zu lassen und überdies sprach W. heute äußerst klug. Das Beschämende war vielmehr, daß er diese Ermahnung für notwendig hielt, trotzdem ich ihn gerade und unmittelbar durch keine Bemerkung eigentlich dazu aufgefordert hatte und trotzdem gerade jetzt eigene Angelegenheiten ihn über alles beschäftigen. Das Beschämendste aber war, daß er versuchte – ob bewußt oder unbewußt ist gleichgültig, ich rede ja von meiner Beschämung –, mich gar nicht merken zu lassen, daß er mich ermahnte; er führte allgemeine Reden mit den für mein Gefühl allzu raschen Gedankenentwicklungen und allzu kurzen Antithesen, die er so liebt und die ihm so natürlich sind.

Was hilft die Beschämung! Nachdem ich ihn nachhause geführt hatte, es war Nebel und vor dem hat er Angst, dachte ich daran, ins Kaffeehaus zu gehn (ich hätte dort Werfel treffen können und andere), aber mir graute auch wieder davor und nach einigen unentschlossenen Drehungen wollte ich nachhause gehn. Da treffe ich einen Bekannten, einen zionistischen Studenten, der sehr vernünftig, eifrig, tätig, liebenswürdig und dabei von einer mich geradezu verwirrenden Ruhe ist. Er hält mich auf, ladet mich zu einem besonders wichtigen Vereinsabend ein (wie viele solche Einladungen hat er schon im Laufe der Zeit an mich verschwendet!) meine Gleichgültigkeit hinsichtlich seiner Person und jeden Zionismus war in dem Augenblick grenzenlos und unausdrückbar, aber ich fand – Du mußt es mir glauben, Liebste – keine gesellschaftlich durchführbare Möglichkeit des Abschieds, trotzdem natürlich ein stummer Händedruck auch genügt hätte, und bot mich nur aus diesem Grunde an, ihn zu begleiten und begleitete ihn tatsächlich bis zur Tür jenes Kaffeehauses, in das ich selbst früher hatte gehen wollen. Hineinziehen ließ ich mich aber nicht mehr, sondern fand überraschender Weise hübsch und leicht jenen befreienden Händedruck. Nun ist es spät und ich habe Dir von dem heutigen Abend fast nichts erzählt, trotzdem ich gerade von meinem Alleinsein eine Unmenge zu erzählen hätte.

Franz

vom 28. [Februar] zum 1.III. [1913]

Spät, Liebste, spät. Ich habe eine Arbeit für das Bureau gemacht und dabei ist es spät geworden. Kalt ist mir auch. Sollte ich mich wieder verkühlt haben? Es ist recht widerlich; meine linke Seite wird ständig kalt angeweht.

Wie kannst Du nur sagen, daß ich Dir deshalb böse sein könnte, wenn einmal kein Brief kommt? Begreife und präge es Dir doch ein, daß ich Dir in allem dankbar sein muß, was Du mir gibst, und daß ein liebes Wort, das Du an mich richtest, ebenso für mich wie vor einem höhern Richter mehr wert ist als der ganze Haufen meiner Briefe. Zwinge Dir deshalb ja nicht, in der Hetze, in der Du jetzt lebst, Briefe ab, lasse ruhig auch einen Tag ohne Brief vergehn, wenn es Dir nur ein wenig des für Dich so notwendigen Schlafes wegnehmen würde, und wisse, daß ich hier auf den nächsten Brief, wie viele Du auch ausgelassen haben möchtest, unverändert warte. Darin bin ich unverändert, wie sehr auch sonst alles andere um mich fliegt und wechselt.

Heute Abend und auch während des Tages war ich ruhiger und sicherer als sonst, jetzt ist wieder alles dahin. Ich wollte übrigens den Menschen sehn, der ohne Schaden meine Lebensweise, vor allem diese abendlichen einsamen Spaziergänge aushalten würde. Zuhause spreche ich fast mit niemandem, die Verbindung mit meiner Schwester, die schließlich hauptsächlich auf meinem Schreiben beruhte, ist nun auch ganz locker. Du und ich, wir leben jetzt ganz entgegengesetzt, Du hast immerfort Leute um Dich, ich niemanden fast, die Leute im Bureau sind kaum zu rechnen, gar jetzt, wo ich seit einigen Tagen mehr schlafe und die Arbeit mir nicht so schwer fällt. Sie ist gerade so gleichgültig wie ich, wir passen zusammen. In den nächsten Tagen werde ich sogar Vice-Sekretär, es geschieht mir ganz recht.

Letzthin ging ich durch die Eisengasse, da sagt jemand neben mir: »Was macht Karl?« Ich drehe mich um; ich sehe einen Mann, der ohne sich um mich zu kümmern im Selbstgespräch weitergeht und auch diese Frage im Selbstgespräch gestellt hatte. Nun heißt aber Karl die Hauptperson in meinem unglücklichen Roman und jener harmlose vorübergehende Mann hatte unbewußt die Aufgabe mich auszulachen, denn für eine Aufmunterung kann ich das wohl nicht halten. Letzthin fragtest Du mich im Anschluß an den Brief meines Onkels nach meinen Plänen und Aussichten. Ich habe über die Frage gestaunt, jetzt bei der Frage jenes unbekannten Mannes fällt sie mir wieder ein. Ich habe natürlich gar keine Pläne, gar keine Aussichten, in die Zukunft gehen kann ich

nicht, in die Zukunft stürzen, in die Zukunft mich wälzen, in die Zukunft stolpern, das kann ich und am besten kann ich liegen bleiben. Aber Pläne und Aussichten habe ich wahrhaftig keine, geht es mir gut, bin ich ganz von der Gegenwart erfüllt, geht es mir schlecht, verfluche ich schon die Gegenwart, wie erst die
Zukunft!

Franz

Samstag [1. März 1913] 2 Uhr [nachts]

Nur paar Worte, Liebste. Ein schöner Abend bei Max. Ich las mich an meiner
Geschichte in Raserei. Wir haben es uns dann wohl sein lassen und viel gelacht.
Wenn man Türen und Fenster gegen diese Welt absperrt, läßt sich doch hie und
da der Schein und fast der Anfang einer Wirklichkeit eines schönen Daseins erzeugen. Gestern habe ich eine kleine Geschichte angefangen, sie ist noch so
klein, steckt kaum den Kopf hervor, es läßt sich nichts sagen, um so sündhafter
ist es, daß ich sie heute gegen alle guten Vorsätze liegen ließ und zu Max ging.
Ist sie etwas wert, wird sie aber doch vielleicht bis morgen warten können.

2.III.13

Sonntag nachmittag. Bin ganz zerstreut. Habe bei Baum, der gerade von Berlin,
wo er in Verlagsangelegen[heiten] paar Tage lang war, so viel Neuigkeiten sy-
stemlos durcheinandergehört, trotzdem ich mit großer Grobheit Frau Baum,
die ich sehr lieb habe, die aber ganz trunken von den Berliner Erfolgen dem
Oskar immer in die Rede gesprungen ist, abgeschrien und aus dem Zimmer
herausgesteckt habe. Kam schon mit Kopfschmerzen hinauf und sitze jetzt mit
Kopfschmerzen da. Oskar liest übrigens am 1. April im Klindworthsaal, soll ich
mit ihm nach Berlin kommen? Die Kopfschmerzen stammen von der Nacht.
Ich konnte meiner Aufregung gestern abend nicht Herr werden, immer wieder
riß es mich fort, ich konnte nicht einschlafen und wälzte mich nur. Der gewöhnliche Menschenverstand sagte mir, ich solle aus dem Bett aufstehn, die
stille Nacht benützen und schreiben. Etwas hielt mich davon ab.
    Der angekündigte Brief ist nicht gekommen, Liebste. Nicht ankündigen,
Liebste, nicht ankündigen, wenn es dann nicht kommt. Ich bin mit allem zufrieden, ein Wort, das aus Deinem Herzen kommt, genügt mir, aber nichts ankündigen, Liebste, das dann nicht kommt. Die Adresse Deiner Schwester habe
ich noch nicht bekommen und es ist doch schon höchste Zeit. Dann kommt
das Paket am Ende nicht rechtzeitig an, Du wirst es mir als Schuld anrechnen,
das Vertrauen zu mir verlieren und mir macht es doch solche Freude, einen derartigen Auftrag zu bekommen. Ich bin stolz darauf. Schick nur gleich auch ein
Zettelchen mit, das ich beilegen kann, ich wüßte sonst nicht, wie ich Deine

Schwester davon verständigen sollte, daß Du die Geberin bist, es müßte denn sein, daß Du es ihr einfach direkt anzeigst. – Ich schreibe so rasch und flüchtig, weil ich in meinem eiskalten Zimmer schreibe. Leb wohl Liebste, und bleib mir erhalten.

Franz

vom 2. zum 3.III. 13

Meine Schwestern mit ihren Männern sind fortgegangen, es ist schon ½ 11, aber mein Vater hat sich noch hingesetzt und die Mutter zum Kartenspiel kommandiert. Ich bin infolge meiner neuesten leicht verkühlbaren Konstitution auf das Wohnzimmer angewiesen und schreibe also bei den Geräuschen des Kartenspiels. Mir gegenüber sitzt die Mutter, rechts von mir am Kopfende des Tisches der Vater. Ich habe der Mutter eben, als der Vater eine Wasserflasche vor die Balkontür getragen hat, ohne mein Schreiben zu unterbrechen, zugeflüstert: »Geht schon schlafen«, sie möchte wohl auch gern, aber es ist eben schwer.

»Zwei letzten doppelt«, hat gerade der Vater gesagt, was bedeutet, daß zumindest noch zwei Spiele gemacht werden müssen und das kann unter Umständen noch sehr lange dauern. Ich habe vorher wieder einmal einen Spaziergang mit meiner Schwester gemacht und es sind mir, während wir von andern Dingen sprachen, in einem Einsamkeitsgefühl, das ich oft gerade in Gesellschaft habe (was natürlich auch bei andern nichts Seltenes ist), Gedanken darüber durch den Kopf gegangen, ob Du mich, Liebste (immer wieder Liebste, denn ich habe niemanden sonst und werde niemanden haben) noch so leiden kannst wie früher. Ich höre eine Änderung Deiner Meinung über mich nicht so sehr an Deinen Briefen heraus, vielmehr aus Deinen Briefen gar nicht.

(Es ist 1 Uhr vorüber, ich bin, Liebste, inzwischen von meiner Geschichte [Liman-Fragment] fast gänzlich abgeworfen worden – heute war die Entscheidung und sie ist gegen mich ausgefallen – und krieche nun förmlich, wenn Du mich willst, zu Dir zurück.) Diese Änderung Deiner Meinung folgere ich hauptsächlich aus meinem Benehmen in der letzten Zeit und sage mir, daß es unmöglich ist, an Deiner frühern Stelle auszuhalten. Das was mich in der letzten Zeit ergriffen hatte, ist kein Ausnahmezustand, ich kenne ihn 15 Jahre lang, ich war mit Hilfe des Schreibens für längere Zeit aus ihm herausgekommen und habe in Unkenntnis dessen, wie schrecklich provisorisch dieses »Herauskommen« war, den Mut gehabt, mich an Dich zu wenden und habe auf meine scheinbare Wiedergeburt pochend geglaubt, vor jedem die Verantwortung dafür übernehmen zu können, daß ich versuchte, Dich, das Liebste, was ich in meinem Leben gefunden hatte, zu mir herüberzuziehn. Wie habe ich mich nun aber in den letzten Wochen Dir dargestellt? Wie kannst Du bei gesunden Sinnen Dich noch in meiner Nähe halten? Ich zweifle nicht, daß Du unter gewöhnlichen Umständen den Mut hättest, Deine wahre Meinung auszusprechen, selbst wenn nur der Schein einer Änderung eingetreten wäre. Aber Deine Offenheit, Liebste, ist nicht größer als Deine Güte. Und ich fürchte eben, daß, selbst wenn ich Dir widerlich würde – schließlich bist Du doch ein Mädchen und willst einen Mann und nicht einen weichen Wurm auf der Erde –, selbst wenn ich Dir widerlich würde, Deine Güte nicht versagen könnte. Du siehst, wie ich Dir gehöre – wirft man aber eine Sache, die einem so gehört, rücksichtslos weg, selbst wenn es einem die vernünftige Rücksicht auf sich selbst befiehlt? Und Du vor allen – würdest Du das tun? Könntest Du das Mitleid überwinden? Du, welche von dem Unglück eines jeden in Deinem Kreise so erschüttert wird? Aber auf der andern Seite bin doch ich. Ich leugne nicht, daß ich es sehr gut aushalten würde, vom Mitleid eines andern mich zu nähren, doch würde ich es gewiß nicht aushalten, die Früchte eines Mitleids zu genießen, das Dich vernichten muß. Bedenke das, Liebste, bedenke das! Vergleichsweise würde ich alles andere besser ertragen als gerade dieses. Jedes Wort, aus welchem Gefühl es auch komme – besser als jenes Mitleid. Dieses Mitleid, das meinem Wohle zugedacht wäre, müßte sich in der Wirkung schließlich gegen mich wenden. Du bist weit und ich sehe Dich nicht – aber wenn Du Dich vor Mitleid aufzehren solltest, würde ich es doch wissen. Darum Liebste, beantworte mir heute – wo es gewiß noch nicht so weit ist – zu meiner Sicherheit ohne auszuweichen folgende Frage: Solltest Du einmal mit einer, wenigstens die meisten Zweifel ausschließenden, Klarheit einsehn, daß ich Dir, wenn auch vielleicht mit einigen Schwierigkeiten, doch entbehrlich bin, solltest Du einsehn, daß ich Dir in Deinem Lebensplan *(warum höre ich nichts von diesem?)* hinderlich bin, solltest Du einsehn, daß Du, ein gütiger, tätiger, lebhafter, seiner selbst sicherer Mensch mit der Verwirrung oder besser mit der einförmigen Verschwommenheit meines Wesens keine oder nur eine Dich schädigende Gemeinsamkeit haben könntest – würdest Du dann, Liebste (antworte bitte nicht leichthin, bleibe Dir der Verantwortung Deiner Antwort bewußt!) würdest Du, ohne auf Dein Mitleid zu hören es mir offen sagen können? Nochmals: hier ist nicht die Wahrheitsliebe in Frage, sondern die Güte! Und eine Antwort, die bloß die Möglichkeit der Voraussetzungen meiner Frage leugnen würde, wäre keine Antwort, die mir, die meiner Angst um Dich genügen könnte. Vielmehr es wäre schon eine genügende Antwort, nämlich das Zugeständnis des unüberwindlichen Mitleids. – Aber warum frage ich überhaupt und quäle Dich! Ich weiß ja die Antwort.

Liebste, gute Nacht. Ich werde von diesem Brief aufstehn und nicht eigentlich aus Müdigkeit, eher aus Zerstreutheit und Aussichtslosigkeit schlafen gehn.

Franz

Ich hatte, Liebste, heute keinen Brief von Dir. Es ist leicht erklärt, die Schwester war gestern in Berlin, Du hattest keine Zeit, aber die Budapester Adresse habe ich noch nicht und bekomme ich sie nicht morgen, so ist der Geburtstag vielleicht versäumt.

Ich habe Dir vieles zu sagen, meine ganze Existenz ist ja nichts anderes, als etwas, was ich Dir anvertrauen wollte, wenn es möglich wäre – und doch bin ich jetzt eine ganze Weile still mit erhobener Feder dagesessen, der gestrige Brief ist doch schließlich eine Frage, auf die ich Antwort haben muß, und da ich zudem heute keine Nachricht hatte, scheint mir damit, so unsinnig die Vorstellung ist, auch mein gestriger Brief, den Du doch erst morgen bekommen wirst, unbeantwortet geblieben. Ich komme mir vor, als stünde ich vor einer abgesperrten Tür, hinter der Du wohnst und die sich niemals öffnen wird. Nur durch Klopfen gibt es eine Verständigung, und nun ist es hinter der Tür auch noch still geworden. Eines aber kann ich (bin ich aber nervös! in meinem Tintenfaß ist wenig Tinte und es ist deshalb gegen eine Zündhölzchenschachtel gestützt, nun ist es beim raschen Eintauchen der Feder von der Schachtel abgeglitten – mich aber hat es vom Kopf bis zu den Füßen durchzuckt und beide Hände sind mir in die Höhe geflogen, als hätte ich jemanden um Gnade zu bitten) eines kann ich, das ist – warten, so sehr gerade die eingeklammerte Nervosität dem zu widersprechen scheint. Ungeduld ist für mich nur Zeitvertreib des Wartens, die Kraft zu warten wird dadurch nicht angegriffen, wenn es auch natürlich überhaupt nicht Kraft ist, sondern Schwäche und auf das geringste Kommando eintretende Entspannung der wenigen Kräfte, die in Tätigkeit waren. Diese meine Eigenschaft, Liebste, bringt Dich in größte Gefahr, das sage ich noch im Nachhang zu meinem gestrigen Brief. Denn ich für meinen Teil, Liebste, würde Dich niemals verlassen und selbst wenn mein Los so fallen würde, daß – es wäre nicht das schlimmste für mich – ich innerlich ein Verhältnis zu Dir hätte, das z.B. dem äußerlichen Vorgang entsprechen würde, daß ich nichts anderes zu tun hätte, als ewig vor einem Nebeneingang Deines Hauses auf Dich zu warten, während Du durch den Haupteingang aus und ein gingest. Laß Dich dadurch im Urteil über mich nicht beirren, und wenn ich noch so sehr zu Deiner Hand hinabgebeugt bin, sprich über mich hinweg Deine wahre Meinung aus! Die Rechnung liegt ja so einfach, Du wirst mir nichts Überraschendes sagen. Ich bin ein anderer Mensch, als ich es in den ersten 2 Monaten unseres Briefwechsels war, es ist keine neue Verwandlung, sondern eine Rückverwandlung und wohl eine dauernde. Wenn Du Dich zu jenem Menschen hingezogen fühltest, mußt Du, mußt Du den heutigen verabscheuen. Wenn Du es verschweigst, tust Du so aus Mitleid und aus irreführender Erinnerung. Die Tatsache, daß dieser heutige in allem so veränderte Mensch unverändert und begreiflicher Weise eher noch schwerer als früher an Dir hängt, muß, wenn Du es Dir klarmachst, von Dir aus gesehn seine Widerlichkeit noch steigern.   Franz

Du mußt viel ertragen, Liebste, in der letzten Zeit und Du erträgst es in einer Weise, die ich einesteils nicht begreifen kann, andernteils aber blind bei Dir voraussetze. Ich sehe Dich hinter Deinen Briefen, ob Du in ihnen klagst oder müde bist oder gar weinst, so stark und lebendig, daß ich mich vor Scham über mich und vor Trauer über diese Gegenüberstellung – hier ich, dort Du – verkriechen möchte. Ich ruhe eben nicht in mir, ich bin nicht immer »etwas« und wenn ich einmal »etwas« war, bezahle ich es mit dem »Nichtsein« von Monaten. Darunter leidet natürlich, wenn ich mich nicht rechtzeitig besinne, auch meine Menschenbeurteilung und meine Beurteilung der Welt überhaupt; ein großer Teil des für mich trostlosen Aussehns der Welt ist durch dieses schiefe Urteil veranlaßt, das sich durch Überlegung zwar mechanisch geradrichten läßt, aber doch nur für einen nutzlosen Augenblick. Um es Dir an einem beliebigen Beispiel zu zeigen: Im Vorraum des Kinematographentheaters, in dem ich heute abend mit Max und seiner Frau und Weltsch gewesen bin (das erinnert mich daran, daß schon bald 2 Uhr ist), hängt eine Anzahl von Photographien aus dem Film »Der Andere«. Du hast gewiß von ihm gelesen, Bassermann spielt darin, er wird nächste Woche auch hier gezeigt werden. Auf einem Plakat, wo B. allein im Lehnstuhl abgebildet war, hat er mich wieder ergriffen, wie damals in Berlin und wen ich nur gerade fassen konnte, Max oder seine Frau oder Weltsch, den zog ich zum allgemeinen Überdruß immer wieder vor dieses Plakat. Vor den Photographien schwächte sich schon meine Freude ab, es war doch zu sehn, daß es ein elendes Stück war, in dem er spielte, die aufgenommenen Situationen waren doch alte Filmerfindungen und schließlich sind Augenblicksaufnahmen eines springenden Pferdes fast immer schön, während Augenblicksaufnahmen einer verbrecherischen menschlichen Grimasse, selbst wenn es die Grimasse Bassermanns ist, leicht nichtssagend sein können. B. hat sich also, sagte ich mir, wenigstens in diesem Stück zu etwas hergegeben, was seiner nicht würdig ist. Aber er hat das Stück doch durchlebt, die Erregung der Handlung vom Anfang bis zum Ende in seinem Herzen getragen und was ein solcher Mensch erlebt hat, ist bedingungslos liebenswert. Darin also urteilte ich noch richtig, wenn auch schon eigentlich ein Stück über mich hinaus. Als ich aber vor einer Weile unten auf das Öffnen des Haustores wartete und in der Nacht herumsah, bemitleidete ich in der Erinnerung an jene Photographien den B., als wäre er der unglücklichste Mensch. Der Selbstgenuß des Spieles ist vorüber, stellte ich mir vor, *der Film ist fertig, B. selbst ist von jedem Einfluß auf ihn ausgeschlossen,* er muß nicht einmal einsehn, daß er sich hat mißbrauchen lassen und doch kann ihm in der Betrachtung des Films die äußerste Nutzlosigkeit des Aufwandes aller seiner großen Kräfte bewußt werden und – ich übertreibe mein Mitleidgefühl nicht – er wird älter, schwach, in seinem Lehnstuhl zur Seite geschoben und versinkt irgendwo in der grauen Zeit. Wie falsch! Hier steckt eben der Fehler meiner Beurteilung. Auch nach Fertigstellung des Films geht Bassermann als Bassermann und als keiner sonst nachhause. Wenn er sich einmal aufheben wird, wird er sich eben ganz aufheben und nicht mehr dasein, aber nicht wie ich es tue und jedem es andichten möchte, mich immerfort umfliegen wie ein Vogel, der durch irgendeinen Fluch von seinem Neste abgehalten, dieses gänzlich leere Nest immerfort umfliegt und niemals aus den Augen läßt. Gute Nacht, Liebste. Darf ich Dich küssen, darf ich den wirklichen Körper umarmen?

Franz

vom 5. zum 6.III.13

Zehn Uhr vorüber, Liebste, und ich bin genau so müde wie Du vorgestern. Ich bin in mein kaltes Zimmer herübergegangen, im warmen (pfui, jetzt höre ich, wie der Vater nebenan von der Fabrik spricht) nebenan war ich schon ganz matt. Du mußt wissen, daß ich von heute ab meine Lebensweise für einige Zeit ändere; wenn es so wie bisher unerträglich war, vielleicht geht es anders; wenn man auf der linken Seite nicht schlafen kann, dreht man sich (oft bereut man es dann freilich und des Wälzens ist dann kein Ende) auf die rechte Seite und ein Leben wie im Bett führe ich ja. (Nebenan wird noch immer von der Fabrik gesprochen, mich überlauft es, ich scheine wirklich den richtigen Augenblick zum Weggehn abgepaßt zu haben.) Die Änderung der Lebensweise besteht darin, daß ich – An dieser Stelle unterbrach ich das Schreiben, das Nebenzimmer war nun frei geworden, ich sagte noch den Eltern »Gute Nacht«, der Vater stand gerade auf dem Kanapee und zog die Wanduhr auf, ich ging dann also ins Wohnzimmer, konnte mich aber nicht entschließen weiterzuschreiben, nahm das Buch von Max und Felix [Anschauung und Begriff] und las das Einleitungskapitel wieder einmal, das in manchen Stellen meisterhaft geschrieben ist, wie von einer dritten, fremden, sehr bedeutenden Person. Ich hatte den Brief liegen lassen, weil es sich mir plötzlich gar so aufdrängte, daß ich immerfort und immerfort nur von mir schreibe und am Ende gar immerfort das gleiche, ohne aufzuhören und daß es widerlich ist, wie ich mich da immer wieder vor Dir ausbreite, ohne zu wissen, ob Du dabei nicht innerlich vor Abscheu, Ungeduld oder Langweile zitterst. Wenn ich das sage, Liebste, so zweifle ich deshalb an Dir noch nicht im geringsten, so dürfen noch Liebende miteinander reden, das steht auch in dem Prolog drin, den Du mir heute geschenkt hast und der mir viel Vergnügen gemacht hat, trotzdem er nicht vollständig und hie und da etwas übermäßig flüchtig ist. Außerdem Liebste, verstehe mich und sei nicht böse, mache ich mir solche Vorwürfe nur wegen der Briefe, wären wir beisammen und säßest Du auf dem Sessel nebenan (ich rücke ihn gerade mit der linken Hand ein wenig näher), ich würde an solche Möglichkeiten gar nicht denken und selbst wenn ich, was sehr wahrscheinlich wäre, noch viel schlimmere Dinge über mich zu sagen hätte, als es jene sind, die ich schreibe. (Eine sehr kleine Verlockung für künftige Zusammenkünfte, nicht wahr, Felice?) Ja auf diesem Sessel solltest Du, von der mir morgen vielleicht ein schlimmer Brief droht, sitzen, der Tisch sollte weggeschoben werden und wir sollten die Hände zusammengehen. Über dieser Erscheinung vergesse ich ganz an meinen Auftrag für Budapest. Er ist natürlich schon besorgt.

Franz

vom 6. zum 7.III.13

Nein, das genügt mir nicht. Ich fragte, ist es nicht Mitleid, was Du vor allem für mich fühlst. Und ich habe die Frage begründet. Du sagst bloß: nein. Aber ich war doch ein anderer damals, als ich Dir den ersten Brief schrieb, den ich vor paar Tagen beim oberflächlichen Ordnen meines Schreibtisches (anders als oberflächlich wird er nicht geordnet) in der Durchschlagkopie gefunden habe (es ist die einzige Kopie eines Briefes, die ich habe). Ich war anders, das wirst Du nicht leugnen können und wenn ich auch hie und da verfallen bin, so habe ich mich doch leicht zurückgefunden. Habe ich Dich also irregeführt bis in diese traurigen Zeiten hinein? Es gibt nur die zwei Möglichkeiten: entweder hast Du nur Mitleid mit mir, warum dränge ich mich dann in Deine Liebe, verlege Dir alle Wege, zwinge Dich, mir jeden Tag zu schreiben, an mich zu denken, tyrannisiere Dich mit der ohnmächtigen Liebe eines Ohnmächtigen und suche nicht lieber eine Möglichkeit, Dich schonend von mir zu befreien, das Bewußtsein von Dir bemitleidet zu werden in der Stille allein zu genießen und auf diese Weise wenigstens Deines Mitleides würdig zu sein. Oder aber, Du bemitleidest mich nicht ausschließlich, sondern bist irregeführt worden im Laufe des halben Jahres, hast nicht den richtigen Einblick in mein elendes Wesen, liest über meine Eingeständnisse hinweg und hinderst Dich unbewußt, ihnen zu glauben, so sehr es Dich wieder andererseits kraft Deiner Natur dazu drängen muß. Warum nehme ich dann nicht aber alles zusammen, was ich noch habe, um Dir die Lage der Dinge ganz klar zu machen, warum wähle ich nicht die eindeutigsten kürzesten Worte, die nicht übersehen, mißverstanden und vergessen werden können? Habe ich vielleicht noch irgendeine Hoffnung oder spiele ich mit einer solchen Hoffnung, Du könntest mir erhalten bleiben? Wenn dem so ist und es scheint manchmal so zu sein, dann wäre es meine Pflicht, aus mir herauszutreten und ohne Rücksicht Dich gegen mich zu verteidigen.

Es gibt aber doch noch eine dritte Möglichkeit: vielleicht bemitleidest Du mich nicht ausschließlich und verstehst auch meinen gegenwärtigen Zustand richtig, glaubst aber, daß ich einmal doch noch ein brauchbarer Mensch werden kann, mit dem ein gleichmäßiger, ruhiger, lebendiger Verkehr möglich ist. Wenn Du das glaubst, so täuschst Du Dich schrecklich, ich sagte Dir schon, mein gegenwärtiger Zustand (und heute ist er noch vergleichsweise paradiesisch) ist kein Ausnahmszustand. Ergib Dich, Felice, nicht solchen Täuschungen! Nicht 2 Tage könntest Du neben mir leben. Heute bekam ich einen Brief eines 18jährigen Gymnasiasten, den ich 2 oder 3 mal bei Baum gesehen habe. Er nennt sich am Schluß des Briefes meinen »sehr ergebenen Anhänger«. Mir wird übel, wenn ich daran denke. Was für falsche Meinungen! Und ich kann nicht genügend weit die Brust aufreißen, um alles zu zeigen und abzuschrecken Wobei freilich gesagt werden muß, daß ich den Gymnasiasten, selbst wenn ich ein Held wäre, abschrecken wollte, denn er gefällt mir (wahrscheinlich wegen seiner Jugend) nicht, während ich Dich, Liebste, und immer wieder Liebste herunterreißen wollte zu dieser großen Gebrechlichkeit, die ich darstelle.

Franz

vom 7. zum 8.III.13

Ich trage meine Müdigkeit, Liebste, ins Kabarett, wo ich jetzt sitze und in der Pause Dir schreibe. Die Musik stört mich, der Rauch fährt mir ins Gesicht, eine Tänzerin (Du lieber Gott, wie ich den Tanz verstehe!), die als Matrose getanzt hat (der Schwung und das Aufstampfen und das Körperdehnen und der leicht gesenkte Kopf, als sie den Rundgang von neuem begann), steht im Promenoir herum und will doch auch angesehen werden – trotzdem, ich bin froh, mich an dieses Dir gehörige Papier zu halten und – so sonderbar das Briefschreiben hier aussieht – *gerade dadurch* – niemand weiß es – Mensch unter Menschen zu sein.

Ob ich am I. nach Berlin kommen soll, das war allerdings eine Scherzfrage, wenn auch nicht besonders lustig gemeint – aber die Marken der Reklamausstellung, waren die überhaupt eine Frage? Solche Briefe wie Dein heutiger, Liebste, sind nur zu sehr geeignet, mich nachlässig zu machen in den Bemühungen, mich Dir klar zu machen und Dich von der Unmöglichkeit eines menschlichen Verkehrs mit mir überzeugen zu wollen. Und wenn ich auch heute – jeder dafür verlorene Tag scheint mir ein Vorwurf – unter dem Einfluß Deines Briefes, den ich zuhause noch vor dem Weggehn rasch einmal gelesen habe und in der Brusttasche trage – der Gong! Es wird dunkel.

So spät. Und ich bin doch lange vor Schluß weggegangen, nicht nur wegen meiner ewigen Müdigkeit, mein Kopf wartet heute den ganzen Tag krampfhaft darauf, daß ich die Augen schließe, sondern auch deshalb, weil es mir immer wohl tut, aus einer festen Gemeinschaft vor der allgemeinen Auflösung zu entkommen. Verstehst Du das?

Und nun Liebste, nimm mich hin, aber vergiß nicht, aber vergiß nicht, mich zur rechten Zeit fortzustoßen!

Franz

Liebe Felice, warum machen mich Deine Briefe schwach und halten mir die Feder fest, die ohne Unterbrechung das Wahre über mich, die traurigen Enthüllungen schreiben will?

Ich war anders am Anfang, das gibst Du zu, das wäre auch nichts Schlimmes, nur ist es keine gerade menschliche Entwicklung, die mich von dort hierher geführt hat, sondern ich bin ganz und gar auf meine alte Bahn übergesetzt worden, zwischen den beiden Wegen gibt es aber weder eine gerade noch eine Zick-Zack-Verbindung, sondern nur den traurigen Luft- und Gespensterweg. (Es ist jetzt nach dem Essen, gerade ist der kleine Felix auf dem Arm des Fräuleins durch mein Zimmer ins Schlafzimmer befördert worden, hinter ihm geht mein Vater, hinter ihm der Schwager, hinter ihm die Schwester. Nun ist er ins Bett der Mutter gebettet worden, und jetzt horcht der Vater in meinem Zimmer an der Tür des Schlafzimmers, ob ihn Felix nicht doch noch rufen wird, denn ihn liebt er am meisten von allen. Tatsächlich ruft er noch »Dje-Dje«, was Großvater heißt, und nun öffnet der Vater zitternd vor Freude noch einigemal die Tür, steckt einigemal noch schnell den Kopf ins Schlafzimmer und entlockt so dem Kind noch ein paar Dje-Dje-Rufe.) Was sich aber an Dir, Felice, verändert hat, das waren nur Einzelheiten am Rande Deiner Existenz, die sich im Laufe der Monate vor mir ausbreitete, sich ausbreitete aus einem unveränderlichen göttlichen Kern.

Du schreibst über meine Klagen, »ich glaube nicht daran und auch Du glaubst es nicht«. Diese Meinung ist ja das Unglück und ich bin nicht schuldlos daran. Es hat sich, das leugne ich nicht (leider aus der schönsten Berechtigung heraus), eine Übung im Klagen bei mir entwickelt, so daß mir der Klageton wie den Straßenbettlern immer zur Verfügung steht, auch wenn es mir nicht ganz genau so ums Herz ist. Aber ich erkenne meine über jedem Augenblick ruhende Pflicht, Dich zu überzeugen, klage deshalb auch mechanisch mit leerem Kopf und erreiche damit natürlich das Gegenteil. »Du glaubst nicht daran« und überträgst den Nichtglauben dann auch auf die wahren Klagen.

Aber weg davon! Zum Schluß des Briefes wenigstens weg davon! Gestern abend fühlte ich mich aus verschiedenen Gründen besonders allein, das ist eigentlich das Schönste, niemand stört dann (auch wenn man gerade mit vielen Verwandten geht), ringsum um einen ist es leer, alles geradezu sorgfältig dafür vorbereitet, daß Du kommst. Und Du kamst dann auch, warst ganz nahe bei mir, wie allein, fast komisch allein ich gerade auch aussehen mochte.

Franz

Nein, ein wie unvernünftiges, schlaffes Leben ich führe! Ich will gar nicht darüber reden. Wie ich diesen Sonntag heute verbracht habe mit Kopfhängen, ohne unglücklich zu sein, mit Herumsitzen, ohne mich übermäßig zu langweilen, mit Spazierengehn mit Felix und dann (fast aufatmend) allein und wie doch bei allem irgendeine Faust mir im Nacken saß!

»Das Gefühl, Du könntest mir genommen werden« – wie sollte ich es nicht haben, Liebste, da ich mir das Recht abspreche (aber »Recht« ist zu schwach, »abspreche« ist zu schwach!) da ich mir das Recht abspreche, Dich zu halten. Täusche Dich nicht, Liebste, es ist nicht die Entfernung, die des Übels Grund ist, im Gegenteil, gerade in der Entfernung ist mir wenigstens ein Schein des Rechtes auf Dich gegeben und den halte ich ja fest, soweit sich Unsicheres mit unsicheren Händen halten läßt.

Gestern Abend habe ich übrigens eine Entdeckung gemacht, die schrecklich sein sollte, die mich aber fast erleichtert hat. Ich kam spät von Baums nachhause, Dir schreiben wollte ich nicht mehr, trotzdem innerhalb meiner Launen eine zu geringe Abwechslung ist, als daß es einen Sinn hätte, einzelne für die Briefe an Dich aufzusparen, und ich hätte also gut an Dich schreiben und die Wohltat dessen genießen können, aber ich schrieb nicht, schlafen gehn wollte ich auch nicht, dazu hatte ich noch zu viel Unbehagen in mir von einem allerdings ganz kleinen Spaziergang her, den ich gerade mit meinen Verwandten gemacht hatte, die ich nach allzu frühem Abschied von Max, Frau und Felix im Kaffeehaus abgeholt hatte – und so nahm ich, weil gerade die Hefte mit meinem Roman vor mir lagen (durch irgendeinen Zufall waren die solange unbenutzten Hefte in die Höhe gekommen), diese Hefte vor, las zuerst mit gleichgültigem Vertrauen, als wüßte ich aus der Erinnerung genau die Reihenfolge des Guten, Halbguten und Schlechten darin, wurde aber immer erstaunter und kam endlich zu der unwiderlegbaren Überzeugung, daß als Ganzes nur das erste Kapitel aus innerer Wahrheit herkommt, während alles andere, mit Ausnahme einzelner kleinerer und größerer Stellen natürlich, gleichsam in Erinnerung an ein großes aber durchaus abwesendes Gefühl hingeschrieben und daher zu verwerfen ist, d.h. von etwa 400 großen Heftseiten nur 56 (glaube ich) übrig bleiben. Rechnet man zu den 350 Seiten noch die etwa 200 einer gänzlich unbrauchbaren im vorigen Winter und Frühjahr geschriebenen Fassung der Geschichte, dann habe ich für diese Geschichte 550 nutzlose Seiten geschrieben. Aber jetzt Gute Nacht, meine arme Liebste, träume von schönern Dingen als von Deinem

Franz

Womit habe ich mir denn die Schachtel mit den lieben Blumen verdient? Ich bin mir keines Verdienstes bewußt und es wäre viel passender für mich gewesen, wenn in der Schachtel ein Teufel versteckt gewesen wäre, mich in die Nase gezwickt und nicht mehr losgelassen hätte, so daß ich ihn immer herumtragen müßte. Weißt Du, daß ich für Blumen eigentlich keinen Sinn hatte und auch jetzt im Grunde Blumen nur würdigen kann, wenn sie von Dir kommen und auch dann würdige ich sie eben nur auf dem Weg über Deine Blumenliebe. Schon seit meiner Kindheit gab es immer Zeiten, wo ich fast unglücklich war über mein Unverständnis Blumen gegenüber. Dieses Unverständnis deckt sich zum Teil mit meinem Unverständnis der Musik, wenigstens habe ich diese Beziehung oft gefühlt. Ich sehe kaum die Schönheit der Blumen, eine Rose ist mir ein kaltes Ding, zwei sind mir schon zu gleichförmig, Zusammensetzungen von Blumen scheinen mir immer willkürlich und erfolglos. Wie das die Unfähigkeit immer zu machen pflegt, habe auch ich oft versucht, andern eine besondere Neigung für Blumen vorzutäuschen. Es gelang mir wie jeder bewußten Unfähigkeit, solche Leute zu täuschen, die eine dumpfe, aus ihrem sonstigen Wesen nirgends hervortretende Zuneigung zu Blumen haben. Meine Mutter z.B. hält mich gewiß für einen Blumenfreund, weil ich gern Blumen schenke und vor Blumen mit Draht fast schaudere. Aber dieser Draht stört mich nicht eigentlich der Blumen halber, sondern ich denke nur an mich und dieses Stückchen Eisen, das sich in das Lebendige windet, ist für mich scheußlich aus diesem Grund. Ich wäre vielleicht gar nicht darauf so aufmerksam gemacht worden, daß ich ein solcher Fremder unter Blumen bin, wenn ich nicht gegen das Ende des Gymnasiums und während der Universitätszeit einen guten Freund gehabt hätte (er hat mit dem Vornamen Ewald [P?ibram] geheißen, fast ein Blumenname, nicht?), der, ohne besonders für zartere Eindrücke empfänglich zu sein, ja sogar ohne musikalisches Gefühl zu haben, eine solche Liebe zu Blumen besaß, daß sie ihn, wenn er z.B. gerade Blumen ansah, abschnitt (er hatte einen schönen Garten), begoß, in eine Vase steckte, in der Hand trug oder mir schenkte (was soll ich mit ihnen anfangen, fragte ich mich oft und wollte es doch nicht bis zur äußersten Eindeutigkeit sagen, im allgemeinen sagte ich es natürlich oft, er war ja darin auch nicht zu täuschen), daß ihn also diese Liebe geradezu verwandelte und er dann anders – ich möchte fast sagen – tönender sprach trotz des kleinen Sprachfehlers, den er hatte. Oft standen wir vor Blumenbeeten, er sah auf die Blumen, ich gelangweilt über sie hinweg. Was würde er nun sagen, wenn er sehen würde, wie ich die Blumen sorgfältig aus der Schachtel hebe, ans Gesicht drücke und lange ansehen kann. Wie kann ich denn für alle Deine Liebe und Güte danken, Felice?

Franz,
eng darunter geschrieben.

Das ist traurig, Felice, Du klagst, und ich muß es anhören wie einer, der blind und stumm ist und außerdem seine Glieder nicht bewegen kann und nur gerade das Gehör noch hat. Das Ärgste ist für mich, daß ich Dir dabei Unrecht tue oder wenigstens getan habe, denn da Du von dieser Sache nicht mehr schriebst, ja deren Erwähnung einmal abwehrtest, dachte ich, durch Deine Reise und die Reise Deiner Schwester wäre entweder alles geordnet oder wenigstens so weit gebracht, daß keine Verschlimmerung und keine neue Aufregung eintreten könnte. In dieser Meinung schrieb ich meine letzten Briefe und verlangte von Dir, ohne es bös zu meinen, Interesse für meine Dinge, während Du immerfort noch – freilich ohne es auch nur mit einem offenen Worte ahnen zu lassen – an dem alten Leide würgtest. Ich will es ja nicht erfahren, Liebste, denn es ist ja nicht Dein Geheimnis sondern das Geheimnis Deiner Schwester, aber wissen will ich immer, wenn Du »am Ende Deiner Kräfte« bist, damit ich nicht noch zu der mir eingeborenen Roheit in der Behandlung eines Wesens, wie Du es bist, noch Roheit aus Unkenntnis Deiner Lage hinzufüge. Möchtest Du mir für 2 Tage ein Bild Deiner Schwester borgen, damit ich weiß, um wen Du Dich sorgst? Du bist die einzige, die von dem Unglück weiß? Toni z.B. weiß gar nichts?

Wie traurig das ist! Und wie hilflos ich bin! Das Beste wäre doch, nach Berlin zu gehn, Dich in die Arme zu nehmen und hierherzutragen. Aber wenn ich es könnte, hätte ich es ja schon längst getan. Schon einige Zeit denke ich daran: Darf ich Dich »Fe« nennen? Du unterschriebst Dich früher manchmal so, dann erinnert es auch an »Fee« und an das schöne China, endlich ist es auch ein geeignetes Wort, um ins Ohr gesagt zu werden. Also? Fe? Nur wenn es Dir gefällt, stimm zu, Du bist mir unter allen Namen lieb. Was für ein sonderbares Selbstbekenntnis steht heute in Deinem Brief! Ein schwacher Mensch wärest Du, der mit sich selbst schon in ruhigen Zeiten nichts anzufangen weiß. Höre, Du willst Dich doch nicht verkleiden und mich mit mir selbst schrecken? Gern wüßte ich, worauf die Bemerkung zurückgeht und wie sich ihre Entwicklung über die Samstagnacht hinweg in Dir verliert. Das soll Dir erspart bleiben, wenigstens für die Dauer, »mit sich nichts anzufangen wissen«, vertraue mir, der darin Erfahrung hat, solche Menschen sehn anders aus als Du und haben einen andern Blick. Die Ursache Deines gegenwärtigen Zustandes kann nur die sein, daß Du fremdes Leid schwerer trägst als eigenes und so von außen her in eine Verwirrung gebracht wirst, in die Du von innen her nie kommen könntest.

Franz

Nur paar Worte, meine Liebste, es ist besser so. Es ist so spät schon. Ich war bei Max und dann im Kaffeehaus. Ich habe alles Mögliche in mich hineingelesen, ich war allein. Vielleicht hätte ich doch früher nachhause gehn sollen, beim Eintritt ins Kaffeehaus zuckte ich noch zurück, dann ging ich aber doch, es war zu spät, um noch nachhause zum Nachtmahl zu gehn und die Gier nach Zeitschriften war schon zu sehr in mir angesammelt. Als ich den Sessel anfaßte, um mich zu setzen, überlegte ich noch, ob ich bleiben sollte. Nun ist so spät und ich berühre Dich nur mit den Fingerspitzen. Gute, gute Nacht!

Franz

vom 13. zum 14.III.13

Ist man schon ruhiger? Zieht das Leid ab? Nach dem heutigen Brief könnte man es glauben und recht wäre es mir schon, aber mir fehlt das Zutrauen. Lesen kannst Du nicht? Das ist kein Wunder. Wann hättest Du denn Zeit dazu? Aber wie kommst Du, Felice, Liebste, wie kommst Du zu Uriel Acosta? Ich kenne das Stück auch nicht und ich dächte, ich könnte es auch nicht lesen, trotzdem bei mir wahr ist, was Du zum Spaß von Deinem Gehirn sagst. Aber vielleicht muß so ein Gehirn eintrocknen und hart werden, damit man einmal zu seiner Zeit einen Funken daraus schlagen kann. – Das wollte ich schreiben, als meine Schwester, ich saß allein im Wohnzimmer, läutete, sie war aus dem Kinematographentheater nachhause gekommen und ich mußte ihr öffnen gehn. Nun war ich gestört und ließ den Brief. Die Schwester erzählte von der Vorstellung oder vielmehr ich fragte sie aus, denn, wenn ich auch selbst nur sehr selten ins Kinematographentheater gehe, so weiß ich doch meistens fast alle Wochenprogramme aller Kinematographen auswendig. Meine Zerstreutheit, mein Vergnügungsbedürfnis sättigt sich an den Plakaten von meinem gewöhnlichen innerlichsten Unbehagen, von diesem Gefühl des ewig Provisorischen ruhe ich mich vor den Plakaten aus, immer wenn ich von den Sommerfrischen, die ja schließlich doch unbefriedigend ausgegangen waren, in die Stadt zurückkam, hatte ich eine Gier nach den Plakaten und von der Elektrischen, mit der ich nachhause fuhr, las ich im Fluge, bruchstückweise, angestrengt die Plakate ab, an denen wir vorüberfuhren. – Manchmal, ich weiß nicht, welches der Grund ist, drängt sich mir besonders stark alles auf, was ich Dir zu sagen habe, wie eine Volksmenge, die gleichzeitig in eine enge Tür hineinkommen will. Und ich habe Dir gar nichts gesagt und weniger als nichts, denn, was ich in der letzten Zeit geschrieben habe, war falsch, nicht bis zum Grund natürlich, denn im Grunde ist alles richtig, aber wer kann durch diese Verwirrung und Falschheit an der Oberfläche hindurchsehn? Kannst Du es, Liebste? Nein, gewiß nicht. Aber lassen wir es jetzt, es ist schon spät. Die Schwester hat mich aufgehalten. »La broyeuse des cœurs« wurde gespielt, die Herzensbrecherin. Und nun habe ich ein wissen-schaftliches Buch allzulange gelesen. Wie wäre es, Liebste, wenn ich Dir statt Briefe – Tagebuchblätter schicken würde? Ich entbehre es, daß ich kein Tage-buch führe, so wenig und so nichtiges auch geschieht und so nichtig ich alles auch hinnehme. Aber ein Tagebuch, das Du nicht kennen würdest, wäre keines für mich. Und die Veränderungen und Auslassungen, die ein für Dich be-stimmtes Tagebuch haben müßte, wären für mich gewiß nur heilsam und erzie-herisch. Bist Du einverstanden? Der Unterschied gegenüber den Briefen wird der sein, daß die Tagebuchblätter vielleicht manchmal inhaltsreicher, gewiß aber immer noch langweiliger und noch roher sein werden, als es die Briefe sind. Aber fürchte Dich nicht allzusehr, die Liebe zu Dir wird ihnen nicht fehlen. Was Du lesen sollst? Ich weiß ja nicht, was Du kennst. Das oft erbetene Bücherver-zeichnis habe ich auch noch nicht bekommen. Blindlings sage ich: Lies Wer-thers Leiden! An Deinen Vater habe ich sonderbarerweise in der letzten Zeit wirklich oft gedacht und oft wollte ich auch schon fragen, ob er [Stoeßls] »Mor-genrot« schon ausgelesen hat. Sieh, Felice, Du denkst nicht genug an mich, ge-stern habe ich erfahren, daß letzthin im Berliner Tageblatt eine Besprechung der »Höhe d. Gefühls« von Stoessl stand. Und Du hast sie mir nicht geschickt. Ich lege zwei Zeitungsabschnitte bei, die gerade heute erschienen sind und die ich gerade zufällig bei der Hand habe. Die Novelle ist zwar für Oskar [Baum] eben-sowenig charakteristisch wie der Aufsatz für Felix [Weltsch], sie können beide viel Besseres, über das Bessere Oskars wirst Du gewiß noch staunen, während das Bessere des Felix Dir unzugänglich ist. (Mir nicht weniger.)

Sonntag in Deiner Not hast Du auch noch gekocht und so Appetitliches. Ich bedauerte heute Vormittag nach meinen Prinzipien nichts essen zu dürfen, sol-che Lust hatte mir Deine Aufzählung gemacht. Es ist ja freilich nur theoretische Lust, wie ich überhaupt gerne Menschen essen sehe.

Adieu, Felice, und noch einen besondern Dank für den heutigen langen Brief. Franz

vom 14. zum 15.III.12 [1913]

Es hat mit einem Klecks begonnen, ich habe das Papier nicht gewechselt, viel-leicht kommt selbst dadurch ein wenig Wirklichkeit in mein immer unwirk-licher werdendes (merkst Du es denn nicht, Liebste?), aus den Lüften herbeige-zogenes Schreiben. – Sonst nur paar Worte, es ist wieder spät, ich war mit Felix bei dem »Anderen« im Kinematographen und dann spazieren. Ich will deshalb nicht länger schreiben, damit sich nicht ein Vormittag wie der heutige war, mor-gen wiederholt. Weißt Du Liebste, mein Chef im Bureau in seiner unbedingten Festigkeit gibt mir Kraft, ich kann ihm nicht folgen aber bis zu einer gewissen Grenze ihn bewußt, bis zu einer weitern Grenze unbewußt nachahmen und weiterhin ihm wenigstens nachsehen und daran mich halten; heute war er krank.

Wenn er nicht im Bureau ist, habe ich früh und mittag die Verteilung der allgemeinen Post an seinem Tische vorzunehmen. Nun ich lag in diesem Lehnstuhl wie aufgelöst, Leute, die kamen, sah ich nicht und hörte ich nicht, in gleichgültige Briefe starrte ich hinein, ich dachte, daß ich nachhause, ins Bett gehören würde, aber – überleg das nur – nicht einmal vom Bett, nicht einmal vom ruhigen Liegen erhoffte ich mir Besserung. Nun ist es ja zum Teil einfach zu erklären, ich schlafe wenig, unordentlich und schlecht, gehe wenig herum, bin von vornherein ganz und gar mit mir unzufrieden, dann legt es mich eben einmal so hilflos in den Lehnstuhl hinein. Daß Dein Brief heute nicht gekommen war, konnte ich kaum begreifen, ich war viel zu schwach, um darüber unglücklich oder unruhig zu sein (und ich wiederhole noch einmal, es hat nicht die geringste Bedeutung, wenn Du einmal, Liebste, keine Zeit zum Schreiben hast), ich begriff es nur nicht recht und ohne besonders daran zu denken, wird es doch auch ein Grund vielen nutzlosen Dasitzens gewesen sein. Und während des ganzen Vormittags hat es sich nicht viel gebessert. Wie ein Kranker bin ich nachhause gegangen, immer schwebte mir die Vorstellung der Länge des Weges vor, die noch zurückzulegen war. Aber krank bin ich nicht, man sieht mir eigentlich nichts an, nur eine Falte über der Nase habe ich und eine immer größer werdende, schon ganz auffällige Menge weißen Haares. Heute Abend, nachdem ich ein wenig geschlafen hatte und Bassermann mich ein wenig verwandelt hatte, war mir sogar manchmal sehr wohl und wir – ich und Felix – haben heute gut zueinander gepaßt. Von Bassermann könnte ich Dir sehr viel erzählen, so elend das Stück ist, und so sehr Bassermann darin mißbraucht wird und sich selbst mißbraucht. – Gute Nacht, Liebste, und schönen Sonntag. Ich lege Grüße für Deinen Papa in Deine Augen.

Franz

16.III.13

Sonntag und keine Nachricht. Das ist nun doch sehr traurig. Vielleicht, meine Liebste, willst Du oder kannst Du nur jeden zweiten Tag schreiben, es wäre ja gewiß auch besser – immer meine ich, alles ist besser als das Jetzige – dann setzen wir es aber fest. Ich schreibe wie bisher jeden Tag. Liebste, liebste Felice! Wie ich Dich gestern Abend förmlich beschworen habe! Wenn ich Dich doch so verdiente (darüber kannst Du nicht urteilen), wie ich Dich brauche (das ahnst Du manchmal gewiß)! Aber Verdienst und Notwendigkeit sind wie Traum und Wachen, die Verbindung zwischen ihnen ist verzerrt. Wieder gefällt mir Fe nicht so gut wie Felice, es ist zu kurz, der Atem weht nicht lange genug hindurch. Könnte ich doch, Felice, einmal – denn einmal wäre immer – so nahe bei Dir sein, daß Reden und Hören eines wäre, Stille. – Sie streiten in der Küche über eine gestohlene Wurst und stören mich. Nicht nur sie stören mich, in mir jubelt es ja von Kräften, welche stören.

Aber Liebste, warum läßt Du Dich denn von mir so beeinflussen, daß Dir ein Automobilunfall die beste Lösung von Sorgen erscheint. Das bist doch nicht Du, Liebste! In diesem Automobil bin wirklich ich bei Dir gesessen. In der Möglichkeit solcher Gefahren lebst Du, und ich schlage mich mit Schatten herum, wäre ich nicht selbst einer, es wäre unbegreiflich. Aber ich wüßte für mich nichts Besseres – und beim Lesen solcher Nachrichten wird das Gelüste übergroß –, als Automobile, in denen Du in Gefahr bist, mit meinem Körper aufzuhalten. Es wäre die äußerste Verbindung, deren ich wert und hoffentlich fähig bin.

Deine Schwester [Erna] hat nur eine Ahnung von Ähnlichkeit mit Dir, aber hätte sie keine und wüßte ich nur, daß sie Deine Schwester ist, ich müßte sie doch lieben. Der Ausdruck ihrer Augen und deren Verhältnis zur Nase gehört einem Typus jüdischer Mädchen an, der mir immer naheging. Um den Mund ist dann eine besondere Zartheit. Sie ist aber doch im Ganzen doch sehr kräftig, scheint es, und nicht so leicht vom Unglück niederzuwerfen. Nun hat sie auch noch eine Freundin, die für sie sorgt und ihretwegen nach Berlin fährt? Die Frisur ist etwas überflüssig groß, aber vielleicht stammt das Bild aus der Zeit, wo man ohne Locken nicht auskommen konnte. Was wirst Du Liebste, Ostern machen? Bleibst Du in Berlin? Und wenn Du in Berlin bleibst, wird man viele Ansprüche an Dich stellen? Wieso kommt es, daß Dein Vater jetzt so lange in Berlin bleibt? Deine Schwester kommt Ostern wohl auch nachhause? Aus Budapest kam noch keine Nachricht? Sollte mein Delikatessenhändler das Paket verschlampt haben? Baum liest nun also bestimmt am 14. April. Da wirst Du wohl nicht mehr in Berlin sein. Schade, sehr schade!

Franz

vom 16. zum 17.III.13

Rund heraus gefragt, Felice: hättest Du Ostern, also Sonntag oder Montag, irgend eine beliebige Stunde für mich frei und wenn Du sie frei hättest, würdest Du es für gut halten, wenn ich komme? Ich wiederhole, es könnte eine beliebige Stunde sein, ich würde in Berlin nichts tun, als auf sie warten (ich habe wenige Bekannte in Berlin und auch die wenigen will ich nicht sehn, besonders da sie mich mit vielen Literaten zusammbrächten und meine Sorgen viel zu sehr durcheinandergehn, als daß ich das ertragen könnte), und wenn es keine ganze Stunde, sondern 4 Viertelstunden würden, es wäre auch gut, ich würde keine verpassen, ich würde mich nicht aus der Nähe des Telephons rühren. Die Hauptfrage also bleibt, ob Du es für gut hältst; bleibe Dir dessen bewußt, was für ein Mensch in mir zu Besuch kommt. Deine Verwandten, Liebste, will ich aber nicht sehn, dazu bin ich jetzt nicht geeignet und werde es in Berlin noch weniger sein, wobei ich noch gar nicht, noch lange nicht daran denke, daß ich aus den letzten Jahren kaum einen Anzug übrigbehalten habe, in dem ich mich vor Dir, selbst vor Dir sehen lassen kann. Aber das ist wahrhaftig nebensächlich, es lockt einen nur so, sich vor den Hauptsachen, die Du ja sehn und hören wirst, in die Nebensachen zu flüchten. Überlege also die Sache wohl, Felice! Vielleicht hast Du keine Zeit, dann braucht es keine Überlegung, Ostern werden ja gewiß alle zuhause sein, der Vater, der Bruder, die Schwester aus Dresden; die kommende Übersiedlung wird Dich in Anspruch nehmen; für Deine Reise nach Frankfurt wirst Du Vorbereitungen machen müssen, kurz ich würde es sehr wohl verstehn, wenn Du keine Zeit hättest; ich sage das nicht nur aus eigener Unentschlossenheit, ich würde mich vielmehr dann anstrengen, im April nach Frankfurt zu kommen, wenn Du das für gut halten würdest. – Also, antworte bald.

Franz

17.III.13

Nur ein paar Worte, Liebste. Zuerst einen großen Dank für Deinen Brief, er kam gerade zurecht, um einen Menschen, der mit seinem ganzen Sinn in Berlin war, wieder ein wenig auf seinen Platz zurechtzusetzen. Zum zweiten aber etwas Häßliches, das aber sehr gut zu mir paßt. Ich weiß nicht, ob ich werde fahren können. Heute ist es noch unsicher, morgen kann es schon gewiß sein. Vom Grund will ich nicht reden, ehe es entschieden ist. Mittwoch um 10 Uhr dürftest Du es schon bestimmt wissen. Es ist übrigens an sich gewiß nichts Schlimmes, wir werden sehn. Behalt mich aber lieb trotz dieses Hin und Her.

Franz

vom 17. zum 18.III.13

Du hast recht, Felice, ich zwinge mich in der letzten Zeit öfters, Dir zu schreiben, aber mein Schreiben an Dich und mein Leben sind sehr nahe zusammengerückt, und auch zu meinem Leben zwinge ich mich; soll ich das nicht?

Es kommt mir auch fast kein Wort vom Ursprung her, sondern wird weit am Wege irgendwo, zufällig, unter übergroßen Umständen festgepackt. Als ich im vollen Schreiben und Leben war, schrieb ich Dir einmal, daß jedes wahre Gefühl die zugehörigen Worte nicht sucht, sondern mit ihnen zusammenstößt oder gar von ihnen getrieben wird. Vielleicht ist es so doch nicht ganz wahr. Wie könnte ich aber auch, selbst bei noch so fester Hand, alles im Schreiben an Dich erreichen, was ich erreichen will: Dich gleichzeitig von dem Ernst der zwei Bitten überzeugen: »Behalte mich lieb« und »Hasse mich! «

Daß Du nicht genug an mich denkst, das meine ich aber im Ernst. Denn tätest Du das, dann hättest Du mir das weiße Haar geschickt. – Meine Haare sind aber nicht nur an den Schläfen weiß, nein, der ganze Schädel wird weiß und wird, wenn ich daran denke, daß Du irgendjemanden schon wegen seiner Glatze nicht leiden konntest, noch um ein Stück weißer.

Deine Schwester in Budapest sieht auf der Photographie ein wenig müde und traurig aus, nicht? War sie damals schon verheiratet? Sie ist Deiner Dresdner Schwester wohl ähnlicher als Dir. Zu dem Tagebuchschreiben habe ich doch keinen rechten Mut, Felice. (»Fe« will mir nun wieder nicht aus der Feder, es ist für Mitschülerinnen gut, für flüchtige Berührungen; Felice ist mehr, ist schon eine ordentliche Umarmung, und ich, der ich auf Worte angewiesen bin, hier und von Natur aus, darf solche Gelegenheiten nicht versäumen.) Es würden schließlich doch unleidliche Dinge darin stehn, ganz unmögliche Dinge, und wärest Du denn, Liebste, imstande, die Blätter dann nur als Tagebuch und nicht als Brief zu lesen? Die Zusicherung müßte ich vorher haben. Heute nachmittag schrieb ich so, als hinge die Reise nach Berlin nur von mir ab; daran war nur die Eile des Briefes schuld, natürlich hängt die Reise vor allem von Deiner Meinung ab. Leb wohl Liebste, ich schreibe Dir noch morgen während des Tages, wie es mit dem Hindernis meiner Reise steht.   Franz

Hast Du die Sachen von Felix und Oskar gelesen? Monte Carlo kenne ich nicht, Max will es mir nicht zeigen, weil die Redaktion zu viel darin geändert hat. In der Osternummer wird etwas über »die österr. Familie« von Max sein.

18.III.13

An und für sich besteht das Hindernis meiner Reise noch und wird, fürchte ich, weiter bestehn, als *Hindernis aber* hat es seine Bedeutung verloren und ich könnte also, soweit dieses in Betracht kommt, kommen. Das wollte ich nur in Eile melden, Liebste. Kein Brief! (Daß Du das nicht am Ende für eine Bitte hältst, es ist nur ein Seufzer.)

Franz

19.III.13

Ich weiß nicht, Liebste, ich hätte eine Unmenge Arbeit, der ganze Tisch vor mir ist überhäuft, aber ich kann nichts machen. Gut, daß ich mich nicht schon früher entschlossen habe, nach Berlin zu fahren. Der Atem stockte mir beim Lesen Deines Briefes und noch ein Weilchen danach. Natürlich ist es ja nur meine Schwäche, die jede Gelegenheit benutzt, um sich über mein ganzes Wesen auszubreiten, aber diese Gelegenheit ist auch wirklich zu groß. Wie werde ich die paar Tage noch verbringen! Schon gestern Abend – und da hatte ich doch Deine Antwort noch nicht – wußte ich nichts zu schreiben, aber ich weiß auch nichts zu reden, und anhören kann ich nur, was von Ostern handelt.

Und es gäbe doch ein gutes Mittel, um jede Freude und Erwartung zu unterdrücken, ich müßte mir nur klarmachen, warum ich fahre. Ich habe, glaube ich, kein Geheimnis daraus gemacht, weder vor mir noch vor Dir, nur kann ich es, so genau ich es auch weiß, nicht bis zu Ende ausdenken. Und diese Unfähigkeit bildet eigentlich mein Glück. Ich fahre nach Berlin zu keinem andern Zweck, als um Dir, der durch Briefe Irregeführten, zu sagen und zu zeigen, wer ich eigentlich bin. Werde ich es persönlich deutlicher machen, als ich es schriftlich konnte? Schriftlich mißlang es, weil ich mir bewußt und unbewußt entgegenarbeitete; wenn ich aber wirklich dasein werde, wird sich nur wenig verbergen lassen, selbst wenn ich mich anstrengen sollte, es zu tun. Die Gegenwart ist unwiderleglich. Wo kann ich Dich also Sonntag vormittag treffen? Sollte ich doch noch an der Fahrt verhindert werden, würde ich Dir spätestens Samstag telegraphieren. Bist Du Samstag den ganzen Tag im Bureau?

Ich habe den Brief so glücklich angefangen, da ist mir der unvermeidliche zweite Absatz in die Quere gekommen und hat mich zur Besinnung gebracht.

Franz

Kennst Du den Briefwechsel zwischen Elizabeth Barrett und Robert Browning?

20.III.13

Kein Brief und ein solches Verlangen nach Dir, und zu den alten Drohungen neuerdings auftretende Drohungen möglicher Hindernisse der kleinen Reise. Jetzt Ostern gibt es gewöhnlich – ich hatte nicht daran gedacht – Kongresse aller möglichen Vereinigungen, wo über Unfallversicherung gesprochen wird und Vertreter der Anstalt irgendetwas vortragen oder wenigstens bei der Debatte dabeisein müssen. Und heute sind tatsächlich 2 solcher Einladungen gekommen. Der Verband der tschechischen Müllereigenossenschaften hat Montag in Prag eine Versammlung, die tschechischen Baumeister der Sudetenländer am Dienstag in Brunn. Das Glück ist, daß es tschechische Versammlungen sind und mein Tschechisch höchst traurig ist, aber es wurden mir schon sehr ernsthafte Aufforderungen gemacht, und es wäre auch nach der Verteilung der Arbeit innerhalb der Anstalt durchaus meine Sache; während der Feiertage hat man auch keine große Auswahl unter denen, welche zu einer solchen Versammlung geschickt werden könnten. Aber ich muß, ich muß Dich sehn, ebenso Deinet- wie meinetwegen (wenn auch beides aus verschiedenen Gründen). Wie habe ich Dich gestern abend gebraucht! Jede Treppenstufe machte mir Mühe, da dieses Treppensteigen ohne Beziehung zur Berliner Reise war.

Franz

Du schreibst mir nicht? Im Bureau war nichts (bei uns ist kein Bureaufeiertag, darum schickte ich auch meinen Brief in Dein Bureau), aber zuhause auch nichts. Felice! Und dabei ist es noch gar nicht sicher, ob ich fahre; erst morgen vormittag entscheidet es sich, die Müllerversammlung droht noch immer. Und wo ich Dich treffen kann, weiß ich nun auch nicht, wenn nicht morgen ein Brief kommt. Wenn ich fahre, so werde ich höchstwahrscheinlich im Askanischen Hof, Königgrätzerstraße wohnen. Gestern habe ich erfahren, daß Pick zu gleicher Zeit auch nach Berlin fährt. Es hat keine Bedeutung für meinen Reisezweck, es wird angenehm sein, mit P. zu fahren, und in Berlin soll er mich nicht stören, trotzdem und weil er die halbe Berliner Literatur kennt und besucht. Aber wann sehe ich Dich, Dich, Felice, und wo? Wird es Sonntag vormittag möglich sein? Ich muß mich aber ordentlich ausschlafen, ehe ich vor Dich trete. Wie wenig habe ich wieder diese Woche geschlafen, vieles von meiner Neurasthenie und viele meiner weißen Haare stammen von ungenügendem Schlaf. Wenn ich nur gut ausgeschlafen wäre, wenn ich mit Dir zusammenkomme! Daß mir nur die Knie nicht schlottern! Wenn ich z.B. in dem Zustand auftreten würde, in dem ich jetzt bin. – Aber es ist höchst dumm, sich durch solche Selbstgespräche das wenige von Fassung zu nehmen, das man vielleicht doch noch aufbringen könnte. Also, Felice, die Briefschreiber nehmen vorläufig voneinander Abschied, und die zwei, die einander vor einem ? Jahr gesehen haben, werden einander wiedersehn. Dulde den wirklichen Menschen, so wie Du den Briefschreiber geduldet hast, nicht mehr! (Das ratet Dir einer, der Dich sehr lieb hat.)

Franz

Du bekommst natürlich, ob ich in Berlin bin oder nicht, sonntags einen Brief von mir, oder vielmehr Deine Mutter bekommt ihn. – Jetzt, nachdem ich das geschrieben habe, scheint es mir ein häßlicher Betrug, aber die Vorstellung des wirklichen Menschen beginnt eben.

[Briefumschlag. Stempel: Prag – 22.III.13]

Noch immer unentschieden.

Franz

[Berlin, den 23.März 1913]

Was ist denn geschehn, Felice? Du mußt doch Freitag meinen Expreßbrief bekommen haben, in dem ich meine Ankunft für Samstag nacht anzeige. Es kann doch nicht gerade dieser Brief verlorengegangen sein. Und nun bin ich in Berlin, muß nachmittags um 4 oder 5 wegfahren, die Stunden vergehn und ich höre nichts von Dir. Bitte schicke mir Antwort durch den Jungen. Kannst mich, wenn es unauffällig geht, der Sicherheit halber auch antelephonieren, ich sitze im Askanischen Hof und warte.

Franz

26.III.13

Liebste, vielen, vielen Dank, ich brauche wirklich Trost und solchen, der aus Deinem lieben, übermenschlich gütigen Herzen kommt. Heute schreibe ich nur diese paar Worte, ich bin vor Verschlafenheit, Müdigkeit und Unruhe fast von Sinnen und habe einen großen Stoß Akten für die morgige Verhandlung in Aussig durchzuarbeiten. Und schlafen, schlafen muß ich unbedingt, morgen muß ich ja wieder um ½ 5 Uhr früh aufstehn. Aber wenn ich auch noch morgen mit meiner Beichte nicht beginne, zu der ich Mut, also Ruhe brauche, übermorgen beginne ich gewiß.

   Weißt Du, daß Du mir jetzt nach meiner Rückkehr ein unbegreiflicheres Wunder bist als jemals?

Franz

[Ansichtskarte. Stempel: Aussig – 27.III.13]

Um den Tag in Aussig mit etwas Gutem zu beginnen und mir für meine Arbeit einen Schutz zu sichern: Guten Morgen, herzlichste Grüße und Dank, immer nur Dank.

F.

[Ansichtskarte]
27.III.13

Alles gut abgelaufen, nur müde ist man und um den Kopf zuckt es. Eben habe ich paar Worte gelesen, die Goethe etwa um 10 Uhr an seinem Todestag (er starb um ½ 12 vormittags am 22.III.1832) im Fieber gesprochen hat, ich kann sie nicht vergessen: »Seht Ihr den schönen weiblichen Kopf mit Locken prächtig koloriert?« [auf dem oberen Teil der Bildseite] Ich habe die Karte aus Verschlafenheit ebenso wie unter zu starkem Nachdenken lange angeschaut, ehe ich sie jetzt nach Berlin fortschicke, das nicht wie sonst 8, sondern nur 6 Stunden entfernt ist.

F.

Liebste Felice, sei mir nur nicht böse, daß ich so wenig schreibe, es bedeutet nicht, daß ich wenig Zeit für Dich habe, vielmehr gibt es, seitdem ich von Berlin fort bin, nicht viele Augenblicke, die nicht ganz und gar und bis auf den Grund und mit allem, was ich bin, Dir gehören. Aber ich war eben gestern in Aussig, kam spät nachhause und nun saß ich wirklich vor lauter Erschöpfung nur wie eine Puppe noch bei Tisch. Ich habe schreckliche Ermüdungszustände durchgemacht. Das war kein menschlicher Kopf mehr, den ich auf dem Leibe trug. In der Nacht von Mittwoch auf Donnerstag, also vor der Aussiger Reise, kam ich, da ich die Akten studieren mußte, erst um 11½ Uhr ins Bett, aber trotz aller Müdigkeit konnte ich nicht einschlafen, noch I Uhr hörte ich schlagen und sollte doch um ½5 wieder aufstehn. Das Fenster war offen, ich sprang in meinen zerworfenen Gedanken viertelstundenlang ununterbrochen aus dem Fenster, dann kamen wieder Eisenbahnzüge und einer hinter dem andern fuhr über meinen auf den Schienen liegenden Körper und vertiefte und verbreiterte die zwei Schnitte im Hals und in den Beinen. Aber warum schreibe ich das? Nur um wieder durch Mitleid noch einmal Dich an mich zu ziehn und dieses Glück noch zu genießen, ehe die wirkliche Beichte alles zerstören wird.

Wie nah ich Dir von meiner Seite durch die Berliner Reise gekommen bin! Ich atme nur in Dir. Du kennst mich aber nicht genug, Du Liebste und Beste, wenn es mir auch unbegreiflich ist, wie Du über Dinge hinwegsehn konntest, die neben Dir vorgingen. Nur aus Güte? Und wenn das möglich ist, sollte dann nicht alles möglich sein? Aber über das alles werde ich noch ausführlich schreiben.   Franz

Heute kam kein Brief, vielleicht ist er zuhause. Die Ungeduld, das zu erfahren, ist auch ein Grund dafür, daß ich aufhöre. Könntest Du mir, Felice, etwas darüber schreiben, wie sich die Eindrücke, die zuerst meine Brief[e] und dann meine Gegenwart auf Dich machten, zueinander verhalten?

28.III.13

Ich will nicht mehr klagen, die 7 Wochen – oder sind es nur noch 6, ich habe keinen Kalender bei der Hand – sind zu kurz und zu lang, zu kurz, um alles zu sagen, zu kurz, um den Glauben daran, daß Du Dich gegen mich nicht veränderst (Du willst mir ja auf das, was ich zu gestehen habe, nicht geradezu antworten), völlig zu genießen, sie sind aber auch fast zu lang, als daß man sie durchleben könnte. Ich suche Dich überall, kleine Bewegungen der verschiedensten Menschen auf der Gasse erinnern mich an Dich durch ihre Ähnlichkeit ebenso wie durch ihre Gegensätzlichkeit, aber ich kann es nicht aussprechen, das mich so erfüllt; es erfüllt mich ganz und läßt keine Kraft übrig, es zu sagen.

Ich habe Dich zu lange in Wirklichkeit gesehn (dafür wenigstens habe ich die Zeit gut ausgenützt), als daß mir Deine Photographien jetzt etwas nützen könnten. Ich will sie nicht ansehn. Auf den Photographien bist Du glatt und ins Allgemeine gerückt, ich aber habe Dir in das wirkliche, menschliche, notwendig fehlerhafte Gesicht gesehn und mich darin verloren. Wie könnte ich wieder herauskommen und mich in bloßen Photographien zurechtfinden!

Nur für das Ausbleiben von Nachrichten habe ich die alte Empfindlichkeit behalten. Mir fehlt jedes Vertrauen. Nur in glücklichen Zeiten des Schreibens habe ich es, sonst aber geht die Welt ihren ungeheuren Gang durchaus gegen mich. Ich überlege immer alle Möglichkeiten für das Ausbleiben Deines Briefes, denke sie hundertmal durch, so wie man in der Verzweiflung beim Suchen irgendeines Gegenstandes hundertmal den gleichen Ort absucht. Wäre es nicht möglich, daß Dir wirklich etwas Ernstliches geschehen ist und daß mich dadurch, während ich mich hier so beiläufig herumschleppe, in Wirklichkeit etwas Schreckliches getroffen hat? Diese Gedanken drehn sich den ganzen Tag langsam aber unaufhörlich in mir herum. Wenn ich, Liebste, von morgen ab Dir tagebuchartige Berichte schicke, so halte es nicht für Komödie. Es werden darin Dinge sein, die ich wirklich nicht anders aussprechen könnte, als wenn ich sie nur für mich sage, sei es auch in Deiner lieben, stillen Gegenwart. Ich kann natürlich nicht an Dich vergessen, wenn ich an Dich schreibe, da ich ja auch sonst an Dich nicht vergessen kann, aber ich will mich gewissermaßen aus dem Dusel, in dem allein ich es schreiben darf, durch Anrufung Deines Namens nicht wecken. Dulde nur, bitte Felice, alles, was Du hören wirst; ich kann jetzt nicht schreiben; ich werde alles grob heraussagen müssen; Du hast vor paar Tagen gesagt, daß Du die Verantwortung für alles auf Dich nimmst, das wäre ja noch viel mehr, als geduldig alles anhören. Ich werde versuchen, alles zu schreiben, bis auf das, was ich vor mir selbst niederzuschreiben mich schämen würde. – Und nun leb wohl Liebste, Gott behüte Dich! Nun kenne ich Berlin beiläufig, schreib mir alle Gassen (Straßen) und Orte mit Namen, wo Du warst.

Dein

30.III.13

Ich fange noch immer nicht an, ich bin zu unruhig, ich liebe Dich zu sehr. Ich wäre Dir unentbehrlich geworden, sagst Du? Gebe es Gott, schreit es aus mir, und ich soll diesen Schrei mit der Hand ersticken?

Mein ganzer heutiger Schlaf war in den verschiedensten Beziehungen von dem Gedanken daran erfüllt, daß ich heute keinen Brief bekomme. Er kam auch nicht, und ich spürte es früher in der Kehle, ehe ich die Worte des Dienstmädchens verstand. Dispensieren soll ich Dich vom Briefeschreiben? Liebste, das wäre wenig. Aber von mir Dich befreien, das wäre eine gute Leistung. Aber ich kann ja eben nicht einmal auf die Briefe verzichten. Ich bin von dem Bedürfnis nach Nachrichten von Dir ganz durchsetzt. Zu den nebensächlichsten Lebensäußerungen bekomme ich nur durch Deine Briefe Fähigkeit. Um den kleinen Finger richtig zu rühren, brauche ich Deinen Brief.

Und wie soll ich nur auf Nachrichten verzichten, da ich höre, daß Dir nicht gut ist, daß Du noch immer hustest, daß Du Dich kaputt fühlst. Wenn es nur so wäre wie zur Zeit, da alles in mir gelöst war und ich richtig schreiben konnte! Da fühlte ich mich Dir beim Briefschreiben näher als sonst, heute wollte ich, wenn mir das möglich wäre, den Schreibtisch gar nicht verlassen, um keinen Augenblick dieses Beisammenseins zu verlieren. Manchmal in der Verzweiflung, wenn nichts anderes übrig bleibt, tröste ich mich noch mit solchen unbegründeten Hoffnungen. Wenn ich z.B. im Bureau auch mit der zweiten Post keinen Brief bekommen habe und nun gar nicht weiß, was anfangen und die Entschlußkraft auch zum geringsten Diktieren fehlt und die gesamte Unfallversicherung, so provisorisch sie in meinem Kopfe steckte, nun gänzlich sich aus mir entfernt und jeder kleine Aushilfsbeamte mehr weiß und besser auf seinem Platze ist als ich, dann sage ich mir manchmal: »Sei nicht traurig, Du wirst ihr nachmittags desto länger schreiben und desto länger Dich ihr ganz verbunden fühlen. Es liegt ja nur in Deiner Hand.« Nun ist das aber leider völlig falsch. Wenn ich Dir nicht schreibe, bin ich Dir viel näher, *wenn* ich auf der Gasse gehe und überall und unaufhörlich mich etwas an Dich erinnert, wenn ich allein oder unter Leuten Deinen Brief an das Gesicht drücke und den Geruch einatme, der auch der Geruch Deines Halses ist, – dann halte ich Dich fester im Herzen als jemals. Ach Gott, es ist ja noch ärger und es ist die Hand meines Unglücks, die sich bis in die Tiefen durchtastet: Am Telephon des »Askanischen Hofes« war ich Dir näher, fühlte die Seligkeit einer Verbindung mehr als vorher auf dem Baumstamm im Grunewald.

Liebste! Liebste! Liebste! Wie versinkt demgegenüber

der Name Franz!

31.III.13

Es ist schon spät, ich gehe schlafen, nur Dich grüßen und paar Federstriche für Dich schreiben will ich, Liebste, unbegreiflich Geliebte. – Ich habe gefunden, daß ich seit Jahren zu wenig geschlafen habe, und diesem ewigen Reißen in meinem Kopf werde ich nur durch Schlafen beikommen oder gar nicht. Ich habe einen langen Spaziergang ganz allein mit Deinem gestrigen Brief gemacht, ich hätte mit zweierlei Leuten gehen können, aber ich wollte allein sein, früher wollte ich aus Koketterie, aus Unsinn, aus Faulheit allein sein und bin als leidlich frischer und gesunder Junge gelangweilt allein herumgezogen, heute bin ich aus Notwendigkeit allein und zum nicht geringen Teil aus Sehnsucht nach Dir. Ich bin weit vor die Stadt gegangen, habe an einem Abhang in der Sonne ein wenig geduselt, die Moldau zweimal übersetzt, Deinen Brief mehrmals gelesen,

Steine von der Höhe hinuntergeworfen, weite Ausblicke gehabt, wie sie nur im ersten Frühjahr zu sehen sind, Liebespaare gestört (er lag im Gras, sie bewegte sich vor ihm auf und ab) – alles war nichts, das einzig Lebendige an mir war Dein Brief in meiner Tasche.

Wenn Du nur gesund bist, Liebste, ich habe solche Sorgen. Diese Bitte um Dispens vom Briefeschreiben hat mich auf den Verdacht gebracht, daß Du nicht ins Bureau gehst. Sollte das wahr sein? Liebste, bleib mir gesund, ich will nie mehr klagen, wenn Du gesund bleibst. Und geh nicht so spät schlafen, Du hast gut ausgesehn, hattest rote Wangen, warst frisch, und doch konnte man es Dir ansehn, daß Du zu wenig schläfst. Liebste, geben wir uns das Versprechen, bis Pfingsten immer um 9 schlafen zu gehn. Jetzt ist zwar schon ½ 10, immerhin es ist noch nicht zu spät und vom Brief bin ich gestärkt. Also gute Nacht, Liebste, sagen wir es immer um 9 Uhr einer dem andern.

Franz

1.IV.13

Meine eigentliche Furcht – es kann wohl nichts Schlimmeres gesagt und ange-hört werden – ist die, daß ich Dich niemals werde besitzen können. Daß ich im günstigsten Falle darauf beschränkt bleiben werde, wie ein besinnungslos treuer Hund Deine zerstreut mir überlassene Hand zu küssen, was kein Liebeszeichen sein wird, sondern nur ein Zeichen der Verzweiflung des zur Stummheit und ewigen Entfernung verurteilten Tieres. Daß ich neben Dir sitzen werde und, wie es schon geschehen ist, das Atmen und Leben Deines Leibes an meiner Seite fühlen werde und im Grunde entfernter von Dir sein werde als jetzt in meinem Zimmer. Daß ich nie imstande sein werde, Deinen Blick zu lenken, und daß er für mich wirklich verloren sein wird, wenn Du aus dem Fenster schaust oder das Gesicht in die Hände legst. Daß ich mit Dir Hand in Hand scheinbar verbun-den an der ganzen Welt vorüberfahre und daß nichts davon wahr ist. Kurz, daß ich für immer von Dir ausgeschlossen bleibe, ob Du Dich auch so tief zu mir herunterbeugst, daß es Dich in Gefahr bringt.

Wenn das wahr ist, Felice, – und es scheint mir vollständig zweifellos – dann hatte ich doch guten Grund, vor etwa schon einem halben Jahr mit aller Gewalt Abschied von Dir nehmen zu wollen und hatte auch guten Grund, jede äußer-liche Verbindung mit Dir zu fürchten, da die Folge einer solchen Verbindung nur die wäre, daß mein Verlangen nach Dir von allen jenen schwachen Kräften losgekettet würde, die mich, einen für diese Erde Unfähigen, heute noch auf dieser Erde halten. Ich höre auf, Felice, ich habe heute genug geschrieben.

Franz

Gerade wollte ich mich ausziehn, da kam die Mutter wegen einer Kleinigkeit herein und bot mir dann beim Weggehn einen Gute-Nachtkuß an, was schon viele Jahre nicht geschehen ist. »So ist es recht«, sagte ich. »Ich habe es niemals gewagt«, sagte die Mutter, »ich dachte, Du hast es nicht gern. Aber wenn Du es gern hast, habe ich es auch sehr gern. «

2.IV.13

Ich, Liebste, soll Dir entfremden? Ich, der ich da an meinem Tisch vor Verlangen nach Dir vergehe? Ich wusch mir heute draußen im dunklen Gang die Hände, da überkam mich irgendwie der Gedanke an Dich so stark, daß ich zum Fenster treten mußte, um wenigstens in dem grauen Himmel Trost zu suchen. So lebe ich.

Franz

4.IV.13 [vermutlich in der Nacht vom 3. zum 4. April 1913]

Es könnte sonst, Felice, leicht ein Zufall sein, daß ich heute keine Nachricht von Dir habe, denn Du bist gestern übersiedelt und hattest wahrscheinlich keinen Augenblick frei. Aber andererseits sieht es heute doch nicht wie Zufall aus und bedeutet vielmehr vielleicht eine Notwendigkeit für alle Zeiten. Vielleicht bekomme ich überhaupt keinen Brief mehr. Aber ich darf doch dem Bedürfnis, Dir zu schreiben, das seine Wurzel im Mittelpunkte meiner Existenz hat, so lange folgen, bis meine Briefe ungeöffnet zurückkommen. Sähest Du doch den Menschen, der Dir schreibt und wie zerwühlt sein Kopf ist!

Franz

4.IV.13

Neben uns wohnt schon seit 1 oder 2 Monaten ein tschechischer Schriftsteller. Er ist Lehrer und schreibt erotische Romane, wenigstens hat sein letztes Buch diesen Untertitel, und auf dem Titelblatt ist eine Dame abgebildet, die mit brennenden Herzen jongliert. »Brennende Herzen« heißt auch das Buch, glaube ich. Ich weiß nicht eigentlich, aus welchen Gründen ich mir den Menschen, ohne mich irgendwie um ihn zu bekümmern, als einen kleinen schwarzen Schleicher vorstellte. Letzthin hörte ich allerdings von einem tschechischen Schriftsteller eine Bemerkung über unsern Nachbarn, die meine Vorstellung zumindest nicht widerlegte. Er sagte nämlich, daß natürlich nur etwas lächerliche erotische Romane herauskommen können, wenn sie ein Lehrer, ohne Welterfahrung, in trockener Manier, aus seinem kleinen Erdloch heraus schreibt. Jetzt bin ich gerade zum ersten Male mit ihm im Lift zusammengekommen. Was für ein prachtvoller, beneidenswerter Mensch! Weißt Du, die Tschechen streben ja sehr zum französischen Wesen hin, und wenn auch ein solches Streben gewöhnlich nachhinkt und alte Moden des geliebten Landes annimmt, weil nur das schon Durchlebte dem Wesensfremden erreichbar ist, – so ist das bei Nachahmern des Französischen gerade am wenigsten verletzend, denn Frankreich besteht aus Tradition und aller Fortschritt geht dort so allmählich in einem geradezu nichts ausscheidenden Flusse vor sich, daß der Nachahmer fast gleichen Schritt halten kann, ohne sich zu übernehmen, oder doch wenigstens immer noch liebenswert bleibt. Und da hat dieser Mensch einen so saftigen französischen Spitzbart und einen vom Montmartre geholten Schlapphut und einen fliegenden Überzieher über dem Arm und hübsche freundliche Bewegungen, frische Augen – es ist eine Lust, ihn anzusehn.

Und da stehe ich und bin wieder bei mir, Felice, liebste Felice, da bin ich und suche mich durch solche Geschichtchen fortzuhaspeln. Liebste, ich habe Dein Telegramm, zuerst schien es mir fast in einer Geheimschrift abgefaßt zu sein. Du hast Donnerstag den Brief von mir bekommen und telegraphierst mir so schön, lieb und ruhig, daß ich mich mit allen Kräften zurückhalten muß, um nicht an diese Worte zu glauben und mich auch beruhigen zu lassen, besonders da heute abend auch Max in anderer aber doch sehr naher Hinsicht mich zu beruhigen gesucht und für den Augenblick fast beruhigt hat. Liebste, dieser Brief, den Du Donnerstag bekommen hast, ist wahr gemeint bis in den Grund. Ich bin jetzt so fahrig, daß ich selbst jetzt an ihm zweifeln könnte und er mir wie zum Spaß zweifelhaft erscheint. Aber nein Liebste, Liebste er ist wahr, er enthält keine Bilder sondern Tatsachen. So ist es, ganz genau so.

Franz

[Am Rande unten] Und über alledem vergesse ich, zur neuen Wohnung Glück zu wünschen.

4.IV.13
[vermutlich in der Nacht vom 4. zum 5. April 1913]

In der vorletzten oder vorvorletzten Nacht träumte ich fortwährend von Zähnen; es waren nicht Zähne im Gebiß geordnet, sondern es war eine Masse genau, wie in den Geduldspielen der Kinder, zusammengefügter Zähne, die alle unter einander von meinen Kiefern gelenkt in schiebender Bewegung waren. Ich wandte alle Kraft an, um etwas zum Ausdruck zu bringen, was mir vor allem andern am Herzen lag; die Bewegungen dieser Zähne, die Lücken zwischen ihnen, ihr Knirschen, das Gefühl wenn ich sie lenkte – alles hatte irgendeine genaue Beziehung zu einem Gedanken, einem Entschlusse, einer Hoffnung, einer Möglichkeit, die ich durch dieses ununterbrochene Beißen erfassen, halten, verwirklichen wollte. Ich gab mir solche Mühe, manchmal schien es möglich, manchmal dachte ich, ich wäre mitten im Erfolg, und als ich früh endgültig aufwachen sollte, schien es mir beim halben Öffnen der Augen, alles sei gelungen, die Arbeit der langen Nacht sei nicht vergeblich gewesen, die endgültige, unveränderliche Zusammenstellung der Zähne habe eine zweifellose glückbringende Bedeutung, und es kam mir unbegreiflich vor, daß ich das während der Nacht nicht längst erkannt hatte und so hoffnungslos gewesen war, ja gemeint hatte, das deutliche Träumen schade dem Schlaf. Dann aber wurde ich gänzlich wach (da ruft immer unser Fräulein mit klagender, vorwurfsvoller Stimme, wie spät es ist), und nun war also doch nichts erreicht, diese Unglückszeit des Bureaus fing wieder an und Du Liebste, das wußte ich allerdings damals nicht, hattest die Nacht mit Zahnschmerzen verbracht.

Weißt Du, Liebste, diese Mischung von Glück und Unglück, die mein Verhältnis zu Dir bedeutet (Glück – weil Du mich noch nicht verlassen hast und wenn Du mich verlassen solltest, mir doch einmal gut gewesen bist, Unglück – weil ich die Probe auf meinen Wert, die Du für mich bedeutest, so elend bestehe), jagt mich im Kreis herum, als wäre ich der Überflüssigste auf dieser Welt. Alle Hemmungen, die bisher (jeder Mensch hat oft Proben zu bestehen, ich habe wenige bestanden und keine war so groß und entscheidend wie diese) mich noch hielten, scheinen sich zu lösen, ich gehe in einer sinnlosen Verzweiflung und Wut herum, nicht vielleicht gegen meine Umgebung, gegen meine Bestimmung, gegen das, was über uns ist, sondern nur und mit Wollust gegen mich, gegen mich allein. Am schlimmsten vielleicht geht es mir im Bureau, diese an und für sich gespensterhafte Tätigkeit beim Schreibtisch überwächst mich, ich bringe nichts fertig, manchmal hätte ich Lust, mich dem Direktor zu Füßen zu werfen und ihn zu bitten, mich aus Menschlichkeit nicht hinauszuwerfen. Natürlich merkt kaum jemand etwas von alledem. Und vielleicht wird alles von übermorgen ab besser, ich werde nachmittags bei einem Gärtner arbeiten, darüber schreibe ich Dir nächstens.

Franz

5.IV.13

Gestern, Felice, bekam ich überraschend Deinen Brief; um 7 Uhr abends, als ich nachhause kam, reichte mir ihn unten die Hausmeisterin. Der Briefträger war zu faul gewesen, in das 4te Stockwerk hinaufzusteigen. Wie friedlich und lieb Du schreibst! Als wäre noch bis zu diesem äußersten Schritt ein Schutzengel mit mir gegangen, – hatte ich, als ich mich entschlossen hatte, nicht alles aber das meiste zu sagen, gezierte, undeutliche Worte gebraucht und sie schließlich doch für verständlich gehalten. Nun kann ich aber nicht mehr zurück, aus diesem letzten Schritt kann ich doch keinen Spaß machen, wenn er wahr gemeint war und unbedingt notwendig war und ist. Auch habe ich in dem Brief, den Du gestern mit der zweiten Post bekommen hast, und auch in dem, welcher Dich wahrscheinlich heute auffindet, schon zu viel gesagt; daß ich heute ohne

Nachricht von Dir bin, ist wohl eine Wirkung dessen. Nein, Felice, mein Aussehn ist nicht meine schlimmste Eigenschaft. »Wäre schon Pfingsten!« Dieser Wunsch bricht aus mir jetzt (jetzt!) in voller Narrheit los, jetzt, wo es doch kaum einen unsinnigeren Wunsch für mich geben kann als gerade diesen. Vorgestern ging ich an der Ankunftshalle des Staatsbahnhofes vorüber. Ich dachte an nichts Böses und nichts Gutes und bemerkte kaum die paar dort stehenden Dienstmänner, armselig angezogene Familienväter, die, wie es zu diesem Beruf in Prag gehört, sich die Augen wischten, gähnten und herumspuckten. Ohne gleich die Beziehung zu verstehen, wurde ich neidisch auf sie (was an sich nichts Besonderes gewesen wäre, denn ich beneide jeden und denke mich in jeden mit Lust hinein) und erst später fiel mir ein, daß bei diesem Neide der Gedanke an Dich beteiligt war, daß wahrscheinlich diese Dienstmänner auch hier gestanden waren, als Du zum erstenmal den Fuß von der Bahnhofsschwelle auf das Trottoir senktest, daß sie zusahen, wie Du einen Wagen mietetest, den Träger entlohntest, einstiegst und verschwandest. Irgendwo durch das Gedränge eines großen Verkehrs Deinem Wagen nachzulaufen, ihn nicht aus den Augen verlieren, durch kein Hindernis mich beirren lassen, das wäre vielleicht eine Aufgabe, der ich gewachsen wäre. Sonst aber? Was denn sonst?

Franz

Aus dem beiliegenden Brief kannst Du sehn, einen wie liebenswürdigen Verleger ich habe. Er ist ein wunderschöner, etwa 25-jähriger Mensch, dem Gott eine schöne Frau, einige Millionen Mark, Lust zum Verlagsgeschäft und wenig Verlegersinn gegeben hat.

[Beigelegt]

Kurt Wolff an Franz Kafka [Briefkopf des Kurt Wolff Verlags]

7.IV.13

Felice, Liebste, endlich bin ich beim Brief, nebenan ist kein übermäßig angenehmer Besuch, ich laufe schon seit 1 ½ Stunden in mein Zimmer, als wärest Du hier. Merkst Du an meiner Schrift, daß ich heute schon schwere Arbeit geleistet habe und der Federhalter für mich schon eine zu leichte Sache ist? Ja, ich habe heute zum erstenmal beim Gärtner draußen in Nusle, einer Vorstadt, gearbeitet, im kühlen Regen nur in Hemd und Hosen. Es hat mir gut getan. Und es war nicht ganz leicht, eine Stelle zu finden. Dort in der Gegend gibt es zwar viele Gemüsegärten, aber sie stehn ganz frei, ohne Umzäunung, zwischen Häusern, und gerade abends nach Arbeitsschluß, also gerade wenn ich arbeiten will, ist dort ringsherum viel Verkehr, amerikanische Schaukeln, Karussells, Musik; wie hübsch das auch sonst ist, als Arbeitsplatz hat mir das nicht sehr gefallen, besonders auch, da in diesen Gemüsegärten, die meist ganz klein sind und armen Leuten gehören, der Anbau sehr einförmig ist und man deshalb nicht viel erlernen kann. Nun wollte ich ja eigentlich nichts erlernen. Mein Hauptzweck war, mich für paar Stunden von der Selbstquälerei zu befreien, im Gegensatz zu der gespensterhaften Arbeit im Bureau, die mir förmlich davonfliegt, wenn ich sie fassen will – *dort im Bureau ist die wahre Hölle, eine andere fürchte ich nicht mehr –*, eine stumpfsinnige, ehrliche, nützliche, schweigsame, einsame, gesunde, anstrengende Arbeit zu leisten. Ganz ehrlich ist ja schon diese Begründung nicht, denn ich halte die Selbstquälerei, die ich immerfort ausführe, durchaus nicht für überflüssig, sondern sogar für höchst notwendig und im Verhältnis zu Dir, Liebste, sollte mich diese Quälerei eigentlich durchbohren zu Deinem Glück. Aber für 2 Stunden wollte ich die Qual los sein und ruhig und glücklich an Dich denken dürfen und schließlich vielleicht mir für die Nacht einen ein wenig besseren Schlaf verdienen. Aber mit solchen Erklärungen hätte ich die Leute stutzig gemacht und es hätte mich vielleicht niemand aufgenommen, deshalb sagte ich, ich werde in absehbarer Zeit einen eigenen Garten haben und wolle deshalb ein wenig Gärtnerei erlernen.

Aber es ist zu spät, Felice, morgen erzähle ich weiter, heute schläfst Du wohl schlecht vor Reiseunruhe, armes Kind, es wird alles gut ausgehn. Hier ist einer, der kaum etwas anderes im Kopfe hat als gute Wünsche für Dich.

Franz

8.IV.13

Einen Zahn hat man Dir gezogen und Schmerzen hast Du wieder gehabt. Wie wirst Du doch fortwährend geplagt und die Müdigkeit will Dich gar nicht verlassen und doch müßtest Du Dich nur einmal völlig ausruhn und könntest die Frischeste sein. Es liegt mir so nahe, jedes Leid, das Dich trifft, in Beziehung zu mir zu bringen, mich deshalb anzuklagen, selbst wenn es so unsinnig ist wie bei Zahnschmerzen. Wirst Du jetzt in Frankfurt Ruhe haben? Und ist das Ehepaar Blum mitgefahren? Und Frl. Brühl? Und wirst Du Dich recht ausruhn? Lies nicht so lange im Bett wie in Prag! Lies am besten nur Gedichte, nicht Romane, die Dich wachhalten. Ich schicke Dir morgen Werfels Gedichte. Mit dieser Sendung belohne ich Werfel, er verdient es. Heute bekam ich von ihm. eine Karte, die er, trotzdem er als nachlässig und faul bekannt ist, geradezu augenblicklich nach Erhalt eines Briefes von mir geschrieben hat und in der er sich erbietet mit zwei andern, die mir auch schreiben, alles mögliche für Löwy zu tun, dem es diesmal wieder hundeschlecht geht und der im Krankenhaus mit jenen fürchterlichen Kopfschmerzen liegt, die ihn alle Vierteljahre als Folge irgendeiner alten Nasenoperation anfallen. Er hat sich von seiner alten Truppe getrennt, mit den schönsten Absichten trotz meines Abratens eine neue Truppe gebildet, die besser als die alte sein sollte, bessere Stücke als die alte aufführen sollte, die aber

– wie dies bei so zufällig, eilig zusammengebrachten Leuten selbstverständlich ist – viel schlechter war als die alte und bei der kindlichen Geschäftsführung des Löwy – er fuhr mit der Truppe immerfort zwischen Leipzig und Berlin hin und her fast ohne zu schlafen – auch viel weniger verdiente. Nun war es knapp vor dem Zusammenbruch, die Konkurrenz der alten, bessern Truppe schadete auch und nahm für die Zukunft jede Aussicht, die Schulden, die Löwy für die Truppe auf seinen Namen aufgenommen hatte, waren unsinnig hoch (was denken sich nur diese Gläubiger!) – da wurde Löwy auch noch krank (er schrieb mir: »Gott ist groß, wenn er gebt, so gebt er von alle Seiten«), die Truppe verlief sich natürlich so rasch wie möglich und nun ist er dageblieben, krank, ohne jede Mittel, mit großen Schulden, ohne Aussicht, nach einem vollständigen Mißlingen. Es ist schon eine alte Geschichte, ich weiß gar nicht, warum ich Dir davon nicht geschrieben habe; ich habe eine Menge Briefe von ihm bekommen. Vielleicht folgt er mir jetzt und fährt nach Palästina.

Liebste, ich soll schon schließen und habe Dich noch gar nicht recht angesprochen. Heute Vormittag begleitete ich Dich in Gedanken auf Deiner vermeintlichen Fahrt. Es tut nichts, ich bin nachmittags zum zweitenmal nach Frankfurt gefahren.

Franz

8.IV.13

Also in Frankfurt! Liebste, Du bist doch so brav, daß Du mir selbst im Gedränge der vielen Arbeiten dennoch schreibst. Wollte ich mit Handküssen dafür danken, kämen meine Lippen nicht von Deiner Hand. – Mir ist, als drehte sich ganz allmählich mit der Fahrt Deines Zuges mein ganzes Wesen von Berlin ab und Frankfurt zu. Wie war ich voll Interesse für Oskars letzte Reise nach Berlin, und selbst seine nächste Reise griff mir noch ans Herz, solange Du in Berlin warst, wenn ich auch wußte, daß Du zur Zeit seiner Reise nicht mehr in Berlin sein würdest. Immerhin warst Du noch in Berlin und deshalb war es eine Lust, von Berlin zu reden. Als ich aber gestern bei Oskar war – er las paar Sachen vor, um ihre Wirkung für Berlin zu erproben –, nahm ich alles als zum Teil ausgezeichnete Arbeiten hin, aber meine Gleichgültigkeit gegen die Vorlesung in dem gleichgültigen Berlin ermüdete mich geradezu. Liebste! Ja, von meiner Mutter erzähle ich Dir nächstens, ich schreibe jetzt in großer Eile. Natürlich habe ich ihr von Berlin ein wenig (Du würdest staunen wie schrecklich wenig) erzählen müssen, nur hat mir jenes Hindernis, das mir im Grunewald den Mund versperrte, den Mund auch in Prag versperrt.

Leb wohl Liebste, und viel Glück in der Ausstellung und viel Mut im Hotelzimmer.

Franz

Vor dem Schlafengehn. Spät und müde, auch bin ich wieder genug verwirrt, wolle Liebste, heute nichts weiter von mir hören. Du bist doch glücklich in Frankfurt? Ach Gott, ich lasse Dich so allein durch die Welt reisen.

Franz

10.IV.13

Endlich weiß ich, wo Du bist, Felice. Ich wage »endlich« zu sagen, trotzdem ich nur einen Tag ohne Brief war und trotzdem Du – Aber wozu das alles wiederholen, Du nimmst mir diesen Zwang, den ich auf Dich üben muß, nicht übel, denn wenigstens ahnen mußt Du es doch, daß mein Verlangen nach einer möglichst ununterbrochenen brieflichen Verbindung mit Dir seinen Grund nicht eigentlich in der Liebe hat, denn die müßte Dich doch in Deiner jammervollen Müdigkeit der ganzen letzten Zeit zu schonen suchen, sondern in meiner unglücklichen Verfassung. Felice, ich will keine Antworten auf meine Briefe haben, ich will von Dir hören, nur von Dir, ich will Dich in so friedlichem Zustande sehn, wie wenn ich nicht da wäre oder wie wenn ich ein anderer Mensch wäre, ich müßte ja zittern bei dem Gedanken, daß ich die Antworten bekommen könnte, die meine Briefe verdienen – aber nur das eine sag mir, Felice, damit ich darin klar sehe, von wo die Entscheidung schließlich kommen muß, sag: hast Du aus jenem verdrehten, gezierten, ohnmächtigen, dummen Brief, den Du vorigen Donnerstag bekommen hast und auf den ich mich schon mehrmals berufen habe, herausgelesen, um was es sich handelt? Eigentlich dürfte ich von nichts anderem sprechen, es ist wunderbar, Ruhepausen zu genießen, Dich anschauen und an sich vergessen, aber es ist unverantwortlich.

Daran daß Du in Hannover bist, hatte ich nicht gedacht. Ich hatte geglaubt, daß Du erst von Frankfurt aus hinfährst, irre ich nicht, so hast Du es auch einmal so geschrieben. Und Deine Schwester ist in Hannover? Plötzlich? Ist alles Unglück schon vorüber? Die 5 bis 6 Wochen, von denen Du einmal die Entscheidung darüber abhängig gemacht hast, wären ja schon verstrichen. Du hast in Hannover bei Deiner Schwester gewohnt, nicht im Hotel? Von meiner Gärtnerei mußt Du Dir nicht allzu gute Folgen für mich versprechen. Heute arbeitete ich den vierten Tag. Die Muskeln werden natürlich etwas gespannt, die ganze Figur etwas schwerer und aufrechter und das Selbstgefühl erhöht sich dadurch ein wenig. Ganz ohne Bedeutung kann es natürlich nicht sein, wenn ein Körper, der ohne gute natürliche Gaben bei einem Schreibtisch- und Kanapeeleben sich immerfort angreifen und erschüttern läßt, einmal mit dem Spaten selbst angreift und erschüttert. Aber die Grenzen solcher Wirkungen sind schon zu sehn, ich schreibe Dir darüber noch. Es ist heute schon spät, ich war abends bei Max und habe mich bei den zwei zufriedenen Menschen zu lange aufgehalten. Über diese Ehe habe ich zuerst schlecht geurteilt, aber die Gründe meines Irrtums sind mir nur zu klar.   Franz

11.IV.13

So weit sind wir jetzt von einander, Felice, die Ansichtskarte, die Du noch Mittwoch abends eingeworfen zu haben scheinst, habe ich erst heute Freitag bekommen. Solche Entfernungen fühle ich (nicht jetzt, denn ich bin ganz stumpf von einer schlechten Geschichte von Friedrich Huch, die ich in der Neuen Rundschau gelesen habe, aber sonst, z. B. als ich Deine Karte auf dem Tisch liegen sah) – nein, ich fahre nicht fort, siehst Du, so bricht manchmal alles über mir zusammen. Eigentlich wollte ich nur erzählen, wie ich letzthin durch Zufall auf den Gedanken kam, es wäre möglich, daß ich in Wien lebte, was für eine schreckliche Entfernung mich dann von Dir trennen würde, wie gerade noch die Entfernung in Prag noch ganz knapp zu ertragen ist und was für ein verlorener Ort dieses Wien dort unten ist, trotzdem es vor einem ½ Jahr Prag sogar näher war als Berlin.

Die Karte war wohl um 4 Uhr geschrieben, Du bist im Speisewagen gesessen, wie genau ich Dich sehe, ich kann Dir beschreiben, wo Du gesessen bist: wenn die Fahrtrichtung diese ← war, so bist Du meiner Vorstellung nach von dieser Fahrtrichtung aus gesehen am letzten oder vorletzten Tisch rechts gesessen, und zwar am Fenster, den Blick gegen die Fahrtrichtung. Ich hätte es aufzeichnen können, aber dann hätte ich Deinen Sessel leer lassen müssen und das wollte ich nicht. Solltest Du behaupten, anderswo gesessen zu haben, werde ich es nicht glauben. Jetzt merke ich übrigens, daß ich mich gewiß geirrt haben muß, denn in meiner Vorstellung sehe ich den ganzen Speisewagen bis auf Dich vollständig leer, und den Kellner, der Dir die Ansichtskarte bringt, muß ich mir schon abzwingen.

Letzthin habe ich übrigens ganz wild durcheinander von Dir, von Max und seiner Frau geträumt. Wir waren in Berlin und fanden unter anderem alle Grunewaldseen, die Du mir in Wirklichkeit gar nicht zeigen konntest, mitten in der Stadt, einen hinter dem andern. Vielleicht war ich bei dieser Entdeckung allein, ich wollte wahrscheinlich zu Dir gehn, verirrte mich fast mutwillig, sah irgendwelche merkwürdige, grauschwarze, undeutbare Erscheinungen von einem Quai aus, fragte einen Vorübergehenden um Auskunft, erfuhr, daß es die Grunewaldseen waren und daß ich, zwar mitten in der Stadt, aber doch sehr weit von Dir entfernt war. Dann waren wir auch in Wannsee, wo es Dir nicht gefallen hat (diese wirkliche Bemerkung lag mir während dieses Träumens immerfort in den Ohren), man trat durch eine Gittertür wie in einen Park oder einen Friedhof und erlebte vieles, für dessen Erzählung es schon zu spät ist. Ich müßte auch zu sehr in mir bohren, um mich daran noch zu erinnern. Gute Nacht und bessere Träume.   Franz

Felice, seit Mittwoch nachmittag bist Du in Frankfurt und erst heute Sonntag vormittag erfahre ich es durch Deine Karte. Daß es kein Vorwurf ist Felice, muß Dir schon klar sein, mein Verhältnis zu Dir ist nicht derartig, daß Vorwürfe darin Platz hätten; wäre Dir nur auch das andere klar. Manchmal denke ich, daß Dir durch die Reise nach Frankfurt, durch das Fehlen der Umgebung, in der Du meine ersten Briefe bekamst, durch die Möglichkeit besseren Nachdenkens über mich, durch das Lesen meiner Briefe in Frankfurt eine richtigere Erkenntnis über mich aufgefangen sein könnte; wäre dem so, dann hättest Du allen Grund, diese Reise nach Frankfurt zu segnen. Mir geht es nicht gut, mit dem Kraftaufwand, den ich brauche, um mich am Leben und bei Besinnung zu erhalten, hätte ich die Pyramiden aufbauen können.

Franz

14.IV.13
[vermutlich in der Nacht vom 13. zum 14. April 1913]

Seit 5 Tagen, Felice, weiß ich nichts von Dir, wie soll ich Dir da schreiben? Laß mich Dich also nur grüßen und Deine liebe Hand ein Weilchen in unverratenen Gedanken in der meinen halten. Den größten Teil des Sonntags habe ich fast ohne zu schlafen im Bett verbracht, was allerhöchstens und ganz ausnahmsweise einem 17jährigen Jungen als Protest gegen die Welt erlaubt werden könnte. Und wie man bei diesem Liegen das Hirn in jeder Pore mit Ekel durchtränkt!

Franz

[Telegramm, aufgegeben in Prag am 14.4.1913]
Felice Bauer, Frankfurt am Main, Hotel Monopol Metropole

wieder keine nachricht bitte bitte ein offenes wort

¼ 10 abends 14.IV.13

Ich muß bei meinen kartenspielenden Eltern schreiben, auch bin ich ein wenig erschöpft vom Gewöhnlichen und Außergewöhnlichen und doch, Felice, – sehr glücklich. »Es ist doch alles wie es war«, hat einen wunderbaren Klang, der bei weitem das Strenge, das in »bitte keine unnütze Sorge« liegen kann, übertrifft. Ich war am Ende meiner Kraft, dort bin ich zwar in der letzten Zeit fast immer gewesen, aber nun hing ich schon fast vornüber. Ich mußte mir sagen – aber warum will die Feder überfließen, ist wirklich alles wie es war, Felice, wirklich alles, wirklich wie es war?

Eigentlich müßtest Du doch staunen, in meinen Briefen ist es meine ewige Sorge, Dich von mir zu befreien, wenn es mir aber einmal gelungen scheint, werde ich toll. Ich verstand nicht, warum mir von einer ganzen Frankfurter Woche nur eine Karte zukommen sollte, verstand nicht, wie Du so wenig Zeit haben solltest, besonders wenn ich mich daran erinnerte, wie Du einmal früher über die Möglichkeit unseres Beisammenseins in Frankfurt geschrieben hattest, von viel freier Zeit, Fahrten in den Taunus usw. Trotzdem nahm ich das Nichtschreiben hin, es sollte so zu Ende gehn, wie es mit mir zu Ende ging. Da wurde gestern, als ich bei Max war, schon im Weggehn von irgendetwas flüchtig mit anderem vermischt gesprochen, mich aber brachte es in irgendeinem gleichgültigen Zusammenhang auf den Gedanken, Du könntest in Frankfurt, gerade in dieser Festhalle, aus der Dein Telegramm datiert ist, mit irgendeinem alten oder auch neuen Bekannten zusammengekommen sein, der Dich festhalte. Gewiß kommen dort die Vertreter aller Firmen zusammen, repräsentative, gutangezogene, kräftige, gesunde, lustige junge Leute, also Leute, gegenüber denen ich mich, wenn man mich ihnen zum Vergleich gegenüberstellen wollte, einfach niederstechen müßte. Was war natürlicher, sagte ich mir, als daß Du an einem von ihnen Gefallen finden könntest, besonders da Du damit die Bitte unzähliger meiner Briefe erfüllt hättest, alles wäre aufgelöst gewesen, ich wäre dort gewesen, wo ich sein müßte und scheinbar sein wollte, d. h. hinausgeworfen aus Deiner Nähe, wie ich es verdiente, da ich Dich nicht bei den Händen gehalten hatte, wie man die Geliebte hält, sondern mich an Deine Füße geklammert und das Gehn Dir unmöglich gemacht hatte. Warum war ich also nicht zufrieden, stand mit einem vor Schlaflosigkeit förmlich eingetrockneten Kopfe auf und atmete zum erstenmal frei, nachdem das Telegramm weggeschickt war?

Franz

17.IV.13

Gestern Abend konnte ich nicht an Dich schreiben, Deinen Brief bekam ich heute früh ins Bureau, Deine Karte jetzt in der Wohnung. Also abgemüdet, verkühlt und heiser und ich habe an der Ermüdung auch meinen Teil. Wenn es einmal zu einer Abrechnung zwischen uns kommen sollte, wie werde ich dastehn! Mein kleiner Neffe hat jetzt über die schreckliche Erscheinung einer Hausnäherin ¼ Stunde lang geweint, so aufgelöst komme ich mir auch vor nach diesen paar Tagen, wenn auch bei weitem nicht so viel in mir aufzulösen ist, wie in meinem festen Neffen. – Was mein Brief nicht erreicht hat, wird die Aussprache auch nicht erreichen, es ist schlimm. – Also jeden Tag eine Karte? Arme Felice! – Welches Fenster des Hotels gehört Dir? – Als ich Deinen Brief las (und ich schöpfte nur Atem am Schluß, um wieder von Anfang an zu lesen) glaubte ich, es gäbe für mich und für alles Heilung nur bei Dir.

Franz

18.IV.13

Störe ich Dich denn nicht mit meinen Briefen, Felice? Ich muß Dich stören, es kann nicht anders sein. Du steckst notwendigerweise ganz in Geschäften, die Ausstellung ist für Dein Geschäft vielleicht für ein Jahr lang entscheidend, – und da komme ich dann mit nicht dazugehörigen, fremden Dingen und hauptsächlich mit meinem Jammer. Allerdings ist jetzt, da ich es einsehe, die Ausstellung vielleicht zuende, am 20ten sollte sie doch schließen, denke ich. Nun es überkam mich und ich habe nachgegeben, ich hätte mich besser wehren sollen. Jetzt z.B. bin ich musterhaft ruhig, aber auch das ist freilich nicht schön. Schreiben, Felice! Könnte ich doch nur schreiben! Du solltest Freude von mir haben! Aber ich darf ja gar nicht wagen, erst um 11 Uhr schlafen zu gehn, nur wenn ich um 10 Uhr spätestens schlafen gehe, lassen sich die abgespielten Nerven beiläufig, nur sehr beiläufig zur Ruhe bringen. Werde ich überhaupt noch schreiben können?

Und wieder fahre ich in Deine Geschäfte mit Dingen, die Dich nicht bekümmern sollen. Ich höre auf.

Franz

Wie fährst Du nach Berlin zurück? Dienstag den 22. bin ich dummer Weise wieder in Aussig. Könnten wir uns nicht irgendwo die Hände reichen oder wenigstens auf eine etwas kleinere Entfernung hin einander zustrecken? Es würde mir gut tun vom Kopf bis zu den Füßen.

20.IV.13

Allzulange im Bett gelegen mit den verdrießlichsten Gedanken und einer unüberwindlichen Abscheu vor jeder doch so unentbehrlichen Vorbereitung für meine Aussiger Verhandlung am Dienstag. Ich weiß nicht, ob Du meinen letzten Brief, in dem ich Dir von Aussig schreibe, schon bekommen hast. Wir treffen uns also am Dienstag auf keine Weise, aber das macht nichts, wenn Du nur, Felice, schon aus diesem schrecklichen Frankfurt weg bist. Es hielt Dich von mir ab und mir schien es, als wehrtest Du Dich nicht genug und dann schien es mir wieder, als wehrtest Du Dich zu sehr. Jetzt bist Du wohl schon auf der Reise nach Berlin, es ist 6 ½ Uhr. Ein Telegramm zu schicken, weißt Du, ist doch so naheliegend, aber immer und ausnahmslos bleibt es eine prachtvolle Idee. Man streckt die Hand aus dem Bett und bekommt das Papier zu lesen und wird für ein Weilchen aus dem ekelhaften Kreis seiner Gedanken mit höherer Gewalt fortgetragen. Könnte ich schreiben, Felice! Das Verlangen danach brennt mich aus. Hätte ich genug Freiheit und Gesundheit vor allem dazu. Ich glaube, Du hast es nicht genug begriffen, daß Schreiben meine einzige innere Daseinsmöglichkeit ist. Es ist kein Wunder, ich drücke es immer falsch aus, erst zwischen den innern Gestalten werde ich wach, darüber aber, über mein Verhalten nämlich, kann ich nicht überzeugend schreiben und nicht reden. Das ist auch nicht nötig, wenn ich nur alles andere hätte. Und nun sind auch noch 3 Wochen bis Pfingsten, wer kann lustig sein? Es wird alles gut werden, sagst Du. Nun ich passe auf, daran soll es nicht fehlen.

Franz

20.IV.13

Also jetzt Sonntag abend vor dem Schlafengehn und wirklich noch nichts für die Aussiger Verhandlung vorbereitet, trotzdem ich morgen kaum Zeit dazu haben werde und trotzdem ich für diese komplizierte Verhandlung tausend Dinge geordnet im Kopfe haben sollte, wenn ich nur mit einer kleinen Hoffnung auf Erfolg oder wenigstens mit einiger Sicherheit, mich nicht zu blamieren, hinfahren will. Aber ich kann nicht, ich kann nicht. Ja wenn es nur darauf ankäme, die Akten zu studieren, aber vor dieser Arbeit liegen, um meinen Widerwillen zu markieren, Felsen, die ich erst wegräumen müßte. Ich kann nicht. Fällt Dir, Felice, nicht auf, daß ich Dich in meinen Briefen nicht eigentlich liebe, denn dann müßte ich doch nur an Dich denken und von Dir schreiben, sondern daß ich Dich eigentlich anbete und irgendwie Hilfe und Segen in den unsinnigsten Dingen von Dir erwarte. Was könnte es sonst für einen Grund haben, daß ich von der Aussiger Reise z.B. schreibe.

Mein heutiger Brief vom Nachmittag wird angerissen ankommen, ich habe ihn auf dem Weg zum Bahnhof angerissen aus ohnmächtiger Wut darüber, daß ich Dir nicht wahr und deutlich schreiben kann, nicht wahr und deutlich, wie ich es auch versuche, daß es mir also nicht einmal im Schreiben gelingt, Dich festzuhalten und *irgendwie Dir meinen Herzschlag* mitzuteilen und daß ich dann also auch über das Schreiben hinaus nichts erwarten darf. So habe ich z.B. nachmittags geschrieben, daß ich nur unter den innern Gestalten wach werde oder ähnlich. Das ist natürlich falsch und übertrieben und doch wahr und einzig wahr. Aber so mache ich es Dir nie begreiflich, mir dagegen widerlich. Und doch darf ich nicht die Feder weglegen, was das beste wäre, sondern muß es immer wieder versuchen und immer wieder muß es mißlingen und auf mich zurückfallen. Darum habe ich den Brief angerissen und hätte ihn ganz zerreißen sollen und sollte es mit jedem Briefe tun, denn wenn Du bloß die Fetzen meiner Briefe in die Hand bekämest, es wäre dasselbe oder vielmehr es wäre besser.

Nun bist Du wohl schon in Berlin, das sich mir wieder füllt und in meiner Vorstellung wieder jenen würdigen und fast erhabenen Platz einnimmt, den es dort seit einem ½ Jahre hat.

Franz

[Auf der ersten Seite am Rande links] Im Berliner Tageblatt soll Mittwoch etwas ganz Hübsches über »Betrachtung« gewesen sein, ich habe es nicht gelesen, ich habe es erst heute erfahren.

[Ansichtskarte. Stempel: Aussig – 22.IV.13]

Ein Ingenieur unserer Anstalt, der bei der heutigen Verhandlung Zeuge ist, während ich eine Art Ankläger sein werde, sitzt mir gegenüber und will noch rasch eine Menge Sachen besprechen, ich aber sage, daß ich zuerst (er liest mir gerade vor) eine Karte schreiben muß, sonst werde es bestimmt schlecht ausfallen.

Herzliche Grüße
Franz

[Ansichtskarte. Stempel: Aussig – 22.IV.13]

Es ist nun doch schlecht ausgefallen, trotzdem es noch nicht ganz beendet ist. Was soll man tun, es ist nicht meine Schuld, nicht böse sein deshalb! Ich mache mir auch nicht viel daraus, denn in Prag liegt ja ein Brief, und das ist doch die Hauptsache.

FK

26.IV.13

Ich hätte keine Zeit, Dir zu schreiben, Felice? Nein, das nicht, auch ist mir körperlich nicht schlechter als sonst. Und mutwillig beunruhigen wollte ich Dich gewiß nicht und mutwillig darauf verzichten, Dir zu schreiben, auch nicht, und mutwillig darauf verzichten, von Dir Antworten zu bekommen, erst recht nicht. Aber – höre mich bitte ruhig an – Zeit wollte ich Dir geben, Dir Dein Verhältnis zu mir klar zu machen, denn nach den Nachrichten, die ich von Dir seit Ostern habe (die ersten zwei Briefe vielleicht abgerechnet), mußte ich glauben (bitte, Felice, tritt doch für einen Augenblick an meine Seite und sieh alles an, so wie ich es sehen muß), daß ich nur noch auf eine künstliche Weise Dich bei mir halte, indem ich Brief auf Brief abgehen und so Dich nicht zur Besinnung kommen lasse und Dich dazu dränge, in der Eile alte Worte ohne den alten Sinn zu gebrauchen. Ich sage jetzt nichts Endgültiges, denn jeder neue Brief, den ich von Dir bekomme, beirrt mich von neuem selbst in der festesten Überzeugung, aber wenn es so wäre, dann wäre es wirklich das einzige gewesen, worin Du mich jemals enttäuscht hättest und überhaupt hättest enttäuschen können, denn Offenheit hätte ich selbst im Schlimmsten immer von Dir erwartet. Daß Du mich einmal verabschiedet hättest, darüber hätte ich nicht gestaunt, denn Du konntest mich nicht gleich erkennen, es war sogar unmöglich, ich näherte mich Dir förmlich von der Seite und es dauerte ein Weilchen, ehe wir einander Gesicht zu Gesicht zudrehten. Nun kenne ich ja Deine endgültige Entscheidung nicht, sondern glaube sie nur aus Deinen letzten Briefen ahnen zu können und ich begreife nur nicht, Felice, daß Du selbst nicht wissen solltest, wie es um Dich steht. Du darfst nicht glauben, daß sich das alles, was ich sage, darauf bezieht, daß Deine Briefe kurz und selten sind, Du hast mir auch früher hie und da kurze Briefe geschrieben und ich war mit ihnen glücklich und zufrieden. Die letzten Briefe aber sind anders. Meine Sachen sind Dir nicht mehr so wichtig und was noch viel ärger ist: es liegt Dir nichts mehr daran, mir von Dir zu schreiben. Was soll ich da? Ich konnte auf die letzten Briefe nicht mehr antworten und stellte mir Donnerstag vor, wie Du im Bureau vormittags aufatmend feststelltest, daß endlich kein Brief gekommen ist.   Franz

28.IV.13

Es ist nicht möglich, mit dem Schreiben zu warten, ich muß Dir antworten mitten zwischen den Büchern und Papieren, zwischen denen ich gerade einen Vortrag über »Organisation der Unfallverhütung« mit dem leersten Kopfe machen soll. Felice, wehtun wollte ich Dir also? Wehtun? Dir? Und meine Aufgabe besteht doch nur darin, alles Übel, das ohne meine Schuld von mir auf Dich eindringt, abzuschwächen, so gut ich kann. Und nun ist Dein Brief so müde und traurig. Wie steht es mit Dir? Was fehlt Dir, Du Arme? Bin ich denn ein so grenzenloser Narr? Glaubst Du, ich hätte gleich bei der ersten Ahnung einer Furcht Dir so geschrieben? Ich glaubte eine Menge Beweise zu haben, ich will sie jetzt nicht aufzählen. Dazu ist jetzt auch nicht die Zeit; als ich Deinen Brief gelesen hatte, fühlte ich einen Ruck, als sei ich wieder in die Welt gestellt, nachdem ich lange außerhalb gewesen war.

Ich war schon auf alles vorbereitet, gar als gestern kein Brief gekommen war. Ich schäme mich nicht zu sagen, daß ich es für Hilflosigkeit von Deiner Seite hielt, für Hilflosigkeit in einem andern Sinn.

zuhause
Felice, sag, ist es nicht schrecklich, Du hast ein Leid und ich bin davon ausgeschlossen. Muß ich nicht auf das Leid eifersüchtig sein, das Dich hält? Aber Du hast ja dieses Leid in der letzten Zeit gar nicht mehr erwähnt. Ich hatte fast daran vergessen. In Deinen Briefen hieß es immer nur »in Eile« und »wieder in

Eile«, die Augen schmerzten mich schon beim Lesen dieser Worte. Und nun ging ich hier herum ohne Brief von Dir, ohne Brief an Dich. Und ich hielt es aus. Es müssen doch noch Energien in mir sein. Aber ich beaufsichtigte mich auch ordentlich. Ohne es mir ausdrücklich zu sagen, war ich tätiger als sonst, aufhören oder nachgeben wäre schlimm gewesen. Ich dachte mir Verschiedenes aus, wovon ich gar nicht reden will. Nur das kann ich sagen, daß ich entschlossen war, wenn kein Brief kommen sollte, Dir in einem Brief zu erklären, wie es unendlich viel Möglichkeiten menschlichen Verkehres gibt und wie die Gleichgültigkeit, die Du (im besten Falle allerdings) für mich hast, kein Grund dafür wäre, mich ganz zu verlassen. Wir könnten, wollte ich Dir vorschlagen, auch wieder Sie zueinander sagen, ich wollte Dir Deine Briefe zurückschicken unter der Bedingung, daß Du die meinen behieltest – aber verlassen müßtest Du mich doch deshalb nicht. Und erlauben solltest Du mir trotzdem, Pfingsten nach Berlin zu kommen und Dich zu sehn, denn diese Reise war nun ein gar zu bestimmter Vorsatz, dessen Änderung mein ganzes Leben verdrehn würde. Und dieser Empfangstag Deiner künftigen Schwägerin, der mir in einem Deiner letzten Briefe geradezu als ein Hindernis unseres Zusammenkommens genannt schien, müßte Dich doch bei gutem Willen für eine halbe Stunde freilassen. Ich verstehe übrigens diese Empfangstage nicht.

Natürlich waren meine Entschlüsse nicht ganz fest. So wollte ich Dir z.B. gestern unbedingt telephonieren, wußte zwar nicht, was es sein sollte, denn wenn Du nicht einmal brieflich antworten wolltest, so schien es mir, dann wolltest Du noch weniger mündlich antworten. Trotzdem wollte ich telephonieren. Du, Deine Stimme hören an einem beliebigen zufälligen Nachmittag! Aber ich konnte unter Deinen Briefen nicht jenen finden, auf welchem Du, wie ich mich erinnern zu können glaubte, die Nr. des Telephons notiert hattest. Wahrscheinlich war es nur auf einem Couvert gewesen. Unter den Nummern, die auf dem Geschäftspapier stehn, wußte ich aber nicht zu wählen, vielleicht hätte ich gerade die Deines Direktors ausgesucht.

Übrigens hatte ich schon einen andern Entschluß und verzichtete auf das Telephonieren. Ich wollte abends zu Max gehn und ihn bitten, Dir zu schreiben. Ich wollte ihm Deine letzten 3 Briefe zeigen, ihm erzählen, was ich Dir geschrieben hatte, ihm noch eine sehr dumme Theorie erzählen, die ich mir für Dein Verhalten gebildet hatte und ihn bitten, Dich zu fragen. Ihm würdest Du doch die Wahrheit sagen, dachte ich, ihm gegenüber würde Dich doch nichts hindern. Er sollte den Brief gleich schreiben und ich wollte ihn dann noch abends in den Zug einwerfen. Ich ging also um ½9 zu Max, aber es war noch niemand zuhause, ich ging unten eine ¾ Stunde auf und ab; aber sie kamen nicht und wenn sie nun auch jetzt gekommen wären, für meine Bitte wäre es doch zu spät gewesen. Ich ging also wieder nachhause und bin jetzt, so traurig ich gestern Abend über dieses Mißlingen war, sehr froh, Dir Maxens Brief, den Du heute vormittag bekommen hättest, erspart zu haben. Liebste, nimmst Du mich also wieder auf? Zum soundsovielten Male? Trotzdem ich gestehen muß, daß ich selbst mit Deinem heutigen Brief in der Hand bei einem neuerlichen Durchleben dieses Monats zu dem gleichen Ende käme. Und trotzdem ich weiß, daß innerhalb einer ungestörten Verbindung dieses Mißtrauen das Schlimmste ist, was man einander antun kann. Ich weiß es noch aus der Zeit her, als Du vor Monaten einmal irgendetwas Mißtrauisches schriebst, es war allerdings nur einmal, ich aber höre nicht auf. Felice! Und Pfingsten? Ich wage Dich gar nicht mehr zu küssen und werde Dich niemals küssen. Ich bin dessen nicht wert.

Franz

[Auf der ersten Seite über dem Briefkopf] Soll ich Donnerstag ein freundliches Wort von Dir haben? Dann müßtest Du den Brief expreß schicken. Es ist Feiertag und die Post wird nur einmal ausgetragen. Bis 12 Uhr aber bin ich im Bureau.

29. zum 30.IV.13

Es ist schon spät. Ich war mit Max, seiner Frau und Weltsch bei einer Jargonvorstellung, bin aber vor Schluß weggelaufen, um Dir noch paar Zeilen zu schreiben. Was für ein Gefühl, das zu dürfen! Was für ein Gefühl, bei Dir aufgehoben zu sein vor dieser Ungeheuern Welt, mit der ich es nur in Nächten des Schreibens aufzunehmen wage. Heute dachte ich, man müsse sich gar nicht beklagen, wenn man in diesem Doppelgefühl lebt, daß es jemand, den man hebt, mit einem gut meint, und daß man außerdem zum Überfluß die Möglichkeit hat, sich jeden Augenblick aus der Welt zu schaffen. – Liebste, wie denkst Du Dir den Besuch zu Pfingsten? Ich habe letzthin vor dem Einschlafen eine herrliche Idee gehabt, sie ist aber nur herrlich vor dem Einschlafen, kann aber nur bei hellem Tag ausgeführt werden. Ich verrate sie aber erst, bis Du mir folgende Fragen beantwortest. Soll ich Pfingsten bei Deiner Familie einen Besuch machen? Und wie stellst Du Dir das vor?

Nachdem ich Dir diese Schwierigkeiten bereitet habe, lege ich mich ins Bett, ziemlich ruhig, wenn nicht das Leid wäre, das Dich noch immer zu bedrücken scheint.

Dein

30.IV. nachmittags

Ich hatte früh einen falschen Brief in der Eile (das Wort eigne ich mir an und gebe es Dir nicht mehr wieder) mitgenommen und muß jetzt diesen express schicken. Vorher küsse ich nur noch die liebe Hand, trotzdem sie gestern nicht einen Federstrich für mich gemacht hat.

Kein Brief. Sollte ich das Telegramm schlecht verstanden haben, trotzdem ich es so oft gelesen habe, trotzdem es in der Nacht unter meinem Polster lag. Liebste, sieh darüber hinweg, daß ich Dir nur noch Vorwürfe schreibe, ich widerlicher und undankbarer Mensch, der ich bin. Aber weißt Du, ich bin im Bureau und mein Herz klopft eigentlich in dem Brief, von dem ich glaube, daß er zuhause liegt. Und dann laufe ich nachhause und es ist nichts da und damit ist das Urteil gesprochen, daß ich zumindest einen Tag und eine Nacht wieder warten muß. Ich will Dich ja nicht plagen, es ist Sommer, Du sollst nicht viel schreiben, sollst auch nicht unruhig sein, wenn Du einmal nicht geschrieben hast – gut, stellen wir also fest, daß ich nur einmal in der Woche, jeden Sonntag, *aber ganz bestimmt,* ob Du nun übersiedelst oder ob Ausstellung ist oder ein anderes Unglück in meinem Sinn, einen Brief von Dir bekomme, an dem Du eben schreiben kannst, wann Du Zeit und Lust hast, den Du dann aber schließlich jeden Samstag früh in den Briefkasten werfen mußt. Willst Du so lieb sein? Damit ich nicht mehr warten muß, damit die Zeit nicht so stockend und langsam vergeht, denn die Uhren schlagen hier nur, wenn ein Brief von Dir kommt. Mein Kopf wird auch besser werden; es sieht zwar aus, als hätte ich diese Kopfschmerzen zur Unterstützung meiner Bitte jetzt erfunden, aber ich habe sie wirklich. Vielmehr sind es keine Kopfschmerzen, sondern unbeschreibliche Spannungen. Schreiben sollte ich, sagt mein innerster Arzt. Schreiben, trotzdem mein Kopf so unsicher ist und trotzdem ich vor einem Weilchen die Unzulänglichkeiten meines Schreibens zu erkennen Gelegenheit hatte. Ja, ich habe Dir noch gar nicht geschrieben, daß nächsten Monat ein ganz kleines Buch (es hat 47 Seiten) von mir erscheinen wird, eben habe ich hier die zweite Revision. Es ist das erste Kapitel des unglücklichen Romans und heißt »Der Heizer. Ein Fragment«. Es erscheint in einer billigen Bücherei, die Wolff herausgibt und die ein wenig komisch »Der jüngste Tag« heißen wird, das Bändchen zu 80 Pfennig. Das Ganze gefällt mir nicht sehr, wie jedes nutzlose künstliche Herstellen einer Einheit, die nicht da ist. Aber erstens bin ich Wolff doch verpflichtet, zweitens hat er mir die Geschichte ein wenig herausgelockt und drittens war er so liebenswürdig sich zu verpflichten, den »Heizer« später mit Deiner Geschichte und noch einer andern in einem größern Bande nochmals herauszugeben. – Sobald ich von etwas anderem rede wie von Dir, fühle ich mich wie verloren.

Franz

Du verkennst mich noch immer, Felice, selbst in dieser Kleinigkeit. Wie könnte ich Dir denn böse sein, wenn Du mir so eine freundliche Karte schickst. Nur diese kurzen Sätzchen, die ich besonders aus Frankfurt bekam und die weder eine Mitteilung noch eine Erklärung und kaum einen Gruß, sondern nur Eile, nur Eile enthielten und mit einem Seufzer des Geplagtseins begonnen und mit einem Seufzer der Erleichterung beendet schienen – schienen! schienen! – (ich muß Dir doch alles klagen, da Du mein Liebstes bist, also auch über Dich klagen) – nur jene Briefchen haben mich so aufgeregt. Jetzt scheint Dich aber die Verlobung Deines Bruders – ich habe Dir gar nicht gratuliert, aber vielleicht bist Du auf die Schwägerin eifersüchtig, dann gibt es nichts zu gratulieren – sehr zu beschäftigen, und das ist wegen der kurzen zwei Pfingstfeiertage sehr traurig. Was werden wir an diesen zwei Tagen tun? Du mußt wissen, ich denke schon kaum mehr an die 2 Tage als vielmehr an die grauenhafte folgende Zeit, wo ich Dich, wenn nicht große Wunder geschehn, sehr lange nicht sehn werde, es müßte denn sein, daß Du mit mir nach Italien fährst oder wenigstens an den Gardasee oder gar nach Spanien zum Onkel. Ich bitte Dich Felice, denke rasch und gut nach. Ich hätte eigentlich nicht davon gesprochen, daß ich Deine Eltern besuchen will, denn repräsentationsfähig sehe ich ebensowenig wie vor 2 Monaten aus und bin es auch ebenso wenig, aber ich fürchtete mich mehr als vor allem davor, wieder nur augenblicksweise mit Dir beisammen zu sein, in Berlin zu sein und etwa 5 Stunden auf dem Kanapee zu liegen und den doch immer unsichern Telephonanruf erwarten. Deinem Bruder würde ich übrigens ein wenig bekannt vorkommen, hast Du ihm damals gesagt, wer ich bin oder wie hast Du ihm sonst das Zusammentreffen erklärt? Übrigens ist ja jetzt alles ein wenig besser, da Du nicht mehr so entlegen wohnst. Trotzdem denk' nach, denk' nach! Mein Kopf will nicht.

Franz

3.V.13

Als ich mich jetzt niedersetzte, um Dir zu schreiben, sagte ich »Liebste« vor mich hin und merkte es erst später. Könnte ich Dir doch einmal begreiflich machen, was Du für mich bedeutest! Und dabei kann ich es aus der Nähe noch weniger als aus der Ferne. Ich habe nachmittag ganz allein einen Spaziergang gemacht, die Hände in den Taschen bin ich den Fluß entlang weit hinaufgewandert. Wohl war mir nicht, immer wieder mußte ich mir sagen, daß es mir vielleicht immer in gleicherweise schlecht gegangen ist, daß immer die gleichen Gespenster an der Arbeit waren, daß aber meine Widerstandskraft viel größer war und immer, immer kleiner wird, daß es bald nur ein formaler Widerstand wird und endlich auch das aufhören muß. Es ist wahr, immer staunte ich über die Festigkeit meines Kopfes, der alles scheinbar aus Verständnislosigkeit abgeschüttelt hat, aber es war nicht Verständnislosigkeit, sondern nur längst vergangene Festigkeit. Ich saß jetzt 1 Stunde lang mit meiner Familie zusammen, absichtlich um mich aus dem Alleinsein ein wenig zurückzufinden, aber ich fand mich nicht zurück. Der Endpunkt meines Spazierganges, ich war in jener Gegend schon jahrelang nicht gewesen, war eine elende Hütte am Fluß. Das Dach so verfallen, daß es nur formlos gerade noch aufgelagert war, der kleine Garten war ein wenig besser gepflegt, schien auch guten feuchten Boden zu haben. Jetzt in der Erinnerung kommt er mir allerdings merkwürdig dunkel vor, er lag allerdings ein wenig vertieft und als ich in ihn hineinsah, war überhaupt schon dunkel, denn ein Gewitter fing an. Das Ganze sah nicht verlockend aus, trotzdem machte ich Pläne. Das Haus dürfte nicht gar zu teuer sein, man könnte das Ganze kaufen, ein kleines ordentliches Haus hinbauen, den Garten besser instandsetzen, eine Treppe zum Fluß hinunter bauen, der Fluß ist dort genug breit und über das andere Ufer hat man eine große Fernsicht, unten könnte man ein Boot angebunden haben und alles in allem vielleicht viel ruhiger und zufriedener leben als in der Stadt, mit der man durch die elektr. Bahn sehr gut verbunden ist. (Nur eine in der Nähe befindliche Zementfabrik mit viel Rauchentwicklung könnte Bedenken machen.) Diese Überlegungen waren die einzige tröstliche Unterbrechung des langen Spazierganges.

Franz

4. Mai 1913

Warum wirkt das Schreiben an Dich nicht stärker auf mich, warum beruhigt es nicht die Verzweiflungsanfälle, die ich manchmal in Gedanken daran habe, daß Du so weit bist, und die jetzt vor der Berliner Reise noch unerträglicher sind als sonst, denn was wird diesen Pfingsten folgen?

Ich soll also einen Besuch bei Euch machen? Dann beantworte mir rechtzeitig folgende Fragen: Welches ist Euere Telephonnummer, im Telephonbuch wird sie ja noch nicht stehn? Muß ich einen schwarzen Anzug haben oder genügt es, wenn ich als zufälliger Besucher im gewöhnlichen Sommeranzug komme? Das letztere wäre mir viel lieber oder besser das erstere wäre mir fast unmöglich. Bringe ich Deiner Mutter Blumen mit? Und was für Blumen? Ich werde wieder im Askanischen Hof wohnen. Vielleicht komme ich auch wieder um 11 Uhr [abends] an, aber abgesehen davon, daß das unsicher ist (ich habe viel Arbeit im Bureau, und Arbeit, der ich immer weniger gewachsen bin, ein anderer würde das Ganze mit Leichtigkeit bewältigen), beschwöre ich Dich noch außerdem, nicht einmal daran zu denken mich abzuholen. Ich komme immer in einem schrecklichen Zustand an, und Du wirst doch nicht wünschen, daß ich Dir mitten im Bahnhof vor Unsicherheit, Zerstreutheit, Müdigkeit, Verzweiflung und Liebe in die Arme falle. Also bitte nicht daran denken!

Du schreibst, Pfingsten muß man die Vormittage mit dem Empfang zubringen, also auch Montag. Das ist schlimm. Und Montagabend fahre ich ja wieder weg. Länger kann ich nicht bleiben. Meine »herrliche« Idee besteht kurz gesagt in Folgendem: Wenn Du zustimmst, werde ich Deinem Vater alles das sagen, was ich erstens bis jetzt Dir gegenüber nicht aussprechen konnte und zweitens alles das, was ich Dir schon gesagt und geschrieben habe, ohne daß Du es genug schwergenommen hättest. Das ist mein Plan. Ist er, soweit Du Dich, Deinen Vater und mich kennst, ausführbar? Gestern sagte mir Felix bei irgendeiner Gelegenheit, daß ich einen Kurator brauchen würde. Das ist keine schlechte Idee, den würde ich im gewöhnlichen und allerhöchsten Sinne brauchen, wenn es nicht schon zu spät ist.   Franz

[Am Rande der ersten und der vierten Briefseite] Antworte bitte auf alle Fragen! Hast Du Freitag zwei Briefe von mir bekommen? Du antwortest mir auf einen Vorschlag nicht. Befeuchte nicht den Kopierstift mit den Lippen, wie bei dem vorletzten Brief!

7.V.13

Geplagt und herumgerissen wird diese Felice, *und für nichts!* Du kennst meine Klagen darüber, ich wiederhole sie nicht mehr. Sonntagvormittag soll ich Dich also nicht sehn, Felice? Nur die Stimme hören? Eine Freude allerdings, die einen Vormittag erfüllen kann, hätte ich nur mehr als zwei Vormittage. Zum Empfangstag zu gehn wäre doch ein wenig zu phantastisch, glaubst Du nicht? Ich bin fremd, kenne weder die Hausleute noch die Gäste, gratuliere zu einer Verlobung eines Brautpaares, das ich erst im Augenblick der Gratulation kennenlerne – trotzdem hätte ich grundsätzlich nichts dagegen, denn ich bestehe in regelrechten Situationen gewiß auch nicht besser, im Gegenteil. Wenn es also von der Gesellschaft aus möglich ist, dann ist es von mir aus gewiß möglich, denn ich sehe Dich ein Weilchen länger und das genügt mir für derartige Begründungen. Sollte ich Dich aber auch dort nicht sehen können und würdest Du, was ja wahrscheinlich ist, von vielen Menschen dort herumgezogen, dann verzichte ich sehr gerne darauf, besonders da ich mir nicht denken kann, daß es für Dich ohne kleine Unannehmlichkeiten abginge. Aber da Du immerhin die Möglichkeit dieses Besuches erwähnst – aber nein, Du hast es Dir nicht gut überlegt und die Überseepost auf Deinem Schreibtisch hat Dich beirrt. Aber einmal schreibst Du, ich könnte Dich zu Heilborns (es sind 4?) begleiten, und das wäre also das Beste und darum bitte ich. Antelephonieren kannst Du mich natürlich, wann Du willst, vor 9 Uhr wird es Dir ja gewiß nicht möglich sein und von 9 Uhr ab bin ich bereit, wenn Du aber z.B. um 7 Uhr früh telephonieren willst, so mußt [Du] es nur schreiben und ich werde um 7 Uhr in der Telephonzelle stehn wie der Soldat im Wächterhäuschen. Deine Telephonnummer wüßte ich aber für jeden Fall gern. Natürlich, meine Erzählungen für Deinen Vater waren nichts als eine Idee, das ist nicht auszuführen, es war ein Traum. Ich habe nur die Sorge, daß ich gerade infolge meines möglichen Besuches bei Deinen Eltern Dich weniger haben werde, als wenn ich nur zu Dir käme.

Franz

[Am unteren Rande der zweiten Seite] Für einen Brief, den Du mir vielleicht für Samstag zugedacht hast, bitte ich, adressier ihn ins Bureau, dort bin ich den ganzen Vormittag, in die Wohnung käme er gewiß erst Sonntag.

8.V.13

Die Briefe an Dich, Felice, sollen mir nun schon in allem möglichen nützen, im Schreiben dieses Briefes z. B. soll mir mein Ärger darüber vergehn, daß ich jetzt meinen schönen Rasierspiegel zerbrochen habe.

Strafen wollte ich Dich, Felice, nicht, besonders da ich mir mit aller Phantasie nicht vorstellen kann, daß in meinem Nichtschreiben eine Strafe liegen kann, ich habe Dir ja noch nicht viele erfreuliche Briefe geschrieben und wenn ein nicht erfreulicher entfällt, dann ist es doch wirklich keine Strafe. Geschrieben habe ich Dir vielmehr deshalb nicht, weil ich gefunden habe, daß ein Teil der Unerträglichkeit des vergeblichen Wartens auf Deinen Brief darin liegt, daß, wenn ich Dir geschrieben habe und keine Antwort kommt, ein Bruch entstanden zu sein scheint, statt des Briefes kommt förmlich durch die Luft ein: »Genug! Genug! «, während wenn ich auch nicht schreibe, alles beim guten, alten, schönen Gleichgewicht bleibt und eben bloß trauriger Weise keine Nachricht kommt. Und weil ich jetzt so empfindlich und weibisch bin und die Spannungen um meinen Kopf nicht aufhören, als sei die Fassung zu klein, habe ich mich geschont und nicht geschrieben. Es war unrecht, und geholfen hat es auch nicht viel.

Warum ist denn in dem Geschäft immerfort so viel zu tun? Hat sich denn die Kundschaft in Leipzig und Frankfurt am Parlographen nicht schon gesättigt?

Als ich heute aus dem Bureau nachhause ging (mit einem ebenso netten als komischen Kollegen, er hatte den Überzieher nur umgeworfen und ich zog ihn an einem losen Ärmel im Laufschritt über den ganzen Graben,) sah ich ein Mädchen, das ganz in einem Gespräch befangen aus einem offenen, freundlichen, frischen Gesicht lachte, und zwar mit so viel Ähnlichkeiten mit Deinem Lachen, daß ich es fast als einen Gruß von Dir hingenommen habe. Überhaupt gibt es so viel Ähnlichkeiten in der Welt und darin liegt etwas Beruhigendes, allerdings auch etwas Aufregendes, denn man sucht sie. Felice, sieh mal, Du verwechselst unsere Familien! Bei Euch wird 66 gespielt, bei uns ein ganz anderes Spiel: Franzefuß. Im übrigen steht es unter den geringsten Leiden, in der Endsumme dulden ja doch meine Eltern mehr von mir, als ich von ihnen, nur sind sie allerdings auch fähig, mehr auszuhalten.

Heute z.B. geht es mir wieder besonders elend; wenn ich in keiner bessern Form in Berlin einziehe, na –! Du mußt zugeben, daß ich es verstelle, mich verlockend zu machen.

Franz

[10. Mai 1913]

Einen schönen Sonntagmorgen, Felice! Von Prag aus und in Berlin wird es bekräftigt werden.

Franz

Werde ich Dich aber allein sehn? Wüßte doch lieber niemand davon.

12. zum 13.V.13

Eben bin ich gekommen, Felice, es ist also recht spät, aber ich muß Dir schreiben, ich denke an nichts als an Dich, alles, was ich auf der Reise gesehen habe, hatte Beziehungen zu Dir und der Eindruck von allem bestimmte sich nach der Freundlichkeit oder Unfreundlichkeit dieser Beziehungen. Wir haben noch so vieles miteinander zu besprechen, Felice! Mir schwirrt der Kopf. Das macht einem doch nur die Reise klar, anders als durch Gegenwart ist das nicht zu erkennen. Weißt Du, daß ich eigentlich jetzt sehr zuversichtlich bin, wir haben noch einiges Schreckliche zu durchsprechen und wären vielleicht doch im Freien. Du weißt ja, daß ich Dich immer auf häßlichen Wegen führe, selbst wenn ein schöner See in der Nähe ist. Macht das alles nur die späte Nachtstunde? Als ich in Berlin meinen Koffer packte, hatte ich einen andern Text im Kopf. »Ohne sie kann ich nicht leben und mit ihr auch nicht«, damit warf ich ein Stück nach dem andern in den Koffer und etwas war fast daran, mir die Brust zu zersprengen.

Jetzt werde ich es aber nicht mehr auflösen, glaubst Du nicht, es ist 1 Uhr gerade. Nur die liebe Hand schaffe ich mir noch im Geiste her. Waren das zwei Schwurfinger, die man gehoben hat, als man im Lift aufwärts schwebte?

Franz

[Am unteren Rande der beiden letzten Seiten] Eine Bitte! Bitte eines armen Menschen, der Unsicherheit nicht erträgt. Willst Du mehr als einmal wöchentlich schreiben, dann also z. B. immer einen Brief für Mittwoch und noch einen für Sonntag. Ja?

13.V.13

Wer kann wissen, ob ich morgen einen Brief habe und wie Du, liebste, liebste Felice, die Narrheit aufgenommen hast, die ich in diesen zwei Tagen in Berlin für Dich dargestellt haben muß. Du weißt ja, Felice, nicht, Du weißt ja nicht, was mich bindet und mich zum unglücklichsten Menschen macht, trotzdem ich Dir so nahe zu sein scheine, meinem einzigen Ziel auf der Erde. Ach Gott, ich wollte, daß Du nicht auf der Welt wärest, sondern ganz in mir, oder noch besser, daß ich nicht auf der Welt wäre und ganz in Dir, einer von uns ist zu viel hier meinem Gefühl nach, die Trennung in zwei Menschen ist unerträglich. Nun, Felice, warum nehme ich Dich nicht gleich an mich, wenigstens so nahe, als es im Raume möglich ist, warum krümme ich mich statt dessen auf dem Waldboden wie die Tiere, vor denen Du Dich fürchtest. Es wird doch nicht grundlos sein, wie? Aber andererseits bin ich doch auch kein verzauberter Prinz, wenn auch verzauberte Prinzen in solche Scheußlichkeiten verborgen zu werden pflegen, es wäre schon gut und wunderbar, wenn ich bloß ein verzauberter erträglicher Mensch wäre. Du wärst zufrieden, nicht?

Aber wenn ich nun auf meiner Seite mit solchen kaum in menschliche Worte zu übersetzenden Dingen zu kämpfen habe – und seit Wochen gibt es kein Restchen meiner Kraft, das ich für anderes verwendete – was soll ich dann tun, wenn ich mich Deiner nicht sicher fühle, wenn Du mich beirrst? Es ist ja so schrecklich leicht begreiflich, wenn Du es seufzend aufgibst, ich an Deiner Stelle wäre an das andere Ende der Welt gelaufen, aber Du bist doch nicht ich, Dein Wesen ist Handeln, Du bist tätig, denkst rasch, bemerkst alles, ich habe Dich zuhause gesehn (wie Du da einmal bei einer Bemerkung den Kopf gehoben hast!), ich habe Dich unter fremden Leuten in Prag gesehn, immer warst Du anteilnehmend und doch sicher – mir aber gegenüber erschlaffst Du, siehst weg oder ins Gras, läßt meine dummen Worte und mein viel begründeteres Schweigen über Dich ergehn, willst nichts ernstlich von mir erfahren, leidest, leidest, leidest nur – Felice, wie ist mir dann, wenn ich mich von Dir verabschiedet habe? Glaubst Du, ich fühle nicht mit Dir? Glaubst Du, es liegt mir dann etwas an meinem Leben? Als Max damals in Berlin war und telephonisch mit Dir gesprochen hat, sollst Du ja, was ich mir so gut vorstellen kann, sehr lustig und zuversichtlich gewesen sein, viel gelacht haben, unter anderem sollst Du aber gesagt haben: »Ich weiß nicht, wieso das kommt, er schreibt mir ziemlich viel, aber es kommt in den Briefen zu keinem Sinn, ich weiß nicht, um was es sich handelt, wir sind einander nicht nähergekommen und es ist keine Aussicht, vorläufig.« Dabei war es aber gerade die Anfangszeit und in dieser Zeit kommt man sich doch mit Riesenschritten näher, weil das doch noch die großen, offenbaren, jedem zugänglichen Entfernungen zwischen Mensch und Mensch sind. Trotzdem hast Du schon damals so gedacht, während ich mich damals im geheimen grenzenlos freute, diesem angebeteten Menschen mit ein paar Sprüngen so nahegekommen zu sein. Solltest Du noch heute so denken, wie Du damals gesprochen hast? Dein Blick, Deine Worte, Dein Schweigen will es beweisen, fast alles andere widerspricht dem aber. Das erstere ist aber deutlicher; wie finde ich mich zurecht, darf ich bei dieser Resignation auch nur Deine Fingerspitzen anrühren?

Dein (wäre ich doch namenlos, ganz ausgelöscht und nur Dein)

Wo ist Eberswalde? Weit von Berlin? Hattest Du schon meinen eingeschriebenen Brief, als Du die Karten schriebst? (Ich habe natürlich schon alle, denn vom Bahnhof ging ich gleich ins Bureau nachschauen, meine ganze Fahrt war vom ersten Schritt, den ich um 5 Uhr früh aus meiner Wohnung gemacht hatte, darauf eingestellt; trotzdem war es sehr lieb von Dir, mir beiderlei Karten zu schicken – nun für weitere Dankbarkeit ist zwischen uns kein Platz mehr, glaube ich.) Aber die Antwort auf jenen Brief sind diese Karten natürlich nicht, die Antwort bekomme ich noch, Felice, nicht wahr? Ich bitte Dich vielmals darum. Es ist so wichtig, darauf Antwort zu bekommen, das mußt Du doch einsehn, Liebste, Liebste! Meine Vorstellung von Dir geht mir sonst in die Brüche. Gut, Du wirst mir darauf antworten, ich rede nicht mehr davon. Wie geht es Deiner Familie? Ich habe einen so verworrenen Eindruck von ihr, es liegt vielleicht daran, daß mir die Familie so sehr den Anblick vollständiger Resignation in Bezug auf mich dargeboten hat. Ich fühlte mich so klein, und alle standen so riesengroß um mich herum mit so einem fatalistischen Zug im Gesicht (bis auf Deine Schwester Erna, der ich mich gleich näher fühlte). Das entsprach alles den Verhältnissen, sie besaßen Dich und waren deshalb groß, ich besaß Dich nicht und war deshalb klein, aber so sah *ich* es doch bloß an, sie doch nicht, wie kamen sie also zu diesem Verhalten, das trotz aller Liebenswürdigkeit und Gastfreundschaft sie beherrschte? Ich muß einen sehr häßlichen Eindruck auf sie gemacht haben, ich will nichts darüber wissen; nur was Deine Schwester Erna gesagt hat, möchte ich wissen, auch wenn es sehr kritisch oder boshaft war. Willst Du mir das sagen?

Franz

[Am Rande unten] Ich habe gerade die alte Besprechung von Max bei der Hand, ich schicke sie Dir mit einem Seufzer. Vergleiche! Vergleiche!

[16. Mai 1913]

Liebste, höre! Weiche nicht ab von dem Weg, auf dem Du mir entgegenkamst! Mußt Du es aber, dann geh zurück! Sag, fühlst Du es, wie ich Dich liebhabe, fühlst Du es trotz allem, was mich jetzt – und in Berlin mehr als in der Ferne – vor Dir verdeckt? Es erstickt mir ja das Wort in der Kehle und überfließt die Buchstaben, die ich schreiben will.

Franz

Brief hatte ich keinen, vielleicht weil Feiertag ist. Freitagabend. Die Tage, die ich hier getrennt von Dir verbringe, kann ich gut verwechseln, sie haben keinen

Sinn für mich. Wie wenn die ganze Welt in Dich hineingestürzt wäre, ist mir. Hab' mich ein wenig lieb, Felice. Was Du mir an Liebe zuwendest, geht mir als Blut durch das Herz, ich habe kein anderes. Wann kommt Dein Vater zurück? Ich denke viel an den Brief, infolgedessen wird er schlecht werden, wie alles, zu dem ich durch das Denken kommen will, schlecht, d. h. eine schlechte Mischung von Deutlichem und Undeutlichem. Trotzdem – es gibt augenblicklich nichts Wichtigeres für mich. Ich werde ihn so schreiben, daß Du ihn wirst lesen können, ich schicke ihn Dir vorher zur Beurteilung ein. Wann kommt also Dein Vater und wann ist die gelegenste Zeit?

Aber auch das verliert seine Wichtigkeit vor dem Brief, den ich morgen gleich früh im Bureau zu finden hoffe.

Dein F.

18.V.13

Meine liebste Felice, hat es einen Sinn (ich rede von mir aus), die Qual der Unklarheit weiter zu tragen, nur deshalb, weil in ihr ein kleiner, unsinniger, im ersten Augenblick schon verschwindender Trost irgendwo enthalten ist? Ich warte nicht bis zur Zurückkunft Deines Vaters, ich schreibe den Brief vielleicht schon heute abend, schicke Dir ihn morgen zur Durchsicht und schicke ihn dann Deinem Vater nach Berlin oder wo immer er gerade ist. Es wird ja kein Brief sein, dessen Beantwortung von Launen abhängig sein wird, dessen Beantwortung etwa anders ausfallen könnte, ob sie hier oder dort geschrieben ist. Es hat keinen Sinn, zu warten. Es hat vielleicht doch einen Sinn, aber ich will ihn nicht wissen. Liebste, »blind vertrauen« soll ich Dir und kann ich Dir, gewiß. Aber weißt Du, ob Du Dir vertrauen kannst? Ob Du Dir vertrauen kannst in allem was Dich erwartet? Und wenigstens von Ahnungen dessen bist Du nicht frei. Du weißt nicht, was Dich mir gegenüber bindet. Du bist dann nicht »ein dummes Kind« (ich wüßte niemanden, dem ich unterlegener wäre als Dir in Deiner Nähe), die Natur selbst hält Dich. Aber Du willst mir darüber noch schreiben *(dieses Versprechen halte ich fest!),* und im Grunde bin ich imstande, mich von Deinem leichtesten Kopfschütteln überzeugen zu lassen. Es gibt einen ungeheuren Einwand gegen manche Vorstellungen von zukünftigem Glück, es sind das nämlich die Möglichkeiten, die unausdenkbar sind. So wie man das Dasein Gottes aus dem Gottesbegriff, den man besitzt, beweisen zu dürfen glaubt, so kann man es auch aus dem Mangel des Begriffs widerlegen. Hätte ich Dich doch (die Vergangenheit ist ebenso sicher wie verloren) vor 8 oder 10 Jahren gekannt, wie glücklich könnten wir heute sein ohne diese jammervollen Winkelzüge, Seufzer und trostloses Schweigen. Statt dessen kam ich mit Mädchen zusammen – das ist schon alles jahrelang her –, in die ich mich leicht verliebte, mit denen ich lustig war und die ich noch leichter verließ oder von denen ich ohne die geringsten Schmerzen mich verlassen sah. (Nur die Mehrzahl nimmt sich so

zahlreich aus, weil ich sie nicht mit Namen nenne und weil alles so längst vergangen ist.) Geliebt, daß es mich im Innersten geschüttelt hat, habe ich vielleicht nur eine Frau, das ist jetzt sieben oder acht Jahre her. Von da an, ohne daß
dazwischen Beziehungen beständen, war ich fast vollständig von allem losgelöst,
immer mehr und mehr auf mich beschränkt, mein elender körperlicher Zustand, der in meiner – wie soll ich sagen? – Auflösung voranging oder folgte,
half mit, mich weiter versinken zu lassen, und jetzt, wo ich fast am Ende war,
traf ich Dich.

Franz

[Beigelegt]
18.V.13

Ich habe heute den folgenden alten Brief an Dich gefunden aus glücklicheren,
unglücklicheren Zeiten. Was sagst Du zu ihm? Antworte wie Du damals geantwortet hättest.

Franz

[Ende September/Anfang Oktober 1912]

Mein Fräulein, ich unterbreche nur das Schreiben um ½ 1 in der Nacht, um
mich einen Augenblick an Ihnen festzuhalten. Ich tue es nicht, weil ich es im
Augenblicke brauchte, ich fühle mich gerade stark genug, sonst hätte ich das
Schreiben ja nicht unterbrechen können. Nur zittere ich überall, so wie das
Licht die Leinwand in den ersten Tagen der Kinematographie zum Zittern
brachte, wenn Sie sich daran erinnern. Ich bin zu glücklich und leide zu viel
schon seit mehr als einer Woche. Ich durchschreibe die erste Hälfte und ver-
dämmere die zweite Hälfte schon einiger Nächte. Am Tag Bureau und alles
mögliche und mein schwaches, elendes Wesen. Zu wem zu klagen, wäre mir
jetzt gesünder, als zu Ihrer großen Ruhe?

Ihr Franz K.

Weil man abergläubisch wird in diesen Nächten und weil man die Macht des
einmal Niedergeschriebenen überschätzt und die Vervielfältigung des aufge-
schriebenen Irrtums in der Ewigkeit weiterarbeiten sieht, sage ich noch, daß ich
nur mein Elend, um Himmels willen aber nicht mein Glück verkleinern
möchte. Geht es aber nicht anders, dann bleibe es so wie es ist. Wie wirkt Ihr
Anblick schon von der Ferne auf mich!

Meine Felice, meine Liebste, nun habe ich Dir auf einen Brief nicht gleich geantwortet. Hast Du das wirklich geglaubt? Ist das überhaupt möglich? Nein, es
ist nicht möglich, denn die Freude über einen Brief von Dir ist so groß, daß ich
mich nicht zurückhalten kann, sofort zu antworten und wenn es mit mir noch
so schlimm steht und es aus Vernunftgründen vielleicht besser wäre nicht zu
schreiben. Aber denke nur, dieser Brief, den Du am Sonntagabend eingeworfen
hast, kam erst heute Freitag in meine Hände. Ein Poststempel zeigt, daß er in
Wien war. Während ich hier mich abquälte, wanderte dieser Brief durch die
Ungeschicklichkeit eines Beamten nach Wien und langsam wieder zurück. Und
ich rechnete in diesen langen Tagen: Felice antwortet mir auf meinen prinzi-
piellen Brief nicht, antwortet mir nicht auf die Frage wegen des Briefes an den
Vater, schreibt mir Sonntag, Montag, Dienstag nicht, fährt nach Hannover,
ohne daß ich nur im geringsten den Zweck dieser Reise erfahre, gibt mir nicht
die Adresse in Hannover an, will also während der Reise nichts von mir hören,
schreibt mir schließlich von dieser Reise kein Wort – nun und so konnte ich
doch auch nicht schreiben, zumal ich eben jenen Brief erst heute bekam, der die
schlimmsten Voraussetzungen glücklicher Weise änderte. Es war keine schöne
Zeit, immer wieder mußte ich mir sagen, daß Du gegen mich grausam ohne Absicht bist, und Grausamkeit ohne Absicht ist in solcher Ausdehnung doch das
Hoffnungsloseste.

Aber so ist es jetzt nicht, Felice, alles muß gut werden, es muß gut werden.
Der Brief an Deinen Vater ist noch nicht fertig, d. h. er war schon öfters fertig,
aber immer unbrauchbar. Er muß ganz kurz und ganz deutlich sein, das ist
nicht leicht. Ich will mich nicht hinter Deinen Vater stecken, Du sollst ja den
Brief vorher lesen. Aber geschrieben muß er werden aus folgendem Grunde: Es
gibt Hindernisse für mich, die Du beiläufig kennst, die Du aber nicht ernst
genug nimmst und die Du selbst dann nicht ernst genug nehmen würdest,
wenn Du sie vollständig kennen würdest. Niemand um mich nimmt sie genug
ernst oder er tut es mir zuliebe, sie nicht ernst zu nehmen. Es ist das schon so oft
Wiederholte: Seit 10 Jahren etwa fühle ich mich in immer zunehmender Weise
nicht ganz gesund, das Wohlgefühl des Gesundseins, das Wohlgefühl eines in
jeder Hinsicht gehorchenden Körpers, auch ohne ständige Aufmerksamkeit und
Sorge arbeitenden Körpers, dieses Wohlgefühl, aus dem die ständige Lustigkeit
und vor allem Unbefangenheit der meisten Menschen hervorgeht – dieses
Wohlgefühl fehlt mir. Und es fehlt mir in jeder, aber in jeder Lebensäußerung.
Und es sitzt der Fehler nicht etwa in irgendeiner besonderen Krankheit, die ich
einmal gehabt hätte, im Gegenteil, seit den Kinderkrankheiten war ich derartig
ausdrücklich, daß ich deshalb zu Bett gelegen wäre, vielleicht überhaupt nicht
krank, ich kann mich wenigstens an eine solche Krankheit gar nicht erinnern.
Dieser traurige Zustand ist nun aber da, äußert sich jeden Augenblick fast, in
der Ferne scheint er erträglich, bei zeitweiligen Zusammenkünften mit Freun-

den sieht man über ihn hinweg, in der Familie kommt er durch Todesschweigen nicht zur eigentlichen Geltung, dagegen in der unmittelbarsten Gemeinschaft? So wie mich dieser Zustand hindert, unbefangen zu reden, unbefangen zu essen, unbefangen zu schlafen, hindert er mich an jeder Unbefangenheit. Ich wüßte nichts, wovor ich mich nicht in dieser Weise fürchtete, und das mit erfahrungsmäßiger Begründung. Sag, kann ich im übervollen Bewußtsein dessen, ohne weiters, dem liebsten Menschen, den ich habe, etwas aufbürden wollen, wovor ich selbst gleichgültige Menschen zu verschonen suche, selbst wenn es sich um zeitlich und innerlich beschränktes Zusammensein handelt, hier aber wäre alles schrankenlos. Kann ich Dich geradewegs um die Bewilligung einer Aussprache bitten, die mich schon brennt, weil ich sie allzulange verschweige? Kann ich es? Und darf ich mich damit begnügen, nur Dich zu bitten, wenn ich sehe, wie Du verwandelt bist, wenn Du mit mir bist (ohne daß diese Verwandlung zu meinen Gunsten zu deuten wäre, eher zu meiner Schande), wie Dich, dieses sonst selbstsichere, raschdenkende, stolze Mädchen eine matte Gleichgültigkeit ergreift und wie man in dieser Verfassung, wenn man nur einen Hauch von Verantwortlichkeit in sich fühlt, keinesfalls die Entscheidung über sein Schicksal, wie erst die über Deines von Dir verlangen oder annehmen kann? Wie hat mich dieser Zwiespalt niedergedrückt dort im Grunewald und Dich übrigens auch: alles sagen zu dürfen und nicht sagen zu dürfen. – Aus dem allen folgt: Ich kann die Verantwortung nicht tragen, denn ich sehe sie für zu groß an, Du aber kannst sie nicht tragen, denn Du siehst sie kaum. Natürlich gibt es Wunder, daß Du mir gut bist, ist z. B. eines, und warum sollte in der Reihenfolge der Wunder, die eine Gemeinschaft mit Dir zur Folge hätte, nicht auch meine Heilung sein. Diese Hoffnung ist nicht so klein, als daß sie die Verantwortung nicht verkleinern würde, aber die Verantwortung ist in ihrer Gänze zu groß und bleibt es.

Darum will ich Deinem Vater jetzt schreiben. Von meinen Eltern oder meinen Freunden bekäme ich keinen genügenden Rat. Sie denken zu wenig an Dich und würden mir nur das raten, was ich ja offen genug will, alle Verantwortung zu tragen, vielmehr sie würden es mir nicht raten, sie raten es mir (wenn ich es auch nicht sage, in meinen Augen steht es, was ich hören will), und allen voran in ihrer nur auf mich und den Augenblick eingeschränkten Kurzsichtigkeit meine Mutter. Sie weiß nichts, und wenn sie es weiß, begreift sie es aus Mutterstolz und Mutterliebe nicht, da ist kein Rat zu holen. Den gibt es nur bei Deinem Vater, in dieser Hinsicht war mein Besuch sehr nützlich, denn seinen Rat wird nicht das geringste gute Vorurteil zu meinen Gunsten beirren. Ich werde ihm das sagen, was ich Dir jetzt sage, nur deutlicher und werde ihn – was sich ein wenig komisch anhört und auch ein klägliches Aushilfsmittel in der großen Not ist – im Falle er mich nicht ganz verwirft, um Nennung eines Arztes bitten, dem er vertraut und von dem ich mich untersuchen lassen würde.

Franz

Es ist so spät geworden über Maxens neuestem Buch »Weiberwirtschaft«, ich schicke es Dir in den nächsten Tagen. Auch die Geschichte »aus der Nähschule« ist darin, von der ich nur den Anfang kannte und in der ich nun ohne Rücksicht auf die Zeit und meine Schlaflosigkeit bis zum Ende weitergelesen habe. Liebste, wieso kommt es nur, daß ich so lange ohne Nachricht von Dir bin? Wenn Du wüßtest, wie ich aus dem Worte »innige« in Deinem Telegramm alles, was ich wünsche, herausgesaugt habe, trotzdem es nur ein Formelwort war. Sollte ich Dich mit etwas im letzten Brief gekränkt haben? Das kann ich nicht recht glauben, denn wenn es auch dumm ist und geziert scheint, in solcher allgemeinen Weise über längst vergangene Dinge zu reden, so kennen wir einander doch so weit, daß Du wissen mußt, daß bei Auflösung jener Masse in regelrechte Erzählung kein Wort Dich kränken könnte.

Sollte aber die Reise nicht gut ausgefallen sein? Aber auch nicht eine Karte habe ich bekommen, und nachhause, wo man Dich doch schon Freitag wiederhatte und unmöglich so viel Sorge um Dich haben konnte wie ich, hast Du gewiß geschrieben. Keine Vorwürfe mehr, meine Felice, sei mir nur niemals böse, es ist vielleicht Grund dazu aber niemals Schuld. Was für ein Mensch ich werden könnte, wenn Du es willst, das glaubst Du gar nicht. Hätte ich doch Deine Hand wirklich so in meiner, wie ich mich innerlich von ihr geleitet fühle.

Franz

Darf ich Deine Mutter, Deine Geschwister grüßen? Deiner Mutter sag: Sinn und Zweck hatte die Reise, aber keinen Menschen, der sie ausführte.

Meinen Expreßbrief hast Du doch?

[Links unten am Rande] Das »angemeldete Fräulein B.« ist wunderschön, schick' mir doch öfters etwas aus dem Bureau.

25.V. [1913]

Gottes willen, warum schreibst Du mir denn nicht? Seit einer Woche kein Wort. Das ist doch schrecklich.

27.V.13

Das ist also das Ende, Felice, mit diesem Schweigen entläßt Du mich und beendest meine Hoffnung auf das einzige Glück, das mir auf dieser Erde möglich ist. Aber warum dieses fürchterliche Schweigen, warum kein offenes Wort, warum quälst Du Dich seit Wochen sichtbar, so schrecklich sichtbar, mit mir ab? Das ist nicht mehr Mitleid von Deiner Seite, denn wäre ich der Dir fremdeste Mensch, Du hättest doch sehen müssen, wie ich unter dieser Unsicherheit so leide, daß mir manchmal die Besinnung vergeht, und es kann auch kein Mitleid sein, das in solchem Schweigen endigt. Die Natur geht ihren Gang, da ist keine Hilfe, je mehr ich Dich kennenlernte, desto mehr liebte ich Dich, je mehr Du mich kennenlerntest, desto unleidlicher bin ich Dir geworden. Hättest Du das doch eingesehn, hättest Du offen gesprochen, hättest Du doch nicht so lange gewartet, bis es Dir unmöglich wird, bis Du Dich nicht mehr überwinden kannst, mir auch nur ein Wort von einer 5-tägigen Reise zu schreiben, mir auf Briefe, in denen ich Dich um Entscheidung bitte, auch nur mit einer Zeile zu antworten, mich in meinem Unglück, daß ich so lange von Dir nichts gehört habe, irgendwie zu trösten? Und noch gestern sagtest Du mir, als ich Dich zum Telephon gerufen hatte und ich allerdings nur ganz wenig verstand, denn vor Glück, Deine Stimme zu hören, rauschte es mir zu sehr in den Ohren: Du hättest Sonntag abend mir geschrieben und spätestens heute, Dienstag, hätte ich den Brief in der Wohnung. Nein, ich habe nichts, Du hast weder Sonntag, ja nicht einmal Montag nach dem Telephongespräch geschrieben, Du kannst nicht schreiben, aber Du kannst es auch nicht sagen, daß Du nicht schreiben kannst. Wenn ich jetzt daran denke, daß das einzige Selbständige, was Du mir gestern zu sagen hattest, die Frage war, wie es mir geht, dann geht mir wirklich der Verstand aus den Fugen. So kann ich nicht länger leben. Wahrscheinlich muß ich Dich nicht mehr dazu auffordern, aber trotzdem bitte ich Dich noch ausdrücklich, schreibe mir nicht mehr, kein Wort, handle so, wie es Dir Dein Herz sagt. Ich werde Dir auch nicht schreiben, Du wirst keine Vorwürfe hören, Du wirst nicht mehr gestört werden, und nur das eine bitte ich Dich im Gedächtnis zu behalten, daß, wieviel Zeit des Stillschweigens auch vergeht, ich auf den *leisesten aber wahren* Anruf Dir gehöre, heute wie immer.

Franz

28.V.13

Nein, ich bin nicht unruhig, Felice, das ist nicht das Wort. Aber Du willst mich nicht haben, Du willst mich nicht haben, nichts ist klarer; wenn Du mich aber doch haben willst, dann ist dieses Wollen vor Lauigkeit ganz unsichtbar. Deine Hand scheinbar zu halten, während Du durch 10 Tage Dich von mir gänzlich abgewendet hältst, das kann ich nicht ertragen. Ich habe das Frankfurter Schweigen ausgehalten, ohne eine Erklärung von Dir bekommen zu haben, dieses letzte Schweigen ist für mich zu viel und wäre es auch für einen 10 mal stärkeren Menschen. Ich will nicht vorrechnen, was noch sonst für meine Deutung spricht, wenn ich auch im letzten Grunde zugeben muß, daß ich Dich nicht verstehe. Ein Unrecht habe ich Dir getan, Du hast wirklich Sonntagabend geschrieben (ich habe den Brief erst heute bekommen, die Postbeamten müssen die Unsicherheit meiner Hände haben), aber der Inhalt des Briefes macht mein

Unrecht wieder gänzlich gut. In dem Brief, den Du Montag bekamst, habe ich vor Verzweiflung geschrien, Du hattest nichts zu schreiben. Dienstag wieder nichts und ich habe guten Grund zu glauben, daß ich Dein heutiges Telegramm einem Brief von Max verdanke. Es bleibt nichts übrig, als den Abschied zu nehmen, den Du mir zwischen den Zeilen Deiner Briefe und in den Pausen zwischen den Briefen längst gegeben hast. Ich wiederhole, Felice: Ich gehöre Dir vollständig, so besessen kannst Du nichts haben, aber innerhalb des gegenwärtigen und schon Wochen dauernden Verhältnisses kann ich Dir nicht mehr gehören, denn das kann nicht Dein wirkliches Wesen sein, das ein solches Verhältnis aufrecht halten will, in dem Du nur leidest, denn grausam bist Du gewiß nicht, und in dem ich sinnlos herumgejagt werde. Das mußte ich Dir noch sagen.

Franz

1. Juni 13

Was wird aus uns werden, meine arme Liebste? Weißt Du, wenn nicht der Löwy hier wäre, ich nicht einen Vortrag für den armen Menschen veranstalten müßte (eine von mir veranlaßte, vom Pick geschriebene Notiz liegt bei, und derartig ist einiges zu tun), Karten verkaufen müßte, um den Saal zu sorgen hätte und schließlich dieses nicht niederzudrückende Feuer des Löwy auf mich wirkte und mich in scheinbare Eile und Tätigkeit gebracht hätte – ich wüßte nicht, wie die paar Tage vorübergegangen wären. Schau, wir gehören zusammen, das scheint mir zweifellos, aber ebenso zweifellos ist der ungeheuere Unterschied zwischen uns, daß Du gesund in jedem Sinne und deshalb bis in die Tiefe hinunter ruhig bist, während ich krank, vielleicht weniger im landläufigen, dafür aber im schlimmsten Sinne krank, und deshalb unruhig, zerstreut und lustlos bin. Die Unterschiede zwischen Deinen ersten Briefen und denen der letzten Wochen bestehn ja gewiß, sie sind aber vielleicht nicht so wichtig, als ich glaube und haben vielleicht einen andern Sinn, als ich herauszufinden glaube. Dein Verhalten zu mir hat vielleicht auch einen andern Sinn, als ich erkennen kann oder vielmehr es hat ihn gewiß, da Du es selbst sagst. So ist es eben, Du leidest an mir und bist doch, wie Du sagst, mit mir zufrieden und ich leide an Dir und muß Dich doch so haben wie Du bist und keinen Hauch anders. Denk z. B. an jenen Brief, den Du mir aus dem Zoologischen Garten geschrieben hast. Das war kein Brief, das war das Gespenst eines Briefes. Ich kenne ihn fast auswendig. »Wir sitzen alle zusammen hier im Restaurant am Zoo, nachdem wir den ganzen Nachmittag im Zoo gesessen haben.« Ja aber warum, warum mußtest Du im Zoo sitzen? Du bist doch keine Sklavin. Du durftest Dich zuhause von der Reise ausruhn und mir 5 ruhige Zeilen schreiben. »Ich schreibe jetzt hier unter dem Tisch und unterhalte mich nebenbei über Reisepläne für den Sommer.« Also diese Zeilen, die ersten nach 8 Tagen Pause, mußt Du noch in einer übrigens unvorstellbaren Situation schreiben, die übrigens noch für mich fast einen Vorwurf bedeutet, daß ich nach 8 Tagen endlich ein Wort von Dir hören will. Dann aber wirfst Du den Brief ohne Marke ein, so daß er 3 Tage später ankommt, und glaubst nun wieder 3 Tage nicht mehr mir schreiben zu müssen. – Nun wollte ich Dir etwas Liebes sagen, in meinem tiefsten Grund ist nichts anderes für Dich als Liebe, aber es kommt noch immer Bitterkeit heraus. Kämen doch lieber Tränen und hielte man einander in den Armen!

Franz

[2. Juni 1913]

Hinter mir sitzt Löwy und liest. Nein, Felice, nicht deshalb habe ich Dir nicht geschrieben, weil ich von ihm in Anspruch genommen war, was könnte mich so in Anspruch nehmen, daß es mir die Gedanken an Dich wegnähme? Aber ich wartete auf Deinen Brief. Wie gern wollte ich Dir jetzt schwören, daß wir ruhig und durch nichts zu stören, einander schreiben werden, aber ich kann nicht für mich bürgen. Und nun, Liebste, nimm an – ohne daß es allerdings zweifellos wäre –, daß nicht nur die Ferne mich so macht, sondern daß ich so auch in der Nähe, und zwar dauernd bin, nur auf der einen Seite noch viel verzweifelter und auf der andern noch viel matter. Und indem ich dieses überlege, trage ich auch die Gedanken an den Brief für Deinen Vater immerfort in mir herum. Liebste Felice, bitte, schreibe mir wieder von Dir wie in früherer Zeit, vom Bureau, von Freundinnen, von der Familie, von Spaziergängen, von Büchern, Du weißt nicht, wie ich das zum Leben brauche.

Findest Du im »Urteil« irgendeinen Sinn, ich meine irgendeinen geraden, zusammenhängenden, verfolgbaren Sinn? Ich finde ihn nicht und kann auch nichts darin erklären. Aber es ist vieles Merkwürdige daran. Sieh nur die Namen! Es ist zu einer Zeit geschrieben wo ich Dich zwar schon kannte und die Welt durch Dein Dasein an Wert gewachsen war, wo ich Dir aber noch nicht geschrieben hatte. Und nun sieh, Georg hat so viel Buchstaben wie Franz, »Bendemann« besteht aus Bende und Mann, Bende hat so viel Buchstaben wie Kafka und auch die zwei Vokale stehn an gleicher Stelle, »Mann« soll wohl aus Mitleid diesen armen «Bende« für seine Kämpfe stärken. »Frieda« hat so viel Buchstaben wie Felice und auch den gleichen Anfangsbuchstaben, »Friede« und »Glück« liegt auch nah beisammen. »Brandenfeld« hat durch »feld« eine Beziehung zu »Bauer« und den gleichen Anfangsbuchstaben. Und derartiges gibt es noch einiges, das sind natürlich lauter Dinge, die ich erst später herausgefunden habe. Im Übrigen ist das Ganze in einer Nacht geschrieben von 2^h bis 6 Uhr früh. Als ich mich zum Schreiben niedersetzte, wollte ich nach einem zum Schreien unglücklichen Sonntag (ich hatte mich den ganzen Nachmittag stumm um die Verwandten meines Schwagers herumgedreht, die damals zum erstenmal bei uns waren) einen Krieg beschreiben, ein junger Mann sollte aus seinem Fenster

– 673 –

eine Menschenmenge über die Brücke herankommen sehn, dann aber drehte sich mir alles unter den Händen. – Noch etwas Wichtiges: Das letzte Wort des vorletzten Satzes soll »hinabfallen«, nicht »hinfallen« sein. Und nun, ist also wieder alles gut?

Franz

[6. und] 7.VI.13

Also sieh, Felice, wie traurig das ist. Montag schriebst Du mir, daß Du mir von jetzt an wieder jeden Tag schreiben willst. Dienstag bekam ich diesen Brief, Mittwoch hattest Du die Antwort. Jetzt ist Freitagabend und ich habe noch keine Zeile. Muß ich es nicht bedauern, daß Du mir »nicht aus Mitleid«, sondern aus anderem Grunde schreiben willst, denn schriebest Du mir aus Mitleid, so hätte ich den Brief schon längst. Und immer wieder versprichst Du etwas, was Du nicht halten kannst. Das bist Du doch nicht.

Franz

[Am folgenden Tage, dem 7. Juni 1913]

Ich habe heute früh den Brief zuhause vergessen (ich muß jetzt immer in Eile weglaufen, denn meine Eltern sind in Franzensbad und ich muß früh ins Geschäft gehn, ebenso wie auch nachmittag, nun hat sich auch noch Ottla mit Halsschmerzen ins Bett gelegt – aber wozu erzähle ich das, will ich vielleicht auch schon auf diese Weise auf Dich einwirken? Nein, das will ich nicht, umso weniger, als ich weiß, daß es nichts nützen würde). Dann war ich doch wieder froh, daß ich ihn nicht früh weggeschickt hatte, denn heute mußte doch etwas kommen. Es kam nichts. Ich schreibe es Dir, als wüßtest Du es nicht. Aber Du weißt es und willst es so. Daß ein Brief verloren gegangen sein könnte, daran denke ich nicht mehr, Geschriebene Briefe gehn nicht verloren, verloren gehn nur Briefe, die nicht geschrieben wurden. Aber warum das? Warum das? Warum bohrst Du nur so nutzlos in mir herum?

7.VI.13

Jetzt um ½ 12 abends bin ich von einem Ausflug nachhause gekommen, da liegt Dein erwarteter oder besser nicht mehr erwarteter Brief. Ein Brief von Dir ist also wirklich verlorengegangen und ich quäle mich wegen seines Ausbleibens wochenlang. Und was für Gespenster sind Dir inzwischen aufgetaucht und lösen Dir scheinbar den Mund? Ja darüber werde ich Dir morgen ausführlich schreiben und bin nur glücklich, daß dieser Mund, den ich ja in Wahrheit heute und immer nur aus der Ferne zu küssen wage und küssen kann, noch gute Worte für mich hat. Und jetzt gute Nacht. Deine Zweifel sind doch kein Zurückweichen? Wie ich mich freue, daß Du überhaupt sprichst, wenn Du auch noch nicht das Eigentliche sagst, was, Dir unbewußt, auf dem Herzen liegt. Aber die Anfangsworte sind gesagt und wir wollen mit ihnen die andern heraufziehn, damit wir ganz frei werden zur besten Entscheidung. Und nun schlafen. Nein schlafen kann ich noch immer nicht und immer weniger. Vielleicht heute doch.

Franz

Was stand in dem verlorengegangenen Brief? Und sorgfältiger die Adresse schreiben!

Ich möchte gern einmal Deiner Schwester Erna einen Gruß schicken, möchtest Du mir ihre Adresse schreiben.

10.VI.13

Krank bist Du und läufst mit der Krankheit herum? Gingest Du lieber nicht zum Arzte, sondern bliebest zuhause und ruhtest Dich aus. Du, ich wollte Dich pflegen.

Wir brauchen übrigens beide Ruhe; was wäre natürlicher, als daß wir beide, die das gleiche Bedürfnis haben, nach dem gleichen Orte fahren?

Ob ich Dich lieb habe, mußt Du nicht fragen. Manchmal ist mir, als wäre alles, alles menschenleer und Du säßest allein auf den Ruinen von Berlin.

Dein Brief vom Freitag ist natürlich noch nicht beantwortet, vielmehr bereite ich eine Abhandlung zu seiner Beantwortung vor, die aber noch nicht fertig ist. Nicht eigentlich aus Zeitmangel, sondern aus Schwäche und Unsicherheit des Kopfes, der den Gehorsam längst versagt.

Durch irgendeinen Zufall liegt die Notiz über Löwy vor mir, hier ist sie. Der Vortrag ist ziemlich schlecht ausgefallen, immerhin hat der Löwy wieder etwas Geld, zu helfen ist ihm ja vorläufig nicht. Gerne möchte ich Dich zuhören lassen, wenn er erzählt. Das kann er besser als alles Vorlesen, Rezitieren und Singen, da schlägt sein Feuer wirklich zu einem herüber.

Das »Urteil« ist nicht zu erklären. Vielleicht zeige ich Dir einmal paar Tagebuchstellen darüber. Die Geschichte steckt voll Abstraktionen, ohne daß sie zugestanden werden. Der Freund ist kaum eine wirkliche Person, er ist vielleicht eher das, was dem Vater und Georg gemeinsam ist. Die Geschichte ist vielleicht ein Rundgang um Vater und Sohn, und die wechselnde Gestalt des Freundes ist vielleicht der perspektivische Wechsel der Beziehungen zwischen Vater und Sohn. Sicher bin ich dessen aber auch nicht.

Heute schicke ich Dir den »Heizer«. Nimm den kleinen Jungen freundlich auf, setze ihn neben Dich nieder und lob' ihn, wie er es sich wünscht.

Morgen erwarte ich genauen Bericht über die Dummheiten, die der Arzt gesagt hat. Wer ist es übrigens? Ist es Euer Hausarzt? Wie heißt er?

Du, aber hindern will ich Dich durch diesen Brief nicht, nach Prag zu kommen. Komme nur, komm! Du wirst ja so erwartet.

Franz

13.VI.13

Vor Unentschlossenheit kann ich kaum die Hand zum Schreiben rühren. Schon wieder ein Stocken in Deinen Briefen, wie es ja nun schon seit Monaten ununterbrochen gewesen ist. Ebenso wie meine Briefe seit Monaten ein Bitten um Nachricht waren, als wärest Du ein ganz fremdes Wesen, das sich unmöglich in die Leiden eines, der auf eine Nachricht wartet, hineindenken kann. Und dieses Stocken war immer auf Deiner Seite, wenn auch vielleicht nicht durch Deine Schuld. Und jetzt wieder. Bist Du vielleicht krank, wie Du es schon angedeutet hast? Ich könnte auch das nicht mehr richtig erfassen. Ich denke daran, wie ich einmal in der ersten Zeit nachhause telegraphierte »Sind sie krank?« und damit nur eine Dummheit angestellt hatte. Und wie ich letzthin 2 Stunden auf die Herstellung der telephonischen Verbindung wartete und inzwischen in dem elenden Wartezimmer eines elenden Postamtes mir einen Brief ausdachte, in welchem ich Deine Mutter rühren und ihr eine Nachricht über Deinen Zustand abzwingen wollte – und ich dann endlich Deine gesunde, helle Stimme zu hören bekam und Du mich harmlos fragtest: »Wie geht es Dir?« Seit heute früh denke ich daran, an Fräulein Brühl zu telegraphieren und werde es doch vielleicht nicht tun. Bitte, bitte, Felice, wenn Du gesund bist, schreib mir doch ein Wort. Freilich wenn Du krank bist – es ist ja schließlich möglich, meinem Ahnungsvermögen traue ich längst nicht mehr –, dann, ja ich weiß nicht, was dann, dann bleibt mir hier nur die Angst und der Schrecken, denn wie sollte ich mit meinen Wünschen etwas ausrichten können, da ich es mit meinen Handlungen nicht kann. Aber eine Nachricht könnte ich doch auch dann vielleicht bekommen, vielleicht durch Deine Schwester. Aber zu wem rede ich? Vielleicht bekommst Du den Brief gar nicht und ich könnte ihn ebensogut auf meinem Tisch liegen lassen.

Franz

Das war der für Dich vorbereitete Sonntagsbrief. Ich konnte ihn nicht schöner machen. Nun habe ich ins Bett den Eilbrief bekommen, der am Mittwoch geschrieben und Freitagabend eingeworfen wurde. Ich bin fast zufrieden, ich vergesse alles Schlimme zu leicht. Am auffallendsten war mir die Geschichte vom Stoffsammeln und vom Gelegenheitsdichter. Einerseits ist es entsetzlich, andererseits ist es aber merkwürdigerweise bei einem ganz fremden Volk. Was für Sitten!

[15. Juni 1913]

Liebe Felice, es wird mir heute schwer, zu schreiben, nicht etwa weil es schon spät ist, aber der Brief, der morgen – wird er wirklich kommen ? – kommen wird, ist Dir abgezwungen, ich habe ihn Dir mit dem Telegramm abgezwungen. Dein guter Geist hat Dich vom Schreiben abgehalten, auch während des langen Sonntags, und ich habe gegen Deinen guten Geist gekämpft. Ein schändlicher Sieg, wenn es wirklich einer ist. Was will ich denn nur von Dir? Was treibt mich hinter Dir her? Warum lasse ich nicht ab, folge keinem Zeichen? Unter dem Vorwand, Dich von mir befreien zu wollen, dränge ich mich an Dich. Wo ist eine Grenze oder ein Ausweg? Wenn ich einmal glauben muß, daß Du für mich verloren bist, tritt gleich die grobe perspektivische Täuschung ein und der vielleicht irgendwo bestehende, winzige, kaum zu sehende, nie zu treffende Ausweg nimmt dann traumhaft große, schöne Formen an und ich stürze Dir wieder nach und ohne Übergang stock ich schon wieder. Aber ich fühle nicht nur meine Plage, sondern die Plage, die ich Dir antue noch viel mehr.

Franz

[10.-] 16.VI.13

Liebste Felice, gerade habe ich paar Worte mit meiner Schwester gesprochen, die im Bett liegt, und mit dem Fräulein, das bei ihr ist. Meine Schwester ist brav und gut, das Fräulein die ergebenste Person, und doch habe ich die paar Worte in der äußersten Gereiztheit gesprochen und nur verlangt aus dem Zimmer hinauszukommen, in dem sie mich mit Fragen zu halten suchten. Für die Gereiztheit war nicht der geringste Grund auf Seite der Schwester und des Fräuleins, es war auch keine Möglichkeit, die Gereiztheit zu äußern, und so mußte ich in diesem schändlichen Zustand abziehn und in einem Brief an Dich irgendeine Reinigung suchen. Aber auch darin bin ich unsicher, denn ich hatte heute keinen Brief von Dir, und kann ich mich nicht an ein frisches Wort von Dir hängen, bin ich wie im Leeren.

Nun ist also Dein Vater schon wieder da und der Brief noch immer nicht geschrieben, aber Dein letzter Brief ist auch vielleicht der erste seit langer Zeit, in dem Du etwas »offen und ehrlich« hören willst und selbst irgendeine Befangenheit und Schweigsamkeit ablegst. Du erkennst doch schon gewiß meine eigentümliche Lage. Zwischen mir und Dir steht von allem andern abgesehn der Arzt. Was er sagen wird, ist zweifelhaft, bei solchen Entscheidungen entscheidet nicht so sehr medizinische Diagnose, wäre es so, dann stünde es nicht dafür, sie in Anspruch zu nehmen. Ich war wie gesagt nicht eigentlich krank, bin es aber doch. Es ist möglich, daß andere Lebensverhältnisse mich gesund machen könnten, aber es ist unmöglich, diese andern Lebensverhältnisse hervorzurufen. Bei der ärztlichen Entscheidung (die, wie ich schon jetzt sagen kann, nicht unbedingt für mich Entscheidung sein wird) wird nur der Charakter des unbekannten Arztes entscheiden. Mein Hausarzt z.B. würde in seiner stupiden Unverantwortlichkeit nicht das geringste Hindernis sehn, im Gegenteil; ein anderer, besserer Arzt wird vielleicht die Hände über dem Kopf zusammenschlagen.

Nun bedenke, Felice, angesichts dieser Unsicherheit läßt sich schwer das Wort hervorbringen und es muß sich auch sonderbar anhören. Es ist eben zu bald, um es zu sagen. Nachher aber ist es doch auch wieder zu spät, dann ist keine Zeit mehr zur Besprechung solcher Dinge, wie Du sie in Deinem letzten Brief erwähnst. Aber zu langem Zögern ist nicht mehr Zeit, wenigstens fühle ich das so, und deshalb frage ich also: Willst Du unter der obigen, leider nicht zu beseitigenden Voraussetzung überlegen, ob Du meine Frau werden willst? Willst Du das?

An dieser Stelle habe ich vor einigen Tagen aufgehört und habe es seitdem nicht fortgesetzt. Ich verstehe es sehr gut, warum ich das nicht konnte. Es ist im Grunde nämlich eine verbrecherische Frage, die ich an Dich stelle (das erkenne ich wieder an Deinem heutigen Brief), aber in dem Widerstreit der Kräfte siegen die, die diese Frage stellen müssen.

Was Du von Ebenbürtigkeit und solchen Dingen sprichst, ist, *wenn dadurch nicht (Dir natürlich unbewußt) anderes verdeckt werden soll,* nichts als Phantasie. Ich bin ja nichts, gar nichts. Ich bin »in allem weiter« als Du? Ein wenig Menschen zu beurteilen und in Menschen mich einzufühlen, das verstehe ich, aber ich glaube nicht, jemals mit einem Menschen zusammengekommen zu sein, der auf die Dauer, im Durchschnitt, und zwar hier im Leben, im Menschenverkehr (um was handelt es sich denn sonst?) kümmerlicher wäre als ich. Ich habe kein Gedächtnis, weder für Gelerntes noch für Gelesenes, weder für Erlebtes noch für Gehörtes, weder für Menschen noch für Vorgänge, mir ist, als hätte ich nichts erlebt, als hätte ich nichts gelernt, ich weiß tatsächlich von den meisten Dingen weniger als kleine Schulkinder, und was ich weiß, weiß ich so oberflächlich, daß ich schon der zweiten Frage nicht mehr entsprechen kann. Ich kann nicht denken, in meinem Denken stoße ich immerfort an Grenzen, im Sprung kann ich noch einzelweise manches erfassen, zusammenhängendes, entwicklungsmäßiges Denken ist mir ganz unmöglich. Ich kann auch nicht eigentlich erzählen, ja fast nicht einmal reden; wenn ich erzähle, habe ich meistens ein Gefühl, wie es kleine Kinder haben könnten, die die ersten Gehversuche machen, aber noch nicht aus eigenem Bedürfnis, sondern weil es die erwachsene, tadellos gehende Familie so will. Einem solchen Menschen fühlst Du Dich nicht ebenbürtig, Felipe, die Du lustig, lebendig, sicher und gesund bist? Das einzige, was ich habe, sind irgendwelche Kräfte, die sich in einer im normalen Zustand gar nicht erkennbaren Tiefe zur Literatur konzentrieren, denen ich mich aber bei meinen gegenwärtigen beruflichen und körperlichen Verhältnissen gar nicht anzuvertrauen wage, denn allen innern Mahnungen dieser Kräfte stehen zumindest ebensoviel innere Warnungen gegenüber. Dürfte ich mich ihnen anvertrauen, so würden sie mich freilich, das glaube ich bestimmt, mit einemmal aus allem diesem innern Jammer heraustragen.

Nur zur theoretischen Ausführung der Frage der Ebenbürtigkeit, denn praktisch kommt sie, wie gesagt, nicht in Betracht, wenigstens nicht in Deinem Sinne – muß ich noch hinzufügen, daß eine derartige Übereinstimmung in Bildung, in Kenntnissen, in höheren Bestrebungen und Auffassungen, wie Du sie für eine glückliche Ehe zu fordern scheinst, meiner Meinung nach erstens fast unmöglich, zweitens nebensächlich und drittens nicht einmal gut und wünschenswert ist. Was eine Ehe verlangt, ist menschliche Übereinstimmung, also Übereinstimmung noch tief unter allen Meinungen, also eine Übereinstimmung, die nicht zu überprüfen, sondern nur zu fühlen ist, also eine Notwendigkeit menschlichen Beisammenseins. Dadurch wird aber die Freiheit des einzelnen nicht im geringsten gestört, die wird eben nur gestört durch das nicht notwendige menschliche Beisammensein, aus dem der größte Teil unseres Lebens besteht.

Du sagst, es wäre denkbar, daß ich das Zusammenleben mit Dir nicht ertragen könnte. Damit rührst Du fast an etwas Richtiges, nur von einer ganz andern Seite, als Du meinst. Ich glaube wirklich, ich bin für den menschlichen Verkehr verloren. Ein fortgesetztes, lebendig sich aufbauendes Gespräch mit einem einzelnen zu führen bin ich gänzlich außerstande, einzelne ausnahmsweise, schrecklich ausnahmsweise Zeiten abgerechnet. Ich war z.B. mit Max in den vielen Jahren, seitdem wir uns kennen, doch schon so oft allein beisammen, tagelang, auf Reisen wochenlang und fast unaufhörlich, aber ich kann mich nicht erinnern – wenn es geschehen wäre, könnte ich mich sehr gut erinnern –, ein großes, zusammenhängendes, mein ganzes Wesen heraushebendes Gespräch mit ihm geführt zu haben, wie es doch selbstverständlich sich ergeben müßte, wenn zwei Menschen mit ihrem großen Umkreis eigentümlicher und bewegter Meinungen und Erfahrungen aneinandergeraten. Und Monologe Maxens (und vieler anderer) habe ich schon genug gehört, für die nur der laute und meistens auch der stumme Gegenredner fehlte. (Liebste, es wird spät, der Brief geht nicht ab, das ist schlecht, und schlechter noch, daß er nicht auf einmal, sondern in Absätzen geschrieben ist, nicht eigentlich aus Zeitmangel, sondern aus Unruhe und Selbstquälerei.) Am erträglichsten bin ich noch in bekannten Räumen mit 2 oder 3 Bekannten, da bin ich frei, es besteht kein Zwang zu fortwährender Aufmerksamkeit und Mitarbeit, aber wenn ich Lust habe, kann ich wann ich will an dem Gemeinsamen mich beteiligen, so lang oder so kurz ich will, niemand vermißt mich, niemandem werde ich unbehaglich. Ist noch irgendein fremder Mensch da, der mir ins Blut geht, desto besser, da kann ich scheinbar von geborgter Kraft ganz lebendig werden. Bin ich aber in einer fremden Wohnung, unter mehreren fremden Leuten oder solchen, die ich als fremd fühle, dann liegt mir das ganze Zimmer auf der Brust und ich kann mich nicht rühren, und dann scheint förmlich mein Wesen den Leuten ins Blut zu gehn und alles wird trostlos. So war es z.B. an dem Nachmittag bei Euch, so war es vorgestern abend beim Onkel von Weltsch, also bei Leuten, die mich unverständlicher Weise geradezu liebhaben. Ich erinnere mich so genau daran, ich lehnte dort an einem Tisch, neben nur lehnte die Haustochter – ich kenne in Prag kein

Mädchen, das ich so gut leiden kann –, ich war nicht imstande, im Anblick dieser guten Freunde auch nur ein vernünftiges Wort herauszubringen. Ich starrte vor mich hin und sagte hie und da einen Unsinn. Wenn man mich an den Tisch festgebunden hätte, ich hätte nicht gequälter und gezierter dastehn können. Davon wäre noch viel zu erzählen aber es genügt vorläufig.

Darnach könnte man glauben, ich sei für das Alleinsein geboren – als ich dann allein in meinem Zimmer war, war ich zwar verzweifelt über alles, aber verhältnismäßig auch glücklich und beschloß, meinen guten Freund Felix wenigstens eine Woche nicht wiederzusehn, nicht etwa aus Scham, sondern *aus Ermüdung* – aber ich komme ja auch mit mir nicht aus, außer wenn ich schreibe. Zwar, verhielte ich mich zu mir so, wie ich mich zu andern verhalte, müßte ich längst auseinandergefallen sein, aber nahe daran war ich schon oft. Nun bedenke, Felice, welche Veränderung durch eine Ehe mit uns vorginge, was jeder verlieren und jeder gewinnen würde. Ich würde meine meistens schreckliche Einsamkeit verlieren und Dich gewinnen, die ich über allen Menschen liebe. Du aber würdest Dein bisheriges Leben verlieren, in dem Du fast gänzlich zufrieden warst. Du würdest Berlin verlieren, das Bureau, das Dich freut, die Freundinnen, die kleinen Vergnügungen, die Aussicht, einen gesunden, lustigen, guten Mann zu heiraten, schöne, gesunde Kinder zu bekommen, nach denen Du Dich, wenn Du es nur überlegst, geradezu sehnst. Anstelle dieses gar nicht abzuschätzenden Verlustes würdest Du einen kranken, schwachen, ungeselligen, schweigsamen, traurigen, steifen, fast hoffnungslosen Menschen gewinnen, dessen vielleicht einzige Tugend darin besteht, daß er Dich liebt. Statt daß Du Dich für wirkliche Kinder opfern würdest, was Deiner Natur als der eines gesunden Mädchens entsprechen würde, müßtest Du Dich für diesen Menschen opfern, der kindlich, aber im schlimmsten Sinne kindlich ist und der vielleicht im günstigsten Fall buchstabenweise die menschliche Sprache von Dir lernen würde. Und in jeder Kleinigkeit würdest Du verlieren, in jeder. Mein Einkommen ist vielleicht nicht größer als das Deinige, ich habe genau 4588 K jährlich, bin allerdings pensionsberechtigt, aber das Einkommen ist wie eben in einem dem Staatsdienst ähnlichen Dienst sehr wenig steigerungsfähig, von den Eltern habe ich nicht viel zu erwarten, von der Literatur gar nichts. Du müßtest also viel bescheidener leben als jetzt. Würdest Du das wirklich meinetwegen, des oben beschriebenen Menschen wegen, tun und aushalten?

Und nun sprich Du, Felice. Überlege alles, was ich gesagt habe in allen meinen Briefen von Anfang an. Ich glaube meine Angaben über mich dürften niemals viel geschwankt haben. Übertrieben wird kaum etwas sein, zu wenig gesagt manches. Über die äußere Rechnung mußt Du nichts sagen, die ist klar genug, die verbietet Dir ein »Ja« aufs strengste. Bleibt also nur die innere Rechnung. Wie steht es mit der? Willst Du mir ausführlich antworten? Oder nicht ausführlich, wenn Du nicht viel Zeit hast, aber klar, wie es Deinem doch im Grunde klaren, nur durch mich ein wenig getrübten Wesen entspricht?

Franz

Liebste Felice, Du hast doch meinen schweren Brief? Ich war sehr unvorsichtig mit ihm. Ich ging abends ziemlich spät aus dem Geschäft (meine Eltern kommen erst nächste Woche, Ottla ist schon längst gesund, das Essen ist so wie immer und mir ebenso gleichgültig), und da ich nun doch den Brief noch aufgeben wollte, mußte ich zur Bahn gehn. Aber ich wurde von einem Bekannten aufgehalten (er sah den Brief in meiner Hand, fragte, was es sei, und ich sagte zum Spaß und er nahm es auch als solchen, es sei ein Heiratsantrag; Unglaublicheres kann man wirklich nicht sagen), und nun mußte ich, sollte der Brief noch mitgenommen werden, auf den Bahnsteig gehn. Als ich aber bei einem Automaten die Karte lösen wollte, fiel das Geldstück heraus, denn der Automat war schon leer. Ich wollte gerade zu einem andern gehn, da kam aus dem dunklen, leeren Wartesaal erster Klasse irgendein Mann heraus, ein alter Mann mit weißem Schnauzbart, vielleicht ein Eisenbahn[an]gestellter aber es muß nicht so sein, ich sah ihn kaum an und könnte ihn auch nicht wiedererkennen, und bot sich an, den Brief einzuwerfen, nahm ihn und das Geldstück, fast ohne meine Zustimmung abzuwarten, in meiner Befangenheit, meinem häufigsten Zustand, ließ ich ihm alles, sagte noch im Halbschlaf: »Ich kann mich doch auf Sie verlassen?«, und Mann und Brief war fort.

Ich war heute so glücklich mit Deinem Brief und Deiner Karte (in die Wohnung kommt alles verspätet, die Karte erhielt ich erst heute Mittag). Ich bin also ein unpünktlicher Briefschreiber geworden, meinst Du? Aber doch nicht auf eigene Faust? Nein, das nicht, Dir gegenüber nicht. Aber vielleicht meinst Du, daß es überhaupt bessere Verständigungsmittel gibt als Briefe. Nun dann hast Du Recht, wenn auch nicht unbedingt. Was bedeutete es aber letzthin als Du sagtest, meine Briefe wären auch anders geworden? Worin denn? Das will ich wissen. Es müßte denn sein, Du meinst die Zeit, als ich für mich geschrieben habe und ein anderer Mensch war. Deine Ferienpläne verstehe ich nicht ganz. Mußt Du unbedingt im August fahren? Ich kann nur im September. Und warum kosten die kleinen Reisen, die Du beabsichtigst, so viel Geld? Kannst Du nicht billig reisen? Du hast mich manchmal erschreckt. Wie Du z. B. in Prag teuer gewohnt hast! Was für eine ungeheuere Summe Du für Palästina zu brauchen vorgabst! Kannst Du z. B. nicht III. Klasse fahren? Ich wieder kann gar nicht anders fahren. Reisen sind doch so billig, wie könnte es anders sein, da sie auch genau so notwendig sind. Und darum rate ich Dir, an den Gardasee zu fahren und würde Dir dort erklären, warum.   Franz

19.VI.13

Ich will heiraten und bin so schwach, daß mir die Knie schlottern infolge eines kleinen Wortes auf einer Karte. Werde ich morgen einen Brief bekommen, aus dem ich sehen werde, daß Du alles Punkt für Punkt überlegt hast, Dir dessen bis auf den Grund bewußt geworden bist und doch ja sagst, also alles in Dir nicht widerlegt (das wäre schlimm, denn es ist, wohl verstanden, unwiderleglich) aber entkräftet, überwunden hast oder wenigstens aus bestimmten Gedankengängen heraus überzeugt bist, es überwinden zu können?

Franz

Wann bekamst Du meinen Brief? Wärest Du so gut, mir ein Exemplar der Berliner »Deutschen Montagszeitung« vom letzten Montag zu verschaffen. Es soll etwas über den »Heizer« drinstehn.

[20. Juni 1913]

Liebe, liebste Felice, nicht das, nicht das. Du sollst nicht in etwas Dich hingeben, was Dein Unglück sein könnte, sondern vielleicht, wenn Gott will, hineingehn, überlegen. Rechne mir mein Verhalten jetzt als ein Laster an, das ich vielleicht bei meiner Selbstbeschreibung vergessen haben könnte, ich kann nicht davon ablassen. Das Wort, das Du mir sagst, ist äußerlich das, wofür ich mein Leben bestimmen will, aber ich kann ihm von außen nicht ansehn, ob es das ist, was ich will. Ich halte Dir, Felice, vorläufig die Hand vor den Mund und Du hast vorläufig das Wort nicht eigentlich, sondern nur in meine hohle Hand gesprochen. Du hast das, was ich schrieb, nicht ganz gewürdigt (bitte, bitte, Felice, rechne es mir nicht schlecht an, daß ich so rede, ich muß, ich muß), ich sehe nicht, daß Du Punkt für Punkt überlegt hättest, Du hast nur alles in Bausch und Bogen überlegt, wer kann sagen, was Dir da entgangen ist. Unsichere Bedenken hattest Du allerdings, aber ich sehe nur ihre Spur (da Du einen Tag verstreichen ließest, ehe Du die Karte schriebst, und 2 Tage ehe den Brief), sie selbst sind nicht verzeichnet. Das, was ich über den Arzt sagte, macht Dir Unruhe, Du verstehst es auch nicht recht, was ganz natürlich ist, aber statt weiter darauf zu bestehn, sagst Du »lassen wir das!« Ich aber meinte, die Entscheidung des Arztes wäre, nur für den Fall als sie günstig ist, an sich nicht schon Entscheidung für mich; mehr sagte ich nicht. Du gestehst, daß in meinem Briefe häßliche Dinge standen, denn »wenn ich ängstlich wäre ...« Aber Liebste, Liebste, ich verlange doch nicht nur Mut von Dir oder will Dir vielmehr nicht nur eine Aufgabe auferlegen, die nur Mut erfordert. *Aber Mut ohne Überlegung ist Selbstaufopferung.* Du glaubst mir alles, was ich sage, nur das, was ich über mich sage, ist »zu schroff«. Also glaubst Du mir den ganzen Brief nicht, denn er handelte ja nur von mir. Was soll ich da tun? Wie Dir das Unglaubliche glaubhaft machen! Du hast mich doch schon in Person gesehn, gehört und geduldet. Nicht nur Du, auch Deine Familie. Und doch glaubst Du mir nicht. Und es handelt sich auch um mehr als nur um »Berlin und was dazu gehört«, was Du verlieren würdest, darauf antwortest Du aber gar nicht und es ist das

Wichtigste. »Einen guten lieben Mann?« Ich habe in meinem letzten Brief andere Eigenschaftswörter zu mir gesetzt, aber die glaubst Du mir eben nicht. Glaub mir doch, überleg alles und sag, *wie* Du es überlegt hast. Wenn Du doch heute, Sonntag, ein wenig Zeit hättest und mir ein wenig ausführlich schreiben wolltest, wie Du Dir das wochentägliche Leben mit einem Menschen wie dem von mir beschriebenen vorstellst? Tu das, Felice, ich bitte Dich darum als einer, der Dir seit der ersten Viertelstunde verlobt war.

Franz

22.VI.13

Liebste, wie ich aus Deinen Briefen mein Leben sauge, das kannst Du Dir nicht vorstellen, aber die Überlegung, das ganz bewußte Ja-sagen ist noch nicht darin, auch nicht in Deinem letzten Briefe. Wäre es nur im morgigen Brief oder ganz besonders in der Antwort auf meinen morgigen Brief. Dieser morgige Brief nämlich, der schon fast fertig ist, ist mir so wichtig, daß ich ihn nicht heute mit der einfachen Post schicken will, sondern erst morgen rekommandiert. Nur auf den Brief dann auch noch eine ausführliche Antwort, Felice! Dann ist vielleicht dieses Bohren, dieses so notwendige Bohren, dessen Notwendigkeit Du nicht ganz einsehn willst, vorläufig zu Ende. Felice, Du glaubst doch nicht, daß ich Freude daran habe, Dich zu quälen, nun gut, dann bemesse daran, daß ich es doch tue, die Notwendigkeit dessen. Den morgigen Brief beantworte haargenau!

Wenn Frl. Brühl nicht nachgeholfen hat, dann ist die Handdeutung eine schöne Kunst und besonders gegebenen Falls in der Prophezeiung des »Niemals reich-Werdens« leider unanfechtbar, allerdings steckt auch ein grober Fehler darin. Aber doch, das muß ich eingestehn, hört sich das Ganze wunderbar an, nicht wunderbar richtig, meine ich, aber wunderbar beglückend. Schreib mir noch etwas darüber, nicht?

Also Dienstag bekommst Du meinen Brief. Ich wollte Dich ewig an Deinem Tisch halten, ewig mit Briefeschreiben an mich beschäftigt.

Franz

21. [22. und 23.] VI.13

Liebste, auch das und vielleicht das vor allem berücksichtigst Du in Deinen Überlegungen nicht genug, trotzdem wir schon viel darüber geschrieben haben: daß nämlich das Schreiben mein eigentliches gutes Wesen ist. Wenn etwas an mir gut ist, so ist es dieses. Hätte ich dies nicht, diese Welt im Kopf, die befreit sein will, ich hätte mich nie an den Gedanken gewagt, Dich bekommen zu wollen. Was Du jetzt zu meinem Schreiben sagst, kommt nicht so sehr in Betracht,

Du wirst, wenn wir beisammen sein sollten, bald einsehn, daß, wenn Du mein Schreiben mit oder wider Willen nicht lieben wirst, Du überhaupt nichts haben wirst, woran Du Dich halten könntest. Du wirst dann schrecklich einsam sein, Felice, Du wirst nicht merken, wie ich Dich liebe, und ich werde Dir kaum zeigen können, wie ich Dich liebe, trotzdem ich Dir dann vielleicht ganz besonders angehören werde, heute wie immer. Langsam werde ich ja zerrieben zwischen dem Bureau und dem Schreiben (das gilt auch für jetzt, trotzdem ich seit 5 Monaten nichts geschrieben habe), wäre das Bureau nicht, dann wäre freilich alles anders und diese Warnungen müßten nicht so streng sein, so aber muß ich mich doch zusammenhalten, so gut es nur geht. Was sagst Du aber, liebste Felice, zu einem Eheleben, wo, zumindest während einiger Monate im Jahr, der Mann um ½3 oder 3 aus dem Bureau kommt, ißt, sich niederlegt, bis 7 oder 8 schläft, rasch etwas ißt, eine Stunde spazieren geht, dann zu schreiben anfängt und bis 1 oder 2 Uhr schreibt. Könntest Du denn das ertragen? Vom Mann nichts zu wissen, als daß er in seinem Zimmer sitzt und schreibt? Und auf diese Weise den Herbst und den Winter verbringen? Und gegen das Frühjahr zu den Halbtoten an der Tür des Schreibzimmers empfangen und im Frühjahr und Sommer zusehn, wie er sich für den Herbst zu erholen sucht? Ist das ein mögliches Leben? Vielleicht, vielleicht ist es möglich, aber Du mußt es doch bis zum letzten Schatten eines Bedenkens überlegen. Vergiß dabei aber nicht andere Eigenheiten, die mit dem Vorigen zusammenhängen, aber außerdem in unglücklichen Anlagen begründet sind. Seit jeher war es mir peinlich oder zumindest beunruhigend, einen Fremden oder selbst einen Freund in meinem Zimmer zu haben, nun hast Du jedenfalls Menschen gerne, vielleicht auch Gesellschaften, ich könnte mich aber nur mit größter Mühe, fast mit Schmerz überwinden, Verwandte oder selbst Freunde in meiner oder – ich wage das Wort – in unserer Wohnung zu empfangen. Nichts fiele mir z.B. leichter, als in Prag wohnen und meine Verwandten überhaupt nicht zu sehn, trotzdem sie durchaus die bravsten und insbesondere gegen mich die bravsten Menschen sind und sie mir schon alle mehr unverdient Gutes getan haben, als ich ihnen jemals tun könnte. Mein Streben wäre also vorläufig eine Wohnung möglichst am Rande der Stadt, so recht unzugänglich, und mein weiteres Streben wäre für später durch Sparen ein kleines Haus mit Garten vor der Stadt zu beschaffen. Aber nun denke, Felice, Du wärest dann eigentlich in einer ähnlichen Lage wie Deine Budapester Schwester, die Du so bemitleidest, nur daß Deine Lage durch mich noch verschärfter wäre und auch ein anderer Trost Dir fehlen würde, den Deine Schwester hat. Was sagst Du nun? Darauf muß ich ganz genaue Antwort haben, das siehst Du gewiß ein, ganz genaue Antwort. Ich weiß, Felice, es gibt eine einfache Möglichkeit, sich mit diesen Fragen rasch und günstig auseinanderzusetzen, nämlich die, daß Du mir nicht glaubst oder wenigstens für die Zukunft nicht glaubst oder wenigstens nicht vollständig glaubst. Ich fürchte, Du bist nahe daran. Das wäre allerdings das Schlimmste. Dann begehst Du, Felice, die größte Sünde an Dir und infolgedessen auch an mir. Dann gehn wir beide ins Verderben. Du mußt mir glauben, was ich von mir sage, es ist die Selbsterfahrung eines 30-jährigen Menschen, der schon einige Male aus innersten Gründen nahe am Irresein, also an den Grenzen seines Daseins war, also einen ganzen Überblick über sich hat und über das, was in diesen Grenzen aus ihm werden kann.

———

22.VI.

Das ist Samstagabend geschrieben worden, jetzt ist Sonntagnachmittag, ich habe ein Rendezvous mit Werfel und andern, und um ½6 muß ich meine Eltern abholen. Geschlafen habe ich in der Nacht nur ganz kurze Zeit, der Kopf ist nicht in Ordnung, ich weiß nicht, ob ich alles so richtig werde niederschreiben können, wie ich will. Jedenfalls mußt Du in Deine Überlegungen den Umstand mit einbeziehn, daß ich in meiner Stellung im Bureau durchaus nicht fest sitze, die Verzweiflungszustände wegen der Arbeit dort, wegen dieses schrecklichen Hindernisses für mein Leben, wiederholen sich ständig und werden stärker, denn die Kraft, das Gleichgewicht herzustellen, schwindet an der Unmöglichkeit der Aufgabe immer mehr hin. Ich war schon öfters sehr nahe daran zu kündigen und was ein bestimmter Entschluß nicht bewirkt, wird möglicherweise die Ohnmacht, meine Arbeiten dort auszuführen, die schon zeitweise entsetzlich und von Vorgesetzten genau beobachtet war, von selbst bewirken. Was aber dann?

Aber selbst wenn und solange ich bleibe, also im günstigen, vergleichsweise günstigen Fall, werden meine Frau und ich arme Leute sein, welche diese 4588 K sorgfältig werden einteilen müssen. Wir werden viel ärmer sein als z.B. meine Schwestern, die gewissermaßen wohlhabend sind. (Von meinen Eltern kann ich, wenigsten zu ihren Lebzeiten, nichts bekommen.) Wir werden ärmer sein als Max und Oskar. Wird das meine Frau nicht beschämen und infolgedessen, nur infolgedessen, auch mich? Wird sie das ertragen? Und wenn irgendwelche große Ausgaben eintreten werden, durch Krankheit oder sonstwie, werden wir gleich verschuldet sein. Wird sie auch das ertragen?

Du hast schon mehrmals irgendein Leid erwähnt, das Ihr früher Zuhause erlitten und ertragen habt. Was war das für Leid? Kann man daraus vielleicht auf Tragfähigkeit für anderes Leid schließen?

———

23.VI.

Montag, kein Brief, wider Erwarten keiner. – Jetzt bin ich gerade mit meinem Vater im Nebenzimmer gewesen, wo gerade der kleine Felix aufgewacht ist. Ich hätte den Vater zu sehr gekränkt, wenn ich nicht mitgekommen wäre. Wie mich aber das Spiel anwidert, das der Vater mit dem Kind treibt und das alle mit ihm treiben! Gestern Nachmittag, als alle nach der Ankunft der Eltern bei uns versammelt waren, und als alle im Spiel mit diesem Kinde, mein Vater geradezu wild allen voran, ganz besinnungslos zuunterst im Geschlechtlichen sich verloren, war ich angewidert, als sei ich zum Leben in einem Stall verurteilt, trotzdem ich mir vollständig genau einerseits meiner allzu großen Empfindlichkeit in dieser Hinsicht und andererseits auch des moralischen, merkwürdigen und von der Ferne selbst schönen Anblicks des Ganzen bewußt war. Aber da saß freilich auch meine arme Mutter da, die niemals Zeit dazu hatte und es auch nicht richtig anzustellen gewußt hätte, ihren Körper in Ordnung zu halten und die nun von den 6 Geburten und der Arbeit aufgedunsen und gekrümmt ist, da war mein Vater hochrot im Gesicht, das ruhige Leben in Franzensbad ist seinem Leiden auch nicht gut, da war meine älteste Schwester, die vor 2 Jahren noch ein junges Mädchen war und sich nach 2 Geburten mehr aus Nachlässigkeit und Unwissenheit als aus Zeitmangel wahrhaftig im Aussehen des Körpers schon meiner Mutter annähert und in einem sonderbaren Mieder mit verquollenem Körper dasitzt. Und wenn man genau zusieht, nähert sich sogar meine mittlere Schwester schon der ältesten. – Liebste, wie ich mich zu Dir geflüchtet habe! Und nun hast Du gestern nicht an mich gedacht und die Fragen nicht beantwortet, so unumgänglich ihre Beantwortung ist. Ich muß aber die Beantwortung haben, die ganz genaue Beantwortung. Ebenso wie Du mich mit nichts kränken wirst, darfst Du Dich auch durch mich nicht gekränkt fühlen, aber nicht nur das, Du darfst auch nicht etwa aus einem Trotzgefühl (wie Du es mir einmal hinsichtlich des Buches von Werfel erklärt hast) schweigen, dazu ist doch jetzt wirklich keine Zeit, und Du darfst Dich schließlich auch auf keinen Fall durch irgendwelche Mitteilungen, die Dir Max damals in Berlin gemacht hat, beirren lassen. Nur auf das, was ich jetzt schreibe, mußt Du hören, Felice, nur auf das mußt Du antworten, aber auf alles, nicht nur auf die Fragen. Dafür verspreche ich Dir aber, wenn Du das tust, und in welchem Sinne immer, an Deine Eltern, wenn ich um Dich bitte, nur ganz kurz zu schreiben. Es ist wirklich nur unsere Sache, aber Du mußt ihr gerecht werden.

Franz

26.VI.13

Liebste Felice, als ich heute Deinen Brief gelesen hatte, nicht einmal natürlich, erschien mir unsere Lage so schrecklich, daß ich über den Tisch hinweg meinem Kollegen, diesem komischen und lieben Menschen, von dem ich Dir gewiß schon einmal geschrieben habe, das »Du« anbot. Er steckt nämlich in einer für den Augenblick unglücklichen und in ihrer Komik ihm ähnlichen Liebesgeschichte, die aber sicher gut ausgehn wird. Und nun jammert er fortwährend, ich muß ihn nicht nur trösten, sondern auch ihm helfen, und so habe ich in diesem Hin und Her von Glück und Unglück, das Dein Brief bedeutet, ihm in irgendeiner augenblicklichen Hilflosigkeit, ohne ihn weiter ins Vertrauen zu ziehn oder ziehn zu wollen (er ist übrigens unabsehbar treu und wahrhaftig), die Hand zum »Du« gereicht. Es war übertrieben und ich habe es dann bedauert. Ich bin heute nicht in der Verfassung, Dir, Felice, richtig zu antworten, mein Kopf schmerzt mich, ich habe Dir viel zu sagen und kann es nicht in eines zusammenfassen. Du antwortest nicht alles und nicht auf alles, aber Du antwortest lieb und so ausführlich als es Dir augenblicklich möglich ist, mehr kann ich nicht verlangen. Ein Fortschritt in der Sache selbst besteht ja darin, daß durch diese Briefe der Gegenstand klarer und vor allem umgrenzter wird. Ich habe Dir jetzt 2 Tage nicht geschrieben, weil ich Dir erstens Ruhe zum Überlegen geben wollte und weil ich zweitens traurig über Deinen Kartenbrief vom Montag war, sowohl über seinen Inhalt als auch darüber, daß Du dort versprachst, noch abends zu schreiben, trotzdem ich von vornherein wußte, daß Du es nicht tun würdest, trotzdem Du es wirklich nicht getan hast und trotzdem Du schon so oft versprochen hast, nur ganz Bestimmtes bestimmt zu versprechen.

Soweit ich es heute in meinem dummen Zustand einsehe, hängt das Zustandekommen unseres gemeinsamen Glücks von der Verwirklichung der paar »vielleicht« ab, die in Deinem Briefe stehn. Wie das feststellen? Es ist höchst unsicher, ob ein längeres Beisammensein zu dieser Feststellung genügen würde. Aber es besteht nicht einmal eine Möglichkeit, dieses Beisammensein für längere Zeit herzustellen. Ferienzeit und -ort sind nicht die gleichen und Berlin ist nicht der richtige Platz für dieses Beisammensein. Ein kurzes Beisammensein ist in dieser Hinsicht aber nutzlos. Aber weder ein kurzes noch ein langes Beisammensein genügt. Denn hier handelt es sich nur um Glauben, Mut und Sicherheit von Deiner Seite. Um Glauben: denn Deine Annahmen sind, glaube mir, Felice, nicht richtig. Mein Verhältnis zum Schreiben und mein Verhältnis zu den Menschen ist unwandelbar und in meinem Wesen, nicht in den zeitweiligen Verhältnissen begründet. Ich brauche zu meinem Schreiben Abgeschiedenheit, nicht »wie ein Einsiedler«, das wäre nicht genug, sondern wie ein Toter. Schreiben in diesem Sinne ist ein tieferer Schlaf, also Tod, und so wie man einen Toten nicht aus seinem Grabe ziehen wird und kann, so auch mich nicht vom Schreibtisch in der Nacht. Das hat nichts Unmittelbares mit dem Verhältnis zu Menschen zu tun, ich kann eben nur auf diese systematische, zusammenhängende und strenge Art schreiben und infolgedessen auch nur so leben. Aber Dir wird es »recht schwer werden«, wie Du schreibst. Die Furcht vor Menschen habe ich seit jeher gehabt, nicht eigentlich vor ihnen selbst, aber vor ihrem Eindringen in meine schwache Natur, das Betreten meines Zimmers durch die Befreundetsten war mir ein Schrecken, war mir mehr als nur ein Symbol dieser Furcht. Aber ganz abgesehen davon, trotzdem davon nicht abgesehen werden kann, wie können denn Leute, und seien es Mutter und Vater, in dem beschriebenen Herbst- und Winterleben zu uns kommen, ohne daß sie mich und, wenn sie mit mir fühlt, meine Frau unerträglich stören? »Aber so zurückgezogen zu leben, ob Du das könntest, weißt Du nicht.« »Ob ich Dir alle Menschen erset-zen könnte, weißt Du nicht.« Liegt darin Antwort, liegt darin Frage? Das Bu-reau? Daß ich es einmal aufgeben kann, ist überhaupt ausgeschlossen. Ob ich es aber nicht einmal aufgeben muß, weil ich nicht mehr weiterkann, das ist durch-aus nicht so ausgeschlossen. Meine innere Unsicherheit und Unruhe ist in die-ser Hinsicht schrecklich, und auch hier ist das Schreiben der einzige und ei-gentliche Grund. Die Sorgen um Dich und mich sind Lebenssorgen und gehö-ren mit in den Bereich des Lebens und würden deshalb gerade mit der Arbeit im Bureau sich schließlich vertragen können, aber Schreiben und Bureau schließen einander aus, denn Schreiben hat das Schwergewicht in der Tiefe, während das Bureau oben im Leben ist. So geht es auf und ab und man muß davon zerrissen werden.

Das einzige, was durch Deinen Brief vielleicht endgültig ausgeschieden wird, sind die Bedenken wegen des unzureichenden Geldes. Das wäre schon viel. Ob Du es aber auch richtig überlegt hast? Und so geht die Zeit mit Fragen hin. Ich erinnere mich nicht, geschrieben zu haben »es sei sehr eilig«, aber gemeint habe ich es.

Franz

[Am linken Rand der letzten Seite] Die Montagszeitung? Wenn nichts vom »Heizer« drin ist, muß ich sie natürlich nicht haben.

27.VI.13

Ich bin so traurig, es gibt so viele Fragen, ich sehe keinen Ausweg und bin so elend und schwach, daß ich immerfort auf dem Kanapee liegen und ohne einen Unterschied zu merken die Augen offenhalten oder schließen könnte. Ich kann nicht essen, nicht schlafen, im Bureau habe ich jeden Tag Verdruß und Vor-würfe, immer durch meine Schuld, zwischen uns ist es so unsicher oder nicht zwischen uns, aber vor uns, und wie ich jetzt aus dem Fenster schaue – es ist ge-ringfügig, aber gehört doch her, denn ich spüre die Wut darüber in der Kehle –, sehe ich drüben vor der Schwimmschule einen fremden Jungen in meinem Boot herumfahren. (Das kann ich allerdings schon während der letzten 3 Wochen fast jeden Tag sehn, da ich mich nicht entschließen kann, die verlorengegangene Kette zu ersetzen.)

Gerade jetzt, wo ich im Bureau diese Zänkereien habe, die sich trotz der größten Liebenswürdigkeit von allen Seiten, durch meine Schuld, regelmäßig wiederholen müssen und wiederholen, denn ich kann nicht ordentlich sein, mir gehn Akten verloren, und wenn ich sie mit beiden Händen halte, und ich kann irgendeinen Akt, gegen den ich eine besondere Abneigung habe, nicht vorneh-men, und wenn ich die Drohung, die von ihm ausgeht, jahrelang tragen sollte, und ich kann auch nichts verstecken, verhindern oder entschuldigen, sondern muß alles auf mich herunterkommen lassen, wie die Erde das Donnerwetter – (ich wiederhole) gerade jetzt muß ich mich bei der deutlichen Unfähigkeit, meine gegenwärtige oder gar eine spätere noch verantwortlichere Stelle auszufüllen, ganz besonders fragen, ob ich, selbst nur in dieser Hinsicht, das Recht habe, Dich zu verlangen, selbst wenn Du den Mut hättest, Dich mir zu geben.

Gibt mir denn überhaupt Dein Verhalten irgendein Recht? Das Recht muß ich doch aus mir ganz allein ziehn. Eigentlich müßte ich mir doch sagen, daß ich ein Recht, Dich, also mein Glück zu bekommen, nur aus der eigenen Beurteilung meines körperlichen und geistigen Zustandes, meiner inneren und äußern Sicherheit, meiner Vermögensverhältnisse und meiner Zukunft ableiten kann. Spricht mir diese eigene Beurteilung das Recht ab – und sie tut es – woher bekomme ich ein zweites Recht? Aus Deinem Mut, aus Deiner Güte gewiß nicht und nicht einmal aus Deiner Liebe, selbst wenn Du sie Dir nicht nur einbildetest *(eine Möglichkeit, die Du in Deinem letzten Brief offen gelassen hast)*. Ein solches Recht – es läge schon an der verantwortungslosen Grenze zwischen Recht und Pflicht – bekäme ich erst, wenn Du sagtest: »Ich kann nicht anders, trotz allem.« Aber allem Anschein nach kannst und darfst Du das nicht sagen. Besonders wenn Du alles überlegt hast. Es wird klarer durch das Schreiben aber auch schlimmer.

Franz

[Am Rande der ersten Seite] Danke für die Zeitung. Es kitzelt einen von oben bis unten. – Für Sonntag werde ich Dir wohl nur mit Expressbrief schreiben können.

28.VI.13

Kein Brief gestern, keiner heute. Diesmal verstehe ich es fast. Mein Schreiben wird Dir unerträglich, so wie mein Reden und Nichtreden in Nikolassee. Ich verliere auch ein wenig den Überblick, und es würde eine für mich genügende Beschäftigung sein, auf das Klopfen und Schmerzen in meinen Schläfen achtzugeben, für alles andere bin ich untauglich. Im Bureau war es noch ärger als gestern. Gestern nachmittag, gegen Abend nach 6 Uhr saß ich auf dem Kanapee und schaute so leer im Zimmer herum. Meine Schwester war aus dem Geschäft gekommen, sie öffnete die Tür und blieb dort stehn. Sie hat in den letzten Tagen irgendwie Mitleid mit mir, auch wußte sie, daß ich fast nichts esse und wollte wissen, ob ich diesmal nachtmahlen werde. Ich aber hatte keine Lust zu sprechen, sah nur nach ihr hin und sie sah mich an, das dauerte ein Weilchen. Ich dachte bloß daran, wie es wäre, wenn statt meiner Schwester meine Frau dort in der Türe stünde und diesen Anblick hätte und ihn ertragen müßte.

Heute mittag sagte meine Mutter: »Du hast gewiß Sorgen. Ich will mich nicht in Deine Geheimnisse drängen, aber ich möchte so gern, daß Du zufrieden bist u.s.w.« Und dann an ganz unangebrachter Stelle: »Du weißt gar nicht, wie lieb Dich der Vater hat u.s.w.« Ich sagte, mehr kann ich nicht sagen: »Aber ich habe keine Sorgen, nur Unannehmlichkeiten im Bureau.« Damit waren wir fertig, aber ich weiß, daß sie mit meiner Schwester, so oft es nur geht, über Dich und mich zu sprechen anfängt. Ihre Hilflosigkeit mir gegenüber ist nicht viel kleiner als meine eigene.

Aber ich höre auf, ich will Dir den Sonntag nicht durch mehr Schreiben noch verderben, wie es unausbleiblich wäre. Es fällt mir nur Trauriges ein. Ich möchte es gern damit erklären, daß ich heute keinen Brief von Dir habe, aber es ist nicht nur das. Sei wenigstens, Felice, zu diesem Papier (wie sich mir das F in die Feder drängte) freundlich, streichle es doch einmal, ich will mich in dem Gedanken daran wohlfühlen.

Franz

29.VI.13

Nichts? Du hattest Freitag und Samstag Briefe von mir und Du schreibst mir kein Wort? Ich hatte heute, Sonntag, Dienst im Bureau und komme jetzt (meine Familie ist auf dem Land) nachhause, das Herz klopft mir während ich die Türe öffne, als sollte ich nicht den erwarteten, vermeintlich sichern Brief bekommen, sondern den liebsten lebendigen Menschen antreffen – und es ist nichts. Das muß Bedeutung haben, sage ich mir, und es ist nicht schwer, sie auszurechnen.

Franz

1.VII.13

Meine liebste Felice, es ist richtig, ich habe jetzt die Auskunft von der Mutter überreicht bekommen. Es ist ein großes, ebenso grausliches wie urkomisches Elaborat. Wir werden noch darüber lachen. Ich wußte, daß es meine Mutter eingeholt hat. An dem Abend des Tages nämlich, an welchem Dein letztes Telegramm gekommen war, ließ ich die Mutter den Brief lesen, den ich für Deinen Vater vorbereitet habe. Nun glaubte sie keine Zeit mehr verlieren zu dürfen und bestellte, ohne mich mehr zu fragen, die Auskunft, zweifellos mit dem Vorbehalt, daß Du nichts davon erfahren dürftest. Nächsten Tag gestand sie es mir ein, ich nahm es nicht mehr wichtig und kümmerte mich nicht mehr darum. Nun ist es da, es ist wie von jemandem geschrieben, der in Dich verliebt ist. Dabei ist es unwahr in jedes Wort hinein. Ganz schematisch, es sind wahrscheinlich wahre Auskünfte überhaupt nicht zu bekommen, selbst wenn das Bureau die Wahrheit überhaupt erfahren könnte. Und trotzdem beruhigt es meine Eltern tausendmal mehr als mein Wort. – Denke nur, der Gewährsmann lügt sogar unverschämt, seiner Meinung nach zu Deinen Gunsten. Was glaubst Du, »hört man von Dir besonders«? »Man hört von Dir besonders, daß Du gut kochen kannst.« So etwas! Natürlich weiß er nicht, daß Dir das in unserem Haushalt gar nicht nützen wird, oder daß Du wenigstens vollständig umlernen müßtest. Ich weiß es nicht, aber ich glaube doch – ich bin gestört worden und habe nur einen Augenblick noch Zeit – ich glaube doch, daß unsere Wirtschaft eine vegetarische sein wird, oder nicht? Du liebe Köchin, von deren Köchin-nentüchtigkeit »man besonders hört.«

Du, mir ist elend, ich gehe aus den Fugen, wenn sie mich dort im Süden nicht wieder zusammenbringen. Nach Westerland kann ich nicht kommen, mein Chef ist auf Urlaub, und selbst wenn ich Urlaub hätte, ich käme kaum, ich muß meinen ganzen Urlaub darauf verwenden, ein wenig hinaufzukommen, schon Dir zuliebe. – Wie denkst Du Dir die Reihenfolge: mein Brief an Deinen Vater und dann der Besuch meines Vaters oder lassen wir meinen Vater über-haupt weg? Du hast ja jetzt Zeit nachzudenken. Und versuche von mir zu ge-sunden, aber nicht vollständig.

Franz

1.VII.13

Du willst also trotz allem das Kreuz auf Dich nehmen, Felice? Etwas Unmögli-ches versuchen? Du hast mich darin mißverstanden, ich sagte nicht, durch das Schreiben solle alles klarer werden, werde aber schlimmer, sondern ich sagte, durch das Schreiben werde alles klarer *und* schlimmer. So meinte ich es. Du aber meinst es nicht so und willst doch zu mir.

Meine Gegenbeweise sind nicht zu Ende, denn ihre Reihe ist unendlich, die Unmöglichkeit beweist sich ununterbrochen. Aber auch Du zeigst Dich un-unterbrochen (wenn auch natürlich als ein Mensch, der Du bist, nicht so un-unterbrochen wie sie), ich kann dem Gefühl der Hoffnung nicht widerstehn und lasse (das darf ich nicht verschweigen, es geschieht im deutlichen Bewußt-sein einer Verblendung) alle meine Gegenbeweise. Wenn ich es überlege, rührt ja Dein Brief meine Gegenbeweise nicht im Geringsten an, Du machst nur aus dem Gefühl heraus (es ist das Gefühl der Güte aber auch der Ferne und der im guten Sinn umgrenzten Erfahrung) aus meinen großen Hindernissen »winzige«, ausdrücklich »winzige«, und traust Dir dann gerade nur den Mut zu, diese zu überbrücken. Aber wartete ich etwa auf Widerlegung? Nein. Es gab nur dreier-lei Antworten: »Es ist unmöglich, und ich will deshalb nicht« oder »Es ist un-möglich, und ich will deshalb vorläufig nicht« oder »Es ist unmöglich, aber ich will doch.« Ich nehme Deinen Brief als Antwort im Sinne der dritten Antwort *(daß es sich nicht genau deckt, macht mir Sorge genug)*, und nehme Dich als meine liebe Braut. Und gleich darauf (es will sich nicht halten lassen), aber womöglich zum letzten Mal sage ich, daß ich eine unsinnige Angst vor unserer Zukunft habe und vor dem Unglück, daß sich durch meine Natur und Schuld aus unserem Zusammenleben entwickeln kann und das zuerst und vollständig Dich treffen muß, denn ich bin im Grunde ein kalter, eigennütziger und gefühlloser Mensch trotz aller Schwäche, die das mehr verdeckt als mildert.

Was werden wir nun zunächst machen, Felice? Gut, ich werde Deinen Eltern schreiben. Vorher aber muß ich es meinen Eltern sagen. Es wird diese Ankündigung, selbst wenn sie nur aus 5 Sätzen besteht, das längste Gespräch sein, das ich seit Monaten mit meiner Mutter und seit Jahren mit meinem Vater geführt habe. Es wird dadurch eine Feierlichkeit erhalten, die mir nicht lieb ist. Ich werde es ihnen erst sagen, wenn ich die Antwort auf diesen Brief habe, *denn irgendwie scheint mir Dein Wort noch immer frei zu sein.* Was wohl Deine Eltern zu meinem Brief sagen werden? Nach dem Bild hatte ich mir Deine Mutter anders vorgestellt, damit aber hat es nichts zu tun, daß ich Angst vor ihr hatte, so wie eben Angst neben Gleichgültigkeit das Grundgefühl ist, das ich gegenüber Menschen habe. Ich hatte ja auch Angst vor Deiner ganzen Familie (vielleicht mit Ausnahme Deiner Schwester Erna), ich schäme mich nicht, das zu sagen, denn es ist ebenso wahr wie lächerlich. Ich fürchte mich ja, wenn ich genau sein will, fast vor meinen eigenen Eltern, vor meinem Vater zweifellos. Deine Mutter war ja auch eigentümlich, so schwarz gekleidet, traurig, ablehnend, vorwurfsvoll, beobachtend, unbeweglich, fremd innerhalb der Familie, wie erst mir gegenüber. Ich hatte besondere Angst vor ihr und ich glaube, ich werde sie nie verlieren. Anderseits aber fürchte ich, daß keiner in Deiner Familie mit mir zufrieden sein wird, daß nichts, was ich tun werde, ihnen richtig scheinen wird, daß ich schon im ersten Brief nicht nach ihrem Sinne schreiben werde, daß ich als Bräutigam niemals das tun werde, was sie von einem Bräutigam fordern zu dürfen glauben, daß meine Liebe zu Dir, die vielleicht niemals ein fremder oder verwandter Anwesender merken wird, nicht Liebe in ihrem Sinne ist, daß diese Unzufriedenheit (und aus Unzufriedenheit wird Ärger, Verachtung, Zorn) sich weiterhin fortsetzen und vielleicht selbst auf Dich übertragen wird, mir gegenüber wie ihnen gegenüber. Hast Du auch dazu den Mut?

Franz

3.VII.13 [Kafkas 30. Geburtstag]

Ich habe Dir, Felice, alles geschrieben, was sich mir im Augenblicke des Schreibens aufdrängte. Alles ist es nicht, aber es läßt, wenn man aufmerkt, fast alles ahnen. Trotzdem wagst Du es, entweder bist Du unsinnig kühn oder in ahnungsvollerer Verbindung mit dem, was uns beherrscht. Daß Du mir glaubst, daran zweifle ich nicht mehr, trotzdem Du mir ein wenig auch in dem heutigen Brief ausweichst (durch das Schreiben hält man sich eben, ohne roh zu werden, nicht genug fest). Ich zweifle nicht daran, daß Du mir glaubst, denn dann wärest Du ja nicht die, die ich liebe, und ich müßte an allem zweifeln. Nein, wir halten uns also von nun ab fest und legen die Hände ordentlich ineinander. Denkst Du noch an meine lange, knochige Hand mit den Fingern eines Kindes und eines Affen? Und in die legst Du nun Deine.

Ich sage nicht, daß ich glücklich bin, ich habe zu viel Unruhe und Sorgen, bin vielleicht überhaupt nicht menschlichen Glückes fähig und das Ereignis, daß (jetzt kam Dein Telegramm, ich starre es an, als wäre es ein Gesicht, das einzige, das ich unter allen Menschen kenne und will) daß ich mit Dir, der ich mich vom ersten Abend an verbunden fühlte, ganz und gar verbunden sein soll, ist mir wirklich unübersehbar, und ich wollte davor gerne an Deiner Brust die Augen schließen.

Du hast mich so beschenkt. Die Kraft, mit der ich es 30 Jahre lang ausgehalten habe, verdient die Geschenke, aber das Ergebnis dieser Kräfte, das Dasein, verdient es wirklich nicht, das wirst Du merken, Felice. Es müßte denn sein, daß heute großer Geburtstag ist und daß sich das Leben heute, ohne das Gewonnene zu verlieren, ein besonderes Stück um seine Achse dreht.

Ich habe heute meiner Mutter beim Mittagessen (ganz kurz, sie ist immer nur kurze Zeit zuhause und ist mit dem Essen immer schon fertig, wenn ich komme; der Vater ist seit heute früh auf dem Lande) als Antwort auf ihre Geburtstagswünsche gesagt, daß ich eine Braut habe. Sie war nicht sehr überrascht und nahm es merkwürdig ruhig hin. Sie hatte kein Bedenken, nur eine Bitte und sagte, der Vater sei gewiß sowohl in dem erstern als auch in dem letztern mit ihr einig. Die Bitte war, ich möchte ihr erlauben, Erkundigungen über Deine Familie einzuziehn; bis die Nachricht kommt, bleibe mir ja noch immer die Freiheit, nach meinem Willen zu handeln, sie würden mich darin nicht hindern und nicht hindern können, aber jedenfalls solle ich mit dem Brief an Deine Eltern bis dahin warten. Ich sagte darauf, wir seien ja schon verbunden, jedenfalls sei der Brief an die Eltern eigentlich kein weiterer Schritt. Die Mutter bestand auf ihrer Bitte. Ich weiß nicht genau warum, vielleicht aus meinem ständigen Schuldbewußtsein gegenüber meinen Eltern gab ich nach und schrieb der Mutter den Namen Deines Vaters auf. Es kam mir ein wenig lächerlich vor, wenn ich daran dachte, daß Deine Eltern, wenn sie ähnliche Wünsche haben sollten, nur gute Auskunft über uns bekämen und daß kein Auskunftsbureau imstande wäre, die Wahrheit über mich zu sagen. Kennt Dein Vater übrigens das »Urteil«? Wenn nicht, dann gib es ihm bitte zu lesen. Wenn ich daran denke, was für Mut Du hast! Bin ich denn nicht ein fremder Mensch, machen mich meine Briefe nicht noch fremder? Sind meine Verwandten Dir nicht fremd, auf der Ansichtskarte sind meine Eltern, sehn sie nicht unfaßbar, wie alle fremden Menschen aus, nur daß die Fremdheit vielleicht durch das uns gemeinsame Judentum gemildert ist? Und Du fürchtest Dich also (ich glaube, dieses Staunen werde ich niemals los werden) vor diesem Menschen nicht, der dadurch, daß er selbst sich vor allem fürchtet, noch schrecklicher wird? Hast Du um nichts Angst? Gibst Du Dich bedenkenlos? Das ist ein Wunder, darüber ist unter Menschen nichts zu sagen, dafür muß man nur Gott danken.   Franz

Übrigens, Felice, wir sind knapp dem ersten Streit ausgewichen. Dorthin, wohin kein Mensch kommen soll (das ist ernster gemeint, als gesagt), hast Du jemanden eingeladen? Aber Frl. Brühl ist wirklich eine Ausnahme, sie darf eingeladen werden, aber sie ist die einzige. Ich habe sie gern, streichle ihr für mich die Wangen.

6.VII.13 [5. Juli 1913]

Du, jetzt ist aber Eile nötig, wenn der Brief noch morgen kommen soll. Es ist Samstag ¼ 7 Uhr.

Ich hatte keinen Brief heute, also keine Antwort auf meinen gestrigen Brief. Hast Du ihn anders aufgefaßt, als ich es wollte? Hab ich Deiner Meinung nach nicht recht getan, als ich der Mutter die Erlaubnis gab? Habe ich nicht recht getan, als ich es Dir schrieb? Ich habe meiner Mutter nachgegeben aus Schuldbewußtsein, wie ich schon sagte, ferner aus allgemeiner und gegenüber meiner Mutter besonders starken dialektischen Unfähigkeit, aus Schwäche dann und vor allem. Daß ich ihre große Sorge um mich sah, war mit ein Beweggrund, wenn auch bei weitem nicht der entscheidende. Daß ich es Dir aber schreiben mußte, wenn ich es schon getan hatte, das schien mir selbstverständlich, denn wir wollen doch – und werden im Zusammenleben immer viel Gelegenheit dazu haben – bis zur äußersten Grenze, soweit also als unsere Gemeinschaft geht, offen zueinander sein, sollte ich gleich jetzt diese Kleinigkeit verschweigen? Und eine Kleinigkeit ist es in diesem Sinn. Nicht ich frage nach Deiner Familie, Deine Familie ist und wird mir – so fürchte ich für Dich und sagte es auch schon – immer ferner sein, als Du es vielleicht wollen wirst, wie könnte mich also Deine Familie jetzt im Innersten bekümmern? Und nur um Innerstes kann es sich handeln, wenn wir zusammen leben wollen. Die Richtung und das Urteil dafür muß jeder von uns in sich finden. Meine Eltern sind, wie auch Deine, auf das Äußerliche angewiesen, denn sie stehen im Grunde außerhalb unserer Angelegenheit. Sie wissen nichts als was sie durch das Bureau erfahren, wir wissen mehr oder glauben mehr zu wissen und jedenfalls wissen wir anderes und wichtigeres – auf uns bezieht sich also das Bureau gar nicht, es ist also eine Angelegenheit unserer Eltern, die man ihnen zum Spiel, um sie zu beschäftigen, gönnen kann. Uns berührt es nicht, so glaubte ich wenigstens, aber nun bekam ich keine Antwort.

Gestern Abend zog ich in der Gegend herum, wo wir meinen Träumen nach zusammen wohnen sollten. Es wird schon gebaut, aber auf einem Teil des Geländes wohnen noch Zigeuner. Ich ging dort lange herum und begutachtete alles. Es wird dort schön werden, es ist ziemlich hoch, weit vor der Stadt und gestern nach dem Regen war die Luft besonders rein. Mir war dort gestern auch sehr wohl, ganz anders als jetzt. So spielt es mit mir unaufhörlich.

Franz

Du bist mir böse, Felice? Sieh, ich fühle mich schuldig, aber nicht deshalb, weil ich es getan habe, auch nicht deshalb, weil ich es Dir geschrieben habe, sondern deshalb, weil ich Dir vielleicht wehgetan habe. Ich könnte ja für alles Entschuldigungen anführen, habe es ja auch schon zum Teil getan, habe ja vor allem als beste Entschuldigung dieses schlaflose Gehirn (wie es mit dieser Schlaflosigkeit enden wird, weiß ich nicht, aber auf etwas muß ein derartig dauernder unerträglicher Zustand hinzielen), aber bitte, Felice, höre auf keine Entschuldigungen, nimm es doch hin und verzeih es ohne Entschuldigungen sowie ich bereue ohne Schuld. Nun hatte ich heute keinen Brief und war Dir gestern abends in meiner Not fast körperlich nahe. Wir, Max, seine Frau, sein Schwager, Felix und ich, waren in einem Chantant, in das meine Frau nicht hingehen dürfte. Ich habe im allgemeinen sehr viel Sinn für solche Sachen, glaube sie von Grund aus, von einem unabsehbaren Grund aus zu erfassen und genieße sie mit Herzklopfen, gestern aber versagte ich außer gegenüber einer tanzenden und singenden Negerin fast gänzlich.

Ich komme wieder zurück. Besinne Dich bitte, Felice! Wir dürfen uns doch nicht verrennen, kaum, daß wir beisammen sind.

Franz

7.VI.13 [7. Juli 1913]

Siehst Du, Felice, schon leidest Du durch mich, es fängt schon an und Gott weiß, wie es enden wird. Und dieses Leiden ist, ich sehe es ja ganz deutlich, näher, ärger, allseitiger als das Leid, das ich Dir bisher angetan habe. Die Frage, ob ich schuld bin, kommt dabei gar nicht in Betracht, und fast könnte man sogar vom Anlaß absehn. Dir ist jedenfalls ein schweres Unrecht geschehn, und das allein bleibt zu überlegen, nämlich wie ich mich dazu stelle und was es bedeutet.

Ob meine Mutter recht oder unrecht hat, ist vollständig gleichgültig. Gewiß, sie hat recht und mehr als Du glaubst. Sie weiß fast gar nichts von Dir, als was in jenem Brief gestanden ist, den Du ihr damals geschrieben hast. Außerdem hat sie nur von mir gehört, daß ich Dich heiraten will. Sonst weiß sie nichts, denn aus mir ist ja kein Wort herauszubringen. Ich kann mit niemandem reden, aber mit meinen Eltern ganz besonders nicht. Es ist, als ob mir der Anblick derer, von denen ich herkomme, Entsetzen erregt. Wir waren gestern alle, die Eltern, die Schwester und ich, durch einen Zufall gezwungen, auf einer kotigen Landstraße schon im Dunkel etwa eine Stunde lang zu gehn. Die Mutter war natürlich trotz aller Mühe, die sie sich gab, sehr ungeschickt gegangen und hatte die Stiefel und gewiß auch die Strümpfe und Röcke ganz beschmutzt. Nun bildete sie sich aber ein, nicht so eingeschmutzt zu sein, wie es zu erwarten gewesen wäre, und verlangte dafür zuhause, im Scherz natürlich, Anerkennung, indem sie verlangte, daß ich ihre Stiefel anschaue, sie seien ja gar nicht so schmutzig. Ich aber war, glaube mir, ganz außerstande hinunterzuschauen, und nur aus Widerwillen und nicht etwa aus Widerwillen vor dem Schmutz. Dagegen hatte ich wie schon den ganzen gestrigen Nachmittag fast eine kleine Zuneigung zum Vater oder besser Bewunderung für ihn, der imstande war, das alles zu ertragen, die Mutter und mich und die Familien der Schwestern auf dem Lande und die Unordnung dort in der Sommerwohnung, wo Watte neben dem Teller liegt, wo auf den Betten eine widerliche Mischung aller möglichen Dinge zu sehen ist, wo in einem Bett die mittlere Schwester liegt, denn sie hat eine leichte Halsentzündung und ihr Mann sitzt bei ihr und nennt sie im Scherz und Ernst »mein Gold« und »mein Alles«, wo der kleine Junge in der Mitte des Zimmers, wie er nicht anders kann, während man mit ihm spielt, auf den Fußboden seine Notdurft verrichtet, wo zwei Dienstmädchen sich mit allen möglichen Dienstleistungen durchdrängen, wo die Mutter durchaus alle bedient, wo Gansleberfett auf das Brot geschmiert wird und günstigsten Falles auf die Hände tropft. Ich gebe Auskünfte, wie? Dabei gerate ich aber in etwas ganz Falsches, indem ich meine Unfähigkeit, das zu ertragen, in den Tatsachen suche, statt in mir. Es ist alles tausendmal weniger so arg, als ich es hier und früher beschrieben habe, aber tausendmal stärker, als ich ihn beschreiben könnte, ist mein Widerwillen vor alledem. Nicht weil es Verwandte sind, sondern nur deshalb, weil es Menschen sind, halte ich es in den Zimmern mit ihnen nicht aus, und nur um das wieder bestätigt zu finden, fahre ich Sonntag Nachmittag hinaus, trotzdem dazu glücklicherweise kein Zwang besteht. Ich war gestern ganz zugeschnürt vor Ekel, ich suchte die Tür fast wie im Dunkeln und erst weit vom Haus auf der Landstraße war mir wohler, wenn sich auch so viel aufgehäuft hatte, daß es noch heute nicht gelöst ist. Ich kann nicht mit Menschen leben, ich hasse unbedingt alle meine Verwandten, nicht deshalb, weil es meine Verwandten sind, nicht deshalb, weil sie schlechte Menschen wären, nicht deshalb, weil ich von ihnen nicht das Beste dächte (das beseitigt die »furchtbare Scheu« ganz und gar nicht, wie Du meinst), sondern einfach deshalb, weil es die Menschen sind, die mir zunächst leben. Ich kann eben das Zusammenleben mit Menschen nicht ertragen, ja ich habe fast nicht die Kraft, es als Unglück zu empfinden. Im unbeteiligten Anblick freuen mich alle Menschen, aber diese Freude ist nicht so groß, als daß ich nicht in einer Wüste, in einem Wald, auf einer Insel bei den nötigen körperlichen Voraussetzungen unvergleichlich glücklicher leben wollte als hier in meinem Zimmer zwischen dem Schlafzimmer und dem Wohnzimmer meiner Eltern. Ich hatte gewiß nicht die Absicht, Dir ein Leid zu tun und habe es Dir getan, ich werde folgerichtig niemals die Absicht haben, Dir ein Leid zu tun und werde es Dir immer tun. (Die Sache mit der Auskunft ist vorläufig ohne Bedeutung, die Mutter hat Freitag nichts unternommen, da sie noch mit dem Vater reden wollte, Samstag kam keine Antwort von Dir, in meinem Schuldbewußtsein Dir gegenüber sagte ich der Mutter, sie möge noch warten, da Sonntag kein Brief kam, zog ich nachmittags meine Erlaubnis, die ich der Mutter gegeben hatte, wieder zurück.) Hüte Dich, Felice, das Leben für banal zu halten, wenn banal einförmig, einfach, kleinsinnig heißen soll, das Leben ist bloß schrecklich, das empfinde ich, wie kaum ein anderer. Oft – und im Innersten vielleicht ununterbrochen – zweifle ich daran, ein Mensch zu sein. Die Kränkung, die ich Dir angetan habe, ist nur ein zufälliger Anlaß, der mir das zum Bewußtsein bringt. Ich weiß mir wirklich keinen Rat.

Franz

8.VII.13

Wenn ich heute Deinen Brief lese, Felice, der so lieb ist, daß ich mich verirre, wenn ich diese Güte zu ihrem Ursprung verfolgen will, bleibt mein Teil wieder nur, aber noch verstärkt, das, was ich gestern schrieb.

Niemand kann sagen, daß wir unbesonnen einander die Hand gereicht haben, nicht die Nähe, die täuschen kann, hat gewirkt, nicht der Augenblick, der täuschen kann, nicht ein Wort, das täuschen kann – und doch. Siehst Du, Felice, noch immer nicht (sieh es im Licht der letzten Sache an) das, was Du eigentlich getan hast und was Dir rückgängig zu machen frei steht. Es ist unmöglich, und wenn ich auch verzweifelt danach die Hand ausstrecke, es ist mir nicht gegeben. Das ist nicht Unentschlossenheit, die mir jeden Augenblick verwirrt, sondern das ist eine Überzeugung, die niemals aufgehört hat, die ich aber mißachtet habe, weil ich Dich liebe und trotzdem ich Dich liebe, die aber endlich sich nicht mißachten läßt, denn sie kommt unmittelbar aus meiner Natur. Winde ich mich nicht seit Monaten vor Dir wie etwas Giftiges? Bin ich nicht bald hier, bald dort? Wird Dir noch nicht elend bei meinem Anblick? Siehst Du noch immer nicht, daß ich in mich eingesperrt bleiben muß, wenn Unglück, Dein, Dein Unglück, Felice, verhütet werden soll? Ich bin kein Mensch, ich bin imstande, Dich, die ich am meisten, die ich allein unter allen Menschen liebe (ich habe meinem Sinn nach keine Verwandten und keine Freunde, kann sie nicht haben und will sie nicht haben), kalten Herzens zu quälen, kalten Herzens die Verzeihung der Qual anzunehmen. Darf ich diesen Zustand dulden, wenn ich ihn genau übersehe, geahnt habe, mich bestätigt finde und weiterhin ahne? So wie ich bin, darf ich zur Not leben, ich wüte nach innen, quäle nur in Briefen, sobald wir aber zusammen leben, werde ich ein gefährlicher Narr, den man verbrennen sollte. Was würde ich anrichten! Was müßte ich anrichten! Und würde ich nichts anrichten, wäre ich erst recht verloren, denn es wäre gegen meine Natur, und wer mit mir wäre, wäre verloren. Du weißt nicht, Felice, was manche Literatur in manchen Köpfen ist. Das jagt beständig wie Affen in den Baumwipfeln statt auf dem Boden zu gehn. Es ist verloren und kann nicht anders. Was soll man tun?

Ich lese, wie Ihr über die Hochzeit Deines Bruders sprecht, wie ihn die

Schwiegereltern vergöttern, wie die Schwiegereltern ihre Tochter aufopfernd lieben, glaubst Du, ich fühle menschliche Teilnahme? Dagegen habe ich Angst, wenn ich das lese, was Du über meinen Vater schreibst, als ob Du zu ihm übergingest, um Dich mit ihm gegen mich zu verbinden.

Franz

9.VII13

Liebste Felice, wenn Du mir nicht schreiben kannst, schreib mir nicht, aber laß mich Dir schreiben und Tag für Tag wiederholen, was Du ebenso gut weißt, daß ich Dich liebe, soweit ich Kraft zur Liebe überhaupt habe, und daß ich Dir dienen will und muß, solange ich am Leben bin.

Franz

10. [Juli] 13

Wäre ich doch bei Dir, Felice, und wäre mir die Fähigkeit gegeben, Dir alles klar zu machen, ja, wäre mir nur die Fähigkeit gegeben, alles ganz klar zu sehen. Ich bin schuld an allem. So vereinigt wie jetzt waren wir doch noch nicht, dieses Ja von beiden Seiten hat eine entsetzliche Macht. Aber was mich hält, ist förmlich ein Befehl des Himmels, eine nicht zu beschwichtigende Angst, alles, was mir früher das Wichtigste schien, meine Gesundheit, mein kleines Einkommen, mein jämmerliches Wesen, alles dieses, das auch eine gewisse Berechtigung hat, verschwindet neben dieser Angst, ist gar nichts vor ihr, und scheint von ihr nur vorgeschoben zu sein. Es ist, um ganz offen zu sein (wie ich es vor Dir immer war nach dem Grad der Selbsterkenntnis des Augenblicks) und um von Dir schließlich als Irrsinniger erkannt zu werden, die *Angst vor der Verbindung* selbst mit dem geliebtesten Menschen, und gerade mit ihm. Wie soll ich Dir das erklären, was mir so klar ist, daß ich es verdecken möchte, denn es blendet mich! Und dann ist es natürlich wieder unklar, wenn ich Deinen lieben vertrauensvollen Brief lese, alles scheint in bester Ordnung und das Glück scheint uns beide zu erwarten.

Verstehst Du das, Felice, wenn auch nur aus der Ferne? Ich habe das bestimmte Gefühl, durch die Ehe, *durch die Verbindung, durch die Auflösung* dieses Nichtigen, das ich bin, zugrundezugehn und nicht allein, sondern mit meiner Frau und je mehr ich sie liebe, desto schneller und schrecklicher. Nun sag selbst, was sollen wir tun, denn so nah sind wir einander, daß, glaube ich, keiner von uns noch allein etwas tun kann, ohne die Bestätigung des andern. Überlege auch das Nichtgesagte! *Frage, ich beantworte alles.* Gott, es ist wirklich allerhöchste Zeit, diese Spannung zu lösen und gewiß ist niemals ein Mädchen von einem, der sie liebte, wie ich Dich, so gemartert worden, wie ich Dich martern muß.

Franz

Auf unserem Balkon ist es am Abend schön. Ich bin dort jetzt ein Weilchen gesessen. Ich bin unsinnig müde, heute früh, als ich, von der Nacht nur noch viel
müder gemacht, aufstehn sollte, habe ich wirklich alles rund um mich verflucht,
und mich insbesondere. Wenn ich nicht ordentlich schlafen kann, wie werde ich
jemals wieder ordentlich schreiben können? Und wenn ich das nicht kann, dann
ist alles ein Traum und zwar ein durchschauter Traum. Mein neuer Plan ist natürlich nicht der beste Plan. Der beste Plan wäre doch wahrscheinlich, auf
irgendeine schlaue Weise etwas Geld zusammenzubringen und mit Dir für
immer nach Süden zu fahren auf eine Insel oder an einen See. Im Süden ist,
glaube ich, alles möglich. Dort abgeschlossen leben und von Gras und Früchten
sich nähren. Aber ich brauche nicht einmal sehr tief in mich hineinzuschauen
und ich will nicht einmal nach Süden fahren. *Nur die Nächte mit Schreiben
durchrasen, das will ich. Und daran zugrundegehn oder irrsinnig werden, das will
ich auch, weil es die notwendige längst vorausgefühlte Folge dessen ist.*

Aber mein neuer Plan ist folgender: Die Wohnung, die ich für uns ausgesucht hatte, kann erst im Mai nächsten Jahres bezogen werden, vorausgesetzt,
daß ich sie bekomme, sie ist im Haus einer Baugenossenschaft, deren Mitglied
ich geworden bin. Wir verlieren also, Felice, keine Zeit, wenn ich jetzt noch
nicht an Deine Eltern schreibe. Bleiben wir also, wie wir sind, bis zum Feber,
Jänner oder Weihnachten. Du wirst mich noch besser kennenlernen, es gibt
noch einige schreckliche Winkel in mir, die Du nicht kennst. Du wirst die Sommerreise machen und Dir auch dadurch sowie durch die Briefe von meiner
Reise einen bessern Überblick verschaffen. Vor allem aber werde ich im Herbst
diesen Verlockungen zum Schreiben endlich nachgeben, wenn es nur meine Gesundheit erlaubt, und werde dann selbst sehn, was in mir ist. Ich habe ja so
wenig erst gemacht, ich bin nichts, vielleicht gelingt mir etwas im Herbst, schonen will ich mich nicht. Du wirst dann klarer sehn, mit wem Du Dich verbinden willst und was es zu bedenken gibt. Ich freilich werde Dir dann so gehören
wie heute. Was sagst Du zu diesem Plan?

Franz

17.VII.13

Ich könnte es erst zuhause schreiben, aber meine Ungeduld läßt es nicht zu. Du
schreibst mir nicht. Verachtest Du mich? Das solltest Du doch nicht. Sieh, den
liebsten Menschen den ich habe, gönne ich mir nicht, zögere in der allgemeinen
menschlichen Unlust meiner Existenz nach ihm zu greifen oder setze mir zumindest eine Frist. Liebste, verachte mich nicht deshalb, es gibt genug Veräct-
liches an mir, dieses aber ist es nicht.

Franz

Ich habe seit Sonntag keinen Brief von Dir. Ich kann nicht wissen, was geschehen ist. Mein Brief muß Dich gekränkt haben, anders ist es nicht möglich. Wenn er Dich aber gekränkt hat, dann hast Du ihn mißverstanden, wenn auch allerdings das wieder unglaublich ist, denn Du kennst mich doch seit einem ganzen Jahr und mußt wissen, daß ich bei Besinnung nicht imstande bin, ein Wort niederzuschreiben, über das Dich zu kränken Du Ursache hättest. Du selbst hast gesagt, daß wir uns nichts übelnehmen wollen, und nun willst Du damit anfangen? Felice, bitte, schreib mir ein Wort, sei es gut oder böse, mach mein Elend nicht größer, als es ist, das Schweigen ist doch die ärgste Strafe, die sich ausdenken läßt.

Franz

27.VII:13

Wieder ein Sonntag ohne Dich! Es ist doch ein häßliches Leben. Und das schlimme ist, daß Du mir nur deshalb nicht geschrieben haben kannst, weil Du meinen Expreßbrief mißverstanden hast. Der Brief, den Du heute bekommen hast, hat es ja klar gemacht. Aber darf es überhaupt ein Mißverständnis unter uns geben? Bin ich nicht Dein, bist Du nicht mein? Ist es ein Einwand dagegen, daß ich bis an den Hals in meiner Familie stecke? Desto großartiger wird der Schwung sein, mit dem ich herauskomme. Wer weiß übrigens, was aus mir geworden wäre, wenn ich, blutleerer Mensch, nicht 30 Jahre in dieser Familienwärme gelegen hätte? Aber in alledem ist kein ernsthaftes Hindernis, wir gehören zusammen und werden Zusammensein, nur müssen wir dem Vater irgendwie klarmachen, daß wenn wir einmal verheiratet sind, kein Heller seines Vermögens in unsere Wirtschaft kommen darf. Schon die Vorstellung dessen macht mir ein Wohlbehagen. Freilich weiß ich dann noch immer nicht, was Deine Eltern sagen werden und wie man sie zum Sprechen bringt. Aber nun bitte, liebste Felice, jeden Tag schreiben, wenn es möglich ist, und zwar ins Bureau, sonst dauert es zu lange, ehe ich es bekomme. Das weißt Du ja und schreibst mir doch immer wieder (immer wieder! in den letzten 14 Tagen war es alles in allem einmal) in die Wohnung. Also Mut und Vertrauen und kein Mißverstehen!

Franz

28.VII.13

Wieder kein Brief. Wie Du mich nur so quälen kannst, Felice! So unnütz quälen! Wo doch ein paar Worte mir wohl täten und die Kopfschmerzen ein wenig beseitigen könnten, in denen mein Kopf wie in einer Haube steckt. Schriebest Du doch, daß Du Dich noch nicht entschlossen hast oder daß Du nicht schreiben kannst oder nicht willst. Mit 3 Worten wäre ich ja zufrieden, aber nichts! nichts!

30.VII.13

Ich hätte gestern, ja schon vorgestern einen Brief von Dir haben müssen, Felice. Und wenn schon keinen Brief, so auf meinen gestrigen Brief gestern ein Telegramm. Du hättest mich nicht in diesem Zustande lassen dürfen. Wußtest Du, was ich tun würde, wenn ich wenigstens in Briefen grundlos mich von Dir verlassen sah? Ich habe Dich im Laufe dieses wunderbaren und schrecklichen Jahres ärger gequält, aber immer aus innerer Notwendigkeit, niemals aus äußerer, wie Du mich von Frankfurt aus und jetzt wieder. Diese Besuche und Verwandten! Ich werde keinen von dem andern unterscheiden und ich fürchte, sie werden alle meine Feinde sein in gegenseitiger Feindschaft. Wie soll ich sie ansehn, wenn ein kleines Erstauntsein der versammelten Gesellschaft oder ein kleines Unbehagen darüber, daß Du nicht da bist, sondern 5 Zeilen an mich schreibst, Dir bedenklicher scheint als meine Verzweiflung in diesen Nächten und Tagen, die sich an Kopfschmerzen und aufgeregtem Wachsein für mich kaum unterscheiden. Werde ich für Dich mehr sein, Felice, bis ich Dein öffentlicher Bräutigam bin? Ebenso aber wie dann keiner, nur weil Gesellschaft da ist, das Recht haben wird, Dich vom Schreiben an mich abzuhalten, wenn dieses Schreiben so nötig ist wie es am Sonntag war – ebenso hat auch heute niemand das Recht dazu, und wenn er es hat, darfst Du es nicht anerkennen. Ich bin unglücklich darüber, daß Du mir nicht geschrieben oder telegraphiert hast, *unglücklicher als Du Dir denken kannst.* Das ist kein Übelnehmen, kein Mißverständnis, Felice, es rührt auch meine Liebe zu Dir nicht an, die ist unantastbar. Es ist nur begründete Trauer.

Franz

Ich habe den Brief noch einmal gelesen. Meine liebste Felice, wenn Du in Dir nur die leichteste Möglichkeit fühlst, diesen Brief übelzunehmen, so denke daran, daß Du ja gar nicht weißt, wie es mir – unerzählbar – infolge des Ausbleibens jeder Nachricht in der letzten und allerletzten Zeit gegangen ist.

1.VIII.13

Mit was für einem Menschen ich jetzt herumgegangen bin! Entweder ist er ein großer Narr oder ein kleiner Prophet. Aber hier soll er sich nicht einmischen! – Meine liebste Felice, hast Du meinen heutigen Brief verständig aufgenommen? Weißt Du übrigens schon, daß Du einen weißhaarigen Mann bekommen wirst? Wie es mit mir hinuntergeht! Das Herzklopfen, das z.B. diesen Brief begleitet!

Liebste, nun fährst Du wieder weiter weg von mir, und es tut Dir gar nicht leid. Im Gegenteil, Dein Haus heißt Sanssouci. Sag Deiner Schwester, daß sie gar nicht meine Freundin ist, wenn sie Dich vom Schreiben abhält. Meine Eltern gewöhnen sich allmählich an ihre neue Sorge und fangen an, sie in ihre übrigen einzuordnen. Warum glaubst Du, daß es besser ist, wenn ich in Deiner Abwesenheit an Deinen Vater schreibe? Mir schiene es eigentlich besser, wenn Du dabei wärest, wenn der erste Brief von mir in Euere Wohnung kommt, der nicht an Dich gerichtet ist.

Worüber soll ich mich mit Max beraten? Für das, was uns nur angeht, und es ist sehr Verantwortungsvolles, dafür kann doch niemand im eigentlichen Sinne die Verantwortung tragen, also auch nicht raten. Sollte ich mir aber an Maxens Finanzwirtschaft ein Beispiel nehmen, so wäre das allerdings schlimm. Max hat mehr Geld als ich, auch mehr Einkünfte, ist gar nicht geizig, gar nicht verschwenderisch – und doch wird dort mehr von Geld und Mangel gesprochen als gut ist. Und gerade dieses Reden über das Geld – woran gewiß die Frau, wenn auch in aller Unschuld, schuld ist – gibt dem Geld eine erhöhte Bedeutung, die man ihm auf jeden Fall, selbst wenn man wirklich an Mangel leidet, leicht entziehen könnte. Ich erinnere mich, ich stand an den Spiegel gelehnt, als die Frau vor ihm sich einen Spitzenüberwurf umlegte (sie kleidet sich ein wenig auffallend und ohne die rechte Zusammenstimmung, wenn auch wieder in aller Unschuld), ich sagte, um etwas zu sagen: »Wie kostbar das aussieht!« Sie antwortete mit wegwerfender Handbewegung: »Aber es ist ja billig wie alles.« Das ist traurig, unsinnig und erniedrigend. Das will ich nicht lernen.

Franz

2.VIII.13

Meine liebe, liebe Felice! Heute ist kein Brief, es ist ja heute ganz natürlich, aber ich kann, wenn es sich um Deine Briefe handelt, Natürlichkeit und Sonderbarkeit nicht mehr unterscheiden, ich will sie einfach haben, muß sie haben, lebe durch sie. Ich habe einen Einfall, der, wenn er Dir gefällt, großartig wäre. Wenn Deine Antwort auf meine letzten Briefe kommt, könnte ich an Deinen Vater schreiben. Wenn Deine Eltern nicht ängstlich sind – schließlich ist ja kein besonderer Grund für Ängstlichkeit, denn Deine Eltern kennen mich ja nicht; es müßte denn sein, Du verrätest mich, dann freilich – wenn also Deine Eltern nicht ängstlich sind, wären wir vielleicht in 14 Tagen vor unseren Eltern verlobt. Wäre es dann nicht möglich – jetzt kommt der Einfall –, daß Du über Prag zurückfährst? Nicht etwa, daß Du einen Teil der Urlaubszeit verlieren solltest, das nicht, nur daß Du auf der Rückfahrt einige Stunden in Prag bleiben könntest.

Vielleicht am letzten Sonntag oder am letzten Samstag, wäre es am Samstag, so könnte ich Dich vielleicht nach Berlin zurückbegleiten. Ja? Wäre das gut? Es wäre nämlich nicht gut, wenn ich nur auf mich Rücksicht nähme. Denn jedes Wort und jeder Blick den Du mit meinen Verwandten tauschen wirst, wird mich kränken, nicht etwa nur aus Eifersucht, sondern vor allem deshalb, weil ich mich so gegen sie abgeschlossen habe und in dieser Abgeschlossenheit glücklich bin, jetzt aber durch Dich, die Du ein Teil meines Wesens bist, eine neue Verbindung mit ihnen, wenn nicht angeknüpft, so doch angedeutet wird. Daran, Felice, mußt Du, wenn Du mich nicht unglücklich machen willst, immer denken, wenn Du mit ihnen oder auch mit anderen sprichst. In dieser Hinsicht habe ich mich wirklich in der Hand. Ich kann z.B. gelegentlich alles über mich ausschwätzen, nicht mit Absicht, aber es ergibt sich so – und trotzdem rollt schließlich alles wieder ganz rein in mich zurück und ich bin ganz fremd, trotzdem ich vielleicht das Wichtigste gesagt habe. Bei Dir, fürchte ich, würde ich es nicht so empfinden, Du bist mir zu viel wert, wenn Du mit den Leuten schwätzen würdest, würde ich mich mit Dir in ihnen verlieren. – Aber einmal mußt Du ja, so traurig es mir ist, mit den Verwandten bekannt werden, würdest Du also kommen? Das Glück Deiner Gegenwart würde mir ja alles erträglich machen.

Franz

Was ist das für ein Mädchen, Dein Fräulein Danziger?

3.VIII.13

Meine liebste Felice, wie ich Deine Briefe brauche kannst Du schon daraus sehn, daß mir an jedem Tag, an dem ich keine Nachricht habe, abgesehn von diesem Unglück noch ein ganz besonderes Unglück passiert. Das zu verhindern liegt in Deiner Hand. Heute war ich schon wirklich traurig. Wieder kein Brief. Und um die Wahrheit zu sagen, fahre ich seit Wochen hauptsächlich deshalb nicht schon am Morgen aufs Land, um den vermeintlich sichern Sonntagsbrief möglichst bald zu bekommen; schon seit Wochen aber habe ich durch diese Vorsicht nichts als Trauer gewonnen. Heute allerdings kam das Telegramm. Aber vielleicht ist es gar nicht an mich. »Kafta« steht dort statt Kafka und »pliol« steht dort statt Felice. Immerhin es ist schön und ich bin ganz zufrieden. Bitte, Felice, zeig, daß Du Vertrauen zu mir hast und versprich mir, daß Du eine Bitte, die ich erst nach Einlangen Deines Versprechens sagen werde, unbedingt und genau erfüllen wirst. Es ist nichts Unmögliches und nichts Schlechtes, also versprich es mir und zwar mit feierlichen Worten.

Warum glaubst Du, daß jetzt ein Besuch meines Vaters in Berlin für uns beide von Nutzen wäre? Du hast Dich so ausgedrückt. Woran dachtest Du dabei?

Ich träume fast jede Nacht von Dir, so groß ist mein Bedürfnis bei Dir zu sein. Ebenso groß aber, und zwar aus den verschiedensten Gründen, die Angst davor. Ich glaube ich werde während unserer Verlobungszeit, selbst wenn wir erst im Mai heiraten sollten, kaum einmal nach Berlin kommen. Wird das Dir und den andern insbesondere recht sein? Wirst Du das billigen können?

Franz

Hast Du Bücher mit und welche?

4.VIII.13

Liebste Felice, ich widerrufe alles, was ich vielleicht gestern gesagt habe. Es ist eine berechtigte Angst, die mich von Dir jetzt abhält, die mich auch abhält zu wünschen, daß Du jetzt nach Prag kämest, aber noch berechtigter ist eine weit darüber hinausgehende ungeheure Angst davor, daß ich zugrunde gehe, wenn wir nicht bald beisammen sind. Denn wenn wir nicht bald beisammen sind, richtet sich die Liebe zu Dir, die keinen andern Gedanken in mir neben sich duldet, auf eine Vorstellung, auf einen Geist, auf etwas ganz und gar Unerreichbares und dabei ganz und gar und niemals zu Entbehrendes, und das wäre allerdings imstande, mich aus dieser Welt zu reißen. Ich zittere beim Schreiben. Komm also, Felice, komm, wenn Du nur irgendwie kannst, auf der Rückreise nach Prag.

Gleichzeitig mit dieser Bitte muß ich Dir in einer andern und fast wichtigsten Sache die Wahrheit sagen, besonders da Du seit langer Zeit mich nicht danach gefragt hast und es förmlich stillschweigend geduldet hast, daß diese Frage aus unserm Briefwechsel ausgeschaltet wird. Ich habe doch früher immer gesagt, daß mein körperlicher Zustand mich hindert zu heiraten, und dieser Zustand ist seitdem wahrhaftig nicht besser geworden. Ehe ich Dir einen der entscheidenden Briefe schrieb, etwa vor 1 ½ Monaten, war ich beim Arzt, bei unserm Hausarzt. Er ist mir nicht besonders angenehm, aber nicht viel unangenehmer als Ärzte überhaupt. An und für sich glaube ich ihm nicht, aber beruhigen lasse ich mich von ihm wie von jedem Arzt. In diesem Sinne sind auch Ärzte als Naturheilmittel zu verwenden. Diese Beruhigung (gegen mein inneres Wissen) bekam ich von ihm damals nach großer Untersuchung in überreichlichem Maß. An demselben Nachmittag schrieb ich an Dich. Nun habe ich in der letzten Zeit Herzklopfen und später Stechen und Schmerzen in der Herzgegend bekommen, die gewiß zum größten Teil, wenn auch nicht ganz in der unerträglichen Trennung von Dir ihre Veranlassung haben. Zum Teil kommen sie auch daher, daß ich in der letzten Zeit zu viel geschwommen und zu viel und zu schnell marschiert bin, alles das allerdings auch, um mich zu ermüden und auf diese Weise des Verlangens nach Dir Herr zu werden. Darin hat es mir allerdings nicht geholfen, dafür habe ich diese Herzschmerzen. Heute war ich wieder beim Arzt.

Organisches findet er, wie er sagt, nichts, wenn ihm auch an irgendeiner Stelle der Herzton nicht ganz rein scheint. Ich möge aber am besten gleich auf Urlaub gehen (das geht nicht), ich möge etwas einnehmen (das geht auch nicht), ich möge gut schlafen (das geht auch nicht), ich möge nicht nach dem Süden gehn, nicht schwimmen (das geht auch nicht) und ich möge mich ruhig verhalten (das geht erst recht nicht). Das mußtest Du noch erfahren, ehe ich den Brief an Deinen Vater schreibe.

Wie freue ich mich aber jetzt auf die regelmäßigen Briefe, die wenn nicht morgen, so bestimmt Mittwoch beginnen werden!

Dein Franz

[am Rande] Ist kein Brief verloren gegangen? Dieses ist der 4te Brief nach Westerland?

5ter Brief nach Westerland   5.VIII.13

Liebste Felice, ich habe gestern schändlich übertrieben, wenn ich schrieb, daß ich erst für Mittwoch einen Brief erwartete. Ich habe ihn vielmehr für heute bestimmt erwartet, ganz bestimmt. Und wenn nicht einen Brief, so eine Karte von der Reise. Und wenn nicht eine Karte, so ein Telegramm. Ich werde verächtlich durch dieses Betteln, aber ich kann mich in viel weniger wichtigen Dingen nicht beherrschen, wie erst im Erwarten der Nachrichten von Dir. Immerfort laufen mir dann die Gedanken durcheinander: Da schreibst mir nicht gern, Du denkst nicht an mich, Du liebst mich vielleicht nur aus irgendeiner Erinnerung heraus. Elende, unbezähmbare Betteleí!

Übrigens kam gerade jetzt ein Telegramm. Ich dachte natürlich nicht anders als es wäre von Dir, und das Mädchen, das es brachte, bekam einen glückseligen Blick. Unterdessen ist es aus Madrid. Der Onkel [Alfred Löwy] dort ist mir der nächste Verwandte, viel näher als die Eltern, aber natürlich auch nur in einem ganz bestimmten Sinn. Ich hatte von ihm in der letzten Zeit drei Briefe bekommen, ohne daß ich Lust gehabt hätte, ihm zu schreiben. Da, vor 5 Tagen (4 Tage braucht ein Brief, um nach Madrid zu kommen, das ist nicht viel, wenn man es mit der Verbindung Prag-Westerland vergleicht) schrieb [ich] ihm einmal in der Nacht einen Begleitbrief zur »Arkadia«, die ich ihm gleichzeitig schickte. Ich klagte mich ordentlich in dem Brief aus und schrieb auch (dieser Onkel hätte eigentlich von unserer Verlobung vor meinen Eltern erfahren sollen) mit schöner Überleitung, daß ich mich nächstens öffentlich verloben werde. Später fiel mir die merkwürdige Übereinstimmung jenes Briefes mit dem »Urteil« ein. Gewiß steckt im »Urteil« auch vieles vom Onkel drin (er ist Junggeselle, Eisenbahndirektor in Madrid, kennt ganz Europa *außer* Rußland), und nun zeigte ich ihm in einem ähnlichen Briefe, wie Georg seinem Freunde, meine Verlobung an und überdies in einem Begleitbrief zur »Arkadia«. – Nun muß aber der Onkel meinen Brief mißverstanden haben und glauben, wir wären schon öffentlich verlobt, denn in dem Telegramm, das vor mir liegt, heißt es wortwörtlich: »sehr erfreut gratuliert herzlichst dem Brautpaar Onkel Alfred«. So werden wir von Madrid aus in die Sphäre der Öffentlichkeit gehoben, während Deine Eltern noch ruhig hinleben und nichts oder wenig von dem schrecklichen Schwiegersohn wissen, der ihnen droht.

Franz

6.VIII.13

Endlich sehe ich wieder Deine liebe Schrift. Die Karten aus Hamburg habe ich gar nicht bekommen, solltest Du sie nicht deutlich und allgemein lesbar adressiert haben? Auf der heutigen Karte steht z.B. Niklasstr. Nr. 6 und so ein Fehler kann mir unter Umständen großes Leid machen.

Von meinen Eltern müssen wir nicht mehr reden; deren hörbare Warnungen sind erledigt. Rücksichtlich des Briefes an Deinen Vater finde ich aber bei Dir keinen entschiedenen Rat, eher dreierlei einander widersprechende Ratschläge. Ich will aber auch keinen Rat, sondern schicke den Brief an Deinen Vater (allerdings nur an den Vater, die Mutter ist darin nur erwähnt, die Form dafür, den Brief an Vater und Mutter zu richten, kann ich nicht finden) weg, sobald ich Deine Antwort auf meine neue Herzgeschichte habe. Heute z. B. habe ich gar nicht geschlafen, ganz und gar nicht, ich hörte die meisten Uhrenschläge, sonst duselte ich und irgendein Gedanke, der Dich betraf, ich weiß nicht mehr welcher, fuhr unaufhörlich, einförmig und rasend schnell wie ein Weberschiffchen durch meinen Dämmerzustand.

Mitten in der Nacht bekam ich in meiner Hilflosigkeit einen förmlichen Irrsinnsanfall, die Vorstellungen ließen sich nicht mehr beherrschen, alles ging auseinander, bis mir in der größten Not die Vorstellung eines schwarzen napoleonischen Feldherrnhutes zu Hilfe kam, der sich über mein Bewußtsein stülpte und es mit Gewalt zusammenhielt. Dabei klopfte das Herz geradezu prächtig, und ich warf die Decke ab, trotzdem das Fenster vollständig offen und die Nacht ziemlich kühl war. Und sonderbarer Weise war mir früh, trotzdem ich es in der Nacht für ausgeschlossen gehalten hatte, ins Bureau zu gehn, gar nicht besonders schlecht, abgesehn von Schmerzen im Herzen und ringsherum. Und als ich dann im Bureau Deine Karte und den Brief (der am Montag Nachmittag geschriebene Brief kam also Mittwoch früh) bekam, war mir noch um ein großes Stück besser. – Es ist das Charakteristische meines ganz zerrütteten Zustandes, daß mir jeden Tag ganz anders zumute ist, natürlich auf der Grundlage eines unveränderlichen schlechten Grundzustandes. Wie, mein Einfall hinsichtlich Deines Prager Besuches wäre nichts als Dummheit gewesen? Geh, Felice, das ist doch nicht wahr. Natürlich mußtest Du von meinen Eltern eingeladen werden, aber unter dieser Voraussetzung wäre es doch die einfachste Sache von der Welt. Und überdies, was das Entscheidende ist, so schön. Mit meinem Urlaub hatte ich ein großes Unglück. Zuerst wollte ich 14 Tage reisen und die andern 14 Tage in einem Sanatorium bleiben. Nun wird es aber unbedingt notwendig werden, die ganze Zeit in einem Sanatorium zu bleiben, da wählte ich mir ein Sanatorium bei Genua in Pegli aus, das wäre gleichzeitig Reise (infolge der Nähe Genuas) und Sanatorium gewesen. Nun aber erfahre ich, daß die Saison dieses Sanatoriums erst am 1. Oktober beginnt, während ich den Urlaub im September nehmen muß. So werde ich wahrscheinlich nur in das San. Härtungen in Riva am Gardasee gehn. Schade! Über Maxens Wirtschaft muß ich Dir noch schreiben, sonst mißverstehst Du mich vielleicht.

Du, in Seebädern wird soviel photographiert, ich möchte Dich z.B. im Strandkorb sitzen sehn oder in den Dünen, könnte ich nicht ein Bild bekommen?

Franz

Grüße auch das Frl. Danziger von mir, wir kennen einander nicht, aber sie lebt neben dem Liebsten, was ich habe, ist das nicht Beziehung genug? Was für eine feste Schrift sie übrigens hat!

7.VIII.13

Meine liebste Felice! Wie? Kopfschmerzen, schlechter Schlaf, sonderbare Träume, und das zu einer Zeit, wo Du Dich von der vielen Plage erholen sollst? Es ist unsere noch immer unklare Lage, sonst nichts. Morgen nach Deinem Brief schreibe ich an Deinen Vater und dann wollen wir beide ruhig und sicher werden. Wir müssen es doch, besonders Du, denn dann erwartet Dich doch erst die große Not, das Beisammensein mit mir unbeherrschtem Menschen, den Du Dir vielleicht doch noch anders vorstellst, als er ist. Arme, liebste Felice! Ein Jahr lang müßte ich zu Deinen Füßen liegen, um Dir für den Mut zu danken, daß Du nach allem was Du von mir weißt, doch mit mir leben willst. Gelegenheit zu solchem Dank werde ich ja haben, bis wir beisammen sein werden, möchtest Du nur, Felice, dann den Blick haben, in allem diesen Dank zu sehn, auch wenn es nicht geradewegs auf Dich gerichtet sein wird, wenn es sich auch vielleicht geradezu in mich verkriecht. Kurz, möchtest Du die Gabe haben, nicht enttäuscht zu sein.

Schreib mir, Felice, etwas Genaueres von Deinem Leben dort in Westerland. Das Allgemeine weiß ich doch, aber an Einzelheiten will ich mich sättigen. Von Deiner Cousine hast Du mir niemals etwas Einzelnes geschrieben. Allein bleibt Ihr doch wohl nur die ersten Tage, zumindest mit den Leuten in der Pension, da doch gemeinsam gegessen wird, müßt Ihr ja bekannt werden. Was sind das für Leute? Wie heißen sie? Wer gefällt, wer mißfällt Dir? Und hat sich auf der Schiffsreise nichts Erzählenswertes ereignet (Ich lese jetzt eine alte Ausgabe von

Robinson Crusoe, dort ereignet sich, wie es natürlich ist, auf den Schiffsreisen immerfort etwas. »Mittlerweile war der Sturm so heftig, daß ich sah, was man selten siehet: nämlich den Schiffer, den Hochbootsmann und etliche andere, denen es mehr als den übrigen zu Herzen ging, in vollem Gebete auf den Augenblick warten, da das Schiff untersinken würde.«)? Und wie verbringst Du den Tag im einzelnen? Liest Du auch? Und was? Und ist es gar nicht gefährlich zu baden, wenn man nicht schwimmen kann?

Das Versprechen, das ich Dir in bianco abgenommen habe und für das ich Dir vielmals danke, betrifft das »Müllern«. Ich werde Dir nächstens das »System für Frauen« schicken, und Du wirst (denn Du hast es doch versprochen, nicht?) langsam, systematisch, vorsichtig, gründlich, täglich zu »müllern« anfangen, mir darüber immer berichten und mir damit eine große Freude machen.

Franz

[am Rande] Deine beiden Briefe kamen gleichzeitig. Nur weiter so regelmäßig, und mein Herz wird auch regelmäßiger werden. Möchtest Du mir nicht einmal einen Brief Deiner Eltern schicken, damit ich sehe, wie sie Dir schreiben. Über den künftigen vegetarischen Haushalt schweigst Du? Und ich habe Jubel erwartet.

8.VIII.13

Gestern habe ich Dir gedankt, weil zum erstenmal nach langer Zeit an zwei aufeinander folgenden Tagen Briefe von Dir kamen, und heute ist schon wieder keine Nachricht da. Es könnte für Tyrannei erklärt werden, daß ich jeden Tag einen Brief verlange, es ist aber keine oder vielmehr es ist nur dann eine, wenn Dir nichts an mir liegt, dann freilich ist es Tyrannei. Und insbesondere jetzt müßtest Du mir schreiben und regelmäßig schreiben. Du weißt genügend, wie ich leide ohne Brief. Du weißt, wie mein jetziger Zustand ist, wie er sich förmlich nach der Regelmäßigkeit Deiner Briefe richtet, Du weißt, daß mir im Notfall paar flüchtige Zeilen genügen, Du weißt, daß Du mir versprochen hast, von Westerland regelmäßig zu schreiben, Du weißt, daß der Brief, auf den ich Antwort von Dir erwarte, mir besonders wichtig war, Du weißt, daß ich noch über das Gewöhnliche hinaus unruhig sein muß, wenn Du mir in einem Brief von Kopfschmerzen und schlechtem Schlaf schreibst, nächsten Tag aber nichts – und trotz alledem schreibst Du mir nicht, fühlst Dich durch meinen täglichen Brief nicht gedrängt, mir paar Worte zu schreiben. Aber schließlich, ich verlange ja gar nicht tägliche Briefe, wenn es nicht möglich ist, das habe ich Dir doch schon so oft gesagt, *nur regelmäßige Briefe will ich, aber auch das verweigerst Du mir.* Und Du erträgst es, den Mittwoch ruhig zu verbringen, auch ohne mir eine kleine Ansichtskarte zu schicken, trotzdem Du weißt, daß ich am Freitag von Postbestellung zu Postbestellung zittere. Ach, was hilft es mir, daß Du von mir träumst, wenn ich den Beweis habe, daß Du während des Tages nicht an mich denkst. Und es ist nicht das erstemal. Du tust Unrecht, Felice, ganz gleichgültig, ob Du aus innern oder äußern Gründen nicht schreiben kannst.

Franz

9.VIII.13

Als ich heute früh Deine beiden Briefe vom Mittwoch bekam und hörte, der eine wäre schon gestern abend angekommen, wollte ich Dich telegraphisch wegen meines gestrigen Briefes um Verzeihung bitten. Als ich aber die beiden Briefe gelesen hatte, konnte ich es nicht. Das sind wirklich der Zeit und dem Herzen abgezwungene Briefe, die mich trostlos machen. Ich bin nicht ganz so unglücklich, als wenn ich nichts bekommen hätte, das gestehe ich, aber nach einer andern Seite hin ist das Unglück viel größer. Schriebest Du mir doch in solcher Laune nur Karten, damit man sich ...

So weit hatte ich im Bureau geschrieben, ich war todtraurig. Ich saß erstarrt über diesen Briefen, aus denen ich auch beim 100[s]ten Lesen und bei größter Selbsttäuschung nichts von dem herauslesen konnte, was ich brauchte. Mit einigen äußerlichen Änderungen konnten es Briefe an einen fremden Menschen sein oder vielmehr sie konnten es nicht sein, denn dann – so schien es mir – wären sie weniger flüchtig nicht etwa geschrieben, sondern gefühlt gewesen. Liebste Felice, sieh', ich bin doch nicht irrsinnig, mag ich auch besonders jetzt und Dir gegenüber überempfindlich sein, denn Du bist für mich von unersetzlichem Wert, wie das aber auch sein mag, was ich aus Deinen Briefen nicht herauslesen kann, das steht eben nicht drin. Es ist wieder jene Verwunderung, wie ich sie manchmal hatte, wenn wir beisammen waren (Du warst dann mir gegenüber wie ermattet und unzugänglich aus innerm Zwang) und wie ich sie merkwürdiger Weise immer zu fühlen bekomme, wenn Du von Berlin verreist. So war es, als Du in Frankfurt, so war es, als Du in Göttingen und Hamburg warst. Zerstreut Dich die Reise oder läßt sie Dich aufwachen? Das sind doch Tatsachen, die nicht geleugnet, aber doch erklärt werden können. Wenn ich in meiner Erinnerung den allerersten Brief, den Du mir schriebst, mit Deinem letzten vergleiche, Felice, so muß ich fast sagen, so wahnsinnig das aussieht, der erste dürfte mich mehr freuen als dieser. Natürlich ist das nur ein einzelner Brief und noch in dem vorvorletzten hast Du mir unzählige Male mehr Liebes erwiesen, als ich verdiene. Aber immerhin auch die letzten zwei Briefe sind da, und um Verdienst handelt es sich hier nicht. Kannst Du es mir erklären und im guten Sinn und nicht nur durch den Hinweis auf meine Einbildungen, dann bitte, bitte, Felice, tue es. Gib eine Erklärung für die paar geschriebenen Briefe dieser Art und für die Reihe der nichtgeschriebenen. Unter den geschriebenen stehn die aus Frankfurt obenauf, dann jener Brief aus dem Zoologischen [Garten] (unter dem Tisch geschrieben) und dann dieser letzte vom Mittwoch abend, in dem nichts steht, als daß »Erna schilt den ganzen Tag mit mir, sie behauptet, ich verbringe den ganzen Tag im Zimmer mit Schreiben, anstatt in die Luft zu gehn.« Liebste Felice, was bedeutet das, was soll damit gesagt sein?

Und doch muß ich im Anblick des Bildes, das ich jetzt Zuhause vorgefunden habe, eingestehn, daß ich mich Dir mit unendlicher Gewalt verbunden fühle, und wenn nicht dieser durchlittene Vormittag mir in der Erinnerung die Fähigkeit gegeben hätte, das Obige, das Unbedingt-Notwendige niederzuschreiben, ich lieber nur gedankt hätte, wie ich es im Anblick Deines Bildes ununterbrochen tue.

Dein Franz

10.VIII.13

Sieh Felice, das Telegramm habe ich, danke Dir vielmals dafür und bitte Dich auch um Verzeihung wegen der ungerechten Vorwürfe und der Verbitterung Deines Urlaubs, die vielleicht von mir aus geht. Nun habe ich heute im Bureau mir Deine Karte vom Freitag geholt. (Vom Donnerstag, falls Du geschrieben haben solltest, habe ich nichts bekommen, vielleicht war es in die Wohnung adressiert und kommt erst morgen), aber darauf kommt es ja gar nicht an, ich bin doch kein Teufel, der Dein Schreiben überwacht, ich erschrecke bloß über den Inhalt Deiner Briefe, nach denen ich wirklich so ein Teufel zu sein scheine, der nur irgendwie beruhigt werden muß, damit er nicht quält. Das wiederholt sich, Felice, in allem, was ich aus den letzten Tagen von Dir habe. Im vorvorletzten Brief: »Nun kannst Du Dich gewiß nicht beklagen u.s.w.« Im letzten: »Erna schilt u.s.w.« In der heutigen Karte: »Es wäre eine Sünde im Zimmer zu bleiben …«. Aber liebste Felice! Schreiben wir denn nicht über das Schreiben, wie andere über Geld reden? Ist das zweite schlimmer als das erste? Wenn Du nur meinetwegen schreibst, ist es schrecklich.

Ich fürchte mich, den Brief abzuschicken, vielleicht bin ich nicht ganz urteilsfähig; wenn ich es aber nicht bin, stammt das doch wieder aus dem gleichen Grund und hat also berechtigten Sinn. Ist es die ungeheuere Entfernung, die Dich von mir treibt, ist es Dein wirkliches durch mich zeitweise übertäubtes Gefühl? Du bist doch beständig, hast genügend klaren Einblick, hast Dich in der Hand – aber desto ärger und bedeutungsvoller sind diese immer wiederkehrenden Pausen.

Dein Franz

2.VIII.13

Heute habe ich die Karte aus Kampen bekommen. (Sollte die Karte vom Donnerstag ebenso verloren gegangen sein, wie die aus Hamburg?) Wenn ich die

Wahrheit sagen soll, eine solche Karte macht mir eine reinere Freude als die letzten Briefe. Es läßt sich nichts Schlechtes aus ihr herauslesen und, mit Selbsttäuschung, Gutes ahnen. Du hast einen netten Ausflug gemacht, den jemand (wer ist es?) für »entzückend« hält. Du hast ein wenig an mich gedacht und ich könnte, wenn nichts vorhergegangen wäre, ganz zufrieden sein. Aber auch um augenblickliche Zufriedenheit und erst recht nicht um meine handelt es sich hier, es handelt sich vielmehr um folgendes: Wenn Du das Opfer auf Dich nehmen willst, Felice, meine Frau zu werden – daß es ein Opfer ist, habe ich, der Wahrheit gemäß, bis in alle Einzelheiten zu beweisen mich angestrengt –, dann darfst Du, wenn Du nicht uns beide einem endlosen Unglück ausliefern willst, Deine Neigung zu mir nicht leichtsinnig beurteilen oder gar unbeurteilt lassen. Niemand kann verlangen, daß Dir Dein Gefühl für mich völlig klar ist, wohl aber mußt Du seiner sicher sein. Aber angesichts Deiner letzten Briefe und in Erinnerung an frühere ähnliche Zeiten verzweifle ich daran, diese Sicherheit in Dir zu finden. Irgendwo, eine andere Erklärung habe ich nicht, muß eine Täuschung verborgen liegen, die von Zeit zu Zeit zu wirken aufhört und die Du deshalb auch zumindest ahnen mußt, die Du aber nicht auffindest, weil Du sie aus rätselhaften Gründen nicht suchst. Gerade das aber wäre Deine Pflicht. Ebenso wie es ein kleines, leicht zu beseitigendes Vorurteil, eine bloße Schwäche sein kann, kann es auch etwas sein, das, wie es Dich jetzt nur zu Zeiten von mir abhält, Dich in Zukunft gänzlich von mir abhalten könnte. Oder hält Dich vielleicht nichts von mir ab, wenn Du beispielsweise – es ist nicht das einzige Beispiel – die Frage eines Wiedersehns mit folgenden 3 Sätzen erledigst: »Daß ich jetzt nach Prag komme, ist ganz und gar ausgeschlossen. Wieso glaubst Du aber, daß Du vorerst überhaupt nicht nach Berlin kommen könntest? Wie ist es denn mit den Weihnachtsferien?« Und wir sind jetzt im August. – Ich tue hier, Felice, das weiß ich, etwas, was von außen gesehn schrecklich ist. Es ist vielleicht das Schlimmste, was ich Dir getan habe, aber das Notwendigste gleichzeitig. Du willst den Unterton in dem, was Du sagst – halte Dich nicht an das eine Beispiel –, nicht hören, also wiederhole ich es für Dich laut noch einmal.

Franz

12.VIII.13

Mich überläuft ein Widerwillen, Felice, wenn ich daran denken muß, daß Du an einem schönen Morgen, halbwegs frisch ausgeschlafen, in Erwartung eines angenehmen Tages beim Frühstück sitzt und Tag für Tag meine verfluchten Briefe wie Nachrichten aus der Unterwelt Dir überreicht werden. Was soll ich aber tun, Felice? Ich fühle in Deinen letzten Briefen und Karten Deine Nähe, Deine Hilfe, Deine überzeugte Entschlossenheit nicht, und ohne ihrer sicher zu sein, kann ich nicht die geringste Anknüpfung mit Deinen Eltern vollziehn, denn Du, ganz allein Du bildest meine einzige wesentliche Verbindung mit

Menschen und *nur Du sollst sie in Zukunft bilden.* Ich muß also die Antwort auf meinen gestrigen Brief abwarten. Verstehst Du denn meine Lage nicht, Felice? Ich leide noch viel mehr, als ich leiden mache, was allerdings an sich, trotzdem es viel bedeutet, noch nicht die geringste Selbstrechtfertigung für mich enthält.

Dein Franz

[14. August 1913]

Liebste Felice! Erst in dem letzten Brief erkenne ich Dich wieder. Du warst wie hinter Wolken. Noch in dem Brief von Montag (den ich, wegen ungenügender Frankierung wahrscheinlich, erst heute, Donnerstag, bekam) und in dem ersten Dienstagbrief. Ich fragte mich, ob ich den bösen Blick habe, daß mir alle diese Briefe nicht genügten. Immerfort war dort von den Mängeln der Ullsteinhalle die Rede. Wer bezweifelt, daß sich dort schlecht schreiben läßt, aber wer verlangt, daß Du dort schreiben sollst? Schon das Bild der Ullsteinhalle tat meinen Augen immer weh. Du schriebst doch sowieso mit Bleistift, konntest Du also nicht beim Frühstück mir paar Zeilen schreiben oder am Strand? Dann fand ich auch aus verschiedenen Anzeichen, daß Du meine Briefe nur ganz flüchtig liest. Ein Beispiel: Ich schrieb vom Onkel aus Madrid, Du verlegtest ihn nach Mailand. Daran lag ja nicht viel, aber ebensogut konntest Du irgendeines meiner wichtigsten Bedenken in irgendeine andere Himmelsgegend verlegen, ohne daß Du es aussprachst und ohne daß ich es merkte.

Erst Dein zweiter Dienstagbrief hat mich ein wenig beruhigt, und ich glaube, es ist wieder meine Felice. Endlich ist sie wieder aufgetaucht. Vielleicht bist Du nur müde, Felice. Es wäre ein Wunder, wenn Du es nicht wärest. Nun, ich denke an keine andere der vorhandenen Möglichkeiten und gleichzeitig mit diesem Brief geht auch der Brief an Deine Eltern ab. Bis Berlin gehen sie gemeinsam. Der Mann in Euerer Pension soll die Graphologie lassen. Ich bin durchaus nicht »sehr bestimmt in meiner Handlungsweise« (es müßte denn sein, daß Du es erfahren hast), ich bin ferner gar nicht »überaus sinnlich«, sondern habe großartige, eingeborene asketische Fähigkeiten, ich bin nicht gutherzig, bin zwar sparsam, aber gerade »aus Zwang« bin ich's nicht und sonst sehr freigebig bin ich schon gar nicht, und mit dem, was der Mann sonst sagte und das Du Dir nicht merken konntest, wird es sich ähnlich verhalten. Nicht einmal das »künstlerische Interesse« ist wahr, es ist sogar die falscheste Aussage unter allen Falschheiten. Ich habe kein literarisches Interesse, sondern bestehe aus Literatur, ich bin nichts anderes und kann nichts anderes sein. Ich habe letzthin in einer »Geschichte des Teufelsglaubens« folgende Geschichte gelesen: »Ein Kleriker hatte eine so schöne süße Stimme, daß sie zu hören die größte Lust gewährte. Als ein Geistlicher diese Lieblichkeit eines Tages auch gehört hatte, sagte er: das ist nicht die Stimme eines Menschen, sondern des Teufels. In Gegenwart aller Bewunderer beschwor er den Dämon, der auch ausfuhr, worauf der Leichnam (denn hier war eben ein menschlicher Leib anstatt von der Seele vom Teufel belebt gewesen) zusammensank und stank.« Ähnlich, ganz ähnlich ist das Verhältnis zwischen mir und der Literatur, nur daß meine Literatur nicht so süß ist wie die Stimme jenes Mönches. – Man muß allerdings schon ein ganz ausgepichter Graphologe sein, um das aus meiner Schrift herauszufinden.

Zu Deinem Graphologen füge ich einen Kritiker. Im »Literarischen Echo« erschien letzthin eine Besprechung von »Betrachtung«. Sie ist sehr liebenswürdig, aber an sich nicht weiter bemerkenswert. Nur eine Stelle ist auffallend, es heißt dort im Verlauf der Besprechung: »Kafkas Junggesellenkunst ...« Was sagst Du dazu, Felice? Kurz noch zu den andern Punkten: Auf dem Müllern bestehe ich durchaus, das Buch geht heute ab, wenn es Dir langweilig ist, so machst Du es nicht gut, strenge Dich an, es ganz genau *(natürlich in sehr vorsichtigem Fortschreiten!)* zu machen, und es wird Dich schon infolge seiner gleich spürbaren Wirkung nicht langweilen können; wegen des Kochens mach' Dir keine Sorge; Deiner im Schlaf sprechenden Cousine leg', wenn sie schläft, vorsichtig ein Tuch über das Gesicht.

Franz

15.VIII.13

Nun aber, Felice, werde ruhig. Es ist Urlaub und Sommer, die Unruhe soll weder im Zimmer noch draußen sein. Ich habe Deinen Eltern das Unumgängliche gesagt; es war nicht leicht, das Notwendige und das Wahrheitsgemäße so zu vereinigen, daß es den Eltern noch lesbar und begreiflich blieb, es ist mir immerhin, wenn auch nur halb gelungen. Jedenfalls wird zwischen uns nicht mehr von Angst und Sorgen gesprochen werden, was davon »noch übrig ist, muß zwischen den Zähnen zerbissen werden. Gewiß hatte ich mit meinen Vorwürfen in den letzten Briefen zum größten Teil Unrecht, ich will darüber nicht ausführlich reden, die Vorwürfe kamen aber auch nicht etwa nur aus Kränkung über einzelne Briefstellen, sie kamen aus tieferer Angst. Lassen wir sie jetzt! Ich habe ein Mittel gefunden, Dich mit solchen Dingen nicht mehr zu quälen. Ich schreibe zwar das Unentbehrliche auf, schicke es aber nicht weg, vielleicht kommt einmal eine friedliche Zeit, wo wir es gemeinsam in Ruhe lesen können und ein beruhigender Blick und Händedruck vielleicht, vielleicht alles leichter und rascher beseitigt als ein langsam von Westerland herwandernder Brief. Die letzten Leiden, die ich Dir verursacht habe, Felice, nimm als einen Teil des schon beginnenden Opfers hin, das die Verbindung mit mir für Dich bedeutet. Anderes kann ich nicht sagen. Beziehe es mit in Deine Überlegung und Antwort ein, wenn Deine Eltern Dich über meinen Brief ausfragen werden.

Nun schreibe mir auch nicht mehr soviel. Ein großer Briefverkehr ist ein Zeichen dafür, daß etwas nicht in Ordnung ist. Der Frieden braucht keine Briefe. Dadurch, daß ich Dein Bräutigam vor aller Welt werde, hat sich an sich nichts geändert, immerhin ist es das Zeichen für das Ende jeder nach außen gehenden Wirkung der Zweifel und der Angst. Infolgedessen sind die vielen Briefe nicht mehr nötig, nur äußerste, aufs Haar berechnete Regelmäßigkeit der Briefe ist nötig. Du wirst staunen, was für ein schwacher, wenn auch pünktlicher Briefschreiber aus mir werden wird, wenn ich Bräutigam bin. Es gibt dann immer stärkere Verbindungen, denen gegenüber Briefe lächerlich sind.

Franz

18.VIII.13

Liebste Felice, Du wirst mir doch nicht krank. Es geht Dir nicht besonders? Was bedeutet das? Und warum erklärst Du es nicht näher? Muß ich mir allein Vorwürfe darüber machen, daß ich durch Quälereien Dich krank mache? Ist nicht anderes schuld? Und was ist es? Und Du schläfst noch immer nicht gut? Wahrhaftig meine Schlaflosigkeit sollte doch für uns beide ausreichen. Hast Du genug Ruhe? Hast Du gutes und vernünftiges Essen? Was bedeutet nur das, es ginge Dir nicht besonders? Schreibe mir keine Briefe mehr, nur Karten, aber bitte, Felice, zu einer solchen Nachricht, es ginge Dir nicht besonders, füge auch eine kleine Erklärung oder eine kleine Hoffnung hinzu. Wenn Du nur schreibst, es ginge Dir nicht besonders, so kann ich das stundenlang anstarren, ohne eine Erklärung herauszulesen oder wenigstens ohne eine gute Erklärung herauszulesen. Und schicke mir dann nicht Karten mit solchen Bildchen, sondern wirkliche Ansichtskarten, aus denen ich mir eine Vorstellung davon machen kann, wo und wie Du lebst, denn das ist mir doch das wichtigste.

Die Post scherzt wohl wieder mit uns. Deinen Brief vom Freitag bekam ich erst jetzt Montag, und der Flaubert, der doch schon vorigen Montag bei Dir hätte ankommen sollen, scheint auch erst jetzt gekommen zu sein. In dem Buch ist aber Leben! Hält man sich fest daran, geht es in einen über, sei man, wie man sei. Gestern kam Max von seiner Reise zurück, ich war bei ihm, dort waren auch seine Eltern, und da erfuhr ich die große Neuigkeit, daß Frau Brod von irgendjemandem, von irgendwo – den Namen würde man mir niemals nennen – einen Glückwunsch bekommen habe. Ich hörte nichts, verstand nichts, hatte Kopfschmerzen von einer schlaflosen Nacht und richtete mich darauf ein, sinnlos herumzustarren. Das war zwar nur der Ausdruck eines elenden Zustandes, gleichzeitig aber auch der Ausdruck der Traurigkeit darüber, daß sich fremde Leute in meine Angelegenheit einmischen oder einmischen möchten, wozu ich ihnen ein Recht selbst bei äußerster Berücksichtigung ihrer Freundschaft, Anteilnahme, Hilfsbereitschaft und Liebenswürdigkeit niemals zugestehen kann. Die Photographien! Felice. Die Photographien! Man wartet! Sieh, was für ein schönes Gedicht ich bekommen habe, es ist gerade im »März« erschienen. Schick es mir wieder zurück. Ja dort sind wir vor zwei Jahren gelegen. Ich weiß nicht mehr, wie das Dorf geheißen hat, ganz nahe bei Lugano. – Und nun sieh zu, daß Du gesund wirst. Die Cousine und die Freundin sollen nichts tun als Dich bedienen und pflegen. Hätte ich doch auch eine Aufgabe dabei.

Franz

20.VIII.13

Nun siehst Du, Felice, wie Recht ich mit meinem Vorwurf hatte, daß Du nicht genug an mich denkst. Oder hast Du an mich gedacht, als Du Dich so weit vorwagtest, bis Du in Gefahr kamst? Nein, da war ich gar nicht in Deinen Gedanken. Und ist es jetzt schon gut? Und immer dieses Herzklopfen! Nein, Felice, darin will ich keine Annäherung an mich. Laß mein Herz sich benehmen, wie es den abgespielten Nerven beliebt, Deinem Herzen aber laß seinen ruhigen eingeborenen Gang. Und wie kann Halsentzündung Folge des Schreckens sein? Ein wenig undeutlich ist das. War ein Arzt bei Dir? Sag, Felice, warst Du nicht widerstandsfähiger, ehe Du mich kanntest? Bin ich nicht mehr schuld als alle Wellen? Und hätte ich Dich auch nur halb so viel gequält in diesem Jahr wie mich, der wirklich nicht gerade zu meinem, aber zu Deinem künftigen Schrecken immer mehr weißes Haar bekommt. Einmal schriebst Du, daß Du Angst hattest vor einem kahlköpfigen Bewerber, und jetzt bietet Dir ein fast Weißhaariger den Ehemannsarm an.

Bei Deinem heutigen Brief fällt mir ein, daß wir zumindest in einer Hinsicht ganz gegensätzlich sind. Dich freut. Du benötigst die mündliche Aussprache, der unmittelbare Verkehr tut Dir wohl, Schreiben beirrt Dich, es ist Dir bloß ein unvollkommener Ersatz und meistens nicht einmal ein Ersatz, auf viele Briefe hast Du mir nicht eigentlich geantwortet, und zwar, wie es bei Deiner Güte und Bereitwilligkeit zweifellos ist, nur aus dem Grunde, weil Dir das Schreiben widerstrebte, so gern Du Dich z.B. mündlich zu diesem oder jenem geäußert hättest.

Bei mir ist ganz das Gegenteil der Fall. Mir widerstrebt das Reden ganz und gar. Was ich auch sage ist falsch in meinem Sinn. Die Rede nimmt allem, was ich sage, für mich den Ernst und die Wichtigkeit. Es scheint mir gar nicht anders möglich, da auf die Rede unaufhörlich tausend Äußerlichkeiten und tausend äußerliche Nötigungen wirken. Ich bin deshalb schweigsam, nicht nur aus Not, sondern auch aus Überzeugung. Nur das Schreiben ist die mir entsprechende Form [der] Äußerung, und sie wird es bleiben, auch wenn wir beisammen sind. Wird Dir aber, die Du von Deiner Natur auf das Sprechen und Zuhören angewiesen bist, das, was mir zu schreiben gegönnt sein wird, als meine wesentliche, einzige (zwar vielleicht nur an Dich gerichtete) Mitteilung genügen?

Franz

Liebe Felice, ich kam gestern zu spät nachhause, als daß ich Dein gestriges Telegramm noch mit einem Telegramm hätte beantworten können. Auch mußtest
Du gestern Abend meinen Brief schon haben.

Sonntag an Dich zu schreiben, bin ich auf folgende Weise gehindert worden:
Ich ging Sonntag in den Gassen allein herum und es fiel mir ein, daß wir über die
wichtigste Angelegenheit oder über die zumindest (was für eine unsichere Hand
ich heute habe, nicht? aber ich kann auch ruhig schreiben sieh nur!) mit dem
Wichtigsten verknüpfte Angelegenheit nur wenig und meist andeutungsweise
gesprochen oder geschrieben haben. Was war natürlicher, als daß ich mich mit
großen Schritten nachhause wendete, um alles, klar bis zur Möglichkeit, aufzuschreiben und Dir vorzulegen. Es war Abend, das war für die Klarheit des Auf-
zuschreibenden von Vorteil. Was lag mir am Schlaf! Da traf ich einen Bekannten,
wir kamen in ein beruhigendes, zerstreuendes, nichts sagendes Gespräch, und als
ich ihn los war, dachte ich menschlicher, dachte an die Qual, die ich Dir die
ganze Zeit bereitet hatte, und ließ vorläufig das Wichtigste ungeschrieben. War
es eine Sünde von mir, nicht zu schreiben – und das war es gewiß – so war es eine
gut gemeinte. Und als ich nun gar las, daß Du Montag im Bett gelegen bist und
alles andere brauchtest als Sorgen, segnete ich meinen Bekannten.

Ob Du meiner Mutter schreiben sollst? Zuerst muß doch Dein Vater mir
antworten. Dann aber, im günstigen Fall, tu das, was Dir lieber ist, der Mutter
schreiben oder ihren Brief abwarten. Ich habe dafür kein Gefühl. Wenn Du
willst, daß sie Dir zuerst schreibt, so wird sie Dir zuerst schreiben.

Nach Berlin komme ich kaum vor meinem Urlaub, Felice. Erstens hättest
Du in meinem jetzigen Zustand wenig Freude an mir (womit ich spätern Ein-
drücken nicht vorgreifen will). Zweitens gefällt uns beiden (in den Gründen
mögen Verschiedenheiten sein) die Verlobungszeit nicht. Es ist etwas Richtiges
in den orientalischen Hochzeitsbräuchen, wo der Bräutigam erst bei der Hochzeit die Braut zu sehen bekommt. Der Schleier wird gehoben »das ist also Felice!« und er liegt ihr zu Füßen. Sie aber springt zurück, so erschrickt sie vor dem
Weißhaarigen. Drittens will ich den Urlaub zusammenhalten, und ein Sonntag
bleibt mir kaum mehr übrig. Das sind die allgemeinen Gründe. Billigst Du sie?

Franz

[am Rande] Die Photographien! Und den Brief der Schwester!

Unausgesprochen ist vielleicht nichts, Felice, hab darin keine Angst, aber von
Dir ganz begriffen ist vielleicht gerade das Wichtigste nicht. Das ist kein Vorwurf, nicht die Spur eines Vorwurfes. Du hast das Menschenmögliche getan,

aber was Du nicht hast, kannst Du nicht fassen. Niemand kann das. Und ich allein habe doch alle Sorge und Angst in mir, lebendig wie Schlangen, ich allein sehe ununterbrochen in sie hinein, nur ich weiß, wie es um sie steht. Du erfährst nur durch mich, nur durch Briefe von ihnen, und das was Dir dadurch von ihnen überliefert wird, verhält sich an Schrecken, an Beharrlichkeit, an Größe, an Unbesiegbarkeit zu dem Wirklichen nicht einmal so, wie sich mein Geschriebenes zu dem Wirklichen verhält, und das ist doch schon ein gar nicht zu umfassendes Mißverhältnis. Das sehe ich klar, wenn ich Deinen lieben zuversichtlichen gestrigen Brief lese, bei dessen Schreiben Du ganz die Erinnerung, in der Du mich von Berlin her hältst, vergessen haben mußt. Nicht das Leben dieser Glücklichen, die Du in Westerland vor Dir hergehen siehst, erwartet Dich, nicht ein lustiges Plaudern Arm in Arm, sondern *ein klösterliches Leben an der Seite einen verdrossenen, traurigen, schweigsamen, unzufriedenen, kränklichen Menschen,* der, was Dir wie ein Irrsein erscheinen wird, mit unsichtbaren Ketten an eine unsichtbare Literatur gekettet ist, und der schreit, wenn man in die Nähe kommt, weil man, wie er behauptet, diese Kette betastet.

Dein Vater zögert mit der Antwort, das ist selbstverständlich, aber daß er auch mit den Fragen zögert, scheint mir zu beweisen, daß er nur ganz allgemeine Bedenken hat, welche eine Auskunft – gänzlich lügenhafter Weise – mehr als nötig beseitigen wird, daß er aber gerade über jene Stelle meines Briefes, die mich verraten könnte, unachtsam, weil dies gänzlich außerhalb seiner Erfahrung liegt, hinweggeht. Das darf nicht sein, sagte ich mir heute die ganze Nacht und entwarf einen Brief, der ihm das klar machen sollte. Er ist nicht fertig, ich schicke ihn auch nicht weg, es war nur ein Ausbruch, der mich nicht einmal erleichtert hat.   Franz

24.VIII.13

Liebste Felice! Das Mädchen weckte mich aus meinem Dusel und reichte mir Deinen Brief. Er kam wie eine Ergänzung der grellen Vorstellungen, die in dem ewigen halbwachen Zustand, in dem ich nun schon alle Nächte verbringe, mir durch den Kopf gehn. Aber käme das Mädchen in beliebiger Nachtstunde und brächte Deinen Brief, immer würde er sich meinem Gedankengang, der von nichts handelt als von Dir und unserer Zukunft, als etwas Selbstverständliches einfügen.

Arme liebste Felice! Dieses Zusammentreffen, daß ich mit niemandem so leide wie mit Dir und niemanden so quäle wie Dich, ist schrecklich und gerecht. Ich gehe förmlich auseinander. Ich ducke mich vor meinen eigenen Schlägen und nehme förmlich den größten Anlauf, um sie auszuführen. Wenn das nicht die schlimmsten Vorzeichen sind, die uns erscheinen können!

Nicht ein Hang zum Schreiben, Du liebste Felice, kein Hang, sondern durchaus ich selbst. Ein Hang ist auszureißen oder niederzudrücken. Aber dieses bin ich selbst; gewiß bin auch ich auszureißen und niederzudrücken, aber was geschieht mit Dir? Du bleibst verlassen und lebst doch neben mir. Du wirst Dich verlassen fühlen, wenn ich lebe, wie ich muß, und Du wirst wirklich verlassen sein, wenn ich nicht so lebe. Kein Hang, kein Hang! Meine kleinste Lebensäußerung wird dadurch bestimmt und gedreht. Du wirst Dich an mich gewöhnen, Liebste, schreibst Du, aber unter welchen, vielleicht unerträglichen Leiden. Bist Du imstande, Dir ein Leben richtig vorzustellen, währenddessen, wie ich es Dir schon schrieb, wenigstens im Herbst und Winter, für uns täglich gerade nur *eine* gemeinsame Stunde sein wird und Du als Frau die Einsamkeit schwerer noch tragen wirst, als Du es Dir heute als Mädchen in der Dir gewohnten, entsprechenden Umgebung nur von der Ferne denken kannst? Vor dem Kloster würdest Du unter Lachen zurückschrecken und willst mit einem Menschen leben, den sein eingeborenes Streben (und nur nebenbei auch seine Verhältnisse) zu einem Klosterleben verpflichten? Seien wir ruhig, Felice, ruhig! Ich bekam heute von Deinem Vater einen ruhigen, überlegten Brief, dessen Ruhe gegenüber mein Zustand mir wie eine Narrheit schon außerhalb der Welt erschien. Und doch ist Deines Vaters Brief nur deshalb ruhig, weil ich Deinen Vater betrüge. Sein Brief ist freundlich und offen, mein Brief war nur eine Verschleierung der unglückseligsten Hintergedanken, mit denen ich nur Dich immer wieder anfallen muß, meine liebste Felice, deren Fluch ich bin. Dein Vater entscheidet sich, wie natürlich, nicht, sondern behält die Entscheidung einer Besprechung mit Dir und Deiner Mutter vor. Sei, Felice, ehrlich Deinem Vater gegenüber, wenn ich es schon nicht war. Sag' ihm, wer ich bin, zeig' ihm Briefe, steige mit seiner Hilfe aus dem fluchwürdigen Kreis, in den ich, verblendet durch Liebe wie ich war und bin, Dich mit meinen Briefen und Bitten und Beschwörungen gedrängt habe.

Franz

24.VIII.13

Du fragst, wie es mir gegangen ist? Es ist mir so gegangen, daß ich, seitdem ich Dein Telegramm habe, also seit 4 Tagen, den Brief an Deinen Vater fertiggeschrieben in der Schublade habe. Als ich heute Deinen Brief gelesen hatte, ging ich gleich ins Nebenzimmer, wo die Eltern nach dem Mittagessen immer ein wenig Karten spielen und fragte sofort: »Vater, was sagst Du also dazu, daß ich heiraten will?« Es ist das erste Wort, das ich mit dem Vater über Dich gesprochen habe. Von der Mutter weiß er natürlich alles, was die Mutter weiß. Sagte ich Dir schon einmal, daß ich meinen Vater bewundere? Daß er mein Feind ist und ich seiner, so wie es durch unsere Natur bestimmt ist, das weißt Du, aber außerdem ist meine Bewunderung seiner Person vielleicht so groß wie meine Angst vor ihm. An ihm vorbei kann ich zur Not, über ihn hinweg nicht. Wie jedes unserer Gespräche (aber es war kein Gespräch wie eben jedes unserer angeblichen Gespräche, es waren haltlose Bemerkungen von meiner und sehr kräftige Reden von seiner Seite) wie jedes unserer Gespräche begann auch dieses mit gereizten Bemerkungen von seiner und mit der Feststellung dieser Gereiztheit von meiner Seite. Ich fühle mich jetzt außerstande, zu schwach, um das Ganze zu beschreiben, ohne aber etwa durch das Gespräch besonders hergenommen zu sein, denn meine Unterlegenheit gegenüber meinem Vater ist mir ja bekannt und klar und greift meinen Vater gewiß viel mehr an, als mich. Das Wesentliche war, daß er mir die Not darstellte, in die ich durch Heirat mit meinem Einkommen geraten muß, ohne die Not bei meinem Mangel an Konsequenz (hier kamen gräßliche Vorwürfe, daß ich ihn zur Beteiligung an der verfehlten Asbestfabrik verlockt habe und mich jetzt um sie nicht kümmere) ertragen oder gar beseitigen zu können. Als Nebenargument, dessen Zusammenhang mit meiner Sache mir nicht mehr ganz klar ist, aber damals bestand, machte er zum Teil ins Leere, zum Teil meiner Mutter, zum Teil auch mir Vorwürfe wegen der Ehe meiner zweiten Schwester, mit der er in finanzieller Hinsicht (berechtigter Weise) nicht zufrieden ist. So verlief vielleicht eine halbe Stunde. Schließlich, wie meistens gegen Schluß solcher Szenen, wird er sanft, nicht sehr sanft an und für sich, aber vergleichsweise so sanft, daß man sich ihm gegenüber nicht zu helfen weiß, besonders ich, der ich für ihn überhaupt kein natürlich empfundenes Wort habe. (Das Merkwürdigste in meinem Verhältnis zu ihm ist aber vielleicht, daß ich es bis aufs äußerste verstehe, nicht mit ihm, aber in ihm zu fühlen und zu leiden.) Und so sagte er also zum Schluß (die Übergänge fehlen eben in meiner Beschreibung), er sei bereit, wenn ich es will, nach Berlin zu fahren, zu Euch zu gehn, die seiner Meinung nach unwiderleglichen Einwände vorzubringen und, wenn man über diese Einwände hinweg einer Heirat zustimmt, auch nichts mehr einwenden zu wollen. Nun mischest Dich Du, Felice, in mein Gespräch mit dem Vater. Du mußt mir schon ein wenig helfen standzuhalten. Für Dich ist ja mein Vater ein fremder Mann. Wäre es also als Anfang gut, wenn er nach Berlin fährt? Ist jetzt die richtige Zeit? Und wie wäre es einzuleiten? Da sind Antworten, klug und schnell wie Schlangen nötig.

Franz

[Vermutlich Nacht vom 24. zum] 25.VIII.13

Liebste Felice, ich habe vielleicht mittags nicht ganz richtig geschrieben. Ich bin so abhängig vom Augenblick und von seinen Kräften. Versteh mich also recht! Was der Vater sagte, ist Zustimmung in seiner Art, soweit er zu etwas seine Zustimmung geben kann, was ich will. Er spricht vom Glück der Kinder, das ihm am Herzen liegt und er lügt kaum jemals im Ernst, dazu ist sein Temperament zu stark. Aber was er dahinter noch fürchtet, ist etwas anderes. Darin ist er vielleicht Deiner Mutter ein wenig ähnlich, daß er überall den Zusammenbruch ahnt. Früher als er noch vollständiges Vertrauen zu sich und zu seiner Gesundheit hatte, waren diese Befürchtungen nicht so stark, insbesondere wenn es sich um Dinge handelte, die er selbst begonnen hatte und selbst durchführte. Heute aber fürchtet er alles und schauderhafter Weise wird diese Furcht wenigstens in den Hauptsachen immer bestätigt. Schließlich ist ja mit solchen regelmäßigen Warnungen nichts weiter gesagt, als daß das Glück selten ist, und das ist dann allerdings der Fall. Nun hat aber der Vater sein Leben lang schwer gearbeitet und aus nichts verhältnismäßig etwas gemacht. Dieses Fortschreiten hat aber schon seit Jahren, seit dem Erwachsensein der Töchter aufgehört und hat sich jetzt durch die Verheiratungen der Töchter in einen entsetzlichen Rückschritt verwandelt, der ununterbrochen anhält. Dem Gefühl des Vaters nach hängen ihm seine Schwiegersöhne und seine Kinder, ich jetzt ausgenommen, ununterbrochen am Halse. Das Gefühl ist leider vollständig berechtigt und wird noch durch das Leiden des Vaters, eine Arterienverkalkung, maßlos verstärkt. Nun denkt er, jetzt heirate ich, der bis jetzt zum Teil außerhalb dieser Sorgen war, muß seiner Rechnung nach, wenn nicht sofort, so in zwei Jahren bestimmt in Not geraten, werde, wie ich es auch jetzt in Abrede stellen mag, ihn, der sich vor Sorgen kaum rühren kann, um Hilfe bitten oder er werde, wenn ich nicht bitte, sie mir doch irgendwie zu verschaffen suchen und sein Ruin und der Ruin der vielen, die seiner Meinung nach von ihm abhängen, werde dadurch noch beschleunigt werden. So mußt Du ihn verstehn, Felice. Aber nun laß Dich bitte nach alledem, wie ich es schon lange nicht zu denken wagte, lange und möglichst ruhig von mir küssen.

Dein Franz

Wenn man ihn darin, wenigstens in diesem Hauptpunkt irgendwie trösten könnte! Ich habe keine richtige Beurteilung des Geldes (wenn ich auch von meinem Vater Geiz in kleinen Dingen geerbt habe, die Erwerbslust aber leider nicht) und der Lebensbedürfnisse erst recht nicht. Wenn mir der Vater sagt, wir werden in Not geraten, so glaube ich es, und wenn Du mir sagst, wir werden nicht in Not geraten, glaube ich es noch lieber. Disputieren kann ich jedenfalls mit meinem Vater darüber nicht, da muß eine bessere Zunge kommen.

Und bitte, Felice, schreib mir regelmäßig in diesen schlimmen Zeiten!

Der Brühl ist ein schrecklicher Mensch. Einmal veruntreut er, einmal hat er ein Verhältnis oder hängt beides zusammen? Die meisten Kinder verdienen doch schon etwas?

Wenn Du mein Schutzengel bist – und ich glaube jeden Tag mehr, daß Du es
bist –, dann bin ich jetzt lange ohne Schutzengel gewesen. Ich glaube, ich werde
Dir auf den morgigen Brief viel zu antworten haben. Zuerst aber muß ich sehn,
was in dem Brief steht.

Franz

[28. August 1913]

Felice, heute bekam ich den Brief, den Kartenbrief und den Brief Deines Vaters.
Du bekamst doch Sonntag und Montag Briefe von mir, auch Deinem Brief
nach scheinen sie angekommen zu sein, doch Du beantwortest sie nicht. Auch
in dem Brief Deines Vaters steht nicht die geringste Erwähnung dessen, daß Du
mit Deinem Vater über das, was an dieser Heirat Wagnis für Dich ist, gesprochen hättest. Er muß es aber wissen, es geht ihn nicht nur mittelbar, es geht ihn
unmittelbar an. Könnte ich reden, ich käme nach Berlin, ich kann aber nicht
und muß also schreiben, ich habe in aller Kürze und Oberflächlichkeit, was zu
sagen ist, in dem beiliegenden Brief an Deinen Vater aufgeschrieben. Bitte,
bitte, liebste Felice, gib ihm den Brief! Es muß sein.

Franz

Meine Mutter? Sie bettelt seit 3 Abenden, seitdem sie meine Sorgen ahnt, ich
möchte doch heiraten auf jeden Fall, sie will Dir schreiben, sie will mit mir nach
Berlin fahren, was will sie nicht alles! Und hat nicht die geringste Ahnung von
dem, was für mich notwendig ist.

Franz Kafka an den Vater Felicens, Herrn Carl Bauer
[28. August 1913]

Sehr geehrter Herr Bauer!
Ich weiß nicht, ob Sie die Geduld und den Willen haben, jetzt, nachdem ich
Ihre zwei gütigen Briefe erbettelt habe, noch die folgenden Dinge anzuhören.
Daß ich sie aber unbedingt aussprechen muß, das weiß ich. Ich müßte sie aussprechen, selbst wenn mir die Briefe nicht das Vertrauen eingeflößt hätten, das
ich jetzt zu Ihnen habe.
    Was ich Ihnen in meinem ersten Briefe über mein Verhältnis zu Ihrer Toch-
ter geschrieben habe, ist wahr und wird es bleiben. Es fehlt aber bis auf eine Andeutung, die Ihnen vielleicht entgangen ist, etwas Entscheidendes darin. Vielleicht glaubten Sie darauf nicht eingehn zu müssen, da Sie glaubten, die Auseinandersetzung mit meinem Charakter sei gänzlich Sache Ihrer Tochter und sei

auch vollkommen vollzogen. Sie ist es nicht, immer wieder glaubte ich es zu Zeiten, immer wieder aber zeigte es sich, daß es nicht geschehen war, nicht geschehen konnte. Ich habe mit meinem Schreiben Ihre Tochter verblendet, meistens nicht täuschen wollen (manchmal täuschen wollen, weil ich sie liebte und liebe und der Unvereinbarkeit schrecklich mir bewußt war) und vielleicht gerade damit ihr die Augen zugehalten. Ich weiß es nicht. Sie kennen Ihre Tochter, sie ist ein lustiges, gesundes, selbstsicheres Mädchen, das lustige, gesunde, lebendige Menschen um sich haben muß, um leben zu können. Mich kennen Sie nur von meinem Besuch (fast möchte ich sagen, es sollte genügen), ich kann auch nicht wiederholen, was ich von mir in etwa 500 Briefen Ihrer Tochter geschrieben habe. Bedenken Sie also nur dieses eine Wichtigste: Mein ganzes Wesen ist auf Literatur gerichtet, die Richtung habe ich bis zu meinem 30[s]ten Jahr genau festgehalten; wenn ich sie einmal verlasse, lebe ich eben nicht mehr. Alles was ich bin und nicht bin, folgert daraus. Ich bin schweigsam, ungesellig, verdrossen, eigennützig, hypochondrisch und tatsächlich kränklich. Ich beklage im Grunde nichts von alledem, es ist der irdische Widerschein höherer Notwendigkeit. (Was ich wirklich kann, steht hier natürlich nicht in Frage, hat keinen Zusammenhang damit.) Ich lebe in meiner Familie, unter den besten, liebevollsten Menschen, fremder als ein Fremder. Mit meiner Mutter habe ich in den letzten Jahren durchschnittlich nicht zwanzig Worte täglich gesprochen, mit meinem Vater kaum jemals mehr als Grußworte gewechselt. Mit meinen verheirateten Schwestern und den Schwägern spreche ich gar nicht, ohne etwa mit ihnen böse zu sein. Für die Familie fehlt mir jeder mitlebende Sinn.

Neben einem solchen Menschen soll Ihre Tochter leben können, deren Natur, als die eines gesunden Mädchens, sie zu einem wirklichen Eheglück vorherbestimmt hat? Sie soll es ertragen, ein klösterliches Leben neben einem Mann zu führen, der sie zwar lieb hat, wie er niemals einen andern lieb haben kann, der aber kraft seiner unabänderlichen Bestimmung die meiste Zeit in seinem Zimmer steckt oder gar allein herumwandert? Sie soll es ertragen, gänzlich abgetrennt von ihren Eltern und Verwandten und fast von jedem andern Verkehr hinzuleben, denn anders könnte ich, der ich meine Wohnung selbst vor meinem besten Freunde am liebsten zusperren würde, ein eheliches Zusammenleben mir gar nicht denken. Und das würde sie ertragen? Und wofür? Etwa für meine in ihren und vielleicht selbst in meinen Augen höchst fragwürdige Literatur? Dafür sollte sie allein in einer fremden Stadt in einer Ehe leben, die vielleicht eher Liebe und Freundschaft als wirkliche Ehe wäre. Ich habe das Wenigste von dem gesagt, was ich sagen wollte. Vor allem: entschuldigen wollte ich nichts. Zwischen Ihrer Tochter und mir allein war keine Lösung möglich, dazu liebe ich sie zu sehr und sie gibt sich zu wenig Rechenschaft und will vielleicht auch nur aus Mitleid das Unmögliche, so sehr sie es leugnet. Nun sind wir zu dritt, urteilen Sie!
Ihr herzlich ergebener

Dr. F. Kafka

Liebste Felice, Du kennst mich nicht, in meinem Schlechtsein kennst Du mich nicht, und auch mein Schlechtsein geht auf jenen Kern zurück, den Du Literatur nennen kannst oder wie Du willst. Was für ein elender Schreiber und wie böse über mich selbst hinaus bin ich doch, daß ich Dich davon nicht überzeugen konnte. (Seit früh und auch jetzt halte ich die Hand an der linken Schläfe, es geht nicht anders.)

Es sind ja kaum Tatsachen, die mich hindern, es ist Furcht, eine unüberwindliche Furcht, eine Furcht davor, glücklich zu werden, eine Lust und ein Befehl, mich zu quälen für einen höheren Zweck. Daß Du, Liebste, mit mir unter die Räder dieses Wagens kommen mußt, der nur für mich bestimmt ist, das ist allerdings schrecklich. Die innere Stimme verweist mich ins Dunkel und in Wirklichkeit zieht es mich zu Dir, das ist nichts zu Vereinbarendes, und wenn wir es doch versuchen, trifft es mit gleichen Schlägen Dich und mich. Liebste, ich will Dich doch nicht anders haben, als Du bist, ich liebe doch Dich und keine Gestalt in der Luft. Aber dann kommt wieder die Tyrannei, die ich durch mein bloßes Dasein über Dir ausüben muß, dieser Widerspruch zerreißt mich. Auch er zeigt die Unmöglichkeit.

Wärest Du hier, sähe ich Dich leiden (es wäre nicht das allein, Dein Leiden in der Ferne ist mir ärger), hätte ich die Möglichkeit zu helfen, würden wir gleich heiraten können, besinnungslos, ich ließe natürlich alles und auch dem Unglück ließ ich seinen Weg. Aber gegenwärtig ist dieser Ausweg nicht zu finden. Ich könnte mit dem Blick auf Deinen heutigen lieben, selbstmörderischen Brief Dir versprechen, alles so zu lassen, wie es in Deinem Sinne war und Dich nicht mehr zu quälen. Aber wie oft habe ich das versprochen! Ich kann nicht für mich bürgen. In Deinem nächsten Brief oder vielleicht heute in der Nacht kommt diese Angst wieder, ich entgehe ihr nicht, die Zeit bis zur Heirat wäre nicht durchzubringen. Was sich bisher jeden Monat wiederholte, wird sich jede Woche wiederholen. In jedem zweiten Brief werde ich dafür beängstigende Anknüpfungen finden, und dieser schreckliche Kreisel in mir wird wieder in Gang gebracht sein. Das wird nicht Deine Schuld sein, war es niemals, Felice, es ist die Schuld einer allgemeinen Unmöglichkeit. Ich las z.B. Deinen letzten Brief. Du wirst Dir nicht vorstellen können mit welchen angsterfüllten Gedanken. Da standen die Überlegungen, durch welche Deine Eltern dazu geführt worden waren, ihre Zustimmung zu geben. Was kümmerten mich diese Überlegungen, ich haßte diese Überlegungen. Du schriebst von der möglichen Liebe Deiner Mutter zu mir, was fing ich mit dieser Liebe an, ich, der sie niemals erwidern, der dieser Liebe niemals entsprechen konnte und wollte. Selbst vor der ausführlichen Besprechung mit Deinen Eltern erschrak ich. Selbst vor der Verbindung zwischen Verlobung und Feiertagen und dem Aussprechen dieser Verbindung erschrak ich. Das ist Irrsinn, ich überblicke das gut, aber gleichzeitig ein unausrottbarer, das weiß ich. Und das alles sind doch nur Zeichen meines ganzen Wesens, das an Dir immerfort rütteln würde. Erkenne das doch, Felice, ich liege auf dem Boden vor Dir und bitte, stoße mich fort, alles andere ist unser beider Untergang. Das ist das Wort, das ich, glaube ich, etwa im Jänner geschrieben habe, es bricht wieder durch, es ist nicht zurückzuhalten. Du würdest es selbst sagen, wenn ich mich vor Dir aufreißen könnte.

Franz

2.IX.13

Ich bin ruhiger geworden, Felice, Sonntag lag ich noch mit Kopfschmerzen im Wald und drehte den Kopf vor Schmerzen im Gras, heute ist es schon besser, aber mehr beherrsche ich mich nicht als früher, ich bin ohnmächtig mir gegenüber. In Gedanken kann ich mich teilen, ich kann ruhig und zufrieden an Deiner Seite stehn und dabei meinen in diesem Augenblick sinnlosen Selbstquälereien zusehn, ich kann in Gedanken über uns beiden stehn und im Anblick des Leides, das ich Dir, dem besten Mädchen zufüge, um eine ausgesuchte Marter für mich beten, das kann ich. Letzthin schrieb ich folgenden Wunsch für mich auf: »Im Vorübergehn durch das Parterrefenster eines Hauses an einem um den Hals gelegten Strick hineingezogen und ohne Rücksicht, wie von einem, der nicht acht gibt, blutend und zerfetzt durch alle Zimmerdecken, Möbel, Mauern und Dachböden hinauf gerissen werden, bis oben auf dem Dach die leere Schlinge erscheint, die meine letzten Reste gerade erst beim Durchbrechen der Dachziegel verloren hat.« Aber in Wirklichkeit kann ich nichts, bin ganz in mich eingesperrt und höre Deine geliebte Stimme nur von der Ferne. Gott weiß, von welchen Quellen sich diese ewigen, gleichförmig sich drehenden Sorgen nähren. Ich kann ihnen nicht beikommen. Ich dachte (Du dachtest es auch), ich würde ruhiger werden, wenn ich Deinem Vater schriebe. Es geschieht das Gegenteil, verstärkter Angriff verstärkt die Kräfte dieser Sorgen und Ängstigungen unmäßig. Es wirkt hier eben das Diktat, das alle Schwächlinge beherrscht und das auf äußerste Buße, auf äußersten Radikalismus drängt. Die Lust, für das Schreiben auf das größte menschliche Glück zu verzichten, durchschneidet mir unaufhaltsam alle Muskeln. Ich kann mich nicht frei machen. Die Befürchtungen, die ich habe, für den Fall, daß ich nicht verzichte, verdunkeln mir alles.

Liebste, was Du mir sagst, sage ich fast ununterbrochen, die geringste Loslösung von Dir brennt mich, was zwischen uns zwei vorgeht, wiederholt sich in mir viel ärger, vor Deinen Briefen, vor Deinen Bildern erliege ich. Und doch – Sieh, von den vier Menschen, die ich (ohne an Kraft und Umfassung mich ihnen nahe zu stellen) als meine eigentlichen Blutsverwandten fühle, von Grillparzer, Dostojewski, Kleist und Flaubert, hat nur Dostojewski geheiratet, und vielleicht nur Kleist, als er sich im Gedränge äußerer und innerer Not am Wannsee erschoß, den richtigen Ausweg gefunden. Das alles kann an und für sich für uns ganz bedeutungslos sein, jeder lebt ein neues Leben und stünde ich selbst im Kern ihres Schattens, der auf unserer Zeit liegt. Aber es ist eine Grundfrage des Lebens und Glaubens überhaupt und von da aus hat das Deuten des Verhaltens jener vier mehr Sinn.

Liebste, alles aber verliert den Sinn im Verhältnis zu der Qual, die ich Dir antue und die sicher ist, während ich die Qual in der Zukunft für Dich nur fürchte. Du bist so lieb, kniete ich einmal vor Dir, ich könnte nicht mehr fort, glaube ich. Über das, was ich über Deinen vorvorletzten Brief geschrieben habe, Deine Eltern betreffend, gehst Du hinweg wie ein Engel. (Gerade kommt Dein Telegramm. Liebste, quäl Dich doch nicht! Ich bekam doch Deinen Brief erst heute Mittag. In die Wohnung werden die Briefe doch so schlecht zugestellt, das weißt Du ja. Nun ist auch schon ½ 6 ich kann nicht mehr telegraphieren.)

Daß Du jenen Brief dem Vater gibst, verlange ich gar nicht. Ich schrieb ihn nur in der Aufregung und für jeden Fall. Die endliche Entscheidung ist weder bei Deinem Vater noch bei mir, sondern nur bei Dir. Deinem Vater gebührt vielleicht die Entscheidung nicht, ich bin zwischen Widersprüchen eingespannt und kann mich nicht rühren, in diesen Widersprüchen war ich von allem Anfang an.

Den Brief gib also dem Vater nicht, wenn Du nicht willst, aber einen andern Brief kann ich ihm jetzt auch nicht schreiben, ich habe förmlich die Hände nicht frei. Sag ihm, daß Dich etwas, vielleicht etwas Aufzuklärendes, an mir beirrt hat, daß Du nicht willst, daß ich an ihn schreibe, beides ist wahr. Unbeirrt kannst Du nicht geblieben sein, und so schreiben, wie ich jetzt müßte, läßt Du mich nicht. Sag' ihm also dieses, willst Du?

Gewiß, zusammenzukommen, zu zweit in Dresden oder in Berlin, das wäre das Beste. In jedem Sinn. Selbst wenn ich nichts zu sagen und nur mich hinzustellen wissen werde. Nicht daß es für mich gut sein wird, im höhern Sinn, so wie ich jetzt bin, aber das ist gleichgültig. Nun fahre ich aber Samstag weg. Habe ich Dir schon von dem Internat. Kongreß für Rettungswesen und Hygiene erzählt? Es hat sich gestern doch im letzten Augenblick entschieden, daß ich hinfahre. Ich verliere dadurch einige Tage der Ferien, habe aber einige Vorteile. Ich fahre also Samstag nach Wien, bleibe dort wahrscheinlich bis nächsten Samstag, fahre dann nach Riva ins Sanatorium, bleibe dort und werde dann in den letzten Tagen vielleicht eine kleine Reise durch Oberitalien machen. Ist es in Riva zu kühl, fahre ich überhaupt südlicher.

Verwende, Felice, die Zeit dazu, ruhig zu werden; wenn Du ruhig wirst, wirst Du über mich klar werden. Ich bin vor Deinen ruhigen Augen wie ein Irrlicht herumgefahren, denk darüber nach, ob das, was Du nur in der Eile im Durchein[an]der gesehen hast, auf die Dauer etwas Entscheidendes bedeuten kann. Für den Preis Deiner Ruhe will ich auf Briefe überhaupt verzichten, schreib mir während dieser Zeit nur in einem äußersten Fall. Auch ich werde Dir nicht eigentlich schreiben. Aber ich notiere mir immer auf einem Notizblock während der Reise Beobachtungen und Bemerkungen und die werde ich Dir immer gesammelt zwei-, dreimal in der Woche schicken. Wir werden dadurch ohne persönliche, durch meine Schuld Dich aufreibende Verbindung und doch nicht ohne Verbindung sein.

Und bis ich zurückkomme, treffen wir uns, wo Du willst, sehn uns nach der ganzen Zeit wieder ruhig ins Gesicht. Wenn Du das billigen wolltest!

Dein Franz

[Ansichtskarte. Stempel: Wien – 9.IX.13]

Heute früh war ich im Zionistischen Kongreß. Die richtige Anknüpfung fehlt mir. Im Einzelnen habe ich sie, über das Ganze hinaus auch, im Eigentlichen aber nicht. –

Zum Tagebuch noch nicht die geringste Zeit.

Franz

9.IX.13

Unmöglich, vorläufig das Tagebuch zu führen. Hätte ich doch, statt für die Mitnahme nach Wien zu danken, den Direktor auf den Knien gebeten, mich nicht mitzunehmen. Schlaflosigkeit, Schlaflosigkeit! Erste Reise mit diesen Zuständen. In der Nacht kalte Umschläge auf dem Kopf und mich doch nutzlos herumgewälzt und gewünscht, einige Stockwerke tiefer in der Erde zu liegen. Ich sage ab, wo ich nur kann und bin doch mit schrecklich vielen Leuten beisammen und sitze dort als das Gespenst bei Tisch.

Franz

[Wien,] 9 Uhr abends, 13.IX.13

Das Tagebuch über Wien setze ich nicht fort. Wenn ich die Tage in Wien ungeschehen machen könnte – und zwar von der Wurzel aus –, so wäre es das beste. Morgen früh 8.45 fahre ich nach Triest, komme dort 9.10 abends an. Montag fahre ich nach Venedig. Ich schlafe besser, bin aber innerlich unsicher gegen alle Seiten hin. Im Übrigen fahre ich jetzt allein und werde sehn können, ob der Widerwille gegen meine Reisebegleitung größer war als meine Unfähigkeit zu selbständigen Handlungen, zu fremden Sprachen, zu glücklichen Zufällen. Das Telegramm habe ich bekommen. Meine Adresse ist Venedig, poste restante; wenn ich wahrscheinlich auch nicht lange dort bleibe, so wird mir doch alles nachgeschickt.

Franz

[Aufzeichnungen aus der Zeit vom 6., 7. u. 8. September 1913 auf vier beider-seitig beschriebenen Notizbuchblättern. Am oberen Rand des ersten Blattes] am 10. Sept. 1913

Zwischen den Säulen der Vorhalle des Parlamentes. Warte auf meinen Direktor. Großer Regen. Vor mir Athene Parthenos mit Goldhelm.

6/IX Fahrt nach Wien. Dummes Literaturgeschwätz mit Pick. Ziemlicher Widerwillen. So (wie P.) hängt man an der Kugel der Literatur und kann nicht los, weil man die Fingernägel hineingebohrt hat, im übrigen aber ist man ein freier Mann und zappelt mit den Beinen zum Erbarmen. Seine Nasenblas-kunststücke. Er tyrannisiert mich, indem er behauptet, ich tyrannisiere ihn. – Der Beobachter in der Ecke. – Bahnhof Heiligenstadt, leer mit leeren Zügen. In der Ferne sucht ein Mann den plakatierten Fahrplan ab. (Jetzt sitze ich auf der Stufe der Herme eines Theophil Hansen.) Gebeugt, im Mantel, das Gesicht ver-geht gegen das gelbe Plakat gehalten. Vorbeifahren an einem kleinen Terrassen-gasthaus. Gehobener Arm eines Gastes. Wien. Dumme Unsicherheiten, die ich schließlich alle respektiere. Hotel Matschakerhof. 2 Zimmer mit einem Zugang. Wähle das vordere. Unerträgliche Wirtschaft. Muß mit P. noch auf die Gasse. Laufe angeblich zu sehr, laufe noch stärker. Windige Luft. Erkenne alles Verges-sene wieder. Schlechter Schlaf. Voll Sorgen. Ein widerlicher Traum. (Die Frage des Tagebuches ist gleichzeitig die Frage des Ganzen, enthält alle Unmöglich-keiten des Ganzen. In der Eisenbahn überlegte ich es unter dem Gespräch mit P. Es ist unmöglich, alles zu sagen und es ist unmöglich, nicht alles zu sagen. Unmöglich die Freiheit zu bewahren, unmöglich sie nicht zu bewahren. Un-möglich das einzig mögliche Leben zu führen, nämlich beisammenleben, jeder frei, jeder für sich, weder äußerlich noch wirklich verheiratet sein, nur beisam-men sein und damit den letzten möglichen Schritt über Männerfreundschaft hinaus getan haben, ganz knapp an die mir gesetzte Grenze, wo sich schon der Fuß aufrichtet. Aber auch das ist eben unmöglich. Letzte Woche fiel mir das einmal vormittags als Ausweg ein, ich wollte es nachmittags schreiben. Nach-mittags bekam ich eine Biographie Grillparzers. Er hat das getan, gerade das. (Eben betrachtet ein Herr den Theophil Hansen, ich sitze wie seine Klio.) Aber wie unerträglich, sündhaft, widerlich war dieses Leben und doch gerade noch so wie ich es vielleicht unter größern Leiden als er, denn ich bin viel schwächer in manchem, zustandebrächte. *Später noch* darauf zurückkommen.) Abend noch Lise Weltsch getroffen.

7/IX Widerwillen vor P. Ein sehr braver Mensch im Ganzen. Hat immer eine kleine unangenehme Lücke in seinem Wesen gehabt und gerade aus dieser kriecht er, wenn man jetzt dauernd zuschaut, in seiner Gänze heraus. Früh im Parlament. Vorher im Residenzkaffee Eintrittskarten zum Zionistenkongreß von Lise W. geholt. Zu Ehrenstein gefahren. Ottakring. Mit seinen Gedichten weiß ich nicht viel anzufangen. (Ich bin sehr unruhig und infolgedessen auch ein wenig unwahr, und das, weil ich dieses nicht für mich allein schreibe.) In der

Thalisia mit beiden. Mit ihnen und Lise W. im Prater. Mitleid und Langweile. Sie kommt nach Berlin ins zionistische Bureau. Klagt über die Sentimentalität ihrer Familie, windet sich doch nur wie eine festgenagelte Schlange. Ihr ist nicht zu helfen. Mitgefühl mit solchen Mädchen (auf irgendeinem Umweg über mich) ist vielleicht mein stärkstes soziales Gefühl. Photographieren, Schießen, »Ein Tag im Urwalde« Karussell (wie sie hilflos oben sitzt, das sich bauschende Kleid, gut gemacht, elend getragen.) Mit ihrem Vater im Praterkaffee. Gondelteich. Unaufhörliche Kopfschmerzen. Die W. gehn zu Monna Vanna. Liege 10 Stunden im Bette, schlafe 5. Verzicht auf die Theaterkarte.

8. [IX.] Zionistischer Kongreß. Der Typus kleiner runder Köpfe, fester Wangen. Der Arbeiterdelegierte aus Palästina, ewiges Geschrei. Tochter Herzls. Der frühere Gymnasialdirektor von Jaffa. Aufrecht auf einer Treppenstufe, verwischter Bart, bewegter Rock. Ergebnislose deutsche Reden, viel hebräisch, Hauptarbeit in den kleinen Sitzungen. Lise W. läßt sich vom Ganzen nur mitschleppen, ohne dabeizusein, wirft Papierkügelchen in den Saal, trostlos. Frau Thein.

[Ansichtskarte. Stempel: Venedig – 15.IX.1913]

Endlich in Venedig. Jetzt muß ich aber mich auch hineinwerfen, wie sehr es auch gießt (desto besser werden die Wiener Tage von mir abgewaschen werden) und wie zittrig es auch in meinem Kopf zugeht von der kleinen Seekrankheit, die ich bei der lächerlich kleinen Fahrt [Triest – Venedig], allerdings im Sturmwind, bekommen hatte.

Franz

[Briefkopf des Hotel Sandwirth, Venedig]

[Stempel: 16.IX.1913]]

Felice, Dein Brief ist weder eine Antwort auf die letzten Briefe, noch unserer Verabredung entsprechend. Ich mache Dir keinen Vorwurf deshalb, von meinen Briefen gilt ja dasselbe. Wir wollten bis ich zurückkomme, irgendwo uns treffen, um elend, wie wir beide sind, vielleicht einer aus dem andern sich Kräfte zu holen. Ist Dir denn noch nicht klar, wie es um mich steht, Felice? Wie kann ich denn in meinem unglückseligen Zustand Deinem Vater schreiben? Eingesperrt von den Hemmungen, die Du kennst, kann ich mich nicht rühren, ich bin gänzlich, gänzlich außerstande, die innern Hindernisse niederzudrücken, das einzige was ich gerade noch imstande bin, ist grenzenlos unglücklich darüber zu sein. Ich könnte Deinem Vater schreiben, gänzlich einverständlich mit Dir und ganz aus meinem Herzen, aber bei der geringsten Annäherung der geringsten Realität wäre ich unbedingt wieder außer Rand und Band und würde ohne Rücksicht, unter dem unwiderstehlichsten Zwang das Alleinsein zu erreichen suchen. Das könnte nur in ein noch tieferes Unglück führen als zu dem, bei dem wir heute halten, Felice. Ich bin hier allein, rede fast mit keinem Menschen außer den Angestellten in den Hotels, bin traurig, daß es fast überläuft, und bin doch, das glaube ich zu fühlen, in dem mir entsprechenden, von einer überirdischen Gerechtigkeit mir zugemessenen, von mir nicht zu überschreitenden und bis zu meinem Ende weiter zu tragenden Zustand. Nicht daß ich »zuviel von mir aufgeben müßte«, hindert mich, wenn dies auch in einem gewissen eingeschränkten Sinn richtig ist, vielmehr liege ich ganz und gar auf dem Boden, wie ein Tier, dem man (auch ich nicht) weder durch Zureden noch durch Überzeugen beikommen kann, wenn ich mich auch beiden und besonders dem letzteren nicht ganz entziehen kann. Ich kann mich aber nicht vorwärtsbringen, ich bin wie verstrickt, reiße ich mich vorwärts, reißt es mich stärker wieder zurück. Das ist die einzige Klarheit und Offenheit, die man heute von mir bekommen kann. Als ich heute früh aus dem Bett in den klaren venezianischen Himmel sah und solche Gedanken mir durch den Kopf gingen, schämte ich mich genug und war unglücklich genug. Aber was soll ich tun, Felice? Wir müssen Abschied nehmen.

Franz

[Ansichtskarte. Stempel: Verona – 20.9.13]

In der Kirche S. Anastasia in Verona, wo ich müde in einer Kirchenbank sitze, gegenüber einem lebensgroßen Marmorzwerg, der mit glücklichem Gesichtsausdruck ein Weihwasserbecken trägt. – Von der Post bin ich ganz abgeschnitten, bekomme sie erst übermorgen in Riva, bin dadurch wie auf der andern Welt, sonst aber hier in allem Elend. F.

[Stempel: Prag – 29.X.13]

Ich will versuchen, Felice, nicht nur für Dich, sondern auch für mich bis zur Grenze der möglichen Klarheit zu kommen. Als ich Dir aus Venedig schrieb, wußte ich nicht mit Bestimmtheit, daß es der letzte Brief in der bis dahin ununterbrochenen Reihe sein würde. Als es aber nachher so kam (die Karte aus Verona war eine Ohnmacht, keine Karte), glaubte ich das Richtigste seit langer Zeit getan zu haben. Es war mir leichter gemacht dadurch, daß ich von Dir nichts hörte. Deine letzte Nachricht war das Telegramm in Venedig, welches einen Brief ankündigte, der nicht kam. Ich hielt es nicht für unwahrscheinlich, daß Du später noch nach Venedig geschrieben hast, daß aber der Brief nicht mehr bis zu mir kam, denn der italienische Postbeamte hat den Fetzen Papier, auf den er mich meine Rivaer Adresse hatte schreiben lassen, derart in eine Ecke geworfen, daß er kaum jemals wieder hervorgekommen ist. Trotzdem schrieb ich nicht. Nein, ich schrieb doch noch einmal, gleich am Tag nach der Karte aus Verona, ich war damals in Desenzano, lag im Gras, wartete auf den Dampfer, mit dem ich nach Gardone fahren wollte, und schrieb an Dich. Ich habe den Brief nicht weggeschickt, vielleicht habe ich ihn noch irgendwo, verlange ihn aber nicht zu sehn, er war zusammengestoppelt, noch die Bindewörter hatte ich erfinden müssen, widerlich war das, dort in Desenzano war ich wirklich am Ende.

Du aber, Felice, hattest nun meine Zettel aus Wien und meinen Brief aus Venedig und Du dachtest nicht, daß es das Richtige war? Das einzige Richtige? Daß ich mich wegreißen *mußte,* wenn Du mich nicht verstoßen wolltest? Du dachtest das nicht? Denkst es auch heute nicht? Aber wie verbindest Du diese Unmöglichkeiten: Wie kann ich in eine neue Familie eintreten und dann eine Familie begründen, ich, der ich in meiner eigenen Familie so locker sitze, daß ich mich von keiner Seite mit jemandem zu berühren glaube? Ich, der ich vielleicht mitgenießen aber nicht mitleben kann, so sehr ich mir auch Mühe geben würde? Ich, der ich mich nicht getraue, Wahrheit dauernd im Zusammenleben zu erhalten und der ich ohne Wahrheit ein Zusammenleben nicht ertragen könnte? Du siehst, ich konnte mein Tagebuch nicht vorlegen, habe übrigens außer den Blättern, die ich Dir geschickt habe, kein Wort mehr geschrieben. Ein dauerndes Zusammenleben ist für mich ohne Lüge ebenso unmöglich wie ohne Wahrheit. Der erste Blick, mit dem ich Deine Eltern ansehn würde, wäre Lüge.

Aber nicht allein das geht in mir vor. Ein Verlangen habe ich nach Dir, daß es mir auf der Brust liegt wie Tränen, die man nicht herausweinen kann. (Aber nicht Schmerzen im Kopf, nicht Herzklopfen, nur eine mittlere, nicht die äußerste Schlaflosigkeit – alles das beginnt erst heute wieder.) Gestern starrte ich ein Mädchen im Seminar eine Stunde lang an, weil sie Dir ein wenig ähnlich war. Ich machte mir schon seit Wochen Pläne für Weihnachten, wie ich das ganze Glück doch zusammenraffen könnte im letzten Augenblick. Nein, es ist dafür gesorgt, daß mich jede Wirklichkeit so gegen die Stirn schlägt, daß ich wieder zur Besinnung komme. Wenn Du mich aber jetzt fragen würdest, warum ich von solchen Plänen schreibe, wenn ich die entgegengesetzte Überzeugung habe, wüßte ich fast nur zu antworten: »Es ist lauter Schurkerei. In einer bestimmten, nicht der tiefsten Tiefe will ich nichts anderes als zu Dir hingerissen werden, und auch daß ich es sage ist noch Schurkerei.« Du hast, Felice, nicht die geringste Schuld, daß wir in solchem Unglück sind, die gehört ganz mir. Du weißt es vielleicht gar nicht ganz, wie sehr sie mir gehört, Deine Briefe aus den letzten Monaten waren im Grunde, wenn Du es überlegst, nichts (vom Leid abgesehn) als Staunen über die Möglichkeit eines solchen Menschen wie ich es bin. Du konntest nicht daran glauben. Du kannst es nicht leugnen. Wäre es nicht so, dann hättest Du z.B. nicht schreiben können, daß Deine Mutter ihre Liebe zu Dir auf mich überträgt, Du hättest nicht die Überlegungen Deiner Eltern beschreiben können mit dem Schlußsatz »blieb also nur eine Neigungsheirat«, Du hättest nicht unsere Verlobung und die Feiertage in Verbindung bringen können. Und doch bin ich so, Du mußt es glauben.

Franz

am 29.X.13

Gnädiges Fräulein!

Ich danke Ihnen für Ihre Einladung, ich werde natürlich kommen, bestimmen Sie die Stunde nach Ihrem Belieben und lassen Sie für mich eine Nachricht beim Portier, die ich mir morgen im Laufe des Tages holen werde.

Eines darf ich aber schon jetzt nicht verschweigen: Zu Zeiten wäre ich glücklich gewesen, mit Ihnen zusammenzukommen, heute aber muß ich mir sagen, daß mir noch niemals ein Gespräch zu einer Klärstellung verholfen, sondern mich höchstens verwirrt hat. Und an Verwirrung fehlt es mir nicht, wie Sie gewiß ahnen.

Ihr ergebener
Dr. F. Kafka

6.XI.13

Ich komme also Samstag, Felice, ich fahre hier um 3 Uhr nachmittags weg, Sonntag um 4 oder 5 muß ich dann von Berlin wegfahren. Ich werde im Askanischen Hof wohnen. Ich sehe ein, es ist unbedingt notwendig, daß wir zusammenkommen. Zuerst wollte ich erst Weihnachten fahren, dann kam Dein Brief und Deine Freundin [Grete Bloch], da entschloß ich mich, diesen Samstag zu fahren; dann war Deine Freundin weg, von Dir kam kein Brief, kleinere Hindernisse traten ein, da wollte ich die Reise auf den Samstag in 14 Tagen verschieben (von Samstag in einer Woche fährt Max nach Berlin, und ich wollte allein fahren). Nach den Erfahrungen jedoch, die ich in dieser Woche an mir gemacht habe – ich bin ganz sinnlos –, und nachdem heute Dein Brief gekommen ist, fahre ich also Samstag. Sollte mich plötzlich etwas abhalten, telegraphiere ich.

Hoffst Du wirklich darauf, Felice, daß unser Beisammensein uns Klarheit bringen wird? Daß es unbedingt notwendig ist, glaube ich auch, aber daß es uns Klarheit bringen wird? Wo ich bin, ist keine Klarheit. Erinnerst Du Dich nicht, daß Du nach jedem Beisammensein unsicherer warst als sonst? Daß wir nur in Briefen über alle Zweifel klar waren, in Briefen, die den bessern Teil meines Selbst enthielten? Nun, wir werden sehn, und der Himmel soll mit uns Einsicht haben.

Franz

Die zwei Zettel aus Desenzano habe ich gefunden, sie liegen bei. Weißt Du, daß ich seit dem Winter vorigen Jahres keine Zeile geschrieben habe, die bestehen kann?

[Die zwei beigelegten Zettel]

Desenzano, am Gardasee, Sonntag [21. September 1913], im Gras, vor mir die Wellen im Schilf, der Ausblick ist für mich umgrenzt von der Landzunge von Sirmione rechts, links vom Seeufer bis Manerba, sonnig, jetzt haben sich 2 Arbeiter in der Nähe ins Gras gelegt.

Mein einziges Glücksgefühl besteht darin, daß niemand weiß, wo ich bin. Wüßte ich eine Möglichkeit, das für immer fortzusetzen! Es wäre noch viel gerechter als Sterben. Ich bin in allen Winkeln meines Wesens leer und sinnlos, selbst im Gefühl meines Unglücks. Ginge es doch jetzt statt ins Sanatorium auf eine Insel, wo niemand ist.

Dieses Klagen erleichtert mich aber nicht, ich bleibe gänzlich unbewegt, bin wie ein großer Stein, in dessen Allerinnerstem das Lichtchen einer kleinen Seele flackert. Heute träumte ich von Dir und Deinem Vater, ich könnte mich an die Einzelheiten erinnern, aber ich will nicht daran denken. Nur das weiß ich, daß ich ihm schon in der Türe noch antwortete: »Aber vielleicht bin ich nur krank.«

Tagebuch führe ich überhaupt keines, ich wüßte nicht, warum ich es führen sollte, mir begegnet nichts was mich im Innersten bewegt. Das gilt auch wenn ich weine wie gestern in einem Kinematographentheater in Verona. Das Genießen menschlicher Beziehungen ist mir gegeben, ihr Erleben nicht. Das kann ich immer wieder nachprüfen, gestern bei einem Volksfest in Verona, früher vor den Hochzeitsreisenden in Venedig.

An Grete Bloch

10.XI.13

Liebes Fräulein!

Gestern Abend bin ich von Berlin zurückgekommen, ich schreibe Ihnen früher, als ich F. schreibe. Ich verdanke Ihnen zum großen Teil diese Reise, und Sie haben sie verschuldet, ich kann Ihnen nicht anders als durch Erzählen danken.

Vorher aber möchte ich etwas eingestehn, nicht weil mir das Geständnis Freude macht, sondern weil das Schreiben ohne gänzliche oder möglichste Ehrlichkeit keinen Sinn hätte. Als ich Ihren Brief aus Aussig erhielt, freute ich mich darauf, mit Ihnen zusammenzukommen, wenn auch ein gleichzeitig überraschend kommender Brief von F. mich beirrte. Immerhin war also mein erster Brief nicht ganz wahr. Ich erwartete (ich wußte ja von Ihnen nichts, als daß Sie geschäftstüchtig waren) ein älteres Fräulein mit mütterlichem Sinn anzutreffen, das – ich weiß nicht genau warum – auch groß und stark sein würde. Einem solchen Mädchen, dachte ich, könnte man wirklich möglicherweise alles eingestehn, was schon allein ein Segen wäre und man könnte vielleicht einen guten Rat bekommen (dieser Glaube, ein erwachsener Mensch könne einen guten Rat bekommen, ist eine meiner größten Dummheiten) und wenn nicht Rat so vielleicht Trost und wenn nicht Trost so jedenfalls Neuigkeiten von F. Aber dann kamen Sie und waren ein zartes, junges, gewiß etwas merkwürdiges Mädchen. Ich hatte zu Hause 2 Stunden darauf verwendet, alles was ich über die Hauptsache zu sagen hatte, übersichtlich zu ordnen, aber als es zum Reden kam, brachte ich, abgesehen davon, daß ich überhaupt nicht reden kann, nur elende Bruchstücke hervor, die Sie zum Teil überhörten, zum Teil gerechterweise belanglos fanden. Trotzdem hatte ich schon während des Gespräches das Gefühl, zu viel gesagt zu haben, und dieses Gefühl verstärkte sich auf dem Nachhauseweg und zu Hause so sehr, daß es schon Wut und Verzweiflung über mich war. Ich bildete mir ein, F., der gegenüber ich schon eine so große Schuld habe, auch noch verraten zu haben. Sie konnten nicht ihre Freundin sein, sagte ich mir; mit meinem vorbereiteten Geständnis beschäftigt hatte ich Sie nicht genug geprüft. Wie konnten Sie denn F.'s Freundin sein? Ich hatte in Briefen fast nichts von Ihnen gehört; Sie selbst hatten schließlich gesagt, daß Sie sie erst ein ¾ Jahr kennen, später stellte sich heraus, daß es ein ½ Jahr war; Sie suchten den Grund unseres Unglücks zuerst in ganz falscher Richtung; Sie erzählten ferner ausführlich von dem Zahnleiden F.'s und mir ist (was Sie allerdings nicht wissen konnten, aber darum kümmerte ich mich in jener Nacht nicht) Krankheit der Zähne eines der widerlichsten Gebrechen, von denen ich nur bei den liebsten Menschen und selbst dort nur zur Not absehn kann; Sie erzählten mir von der Auflösung der Verlobung von F.'s Bruder und machten mir dadurch die ganze Familie, vor der ich mich in jedem Sinne fürchte und die ich am liebsten vergessen möchte, auf's äußerste lebendig – kurz, ich war ein Narr und legte alles grundfalsch aus und entschloß mich, – diese Narrheit war wenigstens folgerichtig – den nächsten Abend nicht mehr zu kommen und es in einem Brief anzuzeigen, in dem – – – es ist schon wieder spät und ich werde heute nicht fertig werden und den Brief am Morgen nicht wegschicken können und Sie werden mir vielleicht böse sein, daß ich Ihren lieben Brief, dessen klare Güte nur bei der Stelle von den Rosen von einer Unverständlichkeit unterbrochen wird, noch nicht beantwortet habe (bemitleiden? Was meinen Sie damit? In einer gewissen Weise ist es übrigens wahr, ich bemitleide alle Mädchen, es ist das einzige unbestreitbare soziale Gefühl, das ich habe. Woher dieses Mitleid kommt, habe ich mir noch nicht klargemacht. Vielleicht bemitleide ich sie wegen der Umwandlung zur Frau, der sie erliegen sollen. Dann wäre aber mein Mitleid (wenn es nichts anderes ist) ein sehr mädchenhaftes Gefühl.)

In dem Brief – ich setze mein Geständnis fort – wollte ich erklären, daß alles, was ich am Abend gesprochen hatte, unrichtig gewesen ist, infolge meiner Ungeschicklichkeit und meiner damit zusammenhängenden Unehrlichkeit nur ins Leere gesprochen war, Ihre ursprünglich richtige Ansicht nur verwirrt hatte und, wenn es sich am nächsten Abend wiederholen sollte (und das würde jedenfalls geschehn), weiterhin verwirren müßte. Deshalb mußte ich es mir unbedingt versagen zu kommen.

Ich hatte schon die Überschrift des Briefes, vielleicht auch schon die ersten Zeilen geschrieben, ließ es dann aber doch und kam wieder. Was für Folgen es auch gehabt hat und haben wird, – daß ich Ihnen eine Nacht und einen Tag lang ein häßliches und vor allem sinnloses Unrecht getan habe, ist sicher.

Und jetzt werde ich von Berlin erzählen. Meine ernstlichen Entschlüsse sind immer nur soweit ernstlich, daß es mich maßlos quält, wenn ich sie nicht ausführe. Dagegen geschieht es sehr oft, daß ich sie nicht ausführe. Ich glaube auch nicht, daß ich Samstag gefahren wäre, wenn nicht noch ein Brief von F. gekommen wäre, in dem ich an das Versprechen erinnert wurde, das ich Ihnen gegeben hatte. Dann bin ich aber sehr gern gefahren.

Dann ist aber das geschehn, was immer geschieht, wenn ich nach Berlin komme und woran ich vor jeder Abreise absichtlich oder unabsichtlich vergesse. Ich muß vorausschicken, daß ich F. eigentlich in Gestalt von 4 miteinander fast unvereinbaren und mir fast gleich lieben Mädchen kenne. Die erste war die, die in Prag war, die zweite war die, welche mir Briefe schrieb (die war in sich mannigfaltig aber doch einheitlich), die dritte ist die, mit der ich in Berlin beisammen bin und die vierte ist die, die mit fremden Leuten verkehrt und von der ich in Briefen oder in ihren eigenen Erzählungen höre. Nun die dritte, die hat nicht viel Neigung zu mir. Nichts ist natürlicher, ich sehe nichts als natürlicher an. Bei jeder Rückreise aus Berlin habe ich es mir mit Schrecken gesagt, diesmal überdies noch mit dem Gefühl, wie gerecht es mir zukommt. Es ist F.'s guter Engel, der sie so führt, der sie so knapp und vielleicht nicht einmal knapp an mir vorüberführt.

Ich wollte mehr darüber schreiben, ich fürchte mich, ich gerate in eine schiefe Richtung, es ist Zeit, daß ich Ihnen kurz beschreibe, wie es war. Freitag hatte F. meinen Brief, in dem ich für Samstag ½ 11 abends meine Ankunft anzeigte. Eine Bestätigung bekam ich nicht. Ich hatte Angst, daß der Brief vielleicht nicht angekommen ist, wollte telegraphieren, hoffte aber doch schließlich, daß ich im Hotel abends wenigstens ein Grußwort finden werde. Durfte ich nicht sogar hoffen, sie auf der Bahn zu sehn? Denken Sie, ich mußte doch Sonntag 4.30 wieder wegfahren, und selbst wenn ich bis Mitternacht bleibe, die Nacht durchfahren und aus dem Zug ins Bureau laufen wollte, so waren es doch nur wenige jämmerliche Stunden Aufenthalt. Aber es war niemand auf der Bahn und im Hotel war nichts. Nun war also mein Brief gewiß verlorengegangen, das war sehr schlimm. Trotzdem wartete ich früh bis ½ 9, dann war es unmöglich, länger zu warten, und ich schickte einen Radler hin. Der kam um 9, brachte einen Brief, F. schrieb, sie werde mich in einer ? Stunde antelephonieren, gegen 10 telephonierte sie. Alle diese Beobachtungen wären, merken Sie, keines Wortes wert ohne das Folgende. Wir gingen im Tiergarten spazieren. Ich erzähle nur das, was zu meinem Beweis gehört. F. mußte zu einem Begräbnis, das um 12 Uhr stattfand, wir rasten hin und kamen rechtzeitig an, das Letzte, was ich von F. aus dem Automobilfenster sah, war, wie sie zwischen zwei bekannten Herren durch das Gittertor des Friedhofs ging und dann zwischen Leuten verschwand. Warum bin ich Narr nicht mitgegangen, fällt mir jetzt in diesem Augenblick ein. Wir hatten verabredet, sie würde mich um 3 Uhr antelephonieren und auf die Bahn kommen, aber ich möchte jedenfalls um 4.30 fahren, übrigens könne sie auch nicht versprechen, daß sie abends frei sein werde, jedenfalls müsse sie ihren Bruder (von der Auflösung der Verlobung erfuhr ich übrigens nichts), der nach Brüssel fahre, um 6 Uhr zur Bahn begleiten. Ich mittagmahlte, lief dann ins Hotel und wollte auf den Anruf warten, aber es war erst 1 Uhr, es regnete langsam und unaufhörlich, ich war ein wenig trostlos und fuhr zu einem guten Bekannten nach Schöneberg, denn im Hotel war es wirklich nicht zum Aushalten. Um ¾ 3 riß ich mich von meinem Bekannten los, das Unglück, den Anruf zu versäumen, wollte ich nicht erleben. Ich kam genau 3 Uhr zurück, ich hatte nichts versäumt, ich war noch nicht angerufen worden. Und nun fing das Warten an. Ich saß in der Vorhalle des Hotels und schaute in den Regen, ich ging hinauf und warf meine paar Sachen in die Handtasche, ich ging wieder hinunter und setzte mich und die Uhr ruhte nicht, bis es wirklich 4 Uhr vorüber war und ich zur Bahn mußte. Nun konnte F. freilich noch auf der Bahn sein, aber das wäre schon ein Wunder gewesen und ist auch nicht geschehn. Der Regen kann sie gehindert haben, zur Bahn zu gehn, aber zu telephonieren kann sie niemand gehindert haben. So bin ich von Berlin weggefahren, wie einer, der ganz unberechtigterweise hingekommen ist. Und darin lag allerdings eine Art Sinn.

Aber die Worte verdrehn sich mir, ich kann nicht schreiben, Sie haben mich in einem solchen elenden Zustand kennengelernt, daß ich ohne die Annahme einer ungeheueren Lebenskraft auf Ihrer Seite nicht verstehen könnte, wie Sie es nach dieser Art des Kennenlernens nur 2 Minuten ernstlich neben mir ausgehalten haben. Aber nicht nur das, ich bin sogar nicht imstande zu sagen, ob dieser Brief eine widerliche oder eine anständige Gesinnung ausdrückt, trotzdem ich natürlich viel eher das erstere glaube und fühle. Aber jetzt genug, es ist auch bald Mitternacht.

Ihr Franz K.

An Grete Bloch

[18. November 1913]

Liebes Fräulein, nun raube ich Ihnen Ihre Nächte, sehe Ihr alle meine Vorstellungen und Fähigkeiten übersteigendes Mitgefühl, wärme mich daran ganze Tage und antworte nicht. Ich konnte es nicht. Verstehen Sie mich recht, es ist keine Entschuldigung. Vielleicht haben Sie keinen Brief von mir erwartet, aber ich habe ihn erwartet, ich hatte Ihnen unmittelbar auf Ihren Brief viel zu antworten oder irgendetwas zu tun, was dem Küssen Ihrer Hand gleichkäme, aber ich konnte es nicht und kann es auch heute nicht; wenn es nicht zur rechten Zeit geschieht, schlage ich kein wahres Wort aus mir heraus. Im Übrigen habe ich F. seit meinem Besuch überhaupt nicht geschrieben und auch nichts von ihr gehört. Ist das Letztere nicht merkwürdig?

Aber ich höre auf. Ich benehme mich im Brief so schändlich, wie ich es in Wirklichkeit niemals tun könnte. Ich ermatte nämlich geradezu und kann nicht weiterschreiben und das bei klarem Verstand und körperlicher Ruhe. Es entschwindet mir aber die Vorstellung, an wen ich schreibe, und ich bin wie im Nebel. Ich werde morgen weiter schreiben und nicht von neuem anfangen, denn zwei ähnlich selbstsichere Briefanfänge habe ich schon vor paar Tagen weggeworfen. Sie müssen mir aber ausdrücklich sagen, daß Sie nicht böse sind, wenn ich nicht gleich antworte, und daß Sie sogar nicht böse sind, wenn die Antwort in nichts anderem besteht als in der Mitteilung eines wenig mitteilungswürdigen Zustandes.

Aber nun schreibe ich noch, ehe ich schlafen gehe, einen Traum auf, den ich gestern hatte, damit Sie sehen, daß ich bei Nacht wenigstens etwas tätiger bin als im Wachsein. Hören Sie: Auf einem ansteigenden Weg lag etwa in der Mitte der Steigung, und zwar hauptsächlich in der Fahrbahn, von unten gesehen links beginnend, festgewordener Unrat oder Lehm, der gegen rechtshin durch Abbröckelung immer niedriger geworden war, während er links hoch wie Palisaden eines Zaunes stand. Ich ging rechts am Rande, wo der Weg fast frei war und sah auf einem Dreirad einen Mann von unten mir entgegenkommen und scheinbar geradewegs gegen das Hindernis fahren. Es war ein Mann wie ohne Augen, zumindest sahen seine Augen wie verwischte Löcher aus. Das Dreirad war wackelig, fuhr zwar entsprechend unsicher und gelockert, aber doch geräuschlos, fast übertrieben still und leicht. Ich faßte den Mann im letzten Augenblick, hielt ihn als wäre er die Handhabe seines Fahrzeugs und lenkte dieses in die Bresche, durch die ich gekommen war. Da fiel der Mann gegen mich hin, ich war riesengroß und mußte mich unbequem stellen, um ihn zu halten, zudem begann das Fahrzeug, als sei es nun herrenlos, zurückzufahren, wenn auch langsam, und zog mich mit. Wir kamen an einem Leiterwagen vorüber, auf dem einige Leute gedrängt standen, alle dunkel gekleidet, unter ihnen war ein Pfadfinderjunge mit dem hellgrauen aufgekrempelten Hut. Von diesem Jungen, den ich schon aus einiger Entfernung erkannt hatte, erwartete ich Hilfe, aber er wendete sich ab und drückte sich zwischen die Leute. Dann kam hinter diesem Leiterwagen – das Dreirad rollte immer weiter und ich mußte tief hinuntergebückt mit gespreizten Beinen nach – jemand mir entgegen, der mir Hilfe brachte, an den ich mich aber nicht mehr erinnern kann. – So helfe ich Männern auf Dreirädern in der Nacht.

Zwei Irrtümer, liebes Fräulein, sind vor allem in Ihrem Brief. Ich habe nicht Interesse geheuchelt, als sie von F.'s Zahnschmerzen und von des Bruders Entlobung erzählten. Das hat mich ja außerordentlich interessiert, ich hätte gar nichts anderes hören wollen, Sie haben für meinen Geschmack viel zu wenig davon erzählt, so bin ich und darin bin ich doch nicht besonders merkwürdig, die Eiterung unter der Brücke, das stückweise Abbrechen der Brücke, das alles hätte ich mit jeder Einzelheit erfahren wollen und habe auch noch in Berlin F. gefragt. Die Lust, Schmerzliches möglichst zu verstärken, haben Sie nicht? Es scheint mir für instinktschwache Menschen oft die einzige Möglichkeit, Schmerz auszutreiben; man brennt eben die wunde Stelle aus, so wie es die von allen guten Instinkten verlassene Medizin tut. Natürlich ist damit nichts Endgültiges getan, aber der Augenblick – und für mehr zu sorgen haben schlechte, schwache Instinkte keine Zeit – ist fast lustvoll verbracht. Im Übrigen mag noch anderes mitgewirkt haben, jedenfalls habe ich dabei nicht geheuchelt, im Gegenteil, ich war hiebei ganz besonders wahrhaftig.

Der zweite Irrtum betrifft F.'s Briefe, darin sind Sie nicht etwa schlecht unterrichtet worden. Das letzte ½ Jahr verging tatsächlich zwischen uns darin, daß ich über unpünktliche und unvollständige Briefe jammerte und keine genügende Erklärung bekam, keine genügende Erklärung vor allem für den *Unterschied gegenüber den Briefen aus den ersten Monaten.* In dem Nichtertragenkönnen eines solchen Zustandes fühle ich mich Ihnen so nahe, es gibt sicher von mir einen Haufen Briefe darüber, die an Tollheit grenzen. Und das Schlimmste daran ist, daß dann wieder von beiden Seiten Briefe kommen, die von nichts anderem handeln als vom Schreiben, leere, zeitverschwenderische Briefe, im Geheimen nichts anderes als Darstellungen der Plage, die ein Briefwechsel bedeutet, vielmehr bedeuten kann. Aber im Grunde will man doch gar keine Briefe, sondern nur zwei Worte, nicht viel mehr. Das Verlangen nach solchen Briefen ist ja nichts anderes als Angst und Sorge. – Darin hatten Sie also recht, aber es gab eben neue Angst und Sorge, und die sind bei mir immer so ausschließlich, daß ich die alten nicht nur vergesse, sondern, selbst wenn ich an sie erinnert werde, sie mir im Augenblick nicht vorstellen kann.

So, jetzt grüße ich Sie noch herzlichst und schicke den Brief weg, so unsicher und verwirrt er ist. Diese Unsicherheit kommt übrigens, wie Sie erkennen werden, aus einem einzigen Kern, fast jedes Wort, das ich aufschreibe – nicht etwa nur für Sie – möchte ich wieder zurücknehmen oder noch besser, auslöschen.

Ihr F. Kafka

Ihre Tätigkeit in Wien ist erfolgreich, schreiben Sie. Worin bestehen diese Erfolge? Heißt es, daß Sie sich schon an Wien gewöhnt haben? Wohnen Sie gut? Ich frage, weil ich selbst jetzt übersiedelt bin und wieder merke, wie ich mich an neue Zimmer sofort gewöhne, was schließlich nur beweist, daß ich mit dem alten keinen Zusammenhang hatte, so sehr ich es immer wieder glaube. Ich habe übrigens eine schöne Aussicht, die Sie sich, wenn Ihrem guten topographischen Gefühl auch ein solches Gedächtnis entspricht, vielleicht beiläufig vorstellen können. Geradeaus vor meinem Fenster im 4ten oder 5ten Stock habe ich die große Kuppel der russischen Kirche mit zwei Türmen und zwischen der Kuppel und dem nächsten Zinshaus den Ausblick auf einen kleinen dreieckigen Ausschnitt des Laurenziberges in der Ferne mit einer ganz kleinen

Kirche. Links sehe ich das Rathaus mit dem Turm in seiner ganzen Masse scharf ansteigen und sich zurücklegen in einer Perspektive, die vielleicht noch kein Mensch richtig gesehen hat.

Jetzt darf ich aber nicht noch vergessen, der Schwester in Ihnen zu sagen, daß Max Brod jetzt in Berlin war und Ihres Bruders Tüchtigkeit sehr gelobt hat. Wie arbeitet er denn? Um 7 Uhr früh geht er von zuhause fort und kommt erst abends zurück? Und woher hat er die Narben?

Entwurf eines Briefes an Grete Bloch

15/16.XII.13

Der Hauptgrund, Fräulein, der mich bisher gehindert hat, Ihnen zu schreiben, der mich sogar in den frühern Briefen gehindert hat, war die Rücksicht darauf, daß ich erstens immer daran war, was immer ich auch schreiben wollte, F. aus-zuspionieren, sei es auch nur, um zu erfahren, was sie jetzt tut, daß ich ferner zweitens vielleicht Ihnen ein Unrecht tat, indem ich der Lust zu fragen nicht widerstehn zu können glaubte und so Sie zu widerwilligen Antworten zwingen konnte und daß ich drittens den Anschein bekommen konnte, ich schriebe nur um zu fragen. Keine dieser Rücksichten kann mich jetzt mehr abhalten denn es wird, ich will nicht sagen »unverständlich«, aber bedrückend, daß ich von F. gar nichts erfahren kann, so bedrückend, daß ich schreibe. Wissen Sie etwas von F.? Ist sie vielleicht krank? Aber aus Ihrem letzten Briefe (ich erschrecke als ich ihn aufschlage, er ist schon fast 3 Wochen alt) sehe ich doch daß Sie wenigstens gegen Ende November noch Karten von F. bekamen, in denen von keiner Krankheit die Rede war. Ich würde aber selbst ohne diese Andeutungen an keine Krankheit glauben, von dorther kommt meine Unruhe nicht. Nun, den Abend vor Ankunft Ihres Briefes schrieb ich einen Brief an F. schickte ihn am nächsten Morgen, es dürfte der 28. XI. gewesen sein, weg, übrigens rekommandiert. Zwei Tage später erfuhr ich, daß die Frau von Max, die mit F. in Berlin beisammen gewesen war und sie damals schon geradezu für Weihnachten eingeladen hatte, dies nun in einem Brief ausdrücklich nochmals wiederholt hatte. Letzten Sonntag schickte ich F. noch einen Expressbrief. Keiner dieser 3 Briefe ist beantwortet. Widerspricht das nicht, ich will wieder nicht sagen »vollständig«, aber doch zum größten Teil, ihrem Wesen? Durch welche Umstände, durch welche Gedankengänge ist es zu erklären? Wissen Sie etwas darüber und wollen Sie es mir sagen? Wenn Sie es nicht sagen können, so will ich es nicht etwa durch Mitleid erzwingen (Augenblicklich bin ich z.B. vielleicht selbst unter den Blicken von 1000 Beobachtern nicht im geringsten bemitleidenswürdig, ich sitze etwa um ½1 Uhr in der Nacht bequem und geradezu sinnlos ruhig, die Füße in eine Decke eingepackt, in ziemlichem Wohlbefinden beim Schreiben dieses Briefes.) Wenn Sie es aber nicht sagen können, dann sagen Sie mir nur dieses, damit ich nicht so im ganz Unklaren herumsuchen muß.

Du hast mir, Felice, innerhalb der letzten zehn Tage viermal versprochen, daß Du mir noch an dem Tage des jedesmaligen Versprechens schreiben wirst. Einmal hast Du es mir schriftlich durch Dr. Weiß versprochen, einmal telephonisch, zweimal telegraphisch, nach dem letzten Telegramm war der Brief für mich schon geschrieben und sollte bestimmt am Tage des Telegrammes, also am letzten Sonntag abgehn. Keinen dieser Briefe habe ich bekommen, Du hast also viermal die Unwahrheit gesagt. Äußerlich sieht das vollständig sinnlos aus. Du weißt, daß es rings um mich herum nichts gibt, was an Wichtigkeit mit dem versprochenen Brief auch nur im geringsten zu vergleichen wäre. Du weißt also auch, daß Du mir durch das Nichtschreiben, besonders wenn Du es von Zeit zu Zeit immer wieder so bestimmt versprichst, Qualen von Minute zu Minute bereitest. Du weißt auch, daß ich, wenigstens jetzt, ganz schuldlos bin und daß ich (ich erwähne dies hier nur der Vollständigkeit halber, es ist ja hier ganz belanglos und vielleicht lächerlich) auf das geringste Wort von Dir hin sofort an Deine Eltern schreiben würde. Du leugnest es sogar gewissermaßen, daß Du auf mich böse bist, und in allen Versprechungen hast Du mir außer dem Versprechen selbst, immer noch eine kleine Hoffnung gemacht. Ich wiederhole, äußerlich und im ersten Augenblick sieht das unmenschlich aus.

Ich aber, der ich Dich aus eigenem Willen unter keinen Umständen lasse, erkläre es mir doch. Ich halte Dich für ein durchaus wahrhaftiges Mädchen und halte Dich solcher Unwahrheiten nur bei unwiderstehlichem Zwange für fähig. Du möchtest mich gern trösten, darum versprichst Du immer, mir zu schreiben. Du versuchst es dann auch wirklich, aber Du kannst es dann einfach nicht, aus äußern oder innern Gründen. Da Du auch ein selbständiges Mädchen bist, sind es wahrscheinlich innere Gründe; desto schlimmer für mich.

So antworte ich mir an Deiner Stelle. Und ich bitte Dich jetzt, mir nur zu schreiben, ob ich mit dieser Selbstbeantwortung recht habe oder nicht. Du sollst mir das nicht telegraphieren, sondern schreiben, ich will Deine Schrift sehn, um es wirklich glauben und richtig auffassen zu können. Dagegen bitte ich Dich, es mir express in die Wohnung zu schicken, damit ich den Brief am Neujahrsmorgen habe, ich kann ihn nämlich nicht rasch genug bekommen, glaube mir. Wenn Du über das »Ja« und »Nein« hinaus noch einiges zur Erklärung schreiben willst, so wird das durchaus nur Gnade sein; wenn aber eine solche Erklärung Dir nur die geringsten Schwierigkeiten bereiten oder den Brief auch nur um ein Weilchen verzögern sollte, dann bitte ich Dich sogar, nichts zu erklären. Du siehst, ich bitte nur um einen kleinen, ganz mühelosen, ganz unverbindlichen Brief. Nenne mich darin nicht lieb, wenn ich es Dir nicht bin, schicke mir keine herzlichen Grüße, wenn Du es nicht so meinst. Nur einen ganz kleinen Brief. Es ist keine übermäßige Bitte. Dagegen verspreche ich Dir, wenn ich einen solchen Brief bekomme, still zu sein, Dich in keiner Weise zu stören und bloß, wenn es auch hoffnungslos sein sollte, auf Dich zu warten.   Franz

Ich hatte den beiliegenden Brief fertig geschrieben, legte mich ein wenig ins Bett (ich hatte in der Nacht fast gar nicht geschlafen, das ist nicht etwa ein Vorwurf, ich schlafe ganz allgemein elend) und wollte dann ins Bureau, ich habe dort viel zu tun. Abends wollte ich dann zu Dr. Weiß gehn, der jetzt in Prag ist und mit mir in ein Vorstadttheater gehn wollte. In das Theater werden wir aber nicht mehr kommen, denn es ist schon 7 Uhr und ich sitze hier und schreibe. Gegen 5 Uhr kam Dein Brief, ich war noch nicht eingeschlafen. Wäre ich nicht im Bett gewesen, ich hätte ihn gleich beantwortet, jetzt bin ich froh, daß ich es nicht getan habe und statt dessen etwa 2 Stunden im Bett gelegen bin und nachgedacht habe, nicht etwa über mich, denn mit mir bin ich fertig, aber über Dich. Ich sehe aus Deinem Brief, daß ich Dir mit meiner Bitte um einen Brief viel Leid verursacht habe, nicht so viel wie das Nichtschreiben mir, aber doch viel. Vielleicht konntest Du mir deshalb nicht schreiben, weil Du Dich bemüht hast, mir einen Brief zu schreiben, in dem der folgende Absatz nicht vorkam: »Wir würden beide durch eine Heirat viel aufzugeben haben, wir wollen es nicht gegenseitig abwägen, wo ein Mehrgewicht entstehen würde. Es ist für uns beide recht viel.« Es ist Dir aber nicht gelungen, einen solchen Brief zu schreiben. Der Absatz ist allerdings schrecklich und er wäre, wenn er so rechnerisch gemeint ist, wie er dasteht, fast unerträglich. Aber trotzdem meine ich, es ist gut, daß er geschrieben wurde, es ist sogar für unsere Einigung gut, trotzdem von dem Absatz zur Einigung kein Weg zu führen scheint, denn wenn man rechnet, kann man nicht steigen. Aber das ist nur die erste Meinung, man muß sogar rechnen, Du hast ganz recht, es müßte denn sein, daß es nicht etwa unrecht, sondern sinnlos und unmöglich ist, zu rechnen. Und das ist meine letzte Meinung.

Du hast mich mißverstanden, wenn Du glaubtest, mich halte vom Heiraten der Gedanke ab, daß ich in Dir weniger gewinne, als ich durch Beendigung des Alleinlebens aufgeben muß. Ich weiß, Du hast es auch mündlich so formuliert und ich habe dem auch widersprochen, aber nicht genug gründlich, wie ich sehe. Es hat sich für mich nicht darum gehandelt, etwas aufzugeben, ich bliebe auch nach der Heirat derjenige, der ich bin, und das ist ja eben das Schlimme, das Dich, wenn Du wolltest, erwarten würde. Was mich gehindert hat, war ein erdachtes Gefühl, im vollständigen Alleinsein liege eine höhere Verpflichtung für mich, nicht etwa ein Gewinn, nicht etwa eine Lust (wenigstens nicht in dem Sinne Deiner Meinung), sondern Pflicht und Leid. Ich glaube gar nicht mehr daran, es war Konstruktion, nichts sonst (vielleicht hilft mir die Erkenntnis auch weiter), und sie ist höchst einfach widerlegt dadurch, daß ich ohne Dich nicht leben kann. Gerade Dich, so wie Du bist, mit diesem schrecklichen Absatz in dem Brief, so will ich Dich. Und auch wieder nicht zu meinem Trost oder zu meiner Lust, sondern damit Du als ein selbständiger Mensch hier mit mir lebst.

Ich war noch nicht so weit, als ich Deinen Eltern geschrieben hatte. Eine Unmenge im Laufe des Jahres aufgehäufter Konstruktionen gingen mir fortwährend, geradezu ohrenbetäubend, durch den Kopf. Von Venedig aus machte ich ein Ende, ich konnte den Lärm in meinem Kopf wirklich nicht mehr ertragen.

Ich glaube, ich muß hier ganz wahrhaftig sein und Dir etwas sagen, wovon im Grunde niemand bisher durch mich erfahren hat. Ich habe mich im Sanatorium in ein Mädchen verliebt, ein Kind, etwa 18 Jahre alt, eine Schweizerin, die aber in Italien bei Genua lebt, im Blut mir also möglichst fremd, ganz unfertig, aber merkwürdig, trotz Krankhaftigkeit sehr wertvoll und geradezu tief. Es hätte ein viel geringfügigeres Mädchen sein können, um sich meiner in meinem damaligen leeren, trostlosen Zustand zu bemächtigen, meinen Zettel aus Desenzano hast Du ja, er ist etwa 10 Tage vorher geschrieben. Es war mir wie ihr klar, daß wir gar nicht zueinander gehörten und daß mit dem Ablauf der 10 Tage, die uns zur Verfügung standen, alles zuende sein müßte und daß nicht einmal Briefe, keine Zeile geschrieben werden durfte. Immerhin bedeuteten wir einander viel, ich mußte große Veranstaltungen treffen, daß sie beim Abschied nicht vor der ganzen Gesellschaft zu schluchzen anfing, und mir war nicht viel besser. Mit meiner Abreise war alles zuende. Selbst das, so widersinnig das äußerlich ist, hat dazu beigetragen, daß ich mir über Dich klarer geworden bin. Die Italienerin wußte auch von Dir, wußte auch, daß ich im Grunde nach nichts anderem strebte, als Dich zu heiraten. Dann kam ich nach Prag, war ohne jede Verbindung mit Dir, verlor immer mehr den Mut, aber dachte daran, Weihnachten vielleicht nach Berlin zu kommen und alles zur Entscheidung zu bringen.

1.I.14

Zuerst ein glückliches neues Jahr Dir, Felice, und wenn Du es wollen wirst, uns beiden. Es ist doch nicht so leicht, auf Deinen Brief zu antworten, wie ich anfangs dachte. Der eine Absatz sticht so hervor und das Licht wechselt auf ihm, gänzlich ihn aufzulösen scheint fast unmöglich. Darum wollte ich nur schreiben, wenn ich Zeit und Ruhe hatte, die hatte ich aber gestern nicht und auch heute eigentlich habe ich sie nicht, denn ich bin müde und in einer ¼ Stunde holen mich Felix und Oskar ab. Trotzdem schreibe ich ein wenig, um mit Dir in Berührung zu kommen, denn das tut mir wohl, es macht mich im Augenblick fast glücklich, wenn Du auch vielleicht gerade jetzt, ¼4 Uhr nachmittags, Gott weiß wo bist und Gott weiß an was denkst, das mit mir in keiner Beziehung steht und niemals in Beziehung stehen wird. Trotzdem. Daß meine Antwort so spät kommt, macht mir keine Sorgen, denn zwischen Deinem Warten auf meine Briefe und meinem Warten auf Deine Briefe gibt es keinen Vergleich, vielleicht mache ich Dir mit der Verzögerung noch einen Gefallen.

Es ist (Du weißt es ja und ich müßte es also eigentlich gar nicht erst sagen) das erstemal, daß Du von Verlusten sprichst, welche (das muß hervorgehoben werden) nicht etwa nur der Abschied von Berlin, sondern überdies die Heirat mit mir für Dich mit sich bringen würden. Du sprichst jetzt überdies nicht nur von der Möglichkeit solcher Verluste, sondern von ihrer Zweifellosigkeit. Endlich ergibt sich in Deiner Darstellung auch noch ein »Mehrgewicht«, das nach der Art der Erwähnung wahrscheinlich zu Deinen Ungunsten gedeutet werden müßte. Es ist das schließlich nichts anderes als das, wovon ich ein Jahr lang Dich zu überzeugen versucht habe. Wäre es der Erfolg dessen, so könnte ich zufrieden sein. Aber in dem Fall hätte er doch allmählicher kommen müssen, nicht so plötzlich. Aber vielleicht ist er in der Zeit des Nichtschreibens gekommen, also doch allmählich und ich habe bloß von der Entwicklung nichts bemerkt. Aber dem widerspricht doch das, was Du an dem letzten Berliner Sonntag [9. November 1913] sagtest, und dem widerspricht auch Deine ganze bisherige Auffassung, nach welcher Du – ohne Rücksicht darauf, ob ich und das Leben mit mir Dir etwas Gutes bedeuten könnte – in Berlin nichts zurückließest, was für Dich von tiefer, eingreifender, unentbehrlicher Bedeutung war. Aber vielleicht hast Du Dich auch darüber bisher getäuscht und bist Dir inzwischen über Deinen Besitzstand klarer geworden. Vielleicht habe ich nicht durch Worte, aber durch mein Dasein Dir dazu verholfen. Das ist ja möglich. Ich hatte manchmal selbst den Eindruck, daß Du in Berlin für Dich Unentbehrliches besitzt. Kleinigkeiten in Deinem Verhalten mir gegenüber könnten, wenn man genauer zusieht, als Bestätigung dessen gelten. Und endlich habe ich noch immer im Ohr, was Du

1.I.14 Mitternacht

der Frau von Max in Berlin erzählt hast, daß das Bureau und das Leben dort für Dich sehr wichtig sei und daß Dein Direktor Dich gewarnt hat, ohne ganz genaue Überlegung Berlin zu verlassen. (Daß Du dieses einer fremden Frau, die Du ein paar Stunden erst kanntest, wiedererzähltest, war im Grunde für mich fast so schlimm, als wenn Du dem Direktor ausdrücklich zugestimmt hättest.)

Außerdem aber, Felice, muß ich ja zugeben, daß Du recht hast. Bei einfach kaltem Überblick verlierst Du gewiß. Du verlierst Berlin, Dein Bureau, die Arbeit, die Dich freut, ein fast gänzlich sorgenloses Leben, die besondere Art von Selbständigkeit, den geselligen Verkehr mit Menschen, die Dir entsprechen, das Leben mit Deiner Familie – und das sind nur die Verluste, von denen ich weiß. Dagegen kämest Du nach Prag in eine Provinzstadt mit einer Dir unbekannten Sprache, in den notwendigerweise kleinbürgerlichen Haushalt eines Beamten, der zum Überfluß nicht einmal ein vollwertiger Beamte[r] ist, Sorgen würden nicht fehlen, selbständig bliebest Du zwar, aber doch nicht unbehindert und statt des geselligen Verkehrs und statt Deiner Familie hättest Du einen Mann, der meistens (wenigstens jetzt meistens) trübsinnig und schweigsam ist und dessen persönliches seltenes Glück in einer Arbeit besteht, welche Dir als Arbeit notwendigerweise fremd bliebe. Das sind allerdings Dinge, über welche vielleicht nur (ich weiß nicht, ob ich hier davon reden darf) Liebe hinweghelfen könnte. Ein Fehler ist, wie gesagt, in Deiner Lehre vom Mehrgewicht ganz bestimmt. Auf meiner Seite war niemals ein »Verlust« in Frage, nur ein »Hindernis« und dieses Hindernis besteht nicht mehr. Ich wage es sogar zu sagen, daß ich Dich so lieb habe, daß ich Dich selbst dann heiraten wollte, wenn Du ausdrücklich sagtest, daß Du nur eine ganz laue Neigung und auch die nur ungewiß, für mich übrig hast. Es wäre schlecht und gaunermäßig, Dein Mitleid so auszunutzen, aber ich wüßte mir nicht anders zu helfen. Dagegen gebe ich zu, daß es unmöglich ist zu heiraten, wenn und solange Du die Verluste so überklar erkennst und voraussiehst, wie man aus Deinem Briefe schließen könnte. Das Eintreten in eine Ehe mit dem deutlichen Bewußtsein des Verlustes – das ist unmöglich, das gebe ich zu, das würde ich auch nicht zulassen, selbst wenn Du es wolltest. Schon deshalb nicht, weil in der Ehe, die ich einzig und allein will, Frau und Mann in ihrem menschlichen Kern einander ebenbürtig sein müssen, um innerhalb der Einheit selbständig bestehen zu können – das aber wäre dann unmöglich.

2.I.14

Ist es Dir aber, Felice, wirklich ernst mit Deiner Meinung, fürchtest Du wirklich den Verlust? Gehst Du wirklich so vorsichtig mit Dir um? Nein, das tust Du ganz gewiß nicht. Hier gibt es vielmehr, um klar zu sein, nur zwei Möglichkeiten: entweder willst Du von mir nichts wissen und willst mich auf diese Weise von Dir wegschieben oder Du bist bloß in dem Vertrauen zu mir unsicher geworden und führst nur deshalb die Abwägung aus. Im ersten Fall kann ich nichts hindern und nichts sagen, dann ist es also zuende, ich habe Dich verloren, ich muß zusehn, wie ich weiterhin werde bestehen können und weiß es genau, daß ich es niemals ganz verwinden werde. Im zweiten Fall dagegen ist nichts verloren, dann muß es mit uns gut werden, denn ich weiß, daß ich jede Probe Deines Vertrauens im ganzen werde bestehen können, wie schwach ich auch im einzelnen Augenblick sein mag.

So liegt es also an Dir, Felice, zu sagen, wie es sich hier verhält. Ist es der erste Fall, dann müssen wir doch Abschied nehmen, ist es der zweite Fall, dann prüfe mich, an die Möglichkeit des 3ten Falles, daß Du wirklich ohne tiefere Beziehung nur die Verluste nachrechnest, kann ich nicht glauben.

Wir hatten allerdings uns dahin geeinigt, ans Heiraten nicht mehr zu denken und einander nur zu schreiben wie früher. Du hattest es vorgeschlagen und ich habe zugestimmt, da ich nichts Besseres wußte. Jetzt weiß ich es, tun wir das Bessere! Die Ehe ist die einzige Form, in der die Beziehung zwischen uns erhalten werden kann, die ich so sehr brauche. Auch ich halte es für gut, daß wir nicht in der gleichen Stadt leben, aber nur deshalb, weil, wenn wir doch heiraten sollten, dies später geschehen wäre als jetzt, da wir so getrennt sind. Es würden Zweifel erscheinen, Möglichkeiten der Verzögerung sich finden und traurige Zeiten würden so unnütz vergehn. Sie vergehn ja auch jetzt in Überfülle. Aber auch Dir ist das Aufrechterhalten des Briefwechsels nicht ganz ernst. Was wäre das Ergebnis? Qualen des Wartens und Niederschreiben von Klagen. Das wäre alles. So würde es langsam zerfallen und der schließliche Schmerz wäre noch viel größer und unreiner. Das werden wir nicht tun, es ginge über unsere Kräfte und würde niemandem nützen. Sieh nur, wie schon die Zeit wirkt bei dieser bloß schriftlichen Verbindung, kaum zwei Monate sind vergangen seit Du mir zum letzten Male geschrieben hast, und schon schleichen sich an kleinen Stellen, ohne daß Du es weißt, fast Feindseligkeiten in Deinen Brief. Nein, Felice, so können wir nicht weiter leben.

Ich liebe Dich, Felice, mit allem, was an mir menschlich gut ist, mit allem, was an mir wert ist, daß ich mich unter den Lebendigen herumtreibe. Ist es wenig, so bin ich wenig. Ich liebe Dich ganz genau so wie Du bist, das was mir an Dir gut scheint, wie das, was mir nicht gut scheint, alles, alles. So ist es bei Dir nicht, selbst wenn alles andere vorausgesetzt wird. Du bist mit mir nicht zufrieden, Du hast an mir verschiedenes auszusetzen, willst mich anders haben, als ich bin. Ich soll »mehr in der Wirklichkeit« leben, soll mich »nach dem, was gegeben ist, richten« u.s.f. Merkst Du denn nicht, daß Du, wenn Du solches aus wirklichem Bedürfnis willst, nicht mehr mich willst, sondern an mir vorüber willst? Warum Menschen ändern wollen, Felice? Das ist nicht recht. Menschen muß man nehmen, wie sie sind oder lassen, wie sie sind. Ändern kann man sie nicht, höchstens in ihrem Wesen stören. Der Mensch besteht doch nicht aus Einzelheiten, so daß man jede für sich herausnehmen und durch etwas anderes ersetzen könnte. Vielmehr ist alles ein Ganzes, und ziehst Du an einem Ende, zuckt auch gegen Deinen Willen das andere. Trotzdem, Felice, – sogar das, daß Du an mir verschiedenes auszusetzen hast und ändern möchtest, sogar das liebe ich, nur will ich, daß Du es auch weißt.

Und jetzt entscheide, Felice! Dein letzter Brief ist noch keine Entscheidung, er enthält noch Fragezeichen. Du bist Dir immer klarer über Dich gewesen als ich über mich. Du darfst mir jetzt darin nicht nachstehn. Und jetzt küsse ich noch die Hand, die den Brief fallen läßt.

Franz

An Grete Bloch

23.I.14

Liebes Fräulein!
Schade, daß ich nicht mit Ihnen sprechen konnte, als Sie in Prag waren. Ich
kann mir gar nicht denken, daß man mich nicht zum Telephon geholt hätte, als
Sie mich anriefen. Aber vielleicht war die Verbindung überhaupt gestört. Jedenfalls ist der Ausdruck »daß ich nicht zum Telephon zu bewegen gewesen wäre«
nicht richtig, ich wäre nicht nur zu bewegen gewesen, ich wäre sogar ordentlich
gerannt. Eher kann ich sagen, daß Ihnen nicht übermäßig viel daran lag, mit
mir zu sprechen, und das ist allerdings das Verständlichste. Nehmen Sie mir
meine Nachlässigkeit im Schreiben nicht übel, es war auch nicht Nachlässigkeit.
So freundlich Ihr vorletzter oder vielmehr vorvorletzter Brief war, ich konnte
nicht auf ihn antworten. Überempfindlich, wie ich in allem bin, was Beziehung
zu F. hat, schmeckte ich etwas Bitteres in dem Brief, etwas (trotz aller nicht nur
äußerlichen Güte) mir fast Feindseliges. Ich schmeckte es nur, ich glaubte eigentlich nicht daran; ich hatte Ihnen schon in Prag zu viel Unrecht getan, um
jetzt auch noch etwas Derartiges geradezu zu glauben. Trotzdem aber hätte ich
ohne Falschheit nicht antworten können; ich schrieb auch diesen falschen Brief
nieder, trug ihn 2 Tage in der Tasche und war, als damals gerade Ihr vorletzter
Brief kam, froh, meinen Brief nicht weggeschickt zu haben. Das sind widerliche
Künstlichkeiten von meiner Seite, gewiß. Ich bin auch sonst gar nicht so, habe
kaum jemals Verdacht, weiß die kleinste Freundlichkeit einzuschätzen, habe von
Ihnen nur Gutes, in der selbstlosesten Weise gegebenes Gutes, erfahren, – es
gibt keine andere Erklärung für mein Gefühl, als daß die Unerträglichkeit, Unklarheit und dabei ewig bohrende Lebendigkeit meines Verhältnis[ses] zu F.
mich auch Ihnen gegenüber auf einem ganz falschen Platze hält. Wenn ich offen
sagen soll, was mir den vorvorletzten Brief unbeantwortbar machte, so war es –
es war nicht allein das, aber es war doch die Hauptsache – daß nichts von F. drin
stand, während Sie in den frühern Briefen, als Sie noch keine Nachrichten von
F. hatten, dies immerhin mitgeteilt hatten. Ich will nicht sagen, daß Sie mich
mit diesem Schweigen strafen oder quälen wollten, nein, das will ich natürlich
gar nicht sagen, aber für mich war es doch beides. Vielleicht wußten Sie auch
tatsächlich nichts von F., vielleicht wollten Sie gefragt sein – diese Möglichkeiten änderten für mich nichts.
Heute allerdings ist einiges anders geworden. Für den unwahrscheinlichen
Fall, daß Sie es nicht wissen sollten (ich nehme auch an, daß Sie Weihnachten
in Berlin waren), kann ich es ja sagen, da es nicht eigentlich F.'s Geheimnis ist:
Ich habe sie neuerlich um ihre Hand gebeten (ich erzähle es hier nur ganz kurz,
es war ein wochenlanges Hin- und Her) und habe keine oder fast keine Antwort
bekommen. Von mir aus könnte ich F.'s Verhalten verstehn, das Schweigen,
meine ich, das Belassen der Unklarheit, aus ihrem Wesen, wie ich es zu erkennen glaubte, verstehe ich es nicht. Nur um eines bitte ich Sie (und nehme Ihren

letzten unerwarteten Brief als ein gutes Zeichen dafür, daß Sie mir, so wenig ich es verdiene, antworten werden, und zwar *sehr bald, aus einem bestimmten Grunde bitte ich sehr bald)*, wie geht es F.? Gut? Oder leidet sie? Oder ist beides da?

Ihr F. Kafka

An Grete Bloch

28.I.14

Liebes Fräulein!

Es ist nicht anders zu erklären, als daß ich bei allem was F. betrifft oder mit ihr in Beziehung steht, mit einer Blindheit geschlagen bin, die um so ärger ist, als ich darin gerade besonders klar zu sehen glaube. Wie benehme ich mich nur Ihnen gegenüber, beklage es immer wieder und fange immer wieder von neuem an. Ich kann mir aber nicht helfen, ich habe allen Widerwillen, den mein Benehmen nur erregen kann, bis zum Äußersten schon in mir und koste ihn durch, nur werde ich aber in dieser Sache, unvergleichlich ärger als irgendwann sonst, ohne meinen Willen, wie von fremder Hand, bis zum Schwindligwerden hin- und hergedreht. Sie wissen es aber auch, denn Sie sagen in Ihrem Brief, was mich vor allem gewundert hat, kein Wort des Vorwurfs, ja nicht einmal des Staunens darüber, daß ich F. wieder um die Heirat gebeten habe. Ich habe es getan, weil es nicht anders ging, viele andere Erklärungen habe ich dafür nicht.

F.'s Brief an Sie (für den ich Ihnen vielmals danke, lassen Sie mir ihn nur noch ein wenig, natürlich erfährt F. nichts davon) ist gut und wahr und in den Tatsachen, soweit es mich betrifft, fast richtig. Wahr ist es, daß der »Brei« »heiß« war, und wahr ist auch das vom »armen Kerl«. Aber daß F. Ihnen seitdem nicht geschrieben hat, ist schlimm und geradezu ungeheuerlich. Die Daten meines Briefwechsels mit F. wüßte ich, wenigstens genau, nicht mehr, wenn sie nicht zufällig in dem seinerzeit an Sie geschriebenen und nicht abgeschickten Brief stünden und dieser Brief sich nicht jetzt gerade gefunden hätte. Zum erstenmal seit meinem Berliner Besuch schrieb ich F., merkwürdiger Weise an dem gleichen Abend wie F. Ihnen, am 27.XI. Antwort bekam ich keine. Wie ich später erfuhr, hatte Frau Brod F. etwa um dieselbe Zeit schriftlich zu Weihnachten eingeladen. Antwort bekam auch sie nicht. Ich schrieb dann etwa 14 Tage später wieder einen Brief, wieder keine Antwort. Was ich dann machte, weiß ich der Reihenfolge nach nicht mehr genau, ich dürfte wohl noch 2 Briefe geschrieben und 2 Telegramme geschickt haben. Nachdem ich auch daraufhin nicht eine Zeile bekommen hatte, führte ich folgenden, ein wenig traumhaften, auch tatsächlich im Halbschlaf erdachten Plan aus. (Ich erwähne ihn hauptsächlich deshalb, um dabei die Zusendung der »Galeere« zu entschuldigen.)

Ich habe einen sehr guten Freund in Berlin, Dr. E. Weiß, eben den Verfasser der »Galeere«. Ich kannte ihn früher nur flüchtig, seinen Roman gar nicht; erst als ich im November in Berlin war, war ich etwa eine Stunde mit ihm beisammen, seitdem allerdings in den Weihnachtsfeiertagen (in Prag) sehr lange. Diesen Dr. Weiß bat ich nun Anfang Dezember, mit einem Brief von mir zu F. ins Bureau zu gehn. Im Brief stand nicht viel mehr, als daß ich eine Nachricht von ihr oder über sie haben müsse und deshalb W. hingeschickt habe, damit er mir von ihr schreiben könne. Während sie den Brief lese, werde W. neben ihrem Schreibtisch sitzen, sich umsehn, warten bis sie den Brief ausgelesen habe und dann, da er keinen weitern Auftrag habe und auch kaum eine Antwort bekommen dürfte (denn warum sollte *er* sie bekommen, *da ich* sie nie bekommen habe), weggehn und mir schreiben, wie sie aussehe und wie es ihr dem Anschein nach gehe. Das wurde auch ganz so ausgeführt. W. bekam für mich paar Zeilen, in denen mir F. versprach, am gleichen Tag ausführlich zu schreiben. Dieser angekündigte Brief kam nicht; *ich* schrieb einen Brief; als Antwort kam ein Telegramm, in dem ein Brief angekündigt wurde; der Brief kam nicht; ich telephonierte, wieder wurde mir ein Brief bestimmtest versprochen und kam nicht; ich telegraphierte, es kam ein Telegramm, nachdem der Brief an mich bereits fertig zum Abschicken bereit war. Trotzdem kam er nicht. Ich glaube, ich schrieb wieder. Endlich kam er. Es stand wenig und Trauriges drin, Trauriges ausdrücklich und außerdem Trauriges in der Undeutlichkeit des Ganzen. Darauf schrieb ich einen etwa 40 Seiten langen Brief, dessen Beantwortung ich seit etwa 4 Wochen erwarte oder besser nicht mehr erwarte. Tiefer demütigen, als ich es in dem Brief getan habe, kann man sich gar nicht mehr, allerdings steht in einer Art Widerspruch dazu eine Seite, eine in halbem Bewußtsein geschriebene, aber wahre Seite in dem Brief, die vielleicht die Beantwortung des ganzen Briefes unmöglich macht. Aber es kann doch nicht sein, denn diese Seite ist mit den vorigen und spätern so verbunden, daß man sie nicht nur für sich lesen kann und insbesondere Felice dürfte das nicht. Wenn sie es aber getan hat, dann hätte sie den Brief auch dann, wenn die Seite nicht drin stünde, nicht beantworten können.

Das ist beiläufig alles, was geschehen ist. Sie waren Weihnachten in Wien? Allein? Ich war fest überzeugt, daß Sie nach Berlin fahren würden und ebenso überzeugt war ich, daß ich in Berlin sein würde. Ich wäre auch hingefahren, aber aus dem telephonischen Gespräch bekam ich als einzige klare Mitteilung die Bitte, nicht nach Berlin zu kommen, eine Bitte, die übrigens später noch telegraphisch wiederholt wurde. Als ich Sie um baldige Antwort bat, dachte ich daran, vielleicht Sonntag nach Berlin zu fahren und mit einemmal, wenn es möglich ist, alles zuende zu bringen. Ich werde es nicht tun, nach diesem Brief nicht. Ich kann nicht hinfahren, wenn ich von F. aus letzter Zeit nichts weiß. Ohne aber etwas zu wissen, kann ich F. über meinen letzten Brief hinaus nichts weiter beweisen, dazu bin ich nicht stark genug. Und so bleibt es bei der frühern Stille, nicht Ruhe.

Seien Sie mir, Fräulein, nicht böse, weder wegen meines dummen Mißtrauens noch wegen meines Vertrauens. Fast möchte ich Sie auch noch in F.'s Namen um Verzeihung bitten, denn es scheint wirklich, als ob F. und ich, seitdem wir es aufgegeben haben, einander direkt und (von meiner Seite) ununterbrochen Leid anzutun, uns gegen Sie gewendet hätten, nicht um zu klagen, sondern um Ihnen Leid anzutun.

Zeigen Sie mir, daß Sie mir verzeihen, dadurch, daß Sie die »Galeere« freundlich annehmen. Es ist nicht bloß im Tausch gegen F.'s Brief, beides Niederschriften von Freunden, geschickt, es macht mir überhaupt Freude, dieses Buch, das ich lieb habe, besonders Ihnen zu geben.

Noch eine Bitte: Ich glaube, Sie kennen Erna Bauer, kennen Sie vielleicht ihre Bureauadresse?

Mit herzlichen Grüßen   Ihr F. Kafka

An Grete Bloch

                                                                                              5.II.14

Liebes Fräulein!

Ich rechne: Sonntag habe ich den Brief an Sie eingeworfen, spätestens Dienstag früh (Montag war Feiertag) hatten Sie ihn, heute ist Donnerstag. An und für sich hätte ich – von Recht ist hier gar nicht zu reden – nicht die geringste Möglichkeit, Sie zu mahnen. Und ich täte es auch nicht, wenn ich bestimmt wüßte, daß Sie aus irgendeinem beliebigen Grund bisher nicht geschrieben haben und nächstens einmal gewiß schreiben werden. Aber diese Sicherheit habe ich eben nicht, meine Lage ist von allem, was Sicherheit heißt, möglichst weit entfernt, und deshalb muß ich doch zwei Möglichkeiten eines Nichtschreibens gleich jetzt in Betracht ziehn, die mir um so näher liegen, als Sie mich ja sonst durch das schnellste Antworten verwöhnt haben. Die zwei Möglichkeiten sind: Entweder habe ich Sie irgendwie gekränkt oder Sie haben schlechte Nachrichten für mich. Beides ist nur allzu leicht möglich, ich bin so zerstreut und unsicher, daß ich wirklich irgendwie die lächerlichste Dummheit gemacht und Sie gekränkt haben kann, und daß schlechte Nachrichten für mich gekommen sind, ist womöglich noch wahrscheinlicher. Aber weder im ersten noch im zweiten liegt ein Grund, mir nicht zu schreiben. Im Gegenteil: Was ich auch Kränkendes geschrieben haben kann, es war nur äußerlicher und deshalb leicht verzeihlicher Fehler; Sie müssen das einsehen, wenn Sie meinen letzten Brief noch einmal lesen; und sehn Sie es nicht ein, so schreiben Sie mir es doch und es wird sich ganz einfach aufklären. Was aber die schlimmen Nachrichten betrifft, so wissen Sie doch, daß ich schon so lange auf Nachrichten überhaupt gewartet habe, daß selbst die schlimmsten noch eine Art guter Bedeutung für mich haben. Sie sind also so gut und schreiben mir wieder, nicht wahr?

                                                                                    Ihr F. Kafka

Eine Frage, die ich schon lange stellen wollte: Wird die Bureauartikelausstellung in Prag sein und werden Sie kommen?

Liebes Fräulein!

Ich wollte Ihnen unbedingt gleich antworten, nicht etwa um Ihnen etwa Wichtiges oder gar für *Ihre* menschliche Lage Wichtiges zu sagen, sondern nur um Ihnen zu schreiben, um irgendetwas wenn auch Sinnloses und Unnützes für Sie zu tun, wie mir überhaupt scheint, daß mein grundfalsches Verhältnis zu Ihnen zum Teil dadurch bestimmt worden ist, daß ich (nach außen hin scheinen das große Worte, nach innen hin ist kein Wort groß genug) immer über mich hinaus durch eine nicht zu durchreißende Hemmung, gleichzeitig gedrängt und gehalten, irgendwie Ihnen näherzukommen versuchte und daß ich das Mißlingen dessen trotz aller schönen Selbsterkenntnis Ihnen anrechnete. Und doch liegt es nur daran, daß Sie mit mir über F. hin bekannt wurden, daß ich mich in Prag als ich Sie zum ersten Mal traf gezwungen sah, mit einem mir doch vollständig fremden Menschen über F. zu reden, daß ich sogar mit dem Mitleid dieses fremden Menschen absichtlich (die Absicht ergibt sich, man geht nicht von ihr aus) rechnete, daß meine Geschwätzigkeit in solchen Dingen (meine Geschwätzigkeit kommt allerdings mit paar Worten aus, aus Not) sich nicht halten läßt und mir vor ihr zum Sterben übel wird – alles dieses und noch mehr derartiges war die Ursache dessen, daß ich später, so sehr ich es im Grunde immer wollte, nicht ohne diese verdammten abwehrenden Bemerkungen schreiben konnte.

Ich glaube nicht, daß Mitleid glücklicher macht, besser macht es gewiß nicht, dagegen ist Mitleiden, wenn man dessen im allgemeinen und gegenüber einem bestimmten Menschen fähig ist, soweit ich es erfahren habe, immer ein Glück und es macht auch zu einem bessern Menschen. Es gibt eben keine Waage, bei der beide Schalen gleichzeitig hinaufgehn. Je mehr Menschen von einem Leid wissen, desto schlimmer das Leid und wenn nicht schlimmer so unreiner. Aber es wird auch gewiß schlimmer, es wird körperlicher, man sieht es mit den Augen der andern von andern Seiten an, und wenn man vielleicht bisher für sich allein das Ganze verbissen mit kleinen Augen angesehn und ausgehalten hat, jetzt vor dieser allbekannten Körperlichkeit muß man sie aufreißen und muß sich fügen, bis ins Allerletzte. Wird es aber nicht schlimmer, sondern nur unreiner, dann ist es vielleicht noch ärger, denn jetzt verliert man vor Widerwillen jede Hoffnung es zu überwinden.

Etwas Derartiges fühlte ich damals im »Schwarzen Roß«, fühle ich jedesmal, wenn [ich] mit jemandem und sei es mein bester Freund so rede (geschieht es z.B. mit meiner Mutter, so schüttelt mich der Widerwille geradezu). Dazu kommt aber noch, daß ich gleichzeitig bei solchen Reden fast bis an die Oberfläche hinauf Vergnügen, Befriedung habe, daß es meiner Eitelkeit wohltut – muß es dann nicht eine Erlösung für mich sein, wenn ich (und sei es noch so lügenhaft) alles abschüttle und sage: der andere war schuld. Es ist aber nicht alles, ich darf mich in solche Überlegungen nicht einlassen, ich komme niemals durch, nur im Gefühl halte ich es

[Wahrscheinlich die Fortsetzung dieses Briefes]

halbwegs sicher. Aber vielleicht genügt es, um das Vergangene ein wenig zu erklären und nicht mehr darüber reden zu müssen. Es ist ja auch jetzt ganz anders; Sie sind mir, besonders nach dem letzten Brief keine Fremde mehr; das Leiden, das mit Geständnissen (wenn sie nicht ganz erzwungen und einseitig sind) verbunden ist, ist ja schließlich das Leiden des menschlichen Verkehres überhaupt; solange man lebt, darf man keine leblose Grenze setzen – und darum und aus einigen ähnlichen Gründen, soll (wenn Sie damit einverstanden sind und Sie sind es, möchte ich hoffen) alles zwischen uns gut sein und wir sollen offen mit einander reden können. Und Sie sollen, wenn Sie von sich schreiben, nicht mehr hinzufügen »die Tatsache, daß Sie sich dafür nicht interessieren können«. An Erna Bauer werde ich nicht schreiben. Ich hielt sie wirklich für Felicens Vertraute; aber selbst wenn sie es wäre, schriebe ich ihr nicht. Darf ich F. auf Umwegen zu mir zwingen? Ist es nicht genug, daß ich es hinnehme, daß Sie für mich an F. schreiben und daß ich Ihnen dafür dankbar bin? Nur hätten Sie nicht verschweigen müssen, daß ich Ihnen geschrieben habe; Sie hätten alles schreiben dürfen und das nicht nur deshalb weil es so unsicher ist, ob überhaupt eine Hilfe noch möglich ist. F. hat eben das Vertrauen zu mir verloren, berechtigte Gründe dafür gibt es ja eine Menge und die eine schon erwähnte Seite des 40 Seiten langen Briefes ist nicht der unwichtigste Grund. Und mit dem Vertrauen ist auch das was F. vielleicht für mich gefühlt hat, verschwunden. Was soll F. tun? Allerdings, daß sie Ihnen nicht schreibt, dafür kenne ich gar keine Erklärung.

Warum F.'s letzter Brief traurig war? Ich schreibe einen Satz hier ab »Wir würden beide durch eine Heirat viel aufzugeben haben, wir wollen es nicht gegenseitig abwägen, wo ein Mehrgewicht entstehen würde. Es ist für uns beide recht viel.« Der Satz ist allerdings so entsetzlich (und hätte er noch so viel tatsächliche Wahrheit), daß er von F. unmöglich so gefühlt sein kann. Das widerspricht F's Wesen vollständig, muß ihm widersprechen, aber schon daß sie den Satz, aus welchen Gründen immer, niederzuschreiben imstande war, ist traurig und nimmt mir fast jede gute Aussicht. Übrigens, es war kein unüberlegt geschriebener Brief, es sollen ihm (ebenso wie es in dem an Sie geschriebenen Brief heißt) einige nicht abgeschickte Briefe vorhergegangen sein. Soweit F. und ich eine gemeinsame Zukunft haben, scheint sie wirklich nur von dem Brief getragen zu sein, den Sie jetzt geschrieben haben.

Sagen Sie mir doch, wenn Sie es wollen, wer ist der Mann in München? Sieht er und hört er nicht? Worin besteht die Wichtigkeit, die Sie für ihn haben und er für Sie? Sagten oder schrieben Sie nicht einmal, daß Sie daran denken, nächstes Jahr in das süddeutsche Geschäft Ihrer Firma einzutreten? Und was bedeutet die Stelle in Ihrem Brief, die von der »Grundbedingung einer Heirat« handelt und die ich nicht ganz verstehe. Dabei fällt mir übrigens etwas damit nicht Zusammenhängendes ein. Sie schrieben einmal, daß Ihr Zimmer dunkel ist und daß Sie sich kein besseres leisten können. Wieso kommt das, da Sie doch ein genügendes Gehalt haben? Was für ein Vielschreiber und Vielfrager ich geworden bin! Ich höre schon auf. Leben Sie wohl!

Ihr F. Kafka

Das Buch hätte gleichzeitig mit meinem Brief ankommen sollen. Ich werde morgen beim Buchhändler nachfragen.

An Grete Bloch

8.II.14

Liebes Fräulein!
Es tut mir um unserer allen willen leid, insbesondere natürlich für Sie, daß Sie im Brief an F. und vielleicht sogar (wie soll ich Ihnen jemals dafür danken?) schon im Telegramm Unwahres sagen mußten. Aber das Schlimme liegt natürlich nicht im Unwahren, sondern in der Sache selbst, an der man nur noch mit Unwahrem rühren kann.

Sie haben Recht, der Satz aus F.'s Brief ist schlimm. Äußerlich ist er zwar nur ein Mißverstehen dessen, wovon ich F. ein Jahr lang zu überzeugen suchte; innerlich ist er aber doch wahrscheinlich mehr als ein bloßes Mißverstehn. Der Brief besteht zwar nicht aus dem einen Satz, aber der Satz herrscht. Das Bedrückendste ist, daß er einerseits mit nichts übereinstimmt, was ich von F. weiß, und daß andererseits nirgends ausdrücklich von einer Änderung von Grund aus gesprochen wird.

Daß Ihnen die »Galeere« gefallen hat, freut mich sehr. Man muß durch das Konstruktive, welches den Roman wie ein Gitter, überall, rundherum umgibt (wie das im Wesen des W. begründet ist, weiß ich eigentlich nicht recht), den Kopf einmal durchgesteckt haben, dann aber sieht man das Lebendige wirklich bis zum Geblendetwerden. Vielleicht werde ich Ihnen bald wieder etwas von ihm schicken können.

Wie verbringen Sie übrigens die Sonntage? Nach dieser Anstrengung in der Woche? Ist diese Anstrengung vernünftig? Können Sie denn das lange aushalten? Was war es für eine Krankheit, von der Sie letzthin schrieben? Die Zeit zu Ihrem letzten Brief haben Sie wahrscheinlich Ihrer Mittagspause abgestohlen; das ist ebenso unrecht als lieb. Es bedeutet übrigens nichts weiter; ich bin Ihnen schon im ganzen jetzt so verpflichtet wie keinem andern Menschen, das weiß ich deutlich trotz meines Kopfes, der jetzt von Zahnschmerzen (muß sich alles drehn bis ins Lächerlichste?) ganz dumpf ist.

Ihr F. Kafka

Trotz allem, F., trotz allem (und es ist viel, dieses »alles«) – als ich heute Deine Karte bekam, war es wie am ersten Tag. In dieser vom Diener als etwas ganz Nebensächliches mir zugesteckten Karte sind wieder einmal von Dir an mich gerichtete Worte, eher gute als böse, wenn auch deutbare Worte, jedenfalls Worte von Dir an mich, Du zeigst Dich mir wenigstens, willst doch etwas mit mir zu tun haben, sei der Anlaß auch welcher es wolle – mir war elend vor Glück, als ich es las, der Apfel, den ich gerade essen wollte, wurde nicht etwa hingelegt, sondern fiel mir einfach aus der Hand. Und als ich dann später, viel später zum Diktieren kam, ging es mir gleich, sobald ich mich an das Diktieren verlieren wollte, durch den Kopf: »Was ist denn? Warum bist Du ganz anders?«, und gleich wußte ich, warum ich ganz anders war.

Es ist ja nichts geschehn; Du schreibst mir, aber wer weiß, was es bedeutet. Ist es auch nur so richtig, daß Du diese Karte schreiben mußtest, während Du die letzten Briefe kaum schreiben konntest? Ist es so? Nein, ganz genau so ist es nicht, kann es auch nicht sein. Aber wie es auch sei, F., zieh die Hand nicht zurück, die Du mir, wenn auch nur schwach, so doch immerhin reichst. Laß sie mir, so wie Du sie mir einmal schon gegeben hast. Aber jetzt fällt mir wieder Dein letzter Brief ein und das »Mehrgewicht«. Darf ich danach so bitten und Dich aus einer Lage, in der Dir wohl, natürlich verhältnismäßig wohl ist (davon scheine ich Dich doch endlich überzeugt zu haben, wenn ich nicht vielmehr eine andere Überzeugung Dir genommen habe), zu mir herüberzuziehn versuchen. Aber auch davon ist jetzt nicht Zeit zu reden. Jetzt ist nur Zeit, Dich zu bitten, F., nicht wieder so stumm zu werden, daß man hier in Prag (für mich hängt wirklich Berlin über Prag, wie der Himmel über der Erde) verzweifelt vor Ratlosigkeit wird, hin- und herläuft, nichts sieht, nichts hört und immerfort mit den gleichen Gedanken spielt, von denen zu reden jetzt auch nicht die Zeit ist. Nur darum bitte ich, um nichts sonst. Sag mir offen, was Du denkst, ich werde Dir ebenso antworten. Was ich denke, muß ich Dir nicht sagen, das Beste kennst Du.

Franz

An Grete Bloch

9.II.14

Liebes Fräulein!
Eine Karte von F. ist gekommen, eine kleine immerhin freundliche Karte; eine Freundlichkeit übrigens, der zu vertrauen, auf die zu bauen ich schon aufgehört habe, denn weniger freundlich hat mir F. eigentlich niemals geschrieben. Aber darauf kommt es Ihnen gegenüber gar nicht an, auch darauf nicht, wie ich mich innerlich dieser erzwungenen Karte gegenüber verantworten werde (die fast

deutbare Schlußbemerkung der Karte lautet: »Ich mußte diese Karte schreiben«), es kommt vielmehr hier nur darauf an, daß die Karte da ist, daß ich sie allein auf keinen Fall hätte erwirken können, daß F. aus eigenem Willen sie nicht hätte schreiben können, und daß ich sie durchaus Ihnen verdanke. Wie groß Ihre Macht über F. ist! Vielleicht bekomme ich morgen von Ihnen eine Nachricht, wahrscheinlich wissen sie auch schon von der Karte. Nun, da ich Ihnen noch unvergleichlich mehr danken sollte als bis jetzt, verschlägt es mir fast die Worte, so gedemütigt fühle ich mich vor Ihnen und nicht nur gedemütigt, das wäre nicht schlimm und mein gerechter Teil, aber so, als hätte ich auch Sie gedemütigt, indem ich Sie bat, auf diese Weise (was sage ich auf diese Weise? es war auf keine andere möglich) von F. die Karte für mich zu entlocken. Sagen Sie nichts dazu, ich weiß, es wird vorübergehn, meine Empfindlichkeit in dieser Hinsicht ist nur um ein kleines größer als meine Vergeßlichkeit, aber ich mußte es sagen, um Sie, ehe ich Ihnen danke, mehr noch als ich danke, um Verzeihung zu bitten.

Ihr F. Kafka

An Grete Bloch

2.II.14

Liebes Fräulein, nein, das glaube ich nicht und auch Sie schreiben es nur ohne Glauben hin; F. hätte mir ohne Ihren Brief nicht geschrieben. Mißverstehen Sie mich nicht, ich bin ja damit zufrieden, daß sie mir aus eigenem Antrieb nicht geschrieben hat, ich will sie ja so haben oder besser und einfacher, ich will sie gerade so haben, wie sie ist. Wollte ich aber sophistisch sein, dann müßte ich allerdings sagen (ich sage es nicht, aber ich verschweige es auch nicht), daß es für mich schlimmer ist, daß sie jetzt geschrieben hat, schlimmer, als wenn sie nicht geschrieben hätte; denn es zeigt, daß nur ein überwindbarer Widerstand vorhanden war, den zwar Sie überwinden konnten, ich aber nicht.

Was Sie über gegenseitige Hilfe sagen, ist nicht ganz richtig. Wenn einer ins Wasser fällt und der andere auf sein Geschrei hin ihn herauszieht, so ist das ein Regelfall der Hilfe und erzeugt vielleicht unter guten Freunden kein »Verpflichtetsein«. Sie aber mußten, um mir zu helfen, eine Unwahrheit sagen, mußten also etwas tun, was Sie, um sich zu retten, gewiß nicht tun würden, und ich, um mich zu retten, vielleicht, allerdings nur vielleicht, auch nicht. Darum also bin ich Ihnen »verpflichtet«, weil Sie nicht nur etwas für mich, sondern gleichzeitig auch etwas gegen sich haben tun müssen. Vielleicht haben Sie das aus Gutherzigkeit nicht so schwer getragen, desto schwerer bis zum Ekel ich. Darf ich Sie bitten (nicht etwa, um mein »Verpflichtetsein« aufzuheben, solche Aufhebung gibt es nicht), selbst in Ihrem nächsten Brief an F., ohne mich irgendwie zu schonen, offen einzugestehn, daß ich von Ihrem ersten Briefe wußte, selbst ihn veranlaßt habe und durch ihn, wie es sich ja auch als berechtigt erwiesen hat, eine Nachricht von ihr zu erreichen hoffte.

Bitte, liebes Fräulein, schreiben Sie ihr das und zwar ohne Rücksicht darauf, was F. selbst mir antwortet, was übrigens bis heute nicht geschehen ist, trotzdem es schon hätte geschehen können.

Durch Ihren letzten Brief habe ich eine sehr deutliche Vorstellung von Ihrem Leben bekommen. Hier ist auch trübes Wetter, aber um 2 Uhr mittags muß man das Licht nur in dunklen Hofzimmern anzünden, wie es das Ihre ist. Daß Sie Klavier spielen und Musik lieben, wußte ich, glaube ich, gar nicht. Mit wem spielen Sie Klavier und mit wem machen Sie Ausflüge ins Gebirge? Um Ihre Schlafsucht beneide ich Sie. Wie müssen Sie ihr an Sonntagnachmittagen in dem dunklen Zimmer nachgeben! Wenn ich das könnte! Wenn sich der Schlaf irgendwie um mich kümmerte! Während der Zahnschmerzen, da sie mir den Kopf dumpf machten (die Schmerzen selbst sind schon vorüber, hätte ich vom Kamillentee gewußt, hätte ich ihn genommen, Medicinen aber darf man mir nicht anraten), schlief ich beiläufig, aber seit 2 Tagen fast gar nicht. Diese Art Schlaf, die ich habe, ist mit oberflächlichen, durchaus nicht phantastischen, sondern das Tagesdenken nur aufgeregter wiederholenden Träumen durchaus wachsamer und anstrengender als das Wachen. Es gibt Augenblicke im Bureau, wo ich redend oder diktierend richtiger schlafe als im Schlaf. Und Sie haben solche Schlafsucht! Schlafen ist besser als Lesen; nur unter diesem Vorbehalt nenne ich Ihnen ein Buch, allerdings ein prachtvolles und eines überdies, in dem alles steckt, was an Wien Gutes ist. Bitte lesen Sie es! »Mein Leben« von Gräfin Lulu Thürheim, Verlag Georg Müller, 2 Bände. In der Universitätsbibliothek bekommen Sie es gewiß. Es ist teuer, ungebunden glaube ich 12 M.
Herzliche Grüße Ihres   F.Kafka

An Grete Bloch

14.II.14

Liebes Fräulein, Sie sind sehr niedergeschlagen und arbeiten doch – es gibt kein Trotzdem-arbeiten in diesem Sinn – arbeiten, so daß Sie ein für Ihre Jugend ungewöhnliches Gehalt beziehn, lassen nicht ab, haben Ihre ganze Existenz nach Wien hinübergetragen, bereiten sich vor, wieder wegzugehn und womöglich noch mehr zu arbeiten, da müssen in Ihnen Kräfte vorhanden sein, auf die Sie sich wohl auch für späterhin verlassen dürfen. Sie spüren kein Nachlassen der Kräfte, so dürfen Sie das nicht ausdrücken, es gibt eben eine Müdigkeit der Jugend, die das Alter zum Ersatz alles sonstigen nicht mehr kennt. Es ist kein Nachlassen der Kräfte, wenn man oben in der Gallerie der Oper weint, glauben Sie das nicht. Gerade in den allerdings leicht zählbaren Augenblicken (durch meine Schuld so leicht zählbar), in denen Sie in Prag ein wenig fröhlicher waren (fröhlicher als ich im Sinne der Lebendigkeit und Vernunft waren Sie ja immer) hatten Sie im Gesicht den Ausdruck eines ganz natürlichen und gesunden Kindes. Der Ausdruck paßte wohl nicht ganz zu Ihrem übrigen Wesen, insbesondere nicht zu der Überlegenheit, die Sie über mich hatten, aber doch schien es auch wieder Ihr eigenster Ausdruck zu sein. So war es z.B. ein paar Mal im Kaffeehaus, als Sie von der Schule erzählten, und einmal vor dem Kunstgewerbemuseum, als Sie stolperten.

Viel mag Wien schuld sein, trotzdem Sie es jetzt wieder loben. Ein solches Sichabfinden ist nicht immer das Beste. In Berlin könnte ich mir Sie nicht so traurig denken, Sie waren es dort auch gewiß nicht. Hier werden, möchte man manchmal glauben, die Lustigen traurig und die Traurigen noch trauriger. Ich weiß keine Erklärung und es ist auch nicht nötig, denn es ist gar nicht wahr und zeigt nur, wie urteilslos die Traurigkeit ist. Nach Wien möchte ich für meinen Teil nicht, auch nicht im Mai. Es war für mich gar zu häßlich dort, ich wollte um keinen Preis wieder die Wege ins Parlament machen, die Kärntnerstraße, den Stephansplatz sehn, im Café Beethoven oder Museum oder gar im Ratskeller sitzen und nicht einmal wieder an einem etwas kühlen aber sehr sonnigen Vormittag allein im Garten von Schönbrunn herumgehn. Das alles und noch viel mehr will ich nicht wieder erleben, das ist schon ein für allemal abgebüßt. Nur das Grillparzerzimmer im Rathaus möchte ich gern sehn, das habe ich anzusehn versäumt, ich habe zu spät davon erfahren. Kennen Sie den »armen Spielmann« von Grillparzer? Daß sich in Wien ordentlich leiden läßt, das hat Grillparzer bewiesen. Ich verlange natürlich nicht mehr, daß Sie F. eine Aufklärung schicken, ich habe nur deshalb darum gebeten, weil ich dachte, die Karte bedeute den Anfang besserer Zeiten und diese Besserung wollte ich nicht durch eine eigene und überdies Ihnen auferlegte Unwahrheit erschwindelt haben. Nun bedeutete aber die Karte etwas ganz anderes. Ich schreibe sie hier vollständig ab, sie ist mit einem schlechten Bleistift geschrieben und wird bald nicht mehr lesbar sein: »Berlin, Anhalter Bahnhof, am 8.2.14, abends 10.30.

Franz, ich sitze hier im Wartesaal und hole meine Schwester von der Bahn, die aus Dresden ankommt. Lasse mich Dir viele herzliche Grüße senden. Du hörst auch wieder einmal mehr von mir. Ich mußte diese Karte schreiben. Innigen Gruß, Felice.«

F. hatte also Samstag Ihren Brief bekommen, hatte sich nicht zum Schreiben entschließen können, saß nun zufällig im Anhalter Bahnhof am Sonntag abend, ließ sich aus irgendwelchen Zufälligkeiten zu dieser Karte bewegen, war dadurch am nächsten Tag gezwungen, auch Ihnen eine Karte zu schreiben, wollte aber mit der Karte an mich nichts weiter als ein neues durch diese Karte nur stärker betontes Schweigen einleiten, denn auf meinen sofortigen Brief, auf den eine Antwort hätte kommen müssen, kam keine. Das Schreckliche oder das Gute ist, daß fast alle Annahmen versagen.

Herzliche Grüße   Ihr F. Kafka

19.II.14

Liebes Fräulein, so wird es immer sein (falls Sie mir entgegen Ihrer sonstigen Pünktlichkeit nicht antworten oder falls Sie nicht von vornherein festsetzen, daß Sie mir erst in 1 oder 2 Wochen antworten wollen, womit ich mich dann allerdings zufrieden geben müßte), gleich muß ich mahnen oder wenigstens erinnern, denn ich bin leider dazu erzogen worden, hinter jedem Schweigen einen Haken zu fürchten, der mir an den Hals gehn könnte. Hoffentlich ist es nichts derartiges, sondern bloß Ihre viele Arbeit, was schon allerdings schlimm genug wäre oder was schon viel besser wäre, die Gräfin Thürheim [Mein Leben] hält Sie Abend für Abend. Mir ist übrigens seit meinem letzten Brief ein eigentümliches Glück widerfahren, das ich Ihnen, die ich mit meinem Leid nicht verschone, auch nicht verschweigen darf. Mein letzter näherer, unverheirateter oder unverlobter Freund [Felix Weltsch] hat sich verlobt; daß es zu dieser Verlobung kommen wird, wußte ich seit 3 Jahren (es gehörte für den Unbeteiligten kein großer Scharfsinn dazu), er und sie aber erst seit 14 Tagen. Dadurch verliere ich allerdings gewissermaßen einen Freund, denn ein verheirateter ist keiner. Was man ihm sagt, erfährt stillschweigend oder ausdrücklich auch seine Frau, und es gibt vielleicht keine Frau, in deren Kopf sich bei diesem Übergang nicht alles verzerrte. Überdies kann man, selbst wenn dieses nicht wäre, gar nicht rein an ihn mehr denken oder innerlich ihn tröstend und helfend, ja nicht einmal mit den Möglichkeiten des Trostes und der Hilfe wirken lassen, denn jetzt hat man, wie immer es auch sei, sich gegenüber nur eine Gemeinschaft. Aber abgesehen davon, daß ich ihm natürlich alles Gute wünsche, hat es auch für mich noch eine Glückseite, wenigstens jetzt. Wir haben nämlich, trotzdem wir doch nicht so übermäßig alt sind, er ist sogar um ½ Jahr jünger als ich, eine Art junggesellenhafter Brüderschaft gebildet, die wenigstens für mein Gefühl geradezu gespensterhaft war in manchen Augenblicken. Jetzt ist das gelöst, ich bin frei, für sich kann jeder sein wie er will und ist; in ein solches vereinzeltes Gebilde kann niemand, kaum sein Besitzer, bis in den Grund hineinschauen, um sich dort zu entsetzen, während eine Gruppe immerhin leichter zugänglich, beurteilungsfähig ist. Beglückwünschen Sie mich, und wäre es auch nur eine maskierte Bitte um einen Brief. Wie beurteilen Sie F.'s Karte?

Herzliche Grüße   F.K.

[Begonnen am 21. oder 22., beendet am 25. Februar 1914]

Liebes Fräulein, so häßliche Worte wie »mitteilungsunwürdige Zustände« dürfen Sie mir nicht wegnehmen, die gehören mir und haben in Ihren Briefen nichts zu tun. Im Miterleben der Zustände eines andern (nicht im Mitgefühl; vor den

Menschen macht das keinen Unterschied, erst vor Gott) glaube ich manchmal bis an die Grenzen menschlicher Kraft kommen zu können; nennen Sie nicht »mitteilungsunwürdig« die Zustände eines Menschen, der mir sehr nahe geht. Sie sind weder unwürdig vom Erzähler aus, noch ist der Zuhörer ihrer unwürdig, trotzdem man sonst nicht genug Schlechtes über ihn sagen kann.

Vielleicht ist es notwendig, in der Aufrichtigkeit hier noch ein Stück weiterzugehn. Ich schrieb Ihnen den ersten Brief nur F.'s wegen, daran ist ja gar kein Zweifel. Ich wollte Hilfe und war dabei roh wie ein unglückliches Kind. Daher kommt es auch, daß Sie sich einmal so große Vorwürfe wegen meiner Berliner Reise machten. Das sind doch lauter Vorstellungen, die Ihnen durch meine Briefe aufgedrängt worden sind. »Die Ereignisse des Monates November« schrieben Sie einmal. Was für Ereignisse denn? Was für Dinge denn, die sich nicht im Laufe der 1 ½ Jahre fast ununterbrochen wiederholt hätten, wie Trommelschläge, deren Klöppel eben in meinen unglücklichen Händen waren.

Die Briefe aber, in denen ich Sie um Hilfe bat, sind vorüber. Sie haben getan, was Sie konnten und in Ihrer Güte fast mehr als Sie durften. Sie ziehn rechts und links das Leid an sich, das in dieser Sache steckt, Sie haben sich in Prag meine »Nein« gefallen [lassen] müssen (es muß doch noch etwas an mir sein, wenn ich die Frechheit meines ersten kleinen Briefes an Sie aufzubringen imstande war) und hören jetzt das Ihnen noch viel nähergehende und überdies unklare »Nein« F.'s. Ich bitte also nicht mehr um Hilfe, was einen großen Umschwung bedeutet, denn ich hätte früher noch dringender gebeten, wenn nicht der schon längst nicht mehr berechtigte Anschein gewesen wäre, daß ich Ihnen schreibe, nur um zu bitten, ein Anschein, der, ich gebe sogar das zu, länger berechtigt war, als ich es äußerlich zugestand. Ich will keine Hilfe mehr, nur hören will ich (wenn Sie es nur ein wenig wollen), wie es Ihnen geht. Mischt sich eine Nachricht über F. ein, wird es gewiß sehr gut sein, aber selbst dann wird es nicht die Hauptsache sein. Wenn uns zweien, F. und mir, zu helfen ist, müssen wir es selbst tun; Ihre Mühe und der Lohn dieser Mühe sind ein Zeichen dessen. Es handelt sich ja nicht um Äußeres, wo man helfen könnte, sondern um Schuld, hier und dort, hier allerdings mehr, unausschöpflich mehr. Vielleicht gelingt diese Selbsthilfe einmal doch und sollte ich darüber auch weißhaarig werden, die Weißhaarigkeit geht ja auch schnell vorwärts. Wollen Sie also Ihre Briefe an mich so auffassen?

25.II.

Das Vorige ist vor 3 oder 4 Tagen geschrieben, ich hatte den Brief auf eine endlose Mitteilung angelegt, mußte dann aufhören und so blieb er, wie es angefangenen Sachen geht, einige Tage liegen. Heute hätte ich ihn jedenfalls beendet.

Nun sehen Sie, liebes Fräulein, wie merkwürdig das ist. F.'s Brief und mein Brief sind vielleicht am gleichen Tag geschrieben. Vergleichen Sie sie!

Sie tun nicht schlecht, daß Sie mir die Sätze aus F.'s Brief schreiben, sondern Sie tun sehr gut, sehr lieb und sehr verständig. Schlecht ist nicht das, was Sie tun, schlecht ist nur Ihre Lage, in der Sie in dieser Sache augenblicklich durch F.'s ebenso wie durch meine Schuld sind. F.'s Brief tat mir zuerst sehr leid, nicht so sehr seines Inhalts wegen, als daß er gerade jetzt kommen mußte. Hätte ich aber nichts von ihm erfahren, wäre es allerdings für mich noch viel peinlicher gewesen. Freilich kommt es auf Peinlichkeit nicht mehr an. Heute mache ich Schluß, trotzdem ich glaube, daß ich Ihnen eine Menge zu sagen habe. Nächstens. Ich bin jetzt, 7 Uhr abends, noch im Bureau und habe mir in Voraussicht dessen, daß ich wenig arbeiten werde, den angefangenen Brief mitgenommen. Ich werde Ihnen bald wieder schreiben. F. erfährt natürlich von Ihrem Brief nichts.

Was hat es für einen Sinn, im halbbeleuchteten Zimmer zu schlafen? Solche Versuche sind nicht recht. Wozu das Licht, da Sie doch immerhin schlafen? Muß das Licht nicht Ihren Schlaf stören oder zumindest schlecht beeinflussen? Besonders, da es Gaslicht zu sein scheint. Und wie kann denn dann das Fenster während der Nacht ein wenig offenbleiben, wie es doch sein muß? Ich persönlich würde mich mit solchen Fragen nicht aufdrängen, das tut nur der Naturheilkundige in mir.

Herzliche Grüße   F.K.

An Grete Bloch

2.III.14

Liebes Fräulein, ich habe gerade jetzt einen langen Brief an F. geschrieben, ich weiß nicht, ob ich im richtigen Zustand bin, Ihnen von der Reise zu berichten (meine Karte aus Dresden haben Sie?). Dann ist es aber wieder wahr, daß, wenn ich jemandem zu berichten schuldig und von mir gedrängt bin, Sie, nur Sie es sind. Wenn mir etwas in diesen zwei Tagen wohlgetan hat, war es der Gedanke an Sie, an Ihre Zuverlässigkeit und Wahrhaftigkeit. Nach Ihrer heutigen Karte scheinen Sie es meinem letzten Brief nicht geradezu entnommen zu haben, daß ich nach Berlin fahren wollte. Es stand bei mir schon etwa seit 10 Tagen fest, deshalb schrieb ich auch, daß mir F.'s Brief gerade in diesem Zeitpunkt ungelegen kam, denn es bekam dann den Anschein, daß ich wegen dieses Briefes erst gefahren bin, wodurch dann F. wieder erkennen mußte, daß Sie mir einen Teil des Briefes mitgeteilt hatten. Dazu kam es aber nicht, ich log, daß ich von Ihnen seit 14 Tagen nichts gehört hatte und F. nahm das ohne weiteres hin, besonders, da auch sie ohne Antwort von Ihnen ist, die sie gerade Samstag (ich kam gleichzeitig mit dem Briefträger) erwartete. Sie »rächen sich jetzt«, behauptete F., und ich freute mich aus Bosheit. (Ich hatte nicht viel Gelegenheit zur Freude.)

Ich hatte mir einen Tag Urlaub genommen und war Freitag nachts in Berlin, noch unsicher, ob F. überhaupt in Berlin war. Samstag früh ging ich zu F. ins Bureau, schickte eine Karte (die Karte eines gewissen Gotthart, die ich gerade bei mir hatte, ich wollte für den Fall, daß mich das Mädchen dem Namen nach zufällig kennen sollte, nicht angestarrt werden) zu F. und wartete. Vor mir war die Telephonzentrale, die sich in meinem Fall niemals bewährt hatte. Ich war sehr glücklich, dort zu sein. Dann kam F. (in ihrem Zimmer waren gerade viele Leute), war ein wenig, nicht übermäßig erstaunt, recht freundlich und wir standen dort ein wenig beisammen. Dann war ich Mittag eine Stunde in einer Konditorei mit ihr. Nach dem Bureau (da sah ich auch ihr Zimmer) gingen wir zwei Stunden herum. Abend war F. in einem Ball, den sie, wie sie sagte, aus geschäftlichen Gründen nicht versäumen durfte. Sonntagvormittag waren wir über 3 Stunden spazieren und in einem Kaffee. Nachmittag fuhr ich weg, F. hatte bestimmt versprochen zu kommen, kam aber nicht. Heute entschuldigt sie sich allerdings in einemTelegramm, es war ihr unmöglich; die Unmöglichkeit heißt Tante Marta oder ähnlich.

Das Ergebnis alles dessen war: F. hat mich ganz gern, das reicht aber ihrer Meinung nach für eine Ehe, für diese Ehe nicht hin; sie hat eine unüberwindliche Angst vor einer gemeinsamen Zukunft; sie könnte meine Eigenheiten vielleicht nicht ertragen; sie könnte Berlin nicht entbehren; sie fürchtet sich, schöne Kleider entbehren zu müssen, III. Klasse zu fahren, schlechtere Theaterplätze zu haben (das ist nur lächerlich, wenn es aufgeschrieben wird) u.s.w. Andererseits ist sie allerdings freundlich zu mir (freilich nicht im Gespräch; sie antwortet nicht), wir gehen eingehängt durch alle Gassen wie die glücklichsten Verlobten; sagen uns Du, auch vor dem Dr. Weiß, den wir einmal zufällig treffen; in einem Medaillon, das F. im November geschenkt bekommen hat, ist, wie mir F. zeigt, mein Bild; sie würde, wie sie sagt, einen andern nicht heiraten; meine Briefe würde sie nie wegwerfen, meine Photografien nicht zurückgeben wollen, ihre Photografien nicht zurücknehmen, gern weiter schreiben, allerdings auch damit einverstanden sein, gar nicht mehr zu schreiben. – Damit also habe ich die Nacht von Samstag auf Sonntag, damit die Rückreise verbracht.

Ihr F. K.

[Am Rand der dritten Seite] Der Brief nach München ist natürlich eingeworfen, nicht ohne Bedenken.

An Grete Bloch

3.III.14

Liebes Fräulein Grete, den Naturheilkundigen überrascht es nicht, daß Sie Kopfschmerzen haben, dem Freund tut es aber sehr leid. Wie ist es aber möglich, bei Ihrer Lebensweise Kopfschmerzen abzuhalten, da Sie so viel arbeiten, kaum ausgehn, gar nicht turnen, abends auf dem Kanapee liegen, um es dann mit dem Bett zu vertauschen, bei geschlossenem Fenster schlafen, in der Nacht Gaslicht brennen lassen, fast jeden Tag (einmal schrieben Sie so) quälende Nachrichten bekommen, von Ihrer Familie sich verlassen fühlen und darunter leiden (F., die öfters bei Ihrer Familie gewesen ist, erzählte, daß Ihre Mutter sich nach Ihnen sehnt und glücklich wäre, wenn Sie in Berlin einen Posten hätten) – schließlich hält es der beste Kopf nicht aus, wenn so von allen Seiten auf ihn losgeschlagen wird. Würden Sie nicht als erste und zarteste Änderung Ihrer Lebensweise auf meinen Rat für eine Zeitlang vegetarisches Essen für sich einführen? Ich kann mir überhaupt nicht denken, daß Sie in dieser kleinen Hölle von Pension, die Sie übrigens sehr klar überschauen und dadurch schon ein wenig unschädlich machen, besonders gut versorgt sein sollten. Oder kocht der (oder das) »Trampel« gar so vorzüglich? Und Fleisch richtet in so einem übermüdeten und geplagten Körper, wie es der Ihre ist (um Gottes willen, bis 11 Uhr im Bureau!), nur Verwüstungen an; die Kopfschmerzen sind nichts anderes als ein Jammern des Körpers darüber. Nun gibt es aber in der Opolzer Straße in der Nähe des Hofburgtheaters das beste vegetarische Speisehaus, das ich kenne. Rein, freundlich, eine ganz angenehme Wirtsfamilie. Vielleicht ist es sogar näher bei Ihrem Bureau als Ihre Wohnung, in die Sie, wie ich annehme, nur laufen, um nach dem Essen zurückzulaufen. Daß die Pension in der »Thalisia« (so heißt das Speisehaus) billiger ist, als Ihre bisherige Pension, ist ganz gewiß und Billigkeit ist Ihnen doch wichtig, da Sie, (daran dachte ich früher gar nicht; wer darf denn das von Ihnen verlangen?) auch noch Geld wegschicken müssen. Daß Sie aber dort viel besser und mit Freude essen werden (wenn auch vielleicht nicht gleich in den ersten Tagen), daß Sie sich überhaupt freier und widerstandskräftiger fühlen werden, daß Sie besser und im Dunkel schlafen und frischer und hoffentlich ohne Kopfschmerzen wach sein werden, daran ist für mich gar kein Zweifel. Wenn Sie das doch versuchen wollten.

(Jetzt sitzen meine Eltern am Tisch, ich kann nicht mehr so ruhig schreiben, der Vater atmet schwer durch den Mund, jetzt liest er noch das Abendblatt, dann aber fängt er mit der Mutter das gewöhnliche Kartenspiel mit Ausrufen, Lachen und Streit an, Pfeifen nicht zu vergessen.)

Den Brief nach München habe ich gleich eingeworfen, wußte aber nicht, ob ich recht tue, weiß es auch noch heute nicht. Aber urteilen kann ich darüber nicht, und so habe ich Ihnen gefolgt. Ein Besuch bringt doch immer Klarheit, warum hätte es dieser nicht tun sollen? Über den Zusammenhang, der zwischen Ihnen, dem Mädchen und dem Mann gewesen sein soll, denke ich nutzlos nach. War es in Berlin?

Zu der Zeit, als Sie Ihre letzten Bemerkungen über F. und mich niederschrieben, am Sonntag vormittag, gingen wir, F. und ich, im Tiergarten spazieren. Vielleicht sagte F. gerade: »Hör doch auf zu bitten. Immerfort willst Du das Unmögliche«, oder vielleicht sagte sie: »Es ist so. Du mußt es glauben. Halte Dich doch nicht an jedes Wort«, oder: »Ich kann Dich ganz gut leiden, aber das langt nicht zur Ehe. Halbes aber tue ich nicht«, worauf ich antwortete: »Das andere ist aber doch auch nur ein halbes«, worauf F. antwortete: »Ja, aber es ist die größere Hälfte.« Wahrscheinlich aber sagte F., während Sie schrieben, überhaupt gar nichts, sondern sah stumpf seitwärts und ließ mich unverantwortliche Reden und Versprechungen vorbringen, die ich gestern in einem Brief alle samt und sonders widerrufen habe.

Sie werden einen Unterschied zwischen meiner Dresdner Karte und meinem gestrigen Brief bemerkt haben. Er ist durch einen guten und festen Entschluß erklärt, der mir die Möglichkeit gibt, allein, ohne F. (wenigstens ohne F. als positivem Inhalt meines Lebens) weiterzuleben, so lange es eben geht. Bis etwas Wirkliches daraus wird, schreibe ich es Ihnen sofort, es ist aber noch eine kleine Frist bis dahin.

Sehr schade, daß Sie nicht einmal geschäftlich herkommen. Die Ausstellung wird also doch sein? Ich fragte F. darüber, sie wußte aber davon gar nichts, nur von einer Ausstellung, die nächstes Jahr wahrscheinlich in Düsseldorf sein wird.

Um 7 Uhr habe ich im Allgemeinen nichts mehr im Bureau zu tun, nur wenn ich vor lauter andern Gedanken vormittags gar nichts gemacht habe oder wenn ich mir einen Tag Urlaub nehmen will, wie letzthin.

Wenn in meiner Unterschrift ein Unterschied gegen früher ist, so bedeutet er das Gegenteil dessen, was Sie glauben oder besser nicht glauben, sondern nur im Scherz sagen. Ich sehe meinen Namen nicht gern geschrieben und nehme unwillkürlich von jemandem, dem ich mich nahe fühle, das gleiche an. Was im Namen steckt, ist diesem Menschen gegenüber selbstverständlich. Trotzdem: Herzlichste Grüße Ihres   Franz Kafka

An Grete Bloch

4.III.14

Liebes Fräulein Grete, ich weiß nicht, ob ich lange werde schreiben können, es ist möglich, daß man mich plötzlich abholt, trotzdem schreibe ich gleich, ich will Sie, selbst wenn der Brief nichts Wichtiges enthalten kann, nicht unnütz warten lassen, auch das leiseste, kürzeste Staunen darüber, daß keine Antwort kommt, will ich nicht verschulden, selbst dazu sind Sie mir – nun sagen wir etwa – zu wichtig. Aber bestimmen Sie doch (ja, jetzt bin ich antelephoniert worden, ich werde bald aufhören müssen) selbst nach Ihrem Belieben die Fristen, in denen wir ganz regelmäßig einander von jetzt ab schreiben können, unabhängig von verzögernden Launen und Zufällen und natürlich auch vorbehaltlich wichtiger Nachrichten vor dem regelmäßigen Termin. Ich für meinen Teil bin glücklich darüber, Sie zu kennen, aber ich denke auch für Sie wird dieser Verkehr nicht schlecht sein, besonders da diese ewig belastende Traurigkeit, mit der ich mich vor Ihnen bisher immer breit gemacht habe, vielleicht doch ein Ende nehmen wird. Wie lange ich nur z.B. in diesem Zustand gebraucht habe,

Sie zu erkennen! Wie ich nur als regelrechter trockener Schleicher im Hotel neben Ihnen sitzen und halb an dem vorüberhören konnte, was Sie sagten!

Ich sehe aus Ihrem Briefe nicht ganz unzweifelhaft, ob Sie meine beiden Briefe seit dem Besuch bei F. haben oder nur den zweiten, und ich weiß daher nicht genau, welche Einzelheiten über F. Sie wissen und welche Sie wissen wollen. F. sieht sehr wechselnd aus, an der Luft meist sehr frisch, im Zimmer manchmal müde, gealtert mit fleckiger, rauher Haut. Ihre Zähne sind noch in schlechterem Zustand, alle, durchwegs alle plombiert. Diesen Montag begann für sie wieder eine Reihe von Besuchen beim Zahnarzt, der ihr neue Goldkronen machen wird. Ich kann das alles und noch anderes feststellen, sehn, genau beobachten, es rührt auch von der Ferne nicht an mein Gefühl für F.

Ihre Einwände gegen eine Heirat mit mir waren ernsthaft so ausgesprochen, wie ich sie letzthin angeführt habe, bis etwa auf die Bemerkungen über Eisenbahnen, Theaterbesuche u.s.w., die außerhalb der eigentlichen Reihe nebenbei fielen, aber doch ausdrücklich gegen mich gerichtet waren. Nein, ich halte es nicht für oberflächliche Anschauungen, das kann ich nicht sagen; warum sollten sie nicht tief begründet sein? Liebe ich das Ganze, liebe ich auch die Konsequenzen; daß man manchmal dabei die Zähne fletschen möchte, unterbricht nichts. Aber darin, liebes Fräulein Grete, müßten Sie doch F. kennen?

Ich sehe auf die Uhr, es ist höchste Zeit, ich beantworte morgen den übrigen Teil Ihres Briefes. Leben Sie wohl und bleiben Sie bitte die gute Freundin

Ihres (ja wie denn?)   Franz K.

der zum Dank für die Sonne nur die Eiseskälte seines Zimmers hat, die er lieber für sich behält.

An Grete Bloch

6.III.14

Liebes Fräulein Grete, das ist eine gute Nachricht, aber so unsicher. Solange überhaupt von Ihrer Reise nicht die Rede war, war es allerdings noch unsicherer und ich kann also zufrieden sein. Kommen Sie doch, kommen Sie doch, wenn es irgendwie geht. Aber – wenn es sich nur um einen Nachmittag handeln sollte und nicht um mehr, kommen Sie nicht an einem Nachmittag, wie es der heutige ist, wo ich steif vor Kopfschmerzen nach elender Nacht fast ohne es zu wissen 2 Stunden lang auf dem Kanapee gelegen bin, gewiß ein Anblick, um Schrecken einzujagen. Aber hingegen – wenn es sich wirklich nur um einen Nachmittag handeln sollte, kommen Sie immer, meine Kopfschmerzen werden weg sein, ich werde ganz erträglich sein; unerträglich werde ich nur sein, wenn Sie nicht kommen. Sie werden kommen, sonst würden Sie mir durch die Ankündigung nicht solche Lust gemacht haben, das hätten Sie nicht getan. Jetzt will ich aber gar nicht mehr schreiben, wenn ich weiß, daß Sie kommen; es hat keinen Sinn mehr. Wie verläuft Ihre Reise? Nur in Böhmen? Oder wirklich auch nach Budapest? Sie schreiben mir doch von der Reise hie und da eine Karte? Immerhin ist für mich in dem Gefühl, daß Sie reisen (abgesehen natürlich davon, daß Sie herkommen) ein wenig Unheimlichkeit, denn bisher waren Sie für mich in Wien so sicher, immer zu erreichen, und nun werden Sie den Unsicherheiten einer Reise ausgesetzt. Sind die Kopfschmerzen schon verschwunden? Es genügt mir gar nicht, wenn Sie für meinen Rat nur danken und ihn nicht wenigstens auch ausprobieren. Schade, daß das vegetarische Gasthaus in Prag so schlecht und schmutzig eingerichtet ist, daß ich Sie gar nicht dahin werde einladen können.

Sie haben mir etwas zu erzählen und verschieben es auf nächstens. Heißt das, daß Sie es mir werden erzählen können? Nun, von Montag ab erwarte ich Sie. Herzlichste Grüße Ihres   Franz K.

Ja, die Adresse: Altstädter Ring 6

An Grete Bloch

[7. März 1914]

Liebes Fräulein Grete, nun kommen Sie also wieder nicht! Sie hätten mir nicht die Hoffnung machen sollen, um sie jetzt so zu enttäuschen. Oder kommen Sie doch nach Prag, nur später, erst nach Budapest? Jemand muß doch die Maschinen hier in Ordnung bringen, alles ist in greulicher Unordnung, glauben Sie. Über den Termin der Briefe werden wir nichts bestimmen, vielleicht haben Sie Recht. Jedenfalls aber, diesen negativen Termin bestimme ich: vor Ihrer Abreise von Wien, in der Hetze, die Sie jetzt durchmachen, dürfen Sie mir keine Zeile mehr schreiben, wohl aber eine Karte, gleich nach Ihrer Ankunft in Budapest. Nun ist also die Reise nach Budapest doch Wahrheit geworden.

Aus Ihrem vorletzten Brief geht mir noch immer im Kopf herum, was Sie von Ihrer Familie sagten. Wir hätten darüber am Sonntagnachmittag irgendwo im Wagen, im freien Land, ruhig und bis zum Ende reden können, heute im Zimmer, mit ewig kochenden Schmerzen im Hinterkopf, nur ein paar Worte. Ich glaube gefunden zu haben, daß Eltern im Allgemeinen gerechter gegen die Kinder sind als umgekehrt. Es hat, sogar bis in eine gewisse Tiefe, den gegenteiligen Anschein und ist doch nicht so. Sobald durch gewisse Lebensumstände die natürlich immer vorhandenen Gegensätze straff gezogen werden, ist das Erste die Entstehung von Hochmut hier und dort. Die Eltern kennen die Kinder von Grund aus und sehn noch über sie hinweg, und ebenso glauben die Kinder gegenüber den Eltern zu stehn. Sich demütigen ist schwer, besonders in einem so genau umschriebenen Verhältnis, es ist aber auch für die Beurteilung nicht entscheidend. Entscheidend sind nur die Augenblicke der äußersten Not und da treten – so viel ich sehen konnte, bei Bekannten, bei mir nur ahnungsweise – die

Eltern mit einem derartig geraden Schritt aus dem Gemisch von Widerlichkeit, Roheit und Hinterlist, das ihnen angedichtet worden ist, daß man wie vor einer Erscheinung steht. Es gibt mehr oder wenigstens dauernder verkannte Eltern, als es verkannte Kinder gibt. Sie sprechen sich gewiß auch eine Schuld gegenüber Ihren Eltern zu, denn Sie nennen sich eine verschlossene und unfreundlich[e] Tochter. Verschlossensein und Unfreundlichsein heißt aber den Blick abwenden und nicht gerecht sein wollen, denn zum Gerechtsein braucht man das ganze Leben, es ist nicht zu lang dazu. Wohl aber gebe ich zu, daß man vielleicht gegenüber seinen Eltern nicht gerecht sein kann, ich kann es wenigstens durchaus nicht, aber die Möglichkeit der Liebe sollte man selbst in seinem eigenen schlimmsten Falle fühlen können. – Kennen Sie die beiliegende Geschichte [Das Urteil]? Es ist ein Sonderabdruck aus einem Jahrbuch [Arkadia], nehmen Sie sie auf die Reise mit. Vielleicht gefällt sie Ihnen besser als der Heizer.

Über F.'s Verhältnis zu Ihnen kann ich keine eigentliche Auskunft geben. Meine Urteilsfähigkeit ihr gegenüber ist schon so schwach geworden, daß mir alle Urteile gleich falsch vorkommen. Auch sprachen wir wirklich sehr wenig von Ihnen, denn – ich wiederhole – während der etwa 7 Stunden, die wir im Ganzen miteinander verbracht haben, hat F., wenigstens meiner Erinnerung nach, überhaupt nur in halben abgebrochenen Sätzen gesprochen. Ich merkte nicht, daß sie Ihnen nahesteht, aber auch nicht fern. Es kann, fällt mir jetzt während des Schreibens ein, kein natürlicher Zustand gewesen sein, in dem sie sich befand. – Das Ausbleiben einer Nachricht von Ihnen schien sie ein wenig unruhig zu machen. Einmal, vor dem Dr. Weiß (nur damals war sie lebhaft und mir gegenüber sehr freundlich) sagte sie scherzend (ich erzählte davon, daß Ihnen die »Galeere« sehr gefallen hatte): »Dir scheint an Frl. Bloch sehr viel zu liegen.« Das konnte ich nur bejahen. Über F.'s Verhältnis zu Ihnen kann ich wirklich gar nichts sagen, noch weniger, als über ihr Verhältnis zu mir.

Ihr Franz K.

An Grete Bloch

9.III.14

Liebes Fräulein Grete, so genau durchschaue ich Ihren Zustand nicht, um zu verstehn, warum Sie mit Bezug auf Ihre Arbeit einen solchen Satz niederschreiben: »mir ist zum Sterben übel.« Gerade diese Arbeit, die Ihnen doch gegenüber den zwei wichtigsten Seiten, gegen die Sie sich zu wehren

Herzlichste Grüße Felix

mein kleiner Neffe war gerade hier, ich habe ihn auch Grüße für Sie aufschreiben lassen, vielleicht hat eine solche Unschuld mehr Macht in Gruß und Wunsch, als mein zittriger Kopf haben, gegen Berlin und München vollständige Selbständigkeit gibt; die müßte Ihnen doch wert sein, wie sie auch sonst sein mag. Außerdem aber ist sie doch auch aussichtsreich; Sie selbst sagten, daß Sie daran denken, später nach England oder Amerika zu gehn und auf Ihrem Geschäftspapier steht eine Reihe der begehrenswertesten Filialen, unter denen nur eine nicht begehrenswert ist, leider gerade die, in der Sie jetzt sind und zwar allem Anschein nach nicht nur der Stadt sondern auch den Chefs nach. Diese Selbständigkeit und diese Freiheit und das Wohlgefühl ihres Besitzes scheinen mir durch die Eintönigkeit der Arbeit (die übrigens in Berlin nicht so drückend gewesen sein dürfte) nicht zu teuer erkauft. Mein letzter Rat in dieser Sache bleibt immer: weg von Wien. Wenn es schon nicht möglich ist, in Prag wenigstens eine Zweigfiliale, wenn schon keine Filiale, zu errichten und Ihnen die Leitung zu geben (es scheint mir geschäftlich unsinnig, ein solches Geschäftsgebiet wie das böhmische nicht ganz auszunutzen), wäre es dann nicht besser, gleich z.B. nach Frankfurt zu gehn? Ich glaube auch kaum, daß Sie in Wien etwas für Ihre spätere Arbeit zulernen können, trotzdem oder gerade weil das Geschäft vielleicht in Wien schwerer als anderswo ist. Trotzdem aber scheinen Sie sich in Wien für längere Zeit einrichten zu wollen.

Nebenbei: Die Aussicht von Ihrem Schreibtisch geht auf das Postsparkassagebäude oder ist es die Aussicht aus dem Zimmer Ihrer Chefs? Wenn ich nicht irre, ist es von Otto Wagner gebaut und wurde früher sehr gelobt. Ich für meinen Teil aber kann mir sehr gut vorstellen, was für ein trostloses Gegenüber so ein aufdringlich absichtsvolles Gebäude sein muß. Es scheint kein anderes Ende für Absätze zu geben als: weg von Wien.

Dagegen, daß wir uns Ostern sehn sollen, hätte ich nichts einzuwenden, als daß es noch 4 Wochen bis dahin dauern wird. Wenn ich aber von der Zukunft reden will, muß ich ganz offen sein. Es ist auch gut so, ich will vor Ihnen auch kein vorläufiges Geheimnis haben, nur dürfen Sie dann nicht von Befürchtungen für unsere Freundschaft reden, die nicht die geringste weitergehende Begründung haben, als alle Befürchtungen für alles, was menschlich ist. Nein, liebes Fräulein Grete, davon reden wir nicht mehr. Mit mir aber steht es so: Ich habe letzten Montag F. einen Brief geschrieben, – es ist dumm, aber es will nicht auf das Papier. Sonntag wäre ich glücklich gewesen, Ihnen alles mündlich erzählen zu können, jetzt bitte ich Sie, lassen Sie mir noch 2, 3 Tage Zeit, dann ist sowieso alles klar, es handelt sich dabei gar nicht so sehr um F. sondern um mich und jenen Entschluß, von dem ich Ihnen schon geschrieben habe. Jedenfalls, wenn ich in Prag bin zu Ostern, müssen wir einander sehn, entweder in Wien oder in Prag oder, was vielleicht am besten wäre, irgendwo in der Mitte, im Böhmerwald oder sonstwo. Seien Sie mir bitte nicht böse, gar nicht böse, daß ich oben den Satz nicht zu Ende geschrieben habe, ich selbst bin deshalb traurig genug, denn es zeigt mir, wieviel ich noch in mir werde überwinden müssen, um den Entschluß auszuführen. Gut ist nur, daß es sich sehr bald entscheiden muß.

Herzlichste Grüße Ihres   Franz K.

An Grete Bloch

12.III.14 [vermutlich 11.März 1914]

Liebes Fräulein Grete, es wäre doch gut gewesen, wenn wir für unsere Briefe Termine bestimmt hätten. Ich müßte mir dann nicht immer wieder Gedanken, immer wieder verworfene Gedanken darüber machen, daß Sie mir wegen irgendetwas zürnen, – wegen irgendetwas nicht schreiben zu dürfen glauben, während doch gewiß kein anderer Grund für Ihr Nichtschreiben ist als der, daß Sie im Geschäft überanstrengt oder gar nach Budapest gefahren sind. Ich hatte letzthin nicht einmal das Wichtigste dessen gesagt, was ich zu Ihrem letzten Briefe sagen wollte; der Mißerfolg, den ich mit mir selbst am Ende meines letzten Briefes hatte, hatte mir alle Lust am Weiterschreiben verdorben. Sollte Sie doch der Schluß beirrt haben? Sollte es für Sie noch nicht so klar sein wie für mich, daß unsere Beziehungen zu F. sich zwar aus unserer gegenseitigen Beziehung nicht entfernen lassen, denn dazu sind sie zu stark und vielleicht unauflösbar, daß sie aber wenigstens jetzt der wichtigste Teil nicht mehr sind, daß ich also gut von dieser Sache schweigen kann, wenn mir das Wort versagt, daß dies aber nicht im geringsten unsere Hände von einander lösen darf, die wir als gute Freunde einander gereicht haben. Die Angelegenheit mit F. ist mir so unklar oder besser irgendwo im letzten Grunde, wohin meine Augen kaum reichen, so schrecklich klar, daß sie mir von jedem Wort, das ich von ihr gebrauche, noch mehr getrübt, noch unreiner, noch quälender wird. Aber nun sind hoffentlich die Tag[e] bis zum Schluß schon an der Hand zu zählen.
[Vermutlich die Fortsetzung dieses Briefes]
    Über Sonntag nach Prag zu kommen, um abends wieder wegzufahren, das tun Sie bitte auf keinen Fall, daran denken Sie gar nicht einmal; wie sollte ich mich damit abfinden können, Sie so geplagt zu sehn und an Plage fehlt es Ihnen doch auch sonst nicht. Dagegen wäre es vielleicht, da Sie Samstag schon um 3 frei sind, möglich, wenn Sie einmal, noch vor Ostern, Lust hätten, einander entgegenzufahren, Samstag abend einander irgendwo auf der Mitte des Weges zu treffen und den Sonntag miteinander zu verbringen. Wollten Sie das? Ich will es sehr. Schreiben Sie mir doch darüber. Wir wollen dann das Kursbuch durchsehn und einen schönen Ort herausfinden.
Herzlichste Grüße   Ihres Franz K.

Lesen Sie die Gräfin Thürheim?

An Grete Bloch

12.III.14

Liebes Fräulein Grete, nur paar Worte: Ich habe heute einen Brief von F. bekommen (mit welchen Mitteln er erzwungen ist, schäme ich mich zu sagen;

könnte man die Kraft, die ich darauf verwendet habe, konzentrieren, man müßte fähig sein, die Sonne vom Himmel zu reißen), er erklärt vielleicht nicht alles, aber vieles, auch F.'s Verhalten Ihnen gegenüber. F. hat viel Unglück in ihrer Familie gehabt, ich weiß aus dem Brief nichts Näheres darüber, als daß ihr Bruder gestern nach Amerika sich eingeschifft hat. Ob es ein Geheimnis ist, weiß ich nicht, Ihnen gegenüber gewiß nicht. Das Unglück mag sehr schlimm sein, ich im ersten Eigennutz ziehe daraus das Glück, zum ersten Mal seit langer Zeit wieder F.'s menschliche Stimme zu hören, seit einem halben Jahr etwa zum ersten Mal wieder. Wären nur die Mittel nicht so schmählich, mit denen ich das erreicht habe!

Vielleicht habe ich morgen Nachricht von Ihnen. Sie sind mir nicht böse, Sie dürfen es nicht sein, nicht vor Ihnen bin ich am Schluß des vorletzten Briefes verstummt, sondern nur vor dem Papier. Im übrigen habe ich F. heute vorgeschlagen, uns morgen abend in Dresden zu treffen; ich müßte morgen früh ihre telegraphische Antwort bekommen.

Herzlichste Grüße Ihres   Franz K.

13.III.14

Du bist unglücklich, F., und ich störe Dich. Das ist eben mein Unglück. Mein Glück wäre, Dir ein Trost, wenn auch nur ein kleiner Trost zu sein. Das bin ich aber nicht. Mein Verhältnis zu Dir auf der einen Seite und das Unglück in Deiner Familie auf der andern Seite hältst Du auseinander, als wären es zwei ganz verschiedene Dinge und das erste das Nebensächliche. Wenn Du es so tust, dann ist es auch so oder wenigstens allem Anschein nach so, denn Bestimmtes will ich in dieser Hinsicht nicht sagen, das ist Deine Sache, F.

Ich weiß nicht, wie oft ich Deine zwei Briefe gelesen habe. Es ist Gutes darin, gewiß, aber auch viel Trauriges und das meiste eine Mischung, die weder gut noch traurig ist. Dein heutiges Telegramm macht alles noch ein wenig dunkler oder, um ein Wort Dir wegzunehmen, ohne das ich nicht auskommen kann: bitterer. Es war nicht besonders klug von mir, vielleicht auch nicht besonders zartfühlend, Dich zu bitten, morgen nach Dresden zu kommen, da Du jetzt in den ersten Tagen nach dem Unglück Deinen Eltern beistehen mußt. War es ein Fehler, so sind die 7 Worte Deines Telegramms Strafe genug. Aber vielleicht war es nicht so sehr ein Fehler, als vielmehr das Unvermögen, zwischen dem Unglück Deiner Familie und mir zu sondern, wie Du es tust.

Lassen wir das, F., aber was soll jetzt geschehn? Keinesfalls, F., keinesfalls darfst Du mich wieder in die Unsicherheit zurückwerfen, aus der ich durch die gestrigen Briefe wenigstens einen Schritt hinausgekommen bin. Das darfst Du keinesfalls, dort hinunter gehe ich nicht mehr zurück, lieber opfere ich mein Bestes und laufe mit dem Rest weg, wohin immer. Wenn wir aber vorwärts kommen wollen, müssen wir doch miteinander sprechen, das meinst Du doch gewiß auch, F., nicht? Kein Zweifel, daß das am besten, leichtesten, unbehindertesten, ausführlichsten in Dresden geschehen kann. Du selbst hast es letzthin in Berlin nebenbei vorgeschlagen, hast es früher schon öfters erwähnt. Ein ernstliches Hindernis besteht dafür nicht, willst Du es also nächsten Samstag tun? Du konntest in der letzten Zeit nicht schreiben, auch jetzt noch bereitet es Dir Qualen, ich sehe das zum Teil auch ein, es ist ein Grund mehr, der für die Zusammenkunft spricht. Schiebe sie aber bitte, Felice, über den nächsten Sonntag nicht hinaus. Denke, ich bin ein Fremder, der Dich nur einmal in Prag gesehen hat und der Dich um eine Gefälligkeit bittet, die für Dich eine Kleinigkeit, für ihn eine Unentbehrlichkeit bedeutet. Du würdest sie ihm nicht verweigern. Was für dumme Reden! Du würdest auch ohne sie die Notwendigkeit der Zusammenkunft einsehn. Siehst Du sie aber nicht ein und weißt Du etwas, was Deiner Meinung nach besser ist, dann sag es, ich füge mich, nur aus diesem Zustand muß es hinausführen; alles ist gut, wenn es das zustande bringt. Ich könnte ja auch nach Berlin kommen, aber abgesehen davon, daß es gewiß nicht so gut wäre wie in Dresden – ich fürchte mich, nach Berlin zu kommen, solange es zwischen uns nicht ganz klar ist, ich fürchte mich vor dem Anblick der ersten Vororte, ich fürchte mich vor dem Bahnsteig, wo ich den Hals verdreht habe, ich fürchte mich vor dem Eingang des Bahnhofs, wo ich den anfahrenden Automobilen entgegengesehen habe, ich fürchte mich vor allem. Jetzt nicht das! Komm nach Dresden! Laß mich so glücklich sein, unter Deinem Leid zu leiden, statt allein unter meinem.

Franz

Ich vergaß es zu sagen, meine Mutter war glücklich über Deinen Brief, es war gar nicht nötig, ein gutes Wort über Dich zu sagen, sie läßt Dich herzlichst grüßen, sie wollte Dir gleich antworten, ich bat sie, es vorläufig zu lassen. Das Wichtigste ist jetzt, daß wir, daß Du zuerst ins klare kommst. Darin könnte Dich meine Mutter nur stören, hoffentlich hat sie es nicht schon mit ihrem ersten Brief getan.

Franz

An Grete Bloch

13.III.14

Liebes Fräulein Grete, hätte ich Ihren letzten Brief vorgestern bekommen, hätte ich seinen ersten Teil, der mich, ohne meinen Entschluß zu kennen, widerlegen will, sehr gut entkräften können, heute nach F.'s Brief und dem heutigen Telegramm: »nach Dresden zu kommen unmöglich Gruß Felice« kann ich es wenigstens augenblicklich nicht, trotzdem es im Prinzip auch heute möglich wäre. Aber keine Rätsel; ich werde glücklich sein, Ihnen erzählen, Ihnen zuhören, mit Ihnen spazieren, Ihnen gegenüber sitzen zu dürfen. (Übrigens, wie oft sehe ich

Sie schweratmend auf dem karrierten Oberbett der Schuldienerfamilie liegen! Frl. Grete war schon damals ein wenig fassungslos, hat es aber überwunden und ist immer besser geworden, trotzdem sie es nicht glauben will.) Nun ist freilich die Zusammenkunft mit F. für morgen nicht zustandegekommen, würden Sie, liebes Fräulein Grete, falls die Zusammenkunft mit F. für nächsten Sonntag möglich wird, aber nur für diesen Fall, unsere Zusammenkunft auf den nächst-nächsten Sonntag verschieben? Ich habe die Fahrpläne schon durchgesehn. Wären Sie nicht begierig, einmal Gmünd zu sehn? Es liegt gerade auf der Mitte des Wegs, die Züge laufen geradezu einander entgegen, jeder, Sie und ich, fährt etwa um 4 Uhr von zuhause weg und kommt um 7 Uhr, ich etwa um ½ 8 erst, in Gmünd an. Nächsten Abend fahren wir dann mit den gleichen, nur gewech-selten Zügen wieder nachhause. Ich halte das für ausgezeichnet, abgesehn aller-dings davon, daß ich Ihnen damit eine gleichlange Reise aufbürde wie mir. Viel-leicht finden wir doch einen Ort, der im Übrigen auch passend doch näher bei Wien ist. Nun sprechen Sie! Daß Sie glauben, mir nicht schreiben zu dürfen, mag in Ihrem Denken seine Berechtigung haben, es ist aber keine, die mir Ehre macht oder die mich beruhigen könnte. Trostloses hören und Trostloses erleben ist zweierlei, wie sehr einen auch das Hören in diesem oder jenem Fall zum Mit-erleben zwingt. Trostloses Erleiden kann man sich allerdings auch in einer ganz verzweifelten Stunde zu einem Vorzug umdeuten, dessen man wert bleiben muß; das Vertrauen eines leidenden Menschen aber, der einem auch sonst viel bedeutet, ist immer ein Vorzug und selbst ein Trost.

Ist das, was ich über Wien sage, nicht richtig, bestätigt es nicht auch der An-gestellte, mit dem Sie jenen Auftritt hatten? Aber irgendwie scheint Sie Wien doch festzuhalten, trotzdem Sie das Schöne von Wien noch gar nicht kennen, da Sie die Gräfin Thürheim noch nicht gelesen zu haben scheinen. Kennen Sie übrigens den »Armen Spielmann« von Grillparzer? Habe ich das nicht schon einmal gefragt? Ehe Sie den und dann noch Grillparzers Selbstbiographie und dann etwa noch seine Reisetagebücher aus Deutschland, Frankreich und Eng-land kennen, hätte es vielleicht nicht viel Sinn, das Grillparzerzimmer im städ-tischen Museum anzusehn, dann aber wäre ich froh, wenn Sie es tun und mir davon schreiben würden. Bevor Sie das getan haben, verlassen Sie Wien nicht, dann aber rasch.
Herzlichste Grüße Ihres   Franz K.

Ist in den letzten Tagen vielleicht etwas Besonderes geschehn, das Sie so nieder-geschlagen macht?

16.III.14

Liebes Fräulein Grete, wenn Sie den letzten Brief verloren wissen wollen, weil dort stand, daß Sie mir nicht schreiben können, weil Sie zu traurig sind, so mag dieser Teil des Briefes verlorengegangen sein, aber sonst soll das lieber nicht vorkommen. Briefe sollen zumindest ebenso selten im Innern verloren gehn, wie es auf der Post geschieht.

Aber jetzt bin ich ordentlich aufgehalten worden und nun ist es spät. Also nur noch das Wichtigste, wenn auch dieses gerade nur jenes ist, das einem einfällt, wenn man viel Zeit hat.

Mein »hoffentlich«, liebes Fräulein Grete, haben Sie mißverstanden, es bezog sich auf die Notwendigkeit eines klaren Schlusses, nicht auf die Art des Schlusses. Allerdings ist auch diese Hoffnung vorläufig nicht in Erfüllung gegangen, ein Brief ist bereits nicht beantwortet, der zweite wird morgen nicht beantwortet werden und so wird es weitergehn, aber unmöglich lange. Ich stehe dem jetzt natürlich ein wenig anders gegenüber als früher, trotzdem aber – nein, davon wollen wir jetzt nicht reden.

Mein Eindruck vom Bruder und das, was Sie andeuten, ist einander ziemlich ähnlich, und F. liebt ihn so, ist stolz auf ihn gewesen, ich glaube wenigstens, es war so, Sie müssen das genauer wissen – was für ein Unglück, einem solchen Menschen immerfort mit Liebe folgen müssen!

Eines fiel mir in den letzten Tagen ein, muß nicht F. (oder glaubt sie nicht etwa, es zu müssen), jetzt, nachdem der Bruder gänzlich versagt hat, ihre Eltern erhalten oder wenigstens wesentlich unterstützen? Wissen Sie nichts darüber? Der Vater ist alt, kann nicht mehr lange arbeiten, vielleicht hat er sich jetzt überdies für den Sohn irgendwie verpflichten müssen – glauben Sie nicht, daß darin eine mögliche Erklärung (nicht die einzige, bei weitem nicht die einzige!) für F.'s Verhalten liegen könnte? Es wäre das ein Hindernis, dessen Überwindbarkeit ich vorläufig nicht einsehe, das aber, wenn und so lange es verschwiegen wird, vollständig unüberwindbar ist. Heute Schluß, es ist zu spät und ich will den Brief noch einwerfen, um Sie nicht falschen und mich kränkenden Glücksgefühlen über den Verlust von Briefen zu überlassen.

Herzlichste Grüße Ihres   Franz K.

17.III.14

Nein, F., Du darfst mir jetzt die Antwort nicht schuldig bleiben, jetzt noch weniger als früher. Auf zwei Briefe bin ich wieder ohne Antwort, auf zwei Briefe, auf welche die Antwort selbstverständlich war, zumindest die Antwort, daß wir zusammenkommen und offen miteinander reden müssen. Und mit Vertrauen, wie ich es immer zu Dir hatte und Du viel zu selten zu mir. Du magst Gründe für Dein Nichtantworten haben, sinnlos würdest Du mich und – Du schriebst es wenigstens – auch Dich nicht so quälen. Aber keiner dieser Gründe kann bis zum Ende standhalten, es sind Scheingründe, es sind Gespenster, rede doch, F., laß mich doch an diese Gespenster heran. Was Du im Tiergarten über Deine ungenügende Zuneigung zu mir gesagt hast, mag wahr gewesen sein und wahr sein, aber anderes war nicht wahr, wie sich jetzt zeigt, zumindest Dein Schweigen war nicht wahr. F., erkenne doch endlich, wer ich bin, wer ich durch die Liebe zu Dir geworden bin.

Franz

An Grete Bloch

18.III.14

Liebes Fräulein Grete, nur keine Rache, nur das nicht! Ich schreibe schon ins Bureau. Daß ich Ihnen lieber in die Wohnung geschrieben habe, hat verschiedene Gründe gehabt, unter anderem den, daß ich auf den ersten Bureaubrief keine Antwort bekommen und daraus geschlossen habe, daß die Briefe im Bureau in schlechterer Stimmung gelesen werden, was ja gewiß wahr ist. Außerdem aber habe ich Ihnen im ersten Bureaubrief mit solcher Energie (übrigens ganz verpuffter Energie) geraten, aus Wien wegzugehn, daß ich nachträglich Angst bekam für den Fall, als der Brief zufälligerweise von jemand andern geöffnet worden sein sollte, für eine gegnerische Firma gehalten zu werden, die, was ja nicht so unwahrscheinlich aussehn würde, nach Frl. Bloch schnappen will.

Daß Sie meine Annahme rücksichtlich F.'s bestätigen, ermutigt mich zum Verständnis manches Unverständlichen. Allerdings kann sich nach dem, was Sie sagen, durch die Abreise des Bruders, wenn sie nicht weitere Folgen hat, in der Lage der Familie nicht viel verschlimmert haben, da er sie ja nicht viel verbessert hat. Daß die Reisekosten F. abhalten würden, nach Dresden zu fahren, ist allerdings eine mir zu freundlich gesinnte Erklärung, nein, liebes Fräulein Grete, daran glauben Sie auch nicht im Ernst. Zumindest können die Reisekosten F. nicht abhalten, mir zu schreiben, daß sie nicht kommen kann, und tatsächlich sind schon nicht ein, nicht zwei, sondern bald schon 3 Briefe unbeantwortet. Auch die Mutter ist doch kein ernstliches Hindernis, F. hat selbst öfters von der Möglichkeit einer Zusammenkunft in Dresden gesprochen. Nein, nein, das ist es nicht.

Wohl aber liegt mir jetzt sehr viel daran, mit F. zusammenzukommen, um – F.'s Brief, von dem ich Ihnen geschrieben habe, gibt mir ein viel besseres Hilfsmittel dazu, als ich es früher hatte – möglichste Klarheit und Entschlußfreiheit für mich zu bekommen. Darum habe ich ihr vor einer Stunde telegraphiert, ob sie damit einverstanden ist, daß ich Samstag nach Berlin komme. Durch Telegramme läßt sie sich zu Telegrammen doch noch am leichtesten zwingen.

Fahre ich aber nicht nach Berlin und müssen Sie nicht nach Budapest, dann sind wir – nicht wahr? – in Gmünd beisammen. Nicht etwa von Ihnen aus gesehn, liebes Fräulein Grete, wohl aber von ganz oben aus gesehn, verdiene ich den Sonntag in Gmünd unbedingt. Sehen Sie nur in der Beilage, wie man für später für uns sorgen will.

War es ein wichtiger Besuch, der Besuch vom Montag? Hat er Sie ein wenig erheitert? Um die Zeit, als Sie den Brief schrieben, dürfte ich etwa aus dem Bett aufgestanden sein, um ein Fenster zu schließen, denn von dem Sturmwind zitterten mir alle Zimmerwände. Sie weckten mich nicht, denn ich schlief nicht, aber ich wollte Ruhe haben. Dann schlug nur noch irgendeine unerreichbar ferne offene Tür auf dem Gang oder sonstwo oder gar nur im Halbschlaf regelmäßig krachend auf und zu.

Sie schreiben nichts mehr von den Kopfschmerzen; bedeutet das, daß sie durch strenge vegetarische Diät beseitigt sind? Dadurch machen Sie aber eine ungemeine Freude Ihrem unter selten aufhörenden Kopfschmerzen leidenden Naturheilmenschen

Franz K.

18.III.14

Es ist 9 Uhr abends. Die telegraphische Antwort auf mein heutiges Telegramm hätte, wenn Du sie gleich nachmittag abgeschickt hättest, unter gewöhnlichen Umständen schon kommen müssen. Ich weiß nicht, ob Du im Bureau oder zuhause bist, Du hältst mich keines Wortes wert. Nachhause wollte ich nicht telegraphieren, um Deine Eltern nicht zu erschrecken, es wird mir aber nichts anderes übrig bleiben. Ich muß Dich überall suchen, das ist meine Pflicht gegen mich und vielleicht sogar gegen Dich. Du wirst es auch einsehn, F., wäre nur diese Einsicht schon da! Ich habe heute telegraphiert: »Wenn Du nicht nach Dresden kommst, komme ich Samstag nach Berlin. Bist Du damit einverstanden? Wirst Du zur Bahn kommen?«

Das war das Telegramm. Ich habe es hier wiederholt und werde in dieser oder jener Form nicht aufhören, es zu wiederholen.

Franz

An Grete Bloch

[19. März 1914]

Liebes Fräulein Grete, ich bitte Sie nicht etwa, diesen Samstag mich nicht sehn zu wollen, denn dazu ist keine Bitte nötig, es würde sich ja nur um ein Opfer Ihrerseit[s] handeln, das in dieser Fahrt nach Gmünd für Sie liegt, das alles weiß ich ja sehr gut – dagegen bitte ich Sie, mit dem Aufgeben dieses Sonntags nicht den ganzen Gedanken dieser Zusammenkunft aufzugeben, die mir schon im Vorgefühl mehr Freude gemacht hat, als nur irgendetwas in der letzten Zeit. Ich will Ihnen einen anständig und halbwegs mit sich fertigen Menschen zeigen, nicht diesen Menschen, der ich jetzt bin und dessen Anfänge (nur die ersten Anfänge!) Sie von Ihrem Prager Besuch schon kennen. Ich habe wirklich keine Antwort auf mein Telegramm bekommen und auch auf meinen vierten Brief (seit dem Samstag) nichts. Sie scheinen in Ihrem letzten Brief nicht ganz zu verstehn, warum ich mit F. sprechen will. Vielleicht war das, was ich von F.'s letztem Brief sagte, nicht ganz deutlich. Dieser Brief war nämlich, vielleicht nicht ganz, aber fast, wie ein Brief aus unsern guten Tagen, fast vollständig entgegengesetzt allem, was in der letzten Zeit zwischen uns vor sich gegangen ist. Darum hat er mir einen solchen Rückschlag gegeben und mich jetzt mit Schreiben und Warten wieder in die ärgste Zeit zurückgestoßen. Heute schreibe ich übrigens an die Eltern, es muß ein Ende haben, gut oder schlecht.

Herzlichste Grüße Ihres   Franz K.

An die Eltern Felice Bauers

19.III.14

Sehr geehrter Herr Bauer, verehrte gnädige Frau!
Wenn ich Sie jetzt aus einer unerträglichen Lage heraus um eine Nachricht bitte, so knüpfe ich natürlich nicht an Ihren letzten, so gütigen, in scheinbar unerhörter Weise von mir noch nicht beantworteten Brief an. Davon zu reden ist jetzt nicht die Zeit, ich weiß auch nicht, ob ich es darf. Immerhin hielten Sie mich doch damals Felicen's nicht ganz für unwert, darf ich heute daraus die Hoffnung nehmen, daß Sie meine Bitte um eine Nachricht, eine ganz kurze Nachricht über Felicen's Befinden mir erfüllen werden? Samstag hatte ich die letzte Nachricht von Felice. Seitdem habe ich teils ins Bureau, teils in die Wohnung, vier Briefe und ein Telegramm geschickt, alles ist unbeantwortet. In unserer allerletzten Korrespondenz kann nicht der geringste Grund für dieses Schweigen liegen, im Gegenteil, nach dem Vorangegangenen schien Antworten eine selbstverständliche Notwendigkeit. Ich kann also nur glauben und bei Tag und Nacht es überlegen, daß Felice krank ist oder daß ihr sonst irgendetwas Schlimmes seit Samstag zugestoßen ist.
Sollten diese Befürchtungen tatsächlich begründet sein und wollen Sie über-

haupt meine Bitte erfüllen, dann bitte ich Sie herzlich, telegraphieren Sie mir paar Worte. Ich werde von morgen mittag ab nichts tun, als auf Nachricht warten, wie ich schon seit langem unfähig bin, etwas anderes zu tun.

Ihr ergebener   Dr. Franz Kafka
Prag, Altstädter Ring 6

21.III.14

Daß äußerliche Zufälle sich noch einmischen, um unsere Lage überflüssig zu verwirren, daß mein Telegramm an einem Nachmittag kommt, an dem Du nicht im Bureau bist, daß Dein Telegramm falsch adressiert ist, daß schließlich, wie ich jetzt sehe, mein Brief an Deine Eltern um einen Tag sich verspätet hat (er war Donnerstag schon aufgegeben, Du siehst es aus dem beiliegenden Schein) – das alles ist schlimm, aber mit uns steht es jetzt so, daß auch der schlimmste Zufall nichts mehr verschlimmern kann. Als ich heute Dein Aviso zum telephonischen Gespräch bekam, konnte ich nicht gut aus dem Bureau weg, brannte auch nur darauf, möglichst rasch zu erfahren, was Du wolltest, dachte übrigens in irgendeiner unsinnigen Hoffnung daran, daß Du Deinem Expressbrief telephonisch in irgendetwas seine Schärfe nehmen wolltest – und ließ mich deshalb von der Anstalt aus verbinden. Das war schlecht, wir haben keine Zelle, im Praesidialzimmer, wo das Telephon ist, steht immer eine Menge Leute herum, zufällig stand ein Direktor, ein widerlicher Mensch, hinter mir, machte Späße, ich hätte ihm fast mit dem Fuß einen Stoß gegeben, ich verstand deshalb schlecht, vor allem aber verstand ich eine Zeitlang überhaupt den Sinn Deiner Worte nicht. Ich hatte ja annehmen müssen, daß der Brief an Deine Eltern schon gestern angekommen war, daß Du von ihm wußtest, ehe Du mir telegraphiert hattest und natürlich auch ehe Du mir geschrieben hattest. Ich mußte also beim Telephon, abgesehen davon, daß ich wenig verstand, auch überlegen, was Du eigentlich wolltest, warum Du mich zum Telephon gerufen hattest. Dazu kam durch das Hören Deiner Stimme – darum doch fürchte ich mich zu telephonieren – wieder diese Sucht, Dich zu sehn, über mich; hinzufahren war das einfachste Mittel, alles aufzuklären und über alles aufgeklärt zu werden; also sagte ich, ich fahre nach Berlin. Ich überhörte mit Gewalt alles, was dagegen sprach, überhörte das Zögernde Deiner Antwort, überhörte das Widerwillige und ganz Unbestimmte in Deiner Zusage, auf die Bahn zu kommen, vergaß gänzlich, was auf Deinen heutigen Brief zu antworten war – und sagte, ich komme. Ich lief aus dem Bureau, lief ein wenig kreuz und quer im Regen, überlegte, alles schien mir so hoffnungslos, die Hinfahrt hätte ich gern auf mich genommen, aber vor der Rückfahrt hatte ich so entsetzliche Angst, ich war nicht mehr sicher, ob ich fahren würde. Zuhause fand ich dann das Telegramm Deines Vaters: »felice wohl, ihren brief soeben erhalten felice wie mir sagt gestern geschrieben«, und jetzt war ich bald ganz entschlossen, nicht zu fahren. Ich sah,

daß Deine Eltern meinen Brief erst heute bekommen hatten, verstand, warum
Du mir telephoniert hattest, verstand, daß alles, was Du gesagt hattest, auch das
Nichtgehörte, eine Art Vorwurf deshalb war, daß ich an Deine Eltern geschrie-
ben hatte, erinnerte mich an Deine böse Wendung im Tiergarten, als ich gegenüber Deinem unaufhörlichen halben Schweigen gesagt hatte, ich würde zu
Deinem Vater gehn, um Klarheit zu bekommen – und bin also nicht gefahren.
Ich habe Dir ins Bureau telegraphiert, Deinem Vater habe ich telegraphisch ge-
dankt. Bei allem, Felice, was ich im folgenden sage, bin ich mir gut bewußt, daß
Dich in der Familie ein großes, mir allerdings nicht ganz klares Unglück getroffen hat, ich sehe, daß es Dich ganz irrsinnig hin- und herreißt und ich sehe
auch, daß Du es genau so trägst, wie das Mädchen es tragen mußte, das ich in
Dir liebe. Bei allem, was ich sage, bin ich mir dessen bewußt.

Als ich heute Deinen Expressbrief gelesen hatte, einmal und zehnmal und
öfter, schien es mir, wie wenn Du meine letzten Briefe gar nicht gelesen hättest.
Die letzten vier oder fünf Briefe seit Samstag magst Du ja wirklich nicht gelesen
haben, wie wäre es sonst möglich, daß Du mir kein Wort geantwortet hättest,
wie wäre es auch möglich, daß Du mir Vorwürfe darüber machen wolltest, daß
ich, ohne Antwort auf so viel Briefe und auf ein Telegramm, in unaufhörlicher,
mit Dir sich beschäftigender Sorge endlich an Deine Eltern (die Adresse Deiner
Schwester hattest Du mir nicht gegeben) geschrieben habe, um zu erfahren, wie
es Dir geht. (Übrigens habe ich Dir ja in der vorletzten Schweigepause auch geschrieben, daß ich Deinen Vater fragen werde, und dieses Schweigen jetzt war ja
viel unbegründeter als jedes frühere, ja es war gänzlich unverständlich, und Du
machst auch keinen Versuch, es zu erklären. Ich kann auch nicht verstehn,
warum Du gerade auf mein Telegramm antworten wolltest und schließlich auch
geantwortet hast, während Du 4 oder 5 Briefe, aus denen ja mein Zustand viel
deutlicher ersichtlich war, einfach weggelegt hast.) Aber diese Briefe meine ich
jetzt nicht, auch den Brief, den ich gleich nach meiner Rückkehr von Berlin geschrieben hatte und mit dem ich den Brief meiner Mutter ankündigte, auch den
kannst Du nicht gelesen haben. Felice, sieh doch, ich ließ doch meine Mutter
nicht schreiben, damit sie für mich meine Frau erobere (wenn in der Hölle meines Kopfes irgendwo in einem Winkel eine Ahnung einer solchen Hoffnung
war, so bin ich dafür nicht verantwortlich), ich ließ meine Mutter schreiben,
damit sie sich unmittelbar von Dir die Bestätigung dessen hole, was Du mir im
Tiergarten gesagt hattest. Warum ich das meiner Mutter erlaubte, werde ich
vielleicht noch in diesem Briefe sagen.

Du schreibst heute: »Wir wollen ein[en] Strich durch die Reden im Tiergarten machen«, das wäre schön, ich wüßte nichts Schöneres; aber auf der nächsten
Seite sagst Du: »Du hast mir gesagt, die Liebe, die ich für Dich habe, genügt
Dir«, nichts kann aber doch den Strich schrecklicher durchstreichen, als dieses.
Felice, merkst Du denn nicht, daß ich auf dem Grund meiner Hoffnungslosigkeit etwas Derartiges sagen kann, niemals aber von Dir endgültig hinnehmen
kann. Deine Worte bedeuten doch, einfacher ausgedrückt, nichts anderes, als

daß Du Dich opfern willst, weil Du einsiehst, »ich muß Dich haben.« Werde ich Menschenopfer annehmen und das Opfer des liebsten Menschen überdies? Du müßtest mich doch hassen, wenn ich es täte, aber nicht nur das: wenn es genau so wahr ist, wie es in Deinem Briefe steht, dann haßt Du mich schon jetzt. Du mußt doch den hassen, den Du nicht genügend liebst, um freiwillig mit ihm leben zu können, der Dich aber durch irgendwelche Mittel (und bestünden diese Mittel auch aus nichts anderem als aus seiner Liebe zu Dir) zwingt zu diesem Zusammenleben. Dein vorletzter Brief war freundlich, ich sah, Du warst so tief im Unglück; was Du im Tiergarten gesagt hattest, schien in diesem Unglück gesprochen; zu dem gesprochenen Wort hattest Du keine andere Überlegung als Dein Leid; im Brief gabst Du mir zwar unbestimmte, aber desto schöner auszudenkende Hoffnungen. In diesem Brief sind bestimmte Hoffnungen, aber vorher der Schlag auf den Kopf.

Zwei Unklarheiten kann man ja auch noch in Deinem letzten Brief finden, sie sind die letzte kleinste Möglichkeit für die fast unsterbliche Hoffnung. Du bist noch immer so unglücklich, noch immer so unfähig zu überlegen und außerdem gestehst Du ein (dafür bedarf es allerdings keines Eingeständnisses), daß Du im Tiergarten »nicht alles« gesagt hast. Wäre nur der übrige Brief nicht so klar, ich könnte mich an diese zwei Unklarheiten halten! Wie sehr wollte ich das! Sag mir doch, Felice: Warum zwingst Du Dich, warum willst Du Dich zwingen? Was hat sich seit dem Spaziergang im Tiergarten verändert? Nichts, Du sagst es ja. Was hat sich aber bei Dir seit unsern guten Tagen verändert? Alles, Du sagst es auch. Warum also willst Du Dich opfern, warum? Frage nicht immer, ob ich Dich will! Diese Fragen zu lesen, macht mich zum Sterben traurig. Solche Fragen stehn in Deinem Brief, aber kein Wort, kein Wörtchen von Dir, kein Wort darüber, was Du für Dich erwartest, kein Wort darüber, was die Heirat für Dich bedeuten würde. Alles stimmt zusammen, für Dich ist es ein Opfer, darüber ist dann nichts mehr zu sagen.

Ich wäre ganz gewiß nicht imstande gewesen, das, was ich jetzt geschrieben habe, Dir ins Gesicht zu sagen, eher wäre ich imstande gewesen, mich vor Dich hinzuwerfen und Dich für immer zu halten. Deshalb ist es gut, daß ich nicht gefahren bin. Du fragst nach meinen Plänen, ich weiß nicht genau, was Du damit meinst, aber ich glaube, ich kann Dir sie jetzt offen sagen. Als ich von Riva zurückkam, war ich aus verschiedenen Gründen entschlossen zu kündigen. Ich sah es schon seit einem Jahre und seit länger ein, daß mein Posten nur dann einen Sinn, nur dann einen guten Sinn für mich hätte, wenn ich Dich heirate (jemand anderer kommt, seitdem ich Dich kenne, für mich nicht in Betracht, wird auch nicht in Betracht kommen). Dann bekäme mein Posten einen guten Sinn, würde fast liebenswert werden. (Ähnliches brachte ich auch dem Dr. Weiß bei und er besteht jetzt, wie Du im Kaffeehaus gehört hast, geradezu unbedingt darauf.) Heirate ich Dich nicht, dann ist mein Posten, so leicht er mir sonst (von Ausnahmszeiten abgesehen) fällt, eine Widerlichkeit, denn ich verdiene mehr, als ich brauche, und das ist sinnlos. Es kommt noch einiges dazu, wovon ich doch lieber nicht reden will. Das alles aber sagte ich meiner Mutter zum erstenmal, als ich von Berlin zurückkam. Sie verstand das alles ziemlich gut, bat mich aber, zuerst Dir schreiben zu dürfen, vielleicht verstand sie es nur deshalb so gut, weil sie mir das, was ich von Dir gesagt hatte, nicht glaubte und auf ihren Brief an Dich große Hoffnungen setzte. Jetzt weißt Du also auch, warum ich meine Mutter habe schreiben lassen.

Nun, Felice? Mir ist fast so, als stünde ich auf dem Perron des Anhalter Bahnhofes, Du wärest ausnahmsweise gekommen, ich hätte Dein Gesicht vor mir und sollte mich für immer von Dir verabschieden. – Für Montag erwarte ich noch einen Expressbrief, ein Wunder; was weiß ich denn, was ich erwarte. Von Dienstag ab erwarte ich nichts mehr.

Franz

An Grete Bloch

20.III.14 [vermutlich 21. März 1914]

Liebes Fräulein Grete, will ich den Brief noch heute einwerfen, bleiben mir nur wenige Minuten. Von Freitag her haben Sie noch einen Brief im Bureau. Freitag selbst habe ich nicht geschrieben, weil ich zu zerstreut war. Der heutige Tag sollte nämlich entscheidend sein. Gut, er war entscheidend. Nach einer Woche nutzlosen Wartens hatte ich heute an einem Tag – ich rechne zusammen – von Berlin: 3 Telegramme, einen telephonischen Anruf und einen Expressbrief. Ich war Mittag auch schon fast auf dem Weg zum Bahnhof. Das Resultat alles dessen ist, daß ich heute einen langen, vielleicht, wahrscheinlich, den letzten Brief an F. geschrieben habe. Die Klarheit des heutigen Briefes von F. war fast vollständig. Aber davon reden wir besser bei unserem nächsten Wiedersehn. Niederschreiben läßt es sich ganz und gar nicht. Ihre kleine Karte hat mich mehr gefreut als alles was ich von Berlin bekommen habe. Sie sind – jetzt sage ich eine ungeheure Dummheit oder vielmehr: dumm ist nicht, was ich sage, sondern daß ich es sage – Sie sind also das beste, liebste und bravste Geschöpf.

Auch F. ist es, gewiß, das wird meine ewige Meinung bleiben und loskommen werde ich von ihr – das ist ebenso gewiß – niemals. Aber sie kann mir gegenüber eben nicht anders und wir müssen uns fügen. Vielleicht ist es die gleiche Gewalt, die mich an ihr festhält und sie von mir abhält. Da gibt es wirklich keine Hilfe.
Herzlichste Grüße Ihres Franz K.

Liebes Fräulein Grete und Frühjahrskind, draußen auf dem Ring ist ein großes nicht endenwollendes Begräbnis, ein Fenster meines Zimmers ist offen, meine Schwester und eine Cousine liegen drin, ich habe sie schon beide an den Rökken hereinziehn wollen, aber es geht nicht, so sitze ich hier und friere. (Jetzt sagt die Cousine auch noch: »Singen wir doch mal was!« Schon singen sie.) Nein, ich kann jetzt nicht weiter schreiben.

———————

In Wien haben Sie einen Brief, keinen Glückwunschbrief allerdings, denn wie sollte ich wissen, daß Sie ein Frühjahrskind sind, wenn Sie so oft Gedanken auch aus andern traurigen Jahreszeiten haben. Aber im Ganzen paßt es doch irgendwie gut zu Ihnen.

Wie man Sie hin und her reißt! Jetzt in Troppau, jetzt in Budapest, nur in Prag niemals. Werden Sie übrigens zu F.'s Schwester gehn? In dem Brief, den ich Ihnen nach Wien geschrieben habe, steht, daß ich gestern auf einen Expressbrief F.'s mit einem langen und wahrscheinlich letzten Brief geantwortet habe. Ich füge hinzu, daß die letzte aber scheinbar ganz sinnlose Frist morgen, Montag ist. Kommt morgen, Montag, nicht irgendein (nach dem letzten Brief und Telephongespräch, auch das war Samstag, ein Anruf F.'s) ganz unvorstellbarer Brief von F., dann sind wir beide, F. und ich, frei. Allerdings wird nur F. ihre Freiheit gleich und ganz genießen können, ich aber später einmal und teilweise vielleicht auch. Wenn ich es nicht können werde, desto schlimmer für mich.

So viele Briefe und Telegramme sind gekommen? Haben Sie also doch so viele Freunde und Bekannte? Und die »erwünschten Seiten«? Laufen nicht zwischen diesen und Ihnen irgendwelche Mißverständnisse hin und her, deren Aufklärung dem ganz in ihnen Befangenen nicht möglich ist, die aber entweder die Wünsche bringen oder das »Erwünschte« auflösen könnte? Und würden Sie mir vielleicht einmal sagen, was Ihnen z.B. Ihre Mutter zum Geburtstag geschrieben hat? Alles war »lieb und gut«, wie Sie schreiben. Daß F. nicht Ihnen geschrieben hat, daran mag ich vielleicht unschuldiger Weise schuld sein, gerade Freitag bekam sie ein an mich geschicktes, aber falsch adressiertes Telegramm als unbestellbar zurück, telegraphierte dann wieder, schrieb dann einen Brief, hat auch sonst viel zu tun, Sorgen wegen des Bruders, von dem noch keine Nachricht gekommen ist, »wie nervös und wie kaputt ich bin«, beginnt dieser Brief und ähnlich auch der frühere; es ist schon Zeit, daß die Peitsche, die ich zum Überfluß noch für sie bedeute, endlich von ihr weggezogen wird.

Nun aber reisen Sie doch genug, mehr vielleicht, als Ihnen lieb ist und gewiß mehr, als Ihnen gut ist. Ich werde Sie nicht noch nach Gmünd fahren lassen.

Aber Ostern, wenn Sie in Wien sind und sonst keinen Besuch haben, komme ich wahrscheinlich hin.

Herzlichste Grüße Ihres   Franz K.

25.III.14

Liebste F., in Deinem letzten Brief (wie lange bin ich jetzt bei diesem Worte stillgesessen und habe Dich hergewünscht!) kommt ein Satz vor, der mir von allen Seiten ziemlich klar ist; das gab es schon seit langem nicht. Er handelt von den Befürchtungen, die Du wegen eines Zusammenlebens mit mir hast. Du glaubst nicht oder Du zweifelst vielleicht nur oder willst vielleicht nur meine Meinung darüber hören, daß Du an mir die Stütze haben wirst, die Du unbedingt brauchst. Geradezu kann ich darauf nichts antworten. Vielleicht bin ich auch augenblicklich zu müde (ich habe auf Dein Telegramm bis 5 Uhr Nachmittag warten müssen. Warum? Und auf den Brief habe ich sogar 24 Stunden warten müssen entgegen Deinem Versprechen. Warum?) und tief unter der Müdigkeit zu glücklich über Deinen Brief.

Es ist spät abends. Ich werde heute auch das Wichtigste nicht mehr schreiben können. Die genaue Nachricht über mich, liebste F., die Du willst, kann ich Dir nicht geben; die kann ich Dir höchstens geben, wenn ich im Tiergarten hinter Dir her laufe, Du immer auf dem Sprung, ganz und gar wegzugehn, ich auf dem Sprung, mich hinzuwerfen; nur in dieser Demütigung, wie sie tiefer kein Hund erleidet, kann ich das. Jetzt kann ich nur sagen, wenn Du mir die Frage stellst: Ich liebe Dich, F., bis an die Grenze meiner Kraft, darin kannst Du mir vollständig vertrauen. Im übrigen aber, F., kenne ich mich nicht ganz. Es gibt Überraschungen und Enttäuschungen mit mir in unaufhörlicher Folge. Ich meine, diese Überraschungen und Enttäuschungen wird es nur für mich geben, ich werde alle Kraft aufwenden, nichts als die guten, die besten Überraschungen meiner Natur zu Dir zu lassen, dafür kann ich bürgen, nicht bürgen kann ich aber dafür, daß es mir immer gelingt. Wie könnte ich dafür bürgen angesichts des Durcheinanders meiner Briefe, das Du in der langen Zeit von mir bekommen hast? Wir waren wenig beisammen, das ist wahr, aber selbst wenn wir viel beisammen gewesen wären, hätte ich Dich (um das dann allerdings Unausführbare) gebeten, mich nach den Briefen zu beurteilen, nicht nach der unmittelbaren Erfahrung. Die Möglichkeiten, die in den Briefen stecken, die stecken auch in mir, die schlechten wie die guten; unmittelbare Erfahrung nimmt die Übersicht, und zwar, soweit es mich betrifft, im ungünstigen Sinn. Daß ich Dich dadurch, wenigstens dadurch nicht verlocken will, wirst Du gewiß zugeben, wenn Du Dich an manche Briefe erinnerst.

Im übrigen aber glaube ich, daß dieses Unfertige, dieses möglicherweise in glücklicher, möglicherweise in unglücklicher Bewegung-Sein meines Wesens für das Glück Deiner Zukunft mit mir gar nicht entscheidend sein muß, Du mußt den Wirkungen dessen gar nicht geradezu ausgesetzt sein, Du bist nicht unselbständig, F., Du hast vielleicht oder besser ganz bestimmt Lust, unselbständig zu werden, aber das ist eine Lust, der Du kaum auf die Dauer nachgeben würdest. Du könntest es nicht.

Zu Deiner Schlußfrage aber, ob es mir möglich ist, Dich so zu nehmen, als wäre nichts gewesen, kann ich nur sagen, das ist mir nicht möglich. Wohl aber ist es mir möglich und weit darüber hinaus notwendig, Dich mit allem, was gewesen ist, zu nehmen und bis zum Sinnloswerden zu halten.

[Beigelegt]

Darauf nämlich mußt Du doch achten, F., ich bin in einer ganz andern Lage als Du. Du könntest, müßtest oder würdest jedenfalls, wenn wir auseinandergingen, oder vielleicht darf ich jetzt »auseinandergegangen wären« sagen, Dein gegenwärtiges Leben vorläufig fortsetzen. Ich könnte das mit meiner Lebensweise nicht, ich bin ganz zweifellos an einem toten Punkt. Daß ich das durch Dich erkannt habe, dürfte ich niemals vergessen. So zweifellose Zeichen für die Notwendigkeit einer Entscheidung habe ich in meinem Leben noch nicht bekommen. Ich muß mich aus meinem gegenwärtigen Leben herausreißen, entweder durch die Heirat mit Dir oder durch Kündigung und Abreise. Hätte ich Montag Dein Telegramm nicht bekommen, hätte ich vielleicht Dienstag aber jedenfalls Mittwoch einen schon fertigen Brief weggeschickt, der mir, wie ich hoffen konnte, eine kleine Stellung, einen kleinen finanziellen Rückhalt in Berlin verschafft hätte, im übrigen hätte ich versucht, ohne Ehrgeiz in dieser Hinsicht, mich im untersten Journalismus irgendwo festzuhalten. Es wäre mir gelungen, daran ist kein Zweifel. Daß es mir aber gelungen wäre, Dich und die verlorene Möglichkeit (sie wäre der Voraussicht nach wenigstens für Jahre verloren gewesen), Dich zu heiraten, zu vergessen, das glaube ich nicht. Ich muß schließen, sonst geht der Brief nicht weg, ich kann Dich aber nicht auf Briefe warten lassen, denn ich stelle mir immer vor, daß ich an Deinem Tische sitze und warte (was allerdings ganz falsch ist). Ich werde aber noch auf Deinen letzten Brief antworten. *Nur schreib mir bitte gleich, und seien es nur paar Zeilen. Nicht warten lassen!* Sieh, F., wenn Du mich heiraten willst, dulde es nicht, daß um die Poststunde und lange nachher das Herz Deines künftigen Mannes sich krampft.

Du sagst, ich soll nach Berlin kommen, aber das siehst Du doch ein, daß wir, ehe ich mit Deinen Eltern zusammenkomme, mit Dir und Du mit mir reden mußt. Das ist doch unbedingt nötig. Wäre es wirklich für diesen Sonntag in Dresden unmöglich? Was Du dagegen sagst, ist richtig; was ich dafür sage, aber gleichfalls. Und Du selbst hast mir doch früher öfters und sogar letzthin in Berlin eine Zusammenkunft in Dresden freiwillig angetragen. Da mußten Dir doch die Möglichkeiten einer passenden Einrichtung vorschweben. Versuch es, F., und schreibe mir jedenfalls bald.

Franz

Montag bekam ich eine Karte »Guten Tag wünscht Muzzi Braun.« Es stimmte nicht ganz, Dein Telegramm kam erst am Abend.

An Grete Bloch

26.III.14

Liebes Fräulein Grete, es ist doch sehr fraglich, ob ich Sie mit dem Brief noch in Budapest antreffe. Ihre Karte brauchte mehr als zwei Tage, es ist schon Donnerstag – kurz, ich schreibe nach Wien und begrüße Sie auf dem Tisch Ihrer Wohnung. Es ist auch schön zu warten, bis die Tür sich öffnet und die müde Reisende hereinkommt. Ob es Muzzis Wunsch bewirkt hat, weiß ich nicht, immerhin hat sich F.'s und meine Sache ein wenig zum Bessern gewendet. Schrieb ich Ihnen von der montäglichen Frist? Ich glaube. Nun, es kam lange nichts, es war schon etwa 5 Uhr, ich fühlte mich schon als ein Freigelassener im guten und im schlechten Sinn. Da kam ein Telegramm und kündigte einen Brief für Dienstag an. Dienstag kam, Brief nicht, F. wird nicht müde, mich warten zu lassen. Mittwoch kam der Brief, kein schlechter Brief, vielleicht ist es ein neuer und guter Beginn.

Nun möchte ich aber gerne wieder etwas von Ihnen hören, liebes Fräulein Grete. Wie hat das neue Lebensjahr angefangen? Ist er schön, der ungarische Anfang? Wie halten Sie die viele Arbeit aus? Ich denke an die Gräfin Thürheim, die auch in Budapest war. (»Buda ist eine Ansammlung von stillosen und unansehnlichen Häusern mit Ausnahme der Festung, die eine Stadt für sich bildet. Pest ist etwas besser, aber ein Judennest und ein Versammlungsort von Kaufleuten. Die Straßen sind breit, man sieht auch einige hübsche Häuser, man begegnet aber viel mehr Tieren als Menschen. Ich schätze, daß die Ochsen und Schweine ⅓ der Bevölkerung ausmachen.«) Auch sie hat dort viel gearbeitet, war aber im Ganzen unzufrieden. Da ich Sie, liebes Fräulein Grete, einmal durch Zufall mit der Gräfin zusammengebracht habe und Sie 2 jetzt zusammenhalte, zweifle ich daran, daß es Ihnen in Budapest sehr gefallen hat. Hoffentlich höre ich bald, wie es war.

Herzlichste Grüße Ihres   Franz K.

An Grete Bloch

28.III.14

Liebes Fräulein Grete, heute nur paar Worte und Dank dafür, daß Sie auch in Budapest nicht an mich vergessen haben. Ich habe nur paar Augenblicke Zeit, bin den ganzen Nachmittag mit einer alten Dame aus dem alten Halberstadt herumgelaufen und fühle mich jetzt womöglich noch verlassener, als der Hund und der Papagei, die in Halberstadt in 7 Zimmern auf diese Dame warten. Aber nicht etwa von dieser Dame fühle ich mich verlassen, das ganz und gar nicht.

Von mir ist nichts Neues zu sagen, wenn nicht gerade dieses eine Neuigkeit sein sollte. Von F. ist nichts gekommen.

Herzlichste Grüße Ihres   Franz K.

Haben Sie den Brief in Budapest bekommen?

An Grete Bloch

31.III.14

Liebes Fräulein Grete, was ist denn geschehn? Wie ich auch rechne, heute hätte ich doch schon eine Nachricht von Ihnen aus Wien haben müssen. Waren Sie vielleicht auch noch Sonntag in Budapest oder sind Sie gar übermüdet und krank oder sind Sie mir gar am Ende böse? Aber wenn Sie mir wegen irgendetwas böse sind, dann hätten Sie mir doch richtiger Weise desto rascher schreiben müssen, damit ich möglichst rasch Gelegenheit bekomme, mich zu entschuldigen. So aber weiß ich nichts, denke bloß hin und her und bin unruhig, um so mehr, als ich weiß, daß Sie mir gewiß geschrieben hätten, wenn Sie hätten schreiben können.

Für alle möglichen Fälle herzlichste Grüße   Ihres Franz K.

3.IV.14

Du verstehst mein Telegramm nicht, F.? Ich nehme an, daß es nicht verklopft worden ist; es sollte lauten: »Letzten Brief konnte ich nicht beantworten. Mußte mir sagen, daß Du mich ohne ein anderes Gefühl nur demütigen willst. Was konnte der letzte Brief sonst bedeuten, was bedeuteten die sonst grundlosen niemals erklärten Pausen zwischen Deinen Briefen.«

(Dein gestriges Telegramm bekam ich, trotzdem es Mittag aufgegeben zu sein scheint, sonderbarerweise sehr spät. Um 8 Uhr abends war ich noch zuhause, das Telegramm war noch nicht da. Dann ging ich weg und kam erst um ½ 1, da fand ich das Telegramm.) Du verstehst also das Telegramm nicht? Erinnere Dich, F., an unser letztes Beisammensein, tiefere Demütigung kann wohl ein Mensch vom andern nicht erfahren als ich damals von Dir, tiefere Demütigung kann man allerdings auch nicht herausfordern, als ich es damals getan habe. Das Demütigende lag nicht etwa in Deiner Abweisung; die war Dein selbstverständliches Recht. Das Demütigende lag darin, daß Du mir überhaupt nicht antwortetest, die wenigen Antworten ganz unbestimmt ließest, mir einfach einen dumpfen Haß und Widerwillen zeigtest, der so schrecklich überzeugend war, daß in mir selbst die Erinnerungen an unsere guten Zeiten davon berührt wurden und ich an manches mich erinnerte, das leicht im Sinne Deines gegenwärtigen Verhältnisses zu mir gedeutet werden konnte. Du sagtest wenig, aber vieles von dem wenigen habe ich nach Wort und Ton genau im Kopf. Du sprachst von der Möglichkeit (der Möglichkeit!) Deiner Liebe zu irgendjemandem früheren, von dem Du nicht reden wolltest, daß Du nichts Halbes tun könntest und das Mich-nicht-Heiraten (ich wendete ein, dies sei doch auch etwas Halbes, da Du doch behauptetest, vollständig fremd sei ich Dir nicht) die größere Hälfte sei, daß Du meine Eigenheiten nicht ertragen könntest, daß ich endlich um Himmelswillen aufhören möge, immerfort um das Unmögliche zu bitten, daß ganz nach meinem Belieben der Briefwechsel aufhören könne, daß Du aber darauf eingehen würdest, ihn fortzusetzen (dabei wußte ich genau so wie Du, daß Du mir nicht antworten würdest, wie es auch geschehen ist), und solcher Dinge gab es eine Menge. Habe ich etwas davon vergessen, so kann ich auf das Vergessene aus meinen Antworten schließen. Allerdings beweisen diese Antworten auch, welcher Gemeinheiten ich fähig bin. Ich verleugnete mich, ich fragte, ob Dich mein Vegetarismus störe, ob Du mich nicht ohne Liebe heiraten könntest, schließlich schämte ich mich nicht, die Fabrik anzuführen.

Es wäre kein Grund, alles das zu wiederholen, besonders da Du damals in einer außergewöhnlichen, mir allerdings noch nicht anvertrauten, Lage warst. Aber Du sagst, daß Du das Telegramm nicht verstehst. – Mein erster Brief (seit Berlin) widerrief das meiste dessen, was ich gesagt hatte, soweit man überhaupt die eigenen Worte widerrufen kann und darf. Meine Demütigungen hörten nicht auf; hattest Du im Tiergarten mündlich geschwiegen, so schwiegst Du jetzt schriftlich, Du antwortetest nicht einmal meiner Mutter gleich. Aber es kam eine Erklärung, Du hattest so viel Leid gehabt. Das war aber dann im Schlimmsten vorüber, trotzdem schwiegst Du wochenlang, ließest 5 Briefe unbeantwortet. War das nicht Verachtung? Du erklärtest auch nicht mit einem Wort dieses Schweigen, trotzdem Du wußtest, wie ich darunter litt. War das nicht noch schlimmer als der Tiergarten? Einmal schriebst Du: »Wenn Dir meine Liebe genügt, dann gut.« Etwas Derartiges hattest Du nicht einmal im Tiergarten mir gesagt. Einmal schriebst Du: »Was ich in Berlin gesagt habe, ist alles wahr gewesen, wahr an sich, wenn es auch vielleicht nicht alles war.« Aber dieses »alles« habe ich nie erfahren.

Auch das zu erwähnen, wäre kein Grund, Felice, denn es kam dann ein Brief, der alles gutzumachen schien, der vorletzte. Alles schien gut, der endgültige Anfang besserer Zeiten schien gekommen. Ich schrieb glücklich zurück, bat dringend wie vielleicht niemals, mich nicht auf Antwort warten zu lassen, schrieb, wie ich mit Herzschmerzen nur die ergebnislosen Poststunden überstehe, bat für den nächsten Tag, wenn es nicht anders ginge, nur um paar Zeilen – und wartete vier Tage. Und was kam dann? Dann kam Dein letzter Brief, paar Zeilen im Restaurant nach dem Essen geschrieben, das Ausbleiben der Antwort nicht erklärt, die Reise nach Dresden (ohne Erklärung Deiner frühern öftern Bereitwilligkeit zu einer solchen Reise) einfach abgelehnt, Flüstern Deiner Schwester, Du möchtest Dich kürzer (noch kürzer! noch kürzer!) fassen. Das war alles. Konnte ich an eine Antwort oder gar an Weiteres denken, wenn Du für mich im Laufe von 4 Tagen nur einen Augenblick nach dem Essen frei bekommen hast, mit keinem Wort auf den Inhalt meiner Briefe antwortetest und die ganze Angelegenheit sich nur so widerwillig und nebensächlich in Dein sonstiges Leben einzwängen ließ. War damit nicht alles vom ersten Schritt im Tiergarten an wieder lebendig? Konnte ich darauf antworten? Verstehst Du es jetzt, daß ich es nicht konnte?

Wenn Du, F., nach dieser Erklärung, die nicht nur über mich, sondern auch über Dich Erklärung sein soll, glaubst, daß ich kommen soll, komme ich natürlich sofort. Ich käme morgen, Samstag, um ½ 11 abends und müßte um 4 ½ nachmittags zurück, da ich Montag wie jetzt überhaupt schwere widerliche Arbeit habe. Wenn Du willst, daß ich komme und mich von der Bahn abholen willst (ich würde Dich lediglich nachhause begleiten, Du könntest um ½ 12 schon zuhause sein), dann telegraphiere mir sofort, damit ich das Telegramm bis 12 Uhr Mittag habe, und ich laufe gleich zur Bahn.

Franz

An Grete Bloch

[3. oder 4. April 1914]

[Obere Hälfte der Seite fehlt]
doch wohl von München die Post nachgeschickt wird. (Ist es nicht möglich, daß er nach Prag kommt?) Und die Aufregung im Bureau ist erst recht unverständlich. Ihre Arbeit in Budapest war doch nicht der Verkauf; der war doch Aufgabe des früher hingeschickten Vertreters. Sind das so verbohrte und bösartige Menschen? Und für Ihre maßlose Anstrengung hatten sie keine [...] zu tun, habe auch sonstige [...] und Abhaltungen, denn – ich fahre wahrscheinlich morgen nach Berlin, erwarte nur noch für morgen vormittag ein Telegramm. Sie tun mir übrigens unrecht, Fräulein Grete, wenigstens in diesem Punkte tun Sie mir unrecht, wenn Sie die damalige Fristsetzung »unergründlich« nennen. Ich weiß zwar nicht genau, worin Sie mein Unrecht sehn, darin daß ich überhaupt eine Frist setzte oder darin daß ich *noch* eine Frist setzte. Meinen Sie das letztere, so scheint es aber nicht zu sein, – dann verstünde ich es eher. Aber Sie wissen ja nicht, was für ein Brief es war, den ich mit jenem fristsetzenden Brief (übrigens

einem ohne die geringste Überlegung nur aus vollständiger Notwendigkeit 12 Seiten lang hingeschriebenem Brief) beantwortete. Der Hauptsinn und Hauptwortlaut jenes Briefes von F. war: »Du hast mir gesagt, die Liebe, die ich für Dich fühle, genügt Dir, also gut«. Es tut mir leid, wenn Sie mir unrecht tun, und dieses Leid wird natürlich nicht im geringsten dadurch ausgeglichen, daß Sie im meisten viel zu gut von mir denken. Nein, an Gmünd vergesse ich nicht und auch an Wien nicht. Ich habe Ihnen auch einiges zu erzählen und vieles zu fragen. Kommt es jetzt in Berlin zu keinem guten Ende, dann ist es das Ende überhaupt und ich komme wohl Ostern nach Wien. Sonst aber – wie wäre es, wenn Sie Ostern nach Berlin fahren und ich in Prag in Ihr Coupon einsteigen würde?

Herzlichste Grüße   Ihres Franz K

Haben Sie eigentlich (ich will Ihr Urteil über mich besser verstehn) den Brief in Budapest und die 3 Briefe in Wien bekommen?

An Grete Bloch

5.IV.14

Liebes Fräulein Grete – in Eile und Halbdunkel – F. und ich haben uns gestern telephonisch geeinigt, daß ich (da ich heute schon um ½5 aus Berlin hätte wegfahren müssen und viel und Widerliches, wenigstens für meine vollständig geschwundene Bureaukraft, viel im Bureau zu tun habe) erst Ostern nach Berlin komme. Das telephonische Einvernehmen war recht gut, soweit mir schien und soweit ich über diese für mich neue Erfindung urteilen kann, mit der ich fast nichts anzufangen weiß. F. hat mich diese Woche schon 3 oder 4 mal angerufen, das Telephon ist im 2ten Stock, ich im 4ten, ich werde nun telephonisch hinuntergerufen, werde, da ich nicht bei meinem Tisch bin, sondern aus Notwendigkeit oder, bloß um mich vor der Arbeit zu verstecken, bei einem meiner 30 Referenten stehe oder bei einer meiner zwei Schreibmaschinen sitze, erst ein Weilchen gesucht, laufe dann ins 2te Stockwerk hinunter, setze mich außer Atem zum Apparat, der ohne Zelle offen im Präsidialzimmer ist, wo es immer herumlungernde, aufpassende, viel zu gut gelaunte oder viel zu gesprächige Menschen gibt, die man, wenn sie hinter einem stehn, zwar durch einen Fußtritt zur Ruhe bringen kann, gegen die man aber auf einige Entfernung hin machtlos ist, gebunden an den Apparat; und wie ich schon beim gewöhnlichen Telephonieren mangels jeglicher Schlagfertigkeit nichts sagen und vor lauter Nachdenken über diese Unfähigkeit auch kaum etwas verstehen kann, (es ist bei mündlicher Unterhaltung nicht viel anders), so verstehe ich beim interurbanen Gespräch fast nichts und habe jedenfalls gar nichts zu sagen, kann also auch darüber gar nicht urteilen. Vor einer Woche etwa wurde ich einmal auch von F. angerufen, redete, wie mir schien, mit der ängstlichsten Stimme, deren ich mich vor dem ganzen Präsidialzimmer schämte, aber F. schrieb mir, meine Stimme hätte sich »furchtbar böse« angehört, vielleicht deshalb, weil ein in dem Augenblick übersprühend lustiger Direktor hinter mir stand und mich schonend darauf aufmerksam machte, ich solle statt der Augen lieber den Mund ans Telephon legen (womit er ja zweifellos recht hatte).

Gott weiß, warum mir die Klage über dieses kleine Leid so angewachsen ist. Liebes Fräulein Grete, ich fahre also nach Berlin und Sie nicht und so werden wir uns wieder nicht sehn, das ist viel schlimmer. Ich dachte noch gestern bestimmt daran (sogar im Augenblick des Telephonierens dachte ich statt zu telephonieren daran), daß Sie nach Berlin fahren würden, da Sie nun so lange nicht zuhause waren. Ergibt sich keine geschäftliche Notwendigkeit dazu? Übrigens zerbreche ich mir den Kopf, was die von Ihnen schon öfters erwähnten »privatgeschäftlichen Angelegenheiten« sein können. Und auch drei wichtige Briefe an einem Tag sind wirklich zu viel (ist darunter einer von dem versäumten Besuch?), Sie hätten es nötig, sich loszureißen. Genügt dafür eine Fahrt in den Wiener Wald? Vollständig Recht haben Sie darin, was Sie über mich und F. sagen. Ich verstehe gar nicht, wie ich mich in letzter Zeit auf der Gemeinheit versteifen konnte, von Ihnen, die mit F. nicht in Verbindung ist, eine Art Urteil zu verlangen, da ich, abgesehen von der äußerlichen Unmöglichkeit alles zu erzählen, ob ich will oder nicht, auch fälsche und verschweige. Natürlich erfährt F., da Sie es nicht wollen, kein Wort über Sie, von der ich übrigens, soweit es einzelne Vorkommnisse betrifft, nur ganz Allgemeines weiß.

Herzlichste Grüße Ihres   Franz K.

7.III.14 [Vermutlich 7. April 1914]

Um die Wahrheit zu sagen, F.: in dem gestrigen nutzlosen und aufgeregten Warten auf Deinen Brief (das wievielte Mal wartete ich nutzlos, F.?) war ich entschlossen, den Brief, wenn er heute kommen sollte, nicht zu öffnen. Der Brief hätte ja schon Sonntag kommen können, die Antwort auf meinen letzten Brief war mir natürlich dringend, ich hatte also auch schon den ganzen Sonntag gewartet. Außerdem war es unwahrscheinlich, daß der Brief heute kommen würde. Warum gerade heute? Dieser Brief, den ich heute bekommen habe, den ich kaum paar Augenblicke ungeöffnet in der Tasche hatte und der mich (ich verstehe es nicht, aus dem Inhalt ist es auch gar nicht zu verstehen) trotzdem glücklich macht – dieser Brief hätte, soweit es auf Dich ankam, auch morgen oder übermorgen oder gar nicht kommen müssen. Aus sich heraus drängt er nicht. Mein Telegramm, F., war nicht böse, möglich, daß es auf dem Formular so erschien. Merkwürdig ist das: Mein letzter Brief schien mir böse; das hast Du nicht gefühlt, also war er es vielleicht auch nicht und schien nur mir so. Im Telegramm sagte ich nur, daß es mir nicht möglich gewesen war zu antworten, im Brief aber sagte ich den Grund, wurde mir in der Zusammenfassung der Menge des ganz und gar Unklaren bewußt, das noch zwischen uns ist. Es ist eine Menge allerdings, aber vielleicht müßtest Du mir ein Wort sagen und es wäre keine Menge und vielleicht gar nichts mehr. Täusche Dich nicht, F., täusche Dich nicht! Die Rolle, welche Deine Familie in Deinem letzten Briefe spielt, deutet auf eine Art Täuschung hin. Täusche Dich nicht! Du müßtest, F., nicht davon reden, daß Du meine Demütigung gewollt oder nicht gewollt hast, Du müßtest bloß alles, was ich im letzten Brief angeführt habe, erklären; das übrige würde von selbst klar. Du tust aber dieses Einfache nicht (das Verschieben der Erklärung bis zur Aussprache hilft nichts, Du weißt gut, daß ich in Deiner Nähe mit allem zufrieden bin und zufrieden sein muß), also kannst Du es wahrscheinlich nicht. Dann aber mußt Du mir die Deutung überlassen. Hättest Du mich doch demütigen wollen, es wäre nicht das Schlimmste. Ich habe es ja nur deshalb (aber im Ernst, doch im Ernst) angenommen, weil es der für mich günstigste Fall war. Was dann übrigbleibt, wenn diese Annahme falsch ist, wenn Du mich also nicht demütigen wolltest – davon rede ich lieber nicht.

Ich komme also Ostern, aber nicht Samstagmittag, sondern Samstag abend um, wenn ich nicht irre, 6^h51. Mir wäre es natürlich am liebsten, wenn Du jedenfalls zur Bahn kämest. Nun ist es aber, wie ich gestern erfahren habe, nicht ausgeschlossen, daß auch Max und seine Frau mit mir fahren, wahrscheinlich auch Otto Pick (alle in literarischen Angelegenheiten), es wäre Dir vielleicht unangenehm, im Bahnhof mit ihnen allen zusammenzukommen. Wir müßten uns dann eben (möglichst bald, also vielleicht um ½ 8, ich werde wieder im Askanischen Hof wohnen) an einem von Dir zu bestimmenden Orte treffen.

Du willst täglich einen Brief haben, F.? An und für sich müßtest Du das nicht sagen und hättest ihn. Aber wie paßt Deine Bitte zu der Vorstellung, die ich in der letzten Zeit öfters im Halbschlaf habe: Du legst meine Briefe, ungelesen und jedenfalls unbeantwortet, einen auf den andern oder wirfst einen dem andern nach. Nicht einmal in meinem Halbschlaf solltest Du das tun.

Franz

An Grete Bloch

7.IV.14

Liebes Fräulein Grete, geht es also wieder besser? Und Sie denken wirklich daran, das Grillparzerzimmer für sich und für mich anzusehn? Den »armen Spielmann« schicke ich als Führer durch das Zimmer.

Wenn Sie verschlafen haben, so ist das doch ein Zeichen der Gesundheit. Ich kann nicht verschlafen, habe aber keinen Vorteil davon, denn trotzdem bin ich Sonntag vor 12 Uhr nicht fertig. Teils aus Faulheit, teils aus Unentschlossenheit, teils in Erinnerung an frühere (nicht etwa schönere) Zeiten, in denen ich bis 12 Uhr und weiter in alle Ewigkeit schlafen konnte, liege ich und rühre mich kaum, stundenlang. Es wäre mir wahrscheinlich, wenn ich Wiener wäre, auch unmöglich, jemals ins Grillparzerzimmer zu kommen. Hätten Sie für meine Berliner Reise (Sie haben doch meinen gestrigen Brief bekommen?), falls Sie nicht doch noch im letzten Augenblick mitfahren wollten, irgendeinen Auftrag, den ich, was es auch sei, mit größter Freude und meiner größten (noch immer nicht übermäßig großen) Geschicklichkeit ausführen wollte. Vielleicht ein Besuch bei Ihren Eltern, Ihrem Bruder oder sonstwem? Ausrichten von Grüßen oder Wünschen? Aber nicht nur das, sondern alles, alles.

Mit herzlichsten Grüßen   Ihr Franz K.

Wann übersiedeln Sie?

An Grete Bloch

8.IV.14.

Liebes Fräulein Grete, Ihren Montagsbrief und das gestrige Päckchen bekam ich heute früh gleichzeitig. – Aber dieser Antrag aus Berlin, das ist ja ein Glücksfall, nichts weniger! Sie müssen unbedingt nach Berlin. Hätte ich die Macht, so müßte das Papier diese Worte: »Sie müssen nach Berlin!« einfach und laut wiederholen, daß es in Ihrem Bureau widerhallt und die Chefs im Nebenzimmer aufhorchen. Was Sie auch immer in Berlin durchgemacht haben mögen und wovon ich nichts weiß, wie sich auch das Verhältnis zu Ihrer Familie ausbilden mag (besser als früher wird es gewiß sein) – auf jeden Fall gewinnen Sie durch die Annahme des Postens. Berlin ist eine so viel bessere Stadt als Wien, dieses absterbende Riesendorf; Sie werden, da man ja selbst an Sie herantritt, eine bessere Stellung in Ihrem Posten wiederfinden; Sie kommen gewissermaßen (solche seltenen Möglichkeiten soll man nie aus der Hand geben) als jemand zurück, der recht behalten hat; Sie haben in Berlin jedenfalls bessere und angenehmere Arbeit (der Abschied von Ihren jetzigen Chefs kann ja bei Ihnen nur ein gerührtes Aufatmen loslösen); können mehr reisen, was Ihnen doch Freude macht; bekommen aber auch für den Fall, daß Sie wieder wegwollten, bessere Verbindungen, als Sie sie von Wien aus anknüpfen könnten; ebenso wie Sie von Berlin aus nach Wien kamen, können Sie später auf bessere Plätze kommen, von Wien aus schwer, wie Sie selbst eingestehn; die Kleinlichkeit und das Unverständnis Ihrer Chefs in Wien hat Sie überrascht, also gibt es das in Berlin wenigstens in diesem Ausmaß nicht; vielleicht werden Sie dort auch besser bezahlt, jetzt wo Sie doch Bedingungen stellen können; jedenfalls leben Sie aber bei Ihren Eltern und können, wenn Sie schon helfen müssen, dies auf einfachere, ausgiebigere und doch leichter, für alle leichter, zu tragende Art tun. Nehmen Sie an! Auf jeden Fall nehmen Sie an! Schreiben Sie mir, daß Sie angenommen haben und ich gratuliere Ihnen telephonisch zur Freude der an ihren Apparaten horchenden Chefs. Wenn Sie aber annehmen, dann wäre vielleicht

darin eine Möglichkeit gegeben, Ostern nach Berlin zu fahren. Einerseits entfällt das Hindernis, das für Sie in den vorauszusehenden Versuchen Ihrer Eltern,
Sie zu halten, liegen würde, anderseits wäre es vielleicht für Sie gut, schon jetzt
bei der Firma vorzusprechen. Nun, das werden Sie besser wissen als ich, aber
rücksichtlich der Annahme könnte, wenn Sie nur auf sich hören, irgendein im
Augenblick übermächtiges Gefühl, das dann in der Wiener Einsamkeit nicht
dauern, nicht dauernd Sie aufrecht erhalten würde, alles verderben. Das soll es
nicht. Nehmen Sie an, Fräulein Grete, nehmen Sie an! Ihrer guten Wünsche für
meine Reise, und nicht nur für meine Reise, bin ich gewiß. Diese Gewißheit ist
schon so in mich eingegangen, daß ich nicht mehr sondern kann, was ich ihr
verdanke; es ist nicht wenig.

Das Packerl wird F. überreicht, so wie Sie es wollen. Für den Fall, daß Sie
nicht fahren, erwarte ich Ihre übrigen Aufträge.

Mit den herzlichsten Grüßen   Ihr Franz K.

9.IV.14

Besser wird es ja doch, F., heute habe ich nur 4 Stunden auf Deine Antwort gewartet, immerhin noch 4 Stunden. Es ist ja ganz natürlich, daß jeder seinen
Vorteil sucht, ich in Briefen Antwort haben will, Du Antwort nur mündlich
geben willst, denn mündlich mußt Du sie dann nicht geben. Hast Du aber
genau überlegt, ob es auch wirklich Dein Vorteil ist? Was Du mir sagen sollst,
sollst Du doch auch Dir sagen; was Du mir verschweigst, das verschweigst Du –
so hoffe ich wenigstens – auch Dir. Und das solltest Du wohl nicht, um unserer
beiden willen solltest Du das nicht. Sag nicht, daß ich zu streng mit Dir um-
gehe; was zur Liebe in mir fähig ist, es dient nur Dir. Aber sieh, mehr als 1 ?
Jahre laufen wir einander entgegen und schienen doch schon nach dem ersten
Monat fast Brust an Brust zu sein. Und jetzt nach so langer Zeit, so langem Laufen sind wir noch immer so weit auseinander. Du hast, F., die unbedingte
Pflicht, soweit es Dir möglich ist, Dir über Dich klar zu werden. Wir dürfen einander doch nicht zerschlagen, wenn wir endlich zusammenkommen; es wäre
doch schade um uns. Ich rede hier anders als damals im Tiergarten. Ich gestehe
ein, daß erst Dein Entgegenkommen mir die Möglichkeit gibt, über uns nachzudenken, aber auch die unvermeidliche Notwendigkeit, es zu tun. Ich muß es
nicht eingestehn, es ist ja deutlich genug: Wenn Du Dich von mir entfernst, verliere ich jede Fähigkeit, über uns nachzudenken; während Du Dich von mir
entfernst, liegt ja darin auch keine Gefahr.

Du hast Recht, ich weiß nicht, warum es Dir unangenehm sein sollte, mit
Max und seiner Frau zusammenzukommen. Ich bemerke jetzt, daß ich es nur
deshalb angenommen habe, weil es mir unangenehm gewesen wäre. Übrigens
entfällt diese Gefahr; ich hatte mich auch geirrt, nur Max sollte kommen und
jetzt kommt auch Max nicht, wie er mir heute gesagt hat. Bleibt also noch Pick.

Es ist besser, Du kommst gegen ½8 in den Askanischen Hof, aber pünktlich, ich bitte Dich.

Ja, Fräulein Bloch kommt nicht. Ich habe sie sehr lieb.

Franz

An Grete Bloch

10.IV.14

Liebes Fräulein Grete, daß F. Ihnen nicht geschrieben hat, ist, falls sie nicht sehr wichtige Gründe dazu hat – fast wollte ich geradewegs sagen, daß mich dieses Nichtschreiben F.'s in einer so wichtigen Sache, in meiner Vorstellung von F., beirrt, nun sage ich aber doch lieber, daß es mir bloß unverständlich ist. Es würde mir aber Freude machen, wenn ich vielleicht morgen noch paar Zeilen von Ihnen bekäme, durch die ich erfahren würde, daß F. Ihnen doch geschrieben hat.

Also Aufträge habe ich keine bekommen, und von Ihrer Familie wollen Sie nichts durch mich hören. Die Übersiedlung an sich (gar eine Übersiedlung im April und während der Ostern!) hätte mich nicht gehindert hinzugehn und hätte niemand gehindert, mir Grüße für Sie mitzugeben. Allerdings hätte ich, um irgendeinen Vorzug vor einem Brief zu haben, lügen müssen, daß ich Sie bald sehen werde und gar so bald wird es wohl nicht sein. Aber wenn ich Ihnen auch darin Recht gebe, daß ich nicht zu Ihren Eltern soll, so müssen Sie mir – und Sie scheinen glücklicherweise nicht mehr weit davon entfernt zu sein – darin Recht geben, daß Sie von Wien weg sollen. Und wäre es auch nur, um meinem Eigennutz nachzugeben, der meinen Haß gegen Wien nicht dadurch beirren lassen will, daß Sie dort sind.

Herzlichste Grüße! Gute Erholung auf dem Land!

Ihr Franz K.

14.IV.14

Ich habe, F., gewiß niemals bei irgendeiner Handlung mit solcher Bestimmtheit das Gefühl gehabt, etwas Gutes und unbedingt Notwendiges getan zu haben wie bei unserer Verlobung und nachher und jetzt. In dieser Zweifellosigkeit gewiß nicht. Und Du? Für Dich? Ist es für Dich auch so? Fange Deinen nächsten Brief mit der Antwort darauf an.

Nimm mir mein übermüdetes, zerstreutes, unaufmerksames, fahriges, vielleicht auch gleichgültiges Wesen während dieser zwei Tage nicht übel. Es bedeutete nichts anderes, als daß ich gar nicht bei mir war, sondern irgendwie, ohne daß Du es vielleicht wolltest oder auch nur duldetest oder gar nur fühltest, ganz bei Dir. Ich will übrigens nicht sagen, daß es schöne Tage waren und daß in ihnen nicht die Möglichkeit gelegen wäre, viel schöner zu sein. Der erste Abend zwischen uns verlief so, wie ich es vorausgesehen hatte, ganz genau so, äußerlich, wie innerlich in mir. Daß ich am nächsten Tag sofort mit Deinem Vater sprechen würde, wußte ich auch längst und hatte es gar nicht vom Gespräch am Vorabend abhängig gemacht. Nicht einmal von der Hoffnung hatte ich es abhängig gemacht, das Gespräch später einmal in Ruhe nochmals aufnehmen zu können. Ich habe vollständiges Vertrauen zu Dir, Felice, vollständiges Vertrauen, suche Dich damit abzufinden, so gut Du kannst. Daß ich fragte und doch wieder fragen werde, geht mehr auf ein mir fremderes logisches Bedürfnis als auf ein Bedürfnis des Herzens zurück. Das ist natürlich in dieser Schärfe nicht richtig, nur beiläufig ist es so, es gibt auch noch hinter der Logik einige Quellen des Leidens.

(Was meint Fräulein Bloch dazu [damit?], wenn sie in dem Telegramm, das ich gerade jetzt bekommen habe, sagt: »Innige Glückwünsche ihrer zufriedenen Grete Bloch«?)

Das Häßlichste und geradezu Wüste aber war, daß wir niemals oder nur in Augenblicken auf der Gasse allein waren und daß ich mir niemals in einem Kuß Ruhe bei Dir holen konnte. Du hättest mir die Möglichkeit geben können und hast es nicht getan, ich war viel zu zerfahren, um sie mir zu erzwingen. Alles Recht, das mir die Sitte aus der Tatsache des Verlobtseins gibt, ist für mich widerlich und völlig unbrauchbar; Verlobtsein ist ja jetzt nichts, als ohne Ehe eine Komödie der Ehe zum Spaß der andern aufzuführen. Das kann ich nicht, dagegen kann ich darunter irrsinnig leiden. Ich wollte manchmal Gott danken, daß wir jetzt nicht immerfort in derselben Stadt sind; dann aber möchte ich Gott wieder nicht dafür danken, denn wären wir in der gleichen Stadt, so würden wir gewiß früher heiraten, ohne Rücksicht auf Dienstjubiläen. Aber wie das auch sein mag, komm' jetzt nur recht bald. Vielleicht fügt Deine Mutter paar Zeilen an den Brief, den Du meinen Eltern schreibst; sie wird dann natürlich aufs freundlichste eingeladen werden. Hast Du schon im Bureau von Deiner Verlobung erzählt und über einen möglichst frühen Termin des Austritts Dich mit der Direktion geeinigt? Bei der Ärztin gekündigt? Mit der Arbeit an der Revue ein Ende gemacht? Mögest Du mir auch nur eine meiner vielen Bitten bewilligen, so laß es die sein: Arbeite nicht so viel, geh spazieren, turnen, mach was Du willst, arbeite nur nicht noch außerhalb des Bureaus. Ich nehme Dich für die Zeit außerhalb des Bureaus in meine Dienste und schicke Dir den Gehalt dafür, wie hoch und wie oft Du ihn willst. Das bestätige ich mit meiner Unterschrift:

Franz

[am Rande] Herzlichste Grüße an Mutter und Schwestern.

14.IV.14

Liebes Fräulein Grete, hielte ich statt des Telegramms Ihre Hand, so wäre es schöner.

Es ist mir in Berlin nicht schlecht, nicht gut, aber jedenfalls so gegangen, wie es nach einem zweifellosen Gefühl für mich notwendig war. Mehr kann ein Mensch überhaupt nicht verlangen und ich wüßte von nichts, das ich mit solcher Bestimmtheit jemals getan hätte. Ich rede natürlich immer nur von der Notwendigkeit, die für mich bestand, nicht von F.'s Notwendigkeit. Ich hätte Ihnen, Fräulein Grete, heute nicht mehr geschrieben, denn ich bin sehr müde, habe in Berlin fast gar nicht geschlafen, heute im Bureau nur mit letzter Kraft gearbeitet, nicht zu vergessen, daß ich jetzt noch einige Stunden zu arbeiten habe – aber es gibt etwas, was ich Ihnen nicht bald genug schreiben kann und das ist dieses: Meine Verlobung oder meine Heirat ändert nicht das geringste an unserem Verhältnis, in welchem wenigstens für mich schöne und ganz unentbehrliche Möglichkeiten liegen. Ist es so und wird es so sein? Und nochmals, falls es nicht schon gesagt sein sollte: Alles das ist unabhängig davon, was ich und was (soweit ich dies als Bräutigam sagen kann) F. Ihnen in unserer gemeinsamen Sache zu verdanken haben.

F. erzählte von einem Expressbrief, in dem Sie schrieben, daß Sie auf 2, 3 Monate nach Budapest gehen wollen. Habe ich recht verstanden? Wie ist dies damit zu vereinbaren, daß Sie doch nach Berlin wollen?

Und wird es möglich sein, daß Sie wirklich (vielleicht geschäftlich) nach Prag kommen, wenn F. Ende April oder Anfang Mai hier ist. Sie würde sich natürlich nach Ihnen einrichten. Ich wollte F. eigentlich hindern, davon Ihnen zu schreiben, da es allzusehr bloß hingeschrieben scheint, denn eine halbwegs leichte Möglichkeit für Sie herzukommen, dürfte sich doch leider kaum ergeben. Aber vielleicht eine gemeinsame Besichtigung von Gmünd? Schreiben Sie doch F. davon.

Herzlichste Grüße Ihres   Franz K.

15.IV.14

Liebes Fräulein Grete, ich habe eine ganz offenbare und wirkliche Sehnsucht nach Ihnen. Als ich heute die Plakate der Bureauausstellung (20.-29.Juni) zum erstenmal auf dem Weg ins Bureau im Vorüberlaufen sah, wurde ich ganz froh. Kommen Sie dann? Für eine Woche? Schön, schön, schön! Und vorher am 2., 3. Mai wollen Sie kommen, wollen die große Fahrt machen? Natürlich wird es F. so einrichten, daß sie auch hier ist; ich schreibe es ihr morgen, Sie haben ihr wohl auch geschrieben. Aber vielleicht geht es doch in Ihrem wie auch in meinem Sinn, daß wir alle 3 in Gmünd zusammenkommen. Ich weiß nur nicht, ob das Verlobte dürfen; Nicht-verlobte haben es viel besser, die dürfen alles und müssen nichts. Was für eine Neuigkeit in Ihren Briefen? Sie streichen einen Satz bis zur Unleserlichkeit durch und brechen einen Absatz ab, weil er von Ihnen handelt? Sehn Sie doch, wie notwendig mein gestriger Brief war. Sie dürfen mich nicht aufgeben, das geht ganz und gar nicht, und ich werde es mir nicht gefallen lassen. Es besteht auch gar kein Grund dafür. Und ich will wissen, wie es Ihnen geht, und zu was für einem Zug Sie müssen und was für Sätze Sie durchstreichen.

Nach Ihrer letzten Karte scheint es ja wieder, als ob Sie von Berlin abrücken wollten. Man muß nicht vor Ruinen sitzen, um die Welt zu genießen, das kann man am Hundekehlensee auch und um so besser, je weiter er von Wien ist. Sie wollen es nicht glauben? Ich weiß nicht, was das »bedingungslose Ausliefern« bedeutet, ich habe absichtlich mit F. darüber nicht gesprochen; sie sagte mir nur immer wieder, wie Ihre Mutter Sie herbeiwünscht. Und F. bleibt ja noch so lange in Berlin. Bis September, sie will nicht früher heiraten. Das ist ja noch fast ein halbes Jahr.

Jetzt fällt mir ein, daß ich immerfort früher von irgendeinem Entschluß geredet habe, der mir Widerstandskraft gibt, ohne ihn verraten zu haben. Dieser Entschluß bestand darin, daß ich für den Fall, als ich F. nicht geheiratet hätte, meinen Posten hier aufgegeben oder, wenn es möglich gewesen wäre, einen längern Urlaub ohne Gehalt genommen hätte und nach Berlin gegangen (nicht wegen F. sondern wegen Berlin und seiner vielen Möglichkeiten) und Journalist oder sonst etwas ähnliches geworden wäre. Was meinen Sie nun nachträglich dazu, Fräulein Grete?

Der »arme Spielmann« ist schön, nicht wahr? Ich erinnere mich, ihn einmal meiner jüngsten Schwester vorgelesen zu haben, wie ich niemals etwas vorgelesen habe. Ich war so davon ausgefüllt, daß für keinen Irrtum der Betonung, des Atems, des Klangs, des Mitgefühls, des Verständnisses Platz in mir gewesen wäre, es brach wirklich mit einer unmenschlichen Selbstverständlichkeit aus mir hervor, ich war über jedes Wort glücklich, das ich aussprach. Das wird sich nicht mehr wiederholen, ich würde niemals mehr wagen, es vorzulesen. Sie waren traurig oben bei der Ruine im Gras? Nichts scheint mir natürlicher. Ich war immer auf dem Land traurig. Was für eine Kraft gehört dazu, ein solches weites Land im Umblick sich anzupassen. Vor einer Berliner Straße gelingt mir das im Handumdrehn. Und doch waren Sie auch ruhig und innerlich friedlich draußen.

Herzlichste, herzlichste Grüße   Ihres Franz K

Liebes Fräulein Grete, das war schon viel besser. Natürlich wußte ich ganz genau, was Sie schreiben würden, Sie haben es oft genug schon angedeutet, oft genug schon den Versuch gemacht, sich aus der Schlinge zu ziehn, die aber gar keine Schlinge ist, sondern nur – nun, jedenfalls werde ich diese Schlinge mit allen Zähnen festzuhalten versuchen, falls Sie sie lösen wollten. Aber es ist ja gar nicht daran zu denken. Und die Briefe? Natürlich können Sie über die vergangenen verfügen (nicht über die künftigen!), aber warum wollten Sie sie nicht in meinem Besitz lassen? Warum soll überhaupt die geringste Änderung geschehn? Was helfen überhaupt Regeln Menschen und gegenüber Menschen? Ich sage auch noch heute, daß ich keinen fremden Menschen haben will und sage gleichzeitig, daß ich über jeden Augenblick glücklich sein werde, den Sie bei uns (dieses »uns« ist heute allerdings noch nicht viel mehr als eine Fabel) verbringen werden. F. wird die Briefe nicht lesen, wenn Sie nicht wollen; es ist auch gar nicht nötig, F. weiß schon oder könnte es auch ohne die Briefe wissen, wer Sie sind. Und weiß sie es nicht, dann werden ihr auch die Briefe nicht dazu verhelfen. Macht es Sie nicht stolz, daß man in Berlin solchen Wert darauf legt, Sie zu bekommen? Mir geht es eigentümlich mit der Vorstellung von Ihrer jedenfalls ganz außergewöhnlichen Geschäftstüchtigkeit. Ich habe diese Tugend so wenig, daß ich mir deren Detail gar nicht vorstellen kann. Ich höre aber davon, auch jetzt in Berlin, glaube es auch natürlich, kann es aber mit aller Anstrengung nicht vollständig mit dem Fräulein Grete, an das ich schreibe, zusammenbringen, nur annähern kann ich es gerade noch.

Warum sollen Sie erst vom I.VIII. nach Berlin kommen? Warum Henkersfristen? Wer hat denn um Himmels willen in Berlin andere Gelüste auf Ihren Kopf, als ihn zu streicheln? Kommen Sie doch früher! z.B. zu dem leider großen Tag, den man bei Ihnen Empfangstag nennt und der zu Pfingsten sein dürfte. Frau B.[auer]? Nun, sie ist mir ein wenig unheimlich und ich ihr sehr. Ihr leuchte ich wohl am wenigsten ein, den andern, sei es auch mit Hilfe von Mißverständnissen, mehr oder weniger. Toni gefällt mir sehr, auch Erna, die ich allerdings nur paar Minuten Samstag abend gesehen habe, Sonntag und Montag war sie in Hannover. Den irgendwie verdächtigen Blick der Frau hatte ich immerfort auf mir, wäre ich an ihrer Stelle gewesen, hätte ich allerdings noch viel verdächtigendere Blicke gemacht, ich mache sie sogar an meiner Stelle. Nun, manchmal kam ich ihr krank vor, manchmal sinnlos, meistens dumm und selten auch überschlau; aus solcher Urteilsmischung ergibt sich kein sehr gutes Verhältnis, und sei es selbst gegenüber dem künftigen Schwiegersohn. Überhaupt wird man nicht viel Liebes an mir haben beobachten können, ich war übermüdet, zerfahren, unaufmerksam, dann wieder gleichzeitig zerstreut und überwach (einer meiner häßlichsten und häufigsten Zustände), trumpfte ganz unnötigerweise mit meinem Vegetarianismus auf, aß nur Gemüse, war möglichst langweilig und es hätte schon eines göttermäßigen Blickes bedurft, um in mir die Ruhe und Notwendigkeit meines Handelns und Daseins zu erkennen.

Herzlichste Grüße Ihres   Franz K.

17.IV.14

Liebste F., ich habe nur 10 Minuten und nicht einmal die ganz. Was soll ich tun und schreiben in der Eile? Zuerst danken dafür, daß Du den August als Austrittsmonat nennst, er soll es bleiben. Ich sah »furchtbar elend« aus, gewiß, mir war auch derartig, dieses Aussehn habe ich mir ja im Laufe eines halben Jahres erkämpft. Mich pflegen würde nicht helfen, der Zeitablauf wird helfen und jeder Tag, um den Du den Termin näher rückst, wird helfen und jedes Vertrauen und jede Geduld, die Du mir gegenüber zeigst, wird helfen und das letzte am meisten. Wir sind doch (es ist gefährlich, in der Eile auf so zugespitzte Bemerkungen sich einzulassen) wir sind doch äußerlich gegensätzliche Menschen, müssen also einer mit dem andern Geduld haben, müssen den fast göttermäßigen, nur dem gesteigertesten menschlichen Gefühl gegebenen Blick für des andern Notwendigkeit, Wahrheit und endlich Zugehörigkeit haben. Ich habe, F., diesen Blick, darum ist auch mein Vertrauen in unsere Zukunft fest. Streift mich einmal der leichteste Schein eines solchen Blickes aus Deinen Augen, so zittere ich vor Glück.

Franz

Schreib mir gleich, seien es nur paar Worte.

Könnte ich nicht Frl. Brühl mit irgendetwas irgendeine Freude machen. Ich kann nicht von weinenden Mädchen hören.

An Grete Bloch

17.IV.14

Liebes Fräulein Grete! Die Briefe an drei Onkel und eine Tante sind geschrieben, ich darf mir jetzt auch das Vergnügen machen, Ihnen zu schreiben.

Das ist schön, daß Sie mit meinem Berliner Übersiedlungsplan so übereinstimmen. Ich will ja nach Berlin, Berlin tut mir von allen Seiten gut. Aber es wäre doch jetzt wenigstens ein großes Risiko damit verbunden, wenn ich meinen sichern Posten aufgeben würde. Allein hätte ich es tun können oder vielmehr, ich hätte es tun müssen. Jetzt aber, mit F.? Kann ich sie dazu überreden, ihren schönen Posten, an dem sie so hängt, aufzugeben, um dann mit mir in dem gleichen Berlin vielleicht Not zu leiden. Mein Selbstvertrauen ist nicht groß, wie Sie wissen, ist auch durch meine Vergangenheit und durch mein beamtenmäßiges Leben nicht sehr vergrößert worden.

Spät, spät. Es bleibt heute nur noch übrig, aufs herzlichste zu grüßen. Es ist für mich eine Freude, das jeden Tag tun zu können.

Ihr Franz K.

F. hat mir über Ihren Brief noch nichts geschrieben.

An Grete Bloch

18.IV.14

Liebes Fräulein Grete, nachdem ich Ihren ersten Brief gelesen hatte, wußte ich sofort, was ich Ihnen zunächst antworten könnte: daß Sie nämlich im Grunde F.'s Verhältnis zu Ihnen durchaus nicht so eindeutig auffassen, wie Sie es schreiben. Das Schreiben selbst verführt oft zu falschen Fixierungen. Es gibt eine Schwerkraft der Sätze, der man sich nicht entziehen kann. Ich will gar nicht den Satz herschreiben, in dem Sie F.'s angebliche Meinung über Sie zusammenfassen. Sie würden mir böse sein, wenn ich es täte. Der Satz ist bei weitem nicht schlimm, er ist gut, wie Ihr ganzes Wesen, er ist bei weitem nicht so schlimm, wie z. B. die gemeinen Schimpfworte, die ich einmal vor sehr kurzer Zeit im Halbschlaf gegen F. gebrauchte (F. weiß davon) – immerhin, Sie mußten ihn widerrufen, wenn nicht gleich, so am nächsten Tag, Sie hätten ihn auch widerrufen, wenn F.'s Brief nicht gekommen wäre. So aber haben Sie die Frage, die ich um ½ 9 früh stellte, mit dem Brief um ½ 11 schon beantwortet. Allerdings, würden Sie mich geradezu nach meiner Meinung über F.'s Verhältnis zu Ihnen fragen, ich wüßte keine ganz brauchbare zu geben, aber das wäre nicht entscheidend, ich weiß auch andere Antworten nicht, viele andere Antworten nicht. Was die Briefe anlangt, so ist es bloß Ihre vorläufige Meinung, daß ich sie verbrennen soll, bis ich verheiratet bin. Nun bin ich aber noch nicht verheiratet und erst die Meinung, die Sie dann darüber haben werden, wird doch entscheidend sein. Lassen Sie sie doch also vorläufig in meinem Besitze. Sie haben mir einmal die Freude gemacht, sie zu bekommen, lassen Sie mir noch die Freude, sie ein wenig zu behalten. Glauben Sie übrigens, daß wir, F. und ich, sehr einig sein könnten, wenn wir nicht einmal in einer menschlich uns so nahegehenden Sache, wie es der Inhalt Ihrer Briefe ist, einig sein könnten, also mit den gleichen Augen lesen könnten? Auch die Bewunderung Ihrer Geschäftstüchtigkeit müssen Sie mir lassen. Ich an Ihrer Stelle würde eher den präzisen Apparat unpräzis machen, als selbst präzis werden. Und die Patenterteilung? Könnte ich das doch im Detail besser würdigen! Es scheint mir, als hätten Sie sich damals im Hotelzimmer Mühe gegeben, mir einiges zu erklären, aber ich habe nichts behalten.

Gewiß sollen Sie spätestens am I.VII. in Berlin sein! Ganz gewiß. Ganz gewiß werden Sie sich auch geschäftlich besser fühlen: Die stärkende Wirkung von Berlin fühle ja selbst ich oder vielmehr ich weiß, ich würde sie zu fühlen bekommen, wenn ich nach Berlin übersiedelte. Das Risiko ist aber für mich doch groß, ich habe meine Fälligkeit des Schreibens gar nicht in der Hand. Sie kommt und geht wie ein Gespenst. Seit einem Jahr habe ich nichts geschrieben, kann auch nichts, so viel ich weiß. Dabei hatte ich einen Glücksfall in den letzten Tagen entsprechend Ihrer Patenterteilung: Eine Geschichte, übrigens meine größte, aber auch einzige, vor einem Jahr geschriebene Geschichte ist von der Neuen Rundschau angenommen, übrigens auch mit andern liebenswürdigsten Angeboten. Hätte ich in diesem Jahr etwas geschrieben, wäre es nicht so gewagt, nach Berlin zu gehn, so aber wäre es doch eine verzweifelte Handlungsweise, F. aus ihrem jetzigen angenehmen Zustand in ein so unsicheres Leben zu schleppen. Das müssen Sie wohl auch zugeben.

Herzlichste Grüße Ihres   Franz K.

[Am Rande] Über unsere Zusammenkunft nächstens.

An Felicens Mutter, Frau Anna Bauer

19.IV.14

Liebe Mutter!
Jetzt ordnet sich mir schon ein wenig die Erinnerung an die zwei Tage und ich kann Dir jetzt ruhig und bestimmt aus vollem Herzen danken, Dir, dem Vater und Euch allen. Ich habe mich wirklich während der zwei Tage unaufhörlich, aber unaufhörlich beschenkt gefühlt und darin, daß Ihr mir Felice gebet, das größte Zeichen Euerer Liebe gesehn, das ich jemals von Euch verlangen könnte und für das ich niemals würdig werde danken können. Alles andere ist nebensächlich. Nebensächlich ist, daß Du, liebe Mutter, vielleicht manches an mir auszusetzen hast und vielleicht noch mehr auszusetzen finden wirst, ohne es ändern zu können. Wir sind keiner für uns vollkommen, um wieviel weniger noch für den andern. Denke, liebste Mutter, aber nicht zuerst daran, sondern zuerst daran, daß Du Felice einem Menschen gibst, der sie gewiß nicht weniger lieb hat als Du (natürlich aus seinem andern Wesen heraus) und der ihr ein glückliches Leben zu bereiten suchen wird, soweit nur seine angespanntesten Kräfte ausreichen. Und jetzt kommt nur bald, alle freuen sich auf Euch. Jede Verzögerung Eueres Kommens ist doch grundlos, jede bringt mir Leid. Auch wegen der Wohnungssuche ist es wichtig, daß Ihr bald kommt. Zögert Felice, so treibe sie doch ein wenig im geheimen an, liebste Mutter!
Herzlichste Grüße und Küsse Dir und allen von

Deinem Franz

Was für eine Freude, Liebste, auch einmal wegen der Briefe ins Unrecht gesetzt zu sein. Gewiß, ich hätte Deiner Mutter schon geschrieben haben sollen und habe es erst heute getan. Ich hätte auch Deinem Vater das Buch gleich Dienstag schicken sollen und habe es erst Freitag geschickt. Aber erstens bin ich gar nicht pünktlich im Briefschreiben (die Briefe an Dich sind keine Briefe, sondern Winseln und Zähnefletschen), meine Hand ist schwer und, wenn keine Nachricht von Dir kommt, wie letzthin, ist diese Hand eben ganz gelähmt und kann nicht einmal das Buch für Deinen Vater einpacken.

Ob ich mir dessen bewußt bin, daß ich Dir ganz gehöre? Ich mußte nicht mir dessen bewußt werden, das weiß ich schon seit 1½ Jahren. Die Verlobung hat daran nichts geändert, zu festigen war dieses Bewußtsein nicht mehr. Eher denke ich manchmal, daß Du, F., [Dir] nicht immer ganz klar darüber bist, wie sehr und in welcher besondern Weise ich Dir gehöre. Aber Geduld, alles wird klar werden, F., in der Ehe wird alles klar werden und wir werden die einigsten Menschen sein. Liebste, liebste F., wären wir schon so weit! Diese Augenblicksbeziehungen an paar Sonntagen in Berlin, an paar Tagen in Prag können nicht alles lösen, wenn auch im Kern alles längst gelöst ist, vielleicht seit meinem ersten Blick in Deine Augen. Jeder hat etwas anderes geglaubt, ich habe geglaubt, Du würdest meiner Mutter antworten und habe darüber vergessen, Deiner Mutter zu schreiben. Du schreibst, Du müßtest Dich selbst einladen. Wie denn? Hast Du den Brief meiner Mutter vom letzten Montag nicht bekommen, in dem sie Dich doch eingeladen hat und gewiß sehr herzlich.

Ein Freund meines Madrider Onkels [Alfred Löwy], der bei der österreichischen Botschaft in Madrid angestellt ist, war hier und ich bin mit ihm ein wenig spazieren gewesen. Merkwürdig: jetzt ist es schon spät, wir sind viel herumgegangen, haben auch Ottla und eine Cousine mitgehabt, haben noch andere Leute getroffen und jetzt, da ich mich nach diesem für mich ungewöhnlichen Unternehmen hinsetze (in den letzten Jahren bin ich wohl bei Tag nur allein oder mit Felix, dem andern Felix spazierengegangen), da ich mich also hinsetze, um Dir zu schreiben, merke ich, daß ich nicht im geringsten umdenken muß, sondern während des ganzen Spaziergangs, in der Elektrischen, im Baumgarten, am Teich, bei der Musik, beim Butterbrotessen (sogar einen Bissen Butterbrot am Nachmittag habe ich gegessen, eine Monstrosität hinter der andern!), auf dem Nachhauseweg immer nur Dich, immer nur Dich im Kopfe hatte. Im Geiste bin ich mit Dir vereinigt in einer Unlöslichkeit, an die kein Rabbinersegen von der Ferne heranreicht.

In die Zeitung gebe ich die Anzeige erst morgen für Dienstag. Mein Direktor kommt morgen von einer Reise zurück und ich wollte nicht, daß die Anzeige früher in der Zeitung steht, ehe ich es ihm privat gesagt habe. Mittwoch bekommst Du die Zeitung. Natürlich wissen schon fast alle davon, die es angeht. Was haben denn Deine Freunde und Bekannten gesagt, haben es viele dem Friseur nachgesprochen? – Und im übrigen – so wird jeder Brief schließen – glaube ich, daß Du sehr bald kommen solltest. Wann denn, F., wann denn?

Dein Franz

Über die Kopfschmerzen bitte schreib mir gleich!

20.IV.14

Meine Liebste, jetzt abends komme ich nachhause, habe mich nutzlos herumgetrieben, auf Tennisplätzen, auf den Gassen, im Bureau (ob dort vielleicht eine Nachricht von Dir wäre) und finde nun Deinen Brief. Ich werde unfähig, etwas zu tun, wenn ich nicht Nachricht von Dir habe, ich war wirklich unfähig, die kleine Anzeige in die Zeitung zu geben, trotzdem das schon möglich ist, da ich es heute dem Direktor gesagt habe. Aber ich konnte nicht, übrigens war es auch im Berliner Tageblatt nicht.

Ich weiß nicht einmal mehr, womit ich letzthin so beschäftigt gewesen bin, es wird nichts sehr Wichtiges gewesen sein. Über Unwichtigem ist es spät geworden, so wie heute auch. Was für ein provisorisches Leben ohne Dich!

Mit Max komme ich natürlich zusammen, sogar jeden Tag. Nur sind wir, wenn ich genau zusehe, einander nicht so nahe, wie wir es früher, zeitweise allerdings nur, gewesen sind. (Niemals waren wir einander so nahe wie auf Reisen, warte ich schicke Dir nächstens zwei gedruckte Kleinigkeiten von unsern Reisen, eine erträgliche von mir und eine ganz unerträgliche von uns beiden gemeinsam geschrieben. Ich verspreche nicht so ins Blaue wie Du den Brief für meine Mutter, die Reklammarken für den Chef, das Berliner Tageblatt und die Kündigung bei der Ärztin für mich. Ich verspreche auch ins Blaue, aber mein Blau ist nicht gar so grenzenlos.) Wir (der Sicherheit halber nochmals: Max und ich) sind durch meine Schuld einander nicht mehr so nahe, er fühlt es auch in seiner Schuldlosigkeit gar nicht so, hat mir auch z. B. seinen neuen Roman »Tycho Brahes Weg zu Gott«, eines seiner persönlichsten Bücher, eine peinigend selbstquälerische Geschichte geradezu, gewidmet. Aber auch meine Schuld ist nicht eigentlich Schuld oder nur zum kleinen Teil. Ich bin Max unklar und wo ich ihm klar bin, irrt er sich. Ich bin in der letzten Zeit trotz aller äußerlichen mich betreffenden Geschwätzigkeit (dieses Laster kennst Du noch nicht, Du hast es selbst auch nicht, dafür liebe ich Dich ja auch) immer verschlossener, immer menschenscheuer geworden, ich kann trotz dem innern Drängen der Geschwätzigkeit und selbst einer berechtigteren Lust zur Mitteilung nicht aus mir hinaus, es ist auch nicht eigentlich Scheu vor Menschen, sondern Unbehaglichkeit in ihrer Nähe, Unfähigkeit zur Herstellung vollständiger, lückenloser Beziehungen, ich verliere so selten den fremden Blick für andere (verstehst Du das?), ich getraue mich zu behaupten, daß selten jemand so fähig ist wie ich, schweigend in halber Nähe, ohne unmittelbar dazu gezwun – endgültige Unterbrechung, 2 Onkel kommen, einer aus Triesch in Mähren, der andere ein Prager, eine Merkwürdigkeit, ich muß aufhören, nur damit Du nicht Angst bekommst wegen des angefangenen Satzes, unnötige Angst, glaube mir, wir vertrauen einander doch, nicht?, also damit Du nicht Angst bekommst, schließe ich noch den Satz – gen zu sein, Menschen vollständig mit einer mich selbst erschreckenden Kraft zu fassen. Das kann ich, dieses Können ist aber, wenn ich nicht schreibe, allerdings fast eine Gefahr für mich. Nur gibt es, da ich Dich habe, keine Gefahr für mich, und auch für Dich, Liebste, soll es keine geben.

Franz

Keine Kopfschmerzen, unbedingt keine!
Kündigen der Ärztin! Bald kommen!
Ausstattung vorbereiten!

[21. April 1914]

Eine Narrheit, eine Krankheit, F., habe ich Deinen Brief oder eine kleine Nachricht nicht, so kann ich nichts machen, auch nicht die Annonce in die Zeitung geben. Nicht daß ich etwa in der Weise aufgeregt wäre wie früher, wir gehören ja zusammen (wie das B.T. [Berliner Tageblatt] laut und mein Herz leiser aber bestimmter sagt) und es macht nichts aus, wenn eine Nachricht ausbleibt, es sollte sogar gut sein, wenn Du ein Aufatmen in Deiner vielen Arbeit zum wirklichen Aufatmen statt zum Schreiben benutzt, aber trotzdem – die Anzeige gebe ich also erst morgen hinein, Freitag bekommst Du sie. Aber ein Fehlen der Übereinstimmung ist das nicht, F., wie die Zeitungen überhaupt meinem Gefühl nach wenig mit unserer Sache zu tun haben. Die Anzeige im [Berliner] Tag[e]blatt ist sogar ein wenig unheimlich, die Anzeige des Empfangstages klingt mir so, als stünde dort, daß F.K. am Pfingstsonntag eine Schleifenfahrt im Varieté ausführen wird. Die beiden Namen aber stehn warm und gut beisammen, das ist schön und muß so sein. Es ist spät, den Expressbrief bekam ich erst jetzt um 9, jedenfalls kam er erst nach 2 ins Bureau. Herzlichste Grüße, Dank für den Kuß, kann ihn aber nicht erwidern, küßt man von der Ferne, fällt man mit seinem gutgemeinten Kuß in Dunkel und Sinnlosigkeit, statt den fernen lieben Mund zu berühren.

Franz

Liebes Fräulein Grete, ich verstehe nicht ganz, was Sie mit der Beschreibung Ihres allgemeinen Verhaltens zu Menschen meinen. Es ist ebenso bestimmt wie allgemein gesagt, kann aber weder für das Allgemeine noch für mich passen, paßt also wieder nur auf einen ganz besondern Fall, der Ihren armen unruhigen Kopf nicht läßt und von dem ich nichts oder zu wenig weiß. Mir gegenüber stimmt gar nichts davon, was Sie sagen. Sie haben sich mir gegenüber so richtig und vor allem so unbeirrt, durch sich und mich unbeirrt verhalten, als wären Sie nicht ein anderer Mensch sondern mein eigenes mit selbständigem und gutem und liebenswertem Leben begabtes Gewissen. Glauben Sie es nur! Vielleicht täuschen Sie sich im Allgemeinen auch über Ihr Wesen. Vielleicht sehen Sie zu sehr von sich ab, sind zu gut, zu heldenhaft. Es sieht manchmal so aus. Es wird nicht wenige Menschen geben, die Ihnen dankbar sein müssen. Stecken die in der dritten Kategorie Ihrer Einteilung? Dann werde ich mich hüten, dankbar zu sein.

Es war kein »scharfes Abrechnen« in meinem letzten Brief, das war es gewiß nicht, es wollte nur ein Festhalten und Drücken Ihrer Hand sein, nichts sonst. Sie wissen es auch. Die mangelnde Eindeutigkeit Ihres Verhältnisses zu F. ist nicht Ihre Schuld, vorausgesetzt, daß diese Eindeutigkeit überhaupt fehlt und nicht bloß für meine gleichzeitig blöden und überwachen Augen.

Haben Sie auf dem Semmering sich wegen Berlin schon entschlossen? Klar und ohne Verzweiflung? Und werden Sie also nicht nach Budapest fahren? Und am 2. Mai in Prag sein? Gmünd wäre viel besser, ich habe F. davon noch nicht geschrieben. Schwierigkeiten hätte es, F. bleibt nur wenige Tage, und der Tag in Gmünd entfiele als Besuchstag, übernachten müßte man auch, die Mutter müßte man in Prag lassen und ich hätte eine neue unheimliche Narrheit ausgeführt, die Fahrt könnte doch nur Sonntag gemacht werden, also gerade an dem Tag, an dem meine Eltern vollständig freie Zeit haben – immerhin, es wäre schon und frei in Gmünd, und zumindest bis zum letzten Augenblick überlegenswert bleibt es. Ob Sie sich auf die »Geschichte« [Die Verwandlung] freuen dürfen? Ich weiß nicht, der »Heizer« hat Ihnen nicht gefallen. Jedenfalls, die »Geschichte« freut sich auf Sie, daran ist kein Zweifel. Übrigens heißt die Heldin Grete und macht Ihnen wenigstens im ersten Teil keine Unehre. Später allerdings, als die Plage zu groß wird, läßt sie ab und fängt ein selbständiges Leben an, verläßt den, der sie braucht. Eine alte Geschichte übrigens, mehr als ein Jahr alt, damals wußte ich den Namen Grete noch nicht zu schätzen, lernte es erst im Laufe der Geschichte.

Herzlichste Grüße (die Adjektiva müssen hinreichen, man schickt sie doch nicht ins Blaue, nicht die Adjektiva müssen richtig sein, sondern der Mensch muß es sein, dem man sie schickt)

Ihres   Franz K.

Meine liebe F., alles Briefpapier verschrieben, nur dieser Abschnitzel Deines Briefes ist noch da. Du, ich dachte durch die Verlobung Dir mehr freie Zeit zu verschaffen und habe Dir offenbar noch viel mehr Arbeit gemacht. Sehr schade! Von Deinem Vater bekam ich jetzt einen sehr freundlichen Brief; meine Mutter macht sich irgendwelche Sorgen wegen einiger Zeilen von Dir an meinen Vater. Was für Dinge! Komm' bald, heiraten wir, machen wir Schluß. Die schöne Wohnung, von der ich sprach, wird erst im Feber frei, und selbst das ist unsicher. Eine schöne, schöngelegene, genug teuere Wohnung mit ebensoviel unersetzlichen Vorteilen als Nachteilen bleibt bis zum 2. Mai abends reserviert. Das bedeutet, daß Du spätestens am 1. Mai in Prag sein mußt.

Wie wird es mit dem Besuch des Fräulein Grete? Franz

24.IV.14

Der dritte Brief, den ich heute anfange. Immer wieder mischt sich heute in die Briefe an Dich Dein Bekannter aus Breslau, dessen Namen ich mir nicht etwa aus Trotz, aber doch aus irgendeiner Notwendigkeit nicht merken kann; nicht einmal sein Aussehn kann ich mir merken, trotzdem ich doch sein Bild groß genug in Deinem Zimmer habe hängen sehn. Ihn selbst dagegen kann ich nicht vergessen; es ist zum Teil Deine Schuld, Du hast mir zu wenig Deutliches und zu viel Andeutungsweises von ihm erzählt.

Heute hatte ich von Dir kein Wort, das wäre nicht schlimm; schlimmer ist, daß ich nun schon wohl seit ¾ Jahren keine ruhig geschriebene Seite von Dir bekommen habe.

Ich danke Dir für den Brief an die Eltern, er hat sie beide vollständig befriedigt. Mir fiel bei dem Brief wieder einmal ein, wie merkwürdig Euere Sprache ist. Worte wie »furchtbar, riesig, ungeheuer, famos« streut ihr nur so hin, das richtig charakterisierende »sehr« sucht Ihr lieber zu vermeiden und ersetzt es durch das unbestimmt zurückhaltende »recht«.

Sonntag bekommst Du, F., keinen Brief von mir, sei nicht böse deshalb, ich schreibe nicht gerne nachhause; als Familienfremder konnte ich schreiben; wurden Späße darüber gemacht, so waren sie doch nicht gut gemeint; heute würden oder könnten nur gutgemeinte Späße darüber gemacht werden und die, gerade die, täten mir leid.

Dein Brief an meine Eltern hat mich vor allem wegen des Datums Deines Besuches enttäuscht. Wie? Erst am 5ten willst Du kommen? Warum erst am 5ten? Dein Chef ist doch schon zurück. Und was tue ich mit der Wohnung, die ich mir mit Mühe bis zum zweiten habe reservieren lassen?

Was für trübsinnige Mitteilungen ich Dir heute mache! Laß mich wenigstens Deine Hand küssen, damit ich mein Gesicht verstecken kann. F

25.IV.14
[vermutlich vom 26. April 1914]

Liebste F., von zwei Sachen schreibst Du nicht, trotzdem Du weißt, daß mich beide Deinetwegen (laß *mich* jetzt beiseite!), geradewegs Deinetwegen sehr bekümmern. Um das eine habe ich bisher gar nicht gefragt, es ist Dein Bruder. Du hast mir einmal geschrieben, ich würde in Berlin darüber Ausführliches hören, ich habe nichts gehört, nur den einen Brief gelesen und daraus schließen (ich meine aus dem Inhalt des Briefes schließen) können, wie viel Du mir von dieser Sache, was Dich betrifft, ich wiederhole, nur was Dich betrifft, verschwiegen hast. Nun aber schweigst Du weiter. Das zweite ist Dein Bekannter aus Breslau. Ich scheue mich nicht, danach offen zu fragen, denn wenn es ein noch wirkendes Gespenst ist, wird es sich auch ungerufen melden, wirkt es nicht mehr, dann werde ich es auch durch diesen Anruf nicht wecken. Verweise mich nicht auf mündliche Aussprache, Du hast frühere derartige Versprechen auch nicht erfüllen können. Rede offen oder sage offen, warum Du nicht reden kannst. Es gibt so vieles, was man nicht klar sagen, worin man sich aus eigener Schwäche oder aus Schwäche des Zuhörers nicht mitteilen kann, umso mehr hat man die Pflicht, dort, wo Klarheit möglich ist, klar zu sein. Das Bild mag ruhig in Deinem Zimmer hängen, ich soll aber in meinem Zimmer auch ruhig sein dürfen.

F

Was die Kraftausdrücke anlangt, hast Du mich ein wenig mißverstanden. Nicht diese Ausdrücke an und für sich sind merkwürdig, merkwürdig ist, daß Ihr einerseits diese vor lauter Riesenhaftigkeit leeren Worte wählt (den Mädchen scheinen sie unter schwerem Atem wie große Ratten aus dem kleinen Mund zu kommen), andererseits aber auch gern matte, wenig bezeichnende Worte bevorzugt, und so in einer Art Riesentempo nicht eigentlich darstellt, sondern die richtige Darstellung umläuft.

Die Besuche mögen Dir viel Plage machen, aber doch auch Vergnügen, nicht? Jedem sein Teil, Du empfängst die Gäste, ich die Gespenster.

Gratulationen bekomme ich genug, wenn auch gewiß nicht so viel wie Du. Die ersten habe ich geöffnet, die spätern nicht mehr, sie werden auch ungelesen wirken, wenn es ihnen und uns so bestimmt ist. Die beiliegende Karte schicke ich für Deine Tante, sie ist von dem Mann, den sie zu kennen behauptet.

Du kommst also Freitag; das kann als sicher gelten. Willst Du die Wohnung sehn, ist es der letzte Termin. Die Wohnung ist sehr schön; wenn bei der Besichtigung so gutes Wetter wie jetzt sein wird, dann wirst Du sie nehmen, sonst wirst Du zweifeln. Sie ist genug weit gelegen, ganz frei, mitten im Grün[en], 3 Zimmer, 2 Balkone, 1 Terrasse, 1200 K, viel Geld, mehr eigentlich als wir zahlen können. Ich rede so, als hätte ich einen Überblick darüber, was wir zahlen können.

Hast Du keine Lust, nach Gmünd auf einen Tag zu fahren? Ich hätte große

Lust. Schick mir die Adresse Deiner Schwester Elsa! War Deine Mutter mit meinem Brief zufrieden? Hast Du auch [Brods] »Weiberwirtschaft« und Werfel bekommen?

An Grete Bloch

26.IV.14

Liebes Fräulein, gut, lassen wir die Entscheidung offen. Möge ich jeden Augenblick, während F.'s Hiersein, die Hoffnung haben, Sie zu erblicken. Jede solche Hoffnung ist bisher so sinnlos vergangen, möge es mit dieser nicht so sein. Wegen Gmünd hat mir F. noch nicht geschrieben. Sie dürfte am 1. oder 2. kommen, natürlich schreibe ich Ihnen noch das Datum.

Nun gehn Sie also ganz bestimmt nach Berlin. Waren es gute, waren es schlechte Nachrichten, auf die Ihr jetziger Entschluß zurückgeht? Wegen der gemeinsamen Fahrt lassen wir nun aber die Entscheidung nicht offen, sondern wir fahren ganz bestimmt zusammen, denke ich. Wie freue ich mich darauf, Ihnen im Coupé gegenüber zu sitzen, nicht zu erzählen, denn das kann ich nicht, aber immerhin dazusitzen, zu nicken, den Kopf zu schütteln, Ihre Hand zur Begrüßung ordentlich zu drücken und es mir im übrigen wohl sein zu lassen. Schöne Fahrt!

Zum Abschied darf Ihnen Wien gefallen. Vergessen Sie nicht an das Grillparzerzimmer! Übrigens glaube ich nicht, daß die Abschiedtraurigkeit darauf zurückgeht, daß man das, wovon man Abschied nimmt, lieb gehabt hat. Die Traurigkeit hat vielleicht ihren Grund eher im gegenteiligen Gefühl. Man fühlt, daß man zu leicht sich trennt, man fühlt, daß man zu leicht auch verabschiedet wird, die äußerlichen Verbindungen, die sich im Laufe der Zeit hergestellt haben und in der Ruhe des Nichtüberprüftwerdens fast innerliche Verbindungen darzustellen schienen, zeigen sich als die Geringfügigkeiten, die sie sind. Man erinnert sich traurig an die Scheinverbindungen, die sich ergeben haben und sieht traurig die Scheinverbindungen voraus, die sich ergeben werden. Man braucht ja beides, Freiheit und Gebundenheit, aber jedes an seinem Platz, und es wird einem sehr übel, wenn man merkt, daß man die Plätze verwechselt hat. So ist es mir oft gegangen; das tut nichts, seien Sie mit mir froh, daß Sie von Wien wegkommen. Was hat Ihr Bruder mit der zitierten Bemerkung gemeint? Sonderbar ist sie. Und was sind das für sonstige Raben in Berlin, die Ihnen abraten? Wie wenig ich von Ihnen weiß! Und wie viel ich wissen möchte! Sogar der Besuch interessiert mich, den Sie hatten.

Die Ratschläge, die Sie mir anbieten, könnte ich wohl brauchen, aber schriftlich lassen sie sich kaum geben. Wie wollen Sie mir hinsichtlich einer Wohnung raten, die Sie nicht kennen? Und wie wollen Sie mir wegen der Verwendung meiner paar Kronen raten, da es doch ganz unmöglich ist, daß F. damit auskommt. Aber so sorgenvoll ich sonst bin, das macht mir nicht die allergeringste

Sorge. Dafür fehlt mir die Phantasie. Vielleicht ist auch das sonstige Sorgengedränge zu groß, um noch etwas durchzulassen. Im Übrigen bin ich freier von Kopfschmerzen, als ich es jemals gewesen bin. Und Sie? Sie waren noch vor kurzem so geplagt, ist es besser? Haben Sie schon vegetarisch gegessen? Und die Thürheim werden Sie nun wohl auch schon kaum lesen. Werden Sie noch nach Teplitz fahren?

Herzlichste Grüße Ihres   Franz K.

29.IV.14

Du mißverstehst mich, F. Was Du mir über den Breslauer Bekannten schreibst, kümmert mich gar nicht; wie er heißt, wie er verheiratet ist, kümmert mich gar nicht; er selbst kümmert mich ja überhaupt nicht.

Über Deinen Bruder scheinst Du also mittelbar befriedigende Nachricht bekommen zu haben. Das freut mich um unser aller willen. Ich hatte erwartet, daß Du mir schon den bestimmten Tag Deiner Ankunft wirst nennen können. Wenn Du nicht Freitag kommst, ist die eine Wohnung verloren. Die Wohnung ohne Dich zu nehmen, möchte ich nicht verantworten wollen, denn das, was an der Wohnung Dir gefiele, müßte den Ausgleich für die Nachteile bilden, die sich dadurch für Dich ergeben würden, daß die Wohnung ziemlich weit von der Mitte der Stadt liegt, daß Du unter lauter Tschechen wärest und einiges dergleichen. Suche also Dein Kommen möglich zu machen. Ich werde mir morgen noch andere Wohnungen in einer andern vielleicht bequemer liegenden Gegend anschauen, damit Du dann ohne zu große Mühe das Beste wählen kannst. Gestern habe ich eine Wohnung mit 3 Zimmern gesehn, die nur 700 K kostet, mitten in der Stadt, gleich hinter dem Museum, das den Wenzelsplatz oben abschließt. Eine Wohnung, wie man sie manchmal in Angstträumen bewohnt. Schon auf der Treppe kämpft man mit verschiedenen Gerüchen, man muß durch die finstere Küche eintreten, in einem Winkel weint ein Haufen Kinder, ein vergittertes Fenster hat Blei- und Glasglanz, das Ungeziefer wartet in seinen Löchern auf die Nacht. Das Leben in solchen Wohnungen kann man fast nur als Wirkung eines Fluches verstehn. Hier wird nicht gearbeitet, gearbeitet wird anderswo, hier wird nicht gesündigt, gesündigt wird anderswo, hier will man nur leben und kann es kaum. Wir sollten uns nicht nur Wohnungen ansehn, die wünschenswert sind, wir sollten einmal zusammen auch eine solche Wohnung ansehn, Felice.

F.

Wegen wessen quälen Sie sich denn, liebes Fräulein Grete? Und so halsbrecherisch? Mir hätten Sie nicht wohlgetan, mir täten Sie nicht immerfort Gutes? Mir, der ich Ihnen gegenüber immer das Gefühl habe, daß es nur zweierlei reines, tränenloses, an die Grenzen unserer Kraft schlagendes Glück gibt: einen Menschen haben, der einem treu ist und dem man sich treu fühlt und dann sich selbst treu sein und sich vollkommen auszunützen, sich ohne Asche zu verbrennen. Ihr Brief ist so eilig geschrieben; ich verstehe nicht alles. Wenn man Sie für Berlin aufnimmt, so muß man Ihnen doch die Möglichkeit geben, sich dort einzurichten; daß Sie dort Ihre Familie haben, geht doch niemanden etwas an. Ist es aber notwendig, daß Sie so bald mit der Arbeit beginnen, dann wird man doch, besonders da Sie in dem gleichen Gesamtgeschäft bleiben, nicht viel dagegen einwenden können, daß Sie früher, etwa eine Woche vor Pfingsten, von Wien weggehn. Und in welchem Zustand, Fräulein Grete, ist jener Brief, nicht geschrieben, sondern gelesen worden, in dem angeblich steht: Bleib', wo Du bist –

Immerhin, damit muß man nun rechnen, daß Sie Pfingsten nicht in Berlin sein werden, und daß mein Gegenüber im Coupé zu seinem und meinem Leid mein Vater sein wird. Schlimm! Schlimm! Und in Berlin werde ich das Kunststück des Empfangstags allein mit meinen zwei Beinen und Händen ausführen müssen. Ohne Ihre Hilfe. (F. wird mit *ihrem* Kunststück beschäftigt sein.) Nun, damit werde ich mich abfinden müssen. Und mich damit trösten müssen, daß Sie endlich aus der Wiener Enge und Trostlosigkeit herauskommen, Ihre Kräfte fühlen und wieder die so natürliche Lust an sich selbst bekommen werden. Vielleicht ist Ihre Lage im Wesen gar nicht so verschieden von meiner, nur daß sie Ihnen überraschender kam, Ihnen gar nicht entspricht und schließlich prachtvoll von Ihnen gesprengt werden muß.

Der Schaden, der für mich darin liegt, daß Sie Pfingsten wahrscheinlich nicht in Berlin sein werden, könnte ja für mich dadurch zum Nutzen gewendet werden, daß Sie nun doch jetzt mit F. zusammenkommen. Wann F. kommt, weiß ich allerdings noch nicht bestimmt. Ich nahm an, daß sie Freitag kommt, jetzt zweifele ich wieder. Gestern hatte ich einen Brief, in dem sie schreibt: »Grete schrieb mir inzwischen, daß sie nicht nach Prag kommen kann, da sie bereits am 1. Juni abgehen (schrecklich-schönes Berliner Wort!) wird. Ich werde ihr aber morgen noch einmal schreiben.« Wenn F. nicht F. wäre, müßten Sie also heute einen Brief haben, in dem auch etwas über Gmünd stehn müßte. Davon nämlich schrieb mir F. noch nicht. Für jeden Fall: Sobald ich bestimmt erfahre, wann F. kommt, telegraphiere ich Ihnen. Es steht Ihnen dann frei zu telegraphieren: »Ich komme«, und gleich laufe ich und reserviere Ihnen ein Zimmer in F.'s Hotel.

Doch verstehe ich gut, daß diese Reise durchaus eine Plage wäre (Samstag her, Sonntag zurück, anders wäre es doch nicht?), abgesehen von den Belästigungen, die ich wenigstens nicht vollständig von Ihnen abhalten könnte, und daß es deshalb besser von mir gehandelt wäre, gar nicht zu bitten.

Herzlichste Grüße   Ihres Franz K.

Werden Sie nach Teplitz kommen? Wird sich vielleicht die Berliner Firma an der Prager Ausstellung beteiligen?

An Grete Bloch

[Ende April 1914]

Liebes Fräulein Grete, es gibt kein anderes Papier im Haus. Das Bessere ist schon verschrieben, aber es ist gerade recht für Sie, ich will Ihnen ja nicht Briefe schreiben, sondern durch paar Minuten Ihnen so nahe sein, als es die hunderte km. erlauben. Bin ich mißverstanden worden? Nein. Und trotzdem wollen Sie nicht kommen? Alle Gründe, die gegen Gmünd sprechen, sprechen für Prag. Wenn Frau B. [Bauer] Sie nicht gut vertragen kann – ich selbst habe nichts Derartiges gemerkt –, dann gibt es für Sie und mich nur eine neue Gemeinsamkeit, aber ein Hindernis für Ihren Besuch ist darin nicht gelegen. Ich für meinen Teil wäre sehr froh, wenn Sie kämen und F. gewiß auch, sie hat mir Ihren Besuch schon mit den freudigsten Ausdrücken angekündigt. Ich verstehe es noch nicht richtig auszudrücken, aber es scheint mir manchmal für mich förmlich notwendig, daß Sie dabei sind, wenn F. zum ersten Mal bei mir zu Hause ist. Für Sie spricht natürlich genug dagegen: die große Reise, das Reden mit fremden Leuten, nicht mit vielen, aber immerhin mit einigen, und andere Kleinigkeiten, die sich nicht voraussehn lassen. Ich will Sie nicht zwingen, aber zwingen werde ich mich müssen, Sie zu entbehren, Vielleicht hat F. einen guten Einfall, von Gmünd hat sie mir noch nicht geschrieben; will sie hin, dann wird mich nichts halten.

F. schreibt mir jetzt regelmäßiger, wenn auch nur wenig, so doch jeden Tag, außer heute, heute habe ich noch nichts bekommen. Gestern aber

---

Schluß, es ist spät, übrigens kam gerade, als ich vor paar Stunden den letzten Satz schrieb, ein Telegramm von F., als wolle sie mir gewissermaßen im letzten Augenblick die Hand halten, die eine Art Vorwurf niedergeschrieben hat. Es war zu spät.

Herzlichste Grüße Ihr   Franz K.

An Grete Bloch

[3. Mai 1914]

Liebes, liebes Fräulein Grete, in aller unsinnigen Eile, die das Umherge-
schlepptwerden eines Brautpaares, gar eines wohnungsuchenden mit sich
bringt. Aber es ist mir unmöglich, ganz unmöglich, Sie heute nicht zu grüßen.
Das Liebste und Schönste unter dem Lieben und Schönen, das Sie geschickt
haben, ist Ihr Bild. Ich merkte, ich hatte Ihr Gesicht ganz vergessen; seit jener
Zeit hat es sich in meiner Erinnerung ganz aufgelöst und was sich allmählich im
Laufe der Zeit zu einem neuen Menschenbild zusammensetzte, war ein Mensch,
an dem mir so viel lag, daß ich glaubte, an seinem Gesicht könne mir gar nichts
liegen. Und nun vor dem Bild ist das natürlich gar nicht wahr. Ich wäre so froh,
wenn ich ein Bildchen von Ihnen bekäme; bekäme ich nur eins, so würde ich
das wählen, wo Sie mit den 2 Mädchen beisammen sitzen. Nicht etwa zum
Dank dafür, das wäre komisch, sondern aus eigenem Antrieb lege ich die schief-
gedrehte Fratze bei.

Heute nichts mehr; ich habe Ihnen viel zu erzählen, zu klagen, daß Sie nicht
da sind, mich zu freuen, daß Sie nicht da sind. Da diese Mischung auch geblieben wäre, wenn Sie gekommen wären, bin ich doch eigentlich sehr traurig, daß
Sie nicht gekommen sind, ich hätte mehr bitten sollen. Gestern Nachmittag
haben wir Sie angerufen, aber Ihr Bureau war schon zu. Morgen oder übermorgen schreibe ich.

Ihr Franz K.

An Grete Bloch

[vermutlich 5. Mai 1914]

Liebes Fräulein Grete, nun habe ich die Bilder, sie liegen vor mir, das am Denkmal ist das schönste (so matt stützen Sie sich auf Ihre Nachbarin?), der »einsame
Weg« ist noch charakteristisch, die andern sind nur Hilfsmittel, keine Hilfe,
aber alle sind mir viel wert, glauben Sie. In was für einem schönen Park sind Sie?
In einer Villa? Lustig doch im Ganzen. Sind es Freundinnen?

Spät, spät. F. ist heute weggefahren. Morgen schreibe ich mehr. Ich bin über
die kleinen Arbeiten nicht unglücklich, schrieb ich dergleichen? Unglücklich
war ich bloß darüber, daß ich gehindert war, Ihnen gleich zu danken. Sonst
aber, zwar nicht »glücklichster Bräutigam«, das nicht, das nicht, glücklichster
Bräutigam ist nur der, welcher auch über sich am glücklichsten ist. Nein, nein.

Morgen wieder! Ihr Franz K.

Liebes Fräulein Grete, was ich auch immer sein mag, jedenfalls bin ich zerstreut, treibe mich am liebsten in Parks und auf den Gassen herum, drücke mit der einen Hand die andere, komme nachhause, esse von Ihrem wunderbaren Obst, laufe wieder weg, suche Wohnung, miete eine schlechte, fürchte nicht mehr loszukommen, immer gefallen mir nur die vorletzten; ehe ich mich an die letzte gewöhne, liebe ich die vorletzte, so daß man mich geradezu von der Schwelle wegreißen muß. Aus der ersten und schönsten haben mich förmlich alle hinausgedrängt, ich selbst habe zugestoßen.

———————

Wieder mißlungene Versuche, die letzte Wohnung loszuwerden. Abgesehen von den verschiedensten guten und schlechten Launen beider Wohnungen, sind sie im Wesen ganz entgegengesetzt. Die, welche ich genommen habe, dreht sich um die Küche im ¾ Kreis herum; die, welche ich nehmen will und die ich schon längst kannte, streckt sich ganz ausgebreitet gegen Osten. Wird es gelingen? Jetzt wird der letzte Versuch gemacht werden. Sie werden es noch in diesem Brief erfahren. Spannend, nicht?

Liebes Fräulein Grete, was soll ich Ihnen nun erzählen? Im Grunde hat sich gar nicht viel ereignet. Felice sieht gut aus, o ja, ist auch lustig, scheint sich hier auch ziemlich wohlgefühlt zu haben. Meine Verwandten haben sie fast lieber als mir lieb ist. In F.'s Verhältnis zu Ihnen ist ganz gewiß seit dem Berliner Zusammenleben nicht die geringste Änderung eingetreten. Sie sagen, Sie beobachten genau; in diesem Falle haben Sie es nicht getan, sonst hätten Sie sich nicht über F.'s Schweigen wundern können. F.'s Schweigen ist ja nicht als solches zu beurteilen, sondern als Zeichen ihres Wesens. Lieben wir sie, so müssen wir, ob wir wollen oder nicht, ihr ganzes Wesen lieben und wir tun es. Ich will darüber nichts mehr sagen, es führt ins Weite. Nicht Ihretwegen, das wissen Sie wohl, sondern meinetwegen tue ich es nicht.

———————

Die Wohnung, die sich um die Küche dreht, bin ich glücklich losgeworden, aber die wahnsinnig hohe, schöne Wohnung habe ich auch noch nicht genommen. Viele Hindernisse: schlechte Tapeten, hoher Zins, kein Dienstbotenzimmer, nur ein Eingang in die Zimmer u.s.w., und wie ich alles dieses überlege, fängt auf einem von irgendeinem Teufel aufgestellten Klavier in der Nachbarwohnung irgendein Teufel mit Macht zu spielen an, daß es in der leeren Wohnung widerhallt. Nichts fürchte ich mehr als Musik um die Wohnung herum. So bin ich wieder langsam die 100 oder 200 Treppenstufen hinuntergestiegen.

Was hat sich nun bei Ihnen ereignet? Oder habe ich Ihrem letzten Brief nur mißverständlich entnommen, daß etwas Besonderes geschehen ist? Vor allem das für mich Wichtigste: Werden Sie Pfingsten oder vor Pfingsten in Berlin sein? Werden Sie vorher noch nach Teplitz fahren?

Es schlägt 9, schnell den Brief zur Bahn, trotzdem nichts im Briefe steht. Seien Sie mir ja nicht böse, ich bin ein wenig im Wirbel, aber ich will nicht heraus; besser man dreht sich und läßt nur den Kopf ein wenig schwindlig hängen, als man liegt ganz und gar auf dem Boden.

Ihr Franz K.

An Grete Bloch

8.V.14

Liebes Fräulein Grete, es bedrückt mich, wenn ich sehe, wie Sie unter der Unbegreiflichkeit meines Zustandes oder besser unter Ihrer eingeborenen Güte leiden. Gewiß, ich hätte allen Grund, glücklich zu sein, und F. ist gewiß der Hauptteil dieses Glücks. Eine gewisse Art von Unbegreiflichkeit – und meine ist von dieser Art – kann vor lauter Unbegreiflichkeit zur Widerlichkeit werden; nur Ihnen gegenüber soll sie dies nicht werden. Glauben Sie mir meine Gründe ungesagt, was umso leichter sein sollte, als ich hinzufüge, daß es leicht möglich ist, daß alles sich auf das Beste auflöst. Dieses würde sogar zu dem Grundgesetz passen, das ich für mein Leben nach der Erfahrung aufgefunden habe. Ich erreichte nämlich bisher alles, was ich wollte, aber nicht gleich, niemals ohne Umwege, ja meistens auf dem Rückweg, immer in der letzten Anstrengung und, soweit sich das beurteilen ließ, fast im letzten Augenblick. Nicht zu spät, aber fast zu spät, es war schon immer das letzte Hämmern des Herzens. Und ich habe auch niemals das Ganze dessen erreicht, was ich wollte, es war auch meistens nicht mehr alles vorhanden, ich hätte, selbst wenn es da gewesen wäre, auch nicht alles bewältigen können, aber immerhin bekam ich immer ein großes Stück und meistens das Wichtigste. Solche Gesetze, die man selbst auffindet, sind natürlich an sich ganz bedeutungslos, aber doch nicht ohne Bedeutung für die Charakterisierung dessen, der sie findet, besonders da sie ihn, wenn sie einmal gefunden sind, mit einer Art wirklicher Körperlichkeit beherrschen. – Im übrigen werden Sie unser Glück oder Unglück sehn können, denn wir haben beschlossen – und Sie dürfen sich ja nicht wehren – daß Sie, bis wir einmal verheiratet sind, längere Zeit (und zwar gleich am Anfang; da Sie jetzt keinen Urlaub haben, werden Sie ihn eben im Winter bekommen) bei uns leben müssen. Nehme ich die im letzten Brief erwähnte Wohnung, haben wir Platz genug. Und wir wollen ein schönes Leben führen und Sie sollen allerdings, um mich zu prüfen, meine Hand halten und ich soll, um zu danken, Ihre Hand halten dürfen. Aber wie benimmt man sich denn im Bureau Ihnen gegenüber! Das ist wahrhaftig schändlich. Heute hätten Sie einen Brief von mir bekommen sollen.

Nun, man macht Ihnen jedenfalls den Abschied nicht schwer. Aber vielleicht tun das die Mädchen doch, Sie haben also Freundinnen.

Zu Hardt sage ich gleich 2 Wahrheiten. Erstens mißfällt er mir. Früher, und diese Novelle, die ich nicht kenne, stammt aus seiner Frühzeit, schrieb er gute Dinge, der hat auch die 3 Novellen von Flaubert, wenigstens für meinen damaligen Geschmack, sehr gut übersetzt. Aber später hat er schändliche Sachen gemacht und macht sie noch weiterhin. An und für sich wollte ich nichts von ihm lesen. Die zweite Wahrheit aber ist, daß alles, was Sie ergriffen haben, für mich Wert besitzt, und daß alles, was von Ihnen ausgeht, dadurch für mich wertvoll wird.

Ist Familienabend auch noch eine Einrichtung besonderer Art? Ich wußte bisher nur vom Empfangstag, und der ist am Pfingstmontag.

Herzlichste Grüße Ihres   Franz K.

Lesen Sie übrigens französisch? Und das Grillparzerzimmer? Und die Thürheim?

[Am Rande] Mir aber lieber ins Bureau schreiben. In der Wohnung wartet der Brief stundenlang nutzlos auf dem Tisch.

An Grete Bloch

12.V.14

Liebes Fräulein Grete, so müde? Und 3 Wochen wollen Sie in diesem Provisorium noch leben, in dem Sie nicht schlafen können? Das ist doch zu viel Rücksicht der Vermieterin, zu wenig Rücksicht Ihnen gegenüber. Es tut mir leid und ärgert mich. Es war sehr lieb von Ihnen, daß Sie in das Museum gegangen sind. Ich dachte doch nicht daran, etwas Neues zu erfahren (trotzdem auch das geschehen ist), aber ich hatte das Bedürfnis zu wissen, daß Sie im Grillparzerzimmer gewesen sind, und daß dadurch auch zwischen mir und dem Zimmer eine körperliche Beziehung entstanden ist. Mehr ergibt sich ja auch nicht, wenn man selbst dort war, viel mehr wenigstens nicht, gar im Anblick übersiedelter Schaustücke. Das Bild des Zimmers, das Sie mir schickten, ist es das Bild des wirklichen Zimmers oder des Rathauszimmers? Ein schönes Zimmer jedenfalls, in dem sich gut leben, gut im Lehnstuhl bei Sonnenuntergang schlafen ließe. Übrigens ein alter unerfüllbarer Wunsch: Vor dem Tisch bei einem großen Fenster sitzen, eine weite Gegend vor dem Fenster haben und bei Sonnenuntergang ruhig schlafen ohne die Last des Lichtes, des Ausblicks zu fühlen, unbeirrt ruhig zu atmen. Was für Wünsche! Und wie dumm ausgedrückt! So ist es nicht.

Hatten Sie übrigens nach dem »Armen Spielmann« auch den selbständigen Wunsch, das Zimmer zu sehn? Er war doch ein fürchterlicher Mensch; wenn sich unser Unglück von uns loslösen und frei umhergehen würde, es müßte ihm

ähnlich sehn, jedes Unglück müßte ihm ähnlich sehn, er war lebendiges, abzu-
tastendes Unglück. Eine kleine Geschichte aus den Tagebüchern oder Briefen:
Die Verlobung war schon längst aufgelöst, nur die schwachsinnigsten Verwandten dachten noch an irgendeine ferne Möglichkeit einer Heirat, Katharina war
schon längst über 30. Einmal abends ist G. bei den Schwestern zu Besuch, wie
die meisten Abende; K. ist besonders lieb zu ihm, er nimmt sie halb aus Mitleid
auf den Schoß – die zwei Schwestern gehn wahrscheinlich im Zimmer herum –
und stellt dabei fest und schreibt es später auf, daß K. ihm damals vollständig
gleichgültig war, daß er sich damals antrieb, daß er sich im geringsten Gefühl
hätte untertauchen wollen, aber daß ihm nichts übrig blieb, als sie auf dem
Schoß zu halten und sich nach einem Weilchen wieder von ihr zu befreien. Es
war übrigens nicht nur aus Mitleid, daß er sie auf den Schoß genommen hatte,
es war fast ein Versuch; noch ärger, er sah es voraus und tat es doch. Sie haben
doch meine letzten 2 Briefe bekommen? Ich will wissen, wo Sie Pfingsten sein
werden; Sie fragten, wann der Empfangstag sein wird, das schien doch darauf
hinzudeuten, daß Sie möglicherweise doch kommen könnten. Wenn es wäre!
Denken Sie, ich habe noch keine Wohnung. Ich spiele schon mit dem Gedanken (alle Wohnungen sind in der Stadt so teuer und F. soll doch anfangs in der
Stadt wohnen), nur eine 2 Zimmer Wohnung zu mieten. Was denken Sie darüber? Ich habe hier im Manuscript einen neuen Roman von Ernst Weiß, heiß
und schön wie die »Galeere«, noch schöner und ohne Mühe einheitlicher. Wollten Sie ihn lesen, und hätten Sie überhaupt in der nächsten Zeit Gelegenheit
dazu? Wohl kaum. – Nochmals: Lesen Sie französisch?

Herzlichste Grüße Ihr   Franz K.

An Grete Bloch

16.V.14

Liebes Fräulein Grete, die Zahnschmerzen bedeuten offenbar, daß Ihnen in
Wien auch dieses Schlimmste nicht erspart werden, daß aber von der Abreise ab
alles besser werden soll. Was könnten die Zahnschmerzen für einen andern Sinn
haben? Und warum sollten Sie sinnlos geplagt werden? Was Schlaflosigkeit und
»Kopferweiterung« bedeutet, das weiß ich auch in diesem Augenblick sehr gut
und scheine dieses Wissen gar nicht verlieren zu wollen, die wirklichen allerschlimmsten Zahnschmerzen aber hatte ich vielleicht noch nicht und lese davon
in Ihrem Brief wie ein Schuljunge, der ganz ratlos ist. Wie behandeln Sie eigentlich Ihre Zähne? Putzen Sie sie (ich rede jetzt leider zu der Dame, die vor
Zahnschmerzen auf Höflichkeit und Förmlichkeit nicht achtet) nach jedem
Essen? Was sagen die verfluchten Zahnärzte? Wenn man sich ihnen einmal ergeben hat, muß man das Elend bis zum Ende auskosten. Ich glaube, F. hat mit
ihrem fast vollständigen Goldgebiß verhältnismäßige Ruhe. Könnten Sie sich
diese Ruhe nicht auch auf diese Weise verschaffen? In der ersten Zeit mußte ich,

um die Wahrheit zu sagen, vor F.'s Zähnen die Augen senken, so erschreckte mich dieses glänzende Gold (an dieser unpassenden Stelle ein wirklich höllenmäßiger Glanz) und das graugelbe Porzellan. Später sah ich, wenn es nur anging, absichtlich hin, um nicht daran zu vergessen, um mich zu quälen und um mir schließlich zu glauben, daß das alles wirklich wahr sei. In einem selbstvergessenen Augenblick fragte ich F. sogar, ob sie sich nicht schäme. Natürlich schämte sie sich glücklicher Weise nicht. Jetzt aber bin ich damit, nicht etwa nur durch Gewohnheit (die blickmäßige Gewohnheit könnte ich mir ja noch gar nicht erworben haben), fast ganz ausgesöhnt. Ich würde die Goldzähne nicht mehr wegwünschen, das ist aber kein ganz richtiger Ausdruck, weggewünscht habe ich sie eigentlich niemals. Nur scheinen sie mir heute fast passend, besonders präzis und – was nicht geringfügig ist – ein ganz deutlicher, freundlicher, immer aufzuzeigender, für die Augen niemals wegzuleugnender, menschlicher Fehler, der mich vielleicht F. näher bringt, als es ein, im gewissen Sinn auch fürchterliches, gesundes Gebiß imstande wäre. – Es ist hier nicht ein Bräutigam, der das Gebiß seiner Braut verteidigt, eher ist hier einer, der das, was er sagen will, nicht richtig darzustellen imstande ist, der aber außerdem Ihnen ein wenig Mut machen will, wenn es nicht anders geht, allerdings nur dann, etwas Radikales gegen Ihre Schmerzen zu tun. Aber vielleicht ist es besser, auch damit zu warten, bis Sie in Berlin sind.

Das Aussehn meiner diesmaligen Schrift entschuldigt sich dadurch daß ich mich vorgestern tief in den rechten Daumen geschnitten, einen kleinen Kübel mit meinem Blut angefüllt habe und nun den Daumen naturheilgemäß, also ohne Pflaster oder Verband behandele, wodurch er zwar 10 mal langsamer, aber 100 mal schöner ohne Entzündung, ohne Anschwellen, als eine wahre Augenweide wieder zusammenheilt.

In der Übersiedlungszeit schicke ich Ihnen den Roman von Weiß doch vielleicht lieber nicht. Übrigens scheinen Sie mich mißverstanden [zu] haben, es ist erst das Manuskript, das Buch dürfte erst im Herbst erscheinen. Wenn Sie es geradezu wollen, schicke ich es Ihnen natürlich gleich. Pfingsten werde ich Sie also nicht sehn, vielleicht gibt es aber Ersatz. Mein Madrider Onkel kommt anfangs Juni zu Besuch, ich werde wahrscheinlich mit ihm wieder nach Berlin, allerdings nur für einen Sonntag, fahren, dann werde ich Sie also sehen, stelle Ihnen auch Dr. Weiß vor, ja?

Wohnung habe ich schon. 3 Zimmer, Morgensonne, mitten in der Stadt, Gas, elektr. Licht, Dienstmädchenzimmer, Badezimmer, 1300 K. Das sind die Vorteile. Die Nachteile sind: 4. Stock, kein Aufzug, Aussicht in eine öde, ziemlich lärmende Gasse. Nun, Sie werden ja (da Sie die Einladung angenommen haben, wofür ich Ihnen die Hand küsse) alles genau kennenlernen müssen.
Herzlichste Grüße Ihres   Franz K.

[Am Rande] Kann man eigentlich Muzzi schon ein Bilderbuch schicken? Wie alt ist sie?

Liebes Fräulein Grete, so schlimm ist also das geworden, das ich gestern noch
für vorübergehend angesehen habe. Sie liegen, sind zuhause? Wie wird die Sache
behandelt? Natürlich mit Schmerzen? Die Medicin versteht es ja nicht anders,
als Schmerzen mit Schmerzen zu behandeln, das heißt dann »die Krankheit be-
kämpft« haben. Ihren Brief bekam ich erst heute, gestern hatten wir Feiertag,
die Post wurde nur einmal ausgetragen, ich hätte Ihnen sonst natürlich das Manuskript schon geschickt. Nun schicke ich es also morgen. Mit Zweifeln allerdings, ob die Schmerzen und der Roman gegenseitig zu einander passen werden. Aber es ist ja schrecklich, den Mund voll Schmerzen haben und Stunde für
Stunde so hinbringen zu müssen. Kommen die 2 Freundinnen zu Ihnen und ist
in Anbetracht Ihres Zustandes das Wohnungsprovisorium wieder beseitigt?
Mein Chef ist jetzt auf 14 Tage nach Wien zu einer Enquete gefahren, ich wollte
ihm Grüße für Sie auf den Rücken schreiben und ihn sowohl durch die Biber-
als auch durch die Glasergasse einige Male am Tage marschieren lassen. Jetzt
wäre es nutzlos gewesen, denn Sie sind zuhause und nur der (in diesem Ge-
schlecht werde ich keine Sicherheit bekommen, ich kenne den Ausdruck auch
nur von Ihnen) Trampel hätte Ihnen erzählen können, daß unten auf der Gasse
ein Mann mit Grüßen für Sie auf dem Rücken herumwandert.

Es ist spät, denken Sie, ich habe heute den ganzen Nachmittag seit langer Zeit
zum erstenmal geschlafen, besser als seit 300 Nächten. In den Nächten schlafe
ich nämlich schändlich schlecht. Zu dem Manuscript will ich nur noch sagen
(nicht Ihnen gegenüber, denn das wäre nicht nötig, aber um dem Dr. Weiß gegenüber meine Pflicht erfüllt zu haben), Sie sollen es niemandem borgen. Herzliche Grüße und so rasche Besserung aller Leiden, wie sie noch niemand erlebt
hat!

Ihr Franz K.

Liebes Fräulein Grete, was das Zahnweh anlangt, das ja glücklicher Weise schon
vorüber ist und über das man also ruhig reden und ruhig angehört werden kann,
so entwinden Sie mir mein Recht nicht, wenn es natürlich auch richtig bleibt,
daß jeder Gesunde jedem Kranken gegenüber idiotisch erscheint und sich auch
wirklich idiotisch verhält. Das gilt besonders von Ärzten, die sich berufsmäßig
so verhalten müssen. Aber daß Zugluft allein keine Zahnschmerzen in gesunden

Zähnen verursacht, daran ist für mich kein Zweifel. Gesunde Zähne fühlen sich überhaupt erst in Zugluft wohl. Und wenn auch Vernachlässigung der Zähne nicht gerade durch schlechte Pflege erfolgt ist, so ist sie, nicht anders wie bei mir, durch Fleischessen erfolgt. Man sitzt bei Tisch, lacht und spricht (ich habe für mich wenigstens die Rechtfertigung, daß ich nicht lache und spreche), und inzwischen entstehen aus winzigen Fleischfasern zwischen den Zähnen Fäulnis- und Gährungskeime in nicht kleinern Mengen als aus einer toten Ratte, die zwischen zwei Steine geklemmt ist. Und nur Fleisch ist derart faserig, daß es nur mit großer Mühe und selbst dann nicht gleich und vollständig entfernt werden kann, es müßte denn sein, daß man Raubtierzähne hat, zugespitzt, auseinandergestellt, zum Zerreißen der Fasern eingerichtet.

Aber schließlich hilft das alles nichts. Sie waren noch nicht in der Opolzergasse (so heißt sie; glaube ich) und gehn auch jetzt in der Zeit der jungen Gemüse nicht hin. Wenn es sich um eine fremde Sache handelt, z.B. um das Grillparzerzimmer, so sind Sie lieb und tun es. Handelt es sich aber um Sie, sind Sie nicht lieb und tun es nicht.

Daß Sie sich den Eingang in die Lichtensteingallerie erzwungen haben, hat mir sehr gut gefallen. Denn es bedeutet das Vorhandensein eines guten und nach Ihrem ganzen Wesen (ich bin jetzt ganz objektiv, urteile von mir aus gar nicht) gewiß gut begründeten Selbstvertrauens, denn mit nicht gut begründetem würden Sie gewiß nichts unternehmen. Sie belauern sich ja übergenug. Aber in diesem Fall sagten Sie sich, daß Ihnen durch das Geschlossensein der Gallerie Unrecht geschehe, daß Sie, und sogar Sie allein, das Recht haben, sie anzusehn und so haben Sie sich dieses Recht erzwungen. Ich weiß nicht, ob ich für mich, für andere wohl, dessen fähig gewesen wäre. Nicht daß ich vielleicht unfähig gewesen wäre, den Mann zu überreden, mich einzulassen, aber der ganze Gedankengang, der zu diesem Manne führte, hätte, wenigstens nicht lückenlos, in mir nicht entstehen können. Meine Gesamtlage muß demnach doch schlechter sein, als die Ihre.

Den Roman [Der Kampf] habe ich Ihnen heute geschickt. In die Wohnung. Vor Dr. Weiß müssen Sie sich nicht fürchten; wenn hier etwas zu fürchten wäre, hätte ich es schon selbst abgeschöpft. Aber ich habe nichts gefunden. Er ist ein sehr lieber, sehr vertrauenswürdiger, in gewissen Richtungen, allerdings nur in gewissem, sehr einsichtigem und in glücklichen Momenten prachtvoll lebhaftem Menschen. Übrigens F.'s Feind. Ich zögere nicht, Ihnen zuliebe einen Fischerkatalog zu zerreißen (es ist übertrieben, das Bild löst sich leicht heraus) und Weiß' Bild Ihnen zu schicken. Diese starren Augen hat er nicht, an Zwicker gewöhnte Augen reißen sich vor Schrecken so auf, wenn der Zwicker abgenommen wird.

Herzlichste Grüße   Ihres Franz K.

Das Wetter ist hier auch sehr schön, man nützt es leider nicht sehr gut aus, liegt nicht im Wald, wie es eigentlich sein müßte, aber man nützt es auch nicht wieder so schlecht aus, daß man an dem kostbaren Sonntagnachmittag mit Tante Emilie im Zimmer über die Ausstattung verhandelt. Wenn dadurch die Ausstattung beschleunigt, der Anlaß ihrer Verwendung nähergerückt würde, dann wäre allerdings kein Sonntagnachmittag zu kostbar, aber da dies nicht so ist –

Dieses Wetter bringt auch die Fehler unser[er] Wohnung, die ich allerdings schon definitiv genommen habe, besonders deutlich zu Bewußtsein und die Notwendigkeit des nächstsommerlichen Umzugs ist fast unabweislich. Im Winter mag sie recht gut sein: Man ist zwischen Häusern, abgeschlossen, warm, hat doch genug Sonne und Luft. Aber für andere Jahreszeiten ist es dort ein wenig traurig, kein Grün vor dem Fenster, nur eine ziemlich lärmende, ziemlich öde Gasse, allerdings liegt es an einer platzartigen Erweiterung der Gasse, immerhin sieht man die gegenüberwohnenden Parteien und wird gesehn. Infolgedessen wird auch wenigstens für die 2 Zimmer mit Gassenaussicht ein Möbelstück nötig, das sonst nicht nötig gewesen wäre. Welches? (Übung des Scharfsinns) Die Pläne werde ich mir verschaffen, wenn auch meine letzte Zeichnung ganz vertrauenswürdig ist. Du mußt Dich nur nicht von der äußern Form, abhalten lassen, sie zu studieren und Dich in sie einzuleben. Versuch nur, durch die gezeichneten Zimmer zu spazieren, aus dem Fenster Dich hinauszulehnen u.s.f. und Du wirst eine ganz genaue Vorstellung von der Wohnung bekommen. Genauer wäre allerdings die Vorstellung, die Du bekämest, wenn Du einen Ausflug nach Prag machtest, um Dir die Wohnung wirklich anzusehn. Über den Zustand meines Fingers verrate ich nichts. Du mußt ihn aus dem Zustand meiner Handschrift zu erkennen suchen. Immerhin könnte ich schon Deiner Mutter schreiben, und es ist dumm, daß ich es so verzögere.

Eine Frage im Vertrauen (Vertrauen sowohl gegenüber Deinen als meinen Verwandten): Ich möchte die Ottla, die von meinem Plan nichts weiß, auch sonst weiß niemand davon, gern früher, etwa schon Sonntag, nach Berlin schicken. Sie soll doch ein Vergnügen von der Reise haben; wenn sie aber erst Donnerstag fährt und spätestens Montag wegfahren, überdies den ganzen Juni, die ganzen Tage durch, die Eltern im Geschäft vertreten muß, so wäre es ein gar zu geringfügiges Vergnügen. (Überdies kann sie ja auch dann zur Hochzeit nicht mehr kommen.) Wäre das irgendwie zu ermöglichen, fände sich vor allem irgendeine gleichaltrige bureaufreie Verwandte oder Bekannte, die tagsüber paar Stunden für sie übrig hätte oder ihr Anweisungen gäbe, wie sie allein den Tag nützlich und angenehm verbringen kann? Das Wohnen im Hotel und alles sonstige würde wohl keine besondern Schwierigkeiten machen. Die Anforderungen, die das an ihre Selbständigkeit stellen würde, wären nicht gar zu groß und ganz gesund. Die Sache liegt also so, daß Du darüber ganz frei urteilen sollst, was umso leichter möglich ist, da, wenn Du zu viel Schwierigkeiten sehn wür-

dest, die Nichtausführung des Planes niemanden (außer mich vielleicht im ersten Augenblick) enttäuschen wird, da niemand von dem Plane weiß. Antworte
jedenfalls gleich.

Herzlichste Grüße   Franz

Falls Du die Sache für ausführbar hältst, müßtest Du express schreiben, denn
Donnerstag ist hier Feiertag.

[Am linken Rand der ersten Seite] An die B.Z. [Berliner Zeitung] hast Du vergessen.

An Grete Bloch

21.V.14

Keinen Baldriantee, liebes Fräulein Grete, bitte nicht. Oberster Satz der Naturheilkunde: »Alles, was schlecht ist, ist wirklich schlecht.« Schlechter Schlaf ist
zwar auch schlecht und das Wachsein nach schlechtem Schlaf noch schlechter
(so ist es fast Tag für Tag), aber man hat wenigstens im Augenblick keine eigentliche Verantwortung dafür, man hat es bekommen und trägt es. Aber mit
Bewußtsein Baldriantee zu trinken, womöglich während des Trinkens in die
Tasse schauen mit der doppelten Hoffnung, daß sie bald leer sein wird und daß
es etwas helfen wird, das ist doch menschenunwürdig. Ich schlafe doch nicht
deshalb schlecht, weil ich zu wenig Baldriantee im Leib habe, es gibt 100
Gründe dafür, warum ich schlecht schlafe, aber dieser eine Grund trifft gewiß
nicht zu.

    Schon letzthin wollte ich es Ihnen schreiben, habe aber daran vergessen.
Denken Sie, ich habe zufällig, als F. hier war, herausgefunden, welches der
Hauptgrund meines alten Verdachtes gegen Sie gewesen ist. (Übrigens kann
jener Verdacht durchaus nichts Schlechtes gewesen sein, da er der Anfang einer
für mich so guten Sache war.) Dieser Hauptgrund war Ihr Pelzwerk. Ich habe es
damals nicht gewußt. Ich habe Ihnen doch schon gesagt, daß ich Sie mir entsprechend dem Begriffsinhalt, den Geschäftstüchtigkeit für mich hat, falsch
vorgestellt hatte, ich erwartete, ein großes, starkes, älteres Mädchen zu treffen.
Nichts stimmte nun, so hätte sich ja meine Phantasievorstellung mit der Wirklichkeit ausgleichen können. Daran hinderte mich aber hauptsächlich, wie ich
jetzt weiß, Ihr Pelzwerk. Eine Boa war es nicht, ich glaube, man nennt dieses
Kleidungsstück Stola oder ähnlich. Es paßte Ihnen nicht oder vielmehr ich
merkte nicht, daß es Ihnen nicht paßte, es gefiel mir bloß nicht. Dabei war es
im ersten Anblick so auffallend für mich dort im Eingang des Hotels. Auch
habe ich seit jeher gegen diese Art der Pelzbehandlung (Ausbreiten des Pelzes
und unten Seidenfütterung) einen entschiedenen Widerwillen. Vielleicht spielt
hierbei irgendein Gedanke daran mit, daß nomadenhafte Jäger die Felle so tra-

– *817* –

gen dürfen, allerdings ohne sie mit Seide zu füttern. Auch ist für mich damit eine Vorstellung von Ärmlichkeit und Unechtheit verbunden, daß bei diesem Kleidungsstück oben Pelz und unten nur Seide ist, trotzdem ich natürlich weiß, daß das Ganze sehr kostbar sein kann und daß es überhaupt nicht möglich ist, in dieser Form oben und unten Pelz zu haben. Aber schon in dieser flächenhaften Behandlung des Pelzes liegt für mich etwas Widerliches, der Anblick dieses Plattgedrückten ist mir peinlich, hat mich schon in frühern Jahren an meinen Schwestern viel geplagt. – Und diese Vorstellung Ihres Pelzes hat sich mir lange nicht von der Vorstellung Ihrer Person losgelöst. Immer wieder sah ich Sie in der Zeit, da wir einander noch nicht schrieben, von diesem Pelz umwickelt, Sie spielten mit den Enden (seine Beweglichkeit und Anpassungsfähigkeit machte mir ihn noch ärger), Sie hielten ein Ende vor den Mund wegen des Nebels. Ich weiß noch, wie ich aufatmete, als ich Sie auf dem Bahnhof in einem schönen Reisemantel, endlich ohne Pelz, förmlich freier, reiner, heller sah. Es war aber schon zu spät. – Heute allerdings dürften Sie von 500 solchen Pelzen umwikkelt sein und ich getraute mich, Sie aus allen zu befreien.

Franz K.

[Auf der ersten Seite unten] Ich bin aus verschiedenen Gründen, über die ich Ihnen noch schreiben werde, sehr begierig auf den Eindruck, den der »Kampf« auf Sie machen wird. Wollten Sie nicht auch Dr. Weiß paar Zeilen schreiben?

22.V.14

Ich binde mich insoferne, als ich diesen Brief morgen an Dich absenden will, gleichgültig dagegen, was in dem Brief steht, den ich morgen von Dir bekomme. Bekomme ich keinen Brief, dann schicke ich allerdings auch diesen nicht.

Das, was ich sagen will, ist vielleicht veranlaßt, aber durchaus nicht verursacht, weder durch Dein Schweigen über die Reise meiner Schwester, noch durch Dein sonstiges augenblickliches Schweigen, noch endlich durch manches in Deinen letzten Briefen. Insbesondere die Reise meiner Schwester ist eine Geringfügigkeit, die sich von Deiner Seite aus durch ein einfaches aber sofortiges Nein vorzüglich hätte erledigen lassen. Vor allem ist aber das, was ich sagen will, insoferne von alledem unabhängig, weil es über das alles hinweg für uns allgemeine Geltung hat.

Ich bin, wenn ich hier allein an meinem Schreibtisch sitze, natürlich unabhängiger von Dir, als wenn ich bei Dir bin. Was ich hier sage, ist nicht etwa freier, nicht etwa wahrheitsgemäßer gesagt, aber es hat zumindest die gleiche Geltung wie das, was ich in jenem abhängigen Zustand sage. Wahr ist beides, wahr, soweit es in meinen Kräften steht. Wenn Dir daran liegt – und es muß Dir daran liegen –, über die Dich betreffenden Gedankengänge meiner selbständigen Verfassung im klaren zu sein, dann wirst Du Dir, soweit ich mich erinnere, diese Klarheit am besten aus dem Brief verschaffen, den ich Dir unmittelbar nach meiner vorletzten Berliner Reise geschrieben habe. Vielleicht hast Du ihn und findest ihn. Ich will nicht wiederholen, was dort stand, und kann es auch nicht. Jedenfalls bildet das dort Gesagte die letzte, von keiner Seite widerrufene Grundlage unseres Verhältnisses.

Ich weiß, sie ist nicht ganz fest, zumindest von Dir nicht ausdrücklich anerkannt, das bildet eben meine Sorge. Wir mögen uns jetzt fest bei den Händen halten, vielleicht, aber der Boden unter uns ist nicht fest und verschiebt sich ununterbrochen und gesetzlos. Ob die Festigkeit des Bei-den-Händen-Haltens dies auszugleichen imstande ist, das weiß ich zeitweilig nicht. An mir soll es jedenfalls nicht fehlen.

F.

24.V.14

Meine liebste Felice, ich halte das Versprechen, das ich mir gegeben habe, und schicke trotz Deines letzten Briefes den inliegenden Brief weg. Es ist auch richtig, denn wenn er auch vom augenblicklichen Anlaß ausging, so fällt er doch keineswegs mit ihm weg, zumal nicht einmal der Anlaß ganz weggefallen ist. Es ist auch kein Wort darin, dessen ich mich schämen müßte, und kein Satz, der in der Hauptsache etwas anderes enthielte als Sorge um Dich. Mit meinem Plan betreffend die Schwester ist es schlecht ausgefallen. Ich habe Dich in Erkenntnis der schweren Ausführbarkeit im Vertrauen gefragt. Du hieltest es für schwierig, aber doch ausführbar und sprachst offenbar auch mit Deiner Mutter darüber; das war ganz richtig gehandelt. Ebenso richtig war es von mir gehandelt, daß ich aus Deinem letzten Brief noch keine vollständige Zustimmung herauslas und eine bestimmtere Antwort nach dieser oder jener Seite hin erwartete (übrigens auch ganz entsprechend Deinem nicht erfüllten Versprechen, mir noch einmal zu schreiben). Jedenfalls hätte ich auf den letzten Brief hin die Schwester noch nicht hingeschickt. Das war alles richtig. Nun aber schreibt Deine Mutter an meine Mutter (sehr liebenswürdig übrigens und mir schmerzlich in Erinnerung bringend, daß ich noch nicht geschrieben habe) und erwähnt darin – den Wortlaut weiß ich jetzt nicht –, daß auch sie es gern gesehn hätte, wenn Ottla früher gekommen wäre, daß sie es aber nicht gewagt hat, sie einzuladen u.s.w. Dadurch ist diese kleine Angelegenheit, die, wenn sie nicht glückte, nur mich und Dich betreffen sollte, zu einer Familienangelegenheit geworden. Das ist nicht richtig. Nur ich habe gebeten, nur ich konnte abgewiesen werden. Das ist doch ganz klar.

Nun trotzt auch Ottla, nicht ganz ohne meine Zustimmung, und will überhaupt nicht fahren. Ich finde das gar nicht schlecht; wenn sie schon gelegentlich meiner Verlobung nicht das Vergnügen eines mehrtägigen Berliner Aufenthaltes haben soll, so soll sie wenigstens das Vergnügen des Trotzens haben. Natürlich richtet sich der Trotz gar nicht gegen Euch, sondern hauptsächlich gegen den Vater. Aber das führt schon in das Dunkel der Familiengeschichten, in dem sich niemand auskennt.

Da Du in Deinem Brief vom Theater schreibst und von eventuellen Theaterbesuchen, so habe ich den Theaterzettel angesehn. Ich finde nur 2 Vorstellungen, die mir Freude machen würden, sonst gar nichts. Und beide Vorstellungen fallen für uns weg. »König Lear« wird Samstag gegeben. Ich werde zwar wahrscheinlich um 7 Uhr kommen, doch werden wir wohl kaum den ersten Abend ins Theater gehn können. Und [Wedekinds] »Franziska« fällt wohl weg, da es sich um eine Premiere handelt, gewiß keine Karten mehr zu bekommen sind und Smoking notwendig sein dürfte, eine Forderung, die ich nicht erfüllen kann.

Ich schicke Dir auch noch einen Brief meines Onkels, der auch Dir gilt. Ich werde mit 60 Jahren keine solche oder aber eine wahrhaft himmlische Laune haben. Ist er nicht liebenswürdig? Wenn Du Lust hast, schick mir eine Antwort für ihn, ich setze sie dann fort. Auch das Original schick mir bitte zurück. Wenn Dich jemand fragen sollte, wie Dein Bräutigam aussieht, so sag', daß Du ihn fotografiert hast und zeig das beiliegende Wölkchen. Ich bin es wirklich, und Du hast es wirklich fotografiert.

Franz

An Grete Bloch

24.V.14

Liebes Fräulein Grete, Ihren Brief bekam ich heute früh ins Bett (alte inhaltslos gewordene Gewohnheit des Lange-im-Bett-bleibens noch aus den Zeiten der wunderbaren Schlafsucht her!) lag dann noch wohl eine ganze sehr angenehm verlaufene Stunde und beantwortete dabei Ihren Brief im Selbstgespräch. So ausgiebig und richtig wie jene Antwort war, insbesondere F. betreffend, wird die jetzige in der Nachmittagshitze (dann gehe ich aber schwimmen) gewiß nicht werden.

Es gibt Überzeugungen, die so tief und richtig in einem sitzen, daß man sich um ihre einzelweise Begründung gar nicht kümmern muß. Man ist übrigens so sehr von ihnen ausgefüllt, daß für Argumente kein Platz ist; man wüßte nicht, wo man sie unterbringen sollte. Nur wenn sie einem abgefordert werden, liefert man sie, aber sie sind mit der unsagbaren Begründung an Elementarkraft natürlich nicht zu vergleichen. Ich habe nicht viele derartige Überzeugungen (von außen gesehen kann man sie natürlich unbesorgt Vorurteile nennen); über zwei davon, über die Überzeugung von der Fluchwürdigkeit der heutigen Medicin und der Überzeugung von der Häßlichkeit einer Pelzstola (Sie nennen es Shawl?) verhandeln wir. Nur ist zwischen den beiden Überzeugungen in Bezug auf Sie ein Unterschied. Baldriantee, auch wenn Sie ihn trinken, gefällt mir nicht, gegen eine Pelzstola dagegen, wenn Sie sie tragen, habe ich nicht das Geringste einzuwenden. Ich rede ganz im Ernst. (Ich fürchte mich nicht einmal vor dem als so schrecklich angekündigten Kleidungsstück, nur neugierig bin ich. Was kann es denn nur sein? Eine 5m Schleppe? Ein Dirndl-Kostüm?)

Sie haben sehr recht, auch Schlaflosigkeit ist etwas Menschenunwürdiges. Wenn ich jemandem den gegenwärtigen Zustand meines Kopfes wie ihn die heutige Nacht hinterlassen hat zeigen könnte, würde er die Hände zusammenschlagen. Aber ich weiß ja die Hauptgründe meiner Schlaflosigkeit, zum großen Teil eine 30jährige ziemlich unrichtige Lebensweise. Es ließe sich noch sehr vieles und Wirkungsvolles dagegen heute tun, z.B. regelmäßig und bald schlafen zu gehn, aber ich tue es nicht. Das ist meine Schuld und die muß ich tragen. Wir hassen beide falsches Pelzwerk, warum hassen wir nicht beide falschen Schlaf? Ein zweiter Grundsatz der Naturheilkunde ist: Vermeide es in einen Organismus mit einem Mittel einzugreifen, dessen vollständige, in einem Organismus arbeitende, also notwendig nach allen Seiten verlaufende Wirkung Du nicht kennst. Aus diesem Grunde kann es keine berechtigte Spezialheilkunde geben und jeder mit internen Leiden sich beschäftigende Spezialist ist ein niederschießenswerter Herr. Organismen lassen sich nicht teilen, ohne irgendwie zerstört zu werden. Habe ich ein zu großes Stück Kohle und kann es nicht durch die Ofentüre bringen, dann ist es sehr praktisch, wenn ich es zerschlage. Wenn ich aber durch eine für mich zu enge Tür gehen soll, dann wird es gar nicht praktisch sein, wenn ich mich zu diesem Zweck halbiere. Bestünde ich z.B. nur aus Schlaf, der sich mit der Zeit in Nichtschlaf verwandelt hat, dann würde ich natürlich nicht zögern, dem Nichtschlaf Baldriantee zu geben, ja ich würde ihn sogar mit Brom oder Veronal vollschütten, um aus dem Nichtschlaf einen Schlaf zu erhalten. Da ich aber nicht nur Schlaf bin, sondern Mensch, wäre das ein falscher Vorgang.

[Wahrscheinlich die Fortsetzung dieses Briefes]

Aber darüber werde ich heute nicht alles sagen können, was ich zu sagen habe.

In meinem Verhältnis zu F. gibt es meines Wissens nicht das Geringste, was Sie, liebes Fräulein Grete, nicht ebenso wie F. wissen könnten und meinem Gefühl nach auch wissen sollten. Die Frage, wie Sie sie formulieren: »Vor Ihrer Verlobung wußte ich stets ..., dann kam ein Satz (?) für ein mögliches Ja« verstehe ich nicht genau. Meinen Sie aber damit die Frage, was sich im Vergleich zu der Zeit vor der Verlobung in dem Verhältnis zwischen F. und mir geändert hat, dann muß ich allerdings eine etwas merkwürdige Antwort geben: Es hat sich nichts geändert. Äußerlich natürlich manches, innerlich nichts, wenigstens nichts wovon ich wüßte oder was mir zur Deutung anvertraut worden wäre. Sie fragen, was F. schreibt. Sie schreibt ziemlich regelmäßig. Nur hat sie sehr viel im Bureau zu tun und die Briefe beschränken sich auf Besprechung der Wohnungsangelegenheit u. dgl. An wirklich Erfreulichem habe ich nur zweierlei erfahren, daß sie endlich der Ärztin gekündigt hat und statt dessen schwimmen lernt. Vom Bruder sind ganz gute Nachrichten gekommen, er hat eine Stellung, die ihn scheinbar ernährt. F. muß, soweit ich gesehen habe, unendliches für ihn getan haben. – Viel mehr habe ich nicht gehört.

Dagegen habe ich zu Ihrem Brief noch eine Unmenge zu sagen, verschiebe es aber, denn es ist schon spät, auch will die Feder nicht in Zug kommen. Nur noch wegen der Adresse, weil Sie so angelegentlich nach ihr fragen. (Warum fragen Sie so?) Ich trug das Manuscript in unser Geschäft, um es einpacken zu lassen. Die Adresse wollte ich selbst schreiben. Aber meine jüngste Schwester Ottla (sie arbeitet fast den ganzen Tag im Geschäft) machte, weil sie kindisch ist (sie ist 20 Jahre, aber ein liebes und gutes Kind) Anspruch darauf, selbst die Adresse zu schreiben. Sie schrieb sie also nach meinem Diktat, übrigens unter fortwährendem Schimpfen meinerseits, da ich die Schrift zu klein und unleserlich fand. Besonders das W von Wien ärgerte mich. Nun ist das Paket aber doch angekommen.

Herzlichste Grüße   Ihres Franz K.

Was werde ich morgen zu hören bekommen? Und warum soll Berlin Sie schweigsam machen?

Die Adresse von Dr. Weiß, für den Fall, daß Sie ihm doch schreiben wollten, ist nicht mehr die, welche auf dem Manuscript steht, sondern Charlottenburg, Grolmannstraße 61.

Denken Sie, nach Budapest habe ich noch nicht geschrieben. Ich kann mich nicht dazu entschließen. Ich bin so schreibfaul, gar fremden Menschen gegenüber. Und es ist gewiß sehr unrecht von mir. Merkwürdig ist, daß sowohl F's als Ihr Versuch, mir die Schwester näherzubringen, mich ein wenig abhält zu schreiben. Ein wenig nur, denn meine Abneigung gegen dieses Schreiben sucht überall Gründe. F. schickte mir etwa vor einem Jahr auf meine Bitte einen Brief der Schwester; er enthielt auf 8 Seiten nur Haushaltungsrechnungen und solche allerkleinlichster Art. Er war fast komisch. Und die Stelle, die Sie aus ihrem Brief letzthin zitierten, war ziemlich leer. Und trotzdem habe ich diese Schwester doch irgendwie gern, kann ihr aber vorläufig nicht schreiben.

25.V.14

Im Augenblick schlägt mir das Herz mit der Wut, mit der es in einem Schuljungen schlagen muß, wenn er Indianergeschichten gelesen hat. Ich habe paar Seiten in den Lebenserinnerungen von Berlioz gelesen. Aber davon will ich nicht reden.

Wie Felice? Dir verfliegt die Zeit zu rasch? Schon Ende Mai? Schon? Nun, ich sitze hier an der Kurbel; wenn Du willst, drehe ich die Zeit zurück. Auf welchen Monat der letzten zwei Jahre soll ich sie zurückdrehn? Antworte genau!

Du beschämst mich, F., Du schreibst, meiner Schrift nach dürfte mein Finger schon besser sein. Besser? Mein Finger ist schon längst heil, und die Schrift meines letzten Briefes war fast meine schönste. Du betrübst mich auch. Bist wenig scharfsinnig. Welches Möbel man braucht? Eine spanische Wand natürlich oder eine Matte, um »müllern« zu können. Um nackt bei offenem Fenster müllern zu können, ohne daß die Leute gegenüber die gute Gelegenheit benützen und mitzuturnen anfangen.

Den Theaterzettel habe ich schon gesehn. Für mich entfällt nach meinem gestrigen Brief die Möglichkeit ins Theater zu gehn. Dagegen könnten wohl die Mutter und Ottla ins Theater gehn. Und zwar am besten vor Samstag, ehe der Vater kommt, denn für ihn bedeutet Theater kein Vergnügen. Wenn er gehen würde, würde er sich zwingen. Es ist daher besser, man zeigt ihm irgendetwas anderes, das Cinetheater, von dem Du einmal sprachst, oder sonst etwas, für das man immer auch später Karten bekommt. Für die Mutter und Ottla wäre vielleicht am besten »Was Ihr wollt« am Freitag. Sonst besorge aber für sie keine Karten, bitte, auf keinen Fall.

Ja, Ottla ist mit ihrem Trotz schon fertig und fährt sehr gern mit. Wieder Familiengeschichten und Dunkel.

Wo sollen sie wohnen? In Euerer Nähe gibt es wohl keine Hotels, und wenn es welche gibt, werden sie unnötig teuer sein. Wäre nicht also wieder der Askanische Hof zu beziehn? Ich bin in Glück und Unglück so mit ihm verwachsen, ich habe dort förmlich Wurzeln zurückgelassen, an die ich mich förmlich, wenn ich wiederkomme, ansetze. Man liebt mich auch dort. Allerdings ist es ein wenig unbequem eingerichtet, auch genug teuer, aber – ich bleibe dabei – mir doch das liebste.

Du mußt nur in jedem Brief schreiben, daß Vorbereitungen für die Hochzeit gemacht werden, und Du machst mich schon zufrieden. Allerdings verstehe ich nicht ganz die Größe der damit verbundenen Arbeit. Vergiß übrigens nicht, daß zu Deiner Ausstattung in viel höherem Maße als Möbel und Wäsche das Schwimmen gehört. Du hast mir versprochen, mir über jeden Fortschritt im Schwimmen zu berichten. Du berichtest nichts, soll das heißen, daß Du seit der Anmeldung keinen Fortschritt gemacht hast? Ich kann das nicht glauben. Übrigens wirst Du Pfingsten geprüft werden. Lernst Du an der Stange oder an einem Apparat?

Den Plan der Wohnung bekommst Du. Daß Adler im gleichen Hause wohnt, stört mich nicht, solange nicht die Lindströmapparate so vervollkommt (?) sind, daß sie aus dem Mezzanin bis im 4ten Stockwerk zu hören sind. Es müßte denn sein, daß alle Zwischenwohner von ihm Apparate kaufen. Was wir zwei dann oben auf diesem ungeheuren Resonanzkasten machen werden, weiß ich allerdings nicht.

Franz

Franz Kafka an Felicens Mutter, Frau Anna Bauer

Liebe Mutter!

25.V.14

Du warst also verletzt, und ziemlich ernsthaft. Du hättest eben, wie ich es wollte, länger in Prag bleiben sollen, wo es keine Stadtbahn gibt und wo, wenn es eine Stadtbahn gäbe, ich sicher Deinen Finger rechtzeitig von der Tür weggezogen hätte. Aber nun werden wir alle in großem Aufzug kommen, um den Finger anzusehn, und ihn, wenn er, wie ich sehr hoffe, es schon verträgt, durch einen guten Kuß endgültig zu heilen suchen.
Mit den herzlichsten Grüßen für Euch alle   Dein Franz

28.V.14

Im Bureau. Es gibt viel zu tun. Böse war ich nicht. Ich war wütend, traurig und einiges dergleichen, aber böse nicht. (Wäre ich nicht sowieso schlaflos, hätte es vielleicht zu meiner Schlaflosigkeit beigetragen.) Der Genauigkeit halber füge ich hinzu, daß Dein Nichtschreiben nicht zwei, sondern 3 Tage gedauert hat. Es ist immer das alte, wie in der ganzen Weltgeschichte: Jeder sucht sich seinen Boden zum Kampf aus. Es wird mir nichts übrig bleiben, als mir auch den andern Boden zu erobern. Ein guter Zwang für eine gute Sache.

In den nächsten Tagen wirst Du von 2 Seiten scheinbar auf meine Anregung hin wegen Möbelkaufes angegangen werden. Einmal von den Deutschen Werkstätten. Sie schreiben mir öfters, endlich mußte ich ihnen antworten. Im Übrigen halte ich ihre Möbel wirklich für die besten, ich meine für die anständigsten, einfachsten. Außerdem wird ein Vertreter einer Prager Firma kommen. Den laß nur rasch hinausbefördern. Er war einmal bei mir im Bureau, ich brummte etwas in meiner Verschlafenheit, er gab seine Visitkarte ab, behauptete, als ehemaliger Berliner Deinen Geschmack besonders gut treffen zu können und ging. Nun kam er letzthin wieder. Er war ein wenig besser angezogen und mein unglückseliges Personengedächtnis spiegelte mir einen bekannten Advokaten in ihm vor. Ich gehe freundlichst auf ihn zu, drücke ihm die Hand und – erfahre, wer er ist. (Du mußt wissen, die Firma, die er vertritt, hat äußerst teuere, überladene Möbel.) Nun konnte ich mich nicht mehr so rasch in einen unfreundlichen Käufer verwandeln und gab ihm, da er anläßlich einer Berliner Reise (er dürfte Freitag zu Dir kommen) darum bat, Deine Adresse. Auch bat er darum, daß ich ihn brieflich ankündige. Einem Mann, dem ich so freundlich die Hand gedrückt hatte, konnte ich auch das nicht abschlagen und führe es jetzt auf diese gemeine Weise aus.

Grüße alle, Deine und meine, und laß Dich küssen auf das sonderbar liebe Gesicht.   F

An Grete Bloch

29.V.14

Liebes Fräulein Grete, wenn Sie dies lesen, sind wir beide, hoffentlich wir beide, in Berlin. Es ist sehr lieb von Ihnen, daß Sie gekommen sind, sehr lieb. Da ich mündlich das Wort vielleicht nicht so auszusprechen imstande wäre (die gleichen Vorbehalte, die Sie wegen Ihres Kleides machen, mache ich wegen meiner Stummheit, mit der ich geschlagen und gesegnet bin), schreibe ich es noch rasch hin. Ihr vorletzter Brief kam Mittwoch, erst nach mehrfachem Lesen bemerkte ich oder glaubte zu bemerken, daß Ihrer Meinung nach der Brief schon Dienstag und infolgedessen eine Antwort von mir schon Mittwoch hätte kommen sollen. Nein, er kam erst Mittwoch früh und gleich darauf bekam ich im Bureau den andern Brief. Wenn Sie nach Prag gekommen wären, wäre ich gewiß Samstagmittag weggefahren und 6.51 nach Berlin gekommen. Jetzt aber zweifle ich fast daran und werde wahrscheinlich erst um 3 fahren und um ½ 11 abends kommen. Mein Gepäck wird aus Schlaflosigkeit, Magendrücken, Kopfzucken, Schmerzen im linken Fuß bestehn, aber neben der Wiedersehensfreude wiegt es nicht zu schwer. Beeilen Sie sich nur zu F. zu kommen, ohne Rücksicht auf das Kleid, verbessern Sie nichts mehr daran, es wird, wie es auch sein mag, mit den, nun, mit den zärtlichsten Augen angesehen werden.

Ihr Franz K.

An Grete Bloch

2.VI.14
[vermutlich vom 2. oder 3. Juni 1914]

Liebes Fräulein Grete, nur paar Zeilen, ich mußte nachmittag die Schlaflosigkeit der Nacht zu ersetzen suchen, abends im Geschäft die Eltern vertreten, es bleibt wenig Zeit, aber Zeit genug, um folgendes zu sagen: Was Sie für mich im ganzen bedeuten, das können Sie nicht wissen, aber selbst das, was Sie davon wissen, muß Ihnen das Bewußtsein geben, daß Sie mir gegenüber in einer von Ihnen durchaus nicht durchschauten aber gänzlich mitgefühlten Lage für mich vielleicht alles tun, was ein Mensch für den andern tun kann, und daß dieses Alles immer wieder in allem, was Sie tun, besonders in Ihrem Blick vereinigt ist und wirkt; auch wirkt, Fräulein Grete, auch wirkt. Und nun küsse ich noch Ihre liebe Hand.

Franz K.

Liebes Fräulein Grete, gut gefahren, schlecht geschlafen, im Bureau das Gespenst eines Beamten nach dem dritten Hahnenschrei dargestellt. In der Erinnerung ist es zu fassen, denn es ist überlebt, in der Gegenwart schien kein Augenblick vor dem Ende des Erlebens gesichert. Ich dachte an nicht viel anderes, als es möchte doch endlich ein gutes Nervenfieber oder sonst etwas kommen, was mich vor aller Augen niederschlägt und mir das Recht gibt, mich nachhause tragen zu lassen. Statt dessen aber diktierte ich einen langen Bericht über die Expertise zur 5ten Gefahrenklassifikation und die Schreibmaschinistin, ein rosiges, junges, festes Frauenzimmer, klagte manchmal schüchtern über Schläfrigkeit, weil sie erst (erst!) um 1 Uhr nachts schlafen gegangen war.

Heute ist es ein wenig besser, ich habe etwas geschlafen. Das Schlimmste oder besser das fast Schlimmste ist, daß ich so wenig Zeit habe. Sagte ich Ihnen nicht, daß ich vor den Feiertagen zu schreiben angefangen habe? (Darauf sagten Sie übrigens etwas merkwürdig Falsches: es wäre nicht das Wichtigste.) Nun habe ich mir seit dem gestrigen Vormittag und seit der heutigen ein wenig bessern Nacht das Gelübde gegeben, um ½ 11 schlafen zu gehn. Das ist fast das Ende des Schreibens. Außerdem abends die Stunde im Geschäft. Die Nacht kommt, und wieder ist gleich die Stunde da, um die Fortsetzung des Berichtes zu diktieren. Aber vielleicht haben Sie recht, das Wichtigste ist nicht, daß ich in Prag schreibe, das Wichtigste ist, daß ich von Prag wegkomme.

Die Legende (Ein Kärtchen, das im Buch lag, lege ich bei.) habe ich jetzt gelesen. (Was für eine Freude macht die sofortige Erfüllung eines Versprechens! Eine weit über die eigentliche Erfüllung hinausgehende Freude.) Ihr Bruder gefällt mir besser als dieses Stück. Es hat gewiß gute Einzelheiten, auch überraschende Einzelheiten, aber selbst aus deren Güte und Überraschungsfähigkeit wäre ich meinem Gefühl nach nicht imstande, etwas entscheidend Gutes darüber zu sagen. Es ist doch nur kindliche Arbeit, von hier und dort zusammengetragen und ein schwaches Ganzes abgebend. Merkwürdig, daß er Ihnen Überschwänglichkeit vorwarf, während er solcher Überschwänglichkeit der bloßen Worte fähig ist (da wehrte sich das Leben in mir und schrie auf wie ein todwundes Tier u.s.w., nein, das ist nicht gut oder vielmehr, es ist kindlich und kann alles werden). Er wird gewiß Besseres schreiben oder hat es schon getan. Und jedenfalls wird er Besseres leisten, denn er macht den Eindruck eines sehr aufmerksamen, richtig denkenden, sichern, ein wenig zu scharfen, ausdauernden Menschen. Das sind wohl die notwendigsten Fähigkeiten, die man haben muß, um nützlich zu sein, lauter Fähigkeiten, die ich sehr gut beurteilen kann, denn ich habe keine von ihnen. Übrigens hätte er tatsächlich dort bei Tisch ein wenig freundlicher mit Ihnen sprechen können, zumindest

gegenüber dem Blick, mit dem Sie ihn ansahn. Aber vielleicht war es freundlich und ich bin nur zu überempfindlich, sobald es auf Sie ankommt.

Franz

K.

Über Berlin zu reden, werden wir ja noch Gelegenheit haben.

An Grete Bloch

6.VI.14

Liebes Fräulein Grete, gestern war wieder ein Tag, an dem ich vollständig gebunden war, unfähig, mich zu rühren, unfähig, den Brief an Sie zu schreiben, zu
dem mich alles drängte, was in mir noch Rest des Lebens war. Manchmal – Sie
sind die einzige, die es vorläufig erfährt – weiß ich wirklich nicht, wie ich es verantworten kann, so wie ich bin zu heiraten. Eine auf die Festigkeit der Frau begründete Ehe? Das wird ein schiefes Gebäude, nicht? Es stürzt ein und reißt
noch den Grund aus der Erde heraus.

Ach Gott, ich verstand doch, Fräulein Grete, was Ihre Beurteilung des
Schreibens bedeutete. Aber auch gut verstanden, ist sie nicht richtig, wenn sie
auch allerdings befolgt wird. Jeder bringt sich auf seine Weise aus der Unterwelt
hinauf, ich durch das Schreiben. Darum kann ich mich, wenn es sein soll, nur
durch das Schreiben, nicht durch Ruhe und Schlaf, oben erhalten. Viel eher gewinne ich Ruhe durch das Schreiben, als das Schreiben durch Ruhe. Aber ich
rede immerfort von mir, schon das allein zeigt das Wesen meines Zustandes an.
Ich glaube, ich habe das auch in Berlin getan, trotzdem ich doch wissen mußte,
daß ich sichtbar und lebendig nur dann eigentlich bin, wenn ich das, was mich
betrifft, möglichst tief hinunterdrücke.

Gefreut hat mich, nicht nur als Bestätigung meiner Voraussage, daß Sie sich
in Berlin trotz Ihrer gegenteiligen Behauptung besser befinden als in Wien. Sie
befinden sich besser. Sie haben eine bessere Stellung, arbeiten lieber (es gibt keinen »Stall« mehr), sehen Ihre Familie vor sich, gewisse quälende Phantasien der
Entfernung fehlen, Berlin unterstützt Ihre Widerstandskraft wie die jedes andern. Was bedeutet es, daß die Mutter »zu aufmerksam« für Sie sorgt? Mit dem,
was ich über Ihren Bruder sagte, wollte ich nicht Sie mitumfaßt haben. Hätte
ich das wollen, so hätte ich noch manches einfügen müssen, für das mir die
Worte fehlen, und das ich, wenn ich die Worte hätte, nicht niederschreiben
würde. Sie mögen aber Recht haben und es mag vieles Gemeinsame vorhanden
sein, für das mir, soweit es Ihren Bruder betrifft, natürlich der Blick fehlt. Vielleicht sind in diesem Sinn sogar in der Legende Ansätze, die mir entgehn. Das
Wenige, was die jüdischen Dorfbewohner z.B. betrifft, macht den Eindruck des
Wahren, ist aber allgemeine zionistische Sehnsucht und in dieser ersten kleinen
Gestaltung jedem, der in der Reihe geht, erreichbar. Trotzdem, was hier vorhanden ist, würdige ich gut. Aber unüberwindbar bleibt für mich der trockene

Aufbau der ganzen Allegorie, die nichts ist als Allegorie, alles sagt, was zu sagen ist, nirgends ins Tiefere geht und ins Tiefere zieht. Aber Sie erzählten von Novellen Ihres Bruders. Die wären zweifellos charakteristischer, denn in der Legende arbeitet er unter dem Zwang der Allegorie, anderswo ist er gewiß freier, offener, mit mehr Sicherheit zu beurteilen. Schließlich kann eine solche Arbeit wie die Legende erst am Ende eines Lebens gelingen, wenn man alle seine Kräfte entwickelt und bereit hat und es wagen kann, sie über die ganze Strecke einer Arbeit hin bewußt zu zwingen, ohne daß man sich nach den ersten Schritten von dem größten Teil verlassen sieht. Gerade so aber ist es Ihrem Bruder gegangen, ohne daß er sich in seiner Unnachgiebigkeit dadurch hätte beirren lassen. Herzlichste Grüße, herzlichen Händedruck.   Franz K.

8.VI.14

Liebes Fräulein Grete, habe ich wirklich so jammervoll geschrieben? Nun, es ist nicht ganz so schlimm, wenigstens nicht dauernd so schlimm. Setzt man sich zum Schreiben, so sammelt sich alles und nichts will vergessen sein, weil der Brief an Sie geht und von Ihnen für jedes die gute und liebe Antwort kommt. Schließlich bleibt dann für mich die Selbstberuhigung, daß ich doch nicht alles geschrieben habe und dadurch ein Recht habe, den Trost aus Ihren Briefen ganz in mich hineinzutrinken.

Ich werde im Juli irgendwo in einen Wald übersiedeln und an mir zu bessern suchen, was in der Eile möglich sein wird. Bei uns pflegen die Eltern zu sagen, daß man an den Kindern merkt, wie alt man wird. Wenn man keine Kinder hat, muß man es an seinen Gespenstern merken und man merkt es umso gründlicher. Ich weiß, als ich jung war, lockte ich sie so hervor, sie kamen kaum, ich lockte sie stärker, ich langweilte mich ohne sie, sie kamen nicht und ich dachte schon, sie würden niemals kommen. Ich war aus diesem Grunde schon oft nahe daran, mein Leben zu verfluchen. Später kamen sie doch, nur hie und da, es war immer hoher Besuch, man mußte Verbeugungen machen, trotzdem sie noch ganz klein waren, oft waren sie es gar nicht, es sah bloß so aus oder klang bloß so, als ob sie es wären. Kamen sie aber wirklich, so waren sie mir selten wild, sehr stolz konnte man auf sie nicht sein, sie sprangen einen höchstens so an wie der kleine Löwe die Hündin, sie bissen, aber man bemerkte es nur, wenn man mit dem Finger die gebissene Stelle fixierte und mit dem Fingernagel nachdrückte. Später aber wurden sie größer, kamen und blieben nach Belieben, zarte Vogelrücken wurden Rücken von Denkmalsriesen, sie kamen durch alle Türen, die geschlossenen drückten sie ein, es waren große knochige, in der Menge namenlose Gespenster, mit einem konnte man kämpfen, aber nicht mit allen, die einen umstanden. Schrieb man, so waren es lauter gute Geister, schrieb man nicht, so waren es Teufel und man konnte nur noch gerade aus ihrem Gedränge die Hand heben, um zu zeigen, wo man war. Wie man die Hand oben verrenkte, dafür war man wohl nicht verantwortlich. –

Daß Sie es jetzt besser haben, ist ein von Ihnen so verdientes Glück, daß man es als etwas ganz Selbstverständliches hinnehmen sollte. Was müssen Sie in den letzten Monaten gelitten haben, und ich schrieb immerfort und anfangs sogar hinterhältig nur von mir! In Ihr häusliches Unglück habe ich natürlich keinen Einblick, aber glauben Sie nicht, daß das, was Sie dort gequält hat und quält, alle guten Gegenkräfte erzeugt hat, mit denen Sie jetzt gegenüber der Welt so gut auszukommen wissen. [Strindbergs] »Totentanz« kenne ich übrigens nicht, weiß nicht, was Sie damit meinen; spielt es nicht in einem Leuchtturm?

Das wollte ich sagen. Mühen Sie sich nicht mit dem Schreiben an mich, gehn Sie früher aus dem Bureau. Paar Zeilen genügen mir, die allerdings brauche ich. Zwei Sätze und Ihre Unterschrift genügt. Und wenn ich allzu sehr klage, verzeihen Sie. Es ist ja alles zu ertragen, das Leid bleibt zwar, aber die Tage wechseln, der Ausdruck des Leides wechselt, die Widerstandskraft wechselt und so wird man im Wechsel halb lebendig doch noch hingetragen.

Franz K.

[Am Rande] Ich habe keine Karte vom Sonntag bekommen.

An Grete Bloch

11.VI.14

Liebes Fräulein Grete, ein merkwürdiger, ein durchaus merkwürdiger Brief.

Sie glauben nicht, daß es schon besser ist und machen mir dadurch, natürlich gegen Ihre Absicht, weitere Angst, »ohne die Gründe nennen zu können«. Allerdings bei meiner Natur an sich das beste Mittel, mir die Angst zu nehmen, wenn nicht eben zwar sichtbare aber undurchdringliche Gründe für die äußerste Unruhe vorhanden wären.

Dann aber im Widerspruch zum ersten Satz: Sie finden keinen Glauben zur Notwendigkeit meines Zustandes. Sehen Sie doch von den erkennbaren Eigentümlichkeiten, die mich als einzelnen Menschen charakterisieren, ab und nehmen Sie das Ganze als einen typischen Fall. Ein durch seine Lebensumstände und durch seine Natur gänzlich unsozialer Mensch, mit nicht festem augenblicklich schwer zu beurteilendem Gesundheitszustand, durch sein nichtzionistisches (ich bewundere den Zionismus und ekle mich vor ihm) und nichtgläubiges Judentum von jeder großen, tragenden Gemeinschaft ausgeschieden, durch die Zwangsarbeit des Bureaus in seinem besten Wesen unaufhörlich auf das quälendste erschüttert – ein solcher Mensch entschließt sich, allerdings unter dem stärksten innersten Zwang, zum Heiraten, also zur sozialsten Tat. Das scheint mir nicht wenig für einen solchen Menschen.

Und schließlich kommt in Ihrem Brief diese Grobheit, die mir übrigens als

solche eine wahre Freude gemacht hat: »drei Monate werden Sie doch noch erleben können«. Aber Fräulein Grete, wenn man sagt, daß die 3 Monate zu lang
sind, so sagt man doch damit, richtig verstanden, gleichzeitig auch, daß sie zu
kurz sind. Das ist es. Sie fragten letzthin nach Ottla. Es geht ihr gut, trotzdem
sie den ganzen Tag im Geschäft ist. Denn ihre Gedanken sind nicht im Geschäft, sondern ausschließlich in der Blindenanstalt, wo sie seit paar Wochen,
insbesondere seit den letzten 14 Tagen, einige gute Freunde und einen allerbesten hat. Ein junger Korbflechter, dessen eines Auge geschlossen und dessen anderes Auge riesenhaft aufgequollen ist. Das ist ihr bester Freund, er ist zart, verständig und treu. Sie besucht ihn an Sonn- und Feiertagen und liest ihm vor,
möglichst lustige Sachen. Ein allerdings etwas gefährliches und schmerzliches
Vergnügen. Was man sonst mit Blicken ausdrückt, zeigen die Blinden mit den
Fingerspitzen. Sie befühlen das Kleid, fassen den Ärmel an, streicheln die
Hände, und dieses große, starke, von mir leider, wenn auch ohne Schuld, vom
richtigen Weg ein wenig abgelenkte Mädchen nennt das ihr höchstes Glück.
Weiß, wie sie sagt, erst dann, warum sie glücklich aufwacht, wenn sie sich an die
Blinden erinnert. Sammelt die ganze Woche Zigarren und Zigaretten (spart
dafür Geld vom Essen), um sie Sonntag den Blinden zu überreichen, hat sogar
irgendwo eine alte Zigarrentasche aufgetrieben, die sie heute hintragen wird.
Mit den blinden Mädchen verkehrt sie nicht, auch die blinden Freunde verkehren nicht mit den blinden Mädchen, sie sind, wie sie sagen, zu hochmütig. »Unsere weiblichen Pfleglinge sind zu hochmütig«.

Über solchen Beschäftigungen hat Ottla bis heute versäumt, nach Berlin zu
schreiben. Sie weiß keine Anrede. »Liebe Eltern« kann sie nicht schreiben, da
stimme ich zu. Aber auch »Meine Lieben« kann sie nicht schreiben, denn so
schreibt immer eine alte, verwitwete, süßliche, sehr brave, aber ohne Orthogra-
phie dahinlebende, körperlich ungeheuere, von widerlichen Schmerzen, die niemand glaubt, geplagte Tante, unter der man die Ansprache »Meine Lieben«, die
ihr gehört, förmlich erst wegziehn müßte. Wissen Sie keinen Rat?

Herzlichste Grüße Ihres Franz K.

[Am Rande] Die Karte von der Schloßbrücke habe ich nicht bekommen. Was
stand auf ihr?

An Grete Bloch

14.VI.14

Liebes Fräulein Grete, vor allem: ich war weder böse noch hatte ich Grund dazu
und ich könnte höchstens darüber böse sein (und auch darin natürlich nur auf
mich), daß Sie der letzte Brief nicht an sich davon überzeugen konnte. Eher war
es eine krankhafte Überreiztheit (eine einzige besonders schlechte Nacht kann
das schon besorgen, da ich in meinem Zustand auf jede Nacht, auf jede Hoff-

nung des Schlafes angewiesen bin. Ich muß auch heute aufpassen, denn die letzte Nacht war äußerlich wie die erste Nacht des Verbrechers nach der Tat. Immerfort aufgeschreckt und unter kurzen Gebeten wieder eingeduselt. Es gab aber schon bessere Nächte in der Zwischenzeit), es war also vielleicht eine Überreizung, die mich dazu brachte, fast mit Bewußtsein im Brief Dinge zu lesen, die dort nicht standen und die, selbst wenn sie dort gestanden wären, ihren Ursprung, Ihr gutes großes Herz nicht verleugnet hätten. Aber es machte mir irgendeine Freude, mir von Ihnen, sei es auch in der Einbildung, etwas Grobes sagen zu lassen, und ich war böse genug, dieser Verlockung nachzugeben.

Mein »Bekenntnis« fassen Sie im allgemeinen richtig auf und erstaunen demgemäß auch richtig. Nur den Mittelpunkt des »Bekenntnisses« fassen Sie nicht genau und der ist (bei einer gewissen Eingrenzung und Nichtbeachtung von Einzelheiten) sehr einfach, leider sehr einfach. Unter den angeführten Punkten ist nämlich einer, von dem (Ottla war jetzt hier und hat mich mit ihren Erzählungen vom Blinden, zu dem sie jetzt mit einem Rosenstrauß gehn wird, zerstreut) aus alles beherrscht wird. Es ist, wie Sie leicht sehn werden, mein Gesundheitszustand, das was Sie »nichts« nennen. Wäre ich gesünder und fester, wären alle Schwierigkeiten überwunden, ich wäre längst nicht mehr im Bureau, ich wäre F.'s ganz sicher und der ganzen Welt sicher; was mir noch fehlen würde, könnte ich aus meiner Gesundheit ersetzen, während ich jetzt alles auf meine Gesundheit rückbeziehen muß. Soll ich darüber noch mehr sagen? Auch dieser Gesundheitszustand ist täuschend, täuscht selbst mich, zu jeder Zeit kommen, auf Nuancen genau, die gerade für die Zeit ungelegensten Überzeugungen. Eine ungeheuerliche Hypochondrie, gewiß; die aber so viele und tiefe Wurzeln in mich geschlagen hat, daß ich mit ihr hänge und falle. Sie heben meine »Hartnäckigkeit« als gutes Zeichen hervor. Darin liegt etwas Wahrheit. Hartnäckigkeit kann aber auch das Ergebnis der Verzweiflung sein.

Der Gesundheitszustand liegt eben auf einer Wagschale, alles andere von mir angeführte auf der andern. Es gibt einen Zeitpunkt, wo das Ganze in Schwebe ist und auf Entscheidung wartet. Entweder die Gesundheit ist stark genug, hebt die andere Wagschale und läßt alles, was auf ihr ist, in Luft zergehn, oder aber sie hält nicht stand, wird selbst gehoben und nun endlos von dem Inhalt der andern Wagschale geheizt und zu einem wirklichen Gespenst ausgebrütet. Von Tante Emilie's Krankheit erfahre ich erst durch Sie. Dagegen weiß ich wohl, daß ich Erna noch nicht geschrieben habe und es, auch meinem Bedürfnis nach, tun sollte. (Erna kam mir manchmal fast großartig vor.) Dann müßte ich aber auch Toni schreiben und meine Hand ist, so lieb mir auch Toni ist, unsinnig schwerfällig. Für Else habe ich mich schließlich doch überwunden. Traurig hat mich gemacht, daß Sie meinetwegen so lange wachgeblieben sind, tun Sie es nicht wieder. Zufrieden dagegen war ich, daß es Ihnen bei gutem Willen auch möglich ist, um ½6 aus dem Bureau wegzugehn. Wie wäre es, wenn Sie mit F. schwimmen lernen würden?

Ihr Franz K.

[16. oder 17. Juni 1914]

Liebes Fräulein Grete, nur paar Zeilen, in einem schönen Park geschrieben, das Rauschen eines Springbrunnens und den friedlichen Lärm der Kinder im Ohr. Was bedeutet das, ich bekomme Sinn für die Vergnügungen ganz alter Ehepaare, für den Blick über Rasenflächen, das Stillsitzen in der Abendsonne, das Beobachten von Spatzen. Mein Kopf, der nun 4 Nächte – es war schon viel besser – fast keinen Schlaf bekommen hat, beruhigt sich ein wenig. Und wie lebe ich? Sie sitzen im Bureau und klopfen Ihren Schülern auf die Finger, während ich – heute war ein besonderer Schontag – eine Stunde, allerdings nutzlos, zu schlafen versucht habe, dann auf der Schwimmschule war, geschwommen, dann geturnt habe, dann nach einem Spaziergang in einer Milchhalle saure Milch getrunken habe und jetzt im Park sitze und Ihnen schreibe. Könnte mich ein Kindermädchen besser pflegen, als ich es tue? Und in der Nacht? In der Nacht werde ich 2-3 Stunden federleicht unter häufigem Erschrecken schlafen und dann endgültig aufwachen, augenblicksweise vielleicht noch das halbe Bewußtsein verlieren, aber einschlafen gar nicht mehr und pünktlich durch alle Uhrenschläge vom Turm her daran erinnert werden, daß die Zeit vergeht, daß nach der schrecklichen Nacht der schreckliche Morgen kommt u.s.f. Wie blödsinnig ich klage! Und *weiß* doch gut, daß es vorübergehn muß und daß ich daran noch nicht zugrunde gehen werde.

Heute Abend komme ich übrigens besonders spät ins Bett. Dr. Weiß kommt, wie er mir gestern geschrieben hat, heute um 11 Uhr aus Berlin. Es ist mir ein wenig unheimlich. Er wollte nach Prag kommen, aber erst Anfang Juli, nun kommt er so plötzlich. Was tue ich, wenn er wegen meiner Nachrichten kommt. Es wäre nicht unmöglich, aber für mich scheußlich.

Das hätte also wieder der Klagemensch in mir verursacht; so wie er – das Gewissen brannte mich den ganzen Tag und hat heute über Ihren Briefen wieder zu brennen angefangen – auch Ihre gestrige Unruhe verursacht hat. Wie erträgt nur Gott diese Klagen? Warum schlägt er mich nicht nieder? Aber – so sagt wieder der Klagemensch in mir – er schlägt mich ja nieder.

Ja, Erna werde ich nun doch ganz bestimmt schreiben. Ich wollte auch gern Erna und Toni etwas schenken. Es ist wieder meine Schwäche, die den Menschen geradezu anzupacken nicht imstande ist, so sehr sie es wünscht, und sich also damit begnügen muß, ihn mit Geschenken zu umgehn. Erna will ich ein Buch geben, für Toni wollte F. in meinem Namen etwas kaufen und schenken, hat es aber offenbar vergessen und vergißt es nun wahrscheinlich absichtlich noch während sie die Briefe liest, in denen ich sie daran erinnere. Können Sie mir einen Rat geben? Sie sind doch nun einmal meine Ratgeberin im großen und kleinen.

Aber jetzt ist es schon spät, ich beendige meine heutige Licht- Luft- und Wasserbehandlung, stecke den Bleistift ein und wandere nachhause.

Herzlichste Grüße   Ihr Franz K.

Wollten Sie mir nicht noch etwas von Ihrem Bruder schicken? – Was bedeutet die Klage über den dummen Wochenanfang? – Die Briefe liest natürlich niemand mehr mit und wird niemand mehr lesen.

An Grete Bloch

18.VI.14

Liebes Fräulein Grete, wieder nur paar Worte. Der Dr. Weiß nimmt mich in Anspruch, ich habe keine Zeit. Aber er ist mir sehr lieb. (Die Befürchtung, daß er meinetwegen kommen würde, war sehr übertrieben.) Er bringt das Berlin mit, das ich brauche: trägt es um sich herum. Zieht mich, und sei es auch nur einen Zoll, aus dieser Jammergrube des Bureaus heraus. Hat mehr Befürchtungen für mich oder vielmehr andere oder noch besser gesagt zum Teil andere, als ich sie habe, nimmt mir (so formalistisch kindisch, nüchtern bin ich in vielem) einen Teil der Sorgen ab, gibt mir einen Teil von auf dem Boden liegenden Hoffnungen frisch in die Hand zurück, kurz, ich fühle mich (morgen fährt er weg) besser als seit Wochen, schlafe elend aber doch besser.

Viele Grüße   Franz K.

An Grete Bloch

20.VI.14
[vermutlich 24. Juni 1914]

Liebes Fräulein Grete, ich habe jetzt 2 Nächte besser geschlafen (seit der Abreise des Dr. Weiß gab es schon wieder gräuliche Nächte), bin jetzt allein und kann meine Lage ruhiger überschauen. Sie ist so sonderbar, daß ich mit dem klareren Kopf, den ich heute habe, gar nicht über sie reden kann.

Ich habe vor paar Tagen mit dem einen Chef einer großen Wäschefabrik, Joss und Löwenstein, gesprochen, Eugen Löwenstein heißt er. Das Gespräch kam auf Organisationsfragen, er läßt gerade durch einen Amerikaner seinen ganzen komerziellen und technischen Betrieb neu organisieren. Das erste, woran ich natürlich dachte, waren Ihre Maschinen. Sie haben sie auch in der Fabrik, aber sie wollen sie abschaffen, die Leute arbeiten nicht gerne damit, es bewährt sich nicht. Ich antwortete natürlich, daß die Leute offenbar mit den Maschinen, die meiner »Erfahrung« nach ausgezeichnet sind, nicht richtig umzugehn verstehn, daß sie durch irgendeinen tüchtigen Menschen, z.B. durch ein Berliner Fräulein, das ich kenne, unterrichtet werden müßten. Er sagte, ja, das sei allerdings möglich, er würde – zuerst müsse er noch mit seinem Bureaudirektor sprechen – sehr gerne das Fräulein auf seine Kosten herkommen lassen, wie lange der Unterricht auch dauern möge. Der Lesti werde sich zwar ärgern, denn er schreibe fortwährend an die Fa. und werde immerfort abgewiesen, aber das mache nichts. – Nun ist dieser Herr Löwenstein jetzt weggefahren, bleibt über den Juli weg, kommt erst anfangs August, dann soll ich bei ihm anfragen und dann kann es arrangiert werden. Wollen Sie? Wird es möglich sein? Ich wäre froh. Ich weiß zwar nicht, ob Sie in das böhmische Geschäft jetzt noch eingreifen dürfen; aber wenn die Firma ausdrücklich sagt, daß sie nur Sie und keinen andern haben will, so muß sich doch aus Geschäftsrücksichten irgendeine Möglichkeit dafür finden, daß Sie kommen dürfen.

Herzlichste Grüße Ihres   Franz K.

Franz Kafka an Felicens Mutter, Frau Anna Bauer

24.VI.14

Liebe Mutter!
Deine Karte habe ich erst spät bekommen. Was nicht in mein Bureau, sondern in die Wohnung adressiert ist, kommt ins Geschäft, wo es, besonders wenn die Mutter nicht da ist, verlegt wird und nur durch Zufall wieder einmal hervorkommt. In der Zwischenzeit höre ich dann Gerüchte, daß eine Karte für mich angekommen ist, die man zwar gelesen hat, deren Inhalt man aber nicht genau kennt. So war es auch mit Deiner Karte, liebe Mutter. Vielen Dank für Deine freundliche Aufmerksamkeit, der Brief an Felice enthielt zwar Wichtiges wie immer, aber nichts Dringendes, er konnte liegen bleiben.

Deine Bemerkung über den erwarteten und nicht gekommenen Brief hat mich traurig gemacht. Natürlich bist Du im Recht, das ist selbstverständlich. Ihr habt meine Eltern und die Schwester und mich über alle Vorstellung hinaus schön und lieb empfangen und bewirtet und behandelt. Ich hatte allen Grund, Euch von Herzen dankbar zu sein und es Euch zu sagen und zu schreiben. Ich habe es nicht getan. Warum? Siehst Du, liebe Mutter, hier ist einer der Fehler, die ich habe, mit denen Du nie einverstanden sein wirst. Es handelt sich auch in diesem Fall nicht gerade nur um das Schreiben, das weiß ich sehr wohl, trotzdem sogar das Schreiben hier durchaus nicht nur Sache der Form, sondern Sache des Herzens gewesen wäre. Trotzdem – ich bin nicht schlechter als einer, der geschrieben hätte, glaube mir.

Und nun küsse ich Dir herzlichst die Hand und bitte Dich, alle die Deinigen von mir zu grüßen, in Berlin und auswärts.

Dein Franz

An Grete Bloch

26.VI.14

Liebes Fräulein Grete, Sie wundern sich warum ich nicht schreibe, wie es mir geht. Weil es schwer zu sagen ist. Ich schlafe z.B. zwar schlecht, aber viel besser als zur Zeit meiner letzten Klagen. Ich glaubte, die Gründe des Nichtschlafens erkannt zu haben und warf mich gegen sie. Nun brennt mich wieder anderes. Und ich fange an, Furcht zu bekommen, daß alles nur Vorspiegelungen sind, hinter denen der eigentliche Kern des eigentlichen Unglücks wartet, von dem ich noch gar nicht unmittelbar weiß, sondern nur durch seine unerträglichen Drohungen. Wie ist es mit Ihren Hauptgründen des Schweigens?

Was ist es für ein Schmerz im Fuß? Hatten Sie nicht einmal schon etwas Derartiges?

Erna habe ich geschrieben, aber wie ich aus Ihrem Brief sehe, zu spät. Ich fahre wahrscheinlich morgen nach Hellerau, habe mich dort wenigstens schon angezeigt. Ob ich nächste Woche werde fahren können, weiß ich nicht, wir werden einander darüber noch schreiben. Wird Ihnen der Besuch des Präsidenten Ehren bringen? Ich kann nicht weiter schreiben, sehn Sie nur! Es drängt sich vieles, aber eines drängt das andere hinunter.

Und nur, um etwas Tröstliches mir zu holen und Ihnen zu schreiben, schlage ich dreimal die Bibel auf, die gerade neben mir liegt und finde schließlich den Satz: »Denn in seiner Hand ist, was unten in der Erde ist und die Höhen der Berge sind auch sein.« Aber es klingt mir fast ohne Sinn.

Herzlichste Grüße Ihres   Franz K.

Gerade will ich den Brief schließen, schaue noch zufällig auf und sehe in einem Fach des Tischaufsatzes eine Karte mit dem Stempel Charlottenburg. Begreife das nicht, da ich in meinen Briefschaften vollständige Ordnung habe, sehe nach und finde die Schloßbrückenkarte, die mir jemand unauffindbar auf den Tisch gelegt hat, und die ich jetzt zum erstenmal in die Hand bekomme. So sieht es auf meinem Schreibtisch aus.

An Grete Bloch

30.VI.14

Liebes Fräulein Grete! Kein Anruf, sondern ein In-die-Augenschauen. Sie sollen nicht so reden, ich bin nicht anders, nur allerdings hin- und hergeworfen und so reißt es auch an meiner Hand, die Ihre gute Hand hält. Haben Sie Geduld mit mir. Frauen sind doch geduldig, aber allerdings, vielleicht erschöpfe ich die beste Frau. Übermorgen bekommen Sie einen ausführlichen Brief, heute ist es schon zu spät. Wegen der Dresdner Reise habe ich F. geschrieben, ich komme in 14 Tagen nach Berlin und weiß also nicht – F. gegenüber wußte ich es, Ihnen gegenüber nun wieder nicht –, ob ich nächsten Sonntag nach Dresden komme.

Herzlichste Grüße Ihr   Franz K.

1.VII.14

Liebes Fräulein Grete, wieder spät, es wird kein ausführlicher Brief. Ich treibe mich viel in der freien Luft und im Wasser herum, fühle mich aber nicht wohl, habe Müdigkeit in allen Gelenken bis zu Schmerzen, liege, wenn ich zuhause bin, nur auf dem Kanapee, bewundere Ihre Arbeitsfähigkeit und begreife sie nicht, habe eine Arbeit angefangen liegen und kann kaum die Hand heben, um sie fortzusetzen. Klagen scheint mir das Überflüssigste, was es auf der Welt gibt und gerade dazu, nur dazu reicht die Kraft gerade noch aus. Übrigens nicht einmal vollkommen dazu, wie Sie bemerkt haben.

Sie machten letzthin eine Bemerkung über gemeinsam geschriebene Karten. Ich habe darüber nachgedacht. Sie haben unrecht und recht. Alles, was ich von Berlin bekomme, ist mir lieb, aber, im Augenblick unbewußt, muß auch das Verlangen vorhanden sein, lieber jeden allein für sich zu haben, nicht gemeinsam; den Einzelnen liebe ich, die Gemeinsamkeit nicht so; ich bin ungesellig bis zum Verrücktsein, nicht nur für mich, sondern für alle, die ich liebe. Eine Krankheit, vielleicht eine behebbare.

F. wird Ihnen gesagt haben, daß ich von Sonntag in einer Woche nach Berlin fahre oder vielmehr über Berlin in den Urlaub. Ich weiß also nicht, ob ich nächsten Sonntag in Dresden sein werde; habe auch noch eine kleine allerdings sehr leicht zu umgehende Verpflichtung, meine Schwester vor dem Urlaub in ihrer Sommerfrische zu besuchen. Am wahrscheinlichsten ist aber, daß ich in Prag bleiben werde; ich kann mich kaum zeigen. Sind Sie von Sonntag in einer Woche in Berlin? Ich höre auf, ich schreibe morgen wieder.

Herzlichste Grüße Ihr   Franz K.

Der Schmerz im Fuß? Was für ein Schmerz denn? Wie hat Sie der Präsident ausgezeichnet?

2.VII.14

Liebes Fräulein Grete, die Häufigkeit soll für die Leere meiner Briefe entschädigen, wenn ich dadurch vielleicht auch statt einen Mangel zu beseitigen, zwei Übel aufhäufe. Ich habe das Bedürfnis, Ihnen zu schreiben, bin aber zu müde, um etwas anderes zu sagen, als daß ich Sie herzlichst grüße und Sie, wenn nicht diesen Sonntag in Dresden – ich werde wahrscheinlich den ganzen Sonntag über auf den Brettern der Schwimmschule mich strecken und mit geschlossenen Augen dem Auf und Ab der Müdigkeit in den Gelenken und Muskeln folgen (menschenwürdige Beschäftigung) –, so jedenfalls von Sonntag in einer Woche in Berlin sehen muß.

Ihr Franz K.

Mein liebes Fräulein Grete, das ist allerdings ein sehr eindeutiger Brief. Ich könnte sagen, daß ich Sie endlich überzeugt habe. Früher als F., denn wir kennen einander erst seit November, während um F. das erste Mal zu überzeugen, fast ein Jahr nötig war, wobei ich allerdings hinzufügen muß, daß am Anfang jenes Jahres mein Zustand ein ungewöhnlicher gewesen ist, so daß die Länge der Zeit, die ich brauchte, um F. zu überzeugen, verständlicher wird.

Es hat sich in unserem Verhältnis, Fräulein Grete, um nichts anderes gehandelt (allerdings auf der, wie ich hoffe, von jeder möglichen Erkenntnis möglichst unerschütterten Grundlage unserer Freundschaft) als darum, Sie zu überzeugen. Sie hätten keine Briefe zitieren müssen oder vielmehr, es ist nicht genug, daß Sie sie zitiert haben. Wir haben, soweit es auf mich ankommt, nicht zweierlei sondern dreierlei Zeiten miteinander verbracht. Ich meine damit die zwei Tage in Prag, die Sie nicht erwähnen. Was in den Briefen steht, habe ich Ihnen schon damals zu sagen versucht und war damals weder verlobt noch habe ich damals um die Verlobung gekämpft, nur innerlich war Unruhe, allerdings. Eine doppelte Unruhe wegen der Unmöglichkeit, zwei Fragen zu beantworten: erstens, wie wird es F. gehn, wenn ich mich nicht mehr melde (übrigens kam damals gleichzeitig mit Ihnen ein Brief von F.) und zweitens, wie wird es mir gehn. Die Aussichten, die durch diese beiden Fragen eröffnet wurden, schienen mir unerträglich. Damals mich auf die Fußspitzen stellen und über alles hinweg die Aussichten zu suchen, die sich zeigen würden, wenn ich mich meldete – das konnte ich allerdings nicht.

Nun habe ich Sie also überzeugt, Fräulein Grete, und Sie fangen an, in mir nicht F.'s Bräutigam sondern F.'s Gefahr zu sehn. Das ist deutlich, undeutlich wird Ihr Brief erst gegen Ende, wo Sie für F. einen in verschiedener Hinsicht ebenbürtigen Mann verlangen. Entweder, Fräulein Grete, man ist »heiter, temperamentvoll, intelligent und grundgut« oder man ist es nicht, sondern ist traurig, schwerfällig, auf sich eingeschränkt und vielleicht nach dem Guten strebend, aber mit schwachen Kräften. Bessern kann man solche Zustände mit Absicht nicht; menschliche Organisationen sind nicht Wasser, das man aus einem Glas ins andere gießt. Schließlich ist man aber wirklich nicht nur das, sondern ist auch gewiß nicht vollständig gesund und zumindest neurasthenisch bis in den Grund hinein. Gewiß, das ist ganz klar, geradezu triumphierend klar in diesen Tagen, in denen ich trotz aller Pflege und trotzdem ich im Bureau wenig arbeite, vor Müdigkeit vergehe. Angenommen, ich wäre lustig, welche Lustigkeit könnte in einer solchen Lage bestehn? Sie fragen oder Sie werfen bloß die Frage auf, wie ich F. gegenüber bin. Wenn Sie es nicht ausdrücklich ausgeschlossen hätten, hätte ich gedacht, daß F. von Ihrem Brief weiß.

Übrigens habe ich heute Geburtstag, so bekommt Ihr Brief noch zufällig eine besondere Feierlichkeit. (Übrigens habe ich außer Ihrem Brief und zwei Kleinigkeiten heute noch einen sehr unangenehmen Brief bekommen. Das macht aber nichts, Unannehmlichkeiten stärken mich merkwürdigerweise.) Ich bin von Ihrer Güte und Herzlichkeit vollständig überzeugt und küsse in dieser Überzeugung Ihre Hand.   Ihr Franz K.

Franz Kafka an die Eltern Felice Bauers

Berlin, den 13.II.1914

Nun weiß ich nicht mehr, wie ich Euch ansprechen soll und darf. Ich werde nicht kommen, es wäre eine unnütze Quälerei für uns alle. Ich weiß, was Ihr mir sagen würdet. Ihr wißt, wie ich es hinnehmen würde. Ich komme also nicht.

Ich fahre wahrscheinlich heute Nachmittag nach Lübeck. Ich nehme als verhältnismäßig kleinen Trost, aber immerhin als Trost den Gedanken mit, daß wir einander gut bleiben können und gut bleiben, wenn auch die Verbindung, die wir alle wünschten, sich jetzt ebenso allen als unmöglich erwiesen hat. Felice hat Euch gewiß ebenso wie mich überzeugt. Ich sehe immer klarer.

Lebt wohl, besonders nach Euerem gestrigen Verhalten gehört Euch meine Verehrung bedingungslos, behaltet mich nicht in schlechtem Angedenken.

In Dankbarkeit   Franz K.

An Grete Bloch

15.X.14

Es ist ein sonderbares Zusammentreffen, Fräulein Grete, daß ich gerade heute Ihren Brief bekam. Das, womit er zusammengetroffen ist, will ich nicht nennen, es betrifft nur mich und die Gedanken, die ich mir heute nacht machte, als ich mich etwa um 3 Uhr ins Bett legte.

Ihr Brief überrascht mich sehr. Es überrascht mich nicht, daß Sie mir schreiben. Warum sollten Sie mir nicht schreiben? Sie sagen zwar, daß ich Sie hasse, es ist aber nicht wahr. Wenn Sie alle hassen sollten, ich hasse Sie nicht und nicht nur deshalb, weil ich kein Recht dazu habe. Sie saßen zwar im Askanischen Hof als Richterin über mir – es war abscheulich für Sie, für mich, für alle – aber es sah nur so aus, in Wirklichkeit saß ich auf Ihrem Platz und habe ihn bis heute nicht verlassen.

In F. täuschen Sie sich vollständig. Ich sage das nicht, um Einzelheiten herauszulocken. Ich kann mir keine Einzelheit denken – meine Einbildungskraft hat sich in diesen Kreisen so viel herumgejagt, daß ich ihr vertrauen kann – ich sage, ich kann mir keine Einzelheit denken, die mich davon überzeugen könnte, daß Sie sich nicht täuschen. Das, was Sie andeuten, ist vollständig unmöglich, es macht mich unglücklich zu denken, daß etwa F. aus irgendeinem unerfindlichen Grunde sich selbst täuschen sollte. Aber auch das ist unmöglich. Ihre Anteilnahme habe ich immer für wahr und gegen sich selbst rücksichtslos gehalten. Auch den letzten Brief zu schreiben ist Ihnen nicht leicht geworden. Ich danke Ihnen dafür herzlich.

Franz K.

[Ende Oktober/Anfang November 1914]

Es hat sich, Felice, zwischen uns, soweit es mich betrifft, im letzten Vierteljahr nicht das geringste geändert, nicht in gutem und nicht in schlechtem Sinn. Ich bin natürlich auf Deinen ersten Anruf bereit und hätte Deinen frühern Brief, wenn er angekommen wäre, gewiß und gleich beantwortet. Ich habe allerdings nicht daran gedacht, Dir zu schreiben – im Askanischen Hof war die Wertlosigkeit von Briefen und allem Geschriebenen zu deutlich geworden –, aber da mein Kopf (auch in seinen Schmerzen und gerade heute) der alte geblieben ist, hat es ihm an Gedanken und Träumen, die von Dir gehandelt haben, nicht gefehlt, und das Zusammenleben, das wir in meinem Kopfe geführt haben, war nur manchmal bitter, meistens aber friedlich und glücklich. Einmal allerdings wollte ich Dir, zwar nicht schreiben, aber eine Nachricht durch jemanden andern schicken lassen, Du wirst es nicht erraten, es war eine besondere Gelegenheit, ausgedacht während des Einschlafens, gegen 4 Uhr früh, der üblichen Zeit meines ersten Schlafes.

Vor allem aber dachte ich deshalb nicht daran zu schreiben, weil mir wirklich das Wichtigste in unserer Beziehung klar schien. Du warst schon seit langem im Irrtum, wenn Du Dich so oft auf Unausgesprochenes beriefst. Es hat nicht an Aussprache, aber an Glauben gefehlt. Weil Du das, was Du hörtest und sahst, nicht glauben konntest, dachtest Du, es wäre Unausgesprochenes vorhanden. Du konntest nicht die Macht einsehn, die meine Arbeit über mich hat, Du sahst sie ein, aber bei weitem nicht vollständig. Infolgedessen mußtest Du alles, was die Sorge um diese Arbeit, nur die Sorge um diese Arbeit, an Sonderbarkeiten in mir hervorrief, die Dich beirrten, unrichtig deuten. Nun traten aber außerdem diese Sonderbarkeiten (zugegebener Weise abscheuliche Sonderbarkeiten, mir selbst am widerlichsten) Dir gegenüber stärker auf als jemandem sonst. Das war sehr natürlich und geschah nicht nur aus Trotz. Sieh, Du warst doch nicht nur der größte Freund, sondern gleichzeitig auch der größte Feind meiner Arbeit, wenigstens von der Arbeit aus gesehn, und sie mußte sich deshalb ebenso, wie sie Dich in ihrem Kern über alle Grenzen liebte, in ihrer Selbsterhaltung mit allen Kräften gegen Dich wehren. Und zwar in jeder Einzelheit. Ich dachte z.B. daran, als ich einmal abends mit Deiner Schwester bei einem fast ausschließlichen Fleischessen saß. Wärest Du dabei gewesen, hätte ich wahrscheinlich Knackmandeln bestellt.

Auch im Askanischen Hof habe ich nicht aus Trotz geschwiegen. Was Du sagtest, war doch so deutlich, ich will es nicht wiederholen, aber es waren Dinge darunter, die fast unter 4 Augen zu sagen unmöglich hätte sein sollen. Allerdings sagtest Du sie erst, nachdem ich lange genug geschwiegen oder ganz Wesenloses gestottert hatte. Du wartetest auch nachher noch lange genug, damit ich sprechen sollte. Ich sage auch jetzt nichts mehr dagegen, daß Du Frl. Bl. [Bloch] mitgenommen hattest, ich hatte Dich ja in dem Brief an sie fast entwürdigt, sie durfte dabeisein. Daß Du allerdings auch Deine Schwester [Erna], die ich damals kaum kannte, hinkommen ließest, verstand ich nicht. Aber beider Anwesenheit beirrte mich nur wenig, es ist möglich, daß ich, wenn ich etwas Entscheidendes zu sagen imstande gewesen wäre, aus Trotz geschwiegen hätte. Das ist möglich, aber ich hatte nichts Entscheidendes zu sagen. Ich sah, daß alles verloren war, ich sah auch, daß ich es noch im letzten Augenblick durch irgendein überraschendes Bekenntnis retten konnte, aber ich hatte kein überraschendes Bekenntnis zu machen. Ich hatte Dich lieb wie heute, ich sah Dich in Not, ich wußte, daß Du durch mich zwei Jahre unschuldig gelitten hast, wie Schuldige nicht leiden dürften, aber ich sah auch, daß Du meine Lage nicht begreifen konntest. Was hätte ich tun sollen? Nichts anderes, als das, was ich getan habe: mitzufahren, zu schweigen oder etwas ganz Dummes zu sagen, die Geschichte von dem komischen Droschkenkutscher anzuhören und Dich anschauen mit dem Gefühl, daß es das letzte Mal sei.

Wenn ich sage, daß Du meine Lage nicht begreifen konntest, so behaupte ich nicht zu wissen, wie Du hättest handeln sollen. Hätte ich das gewußt, ich hätte es Dir nicht verschwiegen. Ich habe Dir meine Lage immer wieder darzustellen versucht, Du hast sie natürlich auch verstanden, aber in lebendige Beziehung zu ihr kommen, das konntest Du nicht. Es waren und sind in mir zwei, die miteinander kämpfen. Der eine ist fast so wie Du ihn wolltest, und was ihm zur Erfüllung Deines Wunsches fehlt, das könnte er durch weitere Entwicklung erreichen. Nicht einer Deiner Vorwürfe im Askanischen Hof bezog sich auf ihn. Der andere aber denkt nur an die Arbeit, sie ist seine einzige Sorge, sie macht, daß ihm die gemeinsten Vorstellungen nicht fremd sind, der Tod seines besten Freundes würde sich ihm zuallererst als ein, wenn auch vorübergehendes Hindernis der Arbeit darstellen, der Ausgleich zu dieser Gemeinheit liegt darin, daß er für seine Arbeit auch leiden kann. Die zwei kämpfen nun, aber es ist kein wirklicher Kampf, bei dem je zwei Hände gegeneinander losschlagen. Der erste ist abhängig vom zweiten, er wäre niemals, aus innern Gründen niemals imstande, ihn niederzuwerfen, vielmehr ist er glücklich, wenn der zweite glücklich ist, und wenn der zweite dem Anschein nach verlieren soll, so kniet der erste bei ihm nieder und will nichts anderes sehn als ihn. So ist es, Felice. Und doch kämpfen sie miteinander und doch könnten beide Dir gehören, nur ändern kann man nichts an ihnen, außer man zerschlägt beide.

In Wirklichkeit stellt sich das nun so dar, daß Du das alles vollständig hättest anerkennen müssen, daß Du hättest einsehn müssen, daß alles, was dort geschieht, auch für Dich geschieht, und daß alles, was die Arbeit für sich braucht, nicht Trotz, nicht Laune, sondern Hilfsmittel ist, zum Teil notwendig an sich,

zum Teil durch meine für diese Arbeit äußerst feindlichen Lebensumstände erzwungen. Sieh, wie ich jetzt lebe. Allein in der Wohnung meiner ältesten
Schwester. Sie wohnt, da der Schwager im Krieg ist, bei meinen Eltern. Soweit
mich nicht einzelnes, insbesondere die Fabrik, stört, ist meine Zeiteinteilung
diese: Bis ½3 im Bureau, dann Mittagessen zuhause, dann 1 oder 2 Stunden
Zeitunglesen, Briefeschreiben oder Bureauarbeiten, dann hinauf in meine Wohnung (Du kennst sie) und schlafen oder bloß schlaflos liegen, dann um 9 hinunter zu den Eltern zum Abendessen (guter Spaziergang), um 10 mit der Elektrischen wieder zurück und dann so lange wach bleiben, als es die Kräfte oder
die Angst vor dem nächsten Vormittag, die Angst vor den Kopfschmerzen im
Bureau erlaubt. Während des letzten Vierteljahres ist heute der zweite Abend,
an dem ich nicht arbeite, der erste war etwa vor einem Monat, da war ich zu
müde. Ich hatte im Laufe der letzten Zeit auch 14 Tage Urlaub, da hatte sich natürlich die Zeiteinteilung ein wenig geändert, soweit es in der Eile dieser kurzen
14 Tage, in der Aufregung, daß ein Tag nach dem andern vergeht, möglich war.
Ich saß eben durchschnittlich bis 5 Uhr früh beim Tisch, einmal auch bis ½8,
schlief dann, in den letzten Tagen des Urlaubs gelang es mir schon wirklich zu
schlafen, bis 1 oder 2 Uhr nachmittags, und nun war ich allerdings frei und
hatte Urlaub bis abends. Vielleicht siehst Du, Felice, die Möglichkeit einer Lebensweise ein, wie ich sie während des Urlaubs führte, aber mein Leben in der
übrigen Zeit kannst Du nicht billigen oder konntest es wenigstens bisher freiwillig nicht. Ich sitze oder liege während der Stunden des Tages, die allein ich als
mir entsprechendes Leben anerkenne, allein in diesen stillen 3 Zimmern,
komme mit niemandem zusammen, auch mit meinen Freunden nicht, nur mit
Max für paar Minuten auf dem Nachhauseweg aus dem Bureau und – bin nicht
glücklich, gewiß nicht, aber doch manchmal zufrieden damit, daß ich, so gut es
unter diesen Umständen geht, meine Pflicht erfülle. Diese Art der Lebensfüh-
rung habe ich immer eingestanden, sie war immer die Frage und die Probe. Du
hast diese Frage nicht mit »nein« beantwortet, aber Dein »ja« umfaßte niemals
die ganze Frage. Was aber als Lücke in dieser Antwort blieb, das füllte sich bei
Dir, Felice, mit Haß oder, wenn das Wort zu stark sein sollte, mit Widerwillen.
Es begann damals, als Du in Frankfurt warst, die unmittelbare Veranlassung
weiß ich nicht, vielleicht war auch keine vorhanden, jedenfalls begann dieser
Widerwille in Deinen Briefen aus Frankfurt aufzutreten, in der Art, wie Du auf
meine Angst um Dich antwortest, in der Art, wie Du Dich zurückhieltest.
Wahrscheinlich wußtest Du damals selbst noch nichts davon, später mußtest
Du es aber erkennen. Was war denn die Angst, von der Du später im Tiergarten
so oft sprachst und die Dich noch viel mehr als zum Sprechen zum Schweigen
zwang, was war sie denn sonst als Widerwillen vor meiner Lebensweise und
mittelbar auch vor meinen Absichten, mit denen Du nicht in Einklang kommen konntest, die Dich beleidigten. Ich sehe Dich, wie Du mit Tränen in den
Augen dem Dr. W. [Weiß] zuhörtest – es war Angst; wie Du (einzelne vielleicht
nicht immer richtige Beispiele!) am Abend, bevor ich zu Deinen Eltern ging,

keine klare Antwort geben konntest, – es war Angst; wie Du in Prag über manches an mir klagtest – es war Angst, immer, immer wieder Angst. Ich setze Angst statt Widerwillen, aber die beiden Gefühle mischten sich. Und was Du schließlich im Askanischen Hof sagtest, war es nicht der Ausbruch alles dessen? Konntest Du noch zweifeln, als Du Dich damals hörtest? Gebrauchtest Du nicht sogar den Ausdruck, daß Du Dich verlieren müßtest, wenn Du – Und selbst in Deinem heutigen Brief, Felice, finde ich Stellen, die noch aus dieser Angst herkommen könnten. Du darfst mich, Felice, nicht mißverstehn. Dieser Widerwille bestand, aber Du hattest Dich ja vor aller Welt entschlossen, ihm zu trotzen. Es konnte zu einem guten Ende führen, ich selbst hoffte es ja in glücklichen Stunden. Davon rede ich aber jetzt nicht. Du willst eine Erklärung meines letzten Verhaltens und diese Erklärung liegt eben darin, daß ich Deine Angst, Deinen Widerwillen dauernd vor mir sah. Ich hatte die Pflicht, über meiner Arbeit zu wachen, die mir allein das Recht zum Leben gibt, und Deine Angst zeigte mir oder ließ mich fürchten (mit einer viel unerträglicheren Angst), daß hier für meine Arbeit die größte Gefahr bestand. »Ich war nervös, ich war zermürbt, ich glaubte am Ende meiner Kraft zu sein«, so wie Du schreibst, war es. So wild haben die zwei in mir nie gekämpft wie damals. Und ich schrieb dann den Brief an Frl. Bl. [Bloch]. Vielleicht habe ich aber meine Angst noch nicht gut begründet, Deine Erklärung im Ask. H. [Askanischen Hof] fand doch erst später statt, die darf ich jetzt nicht heranziehn. Eines der deutlichsten Beispiele ist aber die Nichtübereinstimmung wegen der Wohnung, jede Einzelheit Deines Planes erschreckte mich, wenn ich ihr auch nichts entgegensetzen konnte und jeder zweifellos Dir Recht geben mußte. Nur Du selbst hättest Dir nicht Recht geben dürfen. Du wolltest etwas Selbstverständliches: eine ruhige, ruhig eingerichtete, familienmäßige Wohnung, wie sie die andern Familien Deines und auch meines Standes hatten. Du wolltest überhaupt nichts mehr als was diese Leute hatten (auch in Deinem heutigen Brief sind sie erwähnt, es sind die, denen es »im Schlafen zufällt«), aber das was diese hatten, wolltest Du vollständig. Ich bat Dich einmal – es war schon nahe der letzten Angst – die Feierlichkeit im Tempel zu verhindern, Du antwortetest darauf nicht, ich nahm in meiner Angst an, daß Du über meine Bitte erbittert wärest, und tatsächlich erwähntest Du im A. H. [Askanischen Hof] auch diese Bitte. Was bedeutete aber die Vorstellung, die Du Dir von jener Wohnung machtest? Sie bedeutete, daß Du mit den andern übereinstimmtest, aber nicht mit mir; für jene andern ist aber die Wohnung berechtigter Weise etwas ganz anderes, als sie es für mich gewesen wäre. Diese andern sind, wenn sie heiraten, fast gesättigt und die Ehe ist für sie nur der letzte große, schöne Bissen. Für mich nicht, ich bin nicht gesättigt, ich habe kein Geschäft gegründet, das sich von Ehejahr zu Ehejahr weiterentwickeln soll, ich brauche keine endgültige Wohnung, aus deren geordnetem Frieden heraus ich dieses Geschäft führen will, – aber nicht nur, daß ich eine solche Wohnung nicht brauche, sie macht mir Angst. Ich habe einen solchen Hunger nach meiner Arbeit, daß er mich schlaff macht; meine Verhältnisse hier sind aber meiner

Arbeit entgegengesetzt, und richte ich in diesen Verhältnissen eine Wohnung nach Deinem Wunsche ein, so heißt das – wenn nicht in Wirklichkeit, so doch im Zeichen –, daß ich den Versuch mache, diese Verhältnisse zu lebenslänglichen zu machen, also das Schlimmste, was mich treffen kann. Ich möchte das, was ich jetzt gesagt habe, irgendwie einschränken und dadurch genauer bestimmen. Du kannst mit Recht fragen, was für Pläne wegen der Wohnung ich von Dir also erwartete. Ich kann darauf nicht eigentlich antworten. Am entsprechendsten und natürlichsten für meine Arbeit wäre es allerdings gewesen, alles wegzuwerfen und irgendwo eine Wohnung noch höher als im 4ten Stock zu suchen, nicht in Prag, anderswo, aber allem Anschein nach bist weder Du geeignet, im selbstgewählten Elend zu leben, noch bin ich es. Vielleicht bin ich dazu sogar noch weniger geeignet als Du. Nun, wir haben es noch keiner erprobt. Erwartete ich also etwa diesen Vorschlag von Dir? Nicht geradezu; ich hätte zwar nicht gewußt, was tun vor Glück über einen solchen Vorschlag, aber erwartet habe ich ihn nicht. Aber es gab vielleicht einen Mittelweg oder vielmehr es gab ganz bestimmt einen solchen. Und Du hättest ihn gewiß gefunden, ohne Suchen, ganz selbstverständlich, wenn, ja eben, wenn nicht jene Angst, jener Widerwille gewesen wäre, der Dich vor dem abhielt, was für mich und für unser Zusammenleben unbedingt notwendig war. Ich konnte ja noch immer hoffen, daß es zu dieser Einigkeit käme, aber das waren nur Hoffnungen, gegenwärtig waren jedoch jene Anzeichen des Gegenteils, vor denen ich Angst haben mußte und gegen die ich mich auch wehren mußte, wenn ich wollte, daß Du einen lebenden Mann bekommst.

Nun kannst Du ja gewiß das Ganze wenden und sagen, daß Du ebenso gefährdet warst in Deinem Wesen wie ich in meinem und daß Deine Angst ebenso berechtigt war wie meine. Ich glaube nicht, daß es so war. Ich liebte Dich doch in Deinem wirklichen Wesen, und nur wenn es feindlich an meine Arbeit rührte, fürchtete ich es. Ich hätte doch, da ich Dich so liebte, nicht anders können als Dir helfen, Dich zu erhalten. Immerhin ist das nicht ganz wahrheitsgemäß, gefährdet warst Du, aber wolltest Du denn gar nicht gefährdet sein? Niemals? Gar nicht?

Es ist nichts Neues, was ich gesagt habe, vielleicht ist es ein wenig neu zusammengefaßt, neu ist es aber nicht. Neu ist jedoch, daß es außerhalb eines ständigen Briefwechsels geschrieben ist und daß ich deshalb und weil Du diese Zusammenfassung wolltest, Hoffnung habe, eine klare Antwort zu bekommen. Ich bin begierig auf Deine Antwort. Du mußt mir antworten, Felice, wieviel Du auch an meinem Briefe aussetzen mögest. Ich warte sehr ungeduldig auf Deine Antwort. Als ich gestern den Brief abbrach – es war schon spät – und mich niederlegte, schlief ich ein kleines Weilchen, aber als ich dann erwachte und bis zum Morgen nicht mehr eigentlich einschlief, kam unsere Sorge und unser Leid – hier ist wirklich etwas Gemeinsames – unverändert wie in der ärgsten Zeit über mich. Es hängt ja noch alles zusammen, nichts ist von diesen Sorgen aufgelöst, wenn man es nur ein wenig herankommen läßt. Es reißt einen herum, als ob es einen an der Zunge festhielte. Ich glaubte in dieser Nacht manchmal, die Grenzen der Narrheit wären schon hinter mir und ich wußte nicht, wie ich mich retten sollte. Du wirst mir also antworten und wirst mir, wenn Du besonders freundlich sein willst, es telegraphisch anzeigen, wenn Du diesen Brief bekommst. Du erwähnst den Briefwechsel mit Erna. Ich weiß nicht, was Du damit meinst, daß ich unabhängig von diesem Briefwechsel Dir antworten soll. Es trifft sich gerade, daß ich Erna morgen schreibe. Ich werde ihr daher auch schreiben, daß ich Dir geschrieben habe. Erna war über alle Begriffe gut zu mir und ist es auch zu Dir.

Franz

25.I.15

Soll ich zusammenfassen, F.? Zunächst eine ebenso unmittelbare als alte Beobachtung. Ich setze die Feder an und bin Dir nahe, bin Dir näher, als wenn ich bei dem Kanapee stehe. Hier wirfst Du mich nicht um, hier weichst Du meinen Augen nicht aus, meinen Gedanken nicht aus, meinen Fragen nicht aus und selbst dann nicht, wenn Du schweigst. Sind wir hier etwa in der Wohnung auf dem Dachboden mit der Kirchturmuhr als Standuhr? Möglich. Wir haben festgestellt, daß wir keine gute Zeit miteinander verbracht haben. Und das ist noch hochtrabend gesprochen. Vielleicht haben wir keine vollständig freie Minute miteinander verbracht. Ich erinnere mich an Weihnachten 1912. Max war in Berlin und glaubte Dich auf einen grausigen Brief vorbereiten zu müssen, der Dir drohte. Du versprachst, tapfer zu bleiben, aber sagtest etwa folgendes: »Es ist so merkwürdig, wir schreiben einander, regelmäßig und sehr oft, ich habe schon viele Briefe von ihm, ich möchte ihm gern helfen, aber es ist so schwer, er macht es mir so schwer, wir kommen einander nicht näher.« Dabei – versteh mich recht – ist es ja fast geblieben, für beide. Der eine erkennt es früher, der andere später, der eine vergißt es in dem Augenblick, als sich der andere daran erinnert. Aber es wäre ja leichte Abhilfe, sollte man glauben. Kann man nicht näher kommen, geht man weiter weg. Aber das ist nun auch wieder nicht möglich. Der Wegzeiger zeigt nur die eine Richtung.

Das ist die erste Erbarmungslosigkeit. Die zweite liegt in uns beiden. Ich habe gefunden, wir sind beide erbarmungslos gegen ein[an]der; nicht etwa weil dem einen zu wenig an dem andern liegen würde, aber erbarmungslos sind wir. Du wahrscheinlich ganz unschuldig, daher ohne Schuldgefühl, also auch das Leid dieses Gefühls. Bei mir ist es anders. Ein Unglück ist es vielleicht, daß ich nicht streiten kann, ich erwarte etwa förmlich ein Aufblühn der Überzeugung, nach der ich verlange, von innen her, und gebe mir keine Mühe, auf dem geraden Wege zu überzeugen oder vielmehr ich gebe mir Mühe, aber es ist gar nicht zu merken, so groß ist meine Unfähigkeit darin. Darum haben wir keinen äußerlichen Streit, wir gehn friedlich nebeneinander her, aber unterdessen zuckt es zwischen uns, als ob jemand unaufhörlich die Luft zwischen uns mit einem Säbel zerschneiden würde. Um es nicht zu vergessen: Auch Du streitest nicht, auch Du duldest, und dieses Dulden ist vielleicht zum Ausgleich, da es doch auch unschuldig ist, viel schwerer als meines.

Und nun geschieht natürlich das, was ich genau vorhersah. Ich fuhr nicht freiwillig hin, ich wußte, was mir drohte. Mir drohte die Verlockung der Nähe, diese unsinnige Verlockung, die mir förmlich im Genick sitzt und selbst in diesem Eiszimmer nicht von mir abläßt. Du warst vormittags bei der Bank, auf der die zwei Taschen lagen, und Du standest nachmittags vor den paar Stufen, die zum Kaffeehaus führten. Daran zu denken ist fast unerträglich, trotz der vielen und harten Denkübungen der letzten Jahre. Ich weiß nicht, wie ich damit bei der Arbeit durchkommen werde, aber es muß doch sein.

Ich werde Dir nur wenig schreiben, die Briefe gehn so langsam, man schreibt auch nicht so frei wie sonst, ich werde Dich auch nicht wieder mit Bitten zum Brief schreiben drängen, wir haben mit Briefen wenig erreicht, wir müssen es auf andere Weise zu erreichen suchen. Ich werde mir vielleicht doch wieder, so unmöglich es jetzt scheint, die Nachmittage zur Arbeit verschaffen können, werde es jedenfalls versuchen. Und diese Arbeit gilt doch in gewissem Sinn Dir, trotzdem z.B. irgendein Teufel Dich zu der Bemerkung gezwungen hat, ich solle versuchen, etwas aus der Fabrik zu machen. Warum verstehst Du die Fabrik besser als mich!

Genug; ich habe noch viel zu tun. Die Hausmeisterin ist krank und ich muß das Bett, das ich früh zerworfen habe, jetzt wieder in Ordnung bringen. Auch auskehren und Staub abwischen sollte ich, aber da das auch die Hausmeisterin fast immer versäumt, ist es auch heute nicht dringend. Wenn Du mich früh – die Hausmeisterin wird mich auch voraussichtlich nicht wecken – durch einen guten freundlichen Traum rechtzeitig etwa um ½ 8 wecken wolltest, so wäre das sehr lieb. Richte es aber womöglich so ein, daß der Traum, ehe er mich weckt, richtig abläuft bis zum wahren guten Ende, das uns beiden irgendwo bereitet sein möge.   Viele Grüße Franz

[Am Rande] Das Buch von Werfel habe ich Dir geschickt.

2.II.15

Ich werde klagen F., klagen bis mir leichter wird. Du wirst aber nicht lachen? Meiner Arbeit ging es verhältnismäßig gut bis einige Tage vor Bodenbach, da mußte der Bruder des Schwagers einrücken, die Fabrik, das Jammerbild einer Fabrik, fiel an mich. Die Quälereien, die sie mir schon lange vorher, seit ihrem Bestand fast, bereitet hat (sinnlos, denn sie hat wahrhaftig keinen Vorteil davon), sind nicht zu Ende zu erzählen. Jetzt aber mußte ich wirklich heran und jeden Tag hingehn, an Arbeit war nicht mehr zu denken trotz Einsetzens der letzten Willenskraft. Die Fabrik stand ja still, aber immerhin ist ein Lager da, Gläubiger und Kunden müssen vertröstet werden u.s.w., ich mußte die Arbeit, die ich gerade in der letzten Zeit besonders festgehalten hatte, aus der Hand lassen. Aber die Sache besserte sich bald, wenigstens vorläufig, der Bruder des Schwagers dient jetzt in Prag, kann also für 1-2 Stunden nach der Fabrik sehn, für mich war das sofort ein Zeichen zurück[zu]treten. Wieder saß ich in der stillen Wohnung und suchte mich von neuem einzugraben. Es ist für mich sehr schwer, mich nach einer Pause wieder zurückzufinden, es ist, als sei die mit vieler Plage aufgesprengte Tür wieder unbeobachtet ins Schloß gefallen, darin liegt gewiß ein Verdachtsgrund gegen meine Fähigkeiten. Immerhin gelang es mir endlich wieder hineinzukommen, ich war wie verwandelt. Warum geschieht es nicht einmal, daß ich dort statt der bezwungenen Arbeit Dich finde. Das Glück dauerte nur zwei Tage, denn ich mußte übersiedeln. Was das Wohnungssuchen bedeutet, wissen wir beide. Was für Zimmer habe ich jetzt wieder gesehn! Man muß glauben, daß sich die Leute unwissend oder mutwillig im Schmutz begraben. Wenigstens ist es hier so, sie fassen Schmutz, ich meine überladene Kredenzen, Teppiche vor dem Fenster, Photographieaufbaue auf den mißbrauchten Schreibtischen, Wäscheanhäufungen in den Betten, Kaffeehauspalmen in den Winkeln, alles dieses fassen sie als Luxus auf. Aber mir liegt ja an allem nichts. Ich will nur Ruhe, aber eine Ruhe, für welche den Leuten der Begriff fehlt. Sehr verständlich, kein Mensch braucht im gewöhnlichen Haushalt die Ruhe, die ich brauche; zum Lesen, zum Lernen, zum Schlafen, zu nichts braucht man die Ruhe, die ich zum Schreiben brauche. Seit gestern bin ich in meinem neuen Zimmer und habe gestern Abend Verzweiflungsanfälle gehabt, daß ich glaubte, die Notwendigkeit aus dem Zimmer und aus der Welt hinauszukommen sei für mich die gleiche. Und dabei geschah nichts besonderes, alle sind rücksichtsvoll, meine Wirtin verflüchtigt sich zum Schatten mir zuliebe, der junge Mensch, der neben mir wohnt, kommt abends müde aus dem Geschäft, macht paar Schritte und liegt schon im Bett. Und trotzdem, die Wohnung ist eben klein, man hört die Türen gehn; die Wirtin schweigt den ganzen Tag, paar Worte muß sie mit dem andern Mieter vor dem Schlafengehn noch flüstern; sie hört man kaum, den Mieter doch ein wenig: die Wände sind eben entsetzlich dünn; die Schlaguhr in meinem Zimmer habe ich zum Leidwesen der Wirtin eingestellt, es war mein erster Weg, als ich eintrat, aber die Schlaguhr im Nebenzimmer schlägt dafür desto lauter, die Minuten suche ich zu überhören, aber die halben Stunden sind überlaut angezeigt, wenn auch melodisch; ich kann nicht den Tyrannen spielen und die Einstellung auch dieser Uhr verlangen. Es würde auch nichts helfen, ein wenig flüstern wird man immer, die Türglocke wird läuten, gestern hat der Mieter zweimal gehustet, heute schon öfter, sein Husten tut mir mehr weh als ihm. Ich kann keinem böse sein, die Wirtin hat sich früh wegen des Flüsterns entschuldigt, es sei nur ausnahmsweise gewesen, weil der Mieter (meinetwegen) das Zimmer gewechselt hat und sie ihn in das neue Zimmer einführen wollte, auch werde sie vor die Tür einen schweren Vorhang hängen. Sehr lieb, aber aller Voraussicht nach werde ich Montag kündigen. Allerdings, ich bin so verwöhnt durch die stille Wohnung, aber anders kann ich nicht leben. Lache nicht, F., finde mein Leiden nicht verächtlich, gewiß, so viele leiden jetzt, und was ihr Leiden verursacht, ist mehr als ein Flüstern im Nebenzimmer, aber gerade im besten Fall kämpfen sie für ihre Existenz oder richtiger für die Beziehungen, die ihre Existenz zur Gemeinschaft hat, nicht anders ich, nicht anders ein jeder. Begleite mich mit guten Wünschen auf der Wohnungssuche.

Auf Deinen Brief antworte ich noch. Wann verreist Du wieder? Letzthin stand in einem Feuilleton ein Abschnitt über die Umwandlung einer Grammophonfabrik in eine Konservenfabrik, es war zweifellos Euere Fabrik beschrieben, es hat mich sehr gefreut, das zu lesen. Das ist doch eine Fabrik, zu der ich herzlichere Beziehungen habe als zu der meinen. Herzliche und gute Grüße

Franz

Wie hat Dir Werfel gefallen?

[Postkarte]
[Prag,] 3.III. [1915]

Heute kam, F., Dein Brief, einer ging also verloren, Dein Brief oder der meine, es ist abscheulich. Ich werde Dir von jetzt ab regelmäßig alle 14 Tage einen eingeschriebenen Brief schicken. Ja, es ist vieles zu sagen, aber in offenen Briefen es zu sagen ist fast unmöglich. Auch habe ich fast eine Abneigung gegen Briefe; was hilft es, wenn das Schreiben gelingt und alles andere ist so mißlungen. In Deinem Brief stecken Möglichkeiten der Zukunft, er ist lieb und gut. Du hast mich in B. [Bodenbach] nicht mißverstanden, aber es steht davor als Preis für mich ein ordentlicher und schöner Entschluß, der ausgeführt und nicht geschrieben werden muß.

Franz

[auf der andern Kartenseite] Brief geht heute ab.

Das Manuskript jetzt zu verschicken ist so schwer; bis es geschrieben oder gedruckt ist.

3.III.14 [1915]

Telegramm und Karte sind abgeschickt. Wochen der Arbeitsunlust, der Kopfschmerzen, der im engen Kreis ewig herumwandernden Gedanken sind hinter mir. Die Kopfschmerzen sind auch heute mächtig da (ich schlafe eben zu wenig), aber sonst ist es besser und wird auch besser werden. Zähigkeit fehlt mir eigentlich nicht, nur arbeitet sie meistens auf der Gegenseite.

Das Zimmer [Bilekgasse] habe ich schon gekündigt, es hat viel Entschlußkraft gekostet. Fast jeden Morgen ist die alte Frau zu meinem Bett gekommen und hat mir neue Verbesserungsvorschläge zugeflüstert, mit denen sie die Ruhe in der Wohnung noch vermehren wollte. Die fertige Kündigung im Kopf, mußte ich noch danken. Als ich schließlich am vorletzten Tag den Mund zur Kündigung aufmachte, nahm sie gerade aus dem Kasten den Theatermantel ihrer Tochter (es gibt eine Art gelblicher Theatermäntel mit Spitzenkragen, die mich ganz trübselig machen, und dieser Mantel war ein solcher), sie wollte mit der Tochter abends zu einem kleinen Fest gehn, da wollte ich ihr nicht die Freude verderben und verschob die Kündigung auf den nächsten Tag. Es war übrigens nicht ganz so schlimm, wie ich es erwartet hatte, immerhin vertraute sie mir an, daß sie geglaubt habe, ich werde bis zu meinem Tode (über den Zeitpunkt drückte sie sich nicht näher aus) bei ihr bleiben. Das Zimmer, das ich jetzt gemietet habe, ist vielleicht nicht viel besser, immerhin ist es ein anderes Zimmer. Es war vielleicht nicht so sehr die Unruhe in der Wohnung, die mich von dort vertrieben hat, denn ich habe ja in der letzten Zeit fast gar nichts in meiner Arbeit erreicht, habe also im Grunde weder die Ruhe noch die Unruhe der Wohnung erproben können, es war vielmehr meine eigene Unruhe, ein Gefühl, das ich nicht weiter ausdeuten will. Dagegen will ich Deinen Traum deuten. Hättest Du Dich nicht auf den Boden unter das Getier gelegt, hättest Du auch den Himmel mit den Sternen nicht sehn können und wärest nicht erlöst worden. Du hättest vielleicht die Angst des Aufrechtstehns gar nicht überlebt. Es geht mir auch nicht anders; das ist ein gemeinsamer Traum, den Du für uns beide geträumt hast.

In Deinem Brief sagst Du einmal im Scherz, ich soll nach Berlin kommen, und einmal im Ernst, was aus uns werden soll. Beides gehört zusammen. Sage offen, glaubst Du, daß wir in Prag eine gemeinsame Zukunft haben können? Es liegt durchaus nicht an Prag, wenn dies nicht möglich sein sollte. Es liegt auch nicht an äußerlichen Verhältnissen. Im Gegenteil. Wenn der Krieg nur halbwegs milde vorübergegangen sein wird, werden die Verhältnisse voraussichtlich ganz günstig sein. Denke nur, ich habe gerade jetzt K 1200 zubekommen, eine schöne Menge Geld an sich, das mich aber hier gar nicht freut, das ich vielmehr fast abwehren wollte, als sei es eine Vergrößerung des Hindernisses. Was meinst Du? Noch einige Fragen: Warum schläfst Du schlecht und worin besteht das Schlechte Deines Schlafs? Wie kamst Du zu dem Briefumschlag? Warum liest Du so alte und nicht gute Bücher wie »Betrachtung«? Ein Vorschlag: Willst Du nur die Bücher, aber vollständig, lesen, die ich Dir schicken werde? Du müßtest allerdings mit dem Briefband von Flaubert und Browning beginnen. Und im Sommer machen wir eine Reise.

Franz

Noch keine Nachricht, F., und es dauert schon lange. Wie beginnst Du das Frühjahr? Ich habe heute nach langer Zeit einen Spaziergang gemacht, es ist nämlich Sonntag und gutes Wetter, einer jener Augenblicke, wo die Anordnung im Gerichtssaal sich ändert, die lächerlichsten Verschiebungen vorgenommen werden, wo man glaubt, sehr gut behandelt worden zu sein und alle Rechnungen trotz zweifelloser, in die Augen schlagender Unrichtigkeiten stimmen. Dieses Gefühl ist aber an einem falschen Platz, es ist zumindest eine überflüssige Anhäufung, an diesem Vormittag brauchte ich es nicht, wohl aber gestern und vorgestern und sofort, wo ich vormittag den schmerzenden Kopf förmlich in den Händen drehte, denn ihn sich selbst zu überlassen schien unmöglich. Der heutige Vormittag gleicht das vielleicht aus, aber gestern wußte ich das nicht und morgen habe ich es vergessen.

Seid Ihr schon übersiedelt? Ich bin übersiedelt, in ein Zimmer, in dem der Lärm etwa zehnmal größer ist als in dem frühern, das aber im übrigen unvergleichlich schöner ist. Ich dachte unabhängig von der Lage und dem Aussehn des Zimmers zu sein. Aber das bin ich nicht. Ohne freiere Aussicht, ohne die Möglichkeit, ein großes Stück Himmel aus dem Fenster zu sehn und etwa einen Turm in der Ferne, wenn es schon nicht freies Land sein kann, ohne dieses bin ich ein elender, gedrückter Mensch, ich kann zwar nicht angeben, was für ein Teil des Elends dem Zimmer anzurechnen ist, aber es kann nicht wenig sein; ich habe in dem Zimmer sogar Morgensonne, und da ringsherum viel niedrigere Dächer sind, kommt sie voll und geradewegs zu mir. Ich habe aber nicht nur Morgensonne, denn es ist ein Eckzimmer und zwei Fenster gehn nach Südwesten. Damit ich aber nicht übermütig werde, trampelt über mir in einem (leeren, nichtvermieteten!!) Atelier bis abends jemand mit schweren Stiefeln hin und her und hat dort irgendeinen im übrigen zwecklosen Lärmapparat aufgestellt, der die Illusion eines Kegelspiels erzeugt. Eine schwere Kugel rollt schnell geschoben über die ganze Länge der Zimmerdecke, trifft in der Ecke auf und rollt schwerfällig krachend zurück. Die Dame, von der ich das Zimmer gemietet habe, hört es zwar auch, versucht aber, weil man für einen Mieter nichts unversucht läßt, den Lärm logisch zu negieren, indem sie darauf hinweist, daß das Atelier unvermietet und leer ist. Worauf ich nur antworten kann, daß dieser Lärm nicht die einzige grundlose und deshalb eben nicht zu beseitigende Quälerei in der Welt ist.

Übrigens wohne ich nicht etwa auf dem Land, denn, wenn ich auf meinem Balkon stehe, sehe ich jener Wohnung fast in die Fenster, deren Pläne Du und ich einmal studiert haben. Auch diese Wohnung hatte heute Morgensonne in allen 3 Gassenfenstern. Ich wußte nicht, was ich zu den Fenstern sagen sollte. Was hättest Du gesagt? Ich sehe die Fenster auch am Abend, gewöhnlich sind alle 3 beleuchtet, allerdings nicht so lange wie meines. Ich lebe ganz allein, bin

jeden Abend zuhause, war schon einen Monat lang nicht bei den Samstagaben-
den, war aber schon 2 Monate unfähig zu jeder erträglichen Arbeit. Jetzt ist aber
genug von mir geredet. Nun von Dir!   Herzlichst F.

[Stempel: Prag – 5.IV.15]

Auch am Sonntag, Felice, an einem schönen stillen grauen Sonntag. Nur ich
und der Kanarienvogel sind wach in der Wohnung. Ich bin hier bei den Eltern.
In meinem Zimmer allerdings, dort lärmt wahrscheinlich die Hölle, hinter der
rechten Wand werden scheinbar Baumstämme abgelagert, man hört, wie der
Stamm im Wagen gelockert wird, dann wird er gehoben, er seufzt wie etwas Lebendiges, dann ein Krach, er fällt und die Resonanz des ganzen verfluchten Be-
tonhauses nimmt sich seiner an. Über dem Zimmer auf dem Boden schnurrt
die Maschinerie des Aufzugs und hallt durch die leeren Bodenräume. (Das ist
das frühere vermeintliche Ateliergespenst, es gibt aber dort auch Dienstmädchen, die beim Wäschetrocknen mit ihren Pantoffeln förmlich meine Schädel-
decke abtasten.) Unter mir ist ein Kinder- und Gesellschaftszimmer, bei Tag
schreien und laufen die Kinder, immer wieder flötet irgendwo eine Tür, die aufgerissen wird, das Kindermädchen will ihrerseits durch Schreien Ruhe erzwingen, am Abend schwatzen die Erwachsenen durcheinander, als hätten sie unten
jeden Tag ein Fest. Aber um 10 Uhr ist es zuende, wenigstens bis jetzt, manchmal war schon um 9 Ruhe und wenn dann meine Nerven dazu noch imstande
sind, können sie eine wunderbare Ruhe genießen.

Für den Tageslärm habe ich mir aus Berlin – ich muß immer wieder auf Berlin zurückgreifen – eine Hilfe kommen lassen, Ohropax, eine Art Wachs von
Watte umwickelt. Es ist zwar ein wenig schmierig, auch ist es lästig, sich schon
bei Lebzeiten die Ohren zu verstopfen, es hält den Lärm auch nicht ab, sondern
dämpft ihn bloß – immerhin. Im Strindbergroman »Am offenen Meer«, den ich
vor paar Tagen gelesen habe – es ist eine Herrlichkeit, kennst Du ihn? –, hat der
Held für ein ähnliches Leid, wie ich es habe, sogenannte Schlafkugeln, die er in
Deutschland gekauft hat, Stahlkügelchen, die man ins Ohr rollen läßt. Es
scheint aber leider nur eine Strindbergische Erfindung zu sein.

Ob ich durch den Krieg leide? Was man durch den Krieg an sich erfährt, das
kann man im wesentlichen noch gar nicht wissen. Äußerlich leide ich durch
ihn, weil unsere Fabrik zugrunde geht, wie ich mehr ahne als weiß, denn ich war
schon einen Monat lang nicht dort. Der Bruder meines Schwagers wird hier
ausgebildet und kann sich also vorläufig noch ein wenig darum kümmern. Der
Bruder [Mann] meiner ältern Schwester ist in den Karpathen beim Train und
wohl nicht in unmittelbarer Gefahr, der Mann meiner andern Schwester war,
wie Du weißt, verwundet, war dann paar Tage in der Front, ist mit Ischias zurückgekommen und wird jetzt in Teplitz kuriert. Außerdem leide ich am Krieg
meistens dadurch, daß ich nicht selbst dort bin. Aber das sieht, so glattweg

niedergeschrieben, fast nur dumm aus. Übrigens ist es vielleicht nicht ausgeschlossen, daß ich noch darankomme. Mich freiwillig zu melden, hindert mich manches Entscheidende, zum Teil allerdings auch das, was mich überall hindert. Auch das, was uns, F., hindert, in Prag zu leben, so gut die Bedingungen hier sind und so erstrebenswert sie vielleicht auch in paar Jahren im Rückblick scheinen werden. Ich bin hier nicht am Platze, und zwar kämpfe ich hier nicht gegen die Umgebung (wenn es so wäre, dann gäbe es keine liebere und bessere Hilfe, als die Deine), ich kämpfe nur gegen mich selbst und in solchen Kampf Dich mit hinunterzuziehn, das darf ich um unser beider willen nicht tun, es hat sich fast augenblicklich bestraft, als ich es in Verblendung wollte. Ehe man das Recht auf einen Menschen fühlt und hat, muß man entweder weiter gekommen sein als ich oder den Weg, den ich meinen Kräften suche, gar nicht machen. In Prag aber scheine ich in meinen Verhältnissen gar nicht weiter kommen zu können.

Meine Bemerkung über das Geld scheinst Du mißverstanden zu haben. Es ist eine monatliche Gehaltserhöhung um 100 K, die mir, was ihre Verwendung anlangt, natürlich keine Sorgen macht. Denke nur, ich hafte ja mit allem, was ich habe, für die Fabrik. Meine Unzufriedenheit bezog sich darauf, daß durch dieses Geld die Grube, in der ich sitze, wieder ein wenig tiefer gegraben wird. Von Dir schreibst Du so wenig, F. Was Du arbeitest, ob Du weniger Arbeit hast als früher, was die neue Stellung bedeutet, mit wem Du verkehrst, warum Du am Sonntag nachmittag allein zuhause sitzt, was Du liest, ob Du ins Theater gehst, ob Dein Gehalt nicht verringert ist, wie Du Dich kleidest (in Bodenbach war es sehr schön, das Jäckchen), wie Du zu Erna stehst – von dem allen höre ich nichts und es gehört doch sehr in meinen Gedankenkreis. Und Dein Bruder? Und Dein Schwager?

Noch eines: Über den Verlust der Wohnung, die mir gegenüber ist, müssen wir nicht trauern. Eine Wohnung ohne Aussicht (mein Zimmer dagegen hat weite Aussicht nach zwei Seiten, das ist allerdings ohne nähere Beschreibung schwer zu begreifen), in der eine Frau mit einer Tochter wohnt, von welcher letztern mir nur eine giftig gelbe Bluse, Wangenbehaarung und Watschelgang erinnerlich sind. Die Wohnung darf man verloren geben.

Herzlich Franz

[Stempel: 20.IV.15]

Wie lange ich schon ohne Nachricht bin, Felice! Was geschieht mit Dir? Wenn einem jemand lange nicht antwortet, ist es so, als ob er gegenüber sitzt und schweigt; man ist versucht zu fragen: Woran denkst Du?

Es ist jetzt Zeit, an das vorige Jahr zu denken; woran zu denken übrigens immer Zeit ist. Sie war wunderbar im blauen Kleid, als sie hereinkam, aber der Kuß war nicht rein, nicht rein gegeben, nicht rein genommen. Nicht rein gegeben: denn er hatte kein Recht zu diesem Kuß; daß er sie liebte, gab ihm das

Recht noch nicht; daß er sie liebte, hätte ihm diesen Kuß verwehren müssen. Denn wohin wollte er sie nehmen? Wo stand er selbst? Durch die gemeinsame Anstrengung der Eltern (die er, sehr ungerecht natürlich, dafür fast haßte) und einiger anderer war ihm einmal ein Brett unter[ge]scho-ben worden, auf dem er noch jetzt stand. Und weil dieses Brett stark genug war, zwei zu tragen, – aus dieser trostlos lächerlichen Tatsache zog er das Recht, sie mit zu sich zu nehmen. Aber in Wirklichkeit hatte er keinen Boden unter den Füßen; daß er es bis jetzt zustande gebracht hatte, auf seinem Brett zu balancieren, war kein Verdienst, sondern eine Schändlichkeit. Sag mir also, wohin er sie tragen wollte; es ist unausdenkbar. Er liebte sie eben und war unersättlich. Er liebt sie heute nicht weniger, wenn er auch endlich darüber belehrt worden, daß er sie so leicht und einfach nicht bekommen kann, selbst wenn sie zustimmt. Ich verstehe nur nicht, wie sie, ein kluges, klarsehendes Mädchen, belehrt durch Qualen ohne Ende, ich verstehe nicht, wie sie noch immer glauben kann, hier in Prag wäre es möglich und gut. Sie war doch hier, hat nicht alles, aber vieles gesehn, hat so viel darüber zu lesen bekommen und glaubt es noch immer. Wie stellt sie es sich vor? Sie hat doch nicht einmal, sondern mehrmals das Richtige zumindest gefühlt, ihre kindlich bösartigen Worte im Askanischen Hof waren doch Beweis genug. – Etwas anderes:

Könnten wir einander Pfingsten sehn? Ich wäre sehr froh. Wer weiß, ob die Sommerreise, von der Du scheinbar nichts hören willst, nicht schon durch den Wegfall jedes Urlaubs unmöglich wird. Nun will ich aber Pfingsten nach Berlin nicht kommen. Aber überhaupt nach Deutschland zu kommen, macht widerliche Schwierigkeiten. Du weißt, wie lange ich wegen des Passes gebettelt habe und dann kam er doch nicht rechtzeitig. Nachher war ich dann gar nicht mehr dort. Die Beilagen sind dort geblieben, irgendeine Ratte benagt Deine zwei Telegramme, die mir gehören. Das gleiche Spiel wie damals müßte jetzt wieder beginnen. Ein Brief von Dir, ein Nachweis dringender Familienangelegenheiten wäre nötig und wieder dieses lange Warten. Du hast einen Paß. Wolltest Du nach Bodenbach kommen, wir blieben Pfingsten in der Böhmischen Schweiz. Wenn Du allein kommen könntest, wäre es natürlich das Beste. Ist das nicht möglich, nimm mit, wen Du willst. Und schreib mir bald darüber.

Herzlichst   Franz

Zwei Bücher sind auf dem Weg zu Dir, sie müßten eigentlich schon längst angekommen sein.

Antwort auf die Frage: Ja, ja, ja. Aber Du solltest nicht fragen und solltest wissen, wen Du fragst und wer antwortet. Und Pfingsten? Briefe brauchen so lange Zeit, Dein Brief aus Freienwalde kam mit maßloser Verspätung knapp nach meiner Abreise an, Dein zweiter Brief ziemlich rechtzeitig, das Buch gestern, ich lag dankbar einen halben Nachmittag darüber. Heute bin ich seit früh auf dem Land, allein nur mit einer Biographie Bismarcks, in der ich kaum lese. In Prag kann mir fast nur Alleinsein ein verhältnismäßiges Behagen verschaffen.

Herzlichst   Franz

[Ankunftsstempel: Berlin – 6.5.15]

Nicht so schreiben, Felice. Du hast Unrecht. Es sind Mißverständnisse zwischen uns, deren Lösung allerdings ich bestimmt erwarte, wenn auch nicht in Briefen. Ich bin nicht anders geworden (leider), die Waage, deren Schwanken ich darstelle, ist die gleiche geblieben, nur die Gewichtsverteilung ist ein wenig verändert, ich glaube, mehr über uns beide zu wissen und habe ein vorläufiges Ziel. Wir werden Pfingsten darüber sprechen, wenn es möglich sein wird. Glaube nicht, Felice, daß ich nicht alle hindernden Überlegungen und Sorgen als fast unerträgliche und widerliche Last empfinde, alles am liebsten abwerfen wollte, den geraden Weg allen andern vorziehe, gleich und jetzt im kleinen natürlichen Kreis glücklich sein und vor allem glücklich machen wollte. Es ist aber unmöglich, die Last ist mir nun einmal auferlegt, die Unzufriedenheit schüttelt mich, und sollte ich auch das Mißlingen ganz klar vor Augen haben, und nicht nur das Mißlingen, sondern auch den Verlust aller Hoffnungen und das Heranwälzen aller Verschuldung – ich könnte mich wohl nicht zurückhalten. Warum glaubst Du übrigens, Felice – es scheint wenigstens, daß Du es manchmal glaubst – an die Möglichkeit eines gemeinsamen Lebens hier in Prag? Früher hattest Du doch schwere Zweifel daran. Was hat sie beseitigt? Das weiß ich noch immer nicht.

Und nun wieder die Zeilen im Buch. Es macht mich unglücklich, das zu lesen. Nichts ist zuende, kein Dunkel, keine Kälte. Aber ich fürchte mich fast, das niederzuschreiben, es ist, als bestätigte ich erst die Tatsache, daß solche Dinge wirklich niedergeschrieben werden konnten. Was für Mißverständnisse häufen sich wieder auf. Sieh, Felice, das einzige, was geschehen ist, ist, daß meine Briefe seltener und anders geworden sind. Was war das Ergebnis der häufigern und andern Briefe? Du kennst es. Wir müssen neu anfangen. Das Wir bedeutet aber nicht Dich, denn Du warst und bist im Richtigen, soweit es auf Dich allein ankam; das Wir bedeutet vielmehr mich und unsere Verbindung. Zu einem solchen Anfang aber taugen Briefe nicht, und wenn sie doch nötig sind – sie sind nötig –, dann müssen sie anders sein als früher. Im Grunde aber, Felice, im Grunde. – Erinnerst Du Dich der Briefe, die ich Dir vor etwa zwei Jahren, es dürfte etwa in diesem Monat gewesen sein, nach Frankfurt geschrieben habe? Glaube mir, ich bin im Grunde gar nicht weit entfernt davon, sie gleich jetzt wieder zu schreiben. Auf der Spitze meiner Feder lauern sie. Sie werden aber nicht geschrieben.

Warum weißt Du nicht, daß es ein Glück für mich wäre (und unser Glück, vielleicht nicht unser Leid, aber jedenfalls unser Glück soll gemeinsam sein trotz Salammbô, gegen die ich übrigens immer Verdacht hatte; in die Éducation hättest Du es nicht hineinschreiben können) also daß es ein Glück für mich wäre, Soldat zu werden, vorausgesetzt allerdings, daß es meine Gesundheit aushält, was ich aber hoffe. Ende dieses Monats oder anfangs des nächsten komme ich zur Musterung. Du sollst wünschen, daß ich genommen werde, so wie ich es will.

Und Pfingsten kommen wir zusammen. Schade, daß ich noch keine Nachricht von Dir habe. Hättest Du nur einen kleinen Einwand dagegen, nach Bodenbach zu fahren, werde ich versuchen, einen Paß zu bekommen und Dich zu besuchen; wenn es sein muß auch in Berlin.

Die Memoiren sollen nicht Deine Gesinnung bilden oder beeinflussen, das war nicht meine Absicht. Aber das Leben dieses Menschen ist wirklich mitlebenswert. Wie er sich opfern will und opfern kann! Ein förmlicher Selbstmord und eine Auferstehung bei Lebzeiten. Und wofür opfert er sich? Welcher Leser erkennt einen Erfolg, der aus dem Buch herausgenommen sich auch nur aufrecht erhalten kann. Ich freue mich, daß Du es liest. Hoffentlich stört Dich Muzzi nicht zu sehr, wenn sie am Tischrand das Wasser aufdreht. Viele Grüße an Dich und sie.

Franz

[Postkarte. Stempel: Prag – 4.V.15]

Briefe gehn zu langsam, einer ist auf dem Weg, aus Unruhe um Dich schreibe ich diese Karte, nimm sie nur als Händedruck, das andere steht im Brief. Heute erfahre ich, daß Du am 24. [April] in Budapest gewesen bist, wir waren also wahrscheinlich gleichzeitig dort; was für ein gütiger und ungeschickter Zufall! Ich war nur abends zwei Stunden auf der Rückfahrt dort, hätte aber leicht bis nächsten Mittag dort bleiben können. Wie dumm das ist! Der größte Teil des Behagens, das ich in Budapest hatte, bestand darin, daß ich an Dich dachte, daran, daß Du dort gewesen bist (in Zeiten, die nur scheinbar für uns besser waren), daran, daß Du die Schwester dort hast, und so fort und alles mögliche. Zusammengenommen gab das ein Gefühl der Nähe, aber zu denken, daß Du

wirklich dort warst, plötzlich vor meinem Kaffeehaustisch hättest stehn können!
Dumm!

[Ansichtskarte. Všenory-Dobřichovice,] Sonntag, den 9. Mai [1915]

Zumindest 3 Wochen ohne Nachricht, ohne Antwort auf Briefe und viele
Karten. Bin recht unruhig. Sitze im äußerlichen Gegensatz hiezu auf einer
hohen Gartenterrasse mit einem weiten Tal vor mir, Felder, Wiesen, ein Fluß
und Hügel mit Wäldern. Sonniger, kühler Tag. Wo bist Du? Wo Du auch
seist,

herzlichste Grüße

[Postkarte. Stempel: Prag – 26.V.15]

Liebe Felice, Du hast letzthin einige phantastische Fragen über den Bräutigam
von F. an mich gestellt. Ich kann sie jetzt besser beantworten, denn ich habe ihn
auf der Rückfahrt im Zug beobachtet. Das war leicht möglich, denn es war ein
solches Gedränge, daß wir zwei förmlich auf einem Platze saßen. Nach meiner
Meinung also ist er ganz an F. verloren, Du hättest ihn sehen sollen, wie er die
lange Fahrt über im Flieder (niemals sonst nimmt er etwas Derartiges auf eine
Fahrt mit) die Erinnerung an F. und an ihr Zimmer suchte. Zu seiner andern
Seite saß der alte Herr W. und recitierte Heinesche Gedichte. Aber seinem Zuhörer gefällt zwar Herr W., aber Heinesche Gedichte nicht. Nur eine kleine
Zeile gefällt ihm, aber die ist vielleicht gar nicht von Heine. Sie steht als Motto,
ich glaube, mehrmals in Heines Schriften: »Sie war liebenswürdig und er liebte
sie. Er aber war nicht liebenswürdig und sie liebte ihn nicht. (Altes Stück)« Aber
ich wollte nicht von Heine schreiben, sondern Dir verschiedene Auskunft
geben, die Du zu wünschen scheinst. Nächstens. Ich glaube, der Betreffende hat
mehr Vertrauen zu mir als zu F.

[am Rande] Einen Kuß auf die breite weiche Hand im dünnen Handschuh.

[Postkarte. Stempel: Prag – 27.V.15]

Liebe Felice, sieh, er sagt, daß ihm bange ist. Er sagt, er sei zu lange dort geblieben. Zwei Tage wären zu viel gewesen. Nach einem Tag kann man sich leicht
loslösen, zwei Tage aber erzeugen schon Verbindungen, deren Lösung weh tut.
Unter demselben Dach schlafen, an einem Tisch essen, die gleichen Tageszeiten
zweimal durchleben, das stellt unter Umständen schon fast eine Zeremonie dar,
die ein Gebot hinter sich hat. Er fühlt es wenigstens so, ihm ist bange, er bittet

um die Heidelbeer-Photographie, will Auskunft über die Zahnschmerzen haben und wartet sehr ungeduldig auf eine Nachricht. Im Übrigen will ich nicht sagen, daß er augenblicklich unglücklich ist, er freut sich jetzt darauf, daß er vielleicht doch genommen wird. Sollte er aber, was allerdings sehr schlimm wäre, doch nicht genommen werden, dann will er im Gegensatz zu dem Obigen möglichst bald den gemeinsamen Ausflug an die Ostsee machen.

F

[Postkarte. Stempel: Prag- 10.VII.15]

Liebe Felice, etwas Schlimmes habe ich geahnt, aber etwas derartiges nicht. Auf den Films ist kein lebendiger Hauch, wir haben mit dem Deckpapier statt mit den Films photographiert. Ich reiche die Films in Dein Zimmer, Du wirfst sie in meines zurück – alles sinnlos, die Juden laufen vor Deinem Apparat weg, ich schaue in Elbogen [bei Karlsbad] zu Dir auf, glaube, es sei für die Dauer, alles sinnlos und sinnlos. Dir ist nichts geschehn, Du hast den Apparat und Dich, aber wie wirst Du mich trösten?

Franz

[Postkarte. Stempel: Rumburg – 20.VII.15]

Liebe Felice, Du wirst jetzt öfters Nachricht bekommen, verzeih das Schweigen. Es ist mir nach der Rückkehr in Prag unerträglich geworden, ich mußte weg, es drängte mich weg, und da auch Schlaflosigkeit und was damit zusammenhängt mich wegtrieben, gab ich nach. Ich wollte entweder weit weg, z.B. nach Wolfgang am See oder nach alter, aber immer schwächer werdender Gewohnheit in ein Sanatorium. Schließlich schreckten mich die schlechten Zugverbindungen von der Ferne ab (nach Wolfgang 17 Stunden) und so bin ich im Sanatorium. Schändlich aber konsequent, paßt auf mein sonstiges Leben wie der Deckel auf den Topf. Übrigens bleibe ich wohl nicht lange. Für den Herbst bleibt eine Woche frei, schlechtestenfalls. Meine Hauptkrankheit ist – ich weiß nicht – Ungeduld oder Geduld.

Herzlichst   Dein Franz

[Ansichtskarte. Rumburg, Ende Juli 1915]

Schon ein wenig eingewöhnt. Große, schöne Wälder. Ein einfaches, hügeliges aber noch nicht bergiges Land, so ist es für meinen augenblicklichen Zustand gerade recht. Sonntag fahre ich übrigens nachhause. Heute bekomme ich ein Paket von zuhause, freue mich, darin vielleicht etwas von Dir zu finden.

Herzlich   Franz

Liebe Felice, ich habe in Deinem Sinne mit ihm gesprochen, ganz offen, und er hat mir auch offen geantwortet. Ich sagte: »Warum schreibst Du nicht? Warum quälst Du F.? Daß Du sie quälst, ist doch aus ihren Karten offensichtlich. Du versprichst zu schreiben und schreibst nicht. Du telegraphierst ›Brief unterwegs‹, aber es ist kein Brief unterwegs, sondern er wird erst 2 Tage später geschrieben. Etwas Derartiges dürfen vielleicht einmal und ausnahmsweise Mädchen machen, es kann unschuldig sein, wenn es zu ihrem Charakter gehört. Bei Dir aber ist es nicht unschuldig, denn Dein Schweigen kann nur ein Verschweigen bedeuten und deshalb nicht entschuldigt werden.«

Er antwortete etwa: »Es kann doch entschuldigt werden, denn es gibt Verhältnisse, wo sich das Aussprechen vom Verschweigen wenig unterscheidet.« Mein Leid ist etwa ein Vierfaches: Ich kann in Prag nicht leben. Ob ich anderswo leben kann, weiß ich nicht, daß ich aber hier nicht leben kann, ist das Zweifelloseste, was ich weiß.

Ferner: Ich kann deshalb F. jetzt nicht haben.

Ferner: Ich muß (es ist sogar schon gedruckt) fremder Leute Kinder bewundern.

Endlich: Manchmal glaube ich, ich werde von dieser allseitigen Quälerei zermahlen. Aber das augenblickliche Leid ist nicht das Schlimmste. Das Schlimmste ist, daß die Zeit vergeht, daß ich durch dieses Leid elender und unfähiger werde, die Aussichten für die Zukunft ununterbrochen trüber werden.

Ist das nicht genügend? Was ich etwa seit unserem vorletzten Beisammensein mit F. leide, kann sie nicht ahnen. Wochenlang fürchte ich mich, in meinem Zimmer allein zu sein. Wochenlang kenne ich Schlaf nur als Fieber. Ich fahre in ein Sanatorium und bin von der Narrheit dessen überzeugt. Was will ich dort? Gibt es dort etwa keine Nächte? Noch ärger, dort sind auch die Tage wie Nächte. Ich komme zurück und verbringe die erste Woche wie besinnungslos, denke an nichts als mein oder unser Unglück und weder im Bureau noch sonst im Gespräch begreife ich mehr als das Alleroberflächlichste, und dieses nur unter allen Schmerzen und Spannungen des Kopfes. Eine Art Blödsinn ergreift mich. War ich in Karlsbad nicht ähnlich? Und dabei erinnere ich mich jetzt an die letzte Nacht in Bodenbach, als ich um 4 Uhr die Decke über mich zog. Ich dachte: jetzt ist F. hier – ich habe sie – 2 ganze Tage – dieses Glück! Und dann kam Karlsbad und die – ich sage auch das – wahrhaft abscheuliche Fahrt nach Aussig.

Damit ist nicht viel aber einiges gesagt. Das könnte ich auch F. schreiben. Was sie antworten würde, wäre im Grunde kurz: »Du bist selbst schuld.« Es wäre zwecklos, eine solche Antwort hervorzurufen, darum schreibe ich nicht. Wäre mir etwas Neues geschehn, ich hätte ihr natürlich gleich geschrieben, aber dieses Alte, in den letzten Monaten allerdings ungeheuerlich gewordene kennt sie, oder vielmehr, sie hat davon gehört. Ein Heilmittel weiß ich ja nicht.

Etwa nächsten Sonntag in Bodenbach zusammenkommen? Es wäre kein Heilmittel.

Es ist so merkwürdig. F. schreibt ganz anders als sie spricht. Würde sie so sprechen wie sie schreibt, es wäre alles anders, ich sage nicht, daß es besser wäre, aber alles wäre anders. Sie sagt, daß ich mich an Worte halte, möglich, aber sie tut es gewiß noch mehr. Hätte ich das, was ich jetzt gesagt habe, z.B. F. gegenüber gesagt, so würde sie wahrscheinlich antworten: »Nun sieh, wie Du bist. In Bodenbach zusammenkommen nennst Du kein Heilmittel. Und Du sagst, es wäre nicht besser, wenn ich so sprechen würde, wie ich schreibe.« Unbekümmert darum behaupte ich: »Wenn ich voriges Jahr in einem ähnlichen Zustand gewesen wäre, wie jetzt (er war anders, wenn auch nicht weniger unerträglich), dann wäre F. zweifellos heute in Prag, das zweite Leid wäre beseitigt und vielleicht das dritte, aber das erste und die Hälfte des vierten so angewachsen, daß es uns alle begraben hätte.«

So spricht er, und sein Aussehn bestätigt seinen Zustand. Er ist im Fieber, vollkommen unbeherrscht und zerstreut. Augenblicklich scheint es nur zwei Heilmittel für ihn zu geben, Heilmittel, nicht in dem Sinn, daß sie das Vergangene ungeschehn machen, sondern ihn vor Weiterem bewahren könnten. Das eine wäre F., das andere der Militärdienst. Beide sind ihm entzogen. Ich konnte ihm schließlich darin nicht Unrecht geben, wenn er nicht schreibt. Richtet er mit dem Schreiben nicht mehr Kummer an als mit Schweigen?

Herzlich Franz

Den angekündigten Brief wegen der Berliner Reise habe ich nicht bekommen. Er hätte aber vorläufig auch nur für einen Sonntag Bedeutung, da allen Reklamierten neuestens ihr Urlaub genommen worden ist.

[Stempel: Prag – 5.XII.15]

Liebe Felice, es ist alles unverändert, gehn die Stiche im Kopf nicht tiefer, bin ich froh. Darum schreibe ich auch nicht, das habe ich schon erklärt, und es ist auch an sich gut begründet. Du erinnerst Dich noch gewiß daran, wie ich [in] Karlsbad war. Ich bin, wenn es möglich ist, noch ärger. Einen solchen Menschen will ich aber jetzt nicht an Dich heranschieben, Du sollst mich nicht so sehn, übrigens weiß ich gar nicht, ob Du nach Bodenbach kommen könntest, nach Berlin kommen kann ich natürlich nicht, denn ich habe keinen Paß. Aber wie ich sagte, auch in Bodenbach will ich mich nicht zeigen, ich zeige mich nicht einmal in Prag. Womit ich aber nicht sagen will, daß ich ganz hoffnungslos bin. Wie könnte ich ohne Hoffnung leben?

Aber für Dich besteht doch kein unmittelbares Hindernis für das Schreiben. Warum erfahre ich nicht manchmal etwas über Dich? Du bist traurig über mich? Was soll ich tun? Ich glaube, selbst die wahrhaftige Stimme eines Engels vom Himmel her könnte mich nicht emporbringen; so tief liege ich. Wenn Du fragtest, warum es so ist, könnte ich kaum mehr als äußerliche Erklärungen geben, selbst der Hinweis auf Schlaflosigkeit und Kopfschmerzen wäre es, so sehr und überaus wirklich diese sind.

Das Paket an Deine Schwester geht morgen ab. Nächstens schicke ich Dir den neuen Roman von Max [Tycho Brahes Weg zu Gott], der mir sehr lieb ist. Mit herzlichsten Grüßen

Franz

Welches ist die Adresse von Erna? Ich will ihr die »Verwandlung« schicken.

Deine lieben Karten kamen. Es wäre schön zusammenzukommen, wir sollen es aber doch nicht machen. Es wäre wieder nur etwas Provisorisches und an Provisorischem haben wir schon genug gelitten. Ich könnte Dir nur wieder, sogar jetzt noch, Enttäuschung bringen. Wechselbalg aus Schlaflosigkeit und Kopfschmerz, der ich bin. Diesmal also nicht, ich werde gar nicht von Prag wegfahren, sondern die Feiertage über auf den alten Wegen kriechen.

Wie geht es Dir in Deinem Posten? Hast Du vom Bruder Nachricht? Und Deine Familie? Meine seltenen leeren Antworten können nicht zeigen, wie lieb mir Nachrichten von Dir sind.

F

[Postkarte. Ankunftsstempel: Berlin – 24.12.15]

Liebe Felice, heute nur paar Zeilen, auch kommt eine Karte sicherer, auch brennt wieder der Kopf. Nur zu Deiner Hauptfrage: Gewiß will ich mich nach dem Krieg anders einrichten. Ich will dann nach Berlin übersiedeln, trotz aller beamtenmäßigen Zukunftsfurcht, denn hier geht es nicht weiter. Aber was für ein Mensch wird dann übersiedeln? Von meinem jetzigen Zustand aus gesehn, ein Mensch, der günstigsten Falls eine Woche für sich wird arbeiten können, um dann mit seiner Kraft endgültig zuende zu sein. Was für eine Nacht heute! Was für ein Tag! 1912 hätte ich wegfahren sollen.

Herzlichste Grüße   Franz

[auf der anderen Seite]
Vom Fontanepreis erfuhr ich auch fast erst aus den Zeitungen, nur früher einmal hatte mich der Verleger unbestimmt darauf vorbereitet. Sternheim kenne ich weder persönlich noch schriftlich. »Verwandlung« ist als Buch erschienen, sieht gebunden schön aus. Ich schicke sie Dir, wenn Du willst. Ernas Adresse? Kam das Paket zufriedenstellend an?

Liebe Felice, sehr lobenswert die Reise nach Garmisch. Jedenfalls viel gesünder als alles andere. Auch ich habe – und nicht nur diesmal – mit dem Gedanken einer Reise nach Prag gespielt. Faßt man aber alle Rücksichten zusammen, ist es besser, Du kommst nicht. – Das Geburtstagsgeschenk für Muzzi wird, soweit mein Geschmack reicht und soweit sich in der Eile etwas Gutes (vor allem Bilderbücher) beschaffen läßt, morgen zusammengestellt. – Ich bitte um je ein Stück aller Aufnahmen aus Garmisch. Ein Herr S. Stein, bei dem ich hier wohne, ist jetzt zu Besuch bei seinem Schwiegersohn Justizrat Dr. S. Friedländer, Charlottenburg, Kaiserdamm 113. Schick ihm die Bilder, dann bekomme ich sie schnell. Er bleibt aber bestimmt nur bis zum 31., es ist sehr unwahrscheinlich, daß er länger bleibt, wenn es auch immerhin möglich ist.

Herzlichste Grüße   Franz

Liebe Felice, wohl das erstemal seit 10 Tagen, daß ich die Feder in der Hand habe, um etwas für mich zu schreiben. So lebe ich. Auf den letzten Brief konnte ich nicht gleich antworten. So hatte ich ihn nicht erwartet. Dein Bild im Schnee war anders gewesen. Und trotzdem, ich verstehe es ja, es ist schrecklich. Ich weiß es, aber ich weiß keine Hilfe und ich weiß nicht, wo Du eine Hilfe siehst, die nicht herangezogen wurde. Jetzt ist keine Änderung möglich aber auch später, im günstigsten Fall? Im günstigsten Fall werde ich dann nach Berlin kommen als ein von Schlaflosigkeit und Kopfschmerzen zerfressener Mensch. (Letzthin hörte ich unversehens eine gute Nachricht, die gar nicht unmittelbar mich betraf, und über die ich mich in frühern Jahren ruhig ein Weilchen gefreut hätte. Jetzt ist aber mein Zustand ein derartiger geworden, daß ich über dieser Nachricht einen Augenblick lang buchstäblich die Besinnung verlor und einen Tag und eine Nacht den Kopf wie von einem dichten Netz dünner einschneidender Stricke umspannt hatte.) Ich werde also nach dem Krieg nach Berlin kommen als ein solcher Mensch, Felice. Meine Aufgabe wird zunächst sein, mich irgendwo in ein Loch zu verkriechen und mich abzuhören. Was wird sich ergeben? Der lebendige Mensch in mir hofft natürlich, das ist nicht erstaunlich. Der urteilende aber nicht. Doch sagt auch der urteilende, daß ich, selbst wenn ich mich dort in dem Loch abtun werde, das Beste getan haben werde, was ich noch konnte. Aber Du, Felice? Erst wenn ich aus dem Loch hervorkomme, irgendwie hervorkomme, habe ich ein Recht auf Dich. Und damit übereinstimmend wirst auch Du erst dann den richtigen Blick für mich haben, denn jetzt bin ich für Dich, aber ganz richtiger Weise, sei es im Askanischen Hof, sei es in Karlsbad, sei es im Tiergarten, ein böses Kind, ein Narr oder sonst etwas, ein böses Kind, zu dem Du unverdienter Weise lieb bist, aber Du sollst es verdienter Weise sein.

Das ist der Ausblick, der sich dem heißen Kopfe zeigt. Stellt man sich auf die Fußspitzen, kann er schön sein; da man das aber nicht aushält, ist er trostlos, das leugne ich nicht.

Von Deiner Schwester bekam ich gestern einen liebenswürdigen Brief, der mich sehr beschämt, denn ich habe doch an der Sendung für Muzzi nicht das geringste Verdienst, nur die mittelmäßige Auswahl stammt von mir. (Mit den 20 M sind natürlich beide Pakete überreichlich bezahlt.) Auch ein hübsches Bild von Muzzi lag bei. Eine etwas phantastische Aufnahme. Muzzi mit einer Palette vor einem Bild (Storch mit Kind). Was für ein kluges, hübsches, gut gebautes Kind das ist. Ich habe viel zu wenig und viel zu schlechte Sachen geschickt – fiel mir vor dem Bild ein.

In Deinem letzten Briefe heißt es, daß ein Bild beigelegt ist. Es lag nicht bei. Das bedeutet eine Entbehrung für mich.

Du klagst, daß ich wenig schreibe. Was soll ich nach dem Obigen schreiben? Ist nicht jedes Wort für den Schreiber und den Leser ein Zerren an den Nerven, die doch Ruhe oder vielmehr Arbeit, aber andere Arbeit brauchen. Glückbringendere Arbeit. Jetzt, da ich den Brief überlege, ist es, als hätte ich ihn sorgfältig zusammengestellt, um zu quälen. Und das wollte ich doch nicht, wollte alles andere.   Franz

[Postkarte. Stempel: Prag – 24.I.16]

Liebe Felice – Das Buch wird mit vielem Dank angenommen (ich kenne es nicht, ich weiß nur, daß der Mann ein guter Freund von Dr. Weiß ist), der Vorwurf aber? Ist nicht mein Schreiben entsetzlicher als mein Schweigen? Und noch ärger als dieses mein Leben? Und allerdings im ganzen ähnlich die Qual, die ich Dir bereite. Aber innerhalb meiner Kraft und Deiner Mithilfe sehe ich kein anderes Gegenmittel als zu warten, selbst wenn man dabei bis zu Staub zerrieben wird. Ich weiß nichts anderes. Was bedeutet Schweigen diesem Schreiben gegenüber? Ist nicht jenes besser? Ich möchte eine Falltür unter mir sich aufmachen und mich irgendwohin versinken lassen, wo der elende Rest von Kräften, den ich habe, für eine spätere Freiheit bewahrt bliebe. Mehr weiß ich nicht.
                                        Herzliche Grüße   Franz

Liebste Felice! Die Verkühlung als Grund meines Schweigens war nur eine Abkürzung. Ich war auch verkühlt, lag auch einen Tag im Bett, ging dann 2 Tage aus, es gefiel mir draußen nicht und ich legte mich wieder für 2 Tage – aber die Verkühlung war nicht einmal der Grund meines Zuhausebleibens, ich legte mich aus allgemeiner Verwirrung und Hilflosigkeit und erhoffte von dieser Veränderung, zu der meine Kraft gerade noch ausreichte, Erleichterung. Denn ich bin verzweifelt wie eine eingesperrte Ratte, Schlaflosigkeit und Kopfschmerzen rasen in mir, ich kann wirklich nicht beschreiben, wie ich meine Tage hinbringe. Meine einzige Rettungsmöglichkeit, mein erstes Verlangen ist Freiheit vom Bureau. Es gibt Hindernisse: Fabrik, angebliche Unentbehrlichkeit im Bureau, in dem jetzt viel zu tun (Nebeneinführung: Amtstunden von 8-2 und 4-6), aber alle Hindernisse dieser Art dürften nichts sein, gegenüber der Notwendigkeit freizuwerden, gegenüber dieser immer schiefer werdenden Ebene. Aber meine Kraft genügt nicht, noch kleinere Hindernisse wären für sie zu groß. Ich habe nicht etwa Angst vor dem Leben außerhalb des Bureaus, dieses ganze Fieber, das mir den Kopf Tag und Nacht heizt, stammt von Unfreiheit, aber wenn z. B. mein Chef zu klagen anfängt, die Abteilung bricht zusammen, wenn ich geh (unsinnige Vorstellung, deren Lächerlichkeit ich klar durchschaue), er selbst sei krank u.s.f., dann kann ich nicht, der in mir großgezogene Beamte kann nicht. Und wieder weiter diese Nächte, diese Tage.

Wenn Du, Felice, irgendeine Schuld an unserem gemeinsamen Unglück hast (ich rede jetzt nicht von meiner, die übersteigt alle Berge), so ist es die, daß Du mich in Prag befestigen wolltest, trotzdem Du verpflichtet warst einzusehen, daß gerade das Bureau und Prag mein und damit unser steigendes Verderben bedeutet. Du wolltest mich ja nicht absichtlich hier festlegen, das glaube ich gar nicht, Deine Vorstellung der Lebensmöglichkeiten ist furchtloser und beweglicher als meine (der ich zumindest bis zu den Hüften im österreichischen Beamtentum und darüber hinaus noch in persönlichen Hemmungen stecke), deshalb hattest Du auch kein zwingendes Bedürfnis, mit der Zukunft genauer zu rechnen. Trotzdem wärest Du verpflichtet gewesen, auch das in mir zu bewerten oder zu ahnen, und zwar selbst gegen mich, selbst gegen meine Worte. Ich wäre im Grunde keinen Augenblick lang gegen Dich gewesen. Was geschah stattdessen? Stattdessen gingen wir in Berlin Möbel für die Prager Einrichtung eines Beamten einkaufen. Schwere Möbel, die einmal aufgestellt, kaum mehr wegzubringen schienen. Gerade ihre Solidität schätztest Du am meisten. Die Kredenz bedrückte mir die Brust, ein vollkommenes Grabdenkmal oder ein Denkmal Prager Beamtenlebens. Wenn bei der Besichtigung irgendwo in der Ferne des Möbellagers ein Sterbeglöckchen geläutet hätte, es wäre nicht unpassend gewesen. Mit Dir, Felice, mit Dir natürlich, aber frei sein, meine Kräfte arbeiten lassen, die Du nicht achten konntest, wenigstens in meiner Vorstellung nicht, wenn Du sie mit diesen Möbeln überbautest. Alte Dinge, verzeih. Aber unendlich besprechenswert, solange sie nicht durch neue, bessere abgelöst sind.

Herzlich   Dein Franz

[Vermutlich Nachschrift zu diesem Brief]

Alles, was ich schreibe, sieht so hart aus, ich kann es nicht so weggehn lassen, denn ich meine es nicht hart, aber ich bin so bis auf den Grund zerkratzt und wankend, daß ich nicht genau verantwortlich gemacht werden darf. Ich lese z.B., daß Du verkühlt bist und kann es lange nicht richtig fassen, so dicht um mich sind die Gespenster, von denen mich zu befreien das Bureau mich hindert. Tag und Nacht hängen sie an mir, wäre ich frei, es wäre meine Seligkeit, sie nach meinem Willen zu jagen, so aber senken sie mich langsam ein. Solange ich nicht frei bin, will ich mich nicht sehen lassen, will Dich nicht sehn. Wie Du gänzlich irregehst, Felice, traurig irregehst, wenn Du andere Gründe suchst.

Das Buch habe ich erst zu lesen angefangen, im allgemeinen halte ich mich von allem, auch vom Lesen zurück. Es ist äußerst umständlich, gibt aber immerhin einen charakteristischen Menschen, mit dem ich allerdings vorläufig nicht viel anzufangen weiß. Übrigens bin ich kein Kritiker, weiß so schlecht zu zerlegen, mißverstehe so leicht, lese so oft an Wichtigem vorüber, trage so unsicher den Gesamteindruck.

Hast Du »Tycho Brahe« bekommen, den ich Dir vor langer Zeit vom Verlag schicken ließ und den »Jüngsten Tag – Almanach«, den ich Dir eingeschrieben geschickt habe?

[am Rande] Danke für die Ausschnitte. Das Wort Asbest muß ich buchstabieren, um es lesen zu können, so fremd ist es mir.

[Postkarte. Stempel: Karlsbad – 9.IV.16]

Liebe Felice – für 2 Tage in Karlsbad geschäftlich. Ottla ist mit. Unser erster Weg gestern abend war – ähnlich wie wir in Weimar in der ersten Mitternacht zum Goethehaus gingen – zur Villa Tannhäuser. Es ist hier alles – bis auf meine schlechte Nacht – anders als im vorigen Jahr. Gestern vor der Abreise bekam ich Deinen Brief. Ist es gut, solche Briefe zu schreiben, gut für Dich, gut für mich? Gewiß nicht. Das kann doch dem gegenwärtigen Zustand gegenüber nichts nützen. Nach Waidenburg kann ich nicht kommen, weil ich, wie Du ja weißt, keinen Paß bekomme, es wäre denn, ich brächte eine amtliche Berliner Bestätigung über die Notwendigkeit der Reise vor.

Herzliche Grüße Franz

[am Rande] Besten Gruß Deine Ottla

Liebe Felice, Dein Brief kam gleichzeitig mit dem ersten freundlichen Wetter. Es ist auch gut zu lesen, was Du schreibst. Nur solltest Du nicht leugnen, was Dir an Möbeln liegt, nicht an jenen und nicht an Möbeln an sich, aber an dem, was um sie ist, an dem, was etwa zwischen Hausball und Hausfrieden liegt und was Du z.B. in Waidenburg »so herrlich gemütlich« gefunden hast. Das ist von meiner Seite weder Wortklauberei noch sonst etwas Böses, es ließe sich dabei recht gut Deine Hand zusammengeballt in meiner halten. Im Grunde war es auch nicht Deine Sache, die Möbel nicht zu kaufen, sondern meine und ich habe sie auch, wenn auch nur sehr unvollständig, getan. – Vor der Zusammen- kunft warne ich Dich und mich, denke genügend stark an frühere Zusammen- künfte und Du wirst es nicht mehr wünschen. Du hast glücklich-unglück- licherweise nicht immer Zahnschmerzen, nicht immer darf ich Aspirin holen, nicht immer Dich auf dem Gang von Gesicht zu Gesicht lieb haben. Also keine Zusammenkunft. – Dr. Weiß, mit dem ich ununterbrochen in brieflicher Ver- bindung war, ist in den letzten Tagen in Prag gewesen, kommt auch wieder und fährt dann nach Berlin. Wir sind, wenigstens vorläufig, ganz auseinandergegan- gen, unter Umständen, die bis in Kleinigkeiten der alten Szene im Askanischen Hof geglichen haben. Es ist das, ich meine die Ähnlichkeit, nicht besonders merkwürdig. Im Grunde sind mir immer nur die gleichen primitiven Vorwürfe zu machen, deren oberster und blutnächster Vertreter ja mein Vater ist. – Das Geburtstagsgeschenk für die Schwester ist natürlich abgegangen. – Bekommst Du Urlaub?

Herzlichste Grüße   Franz

Liebe Felice, ich werde jetzt öfters Karten schicken, Briefe gehn zu langsam, auch kommt es nicht darauf an, etwas mitzuteilen, als vielmehr sich des andern zu vergewissern. Ich werde Ostern in Marienbad sein, wo ich Osterdienstag ge- schäftlich zu tun habe. Urlaub werde ich, wenn es möglich ist, schon im Mai nehmen. Ich halte es eben nicht mehr aus. Übrigens weder hier noch dort. Die Kopfschmerzen in Karlsbad waren nicht geringer als die in Prag. Im Feld wäre es besser. Heute war Musil – erinnerst Du Dich an ihn? – bei mir, Oberleutnant bei der Infanterie, krank und doch recht gut in Ordnung.

Herzliche Grüße   Franz

[Postkarte. Stempel: Prag – 19.IV.16]

Liebe Felice, das geht ja erfreulich schnell, danke auch für die Ausschnitte. – Was Dr. Weiß anlangt, so hast Du mich mißverstanden. Wir wollen nichts mehr miteinander zu tun haben, solange es mir nicht besser geht. Eine sehr vernünftige Lösung. Allerdings ein wenig getrübt durch die letzthin erfolgte Zusendung seines neuen Buches. Aber was für ein außerordentlicher Schriftsteller er ist! Lies das Buch unbedingt! Er ist zwar jetzt in Berlin, aber ich sehe keinen Nutzen, den eine Zusammenkunft zwischen Dir und ihm irgendjemandem und irgendetwas bringen könnte. Im Gegenteil. – Ostern bin ich in Marienbad, wo ich Osterdienstag amtlich zu tun habe. – Ich war letzthin bei einem Nervenarzt; ein ziemlich nutzloser Besuch. Diagnose: Herzneurose. Therapie: Elektrisieren. Ging nachhause und schrieb ihm ab: Was hätte die Behandlung eines Folgezustandes für einen Sinn? – Viel Vergnügen Ostern. Meinen Reisen ist die Freude immer schon vorher abgerissen.

Herzlich   Franz

[Postkarte. Stempel: Prag – 25.IV.16]

Liebe Felice, ich war nicht in Marienbad, die dienstliche Reise mußte verschoben werden, vielleicht wird sie Mitte Mai sein, ich werde sie dann mit meinem Urlaub verbinden und 3 Wochen in Marienbad bleiben, ruhig leben, so wie ich es will und soweit Kopfschmerzen und Selbstvorwürfe es erlauben. Dann allerdings wieder nach Prag zurückkommen und, was mir beschieden ist, womöglich noch weniger lebenswert finden als früher. Und Du? Deine Ostern? Dein Urlaub? Dein Chef? Jetzt an den Ostertagen war ich ganz allein, kritzelte nur so für mich, um zu sehen, ob mir nach den 2 Jahren noch ein Satz gelingt, wechselte zwischen Gasse, Tisch und Kanapee und befand mich bis auf einen Tag leidlich, bis auf einen Tag, an dem mich Unruhe förmlich peitschte und Kopfschmerzen mir den Kopf ansägten. Und damit ist die Litanei zuende.

Herzlichsten Gruß   Franz

[Postkarte. Stempel: Prag – 28.IV.16]

Liebe Felice, heute kamen 3 Karten, zwei von Altwasser, wo ist denn das? Und eine aus Waidenburg, in Wohlbefinden geschrieben, das freut mich sehr. – Natürlich erinnere ich mich an die Tante, wenn auch dort, wo andere das Personengedächtnis haben, bei mir ein Loch ist. Von ihrem Gesicht weiß ich fast nichts, wohl aber weiß ich, daß sie sehr munter, Anteil nehmend, mitteilsam gewesen ist und daß ich ihr ein langes, lebendiges Leben vorausgesagt hätte. Woran ist sie denn gestorben? An zwei Situationen, in denen sie die zweifellose

Oberhand hatte, erinnere ich mich sehr stark. Das eine Mal war es am Hundekehlensee, das andere Mal in einem Kaffeehaus, ich glaube, im Tauentzienpa-
last. Wir 3 saßen zusammengedrängt an einer Tischecke und sie gab Dir Ratschläge für die Zukunft. Nicht die wahren, nicht Dir, nicht mir.

Herzlichste Grüße   Franz

[Postkarte. Stempel: Prag – 7.V.16]

Liebe Felice – wieder die Karten. Ich hatte eine solche Woche, daß es Mißbrauch gewesen wäre zu schreiben. Vielen Dank für die Briefe und verzeih mir
die maßlose Gedächtnisverwirrung. Schon damals in Berlin gingen mir die Verwandten wie Schatten vor den schlaflosen Augen herum und seitdem ist mein
Gedächtnis wahrhaftig nicht besser geworden. Ich hielt also unglaublicherweise
Frau Klara (wahrscheinlich Levin) für die Tante Danziger und hatte sie überdies
mit Frau Wachsmann in eins gebracht. Eine starke Leistung. Jedenfalls merke
ich, daß ich mich an Tante Natalie nicht im geringsten erinnere, nur irgendein
Halbdunkel sehe ich in der Gegend ihres Sessels aus der Zeit als wir dort im Berliner Zimmer saßen, den Wohnungsplan vor uns ausgebreitet.

Herzlichst   Franz

[Postkarte. Stempel: Prag – 11.V.16]

Liebe Felice – es gibt aber auch noch andere Gedächtnisirrtümer, z.B. die Bemerkung von Frau Sophie, ich hätte ihr geschrieben u.s.w. Ich glaube ihr seit
jenen alten Zeiten, als ich sie bat, Dich zu suchen, und sie so lieb war, es [zu]
tun, überhaupt nicht geschrieben zu haben. Und eine solche Klage erst recht
nicht. – Den Roman von Weiß wirst Du inzwischen wohl schon bekommen
haben. Lies ihn aufmerksam, versuche den Menschen herauszuhören. Unser
Auseinandergehn, zuerst von mir, dann von ihm verursacht und schließlich von
mir veranlaßt, war sehr richtig und erfolgte auf Grund eines vollständig zweifellosen Entschlusses, wie er bei mir doch gewiß nicht häufig ist. – Mein Urlaub
wird schon wieder fraglich. Ich fahre zwar Samstag nach Marienbad, aber wahrscheinlich nur dienstlich. Darüber nächstens.

Herzlichste Grüße   Franz

[Marienbad, vermutlich 14. Mai 1916]

Liebe Felice – auf dienstlicher Reise in Karlsbad und Marienbad, diesmal allein.
Es gibt Gespenster der Gesellschaft und solche des Alleinseins, jetzt sind die
letztern an der Reihe, besonders wenn es regnet, kühl ist und die Kutscher auf

dem Hofe schwätzen. Trotzdem wollte ich gern einige Monate hier allein bleiben, um zu sehen, wie es mit mir steht. Die Zeit vergeht und man vergeht nutzlos mit ihr. Es ist recht trübselig, man muß nicht einmal eine besondere Anlage dafür haben, solche Dinge geradezu ununterbrochen zu bemerken.

Ich hätte Lust, Deine Haare aus der Stirn zu streichen und Deine Augen darüber zu befragen, aber in der Nähe sinkt die Hand. Der bisher größte Versuch – also immerhin noch Steigerungen! – vom Bureau loszukommen ist fast vorüber und fast erfolglos. Die Reklamierten sollen neuestens nur einen ganz kleinen Urlaub bekommen und diesen nur ausnahms- und gnadenweise. Diesen Anlaß benützte ich – das war nicht unklug – zu einem Brief an den Direktor, in welchem ich nach ausführlicher Begründung, die ich hier übergehe, zwei Bitten stellte: erstens für den Fall, daß der Krieg im Herbst zuendegeht, dann einen langen Urlaub ohne Gehalt, zweitens für den andern Fall Aufhebung der Reklamation. Die Lügenhaftigkeit, die darin liegt (die Begründung ist noch lügenhafter gewesen), wirst Du ja erkennen, sie bringt mich gewiß auch um den Erfolg. Der Direktor hält die erste Bitte für komisch, die zweite ignoriert er, beides wahrscheinlich nicht mit Unrecht, wenn er sich an meine gekünstelte (3 mal ganz und gar überschriebene) Begründung hält. Er glaubt, das Ganze sei nur eine Erpressung des gewöhnlichen Urlaubs, bietet mir ihn sofort an und behauptet, dies seit jeher beabsichtigt zu haben. Ich antworte, der Urlaub hätte niemals zu meinen wesentlichen Hoffnungen gehört, er helfe mir fast nichts und ich könne auf ihn verzichten. Das versteht er nicht und kann es auch nicht verstehn. Er kann auch nicht begreifen, woher mein Nervenleiden stammt und fängt wie ein Nervenarzt zu sprechen an; unter anderem sagt er charakteristischer Weise, nachdem er verschiedene nervenquälende Sorgen erwähnt hat, die ihn bedrückt haben oder bedrücken, für mich aber nicht in Betracht kommen: »Außerdem müssen Sie doch wegen Ihrer Stellung und Laufbahn nicht die geringste Sorge haben, ich aber hatte in meinen Anfängen Feinde, die mir sogar diesen Lebensast ansägen wollten.« Lebensast! Wo wächst mein Lebensast und wer sägt ihn an? Während er aber wirklich angesägt wird, mit anderer Säge und in anderem Holz als der Direktor meint, lüge ich weiter mit der Unverantwortlichkeit von Kindern, allerdings unter Zwang. Ich kann die einfachste praktische Aufgabe nur mittels großer sentimentaler Szenen bewältigen; aber wie schwer das ist! Was für Lügen, Kunststücke, Zeitaufwand, Reue dafür aufgebracht werden! Und wenn es mißlingt, kann man nur zustimmen. Ich kann es aber nicht anders. Wenn ich nach rechts gehen will, gehe ich zunächst nach links und strebe dann wehmüthig nach rechts (die Wehmut ergibt sich dann für alle Beteiligte[n] von selbst und ist das Widerlichste). Der Hauptgrund mag Angst sein: nach links zu gehn muß ich mich nicht fürchten, denn dorthin will ich ja eigentlich gar nicht. Ein bezeichnendes Beispiel ist die Kündigung in meiner ersten Stellung gewesen: Ich kündigte nicht, weil ich eine bessere Stellung hatte, wie es auch richtig war, sondern weil ich es nicht ertragen konnte, wie ein alter Beamter ausgeschimpft worden war. – Nun, lassen wir es heute, auch die Sonne fängt an hervorzukommen.

Herzlichste Grüße   Franz

[Postkarte. Marienbad, Mitte Mai 1916]

Liebe Felice, der Brief war knapp nach der Ankunft während des wildesten Regens geschrieben, diese Karte kurz vor der Abfahrt. Karlsbad ist recht angenehm, aber Marienbad ist unbegreiflich schön. Ich hätte schon viel früher meinem Instinkt folgen sollen, der mir sagt, daß die Dicksten auch die Klügsten sind. Denn abmagern kann man überall auch ohne Quellenanbetung, aber in solchen Wäldern sich herumtreiben nur hier. Allerdings ist jetzt die Schönheit gesteigert durch die Stille und Leere und durch die Aufnahmsbereitschaft alles Belebten und Unbelebten; dagegen kaum beeinträchtigt durch das trübe, windige Wetter. Ich denke, wenn ich ein Chinese wäre und gleich nach Hause fahren würde (im Grunde bin ich ja Chinese und fahre nachhause), müßte ich es doch bald erzwingen, wieder herzukommen. Wie würde es Dir gefallen!

Herzlichst   Franz

[Postkarte. Stempel: Prag – 26.V.16]

Liebe Felice, vorläufig nur kurzen Dank, vor allem für das Bild. (Ist das Gesicht schmaler geworden?) Was sollen mir die andern Bilder, ich schenke sie Max. Aus Marienbad bin ich schon fast 14 Tage zurück und habe nicht geschrieben, aus den verschiedensten Gründen. Ein solches Hin- und Hergetriebenwerden, nur die Kopfschmerzen sind treu. Paß unmöglich zu bekommen. Über Weiß schreibe ich noch. Vergnügen hat mir die Nachfrage nach dem Onkel gemacht, den Du seit jeher in Mailand localisierst, während er in Madrid [lebt]. Eine kleine Genugtuung, wenn auch nicht meiner Behandlung der Frau Wachsmann zu vergleichen. – Der lange Urlaub ist so gemeint, wie Du ihn auffaßt, allerdings mehr als eine Erleichterung des Losreißens denn eine Sicherung der Zukunft.

Herzlichst   Franz.

[Postkarte. Stempel: Prag –.26.V.16]

Liebe Felice, es ist Nachmittag im Bureau, ich kann vor Kopfschmerzen gar nichts machen, nicht arbeiten, nicht lesen, nicht still sitzen – »also schreibst Du mir«, denkst Du, aber ein Vorwurf wäre das nicht. Es ist natürlich nicht immer so schlimm, aber seit 3 Tagen unausgesetzt. –

Ein schönes Bild, nur hast Du auf andern Bildern ein fröhlicheres Gesicht.

Auch der Kragen trübt das Bild. Mephisto trägt, wenn ich nicht irre, einen solchen Kragen, auch Strindberg habe ich so gesehn, aber Du, Felice? Trotzdem ein schönes Bild, mit dem Du mir viel Freude machst. Und alles unverändert Balkon, Blumengitter, Aussicht. Man sucht sich durchzuwinden durch das Gedränge der dunklen Zeiten. – Wie verhält es sich mit Deinem Urlaub? Chef ist schon fort? Was macht Deine Familie, Erna, der ich schon endlos lange nicht geschrieben habe?

Herzliche Grüße   Franz

[Vermutlich 28. Mai 1916]

Liebe Felice, es regnet wieder, es ist wieder Sonntag, nur bin ich nicht in Marienbad, ein wenig losgebunden, sondern in der Grube, in Prag, und im Kopfe wühlt es seit 5 Tagen wie schon seit langem nicht.

Über den Roman von Weiß [Der Kampf] urteilst Du vorsichtig, und das ist richtig. Vielmehr als eine unsichere Bewegung, halb Liebe halb Bewunderung, bringe ich auch nicht zustande. Ich weiß, das Feuer im Kern des Buches ist wirkliches Element; um sich aber einem fremden Element vollständig hinzugeben, dazu gehört Irrsinn. (Schlaflosigkeit und Kopfschmerzen sind bloß Vorbereitung.) Merkwürdig aber, daß aus solchem Ursprung ein Roman hervorkommt, den nicht wenige fast nur als Unterhaltungsroman einschätzen zu dürfen glauben. Sie fühlen also nicht die Messerwirkung. Du fühlst sie. »Vielleicht kann ich diese Wahrheit nicht vertragen«, schreibst Du. Sollte ich diese Wirkung beschreiben, so versage ich. Solchen Durchdenkens bin ich – wenigstens jetzt – nicht fähig.

Daß ich in dem Buch erscheine, glaube ich auch, aber nicht mehr als viele andere, denn darin bin ich wahrhaftig nicht vereinzelt. Es ist der Typus, der dem westeuropäischen Juden gleich, gewissermaßen auf der ersten Ebene, erscheint, wenn er sich zurücklehnt und die Augen schließt. Wären solche Typen auch noch »kraftvoll«, es wären vollendete Teufel; hier zeigt sich die Vorsehung gütig. Aber Franziska, über sie wollte ich noch etwas von Dir hören. Hier ist doch das Verlangen des Buches. Faßt man hier zu, so hält man den Autor beim Halse.

Daß Du nicht viel Neues darin findest, wundert mich. Ich finde so viel, daß ich mich kaum auskenne. Die scheinbare Einförmigkeit ist ja nur das Halbdunkel, das nötig ist, um gewisse Dinge für Menschenaugen erträglich zu machen.

Übrigens ist es schon lange her, daß ich es zum letztenmal im Manuskript gelesen habe. Bis ich es im Buch gelesen haben werde, schreibe ich Dir noch.

In 14 Tagen gehe ich, besonders wenn mein Zustand nicht besser wird, auf 3 Wochen nach Marienbad. Ich wollte fest bleiben und entsprechend dem Brief an den Direktor vorläufig nicht auf Urlaub gehn, aber ich ertrage es nicht. Was man sich übrigens im Bureau von mir gefallen läßt, übersteigt alle Beamtentraditionen.

Was machst Du, Felice, in Deiner freien Zeit? Du hast schon lange nicht davon geschrieben. Warst Du bei den »Troerinnen«? Ich war hier vor paar Tagen dabei. Werfels Arbeit ist außerordentlich, darüber kein Wort; dagegen bin ich nach dem Eindruck der Aufführung (Lessingtheater) ohne Zögern bereit, für den Rest meines Lebens auf den Besuch des Theaters zu verzichten, wie ich es ja schon lange geübt habe.

Herzlichst Franz

[Postkarte. Stempel: Prag – 30.V.16]

Liebe Felice, ich schicke Dir zwei Drucksachen zur Unterhaltung, zur guten ein »Zeitecho« mit einem Aufsatz von Max (er hat in Ausbreitung dieser Grundideen in diesem Winter einen Zyklus von 11 Vorträgen gehalten, daneben 2 Stunden wöchentlich in der Flüchtlingsschule vor über 50 Mädchen, mit denen ich letzthin auf einem Ausflug beisammen war, und 1 Stunde in einem zionistischen Mädchenklub), zur traurigen Unterhaltung den letzten Anstaltsbericht, dessen Text etwa von Seite 10-80 meine Arbeit ist. Mit dem einige 100 Seiten starken Jubiläumsbericht verschone ich Dich, übrigens noch mit einem Jahresbericht, dessen Name ich aber nicht einmal nenne. – Deine Friedmann Photographien haben sehr gefallen, besonders die Liebesszene.

Herzlichst Franz

[Postkarte. Stempel: Prag – 31.V.16]

Liebe Felice, natürlich außerordentlich einverstanden. Was bedeutet aber der Vorschlag, in ein Sanatorium zu gehn? Ein eigenes, für mich erstaunliches, Bedürfnis? Oder ein Zugeständnis für mich? Was mich betrifft, habe ich voriges Jahr mit den Sanatorien endgültig abgeschlossen; Kranke, als solchen fühle ich mich jetzt ernstlich, sollen Sanatorien lieber ausweichen. Das gilt aber nur für mich allein, bist Du mit, ist es mir überall recht. Nur kann ich aber nicht nach Deutschland, Du aber vielleicht nach Marienbad. Wolltest Du? Sanatorien gibt es in Böhmen keine guten, das beste in Rumburg ist noch schlecht genug. Ich für meinen Teil wollte meinen unglücklichen Kopf schon Pfingsten nach Marienbad tragen, warte aber sowohl was Zeit und Ort anlangt, auf Deinen Entschluß.

Herzlich Franz

[Postkarte. Stempel: Prag – 31.V.16]

Liebe Felice, zur vormittags nur oberflächlich behandelten Sanatoriumsfrage. Mein Haupteinwand gegen Sanatorien ist, daß sie zu viel Zeit und zu viel Gedanken unnütz verbrauchen. Ich will im kleinen Urlaub etwas zu arbeiten versuchen (so viel oder so wenig als dieser Kopf noch hervorbringt) und ich will, wenn Du dort bist, mit Dir beisammen sein, aber ich will nicht mich praxieren, packen, elektrisieren, heilbaden, untersuchen, durch besonders gute Diagnosen mich besonders gut über meine Krankheiten informieren lassen, es ist fast ein neues Bureau im Dienst des Körpers. Das Entscheidende bleibt aber vorläufig: warum willst Du in ein Sanatorium? Wenn es auch in Böhmen kein gutes Sanatorium gibt, so gibt es doch solche in Schlesien, Niederösterreich, Steiermark. Gespannt auf die Antwort.

Franz

[Postkarte. Stempel: Prag – 3.VI.16]

Liebe Felice, nach dem Brief beginnt Dein Urlaub am 2. oder 3. Juli, nach dem Telegramm, das ja viel neuer ist, scheint er erst gegen Mitte Juli beginnen zu wollen. Sollte ich Montag keine genauere Nachricht haben, werde ich telegraphieren. – Die Verkühlung sowie die »enorme Arbeit« werden in dem großen Buch, das ich über Dich führe, zu Deinen Ungunsten eingetragen. Das wäre nicht schlimm, schlimm ist, daß Du Dich so quälst und ich, hilflos für Dich, hilflos für mich zuschauen muß. – Die Sternheimschen Erzählungen scheinen mir bedeutend, besonders die literarisch vielleicht schwächste: Schuhlin. Eine sehr populäre und sehr widerwillige Darstellung. Wir sprechen darüber vielleicht. – Möge uns ein gutes Wiedersehn beschieden sein.

Herzlichste Grüße   Franz

[Postkarte. Stempel: Prag – 14.VI.16]

Liebe Felice, vorläufig sind wir also einig, gewählt ist Marienbad. Ärztliches Zeugnis ist jetzt in Deutschland nicht mehr nötig, Du kannst also gewiß kommen. Deine Gründe, die für ein Sanatorium sprechen, habe ich trotz geringen Talentes dafür, auch schon vorher überlegt, sie sprechen aber im Grunde auch ebensogut gegen das Sanatorium. Vielleicht sind wir auch – ich weiß es nicht – durch Leid, Zeitablauf und sonstige Besonderheit ein Stückchen über diese Rücksichten hinaufgehoben. Gerne wüßte ich etwa 10 Tage vorher den Beginn unseres Urlaubs. Ich habe nämlich ein kleines Geschäft in Tepl (sehr nahe bei Marienbad), möchte es mit der Hinfahrt verbinden, muß aber meine Ankunft in Tepl 10 Tage vorher ansagen.

Herzliche Grüße   Franz

[Postkarte. Stempel: Prag – 19.VI.16]

Liebe Felice, früher als Du will ich eigentlich nicht gerne fahren, dagegen gerne warten, bis Du fahren kannst, vorausgesetzt allerdings, daß es sich nicht bis in den August hinzieht, denn im August muß ich in Prag sein. Wenn Du aber Ende Juni fährst, so stimmt es ja ausgezeichnet und ich erfahre vielleicht schon morgen von Dir das endgültige Datum. Es wäre mir wegen des Tepler Geschäftes lieb. Übrigens hat sich gestern Max entschlossen, mit seiner Frau auch nach Marienbad zu fahren. Die Zeit ist noch nicht bestimmt. Die jüngste Schwester der Frau ist an Lungenentzündung gestorben. Kondoliere nicht, sie ist unsinnig traurig und will nichts hören. Eine Woche vor Dir will ich nicht fahren, weil meine drei Wochen auch nicht ganz sicher sind und weil ich auch in Erwartung Deiner Ankunft unruhiger wäre als für Ferien gut ist.

Franz

10. Juli 1916

Liebe Mutter, nicht aus den alten Zeiten nehme ich das Recht zu dieser Ansprache sondern aus den neuen. Felice und ich haben uns, wie das zu geschehen pflegt, hier in Marienbad getroffen und haben gefunden, daß wir vor Jahren die Sache verkehrt angefaßt haben. Es war auch nicht sehr schwer das einzusehn. Nun wird eben das Gute nicht zum ersten und auch nicht zum zweitenmal fertig, wohl aber zum zehntausendsten Mal und dabei halten wir jetzt. Und wollen es auch festhalten, wozu ich Deiner mütterlichen Zustimmung gewiß zu sein glaube noch aus jenen Tagen her, als Du vom Balkon her mit freundlichem Winken meinen letzten Spaziergang durch die Mommsenstraße begleitet hast. Es ist seitdem manches anders geworden und weniges besser, das weiß ich wohl; aber unter diesem wenigen ist das Verhältnis zwischen Felice und mir und dessen Sicherung für die Zukunft. Das wollte ich Dir heute schreiben mit dem ehrerbietigsten Handkuß für Dich und herzlichen Grüßen für Erna und Toni.

Dein Franz

Liebe Mutter,
ich hoffe, Du verstehst die vorstehenden Worte von Franz so, wie sie gemeint sind. Du hast ja nun Gelegenheit, ihm Deine Liebe von neuem zu schenken. Wenn Du an Franz schreiben willst, er bleibt vorläufig noch hier, während ich ja schon Ende der Woche zurück muß.
    Also, ich hoffe, es wird nun Alles gut und schicke Dir viele herzliche Grüße.

Deine Felice

Meine arme Liebste, ich schreibe mit Deiner Feder, Deiner Tinte, schlafe in Deinem Bett, sitze auf Deinem Balkon – das wäre nicht schlimm, höre aber durch die nur einfache Tür den Lärm des Ganges und den Lärm der Doppelmieter rechts und links. Die Verfluchten unten, die kleine Teufelin an der Spitze, haben die Zimmer verwechselt oder richtiger ein Zweibettenzimmer gebraucht und deshalb verwechselt. Nun zum Wohnungsuchen fehlt mir die Kraft, da Du weg bist. – Für Dich waren hier 2 Karten von Frl. Erna, 1 Karte und 1 Telegramm von Frl. Grete, es steht nichts drin, was Du nicht ebenso gut von ihnen erfahren kannst, höchstens daß Frl. Erna sehr viel laufen muß wegen ihres Schneiders. – Ich gehe jetzt in den Dianahof, um über den Butterteller gebeugt an Dich zu denken. Viele, viele Grüße

Franz

[Postkarte. Stempel: Marienbad- 15.VII.16]

Meine liebe Felice, allein sein und nicht den Trost eines stillen Zimmers haben, das ist arg. Verzweifelt, in Angst vor dem häuslichen Lärm schlug ich mich gestern abend verzweifelt durch den Stadtpark – den Stadtpark! – durch das Korso – das Korso! – und kam doch als Behorcher alles Lärms viel zu früh zurück. Wie hast Du es nur in dem Zimmer ertragen können! Heute morgens war ich auf der Wohnungssuche, fand aber nichts, da niemand für nur eine Woche ein gutes Zimmer hergeben kann. – Statt bei der Grundsteinlegung war ich mit Erdmuthe im Dianahof, sei nicht böse darüber, daß ich Dir die Grundsteinlegung nicht beschreiben kann. Im Dianahof habe ich mit Liselotte, der ganz kleinen Rundwangigen, angebunden und sie gestern, bei Befestigung einer Rose an ihrer Brust, lange beraten.

Franz

[Postkarte. Stempel: Marienbad – 16.VII.16]

Liebste, arme Liebste (ach wie schwätzt das alte Ehepaar nebenan) allein auf den alten Wegen und doch wäre es, bis darauf daß ich nichts mache, nur ruhe, im Ganzen recht gut. Denn ich habe Sicherheit hinsichtlich Deiner, Sicherheit, soweit wir unserer Art nach im Augenblick Sicherheit haben können. Nütze die Sicherheit auch für Dein Wohl aus, ich bitte Dich. Fange etwa bei der Vermeidung des Zuckerknackens an, der Weg zur Höhe ist endlos. (Nun tappt der alte Eheherr mit schwerem Schritt aus dem Bett.) – Mein Abschiedsgespräch mit Helenchen: »Sie haben uns schlecht geraten, der Zug hatte keinen Anschluß.« »Ach so, ich dachte ans Radfahren.« »Wir hatten keine Räder.« »Ach so, dann hätten Sie Eger besichtigen können, sehr schön.« »Wir hatten uns aber für 11 Uhr angezeigt.« »Ach so, dann hätten Sie zu Fuß gehn können, schöner Weg.« »Hatten aber Gepäck.« »Ach so, dann hätten Sie mit dem Wagen fahren können, schöne Fahrt.« »Danke, haben wir gemacht, haben aber das Trinkgeld für Sie dabei verloren.«

Franz

[Postkarte. Stempel: Marienbad – 18.VII.16]

Meine Liebste – zuerst und obenauf: Kopfschmerzen seit 2 Tagen, weiß nicht, warum und wofür. Sind es Nachläufer? Oder ewige Begleiter? – Sieh nur, den höchsten Kurgast von Marienbad, d.h. denjenigen, auf den das größte menschliche Vertrauen gerichtet ist, haben wir gar nicht gekannt: der Belzer Rabbi, jetzt wohl der Hauptträger des Chassidismus. Er ist seit 3 Wochen hier. Gestern war ich zum erstenmal unter den etwa 10 Leuten des Gefolges bei seinem Abendspaziergang. Darüber wäre viel zu sagen, ich habe aber jetzt ausführlich an Max darüber geschrieben, der mich von der Anwesenheit des Rabbi benachrichtigt hat. – Und wie geht es Dir, mein höchster Marienbader Kurgast? Habe noch keine Nachricht, begnüge mich mit den Erzählungen der alten Wege, z.B. heute der Trotz- und Geheimnis-Promenade.

Franz

[Postkarte. Stempel: Marienbad – 19.VII. 16]
[geschrieben am Abend des 18. Juli 1916]

Meine Liebste – während unsere alten Freunde mit Dir fortgereist zu sein scheinen (hat der liebe Kosteletz wirklich existiert?), kommen neue und haben mir unter anderem gestern, als ich von der Waldquelle nachhause ging, einen kleinen Schrecken verursacht, der im Augenblick geradezu betäubend war. Im behaglichen Kosteletzschritt kommt mir nämlich, unmöglich zu vermeiden, mein Direktor entgegen, nicht der, den Du dem Husten nach kennst, sondern der oberste, mit dem ich gut stehe, und hinter ihm Frau und Tochter. Wie mag ich ausgesehen haben! Es bedurfte nicht der Klage über Kopfschmerzen, die ich auch wirklich hatte, es bedurfte nicht des Hinweises, daß ich immerfort allein in den Wäldern sein muß – mein Anblick genügte, dreifaches Mitleid stand um mich herum. Ich war zwar 1 Stunde mit ihnen beisammen, eine nächste Zusammenkunft wurde aber nicht bestimmt besprochen. So bin ich wieder allein, leider auch ohne Nachricht.

Franz

Liebste Felice – schlechter Schlaf und Kopfschmerzen quälen mich immerfort und machen mir Sorge. Weiß keinen gegenwärtigen Grund dafür, bin hinsichtlich Deiner ruhig und froh. Hätte ich zu arg mit mir gewirtschaftet vier Jahre lang? Wird so heimgezahlt? Oder vielleicht ist es nur zeitweilige Wirkung der Waldluft, die mir übrigens großen Hunger macht. Sag mir einen Trost. Zur Arbeit läßt mich mein Zustand nicht zu, das ist nicht das ärgste; was hätte ich auch in 8 Tagen plötzlich machen wollen, auch ist nicht meine Arbeitszeit. Wie wird es aber werden? – Die Einladung ist an Dich schon abgegangen, bin äußerst begierig, wie und wann Du es anfaßt. – Der Vater trägt mir in einer mit Schreibmaschine geschriebenen Karte Grüße für Dich auf. Ich nehme sie mit in meine auf und überfalle Dich nun mit der ganzen großen Menge.

Franz

Liebste Felice – also eine richtige (oder richtiggehende?) Frau Elster hat mir einen Nachmittag des Zusammenseins mit Dir gestohlen. – Heute ein wenig besser geschlafen, also ein wenig freier, nach dem Essen allerdings kein Schlaf. Gestern abend (es war ein wenig wärmer, ich konnte auf dem Balkon sitzen) begann mir das Zimmer zu gefallen. Heute ist eine neue Familie mit Jungen nebenan eingezogen (Du altes liebes Ehepaar!), es müssen recht geschickte und lebhafte Jungen sein, schon 5 Minuten lang schlagen sie einen Nagel oder sonstwas ein. – Trotz Schlaflosigkeit und Kopfschmerz werde ich dick, nicht so wie mein Direktor, aber doch in entsprechender Unterordnung. Gestriger Speisezettel: um ¼ 11^h – 2 x Milch, Honig, 2 x Butter, 2 Brötchen; 11^h ¼ kg Kirschen; 12^h Kaiserfleisch, Spinat, Kartoffel, Vanillenudeln, Brötchen; 3^h Milch in Schale, 2 Brötchen; 5^h Schokolade, 2 x Butter, 2 Brötchen; 7^h Gemüse, Salat, Brot, Emmentaler; 9^h 2 Kuchen, Milch. Nun?

Franz

Liebste Felice, für den Brief vom Dienstag, außerdem habe ich noch in den letzten Tagen drei Karten bekommen, einen besondern Dank. Du hast einen großen und guten Einfluß auf mich, Felice, und daß Du ihn gut benutzen wirst, glaube ich auf Grund der gemeinsamen Tage trotz aller kleinen Zwischenverdunklungen. Möge es mit mir Dir gegenüber ebenso sein! Es ist viel zu tun, auf meiner Seite mehr als auf Deiner, aber auf beiden viel. Es wäre viel zu frühzeitig, wenn jetzt schon mit Kopfschmerzen die Kräfte aufhörten. Es wäre gut, wenn wir bald wieder zusammenkämen. – Ich sitze im Dianahof, es regnet, ich kann nicht fort. Ich bin ein wenig, aber nur ein wenig, trübsinnig und erkenne, daß ich das Bedürfnis habe, einer Handarbeit zuzusehn, aber nicht jener, die das kleine Mädchen am Nebentisch verfertigt. Und dabei bin ich noch immer durchaus gegen alle Handarbeiten.

Viele Grüße   Franz

[Postkarte]

[Marienbad,] 21. Juli [1916]

Liebste – wieder ein wenig besser, kein vollständiger, sondern zumindest zehnteiliger Traumschlaf, immerhin Schlaf und besserer Kopf. Bliebe ich noch lange und könnte jeden Tag ein »besser« hinzufügen, könnte dann am Ende von hier aus zu Dir, das wäre ein gesegneter Lebensweg. Unausführbar schon deshalb, weil ich für das Essen hier zu viel ausgebe, der mitgeteilte Speisezettel wiederholt sich in grotesken Formen täglich. – Max habe ich natürlich längst geschrieben, bin sehr ungeduldig zu hören, was für einen Eindruck das jüdische Volksheim auf Dich macht und wie Du zugreifen kannst. – Bei Felix war ich nicht. Seine erste Karlsbader Karte fängt an: »Es ist kalt, neblig, es regnet, mich friert, den Papa friert, meine Frau friert. Es ist teuer, das Brod ist schlecht, die Luft ist rauh. Ich habe keine Furunkeln. Meine Frau hat Halsschmerzen u.s.f.« Du siehst, das Leben ist auch dort nicht leicht. Möge ihm der Kuraufenthalt leicht werden!

Franz

[Postkarte. Stempel: Marienbad – 22.VII.16]
21. Juli 16

Liebste – übertreibe ich das Schreiben wieder wie in frühern Zeiten? Zur Entschuldigung: ich sitze auf Deinem Balkon, auf Deiner Tischseite, es ist, als wären die 2 Tischseiten Wagschalen; das an unsern guten Abenden bestehende Gleichgewicht wäre gestört; und ich, allein auf der einen Wagschale, versänke: Versänke, weil Du fern bist. Darum schreibe ich. Auch deshalb, weil es in meinem Kopf trotz der Besserung der letzten 2 Tage immer noch saust und ich nach dem Frieden bei Dir wenigstens mit der schreibenden Hand hintaste. Es ist jetzt hier fast die Stille, die ich will: Das Nachtlicht brennt auf dem Balkontischchen, alle andern Balkone sind leer wegen der Kälte, nur von der Kaiserstraße her kommt das gleichmäßige, mich nicht störende Gemurmel. Leb wohl und schlafe tausendmal besser als

Dein Franz

[Postkarte]

[Marienbad,] 22. Juli [1916]

Liebste Felice, man kann natürlich nicht berechnen, wie die Karte den Adressaten antrifft, ich kann das leider am allerwenigsten – immerhin, seit 2 Tagen habe ich keine Nachricht (man wurde so verwöhnt durch das Beisammensein, zwei Schritte nach links und man konnte Nachricht haben), heute ist Felix mit Frau, Bruder und Vater hier, ich laufe wegen jeder Post nachhause und finde schließlich die liebe, trotzdem küssenswerte, aber jedenfalls brummige, ein wenig brummige Karte. Gewiß, man ist in fremder Wohnung nicht ungestört, aber warum hinderst Du mich, auf Deinen Knien zu klagen, nimm es doch als das Sich-hingeben, das es ist. Und Liselotte? Ich habe die Stelle schon sehr oft gelesen und fürchte noch immer mich zu blamieren, wenn ich sie ernst nehme. Traust Du mir die Geschmacklosigkeit zu, mich mit etwas derartigem – ich sage nicht, zu befassen – aber zu rühmen?

Es ist das 3jährige, runde kleine Mädchen, über das wir im Dianahof einmal gelacht haben. Sie bekam eine Rose, und um diese handelte es sich. Liebste Felice!

Franz

[Postkarte. Stempel: Prag – 25.VII.16]

Meine arme Liebste (arm, weil wir alle arm sind und weil man Armen, wenn man nicht anders helfen kann, die Wangen streichelt), wieder im Bureau, im Bodensatz des Jammers. Unter anderem einen Brief vom Verlag [Kurt Wolff] gefunden, in welchem – nein, unsinnige Dinge augenblicklich, die vor 2, 3 Jahren wunderbaren Sinn hätten haben können. – Wollte als letzte Marienbader Handlung auf dem Balkon Dir schreiben, aber die Zeit reichte nur zu kleinem Umblick und zum Verschlingen eines ½ kg Kirschen. Die letzte Nacht war übrigens die beste, fast 6 Stunden (meines Wissens) ununterbrochenen Schlafes, eine unerhörte Leistung meiner Nerven. (Immerfort stören mich Leute und umstehen meinen Tisch.) Hier aber fängt noch mehr an meinem Kopf zu rütteln an als dort, weiß nicht, wie es sein wird. Gewiß, daß wir einander festhalten ist gut. – Der »Heizer« kann doch nicht vergriffen sein, nach Marienbad kam er, allerdings spät. Ich schicke ihn. Über Erdmuthe nächstens, das Buch ist genug wichtig für uns. Jüdisches Volksheim? Viele Grüße und Annahme des einen ewigen Kusses.

Franz

[Postkarte]

[Prag,] 26. Juli 16

Meine Liebste, gut daß manche meiner Karten gemeinsam kommen, es gibt dann einen Ausgleich, beherrschen kann ich mich im Augenblick des Schreibens so schlecht. – Es ist ein Irrtum, wenn Du glaubst, daß ich mit Deinem Leben ohne Mittagessen zufrieden bin. Das ist vielmehr eine sehr schlechte Einrichtung, mit der ich mich erst zufriedengeben werde, wenn Du mir eine genaue Aufstellung des täglichen Speisezettels schickst. Es wird doch irgendeine Wirtschaft in der Nähe geben, die etwas Eßbares herstellt. Schreibe mir jedenfalls darüber. Die Vorstellung des Kakaos und des Brötchens, von dem Du Dich den Tag über nährst *(übrigens ohne auch nur annähernd zu fletschern)* macht mich fast trübsinnig, besonders wenn ich demgegenüber Deine überreichliche Arbeit stelle. – Die Geschichte werde ich jetzt nicht schicken, es ist zu umständlich, sie gehört Dir ebensogut, wenn sie bei mir ist. – Mußt Du denn selbst in die Fabrik laufen, kann nicht jemand von dort zu bestimmten Stunden herüberkommen und nachfragen?

Viele Grüße   Franz

[Postkarte]

[Prag,] 27. Juli [1916]

Liebste – nach einem Arbeitsvormittag. Die einzige Erkenntnis, die ich noch im Kopfe habe, ist die der vollständigen Unvergleichlichkeit meines Diktierzimmers und der Marienbader Wälder. – Was bedeutet die Vergrößerung der Fabrik? Ist sie bedeutend? Hängt sie mit dem Patent zusammen? Macht sie Dir viel Mehrarbeit? – Du fragst nach meinem Direktor, nein, mit dem habe ich nicht mehr gesprochen, wohl aber die ganze Familie öfters gesehn, bin ihr aber wie ein Schuljunge immer davongelaufen, einmal schon in einer Entfernung von 5 Schritten. Am letzten Tag habe ich aber der Frau 5 baumlange Rosen geschickt und unter anderem geschrieben, daß »Mein leidiger (ein wertvolles undeutbares Wort) Zustand mich um die Ehre und das Vergnügen gebracht hat, persönlich u.s.f.« Nicht übel, wie? Und nicht durchaus unwahr. – Viele Grüße und Handkuß zur Stärkung der vom Diktieren müden Lippen.

Franz

[Postkarte]

[Prag,] 28. Juli 16

Meine Liebste – immer noch, 4 Tage seit der Ankunft, habe ich noch irgendwie in mir die Nachwirkung der innern und äußern Ruhe, die ich in Marienbad mit Deiner und der großen Wälder Hilfe haben durfte. Sie wird schon schwächer, die Nachwirkung, Kopfschmerzen, Angstträume, die alten Schlafunterbrechungen wagen sich wieder vor, immerhin habe ich doch einiges Vertrauen dazu gewonnen, daß ein wenig Reisen und viel Ruhe und Freiheit meinen auseinandergehenden Kopf noch vielleicht zusammenfassen könnten. Es müßte aber bald sein. Innerhalb des Bureaulebens hat jede Kräftigung nur Schlechtes zur Folge, nämlich ein neues, kräftigeres Aufbegehren und dann ein noch tieferes Zurücksinken. Gern wüßte ich, was Dir Marienbad hinterlassen hat und ob und wie sich Dein jetziges Leben im Guten oder Schlechten vom frühern unterscheidet. Viele Grüße   Franz

[Postkarte]

[Prag,] 29. Juli [1916]

Meine Liebste – das ist nun eine schöne Sache, die Fabrik vergrößert und Du allein. Ich habe Mehrarbeit, wenn Du Mehrarbeit hast. Wie es sich mit diesem Gefühl etwa in Karlshorst leben lassen wird, weiß ich wirklich nicht. Jetzt ist nur der Trost, daß es keine eigentliche Mehrarbeit ist (außer den Berichten an den Chef), sondern nur eine Mehrverantwortung, das ist allerdings schlimm genug. Schreib mir aber noch besonders, ob und was für Mehrarbeit damit verbunden ist und wie sich das zeitlich ausdrückt. Traurig bin ich darüber, daß Dich das Geschäft so immer mehr verschlingt. Arbeitest Du auch für Lindström? (Wie fiel die Streitsache wegen des Honorars aus? Wenn es sich so verhält, dann wirst Du allerdings für das Volksheim wenig Zeit haben, und ich bin geradezu gierig auf Nachrichten über Deine Beteiligung. Es kommt mir (und muß auch Dir nicht) auf den Zionismus hiebei ankommen, sondern nur auf die Sache selbst und was sich aus ihr etwa ergibt.

Viele Grüße   Franz

[Postkarte]

[Prag,] 30. Juli [1916]

Liebste – ich lese nochmals die gestrige Karte. Was schreibst Du an Dr. Lehmann? Stell Dich ihm jedenfalls zur Verfügung. Die geringe Zeit, die Dir bleibt, kannst Du (Spazieren und Turnen nehme ich aus) nicht besser verwenden als dort, es ist unzähligemal wichtiger als Theater, als Klabund, als Gerson und was es sonst noch gibt. Es ist auch eine der eigennützigsten Angelegenheiten. Man hilft nicht, sondern sucht Hilfe, es ist aus dieser Arbeit mehr Honig zu holen als aus allen Blumen der Marienbader Wälder. Ich weiß nicht, wie Du zu der Meinung kommst, daß nur Studenten in Betracht kommen. Natürlich haben Studenten und Studentinnen als die durchschnittlich selbstlosesten, entschlossensten, unruhigsten, verlangendsten, eifrigsten, unabhängigsten, weitsichtigsten Menschen die Sache angefangen und führen sie, aber jeder Lebende gehört ebensogut dazu.   Viele Grüße   Franz

[Postkarte]

[Prag,] 31. Juli [1916]

Liebste – schon einige Tage ohne Nachricht (ich sage lieber einige, es sind aber nur drei), im Zusammenhang mit der Arbeit, die Dir jetzt aufgebürdet wird, ist es mir unheimlich längere Zeit ohne Nachricht. Allerdings arbeitet auch mein Kopfschmerz (ich schlafe kaum länger als eine Stunde, schlafe dann wieder ein, aber wieder nicht für länger) in der gleichen Richtung; ein kühler, ruhiger Kopf blickt anders als ein heißer und schmerzender. Widerlich, widerlich, gar an einem schönen Tag. Der gestrige Sonntag (ich lag bis ½ 1 im Bett) war noch erträglich und ich habe den Nachmittag allein mit Spazieren, Im-Gras-Liegen, Milchtrinken, Lesen (Lublinski, Die Entstehung des Judentums) gut verbracht. Und Du? Weißt Du übrigens, daß »warte nur, balde u.s.f.« nicht eigentlich ein Segensspruch ist und daß, selbst wenn er es wäre, das »balde« doch so sehr fraglich oder vielmehr kaum fraglich ist.

Viele Grüße   Franz

[Postkarte]

[Prag,] – 1. August [1916]

Liebste – vier Tage keine Nachricht, es ist fast ein wenig unheimlich, ein Sonntag liegt dazwischen. Ich habe jetzt ein neues Vergnügen für die freie Zeit: im Gras liegen. Reicht Zeit und Lust nicht hin, vor die Stadt zu gehn (es ist doch sehr schön um Prag, wie es mir Sonntag schien), lege ich mich auf den Spielplätzen nieder, wo arme Leute mit ihren Kindern sitzen. Es ist dort gar nicht zu laut, viel stiller als beim Kreuzbrunn [in Marienbad]. Letzthin lag ich dort fast im Straßengraben (das Gras ist heuer aber auch im Straßengraben hoch und dicht), als ein ziemlich vornehmer Herr, mit dem ich manchmal amtlich zu tun habe, zweispännig zu einem noch vornehmern Fest vorüberfuhr. Ich streckte mich und fühlte die Freuden (allerdings nur die Freuden) des Deklassiertseins. Aber Du? Am Sonntag warst Du so lebendig bei mir und nun ist still.

Franz

[Postkarte]

[Prag,] – 2. August [1916]

Liebste – schon den 5ten Tag ohne Nachricht, ich will nicht glauben, daß Du nicht schreibst, will auch nicht an Erkrankung oder dergleichen glauben, trotzdem ist es recht trostlos und mein Schreiben verliert den Sinn. Gestern habe ich Dir eine Nummer der Jüdischen Rundschau geschickt, der Aufsatz von Max zeigt, was er gearbeitet hat, die Briefstellen zeigen, um was für Mädchen es sich handelt, das Feuilleton zeigt (nicht sehr gut geschrieben) eine merkwürdige zionistische Stimmung. Jedenfalls mußt Du Dich vor dem Jüdischen Volksheim wegen des Zionismus, den Du nicht genügend kennst, nicht fürchten. Es kommen durch das Volksheim andere Kräfte in Gang und Wirkung, an denen mir vielmehr gelegen ist. Der Zionismus, wenigstens in einem äußern Zipfel, den meisten lebenden Juden erreichbar, ist nur der Eingang zu dem Wichtigern. Was hilft das Schreiben? Du schweigst.

Viele Grüße   Franz

[Postkarte]

[Prag,] 3. August [1916]

Liebe Felice – in Deiner Karte vom 1. August, auf die ich mich eine Woche lang gefreut habe, steht fast gar nichts von Dir. Und gerade auf Nachrichten von Dir geht doch mein Verlangen, nicht auf Nachrichten über das Mäntelchen (über dessen Verlust Du Dich übrigens nicht »schrecklich ärgern« mußt. Gib mir die nötigen Anweisungen für den Einkauf und die Adresse der Schwester und ich schicke das Mäntelchen hin). Ich weiß, daß Du übermäßig viel zu tun hast; hättest Du aber doch statt der 10 Zeilen über das Mäntelchen 10 Zeilen über Deine Arbeit, Dein Essen, Dein Befinden geschrieben, so daß ich gefühlt hätte, daß es Dich zu dieser Art Näherherankommen drängt, über diese Ferne hin, die nun nach den neuen Paßvorschriften geradezu unendlich geworden ist. Was hilft das Klagen und Schreiben! Kehren wir wieder zu dem frühern 14 Tage-Schreiben zurück.

Franz

[Postkarte]

[Prag,] 5. August [1916]

Liebste – es lebe das Mädchen, das Dir helfen wird! Was für gute oder schlechte Folgen hat die Verpflichtung, die Du hinsichtlich Deines Postens eingegangen bist? Was bedeutet es, daß Du zu Tische gehen wirst? Wohin? – Und Dr. Lehmann? Am 26. Juli hieß es: »Jedenfalls schreibe ich morgen an Dr. L.« Am 1.

August: »Ich werde einmal an den Dr. L. schreiben.« Und jetzt am 2.: »Ich werde mich sehr energisch darum kümmern.« Zusammen ist das ja sehr viel, aber nicht gerade eine Steigerung. Übrigens weiß ich gar nicht, was Du ihm schreiben willst, das Einfachste wäre wohl, einmal hinzugehn, es ist ja in Charlottenburg, also wohl nicht sehr weit. Eigentliche Vereinsabende werden jetzt im Sommer wahrscheinlich selten sein. – Und sonst? Was liest Du? Wie sind die Sonntage? Wie kannst Du Freitag zu dem Maler [Feigl] fahren? Du warst in Karlshorst?

Herzliche Grüße   Franz

[Postkarte]

[Prag,] 7. August 16

Liebste – besser so als anders, besser daß wir schriftlich nicht recht zueinander kommen (irgendetwas fehlt mir in Deinen letzten Karten; es sind so auf Formeln gebrachte Berichte; zum Teil widerwillig geschrieben; Deine übermäßige Arbeit wird wohl den größten Teil der Schuld haben), besser sage ich ist das, als daß wir uns mündlich nicht hätten verständigen können. Wir waren hinsichtlich dessen bisher in einem Grundirrtum, Marienbad hat es richtiggestellt. Wenn Du früher alles aus dem schriftlichen in den mündlichen Verkehr schieben wolltest, so schien mir das eine Ausflucht, jetzt glaube ich, daß Du Recht hattest. Wir werden das Schreiben so einschränken, daß es Dich in Deiner Arbeit nicht stört und (das ist mir auch wichtig) daß Dich die Arbeit im Schreiben nicht stört und Du nicht gezwungen bist, zehn kalte, zusammengeraffte, zerstreute Zeilen statt einer guten, lebendigen, beglückenden zu schreiben. Ich meine es nicht böse.

Franz

Postkarte.

Stempel: Prag – 8.VIII.16]
7. August [1916] Glockenschlag 11

Liebe Felice, da ich jetzt am Abend an Dich denke und glücklich bin, es frei zu dürfen, anders als vor Marienbad, fällt mir unter anderem eine Stelle aus Erdmuthe ein. Es ist nicht die, wegen welcher ich das Buch für uns wichtig nannte, in diesem Sinne sind nicht Stellen wichtig sondern das Ganze, aber diese Stelle, die ich meine, ist so aufdringlich lehrhaft, daß ich ihr den Gefallen tun muß. Als die Gräfin nach der Hochzeit, 22 Jahre alt, in ihre neue Dresdner Wohnung kam, welche die Großmutter Zinzendorfs für das junge Paar in einer für die damaligen Verhältnisse wohlhabenden Weise hatte einrichten lassen, brach sie in Tränen aus. »Dies tröstet mich«, schreibt sie, »daß der liebe Gott weiß, wie wir im Geringsten nicht schuld an diesen Tändeleien sein. Er gebe nur die Gnade,

daß ich mich als sein wahres Kind in andern Stücken beweise, weil ich es hierin nicht gekonnt, wie ich gewollt. Er halte meine Seele fest und kehre meine Augen ab von aller Torheit der Welt.«
In eine Tafel einzugraben und über dem Möbelmagazin einzulassen.

Franz

[Postkarte]

[Prag,] 9. August [1916]

Meine Liebste, schöne, schöne Tage. Wenn ich ein wenig Zeit, Lust und Kraft habe, gehe ich aus der Stadt hinaus, liege nicht nur im Straßengraben. Es gibt hier in der Nähe hinterm Baumgarten auf einer hohen Straßenböschung einen kleinen Wald, an dessen Rand ich gern liege. Links sieht man den Fluß und jenseits schwach bewaldete Höhen, mir gegenüber ein vereinzelter Hügel mit einem mir schon seit der Kindheit rätselhaften, weich in die Gegend eingefügtem alten Haus und rings herum friedliches, welliges Land. Die Abendsonne leuchtet mir dann gerade ins Gesicht und auf die Brust. – Mutter und Valy (die Du wohl meinst, wenn Du Ottla schreibst) sind gestern gekommen, der Schwager ist hier auf Urlaub. – Telschow kenne ich nicht. – Mein Schreiben ist weder Sparsamkeits- noch Verschwendungssache. – Für Frl. Grete [Bloch] herzlichste Grüße. Was sagt sie zum Volksheim?

Franz

[Postkarte]

[Prag,] 10. August [1916]

Meine Liebste – was für Vorwürfe macht Dir Deine Mutter und gar Kopfschmerzen bereitende Vorwürfe? Von dieser Seite her hätte doch jetzt Friede sein sollen. Schreib mir darüber. – Man kann nicht sagen, daß Du den Sonntag lustig verbracht hast. Warum fährst Du nicht gleich früh aufs Land an diesen wenigen Sommersonntagen, die noch übrig sind? Ich lief mit Ottla herum (die ein Beamter, der uns traf, wie er mir heute sagte, für meine Braut gehalten hat) und endigte bei saurer Milch in einem Garten. – Du schreibst, Du kämest vom Mittagessen; wo war das? War am Montag schon das Hilfsmädchen da, das eigentlich schon am Samstag hätte kommen sollen? – Schwer zu raten, was Du lesen sollst. Ich würde im Zusammenhang mit dem Volksheim zur Wiederaufnahme der Memoiren raten, die ich Dir einmal geschickt habe. – »Legt sie die Arbeit in den Schoß nieder ... höchst schmeichelhaft ...« wie aber, wenn sie bei einem Höhepunkt neue Farben auszusuchen beginnt?

Herzlichste Grüße   Franz

[Postkarte]

[Prag,] 12. August [1916]

Meine Liebste – der Brief an Dr. L. ist sehr gut, anderes wollte ich nicht. Daß Du ihn geschrieben hattest, konnte ich nicht wissen. Überdies irrte ich mich in der Adresse mit dem Siedlungsheim; das ist in Charlottenburg. – Der Ausflug nach Friedrichshagen wird hier sehr gebilligt; könnte derartiges nicht öfters wiederholt werden? Letzthin habe ich Felix und seine Frau in das schon beschriebene, sehr lückenhaft beschriebene Wäldchen geführt, hatte viel Anerkennung. Ein unendlich friedlicher Ort, Du bist dort sehr lebendig bei mir. – Im übrigen ist alles trostlos genug, letzthin hatte mich der Kopfschmerz für 3, 4 Tage losgelassen, damit ich mich einmal vernünftig umsehn könne, gestern war es aber arg und heute ist es nicht viel besser. Und damit verstumme ich auf Deiner lieben Hand.
                                                                     Franz

[Zwei Postkarten]

[Prag,] 13. August [1916]

Liebste, wenn man solche unbestreitbare Dinge liest, wird einem noch wirrer als wirr: Fontane hatte 1876 eine Beamtenstelle als Sekretär der Kgl. Akademie der Künste angenommen und nach 3 ½ Monaten unter gräßlichem Streit mit seiner Frau sie gekündigt. Er schreibt an eine Freundin: »Alle Welt verurteilt mich, hält mich für kindisch, verdreht, hochfahrend. Ich muß es mir gefallen lassen. Das Sprechen darüber habe ich aufgegeben u.s.w.«, dann: »ich bin jetzt 3 ½ Monate im Dienst. In dieser ganzen Zeit habe ich auch nicht eine Freude erlebt, nicht einen angenehmen Eindruck empfangen. Die Stelle ist mir, nach der persönlichen wie nach der sachlichen Seite, gleich zuwider. Alles verdrießt mich; alles verdummt mich; alles ekelt mich an. Ich fühle deutlich, daß ich immer unglücklich sein, daß ich gemütskrank, schwermütig werden würde.« »Ich habe furchtbare Zeiten durchgemacht. Und was geschehen sollte, mußte rasch geschehn. Noch hab' ich vielleicht die Kraft und Elastizität, die Dinge wieder in so guten Gang zu bringen, wie sie bis zu dem Tage waren, wo mir diese unglückselige Stelle angeboten wurde. Die Weisheit der Menschen nutzt mir nichts. Was sie mir sagen können, hab' ich mir in 100 schlaflosen Stunden selbst gesagt. Schließlich muß ich doch dafür aufkommen und die bequemen Tage (bequem trotz ihres innern Schreckensgehaltes) mit arbeitsvollen vertauschen.« »Man kann nicht gegen seine innerste Natur, und in jedes Menschen Herz gibt es ein Etwas, das sich, wo es mal Abneigung empfindet, weder beschwichtigen noch überwinden läßt. Ich hatte mich zu entscheiden, ob ich, um der äußern Sicherheit willen, ein stumpfes, licht- und freudeloses Leben führen oder u.s.w.« So, heute hat Dir also Fontane statt meiner geschrieben.
                                                          Herzlichste Grüße   Franz

[Postkarte]

[Prag,] 14. August [1916]

Liebste – den Sinn der Verpflichtung, die Du eingingst, verstehe ich noch nicht. Ein Vorteil für Dich war also nicht damit verbunden, dann war es also nur eine Gefälligkeit von Deiner Seite. Warum wurde sie verlangt? Und in welcher Form wurde sie gegeben? Und wenn Du sie nicht gegeben hättest, was wäre dann geschehn? – Die Schokoladentafel als Mittagessen macht mich wehmütig, besonders da ich gleichzeitig das Knacken höre, unter dem sie verschwand. Oder bezog sich das Abschwören des Knackens auch auf Schokolade? Auch das sonstige Mittagessen war schwach. Wie heißt das Restaurant? Ich will mir doch etwas darunter vorstellen. Die Hand, die Dich führen sollte, zittert hier vor Nervosität.

Franz

[Postkarte]

[Prag,] 15. August 16

Liebste – zu Deinem Gedenkbrief: um die Wahrheit zu sagen, an das Datum erinnere ich mich eigentlich nicht, ja nicht einmal ohne weiters an das Jahr. Hätte ich unmittelbar ohne Hilfe es angeben sollen, so hätte ich gesagt: vor 5 Jahren war es. Das wäre natürlich ganz unrichtig, denn 5 Jahre waren es nicht, entweder waren es 4 oder 4000 Jahre. Dagegen erinnere ich mich an alle andern Einzelheiten wohl viel genauer als Du, schon deshalb, weil Du damals keine Ursache hattest, aufmerksam zu sein, nicht wahr? Auch fälschst Du die historische Wahrheit, wenn Du sagst, ich hätte Dich nicht ins Hotel begleitet, das habe ich doch mit Herrn Dir. Brod getan. Jede Einzelheit weiß ich. Ich kenne noch beiläufig jene Stelle auf dem Graben, wo ich ohne Grund aber absichtlich aus Unruhe, Verlangen und Hilflosigkeit vom Trottoir mehrmals in die Fahrbahn stolperte. Und dann entschwebtest Du im Aufzug, statt mir ohne Rücksicht auf Hr. Brod ins Ohr zu sagen: »Komm mit nach Berlin, laß alles liegen und komm!«

Franz

[Postkarte]

[Prag,] 16. August 16

Liebste – bei wem, wo und wie hast Du Dich über die Sache erkundigt? Wer, wo, wie und was hat Dir darüber Auskunft gegeben? Nein, nein, in einer mir so wichtigen Sache mußt Du ein wenig ausführlicher sein. Schade, daß es so lange dauern wird, ehe ich über den Donnerstag Bericht bekomme, vor Montag wird es wohl nicht sein. – An den Tisch im Cafe des Westens konnte ich mich nicht gleich erinnern, immer sah ich nur das rauchige, von lauter Fremden, die einander kannten, überfüllte Lokal vor mir, in dem ich einmal allein, ganz Trübseligkeit, gewesen bin. Dann erst fiel mir das Mittagessen auf der Veranda mit Dir und Toni ein, sehr lustig war ich allerdings auch damals nicht. Aber vor 4 Jahren! Was für ein entzückender, schwarzhaariger, nervenstarker, langschlafender, hartköpfiger (nicht im übertragenen Sinn) Junge muß ich damals gewesen sein. Darüber solltest Du mir einmal schreiben, vielleicht bade ich mich in der Beschreibung wieder jung.

Viele Grüße   Franz

[Postkarte]

[Prag,] 17. August 16

Liebste, mach mir nicht Sorgen oder wenigstens Unbehagen durch Unbestimmtheiten wie in der Karte von Samstag. Warum fällt Dir jetzt plötzlich Franzensbad und der letzte Abend ein? Was ist das viele, das Dir darüber durch den Kopf geht? Worüber bist Du Dir nicht so ganz klar? Worüber ist so schwer zu schreiben? (Aber leicht Sorgen zu machen) Worüber wäre noch recht viel zu sagen? Der Zwang, der zu diesen Andeutungen führte, zeigt, daß es wichtig wäre, offen zu sprechen. Ich bitte Dich sehr darum. Ich kann hier keine Rücksichten und Bedenken gelten lassen. Ist man beisammen, kann man schweigen; das verkürzt zwar das Leben, aber das durchschnittliche Leben ist lang. Ist man dagegen so weit von einander, dann soll man jede Gelegenheit benützen, offen zu reden. Wir sind ja, faßt man es zusammen, heute jeder auf einer Insel, von der das Postschiff nur einmal im Jahr abgeht. Und da willst Du in Andeutungen schreiben?

Viele Grüße   Franz

[Am Rande] Bitte schreib auch »Pořič« deutlicher, ich lese es immer mit Angst.

[Zwei Postkarten]

[Prag,] 18. August [1916]

Liebste – gestern keine Nachricht; »sie« hat Dienstag keine Zeit und Lust gehabt, an mich zu schreiben, habe ich gedacht; heute kommt aber Brief und Karte, sehr lieb und gut. – Daß Du mit dem Volksheim endlich in Berührung kommst freut mich ungemein. Wo hast Du mit der Dame gesprochen? – Die Dokumente. Ja, das ist schwer. Besonders der Matrikenauszug wird nicht leicht zu bekommen sein. Es ist auch schon so lange her, seit ich geboren wurde. Ich glaube immer, meine Papiere habt Ihr schon vor 2 Jahren irgendjemandem in Berlin gegeben, im Tempel vielleicht oder in einem Amt, ich weiß nicht. Ich werde mich jedenfalls danach umsehn, es braucht aber einen energischen Aufschwung. – In der Betrachtung der endlosen Zeit sind wir einig, wenn ich auch gewiß bin, daß nicht jede vergehende Minute so an Dir rüttelt wie an mir. Das ist aber auch gut so. – Eine Bitte: Du weißt, daß mein Vetter geheiratet hat. Er hat sich als Hochzeitsgeschenk von meinen Eltern ein Bild gewünscht. Ich habe an einen Maler (den ich sehr hoch stelle und der übrigens auch schon einmal zwischen uns erwähnt worden ist) Fritz Feigl. Wilmersdorf, Waghäuslerstraße 6, geschrieben. Um den Preis zu drücken, habe ich, nicht ganz anständiger Weise, gelogen, daß *ich* das Bild schenken will. Er antwortet mir nun, daß die Bilder, die ich bezeichnet habe, in Köln sind und daß er nicht weiß, was er unter seinen Berliner Bildern für mich aussuchen soll. (Gleichzeitig fragt er, ob 200 K nicht zu viel ist. Es ist zu viel.) Soll ich ihm schreiben, daß er sich mit Dir in Verbindung setzen soll und daß Du (mit dem unbestechlichen Blick für das durchschnittliche jüdische Hochzeitsgeschenk) die Auswahl treffen wirst? Du würdest bei der Gelegenheit viel Sehenswertes sehn, nämlich ihn, seine Bilder, seine Frau, seine Wohnung.

Viele Grüße   Franz

[Postkarte]

[Prag,] 19. August [1916]

Liebste – wegen des Malers Feigl. Ich will ihn nicht so lange warten lassen, bis Deine Rückantwort ankommt. Ich biete ihm also 150 K an (ich sehe das Ganze nicht als Kauf, sondern als Gefälligkeit an, 200 K wäre auch nur ein Gefälligkeitspreis, wenn auch ein etwas höherer) und bitte ihn, falls er zustimmt, Dich anzutelephonieren und mit Dir das Bild auszusuchen. Ich warte auch deshalb nicht auf Deine Antwort, weil, wenn Du Dich vielleicht mit der Sache nicht abgeben willst, Du noch immer beim Telephon sagen kannst, Du hättest Dich inzwischen mit mir geeinigt, daß er das Bild selbst aussuchen soll. Also je nach Wille und Laune.

Franz

[Zwei Postkarten.   Stempel: Prag – 20.VIII.16]

19. August 16

Liebste – keine Nachricht, aber die etwas unregelmäßige Verbindung hat den nicht kleinen Vorteil, daß man in solchem Fall nur an Verspätung glauben kann. – Wenn man, um sich im Augenblick zu erhalten immer irgendeine gegenwärtige Freude haben muß, so besteht meine darin, Dich in einem beginnenden Zusammenhang mit dem Jüdischen Volksheim zu wissen. – Zu dem, was Du mir über Deine Mutter geschrieben hast, wollte ich schon längst etwas sagen: Ich verstehe beides, sowohl daß Deine Mutter etwas von Dir wissen will, als auch (das verstehe ich besonders gut, besser als Du), daß Du nichts sagst. Aber dazwischen muß doch ein Ausgleich möglich sein. Gar so viel zu erzählen ist nicht, höchstens gemeinsam zu überdenken. Was unsere Verbindung betrifft, so ist deren Tatsache absolut bestimmt, soweit Menschen bestimmen können; der Zeitpunkt selbst ist nur relativ bestimmt und die Einzelheiten unseres künftigen Lebens müssen wir (unter Ausschluß Prags) der Zukunft überlassen. Das läßt sich wohl auch der Mutter sagen, wenn auch z. B. für mich ein unendlicher Zwang nötig wäre, das zu sagen. Aber Deine Mutter hat doch an unserer Zukunft noch ein anderes Interesse als das allgemein mütterliche, auch das erfordert Aussprache, so nebelhaft auch im Augenblick die Zukunft durcheinandergeht. – Ganz unverständlich ist mir dagegen die Forderung der Mutter, daß Du Sonntag mittags zuhause bist. In dieser Weise kann das doch gar nicht gefordert werden, besonders da Du ja abends sehr oft mit der Mutter beisammen bist und es sich doch nur um die paar Sonntage mit schönem Wetter handelt. Gibst Du mir darüber keine befriedigende Antwort, schreibe ich in der Sache Deiner Mutter selbst. Das klingt sehr böse, ist aber das möglichste Gegenteil.

Viele Grüße   Franz

[Drei Postkarten]

[Prag,] 21. August 16

Liebste, also Donnerstag morgens sahst Du für den Abend nicht die Dragonerstraße sondern Friedrichshagen voraus, was gesundheitlich und landschaftlich sicher richtig war, mich aber mit Rücksicht auf die Erkundigungen, die Du Sonntag im Café des Westens eingezogen haben wolltest, ein wenig enttäuscht hat. Offenbar hat die montägige Auskunft der Frau Dr. Zlocisti (von der hier sehr viel Gutes erzählt wird. Wie war Dein Eindruck?) die vorige Auskunft hinfällig gemacht. Aufmerksam wollte ich Dich darauf machen, wie groß der Vorteil ist, der darin liegt, daß Du in eine werdende, noch unfertige Sache kommst, die Du von Anfang an mit allen Fehlern und Lehren des Anfangs wirst miterleben können. Ich freue mich sehr auf Nachrichten. – Ja, Fontane! Du mußt der Frau nicht Unrecht tun, so sehr Unrecht sie selbst gehabt hat, und zwar oft. Ich habe zwar das Jahr genannt aber verschwiegen, daß Fontane damals 57 Jahre alt war, also immerhin sehr berechtigte Ansprüche für sich erheben konnte, daß aber dem die Ansprüche einer Familie mit – ich glaube – 5 Kindern entgegenstanden. Im Recht war er, aber einfach war es nicht. Noch eine Stelle über seine Frau zu dieser Sache: »Ich würde ihre Forderung unendlich lieblos nennen müssen, wenn ich nicht annähme, sie hätte sich in ihrem Gemüt mit dem berühmten Alltagssatz beruhigt: der Mensch gewöhnt sich an alles. Dieser Satz ist falsch. Ich bin so unsentimental wie möglich, aber es ist ganz gewißlich wa[h]r, daß zahllosen Menschen, alten und jungen, das Herz vor Gram, Sehnsucht und

Kränkung bricht. Jeder Tag führt den Beweis, daß sich der Mensch nicht an alles gewöhnt. Auch ich würde es nicht gekonnt haben und wäre entweder, wenn ich durchaus hätte aushalten müssen, tiefsinnig geworden oder hätte doch eine traurige Wandlung aus dem Frischen ins Abgestandene, aus dem geistig Lebendigen ins geistig Tote durchgemacht. Das heißt dann freilich sich ›gewöhnen‹ aber wie!« Es ist das alles flüchtiger, leichter gesagt, als es gemeint ist, und es ist vielleicht sogar flüchtiger gemeint, als es in Wahrheit ist, denn Fontane sprang so kräftig als er war darüber weg. Aber seine Forderung gegenüber seiner Frau, das zu verstehn (ich meine, es mitzuleben) war zu hart, ich leugne die Möglichkeit dessen; sie allerdings hätte im Vertrauen auf ihn schweigen sollen, aber wenn sie es in der langen Ehe nicht gelernt hatte (ich meine das Vertrauen und das Schweigen), so mußte man es auch jetzt nicht erwarten. Übrigens fehlen uns zur Abhaltung des ordentlichen Gerichts ihre Briefe. Jetzt aber genug. Hoffentlich morgen wieder Nachricht, ich schnappe nach den Karten, wie die kleine Maus nach dem Speck in der Falle, in der sie mich heute im Bureau entsetzt hat.

Viele Grüße   Franz

[Postkarte]

[Prag,] 22. August 16

Liebste, bin gerade bei der Schreibmaschine, versuche es also einmal so. Mein Schreibmaschinenfräulein ist auf Urlaub, ich bin augenblicklich fast krank vor Sehnsucht nach ihr, denn der Ersatzmann, so geduldig, eifrig und ängstlich er ist (ich höre zeitweilig sein Herz klopfen), wütet ohne es zu wissen, in meinen Nerven. Nun morgen, nein übermorgen kommt sie wieder. Wie ist denn Dein Hilfsmädchen? Es ist so still von ihr. Es fällt mir ein: schreib mir auch einmal mit der Maschine. Da müßte es doch viel mehr werden, als z.B. der letzte Sonntagsgruß (von Freitag und Samstag habe ich noch nichts), vielleicht wird Schreibmaschinenschrift auch schneller zensuriert. – Also auch Sonntag im Bureau und schon zum zweitenmal, sehr unrecht. Was klappt nicht? Und vom Volksheim nichts Neues, sehr schade. Noch ein allerdings alter Einfall (bei der Schreibmaschine überfallen sie mich): Könntest Du mir nicht einige Bildchen von Dir schicken, ja hast Du mir sie nicht sogar schon versprochen? – Heute fahren Max und Frau mit meinen Ratschlägen und unserem Führer nach Marienbad, es ist mir sehr angenehm, wieder einmal gewissermaßen Vertreter in Marienbad zu haben. Es ist so weit und so für uns verloren (man wird weinerlich bei der Schreibmaschine). Viele Grüße, natürlich auch für Frl. Grete, so ist es immer gemeint.

Franz

Hast Du eigentlich die Jüdische Rundschau gelesen?

[Postkarte]

[Prag,] 24. August 16

Sehr zufrieden, Felice, sehr zufrieden bin ich mit Dir, nur bist Du zu weit, als daß ich Dir wirklich zeigen könnte, wie zufrieden ich bin. Hoffentlich kommt bald eine Verständigung von Dr. Lehmann, es dauert so lange. Zu Deinem Plan, der sehr gut ist: Es ist wichtig, was Du tust und wie Du es tust; das letztere natürlich noch wichtiger, aber das Entscheidende ist doch nur das, was sich daraus vielleicht entwickelt, nämlich daß für Dich diese großen Kräfte- und Anknüpfungsmöglichkeiten, die in einer solchen Vereinigung liegen, lebendig werden. Jedenfalls, übernimm für den Anfang nur sehr wenig, sowohl aus Rücksicht auf Dich, die Du doch so überlastet bist, als auch aus Rücksicht auf die Sache, die Du zuerst ruhig überblicken sollst.

Franz

[am Rande] Von Freitag u. Samstag hatte ich keine Nachricht, verloren?

[Postkarte]

[Prag,] 25. August 16

Liebste, als noch Pünktlichkeit möglich war, ist man eigentlich nicht sehr bestrebt gewesen, sie zu erhalten, also sollte man jetzt nicht klagen. Und klagt doch an manchem Morgen. – Wer ist das Fräulein Schwabe, deren Namen ich nicht erinnere von Dir gehört zu haben. Sie scheint ja nicht sehr freundlich über den Maler Feigl gesprochen zu haben, vorausgesetzt daß Deine Zweifel an der Sehenswürdigkeit der Wohnung und Frau daher stammen. Tatsächlich kenne ich nur ihn und seine Bilder, seine Frau nur ganz flüchtig, seine Wohnung gar nicht. Das für Dich Sehenswürdige sollte meiner Meinung nach in der Beispielhaftigkeit des Ganzen liegen, in dem Aufbau einer Wirtschaft auf viel Wahrem und wenig Faßbarem. Es wird sich übrigens nach seiner heutigen Karte (»wir werden uns sehr freuen, Ihr Fräulein Braut persönlich kennenzulernen«) hauptsächlich um die Auswahl aus etwa 8 Prager Bildern handeln, die ich von Prag aus kenne, ohne sie aber in der Erinnerung voneinander genau sondern zu können, ich weiß nur, ich habe damals alle vor Staunen angestarrt. Augenblicklich sind die Bilder in Köln, sind aber allem Anschein nach auf dem Weg nach Berlin. (Klar ausgedrückt!) Bis sie kommen, ruft er Dich an. Und nun springe ich von der Unpersönlichkeit der Schreibmaschine in höchstpersönliche Grüße hinein.

Franz

[Postkarte]

Liebste, ein gutes Bild und verdient besondern Dank, da es ohne Aufforderung
(die aber schon auf dem Wege ist) geschickt zu sein scheint. Du Schwarze oder
Bronzene bist besonders in der Haltung deutlich, das weiße Fräulein Grete ist
sehr wahr, Frl. Schürmann zu momentmäßig, als daß man etwas sagen dürfte,
wenn man nicht sagen will, daß das Gesicht, die Augen, die Nase, das Lächeln
etwas sehr verzierlicht und versüßlicht sind, besonders neben dem sehr gut aussehenden Bruder besteht sie etwas schwer. Nun, das ist aber keine Beurteilung. –
Die Sonntagsfrage kann ich erst dann für gelöst ansehn, bis ich die Nachricht
vom ersten ganztägigen Sonntagsausflug bekommen habe. – Auf manche Fragen bekomme ich keine Antwort z.B. was die plötzliche Erinnerung an den
letzen Abend in Marienbad u.s.w. bedeutet hat, oder wie es sich mit Deiner
Mutter und unserer Zukunft verhält.

Viele Grüße   Franz

[Postkarte]

[Prag,] 30. August [1916]

Liebste, lange keine Nachricht. Auch bei mir ging es etwas verwirrt zu, das ist
aber keine eigentliche Ausnahme. – Ich bin neugierig, was für einen Eindruck
Du von Feigl mitbringst. Du erinnerst Dich richtig, ich schrieb von ihm, bei
ihm in Berlin war ich aber nicht. Sehr schade, daß Dich der Besuch einen wahrscheinlich schönen Sonntagnachmittag kostet. Allerdings nur einen Nachmittag, denn mittag hattest Du Besuch, bist also nicht aufs Land gefahren, trotzdem Du es doch bei nächster Gelegenheit tun wolltest und im Grunde gewiß
auch gerne tätest und trotzdem die Waldenburger rechtzeitig morgens weggefahren waren. Einen schweren Teil der Schuld trage eben ich wegen der Bilder. –
Jüdisches Volksheim? Dazu wollte ich nur sagen: Vielleicht und wahrscheinlich
werden gewisse Ausgaben dafür nötig sein. Die mußt Du durchwegs mich tragen lassen, um mir, außer der Freude an Deiner Arbeit auch noch eine andere
Art der Teilnahme zu ermöglichen.

Franz

[Zwei Postkarten]

[Prag,] 31. August 16

Liebste, besten Dank für den Brief und seine schöne Ausführlichkeit. Es liegt ja
etwas Enttäuschendes in der Schreibmaschinenschrift und man ist versucht,
hinter das kalte Blatt zu sehn, ob dort vielleicht das Lebendige zu fassen wäre,

aber der Vorteil ist doch groß. Du fühlst Dich auch, scheint mir fast, bei der Schreibmaschine im mehr Gewohnten. – Unter Menschen wie dem Maler und seiner Frau habe ich Dich gern, man erkennt ihn übrigens, glaube ich, besser, wenn man zuerst allein mit ihm gesprochen hat. Hast Du vor Bildern Vertrauen zu Dir, ich zu mir nur selten. Vor 2, 3 Bildern Feigls hatte ich es. Ich glaube sogar, daß er schon viel geleistet hat. – Sie sind schon 3, 4 Jahre verheiratet. Sie schien mir ein wenig sehr kalt, aber ich merkte wohl, daß sie nach 1 Stunde Kaffeehaus und ½ Stunde Spaziergang nicht beurteilt werden könne. Etwas sonderbar zusammengespannt sahen sie wohl aus, da sie aber mit ihrer Einheit offenbar sehr zufrieden waren, erkannte auch ich sie sehr gern an. Aus der Schule erinnere ich mich kaum mehr an ihn. Suche ich mir ihn vorzustellen, so steigt nur etwas sehr Unfähiges und Langes in der letzten Bank auf, aber es ist gar nicht sicher, daß er es ist. – Sehr stark wirkt auf mich seine Art zu reden und zu denken, das halb Irrsinnige aber sehr Methodische darin. Das ewig Suchende und ewig Sichere, das Du ganz übereinstimmend mit mir etwa »augenblicklichen Optimismus« nennst, trotzdem Du es wohl nur gefühlt haben kannst, denn beim Tee wird es kaum sehr deutlich in Erscheinung getreten sein. Die Wirkung des Knabenhaften gegenüber der Frau kann ich mir nicht erklären, sie lebt doch, wenn auch kalt, schwer und stolz, ganz in seinem Wesen. So schien es mir. Glaubst Du, daß das Pariser Bild ein passenderes Hochzeitsgeschenk wäre? Was ist es? Wie groß? Wird er es auch schicken? Wir zahlen 150 K, sehr wenig für das Bild, sehr viel für das Geschenk. Schreib mir gelegentlich noch über den Nachmittag. Wie Du Dich dort fühltest.

Franz

[am Rande] Wie trägt es Frl. Bloch und was bedeutet es für sie?

[Postkarte]

[Prag,] – 1. September 16

Liebste – noch immer freue ich mich mit dem gestrigen Brief, es waren besonders zwei Dinge drin: gute Beobachtung und Respekt vor Menschen. Schreib mir noch ein wenig über den Nachmittag, besonders auch über das, was Du gesehen hast. Er [Friedrich Feigl] hat doch so eine große Arbeit vor, Zeichnungen zu den Hauptwerken Dostojewskis für den Verlag Müller. Hat er etwas davon gezeigt? Die Depression, von der Du schreibst, hatte das Ehepaar gerade auch, als ich zuletzt mit ihnen sprach. Diesmal war sie allerdings begründet, wie mir heute der Bruder Feigls, der mich im Bureau besucht hat, erzählte. – Fräulein Grefes Leid geht mir sehr zu Herzen; jetzt verläßt Du sie gewiß nicht, wie Du es früher manchmal (ich verstehe es ja am besten; man wird manchmal, während man mit aller Kraft irgendwo hinein will, am Kragen geradewegs hinausgeführt) scheinbar unbegreiflich getan hast. Wenn Du ihr Gutes tust, vertrittst Du auch mich. – Nach 3 Tagen außerordentlicher Kopfruhe fiebere ich heute, seit gestern schon, von den Fuß- bis zu den Haarspitzen. Ich war übrigens vor etwa 14 Tagen bei einem Arzt, der so gut ist, wie Ärzte sein können. (Meine Verzweiflungsanfälle führen nicht aus dem Fenster, sondern ins Ordinationszimmer.) Ich schreibe darüber noch.

Herzlichste Grüße   Franz

[Postkarte]

[Prag,] 3. Sept. 16

Liebste, nur paar Worte, ich habe mich sehr verspätet, Ottla erwartet mich auf der Schwimmschule, das Blut jagt mir wieder ungebeten durch den Kopf, ich muß ihn ein wenig der Luft aussetzen. – Deiner Schwester habe ich noch nicht geschrieben, auf einem Telegramm habe ich ihre Adresse, ich konnte es aber noch nicht finden. Dir will ich nur sagen: Wenn bis zu ihr die Gefahr kommt, dann ist fast alles verloren. Ich schließe die Möglichkeit keineswegs aus, aber heute muß man sich mit solchen Sorgen noch nicht herumschlagen. Jedenfalls werde ich ihr schreiben. – Die Klarstellung der Zukunft Deiner Mutter wollte ich, Felice, nicht eigentlich meinetwegen (ich dachte, um die Wahrheit zu sagen, nur an die Wohnungsfrage), trotzdem es auch gut ist darüber zu sprechen, sondern der Mutter wegen. Deine Ersparnisse sind mir eine vollständige und fast (nicht böse sein!) unbegreifliche Überraschung. Darüber noch nächstens.

Franz

[Postkarte]

[Prag,] 7. Sept. 16

Liebste, drei Tage ohne Nachricht, dafür heute der Brief mit den Bildern. Sie sind wohl nicht sehr gut und das eine scheint eine Vorprobe aus dem Trauerchor der Troerinnen darzustellen, aber sie gehn mir doch sehr nahe und ich umfasse sie ganz und gar. Mach mir öfters solche Freude. – Die Kinderfrage, die Du stellst, gehört zu den schwierigsten und ist wahrscheinlich überhaupt unlösbar. Sie gehört sogar wesentlich zu meinen Verzweiflungsanfällen. Sie ist weder zu lösen noch zu vernachlässigen. Was für eine Peitsche ist aus dieser höchsten Ermächtigung gedreht worden! – Die Wendung übrigens, die Du der Frage gibst, ist nicht so schwer zu beantworten. Für jede der drei Ehen ergibt sich offenbar eine besondere Erklärung oder vielmehr ein Versuch der Rechtfertigung. Ungerechtfertigt will keiner bestehn oder wenigstens ohne den Versuch gemacht zu haben, sich zu rechtfertigen oder vielmehr nicht so sehr sich als die Verbindung. Den Frauen ist es beides, Schuld und Mangel, den Männern wohl nur Schuld, die aber vielfach gebüßt wird. Ist das halbwegs klar?

Gerade will ich zuhause die Karte beenden, da sehe ich vor mir im Berliner Tageblatt (Abend, 5.IX.) die Ankündigung der Ausstellung »Mutter und Säugling« und der Vorträge, die dort gehalten werden.

Viele Grüße   Franz

[am Rande] Ich bin durchaus nicht gegen die Maschinenschrift.

[Postkarte]

[Prag,] 8. Sept. 16

Liebste, heute kamen die Briefe vom 5. und 6., vielen Dank. Du schreibst von Wohnungen. Wie habe ich mich gestern nach Stille gesehnt, nach vollkommener, undurchdringlicher Stille. Glaubst Du, daß ich sie jemals haben werde, solange ich Ohren zum Hören und einen Kopf habe, der den unentbehrlichen Lärm des Lebens in Überfülle selbst vollführt. Ich glaube die Stille weicht mir aus, wie das Wasser vor dem an den Strand ausgeworfenen Fisch. Nachmittags gestern hatte ich eine fast glückselige Stunde mit einem Buch »Dostojewski« von Otto Kaus. Ich habe Dir in Marienbad ein Bild Blei's gezeigt. Neben ihm steht ein junger Mann in Uniform, das ist Kaus. Empfehlen kann ich es Dir nicht, weil es wenigstens anfangs ganz unverständlich scheint, bei einer gewissen Einstellung aber, die allerdings jedem, der sich in der Zeit und Literatur herumtreibt, möglich ist, sehr, fast allzu einfach wird.   Franz

[Postkarte]

[Prag,] 9. Sept. 16

Liebste, die Adresse Deiner Schwester habe ich noch nicht, Du wirst aber auch wohl über die erste Aufregung schon hinweggekommen sein. Dringend ist das Ganze nicht, nur wünschenswert. – Da Du mit Feigls so gut ausgekommen bist, könntest Du vielleicht, da sie ja wohl wegfahren werden, noch einen Abschieds- und Trostbesuch bei ihnen machen. Oder vielleicht schreibst Du ihnen, was noch besser ist, vorläufig nur eine entsprechende Karte. Mir hat er noch nicht geschrieben, auch die Bilder sind noch nicht hier. Übrigens soll er mit Rücksicht auf seine graphischen Leistungen vom Direktor der Nationalgallerie (Bode?) ein außerordentlich liebenswürdiges Schreiben erhalten haben, ausdrücklich zu dem Zweck, um den Grund seiner Depression zu beseitigen. Außerdem kann es aber mit der Frau noch nicht so schlecht stehn, solange sie so ausdauernden Sinn für Kleider hat, besonders da Dein Kleid doch kein Trauerkleid war. Mit der Bemerkung über die Gleichheit der Frauen willst Du mir wohl Angst machen? Als ein Zeichen des Vertrauens nehme ich auch diese Bemerkung hin. – Ungemein freue ich mich auf den Bericht über den Donnerstagabend. – An Papieren brauche ich wohl nur Geburts- und Heimatsschein. Sie sind, wie ich höre, ganz leicht zu bekommen. Ich muß mich nur paar Stunden dafür frei machen.

Viele Grüße   Franz

[am Rande] Eben brachte mir der jüngere [Ernst] Feigl seine Gedichte, nicht leicht zugängliche, sehr ernsthafte Dinge.

[Postkarte]

[Prag,] 10. Sept. 16

Liebste, in der Sonntagseile. Gehe wieder mit Ottla. Vorgestern war Feiertag, wir waren an zwei wunderbaren Orten, die ich auch letzthin entdeckt habe, wieder in der Nähe von Troja, aber noch viel schöner als jener Waldrand. Der eine Platz im noch tiefen Gras von niedrigen Böschungen aber ringsherum, unregelmäßig näher und ferner, aber vollständig umgeben und ganz der glückseligen Sonne ausgesetzt. Der andere nicht weit davon, ein tiefes, schmales, wechselvolles Tal. Beide Orte still wie das Paradies nach der Vertreibung der Menschen. Ich las zur Störung der Ruhe Ottla Plato vor, sie lehrt mich Singen. Ich muß irgendwo in der Kehle Gold haben, wenn es auch nur wie Blech erklingen will.

Viele Grüße   Franz

11. Sept. 16

Liebste, noch sehr früh, Arbeit wartet, Chef wartet, ein wieder einmal schlecht ausgeschlafener Kopf will vielleicht lieber an der Stuhllehne liegen, aber doch sitze ich hier an der Schreibmaschine für Dich. Es scheint mir nämlich, daß ich die Freude, die mir Dein Brief macht, nur auf größtem Raume ausdrücken kann, mit Freiheit für alle Ellenbogen. Daß Ihr endlich zusammengekommen seid, Du und das Heim, ist natürlich das Wichtigste, alles andere wird, als die gute und allerbeste Sache, die es ist, sich von selbst ergeben. Deiner Beurteilung des Äußerlichen stimme ich, soweit das von der Ferne erlaubt ist, im Lob wie im Tadel vollständig zu (das Klavier will ich allerdings nicht als Muster für unsere Wohnungseinrichtung anerkennen), aber das alles ist ja nur ein Vorher und Nebenbei. Die Hauptsache sind die Menschen, nur sie, die Menschen. Darüber möchte ich noch sehr gern etwas hören. Über Dr. Lehmann und doch auch über seinen Vortrag paar Worte. Was bedeutet z.B. der Widerspruch, der darin liegt, daß Du sagst, das Gehörte hätte Dich weniger überrascht (das soll doch wohl etwas abfällig klingen) und daß Du dann wieder sagst, daß Du den Ideen des Vortrags seit langer Zeit fremd gegenüberstehst (das will doch eigentlich eher ein Zuviel an Überraschung als ein Zuwenig ausdrücken). Übrigens scheinst Du insofern hinsichtlich des Vortrags ein besonderes Glück gehabt zu haben, als er die Kernfrage behandelt hat, die meiner Meinung nach nie ruhen wird, immer wieder aufleben, immer wieder den Boden des Zionismus in Unruhe bringen muß. Aber gerade die Arbeit, um die es sich hier zuerst, auch für Dich handelt, ist noch verhältnismäßig am besten vor den Störungen jener Unruhe geschützt und vielleicht – zuviel vielleicht, das Wort will gar nicht aus mir heraus. Jedenfalls genügt für die Arbeit, die dort zunächst zu tun ist, schon ein Hauch der Geistesverfassung, die etwa in den Memoiren wirkt, die ich Dir einmal geschickt habe und die ich Dir wieder und immerfort ans Herz legen möchte. Also von den Menschen möchte ich noch etwas hören, die dort waren, auch von den Mädchen, die ich Deiner Meinung nach so schön gefunden hätte. Waren auch Pfleglinge des Heims dabei? Gab es eine Debatte, in deren Ablauf man irgendwelchen Menschen auf die Spur kam? Sehr gut, daß auch Frl. Bloch dabei war. Was sagte sie dazu? Das freut so besonders mich an dem Ganzen, daß ich irgendwie ahnungsweise (es ist sehr unvorsichtig von mir, daß ich es Dir sage, aber es ist sowohl die Sache zu wichtig, als auch wir einander zu nahe, als daß Vorsichtigkeit zwischen uns und hier noch Platz hätte) also daß ich irgendwie zu erkennen glaube, daß Du hier in dem, was sich da vor Dir aufmacht, sehen mußt, daß Du zum Teil (nur zum Teil, vollständig verleugnen kann sich niemand, der Meinung mußt Du ja auch über mich sein, wenn Du zu mir hältst) bisher vom eigentlich Wichtigen, das das Beste Deiner Kraft aufzurühren imstande war, abgelenkt gewesen bist, daß das Geschäft, die Familie, die Literatur, das Theater, ihrem Wesen nach nur Teile jenes Besten in Anspruch nehmen konnten, daß jedoch hier vielleicht die eigentliche Anknüpfung liegt, die wiederum auch im Besten allen andern, der Familie u.s.w. zugute kommen wird. Ich habe hiebei absichtlich das, was uns zwei und unsere Verbindung betrifft, nicht berührt, das wollen wir schweigend halten. Aber wenn wirklich irgendein Abglanz jenes Gedankens, nicht gleich von dem einen zufälligen Abend, aber von dem Ganzen und von seinen Möglichkeiten auf Dich (und um auch Deine bisherige Umgebung damit zu erfüllen, auch auf Frl. Bloch) gefallen wäre, dann wäre ich sehr glücklich. Was meine Kopfschmerzen betrifft, so sind sie in letzter Zeit im allgemeinen wechselnd und daher auch im Durchschnitt zu ertragen, so schlimm sie auch an einzelnen märtyrerhaften Tagen sind. Der Arzt, bei dem ich war und der mich so genau als im allgemeinen Ärzte untersuchen können, untersucht hat, war mir sehr angenehm. Ein ruhiger, etwas komischer aber durch Alter, Körpermasse (wie Du zu einem so mageren, langen Ding wie ich es bin Vertrauen bekommen konntest, wird mir immer unbegreiflich bleiben) also durch Körpermasse, (dicke Lippen, breit mahlende Zunge) durch nicht allzu große, aber auch gar nicht gespielte Teilnahme, durch medizinische Bescheidenheit und noch durch anderes vertrauenerweckender Mann. Er erklärte, nichts anderes vorzufinden als eine allerdings außerordentliche Nervosität. Seine Ratschläge waren nun allerdings sehr komisch: Wenig rauchen, wenig trinken (gelegentlich aber doch) mehr Gemüse als Fleisch, am Abend lieber kein

Fleisch, ein wenig auf die Schwimmschule gehen u.s.f. und am Abend mich ruhig niederzulegen und zu schlafen. Besonders diesen letzten Ratschlag verstand er überaus appetitreizend zu geben. Das war etwa alles.

Nun ist aber höchste Zeit, daß ich aufhöre, etwa 5 mal bin ich schon unterbrochen worden und immer drohender. War auch jenes bisher nur angedeutete Fräulein Schwabe im Heim? Was die mit dem Heim für Dich verbundenen notwendigen wie die auch nur wünschenswerten Ausgaben anlangt, so läßt Du mich sie doch meiner Bitte gemäß tragen? Die Memoiren übrigens habe ich vor kurzem auch Max geschenkt und schenke sie nächstens Ottla, schenke sie nach rechts und links. Sie sind, soweit meine Kenntnis reicht, der zeitlich nächstliegendste und sowohl sachlichste als lebendigste Zuspruch.

Herzlichste Grüße   Franz

12.IX.16

Liebste, etwas von dem, wonach Du mich fragst, ist in meinem gestrigen Antwortbrief angedeutet, allerdings nicht einmal das Wichtigste. Ich kann es nicht schreiben, mein Trost ist, daß ich es nicht einmal mündlich zu sagen imstande wäre. Diese Klarheit, die Du Deinem Wesen nach vielleicht mit Recht verlangst, habe ich über diesen Gegenstand nicht, nicht einmal im Negativen und hätte ich sie, ich glaube, ich würde mich scheuen sie zu übertragen. Es wäre mir ja möglich gewesen, durch Vorlage von Zeitschriften und Büchern zu versuchen, Dich irgendwohin zu lenken, wo mir im Geistigen ein guter Aufenthalt für Dich bereitet schien. Ich habe es nicht getan, es wäre auch nichts gewesen, solche an sich schwache Lenkungen ergeben nur Schwaches, abgesehen davon, daß Du Dich ihnen durch eine Kopfwendung entziehen konntest, wie z.B. den Memoiren. Ich füge hinzu: mit Recht entziehen konntest, denn dieser Versuch der fernen, zusammenhanglosen Berührung war fast leichtfertig. Deshalb freute ich mich so, als Du in Marienbad, ohne daß ich es erwartet oder beabsichtigt hätte, den Gedanken des Heims so frei und gut aufgriffst und Dich jetzt von ihm weiterführen lassen willst. Nur die Wirklichkeit dort kann Dich wesentlich belehren, die kleine und kleinste Wirklichkeit. Mache Dir keine Vorurteile weder gute noch schlechte, auch der Gedanke an mich soll hiebei nicht als Vorurteil wirken. Du wirst dort Hilfsbedürftigkeit sehn und Möglichkeit vernünftiger Hilfe, in Dir aber Kraft zu dieser Hilfe, also hilf. Das ist sehr einfach und doch abgründiger als alle Grundgedanken. Alles andere, wonach Du fragst, wird, wenn es so sein soll, aus diesem Einfachen sich von selbst ergeben. Was mich betrifft, so bedenke, daß Du durch diese Arbeit im einzelnen Dich gewissermaßen von mir entfernst, denn ich wäre, wenigstens jetzt – und hiebei denke ich nicht etwa an meinen Gesundheitszustand – einer solchen Arbeit gar nicht fähig, ich hätte die Hingabe für eine solche Arbeit nicht. Das ist aber nur im einzelnen, im ganzen und darüber hinaus weiß ich geradezu keine engere geistige Verbindung zwischen uns, als die, welche durch diese Arbeit entstellt. Von jedem Handgriff, den Du dort tun wirst, von jeder Mühe, die Du dort auf Dich nimmst (Deiner Gesundheit darf sie allerdings nicht schaden), von jeder solchen Sache werde ich zehren, so wie von Deinem letzten Brief. Es ist, soviel ich sehe, der absolut einzige Weg oder die Schwelle des Weges, der zu einer geistigen Befreiung führen kann. Und zwar früher für die Helfer, als für die, welchen geholfen wird. Vor dem Hochmut der entgegengesetzten Meinung hüte Dich, das ist sehr wichtig. Worin wird denn dort im Heim geholfen werden? Man wird, da man doch für dieses Leben schon einmal in seine Haut eingenäht ist und zumindest mit eigenen Händen und unmittelbar an diesen Nähten nichts ändern kann, versuchen, die Pfleglinge, bestenfalls unter möglichster Schonung ihres Wesens, der Geistesverfassung der Helfer und in noch weiterem Abstand der Lebenshaltung der Helfer anzunähern, d. h. also dem Zustand des gebildeten Westjuden unserer Zeit, Berlinerischer Färbung und, auch das sei zugegeben, dem vielleicht besten Typus dieser Art. Damit wäre sehr wenig erreicht. Hätte ich z.B. die Wahl zwischen dem Berliner Heim und einem andern, in welchem die Pfleglinge die Berliner Helfer (Liebste, selbst Du unter ihnen und ich allerdings obenan) und die Helfer einfache Ostjuden aus Kolomea oder Stanislau wären, ich würde mit riesigem Aufatmen, ohne mit den Augen zu zwinkern, dem letzteren Heim den unbedingten Vorzug geben. Nun glaube ich aber, diese Wahl besteht nicht, niemand hat sie, etwas, was dem Wert der Ostjuden ebenbürtig wäre, läßt sich in einem Heim nicht vermitteln, in diesem Punkt versagt in letzter Zeit sogar die blutsnahe Erziehung immer mehr, es sind Dinge, die sich nicht vermitteln, aber vielleicht, das ist die Hoffnung, erwerben, verdienen lassen. Und diese Möglichkeit des Erwerbes haben, so stelle ich es mir vor, die Helfer im Heim. Sie werden wenig leisten, denn sie können wenig und sind wenig, aber sie werden, wenn sie die Sache begreifen, alles leisten, was sie können, und daß sie eben alles leisten, mit aller Kraft der Seele, das ist wiederum viel, nur das ist viel. Mit dem Zionismus hängt es (dies gilt aber nur für mich, muß natürlich gar nicht für Dich gelten) nur in der Weise zusammen, daß die Arbeit im Heim von ihm eine junge kräftige Methode, überhaupt junge Kraft erhält, daß nationales Streben anfeuert, wo anderes vielleicht versagen würde, und daß die Berufung auf die alten Ungeheuern Zeiten erhoben wird, allerdings mit den Einschränkungen, ohne die der Zionismus nicht leben könnte. Wie Du mit dem Zionismus zurechtkommst, das ist Deine Sache, jede Auseinandersetzung (Gleichgültigkeit wird also ausgeschlossen) zwischen Dir und ihm, wird mich freuen. Jetzt läßt sich darüber noch nicht sprechen, solltest Du aber Zionistin einmal Dich fühlen (einmal hat es Dich ja schon angeflogen, es war aber nur Anflug, keine Auseinandersetzung) und dann erkennen, daß ich kein Zionist bin – so würde es sich bei einer Prüfung wohl ergeben – dann fürchte ich mich nicht und auch Du mußt Dich nicht fürchten, Zionismus ist nicht etwas, was Menschen trennt, die es gut meinen. Es ist spät geworden, auch will sich Kopf und Blut seit zwei Tagen wieder gar nicht beruhigen.

Franz

[Postkarte]

[Prag,] 13.IX.16

Liebste, heute keine Nachricht. Wenn in meinen 2 Briefen nur wenig von dem steht, was Du wolltest, so schadet es doch nicht. Wir werden ja hoffentlich noch oft über die Sache zu schreiben haben. Wie ist die Wohnungssuche gelungen, die ich natürlich außerordentlich billige? Die Beibehaltung der alten Wohnung war ein Wahn, wenn auch ein pietätvoller, das ist der Wahn sehr oft. Was ist das für eine Inspektion, zu der Du Freitag gehn mußtest? Und warum taucht wieder der Zahnarzt auf, vor dem mir immer ein Grauen angeht. – Ich staunte natürlich über die unbegreifliche Höhe Deiner Ersparnisse. Du mußt zauberhafte Finger haben, das hinausgerollte Geld muß auf Umwegen wieder zurückrollen. Ich habe darin ganz entzauberte wahrhaft beamtenmäßige Hände.

Franz

[Am Rande] Freitag spätestens hoffe ich den Bericht über den Montag zu haben.

[Postkarte]

[Prag,] 15. Sept. 16

Liebste, heute kamen Karten vom 11, 12, 13 und der Brief vom 12. Durch diesen Zusammenlauf glichen sich die schlechten Nachrichten ein wenig aus, wenn auch noch genug Kopfschmerzen, Zahnschmerzen und Trauer blieben. Für den regelmäßigen Besuch des Heims (ein übertriebenes Wort für die erste Woche, aber Du wirst es rechtfertigen) danke ich Dir für mich und Dich und uns beide. Es ist ein großer Vorteil, daß das Äußere des Ganzen Dir gefällt, es wäre ja eben so leicht möglich gewesen, daß es Dich äußerlich abgestoßen hätte, ohne deshalb etwa eine schlechtere Sache gewesen zu sein. Diese Prüfung ist Dir also erspart geblieben, womit natürlich nicht gesagt sein soll, daß auch alle andern ausbleiben werden. Zu Deiner Frage schreibe ich Dir nächstens, ich bin heute auf eine schlechte Schreibmaschine angewiesen und habe wenig Zeit. – Das noch: Letzthin bekam ich eine Einladung zu einer Vorlesung in München innerhalb eines Zyklus »Abende für neue Literatur«. Es wäre nicht übel, ich lese gern und vielleicht könntest Du (am 6. oder 11. Oktober) auch hinkommen. Aber die Paßschwierigkeiten, die vielleicht für einen solchen Zweck nicht unüberwindbar sind, sind doch zu groß für meine Energie und Zeit. Ich werde also wohl absagen müssen. Sehr schade. Ich hätte mit Wolfenstein an einem Abend vorlesen sollen.

Viele Grüße   Franz

Liebste, wieder nur paar Worte, aber nahe gesprochen. Es ist das Heim, das uns so nahe bringt. Vor den Fragen der Mädchen fürchte Dich nicht, oder vielmehr fürchte Dich vor ihnen und halte diese Furcht als den wichtigsten Nutzen des Heims fest. Es ist ja nicht eigentlich das Fragen, vor dem Du Dich fürchtest, es ist auch das Nichtfragen, das Dich manchmal beengen wird und es ist nicht nur das Fragen dieser Mädchen, sondern auch jenes der drohenden oder segnenden »brauchbaren Menschen« von denen Du lieb und ergeben schriebst. Im übrigen wird es Deine Sache sein, ihr Vertrauen zu Dir auf anderes zu stellen als auf Religiöses und wo darin ein Gemeinsames nötig wird, den dunklen Komplex des allgemeinen Judentums, der so vielerlei Undurchdringliches enthält, wirken lassen. Dadurch soll natürlich nichts verwischt werden, wie man es z.B. hier nicht ungerne macht. Das wäre durchaus unrecht, glaube ich. Es fällt mir nicht ein, in den Tempel zu gehn. Der Tempel ist nicht etwas, an das man sich heranschleichen kann. Man kann es jetzt nicht, wie man es nicht als Kind konnte; ich erinnere mich noch, wie ich als Kind in der fürchterlichen Langweiligkeit und Sinnlosigkeit der Tempelstunden förmlich ertrunken bin; es waren Vorstudien, welche die Hölle für die Gestaltung des spätern Bureaulebens machte. Diejenigen welche sich nur infolge ihres Zionismus an den Tempel herandrängen, kommen mir vor wie Leute, die sich hinter der Bundeslade und durch sie den Eingang in den Tempel erzwingen wollten, statt ruhig durch den allgemeinen Menscheneingang zu gehn. Aber bei Dir verhält es sich, soweit ich sehe, gar nicht so wie bei mir. Während ich den Kindern sagen müßte (natürlich ist es nicht gut, solche Gespräche hervorzulocken und sie werden von selbst nur sehr selten entstehn, denn Großstadtkinder haben genug Umblick in der Welt und verstehn es, wenn sie Ostjuden sind, gleichzeitig sich zu bewahren und den andern hinzunehmen), daß ich infolge meiner Herkunft, Erziehung, Anlage, Umgebung nichts, was man aufzeigen könnte, mit ihrem Glauben gemeinsam habe (das Halten der Gebote ist nichts Äußeres, im Gegenteil der Kern des jüdischen Glaubens), während ich also das ihnen irgendwie eingestehn müßte (und ich würde das offen tun, ohne Offenheit ist hier alles sinnlos), bist Du vielleicht nicht ganz ohne aufzuzeigende Verbindung mit dem Glauben. Es sind freilich vielleicht nur halbvergessene Erinnerungen, begraben unter dem Lärm der Stadt, des Geschäftslebens, des Wustes aller in den vielen Jahren eindringenden Gespräche und Gedanken. Ich will nicht sagen, daß Du noch bei der Tür stehst, aber vielleicht glänzt Dir doch noch irgendwo in der Ferne die Klinke der Tür. Ich meine, vielleicht kannst Du den Kindern auf ihre Frage wenigstens eine traurige Antwort geben, ich könnte auch das nicht. Das aber wäre genug, um Dir in jedem Fall Vertrauen zu gewinnen. Und wann beginnst Du nun, liebe Lehrerin?

Deiner Schwester habe ich geschrieben. Da Du mir einerseits meine Gegenargumente nicht widerlegt hast, andererseits aber auch nicht vom Schreiben abgeraten hast, habe ich einen lau überzeugten und entsprechend überzeugenden Brief geschrieben.

Franz

18. Sept. 16

Liebste, das Mittagessen soll warten, ich muß Dir zuerst kurz antworten. – Du faßt die Sache gleichzeitig ruhig und eifrig an, so ist es gut. Der Sonntagsausflug kann für Dich Bedeutung gehabt haben. Hier war es übrigens ein schöner Tag. Wir, ich und Ottla, saßen, ein wenig trotz der starken uns gerade gegenüberstehenden Sonne frierend, über einem schönen, nicht allzu breiten, wechselvoll sich biegenden Tal, mit großer Fernsicht nach allen Seiten. Wir lasen Strachoffs Erinnerungen an Dostojewski. Jetzt aber werde ich nur Foersters Jugendlehre lesen. Ich kenne Foerster nicht, habe aber viel Gutes von ihm gehört, wenn mich auch das, was ich an Beispielen aus dem Buch (Felix schätzt es sehr) gehört habe, etwas betroffen gemacht hat. Es ist hier aber so, wie bei dem Wesen der ganzen Arbeit für das Heim: Man kann Pädagogik wesentlich für wirkliche Arbeit nicht lernen, man kann aber an der Hand eines vernünftigen pädagogischen Buches die eigenen pädagogischen Fähigkeiten aufrühren, kennen lernen und messen; mehr kann ein Buch nicht und mehr soll man von ihm nicht erwarten. Dein erster Vorschlag, der angenommen wurde, scheint mir sehr richtig, der zweite anzweifelbar. Würde Foerster im Kurs gelesen, so würde das wahrscheinlich dazu verlocken, ihn zuhause nicht oder nur flüchtig zu lesen, während es bei der Methode, die angenommen wurde, selbstverständlich ist, daß jeder, der mitkommen will, das Buch, und zwar das ganze, nicht nur sein zugeteiltes Stück liest. Deine Bedenken sind deshalb nicht so schwerwiegend. Den Foerster wird jeder aus dem Foerster kennen lernen und wenn er dann aus dem Referat außer dem Foerster auch noch einen Schimmer z.B. von Felice bekommt, so ist ja dagegen gar nichts einzuwenden, besonders wenn ich an den erwähnten Sinn denke, den meiner Meinung ein pädagogisches Buch für die Arbeit haben kann. Du scheinst übrigens einen der wichtigsten Abschnitte, dem Titel nach zu schließen, übernommen zu haben. Warum erst nach Sträuben? Arbeiten denn nicht alle mit? – Die Literatur über das Volksheim in Wien werde ich mir zu verschaffen suchen. Vielleicht könntest Du mir darüber noch einige genauere Angaben machen. Gern würde ich auch noch paar Worte über den früheren Vortrag über religiöse Erziehung hören. – War Frl. Bloch mit?

Ich verlange vielleicht zu viel Schreibarbeit von Dir neben der Unmenge sonstiger Arbeit, die auf Dir liegt. Ich kann nur sagen, wie groß auch die Arbeit ist, die ich Dir verursache, die Freude, die mir die Briefe machen, ist unendlich größer und nur eben durch den Gedanken an Deine Überarbeitung gedrückt. Ist Dein Chef in Berlin? Hast Du ein Hilfsmädchen?

Franz

[Postkarte]

Liebste, heute keine Nachricht. Die Jugendlehre von Foerster habe ich Dir gestern schicken lassen, und zwar ungebunden, damit Du, selbst wenn Du sie gebunden schon besitzen solltest, ein Exemplar hast, das Du auseinandernehmen kannst, und nicht gezwungen bist, immer mit dem ganzen schweren Buch herumzulaufen. Ich habe gestern schon darin geblättert, Dein Kapitel sogar ganz gelesen (trotz geradezu strahlenden Kopfschmerzen). Es ist in seiner Art ein bewunderungswürdiges Buch, wenn auch in meinem Sinn einiges darunter, darüber und daneben zu sagen ist. Ich saß gestern wohl eine Stunde noch am Bettrand, ohne mich zu legen und dachte daran. Jetzt nach einem Bureauvormittag ist es mir allerdings nicht mehr so gegenwärtig. Dein Abschnitt ist ja in 30 Sätzen leicht zusammenzufassen. Schick mir die Kopie des Referates und wir sprechen dann weiter darüber. Sag mir auch paar Worte zu dem, was ich Dir schrieb. – Wie war es möglich, daß Du trotz der Vorbereitung keine Wohnung gefunden hast? Das gibt schlechte Aussichten für spätere Wohnungssuche. Ich werde doch vielleicht fahren können. Allerdings habe ich heute erfahren, daß Max die Einladung vermittelt hat; meine Lust zu fahren ist entsprechend geringer geworden. Wolltest Du die riesige Reise machen? Nicht um bei der Vorlesung zu sein, das wollte ich gar nicht, aber um paar Stunden, es kann sich etwa um 5 Stunden handeln, mit mir beisammen zu sein. Es ist aber noch nicht sicher.

Franz

[Postkarte]

Liebste, gut und sehr gut, daß Du den Ausflug mitgemacht hast. 4 Stunden Gehn ist allerdings fast zu viel für das von der Woche ermüdete Mädchen, wenn es auch wieder einen Luft- und Bewegungsersatz für die Abende im Heim gibt. Jedenfalls: nimm Dich in acht, übernimm nicht zu viel, ein Abend Foerster und ein Abend Unterricht in der Woche soll jedenfalls das Äußerste sein, wenn Du dann noch jeden 2ten Sonntag hinzugibst, ist das Maß voll. Einen Abend leichten Turnens in der Woche, mit dieser schon in Marienbad angesagten Programmnummer könntest Du mir noch Vergnügen machen. – Hast Du noch etwas von Feigl gehört oder ihm geschrieben? Er kommt wohl nach Prag, trotzdem ist es sonderbar, daß er mir weder schreibt noch das Bild schickt. Von Samstag hatte ich keine Nachricht von Dir; verloren?

Franz

[Am Rande] Was macht der Zahnarzt?

[Postkarte]

Liebste, daß Du auch zu dem andern Kurs noch gehst, habe ich eigentlich gar nicht erwartet. Wirst Du das alles umfassen können, einerseits ohne Dich über- anzustrengen, andererseits ohne Deine Aufnahmfähigkeit und Deine Leistun- gen dort zu schwächen? Die Debatte, von der Du erzählst, ist charakteristisch, ich neige im Geiste immer zu Vorschlägen wie denen des Hr. Scholem, die das Äußerste verlangen und damit gleichzeitig das Nichts. Man muß eben solche Vorschläge und ihren Wert nicht an der tatsächlichen Wirkung messen, die vor einem liegt. Übrigens meine ich das allgemein. Der Vorschlag Scholems ist ja an sich nicht unausführbar. – Daß Du mit den Mädchen gut auskommst und Hoffnung hast, ihnen näher zu kommen, freut mich sehr. Sehr schädlich wäre dem eine Art Selbstzufriedenheit, deren allerdings kleinste und vielleicht nur für mein ängstliches und besonders nahe gebrachtes Auge sichtbare Spitzen in Dei- nem Brief hervortreten, etwa: »ihnen recht viel sein und geben möchte und könnte.« Nur nicht glauben, Dank der Kinder zu verdienen und immer wissen, daß man zu danken hat. Wenn man nicht zu danken hat, dann ist man in der traurigen Lage einer Volksschullehrerin, die für ihre Qual nicht einmal bezahlt wird. Eine Figur der Hölle. – Dabei erinnere ich mich: Nächstens erscheint Deine alte Geschichte. Ich habe die veraltete Widmung ersetzt durch: »Für F.« Ist es Dir recht?

Viele Grüße Franz

[Postkarte]

Liebste, keine Nachricht, hatte diese Woche nur Karte und Brief vom Montag. – Der schöne Tag, der heute ist, macht mich wieder ein wenig lebendiger. Viel- leicht wirst auch Du wieder einen schönen, aber hoffentlich weniger anstren- genden Sonntag mit den Kindern haben. Ich wollte auch neben Dir im Coupé sitzen und fragen, ob ich fragen darf. Vielleicht würde dann die ewige Unruhe aufhören. Mir ist viel zu oft im Geiste, wie dem Schiffbrüchigen im Körper ist, wenn er zwischen den unübersehbaren Wellen auf und ab geschwemmt wird ohne alle Barmherzigkeit. – Schon öfters wollte ich Dir davon schreiben: Erin- nerst Du Dich an das kleine Prosastück, das im »Juden« hätte erscheinen sollen im Anhang an einen Aufsatz von Max? Die Sendung ging damals verloren, spä- ter wurde es dann noch einmal geschickt und schließlich hat Buber, wie es auch in meinem Sinn das allein Vernünftige war, den Aufsatz von Max mit einigen Vorbehalten angenommen, auf meinen »Traum« aber verzichtet, allerdings in einem Brief, der ehrenvoller war, als eine gewöhnliche Annahme hätte sein kön- nen. Ich erwähne das aus zwei Gründen: erstens weil mich der Brief gefreut hat und zweitens um Dir an dieser Kleinigkeit in beamtenhafter Ängstlichkeit zu zeigen, wie unsicher meine materielle und geistige Existenz ist. Selbst unter der Voraussetzung, daß ich etwas werde leisten können (ich kann vor Unruhe keine Zeile schreiben) ist es sehr leicht möglich, daß selbst Leute, die es mit mir gut meinen, mich abweisen werden, die andern natürlich umso mehr.

Herzlichste Grüße   Franz

[Postkarte]

[Prag,] 24.IX.16

Liebste, so schöner Tag, daß ich sogar vormittag aus dem Bett herauskam und im Vorübergehn im Bureau nachfragte, nicht umsonst, es waren Briefe vom 21. u. 22. da. Ich weiß nicht, wie ich die Freude begreiflich machen soll, die sie mir verschaffen. Es ist etwa so, als wären die Mädchen meine Kinder und bekämen eine Mutter (nachträglich?) oder als wärest Du mein Kind und bekämest in Deiner Gruppe eine Mutter oder als säße ich irgendwo in Frieden und der unentbehrliche Regen strömte auf meine Felder. Und das eigentlich Wunderbare bei dem allen wäre, daß ich es nicht verdiene, daß mir aber aus diesem Nichtverdienen infolge eines ganz verborgenen Weltgesetzes keine Schuld gedreht werden kann. – Morgen schreibe ich ausführlich oder schicke das Referat, wie ich es mir denke. Schlemihl halte ich als Einleitung für recht gut und lasse Dir morgen 10 Exempl. Schlemihl mit Zeichnungen aus der »Weltliteratur« schicken. – Ich wandere in Gedanken mit langen Schritten neben Dir nach Mühlbeck.

Franz

25.IX.16

Liebste, also das Referat, hoffentlich bekommst Du es noch rechtzeitig, es wird nicht sehr gut werden, ich improvisiere es in aller Eile, da ich heute unerwartet viel zu tun hatte und überdies aus verschiedenen Gründen und Nichtgründen seit dem damaligen ersten Lesen im Foerster mich nicht weiter mit [ihm] abgeben habe und deshalb heute, um das Referat Deines Kapitels machen zu können, auch noch die ersten 48 Seiten, die Zähne in den Lippen, durchrasen mußte. Also fangen wir an: Nein, vorher noch etwas: Auch ich glaube, daß es richtig ist, zuerst das Ganze dreiviertel lesend, einviertel redend durchzunehmen, dann aber als Referent, der seinen Teil besonders gründlich gelesen hat und diesen Vorteil den andern mitteilen will, das Ganze in kurzen Sätzen zusammenzufassen. Außerdem glaube ich nicht, daß es die Sache des Referenten ist, Zweifel, die er an der Berechtigung mancher Foersterscher Aufstellungen hat, bei dieser Gelegenheit vorzubringen, wohl aber halte ich es für nötig, daß ein eigener Abend oder Vortrag am Ende des ganzen Kurses oder vielleicht schon am Ende des theoretischen Teiles einer Besprechung der Bedenken gegen einzelnes im Foerster vorbehalten wird. Ich würde Dir dann sehr gern einen in meinem Sinne gelegenen Entwurf dazu machen. Also jetzt das Referat:

Bisher wurden die allgemeinen Gesichtspunkte der Methode einer Morallehre aufgezeigt, und zwar in 2 Hauptgruppen, in der Führung der Kinder vom Leben empor zu den Sittengesetzen und in der Führung von den Sittengesetzen zum Leben hinab. Beide, natürlich organisch zu vereinigende Methoden gelten sowohl für die eigentliche Morallehre als auch für den Wissensunterricht. In dem heute zu besprechenden Abschnitt ist die Untersuchung auf den Moralunterricht innerhalb der einzelnen Gegenstände des Wissensunterrichts eingeschränkt. Behandelt werden die Naturwissenschaften, besonders Physik, Physiologie, Astronomie, dann der Sprachunterricht, Geschichtsunterricht, Literaturgeschichte, Gesang- und Musikunterricht; der Geographieunterricht wird nur gestreift. In der Naturwissenschaft ist die Anknüpfung an die Sittengesetze wichtiger als anderswo, denn hier ist die eigentliche, an sich nicht notwendige, aber tatsächlich vorhandene Ursache des Abirrens von ihnen. Es werden zwei Beispiele der moralischen Gegenwirkung gezeigt: Eine Darstellung (für Kinder von 11-14 Jahren) der Sinnlosigkeit, welche alle Entdeckungen und Erfindungen bekommen müssen, wenn der sittliche Mensch nicht vorhanden ist, der sich ihrer bedienen soll. Und dann für Schüler der obersten Klassen eine Darstellung der Tat und Strafe des Prometheus als der Erreichung der Macht in Auflehnung gegen die höhere Ordnung und Abbüßung dieser Schuld.

Die Anknüpfungsmöglichkeiten in der Astronomie sind etwa: Die Untersuchung der Entdeckung des Kopernikus als einer Tat des tiefen Mißtrauens gegen den Augenschein, dieses wohltätigen Mißtrauens, das man auch bei Beurteilung des eigenen sittlichen Verhaltens wahren soll. Die Demut welche die Anerkennung der subjektiven Störungsursachen in der astronomischen Forschung zu Folge haben muß, soll auch in der Anerkennung der subjektiven Fehlerquellen im sittlichen Verhalten erstrebt werden. Der Sprachunterricht kann begründet werden auf der Feststellung, daß es sich hier um die erste Stufe angewandter Menschenliebe handelt, die sich äußert in der Verwirklichung innerlicher Gastfreundschaft, in der Loslösung von der Beschränktheit des eigenen Empfindens, in dem Eindringen in fremde Anschauungswelt, also im Wachsen an Toleranz und Bescheidenheit. Ohne das Erleben dessen ist durch bloßes Anlernen der Sprache wenig erreicht. Das sieht man an den unversöhnlichen Gegensätzen, die innerhalb der gleichen Sprachgemeinschaft herrschen, z.B. unter den Ständen oder verschiedenen Generationen. In diesem Sinne ist auch Aneignung der Sprache des Sprachgenossen nötig.

Im gewöhnlichen Geschichtsunterricht ist ein Mißbrauch der Morallehre sowohl, als auch der Geschichte sehr häufig. Die üblichen Versuche, die Geschichte als das Beweismaterial des Satzes: Die Weltgeschichte ist das Weltgericht hinzustellen, sind verfehlt und gefährlich. Man soll vielmehr unter Verzicht auf die an sich unmögliche historische Beweisführung sich nur auf die psychologische Darstellung der Verwüstung beschränken, welche die Gewalt in der Seele des Täters und des Vergewaltigten anrichtet. Nur auf diese Weise kann man den blendenden Schein des historischen Geschehens machtlos machen. (Jedenfalls Zweck heiligt die Mittel und Seite 66, zweiter Absatz, als für Foerster charakteristisch vorlesen!) Der sittliche Grundfehler des weithin verführerischen gewalttätigen Freiheitsstrebens wird an dem Beispiel Christi klar gemacht. Zur Fortsetzung ist es leider schon zu spät. Ich bin also etwa bis zu Seite 71 gekommen, bleibt also nur noch Literatur und Kunst, Musikunterricht ist ja nur auf Beispiele beschränkt, die wenigstens zum Teil wie das gute: die zweite Stimme vorgelesen werden müssen. Zum Schluß wäre dann vielleicht noch zu sagen, daß man sich natürlich im Geist des Buches von den notwendigerweise unzusammenhängenden Beispielen, welche allerdings im praktischen Teil (auf den auch oft verwiesen wird) noch sehr vermehrt werden, nicht von der Hauptlehre beirren lassen darf, welche auf Seite 68 (Anfang des letzten Absatzes) wieder einmal neu gefaßt wird. Alle Beispiele haben natürlich nur den Zweck in dieser Hauptlehre zu festigen.

Franz

Nicht zu viel Arbeit übernehmen, Felice! Warum mußt Du z.B. den Bericht schreiben?

26.IX.16

Liebste, gestern und heute keine Nachricht. – Zuerst einige kurz zu beantwortende Fragen: Wieviel Abende bist Du jetzt wöchentlich im Heim und wieviel Stunden? Wie weit ist das Heim und wie fährst oder gehst Du hin? Um was handelt es sich in dem Vortrag des Dr. Lehmann über religiöse Erziehung? Du schreibst, die Mädchen wählen ihre Helferin selbst. Wo haben sie denn die Möglichkeit der Auswahl? Du bist doch nicht gewählt worden oder ist Deine Berufung nur eine versuchsweise? Und warum ist Mirjam nicht mehr Führerin? Kennst Du sie persönlich? Und was macht die zweite Dame, die sich um die Gruppe beworben hat, wahrscheinlich ist es die, die Du Rotstein nennst. Ihr teilt die Arbeit zwischen Euch und in welcher Weise? Wie verhalten sich zum Heim Deine Freundinnen, Deine Schwestern und Deine Mutter, der schon zwei Sonntage entzogen worden sind? Warum übernimmst Du das Schreiben des Jahresberichtes, eine Arbeit, die doch gewiß ein anderer hätte besorgen können und die eine außerordentlich unnötige Mehrbelastung für Dich darstellt, selbst wenn der Bericht nur eine Seite lang sein sollte? (Bei dieser Frage ist auch Eigennutz, denn diese Seite hätte besser für mich verwendet werden können). Ist Dein Chef in Berlin? Hast Du ein Hilfsmädchen und wie bewährt es sich? Warum mußtest Du wieder übersiedeln? Wohnung wird keine mehr gesucht nach dem ersten Mißerfolg? Sind Nachrichten über den Herrn Danziger gekommen? Hast Du etwas von Feigl gehört oder ihm geschrieben? Hast Du Nachricht von Deiner Schwester? (Ich nicht) – Genug gefragt für heute. Ich habe Dir gestern schicken lassen: 10 Schlemihl aus der Weltliteratur auf dem bessern Papier, auf dem sich, wie ich hoffe, die Bilder besser ausnehmen werden. Übrigens kenne ich dieses Heft gar nicht. Außerdem wirst Du 2 Exemplare Schlemihl von Schaffstein bekommen. Diese Büchlein sind vielleicht hübscher als die aus der Weltliteratur, besonders infolge der alten Bilder, aber ich glaube, der Text ist hier nicht vollständig. Ich denke nicht, daß die Mädchen in ihren Exemplaren mitlesen sollen, sondern daß Du ihnen nach Beendigung des Schlemihl die Hefte zur Erinnerung gibst. Die Wahl ist für den Anfang schon infolge des Beziehungsreichtums der Geschichte eine gute. Allerdings kann ich mir leider die Fähigkeiten und Bedürfnisse dieser glückseligen 11- bis 14-jährigen gar nicht vorstellen. Hast Du übrigens bemerkt, daß Foerster wenigstens anfangs gar keine besondere Rücksicht auf Mädchenunterricht [nimmt]? Hier bleibt Dir die Möglichkeit der Ergänzung nach Deinen Erfahrungen. Mit Max habe ich über die Lektüre Deiner Gruppe noch nicht eigentlich sprechen können, ich fürchte, für dieses Alter wird auch er nicht viel angeben können. Das einzige, was ich augenblicklich weiß, wären Geschichten aus der Bibel (oder ähnlich) von Schalom Asch. Ich kenne es nicht und was ich sonst von ihm an Kleinigkeiten gelesen habe, habe ich immer ziemlich unleidlich gefunden, dieses Buch soll aber recht gut sein. Ich werde es Dir nächstens schicken lassen. Dann denke ich, daß Du einmal mit ihnen das kleine Buch von Lichtwark: Übungen im Bilderbetrachten (oder ähnlich) durchnehmen könntest, ein im Wert dem Foerster nicht unähnliches Buch, nämlich ausgezeichnet in seiner Art, darüber hinaus aber genug anzweifelbar. Auch das werde ich Dir schicken lassen. Wenn ich von allzuviel Arbeit im Heim abriet (und was Du übernommen hast scheint schon zuviel), so dachte ich nicht etwa an das naheliegendste Bedenken, nämlich daß der allzu rasch ins Wasser Springende allzu rasch wieder herausspringt. Darin vertraue ich Dir, daß Du das nicht tust. Es ist nur die Befürchtung, daß Du Dich überarbeitest und daß bei der Vielheit Deiner Leistungen Ihre Intensität geringer werden muß. Sag mir bitte etwas darüber. Die singende Einleitung der Stunde und den singenden Abgang halte ich für sehr gut, weiß aber nicht, warum Du selbst Dich zu singen weigern solltest. In Karlsbad hast Du doch recht gut gesungen, ich meine recht ungezwungen, während ich Dir gegenüber bei hellem Tag von Albdrücken geplagt wurde. Was soll gesungen werden?

Was die Freiübungen anlangt, erinnere ich Dich an das Müllersche System. Du hast doch das Buch? Ich mache Dich aber darauf aufmerksam, daß die Übungen sich nicht improvisieren lassen, sondern studiert werden müssen, vorher studiert werden müssen. Ich werde vielleicht doch in München vorlesen. Daß Du hinkommen willst (ich mache aus der bedingten Zusage im Handumdrehn eine unbedingte) ist ein starker Antrieb. Es wird aber erst im November sein. Der Umweg über Berlin ist aus einigen Gründen unmöglich, ist übrigens von mir gar nicht sehr erwünscht. Ich sehe Dich in München lieber als in Berlin, wenn ich auch Deine Reisemühe beklage, und auch das Heim sehe ich lieber durch Dich, als in Wirklichkeit. Halte das meinem ganzen Zustand und vielleicht auch meinem Wesen zugute.

Franz

[Postkarte. Stempel: Prag – 27.IX.16]

26.IX.16

Liebste, vorgestern, gestern, heute keine Nachricht, etwas lange, nicht? Allerdings verstehe ich es beiläufig, Du hattest eben Samstag und Sonntag keine Zeit. Nun ist aber auch sonst heute ein sehr schlechter Tag. Gestern allerdings war er desto besser, es war so schönes Wetter und ich hatte einen Ausflug gemacht, ganz allein, zu dieser Hochfläche mit der großen Aussicht, von der ich Dir schon einmal geschrieben habe. Es war wie im bessern Jenseits. Kennst Du eigentlich die Freuden des Alleinseins, Alleingehns, Allein-in-der-Sonne-Liegens? Damit ist wahrhaftig nichts gegen das Zuzweitsein und nicht viel gegen das Zudrittsein gesagt. Aber was für ein Glück für die Gemarterten, für Herz und Kopf ist das! Kennst Du es? Bist Du allein schon weit gegangen? Die Fähigkeit dazu setzt viel vergangenen Jammer und auch viel Glück voraus. Ich weiß, als Junge war ich viel allein, aber es war mehr Zwang, selten freies Glück. Jetzt aber laufe ich in das Alleinsein, wie das Wasser ins Meer.

Viele Grüße   Franz

Mit Max habe ich schon gesprochen, das einzige Buch, das er vorläufig nennen konnte, war eines von Scholem Aleichem. Mir aber – und schließlich auch ihm – scheint es zu ironisch und kompliziert für Kinder. Dagegen werde ich ein gutes Rätselbuch und vielleicht auch ein Beschäftigungsbuch Dir schicken, ich muß es nur finden.

[Postkarte]

[Prag,] 28.IX.16

Liebste, heute kam Dein Brief vom Samstag, Dein Glückwunsch noch nicht. Bei diesen Verhältnissen ist es nicht wahrscheinlich, daß mein Referat rechtzeitig angekommen ist, allerdings dürftest Du Dich geirrt haben, der Abend wird doch nicht am Neujahrstag abgehalten werden. Das, was mich am meisten ungeduldig macht, ist, daß Dein Kinderabend schon so lange vorüber ist und ich vielleicht noch lange auf Nachricht werde warten müssen. Schreiber kenne ich natürlich, habe immer, trotzdem ich nur ein, zweimal mit ihm beisammen war, Zuneigung zu ihm gehabt. Ein immer verlorener und immer wieder sich herausziehender Mensch. Auch unglückliche Ehe, glaube ich. Grüße ihn natürlich herzlich von mir. Das Heim wird eine gute Vereinigung, über seinen nächsten Zweck sogar hinaus. Diesen Menschen vertraue ich Dich wirklich gerne an.

Franz

29.IX.16

Liebste, ich dachte heute besondere Ruhe zu haben, der Foerster liegt neben mir, ich wollte den Rest des Referates schreiben, womöglich das Ganze besser, aber es geht nicht, es ist hier lebendiger als sonst. Ich werde froh sein, wenn man mich paar Zeilen zu Ende schreiben läßt. Heute kam Dein Brief vom Dienstag. Diese Briefe von Dir binden uns stärker und tiefer aneinander, als die besten Briefe aus der besten alten Zeit. Es tut mir nur leid, daß ich Dir nur so flüchtig und vage antworten kann, d.h. vager noch, als es meinem Wesen in diesen Dingen entspricht. Es ist die Schreibmaschine, die mich zu Flüchtigkeit und Geschwätzigkeit verführt, während sie Dich klarer schreiben läßt als sonst. Nun, es wird auch die Notwendigkeit der Schreibmaschinenschrift einmal vorübergehn. Nervös werde ich auch, wenn ich daran denke, daß mir irgendeine Nachricht verlorengehen könnte. So schreibst Du z.B., daß Du letzten Montag nicht geschrieben hast, wegen Sophie und hebst dies besonders hervor. Aber von Sonntag habe ich auch keine Nachricht und es hätte vielleicht, trotzdem ich mir dies eigentlich nicht vorstellen kann, in einem Sonntagsbrief eine Nachricht über den Samstagabend, Deinen ersten Abend mit den Mädchen, sein können, von dem Du Dienstag nicht mehr schreibst, ebenso allerdings nicht von dem angesagten Sonntagsausflug. Ist einmal eine Nachricht verloren gegangen und weiß ich es bestimmt, so finde ich mich ja damit ab, aber die Ungewißheit stört mich. Gib mir also darüber die Möglichkeit des Überblicks. Hast Du übrigens meine flüchtige Antwort auf Deine Glaubensfragen bekommen? Das war ja ein großes Thema, das Lemm auf sich genommen hat, fast zu groß, als daß es auch die schönste Wohnung in Friedenau zu umfassen imstande sein sollte. Wer waren die Zuhörer? Könntest Du mir über den Vortrag, die Diskussion und vielleicht auch über den alten Vortrag des Dr. Lehmann über religiöse Erziehung etwas sagen, nur in paar Worten natürlich? Lemm kenne ich natürlich aus seinen Aufsätzen hie und da. Er ist phantastisch bis zum Vertrakten (ich weiß nicht, ob Du von seiner Lehre vom Zwischenland gehört hast?), aber wahrhaftig, konsequent und zu vielem fähig. So scheint er mir. Wie alt ist er? Mit wem hast Du dort gesprochen?

Daß Du die Lesung von »Minna von Barnhelm« weiter übernehmen mußt, ist allerdings eine schwere Erbschaft. Sind denn so kleine Mädchen überhaupt der Auffassung eines kompliziert Dramatischen fähig und könnte man nicht, wenn die Lesung nicht zu weit vorgeschritten war, und übrigens auch in diesem Fall, mit einer passenden Erklärung das Lesen des Stückes abbrechen. Es müßte denn sein, daß Deine Vorgängerin – doch gewiß nicht Mirjam – in ihnen den

Sinn für das Stück wirklich geweckt hat. Es wäre mir das aber eine unbegreifliche Tat. Wenn diese Mädchen sich aber schon an Dramen heranmachen, dann wird vielleicht das Buch von Asch zu kindlich für sie sein (was allerdings nicht unbedingt ein Fehler sein müßte), denn dann müßten sie eigentlich auch zum Lesen der Bibel in ihrem Sinne schon irgendwie fähig sein, wenn ich auch von meiner Seite davon abraten würde. Ich werde Dir jedenfalls zur weitern Auswahl des Richtigen ein Buch von Perez: »Volkstümliche Erzählungen« schicken lassen.

Im Stundenplan verstehe ich den Begriff Kameradschaft nicht. Sind diese Mittwochstunden etwas anderes als das Lesen und Spielen am Samstag? Und wie kommt es, daß Deine Stunden am Mittwoch um 6, am Samstag sogar schon um 5 beginnen; kannst Du denn um diese Zeit schon dort sein, gar Samstag, wo Auszahlung ist? Sehr gut, daß auch Frl. Bloch eine Möglichkeit zum Eingreifen gefunden hat.

Gestern sind 2 Bilder von Feigl gekommen, darunter gerade das, welches ich wollte, ohne es aus der Erinnerung beschreiben zu können.

Dein Glückwunschbrief kam heute. Das Blumengeschenk entspricht meinen Familienverhältnissen nicht; wenn ich die Blumen hätte kaufen sollen, hätte ich mich vorher zerbrechen müssen. Das wolltest Du doch nicht. Auch wären dann die Blumen erst recht ungekauft geblieben. Jedenfalls segne ich Neujahr dafür, daß es Dir vielleicht zwei ruhige Tage verschafft hat.

Franz

[Postkarte]

[Prag,] 30.IX.16

Liebste, heute keine Nachricht. Über die Reise nach München werden wir uns noch verständigen. Der Tag ist noch nicht bestimmt, nur der November. Natürlich ist auch meine Reise noch durchaus nicht gesichert. Im ganzen hätte ich für die Reise nur zwei Tage Zeit, also außerordentlich wenig, besonders da die Verbindung mit München eine sehr schlechte ist, man fährt den ganzen Tag und an dem gleichen Abend müßte ich lesen, am nächsten Morgen dann aber schon wieder wegfahren. Es müßte denn sein, daß sich ein Sonntag oder Feiertag auf eine geschickte Weise dazwischenschieben läßt, dann – und das wäre das eigentlich Wünschenswerte an der ganzen Reise – hätten wir einen Tag für uns. Du erwähnst in dem Glückwunschbrief die Möglichkeit einer Reise nach Prag. Ist das ernsthaft und siehst Du die Möglichkeit? Allerdings muß ich auch hier wieder gestehn, Du nimmst es mir nicht übel, ich hätte Dich lieber, etwa in Bodenbach, als hier, aber, auch das ist richtig, lieber hier als nirgends. Wie hast Du es gemeint?

Franz

[Postkarte]

[Prag,] 1.X.16

Liebste, heute wieder nichts. Schlechte, schlechte Nacht, an der Du zum Teil
Schuld, Traumschuld hast. Folgender Angsttraum: Aus der Portierloge der Anstalt wird mir telephoniert, daß ein Brief für mich dort liegt. Ich laufe hinunter.
Finde dort aber nicht den Portier, sondern den Vorstand der Einlaufstelle, in
welche regelmäßig die Post zuerst kommt. Verlange den Brief. Der Mann sucht
auf dem Tischchen, wo der Brief noch vor einem Augenblick gelegen haben soll,
findet ihn aber nicht, sagt, die Schuld habe der Portier, der unberechtigter Weise
den Brief dem Briefträger abgenommen hat, statt ihn in die Einlaufstelle geben
zu lassen. Jedenfalls muß ich nun auf den Portier warten, sehr lange. Schließlich
kommt er, ein Riese an Größe wie an Einfältigkeit. Er weiß nicht, wo der Brief
ist. Ich, verzweifelt, werde mich beim Direktor beklagen, werde Konfrontation
des Briefträgers und Portiers verlangen, bei der sich der Portier verpflichten soll,
niemals mehr Briefe anzunehmen. Ich irre halb besinnungslos durch Gänge und
Treppen, suche vergeblich den Direktor.

Franz

[Postkarte]

[Prag,] 2. Oktober 16

Liebste, endlich eine Nachricht, der Brief vom 29. – Die Verwendung der zweiten Jugendlehre habe ich ja im Vorhinein gewußt, sie ist natürlich sehr richtig.
Aber auseinandernehmen könntest Du das Buch ruhig, Du machst Deine Anmerkungen, wie sie Dir aus dem Nachdenken und der Praxis entstehn, auf Blätter in der Buchgröße, legst die Blätter an passenden Stellen ein und wir lassen
dann das Buch mit diesen Blättern binden. Denke nur, das schöne Buch, das es
dann wäre! (Fast hätte ich geschrieben: Denke nur mal an.) Die Notizen, die Du
Dir für den Vortrag machst, könntest Du mir vielleicht schicken, nicht? – Die
von Dir erwähnte Eigentümlichkeit des Heims, einen zu beherrschen, erfahre
sogar ich hier in meiner Ferne. – Vielleicht sagst Du mir nächstens paar Worte
noch über die Leiterin. Sehr instruktiv wäre für mich natürlich irgendein Bildchen von einer Wanderung oder Zusammenkunft oder sonstwas. – Das Buch,
das ich Dir von Schalom Asch habe schicken lassen, ist eher zu kindlich als zu
schwer. Warum aber nicht mit Chamisso anfangen? *Niemals und nimmermehr
aber mit Wildenbruch, und so groß ist die Verlegenheit auch nicht, daß man bis zu
Rosegger greifen müßte.* Sehr gut wäre zeitweilig Hebel. Hast Du ihn? – Die Vorlesung wird, wenn sie überhaupt zustande kommt, Freitag, den 10. November
sein, Samstag hätten wir für uns. Entscheide!

Franz

[Postkarte]

Liebste, wieder nichts, ich werde streng gehalten. Also in der Nähe des Alexanderplatzes (vielfach unseligen Angedenkens) ist das Heim. Nicht oft, aber übergenug habe ich ihn durchlaufen, durchirrt, durchnachtwandelt. Wieder kommen mir ins Gedächtnis die Telephongespräche oder Telephonmonologe, geführt von dem armen Gefangenen in der Telephonzelle des Askanischen Hofes: Nein, ich will sie doch nicht wiederholen. Dieses Gepäck wurde wirklich gerne abgeworfen in den Strom der Zeit, aber es ist doch nützlich, wenn der vielgewundene wieder zufällig einmal vorüberkommt, die alten Dinge noch einmal in die Hand zu nehmen. Doch soll man es allerdings nicht mit den Kopfschmerzen, die ich seit paar Tagen nach einer kleinen aber genügend ruhigen Zeit herumtrage. – Der Vorwurf in der ersten Zeile ist nur aus der unvernünftigen Schreibmaschine geglitten, die vernünftigere Feder erklärt sich mit einem Brief wöchentlich zufrieden und bewertet außerdem jeden Weg ins Heim als etwas dem Brief Gleichwertiges. – Hast Du die Briefe des Hirsch? Ich glaube, es ist ein orthodoxes Hauptwerk der deutschen Juden, ich kenne es gar nicht. Welche Ausgabe? –

Viele Grüße   Franz

Max läßt danken und freut sich mit mir (es ist aber eine andere Freude) über Deine Arbeit im Heim.

Franz

[Postkarte]

Liebste, wieder nichts, ich werde es lieber gar nicht mehr hervorheben, es wird schon zur Selbstverständlichkeit. – Das war der Morgengedanke, später kam dann doch der Sonntagsbrief. Ich persönlich, d. h. im tiefer Persönlichen, bin durchaus gegen die Unersättlichkeit, aber es schlüpft doch immer wieder durch, besonders wenn man sich nach elenden Nächten nicht zum tausendsten Teil in der Hand hat. Mach Dir nichts daraus! Du schreibst, in Berlin könnten wir vielmehr beisammen sein als in München. Das verstehe ich nicht und es stimmt doch auch nicht. In München können wir, wenn die Vorlesung überhaupt zustandekommt und Du Zeit hast, Samstag, den 11. November vollständig für uns haben, eine solche Vollständigkeit wäre in Berlin nicht zu erreichen. – Heute kam ein Brief Deiner Schwester. Sie will natürlich nicht weg, ist verhältnismäßig sehr zufrieden und bittet, so wie Du mich gebeten hast, ihr Angst zu machen, jetzt mich, Deine Angst zu verscheuchen. Übrigens habe ich mich gewundert, daß Du nach der ersten Aufregung nichts mehr von der Sache geschrieben hast, trotzdem ich öfters darauf zurückgekommen bin. Ich glaube auch weiterhin, es ist am besten, sie bleibt vorläufig dort.

Franz

5.X.16

Liebste, endlich bei der Schreibmaschine, aber mit schlechtem Kopf, unbegreiflich, nach welchen Gesetzen das Blut in mir wütet, seit paar Tagen sind wieder alle Nerven in Aufruhr und kein Schlaf ist mir erlaubt. Gestern Abend war ich bei Dr. Bergmann, er ist auf Urlaub hier, er war mein Mitschüler, ich habe ihn gern und wollte wieder einmal bei ihm sein. Kennst Du übrigens den Namen? Er hat für den Zionismus große Bedeutung. Hugo Bergmann. Jetzt wollte ich übrigens nur sagen, daß ich dort gestern abend mit meinem Kopf wie ein Verurteilter gesessen bin. Und eine kleine Zeit ging es mir doch wieder zuletzt recht gut. Nein, an Arbeit ist jetzt für mich nicht zu denken. Besonders Leid tut es mir aber, daß ich infolgedessen nicht, so wie ich wollte und wie es mein Glück wäre, Dich bei Deiner Arbeit in Briefen unterstützen kann. Du dankst mir, aber ich will unvergleichlich mehr; was ich wirklich tue, ist ja nichts und jämmerlich.

Auch ein Zeichen meines Kopfes, ich frage nach Danziger und meine Steinitz. Nun ist aber wenigstens die Sache selbst gut ausgefallen.

Erst gestern habe ich erfahren, daß die gute Ausgabe der Schlemihl-Nummer der Weltliteratur nicht mehr zu haben ist, die gewöhnliche Ausgabe ist aber wohl nicht gut genug, um als Geschenk für die Kinder zu gelten. Jedenfalls werde ich Dir von ihr nur 5 Exemplare schicken lassen und mir außerdem die Ausgabe in der Inselbücherei ansehn, ob diese nicht brauchbar wäre. Doch möchte ich zuerst gerne wissen, wie viel Mädchen Du eigentlich hast. Dein Lob der Ausstellung ist vielleicht an dem gleichen Tag geschrieben worden, wie in einer meiner letzten Karten das Lob des Alleinseins. Ich will nur hinzufügen, daß die 2 Elemente nicht miteinander kämpfen müssen, sondern vielleicht sehr gut miteinander bauen können. Was die Ausstellung betrifft, so mag sie wohl sehr schön sein, aber vollständig ist sie gewiß nicht. Es fehlt ihr eine Schrekkenskammer, deren Hauptstück z. B. eine Gruppe sein müßte, wie sie etwa eine Kusine von mir mit ihrem Mann und dem Kinderwagen darstellt. Ein gutes Mädchen, sogar außergewöhnlich klug, ist sie mit zunehmendem Alter und gleichbleibender Armut irgendwie verwirrt geworden, hilflos, sie mußte heiraten und heiratete, allerdings mit Zustimmung der verschiedenartig informierten Verwandtschaft, einen Menschen, den sie bei ruhigen Sinnen gewiß nicht geheiratet hätte. Ich persönlich habe nichts gegen ihn, er kommt mir in den paar Augenblicken, in denen ich mit ihm beisammen war, sehr unterhaltend komisch vor, aber so komisch, daß man nicht etwa durch ihn blamiert würde, wenn man seine Frau ist. Die Komik ist durchaus nicht allgemein zugänglich. Es würde zu langwierig und gegenüber dem Interesse, das er für mich bis jetzt hatte, unwahr werden, wenn ich ihn ausführlich beschreiben wollte. Jedenfalls sieht er erträglich aus, eher zu gesund als krank, immer sehr zufrieden, und ist kaum älter als sie. Und nun haben sie ein Kind. Es ist ungewöhnlich stark, etwa 2 Jahre alt, weißes unschuldiges Fleisch, reiches blondes Haar, klare blaue Augen, es ist Vater und Mutter ähnlich, aber hübscher als beide. Aber es ist ganz leblos, es liegt breit und unbeweglich im Wägelchen, die Augen dreht es ziellos und gleichgültig. Es kann gar nicht sitzen, um den Mund gibt es kein Lächeln, kein Wort ist ihm zu entlocken. Wenn nun die Eltern zu beiden Seiten des Kindermädchens und des Wagens spazieren gehn, von einem Bekannten (etwa mir) wider Willen angehalten werden, die Mutter mit diesem Vater und diesem Kind belastet stehen bleibt, mit Tränen in den Augen zwischen dem Bekannten und dem Kind hin und herschaut und doch auch ein Lächeln aufbringt, um den immer zufriedenen Mann mit seinem Lachen nicht ganz allein zu lassen – kurz das gehört wohl auch in jene Ausstellung. Aber weg davon und herzlichste Grüße

Franz

[Postkarte]

[Prag,] 6.X.16

Liebste, gestern kam Dein Montags-, heute Dein Mittwochsbrief, der letztere, nach dessen Beendigung sich vielleicht die Tür zu dem Mädchenzimmer öffnet, in das ich Dich mit aller Kraft des Wünschens begleite. – Heute wurde ich wieder an unsere Erdmuthe erinnert, denn die Universitätsbibliothek mahnt das Buch ein. Erdmuthe gehört auch irgendwie in die Ausstellung, wenn auch auf einen ganz andern Platz als meine Kusine. Sie hatte jedenfalls 12, vielleicht noch mehr Kinder, alle starben aber ganz jung, nur eines glaube ich kam über das zwanzigste Jahr hinaus und starb dann bald. Und außer dieser Kinderschaft leitete sie finanziell vollständig (ein bei den Verhältnissen ihres Mannes und der Brüderschaft fast übermenschliches Werk) und geistig teilweise die sich damals rasch vergrößernde, über ganz Europa und Nordamerika ausgebreitete Brüderkirche. Starb 56 Jahre alt. Ihr Mann heiratete bald nach ihrem Tode ein Mädchen, mit dem er geistig schon längst und tief verbunden war. – Heute habe ich Dir den Schlemihl in der Inselbücherei geschickt. Leider hat jede Ausgabe Fehler. Schaffstein ist wahrscheinlich nicht vollständig, Weltliteratur ist zu ärmlich, Insel ist zu kleingedruckt und Fischer ist zu teuer. Ohne Bilder gibt es allerdings noch andere gute Ausgaben. Also wähle und schreibe, was Du noch brauchst. Den Brief von Buber schicke ich Dir bei Gelegenheit, wenn Du willst. – Viele Grüße, Liebste und Beste

Franz

[Postkarte]

[Prag,] 7.X.16

Liebste, heute nichts, das Beste, der Bericht über den ersten Heimabend will natürlich erwartet sein, kommt nicht so ohne weiters im Fluge. Durch die Berechtigung, welche die Mädchen offen bekommen (wenn ich Dich richtig verstanden habe), wird die Sache vielleicht unnötig heikel gemacht, eine Kritik der doch an sich überkritischen herausgefordert. Das Gleiche und Besseres ließe sich doch erreichen, wenn man ihnen das Wahlrecht zwar wirklich aber nicht ausdrücklich zugestehen würde. Vielleicht geschieht das aber in der Weise und ich habe Dich nur nicht richtig verstanden. – Gerade daß es sich bei dem Bericht nur um Abschreiben handelt, hat mich geärgert. Abschreiberinnen finden sich doch leicht. Aber vielleicht ließ es sich dem Frl. gegenüber doch nicht gut ablehnen. In der Ferne ist man leicht streng. – Der Aufsatz von Max: Unsere Literaten und die Gemeinschaft wird vielleicht im nächsten Juden erscheinen. Willst Du mir übrigens nicht auch sagen, was ich eigentlich bin. In der letzten Neuen Rundschau wird die »Verwandlung« erwähnt, mit vernünftiger Begründung abgelehnt und dann heißt es etwa: »K's Erzählungskunst besitzt etwas Urdeutsches.« In Maxens Aufsatz dagegen: »K's Erzählungen gehören zu den jüdischsten Dokumenten unserer Zeit.«
      Ein schwerer Fall. Bin ich ein Zirkusreiter auf 2 Pferden? Leider bin ich kein Reiter, sondern liege am Boden.

Franz

[Postkarte]

[Prag,] 8.X.16

Liebste, heute bin ich sehr froh, es kam der Brief, die Karte und die Bilder vom Donnerstag. Man übertreibt leicht den neuesten Besitz, aber ich glaube, ich habe kein besseres Bild von Dir als dieses mit den Kindern zu Deiner linken Seite und dem (Waggon-?) Fenster hinter Dir. Vielleicht bist Du ein wenig zu düster (hantiert man etwa schlecht mit Deinem Apparat?) dafür aber, versteh mich recht, sinnvoll wie auf keinem Bild. Die Gruppe wiederholt sich noch einmal, allerdings ohne Dich, das dort erscheinende Mädchen mit der Masche hat wohl das erstere Bild aufgenommen. Bist Du auch in der Gruppe des Frl. Welkanoz? Wenn ich nicht irre, hat sie ein zartes, kleinzusammengesetztes, aber durch strengen Umriß bedeutendes Gesicht. Das Sabinchen erinnert mich an ein sehr ähnliches, allerdings älteres Blumenmädchen, das Ottla schon seit langer Zeit Deutsch unterrichtet. – Bitte, bitte noch mehr über den ersten Abend, [am Rande] Ich schreibe seit langem täglich.

Franz

[Postkarte]

[Prag,] 9. Okt. 16

Liebste, heute nichts, aber das wisse, den Schluß des Berichtes über den ersten Heimabend muß ich noch bekommen. Die Hauptaufgabe wird zunächst vielleicht die böse Hertha bilden. Sie muß doch irgendeinen Grund für ihr Benehmen haben. Der Auftrag, den Du den Mädchen gegeben hast, wird wohl kaum genügen, da doch die Mädchen nicht gern mit ihr sprechen. Wäre es nicht gut, wenn Du geradezu an sie schreiben würdest? Dagegen finde ich das Benehmen des andern Mädchens am Schluß des Abends nicht so unbegreiflich, das hätte ich unter Umständen auch gemacht. Für die vorzeitige Beendigung der Minna von Barnhelm hast Du ja meine Zustimmung schon im voraus bekommen. Gewiß ist es das Beste. In das ihnen ganz und gar Unbegreifliche soll man die Kinder nicht treiben. Zwar soll man nicht vergessen, daß selbst das gelegentlich sehr gute Wirkungen erzielen kann, nur sind sie vollständig unberechenbar. Ich denke dabei an einen Professor, der während der Lesung der Ilias oft sagte: »Sehr schade, daß man das mit Euch lesen muß. Ihr könnt es ja nicht verstehn, selbst wenn Ihr glaubt, daß Ihr es versteht, versteht Ihr es gar nicht. Man muß viel erfahren haben, ehe man auch nur einen Zipfel davon versteht.« – Diese Bemerkungen (der ganze Mann war allerdings auf diesen Ton eingestellt) haben damals auf mich kalten Jungen mehr Eindruck gemacht als Ilias und Odyssee zusammen. Vielleicht einen allzu demütigenden aber doch wesenhaften wenigstens.

Franz

[Postkarte]

[Prag,] 10.X.16

Liebste, heute wieder nichts, traurig. Ich weiß noch nicht alles vom ersten Heimabend, nichts von Deinem Referat, nichts von Deinem Sonntag. Warst Du letzten Sonntag oder den vorletzten mit den Kindern? War's am letzten, dann bist Du ja wahrscheinlich in dem großen Regen (»nichts bleibt ihm verborgen«) naß geworden, während wir, ich und Ottla, vor dem hier bloß drohenden Regen anders als bei unsern bisherigen sommerlichen Märschen ein wenig im Zickzack geirrt sind, durch meine Schuld, denn Ottla fürchtet sich natürlich vor dem Regen gar nicht. Ich übrigens auch nicht, wenn irgendwo vor dem Moorbad eine Veranda ist und unter ihr eine Bank und auf der Bank Du. – Was München betrifft, um rechtzeitig vorbereitet zu sein: Wann kämest Du dort an? In welchem Hotel wohnst Du? Wann müßtest Du zurückfahren? Ich würde, wenn es geht, die Geschichte lesen, die Du noch nicht kennst. »In der Strafkolonie«, so heißt sie. – Gestern habe ich Dir ein Handbuch der Bewegungsspiele für Mädchen geschickt, vielleicht kannst [Du] es brauchen, es scheint recht vernünftig. Ich schicke Dir nächstens in [der] Art noch etwas. – Zum Lesen mit den Kindern gebe ich Dir (außer Schlemihl, mit dem Du anfangen sollst) noch zu bedenken: Hebel, Volkserzählungen von Tolstoi. Galoschen des Glücks, Andersen. Wähle und ich schicke es dann.

Franz

[Postkarte]

[Prag,] 11.X.16

Liebste, heute kamen die Briefe vom Samstag, Sonntag und später der vom Montag. – Habe ich die Störung Deines Zustandes verschuldet? Nimm es mir nicht übel, wenn es wirklich so ist. Ich beherrsche mich so wenig und dieses Wenige ist das Äußerste, was ich leisten kann. Nochmals: verzeih! – Dagegen kann ich wegen der Unterlassung des Wunsches nicht um Verzeihung bitten, so gut ich einsehe, daß Deine Mutter den Kopf schütteln muß und wahrscheinlich mehr als das. Aber über den Rand meines Wesens kann ich bei größter Anstrengung besten Falls hinausschauen, darüber hinausgehn kann ich nicht. Du mußt das nicht verstehn, kannst es auch nicht mitfühlen, sollst es nur mitahnen können. Deine Mutter allerdings muß und kann und soll nichts von dem allen. Hier muß ich, muß es notwendigster Weise, muß versagen. Und es tut mir leid, aber allerdings nicht so stark, daß ich diese Hemmung, deren Beseitigung auch nicht in meiner Macht liegt, fortwünschen würde. Ich habe übrigens kaum zuhause ein Wort über Neujahr gesagt und Dir gar nicht[s], ganz entsprechend der Bedeutungslosigkeit, welche das Datum jetzt für mich hat. Alles andere wäre Lüge, die sich ihrer besonderen Art nach weit in mir verzweigen würde. Allerdings habe ich Deiner Mutter gegenüber eine freilich sehr äußerliche Entschuldigung. Sie hat mir auf meinen Brief aus Marienbad nicht geantwortet, das soll ihr aber keinesfalls entgegengehalten werden, denn selbst wenn sie geantwortet hätte, hätte ich nicht gratuliert. Liebste, nimm mich so wie ich bin.

Franz

[Postkarte]

[Prag,] 12.IX.16
[12. Oktober 1916]

Liebste, so ist es schön, wenn auch auf die Dauer unmöglich: heute kam Dein Dienstagbrief. – Wäre meine Reise nur schon so gesichert, wie es Deine glücklicherweise scheint, aber da gibt es noch widerlich viel Hindernisse, entschieden ist es noch lange nicht. Übrigens ist auch die Reiseverbindung gerade mit München recht schlecht. Ich fahre, glaube ich, um 8 Uhr früh etwa weg (einzige Verbindung) und komme um 6 Uhr 24 abends erst an, also erst Freitagabend. Über die Rückfahrt bin ich noch nicht im klaren, ich fürchte aber, ich muß schon Sonntag um 7 Uhr früh wegfahren, es gibt keine Nachtverbindung und mehr als 2 Tage darf ich nicht verlangen. Über die Weihnachtsreise sprechen wir dann, ich will uns vor niemandem verstecken, ich fürchte niemanden, nur meine Eltern, diese aber gewaltig. Mit Dir beim Tische der Eltern sitzen (jetzt natürlich, später mag es ganz einfach werden) muß mich bis ins Innerste quälen. Aber auch diese Augenblicke werden nebensächlich sein neben dem Glück Dir, Dir allein Prag zu zeigen, besser, näher, ernster als jemals früher. – Schlechte Nachrichten vom Heim, darüber nächstens. Bin ich übrigens nicht musikalisch? Der Satz: »Ich fühle mich unter den Kindern sehr wohl und eigentlich viel besser am Platze als im Bureau« klingt mir als allerbeste Musik im Ohr. Wie findet sich Frl. Bloch mit ihnen ab?

Von der Volkshochschule weiß ich noch nichts, ich bat Dich einmal um nähere Angaben, Du hast sie mir nicht geschickt.

Franz

[am Rande] Den Jahresbericht habe ich noch nicht bekommen«.

[Postkarte]

[Prag,] 13.X.16

Liebste, heute keine Nachricht, auch der Jahresbericht ist noch nicht gekommen. Mit der von Dir gegebenen Begründung billige ich das Schreiben natürlich, nur müßte man dann eigentlich bei vollständiger Konsequenz etwa auch den Foerster oder – ewige und jetzt überdies ganz unangebrachte Geißel! – auch die Memoiren abschreiben, wenn man sich lebendiges Lesen nur durch Anbinden an den Schreibmaschinentisch abzwingen könnte. Übrigens für mich bei manchen Dauerzuständen ein leider noch zu schwaches Mittel. Aber für den Foersterkurs, über den Du so enttäuschte und enttäuschende Mitteilungen machst, müßte man wirklich irgendein Mittel der Erweckung finden. Jedenfalls ist man bei diesen Verhältnissen noch mehr als sonst gezwungen, den ganzen Foerster zu lesen unabhängig von der persönlichen Zuteilung. Den Nutzen des Alleinlesens des Foerster kann doch auch ein noch so schlechter Kurs nicht zerstören. Hätte ich doch die dauernde Ruhe des Kopfes, um mich mit Dir schriftlich über den Foerster Abschnitt für Abschnitt zu verständigen! Denn wichtig ist er, daran ist kein Zweifel. – Ich schicke Dir heute ein Rätselbuch, ich hätte es reichhaltiger gewünscht, aber mit der lebendigen großen Freundin hinter sich wird es die Mädchen gewiß unterhalten. – Wie wird es werden ohne Lehmann, Lemm und vielleicht ohne Welkanoz? Muß alles Gute jetzt in quälenden Provisorien leben, wobei ich zu dem Guten auch unser Gemeinsames rechne.

Franz

[Postkarte]

Liebste, heute kam die Karte und der Bericht. Was für eine persönliche Bedeutung diese Blätter für mich haben! Eine allzukleine Arbeit war das allerdings für
Dich nicht. Vorläufig habe ich es nur flüchtig gelesen, finde es aber sehr verständig und reichhaltig. Nur in der Besprechung der jüngeren Knabengruppen
wird ein wenig gefabelt. Das ist aber verzeihlich insbesondere beim ersten Bericht. Was für mich fehlt, ist mehr Rücksichtnahme auf die Leiter und Helfer,
hier genügt nicht Zionismus und schweifende Begeisterung. Aber ein entschul-
digender Hinweis findet sich auch für diesen Zweifel in der Bemerkung, daß
nach dem Krieg das Zusammenleben der Helfer und der Pfleglinge viel näher
werden soll. Jetzt fehlt in dieser Hinsicht gewiß noch viel, Deine Klage, die ich
gerne in einer Einzelheit kennen lernen wollte, ist ja eine Bestätigung dessen.
Man merkt übrigens, daß die Mädchengruppen in ihrer Entwicklung hinter
den Knabengruppen noch zurückstehn. Vor allem aber immer wieder: Hochmut ist in dem Bericht. Wenn man aber von der Arbeit nicht abläßt, wird ihn
die Zeit schon ausbrennen. – Störe ich Dich nicht mit dem Schicken der Bücher? Nehme ich dem Lesen des Foerster nicht zuviel Zeit weg? Was gibt Dir
übrigens das Recht zu glauben, daß ich Erdmuthe nicht schon längst ausgelesen
habe? Schon in Marienbad, bis auf die Anmerkungen, die nicht wesentlich sind.
Büße diesen ungerechten Vorwurf durch baldige Sendung der Bilder vom Ausflug.

Franz

[Postkarte]

Liebste, ein so schöner Tag und ich im Bureau. Mein Trost ist, daß Du in Müh-
lenbeck [b]ist. – Heute wieder keine Nachricht. Du schreibst öfters, daß Du
keine Nachricht bekommst, erwähnst dann aber nicht, ob die ausgebliebene
nächsten Tag nachkommt. Es muß aber so sein, denn ich schreibe jeden Tag. –
Den Bericht mußte ich ohne ihn zum zweitenmal gelesen zu haben Max borgen, er braucht ihn für den Mädchenklub, dieses heikle, brüchige, aber gewiß
nicht wertlose Wesen. Deine Klage: es wird alles persönlich genommen, ist geradezu der Wahlspruch dieses Klubs. Aufgefallen ist mir in dem Bericht die
Güte des Teiles, der von der ältern Knabengruppe handelt, offenbar stammt er
von Lehmann. Hier stehen ein wenig Tatsachen und Ergebnisse, während das
Übrige doch zum großen Teil Dinge enthält, die man von vornherein annehm-
men konnte, die aber allerdings im ersten Bericht am Platze sind. Sehr gut muß
übrigens auch der Kindergarten sein, über den so bescheiden berichtet wird. –
Heute bin ich allein, Ottla ist aufs Land gefahren, ich habe die Wahl, Felix und

seine Frau, denen ich es zugesagt habe, abzuholen oder allein zu gehn. Was werde ich tun?

Franz

[Postkarte]

[Prag,] 16.X.[1916]

Liebste, ärgerlicher Tag, durch Deinen Brief vom 13. gemildert. – Für den Fall als Du es gestern nicht erraten haben solltest, ich war allein. Bin sehr weit gegangen, 5 Stunden etwa, allein und nicht genug allein, in ganz leeren Tälern und nicht genug leer. Ich spüre manchmal die Sorgen, als wenn sie mir das Blut aus den Schläfen trinken würden. – Der Fall Sabinchen ist allerdings heikel. Nur versteh ich einige Voraussetzungen nicht. Wozu ist die Kassa im Allgemeinen bestimmt? Hat S. die 2 M entliehen und dann erst den andern davon erzählt? Wer bestimmt, wie das Geld aus der Kassa zu verwenden ist? Woher stammt das Geld? Hat die frühere Leiterin von der Sache nicht gewußt? An Sabinchens Ehrlichkeit und Hilfsbedürftigkeit zweifle ich natürlich nicht im geringsten, wenn aber nicht die Formalitäten für die Entlehnung erfüllt worden sind, so muß man doch gegenüber den andern Mädchen bedenken, daß sie ebenso ehrlich und hilfsbedürftig sein können und sich dadurch vielleicht geschädigt fühlen, daß sie nicht so nahe bei der Kassa sitzen. Allerdings darf S. deshalb ihre Ehrenstelle keineswegs verlieren. Aber das Ganze wäre unmöglich, wenn alle genug Vertrauen zueinander hätten, und Du wirst, das sehe ich, viel Arbeit haben. Sabinchen und Hertha wären wohl zunächst zu besuchen.

Franz

[Postkarte]

[Prag,] 17.X.16

Liebste, Wunder über Wunder, es bekommt den zwar noch nicht vollständigen, aber schon recht großen Anschein, daß ich werde fahren können. Jetzt möge die Sache nach Beseitigung der voraussehbaren Hindernisse nicht an unvorhergesehenen unmöglich werden. Es ist übrigens nicht ausgeschlossen, daß die Vorlesung statt am 10. erst am 17. November stattfindet. Im Laufe der nächsten Woche entscheidet es sich. Sollte es am 10. sein, dann mußt Du auf eine Vorlesung Milan, die ich glaube am 9. November im Choralionsaal sein wird, mir zuliebe verzichten, sonst aber mußt Du mir zuliebe in den Choralionsaal gehn. Es ist vielleicht nicht das Programm (Ebner-Eschenbach, Keller, Storm), das ihn in seiner ganzen Stärke zeigt, es wird vielleicht mit Ausnahme Kellers, etwa dem Vorlesen einer Novelle von Jacobsen entsprechen, das ich gehört habe und das (natürlich nur verhältnismäßig) am schwächsten verlief, aber trotzdem, Du mußt, Felice, hingehn und es hören. – Mit Deiner Vorlesung der Galoschen des Glücks bin ich sehr einverstanden, Du kannst auch noch viel mehr von Andersen lesen, aber keineswegs Teile, die Du das nächste Mal nicht zuende lesen willst. Schon bei der Minna von Barnhelm werden die Kinder (richtigerweise) um den Eindruck des Ganzen gebracht, das sollte sich aber nicht mehr wiederholen. – Heute kam keine Nachricht.

Franz

[Postkarte]

[Prag,] 18.X.[1916]

Liebste, arme Strafportozahlerin, verzeih, aber ich bin fast ganz unschuldig, wovon ich Dich durch eine sehr ausführliche Darstellung, die Du mir aber gewiß erläßt, unbedingt überzeugen könnte, selbst Max der Postbeamte hat bis heute nur solche Karten verschickt. Heute kam Dein Brief vom Samstag und später der vom Montag. Besonders der letztere war mir sehr trostreich. Es ist der Waggon mit der gestrigen Berliner Nachmittagspost gestern hier ausgebrannt und ich ging heute den ganzen Morgen sehr nachdenklich und nebelhaft herum, immer in Sorgen wegen dieses ausgebrannten Waggons, in dem aller Voraussicht nach Dein Montagsbrief mit dem Bericht über den Heimausflug mit verbrannt sein mußte. Erst später kam Dein Brief, also nicht verbrannt! – Max bekommt die Erlaubnis nach München zu fahren überhaupt nicht, ich werde vielleicht im ersten Teil des Abends, der also vielleicht doch zustandekommt, Gedichte von ihm vorlesen. Bin zwar kein sehr guter, viel eher ein sehr schlechter Gedichtvorleser, werde es aber, wenn sich kein besserer findet, doch gern übernehmen. Das aber sage ich gleich: Wenn Du nicht fahren könntest, fahre ich selbst lieber auch nicht. Ich habe mich schon allzusehr an den Gedanken gewöhnt, Dich dort zu sehn. Du wirst es doch nach dem 22. Oktober, bis zu welchem Dein Chef Urlaub hat, mit Bestimmtheit sagen können, ob die Fahrt möglich sein wird oder nicht.

Franz

19.IX.16

[vermutlich 19. Oktober 1916]

Liebste, so einfach ist es nicht, daß ich das, was Du über Mutter, Eltern, Blumen, Neujahr und Tischgesellschaft sagst, einfach hinnehmen könnte. Du schreibst, daß es auch für Dich »nicht zu den größten Annehmlichkeiten gehören wird«, bei mir zuhause mit meiner ganzen Familie am Tisch zu sitzen. Du sagst damit natürlich nur Deine Meinung, ganz richtiger Weise ohne Rücksicht darauf, ob es mir Freude macht oder nicht. Nun, es macht mir nicht Freude.

Aber es würde mir gewiß noch viel weniger Freude machen, wenn Du das Gegenteil dessen geschrieben hättest. Bitte sag mir so klar als möglich, worin wird diese Unannehmlichkeit für Dich bestehn und worin glaubst Du ihre Ursachen zu sehn. Wir haben ja, soweit ich in Frage komme, schon oft über diese Sache gesprochen, aber es ist eben schwer hier das Richtige nur ein wenig zu fassen. Man muß es immer wieder von neuem versuchen. In Schlagworten – und deshalb mit einer der Wahrheit nicht ganz entsprechenden Härte – kann ich meine Stellung etwa so umschreiben: Ich, der ich meistens unselbständig war, habe ein unendliches Verlangen nach Selbständigkeit, Unabhängigkeit, Freiheit nach allen Seiten; lieber Scheuklappen anziehn und meinen Weg bis zum Äußersten gehn, als daß sich das heimatliche Rudel um mich dreht und mir den Blick zerstreut. Deshalb wird jedes Wort, das ich zu meinen Eltern oder sie zu mir sagen, so leicht zu einem Balken, der mir vor die Füße fliegt. Alle Verbindung, die ich mir nicht selbst schaffe, sei es selbst gegen Teile meines Ich, ist wertlos, hindert mich am Gehn, ich hasse sie oder bin nahe daran sie zu hassen. Der Weg ist lang, die Kraft ist klein, es gibt übergenug Grund für solchen Haß. Nun stamme ich aber aus meinen Eltern, bin mit ihnen und den Schwestern im Blut verbunden, fühle das im gewöhnlichen Leben und infolge der notwendigen Verranntheit in meine besonderen Absichten nicht, achte es aber im Grunde mehr als ich weiß. Das eine Mal verfolge ich auch das mit meinem Haß; der Anblick des Ehebettes zuhause, der gebrauchten Bettwäsche, der sorgfältig hingelegten Nachthemden kann mich bis nahe zum Erbrechen reizen, kann mein Inneres nach außen kehren, es ist, als wäre ich nicht endgültig geboren, käme immer wieder aus diesem dumpfen Leben in dieser dumpfen Stube zur Welt, müsse mir dort immer wieder Bestätigung holen, sei mit diesen widerlichen Dingen, wenn nicht ganz und gar, so doch zum Teil unlöslich verbunden, noch an den laufenwollenden Füßen hängt es wenigstens, sie stecken noch im ersten formlosen Brei. Das ist das eine Mal. Das andere Mal weiß ich aber wieder, daß es doch meine Eltern sind, notwendige, immer wieder Kraft gebende Bestandteile meines eigenen Wesens, nicht nur als Hindernis, sondern auch als Wesen zu mir gehörig. Dann will ich sie so haben, wie man das Beste haben will; habe ich seit jeher in aller Bosheit, Unart, Eigensucht, Lieblosigkeit doch vor ihnen gezittert – und tue es eigentlich noch heute, denn damit kann man doch niemals aufhören – und haben sie, Vater von der einen Seite, Mutter von der andern, meinen Willen, wiederum notwendigerweise, fast gebrochen, so will ich sie dessen würdig sehn. (Ottla scheint mir zuzeiten so, wie ich eine Mutter in der Ferne wollte: rein, wahrhaftig, ehrlich, folgerichtig, Demütigkeit und Stolz, Empfänglichkeit und Abgrenzung, Hingabe und Selbständigkeit, Scheu und Mut in untrüglichem Gleichgewicht. Ich erwähne Ottla, weil doch auch in ihr meine Mutter ist, ganz und gar unkenntlich allerdings). Ich will sie also dessen würdig sehn. Infolgedessen ist für mich ihre Unreinlichkeit hundertfach so groß, als sie es vielleicht in der Wirklichkeit, die mich nicht kümmert, sein mag; ihre Einfältigkeit hundertfach; ihre Lächerlichkeit hundertfach, ihre Rohheit hundertfach. Ihr Gutes dagegen hunderttausendfach kleiner als in Wirklichkeit. Ich bin deshalb von ihnen betrogen und kann doch ohne verrückt zu werden, gegen das Naturgesetz nicht revoltieren. Also wieder Haß und fast nichts als Haß. Du nun gehörst zu mir, ich habe Dich zu mir genommen; ich kann nicht glauben, daß in irgendeinem Märchen um irgendeine Frau mehr und verzweifelter gekämpft worden ist als um Dich in mir, seit dem Anfang und immer von neuem und vielleicht für immer. Also Du gehörst zu mir. Deshalb ist mein Verhältnis zu Deinen Verwandten ähnlich meinem Verhältnis zu den meinen, allerdings natürlich im Guten wie im Bösen unvergleichlich lauer. Auch sie geben eine Verbindung ab, die mich hindert (hindert, selbst wenn ich niemals ein Wort mit ihnen reden sollte), und sie sind im obigen Sinn nicht würdig. Ich rede hierin zu Dir so offen, wie ich zu mir rede. Du wirst es mir nicht übelnehmen und auch keinen Hochmut darin suchen, er ist zumindest dort, wo Du ihn suchen könntest, nicht vorhanden. Wenn Du nun hier in Prag sein solltest und an dem Tisch meiner Eltern sitzest, ist natürlich die Angriffsfläche, welche das mir Feindliche in meinen Eltern mir gegenüber hat, eine viel größere geworden. Meine Verbindung mit der Gesamtfamilie scheint ihnen dann eine viel größere geworden (sie ist es aber nicht und darf es nicht sein) und sie lassen es mich fühlen; ich scheine ihnen eingefügt in diese Reihe, deren ein Posten das Schlafzimmer nebenan ist (ich bin aber nicht eingefügt); gegen meinen Widerstand glauben sie in Dir eine Mithilfe bekommen zu haben (sie haben sie nicht bekommen) und ihr Häßliches und Verächtliches steigert sich, da es in meinen Augen einem Größeren überlegen sein sollte. Wenn es sich aber so verhält, warum freue ich mich dann über Deine letzte Bemerkung nicht? Weil ich förmlich vor meiner Familie stehe und unaufhörlich die Messer im Kreise schwinge, um die Familie immerfort und gleichzeitig zu verwunden und zu verteidigen. Laß mich in diesem ganz Dich vertreten, ohne daß Du mich Deiner Familie gegenüber vertrittst. Ist Dir, Liebste, dieses Opfer nicht zu schwer? Es ist ungeheuerlich und wird Dir nur dadurch erleichtert, daß ich, wenn Du es nicht gibst, kraft meiner Natur es Dir entreißen muß. Gibst Du es aber, dann hast Du viel für mich getan.

Ich werde Dir absichtlich ein, zwei Tage nicht schreiben, damit Du es, von mir ungestört, überlegen und beantworten kannst. Als Antwort genügt auch – so groß ist mein Vertrauen zu Dir – ein einziges Wort.

Franz

[Postkarte]

[Prag,] 21.X.16

Liebste, ich bin also schon wieder hier. Vorgestern und gestern bekam ich Deine Briefe vom Dienstag und Mittwoch, der Bericht über den Ausflug war aber noch nicht darin. Vielleicht kommt er gleichzeitig mit den sehr erwarteten Bildern, unter denen nur recht viele von Dir sein mögen. (Eben mußte ich zum Telephon laufen, wo ich verständigt wurde, daß ich den Paß und Grenzüberschreitung bewilligt habe, jetzt ist noch der Sichtvermerk nötig.) Du fragst nach Frau Hauschner. Ich kenne sie persönlich nicht, habe nur einmal einen gar nicht sehr unvernünftigen Roman ungeheueren Umfanges von ihr gelesen und vor nicht langer Zeit zwei, drei Briefe an Max, die infolge einer Verwirrung, die die alte Dame angerichtet hatte, unendlich komisch aber durch die Art, wie sie sie ehrlich zu lösen suchte, auch rührend und angenehm waren. Von Max habe ich jetzt weiter erfahren, daß sie außerdem ungemein reich, menschenfreundlich und wohltätig ist, sich von diesem Standpunkt (von keinem andern, sie ist ganz unzionistisch) auch für das Volksheim interessiert und bei passender Veranstaltung etwa durch Einladung zu einem charakteristischen Nachmittag oder Abend ins Heim für größere Unterstützungen (sie ist auch Präsidentin eines großen Berliner Frauenvereins) gewonnen werden könnte. Übrigens bleibt sie bis Anfang November in Prag, Max spricht mit ihr Dienstag, dann schreibe ich.

Franz

[Postkarte]

[Prag,] 22.X.16 7 Uhr

Liebste, ganz unwahrscheinlich früh am Morgen und außerdem nach schlechter Nacht. Ich fahre nämlich mit Ottla aufs Land. Nicht zum Laubhüttenfest, nur zu einer frühern Lehrerin Ottlas. Was Ottla betrifft: Ich wollte aus ihr nicht etwa ein hohes Muster machen, habe nur ihre guten, zum Teil ausgezeichneten Eigenschaften, wie sie neben der Mutter auffallen, genannt. Daß sie daneben vielleicht genug selbstgefällig, im Geistigen rechnerisch und manches andere ist, wollte ich nicht verschweigen, trotzdem ich in Anbetracht meines eigenen Standes nicht sehr viel Recht, weder zum Loben noch zum Tadeln habe.

Viele Grüße   Franz

[Postkarte]

[Prag,] 23.X.16

Liebste, heute kam Dein Brief vom Donnerstag. Gerne würde ich gegenüber Deinen häufigen Klagen über Fehlen von Nachrichten erfahren, wie es sich im ganzen ausgleicht, denn ich schreibe doch schon seit langer Zeit, den letzten Freitag ausgenommen, täglich. – Was die alte Verabredung mit Felix betrifft, so hast Du das Richtige erraten. Es war allerdings bei der Art der Fragestellung nicht sehr schwer. Und nun drohst Du mir? Glücklicherweise schreckt mich Trost fast mehr als Drohungen. Deine Drohung, Felice, wird unausführbar sein, es müßte denn mit Hilfe einer Zwangsjacke geschehn. Und das wirst Du gewiß nicht tun, sondern mich so lassen, wie ich leider Gottes und glücklicherweise bin. Gestern auf dem Lande war es sehr schön. Ich bin heimlich, ohne es zu merken im Laufe der Jahre aus einem Stadtmenschen ein Landmensch oder wenigstens etwas ihm sehr Ähnliches geworden. Wir waren in einem verlorenen Ort, so ländlich, so schön! Bei einer Volksschullehrerin, die dort mit einem Gehalt von etwa 600.- K jährlich glücklich, zufrieden lebt. Um nicht zu übertreiben, sie ist eine Hochschülerin, die dort für sich und die Schule aushilfsweise unterrichtet, durch Deutschunterricht noch etwa 50 K monatlich verdient und zufällig für das erste halbe Jahr die Wohnung umsonst hat. Unterrichtet 55 Kinder, 10- und 11-jährige Buben und Mädchen. – Hast Du eigentlich den Insel-Schlemihl und das Rätselbuch bekommen?

Franz

[Postkarte]

[Prag,] 24.X.16

Liebste, heute wieder nichts. – Im gestrigen Brief hat mir besonderes Vergnügen die Stelle gemacht: »Du bist ein Mensch, der sich so unendlich klar über sich selber ist, daß Du vom Alleinsein sicher noch viel trauriger wirst, als Du es sonst bist.« D. h. also Alleinsein oder richtiger ruhiges Sich-klar-werden über sich selbst (hoher Vorzug des Menschen), Einblick in mich muß mich traurig machen. Es sieht also sehr schlimm in mir aus. Hast Du es so gemeint? Recht hättest Du. – Übrigens gibt es hier eine Richterin über mir (ich erwähnte in Marienbad flüchtig ihren Ausspruch, nach dem ich nicht moralisch bin), von der ich gestern wieder gehört habe. Sie soll vor einigen Tagen gesagt haben, erstens sei ich unnatürlich, d. h. was ich sage, entspringt nicht einem Impuls, sondern der auf Wirkung berechneten Überlegung und zweitens sei ich kein guter Mensch. Es ist ein kluges Mädchen, welches das gesagt hat, und in dem ersten Augenblick, wenn ich das höre, klingt es mir wirklich wie von weit her gesagt. – Beim Ausflug waren alle Mädchen, also auch die Hanff? – Hat Dein Chef Urlaubsverlängerung? – Den Vorlesungstag kann ich noch nicht mit Bestimmtheit angeben. Neue Schwierigkeiten. – Ich habe Dir 4 Liederheftchen aus dem Inselverlag schicken lassen, sehr schöne Heftchen. Außerdem ein Blauweißliederbuch. – Du nimmst statt des Religionskurses den Fröbelkurs? – Wie sind die Märchenabende? – Wer leitet den Foersterkurs?

Franz

[Postkarte. Stempel: Prag – 25.X.16]

Liebste, heute kam Dein Brief vom Samstag. Die Mädchen nehmen Dich mir also ein wenig weg. Ich wäre ihnen böse, wenn sie nicht wieder Dich mir tau-

sendfach zurückgeben würden. Heute nichts weiter, ich habe verschiedene eilige, nervös machende Geschäfte.

Franz

Max hat also gestern mit der Frau Hauschner gesprochen und den Besuch angekündigt. Zunächst will sie nur von der Feme unterstützen, wird sie aber zu
einer guten Veranstaltung persönlich und herzlich eingeladen, wird sie vielleicht
auch sonst zu fassen sein.

[Postkarte]

[Prag,] 26.X.[1916]

Liebste, heute kamen die Briefe von Montag und Dienstag. Sie finden mich
nach erstaunlich langer fast ganz ohne Kopfschmerzen verbrachter Zeit wieder
einmal in sehr schlechtem Stand. Wenn es eine Ausnahme ist, will ich es gerne
tragen. – Auf Deinem Ausflug hat ja nichts gefehlt, was zu Ausflügen gehört,
dafür war aber manches dabei, was sonst bei Ausflügen nicht ist, und das war
vielleicht das Gute. Nein, von Fräulein Blumstein hast Du mir noch nicht erzählt. Nun aus den Bildern wird alles deutlich werden. – Die Vorlesung ist also
am Freitag, den 10. November um 8 Uhr, die genaue Stunde meiner Ankunft in
München schreibe ich Dir morgen, schreibe mir bitte auch, wann Du an-
kommst und wo Du wohnst. Die Vorlesung ist jetzt endgültig bestimmt, aber
ein ganz kleines Häkchen (unabhängig von mir) ist noch darin, aber vielleicht
besteht es nur für meine überängstlichen Augen und wird sich zu keinem
Haken auswachsen. – Daß Du nun auch noch regelmäßig einen Vortragszyklus
besuchst, scheint mir nun wirklich zu viel. Und gar Vorträge über Strindberg!
Wir sind seine Zeitgenossen und Nachkommen. Nur die Augen schließen und
das eigene Blut hält Vorträge über Strindberg. Trotzdem, schreib mir hie und da
ein Wort über die Vorträge, wenn Du wirklich hingehst. – Mit Frau Hauschner
habe ich nicht gesprochen, sie kennt mich nicht, aber Max hat Euren Besuch
angekündigt und ist sehr von ihr geliebt.

Franz

[Postkarte]

[Prag,] 27. Oktober 16

Liebste, ich danke Dir für Deine guten Worte vom Mittwoch. Im Grunde zweifle ich kaum daran, daß wir in dieser Sache einig sind und einig leben werden,
aber es ist doch vielleicht gut, einmal von Zeit zu Zeit diese Hausglocke, diese
Glocke in unserem Haus zu läuten. – Die Vorlesung ist also am 10. November.
Max und ich, jeder hätte einen Abend haben sollen. Da aber Maxens Urlaubs-

gesuch für die zwei Tage und für diesen Zweck abgelehnt worden ist, er also nicht fahren kann, habe ich es übernommen, paar Gedichte von ihm vorzulesen, so gut und so schlecht ich es kann. Er soll nicht in der Reihe der Abende völlig fehlen, lieber schlecht vorgelesen erscheinen als gar nicht. Die einzige absehbare Verhinderung meiner Vorlesung wären jetzt nur Schwierigkeiten, welche die Münchner Zensur machen könnte. Ich wüßte allerdings nicht, was sie einwenden könnte. – Daß Du am Abend vor der Abreise noch zur Vorlesung Milan gehst, wäre wohl übertrieben. Erstens hat er jeden Winter einige Vorlesungen, zweitens ist trotz der Größe seiner Kunst guter Schlaf ihr an Wert doch ebenbürtig und drittens sollst Du aus seiner Vorlesung nicht frisch mit übertriebenen Forderungen in meine Vorlesung kommen, falls Du das überhaupt tun willst, was noch zu überlegen wäre. Ich komme um 6 Uhr 24 in München an und fahre Sonntag um 7 Uhr wieder zurück. – Der Briefträger schon zufrieden? Er hat mir aber Unrecht getan.

Franz

[am Rande] Wird Foerster noch gelesen?

[Postkarte]

[Prag,] 28.X.16

Liebste, wieder von den Nächten und vom Kopf gequält oder vom Kopf und den Nächten, wie Du willst; sie reichen sich die quälerischen Hände. – Letzthin habe ich »Ritualmord in Ungarn«, eine Tragödie von Zweig, gelesen; sie ist in den überirdischen Szenen so angestrengt und schwächlich, wie ich es nach dem, was ich von Zweig kannte, erwartet habe. Die irdischen Szenen dagegen haben bezwingendes Leben, es stammt wohl zum großen Teil aus den großartigen Akten des Prozesses. Immerhin, sondern läßt [es sich] bis ins Einzelne kaum, er hat sich mit dem Prozess verbunden und steht jetzt in seinem Zauberkreis. Ich sehe ihn jetzt anders an als früher. Bei einer Stelle mußte ich zu lesen aufhören und mich auf das Kanapee setzen und laut weinen. Ich habe schon seit Jahren nicht geweint.

Franz

[am Rande] Fahren wir nicht die letzte Strecke im gleichen Zug? Ich fahre über Eger.

[Postkarte. Stempel: Prag – 29.X.16]

Liebste, heute kam der Donnerstagbrief. Du hast Recht, wir müssen endlich miteinander 'sprechen. Wenn nur die Vorlesung zustandekäme. Ein anderes

Programm, als das vorgelegte, habe ich nicht und will auch nichts anderes lesen. Wenn es also von oben nicht genehmigt würde, müßte ich absagen. Darum fürchte ich mich vor diesem Hindernis, sonst wäre es gar nicht der Rede wert. Sehr gut wäre es, wenn wir schon auf der Reise zusammenkämen; für mich sehr gut, denn Du würdest dann in die III. Klasse hinübergezogen, hinuntergezogen. – Mit Feigl habe ich letzthin gesprochen, er muß einrücken. Deinen Brief haben sie wie auch andere Post nicht bekommen, da sie ihre Wohnung vermietet hatten und ihre neue Adresse bei der Post unrichtig angegeben war. – Wozu brauchst Du die Literatur über die Volkshochschule? Ich weiß nicht, wie sie verschaffen. – Die Bilder noch nicht gekommen, doch nicht mit der Filmpackung aufgenommen?

Franz

30. Oktober 16

Liebste, keinen Brief, bitte verlange keinen Brief; hätte ich so Verdienstliches von mir mitzuteilen, wie Du im letzten Brief, wie würde meine Feder fliegen, Dir das zu schreiben. So aber – Mein Leben besteht aus zwei Teilen, der eine Teil nährt sich mit vollen Backen von Deinem Leben und wäre an sich glücklich und ein großer Mann, der andere Teil aber ist wie ein losgemachtes Spinngewebe, Freisein von Rüttelung, Freisein von Kopfschmerzen ist seine höchste, nicht allzu häufige Seligkeit. Was fangen wir mit diesem zweiten Teile an? Jetzt wird es zwei Jahre, daß er zum letzten Mal gearbeitet hat und ist doch nichts anderes als Fähigkeit und Lust zu dieser Arbeit. Nun, wir kommen ja hoffentlich bald, in 10, 11 Tagen zusammen, auch aus dieser glücklichen Erwartung kommt zu viel Unruhe, um viel zu schreiben. Käme nur kein Hindernis dazwischen! In der Beilage einige Kleinigkeiten:

1.) Bild Ottlas, allerdings außerordentlich schlecht. Die einretouchierten Zähne und der offengelassene Mundwinkel sind nicht einmal die ärgsten Fehler.

2.) Brief Bubers, an dem ich heute bei nochmaligem Lesen eigentlich gar nichts Bemerkenswertes finde. Ich weiß nicht, warum ich davon geschrieben habe und ich schicke ihn nur, weil Du, durch meine Bemerkung irregeführt, ihn immer wieder verlangst.

3.) Als Beispiel der Beschäftigung jenes andern Teiles einen Aufruf. Du findest mich unter den Unterzeichnern, ursprünglich hätte ich oben im vorbereitenden Ausschuß sein sollen, bin dann aber, allerdings ohne allzu große Mühe, in die große Gruppe hineingeschlüpft. Auch der Text (wie so vieler anderer) ist von mir. Nun, darüber nichts weiter.

4.) Das Programmbüchlein der Vorlesungen. Auf der vorvorletzten Seite findest Du das »Urteil« angezeigt. Wolff scheint es aber, ohne mir übrigens darüber geschrieben zu haben, wieder zu unterdrücken. Wenn ich selbst leblos bin und nur auf das Leben in meinen Schläfen horche, ist es ja auch gleichgültig.

Über meine Richterin mach' Dir keine Gedanken, Liebste. Das ist ja das Beruhigende (wenn man will, auch das Beunruhigende) dabei, daß sie den Tatbestand aus 5-10 kurzen, seit einem ½ Jahr nicht mehr wiederholten Gesprächen hernimmt. Auf Wiedersehn, auf Wiedersehn.

Franz

[Postkarte]

[Prag,] 31.X.16

Liebste, in den letzten Tagen hatte ich im Bureau nicht einmal Zeit zu schreiben. Dein letzter Brief war vom Freitag, heute kam nichts. – Die Kinderbibliothek darf natürlich unter Deiner Leitung nicht so arm bleiben, ich habe Dir heute deshalb als kleinen Grundstock die blauen Bändchen von Schaffstein schicken lassen. Sie werden so kartoniert sein wie Dein Peter Schlemihl, gebunden wären sie natürlich besser, aber zu teuer. Vielleicht können sie in den Werkstätten des Heims gebunden werden, ehe sie in Gebrauch kommen. Es sind Bücher für alle Altersstufen, allzu ängstliche Trennung ist ja nicht nötig. Für Knaben sind allerdings die grünen Bücher von Schaffstein, meine Lieblingsbücher, das Beste, aber alles auf einmal wollte ich nicht schicken, also diese später einmal. Unter ihnen ist z.B. ein Buch, das mir so nahegeht, als handelte es von mir oder als wäre es die Vorschrift meines Lebens, der ich entweiche oder entwichen bin (dieses Gefühl habe ich allerdings oft), das Buch heißt der Zuckerbaron, sein letztes Kapitel ist die Hauptsache. Übrigens ist es so schwer, sich zwischen Kinderbüchern zu entscheiden. Sollte ich aus meiner Erfahrung die besten Kinderbücher nennen, so werden es etwa die kleinen Hoffmannschen Bändchen sein, ein offenbarer Schund. Wie schön werden uns im Jenseits die Bücher erscheinen, die wir jetzt lesen! Über tatsächliche Vorschläge für die Bibliothek schreibe ich Dir noch.

Franz

[Postkarte]

[Prag,] I.XI.16

Liebste, wie, jetzt drohst auch Du mit Nichtfahren? Nach den endlosen kleinen Schwierigkeiten, von denen jetzt nur noch eine möglich ist, soll auch diese große kommen? Das darf nicht sein. Über den Urlaub Deines Chefs muß doch schon längst entschieden sein. – Heute kamen die Bilder und Dein Montagsbrief. Schönes Gruppenbild im Walde. Das sind also Deine Mädchen und die Hanff ist mit dabei. Diesmal ist S. die einzige, die nicht lächelt. Die schönste ist wohl die kokette links in der Gürtelbluse. Ein wenig gestört ist das Bild durch die waldschneckenartige Lagerung der vordersten. Große Mädchen übrigens und bis auf 2, 3 scheinbar typische Gesichter. Allerdings, ein Gesicht ist etwa in 1000 Bildern erst zu fassen. Auf den 2 Reigenbildern sind ja auch Deine Mädchen zu sehn, mit einiger Mühe auch sicherzustellen, sehen aber doch ganz anders aus. Die Güte Deines Bildes in der Gruppe läßt das mißratene und ziemlich unverständliche Bild mit den Blumen ein wenig verschmerzen. Das 5. Bild, in dem ich nur S. erkenne, mußt Du mir noch erklären. – Ob ich das Chanukaspiel werde auftreiben können, weiß ich nicht. Versuchen werde ich es natürlich gleich. – Was sagst Du zu der Demütigung (falls Lüge nur Demütigung ist), in der Du mich in dem übersendeten Blatt siehst? Es ist durchaus nicht der tiefste Punkt meiner Demütigung, es gibt noch tiefere auf allen Seiten, aber tief genug ist er. – Nicht mehr mit Nichtfahren drohn!

Franz

[Postkarte]

[Prag,] 3.XI.16

Liebste, also es war nur Drohung, die Angst machen sollte. Das hat sie auch gemacht. Aber nun kommst Du also. Die Genehmigung ist allerdings noch nicht ganz gesichert, die Manuskripte sind ja erst Montag dort angekommen. Es macht mich noch immer nervös und um die Wahrheit zu sagen, ich kann mir gar nicht vorstellen, daß es genehmigt wird, so unschuldig es in seinem Wesen ist. Jedenfalls telegraphiere ich Dir im Falle einer Verhinderung, vorläufig freue ich mich in der Hoffnung, Dich so bald zu sehn. Unsere Züge vereinigen sich – ich habe leider das große Kursbuch nicht bei der Hand und urteile nur beiläufig nach der Karte – etwa bei Wiesau, also etwa zwischen 1 und 2 Uhr mittags. Ein großer Zeitgewinn, wenn ich Dich schon im Zuge treffe. Natürlich wohne auch ich (aus Aberglauben mache ich hier wieder den obigen Vorbehalt) im Bayerischen Hof. – Das Chanukafestspiel werde ich kaum auffinden können. Das einzige Mädchen, von dem ich erhoffen konnte, daß sie etwas haben wird (sie hat voriges Jahr im hiesigen ostjüdischen Kindergarten ein Spiel mit den Kindern eingeübt; ich war damals mit meinem Neffen dort, das für ganz kleine Kinder berechnete Stück war übrigens recht unbrauchbar, das Mädchen selbst ist allerdings außerordentlich), also auch dieses Mädchen hat nichts. Im Jüdischen Verlag soll ein Chanukabuch erscheinen, vielleicht zeigt man Dir die Bürstenabzüge.

Franz

[Postkarte]

[Prag,] 5.XI.16

Liebste, wieder früh morgens vor einem Ausflug aufs Land. Gestern kam nichts von Dir, ich habe allerdings auch nicht geschrieben. Die Reise wird jetzt wahrscheinlicher mit jedem Tag. Jedenfalls telegraphiere ich Dir noch Mittwoch oder Donnerstag die schönen Worte: »Wir fahren also« oder das traurige Wort: »Nein«.

Franz

Franz Kafka an Felicens Mutter, Frau Anna Bauer

14. Nov. 16

Liebe Mutter!

Du hast, wie mir Felice erzählt hat, meinen Marienbader Brief freundlich aufgenommen, ich kann Dir deshalb zu Deinem Geburtstage heute freieren Herzens schreiben als damals. Es ist, wie ich oft gesehn, gehört und gesagt habe, nicht ganz leicht mit mir auszukommen, nicht einmal für mich selbst; wenn daher selbst Du, die Du mir Deine Tochter gibst und daher nur Forderungen zu stellen berechtigt wärest, Dir die Mühe nimmst, so ist das desto großherziger. Hab also bitte (so mischt sich Eigensucht selbst in Geburtstagswünsche) auch künftig Geduld mit mir und bleib in Deiner fast jugendlichen Frische, mit der Du in meiner Erinnerung lebst, Felice und durch sie auch mir weiterhin und lange erhalten. –

Einen ehrerbietigen Handkuß für Dich und herzliche Grüße für Erna und Toni

von Deinem   Franz

[Postkarte]

[Prag,] 21.XI.16

Liebste, seit Tagen, Tagen keine Nachricht mehr. Warum? Wollen Dir meine letzten Karten nicht eingehn? Aber sie betreffen doch den Kernpunkt des Zusammenlebens. Ich kann mir – um jetzt nur davon zu reden – gerade von Dir den Vorwurf der Eigensucht nicht immer wieder, so leicht, so nebenbei, so selbstverständlich und mit der dahinterstehenden Drohung der Unaufhörlichkeit machen lassen. Er trifft mich ja schwer, denn er ist richtig. Unrichtig ist nur, daß Du, gerade Du mir ihn machst, daß Du damit, vielleicht viel weniger durch die Tat als durch Worte, eine Berechtigung dieser Eigensucht leugnest, die weniger, unvergleichlich weniger auf die Person als auf die Sache geht. Der Glaube daran, daß ich in dieser letztern Hinsicht die Grenze richtig ziehe, ist allerdings Sache des Vertrauens zu mir. Jedenfalls: mein Schuldbewußtsein ist immer stark genug, es braucht keine Nahrung von außen, aber meine Organisation ist nicht stark genug, um häufig solche Nahrung hinunterzuwürgen.

Franz

[Postkarte]

[Prag,] 23.XI.16

Liebste, das glaube ich eben auch, wie könnte ich sonst in diesem Zustande weiterleben (Kopfschmerzen mit eingerechnet). Ich bin zwar nicht überzeugt, daß solche Streitigkeiten (gräßliche Konditorei!) nicht wieder vorkommen werden, aber sie werden nicht die Spannung des kurzen Beisammenseins, des vagen und gespensterreichen Provisoriums als Verstärkung der Bitternis haben und deshalb als allgemeine menschliche Not ertragen werden müssen. Du wirst auf den Stein schlagen, und der Stein wird ein wenig geritzt werden. Zerbröckelt er nicht vorzeitig, wird er es ertragen, ebenso wie es die Hand wird ertragen müssen. – Was mich augenblicklich betrifft, so beherrschen mich, von den heutigen ausnahmsweisen (seit München) Kopfschmerzen abgesehn, fast ausschließlich die Gedanken an den Wohnungswechsel und die kleinen, aber innerhalb des allgemeinen Negativums, in dem ich lebe, wenigstens positiven Hoffnungen, die sich daran knüpfen. Schon mein Gang in das Wohnungsbureau war eine nicht zu verachtende Leistung. Seitdem umschweben mich 3 Frauen in unverdienter Freundlichkeit, die Inhaberin des Wohnungsbureaus, die Hausmeisterin des Hauses, in dem ich wohnen will, und das Dienstmädchen der Partei, die mir ihre Wohnung überlassen will. Seit gestern hat sich ihnen noch meine Mutter, wirklich sehr gütig, angeschlossen. Mehr verrate ich nicht, erst übermorgen, bis es sich entscheidet. – Morgen gehn die Bücher an Dich ab.

Franz

[Postkarte]

[Prag,] 24.XI.16

Früh habe ich eine Karte an Dich zu schreiben begonnen, wurde dann gestört und kann nun die begonnene Karte nicht finden. Sonst geschieht mir das nur mit Akten. Unangenehm ist es. – Liebste, so wie Du es meinst ist es aber nicht gewesen. Du scheinst tatsächlich mein Geburtstagstelegramm nicht bekommen zu haben. Die Unzuverlässigkeit der Beförderung ist jetzt so groß. Ich gab es am 17. abends auf. Es lautete: – Umarmung aus der Ferne –. Vielleicht war dieser Text zu ungewohnt und wurde deshalb nicht befördert. Ich werde es vielleicht reklamieren. Augenblicklich sind meine Hauptgedanken, und zwar recht traurige, wieder bei meiner Wohnung. Die Entscheidung mußte wieder um paar Tage hinausgeschoben werden und es ist wieder ein wenig unsicherer geworden, ob ich sie bekomme. Du mußt wissen, es handelt sich um eine Wohnung, aus zwei Zimmern ohne Küche bestehend, die in allem meinen ausschweifendsten Wunschträumen zu entsprechen scheint. Ich würde es schwer tragen, wenn ich sie nicht bekäme. Diese Wohnung würde mir, zwar nicht die innere Ruhe wiedergeben, aber doch eine Möglichkeit zu arbeiten; die Paradiestore würden nicht wieder auffliegen, aber ich bekäme vielleicht in der Mauer zwei Ritzen für meine Augen. – Heute las ich einen Brief des Grenadiers Lehmann an Max, in welchem er Deine fleißige Arbeit besonders hervorhebt. – Weihnachten? Ich werde nicht fahren können.

Franz

[Postkarte]

[Prag, 4. Dezember 1916]

Liebste, heute kam der ältere an Dich zurückgegangene Brief. Wir sind also vertrauenswürdiger. Meine Meinung über Weihnachten bleibt die alte, ich weiß, es wird mir einen Stich geben, wenn ich endgültig höre, daß wir einander nicht sehn, aber an dem im Grunde Richtigen meiner Meinung werde ich nicht zweifeln. – Deine Kopfschmerzen bedrücken mich sehr. Ist uns nur eine einzige Ruhe gemeinsam zugeteilt, so daß, wenn es bei mir ein wenig ruhiger zugeht, dies gleich Deinen Ruheanteil kleiner macht? Und die Gründe? Die Unsicherheit war doch vor einem Monat nicht größer als heute. Und das Heim? Hält und macht es Dich nicht fest? – Das Drama des Bekannten kann ich nicht mehr lesen. Max hat es vor paar Tagen, ohne daß ich überhaupt etwas davon gehört hätte, weggeschickt. Er hält es nicht für wesentlich. Ich hätte es natürlich gern gelesen, da Du es wolltest, aber nun, da es weg ist, hat es keinen Sinn, es wieder zu verlangen, mein Urteil oder gar meine Hilfe hätte für den Verfasser gewiß keine Bedeutung. Übrigens war Max in letzter Zeit gerade mit ähnlichen Bitten überhäuft und mag es also nicht allzugenau gelesen haben.

Franz

[Postkarte. Stempel: Prag – 7.XII.16]

Liebste, schon einige Tage nichts. Mußt nicht etwa glauben, daß ich paradiesisch ununterbrochen lebe. Vielleicht ist die verhältnismäßige Ruhe nur Aufspeicherung der Unzufriedenheit, die dann in einer Nacht wie z.B. der letzten gesammelt hervorbricht, daß man heulen möchte und daß man den nächsten Tag also den heutigen herumzieht wie sein eigenes Begräbnis. – Du fragst nach Kritiken über die Vorlesung. Ich habe nur noch eine aus der Münchner-Augsburger Zeitung bekommen. Sie ist etwas freundlicher als die erste, aber, da sie in der Grundansicht mit der ersten übereinstimmt, verstärkt die freundlichere Stimmung noch den tatsächlich großartigen Mißerfolg, den das Ganze hatte. Ich bemühe mich gar nicht, auch noch die andern Besprechungen zu bekommen. Jedenfalls muß ich die Berechtigung der Urteile fast bis zu ihrer Wirklichkeit zugeben. Ich habe mein Schreiben zu einem Vehikel nach München, mit dem ich sonst nicht die geringste geistige Verbindung habe, mißbraucht und habe nach 2jährigem Nichtschreiben den phantastischen Übermut gehabt, öffentlich vorzulesen, während ich seit 1 ½ Jahren in Prag meine[n] besten Freunden nichts vorgelesen habe. Übrigens habe ich mich in Prag auch noch an Rilkes Worte erinnert. Nach etwas sehr Liebenswürdigem über den Heizer meinte er, weder in Verwandlung noch in Strafkolonie sei diese Konsequenz wie dort erreicht. Die Bemerkung ist nicht ohne weiteres verständlich, aber einsichtsvoll.

Franz

[Postkarte]

[Prag,] 8.XII.16

Liebste, die Karte, in der Du von der Weihnachtsreise Deines Chefs schreibst, kam sehr verspätet, sonst aber schon so lange nichts. Und Kopfschmerzen auch noch nach dieser Karte. Und jetzt versinkst Du in Schweigen. Das Heim? Das Chanukaspiel? Nächstens werde ich Dir einige jüdische Bücher schicken. Hast Du das Bücherpaket bekommen? Morgen schicke ich das Paket für Muzzi weg. Nein, vielleicht warte ich noch auf einen Auftrag von Dir. Vorläufig stelle ich zusammen: 2 Bücher, 1 Spiel, Bonbons, Karlsbader Oblaten, Schokolade. Darüber hinaus versagt aber meine Phantasie. Soll nicht auch ein Kleidchen oder etwas Derartiges beigepackt werden? Darüber müßte ich aber genaue Angaben bekommen, im Übrigen würde ich es mir von Ottla besorgen lassen. Ja, Kakao soll wohl noch geschickt werden; also auch Kakao bereite ich vor und warte dann nur noch auf Deine Nachricht. – Ich lebe in Ottlas Haus. Jedenfalls besser als jemals in den letzten zwei Jahren. Kleine Verbesserungen werden noch ausgeführt und so nähert sich die Unterkunft von ferne der Vollkommenheit. Erreichen wird sie sie nicht, denn vollkommen wäre dort nur die Nachtwache. So aber gehe ich zu Beginn der schönen Zeit nachhause, zuerst um 8, später um ½ 9, jetzt auch nach 9. Sonderbar wenn man in dieser engen Gasse unter Sternenlicht sein Haus versperrt. Letzthin stand um diese Zeit mein Nachbar (Dr. Knoll) mit einer Tüte Nikolozuckerzeug mitten in der Gasse, wo er auf die Kinder der Gasse wartete.

Herzliche Grüße   Franz

[Postkarte. Stempel: Prag – 9.XII.16]

Liebste, heute am 9. kam Dein Brief wegen des Handschuhs. Da die Verwandte aber schon am 10. wegfährt, nehme ich an, daß es keinen Sinn hätte, den Handschuh hinzuschicken, besonders da ich ihn erst Montag bekomme. Ich werde ihn Montag wahrscheinlich als Muster ohne Wert schicken. Es dürfte gehn. – Bedeutet die Kürze Deines Briefes Kopfschmerzen? Lese ich das Wort nicht geradezu, glaube ich nicht daran, so groß ist mein körperliches Vertrauen zu Dir (das andere nicht minder) – oder ist die Kürze Bösesein? Ich konnte doch nicht anders. – Ich lebe weiterhin in dem Häuschen, werde aber die Zeit doch anders einteilen und tiefer in den Abend dort sein. – Es gab einige wertvolle Vorträge in Berlin, ich las aber immer zu spät von ihnen, Milan, Borchardt, Blümner (Lucie von Essig). – Jetzt muß ich statt in mein Heim als Protokollführer in eine Sitzung.

Franz

[Postkarte. Stempel: Prag – 13.XII.16]

Liebste, nein so schlimm wird es nicht und zwei Tage später hättest auch Du es nicht so hingeschrieben. Eine Bemerkung über das Nichtvorhandensein der Kopfschmerzen fehlt. Ich bin weiter in dem Häuschen, manchmal gut, manchmal weniger gut untergebracht, man muß vom Durchschnitt leben. – Flaubert habe ich nicht gelesen, jetzt aber muß ich ihn bald nachlesen, um Deiner Menschenkennerschaft nachzugehn. – Das Jugendschriftenverzeichnis ist leider noch immer nicht gekommen, aber es kann nicht mehr lange ausbleiben. Ich schicke übrigens morgen ein Buch zum Vorlesen. – Die Handschuhe habe ich schon, d. h. den Stoff, aber das Wegschicken ist doch nicht gut möglich. Aber in der nächsten Woche fährt ein Bekannter nach Deutschland und nimmt es mit. – Auf die Anweisung wegen des Muzzipaketes warte ich

Franz

[Postkarte]

[Prag,] 14.XII.16

Liebste, ja die Bücher. Sie kommen allernächstens. Die jüdischen Buchhändler sind so sonderbar, die Beförderung ist sonderbar, es dauert lange. Aber ich hoffe sie noch in dieser Woche wegschicken zu können. – Gestern habe ich Dir Klein Dorrit geschickt. Du kennst es wohl. Wie konnten wir an Dickens vergessen. Man kann es wohl nicht gut vollständig mit den Kindern lesen, aber in Teilen wird es sicher Dir und ihnen große Freude machen. – Zur Chanukafeier viel Glück. Es werden dabei wohl auch Aufnahmen gemacht werden (von dem Datum habe ich keine Ahnung), auf die ich Anspruch habe. – In meinem Haus schlage ich mich mit Unmöglichkeiten herum, die ich an einem Tage mache, um sie am andern Tag mit noch zehnmal größerer Kraft als mit der sie gemacht wurden, durchzustreichen. Aber schön das Wohnen dort, schön das Nachhausewandern gegen Mitternacht über die alte Schloßstiege zur Stadt hinunter.

Franz

[Postkarte]

[Prag,] 20.XII.16

Liebste, nicht traurig sein, wenn keine Nachricht von mir kommt. Das ist wirklich nicht in meinem Sinn, das beunruhigt mich und ich bin jetzt so empfindlich. Lauter Eigennutz, geht bis in die andere Seele. Immerhin nicht traurig sein. Das Ausbleiben der Nachricht ist zumindest nicht schlechter als das Sichaufhäufen der Briefe. – Mein Leben ist eben gleichförmig, verläuft eingeschlossen von meinem angeborenen, gewissermaßen dreiteiligen Unglück. Kann ich nichts, bin ich unglücklich; kann ich etwas, reicht die Zeit nicht; und hoffe ich auf die Zukunft, so ist gleich die Angst, die verschiedenartige Angst hier, daß ich dann erst recht nicht werde arbeiten können. Eine fein ausgerechnete Hölle. Aber – und das ist jetzt die Hauptsache – sie ist nicht ohne gute Augenblicke. – Das Geschenk für Muzzi wird diesmal besonders hübsch, Ottla hat die Ausführung übernommen. Dumm, daß ich hinsichtlich dieser Adresse, wie Du hinsichtlich meines Onkels immer schwanke. Azstalos utca 2 bei Frau Guttmann ist hoffentlich richtig.

Du hast letzthin von irgendeiner Lösung unserer Hauptfrage geschrieben. Läßt sich darüber nichts sagen?

Franz

[Postkarte]

[Prag,] 22.XII.16

Liebste, schon einige Tage keine Nachricht. Gestern ging das Paket an Muzzi ab, sehr hübsch, nur den Fehler hat es, daß kein passendes Spiel gefunden wurde und deshalb ein Steinbaukasten geschickt wurde. Aber das Übrige macht diese Ungeschicklichkeit wieder gut. Gestern habe ich das Jugendschriftenverzeichnis Dir geschickt, heute ein Kinderbuch, nach und nach wird es sich doch zusammenfinden. Die Handschuhe allerdings liegen noch bei mir. Der Bekannte fährt erst nächste Woche. Ich habe wieder Wohnungssorgen, die ich Dir nächstens einmal im Ganzen entwicklungsmäßig erzählen muß. Sonst geht es mir verschiedenartig, gesundheitlich jedenfalls besser. Gestern wurde ich an München erinnert, Kölwel schickte mir drei Gedichte. Sie kommen gewiß aus einem reinen, in vielem Sinn unschuldigen Herzen, aber in München schienen sie schöner zu sein als hier. Was die letzthin erwähnte Schamlosigkeit betrifft (übrigens gefällt mir der Name Blumstein als solcher: das Sanfte und das Harte nebeneinander, und außerdem hat das Sanfte zwei seiner Buchstaben geopfert, um sich weiter an das Harte zu legen), für die Schamlosigkeit in dieser Hinsicht bin ich durch einen Brief des Schauspielers Löwy (ich habe Dir doch schon oft von ihm erzählt) bestraft worden. Er hat jetzt in Budapest sehr guten Erfolg und macht mir geradezu wilde (gewiß nicht ganz gerechte) Vorwürfe, ich hätte hier nicht genug für ihn getan, nur mit ihm gespielt.

Franz

Liebste, also meine Wohnungsgeschichte. Ein gewaltiges Thema. Es erschreckt mich, ich werde es nicht bewältigen können. Zu groß für mich. Nur ein Tausendstel werde ich darstellen können und davon nur ein Tausendstel wird mir beim Schreiben gerade gegenwärtig sein und davon nur ein Tausendstel werde ich Dir begreiflich machen können und so weiter. Trotzdem, es muß sein, ich will Deinen Rat hören. Also lies genau und rate gut: Mein zweijähriges Leid kennst Du, klein zum gleichzeitigen Leid der Welt, für mich aber genügend. Ein bequemes freundliches Eckzimmer, zwei Fenster, eine Balkontüre. Aussicht auf viele Dächer und Kirchen. Erträgliche Leute, da ich sie bei einiger Übung überhaupt nicht sehen muß. Lärmende Gasse, Schwerfuhrwerke am frühesten Morgen, an das ich aber schon fast gewöhnt bin. Das Zimmer aber doch für mich unbewohnbar. Zwar liegt es am Ende eines sehr langen Vorzimmers und ist äußerlich abgesondert genug, aber es ist ein Betonhaus, ich höre oder vielmehr hörte bis über 10 Uhr hinaus das Seufzen der Nachbarn, die Unterhaltung der Tieferwohnenden, hie und da einen Krach aus der Küche. Außerdem ist über der dünnen Zimmerdecke der Boden und es ist unberechenbar, an welchen Spätnachmittagen, da ich gerade etwas arbeiten wollte, ein wäschehängendes Dienstmädchen mir förmlich, ganz unschuldig, mit dem Stiefelabsatz in den Schädel trat. Hie und da gab es auch ein Klavierspiel und im Sommer aus dem Halbkreis der andern nahegerückten Häuser Gesang, eine Violine und ein Grammophon. Annähernd vollständige Ruhe also erst von 11 Uhr nachts. Also Unmöglichkeit zum Frieden zu kommen, vollkommene Heimatlosigkeit, Brutstätte allen Wahnes, immer größere Schwäche und Aussichtslosigkeit. Wie viel ist darüber noch zu sagen, aber weiter. Im Sommer einmal ging ich mit Ottla Wohnung suchen, an die Möglichkeit wirklicher Ruhe glaubte ich nicht mehr, immerhin ich ging suchen. Wir sahen einiges auf der Kleinseite an, immerfort dachte ich, wenn doch in einem der alten Palais irgendwo in einem Bodenwinkel ein stilles Loch wäre, um sich dort endlich in Frieden auszustrecken. Nichts, wir fanden nichts Eigentliches. Zum Spaß fragten wir in dem kleinen Gäßchen nach. Ja, ein Häuschen wäre im November zu vermieten. Ottla, die auch, aber in ihrer Art, Ruhe sucht, verliebte sich in den Gedanken, das Haus zu mieten. Ich in meiner eingeborenen Schwäche riet ab. Daß auch ich dort sein könnte, daran dachte ich kaum. So klein, so schmutzig, so unbewohnbar, mit allen möglichen Mängeln. Sie bestand aber darauf, ließ es, als es von der großen Familie, die drin gewohnt hatte, ausgeräumt war, ausmalen, kaufte paar Rohrmöbel (ich kenne keinen bequemeren Stuhl als diesen), hielt es und hält es als Geheimnis vor der übrigen Familie. Zu jener Zeit etwa kam ich aus München mit neuem Mut zurück, ging in ein Wohnungsbüro, wo mir als erstes fast eine Wohnung in einem der schönsten Palais genannt wurde. Zwei Zimmer, ein Vorzimmer, dessen eine Hälfte als Badezimmer eingerichtet war. Sechshundert Kronen jährlich. Es war wie die Erfüllung eines Traumes. Ich ging hin. Zimmer hoch und schön, rot und gold, wie etwa in Versailles. Vier Fenster in einen ganz versunken stillen Hof, ein Fenster in den Garten. Der Garten! Wenn man in den Torweg des Schlosses kommt, glaubt man kaum, was man sieht. Durch das hohe Halbrund des von Karyatiden flankierten zweiten Tores sieht man von schön verteilten, gebrochen verzweigten steinernen Treppen an den großen Garten eine weite Lehne langsam und breit hinaufsteigen bis zu einer Gloriette.Nun hatte die Wohnung einen kleinen Fehler. Der bisherige Mieter, ein getrennt von seiner Frau lebender junger Mann, hatte in der Wohnung mit seinem Diener nur ein paar Monate gewirtschaftet, war dann überraschend versetzt worden (er ist Beamter), mußte von Prag weg, hatte aber in der kurzen Zeit schon so viel in der Wohnung investiert, daß er sie nicht ohne weiters aufgeben wollte. Er behielt sie deshalb und suchte jemanden, der ihm die Auslagen (Einführung des elektrischen Lichtes, Einrichtung des Badezimmers, Einbau von Schränken, Einführung eines Telephons, einen großen aufgespannten Teppich) wenigstens teilweise ersetzen würde. Ich war dieser jemand nicht. Er wollte dafür (sicherlich wenig genug) sechshundertfünfzig Kronen. Es war mir zu viel, auch waren mir die überhohen kalten Zimmer zu prachtvoll, schließlich hatte ich ja auch keine Möbel, kleinere Rücksichten kamen noch dazu. Nun fand sich aber in dem gleichen Schloß, direkt von der Verwaltung zu mieten, eine andere Wohnung, im zweiten Stock, etwas niedrigere Zimmer, Gassenaussicht, vor den Fenstern ganz nahegerückt der Hradschin. Freundlicher, menschlicher, bescheiden eingerichtet, eine zu Gast hier gewesene Komtesse, wahrscheinlich mit bescheideneren Ansprüchen, hatte hier gewohnt, die mädchenhafte, aus alten Möbeln zusammengesetzte Einrichtung stand noch da. Es waren aber Zweifel, ob die Wohnung zu haben sein wird. Das machte mich damals verzweifelt. Und ich ging in diesem Zustand in Ottlas Haus, das damals gerade fertig geworden war. Es hatte viele Mängel des Anfangs, ich habe nicht Zeit genug, um die Entwicklung zu erzählen. Heute entspricht es mir ganz und gar. In allem: der schöne Weg hinauf, die Stille dort, von einem Nachbar trennt mich nur eine sehr dünne Wand, aber der Nachbar ist still genug; ich trage mir das Abendessen hinauf und bin dort meistens bis Mitternacht; dann der Vorzug des Weges nach Hause: ich muß mich entschließen aufzuhören, ich habe dann den Weg, der mir den Kopf kühlt. Und das Leben dort: es ist etwas Besonderes, sein Haus zu haben, hinter der Welt die Tür nicht des Zimmers, nicht der Wohnung, sondern gleich des Hauses abzusperren; aus der Wohnungstür geradezu in den Schnee der stillen Gasse zu treten. Das Ganze zwanzig Kronen monatlich, von der Schwester mit allem Nötigen versorgt, von dem kleinen Blumenmädchen (Ottlas Schülerin) so geringfügig als es nötig ist bedient, alles in Ordnung und schön. Und gerade jetzt entscheidet es sich, daß die Wohnung im Schloß mir nun doch zur Verfügung steht. Der Verwalter, dem ich eine Gefälligkeit getan, ist mir sehr freundlich gesinnt. Ich bekomme jene Gassenwohnung um sechshundert, allerdings ohne Möbel, auf die ich gerechnet hatte. Es sind zwei Zimmer, ein Vorzimmer. Elektrisches Licht ist da, allerdings kein Badezimmer, keine Wanne, aber ich brauche sie auch nicht. Nun kurz die Vorteile des gegenwärtigen Standes gegenüber der Schloßwohnung: 1. der Vorteil des Alles-bleibt-beim-alten, 2. ich bin doch jetzt zufrieden, warum mir doch möglicherweise Reue schaffen, 3. Verlust des eigenen Hauses, 4. Verlust des Weges in der Nacht, der mir den Schlaf bessert, 5. ich müßte mir Möbel von der jetzt bei uns wohnenden Schwester ausborgen, für das eine Zimmer, das riesenhaft groß ist, hätte ich eigentlich nur ein Bett. Kosten der Übersiedlung, 6. jetzt wohne ich um zehn Minuten dem Büro näher. Die Schloßwohnung geht, glaube ich, nach Westen, mein Zimmer hat Morgenlicht. Dagegen Vorteile der Schloßwohnung: 1. der Vorteil des Wechsels überhaupt und des Wechsels im besonderen, 2. der Vorteil einer eigenen stillen Wohnung, 3. in der gegenwärtigen Arbeitswohnung bin ich doch nicht ganz unabhängig, eigentlich nehme ich sie doch Ottla weg; so lieb und aufopfernd sie zu mir ist, bei schlechter Laune läßt sie es wider Willen doch einmal in der Zeit merken. Allerdings wird es ihr gewiß leid tun, wenn ich nicht mehr in das Häuschen komme, im Grunde genügt es ihr, hie und da, Mittag und Sonntag bis 6 Uhr dort zu sein, 4. den Nachhauseweg werde ich allerdings nicht haben, auch herausgehn wird in der Nacht schwer sein, da das Tor nicht von außen aufsperrbar ist, aber dafür kann ich in der Nacht in dem sonst nur den Herrschaften vorbehaltenen Teil des Parkes gern und gut ein Weilchen spazieren gehn, 5. nach dem Krieg will ich doch versuchen, zunächst ein Jahr Urlaub zu bekommen, gleich wird das, wenn überhaupt, wohl nicht möglich sein. Nun, dann hätten wir zwei die wunderbarste Wohnung, die ich in Prag denken kann, für Dich vorbereitet, allerdings nur für verhältnismäßig kurze Zeit, während welcher Du auch auf eigene Küche und sogar aufs Badezimmer verzichten müßtest. Trotzdem wäre es in meinem Sinn und Du könntest Dich zwei, drei Monate tief ausruhn. Und der unbeschreibliche Park etwa im Frühjahr, Sommer (Herrschaft ist weg) oder Herbst. Sichere ich mir die Wohnung aber nicht gleich jetzt, sei es daß ich hinziehe oder (wahnsinnige, alle Beamtenbegriffe übersteigende Verschwendung!) sie nur bezahle, hundertfünfzig Kronen vierteljährig, bekomme ich sie kaum mehr, eigentlich habe ich sie ja schon genommen, aber der Verwalter entläßt mich gewiß gern aus dem Wort, besonders da für ihn die Angelegenheit begreiflicherweise nicht den winzigsten Teil der Bedeutung hat wie für mich. Wie wenig habe ich gesagt. Nun aber urteile, und bald.

[Prag, 9. September 1917]

Liebste, gerade Dir gegenüber keine Ausflüchte und allmähliche Enthüllungen. Die einzige Ausflucht ist die, daß ich erst heute schreibe. Ich schwieg nicht wegen Deines Schweigens. Dein Schweigen war selbstverständlich, erstaunlich war nur Deine liebe Antwort. Meine 2 letzten Briefe waren zwar charakteristisch, aber ungeheuerlich und es ließ sich weder geradezu noch an ihnen vorbei etwas antworten, das wußte ich ja, nur im Augenblick des Schreibens schlafe ich, dann wache ich rasch genug, freilich doch zu spät auf. Das ist übrigens nicht meine schlechteste Eigenschaft. Der Grund meines Schweigens war aber der: 2 Tage nach meinem letzten Brief, also genau vor 4 Wochen, bekam ich in der Nacht, um 5 Uhr etwa, einen Blutsturz aus der Lunge. Stark genug, 10 Minuten oder länger dauerte das Quellen aus der Kehle, ich dachte es würde gar nicht mehr aufhören. Nächsten Tag war ich beim Doktor, wurde diesmal und später öfters untersucht, röntgenisiert, war dann auf Drängen des Max bei einem Professor. Das Ergebnis ist, ohne daß ich mich hier auf die vielen doktoralen Einzelheiten einlasse, daß ich in beiden Lungenspitzen Tuberkulose habe. Daß eine Krankheit ausbrach, hat mich nicht erstaunt, daß Blut kam, auch nicht, ich locke ja durch Schlaflosigkeit und Kopfschmerzen die große Krankheit schon seit Jahren an und das mißhandelte Blut sprang eben hinaus, aber daß es gerade Tuberkulose ist, überrascht mich natürlich, jetzt im 34. Jahre kommt sie, ohne weit und breit in meiner Familie die geringste Vorgängerin zu haben, über Nacht. Nun, ich muß sie hinnehmen, auch scheint sie mit jenem Blut die Kopfschmerzen mir weggeschwemmt zu haben. Ihr Verlauf läßt sich heute nicht absehn, ihre künftige Gangart bleibt ihr Geheimnis, mein Alter mag eine gewisse Hemmung für sie sein, vielleicht. Ich gehe zumindest für 3 Monate aufs Land, schon nächste Woche, und zwar zu Ottla nach Zürau (Post Flöhau), ich wollte Pensionierung, man glaubt in meinem Interesse, sie mir nicht geben zu sollen, die ein wenig sentimentalen Abschiedskomödien, die ich nach alter Gewohnheit auch jetzt mir nicht versagen kann, wirken hierbei auch etwas gegen meine Bitte, also bleibe ich aktiver Beamter und gehe auf Urlaub. Während ich sonst die ganze Sache natürlich nicht als Geheimnis behandle, verschweige ich sie doch vor meinen Eltern. Zuerst dachte ich gar nicht daran. Als ich aber zum Versuch meiner Mutter nebenbei sagte, ich fühle mich nervös und werde einen großen Urlaub verlangen, und sie ohne den geringsten Verdacht die Sache äußerst glaubhaft fand (sie ist eben für ihren Teil immer grenzenlos gern bereit, mir auf die geringste Andeutung hin Urlaub in alle Ewigkeit zu geben), ließ ich es dabei und so bleibt es vorläufig auch gegenüber dem Vater.

Das ist es also, was ich 4 Wochen, oder eigentlich nur eine Woche lang (die ganz bestimmte Diagnose ist nicht viel älter) verschwieg. Arme liebe Felice – schrieb ich zuletzt; soll es das ständige Schlußwort meiner Briefe werden? Es ist kein Messer, das nur nach vorne sticht, es kreist und sticht auch zurück.

Franz

Zur Ergänzung, damit Du nicht etwa glaubst, mir wäre augenblicklich besonders übel: durchaus nicht, im Gegenteil. Ich huste zwar seit jener Nacht, aber nicht stark, habe manchmal ein wenig Fieber, schwitze manchmal ein wenig in der Nacht, fühle etwas Kurzatmigkeit, sonst aber ist mir durchaus besser als im Durchschnitt der letzten Jahre. Die Kopfschmerzen sind vorüber und seit damals 4 Uhr nachts schlafe ich fast besser als früher. Kopfschmerzen und Schlaflosigkeit sind, wenigstens vorläufig, das Ärgste, was ich kenne.

Liebste Felice, vorgestern kam ein Brief von Dir. Wie, schon ein Brief, fragte ich mich, und las ihn lange nicht. Dann aber war es nur ein Brief vom 11. September, in dem Du unbestimmt von der Möglichkeit Deiner Reise sprachst und der nur deshalb so lange herumgewandert war, weil Du zu Flöhau Mähren statt Böhmen geschrieben hattest. Dadurch erklärt sich auch mein damaliges scheinbares Nichtantworten.

Heute aber, Sonntag, kamen Deine Briefe vom 24. und 26. Sept., sie kamen früh, ich öffnete sie nicht (auch ein fremder Brief war dabei und blieb uneröffnet), tagsüber war dann die Mutter hier (sie erzählte, sie habe Dich gefragt, ob ich schon in besserer Laune wäre und Du habest gesagt, das hättest Du nicht bemerkt), aber auch abends wollte ich die Briefe noch nicht lesen, sondern Dir zuerst zum Aufatmen, zu meinem Aufatmen einen Brief schreiben, der unabhängig wäre von dem, was in Deinen Briefen stand. Schließlich aber nahm ich die Briefe doch vor.

Es steht in ihnen, was dort stehn mußte und was mich so beschämt, wie Du es nur begreifen könntest, wenn Du nicht das tun müßtest, was Du tust, und nicht so sein müßtest, wie Du bist. So wie Du mich diesmal gesehen hast, habe gleichzeitig auch ich mich gesehn, nur schärfer noch, seit langer Zeit und deshalb kann ich Dir den Anblick erklären:

Daß zwei in mir kämpfen, weißt Du. Daß der bessere der zwei Dir gehört, daran zweifle ich gerade in den letzten Tagen am wenigsten. Über den Verlauf des Kampfes bist Du ja durch 5 Jahre durch Wort und Schweigen und durch ihre Mischungen unterrichtet worden, meistens zu Deiner Qual. Fragst Du mich, ob es immer wahrhaftig war, kann ich nur sagen, daß ich keinem Menschen gegenüber bewußte Lügen so stark zurückgehalten habe oder, um noch genauer zu sein, stärker zurückgehalten habe als gegenüber Dir. Verschleierungen gab es manche, Lügen sehr wenig, vorausgesetzt, daß es überhaupt »sehr wenig« Lügen geben kann. Ich bin ein lügnerischer Mensch, ich kann das Gleichgewicht nicht anders halten, mein Kahn ist sehr brüchig. Wenn ich mich auf mein Endziel hin prüfe, so ergibt sich, daß ich nicht eigentlich danach strebe, ein guter Mensch zu werden und einem höchsten Gericht zu entsprechen, sondern, sehr gegensätzlich, die ganze Menschen- und Tiergemeinschaft zu überblicken, ihre grundlegenden Vorlieben, Wünsche, sittlichen Ideale zu erkennen, sie auf einfache Vorschriften zurückzuführen, und mich in dieser Richtung möglichst bald dahin zu entwickeln, daß ich durchaus allen wohlgefällig würde, und zwar (hier kommt der Sprung) so wohlgefällig, daß ich, ohne die allgemeine Liebe zu verlieren, schließlich, als der einzige Sünder, der nicht gebraten wird, die mir innewohnenden Gemeinheiten offen, vor aller Augen, ausführen dürfte. Zusammengefaßt kommt es mir also nur auf das Menschengericht an und dieses will ich überdies betrügen, allerdings ohne Betrug.

Wende dies auf unsern Fall an, der kein beliebiger ist, vielmehr mein eigentlich repräsentativer Fall. Du bist mein Menschengericht. Diese zwei, die in mir kämpfen, oder richtiger, aus deren Kampf ich bis auf einen kleinen gemarterten Rest bestehe, sind ein Guter und ein Böser; zeitweilig wechseln sie diese Masken, das verwirrt den verwirrten Kampf noch mehr; schließlich aber konnte ich, bei Rückschlägen bis in die allerletzte Zeit doch glauben, daß es zu dem Unwahrscheinlichsten (das Wahrscheinlichste wäre: ewiger Kampf), das dem letzten Gefühl doch immer als etwas Strahlendes erschien, kommen werde und ich, kläglich, elend geworden durch die Jahre, endlich Dich haben darf.

Plötzlich zeigt sich, daß der Blutverlust zu stark war. Das Blut, das der Gute (jetzt heißt er uns Guter) vergießt, um Dich zu gewinnen, nützt dem Bösen. Dort wo der Böse, wahrscheinlich oder vielleicht, aus eigener Kraft nichts entscheidend Neues mehr zu seiner Verteidigung gefunden hätte, wird ihm dieses Neue vom Guten geboten. Ich halte nämlich diese Krankheit im geheimen gar nicht für eine Tuberkulose, oder wenigstens zunächst nicht für eine Tuberkulose, sondern für meinen allgemeinen Bankrott. Ich glaubte, es ginge noch weiter und es ging nicht. – Das Blut stammt nicht aus der Lunge, sondern aus dem oder aus einem entscheidenden Stich eines Kämpfers.

Dieser eine hat nun an der Tuberkulose eine Hilfe, so riesengroß etwa, wie ein Kind an den Rockfalten der Mutter. Was will der andere noch? Ist der Kampf nicht glänzend zuende gefochten? Es ist eine Tuberkulose und das ist der Schluß. Was bleibt dem andern übrig, als schwach, müde und in diesem Zustand Dir fast unsichtbar, hier in Zürau, an Deiner Schulter zu lehnen und gemeinsam mit Dir, der Unschuld des reinen Menschen, verblüfft und trostlos, den großen Mann anzustaunen, der, nachdem er sich im Besitze der Liebe der Menschheit oder der ihm zugewiesenen Stellvertreterin fühlt, mit seinen scheußlichen Gemeinheiten beginnt. Es ist eine Verzerrung meines Strebens, das doch schon an sich Verzerrung ist. Frag nicht, warum ich eine Schranke ziehe. Demütige mich nicht so. Auf ein solches Wort hin, bin ich wieder zu Deinen Füßen. Nur sticht mir auch gleich wieder die wirkliche oder vielmehr weit vor ihr die angebliche Tuberkulose in die Augen und ich muß es lassen. Es ist eine Waffe, neben der die fast zahllosen früher verbrauchten, von der »körperlichen Unfähigkeit« bis zur »Arbeit« hinauf und bis zum »Geiz« hinunter in ihrer sparsamen Zweckhaftigkeit und Primitivität dastehn.

Im Übrigen sage ich Dir ein Geheimnis, an das ich augenblicklich selbst gar nicht glaube (trotzdem mich das bei Arbeitsversuchen und beim Denken rings um mich in der Ferne fallende Dunkel vielleicht überzeugen könnte), das aber doch wahr sein muß: ich werde nicht mehr gesund werden. Eben weil es keine Tuberkulose ist, die man in den Liegestuhl legt und gesund pflegt, sondern eine Waffe, deren äußerste Notwendigkeit bleibt, solange ich am Leben bleibe. Und beide können nicht am Leben bleiben.

Franz

Liebste Felice, ich schreibe Dir den Anfang des letzten Briefes von Max ab, weil er für meine oder unsere Lage bezeichnend ist: »Würde ich nicht fürchten, daß ich Dich dadurch beunruhige, so würde ich Dir sagen, daß Deine Briefe von großer Ruhe zeugen. Nun habe ich es schon gesagt, – ein Beweis, daß ich nicht einmal recht fürchte, Dich könnte dies oder sonst etwas beunruhigen. Du bist in Deinem Unglück glücklich.«

Ehe ich sage, was ich ihm etwa geantwortet habe: Ist das nicht etwa Deine Meinung auch? Nicht so grob, aber andeutungsweise? Ist sie es, so gebe ich Dir aus unaufhörlich einander folgenden *ein* Beispiel: Du tratest abends in Zürau vor das Haus, es war kurz vor der Abreise. Ich saß noch lange im Zimmer, dann ging ich in den Garten Dich zu suchen, kam zurück, erfuhr von Ottla, daß Du vor dem Haus bist und ging zu Dir. Ich sagte zu Dir: »Hier bist Du? Ich habe Dich überall gesucht.« Du sagtest: »Ich habe Dich doch noch vor einem Augenblick im Zimmer reden hören.« Bis auf paar ganz belanglose Worte sprachen wir wohl kaum mehr etwas miteinander, trotzdem wir noch genug lange auf der Treppenstufe standen und auf den Rangplatz sahen. Du warst unglücklich über die sinnlose Reise, mein unbegreifliches Verhalten, über alles. Ich war nicht unglücklich. »Glück« wäre allerdings für meinen Zustand eine sehr unrichtige Bezeichnung gewesen. Ich war gequält, aber nicht unglücklich, ich fühlte den ganzen Jammer weniger, als ich ihn sah, erkannte, ihn in seiner, alle meine Kräfte (zumindest meine Kräfte als die eines Lebendigen) übersteigenden Ungeheuerlichkeit feststellte, und in dieser Erkenntnis verhältnismäßig ruhig dabei verblieb, die Lippen fest, sehr fest geschlossen zu halten. Daß ich auch dabei wahrscheinlich noch ein wenig Komödie spielte, verzeihe ich mir am leichtesten, denn der Anblick, den ich hatte (freilich nicht zum erstenmal), war zu höllisch, als daß man den Anwesenden nicht mit ein wenig ablenkender Musik hätte zuhilfe kommen wollen; es gelang nicht, wie es kaum jemals gelingt, immerhin fand es statt. Ähnlich habe ich Max geantwortet, ich meine natürlich nur: in ähnlichem Sinn. Seine Feststellung des »im Unglück Glücklichseins« geht allerdings über mich hinaus und ist eine Art zeitgenössischer Kritik. Ich weiß nicht, ob er sie schon in einem Aufsatz geschrieben hat, aber er trägt sie schon lange in sich. Was immer er daraus macht: eine Feststellung, ein Bedauern, selbst eine Mahnung äußersten Falles – er bleibt wohl im Recht, nur für eine Anklage, einen Vorwurf darf er es nicht ansehn, wie er es gerne tut. »Im Unglück Glücklich-sein«, was ja gleichzeitig bedeutet »Im Glück Unglücklich-sein« (aber das erste ist vielleicht das Entscheidendere), war vielleicht der Spruch, mit dem Kain das Zeichen aufgedrückt worden ist. Es bedeutet den Verlust des Gleichschrittes mit der Welt, es bedeutet, daß der, welcher das Zeichen trägt, die Welt zerschlagen hat und, unfähig sie wieder lebend aufzurichten, durch ihre Trümmer gejagt wird. Unglücklich ist er allerdings nicht, denn Unglück ist eine Angelegenheit des Lebens und dieses hat er beseitigt, aber er sieht es mit überhellen Augen, was in dieser Sphäre etwas Ähnliches wie Unglück bedeutet.

Was meinen Körperzustand betrifft – er ist ausgezeichnet, nach Deinem wage ich kaum zu fragen.

Nächsten Samstag hält Max in Komotau, ganz nah von hier, einen zionistischen Vortrag, ich steige in ihren Zug, Sonntag Mittag fahren wir nach Zürau und abends alle nach Prag, ich, um zum Professor, zum Zahnartz und ins Bureau zu gehn. Alle 3 Besuche fallen mir schwer, am schwersten die Reise selbst. Hoffentlich komme ich in 2-3 Tagen wieder zurück.

Nur durch diesen Zufall des Komotauer Vortrags bekomme ich Maxens Besuch hier, denn ich habe schon früher Max, Felix und Baum mit ausführlicher Begründung gebeten, mich nicht zu besuchen.

Kant kenne ich nicht, der Satz aber soll wohl nur für die Völker gelten, auf Bürgerkriege, auf »innere Kriege« bezieht er sich kaum, hier ist der Friede wohl nur jener, den man der Asche wünscht.

Franz

BRIEFE AN MILENA

Liebe Frau Milena,
von Prag schrieb ich Ihnen einen Zettel und dann von Meran. Antwort bekam
ich keine. Nun waren ja die Zettel keiner besonders baldigen Antwort bedürftig, und wenn Ihr Schweigen nichts anderes ist als ein Zeichen verhältnismäßigen Wohlbefindens, das sich ja oft in Abneigung gegenüber dem Schreiben ausdrückt, so bin ich ganz zufrieden. Es ist aber auch möglich – und deshalb
schreibe ich – daß ich Sie in meinen Zetteln irgendwie verletzt habe (welche
gegen allen meinen Willen grobe Hand hätte ich, wenn das geschehen sein
sollte) oder, was freilich noch viel schlimmer wäre, daß der Augenblick ruhigen
Aufatmens, von dem Sie schrieben, wieder vorüber und wieder eine schlechte
Zeit für Sie gekommen ist. Zur ersten Möglichkeit weiß ich nichts zu sagen, so
fern hegt mir das und alles andere so näher, zur zweiten Möglichkeit rate ich
nicht – wie könnte ich raten? – sondern frage nur: Warum fahren Sie nicht ein
wenig aus Wien hinaus? Sie sind doch nicht heimatlos wie andere Leute. Gäbe
Ihnen nicht ein Aufenthalt in Böhmen neue Kraft? Und wenn Sie aus irgendwelchen Gründen, die ich nicht kenne, vielleicht nicht nach Böhmen wollen,
dann anderswohin, vielleicht wäre selbst Meran gut. Kennen Sie es?

Ich erwarte also zweierlei. Entweder weiteres Stillschweigen, das bedeutet:
»Keine Sorge, mir geht es recht gut.« Oder aber paar Zeilen.

Herzlichst Kafka

Es fällt mir ein, daß ich mich an Ihr Gesicht eigentlich in keiner bestimmten
Einzelheit erinnern kann. Nur wie Sie dann zwischen den Kaffeehaustischen
weggingen, Ihre Gestalt, Ihr Kleid, das sehe ich noch.

Liebe Frau Milena,
Sie mühn sich mit der Übersetzung inmitten der trüben Wiener Welt. Es ist
irgendwie rührend und beschämend für mich. Von Wolff dürften Sie wohl
schon einen Brief bekommen haben, wenigstens schrieb er mir schon vor längerer Zeit von einem solchen Brief. Eine Novelle »Mörder«, die in einem Katalog
angezeigt gewesen sein sollte, habe ich nicht geschrieben, es ist ein Mißverständnis; da sie aber die beste sein soll, mag es doch auch wieder richtig sein.
Nach Ihrem letzten und vorletzten Brief scheinen Unruhe und Sorge Sie ganz
und endgültig freigegeben zu haben, das bezieht sich wohl auch auf Ihren
Mann, wie sehr wünsche ich es Ihnen beiden. Ich erinnere mich an einen Sonntagnachmittag Vorjahren, ich schlich auf dem Franzensquai an der Hauswand
hin und traf Ihren Mann, der auch nicht viel großartiger mir entgegenkam, zwei
Kopfschmerzen-Fachleute, jeder allerdings in seiner ganz andern Art. Ich weiß
nicht mehr, ob wir dann miteinander weitergingen oder aneinander vorüber,
der Unterschied zwischen diesen beiden Möglichkeiten dürfte nicht sehr groß

gewesen sein. Aber das ist vergangen und soll tief vergangen bleiben. Ist es schön bei Ihnen zuhause?

Herzliche Grüße
Ihr Kafka

Meran-Untermais, Pension Ottoburg

Liebe Frau Milena,
eben hat der zwei Tage und eine Nacht dauernde Regen aufgehört, wahrscheinlich zwar nur vorübergehend, immerhin ein Ereignis, wert gefeiert zu werden, und das tue ich, indem ich Ihnen schreibe. Übrigens war auch der Regen zu ertragen, es ist eben die Fremde hier, eine kleine Fremde zwar nur, aber es tut dem Herzen wohl. Auch Sie haben sich, wenn mein Eindruck richtig war (ein kleines vereinzeltes halbstummes Beisammensein ist in der Erinnerung offenbar nicht auszuschöpfen), über die Wiener Fremde gefreut, späterhin mag sie ja durch die allgemeinen Verhältnisse trübe geworden sein, aber freut Sie auch die Fremde als solche? (Was übrigens vielleicht ein schlimmes Zeichen wäre und nicht sein soll.)

Ich lebe hier recht gut, mehr Sorgfalt könnte der sterbliche Leib kaum ertragen, der Balkon meines Zimmers ist in einen Garten eingesenkt, umwachsen, überwachsen von blühenden Sträuchern (merkwürdig ist die Vegetation hier, bei einem Wetter, bei dem in Prag fast die Pfützen gefrieren, öffnen sich vor meinem Balkon langsam die Blüten), dabei voll der Sonne ausgesetzt (oder allerdings dem tief bewölkten Himmel, wie seit fast einer Woche schon). Eidechsen und Vögel, ungleiche Paare, besuchen mich: Ich würde Ihnen Meran so sehr gönnen, Sie schrieben letzthin einmal vom Nicht-atmen-können, Bild und Sinn sind darin sehr nah und beides mag hier ein wenig leichter werden.

Mit herzlichsten Grüßen
Ihr F. Kafka

Also die Lunge. Den ganzen Tag habe ich es im Kopf herumgedreht, ich konnte an nichts anderes denken. Nicht daß ich über die Krankheit besonders erschrocken wäre, wahrscheinlich und hoffentlich – Ihre Andeutungen scheinen dafür zu sprechen – tritt sie bei Ihnen zart auf und selbst wirkliche Lungenkrankheit (mehr oder minder fehlerhafte Lungen hat halb Westeuropa), die ich an mir seit drei Jahren kenne, hat mir mehr Gutes als Schlimmes gebracht. Vor etwa drei Jahren begann es bei mir mitten in der Nacht mit einem Blutsturz. Ich stand auf, angeregt wie man durch alles Neue ist (statt liegen zu bleiben, wie ich es später als Vorschrift erfuhr), natürlich auch etwas erschreckt, ging zum Fenster, lehnte mich hinaus, ging zum Waschtisch, ging im Zimmer herum, setzte mich aufs Bett – immerfort Blut. Dabei aber war ich gar nicht unglücklich, denn ich wußte allmählich aus einem bestimmten Grunde, daß ich nach drei, vier fast schlaflosen Jahren, vorausgesetzt daß die Blutung aufhört, zum erstenmal schlafen werde. Es hörte auch auf (kam auch seitdem nicht wieder) und ich schlief den Rest der Nacht. Am Morgen kam zwar die Bedienerin (ich hatte damals eine Wohnung im Schönborn-Palais) ein gutes, fast aufopferndes, aber äußerst sachliches Mädchen, sah das Blut und sagte: »*Pane doktore, s Vámi to dlouho nepotrvá*«. (Herr Doktor, mit Ihnen dauert's nicht mehr lange.)

Aber mir war besser als sonst, ich ging ins Bureau und erst nachmittag zum Arzt. Die weitere Geschichte ist hier gleichgültig. Ich wollte nur sagen: Nicht Ihre Krankheit hat mich erschreckt (zumal ich immerfort mir dazwischenfahre, an der Erinnerung herumarbeite, das fast Bäuerisch-Frische durch alle Zartheit erkenne und feststelle: nein, Sie sind nicht krank, eine Mahnung, aber keine Krankheit der Lunge), nicht das also hat mich erschreckt, aber der Gedanke an das, was dieser Störung hat vorhergehn müssen. Dabei schalte ich zunächst aus, was sonst in Ihrem Briefe steht wie: keinen Heller – Tee und Apfel – täglich von 2-8 – das sind Dinge, die ich nicht verstehn kann, offenbar kann man das wirklich nur mündlich erklären. Davon sehe ich also hier ab (nur im Brief allerdings, denn vergessen kann man das nicht) und denke nur an die Erklärung, die ich mir damals für die Erkrankung in meinem Fall zurechtlegte und die für viele Fälle paßt. Es war so, daß das Gehirn die ihm auferlegten Sorgen und Schmerzen nicht mehr ertragen konnte. Es sagte: »ich gebe es auf; ist hier aber noch jemand, dem an der Erhaltung des Ganzen etwas liegt, dann möge er mir etwas von meiner Last abnehmen und es wird noch ein Weilchen gehn.« Da meldete sich die Lunge, viel zu verlieren hatte sie ja wohl nicht. Diese Verhandlungen zwischen Gehirn und Lunge, die ohne mein Wissen vor sich gingen, mögen schrecklich gewesen sein. Und was werden Sie nun tun? Es ist ja wahrscheinlich ein Nichts, wenn man Sie ein wenig behütet. Daß man Sie aber ein wenig behüten muß, muß doch jeder einsehn, der Sie lieb hat, da muß doch alles andere schweigen. Also auch eine Erlösung hier? Ich sagte ja – nein, ich will keine Späße machen, ich bin auch gar nicht lustig und werde es nicht früher, ehe Sie mir nicht geschrieben haben, wie Sie Ihre Lebensweise neu und gesünder einrichten. Warum Sie nicht ein wenig von Wien fortgehn, frage ich nach Ihrem letzten Brief nicht mehr, das verstehe ich jetzt, aber auch ganz nahe bei Wien gibt es doch schöne Aufenthalte und manche Möglichkeit, für Sie zu sorgen. Ich schreibe heute von nichts anderem, es gibt nichts Wichtigeres, das ich vorzubringen habe. Alles andere morgen, auch den Dank für das Heft, das mich rührt und beschämt, traurig macht und freut. Nein, eines noch heute: Wenn Sie auch nur eine Minute Ihres Schlafes für Übersetzungsarbeit verwenden, so ist es so, wie wenn Sie mich verfluchen würden. Denn wenn es einmal zu einem Gericht kommt, wird man sich nicht in weitere Untersuchungen einlassen, sondern einfach feststellen: er hat sie um den Schlaf gebracht. Damit bin ich gerichtet und mit Recht. Ich kämpfe also für mich, wenn ich Sie bitte, das nicht mehr zu tun.

Ihr Franz K.

Liebe Frau Milena,

heute will ich von anderem schreiben, aber es will nicht. Nicht daß ich es eigentlich ernst nähme; täte ich das, schriebe ich anders, aber hie und da sollte ein Liegestuhl irgendwo im Garten im halben Schatten für Sie bereit sein und etwa zehn Glas Milch in Reichweite Ihrer Hände. Es dürfte auch in Wien sein, gar jetzt im Sommer, aber ohne Hunger und Unruhe. Ist das nicht möglich? Und gibt es niemanden, der das möglich macht? Und was sagt der Arzt?

Als ich das Heft aus dem großen Kouvert zog, war ich fast enttäuscht. Ich wollte von Ihnen hören und nicht die allzu gut bekannte Stimme aus dem alten Grabe. Warum mischte sie sich zwischen uns? Bis mir dann einfiel, daß sie auch zwischen uns vermittelt hatte. Im übrigen aber ist es mir unbegreiflich, daß Sie diese große Mühe auf sich genommen haben, und tief rührend, mit welcher Treue Sie es getan haben, Sätzchen auf und ab, einer Treue, deren Möglichkeit und schöne natürliche Berechtigung, mit der Sie sie üben, ich in der tschechischen Sprache nicht vermutet habe. So nahe deutsch und tschechisch? Aber wie das auch sein mag, jedenfalls ist es eine abgründig schlechte Geschichte; mit einer Leichtigkeit, wie nichts sonst, könnte ich, liebe Frau Milena, Ihnen das fast Zeile für Zeile nachweisen, nur der Widerwille dabei wäre noch ein wenig stärker als der Beweis. Daß Sie die Geschichte gern haben, gibt ihr natürlich Wert, trübt mir aber ein wenig das Bild der Welt. Nichts mehr davon. Den »Landarzt« bekommen Sie von Wolff, ich habe ihm geschrieben.

Gewiß verstehe ich tschechisch. Schon einigemal wollte ich Sie fragen, warum Sie nicht einmal tschechisch schreiben. Nicht etwa deshalb, weil Sie das Deutsche nicht beherrschten. Sie beherrschen es meistens erstaunlich und wenn Sie es einmal nicht beherrschen, beugt es sich vor Ihnen freiwillig, das ist dann besonders schön; das wagt nämlich ein Deutscher von seiner Sprache gar nicht zu erhoffen, so persönlich wagt er nicht zu schreiben. Aber tschechisch wollte ich von Ihnen lesen, weil Sie ihm doch angehören, weil doch nur dort die ganze Milena ist (die Übersetzung bestätigt es), hier doch immerhin nur die aus Wien oder die auf Wien sich vorbereitende. Also tschechisch, bitte. Und auch die Feuilletons, von denen Sie schreiben. Mögen sie schäbig sein, Sie haben sich auch durch die Schäbigkeit der Geschichte durchgelesen, bis wohin? ich weiß nicht. Vielleicht kann ich das auch, sollte ich es aber nicht können, werde ich eben in dem allerbesten Vorurteil stecken bleiben.

Sie fragen nach meiner Verlobung. Ich war zweimal (wenn man will, dreimal, nämlich zweimal mit dem gleichen Mädchen) verlobt, also dreimal nur durch paar Tage von der Ehe getrennt. Das erste ist ganz vorüber (es gibt da schon eine neue Ehe und auch einen kleinen Jungen, wie ich höre), das zweite lebt noch, aber ohne jede Aussicht auf Ehe, lebt also eigentlich nicht oder lebt vielmehr ein selbstständiges Leben auf Kosten der Menschen. Im ganzen habe ich hier und anderswo gefunden, daß die Männer vielleicht mehr leiden oder, wenn man es so ansehn will, hier weniger Widerstandskraft haben, daß aber die Frauen immer ohne Schuld leiden und zwar nicht so, daß sie etwa »nichts dafür können«, sondern im eigentlichsten Sinn, der allerdings wieder vielleicht in das »nicht dafür können« mündet. Im Übrigen ist das Nachdenken über diese Dinge unnütz. Es ist so, wie wenn man sich anstrengen wollte, einen einzigen Kessel in der Hölle zu zerschlagen, erstens gelingt es nicht und zweitens, wenn es gelingt, verbrennt man zwar in der glühenden Masse, die herausfließt, aber die Hölle bleibt in ihrer ganzen Herrlichkeit bestehn. Man muß es anders anfangen.

Zunächst aber jedenfalls sich in einen Garten legen und aus der Krankheit, besonders wenn es keine eigentliche ist, so viel Süßigkeit ziehn, als nur möglich. Es ist viel Süßigkeit darin.

Ihr Franz K.

Liebe Frau Milena,

zunächst, damit Sie es nicht etwa ohne meinen Willen aus meinem Brief herauslesen: ich bin seit etwa vierzehn Tagen in einer sich immer noch verstärkenden Schlaflosigkeit, grundsätzlich nehme ich es nicht schlimm, solche Zeiten kommen und gehn und haben immer einige Ursachen (nach Baedeker kann es lächerlicher Weise auch die Meraner Luft sein) mehr als sie brauchen, selbst wenn diese Ursachen manchmal kaum sichtbar sind, jedenfalls machen sie einen aber stumpf wie einen Klotz und dabei unruhig wie ein Waldrier.

Eine Genugtuung aber habe ich. Sie haben ruhig geschlafen, zwar noch »merkwürdig«, zwar war noch gestern ein »Außer-Fassung-sein«, aber doch ruhig geschlafen. Wenn der Schlaf also in der Nacht an mir vorübergeht, kenne ich seinen Weg und nehme es hin. Es wäre übrigens auch sonst dumm sich aufzulehnen, der Schlaf ist das unschuldigste Wesen und der schlaflose Mensch das schuldigste.

Und diesem schlaflosen Menschen danken Sie in Ihrem letzten Brief. Wenn ein Fremder ohne Kenntnis der Sache das lesen würde, müßte er denken: »Was für ein Mensch! In diesem Falle scheint er Berge versetzt zu haben.« Unterdessen hat er gar nichts getan, keinen Finger (außer dem Schreibefinger) gerührt, nährt sich von Milch und guten Dingen: ohne immer (wenn auch oft) »Tee und Äpfel« vor sich zu sehn und läßt im übrigen die Dinge ihren Gang gehn und die Berge auf ihren Plätzen. Kennen Sie die Geschichte von Dostojewskis erstem Erfolg? Es ist eine Geschichte, die sehr viel zusammenfaßt und die ich überdies nur aus Bequemlichkeit wegen des großen Namens zitiere, denn eine Geschichte von nebenan oder noch näher hätte die gleiche Bedeutung. Übrigens kenne ich die Geschichte nur schon ungenau, gar die Namen. Dostojewski schrieb seinen ersten Roman »Arme Leute«, er lebte damals mit einem befreundeten Literaten Grigoriew. Der sah zwar monatelang auf dem Tisch die vielen beschriebenen Blätter, bekam aber das Manuskript erst, als der Roman fertig war. Er las ihn, war entzückt und trug ihn, ohne Dostojewski etwas zu sagen, zu dem damals berühmten Kritiker Nekrassow. In der Nacht darauf um 3 Uhr läutet es an Dostojewskis Tür. Es sind Grigoriew und Nekrassow, sie dringen ins

Zimmer, umarmen und küssen D., Nekrassow, der ihn bisher nicht gekannt hat, nennt ihn die Hoffuung Rußlands, sie verbringen ein, zwei Stunden mit Gesprächen, die hauptsächlich den Roman betreffen, erst gegen Morgen nehmen sie Abschied. Dostojewski, der diese Nacht immer die glücklichste seines Lebens genannt hat, lehnt am Fenster, sieht ihnen nach, kann sich nicht fassen und fängt zu weinen an. Sein Grundgefühl hierbei, das er, ich weiß nicht mehr wo, beschrieben hat, war etwa: »Diese herrlichen Menschen! Wie gut und edel sie sind! Und wie gemein *ich* bin. Wenn sie in mich sehen könnten! Wenn ich es ihnen nur sage, so glauben sie es nicht.« Daß sich dann Dostojewski auch noch vornahm, ihnen nachzueifern, ist nur ein Schnörkel, ist nur noch das letzte Wort, das die unbesiegbare Jugend haben muß, und gehört nicht mehr zu meiner Geschichte, die also zu Ende ist. Merken Sie, liebe Frau Milena, das Geheimnisvolle, vom Verstand nicht zu Durchdringende dieser Geschichte? Es ist, glaube ich, dieses: Grigoriew und Nekrassow waren, soweit man allgemein davon sprechen kann, gewiß nicht edler als Dostojewski, aber nun lassen Sie den allgemeinen Überblick, den ja auch D. in jener Nacht nicht verlangte und der im Einzelfall nichts nützt, hören Sie nur auf Dostojewski und Sie werden überzeugt sein, daß Gr. und N. wirklich herrlich waren, D. unrein, gemein ohne Ende, daß er natürlich Gr. und N. niemals auch nur von der Ferne erreichen wird, von einem Abzahlen ihrer ungeheueren, unverdienten Wohltat wird erst recht niemals die Rede sein. Man sieht sie förmlich vom Fenster aus, wie sie sich entfernen und damit ihre Unnahbarkeit andeuten. – Leider wird die Bedeutung der Geschichte durch den großen Namen Dostojewskis verwischt. Wohin hat mich meine Schlaflosigkeit geführt? Gewiß zu nichts, das nicht sehr gut gemeint wäre.

Ihr Franz K

Liebe Frau Milena,
nur paar Worte, ich schreibe Ihnen wohl morgen wieder, heute schreibe ich nur meinetwegen, nur um etwas für mich getan zu haben, nur um den Eindruck Ihres Briefes ein wenig von mir fortzuheben, er säße sonst auf mir Tag und Nacht. Sie sind sehr sonderbar, Frau Milena, Sie leben dort in Wien, müssen dies und jenes leiden und haben dazwischen noch Zeit sich zu wundern, daß es andern, etwa mir, nicht besonders gut geht und daß ich eine Nacht ein wenig schlechter schlafe als die vorige. Da hatten meine hiesigen drei Freundinnen (drei Schwestern, die älteste fünf Jahre alt) eine vernünftigere Auffassung, sie wollten mich bei jeder Gelegenheit, ob wir beim Fluß waren oder nicht, ins Wasser werfen und zwar nicht etwa deshalb, weil ich ihnen etwas Böses getan hatte, durchaus nicht. Wenn Erwachsene Kindern so drohen, so ist das natürlich Scherz und Liebe und bedeutet etwa: Jetzt wollen wir zum Spaß einmal das Allerallerunmöglichste sagen. Aber Kinder sind ernst und kennen keine Unmöglichkeit, zehnmaliges Mißlingen des Hinunterwerfens wird sie nicht über-

zeugen können, daß es nächstens nicht gelingen wird, ja sie wissen nicht einmal, daß es in den zehn Fällen vorher nicht gelungen ist. Unheimlich sind Kinder, wenn man ihre Worte und Absichten ausfüllt mit dem Wissen des Erwachsenen. Wenn eine solche kleine Vierjährige, die zu nichts da zu sein scheint, als sie zu küssen und an sich zu drücken, dabei stark wie ein kleiner Bär, noch ein wenig bauchig aus den alten Säuglingszeiten her, gegen einen losgeht und die zwei Schwestern helfen ihr rechts und links, und hinter sich hat man nur schon das Geländer und der freundliche Kinder-Vater und die sanfte schöne dicke Mutter (beim Wägelchen ihres vierten) lächeln von der Ferne dem zu und wollen gar nicht helfen, dann ist es fast zuende und es ist kaum möglich zu beschreiben, wie man doch gerettet wurde. Vernünftige oder ahnungsvolle Kinder wollten mich hinunterwerfen ohne besonderen Grund, vielleicht weil sie mich für überflüssig hielten, und kannten doch nicht einmal Ihre Briefe und meine Antworten.

Das »gut gemeint« im letzten Brief muß Sie nicht erschrecken. Es war eine Zeit, eine hier nicht vereinzelte Zeit vollkommener Schlaflosigkeit, ich hatte die Geschichte niedergeschrieben, diese oft im Zusammenhang mit Ihnen durchdachte Geschichte, aber als ich mit ihr zuende war, konnte ich zwischen der Schläfenspannung rechts und links nicht mehr genau erkennen, warum ich sie erzählt hatte, außerdem war da noch gestaltlos die Menge dessen, was ich Ihnen draußen auf dem Balkon im Liegestuhl hatte sagen wollen, und so blieb mir nichts übrig als mich auf das Grundgefühl zu berufen, ich kann ja auch jetzt nicht viel anderes.

Sie haben alles, was von mir erschienen ist, außer dem letzten Buch »Landarzt«, einer Sammlung kleiner Erzählungen, die Ihnen Wolff schicken wird, wenigstens habe ich ihm vor einer Woche deshalb geschrieben. Im Druck ist nichts, ich wüßte auch nicht, was kommen könnte. Alles, was Sie mit den Büchern und Übersetzungen tun werden, wird richtig sein, schade daß sie mir nicht wertvoller sind, damit die Übergabe in Ihre Hände das Vertrauen, das ich zu Ihnen habe, wirklich ausdrückte. Dagegen freue ich mich durch paar Bemerkungen über den »Heizer«, die Sie wünschen, wirklich ein kleines Opfer bringen zu können; es wird der Vorgeschmack jener Höllenstrafe sein, die darin besteht, daß man sein Leben nochmals mit dem Blick der Erkenntnis durchnehmen muß, wobei das Schlimmste nicht die Durchsicht der offenbaren Untaten ist, sondern jener Taten, die man einstmals für gut gehalten hat.

Trotzallem aber ist das Schreiben doch gut, mir ist ruhiger als vor zwei Stunden mit Ihrem Brief draußen auf dem Liegestuhl. Ich lag dort, einen Schritt von mir war ein Käfer auf den Rücken gefallen und war verzweifelt, konnte sich nicht aufrichten, ich hätte ihm gern geholfen, so leicht war ihm zu helfen, eine offenbare Hilfe konnte man durchführen mit einem Schritt und einem kleinen Stoß, aber ich vergaß ihn über Ihrem Brief, ich konnte auch nicht aufstehn, erst eine Eidechse machte mich wieder auf das Leben um mich aufmerksam, ihr Weg führte sie über den Käfer, der schon ganz still war, es war also, sagte ich mir,

kein Unfall gewesen, sondern ein Todeskampf, das seltene Schauspiel des natürlichen Tier-Sterbens; aber als die Eidechse über ihn hinweggerutscht war, hatte
sie ihn damit aufgerichtet, zwar lag er noch ein Weilchen totstill, dann aber lief
er wie selbstverständlich die Hausmauer hinauf. Irgendwie bekam ich wahrscheinlich dadurch auch ein wenig Mut wieder, stand auf, trank Milch und
schrieb Ihnen.

Ihr Franz K

Morgen schicke ich Ihnen die Bemerkungen, es wird übrigens sehr wenig sein,
seitenlang gar nichts, die wie selbstverständliche Wahrheit der Übersetzung ist
mir, wenn ich das Selbstverständliche von mir abschüttle, immer wieder erstaunlich, kaum ein Mißverständnis, das wäre ja noch gar nicht so viel, aber
immer kräftiges und entschlossenes Verstehn. Nur weiß ich nicht, ob nicht
Tschechen Ihnen die Treue, das was mir das Liebste an der Übersetzung ist
(nicht einmal der Geschichte wegen sondern meinetwegen), vorwerfen; mein
tschechisches Sprachgefühl, ich habe auch eines, ist voll befriedigt, aber es ist äußerst voreingenommen. Jedenfalls, wenn es Ihnen jemand vorwerfen sollte, suchen Sie die Kränkung mit meiner Dankbarkeit auszugleichen.

Liebe Frau Milena
(ja, die Überschrift wird lästig, aber es ist einer jener Griffe in der unsichern
Welt, an denen sich Kranke anhalten können, und es ist noch kein Beweis der
Gesundung, wenn ihnen die Griffe lästig werden) ich habe niemals unter deut-
schem Volk gelebt, Deutsch ist meine Muttersprache und deshalb mir natürlich,
aber das Tschechische ist mir viel herzlicher, deshalb zerreißt Ihr Brief manche
Unsicherheiten, ich sehe Sie deutlicher, die Bewegungen des Körpers, der
Hände, so schnell, so entschlossen, es ist fast eine Begegnung, allerdings wenn
ich dann die Augen bis zu Ihrem Gesicht heben will, bricht dann im Verlauf des
Briefes – was für eine Geschichte! – Feuer aus und ich sehe nichts als Feuer.
    Es könnte dazu verführen, an das Gesetz Ihres Lebens, das Sie aufstellen, zu
glauben. Daß Sie wegen des Gesetzes, unter dem Sie angeblich stehn, nicht bedauert werden wollen, ist ja selbstverständlich, denn die Aufstellung des Gesetzes ist nichts, als reiner Hochmut und Überhebung *ja jsem ten, ktery plati* (Ich
bin der, der zahlt.), die Proben, die Sie für das Gesetz gegeben haben, sind allerdings nicht weiter zu besprechen, da kann man nur still Ihre Hand küssen. Was
mich betrifft, so glaube ich ja an Ihr Gesetz, nur glaube ich nicht, daß es so
blank grausam und auszeichnend für immer über Ihrem Leben steht, es ist zwar
eine Erkenntnis, aber nur eine Erkenntnis auf dem Wege und der Weg ist unendlich.
    Davon aber unbeeinflußt ist es für den irdisch beschränkten Verstand eines
Menschen schrecklich, Sie in dem überheizten Ofen zu sehn, in dem Sie leben.
Ich will einmal nur von mir sprechen. Sie hatten, wenn man das Ganze etwa als

Schulaufgabe ansieht, mir gegenüber dreierlei Möglichkeiten. Sie hätten mir zum Beispiel gar nichts von sich sagen können, dann hätten Sie mich aber um das Glück gebracht, Sie zu kennen und, was noch größer ist als das Glück, mich selbst daran zu erproben. Also durften Sie es mir nicht verschlossen halten. Dann hätten Sie mir manches verschweigen oder schönfärben können und könnten das noch, aber das würde ich in dem jetzigen Stande herausfühlen, auch wenn ich es nicht sagte, und es würde mir doppelt weh tun. Also auch das dürfen Sie nicht tun. Bleibt dann als dritte Möglichkeit nur: sich selbst ein wenig zu retten suchen. Eine kleine Möglichkeit zeigt sich ja in Ihren Briefen. Öfters lese ich von Ruhe und Festigkeit, öfters freilich vorläufig noch von anderem und zum Schluß gar: »*reelní hruza*« (wirkliches Entsetzen).

Was Sie über Ihre Gesundheit sagen (meine ist gut, nur mein Schlaf ist in der Bergluft schlecht) genügt mir nicht. Die Diagnose des Arztes finde ich nicht übermäßig günstig, vielmehr ist sie weder günstig noch ungünstig, nur Ihr Verhalten kann entscheiden, welche Deutung man ihr geben soll. Gewiß, die Ärzte sind dumm oder vielmehr sie sind nicht dümmer als andere Menschen, aber ihre Prätentionen sind lächerlich, immerhin, damit muß man rechnen, daß sie von dem Augenblick an, wo man sich mit ihnen einläßt, immer dümmer werden, und was der Arzt vorläufig verlangt, ist weder sehr dumm noch unmöglich. Unmöglich ist, daß *Sie* wirklich krank werden, und diese Unmöglichkeit soll bleiben. Worin hat sich Ihr Leben verändert, seitdem Sie mit dem Arzt gesprochen haben – das ist die Hauptfrage. Dann noch einige Nebenfragen, die Sie mir erlauben mögen: warum und seit wann haben Sie kein Geld? Warum haben Sie, wie Sie schreiben, früher mit vielen Leuten in Wien verkehrt und jetzt mit niemandem? Ihre Feuilletons wollen Sie mir nicht schicken, Sie haben also nicht das Vertrauen zu mir, daß ich diese Feuilletons in dem Bilde, das ich mir von Ihnen mache, an der richtigen Stelle einzeichnen kann. Gut, dann bin ich also in diesem Punkte mit Ihnen böse, was übrigen« kein Unglück ist, denn es ist schon wegen des Ausgleiches ganz gut, wenn in einem Winkel des Herzens ein wenig Böse-Sein für Sie bereit liegt.

Ihr Franz K

Freitag

Zunächst, Milena: was ist das für eine Wohnung, in der Sie Sonntags geschrieben haben? Weitläufig und leer? Sie sind allein? Tag und Nacht?

Das muß allerdings trübselig sein dort, allein an einem schönen Sonntagnachmittag einem »fremden Menschen« gegenüber zu sitzen, dessen Gesicht nur »beschriebenes Briefpapier« ist. Wie viel besser habe ich es! Zwar ist mein Zimmer nur klein, aber die wirkliche Milena ist hier, die Ihnen Sonntag offenbar entlaufen ist, und, glauben Sie es, es ist wunderbar, bei ihr zu sein. Sie klagen über Nutzlosigkeit. An andern Tagen war es anders und wird es anders sein. Der eine Satz *(bei welcher Gelegenheit ist er gesagt worden?)* entsetzt Sie, aber er ist doch so deutlich und in diesem Sinn schon unzählige Male ge-sprochen oder gedacht worden. Der von seinen Teufeln gequälte Mensch rächt sich eben besinnungslos an seinem Nächsten. Sie wollten in solchen Augen-blicken eben ganz erlöst haben, ist es nicht gelungen, nennen Sie sich zweck-los. Wer darf so Lästerliches wollen? Niemandem ist das noch gelungen, auch Jesus zum Beispiel nicht. Er konnte nur sagen: »Folge mir nach« und dann die-ses große (das ich leider ganz falsch zitiere): tue nach meinem Wort und du wirst sehn, daß es nicht das Wort eines Menschen, sondern Gottes Wort ist. Und die Teufel jagte er nur aus den Menschen aus, die ihm folgten. Und auch das nicht dauernd, denn fielen sie von ihm ab, verlor auch er Wirkung und »Zweck«. Allerdings – das ist das einzige, was ich Ihnen zugebe – unterlag auch er der Versuchung.

Freitag

Heute gegen Abend habe ich, eigentlich zum erstenmal, allein einen größeren Spaziergang gemacht, sonst bin ich mit andern Leuten gegangen oder, meistens, zuhause gelegen. Was für ein Land ist das! Du lieber Himmel, Milena, wenn Sie hier wären, und du armer denkunfähiger Verstand! Und dabei wäre es eine Lüge, wenn ich sagte, daß ich Sie vermisse, es ist die vollkommenste, schmerz-hafteste Zauberei, Sie sind hier, genau wie ich und stärker; wo ich bin, sind Sie, wie ich und stärker. Es ist kein Scherz, manchmal denke ich mir aus, daß Sie, die Sie ja hier sind, *mich* hier vermissen und fragen: »Wo ist er denn? Schrieb er nicht, daß er in Meran ist?«

F

Meine zwei Antwortbriefe haben Sie bekommen?

Liebe Frau Milena,

der Tag ist so kurz, mit Ihnen und sonst nur mit ein paar Kleinigkeiten ist er ver-bracht und ist zu Ende. Kaum daß ein Weilchen Zeit bleibt, an die wirkliche Milena zu schreiben, da die noch wirklichere den ganzen Tag hier war, im Zim-mer, auf dem Balkon, in den Wolken.

Woher kommt die Frische, die Laune, die Unbekümmertheit in Ihrem letz-ten Brief? Hat sich etwas geändert? Oder täusche ich mich und helfen die Pro-sastücke dabei mit? Oder beherrschen Sie sich so gut und damit auch die Dinge? Was ist es?

Ihr Brief beginnt richterlich, ich meine das im Ernst. Und Sie haben recht mit dem Vorwurf »či ne tak docela pravdu«, (oder nicht so ganz recht) so wie Sie im Grunde recht hatten hinsichtlich des »dobře míněno«. (gut gemeint) Es ist ja selbstverständlich. Hätte ich voll und dauernd die Sorge, so wie ich es ge-schrieben habe, ich hätte es über alle Hindernisse hinweg auf dem Liegestuhl nicht ausgehalten und wäre einen Tag später in Ihrem Zimmer gestanden. Die einzige Probe auf die Wahrhaftigkeit, alles andere sind Reden, dieses mit eingeschlossen. Oder Berufungen auf das Grundgefühl, dieses aber ist stumm und hat die Hände im Schoß. Wie kommt es, daß Sie die lächerlichen Leute, die welche Sie beschreiben (mit Liebe und deshalb zauberhaft beschreiben), dann den welcher fragt und viele andere noch nicht satt haben. Sie haben doch zu urteilen, die Frau urteilt doch am Ende. (Die Sage von Paris verdunkelt das ein wenig, aber auch Paris, urteilt nur darüber, welcher Göttin Schluß urteil das stärkste ist). Es käme ja nicht auf die Lächerlichkeiten an, es könnten nur Lächerlichkeiten des Augenblicks sein, die dann im Ganzen ernst und gut werden, ist es diese Hoffnung, die Sie bei diesen Menschen hält? Wer kann sagen, daß er die geheimen Gedanken der Richterin kennt, aber ich habe den Eindruck, daß Sie die Lächerlichkeiten als solche verzeihen, verstehn, lieben und durch Ihre Liebe adeln. Während doch diese Lächerlichkeiten nichts anderes sind als das Zick-Zack-Laufen der Hunde, während der Herr querdurch geht, nicht gerade mitten durch, sondern genau dort, wo der Weg führt. Aber es wird trotzdem ein Sinn in Ihrer Liebe sein, das glaube ich fest (nur fragen und es sonderbar finden muß ich) und es fällt mir, um nur eine Möglichkeit dessen zu bekräftigen, ein Ausspruch eines Beamten aus meiner Anstalt ein. Vor einigen Jahren war ich viel im Seelentränker auf der Moldau, ich ruderte hinauf und fuhr dann ganz ausgestreckt mit der Strömung hinunter, unter den Brücken durch. Wegen meiner Magerkeit mag das von der Brücke aus sehr komisch ausgesehn haben. Jener Beamte, der mich eben so einmal von der Brücke sah, faßte seinen Eindruck, nachdem er das Komische genügend hervorgehoben hatte, so zusammen: es hätte so ausgesehn, wie vor dem Jüngsten Gericht. Es wäre wie jener Augenblick gewesen, da die Sargdeckel schon abgehoben waren, die Toten aber noch stillagen.

Einen kleinen Ausflug habe ich gemacht (nicht jenen großen, den ich erwähnt habe und der nicht zustande kam) und war fast drei Tage fast unfähig, vor (einer nicht unangenehmen) Müdigkeit etwas zu tun, selbst zu schreiben, nur gelesen habe ich, den Brief, die Aufsätze, öfters, in der Meinung, daß solche Prosa natürlich nicht um ihrer selbst willen da ist, sondern eine Art Wegzeiger auf dem Weg zu einem Menschen, auf einem Weg, auf dem man immer glückliche weitergeht, bis man in einem hellen Augenblick erkennt, daß man ja gar nicht weiter kommt, sondern nur in seinem eigenen Labyrinth noch umherläuft, nur aufgeregter, verwirrter als sonst. Aber jedenfalls: das ist keine gewöhnliche Schreiberin, die das geschrieben hat. Ich habe danach zu Ihrem Schreiben fast so viel Vertrauen wie zu Ihnen selbst. Ich kenne (bei meiner geringen Kenntnis) im Tschechischen nur eine Sprachmusik, die der Božena Němcová, hier ist eine andere Musik, aber jener verwandt an Entschlossenheit, Leidenschaft, Lieblichkeit und vor allem einer hellsichtigen Klugheit. Sollten das erst die letzten Jahre hervorgerufen haben? Schrieben Sie auch früher? Sie können natürlich sagen, daß ich lächerlich voreingenommen bin, und Sie haben auch recht, gewiß bin ich voreingenommen, aber voreingenommen nur durch das, was ich nicht erst in den (übrigens ungleichen, stellenweise durch die Zeitung schädlich beeinflußten) Stücken gefunden, sondern wiedergefunden habe. Die Minderwertigkeit meines Urteils können Sie aber gleich daran erkennen, daß ich, durch zwei Stellen verführt, auch den zerschnittenen Modeaufsatz für Ihre Arbeit halte. Sehr gern würde ich mir die Ausschnitte lassen, um sie wenigstens noch meiner Schwester zu zeigen, aber da Sie sie gleich brauchen, lege ich sie bei. Auch sehe ich die Rechenoperationen am Rande. Ihren Mann habe ich wohl anders beurteilt. Er schien mir in dem Kaffeehauskreis der verläßlichste, verständigste, ruhigste, fast übertrieben väterlich, allerdings auch undurchsichtig, aber nicht so, daß das Vorige dadurch aufgehoben worden wäre. Respekt hatte ich immer vor ihm, zur weiteren Kenntnis hatte ich weder Gelegenheit noch Fähigkeit, aber Freunde, besonders Max Brod hatten eine hohe Meinung von ihm, das war mir dann immer gegenwärtig, wenn ich an ihn dachte. Besonders gefiel mir zu einer Zeit seine Eigenheit, in jedem Kaffeehaus am Abend einigemal antelephoniert zu werden. Da saß wohl jemand statt zu schlafen beim Apparat, dämmerte hin, den Kopf auf der Rückenlehne und schreckte von Zeit zu Zeit auf, um zu telephonieren. Ein Zustand, den ich so gut verstehe, daß ich vielleicht nur deshalb davon schreibe.

Ihr Franz K

Was meinen Sie? Kann ich noch bis Sonntag einen Brief bekommen? Möglich wäre es schon. Aber es ist unsinnig, diese Lust an Briefen. Genügt nicht ein einziger, genügt nicht ein Wissen? Gewiß genügt es, aber trotzdem lehnt man sich weit zurück und trinkt die Briefe und weiß nichts, als daß man nicht aufhören will zu trinken. Erklären Sie das, Milena, Lehrerin!

Donnerstag

Ich will jetzt von nichts anderem sprechen als von diesem: (auch habe ich Ihre Briefe noch nicht genau gelesen, nur umflogen, wie die Mücke das Licht und mir das Köpfchen mehrere Male verbrannt, es sind übrigens, wie ich schon herausgefunden habe, zwei ganz verschiedene Briefe, der eine, um ihn auszutrinken, der andere zum Entsetzen, der letztere ist aber wohl der spätere): Wenn man einen Bekannten trifft und ihn gespannt fragt, wieviel 2 x 2 ist, so ist das eine irrenhäuslerische Frage, aber in der ersten Volksschulklasse ist sie sehr gut angebracht. Mit meiner Frage an Sie, Milena, ist es nun so, daß sich in ihr Beides vereinigt, das Irrenhäuslerische und das Volksschulhafte, glücklicherweise ist also auch ein wenig Volksschulhaftes dabei. Es war mir nämlich immer ganz unverständlich, wenn jemand sich in mir verfangen hat, und ich habe manche menschliche Verhältnisse (zum Beispiel das mit Weiß) zerstört aus einer logischen, immer mehr an Irrtum des andern als an Wunder (soweit es mich betraf, sonst nicht) glaubenden Geistesanlage.

Warum, dachte ich, das trübe Wasser des Lebens noch mit solchen Dingen trüben. Ich sehe ein Stück des für möglichen Weges vor mir und weiß in welcher ungeheueren, für mich wohl unerreichbaren Entfernung von meinem jetzigen Ort ich erst eines gelegentlichen Blickes (von mir, wie erst von andern!) wert sein werde, (das ist nicht Bescheidenheit, sondern Hochmut, wenn Sie es durchdenken) erst eines gelegentlichen Blickes und nun bekam ich – Ihre Briefe, Milena. Wie soll ich den Unterschied ausdrücken? Einer liegt im Schmutz und Gestank seines Sterbebettes und es kommt der Todesengel, der seligste aller Engel, und blickt ihn an. Darf der Mann überhaupt zu sterben wagen? Er dreht sich um, vergräbt sich nun erst recht in sein Bett, es ist ihm unmöglich zu sterben. Kurz: ich glaube nicht an das, was Sie mir schreiben, Milena, und es gibt keine Art, auf die mir bewiesen werden könnte – auch Dostojewski hätte es in jener Nacht niemand beweisen können und mein Leben dauert eine Nacht –, nur von mir könnte es bewiesen werden, ich kann mir vorstellen, daß ich dazu imstande wäre (so wie Sie einmal die Vorstellung des Mannes auf dem Liegestuhl hatten), aber ich kann es auch mir nicht glauben. Ein lächerliches Aushilfsmittel war deshalb diese Frage – das haben Sie natürlich gleich erkannt – so wie der Lehrer manchmal aus Müdigkeit und Sehnsucht absichtlich durch eine richtige Antwort des Schülers sich darüber täuschen lassen will, daß dieser Schüler die Sache wirklich versteht, während er in Wirklichkeit sie doch nur aus irgendwelchen unwesentlichen Ursachen kennt, aber unmöglich von Grund aus verstehen kann, denn ihn das so verstehen lehren könnte nur der Lehrer selbst. Aber nicht durch Wimmern, Klagen, Streicheln, Bitten, Träumen (haben Sie die letzten fünf, sechs Briefe? ansehn sollten Sie sie, sie gehören zum Ganzen) sondern durch nicht anderes als – Lassen wir das offen.

Ich sehe flüchtig, daß Sie in Ihrem Brief auch das Mädchen erwähnen. Um hier keinen Zweifel zu lassen: Sie haben diesem Mädchen über den augenblicklichen Schmerz hinweg die größte Wohltat erwiesen. Ich kann mir außer dieser keine andere Art denken, wie sie von mir losgekommen wäre. Dabei hatte sie zwar *eine* gewisse schmerzhafte Ahnung, aber nicht den geringsten Blick dafür, woher eigentlich das Plätzchen neben mir seine (unheimliche, ihr nicht unheimliche) Wärme nahm. Ich erinnere mich: wir saßen neben einander auf dem Kanapee einer einzimmrigen Wohnung in Wrschowitz (es war wohl im November, die Wohnung sollte in einer Woche unsere Wohnung sein), sie war glücklich, nach vieler Mühe wenigstens diese Wohnung erobert zu haben, neben ihr saß ihr künftiger Mann (ich wiederhole: ausschließlich ich hatte den Heiratseinfall gehabt, ausschließlich ich hatte zur Heirat getrieben, sie hatte sich nur erschrocken und widerwillig gefügt, dann aber hatte sie sich natürlich in den Gedanken eingelebt). Wenn ich an diese Szene denke mit ihren Einzelheiten, zahlreicher als Fieber-Herzschläge, dann glaube ich jede menschliche Verblendung (in diesem Fall war es monatelang auch meine, allerdings war es bei mir nicht nur Verblendung, sondern auch andere Rücksicht, es wäre auch daraus eine Verstandesheirat im besten Sinn geworden) jede Verblendung bis auf den Grund verstehen zu können und ich fürchte mich, das Milchglas zum Mund zu heben, weil es doch, nicht aus Zufall, aus Absicht recht gut vor meinem Gesicht zerspringen und mir die Splitter ins Gesicht jagen könnte.

Eine Frage: Worin bestehen die Vorwürfe, die Ihnen gemacht werden? Ja, ich habe auch schon Menschen unglücklich gemacht, aber Vorwürfe machen sie mir auf die Dauer gewiß nicht, sie werden nur stumm und ich glaube, daß sie mir auch innerlich keine Vorwürfe machen. Diese Ausnahmestellung habe ich unter den Menschen.

Aber das alles ist unwichtig gegenüber einem Einfall, den ich heute früh beim Aus-dem-Bett-aufstehn hatte und der mich so bezauberte, daß ich gewaschen und angezogen war, ohne zu wissen wie, und daß ich auf die gleiche Art mich auch noch rasiert hätte, wenn mich nicht ein Besuch geweckt hätte.

Es ist kurz folgendes: Sie gehen für eine Zeit von Ihrem Manne fort, das ist nichts neues, es ist ja schon einmal so gewesen. Die Gründe sind: Ihre Krankheit, seine Nervosität (Sie schaffen auch ihm Erleichterung) und endlich die Wiener Verhältnisse. Wohin Sie gehen wollen, weiß ich nicht, am besten dürfte für Sie irgendeine friedliche Gegend in Böhmen sein. Es wird auch dabei das beste sein, wenn ich mich persönlich weder einmische noch zeige. Das dafür nötige Geld nehmen Sie vorläufig (über die Rückzahlungsbedingungen einigen wir uns) von mir. (Ich erwähne nur einen Nebenvorteil, den ich davon hätte: ich würde ein entzückt arbeitender Beamter werden – mein Dienst ist übrigens lächerlich und kläglich leicht, Sie können sich das gar nicht vorstellen, ich weiß nicht, wofür ich das Geld bekomme.) Sollte es monatlich hie und da nicht ganz hinreichen, werden Sie sich den gewiß nicht großen Rest leicht verschaffen.

Ich sage vorläufig nichts mehr zum Lobe des Einfalls, aber Sie haben Gelegenheit durch das Urteil über ihn mir zu zeigen, ob ich Ihrem Urteil über meine sonstigen Einfälle trauen darf (denn den Wert dieses Einfalls kenne ich).

Ihr Kafka

Es ist nicht ganz leicht, jetzt nachdem ich diesen schrecklichen, aber durchaus nicht bis in seine Tiefe schrecklichen Brief gelesen habe, für die Freude zu danken, die er mir bei der Ankunft gemacht hat. Es ist Feiertag, gewöhnliche Post wäre nicht mehr gekommen, ob morgen Freitag etwas von Ihnen käme, war auch zweifelhaft, es war also eine Art bedrückter Stille, doch gar nicht traurig, soweit es Sie betraf; in Ihrem letzten Briefe waren Sie ja so stark, daß ich Ihnen zugesehen habe, so wie ich von meinem Liegestuhl aus Bergsteigern zusehen würde, wenn ich sie oben im Schnee von hier aus erkennen könnte. Und nun kam er doch knapp vor dem Mittagessen, ich konnte ihn mitnehmen, aus der Tasche ziehn, auf den Tisch legen, wieder in die Tasche stecken, wie eben so die Hände mit einem Brief spielen wollen, man sieht ihnen zu und freut sich über die Kinder. Den General und den Ingenieur mir gegenüber (ausgezeichnete, freundliche Menschen) erkannte ich nicht immer, hörte sie noch seltener, das Essen, mit dem ich heute wieder einmal anfing (gestern aß ich nichts), störte mich auch nicht sehr, von den Rechenkunststücken, die nach dem Essen verhandelt wurden, waren mir die kurzen Probleme viel klarer als die langen Lösungen, während welcher aber die Aussicht aus dem offenen Fenster freistand auf Tannen, Sonne, Berge, Dorf und über allem eine Ahnung von Wien. Dann allerdings las ich den Brief genau, das heißt den Sonntagsbrief las ich genau, das Lesen des Montagsbriefes hebe ich nur bis zu Ihrem nächsten Brief auf, es kommen Dinge darin vor, die ich genauer zu lesen nicht ertrage, ich bin offenbar noch nicht ganz gesund, auch ist ja der Brief veraltet, meiner Rechnung nach sind fünf Briefe auf dem Weg, zumindest drei davon müssen jetzt schon in Ihrer Hand sein, selbst wenn wieder ein Brief verloren gegangen sein sollte oder rekommandierte Briefe eine längere Zeit brauchen. Es bleibt mir jetzt nur übrig, Sie zu bitten, mir *noch gleich hierher zu antworten,* es genügt ein Wort, aber es muß ein solches sein, daß allen Vorwürfen in dem Montagsbrief die Spitze abbricht, und sie lesbar macht. Übrigens war es gerade jener Montag, an welchem ich hier (in gar nicht aussichtsloser Weise) an meinem Verstand kräftig gerüttelt habe. Und nun der andere Brief. – Aber es ist spät, ich habe nach mehreren unbestimmten Zusagen jenem Ingenieur heute bestimmt zugesagt, zu ihm zu kommen und mir die großen, hierher nicht bringbaren Bilder seiner Kinder anzusehn. Er ist kaum älter als ich, Bayer, Fabrikant, sehr wissenschaftlich, aber auch lustig und einsichtig, hatte fünf Kinder, nur zwei leben (er wird allerdings wegen seiner Frau keine Kinder mehr bekommen), der Junge ist schon 13, das Mädchen 11 Jahre alt. Was für eine Welt! Und er trägt sie im Gleichgewicht. Nein, Milena, Sie sollten nichts gegen das Gleichgewicht sagen.

Ihr F

Morgen wieder. Sollte es aber übermorgen werden, dann nicht wieder »hassen« bitte, das nicht.

Ich habe noch einmal den Sonntagsbrief gelesen, er ist doch schrecklicher, als ich nach dem ersten Lesen dachte. Man müßte, Milena, Ihr Gesicht zwischen beide Hände nehmen und Ihnen fest in die Augen sehn, damit Sie in den Augen des andern sich selbst erkennen und von da an nicht mehr imstande sind, Dinge, wie Sie sie dort geschrieben haben, auch nur zu denken.

Freitag

Wann wird man endlich die verkehrte „Welt ein wenig gerade richten? Bei Tage geht man mit ausgebranntem Kopf herum – es gibt hier überall so schöne Ruinen auf den Bergen und man glaubt, man müsse auch so schön werden – im Bett aber bekommt man statt Schlaf die besten Einfälle. Heute zum Beispiel fiel mir in Ergänzung des gestrigen Vorschlages ein, daß Sie über den Sommer bei Staša sein könnten, von der Sie ja schrieben, daß sie auf dem Lande ist. Gestern schrieb ich die Dummheit, daß das Geld manchen Monat nicht ausreichen würde, das ist Unsinn, es wird immer ausreichen.

Der Dienstag Früh- und Abendbrief bestätigt mir den Wert meines Vorschlags, was ja kein besonderer Zufall ist, denn der Wert des Vorschlags muß von allem, durchaus allem bestätigt werden. Ist in dem Vorschlag Hinterlist – wo wäre sie nicht, dieses ungeheure Tier, das sich nach Bedürfnis ganz klein machen kann – so werde ich sie im Zaume halten, selbst Ihr Mann kann mir darin vertrauen. Ich komme in Übertreibungen. Trotzdem: man kann mir vertrauen. Ich werde Sie gar nicht sehn, nicht jetzt, nicht dann. Sie werden auf dem Lande leben, das Sie lieben. (Darin sind wir ähnlich, wenig bewegtes Land, noch nicht ganz Mittelgebirge ist mir das liebste und Wald und See darin.)

Die Wirkung Ihrer Briefe verkennen Sie, Milena. Die Montagbriefe (*jen strach o Vás:* nur Angst um Sie) habe ich noch immer nicht ganz gelesen (heute früh habe ich es versucht, es ging auch schon ein wenig, es war ja auch schon etwas Historie geworden durch meinen Vorschlag, aber zuende lesen konnte ich sie noch nicht). Der Dienstagbrief dagegen (und auch die merkwürdige Karte – im Kaffeehaus geschrieben? – auf Ihre Werfelanklage muß ich noch antworten, ich antworte Ihnen ja eigentlich auf gar nichts, Sie antworten viel besser, das tut sehr gut) macht mich heute trotz einer durch den Montagsbrief fast schlaflosen Nacht genug ruhig und zuversichtlich. Gewiß, auch der Dienstagbrief hat seinen Stachel und er schneidet sich seinen Weg durch den Leib, aber Du führst ihn, und was wäre – dies ist natürlich nur die Wahrheit eines Augenblicks, eines Glück- und Schmerzzitternden Augenblicks –, was wäre von Dir zu ertragen schwer?

F

Sagen Sie bitte, wenn es Ihnen nicht unangenehm ist, bei Gelegenheit Werfel für mich etwas Liebes. – Auf manches aber antworten Sie leider doch nicht, zum Beispiel auf die Frage wegen Ihres Schreibens.

Letzthin habe ich wieder von Ihnen geträumt, es war ein großer Traum, ich erinnere mich aber fast an gar nichts. Ich war in Wien, davon weiß ich nichts, dann aber kam ich nach Prag und hatte Ihre Adresse vergessen, nicht nur die Gasse, auch die Stadt, alles, nur der Name Schreiber tauchte mir noch irgendwie auf, aber ich wußte nicht, was ich damit machen sollte. Sie waren mir also vollständig verloren. In meiner Verzweiflung machte ich verschiedene sehr listige Versuche, die aber, ich weiß nicht warum, nicht ausgeführt wurden und von denen mir nur einer erinnerlich ist. Ich schrieb auf ein Couvert: Milena, und darunter »Ich bitte diesen Brief zuzustellen, da sonst die Finanzverwaltung einen ungeheuren Verlust erleidet«. Durch diese Drohung hoffte ich alle Hilfsmittel des Staates für Ihre Auffindung in Bewegung zu bringen. Schlau? Lassen Sie sich dadurch nicht gegen mich einnehmen. Nur im Traum bin ich so unheimlich.

Ich nehme den Brief noch einmal aus dem Umschlag, hier ist Platz: Bitte sag mir einmal wieder – nicht immer, das will ich gar nicht – sag mir einmal Du.

Dienstag

Ich rechne: Samstag geschrieben, trotz des Sonntags schon Dienstagmittag angekommen, Dienstag dem Mädchen aus der Hand gerissen, eine so schöne Postverbindung, und Montag soll ich fortfahren, sie aufgeben.

Sie sind so gut, sich zu sorgen, Sie entbehren Briefe, ja, vorige Woche habe ich paar Tage nicht geschrieben, aber seit Samstag jeden Tag, so daß Sie inzwischen drei Briefe bekommen, denen gegenüber Sie die brieflose Zeit loben werden. Sie werden erkennen, daß durchaus alle Ihre Befürchtungen berechtigt sind, also daß ich Ihnen sehr böse bin im allgemeinen und daß im besondern in Ihren Briefen mir vieles gar nicht gefallen hat, daß mich die Feuilletons geärgert haben u.s.w. Nein, Milena, vor alledem müssen Sie nicht Angst haben, aber vor dem Gegenteil zittern Sie!

Es ist so schön, daß ich Ihren Brief bekommen habe, Ihnen mit dem schlaflosen Gehirn antworten muß. Ich weiß nichts zu schreiben, ich gehe nur hier zwischen den Zeilen herum, unter dem Licht Ihrer Augen, im Atem Ihres Mundes wie in einem schönen glücklichen Tag, der schön und glücklich bleibt, auch wenn der Kopf krank ist, müde und man Montag wegfährt über München.

Ihr F

Sie sind meinetwegen nachhause gelaufen, ohne Atem? Ja, sind Sie denn nicht krank und habe ich keine Sorge mehr um Sie? Es ist wirklich so, ich habe gar keine Sorge mehr, – nein, ich übertreibe jetzt wie damals, aber es ist eine Sorge so, wie wenn ich Sie hier hätte unter meiner Aufsicht, mit der Milch, die ich trinke, gleichzeitig Sie fütterte, mit der Luft, die ich atme, die mir aus dem Garten herschlägt, gleichzeitig Sie kräftigte, nein, das wäre sehr wenig, Sie viel mehr kräftige als mich.

Wahrscheinlich werde ich aus verschiedenen Gründen Montag noch nicht fahren, sondern erst ein wenig später. Dann fahre ich aber direkt nach Prag, es gibt neuestens einen direkten Schnellzug Bozen-München-Prag. Falls Sie mir noch paar Zeilen schreiben wollten, könnten Sie es tun; sollten sie mich nicht erreichen, werden sie mir nach Prag nachgeschickt.

Bleiben Sie mir gut! F

Man ist doch ein Ausbund von Dummheit. Ich lese ein Buch über Tibet; bei der Beschreibung einer Niederlassung an der tibetanischen Grenze im Gebirge wird mir plötzlich schwer ums Herz, so trostlos verlassen scheint dort das Dorf, so weit von Wien. Wobei ich dumm die Vorstellung nenne, daß Tibet weit von Wien ist. Wäre es denn weit?

Donnerstag

Sehen Sie, Milena, ich liege auf dem Liegestuhl, vormittag, nackt, halb in Sonne, halb im Schatten, nach einer fast schlaflosen Nacht; wie hätte ich schlafen können, da ich, zu leicht für Schlaf, Sie immerfort umflogen habe und da ich wirklich, genau so wie Sie es heute schreiben, entsetzt war über das »was mir in den Schoß gefallen war«, so entsetzt im gleichen Sinn, wie man von den Propheten erzählt, die schwache Kinder waren (schon oder noch, das ist ja gleichgültig) und hörten wie die Stimme sie rief und sie waren entsetzt und wollten nicht und stemmten die Füße in den Boden und hatten eine gehirnzerreißende Angst und hatten ja auch früher schon Stimmen gehört und wußten nicht, woher der fürchterliche Klang gerade in diese Stimme kam – war es die Schwäche ihres Ohrs oder die Kraft dieser Stimme – und wußten auch nicht, denn es waren Kinder, daß die Stimme schon gesiegt hatte und einquartiert war gerade durch diese vorausgeschickte ahnungsvolle Angst, die sie vor ihr hatten, womit aber noch nichts für ihr Prophetentum ausgesagt war, denn die Stimme hören viele, aber ob sie ihrer wert sind, ist auch objektiv noch sehr fraglich und der Sicherheit halber von vornherein lieber streng zu verneinen – also so lag ich da, als Ihre zwei Briefe kamen.

Eine Eigenheit haben wir, glaube ich, gemeinsam, Milena: so scheu und ängstlich sind wir, jeder Brief fast ist anders, fast jeder erschreckt über den vorhergehenden und noch mehr über den Antwortbrief. Sie sind es nicht von Natur aus, das sieht man leicht, und ich, vielleicht bin sogar ich es nicht von Natur aus, aber fast ist es schon zur Natur geworden, nur in Verzweiflung und höchstens noch im Zorn vergeht es und nicht zu vergessen: in der Angst. Manchmal habe ich den Eindruck, wir hätten ein Zimmer mit zwei gegenüberliegenden Türen und jeder hält die Klinke einer Tür und ein Wimperzucken des einen, schon ist der andere hinter seiner Tür, und nun braucht der erste nur noch gar ein Wort zu sagen, dann hat der zweite schon gewiß die Tür hinter sich geschlossen und ist nicht mehr zu sehn. Er wird ja die Tür wieder öffnen, denn es ist ein Zimmer, das man vielleicht nicht verlassen kann. Wäre nur der Erste nicht genau so wie der Zweite, wäre er ruhig, sähe er Heber scheinbar gar nicht hin zum Zweiten, brächte er das Zimmer langsam in Ordnung, als sei es ein Zimmer wie jedes andere, statt dessen tut er genau das gleiche bei seiner Tür, manchmal sind sogar beide hinter den Türen und das schöne Zimmer ist leer. Quälende Mißverständnisse entstehen daraus. Milena, Sie klagen über manche Briefe, man dreht sie nach allen Seiten und es fällt nichts heraus, aber doch sind das, wenn ich nicht irre, gerade jene, in denen ich Ihnen so nahe war, so gebändigt im Blut, so bändigend Ihres, so tief im Wald, so ruhend in Ruhe, daß man wirklich nichts anderes sagen will als etwa, daß durch die Bäume oben der Himmel zu sehen ist, das ist alles und in einer Stunde wiederholt man das Gleiche und es ist allerdings darin »ani jediné slovo, které by nebylo velmi dobře uváženo«. (Nicht ein einziges Wort, das nicht sehr wohlerwogen wäre). Es dauert ja auch nicht lange, einen Augenblick höchstens, bald blasen wieder die Trompeten der schlaflosen Nacht. Bedenken Sie auch Milena, wie ich zu Ihnen komme, welche 38jährige Reise hinter mir hegt (und da ich Jude bin, eine noch so viel längere) und wenn ich an einer scheinbar zufälligen Wegdrehung Sie sehe, die ich doch nie zu sehn erwartet habe und jetzt so spät erst recht nicht, dann, Milena, kann ich nicht schreien, es schreit auch nichts in mir, ich sage auch nicht tausend Narrheiten, sie sind nicht in mir (ich sehe von der anderen Narrheit ab, die ich überreichlich habe) und daß ich knie, erfahre ich vielleicht erst dadurch, daß ich ganz nahe vor meinen Augen Ihre Füße sehe und sie streichle.

Und verlangen Sie nicht Aufrichtigkeit von mir, Milena. Niemand kann sie mehr von mir verlangen als ich und doch entgeht mir vieles, gewiß, vielleicht entgeht mir alles. Aber Aufmunterung auf dieser Jagd muntert mich nicht auf, im Gegenteil, ich kann dann keinen Schritt mehr tun, plötzlich wird alles Lüge und die Verfolgten würgen den Jäger. Ich bin auf einem so gefährlichen Weg, Milena. Sie stehn fest bei einem Baum, jung, schön, Ihre Augen strahlen das Leid der Welt nieder. Man spielt »škatule, škatule, hejbejte se«, (Bäumchen, Bäumchen, wechsle dich) ich schleiche im Schatten von einem Baum zum andern, ich bin mitten auf dem Weg, Sie rufen mir zu, machen mich auf Gefahren aufmerksam, wollen mir Mut geben, entsetzen sich über meinen unsicheren Schritt, erinnern mich (mich!) an den Ernst des Spiels – ich kann nicht, ich falle um, ich hege schon. Ich kann nicht gleichzeitig hören auf die schrecklichen Stimmen des Innern und auch auf Sie, aber ich kann hören auf jene und es Ihnen vertrauen, Ihnen, wie niemandem sonst auf der Welt.

Ihr F

Sonntag

Diese Rede auf den zwei Seiten Ihres Briefes, Milena, kommt aus der Tiefe des Herzens, des verwundeten »to mě rozbolelo« (Das – hat mich verwundet.) steht dort und ich habe es getan, ich Ihnen) und klingt so rein und stolz, wie wenn man nicht das Herz, sondern Stahl getroffen hätte, und verlangt auch das Selbstverständlichste und mißversteht mich auch (denn meine »lächerlichen« Menschen sind wirklich genau die Ihren und dann: wo hätte ich zwischen Ihnen zwei die Partei ergriffen? Wo ist der Satz? Wo hätte ich diesen verruchten Einfall gehabt? Und wie käme ich dazu abzuurteilen, der ich in jeder wirklichen Hinsicht – Heirat, Arbeit, Mut, Opfer, Reinheit, Freiheit, Selbständigkeit, Wahrhaftigkeit – so tief unter Ihnen beiden stehe, daß es mir zum Ekel ist, überhaupt darüber zu sprechen. Und wann hätte ich gewagt, aktive Hilfe anzubieten, und wenn ich es gewagt hätte, wie hätte ich sie leisten können? Genug der Fragen; sie haben gut in der Unterwelt geschlafen; warum sie in den Tag heraufbeschwören? sie sind grau und traurig und machen ebenso. Sagen Sie nicht, daß zwei Stunden Leben ohne weiters mehr sind als zwei Seiten Schrift, die Schrift ist ärmer, aber klarer.) – mißversteht mich also, aber trotzdem: die Rede geht an mich und ich bin nicht unschuldig, bin es merkwürdiger Weise zum großen Teil gerade deshalb nicht, weil die obigen Fragen beantwortet werden müssen mit Nein und Nirgends.

Dann kam Ihr liebes liebes Telegramm, ein Trostmittel gegen die Nacht, diese alte Feindin (reicht es nicht ganz aus, ist es wahrhaftig nicht Ihre, sondern der Nächte Schuld. Diese kurzen irdischen Nächte könnten einem fast Angst beibringen vor der ewigen Nacht), zwar enthält auch der Brief so viel und wunderbaren Trost, aber er ist doch eine Einheit, in der die zwei Seiten wüten, das Telegramm ist aber selbstständig und weiß nichts davon. Das aber, Milena, kann ich gegenüber dem Telegramm sagen: wenn ich, von allem andern abgesehn, nach Wien gekommen wäre und Sie hätten jene Rede (die, wie ich sagte, nicht an mir vorbeigeht, sondern mich trifft, und mit Recht trifft, nicht voll, aber doch stark) von Aug zu Aug zu mir gesprochen – und auf irgendwelche Weise hätte sie unbedingt, wenn nicht gesprochen, so doch gedacht, geblickt, gezuckt oder wenigstens vorausgesetzt werden müssen – dann wäre ich mit einem Schlag der Länge nach hingefallen und Sie hätten mich durch keinen Krankenschwesterdienst wieder auf die Beine gebracht. Und wäre es nicht so geschehn, hätte es nur noch schlimmer werden können. Sehen Sie, Milena.

Ihr F

Wie ist es, Milena, mit Ihrer Menschenkenntnis? Manchmal schon zweifelte ich an ihr, zum Beispiel wenn Sie von Werfel schrieben, es sprach ja daraus auch Liebe und vielleicht nur Liebe, aber doch mißverstehende, und wenn man von allem absieht, was Werfel ist und nur bei dem Vorwurf der Dicke bleibt (der mir überdies unberechtigt scheint, Werfel wird mir schöner und liebenswerter von Jahr zu Jahr, ich sehe ihn allerdings nur flüchtig) wissen Sie denn nicht, daß nur die Dicken vertrauenswürdig sind? Nur in diesen starkwandigen Gefäßen wird alles zuende gekocht, nur diese Kapitalisten des Luftraums sind, soweit es bei

Menschen möglich ist, geschützt vor Sorgen und Wahnsinn und können sich ruhig mit ihrer Aufgabe beschäftigen und sie allein sind, wie einmal einer sagte, als eigentliche Erdenbürger auf der ganzen Erde verwendbar, denn im Norden wärmen sie und im Süden geben sie Schatten. (Man kann das allerdings auch umkehren, aber es ist dann nicht wahr.)

Dann das Judentum. Sie fragen mich, ob ich Jude bin, vielleicht ist das nur Scherz, vielleicht fragen Sie nur, ob ich zu jenem ängstlichen Judentum gehöre, jedenfalls können Sie als Pragerin in dieser Hinsicht nicht so harmlos sein wie etwa Mathilde, Heines Frau. (Vielleicht kennen Sie die Geschichte nicht. Es kommt mir vor, als hätte ich Ihnen Wichtigeres zu erzählen, auch schade ich mir irgendwie zweifellos, nicht durch die Geschichte, aber durch deren Erzählung; aber Sie wollen doch auch einmal etwas Hübsches von mir hören. Meißner, ein deutschböhmischer Dichter, kein Jude, erzählt es in seinen Erinnerungen. Mathilde ärgerte ihn immer mit ihren Ausfällen gegen die Deutschen: Die Deutschen seien boshaft, überwitzig, rechthaberisch, wortklauberisch, aufdringlich, kurz ein unerträgliches Volk! »Sie kennen doch die Deutschen gar nicht«, sagte dann endlich einmal Meißner. »Henry verkehrt doch nur mit deutschen Journalisten und die sind hier in Paris alle Juden.« »Ach«, sagte Mathilde, »da übertreiben Sie, es mag ja hie und da unter Ihnen ein Jude sein, zum Beispiel Seiffert –« »Nein« sagte Meißner »das ist der einzige Nichtjude«. »Wie?« sagte Mathilde »Jeitteles zum Beispiel« – es war ein großer starker blonder Mensch – »wäre ein Jude?« »Allerdings« sagte Meißner. »Aber Bamberger?« »Auch« »Arnstein?« »Ebenso«. So ging es weiter alle Bekannten durch. Schließlich wurde Mathilde ärgerlich und sagte: »Sie wollen mich ja nur zum Besten halten; zu guter Letzt werden Sie noch behaupten wollen, auch Kohn sei ein jüdischer Name, aber Kohn ist doch ein Vetter von Henry und Henry ist Lutheraner.« Dagegen konnte Meißner nichts mehr einwenden.) Jedenfalls scheinen Sie keine Angst vor dem Judentum zu haben. Das ist auf das letzte oder vorletzte Judentum unserer Städte bezogen etwas Heldenhaftes und – alle Scherze weit weg! – wenn ein reines Mädchen zu ihren Verwandten sagt: »Laßt mich« und dorthin auszieht, dann ist es mehr als der Auszug der Jungfrau von Orleans aus ihrem Dorfe.

Sie dürfen dann auch den Juden jene besondere Ängstlichkeit vorwerfen, trotzdem ein solcher allgemeiner Vorwurfmehr theoretische als praktische Menschenkenntnis enthält, mehr theoretische, denn erstens trifft der Vorwurf nach Ihrer früheren Beschreibung Ihren Mann gar nicht, zweitens trifft er nach meiner Erfahrung die meisten Juden nicht und drittens trifft er nur Vereinzelte, diese aber sehr stark, zum Beispiel mich. Das Merkwürdigste ist es ja, daß der Vorwurf allgemein nicht paßt. Die unsichere Stellung der Juden, unsicher in sich, unsicher unter den Menschen, würde es über alles begreiflich machen, daß sie nur das zu besitzen glauben dürfen, was sie in der Hand oder zwischen den Zähnen halten, daß ferner nur handgreiflicher Besitz ihnen Recht auf das Leben gibt und daß sie, was sie einmal verloren haben, niemals wieder erwerben werden, sondern daß es glückselig für immer von ihnen fortschwimmt. Von den unwahrscheinlichsten Seiten drohen den Juden Gefahren, oder lassen wir, um genauer zu sein, die Gefahren weg und sagen: »drohen ihnen Drohungen«. Ein Ihnen naheliegendes Beispiel. Ich habe zwar vielleicht versprochen, davon zu schweigen (zu einer Zeit, als ich Sie noch kaum kannte), aber ich habe keine Bedenken, es Ihnen gegenüber zu erwähnen, denn es sagt Ihnen nichts Neues, zeigt Ihnen die Liebe der Verwandten, und Namen und Details sage ich nicht, weil ich sie nicht mehr weiß. Meine jüngste Schwester sollte einen Tschechen, einen Christen heiraten, er sprach einmal von seiner Absicht, eine Jüdin zu heiraten, mit einer Verwandten von Ihnen, sie sagte: »Nur das nicht, nur nicht mit Juden sich verbinden! Hören Sie: unsere Milena u.s.w.«

Wohin wollte ich Sie mit dem allen führen? Ich habe mich ein wenig verirrt, aber es tut nichts, denn Sie sind vielleicht mitgegangen und nun sind wir beide verirrt. Das ist ja das eigentlich Schöne bei Ihrer Übersetzung, daß sie treu ist (zanken Sie mich nur wegen des »treu« aus, Sie können alles, aber zanken können Sie vielleicht am besten, ich wollte Ihr Schüler sein und immerfort Fehler machen, um nur immerfort von Ihnen ausgezankt werden zu dürfen; man sitzt auf der Schulbank, wagt kaum aufzuschauen, Sie sind über einen gebeugt und immerfort flimmert oben Ihr Zeigefinger, mit dem Sie Aussetzungen machen, ist es so?) also daß sie »treu« ist und daß ich das Gefühl habe, als führte ich Sie an der Hand hinter mir durch die unterirdischen, finstern, niedrigen, häßlichen Gänge der Geschichte, fast endlos (deshalb sind die Sätze endlos, haben Sie das nicht erkannt?) fast endlos (zwei Monate nur, sagen Sie?), um dann beim Ausgang im hellen Tag hoffentlich den Verstand zu haben, zu verschwinden.

Eine Mahnung, für heute abzubrechen, für heute die glückbringende Hand freizugeben. Morgen schreibe ich wieder und werde erklären, warum ich, soweit ich für mich bürgen kann, nicht nach Wien kommen werde und werde mich nicht früher damit beruhigen, ehe Sie sagen: Er hat recht.

Ihr F

Bitte schreiben Sie die Adresse ein wenig deutlicher, ist Ihr Brief schon im Umschlag, dann ist er schon fast mein Eigentum und Sie sollen fremdes Eigentum sorgfältiger, mit mehr Verantwortungsgefühl behandeln. *Tak.* (So) Ich habe übrigens auch den Eindruck, ohne es näher bestimmen zu können, daß ein Brief von mir verloren gegangen ist. Ängstlichkeit der Juden! Statt zu fürchten, daß die Briefe gut ankommen!

Jetzt werde ich noch etwas Dummes zur gleichen Sache sagen, das heißt dumm ist, daß ich etwas, was ich für richtig halte, sage, ohne Rücksicht darauf, daß es mir schadet. Und dann redet noch Milena von Ängstlichkeit, gibt mir einen Stoß vor die Brust oder fragt, was im Tschechischen an Bewegung und Klang ganz dasselbe ist: Jste žid –? (Sind Sie Jude?) Sehen Sie nicht, wie im »Jste« die Faust zurückgezogen wird, um Muskelkraft anzusammeln? Und dann im »žid« den freudigen, unfehlbaren, vorwärts fliegenden Stoß? Solche Nebenwirkungen hat für das deutsche Ohr die tschechische Sprache öfters. Sie fragten zum Beispiel einmal, wie es komme, daß ich meinen hiesigen Aufenthalt von einem Brief abhängig mache und antworteten gleich selbst: nechápu (Verstehe ich nicht.). Ein fremdartiges Wort im Tschechischen, und gar in Ihrer Sprache, es ist so streng, teilnahmslos, kaltäugig, sparsam und vor allem nußknackerhaft, dreimal krachen im Wort die Kiefer aufeinander oder richtiger: die erste Silbe macht einen Versuch, die Nuß zu fassen, es geht nicht, dann reißt die zweite Silbe den Mund ganz groß auf, nun paßt schon die Nuß hinein und die dritte Silbe endlich knackt, hören Sie die Zähne? Besonders dieses endgültige Schließen der Lippen am Schluß verbietet dem andern jede andere weitere gegenteilige Erklärung, was ja allerdings manchmal recht gut ist, zum Beispiel, wenn der andere so schwätzt wie jetzt ich. Worauf der Schwätzer wieder, um Verzeihung bittend, sagt: »Man schwätzt doch nur, wenn man einmal ein wenig froh ist.«

Allerdings Brief kam heute von Ihnen nicht. Und was ich zum Schluß eigentlich sagen wollte, habe ich auch noch nicht gesagt. Nächstens. Gern, gern würde ich morgen etwas von Ihnen hören, die letzten Worte, die ich von Ihnen vor dem Zuschlagen der Tür – alle zuschlagenden Türen sind abscheulich – gehört habe, sind schrecklich.

Ihr F

Montag

Also die gestern versprochene Erklärung:

Ich will nicht (Milena, helfen Sie mir! Verstehen Sie mehr, als ich sage!) ich will nicht (das ist kein Stottern) nach Wien kommen, weil ich die Anstrengung geistig nicht aushalten würde. Ich bin geistig krank, die Lungenkrankheit ist nur ein Aus-den-Ufern-treten der geistigen Krankheit. Ich bin so krank seit den vier, fünf Jahren meiner ersten zwei Verlobungen. (Ich konnte mir die Fröhlichkeit Ihres letzten Briefes nicht gleich erklären, später erst fiel mir die Erklärung ein, immer wieder vergesse ich es: Sie sind ja so jung, vielleicht gar nicht 25 Jahre, erst 23 vielleicht. Ich bin 37, fast 38, fast ein kleines Menschenalter älter, fast weißhaarig von den alten Nächten und Kopfschmerzen.) Ich will nicht die lange Geschichte vor Ihnen ausbreiten mit ihren wahren Wäldern von Einzelheiten, vor denen ich mich noch immer fürchte, wie ein Kind, nur ohne des Kindes Vergessenskraft. Gemeinsam war den drei Verlobungsgeschichten, daß ich an allem schuld war, ganz unanzweifelbar schuld, beide Mädchen habe ich unglücklich gemacht und zwar – hier rede ich nur von der ersten, von der zweiten kann ich nicht sprechen, sie ist empfindlich, jedes Wort, auch das freundlichste wäre die ungeheuerlichste Kränkung für sie, ich verstehe es – und zwar nur dadurch, daß ich durch sie (die sich, wenn ich es gewollt hätte, vielleicht geopfert hätte) nicht dauernd froh, nicht ruhig, nicht entschlossen, nicht heiratsfähig werden konnte, trotzdem ich es ihr höchst freiwillig immer wieder zugesichert hatte, trotzdem ich sie manchmal verzweifelt lieb hatte, trotzdem ich nichts erstrebenswerteres kannte als die Ehe an sich. Fast fünf Jahre habe ich auf sie ein-gehauen (oder, wenn Sie wollen, auf mich) nun, glücklicherweise, sie war un-zerbrechlich, preußisch-jüdische Mischung, eine starke sieghafte Mischung. Ich war nicht so kräftig, allerdings hatte sie nur zu leiden, während ich schlug *und* litt.

Zuende, ich kann nichts mehr schreiben, nichts mehr erklären, trotzdem ich erst am Anfang bin, die Geisteskrankheit beschreiben, die andern Gründe für den Nicht-besuch anführen sollte, ein Telegramm ist gekommen »Treffpunkt Karlsbad achten erbitte schriftliche Verständigung«. Ich gestehe, es machte, als ich es aufmachte, ein fürchterliches Gesicht, trotzdem dahinter das selbstloseste, stillste, bescheidenste Wesen steht und trotzdem das Ganze auf meinen Willen eigentlich zurückgeht. Das kann ich jetzt nicht begreiflich machen, denn ich kann mich ja auf eine Beschreibung der Krankheit nicht beziehn. Soviel ist bis-her sicher, daß ich Montag von hier fortfahre, manchmal sehe ich das Tele-gramm an und kann es kaum lesen, es ist als wäre da eine Geheimschrift, die die obere Schrift verwischt und lautet: Fahre über Wien! ein offenbarer Befehl, aber ohne jede Schrecklichkeit der Befehle. Ich tue es nicht, schon äußerlich ist es unsinnig, nicht den kurzen Weg über München zu nehmen, sondern den dop-pelt so langen über Linz und dann gar auch noch weiter über Wien. Ich mache eine Probe: auf dem Balkon ist ein Spatz und erwartet, daß ich ihm vom Tisch aus Brot auf den Balkon werfe, statt dessen werfe ich das Brot neben mich mit-ten im Zimmer auf den Boden. Er steht draußen und sieht dort in dem Halb-dunkel die Speise seines Lebens, es lockt maßlos, er schüttelt sich, er ist mehr hier als dort, aber hier ist das Dunkel und neben dem Brot ich, die geheime Macht. Trotzdem überhüpft er die Schwelle, noch paar Sprünge, aber mehr wagt er nicht, in einem plötzlichen Schrecken fliegt er fort. Aber was für Kräfte in diesem jämmerlichen Vogel stecken, nach einem Weilchen ist er wieder hier, untersucht die Lage, ich streue noch ein wenig, um es ihm leichter zu machen und – wenn ich ihn nicht absichtlich-unabsichtlich (so wirken die geheimen Mächte) durch eine kleine Bewegung vertrieben hätte, er hätte sich das Brot ge-holt.

Es ist so, daß mein Urlaub Ende Juni zuende geht und ich zum Übergang – auch wird es hier schon sehr heiß, was mich allerdings an sich nicht stören würde – noch irgendwo anders auf dem Land sein will. Auch sie wollte fahren, nun sollen wir einander dort treffen, ich bleibe paar Tage dort und dann viel-leicht noch paar Tage in Konstantinsbad bei meinen Eltern, dann fahre ich nach Prag; überblicke ich diese Reisen und vergleiche sie mit dem Zustand meines Kopfes, dann ist mir etwa so, wie es Napoleon hätte sein müssen, wenn er bei Entwerfen der Pläne für den russischen Feldzug gleichzeitig ganz genau den Ausgang gewußt hätte.

Als damals Ihr erster Brief kam, ich glaube, es war kurz vor der sein sollenden Hochzeit (deren Pläne zum Beispiel ganz ausschließlich wem Werk gewesen sind), freute ich mich und zeigte ihr ihn. Später – nein, nichts mehr und diesen Brief zerreiße ich nicht wieder, wir haben ähnliche Eigenheiten, nur habe ich keinen Ofen zur Hand und fürchte fast aus Anzeichen, daß ich einmal auf die Rückseite eines solchen angefangenen Briefes einen Brief an jenes Mädchen geschickt habe.

Aber das alles ist unwesentlich, ich wäre auch ohne das Telegramm nicht imstande gewesen nach Wien zu fahren, im Gegenteil, das Telegramm wirkt eher als Argument für die Fahrt. Ich komme ganz bestimmt nicht, sollte ich aber doch – es wird nicht geschehn – zu meiner schrecklichen Überraschung in Wien sein, dann brauche ich weder Frühstück noch Abendessen, sondern eher eine Bahre, auf der ich mich ein Weilchen niederlegen kann.

Leben Sie wohl, es wird keine leichte Woche hier sein.

Ihr F

Wenn Sie mir einmal ein Wort Karlsbad postlagernd schreiben wollen. – Nein erst nach Prag. Was für ungeheure Schulen sind das, in denen Sie unterrichten, zweihundert Schüler, fünfzig Schüler. Einen Fensterplatz in der letzten Reihe wollte ich haben, eine Stunde lang, dann verzichte ich auf jede Begegnung mit Ihnen (die allerdings auch ohne das nicht erfolgen wird), verzichte auf alle Reisen und – genug, dieses weiße Papier, das kein Ende nehmen will, brennt einem die Augen aus und darum schreibt man.

Das war Nachmittag, jetzt geht es gegen 11. Ich habe es so geordnet, wie es im Augenblick einzig möglich war. Ich habe nach Prag telegraphiert, daß ich nach Karlsbad nicht kommen kann, erklären werde ich es mit Zerrüttung, was einerseits sehr wahr ist, andererseits aber nicht sehr konsequent, denn eben wegen dieser Zerrüttung wollte ich früher nach Karlsbad. So spiele ich mit einem lebendigen Menschen. Aber ich kann nicht anders, denn in Karlsbad könnte ich weder reden noch schweigen oder richtiger: ich würde reden, selbst wenn ich schwiege, denn ich bin jetzt nichts anderes als ein einziges Wort. Nun fahre ich aber zweifellos nicht über Wien, sondern Montag über München, wohin weiß ich nicht, Karlsbad, Marienbad, jedenfalls allein. Schreiben werde ich Ihnen, [vielleicht] Briefe von Ihnen allerdings erst in Prag, erst in drei Wochen bekommen.

Immerfort frage ich mich, ob Sie verstanden haben, daß meine Antwort meiner ganzen Verfassung nach so sein mußte wie sie war, ja daß sie noch viel zu sanft, viel zu täuschend, viel zu schönfärberisch war. Immerfort, Tag und Nacht, frage ich mich das, zitternd vor Ihrem Antwortbrief, frage mich das nutzlos, als wäre ich beauftragt eine Woche lang ohne Nachtpause einen Nagel in einen Stein zu hämmern, Arbeiter und Nagel zugleich. Milena!

Einem Gerücht nach – ich kann es nicht glauben – hört heute Abend infolge Streikes der Eisenbahnverkehr mit Tirol auf.

Samstag

Es kam Ihr Brief, das Glück Ihres Briefes. Über alles hinweg, was er enthält – er hat eine Hauptstelle: daß Sie mir vielleicht nach Prag nicht mehr werden schreiben können. Das hebe ich zuerst hervor, damit es alle Welt gesondert sieht, auch Sie, Milena. Damit also droht man einem Menschen und kennt, wenigstens von weitem, dieses Menschen Gründe. Und überdies gibt man noch vor, daß man diesem Menschen gut ist. Aber vielleicht hätten Sie sogar Recht, mir nicht mehr zu schreiben, manche Stellen in Ihrem Brief deuten diese Notwendigkeit an. Ich kann nichts gegen diese Stellen vorbringen. Es sind gerade jene Stellen, wo ich genau weiß und sehr ernsthaft erkenne, daß ich in großer Höhe bin, aber eben deshalb ist die Luft dort für meine Lungen zu dünn und ich muß ausruhn.

Ihr F

Morgen schreibe ich.

Sonntag

Heute etwas, was vielleicht manches erklärt, Milena (was für ein reicher schwerer Name, vor Fülle kaum zu heben und gefiel mir anfangs nicht sehr, schien mir ein Grieche oder Römer, nach Böhmen verirrt, tschechisch vergewaltigt, in der Betonung betrogen und ist doch wunderbar in Farbe und Gestalt eine Frau, die man auf den Armen trägt aus der Welt, aus dem Feuer, ich weiß nicht, und sie drückt sich willig und vertrauend dir in die Arme nur der starke Ton auf dem »i« ist arg, springt dir der Name nicht wieder fort? Oder ist das vielleicht nur der Glücksprung, den du selbst machst mit deiner Last?):

Du schreibst zweierlei Briefe, ich meine nicht die mit Feder und die mit Bleistift, trotzdem auch die Bleistiftschrift an sich manches andeutet und schon aufhorchen läßt, aber diese Unterscheidung ist doch nicht entscheidend, der letzte Brief mit der Wohnungskarte ist zum Beispiel mit Bleistift geschrieben und macht mich doch glücklich; glücklich machen mich nämlich (verstehe, Milena, mein Alter, Verbrauchtsein und vor allem die Angst und, verstehe, Deine Jugend, Deine Frische, Deinen Mut; und meine Angst wird doch immer größer, denn sie bedeutet ja ein Zurückweichen vor der Welt, daher Vergrößerung ihres Drucks, daher weiterhin Vergrößerung der Angst, Dein Mut aber bedeutet ein Vordringen, daher Verkleinerung des Drucks, daher Wachsen des Muts) die friedlichen Briefe; zu Füßen dieser Briefe könnte ich sitzen, glücklich ohne Maß, das ist Regen auf den brennenden Kopf. Wenn aber diese andern Briefe kommen, Milena, und seien sie ihrem Wesen nach glückbringender als die ersten (ich kann aber infolge meiner Schwäche erst nach Tagen zu ihrem Glück durchdringen) diese Briefe, die mit Ausrufungen anfangen (und ich bin doch so weit) und die, ich weiß nicht mit welchem Schrecken enden, dann, Milena, fange ich tatsächlich zu zittern an wie unter der Sturmglocke, ich kann das nicht lesen und lese es natürlich doch, so wie ein verdurstendes Tier trinkt, dabei Angst und Angst, ich suche ein Möbel, unter dem ich mich verkriechen könnte, ich bete zitternd und ganz besinnungslos in der Ecke, daß Du, wie Du in diesem Brief hereingebraust bist, wieder aus dem Fenster fliegen möchtest, ich kann doch einen Sturm nicht in meinem Zimmer halten; Du mußt in solchen Briefen den großartigen Kopf der Medusa haben, so zucken die Schlangen des Schreckens um Deinen Kopf und um meinen allerdings noch wilder die Schlangen der Angst. Dein Brief von Mittwoch, Donnerstag. Aber Kindchen, Kindchen (ich bin es eigentlich, der ich Medusa so ausspreche). Du nimmst ja alle meine dummen Spaße (mit žid und nechápu und »hassen«) ernst, ich wollte Dich damit doch nur ein wenig lachen machen, aus Angst mißverstehen wir einander, bitte zwing mich nur nicht, tschechisch zu schreiben, keine Spur des Vorwurfs war darin, eher könnte ich Dir den Vorwurf machen, daß Du von den Juden, die Du kennst (mich eingeschlossen) – es gibt andere! – eine viel zu gute Meinung hast, manchmal möchte ich sie eben als Juden (mich eingeschlossen) alle etwa in die Schublade des Wäschekastens dort stopfen, dann warten, dann die Schublade ein wenig herausziehn, um nachzusehen, ob sie schon alle erstickt sind, wenn nicht, die Lade wieder hineinschieben und es so fortsetzen bis zum Ende. –

Was ich über Deine »Rede« gesagt habe, war allerdings ernst (immer wieder schiebt sich »ernst« in den Brief. Ich tue ihm vielleicht – ich kann darüber nicht nachdenken– schreckliches Unrecht, aber fast ebenso stark ist das Gefühl, daß ich nun mit ihm verbunden bin und immer fester, fast hätte ich gesagt: auf Leben und Tod. Könnte ich mit ihm sprechen! Aber ich fürchte mich vor ihm, er ist mir sehr überlegen. Weißt Du, Milena, als Du zu ihm gingst, bist Du einen großen Schritt von Deiner Ebene hinabgegangen, kommst Du aber zu mir, so springst Du in die Tiefe. Weißt Du das? Nein, das war nicht meine »Höhe« in jenem Brief, sondern Deine) – von der »Rede« sprach ich, sie war auch von Dir ernst gemeint, darin kann ich doch nicht irren.

Wieder höre ich von Deiner Krankheit. Milena, wenn Du Dich zu Bett legen müßtest. Und vielleicht solltest Du es. Und vielleicht liegst Du, während ich das schreibe. War ich nicht vor einem Monat ein besserer Mensch? Sorgte mich um Dich (in meinem Kopfe allerdings nur), wußte von Deinem Kranksein, jetzt nichts mehr, jetzt denke ich nur an meine Krankheit und meine Gesundheit und beides allerdings, das erste wie das zweite, bist Du.   F

Ich hatte heute einen kleinen Ausflug gemacht, um mich herauszureißen aus dieser schlaflosen Luft mit jenem Lieblings-Ingenieur. Ich hatte dort auch eine Karte an Dich geschrieben, konnte sie aber nicht unterschreiben und wegschicken, ich kann Dir nicht mehr wie einer Fremden schreiben.

                                                                            Montag
Heute früh kurz vor dem Aufwachen, es war auch kurz nach einem Einschlafen, hatte ich einen abscheulichen, um nicht zu sagen fürchterlichen (glücklicherweise verflüchtigt sich der Traumeindruck schnell), also nur einen abscheulichen Traum. Übrigens verdanke ich ihm auch ein wenig Schlaf, aus einem solchen Traum erwacht man erst, wenn er abgelaufen ist, früher sich herauswinden kann man nicht, er hält einen an der Zunge fest.

Es war in Wien, ähnlich wie ich es mir in Wachträumen, für den Fall, daß ich hinfahren sollte, vorstelle (in diesen Wachträumen besteht Wien nur aus einem kleinen stillen Platz, die eine Seite bildet Dein Haus, gegenüber ist das Hotel, in dem ich wohnen werde, links davon steht der Westbahnhof, in dem ich ankomme, links davon der Franz Josefs Bahnhof, von dem ich wegfahre, ja und im Erdgeschoß meines Hauses ist freundlicher Weise noch eine vegetarische Speisestube, in der ich esse, nicht um zu essen, aber um eine Art Gewicht nach Prag mitzubringen. Warum erzähle ich das? Es gehört nicht eigentlich zum Traum, offenbar habe ich noch immer Angst vor ihm). Genau so war es also nicht, es war die wirkliche Großstadt, gegen Abend, naß, dunkel, ein unkenntlich großer Verkehr: das Haus, in dem ich wohnte, trennte eine lange viereckige öffentliche Gartenanlage von dem Deinen. Ich war plötzlich nach Wien gekommen, hatte eigene Briefe überholt, die noch auf dem Weg zu Dir waren (das schmerzte mich später besonders). Immerhin warst Du verständigt und ich sollte Dich treffen. Glücklicherweise (ich hatte aber dabei gleichzeitig auch das Gefühl des Lästigen) war ich nicht allein, eine kleine Gesellschaft, auch ein Mädchen, glaube ich, war bei mir, aber ich weiß gar nichts Genaueres über sie, sie galten mir gewissermaßen als meine Sekundanten. Wären sie nur ruhig gewesen, sie redeten aber immerfort, wahrscheinlich über meine Angelegenheit, mit einander, ich hörte nur ihr nervös machendes Murmeln, verstand aber nichts und wollte auch nichts verstehn.

Ich stand rechts von meinem Haus auf dem Trottoirrand und beobachtete Deines. Es war eine niedrige Villa mit einer schönen einfachen rundgewölbten steinernen Loggia vorn in der Höhe des Erdgeschosses. Nun war es plötzlich Frühstückszeit, in der Loggia war der Tisch gedeckt, ich sah von der Ferne, wie Dein Mann kam, sich in einen Rohrstuhl rechts setzte, noch verschlafen war und mit ausgebreiteten Armen sich streckte. Dann kamst Du und setztest Dich hinter den Tisch, so daß man Dich voll sehen konnte. Genau allerdings nicht, es war so weit, die Umrisse Deines Mannes sah man viel bestimmter, ich weiß nicht warum, Du bliebst nur etwas Bläulich-Weißes, Fließendes, Geisterhaftes. Auch Du hattest die Arme ausgebreitet, aber nicht um Dich zu strecken, sondern es war eine feierliche Haltung. Kurz darauf, nun war aber wieder der frühere Abend, warst Du auf der Gasse bei mir, Du standest auf dem Trottoir, ich mit einem Fuß in der Fahrbahn, ich hielt Deine Hand und nun begann ein unsinnig schnelles, kurzsätziges Gespräch, es ging klapp klapp und dauerte bis zum Ende des Traums fast ununterbrochen. Nacherzählen kann ich es nicht, ich weiß eigentlich nur die zwei ersten und die zwei letzten Sätze, das Mittelstück war eine einzige, näher nicht mitteilbare Qual. Ich sagte statt einer Begrüßung, schnell, durch irgendetwas in Deinem Gesicht dazu bestimmt: »Du hast mich Dir anders vorgestellt«, Du antwortest: »Wenn ich aufrichtig sein soll, ich dachte, Du wärest fescher« (eigentlich sagtest Du einen noch wienerischeren Ausdruck, aber ich habe ihn vergessen).

Das waren die ersten zwei Sätze (in diesem Zusammenhang fällt mir ein: weißt Du eigentlich, daß ich vollständig, in einer meiner Erfahrung nach überhaupt sonst nicht vorkommenden Vollständigkeit unmusikalisch bin?), nun war ja damit im Grunde alles entschieden, was denn noch? Aber nun begannen die Verhandlungen wegen eines Wiedersehns, allerunbestimmteste Ausdrücke auf Deiner Seite, unaufhörlich drängende Fragen auf meiner.

Jetzt griff meine Begleitung ein, man erzeugte die Meinung, daß ich nach Wien auch deshalb gekommen sei, um eine landwirtschaftliche Schule in der Nähe Wiens zu besuchen, jetzt schien es ja, als ob ich Zeit dazu haben sollte, offenbar wollte man mich aus Barmherzigkeit fortschaffen. Ich durchschaute es, ging aber doch mit zur Bahn, wahrscheinlich weil ich hoffte, daß so ernsthafte Abfahrts-Absichten auf Dich Eindruck machen würden. Wir kamen alle auf den nahen Bahnhof, aber nun zeigte es sich, daß ich den Namen des Ortes vergessen hatte, wo die Schule sein sollte. Wir standen vor den großen Fahrplänen, immerfort lief man mit den Fingern die Stationsnamen ab und fragte mich, ob es vielleicht dieser oder jener sei, aber es war keiner von diesen. Inzwischen konnte ich Dich ein wenig ansehen, übrigens war es mir äußerst gleichgiltig, wie Du aussahst, es kam mir nur auf Dein Wort an. Du warst Dir ziemlich unähnlich, jedenfalls viel dunkler, mageres Gesicht, mit runden Wangen hätte man auch nicht so grausam sein können. (Aber war es denn grausam?) Dein Anzug war merkwürdiger Weise aus dem gleichen Stoff wie meiner, war auch sehr männlich und gefiel mir eigentlich gar nicht. Dann aber erinnerte ich mich an eine Briefstelle den Vers: dvoje šaty mám a přece slušně vypadám) (Ich habe zwei Kleider und sehe doch nett aus) und so groß war die Macht Deines Wortes über mich, daß mir von da an das Kleid sehr gefiel. Aber nun war das Ende da, meine Begleitung suchte noch die Fahrpläne ab, wir standen abseits und verhandelten. Der letzte Stand der Verhandlung war etwa der: nächsten Tag war Sonntag; es war Dir bis zur Widerlichkeit unbegreiflich, wie ich annehmen konnte, daß Du Sonntag für mich Zeit haben könntest. Schließlich aber gabst Du scheinbar nach und sagtest, daß Du vierzig Minuten Dir doch absparen wolltest. (Das Schrecklichste des Gespräches waren natürlich nicht die Worte, sondern der Untergrund, die Zwecklosigkeit des Ganzen, es war auch Dein fortwährendes stillschweigendes Argument: »Ich will nicht kommen. Was kann es Dir also helfen, wenn ich doch komme?«) Wann Du aber diese vierzig Minuten frei haben würdest, konnte ich von Dir nicht erfahren. Du wußtest es nicht; trotz alles scheinbar angestrengten Nachdenkens konntest Du es nicht bestimmen. Schließlich fragte ich: »Soll ich vielleicht den ganzen Tag warten?« – »Ja«, sagtest Du und wandtest Dich zu einer bereitstehenden, Dich erwartenden Gesellschaft. Der Sinn der Antwort war, daß Du gar nicht kommen werdest und daß das einzige Zugeständnis, das Du mir machen könntest, die Erlaubnis sei, warten zu dürfen. »Ich werde nicht warten«, sagte ich leise, und da ich glaubte, Du hättest es nicht gehört, und es doch mein letzter Trumpf war, schrie ich es Dir verzweifelt nach. Aber Dir war es gleichgültig, Du kümmertest Dich nicht mehr darum. Ich wankte irgendwie in die Stadt zurück.

Aber zwei Stunden später kamen Briefe und Blumen, Güte und Trost.

Dein F

Die Adressen, Milena, sind wieder undeutlich, von der Post überschrieben und ergänzt. Die Adresse nach der ersten Bitte war prachtvoll, eine Mustertabelle schöner, verschiedenartiger, allerdings auch nicht eigentlich lesbarer Schrifttypen. Hätte die Post meine Augen, sie könnte fast nur Deine Adressen lesen und keine sonst. Aber da es die Post ist –

Montag

Du hast recht, als ich jetzt – ich bekam die Briefe leider spät abend und will morgen früh mit dem Ingenieur einen kleinen Ausflug nach Bozen machen – den Vorwurf wegen des Kindchens las, sagte ich mir wirklich: Genug, diese Briefe kannst Du heute nicht lesen, ein wenig mußt Du doch schlafen, wenn Du morgen früh den Ausflug machen willst, – und es brauchte ein kleines Weilchen, ehe ich weiterlas und verstand und die Spannung sich löste und ich, wenn Du hier wärest (womit nicht nur körperliche Nähe gemeint ist) das Gesicht aufatmend in Deinen Schoß hätte legen können. Das heißt doch krank sein, nicht? Ich kenne Dich doch und weiß auch, daß »Kindchen« keine so furchtbare Anrede ist. Auch verstehe ich Spaß, aber alles kann mir auch Drohung sein. Wenn Du mir schreiben wirst: »Gestern habe ich die ›und‹ in Deinem Brief zusammengezählt, es waren so und so viele; wie kannst Du Dir erlauben, mir ›und‹ zu schreiben und gerade so und so viele« – so werde ich, wenn Du ernst bleibst, vielleicht auch überzeugt sein, daß ich Dich damit beleidigt habe und genug unglücklich sein. Und schließlich könnte es ja wirklich vielleicht eine Kränkung sein, das ist schwer nachzuprüfen.

Auch darfst Du nicht vergessen, daß Scherz und Ernst zwar an sich leicht zu unterscheiden sind, aber bei Menschen, die so bedeutend sind, daß das eigene Leben von ihnen abhängt, ist das doch auch wieder nicht leicht, das Risiko ist doch so groß, man bekommt Mikroskop-Augen, und wenn man die einmal hat, kennt man sich überhaupt nicht mehr aus. In dieser Hinsicht war ich wohl auch in meiner starken Zeit nicht stark. Zum Beispiel in der ersten Volksschulklasse. Unsere Köchin, eine kleine trockene, magere, spitznasige, wangenhohl, gelblich, aber fest, energisch und überlegen, führte mich jeden Morgen in die Schule. Wir wohnten in dem Haus, welches den kleinen Ring vom großen Ring trennt. Da ging es also zuerst über den Ring, dann in die Teingasse, dann durch eine Art Torwölbung in die Fleischmarktgasse zum Fleischmarkt hinunter. Und nun wiederholte sich jeden Morgen das Gleiche wohl ein Jahr lang. Beim Aus-dem-Haus-treten sagte die Köchin, sie werde dem Lehrer erzählen, wie unartig ich zuhause gewesen bin. Nun war ich ja wahrscheinlich nicht sehr unartig, aber doch trotzig, nichtsnutzig, traurig, böse und es hätte sich daraus wahrscheinlich immer etwas Hübsches für den Lehrer zusammenstellen lassen. Das wußte ich und nahm also die Drohung der Köchin nicht leicht. Doch glaubte ich zunächst, daß der Weg in die Schule ungeheuer lang sei, daß da noch vieles geschehen könne (aus solchem scheinbaren Kinderleichtsinn entwickelt sich allmählich, da ja eben die Wege nicht ungeheuer lang sind, jene Ängstlichkeit und totenaugenhafte Ernsthaftigkeit)auch war ich, wenigstens noch auf dem Altstädter Ring, sehr im Zweifel, ob die Köchin, die zwar Respektsperson, aber doch nur eine häusliche war, mit der Welt-Respekts-Person des Lehrers überhaupt zu sprechen wagen würde. Vielleicht sagte ich auch etwas derartiges, dann antwortete die Köchin gewöhnlich kurz mit ihren schmalen unbarmherzigen Lippen, ich müsse es ja nicht glauben, aber sagen werde sie es. Etwa in der Gegend des Einganges zur Fleischmarktgasse – es hat noch eine kleine historische Bedeutung für mich (in welcher Gegend hast Du als Kind gelebt?) – bekam die Furcht vor der Drohung das Übergewicht. Nun war ja die Schule schon an und für sich ein Schrecken und jetzt wollte es mir die Köchin noch so erschweren. Ich fing [an] zu bitten, sie schüttelte den Kopf, je mehr ich bat, desto wertvoller erschien mir das, um was ich bat, desto größer die Gefahr, ich blieb stehn und bat um Verzeihung, sie zog mich fort, ich drohte ihr mit der Vergeltung durch die Eltern, sie lachte, *hier* war sie allmächtig, ich hielt mich an den Geschäftsportalen, an den Ecksteinen fest, ich wollte nicht weiter, ehe sie mir nicht verziehen hatte, ich riß sie am Rock zurück (leicht hatte sie es auch nicht), aber sie schleppte mich weiter unter der Versicherung, auch dieses noch dem Lehrer zu erzählen, es wurde spät, es schlug acht von der Jakobskirche, man hörte die Schulglocken, andere Kinder fingen zu laufen an, vor dem Zuspätkommen hatte ich immer die größte Angst, jetzt mußten auch wir laufen und immerfort die Überlegung: »sie wird es sagen, sie wird es nicht sagen« – nun: sie sagte es nicht, niemals, aber immer hatte sie die Möglichkeit und sogar eine scheinbar steigende Möglichkeit (gestern habe ich es nicht gesagt, aber heute werde ich es ganz bestimmt sagen) und die ließ sie niemals los. Und manchmal–denke Milena – stampfte sie auch auf der Gasse vor Zorn über mich und auch eine Kohlenhändlerin war manchmal irgendwo und schaute zu. Milena, was für Narrheiten und wie gehöre ich Dir mit allen Köchinnen und Drohungen und diesem ganzen ungeheueren Staub, den 38 Jahre aufgewirbelt haben und der sich in die Lungen setzt.

Aber das alles wollte ich gar nicht sagen oder wenigstens anders, es ist spät, ich muß aufhören, um schlafen zu gehen und ich werde nicht schlafen können, weil ich Dir zu schreiben aufgehört habe. Wenn Du einmal wissen willst, wie es früher mit mir war, schicke ich Dir von Prag den Riesenbrief, den ich vor etwa einem halben Jahr meinem Vater geschrieben, aber noch nicht gegeben habe.

Und Deinen Brief beantworte ich morgen oder wenn abend zu spät sein sollte, erst übermorgen. Ich bleibe paar Tage länger, weil ich auf den Besuch bei den Eltern in Franzensbad verzichtet habe, verzichtet kann man allerdings eigentlich das einfache Auf-dem-Balkon-liegen-bleiben nicht nennen.

Und noch einmal Dank für Deinen Brief.

F

Dienstag

Heute früh habe ich wieder von Dir geträumt. Wir saßen neben einander und Du wehrtest mich ab, nicht böse, freundlich. Ich war sehr unglücklich. Nicht über die Abwehr, sondern über mich, der ich Dich behandelte wie eine beliebige stumme Frau und die Stimme überhörte, die aus Dir sprach und gerade zu mir sprach. Oder vielleicht, ich hatte sie nicht überhört, aber ich hatte ihr nicht antworten können. Trostloser als im ersten Traum ging ich fort.

Es fällt mir dabei ein, was ich einmal bei jemandem etwa so gelesen habe: »Meine Geliebte ist eine Feuersäule, die über die Erde zieht. Jetzt hält sie mich umschlossen. Aber nicht die Umschlossenen führt sie, sondern die Sehenden.«

Dein

(nun verliere ich auch noch den Namen; immerfort ist
er kürzer geworden und jetzt heißt er: Dein)

Die zwei Briefe kamen gemeinsam, mittag; sie sind nicht zum lesen da, sondern um ausgebreitet zu werden, das Gesicht in sie zu legen und den Verstand zu verlieren. Aber nun zeigt es sich, daß es gut ist, wenn man ihn schon fast verloren hat, denn den Rest hält man dann noch möglichst lange zusammen. Und darum sagen meine 38 jüdischen angesichts Ihrer 24 christlichen Jahre:

Wie wäre das? Und wo sind die Weltgesetze und die ganze Polizei des Himmels? Du bist 38 Jahre alt und so müde, wie man wahrscheinlich durch Alter überhaupt nicht werden kann. Oder richtiger: du bist gar nicht müde, sondern unruhig, sondern fürchtest dich nur einen Schritt zu tun auf dieser von Fuß-Fallen strotzenden Erde, hast deshalb eigentlich immer gleichzeitig beide Füße in der Luft, bist nicht müde, sondern fürchtest dich nur vor der ungeheuren Müdigkeit, die dieser ungeheuren Unruhe folgen wird und (du bist doch Jude und weißt, was Angst ist) die sich etwa als blödsinniges Hinstieren denken läßt, besten Falls, im Irrenhausgarten hinter dem Karlsplatz. Gut, das wäre also deine Lage. Einige Gefechte hast du mitgefochten, Freund und Feind dabei unglücklich gemacht (und hattest doch sogar nur Freunde, gute, liebe Menschen, keinen Feind), bist schon dabei ein Invalide geworden, einer von denen, die zu zittern anfangen, wenn sie eine Kinderpistole sehn, und nun, nun plötzlich ist es dir so, als seiest du einberufen zu dem großen welterlösenden Kampf. Das wäre doch sehr sonderbar, nicht? Denke auch daran, daß vielleicht die beste Zeit deines Lebens, von der du eigentlich noch zu niemandem richtig gesprochen hast, vor etwa zwei Jahren jene acht Monate auf einem Dorf gewesen sind, wo du mit allem abgeschlossen zu haben glaubtest, dich nur auf das Zweifellose in dir beschränktest, frei warst, ohne Briefe, ohne die fünfjährige Postverbindung mit Berlin, im Schutz deiner Krankheit und dabei gar nicht viel an dir verändern, sondern nur die alten engen Umrisse deines Wesens fester nachziehn mußtest (im Gesicht unter den grauen Haaren hast du dich ja kaum verändert seit deinem sechsten Jahr). Daß das nicht das Ende war, hast du leider in den letzten 1 ½ Jahren erfahren, tiefer konntest du in dieser Richtung kaum fallen (ich nehme den letzten Herbst aus, wo ich anständig um die Ehe kämpfte), tiefer einen andern Menschen, ein gutes liebes, sich in Selbstlosigkeit auslöschendes Mädchen nicht mir dir hinunterziehn, tiefer nicht, in jeder Hinsicht auswglos. Auch nach der Tiefe hin. Gut, und nun ruft dich Milena mit einer Stimme, die dir in gleicher Stärke eindringt in Verstand und Herz. Natürlich, Milena kennt dich nicht, ein paar Geschichten und Briefe haben sie verblendet; sie ist wie das Meer, stark wie das Meer mit seinen Wassermassen und doch im Mißverständnis mit aller seiner Kraft hinstürzend, wenn der tote und vor allem ferne Mond es will. Sie kennt dich nicht und es ist vielleicht eine Ahnung der Wahrheit, wenn sie will, daß du kommst. Daß deine wirkliche Anwesenheit sie nicht mehr verblenden wird, dessen kannst du ja sicher sein. Willst du, zarte Seele, am Ende deshalb nicht kommen, weil du gerade das furchtest? Aber zugegeben: du hast hundert andere innere Gründe, nicht zu kommen (du hast sie wirklich) und außerdem noch einen äußern, daß du nämlich nicht imstande sein wirst, mit Milenas Mann zu sprechen oder ihn nur zu sehn und daß du ebensowenig imstande sein wirst, mit Milena zu sprechen oder sie zu sehn, wenn ihr Mann nicht dabei ist – das alles zugegeben, so stehn dem doch zwei Überlegungen entgegen:

Erstens wird Milena, wenn du sagst, daß du kommst, vielleicht gar nicht mehr wollen, daß du kommst, nicht etwa aus Wankelmütigkeit, sondern aus natürlicher Müdigkeit, sie wird dich gerne und erleichtert reisen lassen, wie du willst.

Zweitens aber fahre wirklich nach Wien! Milena denkt nur an das Sich-öffnen der Tür. Die wird sich allerdings öffnen, aber dann? Dann wird dort ein langer magerer Mensch stehn, freundlich lächeln (das wird er immerfort tun, er hat das von einer alten Tante, die auch immerfort gelächelt hat, beide aber machen es nicht aus Absicht, nur aus Verlegenheit) und wird sich dann setzen, wohin man zeigen wird. Damit wird eigentlich die Feierlichkeit zuende sein, denn reden wird er kaum, dazu fehlt es ihm an Lebenskraft (mein neuer Tischgenosse hier sagte gestern mit Bezug auf die vegetarische Kost des stummen Mannes: »ich glaube: für geistige Arbeit ist Fleischkost unbedingt erforderlich«), er wird nicht einmal glücklich sein, auch dazu fehlt es ihm an Lebenskraft.

Nun sehen Sie, Milena, ich spreche offen. Sie sind aber klug, Sie merken die ganze Zeit über, daß ich zwar die Wahrheit (die volle, unbedingte und haargenaue) spreche, aber zu offen. Ich hätte ja ohne diese Ankündigung kommen und Sie kurzer Hand entzaubern können. Daß ich es nicht getan habe, ist aber nur ein Beweis mehr für meine Wahrheit, meine Schwäche. Ich bleibe noch vierzehn Tage, hauptsächlich deshalb, weil ich mich schäme und fürchte, mit diesem Kurerfolg zurückzukommen. Zuhause und, was besonders ärgerlich ist, in meiner Anstalt erwartet man von dieser Urlaubsreise etwas wie annähernde Gesundung. Quälend diese Anfragen: wieviel hast du schon wieder zugenommen? Und man nimmt ab. Spare nicht! (Gegen meinen Geiz gerichtet.) Und ich zahle die Pension; kann aber nicht essen. Und dergleichen Späße.

Noch so vieles zu sagen, aber der Brief ginge nicht ab. Ja, das wollte ich noch sagen: wenn Sie gegen Ende der vierzehn Tage noch so fest wie Freitag es wollen, daß ich komme, dann komme ich.

Ihr F

Noch einmal Samstag
Diese Kreuz- und Quer-Briefe müssen aufhören, Milena, die machen uns toll, man weiß nicht, was man geschrieben hat, nicht, worauf geantwortet wird und zittert immer, wie es auch sei. Dein Tschechisch verstehe ich sehr gut, höre auch das Lachen, aber ich wühle mich ja in Deine Briefe noch zwischen Wort und Lachen, dann höre ich nur das Wort und außerdem ist ja mein Wesen: Angst.

Ob Du nach meinen Mittwoch-Donnerstag Briefen mich noch sehen willst, kann ich nicht berechnen, meine Beziehung zu Dir kenne ich (*Du gehörst zu mir,* selbst wenn ich Dich nie mehr sehen würde), ich kenne sie, soweit sie nicht in das unübersichtliche Gebiet der Angst gehören, Deine Beziehung zu mir kenne ich aber gar nicht, sie gehört ganz der Angst an. Du kennst mich auch nicht, Milena, ich wiederhole das. [Am Rande links:] Ja, Du verstehst mich doch auch nicht, Milena, die »Judenfrage« war doch nur dummer Spaß.

Für mich ist es ja etwas Ungeheuerliches was geschieht, meine Welt stürzt ein, meine Welt baut sich auf, sieh zu, wie du (dieses Du bin ich) dabei bestehst. Um das Stürzen klage ich nicht, sie war im Stürzen, über ihr Sichaufbauen klage ich, über meine schwachen Kräfte klage ich, über das Geboren-werden klage ich, über das Licht der Sonne klage ich.
    Wie werden wir weiter leben? Wenn Du zu meinen Antwortbriefen: »Ja« sagst, darfst Du in Wien nicht weiter leben, das ist unmöglich.
    Milena, es handelt sich ja nicht darum, Du bist für mich keine Frau, bist ein Mädchen, wie ich kein Mädchenhafteres gesehen habe, ich werde Dir ja die Hand nicht zu reichen wagen, Mädchen, die schmutzige, zuckende, krallige, fahrige unsichere, heiß-kalte Hand.

F

Was den Prager Dienstmann betrifft, so ist das ein schlechter Plan. Du wirst nur ein leeres Haus finden. Es ist mein Bureau. Inzwischen werde ich Altstädter Ring Nr. 6 im dritten Stock am Schreibtisch sitzen, das Gesicht in den Händen.

Mittwoch

Es ist schwer, die Wahrheit zu sagen, denn es gibt zwar nur eine, aber sie ist lebendig und hat daher ein lebendig wechselndes Gesicht krásná vůbec nikdy, vážně ne, snad někdy hezká. (Schön überhaupt niemals, wirklich nicht, vielleicht manchmal hübsch.)
    Hätte ich Dir in der Nacht von Montag auf Dienstag geantwortet, wäre es schrecklich gewesen, ich lag im Bett wie in der Folter, *die ganze* Nacht antwortete ich Dir, klagte Dir, suchte Dich von mir abzuschrecken, verfluchte mich. (Es lag auch daran, daß ich den Brief spät abend bekam und für die ernsten Worte in der Nähe der Nacht zu aufgeregt und empfänglich war.) Dann fuhr ich früh nach Bozen, mit der elektrischen Bahn nach Klobenstein, 1200 m hoch, atmete, allerdings nicht ganz bei Verstande, reine, fast kalte Luft nahe genüber den ersten Dolomitenketten, schrieb dann auf der Rückfahrt für Dich das folgende, das ich jetzt abschreibe, und finde sogar dieses, wenigstens heute, allzu scharf; so ändern sich die Tage:
    Endlich bin ich allein, der Ingenieur ist in Bozen geblieben, ich fahre zurück. Ich habe gar nicht so sehr darunter gelitten, daß sich der Ingenieur und die Gegenden zwischen mich und Dich schoben, denn sogar ich bin nicht bei mir gewesen. Bis 12½ Uhr habe ich gestern den Abend in Schreiben und dann noch

mehr Nachdenken mit Dir verbracht, dann war ich kaum mit paar Augenblicken Schlaf bis 6 Uhr im Bett, dann riß ich mich heraus, so wie ein fremder Mensch einen fremden Menschen aus dem Bett reißt, und das war gut, denn ich hätte den Tag in Meran trostlos verduselt und verschrieben. Daß mir dieser Ausflug kaum eigentlich bewußt geworden ist und er in meiner Erinnerung nur als ein nicht sehr deutlicher Traum zurückbleiben wird, macht nicht viel. Die Nacht ist so gewesen, weil Du mit Deinem Brief (Du hast einen durchdringenden Blick, das wäre aber nicht viel, das Volk läuft ja auf der Gasse herum und lockt den Blick an sich, aber Du hast den Mut dieses Blicks und vor allem die Kraft, noch weiterzusehn über diesen Blick hinaus; dieses Weitersehn ist die Hauptsache und das kannst Du) alle diese alten Teufel, die mit einem Auge schlafen und mit dem andern ihre Gelegenheit abpassen, wieder aufgeweckt hast, was zwar fürchterlich ist, Angstschweiß ausbrechen läßt (ich schwöre Dir: vor nichts anderem als vor ihnen, vor den unfaßbaren Mächten), aber es ist gut, ist gesund, man nimmt ihre Revue ab und weiß, daß sie da sind. Trotzdem stimmt Deine Erklärung meines »Du mußt aus Wien fort« nicht ganz. Ich habe es nicht leichtsinnig hingeschrieben, auch fürchtete ich nicht die greifbare Last (ich verdiene nicht viel, aber es würde gut für uns beide reichen, glaube ich, natürlich wenn nicht Krankheit dazwischen kommt) auch bin ich aufrichtig nach meiner Denk- und Ausdruckskraft (war es auch früher, allerdings hast erst Du den wirklichen, helfenden Blick dafür). Was ich fürchte und mit aufgerissenen Augen fürchte und *in* sinnloser Versunkenheit in Angst (wenn ich so schlafen könnte, wie ich in Angst versinke, ich lebte nicht mehr), ist nur diese innere Verschwörung gegen mich (die Du besser aus dem Brief an meinen Vater verstehen wirst, allerdings auch nicht ganz, denn der Brief ist doch zu sehr auf sein Ziel hin konstruiert), die sich etwa darauf gründet, daß ich, der ich im großen Schachspiel noch nicht einmal Bauer eines Bauern bin, weit davon entfernt, jetzt gegen die Spielregeln und zur Verwirrung alles Spiels auch noch den Platz der Königin besetzen will – ich der Bauer des Bauern, also eine Figur, die es gar nicht gibt, die gar nicht mitspielt – und dann vielleicht gleich auch noch den Platz des Königs selbst oder gar das ganze Brett, und daß, wenn ich das wirklich wollte, es auf andere unmenschlichere Weise geschehen müßte.

Darum hat der Vorschlag, den ich Dir gemacht habe, für mich eine viel größere Bedeutung als für Dich. Er ist das im Augenblick Zweifellose, Unangekränkelte, unbedingt Beglückende.

———————

So war es gestern, heute würde ich zum Beispiel sagen, daß ich sicher nach Wien kommen werde, da aber heute heute und morgen morgen ist, lasse ich mir noch die Freiheit. Überraschen werde ich Dich keinesfalls, auch nicht nach Donnerstag kommen. Komme ich nach Wien, schreibe ich Dir einen Rohrpostbrief (ich könnte niemanden sehn außer Dir, das weiß ich), vor Dienstag gewiß nicht. Ich käme am Südbahnhof an, weiß noch nicht, wo ich wegfahre, würde also beim Südbahnhof wohnen; schade daß ich nicht weiß, wo Du Deine Südbahn-Stunden gibst, da könnte ich ja um 5 Uhr dort warten. (Diesen Satz muß ich schon in einem Märchen gelesen haben, irgendwo in der Nähe des andern Satzes: Wenn sie noch nicht gestorben sind, so leben sie noch heute.) Ich sah heute einen Plan von Wien, einen Augenblick lang erschien es mir unverständlich, daß man eine so große Stadt aufgebaut hat, während Du doch nur ein Zimmer brauchst.

F

Ich lese nachträglich eine Bemerkung wegen des Essens, ja, das würde sich dann bei mir gewiß auch einrichten, bei einem so wichtigen Mann, der ich dann geworden wäre. – Ich lese die zwei Briefe so wie der Spatz die Krumen in meinem Zimmer aufklaubt, zitternd, horchend, spähend, alle Federn aufgebauscht.

Donnerstag

Man ist unausgeschlafen viel gescheiter als ausgeschlafen, gestern war ich ein wenig ausgeschlafen, gleich schrieb ich die bestimmten Dummheiten über die Wiener Reise. Schließlich ist diese Reise nichts Geringes, nichts um Spaße damit zu machen. Überraschen werde ich Dich jedenfalls auf keine Weise, ich zittere allein schon bei der Vorstellung dessen. Ich komme ja gar nicht in Deine Wohnung. Hast Du Donnerstag noch keinen Rohrpostbrief, dann bin ich nach Prag gefahren. Übrigens käme ich, wie ich höre, doch am Westbahnhof an, – gestern schrieb ich, glaube ich, Südbahnhof– nun, das ist ja gleichgültig. Ich bin auch nicht allzusehr über dem allgemeinen Höchstmaß unpraktisch, untransportabel, nachlässig (vorausgesetzt daß ich ein wenig geschlafen habe), darin mußt Du keine Sorge haben, steige ich in den Wagen, der nach Wien fährt, so steige ich höchstwahrscheinlich auch in Wien wieder aus, nur das Einsteigen macht allerdings Umstände. Also auf Wiedersehn (aber es muß nicht in Wien, kann auch in Briefen sein).

F

Und was Milena betrifft, so hat das mit Deutschtum und Judentum gar nichts zu tun. Am besten verstehen tschechisch (abgesehen von den tschechischen Juden natürlich) die Herren von »Naše řeč«, am zweitbesten die Leser der Zeitschrift, am drittbesten die Abonnenten und Abonnent bin ich ... Als solcher sage ich Dir, daß an Milena tschechisch eigentlich nur das Diminutiv ist: milenka. Ob es Dir gefällt oder nicht, das sagt die Philologie.

Komme ich nach Wien, werde ich Dir also ans Postamt telegraphieren oder schreiben. Dienstag oder Mittwoch. Ich habe gewiß alle Briefe frankiert, merkte man nicht am Kuvert, daß die Marken abgerissen waren?

Freitagabend

Ich habe heute früh dumm geschrieben, nun kommen Deine beiden übervollen lieben Briefe. Ich beantworte sie mündlich, Dienstag bin ich, wenn nichts Unerwartetes innen oder außen geschieht, in Wien. Es wäre ja sehr vernünftig, wenn ich (Dienstag ist, glaube ich, Feiertag, vielleicht ist das Postamt, wohin ich Dir dann aus Wien telegraphieren oder Rohrpost schreiben will, geschlossen) heute schon sagen würde, wo ich Dich erwarten will, aber ich würde bis dahin ersticken, wenn ich heute jetzt einen Ort nennen würde und ich diesen Ort drei Tage und drei Nächte sehen würde, wie er leer ist und wartet, daß ich ihn Dienstag um eine bestimmte Stunde betrete. Gibt es überhaupt, Milena, auf der Welt soviel Geduld, wie für mich nötig ist? Sag es mir Dienstag.

F

[Kartenbrief, Poststempel 29. VI. 20. Wien]

Dienstag, 10 Uhr

Ankommen wird der Brief bis 12 Uhr wohl nicht oder vielmehr ganz gewiß nicht, es ist schon 10. Dann also erst morgen, es ist vielleicht gut so, denn ich bin zwar in Wien, sitze in einem Kaffeehaus am Südbahnhof (was ist das für ein Kakao, für ein Gebäck, davon lebst Du»), aber bin doch nicht vollständig hier, schlief zwei Nächte nicht, ob ich allerdings die dritte Nacht schlafen werde im *Hotel Riva* am Südbahnhof, wo ich wohne, neben einer Garage? Es fällt mir nichts Besseres ein: ich erwarte Dich Mittwoch von 10 Uhr Vormittag ab vor dem Hotel. Bitte, Milena, überrasche mich nicht durch Von-der-Seite oder Von-Rückwärts-Herankommen, ich will es auch nicht tun –. Heute werde ich mir wahrscheinlich die Sehenswürdigkeiten ansehn: L.-straße, Postamt, den Gürtel vom Südbahnhof zur L.-straße, die Kohlenhändlerin und dgl., möglichst unsichtbar.

Dein

[Prag] Sonntag

Heute Milena, Milena, Milena – ich kann nicht weiter anderes schreiben. Doch. Heute also, Milena, nur in Eile, Müdigkeit und Nicht-Gegenwart (letztere allerdings auch morgen). Wie soll man auch nicht müde sein, man verspricht einem kranken Menschen ein Viertel-Jahr Urlaub und gibt ihm vier Tage und von Dienstag und Sonntag nur ein Stück und noch die Abende und Morgen hat man abgeschnitten. Habe ich nicht recht, daß ich nicht ganz gesund geworden bin? Habe ich nicht Recht? Milena! (In Dein linkes Ohr gesprochen, während Du daliegst auf dem armen Bett in einem tiefen Schlaf guten Ursprungs und Dich langsam, ohne es zu wissen, von rechts nach links wendest meinem Munde zu.) Die Reise? Zuerst war es ganz einfach, auf dem Perron war keine Zeitung zu haben. Ein Grund hinauszulaufen, Du warst nicht mehr dort, das war in Ordnung. Dann stieg ich wieder ein, man fuhr ab, ich fing die Zeitung zu lesen an, alles war noch in Ordnung, nach einem Weilchen hörte ich auf zu lesen, nun aber warst Du plötzlich nicht mehr da, vielmehr Du warst da, das fühlte ich in allem was ich bin, aber diese Art des Daseins war doch sehr anders, als in den vier Tagen und ich mußte mich erst daran gewöhnen. Wieder fing ich zu lesen an, das Tagebuchblatt von Bahr begann aber mit einer Beschreibung des Bades Kreuzen bei Grein a/D. Nun ließ ich das Lesen, aber als ich hinaussah, fuhr ein Zug vorüber und auf dem Waggon stand: Grein. Ich sah in das Coupe zurück. Gegenüber las ein Herr die »Narodni Listy« vom letzten Sonntag, ich sah dort ein Feuilleton von Rüzena Jesens-ka, borge es mir aus, fange es nutzlos an, lasse es liegen und sitze nun da genau mit Deinem Gesicht, wie es beim Abschied auf dem Bahnhof war. Eine Naturerscheinung war das dort auf dem Perron, wie ich sie noch nie gesehn habe: Sonnenlicht, das nicht durch Wolken, sondern aus sich selbst trübe wird.

Was soll ich noch sagen? Die Kehle folgt nicht, die Hände folgen nicht.

Dein

Morgen dann die wunderbare Geschichte der weitern Reise.

Sonntag, ein Weilchen später.
Ein Dienstmann bringt den beiliegenden Brief (bitte zerreiße ihn gleich, auch den von Max) er will gleich Antwort, ich schreibe, daß ich um 9 Uhr dort sein werde. Was ich zu sagen habe, ist ja so klar, wie ich es sagen werde, weiß ich nicht. Lieber Himmel, wenn ich verheiratet wäre, nachhause käme, nicht den Dienstmann finden würde sondern das Bett, unzugänglich sich darin zu verkriechen ohne jeden unterirdischen Gang nach Wien! Ich sage mir das, um mir deutlich zu machen, wie leicht das Schwere ist, was mir bevorsteht.

Dein

Ich schicke Dir den Brief, als könnte ich dadurch erreichen, daß Du besonders eng neben mir bist, wenn ich dort vor dem Hause auf und ab gehen werde.

Sonntag ½12
3) Ich numeriere
   wenigstens diese
   Briefe, keiner darf
   Dich verfehlen, so
   wie ich Dich nicht
   verfehlen durfte in
   dem kleinen Park.
Kein Ergebnis, trotzdem alles doch so klar ist und von mir auch so gesagt

wurde. Einzelheiten will ich nicht erzählen, nur daß sie kein auch nur von der Ferne böses Wort über Dich oder mich sagte. Ich war vor lauter Klarheit nicht einmal mitleidig. Nur das konnte ich der Wahrheit gemäß sagen, daß sich zwischen mir und ihr nichts geändert hat und kaum jemals etwas ändern wird, nur – nichts mehr, abscheulich ist es, Henkerberuf ist es, das ist nicht mein Beruf. Nur das eine, Milena, wenn sie schwer krank wird (sie sieht sehr schlecht aus und ist maßlos verzweifelt, ich muß morgen nachmittag wieder zu ihr kommen), wenn sie also krank wird oder sonst etwas mit ihr geschieht, ich habe keine Macht mehr darüber, denn ich kann ihr immerfort nur die Wahrheit sagen und diese Wahrheit ist nicht nur Wahrheit, sondern mehr, sondern Aufgelöstsein in Dir, während ich neben ihr gehe – wenn also etwas geschieht, dann, Milena, mußt Du kommen.

F

Dumme Rede, Du kannst ja nicht kommen, aus *dem gleichen* Grunde.

Morgen schicke ich Dir den Vater-Brief in die Wohnung, heb ihn bitte gut auf, ich könnte ihn vielleicht doch einmal dem Vater geben wollen. Laß ihn womöglich niemand lesen. Und verstehe beim Lesen alle advokatorischen Kniffe, es ist ein Advokatenbrief. Und vergiß dabei niemals Dein großes Trotzdem.

Montag früh

Ich schicke Dir den »armen Spielmann« heute, nicht weil er eine große Bedeutung für mich hat, einmal hatte er sie vor Jahren. Ich schicke ihn aber, weil er so wienerisch, so unmusikalisch, so zum Weinen ist, weil er im Volksgarten auf uns hinuntergesehen hat (auf uns! Du gingst ja neben mir, Milena, denk nur, Du bist neben mir gegangen), weil er so bureaukratisch ist und weil er ein geschäftstüchtiges Mädchen geliebt hat.

---

4)   Montagvormittag

Früh bekam ich den Brief von Freitag, später den Freitag-Nachtbrief. Der erste so traurig, trauriges Bahnhofgesicht, traurig nicht so sehr wegen seines Inhalts, als weil er veraltet ist, alles das schon vorüber ist, der gemeinsame Wald, die gemeinsame Vorstadt, die gemeinsame Fahrt. Es geht ja nicht vorüber, diese schnurgerade, gemeinsame Fahrt, hinauf durch die steinerne Gasse, zurück durch die Allee in der Abendsonne, es hört nicht auf und es ist doch ein dummer Scherz zu sagen, daß es nicht aufhört. Akten Hegen hier herum, paar Briefe, die ich jetzt gelesen habe, Begrüßungen beim Direktor (nicht entlassen) und sonst noch da und dort, und zu allem läutet eine kleine Glocke im Ohr: »sie ist nicht mehr bei dir«, allerdings gibt es auch noch eine gewaltige Glocke irgendwo im Himmel und die läutet: »sie wird dich nicht verlassen«, aber die kleine Glocke ist eben im Ohr. Und dann ist wieder der Nachtbrief da, unverständlich, wie man ihn lesen kann, unverständlich, wie sich die Brust genug weiten und zusammenziehen kann, um diese Luft zu atmen, unverständlich, wie man fern von Dir sein kann.

Und trotzdem, ich klage nicht, das alles ist keine Klage und ich habe Dein Wort.

Jetzt die Geschichte der Reise und dann sage noch, daß Du kein Engel bist: seit jeher wußte ich, daß mein österreichisches Visum eigentlich (und uneigentlich) schon vor zwei Monaten abgelaufen war, aber in Meran hatte man mir gesagt, daß es für die Durchfahrt überhaupt nicht nötig sei, und tatsächlich machte man mir jetzt bei der Einreise in Österreich keine Aussetzung. Deshalb vergaß ich auch in Wien diesen Fehler vollständig. In Gmünd aber bei der Paßstelle fand der Beamte – ein junger Mann, hart – diesen Fehler gleich heraus. Der Paß wurde beiseite gelegt, alle durften weiter zur Zollrevision gehn, ich nicht, das war schon schlimm genug (immerfort werde ich gestört, es ist doch der erste Tag, ich bin noch nicht verpflichtet, Bureaugeschwätz anzuhören, und immerfort kommt man und will mich von Dir forttreiben, das heißt Dich von mir, aber es wird nicht gelingen, Milena, nicht wahr? niemandem, niemals). So war es also, aber da fingst schon Du zu arbeiten an. Ein Grenzpolizist kommt – freundlich, offen, österreichisch, teilnehmend, herzlich – und führt mich über Treppen und Gänge ins Grenzinspektorat. Dort steht schon mit einem ähnlichen Paßfehler eine rumänische Judenfrau, merkwürdigerweise auch Deine freundliche Abgesandte, Du Judenengel. Aber die Gegenkräfte sind noch *viel* stärker. Der große Inspektor und sein kleiner Adjunkt, beide gelb mager verbissen, wenigstens jetzt, übernehmen den Paß. Der Inspektor ist gleich fertig: »Nach Wien zurückfahren und den Sichtvermerk bei der Polizei holen!« Ich kann nichts anderes sagen als mehrere Male: »Das ist für mich schrecklich.« Der Inspektor antwortet ebenfalls mehrere Male ironisch und böse: »Das kommt Ihnen nur so vor.« »Kann man nicht telegraphisch den Vermerk bekommen?« »Nein« »Wenn man alle Kosten trägt?« »Nein« »Gibt es hier keine höhere Instanz?« »Nein«. Die Frau, die mein Leid sieht und großartig ruhig ist, bittet den Inspektor, daß er wenigstens mich durchlassen soll. Zu schwache Mittel, Milena! So bringst Du mich nicht durch. Ich muß den langen Weg zur Paßstelle wieder zurückgehn und mein Gepäck holen, mit der heutigen Abreise ist es also endgültig vorbei. Und nun sitzen wir in dem Grenzinspektoratszimmer beisammen, auch der Polizist weiß wenig Trost, nur daß die Gültigkeit der Fahrkarten sich verlängern läßt und dgl., der Inspektor hat sein letztes Wort gesagt und sich in sein Privatbureau zurückgezogen, nur der kleine Adjunkt ist noch da. Ich rechne: der nächste Zug nach Wien fährt um 10 Uhr abends ab, kommt um ½ 3 nachts in Wien an. Von dem Riva-Ungeziefer bin ich noch zerbissen, wie wird mein Zimmer beim Franz Josefs-Bahnhof aussehn? Aber ich bekomme ja überhaupt keines, nun dann fahre ich (ja, um ½ 3) in die L.-Straße und bitte um Unterkunft (ja, um 5 Uhr früh). Aber wie das auch sein wird, jedenfalls muß ich mir also Montagvormittag den Sichtvermerk holen (bekomme ich ihn aber gleich und nicht erst Dienstag?) und dann zu Dir gehn, Dich überraschen in der Tür, die Du öffnest. Lieber Himmel. Da macht das Denken eine Pause, dann aber geht es weiter: Aber in welchem Zustande werde ich sein nach der Nacht und der Fahrt und abend werde ich doch gleich wieder fortfahren müssen mit dem sechzehnstündigen Zug, wie werde ich in Prag ankommen und was wird der Direktor sagen, den ich also jetzt wieder telegraphisch um Urlaubsverlängerung bitten muß? Das alles willst Du gewiß nicht, aber was willst Du denn dann eigentlich? Es geht doch nicht anders. Die einzige kleine Erleichterung wäre, fällt mir ein, in Gmünd zu übernachten und erst früh nach Wien zu fahren und ich frage schon ganz müde den stillen Adjunkten nach einem Morgenzug, der nach Wien fährt. Um ½ 6 und kommt um 11 Uhr vormittag an. Gut, mit dem werde ich also fahren und die Rumänin auch. Aber hier ergibt sich plötzlich eine Wendung im Gespräch, ich weiß nicht auf welche Weise, es blitzt jedenfalls auf, daß der kleine Adjunkt uns helfen will. Wenn wir in Gmünd übernachten, wird er uns früh, wo er allein im Bureau ist, im Geheimen nach Prag mit dem Personenzug durchlassen, wir kommen dann um 4 Uhr nachmittag nach Prag. Dem Inspektor gegenüber sollen wir sagen, daß wir mit dem Morgenzug nach Wien fahren werden. Wunderbar! Allerdings nur verhältnismäßig wunderbar, denn nach Prag werde ich ja doch telegraphieren müssen. Immerhin. Der Inspektor kommt, wir spielen eine kleine Komödie den Wiener Morgenzug betreffend, dann schickt uns der Adjunkt fort, abend sollen wir ihn zur Besprechung des Weiteren im Geheimen besuchen. Ich in meiner Blindheit denke, das käme von Dir, während es in Wirklichkeit nur der letzte Angriff der Gegenkräfte ist. Nun gehn wir also, die Frau und ich, langsam aus dem Bahnhof (der Schnellzug, der uns hätte weiter bringen sollen, steht noch immer da, die Gepäckrevision dauert ja lange). Wie weit ist es in die Stadt? Eine Stunde. Auch das noch. Aber es zeigt sich, daß auch beim Bahnhof zwei Hotels stehn, in eines werden wir gehn. Ein Geleise führt nahe an den Hotels vorbei, das müssen wir noch überqueren, aber es kommt gerade ein Lastzug, ich will zwar noch rasch vorher hinübergehn, aber die Frau hält mich zurück, nun bleibt aber der Lastzug gerade vor uns stehn und wir müssen warten. Eine kleine Beigabe zum Unglück, denken wir. Aber gerade dieses Warten, ohne das ich Sonntag nicht mehr nach Prag gekommen wäre, ist die Wendung. Es ist, als hättest Du, so wie Du die Hotels am Westbahnhof abgelaufen hast, jetzt alle Tore des Himmels abgelaufen, um für mich zu bitten, denn jetzt kommt Dein Polizist den genug langen Weg vom Bahnhof atemlos uns nachgelaufen und schreit: »Schnell zurück, der Inspektor läßt Sie durch!« Ist es möglich? So ein Augenblick würgt an der Kehle. Zehnmal müssen wir den Polizisten bitten, ehe er Geld von uns nimmt. Jetzt aber zurücklaufen, das Gepäck aus dem Inspektorat holen, damit zur Paßstelle laufen, dann zur Zollrevision. Aber jetzt hast Du schon alles in Ordnung gebracht, ich kann mit dem Gepäck nicht weiter, da ist schon zufällig ein Gepäckträger neben mir, bei der Paßstelle komme ich ins Gedränge, der Polizist macht mir den Weg frei, bei der Zollrevision verliere ich, ohne es zu wissen, das Etui mit den goldenen Hemdknöpfen, ein Beamter findet es und reicht es mir. Wir sind im Zug und fahren sofort, endlich kann ich mir den Schweiß von Gesicht und Brust wischen. Bleib immer bei mir!

F

5) glaube ich   Montag
Natürlich, schlafen sollte ich gehn, ein Uhr nachts ist es, längst hätte ich Dir abends geschrieben, aber Max war hier, auf den ich mich doch sehr gefreut habe und zu dem zu gehen mich bisher das Mädchen und die Sorge, die ich des Mädchens wegen habe, gehindert haben. Bis ½ 9 war ich mit dem Mädchen zusammen, um 9 hatte sich Max angesagt, dann sind wir bis ½ 1 herumgegangen. Denke, was ich blendend klar in den Briefen an ihn gesagt zu haben glaubte, daß Du Du Du – wieder hört das Schreiben ein wenig auf – daß Du es bist, von der ich spreche – er hat es nicht erkannt, erst jetzt hat er den Namen erfahren (ich hatte allerdings nicht grob deutlich geschrieben, weil immerhin die Frau die Briefe lesen konnte). Das Mädchen: Heute war es besser, aber um den hohen Preis, daß ich ihr erlaubt habe, Dir zu schreiben. Es reut mich sehr. Ein Zeichen meiner Angst um Dich ist das Telegramm, das ich heute ans Postamt für Dich geschickt habe (»Mädchen schreibt Dir antworte freundlich und« – hier hatte ich eigentlich ein »sehr« einfügen wollen – »streng und verlaß mich nicht«). Im Ganzen verlief es heute ruhiger, ich überwand mich, friedlich von Meran zu erzählen, die Stimmung wurde weniger drohend. Aber als wieder die Hauptsache zur Sprache kam – lange Minuten zitterte das Mädchen neben mir auf dem Karlsplatz am ganzen Körper – konnte ich doch nur sagen, daß neben Dir alles andere, mag es auch an sich unverändert bleiben, verschwindet und nichts wird. Sie stellte ihre letzte Frage, gegen die ich immer wehrlos gewesen bin, nämlich: »ich kann nicht weggehn, schickst Du mich aber fort, dann gehe ich. Schickst Du mich fort?« (Irgendetwas, vom Hochmut abgesehen, tief abscheuliches steckt darin, daß ich das erzähle, aber ich erzähle es aus Angst um Dich. Was täte ich nicht aus Angst um Dich.

Und trotz allem glaube ich manchmal: wenn man durch Glück umkommen kann, dann muß es mir geschehen. Und kann ein zum Sterben Bestimmter durch Glück am Leben bleiben, dann werde ich am Leben bleiben.

Sieh doch, was für eine merkwürdige neue Angst). Ich antwortete: »Ja.« Darauf sie: »Ich kann doch nicht gehn.« Und nun begann sie zu erzählen, über ihre Kraft gesprächig, das gute liebe Wesen, daß sie das alles nicht begreife, daß Du Deinen Mann liebst und im Geheimen mit mir sprichst u.s.f. Es liefen, um die

Wahrheit zu sagen, auch böse Worte über Dich mit, für die ich sie hätte schlagen wollen und müssen, aber mußte ich sie nicht sich ausklagen lassen, wenigstens dies? Sie erwähnte, daß sie Dir schreiben will, und ich in meiner Sorge um sie und meinem unendlichen Vertrauen zu Dir erlaubte es, erlaubte es, trotzdem ich wußte, daß es mich ein paar Nächte kosten wird. Gerade daß die Erlaubnis sie beruhigt hat, beunruhigt mich. Sei freundlich und streng, aber mehr streng als freundlich, aber was rede ich, weiß ich denn nicht, daß Du das Richtigste schreiben wirst, was zu schreiben ist. Und ist meine Angst, daß sie in ihrer Not etwas Hinterlistiges schreiben und Dich damit gegen mich beeinflussen könnte, nicht tief entwürdigend für Dich? Es ist entwürdigend, aber was soll ich tun, wenn mir statt des Herzens diese Angst im Leibe klopft? Ich hätte es doch nicht erlauben sollen. Nun, morgen sehe ich sie wieder, es ist Feiertag (Hus), sie hat mich so sehr um einen Ausflug am Nachmittag gebeten, die ganze übrige Woche, sagte sie, werde ich nicht mehr kommen müssen. Vielleicht kann ich sie noch von dem Brief abbringen, wenn sie ihn nicht schon geschrieben hat. Aber, sagte ich mir dann: vielleicht will sie wirklich nur Erklärung, vielleicht wird Dein Wort sie gerade durch seine freundliche Strenge beruhigen, vielleicht gar – so laufen jetzt alle meine Gedankengänge – fällt sie vor Deinem Brief in die Knie.

Franz

Noch ein Grund, warum ich ihr zu schreiben erlaubte. Sie wollte Briefe von Dir an mich sehn. Ich kann sie aber nicht zeigen.

6)   Dienstag früh
Ein kleiner Schlag für mich: Ein Telegramm aus Paris, nach welchem ein alter Onkel, den ich allerdings im Grunde sehr lieb habe, der in Madrid lebt und schon viele Jahre nicht hier war, morgen Abend kommt. Ein Schlag deshalb, weil es mir Zeit wegnehmen wird und ich alle Zeit und tausendmal mehr als alle Zeit und am liebsten alle Zeit, die es gibt, für Dich brauche, für das Denken an Dich, für das Atmen in Dir. Die Wohnung wird mir hier auch unruhig, die Abende unruhig, ich wollte anderswo sein. Vieles wollte ich anders und das Bureau wollte ich gar nicht, aber dann glaube ich wieder, daß ich Schläge ins Gesicht verdiene, wenn ich Wünsche ausspreche über diese Gegenwart hinaus, diese Dir gehörige Gegenwart.

––––––––––

Ich kann Dir irgendwie nichts mehr schreiben, als das was nur uns, uns im Gedränge der Welt, nur uns betrifft. Alles Fremde ist fremd. Unrecht! Unrecht! Aber die Lippen lallen und das Gesicht liegt in Deinem Schooß.

Eine Bitterkeit blieb aus Wien, darf ich es sagen? Oben im Wald am zweiten Tag, glaube ich, sagtest Du etwa: »Lange kann der Kampf mit dem Vorzimmer nicht dauern.« Und jetzt im vorletzten Meraner Brief schreibst Du von der Krankheit. Wie soll ich zwischen diesen zwei Dingen den Ausweg finden. Ich sage das nicht aus Eifersucht, Milena, ich bin nicht eifersüchtig. Entweder ist die Welt so winzig oder wir so riesenhaft, jedenfalls füllen wir sie vollständig. Auf wen sollte ich eifersüchtig sein?

7)   Dienstagabend
Sieh, Milena, nun schicke ich Dir selbst den Brief und weiß gar nicht, was in ihm steht. Es kam so: Ich hatte ihr versprochen, heute nachmittag um ½ 4 vor ihrem Haus zu sein. Ein Ausflug mit dem Dampfer sollte es werden; nun war ich aber gestern sehr spät ins Bett gekommen und hatte kaum geschlafen, deshalb schrieb ich ihr früh einen Rohrpostbrief: ich müsse nachmittag schlafen und komme erst um 6 Uhr. In meiner Unruhe, die sich mit allen Brief- und Telegramm-Sicherungen nicht zufrieden geben wollte, fügte ich hinzu: »Den Brief nach Wien schicke erst, nachdem wir über ihn gesprochen haben.« Nun hatte sie aber halb besinnungslos am frühen Morgen den Brief schon hingeschrieben – sie kann auch nicht sagen, was sie geschrieben hat – und ihn gleich eingeworfen. Als sie meinen Rohrpostbrief bekommt, läuft die Arme voll Angst auf die Hauptpost, erwischt noch irgendwo den Brief, gibt dem Beamten, so glücklich ist sie, ihr ganzes Geld, erst nachher erschrickt sie über die Menge, und bringt mir abend den Brief. Was soll ich nun tun? Meine Hoffnung auf eine baldige vollständige glückliche Lösung ruht ja auf dem Brief und der Wirkung Deiner Antwort, es ist ja, das gebe ich zu, eine unsinnige Hoffnung, aber meine einzige. Wenn ich nun den Brief öffne und vorher lese, kränke ich sie erstens, zweitens bin ich sicher, daß es mir dann nicht möglich sein wird, ihn wegzuschicken. Also gebe ich ihn geschlossen in Deine Hand, ganz und gar, so wie ich mich schon in diese Hand gegeben habe.

Es ist ein wenig trüb in Prag, es ist noch kein Brief gekommen, das Herz ist ein wenig schwer, es ist zwar ganz unmöglich, daß ein Brief schon hier sein könnte, aber erkläre das dem Herzen.

                                                                     F

8)   Dienstag noch später
Kaum hatte ich den Brief eingeworfen, fiel mir ein: Wie hatte ich denn das von Dir verlangen können. Abgesehn davon, daß es doch nur meine Sache ist, hier das Richtige und Notwendige zu tun, ist es Dir doch wahrscheinlich unmöglich, einen derartigen Antwortbrief einem fremden Menschen zu schreiben und anzuvertrauen. Nun, Milena, dann verzeih die Briefe und Telegramme, rechne sie meinem durch den Abschied von Dir geschwächten Verstand zu; es macht

gar nichts, wenn Du ihr nicht antwortest, es wird sich eben eine andere Lösung finden müssen. Mach Dir deshalb keine Sorgen. Ich bin nur so müde von diesen Spaziergängen, heute auf der Wyschehrader Lehne, das ist es. Auch kommt morgen der Onkel, ich werde wenig allein sein.

Um aber von etwas besserem zu reden: Weißt Du eigentlich, wann Du in Wien am schönsten, aber schon ganz unsinnig schön angezogen warst? Darüber kann es nämlich keinen Streit geben: am Sonntag.

9)   Mittwochabend
Nur paar allereiligste Worte zur Einweihung meiner neuen Wohnung, allereiligst, weil um 10 Uhr die Eltern von Franzensbad, um 12 der Onkel aus Paris kommt und beide abgeholt sein wollen; neue Wohnung, weil ich in die leere Wohnung meiner Schwester, die in Marienbad ist, übersiedelt bin, um dem Onkel Platz zu machen. Leere große Wohnung, das ist ja schön, aber die Straße ist lärmender, immerhin kein allzu schlechter Tausch. Und schreiben muß ich Dir, Milena, weil Du aus meinen letzten Klagebriefen (den schlimmsten habe ich heute vormittag zerrissen aus Scham; denke, ich habe jetzt noch keine Nachricht von Dir, aber über die Post zu klagen ist doch dumm, was habe ich mit der Post zu tun) schließen könntest, ich sei Deiner unsicher, ich fürchtete, Dich zu verlieren, nein, ich bin nicht unsicher. Könntest Du mir denn das sein, was Du mir bist, wenn ich Deiner nicht sicher wäre? Was diesen Eindruck erweckt, das war mir die kurze körperliche Nähe und die plötzliche körperliche Trennung (warum gerade Sonntag? Warum gerade um 7 Uhr? warum überhaupt?), das darf doch die Sinne ein wenig verwirren. Verzeih! Und nimm jetzt am Abend zur guten Nacht in einem Strom alles auf, was ich bin und habe und was glückselig ist, in Dir zu ruhn.

                                                                                      F

10)   Donnerstag früh
Die Straße ist lärmend, auch wird schräg gegenüber gebaut, das Gegenüber ist nicht die russische Kirche, sondern Wohnungen voll Menschen, trotzdem – allein in einem Zimmer zu sein, ist vielleicht die Voraussetzung des Lebens, allein in einer Wohnung zu sein – *um genau zu sein: zeitweilig* – eine Voraussetzung des Glücks (*eine* Voraussetzung, denn was hülfe mir die Wohnung, wenn ich nicht lebte, nicht eine Heimat hätte, in der ich ruhte, etwa zwei helle, blaue, aus unbegreiflicher Gnade lebendige Augen), so aber gehört die Wohnung zum Glück, alles still, das Badezimmer, die Küche, das Vorzimmer, die drei weiteren Zimmer, nicht wie in den gemeinsamen Wohnungen dieser Lärm, diese Unzucht, diese Inzucht der haltlosen, längst nicht mehr beherrschten Körper, Gedanken und Wünsche, wo in allen Winkeln, zwischen allen Möbeln unerlaubte Verhältnisse, unpassende, zufällige Dinge, uneheliche Kinder entstehn und wo

es immerfort zugeht nicht wie in Deinen stillen leeren Vorstädten am Sonntag, sondern wie in den wilden überfüllten atemberaubenden Vorstädten an einem ununterbrochenen Samstagabend. Die Schwester ist gekommen den langen Weg mir Frühstück zu bringen (was nicht nötig war, denn ich wäre nachhause gegangen) und hat paar Minuten läuten müssen, ehe sie mich aus Brief und Weltverlorenheit weckte.   F

Die Wohnung gehört mir ja nicht, oft wird auch während des Sommers der Schwager hier wohnen.

11)   Donnerstagvormittag
Endlich Dein Brief. Nur gleich in Eile ein paar Worte zur Hauptsache, mag auch die Eile vielleicht Unrichtigkeiten einmischen, die ich später bedauern werde: Es ist ein Fall, wie ich *in* den gegenseitigen Verhältnissen von uns drei keinen ähnlichen kenne, deshalb muß man auch nicht ihn mit Erfahrungen aus andern Fällen (Leichen – Qual zu dritt, zu zwei – auf irgendeine Art verschwinden) trüben. Ich bin nicht sein Freund, ich habe keinen Freund verraten, aber ich bin auch nicht bloß sein Bekannter, sondern sehr mit ihm verbunden, in manchem vielleicht mehr als Freund. Du wieder hast ihn nicht verraten, denn Du liebst ihn, was Du auch sagen magst, und wenn wir uns vereinigen (ich danke Euch, Ihr Schultern!) ist es auf einer andern Ebene, nicht in seinem Bereich. Ergebnis dessen ist, daß diese Angelegenheit wirklich nicht nur unsere geheim zu haltende Angelegenheit ist, auch nicht nur Qual Angst Schmerz Sorge – Dein Brief hat mich sehr aufgeschreckt aus verhältnismäßiger Ruhe, die noch herkam aus unserem Beisammensein und die nun wieder vielleicht in den Meraner Wirbel gelenkt wird, immerhin, es sind kräftige Hindernisse da für die Wiederkehr der Meraner Zustände – sondern ist eine offene, in ihrer Offenheit klare Angelegenheit zu dritt, selbst wenn Du noch ein Weilchen schweigen solltest. Auch ich bin sehr gegen das Durchdenken der Möglichkeiten – bin dagegen, weil ich Dich habe, wäre ich allein, könnte mich nichts vom Durchdenken abhalten – man macht sich schon in der Gegenwart zum Kampfplatz der Zukunft, wie soll dann der zerwühlte Boden das Haus der Zukunft tragen?
Ich weiß jetzt nichts mehr, ich bin den dritten Tag im Bureau und habe noch keine Zeile geschrieben, vielleicht wird es jetzt gehn. Übrigens war, während ich diesen Brief schrieb, Max hier zu Besuch, sein Schweigen ist selbstverständlich; für alle außer Schwester, Eltern, Mädchen und ihn bin ich über Linz gekommen.
                                                                        F

Darf ich Dir Geld schicken? Etwa durch L., dem ich sage, daß Du mir in Wien Geld geborgt hast, und der es Dir mit Deinem Redaktionshonorar schickt?
Ein wenig erschreckt bin ich auch durch das, was Du wegen der Angst zu schreiben ankündigst.

12)   Freitag
Alles Schreiben scheint mir wertlos, ist es auch. Am besten wäre wohl, ich fahre
nach Wien und nehme Dich mit; vielleicht tue ich es auch, trotzdem Du es
nicht willst. Es gibt ja wirklich nur zwei Möglichkeiten, eine schöner als die andere, entweder Du kommst nach Prag oder nach Libešice. Mißtrauisch nach
alter Judenart habe ich mich gestern an J. herangeschlichen, kurz vor der Abfahrt nach Libešice habe ich ihn erwischt, er hatte Deinen Brief an Staša. Er ist
ein ausgezeichneter Mensch, fröhlich offen, klug, nimmt einen unter den Arm,
schwätzt drauf los, ist zu allem bereit, versteht alles und noch ein wenig mehr.
Er hatte die Absicht, mit seiner Frau zu Florian bei Brunn zu fahren und würde
von dort zu Dir nach Wien weiterfahren. Heute Nachmittag kommt er wieder
nach Prag zurück, wird die Antwort der Staša bringen, ich spreche mit ihm um
3 Uhr nachmittag, dann telegraphiere ich Dir. Verzeih das Geschwätz der elf
Briefe, wirf sie bei Seite, jetzt kommt die Wirklichkeit, die ist größer und besser.
Angst muß man im Augenblick, glaube ich, nur wegen eines haben, wegen Deiner Liebe zu Deinem Mann. Was die neue Aufgabe betrifft, von der Du
schreibst, so ist sie wohl schwer, unterschätze aber nicht die Kräfte, die mir
Deine Nähe gibt. Vorläufig schlafe ich zwar nicht, bin aber viel ruhiger, als ich
gestern abend gegenüber Deinen zwei Briefen dachte (zufällig war Max dabei,
was nicht unbedingt gut war, denn es war doch zu sehr meine Sache, ach, es
fängt schon die Eifersucht des Nicht-Eifersüchtigen an, arme Milena). Dein
heutiges Telegramm bringt auch ein wenig Beruhigung. Um Deinen Mann
habe ich jetzt, wenigstens jetzt, nicht allzugroße, nicht unerträgliche Sorge. Er
hatte eine ungeheuere Aufgabe übernommen, hat sie zum Teil im Wesen, vielleicht zur Gänze in Ehren durchgeführt; weiterzutragen scheint er mir nicht
fähig, und zwar nicht deshalb, weil es ihm an Kräften dafür fehlen würde (was
sind denn meine Kräfte gegen die seinen?) sondern deshalb, weil er durch das,
was bisher geschehen ist, zu sehr belastet, zu sehr bedrückt, zu sehr um *die* Konzentration gebracht ist, die dafür nötig ist. Vielleicht wird es ihm doch neben
dem andern eine Erleichterung sein. Warum soll ich ihm nicht schreiben?
                                                                      F

13)   Freitag
Nur paar Worte zu Stašas Brief, der Onkel, sonst sehr lieb, jetzt ein wenig störend, wartet auf mich. Nun, Stašas Brief, er ist doch sehr freundlich und herzlich, nur irgendeinen Mangel hat er doch, irgendeinen kleinen, vielleicht nur
formalen Mangel (wobei nicht gesagt ist, daß die Briefe ohne diesen Mangel
herzlicher gemeint sind, vielleicht eher das Gegenteil), immerhin etwas fehlt
darin oder ist darin zu viel, vielleicht ist es die Überlegungskraft, die übrigens
vom Mann zu stammen scheint, denn gerade so sprach er gestern mit mir. Aber
wie spreche ich denn von diesen doch wirklich guten Leuten? Eifersucht, wirklich es ist Eifersucht, doch verspreche ich Dir, Milena, niemals Dich mit ihr zu

plagen, nur mich, nur mich. Aber ein Mißverständnis scheint mir doch in dem Brief zu sein, Du wolltest doch von Staša weder geradezu Rat, noch sie geradezu mit Deinem Mann sprechen lassen, Du wolltest zunächst doch das durch nichts zunächst Ersetzbare: ihre Gegenwart. So schien es mir. Hoffentlich bekomme ich heute noch eine Nachricht von Dir. Man ist übrigens ein Kapitalist, der gar nicht von allem weiß, was er hat. Jetzt nachmittag, als ich im Bureau vergebens nach Nachrichten fragte, brachte man mir einen Brief von Dir, der kurz nach meiner Abreise nach Meran angekommen war, es war sonderbar zu lesen.

Dein

14)   Samstag

Das ist schlimm, vorgestern kamen die zwei unglücklichen Briefe, gestern nur das Telegramm (es war zwar beruhigend, aber schien doch auch ein wenig zusammengeflickt, wie eben Telegramme sind) und heute gar nichts. Und jene Briefe waren doch nicht sehr trostreich für mich, in keiner Hinsicht, und es hieß dort, daß Du gleich wieder schreiben wirst und Du hast nicht geschrieben. Und vorgestern Abend habe ich Dir ein dringendes Telegramm mit dringender Rückantwort geschickt, die Antwort müßte doch auch schon längst hier sein. Ich wiederhole den Text: »Es war das einzig Richtige, sei ruhig, hier bist Du zuhause, J. kommt mit Frau wahrscheinlich in acht Tagen nach Wien. Wie soll ich Dir Geld anweisen?« Also darauf kam keine Antwort. »Fahre nach Wien«, sage ich mir. »Aber Milena will es doch nicht, will es sehr entschieden nicht. Du wärest eine Entscheidung, dich will sie nicht, sie hat Sorgen und Zweifel, darum will sie Stasa.« Trotzdem sollte ich fahren, aber ich bin nicht gesund. Ruhig, verhältnismäßig ruhig bin ich zwar, wie ich in den letzten Jahren niemals mehr gehofft hätte, es sein zu können, aber starken Husten habe ich während des Tages und viertelstundenlang in der Nacht. Es handelt sich vielleicht nur um die erste Zeit der Eingewöhnung in Prag und um die Folgen der wilden Meraner Zeit, ehe ich Dich kannte und in Deine Augen gesehen hatte.

Wie dunkel Wien geworden ist und war doch so hell vier Tage lang. Was wird dort für mich gekocht, während ich hier sitze, das Schreiben lasse und das Gesicht in die Hand lege.

F

Dann habe ich von meinem Sessel aus durch das offene Fenster in den Regen hinausgeschaut, verschiedene Möglichkeiten fielen mir ein, daß Du vielleicht krank bist, müde bist, im Bett liegst, daß Frau K. vermitteln könnte und dann – merkwürdiger Weise als natürlichste, selbstverständlichste Möglichkeit – daß die Tür sich aufmacht und Du dastehst.

Das waren zumindest zwei entsetzliche Tage. Aber jetzt sehe ich, daß Du ganz unschuldig daran bist, irgendein boshafter Teufel hat alle Deine Briefe von Donnerstag an zurückgehalten. Freitag bekam ich nur Dein Telegramm, Samstag nichts, Sonntag nichts, heute vier Briefe, von Donnerstag, Freitag, Samstag. Ich bin zu müde, um eigentlich schreiben zu können, zu müde um aus den vier Briefen, aus diesem Berg von Verzweiflung, Leid, Liebe, Gegenliebe gleich herauszufinden, was für mich übrig bleibt, so eigensüchtig ist man, wenn man müde ist und man sich zwei Nächte und Tage verzehrt hat in abscheulichsten Vorstellungen. Aber trotzdem – und das gehört wieder zu Deiner leben-gebenden Kraft, Mutter Milena – trotzdem bin ich im Grunde weniger zerrüttet als vielleicht in den ganzen letzten sieben Jahren, das Dorf-Jahr ausgenommen.

Warum auf mein dringendes Donnerstag-Abend-Telegramm noch keine Antwort kam, verstehe ich allerdings noch immer nicht. Dann habe ich an Frau K. telegraphiert, auch keine Antwort. Daß ich Deinem Mann schreiben würde, fürchte nicht, dazu habe ich auch gar nicht viel Lust. Lust habe ich nur, nach Wien zu fahren, aber auch das werde ich nicht tun, selbst wenn nicht solche Hindernisse wären, wie Deine Ablehnung meiner Reise, Paßschwierigkeiten, Bureau, Husten, Müdigkeit, Hochzeit meiner Schwester (Donnerstag). Immerhin, besser wäre es zu fahren, als solche Nachmittage zu verbringen, wie den am Samstag oder Sonntag. Am Samstag : ich wanderte herum, ein wenig mit dem Onkel, ein wenig mit Max und alle zwei Stunden im Bureau, um nach der Post zu fragen. Abends war es besser, ich ging zu L., er wußte nichts Schlimmes von Dir, erwähnte Deinen Brief, der mich glücklich machte, telephonierte an K. von der »Neuen Freien Presse«, der wußte auch nichts, wollte sich aber nicht bei Deinem Mann nach Dir erkundigen und heute abend wieder telephonieren. So saß ich bei L., hörte öfters Deinen Namen und war ihm dankbar. Allerdings, es ist weder leicht noch angenehm, mit ihm zu reden. Er ist doch wie ein Kind, wie ein nicht sehr aufgewecktes Kind, ebenso rühmt er sich, lügt, spielt Komödie und man kommt sich übertrieben schlau und widerlich komödiantisch vor, wenn man so ruhig dasitzt und zuhört. Besonders da er nicht nur Kind ist, sondern was Güte, Teilnahme, Hilfsbereitschaft anlangt, ein großer und sehr ernsthafter Erwachsener ist. Aus diesem Zwiespalt kommt man nicht heraus und wenn man sich nicht immerfort sagte:»noch einmal, nur noch einmal will ich Deinen Namen hören«, wäre man längst fortgegangen. Er erzählte auch von seiner Hochzeit (Dienstag) im gleichen Ton.

Der Sonntag war schlimmer. Eigentlich hatte ich auf den Friedhof gehn wollen und das wäre das Richtige gewesen, aber ich lag den ganzen Vormittag im Bett und nachmittag mußte ich zu den Schwiegereltern meiner Schwester, bei denen ich noch nie gewesen bin. Dann war 6 Uhr. Zurück in die Anstalt, nach einem Telegramm fragen. Nichts. Was jetzt? Den Theaterzettel nachsehn, denn J. hatte, in seiner Eile ganz flüchtig, erwähnt, daß Stasa Montag zu einer Wagneroper geht. Nun lese ich, daß die Vorstellung um 6 Uhr anfängt und um 6

Uhr haben wir das Rendezvous. Schlimm. Was jetzt? In die Obstgasse das Haus ansehn. Es ist still, niemand geht ein und aus, man wartet ein wenig, auf der Haus-Seite, dann auf der Seite gegenüber, nichts, solche Häuser sind so viel weiser als die Menschen, die sie anstarren. Und nun? In das Lucerna-Durchhaus, wo früher einmal eine Auslage des Dobré dílo (Kunstgewerbe-Werkstätte) war. Sie ist nicht mehr dort. Dann also vielleicht zu Staša, was sich ja sehr leicht ausführen läßt, da sie jetzt ganz gewiß nicht zuhause ist. Ein stilles schönes Haus, ein kleiner Garten dahinter. Vor der Wohnungstür ein Vorhängeschloß, man kann also ungestraft läuten. Unten noch ein kleines Gespräch mit der Hausmeisterin, zu dem Zweck, um »Libešic« und »J.« auszusprechen, für »Milena« war leider keine Möglichkeit. Und nun? Jetzt kommt das Dümmste. Ich gehe ins Cafe Arco, in dem ich schon seit vielen Jahren nicht gewesen bin, um jemanden zu finden, der Dich kennt. Glücklicherweise war niemand dort und ich konnte gleich fortgehn. Nicht mehr viele solche Sonntage, Milena!
Gestern konnte ich nicht schreiben, zu dunkel war mir alles in Wien.   F

17)   Dienstag, etwas später
Wie müde Du bist in dem Samstag-Abend-Brief. Ich hätte viel zu dem Brief zu sagen, aber der Müden sage ich heute nichts, bin ja auch müde, eigentlich zum erstenmal seit meiner Ankunft in Wien mit ganz unausgeschlafenem gequälten Kopf. Ich sage Dir nichts, sondern setze Dich nur in den Lehnstuhl (Du sagst, Du hättest mir nicht genug Liebes getan, aber gibt es mehr Liebe und Ehrung als mich dort sitzen zu lassen und davor zu sitzen und bei mir zu sein), jetzt setze ich Dich also in den Lehnstuhl und weiß nicht, wie das Glück umfassen mit Worten, Augen, Händen und dem armen Herzen, das Glück, daß Du da bist und doch auch mir gehörst. Und dabei liebe ich doch gar nicht Dich, sondern mehr, sondern mein durch Dich mir geschenktes Dasein. Von L. erzähle ich heute nichts, auch von dem Mädchen nicht, das alles wird schon irgendwie seinen Weg gehn; wie fern das alles ist.
                                                                          F

Was Du über den »armen Spielmann« sagst, ist alles richtig. Sagte ich, daß er mir nichts bedeutet, so war es nur aus Vorsicht, weil ich nicht wußte, wie Du damit auskommen würdest, dann auch deshalb, weil ich mich der Geschichte schäme, so wie wenn ich sie selbst geschrieben hätte; und tatsächlich setzt sie falsch ein und hat eine Menge Unrichtigkeiten, Lächerlichkeiten, Dilettantisches, zum Sterben Geziertes (besonders beim Vorlesen merkt man es, ich könnte Dir die Stellen zeigen); und besonders diese Art Musikausübung ist doch eine kläglich lächerliche Erfindung, geeignet, das Mädchen aufzureizen, alles was sie im Laden hat im höchsten Zorn, an dem die ganze Welt teilnehmen wird, ich vor allen, der Geschichte nachzuwerfen, bis so die Geschichte, die nichts besseres verdient, an ihren eigenen Elementen zugrundegeht. Allerdings gibt es kein schöneres Schicksal für eine Geschichte als zu verschwinden und auf diese Weise. Auch der Erzähler, dieser komische Psychologe, wird damit sehr einverstanden sein, denn wahrscheinlich ist er der eigentliche arme Spielmann, der diese Geschichte auf möglichst unmusikalische Weise vormusiziert, übertrieben herrlich bedankt durch die Tränen aus Deinen Augen.

Mittwoch

Du schreibst: »Ano máš pravdu, mám ho ráda. Ale F., i Tebe mám ráda« (Ja, Du hast recht, ich habe ihn gern. Aber F., auch Dich habe ich gern.) – ich lese den Satz sehr genau, jedes Wort, besonders beim »i« bleibe ich stehn, es ist alles richtig, Du wärest nicht Milena, wenn es nicht richtig wäre, und was wäre ich, wenn Du nicht wärest, und es ist auch besser, daß Du das in Wien schreibst, als daß Du es in Prag sagtest, alles das verstehe ich genau, vielleicht besser als Du; und doch aus irgendeiner Schwäche kann ich mit dem Satz nicht fertig werden, es ist ein endloses Lesen und ich schreibe ihn schließlich hier noch einmal auf, damit auch Du ihn siehst und wir ihn zusammen lesen, Schläfe an Schläfe. (Dein Haar an meiner Schläfe.)

———

Das war geschrieben, als Deine zwei Bleistiftbriefe kamen. Glaubst Du, ich hätte nicht gewußt, daß sie kommen würden. Aber nur in der Tiefe habe ich es gewußt und dort lebt man nicht immerfort, sondern zieht es vor, in der kläglichsten Gestalt auf der Erde zu leben. Ich weiß nicht, warum Du fortwährend Angst hast, daß ich etwas selbständig tue. Habe ich nicht deutlich genug darüber geschrieben? Und an Frau K. habe ich doch nur telegraphiert, weil ich fast drei Tage, und schlimme Tage, ohne Nachricht war, ohne die Telegrammantwort, und fast glauben mußte, daß Du krank seist.

———

Gestern war ich bei meinem Arzt, er fand mich etwa in dem gleichen Zustand wie vor Meran, die drei Monate sind an der Lunge fast spurlos vorübergegangen, in der linken Lungenspitze sitzt die Krankheit frisch wie damals. Er hält diesen Erfolg für trostlos, ich für ziemlich gut, denn wie würde ich aussehn, wenn ich die gleiche Zeit in Prag verbracht hätte. Auch glaubt er, daß ich gar nichts an Gewicht zugenommen habe, nach meiner Rechnung sind es aber doch etwa 3 kg. Im Herbst will er es mit Einspritzungen versuchen, ich glaube aber nicht, daß ich das dulden werde.

Wenn ich mit diesem Ergebnis es vergleiche, wie auch Du mit Deiner Gesundheit wüstest – notwendigster Weise natürlich, das muß ich doch wohl gar nicht mehr hinzufügen – so scheint es mir manchmal, daß wir statt zusammenzuleben, uns nur gut und zufrieden zu einander legen werden, um zu sterben. Aber was auch geschehn mag, es wird in Deiner Nähe sein. Übrigens weiß ich entgegen dem Arzt, daß ich, um halbwegs gesund zu werden, nur Ruhe brauche und zwar eine besondere Art von Ruhe, oder wenn man es anders ansieht, eine besondere Art von Unruhe.

———————

Es ist französischer Nationalfeiertag, die Truppen marschieren unten von der Parade nachhause. Es hat – das fühle ich, in Deinen Briefen atmend – etwas Großartiges. Nicht die Pracht, nicht die Musik, nicht das Marschieren; nicht der alte, aus einem (deutschen) Panoptikum entsprungene Franzose in roter Hose, blauem Rock, der vor einer Abteilung marschiert, sondern irgendeine Manifestation von Kräften, die aus der Tiefe rufen: »trotzdem, ihr stummen, geschobenen, marschierenden, bis zur Wildheit vertrauensvollen Menschen, trotzdem werden wir euch nicht verlassen, auch in eueren größten Dummheiten nicht und besonders in ihnen nicht«. Und man schaut mit geschlossenen Augen in jene Tiefen und versinkt fast in Dir.

———————

Endlich hat man mir den Haufen Akten, der sich für mich angesammelt hat, gebracht, denke, seit dem ich im Bureau bin, habe ich genau gerechnet sechs Amtsbriefe geschrieben und man duldet es. Die viele Arbeit, die auf mich wartet, konnte ich bis heute infolge der Faulheit der Abteilung, die sie für mich aufbewahrt, nicht bekommen, zu meiner großen Befriedigung. Jetzt sind sie aber da. Und trotzdem ist es ja nichts, wenn ich ein wenig ausgeschlafen bin. Heute allerdings war es noch recht schlecht.

F

Donnerstag

Nur in Eile, ehe ich ins Bureau gehe, ich wollte schweigen, seit drei Tagen würge ich daran, wenigstens jetzt, während Du diesen schrecklichen Kampf dort kämpfst, wollte ich schweigen, aber es ist unmöglich, es gehört dazu, es ist eben *mein* Kampf. Du merkst vielleicht, daß ich seit paar Nächten nicht schlafe. Es ist einfach die »Angst«. Das ist wirklich etwas, was mich willenlos macht, mich herumwirft nach Beheben, ich kenne nicht mehr oben und unten, rechts und links... außerdem mischten sich in Deine letzten Briefe zwei, drei Bemerkungen, die mich glücklich, aber doch nur verzweifelt glücklich machten, denn was Du darüber sagst, überzeugt gleich Verstand Herz und Körper, aber hier ist noch eine tiefere Überzeugung, ich kenne ihren Ort nicht, die offenbar nichts überzeugen kann. Endlich, was sehr mitgewirkt hat, mich zu schwächen, die wunderbare beruhigend-beunruhigende Wirkung Deiner körperlichen Nähe verflüchtigt sich mit den Tagen. Wärest Du schon hier! So habe ich niemanden, niemanden lieber, als die Angst, gegenseitig in einander verkrampft wälzen wir uns durch die Nächte. Es ist doch etwas sehr Ernstes um diese Angst (die merkwürdiger Weise nur immer gegen die Zukunft gerichtet war, nein, das ist nicht richtig), die in gewissem Sinn auch dadurch verständlich wird, daß sie mir fortwährend die Notwendigkeit des großen Zugeständnisses vormalt: auch Milena ist nur ein Mensch. Was Du darüber sagst, ist ja so schön und gut, man wollte überhaupt nichts anderes mehr hören, nachdem man das gehört hat, aber, daß es hier nicht um das Höchste geht, ist doch sehr fraglich, diese Angst ist doch nicht meine private Angst – sie ist es bloß auch und fürchterlich – aber es ist ebenso die Angst alles Glaubens seit jeher.

Schon daß ich Dir das aufgeschrieben habe, kühlt den Kopf.

Dein

Donnerstag, später

Der Nacht-und-Weiße-Hahn-Brief und der Montagsbrief kamen, der erste ist offenbar der spätere, aber ganz sicher ist es nicht. Ich habe sie nur einmal schnell überlesen und muß Dir gleich antworten, Dich bitten, nicht schlecht von mir zu denken … Und Eifersucht ist es keine, es spielt nur so um Dich; weil ich Dich von allen Seiten fassen will, also auch von der Seite der Eifersucht, aber es ist dumm und es wird nicht sein, es sind nur die ungesunden Träume des Alleinseins. Auch von Max machst Du Dir falsche Vorstellungen, gestern endlich richtete ich ihm Deine Grüße aus, mit Ärger (siehe oben!), weil er immerfort gegrüßt wird. Da er aber für alles gewöhnlich eine Erklärung hat, so sagte er, daß Du wahrscheinlich nur deshalb ihn öfters grüßen läßt, weil ich seine herzlichsten Grüße Dir noch niemals ausgerichtet habe, ich solle das endlich tun, dann werde es wahrscheinlich zu meiner Beruhigung aufhören. Möglich, ich versuche es also.

Und sonst mache Dir gar keine Sorgen meinetwegen, Milena, das würde noch fehlen, daß Du Dir meinetwegen Sorgen machst. Wäre nicht die »Angst«, die seit paar Tagen mich hält und über die ich heute morgen bei Dir Klage geführt habe, ich wäre fast ganz gesund. *Wie kam es übrigens, daß Du damals im Wald sagtest, auch Du hättest es Dir nicht anders gedacht?* Es war oben im Wald, am zweiten Tag. Ich unterscheide die Tage genau, der erste war der unsichere, der zweite war der allzu sichere, der dritte war der reuige, der vierte war der gute.

Jetzt muß ich aber zur Hochzeit der Schwester gehn. – Warum bin ich übrigens ein Mensch mit allen Qualen dieses allerunklarsten und entsetzlich verantwortungsvollen Zustandes. Warum bin ich nicht zum Beispiel der glückliche Schrank in Deinem Zimmer, der Dich voll anschaut, wenn Du im Lehnstuhl sitzt oder beim Schreibtisch oder Dich niederlegst oder schläfst (aller Segen über Deinen Schlaf!). Warum ich es nicht bin? Weil ich zusammenbrechen würde vor Leid, wenn ich Dich im Jammer der letzten Tage gesehen hätte, oder gar wenn – Du von Wien wegfahren solltest.

F

Das Gefühl, daß Du bald einen Paß haben wirst, ist sehr wohltuend.

Donnerstag

Nachmittag, Myrthe im Knopfloch, halbwegs bei Vernunft, trotz gequälten Kopfes (Trennung, Trennung!), das Hochzeitsessen zwischen den guten Schwestern meines Schwagers zuende gebracht. Jetzt bin ich aber fertig.

Was für ein leichtes Leben wird es sein, wenn wir beisammen sind – wie schreibe ich darüber, ich Narr! – Frage und Antwort, Blick um Blick. Und jetzt muß ich zumindest bis Montag auf die Antwort auf meinen Morgenbrief warten. Verstehe mich recht gut und bleib mir gut.

F

Montag

Du mißverstehst einiges, Milena:

Erstens bin ich nicht gar so sehr krank, und wenn ich ein wenig geschlafen habe, ist mir sogar so wohl, wie mir in Meran kaum gewesen ist. Lungenkrankheiten sind doch meistens die liebenswürdigsten von allen, gar in einem heißen Sommer. Wie ich mit dem spätem Herbst fertig werde, ist ja auch erst eine spätere Frage. Augenblicklich habe ich nur paar kleine Leiden, zum Beispiel daß ich im Bureau nichts machen kann. Wenn ich nicht etwa Dir schreibe, liege ich in meinem Lehnstuhl und schaue aus dem Fenster. Man sieht viel genug, denn das gegenüberliegende Haus ist einstöckig. Ich will nicht sagen, daß mir bei dem Hinausschauen besonders trübselig wäre, nein gar nicht, nur losreißen kann ich mich nicht davon. Zweitens fehlt es mir gar nicht an Geld, ich habe übergenug, Teile davon, zum Beispiel das Geld für Deinen Urlaub, bedrücken mich geradezu, dadurch daß sie noch daliegen.

Drittens hast Du zu meiner Gesundung schon ein für allemal das Entscheidende getan und tust es außerdem jeden Augenblick von neuem, in dem Du gut an mich denkst.

Und außerdem sei ganz ruhig, was mich betrifft, ich warte am letzten Tag so wie am ersten.

Viertens ist alles, was Du leise zweifelnd über die Prager Reise sagst, ganz richtig. »Richtig«, ich habe das auch telegraphiert, aber dort bezog es sich auf das Sprechen mit Deinem Mann und das war allerdings auch das einzig Richtige. Heute früh zum Beispiel begann ich plötzlich *zu fürchten*, in Liebe *zu fürchten*, herzbeklemmend *zu fürchten*, Du könntest plötzlich, durch irgendeine zufällige Kleinigkeit irregeführt, nach Prag kommen. Könnte aber eine Kleinigkeit wirklich bei Dir entscheiden, die Du Dein Leben bis in solche Tiefen wirklich lebendig lebst? Und selbst von den Wiener Tagen dürftest Du Dich nicht irreführen lassen. Verdankten wir selbst dort nicht manches vielleicht Deiner unbewußten Hoffnung, ihn am Abend wiedersehn zu können? Nichts mehr davon. Oder noch dieses: Zwei Tatsachenneuigkeiten habe ich aus Deinem Brief letzthin erfahren, erstens den Heidelberger Plan, zweitens den Paris- und Bank-Flucht-Plan; der erste zeigt mir, daß ich irgendwie doch in der Reihe der »Retter« und Gewalttäter bin. Aber ich bin doch auch wieder nicht in der Reihe. Der zweite zeigt mir, daß doch auch dort Zukunfts-Leben ist, Pläne, Möglichkeiten, Aussichten, auch Deine Aussichten. Fünftens besteht ein Teil Deiner fürchterlichen Selbstquälerei – es ist das *einzige* Leid, das Du mir tust – darin, daß Du mir jeden Tag schreibst. Schreibe seltener, ich schreibe Dir, wenn Du willst, jeden Tag auch weiterhin einen Zettel. Du wirst auch mehr Ruhe zur Arbeit haben, auf die Du Dich freust.

Dank für die Donadieu. (Könnte ich Dir nicht irgendwie Bücher schicken?) Lesen werde ich sie augenblicklich wohl kaum können, es ist ein zweites kleines Leid: ich kann nicht lesen, und wieder tut mir das gar nicht besonders weh, es ist bloß eine Unmöglichkeit für mich. Ein großes Manuskript von Max (Judentum, Christentum, Heidentum – ein großes Buch) ist zu lesen, er drängt mich schon fast, ich habe es kaum angefangen; heute bringt mir ein junger Dichter 75 Gedichte, manche davon viele Seiten lang, ich werde mir ihn wieder verfeinden, wie schon einmal übrigens. Den Antwort-Brief des Mädchens, aus dem Du Dir ja auch meinen Brief zusammensetzen kannst, lege ich bei, damit Du siehst, wie man mich abweist, nicht ohne Verstand. Ich antworte nicht mehr.

Der gestrige Nachmittag war nicht viel besser als der am letzten Sonntag. Es fing zwar sehr gut an; als ich aus dem Haus ging, um zum Friedhof zu gehn, war 36 ° im Schatten und die Elektrischen streikten, aber gerade das freute mich besonders, wie ich mich auf den Weg überhaupt fast so freute, wie damals am Samstag auf den Weg zum Gärtchen neben der Börse. Aber als ich dann auf den Friedhof kam, konnte ich das Grab nicht finden, die Auskunftskanzlei war gesperrt, kein Diener, keine Frau wußte etwas, auch in einem Buch sah ich nach, aber es war nicht das Richtige, stundenlang wanderte ich dort herum, ich war schon ganz verwirrt von dem Lesen der Aufschriften und kam in einem ähnlichen Zustand aus dem Friedhof.

F

Dienstag

Hier sind Deine zwei Telegramme … Die Hauptsache ist aber, daß ich endlich nach einer allerdings fast schlaflosen Nacht vor diesem Brief sitze, der mir unendlich wichtig vorkommt. Alle Briefe, die ich Dir aus Prag geschrieben habe, hätten nicht geschrieben werden müssen, gar die letzten und nur dieser sollte bestehn; oder vielmehr sie dürften dasein, es wäre gleichgültig, aber dieser Brief müßte obenan stehn. Leider werde ich nicht den geringsten Teil davon sagen können, was ich Dir gestern Abend gesagt habe oder was ich Dir heute Nacht oder am Morgen erzählt habe. Immerhin, die Hauptsache ist: was auch die andern im weiten Kreise um Dich in hocherhabener Klugheit, in tierischer (aber so sind die Tiere nicht) Stumpfheit, in teuflischer Güte, in menschenmörderischer Liebe, über Dich sagen mögen – ich, ich, Milena, weiß bis ins Letzte, daß Du recht tust, was Du auch tust, ob Du in Wien bleibst oder herkommst oder zwischen Prag und Wien schweben bleibst oder einmal dies und einmal jenes tust. *Was hätte ich denn mit Dir überhaupt zu tun, wenn ich das nicht wüßte.* So wie im tiefen Meer kein Plätzchen ist, das nicht immerfort unter schwerstem Drucke steht, so ist es bei Dir, aber alles andere Leben ist eine Schande und mir wird übel davon; ich dachte bisher, ich könnte das Leben nicht ertragen, Menschen nicht ertragen und ich habe mich sehr geschämt, Du aber bestätigst mir jetzt, daß es nicht das Leben war, was mir unerträglich schien.

Für den Chicagoer Plan bin ich sehr, unter der Voraussetzung, daß auch Laufburschen gebraucht werden, die nicht laufen können.

Dein

Nachmittag

Es ist mir gelungen mich im Bureau von diesem Brief wegzuhalten, aber es hat keine kleine Arbeit gekostet, fast habe ich alle Kraft damit verbraucht und nichts mehr für Bureauarbeit behalten.

Der Brief an Staša: J. war ja gestern vormittag bei mir und erwähnte, es sei ein Brief von Dir gekommen, er habe ihn auf dem Tisch gesehn, als er früh von zuhause fortgegangen war, wisse aber noch nicht, was darin stand, abend werde es mir Staša sagen. Da war mir nun gegenüber seiner Freundlichkeit genug unbehaglich, denn was konnte nicht alles, von mir mitverursacht, in Deinem Briefe stehn. Aber Abend zeigte sich, daß er doch sehr gut war und beide, wenigstens was seine freundschaftliche Stimmung anlangte (ich habe ihn nicht gelesen), befriedigte ; vor allem war da ein kleiner Dankessatz für den Mann, der nur auf meine Mitteilungen zurückgehn konnte und der Stasa wirklich glücklich machte und seine Augen noch ein wenig mehr als sonst leuchten Heß. Sie sind doch gute Menschen, und Staša hatte eine wunderbar schöne Minute, als sie Deine Photographie eigentlich unverständlich lange und angestrengt und schweigend und ernst ansah. Vielleicht erzähle ich noch einiges über den Abend, ich war müde, leer, langweilig, prügelnswert, gleichgültig und wollte von Anfang an. nichts anderes als das Bett. (Den beihegenden Zettel, eine Zeichnung Stasas – wir sprachen von der Lage Deiner Zimmer – mit Erklärungen J.s soll ich Dir schicken.) Gestern riet ich Dir, mir nicht täglich zu schreiben, das ist noch heute meine Meinung, und es wäre sehr gut für uns beide und ich rate es Dir heute noch einmal und noch nachdrücklicher – nur bitte, Milena, folge mir nicht und schreibe mir doch täglich, es kann ja ganz kurz sein, kürzer als die heutigen Briefe, nur zwei Zeilen, nur eine, nur ein Wort, aber dieses Wort würde ich nur unter schrecklichen Leiden entbehren können.

F

Mittwoch

Es hat doch gewisse Ergebnisse, wenn man den Mut hat: Zunächst: Gross (der Wiener Psychoanalytiker und Philosoph Otto Gross) hat vielleicht doch nicht unrecht, soweit ich ihn verstehe; es spricht für ihn zumindest, daß ich noch lebe und sonst bei der Art meiner innern Kräfteverteilung eigentlich längst nicht mehr leben dürfte.

Dann: Wie es später werden mag, davon ist nicht die Rede, sicher ist nur, daß ich *fern von Dir nicht anders leben kann, als daß ich der Angst vollständig recht gebe, mehr recht gebe als sie will, und ich tue es ohne Zwang, mit Entzücken, ich gieße mich in sie aus.*

Du hast recht, im Namen der Angst mir Vorwürfe zu machen wegen meines Verhaltens in Wien, aber sie ist darin wirklich sonderbar, ihre innern Gesetze kenne ich nicht, nur ihre Hand an meiner Gurgel kenne ich und das ist wirklich das *Schrecklichste, was ich jemals erlebt habe oder erleben könnte.*

Es ergibt sich dann vielleicht, daß wir jetzt beide verheiratet sind, Du in Wien, ich mit der Angst in Prag und daß nicht nur Du, sondern auch ich vergeblich an unserer Ehe zerren. Denn sieh, Milena, wärest Du von mir in Wien *ganz überzeugt gewesen* (übereinstimmend bis in den Schritt, von dem Du nicht überzeugt warst), Du wärest nicht mehr in Wien trotz allem, oder vielmehr es gäbe kein »trotz allem«, Du wärest einfach in Prag und alles, womit Du Dich in Deinem letzten Brief tröstest, ist eben nur Trost. Glaubst Du nicht? Wärest Du gleich nach Prag gekommen oder hättest Dich wenigstens gleich dafür entschieden, so wäre das ja mir kein Beweis für Dich gewesen, ich brauche keine Beweise für Dich, Du bist mir über alles klar und sicher, aber es wäre ein großer Beweis *für mich* gewesen und der fehlt mir jetzt. Auch davon nährt sich bei Gelegenheit die Angst.

Ja, es ist vielleicht noch ärger und gerade ich, der »Retter«, halte Dich in Wien fest, wie niemand bisher.

So, das war das Gewitter, das im Wald immerfort drohte, aber es ging uns doch gut. Leben wir weiter unter seinen Drohungen, da es nicht anders geht. Was Du gegen den Brief des Fräuleins hast, verstehe ich nicht. Seinen Zweck, Dich ein wenig eifersüchtig zu machen, hat er doch erfüllt, nun also? Nächstens werde ich von Zeit zu Zeit solche Briefe erfinden und selbst schreiben, noch besser als jenen und ohne schließliche Abweisung.

Bitte, paar Worte über Deine Arbeiten! Cesta? Lípa? Kmen? Politika?

Noch irgendetwas wollte ich sagen, aber wieder war ein junger Dichter hier – ich weiß nicht, sofort, wenn jemand kommt, erinnere ich mich an meine Akten und kann während des ganzen Besuches an nichts anderes denken – ich bin müde, weiß nichts und wollte nichts als mein Gesicht in Deinen Schoß legen, Deine Hand auf meinem Kopf fühlen und so bleiben durch alle Ewigkeiten.

Dein

Ja, das wollte ich noch sagen, es steht eine große Wahrheit (unter andern Wahrheiten) in Deinem Brief, že vlastně Ty jsi člověk, který nemá tušení o tom … Das ist Wort für Wort wahr. Alles war nur Schmutz, kläglichste Abscheulichkeit, höllenmäßiges Versinken und darin stehe ich wirklich vor Dir wie ein Kind, das etwas sehr Böses getan hat, und nun steht es vor der Mutter und weint und weint und tut ein Gelübde: ich werde es nie mehr tun. Aber aus alledem nimmt ja die Angst ihre Kraft: »Eben, eben!« sagt sie »nemá tušení! (hat keine Ahnung) Es ist noch nichts geschehn! Also-kann-er-noch-gerettet-werden!«

Ich fahre auf, das Telephon! Zum Direktor! Das erstemal seitdem ich in Prag bin, in Dienstsachen hinuntergerufen! Jetzt kommt endlich der ganze Schwindel heraus. Seit achtzehn Tagen nichts gemacht, als Briefe geschrieben, Briefe gelesen, vor allem aus dem Fenster geschaut, Briefe in der Hand gehalten, hingelegt, wieder aufgenommen, dann auch Besuche gehabt und sonst nichts. Aber als ich hinunterkomme, ist er freundlich, lächelt, erzählt etwas Amtliches, das ich nicht verstehe, nimmt Abschied, weil er auf Urlaub geht, ein unbegreiflich guter Mensch (allerdings habe ich undeutlich gemurmelt, daß ich fast alles schon fertig habe und morgen zu diktieren anfange). Und nun berichte ich das noch schnell meinem guten Geist.

Samstag

Du mißverstehst mich ein wenig, Milena, ich bin doch fast ganz einig mit Dir. Im Einzelnen will ich das gar nicht ausführen.

Ob ich nach Wien komme, kann ich heute noch nicht sagen, ich glaube aber, ich komme nicht. Hatte ich früher viele Gegengründe, hätte ich heute nur den einen, nämlich daß es über meine geistige Kraft geht, und dann noch vielleicht als fernen Nebengrund, daß es so für uns alle besser ist. Doch füge ich hinzu, daß es für mich ebenso oder noch mehr über die Kraft ginge, wenn Du jetzt unter den von Dir beschriebenen Umständen nechat člověka čekat (einen warten lassen) nach Prag kämest. Die Notwendigkeit, das zu erfahren, was Du mir über die sechs Monate sagen willst, ist keine augenblickliche. Ich bin überzeugt, daß es etwas Schreckliches ist, ich bin überzeugt, daß Du schreckliche Dinge erlebt oder sogar getan hast, ich bin überzeugt, daß ich als Mitlebender es wahrscheinlich nicht hätte ertragen können (wenn ich auch noch vor etwa sieben Jahren geradezu alles ertragen konnte), ich bin auch überzeugt, daß ich es auch künftighin als Mitlebender nicht ertragen würde – gut, aber was will das alles, sind mir das Wesentliche Deine Erlebnisse und Taten oder nicht vielmehr Du allein? Dich aber kenne ich, auch ohne die Erzählung, viel besser als mich, womit ich aber nicht sagen will, daß ich den Zustand meiner Hände nicht kenne.

Meinem Vorschlag ist Dein Brief nicht entgegengesetzt, im Gegenteil, denn Du schreibst: »Nejraději bych utekla třetí cestou, která nevede ani k Tobě ani s ním, někam do samoty.« (Am liebsten möchte ich auf einem dritten Weg fortlaufen, der weder zu Dir führt noch mit ihm, irgendwohin in die Einsamkeit.)

Es ist mein Vorschlag, Du schreibst ihn vielleicht am gleichen Tag wie ich.

Gewiß, wenn die Krankheit in diesem Stadium ist, kannst Du Deinen Mann auch zeitweilig nicht verlassen, aber es ist doch, wie Du schriebst, keine endlose Krankheit, Du schriebst von einigen Monaten nur, ein Monat und mehr ist schon vorüber, nach einem weiteren wirst Du vorläufig entbehrlich sein. Dann ist ja erst August, spätestens September.

Übrigens gestehe ich: Dein Brief gehört zu denen, die ich nicht gleich lesen kann, und wenn ich ihn diesmal doch viermal hintereinander hinuntergestürzt habe, so kann ich doch wenigstens nicht gleich meine Meinung sagen. Immerhin hat, glaube ich, das Obige einige Geltung.

Dein

Sonntag

Noch zu dem Gestrigen:

Auf Deinen Brief hin versuche ich das Ganze von einer Seite anzusehn, von der es anzusehn ich mich bisher meist gehütet habe. Es sieht von da merkwürdig aus: Ich kämpfte ja nicht mit Deinem Mann um Dich, der Kampf geschieht nur in Dir; wenn die Entscheidung von einem Kampf zwischen Deinem Mann und mir abhängen würde, wäre alles längst entschieden. Ich überschätze dabei Deinen Mann gar nicht, sehr wahrscheinlich unterschätze ich ihn sogar, das aber weiß ich: wenn er mich liebt, so ist es die Liebe des reichen Mannes zur Armut (wovon ja auch in Deinem Verhältnis zu mir etwas ist). In der Atmosphäre Deines Zusammenlebens mit ihm bin ich wirklich nur die Maus im »großen Haushalt«, der man höchstens einmal im Jahr erlauben kann, offen quer über den Teppich zu laufen.

So ist es und das ist nicht merkwürdig, darüber staune ich nicht. Darüber aber staune ich und es ist wahrscheinlich ganz unverständlich, daß Du, die Du in diesem »großen Haushalt« lebst, mit allen Sinnen ihm angehörst, Dein stärkstes Leben aus ihm ziehst, eine große Königin dort bist, trotzdem – das weiß ich genau – die Möglichkeiten hast, nicht nur mich lieb zu haben, sondern mein zu sein, über Deinen eigenen Teppich zu laufen. Aber das ist noch nicht der Höhepunkt des Erstaunlichen. Der besteht darin, daß Du, wenn Du zu mir gehen wolltest, wenn Du also – musikalisch beurteilt – die ganze Welt aufgeben wolltest, um zu mir herunterzukommen, so tief, daß man von Dir aus gesehn nicht nur wenig, sondern überhaupt nichts mehr sieht, Du zu diesem Zweck – merkwürdiger, merkwürdiger Weise! – nicht hinuntersteigen, sondern in übermenschlicher Art hoch *über* Dich, *über* Dich hinausgreifen müßtest, so stark, daß Du vielleicht dabei zerreißen, stürzen, verschwinden müßtest (und ich dann allerdings mit Dir). Und das um an einen Ort zu kommen, zu dem nichts verlockt, wo ich sitze ohne Glück und Unglück, ohne Verdienst und Schuld, nur weil man mich dort hingesetzt hat. In der Stufenleiter der Menschheit bin ich etwa ein Vorkriegs-Greisler in Deinen Vorstädten (nicht einmal ein Spielmann, nicht einmal das), selbst wenn ich mir diese Stelle erkämpft hätte – aber ich habe sie mir nicht erkämpft – wäre es kein Verdienst.

Äußerst deutlich ist, was Du von den Wurzeln schreibst, so ist es gewiß. In Turnau allerdings war die Hauptaufgabe, zuerst alle Nebenwurzeln zu finden und zu beseitigen, hatte man nur den Hauptstrunk, war die eigentliche Arbeit fertig, denn nun hieb man mit dem Spaten diese Wurzel nur an und riß das Ganze heraus. Ich habe noch den Klang im Ohr, wie es knackte. Allerdings konnte man dort gut reißen, denn es war ein Baum, von dem man wußte, daß er auch in anderer Erde gut weiterwachsen wird, und außerdem war es ja noch kein Baum, sondern ein Kind.

Mit L. sprach ich gestern wieder. Wir sind ja hinsichtlich seiner ganz einig. Es spricht doch manches für ihn, zum Beispiel daß er, wenn er von Dir spricht, sich ein wenig zusammennimmt, ja, er hat doch einen guten Kern. Was er mir erzählt hat? Ich war also zweimal mit ihm beisammen und in der Hauptsache hat er mir jedesmal mit vielen Nebenumständen die gleiche Geschichte erzählt. Ein Mädchen, die Braut eines andern, kommt zu ihm, sitzt trotz seines äußersten Widerwillens acht bis zehn Stunden bei ihm (das eine Mädchen in seiner Privatwohnung am Vormittag, das andere in der Redaktion bei Nacht, so verteilt er die Lichter) erklärt, daß sie ihn unbedingt haben muß und daß sie, wenn er sich weigert, aus dem Fenster springen wird. Er weigert sich tatsächlich, gibt aber dafür das Fenster frei. Nun springen die Mädchen zwar nicht hinaus, aber es geschieht etwas Schreckliches, das eine Mädchen bekommt Schreikrämpfe, das andere Mädchen bekommt – das habe ich schon vergessen. Nun leugne ich nicht, daß alles in Wirklichkeit sich genau so oder noch schlimmer ereignet hat, ich verstehe nur nicht, warum es so langweilig ist.

Eine hübsche Stelle war übrigens in den Erzählungen von seiner Braut. Ihr Vater hat zwei Jahre an Melancholie gelitten, sie hat ihn gepflegt. Im Krankenzimmer mußte das Fenster immer offen stehn, mußte aber, wenn unten ein Wagen vorüberfuhr, schnell für einen Augenblick geschlossen werden, denn den Lärm vertrug der Vater nicht. Dieses Schließen besorgte nun die Tochter. Als L. das erzählte, fügte er hinzu: »Denken Sie, eine Kunsthistorikerin!« (Sie ist nämlich eine Kunsthistorikerin.) Er zeigte mir auch ihr Bild. Ein wahrscheinlich schönes melancholisches Judengesicht, gepreßte Nase, schwere Augen, zarte lange Hände, teures Kleid.

Du fragst nach dem Mädchen, ich weiß von ihr nichts Neues. Seitdem sie mir damals den Brief für Dich gab, habe ich sie nicht mehr gesehn. Ich hatte zwar damals eine Verabredung mit ihr, es kamen aber gerade Deine ersten Briefe über die Gespräche mit Deinem Mann, ich fühlte mich nicht fähig, mit ihr zu sprechen, und sagte ihr ab mit wahrheitsgemäßer Begründung, aber so freundlich, als ich es meinte. Später schrieb ich ihr dann noch einen Zettel, sie mißverstand ihn aber offenbar, denn ich bekam von ihr einen lehrhaften mütterlichen Brief (worin sie mich unter anderem um die Adresse Deines Mannes bat); ich antwortete ihr entsprechend, sofort mit Rohrpostbrief, es ist schon über eine Woche her, seitdem habe ich nichts mehr von ihr gehört, weiß also auch nicht, was Du ihr geschrieben hast und wie es auf sie gewirkt hat.

Du schreibst, daß Du vielleicht nächsten Monat nach Prag kommst. Fast möchte ich Dich bitten: komme nicht. Laß mir die Hoffnung, daß Du, wenn ich Dich einmal in äußerster Not bitten werde zu kommen, *gleich* kommen wirst, jetzt aber komme lieber nicht, Du müßtest ja wieder wegfahren.

Ich weiß Deine Antwort, ich möchte sie aber geschrieben sehn.

Was die Bettlerin betrifft, so war dabei gewiß weder etwas Gutes noch etwas Schlechtes, ich war einfach zu sehr zerstreut oder zu sehr mit einem beschäftigt, als daß ich meine Handlungen anders hätte einrichten können, als nach vagen Erinnerungen. Und eine solche Erinnerung sagte zum Beispiel: »Gib Bettlern nicht zuviel, später reut es dich.« Ich hatte einmal als ganz kleiner Junge ein Sechserl bekommen und hatte große Lust, es einer alten Bettlerin zu geben, die zwischen dem großen und dem kleinen Ring saß. Nun schien mir aber die Summe ungeheuer, eine Summe, die wahrscheinlich noch niemals einem Bettler gegeben worden ist, ich schämte mich deshalb vor der Bettlerin, etwas so Ungeheuerliches zu tun. Geben aber mußte ich es ihr doch, ich wechselte deshalb das Sechserl, gab der Bettlerin einen Kreuzer, umlief den ganzen Komplex des Rathauses und des Laubenganges am kleinen Ring, kam als ein ganz neuer Wohltäter links heraus, gab der Bettlerin wieder einen Kreuzer, fing wieder zu laufen an und machte das glücklich zehnmal. (Oder auch etwas weniger, denn ich glaube die Bettlerin verlor dann später die Geduld und verschwand mir.) Jedenfalls war ich zum Schluß, auch moralisch, so erschöpft, daß ich gleich nach Hause lief und so lange weinte, bis mir die Mutter das Sechserl wieder ersetzte. Du siehst, ich habe Unglück mit Bettlern, doch erkläre ich mich bereit, mein ganzes gegenwärtiges und künftiges Vermögen in kleinsten Wiener Kassenscheinen dort bei der Oper langsam einer Bettlerin auszuzahlen unter der Voraussetzung, daß Du dabei stehst und ich Deine Nähe fühlen darf.

Franz

Dienstag

Zwischen dem Diktieren, zu dem ich mich heute aufgerafft habe:

Solche kleine fröhliche oder zumindest selbstverständliche Briefe, wie die beiden heutigen, das ist schon fast (fast fast fast fast) Wald und Wind in Deinen Ärmeln und Blick auf Wien. Milena, wie gut ist es bei Dir! Heute schickt mir das Mädchen ohne ein weiteres Wort nur mit paar Bleistiftanstreichungen Deinen Brief. Offenbar ist sie mit ihm nicht zufrieden; nun ja, er hat wie jeder mit Strichen versehene Brief seine Mängel und es kommt mir angesichts seiner zu Bewußtsein, was für eine unsinnige Unmöglichkeit ich Dir mit jenem Brief abverlangt habe, und ich bitte Dich vielmals um Verzeihung. Ich müßte allerdings auch sie um Verzeihung bitten, denn wie es auch geschrieben war, es mußte sie kränken. Wenn Du zum Beispiel schreibst, voll Rücksicht schreibst: »poněvadž o Vás nikdy ani nepsal ani nehovořil«, so muß es sie kränken, genau so wie sie das Gegenteil gekränkt hätte. Nochmals verzeih mir.

Mit einem andern Brief, dem an Staša, hast Du mir übrigens sehr geholfen.

Donnerstag

Das ist ein sehr schöner Zettel, der von Staša. Aber man kann nicht sagen, daß sie in diesem Zettel damals anders war als jetzt, sie ist in dem Zettel überhaupt nicht, sie spricht für Dich, es ist eine unglaubliche Vereinigung zwischen ihr und Dir, fast etwas Geistliches, so wie einer, fast selbst ungerührt, denn er wagt nicht mehr zu sein als Vermittler, weitererzählt, was er gehört hat, was allerdings – dieses Bewußtsein wirkt mit und macht den Stolz und die Schönheit des Ganzen aus – nur er hat hören und verstehen dürfen. Sie ist aber nicht anders als damals, glaube ich; einen solchen Zettel könnte sie vielleicht auch heute schreiben, wenn die Umstände ähnlich wären. Mit den Geschichten ist es merkwürdig. Nicht deshalb bedrücken sie mich etwa, weil sie jüdisch sind und weil, wenn einmal diese Schüssel auf den Tisch gestellt ist, jeder weil er von Ihnen niemals geschrieben oder gesprochen hat Jude sich seinen Teil zu nehmen hat aus der gemeinsamen abscheulichen, giftigen, aber auch alten und im Grunde ewigen Speise, deshalb also bedrücken sie mich nicht. Möchtest Du mir nicht jetzt über sie hinweg die Hand reichen und lange, lange mir lassen?

Gestern habe ich das Grab gefunden. Wenn man es schüchtern sucht, ist es ja wirklich unmöglich zu finden, ich wußte doch nicht, daß es das Grab Deiner mütterlichen Verwandten ist, auch kann man die Inschriften – das Gold ist fast ganz abgesprungen – nur lesen, wenn man sich aufmerksam hinunterbeugt. Ich war lange dort, das Grab ist schön, so unverwüstlich steinern, allerdings ganz ohne Blumen, aber was sollen die vielen Blumen auf den Gräbern, ich habe es nie recht verstanden. Paar bunte Nelken habe ich ganz an den Rand des Randes gelegt. Mir war auf dem Friedhof besser als in der Stadt, es hielt auch an, ich ging lange durch die Stadt wie durch einen Friedhof.

Jeníček, das war Dein kleiner Bruder?

Und bist Du gesund? Auf dem Bild aus Neu-Waldegg bist Du eigentlich deutlich krank, es ist ja dort gewiß übertrieben, aber immerhin nur übertrieben. Ein wirkliches Bild habe ich von Dir noch nicht. Auf dem einen ist ein junges vornehmes zartes gepflegtes Mädchen, das man schon bald, etwa in ein, zwei Jahren aus dem Klosterpensionat herausnehmen wird (die Mundwinkel sind allerdings etwas hinabgezogen, aber das ist nur Vornehmheit und kirchliche Frömmigkeit), und das zweite Bild ist ein übertriebenes Propaganda-Bild: »so lebt man jetzt in Wien«. Übrigens bist Du auf diesem zweiten Bild meinem geheimnisvollen ersten Freund wieder ungemein ähnlich; ich werde Dir einmal von ihm erzählen.

Nein, nach Wien komme ich nicht, äußerlich wäre es nur durch eine Lüge zu ermöglichen, indem ich mich im Bureau krank melden lasse oder an zwei aufeinanderfolgenden Feiertagen. Das sind aber erst die äußerlichen Hindernisse, mein armer Junge (Selbstgespräch). Geschrieben habe ich täglich, Du wirst die Briefe wohl noch bekommen.

Das Telegramm, danke, danke, ich nehme alle Vorwürfe zurück, es waren ja auch nicht Vorwürfe, es war ein Streicheln mit dem Handrücken, weil der schon so lange neidisch ist. Eben war wieder der Dichter-Graphiker (hauptsächlich aber ist er Musiker) bei mir, er kommt immerfort, heute brachte er mir zwei Holzschnitte (Trotzki und eine Verkündigung, Du siehst, seine Welt ist nicht klein); ihm zuliebe, um mir die Sachen näher zu bringen, stellte ich rasch eine Beziehung zu Dir her, sagte, daß ich es einem Freund in Wien schicke, was allerdings zur unbeabsichtigten Folge hatte, daß ich statt eines zwei Exemplare bekam (ich hebe Dir Deine hier auf oder willst Du sie gleich?). Nun aber, dann kam das Telegramm; während ich es las und las und nicht zu-ende kam mit Freude und Dankbarkeit, erzählte er unbeirrt weiter (dabei will er nicht etwa stören, nein, gar nicht; sage ich, daß ich etwas zu tun habe und sage ich es laut, so daß es ihn weckt, bricht er den Satz in der Mitte ab und läuft weg, ganz unbeleidigt). Die ganze Nachricht ist ja sehr wichtig, aber die Einzelheiten werden noch wichtiger sein. Vor allem aber: wie sollst Du Dich schonen, das ist ja unmöglich, wenigstens mir kann ein Arzt nichts Sinnloseres sagen. Ach, es ist doch schlimm, jedenfalls aber Dank, Dank.

Samstag

Eine halbe Stunde wohl lese ich schon die zwei Briefe und die Karte (den Briefumschlag nicht zu vergessen, ich wundere mich, daß nicht die ganze Einlaufs-Abteilung heraufkommt und für Dich um Verzeihung bittet) und merke erst jetzt, daß ich die ganze Zeit über lache. Ging es eigentlich einem Kaiser in der Weltgeschichte schon besser? Er kommt in sein Zimmer und da hegen schon die drei Briefe und er hat nichts zu tun als sie aufzumachen – die langsamen Finger! – sich zurückzulehnen und – nicht glauben zu können, daß es ihm geschieht, dieses Glück. Nein, nicht immer habe ich gelacht, über das Gepäcktragen sage ich nichts, ich kann es nämlich nicht glauben, und wenn ich es glaube, kann ich es mir nicht vorstellen, und wenn ich es mir vorstellen kann, bist Du so schön – nein, das war nicht mehr Schönheit, es war eine Verirrung des Himmels – wie am »Sonntag« und ich verstehe den »Herrn« (er gab wohl 20 K und ließ sich 3 K zurückgeben). Aber glauben kann ich es doch nicht und wenn es doch geschehen sein sollte, gebe ich zu, daß es ebenso schrecklich wie großartig gewesen ist. Aber daß Du nichts ißt und Hunger hast (während ich hier ohne jeden Hunger überfüttert werde bis über den Rand) und daß Du Ringe unter den Augen hast (die können doch nicht einretouchiert sein, sie nehmen mir die halbe Freude an dem Bild, es bleibt allerdings noch genug, für die ich Dir so lange die Hand küssen wollte, daß Du in diesem Leben nicht mehr dazu kämest zu übersetzen oder Gepäck von der Bahn zu tragen) – das also kann ich Dir nicht verzeihn und verzeihe es Dir niemals, und noch wenn wir einmal in hundert Jahren vor unserer Hütte sitzen werden, werde ich Dir deshalb Vorwürfe vormummeln. Nein, ich spaße nicht. Was ist denn das für ein Widerspruch, Du behauptest mich gern zu haben, also *für* mich zu sein, und hungerst *gegen* mich und hier liegt das überflüssige Geld und dort steht der Weiße Hahn.

Was Du über den Brief des Mädchens sagst, verzeihe ich ausnahmsweise, weil Du mich (endlich!) Sekretär nennst (ich heiße tajemník (Sekretär), weil es sehr tajemné (rätselhaft) ist, was ich hier seit drei Wochen arbeite) und auch sonst hast Du ja Recht. Aber genügt es, Recht zu haben? Und vor allem: ich habe nicht recht, willst Du also nicht auch ein wenig – es geht ja nicht, ich weiß, es handelt sich nur um den Willen – von meinem Unrecht tragen, dadurch daß Du über den gleichgültigen Brief des Mädchens hinwegliest und mein Unrecht herausliest, das ja dort in großmächtigen Buchstaben steht? Im Übrigen will ich ja gern nichts mehr von dem Briefwechsel hören, den ich sinnloser Weise verschuldet habe. Deinen Brief habe ich ihr wieder mit ein paar freundlichen Zeilen zurückgeschickt. Seitdem habe ich nichts gehört, eine Zusammenkunft vorzuschlagen konnte ich mich nicht überwinden, hoffentlich verläuft alles im Stillen und Guten. Du verteidigst den Brief an Stasa und ich habe Dir doch für ihn gedankt.

Du warst in Neu-Waldegg? Und ich bin so oft dort, merkwürdig, daß wir einander nicht getroffen haben. Ja, Du steigst und läufst so schnell, Du wirst mir an den Augen vorübergehuscht sein, wie Du es ja auch in Wien gemacht hast. Was waren denn das für vier Tage? Eine Göttin ging aus dem Kino und eine kleine Gepäckträgerin stand auf dem Perron – und das sollen vier Tage gewesen sein?

Den Brief bekommt Max noch heute. Mehr als sich im Geheimen herauslesen ließ, habe ich nicht herausgelesen.

Ja, mit Landauer hast Du wirklich Unglück. Und im Deutschen kommt es Dir noch immer gut vor? Was hast Du daraus gemacht, armes Kind, (nicht Kindchen, bewahre!) gequält und verwirrt von meinen Briefen. Habe ich nicht Recht, daß Dich die Briefe stören? Aber was hilft das Recht haben? Wenn ich Briefe bekomme, habe ich immer Recht und alles, und wenn ich keine bekäme, hätte ich weder Recht noch Leben noch sonst etwas. Ja nach Wien kommen!

Die Übersetzung schicke mir bitte, ich kann doch nicht genug von Dir in Händen halten.

Freitag

Du willst immer wissen, Milena, ob ich Dich lieb habe, aber das ist doch eine schwere Frage, die kann man nicht im Brief (nicht einmal im letzten Sonntagsbrief) beantworten. Wenn wir einmal nächstens einander sehen werden, werde ich es Dir gewiß sagen (wenn mir nicht die Stimme versagt).

Aber von der Reise nach Wien solltest Du nicht schreiben; ich werde nicht kommen, aber jede Erwähnung dessen ist ein Feuerchen, das Du mir an die bloße Haut hältst, es ist schon ein kleiner Scheiterhaufen und er brennt nicht nieder, sondern immer mit gleicher, ja mit steigender Kraft. Das kannst Du doch nicht wollen. Die Blumen, die Du bekommen hast, tun mir sehr leid. Vor Leid kann ich nicht einmal entziffern, was es für Blumen waren. Und die stehn nun in Deinem Zimmer. Wenn ich wirklich der Schrank wäre, würde ich mich bei hellem Tag plötzlich aus dem Zimmer schieben. Wenigstens solange bis die

Blumen verwelkt sind, würde ich im Vorzimmer bleiben. Nein, das ist nicht schön. Und so weit ist alles und doch habe ich die Klinke Deiner Tür so nahe vor den Augen wie mein Tintenfaß. Nun ja gewiß, ich habe Dein gestriges, nein vorgestriges Telegramm, aber auch damals waren die Blumen noch nicht verwelkt. Und warum freust Du Dich über sie? Sind es Deine »liebsten«, dann mußt Du Dich doch über alle freuen, so viele es von ihrer Art auf der Erde gibt, warum gerade über diese? Aber vielleicht ist auch das eine zu schwere Frage und nur mündlich zu beantworten. Ja, aber wo bist Du denn? Bist Du in Wien? Und wo ist das? Nein, die Blumen werde ich nicht los. Die Kärntnerstraße, nun das ist eine Gespenstergeschichte oder ein Traum, geträumt an einem nächtlichen Tag, aber die Blumen sind wirklich, füllen die Vase (marně sagst Du und hältst sie an Deinen Leib), und man darf nicht einmal zwischen sie fahren, weil es doch Deine »liebsten Blumen« sind. Wartet, wenn Milena einmal aus dem Zimmer geht, reiße ich Euch heraus und werfe Euch in den Hof hinunter. Warum bist Du trüb? Ist etwas geschehn? Und Du sagst es mir nicht? Nein, das ist doch nicht möglich.

Und warum bist Du traurig? Du fragst nach Max, aber er hat Dir doch längst geantwortet, ich weiß zwar nicht was, aber Sonntag hat er vor mir den Brief eingeworfen. *Hast Du eigentlich meinen Sonntagsbrief bekommen?*

Gestern war ein äußerst unruhiger Tag, nicht quälend unruhig, nur unruhig, vielleicht erzähle ich nächstens davon. Vor allem hatte ich Dein Telegramm in der Tasche und das war ein besonderes Gehn damit. Es gibt eine besondere menschliche Güte, von der die Menschen nicht wissen. Zum Beispiel man geht der Čechbrücke zu, zieht das Telegramm heraus und liest es (es ist immer neu; wenn man es aufsaugend überlesen hat, ist das Papier leer, aber kaum hat man es in die Tasche gesteckt, wird es dort wieder eiligst neu beschrieben). Dann sieht man sich um und sollte doch denken, man werde böse Mienen sehn, nicht gerade Neid, aber doch Blicke, in denen steht: »Wie? Gerade Du hast dieses Telegramm bekommen? Das werden wir nun aber gleich oben anzeigen. Zumindest werden sofort Blumen (ein Arm voll) nach Wien geschickt. Jedenfalls sind wir entschlossen, das Telegramm nicht einfach hinzunehmen.« Aber statt dessen, alles ruhig, soweit Du sehen kannst, die Angler angeln weiter, die Zuschauer sehen weiter zu, die Kinder spielen Fußball, der Mann bei der Brücke sammelt die Kreuzer ein. Wenn man genauer zusieht, ist ja eine gewisse Nervosität dabei, die Leute zwingen sich, bei ihren Arbeiten zu bleiben, nichts von ihren Gedanken zu verraten. Aber gerade daß sie sich zwingen, ist doch so liebenswert, diese Stimme, die aus dem Ganzen spricht: »Es ist richtig, das Telegramm gehört Dir, wir sind damit einverstanden, wir untersuchen nicht Deine Berechtigung, es zu bekommen, wir sehen darüber hinweg und Du kannst es Dir lassen.« Und wenn ich es nach einem kleinen Weilchen wieder herausziehe, könnte man denken, es werde sie reizen, weil ich nicht wenigstens still bin und mich nicht verstecke, nein, es reizt sie nicht, sie bleiben wie sie waren.

Und warum bist Du traurig?

Abend sprach ich wieder einmal mit einem palästinensischen Juden, es ist unmöglich, Dir ihn im Brief begreiflich zu machen, ich glaube, seine Wichtigkeit für mich, ein kleiner, fast winziger, schwacher, bärtiger, einäugiger Mann. Aber er hat mich die halbe Nacht gekostet in der Erinnerung. Nächstens noch darüber.

Du hast also keinen Paß und wirst keinen bekommen?

Donnerstag

Milena, Fleißige, Dein Zimmer ändert sich mir in der Erinnerung, der Schreibtisch und das Ganze sah eigentlich nicht sehr nach Arbeit aus, aber jetzt so viel Arbeit und ich fühle sie, sie überzeugt mich, es muß großartig heiß und kühl und fröhlich in dem Zimmer sein. Nur der Schrank bleibt in seiner Schwerfälligkeit und manchmal ist das Schloß verdorben und er gibt nichts heraus, krampfhaft hält er sich zu und besonders das Kleid, das Du am »Sonntag« hattest, verweigert er. Das ist ja kein Schrank; solltest Du Dich einmal neu einrichten, werfen wir ihn hinaus.

Es tut mir einiges, was ich in der letzten Zeit geschrieben habe, sehr Leid, sei mir nicht böse. Und quäle Dich bitte nicht immer fort mit dem Gedanken, daß es nur Deine oder überhaupt Deine Schuld ist, daß Du nicht loskommst. Es ist vielmehr meine Schuld, ich schreibe einmal darüber.

Donnerstag, später

Damit also gar kein Zweifel ist, Milena: Vielleicht ist es jetzt nicht der bestmöglichste Zustand, vielleicht könnte ich noch mehr Glück, noch mehr Sicherheit, noch mehr Fülle ertragen – trotzdem das durchaus nicht sicher ist, gar in Prag – jedenfalls ist mir, nehme ich den Durchschnitt, gut und froh und frei, ganz unverdient, zum Furcht-bekommen gut, und wenn die gegenwärtigen Vorbedingungen ohne allzugroße Umstürze ein Weilchen aushalten und ich jeden Tag ein Wort von Dir bekomme und Dich darin nicht zu sehr gequält sehe, so reicht wahrscheinlich das allein aus, mich halbwegs gesund zu machen. Und nun bitte, Milena, quäle Dich nicht mehr und Physik habe ich nie ver-

standen (höchstens das von der Feuersäule, das ist doch Physik, nicht?) und die
vāha světa (Waage der Welt) verstehe ich auch nicht und sie versteht mich gewiß
ebensowenig (was finge auch eine so ungeheure Wage mit meinen 55 kg Nak-
ktgewicht an, sie merkt es gar nicht und setzt sich deshalb gewiß nicht in Bewegung) und ich bin hier so, wie ich in Wien war, und Deine Hand ist in meiner,
so lange Du sie dort läßt.

Das Gedicht von Werfel ist wie ein Porträt, das jeden ansieht, auch mich sieht
es an, und vor allem den Bösen, der es auch gar noch geschrieben hat.

————————

Deine Bemerkung über den Urlaub verstehe ich nicht ganz. Wohin würdest Du
fahren?

Freitag

Nein, also es war wirklich nicht so schlimm. Und dann, wie soll sich die Seele
anders als durch ein wenig Bosheit von einer Last befreien? Und außerdem halte
ich auch heute fast alles für richtig, was ich schrieb. Manches hast Du mißverstanden, zum Beispiel das von dem einzigen Leiden; denn Deine Selbstquälerei
ist dieses einzige Leiden, doch nicht Deine Briefe, die mir jeden Morgen die
Kraft geben, den Tag zu überstehn und so gut zu überstehn, daß ich auf keinen
einzigen (dieser Briefe, das ist selbstverständlich, aber auf keinen einzigen) dieser Tage verzichten wollte. Und eifersüchtig bin ich gar nicht, glaube mir, aber
daß es überflüssig wäre, eifersüchtig zu sein, ist wirklich schwer einzusehn.
Nicht eifersüchtig zu sein gelingt mir immer, die Überflüssigkeit der Eifersucht
einzusehn aber nur manchmal.

Nun habe ich also endlich Max etwas zu erzählen, Dein allerdings etwas kurzes Urteil über sein großes Buch. Er fragt nämlich immerfort nach Dir und wie
es Dir geht und was geschieht und alles kümmert ihn im Herzen. Aber ich kann
ihm fast gar nichts sagen, glücklicher Weise verwehrt es schon die Sprache. Ich
kann doch nicht von irgendeiner Milena in Wien erzählen und dann fortfahren,
daß »sie« dies und jenes meint und sagt und tut. Du bist doch weder »Milena«
noch »sie«, das ist blanker Unsinn, also kann ich gar nichts sagen. Das ist so
selbstverständlich, daß es mir nicht einmal Leid tut.

Ja, mit fremden Menschen über Dich reden, das kann ich allerdings und das
ist auch ein auserlesenes Vergnügen. Würde ich mir dabei erlauben, noch ein
wenig Komödie zu spielen, wozu es sehr lockt, wäre das Vergnügen noch größer.
Letzthin traf ich Rudolf Fuchs. Ich habe ihn gern, aber so groß wäre die Freude,
ihn zu treffen, sonst gewiß nicht gewesen und die Hand hätte ich ihm auch
nicht so gemein fest gedrückt. Und dabei wußte ich ja, das Ergebnis werde nicht
sehr groß sein, aber mag es auch klein sein, dachte ich. Das Gespräch ging so-

fort auf Wien über und auf die Gesellschaft, in der er dort verkehrt hatte. Es interessierte mich sehr, Namen zu hören, er begann aufzuzählen, nein, so meinte ich es nicht, die Frauen wollte ich nennen hören. »Ja, da war also Milena, die Sie doch kennen.« »Ja, Milena«, wiederholte ich und sah die Ferdinandsstraße hinunter, was sie dazu sagen würde. Dann kamen noch andere Namen, ich bekam wieder den alten Husten und das Gespräch verlor sich. Wie ihm wieder aufhelfen? »Können Sie mir sagen in welchem Kriegsjahr ich in Wien war?« »1917« »War damals E.P. noch nicht in Wien? Ich habe ihn damals nicht gesehn. War er noch nicht verheiratet?« »Nein.« Schluß. Nun hätte ich mir ja noch ein wenig von Dir erzählen lassen können, aber ich hatte nicht die dazu nötige Kraft. Wie hältst Du es mit den Tabletten jetzt und in letzter Zeit? Zum erstenmal schreibst Du wieder von Kopfschmerzen.

Könntest Du mir paar Worte über den Pariser Plan sagen?

Wohin wirst Du jetzt fahren? (Ein Ort mit guter Postverbindung?) *Wann?*. Für wie lange? Sechs Monate? Nenn mir immer gleich die Hefte, in denen etwas von Dir erscheint.

Wie hättest Du das eigentlich eingerichtet, die zweitägige Prager Reise? (Frage aus bloßer Neugierde) Danke für das Trotzdem, ein Zauberwort, das mir unmittelbar ins Blut eingeht.

Freitagnachmittag

Zuhause fand ich diesen Brief. Ich kenne das Mädchen schon lange, wir sind vielleicht ein wenig verwandt, zumindest haben wir einen gemeinsamen Verwandten, eben jenen Cousin, den sie erwähnt und der sehr schwer krank in Prag lag und von ihr und ihrer Schwester monatelang gepflegt worden ist. Körperlich ist sie mir fast unangenehm, ein übergroßes rotbackiges rundes Gesicht, ein kleiner runder Leib, eine ärgerlich flüsternde Sprache. Sonst habe ich aber Gutes von ihr gehört, das heißt Verwandte haben sie hinter ihrem Rücken beschimpft. Vor zwei Monaten wäre meine Antwort auf einen solchen Brief sehr einfach gewesen: Nein, nein, nein. Jetzt glaube ich dazu kein Recht zu haben. Nicht daß ich glaube, ihr irgendwie helfen zu können, natürlich, auch hat schon Bismarck solche Briefe endgiltig mit dem Hinweis erledigt, daß das Leben ein ungeschickt zusammengestelltes Festessen ist, bei dem man ungeduldig auf die Vorspeise wartet, während im Stillen schon der große Hauptbraten vorübergegangen ist, dementsprechend man sich also einzurichten habe – ach dumm ist diese Klugheit, schrecklich dumm! – es ist mehr meinetwegen, als ihretwegen, daß ich ihr schreiben werde, ich sei bereit mit ihr zusammenzukommen, irgendetwas ist durch Dich, Milena, in meine Hand gegeben, ich glaube, ich darf sie nicht geschlossen halten!

Morgen fährt der Onkel weg, ich werde wieder ein wenig an die Luft, ins Wasser, außerhalb der Stadt kommen, das ist mir sehr nötig.

Sie schreibt, daß nur ich den Brief lesen darf, diese Bitte erfülle ich, wenn ich ihn Dir schicke. Zerreiße ihn. Eine hübsche Stelle übrigens: ženy nepotřebují mnoho. (Frauen brauchen nicht viel.)

Wie man den heutigen Brief, den lieben treuen fröhlichen glückbringenden Brief auch drehen mag, es ist doch ein »Retter« Brief. Milena unter den Rettern! (wäre ich auch unter ihnen, wäre sie dann schon bei mir? nein, dann gewiß nicht). Milena unter den Rettern, sie, die doch am eigenen Leib es immerfort erfährt, daß man den andern nur durch sein Dasein retten kann und sonst durch nichts. Und nun hat sie mich schon durch ihr Dasein gerettet und versucht es nun nachträglich noch mit andern so unendlich kleineren Mitteln. Wenn einer den andern vom Ertrinken rettet, so ist das natürlich eine sehr große Tat, wenn er aber nachher dem Geretteten noch ein Abonnement auf Schwimmlektionen schenkt, was soll das? Warum will es sich der Retter so leicht machen, warum will er den andern nicht immerfort auch weiterhin durch sein Dasein, sein stets bereites Dasein retten, warum will er die Aufgabe abwälzen auf Schwimmeister und Davoser Hotelbesitzer? Und außerdem wiege ich ja doch 55.40! Und wie kann ich wegfliegen, wenn wir uns bei der Hand halten? Und wenn wir beide wegfliegen, was tut es dann? Und außerdem, das ist der eigentliche Grundgedanke des vorigen – fahre ich niemals mehr so weit von Dir weg. Ich komme doch erst aus den Meraner Bleikammern.

Das war geschrieben, ich wollte heute auch noch anderes schreiben, aber es ist jetzt nebensächlich. Ich kam nachhause, sah im Dunkel auf dem Schreibtisch den unerwarteten Brief, überflog ihn, wurde immerfort zum Nachtmahl gerufen, aß irgendetwas, das leider nicht anders vom Teller verschwinden wollte als dadurch, daß man es hinunterschluckte, las dann den Brief gründlich, langsam, schnell, wild, glücklich, einmal staunend – man glaubt es gar nicht, aber es steht doch da und man glaubt es doch nicht, aber man sinkt darüber hin und das ist doch ein Glauben – schließlich verzweifelt, verzweifelt, herzklopfend verzweifelt. »Ich kann nicht kommen«, das wußte ich bei der ersten Zeile und wußte es bei der letzten, dazwischen war ich allerdings mehrmals in Wien, so wie man in einer schlaflosen überwachen Nacht zehnmal etwa halbminutenlange Träume hat. Dann ging ich zur Post, telegraphierte Dir, wurde ein wenig ruhiger und sitze jetzt da. Sitze jetzt da mit der kläglichen Aufgabe, Dir zu beweisen, daß ich nicht kommen kann. Nun, Du sagst, ich sei nicht schwach, vielleicht also gelingt es mir, vor allem aber vielleicht gelingt es mir die nächsten Wochen durchzubringen, aus denen mich schon jetzt jede Stunde angrinst mit der Frage: »Du warst also wirklich nicht in Wien? Bekamst diesen Brief und warst nicht in Wien? Warst nicht in Wien? Warst nicht in Wien?« Ich verstehe nicht Musik, aber diese Musik verstehe ich leider besser als alle Musikalischen.

Ich konnte nicht kommen, weil ich im Amt nicht lügen kann. Ich kann auch im Amt lügen, aber nur aus zwei Gründen, aus Angst (das ist also eine Bureauangelegenheit, gehört dorthin, da lüge ich unvorbereitet, auswendig, inspiriert) oder aus letzter Not (also wenn »Else krank« wird, Else, Else, nicht Du, Milena, Du wirst nicht krank, das wäre schon allerletzte Not, von der rede ich überhaupt nicht), also aus Not könnte ich sofort lügen, dann wäre kein Telegramm nötig, Not ist etwas, was gegenüber dem Bureau bestehen kann, dann fahre ich entweder mit oder ohne Erlaubnis. Aber in allen Fällen, wo unter den Gründen, die ich für das Lügen hätte, das Glück, die Not des Glücks der Hauptgrund ist, kann ich nicht lügen, kann es nicht, so wie ich nicht 20 kg-Hanteln stemmen kann. Käme ich mit dem Else-Telegramm zum Direktor, es würde mir gewiß aus der Hand fallen und fiele es, ich würde gewiß darauf, auf die Lüge, treten und hätte ich das getan, würde ich gewiß vom Direktor weglaufen, ohne um etwas zu bitten. Bedenke doch, Milena, das Bureau ist doch nicht irgendeine beliebige dumme Einrichtung (die ist es auch und überreichlich, aber davon ist hier nicht die Rede, übrigens ist es mehr phantastisch als dumm), sondern es ist mein bisheriges Leben, ich kann mich davon losreißen, gewiß, und das wäre vielleicht gar nicht schlecht, aber bis jetzt ist es eben mein Leben, ich kann damit lumpig umgehn, weniger arbeiten als irgendjemand (tue ich), die Arbeit verhudeln (tue ich), mich trotzdem wichtig machen (tue ich), die liebenswürdigste Behandlung, die im Bureau denkbar ist, als mir gebührend ruhig hinnehmen, aber lügen, um plötzlich als freier Mensch, der ich doch nur angestellter Beamter bin, dorthin zu fahren, wohin mich »nichts anderes« treibt als der selbstverständliche Schlag des Herzens, nun, ich kann also nicht so lügen. Das aber wollte ich Dir, noch ehe ich Deinen Brief bekommen hatte, schreiben, daß ich gleich diese Woche meinen Paß erneuern oder sonst in Ordnung bringen lasse, um möglichst gleich zu kommen, wenn es sein muß.

———————

Ich überlese das und habe es doch gar nicht so gemeint und bin doch nicht »stark«, da ich es nicht richtig sagen konnte, (das noch: ich kann dort vielleicht schlechter lügen als ein anderer, dem – so sind die meisten Beamten – seiner Meinung nach immerfort Unrecht geschieht, der über seine Kräfte arbeitet – hätte ich doch diese Meinung, das wäre schon fast ein Wiener Schnellzug – der das Bureau als eine dumm geleitete Maschine ansieht – er würde das viel besser machen – eine Maschine, in der er eben infolge dieser Dummheit der Leitung an unpassender Stelle verwendet wird – seinen Fähigkeiten nach ist er ein Ober-Ober-Rad und muß hier nur als Unter-Unter-Rad arbeiten u.s.f., mir aber ist das Bureau – und so war es die Volksschule, Gymnasium, Universität, Familie, alles, ein lebendiger Mensch, der mich, wo ich auch bin, mit seinen unschulds-vollen Augen ansieht, ein Mensch, mit dem ich auf irgendeine mir unbekannte Weise verbunden worden bin, trotzdem er mir fremder ist, als die Leute, die ich jetzt im Automobil über den Ring fahren höre. Also fremd ist er mir bis zur Sinnlosigkeit, aber gerade das erfordert Rücksichten, ich verberge ja meine Fremdheit kaum, aber wann erkennt das eine solche Unschuld – und ich kann also nicht lügen) nein, stark bin ich nicht und schreiben kann ich nicht und nichts kann ich. Und nun, Milena, wendest Du Dich auch noch von mir ab, nicht für lange, ich weiß, aber sieh, lange hält es der Mensch nicht aus, ohne daß das Herz schlägt, und solange Du abgewendet bist, wie kann es dann schlagen?

Wenn Du mir nach diesem Brief telegraphieren könntest! Das ist ein Ausruf, keine Bitte. Nur wenn Du es frei tun kannst, tue es. Nur dann, Du siehst, ich unterstreiche nicht einmal diese Zeilen.

Noch ein drittes, das mir das Lügen ermöglichen würde, habe ich vergessen: wenn Du neben mir wärest. Aber dann wäre es die unschuldigste Lüge der Welt, denn dann stünde doch im Direktionszimmer niemand außer Dir.

Sonntag

Was Du zum Samstag-abend-brief sagen wirst, weiß ich noch nicht und werde es noch lange nicht wissen, jedenfalls sitze ich jetzt da im Bureau, es ist Sonntags-dienst (auch eine merkwürdige Einrichtung, man sitzt da und genug, andere ar-beiten im Sonntagsdienst, also weniger als sonst, ich genau so viel) trüb, bald wills regnen, bald stört mich Wolkenlicht beim Schreiben, nun, es ist genau so wie es ist, traurig und schwer. Und wenn Du schreibst, daß ich Lust zu leben habe, so habe ich sie heute kaum; was soll mir sie machen, die heutige Nacht, der heutige Tag? Im Grunde habe ich sie trotzdem (komm immer wieder von Zeit zu Zeit, gutes Wort), an der Oberfläche aber wenig. Ich gefalle mir auch so wenig, ich sitze hier vor der Direktoratstür, der Direktor ist nicht da, aber ich würde nicht staunen, wenn er herauskäme und sagte: »Mir gefallen Sie auch nicht, des-halb kündige ich Ihnen.« »Danke«, würde ich sagen, »ich brauche das dringend für eine Wiener Reise.« »So«, würde er sagen, »jetzt gefallen Sie mir wieder und ich ziehe die Kündigung zurück.« »Ach«, würde ich sagen, »nun kann ich also wieder nicht fahren.« »O ja«, würde er sagen, »denn jetzt gefallen Sie mir wieder nicht und ich kündige.« Und so wäre das eine endlose Geschichte.

Heute habe ich zum ersten Mal, glaube ich, seitdem ich in Prag bin, von Dir geträumt. Ein Traum gegen morgen, kurz und schwer, noch etwas vom Schlaf erwischt nach böser Nacht. Ich weiß wenig davon. Du warst in Prag, wir gingen durch die Ferdinandstraße, etwa gegenüber Vilimek, in der Richtung zum Quai, irgendwelche Bekannte von Dir gingen auf der andern Seite vorüber, wir wendeten uns nach ihnen um, Du sprachst von ihnen, vielleicht war auch von

Krasa die Rede (er ist nicht in Prag, das weiß ich, nach seiner Adresse werde ich mich erkundigen). Du sprachst wie sonst, aber etwas nicht zu fassendes, nicht aufzuzeigendes von Abweisung war darin, ich erwähnte nichts davon, aber verfluchte mich, sprach damit nur den Fluch aus, der auf mir lag. Dann waren wir im Kaffeehaus, im Kaffee Union wahrscheinlich (es lag ja auf dem Weg), ein Mann und ein Mädchen saßen an unserem Tisch, an die kann ich mich aber gar nicht erinnern, dann ein Mann, der Dostojewski sehr ähnlich sah, aber jung, tiefschwarz Bart und Haar, alles, zum Beispiel die Augenbrauen, die Wülste über den Augen ungemein stark. Dann warst Du da und ich. Wieder verriet nichts Deine abweisende Art, aber die Abweisung war da. Dein Gesicht war – ich konnte von der quälenden Merkwürdigkeit nicht wegschauen – gepudert, und zwar überdeutlich, ungeschickt, schlecht, es war wahrscheinlich auch heiß und so hatten sich ganze Puderzeichnungen auf Deinen Wangen gebildet, ich sehe sie noch vor mir. Immer wieder beugte ich mich vor, um zu fragen, warum Du gepudert bist; wenn Du merktest, daß ich fragen wollte, fragtest Du entgegenkommend – die Abweisung war ja eben nicht zu merken – »Was willst Du?« Aber ich konnte nicht fragen, ich wagte es nicht und dabei ahnte ich irgendwie, daß dieses Gepudertsein eine Probe für mich war, eine ganz entscheidende Erprobung, daß ich eben fragen sollte, und ich wollte es auch, aber wagte es nicht. So wälzte sich der traurige Traum über mich hin. Dabei quälte mich auch der Dostojewski-Mann. Er war in seinem Benehmen mir gegenüber ähnlich wie Du, aber doch ein wenig anders. Wenn ich ihn etwas fragte, war er sehr freundlich, teilnehmend, herübergebeugt, offenherzig, wußte ich aber nichts mehr zu fragen oder zu sagen – das geschah jeden Augenblick– zog er sich mit einem Ruck zurück, versank in ein Buch, wußte nichts mehr von der Welt und besonders von mir nicht, verschwand in seinem Bart und Haar. Ich weiß nicht, warum mir das unerträglich war, immer wieder – ich konnte nicht anders – mußte ich ihn mit einer Frage zu mir herüberziehn und immer wieder verlor ich ihn durch meine Schuld.

Einen kleinen Trost habe ich, Du darfst mir ihn heute nicht verbieten, die »Tribuna« liegt vor mir, ich habe sie nicht einmal gegen das Verbot kaufen müssen, ich habe sie mir vom Schwager ausgeborgt, nein, der Schwager hat sie mir geborgt. Bitte, laß mir dieses Glück. Es kümmert mich ja zunächst nicht, was darin steht, aber ich höre die Stimme, meine Stimme! im Lärm der Welt, laß mir das Glück. Und auch das Ganze ist so schön! Ich weiß nicht, wie es geschieht, ich lese es doch nur mit den Augen, wie hat es gleich auch mein Blut erfahren und trägt es schon heiß in sich? Und lustig ist es. Ich gehöre natürlich zu der zweiten Gruppe: dieses Gewicht an den Füßen ist geradezu mein Eigentum und ich bin gar nicht damit einverstanden, daß meine rein persönliche Angelegenheit veröffentlicht wird; jemand hat einmal gesagt, daß ich wie ein Schwan schwimme, aber das war kein Kompliment. Aber auch aufregend ist es. Ich komme mir vor wie ein Riese, der mit ausgestreckten Armen das Publikum von Dir abhält – er hat es schwer, er soll das Publikum abhalten und will doch auch kein Wort und keine Sekunde Deines Anblicks verlieren – dieses wahrscheinlich doch verbohrte, urdumme, überdies frauenhafte Publikum, das vielleicht ruft: »Wo ist die Mode? Also wo ist endlich die Mode? Was wir bisher gesehen haben, ist ‚nur‘ Milena.« Nur, und von diesem Nur lebe ich. Und habe eigentlich den sonstigen Rest der Welt genommen wie Münchhausen die Lafetten von Gibraltar und sie ins große Meer geworfen. Wie? Den ganzen Rest? Und lügen? Lügen kannst Du im Bureau nicht? Nun ja, ich sitze da, es ist genau so trüb wie früher und morgen kommt kein Brief und der Traum ist die letzte Nachricht, die ich von Dir habe.

Sonntagabend

Also schnell, das ist die Möglichkeit, wir haben sie jede Woche; daß sie mir nicht früher einfiel; allerdings muß ich zuerst den Paß haben, das ist nicht so einfach wie Du denkst und ohne Ottla fast unmöglich:

Ich fahre an einem Samstagnachmittag mit dem Schnellzug, komme etwa (ich werde mich morgen nach den genauen Zeiten erkundigen) um 2 Uhr nachts nach Wien. Du hast inzwischen die Sonntag-Schnellzugskarte nach Prag schon Freitag gekauft, mir telegraphiert, daß Du sie hast, ohne dieses Telegramm könnte ich nicht von Prag wegfahren. Du erwartest mich am Bahnhof, wir haben über vier gemeinsame Stunden, um 7 Uhr früh Sonntag fahre ich wieder weg.

Das ist also die Möglichkeit, ein wenig trüb zwar, nur vier müde Nachtstunden beisammen zu sein (und wo? in einem Hotel am Franz-Josefsbahnhof?) immerhin eine Möglichkeit, sie läßt sich aber außerordentlich dadurch verschönern, daß Du – aber gibt es diese Möglichkeit? – mir nach Gmünd entgegenkommst und wir die Nacht in Gmünd bleiben. Gmünd ist doch österreichisch? Da brauchst Du also keinen Paß. Ich komme dort wohl etwa um 10 Uhr abends an, vielleicht noch früher und fahre Sonntag mit dem Schnellzug (Sonntag bekommt man wohl leicht Plätze) um 11 Uhr vormittag etwa weg, vielleicht, wenn ein passender Personenzug später fährt, noch später. Wie Du allerdings hinfahren und wegfahren kannst, weiß ich nicht.

Nun was sagst Du? Sonderbar daß ich Dich jetzt fragen muß und habe doch den ganzen Tag mit Dir gesprochen. Adresse des Krasa – Marienbad Hotel Stern.

Montag

Also das Telegramm war keine Antwort, aber der Donnerstagabend-Brief ist es. Also das Nicht-Schlafen war sehr richtig und die entsetzliche Traurigkeit heute früh war sehr richtig. Weiß Dein Mann von dem Blut? Man muß es ja nicht übertreiben, es ist vielleicht gar nichts, Blut kommt mancherlei, aber es ist doch Blut und vergessen kann man es nicht. Und Du lebst ja darauf hin, Dein heldenhaft fröhliches Leben, Du lebst ja, als redetest Du dem Blut zu: »Also komm doch, komm doch endlich.« Und dann kommt es eben. Und was ich hier machen soll, darum kümmerst Du Dich gar nicht und natürlich bist Du kein nemluvně (Säugling) und weißt, was Du tust, aber Du willst es so, daß ich hier am Prager Ufer stehe, und Du gehst mir vor den Augen im Wiener Meer unter, mit Willen. Und wenn Du nichts zum Essen hast, so ist das nicht ein Bedürfnis pro sebe? (für sich)

Oder meinst Du, daß es eher mein Bedürfnis ist als Deines? Nun, dann hast Du auch recht. Und Geld werde ich leider Dir nicht mehr schicken können, denn mittag gehe ich nachhause und stopfe das unnütze Geld in den Küchenofen. So sind wir also gänzlich auseinandergekommen, Milena, und nur den einen Wunsch scheinen wir mit aller Kraft gemeinsam zu haben, daß Du hier wärest und Dein Gesicht irgendwo so nahe bei mir als nur möglich. Und natürlich auch den Sterbe-Wunsch, den Wunsch dieses »bequemen« Sterbens haben wir gemeinsam, aber das ist doch eigentlich schon ein Wunsch kleiner Kinder, so wie ich mir etwa in der Rechenstunde, wenn ich den Professor oben in seinem Notizbuch blättern und wahrscheinlich meinen Namen suchen sah und mit diesem Anblick von Kraft, Schrecken und Wirklichkeit mein unfaßbares Nichts von Kenntnissen verglich, halb träumend vor Angst wünschte, ich könnte geisterhaft aufstehn, geisterhaft den Weg zwischen den Bänken durchlaufen, leicht wie mein mathematisches Wissen am Professor vorüberfliegen, die Tür irgendwie durchdringen, draußen mich sammeln und nun frei sein an der schönen Luft, die auf der ganzen mir bekannten Welt nicht solche Spannungen enthielt wie dort in dem Zimmer. Ja, das wäre »bequem« gewesen. Aber so wurde es nicht. Ich wurde hinausgerufen, bekam eine Aufgabe, zur Lösung brauchte man ein Logarithmenbuch, ich hatte es vergessen, log aber, daß ich es in der Bank habe (denn ich glaubte, der Professor werde mir seines borgen), wurde in die Bank zurückgeschickt, es zu holen, merkte mit einem nicht einmal gespielten Erschrecken (Erschrecken mußte ich niemals in der Schule spielen), daß es nicht da war, und der Professor (vorgestern habe ich ihn getroffen) sagte mir: »Sie Krokodil!«Ich bekam gleich ein Nichtgenügend und das war eigentlich sehr gut, denn ich bekam es doch eigentlich nur formal und außerdem ungerecht (ich hatte zwar gelogen, aber niemand konnte es mir nachweisen, ist das ungerecht?) vor allem aber hatte ich mein schamloses Unwissen nicht zeigen müssen. Also war auch das im Ganzen noch recht »bequem« und man konnte unter günstigen Umständen also auch im Zimmer selbst »verschwinden« und die Möglichkeiten waren unendlich und man konnte auch im Leben »sterben«.

So schwätze ich nur, weil mir bei Dir gut ist trotz allem.

Nur eine Möglichkeit gibt es nicht – über allem Geschwätz ist das klar –, daß Du jetzt hereinkommst und da bist und wir über Dein Gesund werden mit aller Gründlichkeit sprechen und doch wäre gerade diese Möglichkeit die dringendste.

Vieles wollte ich Dir heute sagen, ehe ich die Briefe gelesen hatte, aber was läßt sich sagen gegenüber dem Blut? Bitte schreib mir gleich, was der Arzt gesagt hat und was ist es für ein Mann?

Die Bahnhofsreue beschreibst Du unrichtig, ich zögerte keinen Augenblick, es war alles so selbstverständlich traurig und schön und wir waren so allein, daß es eine unbegreifliche Komik hatte, wie die Leute, die doch nicht dort waren, plötzlich aufbegehrten und die Perrontür geöffnet haben wollten.

Aber vor dem Hotel war es freilich so, wie Du sagst. Wie schön warst Du dort! Vielleicht warst Du es gar nicht? Es wäre doch auch sehr merkwürdig gewesen, wenn Du so bald schon aufgestanden wärest. Aber wenn Du es nicht warst, woher weißt Du so genau, wie es gewesen ist.

Montag, später

Ach, so viele Akten sind gerade jetzt gekommen. Und wofür arbeite ich und gar mit dem unausgeschlafenen Kopf. Wofür? Für den Küchenofen.

Und jetzt noch der Dichter, der erste, er ist auch Holzschneider, Radierer, und geht nicht weg und ist so voll Leben, das er alles auf mich hinauswirft und sieht, wie ich vor Ungeduld zittere, die Hand über diesem Brief zittert, der Kopf liegt mir schon auf der Brust und er geht nicht fort, der gute, lebendige, glücklich-unglückliche, außerordentliche, aber mir gerade jetzt entsetzlich lästige Junge. Und Dir kommt Blut aus dem Mund.

Und eigentlich schreiben wir immerfort das Gleiche. Einmal frage ich, ob Du krank bist, und dann schreibst Du davon, einmal will ich sterben und dann Du, einmal will ich vor Dir weinen wie ein kleiner Junge und dann Du vor mir wie ein kleines Mädchen. Und einmal und zehnmal und tausendmal und immerfort will ich bei Dir sein und Du sagst es auch. Genug, genug.

Und noch immer ist kein Brief da darüber, was der Arzt gesagt hat, Du Langsame, Du schlechte Briefschreiberin, Du Böse, Du Liebe, Du – nun, was denn? nichts, still sein in Deinem Schoß.

Ich müßte ein Lügner sein, wenn ich nicht noch mehr sagte als heute im Morgenbrief, gar Dir gegenüber, vor der ich so frei sprechen kann, wie vor niemandem, weil noch niemand so auf meiner Seite gestanden ist, wissend und wollend wie Du, trotz allem, trotz allem. (Unterscheide das große Trotzallem vom großen Trotzdem.)

Die schönsten Briefe unter den Deinigen (und das ist viel gesagt, denn sie sind ja im Ganzen, fast in jeder Zeile, das Schönste, was mir in meinem Leben geschehen ist) sind die, in denen Du meiner »Angst« recht gibst und gleichzeitig zu erklären suchst, daß ich sie nicht haben muß. Denn auch ich, mag ich auch manchmal aussehn wie ein bestochener Verteidiger meiner »Angst«, gebe ihr im tiefsten wahrscheinlich Recht, ja ich bestehe aus ihr und sie ist vielleicht mein Bestes. Und da sie mein Bestes ist, ist sie auch vielleicht das allein, was Du liebst. Denn was wäre sonst großes Liebenswertes an mir zu finden. Dieses aber ist liebenswert.

Und wenn Du einmal fragtest, wie ich den Samstag »gut« habe nennen können mit der Angst im Herzen, so ist das nicht schwer erklärt. Da ich Dich liebe *(und ich liebe Dich also, Du Begriffsstützige, so wie das Meer einen winzigen Kieselstein auf seinem Grunde lieb hat, genau so überschwemmt Dich mein Liebhaben – und bei Dir sei ich wieder der Kieselstein, wenn es die Himmel zulassen),* liebe ich die ganze Welt und dazu gehört auch Deine linke Schulter, nein, es war zuerst die rechte und darum küsse ich sie, wenn es mir gefällt (und Du so lieb bist, die Bluse dort wegzuziehn) und dazu gehört auch die linke Schulter und Dein Gesicht über mir im Wald und Dein Gesicht unter mir im Wald und das Ruhn an Deiner fast entblößten Brust. Und darum hast Du recht, wenn Du sagst, daß wir schon eins waren, und ich habe gar keine Angst davor, sondern es ist mein einziges Glück und mein einziger Stolz und ich schränke es gar nicht auf den Wald ein.

Aber eben zwischen dieser Tag-Welt und jener »halben Stunde im Bett«, von der Du einmal verächtlich als von einer Männer-Sache schriebst, ist für mich ein Abgrund, über den ich nicht hinwegkommen kann, wahrscheinlich, weil ich nicht will. Dort drüben ist eine Angelegenheit der Nacht, durchaus in jedem Sinn Angelegenheit der Nacht; hier ist die Welt und ich besitze sie und nun soll ich hinüberspringen in die Nacht, um sie noch einmal in Besitz zu nehmen. Kann man etwas noch einmal in Besitz nehmen? Heißt das nicht: es verlieren. Hier ist die Welt, die ich besitze, und ich soll hinüber, einer unheimlichen Zauberei zuliebe, einem Hokuspokus, einem Stein der Weisen, einer Alchemie, einem Wunschring zuliebe. Weg damit, ich fürchte mich schrecklich davor.

In einer Nacht das durch Zauberei erwischen wollen, eilig, schweratmend, hilflos, besessen, das durch Zauberei erwischen wollen, was jeder Tag den offenen Augen gibt! (»Vielleicht« kann man Kinder nicht anders bekommen, »vielleicht« sind auch Kinder Zauberei. Lassen wir diese Frage noch.) Darum bin ich ja so dankbar (Dir und allem) und so ist es also samozřejmě, (selbstverständlich) daß ich neben Dir höchst ruhig und höchst unruhig, höchst gezwungen und höchst frei bin, weshalb ich auch nach dieser Einsicht alles andere Leben aufgegeben habe. Sieh mir in die Augen!

———————

Erst durch Frau K. erfahre ich also, daß die Bücher vom Nachttisch auf den Schreibtisch übersiedelt sind. Ich hätte vorher unbedingt gefragt werden müssen, ob ich mit dieser Übersiedlung einverstanden bin. Und ich hätte gesagt: Nein!

———————

Und nun danke mir. Ich habe die Lust, hier in diesen letzten Zeilen noch etwas Wahnsinniges aufzuschreiben (etwas Wahnsinnig-Eifersüchtiges), glücklich unterdrückt.

———————

Aber jetzt ist es genug, jetzt erzähle von Emilie.

Montagabend

Es ist schon spät, nach einem trotz allem etwas trüben Tag. Morgen kommt wohl kein Brief von Dir, den vom Samstag habe ich, einen von Sonntag könnte ich erst übermorgen bekommen, der Tag wird also frei von unmittelbaren Einfluß eines Briefes sein. Merkwürdig, wie mich Deine Briefe blenden, Milena. Ich fühle doch seit einer Woche oder länger, daß Dir etwas geschehen ist, etwas Plötzliches oder Allmähliches, etwas Grundsätzliches oder Gelegentliches, etwas klar oder nur halb Bewußtes; daß es da ist, weiß ich jedenfalls. Ich erkenne es nicht so sehr aus Einzelnheiten der Briefe, trotzdem auch solche Einzelnheiten vorhanden sind, wie, daß die Briefe voll Erinnerungen sind (und ganz besonderer Erinnerungen voll), daß Du zwar wie sonst auf alles antwortest, aber doch nicht auf alles, daß Du traurig bist ohne Grund, daß Du mich nach Davos schickst, daß Du so plötzlich diese Zusammenkunft willst. (Du hattest meinen Rat, nicht her zu kommen, sofort hingenommen; Du hattest Wien für ungeeignet erklärt, dort zusammenzukommen; Du hattest gesagt, vor Deiner Reise wollen wir nicht zusammenkommen, und jetzt in zwei, drei Briefen diese Eile. Ich muß mich ja sehr darüber freuen, aber ich kann nicht, denn irgendeine geheime Angst ist in Deinen Briefen, ob für mich, ob gegen mich, das weiß ich nicht, und Angst ist in dieser Plötzlichkeit und Eile, mit der Du die Zusammenkunft willst. Sehr froh bin ich jedenfalls, daß ich eine Möglichkeit gefunden habe, und eine Möglichkeit ist es doch gewiß. Solltest Du nicht über Nacht außerhalb

Wiens bleiben können, läßt sich mit Opferung von paar gemeinsamen Stunden auch das erreichen. Du fährst mit dem Sonntagschnellzug gegen 7 Uhr früh nach Gmünd–so wie ich damals – kommst dort um 10 Uhr an, ich erwarte Dich und da ich erst um ½5 nachmittag wegfahre, sind wir doch immerhin sechs Stunden beisammen. Du fährst dann mit dem Abendschnellzug nach Wien zurück und bist dort um ? 12, ein kleiner Sonntagsausflug.)

Also deshalb bin ich unruhig oder vielmehr ich bin nicht unruhig, so groß ist Deine Macht. Statt unruhiger zu sein als unruhig, weil Du schweigend etwas verschweigst oder verschweigen mußt oder unwissend verschweigst, statt also dadurch noch unruhiger zu werden, bleibe ich ruhig, so groß ist ungeachtet Deines Aussehens mein Vertrauen zu Dir. Verschweigst Du etwas, wird auch dieses Verschweigen richtig sein, denke ich.

Aber noch aus einem andern wirklich außerordentlichen Grunde bleibe ich demgegenüber ruhig. Du hast eine Eigentümlichkeit – ich glaube, sie gehört tief zu Deinem Wesen und *es ist Schuld der andern,* wenn sie nicht überall wirkt – die ich noch bei niemandem gefunden habe, ja die ich mir, trotzdem ich sie hier gefunden habe, doch nicht eigentlich vorstellen kann. Es ist die Eigentümlichkeit, daß Du nicht leiden machen kannst. Nicht etwa aus Mitleid kannst Du nicht leiden machen, sondern deshalb, weil Du es nicht kannst. – Nein, das ist phantastisch, fast den ganzen Nachmittag habe ich darüber nachgedacht, jetzt aber wage ich es nicht aufzuschreiben, vielleicht ist das Ganze doch nur eine mehr oder minder großartige Entschuldigung für ein Umarmen.

Und jetzt ins Bett. *Was Du wohl jetzt tust, Montag gegen 11 Uhr abends?*

Dienstag

So wenig Menschenkenntnis, Milena. Ich sagte es ja seit jeher. Gut, Else ist erkrankt, das wäre möglich und man müßte deshalb vielleicht nach Wien fahren, aber die alte Tante Klara Schwer (erkrankt) ? Glaubst Du denn, ich könnte, von allem andern abgesehn, zum Direktor gehn und ohne zu lachen von der Tante Klara erzählen? (Natürlich, darin hegt wieder Menschenkenntnis, hat unter Juden jeder eine Tante Klara, aber die meine ist schon lange tot.) Also das ist ganz unmöglich. Gut, daß wir sie nicht mehr brauchen. Mag sie sterben, sie ist ja doch nicht allein, Oskar ist bei ihr. Allerdings, wer ist Oskar? Tante Klara ist Tante Klara, aber wer ist Oskar? Immerhin, er ist bei ihr. Hoffentlich wird er nicht auch krank, der Erbschleicher.

––––––––––

Doch ein Brief und dieser! Für die Abendbriefe gilt das nicht, was ich anfangs sagte, aber diese (wie ich sagte: ruhige) Beunruhigung kann, da sie einmal da ist, auch vor ihnen nicht schwinden. Wie gut ist es, daß wir einander sehn werden. Vielleicht telegraphiere ich Dir morgen oder übermorgen (Ottla ist heute schon um den Paß gegangen), ob ich schon diesen Samstag nach Gmünd kommen könnte (für Wien ist es diese Woche jedenfalls zu spät, denn es müßte die Sonntagsschnellzugskarte gekauft werden), Du antwortest mir telegraphisch, ob auch Du kommst. Ich also immer auch Abend zur Post, damit Du das Telegramm bald bekommst. Es wird also so sein: Ich werde telegraphieren: »unmöglich«, das heißt, daß ich diese Woche nicht kommen kann. Dann erwarte ich keine telegraphische Rückantwort und wir besprechen das andere brieflich (die Zusammenkunft für die nächsten vier Wochen hängt natürlich davon ab, wohin Du aufs Land fährst, wahrscheinlich wohl weiter weg von mir, nun, dann könnten wir uns einen Monat lang nicht sehn). Oder aber ich telegraphiere: »Kann Samstag in Gmünd sein.« Darauf erwarte ich als Rückantwort entweder »Unmöglich« oder aber »Bin Samstag in Gmünd« oder »Bin Sonntag in Gmünd«. *In diesen beiden letzteren Fällen ist es also abgemacht, es braucht kein weiteres Telegraphieren,* (nein, damit Du Sicherheit hast, daß Dein Telegramm angekommen ist, werde ich es noch bestätigen) *wir fahren beide nach Gmünd* und sehn uns noch diesen Samstag oder Sonntag. Das klingt ja alles sehr einfach.

Fast zwei Stunden verloren, mußte den Brief weglegen. Otto Pick war da. Ich bin müde. Wann sehn wir uns? Warum bekommt man in 1 ½ Stunden kaum dreimal Deinen Namen zu hören? Wo bist Du? Auf der Fahrt in das Dorf, wo die Hütte steht? Ich bin auch auf der Fahrt, es ist eine lange Reise. Quäl Dich doch aber nicht deshalb, bitte, jedenfalls sind wir doch auf der Fahrt, mehr als Wegfahren kann man nicht.

Dienstag

Wo ist der Arzt? Ich suche den Brief durch, ohne ihn zu lesen, nur um den Arzt zu suchen. Wo ist er? Ich schlafe nicht; ich will nicht sagen, daß ich deshalb nicht schlafe, wirkliche Sorgen lassen den Unmusikalischen eher schlafen als anderes, aber doch schlafe ich nicht. Ist es schon zu lange her seit der Wiener Reise? Habe ich mein Glück zu sehr gelobt? Hilft Milch und Butter und Salat nichts und brauche ich die Nahrung Deiner Gegenwart? Wahrscheinlich ist es keiner dieser Gründe, aber die Tage sind nicht schön. Auch habe ich das Glück der leeren Wohnung seit drei Tagen nicht mehr, ich wohne zuhause (deshalb bekam ich auch gleich das Telegramm). Es ist vielleicht gar nicht die Leere der Wohnung, die mir so gut tut, oder nicht hauptsächlich sie, sondern der Besitz zweier Wohnungen überhaupt, eine Wohnung für den Tag und eine andere entfernte für Abend und Nacht. Verstehst Du das? Ich nicht, aber es ist so. Ja, der Schrank. Um den wird wohl unser erster und letzter Streit gehn. Ich werde sagen: »Wir werfen ihn hinaus«, Du wirst sagen: »Er bleibt«. Ich werde sagen: »Wähle zwischen mir und ihm«, Du wirst sagen: »Gleich. Frank und Schrank, es reimt sich. Ich wähle den Schrank.« »Gut«, werde ich sagen, und langsam die Treppe (welche?) hinuntergehn und – wenn ich den Donaukanal noch nicht gefunden habe, lebe ich noch heute.

Und im übrigen bin ich ja sehr für den Schrank, nur das Kleid solltest Du nicht tragen. Du wirst es ja ganz abnützen und was bleibt mir dann? Merkwürdig, das Grab. An der Stelle habe ich es ja eigentlich (vlastně) gesucht, aber nur schüchtern, dagegen sehr sicher größere und größere und endlich ungeheuere Kreise darum gezogen und schließlich eine ganz andere Kapelle für die richtige gehalten.

Du fährst also weg und das Visum hast Du auch nicht. *Und die Sicherheit, daß Du in der Not gleich kämest, ist damit verloren.* Und nun willst Du auch noch, daß ich schlafe. Und der Arzt? Wo ist er? Noch immer ist er nicht da? Besondere Kongreßmarken gab es nicht, ich glaubte auch, es hätte solche gegeben. Zu meiner Enttäuschung bringt man mir heute die »Kongreßmarken«, es sind gewöhnliche Marken, nur mit dem Kongreßstempel; trotzdem sollen sie eben wegen dieses Stempels recht kostbar sein, aber das wird ja der Junge nicht verstehn. Ich werde immer nur eine Marke beilegen, erstens wegen ihrer Kostbarkeit und zweitens um jeden Tag einen Dank zu bekommen.

Siehst Du, Du brauchst eine Feder, warum haben wir die Zeit in Wien nicht besser ausgenutzt? Warum blieben wir zum Beispiel nicht immerfort in dem Papierladen, es war doch so schön dort und wir waren einander so nah.

Und dem Schrank hast Du doch die dummen Spaße nicht vorgelesen? Ich liebe doch ganz ohnmächtig fast alles, was in Deinem Zimmer steht.

Und der Arzt?

Du siehst den Markensammler öfters? Keine hinterlistige Frage, trotzdem es so aussieht. Wenn man schlecht geschlafen hat, fragt man und weiß nicht was. Ewig wollte man fragen, Nicht-Schlafen heißt ja fragen; hätte man die Antwort, schliefe man.

Und diese Unzurechnungsfähigkeits-Erklärung ist doch eigentlich sehr arg. Den Paß hast Du doch bekommen?

Dienstag

Ein Brief von Freitag; wenn Donnerstag keiner geschrieben worden ist, ist es gut, nur verloren soll keiner gehn.

Das was Du über mich schreibst, ist entsetzlich klug, ich will gar nichts zufügen, es ganz unberührt so stehn lassen. Nur eines, was auch darin steht, will ich noch etwas offener heraussagen: Mein Unglück ist, daß ich alle Menschen – und die für mich ausgezeichnetsten natürlich vor allem – für gut halte, mit dem Verstand, mit dem Herzen für gut halte (jetzt kam ein Mann herein und ist erschrocken, ich machte nämlich in die Leere hinein ein diese Meinungen ausdrückendes Gesicht), nur irgendwie mein Körper kann es nicht glauben, daß sie, wenn es notwendig sein wird, wirklich gut sein werden; mein Körper fürchtet sich und kriecht lieber, statt die in diesem Sinne wirklich welterlösende Probe abzuwarten, langsam die Wand hinauf.

———————

Ich fange wieder an Briefe zu zerreißen, gestern Abend einen. Du bist sehr unglücklich meinetwegen (anderes wirkt wohl mit, alles wirkt gegenseitig), sag es immer offener. Auf einmal geht es ja nicht, natürlich.

———————

Gestern war ich beim Arzt. Entgegen meinen Erwartungen findet weder er noch die Wage mich gebessert, allerdings auch nicht verschlechtert. Aber wegfahren muß ich, meint er. Nach der Südschweiz, die er nach meiner Aufklärung gleich als unmöglich erkannte, nannte er sofort, ohne jede Nachhilfe meinerseits, zwei Sanatorien in Nieder Österreich als die besten: Sanatorium Grimmenstein (Dr. Frankfurter) und Sanatorium Wiener Wald, allerdings weiß er augenblicklich die Poststation weder des einen noch des andern. Könntest Du das vielleicht gelegentlich erfahren, in einer Apotheke, von einem Arzt, *in* einem Post- oder Telephon Verzeichnis? Es eilt nicht. Es ist damit auch nicht gesagt, daß ich fahre. Das sind ausschließliche Lungenheilanstalten, Häuser, die in ihrer Gänze Tag und Nacht husten und fiebern, wo man Fleisch essen muß, wo einem gewesene Henker die Arme auskegeln, wenn man sich gegen Injektionen wehrt, und wo bartstreichende jüdische Ärzte zusehn, hart gegen Jud wie Christ.

———————

In einem der letzten Briefe schreibst Du etwa (ich wage diese letzten Briefe nicht herauszuziehn, vielleicht habe ich es auch beim flüchtigen Lesen mißverstanden, das ist das wahrscheinlichste), daß Deine Sache dort dem völligen Ende zugeht. Wieviel war davon Augenblicks-Leid und wieviel dauernde Wahrheit?

———————

Ich habe Deinen Brief noch einmal durchgelesen und nehme das »entsetzlich« zurück, es fehlt darin doch manches und manches ist zu viel, es ist also nur einfach »klug«. Es ist auch sehr schwer für Menschen, mit Gespenstern »Fangen« spielen.

Du warst mit Blei beisammen. Was macht er? Daß das Ganze dumm war, glaube ich gern, und daß man zwiespältig bleibt, glaube ich auch. Es ist nämlich etwas Schönes dabei, nur ist es etwa 50000 Meilen weit entfernt und weigert sich zu kommen und, wenn alle Glocken von Salzburg zu läuten anfangen, rückt es aus Vorsicht noch einige tausend Meilen weiter weg.

Mittwoch

Kennst Du Casanovas Flucht aus den Bleikammern? Ja, Du kennst es. Dort ist flüchtig die schrecklichste Art der Kerkerung beschrieben unten im Keller im Dunkel, im Feuchten, in der Höhe der Lagunen, man hockt auf einem schmalen Brett, das Wasser reicht fast heran, steigt mit der Flut auch wirklich hinauf, das schlimmste aber sind die wilden Wasserratten, ihr Geschrei in der Nacht, ihr Zerren, Reißen und Nagen (man kämpft mit ihnen um das Brot, glaube ich) und vor allem ihr ungeduldiges Warten, bis man entkräftet von dem Brettchen hinunterfällt. Weißt Du, so sind die Geschichten in dem Brief. Schrecklich und unverständlich und vor allem so nah und fern wie die eigene Vergangenheit. Und man hockt oben und davon wird der Rücken auch nicht am allerschönsten und auch die Füße verkrampfen sich und man hat Angst und hat doch nichts anderes zu tun als die großen dunklen Ratten anzusehn und sie blenden einen mitten in der Nacht und schließlich weiß man nicht, ob man noch oben sitzt oder schon unten ist und pfeift und das Mäulchen aufreißt mit den Zähnen drin. Geh, erzähle nicht solche Geschichten, komm her, was soll das, komm her. Diese »Tierchen« schenk ich Dir, aber nur unter der Bedingung, daß Du sie wegjagst aus dem Haus.

Auf diesen Briefen war das Trotzdem wirklich nötig; ist es aber nicht auch als Wort schön? Im »trotz« stößt man zusammen, da ist noch »Welt« da, in »dem« versinkt man, dann ist nichts mehr.

Und vom Arzt wird überhaupt nicht mehr gesprochen? Und Du hast doch ausdrücklich versprochen daß Du zum Arzt gehst, und Du hältst doch immer Dein Wort. Weil Du kein Blut mehr siehst, gehst Du nicht? Ich führe mich nicht als Beispiel für Dich an, Du bist unvergleichlich gesünder als ich, ich werde immer nur der Herr sein, der sich den Koffer tragen läßt (was aber noch keinen Rangunterschied bedeutet, denn zuerst kommt der Herr, der den Gepäckträger herwinkt, dann kommt der Träger, und dann erst der Herr, der den Träger bittet, den Koffer zu tragen, weil er sonst umfällt; als ich letzthin – letzthin! – vom Bahnhof nachhause ging, fing der Dienstmann, der meinen Koffer trug, ohne daß ich eigentlich etwas Diesbezügliches gesagt hatte, aus Eigenem mich zu trösten an: ich verstehe sicher Sachen, die wieder er nicht zustandebringe, und das Tragen sei seine Aufgabe und das mache ihm gar nichts u.s.f., nun gingen mir ja Dinge durch den Kopf, auf die das die – durchaus unzulängliche – Antwort war, aber deutlich gesagt hatte ich sie nicht) –ja, also ich vergleiche mich darin nicht mit Dir, aber denken muß ich doch daran, wie es mir ging, und das Denken macht Sorgen und Du sollst zum Arzt gehn. Das war wohl vor drei Jahren, niemals war ich lungenkrank gewesen, nichts machte mich müde, gehn konnte ich endlos, an die Grenze meiner Kraft bin ich damals im Gehn nie gekommen (im Denken damals allerdings immerfort) und plötzlich im August etwa – also heiß war es, schön, alles außer meinem Kopf war in Ordnung – spuckte ich auf der Zivilschwimmschule etwas Rotes aus. Das war merkwürdig und interessant, nicht? Ich sah es ein Weilchen an und vergaß es gleich. Und dann geschah es öfters und überhaupt, wann ich ausspucken wollte, brachte ich das Rot zustande, es lag ganz in meinem Belieben. Da war es nicht mehr interessant, sondern langweilig, und ich vergaß es wieder. Wäre ich damals gleich zum Arzt gegangen – nun, so wäre alles wahrscheinlich genau so gewesen, wie es ohne den Arzt geworden ist, nur wußte aber damals niemand von dem Blut, eigentlich auch ich nicht, und niemand hatte Sorgen. Jetzt hat aber jemand Sorgen, also bitte, geh zum Arzt.

Merkwürdig, daß Dein Mann sagt, er werde mir schreiben das und das. Und schlagen und würgen? Ich verstehe das wirklich nicht. Ich glaube Dir natürlich vollständig, aber es ist mir so sehr unmöglich, es mir vorzustellen, daß ich gar nichts dabei fühle, so wie wenn es eine ganz fremde ferne Geschichte wäre. So wie wenn Du hier wärest und sagtest: »Jetzt in diesem Augenblick bin ich in Wien und es wird geschrien und so.« Und wir würden beide aus dem Fenster gegen Wien hin schauen und natürlich wäre nicht der geringste Anlaß für irgendeine Aufregung. Aber doch etwas: Vergißt Du nicht manchmal, wenn Du von der Zukunft sprichst, daß ich Jude bin? (jasné, nezapletené) (klar, unverworren). Gefährlich bleibt es, das Judentum, selbst zu Deinen Füßen.

Mittwoch

Über das was Du zu meiner Reise schreibst čekāš, až to Toběbudé nutne (Du wartest, bis es Dir nötig ist) lese ich lieber hinweg, erstens ist es ja veraltet, zweitens tut es weh, es ist allerdings auch Berechtigung darin, warum wären die Samstagabend- und Sonntagmorgen-Briefe so verzweifelt gewesen? und drittens sehen wir uns ja vielleicht schon Samstag. (Das erste der drei Telegramme scheinst Du Montag früh noch nicht gehabt zu haben, hoffentlich bekommst Du das dritte rechtzeitig.)

Die Verzweiflung über des Vaters Brief verstehe ich nur so weit, daß Dich jede neue Bestätigung des doch schon so lange andauernden, quälendsten Verhältnisses von neuem verzweifelt macht. Neues kannst Du doch aus dem Brief nicht herauslesen. Nicht einmal ich, der ich doch niemals einen Brief des Vaters gelesen habe, lese etwas Neues heraus. Er ist herzlich und tyrannisch und glaubt tyrannisch sein zu müssen, wenn er dem Herzen genügen soll. Die Unterschrift hat wirklich wenig zu bedeuten, ist nur Repräsentation des Tyrannen, oben steht doch »líto« und »strašně smutné«, (leid und schrecklich traurig) das hebt alles auf. Allerdings, vielleicht erschreckt Dich das Mißverhältnis zwischen Deinem Brief und seinem, nun, Deinen Brief kenne ich nicht, dann aber denke andererseits an das Mißverhältnis zwischen seiner »selbstverständlichen« Bereitwilligkeit und Deinem »unverständlichen« Trotz. Nun hast Du wegen der Antwort Zweifel? Oder vielmehr Zweifel gehabt, denn Du schreibst, jetzt wüßtest Du schon, was Du antworten sollst. Das ist merkwürdig. Wenn Du schon geantwortet hättest und mich fragen würdest: »Was habe ich geantwortet?« würde ich ohne jedes Zögern sagen, was Du meiner Meinung nach geantwortet hast.

Natürlich, daran ist gar kein Zweifel, zwischen Deinem Mann und mir ist vor Deinem Vater gar kein Unterschied, für den Europäer haben wir das gleiche Negergesicht; aber abgesehen davon, daß Du im Augenblick darüber nichts Sicheres sagen kannst, warum gehört das in den Antwortbrief? Und warum soll Lüge nötig sein? Ich glaube, Du kannst nur das antworten, was einer, der, fast ohne anderes zu sehn, gespannt und mit Herzklopfen Deinem Leben zusieht, Deinem Vater, wenn er in ähnlicher Weise von Dir reden würde, sagen müßte: »Alle Vorschläge, alle bestimmten festen Bedingungen sind sinnlos, Milena lebt ihr Leben und wird kein anderes leben können. Milenas Leben ist zwar traurig, aber so gesund und ruhig wie im Sanatorium ist es noch immerhin. Milena bittet Sie nur darum, daß Sie das endlich einsehn, sonst bittet sie um gar nichts, insbesondere um keine Einrichtung. Sie bittet Sie nur darum, daß Sie sich ihr gegenüber nicht krampfhaft abschließen, sondern Ihrem Herzen folgen und so mit ihr sprechen wie ein Mensch mit einem gleichwertigen Menschen. Werden Sie das einmal tun, dann werden Sie Milenas Leben viel von seiner Traurigkeit genommen haben und sie wird Ihnen nicht mehr ›leid‹ tun müssen.«

Was meinst Du damit, daß die Antwort für den Vater auf Deinen Geburtstag fällt? Ich fange wirklich an Angst zu haben wegen des Geburtstags. Ob wir uns Samstag sehen oder nicht, telegraphiere mir bitte jedenfalls am Abend des 10ten August.

Wenn es Dir doch möglich wäre, Samstag oder wenigstens Sonntag in Gmünd zu sein! Es ist wirklich sehr notwendig.

Dann wäre ja eigentlich dies der letzte Brief, den Du bekommst. Ehe wir uns von Gesicht zu Gesicht sehen werden. Und diese eigentlich seit einem Monat unbeschäftigten Augen (nun ja, Briefe lesen, aus dem Fenster schauen) werden Dich sehn.

Der Aufsatz ist viel besser als im Deutschen, Löcher hat er allerdings noch immer oder vielmehr man geht in ihm wie in einem Sumpf, jedes Fuß-herausziehn ist so schwer. Letzthin sagte mir ein »Tribuna«-Leser, ich müßte große Studien im Irrenhaus gemacht haben. »Nur im eigenen«, sagte ich, worauf er mir noch Komplimente wegen des »eigenen Irrenhauses« zu machen suchte. (Zwei, drei kleine Mißverständnisse sind in der Übersetzung.)

Mittwoch abend

Jetzt gegen 10 Uhr abends war ich im Bureau, das Telegramm war da, so schnell, fast könnte ich zweifeln, daß es die Antwort auf mein gestriges Telegramm ist, aber es steht doch da: abgeschickt am 4.VIII, 11 Uhr vormittags. Es ist sogar um 7 Uhr schon dagewesen, hat also nur acht Stunden gebraucht. Das ist eine der Tröstungen, die das Telegramm zu sich selbst gibt, daß wir doch örtlich genug nah beisammen sind: in fast vierzwanzig Stunden kann ich Deine Antwort haben. Und diese Antwort muß doch nicht nimmer sein: fahre nicht.

Eine kleinste Möglichkeit bleibt noch: vielleicht hast Du meinen Brief noch nicht bekommen, in dem ich Dir erklärte, daß Du keine Nacht von Wien wegbleiben mußt und doch nach Gmünd fahren kannst. Aber das mußt Du ja auch selbst herausgefunden haben. Immerhin denke ich noch nach, ob ich mir auf diese winzige Möglichkeit hin das nur dreißig Tage (Deine Urlaubsreise) geltende Visum geben und die Schnellzugskarte jedenfalls sichern lassen soll.

Ich werde es aber wohl nicht tun, das Telegramm ist so bestimmt, Du hast jedenfalls unmöglich zu überwindende Bedenken gegen die Reise. Nun sieh, Milena, es macht ja nichts, ich selbst hätte mich ja gar nicht (allerdings nur deshalb, weil ich nicht ahnte, wie einfach die Zusammenkunftsmöglichkeit ist) zu dem tätigen Wunsch verstiegen, Dich »schon« nach vier Wochen sehn zu wollen; wären wir zusammengekommen, hätte ich es ja ausschließlich Dir verdankt, und Du hast also (abgesehen davon, daß es, wenn Du nicht kommst, unbedingt so sein muß, das weiß ich) auch von daher das Recht, diese Möglichkeit, die von Dir geschaffen ist, zu streichen, darüber müßte ich ja gar nicht schreiben, es ist nur das, daß man diesen schmalen Weg aus der dunklen Wohnung hinaus zu Dir mit solcher Freude gegraben hat und daß sich allmählich alles, was man ist, mithineingeworfen hat in diesen vielleicht (die Narrheit sagt gleich: gewiß!

gewiß! gewiß!) zu Dir führenden Gang, der aber plötzlich statt an Dich an den undurchdringlichen Stein Bitte-fahre-nicht stößt, so daß man jetzt wieder mit allem, was man ist, diesen Gang, den man so schnell gegraben hat, langsam zurückwandern und zuschütten muß. Also das schmerzt ein wenig, aber kann schon, da man so umständlich darüber zu schreiben imstande ist, nicht sehr schlimm sein. Am Ende macht man schon wieder neue Gänge, man, alter Maulwurf.

Viel schlimmer ist, daß die Zusammenkunft aus Gründen, die ich gestern, glaube ich, angedeutet habe, sehr wichtig gewesen wäre. In dieser Hinsicht kann sie durch nichts ersetzt werden und deshalb eigentlich bin ich traurig wegen des Telegramms. Aber vielleicht steht in Deinem Übermorgen-brief ein Trost dazu.

Ich bin gar nicht gegen Deine Urlaubsreise. Wie könnte ich das sein und warum glaubst Du das?

Nur eine Bitte habe ich: In Deinem heutigen Brief stehn zwei sehr harte Sätze. Der erste a Ty nepřijedeš, pěnevadž čekáš, až to Tobě jednou bude nutné, to, abys přijel (Und Du kommst nicht, weil Du wartest, daß es Dir einmal nötig sein wird, daß Du kommst.) hat ja einige Berechtigung, aber bei weitem nicht volle, der zweite Měj se pěkně, Franku, (Gehab Dich wohl, Frank.) es folgt dann, damit Du den Klang des Satzes hören kannst: Telegrafovat Ti ten falešný telegram nemá tedy smyslu, neposílám ho. (Es hat also keinen Sinn, Dir das falsche Telegramm zu telegraphieren, ich schicke es nicht.) Warum hast Du es doch geschickt) dieses »Měj se pěkně, Franku« hat gar keine Berechtigung. Das sind die Sätze. Könntest Du, Milena, sie irgendwie zurücknehmen, ausdrücklich zurücknehmen, den ersten, wenn Du willst, nur zu einem Teil, den zweiten aber ganz?

Den Brief des Vaters habe ich heute früh beizuschließen vergessen, verzeih. Übrigens habe ich auch übersehn, daß es seit drei Jahren der erste Brief ist, nun verstehe ich erst seinen Eindruck auf Dich. Dadurch wird aber allerdings auch Dein Brief an den Vater viel bedeutender, *es muß doch grundsätzlich Neues darin gewesen sein.*

Ja, noch ein dritter Satz steht in Deinem Brief, der vielleicht noch mehr gegen mich gerichtet ist, als die angeführten. Der Satz von dem magen-verderbenden Zuckerzeug.

Donnerstag

Heute ist also, und überdies unerwartet, der so lange schon gefürchtete brieflose Tag. So ernst war also Dein Montagsbrief gemeint, daß Du nächsten Tag nicht schreiben konntest. Nun, ich habe doch Dein Telegramm als Halt.

Freitag

Ich wollte mich vor Dir auszeichnen, Willenskraft zeigen, mit dem Brief an Dich warten, zuerst einen Akt erledigen, aber das Zimmer ist leer, niemand kümmert sich um mich, es ist, als sagte man: laßt ihn, seht ihr nicht, wie ihn seine Sache erfüllt, es ist, als hätte er eine Faust im Mund. So habe ich nur eine halbe Seite geschrieben und bin wieder bei Dir, liege über dem Brief, wie ich neben Dir lag damals im Walde.

Heute kam kein Brief, aber ich habe keine Angst, bitte Milena, mißverstehe mich nicht, ich habe niemals Angst um Dich, sieht es einmal so aus, und es sieht ja oft so aus, so ist es nur eine Schwäche, eine Laune des Herzens, das trotzdem genau weiß, wofür es schlägt, auch Riesen haben Schwächen, selbst Herakles hatte, glaube ich, einmal eine Ohnmacht. Aber ich kann mit zusammengebissenen Zähnen und gegenüber Deinen Augen, die ich selbst am hellen Tage sehe, alles ertragen: Ferne, Bangigkeit, Sorge, Brieflosigkeit.

Wie glücklich bin ich, wie glücklich machst Du mich! Eine Partei kam, denke, ich habe auch Parteien, der Mann unterbrach mich im Schreiben, ich ärgerte mich, aber er hatte ein gutes, freundliches, dickes, dabei reichsdeutsch korrektes Gesicht, war so lieb, Spaße als amtliche Erledigungen hinzunehmen, immerhin, er hatte mich gestört, ich konnte es ihm nicht verzeihn; dann mußte ich gar noch aufstehn, um mit ihm in andere Abteilungen zu gehn, aber das war Dir Gute doch schon zu viel und gerade als ich aufstand, kommt der Diener und bringt Deinen Brief, und auf der Treppe mache ich ihn auf, lieber Himmel, ein Bild ist drin, also etwas ganz und gar Unerschöpfliches, ein Jahres-Brief, ein Ewigkeits-Brief und so gut ist es, es kann ja gar nicht besser sein, ein armes Bild, und nur durch Tränen und mit Herzklopfen dürfte man es ansehn, nicht anders.

Und wieder sitzt ein Fremder an meinem Tisch.

Um das Obige fortzusetzen: Alles kann ich ertragen, Dich im Herzen, und wenn ich einmal geschrieben habe, daß die Tage ohne Deine Briefe entsetzlich waren, so ist das nicht richtig, sie waren nur entsetzlich schwer, das Boot war schwer, es hatte entsetzlichen Tiefgang, aber es schwamm doch auf Deiner Flut. Nur eines, Milena, kann ich ohne Deine ausdrückliche Hilfe nicht ertragen: die »Angst«, dafür bin ich viel zu schwach, ich kann ja diese Ungeheuere nicht einmal überblicken, es schwemmt mich fort.

Was Du über Jarmila sagst, ist eben eine jener Schwächen des Herzens, einen Augenblick lang hört Dein Herz auf, mir treu zu sein, und dann kommt Dir ein solcher Gedanke. Sind wir denn noch zwei Menschen in diesem Sinn? Und ist denn meine »Angst« viel anderes als Angst vor Selbstbefleckung?

Wieder eine Unterbrechung, ich werde im Bureau nicht mehr schreiben können.

Der angekündigte große Brief könnte fast Furcht machen, wäre nicht dieser Brief so beruhigend. Was wird darin stehn? Schreib mir gleich, ob das Geld angekommen ist. Sollte es verloren gegangen sein, schicke ich anderes, und wenn das verloren gehn sollte, wieder anderes und so weiter, bis wir gar nichts mehr haben und dann erst recht alles in Ordnung ist.

F

Die Blume habe ich nicht bekommen, die schien Dir im letzten Augenblick doch zu schade für mich.

Freitag

Nun ja es geht Dir schlecht, wie noch nie, seitdem ich Dich kenne. Und diese unüberwindbare Entfernung mit Deinem Leiden zusammen wirkt so, wie wenn ich in Deinem Zimmer wäre und Du könntest mich kaum erkennen und ich wanderte hilflos zwischen Bett und Fenster hin und her und hätte zu niemandem Vertrauen, zu keinem Arzt, zu keiner Heilbehandlung und wüßte gar nichts und würde diesen trüben Himmel ansehn, der sich mir irgendwie nach allen Spaßen früherer Jahre zum erstenmal in seiner wahren Trostlosigkeit zeigte, hilflos wie ich. Du liegst im Bett? Wer bringt Dir das Essen? Was für Essen? Und diese Kopfschmerzen. Wenn Du einmal kannst, schreib mir etwas darüber. Ich hatte einmal einen Freund, einen ostjüdischen Schauspieler, der hatte jedes Vierteljahr einige Tage lang entsetzliche Kopfschmerzen, sonst war er ganz gesund, kamen aber diese Tage, dann mußte er sich auf der Gasse an die Häusermauer lehnen und man konnte nichts anderes für ihn tun, als daß man halbstundenlang auf und abging und so auf ihn wartete. – Der Kranke ist vom

Gesunden verlassen, aber der Gesunde vom Kranken auch. Es sind regelmäßig wiederkehrende Schmerzen? Und der Arzt? Und seit wann sind sie da? Nun nimmst Du wohl auch Tabletten? Schlimm, schlimm und Kindchen darf ich nicht einmal sagen.

Schade, daß Deine Abreise wieder verschoben worden ist, nun fährst Du also erst von Donnerstag in einer Woche. Nun, dieses Glück, Dich dort aufleben zu sehn zwischen See, Wald und Bergen, dieses Glück werde ich nicht haben. Aber wieviel Glück will ich denn noch, Gieriger, Gieriger. Schade, daß Du Dich noch so lange in Wien quälen mußt.

Über Davos werden wir noch sprechen. Ich will nicht hin, weil es zu weit, zu teuer und zu unnötig ist. Fahre ich von Prag weg, und das werde ich wohl müssen, fahre ich am besten in irgendein Dorf. Allerdings wo nimmt mich jemand auf? Darüber werde ich noch nachdenken müssen, aber vor Oktober fahre ich ja nicht.

Gestern Abend traf ich einen gewissen Stein, vielleicht kennst Du ihn aus den Kaffeehäusern, man hat ihn immer mit König Alphons verglichen. Er ist jetzt Konzipient bei einem Advokaten, war sehr froh, mich zu treffen, er habe mit mir zu sprechen, dienstlich, er hätte mich sonst nächsten Tag telephonisch anrufen müssen. »Nun, was denn?« »Eine Ehescheidungsangelegenheit, bei der ich auch ein wenig beteiligt sei, das heißt, er bitte mich um mein Eingreifen.« »Wie denn?« Ich mußte mir wirklich die Hand ans Herz halten. Aber dann ergab sich, daß es nur die Ehescheidung der Eltern des einen Dichters war und daß die Mutter, die ich gar nicht kenne, ihn, den Dr. Stein, gebeten habe, ich möge ein wenig auf den Dichter einwirken, daß er sie, die Mutter, etwas besser behandelt und nicht gar so beschimpft.

Übrigens eine sonderbare Ehe. Denke. Die Frau war schon einmal verheiratet; während dieser früheren Ehe bekam sie von ihrem gegenwärtigen Mann ein Kind, eben den Dichter. Dieser trägt also den Namen des früheren Mannes, nicht seines Vaters. Dann haben sie also geheiratet und nun nach vielen Jahren sind sie auf Betreiben des Mannes, des Dichter-Vaters, wieder geschieden. Die Scheidung ist schon vollzogen. Da aber die Frau bei der jetzigen Wohnungsnot keine Wohnung für sich bekommen kann, leben sie, nur aus diesem Grunde, ehelich miteinander, ohne aber daß dieses eheliche Zusammenleben (aus Wohnungsnot) den Mann mit ihr versöhnen würde oder gar von der Scheidung abstehn ließe. Sind wir nicht bis zur Komik arme Menschen? Den Mann kenne ich, ein guter, vernünftiger, sehr tüchtiger, umgänglicher Mensch.

Den Wunschzettel schick mir natürlich, je größer desto besser, in jedes Buch, in jede Sache, die Du willst, krieche ich, um in ihr nach Wien zu fahren (dagegen hat der Direktor nichts), gib mir möglichst viele Fahrgelegenheiten. Und die Aufsätze, die in der »Tribuna« schon erschienen sind, könntest Du mir borgen.

Übrigens freue ich mich fast auf Deinen Urlaub bis auf die schlechte Postverbindung. Nicht wahr, Du wirst mir kurz beschreiben, wie es dort aussieht,

Dein Leben, Deine Wohnung, Deine Wege, die Fensteraussicht, das Essen, damit ich ein wenig mitleben kann.

Samstag

Augenblicklich bin ich zerstreut und traurig, ich habe Dein Telegramm verloren, das heißt es kann nicht verloren sein, aber schon, daß ich es suchen muß, ist arg genug. Übrigens bist nur Du schuld daran; wäre es nicht so schön gewesen, hätte ich es nicht immerfort in Händen gehabt.

Nur was Du vom Arzt sagst, tröstet mich. Also das Blut hat nichts zu bedeuten gehabt, nun, ich sagte es ja als Vermutung auch, ich alter Mediziner. Nun, was sagt er von dem Lungendefekt? Hungern und Koffertragen hat er gewiß nicht verschrieben. Und daß Du mir weiter gut sein sollst, hat er zugestimmt? Oder wurde von mir gar nicht gesprochen? Ja aber wie kann ich mich zufrieden geben, wenn der Arzt keine Spur von mir gefunden hat? Oder sollte es mein Defekt sein, den er in Deiner Lunge gefunden hat?

Und es ist wirklich nicht schlimm? Und er hat nichts zu sagen, als Dich für vier Wochen auf das Land zu schicken? Das ist doch eigentlich sehr wenig. Nein, ich habe gegen die Reise nicht viel mehr als gegen das Wiener Leben. Fahre nur weg, bitte, fahre. Irgendwo schreibst Du von der Hoffnung, die Du auf die Fahrt setzt; das ist auch Grund genug für mich, sie zu wünschen.

Die Reise nach Wien, nochmals. Wenn Du ernst davon schreibst, ist es am schlimmsten, dann fängt der Boden hier wirklich zu schaukeln an und ich lauere darauf, ob er mich auswirft. Er tut es nicht. Von dem äußeren Hindernis – von den innern will ich nicht reden, denn trotzdem sie stärker sind, sie würden mich, glaube ich, nicht halten, nicht weil ich stark bin, sondern weil ich zu schwach bin, mich von ihnen halten zu lassen – habe ich schon geschrieben, ich könnte die Reise nur durch eine Lüge ermöglichen und vor der Lüge fürchte ich mich, nicht wie ein Ehrenmann, sondern wie ein Schüler. Und außerdem habe ich das Gefühl, oder ahne wenigstens die Möglichkeit, daß ich einmal meinet- oder Deinetwegen unbedingt, unvermeidbar nach Wien werde fahren müssen, zum zweitenmal aber könnte ich auch als leichtsinniger Schüler nicht lügen. Diese Möglichkeit der Lüge ist also meine Reserve, von ihr lebe ich, wie von Deinem Versprechen des sofortigen Kommens. Deshalb werde ich jetzt nicht kommen; statt der Gewißheit dieser zwei Tage – bitte beschreib sie nicht, Milena, damit folterst Du mich ja fast, die Not ist es noch nicht, aber eine Bedürftigkeit ohne Grenzen – habe ich ihre fortwährende Möglichkeit.

Und die Blumen? Sie sind natürlich schon verwelkt? Sind Dir schon einmal Blumen in die »unrechte Kehle« gekommen, wie mir diese? Das ist nämlich sehr unangenehm.

In den Kampf zwischen Dir und Max menge ich mich nicht ein. Ich bleibe zur Seite, gebe jedem sein Recht und bin in Sicherheit. Du hast unzweifelhaft

Recht in dem, was Du sagst, aber nun wechseln wir den Platz. Du hast Deine Heimat und kannst auf sie auch verzichten und es ist vielleicht auch das Beste, was man mit der Heimat tun kann, besonders da man auf das, was an ihr unverzichtbar ist, eben nicht verzichtet. Er aber hat keine Heimat und kann deshalb auch auf nichts verzichten und muß immerfort daran denken, sie zu suchen oder zu bauen, immerfort, ob er den Hut vom Nagel nimmt oder auf der Schwimmschule in der Sonne hegt oder das von Dir zu übersetzende Buch schreibt (hier ist er vielleicht noch am wenigsten gespannt – aber Du Arme, Liebe, wieviel Arbeit bürdest Du Dir auf aus Schuldbewußtsein, ich sehe Dich über die Arbeit gebeugt, der Hals ist frei, ich stehe hinter Dir, Du weißt es nicht – bitte erschrick nicht, wenn Du meine Lippen am Nacken fühlst, ich wollte nicht küssen, es ist nur hilflose Liebe) – ja Max, also immerfort muß er daran denken, auch wenn er Dir schreibt.

Und merkwürdig, wie Du, trotzdem Du Dich im Ganzen richtig gegen ihn wehrst, im Einzelnen ihm unterliegst. Er hat offenbar vom Wohnen bei den Eltern und von Davos geschrieben. Beides unrichtig. Gewiß, das Wohnen bei den Eltern ist sehr schlecht, aber nicht nur das Wohnen, das Leben, das Hinsinken in diesem Kreis der Güte, der Liebe, ja Du kennst den Vaterbrief nicht, das Rütteln der Fliege an der Leimrute, übrigens hat auch das gewiß sein Gutes, einer kämpft eben bei Marathon, der andere im Speisezimmer, der Kriegsgott und die Siegesgöttin sind überall. Aber das mechanische Wegübersiedeln, was sollte das für einen Zweck haben, gar wenn ich Zuhause essen würde, wo es doch augenblicklich gewiß für mich am besten ist. Über Davos nächstens. Das einzige, was ich von Davos gelten lasse, ist der Kuß bei der Abreise.

Samstag

Lieb und geduldig, bin ich das? Das weiß ich wirklich nicht, nur daß ein solches Telegramm gut tut gewissermaßen dem ganzen Körper, das weiß ich, und ist doch nur ein Telegramm und keine hingereichte Hand.

Aber auch traurig, müde, aus dem Krankenbett heraus gesagt, klingt es. Es ist doch traurig und auch kein Brief ist gekommen, wieder ein Tag ohne Brief, es mag Dir doch sehr schlecht gehen. Wer bürgt mir dafür, daß Du selbst das Telegramm aufgegeben hast und nicht den ganzen Tag im Bett liegst, oben in dem Zimmer, in dem ich mehr lebe, als in meinem eigenen. Heute Nacht habe ich Deinetwegen gemordet, ein wilder Traum, schlechte, schlechte Nacht. Genaueres darüber weiß ich kaum.

Nun kam also doch der Brief. Der ist freilich klar. Die andern waren allerdings nicht weniger klar, aber man wagte zu ihrer Klarheit nicht vorzudringen. Übrigens, wie solltest Du lügen können, das ist nicht die Stirn, die lügen kann.

Max gebe ich nicht die Schuld. Gewiß, was auch in seinem Brief gestanden haben mag, er war unrichtig, nichts, auch der Beste nicht, soll sich zwischen uns mischen. Deshalb habe ich ja auch heute nacht gemordet. Jemand, ein Verwandter, sagte im Verlauf eines Gespräches, an das ich mich nicht erinnere, das aber etwa den Sinn hatte, daß irgendetwas dieser und jener nicht zustandebringen könnte – ein Verwandter sagte also schließlich ironisch: »Dann also vielleicht Milena.« Darauf ermordete ich ihn irgendwie, kam dann aufgeregt nachhause, die Mutter lief immerfort hinter mir, es war auch hier ein ähnliches Gespräch im Gang; schließlich schrie ich heiß vor Wut: »Wenn jemand Milena im Bösen nennt, zum Beispiel der Vater (mein Vater), ermorde ich auch ihn oder mich.« Dann erwachte ich, aber es war kein Schlaf gewesen und kein Erwachen.

Wieder komme ich zu den früheren Briefen zurück, sie waren im Grunde ähnlich jenem Brief an das Mädchen. Und die Abendbriefe waren nichts als Leid über die Morgenbriefe. Und – einmal abend schriebst Du, alles sei möglich, nur daß ich Dich verliere sei unmöglich – es war doch eigentlich nur noch ein leiser Druck nötig und das Unmögliche wäre gelungen. Und vielleicht gab es sogar diesen Druck und vielleicht gelang es.

Jedenfalls: dieser Brief ist eine Erholung, man war ja lebendig begraben unter den frühern, und glaubte doch still liegen zu müssen, denn vielleicht war man doch wirklich tot.

Das alles also hat mich nicht eigentlich überrascht, ich habe es erwartet, habe mich so gut es ging vorbereitet, es zu ertragen, wenn es käme; nun da es kommt, ist man natürlich noch immer nicht genug vorbereitet, immerhin, es wirft noch nicht um. Was Du dagegen über Deine sonstige Lage und über Deine Gesundheit schreibst, ist ganz und gar schrecklich und viel stärker als ich. Nun, darüber werden wir sprechen, wenn Du von der Reise zurückkommst, vielleicht geschieht dort wirklich das Wunder, zumindest das körperliche Wunder, das Du erwartest, ich habe übrigens in dieser Hinsicht ein solches Vertrauen zu Dir, daß ich gar keine Wunder haben will, daß ich Dich wunderbare, vergewaltigte, nicht zu vergewaltigende Natur, ruhig dem Wald, See und dem Essen anvertraue, allerdings, wäre nur nicht alles Sonstige.

Wenn ich Deinen Brief überdenke – ich habe ihn erst einmal gelesen – das was Du über Deine Gegenwart und Zukunft schreibst, das was Du über Deinen Vater schreibst, das was Du über mich schreibst, so ergibt sich doch nur das, was ich schon einmal sagte, mit großartiger Deutlichkeit, nämlich daß Dein eigentliches Unglück ich, kein anderer, nur ich bin – wobei ich einschränke: Dein äußerliches Unglück – denn wäre ich nicht, wärest Du vielleicht schon vor einem Vierteljahr von Wien fortgegangen und wenn nicht vor einem Vierteljahr, so jetzt gewiß. Du willst nicht von Wien fort, das weiß ich, würdest auch nicht fortwollen, wenn ich nicht wäre, aber eben deshalb könnte man – dies schon aus äußerster Vogelperspektive – sagen, daß, unter anderem natürlich, meine Gefühlsbedeutung für Dich ist, daß ich Dir es ermögliche, in Wien zu bleiben.

Aber man muß gar nicht so weit gehn und in schwierige Feinheiten sich einlassen, es genügt schon die selbstverständliche Überlegung, daß Du Deinen Mann schon einmal verlassen hast, ihn unter dem viel größeren gegenwärtigen Druck umso leichter verlassen könntest, ihn aber natürlich nur verlassen könntest des Verlassens wegen, nicht auch noch eines Andern wegen.

Aber alle diese Überlegungen helfen ja zu nichts weiter als zur Offenheit.

———————

Die Sachen besorge ich natürlich mit Freude. Nur würde ich glauben, es wäre besser, das Trikot in Wien zu kaufen, denn für das Trikot wird wohl Ausfuhrerlaubnis nötig sein (letzthin hat man mir auf einem Postamt nicht einmal die Bücher ohne Ausfuhrerlaubnis angenommen, auf dem nächsten Postamt nahm man sie dann allerdings ohne weiteres an) nun, vielleicht weiß man im Geschäft Rat. – Geld werde ich immer ein wenig zu den Briefen beischließen. Wenn Du sagst »genug«, höre ich dann gleich auf.

Dank für die »Tribuna«-Leseerlaubnis. Letzthin Sonntag sah ich ein Mädchen, das sich am Wenzelsplatz die »Tribuna« kaufte, also doch offenbar nur wegen des Modeartikels. Sie war nicht besonders gut angezogen, *noch* nicht. Schade, daß ich mir sie nicht gemerkt habe und ihre Entwicklung nicht verfolgen kann. Nein, Du hast Unrecht, Deine Modeartikel gering zu schätzen. Ich bin Dir wirklich dankbar, daß ich sie jetzt offen lesen kann (im Geheimen habe ich sie nämlich lumpiger Weise schon öfters gelesen).

Samstag

Ich habe ja gewußt, was in dem Brief stehen wird, es stand fast hinter allen Briefen, es stand in Deinen Augen – was würde nicht erkannt auf ihrem klaren Grunde? – es stand in den Falten auf Deiner Stirn, das habe ich ja gewußt, so wie einer, der den ganzen Tag in irgendeiner Schlaf-Traum-Angst-Versunkenheit hinter geschlossenen Läden verbracht hat, abends das Fenster öffnet und natürlich gar nicht erstaunt ist und es gewußt hat, daß jetzt Dunkel ist, wunderbares tiefes Dunkel. Und ich sehe, wie Du Dich quälst und windest und nicht loskommst und – werfen wir das Feuer in die Pulverkammer! – niemals loskommen wirst, und ich sehe das und darf doch nicht sagen: Bleib, wo Du bist. Aber ich sage auch nicht das Gegenteil, ich stehe Dir gegenüber und schaue in die lieben armen Augen (es ist doch kläglich, das Bild, das Du mir geschickt hast, eine Qual, es anzusehn, eine Qual, der man sich hundertmal im Tag unterzieht und leider doch ein Besitz, den ich gegen zehn starke Männer zu verteidigen imstande wäre) und bin wirklich stark, wie Du schreibst, eine gewisse Stärke habe ich, will man sie kurz und unklar bezeichnen, so ist es mein Unmusikalisch-Sein. So groß ist sie aber doch nicht, daß ich, wenigstens gleich jetzt weiterschreiben könnte. Irgendeine Flut von Leid und Liebe nimmt mich und trägt mich vom Schreiben fort.

F

Sonntagabend

Eines stört mich seit jeher in Deiner Argumentation, im letzten Brief ist es besonders klar, es ist ein unzweifelhafter Fehler, auf den hin Du Dich ja prüfen kannst: Wenn Du sagst, daß Du (wie es ja auch wahr ist) Deinen Mann so liebst, daß Du ihn nicht verlassen kannst (schon mir zuliebe nicht, ich meine: das wäre ja für mich entsetzlich, wenn Du es trotzdem tätest), so glaube ich es und gebe Dir recht. Wenn Du sagst, daß *Du* ihn zwar verlassen könntest, er aber Dich innerlich braucht und ohne Dich nicht leben kann, daß Du ihn also deshalb nicht verlassen kannst, so glaube ich es auch und gebe Dir auch recht. Wenn Du aber sagst, daß er äußerlich mit dem Leben ohne Dich nicht fertig werden kann und daß Du ihn deshalb (dies zu einem Hauptgrund gemacht) deshalb nicht verlassen kannst, dann ist das entweder zum Verdecken der früher genannten Gründe gesagt (nicht zur Verstärkung, denn Verstärkung brauchen jene Gründe nicht) oder aber, es ist nur einer jener Spaße des Gehirns (von denen Du im letzten Briefe schreibst), unter denen sich der Körper und nicht nur der Körper windet.

Montag

Gerade wollte ich Dir noch etwas in den Gedankengängen des Vorigen schreiben, da kamen vier Briefe, übrigens nicht auf einmal, zuerst der, in dem Du bedauerst, mir von der Ohnmacht geschrieben zu haben, ein Weilchen später der, den Du gleich nach der Ohnmacht geschrieben hast, zusammen mit dem, nun mit dem, der sehr schön ist, und noch nach einem Weilchen der Brief der von Emilie handelt. Ihre Reihenfolge erkenne ich nicht ganz genau, Du schreibst nicht mehr die Tage.

Ich werde also die Frage »strach – touha« (Angst, Sehnsucht) beantworten, auf einmal wird es kaum gelingen, aber komme ich in mehreren Briefen nochmals darauf zurück, wird es vielleicht gehn. Eine gute Voraussetzung wäre es auch, wenn Du meinen (im übrigen schlechten, unnötigen) Vaterbrief kennen würdest. Vielleicht nehme ich ihn nach Gmünd mit.

Wenn man »*strach*« und »*touha*« so einschränkt, wie Du es im letzten Brief tust, dann ist die Frage nicht leicht, aber sehr einfach zu beantworten. Dann habe ich nur »*strach*«. Und das ist so:

Ich erinnere mich an die erste Nacht. Wir wohnten damals in der Zeltnergasse, gegenüber war ein Konfektionsgeschäft, in der Tür stand immer ein Ladenmädchen, oben wanderte ich, etwas über zwanzig Jahre alt, unaufhörlich im Zimmer auf und ab mit dem nervenspannenden Einlernen für mich sinnloser

Dinge zur ersten Staatsprüfung beschäftigt. Es war im Sommer, sehr heiß, diese Zeit wohl, es war ganz unerträglich, beim Fenster blieb ich, die widerliche römische Rechtsgeschichte zwischen den Zähnen, immer stehn, schließlich verständigten wir uns durch Zeichen. Am Abend um 8 Uhr sollte ich sie abholen, aber als ich abend hinunterkam, war schon ein anderer da, nun das änderte nicht viel, ich hatte vor der ganzen Welt Angst, also auch vor diesem Mann; wenn er nicht dagewesen wäre, hätte ich *auch* Angst vor ihm gehabt. Aber das Mädchen hängte sich zwar in ihn ein, aber machte mir Zeichen, daß ich hinter ihnen gehen solle. So kamen wir auf die Schützeninsel, tranken dort Bier, ich am Nebentisch, gingen dann, ich hinterher, langsam zur Wohnung des Mädchens, irgendwo beim Fleischmarkt, dort nahm der Mann Abschied, das Mädchen lief ins Haus, ich wartete ein Weilchen, bis sie wieder zu mir herauskam, und dann gingen wir in ein Hotel auf der Kleinseite. Das alles war, schon vor dem Hotel, reizend, aufregend und abscheulich, im Hotel war es nicht anders. Und als wir dann gegen Morgen, es war noch immer heiß und schön, über die Karlsbrücke nachhause gingen, war ich allerdings glücklich, aber dieses Glück bestand nur darin, daß ich endlich Ruhe hatte von dem ewig jammernden Körper, vor allem aber bestand das Glück darin, daß das Ganze nicht *noch* abscheulicher, nicht *noch* schmutziger gewesen war. Ich war dann noch einmal mit dem Mädchen beisammen, ich glaube, zwei Nächte später, es war alles so gut wie zum erstenmal, aber als ich dann gleich in die Sommerfrische fuhr, draußen ein wenig mit einem Mädchen spielte, konnte ich in Prag das Ladenmädchen nicht mehr ansehn, kein Wort habe ich mehr mit ihr gesprochen, sie war (von mir aus gesehn) meine böse Feindin und war doch ein gutmütiges freundliches Mädchen, immerfort verfolgte sie mich mit ihren nichts verstehenden Augen. Ich will nicht sagen, daß der alleinige Grund meiner Feindschaft (sicher war er es nicht) der gewesen ist, daß das Mädchen im Hotel in aller Unschuld eine winzige Abscheulichkeit gemacht hat (nicht der Rede wert), eine kleine Schmutzigkeit gesagt hat, (nicht der Rede wert), aber die Erinnerung blieb, ich wußte im gleichen Augenblick, daß ich das nie vergessen werde und gleichzeitig wußte ich oder glaubte es zu wissen, daß dieses Abscheuliche und Schmutzige, äußerlich gewiß nicht notwendig, innerlich aber sehr notwendig mit dem Ganzen zusammenhänge und daß mich gerade dieses Abscheuliche und Schmutzige (dessen kleines Zeichen nur ihre kleine Handlung, ihr kleines Wort gewesen war) mit so wahnsinniger Gewalt in dieses Hotel gezogen hatte, dem ich sonst ausgewichen wäre mit meiner letzten Kraft.

Und so wie es damals war, blieb es immer. Mein Körper, oft jahrelang still, wurde dann wieder geschüttelt bis zum Nicht-ertragen-können von dieser Sehnsucht nach einer kleinen, nach einer ganz bestimmten Abscheulichkeit, nach etwas leicht Widerlichem, Peinlichem, Schmutzigem; noch in dem Besten, was es hier für mich gab, war etwas davon, irgendein kleiner schlechter Geruch, etwas Schwefel, etwas Hölle. Dieser Trieb hatte etwas vom ewigen Juden, sinnlos gezogen, sinnlos wandernd durch eine sinnlos schmutzige Welt.

Dann aber gab es auch Zeiten, wo der Körper nicht still war, wo überhaupt gar nichts still war, wo ich aber trotzdem unter gar keinem Zwang war, es war ein gutes, ruhiges, nur durch Hoffnung beunruhigtes (kennst Du eine bessere Unruhe?) Leben. In diesen Zeiten, soweit sie nur irgendeine Dauer hatten, war ich immer allein. Zum erstenmal in meinem Leben gibt es jetzt *solche* Zeiten, in denen ich *nicht allein* bin. Darum ist nicht nur Deine körperliche Nähe, sondern Du selbst beruhigend-beunruhigend. Darum habe ich keine Sehnsucht nach Schmutz (in der ersten Meraner Hälfte machte ich gegen meinen offenen Willen Tag und Nacht Pläne, wie ich mich des Stubenmädchens bemächtigen könnte – noch Ärgeres –, gegen das Meraner Ende zu lief mir ein sehr williges Mädchen in die Hände, ich mußte mir ihre Worte gewissermaßen erst in meine Sprache übersetzen, um sie überhaupt verstehn zu können), ich sehe förmlich auch keinen Schmutz, nichts derartiges, was von außen reizt, ist da, aber alles, das von innen Leben bringt, kurz, etwas von der Luft ist da, die man im Paradies vor dem Sündenfall geatmet hat. Nur etwas von dieser Luft, daher fehlt »touha«, nicht jene ganze Luft, daher gibt es »Angst«. – Nun weißt Du es also. Und darum hatte ich zwar »Angst« vor einer Gmündener Nacht, aber nur die übliche »Angst« – ach, es genügt die übliche – die ich auch in Prag habe, keine besondere Gmündener Angst.

Und nun erzähl von Emilie, ich kann den Brief noch in Prag bekommen.

Heute lege ich nichts bei, erst morgen. Dieser Brief ist doch *wichtig*, ich will, daß Du ihn ungefährdet bekommst.

Die Ohnmacht, es ist nur ein Zeichen unter andern. Bitte, komm nach Gmünd bestimmt. Wenn es Sonntag früh regnet, dann kannst Du nicht kommen? Nun, ich bin also jedenfalls Sonntagvormittag vor dem Gmündener Bahnhof. Du brauchst doch wohl keinen Paß? Hast Du Dich schon erkundigt? Brauchst Du etwas, was ich Dir mitbringen könnte?

Du kommst gleich nach 9 Uhr, laß Dich als Österreicherin nicht von der Zollrevision aufhalten, ich kann doch nicht stundenlang den Satz für mich aufsagen, mit dem ich Dich begrüßen will.

Mit Deiner Erwähnung Stašas meinst Du, daß ich zu ihr gehn soll? Sie ist aber doch kaum in Prag. (Wenn sie in Prag ist, ist es natürlich noch schwieriger, zu ihr zu gehn.) Ich warte damit bis zur nächsten Erwähnung oder bis Gmünd.

Die Bemerkung über L. (was für ein Gedächtnis! – das ist nicht Ironie, sondern Eifersucht und nicht Eifersucht, sondern dummer Spaß) hast Du mißverstanden. Es war mir nur auffallend, daß alle Leute, von denen er sprach, entweder »Dummköpfe« oder »Gauner« oder »Fensterspringerinnen« waren, während Du einfach Milena und zwar eine sehr respektable warst. Das freute mich und deshalb habe ich Dir davon geschrieben und nicht etwa weil es Deine, sondern weil es seine Ehrenrettung war. Übrigens gab es, um genau zu sein, auch noch paar andere Ausnahmen, sein damals künftiger Schwiegervater, seine Schwägerin, sein Schwager, der frühere Bräutigam seiner Braut, alle die waren aufrichtig »herrliche« Menschen.

So traurig ist Dein heutiger Brief und vor allem so versperrt hat er seinen Schmerz in sich, daß ich mir ganz ausgeschlossen vorkomme. Muß ich einmal aus meinem Zimmer weggehn, laufe ich die Treppen hinauf, herunter, um nur wieder dort zu sein und auf dem Tisch das Telegramm zu finden: »Auch ich bin Samstag in Gmünd«. Aber es ist noch nichts gekommen.

Sonntag

Das Telegramm. Ja, es ist wohl das Beste, wenn wir zusammenkommen. Wie lange würde es sonst dauern, ehe wir Ordnung machen. Woher ist das alles eingebrochen zwischen uns? Man sieht ja kaum einen Schritt weit. Und wie mußt Du darunter gelitten haben inmitten alles Sonstigen. Und ich hätte es ja längst einhalten können, der Blick war klar genug, aber die Feigheit war stärker. Und habe ich nicht auch gelogen, da ich Briefe, denen ich deutlich ansah, daß sie nicht mir gehörten, beantwortete wie mir gehörige? Hoffentlich hat nicht eine der in diesem Sinne »gelogenen« Antworten Dir die Gmündener Reise abgenötigt.

Mir ist durchaus nicht so traurig, wie man nach diesem Brief glauben könnte, es läßt sich eben nur im Augenblick nichts anderes sagen. Es ist so still geworden, man wagt in die Stille kein Wort zu sagen. Nun, Sonntag werden wir ja beisammen sein, fünf, sechs Stunden, zum Reden zu wenig, zum Schweigen, zum Bei-der-Hand-halten, zum In-die-Augen-sehn genug.

Montag

Aber nach dem Fahrplan ist es ja viel besser noch, als ich dachte, hoffentlich stimmt der Fahrplan, also so ist es:

I. Möglichkeit, die viel schlechtere:

Ich fahre um 4.12 Samstagnachmittag hier weg, bin 11.10 abends in Wien, wir haben sieben Stunden für uns, denn ich fahre Sonntag früh um 7 Uhr weg. Die Voraussetzung der 7 Stunden ist allerdings, daß ich die Nacht vorher (keine leichte Aufgabe) ein wenig geschlafen habe, sonst hast Du vor Dir nur ein armes krankes Tier.

II. Möglichkeit, die durch den Fahrplan geradezu prachtvoll geworden ist: Ich fahre auch 4.12 von hier fort, bin aber schon (schon! schon!) 7.28 abend in Gmünd. Selbst wenn ich Sonntag mit dem Vormittagsschnellzug wegfahre, ist es erst um 10.46, wir haben also über fünfzehn Stunden, von denen wir auch einige schlafen können. Aber es wird noch besser. Ich muß nicht einmal mit diesem Zug fahren, nachmittag um 4.38 fährt noch ein Personenzug nach Prag, mit dem würde ich also fahren. Das wären also *einundzwanzig* gemeinsame Stunden und die können wir (bedenke!), wenigstens theoretisch, jede Woche haben.

Es ist nur ein Haken dabei, ich glaube aber kein ernstlicher, jedenfalls müßtest Du Dich danach erkundigen. Der Gmündner Bahnhof ist nämlich tschechisch, die Stadt österreichisch; sollte die Paßdummheit so weit getrieben werden, daß ein Wiener zum Passieren des tschechischen Bahnhofes einen Paß braucht? Dann müßten aber doch auch die Gmündner, die nach Wien fahren, einen Paß mit tschechischem Visum haben, das kann ich doch nicht glauben, das wäre ja geradezu gegen uns gerichtet. Es ist ja schon schlimm genug, daß ich vielleicht eine Stunde lang auf die Zollrevision in Gmünd werde warten müssen, ehe ich aus dem Bahnhof darf und die einundzwanzig Stunden werden dadurch verkleinert.

Anschließend an diese großen Dinge ist allerdings nichts zu schreiben. Vielen Dank jedenfalls, daß Du mich auch heute nicht ohne Brief gelassen hast. Aber morgen? Telephonieren werde ich nicht, weil es erstens zu aufregend ist und zweitens unmöglich ist (ich habe mich schon einmal erkundigt) und weil wir uns drittens bald sehen werden. Leider hatte Ottla heute keine Zeit wegen des Passes zur Polizeidirektion zu gehn, morgen. Ja, mit den Marken machst Du es ausgezeichnet (leider habe ich die Expreßbriefmarken irgendwo verlegt, der Mann hat fast zu weinen angefangen, als ich es ihm sagte). Den Dank für meine Marken hast Du Dir allerdings ein wenig leicht gemacht, aber mich freut auch das und zwar so, daß ich Dir noch, denke, Legionärsmarken schicken werde. – Zum Märchenerzählen habe ich heute keine Lust. Mein Kopf ist wie ein Bahnhof, Züge fahren ab, fahren ein, Zollrevision, der Ober-Grenz-Inspektor lauert auf mein Visum, aber diesmal ist es richtig, bitte, hier ist es; »ja, es ist gut, hier geht es aus dem Bahnhof hinaus«. »Bitte Herr Ober-Grenz-Inspektor, wären Sie noch so freundlich, die Tür mir aufzumachen, ich kann sie nicht aufmachen. Bin ich vielleicht so schwach, weil Milena draußen wartet?« – »O bitte«, sagt er, »das habe ich ja nicht gewußt.« Und die Tür fliegt auf – – –

Dienstag
Also sehr gut bin ich für den Geburtstag nicht vorbereitet, noch schlechter als sonst geschlafen, Kopf warm, Augen ausgebrannt, quälende Schläfen, auch Hu-

sten. Ich glaube, ich könnte einen längern Wunsch nicht ohne Husten aufsagen. Glücklicherweise ist kein Wunsch nötig, nur ein Dank, daß Du da bist auf dieser Welt, der ich von vornherein (Du siehst, ich habe auch keine große Weltkenntnis, nur gestehe ich es zum Unterschied von Dir ein), der ich es von vornherein nicht angesehen hätte, daß Du auf ihr zu finden sein könntest. Und ich danke Dir dafür (das ist Dank?) durch einen Kuß genau so wie auf dem Bahnhof, trotzdem er Dir nicht gefallen hat (ich bin heute irgendwie trotzig).

Nicht immer war mir in der letzten Zeit so schlecht, es war auch schon zeitweilig sehr gut, mein Hauptehrentag war aber etwa vor einer Woche. Ich mache in meiner ganzen Ohnmacht den endlosen Bassin-Rundspaziergang auf der Schwimmschule, es war schon gegen Abend, viele Leute waren nicht mehr dort, aber immerhin noch genug, da kommt der zweite Schwimmeister, der mich nicht kennt, mir entgegen, sieht sich um, als ob er jemanden sucht, bemerkt dann mich, *wählt* mich offenbar und fragt: »Chtěl byste si zajezdit? (Möchten Sie ein bißchen fahren?) « Es war da nämlich ein Herr, der von der Sophieninsel heruntergekommen war und sich auf die Judeninsel hinüberfahren lassen wollte, irgend *ein großer* Bauunternehmer glaube ich; auf der Judeninsel werden große Bauten gemacht. Nun muß man ja die ganze Sache nicht übertreiben, der Schwimmmeister sah mich armen Jungen und wollte mir die Freude einer geschenkten Bootfahrt machen, aber immerhin mußte er doch mit Rücksicht auf den *großen* Bauunternehmer einen Jungen aussuchen, der genügend zuverlässig war sowohl hinsichtlich seiner Kraft als auch seiner Geschicklichkeit, als auch hinsichtlich dessen, daß er nach Erledigung des Auftrages das Boot nicht zu unerlaubten Spazierfahrten benutzt, sondern gleich zurückkommt. Das alles also glaubte er in mir zu finden. Der große Trnka (der Besitzer der Schwimmschule, von dem ich Dir noch erzählen muß) kam hinzu und fragte, ob der Junge schwimmen könne. Der Schwimmeister, der mir wahrscheinlich alles ansah, beruhigte ihn. Ich hatte überhaupt kaum ein Wort gesprochen. Nun kam der Passagier und wir fuhren ab. Als artiger Junge sprach ich kaum. Er sagte, daß es ein schöner Abend sei, ich antwortete: ano (Ja), dann sagte er, daß es aber schon kühl sei, ich sagte: *ano*, schließlich sagte er, daß ich sehr rasch fahre, da konnte ich vor Dankbarkeit nichts mehr sagen. Natürlich fuhr ich in bestem Stil bei der Judeninsel vor, er stieg aus, dankte schön» aber zu meiner Enttäuschung hatte er das Trinkgeld vergessen (ja, wenn man kein Mädchen ist). Ich fuhr schnurgerade zurück. Der große Trnka war erstaunt, daß ich so bald zurück war. – Nun, so aufgebläht vor Stolz war ich schon lange nicht wie an diesem Abend, ich kam mir Deiner um ein ganz winziges Stückchen, aber doch um ein Stückchen mehr wert vor als sonst. Seitdem warte ich jeden Abend auf der Schwimmschule, ob nicht wieder ein Passagier kommt, aber es kommt keiner mehr.

Heute nachts in einem kurzen Halbschlaf fiel mir ein, ich müsse Deinen Geburtstag dadurch feiern, daß ich die für Dich wichtigen Örtlichkeiten absuche. Und gleich darauf, ganz ohne Willen, war ich vor dem Westbahnhof. Es war ein ganz winziges Gebäude, auch drinnen mußte wenig Platz sein, denn es war eben ein Schnellzug gekommen und ein Waggon, für den drin nicht mehr Platz war, ragte aus dem Haus hervor. Sehr befriedigt war ich davon, daß vor dem Bahnhof drei ganz nett angezogene Mädchen (eine hatte einen Zopf), allerdings sehr mager, standen, Gepäckträgerinnen. Es fiel mir ein, daß es also nichts so ungewöhnliches sei, was Du getan hattest. Trotzdem war ich froh, daß Du jetzt nicht da warst, allerdings war es mir auch leid, daß Du nicht dort warst. Aber zum Trost fand ich eine kleine Aktentasche, die ein Passagier verloren hatte, und zog aus der kleinen Tasche zum Erstaunen der mich umstehenden Passagiere große Kleidungsstücke heraus.

Besonders der zweite Teil des »Typus« ist ausgezeichnet, scharf und böse und antisemitisch und prachtvoll. Ich habe überhaupt bisher nicht bemerkt, was für eine raffinierte Sache das Publizieren ist. Du sprichst so ruhig, so vertraulich, so angelegentlich mit dem Leser, alles auf der Welt hast Du vergessen, nur der Leser kümmert Dich, zum Schluß aber sagst Du plötzlich: »Ist es schön, was ich geschrieben habe? Ja« Schön; Nun, das freut mich, aber im übrigen bin ich fern und küssen lasse ich mich zum Dank nicht.« Und dann ist wirklich Schluß und Du bist fort.

Weißt Du übrigens, daß Du mir zur Konfirmation, es gibt auch eine Art jüdischer Konfirmation, geschenkt worden bist? Ich bin 83 geboren, war also 13 Jahre alt, als Du geboren wurdest. Der dreizehnte Geburtstag ist ein besonderes Fest, ich mußte im Tempel ein mühselig eingelerntes Stück vorbeten, oben beim Altar, dann zuhause ein kleine (auch eingelernte) Rede halten. Ich bekam auch viele Geschenke. Aber ich stelle mir vor, daß ich nicht ganz zufrieden war, irgendein Geschenk fehlte mir noch, ich verlangte es vom Himmel; bis zum 10. August zögerte er.

Ja ich lese natürlich sehr gern die letzten zehn Briefe durch, trotzdem ich sie sehr genau kenne. Aber lies auch meine nach, Du wirst dort ein ganzes Mädchenpensionat von Fragen finden.

Über den Vater sprechen wir in Gmünd. –

Vor »Grete«, wie ja meistens vor Mädchen, bin ich hilflos. Sollte ich überhaupt schon einen Dich betreffenden Gedanken gehabt haben? Ich kann mich nicht erinnern. Deine Hand halte ich gern in meiner, in Deine Augen sehe ich gerne. Das ist wohl alles, Grete ab! –Was das »Nicht-verdienen« betrifft, nechápu, jak takový ilověk … (ich verstehe nicht, wie so ein Mensch …) so stehe ich ja für mich vor dem gleichen Rätsel; dieses Rätsel werden wir, glaube ich, auch zusammen nicht lösen. Es ist übrigens lästerlich. Jedenfalls beabsichtige ich in Gmünd keine Minute darauf zu verwenden. – Nun sehe ich, daß Du mehr lügen mußt, als ich hätte lügen müssen. Es bedrückt mich. *Sollte es ein ernstes Hindernis geben, bleib ruhig in Wien* – auch ohne mich zu verständigen –, ich werde eben einen Ausflug nach Gmünd gemacht haben und Dir drei Stunden näher sein. Das Visum habe ich schon. Telegraphieren wirst Du mir ja, wenigstens heute, gar nicht können, wegen Eueres Streikes.

Mittwoch

Deine Bitte um Verzeihung verstehe ich nicht. Wenn es vorüber ist, ist es doch selbstverständlich, daß ich Dir verzeihe. Unerbittlich war ich nur, solange es nicht vorüber war, und da hast Du Dich nicht darum gekümmert. Wie könnte ich Dir etwas nicht verzeihen, wenn es vorüber ist! Wie verwirrt muß es in Deinem Kopf sein, daß Du etwas Derartiges glauben kannst. Der Vergleich mit dem Vater, wenigstens im Augenblick, gefällt mir nicht. Soll ich Dich auch verlieren? (Allerdings habe ich nicht die dazu gehörigen Kräfte Deines Vaters.) Bestehst Du aber auf dem Vergleich, dann schick das Trikot lieber zurück. Der Einkauf und das Wegschicken des Trikots war übrigens eine drei Stunden dauernde Geschichte, die mich – ich hatte es damals sehr nötig – wirklich erfrischt hat und für die ich Dir dankbar bin. Sie zu erzählen, bin ich heute zu müde, die zweite Nacht kaum geschlafen. Kann ich mich denn nicht ein wenig zusammennehmen, um in Gmünd ein wenig belobt zu werden» Wirklich, Neid gegenüber der Amsterdamer Reisenden? Gewiß ist es schön, was sie tut, wenn sie es überzeugt tut, aber Du machst einen logischen Fehler. Für den Menschen, der so lebt, ist sein Leben Zwang, für den, der nicht so leben kann, wäre es Freiheit. So ist es doch überall. Ein solcher »Neid« ist letzten Endes nur Todeswunsch. –

Mit Max halte es, wie Du willst. Da ich aber jetzt Deinen Auftrag für ihn kenne, werde ich, wenn es zuende geht, mich zu ihm tragen lassen, einen mehrtägigen gemeinsamen Ausflug mit ihm besprechen, »weil ich mich besonders kräftig fühle«, dann nachhause kriechen und mich dort zum letzten Mal ausstrecken. So rede ich allerdings, solange es noch nicht so weit ist. Sobald ich aber einmal 37.5 habe (bei 38° im Regen!) werden die Telegrammboten auf Deiner langen Treppe einer über den andern stolpern. Hoffentlich streiken sie dann und nicht zu so unpassender Zeit wie jetzt, am Geburtstag!

Meine Drohung, daß ich dem Mann die Marken nicht geben werde, hat die Post zu wörtlich genommen. Die Marke vom Expreßbrief war schon abgeklebt, als ich ihn bekam. Du mußt übrigens den Mann richtig verstehn, er sammelt nicht von jeder Art etwa *eine* Marke. Er hat für jede Art große Blätter und für alle Blätter große Bücher, und wenn ein Blatt einer Art voll ist, nimmt er ein neues Blatt u.s.f. Und darüber sitzt er alle Nachmittage, und ist dick und fröhlich und glücklich. Und bei jeder Art hat er einen neuen Grund zur Freude, zum Beispiel heute bei den 50 h Marken: jetzt wird das Porto erhöht werden (arme Milena!) und die 50 h Marken werden seltener werden!

Was Du von Kreuzen sagst, gefällt mir gut (Afleur nicht, das ist ein wirkliches Lungensanatorium, da gibt es Injektionen, pfui! für einen Beamten von uns war es eine Station vor dem Lungentod), solches Land habe ich gern und historische Erinnerungen hat es auch. Aber ist es auch im späten Herbst noch offen und nimmt man Ausländer auf und ist es für Ausländer nicht teuerer und wird ein Mensch außer mir verstehn, warum ich in das Hungerland fahre, um mich zu mästen? Hinschreiben werde ich aber.

Gestern sprach ich wieder mit jenem Stein. Er ist einer jener Menschen, denen allgemein Unrecht geschieht. Ich weiß nicht, warum man über ihn lacht. Er kennt jeden, weiß alles persönliche, ist dabei bescheiden, seine Urteile sehr vorsichtig, klug abschattiert, respektvoll; daß sie ein wenig zu deutlich, zu unschuldig eitel sind, vermehrt doch noch seinen Wert, vorausgesetzt daß man die im Geheimen, die wollüstig, verbrecherisch Eitlen kennt. Ich fing plötzlich mit Haas an, schlich mich an Jarmila vorüber, nach einem Weilchen war ich bei Deinem Mann und schließlich – Es ist übrigens nicht richtig, daß ich gern von Dir erzählen höre, gar nicht, nur Deinen Namen möchte ich immer wieder hören, den ganzen Tag. Wenn ich ihn gefragt hätte, hätte er auch von Dir viel erzählt, da ich ihn nicht fragte, begnügte er sich mit der ihm aufrichtig leid tuenden Feststellung, daß Du kaum mehr lebst, zugrundegegangen durch Kokain (wie dankbar war ich in dem Augenblick dafür, daß Du am Leben bist). Übrigens fügte er vorsichtig und bescheiden, wie er ist, hinzu, daß er das nicht mit eigenen Augen gesehn, sondern nur gehört hat. Von Deinem Mann sprach er wie von einem mächtigen Zauberer. Einen mir neuen Namen aus Deiner Prager Zeit nannte er noch: Kreidlova, glaube ich. – So hätte er noch lange weitererzählt, aber ich verabschiedete mich, mir war ein wenig übel, vor mir vor allem, weil ich so stumm neben ihm ging und Dinge anhörte, die ich nicht hören wollte und die mich gar nicht kümmerten.

———————

Ich wiederhole: Wenn es irgendein Hindernis gibt, das irgendein *kleines* Leid für Dich zufolge haben *könnte*, bleib in Wien, wenn es nicht anders geht, auch ohne mich zu verständigen. – Wenn Du aber fährst, dann durchbrich gleich die Grenzsperre. Sollte es durch irgendeine mir jetzt ganz unabsehbare Verrücktheit geschehn, daß ich nicht fahren und Dich in Wien (ich würde dann an Frau K. telegraphieren) nicht mehr verständigen könnte, liegt in Gmünd im Bahnhofshotel ein Telegramm für Dich.

———————

Kamen alle sechs Bücher an?

———————

Ähnlich wie beim Anhören des Stein war mir beim Lesen der »Kavdrna«, nur erzählst Du so viel besser als er; wer erzählt noch so gut? Warum aber erzählst Du jedem, der sich die »Tribuna« kauft? Während ich es las, war mir als ging ich auf und ab vor dem Kaffeehaus, tag und nacht, jahrelang; immer wenn ein Gast kam oder wegging, überzeugte ich mich durch die geöfrhete Tür, daß Du noch immer drin warst, und dann nahm ich wieder die Wanderung auf und wartete. Es war weder traurig noch anstrengend. Was für eine Trauer oder Anstrengung vor dem Kaffeehaus warten, in dem Du sitzt!

Donnerstag

Daß es Münchhausen gut gemacht hat, freut mich ungemein, nun allerdings, er hat schon viel schwierigere Sachen ausgeführt. Und die Rosen werden auch so gepflegt werden, wie die Blumen letzthin? Und was für Blumen waren es? Und von wem?

Wegen Gmünd habe ich Dir ja schon geantwortet, ehe Du gefragt hast. Quäl Dich möglichst wenig, dann quälst Du auch mich am wenigsten. Ich habe es mir nicht genug überlegt, daß Du so lügen mußt. Wie kann aber Dein Mann glauben, daß ich Dir nicht schreibe und daß ich Dich nicht sehen will, wenn ich Dich einmal gesehen habe.

Du schriebst, daß Du manchmal Lust hast, mich auf die Probe zu stellen. Das war doch nur Spaß, nicht wahr? Bitte, tue es nicht. Schon das Erkennen verbraucht so viel Kraft, wie viel würde erst das Nichterkennen verbrauchen? Daß Dir die Annoncen schmecken, freut mich ja so. Iß nur, iß nur! Vielleicht, wenn ich heute zu sparen anfange und Du zwanzig Jahre wartest und die Pelze dann billiger sind (weil dann vielleicht Europa wüst ist und die Pelztiere durch die Gassen laufen) – vielleicht also reicht es dann auch für einen Pelz.

Und weißt Du vielleicht, wann ich endlich einmal schlafen werde, etwa in der Samstag- oder Sonntagsnacht?

Also damit Du es weißt, diese überdruckten Marken, die sind sein eigentlicher Wunsch (er hat lauter »eigentliche« Wünsche). To je krása, to je krása! (Ist das schön, ist das schön!) sagt er. Was er dort für Dinge sehn muß!

Und jetzt werde ich essen und dann in die Devisenzentrale gehn – ein Bureauvormittag.

Freitag

Ich weiß nicht genau, warum ich schreibe, aus Nervosität wahrscheinlich, so wie ich früh auf den Expreßbrief, den ich gestern Abend bekam, aus Nervosität eine ungeschickte telegraphische Antwort gegeben habe. Heute Nachmittag, nachdem ich mich bei Schenker erkundigt habe, antworte ich dringend.

Sonst kommt man durch diesen Briefwechsel über diesen Gegenstand immer wieder zu dem Schluß, daß Du durch eine geradezu sakramentale unlösliche Ehe (wie nervös ich bin, mein Schiff muß irgendwie sein Steuer verloren haben in den letzten Tagen) mit Deinem Mann verbunden bist und ich durch eine ebensolche Ehe mit – ich weiß nicht mit wem, aber der Blick dieser schrecklichen Ehefrau liegt oft auf mir, das fühle ich. Und das Merkwürdige ist, daß, trotzdem jede dieser Ehen unlöslich ist, also eigentlich nichts mehr darüber zu sagen ist, trotz allem die Unlöslichkeit der einen Ehe die Unlöslichkeit der andern bildet oder wenigstens kräftigt und umgekehrt. Aber bestehn bleibt doch nur das Urteil, wie Du es hinschreibst: nebude toho nikdy, (Es wird nie sein.) und wir wollen nie mehr von der Zukunft, nur von der Gegenwart sprechen.

Diese Wahrheit ist unbedingt, unerschütterlich, die Säule, auf der die Welt ruht, und doch gestehe ich, daß im Gefühl (nur im Gefühl, die Wahrheit aber bleibt, bleibt unbedingt. Weißt Du, wenn ich so etwas hinschreiben will wie das folgende, nähern sich schon die Schwerter, deren Spitzen im Kranz mich umgeben, langsam dem Körper, es ist die vollkommenste Folter; wenn sie mich zu ritzen anfangen, ich rede nicht vom einschneiden, wenn sie mich also nur zu ritzen anfangen, ist es schon so schrecklich, daß ich sofort, im ersten Schrei, alles verrate, Dich, mich, alles), gestehe ich also nur unter dieser Voraussetzung, daß ein solcher Briefwechsel über diese Dinge mir im Gefühl (ich wiederhole um meines Lebens willen: nur im Gefühl) so vorkommt, wie wenn ich irgendwo in Zentralafrika leben würde und mein ganzes Leben lang dort gelebt hätte und Dir, die Du in Europa lebst, mitten in Europa, meine unerschütterlichen Meinungen über die nächste politische Gestaltung mitteilen würde. Aber nur ein Vergleich ist es, ein dummer, ungeschickter, falscher, sentimentaler, kläglicher, absichtlich blinder Vergleich ist es, nichts anderes, bitte, ihr Schwerter!

Du hast recht, den Brief Deines Mannes mir zu citieren, ich verstehe zwar nicht alles genau (aber schicke mir den Brief *nicht),* aber das sehe ich, daß hier ein »lediger« Mann schreibt, der »heiraten« will. Was bedeutet seine gelegentliche »Untreue«, die nicht einmal Untreue ist, denn ihr bleibt auf dem gemeinsamen Weg, nur innerhalb dieses Wegs geht er ein wenig links, was bedeutet diese »Untreue«, die außerdem nicht aufhört in Dein tiefstes Leid auch tiefstes Glück auszuströmen, was bedeutet diese »Untreue« gegen meine ewige Gebundenheit!

Hinsichtlich Deines Mannes habe ich Dich nicht mißverstanden. Alles Geheimnis Eueres unzerreißbaren Zusammenhaltes, dieses reiche unausschöpfbare Geheimnis gießt Du immer wieder in die Sorge um seine Stiefel. Darin quält mich etwas, ich weiß nicht genau was. Das ist ja sehr einfach; wenn Du fortgehen solltest, wird er entweder mit einer andern Frau leben oder in eine Pension gehn und seine Stiefel werden besser geputzt sein als jetzt. Das ist dumm und nicht dumm, ich weiß nicht, was mich in diesen Bemerkungen so quält. Vielleicht weißt Du es.

Den Geburtstag hättest Du nicht verdorben haben müssen, wenn Du mir früher um das Geld geschrieben hättest. Ich bringe es mit. – Aber vielleicht sehn wir uns gar nicht, es wäre bei dieser Verwirrung leicht möglich.

Das ist es auch. Du schreibst von den Menschen, die einen gemeinsamen Abend und Morgen haben, und jenen, die das nicht haben. Eben die Lage der letzteren scheint mir günstiger. Sie haben etwas Schlimmes getan, gewiß oder vielleicht, und der Schmutz dieser Szene kommt, wie Du richtig sagst, wesentlich aus ihrem Fremdsein und es ist irdischer Schmutz sowie der Schmutz in einer niemals bewohnten und plötzlich wild aufgerissenen Wohnung. Das ist also schlimm, aber es ist nichts Entscheidendes geschehn, nichts was förmlich im Himmel und auf der Erde entscheidet, es ist wirklich nur ein »Spiel mit einem Ball«, wie Du es nennst. Es ist so, wie wenn Eva den Apfel (manchmal glaube ich, ich verstehe den Sündenfall wie kein Mensch sonst) zwar abgerissen hätte, aber nur um ihn Adam zu zeigen, weil er ihr gefallen hat. Das Hineinbeißen war das Entscheidende, das Mit-ihm-Spielen war zwar nicht erlaubt, aber auch nicht verboten.

Dienstag

Auf diesen Brief werde ich also erst in 10-14 Tagen Antwort bekommen, das ist im Vergleich zum Bisherigen fast ein Verlassen-Sein, nicht? Und es ist mir gerade jetzt, als hätte ich Dir einiges Unsagbare, Unschreibbare zu sagen, nicht um etwas gut zu machen, was ich in Gmünd schlecht gemacht habe, nicht um etwas Ertrunkenes zu retten, sondern um Dir etwas tief begreiflich zu machen, wie es mit mir steht, damit Du Dich nicht von mir abschrecken läßt, wie es doch trotz allem schließlich geschehen könnte unter Menschen. Mir ist manchmal, als hätte ich solche Bleigewichte, daß es mich in einem Augenblick ins tiefste Meer hinunterziehn müßte und der, welcher mich fassen oder gar »retten« wollte, es bleiben ließe, nicht aus Schwäche, nicht einmal aus Hoffnungslosigkeit, sondern aus bloßem Ärger. Nun, das ist natürlich nicht zu Dir gesprochen, sondern zu einem schwachen Schein von Dir, wie ihn ein müder, leerer (nicht unglücklicher oder aufgeregter, es ist fast ein Zustand für den man dankbar sein könnte) Kopf gerade noch erkennen kann.

Gestern war ich also bei Jarmila. Da es Dir so wichtig war, wollte ich es um keinen Tag aufschieben, auch machte mich, um die Wahrheit zu sagen, der Gedanke, daß ich nun also mit Jarmila jedenfalls sprechen müsse, unruhig und ich wollte es lieber gleich tun. Trotz der Unrasiertheit (es war schon keine bloße Gänsehaut mehr) die mir ja, soweit das Gelingen meiner Aufgabe in Betracht kam, kaum schaden konnte. Etwa um ½7 war ich oben, die Türglocke läutete nicht, das Klopfen half nichts, die Národní Listy steckten im Briefkasten, es war offenbar niemand zuhause. Ich drehte mich ein kleines Weilchen herum, da kamen vom Hof her zwei Frauen, die eine Jarmila, die andere vielleicht ihre Mutter. Ich erkannte J. sofort, trotzdem sie der Photographie kaum, Dir aber gar nicht ähnlich ist. Wir gingen gleich aus dem Haus und etwa zehn Minuten hinter der gewesenen Kadettenschule auf und ab. Das Überraschendste für mich war, daß sie entgegen Deiner Voraussage sehr gesprächig war, allerdings eben nur diese zehn Minuten lang. Sie sprach fast immerfort, es erinnerte mich sehr an die Gesprächigkeit ihres Briefes, den Du mir einmal geschickt hast. Eine Gesprächigkeit, die eine gewisse von der Sprecherin unabhängige Selbständigkeit hat, diesmal war es noch auffallender, weil es doch nicht um so konkrete Einzelnheiten ging wie damals in dem Brief. Ein wenig erklärt sich ihre Lebhaftigkeit dadurch, daß sie, wie sie sagte, schon Tage lang wegen der Sache1 sehr aufgeregt ist, an Haas wegen Werfel telegraphiert hat (ohne noch Antwort zu haben), an Dich telegraphiert und expreß geschrieben hat, die Briefe gleich auf Deine Aufforderung hin verbrannt hat, kein Mittel mehr wußte, wie sie Dich schnell beruhigen könnte, und deshalb nachmittag schon daran gedacht hatte, zu mir zu gehn, um wenigstens mit jemandem, der auch davon weiß, darüber sprechen zu können. (Sie glaubte nämlich zu wissen, wo ich wohne. Das ist so: einmal im Herbst, glaube ich, oder schon im Frühjahr, ich weiß nicht, ging ich mit Ottla und der kleinen Růženka – die welche mir im Schönbornpalais das nahe Ende prophezeit hat – rudern, vor dem Rudolphinum trafen wir Haas mit einer Frau, die ich damals überhaupt nicht angeschaut habe, das war Jarmila. Haas nannte ihr meinen Namen und Jarmila merkte, daß sie mit meiner Schwester vor Jahren auf der Zivilschwimmschule manchmal gesprochen habe, sie hatte sie, da die Civilschwimmschule damals sehr christlich war, als jüdische Merkwürdigkeit im Gedächtnis behalten. Wir hatten damals gegenüber der Zivilschwimmschule gewohnt und Ottla hatte ihr unsere Wohnung gezeigt. Nun, das ist also die lange Geschichte.) Darum war sie also aufrichtig froh, daß ich gekommen war, darum so lebhaft, übrigens unglücklich über diese Verwicklungen, die ganz gewiß, ganz gewiß zuende sind und aus denen, wie sie fast leidenschaftlich versicherte, ganz gewiß, ganz gewiß nichts mehr entstehen wird. Mein Ehrgeiz allerdings war unbefriedigt, ich hatte – ohne allerdings die Wichtigkeit dessen ganz einzusehn, aber ich lebte eben vollständig in dem mir gegebenen Auftrag – die Briefe selbst verbrennen und die Asche selbst über das Belvedere streuen wollen. Von sich sprach sie nur wenig, daß sie fortwährend zuhause sitzt – ihr Gesicht bezeugt es – mit niemandem spricht, ihre Wege sind einmal in einem Buchladen etwas nachzusehn, einmal einen Brief aufgeben. Sonst sprach sie nur von Dir (oder war ich es, der von Dir sprach, das ist nachträglich schwer zu unterscheiden); als ich erwähnte, eine wie große Freude Du einmal gehabt hättest, als Du nach einem Berliner Brief die Möglichkeit gesehn hättest, daß Dich Jarmila besuchen könnte, sagte sie, sie verstehe kaum mehr die Möglichkeit der Freude und erst recht nicht, daß jemand Freude von ihr haben könnte. Es klang einfach und glaubwürdig. Ich sagte, daß alte Zeiten doch nicht einfach fortgewischt sein können und daß dort immer Möglichkeiten sind, die lebendig werden können. Sie sagte, ja, wenn man beisammen wäre, könnte das vielleicht geschehn und sie hätte sich in letzter Zeit doch sehr auf Dich gefreut und es wäre ihr so selbstverständlich notwendig vorgekommen, daß Du hier – sie zeigte mehrmals vor sich auf den Boden, wie überhaupt auch ihre Hände lebhaft waren – hier, hier wärest.

Vor ihrem Haus verabschiedeten wir uns kurz.

Vorher hatte sie mich noch ein wenig geärgert mit einer umständlichen Erzählung von einer besonders schönen Photographie von Dir, die sie mir zeigen wollte. Schließlich ergab sich, daß sie diese Photographie vor der Berliner Reise, als sie alle Papiere und Briefe verbrannte, in der Hand gehabt und gerade am heutigen Nachmittag wieder, aber vergebens gesucht hatte. Dann telegraphierte ich Dir übertreibend, daß der Auftrag ausgeführt sei. Hätte ich aber mehr machen können? Und bist Du mit mir zufrieden?

———————

Es ist sinnlos zu bitten, wenn Du den Brief erst in 14 Tagen bekommst, aber vielleicht ist das nur eine kleine Beigabe zur Sinnlosigkeit der Bitte überhaupt: Laß dich, wenn es nur irgendwie möglich ist auf dieser haltlosen Welt, (wo man eben weggerissen wird, wenn man weggerissen wird, und sich nicht helfen kann,) laß Dich nicht abschrecken von mir, auch wenn ich Dich einmal oder tausendmal oder gerade jetzt oder vielleicht immer gerade jetzt enttäusche. Übrigens ist das keine Bitte und richtet sich gar nicht an Dich, ich weiß nicht, wohin es sich richtet. Es ist nur das bedrückte Atmen der bedrückten Brust.

Mittwoch

Dein Brief vom Montag früh. Seit jenem Montag morgen oder besser seit Montag mittag, als sich das Wohltätige des Reisens (abgesehen von allem, schon jede Fahrt an sich ist ein Erholung, ein Beim-Kragen-genommen-werden, ein Durch-und-durch-geschüttelt-werden)schon ein wenig verflüchtigt hatte, seit damals singe ich Dir unaufhörlich ein einziges Lied vor, es ist unaufhörlich anders und immerfort das gleiche, reich wie ein traumloser Schlaf, langweilig und ermüdend, so daß selbst ich manchmal dabei einschlafe, sei froh, daß Du es nicht hören mußt, sei froh, daß Du für so lange Zeit vor meinen Briefen geschützt bist.

Ach, Menschenkennerschaft! Was habe ich denn dagegen, daß Du die Stiefel wirklich schön putzst. Putze sie nur schön, stell sie dann in den Winkel und laß die Sache erledigt sein. Nur daß Du sie in Gedanken den ganzen Tag putzst, das quält mich manchmal (und macht die Stiefel nicht rein).

Donnerstag

Ich wollte immer wieder einen andern Satz hören, als Du, diesen: jsi můj. (Du bist mein.) Und warum gerade den» Er bedeutet doch nicht einmal Liebe, eher Nähe und Nacht.

Ja, die Lüge war groß und ich habe sie mitgelogen, aber noch ärger, im Winkel, für mich, als Unschuld. Leider gibst Du mir immer Aufträge, die immer schon von selbst erledigt sind, wenn ich komme. Hast Du so wenig Zutrauen zu mir und willst Du mir nur ein wenig Selbstvertrauen verschaffen, dann ist es aber zu durchsichtig.

Was Jarmilas Telegramm (das doch noch vor unserer Zusammenkunft abgeschickt wurde) mit mir oder gar mit Eifersucht zu tun hat, verstehe ich nicht. Mein Erscheinen scheint sie allerdings gefreut zu haben (Deinetwegen), mein Abschied aber noch viel mehr (meinetwegen oder besser ihretwegen).

Über die Verkühlung hättest Du doch paar Worte mehr schreiben können, stammt sie aus Gmünd oder vom Kaffeehaus-Heimweg? Hier ist übrigens augenblicklich noch schöner Sommer, auch Sonntag hat es nur in Südböhmen geregnet, ich war stolz, die ganze Welt konnte aus meinen durchregneten Kleidern erkennen, daß ich aus der Richtung Gmünd kam.

Freitag

In der Nähe gelesen versteht man diesen Jammer, in dem Du augenblicklich lebst, überhaupt nicht, man muß es ein wenig ferner halten, aber auch dann geht es kaum. Das von den Krallen hast Du mißverstanden, es war allerdings auch nicht zu verstehn. Was Du von Gmünd sagst, ist richtig und im weitesten Sinn. Ich erinnere mich zum Beispiel, daß Du mich fragtest, ob ich Dir in Prag nicht untreu gewesen bin. Es war halb Scherz, halb Ernst, halb Gleichgültigkeit – wieder die drei Hälften, eben weil es unmöglich war. Du hattest meine Briefe und fragtest so. War das eine mögliche Frage? Aber nicht genug daran, jetzt machte ich es noch unmöglicher. Ich sagte, ja, ich sei Dir treu gewesen. Wie kann es geschehn, daß man so spricht? An dem Tag sprachen wir miteinander und hörten einander zu, oft und lange, wie fremde Menschen. Jarmila war gestern gegen Abend bei mir (ich weiß nicht, woher sie meine jetzige Adresse kennt), ich war nicht zuhause, sie ließ einen Brief für Dich da und einen Bleistiftzettel, auf dem sie mich bat, Dir den Brief zu schicken, da sie zwar Deine Land-Adresse habe, diese ihr aber nicht genug sicher scheine. –

Nun also, so lange hat es doch nicht gedauert, die zwei Briefe aus Salzburg habe ich bekommen, möge es in Gilgen gut werden, Herbst ist freilich schon, das läßt sich nicht leugnen. Mir ist schlecht und gut, wie man will, hoffentlich hält die Gesundheit noch ein Weilchen in den Herbst hinein aus. Über Gmünd werden wir noch schreiben oder sprechen müssen – das ist ein Teil des Schlecht-gehns; – Jarmilas Brief schließe ich bei. Auf ihren Besuch habe ich mit Rohrpost geantwortet, daß ich den Brief natürlich sehr gern vermitteln werde, aber nur, wenn nichts Dringendes drin steht, denn Deine Adresse glaubte ich erst in einer Woche bekommen zu können. Sie hat nicht mehr geantwortet.

Wenn es möglich ist, bitte, eine Ansicht Deiner Wohnung.

Ich habe erst den Bleistiftbrief gelesen, in dem Montagsbrief nur flüchtig eine unterstrichene Stelle, da habe ich es lieber noch gelassen; wie ängstlich bin ich und wie schlecht ist es, daß man sich nicht in jedes Wort hineinwerfen kann mit allem was man ist, so daß man, wenn dieses Wort angegriffen würde, in seiner Gänze sich wehren könnte oder in seiner Gänze vernichtet würde. Aber es gibt eben auch hier nicht nur Tod, sondern auch Krankheiten.

Noch ehe ich den Brief zuende gelesen hatte, – Du schreibst zum Schluß etwas Ähnliches – fiel mir ein, ob es nicht möglich wäre, daß Du noch ein wenig länger dort bleibst, solange es der Herbst erlaubt. Wäre es nicht möglich?

Von Salzburg kamen die Briefe schnell; von Gilgen dauert es eine Weile, aber ich habe auch sonst Nachrichten hie und da. Von Polgar Skizzen in der Zeitung, es handelt vom See, ist maßlos traurig und bringt einen in Verlegenheit, weil es noch immer lustig ist – nun das ist nicht viel, aber dann stehen Nachrichten da von Salzburg, den Festspielen, dem unsicheren Wetter – das ist auch nicht lustig, Du bist doch zu spät weggefahren; dann lasse ich mir manchmal von Max von Wolfgang und Gilgen erzählen, er war sehr glücklich dort als Junge, es muß in den alten Zeiten besser gewesen sein. Aber das alles wäre nicht viel, wenn nicht die »Tribuna« wäre, diese Möglichkeit, jeden Tag etwas von Dir zu finden und dann das tatsächliche Finden hie und da. Ist es Dir unangenehm, wenn ich davon spreche? Aber ich lese es so gern. Und wer soll davon sprechen, wenn nicht ich, Dein bester Leser? Schon früher, ehe Du sagtest, daß Du manchmal beim Schreiben an mich denkst, habe ich es mit mir in Beziehung gefühlt, das heißt an mich gedrückt, jetzt seitdem Du es ausdrücklich gesagt hast, bin ich darin fast ängstlicher, und wenn ich zum Beispiel von einem Hasen im Schnee lese, sehe ich fast mich selbst dort laufen.

Ja, ich wußte, daß ich über etwas hinweggelesen hatte und mich daran, ohne es vergessen zu können, nicht erinnern konnte: Fieber? Wirkliches Fieber? Gemessenes Fieber?

Nun habe ich doch den andern Brief gelesen, aber eigentlich erst von der Stelle ab: Nechci, abys na to odpovídal. (Ich will nicht, daß Du darauf antwortest.) Ich weiß nicht, was vor dem steht, aber ich bin heute angesichts Deiner Briefe, die Dich unwiderleglich bestätigen, wie ich Dich im Innersten eingeschlossen trage, bereit, es ungelesen als wahr zu unterschreiben und sollte es bei den fernsten Instanzen gegen mich zeugen. Schmutzig bin ich, Milena, endlos schmutzig, darum mache ich ein solches Geschrei mit der Reinheit. Niemand singt so rein als die, welche in der tiefsten Hölle sind; was wir für den Gesang der Engel halten, ist ihr Gesang.

Ich habe seit paar Tagen mein »Kriegsdienst«- oder richtiger »Manöver«-Leben aufgenommen, wie ich es vor Jahren als für mich zeitweilig bestes entdeckt habe. Nachmittag solange als es geht im Bett schlafen, dann zwei Stunden herumgehn, dann wachbleiben, solange es geht. Aber in diesem »solange es geht« steckt der Haken. »Es geht nicht lange«, nicht am Nachmittag, nicht in der Nacht und doch bin ich früh geradezu welk, wenn ich ins Bureau komme. Und die eigentliche Beute steckt doch erst in der Tiefe der Nacht in der zweiten, dritten, vierten Stunde; wenn ich aber jetzt nicht spätestens um Mitternacht schlafen gehe, ins Bett gehe, bin ich, ist Nacht und Tag verloren. Trotzdem macht das alles nichts, dieses Im-Dienst-Sein ist gut auch ohne alle Ergebnisse. Es wird auch keine haben, ich brauche ein halbes solches Jahr, um mir erst »die Zunge zu lösen« und dann einzusehn, daß es zuende ist, daß die Erlaubnis im Dienstzusein zuende ist. Aber wie ich sagte: es ist an sich gut, selbst wenn in längerer oder kürzerer Zeit der Husten tyrannisch dazwischenfährt.

Gewiß, so schlimm waren die Briefe nicht, aber diesen Bleistiftbrief verdiene ich doch nicht. Wo ist überhaupt jemand, der ihn verdienen würde, im Himmel und auf Erden?

Donnerstagabend

Heute habe ich kaum etwas anderes gemacht als dagesessen, ein wenig hier ein wenig dort gelesen, hauptsächlich aber nichts gemacht oder einem ganz leichten Schmerz zugehört, wie er in den Schläfen arbeitet. Den ganzen Tag war ich mit Deinen Briefen beschäftigt in Qual, in Liebe, in Sorge und in ganz unbestimmter Angst vor Unbestimmtem, dessen Unbestimmtheit hauptsächlich darin besteht, daß es maßlos über meine Kräfte hinausgeht. Dabei habe ich die Briefe zum zweitenmal noch gar nicht zu lesen gewagt und eine halbe Seite auch zum ersten Mal noch nicht. Warum kann man sich nicht damit abfinden, daß in dieser ganz besondern, hinhaltend selbstmörderischen Spannung zu leben das Richtige ist (Du erwähntest manchmal etwas Ähnliches, ich versuchte Dich damals auszulachen), sondern lockert sie mutwillig, fährt aus ihr hinaus wie ein unvernünftiges Tier (und liebt gar noch wie ein Tier diese Unvernunft) und leitet sich dadurch alle gestörte, wild gewordene Elektrizität in den Leib, daß es einen fast verbrennt.

Was ich damit eigentlich sagen will, weiß ich nicht genau, nur auffangen möchte ich irgendwie die Klagen, nicht die wörtlichen, aber die verschwiegenen, die aus Deinen Briefen kommen, und ich kann es, denn es sind im Grunde die meinen. Daß wir auch hier im Dunkel so einig sein sollten, ist das sonderbarste und ich kann es förmlich nur jeden zweiten Augenblick glauben.

———————

Freitag

Die Nacht habe ich statt mit Schlafen, (nicht ganz freiwillig allerdings) mit den Briefen verbracht. Trotzdem ist es jetzt noch nicht am allerschlimmsten. Allerdings ist kein Brief gekommen, aber auch das macht an sich nichts. Es ist jetzt viel besser, nicht täglich zu schreiben; Du hast es im Geheimen früher eingesehen als ich. Die täglichen Briefe schwächen statt zu stärken; früher trank man den Brief aus und war gleichzeitig (ich rede von Prag, nicht von Meran) zehnmal stärker und zehnmal durstiger geworden. Jetzt aber ist es so ernst, jetzt beißt man sich in die Lippen, wenn man den Brief liest und nichts ist so sicher, als der kleine Schmerz in den Schläfen. Aber auch das mag sein, nur eines: nicht krank werden, Milena, nicht krank werden. Nichtschreiben ist gut; (wieviel Tage brauche ich denn, um mit zwei solchen Briefen fertig zu werden wie den gestrigen? Dumme Frage, kann man in Tagen damit fertig werden?), aber kranksein soll nicht die Ursache sein. Ich denke ja dabei nur an mich. Was würde ich tun? Höchstwahrscheinlich das, was ich jetzt tue, aber wie würde ich es tun? Nein, daran will ich nicht denken. Und dabei habe ich, wenn ich an Dich denke, als klarste Vorstellung immer die, daß Du im Bett liegst, so wie Du etwa in Gmünd am Abend auf der Wiese lagst (dort wo ich Dir von meinem Freund erzählte und Du wenig zuhörtest). Und das ist gar keine quälende Vorstellung, sondern eigentlich das Beste, was ich jetzt zu denken imstande bin, daß Du im Bett liegst, ich Dich ein wenig pflege, hin und wieder komme, die Hand Dir auf die Stirn lege, in Deinen Augen versinke, wenn ich auf Dich hinabsehe, Deinen Blick auf mir fühle, wenn ich im Zimmer herumgehe und immerfort mit einem gar nicht mehr zu bändigenden Stolz es weiß, daß ich für Dich lebe, daß ich es so darf und daß ich also anfange dafür zu danken, daß Du einmal bei mir stehn geblieben bist und mir die Hand gereicht hast. Und es wäre ja auch nur eine Krankheit, die bald vorübergeht und Dich gesunder macht, als Du früher warst, und Dich wieder groß aufstehn läßt, während ich mich bald und einmal und hoffentlich ohne Lärm und Schmerz unter die Erde verkrieche. – Also das quält gar nicht, aber die Vorstellung, daß Du in der Ferne krank wirst –

Du hast auch Kondukteure gern, nicht wahr? Ja, der lustige und doch so echt wienerisch abgemagerte Kondukteur damals! Aber es sind gute Leute auch hier; Kinder wollen Kondukteure werden, um auch so mächtig und angesehen zu sein, herumzufahren, auf dem Trittbrett stehn, auch so tief zu Kindern sich hinabbeugen zu dürfen, und eine Zange haben sie auch und soviel Tramwayzettel; ich aber möchte, während mich alle diese Möglichkeiten eher abschrecken, Kondukteur sein, um auch so fröhlich und überall teilnehmend zu werden. Einmal ging ich hinter einer langsam fahrenden Elektrischen und der Kondukteur –

(der Dichter ist gekommen, mich aus dem Bureau abzuholen, mag er warten, bis ich mit den Kondukteuren fertig bin)

– war auf der hintern Plattform weit hinausgebeugt und rief mir etwas zu, was ich im Lärm des Josefsplatzes nicht hörte, und machte aufgeregte Bewegungen mit beiden Armen, die mir etwas zeigen sollten, aber ich verstand es nicht und dabei fuhr die Elektrische weiter weg und seine Bemühungen wurden immer aussichtsloser – endlich verstand ich: die goldene Sicherheitsnadel an meinem Kragen hatte sich gelöst und er hatte mich darauf aufmerksam machen wollen. Daran erinnerte ich mich heute morgens, als ich nach dieser Nacht stumpf wie ein invalides Gespenst in die Elektrische stieg, der Kondukteur mir auf 5 K zurückgab, um mich aufzuheitern (nicht gerade um mich aufzuheitern, denn er hatte mich gar nicht angesehn, aber um die Luft aufzuheitern), irgendeine freundliche, von mir aber überhörte Bemerkung über die Banknoten, die er mir herausgab, machte, worauf ein Herr, der neben mir stand, um dieser Auszeichnung willen mir auch zulächelte, ich auch nicht anders antworten konnte als durch Lächeln und so alles doch ein wenig besser geworden war. Könnte es doch auch den Regenhimmel über St. Gilgen aufheitern!

Samstag

So schön, so schön, Milena, so schön. Nichts ist in dem Brief (von Dienstag) so schön, aber die Ruhe, das Vertrauen, die Klarheit, aus der er kommt. Früh war nichts da; mit der Tatsache an sich hätte ich mich sehr leicht abgefunden; mit dem Briefe-bekommen ist es jetzt ganz anders, mit dem Briefeschreiben allerdings fast unverändert, die Not und das Glück des Schreiben-müssens besteht; also mit der Tatsache hätte ich mich abgefunden, wozu brauche ich einen Brief, wenn ich zum Beispiel gestern den ganzen Tag und Abend und die Hälfte der Nacht im Gespräch mit Dir verbracht habe, in einem Gespräch, wo ich so aufrichtig und ernst war wie ein Kind und Du so aufnehmend und ernst wie eine Mutter (niemals habe ich in Wirklichkeit ein solches Kind oder eine solche Mutter gesehn); das alles wäre also angegangen, nur die Ursache des Nichtschreibens müßte ich kennen, nicht immerfort Dich krank im Bett sehn, in dem kleinen Zimmer, draußen der Herbstregen, Du allein, mit Fieber (Du schriebst davon), mit Verkühlung (Du schriebst davon), auch Nachtschweiß und Müdigkeit (von alledem schriebst Du) – wenn das alles also nicht ist, dann ist es gut und ich will jetzt nichts besseres.

In eine Antwort auf den ersten Absatz Deines Briefes lasse ich mich nicht ein, ich kenne ja noch nicht einmal den berüchtigten ersten Absatz des vorigen Briefes. Das sind lauter tief verschlungene Dinge, lösbar nur im Gespräch zwischen Mutter und Kind, hörbar dort vielleicht nur deshalb, weil sie dort nicht vorkommen können. Ich gehe deshalb darauf nicht ein, weil der Schmerz in den Schläfen lauert. Wurde mir der Liebespfeil in die Schläfen geschossen, statt ins Herz? Auch von Gmünd werde ich nicht mehr schreiben, wenigstens mit Absicht nicht. Es wäre viel darüber zu sagen, aber am Ende liefe es doch darauf hinaus, daß der erste Wiener Tag, wenn ich mich am Abend verabschiedet hätte, auch nicht besser gewesen wäre, wobei noch Wien den Vorteil vor Gmünd hatte, daß ich dorthin halb bewußtlos vor Angst und Erschöpfung kam, nach Gmünd dagegen, ohne es zu wissen, so dumm war ich, großartig sicher, als könne mir niemals mehr etwas geschehn, wie ein Hausbesitzer kam ich hin; merkwürdig, daß bei aller Unruhe, die mich immerfort durchfährt, diese Ermattung des Besitzern bei mir möglich, ja mein eigentlicher Fehler vielleicht ist, in diesen und in andern Dingen.

Es ist schon $^1/_4 2 3$, ich bekam Deinen Brief erst vor 2 Uhr jetzt höre ich auf und gehe zum Essen, nicht?

Die Übersetzung des Schlußsatzes ist sehr gut. In jener Geschichte hängt jeder Satz, jedes Wort, jede – wenn's erlaubt ist – Musik mit der »Angst« zusammen, damals brach die Wunde zum erstenmal auf in einer langen Nacht und diesen Zusammenhang trifft die Übersetzung für mein Gefühl genau, mit jener zauberhaften Hand, die eben Deine ist.

Sieh, was so quälend an dem Briefe-bekommen ist, nun, Du weißt es ja. Heute ist zwischen Deinem und meinem Brief, soweit es in der großen Unsicherheit möglich ist, klares, gutes, tief atmendes Beisammensein und nun muß ich die Antworten auf meine früheren Briefe erwarten, vor denen ich mich fürchte.

Wie kannst Du übrigens am Dienstag meinen Brief erwarten, wenn ich Deine Adresse erst am Montag bekommen habe?

Sonntag

Ein merkwürdiger Irrtum gestern. Gestern Mittag war ich so froh wegen Deines Briefs (vom Dienstag) und als ich ihn abend wieder überlese, unterscheidet er sich im Wesen kaum von den letzten Briefen, ist *unglücklich weit über das hinaus, was er eingesteht.* Der Irrtum beweist, wie sehr ich nur an mich denke, in mich eingeschlossen bin, nur das von Dir festhalte, was ich halten kann, und damit am liebsten, damit es mir niemand nimmt, irgendwohin in die Wüste laufen würde. Weil ich vom Diktieren in mein Zimmer gelaufen kam, weil dort überraschend Dein Brief lag, weil ich ihn glücklich und gierig überflog, weil dort nicht gerade in Fettdruck etwas gegen mich Gerichtetes stand, weil es in den Schläfen zufällig ruhig klopfte, weil ich gerade leichtsinnig genug war, mir Dich ruhig und friedlich eingebettet vorzustellen in Wald, See und Bergen – aus allen diesen Gründen und noch einigen andern, die alle insgesamt nicht das Geringste mit Deinem Brief und Deiner wirklichen Lage zu tun hatten, kam mir Dein Brief fröhlich vor und ich schrieb Dir entsprechend unsinnig zurück.

————————

Montag

Sieh, Milena, so unbeherrscht, so hin- und hergeworfen in einem Meer, das nur aus Bosheit einen nicht verschlingt. Letzthin bat ich Dich, nicht täglich zu schreiben, es war aufrichtig, ich hatte Angst vor den Briefen; wenn einmal keiner kam, war ich ruhiger; wenn ich auf dem Tisch einen sah, mußte ich alle Kräfte zusammennehmen und es reichte bei weitem nicht aus – und heute wäre ich unglücklich gewesen, wenn nicht diese Karten (ich habe mir beide angeeignet) gekommen wären. Dank.

————————

Von den Allgemeinheiten, die ich bisher über Rußland gelesen habe, hat der beihegende Aufsatz den größten Eindruck auf mich oder richtiger auf meinen Körper, meine Nerven, mein Blut gemacht. Allerdings habe ich es nicht genau so übernommen, wie es da steht, sondern erst für mein Orchester gesetzt. (Den Schluß des Aufsatzes habe ich abgerissen, er enthält Beschuldigungen der Kommunisten, die nicht in diesen Zusammenhang gehören, wie ja das Ganze auch nur ein Bruchstück ist.)

————————

Donnerstag

Es kamen die Briefe von Sonntag, Montag und eine Karte. Beurteile es richtig, bitte Milena. Ich sitze hier so abgeschlossen, so weit und verhältnismäßig doch in Ruhe und es geht mir manches durch den Kopf, Angst, Unruhe und so schreibe ich es auf, auch wenn es nicht viel Sinn hat, und vergesse, wenn ich zu Dir spreche, alles, auch Dich, und erst wenn wieder zwei solche Briefe kommen, werde ich mir wieder des Ganzen bewußt. Eines in Deinen Befürchtungen für den Winter verstehe ich nicht ganz. Wenn Dein Mann so krank ist, gar an zwei

Krankheiten, und wenn es ernst ist, so kann er doch nicht ins Bureau gehn, entlassen aber kann er doch natürlich nicht werden als endgültig angestellter Beamter; wegen seinen Krankheiten muß er auch sein Leben anders einrichten, dadurch vereinfacht sich doch alles und wird wenigstens äußerlich leichter, so traurig sonst auch alles ist.

Aber eine der unsinnigsten Sachen auf diesem Erdenrund ist die ernste Behandlung der Schuldfrage, so scheint es mir wenigstens. Nicht daß Vorwürfe gemacht werden, scheint mir unsinnig, gewiß, wenn man in Not ist, macht man Vorwürfe nach allen Seiten (trotzdem das allerdings nicht die äußerste Not ist, denn in dieser macht man keine Vorwürfe), auch daß man sich solche Vorwürfe zu Herzen nimmt in einer aufregenden und alles aufrührenden Zeit, auch das ist begreiflich; aber daß man darüber verhandeln zu können glaubt, wie über irgendeine gewöhnliche rechnerische Angelegenheit, die so klar ist, daß sie Konsequenzen für das tägliche Verhalten ergibt, das verstehe ich gar nicht. Gewiß bist Du schuld, aber dann ist auch Dein Mann schuld und dann wieder Du und dann wieder er, wie eben bei einem menschlichen Zusammenleben es nicht anders sein kann, und die Schuld häuft sich an in unendlicher Reihe bis zur grauen Erbsünde, aber was kann es mir für meinen heutigen Tag oder für den Besuch beim Ischler Arzt nützen, in der ewigen Sünde herumzustöbern?

Und immerfort regnet es draußen und will gar nicht aufhören. Mir macht das gar nichts, ich sitze im Trockenen und schäme mich bloß, mein reiches Gabelfrühstück aufzuessen vor dem Anstreicher, der jetzt gerade vor meinen Fenstern im Hängegerüst steht und wütend über den Regen, der ein wenig aufgehört hat, und über die Menge Butter, die ich auf das Brot streiche, unnötigerweise die Fenster bespritzt, wobei auch das nur Einbildung ist und er sich wahrscheinlich hundertmal weniger um mich kümmert als ich um ihn. Nein, jetzt arbeitet er wirklich im Gußregen und Gewitter.

Von Weiß habe ich nachträglich noch gehört, daß er wahrscheinlich nicht krank ist, aber ohne Geld, wenigstens war es im Sommer so, da ist in Franzensbad für ihn gesammelt worden. Geantwortet habe ich ihm vor etwa drei Wochen rekommandiert, in den Schwarzwald allerdings, noch ehe ich von der Sache gehört habe. Geantwortet hat er nicht. Jetzt ist er am Starnberger See mit seiner Freundin, die an Baum zwar trübe ernste (so ist ihr Wesen), aber nicht eigentlich unglückliche (das gehört allerdings auch zu ihrem Wesen) Karten schreibt. Ehe sie von Prag wegfuhr (wo sie sehr viel Theatererfolg hatte), etwa vor einem Monat, habe ich flüchtig mit ihr gesprochen. Sie sah elend aus, ist überhaupt schwach und zart, aber unzerbrechlich, war überarbeitet vom Theaterspielen. Weiß erwähnte sie etwa so: »Jetzt ist er im Schwarzwald, dort geht es ihm nicht gut, jetzt werden aber wir am Starnberger See Zusammensein, dann wird es besser werden.«

Sonntag

Ist hier, Milena, das was Du geschrieben haben willst, die Hauptsache und nicht doch das Vertrauen? Du schriebst auch einmal davon, es war in einem der letzten Briefe nach Meran, ich konnte nicht mehr antworten. Sieh, Robinson mußte sich anwerben lassen, die gefährliche Reise machen, Schiffbruch leiden und vielerlei, ich müßte nur Dich verlieren und wäre schon Robinson. Aber ich wäre mehr Robinson als er. Er hatte noch die Insel und Freitag und vielerlei und schließlich das Schiff, das ihn holte und fast alles wieder zum Traume machte, ich hätte gar nichts, nicht einmal den Namen, auch ihn habe ich Dir gegeben.

Und darum bin ich ja gewissermaßen unabhängig Dir gegenüber, eben weil die Abhängigkeit so über alle Grenzen geht. Das Entweder-Oder ist zu groß. Entweder bist Du mein und dann ist es gut, oder aber Du gehst mir verloren, dann ist es nicht etwa schlecht, sondern dann ist gar nichts, dann bleibt keine Eifersucht, kein Leid, keine Bangigkeit, gar nichts. Und das ist ja gewiß etwas Lästerliches, so auf einen Menschen zu bauen, und darum schleicht ja auch dort die Angst um die Fundamente, aber es ist nicht die Angst um Dich, sondern die Angst, daß überhaupt so zu bauen gewagt wird. Und darum mischt sich zur Gegenwehr (aber es war wohl auch ursprünglich) soviel Göttliches in Dein liebes irdisches Gesicht.

So, jetzt hat Simson Dalila sein Geheimnis erzählt und sie kann ihm die Haare, in die sie ihm ja zur Vorbereitung schon immer gefahren ist, auch abschneiden, aber mag sie; hat sie nicht auch ein ähnliches Geheimnis, ist ja alles gleichgültig.

Ich schlafe seit drei Nächten ohne erkennbaren Grund sehr schlecht, Du bist doch leidlich gesund?

Schnelle Antwort, wenn es Antwort ist, eben kommt das Telegramm. Es kam so überraschend, und außerdem offen, daß ich gar nicht Zeit hatte zu erschrecken. Wirklich, heute habe ich es irgendwie gebraucht; wie wußtest Du das? Die Selbstverständlichkeit, mit der das Notwendige von Dir kommt, immer.

Dienstag

Mißverständnis, nein, es ist schlimmer als ein bloßes Mißverständnis, durch und durch, Milena, wenn Du natürlich auch die Oberfläche richtig verstehst, aber was ist hier zu verstehn oder nicht zu verstehn. Es ist ein Mißverständnis, das immer wiederkehrt, das es schon in Meran ein-, zweimal gab. Ich bat doch nicht Dich um Rat, so wie ich etwa den Mann dort am Schreibtisch mir gegenüber um Rat bitten würde. Ich sprach mit mir, ich bat mich um Rat, im guten Schlaf, und Du weckst mich.

Ich weiß nicht, ob Du meine Bemerkung über den Bolschewismus-Aufsatz richtig verstanden hast. Das was der Verfasser dort aussetzt, ist für mich das höchste auf Erden mögliche Lob.

———————

Wenn man mir gestern abend (als ich um 8 Uhr von der Gasse aus in den Festsaal des Jüdischen Rathauses hineinsah, wo weit über hundert russisch-jüdische Auswanderer – sie warten hier auf das amerikanische Visum – untergebracht sind, der Saal ist gedrängt voll wie bei einer Volksversammlung und dann um ½ 1 in der Nacht sah ich sie alle dort schlafen, einen neben dem andern, auch auf Sesseln schliefen sie ausgestreckt, hie und da hustete jemand oder drehte sich auf die andere Seite um oder ging vorsichtig zwischen den Reihen durch, das elektrische Licht brennt die ganze Nacht), wenn man mir freigestellt hätte, ich könnte sein, was ich will, dann hätte ich ein kleiner ostjüdischer Junge sein wollen, im Winkel des Saales, ohne eine Spur von Sorgen, der Vater dis-kuriert in der Mitte mit den Männern, die Mutter, dick eingepackt, wühlt in den Reisefetzen, die Schwester schwätzt mit den Mädchen und kratzt sich in ihrem schönen Haar – und in paar Wochen wird man in Amerika sein. So einfach ist es allerdings nicht, Ruhrfälle sind dort schon vorgekommen, auf der Gasse stehn Leute und schimpfen durch die Fenster herein, selbst unter den Juden ist Streit, zwei sind schon mit Messern aufeinander losgegangen. Aber wenn man klein ist, schnell alles überblickt und beurteilt, was kann einem dann geschehn? Und solche Jungen liefen dort genug herum, kletterten über die Matratzen, krochen unter Stühlen durch und lauerten auf das Brot, das ihnen irgendjemand – es ist *ein* Volk – mit irgendetwas – alles ist eßbar – bestrich.

Dienstag

Heute kamen zwei Briefe und die Ansichtskarte. Zögernd habe ich sie geöffnet. Entweder bist Du unbegreiflich gut oder beherrschst Du Dich unbegreiflich, alles spricht für das erste, einiges auch für das zweite. Ich wiederhole: Du hattest vollständig recht. Und wenn Du – es ist unmöglich – mir etwas Gleichwertiges an Rücksichtslosigkeit, Scheuklappen-Verbohrtheit, Kinder-Dummheit, Selbstzufriedenheit und sogar Gleichgültigkeit getan hättest, wie ich Dir durch das Gespräch mit V., ich wäre besinnungslos geworden, nicht nur für den Augenblick des Telegramms.

Ich habe das Telegramm nur zweimal gelesen, einmal flüchtig, als ich es bekam, und dann Tage nachher, als ich es zerriß.

Es ist schwer zu beschreiben, wie dieses erste Lesen war, es kam so vieles zusammen. Das deutlichste war, daß Du mich schlugst; es fing, glaube ich, mit »sofort« an, das war der Schlag.

Nein, ich kann heute noch nicht im Einzelnen darüber schreiben, nicht weil ich besonders müde wäre, sondern weil ich »schwer« bin. Das Nichts, von dem ich einmal schrieb, hat mich angeweht.

Das Ganze wäre ja unverständlich, wenn ich alles obige schuldhafter Weise getan zu haben glaubte; dann wäre ich ja mit Recht geschlagen worden. Nein, wir haben beide die Schuld und keiner.

Vielleicht kannst Du Dich nach Überwindung aller berechtigten Widerstände doch mit dem Brief V.s aussöhnen, den Du in Wien findest. Ich suchte sie gleich nachmittag an dem Telegrammtag in Deines Vaters Wohnung. Unten stand i. schody, das hatte ich immer als ersten Stock gedeutet, und nun war es ganz oben. Ein junges hübsches lustiges Dienstmädchen öffnete. V. war nicht da, das hatte ich erwartet, aber ich hatte nur etwas tun wollen, auch erfahren wollen, wann sie früh kommt. Früh erwartete ich sie dann vor dem Haus, sie gefiel mir, klug, sachlich, offen. Viel mehr als ich Dir telegraphiert habe, habe ich nicht mit ihr gesprochen.

Die Befürchtungen wegen Deines Vaters kann ich zum Teil widerlegen, nächstens.

Jarmila war vorvorgestern bei mir im Bureau, sie hatte lange keine Nachricht von Dir, wußte nichts von der Überschwemmung und kam sich nach Dir erkundigen. Es war schon ganz gut. Sie blieb nur ein Weilchen. Deine Bitte wegen ihres Schreibens vergaß ich, ihr auszurichten, ich schrieb ihr dann paar Zeilen darüber. Die Briefe habe ich noch nicht genau gelesen, ich schreibe Dir dann wieder.

———————

Jetzt kam auch das Telegramm. Wirklich? Wirklich? Und Du schlägst nicht mehr nach mir ?

Nein, froh kannst Du darüber nicht sein, das ist unmöglich. Es ist ein Augenblickstelegramm wie das vorige und die Wahrheit ist nicht dort nicht hier, manchmal, wenn man früh aufwacht, glaubt man, die Wahrheit sei knapp neben dem Bett, nämlich ein Grab mit paar welken Blumen, offen, zum Aufnehmen bereit. Ich wage die Briefe kaum zu lesen, ich kann sie nur in Pausen lesen, ich halte den Schmerz beim Lesen der Briefe nicht aus.

Milena, – und wieder teile ich Dein Haar und schiebe es zur Seite – bin ich ein so böses Tier, böse gegen mich und genau so böse gegen Dich oder ist nicht richtiger das böse, was hinter mir ist und mich hetzt; Aber nicht einmal, daß es böse ist, wage ich zu sagen, nur wenn ich Dir schreibe, scheint es mir so und ich sage es. Sonst ist es wirklich so, wie ich geschrieben habe. Wenn ich Dir schreibe, ist vorher und nachher von Schlaf keine Rede; wenn ich nicht schreibe, schlafe ich wenigstens einen oberflächlichsten stundenweisen Schlaf. Wenn ich nicht schreibe, bin ich nur müde, traurig, schwer; wenn ich schreibe, zerreißt mich Unruhe und Angst. Es ist so, daß wir einander gegenseitig um Mitleid bitten, ich Dich, mich jetzt verkriechen zu dürfen, Du mich – aber daß es möglich ist, ist der allerschrecklichste Widersinn. Aber wie ist das möglich? fragst Du. Was will ich? Was tue ich?

Es ist etwa so: ich, Waldtier, war ja damals kaum im Wald, lag irgendwo in einer schmutzigen Grube (schmutzig nur infolge meiner Gegenwart, natürlich), da sah ich Dich draußen im Freien, das wunderbarste, was ich je gesehen hatte, ich vergaß alles, vergaß mich ganz und gar, stand auf, kam näher, ängstlich zwar in dieser neuen und doch heimatlichen Freiheit, kam aber doch näher, kam bis zu Dir, Du warst so gut, ich duckte mich bei Dir nieder, als ob ich es dürfte, ich legte das Gesicht in Deine Hand, ich war so glücklich, so stolz, so frei, so mächtig, so Zuhause, immer wieder dieses: so zuhause – aber im Grunde war ich doch nur das Tier, gehörte doch nur in den Wald, lebte hier im Freien doch nur durch Deine Gnade, las, ohne es zu wissen (denn ich hatte ja alles vergessen) mein Schicksal von Deinen Augen ab. Das konnte nicht dauern. Du mußtest, und wenn Du auch mit der gütigsten Hand über mich hinstrichst, Sonderbarkeiten erkennen, die auf den Wald deuteten, auf diesen Ursprung und diese wirkliche Heimat, es kamen die notwendigen, notwendig sich wiederholenden Aussprachen über die »Angst«, die mich (und Dich, aber Dich unschuldig) quälten bis auf den bloßen Nerv, es wuchs immer mehr vor mir auf, welche unsaubere Plage, überall störendes Hindernis ich für Dich war, das Mißverständnis mit Max rührte daran, in Gmünd war es schon deutlich, dann kam das Jarmila-Verständnis und -Mißverständnis, und schließlich das Dumm-Grob-Gleichgültige bei V. und viele Kleinigkeiten waren dazwischen. Ich erinnerte mich daran, wer ich bin, in Deinen Augen las ich keine Täuschung mehr, ich hatte den Traum-Schrecken (irgendwo, wo man nicht hingehört, sich aufzuführen, als ob man zuhause sei), diesen Schrecken hatte ich in Wirklichkeit, ich mußte zurück ins Dunkel, ich hielt die Sonne nicht aus, ich war verzweifelt, wirklich wie ein irregegangenes Tier, ich fing zu laufen an, wie ich nur konnte, und immerfort der Gedanke: »wenn ich sie mitnehmen könnte!« und der Gegengedanke : »gibt es Dunkel, wo sie ist?«

Du fragst, wie ich lebe: so also lebe ich.

Der erste Brief war schon weggeschickt, als der Deine kam. Abgesehen von allem, was darunter – unter diesen Dingen »Angst« u. dgl. – sein mag und wovor mich ekelt, nicht weil es ekelhaft ist, sondern weil mein Magen zu schwach ist, abgesehen davon ist es vielleicht noch einfacher, als Du es sagst. Etwa so: Die einsame Unvollkommenheit muß man ertragen, jeden Augenblick hindurch, die Unvollkommenheit zu zweit muß man nicht ertragen. Hat man nicht die Augen, um sich sie auszureißen und das Herz zum gleichen Zweck? Dabei ist es ja nicht so schlimm, das ist Übertreibung und Lüge, alles ist Übertreibung, nur die Sehnsucht ist wahr, die kann man nicht übertreiben. Aber selbst die Wahrheit der Sehnsucht ist nicht so sehr ihre Wahrheit als vielmehr der Ausdruck der Lüge alles Übrigen sonst.

Es klingt verdreht, aber es ist so.

Auch ist es vielleicht nicht eigentlich Liebe, wenn ich sage, daß Du mir das Liebste bist; Liebe ist, daß Du mir das Messer bist, mit dem ich in mir wühle.

Übrigens sagst Du es selbst: »nemáte síly milovat«;(Ihr habt nicht die Kraft zu lieben.) sollte das noch keine genügende Unterscheidung sein zwischen »Tier« und »Mensch«?

Du kannst, Milena, nicht genau verstehn, um was es sich handelt, oder zum Teil gehandelt hat, ich verstehe es ja selbst nicht, ich zittere nur unter dem Ausbruch, quäle mich bis an den Irrsinn heran, aber was es ist und was es in der Ferne will, weiß ich nicht. Nur was es in der Nähe will: Stille, Dunkel, Sich-Verkriechen, das weiß ich und muß folgen, kann nicht anders.

Es ist ein Ausbruch und geht vorüber und ist zum Teil vorübergegangen, aber die Kräfte, die ihn hervorrufen, zittern immerfort in mir, vorher und nachher, ja mein Leben, mein Dasein besteht aus diesem unterirdischen Drohen, hört es auf, höre ich auch auf, es ist die Art meiner Teilnahme am Leben, hört es auf, gebe ich das Leben auf, so leicht und selbstverständlich, wie man die Augen schließt. War es nicht immer da, seitdem wir einander kennen, und hättest Du nach mir auch nur flüchtig hingesehn, wenn es nicht da gewesen wäre? Natürlich kann man es nun nicht so wenden und sagen: nun ist es vorüber und ich wäre nichts als still und glücklich und dankbar im neuen Zusammensein. Man darf es nicht sagen, trotzdem es fast wahr ist (durchaus wahr die Dankbarkeit – nur in gewissem Sinn wahr das Glück und niemals wahr die Stille), denn immer werde ich erschrecken, mich am meisten.

Du erwähnst die Verlobungen und ähnliches, gewiß es war sehr einfach, der Schmerz war nicht einfach, aber seine Wirkung. Es war so, wie wenn man sein Leben lüderlich hingelebt hätte, und nun wäre man plötzlich zur Strafe für alle Lüderlichkeit gefaßt worden und nun käme man mit dem Kopf in einen Schraubstock, eine Schraube an die rechte, eine an die linke Schläfe und nun hätte man, während die Schrauben langsam angezogen würden, zu sagen: »Ja, ich bleibe bei dem lüderlichen Leben« oder »Nein, ich lasse es«. Natürlich brüllte man das »Nein« hinaus, daß einem die Lunge sprang.

Du hast auch Recht, wenn Du das, was ich jetzt getan habe, in eine Reihe stellst mit den alten Dingen, ich kann doch nur immer der gleiche sein und das gleiche erleben. Anders ist nur, daß ich schon Erfahrung habe, daß ich mit dem Schreien nicht erst warte, bis man die Schrauben zur Erzwingung des Geständnisses ansetzt, sondern schon zu schreien anfange, wenn man sie heranbringt, ja schon schreie, wenn sich in der Ferne etwas rührt, so überwach ist mein Gewissen geworden, nein, nicht überwach, noch lange nicht wach genug. Aber noch etwas ist anders: Dir kann man seinet- und Deinetwegen die Wahrheit sagen, wie niemandem sonst, ja man kann seine Wahrheit von Dir geraden Wegs erfahren.

Wenn Du aber bitter davon sprichst, Milena, daß ich Dich so sehr bat, mich nicht zu verlassen, so tust Du nicht recht. Darin war ich damals nicht anders als heute. Ich lebte von Deinem Blick (das ist noch keine besondere Vergöttlichung Deiner Person, in solchem Blick kann jeder göttlich sein), ich hatte keinen eigentlichen Boden unter mir; das fürchtete ich so sehr, ohne es bestimmt zu wissen, ich wußte gar nicht, wie hoch ich über meiner Erde schwebte. Das war nicht gut, weder in meinem noch in Deinem Sinn. Ein Wort Wahrheit, ein Wort unvermeidbarer Wahrheit genügte und riß mich schon ein Stück herunter, und wieder ein Wort und wieder ein Stück und schließlich gibt es kein Halten mehr und man stürzt hinunter und es ist dem Gefühl nach noch immer zu langsam. Ich nenne absichtlich keine Beispiele solcher »Wahrheits-Worte«, das verwirrt nur und ist nie ganz richtig.

Bitte, Milena, erfinde eine andere Möglichkeit, wie ich Dir schreiben kann. Verlogene Karten schicken ist zu dumm; welche Bücher ich schicken soll, weiß ich auch nicht immer; die Vorstellung endlich, daß Du einmal nutzlos zur Post gehst, ist unerträglich, erfinde bitte eine andere Möglichkeit.

Montagabend

Mittwoch gehst Du also auf die Post und es wird kein Brief dort sein – doch, der von Samstag. Im Bureau konnte ich nicht schreiben, weil ich arbeiten wollte, und arbeiten konnte ich nicht, weil ich an uns dachte. Am nachmittag konnte ich nicht aus dem Bett aufstehn, weil ich nicht zu müde, sondern zu »schwer« war, immer wieder dieses Wort, es ist das einzige, das für mich paßt, verstehst Du es eigentlich? Es ist etwa die »Schwere« eines Schiffes, das das Steuer verloren hat und das zu den Wellen sagt: »Für mich bin ich zu schwer, für Euch zu leicht.« Aber auch so ist es nicht ganz, Vergleiche können es nicht ausdrücken.

Aber im Grunde habe ich deshalb nicht geschrieben, weil ich das unklare Gefühl habe, ich hätte Dir so viel und so äußerst wichtiges zu schreiben, daß keine noch so freie Zeit frei genug wäre, alle Kräfte dafür zusammenzufassen. So ist es auch.

Und da ich von der Gegenwart nichts sagen kann, um wie viel weniger von der Zukunft! Ich bin wirklich erst jetzt förmlich aus dem Krankenbett gestiegen (»Krankenbett« von außen gesehn), halte mich noch daran und möchte am liebsten wieder zurück. Trotzdem ich weiß, was es bedeutet, dieses Bett.

Was Du, Milena, von den Leuten schriebst, nemáte síly milovat, war richtig, auch wenn Du es beim Niederschreiben nicht für richtig gehalten hast. Vielleicht besteht ihre Liebeskraft nur darin, geliebt werden zu können. Und auch darin gibt es noch für diese Leute eine abschwächende Unterscheidung. Wenn einer von ihnen zu seiner Geliebten sagt: »Ich glaube es, daß Du mich liebst«, so ist das etwas ganz anderes und viel geringeres, als wenn er sagt: »Ich werde von Dir geliebt«. Aber das sind ja keine Liebenden, das sind Grammatiker.

»Unvollkommenheit zu zweit« war doch ein Mißverständnis in Deinem Brief. Ich hatte damit nichts weiter sagen wollen als: ich lebe in meinem Schmutz, das ist meine Sache. Dich aber noch mit hineinziehn, das ist etwas ganz anderes, nicht etwa nur als Vergehn an Dir, das ist das nebensächlichere, ich glaube nicht, daß mir ein Vergehn an einem andern, soweit es nur den andern betrifft, den Schlaf stören könnte. Das ist es also nicht. Das Schreckliche ist vielmehr, daß ich mir an Dir meines Schmutzes viel bewußter werde und – vor allem – daß mir dadurch die Rettung so viel schwieriger, nein, so viel unmöglicher wird (unmöglich ist es in jedem Fall, aber hier steigert sich das Unmögliche). Das bringt den Angstschweiß auf die Stirn; von einer Schuld, die Du, Milena, hättest, ist nicht die Rede.

Falsch aber war es, und ich habe es sehr bereut, daß ich im letzten Brief Vergleiche gemacht habe mit früheren Dingen. Das streichen wir gemeinsam.

Du bist also wirklich nicht krank?

Gewiß, Milena, Du hast hier in Prag einen Besitz, es macht Dir ihn auch niemand streitig, es wäre denn die Nacht, die kämpft um ihn, aber die kämpft um alles. Aber was ist das für ein Besitz! Ich verkleinere ihn nicht, etwas ist es, es ist sogar so groß, daß es einen Vollmond verfinstern könnte, oben in Deinem Zimmer. Und Du wirst Dich nicht fürchten vor soviel Dunkel? Dunkel ohne des Dunkels Wärme. Damit Du etwas von meinen »Beschäftigungen« siehst, lege ich eine Zeichnung bei. Es sind vier Pfähle, durch die zwei mittleren werden Stangen geschoben, an denen die Hände des »Delinquenten« befestigt werden; durch die zwei äußern schiebt man Stangen für die Füße. Ist der Mann so befestigt, werden die Stangen langsam weiter hinausgeschoben, bis der Mann in der Mitte zerreißt. An der Säule lehnt der Erfinder und tut mit übereinander-geschlagenen Armen und Beinen sehr groß, so als ob das Ganze eine Originalerfindung wäre, während er es doch nur dem Fleischhauer abgeschaut hat, der das ausgeweidete Schwein vor seinem Laden ausspannt.

Ich frage deshalb, ob Du Dich nicht fürchten wirst, weil nämlich der, von dem Du schreibst, nicht existiert und nicht existiert hat, der in Wien hat nicht existiert, der in Gmünd auch nicht, aber dieser letztere noch eher und er soll verflucht sein. Das zu wissen ist deshalb wichtig, weil, wenn wir zusammenkommen sollten, wieder der Wiener oder gar der Gmündener wieder auftreten wird, in aller Unschuld, als sei nichts geschehn, während unten der Wirkliche, allen und sich selbst unbekannt, noch weniger existierend als die andern, aber in seinen Machtäußerungen wirklicher als alles (warum steigt er denn nicht endlich selbst herauf und zeigt sich?) hinaufdrohen und wieder alles zerschlagen wird.

Ja, Mizzi K. war hier, es ist ganz gut gewesen. Ich werde aber, wenn es nur irgendwie möglich ist, nichts mehr über andere Menschen schreiben, ihre Einmischung in unsere Briefe hat alles verschuldet. Aber nicht deshalb werde ich von ihnen nicht mehr schreiben (sie haben ja nichts verschuldet, sondern nur der Wahrheit und dem, was ihr folgen will, eine Gasse gemacht), ich will sie nicht damit strafen, falls das für sie als eine Strafe angesehen werden könnte, sondern es scheint mir nur, daß sie nicht mehr her passen. Es ist Dunkel hier, eine dunkle Wohnung, in der sich nur Einheimische, und die mit Schwierigkeit, zurechtfinden.

Ob ich wußte, daß es vorübergehn wird» Ich wußte, daß es nicht vorübergehen wird.

Als Kind, wenn ich etwas sehr Schlechtes angestellt hatte, nichts Schlechtes oder nichts allzu Schlechtes im öffentlichen Sinn, aber etwas sehr Schlechtes in meinem privaten Sinn (daß es keine öffentliche Schlechtigkeit war, war nicht mein Verdienst, sondern Blindheit oder Schlafen der Welt), dann war ich sehr erstaunt, daß alles seinen Gang unverändert weiterging, die Großen, allerdings ein wenig verdüstert, aber sonst unverändert, um mich herumgingen und ihr Mund, dessen Ruhe und selbstverständliche Geschlossenheit ich seit meiner frühesten Kindheit immer von untenher bewundert habe, auch weiterhin geschlossen blieb. Aus dem allen schloß ich, nachdem ich es ein Weilchen lang beobachtet hatte, daß ich doch offenbar nichts Schlimmes, in keinem Sinn, gemacht haben könne, daß es ein kindlicher Irrtum sei, das zu fürchten, und daß ich daher wieder genau dort anfangen könne, wo ich im ersten Schrecken aufgehört hatte. Später änderte sich allmählich diese Auffassung der Umwelt. Erstens fing ich zu glauben an, daß die andern sehr gut alles merken, ja daß sie auch ihre Meinung deutlich genug äußern und daß nur ich bisher keinen genügend scharfen Blick dafür gehabt hätte, den ich nun sehr schnell bekam. Zweitens aber schien mir die Unerschütterlichkeit der andern, selbst wenn sie vorhanden sein sollte, zwar noch immer erstaunlich, aber kein Beweis mehr, der für mich sprach.

Gut, sie merkten also nichts, in ihre Welt ging nichts von meinem Wesen, bei ihnen war ich unbescholten, der Weg meines Wesens, mein Weg ging also außerhalb ihrer Welt; war dieses Wesen ein Strom, dann ging zumindest ein starker Arm außerhalb ihrer Welt.

Nein, Milena, ich bitte Dich doch sehr, eine andere Möglichkeit des Schreibens zu erfinden. Du sollst nicht vergeblich zur Post gehn, nicht einmal Dein kleiner Briefträger – wo ist er? – soll es tun, nicht einmal das Postfräulein soll überflüssig gefragt werden. Findest Du keine andere Möglichkeit, dann muß man sich fügen, aber streng Dich wenigstens an, eine zu finden.

Gestern habe ich von Dir geträumt. Was im Einzelnen geschehen ist, weiß ich kaum mehr, nur das weiß ich noch, daß wir immerfort ineinander übergingen, ich war Du, Du warst ich. Schließlich fingst Du irgendwie Feuer, ich erinnerte mich, daß man mit Tüchern das Feuer erstickt, nahm einen alten Rock und schlug Dich damit. Aber wieder fingen die Verwandlungen an und es ging so weit, daß Du gar nicht mehr da warst, sondern ich war es, der brannte, und ich war es auch, der mit dem Rock schlug. Aber das Schlagen half nichts und es bestätigte sich nur meine alte Befürchtung, daß solche Dinge gegen das Feuer nichts ausrichten können. Inzwischen aber war die Feuerwehr gekommen und Du wurdest doch noch irgendwie gerettet. Aber anders warst Du als früher, geisterhaft, mit Kreide ins Dunkel gezeichnet und fielst mir, leblos oder vielleicht nur ohnmächtig aus Freude über die Rettung, in die Arme. Aber auch hier wirkte die Unsicherheit der Verwandelbarkeit mit, vielleicht war ich es, der in irgendjemandes Arme fiel.

Jetzt war A. hier, kennst Du ihn? Wenn nur die Besuche aufhören wollten, alle Menschen sind so ewig lebendig, wirklich unsterblich, nicht in der Richtung der wirklichen Unsterblichkeit, vielleicht aber in die Tiefe ihres augenblicklichen Lebens hinab. Ich habe solche Angst vor ihnen. Jeden Wunsch möchte ich ihm von den Augen ablesen vor Angst und aus Dankbarkeit ihm die Füße küssen, wenn er ohne Aufforderung zu einem Gegenbesuch fortgehen wollte. Allein lebe ich noch, kommt aber ein Besuch, tötet er mich förmlich, um mich dann durch seine Kraft wieder lebendig machen zu können, aber soviel Kraft hat er nicht. Montag soll ich zu ihm kommen, mir schwirrt der Kopf davon.

Warum, Milena, schreibst Du von der gemeinsamen Zukunft, die doch niemals sein wird, oder schreibst Du deshalb davon? Schon als wir einmal abend in Wien flüchtig davon sprachen, hatte ich das Gefühl, als suchten wir jemanden, den wir genau kannten und sehr entbehrten und den wir deshalb mit den schönsten Namen riefen, aber es kam keine Antwort; wie konnte er denn antworten, da er doch nicht da war, im weitesten Umkreis nicht.

Es gibt wenig sicheres, aber das gehört dazu, daß wir niemals zusammenleben werden, in gemeinsamer Wohnung, Körper an Körper, bei gemeinsamem Tisch, niemals, nicht einmal in der gleichen Stadt. Fast hätte ich jetzt gesagt, es scheine mir das so gewiß, wie die Gewißheit, daß ich morgen früh nicht aufstehn (ich allein soll mich heben! Ich sehe mich dann unter mir wie unter einem schweren Kreuz, bäuchlings niedergedrückt, schwer habe ich zu arbeiten, ehe ich mich wenigstens ducken kann und der Leichnam über mir sich ein wenig hebt) und nicht ins Bureau gehen werde. Das ist auch richtig, ich werde gewiß nicht aufstehn, doch reicht das Aufstehn nur ein kleines Stück über Menschenkraft hinaus, das erreiche ich noch, soweit über Menschenkraft erhebe ich mich noch knapp.

Doch nimm das über das Aufstehn nicht zu wörtlich, so schlimm ist es nicht; daß ich morgen aufstehn werde, ist immerhin gewisser als die fernste Möglichkeit unseres Zusammenlebens. Übrigens meinst auch Du, Milena, es gewiß nicht anders, wenn Du Dich prüfst und mich und das »Meer« zwischen »Wien« und »Prag« mit seinen unüberblickbar hohen Wellen.

Und was den Schmutz betrifft, warum soll ich ihn, meinen einzigen Besitz (aller Menschen einziger Besitz, nur weiß ich das nicht so genau) nicht immer wieder ausbreiten? Aus Bescheidenheit etwa? Nun, das wäre der einzige berechtigte Einwand.

Dir wird ängstlich beim Gedanken an den Tod? Ich habe nur entsetzliche Angst vor Schmerzen. Das ist ein schlechtes Zeichen. Den Tod wollen, die Schmerzen aber nicht, das ist ein schlechtes Zeichen. Sonst aber kann man den Tod wagen. Man ist eben als biblische Taube ausgeschickt worden, hat nichts Grünes gefunden und schlüpft nun wieder in die dunkle Arche.

Die Prospekte der zwei Sanatorien habe ich bekommen, Überraschungen konnten ja keine darin stehn, nur höchstens hinsichtlich der Preise und der Entfernungen von Wien. Darin sind beide Sanatorien etwa gleich. Unmäßig teuer, über 400 K täglich, wohl 500 K und dies auch noch unverbindlich. Von Wien etwa drei Stunden Eisenbahnfahrt und eine halbe Stunde Wagenfahrt, also auch sehr weit, etwa so wie Gmünd, allerdings mit Personenzug. Übrigens scheint Grimmenstein doch um eine Kleinigkeit billiger zu sein und so würde es im Notfall, aber erst im Notfall gewählt.

Siehst Du, Milena, wie ich nur an mich denke, immerfort, oder richtiger an den schmalen, uns gemeinsamen, nach meinem Gefühl und Willen für uns entscheidenden Boden und wie ich alles andere ringsherum vernachlässige, nicht einmal für »Kmen« und »Tribuna« habe ich Dir noch gedankt, so schön Du es wieder gemacht hast. Ich werde Dir mein Exemplar schicken, das ich hier im Tisch habe, aber vielleicht willst Du auch dazu paar Bemerkungen, dann muß ich es noch einmal lesen und das ist nicht leicht. Wie gern lese ich Deine Übersetzungen fremder Schriften. War das Tolstoi-Gespräch aus dem Russischen übersetzt?

Du hast also Grippe gehabt? Nun, ich muß mir wenigstens keine Vorwürfe machen, die Zeit hier besonders lustig verbracht zu haben. (Manchmal verstehe ich nicht, wie die Menschen den Begriff »Lustigkeit« gefunden haben, wahrscheinlich hat man ihn als Gegensatz der Traurigkeit nur errechnet.)

Ich war überzeugt, daß Du mir nicht mehr schreiben wirst, aber darüber war ich weder erstaunt noch traurig. Nicht traurig, weil es mir über alle Traurigkeit hinaus notwendig schien und weil es wahrscheinlich in der ganzen Welt nicht genug Gewichte gibt, um mein armes kleines Gewicht hochzuheben, und nicht erstaunt, weil ich eigentlich niemals früher erstaunt gewesen wäre, wenn Du gesagt hättest: »Bis jetzt bin ich freundlich zu Dir gewesen, jetzt aber höre ich auf und gehe fort.« Es gibt nur erstaunliche Sachen, das aber wäre eine der wenigst erstaunlichen gewesen; wie viel erstaunlicher ist es zum Beispiel, daß man jeden Morgen aufsteht. Doch ist das dann keine Zuversicht gebende Überraschung, sondern eine unter Umständen Ekel erregende Kuriosität.

Ob Du ein gutes Wort verdienst, Milena? Offenbar verdiene ich nicht, es Dir zu sagen, sonst könnte ich es.

Wir werden uns früher sehn, als ich glaube? (Nun schreibe ich »sehn«, Du schreibst »zusammenleben«.) Ich glaube aber (und sehe es überall bestätigt, überall, an Dingen, die gar nicht damit zusammenhängen, alle Dinge sprechen davon), daß wir niemals zusammenleben werden und können, und »früher« als »niemals« ist doch wieder nur niemals.

Grimmenstein ist eben doch sonst besser. Der Preisunterschied ist wohl an 50 K täglich, außerdem muß man in das andere Sanatorium alles für die Liegekur mitbringen (Fußpelz, Kopfpolster, Decken u.s.w., ich habe nichts davon), in Grimmenstein bekommt man es geborgt, im »Wiener Wald« muß man eine große Kaution erlegen, in Grimmenstein nicht, auch hegt Grimmenstein höher u. dgl. Übrigens fahre ich ja noch nicht. Eine Woche lang war mir zwar genug schlecht (ein wenig Fieber und solche Atemnot, daß ich mich fürchtete vom Tisch auf-zustehn, auch viel Husten), aber das scheint nur die Folge eines großen Spaziergangs gewesen zu sein, auf dem ich ein wenig gesprochen hatte, jetzt ist es viel besser, so daß das Sanatorium wieder nebensächlicher geworden ist. Jetzt habe ich die Prospekte hier: Im »Wiener Wald« bekommt man ein Südzimmer mit Balkon erst *von 380 K an,* in Grimmenstein kostet das teuerste Zimmer K 360. Der Unterschied ist zu groß, so widerlich teuer beides ist. Nun, die Möglichkeit von Injektionen will bezahlt sein, die Injektionen selbst sind dann eigens zu zahlen. Aufs Land würde ich gerne fahren, noch lieber in Prag bleiben und ein Handwerk lernen, am wenigsten gern fahre ich in ein Sanatorium. Was soll ich dort? Vom Chefarzt zwischen die Knie genommen werden und an den Fleischklumpen würgen, die er mir mit den Karbolfingern in den Mund stopft und dann entlang der Gurgel hinunterdrückt.

———————

Jetzt bin ich zwei Stunden auf dem Kanapee gelegen und habe wohl kaum an etwas anderes gedacht als an Dich.

———————

Du vergißt, Milena, daß wir doch nebeneinander stehn und dieses Wesen auf dem Boden anschauen, das ich bin; aber ich, der dann zuschaut, bin dann allerdings wesenlos.

Übrigens spielt auch der Herbst mit mir, verdächtig warm, verdächtig kalt ist mir manchmal, aber ich sehe nicht nach, es wird auch nicht arg sein. Tatsächlich habe ich aber auch schon daran gedacht durch Wien durchzufahren, das aber nur deshalb, weil die Lunge tatsächlich schlechter ist als im Sommer – das ist ja ganz natürlich – und auf der Gasse etwas zu reden, macht mir Schwierigkeiten und hat auch unangenehme Folgen. Soll ich schon aus diesem Zimmer fort, dann will ich mich möglichst schnell auf den Liegestuhl in Grimmenstein werfen. Übrigens wird mir vielleicht gerade die Reise gut tun und die Wiener Luft, die mir wie die eigentliche Lebensluft vorkam.

»Wiener Wald« mag näher sein, aber sehr verschieden ist die Entfernung gewiß nicht. Das Sanatorium liegt nicht in Lebbersdorf sondern weiter, und von der Station ist zum Sanatorium auch noch eine halbe Stunde Wagenfahrt. Wenn ich also von diesem Sanatorium ohne weiters nach Baden hätte fahren können – gegen die Vorschriften ist das gewiß – so kann ich doch ebensogut etwa von Grimmenstein nach Wiener-Neustadt fahren, das ist wohl weder für Dich noch mich ein großer Unterschied.

———————

Wie kommt es, Milena, daß Du noch immer nicht Angst oder Abscheu vor mir hast oder dergleichen; In was für Tiefen geht Dein Ernst und Deine Kraft! Ich lese ein chinesisches Buch, bubácká kniha, (Gespensterbuch) deshalb erinnere ich mich daran, es handelt nur vom Tod. Einer liegt auf dem Sterbebett und in der Unabhängigkeit, die ihm die Nähe des Todes gibt, sagt er: »Mein Leben habe ich damit verbracht, mich gegen die Lust zu wehren und es zu beenden.« Dann lacht ein Schüler einen Lehrer aus, der nur vom Tode spricht: »Immerfort sprichst du vom Tod und stirbst doch nicht.« »Und doch werde ich sterben. Ich sage eben meinen Schlußgesang. Des einen Gesang ist länger, des andern Gesang ist kürzer. Der Unterschied kann aber immer nur einige Worte ausmachen.«

Das ist richtig und es ist unrecht, über den Helden zu lächeln, der mit der Todeswunde auf der Bühne hegt und eine Arie singt. Wir liegen und singen jahrelang. Auch »Spiegelmensch« habe ich gelesen. Was für eine Fülle von Lebenskraft. Nur an einer Stelle ein wenig angekränkelt, aber dafür ist es überall sonst desto üppiger und selbst die Krankheit ist üppig. Ich habe es gierig zuende gelesen an einem Nachmittag.

Was ist es, was Dich jetzt »dort« quält? Ich dachte früher immer, ich sei demgegenüber ohnmächtig, das bin ich aber erst jetzt. Auch bist Du so oft krank.

Nun war ich jetzt auch beim Direktor, er hat mich rufen lassen. Ottla war nämlich gegen meinen Willen vorige Woche bei ihm, gegen meinen Willen bin ich vom Anstaltsarzt untersucht worden, gegen meinen Willen werde ich Urlaub bekommen.

Milena, verzeihe, ich habe letzhin vielleicht zu abgekürzt geschrieben, gereizt durch die (wie sich jetzt herausgestellt hat, gar nicht geschehene) Vorausbestellung des Zimmers. Ich will doch nach Gr. fahren, aber es sind noch kleine Verzögerungen da, die ein durchschnittlich kräftiger Mensch (allerdings würde er nicht nach Gr. fahren) längst beseitigt hätte, ich aber eben nicht. Auch habe ich jetzt erfahren, daß ich entgegen der Behauptung des Sanatoriums eine Aufenthaltserlaubnis der Landesregierung haben muß, die ja wahrscheinlich gegeben werden wird, aber jedenfalls nicht, solange ich nicht das Gesuch weggeschickt habe. Die ganzen Nachmittage bin ich jetzt auf den Gassen und bade im Judenhaß. »Prašivē plemeno« (räudige Rasse) habe ich jetzt einmal die Juden nennen hören. Ist es nicht das Selbstverständliche, daß man von dort weggeht, wo man so gehaßt wird (Zionismus oder Volksgefühl ist dafür gar nicht nötig). Das Heldentum, das darin besteht, doch zu bleiben, ist jenes der Schaben, die auch nicht aus dem Badezimmer auszurotten sind.
Gerade habe ich aus dem Fenster geschaut: berittene Polizei, zum Bajonettangriff bereite Gendarmerie, schreiende auseinanderlaufende Menge und hier oben im Fenster die widerliche Schande, immerfort unter Schutz zu leben.

Das stand schon ein Weilchen da, ich kam aber nicht zum Wegschicken, so war ich in mich eingeschlossen, auch kenne ich für Dein Nichtschreiben immer nur einen Grund. Das Gesuch an die Landesregierung habe ich schon weggeschickt; wenn die Bewilligung kommt, geht dann das übrige (Zimmerbestellung und Paß) schnell und ich komme dann. Meine Schwester will nach Wien mitfahren, vielleicht fährt sie mit, sie will ein, zwei Tage in Wien bleiben, um noch schnell mit einer kleinen Reise ihrem Kind zuvorzukommen, das schon im vierten Monat ist.

Ehrenstein, nun, nach dem, was er Dir geschrieben hat, hat einen bessern Blick, als ich dachte. Daraufhin möchte ich gerne den Eindruck, den ich von ihm hatte, revidieren, aber da ich ihn nicht mehr sehen kann, geht es nicht. Ich fühlte mich – es war allerdings nicht viel mehr als eine Viertelstunde – sehr wohl bei ihm, gar nicht fremd, allerdings auch in keiner höheren Heimat, es war das Wohlbefinden und Nichtfremdsein, das ich etwa als Schüler bei meinem Nebensitzenden fühlte. Ich war ihm gut, er war mir unentbehrlich, für alle Schrecken der Schule waren wir verbündet, ich verstellte mich vor ihm weniger als vor irgendjemandem – aber was für eine klägliche Verbindung war es im Grunde. Ähnlich bei E., ein Herübergreifen von Kräften fühlte ich nicht. Er meint es sehr gut und spricht gut und strengt sich sehr an, aber wenn an jeder Straßenecke ein solcher Zusprecher stünde, sie würden doch den Jüngsten Tag nicht beschleunigen, aber die gegenwärtigen Tage unerträglicher machen. Kennst Du »Tanja«, das Gespräch zwischen dem Popen und Tanja? Es ist, allerdings gegen die eigene Absicht, ein Muster solcher hilfloser Hilfe, Tanja stirbt sichtbar unter diesem Albdruck von Trost.

In sich ist ja E. gewiß sehr stark; was er abend vorlas, war ungemein schön (allerdings wieder mit Ausnahme gewisser Stellen im Krausbuch). Und wie gesagt, auch einen guten Blick hat er.

Übrigens ist E. fast dick, jedenfalls massiv geworden (auch geradezu schön; daß Du das verkennen kannst!) und weiß von den Magern nicht viel mehr, als daß sie mager sind. Bei den meisten genügt diese Kenntnis allerdings, zum Beispiel für mich.

Die Zeitschriften haben sich verspätet, ich sage Dir gelegentlich den Grund, sie kommen aber.

Nein, Milena, die gemeinsame Möglichkeit, die wir in Wien zu haben glaubten, haben wir nicht, keinesfalls; wir hatten sie auch damals nicht, ich hatte »über meinen Zaun« geschaut, hatte mich oben nur mit den Händen festgehalten, dann bin ich mit zerschundenen Händen wieder zurückgefallen. Gewiß gibt es noch andere gemeinsame Möglichkeiten, die Welt ist voll Möglichkeiten, aber ich kenne sie noch nicht. Mit dem Stundenplan hast Du mir Freude gemacht.

Ich studiere ihn wie eine Landkarte. Wenigstens eine Sicherheit. Aber vor vierzehn Tagen komme ich gewiß nicht, wahrscheinlich später. Im Bureau hindert mich noch einiges; das Sanatorium, das mir früher bereitwillig geschrieben hat, ist jetzt auf eine vegetarische Anfrage hin verstummt; auch erhebe ich mich zu der Reise förmlich wie ein Volk, immerfort fehlt noch etwas hier und dort an Entschlußkraft, der und jener muß noch aufgemuntert werden, schließlich warten alle und können nicht fortreisen, weil ein Kind weint. Auch fürchte ich mich fast vor der Reise; wer wird mich zum Beispiel in einem Hotel dulden, wenn ich wie etwa gestern (ich war schon, wie seit Jahren nicht, um ¼ 10 im Bett) von ¼ 10 bis gegen 11 ununterbrochen huste, dann einschlafe, um 12 beim Herumwenden von links nach rechts wieder zu husten anfange und bis 1 Uhr huste. In einem Schlafwagen, wie ich voriges Jahr ohne Schwierigkeit fuhr, würde ich unbedingt nicht mehr zu fahren wagen.

Ganz so ist es nicht, Milena. Du kennst den, der Dir jetzt schreibt, aus Meran. Dann waren wir eines, da war von Sich-kennen keine Rede mehr und dann sind wir wieder gespalten worden.

Darüber möchte ich noch einiges sagen, es geht mir aber nicht aus der gewürgten Kehle hinaus.

Es ist bei mir auch so. Oft denke ich: das muß ich Dir schreiben, aber dann kann ich es Dir doch nicht schreiben. Vielleicht hält der Feldwebel Perkins meine Hand und nur wenn er sie einmal für einen Augenblick losläßt, kann ich schnell im Geheimen ein Wort hinschreiben. Es deutet doch auf eine Geschmacksähnlichkeit hin, daß Du gerade diese Stelle übersetzt hast. Ja, das Foltern ist mir äußerst wichtig, ich beschäftige mich mit nichts anderem als mit Gefoltert-werden und Foltern. Warum? Aus einem ähnlichen Grund wie Perkins und ähnlich unüberlegt, mechanisch und traditionsgemäß: nämlich um aus dem verdammten Mund das verdammte Wort zu erfahren. Die Dummheit, die darin liegt (Erkenntnis der Dummheit hilft nichts), habe ich einmal so ausgedrückt: »Das Tier entwindet dem Herrn die Peitsche und peitscht sich selbst, um Herr zu werden, und weiß nicht, daß das nur eine Phantasie ist, erzeugt durch einen neuen Knoten im Peitschenriemen des Herrn.«

Natürlich, auch kläglich ist das Foltern. Alexander hat den gordischen Knoten, als er sich nicht lösen wollte, nicht etwa gefoltert.

Übrigens scheint da auch eine jüdische Tradition vorzuliegen. Der »Venkov« der jetzt sehr viel gegen die Juden schreibt, hat letzthin in einem Leitartikel nachgewiesen, daß die Juden alles verderben und zersetzen, sogar! den Flagellantismus im Mittelalter hätten sie verdorben. Leider war darüber nichts Näheres gesagt, nur ein englisches Werk war citiert. Ich bin zu »schwer«, um in die Universitätsbibliothek zu gehn, aber gerne wüßte ich, was die Juden mit der ihnen doch (im Mittelalter) ganz fernliegenden Bewegung zu tun gehabt haben sollen. Vielleicht hast Du einen gelehrten Bekannten, der es weiß.

Die Bücher habe ich Dir geschickt. Ich erkläre ausdrücklich, daß ich mich nicht ärgere, daß es vielmehr das einzige ein wenig vernünftige ist, was ich seit langer Zeit mache. Aleš ist vergriffen, erscheint wieder erst um Weihnachten, statt dessen nahm ich Tschechow. »Babička« ist allerdings fast unleserlich gedruckt, vielleicht hättest Du es gar nicht gekauft, wenn Du es gesehn hättest. Ich aber hatte den Auftrag ...

Hast Du etwas Näheres über den Sanatoriumsbrand gelesen? Jedenfalls wird jetzt Grimmenstein überfüllt und hochmütig werden. Wie kann mich H. dort besuchen? Du schriebst doch, daß er in Meran ist.

Dein Wunsch, ich solle nicht mit Deinem Mann zusammenkommen, kann unmöglich stärker sein als der meine. Falls er aber nicht geradezu zu mir kommt – das wird er doch wohl nicht tun – ist es fast ausgeschlossen, daß wir einander begegnen.

Die Reise verzögert sich noch ein wenig, weil ich im Bureau zu tun habe. Du siehst, ich schäme mich nicht hinzuschreiben, daß ich »zu tun habe«. Natürlich, es könnte eine Arbeit sein, wie jede andere; bei mir ist es ein Halbschlaf, so nahe dem Tod, wie der Schlaf ihm nahe ist. Der »Venkov« hat sehr Recht. Auswandern, Milena, auswandern!
Du sagst, Milena, daß Du es nicht verstehst. Such es zu verstehen, indem Du es Krankheit nennst. Es ist eine der vielen Krankheitserscheinungen, welche die Psychoanalyse aufgedeckt zu haben glaubt. Ich nenne es nicht Krankheit und sehe in dem therapeutischen Teil der Psychoanalyse einen hilflosen Irrtum. Alle diese angeblichen Krankheiten, so traurig sie auch aussehn, sind Glaubenstatsachen, Verankerungen des in Not befindlichen Menschen in irgendwelchem mütterlichen Boden; so findet ja auch die Psychoanalyse als Urgrund der Religionen auch nichts anderes, als was ihrer Meinung nach die »Krankheiten« des

Einzelnen begründet, allerdings fehlt heute hier bei uns meist die religiöse Gemeinschaft, die Sekten sind zahllos und auf Einzelpersonen beschränkt, aber vielleicht zeigt es sich so nur dem von der Gegenwart befangenen Blick.

Solche Verankerungen aber, die wirklichen Boden fassen, sind doch nicht ein einzelner auswechselbarer Besitz des Menschen, sondern in seinem Wesen vorgebildet und nachträglich sein Wesen (auch seinen Körper) noch in dieser Richtung weiterbildend. Hier will man heilen?

In meinem Fall kann man sich drei Kreise denken, einen innersten A, dann B, dann C. Der Kern A erklärt dem B, warum dieser Mensch sich quälen und sich mißtrauen muß, warum er verzichten muß (es ist kein Verzicht, das wäre sehr schwer, es ist nur ein Verzichten-müssen), warum er nicht leben darf. (War nicht zum Beispiel Diogenes in diesem Sinn schwer krank? Wer von uns wäre nicht glücklich gewesen unter dem, endlich einmal auf ihn herabstrahlenden Blick Alexanders? Diogenes aber bat ihn verzweifelt, die Sonne, diese schreckliche, griechische unveränderlich brennende, verrücktmachende Sonne freizugeben. Dieses Faß war von Gespenstern voll.) C, dem handelnden Menschen wird nichts mehr erklärt, ihm befiehlt bloß B. C handelt unter strengstem Druck, in Angstschweiß (gibt es sonst solchen Angstschweiß, der auf Stirn, Wange, Schläfe, Haarboden, kurz rund herum auf dem ganzen Schädel ausbricht? Bei C ist es so). C handelt also mehr in Angst als in Verständnis, er vertraut, er glaubt, daß A dem B alles erklärt und B alles richtig verstanden und weitergegeben hat.

Ich bin nicht unaufrichtig, Milena (allerdings habe ich den Eindruck, daß meine Schrift früher offener und klarer war, ist es so?), ich bin so aufrichtig, als es die »Gefängnisordnung« erlaubt, und das ist sehr viel, auch wird die »Gefängnisordnung« immer freier. Aber »damit« kann ich nicht kommen, »damit« zu kommen ist unmöglich. Ich habe eine Eigentümlichkeit, die mich von allen mir Bekannten nicht wesentlich, aber graduell sehr stark unterscheidet. Wir kennen doch beide ausgiebig charakteristische Exemplare von Westjuden, ich bin, soviel ich weiß, der westjüdischeste von ihnen, das bedeutet, übertrieben ausgedrückt, daß mir keine ruhige Sekunde geschenkt ist, nichts ist mir geschenkt, alles muß erworben werden, nicht nur die Gegenwart und Zukunft, auch noch die Vergangenheit, etwas das doch jeder Mensch vielleicht mitbekommen hat, auch das muß erworben werden, das ist vielleicht die schwerste Arbeit, dreht sich die Erde nach rechts – ich weiß nicht, ob sie das tut – müßte ich mich nach links drehn, um die Vergangenheit nachzuholen. Nun habe ich aber zu allen diesen Verpflichtungen nicht die geringste Kraft, ich kann nicht die Welt auf meinen Schultern tragen, ich ertrage dort kaum meinen Winterrock. Diese Kraftlosigkeit ist übrigens nicht etwas unbedingt zu beklagendes; welche Kräfte würden für diese Aufgaben hinreichen! Jeder Versuch, hier mit eigenen Kräften durchkommen zu wollen, ist Irrsinn und wird mit Irrsinn gelohnt. Darum ist es unmöglich »damit zu kommen«, wie Du schreibst. Ich kann aus Eigenem nicht den Weg gehn, den ich gehen will, ja ich kann ihn nicht einmal gehn wollen, ich kann nur still sein, ich kann nichts anderes wollen, ich will auch nichts anderes.

Es ist etwa so, wie wenn jemand vor jedem einzelnen Spaziergang nicht nur sich waschen, kämmen u. s. w. müßte – schon das ist ja mühselig genug –, sondern auch noch, da ihm vor jedem Spaziergang alles Notwendige immer wieder fehlt, auch noch das Kleid nähn, die Stiefel zusammenschustern, den Hut fabrizieren, den Stock zurechtschneiden u. s. w. Natürlich kann er das alles nicht gut machen, es hält vielleicht paar Gassen lang, aber auf dem Graben zum Beispiel fällt plötzlich alles auseinander und er steht nackt da mit Fetzen und Bruchstücken. Diese Qual nun, auf den Altstädter Ring zurückzulaufen! Und am Ende stößt er noch in der Eisengasse auf einen Volkshaufen, welcher auf Juden Jagd macht.

Mißversteh mich nicht, Milena, ich sage nicht, daß dieser Mann verloren ist, ganz und gar nicht, aber er ist verloren, wenn er auf den Graben geht, er schändet dort sich und die Welt.

Deinen letzten Brief bekam ich Montag und habe Dir auch gleich Montag geschrieben.

Dein Mann soll hier gesagt haben, daß er nach Paris übersiedeln will. Handelt es sich um etwas Neues innerhalb des alten Plans?

Heute kamen zwei Briefe. Natürlich hast Du recht, Milena, ich wage ja vor Scham über meine Briefe Deine Antworten kaum zu öffnen. Nun sind aber meine Briefe wahr oder wenigstens auf dem Wege zur Wahrheit, was täte ich erst vor Deinen Antworten, wenn meine Briefe erlogen wären. Leichte Antwort: ich würde verrückt werden. Dieses Wahrreden ist also kein sehr großes Verdienst, es ist ja auch so wenig, ich suche immerfort etwas Nicht-Mitteilbares mitzuteilen, etwas Unerklärbares zu erklären, von etwas zu erzählen, was ich in den Knochen habe und was nur in diesen Knochen erlebt werden kann. Es ist ja vielleicht im Grunde nichts anderes als jene Angst, von der schon so oft die Rede war, aber Angst ausgedehnt auf alles, Angst vor dem Größten wie Kleinsten, Angst, krampfhafte Angst vor dem Aussprechen ein Wortes. Allerdings ist diese Angst vielleicht nicht nur Angst, sondern auch Sehnsucht nach etwas, was mehr ist als alles Angsterregende.

»O mne rozbil« (Er ist an mir zerbrochen.), das ist etwas ganz und gar Unsinniges. Nur ich habe die Schuld, sie besteht in zu wenig Wahrheit auf meiner Seite, immer noch viel zu wenig Wahrheit, immer noch allermeistens Lüge, Lüge aus Angst vor mir und aus Menschenangst! Dieser Krug war schon zerbrochen, lange noch ehe er zum Brunnen ging. Und nun halte ich den Mund, um nur ein wenig bei der Wahrheit zu bleiben. Lüge ist entsetzlich, ärgere geistige Qualen gibt es nicht. Darum bitte ich Dich: laß mich still sein, in Briefen jetzt, in Worten in Wien. O mne rozbil, schreibst Du, ich aber sehe nur, daß Du Dich quälst, Ruhe nur auf den Gassen findest, wie Du schreibst, ich aber hier im warmen Zimmer in Schlafrock und Pantoffeln sitze, so ruhig, als es meine »Uhrfeder« nur überhaupt zuläßt (denn »die Zeit anzeigen« muß ich allerdings)

Wann ich fahre, kann ich erst sagen, wenn die Aufenthaltsbewilligung kommt. Für einen mehr als dreitägigen Aufenthalt ist eine besondere Bewilligung der Landesregierung jetzt nötig. Ich habe vor einer Woche darum angesucht.

O mne rozbil, ich denke wieder daran, es ist genau so unrichtig wie etwa das Ausdenken der gegenteiligen
    Möglichkeit.
    Das ist weder mein Mangel, noch Mangel der Menschen. Ich gehöre eben in die stillste Stille, so ist es für mich richtig.

Die Geschichte habe ich für Dich ausgeschnitten. Leviné wurde in München erschossen, nicht?
    Heute ist Donnerstag. Bis Dienstag war ich aufrichtig entschlossen nach Grimmenstein zu fahren. Ich fühlte zwar manchmal, wenn ich daran dachte, eine innerliche Drohung, merkte auch, daß das Hinauszögern der Reise zum Teil seinen Grund darin hatte, glaubte aber das Ganze leicht überwinden zu können. Dienstagmittag hörte ich von jemandem, daß es nicht nötig ist, die Aufenthaltsbewilligung in Prag abzuwarten, sondern daß man sie in Wien sehr wahrscheinlich bekommt. Damit war also der Weg frei. Ich quälte mich nun einen Nachmittag lang auf dem Kanapee, abend schrieb ich Dir einen Brief, schickte ihn aber nicht weg, noch glaubte ich, es überwinden zu können, aber die ganze schlaflose Nacht wand ich mich geradezu unter Qualen. Die zwei in mir, der welcher fahren will und der welcher sich zu fahren fürchtet, beide nur Teile von mir, beide wahrscheinlich Lumpen, kämpften in mir. Ich stand früh auf wie zu meinen ärgsten Zeiten. Ich habe nicht die Kraft zu fahren; die Vorstellung, daß ich vor Dir stünde, kann ich im Voraus nicht ertragen, den Druck im Gehirn ertrage ich nicht. Schon Dein Brief ist unaufhaltbare, grenzenlose Enttäuschung durch mich, nun noch dies. Du schreibst, Du habest keine Hoffnung, aber Du hast die Hoffnung, vollständig von mir gehn zu können. Ich

kann Dir und niemandem begreiflich machen, wie es in mir ist. Wie könnte ich begreiflich machen, warum es so ist; das kann ich nicht einmal mir selbst begreiflich machen. Aber das ist auch nicht die Hauptsache, die Hauptsache ist klar: im Umkreis um mich ist es unmöglich, menschlich zu leben; Du siehst es, und willst es noch nicht glauben?

Samstagabend

Den gelben Brief habe ich noch nicht bekommen, ich werde ihn ungeöffnet zurückschicken. Sollte es nicht gut sein, daß wir einander zu schreiben jetzt aufhören, müßte ich mich entsetzlich irren. Ich irre mich aber nicht, Milena.

Ich will nicht von Dir reden, nicht weil es nicht meine Sache wäre, es ist meine Sache, nur reden will ich davon nicht.

Also nur von mir: Das was Du mir bist, Milena, mir hinter aller Welt bist, in der wir leben, das steht auf den täglichen Fetzen Papier, die ich Dir geschrieben habe, nicht. Diese Briefe, so wie sie sind, helfen zu nichts als zu quälen, und quälen sie nicht, ist es noch schlimmer. Sie helfen zu nichts, als einen Tag Gmünd hervorzubringen, als Mißverständnisse, Schande, fast unvergängliche Schande hervorzubringen. Ich will Dich so fest sehn, wie zum erstenmal auf der Straße, aber die Briefe lenken mehr ab als die ganze L.-straße mit ihrem Lärm.

Aber entscheidend ist das nicht einmal, entscheidend ist meine an den Briefen sich steigernde Ohnmacht, über die Briefe hinauszukommen, Ohnmacht sowohl Dir als mir gegenüber – tausend Briefe von Dir und tausend Wünsche von mir werden mir das nicht widerlegen – und entscheidend ist die (vielleicht infolge dieser Ohnmacht, aber alle Gründe hegen hier im Dunkel) *unwiderstehlich starke Stimme, förmlich Deine Stimme,* die mich still zu sein auffordert.

Und nun ist noch alles, was Dich betrifft, ungesagt, es steht freilich meistens in Deinen Briefen (vielleicht auch in dem gelben oder richtiger: es steht in dem Telegramm, mit dem Du den Brief zurückverlangst, mit Recht natürlich), oft an den von mir gefürchteten Stellen, denen ich ausweiche wie der Teufel dem geweihten Ort.

Merkwürdig, auch ich wollte Dir telegraphieren, spielte lange damit, im Bett am Nachmittag, auf dem Belvedere am Abend, es handelte sich aber um nichts anderes als um den Text: »erbitte ausdrückliche und zustimmende Beantwortung der unterstrichenen Stelle im letzten Brief«, schließlich aber schien mir darin unbegründetes und häßliches Mißtrauen zu liegen und ich telegraphierte nicht.

So bin ich jetzt, ohne irgendetwas sonst zu machen, bis ½2 nachts über diesem Brief gesessen, habe ihn angesehn und durch ihn Dich. Manchmal, nicht im Traum, habe ich diese Vorstellung: Dein Gesicht ist von Haaren zugedeckt, es gelingt mir, das Haar zu teilen und rechts und links hin wegzuschieben, Dein Gesicht erscheint, ich fahre an der Stirn und den Schläfen hin und halte nun Dein Gesicht zwischen den Händen.

Wenn ich in ein Sanatorium fahre, werde ich es Dir natürlich schreiben.

Montag

Diesen Brief wollte ich zerreißen, nicht wegschicken, auf das Telegramm nicht antworten, Telegramme sind so vieldeutig, nun ist aber die Karte und der Brief da, diese Karte, dieser Brief. Aber auch ihnen gegenüber, Milena, und wenn die reden wollende Zunge zerbissen werden müßte – Wie kann ich glauben, daß Du die Briefe jetzt brauchst, wo Du nichts anderes brauchst als Ruhe, wie Du es halb unbewußt oft sagtest. Und diese Briefe sind doch nur Qual, *kommen aus Qual, unheilbarer, machen nur Qual, unheilbare,* was soll das – und es steigert sich gar noch – in diesem Winter? Still sein ist das einzige Mittel zu leben, hier und dort. Mit Trauer, gut, was tut das? Das macht den Schlaf kindlicher und tiefer. Aber Qual, das heißt einen Pflug durch den Schlaf – und durch den Tag – führen, das ist nicht zu ertragen.

Mittwoch

Es ist kein Gesetz, das mir verbietet, Dir noch zu schreiben und Dir für diesen Brief zu danken, in dem vielleicht das Schönste steht, was Du mir hättest schreiben können, dieses: »ich weiß, daß Du mich ...«

Sonst aber stimmst Du mit mir schon seit langem überein, daß wir einander jetzt nicht mehr schreiben sollen; daß *ich* es gerade gesagt habe, war nur Zufall, Du hättest es ebenso gut sagen können. Und da wir einig sind, ist es nicht nötig, zu erklären, warum das Nichtschreiben gut sein wird.

Schlimm ist nur, daß ich dann (Du sollst von jetzt an nicht mehr auf der Post nachfragen) keine, fast keine Möglichkeit haben werde, Dir zu schreiben, oder doch die, daß ich Dir eine Karte ohne Text schicke, die bedeutet, daß auf der Post ein Brief liegt. *Du sollst mir immer schreiben, wenn es irgendwie nötig wird, aber das ist ja selbstverständlich.*

Ich habe es bei V. sehr schlecht gemacht, daran ist gar kein Zweifel, aber doch nicht so schlecht, wie es Dir im ersten Schrecken schien. Zunächst kam ich doch nicht als ein Bittender und etwa gar in Deinem Namen. Ich kam als ein Fremder, der Dich gut kennt, der die Verhältnisse in Wien ein wenig gesehen hat und der nun auch noch zwei traurige Briefe von Dir bekommen hatte.

Ich nehme keinen Abschied. Es ist kein Abschied, es wäre denn, daß die Schwerkraft, die lauert, mich ganz hinabzieht. Aber wie könnte sie es, da Du lebst.

Liebe Frau Milena,
ich glaube, es ist besser, von der Rückendeckung und was mit ihr zusammenhängt, nicht viel zu sprechen, so etwa wie vom Hochverrat in Kriegszeiten. Es sind doch Dinge, die man nicht ganz verstehen, die man letzten Falls nur erraten kann, Dinge, hinsichtlich derer man nur »Volk« ist. Man hat Einfluß auf die Ereignisse, denn ohne Volk ist kein Krieg zu führen, und man nimmt daraus das Recht mitzusprechen, aber wirklich beurteilt und entschieden werden die Dinge doch nur in der unabsehbaren Hierarchie der Instanzen. Und wenn man wirklich die Ereignisse einmal durch sein Wort beeinflußt, so wird daraus nur Schaden entstehen, denn diese Worte sind ja unsachverständig, unbeherrscht, wie im Schlafe hingesprochen, und die Welt ist voll von Spionen, welche horchen. Am besten ist in dieser Hinsicht ein ruhiges, würdiges, gegenüber Provokationen unberührbares Wesen. Und Provokation ist ja hier alles, selbst das Gras, in das Sie sich setzen an dem langen Kanal. (Gänzlich unverantwortlicherweise übrigens, zu einer Zeit, da ich mich beim geheizten Ofen im Bett unter dem Thermophor, zwei Decken und dem Federbett zu verkühlen glaube.) Schließlich hat man nur ein Urteil darüber, wie der äußere Anschein auf die Welt wirkt, und da bin ich mit der Krankheit gegenüber Ihren, wenn man will, schrecklichen Spaziergängen im Vorteil. Denn wenn ich von der Krankheit in jenem Sinne spreche, so glaubt mir doch im Grunde niemand und es ist ja auch tatsächlich nur Spaß.

»Donadieu« werde ich sehr bald zu lesen anfangen, doch sollte ich es Ihnen vielleicht vorher schicken, ich weiß, was eine solche Sehnsucht bedeutet, und dem, der einem ein solches Buch vorenthält, trägt man es dann nach. Ich war zum Beispiel gegen einige Leute voreingenommen, weil ich, ohne es beweisen zu können, bei jedem von ihnen jenen »Nachsommer« vermutete, und der Sohn von Oskar Baum ist aus einer Waldschule bei Frankfurt vor allem deshalb eiligst nachhause zurückgekommen, weil er seine Bücher nicht dort hatte, besonders sein Lieblingsbuch »Lange Latte und Genossen« von Kipling, das er, ich glaube, schon 75 mal gelesen hat. Wenn es sich also ähnlich mit der »Donadieu« verhält, schicke ich sie, aber ich würde sie gern lesen.

Hätte ich die Feuilletons, würde ich, vielleicht, die Modeaufsätze (wo blieben sie diesen Sonntag?) nicht lesen; wenn Sie mir immer das Datum angeben würden, würden Sie mich sehr erfreuen. Den »Teufel« hole ich mir, wenn ich ausgehn kann, vorläufig habe ich noch etwas Schmerzen.

Georg Kaiser – ich kenne wenig von ihm und hatte keine Lust nach mehr, auf der Bühne habe ich allerdings noch nichts gesehn. Großen Eindruck hat vor zwei Jahren sein Prozeß auf mich gemacht, ich las die Berichte in der Tatra, besonders die große Verteidigungsrede, in welcher er sein Recht, fremde Sachen wegzunehmen, für unzweifelhaft erklärte, seine Stellung in der deutschen Geschichte mit jener Luthers verglich und für den Fall seiner Verurteilung verlangte, daß die Fahnen in Deutschland auf Halbmast gehißt werden. Hier bei meinem Bett erzählte er hauptsächlich von seinem Ältesten (er hat drei Kinder), einem zehnjährigen Jungen, den er nicht in die Schule gehen läßt, aber auch nicht unterrichtet, der also auch noch nicht lesen und schreiben kann, wohl aber schön zeichnen und sich den ganzen Tag im Wald und auf dem See (sie wohnen in einem einsamen Landhaus, in Grünhaide bei Berlin) herumtreiben. Als ich Kaiser beim Abschied sagte: »Jedenfalls ist das ein großes Unternehmen«, sagte er: »Es ist auch das Einzige, das andere ist ja ziemlich schmarrenhaft.« Merkwürdig und nicht ganz angenehm, ihn so vor sich zu sehn, halb ein Berliner Kaufmann, fahrig-fröhlich, halb ein Verrückter. Er scheint nicht ganz durchschüttert, aber zum Teil allzu stark, ihn haben ja auch nur die Tropen angeblich (er war als junger Mann in Südamerika angestellt, kam krank zurück, lag an acht Jahre untätig zuhause auf dem Kanapee und begann dann in einer Heilanstalt aufzuleben) zerstört, nichts anderes. Es drückt sich auch in seinem Gesicht diese Halbheit aus: ein flaches Gesicht mit erstaunlich leeren hellblauen Augen, die aber wie manches andere in dem Gesicht eiligst hin- und herzucken während andere Gesichtsteile unbeweglich, wie gelähmt sind. Übrigens hat Max einen ganz andern Eindruck von ihm, er hält ihn für aufmunternd und deshalb zwang er wahrscheinlich in seiner Freundlichkeit Kaiser, zu mir heraufzukommen. Und nun nimmt er gar noch den ganzen Brief ein. Ich wollte noch einiges sagen. Nächstens.

Liebe Frau Milena,
das muß ich gestehn, daß ich einmal jemanden sehr beneidet habe, weil er geliebt war, in guter Hut, behütet von Verstand und Kraft, und friedlich unter Blumen lag. Ich bin mit dem Neid immer bei der Hand.

Aus der »Tribuna«, die ich nicht immer aber einigemal las, glaubte ich schließen zu dürfen, daß Sie den Sommer gut verbracht haben. Einmal bekam ich die »Tribuna« in Planá auf dem Bahnhof, eine Sommerfrischler-Frau sprach mit andern und hielt die Revue am Rücken, gerade mir entgegen, die Schwester bat sie dann für mich aus. Sie hatten, wenn ich nicht irre, einen sehr lustigen Aufsatz dort, gegen die deutschen Bäder. Einmal schrieben Sie über das Glück des eisenbahn-abgelegenen Sommerlebens, auch das war schön; oder war es der gleiche Aufsatz damals; Ich glaube nicht. Großartig überlegen, wie immer, wenn Sie in den »Národní Listy« auftreten und die Juden (-Moden)-Schule hinter sich lassen, war der Aufsatz über die Auslagen. Dann haben Sie den Aufsatz über die Köche übersetzt, warum? Merkwürdig ist die Tante, einmal schreibt sie darüber, daß man die Briefe richtig frankieren soll, dann darüber, daß man nichts aus dem Fenster hinauswerfen soll, lauter unanfechtbare Dinge und doch aussichtslose Kämpfe, aber manchmal unterläuft ihr, wenn man sehr achtgibt, doch etwas Liebes, Rührendes und Gutes, nur die Deutschen sollte sie nicht gar so sehr hassen, die Deutschen sind wunderbar und bleiben es. Kennen Sie von Eichendorff das Gedicht: »O Täler weit, o Höhen!« oder von Justinus Kemer das Gedicht von der Säge? Wenn Sie sie nicht kennen, werde ich sie Ihnen einmal abschreiben.

Von Planá wäre einiges zu erzählen, aber nun ist es schon vorüber. Ottla war sehr lieb zu mir, trotzdem sie ja außer mir noch ein Kind hat. Meine Lunge war, zumindest draußen, leidlich, hier, wo ich schon vierzehn Tage bin, war ich noch nicht beim Doktor. Schlimm kann es aber nicht allzusehr sein, wenn ich zum Beispiel draußen – heilige Eitelkeit! – eine Stunde lang und mehr Holz hacken konnte, ohne müde zu werden und doch glücklich war, augenblicksweise. Anderes, Schlaf und das zugehörige Wachen, waren schlimmer, manchmal. Und Ihre Lunge, dieses stolze, starke, gequälte, unerschütterliche Wesen?

Ihr K

Nun habe ich Ihnen schon so lange nicht geschrieben, Frau Milena, und auch heute schreibe ich nur infolge eines Zufalls. Entschuldigen müßte ich mein Nichtschreiben eigentlich nicht, Sie wissen ja, wie ich Briefe hasse. Alles Unglück meines Lebens – womit ich nicht klagen, sondern eine allgemein belehrende Feststellung machen will – kommt, wenn man will, von Briefen oder von der Möglichkeit des Briefeschreibens her. Menschen haben mich kaum jemals betrogen, aber Briefe immer und zwar auch hier nicht fremde, sondern meine eigenen. Es ist in meinem Fall ein besonderes Unglück, von dem ich nicht weiter reden will, aber gleichzeitig auch ein allgemeines. Die leichte Möglichkeit des Briefschreibens muß – bloß theoretisch angesehn – eine schreckliche Zerrüttung der Seelen in die Welt gebracht haben. Es ist ja ein Verkehr mit Gespenstern und zwar nicht nur mit dem Gespenst des Adressaten, sondern auch mit dem eigenen Gespenst, das sich einem unter der Hand in dem Brief, den man schreibt, entwickelt oder gar in einer Folge von Briefen, wo ein Brief den andern erhärtet und sich auf ihn als Zeugen berufen kann. Wie kam man nur auf den Gedanken, daß Menschen durch Briefe miteinander verkehren können! Man kann an einen fernen Menschen denken und man kann einen nahen Menschen fassen, alles andere geht über Menschenkraft. Briefe schreiben aber heißt, sich vor den Gespenstern entblößen, worauf sie gierig warten. Geschriebene Küsse kommen nicht an ihren Ort, sondern werden von den Gespenstern auf dem Wege ausgetrunken. Durch diese reichliche Nahrung vermehren sie sich ja so unerhört. Die Menschheit fühlt das und kämpft dagegen; sie hat, um möglichst das Gespenstische zwischen den Menschen auszuschalten und den natürlichen Verkehr, den Frieden der Seelen zu erreichen, die Eisenbahn, das Auto, den Aeroplan erfunden, aber es hilft nichts mehr, es sind offenbar Erfindungen, die schon im Absturz gemacht werden, die Gegenseite ist soviel ruhiger und stärker, sie hat nach der Post den Telegraphen erfunden, das Telephon, die Funktelegraphie. Die Geister werden nicht verhungern, aber wir werden zugrundegehn.

Ich wundere mich, daß Sie darüber noch nicht geschrieben haben, nicht etwa, um mit der Veröffentlichung etwas zu verhindern oder zu erreichen, dazu ist es zu spät, aber um »ihnen« wenigstens zu zeigen, daß sie erkannt sind.

Man kann »sie« übrigens auch an den Ausnahmen erkennen, manchmal lassen sie nämlich einen Brief ungehindert durch und er kommt an wie eine freundliche Hand, leicht und gut legt sie sich in die eigene. Nun, wahrscheinlich ist auch das nur scheinbar und solche Fälle sind vielleicht die gefährlichsten, vor denen man sich mehr hüten soll, als vor andern, aber wenn es eine Täuschung ist, so ist es doch jedenfalls eine vollkommene.

Etwas Ähnliches ist mir heute geschehn und deshalb ist es mir eigentlich eingefallen, Ihnen zu schreiben. Ich bekam heute von einem Freund, den auch Sie kennen, einen Brief; wir schreiben einander schon lange Zeit nicht, was äußerst vernünftig ist. Es hängt ja mit dem vorigen zusammen, daß Briefe ein so herrliches Anti-Schlafmittel sind. In welchem Zustand kommen sie an! Ausgedörrt, leer und aufreizend, eine Augenblicksfreude mit langem Leid hinterher. Während man sie selbstvergessen liest, erhebt sich das bischen Schlaf, das man hat, fliegt durch das offene Fenster weg und kommt lange nicht zurück. Deshalb schreiben wir also einander nicht. Ich denke aber oft, wenn auch zu flüchtig an ihn. Mein ganzes Denken ist zu flüchtig. Gestern Abend aber dachte ich viel an ihn, stundenlang; die wegen ihrer Feindseligkeit für mich so kostbaren Nachtstunden im Bett verwendete ich dafür, ihm in einem vorgestellten Brief einige mir damals äußerst wichtig vorkommende Mitteilungen mit den gleichen Worten immerfort zu wiederholen. Und früh kam wirklich ein Brief von ihm und enthielt überdies die Bemerkung, daß der Freund seit einem Monat, oder vielleicht richtiger vor einem Monat, das Gefühl gehabt habe, er solle zu mir kommen, eine Bemerkung, die merkwürdig mit Dingen übereinstimmt, die ich erlebt habe. Diese Briefgeschichte hat mir den Anlaß gegeben, einen Brief zu schreiben, und wenn ich schon geschrieben habe, wie sollte ich dann nicht auch Ihnen schreiben, Frau Milena, der ich vielleicht am liebsten schreibe (soweit man überhaupt gern schreiben kann, was aber nur für die Gespenster gesagt ist, die lüstern meinen Tisch umlagern.)

Schon lange habe ich nichts von Ihnen in den Zeitungen gefunden, außer die Modeaufsätze, die mir in der letzten Zeit bis auf kleine Ausnahmen fröhlich und ruhig vorkamen, gar der letzte Frühlingsaufsatz. Vorher habe ich allerdings drei Wochen die »Tribuna« nicht gelesen (ich werde mir sie aber zu verschaffen suchen), ich war in Spindelmühle.

Dann kam Ihr Brief. Es ist mit dem Schreiben jetzt sonderbar: Sie müssen –
wann mußten Sie das nicht? – Geduld haben. Ich habe seit Jahren niemandem
geschrieben, ich war in dieser Hinsicht wie tot, ein Fehlen jeden Mitteilungsbe-
dürfnisses, ich war wie nicht von dieser Welt, aber auch von keiner andern; es
war, als hätte ich alle Jahre hindurch nur nebenbei alles, was verlangt wurde,
getan und in Wirklichkeit nur darauf gehorcht, ob man mich riefe, bis dann die
Krankheit aus dem Nebenzimmer rief und ich hinlief und ihr immer mehr und
mehr gehörte. Aber es ist dunkel in dem Zimmer und man weiß gar nicht, ob
es die Krankheit ist. Jedenfalls wurde mir das Denken und Schreiben sehr
schwierig, manchmal beim Schreiben lief die Hand leer über das Papier, auch
jetzt noch, vom Denken will ich gar nicht reden (immer wieder staune ich das
Blitzartige Ihres Denkens an, wie sich eine Handvoll Sätze zusammenballt und
der Blitz niederschlägt), jedenfalls müssen Sie Geduld haben, diese Knospe öffnet sich langsam und sie ist ja nur Knospe, weil man das Geschlossene Knospe
nennt.

Die »Donadieu« habe ich angefangen, aber erst sehr wenig gelesen, ich dringe
noch wenig ein, auch das wenige, was ich sonst von ihm gelesen habe, ging mir
nicht sehr nahe. Man lobt seine Einfalt, aber die Einfalt ist in Deutschland und
Rußland zuhause, er ist lieb, der Großvater, aber er hat nicht die Kraft zu hindern, daß man über ihn hinwegliest. Das Schönste in dem was ich bisher gelesen habe (ich bin noch in Lyon), scheint mir für Frankreich, nicht für Philippe
charakteristisch, Abglanz Flauberts, etwa die plötzliche Freude an einer Straßenecke (erinnern Sie sich vielleicht an den Absatz?). Die Übersetzung ist wie
von zwei Übersetzern gemacht, einmal sehr gut, dann wieder schlecht bis zur
Unverständlichkeit. (Eine neue Übersetzung wird bei Wolff erscheinen.) Jedenfalls lese ich es sehr gerne, ich bin ein leidlicher, aber sehr langsamer Leser geworden. Bei diesem Buch hindert mich allerdings meine Schwäche, daß ich gegenüber Mädchen sehr verlegen werde, es geht so weit, daß ich dem Schriftsteller seine Mädchen nicht glaube, weil ich ihm nicht zutraue, daß er sich an sie
herangewagt hat. So wie wenn etwa der Schriftsteller eine Puppe gemacht hätte
und sie Donadieu nennen würde, zu keinem andern Zweck als um die Aufmerksamkeit des Lesers von der wirklichen Donadieu abzulenken, die ganz anders ist und ganz anderswo. Und es sieht mich wirklich aus diesen Mädchen-
kinderjahren bei aller Lieblichkeit ein gewisses hartes Schema an, so als sei dieses, was hier erzählt wird, nicht wirklich geschehn, sondern nur das spätere und
dieses sei nur als Ouvertüre nach musikalischen Gesetzen nachträglich erfunden
und auf das Wirkliche abgestimmt. Und es gibt Bücher, bei denen dieses Gefühl
bis zum Ende andauert.

   »Na velké cestě« (Auf großem Weg –, offenbar der Titel eines Buches) kenne
ich nicht. Tschechow aber liebe ich sehr, manchmal ganz unsinnig. Auch Will
von der Mühle kenne ich nicht, Stevenson gar nicht, nur als Ihren Liebling.

   »Franzi« werde ich schicken. Es wird Ihnen aber gewiß bis auf kleine Ausnahmen gar nicht gefallen. Es ist das durch meine Theorie zu erklären, daß lebende Schriftsteller mit ihren Büchern einen lebendigen Zusammenhang haben. Sie kämpfen durch ihr bloßes Dasein für sie oder gegen sie. Das wirkliche selbständige Leben des Buches beginnt erst nach dem Tode des Mannes oder richtiger eine Zeitlang nach dem Tode, denn diese eifrigen Männer kämpfen noch ein Weilchen über ihren Tod hinaus für ihr Buch. Dann aber ist es vereinsamt und kann nur auf die Stärke des eigenen Herzschlags sich verlassen. Deshalb zum Beispiel war es sehr vernünftig von Meyerbeer, daß er diesen Herzschlag unterstützen wollte und jeder seiner Opern Legate hinterließ, vielleicht abgestuft nach dem Vertrauen, das er zu ihnen hatte. Aber darüber wäre noch anderes, wenn auch nicht sehr wichtiges zu sagen. Auf »Franzi« angewendet bedeutet es, daß das Buch des lebenden Schriftstellers wirklich das Schlafzimmer ist am Ende seiner Wohnung, zum Küssen, wenn er zum Küssen ist, und entsetzlich im andern Fall. Es ist kaum ein Urteil über das Buch, wenn ich sage, daß es mir lieb ist, oder wenn Sie – vielleicht aber doch nicht – das Gegenteil sagen.

Heute habe ich ein größeres Stück in der »Donadieu« gelesen, aber ich komme damit nicht zurecht. (Aber heute wohl auch nicht mehr mit der Erklärung, denn in der Küche nebenan unterhält sich die Schwester mit der Köchin, was ich zwar durch den ersten kleinen Husten stören könnte, aber nicht will, denn dieses Mädchen – wir haben es erst paar Tage – eine 19jährige, riesenhaft stark, behauptet das unglücklichste Wesen auf der Welt zu sein, ohne Grund, sie ist nur unglücklich, weil sie unglücklich ist, und braucht den Trost der Schwester, die übrigens seit jeher, wie der Vater sagt: »am liebsten bei der Magd sitzt«.) Was ich auch immer an der Oberfläche gegen das Buch sagen werde: es wird ungerecht sein, denn alle Einwände kommen vom Kern her und nicht vom Kern des Buches. Wenn einer gestern gemordet hat – und wann könnte aus diesem Gestern jemals auch nur ein Vorgestern werden –, kann er heute keine Mordgeschichten ertragen. Sie sind ihm alles zugleich: peinlich, langweilig und aufreizend. Die feierliche Unfeierlichkeit, die befangene Unbefangenheit, die bewundernde Ironie des Buches – nichts will ich leiden. Wenn Raphael die Donadieu verführt, so ist das für sie sehr wichtig, aber was hat in dem Studentenzimmer der Schriftsteller zu tun und gar noch der Vierte, der Leser, bis aus dem Zimmerchen der Hörsaal der medizinischen oder psychologischen Fakultät wird. Und es ist außerdem so wenig anderes in dem Buch als Verzweiflung.

Ich denke noch oft an Ihren Aufsatz. Ich glaube nämlich merkwürdigerweise – um die erfundenen Dialoge in einen wirklichen überzuführen: Judentum! Judentum! – daß es Ehen geben kann, die nicht auf die Verzweiflung des Einsamseins zurückgehn, und zwar hohe bewußte Eheschließungen, und ich glaube, der Engel glaubt es im Grunde auch. Denn diese Eheschließenden aus Verzweiflung – was gewinnen sie? Wenn man Verlassenheit in Verlassenheit legt, entsteht daraus niemals eine Heimat, sondern eine Katorga. Die eine Verlassenheit spiegelt sich in der andern, selbst in der tiefsten dunkelsten Nacht. Und wenn man eine Verlassenheit zu einer Sicherheit legt, wird es für die Verlassenheit noch viel schlimmer (es wäre denn eine zarte, mädchenhaft unbewußte Verlassenheit). Eheschließen heißt vielmehr, in der Voraussetzung scharf und streng definiert: sicher sein.

Das augenblicklich Schlimmste aber ist – nicht einmal ich hätte es erwartet – daß ich diese Briefe, nicht einmal diese wichtigen Briefe weiter schreiben kann. Der böse Zauber des Briefschreibens fängt an und zerstört mir die Nächte, die sich ja schon aus eigenem zerstören, noch immer mehr. Ich muß aufhören, ich kann nicht mehr schreiben. Ach, Ihre Schlaflosigkeit ist eine andere als meine. Bitte nicht mehr schreiben.

[Postkarte aus Dobřichovice, Poststempel: 9.5.23.]

Liebe Frau Milena,
meine Karte aus Dobřichovice haben Sie wohl bekommen. Ich bin noch immer hier, fahre aber in zwei, drei Tagen nachhause, es ist zu teuer, zu schlaflos u. dgl., sonst freilich über alle Maßen schön. Was weitere Reisen betrifft, so bin ich vielleicht durch diese eine etwas reisefähiger geworden, selbst wenn es sich darum handeln sollte, noch eine halbe Stunde weiter von Prag zu fahren. Nur fürchte ich erstens die Kosten – hier ist es so teuer, daß man nur die letzten Tage vor dem Tod hier verbringen dürfte, es bleibt dann nichts übrig – und zweitens fürchte ich – zweitens – Himmel und Hölle. Abgesehn davon steht mir die Welt offen.

Herzliche Grüße
Ihres K

Man gibt auch schlecht zurück, einmal zu viel, einmal zu wenig, es läßt sich nicht überblicken, ein so flinker Oberkellner.

Es ist übrigens, seitdem wir einander kennen zum drittenmal, daß Sie mich plötzlich in einem genau bestimmten äußersten Zeitpunkt durch paar Zeilen warnen oder beruhigen oder wie man das sonst ausdrücken will.

Als Du nach unserem letzten Beisammensein plötzlich (aber nicht überraschend) verschwunden bist, hörte ich von Dir zum erstenmal wieder, und in einer für mich schlimmen Art, Anfang September. Inzwischen war im Juli etwas Großes mit mir geschehn – was es doch für große Dinge gibt! – ich war mit Hilfe meiner ältesten Schwester an die Ostsee nach Müritz gefahren. Weg von Prag immerhin, aus dem geschlossenen Zimmer hinaus. Mir war recht sehr übel in der ersten Zeit. Dann spann sich in Müritz die Berliner Möglichkeit unwahrscheinlich an. Ich wollte ja im Oktober nach Palästina, wir sprachen ja davon, es wäre natürlich nie dazu gekommen, es war eine Phantasie, wie sie jemand hat, der überzeugt ist, daß er sein Bett nie verlassen wird. Wenn ich mein Bett nie verlassen werde, warum soll ich dann nicht zumindest bis nach Palästina fahren. Aber in Müritz kam ich mit einer Ferienkolonie eines Berliner jüdischen Volksheims zusammen, meistens Ostjuden. Es zog mich sehr an, es lag auf meinem Wege. Ich fing an, die Möglichkeit zu denken, nach Berlin zu übersiedeln. Diese Möglichkeit war damals nicht viel stärker als die Palästinensische, dann wurde sie doch stärker. Allein in Berlin zu leben war mir freilich unmöglich, in jeder Hinsicht, und nicht nur in Berlin, auch anderswo allein zu leben. Auch dafür fand sich in Müritz eine in ihrer Art unwahrscheinliche Hilfe. (Kafka spricht hier von der Lebensgefährtin seiner letzten Lebenszeit, Frau Dora Dymant.) Dann kam ich Mitte August nach Prag und war dann noch über einen Monat bei meiner jüngsten Schwester in Schelesen. Dort hörte ich zufällig von dem verbrannten Brief, ich war verzweifelt, ich schrieb gleich einen Brief an Dich, um mir die Last zu erleichtern, habe ihn dann aber nicht abgeschickt, weil ich ja von Dir nichts wußte, und habe ihn schließlich vor der Berliner Reise auch verbrannt. Von den drei andern Briefen, die Du erwähnst, weiß ich bis heute nichts. Ich war verzweifelt über irgendeine schreckliche Schande, die irgendjemandem angetan worden war, ich wußte nicht genau, wem von den drei Beteiligten. Aber freilich, um die Verzweiflung wäre ich, wenn sie auch von anderer Art gewesen wäre, auf keinen Fall herumgekommen, auch nicht, wenn ich den Brief in Müritz richtig bekommen hätte. Ende September fuhr ich dann nach Berlin, kurz vor der Abreise bekam ich noch Deine Karte aus Italien. Was die Abreise betrifft, so führte ich sie aus mit dem letzten Endchen von Kraft, das noch aufzufinden war oder richtiger, schon ganz ohne Kraft, ganz begräbnishaft. Und nun bin ich also hier; es ist nicht so schlimm bis jetzt, wie Du zu glauben scheinst, in Berlin; ich lebe fast auf dem Land, in einer kleinen Villa mit Garten, es scheint mir, daß ich noch niemals eine so schöne Wohnung hatte, ich werde sie auch gewiß bald verlieren, sie ist zu schön für mich, es ist übrigens die zweite Wohnung schon, die ich hier habe. Das Essen ist nicht wesentlich anders als in Prag, bis jetzt, allerdings nur mein Essen. Ebenso ist es mit dem Gesundheitszustand. Das ist alles. Weiterhin wage ich nichts zu sagen, schon das Gesagte ist zu viel, die Luftgeister trinken es gierig ein in ihre unersättlichen Gurgeln. Und Du selbst sagst noch weniger in Deinem Brief. Ist der Gesamtzustand ein guter, ein erträglicher? Ich kann es nicht enträtseln. Freilich, man kann es ja bei sich selbst nicht; nichts anderes ist die »Angst«.

F

Liebe Milena,

so lange schon liegt hier ein Stück eines Briefes für Sie bereit, aber zur Fortsetzung kommt es nicht, denn die alten Leiden haben mich auch hier aufgefunden, angefallen und ein wenig niedergeworfen, alles macht mir dann Mühe, jeder Federstrich, alles, was ich dann schreibe, scheint mir dann zu großartig, im Mißverhältnis zu meinen Kräften, und wenn ich niederschreibe »Herzliche Grüße«, haben dann diese Grüße wirklich die Kraft, in die lärmende, wilde, graue städtische L.straße zu kommen, wo ich und das meine gar nicht atmen könnte. So schreibe ich dann gar nicht, warte aufbessere oder noch schlechtere Zeiten und bin im übrigen hier gut und zart behütet bis an die Grenzen irdischer Möglichkeit. Von der Welt erfahre ich, und zwar kräftigst nur durch die Teuerung, die Prager Zeitungen bekomme ich nicht, die Berliner sind mir zu teuer, wie wäre es, wenn Sie mir manchmal einen Ausschnitt aus den »Ndrodni Listy« schicken würden von der Art, wie sie mich einmal so gefreut haben. Meine Adresse ist übrigens seit paar Wochen: Steglitz, Grunewaldstraße 13 bei Hr. Seifert. Und nun doch die »besten Grüße«, was tut es, wenn sie schon bei der Gartentür niederfallen, vielleicht ist Ihre Kraft desto größer.

Ihr K.

BRIEFE AN OTTLA

und die Familie

1911

[Ansichtspostkarte: Friedland i. B., Schloß]

[Stempel: Friedland – (2. Februarwoche 1911)]

Liebe Ottla
an Deine Krankheit habe ich ja gar nicht gedacht. Sei vorsichtig und pack Dich
ein, ehe Du diese Karte mit ihrer Gebirgsluft in die Hand nimmst!

Dein Franz

Ich werde Dir übrigens etwas mitbringen dafür, daß Du krank warst.

[Ansichtspostkarte: Kratzau, Marktplatz]

[Stempel: (Kratzau) – 25.II.11]

Es wird Dich doch liebe Ottla interessieren, daß ich in dem Hotel zum Roß auf
der andern Seite einen Kalbsbraten mit Kartoffeln und Preiselbeeren, hierauf
eine Omelette gegessen und dazu und hierauf eine kleine Flasche Apfelwein getrunken habe. Unterdessen habe ich mit dem vielen Fleisch das ich bekanntlich
nicht zerkauen kann, teilweise eine Katze gefüttert, teilweise nur den Boden ver-
schweinert. Dann setzte sich die Kellnerin zu mir und wir sprachen von des
»Meeres und der Liebe Wellen« zu denen abends zu gehn wir unabhängig von
einander uns entschlossen hatten. Es ist ein trauriges Stück.

An Ottla und Valli Kafka

[Ansichtspostkarte: Lago di Lugano, geographisches Panorama]

[Lugano, 30. August 1911]

So Ihr läßt also die Mutter schreiben, statt ihr diese Arbeit abzunehmen. Das ist
aber nicht hübsch. – Gestern waren wir im Vierwaldstättersee, heute im Luga-
nosee, wo wir ein Weilchen bleiben. – Die Adresse ist die gleiche.

Franz

[Ansichtspostkarte: Stresa, Lago Maggiore]

[Stempel: Stresa – 6. 9. 11]

Du solltest mir Ottla Genaueres schreiben. Nach dem Brief der lieben Mutter gibt es ja Neuigkeiten, deren Einzelheiten mich sehr interessieren würden. Ich würde Dir dafür schöne Ansichtskarten schicken

Franz K

[Ansichtspostkarte: Jardin de Versailles]

[Stempel: Paris – 13. Sept. 11]

Liebe Ottla, nicht ich habe Dir zu verzeihen, sondern Du mir, nicht wegen der Vorwürfe, die ich Dir schriftlich gemacht habe, denn die waren zart, sondern deshalb wie ich Dich innerlich verwünscht habe, weil Du Dein Wort in einer so ernsten Sache nicht gehalten hast. Da Du aber Dein Versäumnis erklärst, wenn auch leider nicht genau und schließlich einer der sich unterhält einem Mäd-chen, das sich abarbeitet nicht zu böse sein darf ist es nicht ausgeschlossen, daß ich Dir trotz der teuern Zeiten etwas Schönes mitbringe. Viele Grüße

Franz

[Zwei Ansichtspostkarten, fortlaufend beschrieben: S. Vigilio, Lago di Garda und Lago di Garda, Isola Garda e Monte Baldo]

[Stempel: Riva – 24.IX.13]

Sei mir Ottla nicht bös, daß ich Dir bisher so wenig geschrieben habe, weißt Du, auf der Reise bin ich zerstreut und habe noch weniger Lust zum Schreiben als sonst. Jetzt aber, da ich ruhig im Sanatorium bin, werde ich Dir schon schreiben oder vielmehr nur Karten schicken, denn zu erzählen habe ich, wie immer, nur wenig und das wenige läßt sich nicht einmal schreiben, das werde ich Dir später einmal im Badezimmer erzählen. Im Übrigen könntest Du mir einen Gefallen machen. Hol' bei Taussig »das Buch des Jahres 1913« es ist ein Katalog, den man umsonst bekommt und der bis ich zurückkomme, schon vergriffen sein dürfte, ich hätte ihn aber gerne. Viele Grüße an alle. Franz Ich habe schon lange keine Nachricht von Euch.

[Ansichtspostkarte: Riva, Il Porto colla torre Aponale]

[Riva, 28. September 1913]

Heute war ich in Malcesine, wo Goethe das Abenteuer gehabt hat, das Du kennen würdest, wenn Du die »Italienische Reise« gelesen hättest, was Du bald tun sollst. Der Kastellan zeigte mir die Stelle, wo Goethe gezeichnet hat, aber diese Stelle wollte mit dem Tagebuch nicht stimmen und so konnten wir darin nicht einig werden, ebensowenig wie im Italienischen.

Grüße alle!   Franz

[Ansichtspostkarte: Venezia, Palazzo Ducale, Sala del Maggior Consiglio]

[Stempel: Aiva – 2. X. 13]

Liebe Ottla sag den lieben Eltern daß ich ihnen für ihre Briefe vielmals danke und daß ich ihnen morgen ausführlich schreiben werde. Gott weiß, wie rasch die Zeit vergeht. Die Mutter kündigt mir an, daß Du mir schreiben wirst. Du wirst es ja nicht tun aber wenn Du es tun wolltest, so tu es nicht, es ist so schwer.

Franz   Grüße alle

1914

[Prag,] 10 VII 14

Liebe Ottla nur paar Worte in Eile vor dem Versuch zu Schlafen, der in der gestrigen Nacht gänzlich mißlungen ist. Du hast mir, denke nur, mit Deiner Karte einen verzweifelten Morgen in Augenblicken erträglich gemacht. Das ist das wahre Reiben und so wollen wir es bei Gelegenheit weiter üben, wenn es Dir recht ist. Nein, ich habe niemanden sonst am abend. Von Berlin schreibe ich Dir natürlich, jetzt läßt sich weder über die Sache noch über mich etwas Bestimmtes sagen. Ich schreibe anders als ich rede, ich rede anders als ich denke, ich denke anders als ich denken soll und so geht es weiter bis ins tiefste Dunkel.

Franz

Grüße alle! Den Brief mußt Du weder zeigen, noch herumliegen lassen. Am besten Du zerreißt ihn und streust ihn in kleinen Stücken von der Pawlatsche den Hühnern im Hof, vor denen ich keine Geheimnisse habe.

An Julie und Hermann Kafka

[Marielyst, Juli 1914]

... Insoferne aber bin ich mit Berlin nicht fertig, als ich glaube, daß mich diese ganze Sache zu euerem und zu meinem Wohle (denn die sind ganz gewiß eines) hindert, so weiter zu leben wie bisher. Seht, ein wirklich schweres Leid habe ich euch vielleicht noch nicht gemacht, es müßte denn sein, daß diese Entlobung ein solches ist, von der Ferne kann ich es nicht so beurteilen. Aber eine wirkliche dauernde Freude habe ich euch noch viel weniger gemacht und das, glaubt mir, nur aus dem Grunde, weil ich selbst mir diese Freude nicht dauernd machen konnte. Warum das so ist, wirst gerade Du, Vater, obwohl Du das Eigentliche, was ich will, nicht anerkennen kannst, am leichtesten verstehn. Du erzählst manchmal, wie schlecht es Dir in Deinen ersten Anfängen gegangen ist. Glaubst Du nicht, daß das eine gute Erziehung zur Selbstachtung und Zufriedenheit war? Glaubst Du nicht, übrigens hast Du es auch schon geradezu gesagt, daß es mir zu gut gegangen ist? Ich bin bis jetzt durchaus in Unselbständigkeit und äußerlichem Wohlbehagen aufgewachsen. Glaubst Du nicht, daß das für meine Natur gar nicht gut gewesen ist, so gütig und lieb es auch von allen war, die dafür sorgten? Gewiß es gibt Menschen, die sich ihre Selbständigkeit überall zu sichern verstehn, ich gehöre aber nicht zu ihnen. Allerdings gibt es auch Menschen, die ihre Unselbständigkeit nirgends verlieren, aber nachzuprüfen, ob ich zu diesen doch nicht gehöre, scheint mir kein Versuch zu schade. Auch der Einwand, daß ich zu einem solchen Versuch zu alt bin, gilt nicht. Ich bin jünger, als es den Anschein hat. Es ist die einzig gute Wirkung der Unselbständigkeit, daß sie jung erhält. Allerdings nur dann, wenn sie ein Ende nimmt.

Im Bureau werde ich aber diese Besserung niemals erreichen können. Überhaupt in Prag nicht. Hier ist alles darauf angelegt, mich, den im Grunde nach Unselbständigkeit verlangenden Menschen, darin zu erhalten. Es wird mir alles so nahe angeboten. Das Bureau ist mir sehr lästig und oft unerträglich, aber im Grunde doch leicht. Ich verdiene auf diese Weise mehr als ich brauche. Wozu? Für wen? Ich werde auf der Gehaltsleiter weitersteigen. Zu welchem Zweck? Mir ist diese Arbeit nicht entsprechend und bringt sie mir nicht einmal Selbständigkeit als Lohn, warum werfe ich sie nicht weg? Ich habe nichts zu riskieren und alles zu gewinnen, wenn ich kündige und von Prag fortgehe. Ich riskiere nichts, denn mein Leben in Prag führt zu nichts Gutem. Ihr vergleicht mich manchmal zum Spaß mit Onkel R. Aber gar zu weit führt mich mein Weg von ihm nicht ab, wenn ich in Prag bleibe. Ich werde voraussichtlich mehr Geld, mehr Interessen und weniger Glauben haben als er, ich werde dementsprechend unzufriedener sein, viel mehr Unterschiede wird es kaum geben. – Ich kann außerhalb Prags alles gewinnen, das heißt ich kann ein selbständiger ruhiger Mensch werden, der alle seine Fähigkeiten ausnützt und als Lohn guter und wahrhaftiger Arbeit das Gefühl wirklichen Lebendigseins und dauernder Zufriedenheit bekommt. Ein solcher Mensch wird sich – es wird nicht der kleinste Gewinn sein – auch zu euch besser stellen. Ihr werdet einen Sohn haben, dessen einzelne Handlungen ihr vielleicht nicht billigen werdet, mit dem ihr aber im Ganzen zufrieden sein werdet, denn ihr werdet euch sagen müssen: ›Er tut, was er kann.‹ Dieses Gefühl habt ihr heute nicht, mit Recht.

Die Ausführung meines Planes denke ich mir so: Ich habe fünftausend Kronen. Sie ermöglichen mir, irgendwo in Deutschland in Berlin oder München zwei Jahre, wenn es sein muß, ohne Geldverdienst zu leben. Diese zwei Jahre ermöglichen mir, literarisch zu arbeiten und das aus mir herauszubringen, was ich in Prag zwischen innerer Schlaffheit und äußerer Störung in dieser Deutlichkeit, Fülle und Einheitlichkeit nicht erreichen könnte. Diese literarische Arbeit wird es mir ermöglichen, nach diesen zwei Jahren von eigenem Verdienst zu leben und sei es auch noch so bescheiden. Sei es aber auch noch so bescheiden, es wird unvergleichlich sein zu dem Leben, das ich jetzt in Prag führe und das mich dort für späterhin erwartet. Ihr werdet einwenden, daß ich mich in meinen Fähigkeiten und in der durch diese Fähigkeiten zu bildenden Erwerbsmöglichkeit täusche. Gewiß, das ist nicht ausgeschlossen. Nur spricht dagegen, daß ich einunddreißig Jahre alt bin und derartige Täuschungen in einem solchen Alter nicht in Rechnung gezogen werden können, sonst wäre jedes Rechnen unmöglich, ferner spricht dagegen, daß ich schon einiges, wenn auch wenig, geschrieben habe, das halbwegs Anerkennung gefunden hat, endlich aber wird der Einwand dadurch aufgehoben, daß ich durchaus nicht faul und ziemlich bedürfnislos bin und daher, wenn auch eine Hoffnung mißlingen sollte, eine andere Erwerbsmöglichkeit finden und jedenfalls euch nicht in Anspruch nehmen werde, denn das wäre allerdings sowohl in der Wirkung auf mich als auf euch noch viel ärger als das gegenwärtige Leben in Prag, ja es wäre gänzlich unerträglich.

Meine Lage scheint mir danach klar genug zu sein, und ich bin begierig, was ihr dazu sagen werdet. Denn wenn ich auch die Überzeugung habe, daß es das einzig Richtige ist und daß ich, wenn ich die Ausführung dieses Planes versäume, etwas Entscheidendes versäume, – so ist es mir doch natürlich sehr wichtig zu wissen, was ihr dazu sagt.

Mit den herzlichsten Grüßen Euer Franz.

1915

Das war natürlich sehr freundlich; aber gestern habe ich nicht eigentlich an die Übersiedlung gedacht. Einen eigenen Kasten zu haben gehört fast zu den allgemeinen Menschenrechten und ich gönne Dir mehr als diese. Ich habe vielmehr an nichts bestimmtes gedacht und erst wenn ich nachdenke fügt sich manches zusammen: der Hinauswurf aus dem Geschäft, wohin ich doch Deinetwegen kam; die fortwährenden Einladungen, Dein Zimmer anzusehn, während Du z. B. in meinem Zimmer noch überhaupt nicht gewesen bist, dann allerdings auch die Entleerung meiner alten schmutzigen Vorratskammer über mich hinweg und einiges andere, das Du selbst nicht genau weißt. Dem hast Du nur entgegenzusetzen, daß ich mich um Deine Sachen wenig kümmere (das hat aber einen besonderen Grund) und daß Du den ganzen Tag im Geschäft bist. Ich gebe zu daß das einen gewissen Ausgleich bewirkt

1916

Was für Einbildungen. Ich habe doch nicht die geringste Ursache mich zu ärgern. Wenn man nicht einmal in der Verfügung über seinen Sonntagnachmittag
halbwegs frei wäre, dann wäre es ja hier schon die wahre Hölle, während es ja
bekanntlich nur die Vorhölle ist. Nach Karlstein fahre ich nicht, weil ich nicht
weiß, mit wem Du dort bist und weil mein Unbehagen in Prag gerade groß
genug ist, um es nicht noch in Bewegung bringen zu wollen. Übrigens regnet es
gerade während Du im Wald zwischen Karlstein und St. Johann steckst. Beides
ohne meine Mitschuld.

[Zwei Ansichtspostkarten, fortlaufend beschrieben: Marienbad, Schloß Balmoral und Osborne, Parkpartie mit Osborne Entree und Parkpartie mit Halle]

[Stempel: Marienbad – 12.VII.16]

Meine liebe Ottla: auch ich schreibe Dir noch ausführlicher, wenn es noch dafür
steht und wenn es nicht besser ist, wir erzählen uns alles nächstnächsten
Dienstag im Chotekpark. Heute nur das: es ist mir viel besser gegangen als ich
denken konnte und vielleicht auch F. besser als sie dachte. Nun das soll sie Dir
selbst schreiben. Nach Eisenstein komme ich nicht. Morgen fährt F. weg, dann
will ich sehn, was der (auch heute schmerzende) Kopf noch zustandebringt. Das
wird besser möglich sein, hier wo ich eingewöhnt bin und schön wohne. Nächstes Jahr aber fahren wir zusammen in die dann hoffentlich freie Welt.

Dein Franz

Wie wäre es wenn Du auf paar Tage her kämest?

[Prag, Dezember 1916]

Liebe Ottla bitte schicke den Brief im Couvert an Herrn Oberinspektor Eugen
Pfohl, aber sofort, wenn es irgendwie möglich ist, sonst sieht es aus als hätte ich
verschlafen und die Sache nachträglich erfunden (während ich sie doch vorher
erfunden habe). Es ist nämlich eine Ausrede, aber eine annehmbare. Ich war zu
lange oben bis ½3 etwa und habe dann keinen Augenblick geschlafen. Bin
trotzdem in ganz guter Verfassung wenn ich jetzt noch bis 10 Uhr etwa im Bett
bleibe, tue ich es nicht deshalb weil mir später besser werden wird oder weil ich

noch zu schlafen hoffe, sondern weil dann der Vormittag im Bureau nicht so lang sein wird und weil ich (als Lügner) mehr Anspruch an Schonung dort habe. Oben habe ich weder gut noch viel geschrieben, aber froh hätte ich gewusst, daß ich früh zuhaus bleibe, wäre ich noch ungeheur gerne dort geblieben. Die Angst vor dem nächsten Tag verdirbt mir eben alles; erzwingt aber auch vielleicht alles; wer kann dort in dem Dunkel die Unterschiede erkennen!

Also gleich den Entschuldigungsbrief wegschicken!

Franz

Das Petroleum bis zum letzten Tropfen verbraucht.

1917

Zuerst: Glückliches Neues Jahr allseits. Dann bitte Ottla kauf mir das Montagsblatt und die Karte zum Rezitationsnachmittag Wüllner (Beamtensorge: Den Abonnenten bleibt das Bezugsrecht für ihre Plätze bis Dienstag gewahrt. Ist es also nicht vorteilhafter die Karte erst Mittwoch zu kaufen?) Wegen der Lebensmittel bemühe Dich nicht zu sehr. Ich habe jeden Abend mehr als ich aufessen kann. Nur der geistige Vorappetit ist so ungeheuer. – Sylvester habe ich gefeiert, indem ich aufgestanden bin und dem Neuen Jahr die Stehlampe entgegengehalten habe. Feurigeres kann niemand im Glase haben.

Franz

[Prag,] 19 IV [1917]

Liebe Ottla, vorläufig ist noch alles hier in beiläufiger Ordnung, aber wie lange es noch bleiben wird, weiß man nicht; gleich kann es ja nicht zusammenfallen, da Du es so ordentlich zurückgelassen hast, aber vielleicht oder wahrscheinlich lockert es sich schon im Geheimen und ich weiß es noch gar nicht. Rede ich von »allem« so meine ich natürlich mich. Nach Deinem Weggehn war ein großer Sturmwind im Hirschgraben, vielleicht zufällig, vielleicht absichtlich. Gestern habe ich im Palais verschlafen; als ich ins Haus hinaufkam, war das Feuer schon ausgelöscht und sehr kalt. Aha, dachte ich, der erste Abend ohne sie und schon verloren. Aber dann nahm ich alle Zeitungen und auch Manuskripte und es kam nach einiger Zeit noch ein sehr schönes Feuer zustande. Als ich es heute der Ruzenka erzählte, sagte sie: mein Fehler wäre gewesen, daß ich keine Holzsplitter geschnitten habe, nur so bekomme man gleich Feuer. Darauf ich hinterlistig: »Aber es ist doch kein Messer dort.« Sie unschuldig: »Ich nehme immer das Messer vom Teller.« Darum also ist es immer so schmierig und schartig, aber daß man Splitter machen muß, habe ich zugelernt. Den Boden im Schloß hat sie schon sehr schön rein gemacht, Du hast also nicht vergessen es ihr zu sagen. Dafür werde ich morgen zu erfahren suchen, welches das beste Buch über Gemüsebau ist; wie man Gemüse aus Schnee zieht, wird allerdings nicht drin stehn.

Gestern hat sich übrigens wie man mir erzählt hat der Vater sehr meiner angenommen. Der Rudi Herrmann (laß den Brief nicht liegen) war Mittag bei uns sich freundschaftlich verabschieden, da er nach Bielitz fährt. Infolgedessen wurde bei uns unter allgemeiner Beteiligung eine Narrenvorstellung gegeben. Es gibt kaum einen Nah- und Nächstverwandten, den der Vater bei dieser Gelegenheit nicht niedergeschimpft hätte. Der eine ist ein Defraudant, vor dem andern muß man ausspucken (Pfui!) u.s.w. Da, sagte der Rudi, aus diesem Schimpfen mache er sich nichts, der Vater sage ja auch seinem eigenen Sohn: Hallunke. Da soll der Vater großartig geworden sein. Auf ihn los, beide Arme hoch, ganz rot. R. mußte hinaus, auf der Schwelle wollte er sich noch ein wenig halten, aber die Mutter hat ihn auch noch darüber hinaus geschoben. Damit war der freundschaftliche Abschied zuende. Da aber beide, der Vater und R. gute Leute sind, haben sie es schon heute wahrscheinlich vergessen, was sie aber allerdings nicht hindern würde, die Aufführung bei nächster Gelegenheit zu wiederholen. Als ich nachhause kam, war es schon still, der Vater sagte nur, um das Zuviel an Güte, das er für mich aufgewendet hatte, wieder auszugleichen: »To je žádlo. Od 12 ti se to musí vařit.«

Ich will Dir nur noch sagen, schreib nicht zuviel. Wenn Du allgemeines über Deine Arbeit schreiben willst, dann schreib es entweder den Eltern oder Irma oder mir und das kann dann ganz gut für alle gelten.

Franz

[Stempel: Prag – 22.IV.17]

Liebste Ottla mußt Dir gar keine Vorwürfe machen, wenn Du mir gar nicht oder wenig schreibst. Es würde mir leid tun, wenn es anders wäre. Dagegen wäre es mir lieb, wenn Du z. B. an Karl nicht direkt berichtest, sondern den Brief, wie auch diesmal, zuerst nach Prag schickst, damit man einen Überblick über Deine Arbeit bekommt. Alles was Du schreibst, scheint mir vernünftig, soweit es mein landwirtschaftliches Ahnungsvermögen beurteilen kann. Der Einfall, einen Teil des Gartens einzuzäunen, ist von mir oder vielleicht von der Elli und von mir oder wahrscheinlich jedes Menschen Einfall, auch der Deine. Muß es übrigens ein Pferd sein? Kühe oder Ochsen genügen nicht? Eine Zeitlang bekam man, glaube ich, für den Militärdienst unbrauchbare Pferde, z. B. russische Beutepferde, billiger; weiß man dort davon nichts? Von Ruženka viele Ratschläge, aber nächstens. Und Kopf hoch, wie man in unserer Gasse sagt.

Dein Franz

[Stempel: Prag – 15.V.17]

Liebe Ottla, das muß gleich beantwortet werden. Ich habe mich schon ganz von Dir verlassen gefühlt und an eine spätere Zukunft denkend (immer an die Zukunft denkend) habe ich mir gesagt: Sie wird mich also doch verkommen lassen. Aber das ist, auch abgesehn von Deinem Brief, ganz falsch, denn Du hast mit dem Haus oben eine bessere Zeit für mich eingeleitet, die sogar jetzt fortdauert, wo ich (wegen der schönen Tage und der damit verbundenen Schlafschwierigkeiten) leider das Arbeiten oben aufgegeben habe und Du überdies fort bist. Zu klagen gibt es natürlich vieles, aber unvergleichlich besser als die letzten Jahre ist es doch. Das muß aber erzählt werden, soweit es überhaupt zusammengefaßt zu sagen ist. Vielleicht komme ich Sonntag, aber natürlich doch nur »sehr vielleicht«; kein Entgegenfahren! Felix und Frau wollen seit jeher dringend mit, vielleicht komme ich also mit ihnen, Max wohl kaum.

Franz

[Prag, ca. 20. Juni 1917]

Liebe Ottla, kleine Fürsorgestelle,
Nachtrag zum Tetsch:

1.) die Bestätigung wegen der Kleider die Herr Hippmann dem Sopper ausgestellt hat ist sehr gut, so soll er es auch für den Tetsch machen und mir schicken.

2.) der Tetsch hat wegen seiner Bedürftigkeit auf Grund eines neuen Gesetzes Anspruch auf eine besondere Unterstützung von etwa 48 K monatlich. Nur muß ein Zuwendungsansuchen gemacht werden und zwar auf dem beiliegenden Formular. Der Herr Vorsteher soll es für Tetsch ausfüllen und auf der 3tten Seite an die Bezirkshauptmannschaft Podersam adressieren.

Die Kleidersache Sopper wird so erledigt, daß Sopper von hier aus gleich 300 K bekommt und daß außerdem an die Fürsorgestelle Podersam (Lehrer Rößler) geschrieben wird, sie möge wie es ihre Pflicht ist, aus ihren Mitteln die 100 K, die zum Kleiderkauf noch nötig sind (der Herr Vorsteher hat den Preis mit 400 K angegeben) dem Sopper auszuzahlen. Sopper kann ja dann auch noch persönlich den Lehrer Rößler darum bitten.

Viele Grüße Franz

Meine erste Begegnung mit Tetsch in Prag war so: ich gehe Sonntag abend mit Max und seiner Frau den Belvedereabhang hinauf und sehe von der Ferne auf einer dieser künstlichen Steinböschungen einen Soldaten sitzen, ohne Strümpfe, die Hosen hoch hinaufgezogen, den einen Ärmel leer, hinter dem Ohr eine große Beule. »Auch ein Soldat« sag ich und schau lieber gar nicht hin. Erst als ich vorüber bin, dreh ich mich um: es ist der Tetsch. Ich habe wirklich Freude gehabt.

Liebe Ottla, ich werde es besorgen, möchte aber vorher wissen, wann Du die zwei brauchen wirst, das Datum mußt Du doch schon jetzt wissen. So schlimm ist es übrigens? So viel schlimmer als voriges Jahr, wo etwas Derartiges wie ich glaube gar nicht nötig war. – Frl. Kaiser kommt natürlich und sehr gern, trotzdem Du wie sie behauptet, ihr einmal gesagt hast, daß Du sie gar nicht leiden kannst. Sie kommt einmal Samstag; freut sich daß Du Dich an sie erinnert hast, jetzt fährt sie auf Urlaub für paar Tage in den Böhmerwald. – Mit der Mutter ist es natürlich so wie Du sagst, sie leidet aber sehr an dem Ausschlag den der Doktor für unbedeutend erklärt der Vater ist in gutem Zustand zurückgekommen.

Viele Grüße, grüß das Fräulein

Franz

[Prag, 25. Juni 1917]

Liebe Ottla, hoffentlich hat das Fräulein gestern meine Karte für Dich eingeworfen. Ich bat Dich dort unter anderem mir gleich jetzt zu sagen, wann die Männer hinauskommen sollen.

Hier noch ein Nachtrag zur Gänsler-Sache; es fehlt noch die Bestätigung vom Gemeindeamt, sie liegt bei und muß nur noch vom Gemeindeamt unterschrieben werden, schick mir dann die Bestätigung zurück. Sopper hat das Geld noch nicht bekommen, ich weiß, er bekommt es in den nächsten Tagen

Leb wohl
Franz

Der Mutter geht es glaube ich besser

Vergiß den Tetsch nicht, es ist ja nichts für ihn zu machen, als das Formular dem Vorsteher zu geben.

[Postkarte]

[Stempel: Prag – 28.VII.17]

Liebste Ottla, ich hätte schon längst schreiben sollen (die Karte aus Budapest hast Du bekommen?) habe viel gesehn, gehört. Auf der Reise ist es mir durchschnittlich erträglich gegangen, aber eine Erholungs- und Verständigungsreise war es natürlich nicht. Vor allem habe ich genug gut geschlafen, wie immer auf Reisen, auch noch paar Tage in Prag, aber jetzt ist es wieder knapp am Unmöglichen. Wäre schon wieder Herbst und Winter (das betrifft Dich ja nicht, Du gehst nach Wien) und wäre es halbwegs ähnlich dem vorigen Jahr! Morgen komme ich nicht, aber anfangs September für 10 Tage, wenn Du es für richtig hältst. Oder soll ich ins Salzkammergut? Je weiter, desto besser, aber es wird schon ein wenig spät sein, ich kann erst am 8. Sept. wegfahren. – Die letzte Kündigung (wenigstens die letzte, von der ich gehört habe) war wirklich bewunderungswürdig. Wie kannst Du bestehn? Grüße für Dich und Irma

Franz

[Postkarte]

[Stempel: Prag – 23.VIII.17]

Liebe Ottla, bis Du mit der Hopfenpflücke zuende bist, schreib es mir bitte. Ich schreibe Dir dann ausführlicher über meinen Urlaub. Jetzt will ich Dir nicht mit andern Dingen quer in die Pflücke kommen.

Herzlichst
Dein Franz.

[Stempel: Prag, 29.VIII.17]

Liebe Ottla ich habe vier Möglichkeiten: Wolfgang am See (schönes und fremdes Land, aber weit und schlechtes Essen) Radešowitz (schöner Wald, erträgliches Essen, aber doch zu bekannt, zu wenig Fremde, zu bequem) Landskron (gänzlich unbekannt, angeblich schön, angeblich gutes Essen, aber auf Protektion meines Chefs angewiesen und auch sonst mit einer amtlichen Unannehmlichkeit verbunden) schließlich Zürau (nicht fremd, nicht eigentlich schön, aber mit Dir und vielleicht Milch.) Nun habe ich allerdings noch keinen Urlaub, will auch mit dem Direktor, der mir schon bei der Budapester Reise Schwierigkeiten gemacht hat, nicht mehr sprechen, habe aber für ein Urlaubsgesuch eine schlagende Begründung. Vor etwa 3 Wochen habe ich in der Nacht einen Blutsturz aus der Lunge gehabt. Es war etwa 4 Uhr früh, ich wache auf, wundere mich über merkwürdig viel Speichel im Mund, spucke es aus, zünde dann doch an, merkwürdig, es ist ein Patzen Blut. Und nun beginnts. Chrlení, ich weiß nicht, ob es richtig geschrieben ist, aber ein guter Ausdruck ist es für dieses Quellen in der Kehle. Ich dachte es werde gar nicht aufhören. Wie sollte ich es zustopfen, da ich es nicht geöffnet hatte. Ich stand auf, gieng im Zimmer herum, zum Fenster, sah hinaus, gieng zurück – immerfort Blut, schließlich hörte es auf und ich schlief ein, besser, als seit langem. Am nächsten Tag (im Bureau war ich) beim Dr. Mühlstein. Bronchialkattarrh, verschreibt eine Medizin; 3 Flaschen soll ich trinken; in einem Monat wiederkommen; wenn wieder Blut kommt, gleich. Nächste Nacht wieder Blut, aber weniger. Wieder beim Doktor, der mir übrigens damals nicht gefallen hat. Die Einzelheiten übergehe ich, es wäre zuviel. Das Ergebnis für mich: 3 Möglichkeiten, erstens akute Verkühlung, wie der Doktor behauptet; das leugne ich; im August mich verkühlen?, da ich doch unverkühlbar bin; hier könnte höchstens die Wohnung beteiligt sein, die kalte, dumpfe, schlecht riechende, zweitens Schwindsucht. Leugnet der Dr. vorläufig. Übrigens werde man ja sehn, alle Großstädter sind tuberkulös, ein Lungenspitzenkattarrh (das ist das Wort, so wie man jemandem Ferkelchen sagt, wenn man Sau meint) sei auch nichts so Schlimmes, man injiziert Tuberkulin und es ist gut, drittens: diese Möglichkeit habe ich ihm kaum angedeutet, er hat sie natürlich gleich abgewehrt. Und doch ist sie die einzig richtige und verträgt sich auch gut mit der zweiten. Ich habe in der letzten Zeit wieder fürchterlich an dem alten Wahn gelitten, übrigens war ja nur der letzte Winter die bisher größte Unterbrechung dieses 5 jährigen Leidens. Es ist der größte Kampf, der mir auferlegt oder besser anvertraut worden ist und ein Sieg (der sich z.B. in einer Heirat darstellen könnte, F. ist vielleicht nur Representantin des wahrscheinlich guten Prinzips in diesem Kampf) ich meine, ein Sieg mit halbwegs erträglichem Blutverlust hätte in meiner privaten Weltgeschichte etwas Napoleonisches gehabt. Nun scheint es, daß ich den Kampf auf diese Weise verlieren soll. Und tatsächlich, so als wäre abgeblasen worden, schlafe ich seit damals 4 Uhr nachts besser, wenn auch nicht viel besser, vor allem aber hat der Kopfschmerz, vor dem ich mir damals nicht mehr zu helfen wußte, gänzlich aufgehört. Die Beteiligung an dem Blutsturz denke ich mir so, daß die unaufhörlichen Schlaflosigkeiten, Kopfschmerzen, fiebrigen Zustände, Spannungen mich so geschwächt haben, daß ich für etwas Schwindsüchtiges empfänglich geworden bin. Zufällig mußte ich seit damals an F. auch nicht schreiben, zwei lange Briefe von mir, in deren einem eine nicht sehr hübsche, fast häßliche Stelle war, sind bis heute nicht beantwortet.

Das also ist der Stand dieser geistigen Krankheit, Tuberkulose. Übrigens war ich gestern wieder beim Dr. Er hat die Lungengeräusche (ich huste seit der Zeit) besser gefunden, leugnet noch entschiedener Schwindsucht, ich wäre auch zu alt dazu, wird mich aber, da ich Sicherheit haben will, (vollständige Sicherheit gibt allerdings auch das nicht) in dieser Woche röntgenisieren und den Auswurf untersuchen. Die Wohnung im Palais habe ich gekündigt, die Michlová hat uns gekündigt, so habe ich gar nichts. Aber besser so, vielleicht hätte ich in dem feuchten Häuschen gar nicht sein können. Nur um Irma, die mich sehr bedauert hat, zu trösten, habe ich ihr von dem Blutsturz erzählt. Sonst weiß niemand zu hause etwas davon. Der Dr. behauptet, es bestehe vorläufig nicht die geringste Ansteckungsgefahr. – Soll ich also kommen? Vielleicht von morgen Donnerstag in einer Woche? Für 8-10 Tage?

[Stempel: Prag – 2.IX.17]

Liebe Ottla also übersiedelt. Die Fenster im Palais zum letzten Mal geschlossen, die Tür abgesperrt, wie ähnlich das dem Sterben sein muß. Und heute in dem neuen Leben habe ich seit jenem blutigen Morgen die ersten Ansätze zu Kopfschmerzen. Ein Schlafzimmer ist Dein Schlafzimmer nicht. Ich sage nichts gegen die Küche nichts gegen den Hof, um ½7 ist dort Lärm, das ist selbstverständlich, wenn auch heute Sonntag ist. Übrigens war die Katze nicht einmal zu hören, nur die Uhr in der Küche. Aber vor allem das Badezimmer. Dreimal meiner Rechnung nach wurde dort Licht gemacht und Wasser zu unverständlichen Zwecken losgelassen, dann auch noch die Tür zum Schlafzimmer offengelassen so daß ich den Vater husten hörte. Armer Vater, arme Mutter, armer Franz. Eine Stunde vor jedem Lichtmachen wachte ich aus Angst auf und zwei Stunden nachher konnte ich vor Schrecken nicht einschlafen, das waren die 9 Nachtstunden. Aber für die Lunge war es besser. Eine leichte Decke bei offenem Fenster genügt, dort bei halb offenem entfernten Fenster waren 2 Decken und ein Federbett nötig. Ich huste vielleicht auch weniger. Du müßtest kommen.

Franz

[Postkarte]

[Stempel: Prag – 3.IX.17]

Liebe Ottla heute war es schon ein wenig besser, das Badezimmer still. Allerdings, um 6 Uhr ist alles zuende; wenn sie nebenan die Augen aufschlägt, weckt mich der Lärm. (Den Ausdruck »Augenaufschlagen« muß auch ein empfindlicher alter Deutscher erfunden haben). Das Haus oben auf dem Belvedere habe ich mir vorläufig von außen angesehn, recht gut, nur eben erster Stock und gegenüber die Miederfabrik Federer & Piesen, auch soll wie mir heute einer sagt, der Fuhrwerksverkehr zum Marktplatz zum Teil dort durchgehn. Da wäre ich dann von einem Marktplatz zum andern übersiedelt. Wie schwer das ist. Dein Zimmer ist aber wirklich hübsch. Ich habe es schon so ausgefüllt, nicht mit Sachen, sondern mit mir, daß Du, wenn Du zurückkommst, Dich kaum wirst durchdrängen können. Tut Dir das nicht leid? Heute spreche ich noch mit dem Dr., dann schreibe ich Dir wann ich komme. Ende der Woche wohl, ich werde Dir dann telegraphieren.

Franz

Ottla soll es in der Adresse heißen, nicht F.

[Zwei Postkarten, fortlaufend beschrieben]

[Prag, 4. und 5. September 1917]

Liebe Ottla, gestern war ich wieder bei ihm, er war klarer als sonst, aber es bleibt seine oder aller Ärzte Eigentümlichkeit, daß sie aus notwendiger Unwissenheit und weil die Frager ebenso notwendig alles wissen wollen, entweder Wesenloses wiederholen oder in Wichtigem sich widersprechen und weder das eine noch das andere eingestehen wollen. Also: beide Spitzen angegriffen, aber auch hier nicht die Lunge, die angeblich frei ist, sondern die Luftröhrchen. Vorsicht notwendig, geradezu Gefahr besteht (wegen des Alters) nicht, wird aller Voraussicht auch nicht kommen. Rat: viel Essen, viel Luft, von Medizin wird abgesehn wegen meiner Magenempfindlichkeit; zwei Umschläge nachts über die Achseln, monatliche Vorstellung; sollte es nicht in einigen Monaten besser werden, wird er vielleicht (Blödsinn) Tuberkulin injizieren »damit ich alles getan habe.« Wegfahren nach dem Süden (auf meine Frage hin) wäre natürlich sehr gut, aber nicht notwendig; ebenso aufs Land fahren. – Vielleicht reiche ich ein Gesuch um Pensionierung ein, es ließe sich ganz hübsch begründen; ich werde übermorgen mit meinem Chef (morgen hat er eine wichtige Sitzung und nur Gedanken für sie) darüber reden. Übrigens fällt mir jetzt so oft der Vers aus den Meistersingern ein: »ich hätt' ihn für feiner gehalten« oder so ähnlich. Ich meine damit: in dieser Krankheit liegt zweifellos Gerechtigkeit, es ist ein gerechter Schlag, den ich nebenbei gar nicht als Schlag fühle, sondern als etwas im Vergleich zum Durchschnitt der letzten Jahre durchaus Süßes, es ist also gerecht, aber so grob, so irdisch, so einfach, so in die bequemste Kerbe geschlagen. Ich glaube eigentlich: es muß noch einen andern Ausweg nehmen.

Die Karte blieb zurück. Inzwischen ist es ja wieder anders geworden. Auf Drängen des Max beim Professor. Sagte im ganzen das Gleiche, verlangte aber bestimmter Landaufenthalt. Bitte morgen um Pensionierung oder 3 Monate Urlaub. Willst Du mich aufnehmen und kannst Du es? Leicht ist es nicht.

Franz

[Postkarte]

[Stempel: Prag – 6.IX.17]

Liebe Ottla ich habe also heute davon zu sprechen angefangen, natürlich nicht, ohne wieder eine sentimentale Komödie vorzuspielen, die mir bei jedem Abschied unentbehrlich ist. Statt einfach (auch dies wäre lügnerisch, aber wenigstens bis zu einer gewissen Tiefe anständig) auf Pensionierung zu drängen, fange ich davon zu reden an, daß ich die Anstalt nicht ausnutzen will u. s. w. Natürlich ist die Wirkung die, daß man mir die Pensionierung (die man mir vielleicht auch sonst nicht zugestanden hätte) jetzt gewiß nicht bewilligen wird. Den Urlaub bekomme ich allerdings bestimmt, wenn ich auch die Meinung des Direktors, mit dem ich erst Montag reden kann, noch nicht kenne. Das Gutachten des Professors sieht ja auch (ohne wesentlich von seinen Worten abzuweichen, aber das Geschriebene hat eben ein anderes Ansehn) wie ein Reisepaß für die Ewigkeit aus. – Der Mutter also auch dem Vater habe ich das Urlaubsersuchen mit Nervosität begründet. Da sie für ihren Teil so grenzenlos bereit ist, mir Urlaub zu geben, hat sie keinen Verdacht.

[Postkarte]

[Stempel: Prag – 7.IX.17]

Liebe Ottla, in Deiner Karte bist Du nur für meine 8 Tage Urlaub vorbereitet und jetzt will ich Dir zumindest für 3 Monate an den Hals fliegen und schon Dienstag oder Mittwoch. Werden das nicht zu große Umwälzungen für Dich sein, auch für die Absichten, die Du zum Herbst hattest? Heute war ich beim Direktor. Ich glaube ich, ich komme endgültig nur im Galopp der Tuberkulose aus der Anstalt hinaus. Keine Pensionierung. Urlaub natürlich, und zwar ohne Gesuch. Ich soll es nicht so schwer nehmen, schwer ist es für sie, daß eine so wertvolle Kraft u.s.w. Höre ich so etwas und schaue dann oben meine Arbeit an, schwankt mir die Welt. Es ist so: habe ich mich einmal irgendwo festgesetzt, dann klebe ich wie etwas gar nicht Appetitliches. Die unmittelbare Sorge ist das allerdings nicht. Ich gehe also als aktiver Beamter auf Urlaub. Hat Zürau durch längere Zeit überhaupt schon einen aktiven Beamten gesehn?

Franz

Bereite bitte den Briefträger auf Briefe für mich vor.

[Postkarte]

[Stempel: Prag – 8.IX.17]

Liebe Ottla, habe keine andere Karte. Also Mittwoch früh fahre ich aller Voraussicht nach. Max fängt zwar jetzt gegen Zürau zu arbeiten an, wird auch noch mit dem Professor sprechen. Seine Einwände sind etwa: Man soll gleich das Beste machen, also Schweiz, Meran oder dgl. – Professor habe nur weil er mich für ganz arm hält, zu Zürau zugestimmt – es ist dort kein Arzt, was tue ich wenn es plötzlich schlimmer wird, ich Blutsturz bekomme u. s. w. – die Zustimmung des Prof. sei davon abhängig gewesen, daß ich die von ihm vorgeschriebene Arsenkur mache und die mache ich nicht – was tue ich im Regen ohne Wandelhallen u. dgl. Meine Antworten auf diese Einwände werde ich Dir mündlich sagen. Übrigens widerlich diese vielleicht notwendigen Gesundheitsrücksichten, sie werden mir die lange freie Zeit tief verderben.

Franz

[Postkarte]

[Stempel: Prag – 9.IX.17]

Liebe Ottla, heute schreibe ich nur für den ganz unwahrscheinlichen Fall, daß ich (vorausgesetzt natürlich daß keine Absage von Dir kommt) Mittwoch früh nicht in Zürau sein sollte. Von Max gezwungen gehe ich noch morgen Montag mit ihm wieder zum Professor, er will ihm seine Einwände vortragen. Wie das aber auch ausfällt, zunächst will ich nach Zürau jedenfalls fahren. Im übrigen geht es mir ganz gut, nur das übermäßige Essen macht mich traurig. Ich werde an Schnitzer schreiben, der mir vielleicht Fasten anraten wird. Trübseliger Gegensatz: vorne unnötiges Essen einführen, während innen die Krankheit ihre Gangart nach höherem Belieben wählt. – Heute kommt Elli, da werde ich hören, wie Du Dich zum Ganzen stellst. Von F. kamen schon Briefe, so fest, verläßlich, ruhig, nicht nachtragend wie sie eben ist. Und ich antworte mit dem Schlag.

Franz

[Prag,] 28.XII. [1917]

Liebe Ottla, heute also bringt die Post nur diesen Brief: Eigentlich habe ich (unter dem Lärm des Felix und dem stillen Zuschauen der Gerti) weder Lust noch Ruhe zum Schreiben, vor allem deshalb aber nicht, weil sich über eine beschränkte Zeit – und so soll es doch für mich hier werden – mitten drin nichts Bestimmtes sagen läßt. Es gab z. B. in diesen letzten 5 Tagen verschiedene Zeiten, wo ich einen groben Fehler gemacht zu haben glaubte und ziemlich tief unten war, später aber zeigte es sich, daß es doch im besten Sinn richtig war und ich nichts zu bedauern hatte. Über Einzelnheiten werden wir sprechen.

Die Tage mit F. waren schlimm, (abgesehen vom ersten Tag, an dem wir von der Hauptsache noch nicht gesprochen hatten) und am letzten Vormittag habe ich mehr geweint als in allen Nach-Kinderjahren. Natürlich wäre es aber viel schlimmer oder unmöglich gewesen, wenn ich irgendeinen Rest irgendeines Zweifels an der Richtigkeit dessen gehabt hätte, was ich tat. Derartiges gab es nicht, nur widerspricht es leider der Richtigkeit eines Handelns nicht, daß dieses Handeln ein Unrecht ist und es umsomehr wurde durch die Ruhe und besonders durch die Güte, mit der sie es aufnahm.

Den Nachmittag nach ihrer Abreise war ich beim Professor, er ist verreist und kommt erst Montag oder Mittwoch; solange werde ich wohl hier bleiben müssen, schon aus diesem Grunde. Jedenfalls ging ich gleich zu Dr. Mühlstein, er erhorchte augenblicklich gar nichts, trotzdem ich hier mehr huste und schnaufe als sonst. Trotz dieses günstig-ungünstigen Befundes (das Röntgenbild würde natürlich doch die Krankheit zeigen) sprach er mir, zum Teil vielleicht aus besonderer Freundlichkeit gegen mich, die moralische Berechtigung zu, eine Pensionierung zu verlangen und als ich ihm auf seine Frage sagte, daß ich ans Heiraten nicht mehr denke, lobte er das besonders, ich weiß nicht ob als zeitweiligen oder endgültigen Entschluß, ich fragte nicht danach. (Als Auflösungsgrund der Verlobung gilt nach außen hin nur die Krankheit, so habe ich es auch dem Vater gesagt.)

Heute war ich im Bureau, die Verhandlungen beginnen; wie es ausgehn wird, weiß ich noch nicht. Zweifel gibt es auch hier für mich keine.

Dagegen habe ich Zweifel wegen Oskar. Es wird mir jetzt schwer, ihn mitzunehmen, schwer mit jemandem außer Dir und Max zu sprechen. Das ist natürlich nur Übergang und ich weiß das mit vollständiger Bestimmtheit, aber auf dem Land will ich sein und allein. Außerdem hast Du ja einen Gast und Oskar kann nicht tschechisch, auch das gibt eine Schwierigkeit. Übrigens fühle ich mich auch ein wenig ausgemietet oder richtiger: ich fühle es als einen zarten Übergang. Ganz falsch wäre es für Dich – mir muß ich es nicht erst sagen – in der weiteren Folge dessen etwas zu sehn, was für mich eindeutig trüb oder traurig wäre. Das Gegenteil wäre es viel eher; so wie es ist und zu werden scheint, ist es das beste und steht auf meinem Weg am richtigen Platz. Darüber mußt Du gar nicht nachdenken. (Übrigens bin ich gar nicht allein, denn ich habe hier einen Liebesbrief bekommen, bin aber doch allein, denn ich habe ihn nicht mit Liebe beantwortet.)

Bleibt also der Zweifel wegen Oskar. Er selbst sieht schlecht aus, braucht es dringend, demütigt sich auf alle Weise und hat es so eingerichtet, daß er, wann ich ihm meine Abreise anzeige, eine Stunde später, und zwar in der Zeit bis nächsten Freitag, reisebereit ist. Bitte, schreib mir darüber. Und sonst: Was soll ich für Hr. Hermann, Frau Feigl, das Mädchen von Frau Hermann mitbringen? Und wem noch etwas?

Heute ist übrigens der erste Tag, an dem ich die Stadt fühle. Unter diesen Menschen kann nichts Gutes geschehn, aber viel Gutes für sie.

Franz.

Grüße von mir das Gast-Fräulein, unser Fräulein, Toni und Hr. Hermann.

[Stempel: Prag – 30.XII.17]

Liebe Ottla, jetzt am Sonntag-Nachmittag in der Küche noch paar Worte wegen Baum:

Nicht etwa zur Verhinderung seiner Reise; die wäre jetzt ohne Kränkung nicht mehr möglich und das kleine Opfer, das ich damit bringe und das ja natürlich durchaus nicht nur Opfer ist, ist ja, selbst wenn ich rechnen wollte, so geringfügig gegenüber dem Guten das mir die letzte Zeit gebracht hat. Also nicht um die Reise zu verhindern will ich noch etwas sagen, sondern um, brüderlich, ein Unbehagen mit Dir zu teilen:

Gestern war wieder einmal großer, wenn auch kurz dauernder Lärm am Abend. Die alten Dinge: (in Übergang von der rodelnden Martha, der Mandolinenspielerin Trude und dem mit 2 elenden Beinen seit Wochen krankliegenden Onkel) Zürau; die Verrückte, Verlassen der armen Eltern; was für eine Arbeit ist dort jetzt?; leicht auf dem Land sein, wenn man alles in Hülle und Fülle bekommt; hungern aber sollte sie einmal und wirkliche Sorgen haben u.s.w. Es wurde, um es nicht zu vergessen, auch Gutes (gegen mich Eifersüchtiges) über Dich gesagt: ein Mädel von Eisen udgl. Das alles zielte natürlich indirekt auf mich, stellenweise wurde es geradezu zugestanden, ich hätte ja dieses Abnormale unterstützt oder verschuldet u.s.w. (worauf ich nicht schlecht oder wenigstens verblüffend damit geantwortet habe, das Abnormale sei nicht das schlechteste, denn normal sei z. B. der Weltkrieg) – Heute morgen kam dann die Mutter zu mir (die irgendeine Grundsorge zu haben scheint, die, soweit ich es aus ihrem Verhalten beurteilen kann, nicht mich betrifft; sie ißt, wie das Fräulein sagt, seit 14 Tagen wenig; ich finde sie aber nicht besonders schlecht aussehend) fragte mich, was es noch für Arbeit draußen gibt, warum Du nicht kommst, (die Schwiegervaterfamilie Roberts kommt jetzt für ¼ Jahr nach Prag) und wenn Du nicht kommst, warum 2 Mädchen dort nötig sind, ob das nicht zuviel kostet u.s.f. Ich antwortete so gut ich konnte. Als Ergebnis dieser Gespräche zeigt sich jetzt meinen etwas reiner gewaschenen Augen, daß Du oder ich gegenüber diesen Sorgen und Vorwürfen fast völlig im Recht sind, im Recht, soweit wir unsere Eltern »verlassen« haben, soweit wir »verrückt« sind. Denn wir haben sie weder verlassen noch sind wir undankbar oder verrückt, sondern haben nur mit genügend anständigen Absichten das getan, was wir für notwendig hielten und was niemand (etwa um uns zu entlasten) für uns herausfinden könnte. Nur eine wirkliche Berechtigung zum Vorwurf hat der Vater, nämlich darin, daß wir es (gleichgültig ob durch sein Verdienst oder seine Schuld) zu leicht haben; er kennt keine andere Erprobung, als die des Hungers, der Geldsorgen und vielleicht noch der Krankheit, erkennt, daß wir die ersteren, die zweifellos stark sind, noch nicht bestanden haben und leitet daraus das Recht ab, jedes freie Wort uns zu verbieten. Darin liegt Wahres und, weil es wahr ist, auch Gutes. Solange wir nicht auf seine Hilfe bei Vertreibung des Hungers und der Geldsorgen verzichten können, bleibt in unserem Verhalten ihm gegenüber Befangenheit und wir müssen uns ihm irgendwie fügen, selbst wenn wir es äußerlich nicht tun. Hier spricht aus ihm mehr als nur der Vater, mehr als der bloß nichtliebende Vater.

Auf Oskars Besuch angewendet, heißt das: Wir laden Oskar in eine fremde Wirtschaft, wo ich selbst nur geduldeter Gast bin. Der Vater würde natürlich damit nie übereinstimmen. Nun füge ich mich äußerlich nicht, bleibe draußen, nehme auch Oskar mit, zahle für mich, zahle mit Freude auch für Oskar die Geringfügigkeit, bleibe aber unter der Drohung des Vaters, der das Am-Dorfleben, die Dorf-Winterarbeit u.s.w. nicht versteht, doch so befangen, daß ich z.B. vor Karl, der Anfang Jänner kommen dürfte, sehr verlegen mit Oskar am Arm stehen werde. Das muß ich überwinden, da ich vorläufig das Größere nicht überwinden kann. Das wollte ich Dir also sagen. Ich werde wegen der Anstalt noch paar Tage länger hier bleiben müssen, da ich mit dem Direktor zum erstenmal Dienstag werde sprechen können.

Ein Wort zu diesem Brief hätte ich noch gern, es dürfte mich noch in Prag erreichen.

Grüße das Fräulein, Toni, Hermann.   Franz

Der Brief war schon im Kouvert, da habe ich die Mutter nach ihren Sorgen gefragt. Ich bin also doch die Sorge, der Vater war so rücksichtslos ihr alles zu sagen.

1918

[Ansichtspostkarte: Weimar, Goethes Gartenhaus, Schlafzimmer]

[Stempel: Prag- 2.I.18]

Liebe Ottla, so etwa wollte ich es hören und es ist gut. Wann ich komme weiß ich noch nicht, der Direktor macht Schwierigkeiten, heute gehe ich zum Professor, vielleicht bin ich wirklich zu gesund und muß die schwere Probe der Kündigung bestehn. Geht es nicht anders, tue ich es. Wegen Oskar werde ich Dir vielleicht wirklich telegraphieren müssen, aber würdest Du dann im Geheimen eine Nacht in Prag bleiben? Ich werde es zu vermeiden suchen. – Die Phantasie von der glücklichen Mutter im Badezimmer hat mein 2ter Brief schon widerlegt. – An die Wäsche denke ich manchmal. Da sie geflickt war, muß sie, wenn sie wieder geflickt wird, in der Zwischenzeit wieder zerrissen worden sein. Kündige ich hier, werde ich auf die Wäsche noch mehr achtgeben müssen als früher. Übrigens – die Prager Zeit habe ich bisher nicht schlecht bestanden, das gibt Hoffnung.

Franz

Grüße Toni und Hr. Hermann

[Stempel: Prag – 4.III.18]

… und tatsächlich leben wir ja auch oder lebe ich mit Dir besser als mit irgendjemandem sonst, bis auf zeitweilige Unmöglichkeit den andern anzusehn, welche Menschen, besonders wenn sie nicht ganz sich entsprechend leben, als etwas Entwürdigendes aber fast Unvermeidliches an sich selbst ertragen müssen. Dafür gibt es wahrscheinlich keine Hilfe, sondern nur Abschwächungen wie Zahnbürstchenbehälter, Spiegel und vor allem guten Willen, den wir beide für einander haben, ich sogar für Dich den allerbesten.

Franz

[Prag, 5. Mai 1918]

Liebe Ottla, eigentlich läßt sich noch nichts sagen, ich bin ja noch nicht eingerichtet (in Deinem Zimmer wohl, aber in der Stadt noch nicht). Der Atem ist etwas schlechter, aber wahrscheinlich deshalb weil ich hier schneller gehe (es ist auch schon besser geworden), der Schlaf ist sehr schlecht, ich war die ersten Tage kaum recht wach, aber das wird doch nur Übergang sein – und was alles übrige betrifft, so kann ich nur sagen, daß ich bis jetzt die Übersiedlung ihrem Wesen nach nicht bereue, Dich aber würde ich gerne wieder einmal sehn und am Ohr zupfen, bei Elli habe ich es versucht aber es ist nicht das Richtige.

Franz

Grüße herzlich Frl. Greschl von mir, auch Frl. David. Hr. Hermann natürlich auch. Für den Garten weiß ich nichts neues, nur den beiliegenden Jauchedüngungsratschlag. Seitdem ich heute zufällig in die Schrebergärten hinter Baumgarten gekommen bin, bin ich auf unsern Garten nicht mehr so stolz (ohne ihn deshalb weniger gern zu haben). Was wir dort gemacht haben, kann und tut fast jeder. Die Schrebergärten sind etwa jeder halb so groß wie unser Garten, die meisten sind gut, viele aber ausgezeichnet bearbeitet. – Ja, der Plan: von den unglücklichen Karotten (1) angefangen, 2: Möhren, 3 Zwiebeln, Salat 4 Spinat Radieschen 5 Pflanzen, 6 Pfl. und Fräulein 6 Erbsen 7 Zwiebeln (1 Reihe Steckzwei Reihen Samenzwiebeln, dazwischen Knoblauch und Radieschen – nein ich kann nicht weiter, es verwirrt sich mir, aber Du erkennst es ja.

Wir schicken Dir durch Karl 490 K – davon ich 380 K – und die Mutter 110 K es ist nach Deiner beiliegenden Aufstellung mit einer Differenz von 3 K zu Deinen Gunsten. Eine Bitte des Herrn Oberinspektor: er wird im Laufe dieses Monats einmal durch Michelob fahren. Könnte man ihm dann auf telegraphische Benachrichtigung hin 2-3 Schock Eier zum Zug schicken?

[Postkarte]

[Stempel: Prag – (ca. 14./15. Mai 1918)]

Liebe Ottla, dem Albin Bartl glaubte ich schon Hilfe wenigstens vorbereitet zu haben. Gleich als ich nach Prag kam, schrieb ich ihm, daß hier kein Ausweis über ihn vorliegt, daß er aber gleich beschafft werden wird und daß wir ihm dann helfen werden. Gestern ließ ich ihn für Samstag, den 18. zu einer ärztlichen Untersuchung nach Saaz vorladen, dort wird ein Beamter von uns dabei sein und man hätte sicher etwas halbwegs Gutes für Bartl getan. Heute aber bekomme ich meinen Anfangs Mai an B. geschickten Brief als unbestellbar zurück; die Adresse »bei Viehhändler Leopold Glaser in Saaz« wie sie mir B. in Zürau angegeben hat, war also ungenügend. (Vielleicht findet ihn aber unser Beamter doch.) Das ist schade. Frag ihn einmal danach, wenn er wieder kommt. – Sonntag haben wir Dich erwartet, Elli hatte gesagt, Du würdest fast bestimmt kommen. Von mir ist nichts Neues zu sagen; es ist hier schwieriger zu leben als in Zürau, aber das ist gewiß kein Grund, es nicht zu versuchen. Mit herzlichen Grüßen Dir und dem Fräulein

Franz

Liebe Ottla, bitte meine Abmeldung schick mir, ich werde vielleicht auf Urlaub gehn und brauche sie deshalb. Übrigens war ich letzthin beim Professor, er hat die Lunge sehr gut gefunden. Prospekte für Dich habe ich noch gar keine, nur Gärtnereisachen bis jetzt, aber es wird noch kommen. Hast Du schon etwas? Herzliche Grüße

Franz

[Stempel: Prag – 8.IX.18]

Liebe Ottla, danke für die Abmeldung, ich wollte Dich mit dem Telegramm nur ein wenig anfeuern; daß Du jetzt viel Unruhe hast weiß ich natürlich, aber zum Abschied von Zürau ist das zu ertragen. Wegen der Schule aber mußt Du doch keine Unruhe haben, denn die Wahl ist doch sehr groß und vielleicht nicht einmal gar so wichtig, will man lernen so erlernt man doch überall, zur Not mit Hilfe von Büchern, alles was nötig ist. Ich habe ein wenig herumgeschrieben und herumgefragt und besitze vorläufig folgendes: Prospekte der Gartenschulen Eisgrub und Klosterneuburg (letztere ist jedenfalls die bessere, man kann dort ungeheuer viel erlernen und kann es – ein Vorteil, der wohl an allen diesen Schulen besteht – in beliebig kurzer Zeit und Auswahl, indem man nur als Hospitant mittut, man bekommt dann zwar kein Abgangszeugnis in aller Form, das ist ja aber auch nicht gar so nötig, die Bestätigung über den Besuch und die einzelnweise abgelegten Prüfungen kann Dir vollständig genügen). Einen Haufen Prospekte tschechischer Haushaltungsschulen habe ich außerdem, es sind das Schulen, die meistens mit Landwirtschaftsschulen in Verbindung sind, wo man allerdings nur durch den Augenschein das Passende wird herausfinden können. Es wird ja überhaupt das Beste sein, wenn Du ein bischen herumfährst und nachsiehst. Von eigentlichen landwirtschaftlichen Schulen habe ich nur nach Budweis, Liebwerda und Friedland geschrieben. Die Haushaltungsschule in Budweis (man kann noch so sehr von landwirtschaftlicher Schulung schreiben, sie verstehen, wenn es sich um Mädchen handelt immer schlecht, und so hat mir aus Budweis auch nur die Haushaltungsschule geantwortet) eröffnet diesen Winter wegen Lebensmittel- und Kohlenmangel überhaupt nicht, mit diesen Dingen muß man auch rechnen und deshalb ist auch die Besichtigung notwendig. Von Liebwerda-Teschen, und von Friedland habe ich noch keine Antwort. Durch einen Bekannten habe ich mich über diese Schulen bei einem großen Fachmann erkundigt und habe erfahren, daß die Akademie in Liebwerda zwar sehr gut ist, aber daß die Aufnahme Mittelschulbildung zur Voraussetzung hat, gegenwärtig studiert dort tatsächlich ein Mädchen (aber vielleicht gibt es auch dort dieses Hospitantenwesen). Noch mehr aber als Liebwerda hat dieser Fachmann Friedland empfohlen, es ist ein zweijähriger Kurs der gut in einem Jahr gemacht werden kann und der dann für Dich überall eine Empfehlung wäre, übrigens hättest Du dort auch Protektion, nicht nur durch diesen Mann, sondern auch durch den Oberinspektor, der den Direktor kennt. Wenn Du Dich also nicht für Wien entschließst, das abgesehn von dem Fehlen der Landwirtschaft auch zunächst ganz gut wäre, besonders da es Dir auch ganz neue Verhältnisse zeigen würde, wäre es am besten, wenn Du nach Friedland (eine merkwürdig schöne traurige Stadt in meiner Erinnerung, ich war dort 14 Tage) fährst und mit den Leuten sprichst. Vielleicht schreiben sie mir auch inzwischen. Wegen der Kosten des Ganzen mußt Du mit dem Vater gar nicht reden, ich zahle es sehr gern, das Geld hat so wie so immer weniger Wert und so lege ich es bei Dir an, es wird dann die erste Hypothek auf Deiner künftigen Wirtschaft sein.

Bis Sonntag dürfte ich zuhause sein, dann fahre ich wahrscheinlich weg, nach Turnau; brauchst Du mich übrigens zu den Besichtigungsfahrten, kannst Du mich haben. Je früher Du – da es nun schon einmal beschlossen ist – von Zürau weggehn kannst, in allen Ehren natürlich, – desto besser Du hast dann mehr Zeit Dich umzusehn vor dem neuen Schuljahr.

Wenn Du übersiedelst, vergiß meine Zeitungen nicht. Schick sie vielleicht mit der Post. Leb wohl und grüß herzlich alle

Franz

Was wird denn das Fräulein machen?

Liebe Ottla, ein Nachtrag: die Antwort aus Friedland ist gekommen ich antworte dem Direktor mit dem abschriftlich beiliegenden Brief. Es sind zwei Schulen: die Winterschule (zwei Winterkurse immer von Anfang November bis Ende März, welche aber von »altern Landwirten, welche schon längere Zeit in der Praxis stehn« in einem Kurs absolviert werden können.) dann ist dort noch die heuer allerdings zweifelhaft gewordene Haushaltungsschule. Solltest Du erst nach Prag kommen, wenn ich schon weg bin, wirst Du alle Prospekte in Deinem-meinem Zimmer finden und alles was an Briefen oder Prospekten in meiner Abwesenheit gekommen sein sollte, im Bureau von Fräulein Kaiser und von Herrn Klein (der auch die Zuleger und Graupner kennt und bei der Landesverwaltungskommission ev. urgieren würde) bekommen.

Gerade bekomme ich noch einen wichtigen Auftrag: Hasen und Rebhühner wieviel Du bekommen kannst dem Hr. Oberinspektor per Nachnahme schicken! Herr Lüftner bekommt, falls die Preise nicht gar zu übertrieben sind, zu jedem Stück außer dem Geld von Herrn Oberinspektor auch noch etwas Rauchzeug (Tabak Cigarren, Cigaretten, Virginia was er will)

Leb wohl
Franz

Liebe Ottla, noch ein zweiter Nachtrag. Es kam eine Antwort von der Tetschner Akademie. In gewissem Sinn ist natürlich die Akademie noch viel besser, als die Friedländer Winterschule, aber sie hat Hochschulcharakter und ihre Anforderungen sind viel größer. Da kommt es darauf an, was Du Dir zutraust, übrigens auch darauf, ob Du angenommen wirst. Nicht als ordentliche Hörerin allerdings, das ist glaube ich für Mädchen überhaupt unmöglich, aber auch bei außerordentlichen macht man wegen der Vorbildung Geschichten, bei Dir meiner Meinung nach unnötige. Regelrecht dauert die Sache in Tetschen-Liebwerd 3 Jahre, für außerordentliche Hörer läßt sich natürlich die Dauer nach Belieben, nach Fleiß und nach Auswahl der Lehrgegenstände abkürzen. In seiner Antwort fragt mich der Direktor nach Deiner Vorbildung, ich antworte ihm, wie Du in der Beilage siehst, mit Berufung auf Hr. Sekretär Fritsch, der zufällig beim Landesausschuß (es ist eine Landesanstalt) gerade das Referat der Akademie hat und über Deine Aufnahme mitzuentscheiden hätte.

Ich glaube, Du wirst hauptsächlich zwischen diesen zwei Schulen Friedland und Teschen zu wählen haben und am besten Dir beide vorher ansehn.

Leb wohl!

Franz

[Prag, 1. Oktoberhälfte 1918]

Liebe Ottla schade daß ich Dich nicht mehr getroffen habe. Ich wollte Dich bitten heute Fräulein K. zu besuchen. Herr K. hat mir nämlich heute einen Brief gezeigt, den er vielleicht ihr schreiben wird und in dem er von ihr Abschied nimmt.

Trotzdem schien er stillschweigend fast darum zu bitten, daß Du sie heute besuchst. Nach seinen Erzählungen war er natürlich übertrieben großartig im Recht, soweit es zwischen unsichern, aufgeregten Menschen Recht gibt. Sie fürchtet sich eben gar zu sehr vor jeder Tyrannei, sieht sie überall und übt die Tyrannei sogar aus, aus keinem andern Grunde, als um ihr zuvorzukommen. Wenn Du also hingehn willst. –

Ich glaube nicht, daß es einen besondern sachlichen Wert hat, auch gab es solche Szenen wie gestern nach seinen Erzählungen schon viele, aber ein Besuch würde doch bedeuten, wenigstens den Versuch ihr und ihm etwas Liebes zu tun

F

[Stempel: Prag – 11.XI.18]

Liebe Ottla mir geht es ganz erträglich, ich bin jeden Vormittag außer Bett, draußen war ich noch nicht, vielleicht heute, vielleicht morgen.

Deine Lage ist nicht leicht, das weiß ich. Hunger haben, ohne eigenes Zimmer sein, Verlangen nach Prag haben und dabei einen großen Stoff lernen sollen, das ist eine große Probe, sie überstehn ist natürlich auch groß. Die Umstände in Zürau waren für Dich und Deine Zwecke viel günstiger. Nun, in den ersten Tagen kannst Du noch keinen Überblick haben, aber bald wirst Du doch erkennen, ob Du es halbwegs achtbar leisten kannst. Sollte das Lernen oder Deine Gesundheit leiden, kommst Du natürlich zurück. Allerdings hätte dann der Vegetarianismus eine Schlacht, verloren, denn die »ältern Landwirte« nähren sich im Gasthaus sicher ausgezeichnet. Übrigens gibt es ja noch eine Rettung, falls Pakete ankommen. Ich würde Dir gern regelmäßig Mehl schicken; es soll zu haben sein. Die Friedländer Plünderungen haben hier nicht gefallen, besonders die Stilisierung der »Prager Tagblatt« Notiz nicht. Da Friedland sonst so friedlich ist und nichts Ärgeres kennt, waren gleich in der Einleitung die Ausschreitungen als »furchtbar« bezeichnet. Schlimm ist jedenfalls daß man Deinen Zucker und vielleicht noch anderes fortgetragen hat und daß Du an dem Tag nicht viel gelernt hast. Die Eltern sind schon beruhigt.

Also liebe Ottla: lernen oder zurückkommen, gesundbleiben oder zurückkommen. Setzt Du es durch, werde ich Dich bewundern, kommst Du zurück, werde ich Dich trösten. Noch eins: Überfüll die Lehrbücher nicht allzusehr mit angefangenen Briefen. Sie könnten in der Schule, wenn Du auf Deinem hohen Platz sitzt, auf den Boden fallen, aufgehoben werden und durch die Klasse wandern.

Leb wohl
Franz
Empfiehl mich der Frau Hub

[Postkarte, mit Zeichnungen Kafkas; Bildunterschrift: »Ansichten aus meinem Leben«]

[Schelesen, Anfang Dezember 1918]

Und wie geht es Dir? Weihnachten bring Hefte und Bücher, ich werde Dich prüfen. Soll ich übrigens nach Prag kommen? Es geht mir hier ebenso gut wie in Zürau, nur ist es hier etwas billiger; 6 frc. pro Tag (bei dem in Wien jetzt üblichen Umrechnungskurs 1 K = 10 ct.) Ich will 4 Wochen hier bleiben, könnte aber gut und gern Weihnachten nach Prag kommen. Viele Grüße.

Franz

Karte dem Oberinspektor?

Liebe Ottla, das ist schlimm; wenn schon eine kleine Karte Dich im Lernen stört, wie erst die andern Briefe. Übrigens war die Karte hauptsächlich für den nervösen Professor bestimmt. – Über den damaligen Abend hast Du ja andere Berichte, er verlief meinem Gefühl nach großartig leicht und selbstverständlich, kein Herz schien eine Last zu tragen. Heute Abend, Mittwoch, soll nach Mutters Brief eine neue große Zusammenkunft sein. Weihnachten komme ich also, es geht mir ja sehr gut, wenn ich auch immerhin ein etwas schwächerer Atmer und stärkerer Herzklopfer geworden bin. – Die Grüße des Frl. F. freuen mich sehr. Ich habe seit Deinen Beschreibungen – vermischt mit dem leichten Fieber, das ich damals hatte –, eine hohe Vorstellung von ihr behalten. Vielleicht wäre sie übrigens so freundlich mir auf Deiner nächsten Karte ein paar möglichst unbeeinflußte Worte über Deine Fortschritte zu schreiben. – Was bedeutet das: »Essen suchen«? Schade, auf meinem Tisch wäre manches zu finden. Statt dessen aber mache ich folgendes:

 , um Dir wieder eine Lehrstunde zu verderben.

Franz

1919

[Stempel: Liboch – 5.2.19]

Liebe Ottla, es war also nur der eine Abend, er wird wiederkommen, aber ich fürchte nicht für Dich. Zu Deinem Brief schreibe ich nächstens, heute nur zu Deiner Anfrage wegen der Redeübung, weil das eilt. Also was ich im Augenblick, aufs Geratewohl, vorläufig sagen kann:

Zunächst scheint es mir als Vorbereitung für die Redeübung die unglücklichste Geistesverfassung, wenn man »aus meinem Kopf allein nichts nützliches fertig bringen« zu können glaubt. Das ist doch ganz und gar falsch, Du hast einfach etwas derartiges noch nicht gemacht und deshalb zögerst Du; wagst Du aber den Sprung über Deinen Schatten – etwas ähnliches ist jedes selbstständige Denken – wirst Du ausgezeichnet hinüberkommen, trotzdem es eine nachweisbare Unmöglichkeit ist.

Ich sehe zwei Hauptmöglichkeiten von Vortragsthemen für Dich, sehr persönliche und sehr allgemeine, wobei natürlich die erstern auch allgemein, die letzeren auch persönlich sind und ich diese Einteilung überhaupt nur mache, um Dir vielleicht einen ersten Einblick zu verschaffen, nach dem Du ganz selbstständig das für Dich Passende herausholen kannst.

Die sehr persönlichen Themen sind gewiß die verdienstvollsten, schon weil sie die ergiebigsten und kühnsten sind. Sie sind insofern nicht die schwierigsten, weil sie wenig Studium, sondern nur Nachdenken voraussetzen, sind aber doch die schwierigsten, weil sie ein fast übermenschliches Maß von Zartheit, Bescheidenheit und Sachlichkeit (und wahrscheinlich noch anderes, was mir gerade nicht einfällt) verlangen.

Ein solches Thema wäre z.B. »Mädchen unter Jungen« soweit es sich auf die Friedländer Schule bezieht. Du hättest Deine und als Hinterlassenschaft der F., ihre Erfahrungen darzustellen, in Folgerungen, die Du daraus ziehst, Dich zu wehren oder zu beschuldigen, Gutes und Schlechtes zu sondern, Mittel zu suchen, das Erste zu stärken, das Zweite zurückzudrängen u.s.w. Zeitgemäß wäre der Vortrag als Vortrag des ersten Mädchens im ersten Jahr der allgemeinen Zulassung der Mädchen zum Studium, besonders da diese Zulassung jetzt wahrscheinlich überall dauernd und grenzenlos sein wird. Förster könnte Dir bei dem Vortrag helfen.

Ein zweites Thema dieser Art, nur noch heikler, wäre »Schüler und Lehrer« wieder nur hinsichtlich Deiner Schule. Es wären Deine Erfahrungen als Schülerin, eine Art Versöhnungsfest zwischen Schülern und Lehrern. Also Aufzählung dessen wovon Du und Deiner Beobachtung nach andere den größten Vorteil beim Unterricht gehabt haben, welche Methoden vorzüglich, welche gut und welche nicht ganz gut waren und wie und mit welchen, vorzüglichen, guten und weniger guten Methoden die Schüler sich demgegenüber verhalten haben. Immer möglichst viel Tatsachen, möglichst viel Wahrheit, möglichst wenig Selbstgerechtigkeit.

Ein drittes Thema, weniger heikel und noch persönlicher: »Meine Vorschulerfahrungen bei einer Wirtschaftsführung«. Die Zürauer Erfahrungen, also etwa: warum Du aus der Stadt fort mußtest, wie der Stand der Wirtschaft bei der Übernahme war, was für Fehler Du machtest, wo Dir die Schule fehlte, wo sie Dir nicht fehlte, was Du an den Bauern bewundertest und nicht bewundertest, wie Du Dich jetzt zu diesen Bewunderungen stellst, was für Erfahrungen Du mit Deinen Untergebenen machtest, worin Du es zu leicht hattest, worin zu schwer, in welchem Zustand Du die Wirtschaft übergabst.

Dann gibt es mittlere Themen nicht sehr persönlich, nicht sehr allgemein; die sind meiner Meinung nach die unratsamsten, man gerät dabei zu leicht in Allgemeinheiten, aber dagegen kann man sich ja wehren. So wären die von Dir vorgeschlagenen reinen Försterthemen, so auch das unendliche allerdings viel weniger allgemeine Thema des Judentums, dem Du aber gerne ausweichen wirst. (»Die Heirat Deiner Schwester geht mir nicht aus dem Kopf« schreibt mir heute Max). Dann aber z.B. noch ein ausgezeichnetes Thema: »Die Zukunft der Absolventen, die nicht selbstständige Landwirte sind« da wäre über Stellenvermittlung zu sprechen, Inseratenwesen, Prüfungen, Siedlungsgenossenschaften u.s.w. Da man jedenfalls sich wegen des Vortrags mit dem Lehrer beraten kann, Bücher von ihm zu dem Zweck ausleihen kann u.s.w., so hättest Du eine gute Gelegenheit anläßlich dieser sachlichen Beratungen, Dich auch über Deine Zukunft deutlicher mit den Herren, etwa auch mit dem Direktor (über den Du übrigens eine scheinbar sehr richtige Bemerkung machst) zu unterhalten.

Schließlich kämen die allgemeinen Themen, die ja wohl nur Berichte über Bücher sein könnten, da würde ich vor allem Damaschke »Bodenreform« das gewiß dort zu haben ist, empfehlen.

Jedenfalls aber braucht die Vorbereitung eines solchen Vortrages, sei er auch ganz klein, viel Zeit. Laß ihn möglichst weit verschieben und schreib mir noch darüber.

Alles Gute!
Franz

[Stempel: Liboch – 20.II.19]

Liebste Ottla, zunächst sehe ich aus dem letzten Briefumschlag, daß Deine Buchführung wieder in Ordnung ist. Das vorletzte Kouvert trug nämlich die Nummer 17, also eine offenbare Verwechslung der Konti. Das sollte nicht vorkommen.

Das Äußere der Vorträge habe ich mir nicht viel anders vorgestellt, als Du es beschreibst, allerdings hatte ich angenommen, daß der Vortragende gewöhnlich anwesend ist. Unter den Themen hast Du glaube ich gut gewählt, führ es nun aber auch aus. In Deinem Brief schwimmt der Vorsatz, es zu tun, schrecklich unsicher herum, jeden Augenblick glaubt man, er ertrinkt endgültig. Und ich wäre so stolz auf Dich, wenn Du es machen würdest. Und wenn Du es machst, gelingts auch, das ist sicher. Allerdings müßtest Du Dich sehr viel damit beschäftigen, das könnte aber zum größten Teil ganz gut auf Spaziergängen geschehn. Als Vorbild für den Vortrag nimm Dir statt der Redeübung in der Schule lieber die Vorträge im Verein, der wirklich eine ausgezeichnete Einrichtung zu sein scheint. So ausgezeichnet allerdings, daß er auch Stellen vermittelt, scheint er aber nicht zu sein. (Nebenbei: dieses überschriebene »aber« ist ganz interessant, es ist offenbar wie auch das Mit-Bleistift-schreiben eine Nachahmung Deiner Art, so wie ich schon früher z.B. in Deinen Briefen Wendungen gefunden habe, die sich auffällig oft wiederholten von Brief zu Brief und, trotzdem sie ganz gutes Deutsch waren, doch und besonders in ihrer Wiederholung ungewöhnlich und fast gesucht klangen, nicht das ausdrückten, was sie sagen wollten und doch einen guten, sichern, bloß nicht auffindbaren Untergrund hatten. Eigentlich habe ich es erst bei Deinem vorletzten Brief erkannt, daß es ganz gewiß Übersetzungen aus dem Tschechischen sind und zwar richtige Übersetzungen [nicht so wie letzthin einmal der Vater dem Herrn D. von irgendjemandem erzählte, mit dem er »na přátelské noze stojí«] die sich aber das Deutsche aufzunehmen weigert, allerdings soweit ich, ein Halbdeutscher, es beurteilen kann).

Das Inserat in der Zeitung ist freilich nicht schön, es stört geradezu mein Weltbild, nun wäre man also einer Adjunktenstellung seinen Kenntnissen nach würdig, also für die Welt unbedingt unentbehrlich, kann aber keine Arbeit bekommen. Damit stimmt ja übrigens auch überein, daß in unserer Anstalt, soviel ich weiß, 2 Beamte sind, die früher Adjunkten waren (der Romeo und noch ein anderer ganz ausgezeichneter Mann) und daß beide glücklich sind, Beamte geworden zu sein, während man doch sonst viel eher, schon aus Redegewohnheit, jeden Tausch beklagt. Dagegen ist allerdings zu halten, daß der Adjunkt des Hausfreunds ein sehr fröhlicher Mann war und bis heute Adjunkt geblieben ist. Schließlich ist dagegen auch die »Bodenreform« zu halten. (Das Buch von Damaschke haben sie bei Euch nicht?)

– Eben habe ich vor meinem Balkon ein landwirtschaftliches Gespräch gehört, das auch den Vater interessiert hätte. Ein Bauer gräbt aus einer Grube Rübenschnitte aus. Ein Bekannter, der offenbar nicht sehr gesprächig ist, geht nebenan auf der Landstraße vorüber. Der Bauer grüßt, der Bekannte in der Meinung, ungestört vorbeigehn zu können, antwortet freundlich: »Awua«. Aber der Bauer ruft ihm nach, daß er hier feines Sauerkraut habe, der Bekannte versteht nicht genau, dreht sich um und fragt verdrießlich: »Awua?« Der Bauer wiederholt die Bemerkung. Jetzt verstehts der Bekannte, »Awua« sagt er und lächelt verdrießlich. Weiter hat er aber nichts zu sagen, grüßt noch mit »Awua!« und geht. – Es ist hier viel zu hören vom Balkon.

Wie willst Du den Posten suchen und warum mußt Du vorher mit der Mutter sprechen? Ich verstehe das nicht ganz. Daß Du gelegentlich einer aus anderem Grund zu machenden Prager Reise mit der Mutter darüber sprechen würdest, könnte ich verstehen. Auch daß der Vater immer gut gelaunt ist, wäre noch kein großer Grund, besonders da es wahrscheinlich nur ein Gerücht ist. Ich bleibe zumindest noch 3 Wochen hier, solange mein neuer Urlaub reicht, werde also nicht in Prag sein. Jedenfalls könntest Du aber in Prag die gleichen Leute abgehn, bei denen Du wegen der Schule warst. Also Herrn Klein, der Dich vielleicht dem Herrn Zuleger vorstellen könnte, dann Herrn Oberinspektor (Smichow Žižkagasse 30) dann Deinen Landeskulturratsfreund.

Das Buch ist sehr verlockend, aber schick es mir nicht her. Vor 8-10 Tagen bekäme ich es nicht, in 3 Wochen bin ich wahrscheinlich in Prag und außerdem habe ich merkwürdigerweise hier wenig Zeit. Außerdem kann ich nicht viel von Büchern erwarten, viel mehr von einer Schule, am meisten aber von Not, vorausgesetzt daß man noch Kraft hat, dort wo es nötig ist, ihr zu widerstehn. Aber laß das Buch, wenn Du kannst, in Prag für mich liegen. Ist es denn besser als der »Pflug«? Und sind nicht vielmehr alle diese Bücher ausgezeichnet, wenn sie von ausgezeichneten Schülern in die Hand genommen werden?

Daß Du Maxens Bemerkung lange nicht aus dem Kopf bekamst, wundert mich eigentlich. Es ist doch keine fernliegende, sondern eine selbstverständliche Bemerkung, die Du doch selbst schon tausendmal gemacht haben wirst. Daß Du etwas außerordentliches tust und daß das Außerordentliche gut zu tun eben auch außerordentlich schwer ist, weißt Du. Vergißt Du nun aber niemals die Verantwortung so schweren Tuns, bleibst Dir bewußt, daß Du so selbstvertrauend aus der Reihe trittst, wie etwa David aus dem Heer und behältst Du trotz dieses Bewußtseins den Glauben an Deine Kraft, die Sache zu irgendeinem guten Ende zu führen dann hast Du – um mit einem schlechten Witz zu enden – mehr getan, als wenn Du 10 Juden geheiratet hättest

Franz

[Stempel: Liboch – 24.II.19]

Aber Ottla was sollte ich denn gegen die Reise haben, im Gegenteil, diese jederzeitige und sofortige Reisebereitschaft ist ausgezeichnet. Nur die Begründung hat mir gar nicht gefallen, weil es keine war. Was soll mit der Mutter über einen Posten gesprochen werden, den Du nicht hast, es wäre denn, daß Du mit der Mutter darüber sprechen wolltest, daß Du keinen Posten suchen willst. Aber Du willst doch einen Posten suchen. Oder doch nicht? Auch die Laune des Vaters war mir ein zu merkwürdiger Grund, besonders da sie vom Fräulein beobachtet war, zu der er immer freundlich ist und hinter der er donnert, wenn sie die Tür schließt oder gar offen läßt. Und daß schließlich das Leben kurz ist, spricht nicht weniger für die Fahrt, als gegen sie. Das waren die Gründe; wenn

Du aber sagst daß Du fährst, weil Du Dich freust, alle und einen wiederzusehn, so habe ich natürlich gegen die Reise gar nichts, besonders wenn Du mir dafür bürgen kannst, daß die Vorfreude, die Reise und die Nachtrauer nicht die kleinste Mitschuld daran haben wird, wenn Du den Vortrag nicht zustande bringst.

Den Direktor scheinst Du sehr gut zu beobachten, aber nach Deinen Ergebnissen scheint von der Unterredung wirklich nicht viel zu erwarten zu sein. Solchen Menschen kommt man vielleicht besser als durch feierliche Unterredungen dadurch bei, daß man die Sache, um die es sich handelt, lieber nur nebenbei erwähnt, aber nicht einmal, sondern 25 mal und bei den unerwartetsten Gelegenheiten. Die Hauptvoraussetzung des Gelingens ist allerdings, daß er überhaupt, auch wenn er den Willen hätte, helfen kann.

Hier ist es jetzt auch sehr warm und schön, noch jetzt gegen Abend sitze ich ohne Decken auf der Veranda und gemittagmahlt habe ich bei offenem Fenster im Sonnenschein. Unten vor dem Fenster, Meta und Rolf, die Hunde, die auf mein Erscheinen oben mit den Resten des Essens gewartet haben, wie die Leute auf dem Altstädter Ring die Apostel erwarten.

Letzthin habe ich wieder allerdings mittelbar von Dir geträumt. Ich führte in einem Kinderwagen ein kleines Kind herum, dick, weiß und rot (das Kind eines Anstaltsbeamten) und fragte es, wie es heißt. Es sagte: Hlavatá (Name eines andern Anstaltsbeamten) »Und wie mit dem Vornamen?« fragte ich weiter. »Ottla« »Aber« sagte ich staunend »ganz so wie meine Schwester. Ottla heißt sie und hlavatá ist sie auch«. Aber ich meinte das natürlich gar nicht böse, eher stolz.

Was Max betrifft, so dachte ich nicht an eine bestimmte Bemerkung, sondern an alle zusammen und ihren gemeinsamen Grund. Er meint doch, (abgesehen davon, daß er darin auch noch einen Verlust des Judentums und Dein Verlieren des Judentums für Dich und die Zukunft beklagt, aber darin sehe ich nicht genug klar) daß Du etwas außerordentliches, etwas außerordentlich schweres tust, das Dir aber natürlich auf der einen Seite, der Herzensseite, sehr leicht fällt, so daß Du das Außerordentliche auf der andern Seite übersiehst. Das nun glaube ich aber nicht und habe deshalb keinen solchen Grund zu klagen. Grüß alle in Prag von mir und mach bitte durch richtige für den einzelnen Fall passende Bemerkungen das gut, was ich durch ungenügendes oder Nichtschreiben schlecht gemacht habe.

Dein Franz

[Stempel: Liboch – 27.II.19]

Liebe Ottla, Sonntag zwischen 2 und 3 Uhr erwartet Dich Frl. Olga Stüdl in ihrer Prager Wohnung am Radetzkyplatz. Je pünktlicher Du bist, desto besser, desto empfehlender. Sie hat zwei, allerdings noch fast vollständig unsichere Anstellungsmöglichkeiten für Dich, eine davon bei ihrer Tante, deren Mann vorgestern gestorben ist, und die außer andern riesigen Dingen auch ein riesiges

Gut hat. Damit der Empfehlungsbrief Frl. Stüdls überzeugter begründet ist, habe ich ihr vorgeschlagen, sie möge mit Dir selbst sprechen. Sag ihr also ausführlich, was Du kannst und willst. – Es ist nun freilich nicht ganz ausgeschlossen, daß Frl. Stüdl am Sonntag noch nicht in Prag ist, dann würdest Du eben den kleinen Weg nutzlos gemacht haben und Frl. Stüdl würde schreiben, ohne mit Dir gesprochen zu haben. Montag bist Du wohl nicht mehr in Prag, sonst könntest Du noch Montag bei Stüdl anfragen. Sonntag geh aber jedenfalls hin. Grüß alle und mach alles gut. Franz

[Postkarte]

[Stempel: Tetschen-Deutschbrod – 6.III.19]

Liebe Ottla, sei so gut, schreib mir etwas über die Dinge zuhause. In dem letzten Brief vom Dienstag schreibt die Mutter so merkwürdig aufrichtig über eigene Aufregung und noch größere Aufregung des Vaters, so als wäre noch viel mehr verschwiegen. Wie war es zuhause? Auch Du scheinst ja merkwürdig lange dort geblieben zu sein, erst Mittwoch bist Du weggefahren. – Das Reformblatt, das ich Dir geschickt habe, hast Du wohl bekommen? Herzliche Grüße

Dein Franz

[Schelesen, Mitte März 1919]

Liebste Ottla, wir spielen ja nicht gegeneinander, sondern wir haben ein gemeinsames Spiel und sitzen beisammen, aber eben weil wir einander so nah sind, unterscheiden wir nicht immer, was der andere will, ob stoßen, ob streicheln. Es geht auch wirklich in einander über. So war auch z. B. der »volle Mund« nicht eigentlich gegen Dich, sondern viel eher in Deinem Namen an jenes »Unbestimmte und Unsichtbare« gerichtet. Du siehst selbst aus Deinem Briefe, daß es eine Antwort gibt, wenn auch nur eine seinem Wesen entsprechende »unbestimmte«. Etwas ist es immerhin.

Ich sah Dich, nicht viel, aber ein wenig unruhig, in der Prüfungszeit hin und her fahren, fürs Lernen nicht ganz zusammengefaßt zu sein, sogar gerne einen Zug versäumen, denn ich habe den Aberglauben, daß Du nur versäumen kannst, wenn Du es stark willst – aus diesen Gründen fragte ich. Ich wollte damit zweierlei: Für den Fall, daß Du jetzt in der Prüfungs-Ausnahmezeit die äußern Schwierigkeiten übertrieben groß sehen solltest, wollte ich sie mit der Frage in das richtige ungefährliche Licht stellen. Äußere Schwierigkeiten, an denen man innerlich Schaden nimmt, darf man nicht anerkennen; da ist es besser an jenen Schwierigkeiten ganz zugrundezugehn. Das meint z.B. der Vater nicht anders, wenn er eine Heirat ohne finanziellen Rückhalt für ein Unglück hält, er sieht eben im Fehlen des Rückhalts jenen schweren, innern, letzten

Schaden. Wir haben dafür einen andern Blick, wenigstens jetzt. Das war das eine was ich wollte. Für den Fall aber, daß das nicht zutraf – ob es nicht irgendwie zutrifft, weiß weder ich noch Du – wollte ich durch die Frage zeigen, daß Du kein Recht zu Unruhe und Ungeduld in dieser Richtung hast, denn das »Unsichtbare« das ja Du selbst bist, wird zu seiner Reifezeit entscheiden. Du hältst, soweit meine Menschenaugen sehn, Dein Schicksal so selbstherrlich in der Hand, in einer kräftigen, gesunden, jungen Hand, wie man es sich nur irgendwie wünschen kann. Du hast recht: »voller Mund« ist nicht gut, aber es gibt glücklicherweise keinen, soweit »voller Mund« bedeutet: etwas Endgültiges, endgültig zu sagen. Ich glaube Raskolnikow klagt einmal über den »vollen Mund« des Untersuchungsrichters. Du weißt, der Untersuchungsrichter liebt ihn fast, wochenlang unterhalten sie sich freundschaftlich über dies und das, plötzlich einmal aus einem Witz heraus beschuldigt der Untersuchungsrichter den Raskolnikow geradezu, beschuldigt ihn, weil er ihn eben nur »fast« liebt, sonst hätte er wahrscheinlich nur gefragt. Jetzt ist alles endgültig zuende glaubt R., aber davon ist keine Rede, im Gegenteil, es fängt erst an. Nur der Untersuchungsgegenstand, der beiden dem Richter und R. gemeinsame Untersuchungsgegenstand, das Raskolnikowsche Problem, hat für beide ein freieres, erlösenderes Licht bekommen. Übrigens fälsche ich hier den Roman schon. – Aber über das alles können wir auch nach der Prüfung sprechen und besser. Jetzt antworte mir nur auf einer Karte paar Zeilen über Blattern Lernen und Gesinnung (mir gegenüber)   Franz

[Stempel: Liboch – (Anfang) XI.19]

Liebe Ottla, wie in vielem andern, überlasse ich Dir die Entscheidung, ob Oskar kommen soll. Ich habe einige kleine Bedenken, die allerdings fast ausschließlich mich persönlich betreffen, also nicht sehr nobel sind und überdies wesenlos werden, wenn nur irgendwie zu erwarten ist, daß die drei Tage Urlaub Oskar von Nutzen sein werden, denn dann würde ich den Nutzen mit ihm teilen. Immerhin sage ich die Bedenken: wir müßten in einem Zimmer wohnen, ich könnte nicht bis 11 Uhr im Halbschlaf liegen, ich müßte mehr als bisher spazieren gehn, er würde in unserem gemeinsamen Zimmer arbeiten, ich müßte ihn öfters stören, ich würde den noch kaum angefangenen Brief an den Vater nicht fertig bringen und – schließlich – würde er mir eine abscheuliche »Auskunft« mitbringen aus welcher mir Max schon einiges erzählt hat. Diese alle Bedenken können aber auch ganz zusammenfallen, die Wirklichkeit kann viel einfacher sein: wir können jeder auch in eigenem Zimmer vielleicht wohnen, es können auch andere mit ihm spazieren gehn, er kann Gefallen am Liegen finden, der Brief an den Vater kann trotzdem fertig werden oder kann, was wahrscheinlicher ist, trotz seines Nichtkommens ungeschrieben bleiben, die Auskunft allerdings wird er auf jeden Fall mitbringen.

Motive hast Du also genug, entscheide, jedenfalls aber wäre es mir lieb, wenn Du zu Oskar giengest, sei es ihn zu grüßen, sei es ihn einzuladen. Mir geht es, da keine Anforderungen an mich gestellt werden, erträglich gut, allerdings war Max bisher hier. Du schreibst mir nicht.

Grüß alle vom Vater bis zu Chana hinab.   Franz

[Schelesen, ca. 10. November 1919]

Liebe Ottla, vor lauter Bedenken wegen Oskars Reise habe ich das allerdings selbstverständliche vergessen, daß Du, abgesehen davon, wie Du Dich wegen Oskar entscheidest, wenn Du Lust hast jedenfalls herkommen sollst, schon um den (vorläufig fast nur in meinem Kopf lebenden) Brief zu beurteilen. Allerdings wird es dazu eigentlich schon zu spät sein, wenn Du, wie Du es früher beabsichtigt hast, erst Samstag kommst; nun ich könnte ja den Brief erst Montag abschicken lassen, es wird nicht viel schaden, wenn er ankommt und ich schon in Prag bin.

Frl. Stüdl ist lieb und gut, über den Brief habe ich noch nicht mit ihr gesprochen. Sie leidet viel durch Frl. Therese, trägt es aber so, daß man es kaum bemerkt. Viel Neues in der Wirtschaft.

Es sind noch 2 junge Herrn hier und ein Mädchen, Eisner, eine Teplitzerin. An und für sich gefällt sie mir gar nicht, hat auch alle Hysterie einer unglücklichen Jugend, aber ist doch ausgezeichnet, offenbar sind sie alle ausgezeichnet, sei froh, daß Du ein Mädchen bist.

Vergiß nicht das Hochzeitsgeschenk, bis 200 K darf es kosten und schreib etwas Freundliches dazu

Grüß alle   F

[Schelesen, 13. November 1919]

Dieser Brief trifft Dich hoffentlich nicht mehr, denn Du bist schon allein oder mit Oskar auf der Reise, d. h. wenn Du erst Samstag fährst, kann er Dich noch treffen. Sonntagabend fahren wir dann zusammen nach Prag. Über Dein Nichtschreiben klagte ich nur deshalb, weil ich annehmen mußte, daß in Deinen Dingen etwas Wesentliches (da doch alles wesentlich ist) geschehen sei und ich daran teilhaben wollte.

Es geht mir, wenn ich allein bei mir bin, erträglich, im Beisammensein mit den andern bin ich sehr traurig. Aber Du wirst ja alles sehn. Also komm.

Der vorlesende Vater ist eine große Erscheinung, ich hatte sie als Kind nie. Von Frl. W. schreibst Du nichts.   F

Grüß alle, danke ausdrücklich der Mutter für ihre liebe Karte.

[Briefkopf: Gasthof Emma, Meran, Pragserwildsee]

[Stempel: Meran – 6.IV.20]

Liebe Ottla, müde vom Wohnungssuchen, es gibt soviele Wohnungen, die Grundfrage ist: große Hotelpension (z.B. die wo ich jetzt recht gut lebe, vegetarisch gut, nicht gerade sehr durchdacht, aber immerhin) oder kleine Privatpension. Erstere hat den Nachteil daß sie teuerer ist (ich weiß allerdings nicht wie viel es ausmachen wird, ich esse nicht in Pension) vielleicht nicht so gute Liegemöglichkeit gibt, wie die kleine Pension, auch wird man wohl in der kleinen persönlich interessierter behandelt, worauf ein Vegetarianer vielleicht mehr angewiesen ist, als ein anderer aber einen großen Vorteil hat sie, es sind die großen freien Räume, das Zimmer selbst, der Speisesaal, die Vorhalle, selbst wenn man Bekannte hat, ist man frei, unbedrückt, die kleine Pension hat dagegen etwas von einer Familiengruft, nein das ist falsch, etwas von einem Massengrab. Sei das Haus noch so gut instand gehalten (ist es das nicht, auch solche sah ich, dann möchte man sich gleich hinsetzen und über die Vergänglichkeit weinen) es ist doch notwendig eng, die Gäste sitzen aneinander, man schaut einander immerfort in die Augen, es ist eben wie bei Stüdl, nur daß allerdings Meran unvergleichlich freier, weiter, mannigfaltiger, großartiger, luftreiner, sonnenstärker als Schelesen ist. Das ist also die Frage. Was hältst Du z.B. von der Ottoburg, dem einzigen brauchbaren Ergebnis des Nachmittags (des dritten Meraner, und des ersten unverregneten Nachmittags) Preis 15 Lire, der gewöhnliche Preis der Privatpensionen, reines Haus, die Wirtin eine fröhliche sehr dick- und rotbackige Frau des Buchhändlers Taussig, erkennt sofort mein Prager Deutsch, interessiert sich sehr für meinen Vegetarianismus, zeigt dabei aber völligen Mangel vegetarischer Phantasie; das Zimmer ist recht gut, der Balkon gestattet alle Nacktheit, dann führt sie mich in den gemeinsamen Speisesaal, ein hübscher Saal, aber doch niedrig, so sitzt man beisammen, die gebrauchten Servietten in den Ringen bezeichnen die Plätze, Schneewittchen hätte keine Lust gehabt, hier Späße zu machen. Nun? Ehe Deine Antwort kommt dürfte ich mich schon entschieden haben, versprochen habe ich, daß ich morgen vormittag schon komme.

Die Reise war sehr einfach, der Südamerikaner war nur ein Mailänder, aber dafür ein liebenswürdiger, rücksichtsvoller, schöner, eleganter, im Körper eleganter Mensch, ich hätte nicht besser wählen können und man kann gewiß für dieses im Grunde abscheuliche enge Beisammensein, es war auch sehr kalt, gelegentlich sehr schlecht wählen. Die Francs habe ich nicht gebraucht, es werden offenbar wenn sich die Reisenden an ein bestimmtes System gewöhnt haben, sofort neue Systeme eingeführt, die weitere Karte war in österr. Kronen zu zahlen; wieviel kostet die Karte von der Grenze bis Innsbruck? An 1300 K, soviel hatte ich allerdings nicht. Die Lire waren in Innsbruck ganz leicht zu wechseln.

Vorläufig genug, ich muß noch (nach meiner Vorschrift) Orangenlimonade trinken gehn. Schreibe mir ausführlich von Dir, besonders von Sorgen, wenn Du willst auch Träumen, in die Ferne hat auch das Sinn. Grüße alle, auch Max oder Felix, wenn Du sie sehen solltest.

Dein F

[Meran,] 17. April [1920]

Meine liebe Ottla, was ich von den Sorgen schrieb, habe ich natürlich nicht so ernsthaft gemeint, ein guter Kopf hat keine Sorgen und ein schlechter wird sie nie los, aber in der Ferne bekommt man so eine besondere Beziehung zum Zuhause, man ist dem Fernen gegenüber, das man in seinen Einzelnheiten also gerade in seinem Gefährlichen nicht mehr sieht, besonders mächtig und klardenkend, man glaubt, wenn Du z.B. eine Sorge hättest, müßte man sie von hier aus mit einem geraden Strich beseitigen können und deshalb, also nicht Deiner Sorgen wegen sondern um meiner Macht willen wollte ich, daß Du mir alle Sorgen schreibst. Gut daß Du keine hast, mein Strich wäre wohl auch in Wirklichkeit nicht scharf genug. (Jetzt ruft draußen in den Gärten irgendjemand »Halloh« mit einer Stimme, die der Maxens erstaunlich ähnlich ist). Sehr deutlich ist in Deinem Brief, wie der Vater meine Karte zum zweitenmal liest, dieses zweite Lesen, wenn er so zufällig nach dem Spiel nach irgendetwas auf dem Tisch sich herumtreibendem Geschriebenem greift ist ja viel wichtiger als das erste Lesen. Wenn man sich nur immer der Verantwortung bewußt bliebe, wenn man schreibt. Als ob ich z.B. den Vater jemals mündlich um eine Zuckersendung bitten würde, aber geschrieben wird es ohne weiters und sinnlos. »Da hast Du Deinen Herrn Sohn. In was für eine Spelunke er da wieder gekrochen ist, nicht einmal Zucker haben sie dort«. So oder ähnlich. Nun wäre mir ja nicht eingefallen um Zucker zu schreiben, wenn mir nicht den Abend vorher Frau Fröhlich gesagt hätte, daß sie sich schon öfters aus Prag Zucker hat schicken lassen, und wenn ich dann nicht gleich nächsten Morgen das abscheuliche Sacharin bekommen hätte. Also ich schrieb nicht aus Not, sondern aus Zufall und Gedankenlosigkeit, auch war es in jenen ersten Tagen, wo ich an Limonaden mich nicht satt trinken konnte und diese eben das Ehepaar mit dem eigenen Zucker selbst machte. Um in dieser Sache ganz vollständig zu sein: im Hotel war genug Zucker schlechter aber, weil dieses pauschale Zuteilung bekommt, während die Pension genau rationiert ist und den Zucker für Mehlspeisen braucht. Soviel Zucker wie Böhmen hat ja kaum ein anderes Land in Europa. Also das ist die lange Geschichte. Aber wie gesagt auch den Zucker brauche ich nicht mehr. Honig ersetzt ihn und an Limonaden habe ich mich für Wochen sattgetrunken.

Sonst ist aber meine Pension großartig und wenn ich jetzt vom Tisch aus durch die ganz offene Balkontür in den Garten hinausschaue, lauter voll blühende mächtige baumartige Sträucher knapp am Geländer und weiterhin das Rauschen großer Gärten – übertrieben, es ist nur die Eisenbahn – so kann ich mich nicht erinnern einen ähnlichen Prospekt im Theater (durch das elektrische Licht hat es jetzt theaterähnliche Beleuchtung) gesehen zu haben, außer wenn die Wohnung eines Prinzen oder wenigstens einer sehr hohen Persönlichkeit glaubhaft gemacht werden sollte. Und das Essen, das ist eben für mich viel zu reichlich. Das Nachtmahl, das ich gestern der Mutter beschrieben habe, hat mich z.B., weil ich mich in ekelhafter, äußerlich allerdings gar nicht auffälliger Weise übernommen habe, fast den ganzen Schlaf der letzten Nacht und sonstige Unannehmlichkeiten gekostet. Um Mißdeutungen vorzubeugen: ich habe heute schon wieder sehr viel gegessen. Daß man gerade dem Magen des Andern nicht glaubt und der Lunge z.B. ohne weiters und beides ist doch objektiv in gleicher Weise festzustellen. Niemand sagt: Wenn Du mich ein bischen lieb hast, hör auf zu husten. Andererseits ist es ja ein ganz feines und verläßliches Gefühl, das z.B. im Vegetariersein (es bekommt in fremden Augen leicht etwas Berufsmäßiges: von Beruf Vegetarianer) etwas sich Vereinsamendes, etwas Wahnsinnsverwandtes wittert, nur vergißt man in schrecklicher Oberflächlichkeit, daß hiebei der Vegetarianismus eine ganz unschuldige Erscheinung ist, eine kleine von tieferen Gründen hervorgebrachte Begleiterscheinung und daß man sich also gegen diese tieferen, aber wahrscheinlich unzugänglichen Gründe wenden müßte. So gesprächig bin ich also geworden, weil mein letzter Brief statt Dir Spaß, der Mutter Sorge gemacht hat und davon wie es mir sonst geht habe ich nicht viel gesagt. Nächstens. Letzthin habe ich im Traum einen Aufsatz von Dir in der Selbstwehr gelesen. Überschrieben war es: »Ein Brief«, vier lange Spalten, sehr kräftige Sprache. Es war ein an Marta Löwy gerichteter Brief, der sie über eine Krankheit des Max Löwy trösten sollte. Ich verstand nicht eigentlich, warum er in der Selbstwehr stand, aber ich freute mich doch sehr. Alles Gute!

Franz

Hat Felice schon geantwortet? Wenn nicht, wird man ihr wohl noch einmal unter voller Adresse schreiben müssen. Daß ich es nicht noch zu sagen vergesse: Du mußt ja jetzt wirklich sehr viel zu tun haben, das Frl. allerdings auch und vor allem. Keine Bedienerin?

[Meran, ca. 1. Mai 1920]

Meine liebste Ottla, ich glaube, daß das eine Verwechslung ist. Gewiß, er wird Dir durch seine Arbeit sehr entzogen, durch das Sokoltum, durch die Politik; von mir aus würde ich jedes auch nicht so gut begründete Fernbleiben gut verstehn (F. war zum erstenmal in Prag, ich hätte leicht Urlaub haben können, faulenzte aber lieber im Bureau, war nur Nachmittag bei ihr und erkannte eigentlich erst den Fehler, als sie viel später in Berlin mir ihn vorhielt, aber Lieblosigkeit war es nicht gewesen, Furcht vor dem Beisammensein vielleicht) von ihm aus verstehe ich es allerdings nicht ganz. Aber auf das alles kommt es glaube ich nicht so sehr an. Diese Arbeit und diese Interessen wären kein eigentliches Fernbleiben, wenn Du imstande wärest sie wenigstens teilweise auf Dich zu beziehn, sie wären dann für Dich geleistet, das Fernsein würde dann im Nahesein förmlich gerechtfertigt. Ich kann nur wieder ein F.-Beispiel vorbringen: sie wäre z.B. zweifellos imstande gewesen sich für die Arbeiterunfallversicherung auf das äußerste, mit Verstand und Herz zu interessieren, ja sie wartete wahrscheinlich ungeduldig auf die Einladung hiezu, auf ein flüchtiges Wort nur; als es ewig nicht kam, wurde sie freilich müde, sie wollte immer tätig sein, suchte einen Weg, aber da war keiner. Aber hier ist es doch anders, ihn freut sein Beruf, er lebt unter seinem Volk, ist fröhlich und gesund, im Wesentlichen (auf das Nebenbei kommt es nicht an) mit Recht mit sich zufrieden, mit seinem großen Kreis zufrieden, mit Recht (es ist nicht anders auszudrücken, so wie eben ein Baum auch mit Recht in seinem Boden steht) und in ganz bestimmten Richtungen mit den andern unzufrieden – ich weiß nicht, es ist aber gewissermaßen fast das »Gut«, das Du Dir seit langem wünschst, der feste Boden, der alte Besitz, die klare Luft, Freiheit. Alles das unter der Voraussetzung allerdings, daß Du es erwerben willst. Was Du so oft sagst vom: »er braucht mich nicht« »es geht ihm besser ohne mich« ist Spaß, ernst war, daß Du gezögert hast. Das Zögern hast Du nun aufgegeben, ein Rest aber ist noch geblieben und der besteht im Trauern um seine mit Fremden – warum Fremden? – hingebrachte Zeit, besteht in dem Unnatürlichen – warum Unnatürlichen? – der Bureaubeleuchtung, von der Moldau aus gesehn. Gewiß es wäre möglich, daß er zwischen Sonntag und Donnerstag von sich hören läßt und ich verstehe nicht, warum er es nicht tut, aber wichtiger ist das andere und gut, daß er durch sein Verhalten, ohne Absicht allerdings, Dich darüber belehrt.

Ist es zu streng, was ich sage? Ich bin nicht streng zu Dir, Ottla, wie könnte ich streng zu Dir sein, da ich doch schon mir gegenüber windelweich bin. Eher bin ich heute ein wenig nervös, ich schlafe nicht gut, das hat natürlich auch die Gewichtszunahme schlecht beeinflußt, immerhin ist sie noch leidlich: 6.IV.: 57.40, 14.IV.: 58.70, 16.IV.: 58.75, 24.IV.: 59.05, 28.IV.: 59.55 (beim letzten hatte ich durch ein vorher getrunkenes Glas Milch nachgeholfen). Dabei geht es mir in allen Einzelheiten ausgezeichnet, nichts könnte eigentlich besser sein, nur der Schlaf zeigt, daß etwas fehlt, aber frag ihn, wenn er nicht da ist. Jedenfalls, Fleisch und Sanatorium könnten dem Schlaf eher schaden als nützen, beim Doktor aber war ich gestern, er findet meine Lunge ausgezeichnet, d.h., er findet dort überhaupt fast nichts Störendes, gegen das Vegetarische hat er nichts, einige Ratschläge für das Essen hat er mir gegeben, gegen Schlaflosigkeit (es ist nicht Schlaflosigkeit, ich wache nur fortwährend auf) Baldriantee, also

Baldriantee hat mir gefehlt. Übrigens ein guter teilnehmender Arzt, Dr. Josef Kohn aus Prag.

Ich träumte heute von Dir, es war das obige Thema. Wir saßen zu dritt und er machte eine Bemerkung die mir, wie das im Traum so geht, außerordentlich gefallen hat. Er sagte nämlich nicht, daß das Interesse der Frau für die Arbeit und das Wesen des Mannes selbstverständlich oder erfahrungsgemäß sei, sondern es »sei historich nachgewiesen«. Ich antwortete, durch das Interesse für das Allgemeine der Frage von dem besondern Fall ganz abgelenkt: »Ebenso das Gegenteil«.

Wege willst Du haben? Heute zwei, erstens die Schwimmschulkarte und zweitens bestell für Dich auf meine Rechnung bei Taussig Memoiren einer Sozialistin von Lilli Braun Verlag Langen, 2 Bände, gebunden. Über einen dritten Weg, zum Direktor, schreibe ich Dir nächstens, ich werde nämlich vielleicht doch länger als 2 Monate bleiben, wenns mir weiter gut geht und der Schlaf besser wird. Über die Wahlen habe ich nur wenig aus dem Večer erfahren, der hier im Einzelverkauf zu haben ist. Felix schickt mir die Selbstwehr nicht, trotzdem ich ihn darum gebeten habe. Max fuhr nach München, wie ich von Dr. Kohn gehört habe, der ihn auf der Reise gesehen hat. Gibt es Familien- und Geschäftsneuigkeiten?

Leb wohl!   Dein Franz

Meinen letzten Brief hast Du inzwischen wohl bekommen?

An Julie, Hermann und Ottla Kafka

[Meran, 4. Mai 1920]

Liebe Eltern, besten Dank für Euere Nachrichten. Das Wetter war nun allerdings paar Tage sehr schön, sehr heiß, so daß ich schon mit dem Gedanken gespielt habe, irgendwohin höher in die Berge zu fahren, heute aber gießt es wieder und ist stürmisch, ich bleibe also noch ein Weilchen hier, es ist auch sehr gut für mich gesorgt. – Ich habe zwei Monate Krankenurlaub, die wären Ende Mai zuende, nun habe ich aber noch den Anspruch auf den gewöhnlichen 5 Wochenurlaub, den ich erst im Herbst ausnützen wollte. Nun scheint es mir aber, da ich nun schon einmal hier bin, besser, auch den regulären Urlaub gleich mitzuverwenden, ganz oder wenigstens zum Teil. Der Doktor hält es auch für besser, Ihr wohl auch? Allerdings muß das zuerst die Anstalt erlauben das zu erwirken will ich jetzt Ottla bitten.

Liebe Ottla, also krank? Vorläufig will ich es so nehmen, wie es die Mutter schreibt, nämlich, daß es »Halsentzündung« ist, am 30. IV. »schon viel besser« war, heute am 4.V. also schon vorüber ist. Aber merkwürdig ist es, daß Du zwar mir schreibst, aber nichts von der Krankheit. Nun von der Ferne ist leicht alles merkwürdig, nur verliert es durch diese Erkenntnis nichts von der Merkwürdigkeit. Schreib mir bald. Meine 2 Briefe hast Du wohl bekommen?

Den Weg zum Direktor werde ich Dir jedenfalls gleich beschreiben, geh aber natürlich erst hin, bis Du ganz gesund bist. Es ist im Grunde sehr einfach, die Bitte wird auch sicher bewilligt werden, nur will ich es formell einwandfrei machen, da der Direktor sich schon einmal in einem ähnlichen Fall wegen einer Formlosigkeit über mich geärgert hat. Es handelt sich um folgendes. Ich bekam 2 Monate Krankenurlaub und außerdem wurde mir vom Direktor ausdrücklich der normale 5 wöchentliche Urlaub zugesagt, den ich aber erst im Herbst nehmen wollte, da ich damals nur an Meran dachte, wo man im Juni angeblich schon zu sehr unter der Hitze leidet, und nicht an die Berge. Nun möchte ich aber doch lieber den Urlaub im ganzen nehmen, das wird auch beim Direktor keine Schwierigkeiten machen denn erstens hat er mir selbst einmal unter dem starken Eindruck des ärztlichen Gutachtens gesagt: »wenn es Ihnen dort gut geht, schreiben Sie an die Anstalt und Sie können auch länger als 2 Monate dort bleiben«, d.h., der Krankenurlaub kann (unbeschadet des normalen Urlaubs) verlängert werden zweitens verlange ich ja gar nicht die Verlängerung des Krankenurlaubs, sondern nur die Bewilligung den normalen Urlaub gleich im Anschluß an den Krankenurlaub verwenden zu dürfen, was die Direktion ohne weiters ohne erst den Vorstand zu fragen sofort bewilligen kann. Ich habe also das beiliegende von Dir noch zu korrigierende Gesuch geschrieben, ganz kurz erstens weil ich die Geschichte nicht allzusehr aufbauschen will, zweitens weil meine Sprachkenntnisse gegenüber dem unfehlbaren Tschechisch des Direktors zum Aufbauschen nicht ausreichen und drittens weil Du einen Weg willst. Willst Du nicht hingehn, kannst Du es auch schicken und die Antwort abholen. Ich denke es mir so: Du gehst hin zum großen Fikart, beratest Dich mit ihm, ob Du den Direktor nicht gerade störst und läßt je nach dem Ergebnis der Beratung entweder das Gesuch dort (mit der Drohung daß Du in 1, 2 Tagen um die Erledigung kommst) oder gehst zum Direktor, überreichst ihm das Gesuch mit einem ehrerbietigen Knicks (ich habe Dir ja solche Knickse schon öfter vorgemacht) und sagst, daß ich mich ihm schön empfehle (einen Brief, allerdings einen deutschen, habe ich ihm geschickt) daß es mir recht gut geht, daß ich bis jetzt täglich 10 dkg zugenommen habe, daß bis jetzt recht schlechtes Wetter war, daß der Arzt es für besser hält, wenn ich die Kur ununterbrochen fortsetze (auch der Anstaltsarzt hat ja eine 3 monatliche Kur empfohlen) daß es bei dem jetzigen Stand der Lira hier verhältnismäßig nicht sehr teuer ist (allerdings habe ich nicht sehr vorteilhaft gekauft und die günstigsten Kauftage schon vorübergehen lassen) im Herbst jedenfalls viel teurer sein wird, daß ich nun schon einmal die Reise hinter mir habe, u. dgl. Das Gesuch habe ich nicht direkt an die Anstalt geschickt, weil es mir darauf ankommt baldige Antwort (telegraphiere mir dann vielleicht »bewilligt«) zu bekommen, damit ich mich rechtzeitig danach einrichten kann. Dank, alles Gute und herzliche Grüße dem Fräulein. Franz

Vielleicht grüßt Du bei der Gelegenheit Hr. Treml von mir und siehst nach, ob dort irgendwelche Post für mich ist

[Postkarte]

[Stempel: Meran – 8.V.20]

Liebe Ottla, noch nicht gesund? Noch keine Nachricht? Was ist denn das? Ich habe mich hier immerfort gegen Fleischesser- und Biertrinker-Ratschläge zu wehren und wenn mir nichts mehr einfällt, sage ich: »Gewiß ich bin äußerlich kein besonders starker Beweis für das Nichtfleischessen (habe aber schon 3.25 zugenommen) aber meine Schwester u.s.w.« Und nun wirst Du krank und Ihr schreibt mir gar nicht darüber. Und überdies habe ich immerfort Wege nötig; wer wird nur sie machen? Heute z.B.: Kauf mir bitte bei Borový auf der Kleinseite 20 Exemplare des »Kmen« Nr. 6., ein Stück kostet nur 60 h, später wird es nicht mehr zu haben sein und man kann damit billige Geschenke machen, es steht drin nämlich der »Heizer« von Frau Milena übersetzt

F.

[Meran, Mitte Mai 1920]

Liebe Ottla, Dank für die zwei Briefe und das Telegramm. Ich hätte Dir schon früher geantwortet, aber die Schlaflosigkeit, die eine Zeitlang fast unmerklich war, ist seit einiger Zeit wieder abscheulich ausgebrochen, was Du daraus beurteilen kannst, daß ich zur Bekämpfung allerdings fast mit Gegenerfolg einmal Bier getrunken, einmal Baldriantee getrunken und heute Brom vor mir stehen habe. Nun es wird wieder vorübergehn (vielleicht ist übrigens die Meraner Luft daran mitschuldig, Bädecker behauptet es) aber man wird manchmal unfähig zu schreiben.

Als ich Dir den Brief mit den Belehrungen schrieb, fiel mir natürlich nicht ein, zu denken, sie könnten noch aktuell sein, wenn sie ankämen, ich hielt es bloß nicht für ausgeschlossen, daß sie wieder aktuell geworden sein könnten. Es waren übrigens gar nicht Belehrungen, sondern nur Fragen.

Wegen Deiner Krankheit war ich deshalb einen Augenblick erschrocken, weil ich kurz nach dem Lesen Deines damaligen Briefs Herrn Fröhlich, der mir, sicher in Übertreibungen von einer Blatternepidemie in Prag erzählte. Ich bin überzeugt, daß naturgemäße Lebensweise Blattern übersteht, aber ich will nicht, daß der Beweis von Dir geführt wird.

Daß die Hochzeit im Juli sein wird – wie sollte mich das überraschen? Ich dachte vielmehr, sie werde Ende Juni sein. Du sprichst manchmal davon, wie wenn Du mir damit ein Unrecht tätest, während es doch das Gegenteil ist. Beide sollten wir nicht heiraten, das wäre abscheulich und da Du von uns beiden dazu gewiß die geeignetere bist, tust Du es für uns. Das ist doch einfach und die ganze Welt weiß es. Dafür bleibe wieder ich ledig für uns beide.

Ich werde wohl noch im Juni kommen und vom Urlaub noch ein Stück mir aufheben, gar wenn die Schlaflosigkeit mir in den Kurerfolg hineinfährt. Zuletzt hatte ich 3.50 zugenommen, jetzt habe ich mich einige Tage nicht gewogen.

Jene Beruhigung hast Du sehr gut ausgeführt, ich schreibe recht regelmäßig, aber da war wohl doch eine Lücke. Den Eltern danke bitte für ihren lieben Brief, ich schreibe ihnen bald, auch an die dort angegebenen Adressen. Wann fahren die Eltern ins Bad oder verschieben sie es wegen der Hochzeit? Kommt Onkel Alfred?

Das Wetter ist jetzt sehr schön, der früher gefürchtete Regen wird jetzt gewünscht und kommt auch regelmäßig zu seiner Zeit. Ich bin den größten Teil des Tages fast nackt und kann den Leuten die von 2 nahen Balkonen manchmal zufällig herüberschauen, nicht helfen, denn es ist wirklich sehr heiß. Vielleicht übersiedle ich für die paar Wochen noch nach einem andern Ort, aber nicht wegen der Hitze, sondern wegen der Schlaflosigkeit, es tut mir leid, denn eine so gute Pension und Behandlung finde ich nicht wieder. Allerdings dachte ich das im Hotel Emma auch. Der Vater würde sagen: »Wenn man ihn nicht prügelt und hinauswirft, ist es eine großartige Pension«. Er hat recht, aber ich auch.

Warst Du schon bei Oskar? Grüß ihn vielmals von mir und erkläre ihm, warum ich noch nicht geschrieben habe. Allerdings hast Du jetzt vielleicht wegen der Vorarbeiten gar keine Zeit. Brief an Felice?

Grüße auch sonst alle und das Fräulein besonders. Wir haben noch immer kein Dienstmädchen?

F

[Postkarte]

[Stempel: Meran – 21.V.20]

Liebste Ottla, ich bekam heute zwei Päckchen von Dir, die Selbstwehr (die mir übrigens jetzt Felix auch zu schicken anfängt) und eine Menge tschechischer Zeitungen alle vom 16. Mai. Warum diese? Zuerst dachte ich es seien vielleicht Aufsätze darin über Versicherungswesen oder dgl., die ich gern gelesen hätte, aber es war nichts darin. Jedenfalls hebe ich die Zeitungen auf, bis Du mir darüber schreibst. Schließlich fiel mir ein, daß Du vielleicht meine letzte Karte dahin mißverstanden haben könntest. Aber das ist doch nicht möglich, ich bat doch deutlich bei Borový auf der Kleinseite 20 Exemplare (es genügen aber reichlich auch 10) der Nr. 6 der Zeitschrift Kmen zu kaufen (vom 22. April), aber nicht mir zu schicken, sondern aufzuheben. Herzliche Grüße den Eltern und allen   F

[Meran, Ende Mai 1920]

Liebe Ottla, das hast Du also ausgezeichnet gemacht, allerdings hätte ich an Deiner Stelle die Gesundung des Herrn Fikart abgewartet, aus dem Grunde, weil er es mir vielleicht übelnehmen wird, ihn übergangen zu haben. Aber trotzdem bin ich froh, noch ein wenig hierbleiben zu können. Vielleicht fahre ich dann im Juni des Übergangs halber noch auf paar Tage nach Böhmen irgendwohin, aber nicht eigentlich, weil es mir hier zu heiß wäre. Zum arbeiten allerdings ist es sehr heiß, man klagt sogar in den Zeitungen über vorzeitige Hitze, nicht einmal am Abend (nur am Morgen) halte ich es aus, eigentlich im Garten zu arbeiten (ganz leichtes natürlich Unkraut durchhacken, Kartoffeln behäufeln, Rosen beschneiden, eine tote Amsel begraben u. dgl.), aber für das Daliegen ist es im Durchschnitt kühl und schön, nicht wärmer als in Prag. Und an der Passer, die aus dem Hochgebirge kommt und kalte Luft mitgerissen bringt, gibt es eine quergestellte Bank, wo es einen in der größten Mittagshitze fast kalt durchweht.

Daß der Direktor Dich nicht viel angeschaut hat, beweißt kein Mißfallen, ich hätte Dich darauf vorbereiten sollen. Es ist das eher ein rhetorischer Effekt oder richtiger ein Verzicht auf das Auskosten der Wirkung. Der gute Redner oder der welcher es zu sein glaubt, verzichtet in seinem Selbstbewußtsein auf das Ablesen der Wirkung vom Gesicht des andern, vielmehr er muß gar nichts ablesen, ist tief von der Wirkung überzeugt, braucht diese Anregung nicht. Übrigens spricht doch der Direktor wirklich außerordentlich gut, bei so formellen Gelegenheiten ist es vielleicht nicht so zur Geltung gekommen.

Ich danke Dir auch noch nachträglich für die Zeitungen, an dem Tag, als ich sie bekam war ich so unausgeschlafen, daß ich nicht begreifen konnte, daß eine solche Menge Zeitungen ohne einen bestimmten Zweck etwa gar zur Unterhaltung gelesen werden könnten. Später habe ich doch manches Interessante in ihnen gefunden. Die Rundschau hebe mir auf, ich brauche sie hier nicht.

Aus den Worten des Direktors könnte man annehmen, daß er sehr bereit wäre, mich zu pensionieren. Es ist doch sinnlos, einen Beamten zu halten, den man für so erholungsbedürftig hält, daß man immer wieder ihm Urlaub geben will. Oder ist es das Zeichen weiteren Weltuntergangs? Letzthin erzählte einer von einem Gespräch von früheren Heereslieferanten. Sie klagten über die Menge Kriegsanleihe, die sie liegen haben. Nur einer, gerade der, welcher am meisten geliefert hatte, sagte, er habe keine. Er erklärte das damit, er habe sich gleich gesagt, bei den Preisen, die er mache, könne kein Staat auf die Dauer bestehn, deshalb habe er nicht gezeichnet. Könnte das nicht mancher auch der Welt gegenüber sagen?

Wilder Kopf? Nun es ist schon lange und der Kopf ist wieder gut geworden.

Der General – ich habe von ihm schon geschrieben, nicht? – hat heute im Biergarten (ja, ich habe ein kleines Bier zwischen den Fingern gedreht) seine feste Überzeugung ausgesprochen, daß ich heiraten werde und hat auch meine künftige Frau beschrieben. Er kennt nämlich mein Alter nicht und hält mich für etwas ganz Junges, bei ihm ist es angenehm, ich habe ihn gern und sage ihm mein Alter nicht. Dabei ist er viel jünger und ich könnte nicht in Weisheit sein Großvater sein. Er ist 63 Jahre alt, hat aber eine so schlanke, straffe, beherrschte Gestalt, daß er z.B. im Halbdunkel des Gartens, im kurzen Überzieher, die eine Hand an der Hüfte, die andere auf der Zigarette am Mund wie ein junger Wiener Lieutenant aus den alten österreichischen Zeiten aussieht.

Alles Gute   Franz

Grüß doch einmal ganz besonders Elli und Valli ordentlich von mir. Und dann in anderem Ton das Fräulein natürlich. Oskar? Felice? Memoiren einer Sozialistin? Schwimmschule?

[Meran,] Freitag [, 11. Juni 1920]

Liebe Ottla, schweigsam? Das ist ein wenig undeutlich, denn das kann ebenso ein wunderbarer als auch ein abscheulicher Zustand sein, ich will nicht deuten, sondern Deinen nächsten Brief abwarten. Ja, leicht ist ja nichts und auch das Glück, sogar das wahre Glück – Blitz, Strahl, Befehl aus der Höhe – ist eine entsetzliche Last. Aber das ist nichts für Briefe, das ist für »das Badezimmer«.

Wenn Du zu Oskar giengest wäre es mir doch sehr lieb, ich habe ihm noch gar nicht geschrieben: wie soll man ihm auch schreiben, wenn jeder Brief notwendig öffentlich ist. Gib ihm das zu verstehn, wenn dafür Gelegenheit ist. Oder lieber nicht. Aber geh bitte hin und grüß ihn von mir, dann auch die Frau und den Jungen.

Hüte oder dergleichen brauchst Du nicht? Um Dich auf dem Weg aufzuhalten, meine ich. Ich habe ihr das Schlimmste getan, was vielleicht möglich ist, und es ist wahrscheinlich zuende. So spiele ich mit einem lebendigen Menschen. Herr Fröhlich ist gestorben, vorgestern habe ich es zufällig gehört, Ihr wißt es wahrscheinlich schon länger. Kondolieren werde ich nicht, ich muß es ja nicht wissen. Hoffentlich ist dieses scheinbar sehr glückliche Leben ohne große Schmerzen zuende gegangen, ich weiß keine Einzelnheiten.

Wenn die Eltern nicht nach Franzensbad fahren – da am 6. Juni noch ruhig Karten gespielt werden, scheint es so (wo war denn die Mutter an dem Abend?) – werde ich Ende Juni direkt nach Prag fahren. Das Wetter ist sehr günstig, wäre nicht der rebellierende Kopf, wäre alles in Ordnung

Dein Franz

Fräulein besonders grüßen! Was könnte ich ihr mitbringen? Brief an Felice? Hanne? Schwimmschulkarte? Memoiren? Onkel Alfred?

Bestelle bitte bei Taussig von der Berliner Zeitschrift: Die Weltbühne das Heft Nr. 23. Herausgeber Jakobsohn

[Postkarte]

[Stempel: Meran – 28.VI.20]

Liebste Ottla vor der Abfahrt vor dem Einpacken noch schnell: Danke für die guten Nachrichten und sei nicht zu streng bei der Besichtigung, wenn ich komme (Ende der Woche) Ich schaue in den Schrankspiegel und finde mich noch sehr ähnlich. Ich fürchte mich nicht wenig, man wird sagen, in Sdielesen in 14 Tagen hätte ich das auch erreichen können, nun aber es gab auch anderes und vielleicht ist es nicht gar so schlimm, nur konnte ich nach den ersten 1 ½ Monaten mit Recht viel mehr erwarten. Also nicht streng sein. Auf Wiedersehn. Übrigens hast Du ja wahrscheinlich so viel zu tun, daß Du gar nicht Zeit haben wirst mich anzusehn und sonst ist ja niemand Zuhause.

Dein F.

[Postkarte]

[Stempel: Prag – 25.VII.20]

Liebste Ottla Du fragst nach dreierlei, nach meinen Sachen, nach Hr. Treml und nach der Gesundheit, die Reihenfolge des Wohlbefindens ist die: Treml, Sachen, Gesundheit, womit aber nicht etwa gesagt ist, daß die Gesundheit nicht gut ist, nein gar nicht, nur ist eben das Befinden des Hr. T. so unübertrefflich. Und daß ich nichts verloren habe, weiß ich sehr gut, hast Du denn etwa seit der Hochzeit die Ohren verloren? Und da Du sie noch hast, darf ich nicht etwa mit ihnen mehr spielen? Nun also. Deinem Mann habe ich sehr interessante politische Neuigkeiten zu erzählen, doch ist es nicht nötig, die Reise deshalb abzukürzen (im Gegenteil, die Mutter wollte sie wegen Euerer Wohnung eher noch ein wenig verlängert haben) sie gleichen merkwürdigerweise zum Verwechseln den alten Neuigkeiten, die ich ihm schon hie und da verraten habe.
Alles Gute Euch beiden

Dein F

Frl. Skall läßt grüßen
Viele Grüße von mir u. dem Vater an Euch beide.

[Matliary, ca. 21. Dezember 1920]

Liebe Ottla, also der Bericht, er ist natürlich auch für die Eltern bestimmt, ich schicke ihn aber lieber Dir, damit Du, wenn etwas Anstößiges darin stehn sollte, es bei der Weitergabe milderst.

Die Fahrt war sehr einfach, in Tatra Lomnitz war allerdings der Koffer nicht da, aber man erklärte es glaubwürdig, er werde den nächsten Tag kommen, er ist auch gekommen und fehlerlos.

Der Schlitten erwartete mich, die Fahrt bei Mondschein durch den Schnee- und Bergwald, das war noch sehr schön, dann kamen wir zu einem großen, hotelartigen, hellerleuchteten Gebäude, hielten aber nicht dort, sondern fuhren ein kleines Stückchen weiter zu einem recht dunklen, verdächtig aussehenden Haus. Ich stieg aus, im kalten Flur (wo ist die Zentralheizung?) niemand, lange muß der Kutscher suchen und rufen, endlich kommt ein Mädchen und führt mich in den ersten Stock. Es sind zwei Zimmer vorbereitet, ein Balkonzimmer für mich, das Zimmer nebenan für Dich. Ich trete in das Balkonzimmer und erschrecke. Was ist hier vorbereitet? Eingeheizt ist zwar aber der Ofen stinkt mehr, als er wärmt. Und sonst? Ein Eisenbett, darauf ohne Überzug ein Polster und eine Decke, die Tür im Schrank ist zerbrochen, zum Balkon führt nur eine einfache Tür und selbst die sitzt nicht fest, wie es mir überhaupt vorkommt, daß »durch alle Fugen der Wind heult«. Das Mädchen, das ich zum Zimmer rechne und deshalb auch nicht leiden kann, sucht mich zu trösten, z. B. wozu brauche ich eine doppelte Balkontür? Bei Tag liege ich doch draußen und in der Nacht schlafe ich bei offener Tür? Das ist richtig, denke ich, am besten wäre es, auch noch die letzte Tür wegzunehmen. – Und Ofenheizung sei doch viel besser als Zentralheizung? Zentralheizung ist nur drüben in der jetzt vollbesetzten Hauptvilla. »Aber hier ist doch nicht einmal Ofenheizung«, wende ich ein. Das sei nur heute so, weil in diesem Zimmer noch nicht geheizt war. – So verteidigt sich das Mädchen immerfort, unnötigerweise, denn ich weiß ja, daß sie nicht imstande ist, mir etwa das feste und warme Zimmer aus der Villa Stüdl herzuzaubern.

Aber es kam noch ärger, denn schließlich hatte mich ja bis jetzt nur das Zimmer enttäuscht, den Lockbrief der Besitzerin hatte ich aber noch in der Tasche. Nun kam sie selbst, um mich zu begrüßen, eine große Frau (keine Jüdin) in langem schwarzen Samtmantel, unangenehmes Ungarisch-Deutsch, süßlich aber hart. Ich war sehr grob, ohne es genau zu wissen, natürlich; aber das Zimmer schien mir zu arg. Sie immer überfreundlich, aber ohne jede Lust oder Fähigkeit zu helfen. Hier ist Dein Zimmer, hier wohne. Nach Weihnachten werden in der Hauptvilla Zimmer frei. Ich hörte dann gar nicht mehr darauf hin, was sie sagte. Auch was sie über das Essen sagte, war bei weitem nicht so schön wie der Brief. Sie war mir so unleidlich, daß ich sehr bedauerte, ihr den Gepäckschein anvertraut zu haben (sie wollte nächsten Tage bei der Bahn anfragen lassen, ob der Koffer schon gekommen sei). Der einzige Lichtpunkt war, daß im Ort ein Arzt sein sollte, ja er sollte sogar auf dem gleichen Gang, nur paar Türen weiter, wohnen, das schien mir allerdings sehr unglaubwürdig.

Jedenfalls hatte ich, als sie fortgegangen war, meinen Plan fertig: die Nacht werde ich mit meinem Fußsack und meiner Decke hier irgendwie verbringen, vormittags telephoniere ich nach Smokovec (hoffentlich ist der Ausnahmezustand schon vorüber und Telephongespräche schon erlaubt) und nachmittags, wenn der Koffer da ist, zahle ich Reugeld wieviel man will, gebe mich nicht erst mit der Elektrischen ab, sondern nehme einen Schlitten und fahre hin über Berg und Tal. Immerfort hatte ich die tröstliche Vorstellung, wie ich mich morgen abend aufatmend auf das feine gefederte Kanapee in Smokovec hinwerfen werde. Ich glaube, Du wärest diesem ersten Schrecken ebenso erlegen, vielleicht hättest Du aber den Schlitten schon abends zu nehmen versucht.

Da kam dem Mädchen ein Einfall; ob ich mir nicht, wenn mir dieses Zimmer so mißfalle, das (für Dich vorbereitete) Nebenzimmer anschauen wolle, liegen könne ich ja auf diesem Balkon und nebenan wohnen. Ich ging ohne jede Hoffnung hinüber, aber da ich gar nicht mehr verwöhnt war, gefiel es mir ausgezeichnet. Es war auch wirklich viel besser, größer, besser beheizt, besser beleuchtet, ein gutes Holzbett, ein neuer Schrank, das Fenster weit vom Bett, da blieb ich.

Und damit begann die Wendung zum Guten (die ich zum Teil Dir verdanke, denn hättest Du Dich nicht angemeldet, wäre das Zimmer nicht geheizt gewesen und wäre es nicht geheizt gewesen, wäre es dem Mädchen kaum eingefallen mich hinzuführen). Ich ging dann in die Hauptvilla zum Essen, auch dort gefiel es mir ganz gut, einfach (ein neuer großer Speisesaal wird erst morgen eröffnet) aber rein, gutes Essen, die Gesellschaft ausschließlich ungarisch (wenig Juden), sodaß man schön im Dunkel bleibt. Und erst am nächsten Tag sah alles noch viel besser aus. Die Villa, in der ich wohne (Tatra heißt sie), war plötzlich ein hübsches Gebäude, es gab weder Wind noch Fugen, der Balkon lag genau in der Sonne. Als man mir für die nächste Woche ein Zimmer in der Hauptvilla anbot, hatte ich nicht die geringste Lust mehr dazu, denn die »Tatra« hat große Vorteile gegenüber der Hauptvilla: vor allem ist man gezwungen dreimal zum Essen hinüberzugehn (oder vielmehr man ist nicht dazu gezwungen, man kann es sich auch bringen lassen) und wird nicht so faul und unbeweglich, wenn man wie z.B. in Schelesen im gleichen Haus wohnt und ißt und immer nur aus dem ersten Stock ins Parterre stiefelt und wieder zurück. Dann ist die Hauptvilla wie man mir bestätigt hat sehr lärmend, immerfort läuten die Glocken, die Küche macht Lärm, die Restauration macht Lärm, die Fahrstraße, die dort eng vorüberführt, eine Rodelbahn, alles macht Lärm. Bei uns ist es ganz still, ich glaube, nicht einmal die Glocke läutet (sie läutet ja gewiß, nur habe ich sie noch nicht gehört). Dann ist drüben eigentlich nur eine gemeinsame Liegehalle und selbst die liegt nicht so in der Sonne wie mein Balkon. Endlich ist auch die Ofenheizung viel besser. Es wird zweimal eingeheizt, früh und abends, nur mit Holz, so daß ich nachlegen kann, wie viel ich will. Jetzt am abend ist z.B. so warm, daß ich ohne Kleider halb nackt dasitze. Und, wenn man auch das als Vorteil ansehn will, der Arzt wohnt tatsächlich auf meinem Gang, links, drei Türen weiter.

Auch Frau Forberger war am nächsten Tag ganz anders, mit dem Samtmantel (oder war es Pelz?) hatte sie alles Böse abgelegt und war sanft und freundlich bei der Sache. Das Essen ist genug erfindungsreich, ich erkenne die Dinge, aus denen es zusammengesetzt ist, gar nicht auseinander; es wird zum Teil eigens für mich gekocht, trotzdem an 30 Gäste da sind. Auch der Arzt gibt seine Ratschläge dazu. Zuerst wollte er natürlich eine Arsenkur anfangen, dann besänftigte ich ihn durch einen Pauschalvertrag, wonach er mich täglich – 6 K kostet es – besucht. Ich soll vorläufig 5 mal täglich Milch und 2 mal Sahne trinken, kann es aber nur bei größter Anstrengung 2 ½ hinsichtlich der Milch und 1 mal hinsichtlich der Sahne.

Jedenfalls wären also alle äußeren Voraussetzungen für ein gutes Gelingen gegeben; bleibt nur der Feind im Kopf. Denkt der Vater wirklich daran herzukommen? Wohlfühlen würde er sich hier sicher nur, wenn die Mutter mitkäme, und selbst dann erst, wenn die Tage länger werden. Es sind hier nämlich kaum 1, 2 Herren, die für ihn in Betracht kämen, sonst nur Frauen, Mädchen und junge Männer, die meisten können Deutsch sprechen aber am liebsten ungarisch. (Auch die Zimmer-Küchenmädchen, Kutscher u.s.f. Gut slowakisch glaube ich bisher nur einmal – allerdings fuhr ich ja zweiter Klasse – in der Eisenbahn von zwei jungen Mädchen haben sprechen hören, sie sprachen sehr eifrig und rein, bis dann allerdings die eine auf eine erstaunliche Mitteilung hin, welche ihr die andere machte, ausrief: oǐoǐoǐoǐ!) Das wäre also für den Vater nichts. Sonst aber könnte sich Matliary jetzt vor ihm sehen lassen, die heute neu eröffneten Säle (Speise-, Billard- und Musiksaal) sind geradezu »hochelegant«.

Und was machst Du? Honig? Turnen? Schwindel bei Aufstehn? Zeitunglesen für mich? Viele Grüße Dir und Deinem Mann (dem ich den guten Platz im Coupé verdanke) und allen andern, jedem besonders, bis zum Wurm hinunter.

Warst Du bei Max?

Dein Franz

Den Eltern mußt du den Brief gar nicht zeigen, ich schreibe ihnen ja häufig

1921

Liebste Ottla um Zeit zu sparen, schreibe ich im Liegestuhl. Zuerst eine Bitte. Kein »Weg«. Wege hast Du vielleicht nicht mehr gern. Es handelt sich um einen Brief an den Direktor den ich in schönes Tschechisch gebracht haben möchte. Ich werde ihn jetzt zusammenstellen:

Sehr geehrter Herr Direktor

Jetzt bin ich schon über 4 Wochen hier, habe schon einen gewissen Überblick und erlaube mir Ihnen sehr g. H. D. kurz über mich zu berichten. Untergebracht bin ich gut (Tatr. Matl. Villa Tatra) die Preise sind zwar viel höher als in Meran, aber für die hiesigen Verhältnisse doch mäßig. Mein Leiden und seine Besserung kann ich im allgemeinen nur am Gewicht, Fieber, Husten und an der Atemkraft erkennen. Das Aussehn und Gewicht hat sich sehr gebessert, ich habe – kg zugenommen und werde wohl weiter zunehmen. Das Fieber tritt immer seltener auf, oft tagelang nicht und ist ganz gering, allerdings liege ich ja meistens und vermeide jede Anstrengung. Der Husten ist noch kaum geringer geworden, aber wohl leichter, er schüttelt mich nicht mehr. Hinsichtlich der Atemkraft schließlich hat sich noch kaum etwas gebessert. Es ist eben eine sehr langwierige Sache, der Arzt behauptet, ich müsse hier ganz gesund werden, sehr hoch muß man natürlich solche Behauptungen nicht einschätzen.

Im ganzen fühle ich mich hier besser als in Meran und hoffe mit bessern Ergebnissen zurückzukommen. Übrigens werde ich vielleicht nicht dauernd hierbleiben; gegen das Frühjahr zu soll es hier sehr lebhaft werden, wie man mir sagt und da ich Ruhe fast mehr brauche als Essen und Luft würde ich dann wahrscheinlich in ein anderes Sanatorium nach Nový Smokovec übersiedeln.

Indem ich Ihnen sehr geehrter Herr Direktor nochmals für die Güte danke, mit der sie mir den Urlaub gewährt haben, bleibe ich mit herzlichen Grüßen

Ihr sehr ergebener

Das ist also der Brief. Du mußt ihn richtig verstehn, er ist zwar im wesentlichen richtig, aber doch absichtlich etwas düster gehalten, ich sehe nämlich, daß ich länger werde bleiben müssen, wenn ich der Sache irgendwie gründlicher beikommen will, anders wird es kaum gehn, sonst komme ich wieder nach Prag, zwar besser als aus Meran, aber doch unfähig einen vollen menschenwürdigen Atemzug zu tun. Darauf also soll der Brief den Direktor vorläufig leise vorbereiten. (Was das Fieber betrifft, so ist das nicht Prager Fieber, denn hier messe ich unter der Zunge, was 3 bis 4 Zehntel höhere Ergebnisse hat, hienach hätte ich in Prag unaufhörlich Fieber gehabt, während ich das Prager Fieber hier überhaupt nicht mehr habe). Auch hinsichtlich Smokovec siehst Du, daß ich nicht hartnäckig bin, vorläufig aber ist es hier viel besser, verschiedene Berichte haben mir das noch bestätigt, das einzige, was mich von hier vertreiben könnte, wäre Lärm. Schließlich hat der Brief natürlich noch einen Zweck und deshalb ist er so ausführlich, Herr Fikart soll etwas Großes zum Einlegen haben. (Schon Mittagessen-Läuten! Der Tag ist so kurz. Man mißt 7mal die Temperatur und hat kaum Zeit das Ergebnis in den Bogen einzutragen, schon ist der Tag zuende). Für die Übersetzung wirst Du, denke ich, nicht genügen, Dein Mann wird mir die Freundlichkeit tun müssen, zumindest Deine Übersetzung durchzusehn, ich vergesse hier Tschechisch. Es kommt vor allem darauf an, daß es klassisches Tschechisch ist, also gar nicht auf Wörtlichkeit (fällt Dir etwas dazu ein, kannst Du es auch einfügen) nur auf Klassicität.

Von mir schreibst Du viel, von Dir wenig, mach es nächstens umgekehrt. Denk nur, wenn ich länger hierbleibe, werde ich ja das kleine Ding nicht einmal aufwachen sehn. Darüber hätte ich noch einiges zu schreiben, aber es ist zu spät, nächstens. Herzliche Grüße Deinem Mann, grüß auch besonders Elli und Valli. Auch das Frl. natürlich.

Dein F.

An Josef David

[Matliary, 4. Januarwoche 1921]

Lieber Pepa,
schön, schön hast Du das gemacht, jetzt setze ich nur noch ein paar kleine Fehler hinein, nicht etwa damit überhaupt irgendwelche Fehler darinstehn, denn, verzeih, Fehler wird mein Direktor auch in Deinem Brief finden und würde sie in jedem finden, ich tue es nur, damit eine angemessene Zahl von Fehlern darin steht. Hier bemühe ich mich, ruhig zu leben, kaum daß ich mal eine Zeitung in die Hand bekomme, nicht einmal die »Tribuna« lese ich, ich weiß auch weder, was die Kommunisten machen, noch was die Deutschen sagen, nur was die Magyaren sagen, höre ich, aber ich verstehe es nicht; leider sagen sie sehr viel und ich wäre glücklich, wenn es weniger wäre. Wozu ein Gedicht, Pepa, strenge Dich nicht an, wozu ein neues Gedicht? Es hat doch schon Horaz viele schöne Gedichte geschrieben und wir haben erst eineinhalb gelesen. Übrigens ein Gedicht von Dir, das habe ich schon. Es ist hier in der Nähe eine kleine Militär-Kranken-Abteilung und Abend zieht das die Straße entlang und nichts als diese »Panther« und immer »drehen sie sich«. Die tschechischen Soldaten sind übrigens nicht die ärgsten, sie rodeln und lachen und schreien wie Kinder mit Soldatenstimmen, aber da sind auch ein paar ungarische Soldaten dabei und einer von ihnen hat fünf Worte von diesen Panthern gelernt und offenbar hat er darüber den Verstand verloren; wo immer er auftaucht, brüllt er das Lied. Und die schönen Berge und Wälder im Umkreis schauen all dem so ernsthaft zu, als ob es ihnen gefiele.

Das alles ist aber nicht schlimm, es dauert täglich nur ein Weilchen, viel ärger sind in dieser Hinsicht die teuflischen Lärmstimmen im Hause, aber auch das läßt sich überwinden, ich will nicht klagen, es ist die Tatra hier und die Berge des Sabinerlands sind anderswo und vielleicht nirgends.

Bitte grüße Deine Eltern und Schwestern von mir. Wie ist das mit dem Nationaltheater ausgefallen?

Dein F

[Matliary, ca. 10. Februar 1921]

Liebe Ottla, die erste Stunde am ersten schönen Tag gehört Dir. Mir war nicht ganz gut, es war zwar nicht mehr als ich den Eltern geschrieben habe (von andern in der Erinnerung noch viel kleineren Störungen abgesehn) immerhin, ich mußte auf die Gewichtszunahme konzentriert bleiben. Manchmal komme ich mir, mit der kleinen Gewichtszunahme im Arm, vor wie der Vater im »Erlkönig«, die Gefahren sind vielleicht nicht so groß wie dort, aber der Arm ist auch nicht so fest.

Wie ist es mit Tante Julie ausgegangen? Die Mutter schreibt mir nichts von ihr, ich will nicht fragen. Merkwürdig ist sie mir in der Erinnerung, es kommt mir vor, als hätte ich niemals ein Wort mit ihr gesprochen, was ja auch wahr sein wird, aber ohne Bedeutung ist sie für mich nicht. Du erwähnst daß es für mich schwer ist, »Ruhe zu gewinnen«. Das ist wahr, aber Du erinnerst mich damit an ein sehr gutes Mittel gegen Nervosität, es gehört dem Herrn Weltsch-Vater und ist aus den »Hugenotten«, In der schrecklichen Bartholomäus-Nacht, in der alle Protestanten in Paris ermordet wurden, alle Glocken läuten, überall hört man Bewaffnete, öffnet (ich glaube, ich kenne die Oper nicht) Raoul das Fenster und singt wütend: »– ist denn in Paris nicht Ruh zu gewinnen?« Der hohe Ton liegt auf Ruh, laß es Dir von Felix vorsingen (ich habe ihm noch immer nicht geschrieben und habe ihn so gern, auch Oskar nicht). Also das ist ein gutes Mittel. Wenn z.B. unten der Zahntechniker mit seinen Patienten dreistimmig zu singen anfängt – ich will nicht übertreiben, es ist bisher nur einmal geschehn: er selbst aber singt und pfeift eine Menge, er ist wie ein Vogel, kaum berührt ihm die Sonne den Schnabel fängt er an, aber auch bei Mondschein, aber auch bei finsterem Himmel, und immer erschreckend, plötzlich, kurz abbrechend, mir schadet er jetzt nicht mehr sehr viel, ein Freund von ihm, der Kaschauer, der auch sehr gut zu mir ist, hat mir viel geholfen, aber seinem Zimmernachbar, einem Schwerkranken, macht er das bittere Leben noch bitterer – wenn also etwas derartiges geschieht, beugt man sich über das Geländer und denkt: ist denn in Paris u.s.w. und schon ist es nicht mehr ganz so schlimm. Du fragst nach Freunden. Zuerst wollte und konnte ich ganz allein bleiben, später gieng es doch nicht ganz. Von den Frauen als solchen habe ich mich zwar nach Deinem Rat ganz zurückgehalten, es macht mir nicht viel Mühe und ihnen kein

Leid, sonst aber waren zunächst die Tschechen da, in einer höchst unglücklichen Zusammensetzung, drei die gar nicht zu einander passen, ein schwer-
kranker älterer Herr, ein schwerkrankes Fräulein und ein wohl nicht sehr krankes junges Mädchen, nun war da zwar noch ein vierter Tscheche, ein jüngerer
Herr, äußerst gefällig, besonders gegenüber Frauen ein Muster uneigennütziger
Ergebenheit und Aufopferung, der hat gut vermittelt und mich unnötig gemacht und seit gestern ist er auch wieder hier, aber er war längere Zeit verreist
und da fühlte ich den verschiedenartig unglücklichen Drei gegenüber eine unbedingte Verpflichtung. So verloren zu sein zwischen Ungarn, Deutschen und
Juden, alle diese zu hassen und wie z. B. das Fräulein außerdem schwer krank zu
sein, das ist nicht wenig. Es gibt hier zwar genug tschechische Offiziere aus
einem nahen Barakenspital und aus Lomnitz, aber sie ziehen im allgemeinen die
Ungarinnen und Jüdinnen vor. Und die Kleine, wie schmückt sie sich für diese
schönen Offiziere! Ich will nicht beschreiben, warum sie unmöglich begehrenswert werden kann, es ist ja auch nicht so schlimm, manchmal sprechen sie auch
mit ihr, von einem hat sie auch schon einen Brief bekommen, aber wie wenig ist
das gegenüber dem, was wahrscheinlich in dem Marlittroman, den sie liest,
jeden Tag zu geschehen pflegt.

Dann war gestern Mittag, nachmittags war zu kalt zum Schreiben, abends war
ich zu traurig, und heute, heute war es wieder zu schön, starke Sonne. Traurig
war ich abends, weil ich Sardellen gegessen hatte, es war gut zubereitet, Mayon-
naise Butterstückchen, Kartoffelbrei, aber es waren Sardellen. Schon einige Tage
war ich lüstern auf Fleisch gewesen, das war eine gute Lehre. Traurig wie eine
Hyäne bin ich dann durch den Wald gezogen (ein wenig Husten war das
menschliche Unterscheidungszeichen), traurig wie eine Hyäne habe ich die
Nacht verbracht. Ich stellte mir die Hyäne vor, wie sie eine von einer Karawane
verlorene Sardinenbüchse findet, den kleinen Blechsarg aufstampft und die Leichen herausfrißt. Wobei sie sich vielleicht vom Menschen noch dadurch unterscheidet, daß sie nicht will aber muß (warum wäre sie sonst so traurig, warum
hätte sie vor Trauer die Augen immer halb geschlossen?), wir dagegen nicht
müssen, aber wollen. Der Doktor hat mich früh getröstet: warum traurig sein?
Ich habe doch die Sardellen gegessen und nicht die Sardellen mich.

Also weiter von den Menschen: Die Kleine hat mich also ein wenig beschäftigt
z.B. am Abend vor dem Nachtmahl sieht sie, daß im Saal 2 Offiziere sitzen, sofort läuft sie in ihr Zimmer und schmückt und frisiert sich, kommt viel zu spät
zum Nachtmahl, die bösen Offiziere sind inzwischen fortgegangen, nun soll sie
in ihrem schönsten Kleid nutzlos gleich wieder schlafen gehn? Nein, wenigstens

getröstet will sie sein. Dann ist also noch das schwerkranke Fräulein da, ein armes Wesen, dem ich am ersten Abend sehr Unrecht getan habe, ich war so entsetzt über die neue Nachbarin, sie kam vor etwa 14 Tagen, daß ich abends noch in meinem Zimmer an der peinlichen Erinnerung fast körperlich litt, ich will nicht die Einzelnheiten erzählen.

Entzückt war ich nur von einem Ausspruch den sie damals nicht zu mir, sondern zu jenem gefälligen Herrn getan hatte: die ihr liebste Zeitung sei der Venkov und zwar wegen der Leitartikel. Ich beschloß die Enthüllung (es ist ein Unglück, daß man sich niemals gleich vollständig vorstellen kann) erst dann vorzunehmen, wenn sie etwas auf keine Weise mehr Gutzumachendes gesagt haben würde; dann würde ich von ihr befreit sein. Aber es zeigte sich, daß mein erster Eindruck hinsichtlich aller der nicht erwähnten lästigen Einzelnheiten übertrieben war, daß sie ein armes, freundliches Wesen ist, sehr unglücklich (die Krankheit hat in ihrer Familie gerast) aber doch fröhlich, hat mich auch nach der Enthüllung nicht »ausgerottet«, sondern war noch ein wenig freundlicher zu mir, wie auch ich zu ihr, nachdem ich von ihrem Unglück gehört hatte und als sie jetzt mit ihrem ewigen Fieber eine Woche lang in ihrem kalten Nordzimmerchen lag (nicht jeder wagt sich in meine sonnige Villa), war sie mir sehr leid.

[Das ist übrigens ein Gewinn des Zusammenseins mit andern Kranken: man nimmt die Krankheit ernster. Sie wird zwar nicht für vererblich gehalten und ich meinesteils glaube auch an Ansteckung nicht, aber der schönste Glaube hilft nicht gegenüber den Tatsachen und mit dieser Krankheit besonders kleine Kinder küssen oder vom gleichen Teller essen lassen, ist ein abscheuliches Unrecht.] Dann ist also noch der ältere Herr da, sehnsüchtig nach ein wenig Unterhaltung dabei leider nicht wählerisch in der Richtung seines Hustens, was soll er mit den zwei Frauenzimmern anfangen? Aber allein kann er auch nicht sein. Nun, jetzt ist jener gefällige Herr wieder da und der macht alles ausgezeichnet.

Dann habe ich noch zwei junge Leute da, einen Kaschauer und einen Budapester, die sind wirklich wie meine Freunde. Als ich jetzt drei Tage im Bett lag, kam z. B. der Budapester, er ist Medizinstudent, noch um 9 Uhr abends von der Hauptvilla herüber um mir einen (an sich unnötigen) äußerst sorgfältigen Prießnitzumschlag zu machen. Was ich will, holen sie mir, verschaffen sie mir, richten sie mir ein, und alles genau und sofort und ohne die allergeringste Aufdringlichkeit. Es sind Juden, aber nicht Zionisten, der Kaschauer ist ungarischer Sozialist mit Betonung des Ungarischen, den Budapester führen Jesus und Dostojewski. Dem Budapester, der sehr literarisch ist möchte ich gern eine Freude machen und ihm paar für ihn wichtige Bücher borgen. Wenn Du in meinem Bücherkasten etwas von folgenden Büchern findest, schick es mir bitte rekommandiert (vielleicht zuerst 2 und später wieder 2 oder wie du willst): Kierkegaard: Furcht und Zittern, Plato: Das Gastmahl (von Kassner übersetzt), Hoffmann: Biographie Dostojewskis (ich glaube, es ist von Hoffmann, Du kennst ja das Buch), Brod: Tot den Toten. Die Rundschau schick vorläufig nicht, für das Inhaltsverzeichnis danke ich, ich dachte schon: Solltest Du inmitten Deiner vielleicht jetzt großen Arbeit das Inhaltsverzeichnis zu schicken vergessen haben. Nein, Du hast es nicht vergessen.

Wege? Du willst Wege? Ist das kein Spaß? Dann könnte ich also 2, 3 Gilettemesser brauchen, sie können wohl in den Brief gelegt werden. Sind sie nicht zu haben, genügen Mem-Messer. Es hat aber gar keine Eile. An die Selbstwehr könntest Du mit dem beiliegenden Erlagschein 56 K schicken. Die Karte an Ewer hast Du wirklich weggeschickt?

Übrigens kannst Du ausgezeichnet einkaufen. Die Seife die Du mir zuletzt von Prochaska gebracht hast und wegen der ich Grimassen gemacht habe, hat mich hier in den Ruf gebracht, daß es in meinem Zimmer am besten riecht und zwar merkwürdig, unerforschlich gut. Zuerst hat es die Verwalterin bei einer Inventuraufnahme bemerkt, dann das Stubenmädchen, schließlich hat es sich herumgeredet. In aller meiner Eitelkeit hätte ich es gern durch mein Nicht-Fleischessen erklärt, aber es war doch nur die Seife. Noch Wege? Es wird wohl ein Weg in die Anstalt nötig werden, aber ich bin noch nicht entschlossen. Übrigens hast Du ja das Geld geholt, hast Du mit niemandem gesprochen? Ein kleiner Geldbetrag in Mark sollte für mich in die Anstalt gekommen sein, etwa 125 M. Und wann ist der Tag?

Alles Gute und Liebe und Schöne

Franz

Und Elli grüßen und Valli und die Kinder. Das Fräulein grüßen.

Ist nicht eine Rechnung von Taussig gekommen?

Von Minze kam ein einziger Brief, sie hat unglaubliche Sachen ausgeführt, ernährt sich selbst, ich bin sehr stolz auf sie.

An Josef David

[Ansichtspostkarte: Am Krivan. Im Hintergrunde die Liptauer Alpen]

[Stempel: Tatranské-Matliary – 4.III.21]

Lieber Pepa, mit Recht warnst Du mich, aber zu spät, denn ich habe mich nämlich an den großen Skirennen in Polianka beteiligt – sicher hast Du davon in der Tribuna gelesen – und habe mir dabei den Nagel des rechten kleinen Fingers eingerissen. Macht nichts. Darauf bin ich auf den Skiern nach Matliary zurückgegangen. Auf dem Krivan habe ich mich photographieren lassen, wie Du auf der Rückseite siehst. Ich überlege dort …

Liebste Ottla, nur paar Worte, ich komme ja bald, eigentlich liegt schon lange ein Brief für Dich da, so lange bis er veraltet ist und ich ihn weggeworfen habe. Zunächst noch Dank für alles, alles hast Du sehr gut gemacht, – außer bei Taussig! Das war sehr schlecht, den Rat einen Schwindler nennen! – so als wärest Du nicht schon eine große Frau, die nur noch für große Dinge Zeit hat. Wie bist Du doch eigentlich im Rang verändert seit dem letzten Jahr!

Auf dem einen Bild ist die tschechische Gesellschaft, neben mir die 18jährige, neben ihr das kranke Fräulein, unten der gefällige Herr. Warum ich gar so verkrümmt dastehe, weiß ich nicht.

Auf dem andern Bild ist der Aufrechtstehende mit den Schneeschuhen der Kaschauer, die hebräische Widmung ist von ihm. Es heißt: »Als Zeichen der großen Ehre, die ich habe Dir gegenüber«. Es ist nicht ganz verständlich, aber gewiß sehr gut gemeint, wie alles, was er für mich tut. Überhaupt, erstaunlich gut war man hier mir gegenüber.

Noch 2 Porträts von mir lege ich bei, das eine ist von der 18jährigen, es ist leider meine Schuld, daß ich nicht so aussehe, so süß und stark.

Die Bücher haben dem Mediziner große Freude gemacht. Sein erster Dank als ich sie ihm gab, bestand darin, daß er »Herr Doktor!« rief und mit den Büchern weglief. Er hat mich übrigens in der letzten Zeit sehr beschäftigt. Was Du von der Anstalt und Palästina sagst, sind Träume. Die Anstalt ist für mich ein Federbett, so schwer wie warm. Wenn ich hinauskriechen würde, käme ich sofort in die Gefahr mich zu verkühlen, die Welt ist nicht geheizt. Jetzt kurz vor der Abfahrt von hier werde ich unsicher, wie übrigens bei jedem Abschied (nur in Meran wußte ich, daß es höchste Zeit war wegzufahren aus jenem Bergkessel, der Kessel in jeder Hinsicht war) die wunderbaren Tage jetzt nach dem überstandenen Winter locken zu bleiben (zeitweilig war das Wetter eine Qual für mich wie noch niemals), der Doktor droht mir täglich mit allem Bösen, wenn ich wegfahre, und verspricht mir alles Gute, wenn ich bis zum Herbst bleibe, aber ich bin müde des um-Urlaub-bittens, müde des für-Urlaub-dankens, nur dann würde ich es gern annehmen, wenn der Direktor mir z.B. schriebe: »Lieber Herr Kollega, gestern in der Nacht ist mir eingefallen, ob Sie nicht vielleicht noch länger draußen bleiben sollten. Ich bitte Sie dringend noch ein Jahr Urlaub anzunehmen. Telegraphieren Sie mir einfach »ja« und Sie haben den Urlaub; mit tschechischen Gesuchen und Dank-Briefen müssen Sie sich nicht anstrengen, Sie würden ja damit doch nur Ihre Frau Schwester und Ihren Herrn Schwager bemühen. Einer hoffentlich günstigen Antwort entgegensehend und Ihnen baldige oder spätere Genesung wünschend, bleibe ich Ihr dankschuldiger u.s.w.« Ja, dann würde ich gern noch bleiben. Auch deshalb würde ich gern bleiben, weil mir hier Lungenkranke (und andere, ihnen nicht sehr entfernte, noch schlimmere Leute) viel verdächtiger geworden sind als früher. Ich glaube auch weiterhin nicht an Ansteckung, die Küchenmädchen hier z.B. essen die Überreste von den Tellern solcher Kranker, denen gegenüber zu sitzen ich mich scheue, und sie werden dadurch gar nicht krank, sondern noch blühender und ein liebes kleines Kind ist hier in der Küche (seine Mutter arbeitet dort, sein Vater ist unbekannt), das wird auch ganz bestimmt nicht krank werden, trotzdem es sich von solchen Resten nährt. (Übrigens das abgerissenste und fröhlichste Wesen hier, auch sehr klug, ich kann mich aber mit ihm nicht verständigen, es spricht nur ungarisch; als jemand sah, wie es nahe der Rodelbahn spielte und in Gefahr war überfahren zu werden – es ist noch kaum 5 Jahre alt – sagte der Mann, es solle sich in achtnehmen. Der kleine Junge aber sagte: Mich *dürfen* sie nicht überfahren, ich bin doch ein Kind). Also an eine Ansteckung der Gesunden glaube ich nicht, aber in der Stadt ist niemand ganz gesund oder wenigstens nicht so stark, daß er unter allen Umständen der Ansteckungsgefahr widerstehen könnte. Ich verstehe diese Ansteckungsmöglichkeit nicht, (die ärztlichen Erklärungen, soweit ich sie verstehe, gefallen mir nicht) aber an diese Möglichkeit glaube ich, auch deshalb also gehe ich nicht gern auf meinen Platz in das häusliche Nest zurück, wo sich ringsherum die kleinen Schnäbel aufmachen, um vielleicht das Gift aufzunehmen, das ich verteile. Ich schreibe, wie wenn ich doch nicht schon in paar Tagen käme, nun bis Sonntag hat der Direktor Zeit, den Brief zu schreiben. Im übrigen aber freue ich mich schon, Dich zu sehn und Elli und Valli.

Dem Fräulein Skall danke besonders schön für ihren Gruß. Traurig, was Du von ihr schreibst. Aber diesem Verhältnis (nicht ihr) stand das Unglück auf der Stirn geschrieben. Von Tante Julie schriebst nun auch Du nichts mehr. Nun ich komme ja.

Dein

Übrigens fahre ich vielleicht schon Montag oder Dienstag von hier weg, weil die Lomnitz-Poprader Bahn vom 15.III. bis 15.IV. nicht fährt und es mit der elektrischen Bahn zu umständlich ist.

An Julie und Hermann Kafka

[Matliary, ca. 13. März 1921]

Liebste Eltern, durch besondere Folgerichtigkeit zeichnen sich meine Briefe nicht aus, zuerst will ich fort, dann will ich bleiben, dann will ich wieder fort und schließlich bleibe ich. Aber es erklärt sich ein wenig dadurch, daß es mir im Ganzen hier sehr gut gefällt, gar in diesen wunderbaren Tagen, daß aber doch andererseits auch ¼ Jahr eine lange Zeit ist, man ist hier schon zu häuslich eingerichtet und auch das Essen wird einförmig. Nun also, da Ottla so gut war und mir – ich kann nicht verstehn auf welche Weise, ein ärztliches Zeugnis habe ich erst später Max Brod geschickt – 2 Monate erwirkt hat bleibe, ich vorläufig.

Nächste Woche werde ich nach Polianka fahren – der leitende Arzt des dortigen ausgezeichneten Sanatoriums – es ist freilich fast so teuer wie Smokovec – ist jetzt verreist und kommt erst nächste Woche zurück – werde mich dort untersuchen lassen, hören, was er hinsichtlich einer Kur und besonders ihrer Dauer sagt und dann vielleicht, wenn ich aufgenommen werde – es wird nicht jeder aufgenommen, auch ist das Sanatorium voll besetzt – hin übersiedeln (vorausgesetzt, daß ich die Kraft habe, mich hier loszureißen). Der Vorschlag des Onkels – Sommerfrische, Gartenarbeit – gefällt mir allerdings besser als alle Sanatorien, nur ist es jetzt für eine Sommerfrische noch etwas zu früh, auch weiß ich nicht, wo es sein sollte, wenn Ihr vielleicht von etwas derartigem hört, schreibt mir bitte. Wenn ich nun noch länger hier bleibe, werde ich allmählich verschiedene Sachen brauchen, leichtere Kleider u.s.w. – eigentlich habe ich hier nur ein Kleid, in welchem ich schon ein ¼ Jahr jeden Tag herumgehe und liege, ein Festkleid ist es nicht mehr – wie wird man das herschaffen? Dringend ist es aber noch nicht. Dann ist auch zu überlegen, was ich mit den Wintersachen machen soll, die übrigens den ganzen Winter über – es ist hier nicht Sitte – nicht geklopft worden sind.

Ein wenig habe ich diese Woche doch zugenommen 63.50 wiege ich, 6 kg 10 Zunahme.

Herzliche Grüße
allen
Euer Franz

[Matliary, 16. März 1921]

Liebste Ottla, vor paar Tagen fragte mich ein Bekannter, ob ich nicht doch vielleicht noch länger hier bleiben wollte. Ich sagte ja, ich möchte noch bleiben und ich habe auch nach Prag so geschrieben, aber ich habe es nur als Spaß geschrieben und gleichzeitig um der Sache jede Möglichkeit des Ernstes zu nehmen, den Abfahrtstermin so festgesetzt, daß in der Zwischenzeit fast unmöglich bei der Anstalt etwas unternommen werden könnte. Der Bekannte fragte, was für einen Sinn ein solches Schreiben habe. Mir fiel dazu eine chassidische Geschichte ein, die ich allerdings nur sehr unvollkommen kenne, sie ist etwa so: ein chassidischer Rabbi erzählt, er habe von 2 betrunkenen Bauern in der Schenke eine große Erkenntnis bekommen. Die Bauern saßen dort einander gegenüber, der eine war traurig und der andere tröstete ihn mit Schmeichelworten, bis der Traurige ausrief: »Wie kannst Du behaupten, daß Du mich lieb hast und weißt doch nicht einmal was mir fehlt«. Alles war in der Trunkenheit gesagt, der Traurige wußte gar nicht warum er traurig war.

Ich war überzeugt, daß Du nichts machen würdest, vor allem, weil Du nichts machen könntest, deshalb schrieb ich 2 Tage später an Max und wollte Dich so umgehn, aber Du hast Dich nicht umgehn lassen.

Es ist so schwer um Urlaub zu bitten, aus vielen Gründen, von denen Du ja die meisten kennst. Wenn man vor ihm steht und er nun wieder die so und so viele Urlaubsbewilligung aussprechen soll, verwandelt er sich fast in einen Engel, man senkt unwillkürlich die Augen, es ist ebenso wunderbar wie widerlich, man könnte vielleicht mit äußerster Zusammenfassung einen Engel auf freiem Feld ertragen, aber in der Direktionskanzlei? Wo man doch gerechterweise immer nur auf die gröbste irdische Weise ausgeschimpft werden sollte. Sein »ja« möchte ich als Elli's Bruder am liebsten mit verstopften Ohren überleben wollen. Ähnlich geht es mir sogar gegenüber Deinem geschriebenem Bericht. Das einzige, was mich ein wenig tröstet ist der südafrikanische Plan. Es ist so wie wenn er sagen würde: »ich gebe ihm Urlaub in das schöne Land, wo der Pfeffer wächst.« Aber das sind Dummheiten, unglaublich gut ist er, ich begreife nicht, warum; bloß die Rücksicht darauf, daß ich sachlich höchst entbehrlich bin, kann doch nicht der einzige Grund dafür sein.

Ich bin unterbrochen worden, wie jetzt öfters: Der unglückliche Mediziner. Ein solches dämonisches Schauspiel habe ich in der Nähe noch nicht gesehn. Man weiß nicht, sind es gute oder böse Mächte, die da wirken, ungeheuerlich stark sind sie jedenfalls. Im Mittelalter hätte man ihn für besessen gehalten. Dabei ist er ein junger Mensch von 21 Jahren groß breit stark, rotbackig – äußerst klug, wahr selbstlos, zartfühlend. Näheres später einmal im Badezimmer in ruhigen Zeiten, wenn das Kindchen schläft.

Auf der Hetzinsel ist es freilich schöner als oben in den traurigen Gassen. Aber vor allem ist es ja die Armut, die Dich lockt, nur daß man nicht arm ist, wenn man Geld hat und daß man von außen nur in sehr glücklichen großen Ausnahmsfällen die Armut erreichen kann, im allgemeinen ist das, was man dann an Stelle der Armut findet, nur Elend. Das nebenbei, aber über der Insel werde ich in Gedanken wachen mit allen Kräften.

Ist der Arzt nur ein Freund, dann mag es angehn, sonst aber ist es unmöglich sich mit ihnen zu verständigen. Ich z. B. habe 3 Ärzte, den hiesigen, Dr. Kral und den Onkel. Daß sie verschiedenes raten, wäre nicht merkwürdig, daß sie gegensätzliches raten (Dr. Kral ist für Injektionen, der Onkel gegen) ginge auch noch an, aber daß sie einander selbst widersprechen, das ist unverständlich; z.B. Dr. Kral hat mich wegen der Höhensonne, an der ihm sehr viel lag, hergeschickt, jetzt da sie zu scheinen anfängt, rät er mir das tiefliegende Pleš an, weiter, er hat mir sehr zugestimmt, daß ungarische und tschechische Sanatorien deutsche nicht erreichen können und rät mir doch Pleš an. Ich bin ja nicht eigensinnig (nur der Qual des Fleischessens, der ich auch jetzt zum Teil ausgesetzt bin, möchte ich gern entgehn) ich gehe auch nach Pleš, nur möchte ich, ehe ich von hier fortgehe einen Platz irgendwo gesichert haben, um nicht wochenlang den Urlaub, den Du mir so großartig verschafft hast, in Prag zu verschwenden.

In den nächsten Tagen fahre ich übrigens nach Smokovec und Polianka und lasse mich dort untersuchen. Hat Dr. Kral das Gutachten gelesen, ich habe noch eine Abschrift, die ich ihm schicken könnte.

Wandern? Ich weiß nicht. Und Bayern? Das hat mir noch kein Arzt angeraten (trotzdem sich auch ein solcher finden würde), auch nehmen sie dort Fremde nur sehr ungern an und Juden nehmen sie nur auf, um sie zu erschlagen. Das geht nicht. Das Zeugnis hast Du also, das Gesuch liegt bei, ich schicke es Dir, weil ich eben das Zeugnis mir nicht noch einmal schreiben lassen will. Von den Tschechen ist nur die 18jährige hier und ihre Kenntnisse sind mir verdächtig, sie bewundert nämlich mein Tschechisch. Den Brief schreibe ich vielleicht Deutsch.

Aber hast Du denn noch immer Zeit und Lust für anderes als für die Hauptsache? Und ist das recht?

Dein

Elli, Valli schön grüßen. Und das Fräulein

———————

Ich habe auch noch die Zeugnisabschrift beigelegt, übrigens übersichtlicher angeordnet als das Original, diese Abschrift ist eventuell für Dr. Kral oder den Onkel, zum Gesuch ist natürlich das Originalzeugnis beizulegen. Ich spiele damit, wie wenn es das Gutachten über das Innere einer kostbaren Geige wäre und doch ist da nur Knistern und Knacken u. dgl.

[Matliary, April 1921]

Liebste Ottla und Věruška (? die Mutter schrieb den Namen so, was ist das für ein Name? Věra oder etwa Vjera, so wie Frau Kopals Tochter heißt? Was für Überlegungen giengen der Namensgebung vor?), also ein Weg bitte! Frau Forberger braucht für ihren Bruder den Markensammler

100 Stück	2	Heller	Eilmarken	
100	” 80	”	Marken	⎫ mit dem
100	” 90	”	”	⎬ Bild von Hus

Laß Dir bitte das Geld von meinem Geld geben man wird es mir hier bezahlen. Diese Marken werden Ende Mai außer Geltung gesetzt, müssen also sofort gekauft werden und sind angeblich nur in Prag zu haben.

Ist der Weg für Euch zwei zu schwer (wie soll man auch mit dem Kinderwagen in die Hauptposthalle hinauffahren? (Hast Du einen schönen Wagen? Ist Frau Weltsch ein wenig neidisch?), dann könnte vielleicht Pepa so gut sein (ja fährt er denn nicht nach Paris?) Ihm kannst Du dann auch das beiliegende Feuilleton der Brünner Lidové Noviny zur Beurteilung vorlegen; hält er die Sache für gut, natürlich müßte man auch noch mit Dr. Kral sprechen, könnte er sich vielleicht auch noch erkundigen, wo man Plätze für die Sanatoriums- schiffe bekommen kann und wie teuer das Ganze ist. Mußt ihm nicht gleich sagen, daß es leider in der Nummer vom ersten April stand, es stand ganz ernst drin, ein armer Kranker hier hat es voll Hoffnungen dem Doktor zur Beurtei- lung gegeben, der brachte es mir, ich solle es durchlesen, weil er tschechisch nicht versteht und ich war damals von dem Darmkatarrh so geschwächt, daß ich wirklich 1, 2 Stunden daran glaubte.

Das sind die äußern Anlässe, im übrigen wollte ich Dir schon längst schrei- ben, aber ich war zu müde oder zu faul oder nur zu schwer, das ist ja kaum zu unterscheiden, auch habe ich immer irgendeine Kleinigkeit, jetzt z.B. wieder einen wilden Abszess, mit dem ich kämpfe. Daß Ihr zwei so flink seid, freut mich, aber Ihr sollt nicht zu flink sein, hier ist eine junge Bauersfrau, mittel- krank, übrigens lustig und lieb und hübsch in ihrer dunklen Tracht mit dem hin und herwehenden Ballerinenrock, die ist von ihrer Schwiegermutter immer zu sehr zur Arbeit angehalten worden, trotzdem der Arzt dort immer gewarnt und gesagt hat:

Junge Frauen muß man schonen
so wie goldene Citronen

was zwar nicht ganz verständlich, aber doch sehr einleuchtend ist, weshalb ich mich auch zurückhalte, neue Wege zu erfinden.

Immerhin, ein Weg wird notwendig werden, zum Direktor; es ist, um sich die Lippen zu zerbeißen. Am 20. Mai läuft der Urlaub ab (er hat Dich wirk- lich von der Urlaubsbewilligung verständigt?) was dann? Wohin ich dann fahre oder ob ich etwa noch bis Ende Juni hier bleibe, ist eine nebensäch- lichere Überlegung (Seit dem Darmkatarrh, der meiner Meinung nach vom Fleisch kam, ist es so eingerichtet, daß ein Fräulein in der Küche, ich glaube, einen großen Teil ihrer Zeit damit verbringt, nachzudenken, was man mir ko- chen könnte. Beim Frühstück macht man mir Vorschläge inbetreff des Mitta- gessens, bei der Jause inbetreff des Nachtmahls. Letzthin träumte das Fräulein aus dem Fenster hinaus, ich dachte, sie träume von ihrer Heimat Budapest, bis sie dann plötzlich sagte: »Ich bin aber wirklich gespannt, ob Ihnen abends das Salatgemüse schmecken wird«.) Wie soll ich aber wieder den Urlaub verlan- gen? Und wo ist ein Ende abzusehn? Es ist sehr schwer. Vielleicht einen Ur- laub mit halbem Gehalt verlangen? Ist es leichter, um einen solchen Urlaub zu bitten? Es wäre leicht um Urlaub zu bitten, wenn ich mir und andern sagen könnte, daß die Krankheit etwa durch das Bureau verschuldet oder ver- schlimmert worden ist, aber es ist ja das Gegenteil wahr, das Bureau hat die Krankheit aufgehalten. Es ist schwer und doch werde ich um Urlaub bitten müssen. Ein Zeugnis werde ich natürlich vorlegen können, das ist sehr einfach. Nun, was meinst Du?

Doch darfst Du nicht glauben, daß man sich hier immerfort mit solchen Gedanken abgibt, gestern habe ich z.B. gewiß den halben Nachmittag mit Lachen verbracht und zwar nicht mit Auslachen, sondern mit einem gerührten, liebenden Lachen. Leider ist die Sache nur anzudeuten, unmöglich in ihrer ganzen Großartigkeit zu vermitteln. Es ist hier ein Generalstabshauptmann, er ist dem Barakenspital zugeteilt, wohnt aber wie manche Offiziere hier unten, weil es oben in den Baraken zu schmutzig ist, das Essen läßt er sich von oben holen. Solange viel Schnee war, hat er ungeheuere Skitouren gemacht, bis nahe an die Spitzen, oft allein, was fast tollkühn ist, jetzt hat er nur 2 Beschäftigungen, Zeichnen und Aquarellmalen ist die eine, Flötenspiel die andere. Jeden Tag zu bestimmten Stunden malt und zeichnet er im Freien, zu bestimmten Stunden bläst er Flöte in seinem Zimmerchen. Er will offenbar immer allein sein (nur wenn er zeichnet, scheint er es gern zu dulden, wenn man zusieht) ich respektiere das natürlich sehr, ich habe bisher kaum 5 mal mit ihm gesprochen, nur wenn er mich etwa von der Ferne ruft oder wenn ich unerwartet irgendwo auf ihn stoße. Treffe ich ihn beim Zeichnen, mache ich ihm paar Komplimente, die Sachen sind auch wirklich nicht schlimm, gute oder sehr gute dilettantische Arbeit. Das wäre alles, wie ich sehe, noch immer nichts Besonderes, ich sage ja und weiß es: es ist unmöglich das Wesen des Ganzen mitzuteilen. Vielleicht, wenn ich versuche zu beschreiben wie er aussieht: Wenn er auf der Landstraße spazieren geht, immer hoch aufgerichtet, langsam bequem ausschreitend, immer die Augen zu den Lomnitzer Spitzen erhoben, den Mantel im Wind, schaut er etwa wie Schiller aus. Wenn man in seiner Nähe ist und das magere faltige (zum Teil vom Flötenblasen faltige) Gesicht ansieht, mit seiner blassen Holzfärbung, auch der Hals und der ganze Körper ist so trocken hölzern, dann erinnert er an die Toten (auf dem Bild von Signorelli, ich glaube es ist unter den Meisterbildern), wie sie dort aus den Gräbern steigen. Und dann hat er noch eine dritte Ähnlichkeit. Er kam auf die phantastische Idee, mit seinen Bildern in der Haupt-

---

nein es ist zu groß, ich meine: innerlich. Kurz, er veranstaltete also eine Ausstellung, der Mediziner schrieb eine Besprechung in eine ungarische Zeitung, ich in eine deutsche, alles im Geheimen. Er kam mit der ungarischen Zeitung zum Oberkellner, damit er es ihm übersetze; diesem war es zu kompliziert, er führte daher in aller Unschuld den Hauptmann zu dem Mediziner, er werde es am besten übersetzen. Der Mediziner lag gerade mit ein wenig Fieber im Bett, ich war bei ihm zu Besuch, so fieng es an, aber genug davon; wozu erzähle ich es, wenn ich es nicht erzähle.

Übrigens, um wieder an das Vorige anzuknüpfen, Du darfst auch nicht glauben, daß man immerfort lacht, wirklich nicht.

Die Rechnung von Taussig lege ich jetzt bei, ferner einen Ausschnitt für Elli, Felix betreffend, auch für die Deine kann es in Betracht kommen nach 10 Jahren, das ist nicht sehr lang, man dreht sich auf dem Liegestuhl einmal von links nach rechts, schaut auf die Uhr und die 10 Jahre sind vorüber, nur wenn man in Bewegung ist, dauert es länger.

Elli und Valli lasse ich natürlich wieder ganz besonders grüßen. Wie meinst Du es? Ich lasse sie grüßen, weil grüßen leicht ist und schreibe ihnen nicht, weil schreiben schwer ist? Gar nicht. Ich lasse sie grüßen, weil sie meine lieben Schwestern sind und schreibe ihnen nicht besonders, weil ich Dir schreibe! Am Ende wirst Du sagen, daß ich auch Deine Tochter nur grüßen lasse, weil Schreiben schwer ist. Und doch ist Schreiben nicht schwerer, als alles andere, eher ein wenig leichter.

Leb wohl mit den Deinen

F

Bitte grüße das Fräulein von mir

[Matliary, 6. Mai 1921]

Also wirklich, meine arme kleine Schwester ist von ihrer großen Věra so in Anspruch genommen, daß sie mich ohne weiteres auf Aprilscherz-Sanatoriumsschiffen auf die hohe See hinausfahren läßt. So spiele ich also doch mit Deinem Ohr und wollte es gar nicht, schrieb ja, daß das Feuilleton aus der Nummer vom ersten April kommt, aber bei dieser Briefstelle weinte wahrscheinlich Věra und wetzte ihre kleine Zunge.

Die Sommerfrische. Gewiß, das wäre das schönste, ich antwortete damals nur deshalb nicht, weil es mir damals so wie heute nicht durchführbar vorkommt. Mir wird übel, wenn ich daran denke, wie widerlich (nicht der Leichtsinn darin beleidigt mich, aber die Widerlichkeit, die gespensterhafte Widerlichkeit) ich mich in dieser Hinsicht in Prag benommen habe. Nun würde ja, wenn ich mich vor jeder Berührung mit Věra hüten würde, keine wirkliche Gefahr für sie bestehn, der Arzt wird es bestätigen, aber im Gehirn bleibt ein Risiko doch, und nicht nur in meinem, auch in dem der andern. Darum glaube ich, können wir nicht zusammenfahren.

Die Mutter, so lieb, schreibt mir heute wiederum wegen der Schiffe. Beim Hereinfall in Aprilscherze seid Ihr wirklich sehr hartnäckig, dabei hatte ich es nur auf Pepa abgesehn, aber Ihr wolltet ihn nicht allein lassen. Ich fürchte mich nur immerfort, daß Ihr Euch aus mir einen Spaß macht.

Wegen Věra mach Dir nicht zu große Sorgen, bedenke doch, wie schwer es für Erwachsene ist, sich an Neues zu gewöhnen, selbst wenn sie zur Verteidigung des Bestehenden nichts Wesentliches anführen könnten. Du erwähnst die Käsl auf dem Tisch und sprichst die mit Furcht gemischte Hoffnung aus, die auch ich immerfort habe. Nun hat Vera den himmlischen Tisch verlassen und sieht von Deinem Arm auf den irdischen Tisch hinunter und er gefällt ihr nicht oder vielmehr es ist von Gefallen gar nicht die Rede, sie muß sich nur an ihn gewöhnen, das muß eine schreckliche für uns unvorstellbare Arbeit sein. Nur um sich dafür zu stärken, muß sie so viel »essen«, vielleicht auch um sich zeitweilig zu betäuben. »Die Welt ist ja nicht zum Aushalten« sagt sie sich manchmal »nur schnell sich volltrinken«. Und dann trinkt sie und dann weinst Du. – Ich mußte letzthin nur ins Nebenzimmer übersiedeln, in ein Zimmer überdies, auf dessen Balkon ich seit 4 Monaten liege und fast alle meine Möbel wurden mit hinübergenommen und doch hatte ich Mühe mich zu gewöhnen, bis sich schließlich nach paar Stunden ergab, daß dieses Zimmer mit der großen Balkontüre und mit viel Luft und Licht noch viel besser war als das vorige. So wird es Věra auch gehn. – Du mußt auch bedenken, daß für Věra das Essen der nächstliegende und am leichtesten zu erobernde Teil der großen Welt ist und so nützt sie aus und Du mußt es leiden.

Das ärztliche Zeugnis liegt bei. Mach also den schweren Weg und bald bitte. Ich bin dafür, gleich jetzt nur das halbe Gehalt zu verlangen, ich werde auch damit auskommen und es wird mir leichter sein, es anzunehmen.

Grüß Elli und Valli trotz meiner gereizten Bemerkungen letzthin. Es ist eben an manchen Tagen so. Auch das Fräulein

Dein

Viel Glück zu Pepas Reise.

[Stempel: Tatranské-Matliary – 21.V..21]

Liebste Ottla, also wieder einmal hast Du es fertig gebracht, wie oft willst Du es noch machen? Sooft, bis auch der sanfteste Direktor endlich rufen wird: »Genug! Hinaus! Kein Wort mehr!« So oft? Es ist aber wirklich ein eigentümlicher Posten, eigentümlich erstens dadurch, daß er zwei Dinge vereinigt, die sonst selten beisammen sind, nämlich äußerste Entbehrlichkeit des Beamten und äußerst gute Behandlung und zweitens dadurch, daß ich ja niemals so gut behandelt werden könnte, wenn ich nicht eben so sehr entbehrlich wäre. Nun freilich, jeder dieser Urlaube ist, so vornehm er, fast ohne daß ich bitte, gegeben wird, doch nur ein Almosen und es ist eine Schande, daß ich es annehme. Womit ich aber nicht sagen will, daß mir das während der Urlaubszeit besonders wehtut, nein, nur wenn ich bitte und wenn es bewilligt wird. Und diesmal wurde sogar mehr bewilligt als ich wollte. Leider kann ich dem

Direktor nicht einmal tschechisch danken, wieder nur deutsch und selbst das ist schwer.

——————

Daß Herr Fikart kleiner geworden ist, kann ich nicht recht glauben, wohl aber bist Du, Mutter, also so viel größer geworden und deshalb scheint es Dir, daß alles kleiner wird (Du kennst ja die Relativitätsteorie und die Schiffe) nur Vera wird größer und füllt den Horizont (und sich). Wie sieht sie denn aus und was steht auf ihrer Stirn geschrieben? Natürlich darfst Du Dich beim Lesen nicht mit der oberflächlichen Schrift begnügen, dort heißt es natürlich bloß: »ich will essen«. Schade nur, daß sie Dich hindert, herzukommen, vielleicht wird es aber z.B. im nächsten Frühjahr doch schon möglich sein. Ich weiß nämlich nicht, wie ich von hier loskommen soll, wenn Du mich nicht abholst. Man liegt im Wald an der Sonne, auf dem Balkon zu hause, geht früh im sonnigen Wald herum, lacht oder langweilt sich oder ist traurig oder freut sich sogar manchmal, zweimal täglich weint man über dem Essen (gestern beim Mittagessen sagte ich unbewußt klagend »Ach Gott!« und merkte es erst nachher), ein wenig nimmt man auch zu, es geht schon gegen das 8te Kilo – kurz, es ist eine in sich geschlossene Welt, in der man Bürger ist, und so wie man im allgemeinen auch aus der Erdenwelt, wenn man eingebürgert ist, erst loskommt, wenn einen der Engel holt, so auch hier. Also im nächsten Frühjahr?

Wenn es Dir nicht viel Mühe macht, könntest Du noch, ehe Du wegfährst, zu Krätzig – Darfst ihm nicht sagen, daß er kleiner geworden ist! – (dem Dienstältern daher mehr Ehrfurcht beanspruchenden) und Treml gehn? Vielleicht ist auch zufällig Post dort.

Und sag mir bitte nächstens auch paar Worte von Elli, Valli und den Kindern.

Dein

Grüß Pepa
Das Fräulein grüßen!!
Wenn das Paket noch nicht abgeschickt ist, könnte man noch etwa 3 Hemden weiche, wenn irgendwelche gute da sind, beilegen

An Ottla und Josef David

[Matliary, Anfang/Mitte Juni 1921]

Liebe Ottla,

ich habe Dir schon lange nicht geschrieben, denn wenn es mir gut geht, im Wald, in der vollkommenen Stille, mit Vögeln, Bach und Wind wird man auch still und wenn ich verzweifelt bin, in der Villa, auf dem Balkon, in dem vom Lärm zerstörten Wald kann ich nicht schreiben, weil meinen Brief auch die Eltern lesen. Das Letztere ist leider viel häufiger, das erstere kommt aber auch vor, die letzten 2 Nachmittage z.B. war es so, heute nicht mehr ganz; ich wundere mich aber nicht darüber, so viel Ruhe, als ich brauche, gibt es auf der Welt nicht, woraus folgt, daß man soviel Ruhe nicht brauchen dürfte. Daß man sie aber doch manchmal hier haben kann, trotzdem doch schon alles hier überfüllt ist und vom 1. ab die Überfülle wahrscheinlich noch einmal überfüllt werden wird (es wohnen dann Leute in Badekabinen, in jedem Verschlag und ich habe ein schönes Balkonzimmer) – dafür bin ich sehr dankbar und deshalb vor allem neben andern Gründen habe ich mich bisher nicht weggerührt. Jetzt z.B. es ist etwa 7 Uhr abends liege ich im Liegestuhl am Rand einer dreiwandigen Hütte mit 2 Decken Pelz und Polster, vor der Hütte ist eine Waldwiese, groß etwa wie ein ⅓ des Zürauer Ringplatzes, ganz gelb, weiß, lila von bekannten und unbekannten Blumen, ringsherum alter Fichtenwald, hinter der Hütte rauscht der Bach. Hier liege ich schon 5 Stunden, heute ein wenig gestört, gestern und vorgestern ganz allein nur mit der Milchflasche neben mir. Dafür muß man doch dankbar sein und ich verschweige heute Dinge, für die man nicht dankbar sein muß. Übrigens, wenn jeder Nachmittag so wäre und die Welt mich hier ließe, ich bliebe hier solange, bis man mich mit dem Liegestuhl forttragen müßte. Inzwischen kämest Du einmal doch mich besuchen? Was Taus betrifft, so habe ich einige Bedenken nach dem Vers: »Greif nur hinein ins volle Menschenleben, wo Du es packst, dort hälst Du 10 Bedenken.« Der Oberinspektor hatte dafür keinen Vers, aber ein kräftiges Wort. Erstens, daß es dort auf den nördlichen Abhängen des Böhmerwaldes zu rauh ist (ich habe mich ja zurückentwickelt zu einem Kind und nicht zu einem Kind wie Věra ist), zweitens, daß dort nicht genug Ruhe ist, im Wald wohl, aber nicht so nah, daß man sie mit dem Liegestuhl erreichen könnte, drittens, daß es zu nahe beim Špičák ist (jemand ist, um nicht in meiner Nähe zu sein, statt in die Tatra auf den Špičák gefahren und nun sollte ich auch dorthin fahren?), viertens habe ich der Badedirektion auf die dringende Frage, ob ich über den 1. Juli hierbleibe (für Juli und August werden nämlich die Zimmer nur monatsweise abgegeben) gesagt, daß ich bleibe, was ja auch wahr ist und fünftens müßte ich, wenn ich über Prag fahre, in die Anstalt gehn, was eine sehr quälende Zeremonie wäre, denn die Anstalt ist mir (bis auf ihr Geld) ferner als der Mond aber drohend und vorwurfsvoll. Die Bedenken 4 und 5 und zum Teil 3 habe ich selbst zu überwinden, über die ersten zwei aber könntest Du mir erst dann etwas sagen, wenn Du dort wohnst. Darum wäre es am besten mit der Zimmermiete bis dahin zu warten, nicht wahr? Über die Besuche bei Treml und Krätzig sagst Du auffallend wenig, trotzdem das doch bedeutende Ereignisse waren. Sollten die zwei sehr böse auf mich sein und sehr Böses gesagt haben? Post war keine dort? Und sonst etwas Böses?

Daß Du Dir von meinem Aussehn keine besonders großartigen Vorstellungen machst, ist gut, ich habe zwar 8 kg zugenommen (weiter gehts nicht, eher hinunter) und Fieber habe ich im allgemeinen gar nicht, aber sonst – in Zürau war mir besser, fast möchte ich sagen, ehe ich herfuhr, war mir unwissender Weise besser, im Winter freilich war mir viel, viel schlechter als jetzt; ich erzähle das nur, damit ich mich vorstelle, ehe ich ankomme und damit, nicht so wie bei der Rückkehr aus Meran, die Omellette schon fertig ist, wenn ich komme.

Und nun sei mir nicht böse und geh zu Věra und ehe Du ihr zu essen gibst, gib ihr unter den andern Küssen auch einen für mich

Dein

Ottla, wie ist es mit dem Wackelzahn? Muß er verloren gehn? Wie ist Vallis Adresse?

Lieber Pepa, brav warst Du, hast Dich an mich erinnert, mich mit den Ansichtskarten aus Paris aufgeregt. Von Paris mußt Du mir noch erzählen und vom Onkel und von der Tante; hast Du ihr alle Grüße vom Vater ausgerichtet, keinen weggelassen? Auf Věra freue ich mich, sicher ist sie sehr begabt, sie spricht ja schon, wie Du schreibst, hebräisch. Haam ist nämlich hebräisch und bedeutet: Volk; allerdings spricht sie das Wort etwas unrichtig aus, man sagt nämlich haám, nicht háam. Bessere ihr das aus, bitte; gewöhnt sie sich den Fehler in der Jugend an, so könnte er ihr dann bleiben.

Herzlichen Gruß an Deine Eltern und Schwestern   Dein F

An Julie und Hermann Kafka

[Ansichtspostkarte: Kafka in Matliary inmitten von Patienten und Personal]

[Matliary, Juni 1921]

Liebste Eltern, wie Ihr aus dem Bild seht, bin ich schon, wenigstens auf der rechten Wange, ziemlich dick. Herrn Glauber werdet Ihr wohl erkennen, sonst kennt Ihr aus Briefen nur Frau Galgon (Hutreparatur!) im Kopftuch, aber eine richtige Vorstellung von ihr bekommt Ihr nach dem Bild leider nicht. Herzlichste Grüße auch für Onkel und Tante.

Euer F

Habt Ihr Euch in Franzensbad nicht auch photographieren lassen?

[Postkarte]

[Stempel: Tatranská-Lomnice – 28.VII.21]

Liebe Ottla, natürlich hast Du Dich schon an D. gewöhnt, wie könnte es anders sein. Allerdings, eine Stadt ist es und in Städten ist man verlassener als im Dorf.

Übrigens schriebst Du ja, daß Du es kennst, erwähntest einen Ort Babylon. – Hinzukommen, daran denke ich nicht mehr. Es ist auch hier nicht ganz so lärmend wie ich gefürchtet habe, der Lärm der Kinder ist angenehmer als der der Erwachsenen, erstens ist er notwendiger und zweitens wird man für ihn durch das Dasein der Kinder belohnt. Vielleicht ist es bei Věra auch so. – Vor allem will ich aber am 20ten August, dem Ablaufstag des Urlaubs in Prag sein, nicht nur weil man nicht ewig betteln kann und außerdem Du, die Fürbitterin, nicht in Prag bist, sondern weil auch der Arzt eine weitere Besserung für unwahrscheinlich hält, wenigstens sagt er es manchmal und es mag auch so sein. – Augenblicklich brennt mich am Schienbein der wildeste Abszeß, den ich bisher hier hatte, ich lege mich lieber nieder. Dein

In Domažlic gibt es Erinnerungen an Božena Němcová!

An Josef David

[Matliary, 22. oder 23. August 1921]

[Lieber Pepi, verzeih, verzeih, erst das mit den Hosen und jetzt wieder das. Weißt Du, es war recht unangenehm, hohes Fieber, ganze Nächte Husten, und als ich früh den Brief an den Direktor zu schreiben begann, war ich gewiß nicht in der besten Laune. Also verzeih. War übrigens Ottla nicht Zuhause, daß Du diese Sache erledigen mußtest? Du hast es freilich ausgezeichnet gemacht. Der Herr Rat ist ein sehr empfindlicher Herr, es ist sehr gut, daß Du so ernst mit ihm verhandelt hast, das ist allerdings auch notwendig, denn ich gehe ja mit der Anstalt um, wie ein Kind mit seinen Eltern umzugehen sich nicht trauen würde. Um Urlaub werde ich nicht ansuchen, es hätte keinen Sinn, entweder wird es notwendig sein, daß ich länger in Behandlung bleibe, also entweder besteht eine Hoffnung, daß sich meine Gesundheit bessern kann, das werden die Ärzte entscheiden, dann würde ein so kurzer Urlaub gar nicht helfen, sonst aber brauche ich ihn nicht. Ich werde einfach ein ärztliches Zeugnis mitbringen, daß ich jetzt so und so lange gelegen bin, und das wird genügen.

Ich danke Dir, Pepi, vielmals für Dein Angebot, mich abzuholen. Meinetwegen ist das allerdings keineswegs nötig, für Dich aber wäre es freilich sehr schön. Jetzt diese schon fast herbstlich kühlwarmen Tage und das schöne Herumwandern, das ist vielleicht hier in mancher Hinsicht besser als in den Alpen; selbst auf die höchsten Berge kommt man leicht ohne Führer. Ich hätte freilich nicht viel davon, wenn Du kämest, am Morgen würdest Du mir erzählen, wohin Du gehst, und am Abend, wo Du gewesen bist. Warum bist Du in Prag, wenn Du noch Ferien hast?

Ich komme also wahrscheinlich am Freitag an. Auf Wiedersehen, Pepi, grüße schön Ottla und Věra. Dein F

[Postkarte]

[Stempel: Berlin-Steglitz – 26.9.23]

Der intime Brief ist vorläufig nicht nötig, er wäre auch nicht schlimm geworden, nur eine Bitte um Rat und dgl., aber meine Beschäftigung während des größten Teiles der Reise war er. Ich war freilich auch ein wenig stumpfsinnig, denn die Nacht vorher war eine der allerschlimmsten gewesen, etwa dreiteilig zuerst ein Überfall durch alle Ängste, die ich habe, und so groß wie diese ist kein Heer der Weltgeschichte, dann stand ich auf, weckte das arme gute Fräulein (das wegen der Schienenlegung der Elektrischen in meinem Zimmer schlief, müde, nach schrecklich umständlichem Kofferpacken) und holte mir Foligan aß es gierig und dämmerte dann eine Viertelstunde, dann aber war es zuende und ich beschäftigte mich den Rest der Nacht mit der Konzipierung des Absagetelegrammes an den Vermieter nach Berlin und mit der Verzweiflung darüber. Aber früh (dank Dir und Schelesen) fiel ich nicht um, als ich aufstand und fuhr weg, vom Fräulein getröstet, von Pepa geängstigt, vom Vater liebend gezankt, von der Mutter traurig angeschaut.

Wie geht es dem Fräulein Ella Proch? In Beřkowitz war ich gekränkt, daß Du die Kinder und Fini nicht auf der Bahn waren.

[Postkarte]

[Stempel: Berlin-Steglitz – 26.9.23]

Ottla, ein Nachtrag: Butter ist hier zu haben soviel man will, nur essen kann man sie nicht. Wenn Du mir hie und da ein Päckchen Muster ohne Wert schicken wolltest nebylo by to špatné bylo by to spíše dobré, denn nur von Butter werde ich ein wenig dick und die Schelesner Dicke habe ich zum Teil in der Nacht vor der Abfahrt verloren (hätte freilich auch niemals wegfahren können, wenn ich nicht die Dicke gehabt hätte, um sie zu verlieren) Willst Du also schicken? Wir verrechnen es dann, etwa 5 K kostet das ganze Päckchen, ich habe schon einmal hierher Butter geschickt, versuchsweugen, sie kam gut an, das Mädchen sagte, sie hätte bis dahin die hiesige Butter für sehr gut gehalten, erst durch das Paket hätte sie erfahren, daß es so viel bessere Butter überhaupt gibt. Alles Gute Dir, Pepa den Kindern, Fini.

F

[Postkarte]

[Stempel: Berlin-Steglitz – 2.10.23]

Liebste Ottla, eben bekomme ich kurz nach Deinem lieben Brief eine entzückende Nachricht: die Hausfrau ist angeblich mit mir zufrieden. Freilich, leider, das Zimmer kostet nicht mehr 20 K sondern für September etwa 70 K und für Oktober zumindest 180 K, die Preise klettern wie die Eichhörnchen bei Euch, gestern wurde mir fast ein wenig schwindelig davon und die innere Stadt ist davon und auch sonst für mich schrecklich. Aber sonst, hier draußen, vorläufig, hier ist es friedlich und schön. Trete ich abends an diesen lauen Abenden aus dem Haus kommt mir aus den alten üppigen Gärten ein Duft entgegen, wie ich ihn in dieser Zartheit und Stärke nirgends gefühlt zu haben glaube, nicht in Schelesen, nicht in Meran, nicht in Marienbad. Und alles andere entspricht dem bisher. Ja es ist eine Zürauer Reise, freilich es sind erst 8 Tage vorüber und wenn Du nach Arbeit und Zeiteinteilung fragst, weiß ich noch nichts zu sagen. Näheres beschreiben ist schwer, den Eltern gegenüber bemühe ich mich es zu tun, übrigens, hättest Du keine Lust, es Dir anzuschauen? Ich hoffe, Du würdest mich noch nicht auf der Kirchentreppe ausgestreckt finden zwischen den Kindern. – Die Butter ist bis jetzt Dienstag leider nicht gekommen, man wird aufhören müssen sie zu schicken. Ich bekomme übrigens knapp erträgliche, auch Milch.

Was macht mein lieber Pepa? Wieviele events versäume ich! Grüß die Kinder und Fini. Von der Ella Prochaska hast Du nichts geschrieben.

An Josef David

[Postkarte]

[Stempel: Berlin-Steglitz – 3.10.23]

Lieber Pepa, sei so gut und schreibe mir ein paar Zeilen, wenn Zuhause etwas besonderes geschehen sollte. Heute ist Mittwoch abends, ich bin seit 10 Tagen hier und habe insgesamt 2 Nachrichten von zuhause erhalten. Das würde vollkommen genügen, nur war es nicht gut verteilt, die 2 Nachrichten kamen schnell nacheinander. Also Du wirst mir schreiben, falls etwas geschehen sollte, nicht wahr? Und was machst Du, wenn Du niemanden hast, dem Du vor Berlin Angst machen kannst. Pepa, mir Angst machen, das ist so wie Eulen nach Athen tragen. Und es ist hier wirklich schrecklich, in der inneren Stadt leben, um Lebensmittel kämpfen, Zeitungen lesen. Das alles tue ich allerdings nicht, ich würde es keinen halben Tag aushalten, aber hier draußen ist es schön, nur manchmal dringt eine Nachricht durch, irgendeine Angst bis zu mir, und dann muß ich mit ihnen kämpfen, aber ist es in Prag anders? Wie viele Gefahren drohen dort täglich einem so ängstlichen Herzen. Und sonst ist es hier schön, dem entsprechend sind zum Beispiel der Husten und die Temperatur sogar besser als in Schelesen. – Die 20 K übergab ich einem Kinderhort, darüber werde ich Dir noch Näheres berichten. – Wenn Du ein Referat über die Berliner Zustände haben möchtest, dann schreibe mir nur. Allerdings die Berliner Preise! Es wird ein teueres Referat sein. Schlage übrigens die letzte Selbstwehr auf. Professor Vogel schreibt dort wieder gegen den Fußball, vielleicht hört der Fußball jetzt überhaupt auf.

Grüße mir schön die Eltern und die Geschwister und Herrn Svojsík. Übrigens kam jetzt ein Brief von Elli, es ist also alles in Ordnung.

[Berlin-Steglitz, 8. Oktober 1923]

Liebe Ottla, kein »intimer Brief«, nur ein Ansatz zu ihm, und nach einer ein wenig unruhigen Nacht: Ob Du mich stören würdest, darüber müssen wir nicht sprechen. Wenn mich alles in der Welt stören würde – fast ist es so weit –, Du nicht. Und außer der Freude Dich hier zu haben, wäre mir dadurch vielleicht eine Reise erspart. Das bist also Du. Über Dich hinaus aber, das muß ich sagen fürchte ich mich sehr. Dazu ist es viel zu früh, dazu bin ich nicht fest genug hier eingerichtet, dazu schwanken mir die Nächte zu viel. Du verstehst es gewiß: das hat nichts mit Liebhaben, nichts mit Willkommensein zu tun, – nicht in dem der kommt liegt der Grund dafür, sondern in dem der empfängt. Diese ganze Berliner Sache ist ein so zartes Ding, ist mit letzter Kraft erhascht und hat wohl davon eine große Empfindlichkeit behalten. Du weißt, in welchem Tone man manchmal, offenbar unter dem Einfluß des Vaters, von meinen Angelegenheiten spricht. Es ist nichts Böses darin, sondern eher Mitgefühl, Verständnis, Pädagogik u. dgl., es ist nichts Böses, aber es ist Prag, wie ich es nicht nur liebe, sondern auch fürchte. Eine derartige noch so gutmütige, noch so freundschaftliche Beurteilung unmittelbar zu sehen und zu hören, wäre mir wie ein Herüberlangen Prags hierher nach Berlin, würde mir leid tun und die Nächte stören. Sag mir bitte daß Du das genau mit allen seinen traurigen Feinheiten verstehst.

Ich weiß nun nicht, ob Du wirst kommen können, aber ich weiß auch nicht, ob nicht vielleicht ich für paar Tage nach Prag fahren soll. Entscheide Du und rate mir. Ich will, wenn es nur irgendwie möglich ist, den Winter über in Berlin bleiben. Da sollte ich doch vielleicht vorher, jetzt solange noch erträgliches Wetter ist, nach Prag fahren, die Eltern sehn, mich richtig verabschieden, zur Vermietung meines Zimmers raten u. dgl. Außerdem müßte ich mir verschiedene Wintersachen holen (Mantel, Kleid, etwas Wäsche, Schlafrock, vielleicht Fußsack), die mir auf andere Weise zu schicken oder zu bringen, viel Umstände machen würde. Schließlich müßte ich eigentlich endlich auch mit dem Direktor sprechen, eine Sache allerdings, die ich, wenn Du Dich dazu drängen würdest, ohne Bedauern Dir überlassen würde. Jedenfalls wollte ich, wenn ich fahre, etwa am 20. wieder hier sein.

So, nun habe ich meine Sorgen auf Dich überwälzt. Vielleicht werde ich dadurch wieder so frei und so schön müde, wie gestern, wo ich zwar wie täglich nach 7 Uhr aufstand aber um 9 vor Müdigkeit, guter Müdigkeit, ganz ohne Fieber, es nicht aushielt, mich ins Bett legte, wie Helene halb im Schlaf das Gabelfrühstück und das Mittagessen fletscherte und gegen 5 Uhr sehr mühselig nur deshalb aufstand, weil ein Besuch kommen sollte. Abends kam dann neben Deiner Karte eine Karte der Mutter, in welcher angezeigt war, daß Klopstock, der arme liebe unglückliche (augenblicklich wieder sehr unglückliche) Junge, ohne mir vorher davon zu schreiben, heute erschreckend hierherkommen soll. Nun vielleicht kommt er doch nicht; wenn man ihm doch nur äußerlich ein wenig helfen könnte, er hat kein Zimmer, sein Freitisch ist gefährdet, seine Hand verletzt, eine schwere Prüfung steht ihm bevor, Geld hat er wahrscheinlich auch keines und das alles ist für ihn ein Grund eine Besuchsfahrt nach Berlin zu machen. Nun, er wird wohl nicht kommen. Freilich, Prag ist auch nicht gut für ihn, aber die Studiermöglichkeiten in Berlin sind für ihn noch schwieriger als dort. Hier solltest Du eigentlich auch raten, große Mutter. – Lebwohl, grüß Pepa, die Kinder und Fini. Aussprüche der Věra? Fortschritte der Helene? Nun habe ich, in lauter schwierigen Dingen befangen, vergessen Dir für die Butter zu danken. Mittwoch kam sie, vielleicht also doch noch das erste Päckchen? Sie ist ausgezeichnet.

[Postkarte]

[Stempel: Berlin-Steglitz – 13.10.23]

Liebe Ottla, Du bist wohl schon in Prag, aber ich versuche es noch schnell mit einer Karte nach Sch., nach Prag schreibe ich Dir dann ausführlicher. Irre ich nicht, bekam ich bisher 3 Päckchen von Dir, das dritte mit der Danbaer, die Du Montag schicktest überraschend schnell, am Donnerstag. Wir müssen ja auch wegen der Verrechnung die Zahl festhalten, ich will nicht Věras Mann die Butter vom Brot wegessen (trotzdem er gewiß Unmengen eigener Butter haben wird). Inzwischen habe ich ein Päckchen auch von der Mutter bekommen, so daß ich großartig versorgt bin. Nein, andere Sachen zu schicken ist ganz und gar unnötig. Zu Deinem Brief die Reise betreffend werde ich Dir noch ausführlicher schreiben, heute nur: daß ich ganz mit Dir übereinstimme, daß ich nicht fahren soll und dann daß ich auch Pepa hinsichtlich seiner Besorgnisse recht gebe. Hier draußen ist bis jetzt tiefer Friede, ich glaube, Du könntest auch bei mir schlafen, aber jeden Augenblick kann in der Stadt natürlich etwas geschehn und die Bahnverhältnisse für die Mutter der Kleinen riskant machen. Darüber aber schreibe ich noch. Also vorläufig: František pozdravuje a je zdráv. Grüße Pepa, die Kinder, Fini

[Postkarte]

[Stempel: Berlin-Steglitz – 14.10.23]

Liebste Ottla, Du bist also schon in Prag? Noch vor dem 15ten? Ist der Zahn schuld? Und wie geht es ihm? Es gibt wenige Dinge, hinsichtlich welcher ich unbedingt zuversichtlich bin und eines davon sind Deine Zähne. Immerhin, daß Du schon in Prag bist bei dem doch noch erträglichen Wetter, ist auffallend. – Alle Päckchen sind angekommen, das mit 1 nummerierte und heute auch (Sonntag) das unnummerierte aus Prag, inzwischen auch das zweite von der Mutter, man kann nicht fürsorglicher behandelt werden. – Deine Reise. Wenn man so hinausschaut aus dem Fenster: der blaue Himmel, das viele Grün, dann zurück ins Zimmer: Obst, Blumen, Butter, Kefir, dann weiter denkt: die schönen Anlagen, der botanische Garten, der Grunewald dann noch weiter sich treiben läßt: eine unendlich teuere Theatervorstellung (ich war noch nirgends), Besichtigung (zu mehr wird unser Geld nicht reichen) der Auslagen von Kersten und Ticteur u. dgl. oder gar nichts davon und nur 2, 3 Tage beisammen sein in einer fremden Stadt, so möchte man ohne weiteres dazu raten, aber freilich, freilich, die Gefahr. Ich werde darüber noch schreiben, jedenfalls, nur auf eigene Verantwortung fahre keineswegs!! Grüß Pepa, Kinder, Fini

[Postkarte]

[Stempel: Berlin-Steglitz – 16.10.23]

Liebste Ottla, bitte veranlasse, daß mir Geld geschickt wird, ich hatte nicht viel mit, die Mutter hatte damals keines, konnte mir nicht für Oktober vorausgeben, ich wußte ja auch nicht, wie lange ich bleibe, aber sie versprach mir vom 1. Oktober ab in jedem Brief kleinere Beträge zu schicken. Nun habe ich schon öfters darum gebeten, aber es kommt nichts, heute ist der 16te und ich habe für diesen Monat erst 70 K im Ganzen bekommen; sollte das Geld aus der Anstalt nicht gekommen sein oder sollte ein Geldbrief vielleicht doch verloren gegangen sein? Oder will man mich auf diese Weise zum Geldverdienen erziehn, aber dann hätte man mich nicht soviel Zeit verlieren lassen sollen. Gestern z.B. haben Möbelpacker einen riesigen Flügel des früheren Mieters aus meinem Zimmer transportiert. Wenn es eine Möbelpackerschule gäbe, wo man aus jedem Menschen einen Möbelpacker machen kann, würde ich leidenschaftlich eintreten, vorläufig habe ich die Schule noch nicht gefunden. – Die Butter kommt richtig an, heute auch das große von Klopstock vermittelte Paket. Aber man braucht auch anderes. So steht mir, fürchte ich eine große Ausgabe bevor, der Ankauf einer Petroleumlampe. In meinem Zimmer ist nur mir nicht genügendes Gaslicht und eine zu kleine Petroleumlampe.

[Postkarte]

[Stempel: Berlin-Steglitz – 17.11.23]

Liebe Ottla, das erste in der neuen Wohnung geschriebene Wort gehört Dir, schon deshalb, weil Du ja vielleicht bald in direkte Beziehung zu ihr kommen wirst. Sie wird Dir gefallen, glaube ich. Was die Übersiedlung betrifft, kann ich nicht sagen, daß sie mich sehr angestrengt hat. Um ½ 11 etwa ging ich aus der alten Wohnung fort, fuhr in die Stadt, war in der Hochschule, wollte dann zum Essen gehn, um nachher gleich nach Steglitz zu fahren und doch noch ein wenig an der Obersiedlung teilzunehmen, wurde aber in der Friedrichstraße plötzlich angerufen, es war Dr. Löwy (die Müritzer aus unserer Familie kennen ihn), ich hatte ihn in Berlin noch nicht gesehn, er war sehr lieb und freundschaftlich, lud mich gleich zum Mittagessen bei seinen Eltern ein, wohin er eben ging, ich zögerte vor diesem Billionengeschenk, auch wollte ich ja nach Steglitz, aber schließlich ging ich doch, kam in den Frieden und die Wärme einer wohl-habenden Familie und ehe ich an der Gartentür in Steglitz läutete, war es schon 6 Uhr und die Übersiedlung restlos vollzogen. Ich vergaß, daß kein Platz ist und habe noch eine Bitte. Die Mutter in der Empfindlichkeit ihrer Fürsorge macht mir gerade in dem Augenblick das Angebot einer Eiersendung, wo wirklich keine hier zu haben sind.

Wenn Du kommst, bring bitte Dir Bettwäsche mit, aber solche die Du hier lassen kannst. Dein hiesiges Bett ist herrlich.

Auch Fußsack wäre manchmal ganz nett

Nr. 9 ist vor paar Tagen richtig angekommen

An Julie und Hermann Kafka

[Postkarte]

[Stempel: Berlin-Steglitz – 17.10.23]

Liebste Eltern, ich habe wenn ich nicht irre, schon 10 Tage keine Nachricht von Euch, das ist recht lange, und überhaupt ist es so, daß in der Korrespondenz immerfort von mir die Rede ist und ich von den vielen kleinen Merkwürdigkei-ten (hoffentlich geschehen keine großen), die doch jeden Tag auch bei Euch ge-schehen, gar nichts erfahre. Das ist doch nicht richtig. Mir geht es weiterhin gut. Da ich keine »Merkwürdigkeit« mich betreffend vergesse, ergänze ich die Speisezettel-Mitteilungen dahin, daß das erste Frühstück um einen ausgezeich-neten Honig bereichert worden ist, freilich kostet das Geld und nicht wenig. Der Kuchen hat Aufsehen erregt, die Hausfrau bittet um das Rezept, ich sagte ihr freilich, daß das Rezept ohne des Fräuleins Hände nicht viel helfen wird. Das von Klopstock vermittelte Paket kam gestern Dienstag in ausgezeichnetem Zu-stand an. Vielen Dank Herzlichste Grüße Euch und allen   F

Ist das Geld aus der Anstalt gekommen? Von den Geldbriefen bekam ich bisher nur Nr. 1.

[Berlin-Steglitz, 4. Oktoberwoche 1923]

Liebe Ottla, sehr schade, daß ich diesmal am 28ten nicht in Prag bin, ich hatte große Pläne, nicht kleinliche Seidenpapierpackungen u. dgl. wie sonst, sondern etwas ganz großes, offenbar schon unter dem Einfluß des Berliner Geschmak-kes, so etwa wie die jetzige große Revue heißt: »Europa spricht davon«. Es hätte eine Nachbildung des Schelesner Bades werden sollen, das Dich so gefreut hat. Ich hätte einfach mein Zimmer ausgeräumt, ein großes Reservoir dort aufstellen und mit saurer Milch füllen lassen, das wäre das Bassin gewesen, über die Milch hingestreut hätte ich Gurkenschnitten. Nach der Zahl Deiner Jahre (die ich mir hätte sagen lassen müssen, ich kann sie mir nicht merken, für mich wirst Du nicht älter) hätte ich ringsherum die Kabinen aufgestellt, aufgebaut aus Schoko-ladeplatten. (Da sich Pepa meist an der Übernahme der Geburtstagsgeschenke beteiligt, wäre dadurch auch meine alte Schokoladeschuld an ihn abgezahlt ge-wesen, falls es nicht schon früher und einigemal geschehen sein sollte.) Die Ka-binen wären mit den besten Sachen von Lippert gefüllt gewesen, jede mit etwas anderem. Oben an der Zimmerdecke, schief in der Ecke, hätte ich eine riesige Strahlensonne aufgehängt, zusammengesetzt aus Olmützer Quargeln. Es wäre bezaubernd gewesen, man wäre gar nicht imstande gewesen, den Anblick lange auszuhalten. Und wieviel Einfälle hätte ich sonst noch beim Aufbau mit dem Fräulein gehabt! Nun, daraus wird also nichts, die ganze Pracht schrumpft in einen Geburtstagskuß zusammen, sei er desto fester, es ist ja auch mehr als es sonst bei Prager Geburtstagen gegeben hat.

Was Deine Reise betrifft, so kann ich mir vorstellen, daß es in vielfacher Hin-sicht ein schwerer Entschluß ist. Wenn ich mir nur die Aufschriften im Prager Tagblatt vorstelle! Wäre ich damals nicht weggefahren, jetzt gewiß nicht. Ja, bin ich denn überhaupt weggefahren? Wie ich vor den Aufschriften gezittert habe und wie ich jetzt noch zittere tagtäglich fast, wenn ich auf dem Steglitzer Rath-ausplatz die ersten Seiten der ausgehängten Blätter in den Zeitungsfilialen über-fliege (die Zeitung kaufe ich mir als Landbewohner nur Sonntag). Und dabei ist alles buchstäblich wahr im allgemeinen, aber im besonderen doch nicht und darauf kommt es an, möge es so bleiben, auch das kann sich natürlich plötzlich ändern, aber wo denn nicht in der weiten Welt?

Da mir Max die Wintersachen bringt, kannst Du ja den Termin der Reise, wenn sie überhaupt ohne Störung der Familie möglich wird, ganz nach den son-stigen Verhältnissen bequem bestimmen.

Das Verzeichnis der Sachen, die ich brauchen könnte, schließe ich gleich hier an, gib es bitte der Mutter und dem Fräulein, ich will es nicht direkt an die El-tern schicken, der Vater hätte nicht den richtigen Sinn dafür, also etwa: 3 weiche Hemden, 2 lange Unterhosen, 3 gewöhnliche Socken, 1 P. warme Socken, 1 Frottierhandtuch, 2 dünne Handtücher, 1 Leintuch (es genügt so ein leichtes, wie ich es mithabe) 2 Deckenüberzüge, 1 Kissenüberzug, 2 Nachthemden.

Das wäre die Wäsche. An Kleidern:

den starken Mantel, einen Anzug (etwa den schwarzen, dessen dünneren Bruder ich mithabe) und irgendeine Hose, die ich zuhause tragen kann. Dann vielleicht den Schlafrock und mit noch größerem »vielleicht« den alten blauen Raglan, aus dem ich mir hier einen Hausrock machen lassen könnte. (Dieser Mantel hat sich ja als ziemlich unverkäuflich erwiesen und es ist lästig, zuhause immer im Straßenrock zu sein). Sollte ich später einmal bei offenem Fenster auf dem Kanapee liegen – ich werde es ja höchstwahrscheinlich nicht tun – oder auf dem Balkon, der mir hier auch zur Verfügung steht, käme noch der Fußsack, Pulswärmer und die Mütze in Betracht, diese Sachen hätten aber, selbst wenn man sich entschließt sie zu schicken, erst für späterhin Zeit, es würde ja eine ganz ungeheuerliche Sendung.

Irgendwelche Handschuhe für den Tag könnte man vielleicht auch beipakken, dann 1 Bügel fürs Kleid und 2 Bügel für die Mäntel.

Nun das wäre also alles, ein großer Haufen, in welchen Koffer wird man es packen?

Und nun noch ein besonders schweres Gepäckstück, der Besuch beim Direktor. Willst Du ihn wirklich machen? Ich werde darauf noch zurückkommen, vielleicht hast auch Du Einfälle dazu, heute mache ich nur einen Entwurf (Das Geld ist doch aus der Anstalt gekommen? die Mutter hat mir darauf nicht geantwortet): Es wäre zu erzählen, daß ich vorigen Herbst und Winter an Lungenfieber und Magen- und Darmkrämpfen krank war, fast immer lag, sehr herunterkam. Gegen das Frühjahr zu wurde die Lunge besser, der Gesamtzustand aber viel schlechter, denn es begann eine oft ganz unerträgliche Schlaflosigkeit mit den abscheulichsten Kopfzuständen bei Tage, die mich zu allem unfähig machten, insbesondere auch zu einem Besuch in der Anstalt. Ich sah, daß, wenn ich irgendwie weiterleben wollte, ich etwas ganz Radikales tun müßte und wollte nach Palästina fahren. Ich wäre ja dazu gewiß nicht imstande gewesen, bin auch ziemlich unvorbereitet in hebräischer und anderer Hinsicht, aber irgendeine Hoffnung mußte ich mir machen. (Hinsichtlich Palästinas wäre hinzuzufügen, daß es auch wegen der Lunge gewählt war und auch wegen der verhältnismäßig billigen Lebenshaltungskosten dort, da ich bei Freunden gelebt hätte. Von Billigkeit und Kosten wäre überhaupt der Wahrheit gemäß öfters zu reden) Dann kam mit meiner Schwester Hilfe Müritz und die Aussicht auf Berlin als Zwischenstation, Vorbereitungsmöglichkeit für Palästina. Ich versuchte es mit Berlin (auch hier Freunde erwähnen, und Lebenshaltungskosten) und es geht erträglich vorläufig. Lobe nicht übermäßig! Nun habe ich Furcht, daß, wenn ich längere Zeit hierbleibe, irgendwelche Abzüge an den 1000 K gemacht werden, dies würde mir dann die Berliner Möglichkeit nehmen (und damit eigentlich jede Möglichkeit), denn die Teuerung hier ist groß, in manchem fast größer als in Prag und ich brauche wegen meiner Krankheit mehr als ein anderer. Das Ziel bleibt für mich, einmal die Pension ganz entbehren zu können, für absehbare Zeit bin ich aber ganz abhängig von ihr. (Ein gefährliches Kapitel übrigens, da es beinhaltet, daß ich nicht mehr zurückkomme, sehr zart, nur im Fluge zu berühren.) Das scheint mir vorläufig alles, bis auf die selbstverständlichen Erklärungen der Dankbarkeit und Freundschaft. Arme Ottla, schwere Aufgaben, aber für eine Mutter zweier Kinder wird es vielleicht auch zu bewältigen sein. (Gut wäre es vielleicht, etwas über meine Beschäftigung hier zu sagen, das werde ich mir noch überlegen, Du könntest ja auch sagen, daß Du darüber nichts weißt.)

Gern hätte ich schließlich paar kleine Geschichten über Věra, Helene (es ist leicht hinzuschreiben, daß Věra mich nicht vergißt, aber wer kann mir die Sicherheit geben?). Dann auch sonst über die Familie und besonders über das Fräulein. Aber natürlich nicht wie in Deinem letzten Brief, mitten in der Nacht. Wie es jetzt auch fast bei mir geworden ist. Leb wohl!

F

Und grüß Pepa!

An Ottla und Josef David

[Berlin-Steglitz, Mitte Dezember 1923]

Liebste Ottla, siehst Du ich verspäte mich auch und habe keine solche Tat hinter mir, wie den Weg zum Direktor. Es war ein starkes Stück, ich danke Dir vielmals; daß es ganz so glatt ging wie, Du es beschreibst, kann ich kaum glauben. Verschweigst Du mir nichts? Nun im letzten Grunde ist es nicht phantastischer, als das wunderbare Paket, das Ihr mir geschickt habt und die Ankündigung gar eines 15 kg Paketes, vor dem ich mich fast fürchte. Jedenfalls dem Vater den Dank zu unterbreiten, wage ich gar nicht mehr. Und der Mutter kann ich auch hier innerhalb Deines Briefs danken. Aber 15 kg scheint mir auch von der Seite des Bedarfs gesehn, zu viel; was kann darin nur alles sein? Und aus Deinem Haushalt gar? Ich durchsuche in der Erinnerung Deinen Besitz. Du hast doch gar nicht soviel. Manchmal freilich Vormittag, wenn der Vater zu Dir zu Besuch kam, hattest Du im Zimmer vielerlei Besitz, aber davon taugte kaum etwas zum Wegschicken. Den größten Eindruck machten übrigens auf D. merkwürdiger Weise die Abwisch- und Tischtücher, sie sagte, sie möchte am liebsten heulen und sie tat wirklich fast etwas derartiges. – In der Beilage schicke ich das Briefkonzept, das Pepa, bitte, zu übersetzen so gut sein möge. Aber lies und redigiere es bitte vorher, es muß sich ja decken mit allem, was bei dem Direktor gesprochen wurde und auch mit dem Ton, in dem es geschah. Von Palästina scheinst Du z.B. nichts gesprochen zu haben, auch von meiner Berliner Beschäftigung nichts. Kann ich in dem Brief davon schweigen, ist es mir natürlich sehr recht. Sollte der Brief an den Direktor persönlich gerichtet sein? Oder vielleicht an die Anstalt? Das letztere würde eine gewisse Nüancierung verlangen. Aber der Brief an den Direktor mag wirklich genügen. Soll ich aber außer dem offiziellen Brief noch einen kleinen persönlichen Dankbrief (der deutsch sein könnte) an den Direktor schreiben? Ob das nötig wäre, würde von dem Eindruck abhängen, den Du vom Direktor hattest. Warum geht es Dir diesen Monat gar so gut? Offenbar hast Du die Puppen mit großem Gewinn verkauft. Anderseits freilich ist Věra bei Dir und läßt Dich schreiben, woraus man schließen könnte, daß sie gespannt das Ohr auf den Bauch der Puppe gelegt hat und zuhört wie es dort spricht. Jedenfalls, wenn die Puppe nichts anderes erreicht, den Begriff, den sich Věra von Berlin macht, wird sie entscheidend beeinflussen. – Rede nicht immerfort von Geld, das Du schuldig bist. Ich habe die paar Tage von Dir (fast hätte ich, ich glaube nach einer hebräischen Redensart gesagt: von Deinem Fett) gelebt, das Papier, auf dem ich schreibe, ist von Dir, die Feder von Dir, u.s.w.; wenn jemand auf ausgesucht kostspielige Weise eine Berliner Reise machen will, dann soll er als mein Gast kommen. Alles Gute! Und ruiniert Euch nicht meinetwegen! Und wegen Dr. Kaiser mach Dir keine Sorgen. Er hat sein Geld.

F

Grüß Klopstock schön! Hat er zu essen? Und seine Gesundheit?
so muß ich mich drängen, um auch zu Wort zu kommen. Kann ja auch nichts Kluges sagen. Ich wäre sehr neugierig etwas über Vieras Ansicht über Berlin zu hören. Viele herzliche Grüße. Dora
Ich freue mich schon auf den Brief

Sehr geehrter Herr Direktor! Ich erlaube mir, mitzuteilen, daß ich mich für einige Zeit in Steglitz bei Berlin aufhalten möchte und bitte dies kurz erklären zu dürfen: Der Zustand meiner Lunge war im vorigen Herbst und Winter nicht gut und wurde noch verschlechtert durch schmerzhafte Magen- und Darmkrämpfe, nicht ganz klaren Ursprungs, die ich im Laufe jenes Halbjahres in voller Stärke einigemal hatte. Das Lungenfieber und jene Krämpfe bewirkten es, daß ich einige Monate das Bett kaum verließ. Gegen das Frühjahr zu besserten sich diese Leiden, wurden aber abgelöst durch eine äußerste Schlaflosigkeit, ein Leiden, das ich als Vorläufer und Begleiterscheinung der Lungenkrankheit schon seit Jahren hatte, aber doch nur zeitweilig und nicht vollständig und nur aus bestimmten Anlässen, diesmal aber kam es ohne bestimmten Anlaß und dauernd, es halfen kaum Schlafmittel. Der Zustand grenzte monatelang knapp ans Unerträgliche und verschlechterte auch noch die Lunge. Im Sommer fuhr ich mit Hilfe einer Schwester – selbst war ich weder zu Entschlüssen noch zu Unternehmungen fähig – nach Müritz an der Ostsee, der Zustand besserte sich dort im Grunde gar nicht, aber es fand sich dort die Möglichkeit, daß ich im Herbst nach Steglitz fahren könnte, wo Freunde ein wenig für mich sorgen wollten, was allerdings bei den schon damals schwierigen Berliner Verhältnissen eine unbedingte Vorbedingung für meine Reise war, denn allein hätte ich in meinem Zustand in der fremden Stadt nicht leben können. Hoffnung gebend erschien mir ein zeitweiliges Leben in Steglitz unter anderem aus folgenden Gründen:

1.) Von einem vollständigen Wechsel der Umgebung und allem was damit zusammenhängt versprach ich mir einen günstigen Einfluß auf mein Nervenleiden. An das Lungenleiden dachte ich erst in zweiter Reihe, denn sofort etwas gegen das Nervenleiden zu tun, war viel dringlicher.

2.) Es traf sich aber zufällig, daß die Wahl des Ortes – wie mir schon mein Arzt in Prag sagte, der Steglitz kennt – auch für das Lungenleiden nicht ungünstig war. Steglitz ist ein halbländlicher, gartenstadtähnlicher Vorort von Berlin, ich wohne in einer kleinen Villa mit Garten und Glasveranda, ein halbstündiger Weg zwischen Gärten führt zum Grunewald, der große botanische Garten ist 10 Minuten entfernt, andere Parkanlagen sind in der Nähe und von meiner Straße ab führt jede Straße durch Gärten.

3.) Mitbestimmend war schließlich für meinen Entschluß die Hoffnung, in Deutschland mit meiner Pension leichter das Auskommen finden zu können als in Prag. Diese Hoffnung erfüllt sich allerdings nicht mehr. In den letzten zwei Jahren wäre dies zugetroffen, aber gerade jetzt im Herbst hat die Teuerung hier die Weltmarktpreise erreicht und vielfach überschritten, so daß ich nur äußerst knapp das Auskommen finde und auch dies nur, weil mich Freunde beraten und weil ich ärztliche Behandlung noch nicht aufsuchte:

Im ganzen kann ich berichten, daß der Aufenthalt in Steglitz bis jetzt auf meinen Gesundheitszustand günstig einwirkt. Ich wollte deshalb sehr gerne noch einige Zeit hierbleiben, immer freilich unter der Voraussetzung, daß die Teuerung mich nicht vorzeitig zur Rückkehr zwingt. Ich bitte nun höflichst, sehr geehrter Herr Direktor, um die Bewilligung meines hiesigen Aufenthaltes von Seiten der Anstalt und füge das Ersuchen bei, mir die Pensionsbezüge auch weiterhin an die Adresse meiner Eltern überweisen zu lassen wie bisher. Zu dieser letzteren Bitte werde ich dadurch veranlaßt, daß jede andere Überweisung mich finanziell schädigen würde und ich bei der Knappheit meiner Mittel jede Schädigung sehr schmerzlich fühlen würde. Schädigen würde mich jede andere Überweisung deshalb, weil sie entweder in Mark erfolgen würde (dann hätte ich Kursverlust und Kosten) oder in Kč (dann hätte ich noch größere Kosten), während die Eltern doch immer eine Möglichkeit finden können, mir durch einen Bekannten, der gerade nach Deutschland fährt, das Geld kostenlos, ev. gleich für zwei Monate zu schicken. Die Überweisung an die Eltern würde allerdings nicht hindern, daß ich immer rechtzeitig die vielleicht notwendige Lebensbestätigung, über deren Form ich mich zu belehren bitte, von hier aus direkt an die Anstalt senden würde.

Indem ich nochmals bitte, dieses ganze für mich sehr wichtige Ersuchen günstig aufzunehmen,

verbleibe ich
mit ergebenen Grüßen

Pepo, bitte, ärgere Dich nicht wegen der großen Arbeit, dafür hat doch wieder Hakoah gegen Slavia verloren. Grüße Deine Eltern und Schwestern. Und Ottla bitte erkläre den Eltern, daß ich jetzt nur ein- oder zweimal wöchentlich schreiben kann, das Porto ist schon so teuer wie bei uns. Euch lege ich aber tschechische Briefmarken bei, damit ich Euch auch ein bißchen unterstütze.

1924

Liebe Ottla, ein schönes Bild, Věra, die alte Unschuld und Ruhe, übrigens Du hast Recht, ich fühlte mich von ihrem Blick gleich wiedererkannt. Ist sie nicht ein wenig schmäler im Gesicht oder ist es das kurze Haar, das diesen Eindruck macht. Großartig wie sich Helene (die deutsche Sprache nimmt fremde Vergleiche ohne weiters auf) zum Leben meldet. Und was Fini betrifft, so machte D. beim ersten flüchtigen Hinsehn die richtige Bemerkung, daß Du kaum wiederzuerkennen bist. – Die Marmelade ist wirklich Deine? Also ein weit vom Ziel abgelenktes und doch gut angekommenes Kompliment und wirklich aufrichtig, aber Linzer Torten kannst Du freilich nicht machen. Übrigens eine wirklich uneigennützige Frage: wie sind die Reineclauden ausgefallen? Ich frage nur weil ich doch gewissermaßen mitgearbeitet habe. – Noch eine andere viel traurigere Frage liegt mir am Herzen: wie ist Fräuleins Weihnachtsabend (die Schrift wird unwillkürlich klein, verkriecht sich) ausgefallen? Voriges Jahr hat sie mir die Hälfte des Geschenkes mit Bitten wieder aufgedrängt, ich habe es genommen und dieses Jahr muß man mir nichts mehr wiederaufdrängen. Schande? – Der Brief der Anstalt, den ich Dir verdanke, ist sehr freundlich und gar nicht kompliziert, zwei kleine Übersetzungen sind notwendig, diese: »Im Sinne der geschätzten Zuschrift der löblichen Anstalt vom –, für die ich ergebenst danke, erkläre ich, daß ich meine Eltern Hermann und Julie Kafka bevollmächtige, meine Pensionsbezüge in Empfang zu nehmen.« Dann noch ein kleiner Dankbrief: »Sehr geehrter Herr Direktor! Erlauben Sie mir noch, sehr geehrter Herr Direktor, für die günstige und so freundlich gefaßte Erledigung meines Ansuchens persönlich von Herzen zu danken, insbesondere auch für die liebenswürdige Aufnahme meiner Schwester und für die gütige Einsicht mit der Sie die nach außen hin vielleicht etwas sonderbare, nach innen hin nur allzu wahre Geschichte meines letzten Jahres beurteilen.

Ihr herzlich ergebener

Das wären die zwei Übersetzungen, sie sind nicht groß, nicht wahr? (dafür war allerdings die vorige wohl eine schreckliche Arbeit? Was soll ich aber armer Junge – das gilt sowohl mir als Pepa – jetzt tun, nachdem ich nun schon einmal die Lüge meines prachtvollen Tschechisch, eine Lüge, die wahrscheinlich niemand glaubt, in die Welt gesetzt habe) und da sie nicht groß sind, könnte ich sie bald haben? Als Honorar schließe ich einen Zeitungsausschnitt über »mein schönstes Goal« bei. – Was macht Klopstock? Schlecht, schlecht geht es ihm wohl. Bei dieser Kälte sich noch nach unsicherem Verdienst herumzutreiben, was für Helden, die das können. Außerdem hat er in seiner Not immer das ver-

ständliche Bedürfnis nach irgendeinem phantastischen Luxus, etwa der Věra ein Spielzeug zu kaufen oder – diesmal – nach Berlin zu fahren. Soll ich ihn aufmuntern? Ihm umsonst irgendwo ein Nachtlager für 2 Tage verschaffen, wäre nicht schwer, sagt D., das Essen wäre auch leicht zu beschaffen, zwei Tage, aber soll ich ihn in die Riesenausgabe für die Reise treiben (wenn er auch bis Bodenbach ermäßigt fährt), nein ich werde es wohl nicht tun. – Meine Ernährung, nach der Du fragst, ist weiter glänzend und mannigfaltig (nur wird sich diesen Monat das Wunder des Auskommens mit 1000 K wohl nicht wiederholen trotz der großartigen Unterstützungen von zuhause) es gibt auch sonst keine Hindernisse. Kochen ist so leicht, um Sylvester herum gabs keinen Spiritus, trotzdem verbrühte ich mich fast beim Essen, es war auf Kerzenstümpfen gewärmt.
Alles Gute   F

Nur einen recht, recht herzlichen Gruß. So müde! Ich schlafe schon. Gute Nacht

An Julie und Hermann Kafka

[Postkarte]

[Kierling, Ende April 1924]

Liebste Eltern, der Postweg hierher scheint sehr lang zu sein, also auch der Weg von hier, laßt Euch dadurch nicht beirren. Die Behandlung besteht vorläufig – das Fieber hindert anderes – in sehr schönen Wickeln und in Inhalieren. Gegen Arseninjektionen wehre ich mich. Vom Onkel bekam ich gestern eine lang umhergeirrte Karte aus Venedig. Von täglichen Regenfällen stand dort aber nichts, vielmehr das Gegenteil. Das Fieber dürft Ihr Euch nicht zu arg vorstellen, jetzt früh habe ich z. B. 37. Herzl. Grüße

F

An Julie und Hermann Kafka

[Postkarte]

[Kierling, 5. Mai 1924]

Ich mache von der Schreibfaulheitserlaubnis Gebrauch, auch hat D. schon alles gesagt.

Herzl. Grüße F.

Liebste Eltern, also die Besuche, von denen Ihr manchmal schreibt. Ich überlege es jeden Tag, denn es ist für mich eine sehr wichtige Sache. So schön wäre es, so lange waren wir schon nicht beisammen, das Prager Beisammensein rechne ich nicht, das war eine Wohnungsstörung, aber friedlich ein paar Tage beisammen zu sein in einer schönen Gegend, allein, ich erinnere mich gar nicht, wann das eigentlich war, einmal ein paar Stunden in Franzensbad. Und dann ›ein gutes Glas Bier‹ zusammen trinken, wie Ihr schreibt, woraus ich sehe, daß der Vater vom Heurigen nicht viel hält, worin ich ihm hinsichtlich des Bieres auch zustimme. Übrigens sind wir, wie ich mich jetzt, während der Hitzen öfters erinnere, schon einmal regelmäßig gemeinsame Biertrinker gewesen, vor vielen Jahren, wenn der Vater auf die Zivilschwimmschule mich mitnahm.

Das und vieles andere spricht für den Besuch, aber zu viel spricht dagegen. Nun, erstens wird ja wahrscheinlich der Vater wegen der Paßschwierigkeiten nicht kommen können. Das nimmt natürlich dem Besuch einen großen Teil seines Sinnes, vor allem aber wird dadurch die Mutter, von wem immer sie auch sonst begleitet sei, allzusehr auf mich hingeleitet sein, auf mich verwiesen sein und ich bin noch immer nicht sehr schön, gar nicht sehenswert. Die Schwierigkeiten der ersten Zeit hier und in Wien kennt Ihr, sie haben mich etwas heruntergebracht; sie verhinderten ein schnelles Hinuntergehen des Fiebers, das an meiner weiteren Schwächung arbeitete; die Überraschung der Kehlkopftuberkulose schwächte in der ersten Zeit mehr, als sachlich ihr zukam.

Erst jetzt arbeite ich mich mit der in der Ferne völlig unvorstellbaren Hilfe von Dora und Robert (was wäre ich ohne sie!) aus allen diesen Schwächungen hinaus. Störungen gibt es auch jetzt, so zum Beispiel ein noch nicht ganz überwundener Darmkatarrh aus den letzten Tagen. Das alles wirkt zusammen, daß ich trotz meiner wunderbaren Helfer, trotz guter Luft und Kost, fast täglichen Luftbadens noch immer nicht recht erholt bin, ja im Ganzen nicht einmal so im Stande, wie etwa letzthin in Prag. Rechnet Ihr noch hinzu, daß ich nur flüsternd sprechen darf und auch dies nicht zu oft, Ihr werdet gern auch den Besuch verschieben. Alles ist in den besten Anfängen – letzthin konstatierte ein Professor eine wesentliche Besserung des Kehlkopfes und wenn ich auch gerade diesem sehr liebenswürdigen und uneigennützigen Mann – er kommt wöchentlich einmal mit eigenem Automobil heraus und verlangt dafür fast nichts …, so waren mir seine Worte doch ein großer Trost – alles ist wie gesagt in den besten Anfängen, aber noch die besten Anfänge sind nichts; wenn man dem Besuch – und gar einem Besuch wie Ihr es wäret – nicht große, unleugbare, mit Laienaugen meßbare Fortschritte zeigen kann, soll man es lieber lassen. Sollen wir es nicht also vorläufig bleiben lassen, meine lieben Eltern?

Daß Ihr etwa meine Behandlung hier verbessern oder bereichern könntet, müßt Ihr nicht glauben. Zwar ist der Besitzer des Sanatoriums ein alter, kranker

Herr, der sich mit der Sache nicht viel abgeben kann, und der Verkehr mit dem sehr unangenehmen Assistenzarzt ist mehr freundschaftlich als medizinisch, aber außer gelegentlichen Spezialistenbesuchen ist vor allem Robert da, der sich von mir nicht rührt und, statt an seine Prüfungen zu denken, mit allen seinen Kräften an mich denkt, dann ein junger Arzt, zu dem ich großes Vertrauen habe (ich verdanke ihn wie auch den erwähnten Professor dem Arch. Ehrmann) und der allerdings noch nicht im Auto, sondern bescheiden mit Bahn und Autobus dreimal wöchentlich herauskommt.

An Julie und Hermann Kafka

[Postkarte]

[Stempel: Wien – 26.V.24]

Liebste Eltern, nur eine Richtigstellung: meine Sehnsucht nach Wasser (wie es bei uns immer in großen Gläsern nach dem Bier auf den Tisch kommt!) und nach Obst ist nicht kleiner als nach Bier, aber vorläufig gehts nur langsam. Herzl. Grüße

BRIEFE AN DIE ELTERN

1922

[Planá nad Lužnicí, 26.-27. Juli 1922]

Liebste Eltern, vielen Dank für die guten Nachrichten. Nur möchte ich gern
Einzelheiten wissen, die aber mit 2 Zeilen zu beantworten wären: wie es sich mit
dem Liegen verhält, wie oft und wie lange Mutter Du dort bist, wann die Näthe
[sic] herausgenommen werden, wann die Rückkehr zu erwarten ist. Ich soll erst
kommen, wenn der Vater Zuhause ist, aber man erzählte doch etwas von einem
12tägigen Sanatoriumsaufenthalt und der wäre etwa heute vorüber. – Uns geht
es sehr gut, Ottla ist mit Věra spazieren; einigemal im Tage sagt sie (die Ottla
nämlich) daß sie gern schreiben würde, aber sie ist doch die Hausfrau, wie soll
sie schreiben in der einen Hand den Kochtopf, in der andern die Windeln, in
der dritten die Bonbons für die Kinder, welche sie von dem Spielplatz unter
meinem Fenster weglocken, wegbitten, wegschimpfen muß. Und dann: wenn
ich ihr nicht wenigstens die paar Sekretärdienste (als Obersekretär der ich bin)
leisten sollte, es wäre traurig. Was ich also schreibe, gilt auch als von ihr geschrieben.

Herzlichste Grüße

Liebe Elli, wie Du mir entschlüpfst, gewiß trifft Dich auch dieser Brief nicht
mehr in Prag an. Ich habe Dir nämlich nach Brunshaupten geschrieben, Brief
und Karte, und Dich gebeten meine Schande beim Ewer wieder gutzumachen.
Es gibt drei Möglichkeiten dafür: entweder in Berlin zu ihnen zu gehn (Berlin
NW 7 Dorotheenstraße 35) was vielleicht jetzt auf der Rückfahrt möglich wäre
und sich empfehlen würde, weil man sich mündlich doch am besten beraten
kann und entschlußkräftiger wird oder dadurch daß Du schriftlich etwas bestellst und es Dir nach Prag schicken läßt oder schließlich es Dir nach Brunshaupten schicken läßt, wobei Du gegenüber der zweiten Möglichkeit etwa 25%
ersparen würdest. Sieh, Elli, es handelt sich ja nicht darum daß Du irgendeine
große Bestellung machst, sondern nur paar Bücher kaufst, nicht um der Ewerbuchhandlung auf die Beine zu helfen, auf denen sie ja fest genug steht, sondern
um ihr zu zeigen, daß ich kein Lügner, kein ausgelassener Schuljunge bin, der
ihr Briefe, Prospekte, Voranschläge herauslockt, um dann als Abschluß seiner
Taten Deine persönliche Ankunft (mit Deiner vollen Zustimmung oder gar auf
Deine Anregung, ich weiß nicht mehr) ihnen anzuzeigen, womit dann die Geschichte zuende wäre. Also bitte liebe Elli nimm Dich meines Rufes an. Ich habe
Dir für den wahrscheinlichen Fall des Verlustes des ersten Bücherzettels einen
zweiten geschickt und wiederhole daraus:

<u>Tempelausgabe</u> Schiller – ist sie Dir zu teuer, gibt es ja ausgezeichnete billigere etwa Cotta oder noch billiger allerdings schlechter Bong, sie werden Dir aber noch andere nennen

<u>Weltgeschichte</u> Verlag Ullstein, sie werden Dir aber noch andere nennen, ein illustrierte Weltgeschichte zuhause haben ist doch schön, nicht? Oder auch eine Kulturgeschichte, Kunstgeschichte, Litteraturgeschichte, Brehns Tierleben? Oder gar ein Konversationslexikon.

Oder <u>Herzls Tagebücher</u>, deren erster Band jetzt erschienen ist, ein sehr reiches, auch für Karl interessantes, rührendes Buch.

Oder etwas bunt durcheinander: Grimms Märchen (vollständige Ausgabe 3 Bände, Georg Müller Verlag, ein schöner Besitz) oder Dubnow Neueste Geschichte der Juden oder Richard Dehmel: Briefe oder Schillerbriefe (ein Band Verlag Langewiesche) oder Goethebriefe (zwei Bände gleicher Verlag) oder Taine: Französische Revolution oder Gorki: Selbstbiographie (bisher 2 Bände Verlag Ullstein, für Karl und Felix) oder – oder – oder – meiner Gier nach Büchern darf ich gar nicht die Kette lockern, sonst käme es zu keinem Ende.

Im Ganzen genügt es mir, wenn Du der Ewerbuchhandlung schreibst: »Ich konnte mich in Berlin leider bei Ihnen nicht aufhalten, bestelle das Buch so und so á 10 Mark und bitte mir zu bestätigen, daß mein Bruder kein Lump ist.« Bestellst Du mehr, verkleinert sich dadurch entsprechend meine Lumperei.

Wie ich aus Deinem Brief herausgelesen habe, daß Du Gerti nicht hinschickst? Ich weiß nicht mehr ob ich es aus Deinem Brief herausgelesen habe oder aus dem brüderlichen Herzen oder vielleicht nur aus Karls Auskunft. Traurig ist es freilich, das Unternehmen ist eben zu groß für unsere Kräfte, für unser aller Kräfte. Alles Gute, Dir und allen

Dein F

Liebste Mutter und Vater und Ely! Euch allen viele Grüße. Und die Ely, soll auf einen Tag wenigstens kommen. Euere Ottla.

Das ist ja ein sehr guter Einfall, komm Elli ein wenig zu uns.

1923

[Berlin-Steglitz, 19. Oktober 1923]

Freitag

Liebste Eltern, eben bekomme ich Eueren lieben Brief vom 18. mit 50 K. Es scheint also diesmal wirklich einmal ein Brief verloren gegangen nämlich der von Samstag, das »ausführliche Schreiben«, wie Ihr es nennt. Schade, schade. Was stand denn alles drin? War vielleicht auch Geld darin? Du nummerierst diesen Brief mit 3., so daß man annehmen könnte, es wäre Geld darin gewesen, aus dem Inhalt aber dieses letzten Briefes scheint hervorzugehn, daß kein Geld drin war, denn Ihr verwieset mich ja darin an Frau Gross. Ich wiederhole aus meiner gestrigen Karte, daß ich die 1000 K von Frau Gross erhalten halten, mit den heutigen 50 K leide ich jetzt geradezu an Geldüberfülle und ernstlich erwäge ich, ob ich nicht vielleicht einmal ins Kino gehn sollte. Vorläufig beschränke ich mich aber auf die Ernährung und sage Euch ins Ohr, daß ich z.B. heute Taube zu Mittag hatte. Meine Kost ist jedenfalls viel besser als die im Sanatorium der Frau Gross, die übrigens sehr nett zu mir war. Herzliche Grüße Euch und allen

F

[Berlin-Steglitz, Anfang November 1923]

Liebste Eltern,

Euer Brief mit der Ankündigung der Möglichkeit Deines Besuches liebste Mutter kommt heute gerade zurecht. Wenn nicht in der Jahreszeit, in den deutschen Verhältnissen oder bei Euch zuhause Hindernisse für eine solche Reise sind, bei mir, seit heute vormittag, nicht die geringsten und der Besuch, den ich mir noch gar nicht recht vorstellen kann – bisher hast Du mich nur in Dob?ichowitz besucht – wird für mich eine große festliche Sache sein. Das Hindernis wäre bisher nämlich die Wohnung gewesen. Mein jetziges Zimmer ist prachtvoll und nur infolge Euerer Abneigung gegen lange Beschreibungen seid Ihr um die Beschreibung des Zimmers gekommen und zwar für immer, denn am 15. November werde ich übersiedeln. Auch in meinem bisherigen Zimmer hättest Du schlafen können, es ist ein schönes Kanapee da, aber es wäre doch unbequem gewesen, außerdem bin ich zwar mit der Hausfrau in einem sehr guten Verhältnisse, aber Spannungen gibt es doch immerfort, hervorgerufen dadurch daß sie mir mit ihrer berlinerischen Energie und ihrem berlinerischen Verstand (sie ist keine Jüdin) unendlich überlegen ist. Das führt auch dazu, daß ich ausziehe. Ich

glaube, in der ersten halben Stunde unseres ersten Beisammenseins hatte sie heraus, daß ich 1000 K Pension (damals ein großes, heute ein viel kleineres Vermögen) habe und danach fing sie an, die Miete und was sonst dazu gehört zu
steigern und es nimmt kein Ende. Nun sind ja freilich die allgemeinen Steigerungen der Preise groß, aber die Steigerung meiner Miete riesenhaft, selbst
wenn ich die ganz einzigartigen Vorteile der Wohnung in Rechnung stelle. Das
Zimmer wurde z.B. Ende August mit 4 Millionen monatlich für mich gemietet
und heute kostet es etwa ½ Billion, nun ist auch das nicht einmal zuviel, aber die
Unsicherheit, in der man dadurch ist, daß monatlich gesteigert werden kann
und auch sonstiges in dieser Art, ist unangenehm. Deshalb also ziehe ich. Die
Hausfrau weiß noch nichts, ich bin erst am 15. verpflichtet es ihr zu sagen und
dann ziehe ich gleich weg. Nicht weit, zwei Gassen weiter, in einer kleinen Villa
mit hübschem Garten, im ersten Stock, zwei (zwei!) schön eingerichteten Zimmern, von denen eines, das Wohnzimmer, so sonnig ist wie mein jetziges, während das kleinere, das Schlafzimmer, nur Morgensonne hat. Weitere Vorteile:
Zentralheizung und elektrisches Licht (hier habe ich nur nicht sehr gut bren-
nendes Gas und die Heizung im Winter dürfte nicht ganz leicht sein, denn es ist
ein Erkerzimmer und Türen und Fenster schließen nicht sehr gut), dort ist es in
dieser Hinsicht viel besser. In weiteres Lob will ich mich nicht einlassen, weil
man natürlich eine Wohnung erst kennt, wenn man dort mindestens 1 Jahr gewohnt hat. Die Hauptvorteile aber sind, daß der Preis zwar nicht niedriger ist
als für mein bisheriges Zimmer aber gesicherter gegen Steigerungen und sonstige Übervorteilungen. Der größte Hauptvorteil aber ist eben – und das ist der
langen Rede Sinn – daß Du liebste Mutter nun wirklich herkommen kannst,
wenn Du Lust hast, und ein bequemes Zimmer vorfindest. (Nebenbei dachte
ich übrigens auch daran, daß, wenn der Onkel Siegfried für einige Zeit herkommen wollte, er dort wohnen und – was recht erwünscht wäre – zu den Kosten des Unternehmens beitragen könnte.)

Doch wiederhole ich: nur als Lustreise hätte die Reise überhaupt Sinn, Lust
für mich und Dich; als Fürsorge-Reise ist sie gänzlich unnötig, denn ich bin
wunderbar versorgt und als Gepäcktransportreise ist sie ebenso überflüssig,
denn Max kommt am 9. November und nimmt wie er mir schon geschrieben
hat, den Handkoffer mit. (Zu den Wintersachen übrigens: ich fürchte, es wird
notwendig sein, auch ein paar warme Pantoffel beizupacken, die welche ich hier
habe, reißen immerfort. Das Fräulein kennt sie, sie hat sich oft schon mit ihnen
geplagt, ich glaube, sie sind unreparabel.)

Ich würde mir ja solche Kleinigkeiten wie die Pantoffel udgl. lieber kaufen,
als darum schreiben, aber es ist unmöglich, die Teuerung in den letzten Wochen
ist unheimlich, noch immer lebt man hier wahrscheinlich im ganzen etwas billiger als in Prag, aber es ist schon recht angenähert, über die Lebensmittel hinaus scheint mir aber alles fast teuerer zu sein als bei uns. Ins Theater zu gehn ist
z. B. fast unmöglich, ich wollte in eines, allerdings eines der besten gehn, der
schlechteste Sitz, auf dem man zugegebener Weise weder sieht noch hört, sich

also ungestört mit dem Nachzählen der vielen Milliarden beschäftigen kann, die man für ihn ausgegeben hat, kostet etwa 14 K. In einem andern Theater, das mich auch interessiert hätte sind die Preise kleiner, dafür aber ist das Theater viele Tage vorher ausverkauft. Es gibt, glaube ich, keine Zeitung mehr, die weniger als 1.50 kostet. Das reicht manchmal bis in die Lebensmittel hinein, ich rühmte mich letzthin eines Einkaufs von Eiern á 50 h., heute kostet ein Ei 1.60. Aber wie gesagt, im ganzen geht es doch leidlich, man lebt ebenso gut wie in Prag und nicht teurer.

Nun habe ich mich aber verplauscht, wie die Frauen auf dem Markt. Noch schnell zu den Fragen: Heute ist gleichzeitig mit dem Brief das Päckchen III angekommen und dankbar aufgenommen worden – der Kalender hat sich heute überhaupt nicht geäußert, er ist sprachlos wegen der neuen Wohnung, ich hoffe ihn aber mitnehmen zu können.

Von den Eiern war keines zerbrochen. Dagegen könnte dem Schlaf (nach dem Ihr auch fragt und der viel empfindlicher ist als Eier) etwas passieren, wenn man viel von ihm spricht.

Lebt wohl und grüßt alle von mir   Euer F.

[Berlin-Steglitz, 11. November 1923]

9) <u>Sonntag</u>) Liebste Eltern, noch schnell einen Gruß, ich hatte heute einen langen (aber angenehmen) Besuch und es ist spät geworden. – Paket 7 und 8 sind angekommen und wohlverwahrt in der Speisekammer für die besonders feinen Sachen, d.h. zwischen den Fenstern. Bisher ist nichts verloren gegangen, das gibt auch ein wenig Hoffnung für Geldbriefe. Augenblicklich ist keine Not, ich habe mir von einem Bekannten etwas Geld ausgeborgt, aber es wäre doch gut mit dem Schicken anzufangen. (Daß ich nicht vergesse: von Freitag ab ist meine Adresse: <u>Berlin-Steglitz, Grunewaldstraße 13</u>, bei Hr. Seiffert) Denn heute früh z.B. stand mir einen Augenblick der Verstand still (was übrigens ganz leicht und ohne weitere Folgen zu geschehen pflegt) als ich den Betrag der Kohlenrechnung für den nächsten Monat hörte. Die Kohle kostet soviel wie die Wohnung. Ich werde das zweite Zimmer zu vermieten suchen. Übrigens ist diese kolossalle Teuerung (mit zwei l kolossal zu schreiben ist aber doch noch übertrieben) zum Teil künstlich, die Kurse der Devisen werden hier amtlich niedrig gehalten (gestern [z.]B. bekam man amtlich etwa 18 Milliarden für 1 Kč, im wilden Handel etwa 25 M., aber in Prag weit über 100 Milliarden, also 5mal so viel) die Preise aber bewegen sich leider nach dem wirklichen Kurs, infolgedessen lebt man jetzt hier mit Kč so teuer. Wieder ein Plausch.

Herzlichste Grüße   F

Die alte Karte eine Woche später weggeschickt wohl schon veraltet

10) <u>Dienstag</u>) Liebste Eltern, schnell eine Entschuldigungskarte. Für Nr 9 habt Ihr wohl nachgezahlt; so sehr ich aufpasse, diesmal habe ich die (übrigens ungeheure) Erhöhung des Porto übersehn. Verzeiht! Aber vielleicht habt Ihr vernünftiger Weise die Karte nicht angenommen, dann wiederhole ich aus der Erinnerung das Wichtigste: VII u. VIII sind angekommen. – Meine Adresse ab 16.: Berlin-Steglitz, Grunewald-Straße Nr 13 bei Hr. Seiffert. – Geld habe ich mir ausgeborgt, so daß augenblicklich keine Not ist. Man wechselt infolge des niedrigen amtlichen Kurses (Samstag z.B. 18 Milliarden für 1 Kč, im wilden Handel etwa 25 Milliard, in Prag aber über 100 Mill. und die Preise richten sich leider nach dem außerdeutschen Kurs) sehr schlecht hier und lebt infolgedessen ungerecht teuer, vielleicht käme man auf andere Weise etwa mit Kreditbrief oder anders (aber immer so, daß man die Mark in Prag bezahlt) besser weg, doch müßte man dann wohl eine persönliche Empfehlung an einen hiesigen Bankdirektor, etwa den Direktor einer Filiale einer Prager Bank haben. Vielleicht hätte es aber auch keinen oder nur einen augenblicklichen Wert, ich habe nur etwas derartiges undeutlich läuten hören. Du lieber Vater verstehst das ja viel besser.

Herzlichste Grüße Euch und allen   F

Liebste Eltern, nein die Post war 11) <u>Donnerstag</u>) nicht an der Verzögerung schuld, Nr 9 war nicht genug frankiert, die Post hat ihn, um Euch vor Nachzahlung zu bewahren, zurückgebracht usw. in die neue Wohnung, trotzdem kein Absender dort stand und nur im Text die neue Adresse Euch mitgeteilt war. Nun, ist nicht Ordnung in Berlin? – Die neue Adresse zum 3ttenmal: Berlin-Steglitz, Grunewaldstraße 13, bei Hr. Seiffert – Ottla kommt also? Sie wird hochwillkommen sein. Aber erlaubt es Pepa wirklich? Jedenfalls wird sie schön bei mir wohnen können. Übrigens werde ich noch aus der neuen Wohnung berichten. – Vielen Dank dem Fräulein (und Dr Kral) das Attest genügt, es ist mir sehr lieb, daß es nicht gemacht werden muß. Darin, daß es nicht viel kostet, hatte übrigens Dr Kral recht, es ist nämlich gänzlich umsonst, wird von der Stadt gemacht im Bedarfsfalle. Ist nicht Ordnung in Berlin? – Wenn die Sachen geschickt werden können, ist es angenehm, aber dringend ist es wirklich nicht. Man sorgt so um mich. So habe ich z.B. zum Ausgehn für kalte Tage eine Pelzweste geborgt bekommen.

Herzlichste Grüße   Euer F.

Euere letzte Karte ist mit ein wenig unruhiger Schrift geschrieben

[Berlin-Steglitz, 20. November 1923]

12) <u>Dienstag</u>) Liebste Eltern, diesmal war es eine besondere Freude, Euere beiden Briefe und vor allem des l. Vaters Mitteilung über seine Gesundheit. Schade, daß ich nicht genug Marken habe um Euch ausführlich zu antworten, vielleicht nächstens. Ab 1. kommt übrigens der wertbeständige Tarif, dann wird man keine Markensorgen mehr haben, allerdings wird es dann so teuer sein, daß man aus dem Grund nicht wird schreiben können. – Die Wohnung ist so schön, daß ich fürchte, ich werde sie aus dem oder jenem Grunde bald verlieren. Freilich teuer ist sie. – Das Paket ist heute angekommen, morgen werde ich es mir holen lassen. Hat es viel gekostet? – Bei den gegenwärtigen Verhältnissen ist es am besten Kč zu schicken, keinesfalls Dollars. Warum denn? Dann würde man ja bei dem zweimaligen Wechseln nur Geld verlieren. – Päckchen X ist noch nicht gekommen, es geschieht mir ganz recht, am Anfang des Monats, als ich Butter-Überfülle hatte, habe ich auf Butter statt auf Margarine kochen lassen. Übrigens habe ich gestern recht gute Butter zu kaufen bekommen. – Deine Frage lieber Vater, ob ich hier »für später eine Zukunft habe«, ist sehr heikel. Für die Möglichkeit eines Geldverdienens besteht bis jetzt nicht die leiseste Andeutung für mich. Freilich behandle ich mich hier wie einen Kranken im Sanatorium. Freilich kann ich auch nicht gut in der Stadt wohnen, besonders jetzt da ich durch Steglitzer Luft verwöhnt bin und täglich bei jedem Wetter hineinfahren könnte ich auch nicht gut. Ich habe früher einmal eine Wohnung in der Stadt nehmen sollen, aber schließlich trat ich zurück.

[Berlin-Steglitz, 23. November 1923]

14) <u>Freitag</u>) Liebste Eltern, das Paket ist in ausgezeichnetem Zustand angekommen, nichts fehlt, nichts ist vergessen, die Hausschuhe sind unvergleichlich wärmer als die früheren. Wie viel mag die Versendung kosten und wie viel Mühe mag sie Euch gemacht haben! Es war nicht dringend, aber es ist doch sehr angenehm, alles zu haben, freilich ist heuer ein Herbst, so schön, wie er, glaube ich, während meines ganzen Lebens nicht war, es wird wohl ein harter Winter werden, ich bin in jeder Hinsicht gut für ihn vorbereitet. – Päckchen XI ist gekommen, X noch nicht, das durch Frl. Bugsch zu besorgende Päckchen soll Butter enthalten, das ist sehr gut, aber Grahambrot? Ich schrieb doch öfters, daß ich hier bis jetzt ein derart ausgezeichnetes Brot habe, wie ich es in Prag vergeblich gesucht habe. Ach, Ihr scheint mir noch immer nicht ganz zu glauben. – Das Geld von Hr. Gross bekomme ich heute; bitte keinen Scheck mehr schicken, nur Kč, ich erkläre es Ottla ausführlich in einem Brief. – Wegen der Fürsorge-Konkurrenz brauchst Du Dich liebe Mutter nicht zu sorgen, Du behältst Deinen Platz. Immerhin, was habe ich in den letzten Tagen wieder be-

kommen? Eine Flasche ausgezeichneten Rotweins, an der ich mit Vergnügen rieche, eine Riesenflasche hausgemachten Himbeersaftes und 4 Teller. Nicht übel, wie?

Herzlichste Grüße
Euer F

[Berlin-Steglitz, 19. Dezember 23]

Liebste Eltern, ist das doch eine Freude, einen solchen Brief zu bekommen, den Sonntagnachmittag bei Euch zu sehn, ruhig, den Vater kräftig zur Reise nach Podol (was macht Dolfi?), Dich nach dem Bad auf dem Kanapee die Zeitung (leider im Halbdunkel) lesend. Das sind schöne Briefe. Und dann ist Valli da mit den zwei Hebräerinnen (wann werden sie mir hebräisch schreiben?) und Pepa, dem ich herzlich gratuliere, ist Prokurist geworden! Schöne Nachrichten, ja solche Sachen interessieren mich. – Die 80 K sind richtig angekommen, ich mache Euch doch ein wenig nervös, was ich daraus sehe, daß das Geldkouvert verschlossen war, nicht offen, wie Du fürchtetest (es wäre freilich auch so sicher wie in einer Wertheimkasse gewesen). – Wie ich schrieb, brauche ich <u>bis zum 10. Jänner gar nichts</u> und auch dann eigentlich nur Butter (und wenn das Fräulein ein Stückchen Linzer oder sonst etwas beipacken will, wird sie hier hochgerühmt werden) alles andere lohnt nicht das Porto, nicht einmal Eier, die jetzt hier 20 Pfennig, also 1.70 – 1.80 kosten, ungeheure Preise, aber doch wohl billiger als die Prager Eier mit Porto, besonders da nicht alle fehlerfrei waren. Und Gries, Reis, Mehl lohnt ganz gewiß nicht, nur Butter. Aber etwas anderes: Sehr teuer ist das Waschen; bei sparsamem Verbrauch für 2 Monate etwa 120 – 160 K, dabei ungeplättet und hinsichtlich der Waschmittel nicht sehr zuverlässig. Würde es sich nicht lohnen, alle 1 ½ Monate die Wäsche nach Prag zu schicken? Freilich »da können wir ja gleich unter dem Tisch essen« könnte man dazu sagen. – Das Wetter, über das Ihr klagt, war hier bis jetzt gar nicht schlecht, trocken und nicht sehr kalt, wenig Nebel, ich war mit 1, 2 Ausnahmen jeden Tag draußen. Jetzt regnet es, aber nicht schlimm. – Meinem Zimmer trage ich auf, den Onkel sehr freundlich zu empfangen und zu behüten.

Herzlichste Grüße allen
F

Frau Lise belasset bitte mit nichts anderem als dem Geld.

[Berlin-Steglitz, 27. Dezember 1923]

Mittwoch)

Liebste Eltern, Dank für das Geld,

Frau Lise war übrigens so freundlich mir Brief und Geld zu schicken, es ist eine große Reise zu Ihnen hinaus und die Kälte jetzt doch etwas zu großartig.

Gestern war über 10° R, es gibt jetzt in Berlin die schönsten Eisblumen und ganz billig, etwas was ich allmählich über alles zu schätzen anfange. Nächstens fahre ich zu Frau Lise und lasse mir von Euch erzählen, vorläufig hat sie mir telefonisch nur Věras Brief aufgesagt. Den langen Brief, den Du in dem Geldbrief erwähnst habe ich noch nicht bekommen; will man mir immer die langen Briefe rauben oder verzögert ihn nur der Weihnachtspostverkehr, wie er dies offenbar auch bei meinen letzten Karten getan hat. Das angekündigte Kistchen wird mit Dank angenommen, aber wie gesagt bis zum 10. Jänner bin ich versorgt und dann nur Butter und höchstens die berühmt gewordene Linzer Torte (was ist das für eine geheimnisvoll gute Konfitüre darauf?) Äpfel und Orangen sind wohl mit Porto teurer als hier und bei allem andern ist es ebenso. – Das Geld von der Anstalt wird diesmal wohl nicht pünktlich kommen, da meine Eingabe jetzt in den Feiertagen nicht so schnell erledigt wird; das müßt Ihr entschuldigen – Der Onkel ist wohl schon gekommen, schwer löst er sich wohl von Triesch, das kann ich mir vorstellen, ich könnte nach so vielen Jahren gar nicht mehr loskommen, darum muß ich recht oft meine Aufenthalte ändern trotz der Kosten, leider, leider Euerer Kosten

Herzlichste Grüße

Euer
F

1924

<u>Liebste Eltern</u>, der große Brief ist also verloren gegangen, immer nur Deine gro-
ßen Briefe, ich weiß nicht was die Post gegen mich hat. Dafür kam gestern die
Karte und heute das Paket, vielen Dank für das Viele, Angekündigte und Geschickte. Übel wurde vermerkt, daß die Sendung vor dem 10. Jänner kam, aber
der Inhalt hat wieder versöhnt, tatsächlich aber habe ich noch von der alten Butter genug bis zum 10ten, sie hält jetzt sehr gut, man muß sie immer erst herausreißen aus ihrer Verfrorenheit hinter dem Fenster. Ja die Kälte ist kräftig, aber
unter meiner ausgesuchten leichten und warmen Daunensteppdecke ist warm,
manchmal gibt es sogar auf der Lehne eines Parkes hier in der Sonne einen warmen Augenblick und mit dem Rücken an der Zentralheizung ist es auch recht
gut, gar wenn man noch zum Überfluß die Füße im Fußsack hat. Freilich in
Euerem Zimmer am Ofen ist es auch schön (außer damals als Du Dich dort
wärmtest vor der Operation). – Heute kam der Antwortbrief von der Anstalt,
sehr freundlich mit netten Neujahrswünschen. Ich muß einen Vollmachtsbrief
schicken, auch einen kleinen Dankbrief an den Direktor schicken, zwei kleine
Übersetzungen um die ich Pepa sehr bitte, sie sind auch der Anlaß der heutigen
Briefverschwendung. – Übrigens zeigen sich jetzt nach Neujahr winzige Anzeichen einer Preisherabsetzung, wenn nur die politischen Dinge nicht wieder da-
zwischenfahren, wozu sie alle Lust zu haben scheinen. Die Stadtbahnfahrt nach
dem Potsdamerplatz, die vor Neujahr 1 K 20 kostete, kostet jetzt 80 h ein Liter
Spiritus, vor Neujahr 6 K 40, kostet jetzt 3 K 60 h, weitere derartige Erscheinungen habe ich leider nicht beobachten können, aber auch diese erfreuen
schon das geängstigte Herz, das ein Weilchen vorher bange geklopft hat vor dem
ausgehängten Speisezettel eines Winkelrestaurants, in dem Wiener Schnitzel
mit Spargel für 20 K angeboten waren. – Ich habe Elli vor einiger Zeit paar
Adressen geschickt für den Fall, daß sie etwas mit dem Jüdischen Frauenver-
band zu tun hat, der jetzt Liebesgabenpakete nach Deutschland schickt. Sie hat
mir nicht geantwortet, wahrscheinlich hat sie mit dem Verband nichts zu tun.
Ich habe letzthin ein solches Paket gesehn, groß und reichhaltig genug, eine
wirklich ehrenwerte Leistung, aber doch trostlos, nur unbedingt notwendiges
und gerade solches, das wie Gries, Mehl, Reis hier gewiß nicht teuerer ist als in
Prag. Hätten sie doch von Euch gelernt Liebespakete zusammenzustellen, freilich Euere Rezepte wären etwas zu teuer. – Daß dem Onkel, der soviele Triescher
Winter durchgemacht hat, der Prager Winter zu kalt ist, ist merkwürdig.
Meran, das wäre nicht übel, vorläufig aber bleibe ich hier, aber sehr neugierig
bin ich, wie die Verhältnisse dort sind. Sehr billig wird dort wohl jetzt nicht

sein, denn da die Deutschen bei ihren Inlandspreisen jetzt sehr gut reisen können, werden sie gewiß wie in Friedenszeiten Südtirol und den Gardasee über-
füllen und die Leute dort, die solange eine gute Saison haben entbehren müssen, werden sich zu entschädigen suchen. Immerhin; spielen läßt sich mit dem
Gedanken. Herzlichste Grüße und wärmt Euch schön bei einander (in welchem
Zimmer sitzt Ihr am Abend?)

Euer F.

[Berlin-Steglitz, 5.-8. Januar 1924]

Liebste Eltern, nein, nun ist es wirklich zu viel, es ist nicht richtig, daß es nicht
die »Welt« kostet, nun kostet es sie schon wirklich fast. Die letzte Sendung ist ja
prachtvoll, so viel Gutes und Süßes und Saftiges und Banknotliches und so
schön ausgewählt und zusammengelegt, aber nun bitte ich auch um eine große
Pause, um das alles in Frieden aufessen zu können und nicht durch das Ankommen neuer Pakete abgelenkt zu werden. Butter z.B. habe ich jetzt – wieder
das fachmännische Gutachten – bis Ende des Monats; wenn jetzt wieder ein
Paket mit Butter angekündigt wird, so ist das eben zu viel, zu teuer, zu üppig, zu
beschämend, natürlich werde ich alles »zurückzahlen« aber Ihr dürft es mir
durch die Menge nicht zu schwierig machen. D. hat übrigens von der ganzen
Sendung am meisten die »gute Fee« gefreut. – Es ist ja schlimm mit der Teuerung hier (die eine Schachtel war in einen Bogen eines alten »Prager Tagblatts«
eingepackt mit einem Aufsatz [»]Die Not der Ausländer in Berlin« ja, so ist es,
und die Nachricht über die Verbilligung der Stadtbahnfahrt war sogar irrtümlich, nur die über die Verbilligung des Spiritus stimmt und wenn in Prag ein kg
Butter 22 K kostet, so kostet es hier mehr als doppelt so viel) aber die Teuerung
hat doch auch ihr Gutes, sie ist erzieherisch, man wird bescheidener (nicht hinsichtlich des Essens, das liegt nicht in meiner Macht, ich bekomme das Beste
und Teuerste, lerne es aber immerhin besser zu würdigen) und es gibt auch sonst
noch gute Wirkungen denen sich nur der widerspenstige Körper manchmal
entgegenstellt. – Euere große Sylvesterfeier (den Onkel vermisse ich unter den
Anwesenden) und der Tanz haben mich sehr gefreut, ich habe Sylvester auch
mitgemacht, wenn auch nur vom Bett aus. Trotzdem ich nur zwischen Gärten
wohne, das städtische Steglitz ziemlich entfernt ist und Berlin erst recht, war
doch der Lärm bei offenem Fenster stundenlang ungeheuerlich, ohne Rücksicht
auf den Frost, der Himmel voll Raketen, im ganzen großen Umkreis Musik und
Geschrei. – Was das Fieber betrifft, so ist das schon eine alte Sache und war unglaublich schnell, schon den zweiten Tag vorüber. Verkühlung war es wohl
nicht, nach der Art seines Auftretens zu schließen. Nun, es ist vorüber. Auch ist
die Kälte in der Wohnung nicht so schlimm, wie Ihr zu glauben scheint, ich
sitze bei der Zentralheizung und dort ist es recht gut. Die Abgabe des einen

Zimmers war nur ein Plan, von dem man inzwischen schon abgekommen ist. (Übrigens bin ich auch jetzt nicht ohne Nachbar, zwischen dem Wohnzimmer und dem Schlafzimmer ist das Schlafzimmer der Hausfrau, so daß ich in jedem Zimmer ihre Nachbarschaft habe und allerdings sie auch die meine) Ich werde nichts abgeben, sondern wahrscheinlich ausziehn, die Hausfrau kommt nicht aus und sie wird deshalb auch ihr Schlafzimer vermieten d.h. die ganze Etage an eine Partei, dafür wird sie gewiß viel mehr Geld bekommen. Aber deshalb ist Euer Besuch durchaus nicht in Frage gestellt, ich habe schon eine andere Wohnung in Aussicht, ich werde so die Umgebung von Berlin kennen lernen, das ist gar nicht schlecht. Diese Wohnung ist ja außerordentlich schön, aber auch sie hat paar Nachteile und da jede Wohnung paar Vorteile hat, so lernt man bei häufigem Wohnungswechsel mit der Zeit auch viele Vorteile kennen, man muß nur schnell genug wechseln, um von jeder Wohnung den Vorteil wegzunippen. In Prag wäre mir eine Übersiedlung schrecklich gewesen, hier macht es mir nicht viel aus. – Vielen Dank für Deine Absicht gegenüber dem Fräulein, aber einfach Geld zu geben, wäre nicht gut. Es muß eben hingenommen werden, daß ich mich diesmal schäbig und gar nicht hübsch ihr gegenüber benommen habe, vielleicht findet sich eine Möglichkeit es gutzumachen. – Das Reformblatt bitte bezahlt, es kostet, glaube ich, 10 Kč. Ich vergaß noch für die Ausschnitte aus dem Prager Abendblatt zu danken. Ihr könntet auch immer paar alte Nummern des »Tagblatt« beilegen, sie sind immer interessant, hiesige Zeitungen lese ich sowieso nicht, das Berliner Tagblatt kostet 2 K pro Nummer aber nicht viele, je weniger es sind, desto wertvoller sind sie. – So schließt also der Brief richtig, wie er angefangen hat auch wieder mit einer Bitte. Herzlichste Grüße und Dank Euch und allen

F.

Liebe Ottla, vielen Dank für die Übersetzungen, sie sind fast so gut wie die Marmelade, was für ein geschicktes Ehepaar und wie geschickt auch ich, der ich von jedem alles brauchen kann. Der Vergleich mit dem neuen Zimmerherrn berührt mich merkwürdig, erstens verdankt Ihr den Zimmerherrn mir, so daß eigentlich ich dem Pepo den Sportanzug – (keinen Dank, ich kann Dank nicht vertragen) und zweitens habe ich vor zwei Jahren der Věra ein Bilderbuch für 20 K gekauft. Nun also! – Der Butterpreis ist von hier aus gesehen, ungeheuerlich, hier kostet ein Pfund gewiß nicht so guter Butter 2 M 70; wenn man nicht imstande ist, das eigentlich Süße aus Berlin zu saugen oder wenn man nicht die Hoffnung hat, es vielleicht einmal annähernd zu können, müßte man eigentlich sofort wegfahren. – Ich vergaß noch der Mutter zu sagen: Seife ist hier billig genug, bitte keine schicken, die Arbeit ist so teuer und bildet den Preis und die Hausfrau gibt die Waschküche nicht her und auf Kerzenstümpfen kann man nicht waschen, aber vielleicht wird die Wäsche doch ein wenig billiger werden. Ich schrieb wegen der Wäschesendung nur im ersten Schreck angesichts der Preise, es wird schon gehn. – Ihr müßt ja bei diesen Preisen sehr gut auskommen, noch immer Beengung? Herzliche Grüße. Letzthin war Dr Kaznelson mit Frau bei mir, sie hat mir hübsch von Věra erzählt, merkwürdiger Weise hat auch sie im Anblick der Fotografier gestockt und ein wenig Lust gehabt, die Fini für Dich zu halten. Übrigens bekam sie einen Napfkuchen serviert, von dem sie ihrer Meinung zuviel aß, was sie damit entschuldigte, daß es eben Prager Kuchen sei, aber falsch es war berlin-polnisch-russischer Kuchen. Von Klopstock hörst Du nichts? Er ist wohl in Budapest.

Eben jetzt abend kam Euer lieber gemeinsamer Brief, ich werde ihn nächstens beantworten

Übrigens fällt mir ein, ob man nicht ein wenig Butter seien es auch immer nur paar kg hier mit Vorteil verkaufen könnte, bei der nächsten Sendung werden wir es versuchen.

[Berlin-Steglitz, Ende Januar 1924]

Liebste Eltern nur paar Zeilen in Eile, Max, der mich telefonisch angerufen hat, wird nachmittag zu mir kommen und den Brief wohl mitnehmen. Freilich, wozu jetzt noch an Porto sparen, da ich ja in Überfülle von Geld plätschere und nicht weiß, ob ich mich darüber freuen oder trostlos sein soll darüber, daß ich die Pension genau genommen schon für April von Euch beziehe, daß ich á-conto-Zahlungen auf nicht bestehende Schulden angenommen habe und jetzt auch noch die ganze nicht bestehende Schuld einkassieren soll, daß ich ferner von Ottla 100 K bekomme, ich weiß nicht wofür (vielleicht weil ich vom Telefon geschrieben habe, aber ihr Telefongespräch war das allergeringste in der Rechnung, ein ganz unbedeutender Betrag) und daß ich schließlich von Elli stillschweigend 500 K bekomme, das Geschenk ja trotzdem auffange, aber doch gern wüßte, was es bedeutet und gar nicht nachfragen will, weil ich mich vor Carl schäme, der hier unschuldig in eine solche Geldausgabe gezogen wird und weil ich mit dem Ganzen doch, nachdem ich Věras Mitgift angebissen habe, jetzt auch noch nach der von Gerti die Fänge ausstrecke. Aber jetzt von anderem: Das Paket ist heute angekommen, schön und reich. Ohne Rücksicht auf Tageszeit und Sättigung habe ich mich daran gemacht. Die Äpfel scheinen diesmal unverletzt, nicht ganz so die Eier, die Äpfel lagen wohl zu schwer auf ihnen. Vielen Dank für die sich nähernde Wollweste, ist das aber nicht allzuviel Arbeit, stört es nicht beim Kartenspiel, im Nach-dem-Tisch-liegen, im Zeitungs-Lesen, im Mit-der-Věra-spielen und allen Deinen 1000 Beschäftigungen, die ich durch meine Paketbedürfnisse um weitere 1000 vermehrt habe. Die Anstalt verlangte jeden Monat von mir eine Bestätigung der Polizei, daß ich da bin, ich habe ihnen geschrieben, daß ich sie jeden Monat schicken werde. Aber vielleicht ist diese Forderung doch nur formal, denn im Jänner haben sie, wie Du schreibst, das Geld doch geschickt, ohne daß ich die Bestätigung beigebracht habe. Vielleicht tun sie es im Feber wieder, schreib mir bitte darüber; tun sie es nicht, schicke ich dann die Bestätigung.

Du klagst über Materialmangel fürs Schreiben, soll ich Dir in Eile nur ganz oberflächlich, wie es mir im Augenblick einfällt, nachhelfen? Also wenn Du einmal nichts zu schreiben weißt, dann schreibe – und es wird immer äußerst interessant für mich sein: Was Ihr an dem Tag zu Mittag und zu Abend gegessen habt, was Du vormittag gegessen hast, was der Vater gemacht hat, vormittag, nachmittag, ob er auf mich gezankt hat (hat er nicht gezankt, dann den Grund angeben, hat er gezankt, dann kenne ich den Grund), wann und welche Kinder bei Euch waren, was Elli Valli Ottla erzählt hat, was das Frl. macht, der Onkel, was Du liest, was der Vater liest u.s.w. Nun, da hast Du schon einen riesigen Brief für jeden Tag. Ich aber muß jetzt noch ein wenig an die Sonne und dabei von Steglitz Abschied nehmen

Herzlichste Grüße Euch und allen

F

Aber vielleicht gehörten die 500 K gar nicht mir, vielleicht ist es ein Misverständnis, es wäre ja auch zu sonderbar, warum sagt nicht Elli ein Wort dazu.

[Berlin-Zehlendorf, 2.-7. Februar 1924]

Liebste Eltern ist das ein großer, inhaltsreicher, geldüberfließender Brief. Wie gut Ihr alle zu mir seid zu diesem nichtstuerischen, sich-pflegen-lassenden und dabei noch nicht einmal dickwerdenden Menschen. – Lange habe ich gerade jetzt aus dem Fenster geschaut in die Gärten und zum Wald hin, um dort irgendeinen klugen Rat dafür zu finden, wie ich mich zu dem großartigen Angebot des Onkels verhalten soll. Am besten wäre wohl das Geld mit einem stillen Vergelts Gott einzustecken, aber das kann ich leider nicht, einstecken werde ichs wohl, fürchte ich, aber immer irgendeinen Krawall dabei machen. Eine besonders für die andern unglückliche Anlage. Nun jedenfalls danke ich dem Onkel vielmals, übrigens vielleicht wird es hier jetzt doch ein wenig besser werden, auch hatte ich noch keinen Monat ohne außerordentliche Ausgaben (was allerdings wahrscheinlich niemand hat und was es gar nicht gibt) vielleicht lassen sich die Ausgaben doch ein wenig einschränken; wenn Ihr herkommen solltet, werdet Ihr ja sehn wie üppig ich lebe. Dem Onkel werde ich noch schreiben. Auch Elli, von der ich heute einen langen lieben Brief bekommen habe. Seit Samstag sind wir in der neuen Wohnung. Auch der Schluß der Übersiedlung war ganz glatt, für mich wenigstens. Zum allerletzten Schluß gabs zwar noch eine Schwierigkeit, das Wetter war schlecht, Kot, Regen, Wind, verschiedener Krimskrams war noch mit dem Wägelchen zur Bahn zu transportieren, (Dinge die ich im Stand nicht heben kann und die D. leicht zur Bahn bringt, dort die

Treppen auf und ab trägt, ins Coupe [sic] schafft u.s.w.) und dann in Zehlendorf die Viertelstunde von der Bahn ins Haus, vor allem aber war ich in dieses Wetter zu transportieren und die Galoschen waren schon in Zehlendorf – da kurz entschlossen, geldauswattiert wie ich war, ließ ich ein Auto kommen und im Husch in paar Minuten waren wir mit allem Gepäck in der neuen Wohnung, eine Zauberei allerdings für schöne sechs Mark. In der neuen Wohnung wird es wohl recht gut werden, am ersten Tag schien sie wohl etwas lauter als die frühere, endlos stille, aber es dürfte sich beruhigen. Manches ist besser: das in voller, allerdings jetzt vollständig abwesender Sonne liegende Hauptzimmer, die größere Freiheit, die das Im-ersten-Stock-wohnen gibt, die noch ländlichere Umgebung als in Steglitz, die bessere Abgeschlossenheit gegenüber dem übrigen Haus, die Ofenheizung. Ich glaube es wird Euch gefallen. Wenn Du und der Onkel kommen wolltet – jetzt ist allerdings noch zu früh im Jahr – wirst Du jedenfalls hier wohnen können (und wohl von dieser Hausfrau nicht so ausgenutzt wie Ottla von der vorigen, mit der wir übrigens in Liebe und Rührung auseinandergingen) – für den Onkel wird sich gewiß auch eine brauchbare Möglichkeit finden und essen werdet Ihr jedenfalls bei uns beide, D. freut sich schon ihre Künste zeigen zu können und die sind wirklich groß. Freilich weiß ich nicht ob der Onkel wird hier soweit von Berlin wohnen wollen, zur Bahn ist es eine Viertelstunde weit und dann ? Stunde Eisenbahnfahrt zum Potsdamer Platz. Nach Charlottenburg und in diese Gegenden soll bessere Verbindung sein, ich kenne sie noch nicht.

Sehr erfreulich ist mir daß die Prager Butter sich auf 30 – 36 K stellt, erfreulich weil sich doch schon eine ziemliche Angleichung der Preise darin zeigt und man vielleicht bald mit den Buttersendungen wird aufhören können. Hier bekommt man (in unbegrenzten Mengen) gewöhnliche Molkereibutter für 2 M das Pfund (und auch darunter) Teebutter für 2M 10, 2 M 20. An Qualität steht sie vielleicht der Prager Butter nach, ich weiß nicht, wir hatten schon lange keine hiesige, aber entscheidend groß dürfte der Unterschied doch nicht sein. Eier kosten etwa 1 K 50.

Mit dem Brief aus Leitmeritz ist nicht viel anzufangen, man erfährt nur daß es der Tante nicht sehr gut geht, daß sie Sorgen hat und wenig Zeit sich mit so abseitigen und fragwürdigen Dingen wie meiner Übersiedlung zu befassen. Vielleicht aber war auch die Fragestellung nicht genau. Wir brauchen keine Wohnung mit Küchenbenützung, vollständig ausreichend und hochzufriedenstellend wären zwei oder besser 3 möblierte möglichst abgeschlossene Zimmer mit elektr. Licht, weder Küche noch Küchenbenützung wäre nötig. Warum sollten solche 3 Zimmer dort nicht zu haben sein? Es wohnen dort doch genug Pensionäre in hübschen Villen, mit der Zeit verschwindet einer wie es das Schicksal der Pensionäre ist und ein neuer Pensionär kann einziehn. Skalitz 1 ? von Leitmeritz entfernt wäre freilich zu weit. Auch scheint die Tante nichts über meine Wirtschaft zu wissen (für eine kleine Stadt ist auch das eine des Besprechens werte Angelegenheit) und daß ich ihr gar keine Arbeit verursachen würde.

Bei Hardt wart Ihr also und der Hauptteil seines Publikums? Hier hatte er mehr Erfolg, ein großer Saal ausverkauft, D. war dort, Hardt hatte mir aus Prag telegrafiert, jemand von uns mußte hingehn. Die Wollweste erwarte ich mit Freude, aber dringend ist sie gar nicht, ich habe ja eine Pelzweste, mach sie nur ganz ruhig, jeden Tag drei Maschen. Und wenn das Fräulein paar Maschen als Gruß hineinwebt ist es mir auch sehr recht. Wie geht es dem Fräulein?

Herzlichste Grüße allen.

Euer F.

Ehe ich die Lebensbestätigung von der Polizei hole, warte ich noch auf Euere Nachricht, ob das Geld von der Anstalt gekommen ist.

Meine Hausfrau heißt Frau <u>Dr</u> Busse, es ist nicht unbedingt nötig ihren Namen zu erwähnen, wenn aber, dann <u>Dr</u> Busse

[Berlin-Zehlendorf, 12. Februar 1924]

Liebste Eltern, die neue Wohnung scheint sich zu bewähren, noch ein wenig stiller dürfte sie werden, sonst ist sie schön und zeigt noch neue Vorteile gegenüber der frühern. Ich lag schon im Schaukelstuhl bei offenem Fenster in der Sonne, nächstens wage ich mich auf die Veranda. – Vom Onkel hatte ich einen freundlichen Brief. Was ich über Theater schrieb, mißversteht er zwar ein wenig, es ist aber nicht gar wichtig. Daß es ihm bei uns so gefällt, freut mich sehr, schließlich wird er Euch ein angenehmerer Sohn scheinen, als ich es bin. Hat er nicht übrigens, fällt mir ein, schon seinen Geburtstag bei uns gefeiert, im Jänner? –Die Bestätigung von der Polizei werde ich mir zu verschaffen suchen, hoffentlich bekomme ich sie; wenn nicht, würde sich wieder die von mir und andern gefürchtete tschechische Korrespondenz ergeben. – Meine Telefonnummer ist Zehlendorf 2434 aber bitte lieber nicht telefonieren, nicht nur wegen der Angst und meiner Unfähigkeit etwas zu hören, auch wegen der Umständlichkeit, die es hier hat. Ich wohne im ersten Stock, das Telephon ist unten, frei, in der Halle, recht unangenehm und doch wieder sehr angenehm, weil es das Telefonieren fast hindert. Was täte ich, wenn Prag anläutet und D. wäre nicht zuhause?

Herzlichste Grüße

Eueres F

Pakete, bitte auf meinen Namen schicken, es ist einfacher.
Herzlichen Gruß. D.

[Berlin-Zehlendorf, 20. Februar 1924]

<u>Mittwoch abend)</u> Liebste Eltern, eben bekomme ich die Karte von Onkel Siegfried zu meiner großen Überraschung. Unter anderen Umständen hätte sie mich sehr gefreut, so weiß ich aber nicht recht, was ich von ihr halten soll. Halte ich die Karte zusammen mit Eueren früheren Briefen, nach welchen Du liebe Mutter mit dem Onkel im Frühjahr kommen wolltet oder mit des Onkels Brief, in dem er von einer Berliner Reise weder für später noch für jetzt etwas erwähnte oder mit dem Brief des Fräuleins, nach welchem der Onkel nach Wien fahren wollte – denke ich an das alles, muß ich doch sehr erstaunt sein und kann im Hinblick auf eine Stelle in Euerem Paket-Brief, die von irgendwelchen Sorgen handelt, nur befürchten, daß diese gänzlich unbegründeten Sorgen zu meinem großen Leidwesen dazu geführt haben, daß der arme Onkel jetzt mitten im Winter die Reise in das teuere Berlin und gar noch in das entfernte zu dieser Jahreszeit für einen Fremden höchst uninteressante Zehlendorf unternimmt, während er wahrscheinlich am liebsten friedlich in Prag bliebe oder höchstens in das fröhlichere Wien fahren würde, das er so liebt. Wenn es sich wirklich so verhält – und es scheint kein Zweifel daran zu sein – tut es mir ungemein leid. Wir werden noch morgen telefonisch – wenn wir die Nr. finden, die bei der Übersiedlung sich irgendwo verkrümmelt hat – einzugreifen suchen. – Für Euere zwei lieben Briefe und das schöne heute angekommene Paket danke ich noch nächstens. Die Sonne genieße ich jetzt auf der Veranda prachtvoll

Berlin 23/II 24.

Liebe Julie!
Ich bin schon seit Donnerstag Abend hier, da ich mich in Dresden nur einige Stunden aufhielt. Ich hatte günstiges Reisewetter nur etwas trübe finde ich es hier – und ein bischen teuer, sonst wäre ich mit Berlin zufrieden. Ich schreibe dies bei Franz in Zehlendorf, er ist hier sehr gut aufgehoben. Das Weitere wird er selbst mitteilen. Mit herzlichsten Grüßen.

Siegfried.

Liebste Eltern, ein wenig hat mich der Onkel wegen meiner Befürchtungen beruhigt, er geht ins Theater, freut sich mit Berlin, ärgert sich über die Preise, wie unsereiner aber ein Verdacht wegen seiner Reise bleibt doch.

[Berlin-Zehlendorf, 1. März 1924]

Liebste Eltern, Dank für die Karte und die Ankündigung der Weste und die 1400 K. Wegen der Butter macht Euch keine Sorgen, man bekommt sie hier reichlich. Vor allem aber werde ich ja vielleicht gar nicht lange mehr hier bleiben. Der Onkel treibt mich fort und D. treibt mich fort, ich aber bliebe am liebsten. Die stille, freie, sonnige, luftige Wohnung, die angenehme Hausfrau, die schöne Gegend, die Nähe Berlins, das beginnende Frühjahr – das alles soll ich verlassen, bloß weil ich infolge dieses ungewöhnlichen Winters etwas erhöhte Temperatur habe und weil der Onkel bei ungünstigem Wetter hier war und mich nur einmal in der Sonne gesehen hat, sonst aber einigemal im Bett, wie es eben auch voriges Jahr in Prag so war. Sehr ungern werde ich wegfahren und zu kündigen wird mir ein schwerer Entschluß sein. Nun ich habe es dem Onkel versprochen und seine unendliche Güte zu mir verpflichtet mich natürlich auch. Aber nun soll ich vielleicht auch noch ins wahnsinnig teuere Sanatorium, gerade jetzt, wo ich für den etwas schweren Winter an jedem Ort durch Besserung der Gesundheit belohnt worden wäre und ein etwas freieres Leben hätte führen können, wie es mir hier im Norden nur im Frühjahr und Sommer erlaubt ist. Schwere Dinge, schwere Entschlüsse.

Herzlichste Grüße
Euer F.

Dank Felix und Hanne für ihre Briefe.
Wie habt Ihr das Geld von der Anstalt bekommen?

[Berlin-Zehlendorf, 15. März 1924]

Liebste Eltern, das ist ja keine Weste, das ist ein Wunderwerk, so schön und warm, wie hast Du das nur selbst machen können, auch D. versteht es nicht. Um wie viel besser ist sie in jeder Hinsicht, als die Weste, die ich bis jetzt trug und doch auch schon für sehr gut gehalten habe. Sehr erfreulich – in gebürendem Abstand von der Weste – war auch die Buttersendung. Seit zwei Tagen kann ich die hiesige Butter wieder nicht essen, sie ist ja wahrscheinlich sehr gut, schmeckt immer irgendwie nach Lachsschinken, aber man kann nicht immerfort Lachsschinken essen. – Wahrscheinlich werde ich also mit Max kommen, aber vielleicht werde ich doch mit den Reisevorbereitungen nicht bis Montag fertig, dann fahre ich paar Tage später. Gewiß soll Robert nicht kommen; ich weiß, er täte es gern, ich weiß auch aus Erfahrung daß man bei ihm aufgehoben ist wie in den Armen des Schutzengels, aber für diese kurze bekannte Strecke ist es ganz gewiß nicht nötig, bitte, redet es ihm bestimmt aus. – Die Einrichtung die Du mit den Zimmern treffen willst, ist natürlich die beste, ich danke dem

Fräulein für die Überlassung des Zimmers, mehr als zwei, drei Tage wird es ja wohl nicht dauern. – Der Diener des Onkels muß Montag abend nicht auf der Bahn warten, da es ja noch immerhin ziemlich unsicher ist, ob ich komme. Ist es übrigens derselbe der mir vor einem halben Jahr den Koffer getragen hat? Ein ausnehmend angenehmer bereitwilliger Mensch. Also auf Wiedersehn Montag oder nicht viel später.   Euer F.

[Ortmann, Sanatorium Wienerwald, 7. April 1924]

Liebste Eltern, ich werde vorläufig nichts loben, mit dem Loben komme ich niemals sehr weit, ich werde mich also nur an Tatsachen halten und zwar an die nicht lobenswerten. Gewicht etwa 50 kg. Temperatur wird hinunter gehn, denn ich muß dreimal täglich Pyramidon nehmen, Husten wird sich bessern, denn ich bekomme ein Mittel dagegen, der Hals wurde untersucht, das scheint nicht schlimm zu sein genaues weiß ich allerdings darüber noch nichts übrigens auch ein Mittel dagegen. Um doch mit etwas Lob zu schließen, das Zimmer ist gut, die Gegend prachtvoll. Und nun wollen wir weiter sehn.

Herzlichste Grüße
Euer F

Wenn jemand von uns mit Dora sprechen sollte: sie soll mir ihre Wiener Adresse schreiben und nicht früher nach Pernitz fahren (unendliche Reise) ehe ich ihr darüber nach Wien geschrieben haben spricht niemand mit Dora, ist es kein Unglück; nur übergroße Vorsicht meinerseits.

[Ortmann, Sanatorium Wienerwald, 9. April 1924]

Liebste Eltern verzeiht die anfängliche Unregelmäßigkeit der Post, es ist hier ein wenig entlegen, jetzt wird es aber schon in Ordnung kommen – Der Hals ist noch immer das unangenehmste neben dem Husten, aber ich bekomme verschiedene Sachen dagegen, heute zwei neue, morgen eine dritte, irgendwie wird es schon gelingen und viel Geld kosten wird es freilich auch. Vielleicht könntet Ihr dem Onkel schreiben, daß mir die 10% die ihm zugesagt wurden, nicht abgezogen werden, ich selbst will davon nicht hier reden. Übrigens ist der Arzt, der Onkels Bekannter ist, seit gestern auch auf Urlaub. – D. ist bei mir, das ist sehr gut, sie wohnt in einem Bauernhaus neben dem Sanatorium, nur paar Tage, dann fährt sie nachhause.

Herzlichste Grüße allen   F

Viele herzliche Grüße. Es ist noch nicht sicher, daß ich nach Hause fahre. Wenn es möglich ist, werde ich die Reise hinausschieben. Für den schönen liehen Brief tausend Dank.

D

[Ortmann, Sanatorium Wienerwald, 10. April 1924]

Liebste Eltern, vielen Dank für Brief und Sendung. Leider ändert sich ab heute meine Adresse. Mit dem Hals werden sie hier nämlich nicht fertig, ich muß Alkoholinjektionen in den Nerv bekommen, das macht nur ein Spezialist, ich übersiedle daher nach:
Universitätsklinik
des Prof. Dr M. Hajek
Wien IX Lazarethgasse [sic] 18
Dumm ist, daß diese Injektionen einigemal wiederholt werden müssen, der Aufenthalt dort daher einige Wochen dauern wird. Daß ich dort gleich aufgenommen werde, verdanke ich der Fürsprache des Arch. Leopold Ehrmann, der wie immer auch diesmal äußerst lieb zu mir war. Ich hätte sonst in irgendeines der wahnsinnig teuren Stadtsanatorien gehen und einen Spezialisten kommen lassen müssen. So wird es in dieser Hinsicht wenigstens erträglich sein und das für die paar Tage hier hinausgeworfene Geld verschmerzen lassen. Natürlich hätte ich diese ganze Unternehmung ohne D. nicht machen können, so aber ging es, wenigstens bis jetzt, ganz leicht. Ich werde regelmäßig schreiben, aus Wien kommt die Post schneller, ein Vorteil. Herzl. Gr.

F

D. läßt grüßen, sie packt ein. Bitte, <u>laßt Max Brod meine neue Adresse sagen</u>.

Wenn es irgendwie möglich wäre, daß der Onkel oder sonst jemand herkommt, wäre es gut.

[Wien, Klinik Prof. Hajek, 11. April 1924]

Liebste Eltern, so bin ich hier sehr gut untergebracht, unter der besten ärztlichen Aufsicht, die man in Wien haben kann, von Ärzten behandelt, die ich mir, wenn ich z.B. in einem Privatsanatorium wäre, erst auf eigene Kosten kommen lassen müßte (Ich kann nicht schreiben, Dora stört mich immerfort mit Fragen, was sie mir bringen soll.) Jetzt handelt es sich nur darum, wie lange die Sache dauern wird, denn so schön es hier auch ist, im Wiener Wald ist es zwei-

fellos schöner. Aber solange ich nicht gut essen kann, muß ich natürlich bleiben.
Herzlichste Grüße Euch und allen

F

[Wien, Klinik Prof. Hajek, 12. April 1924]

Liebste Eltern, von Euerer Karte, die Ihr nach Pernitz geschickt habt, wurde ich
heute vormittag aus dem Duseln geweckt, aber die Weckung stand dafür. Wenn
ich natürlich auch auf die veralteten Fragen keine Antwort geben kann, so habe
ich doch auch nichts Schlechtes zu berichten. Ich habe mich hier gut eingewöhnt und wenn ich natürlich auch paar Kleinigkeiten entbehren könnte, ist es
doch fast so daß mir der Betrieb hier fast besser entspricht als im Wiener Waldsanatorium, nur ist es freilich nicht Waldluft, die durch die Fenster hereinkommt. Von 2 – 4 ist D. immer bei mir, ja sie kommt schon nach 1 und ich
fürchte sie wird die ganze Krankenhausorganisation zerstören. Heute werde ich
die Injektion bekommen und dann wollen wir weiter sehn. Herzlichste Grüße
Euch und allen

F

*Herr Hermann eben gekommen. Das ist sehr schön. Jetzt wird alles wieder gut. Ich
bin zu dumm. Tausend Dank für die schönen neuen Grüße. Erwiedere sie aufs
herzlichste. D. Franz munter u. vergnügt.*

[Wien, Klinik Prof. Hajek, 13. April 1924]

Liebste Eltern, gestern gegen Ende der Besuchsstunde spaziert da plötzlich Karl
durch den Korridor. Das war eine hübsche Überraschung. Dann Euer lieber
vernünftiger Brief, in welchem nur einzig und allein der tägliche R... (nicht
mein Fehler, sondern der von Doras Füllfeder) Regen in Venedig mir gar nicht
gefällt. Ganz und gar sinnlos und für mich sehr traurig wäre es, wenn der Onkel
so grundlos, vor allem für mich zwecklos, in seiner Reise gestört würde. Nun
hoffentlich erreicht ihn Euer Telegramm nicht, das ist meine einzige Hoffnung.
Dem Dr. W. dürft Ihr nicht besonders böse sein, soviel wie das Mittelmaß versteht er auch, nur war er zu faul, den Kehlkopfspiegel mitzubringen und die von
ihm empfohlene Kaugummi war freilich auch nicht das richtige Mittel. Gestern
bekam ich eine Mentholeinspritzung, die recht gut gewirkt hat. Eben kommt
wieder Karl. Herzliche Grüße Euch und allen

F.

Bitte, wenn es irgendwie möglich ist, eine Daunensteppdecke, oder einfache Steppdecke und ein Polster zu schicken. In der Klinik bekommt er nur das notwendigste, und er ist doch einwenig verwöhnt. Kaufen ist teuer.

Herzlichst. D.

[Wien, Klinik Prof. Hajek, 15. April 1924]

Liebste Eltern, eben kam die zweite Zeitungssendung, vielen Dank, aber nächstens ein wenig besser einpacken, es kommt zu schmutzig an. Mir geht es recht gut, wie Euch ja auch Karl bestätigen wird. Ich habe schon 3 Einspritzungen bekommen, heute keine, was freilich ganz besonders angenehm ist. Jetzt da es warm wird zeigen sich besonders die Vorzüge meines Zimmers, das riesige Fenster ist offen, viel Sonne. Übrigens ist auch für noch schöneres Wetter vorgesorgt, dann kommt man mit dem Bett auf den Dachgarten, von dem man, da das Krankenhaus auf einer Anhöhe liegt, einen Überblick über ganz Wien haben soll. Das ist doch nicht übel. Auch über das Essen ist nicht zu klagen, heute mittag z. B. Hühnersuppe mit Ei, Huhn mit Gemüse, Biskuittorte mit Schlagobers, Banane allerdings, um nicht zu übertreiben, so lebt nicht das ganze allgemeine Krankenhaus, sondern nur der für den D. kocht

Herzlichste Grüße

F

Ich hob die Erlaubniß bekommen für Franz hier zu kochen. Heute der Pelz gekommen. Zustand viel besser. Kein Anlaß zu Unruhe oder Verzweiflung. Abends schreibe ich ausführlich.

[Wien, Klinik Prof. Hajek, 16. April 1924]

Liebste Eltern, schon ziemlich lange ohne Nachricht von Euch. Das Wetter ist sehr schön geworden, das Fenster den ganzen Tag offen. Mit den Einspritzungen habe ich heute zum zweitenmal ausgesetzt, was auch zur Verschönerung der Tage beiträgt. Wenn Ihr einen guten Rat annehmen wollt, so trinkt viel Wasser, ich habe darin einiges versäumt und jetzt darf ich es nicht nachholen. Das Leben hier gefällt mir sonst auch weiter recht gut, es ist ein allerdings sehr kleiner und schwacher nachträglicher Ersatz für das militärische Leben, das mir gefehlt hat. Um $\frac{1}{2}6$ steht man auf, um $\frac{1}{2}7$ ist alles fertig, freilich ist bei der Waschschüssel kein großes Gedränge. (Fließendes warmes und kaltes Wasser ist im Zimmer). Und auch sonst mag manches von Militär verschieden sein, z.B. der Schlaf der Leute. Das Essen, soweit ich daran teilnehme, ist immer

ausgezeichnet zubereitet, auch ist immer eine gewisse Auswahlmöglichkeit.
Herzl. Grüße

Eueres F

Klosterneuburg-Kierling
Sanatorium Dr Hoffmann
Inzwischen ist das große Unternehmen gereift. Franz geht Samstag ins Sanatoryum.
Es ist 25 Minuten von Wien. Der Arzt wird zur Behandlung hinkommen. Ich war
heute dort, ein prachtvolles Balkonzimmer im Süden gewonnen. Es ist eine Waldge-
gend, liegt wunderbar. Ab Sonnabend Adresse: Sanatoryum Dr Hoffmann. Kloster-
neuburg-Kierling.

[Kierling, Sanatorium Dr. Hoffmann, 21. April 1924]

Also endlich glücklich übersiedelt. Hier scheint es wirklich sehr schön zu sein. Nur
einwenig kalt noch. Es wäre doch sehr gut, wenn Franz das Federbett bekommen
könnte. Hier im Sanatorium, war auch keines zu bekommen. Die Decken können
's nicht ganz ersetzen. Vielleicht, auch, wenn es irgendwie geht ein Polster. Franz
möchte lieber ein hartes aus Roßhaar. Dann ist alles in Ordnung. Franz wird nur
anschreiben, weil er beleidigt ist, daß er nichts von zu Hause hört. Außerdem auch
müde.

Herzlichste Grüße D.

Liebste Eltern, nach dem früheren Sanatorium konnte ich, wenigstens jetzt,
nicht wieder zurück, es war für mich mit allzu abscheulichen Erinnerungen belastet, dann die Ärzte einer tyrannisch einer weichmütig, aber beide medizin-
gläubig und in der Not hilflos, dann die schreckliche Entfernung von Wien (4
Stunden) falls ich etwa wieder hinmüßte, auch das Essen nicht sehr erfreulich,
stark gewürzt, wenig Gemüse, Kompot [sic], – blieb also nur die wirklich unglaublich herrliche Lage. So wählte ich, wählten wir, wählte sich dieses kleine
freundliche Sanatorium. Es kommt ja vor allem darauf an, jetzt wenigstens ein,
zwei kleine Schrittchen vorwärts zu tun. Euer F

[Kierling, Sanatorium Dr. Hoffmann, 25. April 1924]

Wir sind leider noch immer nicht im Besitz des Paketes, nebst beigefügten schönen
Brief. Ob nicht damit was geschehen ist? Ich habe, natürlich die Adresse Franzens
im Krankenh[aus] angegeben. Ich nehme an, daß es zurückgegangen ist. Schade.
Franz könnte so schön den Polster benötigen. Das andere Paket ist aber schon auf

dem Wege. Es wird mit Sehnsucht erwartet. Franz geht es leidlich, er hat noch
immer in manchen Stunden Fieber. Das Wetter, das Wetter! Aber wir wollen nicht
klagen. Es strengt sich nach Möglichkeiten an. Heute war Franz wieder einwenig
draußen in der Sonne. Sonnabend komt ein Arzt aus Wien, ein sehr gelobter und
berühmter Lungenarzt. Er kommt auf Veranlassung eines Freundes von Felix
Weltsch, und wird wohl manche Anordnungen treffen. Sobald er da gewesen ist,
schreibe ich. Der Hals ist unverändert. Beim Essen oder sonst stört er nicht, nur ein-
wenig heiser.

Heute wieder ein schöner Tag || ich liege auf dem Balkon und habe es recht gut.
Felix und Dora haben nicht nachgeben, morgen soll der große Lungenarzt, der
König der Wiener Lungenärzte, zu mir kommen, ich habe große Angst vor ihm,
er hätte schon einmal, zu einem Patienten hierher ins Sanatorium kommen sol-
len, aber es zerschlug sich weil er für den Besuch 3 Millionen verlangte.
Herzliche Grüße

F

[Kierling, Sanatorium Dr. Hoffmann, Ende April,
Anfang Mai 1924]

Ich könnte, glaube ich immerfort vom Wetter sprechen und schreiben. Nun ja es ist
eben so beglückend, daß sich diese mächtigste aller Kräfte endlich auswirken kann.
Franz ist eben vom Balkon, wo er viele Stunden fast nackt draußen lag ins Bett
gegangen. Jetzt wird er wohl ein bißchen schlafen wollen. Ich muß mich darum sehr
beeilen, damit er noch, ohne gestört zu werden anschreiben kann. Ich würde sehr
gerne hören, wie es Ihnen geht, ob Sie schon wieder gut aussehen und d. gl. Sonst
nur noch herzliche Grüße an Alle.

D.

Liebste Eltern vielen Dank für Euern lieben schönen guten Brief. Heute lag ich
schon im Schatten auf dem Balkon fast halbnackt, das war sehr angenehm.
Einen Gast haben wir, der sich meiner sehr annimmt: Klopstock. Der Onkel
läßt nichts von sich hören und reist doch fast schon 5 Wochen.
Herzliche Grüße Euch und allen
F

[Kierling, Sanatorium Dr. Hoffmann, um den 19. Mai 1924]

Ich hob schon ein sehr böses Gewissen. Dadurch, daß der liebe gute Klopstock schreibt, ist es nur noch mehr schuldbewußt, wenn auch einerseits beruhigt. Es ist auch nicht viel zu berichten. Viel beruhigender und überzeugender wäre alles, wenn Sie einmal hier gewesen wären und selbst gesehen hätten, wie schön und gut Franz hier aufgehoben ist. Er liegt von Morgens um 7 Uhr bis Abends 7-8 Uhr auf dem Balkon. Bis Mittag um 2 ist Sonne dann geht sie weg zu anderen Patienten die auf der anderen Seite liegen, und statt ihr steigt allmählig aus den Tiefen ein wunderbar berauschender Duft auf, der wie Balsam wirkt. Bis Abend steigert er sich zu einer unglaublichen fast nicht zu ertragenden Stärke. Und die Aussicht und die Klänge rings-herum, schaft dem Auge und dem Gehör auch Atem-Organe. Alle Sinne verwandeln sich zu Atem-Organe und alle zusammen atmen in sich die Genesung, den Segen, der in Fülle rings-herum verbreitet ist ein. Schade, daß ich nicht die Gabe besitze, es Ihnen schöner zu beschreiben. So wie es richtig ist. Aber durch den Onkel, Ottla und Max, die begabter sind, werden sie allmählig doch den richtigen Eindruck gewinnen. Und da die Bekämpfung der Krankheit, einzig und allein auf das angewiesen ist, muß man unbedingt glauben, und sicher sein, daß es auch gelüngt [sic]. Die Tücken die sich hie und da einstellen, werden mit wachsamen Auge sofort aufgefangen und nach Möglichkeit beseitigt. Die Halsschmerzen, die manchmal in leichter Form auftauchen, sind ganz unbedeutend, und, besonders, da der Hals in ständiger Behandlung ist, absolut keinen Anlaß zur Beunruhigung geben. Deswegen habe ich sie auch in den letzten Briefen selten erwähnt, weil Sie sich doch von der Ferne, trübe Gedanken darüber gemacht hätten. Jetzt ruft es zu Mittag. Ich bin oben bei Klopfstock, Franz schläft unten. Hoffentlich werde ich ihm nicht wecken müssen. Wegen Temperatur und sonstigem, erzählt mir eben Klopfstock, daß er schon geschrieben hat. Was das für ein wunderbarer Mensch ist! Ihre Beziehung zu mir in den Briefen macht mich jedes Mal von Neuem glücklich. Bloß, weiß ich nicht ob es mir zukommt. Ich will mir Mühe geben es zu verdienen.

Viele, viele herzliche Grüße. Darf ich einmal so nach Ihrer warmen herzlichen Art, auch so die Arme zur Umarmung ausstrecken? Wie das gut tut! Nochmal herzlichst.

Dora.

Liebste Eltern nun hat aber meine Schreibfaulheit wirklich alle Grenzen überschritten, nicht einmal für Eueren lieben gemeinsamen Brief, der mir solche Freude gemacht hat, habe ich noch gedankt. Es ist aber nicht nur mit dem Schreiben so, in meinem ganzen Leben seit den Säuglingszeiten habe ich mich von allem was nur ein wenig Mühe und Arbeit genannt werden könnte, ferngehalten wie jetzt; warum auch nicht, da ich Dora und Robert habe. Höchstens das Essen ist ein wenig anstrengender als es das stille Saugen damals gewesen sein mag. Aber auch das Essen suche ich mir zu erleichtern z.B. was Dir liebster Vater vielleicht gefallen wird, durch Bier und Wein. Doppelmalz-Schwechater und Adriaperle, von welcher letzterer ich jetzt zu Tokayer übergegangen bin. Freilich, die Mengen, in denen es getrunken und die Art in der es behandelt wird, würden Dir nicht gefallen, sie gefallen mir auch nicht, aber es geht jetzt nicht anders. Warst Du übrigens als Soldat nicht in dieser Gegend? Kennst Du auch den Heurigen aus eigener Erfahrung? Ich habe große Lust, ihn einmal mit Dir in einigen ordentlichen großen Zügen zu trinken. Denn wenn auch die Trinkfähigkeit nicht sehr groß ist, an Durst gebe ich es niemandem nach. So habe ich also mein Trinkerherz ausgeschüttet. Herzlichste Grüße Euch und allen

F

Geld brauchen wir augenblicklich nicht; übrigens höre ich von einem ungeheueren Geldgeschenk, ich wage gar nicht deutlicher danach zu fragen.

[Kierling, Sanatorium Dr. Hoffmann, 2. Juni 1924]

Liebste Eltern, also die Besuche, von denen Ihr manchmal schreibt. Ich überlege es jeden Tag, denn es ist für mich eine sehr wichtige Sache. So schön wäre es, so lange waren wir schon nicht beisammen, das Prager Beisammensein rechne ich nicht, das war eine Wohnungsstörung, aber friedlich paar Tage beisammenzusein, in einer schönen Gegend, allein, ich erinnere mich gar nicht, wann das eigentlich war, einmal paar Stunden in Franzensbad. Und dann »ein gutes Glas Bier« zusammentrinken, wie Ihr schreibt, woraus ich sehe, daß der Vater vom Heurigen nicht viel hält, worin ich ihm hinsichtlich des Bieres auch zustimme. Übrigens sind wir, wie ich mich jetzt während der Hitzen öfters erinnere, schon einmal regelmäßig gemeinsame Biertrinker gewesen, vor vielen Jahren, wenn der Vater auf die Zivilschwimmschule mich mitnahm.

Das und vieles andere spricht für den Besuch, aber zu viel spricht dagegen. Nun erstens wird ja wahrscheinlich der Vater wegen der Paßschwierigkeiten nicht kommen können. Das nimmt natürlich dem Besuch einen großen Teil seines Sinnes, vor allem aber wird dadurch die Mutter, von wem immer sie auch sonst begleitet sei, allzusehr auf mich hingeleitet sein, auf mich verwiesen sein und ich bin noch immer nicht sehr schön, gar nicht sehenswert. Die Schwierigkeiten der ersten Zeit hier um und in Wien kennt Ihr, sie haben mich etwas heruntergebracht; sie verhinderten ein schnelles Hinuntergehn des Fiebers, das an meiner weitern Schwächung arbeitete; die Überraschung der Kehlkopfsache schwächte in der ersten Zeit mehr, als sachlich ihr zukam – erst jetzt arbeite ich mich mit der in der Ferne völlig unvorstellbaren Hilfe von Dora und Robert (was wäre ich ohne sie!) aus allen diesen Schwächungen hinaus. Störungen gibt es auch jetzt, so z.B. ein noch nicht ganz überwundener Darmkathar [sic] aus den letzten Tagen. Das alles wirkt zusammen, daß ich trotz meiner wunderbaren Helfer, trotz guter Luft und Kost, fast täglichen Luftbades noch immer nicht recht erholt bin, ja im Ganzen nicht einmal so imstande, wie etwa letzthin in

Prag. Rechnet Ihr noch hinzu, daß ich nur flüsternd sprechen darf und auch dies nicht zu oft, Ihr werdet gern auch den Besuch verschieben. Alles ist in den besten Anfängen – letzthin konstatierte ein Professor eine wesentliche Besserung des Kehlkopfes und wenn ich auch gerade diesem sehr liebenswürdigen und uneigennützigen Mann – er kommt wöchentlich einmal mit eigenem Automobil heraus und verlangt dafür fast nichts, so waren mir seine Worte doch ein großer Trost – alles ist wie gesagt in den besten Anfängen, aber noch die besten Anfänge sind nichts; wenn man dem Besuch – und gar einem Besuch, wie Ihr es wäret – nicht große unleugbare, mit Laienaugen meßbare Fortschritte zeigen kann, soll man es lieber bleiben lassen. Sollen wir es nicht also vorläufig bleiben lassen, meine lieben Eltern?

Daß Ihr etwa meine Behandlung hier verbessern oder bereichern könntet, müßt Ihr nicht glauben. Zwar ist der Besitzer des Sanatoriums ein alter kranker Herr, der sich mit der Sache nicht viel abgeben kann, und der Verkehr mit dem sehr angenehmen Assistenzarzt ist mehr freundschaftlich als medizinisch, aber außer gelegentlichen Spezialistenbesuchen ist vor allem Robert da, der sich von mir nicht rührt und statt an seine Prüfungen zu denken, mit allen seinen Kräften an mich denkt, dann ein junger Arzt, zu dem ich großes Vertrauen habe (ich verdanke ihn wie auch den oben erwähnten Professor dem Arch. Ehrmann) und der 3mal der Woche herauskommt.

Da ich mich so zu dem Besuch verhalte,

allerdings noch nicht im Auto, sondern bescheiden mit Bahn und Autobus dreimal wöchentlich herauskommt.

Ich nehme ihm den Brief aus d. Hand. Es war ohnehin eine Leistung. Nur noch ein paar Zeilen, die seinem Bitten nach, sehr wichtig zu sein scheinen: *

---

* Zusatz von Dora Diamant